DICCIONARIO ITALIANO
I

DICCIONARIOS HERDER
PUBLICADOS BAJO LA DIRECCIÓN DE

GÜNTHER HAENSCH

Catedrático emérito de Lingüística aplicada y ex Director del Centro de Lenguas Modernas de la Universidad de Augsburgo

Miembro correspondiente de la Real Academia Española

DICCIONARIO ITALIANO

I

ITALIANO - ESPAÑOL

CESÁREO CALVO RIGUAL – ANNA GIORDANO

Introducción gramatical de SALVADOR PONS BORDERÍA

Herder

Diseño de la cubierta: Claudio Bado y Mónica Bazán

6.ª reimpresión 2004

ISBN: 84-254-1821-6

Imprenta: A & M Gràfic
Depósito Legal: B - 24.272 - 2005
Printed in Spain

Herder
www.herdereditorial.com

ÍNDICE*

* El índice de la segunda parte (español - italiano) figura en la pág. 451.

PREFACIO

Es evidente que un diccionario como éste no puede ofrecer más que una selección del inmenso caudal léxico que poseen el español y el italiano. Para ofrecer una selección adecuada, los autores de esta obra han renunciado conscientemente a muchas palabras anticuadas o de uso muy restringido, que tradicionalmente suelen pasar de un diccionario a otro. Con tanto mayor empeño se han esforzado por abarcar el uso moderno de la lengua y dar cabida en estas páginas al vocabulario de nuestra época. Aparte del lenguaje literario y estándar, el cual naturalmente ocupa el espacio mayor, se ha prestado especial atención a la lengua coloquial y popular y hasta vulgar de nuestra época. Se ha intentado también, en la medida de lo posible, la inclusión de vocablos que abarcan lo más importante de los diferentes campos técnicos, para que esta obra resulte útil no solo al filólogo o al estudiante de lenguas sino también a otros usuarios más específicos, así como los traductores.

La obra contiene numerosos vocablos y giros que hasta ahora no se encontraban en ningún otro diccionario español-italiano, y, hasta en parte, cabe afirmar que ni siquiera aparecen en las ediciones más recientes de obras de consulta monolingües de gran empaque, p. ej.:

capa de ozono, carca, dinero caliente, dinero sucio, efecto invernadero, encimera, espiral / DIU, formatear, guaperas, impresora, inseminación artificial, litrona, lluvia ácida, madero, madre de alquiler, macho, ordenador, piragüismo, senderismo.

También en la parte italiano-español han sido incluidas muchas palabras recientes, p. ej.:

fascia dell'ozono, effetto serra, formattare, frontalino estraibile, pirata della strada, pista ciclabile, processore, realtà virtuale, sieropositivo, sportello automatico, stampante a getto d'inchiostro, superconduttore, T-shirt, telefonino, telenovela, tribù urbane, ultraleggero.

Para aumentar el valor práctico del diccionario, se ofrecen muchas indicaciones sobre el uso contextual de las palabras, así como el régimen y construcción, colocaciones, giros, etc., o los verbos auxiliares (*essere* o *avere*) con los que se construyen los verbos italianos.

Se recomienda al usuario que estudie a fondo las intrucciones de las páginas que siguen. Solo así podrá aprovechar todas las posibilidades que ofrece el presente diccionario.

Cualquier propuesta para mejorar y completar el diccionario será acogida gratamente.

Günther Haensch *Editorial Herder*

PRÓLOGO DEL AUTOR

A mis padres

A Mari

Este diccionario es fruto básicamente de mi experiencia como profesor de Lengua Italiana. A través de los años he podido ir constatando los problemas especialmente de tipo léxico con los que irremediablemente se enfrentan nuestros alumnos. Por ello, mi intención a la hora de redactar este diccionario ha sido la de ayudarles en su aprendizaje, intentando allanar el máximo posible las mencionadas dificultades.

Quisiera a continuación referirme, aunque sea en modo conciso, a aquellos que han hecho posible que este diccionario italiano-español vea la luz tal como es. Ante todo quiero manifestar mi profundo agradecimiento al Dr. Günther Haensch, en primer lugar por haber confiado en mí para un trabajo de tanta responsabilidad como el presente, y en segundo lugar por su constante, meticulosa y docta dirección. A mi colega y coautora de este diccionario, Dra. Anna Giordano, debo agradecer el placer de haber podido trabajar con una persona de su vitalidad y de su preparación para un trabajo como este, además de la ayuda que me ha prestado constantemente en la tarea lexicográfica cotidiana. Por último quisiera hacer una especial mención de la Srta. Sabina Morello, de la Universidad de Trieste, que ha revisado con gran meticulosidad y no menor paciencia todo el diccionario, aportando aquí y allá numerosas observaciones que lo han enriquecido notablemente; a su juventud y destreza en el dominio de ambas lenguas se deben numerosas aportaciones especialmente del italiano vivo y actual. Y no quisiera olvidar a todos aquellos familiares, amigos y colegas que han aportado su ayuda en menor o mayor medida: es imposible nombrarlos a todos, pero ellos saben de mi agradecimiento hacia ellos.

Cesáreo Calvo Rigual
Universitat de València

INTRODUCCIÓN

1. INSTRUCCIONES PARA EL USO DEL DICCIONARIO

1.1. Orden alfabético

Las palabras de ambas partes del diccionario han sido ordenadas alfabéticamente.

Los *lemas compuestos* o formados por varios elementos siguen el orden alfabético como si se tratase de un lema simple: por ejemplo, **mass media** será tratado como si fuese la palabra **mass-media**.

En la parte *español-italiano* se ha tenido en cuenta la reciente supresión en español, como letras autónomas, de la **ch** y de la **ll**, por lo que las palabras que empiecen así se habrán de buscar dentro de **c** y **l**, respectivamente.

El usuario italiano ha de tener en cuenta la existencia de la letra **ñ**, propia del español, que sigue alfabéticamente a la letra **n**.

1.2. Entradas y subentradas

Para ganar espacio se han reunido vocablos formalmente parecidos, siempre impresos en negrita, en un bloque, en el cual aparecen, después del lema que los encabeza, en una serie de subentradas. La **tilde** (~) sustituye todo un lema o voz guía, o bien la parte del mismo que aparece antes de la línea de separación (|). Ejemplos:

alquil|ar *vt* affittare, ...; **~er** *m* affitto, ...
facilita|re *<esd>* *vt* facilitar, favorecer; **~zione** *f* facilitación (*acción*); *com* facilidad(es) *f(pl)*

Se ha usado también la tilde en el interior de los artículos, sustituyendo en este caso al lema que encabeza dicho artículo:

alta *f* 1. entrata in servizio, ...; *(com) ~s y bajas* carico e scarico
altar *m* altare; *llevar a una mujer al ~* condurre una donna all'altare
abdu|ttore *adj/m* abductor; *muscolo ~* músculo abductor

El signo ***~** indica que la voz guía repetida, o bien la parte del mismo que aparece antes de la línea de separación (|), ha de escribirse con mayúscula o viceversa, difiriendo de la voz guía inicial. Ejemplos:

Australia *f geogr* Australia; ***~no** *adj/s* australiano
Asi|a *f* Asia; ***~ático** *adj/s* asiatico
asunto *m* faccenda *f*; tema, argomento; *com* affare; oggetto (*cartas*); *Ministerio de *~s Exteriores* Ministero degli Affari Esteri
filipp|ica *f* filípica, invectiva; ***~ine:** *le* ~ las Filipinas; **~ino** *adj/s* filipino
Abissin|ia *f geogr* Abisinia; ***~o** *adj/s* abisinio
adriatico *adj geogr* adriático; *il mare *~* el mar Adriático

El uso de una coma o de una coma y un guión en el lema indica la forma masculina y femenina del mismo sustantivo (en este caso la distinción, si la hay, se repite también en los equivalentes); el uso de una coma y una tilde en el lema indica una doble forma:

barbot|ar, ~ear *vt/vi* borbottare, brontolare
musicólog|o, -a *m/f* musicologo, -a
denu|ncia, ~nzia *f* 1. *ius* denuncia; *fig* denuncia, acusación; 2. *ius* declaración; *~ dei redditi* declaración de la renta
cugino, -a *m/f* primo, -a

En algunos lemas se observará que una o más letras aparecen entre paréntesis, ello indica que se trata de una palabra con doble forma:

pelma(zo) *adj/s fam* pesante, scocciante, palloso, pizza *f*
cripto(n) *m chim* criptón

En estos casos se debe entender que la primera palabra tiene tanto la forma **pelma** como la forma **pelmazo**, y la segunda **cripto** o **cripton**. Esto puede ocurrir también dentro del artículo:

derech|a 1. *adj* destra; *a la ~* a destra; **2.** *f (a. pol)* destra; *ser de ~(s)* essere di destra
decodificare *<esd>* *vt* de(s)codificar
bua *f infan* pupa; *far(si) la ~* hacer(se) pupa; *avere la ~ al pancino* tener pupa en la barriguita

La estructuración de las subentradas es igual al de la entrada que las encabeza.

1.3. Estructura de las entradas del diccionario

Cada *entrada* o *artículo* del diccionario comprende todos o parte de los siguientes elementos:

— el *lema* (o voz guía o palabra clave), que aparece en negrita;

— en la parte *italiano-español*, en algunos casos, información sobre la vocal en la que recae el *acento* (no gráfico) subrayándola (véase 1.4.);

— en los verbos irregulares y en algunos regulares con alguna particularidad, remisión, mediante números en cursiva, a los modelos de *conjugación* que se encontrarán en esta introducción, además de una sucinta descripción, entre corchetes (< >), de ésta;

— indicación, en cursiva, de la *categoría gramatical* de la palabra (sustantivo, verbo transitivo, adjetivo, etc.);

— en la parte *italiano-español*, indicación del auxiliar de los verbos intransitivos cuando éste es *avere* o cuando hay doble posibilidad de auxiliar;

— indicaciones, en cursiva, sobre la *extensión geográfica* de las palabras;

— indicaciones, en cursiva, sobre la pertenencia de una palabra a una determinada *especialidad* o *campo*, por ejemplo, medicina o astronomía;

— indicaciones, en cursiva, sobre el *nivel estilístico* de las palabras, cuando no corresponden al nivel estándar;

— el *equivalente* o los *equivalentes* de la palabra en la lengua de destino, siempre en letra redonda;

— en muchos casos, en cursiva y entre paréntesis, especificaciones sobre el sentido de los equivalentes en un contexto determinado;

— en muchos casos, *régimen y construcción* de la palabra, *colocaciones usuales*, *expresiones idiomáticas* o *modismos* y *refranes*.

Cuando una palabra pertenece a más de una categoría gramatical (o un uso transitivo, intransitivo o reflexivo del verbo) éstas aparecerán separadas con números en letra negrita. Cuando dentro de un mismo uso gramatical la palabra posee significados muy diferenciados, éstos aparecerán separados por números en letra redonda; aquellas acepciones que no presenten grandes diferencias semánticas aparecerán separadas simplemente por un punto y coma (;). Ejemplos:

pago *m* 1. *com* pagamento; *fig* ricompensa *f*, premio; *suspensión de ~s* sospensione dei pagamenti; *en ~ de* in

ricompensa di; ~ *en efectivo, adelantado, a plazos* pagamento in contanti, anticipato, a rate; 2. villaggio; terra *f*
abono *m* 1. abbonamento (*revista*); 2. accreditamento; 3. *agr* fertilizzante, concime; 4. *com* abbono
frequen|za *f* 1. *fis/mat/fig* frecuencia; *modulazione di* ~ frecuencia modulada; *corrente ad alta/bassa* ~ corriente de alta/baja frecuencia; 2. asiduidad (*personas, lugar*); *stud* asistencia; *la ~ è obbligatoria* la asistencia es obligatoria
affine 1. *adj* afín, similar; **2.** *m* afín, allegado (*familia*)

1.4. Pronunciación

En la parte *italiano-español* se han incluido indicaciones fonéticas sobre la colocación del acento, ya que en italiano sólo se acentúan los polisílabos agudos y algunas pocas palabras más. Por ello, se ha señalado –con el subrayado– la vocal tónica en los siguientes casos:

—en aquellas palabras que, aun siendo idénticas a sus equivalentes españoles, se acentúan en una vocal diferente; por ejemplo:

diatriba *f* diatriba, invectiva
democrazia *f* democracia

—en todas aquellas palabras esdrújulas cuya vocal tónica no se pueda deducir clara e inmediatamente (esto es bastante frecuente en muchos infinitivos de la segunda conjugación); por ejemplo:

bonifica *f agr/fig* saneamiento *m*
devolvere *<5 devolvei/-lvetti; devoluto> vt ius* transferir, traspasar

—en todas aquellas palabras llanas que acaban con dos vocales en hiato y que no se incluyen en ninguno de los casos anteriores; por ejemplo:

brusio *m* rumor, murmullo

Además de esto, se han usado en ambas partes dos abreviaturas (*ingl* y *fr*), no con fines etimológicos sino con la intención de dar indicaciones sobre su pronunciación. Así, las palabras que aparecen señaladas con esas abreviaturas se pronuncian "a la francesa" o "a la inglesa".

En la introducción de cada parte del diccionario se ofrecen descripciones detalladas sobre la pronunciación en ambas lenguas.

1.5. Tratamiento de algunas categorías gramaticales

1.5.1. *Sustantivos y adjetivos*

El género gramatical de todos los sustantivos se indica mediante las abreviaturas *m* y *f* (para el singular), *mpl* y *fpl* (para el plural). Se indica el género de los equivalentes sólo en el caso que sea diferente del género del lema. Cuando una palabra que encabeza una entrada es a la vez adjetivo y sustantivo ello se señala mediante las abreviaturas *adj/m* (adjetivo y sustantivo masculino), *adj/f* (adjetivo y sustantivo femenino) y *adj/s* (adjetivo y sustantivo masculino o femenino).

En ambas partes se indican los pocos plurales irregulares o con cambio de acento de los sustantivos después de la forma del singular. Ejemplos:

orig|en <*pl orígenes*> *m* origine *f*; fonte *f*, genesi *f*; nascita *f*, cuna *f*, provenienza *f*; *dar* ~ dare origine; *defecto, denominación de* ~ difetto, denominazione d'origine; *de* ~ di origine, originario
orden <*pl órdenes*> 1. *m* ordine; *cient/arch* ordine...; 2. *f* ordine *m*
bue <*pl buoi*> *m* buey; *fig* burro, zopenco; *parlando del* ~, *spuntan le corna* hablando del rey de Roma, por la puerta asoma
braccio *m* 1. <*fpl le braccia*> *med* brazo; (...) 2. braza *f* (*medida*); 3. <*mpl i bracci*> *arch* ala *f*; *geogr* brazo; *fig* brazo (*grúa, lámpara, balanza*)

Algunos sustantivos plurales tienen un significado diferente al del singular; éstos aparecerán dentro del artículo de la forma singular, precedidos del correspondiente número y con la indicación *mpl* o *fpl* según se trate de un sustantivo masculino o femenino:

memoria 1. *f*. memoria; ricordo *m*; relazione; 2. *fpl* memorie, autobiografia *f*
denaro *m* 1. *econ* dinero; ~ *contante* dinero contante (y sonante); ~ *spicciolo* dinero suelto; ~ *scottante, sporco* dinero caliente, sucio; 2. *mpl* oros (*naipes*)

Para la formación de los plurales regulares remitimos a la introducción gramatical.

1.5.2. *Verbos*

En ambas partes del diccionario se han indicado los verbos irregulares con un número en cursiva tras el lema, que remite a las listas que se encuentran al final de esta introducción. Además de ello se ha indicado de forma sucinta la irregularidad de estos verbos, para evitar al lector que posea una cierta familiaridad con el español o el italiano el acudir continuamente a las listas de verbos irregulares. Por ejemplo:

poder <*31 puedo; pude*> *vt* poder
alludere <*10 allusi; alluso*> *vi* <*avere*> aludir, referirse (*a* a)

En la parte *italiano-español*, además de los verbos irregulares, se indican dos características formales de ciertos verbos que pueden ser de utilidad para el usuario español: los verbos esdrújulos de la primera conjugación y los verbos de la tercera conjugación que en determinadas formas añaden el infijo *-isc-* (para más información véase la introducción gramatical), serán indicados respectivamente con las abreviaturas *esd* y *isc*, entre corchetes agudos (<...>):

aborri|re <*isc*> *vt/vi* <*avere*> aborrecer, detestar
adopera|re <*esd*> **1.** *vt* usar, utilizar; llevar, usar, gastar (*gafas, sombrero*); **2.** *~rsi* trabajar (*per* por), luchar (*per* por), consagrarse (*per* a)

Otro elemento de utilidad señalado en la parte *italiano-español* es el auxiliar de los verbos intransitivos, cuando éste no es <essere>:

brave|ggiare *vi* <*avere*> fanfarronear
abort|ire <*isc*> *vi* <*avere, fig essere*> abortar

En todos los verbos italianos y españoles se indica si son transitivos, intransitivos o impersonales, mediante las abreviaturas *vt, vi, vi/imp*. No se utiliza niunguna abreviatura para los verbos reflexivos, fácilmente deducibles: éstos aparecerán dentro del correspondiente verbo transitivo o intransitivo, con un número en negrita aparte e indicando en cursiva la terminación *~se* (español) y *~rsi* (italiano):

arraig|ar 1. *vi* radicare, attecchire; **2.** *vt ius* garantire, ipotecare; **3.** *~se* 1. consolidarsi; 2. domiciliarsi
bardare 1. *vt mil* poner la barda; *agr* arrear; **2.** *~rsi iron* engalanarse, acicalarse

Se han recogido sólo aquellos verbos reflexivos que presentan alguna diferencia de significado respecto al correspondiente verbo transitivo. Ejemplos:

bald|ar 1. *vt med* paralizzare; lasciare malconcio; **2.** *~se* rattrappirsi

crogiol|are <*esd*> **1.** *vt gastr* cocer a fuego lento; *tec* templar (*vidrio*); **2.** *~rsi fig* deleitarse

Como se ha indicado en el punto 1.3., los usos transitivo, intransitivo o impersonal de un mismo verbo aparecen separados por cifras en negrita; pero esto no sucederá cuando a dos o más usos de la lengua de partida corresponda en la lengua término uno o más equivalentes que posean la misma particularidad. Ejemplos:

blanque|ar *vt/vi* imbiancare; imbianchire; biancheggiare; ~ *el dinero sucio* riciclare il denaro sporco
conteggi|are *vt/vi* <*avere*> contar, computar

Cuando existan diferencias entre el lema y los equivalentes, se indicará la diferencia tras estos últimos. Ejemplos:

picote|ar 1. *vt/vi zool* beccare; mangiucchiare; **2.** *~se* bisticciare *vi*
contendere <*58 -tesi; -teso*> *vt/vi* <*avere*> contender, luchar *vi*, altercar *vi*

Se ha intentado recoger el máximo número posible de construcciones típicas (o recciones) de los verbos. Éstas se indican tras los equivalentes, entre paréntesis, con la forma de la lengua de partida en cursiva y la de la lengua término en redonda. Ejemplos:

pensar <*5a pienso*> *vi* pensar (*en* a)
dissua|dere <*35 dissuasi; dissuaso*> *vt* disuadir (*q da qc* a alg de algo)

A pesar de ello, en la mayoría de los casos de coincidencia entre español e italiano se ha preferido omitir su indicación, con el único fin de ganar espacio.

1.6. Tratamiento de modismos, locuciones, etc.

Algunas expresiones están formadas por palabras que sólo se usan, precisamente, en dichas expresiones. Estos modismos se han introducido alfabéticamente teniendo en cuenta dicha palabra, que aparece seguida por dos puntos y por la expresión completa en letra negrita:

dispar|te: in ~ *adv* aparte, de lado, al margen; *lasciare/mettere in* ~ dejar de lado, relegar; *tenere q in* ~ mantener a alg al margen
machamartillo: a ~ *adv* in modo saldo, fortemente

El resto de las expresiones aparecerán bajo una de las palabras que la forman, generalmente el primer sustantivo, y si no lo hubiere, el primer verbo, adjetivo, etc. En ciertos casos, sin embargo, se ha seguido el criterio de introducir la expresión bajo la palabra más significativa de la expresión, aunque no fuera el primer sustantivo, verbo, etc., y en otros casos una misma expresión se podrá encontrar en más de una entrada.

1.7. Nombres propios

En el cuerpo del diccionario se han incluido una serie de nombres propios, teniendo en cuenta un doble criterio. Por una parte se han introducido aquellos nombres propios que tienen algún interés a causa de una relación cultural, lingüística, histórica o sociológica entre las dos lenguas, especialmente si presentan diferencias formales; por otra parte, se han incorporado también aquellos nombres propios que forman parte de expresiones o modismos habituales en una de las dos lenguas y que, precisamente, aparecen en la ordenación alfabética bajo este nombre propio.

1.8. Caracterización léxico-semántica de las palabras

Después de las indicaciones gramaticales sobre cada voz guía aparecen, en forma de abreviaturas (cuya lista se puede consultar al final de la introducción), *indicaciones de tipo léxico-semántico* (*marcas*) que sirven para delimitar el uso de las palabras. Estas marcas no pretenden tener un valor absoluto ni tienen una limitación exacta, pero sí que señalan determinadas restricciones de uso (geográficas, estilísticas, etc.).

Cuando las marcas preceden a una expresión en cursiva, y con el fin de evitar confusiones, se ha puesto la marca que determina dicha expresión entre paréntesis:

pájaro *m* uccello; *fig* persona astuta *f*; *(desp) ~ de cuenta* imbroglione; *(fig) ~ gordo* pesce grosso
dente *m med/mec* diente; *~ canino, incisivo, molare* colmillo, incisivo, muela; *~ del giudizio* muela del juicio; *~ di latte* diente de leche; *(bot) ~ di leone* diente de león; *mal di ~i* dolor de muelas; *(gastr) al ~* al dente, en su punto; *battere i ~i* castañetear, tiritar; *armato fino ai ~i* armado hasta los dientes; *avere il ~ avvelenato contro q* tener la lengua afilada contra alg; *(fig) mostrare i ~i a q* enseñarle los dientes a alg;...

En este diccionario se usan las siguientes marcas:

1.8.1. *Marcas geográficas*

Estas marcas señalan dónde se usa una palabra o expresión, por ejemplo sólo en España o en un país hispanoamericano. A este respecto hay que señalar que, en cuanto lo ha permitido el espacio disponible, se ha dado acogida, junto a las palabras usuales en todos los países de habla hispana, a una selección de palabras y expresiones hispanoamericanas, especialmente en la parte *español-italiano*. La marca *am* significa que una palabra es de uso general en todos, en la mayoría o en un grupo más o menos numeroso de países hispanoamericanos.

En la parte *italiano-español* se han recogido algunos regionalismos italianos (señalados con la abreviatura *reg*) suficientemente difundidos o conocidos, mientras que se han omitido aquellos regionalismos circunscritos a una zona restringida del territorio italiano. Entre los equivalentes españoles se ha intentado tener en cuenta los americanismos más extendidos, que son indicados con la mencionada abreviatura *am*.

1.8.2. *Marcas de especialidad*

Estas marcas señalan que la palabra tratada o una acepción de ella pertenecen a una determinada especialidad o campo como, por ejemplo, agricultura, deporte, informática o mitología.

1.8.3. *Marcas estilísticas*

La mayoría de las palabras recogidas en el diccionario pertenecen al *nivel estándar* de la lengua, es decir no tienen una marca estilística especial. Otras palabras en cambio sí que aparecen marcadas con esta clase de abreviaturas.

Las marcas de este tipo usadas en el diccionario son las siguientes: *lit* (indica que una palabra es propia de un estilo elevado: lenguaje literario o poético), *cient* (palabra propia del lenguaje científico), *ant* (palabra arcaica o uso arcaico de una palabra), *fam* (palabra usada en ciertas situaciones de trato familiar o de cierta intimidad), *pop* (palabra o expresión de marcado carácter coloquial y que puede usarse sólo en situaciones de gran confianza), *vulg* (palabra o expresión considerada vulgar, grosera o tabú), *euf* (palabra usada en lugar de otra marcada con la abreviatura anterior). Otras marcas reflejan una actitud del hablante: *desp* (actitud de desprecio), *iron* (actitud de ironía).

Las hay que indican la pertenencia de la palabra a la lengua de grupos determinados: *gergo* (palabra o expresión propia de una jerga o argot, como el de la delincuencia o el de la droga o el de los jóvenes), *git* (palabra propia del lenguaje de los gitanos, el caló), *infan* (voz o expresión propia del lenguaje infantil).

1.8.4. *Otras delimitaciones léxico-semánticas*

Muchas de las palabras de la lengua de partida tienen varias traducciones (equivalentes) en la lengua de destino según el contexto en que se usan. Para precisar la relación entre los diferentes equivalentes y los contextos correspondientes, se dan, entre paréntesis (y detrás de los equivalentes), explicaciones al respecto en letra cursiva:

picar 1. *vt* 1. pungere (*insectos, taur...*); beccare (*pájaro*); 2. *gastr* tritare; triturare, sminuzzare; spizzicare (*comida*); 3. *tec* punzonare, traforare, punteggiare; picchiettare (*pared*); *fig* provocare, irritare; **2.** *vi* 1. *med* prudere; bruciare, pizzicare (*sol, garganta, picante...*); 2. abboccare (*pez*); *fig* cadere nel tranello, cascare; 3. *aer* scendere in picchiata; 4. *mus* granire
abbuon|o *m com* bonificación *f*, descuento; *sport* bonificación *f* (*ciclismo*); handicap (*hípica*)

Se ha usado la marca (*est*) para señalar un uso de nivel estándar en un equivalente de una palabra de la lengua de origen, en la lengua de destino. Cuando un equivalente no lleva ninguna marca es porque pertenece al mismo nivel estilístico o al mismo campo que la palabra o lema.

1.9. El problema de los equivalentes

En muchos casos no existe un equivalente exacto entre las dos lenguas. El caso extremo es el constituido por aquellas palabras características de una cultura e inexistentes en la otra; en estos casos se ofrece una definición en la lengua término, entre comillas y precedida por el signo (=). Ejemplos:

mudéjar *adj/s* 1. ="moro sotto il dominio cristiano spagnolo"; 2. *arch* ="arte di ispirazione islamica sviluppatasi nella Spagna cristiana dall'XI al XVI secolo"
lambrusco *m gastr* ="vino tinto espumoso de Emilia"

1.10. Recomendaciones para el uso eficaz del diccionario

Este diccionario comprende dos partes: *español-italiano* e *italiano-español*; se aconseja en muchos casos que se trabaje con ambas partes. La parte *español-italiano*, por ejemplo, nos da los equivalentes italianos de las palabras españolas; si queremos obtener más información sobre los equivalentes italianos (fonética, morfología, etc.) habremos de acudir al artículo correspondiente de la parte *italiano-español*. Lo mismo cabe recomendar cuando la lengua de partida es el italiano.

Se ruega al lector que no consulte únicamente la parte inicial del artículo (el lema y el primer equivalente), sino todo el artículo correspondiente a dicho lema, y que acuda, en caso de duda, a las nociones fonéticas y gramaticales que se incluyen en esta introducción. Una atenta lectura evitará la interferencia de los "falsos amigos" existentes entre las dos lenguas y un uso proficuo de esta obra.

2. COMPENDIO DE GRAMÁTICA ITALIANA[1]

por Salvador Pons Bordería (Universitat de València)

Las siguientes páginas constituyen una somera descripción de la estructura de la lengua italiana, por lo que las explicaciones que se ofrecen son de carácter general. El usuario que desee analizar con más detalle los fenómenos aquí expuestos puede consultar una gramática descriptiva o contrastiva.

Para la redacción del compendio se han consultado diversas gramáticas y estudios, cuyo reflejo en estas hojas será fácilmente identificable para el estudioso de la lengua italiana. Por su carácter contrastivo, se ha hecho un uso especial del *Curso de lengua italiana*, de Carrera Díaz (Barcelona, Ariel, 1984).

2.1. Fonología y ortografía

2.1.1. *Observaciones sobre la correspondencia entre grafía y fonema*

El siguiente esquema refleja la relación entre fonemas, grafías y pronunciación del italiano:

1. Agradezco a Cesáreo Calvo y a Anna Giordano las abundantes observaciones hechas durante la redacción de este compendio, sin las cuales la calidad de estas páginas sería sensiblemente inferior. Naturalmente, sólo yo soy responsable de los errores que en ellas se puedan encontrar.

FONEMA	GRAFÍAS	PRONUNCIACIÓN
[a]	<a>	Similar a la española
[ɛ]	<e>	Ligeramente más abierta que la española
[e]	<e>	Ligeramente más cerrada que la española
[i]	<i>	Similar a la española
[ɔ]	<o>	Ligeramente más abierta que la española
[o]	<o>	Ligeramente más cerrada que la española
[u]	<u>	Similar a la española
[p]	<p>	Se pronuncia algo más fuerte que la española (oclusiva en todas las posiciones)
[b]	<b>	Oclusiva en todas las posiciones
[t]	<t>	Oclusiva en todas las posiciones
[d]	<d>	Oclusiva en todas las posiciones
[k]	<c $^{\text{a,o,u, consonante}}$> <ch $^{\text{e,i}}$> <q> (ante [w])	Oclusiva en todas las posiciones. La secuencia <qu> se pronuncia siempre [kw]
[g]	<g $^{\text{a,o,u, consonante}}$> <gh $^{\text{e,i}}$>	Oclusiva en todas las posiciones. La secuencia <gu> se pronuncia siempre [gw]
[f]	<f>	Similar a la española
[v]	<v>	Como la <v> catalana o como la <v> española en pronunciación afectada
[s]	<-ss-> (entre vocales) <s> (otras posiciones)	Similar a la española, aunque ligeramente más dental y menos apical (más parecida a la andaluza)
[z]	<-s-> (entre vocales) <s> (ante consonante sonora)	Como en francés *rose* o en catalán *rosa*

FONEMA	GRAFÍAS	PRONUNCIACIÓN
[ʃ]	<sci ^{a,o,u,e}> <sc ^{e,i}>	Como en inglés *shoe*, en francés *chou* o en catalán *caixa*.
[ts]	<zz> (entre vocales[2]) <z> (otras posiciones)	Como si se pronunciara una t e, inmediatamente después, una s.
[dz]	<zz> (entre vocales[3]) <z> (otras posiciones)	Como el sonido anterior, pero con vibración de las cuerdas vocales.
[tʃ]	<ci ^{a,o,u,e}> <c ^{c,i}>	Similar a la ch castellana
[dʒ]	<gi ^{a,o,u}> <g ^{e,i}>	Similar a la ll argentina. Ingl. *pleasure*, cat. *platja*.
[m]	<m>	Similar a la castellana
[n]	<n>	Similar a la castellana
[ɲ]	<gn>	Similar a la castellana
[l]	<l>	Similar a la castellana
[ʎ]	<gli ^{a,e,o}> <gl ^{e,i}>	Similar a la castellana
[r]	<r>	En posición inicial, equivale a la vibrante simple española

A partir del presente esquema se pueden realizar las siguientes consideraciones sobre la pronunciación de los fonemas italianos:

2.1.1.1. Las vocales

A pesar de la existencia en italiano de siete fonemas vocálicos ([a, e, e, i, o, o, u]) portadores de significados diversos, como en *pèsca* (melocotón) y *pésca* (pesca), o como en *bòtte* (golpes) y *bótte* (barril), se aconseja al hispanófono principiante que siga aproximadamente el sistema vocálico español, ya que no le creará graves problemas de tipo semántico.

2. Excepto ante <i> (pronunciada como [j]/[i]) + vocal. Ejs: *azienda* [ad:zjenda], *polizia* [polit:sía], *azione* [at:sjóne].
3. Véase nota anterior.

Sin embargo, el estudiante avanzado de italiano deberá tener en cuenta que, a pesar de la semejanza entre ambos sistemas vocálicos, las vocales italianas presentan diferencias de matiz con las españolas. Un aprendizaje completo deberá tener en cuenta estas diferencias fonéticas e intentará reproducir los sonidos vocálicos del italiano con la mayor perfección posible, sin dejarse llevar por transposiciones fáciles del sistema pentavocálico del español al italiano (lo que identificará el origen del hablante).

En italiano existen diferencias de cantidad entre las vocales tónicas no finales en sílaba abierta, que se pronuncian ligeramente más largas, y las otras, que resultarán más breves (*n**o**te* –larga– / *n**o**tte* –breve–). Este factor también deberá ser tenido en cuenta si se quiere llegar a dominar la pronunciación de la lengua italiana con precisión.

2.1.1.2. Los diptongos y triptongos

La unión de una semivocal o de una semiconsonante (representadas gráficamente como <i>, <u>) con una vocal plena forma un diptongo (*__pia__no, v__ie__ni, m__ai__, p__au__sa*). La unión de una semiconsonante y una semivocal con una vocal plena dentro de una misma sílaba se denomina triptongo (*m__iei__, a__iuo__le, s__uoi__*).

2.1.1.3. Las consonantes

— Las consonantes oclusivas (p, b, t, d, k, g) se pronuncian con una intensidad mayor que en español. Recuerde el hispanohablante que fenómenos como la pérdida de la –d– en los participios de la primera conjugación (*acabao, terminao*) se deben a esta tendencia, que también se manifiesta en otras palabras y con otras consonantes (andaluz **caéza*, o**juar*, por *cabeza* y *jugar*). Dicha tendencia no existe en italiano, por lo que la articulación de estas consonantes se realiza con mayor fuerza que en castellano.

— La grafía <c> tiene un sonido velar [k] ante a, o, u (*casa, cosa, cupo*) y palatal [tʃ] ante e, i (*cento, ciglia*). La articulación de este último sonido no es idéntica a la del castellano, ya que en italiano este sonido es alveopalatal, y no palatal. Por tanto, el fonema [tʃ] se realiza en italiano colocando la lengua en una posición ligeramente más adelantada.

Nótese que, en algunos casos, la <i> de los grupos <cie>, <gie> no se pronuncia: *cielo, cieco, valigie, ciliegie*... En estos casos la <i> se ha mantenido con una función diacrítica o simplemente por razones etimológicas.

— La grafía <g>, al igual que la <c>, posee un sonido velar ante a, o, u, (*gatto, goccia, gusto*) y palatal ante e, i (*gente, girare*), que coincide aproximadamente con la pronunciación rehilada del español porteño (arg. *allí*). El sonido italiano es muy parecido al de la palatal central española [y], por lo que el estudiante de italiano deberá tener cuidado de no confundir ambos sonidos (el italiano es africado sonoro, el español es fricativo sonoro).

— Tanto la <c> como la <g> pueden pronunciarse con articulación velar ante e e i; para ello, se intercalará una <h> entre la consonante y la vocal (*chinare* [kináre], *cherubino* [kerubíno], *ghiro* [gíro], *ghetto* [gét:o]). La <h> funciona, en este caso, como signo gráfico de velarización.

— El grupo consonántico <gl> se pronuncia de modo similar a la <ll> española; no obstante, en algunas palabras de origen culto, como *glicine* [glítʃine] o *negligente* [neglidʒénte], dicho grupo representa la pronunciación del fonema [g] más el fonema [l].

— La pronunciación del grupo consonántico <gn> equivale a la de la grafía española <ñ>, a la de la catalana <ny> o a la de la portuguesa <nh>.

— La <h> es una grafía muda, como en español, y su uso en italiano es muy restringido, empleándose tan sólo en algunas formas del presente de indicativo del verbo *avere* (*ho, hai, ha, hanno*), en interjecciones (*ah!, oh!, ahimè!*), ante <c> y <g>, para indicar el sonido velar de estas grafías y en determinadas palabras de origen extranjero (*handicap, hors d'oeuvre, hidalgo, habitat, humus*).

— La <q> (pronunciada [k]) va siempre unida a los diptongos ua, ue, ui, uo. Es de señalar que, en estos casos, y a diferencia de lo que ocurre en castellano, la u del diptongo se pronuncia siempre (*quando* [kwándo], *questo* [kwésto], *qui* [kwi], *quotare* [kwotáre]).

— Este último caso también se aplica a las grafías <gue>, <gui>, a las que corresponde en castellano la pronunciación [ge], [gi], mientras que en italiano se pronuncian como [gwe], [gwi]. Por tanto, una palabra italiana como *guerra* no se pronunciará [gérra], sino [gwérra].

— La <r> es parecida a la española, aunque el italiano no distingue gráficamente entre la vibrante simple (en español <r> entre vocales) y la vibrante múltiple (en español <rr> entre vocales). Recuérdese que, en posición inicial, el italiano sólo articula la vibrante simple r (y el castellano sólo articula la vibrante múltiple), por lo que palabras como *Roma* o *rana* se pronuncian "más suaves" que en español).

— La <s> puede ser sorda o sonora. Se pronuncia como sonora si precede a una consonante sonora (*sdentato* [zdentáto], *sbavare* [zbaváre]) o en posición intervocálica, si bien en este último caso existe una diferencia regional: en la mitad septentrional de Italia predomina la pronunciación sonora (*rosa* [ròza]), mientras que en la mitad meridional predomina la articulación sorda [ròsa].

— La pronunciación correspondiente a la del grupo <sc(i)> equivale a la de la <ch> francesa o a la de la <sh> inglesa. En algunas palabras, la <i> del grupo <scie> no se pronuncia y su mantenimiento obedece a razones puramente etimológicas: *scienza, cosciente, usciere*...

— La <z> puede representar tanto a un sonido sordo como a uno sonoro. Al igual que en el caso anterior, su distribución depende del uso regional. Se aconseja a los hispanohablantes el uso de la pronunciación sonora [dz] al principio de palabra (*zio, zucchero*), y de la sorda [ts] en el resto de las posiciones, así como en los casos de grafía doble <zz> (*pizza, azione, generalizzare*).

— Los sonidos [ʃ], [ts], [dz], [ɲ] y [λ] se pronuncian dobles (es decir, con una duración mayor) en posición intervocálica, aunque no posean grafías especiales que lo indiquen. *Coscia* [kóʃ:a], *pizza* [pít:sa], *mezzo* [méd:zo], *cagna* [káɲ:a], moglie [móλ:e].

2.1.1.4. Entonación

La entonación del italiano es marcadamente distinta de la del castellano. Dicha diferencia radica, fundamentalmente en las alturas musicales respectivas (más alta para el italiano, más baja para el castellano), así como en la pronunciación breve o larga de las vocales italianas, en la existencia de consonantes dobles y en la reduplicación, en determinadas circunstancias, de la consonante inicial de las palabras. También se ha de tener en cuenta que, en italiano, existe un mayor número de palabras esdrújulas.

2.1.1.5. Pronunciación de palabras extranjeras

Frente a la tendencia del castellano de adaptar a sus esquemas fonéticos los extranjerismos que incorpora (ingl. *meeting*, esp. penins. *mitin*) el italiano muestra una tendencia a mantener la pronunciación de la palabra en su lengua original (*meeting*). Este mantenimiento dependerá, en cualquier caso, de la época en que dicha palabra se haya introducido en la lengua italiana y del nivel cultural del hablante.

2.1.1.6. Signos de puntuación

En italiano los signos de interrogación y de exclamación son, respectivamente, ? y ! No existen, por tanto, los signos que en castellano marcan el inicio de una interrogación y de una exclamación (¿ y ¡).

2.1.2. *Reglas para la separación gráfica de sílabas*

La división gráfica de las sílabas en la lengua italiana da pie a las siguientes observaciones contrastivas:

1. Las grafías que representan a los fonemas consonánticos dobles se sitúan en dos sílabas contiguas. En ningún caso pertenecen a la misma sílaba gráfica:

pal/la, lab/bro, car/ro, pas/sa/re, no
**pa/lla, *la/bbro, *ca/rro, *pa/ssa/re*

Lo dicho anteriormente es válido para la grafía <*–cqu–*> [kk]: *ac/ qua*, no **a/cqua*

2. Especial atención merecen los grupos consonánticos encabezados por s (*nastro, costo, restringere*). Aunque la pronunciación agrupa la s con la sílaba precedente ([nás-tro], [kós-to]), la división gráfica une la s a la sílaba siguiente, por lo que la división gráfica será
na/stro, co/sto, re/strin/ge/re y no
**nas/tro, *cos/to, *res/trin/ge/re*

3. A diferencia de lo que ocurre en español, en italiano es posible dejar una vocal aislada a final de línea, por lo que no se considera incorrecta una división silábica como la reflejada en las palabras
a/more, e/lefante, i/larità, o/mino, u/dire

4. Cuando dos vocales forman diptongo pertenecen a la misma sílaba:
cau/sa, pie/de, pio/vra

Dos vocales en hiato pertenecen a dos sílabas distintas:
pa/u/ra, far/ma/ci/a

5. Los apóstrofos pueden separarse de la palabra a la que se unen:
dall'/ Africa

o unirse a ella (en este caso, la división gráfica se establece entre la consonante doble precedente). Esta última es la solución más habitual:
Dal/ l'Africa

2.1.3. *Reglas de acentuación*

El acento gráfico italiano es grave (à) cuando recae sobre las vocales a, i, u, e (abierta) y o (abierta); agudo (á) cuando se coloca sobre las vocales e y o[4] cerradas. A pesar de ser esta la regla general, existen variaciones tanto en lo que se refiere al tipo de acentos empleados –en algunas editoriales se acentúa la <u> con acento agudo (á) y en otras con acento grave (à)– como en lo referido a las palabras acentuadas –así, algunos autores acentúan determinados homógrafos polisílabos cuando de su acentuación dependen diferencias de significado (*áncora* ~ *ancora*). Aunque la regla general es la de no indicar gráficamente el acento, éste se escribe:

1. En las palabras agudas acabadas en vocal que no sean monosílabas (*bontà, virtù, temerò, rifiorì*).

4. La o en posición final recibe el acento grave: *falò, canterò*...

2. En algunos monosílabos, para evitar su posible pronunciación bisilábica: *ciò, può, più, già*. Se exceptúan de esta regla *qui* y *qua*.

3. En monosílabos, para diferenciar homónimos:

ché	(causal)	*che*	(completiva y relativo)
dà	(v. dare)	*da*	(prep)
è	(v. essere)	*e*	(conj)
là	(adv lugar)	*la*	(art y pron)
lì	(adv lugar)	*li*	(pron)
né	(y no)	*ne*	(part adverbial)
sé	(pron)	*se*	(conj)
sì	(adv afirmac)	*si*	(pron reflexivo)

Por último, téngase en cuenta que, al no estar regulada en italiano la posición del acento por reglas precisas, ésta es irregular e imprevisible, por lo que éste coincide generalmente con su equivalente castellano (ca**mi**sa ~ ca**mi**cia), aunque no siempre (Pe**ri**cles ~ **Pe**ricle; demo**cra**cia ~ democra**zi**a).

2.2. Morfología

2.2.1. *El artículo*

2.2.1.1. El artículo determinado

La forma del artículo en italiano varía dependiendo del sonido inicial de la palabra que sigue al artículo. Este fenómeno, que también se da, aunque de forma muy escasa, en español (*el águila* y no **la águila*, pero *las águilas*), es de gran importancia en italiano. Responde a la tendencia de no acumular demasiadas consonantes o demasiadas vocales juntas.

Se distinguen tres contextos:

a) palabras que comienzan por vocal;
b) palabras masculinas que comienzan por las consonantes: z (*zio*), x (*xenofobo*), i semiconsonante (*iogurt*), o por los grupos consonánticos: s+consonante (*stomaco*), sc(i)- (*sciocco*), gn- (*gnomo*), ps- (*psichiatra*), pn- (*pneumatico*);
c) palabras que comienzan por el resto de las consonantes.

El paradigma de las formas del artículo quedará del siguiente modo:

		Singular	Plural
	Caso a)	L'amico	Gli amici
Masculino	Caso b)	Lo pneumatico	Gli pneumatici
	Caso c)	Il libro	I libri
Femenino	Caso a)	L'amica	Le amiche
	Casos b) y c)	La casa	Le case

Es importante recordar esta alternancia, dado que se repite en el paradigma de los adjetivos bello y quello.

2.2.1.2. El artículo contracto

Las distintas formas del artículo determinado se unen obligatoriamente a las preposiciones a, da, di, in y su, formando una palabra, al igual que ocurre en castellano con las formas al (a + el) y del (de + el). Las formas resultantes mantienen las alternancias fonéticas del artículo.

	il	**lo**	**l'**	**la**	**i**	**gli**	**le**
a	al	allo	all'	alla	ai	agli	alle
da	dal	dallo	dall'	dalla	dai	dagli	dalle
di	del	dello	dell'	della	dei	degli	delle
in	nel	nello	nell'	nella	nei	negli	nelle
su	sul	sullo	sull'	sulla	sui	sugli	sulle

Opcionalmente, se pueden contraer la preposición con con las formas il e i del artículo determinado, dando así lugar a los artículos contractos col y coi.

2.2.1.3. El artículo indeterminado

El artículo indeterminado presenta alternancias casi idénticas a las del artículo determinado[5]. Hay que señalar que el italiano no posee formas propias para el artículo indeterminado plural, por lo que se sirve de la preposición articulada di + artículo determinado.

		Singular	Plural
	Caso a)	un	degli
Masculino	Caso b)	uno	degli
	Caso c)	un	dei
Femenino	Caso a)	un'	delle
	Casos b) y c)	una	delle

Además de éstas, el italiano emplea las formas del, dello, dell', della, para indicar la partición. Mediante este uso, que no existe en

5. Las terminaciones del singular del artículo indeterminado se repiten en los adjetivos nessuno, alcuno, ciascuno.

español, aunque sí en francés, se da a entender que se toma una parte de un todo, el cual no es ni contable ni divisible en partes (piénsese en líquidos como agua, vino, etc.). Así, la traducción equivalente a la frase española *¿Quieres vino?* será en italiano *Vuoi del vino?* y no **Vuoi vino?*.

2.2.2. *El sustantivo*

2.2.2.1. Formación del plural

El italiano forma el plural de los sustantivos mediante cambios en las vocales finales. Se pueden distinguir los siguientes casos:

1. Los sustantivos acabados en -o (masc) y en -e (masc y fem) forman el plural en -i; los sustantivos femeninos acabados en -a forman el plural en -e:

	Sing	**Pl**
Masc	il treno	i treni
Masc, fem	il mare	i mari
	la torre	le torri
Fem	la strada	le strade

a) Los sustantivos llanos acabados en -co, -ca, -go, -ga añaden una h gráfica a la terminación del plural para mantener la pronunciación velar de dichas consonantes:

Sing	buco	**Pl**	buchi
	vacca		vacche
	lago		laghi
	collega		colleghi
	bottega		botteghe

b) Los sustantivos masculinos esdrújulos en -co, -ca, -go y -ga palatalizan la [k] en [tʃ] en el plural; los sustantivos femeninos y los masculinos en [g] mantienen la velaridad:

Sing	medico	**Pl**	medici [meditʃi]
	musica		musiche [múzike]
	obbligo		obblighi [òb:ligi]

c) Con todo, las reglas a) y b) presentan numerosas excepciones.

Excepciones a la regla a):

Sing	greco amico	**Pl**	greci amici

Excepciones a la regla b):

Sing	filologo asparago	**Pl**	filologi asparagi

2. Los sustantivos masculinos terminados en -a forman el plural en -i.

Sing	poeta problema	**Pl**	poeti problemi

a) Se incluyen aquí las palabras comunes en cuanto al género (aquellas que, en singular, no distinguen morfológicamente el género):

Sing	il/la dentista	**Pl**	i dentisti le dentiste

Como se puede observar, el masculino plural se forma según la regla 2 y el femenino plural según la regla 1.

b) Al igual que en casos anteriores, los sustantivos masculinos acabados en -ca, -ga, que hacen plural en -i, añaden una h gráfica para indicar que no se produce palatalización alguna:

Sing	il monarca duca	**Pl**	monarchi [monárki] duchi [dúki]

3. El plural de los sustantivos acabados en -io varía según la i sea tónica (en cuyo caso forman el plural en -ii) o átona (en cuyo caso el plural es -i):

Sing		Pl	
	zio pendio bacio studio		zii pendii baci studi

4. El plural de los sustantivos femeninos acabados en -gia y -cia dependerá del carácter tónico o átono de la i final. En el primer caso, el plural será -cie[tʃíe], -gie *[dʒíe]*; en el segundo, la i se perderá si la terminación va precedida por una consonante (*pio**g**gia*) y se conservará si le precede una vocal (*ac**a**cia*):

Sing		Pl	
	bug**i**a farmac**i**a pioggia acacia		bug**i**e farmac**i**e piogge acacie

En algún caso la i se puede mantener para diferenciar homógrafos. Así, el plural de *audacia* es *audacie*, para diferenciarlo de *audace*.

5. Algunos sustantivos masculinos acabados en -o en el singular forman el plural en -a y cambian de género:

Sing		Pl	
	l'uovo il paio il riso		le uova le paia le risa

6. Otro grupo está formado por los sustantivos que, acabados en -o en singular, tienen una doble desinencia de plural: en -i, con género masculino, y en -a, con género femenino. Las desinencias del plural sirven generalmente para distinguir dos acepciones de la misma palabra, de las cuales la terminación en -a representa el uso recto, y la terminación en -i el uso desviado o figurado:

Sing		Pl	
	il braccio		i bracci (de una silla...) le braccia (del cuerpo humano)
	il labbro		i labbri (de una herida...) le labbra (de la boca)
	il muro		i muri (de una casa...) le mura (de una ciudad)
	il dito		i diti (considerados por separado) le dita (de la mano) etc...

7. Existen palabras invariables en plural: a) algunos sustantivos acabados en -a; b) la forma abreviada de algunas palabras; c) sustantivos femeninos acabados en -ie; d) algunos sustantivos acabados en -i; e) palabras acabadas en consonante (generalmente extranjerismos); f) palabras agudas acabadas en sílaba tónica; g) palabras usadas sólo en singular o en plural.

a) *il/ i boia, sosia, vaglia.*
b) *la/ le dinamo, foto, moto, auto*
c) *la/le specie, serie, barbarie* (excepción: la moglie ~ le mogli, la superficie ~ le superfici/superficie)
d) *il/i brindisi*
d') *la/le metropoli, analisi, oasi, diagnosi*
e) *il/ i quiz, film, bar, gas*
f) *il/ i re, caffè*
f') *la/le virtù, città, gioventù, gru*
g) *la fame, i calzoni, gli occhiali...*

8. El plural de los sustantivos compuestos se hace por lo general añadiendo la terminación de plural al final de la palabra:

Sing	l'arcobaleno il francobollo il grattacielo	**Pl**	gli arcobaleni i francobolli i grattacieli

Sin embargo, en algunas ocasiones la desinencia de plural se añade al final del primer sustantivo:

Sing	il capostazione	**Pl**	i capistazioni

Y en otras se modifican los dos elementos del compuesto:

Sing	la cassaforte	**Pl**	le casseforti

Las palabras compuestas formadas con la forma capo- merecen un tratamiento especial, para cuya comprensión se remite al lector a la consulta de una gramática.

9. Plurales irregulares:

Sing	il dio il bue l'uomo	**Pl**	gli dei i buoi gli uomini

2.2.2.2. El género

A continuación se señalan algunas de las palabras cuya forma varía totalmente en masculino y en femenino:

Masc	**Fem**
uomo	donna
padre	madre
fratello	sorella
genero	nuora
cane	cagna
bue	vacca

2.2.3. *El adjetivo*

2.2.3.1. Género y número del adjetivo

1. Las variaciones de género y de número en italiano se forman mediante inflexiones vocálicas. Se distinguen tres grupos de adjetivos, según presenten cuatro terminaciones distintas (para masculino y femenino, tanto en singular como en plural), dos terminaciones (una para el singular y una para el plural) o una sola terminación:

<table>
<tr><th></th><th colspan="2">Singular</th><th colspan="2">Plural</th></tr>
<tr><td></td><td>masc</td><td>fem</td><td>masc</td><td>fem</td></tr>
<tr><td>4 terminaciones</td><td>caldo</td><td>calda</td><td>caldi</td><td>calde</td></tr>
<tr><td>2 terminaciones</td><td colspan="2">soave</td><td colspan="2">soavi</td></tr>
<tr><td>1 terminación</td><td colspan="4">pari</td></tr>
</table>

Para los adjetivos acabados en *-co, -go, -ca, -ga*, valen, con ligeras excepciones, las reglas enumeradas en el apartado correspondiente a los sustantivos.

2. Una divergencia notable entre ambos idiomas es la que concierne a los adjetivos gentilicios en -ese/ -és, variables en género y número para el castellano y variables sólo en cuanto al número en italiano:

Un uomo francese	*Un hombre francés*
Una ragazza francese	*Una chica francesa*
Dei film francesi	*Películas francesas*

2.2.3.2. Los grados del adjetivo

1. El grado positivo representa la atribución de una cualidad sin ningún tipo de gradación:

Il caffè è buono

2. El grado comparativo pone en relación dos términos entre los que se pueden establecer relaciones de:

a) Inferioridad: se expresa mediante el morfema discontinuo meno...di/che. La primera de estas estructuras se utiliza para establecer una comparación entre adverbios, pronombres sin adyacentes o sintagmas nominales:

Ora mi annoio più di *allora*
Io studio più di *te*
Il caffè è più caldo d*el brodo*

Mediante la segunda se comparan entre sí pronombres con adyacentes u otras categorías (verbos, Sprep, adj...):

Lui con la sua bici è più veloce che *tu con la tua Cinquecento*
Mi piace di più *leggere* che *scrivere*
Questo lo faccio più *per te* che *per me*
Il caffè è meno *caldo* che *cattivo*

b) Superioridad: se emplea el morfema discontinuo più...di/che, con idéntica distribución a la indicada para el comparativo de inferioridad:

Roma è più bella di Milano
Roma è più bella che tranquilla

c) Igualdad: se utilizan los morfemas discontinuos tanto...quanto y così...come:

Roma è tanto bella quanto affollata
Questi spaghetti sono così buoni come quelli della nonna

3. El grado superlativo atribuye a un elemento el grado máximo de una cualidad. Esta atribución se puede hacer en abstracto (superlativo absoluto) o con respecto a un término de comparación (superlativo relativo). En italiano el superlativo absoluto se forma mediante la adición del sufijo -issimo:

Laura è simpaticissima

a) Es de destacar la existencia de superlativos lexicalizados mediante determinaciones adjetivales:

buio pesto, innamorato cotto, bagnato fradicio, pieno zeppo, stanco morto, ricco sfondato...

así como el superlativo formado por la repetición del adjetivo en grado positivo (recuérdese el español *Quiero un café café*):

buono buono, grosso grosso...

b) El superlativo relativo se forma mediante la adición al adjetivo en grado positivo del morfema discontinuo il più...di. Conviene señalar que la preposición di estará sujeta a las mismas variaciones formales que cuando funciona en un sintagma nominal (podrá aparecer, por tanto, bajo las formas del, dell', dello, della, dei, degli, delle):

Mauro è il più bravo ragazzo del suo paese

4. Algunos adjetivos presentan superlativos sintéticos (provenientes del latín):

celebre	*celeberrimo*
integro	*integerrimo*
misero	*miserrimo*

aunque también presentan formas analíticas, formadas por analogía con el resto de los adjetivos:

celebre	*molto celebre*
integro	*molto integro*

Los comparativos y superlativos sintéticos de los adjetivos buono, cattivo, grande, piccolo, alto y basso presentan un uso mayor que el de los otros adjetivos, aunque en el habla coloquial alternen con los superlativos analíticos più, il più, -issimo). Sus formas son muy similares a las de sus equivalentes castellanos:

buono	*migliore, ottimo*
cattivo	*peggiore, pessimo*
grande	*maggiore, massimo*
piccolo	*minore, minimo*
alto	*superiore, supremo*
basso	*inferiore, infimo*

2.2.4. *Los demostrativos*

2.2.4.1. Adjetivos demostrativos

El italiano, como otras lenguas románicas, posee tan sólo dos grados de deixis. Lo cercano al interlocutor se señala mediante la forma questo (=este) y lo alejado del interlocutor se indica mediante el adjetivo demostrativo quello (= ese y aquel).

Questo sufre las mismas variaciones que un adjetivo de cuatro terminaciones. En singular y ante vocal pierde la vocal final y se apostrofa a la palabra siguiente:

		Singular	Plural
Masculino	ante consonante	questo	questi
	ante vocal	quest'	questi
Femenino	ante consonante	questa	queste
	ante vocal	quest'	queste

Sin embargo, hay que señalar que:

a) En el lenguaje escrito actual existe una fuerte tendencia a no elidir la vocal final cuando la palabra siguiente comienza por vocal, por lo que no es infrecuente encontrar ejemplos como *questo uomo*, en lugar de *quest'uomo*.

b) El lenguaje coloquial hablado utiliza la forma reducida *što* (*'sta, 'sti, 'ste*), que conviene evitar en usos formales. No se escribe, a pesar de que existen algunas lexicalizaciones, que contienen dicha forma (*stamane, stasera, stavolta*), perfectamente admisibles en el lenguaje escrito.

2.2.4.2. Los pronombres demostrativos

Los pronombres demostrativos son los siguientes:

	Singular			Plural	
	Masc	Fem	Neutro	Masc	Fem
Este, esto	questo	questa	ciò	questi	queste
Ese, aquel	quello	quella	ciò	quelli	quelle

Observaciones:

Existen las formas questi y quegli, que se utilizan sólo cuando se refieren a pronombres masculinos singulares en función de sujeto. Se trata de formas literarias que se emplean en la lengua escrita y en la oral en situaciones formales.

> *Dante e Boccaccio sono due grandi scrittori. Quegli (=Dante) più mistico, questi (=Boccaccio) più allegro e umano.*

2.2.5. *Los posesivos*

2.2.5.1. Adjetivos posesivos

Poseedores		Cosas poseídas: Una		Varias	
		Masc	Fem	Masc	Fem
	1ª pers	Il mio	La mia	I miei	Le mie
Uno	2ª pers	Il tuo	La tua	I tuoi	Le tue
	3ª pers	Il suo	La sua	I suoi	Le sue
	1ª pers	Il nostro	La nostra	I nostri	Le nostre
Varios	2ª pers	Il vostro	La vostra	I vostri	Le vostre
	3ª pers	Il loro	La loro	I loro	Le loro

Obsérvese la distinción que establece el italiano entre los casos en que existe un poseedor y varias cosas poseídas, en los que se utilizan las formas suoi/sue (*I suoi libri, le sue cravatte*), y aquellos en los que existen varios poseedores y una o varias cosas poseídas, para los que se reserva la forma loro (*il loro disco* = el disco de varias personas; *i loro dischi* = los discos de varias personas).

El posesivo italiano va siempre acompañado del artículo. La única excepción a esta regla la constituyen los nombres de parentesco (*madre, zio, nipote*, etc), ante los cuales el posesivo no irá precedido del artículo:

Mia madre, mio zio, suo nonno.

Sin embargo, cuando estas palabras se utilizan en plural, prefijadas, sufijadas, seguidas de un adjetivo calificativo o acompañadas de loro, el posesivo volverá a ir acompañado del artículo:

La mia mamma, il mio bisnonno, il mio bravo figlio, la loro zia...

Por último, conviene señalar que el italiano usa formas de cortesía también con los posesivos. En singular, las formas de cortesía serán il Suo e il Loro, escritas con mayúscula:

Signor Rossi, la Sua macchina è pronta

En plural, se empleará la forma il Vostro:

È arrivata la Vostra lettera

2.2.5.2. Pronombres posesivos

Son idénticos a los adjetivos posesivos. La diferente categoría viene determinada por la presencia o ausencia de un sustantivo con la función de núcleo del sintagma en que se inserte el posesivo.

2.2.6. *Pronombres relativos*

Función sintáctica	**Singular** Masc	Fem	**Plural** Masc	Fem
Sujeto		che/ chi		
Objeto directo		che/ chi		
Compl del nombre	Il cui	La cui	I cui	Le cui
Obj ind/ C circunst		Prep + cui/ Prep + chi		
Cualquier función	Il quale	La quale	I quali	Le quali

Observaciones:

a) Las formas che y cui alternan en sus funciones: la primera no puede estar precedida de preposición, y por esta razón sólo se puede emplear como sujeto u objeto directo. La segunda, en cambio, sólo puede aparecer precedida de preposición, por lo que se emplea para las restantes funciones.

b) La forma de genitivo il cui... equivale al español cuyo; en italiano, las variaciones de género y de número se expresan mediante la variación del artículo; el pronombre es invariable:

Quella è la donna la cui camicia tanto ti piaceva
Quelli sono i fratelli i cui genitori sono ricchi sfondati

c) El pronombre chi equivale al relativo castellano quien, quienes. Se usa sólo para personas, y puede aparecer tanto en funciones de sujeto y objeto directo como de complemento indirecto o circunstancial.

d) La forma il quale puede sustituir, como figura en el esquema, a las formas che y cui. Equivale a la castellana el cual.

La donna con cui/ con la quale ho parlato è la signora Rossi

2.2.7. *Pronombres interrogativos*

A continuación se indica la lista de los principales pronombres interrogativos italianos con su traducción aproximada en castellano. Debe tenerse en cuenta, como en los restantes apartados, que existen diferencias de uso cuya explicación se debe buscar en una gramática.

Che?	¿Qué?
Che cosa?	¿Qué?
Chi?	¿Quién?
Quale?	¿Cuál?, ¿qué?
Come?	¿Cómo?
Quanto?	¿Cuánto?
Dove?	¿Dónde?
Quando?	¿Cuándo?

Observaciones:

a) Las formas che y chi pueden ir precedidas de preposición, al contrario de lo que sucede a sus homónimas relativas.

b) Quale puede funcionar como adjetivo interrogativo o como pronombre interrogativo. En el primer caso equivale a la forma castellana qué; en el segundo, a la forma cuál. (*Quale pasta ti piace di più? ~ Quale ti piace di più?*)

2.2.8. *El pronombre personal*

2.2.8.1. Paradigmas tónico y átono

a) Paradigma tónico

			Sujeto	**Obj dir**	**Otros compl**
	1ª pers.		io	me	Prep + me
	2ª pers.		tu	te	Prep + te
Singular		**masculino**	lui,(egli, esso)	lui	Prep + lui
			lei (Ella)	*Lei*	*Prep + Lei*
	3ª pers.	**femenino**	lei,(ella, essa)	lei	Prep + lei
			lei (Ella)	*Lei*	*Prep + Lei*
		reflexivo	sé		Prep + sé
	1ª pers.		noi	noi	Prep + noi
	2ª pers.		voi	voi	Prep + voi
Plural		**masculino**	loro (essi)	loro	Prep + loro
			Voi, loro	*Voi, Loro*	*Prep + Voi, Loro*
	3ª pers.	**femenino**	loro (esse)	loro	Prep + loro
			Voi, loro	*Voi, Loro*	*Prep + Voi, Loro*
	reflexivo		sé		Prep + sé

Observaciones:

1) Las formas de tercera persona en cursiva representan las formas de tratamiento. Obsérvese el uso de las mayúsculas. Para el plural, se prefiere el uso de la forma Voi al de Loro.

2) El sujeto en tercera persona se expresa mediante el uso de los pronombre lui/ lei/ loro. Estas formas, pertenecientes en principio al paradigma de las formas de objeto directo, han suplantado a las formas egli y ella, hoy limitadas a usos escritos de carácter formal. También de uso restringido son las formas esso, essa y variantes. Debido a esta razón, se las ha colocado entre paréntesis.

3) La forma de cortesía Ella (escrita con mayúscula) se utiliza sólo en el lenguaje burocrático y en registros extremadamente formales de la lengua hablada.

4) El pronombre de objeto directo no se introduce mediante ninguna preposición. El hablante español ha de prestar especial atención a no introducir la preposición a ante el objeto directo, por calco del castellano: *Cercano te*, pero**Cercano a te*.

5) La reduplicación del objeto indirecto mediante el correspondiente pronombre, del tipo A mí me gusta, se considera incorrecta en italiano, donde se prefiere la construcción *A me piace*.

6) Sin embargo, la reduplicación del objeto directo es muy frecuente en la lengua italiana, acercándose su uso al del español de América: *La mela, la vuoi?*

b) Paradigma átono

	Singular					Plural				
	1ª p	2ª p	3ª p masc	fem	refl	1ª p	2ª p	3ª p masc	fem	refl
O dir	mi	ti	lo	la	si	ci	vi	li *Vi,*	le *Vi*	si
O ind	mi	ti	gli *Le*	le *Le*	si	ci	vi	*Vi,* gli/	*Le* loro *Vi,*	si *Loro*

Observaciones:

a) Como en los casos anteriores, las formas en cursiva corresponden a los pronombres de tratamiento que, al igual que los pronombres tónicos, se escriben con mayúscula. En la serie del plural, tanto para los pronombres de objeto directo como para los de objeto indirecto, existen dos formas de tratamiento, de las que la primera (Vi) es menos formal que la segunda.

b) Las formas lo y la sufren el apócope de la vocal final cuando se unen a una palabra que comienza por vocal o por h:

L'avete vista? — **La avete vista?*
L'hai vista? — **La hai vista?*

Sin embargo, ante una forma simple que empieza por vocal no es obligatorio, si se desea mantener claramente la indicación del género:

L' ami? — La ami?

2.2.8.2. Los pronombres ci y ne

Estas partículas (paralelas a las francesas y y en, o a las catalanas hi y en) no tienen equivalente en castellano. Aunque su uso sólo puede ser descrito en una gramática, se pueden enumerar aquí algunos de sus empleos:

CI: a) sustituye a un complemento de lugar (excepto complementos de lugar "de dónde"); b) sustituye a un complemento preposicional; c) cambia el significado de un verbo. Ejemplos:

a) *Vieni al cinema con noi? Sì, ci vengo subito*
b) *Pensi ancora a lei? Sì, ci penso spesso*
c) *La macchina non ci sta là* (=el coche no cabe ahí) ~ *La macchina non sta là* (=el coche no està ahí).

NE: a) sustituye a un complemento de lugar "de dónde"; b) sustituye a un complemento partitivo; c) sustituye a un complemento introducido por la preposición di. Ejemplos:

a) *Quando sei tornato da Madrid? Ne son tornato adesso* (ne = da Madrid)
b) *Vuoi una mela? No, ne ho già mangiate due*
c) *Sai qualcosa di Paolo? Non ne so proprio nulla* (ne = di Paolo)

Estos ejemplos no agotan la nómina de usos diversos de estas partículas, y deben tomarse únicamente como una guía de los usos más frecuentes.

2.2.8.3. La combinación de los pronombres átonos

Los pronombres átonos pueden combinarse entre sí, lo que da lugar a diversos cambios en la forma de dichos pronombres. El siguiente esquema refleja dichos cambios:

	lo	**la**	**li**	**le**	**ne**	**si$_2$**
mi	me lo	me la	me li	me le	me ne	mi si
ti	te lo	te la	te li	te le	te ne	ti si
gli/le	glielo	gliela	glieli	gliele	gliene	gli si/ le si
ci	ce lo	ce la	ce li	ce le	ce ne	ci si
vi	ve lo	ve la	ve li	ve le	ve ne	vi si
si$_1$	se lo	se la	se li	se le	se ne	ci si
si$_2$'	lo si	la si	li si	le si	se ne	

Observaciones:

a) La combinación formada por los pronombres gli o le con los pronombres de la columna superior da lugar a las mismas formas. Por esta razón aparecen juntos en la columna de la izquierda (gli + lo = glielo; le + lo ≠ *le lo, sino a glielo).

b) Las combinaciones formadas con el si$_1$ pertenecen a aquellas construcciones en las que dicha partícula funciona como pronombre reflexivo de tercera persona:

Il bambino si pettina i capelli *Il bambino se li pettina*

c) Las combinaciones formadas con el si$_2$ corresponden a dos construcciones distintas. Las formadas por el si reflexivo formal con los pronombres de objeto indirecto:

Se te cierran los ojos *Ti si chiudono gli occhi*

y las formadas por el pronombre si impersonal más los pronombres de complemento indirecto

Se me ha roto *Mi si è rotto*

Obsérvese que el orden de los pronombres cambia en ambas construcciones con respecto al castellano.

d) Las combinaciones en que interviene el si_2 están formadas por el si reflexivo formal más los pronombres de objeto directo o el pronombre adverbial ne. Nótese que este caso es idéntico al caso c), a pesar de que el orden de colocación sea distinto:

Se lo oye *Lo si sente*

e) La combinación del si reflexivo con el si impersonal produce la alteración formal ci si para evitar la construcción *si si. (recuérdese que en castellano la combinación de los pronombres le y lo también da lugar a la variación se lo y no a *le lo):

Ci si sta bene qua (=Uno se encuentra bien aquí)

2.2.9. *El verbo*

Para la conjugación de los verbos, tanto regulares e irregulares como auxiliares, se deben tener en cuenta estas observaciones:

1. El nombre de los tiempos verbales aparecerá escrito en italiano, con el fin de hacer familiares los términos gramaticales italianos.
2. Las formas de cortesía concuerdan en tercera persona del singular (Lei) y en la segunda (Voi) o tercera del plural (Loro: más formal).

2.2.9.1. Conjugación de los verbos auxiliares

Los verbos auxiliares italianos son essere y avere:

— El verbo avere se usa como auxiliar de todos los verbos transitivos y de una parte de los verbos intransitivos (en general, de todos aquellos que implican un sujeto activo).

— El verbo essere es utilizado como auxiliar de la voz pasiva, de todos los verbos reflexivos y pronominales y de una parte de los verbos intransitivos (en general de todos aquellos que implican un sujeto paciente).

Para conocer con certeza el auxiliar de los verbos intransitivos se deben consultar las entradas correspondientes del diccionario, donde está especificada dicha información.

AVERE

Indicativo:

Presente	Imperfetto	Pass. remoto	Futuro
ho	avevo	ebbi	avrò
hai	avevi	avesti	avrai
ha	aveva	ebbe	avrà
abbiamo	ave**va**mo	avemmo	avremo
avete	ave**va**te	aveste	avrete
hanno	a**ve**vano	**eb**bero	avranno

Passato prossimo: {ho, hai, ha, abbiamo, avete, hanno} avuto
Trapassato prossimo: {avevo, avevi, aveva, avevamo, avevate, avevano} avuto
Trapassato remoto: {ebbi, avesti, ebbe, avemmo, aveste, ebbero} avuto
Futuro composto: {avrò, avrai, avrà, avremo, avrete, avranno} avuto

Congiuntivo Presente	Congiuntivo Imperfetto	Condizionale	Imperativo
abbia	avessi	avrei	
abbia	avessi	avresti	abbi
abbia	avesse	avrebbe	abbia
abbi**a**mo	av**e**ssimo	avr**e**mmo	abbi**a**mo
abbiate	aveste	avreste	abbiate
abbiano	av**e**ssero	avr**e**bbero	**a**bbiano

Congiuntivo passato: {abbia, abbia, abbia, abbiamo, abbiate, abbiano} avuto
Congiuntivo trapassato: {avessi, avessi, avesse, avessimo, aveste, avessino} avuto
Infinito: avere/ avere avuto
Gerundio: avendo/ avendo avuto
Participio: avente/ avuto

ESSERE

Indicativo:

Presente	Imperfetto	Pass. remoto	Futuro
sono	ero	fui	sarò
sei	eri	fosti	sarai
è	era	fu	sarà
siamo	erav**a**mo	fummo	sar**e**mo
siete	erav**a**te	foste	sar**e**te
sono	erano	furono	saranno

Pass. prossimo: {sono, sei, è, siamo, siete, sono} stato/a
Trapass. pross.: {ero, eri, era, eravamo, eravate, erano} stato/a
Trapass. remoto: {fui, fosti, fu, fummo, foste, furono} stato/a
Futuro composto: {sarò, sarai, sarà, saremo, sarete, saranno} stato/a

Congiuntivo Presente	Congiuntivo Imperfetto	Condizionale	Imperativo
sia	fossi	sarei	Ø
sia	fossi	saresti	sii
sia	fosse	sarebbe	sia
siamo	fossimo	saremmo	siamo
siate	foste	sareste	siate
siano	**fos**sero	sa**reb**bero	**si**ano

Cong. passato: {sia, sia, sia, siamo, siate, siano} stato/a
Id. trapassato: {fossi, fossi, fosse, fossimo, foste,fossero} stato/a
Infinito: essere/ essere stato
Gerundio: essendo/ essendo stato
Participio: stato/ Ø

2.2.9.2. Conjugación de los verbos regulares

A continuación se presenta la conjugación de los verbos regulares. El italiano, como el castellano, presenta tres conjugaciones acabadas, respectivamente, en -are, -ere e -ire. La 3.ª conjugación ofrece, en cuatro personas de los tiempos verbales de presente de indicativo, presente de subjuntivo e imperativo, variantes formales incoativas (que presentan el infijo -isc- entre la raíz verbal y el morfema de persona).

Por su interés contrastivo, conviene señalar que muchos verbos de la 1.ª conjugación presentan formas esdrújulas o sobresdrújulas en cuatro personas del presente de indicativo, presente de subjuntivo e imperativo; tal es el caso del verbo abitare (estos verbos se indican en las entradas del diccionario italiano-español con la abreviatura <*esd*>):

PRES. IND.: abito, abiti, abita, abitiamo, abitate, abitano
PRES. SUB.: abiti, abiti, abiti, abitiamo, abitiate, abitino
IMPERATIVO: abita, abiti, abitiamo, abitate, abitino

La conjugación de un verbo normal como lavorare presenta otro esquema acentual:

PRES. IND.: lavoro, lavori, lavora, lavoriamo, lavorate, lavorano, etc.

Asimismo, es importante tener en cuenta que los verbos de la 3ª conjugación italiana se dividen en dos grupos. Unos siguen un modelo digamos "normal", mientras que otros intercalan entre la desinencia y el lexema un infijo (–ISC–) en tres personas del presente de indicativo, de subjuntivo y en el imperativo. Tal es el caso del verbo capire y de una gran parte de los verbos de la 3ª conjugación (estos verbos se indican en las entradas del diccionario italiano-español con la abreviatura <*isc*>):

PRES. INDICATIVO: capisco, capisci, capisce, capiamo, capite, capiscono

PRES. SUBJUNTIVO: capisca, capisca, capisca, capiamo, capite, capiscano

IMPERATIVO: capisci, capisca, capiamo, capite, capiscano

Otros verbos, como por ejemplo dormire no presentan este fenómeno:

PRES. INDICATIVO: dormo, dormi, dorme, dormiamo, dormite, dormono

En lo que sigue, los casos de acentos disimétricos en las personas verbales se señalarán en negrita la sílaba tónica.

1. PRESENTE

-ARE	-ERE	-IRE	
amo	vendo	parto	capisco
ami	vendi	parti	capisci
ama	vende	parte	capisce
amiamo	vendiamo	partiamo	capiamo
amate	vendete	partite	capite
amano	vendono	partono	capiscono

1'. PASSATO PROSSIMO

ho amato	ho venduto	sono partito/a	ho capito
hai amato	hai venduto	sei partito/a	hai capito
ha amato	ha venduto	è partito/a	ha capito
abbiamo amato	abbiamo venduto	siamo partiti/i	abbiamo capito
avete amato	avete venduto	siete partiti/e	avete capito
hanno amato	hanno venduto	sono partiti/e	hanno capito

2. IMPERFETTO

amavo	vendevo	partivo
amavi	vendevi	partivi
amava	vendeva	partiva
ama**va**mo	vende**va**mo	parti**va**mo
ama**va**te	vende**va**te	parti**va**te
amavano	vendevano	partivano

2'. TRAPASSATO PROSSIMO
avevo amato/ venduto/ capito   ero partito/ partita etc.
... ...

3. PASSATO REMOTO

amai	vendei/vendetti	partii
amasti	vendesti	partisti
amò	vendé/vendette	partì
amammo	vendemmo	partimmo
amaste	vendeste	partiste
amarono	venderono/vendettero	partirono

3'. TRAPASSATO REMOTO
ebbi amato/ venduto/ capito   fui partito/ partita etc.
... ...

4. FUTURO SEMPLICE

amerò	venderò	partirò
amerai	venderai	partirai
amerà	venderà	partirà
ameremo	venderemo	partiremo
amerete	venderete	partirete
ameranno	venderanno	partiranno

4'. FUTURO COMPOSTO
avrò amato/ venduto/ capito   sarò partito/ partita etc.
... ...

5. CONGIUNTIVO PRESENTE

ami	venda	parta	capisca
ami	venda	parta	capisca
ami	venda	parta	capisca
amiamo	vendiamo	partiamo	capiamo
amiate	vendiate	partiate	capiate
amino	vendano	partano	capiscano

5'. CONGIUNTIVO PASSATO
abbia amato/ venduto/ capito   sia partito/ partita etc.
... ...

6. IMPERFETTO CONGIUNTIVO

amassi	vendessi	partissi
amassi	vendessi	partissi
amasse	vendesse	partisse
amassimo	vendessimo	partissimo
amaste	vendeste	partiste
amassero	vendessero	partissero

6'. TRAPASSATO CONGIUNTIVO
avessi amato/ venduto/ capito   fossi partito/ partita etc.

... ...

7. CONDIZIONALE PRESENTE

amerei	venderei	partirei
ameresti	venderesti	partiresti
amerebbe	venderebbe	partirebbe
ameremmo	venderemmo	partiremmo
amereste	vendereste	partireste
amerebbero	venderebbero	partirebbero

7'. CONDIZIONALE PASSATO
avrei amato/ venduto/ capito   sarei partito/ partita etc.

... ...

8. IMPERATIVO

ama (tu)	vendi	parti	capisci
ami (lui, lei)	venda	parta	capisca
amiamo (noi)	vendiamo	partiamo	capiamo
amate (voi)	vendete	partite	capite
amino (loro)	vendano	partano	capiscano

9. MODI INFINITI
Presente:

Infinito	amare	vendere	partire
Gerundio	amando	vendendo	partendo
Participio	amante	vendente	partente

Passato:

Infinito	avere amato	avere venduto	essere partito/a
Gerundio	avendo amato	avendo venduto	essendo partito/a
Participio	amato	venduto	partito

2.2.9.3. La voz pasiva

La voz pasiva en italiano se forma con la ayuda del verbo auxiliar essere y el participio del verbo correspondiente. El complemento agente se introduce mediante la preposición da:

Francesca era amata da Paolo

Aunque esta sea la construcción más importante, existen otras formas de expresar la voz pasiva mediante: a) Las combinaciones venire más participio y andare más participio; b) la partícula si más el verbo en forma activa (pasiva-refleja):

a) *Nel Comune vengono sprecati troppi soldi*
b) *Si dissero tante sciocchezze in quella seduta!*

2.2.9.4. Lista de los verbos irregulares

A continuación se encontrará la lista de los verbos irregulares a los que se remite desde las entradas del diccionario italiano-español. Las formas no indicadas se entiende que son regulares y pueden ser formadas por tanto siguiendo los modelos regulares expuestos precedentemente. Las formas alternativas se indican entre paréntesis (p. ej., *appaio, (apparisco)*).

Las abreviaciones empleadas para indicar los tiempos son las siguientes: P= presente de indicativo; F= futuro[6]; PIm= pretérito imperfecto de indicativo; PI= pretérito indefinido; PS= presente de subjuntivo; IS= imperfecto de subjuntivo; I= imperativo; PP= participio de perfecto; G= gerundio:

<esd> Verbos de la 1ª conjugación en cuya conjugación aparecen formas esdrújulas y sobreesdrújulas, m p. ej. **abitare**

P **a**bito, **a**biti, **a**bita, abiti**a**mo, abit**a**te, **a**bitano
PS **a**biti, **a**biti, **a**biti, abiti**a**mo, abiti**a**te, **a**bitino
I **a**bita, **a**biti, abiti**a**mo, abit**a**te, **a**bitino

<isc> Verbos que añaden el infijo -isc en las personas 1ª, 2ª y 3ª del singular y 3ª del plural de los presentes de indicativo y de subjuntivo y del imperativo, p. ej. **capire**

P capisco, capisci, capisce, capiamo, capite, capiscono
PS capisca, capisca, capisca, capiamo, capiate, capiscano
I capisci, capisca, capiamo, capite, capiscano

6. No se indica la irregularidad de las formas del condicional, al ser estas idénticas a las del Futuro.

1 **affiggere** PI affissi, affiggesti, affisse, affiggemmo, affiggeste, affissero; PP affisso

2 **andare** P vado, vai, va, andiamo, andate, vanno; F andrò, andrai, andrà, andremo, andrete, andranno; PS vada, vada, vada, andiamo, andiate, vadano; I vai (va'), vada, andiamo, andate, vadano

3 **apparire** P appaio (apparisco), appari (apparisci), appare (apparisce), appariamo, apparite, appaiono (appariscono); PI apparii (apparvi), apparisti, apparì (apparve). apparimmo, appariste, apparirono (apparvero); PS appaia (apparisca), appaia (apparisca), appaia (apparisca), appariamo, appariate, appaiano (appariscano); PP apparso

4 **ardere** PI arsi, ardesti, arse, ardemmo, ardeste, arsero; PP arso

5 **assolvere** PI assolsi (assolvei, assolvetti), assolvesti, assolse (assolvé, assolvette), assolvemmo, assolveste, assolsero (assolverono, assolvettero); PP assolto[7]

6 **assumere** PI assunsi, assumesti, assunse, assumemmo, assumeste, assunsero; PP assunto

7 **bere** P bevo, bevi, beve, beviamo, bevete, bevono; PIm bevevo, bevevi, beveva, bevevamo, bevevate, bevevano; PI bevvi (bevetti), bevesti, bevve (bevette), bevemmo, beveste, bevvero (bevettero); F berrò, berrai, berrà, berremo, berrete, berranno; PS beva, beva, beva, beviamo, beviate, bevano; IS bevessi, bevessi, bevesse, bevessimo, beveste, bevessero; PP bevuto

8 **cadere** PI caddi, cadesti, cadde, cademmo, cadeste, caddero; F cadrò, cadrai, cadrà, cadremo, cadrete, cadranno

9 **chiedere** PI chiesi, chiedesti, chiese, chiedemmo, chiedeste, chiesero; PP chiesto

10 **chiudere** PI chiusi, chiudesti, chiuse, chiudemmo, chiudeste, chiusero; PP chiuso

11 **cingere** PI cinsi, cingesti, cinse, cingemmo, cingeste, cinsero; PP cinto

12 **cogliere** P colgo, cogli, coglie, cogliamo, cogliete, colgono; PI colsi, cogliesti, colse, cogliemmo, coglieste, colsero; PS colga, colga, colga, cogliamo, cogliate, colgano; PP colto

7. El participio del verbo **evolversi** es *evoluto*.

13 **compiere**[8] P compio, compi, compie, compiamo, compite, compiono; PIm compivo, compivi, compiva, compivamo, compivate, compivano; PI compii, compisti, compì, compimmo, compiste, compirono; F compirò, compirai, compirà, compiremo, compirete, compiranno; PP compiuto (compito)

14 **concedere** PI concessi (concedei, concedetti), concedesti, concesse (concedé, concedette), concedemmo, concedeste, concessero (concederono, concedettero); PP concesso

15 **condurre** P conduco, conduci, conduce, conduciamo, conducete, conducono; PI condussi, conducesti, condusse, conducemmo, conduceste, condussero; PS conduca, conduca, conduca, conduciamo, conduciate, conducano; PP condotto

16 **conoscere** PI conobbi, conoscesti, conobbe, conoscemmo, conosceste, conobbero

17 **coprire** PI coprii (copersi), copristi, coprì (coperse), coprimmo, copriste, coprirono (copersero); PP coperto

18 **correre** PI corsi, corresti, corse, corremmo, correste, corsero; PP corso

19 **cuocere** P cuocio, cuoci, cuoce, cociamo, cocete, cuociono; PI cossi, cocesti, cosse, cocemmo, coceste, cossero; PS cuocia, cuocia, cuocia, cociamo, cociate, cuociano; PP cotto

20 **dare** P do, dai, dà, diamo, date, danno; F darò, darai, darà, daremo, darete, daranno; PI diedi/detti, desti, diede/dette, demmo, deste, diedero/dettero; PS dia, dia, dia, diamo, diate, diano; IS dessi, dessi, desse, dessimo, deste, dessero; I dai (da'), dia, diamo, date, diano

21 **dire** P dico, dici, dice, diciamo, dite, dicono; PIm dicevo, dicevi, diceva, dicevamo, dicevate, dicevano; PI dissi, dicesti, disse, dicemmo, diceste, dissero; F dirò, dirai, dirà, diremo, direte, diranno; PS dica, dica, dica, diciamo, diciate, dicano; IS dicessi, dicessi, dicesse, dicessimo, diceste, dicessero; I di', dica, diciamo, dite, dicano; PP detto

8. Los verbos **adempiere** y **riempire**, sin embargo, tienen como única forma de participio *adempito* y *riempito*, respectivamente.

22 **dirigere** PI diressi, dirigesti, diresse, dirigemmo, dirigeste, diressero; PP diretto

23 **discutere** PI discussi, discutesti, discusse, discutemmo, discuteste, discussero; PP discusso

24 **distinguere** PI distinsi, distinguesti, distinse, distinguemmo, distingueste, distinsero; PP distinto

25 **distruggere** PI distrussi, distruggesti, distrusse, distruggemmo, distruggeste, distrussero; PP distrutto

26 **divellere** PI divelsi, divellesti, divelse, divellemmo, divelleste, divelsero; PP divelto

27 **dolere** P dolgo, duoli, duole, doliamo (dogliamo), dolete, dolgono; PI dolsi, dolesti, dolse, dolemmo, doleste, dolsero; F dorrò, dorrai, dorrà, dorremo, dorrete, dorranno; PS dolga (doglia), dolga (doglia), dolga (doglia), doliamo (dogliamo), doliate (dogliate), dolgano; I duoli, dolga (doglia), doliamo (dogliamo), dolete, dolgano

28 **dovere** P devo (debbo), devi, deve, dobbiamo, dovete, devono (debbono); F dovrò, dovrai, dovrà, dovremo, dovrete, dovranno; PS deva (debba), deva (debba), deva (debba), dobbiamo, dobbiate, devano (debbano)

29 **eccellere** PI eccelsi, eccellesti, eccelse, eccellemmo, eccelleste, eccelsero; PP eccelso

30 **emergere** PI emersi, emergesti, emerse, emergemmo, emergeste, emersero; PP emerso

31 **ergere** PI ersi, ergesti, erse, ergemmo, ergeste, ersero; PP erto

32 **esigere** PP esatto

32*a* **espandere** PI espansi (espandei, espandetti), espandesti, espanse (espandé, espandette), espandemmo, espandeste, espansero (espanderono, espandettero); PP espanso

33 **espellere** PI espulsi, espellesti, espulse, espellemmo, espelleste, espulsero; PP espulso

34 **esprimere** PI espressi, esprimesti, espresse, esprimemmo, esprimeste, espressero; PP espresso

35 **evadere** PI evasi, evadesti, evase, evademmo, evadeste, evasero; PP evaso

36 **fare** P faccio, fai, fa, facciamo, fate, fanno; PIm facevo, facevi, faceva, facevamo, facevate, facevano; PI feci, facesti, fece, facemmo, faceste, fecero; F farò, farai, farà, faremo, farete, faranno; PS faccia, faccia, faccia,

facciamo, facciate, facciano; IS facessi, facessi, facesse, facessimo, faceste, facessero; I fa', faccia, facciamo, fate, facciano; PP fatto

36a **-fare**[9] P -faccio/-fò, -fai/-fi, -fa/-fà, -facciamo, -fate, -fanno/-fanno; PS -faccia, -faccia, -faccia, -facciamo, facciate, -facciano

37 **fondere** PI fusi, fondesti, fuse, fondemmo, fondeste, fusero; PP fuso

38 **friggere** PI frissi, friggesti, frisse, friggemmo, friggeste, frissero; PP fritto

39 **giungere** PI giunsi, giungesti, giunse, giungemmo, giungeste, giunsero; PP giunto

40 **godere** F godrò, godrai, godrà, godremo, godrete, godranno

41 **insistere** PP insistito

42 **ledere** PI lesi, ledesti, lese, ledemmo, ledeste, lesero; PP leso

43 **leggere** PI lessi, leggesti, lesse, leggemmo, leggeste, lessero; PP letto

44 **mettere** PI misi, mettesti, mise, mettemmo, metteste, misero; PP messo

45 **mordere** PI morsi, mordesti, morse, mordemmo, mordeste, morsero; PP morso

46 **morire** P muoio, muori, muore, moriamo, morite, muoiono; PS muoia, muoia, muoia, moriamo, moriate, muoiano; PP morto

47 **muovere** PI mossi, movesti, mosse, movemmo, moveste, mossero; PP mosso

48 **nascere** PI nacqui, nascesti, nacque, nascemmo, nasceste, nacquero; PP nato

49 **nascondere** PI nascosi, nascondesti, nascose, nascondemmo, nascondeste, nascosero; PP nascosto

50 **nuocere** P noccio (nuoccio), nuoci, nuoce, nociamo (nuociamo), nocete (nuocete), nocciono (nuocciono); PIm nocevo (nuocevo), nocevi (nuocevi), noceva (nuoceva), nocevamo (nuocevamo), nocevate (nuocevate), nocevano (nuocevano); PI nocqui, nocesti, nocque, nocemmo, noceste, nocquero; F nocerò (nuocerò), nocerai (nuocerai), nocerà

9. Muchos de los compuestos con el verbo **fare** toman estas terminaciones; para los tiempos no indicados, véase la conjugación de **fare**. El verbo **soddisfare**, además presenta las formas siguientes: P -faccio/-fò/-fo, -fanno/-fanno; PS, -faccia/-fi; -facciano/-fino.

(nuocerà), noceremo (nuoceremo), nocerete (nuocerete), noceranno (nuoceranno); PS noccia (nuoccia), noccia (nuoccia), noccia (nuoccia), nociamo, nociate (nuociate), nocciano (nuocciano); IS nocessi (nuocessi), nocessi (nuocessi), nocesse (nuocesse), nocessimo (nuocessimo), noceste (nuoceste), nocessero (nuocessero)

51 **parere** P paio, pari, pare, paiamo, parete, paiono; PI parvi, paresti, parve, paremmo, pareste, parvero; F parrò, parrai, parrà, parremo, parrete, parranno; PS paia, paia, paia, paiamo, paiate, paiano; PP parso

52 **perdere** PI persi (perdei, perdetti), perdesti, perse (perdé, perdette), perdemmo, perdeste, persero (perderono, perdettero); PP perduto (perso)

53 **piacere** P piaccio, piaci, piace, piacciamo, piacete, piacciono; PI piacqui, piacesti, piacque, piacemmo, piaceste, piacquero; PS piaccia, piaccia, piaccia, piacciamo, piacciate, piacciano

54 **piangere** PI piansi, piangesti, pianse, piangemmo, piangeste, piansero; PP pianto

55 **porgere** PI porsi, porgesti, porse, porgemmo, porgeste, porsero; PP porto

56 **porre** P pongo, poni, pone, poniamo, ponete, pongono; PI posi, ponesti, pose, ponemmo, poneste, posero; PS ponga, ponga, ponga, poniamo, poniate, pongano; PP posto

57 **potere** P posso, puoi, può, possiamo, potete, possono; F potrò, potrai, potrà, potremo, potrete, potranno; PS possa, possa, possa, possiamo, possiate, possano

58 **prendere** PI presi, prendesti, prese, prendemmo, prendeste, presero; PP preso

59 **redigere** PI redassi, redigesti, redasse, redigemmo, redigeste, redassero; PP redatto

60 **redimere** PI redensi, redimesti, redense, redimemmo, redimeste, redensero; PP redento

61 **ridere** PI risi, ridesti, rise, ridemmo, rideste, risero; PP riso

62 **riflettere**[10] PP riflesso (riflettuto)

10. Otros verbos desde los que se remite a este solo tienen la forma irregolare en -sso para el PP; son los verbos **annettere**, **circonflettere**, **connettere**, **disconnettere**, **flettere**, **sconnettere**.

63 **rifulgere** PI rifulsi, rifulgesti, rifulse, rifulgemmo, rifulgeste, rifulsero; PP rifulso

63a **indulgere** PI indulsi, indulgesti, indulse, indulgemmo, indulgeste, indulsero; PP indulto

64 **rimanere** P rimango, rimani, rimane, rimaniamo, rimanete, rimangono; PI rimasi, rimanesti, rimase, rimanemmo, rimaneste, rimasero; F rimarrò, rimarrai, rimarrà, rimarremo, rimarrete, rimarranno; PS rimanga, rimanga, rimanga, rimaniamo, rimaniate, rimangano; PP rimasto

65 **rodere** PI rosi, rodesti, rose, rodemmo, rodeste, rosero; PP roso

66 **rompere** PI ruppi, rompesti, ruppe, rompemmo, rompeste, ruppero; PP rotto

67 **salire** P salgo, sali, sale, saliamo, salite, salgono; PS salga, salga, salga, saliamo, saliate, salgano

68 **sapere** P so, sai, sa, sappiamo, sapete, sanno; PI seppi, sapesti, seppe, sapemmo, sapeste, seppero; F saprò, saprai, saprà, sapremo, saprete, sapranno; PS sappia, sappia, sappia, sappiamo, sappiate, sappiano; I sappi, sappia, sappiamo, sappiate, sappiano

69 **scegliere** P scelgo, scegli, sceglie, scegliamo, scegliete, scelgono; PI scelsi, scegliesti, scelse, scegliemmo, sceglieste, scelsero; PS scelga, scelga, scelga, scegliamo, scegliate, scelgano; PP scelto

70 **scindere** PI scissi, scindesti, scisse, scindemmo, scindeste, scissero; PP scisso

71 **scrivere** PI scrissi, scrivesti, scrisse, scrivemmo, scriveste, scrissero; PP scritto

72 **scuotere** PI scossi, scotesti, scosse, scotemmo, scoteste, scossero; PP scosso

73 **sedere** P siedo, siedi, siede, sediamo, sedete, siedono; PS sieda, sieda, sieda, sediamo, sediate, siedano

74 **seppellire** PP seppellito (sepolto)

74a **solere** P soglio, suoli, suole, sogliamo, solete, sogliono; PS soglia, soglia, soglia, sogliamo, sogliate, sogliano; PP solito

75 **spargere** PI sparsi, spargesti, sparse, spargemmo, spargeste, sparsero; PP sparso

76 **spegnere** P spengo, spegni, spegne, spegniamo, spegnete, spengono; PI spensi, spegnesti, spense, spegnemmo, spegneste, spensero; PS spenga, spenga, spenga, spegniamo, spegniate, spengano; PP spento

77 **stare** P sto, stai, sta, stiamo, state, stanno; F starò, starai, starà, staremo, starete, staranno; PI stetti, stesti, stette, stemmo, steste, stettero; PS stia, stia, stia, stiamo, stiate, stiano; IS stessi, stessi, stesse, stessimo, steste, stessero; I stai (sta'), stia, stiamo, state, stiano

78 **stringere** PI strinsi, stringesti, strinse, stringemmo, stringeste, strinsero; PP stretto

78a **restringere** PI restrinsi, restringesti, restrinse, restringemmo, restringeste, restrinsero; PP ristretto

79 **tenere** P tengo, tieni, tiene, teniamo, tenete, tengono; PI tenni, tenesti, tenne, tenemmo, teneste, tennero; F terrò, terrai, terrà, terremo, terrete, terranno; PS tenga, tenga, tenga, teniamo, teniate, tengano

80 **torcere** PI torsi, torcesti, torse, torcemmo, torceste, torsero; PP torto

81 **trarre** P traggo, trai, trae, traiamo, traete, traggono; PI trassi, traesti, trasse, traemmo, traeste, trassero; F trarrò, trarrai, trarrà, trarremo, trarrete, trarranno; PS tragga, tragga, tragga, traiamo, traiate, traggano; PP tratto

82 **udire** P odo, odi, ode, udiamo, udite, odono; F udirò (udrò), udirai (udrai), udirà (udrà), udiremo (udremo), udirete (udrete), udiranno (udranno); PS oda, oda, oda, udiamo, udiate, odano

83 **uscire** P esco, esci, esce, usciamo, uscite, escono; PS esca, esca, esca, usciamo, usciate, escano; I esci, uscite

84 **valere** P valgo, vali, vale, valiamo, valete, valgono; PI valsi, valesti, valse, valemmo, valeste, valsero; F varrò, varrai, varrà, varremo, varrete, varranno; PS valga, valga, valga, valiamo, valiate, valgano; PP valso

85 **vedere** F vedrò, vedrai, vedrà, vedremo, vedrete, vedranno; PI vidi, vedesti, vide, vedemmo, vedeste, videro; PP visto (veduto)

86 **venire** P vengo, vieni, viene, veniamo, venite, vengono; PI venni, venisti, venne, venimmo, veniste, vennero; F verrò, verrai, verrà, verremo, verrete, verranno; PS venga, venga, venga, veniamo, veniate, vengano; PP venuto

87 **vincere** PI vinsi, vincesti, vinse, vincemmo, vinceste, vinsero; PP vinto

88 **vivere** F vivrò, vivrai, vivrà, vivremo, vivrete, vivranno; Pl vissi, vivesti, visse, vivemmo, viveste, vissero; PP vissuto

89 **volere** P voglio, vuoi, vuole, vogliamo, volete, vogliono; Pl volli, volesti, volle, volemmo, voleste, vollero; F vorrò, vorrai, vorrà, vorremo, vorrete, vorranno; PS voglia, voglia, voglia, vogliamo, vogliate, vogliano

90 **volgere** Pl volsi, volgesti, volse, volgemmo, volgeste, volsero; PP volto

2.2.10. *Los numerales*

Cardinali		Ordinali	
0	zero	Ø	
1	uno	1°	primo
2	due	2°	secondo
3	tre	3°	terzo
4	quattro	4°	quarto
5	cinque	5°	quinto
6	sei	6°	sesto
7	sette	7°	settimo
8	otto	8°	ottavo
9	nove	9°	nono
10	dieci	10°	decimo
11	undici	11°	undicesimo
12	dodici	12°	dodicesimo
13	tredici	13°	tredicesimo
14	quattordici	14°	quattordicesimo
15	quindici	15°	quindicesimo
16	sedici	16°	sedicesimo
17	diciassette	17°	diciassettesimo
18	diciotto	18°	diciottesimo
19	diciannove	19°	diciannovesimo
20	venti	20°	ventesimo
21	ventuno	21°	ventunesimo
22	ventidue	22°	ventidueesimo
23	ventitrè	23°	ventitreesimo
30	trenta	30°	trentesimo
40	quaranta	40°	quarantesimo
50	cinquanta	50°	cinquantesimo
60	sessanta	60°	sessantesimo
70	settanta	70°	settantesimo
80	ottanta	80°	ottantesimo
90	novanta	90°	nonagesimo
100	cento	100°	centesimo

Cardinali		Ordinali	
101	cent(o)uno	101°	centunesimo
102	centodue	...	...
110	centodieci	...	...
120	centoventi	120°	centoventesimo
200	duecento	...	...
300	trecento	...	...
1000	mille	1000°	millesimo
1001	milleuno	1001°	millesimo primo
1002	milledue		
2000	duemila		
3000	tremila		
4000	quattromila		
10 000	diecimila		
20 000	ventimila		
21 000	ventunmila		
100 000	centomila		
1 000 000	un milione		
1 000 000 000	un miliardo		

3. ABREVIATURAS

también	*a.*	anche
adjetivo	*adj*	aggettivo
administrativo	*adm*	amministrativo
adverbio	*adv*	avverbio
aviación, aeronáutica	*aer*	aviazione, aeronautica
agricultura	*agr*	agricoltura
alguien	*alg*	
América Central	*Am Cent*	America Centrale
Sudamérica	*Am Mer*	America del Sud
americanismo	*am*	americanismo
Andalucía	*And*	Andalusia
Antillas	*Ant*	Antille
antiguo	*ant*	antico
artículo	*ar*	articolo
Aragón	*Arag*	Aragona
heráldica	*arald*	araldica
arquitectura, construcción	*arch*	architettura, edilizia
Argentina	*Arg*	Argentina
bellas artes	*art*	belle arti
astronomía, astrología	*astr*	astronomia, astrologia
automovilismo	*auto*	automobilismo
biología	*biol*	biologia
Bolivia	*Bol*	Bolivia

botánica	*bot*	botanica
número cardinale	*card*	numero cardinale
lenguaje científico; perteneciente a diferentes campos científicos	*cient*	linguaggio scientifico; appartenente a più campi scientifici
cinematografía	*cine*	cinematografia
Colombia	*Col*	Colombia
comercio	*com*	commercio
conjunción	*conj*	congiunzione
química	*chim*	chimica
verbo defectivo	*def*	verbo difettivo
despectivo	*desp*	dispregiativo
diplomacia	*dipl*	diplomazia
iglesia, religiones	*eccl*	chiesa, religioni
economía	*econ*	economia
Ecuador	*Ecu*	Ecuador
electricidad, electrotecnia, electrónica	*elec*	elettricità, elettrotecnica, elettronica
uso enfático	*enf*	uso enfatico
	<esd>	verbo sdrucciolo della 1ª coniugazione
España	*Esp*	Spagna
nivel estándar	*est*	livello standard
eufemismo	*euf*	eufemismo
exclamación, interjección	*excl*	esclamazione, interiezione
substantivo femenino	*f*	sostantivo femminile
futuro	*F*	futuro
familiar	*fam*	familiare
sentido figurado	*fig*	senso figurato
filosofía	*fil*	filosofia
física	*fis*	fisica
fotografía	*foto*	fotografia
substantivo femenino plural	*fpl*	sostantivo femminile plurale
francés	*fr*	francese
gerundio	*G*	gerundio
gastronomía	*gastr*	gastronomia
geografía	*geogr*	geografia
geología	*geol*	geologia
argot, jerga	*gergo*	gergo
gitano, caló	*git*	gitano
Guatemala	*Guat*	Guatemala
historia	*hist*	storia
imperativo	*I*	imperativo
impersonal	*imp*	impersonale
infinitivo	*inf*	infinito
lenguaje infantil	*infan*	linguaggio infantile

informática	*infor*	informatica
inglés	*ingl*	inglese
invariable	*inv*	invariabile
irónico	*iron*	ironico
pretérito imperfecto de subjuntivo	*IS*	imperfetto congiuntivo
	<isc>	verbo incoativo della 3ª coniugazione
lenguaje jurídico	*ius*	linguaggio giuridico
lingüística, gramática, estilística	*ling*	linguistica, grammatica, stilistica
lenguaje literario y poético	*lit*	linguaggio letterario e poetico
substantivo masculino	*m*	sostantivo maschile
marino, marítimo	*mar*	marino, marittimo
matemáticas, geometría	*mat*	matematica, geometria
mecánica	*mec*	meccanica
medicina, anatomía, farmacia	*med*	medicina, anatomia, farmacia
metalurgia, metales	*metal*	metallurgia, metalli
meteorología	*meteo*	meteorologia
Méjico	*Mex*	Messico
militar	*mil*	militare
mineralogia	*min*	mineralogia
mitología	*mit*	mitologia
substantivo masculino plural	*mpl*	sostantivo maschile plurale
música	*mus*	musica
onomatopeya, onomatopéyico	*onom*	onomatopea, onomatopeico
número ordinal	*ord*	numero ordinale
presente de indicativo	*P*	indicativo presente
Paraguay	*Par*	Paraguay
pretérito indefinido	*PI*	passato remoto
pretérito imperfecto de indicativo	*PIm*	imperfetto indicativo
pintura	*pitt*	pittura
plural	*pl*	plurale
política	*pol*	politica
lenguaje popular	*pop*	linguaggio popolare
correos y telecomunicaciones	*post*	posta e telecomunicazioni
participio pasado	*PP*	participio passato
pronombre	*pr*	pronome
Puerto Rico	*PR*	Portorico
preposición	*prep*	preposizione
presente de subjuntivo	*PS*	congiuntivo presente

psicología	*psic*	psicologia
	q	qualcuno
	qc	qualcosa
uso infrecuente	*raro*	uso infrequente
regionalismo	*reg*	regionalismo
singular	*sing*	singolare
deporte	*sport*	sport
estudiantil, académico	*stud*	studentesco, accademico
tauromaquia	*taur*	tauromachia
tecnología	*tec*	tecnologia
tipografía, imprenta, libro, papelería	*tip*	tipografia, stampa, libro, cartoleria
transportes	*tras*	trasporti
televisión	*TV*	televisione
Uruguay	*Ur*	Uruguay
véase	*V.*	vedi
verbo intransitivo	*vi*	verbo intransitivo
verbo transitivo	*vt*	verbo transitivo
Venezuela	*Ven*	Venezuela
lenguaje vulgar	*vulg*	linguaggio volgare
zoología	*zool*	zoologia

DICCIONARIO ITALIANO
I

A

a *m/f inv* a *f* (*letra*); *dall'~ alla zeta* de pe a pa, de cabo a rabo

a <*ante vocal:* **ad**> *prep* 1. <*dirección*> a; *andare ~ Parigi, ad Ancona, ad Orvieto* ir a París, a Ancona, a Orvieto; *andare al mare* ir al mar/a la playa; *andare ~ scuola* ir a clase/a la escuela; *andare ~ teatro* ir al teatro; *~ sinistra, ~ destra* a la izquierda, a la derecha; *andare ~ pranzo, ~ cena* ir a comer, a cenar; *(a. fig) andare ~ letto* ir a la cama; *~ tavola!* ¡a comer!; 2. <*situación*> en; *abitare ~ Trieste* vivir en Trieste; *lavorare alla Fiat* trabajar en la Fiat; *studiare all'università* estudiar en la universidad; *~ pagina tre* en la página tres; 3. <*tiempo*> a; hasta; *alle due* a las dos; *~ mezzogiorno* al mediodía; *~ domani* hasta mañana; *dall'oggi al domani* de hoy para mañana; *~ marzo,* en marzo; *~ Natale* en Navidad; *~ vent'anni* a los veinte años; 4. <*objeto indirecto*> a; *l'ho regalato ~ Luigi* se lo he regalado a Luis; 5. <*modo*> a, de, por...; *~ cavallo* a caballo; *~ piedi* a pie; *~ memoria* de memoria; *tenere ~ braccetto* coger del brazo; *dipingere ~ olio,* pintar al óleo; *~ poco ~ poco* poco a poco; *parlare ~ gesti* hablar por señas; *~ mano ~ mano che* a medida que; *~ quanto pare* según parece; *ad occhi chiusi* con los ojos cerrados; *macchina ~ due posti* coche de dos plazas; *~ uno ~ uno, ~ due ~ due* de uno en uno, de dos en dos; *~ faccia ~ faccia* cara a cara; *~ caso* al azar; 6. <*precio*> a; *~ cinquemila lire l'uno* a cinco mil liras cada uno; 7. <*tras algunos verbos y adjetivos*> a, para; *adatto ~* adecuado para; *dannoso/nocivo alla salute* perjudicial para la salud; *disposto ~* dispuesto a; *cominciare ~* empezar a; *mettersi ~* ponerse a; *prova ~ dirglielo* intenta decírselo

abaco *m arch/mat* ábaco

abate *m* abad

abat-jour *m fr/inv* lamparita de noche *f*

abbacchi|are 1. *vt agr* varear; **2.** *~rsi* deprimirse, estar abatido; **~o** *m/reg gastr* cordero lechal

abbacina|mento *m* deslumbramiento; **~re** *vt a. fig* deslumbrar, cegar

abbaco V. **abaco**

abbadessa V. **badessa**

abbagliamento *m* deslumbramiento

abbagliante 1. *adj* deslumbrante; **2.** *m auto* luz de carretera *f,* luz larga *f*

abbagliare *vt* deslumbrar, cegar; *fig* deslumbrar, camelar

abbaglio *m* deslumbramiento; *fig* error; *fig* alucinación *f*; *prendere un ~* equivocarse, cometer un error

abbaiare *vi* <*avere*> ladrar; *fig* chillar, vocear; *~ alla luna* ladrar a la luna, gritar en vano

abbaino *m arch* claraboya *f,* claro, tragaluz; desván, buhardilla *f,* guardilla *f*

abbaio *m* ladrido

abbandona|re 1. *vt* abandonar; **2.** *~rsi* dejarse caer; *fig* abandonarse; *fig* aplatanarse; **~to** *adj* abandonado; descuidado; *fig* desamparado, desvalido; *med* desahuciado

abbandono *m* abandono; *fig* abandono, dejadez *f,* desidia *f*; *fig* abandono, deserción *f*; *ius* dejación *f*; *sport* abandono; *~ scolastico* fracaso escolar

abbarbaglia|mento *m* deslumbramiento; *fig* error; **~re 1.** *vt* deslumbrar; *fig* confundir; **2.** *~rsi fig* equivocarse

abbarbica|mento *m* arraigo, enraizamiento; **~re** <*esd*> **1.** *vi* <*avere*> *bot/fig* arraigar, echar raíces *vt*; *fig* asirse con fuerza; **2.** *~rsi bot/fig* arraigar *vi*; *fig* asirse

abbassa|lingua *m/inv med* depresor lingual *m*; **~mento** *m* bajada *f,* disminución *f*; descenso; *com* rebaja *f*

abbassare 1. *vt* 1. bajar; disminuir; *~ un quadro* bajar un cuadro; *~ il capo* agachar la cabeza; *~ la radio* bajar la radio; *~ la bandiera* arriar la bandera; 2. *fig* humillar; *~ la cresta (a q)* bajar los humos (a alg); **2.** *~rsi* bajar *vi,* disminuir *vi*; *fig* humillarse, inclinarse

abbasso *adv/excl* abajo

abbastanza *adv* bastante; *averne ~ di q/qc* estar harto de alg/algo

abbattere 1. *vt* abatir, talar (*árbol*); derribar, demoler, derrocar, echar abajo (*pared*); abatir, derribar (*avión*); abatir (*animal*); *mar* abatir, derivar; *fig* abatir, afligir; **2.** *~rsi* abatirse; *fig* abatirse, caer *vi* (*desgracia, plaga*); *fig* abatirse, deprimirse

abbatti|mento *m* derribo (*árboles, paredes, aviones*); matanza *f* (*animales*); *fig* abatimiento; **~tore, -trice** *m/f* talador, -a

abbattuto *adj fig* abatido, de capa caída

abbazia *f* abadía; **~le** *adj* abacial

abbecedario *m* abecedario, abecé

abbelli|mento *m* embellecimiento, adorno; *mus* floritura *f*; **~re 1.** *vt* <*isc*> embellecer, adornar; embellecer, acicalar, asear (*persona*); engalanar (*casa, caballo*); **2.** *~rsi* embellecerse, acicalarse

abbevera|ggio *m* abrevamiento; **~re** <*esd*> **1.** *vt* abrevar; **2.** *~rsi* quitarse/matar la sed; **~toio** *m* abrevadero

abbiccì *m/inv* abecedario *m,* abecé *m*; *l'~ della matematica* el abecé de las matemáticas; *(fig) essere all'~* estar al comienzo/en pañales (de algo)

abbie|nte *adj/s* acomodado, pudiente; *le classi ~i* las clases acomodadas; **~tto** V. **abietto**

abbiglia|mento *m* ropa *f,* indumentaria *f,* vestuario; *negozio di ~* tienda de confección/de ropa; *l'industria dell'~* la industria de la moda; **~re** *vt* vestir, ataviar, engalanar, adornar

abbina|mento *m* acoplamiento, emparejamiento; *sport* emparejamiento; **~re** *vt* acoplar, emparejar

abbindola|mento *m* aspado (*tela*); *fig* engaño, embaucamiento, engatusamiento; **~re** <*esd*> **1.** *vt* aspar (*tela*); *fig* engañar, embaucar, engatusar; **2.** *~rsi* enmarañarse; **~tore** *adj/s* embaucador, engatusador

abbocca|mento *m* encuentro, abocamiento; ~**re 1.** *vt* 1. coger con la boca; 2. colmar (*recipientes*); 3. *tec* embocar (*tubo*); **2.** *vi* <*avere*> 1. abocar *vt*; 2. *a. fig* picar, morder el anzuelo *vt*; ~ *all'amo* picar/morder el anzuelo; **3.** ~*rsi* entrevistarse, encontrarse; ~**to** *adj* 1. abocado, embocado (*vino*); 2. *fig* comedor (*persona*); ~**tura** *f* embocadura

abbona|cciare *vt* abonanzar; ~**mento** *m* abono; suscripción *f* (*periódico*); canon (*teléfono, TV*); *tras* abono; ~**re** <*abbuono, abboniamo*> **1.** *vt* 1. *com* abonar; 2. *fig* perdonar, tolerar (*falta, error*); **2.** ~*rsi tras/teatro* abonarse; suscribirse (*periódico*); ~**to, -a 1.** *adj* abonado, -a, suscrito, -a; **2.** *m/f* abonado, -a, suscriptor, -a

abbonda|nte *adj* abundante; ~**nza** *f* abundancia; *in* ~ en abundancia; *vivere nell'*~ vivir/nadar en la abundancia; ~**re** *vi* <*avere, essere*> abundar (*di* en); exceder (*in/di* en)

abbonire <*isc*> **1.** *vt* 1. calmar; 2. *agr* abonar; **2.** ~*rsi* calmarse, aplacarse

abbono V. **abbuono**

abbord|abile *adj* abordable; ~**aggio** *m* abordaje; *all'*~ al abordaje; ~**are** *vt mar* abordar; *fig* abordar, salir al encuentro *vi* (de alg); ~**o** *m* abordaje; *di facile, difficile* ~ accesible, inaccesible

abborraccia|mento *m* chapuza *f*, parche; ~**re** *vt* chapucear, parchear; ~**tore** *adj/s* chapucero; ~**tura** *f* chapuza, chapucería, parche *m*

abborraccione *adj/s* chapucero

abborrire V. **aborrire**

abbottona|re *vt* abotonar, abrochar; ~**tura** *f* botonadura

abbozz|are *vt* esbozar, bosquejar; ~ *un sorriso* esbozar una sonrisa; ~**o** *m* esbozo, bosquejo; *pitt* boceto, esbozo; ~ *di legge* anteproyecto de ley

abbracciare *vt* abrazar; abarcar, comprender; *chi troppo abbraccia nulla stringe* quien mucho abarca poco aprieta

abbraccio *m* abrazo

abbrancare *vt* agarrar, asir, aferrar

abbrevia|mento *m* abreviamiento; ~**re** *vt* abreviar; ~**tivo 1.** *adj* rápido; *corso* ~ curso rápido; **2.** *m eccl* abreviador; ~**tura** *f* abreviatura; ~**zione** *f* abreviación (*acción*); abreviatura (*forma abreviada*)

abbriv|are *vt/vi mar* arrancar; ~**o** *m* arrancada *f*; *prendere l'*~ emprender la marcha; *(fig) dare l'*~ dar un empujón

abbronza|nte *adj/m* bronceador; *crema* ~ crema bronceadora; ~**re 1.** *vt* broncear; **2.** ~*rsi* broncearse; ~**tura** *f* bronceado *m*

abbruciacchiare *vt* chamuscar, socarrar; *gastr* soflamar, sollamar

abbrunare *vt* enlutar; oscurecer

abbrustoli|mento *m* tostadura *f*, tostado; tueste (*café*); ~**re** <*isc*> **1.** *vt* tostar; **2.** ~*rsi fig* tostarse

abbruti|mento *m* embrutecimiento; ~**re** <*isc*> **1.** *vt* embrutecer; **2.** *vi/*~*rsi* embrutecerse

abbruttire <*isc*> *vt* ensuciar, afear

abbuffa|rsi atiborrarse, atracarse, ponerse morado *fam*; ~**ta** *f* comilona

abbuiare 1. *vt* oscurecer; *fig* entristecer; *fig* tapar, echar tierra; ~ *un brutto fatto* echar tierra a/tapar un feo asunto; **2.** *vi* oscurecer, hacerse de noche; **3.** ~*rsi* quedarse ciego; oscurecerse; *fig* entristecerse

abbuon|are V. **abbonare**; ~**o** *m com* bonificación *f*, descuento; *sport* bonificación *f* (*ciclismo*); handicap (*hípica*)

abburattare *vt* 1. cerner; *fig* examinar, escudriñar; 2. sacudir, agitar

abdica|re <*esd*> *vi* <*avere*> abdicar; renunciar; ~**zione** *f* abdicación; renuncia

abdu|ttore *adj/m* abductor; *muscolo* ~ músculo abductor; ~**zione** *f fil* abducción

abelmosco *m bot* ambarina *f*

aberra|nte *adj* aberrante; ~**zione** *f* aberración

abet|aia *f* abetal *m*; ~**e** *m* abeto, pinabeto; ~ *bianco, rosso* abeto blanco, rojo; ~**ina** *f* abetal *m*

abiett|ezza *f* abyección; ~**o** *adj* abyecto

abiezione *f* abyección

abigeato *m ius* abigeato

abile *adj* hábil

abilit|à *f/inv* habilidad *f*; ~**ante** *adj* habilitador; *corsi* ~*i* cursos de habilitación; ~**are** <*esd*> *vt ius/com* habilitar, capacitar (*a* para); ~**ato** *adj ius/com* habilitado, capacitado; ~**azione** *f ius/com* habilitación, capacitación; ~ *all'insegnamento* certificado de aptitud pedagógica

abiotico *adj biol* abiótico

abiss|ale *adj* abismal; *bot/mar/geol* abisal; *fauna* ~ fauna abisal; ~**o** *m* abismo; *(fig) tra di loro c'è un* ~ entre ellos media un abismo

Abissin|ia *f geogr* Abisinia; *~**o** *adj/s* abisinio

abitabil|e *adj* habitable; ~**ità** *f/inv arch/auto* habitabilidad *f*; *autorizzazione di* ~ certificado/cédula de habitabilidad

abitacolo *m auto* habitáculo; *aer* carlinga *f*

abitante *adj/s* habitante

abitare <*esd*> **1.** *vt* habitar, ocupar; **2.** *vi* <*avere*> vivir, habitar, residir; ~ *in campagna/a Firenze* vivir en el campo/en Florencia

abitato *m* población *f*, lugar habitado; ~**re** *adj/m lit* habitante

abitazione *f* casa, vivienda; habitación

abito *m* traje, vestido; *eccl* hábito; *fig* hábito, costumbre *f*; ~ *da uomo/da donna* traje de caballero/de señora; ~ *da cerimonia* traje de etiqueta; ~ *da gran sera* vestido de gala; ~ *da passeggio* traje de calle/de paseo; ~ *da sera* traje de noche; ~ *talare* vestido talar; *taglio d'*~ corte de vestido; *prendere/vestire l'*~ tomar el hábito; *deporre/abbandonare/lasciare l'*~ colgar/ahorcar/dejar los hábitos; *l'*~ *non fa il monaco* el hábito no hace al monje

abitua|le *adj* habitual; ~**re** <*esd*> *vt* habituar, acostumbrar, avezar; ~**to** *adj* acostumbrado, habituado, avezado

abitudinario, -a 1. *adj* habitual, consuetudinario, -a; *fig* rutinario; **2.** *m/f* habitual, parroquiano, -a (*bar...*)

abitudine *f* costumbre, hábito *m*

abituro *m* choza *f*

abiura *f* abjuración; ~**re** *vt* abjurar
ablativo *m ling* ablativo
ablazione *f med/geol* ablación
abluzione *f* ablución
abnega|to *adj* abnegado; ~**zione** *f* abnegación
abnorme *adj* anormal
abolire *<isc> vt* abolir; *ius* abolir, derogar
abolizion|e *f* abolición; ~**ismo** *m* abolicionismo; ~**ista** *adj/s* abolicionista
abomaso *m zool* cuajo
abomina|re *<esd> vt* abominar; ~**zione** V. **abominio**
abominevole *adj* abominable; *l'~ uomo delle nevi* el abominable hombre de las nieves
abominio *m* abominación *f*
aborigen|o, ~e *<f -a> adj/s* aborigen
aborri|mento *m* aborrecimiento; ~**re** *<isc> vt/vi <avere>* aborrecer, detestar
abort|ire *<isc> vi <avere, fig essere>* abortar; ~**ista** *adj/s* abortista; ~**ivo** *adj/m* abortivo; ~**o** *m med* aborto; *fig* abortamiento, desbaratamiento; *desp/fig* aborto, engendro, feto
abracadabra *m/inv* abracadabra
abrasi|one *f* abrasión; ~**vo** *adj/m* abrasivo
abroga|re *vt ius* abrogar, derogar; ~**torio** *adj ius* abrogatorio, derogatorio; ~**zione** *f ius* abrogazione, derogación
abrotano *m bot* abrótano, boja *f*; ~ *femmina* abrótano hembra, cipresillo
Abruzzo *m*, **Abruzzi** *mpl geogr* Abruzos *mpl*
absid|ale *adj* absidal; ~**e** *f arch/astr* ábside *m/f*
abul|ia *f* abulia; ~**ico** *adj/s* abúlico
abusare *vi <avere>* abusar (*di* de)
abusiv|ismo *m* práctica ilegal/ilícita *f*; ~ *edilizio* especulación inmobiliaria; construcción ilegal; ~**o, -a 1.** *adj* 1. abusivo, -a (*excesivo*); 2. ilegal, ilícito, -a; *porto ~ di armi* posesión ilícita de armas; **2.** *m/f* 1. persona que ejerce ilegalmente una actividad *f*; 2. ocupante ilegal de una vivienda *m*, okupa *fam*
abuso *m* abuso; ~ *di autorità, di fiducia* abuso de autoridad, de confianza; *fare ~ di un cibo* abusar de un alimento
acacia *<pl -cie> f* acacia
acagiù *m/inv bot* caoba *f*; *rosso ~* rojo caoba
acanto *m bot/arald* acanto; *(arch) foglie di ~* hojas de acanto
acaro *m* ácaro
acattolico *adj/s* acatólico, no católico
acaule *adj bot* acaulo
acca *m/f inv* hache *f*; *non sapere un'~* no saber ni jota; *non valere un'~* no valer un pimiento/un comino
accademi|a *f* academia; ~**co** *adj/s* académico; ~**smo** *m* academicismo; ~**sta** *adj* academicista
accadere *<8 -cadde, -caduto> vi* acaecer, acontecer, ocurrir, pasar
accaduto 1. *adj* ocurrido, acaecido, sucedido; **2.** *m* suceso; *raccontare l'~* contar lo ocurrido/lo sucedido

accaglia|re *vt* cuajar, coagular; ~**tura** *f* coagulación, cuajadura
accalappia|cani *m* perrero, lacero; ~**mento** *m* apresamiento, enlazamiento; *fig* engaño; ~**re** *vt* apresar, enlazar; *fig* pescar, cazar; ~**tore, -trice** *m/f* apresador, -a; lacero, -a (*perros*); *fig* embaucador, -a, liante, -a *fam*
accalcare *vt* agolpar, apiñar, abarrotar
accaldarsi acalorarse
accalora|mento *m* acaloramiento; ~**re 1.** *vt* acalorar; *fig* caldear, excitar; **2.** *~rsi* acalorarse, excitarse
accampa|mento *m* campamento; acampada *f*; *mil* campamento; ~**re 1.** *vt* 1. acampar; 2. alegar (*razones, derechos...*); **3.** *~rsi* acamparse
accani|mento *m* encarnizamiento, ensañamiento, saña *f*; odio, furia *f*; *fig* tenacidad *f*, empeño, obstinación *f*; *~ terapeutico* encarnizamiento terapéutico; ~**rsi** encarnizarse (*contro q* con alg), ensañarse (*contro q* con alg), cebarse (*contro q* en alg); *fig* empeñarse, obstinarse; *~ nello studio* empeñarse en el estudio; ~**to** *adj* encarnizado (*lucha, enemigo*); reñido (*competición, lucha*); terco, obstinado, empedernido (*persona*); incansable, infatigable (*persona*); furioso (*persona*); *fumatore ~* fumador empedernido; *lavoratore ~* trabajador incansable
accanto 1. *adv* al lado, cerca; *abito qui ~* vivo aquí al lado/aquí cerca; **2.** *(prep) ~ a* cerca de, junto a, al lado de
accantona|mento *m* 1. arrinconamiento; 2. *mil* acantonamiento, cantón; 3. *com* reserva *f*; ~**re** *vt* 1. arrinconar; dejar de lado; 2. *mil* acantonar; 3. *com* reservar
accaparra|mento *m* acaparamiento; ~**re 1.** *vt* 1. acaparar, acopiar, hacer acopio (de); 2. *com* dar una señal (*qc* de algo); **2.** *~rsi fig* acaparar *vt*, ganarse; *~rsi la simpatia di tutti* ganarse la simpatía de todo el mundo; ~**tore, -trice** *m/f* acaparador, -a
accapigliarsi enzarzarse, andar a la greña *vi*, reñir *vi*
accapo *adv/m ling* aparte; *punto e ~/andare ~* punto y aparte
accappatoio *m* albornoz
accapponare *vt* capar, castrar (*un gallo*); *fig* erizar; *~ la pelle* poner la piel de gallina
accarezza|mento *m* caricia *f*; *fig* halago, lisonja *f*; ~**re** *vt* acariciar; *fig* halagar, lisonjear; *fig* acariciar (*idea, éxito*); ~**tore, -trice** *m/f* acariciador, -a
accartoccia|re 1. *vt* encartuchar *am*, enrollar dando forma de cartucho; **2.** *~rsi* arrugarse (*papel*)
accasa|re 1. *vt* casar, colocar; **2.** *~rsi* montar una casa *vt*, poner casa *vt*; casarse; ~**to** *adj sport* patrocinado (*por una firma comercial*)
accascia|mento *m* abatimiento, postración *f*, desánimo; ~**re 1.** *vt* abatir, postrar; **2.** *~rsi* derrumbarse, dejarse caer; *fig* desanimarse, abatirse
accasermare *vt mil* acuartelar
accastellare *vt* apilar
accatarrarsi acatarrarse
accatasta|mento *m* 1. apilamiento,

amontonamiento, hacinamiento; pila *f*, montón; 2. inscripción de un inmueble en el catastro *f*; ~**re** *vt* 1. apilar, amontonar, hacinar; 2. inscribir en el catastro

accatta|brighe *m/inv* camorrista *m*, pendenciero *m*; ~**re** *vt* mendigar, pedir (*limosna*); ~ *brighe* buscar pelea; ~ *scuse* buscar excusas

accattiva|nte *adj* cautivador, encantador (*mirada, sonrisa*); ~**re** *vt* cautivar, encantar

accatto *m* limosna *f*; colecta *f*, cuestación *f*; *vivere d'~* vivir de limosna, mendigar; *andare all'~* mendigar

accatton|aggio *m* mendicidad *f*; ~**e, -a** *m/f* mendigo, -a, pordiosero, -a

accavalla|mento *m* superposición *f*; ~**re** **1.** *vt* superponer; montar (*puntos*); ~ *le gambe* cruzar las piernas; **2.** ~*rsi* amontonarse

acceca|mento *m* ceguera *f*, ceguedad *f* (*resultado*); *fig* ofuscación *f*; *tec* cegamiento, obturación *f* (*conductos*); cegamiento, tapiado (*ventana*); ~**re** *vt* cegar, dejar ciego; *fig* cegar, ofuscar; *tec* cegar, obstruir (*conductos*); cegar, tapiar, tabicar (*ventana*)

accedere *vi* 1. <*essere*> entrar (*a* en); acceder (*cargo*); 2. <*avere*> *fig* acceder, consentir (*a* a/en); ~ *a una richiesta* acceder a una petición

accelera|mento *m* aceleración *f*; ~**re** <*esd*> *vt* acelerar; ~**ta** *f auto* acelerón *m*; ~**to** *m tras* tren de cercanías; ~**tore** *adj/m* acelerador; *(fig)* ~ *di particelle* acelerador de partículas; ~**zione** *f* aceleración

accendere <*58 -cesi; -ceso*> **1.** *vt* 1. encender (*fuego, cigarrillo...*); *elec* encender, enchufar; *fig* encender, enardecer, inflamar; ~ *la luce* encender la luz; 2. *com* abrir, inscribir; ~ *un conto corrente* abrir una cuenta corriente; ~ *un'ipoteca* inscribir una hipoteca; ~ *una zuffa* provocar una pelea; **2.** ~*rsi* encenderse; encenderse, prenderse (*leña, fuego*); *fig* encenderse, enardecerse, inflamarse

accendi|gas *m/inv* encendedor *m* (de cocina); ~**no** *m* encendedor, mechero; ~**sigaro,** ~**sigari** *m/inv* encendedor *m*, mechero *m*; ~ *a benzina, a gas* encendedor/mechero de gasolina, de gas

accendito|io *m eccl* encendedor; ~**re** *m tec* encendedor

accenn|are **1.** *vt* 1. señalar, indicar; 2. esbozar, bosquejar; **2.** *vi* <*avere*> 1. hacer señas; señalar (*con el dedo*); amenazar; *il tempo accenna a piovere* el tiempo amenaza lluvia/con llover; 2. aludir, referirse (*a* a); ~**o** *m* 1. seña *f*; 2. esbozo; 3. alusión *f*

accensione *f* encendido *m*; *tec* arranque *m*; *med* inflamación; *com* apertura (*cuenta*); inscripción (*hipoteca, deuda*); *(tec)* ~ *automatica, elettronica* arranque automático, electrónico

accenta|re *vt ling* acentuar; ~**zione** *f ling* acentuación

accento *m* 1. *ling* acento; ~ *acuto, grave, circonflesso* acento grave, agudo, circunflejo; 2. *ling* acento, deje, dejo; ~ *piemontese* acento/deje piamontés; 3. *fig* acento, énfasis; acento, tono; *porre l'~ su qc* hacer hincapié en algo

accentra|mento *m* concentración *f*; *pol/adm* centralización *f*; ~**re** *vt pol/adm* centralizar; *fig* centrar, atraerse (*mirada, atención*); ~**tore** *adj/s* concentrador; *pol/adm* centralizador

accentua|re <*esd*> **1.** *vt fig* acentuar, enfatizar, poner el acento (sobre); **2.** ~*rsi* acentuarse, agravarse; ~**zione** *f fig* acentuación, énfasis *m*, realce *m*

accerchia|mento *m* acorralamiento, cerco; *mil* cerco, sitio; ~**re** *vt* acorralar, cercar, rodear; *mil* cercar, sitiar, rodear

accerta|bilità *f/inv* comprobabilidad *f*; ~**mento** *m* comprobación *f*, verificación *f*, averiguación *f*, evaluación *f*; ~ *di cassa* arqueo de caja; ~*i sanitari* chequeo médico obligatorio; ~ *dell'imposta* determinación/evaluación de un impuesto; ~ *fiscale, tributario* evaluación impositiva

accertare **1.** *vt* 1. asegurar; 2. verificar, comprobar; constatar; 3. averiguar; ~ *l'imponibile* determinar la base imponible; **2.** ~*rsi* asegurarse, cerciorarse

acceso *adj* encendido; *rosso* ~ rojo vivo; *fig* inflamado; encendido, encolerizado

accessibil|e *adj* accesible; *fig* asequible, accesible (*persona*); ~**ità** *f/inv* accesibilidad *f*

accessione *f* adquisición (*biblioteca*); *ius* accesión; *pol* adhesión (*a un tratado o convenio internacional*)

accesso *m* acceso, entrada *f*; *med/fig* acceso, ataque; *infor* acceso; ~ *diretto, a distanza, casuale, sequenziale/seriale* acceso directo, remoto, aleatorio, secuencial; ~ *giudiziale* diligencia ocular

accessoria|re *vt auto* equipar/dotar de accesorios; ~**to** *adj* equipado, dotado de accesorios; *un appartamento ben* ~ un piso bien amueblado/equipado

accessorio <*pl -ri*> **1.** *adj* accesorio; **2.** *m* 1. accesorio; 2. *mpl auto* accesorios

accessorist|a *m/f* vendedor, -a o fabricante de accesorios; ~**ica** *f* conjunto de accesorios *m*

accestire <*isc*> *vi agr* acogollarse

accetta *f* hacha; *fatto/tagliato con l'~* tosco, basto, grosero; *(fig) darsi l'~ sui piedi* echar piedras a su propio tejado

accettabil|e *adj* aceptable; ~**ità** *f/inv* aceptabilidad *f*; *ling* aceptabilidad *f*

accettante *m/f com/ius* aceptante

accettare *vt* aceptar; *com* aceptar (*letra*)

accettazione *f* aceptación, admisión; *com* aceptación; *med* recepción, admisión, ingresos *mpl* (*hospital*)

accetto *adj* bien recibido, aceptado de buen grado

accezione *f ling* acepción

acchiappacani *m/inv* perrero *m*, lacero *m*

acchiappafarfalle *m/inv* cazamariposas

acchiappamosche *m/inv* matamoscas; *bot* atrapamoscas; *fig* gandul *m*, holgazán *m*

acchiappare *vt* atrapar, coger, prender (*ladrón*); *fam* agarrar, pillar; ~ *in flagrante/*

sul fatto coger/agarrar in fraganti; *(iron) acchiappalo se puoi* échale un galgo
acchiocciola|re <*esd*> **1.** *vt* enroscar; **2.** *~rsi* acurrucarse, enroscarse
acchito: d'~, di primo ~ *adv* de buenas a primeras, a las primeras de cambio
acciacca|re *vt* aplastar, chafar (*objetos blandos*); abollar (*objetos metálicos*); *fig* aplatanar; **~tura** *f* abolladura, aplastamiento *m*; *mus* apoyatura
acciacco *m* achaque, goteras *fpl fam*
acciaia|re *vt metal* acerar; cementar; **~to** *adj* acerado; **~tura** *f* aceración
acciaieria *f* acería, acerería
acciaio *m* acero; ~ *inossidabile* acero inoxidable; *(fig) sguardo, nervi, muscoli d'~* mirada, nervios, músculos de acero; **~lo** *m* afilón, afilador
acciarino *m* 1. eslabón (*para encender*); 2. espoleta *f* (*torpedo*); *mil/hist* serpentín; 3. clavija *f*, chaveta *f* (*rueda del carro*)
acciarpare *vt* chapucear *vt/vi*
accidempoli! *excl euf* ¡caramba!, ¡córcholis!
accidental|e *adj* accidental; **~ità** *f/inv* accidentalidad *f*
accidentato *adj geogr/fig* accidentado
accidente *m* 1. accidente; *per* ~ por casualidad; 2. desgracia *f*; 3. *fig/pop* condenado (*persona*); *quell'~ non mi lascia in pace* aquel condenado no me deja en paz; 4. *pop* ni jota, pimiento, bledo (*nada*); *non sapere un* ~ no saber ni jota; *non valere/vedere un* ~ no valer/ver un pimiento; *non importare un* ~ no importar un bledo/un pimiento; *ti venga un ~!* ¡que te parta un rayo!; *mi venga un ~ se ci capisco qualcosa* que me aspen si entiendo algo
accidenti! *excl/pop* ¡porras!, ¡mecachis!
acciderba! *excl/euf* ¡caramba!, ¡córcholis!
accid|ia *f fil/eccl* indolencia, pereza, acidia *ant*; **~ioso** *adj fil/eccl* indolente, perezoso, acidioso *ant*
accigliа|rsi fruncir el entrecejo/el cejo *vt*; **~to** *adj* fruncido; *fig* ceñudo, cejijunto, hosco, torvo
accingersi <*9 -cingo; -cinsi; -cinto*> aprestarse, prepararse (*a* para), disponerse
acciocché *conj* <*+ subjuntivo*> para que, a fin de que
acciottol|are <*esd*> *vt* empedrar; **~ato** *m* empedrado; **~io** *m* tintineo (*platos, vasos*)
accipicchia! *excl euf* ¡caramba!, ¡córcholis!
acciuffare 1. *vt* 1. *fam* agarrar del pelo; 2. *fam* pillar, atrapar *est*; **2.** *~rsi* cogerse de los pelos, pelearse
acciuga <*pl -ghe*> *f gastr* anchoa; *(fig) stare pigiati come ~e* estar como sardinas en lata
acclama|re *vt* aclamar, vitorear; **~zione** *f* aclamación; *accettare/eleggere per* ~ aceptar/elegir por aclamación
acclima|tare <*esd*> *vt* aclimatar; **~tazione, ~zione** *f* aclimatación
acclu|dere <*10 -clusi; -cluso*> *vt* adjuntar, acompañar, incluir; **~so** *adj* adjunto, incluso
accoccolarsi <*esd*> acurrucarse
accodare 1. *vt* reatar (*bestias de carga*); **2.** *~rsi* ponerse en fila india, alinearse; *sport* ir a la zaga *vi*
accoglien|te *adj* acogedor (*casa*); hospitalario (*persona*); **~za** *f* acogida, recibimiento *m*, hospitalidad; *fare buona/cattiva* ~ dispensar una buena/mala acogida
accogliere <*12 -colgo; -colsi; accolto*> **1.** *vt* acoger, recibir; aprobar, aceptar (*una propuesta*); albergar (*recipiente, edificio*); **2.** *~rsi* reunirse, juntarse
accoglimento *m* aceptación *f*
accolito *m* acólito
accolla|cciato *adj* de cuello ajustado (*vestido*); **~re 1.** *vt* uncir, enyugar (*bueyes*); acollarar (*otros animales*); *fig* cargar, endosar; ajustarse al cuello (*vestido*); ~ *a q una fatica, una colpa* cargarle/endosarle a alg un trabajo, una culpa; **2.** *~rsi fig* cargarse, adjudicarse; **~ta** *f hist* espaldarazo *m*; **~to** *adj* ajustado (al cuello); **~tura** *f* cuello *m* (*vestido*)
accollo *m arch* vuelo; *ius* adjudicación *f*
accolta *f* reunión, asamblea
accoltella|re *vt* acuchillar, apuñalar, apuñalear *am*; **~tore, -trice** *m/f* acuchillador, -a
accomanda|nte *adj/s ius* comanditario; *socio* ~ socio comanditario; **~tario** *adj/s* comanditario (*socio gerente*)
accomandita *f ius* comandita; *società in* ~ sociedad en comandita, sociedad limitada
accomiatare *vt* despedir, decir adiós (*q* a alg)
accomoda|bile *adj* acomodable; **~mento** *m* arreglo, ordenación *f*; *tec* arreglo, reparación *f*; conciliación *f*, acuerdo, arreglo (*pelea, deuda*); **~nte** *adj* acomodaticio, complaciente
accomodare <*esd*> **1.** *vt* ordenar, arreglar, poner en su sitio; *tec* arreglar, reparar; remendar (*ropa, zapatos*); *fig* arreglar, solucionar (*pelea, deuda*); *iron* arreglar; *se ti trovo, ti accomodo io* si te encuentro, te arreglo yo/vas arreglado; **2.** *vi* <*avere*> venir bien, resultar agradable; **3.** *~rsi* 1. ponerse comodo; sentarse, tomar asiento; *fig* acomodarse, adaptarse; *si accomodi!* ¡tome asiento!, ¡siéntese, por favor!; 2. *fig* ponerse de acuerdo (*su* sobre)
accomodat|iccio *m* chapuza *f*; **~ivo** *adj* acomodadizo; **~ore, -trice** *m/f* reparador, -a, arreglador, -a; **~ura** *f* arreglo *m*, compostura (*joyas*); remiendo *m* (*ropa, zapatos*)
accomodazione *f* acomodación (*ojo*)
accompagna|mento *m* 1. acompañamiento, compañía *f*, escolta *f*, cortejo; *mus* acompañamiento; *mil* cobertura *f*; *ius* búsqueda y captura *f*; ~ *funebre* cortejo fúnebre; *mandato/ordine d'~* orden de búsqueda y captura; **~re 1.** *vt* acompañar; *mus* acompañar; ~ *nel dolore* acompañar en el sentimiento; **2.** *~rsi* juntarse (*a/con q* con alg); *mus* acompañarse (*a /con* con/de); **~to** *adj* acompañado; *meglio soli*

che mal ~i mejor estar solo que mal acompañado; ~**tore, -trice** *m/f* acompañante

accomuna|re 1. *vt* compartir, poner en común; igualar, hacer iguales; unir, reunir; *il dolore accomuna tutti* el dolor iguala a todos/nos hace iguales a todos; **2.** *~rsi* igualarse, hacerse iguales

acconcia|mento *m* arreglo; atavío; ~**re 1.** *vt* preparar, disponer; arreglar, ajustar (*problema*...); vestir, ataviar, acicalar (*persona*); peinar (*pelo*); **2.** *~rsi* 1. vestirse, ataviarse, acicalarse (*persona*); peinarse (*capelli*); 2. prepararse (*a* para), disponerse (*a* a); *~ a partire* prepararse para salir

acconciato *adj* preparado; vestido; *fig* listo, fresco; *sei proprio ~!* ¡estás listo/fresco!; ~**re, -trice** *m/f* peinador, -a; arreglador, -a, acomodador, -a

acconciatura *f* atavío *m*, adorno *m*, aderezo *m*; peinado *m*, tocado *m*

acconcio *adj* 1. adecuado, idóneo; 2. acicalado, bien peinado

accondiscendere *<58 -scesi; -sceso> vi <avere>* condescender (*a* en), consentir (*a* en)

acconsenti|mento *m* consentimiento, aprobación *f*; ~**re** *vi <avere>* 1. adherirse; estar de acuerdo (*a* con); *~ a una proposta* adherirse a una propuesta; 2. ceder (*presión, fuerza*); *acconsento che lui parta* consiento en que se vaya

acconsenziente *adj* consenciente *raro*, que consiente

accontenta|mento *m* contento; ~**re 1.** *vt* contentar; **2.** *~rsi* contentarse (*di* con)

acconto *m com* anticipo, adelanto; pago a cuenta, señal *f*

accoppare *vt* desnucar, acogotar; *zool* apuntillar; *fig/gergo* apiolar, cargarse, pulirse

accoppia|mento *m* unión *f*, acoplamiento; emparejamiento; *tec* acoplamiento; *biol* apareamiento, cópula *f*; ~**re 1.** *vt* emparejar, acoplar; casar; uncir, enyugar (*bueyes*); *zool* aparear; **2.** *~rsi* acoplarse, emparejarse; casarse; *zool* aparearse; ~**to** *adj* acoplado; *zool* apareado; *ling* pareado

accora|mento *m* descorazonamiento, desánimo, abatimiento; ~**re** *vt* desanimar, abatir, apesadumbrar

accorcia|mento *m* acortamiento, reducción *f*; *ling* apócope *f*; ~**re** *vt* acortar, reducir, abreviar; acortar (*ropa*); recortar, igualar (*pelo, barba*); acortar, atajar (*camino*); *ling* abreviar; ~**tivo** *m* forma abreviada *f*; ~**tura** *f* acortamiento *m*, abreviación

accorda|re 1. *vt* 1. acordar, avenir, poner de acuerdo; 2. acordar, conceder (*gracia, perdón*); 3. *mus* afinar, templar; *mus* acordar, armonizar; 4. *ling* concordar; **2.** *~rsi* 1. acordarse, ponerse de acuerdo; 2. concordar *vi*, corresponderse; *i tuoi atti non si accordano alle tue parole* tus actos no concuerdan/se corresponden con tus palabras; ~**tore** *adj/s mus* afinador; ~**tura** *f mus* afinación

accordo *m* 1. acuerdo, concordia *f*, armonía *f*; *di buon ~* en buena armonía; *di comune ~* de común acuerdo; *d'~ con* de acuerdo con/de conformidad con; *andare/essere/trovarsi d'~* estar de acuerdo/conforme, congeniar, llevarse bien; *mettersi d'~* ponerse de acuerdo, avenirse; *restare d'~* quedar de acuerdo, conformes; *d'~!* ¡de acuerdo!, ¡vale!; 2. *dipl* convención *f*, tratado; *econ* acuerdo, concierto; *pol* acuerdo, compromiso, entendimiento; *~ quadro/marco* acuerdo/convenio marco; *vale più un magro ~ que una grassa sentenza* más vale un mal acuerdo que una buena sentencia; 3. *mus* afinación *f*, temple; *mus* acorde; 4. *ling* concordancia *f*

accorgersi *<55 -corgo; -corsi; -corto>* darse cuenta (*di* de), percatarse (de), advertir *vt*, reparar *vi* (en)

accorgimento *m* sagacidad *f*, astucia *f*

accorpa|mento *m adm* unificación *f*; ~**re** *vt adm* unificar

accorrere *<18 -corsi; -corso> vi* acudir

accort|ezza *f* sagacidad, astucia, habilidad, perspicacia; ~**o** *adj* sagaz, astuto, hábil, perspicaz; sabio; *parole ~e* palabras sabias; *male ~* incauto, torpe, imprudente

accosciarsi ponerse en cuclillas

accosta|bile *adj* alcanzable, accesible (*lugar*); accesible, tratable (*persona*); ~**mento** *m* acercamiento; ~**re 1.** *vt* 1. acercar, arrimar; entornar (*puerta, ventana*); 2. abordar (*persona*); **2.** *vi <avere> mar* acostar, acostarse, abordar *vt*; virar; **3.** *~rsi* 1. acercarse, arrimarse; abordar *vt*, acercarse (*persona*); *~ ai Sacramenti* confesarse y comulgar; 2. *fig* acercarse; ~**ta** *f* acercamiento *m*; *mar* viraje *m*

accosto 1. *adv* al lado; *~ a* junto a, al lado de; **2.** *m mar* atraque

accostumare *vt lit* acostumbrar

accotonare *vt* frisar (*tela*); enguatar, acolchar

accovacciarsi acurrucarse, agazaparse

accovonare *vt agr* agavillar, engavillar

accozza|glia *f* revoltijo *m*, revoltillo *m*, batiburrillo *m*, mezcolanza (*cosas*); *fig* tumulto *m*, barahúnda, aglomeración (*personas*); ~**mento** *m* hacinamiento, aglomeración *f*; ~**re** *vt* hacinar, amontonar

accredita|mento *m* 1. *com* abono; *~ in conto* abono en cuenta; 2. *dipl/fig* acreditación; ~**re** *<esd> vt* 1. *com* abonar; *~ in conto* abonar en cuenta; 2. *dipl* acreditar; *fig* acreditar, avalar; ~**tario** *m com* beneficiario; ~**to 1.** *adj* acreditado, reputado (*firma, empresa*); acreditado (*periodista*); **2.** *m com* beneficiario (*de un crédito*)

accredito *m com* abono

accrescere *<16 accresco; accrebbi; accresciuto>* **1.** *vt* acrecentar, agrandar, aumentar; **2.** *~rsi* acrecentarse, aumentar *vi*, crecer *vi*

accresci|mento *m* crecimiento, aumento; ~**tivo** *m ling* aumentativo

accucciarsi *zool/fig* acurrucarse

accudire <*isc*> **1.** *vi* <*avere*> atender (*a* a), dedicarse (*a* a), ocuparse (*a* de); ~ *ai lavori domestici* ocuparse de las faenas de la casa; **2.** *vt* cuidar (*enfermos, niños*)
accultura|**re** *vt* aculturar; ~**zione** *f* aculturación
accumula|**bile** *adj* acumulable; ~**re** <*esd*> *vt* acumular; ~**tore, -trice 1.** *adj/s* acumulador, -a; **2.** *m elec/tec* acumulador; ~**zione** *f* acumulación
accumulo *m* acumulación *f*
accurat|**ezza** *f* cuidado *m*, diligencia, esmero *m*, mimo *m*; ~**o** *adj* cuidadoso, diligente, esmerado
accusa *f* 1. acusación; *ius* acusación, imputación; *capo d'*~ cargos, imputaciones; *atto d'*~ acto acusatorio, acusación; *pubblica* ~ acusación pública, fiscalía; ~ *privata* acusación particular; 3. cante *m* (*naipes*); ~**re** *vt* acusar, inculpar; *fig* tachar; acusar (*naipes*); *post* acusar; ~ *ricevuta di una lettera* acusar el recibo de una carta; ~**tivo** *m ling* acusativo; ~**to** *adj/s* acusado, inculpado; ~**tore** *adj/s* acusador; *ius* acusador; *pubblico* ~ acusador público, fiscal; ~ *privato* acusador particular; ~**torio** *adj* acusatorio
acefal|**ia** *f med/zool* acefalia; ~**o** *adj med/zool* acéfalo
acellulare *adj biol* acelular
acerb|**ità** *f/inv* acritud *f*, aspereza *f*, acrimonia *f*; ~**o** *adj* agrio, áspero, acerbo
acereto *m bot* arcedo
acero *m bot* arce, moscón
acerrimo *adj* acérrimo
acervo *m* acervo
acescenza *f chim* acescencia, oxidación del vino
acetabolo *m* acetábulo, vinagrera *f* (*arqueología romana*)
acetato *m chim* acetato
aceti|**co** *adj* acético; ~**ficatore** *m* vinagrero
acetilcellulosa *f chim* acetocelulosa
acetile *m chim* acetilo; ~**ne** *m chim* acetileno
acetire <*isc*> *vi* avinagrarse
aceto *m* vinagre; *fig* mordacidad *f*, causticidad *f*; *sott'*~ en vinagre; ~**ne** *m chim/med* acetona *f*; quitaesmaltes *inv* (*cosmética*)
acetos|**a** *f bot* acetosa, acedera, vinagrera; ~**ella** *f bot* aleluya; ~**o** *adj* agrio, ácido; avinagrado, picado (*vino*)
achenio *m bot* aquenio
Achill|**e** *m* Aquiles; *tallone d'*~ talón de Aquiles; *~**ea** *f bot* milenrama
aciclico *adj* acíclico
acidifica|**re** <*esd*> *vt* acidificar; ~**zione** *f* acidificación
acidità *f/inv* acidez *f*; *fig* acidez *f*, mordacidad *f*; ~ *di stomaco* acidez de estómago
acido 1. *adj a. fig* ácido; **2.** *m chim* ácido; *gergo* ácido, LSD (*droga*)
acidul|**are** <*esd*> *vt* acidular; ~**o** *adj* acídulo
acino *m* grano (*uva*)
acme *f med/fig* acmé *m/f*, clímax *m*, punto álgido *m*
acne *f med* acné *m*; ~ *giovanile* acné juvenil
aconfessiona|**le** *adj* aconfesional; ~**lità** *f/inv* aconfesionalidad *f*
aconito *m bot* acónito
acqua *f* 1. agua; ~ *alta* ="en Venecia, subida de las aguas de la laguna que inunda parte de la ciudad"; ~ *benedetta, santa* agua bendita, santa; ~ *brillante* tónica, agua tónica; ~ *corrente, morta* agua corriente, estancada; ~ *cheta* agua mansa; ~ *dolce, salata* agua dulce, salada; ~ *gassata* agua (mineral) con gas; ~ *minerale* agua mineral; ~ *naturale* agua (mineral) sin gas; ~ *ossigenata* agua oxigenada; *(chim)* ~ *pesante* agua pesada; ~ *piovana* agua de lluvia/pluvial; ~ *potabile* agua potable; ~ *ragia/acquaragia* aguarrás; ~ *sorgiva/viva* agua viva/de manantial; *(sport)* ~ *viva* aguas bravas; ~ *di Colonia* (agua de) Colonia, agua de baño; ~ *di fior d'arancio* agua de azahar; ~ *di rifiuto/di scarico* aguas residuales; ~ *di rose* agua de rosas; ~ *di seltz* soda; ~ *in bocca!* ¡punto en boca!, ¡chitón!; ~ *passata non macina più* agua pasada no mueve molino; *(infan)* ~ ~, *fuoco, fuoco* frío, frío, caliente, caliente; *a fior d'*~ a flor de agua; *(fig) all'*~ *di rose* de rositas; *(a. fig) avere l'*~ *alla gola* estar con/tener el agua al cuello; *come pesce nell'*~ como pez en el agua; *è ormai* ~ *passata* ya es agua pasada; *(mar/fig) fare* ~ hacer agua(s); *(fig) fare un buco nell'*~*/pestar l'*~ sembrar en arena; *(fig) lavorare sott'*~ hacerle la cama a alg; *(fig) pestare l'*~ *nel mortaio* escribir en la arena; *tirare l'*~ tirar de la cadena; *(fig) tirare l'*~ *al proprio mulino* llevar uno el agua a su molino, arrimar el ascua a su sardina; 2. *fpl* aguas; ~*e territoriali* aguas territoriales/jurisdiccionales; *cura delle* ~*e* cura de las aguas; *(fig) essere in* ~*e basse* pasar por horas bajas; *(fig) navigare in cattive* ~*e* estar en apuros; *passare le* ~*e* tomar las aguas; *(med) rompersi le* ~*e* romper aguas; *(fig) stare tra due* ~*e* estar/nadar entre dos aguas
acquacoltura *f tec* acuicultura, piscicultura
acquafort|**e** *f tec* aguafuerte; ~**ista** *m/f* grabador, -a de aguafuertes
acquaio *m* fregadero, pila *f*; ~**lo, -a** *m/f* aguador, -a
acquamanile *m* aguamanil
acquamarina *f min* aguamarina
acquaplaning *m aer/auto* aquaplaning
acquaragia *f* aguarrás *m*
acquarellare... V. **acquerellare**...
acquario *m* acuario, acuarium; *(astr)* *~ *Acuario*
acquartiera|**mento** *m mil* acuartelamiento, acantonamiento; ~**re** *vt mil* acuartelar, acantonar
acquasant|**a** *f eccl* agua bendita; ~**iera** *f eccl* caldereta, calderilla; pileta (*en una casa*)
acquat|**a** *f* aguacero *m*; *mar* aguada; ~**ico** *adj* acuático
acquattarsi agazaparse
acquavite *f* aguardiente *m*; cachaza, ron

m (*de caña de azúcar*); mezcal *m/Mex* (*de pita*); orujo *m* (*de uva*)

acquazzone *m* aguacero, chubasco, chaparrón

acquedotto *m* acueducto

acqueo *adj* acuoso, ácueo; *(med) umore ~* humor acuoso

acquerell|are *vi* pintar a la acuarela; **~ista** *m/f* acuarelista; **~o** *m* acuarela *f*

acquerugiola *f* llovizna, calabobos *m fam*, sirimiri *m/reg*

acquicoltura V. **acquacoltura**

acquiescen|te *adj* aquiescente; **~za** *f* aquiescencia

acquietare *vt* calmar, tranquilizar, sosegar

acquifero *adj* acuífero

acquirente *adj/s* adquirente, adquiridor, comprador

acquisi|re <*isc*> *vt com* adquirir, comprar; *fig* adquirir; *~ la cittadinanza spagnola* adquirir la ciudadanía española; **~tivo** *adj* adquisitivo; **~to** *adj* adquirido, comprado; *psic* adquirido; *diritti ~i* derechos adquiridos; **~tore, -trice** *m/f* adquiriente, adquiridor, -a; **~zione** *f* adquisición, compra

acquist|abile *adj* adquirible, comprable; **~are 1.** *vt com* adquirir, comprar; *fig* adquirir; *fig* ganar; *lit* conquistar *~ terreno* ganar terreno; **2.** *vi* <*avere*> *fig* ganar; *con quel colore il quadro acquista molto* con aquel color el cuadro gana mucho; **3.** *~rsi* ganarse, granjearse; *~ la simpatia di tutti* granjearse/ganarse la simpatía de todos; **~o** *m* adquisición *f*, compra *f*; *sport* fichaje; *lit* conquista *f*; *~ in contanti/a rate* compra al contado/a plazos; *potere d'~* poder adquisitivo; *(iron) bell'~ hai fatto!* ¡te has lucido!/¡te ha lucido el pelo!

acquitrino *m* charca *f*; **~so** *adj* paludoso

acquolina: far venire l'~ in bocca (*a qc*) hacérsele la boca agua (*a alg*)

acquos|ità *f/inv* acuosidad *f*; **~o** *adj* acuoso

acre *adj* agrio, ácido, acre (*gusto*); chirriante, rechinante, agudo (*sonido*); *fig* acido, mordaz

acredine *f* acidez (*gusto*); estridencia (*sonido*); *fig* acidez, mordacidad, acrimonia

acrilico *adj/m* acrílico

acrimoni|a *f fig* acrimonia, aspereza; **~oso** *adj* acrimonioso

acrisia *f* acrítica (*falta de discernimiento*)

acritico *adj* acrítico

acro *m* acre (*medida*)

acrobat|a *m/f* acróbata; **~ica** *f art* acrobacia; **~ico** *adj* acrobático; **~ismo** *m* acrobatismo, acrobacia *f*

acrobazia *f* acrobacia

acromatismo *m fis* acromatismo; *med* acromatismo, daltonismo

acromatopsia *f med* acromatopsia, daltonismo

acron|ia *f* acronía; **~imo** *m ling* acrónimo, sigla *f*

acropoli *f/inv hist* acrópolis

acrostico *adj/m* acróstico

acui|re <*isc*> *vt* aguzar (*vista, oído, mente*); **~tà** *f/inv* agudeza *f*; *~ visiva* agudeza visual

aculeato *adj zool* dotado de aguijón

aculeo *m zool* aguijón; *bot* espina *f*, pincho *fig*; aguijón, acicate, estímulo

acume *m lit* perspicacia *f*

acumin|are <*esd*> *vt* afilar; **~oso** *adj* afilado, acuminoso, acuminado

acustic|a *f fis* acústica; **~o** *adj fis* acústico

acutangolo *adj* acutángulo

acutezza *f* agudeza; *fig* agudeza, perspicacia, sutileza; *~ visiva* agudeza visual

acutizza|re V. **acuire**; **~rsi** agudizarse (*enfermedad, crisis*); **~zione** *f* agudización

acuto *adj* agudo, punzante (*objeto*); agudo, estridente (*sonido*); penetrante (*olor*); agudo, intenso (*dolor, frío*); *fig* agudo, sutil, perspicaz; *ling* agudo, oxítono; *med* agudo

ad *prep* V. **a**

adagi|are *vt* acostar, recostar, acomodar; **~no** *adv* despacito

adagio 1. *adv* despacio, con calma; con cuidado; *parlare ~* hablar en voz baja; *~ ~* despacito, poco a poco; *(fam) ~, Biagio!* ¡para el carro, Baldomero!; **2.** *m mus* adagio; *ling* adagio, sentencia *f*, proverbio

adamantino *adj* adamantino; *fig* diamantino; *carattere ~* carácter diamantino

adami|smo *f hist/eccl* adamismo; **~ta** *m/f hist/eccl* adamita; **~tico** *adj* adamítico

Adamo *m* Adán; *(med) pomo d'~* nuez (de Adán)

adattabil|e *adj a. fig* adaptable; **~ità** *f/inv a. fig* adaptabilidad *f*

adattamento *m psic/ling/cine/TV* adaptación *f*; *biol* aclimatación *f*; *spirito di ~* capacidad de adaptación

adattare *vt* adaptar, aclimatar

adatto *adj* adecuado (*a* para), conveniente (*a* para), apropriado (*a* para)

addebita|mento *m com* adeudo, cargo; **~re** <*esd*> *vt com* adeudar, cargar; *fig* imputar

addebito *m com* adeudo, cargo; *fig* imputación *f*

addend|a *mpl* addenda; **~o** *m mat* sumando

addensa|mento *m* espesamiento, condensamiento; **~nte** *adj/m* espesante; **~re 1.** *vt* espesar, condensar, adensar; **2.** *~rsi* espesarse, condensarse; *fig* agolparse (*multitud*)

addenta|re *vt* morder, hincar el diente; *tec* aferrar, atenazar; **~tura** *f* atenazamiento *m*

addentellare *vt arch* dejar dentellones o dientes en un muro

addentr|arsi adentrarse, internarse, penetrar *vi* (*in* en); **~o** *adv* adentro; *fig* al tanto; *~ a/in* dentro de; *essere ~ in una questione* estar al tanto de un asunto

addestra|mento *m* adiestramiento, formación *f*; *~ professionale* formación profesional; **~re** *vt* adiestrar; **~tore, -trice** *m/f* adiestrador, -a; domador, -a

addetto, -a 1. *adj* encargado, -a (*a* de), ocupado, -a (*a* en); dedicado, -a, destinado, -a (*a* a); *personale ~ alla cucina* personal encargado de la cocina; *camera ~a a*

uso privato habitación dedicada/destinada a uso particular; **2.** *m/f* encargado, -a; *dipl* agregado, -a; *vietato l'ingresso ai non ~i ai lavori* prohibida la entrada a toda persona ajena a la obra; *(fig) gli ~i ai lavori* los enterados (*asunto, ciencia...*); *~ commerciale, militare, stampa* agregado comercial, militar, de prensa
addì *adv adm* a (tantos) de (*fechas*); *Siena, addì 28 aprile 1993* Siena, a 28 de abril de 1993
addiaccio *m* redil, corral; *mil* vivac, vivaque; *dormire all'~* dormir al raso
addietro *adv* atrás; *restare ~* quedarse atrás; *(fig) farsi/tirarsi ~* quedarse en un segundo plano; *tempo/anni ~* tiempo/años atrás
addio *excl/m* adiós; *(teatro) serata d'~* función de despedida; *lettera d'~* carta de despedida; *dare l'ultimo ~* dar el último adiós (*a un muerto*)
addirittura *adv* incluso; verdaderamente
addirsi adecuarse, corresponderse, pegar *vi*, ir *vi*; *quell'atto no si addice alla sua età* aquel acto no se adecúa a su edad; *non ti si addicono quelle sciocchezze* no te van esas tonterías
addit|are *vt* señalar (con el dedo); **~ivo 1.** *adj mat/chim* aditivo; **2.** *m chim* aditivo
addivenire *<86 -vengo; -venni; -venuto> vi* llegar; *~ a un accordo/a una conclusione* llegar a un acuerdo, a una conclusión
addizion|ale 1. *adj* adicional; **2.** *f econ* recargo *m*; **~are** *vt* añadir, adicionar; *mat* sumar; **~atrice** *f* calculadora de mesa; **~e** *f mat* suma, adición; *ius* adición
addobba|mento *m* ornamento, decoración *f*; aderezo; **~re 1.** *vt* adornar, ornar, adobar; *gastr* aderezar; **2.** *~rsi* adornarse
addobbo *m* ornamento, adobo, aderezo
addocilire *<isc> vt* suavizar (*piel*); *fig* amansar
addolci|mento *m* endulzamiento; **~re** *<isc> vt a. fig* endulzar; **~to** *adj* endulzado, azucarado
addolora|re 1. *vt* afligir; **2.** *~rsi* lamentar *vt*, sentir *vt*; ***~ta: l'~** *f eccl* la Dolorosa
addome *m med* abdomen
addomestica|bile *adj* domable; **~mento** *m* domesticación *f*; amaestramiento, doma *f*; **~re** *<esd> vt* domesticar, amaestrar, domar; **~to** *adj* domesticado, amaestrado; **~tore, -trice** *m/f* domador, -a
addominale *adj med* abdominal
addormenta|re 1. *vt* adormecer, dormir; **2.** *~rsi* adormecerse, dormirse; **~to** *adj* adormecido, dormido; *la bella ~a* la bella durmiente; **~tore** *adj* adormecedor
addossa|mento *m* apoyo; *fig* endosamiento, endilgamiento; **~re 1.** *vt* arrimar, apoyar; *fig* endosar, endilgar; **2.** *~rsi* 1. apoyarse, arrimarse; 2. agolparse; 3. cargar *vi* (*con la responsabilidad*)
addosso 1. *adv* encima; *~ a* encima de; *avere ~* llevar, vestir (*ropa*); *mettere ~* ponerse (*ropa*); *avere una famiglia ~* tener una familia a su cargo; *(pop) farsela ~* hacerse pis/caca (*vulg*); *cadere ~* venirse encima; *levarsi/togliersi q d'~* quitarse a alg de encima; *(a. fig) stare ~ a q* estar encima de alg; *piantare gli occhi ~ a q* echar el ojo a alg, no perder a alg de vista; **2.** *excl* ¡a él!, ¡a ellos!...
addottorare *vt* doctorar
addottrina|mento *m* adoctrinamiento; **~re** *vt* adoctrinar
addurre *<15 -duco; -dussi; -dotto> vt* aducir; *ius* alegar, aducir
adduttore *adj/m* abductor, aductor
adduzione *f med* abducción, aducción
adegua|mento *m* adecuación *f*; *~ dei prezzi* ajuste de precios; **~re** *vt* adecuar, adaptar, ajustar; **~to** *adj* adecuado, apropiado; **~zione** *f* adecuación
adempiere *<13 adempio; adempii; adempito> vt/vi <avere>* cumplir (*a* con)
adempimento *m* cumplimiento
adempire *<isc>* V. **adempiere**
adenite *f med* adenitis
adeno|fora *f bot* adenófora; **~ma** *m med* adenoma; **~si** *f/inv med* adenosis; **~tomia** *f med* adenotomía
adepto, -a *m/f* adepto, -a
aderen|te 1. *adj* adherente; ajustado, -a, ceñido, -a (*vestido*); **2.** *m/f* partidario, -a, seguidor, -a; **~za** *f* 1. adherencia, agarre *m*; 2. *fig* adhesión (*causa, idea*); 3. *fpl med* adherencias; 4. *fig* relaciones, contactos *mpl*
adergere *<31 -ergo; -ersi; -erto> vt lit* elevar *est*
aderire *<isc> vi <avere> a. fig* adherirse (a *a*)
adesca|mento *m fig* anzuelo, señuelo, trampa *f*; *ius* seducción *f*; **~re** *vt* echar el anzuelo (*peces*); poner cepos, tender un lazo/una trampa (*pájaros*); *fig* tender una trampa; seducir
adesione *f* adhesión
adesiv|ità *f/inv* adhesividad *f*; **~o 1.** *adj* adhesivo; *nastro ~* celo *m*, cinta adhesiva *f*; **2.** *m* 1. adhesivo, pegamento; 2. adhesivo, pegatina *f*
adespoto *adj lit* anónimo
adesso *adv* ahora; hace un momento; *per ~* por ahora, hoy por hoy; *~ capisco* ya comprendo, ahora caigo
ad hoc *adv* ad hoc
ad honorem *adj* honoris causa (*doctorado, licenciatura*)
adiacen|te *adj* adyacente, contiguo, aledaño; **~za** *f* contigüidad
adibire *<isc> vt* destinar, dedicar (*a un uso determinado*); *~ una caserma a scuola* destinar un cuartel a (ser) escuela
Adige *m* Adigio, Adige
adipe *m med* grasa *f*
adipos|ità *f/inv* adiposidad *f*; **~o** *adj* adiposo; *tessuto ~* tejido adiposo
adir|arsi montar en cólera *vi*, enfadarse, enojarse; **~ato** *adj* enfadado, enojado; **~e** *<isc> vt* 1. *ius* acudir (a) *vi*, recurrir (a) *vi* (*tribunal, juez...*); 2. *ius* adir, aceptar (*una herencia*)
adito *m a. fig* entrada *f*, acceso; *dare ~ a* dar entrada a, permitir el acceso a;

questo corridoio dà ~ alla biblioteca este pasillo da entrada a la biblioteca; *non dare ~ a dubbi* no dejar lugar a dudas
adocchiare *vt* ver, mirar; ojear, echar el ojo *fam* (*a algo*)
adolescen|te *adj/s* adolescente; **~za** *f* adolescencia
adombra|bile *adj* asustadizo (*caballo*); **~mento** *m* 1. espantada *f* (*caballo*); 2. *pitt* sombreado; *fig* ocultación *f*, encubrimiento; **~re 1.** *vt* 1. oscurecer; *pitt* sombrear; *fig* ocultar, encubrir, ensombrecer; 2. espantar (*caballo*); **2.** *~rsi* espantarse (*caballo*); *fig* asustarse, alarmarse
Adone *m mit* Adonis; *fig* adonis, efebo, galán
adontarsi ofenderse
adopera|bile *adj* utilizable; **~re** <*esd*> **1.** *vt* usar, utilizar; llevar, usar, gastar (*gafas, sombrero*); **2.** *~rsi* trabajar (*per* por), luchar (*per* por), consagrarse (*per* a)
adora|bile *adj* adorable; **~re** *vt* adorar; **~tore** *adj/s* adorador, idólatra; *fig* adorador, admirador; **~zione** *f* adoración, idolatría
adorn|are *vt* adornar, engalanar; **~o** *adj* adornado, ornado
adott|are *vt* adoptar; **~ivo** *adj* adoptivo
adozione *f* adopción
adrenalina *f med* adrenalina
adriatico *adj geogr* adriático; *il mare *~* el mar Adriático
adsorb|ente *adj/m* adsorbente; **~imento** *m* adsorción *f*
adstrato *m ling* adstrato
aduggiare *vt fig/lit* irritar, molestar; dañar
adula|re *vt* adular, halagar, lisonjear; **~tore** *adj/s* adulador, zalamero, cobista *fam*; **~torio** *adj* adulatorio, lisonjero, halagüeño; **~zione** *f* adulación, halago *m*, lisonja, zalamería; peloteo *m*
adulter|are <*esd*> *vt* adulterar, falsificar; **~azione** *f* adulteración, lisonja; **~ino** *adj* adulterino; *relazione ~a* relación adulterina; *figlio ~* hijo adulterino; **~io** *m* adulterio
adulto *adj/s* adulto
aduna|nza *f* reunión, asamblea; **~re 1.** *vt* reunir, juntar; aunar (*fuerzas, voluntades*); **2.** *~rsi* reunirse, juntarse; **~ta** *f* reunión, asamblea
adunco *adj* adunco, encorbado; *naso ~* nariz aguileña
adunghiare *vt* agarrar, aferrar
adunque *conj lit* entonces, pues, conque
adus|are *vt lit* habituar; **~to** *adj* adusto; *fig* adusto, cetrino
aera|re <*esd*> *vt* airear, orear, ventilar; **~zione** *f* aireación, oreo *m*, ventilación; *agr* aeración
aere *m lit* aire
aereo 1. *adj* aéreo; **2.** *m* avión, aeroplano; *~ a reazione* avión de reacción
aericolo *adj biol* aerícola
aeri|fero *adj* aerífero; **~ficare** <*esd*> *vt* aerificar; **~ficazione** *f* aerificación; **~forme** *adj* aeriforme
aerobic|a *f sport* aerobic *m*; **~o** *adj* aeróbico
aerobio *adj/s biol* aerobio; **~si** *f/inv biol* aerobiosis
aerobrigata *f* brigada aérea
aerobus, aerobus *m/inv* aerobús *m*
aero|centro *m* aeropuerto; **~cisterna** *f* avión nodriza; **~club** *m/inv* aeroclub *m*
aerodinamic|a *f* aerodinámica; **~ità** *f/inv* aerodinamicidad *f*; **~o** *adj* aerodinámico
aerodromo *m* aeródromo
aero|fagia *f med* aerofagia; **~faro** *m aer* aerofaro; **~fisica** *f* aerofísica; **~fobia** *f med* aerofobia
aerofoto|grafia *f* fotografía aérea; **~gramma** *m* fotografía aérea
aerogetto *m aer* reactor
aerogra|fia *f tec* aerografía; **~fo** *m tec* aerógrafo; **~mma** *m post* aerograma
aero|linea *f* aerolínea; **~lito** *m* aerolito
aeromanzia *f* aeromancia; **~marittimo** *adj* aeromarítimo; **~metria** *f* aerometría; **~metro** *m* aerómetro; **~mobile** *m* aeromóvil; **~modellismo** *m* aeromodelismo; **~moto** *m* aeromoto
aeronaut|a *m/f* aeronauta; **~ica** *f* aeronáutica; **~ico** *adj* aeronáutico
aeronav|ale *adj* aeronaval; **~e** *f* aeronave; **~igazione** *f* navegación aérea
aero|plano *m* aeroplano, avión; **~porto** *m* aeropuerto; **~postale** *adj* aeropostal
aerorifornimento *m* abastecimiento en vuelo
aerosiluro *m* avión torpedo
aerosol *m/inv* aerosol *m*; *med* nebulizador *m*
aerospaziale *adj* aeroespacial
aerosta|tica *f* aerostática; **~tico** *adj* aerostático; **~to** *m* aerostato, globo; **~zione** *f* aerostación
aerotassì, aerotaxi *m* aerotaxi
aerotecnic|a *f* aerotécnica; **~o** *adj* aerotécnico
aeroterapia *f* aeroterapia
aerotermo *m* acondicionador de aire; **~dinamica** *f* aerotermodinámica
aerotrasport|ato *adj* aerotransportado; **~o** *m* transporte aéreo
aerovia *f* aerovía
afa *f* bochorno *m*
afas|ia *f med* afasia; **~ico** *adj med* afásico
aferesi *f/inv ling* aféresis
affabil|e *adj* afable, amable, tratable; **~ità** *f/inv* afabilidad *f*, amabilidad *f*
affaccenda|mento *m* ajetreo, trajín, tráfago; **~rsi** afanarse, atarearse, trajinar *vi*; **~to** *adj* ocupado; atareado
affacciare 1. *vt* asomar; *~ alla mente un dubbio* saltar a la mente una duda; **2.** *~rsi* asomarse
affaire *m fr/inv* affaire, asunto *m*
affama|re *vt* matar de hambre, hacer pasar hambre, hambrear; **~to** *adj* hambriento
affanna|re 1. *vt* molestar, importunar; *fig* afligir; **2.** *vi* jadear; **3.** *~rsi* afanarse, bregar *vi*, ajetrearse; **~to** *adj* jadeante; *fig* afanoso, afligido
affanno *m* ahogo, jadeo, resuello; angustia *f*, congoja *f*; **~so** *adj* jadeante; *fig* afanoso, angustioso
affardellare *vt* empaquetar, enfardar; *mil* hacer/liar el petate

affare *m* 1. asunto, cuestión *f*, cosa *f*; *è un brutto ~* es un feo asunto; *è un ~ serio* es un asunto serio; *non è un ~ tuo* no es asunto tuyo; 2. *com/dipl* negocio; *(com) giro di ~i* volumen de negocios; *(iron) bell'~!* ¡bonito negocio!; *~ sporco* negocio sucio; *~ di Stato* cuestión de Estado; **~i Esteri* Asuntos Exteriores; *~ ecclesiastici* asuntos religiosos; *un grosso ~* un gran negocio; *fare un buon ~* hacer un buen negocio; ser una pinchincha/piltrafa *am*; *di mal ~* de mala reputación; *uomo, viaggio d'~i* hombre, viaje de negocios; 3. *ius* caso; *l'~ Dreyfus* el caso Dreyfus; 4. *fam* chollo, ganga *f*
affaris|mo *m* especulación *f*; **~ta** *m/f desp* especulador, -a, negociante, -a; **~tico** *adj* mercantil; *desp* especulativo
affarone *m* negocio redondo, chollo *fam*
affascina|nte *adj* fascinante, encantador, arrebatador; **~re** <*esd*> *vt* 1. fascinar, cautivar, hechizar, embelesar; 2. *agr* engavillar; **~tore, -trice 1.** *adj/s* fascinante; **2.** *m/f* persona fascinante *f*
affastella|mento *m agr* gavilla *f*; *fig* revoltijo, montón, hacinamiento; **~re** *vt agr* engavillar; *fig* amontonar, hacinar
affatica|mento *m* cansancio; **~re 1.** *vt* ansar, fatigar; *fig* agobiar; **2.** *~rsi* atarearse, ajetrearse, preocuparse; cansarse
affatto *adv* 1. completamente, del todo; *hanno punti di vista ~ diversi* tienen puntos de vista completamente diferentes; 2. en absoluto, nada (*en negaciones*); *niente ~* en absoluto; *non mi piace ~* no me gusta nada
affatturare *vt* adulterar; *fig* embrujar, hechizar
afferente *adj med* aferente; *ius* referente, correspondiente
afferma|re 1. *vt* afirmar, sostener, defender (*opinión*); **2.** *vi* <*avere*> afirmar (*decir que sí*); **3.** *~rsi* destacarse; **~tivo** *adj* afirmativo; **~to** *adj* renombrado, destacado; **~zione** *f* afirmación
afferrare 1. *vt* aferrar, agarrar, asir; empuñar (*espada*); *fig* coger, aprovechar (*ocasión*); **2.** *~rsi* aferrarse, agarrarse, asirse
affetta|re *vt* 1. fingir, aparentar, simular; 2. rebanar, cortar en rodajas (*embutidos, merluza, frutas*); cortar en lonchas (*queso, embutidos*); rebanar, cortar (*pan*); **~to 1.** *adj* 1. fingido; *fig* afectado, amanerado, relamido, redicho; 2. rebanado, cortado en rebanadas/rodajas/lonchas; **2.** *m* embutido cortado en rodajas/lonchas; **~trice** *f* cortafiambres *m/inv*; **~zione** *f fig* afectación, amaneramiento *m*, melindre *m*
affettiv|ità *f/inv* afectividad *f*; **~o** *adj* afectivo
affetto 1. *adj med* afecto, enfermo; *fig* impresionado, afectado; *~ da tubercolosi* afecto/enfermo de tuberculosis; *~ da stupore* impresionado por el estupor; **2.** *m* afecto, cariño; apego
affettuos|ità *f/inv* afectuosidad *f*; **~o** *adj* afectuoso, cariñoso
affezionare 1. *vt* aficionar; **2.** *~rsi* afeccionarse (*a q* alg), encariñarse (*a q* con alg); aficionarse (*a qc* a algo)
affezionat|issimo *(adj) Suo ~* Suyo afectísimo (*en las cartas*); **~o** *adj* encariñado (*a q* con alg), apegado (*a q* a alg), afeccionado (*a q* a alg); aficionado (*a qc* a algo)
affezione *f* cariño *m*, afecto *m*; *med* afección
affiancare 1. *vt* poner a un lado; *mil* flanquear; *fig* apoyar, sostener; **2.** *~rsi* ponerse a un lado; *mil* ponerse en los flancos
affiata|mento *m* compenetración *f*, armonía *f*, acuerdo; **~re** *vt* compenetrar, armonizar
affibbiare *vt* abrochar, anudar, abotonar; *fig* colgar, endilgar, endosar
affidabil|e *adj* fiable; **~ità** *f/inv* fiabilidad *f*
affidamento *m* confianza *f*; *ius* custodia *f*
affidare *vt* confiar, encomendar
affido *m ius* custodia *f*, acogimiento
affievoli|mento *m* debilitamiento, debilitación *f*; **~re** <*isc*> *vt* debilitar
affiggere <*1 -figgo; -fissi; -fisso*> *vt* pegar, colocar (*carteles, avisos...*); *~ gli occhi* fijar la mirada, mirar fijamente
affila|coltelli *m/inv* afilacuchillos (*instrumento*); **~mento** *m* afilamiento, afiladura *f*; **~re 1.** *vt* afilar; sacar punta (*lápiz*); afinar, adelgazar (*cara*); *(fig) ~ le armi* velar armas; **2.** *~rsi* 1. afinarse, adelgazar *vi*; 2. alinearse, ponerse en fila; **~toio** *m* muela *f*, afilador; **~trice** *f* muela, afilador *m*; **~tura** *f* afiladura, afilamiento *m*
affilia|re 1. *vt ius* ahijar, adoptar; afiliar, apuntar (*secta, asociación*); **2.** *~rsi* afiliarse; *sport* federarse; **~to, -a** *m/f* adepto, -a, afiliado, -a; *sport* federado, -a; **~zione** *f ius* adopción; afiliación, ingreso *m* (*secta, asociación*); *sport* federación (*acción*)
affina|ggio *m metal* afinación *f*, acrisolado; *tec* refinado (*azúcar*); **~mento** *m metal* afinamiento; *tec* afilado; *tec* refinamiento, refinado (*azúcar*); **~re 1.** *vt* afilar; *fig* aguzar; *metal* afinar, acrisolar; *tec* refinar (*azúcar*); **2.** *~rsi* afinarse; *fig* refinarse, perfeccionarse; **~zione** *f met* afinación, afinado *m*, acrisolado *m*; *tec* refinado *m* (*azúcar*)
affinché *conj* <*+ subj*> para que, a fin de que
affine 1. *adj* afín, similar; **2.** *m* afín, allegado (*familia*)
affinità *f/inv* afinidad *f*; afinidad *f*, parentesco *m* (*familia*)
affiochi|mento *m* debilitamiento, amortiguación *f*; ronquera *f* (*voz*); **~re** <*isc*> *vt* debilitar, amortiguar; enronquecer (*voz*)
affiora|mento *m* afloramiento; **~re** *vi* aflorar
affiss|ione *f* pegadura, pegada (*acción*); *divieto di ~* prohibido pegar/fijar carteles; **~o 1.** *adj* pegado, fijado; **2.** *m* 1. cartel, anuncio; 2. *arch* marco; 3. *ling* afijo
affitta|bile *adj* en alquiler, alquilable; **~camere** *m/f inv* hospedero, -a; **~re** *vt* 1.

alquilar, arrendar (*casas*); arrendar (*tierras*); alquilar (*vehículos*); *affittasi camera* se alquila habitación; 2. alquilar (*tomar en alquiler*)
affitto *m* 1. alquiler, arrendamiento; *prendere in ~* alquilar, tomar en alquiler; 2. alquiler, renta *f* (*dinero*)
affittuario *m* 1. arrendatario; 2. inquilino (*viviendas*)
afflato *m lit* soplo; inspiración *f*
affliggente *adj* aflictivo
affliggere *<38 -fliggo; -flissi; -flitto>* afligir, apenar, apesadumbrar
afflitt|ivo *adj* aflictivo; **~o** *adj* afligido, apenado, compungido; *chi nasce ~ muore sconsolato* a perro flaco todo son pulgas
afflizione *f* aflicción, angustia, congoja
afflosciare *vt* aflojar, debilitar; *fig* aplatanar *fam*; *bot* ajar, marchitar, mustiar
afflu|ente 1. *m* afluente; **2.** *adj* rico, opulento; **~enza** *f* afluencia, concurrencia; **~ire** *vi geogr* fluir, discurrir; afluir, concurrir (*personas, mercancías*)
afflusso *m med* aflujo; *geogr* flujo, corriente *f*; pluviosidad *f* (*cuenca fluvial*); afluencia *f*, concurrencia *f* (*personas*)
affocare 1. *vt* abrasar, poner al rojo vivo; **2.** *~rsi* abrasarse, inflamarse
affoga|mento *m* ahogamiento, sofoco; **~re 1.** *vt* ahogar, anegar; escalfar (*huevos*); **2.** *vi* ahogarse; *~/~rsi in un bicchier d'acqua* ahogarse en un vaso de agua; *~ nell'oro* nadar en la abundancia; *~ nei debiti* estar con el agua al cuello; *bere o ~* del mal el menos; **3.** *~rsi* ahogarse
affolla|mento *m* aglomeración *f*, agolpamiento, gentío; **~re 1.** *vt* llenar, abarrotar (*personas*); *fig* abrumar, oprimir; **2.** *~rsi* agolparse
affonda|mento *m* hundimiento; **~re 1.** *vt* ahondar, hundir (*en la tierra*); *mil* hundir, mandar a pique; **2.** *vi* hundirse; **3.** *~rsi* hundirse; **~toio** *m mar* disparador
affossa|mento *m* excavación *f*; *agr* ahoyadura *f*; *fig* arrinconamiento; **~re 1.** *vt* cavar, excavar; *agr* cavar, ahoyar; *fig* arrinconar, zanjar (*una cuestión*); **2.** *~rsi* hundirse; **~tura** *m* excavación *f*; *agr* ahoyadura *f*
affranca|mento *m* 1. liberación *f*; 2. *post* franqueo; **~re 1.** *vt* 1. liberar, libertar; manumitir, libertar (*esclavos*); 2. *post* franquear; **2.** *~rsi* liberarse (*da* de); *fig* animarse; **~trice** *f post* maquina franqueadora; **~tura** *f* franqueo *m*, sellado *m*; **~zione** *f ius* franqueo *m*
affranto *adj* abatido, desanimado
affratella|mento *m* hermanamiento; **~re** *vt* hermanar
affrescare *vt pitt* pintar al fresco
affreschista *m/f pitt* fresquista
affresco *m pitt* fresco
affrettare 1. *vt* acelerar, apresurar; **2.** *~rsi* apresurarse, darse prisa
affricata *f ling* (consonante) africada; **~o** *adj ling* africado
affront|are 1. *vt* afrontar, arrostrar, encarar, hacer frente (a); *~ il nemico* hacer frente al enemigo; *~ un pericolo* arrostrar un peligro; *~ le spese* hacer frente a los gastos; **2.** *~rsi* enfrentarse, encararse; **~o** *m* afrenta *f*
affumica|re *<esd>* *vt* ahumar; **~to** *adj* ahumado; ennegrecido; *carne ~a* carne ahumada; *lenti ~e* cristales ahumados; **~tura** *f* ahumado *m*
affusolato *adj* ahusado; ceñido (*vestido*)
affusto *m mil* afuste
Afgan|istan: *l'~ (m)* Afganistán; ***~o** *adj/s geogr* afgano
afide *m zool* pulgón
afillo *adj bot* áfilo
afoni|a *f med* afonía; **~co** *adj med* afónico
afono *adj med* afónico; *ling* áfono
aforis|ma, ~mo *m* aforismo; **~tico** *adj* aforístico
afos|ità *f/inv* bochorno *m*, asfixia *f*, sofoco *m*; **~o** *adj* bochornoso, asfixiante, sofocante
Africa: *l'~ (f)* África; ***~no** *adj/s* africano
africo 1. *adj lit* africano; **2.** *m* ábrego, áfrico (*viento*)
afrika|ans *m/inv ling* afrikaans; **~ner** *m/f inv* afrikaner *m/f*, afrikander *m/f*
afroamericano *adj* afroamericano
afroasiatico *adj* afroasiático
afrocubano *adj mus* afrocubano
afrodisiaco *adj/m* afrodisiaco
Afrodite *f mit* Afrodita
agamia *f bot* agamia
agamico *adj bot* ágamo
agape *m* ágape
agarico *m bot* agárico; *~ delizioso* níscalo, mízcalo, robellón; *~ moscario* amanita muscaria *f*, falsa oronja *f*
agata *f min* ágata
agave *f bot* pita, ágave *m/f*, maguey *m/am*; *~ tessile* henequén *m/am*
agenda *f* agenda, dietario *m* (*libro*); agenda (*reunión*)
agente *m* agente; *com* agente, corredor, representante; *complemento d'~* complemento agente; *~ di assicurazioni, di borsa, di cambio, di commercio* corredor de seguros, de bolsa, de cambio, de comercio; *~ immobiliare, marittimo, segreto, di polizia* agente inmobiliario, marítimo, secreto, de policía; *~ provocatore* infiltrado, provocador; *~ di custodia* funcionario de prisiones; *~ diplomatico* encargado de negocios; *~ fiduciario* habilitado
agenzia *f* agencia; *econ* sucursal (*bancos, empresas*); *com* agencia, correduría; *~ immobiliare, pubblicitaria, di informazioni, d'investigazione, di viaggi* agencia inmobiliaria, de publicidad, de prensa, de investigación, de viajes; *~ di assicurazioni, di borsa, di cambio* correduría de seguros, de bolsa, de cambio
agerato *m bot* agérato
agevola|re *<esd>* *vt* agilizar, facilitar, favorecer; simplificar; **~zione** *f* agilización, facilidades *fpl*; simplificación; *~ di pagamento* facilidades de pago; *~ fiscale* privilegio fiscal
agevole *adj* facil, cómodo
agevolezza *f* facilidad, comodidad
aggancia|mento *m* enganche; **~re** *vt* 1.

enganchar; abrochar (*ropa*); 2. *sport* coger al vuelo (*la pelota*); 3. *sport* zancadillear (*fútbol*); 4. *fig/fam* enganchar, coger por banda (*una persona*); 5. *fam* ligar

aggancio *m* enganche, sujeción *f*, fijación *f*

aggeggio *m* cacharro, trasto, chisme; *fig* trampa *f*

aggettiv|ale *adj ling* adjetival; **~are** *vt ling* adjetivar; **~azione** *f ling* adjetivación; **~o** *m ling* adjetivo

aggetto *m arch* voladizo, saliente

agghiaccia|re *vt* helar, congelar; **~nte** *adj fig* espeluznante, terrorífico

agghinda|re *vt* engalanar, endomingar, emperifollar, engomar *am*; **~to** *adj* emperifollado, peripuesto, acicalado

aggio *m com/econ* agio; **~gare** *vt* uncir, enyugar; *fig* subyugar

aggiorna|mento *m* puesta al día *f*, actualización *f*, reciclaje; *corso di ~* curso de reciclaje; **~re 1.** *vt* 1. aplazar, diferir; 2. poner al día, actualizar, reciclar; **2.** *~rsi* ponerse al día, reciclarse, actualizarse

aggiota|ggio *m econ* agiotaje; **~tore, -trice** *m/f econ* agiotista

aggira|mento *m mil* envolvimiento; *fig* engaño, insidia *f*; **~re 1.** *vt mil* envolver, rodear, cercar; *fig* esquivar, evitar; *fig* engañar; **2.** *~rsi* 1. merodear, vagar, dar vueltas; 2. girar, ascender (*cuenta*); *la spesa si aggira sul milione* el gasto gira en torno al millón

aggiudica|re <*esd*> *vt* adjudicar; **~tario** *m* adjudicatario; **~zione** *f* adjudicación

aggiungere <*39 -giungo; -giunsi; -giunto*> **1.** *vt* añadir, agregar; **2.** *~rsi* juntarse, unirse

aggiunt|a *f* añadido *m*, añadidura; **~are** *vt* juntar, unir; **~atura** *f* unión, juntamiento *m* (*acción*); juntura (*punto de unión*); **~ivo** *adj* aditivo; *(pol) proposta, norma ~a* propuesta, norma adicional; **~o 1.** *adj* añadido; adjunto; suplementario, supletorio; *segretario ~* secretario adjunto; **2.** *m* adjunto; *~ del sindaco* alcalde pedáneo

aggiustamento *m* reparación *f*, arreglo, compostura *f*; remiendo (*ropa, zapatos*); *fig* ajuste, apaño; *ius* conciliación *f*

aggiustare 1. *vt* 1. arreglar, reparar, acomodar, componer; *fig* ajustar, apañar; *fig* arreglar, poner fin (*a una pelea, discusión...*); *ius* conciliar; *(iron) t'aggiusto io!* ¡ya te arreglaré yo a tí!; 2. cuadrar, arreglar (*cuenta*); 3. afinar; *~ il tiro* afinar la puntería; **2.** *~rsi* 1. apañárselas, arreglárselas; 2. ponerse de acuerdo

aggiustat|ore *m* ajustador, reparador, acomodador; **~ura** *f* reparación, arreglo *m*, compostura; *tec* junta, juntura

agglomera|mento *m* aglomeración, apelotonamiento, agolpamiento; **~nte** *adj/m* aglomerante; **~re** <*esd*> *vt* aglomerar, apelotonar, agolpar; **~to 1.** *adj* aglomerado; **2.** *m geol* aglomerado; conglomerado; *~ urbano* conglomerado urbano; **~zione** *f* aglomeración

agglutina|nte *adj* aglutinante; **~re** <*esd*> *vt* aglutinar; **~zione** *f* aglutinación

aggomitolare <*esd*> **1.** *vt* ovillar; **2.** *~rsi* ovillarse, acurrucarse

aggottare *vt mar* achicar

aggradare *vi lit* agradar, gustar *est*

aggranchirsi <*isc*> dormirse, entumecerse (*pierna...*)

aggrapparsi aferrarse, agarrarse

aggrava|mento *m* agravamiento; **~nte** *adj/f ius* agravante; *circostanza ~* circunstancia agravante; **~re 1.** *vt* agravar, aumentar; *fig* oprimir; *~ la pena* agravar la pena; **2.** *~rsi* agravarse

aggravio *m* agravio; *ius* agravamiento; *econ* recargo, gravamen

aggrazia|re *vt* agraciar; **~to** *adj* agraciado

aggredi|re <*isc*> *vt* agredir; arremeter *vi* (contra), acometer, atacar; **~trice** V. **aggressore**

aggrega|re *vt* agregar, anexionar; **~to 1.** *adj* agregado; *adm* en comisión de servicios; **2.** *m* conglomerado (*edificios*); *min* agregado; *mat/fig* conjunto; **~zione** *f* agregación

aggress|ione *f* agresión; *~ a mano armata* atraco a mano armada; **~ività** *f/inv* agresividad *f*; **~ivo** *adj* agresivo; **~ore** <*f aggreditrice*> *adj/s* agresor, -a

aggrinzire <*isc*> *vt* arrugar

aggrottare *vt* fruncir, arrugar (*frente, ceño...*)

aggroviglia|mento *m* enmarañamiento, enredo, maraña *f*; **~re** *vt* enredar, enmarañar, liar

aggrumarsi agrumarse; coagularse

aggruppare *vt* agrupar

agguantare 1. *vt* aferrar, agarrar; echar el guante *fam* (*ladro*); **2.** *~rsi* aferrarse, agarrarse

agguato *m* emboscada *f*, trampa *f*, insidia *f*; *mettersi in ~* apostarse; *tendere un ~* tender una emboscada

agguerri|re <*isc*> *vt* aguerrir; *fig* templar; **~to** *adj* valiente, aguerrido; *fig* versado, ducho

aghifoglia *f bot* hoja acicular

aghiforme *adj bot* acicular

agiat|ezza *f* bienestar *m*, comodidad, desahogo *m*; **~o** *adj* desahogado, regalado, cómodo (*vida*); pudiente, acaudalado (*persona*)

agibil|e *adj* 1. *lit* factible; 2. practicable (*teatro, instalaciones*); **~ità** *f/inv* factibilidad *f*; practicabilidad *f*

agil|e *adj* ágil, ligero; *fig* ágil, despierto, despabilado; **~ità** *f/inv* agilidad *f*, ligereza *f*

agio <*pl agi*> *m* 1. comodidad *f*, confort; bienestar, desahogo; *a suo ~* a sus anchas, a gusto, en su cancha *am*; *sentirsi a proprio ~* estar como pez en el agua; *mettiti a tuo ~* ponte cómodo; 2. *mpl* comodidades *fpl*, lujos; *vivere in mezzo agli ~i* vivir entre algodones

agiografi|a *f* hagiografía; **~co** *adj* hagiográfico

agire <*isc*> *vi* <*avere*> actuar, comportarse, obrar; *ius* actuar

agita|bile *adj* agitable; *fig* impresionable; **~re** <*esd*> **1.** *vt* agitar (*líquido*); sacudir; *fig* agitar, alborotar, amotinar; *~ prima del-*

l'uso agítese antes de usar; **2.** ~*rsi* agitarse; *mar* agitarse, embravecerse, encresparse; ~**to 1.** *adj a. fig* agitado; **2.** *m mus* agitato; ~**tore, -trice** *m/f* agitador, -a, alborotador, -a, bolista *Mex*; ~**zione** *f* agitación, inquietud, turbación; alboroto *m*, revuelta; *(euf)* ~ *sindacale* huelga
agit-prop *m/inv* agitador *m*, propagandista *m*
aglio *m* ajo; *spicchio, testa d'*~ diente de ajo, cabeza de ajos
agnello *m* cordero*; ~ *di Dio* Cordero de Dios; ~**ne** *m* borrego
agnizione *f* agnición, anagnórisis, reconocimiento *m*
agnolotti *mpl* ravioles
agnostic|ismo *m fil* agnosticismo; ~**o** *adj/s fil* agnóstico
ago *m* aguja *f*; *(fig) cercare un* ~ *in un pagliaio* buscar una aguja en un pajar
agonale *adj* agonal
agognare 1. *vt* ansiar, anhelar; **2.** *vi* <*avere*> aspirar (*a* a), anhelar *vt*
agoni|a *f med* agonía; *fig* agonía, ansia; ~**co** *adj* agónico; ~**stico** *adj* agonístico
agonizza|nte *adj a. fig* agonizante; ~**re** *vi* <*avere*> *a. fig* agonizar
agopunt|ore, -trice *m/f* acupuntor, -a; ~**ura** *f med* acupuntura
agora *f*, **agorà** *f/in hist/arch* ágora *f*
agorafobia *f med* agorafobia
agoraio *m* alfiletero, cañutero
agostiniano *adj* agustiniano
agosto *m* agosto
agrammaticale *adj ling* agramatical
agrari|a *f stud* ingeniería agrícola; *dottore in* ~ ingeniero agrónomo; ~**o 1.** *adj* agrario; **2.** *m* agricultor
agreement *m ingl/inv* acuerdo *m*, pacto *m*
agrest|a *f* agraz *m*; ~**e** *adj lit* agreste; ~**o 1.** *adj* agrio; agreste; **2.** *m* agraz
agretto 1. *adj* acídulo; **2.** *m bot* mastuerzo
agricol|o *adj* agrario, agrícola; ~**tore** *m* agricultor; ~**tura** *f* agricultura
agrifoglio *m bot* acebo
agrimens|ore *m* agrimensor; ~**ura** *f* agrimensura
agrituris|mo *m* agroturismo, turismo rural; ~**ta** *m/f* agroturista; ~**tico** *adj* agroturístico
agro 1. *adj* agrio, ácido; **2.** *m lit* agro; *l'*~ *romano* el agro romano
agroalimentare *adj* agroalimentario
agrodolce *adj* agridulce
agronom|ia *f* agronomía; ~**o, -a** *m/f* agrónomo, -a
agrumi *mpl agr* agrios; ~**coltura** *f* citricultura
aguglia *f* 1. *zool* espetón *m*, pez aguja *m*; 2. aguja de la brújula
aguzz|are *vt* afilar, sacar punta (a algo); *fig* aguzar; ~ *l'ingegno, le orecchie* aguzar el ingenio, el oído; ~**ino** *m* cómitre; *fig* esbirro, carcelero, verdugo; ~**o** *adj* puntiagudo, afilado, apuntado; *fig* penetrante; *uno sguardo* ~ una mirada penetrante
ah! *excl* ¡ah!
ahi!, ai! *excl* ¡ay!; *non dire né* ~ *né bai/ohi* no decir ni mu
ahimè! *excl* ¡ay de mí!
ai! *excl* V. **ahi!**
aia *f agr* era
Aids *m/f med* sida *m*
aio, -a *m/f* ayo, -a; ~**la** V. **aiuola**
airbus *m* aerobús, airbus
aire *m* impulso; *dare l'*~ poner en marcha
airone *m zool* garza *f*, garzón *Ven/Cuba*; ~ *cinerino* garza real
aitante *adj* robusto, gallardo
aiuola *f* parterre *m*, macizo *m*, arriate *m*
aiut|ante *m/f* ayudante, auxiliar, asistente, -a; ~ *di campo* edecán, ayudante de campo; ~**are** *vt* ayudar, auxiliar, socorrer; ~**o 1.** *m* 1. ayuda *f*, auxilio, socorro; *dare* ~ prestar auxilio; 2. *cine/teatro* ayudante; *(cine)* ~ *regista* ayudante de dirección/de realización; **2.** *excl* ¡socorro!, ¡auxilio!
aizzare *vt* azuzar, achuchar (*perros*)
ala *f* ala; *fare* ~ hacer pasillo, abrir camino; *(fig) mettere le* ~*i ai piedi* poner alas en los pies; *(fig) tarpare le* ~*i (a q)* cortar las alas (a alg); *(sport) mezz'*~ *destra, sinistra* interior derecho, izquierdo
alabard|a *f mil* alabarda; ~**iere** *m mil* alabardero
alabastro *m* alabastro
alacr|e *adj* despierto, vivaz, activo; ~**ità** *f/inv* alacridad *f*, vivacidad *f*
alamaro *m* alamar, presilla *f*
alambicco *m* alambique
alano *adj/m zool* alano, dogo; *hist* alano
à la page *adj fr/inv* a la moda
alare 1. *m* morillo; **2.** *vt mar* halar, espiar
alato *adj* alado
alba *f* alba, amanecer *m*; *spuntare l'*~ amanecer, salir el sol
albagia *f lit* altanería, soberbia
alban|ese *adj/s* albanés, -esa; ***~ia:** *l'*~ *(f)* Albania
albatro *m zool* albatros; *bot* madroño
albeggiare *vi/imp* amanecer, clarear
albera|re <*esd*> *vt bot/mar* arbolar; ~**ta** *f* alameda, arboleda; ~**to** *m* arbolado; ~**tura** *f bot* arbolado *m*; *mar* arboladura
albere|llo *m bot* pimpollo; ~**ta** *f* alameda, arboleda
alberga|re *vt* albergar, alojar, hospedar; ~**tore, -trice** *m/f* 1. hotelero, -a; 2. anfitrión, -ona, huésped, -a
alberghiero *adj* hotelero, hostelero; *industria* ~*a* industria hotelera
albergo *m* hotel; albergue; *ant* hospedería *f*; ~ *diurno* hotel de día
albero *m* árbol; *mar* mástil, palo; *tec/med/ling* árbol; ~ *di Natale* árbol de Navidad; *(tec)* ~ *a gomiti* cigüeñal; *(tec)* ~ *di distribuzione/a camme* árbol de levas
albicocc|a *f* albaricoque *m*; ~**o** *m* albaricoquero
albin|ismo *m* albinismo; ~**o** *adj/s* albino
albo 1. *adj lit* albo; **2.** *m* tablón (de anuncios), cartelera *f*; *foto* álbum; *adm* registro; colegio; ~ *professionale* colegio profesional; *l'*~ *dei medici, giornalisti* el colegio de los médicos, periodistas; *iscriversi all'*~ colegiarse; ~ *d'oro* libro de oro

albore *m lit* albor; ~**lla** *f zool* albur *m*
album V. **albo** *m*; ~**e** *m* albumen; clara *f* (*huevo*)
albumina *f* albúmina
alburno *m* alburno
alcali *m/inv chim* álcali
alcalin|**ità** *f/inv chim* alcalinidad *f*; ~**o** *adj chim* alcalino
alcaloide *m chim* alcaloide
alce *m zool* alce
alchimia, alchimia *f* alquimia
alchimist|**a** *m* alquimista; ~**ico** *adj* alquímico
alcol V. **alcool**
alcol|**emia** *f med* alcoholemia; ~**ico 1.** *adj* alcohólico; **2.** *m* bebida alcohólica *f*; ~**imetro** *m* alcoholímetro; ~**ismo** *m* alcoholismo
alcolizza|**re** *vt* alcoholizar; ~**to, -a 1.** *adj* alcoholizado, -a; **2.** *m/f* alcohólico, -a
alcoltest *m/inv* control de alcoholemia *m*
alcool *m/inv* alcohol *m*
alcoolico... V. **alcolico**...
alcova *f* alcoba
alcunché *pr lit* 1. <*en frases afirmativas*> algo; 2. <*en frases negativas*> nada
alcuno, -a <*adj: formas como el ar un, -a*> *adj/pr* 1. *pl* algunos, -as; *sono venuti ~i ragazzi* han venido algunos chicos; 2. *sing* ningún, -una; *non c'è alcun libro sul tavolo* no hay ningún libro sobre la mesa
aldeide *m chim* aldehído
aldilà *m/inv* más allá; *l'~* el más allà
alé! *excl* ¡va!, ¡venga!
aleatorio *adj* aleatorio
aleggiare *vi* <*avere*> 1. aletear; 2. *fig* estar en el ambiente, respirarse
alemanno *m hist/ling* alemánico
alesa|**re** *vt tec* avellanar; ~**tore** *m tec* avellanador
alessia *f med* alexia
alett|**a** *f* aleta; ~**one** *m mar/aer* alerón
alfa 1. *f bot* esparto *m*, atocha; 2. *m/f inv* alfa *f*; *~ e omega* alfa y omega, principio y fin; *dall'~ all'omega* de principio a fin
alfabetico *adj* alfabético
alfabetizza|**zione** *f* alfabetización; ~**re** *vt* alfabetizar
alfabeto *m* alfabeto
alfanumerico *adj infor* alfanumérico
alfiere *m mil* alférez; alfil (*ajedrez*)
alfine *adv* al fin, finalmente
alga *f bot* alga
algebr|**a** *f mat* álgebra; ~**ico** *adj* algebraico
Alger|**i** *geogr* Argel; ~**ia:** *l'~ (f)* Argelia; ***~ino** *adj/s* argelino
algido *adj lit/med/fig* álgido
algoritmo *m* algoritmo
aliante *m aer* planeador
alias *adv* alias *adv/m*
alibi *m/inv ius* coartada *f*
alice *f zool* anchoa; boquerón *m*
aliena|**bile** *adj* alienable; *ius* enajenable; *beni ~i* bienes enajenables; ~**mento** *m ius* enajenación; ~**re 1.** *vt* alienar; *ius* enajenar, alienar; **2.** *~rsi* alienarse; ~**to** *adj ius/psic* enajenado, alienado; ~**zione** *f ius/psic* enajenación, alienación; *fil* alienación; *~ mentale* enajenación mental
alienista *m/f med* alienista
alieno *adj* 1. ajeno (*da* a); 2. extraterrestre, alienígena
alimenta|**re 1.** *adj* alimenticio, comestible; alimentario; *prodotto ~* producto alimenticio; *intossicazione ~* intoxicación alimentaria; **2.** *mpl* comestibles; *negozio di ~i* tienda de comestibles *f*, ultramarinos *m*; **3.** *vt* alimentar, nutrir; *tec* cebar; ~**rio** *adj* alimenticio; *pensione ~a* pensión alimenticia; ~**tore** *m tec/elec* alimentador; ~**zione** *f* alimentación, nutrición, sustento *m*; *tec* cebadura; ceba (*horno*); *~ forzata* alimentación forzosa
alimento *m* 1. alimento, nutrición *f*; 2. alimento, comida *f*, comestible; 3. *mpl ius* pensión alimenticia *f*, alimentos
aliquota *f mat* parte alícuota; *econ* tipo impositivo *m*, cuota
aliscafo *m* hidroplano, hidrofoil
aliseo *adj/m* alisio (*viento*)
alisma *f bot* lirón *m*
alitare <*esd*> *vi lit* <*avere*> respirar, alentar
alito *m* aliento, hálito
alitosi *f/inv med* halitosis
allaccia|**mento** *m* enlace; *tec/elec* conexión *f*; *tras* empalme; ~**re** *vt* abrochar, acordonar, anudar (*cordones, lazos*...); abrochar (*vestido*); *tec/elec* conectar; empalmar (*vías de tren*); *fig* entablar; *~ amicizia, rapporti di affari* entablar amistad, relaciones comerciales
allaccio *m* conexión *f* (*teléfono*)
allaga|**mento** *m* inundación *f*, riada *f*; ~**re** *vt* inundar, anegar
Allah *m* Alá
allampanato *adj* larguirucho, esmirriado
allappare *vt* dar dentera
allarga|**mento** *m* ensanchamiento, ensanche; ~**re 1.** *vt* ensanchar, agrandar; sacar la costura (*ropa*); *fig* extender, ensanchar; **2.** *vi (sport) ~ sulle ali, sulla destra* jugar por las bandas, por el ala derecha/por la derecha; **3.** *~rsi* ensancharse, extenderse; *~ nelle spese* pasarse, excederse en las compras; *(fig) ~ con q* desahogarse con alg, confiarse a alg
allarma|**nte** *adj* alarmante; ~**re** *vt* alarmar
allarme *m/excl a. fig* alarma *f*
allarmis|**mo** *m* alarmismo; ~**ta** *m/f* alarmista; ~**tico** *adj* alarmista
allatta|**mento** *m* lactancia *f*; ~**re** *vt* amamantar, dar el pecho, dar de mamar
allea|**nza** *f* alianza, liga; ~**rsi** aliarse, coaligarse; ~**to** *adj/s* aliado, coaligado
allega|**mento** *m* dentera *f*; ~**re** *vt* 1. adjuntar (*documentos*); 2. *ius* alegar, aducir; 3. *chim/min* ligar, alear; 4. *fig* dar dentera (*sabores, ruidos*); ~**to 1.** *adj adm* adjunto; *il documento ~* el documento adjunto; **2.** *m adm* anexo; *ius* adjunto; ~**zione** *f ius* alegación
alleggeri|**mento** *m* aligeramiento, alivio; ~**re** <*isc*> *vt* aligerar, aliviar
alleggio *m mar* 1. alijo (*descarga*); 2. gabarra *f* (*embarcación*)
allegori|**a** *f* alegoría; ~**co** *adj* alegórico

allegr|etto *m mus* alegreto; ~**ezza** *f* alegría; ~**ia** *f* alegría, júbilo *m*, contento *m*, gozo *m*, regocijo *m*, alborozo *m*; ~**o 1.** *adj* alegre, contento; *fam/fig* achispado, bebido; *fig* despreocupado (*vida*); *c'è poco da stare ~i* no es para estar muy contento; **2.** *m mus* alegro

alleluia 1. *excl/m/inv* aleluya *excl/m*; *cantare ~* dar saltos de alegría; **2.** *f bot* aleluya, acetosilla

allena|mento *m* entrenamiento; adiestramiento; *tenersi in ~* mantenerse en forma, no perder la costumbre; ~**re** *vt* entrenar; adiestrar, ejercitar; ~**tore, -trice** *m/f sport* entrenador, -a, preparador, -a; sparring *m* (*boxeo*); *zool* adiestrador, -a

allenta|mento *m* aflojamiento; *tec* relajación *f*, relajamiento; ~**re** *vt* aflojar; *tec* relajar; *mar* largar, soltar (*cable*); *fig* atenuar, relajar (*disciplina...*); *~ il passo* aflojar la marcha

allerg|ene *m med* alérgeno, alergeno; ~**ia** *f med* alergia; ~**ico** *adj med/fig* alérgico; ~**izzante** *adj med* que produce alergia

allergolog|ia *f med* alergología; ~**ico** *adj med* alergológico; ~**o, -a** *m/f med* alergólogo, -a, alergista

all'erta, allerta *adv/excl/f* alerta; *stare ~* estar alerta, estar ojo avizor

allesti|mento *m* preparación *f*, montaje, puesta a punto *f*; *mar* armamento; ~**re** <*isc*> *vt* preparar, montar, poner a punto; *mar* armar

allett|amento *m* lisonja *f*, engatusamiento; ~**are** *vt* embaucar, lisonjear, engatusar; ~**atore, -trice** *m/f* embaucador, -a, lisonjeador, -a; ~**evole** *adj* lisonjero; arrullador

alleva|mento *m* 1. cría *f*, ganadería *f* (*animales*); cultivo (*plantas*); crianza *f* (*niños*); 2. granja *f*; ~**re** *vt* criar (*animales, niños*); cultivar (*plantas*); ~**ta** *f* nidada; ~**tore** *m* ganadero; criador

alleviare *vt* aliviar, calmar

allibare *vt mar* alijar

allibire <*isc*> *vi* palidecer, turbarse, pasmarse, quedarse estupefacto

allibra|mento *m com* registro, asiento; ~**re** *vt com* anotar; ~**tore** *m* corredor de apuestas hípicas

allicciare *vt tec* triscar

allietare *vt* alegrar, alborozar

allievo, -a 1. *m/f* alumno, -a; discípulo, -a; 2. *m sport* alevín; *mil* cadete; *bot* retoño

alligatore *m zool* caimán, aligator

allignare *vi* <*avere*> 1. arraigar, echar raíces; *fig* hallarse; *fig/lit* prosperar

allinea|mento *m* alineamiento, alineación *f*; *pol* alineamiento; *econ* reajuste, realineamiento (*moneda*); ~**re** <*esd*> **1.** *vt* alinear, poner en fila; *mil* formar; *econ* ajustar, reajustar; **2.** *~rsi pol* alinearse; *mil* formar *vi*; ~**to** *adj* alineado; *i paesi non ~i* los países no alineados

allitterazione *f ling* aliteración

allocco *m zool* autillo; *fig* tonto, zoquete

allocu|tivo, ~torio *adj ling* alocutivo, alocutorio; ~**zione** *f* alocución

allodola *f zool* alondra

allofono *adj/m ling* alófono

allogare *vt* colocar, acomodar; emplear (*dar trabajo*)

allogeno, -a 1. *adj* alógeno, -a, extranjero, -a; **2.** *m/f* ="persona perteneciente a una minoría dentro de un país" *f*

alloggia|mento *m* alojamiento, aposento; *mil* campamento, campo; ~**re 1.** *vt* alojar, aposentar, hospedar; **2.** *vi* <*avere*> vivir, habitar; *mil* acampar; *chi tardi arriva, male alloggia* quien se fue a Sevilla perdió su silla

alloggio <*pl -ggi*> *m* alojamiento, aposento, hospedaje, vivienda *f*; *mar* camarote; *dare ~* dar alojamiento, hospedar; *trovare ~* encontrar alojamiento, hospedarse; *la crisi degli ~i* la crisis de la vivienda

alloglotta *adj ling* de lengua distinta

allontana|mento *m* alejamiento, apartamiento, distanciamiento; ~**re** *vt* alejar, apartar (*da* de)

allopatia *f med* alopatía

allor|a *adv/conj* entonces, pues *conj*; *da ~ in poi* desde entonces; ~**ché** *conj* <+ *subjuntivo*> cuando, en cuanto; ~**o** *m bot* laurel; *(fig) dormire sugli ~i* dormirse en los laureles

allotropia *m ling/chim* alotropía

allotropo *m ling/chim* alotropo

alluce *m* pulgar, dedo gordo (*pie*)

allucin|ante *adj, a. fig* alucinante; ~**azione** *f* alucinación; ~**ogeno** *adj/m* alucinógeno

alludere <*10 allusi; alluso*> *vi* <*avere*> aludir, referirse (*a* a)

allum|e *m* alumbre; ~**iera** *f* alumbrera

allumin|a *f min* alúmina; ~**io** *m* aluminio

alluna|ggio *m* alunizaje; ~**re** *vi* alunizar

allunga|mento *m* alargamiento, prolongamiento; ~**re 1.** *vt* 1. alargar, prolongar; *~ il passo* avivar el paso; *(fig) ~ le mani* echar el ojo (a algo), robar; *~ il muso* poner mala cara; 2. *fam* pasar, acercar; *mi allunghi il sale?* ¿me acercas/me pasas la sal?; 3. *fam* soltar (*patada, bofetada*); 4. diluir (*esmalte*); aguar (*vino, café*); **2.** *~rsi* tumbarse, tenderse

allungo *m sport* escapada *f* (*ciclismo, marcha*); pase largo (*calcio*); tirón (*atletismo*)

allus|ione *f* alusión; *fig* indirecta; ~**ivo** *adj* alusivo; *fig* con segundas; ~**o** *adj* aludido

alluvion|ale *adj* aluvial, de aluvión; ~**ato** *adj/m* afectado por un aluvión; ~**e** *m* aluvión, avenida *f*; *fig* aluvión, oleada *f*, alud

alma *f lit* alma; ~**nacco** *m* almanaque

almeno *adv* al menos, por lo menos, siquiera

alno *m bot* aliso

aloe, aloè *m/f inv* aloe *m*, aloé *m*, acíbar *m*; ~**tico** *adj* aloético

alofita *adj/f bot* halófita

alogen|a *f* lámpara halógena; ~**o** *adj chim* halógeno

alone *m a. fig* halo, aureola *f*

alopecia, alopecia *f med* alopecia

alosa *f zool* sábalo *m*, alosa

alpaca, alpacà *m/inv zool* alpaca *f*

alpacca *f min* alpaca, metal blanco *m*
alpestre *adj* alpestre, alpino
Alpi: *le* ~ los Alpes; ***~giano** *adj/s* 1. montañés; 2. alpino
alpinis|mo *m sport* alpinismo, montañismo, escalada *f*; **~ta** *m/f* alpinista, montañero, -a; **~tico** *adj* alpino
alpino 1. *adj* alpino; **2.** *m mil* alpino
alquanto 1. *adj/pr* 1. *pl* algunos, -as, unos, -as cuantos, -as; *c'erano ~e persone* había algunas/unas cuantas personas; 2. *sing* cierto, algo de, un poco de; *ha mostrato ~a allegrezza* ha demostrado un poco de alegría/cierta alegría; **2.** *adv* algo, un poco, un tanto; *il malato è ~ migliorato* el enfermo ha mejorado un poco
alt! *excl mil* ¡alto!
altalena *f* columpio *m*
altar|e *m* altar; *(mil) ~ portatile* capilla *f*; *porre sugli ~i* elevar a los altares, beatificar, santificar; *fig* poner por las nubes; *(fig) scoprire un altare per ricoprirne un altro* desnudar un santo para vestir a otro; **~ino** *m* templete, pequeño altar; *(fig) scoprire gli ~i* descubrir el pastel
altea *f bot* altea, malvavisco *m*
altera|bile *adj* alterable; **~bilità** *f/inv* alterabilidad *f*; **~re** <*esd*> **1.** *vt* alterar, cambiar; alterar, adulterar; *fig* alterar, perturbar; **2.** *~rsi fig* alterarse, trastornarse; **~to** *adj/m ling* apreciativo; **~zione** *f* alteración; adulteración; *fig* nerviosismo *m*
alterc|are *vi* <*avere*> disputar, pelearse, alegar *vt/am*; **~atore, -trice** *m/f* alborotador, -a, bullanguero, -a; **~o** *m* altercado, disputa *f*, riña *f*
alterezza *f* altivez
alterigia *f* altivez, altanería, orgullo *m*
alterna|bilità *f/inv pol* alternancia *f*; **~nza** *f* alternancia; **~re 1.** *vt* alternar; **2.** *~rsi* alternarse, sucederse
alternativ|a *f* alternativa; **~o** *adj* alternativo; *medicina, energia ~a* medicina, energía alternativa
alternato *adj* 1. *elec* alterno; *corrente ~a* corriente alterna; 2. *ling* cruzado (*rima*); **~re** *m elec* alternador
alterno *adj* alterno
altero *adj* altivo, altanero
altezza *f* altura, elevación, estatura; *mus/geogr/mat* altura; ***~** Alteza (*tratamiento*); *(fig) (non) essere all'~ di qc/q* (no) estar a la altura de algo/alg
altezzos|ità *f/inv* altanería *f*, altivez *f*, engreimiento *m*; **~o** *adj* altanero, altivo, engreído, cogotudo *am*
alticcio *adj* achispado, bebido
altimetr|ico *adj* altimétrico; **~ia** *f* altimetría; **~o** *m* altímetro
altipiano V. **altopiano**
altisonante *adj* altisonante
altissimo *adj/s* altísimo; *l'*~* el Altísimo (*Dios*)
altitudine *f* altitud, altura
alto 1. *adj* alto; de alto (*medidas*); *è ~ un metro* mide un metro de alto; *~a fedeltà, moda* alta fidelidad, moda; *~ mare* alta mar; *~a stagione* temporada alta; *ad ~a voce* en voz alta; **2.** *adv* alto; *parlare ~* hablar alto; **3.** *m* arriba; *dall'~* desde arriba; *dall'~ in basso* de arriba abajo; *(fig) guardare dall'~ in basso* mirar de arriba abajo; *mani in ~!* ¡manos arriba!
Alto Adige *m geogr* Alto Adigio
altoatesino *m geogr* del Alto Adigio
altoforno *m* horno alto, alto horno
altolocato *adj* de alto rango, de alta condición
altoparlante *m* altavoz
altopiano *m geogr* altiplano, altiplanicie *f*, meseta *f*, altipampa *f/am*
altorilievo *m art* altorrelieve, alto relieve
altresì *adv lit* además *est*; *ius* otrosí
altrettanto 1. *adj* otros, -as tantos, -as; igual; *il piano di sopra ha ~e camere* el piso de arriba tiene otras tantas habitaciones; *agirò come lui, con ~ coraggio* actuaré como él, con igual valor; **2.** *pr* 1. otro tanto, lo mismo; *io farei ~ se potessi* yo haría lo mismo/otro tanto si pudiera; 2. igualmente *adv* (*en la mesa*); *buon appetito! Grazie ~!* ¡buen provecho! ¡Gracias, igualmente!; **3.** *adv* igualmente, igual de; *tu sei ~ buono* tú eres igual de/igualmente bueno
altri *pr/inv* otro, -a (*persona*); *d'~* ajeno; *~ non l'avrebbe fatto meglio* otro/otra no lo hubiera hecho mejor; *non desiderare i beni d'~* no desearás los bienes ajenos
altrimenti *adv* de otra forma, de forma diferente, si no; *non ho potuto fare ~* no he podido actuar de otra forma; *prendilo, ~ mi offendo* cógelo, si no me ofendo
altro 1. *adj* otro; *un'~a volta, un'~a cosa* otra vez, otra cosa; *l'~ ieri/ieri l'~* anteayer; *l'~a sera* anteanoche; *l'~a settimana* la semana pasada; *domani l'~* pasado mañana; *quest'~ anno* el año que viene; *sarà per un'~a volta* otra vez será; *d'~a parte* por otra parte; **2.** *pr* otro; *un ~ l'avrebbe fatto meglio* otro lo hubiera hecho mejor; *un'~a non avrebbe aspettato tanto* otra no hubiera esperado tanto; *l'uno o l'~* uno u otro; *aiutatevi l'un l'~* ayudaos los unos a los otros; *gli ~i* los demás/los otros; *gli ~i possono rimanere* los demás pueden quedarse; **3.** *m* otra cosa, más; nada más (*en frases negativas*); *ci mancherebbe ~!* ¡faltaría más!; *ci vuol ben ~!* ¡hace falta algo más/otra cosa!; *non ho ~ da fare* no tengo otra cosa/nada más que hacer; *non faccio ~ che studiare* no hago otra cosa/nada más que estudiar; *non dire ~* no digas nada más; *non c'è ~ da fare che* no hay otra cosa que hacer que, no hay más remedio que; *non mi resta ~ da fare!* ¡qué remedio me queda!; *è tutt'~ che buono* es cualquier cosa menos bueno; *~ è dire, ~ è fare* no es lo mismo predicar que dar trigo; *più che ~* más que nada; *senz'~* por supuesto, por descontado; *nient'~* nada más; *dell'~* más; *per ~* por otra parte; *se non ~* por lo menos; *tra l'~* entre otras cosas
altroché! *excl* por ¡supuesto!, ¡desde luego!, ¡claro!
altronde *adv lit* de otro lugar; *d'~* por otra parte

altrove *adv* en otro lugar; *essere ~* encontrarse en otro lugar; *avere la testa ~* tener la cabeza en otro sitio/otra cosa; *va' a raccontarla ~!* ¡cuéntaselo a tu tía!

altrui *adj/pr/inv* ajeno *adj/pr*; *il lavoro ~* el trabajo ajeno; *l'~* lo ajeno

altruis|mo *m* altruismo; **~ta** *adj/s* altruista; **~tico** *adj* altruista

altura *f* altura, elevación, monte *m*; *mar* altura

alunno, -a *m/f* alumno, -a

alveare *m* colmena *f*

alveo *m geogr* lecho, cauce (*río*); torrentera *f* (*torrente*)

alveolare *adj med/ling* alveolar

alveolo *m* alveolo, alvéolo

alzabandiera *m/inv mil* izada de bandera *f*

alzacristalli *m/inv auto* elevalunas

alzare 1. *vt* levantar, alzar; enarbolar, izar (*bandera, vela*); cortar (*naipes*); **2.** *~rsi* 1. levantarse, salir de la cama; *~ presto* levantarse pronto, madrugar; 2. levantarse, alzarse (*viento*); salir *vi* (*luna*); 3. crecer

alzata *f* alzamiento *m*, subida; *~ d'ingegno* salida ingeniosa; *votare per ~ di mano* votar a mano alzada

alzavola *f zool* cerceta

alzo *m mil/tec* alza *f*

amabil|e *adj* agradable, afable, afectuoso, gracioso (*persona, sonrisa*); dulce (*vino*); **~ità** *f/inv* afabilidad *f*, afectuosidad *f*, atención *f*

amaca *f* hamaca, chinchorro *m/am*

amalgama *m chim/fig* amalgama *f*

amalgamare <*esd*> *vt chim/fig* amalgamar

amanita *f bot* amanita

amant|e 1. *adj* amante; **2.** *m/f* amante, querido, -a *pop*; **~iglio** *m mar* amantillo

amanuense *m* amanuense, copista, escribiente

amaranto *m bot* amaranto, borla *f*

amare *vt* amar, querer; **~ggiare** *vt fig* amargar, afligir; **~na** *f bot* guinda; **~no** *m bot* guindo; **~tto** *m* 1. ="especie de pastelillo de almendras amargas"; 2. ="licor italiano de sabor amargo"; **~zza** *f* amargor *m*; *fig* amargura

amarilli *f bot* amarilis

amaro 1. *adj* amargo; **2.** *m* amargo, amargor; *fig* amargura *f*, rencor; *gastr* licor amargo; *(fig) inghiottire ~* tragar quina

amarra *f mar* amarra

amator|e *adj/s art/mus* aficionado, amante; **~iale** *adj* amateur, aficionado; **~io** *adj* amatorio

amazzon|e *f* amazona; ***~i** *fpl geogr* Amazonas *m*; *Rio delle ~i* (Río) Amazonas

Amazzonia *f geogr* Amazonia

amazzonico *adj geogr* amazónico

amazzonio *adj* amazonio, amazónico

ambagi *fpl* ambages *mpl*; *parlare senza ~* hablar sin ambages

ambasc|eria *f* embajada, misión diplomática; **~ia** *f med* fatiga, sofoco *m*; *fig* angustia, congoja

ambasciat|a *f* 1. embajada, mesaje *m*; 2. *dipl* embajada, legación; **~ore, -trice** *m/f* embajador, -a

ambedue *adj/pr/inv* ambos, -as, los dos/las dos; *~ le mani* las dos manos, ambas manos; *verranno ~ a casa* vendrán los dos a casa

ambidestro *adj* ambidiestro, ambidextro

ambiental|e *adj* ambientale; **~ismo** *m* ecologismo; **~ista** *adj/s* ecologista

ambientamento *m* ambientación *f*

ambientare *vt* ambientar

ambientazione *f* ambientación

ambiente *m* ambiente, entorno, medio; *fig* mundo; *biol/fig* medio ambiente; *temperatura ~* temperatura ambiente; *l'~ politico* el mundo político; *l'~ urbano* el medio urbano

ambigu|ità *f/inv* ambigüedad *f*; **~o** *adj* ambiguo

ambio *m* ambladura *f*, portante (*caballo, camello*); *(fig) pigliare l'~* coger el portante; *(fig) dare l'~ a q* despedir a alg

ambire <*isc*> **1.** *vt* ambicionar, anhelar; **2.** *vi* <*avere*> aspirar; *~ a un incarico* aspirar a un cargo

ambito *m* ámbito; *fig* órbita *f*, marco

ambivalen|te *adj* ambivalente; **~za** *f* ambivalencia

ambizio|ne *f* ambición; **~so** *adj* ambicioso

ambo *adj lit* ambos, -as, los dos/las dos; *d'~/~e le mani* de ambas manos; **~ne** *m eccl* ambón; **~sessi** *adj/inv* de/para ambos sexos; unisex (*peluquería, ropa*)

ambra *f* ámbar *m*; **~to** *adj* ambarino

ambretta *f bot* ambarina

ambrosia *f* ambrosía; **~no, -a 1.** *adj* ambrosiano, -a; milanés, -esa; **2.** *m/f* milanés, -esa

ambula|cro *m zool* ambulacro; **~nte 1.** *adj* ambulante; **2.** *m/f* vendedor, -a ambulante, buhonero, -a, pacotillero *m/am*; **~nza** *f* ambulancia; **~torio 1.** *adj med* ambulatorio; **2.** *m med* ambulatorio, consultorio, consulta *f*

ameb|a *f zool* ameba; **~eo** *adj/s ling/mus* amebeo

amello *m bot* amelo, estrellada *f*

amen *excl/m* amén; *in meno di un ~* en un santiamén, en menos que canta un gallo

amenità *f/inv* amenidad *f*

ameno *adj* ameno

amenorrea *f med* amenorrea

amento *m bot* amento

America: *l'~ (f)* América

american|ata *f desp* americanada; **~ismo** *m* americanismo; *ling* americanismo (*español*); angloamericanismo (*inglés*); **~ista** *m/f* americanista

americanizza|re *vt* americanizar; **~zione** *f* americanización

americano *adj/s* americano (*América*); americano, norteamericano (*EE.UU.*)

ametista *f min* amatista

amfetamina V. **anfetamina**

amianto *m* amianto

amicarsi hacerse amigo (*con* de), entablar amistad (*con* con)

amichetto *m fam/desp* amiguito

amichevole *adj* amigable, amistoso; *(sport) partita ~* partido amistoso

amici|ssimo *adj* amicísimo; **~zia** *f* amistad

amico *<mpl -ci> adj/s* amigo; *essere ~i per la pelle* ser amigos del alma; *essere ~ di cappello* ser un conocido, conocer de vista; **~ne** *m fam* amigote

amido *m* almidón, fécula *f*

amigdala *f med* amígdala

amilammina *f chim* amilamina

amistà *f/inv lit* amistad *f/est*

ammacca|re *vt* abollar (*metal*); magullar (*piel*); machacar (*huesos, cuerpo*); **~tura** *f* abolladura (*metal*); moradura (*piel*); contusión, moratón *m* (*cuerpo*)

ammaestra|mento *vt zool* amaestramiento, adiestramiento; *fig* instrucción *f*, adiestramiento (*personas*); **~re** *vt zool* amaestrar, adiestrar; *fig* instruir, adiestrar (*personas*)

ammaina|bandiera *f* arriado de la bandera *m*; **~re** *vt* arriar; *mar* amainar; *~ la bandiera* arriar bandera

ammala|re *vi/~rsi* enfermar, ponerse enfermo; **~to** *adj/s* enfermo

ammalia|mento *m* encanto, hechizo; **~re** *vt* encantar, hechizar; **~tore, -trice** *m/f* hechicero, -a, encantador, -a

amman|co *m* desfalco; *~ di cassa* desfalco; **~ettare** *vt* esposar, poner las esposas

ammanica|mento *m pop* enchufe; **~rsi** *pop* buscar(se) un enchufe; **~to** *adj pop* enchufado

ammaniera|mento *m* amaneramiento; **~re** *vt* amanerar; **~to** *adj* amanerado

ammanigliarsi buscar un enchufe

ammansa|re V. **ammansire**; **~tore, -trice** *m/f* amansador, -a

ammansire *<-isc> vt* amansar, aplacar

ammantare 1. *vt* amantar *fam*; **2.** *~rsi fig* cubrirse, atribuirse, dárselas; *~ di virtù* dárselas de virtuoso

ammara|ggio *m aer* amerizaje, amaraje; **~re** *vi aer* amerizar, amarar

ammarra|ggio *m mar* amarre, amarraje; **~re** *vt mar* amarrar

ammass|amento *m* hacinamiento, apelotonamiento; acopio (*dinero, víveres*); **~are** *vt* hacinar, agolpar, apiñar; hacer acopio (*víveres*); amasar (*riquezas*); **~o** *m* montón, amasijo; acopio, acumulación *f* (*víveres, riquezas*); *adm* depósito

ammattire *vi* enloquecer, perder la cabeza

ammattona|re *vt* enladrillar, embaldosar; **~to** *m* enladrillado, embaldosado; **~tura** *f* enladrillado *m*, embaldosado *m*

ammazza|mento *m* muerte *f*, asesinato; **~re 1.** *vt* matar; *~ il tempo* matar el tiempo; **2.** *~rsi* matarse, suicidarse; *~rsi di lavoro* matarse a trabajar, pegarse una paliza; **~sette** *m/inv* perdonavidas, bravucón *m*; **~ta** *f fig* paliza

ammenda *f ius* multa; *fig* enmienda; **~re** *vt* enmendar

ammenicolo *m* 1. pretexto, subterfugio; 2. *mpl fig* bagatelas *fpl*, ajilimojes, ajilimójilis

ammettere *<44 -misi; -messo> vt* admitir, aceptar

ammezzato *adj/m* entresuelo *m*; *piano ~* entresuelo

ammicc|are *vi <avere>* guiñar el ojo; **~o** *m* guiño

ammide, amide *f chim* amida

ammina, amina *f chim* amina

amministra|re *vt* administrar; **~tivo** *adj/s* administrativo; **~tore, -trice** *m/f* administrador, -a; **~zione** *f* administración

amminoacido *m chim* aminoácido

ammirabile *adj* admirable

ammiragli|a *f mar/mil* capitana; **~ato** *m* almirantazgo; **~o** *m* almirante

ammirare *vt* admirar

ammiratore, -trice *m/f* admirador, -a, pretendiente

ammirazione *f* admiración

ammirevole *adj* admirable

ammissi|bile *adj* admisible; **~one** *f* admisión; aprobación; *stud* ingreso *m*; *esame d'~* prueba de acceso (*colegio*)

ammobilia|mento *m* equipamiento; **~re** *vt* amueblar

ammoderna|mento *m* modernización *f*, puesta al día *f*, actualización *f*; **~re** *vt* modernizar, poner al día

ammodo 1. *adv* adecuadamente, convenientemente; **2.** *adj/inv* formal *adj*, cabal *adj*, como Dios manda *fam*

ammogliare *vt* casar (*con una mujer*)

ammoll|are *vt* 1. mojar, empapar; poner a remojo; 2. aflojar; *fam* arrear (*patada*); *fam* endosar (*encargo*); **~ire** *<isc> vt* ablandar

ammoniac|a *f chim* amoníaco *m*, amoniaco *m*; **~ale** *adj chim* amoniacal; **~o** *adj chim* 1. amoníaco, amoniacal; 2. amónico

ammoni|mento *m* 1. advertencia *f*, exhortación *f*; *ius* apercibimiento; 2. reconvención *f*, reprimenda *f*; **~o** *m chim* amonio; **~re** *<isc> vt* 1. advertir, exhortar; amonestar, reprender; *sport* amonestar; *ius* apercibir; 2. aleccionar; **~zione** *f* admonición, advertencia; reprimenda; *fig sport* amonestación; *ius* apercibimiento *m*; 2. aleccionamiento *m*

ammontare 1. *vi com* ascender, importar, subir; *il debito ammonta a due milioni* la deuda asciende a dos millones; **2.** *m com* suma *f*, montante, monto

ammonticchiare *vt* apilar, amontonar, apelotonar

ammorbare *vt* infectar, contagiar; *fig* corromper, viciar

ammorbid|ente *adj/s* suavizante; **~imento** *m* ablandamiento; esponjamiento; suavización *f*; **~ire** *<isc> vt* ablandar, reblandecer; esponjar; suavizar

ammorta|mento *m econ* amortización *f*; **~re** *vt econ* amortizar

ammortire *<isc> vt* aturdir, atontar; *fig* amortiguar, atenuar, debilitar

ammortizza|bile *adj* amortizable; **~re** *vt* amortiguar; *econ* amortizar; **~tore** *m tec* amortiguador; **~zione** *f raro* amortización

ammostatura *f* pisado *m*, pisa (*uva*)

ammucchia|mento *m* amontonamiento, hacinamiento; **~re** *vt* amontonar, hacinar, apilar; **~ta** *f* revoltillo *m*, revoltijo *m*; *pop* cama redonda

ammuffi|mento *m* enmohecimiento; ~**re** *<isc> vi* enmohecerse; ~**to** *adj* enmohecido, mohoso
ammutina|mento *m* amotinamiento, motín; ~**rsi** amotinarse; ~**to** *adj/s* amotinado, sublevado, insurrecto
ammutolire *<isc> vi* callarse, enmudecer
amnesia *f* amnesia
amniotico *adj med* amniótico; *liquido* ~ líquido amniótico
amnistia *f* amnistía; ~**re** *vt* amnistiare
amo *m* anzuelo; *(a. fig) gettare l'*~ echar el anzuelo; *(fig) abboccare all'*~ morder/tragarse el anzuelo, picar
amoral|e *adj* amoral; ~**ismo** *m* amoralismo; ~**ità** *f/inv* amoralidad *f*
amorazzo *m* flirteo
amore 1. *m* 1. amor, afecto, cariño; ~ *proprio* amor propio, honrilla, pundonor; *d'~ e d'accordo* en amor y compañía; *per ~ o per forza* por las buenas o por las malas; *per l'amor di Dio!* ¡por el amor de Dios!, ¡por lo que más quiera!; *per ~ di q* por afecto a alg; *fare l'~/all'~ con q* hacer el amor con alg; *sfortunato al gioco, fortunato in ~* desgraciado en el juego, afortunado en amores; *gratis et ~ Dei* por amor al arte; ~ *con ~ si paga* amor con amor se paga; 2. esmero; 3. *fig* monada *f*, ricura *f*; *questo bambino è un ~* este niño es una monada; **2.** *excl* cariño
amoreggia|mento *m* galanteo, coqueteo, flirteo; ~**re** *vi <avere>* galantear, coquetear, flirtear
amoretto *m* amorío, flirteo, flirt
amorevole *adj* amoroso
amorevolezza *f* amor *m*, cariño *m*
amorfo *adj* amorfo
amorino *m pitt* amorcillo
amoroso 1. *adj* amoroso; **2.** *m teatro* galán
amovibile *adj* amovible
amper|aggio *m fis* amperaje; ~**e** *m fr/inv fis* amperio *m*; ~**ometro** *m fis* amperímetro
ampi|ezza *f* amplitud, anchura, ancho *m*; *avere una mente di grande ~* tener amplitud de miras/horizontes; ~**o** *adj* ancho, amplio, espacioso
amplesso *m lit* amplexo, abrazo; *euf* coito
amplia|mento *m* ampliación *f*, ensanchamiento, ensanche; *lavori di ~* obras de ensanche; *zona di ~* zona de ensanche; ~**re** *<amplio> vt* ampliar; agrandar; ensanchar
amplifica|re *<esd> vt* amplificar; ~**tore** *adj/m* amplificador; ~**zione** *f* amplificación
amplio V. **ampio**
amplitudine *f astr* amplitud
ampoll|a *f* ampolla, frasco *m*; *elec* ampolla; ~ *dell'olio, dell'aceto* aceitera, vinagrera; ~**ina** *f eccl* vinajera; ~**osità** *f/inv* ampulosidad *f*; ~**oso** *adj* ampuloso
amputa|re *<esd> vt* amputar; ~**zione** *f* amputación
amuleto *m* amuleto, talismán
anabattista *m/f eccl* anabaptista
anabbagliante *m auto* luz de cruce *f*, luz corta *f*
anabolizzante *adj/m* anabolizante
anacoluto *m ling* anacoluto
anaconda *m/inv* anaconda *f*
anacoreta *m* anacoreta
anacronis|mo *m* anacronismo; ~**tico** *adj* anacrónico
anadiplosi *f/inv ling* anadiplosis
anaerobio *adj biol* anaerobio
anafor|a *f ling* anáfora; ~**esi** *f/inv fis* anaforesis
anagrafe *f adm* 1. censo *m*, padrón *m*, registro civil *m*; 2. oficina del censo/del padrón, registro civil *m*; ~ *tributaria* agencia tributaria
anagrafico *adj* censal, civil; *età ~a* edad real; *dati ~i* datos personales
anagramma *m* anagrama
analcolico 1. *adj* sin alcohol; *bibita ~a* bebida sin alcohol; **2.** *m* bebida sin alcohol *f*
anale *adj med* anal; ~**ssi** *f/inv* analepsis
analettic|a *f med* analepsia; ~**o** *adj med* analéptico
analfabet|a *adj/s* analfabeto; ~**ismo** *m* analfabetismo
analgesico *adj/m med* analgésico
anali|si *f/inv* análisis *m/inv*; ~ *del sangue* análisis de sangre; *(infor) ~ di sistemi* análisis de sistemas; *in ultima ~* en resumidas cuentas; ~**sta** *m/f* analista; ~ *finanziario* analista financiero; ~**tico** *adj* analítico
analizza|re *vt* analizar; ~**tore** *m fis/chim* analizador
analog|ia *f* analogía; ~**ico** *adj* analógico; ~**o** *adj* análogo
anamnesi *f/inv fil* anamnesia *f*, anamnesis; *med* anamnesia *f*, anamnesis, historial clínico *m*
ananas *m/inv bot* piña *f*, ananás *m* (*fruto, árbol*)
anarchi|a *f pol* anarquía; *fig* anarquía, desorden *m*; ~**co 1.** *adj* anárquico, desordenado, revuelto; **2.** *adj/s pol* anarquista; ~**smo** *m pol* anarquismo
anatema *m* anatema; ~**tizzare** *vt* anatemizar, anatematizar
anatomi|a *f* anatomía; ~**co** *adj* anatómico; ~**sta** *m/f* anatomista; ~**zzare** *vt med* anatomizar
anatra *f zool* pato *m*, ánade; ~ *selvatica* pato salvaje
anatroccolo *m* patito
anca *f zool* anca, grupa (*équidos*); anca (*otros*); *fig/iron* cadera, anca
ancestrale *adj* ancestral
anche *conj* también; incluso; ~ *se* aunque; *quand'~* aun cuando, aunque; ~ *se mangia molto, non ingrassa* aunque coma mucho, no engorda; *avresti potuto ~ tacere* tambien te podías haber callado; *anch'io, ~ tu, ~ lui* yo también, tu también, él también; ~ *a pregarlo, non accetterebbe* aun rogándoselo/aunque se lo rogasen, no aceptaría; *potrebbe ~ succedere che non venisse* podría incluso suceder que no viniese; *è ~ troppo* es incluso demasiado
ancheggiare *vi <avere> zool* amblar; contonearse (*personas*)
anchilos|arsi anquilosarse; ~**i** *f med* anquilosis

ancia *f mus* estrangul *m*, lengüeta

ancona *f art* retablo *m*

ancora *adv* todavía, aún; más; *~ un po'* un poco más; *non ~* todavía no

ancora *f mar* ancla; áncora (*reloj*); *(a. fig) gettare l'~* echar el ancla; *levare/salpare l'~* levar anclas; *(fig) ~ di salvezza* tabla/áncora de salvación; **~ggio** *m mar* anclaje (*acción*); fondeadero (*lugar*); *tec* anclaje; *diritto d'~* anclaje, ancoraje; **~re** *<esd>* **1.** *vt* anclar; **2.** *~rsi* echar el ancla *vt*, fondear *vi*; *fig/pop* apalancarse

ancorché *conj <+ subjuntivo> lit* aunque *est*

Andalus|ia: *l'~ (f)* Andalucía; ***~o** *adj/s* andaluz

andamento *m* marcha *f*, desarrollo, evolución *f*

andan|a *f mar* andana; **~te 1.** *adj* 1. corriente, ordinario (*normal*); corriente, actual (*més, año*); 2. ágil; **2.** *m mus* andante

andare *<2 vado; andai; andato>* **1.** *vi* 1. ir, dirigirse, marchar; *lasciare ~ uno schiaffo* soltar un sopapo; *~ a fragole* ir (a) por fresas; *~ avanti* avanzar, adelantar, proceder; *fig* salir adelante; *~ indietro* retroceder, atrasar; retrasarse, atrasar (*reloj*); *~ dietro qc* ir detrás de algo; *~ dietro q* seguir (a alg); *~ bene, male un affare* marchar bien, mal un negocio; *~ bene un vestito/un'abbronzatura a q* sentar bien un vestido/un bronceado a alg; *~ matto/pazzo per qc/q* estar loco por algo/alg, chiflarse por algo/alg; *andare a finire* resolverse, acabar; *~ via* irse; *non mi va la matematica* no me entran las matemáticas; *va' là!/ma va'!/ma va' là!* ¡anda!, ¡venga!, ¡quia!; *chi va là?* ¿quién vive?; *stare sul chi va là* estar alerta; *come va?, come ti va?* ¿cómo va eso?, ¿cómo te va?; 2. *mec* ir, funcionar; 3. *fig* venderse; *questo libro andrà molto* este libro se venderà mucho; 4. estar de moda, ir, llevarse, pegar *pop*; *non ~ affatto qc a q* no pegar ni con cola, sentar mal; *quest'anno va molto il rosso* este año se lleva mucho el rojo; 5. deber, haber de (*obligación*); *questo libro va letto oggi* este libro ha de leerse hoy; **2.** *~rsene* irse, marcharse; **3.** *m* ir, ida *f*, paso, marcha *f*; *~ e venire* ir y venir; *a lungo ~* a largo plazo, a la larga; *con l'~ degli anni* con el pasar de los años

andat|a *f* ida; *biglietto di (sola) ~, di ~ e ritorno* billete de ida, de ida y vuelta; **~o** *adj* pasado, estropeado (*fruta, mercancías*); *fig* ido, colocado, guillado; **~ura** *f* andar *m*, forma de caminar; *sport* marcha

andazzo *m fam/desp* marcha *f*, vicio; *prendere un brutto ~* llevar mala marcha

Ande: *le ~* los Andes *mpl*

andino *adj* andino

andirivieni *m/inv* ir y venir *m*, trasiego *m*, trajín *m*

andito *m* 1. zaguán, vestíbulo; 2. pasillo, pasadizo

andro|gino *adj* andrógino; **~ide** *m* androide; **~logia** *f med* andrología; **~ne** *m arch* zaguán, atrio

aneddot|ico *adj* anecdótico; **~o** *m* anécdota *f*

anela|nte *adj* anhelante; **~re** *vt/vi <avere>* anhelar *vt*

anelito *m* anhelo

anell|are *vt* ensortijar; anillar (*aves*); **~atura** *f* ensortijamiento *m*; anillamiento *m* (*aves*); **~o** *m* 1. anillo, sortija *f* (*dedo*); aro, arandela *f*, anilla *f*; eslabón (*cadena*); *quaderno ad ~i* cuaderno de anillas; *(auto) ~ stradale* enlace; 2. *mpl sport* anillas *fpl*

anem|ia *f med* anemia; **~ico** *adj med* anémico

anemometro *m fis* anemómetro

anemone *m bot* anémona *f*, anemona *f*, anemone *f*; *(zool) ~ di mare* actinia *f*

anestes|ia *f* anestesia; *~ locale, totale* anestesia local, general; **~ista** *m/f* anestesista

anesteti|co *adj/m* anestésico; **~zzare** *vt* anestesiar

aneto *m bot* eneldo

anfa, anfe *f gergo* anfeta

anfetamin|a *f chim* anfetamina; **~ico** *adj* anfetamínico

anfibio 1. *adj/m zool* anfibio; **2.** *m tras* vehículo anfibio

anfibologia *f* anfibología

anfiteatro *m arch* anfiteatro

anfitrione *m* anfitrión

anfora *f* ánfora, cántaro *m*, cántara

anfratto *m* anfractuosidad *f*, quebrada *f*

anfrattuos|ità *f/inv* anfractuosidad *f*, quebrada *f*; **~o** *adj* anfractuoso, quebrado

angariare *vt* vejar

angelic|a *f bot* angélica; **~ale** *adj* angelical; **~o** *adj* angélico

angelo *m* ángel; *~ custodio* ángel custodio/de la guarda

angelus *m/inv eccl* ángelus

angheria *f* abuso *m*, atropello *m*, injusticia

angina *f med* angina; *~ pectoris* angina de pecho

Angiò *geogr/hist* Anjú

angioino *adj/s* angevino

angioletto *m fam* angelito

anglican|ismo *m eccl* anglicanismo; **~o** *adj/s eccl* anglicano

angli(ci)smo *m ling* anglicismo

anglist|a *m/f ling* anglista; **~ica** *f ling* anglistica

angloamericano *adj* angloamericano

anglof|ilo *adj/s* anglófilo; **~obo** *adj/s* anglófobo; **~ono** *adj/s* anglófono

anglosassone *adj/s* anglosajón

angola|re 1. *adj* angular; *(arch/fig) pietra ~* piedra angular; **2.** *<esd> vt sport* angular; *foto* enfocar, encuadrar; **~zione** *f sport* angulación

angoliera *f* rinconera

angolo *m* 1. *mat* ángulo; 2. *arch* rincón (*habitación*); esquina *f* (*habitación, calle*); chaflán (*edificio*); *~ cottura* cocina americana *f*; *Via Dante ~ Via Mateotti* calle Dante esquina (calle) Mateotti; *girare all'~* doblar la esquina; *fare ~ con* hacer esquina con; 3. *sport* esquina *f*, córner; *calcio d'~* saque de esquina, córner; 4. *fig* rincón; *un ~ tranquillo* un rincón tranquilo; **~so** *adj* anguloso, esquinado

angosci|a *f* angustia, ansia, congoja; ~**ante** *adj* angustioso; ~**are** *vt* angustiar, acongojar, agobiar; ~**oso** *adj* angustioso
anguill|a *f zool* anguila; ~**esco** *adj fig* ambiguo
anguria *f bot* sandía
angust|ia *f* estrechez (*espacio*); apuro *m* (*tiempo*); *econ/fig* estrecheces *fpl*; *fig* angustia, congoja; ~**iare** *vt* angustiar, acongojar; ~**ioso** *adj lit* angustioso; ~**o** *adj* angosto, estrecho (*espacio*); *fig* mezquino (*personas*)
anice *m bot/gastr* anís
anidr|ide *f chim* anhídrido *m*; ~**ite** *f min* anhídrita
anil|e *m bot* añil; ~**ina** *f chim* anilina
anima *f* 1. alma; ánima (*del Purgatorio*); ~ *benedetta!* ¡alma de Dios!; *rompere l'~ a q* dar la lata a alg; *non c'era ~ viva* no había ni un alma; *darsi ~ e corpo a qc* dedicarse en cuerpo y alma a algo; *volere un bene dell'~ (a q)* querer (a alg) más que a sus entretelas/que a las niñas de sus ojos; *la buon'~ di mia madre/mia madre, buon'~* mi madre, que en paz descanse; *non avere ~* no tener alma, ser un desalmado; *toccare l'~* tocar la fibra sensible; *rendere l'~ a Dio* entregar el alma a Dios; ~ *dannata* condenado al infierno; *fig* malvado; ~ *in pena* alma en pena; *all'~!* ¡caray!; 2. *mil/mec* ánima
animadversione *f* animadversión
animal|accio *m desp* bicharraco; ~**e 1.** *adj* animal; *regno ~* reino animal; **2.** *m* animal, bestia *f*, fiera *f*; ~ *nocivo* animal dañino, alimaña; *che ~!* ¡qué animal!, ¡qué bestia!; *essere un ~ per il lavoro* ser una fiera para el trabajo; ~**esco** *adj* animal; ~**ità** *f/inv* animalidad *f*
animare <*esd*> *vt* animar, dar vida; animar, alegrar; animar, alentar, avivar
animato *adj* animado; *cartoni ~i* dibujos animados; ~**re** *adj/s* animador
animazione *f* animación; *fig* ambiente *m*, marcha *fam*
animella *f gastr* lechecillas *fpl*
animi|co *adj* anímico; ~**smo** *m* animismo
animo *m* ánimo; *farsi ~* animarse; *perdersi d'~* desanimarse; ~**sità** *f/inv* animosidad *f*; ~**so** *adj* animoso
anisetta *f* anisete *m*
anitra V. **anatra**
annacqua|re *vt* aguar; *fig* atenuar, moderar; ~**ta** *f* mojadura; chaparrón *m*, remojón *m*
annaffia|re *vt* regar; ~**toio** *m* regadera *f*; ~**tura** *f* riego *m*
annali *mpl* anales; ~**sta** *m/f* analista (*escritor de anales*)
annaspare 1. *vt* aspar; **2.** *vi* <*avere*> gesticular
annata *f* año *m*; *agr* añada
annebbia|mento *m* nublado; ~**re 1.** *vt* nublar, cubrir de niebla; *fig* entorpecer, ofuscar; **2.** ~*rsi* cubrirse de niebla, aneblarse *raro*
annega|mento *m* ahogamiento; ~**re 1.** *vt* ahogar, anegar; **2.** *vi* ahogarse; **3.** ~*rsi* ahogarse, anegarse
anneri|mento *m* ennegrecimiento; ~**re** <*isc*> *vt* ennegrecer
annession|e *f* anexión; ~**ismo** *m* anexionismo; ~**ista** *m/f* anexionista
annesso 1. *adj* anejo, anexo; *adm* adjunto; *i documenti ~i* los documentos adjuntos; **2.** *mpl arch* accesorias *fpl*, construcciones anexas *fpl* ; *med* anexos
annettere <*62 annettei, annesso*> *vt* añadir; *pol/mil* anexionar, incorporar; *adm* adjuntar
annichila|mento *m* aniquilamiento, aniquilación *f*; ~**re** <*esd*> *vt* aniquilar, exterminar; *fig* apabullar, anonadar; ~**zione** *f* aniquilación, aniquilamiento *m*; *fig* apabullamiento *m*, anonadamiento *m*
annichilimento... V. **annichilamento**...
annida|mento *m* anidación *f*; ~**re** *vt* anidar
annienta|mento *m* aniquilación *f*, exterminio; *fig* anonadamiento, apabullamiento; ~**re** *vt* aniquilar, exterminar; *fig* anonadar, apabullar, abrumar
anniversario 1. *adj/s* aniversario; **2.** *m* aniversario, cumpleaños
anno *m* año; *stud* curso; ~ *fiscale* ejercicio fiscal; ~ *bisestile* año bisiesto; ~*-luce* año luz; ~ *sabbatico/di congedo* año sabático; ~ *accademico/scolastico* curso académico; *capo d'~* día de año nuevo; *buon ~!* ¡feliz año nuevo!; ~*i fa* hace años, años ha *lit*, antaño *lit*; *compiere gli ~i* cumplir años
annoda|re *vt* anudar, atar, ligar; atar (*zapatos*); ~**tura** *f* anudado *m*; nudo *m*
annoiare 1. *vt* 1. aburrir; 2. molestar, fastidiar; **2.** ~*rsi* aburrirse, cansarse; ~ *da morire* aburrirse como una ostra
annonario *adj* de aprovisonamiento; *tessera/carta ~a* cartilla de aprovisionamiento/de racionamiento
annoso *adj a. fig* añoso, añejo; *una questione ~a* una cuestión añosa; *vino ~* vino añejo
annota|re *vt* anotar; anotar, apostillar, glosar (*texto*); ~**tore, -trice** *m/f* anotador, -a; glosador, -a, editor, -a (*texto*); ~**zione** *f* anotación; nota, glosa, apostilla (*texto*)
annottare *vi/imp* anochecer, oscurecer
annoverare <*esd*> *vt* enumerar, contar; *ti annovero tra i miei amici* te cuento entre mis amigos
annual|e 1. *adj* anual; **2.** *m* aniversario; ~**ità** *f/inv* anualidad *f*
anuario *m* anuario
anuenza *f* anuencia
anuire <*isc*> *vi* <*avere*> 1. asentir; 2. consentir (*a* en), acceder (*a* a)
annulla|mento *m* anulación *f*, cancelación *f* (*reserva, envío*); rescisión *f* (*contrato*); *ius* anulación *f*, revocación *f*; *post* matasellado; ~**re** *vt* anular; cancelar (*reserva, envío*); rescindir (*contrato*); *ius* anular, revocar (*matrimonio, sentencia*); *post* poner el matasellos, matasellar
annullo *m* matasellos
annuncia|re *vt* anunciar; ~**tore, -trice** *m/f* anunciador, -a; *TV* presentador, -a; *TV/radio* locutor, -a; ***~zione: l'~** *f* la Anunciación

annuncio *m* anuncio, aviso; anuncio (*giornale*); *TV* avance de (la) programación; *~i economici* anuncios por palabras; *~i mortuori* esquelas; *(TV/radio) ~i pubblicitari* anuncio publicitario, cuña
annunzia|re V. **annunciare**; ***~ta: l'~** *f* la Anunciación
annuo *adj* anual
annusare *vt* oler, olfatear, olisquear; *fig* olerse, olfatear (*peligro*)
annuvola|mento *m* encapotamiento (*nubes*); **~re** *<esd>* **1.** *vt* encapotar, nublar; *fig* ofuscar; **2.** *~rsi* encapotarse, nublarse, entoldarse
ano *m med* ano
anodino *adj med/fig* anodino
anodo *m elec* ánodo
anomali|a *f* anomalía; **~o** *adj* anómalo
anona *f bot* chirimoyo *m*
anonim|ato *m* anonimato; **~ia** *f ling* anonimia; anonimato *m*; **~o** *adj/m* anónimo; *(ant) società ~a* sociedad anónima
anoress|ia *f med* anorexia; **~ico** *adj/s med* anoréxico
anormal|e *adj* anormal; *desp* homosexual; **~ità** *f/inv* anormalidad *f*
anovula|torio *adj/m med* anovulatorio; **~zione** *f med* anovulación
ansa *f* 1. asa; 2. *geogr* meandro *m*; 3. *med* asa; 4. *dare ~ ai rumori* dar pábulo a rumores; **~nte** *adj* jadeante; **~re** *vi <avere>* jadear, resollar
anseatico *adj* (h)anseático
ansi|a *f* ansia, ansiedad, inquietud, afán *m*; *stare in ~ per q/qc* estar en ascuas por alg/algo; **~età** *f/inv* ansiedad *f*, ansia *f*
ansima|nte *adj* jadeante; **~re** *<esd> vi <avere>* ansimare, resollar
ansio|litico *adj/m med* ansiolítico; **~so** *adj* ansioso, deseoso (*di* de)
anta *f* hoja (*ventana, puerta*); *arch* anta
antagonis|mo *m* antagonismo, rivalidad *f*; **~ta** *adj/s* antagonista, adversario
antagonistico *adj* antagónico
antarti|co *adj* antártico; ***~de** *f geogr* Antártida
anteceden|te 1. *adj* precedente, anterior; **2.** *m* antecedente; **~za** *f* anterioridad, precedencia
antecessore *adj/s* antecesor
antefatto *m* antecedente
anteguerra *m/inv* pre-guerra *f*
antenato *m* antepasado
antenn|a *f mar/elec* antena, verga; *~ radio* antena de radio; *~ parabolica* antena parabólica; **~ista** *m/f* antenista
anteporre *<56 -pongo; -posi; -posto> vt* anteponer
anteprima *f cine/teatro* preestreno *m*, pase previo *m*
antera *f bot* antera
anteridio *m bot* anteridio
anterior|e *adj* 1. anterior, pasado; 2. anterior, delantero; 3. *ling* perfecto; *futuro ~* futuro perfecto; 4. *ling* anterior, palatal; *vocale~* vocal anterior; **~ità** *f/inv* anterioridad *f*
antesignano *m* precursor, adelantado
antiabbagliante 1. *adj* antirreflejo; **2.** *m auto* luz de cruce *f*
antiabortista *adj/s* antiabortista
antiaereo *adj* antiaéreo
antiappannante 1. *adj* antivaho, antiempañamiento; **2.** *m auto* luneta térmica *f*
antiatomico *adj* antiatómico
antibatterico *adj* antibacteriano
antibiotico *adj/m* antibiótico
antibloccante *adj* anti-bloqueo
anticaglia *f desp* antigualla
anticamera *f* antesala; *fare ~* guardar turno; *(fig) passare per l'~ del cervello* pasar remotamente por la cabeza
anticancerogeno *adj/m med* anticancerígeno, anticanceroso
anticarie *adj/inv* anticaries
anticarro *adj mil* anticarro
anticellulite *adj/inv* anticelulítico *adj*
antichità *f/inv* antigüedad *f*
anticiclone *m meteo* anticiclón
anticipa|re *<esd> vt* anticipar, adelantar; **~tamente** *adv* anticipadamente, de antemano; **~zione** *f* anticipación, adelanto *m*, antelación; *econ* adelanto *m*, pago a cuenta *m*
anticipo *m* anticipación *f*, adelantamiento (*tiempo*); *econ* anticipo; *sport* anticipación *f*; *avere il senso dell'~* tener el sentido de la anticipación; *in ~* por adelantado
anticlerical|e *adj* anticlerical; **~ismo** *m* anticlericalismo
antico *adj/m* antiguo, viejo; *all'~a* a la antigua; *persona di ~ stampo* persona chapada a la antigua; *~ d'epoca* de época
anticomunismo *m pol* anticomunismo
anticonce|ttivo, ~zionale *adj/m med* anticonceptivo, contraceptivo
anticonformis|mo *m* anticonformismo; **~ta** *adj/s* anticonformista; **~tico** *adj* anticonformista
anticongelante *adj/m auto* anticongelante
anticorpo *m med* anticuerpo
anticostituzionale *adj* anticonstitucional
anticristo *m eccl* anticristo
anticrittogamico *adj/m bot* anticriptogámico
antidatare *vt* antedatar
antidemocratico 1. *adj* antidemocrático; **2.** *m* antidemócrata
antidepressivo *adj/m* antidepresivo
antiderapante *adj auto* antideslizante
antidetonante *adj/m chim* antidetonante
antidiluviano *adj* antediluviano
antidisordini *adj/m* antidisturbios
anti-doping *adj/m ingl/inv* antidóping, antidopaje; *controllo ~* control antidóping
antidoto *m* antídoto
antidroga *adj/inv* antidroga
antieroe *m* antihéroe
antifascista *adj/s* antifascista
antifecondativo *adj/m* anticonceptivo, contraceptivo
antifona *f* antífona
antiforfora *adj* anticaspa; *shampoo ~* champú anticaspa
antifurto *adj/m* antirrobo
antigas *adj/m/inv* antigás

antigelo *m auto* anticongelante
antigene *m biol* antígeno
antigienico *adj* antihigiénico
antigliano, antillano *adj/s* antillano
antigovernativo *adj* antigubernamental
Antille: *le* ~ las Antillas
antilope *f zool* antílope *m*
antimafia *adj/inv* antimafia
antimeridiano *adj* antemeridiano
antimilitarismo *m* antimilitarismo
antimissile *adj/inv* antimisil
antimonarchico *adj/s* antimonárquico
antimonio *m chim* antimonio
antincendio *adj/s* antiincendio
antinebbia *adj/m/inv* antiniebla
antinfiammatorio *adj/m med* antinflamatorio
anti(i)nflattivo *adj* antinflacionista
antinfluenzale *adj med* antigripal
antinfortunistico *adj* contra los accidentes de trabajo
antinom|ia *f* antinomia; **~ico** *adj* antinómico
antinquina|mento *adj/inv* antipolución; **~nte** *adj* anticontaminante
antinucleare *adj* antinuclear
antiorario *adj* en sentido inverso a las agujas del reloj
antiossidante *adj/m* antioxidante
antipapa *m eccl* antipapa
antiparassita *m* antiparásito; **~rio 1.** *adj* antiparasitario; **2.** *m* plaguicida, antiparasitario
antipasto *m gastr* entremeses *mpl*
antipati|a *f* antipatía, aversión; **~co** *adj* antipático; *mi è* ~ me cae mal
antipiega *adj/inv* antiarrugas
antipiretico *adj/m* antipirético
antipodi 1. *mpl* antípodas (*habitantes*); **2.** *mpl/fpl geogr* antípodas; *(fig) essere agli* ~ estar en las antípodas
antiporta *f* contrapuerta; *mil* barbacana; *tip* anteportada
antiproibizionismo *m* antiprohibicionismo
antiproiettile *adj/inv* antibala(s); *giubbotto, vetro* ~ chaleco, cristal antibalas
antipsichiatria *f* antipsiquiatría
antiquari|a *f* estudio y comercio de antigüedades *m*; **~ato** *m* antigüedades (*negocio*); *negozio d'*~ tienda de antigüedades; *pezzo d'*~ antigüedad *f*; **~o 1.** *m* anticuario, coleccionista de antigüedades; **2.** *adj* de (las) antigüedades
antiquato *adj* anticuado
antirabbico *adj* antirrábico
antiregolamentare *adj* antirreglamentario
antireumatico *adj/m* antirreumático
antiriflesso *adj* antirreflectante
antiru|ggine *adj/m* antioxidante, anticorrosión; **~ghe** *adj/inv* antiarrugas
antisala *f* antesala, vestíbulo *m*
antiscivolo *adj* antideslizante
antisdrucciolevole *adj* antideslizante
antisemita *adj/s* antisemita
antisettico *adj/m* antiséptico
antisismico *adj* antisísmico
antislittante *adj/m* antideslizante
antismog *adj/inv* antipolución
antisociale *adj* antisocial
antisolare *adj* contra el sol; *crema* ~ crema solar
antispasmodico, antispastico *adj/m med* antiespasmódico
antisportivo *adj* antideportivo
antista|minico *adj/m med* antihistamínico; **~tico** *adj* antiestático
antisudorifero *m* antisudoral
antitar|lo *adj/m* anticarcoma; **~mico** *adj* antipolilla; **~taro** *adj* antisarro
antitermico *adj/m* antitérmico
antiterroris|mo *m* lucha antiterrorista *f*; **~tico** *adj* antiterrorista
antitesi *f/inv* antítesis
antitetanico *adj med* antitetánico
antitetico *adj* antitético
antitossico *adj/m* antitóxico
antiurto *adj* antichoque
antivigilia *f* antevíspera
antologia *f* antología
antonimo *m ling* antónimo
antonomasia *f ling* antonomasia
antrac|e *m med* carbunclo, carbunco; **~ite** *f min* antracita
antro *m* antro, caverna *f*, gruta *f*; *med* cavidad *f*; *fig* antro, tugurio; ~ *gastrico* cavidad gástrica
antropocentrismo *m* antropocentrismo
antropofag|ia *f* antropofagia; **~o** *adj/s* antropófago
antropogenesi *f/inv* antropogenesis
antropoide *adj/m* antropoide
antropolog|ia *f* antropología; **~o, -a** *m/f* antropólogo, -a
antropometria *f* antropometría
antropomorf|ismo *m* antropomorfismo; **~o** *adj/m* antropomorfo
anulare 1. *adj* anular; **2.** *m* anular (*dedo*)
anur|ia *f med* anuria; **~o** *adj/m zool* anuro
anzi *conj* antes bien, más bien, es más
anzian|ità *f/inv* antigüedad *f*; ~ *di servizio* años de servicio, antigüedad; **~o** *adj* 1. anciano, viejo; 2. mayor, de más edad; *il fratello più ~ ha vent'anni* el hermano mayor tiene veinte años; *il segretario è la persona più ~a* el secretario es la persona de más edad; 3. *stud/gergo* veterano
anziché *conj* en lugar de, en vez de
anzidetto *adj* antedicho, susodicho, mencionado
anzitempo *adv* antes de hora
anzitutto *adv* ante todo, antes que nada, en primer lugar
aoristo *m ling* aoristo
aorta *f med* aorta
apache *adj/s* apache
apartheid *f/inv pol* apartheid *m/inv*
apati|a *f* apatía; **~co** *adj* apático, indiferente
ape *f zool* abeja; ~ *regina, operaia* abeja reina, obrera
aperitivo *m* aperitivo, amargo (*licor*)
aperto *adj* abierto; *fig* abierto, franco, sincero; *all'*~ al aire libre, al raso; *cinema all'*~ cine al aire libre, cine de verano; *accogliere a braccia* ~ recibir con los brazos abiertos; *restare a bocca ~a* quedarse boquiabierto;

sognare a occhi ~i soñar con los ojos abiertos
apertura *f* 1. abertura, hendidura, orificio *m;* 2. apertura; inauguración; *~ di un conto* apertura de una cuenta; *~ del corso* apertura/inauguración del curso
aperturis|mo *m pol* aperturismo; **~ta** *adj/s pol* aperturista; **~tico** *adj pol* aperturista
apiario *m* colmenar
apic|ale *adj ling* apical; **~e** *m* ápice; *essere all'~ della gloria/del successo* estar en la cresta de la ola, estar en su apogeo
apicolt|ore, -trice *m/f* apicultor, -a; **~tura** *f* apicultura
apnea *f med* apnea
apocalisse *f* apocalipsis *m*
apocalittico *adj* apocalíptico
apocop|are <*esd*> *vt ling* apocopar; **~e** *f ling* apócope
apocrifo *adj/m* apócrifo
apocromatismo *m fis* acromatismo
apodittico *adj fil* apodíctico
apofonia *f ling* apofonía
apogeo *m astr/fig* apogeo
apolide *adj/s* apátrida
apolitic|ità *f/inv* apoliticismo *m;* **~o** *adj/s* apolítico
apoll|ineo *adj* apolíneo; **~o** *m zool* pavón diurno; ***~o** *m mit* Apolo; *fig* efebo, adonis
apologet|a *m* apologeta; **~ica** *f* apologética; **~ico** *adj* apologético
apologi|a *f* apología; **~sta** *m/f* apologista
apoplessia *f med* apoplejía
apoplettico *adj med* apopléjico, apoplético
aposta|sia *f eccl* apostasía; **~tare** <*esd*> *vi* <*avere*> apostatar
apostol|ato *m* apostolado; **~ico** *adj* apostólico; **~o** *m* apóstol
apostrof|are <*esd*> *vt* apostrofar; **~e** *f* apóstrofe *m/f;* **~o** *m ling* apóstrofo
apoteosi *f/inv* apoteosis
appaga|mento *m* satisfacción *f* (*deseos*); aplacamiento (*sed, hambre*); acallamiento (*conciencia*); **~re 1.** *vt* satisfacer, contentar (*deseos*); saciar, apagar (*sed*); matar (*hambre*); acallar (*conciencia*); **2.** *~rsi* contentarse; *~ di poco* contentarse con poco
appaia|mento *m* emparejamiento (*objetos*); *zool* apareamiento; **~re** *vt* emparejar, acoplar (*objetos*); *zool* aparear; **~tura** *f* emparejamiento *m; zool* apareamiento *m*
appallottolare <*esd*> *vt* apelotonar, agrumar
appalt|are *vt* adjudicar un contrato; **~atore, -trice** *m/f* adjudicatario, -a, contratista; **~o** *m* concurso, licitación *f; capitolato d'~* pliego de condiciones; *dare in ~* sacar a pública subasta; *prendere in ~* conseguir en pública subasta; *contratto d'~* contrata, concesión; *gara d'~* concurso-subasta
appanna|ggio *m pol* pensión *f,* asignación *f; fig* prerrogativa *f;* **~mento** *m* empañamiento; **~re** *vt* empañar; *fig* ofuscar, embobar
apparato *m* aparato; *~ bellico, scenico* aparato bélico, escénico; *(ling) ~ critico* aparato crítico; *un grande ~ di luce e suono* un gran montaje de luz y sonido; *l'~ del partito* el aparato del partido; *(med) ~ circolatorio* aparato circulatorio
apparecchi|are *vt* preparar; *~ la tavola* poner la mesa; **~atura** *f* preparación; *mil/arch/tec* aparato *m; pitt* imprimación; apresto *m* (*tejido*); **~o** *m* 1. aparato, dispositivo; *post* aparato, teléfono; *~ da pesca* artes de pesca; *essere all'~* estar al aparato (*teléfono*); 2. *aer* aparato, avión; 3. apresto (*tejido*); *(med) ~ gessato* vendaje de escayola *m,* escayola *f*
apparent|amento *m pol* coalición electoral *f;* **~are 1.** *vt* emparentar; **2.** *~rsi* emparentarse; *pol* coaligarse; **~e** *adj* aparente, vistoso; *lit* aparente, visible
apparenza *f* apariencia, aspecto *m,* forma; *fig* apariencia, fachada; *in ~* en apariencia, aparentemente; *salvare le ~e* guardar las apariencias; *l'~ inganna* las apariencias engañan
appari|re <*3 appaio/-risco; apparii/-rvi/-rsi; apparso*> *vi* aparecer, surgir, mostrarse; **~scente** *adj* aparatoso, aparente, vistoso; **~zione** *f* aparición, visión; aparición, espectro *m,* fantasma *m*
apparta|mento *m* piso, apartamento, vivienda *f,* departamento *am,* departamiento *am;* **~re 1.** *vt* apartar, poner a parte; **2.** *~rsi* apartarse; separarse; **~to** *adj* apartado, retirado
appartenen|te *adj* perteneciente; **~za** *f* pertenencia
appartenere <*79 -tengo; -tenni; -tenuto*> *vi* pertenecer
appassimento *m* marchitamiento
appassiona|mento *m* apasionamiento; **~nte** *adj* apasionante, emocionante; **~re 1.** *vt* apasionar; conmover; **2.** *~rsi* apasionarse (*a* por); *sport/mus/cine* aficionarse (*a* a); **~to, -a 1.** *adj* apasionado, -a; ardiente, -a; **2.** *m/f mus/art* amante, aficionado, -a; *sport* hincha; *~ di cavalli, della musica* aficionado a los caballos, a la música
appassire <*isc*> **1.** *vi bot/fig* marchitarse; **2.** *~rsi bot/fig* marchitarse
appassito *adj* marchito, mustio, ajado
appella|bile *adj ius* apelable; **~nte** *adj/s ius* apelante; **~re 1.** *vt/vi ius* apelar; **2.** *~rsi ius* apelar *vt/vi; ~rsi contro una sentenza* apelar (contra) una sentencia; *~rsi alla generosità di q* apelar a la generosidad de alg; **~tivo** *m* apelativo
appello *m* 1. llamada *f,* convocatoria *f; ~ nominale* votación nominal; *~ al paese* llamada a las urnas; *fare ~ alla coscienza* apelar a la consciencia; 2. *stud* convocatoria *f;* el pasar lista; *primo ~* primera convocatoria; *~ di giugno* convocatoria de junio; *fare l'~* pasar lista; *mancare all'~* faltar a clase; 3. *ius* apelación *f; ius/adm* recurso de alzada; *(ius) corte d'~* tribunal de apelación; *(ius/adm)* tribunal contencioso-administrativo; *ricorrere in ~* interponer un recurso de apelación
appena 1. *adv* apenas, casi; recién; *non ti sento ~* apenas te oigo, casi no te oigo; *~*

fatto recién hecho; **2.** *conj* en cuanto, nada más (que), tan pronto como; *sono ~ le dieci* son apenas las diez; *ti telefonerò (non) ~ arriverò/sarò arrivato* te llamaré en cuanto/tan pronto llegue; *è ~ uscito* acaba de salir; *~ arrivato, andai a dormire* en cuanto llegué/nada más llegar, me fui a dormir; *~ sposata, si pentì* al poco de casarse, se arrepintió

appendere *<58 -pesi; -peso>* *vt* colgar; enganchar

appendice *f* 1. *med/fig* apéndice *m*; 2. *tip* folletín; *romanzo d'~* folletín, novelón, novela por entregas

apendici|sta *m/f* folletinista; **~te** *f med* apendicitis

Appennini: *gli ~* los Apeninos

appesantire *vt* recargar, cargar

appesta|re *vt* apestar; **~to** *adj/s med* apestado

appet|enza *f* apetencia; **~ibile** *adj* apetecible

appetito *m* apetito; *stuzzicare, perdere l'~* abrir, quitar el apetito; *buon ~!* ¡que aproveche!; **~so** *adj* apetitoso

appezza|mento *m agr* campo, bancal; **~re** *vt* trocear; apedazar (*tela*); ligar (*cuerda*)

appiana|mento *m* allanamiento; **~re** *vt* allanar, aplanar

appiattarsi esconderse, agazaparse

appiatti|mento *m* aplastamiento, achatamiento; **~re** *<isc>* *vt* aplastar, achatar

appiccare **1.** *vt* prender, pegar *fam* (*fuego*); pegar (*cartel*); colgar, enganchar; **2.** *~rsi* agarrarse, aferrarse

appiccic|are *<esd>* *vt* pegar (*sello, cartel*); **~aticcio** *adj a. fig* pegajoso; **~atura** *f* pegote *m*; **~oso** *adj* pegajoso, pringoso, viscoso; *fig* pegajoso, pesado, paliza

appicco *m* pretexto, excusa *f*

appiedare **1.** *vt* apear; *fig* dejar tirado *fam*; *l'automobile mi ha appiedato* el coche me ha dejado tirado; **2.** *~rsi* apearse; desmontar *vi* (*del caballo*)

appiedino *adv* completamente, del todo

appigionare *vt* alquilar; *appigionasi* se alquila

appigionasi *m/inv* albarán *m*, cartel de se vende *m*

appigli|arsi 1. agarrarse, asirse; 2. propagarse (*incendio*); **~o** *m* asidero, agarradero; *fig* pretexto

appiombo **1.** *adv* a plomo, verticalmente; **2.** *m* verticalidad *f*; *zool* aplomo

appioppare *vt* 1. *agr* emparrar (*vid*); 2. largar, soltar (*golpe, tiro*); *fam* endilgar, endosar (*culpa, multa*)

appisolarsi *<esd>* echar un sueñecito *vt*; amodorrarse, adormilarse, quedarse traspuesto

applau|dire *<isc/-do>* *vt* aplaudir, vitorear; **~so** *m* aplauso

applica|bile *adj* aplicable; **~re** **1.** *vt* aplicar; pegar (*con cola*); *fig* endosar, endilgar; *fig* destinar; **2.** *~rsi* aplicarse, esmerarse; **~to** *adj* aplicado; *arte ~a, scienze ~e* artes, ciencias aplicadas; **~zione** *f* aplicación

applique *f fr/inv* aplique *m*

appoderare *vt* parcelar

appoggia|capo *m/inv* reposacabezas; cabezal *m*; **~re** **1.** *vt* apoyar, sostener; **2.** *vi <avere>* apoyarse, sostenerse, descansar; *fig* basarse; **3.** *~rsi* apoyarse, sostenerse, descansar *vi*; **~testa** *m/inv* reposacabezas; **~tura** *f mus* apoyatura, apoyadura

appoggio *m a. fig* apoyo, sostén; *mil* apoyo artillero

appollaiarsi descansar *vi*

apporre *<56 -pongo; -posi; -posto>* *vt* poner, colocar, estampar (*firma, fecha, sello*); *fig* atribuir, achacar

apport|are *vt* traer; *fig* ocasionar, producir (*daño*); *ius* aportar (*pruebas*); **~o** *m* aportación *f*, contribución *f*

apposit|amente *adv* a propósito, a posta; **~ivo** *adj ling* apositivo; **~o** *adj* indicado, adecuado; *scrivere sull'~ modulo* escribir en el impreso indicado

apposizione *f ling* aposición

apposta *adv* a posta, a propósito, adrede; **~mento** *m* acecho, asechanza *f*; **~re** **1.** *vt* acechar; **2.** *~rsi* apostarse

appozzare *vt* empozar

apprendere *<58 -presi; -preso>* **1.** *vt* aprender, comprender; enterarse (de) (*noticias*); **2.** *~rsi* agarrarse, aferrarse

apprendista *m/f* aprendiz, -iza; **~to** *m* aprendizaje

apprensi|one *f* aprensión; **~vo** *adj* aprensivo

appress|arsi acercarse; **~o** **1.** *adv* cerca, al lado; **2.** *prep* cerca de, al lado de, junto a; *~ a* junto a; **3.** *adj/inv* siguiente *adj*, después; *il giorno ~* el día siguiente; *due ore ~* dos horas después

appresta|mento *m* preparación *f*, apresto, puesta a punto *f*; **~re** *vt* preparar, disponer, aprestar

apprett|are *vt* aprestar (*tejido*); **~atura** *f* apresto *m* (*tejido*); **~o** *m* apresto (*tejido*)

apprezza|bile *adj* apreciable; **~mento** *m* aprecio, estima *f*, valoración *f*; *econ* revalorización *f*; **~re** **1.** *vt* 1. apreciar, estimar; 2. agradecer; **2.** *~rsi econ* apreciarse, revalorizarse

approccio *m* acercamiento, aproximación *f*; enfoque; *cient* introducción *f*

approd|are *vi <avere/essere>* *mar* arribar, llegar a puerto; *non ~ a nulla* no llegar a nada; **~o** *m mar* arribo, arribada *f*; *~ di fortuna* arribada forzosa

approfittare *vi <avere>* aprovechar *vt/vi*; valerse; *~ dell'occasione* aprovechar la ocasión

approfondi|mento *m* profundización *f*; **~re** *<isc>* *vt* profundizar *vt/vi*, ahondar *vt/vi*

appronta|mento *m* preparación *f*, puesta a punto *f*; **~re** *vt* preparar, poner a punto

appropria|rsi apropiarse, adueñarse; **~to** *adj* apropiado, adecuado; **~zione** *f ius* apropiación; *~ indebita* apropiación indebida

approssima|re *<esd>* *vt* acercar, aproximar; **~tivamente** *adv* aproximada-

mente; ~**tivo** *adj* aproximado, vago; ~**zione** *f* aproximación
approva|re *vt ius/fig* aprobar; ~**tivo** *adj* aprobatorio; ~**zione** *f ius/fig* aprobación
approvvigiona|mento *m* aprovisionamiento, abastecimiento; ~**re** *vt* aprovisionar, abastecer
appunta|mento *m* cita *f*; hora *f* (*médico*); *avere un ~ con q* tener una cita con alguien; *fissare un ~* concertar una cita, pedir hora; *(euf) casa d'~i* casa de citas; ~**re** *vt* 1. afilar; sacar punta (*lápiz*); 2. prender con alfileres; 3. *fig* dirigir, fijar (*mirada, atención*); señalar; *~ con l'indice su q* señalar a alg con el dedo; 4. apuntar, anotar, tomar nota (de); ~**to** *m mil* cabo (*carabineros, guardia de finanzas*)
appunti|no *adv* con pelos y señales (*contar*); a la perfección (*hacer*); ~**re** <*isc*> *vt* sacar puntar (a); ~**to** *adj* puntiagudo
appunto 1. *m* 1. apunte, anotación *f*; 2. *mpl stud* apuntes; **2.** *adv* precisamente, justo, justamente; *per l'~* precisamente, por supuesto; **3.** *excl* ¡claro!, ¡por supuesto!
appura|mento *m* aclaración *f*, verificación *f*, comprobación *f*; ~**re** *vt* aclarar, verificar, comprobar
apribile *adj* que se puede abrir; *(auto) tettuccio ~* techo corredizo
apribottiglie *m/inv* abrebotellas, abridor *m*
april|e *m* abril; *~ ogni goccia un barile* en abril aguas mil; ~**ino** *adj lit* abrileño
aprire <*17 aprii/apersi; aperto*> *vt* abrir; *non ~ bocca* no abrir la boca, no rechistar; *~ il fuoco* abrir fuego
apriscatole *m/inv* abrelatas
aptero *m zool* áptero
aquaplaning *m ingl/inv auto* aquaplano *m*
aquario V. **acquario**
aquil|a *f zool* águila; *~ reale* águila real; ~**egia** *f bot* aguileña, pajarilla; ~**ino** *adj* aguileño, aquilino *lit*; ~**one** *m* 1. viento del norte; 2. cometa *f*; ~**otto** *m* aguilucho
ara *f* 1. *eccl* ara, altar *m*; 2. *agr* área; 3. *zool* guacamayo *m*
arab|esco *adj/m* arabesco; ***~ia:** *l'~ (f)* Arabia; ~**ico** *adj* arábigo, árabe; *cifra, gomma ~a* cifra, goma arábiga; ~**ista** *m/f* arabista; ~**o, -a** *adj/s* árabe; *(fig) parlare ~* hablar en chino
arachide *f bot* cacahuete *m*, maní *m/am*
aracnide *m zool* arácnido
Aragon|a: *l'~ (f)* Aragón *m*; ***~ese** *adj/s* aragonés; ***~ito** *m min* aragonita *f*
aragosta *f zool* langosta
arald|ica *f* heráldica; ~**ico** *adj* heráldico; ~**o** *m hist* heraldo
aranceto *m* naranjal
arancia *f* naranja; ~**ta** *f* naranjada; ~**to** *adj* naranja, anaranjado; *colore ~* color naranja, anaranjado
aranciera *f* vivero de agrios *m*
arancino *adj* naranjero
arancio *m bot* naranjo; *fior d'~* azahar; ~**ne** *adj* anaranjado, naranja
arare *vt agr* arar
aratore, -trice *m/f agr* arador, -a
aratro *m agr* arado
aratura *f agr* arada, labor *m*
arazzo *m* tapiz
arbitra|ggio *m ius* arbitraje; ~**le** *adj* arbitral; ~**re** <*esd*> *vt* arbitrar; ~**rietà** *f/inv* arbitrariedad *f*; ~**rio** *adj* arbitrario; ~**ato** *m ius* arbitraje
arbitrio *m* 1. arbitrio, albedrío; *libero ~* libre albedrío; 2. arbitrariedad *f*
arbitro *m ius/sport* árbitro
arbore|o *adj* arbóreo; ~**scente** *adj* arborescente
arboricolt|ura *f* arboricultura; ~**ore, -trice** *m/f* arboricultor, -a
arboscello *m agr* plantón
arbusto *m* arbusto
arca *f* arca; *~ di Noè, dell'Alleanza* arca de Noé, de la Alianza; *(fig) ~ di scienza* pozo de sabiduría
arcad|e *m/f* árcade, arcadio; ~**ico** *adj* arcádico
arcaic|ità *f/inv* arcaicidad *f*; ~**izzante** V. **arcaizzante**; ~**o** *adj* arcaico
arcaismo *m* arcaismo
aracaizza|nte *adj* arcaizante; ~**re** *vi* <*avere*> usar arcaismos
arcangelo *m* arcángel
arcano *adj* arcano, misterioso
arcata *f arch* arcada
archeolog|ia *f* arqueología; ~**ico** *adj* arqueológico; ~**o, -a** <*mpl -gi*> *m/f* arqueólogo, -a
archetipo *m* arquetipo
archetto *m mus* arco, arquillo
archibugio *m mil* arcabuz
archidiocesi *f/inv* archidiócesis
Archimede *m* Arquímedes
architett|are *vt* proyectar, idear; ~**o, -a** *m/f* arquitecto, -a; ~**onico** *adj* arquitectónico; ~**ura** *f* arquitectura; *~ d'interni* diseño de interiores *m*, interiorismo *m*
architrave *m arch* arquitrabe
archivia|re *vt* archivar; *infor* almacenar; ~**zione** *f* acción de archivar; *infor* almacenamiento *m*; *ius* archivo de la causa *m*
archivio *m* archivo; archivador (*mueble*); *infor* archivo (*documento*); *infor* almacenamiento (*acción*)
archivist|a *m/f* archivero, -a; ~**ica** *f* archivistica
archivolto *m arch* arquivolta *f*
arcidiacono *m eccl* arcediano, archidiácono
arciduca *m*, **arciduchessa** *f* archiduque *m*, archiduquesa *f*
arciere, -a *m/f mil/sport* arquero, -a
arcifonema *m ling* archifonema
arcigno *adj* ceñudo
arcione *m* arzón
arcipelago *m* archipiélago
arciprete *m eccl* arcipreste
arcivescovato *m eccl* arzobispado
arcivescovile *adj eccl* arzobispal
arcivescovo *m eccl* arzobispo
arco *m* arco; *~ a tutto sesto* arco de medio punto; *~ a sesto acuto* arco ojival; *~ voltaico* arco voltaico; ~**baleno** *m* arco iris; ~**laio** *m* devanadera *f*
arcuare <*esd*> *vt* arquear, curvar

ardente *adj* ardiente, abrasador
ardere *<4 arsi; arso>* **1.** *vt* quemar, abrasar; **2.** *vi* arder, quemarse; ~ *dal desiderio di fare qc* arder en deseos de hacer algo
ardesia *f min* pizarra
ardi|mento *m* osadía *f*, valor; ~**re** *<isc>* **1.** *vi <avere>* atreverse; *non ~ (di) fare niente* no atreverse a hacer nada; **2.** *m* osadía *f*, audacia *f*, valor
ardit|ezza *f* osadía, audacia; ~**o** *adj* osado, atrevido, audaz
ardore *m* ardor
arduo *adj* arduo, difícil
area *f* área, superficie; *(sport) ~ di rigore, di porta* área de castigo, de portería
arem V. **harem**
aren|a *f* 1. arena; 2. plaza de toros, ruedo *m*; ~**amento** *m mar* embarrancamiento, encalladura *f*; ~**are** *vi mar* embarrancar, encallar, varar; *fig* encallarse, empantanarse; ~**ile** *m* arenal; ~**oso** *adj* arenoso, arenisco
areo-... V. **aereo-**...
areola *f med* areola, aréola
areometro *m* areómetro
areopago *m* areópago
areostilo *m arch* areóstilo
aretino *adj/s* aretino
argano *m* cabrestante, árgana *f/raro*
argenta|re *vt* platear; ~**to** *adj* plateado; ~**tura** *f* plateado *m*
argente|o *adj lit* argénteo, plateado; ~**ria** *f* plata (*cubiertos*...)
argenti|ere *m* platero; ~**fero** *adj* argentífero
Argentin|a: *l'~ (f)* Argentina; ***~ismo** *m* argentinismo; ***~o, -a 1.** *adj* 1. *geogr* argentino, -a; 2. argentino, -a (*color, sonido*); **2.** *m/f* argentino, -a
argento *m* plata *f*; ~ *vivo* azogue, mercurio; *nozze d'~* bodas de plata; ~ *800* plata de ley; ~**ne** *m* alpaca *f*, metal blanco
argill|a *f* arcilla; *esser fatto della stessa ~* estar hecho con la misma pasta; ~**oso** *adj* arcilloso
argina|mento *m* encauzamiento; ~**re** *<esd> vt* encauzar; ~**tura** *f* encauzamiento *m*
argine *m* dique, malecón
argivo *adj/s* argivo
argo *m chim* argón
argoment|are 1. *vt* argumentar, argüir; **2.** *vi* argumentar, razonar; ~**azione** *f* argumentación, razonamiento *m*; ~**o** *m* argumento, tema, asunto
argonauta *m* argonauta
arguire *<isc> vt* argüir, argumentar
argut|ezza *f* agudeza, ingenio *m*; ~**o** *adj* agudo, ingenioso
arguzia *f* 1. agudeza, gracia, gracejo *m*; 2. agudeza, ocurrencia, chiste *m*, salida; juego de palabras *m*
aria *f* 1. aire *m*; *fig* aire *m*, aspecto *m*, pinta *fam*; ~ *compressa* aire comprimido; ~ *condizionata* aire acondicionado; *andare all'~* irse al garete, irse al traste, frustrarse (*un asunto*); *buttare, mandare all'~* echar a perder, dar al traste (*con algo*); *cambiare ~* cambiar de aires; *campare d'~* vivir del aire; *è campato in ~* no tiene ni pies ni cabeza; *(fig) far castelli in ~* hacer castillos en el aire; *pigliare, prendere l'~/una boccata d'aria* tomar el aire, el fresco; *saltare in ~* saltar por los aires, explotar; *sparare in ~* disparar al aire; *avere paura dell'~* tener miedo de su propria sombra; *all'~ aperta* al aire libre; *(fig) non tira ~ buona qui* aquí no se respira bien, aquí no se respira un buen ambiente; *darsi delle ~e* darse aires, tener muchos humos/muchas ínfulas, ponerse medallas, darse betún; 2. *mus* aria
arian|esimo *m eccl* arrianismo; ~**o** *adj/s eccl* arriano; *ling* ario
arid|ità *f/inv* aridez *f*; ~**o 1.** *adj* árido, seco; *fig* adusto; **2.** *mpl agr* áridos
arie|ggiare *vt* 1. airear, orear, ventilar; 2. *fig* parecerse, tener un aire; ~**te** *m zool* carnero, morueco; *mil* ariete; *~ *astr* Aries; ~**tta** *f* 1. brisa, airecillo *m*, chiflón *m/am*; 2. *mus* arieta
aringa *f zool* arenque *m*; ~ *affumicata* arenque ahumado
ario *adj/s* ario; ~**so** *adj* aireado, despejado
arista *f bot* arista, raspa
aristocra|tico, -a 1. *adj* aristocrático, -a; **2.** *m/f* aristócrata; ~**zia** *f* aristocracia
Aristotel|e *m* Aristóteles; ***~ismo** *m* aristotelismo
aritmetic|a *f* aritmética; ~**o** *adj* aritmético
aritm|ia *f med* arritmia, intercadencia; ~**ico** *adj* arrítmico
arlecchin|ata *f* arlequinada; ~**esco** *adj* arlequinesco; ***~o** *m* Arlequín
arma *f* 1. *<pl le armi>* arma; ~ *bianca, da fuoco* arma blanca, de fuego; *~i a media/corta/lunga gittata/portata* armas de medio/corto/largo alcance; *(fig) ~ a doppio taglio* arma de doble filo; *presentare le ~i* presentar armas; *(fig) partire con ~i e bagagli* liar el petate, coger el portante; 2. ejército *m*; cuerpo *m*; ~ *azzurra* ejército del aire; *andare sotto le ~i* incorporarse a filas; *chiamare alle ~i* llamar a filas; *(fig) essere alle prime ~i* estar en pañales; 3. *<pl le armi> arald* armas, blasones *mpl*
armacollo: ad ~ *adv* en bandolera; *portare il fucile ad ~* llevar el fusil en bandolera
armadi|llo *m zool* armadillo, cachicamo *am*; ~**o** *m* armario; ~ *a muro* armario empotrado; ~ *d'angolo* armario rinconero, rinconera
armaiolo *m* armero
armament|ario *m* instrumental; ~**ismo** *m* armamentismo; ~**o** *m* armamento; *corsa agli ~i* carrera de armamentos, carrera armamentist(ic)a
armare *vt* armar; *~rsi di pazienza* armarse de paciencia
armat|a *f* armada; *l'Invincibile* *~ la Armada Invencible; ~**ore** *m* armador, naviero; ~**ura** *f* armadura, arnés *m* (*caballero*); *fig* armazón *m* (*estructura*); *fig* esqueleto *m*
armegg|iare *vi <avere>* trajinar, afanarse; ~**io** *m* trajín, tráfago
Armen|ia: *l'~ (f)* Armenia; ***~o** *adj/s* armenio
armento *m* manada *f*, recua *f*, hato

armeria *f* armería
armiere *m* armero
armistizio *m* armisticio
armo *m sport* tripulación *f* (*remo, vela*)
armoni|a *f mus/ling/fig* armonía; ~**ca** *f mus* armónica; ~**co** *adj* armónico; ~**o** V. ~**um**; ~**oso** *adj* armonioso; ~**um** *m/inv mus* armonio *m*, armónium
armonizza|re *vt/vi* <*avere*> armonizar; ~**zione** *f* armonización
arnese *m* 1. *mil/hist* arnés, armadura *f*; *essere bene, male in* ~ estar boyante, estar en un apuro; 2. *fig* pinta *f*, mal aspecto; *non mi posso presentare in quest'*~ no me puedo presentar con esta pinta; 3. *fig/desp* granuja, bribón, canalla, tunante; 4. *mpl* herramientas *fpl*, aparejos, utensilios, útiles; *fig* chismes, cacharros
arni|a *f* colmena; ~**ca** *f bot* árnica
aro *m bot* aro, alcatraz
aroma *m* aroma
aromatico *adj* aromático
aromatizzare *vt* aromatizar
arpa *f mus* arpa
arpeggi|are *vt mus* arpegiar; ~**o** *m mus* arpegio, tiento
arpia *f mit/fig* arpía
arpicordo *m mus* clavicordio, espineta *f*
arpion|are *vt* arponear, arponar; ~**e** *m* 1. *mec* trinquete, gancho; 2. gozne, pernio (*puerta, ventana*); 3. *mar* arpón
arpista *m/f mus* arpista
arpone *m mar* arpón
arra *f* arras *fpl*, prenda, señal; *fig* promesa
arrabattarsi afanarse, esforzarse (*per* por)
arrabbia|re 1. *vi* enfadar, enojar; *far* ~ enojar, hacer rabiar; **2.** ~*rsi* enfadarse, enojarse, irritarse; ~**to** *adj* enfadado; *(gastr) all'*~*a* con salsa muy picante; ~**tura** *f* enfado *m*, enojo *m*, irritación; pataleta *fam*
arraffare *vt* arrebatar; ~ *tutto* arramblar con todo
arrampica|rsi <*esd*> encaramarse, trepar *vi*; *(fig)* ~ *sugli specchi/sui vetri* agarrarse a un clavo ardiendo; ~**ta** *f* escalada, trepa; ~**tore, -trice** *m/f sport* escalador, -a, trepador, -a; ~ *sociale* arribista, trepa *pop/desp*
arrancare *vi* <*avere*> renquear, cojear
arrangia|mento *m* acuerdo, arreglo, apaño *fam*; *mus* arreglo; ~**re 1.** *vt* arreglar, apañar; *mus* arreglar; **2.** ~*rsi* arreglárselas, apañárselas, componérselas, ingeniárselas; *arrangiati!* ¡arréglatelas!, ¡allá te las compongas!; ~**tore, -trice** *m/f mus* arreglista
arrecare *vt* 1. llevar, conducir; 2. causar, ocasionar
arred|amento *m* decoración *f*; amueblamiento, equipamiento; ~**are** *vt* decorar; amueblar, equipar; ~**atore, -trice** *m/f* decorador -a, interiorista; ~**o** *m* adorno, mueble, ornamento; mobiliario, ajuar, enseres *mpl*; ~*i sacri* objetos litúrgicos; ~ *urbano* mobiliario/equipamiento urbano
arrembaggio *m* abordaje; *fig* acción desesperada *f*; *(fig) andare, buttarsi, gettarsi all'*~ lanzarse a la desesperada
arrendersi <*58 -resi; -reso*> rendirse, entregarse
arrendevole *adj* sumiso, dócil; dúctil, flexible, dobladizo (*objeto*)
arrendevolezza *f* sumisión, docilidad; ductilidad, flexiblidad (*objeto*)
arrest|are 1. *vt* detener, parar; detener, arrestar, capturar; **2.** ~*rsi* pararse, detenerse; ~**ato** *adj/s* detenido; ~**o** *m* 1. parada *f*, detención *f*; *battuta d'*~ compás de espera; *(sport)* ~ *del gioco* detención del juego; 2. arresto, detención *f*, captura *f*; 3. *mec* freno; 4. *med* paro; ~ *cardiaco* paro cardiaco; 5. *mpl mil* arresto *m*; ~*i domiciliari* arresto domiciliario
arretra|mento *m* retraso; ~**re 1.** *vt* retrasar, enviar atrás; **2.** *vi* retirarse; *fig* retractarse, desdecirse; **3.** ~*rsi* retroceder *vi*; ~**tezza** *f* retraso *m*, atraso *m*; ~ *mentale, culturale, economica* atraso mental, cultural, económico; ~**to 1.** *adj* retrasado, atrasado; rezagado; *numero, fascicolo* ~ número, fascículo atrasado; *lavoro* ~ trabajo atrasado; *paese* ~ país atrasado; **2.** *mpl* atrasos; *fig* cuentas pendientes *fpl*
arri! *excl* ¡arre!
arriba! *excl* ¡arriba!
arricchi|mento *m* enriquecimiento; ~**re** <*isc*> *vt* enriquecer; ~**to** *m/desp* nuevo rico
arriccia|capelli *m/inv* tenacilla *f*, rizador *m*; ~**mento** *m* rizado; ~**re** *vt* 1. rizar, encrespar, ensortijar (*cabello*); *(fig)* ~*arsi il pelo* erizarse el cabello, ponerse los pelos de punta; *(fig)* ~ *il naso/le labbra/il muso* torcer el gesto/fruncir el ceño; 2. *pitt* lucir, enlucir; ~**tura** *f* rizado *m*
arricciolare <*esd*> *vt* rizar
arridere <*61 -risi; -riso*> *vi* <*avere*> sonreír, favorecer; *la fortuna ci arride* la fortuna nos sonríe
arringa *f* arenga; *ius* alegato *m*, informe *m*; ~**re** *vt/vi* arengar
arrischia|re *vt* arriesgar; ~**to** *adj* arriesgado, riesgoso *am*
arriva|re *vi* llegar; alcanzar *vt*; *mar* arribar; *stare per* ~ estar al caer; *non arrivo a prendere il libro* no llego a coger el libro; *non ci arrivo* no lo cojo, no alcanzo a comprender; ~**to 1.** *adj* bien situado, -a, acomodado, -a; *nuovo* ~ recién llegado, advenedizo; **2.** *m/f* persona bien situada *f*
arriveder|ci *excl* adiós, hasta luego, hasta la vista, abur *fam* (*a tí*); ~**la** *excl* adiós, hasta luego, hasta la vista (*a usted*)
arrivis|mo *m* arribismo; ~**ta** *m/f* arribista, trepa *pop*
arrivo *m* llegada *f*; *mar* arribo, arribada *f*; *essere in* ~ estar al llegar, estar a punto de llegar; *il treno da Foggia è in* ~ *sul primo binario* el tren procedente de Foggia efectuará su entrada por la vía uno
arrocc|are *vt* enrocar (*ajedrez*); ~**o** *m* enroque (*ajedrez*)
arrochire <*isc*> *vi* enronquecer
arroga|nte *adj* arrogante, altanero, en-

greído, orgulloso; ~**nza** *f* arrogancia, altanería, engreimiento *m*; ~**rsi** arrogarse; ~**zione** *f ius* arrogación
arrossa|mento *m* enrojecimiento; ~**re** *vt* arrebolar, enrojecer
arrossire *<isc> vi* enrojecer, ruborizarse, sonrojarse, ponerse colorado
arrosti|re *<isc> vt* asar; tostar (*pan*); ~**to** *m* asado
arrota|re *vt* afilar; *(fig)* ~ *i denti* apretar los dientes; *(fig)* ~ *la lingua* afilar la lengua; ~**trice** *f tec* muela
arrotino *m* afilador
arrotolare *<esd> vt* enrollar, arrollar, liar
arrotonda|mento *m* redondeo; ~**re** *vt* redondear
arrovellarsi sulfurarse, excitarse; *(fig)* ~ *il cervello* devanarse los sesos
arroventare poner al rojo vivo, encandecer
arruffa|popoli *m/f inv* agitador, -a, subversivo, -a, sedicioso, -a; ~**re** *vt* desgreñar, embarullar, enmarañar, alborotar
arruffianarsi *pop* liarse, enredarse
arruffio *m* barullo, jaleo, bullicio
arruffone, -a *m/f* chapucero, -a
arrugginire *<isc>* **1.** *vt* oxidar, enmohecer; **2.** *~rsi* oxidarse, enmohecerse; *bot* arroyarse
arruola|mento *m mil* alistamiento, reclutamiento; ~**re** *vt* alistar, reclutar
arsella *f zool/reg* almeja
arsen|ale *m mar* astilleros *mpl*, arsenal, atarazana *f*; *mil* arsenal; *fig* amasijo, revoltillo; ~ *nucleare* arsenal nuclear; ~**ico** *m* arsénico
arsura *f* aridez; ardor *m*, quemazón
arte *f* 1. arte *m/f*; *belle ~i* bellas artes; *a regola d'~* como Dios manda; *ad ~* arteramente; *nome d'~* nombre artístico; 2. oficio *m*; gremio *m*; *senz'~ né parte* ni arte ni parte, sin oficio ni beneficio
artefatto *adj* adulterado; *fig* falso
artefice *m/f* artífice
artemisia *f bot* artemisa, altamisa
arteria *f med* arteria; ~**le** *adj med* arterial
arterio, -a *m/f gergo* carroza, fósil (*adulto*); viejo, -a (*padre, madre*)
arteriosclerosi *f/inv med* arteriosclerosis
arterioso *adj* arterioso
artesiano *adj* artesiano
artico *adj/m* ártico
articola|re 1. *adj* articular, articulatorio; **2.** *<esd> vt* articular; ~**to** *adj* articulado; ~**zione** *f mec/med/ling* articulación
articolista *m/f tip* articulista, columnista
articolo *m* artículo; *(tip)* ~ *di fondo* editorial
Artide *f* Artico *m*
artiere *m* 1. artesano; 2. *mil* zapador
artifici|ale *adj* artificial; ~**ere** *m mil* artificiero
artificio *m* artificio; *fig* afectación *f*; ~**sità** *f/inv* artificiosidad *f*, afectación *f*; ~**so** *adj* artificioso, afectado
artigian|ale *adj* artesanal; ~**ato** *m* artesanado, artesanía *f*; ~**o** *adj/s* artesano
artigli|ere *m* artillero; ~**eria** *f mil* artillería; ~ *pesante* artillería pesada; ~**o** *m* garra *f*, zarpa *f*
artist|a *m/f* artista; ~**ico** *adj* artístico
arto *m med* extremidad *f*
artrit|e *f med* artritis; ~**ico** *adj/s* artrítico
artro|podo *m zool* artrópodo; ~**si** *f/inv med* artrósis
arvicola *f zool* arvícola, ratón de campo *m*
arzigogolare *<esd> vi <avere>* cavilar
arzigogolo *m* cavilación *f*; sutileza *f*
arzigogolone, -a *m/f* persona cavilosa *f*
arzillo *adj* vivaracho, vivaz, animado; *vino ~* vino de agujas, vino achispado
asbesto *m min* asbesto
ascaride *m zool* ascáride *f*
ascella *f* axila, sobaco *m*
ascenden|tale *adj* ascendente; ~**te 1.** *adj* ascendente; **2.** *m* 1. *astr/fig* ascendiente; 2. antepasado; ~**za** *f* ascendencia
ascendere *<58 ascesi; asceso> vt* ascender, subir; *econ* ascender (a), importar (*costar*)
ascension|ale *adj* ascensional; ~**e** *f* ascensión
ascensor|e *m* ascensor, elevador *am*; ~**ista** *m/f* ascensorista, elevadorista *am*
ascesa *f* subida, ascensión
ascesi *f/inv* ascesis
ascesso *m med* abceso
ascet|a *m* asceta; ~**ica** *f* ascética; ~**ismo** *m* ascetismo
ascia *f* hacha; azuela (*carpintería*); *mastro d'~* carpintero de ribera; ~ *di guerra* hacha de guerra; *fatto con l'~* basto, tosco
ascissa *f mat* abscisa
asciuga|capelli *m/inv* secador *m* (*de pelo*); ~**mano** *m* toalla *f*; ~**re** *vt* secar; *(fig) ~ le tasche a q* dejar limpio a alg; *(fig) ~ un fiasco* vaciar una botella; ~**trice** *f tec* secadora; ~**tura** *f* secado *m*
asciutt|ezza *f* sequedad; ~**o 1.** *adj* seco; flaco; *pasta ~a* pasta con salsa; *(fig) restare a bocca ~a* quedarse con la miel en los labios; **2.** *m* lugar seco, secano; *(fig) restare all'~* quedarse sin blanca
ascolt|are *vt* escuchar; ~**atore, -trice** *m/f* oyente; ~**o** *m* 1. escucha *f*; atención *f*; *essere/stare in ~* estar a la escucha; *dare, prestare ~* prestar atención; 2. *TV/radio* audiencia *f*; *indice di ~* índice de audiencia
ascrivere *<71 ascrissi; ascritto> vt* 1. añadir, agregar, incluir; 2. adscribir, atribuir, imputar
asepsi *f/inv med* asepsia
asessua|le *adj zool/bot* asexual; ~**to** *adj zool/bot* asexuado
asettico *adj med* aséptico
asfalt|are *vt* asfaltar; ~**atura** *f* asfaltado *m*; ~**o** *m chim* asfalto, betún; *auto* asfalto, firme
asfissia *f* asfixia
asfissiante *adj* asfixiante
asfissiare *vt* asfixiar
Asia: *l'~ (f)* Asia; *~**tico** *adj/s* asiatico
asilo *m* 1. asilo, refugio, acogida *f*; *(fig) diritto di ~* derecho de asilo; ~ *politico* asilo político; 2. asilo, albergue (*de caridad*); ~ *notturno* albergue nocturno; ~ *di*

mendicità casa de beneficencia *f*; 3. *stud* educación preescolar *f*; ~ *nido* guardería, jardín de infancia
asimmetri|a *f* asimetría; ~**co** *adj* asimétrico
asina *f zool/fig* burra, asna, borrica
asinaio *m* borriquero, asnero, arriero de burros
asinata *f* burrada, desatino *m*, barbaridad
asincroni|a *f* asincronía; ~**co** *adj* asincrónico; ~**smo** *m* asincronismo
asincrono *adj* asincrónico
asindeto *m ling* asíndeton
asine|llo *m zool/fig* pollino; ~**ria** *f* bobada, tontería, memez; ~**sco** *adj* asnal, grosero, bestial
asini|no *adj* asnal; *fig* grosero, bestial; ~**tà** *f/inv* burrez *f*, asnería *f*, estupidez *f*
asino *m zool/fig* burro, asno, borrico
asma *f med* asma; ~**tico** *adj/s* asmático
asociale *adj* asocial
asola *f* ojal *m* (*traje*); ranura (*monedas*)
aspara|geto *m*, ~**giaia** *f bot* esparraguera *f*; ~**go** *m bot* espárrago; ~ *selvatico* espárrago triguero
aspecifico *adj med* inespecífico
asperella *f bot* aspérula
aspergere <*30 aspergo; aspersi; asperso*> *vt* rociar, salpicar; *eccl* asperjar, hisopear
asperità *f/inv geol/fig* aspereza *f*
aspers|ione *f eccl* aspersión; ~**orio** *m eccl* aspersorio
aspetta|re *vt* esperar, aguardar; *c'era da ~rselo* era de esperar, era de temer; *quando meno te l'aspetti* cuando menos te lo esperas, el día menos pensado; *chi la fa l'aspetti* quien a hierro mata a hierro muere; ~**tiva** *f* expectativa, esperanza, espera; *adm* excedencia; *essere/stare in ~* estar a la expectativa; ~ *di vita* esperanza de vida; *in ~* en excedencia, excedente; en expectativa; *in ~ di destinazione* en expectativa de destino; ~ *forzosa* excedencia forzosa; ~**zione** *f lit* expectación
aspetto *m* 1. espera *f*; *sala d'~* sala de espera; *battuta d'~* compás de espera; 2. aspecto, apariencia *f*; *avere buon/cattivo ~* tener buen/mal aspecto, poner buena/mala cara; 3. *ling* aspecto
aspide *m lit* áspid
aspira|nte *adj/s* aspirante, candidato; ~**polvere** *m/inv* aspirador, aspiradora *f*; ~**re 1.** *vt med/ling* aspirar; *tec* aspirar, extraer; **2.** *vi* <*avere*> *fig* aspirar, anhelar *vt*; ~**tore** *m tec* extractor (*aire*); *med* aspirador; ~**zione** *f med/ling/fig* aspiración; *mec* admisión (*motor*)
aspirina *f* aspirina
aspo *m* aspa *f*, devanadera *f*
asporta|bile *adj* 1. extraíble; 2. *med* extirpable; amputable; ~**re** *vt* 1. extraer; 2. *med* extirpar; amputar; ~**zione** *f* 1. extracción *m*; 2. *med* extirpación *f*, amputación *f*
aspr|ezza *f* aspereza; *fig* aspereza, sequedad, brusquedad; *geogr* escabrosidad, fragosidad; ~**igno** *adj* asperillo, asperete; ~**o** *adj* áspero, agrio; *fig* áspero, arisco, bronco; *ling* áspero, sordo; *geogr* escabroso, fragoso
assafetida *f bot/med* asa fétida, asafétida
assaggi|are *vt* probar, gustar, degustar; *vuole ~?* ¿gusta?; ~ *il terreno* tantear el terreno; ~**atore, -trice** *m/f* catador, -a; ~**atura** *f* cata, catadura; ~**o** *m* ensayo, prueba *f*; *gastr* cata *f*, degustación *f*; muestra *f*
assai *adv* bastante, suficiente; mucho, muy, asaz *lit/ant*; *(iron) m'importa ~ di questo!* ¡esto me importa un bledo!
assale *m auto* eje
assali|re <*isc/67 -salgo; -salii; -salito*> *vt* agredir, acometer, embestir, arremeter *vi* (contra); *fig* asaltar, venir; *mi assalì un dubbio* me asaltó una duda; ~**tore, -trice** *m/f* salteador, -a, asaltante
assalt|are *vt* asaltar, atracar; ~**atore, -trice** *m/f* salteador, -a, atracador, -a; ~**o** *m mil* asalto; asalto, atraco; embate, acometida *f*, agresión *f*; *reparti d'~* tropas de asalto; *prendere d'~ qc* tomar algo al asalto; *manager d'~* ejecutivo agresivo
assaporare *vt* paladear, saborear, gustar
assassin|are *vt* asesinar; ~**io** *m* asesinato; ~**o, -a** *m/f* asesino, -a
asse 1. *f* tabla, tablón *m*, tablero *m*, madero *m*, plancha; ~ *da stiro* tabla de planchar; *(sport) ~ di equilibrio* barra de equilibrio; *(sport) ~ di battuta* plancha; 2. *m tec/mat* eje; ~ *stradale* eje viario; 3. as (*moneda*); 4. *ius/eccl* patrimonio; ~ *ereditario* as hereditario; ~ *della chiesa* patrimonio de la iglesia
assecondare *vt* secundar, apoyar, favorecer
assedi|are *vt mil/fig* asediar, cercar, sitiar, bloquear; ~**o** *m mil/fig* sitio, asedio, cerco, bloqueo; ~ *economico* bloqueo económico; *stato d'~* estado de sitio
assegna|mento *m* asignación *f*, atribución *f*; *fig* esperanza *f*, confianza *f*; *fare ~ su q/qc* poner/cifrar las esperanzas en alg/algo; ~**re** *vt* asignar, adscribir; fallar (*premio*); *ius* adjudicar; confiar; ~**tario, -a** *m/f ius* adjudicatario, -a; ~**to** *adj* asignado, adjudicado; *(com) porto ~* portes debidos; ~**zione** *f* asignación; *ius* adjudicación
assegno *m* 1. asignación *f*, ayuda *f*; *~i famigliari* plus familiar; ~ *di mantenimento* pensión alimenticia; ~ *di studio* ayuda al estudio, beca; 2. *com* cheque, talón; ~ *sbarrato, non trasferibile, turistico, al portatore, a vuoto, in bianco* cheque cruzado, intransferible, de viaje, al portador, sin fondos, en blanco; *libretto d'~i* talonario de cheques, chequera; *(post) contro ~* contra reembolso
assembla|ggio *m tec* ensamblaje; ~**re** *vt tec* ensamblar
assemblea *f* asamblea, reunión, junta; ~ *degli azionisti, dei creditori* junta de accionistas, de acreedores; ~**re** *adj* asambleario; ~**rismo** *m* asambleísmo
assembramento *m* agolpamiento, concurrencia *f*, gentío, hervidero

assennat|ezza *f* sensatez, cordura, acierto *m*; ~**o** *adj* sensato, cuerdo, juicioso
assenso *m* consentimiento, aprovación *f*, anuencia *f*, conformidad *f*
assent|arsi ausentarse; ~**e** *adj/s* ausente
assenteis|mo *m* 1. *hist/fig* absentismo; 2. absentismo laboral; ~**ta** *m/f* absentista
assentire *vi* <*avere*> asentir
assenz|a *f* ausencia; *stud* falta; ~**iente** *adj* consentidor; consintiendo; ~ *tua madre* consintiéndolo tu madre; ~**io** *m bot* ajenjo
asserire <*isc*> *vt* aseverar, asegurar
asserragliare 1. *vt* atrancar, atrincherar; **2.** ~*rsi* encerrarse, atrincherarse, parapetarse
assertivo *adj* asertivo, asertorio
asserto *m* aserto, aserción *f*, aseveración *f*; ~**re, -trice** *m/f* asertor, -a; ~**rio** *adj* asertorio, asertivo
asservi|mento *m* sometimiento, esclavización *f*; ~**re** <*isc*> *vt* subyugar, someter, esclavizar
asserzione *f* aserción, aserto *m*, aseveración
assessor|ato *m* asesoría; ~**e, -a** *m/f* asesor, -a, consejero, -a; *pol* concejal, -a; ~ *comunale, provinciale, regionale* concejal, -a, diputado, -a provincial, consejero, -a
assessuato *adj* asexuado
assesta|mento *m* colocación *f*, ordenación *f*, ajuste; *geol/arch* asiento, asentamiento; ~ *dei prezzi* reajuste de precios; ~**re 1.** *vt* ordenar, colocar, arreglar; asestar (*golpe*); **2.** ~*rsi* colocarse; instalarse; *econ* estabilizarse
asseta|re *vt* causar sed (*q* a alg); ~**to** *adj* sediento
assett|are 1. *vt* colocar, arreglar; **2.** ~*rsi* arreglarse, ataviarse; ~**o** *m* orden, disposición *f*; actitud *f*; atavío, atuendo; *(adm)* ~ *territoriale* ordenación del territorio
assevera|re <*esd*> *vt* aseverar, asegurar; ~**tivo** *adj* aseverativo; ~**zione** *f* aseveración
assiale *adj* axial
assicura|bile *adj com* asegurable; ~**re** *vt* 1. asegurar, aseverar; 2. asegurar, afianzar; 3. asegurar (*contratar un seguro*); ~**ta** *f post* carta con valor declarado; ~**to** *m ius* asegurado; ~**tore 1.** *m ius* aseguradora *f* (*compañía*); asegurador (*agente*); **2.** *adj* asegurador
assicurazione *f* 1. aseguramiento *m*; 2. *ius* seguro *m*; *compagnia di ~i* compañía de seguros; ~ *sulla vita* seguro de vida; ~ *auto* seguro del automóvil; ~ *obbligatoria* seguro obligatorio; *premio, copertura dell'*~ prima, cobertura del seguro; ~ *contro tutti i rischi* seguro a todo riesgo; ~ *contro gli incendi* seguro contra incendios; ~ *infortuni* seguro de accidentes
assidera|mento *m med* aterimiento; ~**re** <*esd*> *vt* helar; *med* aterir
assidu|ità *f/inv* asiduidad *f*; ~**o** *adj* asiduo
assieme 1. *adv* junto, unido; *andare* ~ ir juntos; *mettere* ~ reunir, juntar; **2.** *m* conjunto
assiepare 1. *vt* rodear con setos; **2.** ~*rsi* agolparse
assill|are *vt* acuciar, apremiar; ~**o** *m zool* asilo; *fig* apremio, apuro
assimila|bile *adj* asimilable; ~**re** *vt* asimilar; ~**tivo** *adj* asimilativo; ~**zione** *f* asimilación
assiologia *f arald* axiología
assioma *m fil/fig* axioma; ~**tico** *adj* axiomático
Assir|ia: *l'*~ *(f)* Asiria; ***~o** *adj/s* asirio
assise *f ius* audiencia (*tribunal*); *corte d'*~ audiencia
assist *m/inv* asistencia *f* (*baloncesto*)
assistent|ato *m stud* ayudantía *f*; ~**e** 1. *m/f* auxiliar, asistente, -a, ayudante; ~ *universitario* ayudante universitario; ~ *di volo* azafata, auxiliar de vuelo; *(mar)* ~ *di bordo* camarero, -a; ~ *sociale* asistente, -a social; ~ *sanitaria* asistente, -a técnico sanitario; 2. *m mil* cabo
assistenza *f* asistencia; ~ *sociale, tecnica, legale* asistencia social, técnica, legal
assistenzia|le *adj* asistencial; ~**lismo** *m* asistencialismo; ~**rio** *m* ente asistencial
assistere <*41 assistei/assistetti; assistito*> **1.** *vt* asistir, auxiliar, ayudar; *ius* asistir, asesorar; **2.** *vi* <*avere*> asistir, presenciar *vt*
assito *m* tabique de madera, mampara *f*; entablado, entarimado
asso *m* as; *piantare in* ~ dejar plantado; *restare in* ~ quedarse más solo que la una; *avere l'*~ *nella manica* tener un as en la manga; *essere un* ~ ser un as
associa|re 1. *vt* 1. asociar, afiliar; 2. asociar, relacionar; **2.** ~*rsi* asociarse, afiliarse, apuntarse; asociarse, unirse; ~**tivo** *adj* asociativo; ~**to** *adj* asociado (*socio*); 2. asociado, afiliado; agregado, adjunto; *professore* ~ profesor titular; ~**zione** *f* 1. asociación, afiliación; asociación, agrupación, sociedad; 2. *stud* titularidad (*universidad*)
assoda|mento *m* endurecimiento, consolidación *f*; ~**re** *vt* 1. endurecer, consolidar; 2. *fig* averiguar, comprobar
assoggetta|mento *m* subyugación *f*, sometimiento; ~**re** *vt* subyugar, someter
assolato *adj* soleado
assoldare *vt* reclutar, enrolar
assolo *m/inv mus* solo *m*
assolutamente *adv* 1. de todo punto, de todas todas, a toda costa; *devi* ~ *andare* tienes que ir a toda costa; 2. en absoluto; *non ho* ~ *voglia di andare* no tengo en absoluto ganas de ir
assolutis|mo *m pol* absolutismo; ~**ta** *adj/s* absolutista; ~**tico** *adj* absolutista
assoluto *adj* absoluto; ~**rio** *adj* absolutorio
assoluzione *f* absolución
assolvere <*5 assolvei/assolvetti/assolsi; assolto*> *vt* 1. relevar, dispensar, liberar (*da un obbligo* de una obligación); saldar (*una deuda*); *ius/eccl* absolver; 2. cumplir *vt/vi*; ~ *il proprio dovere* cumplir con su deber
assomigliare 1. *vt* comparar, paragonar; asemejar; **2.** *vi* <*avere/essere*> parecerse (*a* a), (a)semejarse (*a* a); **3.** ~*rsi* parecerse, (a)semejarse
assommare 1. *vt* sumar, reunir; **2.** *vi* as-

cender, subir; *la fattura assomma a due milioni* la factura asciende a dos millones

assonan|te *adj* asonante; **~za** *f ling* asonancia

assonnato *adj* adormecido, amodorrado

assopire <*isc*> **1.** *vt* adomercer, arrullar; *fig* calmar; **2.** *~rsi* adormecerse, amodorrarse, quedarse traspuesto

assorb|ente 1. *adj* absorbente; *fis* adsorbente; *carta ~* papel secante; **2.** *m* compresa *f*; *~ igienico/intimo* compresa; **~imento** *m* absorción *f*; *fis* adsorción *f*; **~ire** <*isc/assorbo*> *vt* absorber; *fis* adsorber

assorda|mento *m* ensordecimiento; **~nte** *adj* ensordecedor, atronador; **~re** *vt/vi* ensordecer; *fig* aturdir; amortiguar (*sonido*)

assorti|mento *m* surtido; **~re** <*isc*> *vt* 1. surtir, proveer; 2. disponer, combinar; **~to** *adj* surtido, variado

assorto *adj* absorto, ensimismado

assottiglia|mento *m* 1. afilamiento; *fig* aguzamiento; 2. reducción *f*, merma *f*; **~re 1.** *vt* 1. afilar, aguzar, afinar; *fig* aguzar, avivar; 2. mermar, reducir; **2.** *~rsi* adelgazar *vi*

assuefa|re <*36 -faccio; -feci; -fatto*> *vt* acostumbrar, habituar; **~zione** *f* habituación, hábito *m*; *med* habituación, adicción

assumere <*6 assunsi; assunto*> *vt* 1. asumir; 2. contratar (*personal*); 3. elevar (*al trono, al papado*); 4. *ius* recoger, reunir (*testimonios, pruebas*)

Assun|ta: l'~ *f eccl* la Asunción; ***~to 1.** *adj* asumido; **2.** *m* tesis *f*, asunto, compromiso; ***~zione** *f* 1. asunción, aceptación; 2. contratación (*personal*); 3. *ius* recogida

assurd|ità *f/inv* absurdo *m*, absurdidad *f*; *l'~ di un'affermazione* lo absurdo de una afirmación; **~o 1.** *adj* absurdo, disparatado; alucinante, demencial; **2.** *m* absurdo, disparate, dislate; *dimostrazione per ~* reducción al absurdo

asta *f* 1. asta, vara, lanza; asta (*bandera*); patilla (*gafas*); brazo *m* (*compás, romana*); *sport* pértiga; palo *m*, palote *m* (*de una letra*); *mar* bauprés *m*; *bandiera a mezz'~* bandera a media asta; *salto con l'~* salto con pértiga; 2. subasta; *mettere all'~* sacar a subasta

astante *m* presente; *gli ~i applaudirono* los presentes aplaudieron; **~ria** *f med* dispensario *m*, urgencias *fpl*

astemio *adj/s* abstemio

astenersi <*79 -tengo; -tenni; -tenuto*> privarse, abstenerse (*da* de); *pol* abstenerse; *ius* inhibirse

asteni|a *f med* astenia; **~co** *adj med* asténico

astension|e *f pol* abstención; **~ismo** *m* abstencionismo

astenuto, -a *m/f pol* abstencionista

aster *m/inv bot* áster *m*

astergere <*30 astergo; astersi; asterso*> *vt* limpiar, lavar; *med* absterger

asterisco *m* asterisco

asteroide *m astr* asteroide

asticciola *f* astil *m* (*flecha*); manguillo *m*, palillero *m* (*pluma*)

astice *m zool* bogavante

asticella *f sport* listón *m*

astigmati|co *adj/s med* astigmático; **~smo** *m med* astigmatismo

astinen|te *adj* sobrio, moderado, contenido; *essere ~ da* abstenerse de; **~za** *f* abstinencia; *(med) sindrome da ~* síndrome de abstinencia

astio *m* rencor, encono, manía *f*; *portare ~ a q* tenerle manía a alg; **~sità** *f/inv* rencor *m*, manía *f*; **~so** *adj* rencoroso, resentido

astore *m zool* azor, gavilán

astragalo *m bot/arch* astrágalo; *med* astrágalo, taba *f/fam*; taba *f* (*juego*)

astrakan, astracan *m* astracán; *zampe di ~* garras de astracán

astrale *adj* astral

astrarre <*81 -traggo; -trassi, -tratto*> **1.** *vt* abstraer; **2.** *~rsi* abstraerse, ensimismarse

astratt|ezza *f* abstracción; **~ismo** *m art* abstraccionismo, arte abstracto; **~o** *adj* abstracto; *fig* abstraído, ensimismado

astrazione *f* abstracción

astringente *adj/m* astringente

astringere <*78 astringo; astrinsi; astretto*> *vt* astringir

astro *m astr/fig* astro; *(bot) ~ della Cina* extraña; **~fisica** *f* astrofísica

astrolog|ia *f* astrología; **~ico** *adj* astrológico; **~o, -a** *m/f* astrólogo, -a

astronaut|a *m/f* astronauta; **~ica** *f* astronáutica; **~ico** *adj* astronáutico

astronave *f* astronave, nave espacial

astronom|ia *f* astronomía; **~ico** *adj astr/fig* astronómico; **~o, -a** *m/f* astrónomo, -a

astrus|eria *f* retorcimiento *m*, complicación; **~o** *adj* abstruso, incomprensible

astuccio *m* estuche, funda *f*

asturi|ano *adj* asturiano; ***~e** *fpl* Asturias

astuto *adj* astuto, listo, artero, ladino, taimado

astuzia *f* astucia, picardía

atavi|co *adj* atávico; **~smo** *m* atavismo

ateis|mo *m* ateísmo; **~tico** *adj* ateo

atelier *m/fr* taller *m*, estudio *m* (*modisto*)

Aten|e *f* Atenas; ***~eo** *m* ateneo; ***~iese** *adj/s* ateniense

ateo *adj/s* ateo

atermico *adj* atérmico

atesino *adj/s* del Adigio

atipico *adj* atípico

Atlante *m geogr/mit* Atlas

atlant|e *m geogr* atlas, mapa; *arch* atlante; *~ linguistico* atlas lingüístico; **~ico** *adj/m* atlántico; *l'*~* el Atlántico

atlet|a *m/f* atleta; **~ica** *f* atletismo *m*; *~ leggera* atletismo; *~ pesante* lucha y levantamiento de pesos; **~ico** *adj* atlético; **~ismo** *m* atletismo

atmosfer|a *f* atmósfera; **~ico** *adj* atmosférico

atollo *m geogr* atolón

atomico *adj fis* atómico; *fig/gergo* atómico, bestial, alucinante

atomizza|re *vt* atomizar; ~**tore** *m* atomizador

atomo *m fis* átomo

aton|ale *adj mus* atonal; ~**ia** *f med* atonía; *ling* atonicidad; ~**o** *adj ling* átono

atrabiliare *adj* atrabiliario

atrio *m* atrio, vestíbulo, entrada *f*, zaguán

atro *adj lit* 1. lúgubre; 2. atroz, cruel

atroc|e *adj* atroz, cruel, truculento; *fig/gergo* alucinante, increíble, bestial; ~**ità** *f/inv* atrocidad *f*, crueldad *f*, truculencia *f*

atrof|ia *f* atrofia; ~**izzare** *vt* atrofiar

attacca|bile *adj* 1. atacable; 2. pegable; ~**bottoni** *m/f inv fam* charlatán, -ana, chismoso, -a; ~**brighe** *m/f inv fam* camorrista, pendenciero, -a; ~**mento** *m* apego, cariño; ~**nte** *m* atacante; *sport* atacante, delantero; ~**panni** *m/inv* percha *f*, perchero *m*

attaccare 1. *vt* 1. pegar (*sello, enfermedad, vicio...*); pegar, adherir, fijar (*cartel*); pegar, coser (*botón, forro*); *(fig/fam)* ~ *un bottone* dar palique; ~ *lite/zuffa* enzarzarse; ~ *discorso* comenzar a hablar; ~ *discorso con q* trabar conversación con alg; ~ *il fuoco* pegar fuego; 2. enganchar (*animales a un carruaje*); 3. colgar (*en la percha, pared*); 4. colgar (*teléfono*); **2.** *vt/vi* atacar, embestir; *fig* comenzar, emprender *vt* (*conversación, concierto...*); **3.** *vi* <*avere*> cogerse, prender (*pegamento, injerto...*); **2.** ~*rsi* 1. pegarse, adherirse (*papel, comida, enfermedad*); agarrarse, sujetarse; *fig* encariñarse (*a* con), coger cariño (*a* a); ~ *alla bottiglia* empinar el codo; 2. *pop* arreglárselas, apañárselas; *attaccati al tram!* ¡arréglatelas!, ¡búscate la vida! *pop*

attaccat|iccio 1. *adj* pegajoso, pegadizo; *fig* pegajoso, latoso, zalamero; **2.** *m* quemado (*comida pegada*); *questo riso sa di* ~ este arroz sabe a quemado; ~**o** *adj* pegado, adherido; cosido; colgado; *fig* apegado, encariñado; ~**ura** *f* pegado *m*, unión; cosido *m*; juntura, costura

attacchino *m* cartelero

attacco *m* 1. pegado, unión *f*, juntura *f*; 2. *elec* toma *f*, conexión *f*; 3. tiro (*de animales*); 4. *mil* ataque, embestida *f*, asalto; *sport* ataque, delantera *f*; 5. *med/fig* ataque, acceso; 6. inicio, acometida *f*; 7. *fig* apoyo, asidero

attan|agliare *vt* atenazar; ~**te** *m ling* actante; ~**ziale** *adj ling* actancial

attardarsi entretenerse, demorarse

attecchi|mento *m* arraigo, enraizamiento; ~**re** <*isc*> *vi* <*avere*> *bot/fig* arraigar, enraizar

atteggia|mento *m* 1. comportamiento, actitud *f*, ademán; 2. postura *f*, posición *f*; opinión *f*; ~**re 1.** *vt* poner cara de; ~ *il volto a sofferenza* poner cara de sufrimiento; **2.** ~*rsi* dárselas; ~ *a martire* dárselas de mártir

attempato *adj* maduro, entrado en años (*persona*)

attenda|mento *m* campamento, acampada *f*; ~**rsi** acampar *vi*

attendente *m mil* asistente, ordenanza

attendere <*58 -tesi; -teso*> **1.** *vt* esperar, aguardar; **2.** *vi* <*avere*> atender, ocuparse (*a* de)

attendibile *adj* fiable, creíble

attenere <*79 -tengo; -tenni; -tenuto*> **1.** *vi* concernir (a), tener que ver (con); **2.** ~*rsi* atenerse, ceñirse (*a* a)

attent|are *vi* <*avere*> atentar; ~ *alla vita di q* atentar contra la vida de alg; ~**ato** *m* atentado; ~**atore, -trice** *m/f* terrorista; ~**i** *excl/m mil* ¡firmes!; ¡cuidado!; *mettersi/stare sull'*~ ponerse/estar en posición de firmes, cuadrarse; ~ *a destra!* ¡vista a la derecha!; ~**o 1.** *adj* atento (*a* a), pendiente (*a* de); *fig* atento, cuidadoso; **2.** *excl* ¡cuidado!; ~*i al cane!* ¡cuidado con el perro!; *sta'* ~*!* ¡fíjate bien!, ¡ve con cuidado!

attenua|nte *adj/f ius* atenuante; ~**re** *vt* atenuar, amortiguar; ~**zione** *f* atenuación, amortiguación

attenzione *f/excl* atención, cuidado *m*; *fa'* ~*!* ¡pon atención!, ¡ten cuidado!, ¡ojo!

attero V. **aptero**

atterra|ggio *m* aterrizaje; ~**mento** *m* derribo; ~**re 1.** *vt* derribar, abatir; **2.** *vi aer/mar* tomar tierra

atterrire <*isc*> *vt* aterrorizar

attes|a *f* espera; *sala d'*~ sala de espera; *essere/stare in* ~ estar a la espera; ~**o** *adj* esperado; ~ *che* dado que

attesta|mento *m mil* despliegue; ~**re** *vt* 1. *ius* testificar, testimoniar; *fig* atestiguar, evidenciar; 2. certificar, dar fe; 3. *mil* desplegar; ~**to** *m* certificado, certificación *f*; ~ *di frequenza* certificado de asistencia; ~**zione** *f* declaración, testificación; *fig* demostración

attico 1. *m arch* ático; **2.** *adj/s geogr* ático

attigu|ità *f/inv* contigüidad *f*; ~**o** *adj* contiguo

attillato *adj* ajustado, ceñido (*vestido*)

attimo *m* momento, instante; *in un* ~ en un momento/instante, en un santiamén; *vivere all'*~ vivir al día

attinen|te *adj* concerniente (*a*), relativo (*a* a); ~**za** *f* relación, contacto *m*; parentesco *m*

attingere <*11 attingo; attinsi; attinto*> *vt* sacar, extraer; ~ *acqua dal pozzo* sacar agua del pozo

attinia *f zool* actinia

attirare *vt* atraer

attitudinale *adj* de la aptitud; *test* ~ test psicotécnico

attitudine *f* 1. actitud, disposición; 2. aptitud, capacidad, habilidad; ~ *al comando* dotes de mando, capacidad de mando

attiva|re *vt* activar; ~**zione** *f* activación

attivis|mo *m* activismo; ~**ta** *m/f* activista; ~**tico** *adj* activista

attività *f/inv* actividad *f*

attivo *adj/m* activo; *(econ) l'*~ *e il passivo* el activo y el pasivo

attizza|re *vt* atizar, avivar (*fuego*); *fig* instigar; ~**toio** *m* atizador; ~**tore, -trice** *m/f* atizador, -a; *fig* instigador, -a

atto 1. *m* 1. acto, acción *f*, hecho; *fare* ~ *di presenza* hacer acto de presencia; *passare agli* ~*i* pasar a los hechos; *mettere in* ~ *qc* poner en práctica algo; 2. *teatro/mus* acto; 3. *ius* acto; acta *f*, certificado; ~ *d'accusa* acusación *f*; ~ *di morte* certificado de defunción; ~ *di nascita* partida de nacimiento; *prendere* ~ *di qc* tomar nota de algo; *redigere un* ~ redactar un acta, levantar acta; 4. *mpl ius* acta *f*, actas *fpl*; *gli ~i del processo* las actas/el acta del proceso; **~i degli Apostoli* Hechos de los Apóstoles; *constare agli ~i* constar en acta; **2.** *adj* apto (*a* para), competente (*a* en), capaz (*a* en)

attonito *adj* atónito, estupefacto

attorciglia|mento *m* enroscamiento, enroscadura *f*; **~re** *vt* enroscar

attore, attrice *m/f cine/TV* actor *m*, actriz *f*; *ius* actor *m*, actora *f*, demandante *m/f*; *l'~ e il convenuto* el demandante y el demandado

attorn|iare *vt* rodear; cercar; **~o** *adv* alrededor, en torno; ~ *a* en torno a, alrededor de; *darsi d'~ per* molestarse en, preocuparse por; *levarsi qc/q d'~* quitarse algo/a alg de encima

attracc|are *vt/vi* <*avere/essere*> *mar* atracar; **~o** *m mar* atraque

attraente *adj* atractivo, atrayente

attrarre <*81 -traggo; -trassi; -tratto*> *vt* atraer; *fig* seducir, prendar, cautivar

attrattiv|a *f* 1. atracción; atractivo *m* (*belleza*); 2. *fpl fig* alicientes *mpl*; **~o** *adj* atractivo

attravers|amento *m* travesía *f*, cruce; ~ *pedonale* paso de peatones, paso de cebra; **~are** *vt* atravesar, cruzar, franquear; **~o 1.** *prep* a través de; **2.** *adv lit* transversalmente

attrazione *f* atracción

attrezza|re *vt* equipar, aparejar; **~tura** *f* 1. equipo *m*, enseres *mpl*, instrumental *m*, aparejo *m*; *teatro* atrezo *m*, tramoya; *tec* utillaje *m*; ~ *da sci* equipo de esquí; 2. *pop/iron* cuerpo, cuerpazo

attrezzeria *f teatro* tramoya, atre(z)zo

attrezzist|a *m/f teatro* tramoyista; *mec* utillero, encargado de las herramientas; *sport* gimnasta de aparatos; **~ica** *f sport* gimnasia de aparatos

attrezzo *m* utensilio, útil, aparejo, pertrecho, herramienta *f*, instrumento; *agr* apero; *sport* aparato; *(auto) carro ~i* grúa

attribu|ire <*isc*> **1.** *vt* conceder, asignar; *fig* atribuir, achacar, imputar; **2.** *~rsi* atribuirse, arrogarse; **~tivo** *adj* atributivo; **~to** *m* atributo; **~zione** *f* atribución

attrice V. **attore**

attrito *m mec/fig* roce, fricción *f*

attrizione *f eccl* atrición

attuabilità *f/inv* factibilidad *f*

attual|e *adj* actual, presente; **~ismo** *m geol/psic* actualismo; **~ista** *m/f geol/psic* actualista; **~ità** *f/inv* actualidad *f*; *tornare d'~* volver a ser actualidad; **~izzare** *vt* actualizar

attuar|e *vt* actuar, realizar, poner en marcha; **~iale** *adj mat* actuarial

attuazione *f* actuación

attuti|mento *m* amortiguación, atenuación *f*; **~re** <*isc*> *vt* amortiguar, atenuar

audac|e *adj* audaz, atrevido, osado, intrépido; **~ia** *f* audacia, arrojo *m*, atrevimiento *m*

audience *f ingl/inv TV* audiencia *f*

audio *adj* audio *m*; *segnale* ~ señal de audio

audiocassetta *f* casete *m/f*

audioleso, -a *m/f* lesionado, -a en el oído

audiofrequenza *f* audiofrecuencia

audioprotesi *f/inv med* audífono *m*, audiófono *m*

audiovisivo *adj* audiovisual

audit|ing *m ingl/inv com* auditoría *f*; **~ivo** *adj* auditivo; **~or** *m ingl/inv com* auditor *m*; **~orio** *m arch* auditorio

audizione *f* audición; *ius* audiencia

auge *f* auge *m*; *essere in* ~ estar en auge

augura|le *adj* augural, agorero; *fig* de buenos deseos, de felicitación; **~re** <*esd*> **1.** *vt* desear; *ti ~ una buona giornata* te deseo que tengas un buen día; ~ *la buona notte* dar las buenas noches; **2.** *vi* <*avere*> hacer augurios, hacer pronósticos; **3.** *~rsi* desear *vt*, esperar *vt*; *mi auguro di rivederti presto* espero volver a verte pronto

augure *m* augur

augurio *m* 1. deseo, voto; 2. augurio, agüero, pronostico; *di cattivo* ~ de mal agüero; 3. *mpl* felicitación *f*; *~i!* ¡felicidades!; *fare gli* ~ felicitar, dar la enhorabuena; *gli ho mandato gli ~i per Natale* le he enviado la felicitación de Navidad

August|a *f geogr* Augsburgo; ***~o** *adj lit* augusto

aul|a *f stud* aula, clase; *ius* sala; *pol* cámara; *(stud)* ~ *magna* aula magna, paraninfo *m*; **~ico** *adj* áulico

aument|are 1. *vt* aumentar, incrementar, engrandecer; **2.** *vi* aumentar, crecer, subir; **~ista** *m/f com* alcista, especulador, -a; **~o** *m* aumento, crecimiento; *econ* subida *f*, alza *f* (*precios*); ~ *di capitale* ampliación de capital

aura *f/lit med* aura

aureo *adj* áureo, dorado; *(com) tallone* ~ patrón oro

aureola *f* aureola, halo *m*

auricola *f med* aurícula; **~re 1.** *adj* auricular; **2.** *m* auricular, cascos *mpl*

aurifero *adj* aurífero

auriga *m hist* auriga

aurora *f* aurora, amanecer *m*

ausculta|re *vt med* auscultar; **~zione** *f med* auscultación

ausili|are *adj/s* auxiliar; **~ario** *adj/s* auxiliar; *posizione ~a* situación de reserva; **~o** *m lit* auxilio, socorro, ayuda

auspic|are <*esd*> *vt* esperar; **~io** <*pl -ci*> *m* auspicio, pronóstico; *cominciare con/sotto buoni ~i* empezar con buenos auspicios; *sotto gli ~i dell'Onu* bajo los auspicios de la ONU

auster|ità *f/inv* austeridad *f*, sobriedad *f*; *econ* austeridad *f*; **~o** *adj* austero, sobrio; *econ* austero

austral|e *adj* austral; ***~ia:** *l'~ (f)* Australia; **~iano** *adj/s* australiano

Austria: *l'~ (f)* Austria; ***~co** *adj/s* austriaco

austro *m lit* austro; **~ungarico** *adj* austro-húngaro
autarchi|a *f pol* autarquía; **~co** *adj* autárquico
aut aut 1. *adv* o lo uno o lo otro; **2.** *m/inv* dilema *m*, disyuntiva *f*
autentic|a *f ius* auténtica; **~are** <*esd*> *vt ius* autenticar, acreditar, legalizar (*firma*); autenticar, compulsar (*copia*); **~azione** *f ius* autenticación, legalización (*firma*); compulsa (*copia*); **~ità** *f/inv* autenticidad *f*; **~o** *adj* auténtico, genuino, legítimo; *copia ~a* copia compulsada
autis|mo *m med* autismo; **~ta** *m/f* conductor, -a, chófer *m*; *psic* autista; **~tico** *adj psic* autista
auto *f/inv* auto *m*, coche *m*
autoaccensione *f auto* autoencendido *m*
autoadesivo 1. *adj* autoadhesivo; **2.** *m* pegatina *f*, adhesivo
autoambulanza *f* ambulancia, coche ambulancia *m*
autoarticolato *m* vehículo articulado
autobetoniera *f* hormigonera
autobiografi|a *f* autobiografía; **~co** *adj* autobiográfico
autoblind|a, ~ata *f* carro blindado *m*; **~ato** *m* carro blindado; **~o** *m mil* tanqueta *f*, carro blindado
autoblù *f/inv* coche oficial *m*
autobomba *f/inv* coche de bomberos *m*
autobotte *f* camión cisterna *m*
autobus *m/inv* autobús *m*
autocarro *m* camión
autocinema *m/inv* autocine *m*
autocisterna *f* tanque *m*, camión cisterna *m*
autocivetta *f* coche camuflado *m*
autoclave *f* autoclave *m*
autocolonna *f mil* columna motorizada
autocontrollo *m* autocontrol
autoconvoglio *m mil* convoy motorizado
autocorriera *f* autobús interurbano de línea *m*, coche de línea *m*, correo *m/fam*
autocoscienza *f fil/psic* autoconsciencia
autocra|te *m* autócrata; **~zia** *f* autocracia
autocritic|a *f* autocrítica; **~o** *adj* autocrítico
autoctono *adj* autóctono
autode|cisione, ~terminazione *f* autodeterminación
autodidatt|a *m/f* autodidacta; **~ico** *adj* autodidáctico
autodifesa *f* autodefensa
autodisciplina *f* autodominio *m*
autodistruttivo *adj* autodestructor
autodromo *m* autódromo, circuito automovilístico
autoemarginarsi <*esd*> automarginarse
autoferrotranviario *adj* del transporte público automovilístico, ferroviario y tranviario
autofficina *f* taller móvil *m*
autofinanzia|mento *m* autofinanciación; **~rsi** autofinaciarse
autofurgone *m* furgón
autogeno *m* autógeno
autogesti|one *f* autogestión; **~re** <*isc*> *vt* autogestionar; **~to** *adj* autogestionado, autogestionario
autogiro *m* autogiro
autogol m/inv autogol *m*, gol en propia meta *m*
autogoverno *m* autogobierno
autograf|ia f autografía; **~o** *adj/m* autógrafo
autogrill *m/inv* ="bar-restaurante en las áreas de servicio de las autopistas" *m*
autogrù *f/inv* camión grúa *m*
autoguida *f* 1. *aer/mil* dirección automática; 2. *auto* autoescuela; **~to** *adj* autodirigido; *missile ~* misil autodirigido
autoimmondizie *f/inv* camión de recogida de basura *m*
autoincendio *m* coche de bomberos
autoinduzione *f* autoinducción
autolavaggio *m* autolavado, túnel de lavado
autolettiga *f* ambulancia
autolinea *f* línea regular
autoliquidazione *f* autoliquidación
automa *m* autómata
automati|co *adj* automático; **~smo** *m* automatismo; **~zzare** *vt* automatizar
automazione *f* automatización
automedicazione *f* automedicación
automezzo *m* vehículo
automobil|e *f* automóvil *m*, *coche m*, *turismo m*, carro *m/am*; *~ da corsa* coche de carreras; **~ismo** *m* automovilismo; **~ista** *m/f* automovilista; *~ fantasma* conductor suicida; **~istico** *adj* automovilístico
automotrice *f* automotriz
automutilazione *f* automutilación
autonoleggio *m* alquiler de coches
autonom|ia *f* autonomía; **~ismo** *m* autonomismo; **~o** *adj* autónomo; *lavoratore ~* trabajador autónomo/por cuenta propia
autopalpazione *f med* autoexploración
autoparco *m* aparcamiento; *adm* parque de vehículos
autopi|ano *m* piano automático; **~lota** *m* piloto automático; **~sta** *f* pista
autopompa *f* autobomba, coche bomba *m*
autoporto *m* ciudad del transporte *f*
autopsia *f med* autopsia
autopubblica *f* taxi *m*
autopullman *m* autobús interurbano, coche de línea
autoradio *f auto* autorradio *m*
autoraduno *m* reunión automovilística *f*
autore, autrice *m/f* autor *m*, autora *f*
autoregolazione *f* autorregulación
autorete *f sport* autogol *m*, gol en propia meta *m*
autorevole *adj* autorizado, cualificado
autorimessa *f* garaje *m*
autorit|à *f/inv* autoridad *f*; **~ario** *adj* autoritario; **~arismo** *m* autoritarismo
autoritratto *m* autorretrato
autorizza|re *vt* autorizar, permitir; **~zione** *f* autorización, permiso *m*
autoscala *f* escalera de bomberos
autoscatto *m foto* disparador automático
autoscontro *m* coches de choque *mpl*
autoscuola *f* autoescuela
autoservizio *m* autoservicio
autosilo *m* garaje (*de varios pisos*)

autosnodato *m* autobús articulado

autosoccorso *m* grúa *f*, vehículo de ayuda en carretera

autospegnimento *m tec* desconexión automática *f*

autostazione *f* 1. estación de servicio; 2. estación de autobuses

autostello *m* motel

autostop *m/inv* autoestop; *fare l'~* hacer autoestop; **~pista** *m/f* autoestopista

autostrada *f* autopista; *~ a pedaggio* autopista de peaje; **~le** *adj* de la autopista

autosufficien|te *adj* autosuficiente; **~za** *f* autosuficiencia

autosuggestion|arsi autosugestionarse; **~e** *f* autosugestión

autotelaio *m* chasis

autotrasporto *m* transporte por carretera

autotreno *m* tráiler

autoveicolo *m* vehículo

autovettura *f* coche *m*, automóvil *m*

autrice V. **autore**

autunn|ale *adj* otoñal; **~o** *m* otoño; *d'~* en otoño; *(pol) ~ caldo* otoño caliente

avall|ante *m/f* avalista; **~are** *vt* avalar; **~o** *m* aval

avambraccio *m med* antebrazo

avamposto *m mil* avanzadilla *f*

avana *m/inv* habano *m* (*cigarro*)

Avana: *L'~ (f)* La Habana

avancarica *f mil* avancarga; *fucile ad ~* fusil de avancarga

avancorpo *m arch* arimez

avanguardi|a *f mil/art* vanguardia; *mil* avanzadilla; *essere all'~* estar a la vanguardia; **~smo** *m art* vanguardismo; **~sta** *adj/s art* vanguardista

avannotto *m zool* alevín

avanscoperta *f mil* descubierta

avanti 1. *adv* 1. adelante, delante (*espacio*); *andare ~* ir adelante, seguir, continuar; *farsi ~* dar un paso al frente; *tirare ~* ir tirando, malvivir; *mandare ~ la famiglia* sacar adelante a la familia; *(fig) mettere le mani ~* curarse en salud; *mettere ~ scuse* ofrecer excusas; 2. antes, primero (*tiempo*); *~ di/che* antes de/que; *essere ~ negli studi* estar adelantado en los estudios; *essere ~ negli anni* ser entrado en años; *d'ora in ~* de ahora en adelante, a partir de ahora; *l'orologio va ~* el reloj va adelantado; *il giorno ~* el día antes, el día anterior; **2.** *prep* antes de; *~ a* delante de; **3.** *excl* ¡adelante!, ¡pase!, ¡venga!; *(mar) ~ tutta!* ¡avante toda!, ¡a toda máquina!; *(mil) ~, march!* ¡marchen!; **4.** *m/inv sport* delantero *m*

avantieri, avant'ieri *adv* anteayer

avantreno *m auto* tren delantero; *mil* avantrén

avanz|amento *m* avance; **~are 1.** *vi* 1. avanzar, progresar, ganar terreno; 2. sobrar; 3. quedar, faltar; **2.** *vt* 1. avanzar, adelantar; superar, pasar; 2. presentar (*una propuesta*); **~ata** *f* avance *m*; **~o** *m* 1. resto, sobra *f*, despojo; desperdicio; *~i di galera* carne de prisión; *gli ~i mortali* los restos mortales; 2. *econ* saldo activo

avaria *f* daño *m*, avería, estropicio *m* (*de un barco o su carga*); **~re** *vt* estropear, dañar

avarizia *f* avaricia, tacañería

avaro *adj/s* avaro, avaricioso, avariento, tacaño

avem(m)aria *f* avemaría; *sapere qc come l'~* saber algo de carrerilla/al dedillo

avena *f bot* avena

avente *m ius* habiente; *~ causa* habiente causa, causa habiente; *~ diritto* habiente derecho, derecho habiente

avere *<ho, ebbi, avuto; V. introducción>* **1.** *vt* 1. tener, poseer; *~ la macchina* tener coche; *~ da fare* tener que hacer, tener trabajo; *questo non ha niente a che fare/vedere con quello* esto no tiene nada que ver con aquello; *quanti ne abbiamo?* ¿a quantos estamos?; 2. obtener; 3. tener, sentir; 4. *~rcela con q* tenerla tomada con alg; **2.** *verbo auxiliar <avere>* haber; **3.** *m* 1. haber; 2. *mpl* haberes, bienes, riquezas *fpl*

aviario *adj/m zool* aviario

aviato|re, -trice *m/f* aviador, -a, piloto; **~rio** *adj* aéreo, aeronáutico

aviazione *f* aviación, aeronáutica

avicol|o *adj* avícola; **~tore, avicultore** *m* avicultor; **~tura** *f* avicultura

avicunicolo *adj* referente a la cría de pollos y conejos

avid|ità *f/inv* avidez *f*; **~o** *adj* ávido, codicioso

aviere *m mil* militar de aviación

avifauna *f* avifauna

aviogetto *m aer* avión de reacción

aviolinea *f* línea aérea, aerolínea

avionica *f aer* aviónica

aviorimessa *f* hangar *m*

avitaminosi *f/inv med* avitaminosis

avito *adj* solariego

avo, -a 1. *m/f* abuelo, -a; 2. *mpl* antepasados

avoca|do *m/inv bot* aguacate *m*; **~re** *<esd> vt ius* avocar; **~zione** *f ius* avocación

avorio *m* marfil; *Costa d'*~* Costa de Marfil

avuls|ione *f med* avulsión, extirpación; **~o** *adj med/fig* extirpado

avvalersi *<84 -valgo; -valsi; -valso>* servirse, valerse (*di* de)

avvallamento *m* hondonada *f*

avvalorare *vt* avalorar

avvampare 1. *vt* chamuscar, quemar; **2.** *vi* arder, quemarse; *fig* ruborizarse

avvantaggiare 1. *vt* aventajar; **2.** *~rsi* 1. aventajarse, tomar ventaja; 2. servirse, aprovecharse (*di* de)

avvedersi *<85 -vidi; -veduto/-visto>* darse cuenta (*di* de)

avvedut|ezza *f* sagacidad, astucia, vista; **~o** *adj* sagaz, astuto, espabilado

avvelena|mento *m* envenenamiento; **~re** *vt* envenenar

avvenen|te *adj* hermoso, guapo, bello; **~za** *f* hermosura, guapura, belleza

avvenimento *m* suceso, acontecimiento; **~re** *<86 -vengo; -venni; -venuto>* **1.** *vi* ocurrir, suceder, pasar, acaecer; **2.** *adj/inv* futuro *adj*; **3.** *m* porvenir, futuro

avventa|re 1. *vt* lanzar, arrojar; **2.** *~rsi*

abalanzarse, arrojarse; ~**tezza** *f* precipitación; *agire con* ~ obrar con precipitación; ~**to** *adj* precipitado, irreflexivo
avventi|sta *adj/s eccl* adventista; ~**zio** *adj* 1. adventicio; 2. eventual, contratado; *impiegato* ~ trabajador eventual
Avvento *m eccl* Adviento
avvento *m* advenimiento, llegada *f*; ~ *al potere* llegada al poder; ~ *al trono* ascensión al trono; ~**re, -trice** *m/f* parroquiano, -a, cliente, -a habitual
avventur|a *f* aventura, andanza; *fig* aventura, lío *m* (*amorosa*); ~**are** *vt* aventurar, arriesgar; ~**iero, -a** *m/f* aventurero, -a; ~**ismo** *m pol* aventurismo; ~**oso** *adj* 1. aventurero; 2. arriesgado
avvera|mento *m* realización *f*; ~**re 1.** *vt* realizar, llevar a cabo; **2.** ~*rsi* verificarse
avverbi|ale *adj* adverbial; ~**o** *m ling* adverbio
avversa|re *vt* oponerse, llevar la contraria; ~**rio** *adj/s* adversario, oponente, contrario, contrincante, rival; ~**tivo** *adj ling* adversativo; ~**tore, -trice** *m/f* adversario, -a, oponente
avversi|one *f* aversión, antipatía, manía; ~**tà** *f/inv* adversidad *f*
avverso *adj* adverso, contrario, desfavorable
avvert|enza *f* 1. cautela, cuidado *m*, precaución; 2. advertencia, aviso *m*; ~**imento** *m* advertencia *f*, aviso; *sport* amonestación *f*; ~**ire** *vt* advertir
avvezz|are *vt* acostumbrar, habituar, avezar; ~**o** *adj* acostumbrado, habituado
avvia|mento *m* 1. orientación *f*, encarrilamiento; *codice d'~ postale (CAP)* Código Postal (CP); 2. *cient* introducción *f*, guía *f*; ~ *alla fisica nucleare* introducción a la física nuclear; 3. *tec* arranque, puesta en marcha *f*; *motorino d'~* motor de arranque; ~**re** <*avvio*> *vt* orientar, guiar, encaminar; *mec/fig* arrancar, poner en marcha; ~**tore** *m mec* motor/dispositivo de arranque
avvicenda|mento *m* alternancia *f*; ~**re** *vt* alternar
avvicina|mento *m* acercamiento, aproximación *f*; ~**re 1.** *vt* acercar, arrimar; *fig* acercarse (*a alg*), abordar, entrar en contacto (*con alg*); **2.** ~*rsi* acercarse, aproximarse
avvilente *adj* 1. envilecedor; 2. desalentador
avvili|mento *m* 1. envilecimiento; 2. abatimiento, desaliento; ~**re** <*isc*> *vt* 1. envilecer; 2. abatir, desalentar, amilanar
avviluppare *vt* envolver; enmarañar, enredar
avvincente *adj* cautivador
avvincere <*87 -vinco; -vinsi; -vinto*> *vt* atar, sujetar; *fig* cautivar, embelesar
avvinghiare *vt* aferrar, asir, abrazar
avvio *m* comienzo, arranque; *prendere l'~* empezar, ponerse en marcha; *dare l'~* empezar, poner en marcha
avvisa|glia *f* indicio *m*, síntoma *m*; *mil* escaramuza; ~**re** *vt* avisar, advertir; ~**tore, -trice** *m/f* avisador, -a, indicador, -a
avviso *m* 1. aviso, anuncio; recado; *ius* notificación *f*; ~ *economico* anuncio por palabras; *mettere q sull'~* poner a alguien sobre aviso/en guardia; *stare sull'~* estar sobre aviso; 2. opinión *f*, parecer; *a mio ~* en mi opinión
avvista|mento *m* avistamiento; ~**re** *vt* avistar
avvita|mento *m* acción de atornillar *f*; ~**re** *vt* atornillar; enroscar
avviticchiare *vt* enroscarse
avvivare *vt* avivar, encender, alentar, animar
avvizzi|mento *m* marchitamiento, ajamiento; ~**re** <*isc*> **1.** *vt* marchitar, ajar; **2.** *vi* marchitarse, ajarse
avvocat|a *f* abogada, patrona (*Virgen*); *fig/fam* cotilla, charlatana, chismosa; ~**esco** *adj* abogadesco, abogadil; ~**o, -essa** *m/f a. fig* abogado, -a; ~ *d'ufficio* abogado de oficio; ~ *delle cause perse* abogado de causas perdidas; *(fig/eccl)* ~ *del diavolo* abogado del diablo; ~**ura** *f* abogacía
avvolgente *adj* envolvente
avvolgere <*90 -volgo; -volsi; -volto*> *vt* envolver, enrollar, liar; *fig* enredar, embarullar
avvolgi|bile 1. *adj* enrollable; **2.** *m* persiana enrollable *f*; ~**mento** *m* envolvimiento, enrollamiento; *mil* maniobra envolvente *f*; *elec* devanado
avvolto *adj* liado, envuelto
avvoltoio *m zool* buitre; ~ *degli agnelli* quebrantahuesos
ayatollah *m/inv eccl* ayatolá *m*, ayatola *m*
azalea *f bot* azalea
Azerbaigian: *l'~ (m)* Azerbaiyán; ~**o** *adj/s* azerbaiyano
azienda *f* empresa, firma; ~ *agricola*, explotación agrícola, hacienda; ~**le** *adj* empresarial
azimut *m/inv astr* acimut, azimut
aziona|mento *m* accionamiento; ~**re** *vt* accionar; ~**riato** *m* accionariado; ~**rio** *adj* accionarial
azione *f* acción; *entrare in ~* entrar en acción; *passare all'~* pasar a la acción
azionista *m/f* accionista
azot|ato *adj chim* azoado, nitrogenado; ~**o** *m chim* azoe, nitrógeno
azteco *adj/s* azteca
azzannare *vt* dentellear, morder
azzard|are 1. *vt* 1. aventurar, dejar caer (*proponer*); 2. arriesgar; **2.** ~*rsi* arriesgarse, atreverse; ~**ato** *adj* arriesgado, osado, atrevido; ~**o** *m* azar *f*; *giochi d'~* juegos de azar; ~**oso** *adj* azaroso, aventurado, arriesgado, expuesto
azzecca|garbugli *m/inv fam* picapleitos, leguleyo *m*; ~**re** *vt* acertar; adivinar; *non ~rne una* no acertar ni una, no dar pie con bola; ~*rla a q* jugársela a alg
azzera|mento *m* puesta a cero *f*; ~**re** *vt* poner a cero
azzeruol|a *f bot* acerola; ~**o** *m bot* acerolo
azzim|are <*esd/azzimo*> *vt* arreglar, acicalar, emperifollar; ~**o** *adj* ácimo (*pan*)

azzittire *<isc>* **1.** *vt* acallar; **2.** *vi* enmudecer, callarse
azzoppare, ~ire *<isc>* **1.** *vt* dejar cojo; **2.** *vi* quedarse cojo
Azzorre: *Isole ~ (fpl)* Islas Azores
azzuffarsi pelearse, pegarse, zurrarse

azzurr|ino *adj* azulado; **~o, -a 1.** *adj/m* azul; *principe ~* príncipe azul; *(sport) squadra ~a* equipo italiano/selección italiana; **2.** *m/f sport* jugador, -a de alguna selección nacional italiana; **~ognolo** *adj* azulado

B

babau *m* coco, bu; *se non taci chiamo il ~* si no te callas vendrá el coco

babb|agigi *m bot* chufa *f*; **~eo** *adj/m* bobo, bobalicón, primo; **~o** *m fam* papá; * *~ Natale* Papá Noel

babbu|ccia *f* babucha, pantufla; **~ino** *m zool* zambo, babuino; *fig* bobo, estúpido

babel|e *f* babel *m/f*, desbarajuste *m*, pandemónium *m*; ***~e** *m hist* Babel; **~ico** *adj* babélico

babilon|ese 1. *adj* babilónico, -a, babilonio, -a; **2.** *m/f* babilonio, -a; **~ico** *adj* babilónico, babilonio; *fig* confuso, tumultuoso

babordo *m mar* babor

baby-boom *m ingl/inv* baby boom *m*, boom demográfico m

baby-doll *m ingl/inv* picardía *f/fam*, tentación *f/fam*

baby-sitter *m/f ingl/inv* canguro *m/f*

bacare 1. *vi* pudrirse; **2.** *~rsi* pudrirse, agusanarse, corromperse

bacca *f bot* baya

baccalà *m/inv zool* bacalao *m*, abadejo m; fig besugo *m*, *merluzo m*

baccan|ale *f* bacanal; **~o** *m* alboroto, algazara *f*, estruendo, bochinche; **~te** *f* bacante

baccarà *m/inv* bacarrá, bacará

baccell|iere *m ant* bachiller; **~o** *m bot* vaina *f*

bacchetta *f* varilla, varita; *mus* batuta; *mus* baqueta, palillo *m* (*del tambor*); *mil* bastón de mando *m*; *mil* baqueta (*del fusil*); *~ magica* varita mágica; *~ divinatoria/da rabdomante* varita de zahorí; *comandare q a ~* llevar a alg más recto que un palo; **~ta** *f* varazo *m*, varapalo *m*, palmetazo *m*

bacchetto *m* vara *f*; **~ne, -a** *m/f* beato, -a, mojigato, -a; **~neria** *f* beatería, mojigatería

bacchi|are *vt agr* varear; **~atura** *f agr* vareo *m*; **~co** *adj* báquico; **~o** *m agr* vara *f*, varapalo

Bacco *m mit* Baco; *(euf) per ~!, corpo di ~!* ¡mecachis!, ¡mecachis en la mar!

bacheca *f adm/stud* tablón de anuncios *m*, cartelera; vitrina (*museo, joyería*)

bachelite *f chim* baquelita

bacherozzo *m zool* gusano, oruga *f*

bachicolt|ore, -trice *m/f* sericicultor, -a; **~ura** *f* sericicultura

bacia|mano *<pl -o/-i> m* besamanos *inv*; **~pile** *m/f inv* beato, -a, mojigato, -a, santurrón, -ona, meapilas *vulg*; **~re** *vt* besar; **~to** *adj ling* pareado; *versi a rime ~e* versos pareados

bacile *m* jofaina *f*, palangana *f*, barreño

bacill|are *adj biol* bacilar; **~iforme** *adj biol* baciliforme; **~o** *m biol* bacilo

bacin|ella *f* jofaina, palangana, bacía; **~o** *m* 1. jofaina *f*, palangana *f*, barreño; 2. *med* pelvis *f*; 3. *geogr* cuenca *f*; *~ idrografico* cuenca hidrográfica; *~ carbonifero* cuenca minera/hullera; *~ mediterraneo* cuenca mediterránea; 4. *mar* dique; *~ di carenaggio/di raddobbo* dique seco

bacio *<pl -ci>* m beso; *coprire/mangiare di ~i q* comerse a besos a alg

baciucchiare *vt* besuquear, besotear *am*

background *m ingl/inv* trasfondo *m*

baco *m zool* gusano, oruga *f*; *~ da seta* gusano de seda; **~n** *m ingl/inv* beicon *m*, tocino entreverado *m*

bacterio V. **batterio**

bacucco *adj/m* chocho

bada: tenere q a ~ tener a alg bajo control

badare *vi <avere>* 1. cuidar *vt*, atender *vt*; *~ alla casa, ai bambini* cuidar la casa, a los niños; 2. poner atención (en), fijarse (en); *~ solo a divertirsi* dedicarse sólo a divertirse; *non ~ a spese* no reparar en gastos; *bada a quello che fai!* ¡fíjate en lo que haces!; 3. ocuparse (de), dedicarse (a); *bada ai fatti tuoi!* ¡métete en tus asuntos!

badessa *f eccl* abadesa

badia *f eccl* abadía; **~le** *adj* abacial

badile *m agr* pala *f*

baedeker *m/inv* guía turística *f*

baff|o *m <se usa sobre todo en pl>* 1. bigote, bigotes *mpl*; *ridere sotto i ~i* reírse para sus adentros; *una cosa da leccarsi i ~i* una cosa de chuparse los dedos/de rechupete; *leccarsi i ~i* chuparse los dedos, relamerse; *(fam) mi fa un ~* me importa un pepino; 2. mancha *f*, borrón; **~one** *m iron* bigotudo; **~uto** *adj* bigotudo

bagagli|aio *m tras* furgón (*tren*); *auto* maletero; **~o** *m* equipaje; *fig* bagaje, acervo; *~ a mano* equipaje de mano; *deposito ~i* consigna de equipajes; *spedire come ~ appresso* facturar el equipaje

bagarin|aggio *m* reventa *f*; **~o** *m* revendedor, reventa

bagasci|a *f desp* puta, ramera, buscona; **~o**, **~one** *m* 1. *desp* maricón, marica; 2. *vulg* putero

bagattella *f* bagatela, fruslería

baggian|ata *f* tontería, bobada, necedad; **~o** *adj/s* zopenco, tontorrón

bagliore *m* resplandor

bagna|nte *m/f* bañista; **~re** *vt* mojar, humedecer; bañar (*costa, orilla*); *fig* remojar, celebrar (*victoria, aprobado*); **~rola** *f mar/iron* bañera; **~sciuga** *m/inv mar* 1. fondo *m*, obra viva *f*; 2. orilla de la playa *f*

bagnat|a *f* mojada, mojadura; **~o** *adj* mojado, empapado; *~ fradicio* calado hasta los huesos, empapado, como una sopa; **~ura** *f* mojada, mojadura

bagnino *m* socorrista, bañero, salvavidas

bagno *m* 1. baño; remojón; *~ di sole, di mare, di schiuma, di fango* baño de sol, de mar, de espuma, de lodo; *costume da ~* traje de baño, bañador; *~ di folla* baño de multitudes; *fare il ~* bañarse, darse un baño; *(sport) fare un ~* recibir un baño, un correctivo; 2. cuarto de baño, váter, water, servicio; *~ pubblico* urinarios públicos; *~ di servizio* cuarto de aseo; *vasca da ~* bañera; *andare in ~* ir al servicio; 3. *mpl* baños, balneario *m*

bagnomaria *m* baño (de) María; *cuocere a ~* cocer al baño de María

bagnoschiuma *m/inv* gel de baño *m*

bagordi *mpl* juerga *f*, jarana *f*; *far ~/darsi ai ~* correrse una juerga
bah! *excl* ¡bah!, ¡quiá!
bai: non dico né ai ne ~ ni quito ni pongo rey
baia *f geogr* bahía, ensenada, rada; *fig* burla
bailamme *m/inv* tumulto *m*, baraúnda *f*, barullo
baio *adj* rojizo (*caballo*)
baiocco *m* bayoco (*moneda*); *non valere un ~* no valer un comino
baionetta *f mil* bayoneta
baita *f* cabaña alpina
bakelite V. **bachelite**
balaustra, *balaustrata f* balaustrada
balbett|amento *m* balbuceo, tartamudeo; **~are 1.** *vi* <*avere*> balbucear, tartamudear, farfullar *vt/vi*; **2.** *vt* farfullar, mascullar; chapurrear (*una lengua*); **~io** *m* balbuceo, tartamudeo *m*
balbuzie *f/inv med* tartamudeo *m*, tartamudez *f*; **~nte** *adj/s* tartamudo
balcanizza|re *vt pol* balcanizar; **~zione** *f pol* balcanización
balcon|ata *f arch* galería; *cine/teatro* anfiteatro *m*; **~e** *m* balcón
baldacchino *m eccl* palio; *arch* baldaquín; dosel (*cama*)
baldanz|a *f* arrogancia; **~oso** *adj* arrogante, soberbio
baldo *adj* valiente, gallardo, animoso; **~ria** *f* jarana, jolgorio *m*, fiesta; **~sa** *f mus* baldosa
baldracca *f desp* puta, ramera
balena *f zool* ballena; **~re** *vi* relampaguear; *fig* ocurrírsele, pasar por la mente; *mi è balenata un'eccellente idea* se me ha ocurrido una idea excelente
balenier|a *f mar* (barco) ballenero *m*; **~e** *m* ballenero (*persona*)
baleno *m* relámpago
balenott|era *f zool* cachalote *m*; *~ azzurra* ballena azul; **~o** *m zool* ballenato
balera *f* bailadero *m*, pista de baile
balestr|a *f mil/mec* ballesta; **~iere** *m* ballestero
balia *f* aya, nodriza, ama de cría, nana *am*; *~ asciutta* ama seca, niñera
balia *f lit* potestad, poder *m*; *in ~ di* en poder de, a merced de
balistic|a *f mil* balística; **~o** *adj mil* balístico
balla *f* 1. *com* bala, fardo *m*, paca; 2. *fig* cuento *m*, mentira, bola *fam*, trola *fam*; *non raccontare ~e!* ¡no me vengas con cuentos!; 3. *pop* borrachera, trompa, trancazo *m*; **~bile** *adj* bailable; **~re** *vt/vi* <*avere*> bailar, danzar *vi*; *~ dalla gioia* dar saltos de alegría; *il cappotto mi balla addosso* el abrigo me está grande
ballast *m ingl/inv* balasto *m*
ballata *f lit* balata; *mus* balada
ballerin|a *f* manoletina (*zapatilla*); **~o, -a 1.** *m/f* bailarín, -ina (*ballet*); bailador, -a (*folclor*); **2.** *adj* saltarín, danzarín
balletto *m mus* ballet
ballista *m/f* mentiroso, -a, trolero, -a, cuentista, cantamañanas
ballo *m* baile, danza *f*; *corpo di ~* cuerpo de baile; *~ in maschera* baile de disfraces; *~ in abito da sera* baile de etiqueta; *essere in ~* estar en juego/en danza; *mettere/tirare in ~* sacar/traer a colación, sacar a relucir; *(med) ~ di San Vito* baile de San Vito; *(fig) avere il ~ di San Vito* tener el demonio en el cuerpo
ballonzolare <*esd*> *vi* <*avere*> bailotear
ballonzolo *m* bailoteo
ballotta *f* castaña hervida; **~ggio** *m pol* segunda vuelta *f*, balotaje *am* (*de escrutinio*); *sport* desempate
balnea|re *adj* balneario; *stabilimento ~* balneario; **~zione** *f* baño *m*; *qui è vietata la ~* aquí está prohibido el baño
balocc|are *vt* entretener, distraer, divertir; **~o** *m* juguete
balord|aggine *f* tontería, estupidez, bobería, memez; **~o 1.** *adj/s* tonto, bobo, memo, estúpido; **2.** *m gergo* quinqui, mangui (*maleante*)
balsam|ico *adj/m* balsámico; **~ina** *f bot* balsamina, gala de Francia; **~o** *m med/fig* bálsamo
baltico *adj/m* báltico
baluba *m/f inv* cafre *m/f*, *bárbaro, -a*
baluardo *m mil/fig* baluarte, bastión, fortaleza *f*
baluginare <*esd*> *vi* entreveer *vt*, vislumbrar *vt*; *fig* pasar por la mente *vt*
balza *f* 1. *geogr* barranco *m*; 2. volante *m*, fleco *m* (*vestido*); *arch* friso *m*; **~no** *adj* trabado (*caballo*); **~re** *vi* saltar; *~ agli occhi* saltar a la vista, ser evidente
balzell|are *vi* <*avere/essere*> brincar; **~oni** *adv* brincando, a saltos
balzo *m* salto, brinco; *fig* vuelco, giro
bambagia *f* algodón *m* (*en bruto*); *crescere, vivere nella ~* criarse, vivir entre algodones
bamberottolo *m* persona aniñada *f*
bambin|aia *f* niñera, chacha, tata *am*; **~ata** *f* chiquillada, niñería; **~esco** *adj desp* pueril, infantil; **~o, -a** *m/f* niño, -a, chiquillo, -a, crío, -a, nene, -a *fam*; *~ di provetta* niño probeta; *Gesù *~* el Niño Jesús; *non fare il ~!* ¡no seas niño!; **~one** *m* niño rollizo, angelote; *desp* niño grande (*adulto aniñado*)
bamboccio *m* niño rollizo; *fig* simplón, tontaina; *fig* monigote, muñeco, títere
bambol|a *f* muñeca; *sport* pájara; *essere/andare in ~* estar en Babia; **~eggiare** *vi* <*avere*> hacer niñerías, tontear; **~otto** *m* muñeco, monigote
bambù *m/inv bot* bambú *m*
banal|e *adj* banal; **~ità** *f/inv* banalidad *f*; **~izzare** *vt* banalizar, trivializar
banan|a *f bot* plátano *m*, banana *am*; greña, mechón *m* (*pelo*); *euf/fig* nabo *m*, plátano *m*; **~eto** *m* platanar, bananal *am*; **~iero** *adj* platanero, bananero *am*; **~o** *m* plátano, platanero, banano *am*; *euf/fig* nabo *m*, plátano *m*
banca *f com* banco *m*; (*infor*) *~ dati* base de datos; *~ degli occhi, del sangue, del seme* banco de ojos, de sangre, de esperma; *andare alla ~/in ~* ir al banco; **~bile**

adj com negociable; *effetto* ~ efecto negociable; ~**rella** *f* tenderete *m*, puesto *m*; ~**rio, -a 1.** *adj* bancario, -a; **2.** *m/f* empleado, -a de banca; ~**rotta** *f com* bancarrota

banchett|are *vi* <*avere*> banquetear; ~**o** *m* 1. taburete; 2. banquete, festín

banchi|ere, -a *m/f* banquero, -a; ~**na** *f mar* muelle *m*; *tras* andén *m*; *auto* arcén *m*, banquina *Arg/Ur*; ~ *di carico, di scarico* muelle de carga, de descarga; ~ *spartitraffico* seto central; ~**sa** *f geogr* banquisa, banco de hielo *m*

banco *m tec/art/econ/geogr* banco; banco, asiento; *stud* pupitre; *com* mostrador, puesto; barra *f* (*bar*); banca *f* (*juegos*); ~ *degli imputati* banquillo (de los acusados); ~ *di prova* banco de pruebas; *~ *di Napoli* Banco de Nápoles; ~ *del lotto* despacho de lotería; ~ *di sabbia, di nebbia, di pesci* banco de arena, de niebla, de peces; ~ *da falegname, da meccanico* banco de carpintero, de mecánico; *passare/vendere qc sotto* ~ pasar/vender algo bajo mano; ~ *di scuola* banco, pupitre; ~ *di vendita* mostrador; *un* ~ *di verdure* un puesto de verduras; *il* ~ *vince!* ¡la banca gana!; *(fig) tenere* ~ ser el alma de la fiesta

bancogiro *m* transferencia bancaria *f*

bancomat *m/inv* cajero automático *m*

bancone *m* mostrador (*tiendas, oficinas*); barra *f* (*bar*)

banconota *f* billete *m* (*de banco*)

band *f/inv mus* banda *f*, conjunto *m*

banda *f* 1. banda; 2. *tec* banda; ~ *di malviventi* banda de malhechores; ~ *di frequenza, magnetica, perforata, sonora* banda de frecuencia, magnética, perforada, sonora; 3. lado *m*, costado *m*; *mettere da* ~ poner a parte

bandella *f* bisagra

bander|iglia, ~illa *f* banderilla; ~**illero** *m* banderillero; ~**uola** *f* banderola; *meteo/fig* veleta, giralda

bandiera *f* bandera; *mar* pabellón *m*; ~ *a mezz'asta* bandera a media asta; *(mar)* ~ *ombra/di comodo* bandera de conveniencia; *a ~e spiegate* a banderas desplegadas; *(fig) portare alta la* ~ dejar bien alto el pabellón; *il punto/gol della* ~ el punto/gol del honor; *(fig) voltare/cambiare* ~ cambiar de chaqueta

bandire <*isc*> *vt* 1. anunciar, publicar, pregonar; ~ *un concorso* convocar una oposición; 2. desterrar, proscribir, exiliar

bandit|a *f* reserva natural; ~**ismo** *m* bandidaje; ~**o 1.** *adj/m* exiliado, proscrito; **2.** *m* bandido, bandolero, forajido; ~**ore** *m* pregonero; subastador, rematador

bando *m* 1. bando, anuncio, pregón; *mil* bando, proclama *f*; ~ *di vendita, d'asta* anuncio de venta, de subasta; ~ *di concorso* convocatoria de oposición; 2. exilio, proscripción *f*; *mettere al* ~ poner fuera de la ley, proscribir; ~**liera** *f mil* bandolera, charpa; *a* ~ en bandolera

bandolo *m* cuenta *f*, cabo de la madeja

bandone *m* palastro; *com* cierre metálico

bang *onom* bang

bangio, banjo *m ingl/inv mus* banjo *m*

bantu, bantù *adj/s inv* bantú *adj/s*

baobab *m/inv bot* baobab *m*

bar *m/inv* 1. bar *m*, café *m*; mueble bar *m*; 2. *fis* baro *m*, *bar m*

bara *f* ataud *m*, féretro *m*; *avere un piede nella* ~ tener un pie en la tumba

barabba *m/inv* bribón *m*, tunante *m*, pícaro *m*

baracca *f* barraca, choza, chabola; *fig* barullo *m*, tumulto *m*, jaleo *m*; *fig* desastre *m*; *mandare avanti la* ~ sacar adelante la casa; *far* ~ armar jaleo; *(fig) piantare* ~ *e burattini* enviarlo todo a la porra; ~**mento** *m* chabolismo; ~**to, -a** *m/f* chabolista

baracchino *m fam* quiosco; *mil/sport* refugio

baracco|ne *m* barracón; ~**poli** *f* barrio de chabolas *m*

baraonda *f* baraúnda, barahúnda

barare *vi* <*avere*> hacer trampas; timar; *fig* engañar, burlar

baratro *m* báratro, abismo

baratt|are *vt* cambiar, trocar; *ius* permutar; ~**o** *m* trueque, cambio; *ius* permuta *f*

barattolo *m* bote, tarro, frasco

barba *f* 1. barba; *zool* barbas *fpl* (*cabra*); (*bot*) ~ *di becco* barba cabruna; ~ *folta, fluente* barba poblada, corrida; *(fig)* ~ *d'uomo* hombre de pelo en pecho; *farsi la* ~ afeitarse; *in* ~ *a q* en las barbas de alg; *farla in* ~ *a q* engañar a alg delante de sus narices, reírsele a alg en sus barbas; 2. *fig* rollo *m*, lata, pesadez; *che* ~*!* ¡qué rollo!, ¡qué lata!; *avere la* ~ *di qc* estar hasta las narices de algo; 2. *fpl bot* barbas, raíces; *mettere le* ~*e* echar raíces

barbabietola *f bot* remolacha; ~ *da zucchero, da foraggio* remolacha azucarera, forrajera

barbablù *m/inv* ogro *m*

barbacane *m mil* barbacana *f*

barbagianni *m/inv zool* lechuza *f*; *fig* tonto *m*, besugo *m*

barbaglio *m* deslumbramiento; resplandor

barbaresco *adj/s* berberisco

barbari|co *adj* bárbaro; ~**ie** *f/inv* barbarie *f*

barbarismo *m ling* barbarismo

barbaro *adj/s* bárbaro

barbatella *f bot* barbado *m*

barbecue *m ingl/inv* barbacoa *f*

barbetta *f* perilla; *mil/mar* barbeta

barbi|care <*esd*> *vi agr* <*avere*> barbar, echar raíces; ~**ere** *m* barbero, peluquero; ~**no** *adj fam* desastrado, lastimoso; ~**tonsore** *m iron* rapabarbas; ~**turico** *adj/m* barbitúrico

barbo|gio *adj* chocho, ñoño; ~**ne** *m* 1. *zool* caniche, perro de aguas; 2. mendigo, pordiosero

barbu|gliare *vt/vi* <*avere*> barbullar, farfullar; ~**la** *f zool* bárbula; ~**to** *adj* barbudo

barca *f* 1. *mar* barca, embarcación, bote *m*; ~ *a vela, a remi, a vapore, da diporto* barca de vela, a remos, de vapor, de recreo; *essere nella stessa* ~ ir en el mismo barco; 2. pila, montón *m*; ~**iolo** *m* barquero; ~**menarsi** saberse manejar, arre-

glárselas; ~**rizzo** *f mar* portalón *m*; ~**rola** *f mus* barcarola; ~**ta** *f* barcada
Barcellon|a *f* Barcelona; *~**ese** *adj/s* barcelonés
barcoll|amento *m* bamboleo, tambaleo; ~**are** *vi* <*avere*> tambalearse, bambolear, vacilar; ~**io** *m* bamboleo; ~**oni** *adv* tambaleándose, bamboleándose
barcone *m* pontón
barda *f mil* barda; ~**na** *f bot* bardana, lampazo *m*; ~**re 1.** *vt mil* poner la barda; *agr* arrear; **2.** ~*rsi iron* engalanarse, acicalarse; ~**tura** *f* arreos *mpl*, aparejo *m*
bardo *m lit* bardo; ~**tto** *m zool* burdégano
barell|a *f* camilla, andas *fpl*, angarillas *fpl*; ~**iere** *m* camillero
bargiglio *m zool* barba *f* (*aves*)
baricentr|ico *adj fis* centrobárico; ~**o** *m fis* centro de gravedad
barill|aio *m* barrilero; ~**ame** *m* barrilería *f*; ~**e** *m* barril, tonel, barrica *f*; ~**otto** *m* barrilete
bario *m chim* bario
barista *m* camarero, barman, barista *am*
barit|e *f chim* barita; ~**ono** *m mus* barítono
barlume *m* destello, vislumbre
barman *m/inv* camarero *m*, barman *m*, barista *m/am*
baro, -a *m/f* tahúr, -a; fullero, -a, tramposo, -a
barocc|hismo *m art* barroquismo; ~**o** *m art* barroco
barometr|ico *m* barométrico; ~**o** *m* barómetro
baron|aggio *m* baronía *f*; ~**ale** *adj* del barón; ~**e, -essa** *m/f* barón, baronesa; *desp* alto cargo, pez gordo *pop*; *stud/desp* cátedro *m* (*de universidad*); ~**ia** *f* baronía
baroscopio *m fis* baroscopio
barra *f* 1. barra, tranca; ~ *spaziatrice* espaciador *m*; 2. *metal* lingote *m*; 3. *geogr* alfaque *m*; 4. *zool* bocado *m*
barri|care <*esd*> **1.** *vt* atrincherar; atrancar; **2.** ~*rsi* atrincherarse, parapetarse; ~**cata** *f* barricada; ~**era** *f* barrera; ~ *autostradale* estación de peaje; ~**re** <*isc*> *vi* <*avere*> *zool* barritar; ~**to** *m zool* barrito
barrocci|aio *m* carretero; ~**no** *m* cabriolé; ~**o** *m* carreta *f*, carro, tartana *f*
baruffa *f* pelea, riña, trifulca; ~**re** *vi* <*avere*> pelearse, reñir
barzelletta *f* chiste *m*, chascarrillo *m*; ~ *spinta* chiste verde; *pigliare in ~ qc* tomar algo a chiste
basal|e *adj med/zool* basal; *fig* básico; ~**tico** *adj min* basáltico; ~**to** *m min* basalto
basamento *m* basamento, basa *f*
basare 1. *vt* basar, fundamentar; **2.** ~*rsi fig* basarse, apoyarse
basco 1. *adj/s* vasco (*habitante*); vasco, vascuence, eusquera (*lengua*); *Paesi Baschi* País Vasco, Euskadi; **2.** *m* boina *f*
bascu̲lla *f* báscula
base̲ *f* base; ~ *navale, aerea, spaziale* base naval, aérea, espacial; ~ *di lancio* base de lanzamiento; *stipendio/salario ~* salario base; ~ *imponibile* base imponible; ~ *aurea* patrón oro; *a ~ di* a base de; *in ~ a, sulla ~ di* en base a, sobre la base de, según; *gettare/porre le ~i (di qc)* sentar las bases (de algo); *mancare di ~i* no tener base
baseball *m ingl/inv* béisbol
basetta *f* patilla
basic *m ingl/inv infor* basic; ~**ità** *f/inv chim* alcalinidad *f*; ~**o** *adj* básico
basilare *adj* basilar; *fig* basilar, básico
basilica *f* basílica; ~**le** *adj* basilical
basi̲lico 1. *m bot* albahaca *f*; **2.** *adj* regio; *libri ~i* libros basilicales
basilisco *m zool/mit* basilisco
basire <*isc*> *vi* desmayarse; pasmarse
bassa *f geogr* llanura, depresión; *meteo* depresión, zona de bajas presiones; *la ~ padana* la depresión del Po
bassezza *f* bajeza, ruindad, mezquindad
bassifondi *mpl* bajos fondos
basso *adj/adv/m* bajo; *la ~a Italia* Italia meridional; *i Paesi ~i* los Países Bajos; *il ~ Medioevo* la Baja Edad Media; *(fig) cadere in ~* caer en la miseria; *guardare q dall'alto in ~* mirar a alg de arriba abajo; ~**fondo** *m* 1. *mar* bajo, bajío, banco (*arena*); arrecife (*rocas*); 2. *mpl* bajos fondos; ~**piano** *m geogr* llanura litoral *f*; ~**rilievo** *m art* bajorrelieve; ~**tto** *m* perro salchicha, perro zarcero
baśsura *f geogr* hondonada, hoyura
basta! *excl* ¡basta (ya)!, ¡ya está bien!, ¡sanseacabó! *fam*
bastard|a̲ggine *f* bastardía; ~**o** *adj/s* bastardo, borde
bastare *vi* bastar, ser suficiente, alcanzar
bastimento *m* barco, embarcación *f*, nave *f*, navío; cargamento
bastione *m mil* bastión, baluarte, fortaleza *f*
basto *m* basto, albarda *f*, enjalma *f*
bastonare *vt* apalear, pegar; aporrear (*piano*)
bastonat|a *f* bastonazo *m*, estacazo *m*, garrotazo *m*, leñazo *m*, porrazo *m*; paliza, azotaina, somanta, tunda, zurra; *un fracco di ~e* una somanta de palos; ~**ura** *f* paliza, apaleamiento *m*
bastoncino *m* bastoncito, varilla *f*; *sport* bastón (*esquí*)
bastone *m* 1. bastón, palo; *sport* palo; *eccl* báculo; *(mil) ~ di comando* vara de mando *f*; *(eccl) ~ pastorale* báculo pastoral; *(sport) ~ da golf* palo de golf; *(fig) avere il ~ del comando* llevar la batuta; *(fig) essere il ~ della vecchiaia di q* ser el báculo de la vejez de alg; *(fig) mettere il ~ tra le ruote* poner la zancadilla; 2. *mpl* bastos (*naipes*)
batacchio *m* badajo (*campana*); aldaba *f*, picaporte (*puerta*); *agr* vara *f*
batata *f bot* batata, camote *m/am*
batista *f* batista
batosta *f* paliza, golpe *m*; *fig* revés *m*, desgracia
battagli|a *f* batalla; ~ *campale* batalla campal; ~ *navale* barquitos (*juego*); *dare*

~ *a q/qc* presentar batalla a alg/algo; **~are** *vi* <*avere*> batallar, luchar; **~ero** *adj* batallador; **~o** *m* badajo (*campana*); aldaba *f*, picaporte (*puerta*); **~one** *m mil* batallón

battell|iere *m mar* batelero; **~o** *m* barca *f*, lancha *f*

battente 1. *adj* batiente; *a tamburo* ~ a tambor batiente; **2.** *m* batiente (*puerta, ventana*); aldaba *f*, picaporte (*puerta*); peine (*telar*)

battere 1. *vt* 1. golpear, pegar; batir; *agr* trillar; macerar (*carne*); sacudir (*alfombra*); ~ *le ali* aletear; ~ *un colpo* dar/soltar un golpe; ~ *un calcio di rigore* tirar un penalti; ~ *a macchina* pasar/escribir a machina; ~ *il tamburo* tocar el tambor; ~ *il passo/il tempo* marcar el paso/el compás; ~ *le ore* marcar las horas; ~ *la fiacca* no dar ni golpe, darse a la holganza, rechinar los dientes; ~ *le mani* aplaudir; ~ *i piedi* patalear; 2. acuñar (*moneda*); 3. batir (*un récord*); batir, derrotar (*el enemigo*); 4. recorrer (*camino, vía*); 5.enarbolar (*bandera*); 6. *gergo* hacer la calle, prostituirse; ~ *la strada* hacer la calle (*prostituirse*); **2.** *vi* <*avere*> golpear; batir; dar (*horas*); *sport* sacar, lanzar (*fútbol...*); servir (*tenis*); *auto* picar; *mil* tabletear (*metralleta*); *in un batter d'~* en un abrir y cerrar de ojos, en menos que canta un gallo, en un santiamén; ~ *alla porta* llamar a la puerta; ~ *il cuore* palpitar, batir; ~ *sempre sullo stesso tasto* dar la tabarra/la lata; **3.** *~rsi mil/fig* batirse, luchar *vi*; ~ *il petto* arrepentirse; *(fam) ~rsela* largarse, esfumarse

batteri|a *f* batería; *sport* ronda de clasificación; traca (*petardos*); ~ *da cucina* batería de cocina; *in* ~ en batería; **~cida** *adj/m* bactericida; **~co** *adj* bacterial, bacteriano; **~o** *m biol* bacteria *f*

batteriolog|ia *f* bacteriología; **~ico** *adj* bacteriológico; **~o, -a** *m/f* bacteriólogo, -a

batterista *m/f mus* batería

battesim|ale *adj* bautismal; **~o** *m* bautismo; ~ *del fuoco* bautismo de fuego; *nome di* ~ nombre de pila; *tenere q a* ~ ser padrino/madrina de alg

battezza|ndo, -a *m/f* persona que va a ser bautizada; **~re** *vt* bautizar; *l'hanno battezzata Silvia* le han puesto de nombre Silvia

battibaleno: in un ~ *adv* en un santiamén, en un decir Jesús

battibecc|are *vi* <*avere*> discutir, disputar, contender; **~o** *m* discusión *f*, disputa *f*

batticuore *m* palpitación *f*; *fig* sobresalto, susto

battiman|o, ~i *m/inv* aplauso *m*, palmas *fpl*

battipanni *m/inv* sacudidor *m*

battiscopa *m/inv arch* zócalo *m*, cenefa *f*

battist|a 1. *m* bautista; 2. *f* batista; **~ero** *m* baptisterio

battistrada *m/inv* batidor *m*

battito *m* latido, pulsación *f*; *mil* tableteo (*metralleta*); (*auto*) ~ *in testa* picado

battitore *m* batidor; montero, ojeador (*caza*); *sport* bateador

battitrice *f agr* trilladora

battitura *f* golpeo *m*, percusión; *agr* trillado *m*

battola *f mus* matraca, carraca

batton|a *f pop* fulana, buscona; **~e** *m pop* chapero *vulg*

battut|a *f* 1. golpeo *m*, golpe *m*; pulsación (*máquina de escribir*); *mus* compás *m*; *sport* saque *m*; ~ *d'arresto/d'aspetto* compás de espera; *(fig) non perdere una* ~ no perderse ni una coma; *(a. fig) alle prime ~e* en los primeros compases; 2. ojeo *m*, batida (*caza*); redada (*policía*); 3. *teatro* réplica; *fig* ocurrencia, humorada; cuchufleta, pulla; *(fig) avere la ~ pronta* ser ocurrente/ingenioso; **~o 1.** *adj* golpeado; *agr* trillado; *metal* forjado; *a spron* ~ a galope tendido, a toda pastilla *fam*; *(fig) strada ~a* camino trillado; **2.** *m gastr* picadillo; relleno

batuffolo *m* vedija *f*, bodoque (*algodón*)

bau bau *onom* guau guau

baule *m* baúl; *auto* maletero; **~tto** *m* joyero

bauxite, baussite *f min* bauxita

bava *f* 1. *med/zool* baba; cadarzo *m* (*gusano de seda*); *(fig) avere la ~ alla bocca* estar rabioso, echar humo; 2. rebaba de metal; 3. brizna (*viento*)

bavagli|no *m* babero; **~o** *m* mordaza *f*; **~olo** *m* babero

bavarese *adj/s* bávaro

bavero *m* cuello (*de vestido*)

bazar *m* bazar

bazoca, bazooka *m ingl/inv mil* bazuca *f*

bazza *f* baza (*naipes*); *fig* bicoca, chollo *m*, ganga; **~na** *f* badana

bazzecola *f* bagatela, nimiedad, minucia

bazzicare <*esd*>r **1.** *vt* frecuentar, tratar; **2.** *vi* <*avere*> ser asiduo

bazzotto *adj* pasado por agua (*huevo*); *fig* incierto, vacilante

be' V. **beh**

bè *onom* be

beare 1. *vt lit* complacer, agradar; **2.** *~rsi lit* complacerse, recrearse, deleitarse

beatific|are <*esd*> *vt eccl* beatificar; **~azione** *f eccl* beatificación; **~o** *adj* beatífico

beatitudine *f* beatitud; dicha, felicidad

beato 1. *adj* feliz, dichoso; ~ *lui!* ¡dichoso él!; ~ *chi ti vede!* ¡dichosos los ojos!; *~i gli ultimi se i primi sono onesti* el que parte y reparte se lleva la mejor parte; **2.** *m eccl* beato

beauty-case *m ingl/inv* neceser *m*, maletín de belleza *m*

bebè *m/inv* bebé *m*, guagua *f*/Chile

becca *f ant/stud* beca; **~ccia** *f zool* becada, chocha, gallineta; **~fico** *m zool* papahigo, papafigo, curruca *f*

beccare 1. *vt* 1. *zool* picar, picotear; *gastr* picar; 2. *fig/fam* pescar, pillar, coger; ~ *q sul fatto* coger a alg con las manos en la masa; 3. *teatro* pitar, silbar; **2.** *~rsi* 1. *zool* picotearse; 2. *fig/fam* coger *vt*, pescar *vt*; *~si un raffreddore* pescar/coger un res-

friado; *beccati questa!* ¡toma del frasco, Carrasco!
beccat|a *f* picotazo *m*, picada; ~**oio** *m* comedero (*pájaros*); ~**ura** *f* picotada
beccheggi|are *vi mar/aer* <*avere*> cabecear, amorrar; ~**o** *m mar/aer* cabeceo
beccheria *f* carnicería
becchett|are *vt* picotear; ~**io** *m* picoteo
becchi|me *m* alpiste; ~**no** *m* enterrador, sepulturero
becco *m* 1. *zool* pico; *fam* pico, boca *f*; pitorro (*botijo, porrón*); boquilla *f* (*mechero*); *mettere il ~ dappertutto* meter las narices en todo; *restare a ~ asciutto* quedarse con las ganas; *chiudi il ~!* ¡cierra el pico!; *non avere il ~ di un quattrino* no tener ni un duro, estar sin blanca; 2. *zool* macho cabrío, chivo; *fam* cornudo
beccuccio *m zool* piquito; pitorro (*recipientes*); pinza *f* (*pelo*)
beduino *adj/s* beduino; *fig* bobo, estúpido
bee V. **bè**
befana *f* 1. Epifanía; día de Reyes *m*; 2. befana *(="viejecita que trae regalos a los niños, equivalente a los Reyes Magos en España")*
beffa *f* burla, mofa, befa, chirigota; *farsi ~ di q* reírse de alg; *restare col danno e con le ~e* ser cornudo y apaleado (*hombre*); quedarse compuesta y sin novio (*mujer*); ~**rdo** *adj* burlón, mordaz; ~**re 1.** *vt* engañar, burlar; **2.** *~rsi* burlarse, pitorrearse, cachondearse *pop*; ~**tore** *adj/s* burlador
beffeggia|re *vt* mofarse *vi* (de), escarnecer; ~**tore, -trice** *m/f* mofador, -a, escarnecedor, -a
bega *f* disputa, altercado *m*; *fam* lío *m*, jaleo *m*, embrollo *m*
beghina *f eccl* beguina; *desp* beata, mojigata
begonia *f bot* begonia
beh! *excl* ¡bueno!, ¡bien!, ¡pues vale!
behavioris|mo *m psic* conductismo; ~**ta** *m/f psic* conductista; ~**tico** *adj psic* conductista
beige *adj/m inv* beige, beis
bela|re *vi* <*avere*> belar; ~**to** *m* balido
belg|a <*mpl -gi*> adj/s belga; ***~io:** *il ~* Bélgica
belio *m lit* balido *est*
bella *f* 1. guapa, belleza, beldad, preciosidad; *(bot) ~ di giorno* dondiego de día; *~ di notte* dondiego, dondiego de noche; 2. enamorada, mujer amada; 3. limpio *m* (*copia*); *copiare in ~* pasar a limpio; 4. *sport* partido de desempate *m*; partida de desempate (*naipes, ajedrez*)
belladonna *f bot* belladona
belletto *m* colorete
bellezza *f* belleza, hermosura; *fig* encanto *m*, primor *m*, ricura; *iron* friolera (*dinero*); *istituto di ~* salón de belleza; *che ~!* ¡qué maravilla!; *che ~ di bambino!* ¡qué ricura/monería de niño!; *costa la ~ di tre milioni* cuesta la friolera de tres millones
bellicis|mo *m* belicismo; ~**ta** *adj/s* belicista
bellico *adj* bélico; ~**sità** *f/inv* belicosidad *f*; ~**so** *adj* belicoso
belligeran|te *adj/s* beligerante; ~**za** *f* beligerancia
bellimbusto *m* galán, guaperas *fam*
bello 1. *adj* 1. bello, bonito, hermoso, lindo; *il bel mondo* la alta sociedad; *le ~e lettere* las buenas letras; *fare la ~a vita* darse la vida padre; *darsi alla ~a vita* dedicarse a la buena vida; *usare ~e maniere* tener buenos modales; *fare una ~a figura* quedar bien/en buen lugar; *non valere un bel nulla* no valer un pimiento; *hai un bel dire tu* por más que digas; *passare in ~ copia* pasar a limpio; *sarebbe ~ che...!* ¡estaría bueno que...!; 2. guapo, hermoso (*persona*); *farsi ~* ponerse guapo, -a; 3. bueno; *mi sono preso una ~a paura* me ha entrado un miedo terrible; *un bel giorno te lo dirò* un buen día te lo diré; *sei un bel cretino* eres un completo idiota; *una ~a somma* una bonita suma; *nel bel mezzo* justo en el medio; *è bell'e fatto* está listo; *bell'e buono* del todo; *ne hai fatte delle ~e* la has hecho buena; *dirne delle ~e* decir de las suyas; *bel ~* despacito, sin prisas; *questa è ~a!* ¡esta sí que es buena!; *a ~a posta* a sabiendas, a posta; *essere bell'e fritto* estar arreglado; 4. *iron* vaya *inv*, menudo; *l'ho fatta/detta ~a!* ¡buena la he hecho!; *~a trovata!* ¡bonita ocurrencia!, ¡vaya ocurrencia!; **2.** *m* 1. bueno; *ci volle del ~ e del buono per convincerlo* hizo falta Dios y ayuda para convencerle; *che c'è di ~ alla televisione?* ¿hacen algo bueno en la televisión?; *ora viene il ~* ahora viene lo bueno; *il ~ è che...* lo bueno es que...; *questo è il ~* esto es lo mejor/lo más gracioso; *sul più ~* en lo mejor; 2. *meteo* buen tiempo; *il tempo si è rimesso al ~* el tiempo se ha serenado; 3. guapo, guaperas; 4. enamorado, amante
belloccio *adj* guapetón, hermosote
beltà *f/inv* beldad *f*, *hermosura f*
belva *f* fiera
belvedere *m* mirador
bemoll|ato *adj mus* blando; ~**e** *m mus* bemol
benaccetto, ben accetto *adj* bien recibido, grato
benamato *adj* bienamado
benarrivato, ben arrivato *adj* bienvenido
benché *conj* <*+ subjuntivo*> aunque
benda *f* venda; *avere la ~ agli occhi* tener una venda en los ojos; *cadere la ~ dagli occhi* caer la venda de los ojos; ~**ggio** *m* vendaje; ~**re** *vt* vendar; ~**tura** *f* vendado *m*
bendisposto *adj* bien dispuesto
bene 1. *adv* bien; *~ o male* bien que mal; *ben ~* mucho, del todo, completamente; *piovere ben ~* llover con ganas; *voler ~* querer, amar; *ben tre milioni m'è costato!* sus buenos tres millones me ha costado; *tutto è ~ quel che finisce ~* bien está lo que bien acaba; **2.** *excl* ¡bien!, ¡vale!; *ben gli sta!, gli sta bene!* ¡le está bien empleado!; *ben detto!* ¡bien dicho!; *va bene!* ¡vale!, ¡está bien!; **3.** *m* bien; *opere di ~* obras pías; *~i di consumo* bienes de consumo; *~i culturali* patrimonio cultural; *Ministero dei Beni Culturali* Ministerio de Cultura; *~i im-*

mobili, mobili bienes inmuebles, muebles; *fare qc a fin di* ~ hacer algo con buenas intenciones; *lo dico per il tuo bene* lo digo por tu bien; *(ius) comunione di* ~*i* régimen de bienes gananciales; **4.** *adj/inv* bien; *gente per* ~ gente de bien; *ragazzo per* ~ chico formal; *iron* niño bien, pijo

benedett|ino *adj/m eccl* benedictino; ***~o** *m* Benito (*nombre propio*); Benedicto (*papa*); **~o 1.** *m gastr* (licor) benedictino; **2.** *adj* bendecido; bendito; *Dio sia* ~ alabado sea Dios

benedi|cite *m/inv* benedícite; **~re** <*21 -dico; -dissi; -detto*> *vt* bendecir; *Dio ti benedica* que Dios te bendiga; *mandare q a farsi* ~ enviar a alg a freír espárragos; *la gita è andata a farsi* ~ la excursión se ha ido al garete

benedizione *f* bendición

beneducato, ben educato *adj* bien educado

benefattore *adj/s* benefactor, bienhechor

benefic|are <*esd*> *vt* ayudar, socorrer; **~enza** *f* beneficiencia

beneficia|re 1. *vt* beneficiar; **2.** *vi* <*avere*> beneficiarse, disfrutar; ~ *di qc* disfrutar de algo; **~rio**, **~to** *m com* beneficiario, tomador; *eccl/hist* beneficiado

beneficio *m* beneficio, provecho; *com* beneficio, margen, ganancia *f*; *(rel/hist)* ~ *ecclesiastico* beneficio; *(ius)* ~ *d'inventario* beneficio de inventario; *(fig) con* ~ *d'inventario* a beneficio de inventario; ~*i accessori* gratificación; sobresueldo

benefico *adj* benéfico (*cosa*); benefactor (*persona*)

benemer|enza *f* mérito *m*, servicio *m*; ***~ita** *f mil* Benemérita (="Cuerpo de Carabineros en Italia; Cuerpo de la Guardia Civil en España"); **~ito** *adj* benemérito

beneplacito *m* beneplácito

benessere *m* bienestar, prosperidad *f*

benesta|nte 1. *adj* acomodado, -a, pudiente, -a, desahogado, -a; **2.** *m/f* rentista, hacendado, -a; **~re** *m* bienestar; *adm* visto bueno, conformidad *f*

benevol|ente *adj* benevolente; **~enza** *f* benevolencia, indulgencia; **~o** *adj* benévolo, indulgente

benfatto, ben fatto *adj* bien hecho; proporcionado (*persona*)

bengal|a *m* bengala *f*; *fuoco di* ~ luz de bengala; **~ese** *adj/s* bengalí; **~ino** *m ling/zool* bengalí

bengodi *m/inv* Jauja *f*, *cucaña f*

beniamino *m fig* benjamín, hijo predilecto

benign|ità *f/inv* benignidad *f*; **~o** *adj* benigno

benintenzionato *adj* bienintencionado

beninteso *adv* por supuesto, claro está; ~ *che* bien entendido que, con la condición de que

benissimo 1. *adv/excl* muy bien, perfectamente; **2.** *excl* fenomenal, estupendo

benpensante, ben pensante *adj pol* conservador, moderado

bens|ervito *m* informe, certificado de servicios prestados; *dare il* ~ echar a la calle, dar puerta *fam*; **~ì** *conj* sino

bentornato, ben tornato 1. *excl* bienvenido; **2.** *m* bienvenida *f*; *dare il* ~ *a q* dar la bienvenida a alg

benvenuto, ben venuto 1. *excl* bienvenido; **2.** *m* bienvenida *f*; *essere il* ~ *in un luogo* ser bienvenido a un sitio; *dare il* ~ *a q* dar la bienvenida a alg

benvisto, ben visto *adj* bien visto, bien considerado, bien mirado

benvol|ere, ben volere 1. *vt def* <*solo infinitivo y PP*> bienquerer; *farsi* ~ hacerse querer; **2.** *m* estima *f*, cariño; *prendere a* ~ *q* cogerle cariño a alg, encariñarse con alg; **~uto, ben voluto** *adj* querido, estimado, apreciado

benzene *m chim* benceno

benzina *f* gasolina, nafta *am*; ~ *super, verde/senza piombo* gasolina súper, sin plomo; *fare* ~ echar/poner gasolina, repostar; **~io, -a** *m/f* empleado, -a de gasolinera, gasolinero, -a *fam*; **~ro, -a** V. **~io, -a**

benzo|e, **~ino** *m chim* benjuí; **~lo** *m chim* benceno, benzol

beone, -a *m/f* beodo, -a, borrachín, -ina *fam*

beota *adj/s geogr* beocio; *fig* beocio, idiota, memo

bequadro *m mus* becuadro

berbero *adj/s* bereber, berberisco

bere <*7 bevo; bevvi/bevetti; bevuto*> **1.** *vt/vi* <*avere*> beber; *pop* chupar, consumir (*agua las plantas, gasolina los coches*); ~ *a collo* beber a morro/de la botella; ~ *le parole di q* estar pendiente de las palabras de alg; *(fam) darla a* ~ *a q* hacerle tragar algo a alguien; **2.** *m* bebida *f*; *darsi al* ~ darse a la bebida

bergamotto *m bot* bergamote, bergamoto

beriberi *m/inv med* beriberi *m*

berill|io *m chim* berilio; **~o** *m min* berilo

berlin|a *f* 1. *tras* berlina (*carroza*); *auto* berlina, turismo *m*; 2. picota; *mettere in* ~/ *alla* ~ poner en berlina/en ridículo/en la picota; **~ese** *adj/s* berlinés; ***~o** *Berlín*

bermuda *mpl* bermudas *fpl*

bernoccolo *m* chichón

berrett|a *f* gorra, gorro *m*; *eccl* birrete *m*, bonete *m*; ~ *da notte* gorro de noche; **~o** *m* gorro, gorra *f*, boina *f*; *(mil)* ~ *verde* boina verde

bersagli|are *vt* apuntar (*a un blanco*); *fig* perseguir, acosar; ~ *q di scherzi* acosar a alg con bromas; **~ere** *m mil* ="soldado italiano de la Infantería ligera"; *alla* ~ resueltamente, valientemente; **~o** *m* blanco, objetivo; *mirare, colpire il* ~ tirar al blanco, dar en el blanco; *sbagliare* ~ errar el tiro

Berta *f* Berta; *(fig) il tempo que* ~ *filava* los tiempos de Maricastaña

bertuccia *f zool* macaco *m*

bertuello *m mar* butrón

besciamella *f* bechamel

bestemmia *f* blasfemia; *fig* palabrota, taco *m*; **~re 1.** *vi* <*avere*> blasfemar, jurar; *fig* decir palabrotas/tacos; **2.** *vt* maldecir; **~tore, -trice** *m/f* blasfemo, -a

bestia *f* bestia; ~ *nera* bestia negra; ~ *da soma* bestia de carga, acémila; ~ *da tiro*

bestia de tiro; *essere una brutta ~* ser una mala bestia; *andare in ~* ponerse hecho una fiera/ponerse como una fiera; *lavorare come una ~* trabajar como un negro; *sudare come una ~* sudar como un cerdo; **~le** *adj* bestial; *pop* genial, extraordinario; **~lità** *f/inv* bestialidad *f*; animalada *f*, burrada *f*, barbaridad *f* (acción); **~me** *m* ganado; *allevamento di ~* ganadería *f*; *~ grosso, minuto* ganado mayor, menor; **~rio** *m* bestiario
bestione *m desp* bruto, animalote
best seller *m inv/ing* best-seller *m*, libro más vendido *m*, éxito de ventas *m*
beta 1. *f* beta (*letra*); **2.** *adj fis* beta; **~bloccante** *adj/s chim* betabloqueante
Betlemme Belén
beton *m fr/inv* hormigón *m*; **~aggio** *m* hormigonado
bettola *f* taberna, tasca, figón *m*, boliche *m/am*
bettonica *f bot* betónica, bretónica; *essere più conosciuto della ~* ser más popular que la Charito
betulla *f bot* abedul *m*
bevanda *f* bebida
bever|aggio *m* brebaje, bebedizo; **~one** *m* brebaje, potingue
bevi|bile *adj* bebible, potable; **~cchiare** *vt/vi <avere>* beborrotear *vi*; **~tore, -trice** *m/f* bebedor, -a
bevuta *f* bebida, trago *m*
bezzi *mpl reg* dinero *m*, perras *fpl*, cuartos
biacca *f* albayalde *m*, blanco de plomo *m*
biada *f* 1. forraje *m*; pienso *m*; 2. *fpl lit* mieses
bianca *f tip* blanca, anverso *m*; *gergo* coca, cocaína; ***~neve** *f* Blancanieves; **~stro** *adj* blanquecino, blancuzco
biancheggia|mento *m* blanqueo; **~re** *vt/vi* blanquear
biancheria *f* 1. ropa interior; lencería (*de mujer*); *~ intima* ropa interior; *negozio di ~* lencería; 2. ropa blanca (*manteles, sábanas...*); *~ da letto* ropa de cama; *~ da tavola* ropa de mesa, mantelería
bianchetto *m* 1. blanquete, blanquillo; 2. *mpl zool* chanquetes
bianchezza *f* blancura, blancor *m*
bianchiccio *adj* blancuzco, blanquecino
bianco *adj/m* blanco; *carta ~a* carta blanca; *mosca ~a* bicho raro; *notte ~a/notte in ~* noche en blanco; *settimana ~a* semana blanca, semana de la nieve; *voce ~a* voz argentina; *essere ~ e rosso* tener buen color de cara, rebosar salud; *~ dell'uovo* clara de huevo; *in ~ e nero* en blanco y negro; *mettere nero su ~* poner por escrito; *far vedere ~ per nero* engañar, dar gato por liebre; *di punto in ~* de repente, improvisamente; *tratta delle bianche* trata de blancas; *(pop) andare in ~* no comerse una rosca
bianconero *adj* blanquinegro
biancosegno *m ius* documento firmado en blanco
biancospino *m bot* espino, espino albar, majuelo
biasci|camento *m* mascujada *f*; *fig* balbuceo, farfulla *f*; **~care** *<esd> vt* mascullar, mascujar; *fig* mascullar, balbucir, farfullar; **~chio** *m* mascujada *f*
biasim|are *<esd> vt* reprobar, censurar, reconvenir; **~evole** *adj* reprobable, censurable
biasimo *m* reprobación *f*, censura *f*
Bibbia *f* Biblia
biberon *m/inv* biberón *m*
bibita *f* bebida, refresco *m*
biblico *adj* bíblico
bibliobus *m/inv* bibliobús *m*
bibliofilo, -a *m/f* bibliófilo, -a
bibliograf|ia *f* bibliografía; **~ico** *adj* bibliográfico; **~o, -a** *m/f* bibliógrafo, -a
bibliomane *m/f* bibliómano, -a
biblioteca *f* biblioteca; **~rio, -a** *m/f* bibliotecario, -a
bicamerale *adj pol* bicameral
bicarbonato *m chim* bicarbonato
bicchier|ata *f* vaso *m* (*contenido*); **~e** *m* vaso; copa *f*; *fondo di ~* culo de vaso; *levare/alzare il ~ (a)* levantar la copa (por); *(fig) affogare in un ~ d'acqua* ahogarse en un vaso de agua; **~ino** *m* vasito, copita *f*, copichuela *f/fam*
bicefalo *adj lit* bicéfalo
bicentenario *m* bicentenario
bichini *m* biquini, bikini
bici *f/inv fam* bici *f*
bicicl|etta *f* bicicleta; *~ da corsa* bicicleta de carreras; **~o** *m* biciclo
bicilindrico *adj* bicilíndrico
bicipite 1. *m med* bíceps; **2.** *adj arald* bicípite
bicocca *f desp* casucha
bicolore *adj* bicolor
bicon|cavo *adj* bicóncavo; **~vesso** *adj* biconvexo
bicorno *m* bicornio
bicrom|ato *m chim* bicromato; **~ia** *f tip* bicromía
bidè *m/inv* bidé *m*, bidet *m*
bidello, -a *m/f* bedel, -a
bidente *m agr* bieldo, horca *f*
bidimensionale *adj* bidimensional
bidon|are *vt fam* embaucar, camelar, engañar; dar plantón, dejar colgado; **~ata** *f* engaño *m*, timo *m*; plantón *m*; **~e** *m* 1. bidón, lata *f*; *fig/fam* engaño, estafa *f*, timo; *fig/fam* plantón; *fig/desp* cacharro, cafetera *f*; *fare un ~ (a q)* dejar plantado (a alg), dar plantón (a alg); **~ville** *f fr/inv* barrio de chabolas *m*
bieco *adj* malcarado, ceñudo, torvo
biella *f tec* biela, vástago *m*
bienn|ale *adj/f* bienal; **~e** *adj bot* bianual; **~io** *m* bienio
bietol|a *f bot* acelga; **~one** *m bot* armuelle; *fig* baldragas, calzonazos
bietta *f* cuña, calzo *m*
bifase *adj elec* bifásico
biffa *f agr* jalón *m*
bifido *adj* bífido
bifocale *adj* bifocal
bifolco *m* boyero, vaquero; *fig* paleto, patán, palurdo
bifora *f arch* bífora, ajimez *m*; *finestra ~* ajimez

biforc|arsi bifurcarse; ~**azione** *f* bifurcación; ~**uto** *adj* bifurcado; *lingua ~a* lengua viperina
biforme *adj* biforme
bifronte *adj* bifronte; *numero ~* número capicúa
big *m/inv* pez gordo *m*, capitoste *m*
big bang *m astr* big bang
biga *f* biga
bigam|ia *f* bigamia; ~**o** *adj/s* bígamo
bigemino *adj* de gemelos; *parto ~* parto doble
bighellon|are *vi* <*avere*> holgazanear, gandulear, haraganear, vaguear, zanganear, remolonear; ~**e, -a** *m/f* holgazán, -ana, gandul, -a, vago, -a
bigi|are *vt fam/reg* pelarse las clases, hacer novillos; ~**no** *m stud* chuleta *f*
bigio *adj* gris, grisáceo, pardo; ~**tteria** *f* bisutería
bigiù *m/inv* joya *f*; *fig* preciosidad *f*, perla *f*, bombón *m*
biglia V. **bilia**
bigliardino V. **biliardino**
bigliett|aio, -a *m/f* taquillero, -a; *tras* cobrador, -a; ~**azione** *f tras* expedición de billetes; ~**eria** *f* taquilla, boletería *am*; ~**o** *m* 1. billete, tarjeta *f*, nota *f*; *~ da/di visita, di auguri* tarjeta de visita, de felicitación; 2. *tras* billete, boleto *am*; *~ di andata e ritorno* billete de ida y vuelta; 3. *aer/mar* pasaje; 4. *econ* billete; *~ della lotteria* billete de lotería; 5. *teatro/cine* entrada *f*, boleto *am*
bignè *m/inv* bignè *m*
bigodino *m* rulo, bigudí
bigoncia <*pl -ce*> *f agr* aportadera, espuerta; *(fig) a ~e* a espuertas, a capazos
bigott|eria *f desp* beatería, mojigatería; ~**o** *adj/s desp* beato, mojigato, santurrón
bijou V. **bigiù**
bikini V. **bichini**
bilabia|le *adj/f ling* bilabial; ~**to** *adj bot* bilabiado
bilama *adj/inv* de doble hoja; *rasoio ~* maquinilla de afeitar de doble hoja
bilanci|a *f* balanza; *~ a bilico* báscula; *~ romana* romana; *~ commerciale, dei pagamenti* balanza comercial, de pagos; ***~a** *f astr* Libra; ~**are** *vt* balancear, equilibrar; *fig* ponderar, sopesar; ~**ere** *m* balancín; ~**ino** *m* balanza de precisión *f*; pesillo (*para monedas*); ~**o** *m com/fig* balance; *~ preventivo* presupuesto; *~ consuntivo* balance
bilaterale *adj* bilateral
bile *f med/fig* bilis, hiel; *(fig) ingoiare ~* tragar quina; *(fig) crepare dalla ~* morirse de rabia
bilia *f* bola de billar; tronera (*agujero*); canica
biliard|ino *m* minibillar; *~ elettrico* flípper, máquina de bolas *f*; ~**o** *m* billar (*juego, lugar*); mesa de billar *f*
biliare *adj med* biliar
bilico *m* equilibrio; *stare in ~* estar en equilibrio; *fig* estar en vilo; *essere in ~ tra la vita e la morte* estar/debatirse entre la vida y la muerte
bilingue *adj/s* bilingüe
bilinguismo *m* bilingüismo
bilio|ne *m* mil millones; *ant* billón; ~**so** *adj fig* bilioso, atrabiliario
bimbo, -a *m/f* niño, -a, crío, -a, nene, -a, criatura *f*, chacalín *m/am*, churumbel *m/git*
bimensile *adj* bimensual
bimestr|ale *adj* bimestral; ~**e** *m* bimestre
bimetallismo *m econ* bimetalismo
bimotore *adj/m* bimotor
binar|io 1. *adj* binario; **2.** *m tras* vía *f*; andén (*tren*); *~ morto* vía muerta, apartadero; *(fig) essere su un ~ morto* estar en vía muerta; *il treno da Bologna è in arrivo sul ~ due* el tren de Bolonia está entrando por la vía dos; *(fig) politica del doppio ~* política de doble rasero; ~**ismo** *m* binarismo
binda *f tec* gato *m*
bindolo *m* noria *f*
bingo *m* bingo
binoc|olo *m* binóculo, gemelos *mpl*, anteojos *mpl*; ~**ulare** *adj* binocular
binomio *m mat/fig* binomio
bioccolo *m* copo, vedija *f*
biochimic|a *f* bioquímica; ~**o** *adj/s* bioquímico
biodegradabile *adj* biodegradable
biodinamico *adj* biodinámico
biofisic|a *f* biofísica; ~**o** *adj/s* biofísico
biogene|si *f/inv* biogénesis; ~**tico** *adj* biogenético
biograf|ia *f* biografía; ~**are** *vt* biografiar; ~**ato, -a** *m/f* biografiado, -a (*persona*); ~**ico** *adj* biográfico; ~**o, -a** *m/f* biógrafo, -a
biolog|ia *f* biología; ~**ico** *adj* biológico; ~**o, -a** *m/f* biólogo, -a
biomassa *f* biomasa
biond|eggiare *vi* <*avere*> amarillear; tirar a rubio (*pelo*); ~**ezza** *f* amarillez; ~**iccio** *adj* amarillento; ~**o** *adj/s* rubio
biopsia *f med* biopsia
bioritmo *m* biorritmo
biosfera *f* biosfera
biosintesi *f/inv* biosíntesis
biossido *m chim* bióxido
biotecnica *f* biotécnica
biotopo *m* biotopo
bipartire <*isc*> *vt* partir en dos
bipartitico *adj pol* bipartidista
bipartitismo *m pol* bipartidismo
bipartito *adj* bipartido, bipartito, partido en dos; *governo ~* gobierno de dos partidos
bipartizione *f* bipartición
bipede *adj* bípedo, bípede
biplano *adj/m aer* biplano
bipolar|e *adj* bipolar; ~**ità** *f/inv* bipolaridad *f*; ~**izzazione** *f pol* bipolarización
biposto *adj/m* biplaza
birba *f fam* bribón, -ona *m/f*, bribonzuelo, -a *m/f*, granujilla *m/f*
birbant|e *m* bribón, granuja, sinvergüenza, canalla; ~**eria** *f* pillería, granujería, sinvergüencería, golfería
birbon|ata *f* canallada, trastada; ~**e** *adj/s* bribón, canalla, granuja; ~**eria** *f* bribonería
bircio *adj* bizco
bireattore *adj/m* birreactor
birichin|ata *f* picardía, travesura; ~**o** *adj/s* pillo, pilluelo, pizpireto
birillo *m* bolo, birla *f*

biro *f* bolígrafo *m*, *boli m/fam*, birome Arg
birr|a *f* cerveza; ~ *chiara/bionda, scura* cerveza rubia, negra; ~ *alla spina* cerveza de barril, caña; *(fam) a tutta* ~ a toda pastilla, a todo gas, a toda mecha; (*sport*) *dare la* ~ *a q* dejar clavado a alg; *(fig) farci la* ~ *con qc* traer sin cuidado una cosa; ~**aio** *m* cervecero; ~**eria** *f* cervecería
bis 1. *excl* ¡otra!; **2.** *m* bis
bisaccia *f* alforja, zurrón *m*
Bisanzio *m geogr* Bizancio
bisavolo, -a *m/f* bisabuelo, -a
bisbetico *adj/s* irascible, caprichoso, gruñon; *la ~a domata* la fierecilla domada
bisbigli|are *vi/vt* cuchichear, bisbisear; ~**o** *m* cuchicheo, bisbiseo
bisboccia *f* juerga, francachela; ~**re** *vi* <*avere*> juerguear, ir de parranda
bisca *f* garito *m*, timba
bischero *m mus* clavija *f*; *reg* bobo
Biscagli|a Vizcaya; ***~no** *adj/s* vizcaíno
biscia *f zool* culebra, sierpe
biscott|ato *adj* tostado (*galletas*); *fette ~e* rebanadas de pan tostado; ~**eria** *f* galletería, tienda de galletas; ~**iera** *f* recipiente para galletas *m*; ~**ificio** *m* fábrica de galletas *f*; ~**o** *m gastr* galleta *f*; *tec* bizcocho
biscroma *f mus* fusa
biscugino, -a *m/f* primo, -a segundo, -a
bisecare *vt mat* bisecar
bisegolo *m tec* boj
bisessua|le *adj/s* bisexual; ~**lità** *f/inv* bisexualidad *f*; ~**to** *adj* bisexual
bisest|ile *adj* bisiesto (*año*); ~**o** *m* ="el día 29 de febrero"
bisett|imanale *adj/m* bisemanal; ~**ore** *adj mat* bisector; ~**rice** *f mat* bisectriz
bisezione *f mat* bisección
bisillabo *adj ling* bisílabo
bislacco *adj* estrafalario, extravagante
bislungo *adj* oblongo
bismuto *m min* bismuto
bisnipote *m/f* biznieto, -a
bisnonno, -a *m/f* bisabuelo, -a
bisognare 1. *vi def* <*bisogna, bisognano*> hacer falta, necesitar; *mi bisognano quei numeri* me hacen falta aquellos números; **2.** *vi/imp* ser necesario, haber que; *bisogna che tu lo faccia* es necesario que lo hagas; *bisogna preparare qc* hay que preparar algo, hace falta preparar algo
bisogno *m* 1. necesidad *f*, menester; *avere ~ di* tener necesidad de, necesitar, requerir, hacer falta; *non c'è ~ di dirlo* no hace falta decirlo; *al* ~ en caso de necesidad; *al ~ si conosce l'amico* al amigo se le conoce en la necesidad; 2. *mpl fam* necesidades *fpl*; *fare i propri ~i* hacer sus necesidades; ~**so** *adj* necesitado, menesteroso
bisolf|ato *m chim* bisulfato; ~**ito** *m chim* bisulfito; ~**uro** *m chim* bisulfuro
bisonte *m zool* bisonte
biss|are *vt teatro/mus* bisar; ~**o** *m* biso
bistecca *f* filete *m*, bistec *m*, bife *m/Arg*
bistecchiera *f* parrilla para filetes
bisticci|are 1. *vi* <*avere*> reñir, pelearse; **2.** *~rsi* pelearse; ~**o** *m* rencilla *f*
bistrattare *vt* maltratar
bistrò, bistrot *m fr/inv* bistrot *m*
bisturi *m/inv* bisturí *m*
bisunto *adj* bisunto, grasiento, mugriento
bit *m/inv infor* bit *m*; *(fam) arrivo fra un ~* llego en un santiamén
bitonale *adj* bitonal
bitorzolo *m* excrecencia *f*
bitter *m/inv* bíter *m*
bitum|are *vt* embetunar, dar betún; ~**e** *m* betún; ~**inoso** *adj* bituminoso
biunivoco *adj* biunívoco
bivacc|are *vi* <*avere*> vivaquear; ~**o** *m* vivaque, vivac
bival|ente *adj* bivalente; ~**vo** *adj* bivalvo
bivio *m* bifurcación *f*, encrucijada *f*
bizantin|ismo *m art/fig* bizantinismo; ~**o** *adj/s geogr/fig* bizantino
bizza *f* berrinche *m*
bizzarr|ia *f* rareza, extravagancia; ~**o** *adj* extravagante, raro, estrambótico
bizzeffe: a ~ *adv* a espuertas, a porrillo, a puñados
bizzoso *adj* irascible, colérico
bla bla bla *onom* bla bla bla
black-out *m ingl/inv elec/TV* apagón *m*; caída total de la línea *f* (*teléfono*); *fig* falta total de noticias *f* (*periódico*)
blando *adj fig* blando
blasfemo *adj/s* blasfemo
blason|ato *adj/s* blasonado; ~**e** *m arald* blasón
blaterare <*esd*> *vi* <*avere*> *desp* chismorrear, charlar, charlotear
blenda *f min* blenda
blenorr|agia *f med* blenorragia, gonorrea; ~**agico** *adj med* blenorrágico, gonorreico; ~**ea** *f med* blenorrea
bleso *adj* ="que pronuncia mal u omite una o más consonantes"
blinda|ggio *m* blindaje; ~**re** *vt* blindar; ~**to** *adj/m* blindado; *carro, auto* ~ carro, coche blindado; *reparto* ~ división acorazada
blitz *m/inv* operación relámpago *f*; *mil* golpe de mano *m*
blocca|ggio *m* bloqueo; ~**re** *vt* bloquear, paralizar; *econ* congelar; ~**sterzo** *m* bloqueo del volante
blocco *m* 1. bloque; *(sport) ~ di partenza* calzos; *in* ~ en bloque; 2. bloqueo, paralización *f*; congelación *f* (*salarios, precios*); *med* colapso; *auto* retención *f*; ~ *navale* bloqueo naval; ~ *renale, cardiaco* colapso renal, cardiaco; *posto di* ~ control de carreteras
bloc-notes *m ingl/inv* bloc *m*, bloc de notas *m*
blonda *f* blonda
blu *adj/m inv* azul *adj/m*; ~ *marino* azul marino; *fare un occhio ~ (a q)* poner un ojo morado (a alg); ~**astro** *adj* azulado
blue-jeans *mpl/ingl* (pantalón) vaquero *m*, (pantalones) vaqueros, bluyin *m/am*
bluff *m/inv* farol *m* (*naipes*); *fig* bluff *m*, flor de un día *f*; ~**are** *vi* <*avere*> farolear, echarse/marcarse un farol; ~**atore, -trice** *m/f* farolero, -a (*naipes*)
blus|a *f* blusa; ~**otto** *m* blusón
boa *f* 1. *mar* boya, baliza; 2. *inv zool* boa *f*; ~**to** *m* bramido, retumbo

bob *m/inv sport* bob; ~**bista** *m/f sport* jugador, -a de bob; ~**ina** *f* bobina

bocca <*pl -che*> f 1. boca; *(bot)* ~ *di leone* boca de dragón; ~ *d'irrigazione* boca de riego; *a* ~ de viva voz; *in* ~ *al lupo!* ¡suerte!; *restare a* ~ *aperta* quedarse con la boca abierta, quedarse boquiabierto; *(fig) restare a* ~ *asciutta* quedarse con las ganas, quedarse con la miel en los labios; *essere di* ~ *buona* tener buenas tragaderas; *essere la* ~ *della verità* ser una boca de verdades, ser la voz de la conciencia; *essere sulla* ~ *di tutti/passare di* ~ *in* ~ ir de boca en boca; *lasciare a q la* ~ *amara* dejar a alg con mal sabor de boca; *non aprire* ~ no rechistar, no decir esta boca es mía; *mettere* ~ *in qc* meterse donde no le llaman; *rifarsi la* ~ quitarse el mal sabor de boca; *avere tre* ~*e da sfamare* tener tres bocas que alimentar; 2. *geogr* delta *m* (*río*); estrecho *m* (*mar*); 3. *fig* pico *m*; ~ *d'oro* boca de oro, pico de oro *m*

boccadoro *m* pico de oro

boccale 1. *adj med* bucal; **2.** *m* jarro; caña *f*, jarra *f* (*cerveza*)

boccaporto *m* escotilla *f*

boccarola *f fam* boquera

boccascena *m/f inv teatro* proscenio *m*

boccata *f* bocanada; calada (*cigarrillo*); *andare a prendere una* ~ *d'aria* ir a airearse un poco, ir a tomar el fresco

boccetta *f* frasco *m*

boccheggia|mento *m* jadeo; boqueada *f*, agonía *f*; ~**nte** *adj* jadeante; agonizante; ~**re** *vi* <*avere*> boquear; jadear

bocchello *m agr* boquera *f*

bocchetta *f mus* boquilla

bocchino *m* 1. boquilla *f* (*para cigarrillos*); *mus* boquilla *f*; 2. *vulg* francés

boccia <*pl -ce*> f 1. bocha, bola de petanca; *iron* chola, calabaza (*cabeza*); 2. garrafa; 3. *fpl* bochas, petanca; *gioco delle* ~*e* juego de las bochas, juego de petanca; ~**re 1.** *vt stud* suspender, catear *fam*; rechazar (*propuesta, ley*); **2.** *vi fam/auto* pegársela (a alg); ~**tura** *f stud* suspenso *m*, cate *m/fam*; rechazo *m* (*propuesta, ley*)

boccino *m* boliche

boccio *m bot* capullo, botón; ~**dromo** *m* local para jugar a las bochas o a la petanca; ~**lo** *m bot* capullo, botón

boccola *f* hebilla; arete *m*, pendiente *m*; *tec* arandela, volandera

boccolo *m* tirabuzón (*pelo*)

boccon|cino *m* bocado exquisito, golosina *f*, gollería *f*; ~**e** *m* bocado; *mangiare un* ~ tomar un bocado; *(fig) inghiottire un* ~ *amaro* pasar un mal trago, tragar quina; ~**i** *adv* boca abajo; de bruces, de morros *fam*; *cadere* ~ caer de bruces

body *m ingl/inv* body *m*

boero *adj/s* bóer

bofonchiare *vi* <*avere*> *fam* refunfuñar

boga *f zool* boga

bohème *f fr/* bohemia (*artistas*)

bohemi|en, -enne *m/f fr* bohemio, -a

boia 1. *m/inv* verdugo *m*; **2.** *adj/inv pop* maldito *adj*, cruel *adj/est*; *mondo* ~*!* ¡mundo cruel!; ~**ta** *f vulg* mierda (*porquería*); *questo spettacolo è una* ~ este espectáculo es una mierda

boicotta|ggio *m* boicot, boicoteo; ~**re** *vt* boicotear

boiler *m ingl/inv* calentador eléctrico *m*

bold|ina *f chim* boldina; ~**o** *m bot* boldo

bolero *m* 1. *mus* bolero; 2. torera *f* (*chaqueta corta*)

bolgia *f fig* gallinero *m*

bolide *m astr/auto/fig* bólido

bolla *f* 1. burbuja, ampolla; pompa (*jabón*); *(fig) finire in una* ~ *di sapone* acabar en agua de borrajas; 2. *com* recibo *m*; resguardo *m*, talón *m*; *post* sello *m*, precinto *m*; 3. *eccl* bula; ~**re** *vt adm/com* sellar, cuñar, timbrar; *fig* marcar, estigmatizar; ~**to** *adj* sellado, cuñado, timbrado; *valori* ~*i* valores timbrados; ~**tura** *f* sellado *m*

bollente *adj* hirviente, hirviendo; *acqua* ~ agua hirviendo

bollett|a *f* recibo *m*; resguardo *m*, talón *m*; *la* ~ *dell'acqua* el recibo del agua; *(fig) essere in* ~ estar sin blanca; ~**ario** *m* talonario (*de recibos*); ~**ino** *m* parte, boletín; ~ *meteorologico* boletín/parte meteorológico; ~ *medico, di guerra* parte médico, de guerra; ~ *ufficiale* boletín oficial (*ministerios*)

bolli|cina *f* burbuja; *med* ampolla, vejiga; ~**latte** *m/inv* recipiente para calentar la leche *m*; ~**no** *m* cupón; ~**re 1.** *vt* hervir, cocer; **2.** *vi* <*avere*> bullir, hervir; ~ *di rabbia* temblar de rabia; ~ *il sangue* revolver la sangre; *in questa macchina si* ~ en este coche te achicharras; *(fig) chissà cosa bolle in pentola* a saber lo que se está cociendo; ~**to 1.** *adj* hervido; **2.** *m* carne cocido (*del cocido*); ~**tore** *m* hervidor; ~**tura** *f* hervido *m*; caldo *m*

bollo *m* sello, cuño (*objeto y marca que deja*); *fam* sello (*de correos*); ~ *auto* impuesto de circulación; ~ *postale* matasellos, estampilla *f/am*; *carta da* ~ papel timbrado; ~**re** *m* hervor; *fig* fervor, excitación *f*

bolo *m med* bolo; ~ *alimentare* bolo alimenticio

Bologn|a *f* Bolonia; *~**ese** *adj/s* boloñés

bolsaggine *f med* huélfago *m*, asma equina

bolscevi|co *adj/s pol* bolchevique; ~**smo** *m pol* bolchevismo

bomba *f* bomba; ~ *a mano* bomba de mano, granada; ~ *atomica, H, all'idrogeno, al neutrone, al cobalto* bomba atómica, H, de hidrógeno, de neutrones, de cobalto; ~ *Molotov* cóctel Molotov

bombard|amento *m* bombardeo; ~**are** *vt mil/fig* bombardear; ~**iere** *m aer* bombardero; ~**iero** *adj* bombardero; ~**ino** *m mus* bombardino

bombetta *f* 1. bombín *m*, hongo *m*; 2. petardo *m*; bomba fétida

bombol|a *f* bombona (*gas*)

bombolo *m fig/iron* barrilete, tonel

bomboniera *f* bombonera

bompresso *m mar* bauprés

bona V. **bono**

bonacci|a *f mar* bonanza, calma; ~**one** *adj/s* bonachón

bonaga *f bot* gatuña
bonari|età *f/inv* bondad *f*, afabilidad *f*; **~o** *adj* bondadoso, afable
bonazzo, **-a** *m/f pop* tío bueno *m*, tía buena *f*
bonifica *f agr/fig* saneamiento *f*; **~re** *<esd> vt agr/fig* sanear; **~zione** *f* saneamiento *m*
bonifico *m* bonificación *f*, descuento; transferencia *f*
bono, **-a** *adj/s pop* tío bueno *m*, tía buena *f*; *essere ~* estar bueno, -a, estar como un tren; **~mia** *f* bondad, benignidad
bonsai *m/inv* bonsai *m*
bontà *f/inv* bondad *f*, benignidad *f*, afabilidad *f*; abbia la ~ di dirmelo tenga la bondad de decírmelo
bonzo *m* bonzo
boom *m ingl/inv* boom *m*, eclosión *f*
boomerang *m ingl/inv* bumerán *m*, *boomerang m*
bora *f meteo* tramontana, cierzo *m*
borace *m chim* bórax
boraci|fero *adj* boracífero; **~te** *f min* boracita
borato *m chim* borato
borbott|amento *m* refunfuño; **~are 1.** *vi <avere>* barbotar, bisbisear, murmurar; *fig* refunfuñar, rezongar; **2.** *vt* musitar, mascullar, farfullar; **~io** *m* murmullo, farfulla *f*; **~one** *adj/s* gruñón
borchia *f* bullón *m*; tachuela
borda|re *vt* orillar (*tela*); *mar* desplegar (*velas*); **~ta** *f mar* bordada; andanada; **~tura** *f* orillado *m*, ribeteado *m*
bordeggiare *vi mar <avere>* bordear, dar bordadas
bordello *m* burdel, prostíbulo; *fig* leonera *f*; *fig* jaleo; *questa stanza è un ~* esta habitación está hecha una leonera; *smettila di far ~!* ¡deja de armar jaleo!
borderò *m/inv com* extracto de cuenta *m*
bordino *m* orilla *f*, orillado (*tejidos*)
bordo *m* 1. *mar* bordo, borda *f*; *aer/auto* bordo; *gente d'alto ~* gente de altos vuelos; *salire a ~* subir a bordo; *a ~ della macchina* a bordo del coche; 2. ribete, orilla *f*; cenefa *f*; borde, canto, bordillo; *sul ~ della strada* al borde de la carretera; **~ne** *m* bordón
borea *m* bóreas; **~le** *adj* boreal
borgata *f* aldea, caserío *m*; suburbio *m*
borghes|e *adj/s* burgués; *in ~* de paisano; **~ia** *f* burguesía
Borgia *hist* Borja, Borgia
borgo *m* barrio
borgomastro *m* burgomaestre
bori|a *f* engreimiento *m*, humos *mpl*, ínfulas *fpl*; **~co** *adj chim* bórico; **~oso** *adj* engreído, estirado, jactancioso
boro *m chim* boro; **~talco** *m* talco, polvos de talco *mpl*
borra *f* borra; **~ccia** *f* cantimplora
borragine *f bot* borraja
borro *m geogr* badén
borsa *f* 1. bolsa; bolso *m* (*de mujer*); cartera (*portafolio*); *~ di plastica, da ghiaccio, dell'acqua* bolsa de plástico, de hielo, de agua; *la ~ della spesa* la cesta de la compra; *~ da viaggio* bolsa de viaje; *~ diplomatica* valija diplomática; *o la ~ o la vita!* ¡la bolsa o la vida!; *~ di studio* beca; *avere le ~e sotto gli occhi* tener ojeras; *pagare di ~ propria* pagar de su propio bolsillo; *tenere la ~ stretta* ser agarrado, tacaño; 2. *com* bolsa; *~ merci* lonja; *~ di valori* bolsa de valores; *~ dei calciatori* mercado de jugadores; *giocare in ~* jugar a la bolsa
borsaiolo, **-a** *m/f* ratero, -a, carterista
borsanera *f* mercado negro *m*
borseggi|are *vt* birlar, ratear; **~atore, -trice** *m/f* carterista; **~o** *m* robo, tirón
borsell|ino *m* bolsillo, faltriquera *f/ant*; **~o** *m* mariconera *f/pop*
borsett|a *f* bolso *m*; **~o** *m* mariconera *f/pop*
borsi|no *m com* bolsín; **~sta** *m/f stud* becario, -a; *com* bolsista, especulador, -a de bolsa; **~stico** *adj* bursátil
bosca|glia *f* soto *m*, boscaje *m*; **~iolo, -a** *m/f* leñador, -a, hachero, -a
bosch|ereccio *adj* del bosque, silvestre; forestal; **~ivo** *adj* boscoso; **~imano** *adj/s* bosquimán, bosquimano
bosco *m* bosque; *buono da ~ e da riviera* servir igual para un roto y para un descosido; **~sità** *f/inv* boscosidad *f*; **~so** *adj* boscoso
boss *m/inv* jefe *m*, capó *m*; **~o** *m bot* boj
bossolo *m mil* casquillo; cubilete (*dados*)
botanic|a *f* botánica; **~o** *adj/s* botánico; *orto/giardino ~* jardín botánico
botola *f* escotillón *m*, trampilla
botolo *m* perro gozque; *fig* matagigantes
botta *f* 1. golpe *m*; *fig* puya, insinuación; *(fig) a ~ calda* en caliente; *è stata una bella ~ per lui* ha sido un duro golpe para él; 2. detonación (*explosivo*); 3. *fpl* paliza *f*, tunda *f*; *dare ~e da orbi* dar palos de ciego; *fare a ~e* pegarse, darse de golpes; *riempire di ~e* dar una paliza; **~io** *m* barrilero, cubero
botte *f* barril *m*, cuba, barrica, pipa; *(fig) essere in una ~ di ferro* estar en una situación inmejorable; *volere la ~ piena e la donna ubriaca* querer estar en misa y repicando, tener la cuba llena y la suegra borracha
bottega *f com* tienda, comercio *m*; taller *m*; *lavorare a ~ (da q)* trabajar de aprendiz (para alg); *(fig) chiudere ~* cerrar el negocio; *(fam/iron) avere la ~ aperta* tener la bragueta abierta; **~io, -a** *m/f* tendero, -a
botteghino *m* 1. *teatro/cine* taquilla *f*; 2. despacho de lotería
bottigli|a *f* botella; *~ Molotov* cocktail Molotov; **~etta** *f* botellín *m*; **~one** *m* botellón
bottino *m* 1. *mil* botín, presa *f*; 2. letrina *f*, pozo negro
botto *m* 1. golpe; *di ~* de golpe; *in un ~* en un santiamén; 2. detonación *f* (*del disparo*); 3. *mpl* petardos
botton|e *m* 1. botón; *elec* botón, pulsador; *attaccare ~* pegar la hebra; *attaccare un ~ (a q)* soltarle el rollo (a alg); 2. *bot* yema *f*; *(bot) ~ d'oro* botón de oro; **~iera** *f* 1. botonadura; 2. panel *m* (*botones*)

bouclé *adj fr/inv* a bucles
bouquet *m/inv* ramillete *m*, ramito *m* (de flores); *gastr* buqué *m*
bout|ade *f fr/inv* boutade *f*, burrada *f*; **~ique** *f fr/inv* boutique *f*
bov|aro *m agr* boyero, vaquero; **~e** *m* buey
bovi|le *m agr* vaqueriza *f*; **~na** *f* boñiga; **~no** *adj/m* bovino, vacuno
bowling *m ingl/inv sport* bolos *mpl*, boliche; bolera *f*, boliche *m (lugar)*
box *m/inv* 1. *agr* cuadra *f*; 2. *auto/sport* box *m*; 3. garaje privado *m*; 4. parque infantil *m*; **~are** *vi* <*avere*> boxear; **~e** *f sport* boxeo *m*; **~er** *m* 1. *zool* bóxer; 2. calzoncillo(s) *m(pl)* (*largos*); **~eur** *m fr/inv sport* boxeador *m*, púgil *m*
boy *m ingl/inv* 1. botones *m (hotel)*; 2. bailarín de revista *m*; **~-scout** *m ingl/inv* boy-scout *m*
bozza *f* 1. esbozo *m*, boceto *m*, borrador *m*; esbozo *m* (*contrato*); 2. *tip* prueba de imprenta, galerada; *tirare una ~* echar una galerada; *correggere le ~e* corregir pruebas; 3. *arch* sillar *m*; almohadilla; 4. *med* protuberancia; chichón *m*
bozzella *f mar* polea
bozzett|ista *m/f* folletinista; **~o** *m* boceto, bosquejo; folletín (*novela*)
bozzima *f tec* apresto *m*; *agr/fig* engrudo *m*
bozzo *m* chichón
bozzolo *m zool* capullo; *(fig) uscire dal ~* salir del cascarón
braca <*pl -che*> f 1. pernera; *tec/mar* braguero *m*; 2. *fpl* pantalones *mpl*, calzones *mpl*; *(fig) portare le ~e* ponerse los pantalones; *(pop) calare/calarsi le ~e* bajarse los pantalones; **~lone** *adj/s* desaliñado, descuidado, dejado
braccare *vt* acosar, perseguir (*la caza*)
braccetto: a ~ *adv* del brazo; *andare a ~ di q* ir del brazo de alg
braccia|le *m* brazalete; brazal (*armadura*); *~ nero* brazalete negro; **~letto** *m* brazalete, pulsera *f*; **~nte** *m agr* bracero, jornalero, peón; **~re** *vt mar* bracear; **~ta** *f sport* brazada; braza, brazada, brazado *m* (*cantidad*)
braccio *m* 1. <*fpl le braccia*> *med* brazo; *~ di ferro* pulso; *accogliere q a ~a aperte* recibir a alg con los brazos abiertos; *darsi/gettarsi in ~a a q/a un vizio* echarse en brazos de alg/de un vicio; *incrociare le ~a* cruzarse de brazos; *stare a ~ a conserte* estar con los brazos cruzados; *portare in ~* llevar en brazos; *sentirsi cascare le ~a* caérsele a uno el alma a los pies; *essere il ~ destro (di q)* ser el brazo derecho (de alg); *fare a ~ di ferro (con q)* echar un pulso (a alg); *~ secolare, regio* brazo secular, real; 2. braza *f* (*medida*); 3. <*mpl i bracci*> *arch* ala *f*; *geogr* brazo; *fig* brazo (*grúa, lámpara, balanza*); **~lo** *m* apoyabrazos, brazo (*sillón*)
bracco *m zool* (perro) braco, perdiguero; *fig* sabueso, polizonte; **~niere** *m* (cazador) furtivo
brace *f* brasa, ascua; *carne alla ~* carne a la brasa, churrasco *m Arg*; *(fig) essere sulle ~i* estar en ascuas; *(a. fig) soffiare sulle ~i* avivar los rescoldos; *(fig) farsi di ~* ponerse colorado, ruborizarse
brach|e *fpl* V. **braca**; **~etta** *f* bragueta; **~iale** *adj med* braquial; **~iuro** *m* braquiuro
braciere *m* brasero
braciola *f gastr* chuleta
bradipo *m zool* perezoso
brado *adj* bravo, salvaje
brahman|o *m* brahmán; **~esimo** *m brahmanismo*
braille *adj/m/inv* braille; *scrittura ~* escritura braille
brama *f* ansia, anhelo *m*; **~no** V. **brahmano**; **~re** *vt* ansiar, anhelar
brami|no m brahmán; **~re** <*isc*> *vi* <*avere*> bramar; **~to** *m zool/fig* bramido
bramos|ia *f* ansia, anhelo *m*; **~o** *adj* ansioso, deseoso
branca *f zool* garra, zarpa; *tec* brazo *m* (*de la pinza*); *bot* rama; *cient* rama; *arch* tramo *m* (*escalera*)
branchia *f zool* branquia, agalla; **~le** *adj zool* branquial
brancicare <*esd*> **1.** *vt* palpar, sobar, manosear; **2.** *vi* <*avere*> andar a tientas
branco *m zool/fig* hato, hatajo, atajo, manada *f*; *un ~ di gentaglia* un atajo de sinvergüenzas; **~lare** <*esd*> *vi* <*avere*> ir a ciegas, ir a tientas
brand|a *f* catre *m*; *mar* coy *m*; **~ello** *m* jirón, harapo, pingajo; *fig* pizca *f*; **~ire** <*isc*> *vt* blandir, esgrimir; **~y** *m* brandy
brano *m ling/mus/art* fragmento, trozo
branzino *m zool* róbalo, lubina *f*
brasa|re *vt gastr* estofar; cocinar a la brasa; *tec* soldar; **~to** *m gastr* asado de ternera
brasil|e *m* brasil, palo brasil (*madera*); ***~e:** *il ~* Brasil; **~iano** *adj/s* brasileño, brasilero *am*
brava|ccio *m* bravucón, perdonavidas, tragahombres; **~re** *vi lit* <*avere*> bravear, gallardear; **~ta** *f* bravata, bravuconada, machada
brave|ggiare *vi* <*avere*> fanfarronear; **~ria** *f* machada, bravuconada
bravo 1. *adj* 1. bueno, capaz, experto, diestro, hábil; *essere ~ in qc* ser bueno/diestro en algo; *su, da ~!* ¡venga, sin miedo!; 2. bueno, honrado; 3. *lit* bravo, valiente, arrojado; **2.** *excl* ¡bravo!, ¡olé!; **3.** *m hist* bandido, bandolero, forajido
bravura *f* habilidad, capacidad; valentía
break *m ingl* descanso, intermedio
breccia *f* 1. *geol* brecha; guijarros de un río *mpl*; 2. brecha, boquete *m*, grieta; *fare ~* abrir brecha; *essere sulla ~* estar en la brecha; **~me** *f* grava, gravilla
brefotrofio *m* orfanato, inclusa *f*
Bretagna *f* Bretaña; *Gran ~* Gran Bretaña
bretone *adj/s* bretón, -ona
bretella *f* 1. tirante *m* (*ropa*); 2. carretera de enlace
breve 1. *adj* breve, corto; *in ~* en resumen, en pocas palabras; *fra ~* en breve; *a farla ~* en resumidas cuentas; *a ~ termine* a corto plazo; **2.** *m eccl/mus* breve
brevett|are *vt* patentar; **~o** *m* patente *f*,

permiso; *(aer)* ~ *di pilota/di pilotaggio* título de piloto aéreo
brevi|ario *m* breviario; ~**tà** *f/inv* brevedad *f*, concisión *f*
brezza *f* brisa
bricco *m* cafetera *f* (*recipiente*)
briccon|ata *f* bellaquería, bribonada; ~**e** *adj/m* bribón, bellaco, canalla; *fam* pillo, pillastre, pillín; ~**eria** *f* bellaquería; canallada, bribonada
briciol|a *f* miga, migaja; *fig* migaja, pizca; *andare in ~e* hacerse añicos, hacerse trizas; *ridurre in ~e* hacer añicos; ~**o** *m fig* pizca *f*, migaja *f*; *non avere un ~ di cervello* no tener ni pizca de conocimiento
bricolage *m fr/inv* bricolaje *m*
bridge *m ingl/inv* bridge
briga *f* molestia, fastidio *m*; pelea, discusión; *prendersi/darsi la ~ di* tomarse la molestia de; *attaccare/cercare ~* armar/buscar camorra; ~**diere** *m mil* sargento (*Carabineros*); ~ *generale* general de brigada, brigadier
brigant|aggio *m* bandidaje, bandolerismo; ~**e, -essa** *m/f* bandido, -a, bandolero, -a, salteador, -a; ~**ino** *m mar* bergantín
brigare *vi fam* <*avere*> bregar
brigata *f* grupo *m*, *comitiva; mil* brigada; *generale di ~* general de brigada; **~e Rosse* Brigadas Rojas
brighella *m/inv fig* intrigante *m*
briglia *f* rienda; *a ~ sciolta* a rienda suelta; *a tutta ~* a toda brida, a todo correr, a toda pastilla
brillamento *m* brillo
brillant|ante *m* abrillantador; ~**are** *vt* abrillantar, sacar brillo; *gastr* escarchar; ~**e** *adj/m* brillante; ~**ina** *f* brillantina
brillare 1. *vi* <*avere*> brillar; **2.** *vt* explosionar, explotar; *agr* descascarillar (*arroz, cebada...*)
brillatura *f tec* descascarillado *m*
brillio *m* brillo
brillo *adj* entonado, achispado
brina *f* escarcha; ~**re** *vi/vt* escarchar; ~**ta** *f* escarcha
brindare *vi* <*avere*> brindar
brindello V. **brandello**; ~**ne** *m* desaliñado, desastrado
brindisi *m/inv* brindis *m*
brio *m* brío; ~**che** *f fr/inv gastr* bollo *m*, suizo *m*; ~**fita** *f bot* briófita; ~**nia** *f bot* brionia
brios|ità *f/inv* brío *m*, vivacidad *f*; ~**o** *adj* brioso
briozoo *m zool* briozoo
briscola *f* brisca; *contare quanto il due di ~* no contar nada, ser el último mono
britannico *adj/s* británico
brivido *m* escalofrío, estremecimiento
brizzolato *adj* rucio (*animal*); entrecano (*cabello*)
brocca *f* jarra, jarro *m*, aguamanil *m*; ~**tello** *m* bracatel; ~**to** *m* brocado
broccolo *m bot* brécol, bróculi, bróquil
broch|e *f fr/inv* broche *m*; ~**ure** V. **brossura**
brod|a, ~**aglia** *f desp/gastr* calducho *m*, aguachirle *m*; *fig* bodrio *m*; ~**etto** *m* caldo de pescado
brodo *m* caldo; ~ *ristretto* caldo corto, consomé; ~ *lungo* calducho, aguachirle; ~ *di dadi* cubitos de caldo; *pastina in ~* sopa de estrellitas, letras...; *(fig) andare in ~ di giuggiole* volverse loco de placer/de alegría, estar como unas castañuelas; *(fig) tutto fa ~* todo aprovecha, todo sirve; ~**lone** *m desp* guarro, cochino (*en la mesa*); ~**so** *adj* caldoso
brogli|accio *m com* borrador; ~**o** *m* fraude, embrollo; ~ *elettorale* fraude electoral, pucherazo
broker *m ingl/inv econ* broker *m*, intermediario finaciero *m*
brom|o *m chim* bromo; ~**uro** *m chim* bromuro
bronchi|ale *adj* bronquial; ~**te** *f med* bronquitis; ~**tico** *adj/s* bronquítico
broncio *m* enojo, rabieta *f*; *fare il ~* estar de morros; *portare il ~ (a q)* estar de morros (con alg)
bronco *m med* bronquio; ~**polmonite** *f med* bronconeumonía
brontol|amento *m* refunfuño, farfulla *f*; ~**are** <*esd*> *vi* <*avere*> refunfuñar, mascullar, farfullar, rezongar, gruñir; ~**io** *m* refunfuño, barboteo; ~**one, -a** *m/f* gruñón, -ona, renegón, -ona, refunfuñón, -ona
bronz|are *vt metal* broncear; ~**atura** *f metal* bronceado *m*; ~**eo** *adj lit* bronceo (*del color del bronce*); broncíneo (*de bronce*); ~**ina** *f tec* buje *m*; ~**ista** *m/f* broncista; ~**o** *m* bronce; *Età del *~* Edad de Bronce; *(fig) avere la faccia di ~* tener la cara más dura que el cemento, tener mucha cara
brossura *f tip* rústica; *rilegato in ~* encuadernado en rústica
brucellosi *f/inv med* brucelosis
bruciacchia|re *vt* chamuscar, socarrar; ~**tura** *f* chamusquina, socarrina
bruciamento *m* quema *f*
bruciapelo: a ~ *adv* a quemarropa/a quema ropa, a bocajarro/a boca de jarro
bruciare 1. *vt* quemar; ~ *le cervella* saltar la tapa de los sesos; *(fig) ~ la scuola* hacer novillos, pelarse las clases *fam*; *(sport) ~ gli avversari* aplastar al contrario, imponer un correctivo al adversario; **2.** *vi* quemar, arder; escocer, picar (*herida...*); ~ *di febbre, di amore* arder de fiebre, de amor; ~ *dal desiderio di fare qc* arder en deseos de hacer algo; **3.** ~*rsi* quemarse, abrasarse
bruciat|a *f* castaña asada; ~**iccio** *m* quemado, chamusquina *f*; *sapere di ~* oler a quemado; ~**ore** *m tec* quemador; ~**ura** *f* quemadura
bruciore *m* ardor, escozor, picor, quemazón *f*; ~ *di stomaco* ardor de estómago
bruco *m zool* gusano, oruga *f*
brufolo *m med* grano
brughiera *f* erial *m*, brezal *m*, páramo *m*
bruli|came *m zool/fig* hormigueo; ~**care** <*esd*> *vi zool* <*avere*> hormiguear; *fig* hervir, hormiguear; ~**chio** *m zool* hormigueo, hormiguero; *fig* hormiguero, hervidero

brullo *adj* yermo, pelado
brum|a *f zool* broma; *meteo* bruma; ~**oso** *adj lit* brumoso
brunastro *adj* parduzco
bruni|re *<isc> vt metal* bruñir; lustrar, pulimentar; ~**toio** *m* abrillantador; ~**tura** *f* bruñido *m*
bruno, -a 1. *adj* pardo, -a, oscuro, -a; moreno, -a (*persona*); **2.** *m/f* moreno, -a
brusca *f* bruza
brusch|etta *f gastr* pan tostado *m;* ~**ezza** *f* brusquedad; ~**ino** *m* bruza *f*
brusco *<mpl -chi>* adj brusco, repentino; *fig* brusco, áspero; *con le ~e* con malos modos, de mala manera
bruscolo *m* brizna *f*, pizca *f*; mota *f* (*polvo*)
brusio *m* rumor, murmullo
brut|ale *adj* brutal, bestial; ~**alità** *f/inv* brutalidad *f, bestialidad f;* ~**o 1.** *adj* bruto; *forza ~a* fuerza bruta; **2.** *m* animal, bestia *f*, ser irracional; *fig* bestia *m/f*, cernícalo
brutt|ezza *f* fealdad; ~**o 1.** *adj/s* 1. feo; *quel ragazzo è molto ~* aquel chico es muy feo; *più ~ del peccato* más feo que un pecado/que Picio; *~a abitudine* fea costumbre; *il diavolo non è così ~ come lo si dipinge* no es tan fiero el león como lo pintan; 2. malo; *~ tempo, ~a giornata* mal tiempo, mal día; *giungere in un ~ momento* llegar en mal momento; *~a copia* borrador; *in ~a copia* en sucio; *fare (una) ~a figura* quedar mal, quedar en ridículo; *vedersela ~a, passarne delle ~e* vérselas mal, pasarlas canutas; *con le ~e* por las malas; *il ~ è che/ha di ~ che...* lo malo es que...; **2.** *m* mal tiempo; *il tempo si mette al ~* el tiempo se está poniendo feo; ~**one** *adj* feote; ~**ura** *f* porquería
Bruxelles Bruselas
bua *f infan* pupa; *far(si) la ~* hacer(se) pupa; *avere la ~ al pancino* tener pupa en la barriguita
buaggine *f* bobada, necedad
bubbola *f* mentira, trola; tontería, bagatela, nadería; *zool* abubilla
bubbolare *<esd>* **1.** *vi <avere>* bramar (*mar, viento...*); retumbar, resonar (*trueno*); **2.** *vt pop* chasquear, engañar
bubbolo *m* cascabel
bubbon|e *m med* búa *f*, buba *f*, bubón; ~**ico** *adj med* bubónico; *peste ~a* peste bubónica
buca *f* agujero *m*, hoyo *m*, fosa; *teatro* concha; *auto* bache *m*; *geogr* hoya; *~ delle lettere* buzón de correos; *(agr) piantare a ~* plantar a hoya
bucaneve *m bot* campanilla blanca *f*
bucaniere *m* bucanero
bucare 1. *vt* agujerear; *auto* pinchar *vi/vt*; *sport* marrar, fallar; *~ una gomma* pinchar (*una rueda*); *(fam) ~ un semaforo* saltarse un semáforo; **2.** *~rsi* pincharse, herirse; *gergo* chutarse, picarse (*droga*)
bucat|o 1. *m* colada *f*; *fare il ~* hacer la colada; *fare il ~ in famiglia* los trapos sucios se ventilan en casa; **2.** *adj* agujereado; *avere le mani ~e* ser un manirroto; ~**ura** *f* agujero *m*, perforación; *auto* pinchazo *m*
'bucchero *m* búcaro
buccia *f bot* piel (*manzana...*); cáscara (*nuez...*); corteza (*arbusto*); corteza (*pan, queso*); *fig/iron* piel, pellejo *m* (*humana*); *(fig) avere la ~ dura* ser un tipo duro
buccino *m zool* caracola *f*
buccol|a *f*, ~**o** *m* bucle *m*
buccolotto *m* tirabuzón
bucefalo *m iron* rocín, jamelgo
buche|rellare *vt* agujerear; ~**tto** *m* hoyuelo (*cara*)
buco *m* agujero, hueco; *econ/fig* agujero; *gergo* chute, pico (*droga*); *il ~ della serratura* el hueco de la cerradura; *(astr) ~ nero* agujero negro; *non cavare un ragno dal ~* pasar la mano por la pared; *fare un ~ nell'acqua* fallar, fracasar; *(econ) tappare/turare un ~* tapar un agujero
bucolic|a *f ling* bucólica; ~**o** *adj* bucólico
Budda *m eccl* Buda
buddis|mo *m eccl* budismo; ~**ta** *adj/s* budista; ~**tico** *adj* budista
budello *m* 1. *<fpl le budella>* tripa *f*; 2. *<mpl i budelli> fig* tubo; *fig* callejón, callejuela *f*
budget *m ingl/inv* presupuesto *m;* ~**ario** *adj* presupuestario
budino *m* pudín, budín, flan
bue *<pl buoi>* m buey; *fig* burro, zopenco; *parlando del ~, spuntan le corna* hablando del rey de Roma, por la puerta asoma
bufalo, -a 1. *m/f zool* búfalo, -a; 2. *f fam* metedura de pata; 3. bodrio *m*
bufera *f* vendaval *m*, temporal *m*, tormenta
buffet *m fr/inv* bufé *m;* ~**to 1.** *m* chasquido (*dedos*); palmada *f*, cachete; **2.** *adj/inv* candeal *adj; pane ~* pan candeal
buffo 1. *adj* cómico, gracioso; ridículo; *teatro* bufo, cómico; **2.** *m teatro* bobo, gracioso
buffon|ata *f teatro/fig* bufonada, arlequinada, charlotada; ~**e** *m* bufón, payaso; *hist* bufón (de corte); ~**eria** *f* bufonería, bufonada; ~**esco** *adj* bufonesco, chocarrero
buganvillea *f bot* buganvilla
buggerare *<esd> vt fam* engatusar, liar
bugia *f* 1. bujía, palmatoria; 2. mentira; *fam* blanco de la uña *m*, mentira; *~ pietosa* mentira piadosa; *dire le ~e* decir mentiras
bugiard|aggine *f* falsedad, doblez; ~**eria** *f* mentira; ~**o** *adj/s* mentiroso, embustero
bugigattolo *m* cuchitril
bugliolo *m mar* balde
bugna *f arch* almohadilla; ~**to** *adj arch* almohadillado
buio 1. *adj* oscuro; *~ pesto* oscuro como boca de lobo; **2.** *m* oscuridad *f*; *al ~* a oscuras; *essere al ~ di qc* no estar al corriente de algo; *tener al ~ q* dejar a alg al margen; *farsi ~* oscurecer, anochecer; *(fam) mettere al ~* poner entre rejas; *al ~ tutti i gatti son bigi* de noche todos los gatos son pardos
bulbo *m med/bot* bulbo; ~**so** *adj* bulboso
Bulgar|ia: *la ~* Bulgaria; ***~o** *adj/s* búlgaro
bulin|are *vt tec* burilar; ~**atura** *f tec* buriladura; ~**o** *m tec* buril, cincel

bulldog *m ingl/inv zool* buldog *m*
bulldozer *m ingl/inv* excavadora *f*, topadora *f/am*
bulletta *f* tachuela
bullo *adj/s* chulo
bullon|are *vt* atornillar; **~atura** *f* atornillado *m*; **~e** *m tec* tornillo, tirafondo
bumerang V. **boomerang**
bungalow *m ingl/inv* bungalow *m*
bunker m/inv mil búnker *m*; **~aggio** *m mar* abastecimiento de combustible
buoi *pl di* **bue**
buona|fede, buona fede *f* buena fe; *in ~* de buena fe; **~nima, buon'anima** *adj/s* difunto, que en paz descanse; *mio nonno ~* mi abuelo, que en paz descanse; *la ~ di mio ~* mi difunto abuelo; **~notte, buona notte** *f/excl* buenas noches; *~, sonatori!* ¡apaga y vámonos!; **~sera, buona sera** *f/excl* buenas tardes, buenas noches
buoncostume, buon costume *m/inv* buenas costumbres *fpl*, decoro *m*; *m/excl* buongiorno, buon giorno buenos días *mpl*; *squadra del ~* brigada de la moral *ant*
buongoverno, buon governo *m/inv* buen gobierno
buongrado: di *~ adv* de buen grado, con gusto
buongust|aio, -a *m/f* sibarita (*comilón*); entendedor, -a; **~o, buon gusto** *m/inv* buen gusto; tacto; *abbi il ~ di tacere* ten el detalle de callarte
buono 1. *m* 1. *com* bono, cupón; *~ del tesoro* bono del tesoro; 2. *stud* notable; **2.** *adj* bueno; *buon giorno!* ¡buenos días!; *~a sera!* ¡buenas tardes!/¡buenas noches!; *~a notte!* ¡buenas noches!/¡hasta mañana!; *~a fortuna!* ¡buena suerte!; *buon viaggio, riposo!* ¡feliz viaje!, ¡feliz descanso!; *buon divertimento!* ¡que te lo pases bien!/¡que te diviertas!; *buon appetito!* ¡que aproveche!; *alla ~a* a la pata la llana, a la buena de Dios; *a buon mercato* barato; *essere in ~a* estar de buenas; *essere ~ come il pane* ser un pedazo de pan; *stare ~ in un angolo* estar quieto/quietecito en un rincón; *con le ~e o con le cattive* por las buenas o por las malas; *essere ~ a nulla* ser inútil, incapaz, no servir para nada; *questa è proprio ~a!* ¡esta sí que es buena!
buonora, buon'ora *f* la mañana temprano; *di ~* temprano, por la mañana temprano; *alla ~!* ¡ya era hora!, ¡por fin!
buonsenso, buon senso *m/inv* sentido común, sensatez *f*
buontempone *adj/s* vividor, juerguista
buonumore, buon umore *m* buen humor
buonuomo, buon uomo *m* buen hombre
buonuscita, buon uscita *f com* resarcimiento *m*, indemnización (*alquiler*); indemnización, finiquito *m (trabajo)*
burattin|aio, -a *m/f* titiritero, -a; **~o** *m teatro* títere; marioneta *f*; *fig* títere, mequetrefe; *teatro dei ~i* guiñol
burbanz|a *f* soberbia, altanería; **~oso** *adj* soberbio, altanero
burbero *adj/s* adusto, arisco
bureau *m fr/inv* buró *m*, escritorio *m (mueble)*; dirección *f (hotel)*
buri|ana *f fam* jaleo *m*, estruendo *m*; *meteo* chaparrón *m*, aguacero *m*; **~no** *adj* paleto, palurdo
burla *f* burla, broma, chanza, guasa; *per ~* de mentirijillas; **~re** *vt* burlarse, mofarse, reírse (de)
burle|sco *adj* burlesco, jocoso; **~tta** *f fam* chanza, guasa, chacota; *prendere tutto in ~* tomar todo a guasa
burlone *adj/s* bromista, guasón
burnus *m/inv* albornoz *m (vestido árabe)*
burocrate *m* burócrata *m/f*
burocrati|co *adj* burocrático; **~smo** *m* burocratización *f*; **~zzare** *vt* burocratizar; **~zzazione** *f* burocratización
burocrazia *f* burocracia
burrasc|a *f* borrasca, tempestad, tormenta; **~oso** *adj* borrascoso, tempestuoso
burriera *f* mantequera
burro *m gastr* mantequilla *f*; *chim* manteca *f*; *~ di cacao* manteca de cacao; **~ne** *m* barranco, precipicio, despeñadero; **~so** *adj* mantecoso
bus *m/inv* bus *m*, autobús *m*
buscare *vt* procurar, conseguir; *~rle/~rne* buscársela, buscarse problemas
busillis *m/inv* busilis
business *m ingl/inv* negocio *m*; **~man** *m ingl/inv* hombre de negocios *m*
buss|a V. **~e**; **~are** *vi <avere>* llamar (a la puerta); *~ alla porta* llamar a la puerta; **~ata** *f* golpe, aldabonazo *m*
busse *mpl* tunda *f*, somanta *f*; **~tto** *m* bisagra *f (zapatero)*
busso *m* golpe; **~la** *f* brújula; *(fig) perdere la ~* perder la brújula, perder el norte; **~lotto** *m* cubilete
busta *f* sobre *m*; funda (*gafas...*); *gergo* papelina (*droga*); *~ paga* nómina, paga; **~rella** *f* soborno *m*, coima *am*, mordida *Mex*
bustin|a *f* sobre *m (azúcar, medicinas)*; *mil* gorra *gergo* papelina (*droga*); **~o** *m* corsé
busto *m med/art* busto; corsé, cotilla *f (ropa)*; *med* corsé; *di mezzo ~* de medio cuerpo
butano *m* butano
butirrico *adj chim* butírico
butta|fuori *m/inv* gorila *m*, matón *m*; **~re 1.** *vt* echar, arrojar, lanzar, tirar; *(fig) ~ tutto all'aria* mandar todo a hacer gárgaras; *(fig) ~ giù* socavar, comer la moral; *~ giù un sorso* echar un trago; *~ via* echar, tirar; **2.** *~rsi* echarse, lanzarse, tirarse; *~rsi nelle braccia di q* echarse en los brazos de alg; *~rsi nel letto* echarse, acostarse, tumbarse; *~rsi nel fuoco (per q)* poner la mano en el fuego (por alg); *~rsi alla macchia* echarse al monte; *~rsi giù* caer el alma a los pies; **~ta** *f* descarte *m (naipes)*; *bot* brotadura
buttera|to *adj med* picado (de viruela); **~tura** *f med* picadura de viruela, hoyos de viruela *mpl*
buttero *m* 1. picadura de viruela *f*, hoyo de viruela; 2. *agr* boyero, pastor
buvette *f fr/inv* bar *m*, cantina *f*

buzz|o *m* barriga *f*, panza *f*; ~**one, -a** *m/f* barrigón, -ona, panzudo, -a; ~**urro** *m* castañero (*vendedor*); *desp* paleto, patán

by-pass *m ingl/inv med/tec* by-pass; *auto* by-pass, circunvalación *f*

byte *m ingl/inv infor* byte *m*

C

ca' *f reg* casa; ~ *d'Andrea* casa de Andrea
caball|a *f* cábala; **~ista** *m/f* cabalista; **~istico** *adj* cabalístico
cabar|et, ~è *m fr/inv* cabaré *m*
cabila *f* cabila
cabina *f tras/cine* cabina; *mar* cabina, camarote *m*; ~ *telefonica* cabina (telefónica); locutorio *m* (telefónico); **~to 1.** *adj mar* dotado de cabina; **2.** *m* yate
cabla|ggio *m tec* cableado; **~re** *vt tec* cablear; *post* cablegrafiar
cablo, cablogramma *m tras* cablegrama
cabotaggio *m mar* cabotaje
cabra|re *vi aer* encabritarse; **~ta** *f aer* acción/efecto de encabritarse
cabriol|é, ~et *m fr/inv* cabriolé *m*; *auto* descapotable *m*
cacadubbi *m/f vulg* indeciso, -a *est*
cacao *m bot* cacao
cacare 1. *vi/vt* 1. *vulg* cagar; *(vulg) va' a ~!* ¡!vete a la mierda!, ¡vete a hacer puñetas!; 2. *gergo* hacer caso *est*; *non mi caca proprio* no me hace ni caso; **2.** *~rsi vulg* cagarse; ~ *sotto* cagarse de miedo; **~lla** *f vulg* cagalera *fam*; *fig/vulg* acojonamiento *m*; *(vulg) far venire la ~/avere la ~* cagarse de miedo
cacas|enno *m/f inv desp* sabihondo, -a, sabidillo, -a; **~otto** *m fig* cagón, miedica, rajado
cacat|a *f vulg* cagada; *fig/vulg* chorrada, porquería; **~oio** *m vulg* cagadero
cacatua, cacatoa *m/inv zool* cacatúa *f*
cacca *f fam* caca; *fare la ~* hacer caca; *(vulg) avere la ~ al culo* estar cagado de miedo; *(infan) non toccare, è ~!* ¡no toques eso, es caca!
cacchio *m euf/pop* nabo, plátano; *ma che ~ fai?* ¿qué narices haces?
caccia 1. *f* caza; ~ *grossa, minuta* caza mayor, menor; ~ *alla lepre, al cinghiale* caza de la liebre, del jabalí; *andare a ~* ir a cazar; *(pol/fig) ~ alle streghe* caza de brujas; *dare la ~ a q/qc* ir a la caza de alg/algo; 2. *m/inv aer* caza *m*; *aereo da ~* avión de caza
cacciaballe *m/f fam* trolero, -a
cacciabombardiere *m aer* cazabombardero
cacciadiavoli *m/inv bot* corazoncillo *m*, todasana *f*
cacciagione *f zool* caza (*animales*)
cacciare 1. *vt* 1. cazar; 2. echar, expulsar; ~ *q a pugni e calci* echar a alg a patadas; 3. meter; *dove ho cacciato l'orologio?* ¿dónde habré metido el reloj?; 4. *fam* sacar; ~ *il coltello, la lingua* sacar la navaja, la lengua; **2.** *~rsi* meterse; *~rsi nella folla* confundirse entre la multitud; *dove si sarà cacciato?* ¿dónde se habrá metido?; *~rsi in un mare di guai* meterse en un montón de líos; *~rsi in testa qc a q* metérsele algo en la cabeza a alg
cacciasommergibili *m/inv mar* cazasubmarinos
cacciata *f* expulsión
cacciator|a *f* cazadora; *(gastr) alla ~* ="cocinado con cebolla, tomate y vino"; **~e, -trice** *m/f* cazador-a; ~ *di dote* cazadotes *m*; ~ *di autografi* cazador, -a de autógrafos; ~ *di frodo* cazador furtivo
cacciatorpediniere *m/inv mar* cazatorpedero *m*, destructor *m*
cacciavite *m/inv* destornillador *m*
caccola *f pop* 1. cagarruta, albondiguilla, pelotilla (*moco*); 2. legaña (*ojos*)
cachemire 1. *m fr/inv* cachemir, cachemira *m/f*; 2. *f geogr* Cachemira
cache-pot *m fr/inv* macetero *m*
cachet *m fr/inv* 1. *med* sello *m*, cápsula *f*; 2. *teatro/cine* cachet *m*, remuneración *f*; 3. *fig* clase *f*, elegancia *f*
cachi 1. *adj/inv* caqui (*color*); **2.** *m/inv* caqui *m* (*árbol, fruto, color*)
cacia|ia *f* quesería; **~ra** *f reg* jaleo *m*, algazara
cacicco *m hist/pol* cacique
cacio *m reg* queso; *(fig) cadere come il ~ sui maccheroni* venir como anillo al dedo; *(fig) essere alto come un soldo di ~* ser un retaco, ser muy bajito
cacofoni|a *f* cacofonía; **~co** *adj* cacofónico
cacone, -a *m/f vulg a. fig* cagón, -ona
cactus *m/inv bot* cacto *m*, cactus
cadauno *adj/pr* cada uno
cadaver|e *m* cadáver; **~ico** *adj* cadavérico
cadente *adj* poniente (*sol*); *arch* ruinoso; *fig* decrépito (*persona*); *stella ~* estrella fugaz
cadenza *f* cadencia, inflexión; *ling* acento *m*, deje *m*; **~re** *vt* dar una cadencia, modular; **~to** *adj* cadencioso
cadere <8 *caddi; caduto*> *vi* caer; ~ *ammalato* caer enfermo; ~ *bene/male un abito* sentar bien/mal un vestido; ~ *bocconi* caer de bruces; *(fig) ~ ritto/in piedi* caer de pie; ~ *dalla stanchezza, dal sonno* caerse de cansancio, de sueño; ~ *in miseria, oblio* caer en la miseria, en el olvido; ~ *nel banale, nel volgare* caer en la banalidad, en la vulgaridad; *al ~ del sole* al caer la tarde, al ponerse el sol
cadetto *m* hijo no primogénito; *mil/sport* cadete
cadmio *m metal* cadmio
caduc|eo *m mit* caduceo; **~ità** *f/inv ius* caducidad *f*; **~o** *adj biol* caduco; *fig* caduco, efímero
cadut|a *f* caída; ~ *del governo, delle foglie, dei capelli* caída del gobierno, de la hoja, del cabello; *(elec) ~ di tensione* caída de tensión; *(auto) ~ massi* peligro de desprendimientos; **~i** *mpl mil* caídos
caffè *m/inv* 1. café *m* (*planta, bebida*); ~ *in grani, macinato, in polvere* café en grano, molido, soluble; ~ *espresso* café solo; ~ *lungo* café largo; ~ *freddo* café del tiempo; ~ *ristretto* café cargado; ~ *corretto* carajillo; 2. café, cafetería *f*, bar; ~ *concerto* café concierto; *far politica da ~* hacer política de salón, politiquear
caffe|ario *adj* cafetero; **~ina** *f* cafeína; **~(l)latte** *m/inv* café con leche *m*

caffe(t)tano *m* caftán
caffett|eria *f* cafetería; ~**iera** *f* cafetera; *fig/iron* cafetera, cacharro *m* (*coche*); ~**iere, -a** *m/f* cafetero, -a
cafon|aggine *f* patanería, zafiedad, rudeza, tosquedad; ~**ata** *f* villanía, vileza; ~**e, -a 1.** *adj* patán, -ana, paleto, -a, palurdo, -a; **2.** *m/f reg/desp* paleto, -a, destripaterrones *inv* (*campesino*)
cagare V. **cacare**
cagion|are *vt* causar, provocar; ocasionar, acarrear; ~**e** *f* causa, motivo *m*; ~**evole** *adj* enfermizo
caglia|re *vi* cuajar, cortarse (*leche*); ~**ta** *f* cuajada; ~**tura** *f* cuajadura
caglio *m* 1. cuajo, cuajarón (*leche*); 2. *bot* amor de hortelano, cuajaleche
cagna *f zool* perra; ~**ra** *f fam* gresca, jarana, jaleo *m*
cagnesco *adj* amenazador, hostil; *guardare in* ~ mirar con mala cara
cagnolino *m* perrito
caimano *m zool* caimán
Caio *m* Cayo; *fig* mengano; *Tizio,* ~ *e Sempronio* fulano, mengano y zutano
cala *f geogr* cala
calabrese *adj/s* calabrés; ~**lla** *f* tresillo *m* (*naipes*)
Calabria: *la* ~ Calabria
calabrone *m zool* avispón, crabrón; *fig* moscón
calafat|aggio *m mar* calafateado; ~**are** *vt mar* calafatear; ~**o** *m mar* calafate
calamaio *m* tintero
calamar|etto *m zool* chipirón; ~**o** *m* 1. *zool* calamar; 2. *mpl fig* ojeras *fpl*
calamina *f min* calamina
calamit|a *f min* calamita, imán *m*; *fig* imán *m*; ~**à** *f/inv* calamidad *f*, azote *m*, desgracia *f*; ~**are** *vt* imantar; ~**azione** *f* imantado *m*; ~**oso** *adj* calamitoso
calamo *m bot* cálamo; *zool* cálamo, mástil (*pluma*); cálamo *lit*, pluma *f* (*escritura*)
calandra *f zool/tec/tip* calandria; ~**re** *vt tec* calandrar; ~**tura** *f tec* calandrado *m*
calante *adj* decreciente, menguante; *luna* ~ luna menguante; *moneta* ~ moneda falta de peso
calare 1. *vt* bajar, hacer descender; *mar* calar (*palo, vela, red*); dejar caer (*telón*); **2.** *vi* bajar, descender; disminuir, menguar, decrecer (*peso, precio, intensidad...*); *al calar del sole/del giorno* a la caída del sol/de la tarde; **3.** ~*rsi* dejarse caer, descolgarse; ~*rsi dalle mura* descolgarse por la muralla
calata *f* caída, bajada; *ling* acento *m*, deje *m*, cadencia; ~ *dei prezzi* caída de los precios
calca *f* multitud, gentío *m*
calcagno <*pl -i, -a*> *m* talón, calcáneo *med*; *i* ~*i dei piedi* los talones de los pies; *stare alle* ~*a di q* pisarle a alg los talones; *voltare le* ~*a* poner pies en polvorosa
calcar|a *f* calcara; ~**e 1.** *vt* 1. pisar; ~ *le scene* pisar las tablas; 2. apretar, estrujar; *(fig)* ~ *la mano* cargar la mano, excederse; 3. recalcar (*palabras*); 4. calcar, copiar (*dibujo*); **2.** *m min* caliza *f*; **3.** *adj* calizo, calcáreo; *pietra* ~ piedra caliza; ~**eo** *adj* calcáreo, calizo
calce 1. *f* cal; ~ *spenta, viva* cal muerta, viva; 2. *m* pie (*página, documento*); *firmare in* ~ firmar al pie; *nota in* ~ nota a pie de página
calcedon|e *m geogr* calcedonio; ~**io** *m min* calcedonia *f*
calcestruzzo *m arch* hormigón; ~ *armato* hormigón armado
calcetto *m* futbolín (*juego*); *sport* futbito, fútbol-sala
calcia|re 1. *vi* <*avere*> dar patadas; *sport* chutar; **2.** *vt sport* chutar; ~**tore, -trice** *m/f* futbolista
calcico *adj* cálcico
calcifica|re <*esd*> *vt* calcificar; ~**zione** *f* calcificación
calcina *f arch* argamasa, mortero *m*; ~**ccio** *m arch* escombro, cascote, yesón; ~**re** *vt* calcinar; ~**torio** *adj* calcinador; ~**tura** *f* calcinación, calcinamiento *m*; ~**zione** *f* calcinación, calcinamiento *m*
calcio <*pl -ci*> *m* 1. *mil* culata *f* (*pistola, fusil*); 2. *chim* calcio; 3. patada *f*, puntapié (*persona*); coz *f* (*animales*); *tirare* ~*i* cocear, dar coces; *mandare via a* ~*i* echar a patadas; *trattare q a* ~*i* tratar a patadas a alg; 4. *sport* fútbol; saque (*patada al balón*); ~ *di rigore* penalti; ~ *d'angolo* saque de esquina, córner; ~ *di punizione* falta; ~ *d'inizio* saque inicial; *campionato di* ~ liga de fútbol
calcio-balilla *m* futbolín
calciocianammide *f chim* cianamida de calcio
calciomercato *m sport* mercado futbolístico, mercado de jugadores
calcite *f min* calcita
calco *m art/tip/ling* calco; ~**grafia** *f* calcografía, huecograbado *m*
calcola|bile *adj* calculable; ~**re** <*esd*> *vt mat/fig* calcular; ~**tore 1.** *adj mat* de cálculo; *fig* calculador; *regolo* ~ regla de cálculo; **2.** *m tec* calculador, calculadora *f*, computadora *f/am*, ordenador; *fig* persona calculadora/fría; ~ *elettronico* ordenador, computadora *am*; ~**trice** *f tec* calculadora; ~ *tascabile* calculadora de bolsillo
calcolista *m/f arch* calculista, proyectista
calcolo *m* 1. *mat/fig* cálculo, cuenta; ~ *delle probabilità* cálculo de probabilidades; *fare i* ~*i* hacer cálculos, barajar números; 2. *med* cálculo; ~ *renale, biliare* cálculo renal, biliar
calcomania *f* calcomanía
calda *f metal* calda; ~**ia** *f* caldera; ~ *a vapore* caldera de vapor; ~**ico** *adj* caldeo; ~**io** *m* caldero; ~**mente** *adv fig* calurosamente, encarecidamente; *raccomandare* ~ recomendar encarecidamente; ~**na** *f* sofoco *m*; ~**reria** *f* calderería
caldarrosta *f* castaña asada; ~**io, -a** *m/f* castañero, -a
caldeggiare *vt* encarecer, ensalzar, apoyar
caldeo *adj/s* caldeo
calder|a *f geol* caldera; ~**aio** *m* calderero;

~**one** *m* barullo, batiburrillo; *(fig) mettere tutto nello stesso* ~ meter todo en el mismo saco
caldo 1. *adj* caliente; *fig* caliente, fresco (*reciente*); caluroso (*tiempo*); *una giornata ~a* un día caluroso; *pane* ~ pan caliente; *notizia ~a* noticia fresca; *a sangue* ~ en caliente; *avere il sangue* ~ tener la sangre caliente; **2.** *m* calor; *fa ~, ho* ~ hace calor, tengo calor; *(zool) essere, entrare in* ~ estar, ponerse en celo; *non mi fa né ~ né freddo* no me da ni frío ni calor, me deja frío
calefazione *f fis* calefacción
caleidoscopio *m* cal(e)idoscopio
calend|ario *m* calendario; ~ *di lavoro* agenda de trabajo; ~ *murale/da muro* calendario de pared; ~**e** *fpl hist* calendas; *(iron) lasciare qc per le ~ greche* dejar algo para las calendas griegas
calendimaggio *m* 1° de mayo (*fiesta popular*)
calendola, calendula *f bot* caléndula
calesse *m tras* calesa *f*
caletta *f tec* farda; ~**mento** *m tec* entalladura *f*, entallamiento; ~**re** *vt* entallar; ~**tura** *f tec* entalladura, entallamiento *m*
calibra|re <esd> *vt* calibrar; ~**toio** *m fis* calibrador; *mil* vitola *f*; ~**tura** *f bot* calibración; ~**zione** *f* calibración
calibro *m mil* calibre; *fis* calibrador
calice *m* cáliz; *eccl/bot* cáliz; *bere il ~ dell'amarezza* beber el cáliz de la amargura
califf|ato *m* califato; ~**o** *m* califa
caligin|e *f* calígine, calina, neblina; ~**oso** *adj* caliginoso; brumoso
calla *f bot* cala
calle 1. *f* calle (*Venecia*); 2. *m/f lit* senda *f*, camino *m*
callifugo *adj/m* callicida
calligrafi|a *f* caligrafía; ~**co** *adj* caligráfico
callista *m/f* callista
callo *m med* callo, clavo; ~**sità** *f/inv med* callosidad *f*, dureza *f*; ~**so** *adj med* calloso
calma *f mar* calma; *fig* calma, quietud, tranquilidad; *prendersela con* ~ tomárselo con calma; ~ *e sangue freddo!* ¡calma y tranquilidad!; ~**nte** *adj/m* calmante; ~**re** *vt* calmar, tranquilizar, apaciguar
calmier|amento *m econ* tasación *f*; ~**are** *vt econ* tasar; ~**e** *m econ* tasa *f*, precio máximo autorizado
calmo *adj* tranquilo, apacible, sereno
calo *m* caída *f*, bajada *f*, disminución *f*
calore *m fis* calor; *fig* calor, entusiasmo; *zool* celo; *essere in* ~ estar en celo, arrechar *am*
calori|a *f fis* caloría; *grande* ~ kilocaloría; ~**co** *adj fis* calórico; ~**fero** *adj fis* calorífero; ~**fico** *adj fis* calorífico; ~**metro** *m fis* calorímetro
caloroso *adj meteo* caluroso; picante (*especias*); *fig* caluroso, cálido, cordial
caloscia *f* chanclo *m*
calotta *f* casquete *m*; ~ *sferica* casquete esférico; ~ *polare, artica, antartica* casquete polar, ártico, antártico; ~ *cranica* bóveda craneal
calpest|are *vt a. fig* pisotear; ~**io** *m* pisoteo

calumet *m fr/inv* pipa de la paz *f*; *fumare il ~ della pace* fumar la pipa de la paz, hacer las paces
calunni|a *f* calumnia; ~**are** *vt* calumniar; *calunnia, calunnia, qualcosa rimarrà* calumnia, que algo queda; ~**atore** *adj/s* calumniador; ~**oso** *adj* calumnioso
calura *f* bochorno *m*, calina
calvario *m hist/fig* calvario
calvinis|mo *m* calvinismo; ~**ta** *m/f* calvinista; ~**tico** *adj* calvinista
calvizie *f/inv med* calvicie *f*; *pelona f/fam*
calvo *adj/s* calvo
calza *f* media; *ant* calza; ~ *da uomo* calcetín; ~ *elastica* media elástica; *ferri da* ~ agujas de hacer punto
calzamaglia *f* leotardos *mpl*
calzante 1. *adj fig* apropiado, pertinente, adecuado **2.** *m* calzador
calzare 1. *vt* calzar (*zapato*); *mec* calzar, falcar; **2.** *vi* ajustarse, venir bien (*zapato*); **3.** *m lit* zapato *est, bota f/est*
calzascarpe *m/inv* calzador *m*
calzatoio *m* calzador
calzatur|a *f* calzado *m*; ~**ificio** *m* fábrica de calzado *f*
calzett|a *f* calcetín *m*; media de seda; *(fig) mezza* ~ don nadie, pelagatos, medianía; ~**one** *m* calcetín de deporte; media de lana *f* (*hasta la rodilla*)
calzi|ficio *m* fábrica de medias *f*; ~**no** *m* calcetín; *(fig) tirare il* ~ estirar la pata
calzol|aio *m* zapatero; ~**eria** *f* zapatería
calzon|cini *mpl* calzoncillos; pantalones cortos; ~**e** *m* 1. pantalón; *(fig) portare i ~i* llevar los pantalones; 2. *gastr* calzone (*pizza empanada*); empanada de cebolla
calzuolo *m* cuña *f*, calza *f*, calce
camaleont|e *m zool/fig* camaleón; ~**ico** *adj fig* camaleónico, chaquetero; ~**ismo** *m fig* oportunismo, chaqueteo
camarilla *f pol/hist* camarilla
cambiabile *adj* cambiable, canjeable
cambiadischi *m/inv* cambiadiscos
cambiale *f com* letra, letra de cambio; pagaré *m*; *firmare, girare, avallare una* ~ firmar, girar, avalar una letra; ~ *a vista, all'incasso, in bianco* letra a la vista, al cobro, en blanco
cambiamento *m* cambio, variación *f*
cambiante *adj* cambiante
cambiare 1. *vt/vi* cambiar *vi* (de); ~ *casa, idea, vita* cambiar de casa, de idea, de vida; ~ *aria* cambiar de aires; ~ *treno* hacer transbordo; *(auto) ~ marcia* cambiar de marcha; ~ *le lire in pesete, un biglietto da centomila* cambiar liras en pesetas, un billete de cien mil liras; **2.** *vi* cambiar (*transformarse*); **3.** ~*rsi* cambiarse (*de ropa*); convertirse, transformarse (*in* en)
cambiario *adj com* cambiario
cambiatensione *m/inv elec* conmutador *m*
cambiavalute *m/f inv* cambista *m/f*
cambio *m* 1. cambio, variación *f*; *in ~ di* a cambio de; *dare il* ~ relevar; 2. *com* cambio, canje; *agente di* ~ corredor de bolsa; *fare a* ~ intercambiar; 3. *auto* cambio (de marchas)

cambista *m/f* cambista
Cambogia: *la* ~ Camboya; ***~no** *adj* camboyano
cambus|a *f mar* pañol *m*, despensa; **~iere** *m mar* pañolero, despensero
camelia *f bot* camelia
camera *f* 1. habitación, cuarto *m*; ~ *da letto* dormitorio, alcoba; ~ *degli ospiti* habitación de invitados; ~ *singola, doppia, matrimoniale* habitación individual, doble, de matrimonio; 2. *fot/cine/med/pol* cámara; ~ *alta* cámara alta; ~ *bassa, dei deputati* cámara baja, cámara de diputados/congreso de los diputados; *musica da* ~ música de cámara; ~ *d'aria* cámara de aire; ~ *a bolle* cámara de burbujas; ~ *di decompressione* cámara de descompresión; ~ *fotografica* cámara fotográfica; ~ *di commercio* cámara de comercio; ~ *a gas* cámara de gas; ~ *ardente* capilla ardiente; ~ *oscura* cámara obscura; ~ *blindata* cámara acorazada; *veste da* ~ bata; *(ant) valletto, medico, maestro di* ~ ayuda, médico, maestro de cámara; *musica da* ~ música de cámara
camerale *adj pol* cameral
cameraman *m/inv* cameraman *m*, cámara *m*
camerat|a *1. f* dormitorio *m* (*colectivo*); 2. tertulia, peña; 3. *m/f* camarada, compañero, -a; **~esco** *adj* de camarada, de camaradería; **~ismo** *m* camaradería *f*, compañerismo
cameri|ere, -a *m/f* criado, -a, sirviente, -a, chacha *f/fam* (*casa*); camarero, -a (*locales públicos*); **~no** *m teatro* camerino; probador (*tienda*); **~sta** *f hist* camarista, azafata
camerlengo *m hist* camarlengo
camice *f* bata; *eccl* alba; **~ria** *f* camisería
camicetta *f* blusa
camicia <*pl -cie*> *f* camisa; ~ *azzurra* camisa azul (*falangista español*); ~ *nera* camisa negra (*fascista italiano*); ~ *bruna* camisa parda (*fascista alemán*); ~ *di forza* camisa de fuerza; ~ *da notte* camisón *m*; *essere nato con la* ~ nacer estrellado; *giocarsi anche la* ~ jugarse hasta la camisa; *sudare sette ~e* sudar la gota gorda
camiciaio *m* camisero
camicio|la *f* camiseta de punto; **~tto** *m* blusa *f* (*de trabajo*)
camin|etto *m* chimenea *f*; **~o** *m* chimenea *f*, hogar; *tec* chimenea *f*
camion *m/inv* camión *m*
camiona|bile, ~le 1. *adj* apto para camiones **2.** *f* carretera para camiones
camioncino *m* camioneta *f*
camionetta *f mil* camioneta
camionista *m/f* camionero, -a
camma *f tec* leva
cammell|iere *m* camellero; **~o** *m* camello
cammeo *m* camafeo
cammina|nte *m/f* caminante; **~re** *vi* <*avere*> caminar, andar; *fig* funcionar, andar, ir; ~ *a quattro zampe* ir a gatas; *cammina!* ¡andando!; *questa macchina non cammina* este coche no va/no funciona; **~ta** *f* caminata; **~tore, -trice** *m/f* andador, -a
cammino *m* camino; *geogr/astr* curso; *mar* rumbo, derrota *f*; ~ *battuto* camino trillado; *mettersi* ~ ponerse en marcha; *essere* in ~ estar de camino; *aprirsi il* ~ abrirse camino; *cammin facendo* sobre la marcha; *ci sono tre ore di* ~ hay tres horas de camino/de marcha
camomilla *f bot/gastr* manzanilla
camorr|a *f* camorra (*mafia napolitana*); **~ista** *m/f* camorrista (*mafioso*)
camoscio *m zool* rebeco, gamuza *f*
campagn|a *f* 1. campo *m*; *la città e la* ~ la ciudad y el campo; 2. *mil/fig* campaña; *agr* temporada, campaña; ~ *elettorale, di stampa, di pubblicità* campaña electoral, de prensa, publicitaria; *la* ~ *della fragola* la temporada de la fresa; **~olo, -a 1.** *adj* campestre, rural, rústico, -a; **2.** *m/f* aldeano, -a, campesino, -a; *fig/desp* cateto, -a, palurdo, -a
campale *adj* campal; *battaglia, scontro* ~ batalla campal
campana *f mus/eccl* campana; rayuela (*juego*); ~ *da palombaro* campana de buzo; *suonare le ~e* tocar las campanas, voltear; *suonare le ~e a morto* doblar las campanas, tocar a muerto; *suonare le ~e a martello* tocar a rebato
campanaccio *m* cencerro, esquila *f*
campanar|io *adj* de la campana; **~o** *m* campanero
campanell|a *f stud* timbre *m*; *bot* campanilla; argolla (*puerta*); anilla (*cortina*); aro *m* (*animales*); **~o** *m* campanilla *f*; *stud/elec* timbre *m*; ~ *d'allarme* alarma *f*, timbre de alarma
campanile *m arch* campanario; *fig* terruño, patria chica *f*
campanilis|mo *m* patriotería *f*, chovinismo, chauvinismo; **~ta** *m/f* patriotero, -a, chovinista, chauvinista; **~tico** *adj* patriotero, chovinista, chauvinista
campano 1. *adj* campano, de Campania; **2.** *m* cencerro
campanula *f bot* farolillo *m*
campare *vi* vivir, ganarse la vida; ~ *di rendita* vivir de renta; ~ *alla giornata* vivir al día; ~ *d'aria* vivir del aire; *tirare a* ~ ir tirando
campat|a *f arch* ojo *m*, arcada; **~o:** ~ **in aria** *adj* infundado, sin fundamento
campeggi|are *vi* <*avere*> 1. acampar; 2. *fig* resaltar, destacar; **~atore, -trice** *m/f* campista; **~o** *m* cámping; *andare in* ~ ir de cámping
camper *m/inv* autocaravana *f*
campestre *adj* campestre; *guardia* ~ guardia rural
campicchiare *vi fam* ir tirando
campiello *m* plazuela *f*, plazoleta *f* (*Venezia*)
camping V. **campeggio**
campiona|re *vt* muestrear; **~rio 1.** *m* muestrario, catálogo **2.** *adj* de muestras; *fiera* ~ feria de muestras; **~to** *m sport* campeonato; ~ *di calcio* campeonato de fútbol, liga *f*; ~ *di serie A, B* liga de fútbol de 1ª, 2ª división
campione, -essa 1. *m* 1. *com* muestra *f*;

muestreo (*estadística*) *f*; ~ *senza valore* muestra sin valor; 2. *fis* patrón; 3. *hist* campeón, paladín; 4. *m/f sport* campeón, -ona; **2.** *adj/inv* campeón, -ona; *squadra ~essa* equipo campeón
campionissimo *m* campeón absoluto, supercampeón
campo *m* campo; ~ *sportivo* campo de deportes; ~ *da gioco* campo de juego, cancha *f*; ~ *di battaglia* campo de batalla; ~ *di concentramento, di annientamento, di sterminio* campo de concentración, de exterminio; ~ *semantico* campo semántico; ~ *visivo* campo visual; *(cine) fuori ~* en off; *avere il ~ libero* tener el campo libre; *(fig) mettere in ~* poner sobre el tapete; *(fig) scendere in ~* saltar a la arena
camposanto *m* camposanto, cementerio
campus *m/inv stud* campus
camuffa|mento *m* camuflaje; **~re** *vt* camuflar, disfrazar (*q/qc da qc* alg/algo de algo)
camuso *adj* chato
Can V. **Khan**
Canad|a: *il ~* Canadá; ***~ese** *adj/s* canadiense
canaglia *m* canalla, bellaco, bribón; **~ta** *f* canallada, granujada, perrería
canagliesco *adj* canallesco
canale *m* canal; *geogr/TV* canal; ~ *d'irrigazione* acequia; ~ *di scolo* desagüe, desaguadero; *il ~ della Manica* el canal de la Mancha
canalizza|re *vt* canalizar, encauzar; **~zione** *f* canalización, encauzamiento *m*
canap|a *f* cáñamo *m*; **~è** *m/inv* canapé *m* (*mueble, gastr*)
canapi|ero *adj* cañamero, del cáñamo; **~ficio** *m* fábrica de cáñamo *f*; **~na** *f* entretela
canapo *m* maroma *f*
canapuccia *f* cañamón *m*
Canarie: *Le ~* Las Canarias
canarino *m zool* canario
canasta *f* canasta (*naipes*)
cancan *m/inv* cancán *m*
cancell|are *vt* borrar (*con la goma, el borrador*); tachar (*con el bolígrafo, el lápiz*); cancelar, anular (*vuelo, cita*); *ius* anular; ~ *un'ipoteca* cancelar/redimir una hipoteca; **~ata** *f* verja; **~atura** *f* tachadura, tachón *m*; **~azione** *f* cancelación, anulación; **~eria** *f* cancillería; *oggetti di ~* material de escritorio; **~iere** *m* canciller; **~o** *m* cancela *f*, verja *f*
cancerogeno *adj/m* cancerígeno
cancerolog|ia *f* cancerología; **~o, -a** *m/f* cancerólogo, -a
canceroso *adj* canceroso
cancren|a *f med* gangrena; **~oso** *adj med* gangrenoso
cancro *m med/astr/fig* cáncer
candeggi|ante *m* blanqueador; **~are** *vt* blanquear; **~na** *f* lejía; **~o** *m* blanqueo
candela *f* vela, cirio *m*, candela; *mec* bujía; *elec* candela, bujía; *fig* moco *m*; *a lume di ~* a la luz de una vela; *struggersi come una ~* quedarse en los huesos; *(fig) tenere/reggere la ~ a q* hacerle a alg de carabina/celestina; *non valere la ~* no valer la pena, no valer lo que cuesta; **~bro** *m* candelabro
candeliere *m* candelero
candelotto *m* hacha *f*, velón; ~ *lacrimogeno, fumogeno* bomba lacrimógena, de humo
candidat|o, -a *m/f* candidato, -a; aspirante; *stud* examinando, -a; **~ura** *f* candidatura
candidezza *f* candor *m*, blancura; *fig* candor *m*, ingenuidad, pureza
candido *adj* cándido, blanco; *fig* cándido, ingenuo, puro
candire <*isc*> *vt* confitar
candito 1. *adj* confitado; **2.** *m* confite
candore *m* candor, blancura *f*; *fig* candor, ingenuidad *f*
cane 1. *m* 1. *zool* perro; ~ *guida* perro guía, lazarillo; ~ *poliziotto* perro policía; ~ *da caccia, da compagnia, da corsa, da ferma* perro de caza, faldero, de carreras, de muestra; ~ *da guardia, da gregge, da presa* perro guardián, pastor, de presa; ~ *da riporto* perro de caza; ~ *da seguito* perro de búsqueda; *(pop) figlio d'un ~* hijo de perra; *tempo da ~i* tiempo de perros; *vita da ~i* vida de perros; *come ~ e gatto* como el perro y el gato; *come il ~ dell'ortolano* como el perro del hortelano; *cantare come un ~* cantar como un loro; *essere solo come un ~* estar más solo que la una, estar más solo que un hongo; *morire solo come un ~* morir como un perro; *can che abbaia non morde* perro mordedor, poco ladrador; *non destare il can che dorme* es mejor no buscarle las cosquillas; *menar il can per l'aia* andarse por las ramas, irse por los cerros de Úbeda, marear la perdiz; *voler (rad-)drizzare le gambe ai ~i* pedir peras al olmo; 2. *mil* can (*arma*); **2.** *adj/inv pop* maldito *adj*, perro; *fa un freddo ~* hace un frío que pela; *mondo ~!* ¡mundo cruel!, ¡perro mundo!
Cane *m astr* Can; *(astr) ~ maggiore, minore* Can mayor, menor
canea *f zool* perrería; *fig* clamor *m* (*reacción contraria*); *fig* vocerío *m*, algazara
canestr|a *f* canasta, cesta; **~o** *m* canasto, cesto; *sport* canasta *f*, aro; *sport* canasta *f* (*punto*)
canfora *f* alcanfor *m*
canforato *adj* alcanforado
cangiante *adj* cambiante, mutante; tornasolado (*color*)
canguro *m zool* canguro
canicola *f* canícula; **~re** *adj* canicular
canile *m* caseta del perro *f*, perrera *f*; *fig* cuchitril; *fig* camastro
canino 1. *adj* canino, perruno; *(med) tosse ~a* tos ferina; **2.** *m* colmillo
canizie *f/inv* canicie *f*, canas *fpl*
canna *f* 1. *bot* caña; ~ *da zucchero* caña de azúcar, cañamiel; *essere povero in ~* ser pobre como una rata, ser pobre de solemnidad; *tremare come una ~* temblar como una hoja; 2. *mus/tec* tubo *m*; ~ *fumaria* chimenea; 3. cañón *m* (*del arma*); 4. *sport* caña; ~ *(da pesca)* caña (de pescar);

5. barra (*bicicleta*); 6. *gergo* porro *m*, canuto *m*

cannella *f* 1. caño *m* (*agua*); canilla, espita (*tonel*); 2. *gastr* canela

cannello *m* canuto, cañuto; *zool* navaja *f*; *metal* soplete; *tec* canilla (*tejido*); ~**ni** *mpl gastr* canelones

canneto *m* cañaveral, cañizar, cañizal

cannibal|e *adj/s* caníbal; ~**esco** *adj* caníbal; ~**ismo** *m* canibalismo

cannocchiale *m* catalejo, anteojo

cannolicchio *m zool/reg* navaja *f*

cannon|ata *f* cañonazo *m*; *fig* exitazo *m*; ~**cino** *m mil* cañoncito; cañón (*vestidos*); ~**e** *m* cañon; ~ *sparaneve* cañón de nieve

cannonier|a *f mar* cañonera; *mil/arch* tronera; ~**e** *m mil* cañonero; *sport* artillero

cannu|ccia *f* pajita; ~**la** *f med* cánula

canoa *f* canoa; *sport* piragua

canocchia *f zool* galera

canois|mo *m sport* piragüismo; ~**ta** *m/f sport* piragüista

cañón *m/inv geol* cañón *m*

ca̲none *m* canon

canonic|a *f* casa del cura, rectoría; ~**ale** *adj* canonical; ~**ato** *m* canonjía *f*, canonicato; ~**o** *adj* canónico

canonista *m* canonista

canonizza|re *vt* canonizar; ~**zione** *f* canonización

canoro *adj lit* canoro

canottaggio *m sport* piragüismo

canottier|a *f* 1. imperial, camiseta interior sin mangas; 2. canotié, canotier *m* (*sombrero*); ~**e** *m/f sport* piragüista

canotto *m* canoa *f*, lancha *f*; ~ *di salvataggio* bote salvavidas

canovaccio *m* 1. cañamazo, esterilla *f/am* (*bordar*); 2. bosquejo, boceto (*texto*); *cine/teatro* trama *f*; 3. trapo de cocina

canta|bile *adj/m* cantable; ~**nte** *m/f* cantante; ~**re** *vt/vi* <*avere*> *a. fig* cantar; *~rla chiara a q* cantarle las cuarenta a alg; ~**ride** *f zool* cantárida; ~**storie** *m/inv* romancero *m*, juglar *m/ant*; ~**ta** *f mus* cantata; ~**utore, -trice** *m/f* cantautor, -a

canterell|are *vt/vi* <*avere*> canturrear, tararear; ~**i̲o** *m* canturreo, tarareo

cantarino *adj* cantarín

cantica *f ling* ="composición en estrofas de tercetos encadenados"

canticchiare *vt/vi* <*avere*> canturrear, tararear

cantico *m* cántico; *il *~ dei Cantici* el Cantar de los Cantares

cantier|e *m mar* astilleros *mpl*; *arch* obra *f*, solar; ~**istico** *adj* (de la construcción) naval

cantilena *f* cantinela, cantilena

cantin|a *f* bodega; ~**iere** *m* bodeguero; ~**o** *m mus* cantarela *f*

canto *m* 1. *mus* canto; 2. rincón, esquina *f*, parte *f*; *mettere da ~* poner a parte; *d'altro ~* por otra parte; *dal ~ mio* por mi parte, por lo que a mí respecta

cantonal|e 1. *adj* cantonal (*suizo*); **2.** *m* rinconera *f*, esquinera *f*, cantonera *f* (*mueble*); *arch* cantonera *f*; ~**ta** *f arch* rinconada, esquina; *fig* planchazo *m*, metedura de pata; *(fig) prendere una ~* meter la pata

cantone *m* esquina *f*; *geogr* cantón; *giocare ai quattro ~i* jugar a las cuatro esquinas; *in un ~* a parte

cantonier|a *f* casa de peón caminero o de guardavía; rinconera, esquinera (*mueble*); ~**e** *m* peón caminero; guardavía

cantor|e, cantatrice *m/f* cantor, -a; ~**i̲a** *f mus/eccl* coro *m* (*lugar*); ~**ino** *m eccl* cantoral

cantuccio *m* 1. rincón; 2. mendrugo, chusco (*pan*)

canut|iglia *f* cañutillo *m*, canutillo *m*; ~**o** *adj lit* cano, canoso

canvassing *m ingl/inv* campaña puerta a puerta *f*

canzona|re *vt* reírse (de), mofarse (de); ~**torio** *adj* burlón, burlesco; ~**tura** *f* burla, mofa, befa

canzone *f* canción; ~ *di gesta* cantar de gesta; ~ *di protesta* canción protesta

canzonett|a *f* canción (ligera), tonadilla; ~**ista** *f* canzonetista, tonadillera

canzoniere *m* cancionero

caolino *m min* caolín

caos *m/inv* caos

caotico *adj* caótico

capasanta <*pl capesante*> *f zool/reg* vieira

capace *adj* capaz, suficiente; *fig* capaz, competente, hábil; *essere ~ di qc* ser capaz de algo; *uno stadio ~ di centomila persone* un estadio con capacidad para cien mil personas

capacit|à *f/inv* capacidad *f*, cabida *f*; aforo *m* (*teatro, estadio...*); *fig* capacidad *f*, aptitud *f*, habilidad *f*; *ius* capacidad *f*; *~ produttiva* capacidad productiva; ~**arsi** persuadirse, convencerse

capann|a *f* cabaña, choza, chamizo *m*; ~**ello** *m* corrillo; ~**o** *m* glorieta *f* (*jardín*); caseta de baño *f* (*playa*); ~**one** *m* nave *f* (industrial); *agr* pajar, cobertizo

caparbietà *f/inv* obstinación *f*, terquedad *f*, tozudez *f*; ~**o** *adj* terco, obstinado, tozudo

caparra *f ius* fianza, arras *fpl*

capatina *f* visita relámpago

capeggia|re *vt* liderar, encabezar; ~**tore** *m* cabecilla

capellini *mpl gastr* fideos

capello *m* pelo, cabello; *~i biondi, bruni* pelo rubio, moreno; *~i alla maschietta* pelo a lo chico; *portare i ~i corti, lunghi* llevar el pelo corto, largo; *far drizzare i ~i* poner los pelos de punta; *averne fin sopra i ~i* estar hasta la coronilla, estar hasta las narices, estar hasta el moño *pop*; *cacciarsi le mani nei ~i* echarse las manos a la cabeza, tirarse de los pelos; *(fig) far venire i ~i bianchi* matar (a disgustos); *prendersi per i ~i* ir a la greña, pelearse; *spaccare un ~ in quattro* sacar punta (a algo); *tirare q per i ~i a fare qc* arrastrar a alg para hacer algo; *non torcere un ~ a q* no tocar un pelo a alg; *al ~* al milímetro, exactamente; *avere un diavolo per ~* estar muy enfadado, echar humo, estar que arde; *per un ~* por un pelo

capellone *adj/s* melenudo
capelluto *adj* cabelludo; *cuoio ~* cuero cabelludo
capestro *m* soga *f*; *fig* horca *f*; *agr* cabestro, dogal, bozo *am*; *tipo da ~* tipo de baja catadura; *mandare q a ~* enviar a alg a la horca
capezz|ale *m* cabezal, cabecera *f* (*cama*); **~olo** *m med* pezón
capibara *m/inv zool* capibara *f/Arg*, carpincho *m/am*
capien|te *adj* capaz, espacioso; **~za** *f* capacidad, cabida; aforo *m* (*teatro, estadio*)
capidoglio V. **capodoglio**
capigliatura *f* melena, cabellera
capillar|e *adj* capilar; *vasi ~i* vasos capilares; **~ità** *f/inv* capilaridad *f*
capinera *f zool* curruca, cagachín *m*
capire <*isc*> *vt/vi* <*avere*> entender, comprender; *far capire qc a q* dar a entender algo a alg; *~ a volo* coger al vuelo; *non ~ un fico secco/un cavolo/un accidente* no entender ni jota; *~ l'antifona* entender la indirecta; *far finta di non ~* no darse por aludido, hacerse el sueco; *si capisce!* ¡por supuesto!, ¡claro!; *non ci capisco più niente* ya no entiendo nada; *ci siamo capiti?* ¿entendido?, ¿estamos?
capitale 1. *adj* capital; **2.** *m econ* capital, patrimonio; **3.** *f geogr* capital (*estado*)
capitalis|mo *m* capitalismo; **~ta** *adj/s* capitalista; **~tico** *adj* capitalista
capitalizzare *vt* capitalizar
capitan|a *f* 1. *mar* (nave) capitana; 2. *iron* sargento, capitana; **~are** *vt* capitanear, mandar, encabezar; **~ato** *m mil* capitanía; **~eria** *f adm* zona marítima; *~ di porto* capitanía de puerto; **~essa** *f iron* sargento, capitana; **~o** *m mil/sport* capitán; *~ di corvetta, fregata, vascello, lungo corso* capitán de corbeta, fragata, navío, altura
capitare <*esd*> *vi* 1. suceder, ocurrir, pasar; *capita a tutti* le puede pasar a cualquiera; *capita anche nelle migliori famiglie* pasa hasta en las mejores familias; 2. ir a parar, acabar; llegar; *siamo capitati lì nel mezzo del carnevale* llegamos/aparecimos allí en pleno carnaval; *capiti proprio a proposito* vienes que ni pintado, llegas en el momento oportuno
capitello *m arch* capitel
capitol|are 1. <*esd*> *vi* <*avere*> *mil/fig* capitular, rendirse; **2.** *adj* capitular; **~ato** *m* capitulado, capitulaciones *fpl*, capítulos *mpl*; *~ d'appalto* pliego de condiciones; *~ matrimoniale* capitulaciones matrimoniales; **~azione** *f mil/fig* capitulación, rendición; **~ino** *adj* capitolino; **~o** *m lit/ius* capítulo; *eccl* cabildo, capítulo
capitombolare <*esd*> *vi* caer, rodar por los suelos
capitombolo *m* tumbo, vuelco, voltereta *f*; *fig* revés
capitonné *m/inv* capitoné
capo 1. *m* 1. cabeza *f*; *a ~ chino* cabizbajo; *ficcarsi/mettersi qc in ~ a q* metérsele a alg algo en la cabeza/entre ceja y ceja; *passare per il ~* pasar por la cabeza/por la mente; *sbattere il ~ contro il muro* darse cabezazos contra la pared; *rompersi il ~* estrujarse los sesos; *avere altro per il ~* tener otras cosas en qué pensar; *non saper dove (s)battere il ~* no saber por dónde tirar; *arrivare/capitare fra ~ e collo* caer como un jarro de agua fría; 2. jefe; **~ dello Stato* Jefe del Estado; **~ del Governo* Presidente del Gobierno; *comandante in ~* comandante en jefe; 3. *agr* cabeza *f*; *~ di bestiame* cabeza de ganado, res; *~ d'aglio* cabeza de ajos; 4. extremo, cabo, punta *f*; principio, inicio; *~ d'accusa* cargos, imputaciones; *abitare in ~ al mondo* vivir en el quinto pino; *non avere né ~ né coda* no tener ni pies ni cabeza; *senza ~ né coda* sin pies ni cabeza; *punto e a ~* punto y aparte; *essere a ~ di* estar al frente/mando de, liderar; *per sommi ~i* someramente, por encima; *andare a ~* volver al principio; *cominciare da ~* empezar desde el principio; *venire a ~ di qc* resolver, solucionar algo; *in ~ ad un mese* dentro de un mes, al cabo de un mes; *cosa fatta ~ ha* lo hecho, hecho está; a lo hecho, pecho; 5. cabo (*cuerda*); 6. prenda *f*; *~ di vestiario* prenda de vestir; 7. *geogr* cabo; **2.** *adj/inv* jefe; *redattore, ispettore, commissario ~* redactor, inspector, comisario jefe
capobanda <*pl capibanda*> *m* 1. director (de banda); 2. cabecilla
capocchia *f* cabeza (*clavo, alfiler, cerilla*)
capocci|a *m agr* capataz; *fig/desp* cabecilla; **~ata** *f reg/iron* cabezazo *m*; **~one** *m reg/iron* mandamás, capitoste
capoclasse <*mpl capiclasse; f/inv*> *m/f stud* delegado, -a
capocomico, -a <*mpl -i/capicomici*> *m/f teatro* director, -a de una compañía, autor *m/ant*
capocorda <*pl capicorda*> *m elec* terminal *f*; *sport* jefe de cordada; **~ta** *m/f* <*mpl capicordata; f/inv*> *sport* jefe, -a de cordada
capocronista *m/f* jefe, -a de información local
capocuoco <*mpl capicuochi/-i*> *m/f* jefe, -a de cocina
capodanno, capo d'anno *m* Año Nuevo; *veglione di ~* fiesta de nochevieja
capodivisione <*mpl capidivisione; f/inv*> *m/f adm* jefe, -a de sección
capodoglio *m zool* cachalote
capofabbrica <*mpl capifabbrica; f/inv*> *m/f* contramaestre (*fábrica*)
capofamiglia <*mpl capifamiglia; f/inv*> *m/f* cabeza de familia
capofila <*mpl capifila; f/inv*> *m/f* jefe, -a de filas
capofitto: a ~ *adv* de cabeza; *fig* sin pensárselo dos veces; *buttarsi a ~ in un'impresa* meterse de lleno en un asunnto
capogiro *m* vértigo, aturdimiento; *prezzi da ~* precios de vértigo
capogruppo <*mpl capigruppo; f/inv*> *m/f* jefe, -a de grupo
capolavoro *m* obra maestra *f*

capolinea *<pl capilinea> m tras* terminal *f*, final de línea

capolino: far ~ asomar la cabeza

capolista *<mpl capilista; f/inv> m/f* cabeza de lista

capoluogo *m adm* capital de provincia *f;* cabeza de partido

capomacchinista *m/f tras* primer, -a maquinista

capomafia *<mpl capimafia> m* jefe de la mafia, capo

caponaggine *f* testarudez, obstinación

capoofficina *<mpl capiofficina; f/inv> m/f* jefe, -a de taller

caporal|e *m mil* cabo; ~ *di giornata* cabo de guardia; **~esco** *adj* chulesco; **~maggiore, caporal maggiore** *m mil* cabo primero

caporedattore, -trice *<mpl capiredattori> m/f* jefe, -a de redacción

caporeparto *<mpl capireparto; f/inv> m/f adm* jefe, -a de sección

caporione *<pl capirioni/-i> m* cabecilla

caposala *<mpl capisala; f/inv> m/f* jefe, -a de sala

caposaldo *<pl capisaldi> m* 1. *arch* punto fijo, punto de referencia; hito, vértice (*topográfico*); 2. *mil/fig* baluarte

caposcarico *<pl capiscarichi> m* tarambana(s)

caposcuola *<mpl capiscuola; f/inv> m/f* maestro, -a (*iniciador, -a de una escuela o movimiento artístico*)

caposervizio *<mpl capiservizio; f/inv> m/f adm* jefe, -a de servicio; jefe, -a de sección (*periódico*)

caposezione *<mpl capisezione; f/inv> m/f adm* jefe, -a de sección

caposquadra *<mpl capisquadra; f/inv> m/f* 1. *agr* capataz, mayoral, -a; 2. *sport* capitán, -ana; 3. *m mil* cabo de infantería

capostazione *<mpl capistazione; f/inv> m/f* jefe, -a de estación (*tren*)

capostipite *<pl capistipite>* 1. *m/f* fundador, -a de una estirpe; 2. *m ling* arquetipo

capotamento... V. **cappotamento**...

capotasto *m mus* ceja *f*, cejilla *f*

capotavola *<mpl capitavola; f/inv> m/f* persona que preside una mesa *f*

capote *f fr/inv auto* capota

capotreno *<mpl -i/capitreni; f/inv> m/f* jefe, -a de tren

capotribù *<mpl capitribù; f/inv> m/f* jefe, -a de la tribu

cap(o)ufficio, capo ufficio *<mpl capiufficio; f/inv> m/f adm* jefe, -a de negociado

capoverso *m tip* sangría

capovoga *<pl capivoga> m mar* remero que marca el ritmo

capovolgere *<90 -volgo; -volsi; -volto> vt* girar, dar la vuelta, invertir; *tras* volcar; *fig* cambiar las tornas, dar la vuelta a la tortilla *pop*

capovolgimento *m* vuelta *f*, giro, inversión *f*; *fig* vuelco, giro

cappa 1. *m/f inv* ka *f* (*letra*); 2. *f* capa (*vestido*); *commedia, film di ~ e spada* comedia, película de capa y espada; *(fig) mettersi in ~ magna* ir de punta en blanco; 3. campana (*cocina*); 4. *mar* capa; *navigare alla* ~ capear (el temporal)

cappeggiare *vi mar* capear

cappella *f* 1. *eccl/mus* capilla; *(mus) a ~* a capela; 2. *bot* sombrero *m*, gorro *m*; 3. *vulg* capullo *m*; *fam/mil* recluta *m*; **~io, -a** *m/f* sombrerero, -a; **~nia** *f eccl* capellanía; **~no** *m eccl* capellán; ~ *militare* capellán castrense; **~ta** *f* gorrazo *m*; *a ~e* a raudales, a espuertas

cappelle|ria *f* sombrerería; **~tto** *m* 1. *mil/hist* capacete; 2. punta de la media *f*; 3. *mpl gastr* tortelini

cappelli|era *f* sombrerera; **~ficio** *m* sombrerería *f*, fábrica de sombreros *f*; **~no** *m* tocado; sombrerito

cappello *m* sombrero; *eccl* capelo; *tip* entradilla *f*; ~ *a cilindro/a tuba* chistera; *(fig) cavarsi il ~/fare tanto di ~* quitarse el sombrero; ~ *cardenalizio* capelo cardenalicio

cappero *m bot/gastr* alcaparra *f*; *(fam/euf) ~i!* ¡córcholis!, ¡caramba!

cappio *m* lazada *f*, lazo; *agr* dogal, cabestro; *(fig) avere il ~ al collo* estar con el agua al cuello

cappon|atura *f* castración, castradura; **~e** *m zool* capón

capott|amento *m tras* vuelco; **~are** *vi <avere>* capotar, volcar; **~o** *m* abrigo; *mil* capote; *fare/dare ~* dar capote (*naipes*)

Cappuccetto Rosso *m* Caperucita Roja *f*

cappucci|na *f bot* capuchina; **~no** *m eccl* capuchino; *gastr* capuchino, café con leche; **~o 1.** *m* capucha *f*, caperuza *f*; *fam* capuchino, café con leche; **2.** *(adj) cavolo ~* repollo

capra *f zool* cabra; *tec* cabría; *(fig) salvare ~ e cavoli* nadar y guardar la ropa; **~io, -a** *m/f* cabrero, -a, cabrerizo, -a

capretto *m* cabrito, cabritillo; choto (*recién nacido*)

capriata *f arch* cuchillo de armadura *m*

capriccio *m* capricho, antojo; *mus* capricho; *togliersi/cavarsi un ~* quitarse las ganas, darse el gustazo; **~so** *adj* caprichoso

Capricorno *m astr* Capricornio

caprifico *m bot* cabrahígo

caprifoglio *m bot* madreselva *f*

caprimulgo *m zool* chotacabras

caprino 1. *adj* cabrío, cabruno; **2.** *m* 1. cagarruta *f*; 2. *gastr* queso de cabra; 3. *desp* chotuno (*olor*); *puzzar di ~* oler a chotuno

capriol|a *f* voltereta, cabriola; cabriola, pirueta (*danza, caballos*); **~o** *m zool* corzo

capro *m zool* macho cabrío; ~ *espiatorio* chivo expiatorio; **~ne** *m zool* macho cabrío; *fig/desp* cerdo, guarro

capsula *f* cápsula; *mil* cebo *m*; **~trice** *f tec* capsuladora

capta|re *vt radio/fig* captar; **~zione** *f TV/psic* captación

capufficio V. **cap(o)ufficio**

capzios|ità *f/inv* capciosidad *f*; **~o** *adj* capcioso

carabin|a *f mil* carabina, mosquetón *m*; **~iere** *m mil* carabinero, guardia civil *Esp*

carabo *m zool* cárabo

caracca *f mar/ant* carraca
carachiri *m/inv* harakiri *m*
caracoll|are *vi* <*avere*> caracolear; ~**o** *m* caracoleo, escarceo (*caballo*)
caraffa *f* jarra, garrafa
caraibico... V. **caribico**...
carambola *f* carambola
caramell|a *f* caramelo *m*; *fam* monóculo *m*; ~**are** *vt* caramelizar, acaramelar; ~**o** *m* caramelo (*líquido*); ~**oso** *adj gastr/fig* acaramelado
carat|are *vt* aquilatar; ~**o** *m* quilate
carattere *m tip/psic* carácter; ~ *corsivo, neretto* letra cursiva, negrita
caratteri|ale *adj* característico, del carácter; *essere in ~ con qc* estar en armonía con algo, no desentonar con algo; ~**no** *m iron* mal genio
caratterist|a *m teatro* característico; ~**ica** *f* característica; ~**ico** *adj* característico, distintivo; proprio; *il caldo è ~ dell'estate* el calor es propio del verano
caratterizza|re *vt* caracterizar; ~**zione** *f* caracterización
caratterologi|a *f psic* caracterología; ~**co** *adj psic* caracterológico
caratura *f* aquilatación
caravan *m/inv* caravana *f*, roulotte *f*; ~**ing** *m/inv* caravaning, turismo en caravana *m*
caravella *f mar* carabela
carboidrato *m* carbohidrato
carbona|ia *f* carbonera; ~**io** *m* carbonero; ~**ro** *m hist* carbonario; ~**ta** *f* carbonada; ~**to** *adj chim* carbonado
carbonchio *m agr* tizón; *med* carbunco, carbunclo
carboncino *m pitt* carboncillo
carbone *m min* carbón; *bot* tizón; ~ *fossile* carbon de piedra, carbón mineral; *(fig) essere sui ~i accesi* estar sobre ascuas; ~**lla** *f min* carbonilla, cisco *m*; ~**ra** *f mar* carbonera; ~**ria** *f hist* carbonería
carboni|co *adj* carbónico; ~**ere** *m* minero del carbón; ~**ero** *adj* carbonero; ~**fero** *adj* carbonífero, hullero; ~**o** *m chim* carbono
carbonizza|re *vt* carbonizar; calcinar; ~**zione** *f* carbonización
carbura|nte *m* carburante; ~**re 1.** *vt* carburar; **2.** *vi* <*avere*> *tec/fig* carburar; *(fig) oggi non carburo* hoy no carburo; ~**tore** *m* carburador; ~**zione** *f* carburación
carburo *m chim* carburo
carcassa *f* 1. *zool* caparazón *m*; *mec/arch* armazón *m/f*; *elec/mec* carcasa; 2. *fig* piltrafa, desecho *m* (*persona*); *fig/desp* cacharro *m*, carraca
carcera|re <*esd*> *vt* encarcelar; ~**rio** *adj* carcelario; *guardia di custodia ~a* guardia de prisiones; ~**to** *adj/s* preso, penado; detenido; ~**zione** *f* encarcelamiento *m*; ~ *preventiva* prisión preventiva
carcere <*pl le carceri*> *m* cárcel *f*, prisión *f*; ~ *preventivo* prisión preventiva; ~ *di massima sicurezza* cárcel de máxima seguridad
carceriere, -a *m/f* carcelero, -a
carcinoma *m med* carcinoma
carciof|ino *m* alcachofa en aceite o en vinagre *f*; ~**o** *m* alcachofa *f*; *desp* lechugino, bobo
carda|nico *adj/mec* cardánico; ~**no** *m mec* cardán; ~**re** *vt tec* cardar; ~**tore, -trice** *m/f* cardador, -a; ~**tura** *f* carda, cardado *m*
cardellino *m zool* jilguero
cardiaco *adj* cardiaco
cardinal|ato *m eccl* cardenalato; ~**e 1.** *adj* cardinal; **2.** *m eccl* cardenal; ~**izio** *adj* cardenalicio
cardine *m* pernio, gozne; *fig* cimiento, base *f*
cardiogramma *m* cardiograma
cardiolog|ia *f* cardiología; ~**o, -a** *m/f* cardiólogo, -a
cardiopati|a *f* cardiopatía; ~**co** *adj/s* cardiopático
cardiovascolare *adj* cardiovascular
cardo *m* 1. *bot* cardo; 2. *tec* carda *f*
carena *f mar* carena, obra viva, fondos *mpl*; ~**ggio** *m mar/auto* carenado; ~**re** *vt mar/auto* carenar; ~**tura** *f auto/aer* carenado *m*
caren|te *adj* carente; ~**za** *f* carencia, falta
carestia *f* carestía, escasez
caretta *f zool* carey *m*
carezz|a *f* caricia; *fig* halago *m*; ~**are** *vt* acariciar; ~ *un'idea* acariciar una idea; ~**evole** *adj* arrullador, amoroso
cargo *m mar/aer* carguero
caria|re *vt* cariar; ~**tide** *f arch* cariátide
carib|ico *adj* caribeño; *~**i** *mpl* Caribe *m*; ~**o** *adj/s* caribeño
carica *f* 1. carga; *(a. fig) tornare alla ~* volver a la carga; 2. *adm* cargo *m*; *essere in ~* estar en activo
caricare *vt* <*esd*> cargar; dar cuerda (*reloj*); *(fig) ~ la dose/le tinte* cargar las tintas
caricato *adj/desp* recargado; ~**re 1.** *m* cargador (*trabajador*); *mar* estibador; *mil/foto* cargador; **2.** *adj* cargador; *piano ~* muelle de descarga
caricatur|a *f* caricatura; ~**ale** *adj* caricaturesco; ~**are** <*esd*> *vt* caricaturizar; ~**ista** *adj/s* caricaturista
carice *f bot* cisca
carico 1. *m com* carga *f*, cargamento; *fig* cargo; ~ *utile* carga útil; ~ *fiscale* presión fiscal, cargas fiscales; ~ *di coscienza* cargo de cosciencia; *testimone a ~* testigo de cargo; *a ~ di* a cargo de; *avere la famiglia a ~* tener la familia a su cargo; *deporre a ~ di q* testificar contra alg; *farsi ~ di qc* hacerse cargo de algo; **2.** *adj* cargado; recargado (*excesivo*); *meteo* cerrado
carie *f/inv* caries
carillon *m fr/inv* carillón *m*; caja de música *f*
carino *adj* mono, bonito, lindo
carisma *m eccl/fig* carisma; ~**tico** *adj* carismático
carit|à *f/inv* caridad *f* (*sentimiento*); limosna *f*; *fig* favor *m*; *chiedere/fare la ~* perdir/dar limosna; ~ *pelosa* caridad inte-

resada; *fammi la ~ di spegnere la TV* hazme el favor de apagar la tele; *per ~!* ¡por favor!, ¡por lo que más quiera(s)!; **~atevole** *adj* caritativo; piadoso
carlona: alla ~ *adv* a la pata la llana, a la buena de Dios
carme *m lit* carmen
carmelita, ~no *adj/s* carmelita, carmelitano *adj*
Carmelo *m geogr/eccl* Carmelo; *la Madonna del ~* la Virgen del Carmen
carminio *m chim* carmín
carna|gione *f* tez, cutis *m*, piel; **~io** *m* fosa común *f*; *mil* masacre *f*; *fig* gentío, turbamulta *f*
carnal|e *adj* carnal; **~ità** *f/inv* carnalidad *f*
carne *f* carne; *~ tritata, affumicata* carne picada, ahumada; *~ da cannone/da macello* carne de cañón; *in ~ viva* en carne viva; *in ~ ed ossa* en carne y hueso; *essere bene in ~* estar de buen año, estar relleno, -a; *(fig) essere ~ ed unghia* ser uña y carne; *(fig) non essere né ~ né pesce* no ser ni carne ni pescado, no ser ni chicha ni limonada; *(fig) mettere molta ~ al fuoco* quien mucho abarca, poco aprieta
carnefic|e *m* carnicero, verdugo; **~ina** *f* carnicería, matanza, escabechina; *stud* escabechina
carneo *adj* cárneo
carnet *m/inv* libreta *f*; *~ di assegni* libreta de encargos *f*; *(ant) ~ di ballo* carné de baile
carneval|ata *f* carnavalada, bufonada; **~e** *m* carnaval, carnavales *mpl*; **~esco** *adj* carnavalesco
carni|ere *m* morral (*cazador*); **~voro** *adj/s* carnívoro
carnos|ità *f/inv* carnosidad *f*; excrecencia *f*; **~o** *adj* carnoso
caro, -a 1. *adj* 1. querido, -a, estimado, -a; *Caro Piero,...* Querido Pedro:...; *questo quadro mi è molto ~* este cuadro me es muy querido, me gusta mucho este cuadro; 2. cariñoso, amable; *tanti ~i saluti* afectuosamente te saluda; *sono stati molto ~i con me* han sido muy amables conmigo; 3. bonito, mono *fam*; *quant'è ~!* ¡qué mono!; 4. *econ/fig* caro; *(fig) pagarla ~a* pagarlo caro; **2.** *adv* caro; *pagare ~ qc* pagar caro algo; *(a. fig) costare ~* costar caro; **3.** *m/f* 1. querido, -a, cariño *m*; 2. *mpl* seres queridos. allegados; *i tuoi ~i* tus seres queridos
carogna *f zool* carroña; *desp* malvado *m*, desalmado *m*, sinvergüenza *m/f*; **~ta** *f desp* jugarreta, faena, judiada
carolingio *adj* carolingio
carosello *m sport* carrusel; *hist* torneo; tiovivo (*feria*)
carot|a *f bot* zanahoria; *fig* trola, bola; *pel di ~* pelirrojo, -a; *(fig) piantare/vendere ~e* meter trolas, decir mentiras; **~ene** *m chim* caroteno
carotide *f med* carótida; **~o** *adj* carótide
carovan|a *f* caravana; **~iere** *m* caravanero; **~iero** *adj* de la caravana
carovita *m* costo de la vida
carpa *f zool* carpa; ***~zi** *mpl* Cárpatos
carpent|eria *f* construcción, montaje *m*; armazón *m*, estructura; **~iere** *m* armador, montador; *mar* carpintero de ribera
carpire <*isc*> *vt* sonsacar (*con engaño*); arrebatar, arrancar (*con violencia*)
carpo *m med* carpo; **~ni** *adv* a gatas, a cuatro patas
carra|bile *adj* carretero, carretil; *passo ~* vado permanente; **~io** *adj* carretero
carré *m/inv* canesú *m*; *gastr* lomo *m* (de cerdo); *pane ~* pan de molde
carreggia|re *vt* acarrear; **~ta** *f auto* calzada; carril *m*, surco *m* (*huella*), *fig* buen camino *m*; *(fig) uscire di ~* salirse del camino; *(fig) mettersi in ~* ponerse en el buen camino, encarrilarse
carreggio *m* acarreo
carrell|ata *f cine* travelín *m*, travelling *m*, barrido *m*; **~o** *m tras* carreta *f*, carretilla *f*; *min* vagoneta *f*; *cine* travelín; *aer* tren; boje (*tren*); carro (*máquina de escribir*); carrito (*supermercado*); camarera *f* (*bebidas y comidas*); *~ elevatore* carretilla elevadora; *~ d'atterraggio* tren de aterrizaje
carrett|a *f* carreta; **~ata** *f* carretada; **~iere** *m* carretero; **~o** *m* carrito, carretón
carriaggio *m* carromato
carrier|a *f* carrera, profesión; *sport* carrera; *avere una ~* tener estudios; *andare di ~* ir a la carrera; **~ismo** *m* ambición *f*, ansia de medrar *f*; **~ista** *m/f* ambicioso, -a, escalador, -a
carriola *f* carretilla
carrista *adj/m mil* tanquista
carro *m* carro, carromato; vagón (*tren*); *~ armato* carro de combate; *(auto) ~ attrezzi* grúa; *~ funebre* coche fúnebre; *~ di Tespi* teatro ambulante, teatro de la legua *ant*; *(fig) mettere il ~ davanti ai buoi* poner el carro delante de las mulas; *~ merci, bestiame* (vagón de) mercancías, vagón de ganado
Carro *m astr* Osa *f*; *il Gran, Piccolo ~* la Osa mayor, menor
carroccio *m* 1. *hist* ="carro de guerra de las antiguas Repúblicas italianas"; 2. *pol* Lega Nord (="Liga Norte") *f*
carrozz|a *f* carroza, carruaje *m*; vagón *m*, coche *m* (*tren*); *(iron) la ~ di San Francesco* el coche de San Fernando; *~ letti, ristorante* coche cama, vagón restaurante; *signori, in ~!* ¡pasajeros al tren!; **~abile 1.** *adj* carretero, carretil; **2.** *f* camino carretero *m*; **~ella** *f* silla de ruedas (*enfermos*); cochecito *m*, carrito *m* (*bebés*); **~eria** *f auto* carrocería; taller de carrocería/plancha *m*; *fig/pop* cuerpazo *m*; **~iere** *m* planchista, carrocero; **~ina** *f* cochecito *m*, carrito *m* (*bebés*); **~ino** *m tras* calesín; sidecar; **~one** *m* carromato de circo
carrub|a *f bot* algarroba; **~o** *m bot* algarrobo
carrucola *f* polea
carsico *adj geol* cárstico
carta *f* 1. papel *m*; *carta assorbente/asciugante* papel secante; *~ carbone/copiativa* papel carbón, papel de calco; *~ igienica* papel higiénico, papel de water/váter *fam*; *~ oleata* papel parafinado; *~ riciclata*

papel reciclado; ~ *stagnola* papel de plata; ~ *straccia* papel de estraza; *fig* papel mojado; ~ *velina* papel cebolla, papel de seda; ~ *vetrata/smerigliata* (papel de) lija; ~ *da lettere* papel de carta; ~ *da musica* papel pautado, papel de música; ~ *da parati* papel pintado; 2. *ius* documento *m*; carta, tarjeta; papel *m*; ~ *bollata/da bollo* papel timbrado/sellado; ~ *costituzionale* carta constitucional, carta magna; *la ~ delle Nazioni Unite* la carta de las Naciones Unidas; *(auto) ~ di circolazione* permiso de circulación; ~ *d'identità* carné/carnet de identidad, documento nacional de identidad *adm*; *(fig) ~ bianca* carta blanca; ~ *di credito* tarjeta de crédito; ~ *d'argento, verde* tarjeta dorada, tarjeta joven (*tren*); *(auto) ~ verde* carta verde; 3. *com/fam* billete *m*; ~ *moneta* papel moneda; 4. *gastr* carta, menú *m*; *mangiare alla ~* comer a la carta; 5. *geogr* mapa *m*; ~ *geográfica* mapa; ~ *stradale* mapa de carreteras; *~e nautiche/di navigazione* cartas de marear; 6. carta, naipe *m* (*juego*); *~e francesi* baraja de póquer; *~e italiane* baraja española; *mazzo di ~e* baraja, naipes; *(fig) cambiare le ~e in tavola* engañar, dar gato por liebre; *giocare a ~e* jugar a las cartas; *fare le ~e* barajar y repartir; echar las cartas; *mandare q a ~e quarantotto* mandar a alg a freír espárragos

cartacarbone <*pl cartecarboni*> *f* papel de calco *m*

cartaceo *adj* de papel, en papel; *moneta ~a* papel moneda

cartaginese *adj/s* cartaginés

cartamodello *m* patrón

cartamoneta *f* papel moneda *m*

cartape|cora *f* pergamino *m*; **~sta** *f* cartón piedra *m*

cartario *adj* papelero; *industria ~a* industria papelera

cartastraccia *f* papel de estraza *m*

cartasuga *f* <*cartesughe*> papel secante *m*

carteggio *m* carteo, correspondencia *f*

cartell|a *f* 1. cuartilla, hoja; *tip* cuartilla; *econ* título *m*; 2. carpeta; cartera; ~ *clinica* historial clínico; **~ina** *f* carpeta; **~ino** *m* 1. etiqueta *f*, rótulo; *tip* tejuelo; ~ *orologio* tarjeta de fichar (*en el trabajo*); *timbrare il ~* fichar; 2. *sport* ficha *f (contrato)*; 3. *sport* tarjeta *f*; ~ *giallo, rosso* tarjeta amarilla, roja

cartello *m* 1. cartel, letrero, panel, afiche *am*; ~ *pubblicitario* panel publicitario, valla publicitaria; ~ *stradale panel de tráfico; (ant) ~ di sfida* cartel de desafío; 2. *econ* cártel; *il ~ di Medellín* el cártel de Medellín

cartellon|e *m* valla publicitaria *f*; *cine/teatro* cartel; *tenere il ~* mantenerse en cartel; **~ista** *m/f* cartelista

carter *m/inv* guardacadena *f* (*bici, moto*); cárter *m* (*motor*)

cartevalori, carte valori *fpl* valores *mpl*, títulos *mpl*

cartiera *f* papelera (*industria*)

cartilagine *f med* cartílago *m*

cartilagineo *adj* cartilaginoso

cartilaginoso *adj* cartilaginoso

cartina *f* papel de fumar *m*; sobre *m*, envase *m* (*agujas, chim...*); *geogr* plano *m*

cartoccio *m* cucurucho; *mil* cartucho

cartograf|ia *f* cartografía; **~ico** *adj* cartográfico; **~o, -a** *m/f* cartógrafo, -a

cartol|aio, -a *m/f* papelero, -a; **~eria** *f* papelería; **~ibreria** *f* librería-papelería; **~ina** *f* (tarjeta) postal; ~ *illustrata* (tarjeta) postal; ~ *postale* postal; ~ *precetto* llamamiento a filas (*documento*)

cartoman|te *m/f* cartomántico, -a; **~zia** *f* cartomancia

carton|cino *m* cartulina *f*; **~e** *m* cartón; *~i animati* dibujos animados; **~ista** *m/f* dibujante de dibujos animados

cartotecnica *f* industria de la papelería

cartucci|a *f mil/mec* cartucho *m*; recambio *m* (*de tinta*); ~ *da salva* cartucho de fogueo; *(fig) sparare l'ultima ~* quemar el último cartucho; **~era** *f* cartuchera, canana

caruncola *f med/bot/zool* carúncula

casa *f* 1. casa; piso *m*; vivienda, residencia; ~ *di campagna* casa de campo; *~e a schiera* (chalets) adosados *mpl*; ~ *avita* casa solariega; ~ *colonica* alquería, granja; *prima, seconda ~* primera, segunda residencia/vivienda; *~e popolari* viviendas sociales; *la *~ Bianca* la Casa Blanca; *(fam) il padrone di ~* el amo del piso, el arrendador; *cercare ~* buscar casa/piso; *cambiare ~* mudarse, cambiarse de casa; ~ *da tè* salón de té; ~ *di correzione* reformatorio; ~ *dello studente* residencia de estudiantes; ~ *di ricovero* residencia de la tercera edad; ~ *di cura* sanatorio; ~ *editrice* (casa) editorial; *(euf) ~ chiusa/di tolleranza/di appuntamenti/squillo* casa de tolerancia/de citas; ~ *da gioco* casa de juego; *(fig) abitare a ~ di Dio* vivir en el quinto pino; 2. *fig* hogar *m*; *faccende/lavori di ~* tareas del hogar; *sentirsi a ~ propria* sentirse como en su propia casa; *mettere su ~* formar un hogar; 3. casilla (*ajedrez...*); 4. *sport* casa; *giocare in/fuori ~* jugar en/fuera de casa

casacc|a *f* casaca; *(fig) voltare/mutare ~* cambiar de chaqueta; **~io: a ~** *adv* al azar; a diestro y siniestro

casalingo, -a 1. *adj* casero, -a; *sport* casero, -a, en casa; **2.** *m/f* amo, -a de casa; *adm* sus labores

casam|atta <*pl casematte*> *f mil* casamata; **~ento** *m* casa de vecindad *f*; vecindario

casato *m* apellido; estirpe *f*

casca|morto *m* galán, galanteador; *(fam) fare il ~* hacer el oso; **~nte** *adj* caedizo

cascare *vi fam* caer; *~rci* picar, caer en la trampa; ~ *dalla fame, dal sonno* morirse de hambre, caerse de sueño; ~ *bene, male* acabar bien, mal; *far ~ le braccia* caérsele a alg el alma a los pies; ~ *a pezzi* caerse a pedazos; *non casca il mondo!* ¡no va a hundirse el mundo!, ¡no será para tanto!

cascat|a *f geogr* cascada, salto *m*; *fam* caída; **~iccio** *adj* caedizo; *frutti ~i* frutos caedizos

caschetto *m* casquete

cascina *f* granja, alquería, caserío *m*, cortijo *m/And*, masía *Arag*; ~**le** *m* caserío, grupo de granjas
casco <*pl -chi*> *m* casco; *(mil) ~i blu* cascos azules; *~ coloniale* casco de explorador
caseario *adj* lácteo
caseggiato *m* barriada *f*, manzana *f* (*casas*)
caseific|azione *f* caseificación; ~**io** *m* quesería
caseina *f chim* caseína
casell|a *f* casilla; *~ postale* apartado de correos, casilla postal/de correos *am*; ~**ante** *m/f* guardavía (*tren*); empleado, -a de un peaje de autopista; ~**ario** *m* casillero, taquilla *f*; *(ius) ~ giudiziale* antecedentes penales; ~**o** *m* caseta *f*; *auto* (puesto de) peaje; caseta del guardavía *f*
casereccio *adj* casero
caserm|a *f mil* cuartel *m*; ~**one** *m arch/desp* colmena *f*
casetta *f* tienda (de campaña) familiar
casin|aro *adj/s reg* follonero, juerguista; ~**ista** *adj/s pop* follonero, juerguista, juerguero *am*; ~**o** *m* 1. *pop* jaleo, follón, bulla *f*, sarao; *pop* mogollón (*gran cantidad*); *pop* burdel; *far ~* armar jaleo/follón, meter bulla; *succedere un ~* armarse la de Dios es Cristo; 2. cabaña *f*, casa de campo *f*; 3. casino, club
casinò *m/inv* casino *m*, casa de juego *f*
casistica *f* casuística
caso *m* 1. caso, hecho, evento; *med/ling* caso; *in/nel ~ contrario* en caso contrario; *in tutti i ~i/in ogni ~* en todo caso, de cualquier manera; *nel ~ che.../nel ~ in cui...* en caso de que..., si acaso...; *~ mai...* en caso de que..., si acaso...; *mettiamo/poniamo ~ che...* pongamos por caso que.../supongamos que...; *si dà il ~ che...* sucede que..., da la casualidad que...; *i ~i son tanti* el mundo da muchas vueltas; *questo non fa al ~ nostro* esto no viene al caso; *non è il caso...* no viene al caso.../no es oportuno...; *fare ~ a qc* prestar atención a algo; *fare ~ a q* hacer caso a alg; 2. casualidad *f*, azar; *per ~* de/por casualidad; *per puro ~* de/por pura casualidad; *a ~* a(l) voleo
casolare *m* cabaña *f*, *casa de campo f*
casomai, caso mai *conj* <*+ subjuntivo*> en el caso de que, si acaso
casotto *m* 1. *pop* follón, jaleo, barullo; *pop/fig* burdel; 2. caseta *f*
caspita! *excl/euf* ¡caramba!, ¡ostras!, ¡vaya!; *ma che ~ vuoi?* ¿qué demonios/narices quieres?
cassa *f* caja; *~ di legno* caja de madera; *~ da morto* ataud, féretro; *~ continua* caja permanente; *~ acustica* caja acústica, bafle; *(mus/fig) ~ di risonanza* caja de resonancia; *~ toracica* caja/cavidad torácica; *~ di risparmio* caja de ahorros; *~ pensioni* caja de pensiones; *~ rurale* caja rural; *~ integrazione (salari)* fondo de garantía salarial, paro *fam*; *~ malattia* mutualidad de trabajo; *passare alla ~* pasar por caja; *presentare un assegno alla ~* presentar un cheque en (la) caja; *(pagare) a pronta ~* (pagar) al contado; *(fam) batter ~* dar un sablazo
cassaforte <*pl casseforti*> *f* caja fuerte, caja de caudales
cassaintegrato *adj/s* parado (*que cobra el subsidio*)
cassandra *f* agorero, -a *m/f*, catastrofista *m/f*
cassapanca <*pl cassepanche*> *f* arquibanco *m*
cassare *vt ius* casar
cassazione *f ius* casación; *ricorso per ~* recurso de casación; *Corte di *~* Tribunal Supremo; *una sentenza della *~* una sentencia del Supremo
casseruola *f* cacerola, cazuela
cassett|a *f* 1. caja, cajita; *~ delle lettere* buzón; *(eccl) ~ delle elemosine* cepillo, alcancía *am*; *~ di sicurezza* caja fuerte, caja de seguridad; *~ da fiori* jardinera; *pane a ~* pan de molde; 2. *com* caja, recaudación; *film di ~* película taquillera; 3. *mus* casete, cassette *m/f*, cinta; 4. *tras* pescante *m*; ~**o** *m* cajón; ~**one** *m* cómoda *f* (*mueble*); *arch* casetón; *soffitto a ~i* artesonado
cassi|a *f bot* casia; ~**ere, -a** *m/f* cajero, -a; ~**terite** *f min* casiterita
cassone *m* arcón, arca *f*; *tras* caja *f*; ~**tto** *m* contenedor (de basura); cajón (*de la persiana*)
cast *m ingl/inv cine* reparto *m*; ~**a** *f* casta
castagn|a *f bot* castaña; *fig* castaña, galleta, cachete *m*; *(fig) prendere q in ~* coger a alg in fraganti; *(fig) cavare/togliere le ~e dal fuoco per q* sacarle a alg las castañas del fuego; ~**eto** *m* castañar; ~**ette** *fpl* castañuelas; castañetas; ~**o** *m bot* castaño; *~ d'India* castaño de Indias; ~**ola** *f* petardo *m*
castaldo *m agr* granjero; capataz, cachicán; *hist* mayordomo, administrador del rey
castano *adj* castaño, de color castaño
castell|ano *m hist* castellano, alcaide, gobernador; ~**etto** *m* 1. *min* castillete; 2. *arch* castillejo, andamio; 3. *com* límite de crédito; ~**o** *m* castillo; *(fig) fare ~i in aria* hacer castillos en el aire
castiga|matti *m/inv* bastón *m*, azote *m*; ~**re** *vt* castigar; escarmentar; *tip* corregir; ~**tore, -trice** *m/f* castigador, -a; *tip* corrector, -a; ~**tezza** *f* rectitud, templanza; ~**to** *adj* castigado; *fig* recto, honrado, cabal
Castiglia: *la ~* Castilla; ***~no 1.** *adj/s* castellano; **2.** *m* castellano, español (*lengua*)
castigo *m* castigo, escarmiento; *(fam) essere/stare in ~* estar castigado
castità *f/inv* castidad *f*, pureza *f*; *(ant) cintura di ~* cinturón de castidad
casto *adj* casto, puro, honesto; ~**ne** *m* engaste
castor|ino *m* 1. *zool* nutria *f*; 2. castor, castorina *f* (*tela*); ~**o** *m* 1. *zool* castor; 2. castor, castorina *f* (*tela*)
castra|re *vt* castrar, capar; *fig* expurgar, censurar; ~**to 1.** *adj* castrado; **2.** *m* capón; *mus* castrado; ~**tore** *m* castrador,

capador; ~**tura** *f* castradura, capadura; ~**zione** *f* castración
catrense *adj* castrense
castron|aggine *f pop* jilipollez, imbecilidad; ~**eria** *f* jilipollez, imbecilidad
casual *adj/s ingl/inv* estilo informal *m* (*vestido*); ~**e** *adj* casual, fortuito, accidental
casuali|smo *m fil* casualismo; ~**tà** *f/inv* casualidad *f*, eventualidad *f*, contingencia *f*
casupola *f* casucha, casuca
cataclisma *m* cataclismo
catacomba *f* catacumba
catacresi *f/inv ling* catacresis
catadiottrico *adj fis* catadióptico
catafalco *m* catafalco
catafascio: a ~ *adv* desordenadamente
catalano *adj/s* catalán
catalisi *f/inv chim* catálisis
catalizza|re *vt chim* catalizar; ~**tore** *m chim/auto* catalizador
catalogare <*esd*> *vt* catalogar
Catalogna: *la* ~ Cataluña
catalogo *m* catálogo
catapecchia *f* casucha, choza
cataplasma *m med* cataplasma *f*
catapulta *f* catapulta; ~**re** *vt mil/fig* catapultar
cataratta V. **cateratta**
catarifrangente *adj/m* reflectante
catarr|ale *adj* catarral; ~**o** *m* catarro
catast|a *f* montón *m*, pila, hacina; ~**ale** *adj* catastral; *partita* ~ número de inscripción en el registro de la propiedad; ~**o** *m* catastro; (oficina del) catastro
catastrof|e *f* catástrofe, desastre *m*, calamidad; ~ *ecologica* desastre ecológico; ~**ico** *adj* catastrófico; ~**ismo** *m* catastrofismo
catech|esi *f/inv* catequesis; ~**ismo** *m* catecismo; ~**ista** *m/f* catequista; ~**izzare** *vt* catequizar
catecumeno, -a *m/f* catecúmeno, a
categori|a *f* categoría; ~**co** *adj* categórico; ~**zzazione** *f* categorización
catena *f* cadena; ~ *di negozi, di alberghi* cadena comercial, hotelera; ~ *di montaggio/di lavorazione* cadena de montaje; ~ *di trasmissione* cadena de transmisión; ~ *del freddo* cadena del frío; ~ *di montagne/montuosa* cadena montañosa, cordillera; ~ *alimentare* cadena alimenticia; ~ *perpetua* cadena sin fin; *(ling)* ~ *parlata* cadena hablada; ~*e da neve* cadenas (para la nieve); *a* ~ en cadena; *reazione a* ~ reacción en cadena; ~**ccio** *m* cerrojo; *sport* catenaccio, cerrojo (*fútbol*); *desp* cacharro, cafetera *f*; *(ius/adm) decreto* ~ decreto relámpago
catenella *f* cadena (*oro*...); cadeneta (*bordado*); *punto a* ~ punto de cadeneta
cateratta *f geogr* catarata; *tec* esclusa; *med* cataratas *fpl*
catering *m ingl/com* cátering
caterpillar *m ingl/inv* caterpillar
caterva *f* caterva
catetere, catetere *m med* catéter
cateto *m mat* cateto
catin|ella *f* jofaina, aguamanil *m*; *piovere a* ~*e* llover a cántaros; ~**o** *m* barreño, cuenco; *metal* catino
catione *m fis* catión
catod|ico *adj* catódico; ~**o** *m fis* cátodo
catorcio *m fam* cacharro, trasto (*cosa*); cataplasma *m/f*, chancla *f*, piltrafa *f* (*persona*)
catram|are *vt* alquitranar, embrear; ~**e** *m* alquitrán, brea *f*
cattedra *f stud/eccl ant* cátedra; *montare in* ~ sentar cátedra; *parlare in* ~ hablar ex cathedra; ~**le** *f* catedral; ~**tico, -a 1.** *adj* de la cátedra; *desp/iron* pedante; **2.** *m* catedrático, -a
cattiv|arsi granjearse, captar *vt*; ~**eria** *f* maldad; ~**ità** *f/inv lit* cautividad *f*, cautiverio *m*, esclavitud *f* (*persona*); *zool* cautividad *f*, cautiverio *m*; ~**o, -a 1.** *adj* mal(o), -a; ~ *umore, gusto, odore* mal genio/humor, mal gusto, mal olor; *attraversare un* ~ *periodo* pasar una mala racha; *con le* ~*e* por las malas, a malas; **2.** *m/f* malo, -a, malvado, -a; **3.** *m meteo* mal tiempo
cattolic|esimo *m* catolicismo; ~**ità** *f/inv* catolicidad *f*; ~**o** *adj/s* católico
cattura *f* captura; aprehensión (*contrabando*); *(ius) ordine/mandato di* ~ orden de captura; ~**re** *vt* capturar, apresar; aprehender (*contrabando*)
caucciù *m/inv chim* caucho *m*
caud|ale *adj zool* caudal; *pinna* ~ aleta caudal; ~**ato** *adj arald* caudado, caudato; *ling* caudato; *stella* ~*a* estrella caudata; *sonetto* ~ soneto caudato; ~**ino** *adj* caudino
caule *m bot* tallo
causa *f* 1. causa; *fil/pol/fig* causa; *parlare con cognizione di* ~ hablar con conocimiento de causa; *a/per* ~ *di* a causa de, debido a; 2. *ius* causa, proceso *m*; pleito *m*; caso *m*; *far* ~ *comune* hacer causa común; ~ *civile, penale* proceso civil, penal; *fare/muovere* ~ poner un pleito; *istruire la* ~ enjuiciar, substanciar una causa; *vincere/perdere la* ~ ganar/perder el pleito; *perorare una* ~ defender un caso
causal|e 1. *adj* causal; **2.** *f ius* motivo *m*, móvil *m*; *com* justificante *m*; *ling* causale; ~**ità** *f/inv* causalidad *f*; *principio di* ~ principio de causalidad
causare *vt* causar
causativo *adj ling* causativo
caustic|ità *f/inv chim/fig* causticidad *f*; ~**o** *adj chim/fig* cáustico
cautela *f* cautela, sigilo *m*; ~**re 1.** *adj* cautelar, preventivo; **2.** *vt* prevenir, precaver
cauterio *m med* cauterio, botón de fuego
cauterizza|re *vt med* cauterizar; ~**zione** *f med* cauterización
cauto *adj* cauto, precavido
cauzion|ale *adj* de la caución o fianza; ~**e** *f ius* caución, fianza; *su* ~ bajo fianza
cava *f min* cantera; ~**denti** *m ant/desp* sacamuelas; *desp* charlatán
cavalca|re 1. *vt* cabalgar; saltar, salvar, pasar por encima; *il ponte cavalca il fiume* el puente salva el río; **2.** *vi* <*avere*> cabalgar; ~**ta** *f* cabalgada; cabalgata (*desfile*); ~**tore, -trice** *m/f* jinete *m*, amazona *f*; ~**tura** *f* cabalgadura, montura; ~**via** *m/inv tras* escaléxtric *m*

cavalcioni: a ~ *adv* a horcajadas
cavaliere *m hist/fig* caballero; *mil* soldado de caballería; *sport* jinete; ~ *errante/di ventura* caballero andante; ~ *del lavoro* medalla de honor al trabajo; ~ *di Malta* caballero de la Orden de Malta
cavalla *f zool* yegua
cavalleggero *m mil/ant* jinete
cavaller|esco *adj hist* caballeresco; *fig* caballeroso, de caballeros; *letteratura ~a* literatura caballeresca; *codice* ~ código de caballeros; ~**ia** *f mil* caballería; ~**izzo** *m* cavallerizo; jinete
cavallett|a *f zool* saltamontes *m*, langosta, chapulín *m/am*; *desp/fig* buitre *m*, vampiro *m*; *(fig) fare la ~ a q* poner la zancadilla a alg; *essere peggio delle ~e* ser más pesado que las moscas; ~**o** *m* caballete (*mesa, pitt*); trípode; *arch* torre *f* (*grúa, teleférico*); *ant* potro (*tortura*)
cavallin|a *f sport* potro *m*; *(fig) correre la* ~ correrla; ~**o** *adj* caballar; *mosca ~a* mosca de burro; *tosse ~a* tos ferina
cavallo *m* 1. *zool/mec/sport* caballo; *montare a* ~ montar a caballo, cabalgar; *(fig) ~ di battaglia* caballo de batalla; ~ *da corsa* caballo de carreras; ~ *di Frisia* caballo de Frisia; ~ *a dondolo* caballo de madera; ~ *da sella* caballo de silla, caballo de montar; ~ *da posta* caballo de refresco; ~ *da tiro* caballo de tiro; *~-vapore* caballo de vapor; *a* ~ a caballo; *(fig) a ~ di due secoli* a caballo de dos siglos; *(fig) febbre/medicina da* ~ fiebre/medicina de caballo; *(iron) andare col ~ di San Francesco* ir con el coche de San Fernando; *a caval donato non si guarda in bocca* a caballo regalado no le mires el diente; 2. tiro (*pantalón*)
cavallone *m mar* oleada *f*, golpe de mar; *zool* caballazo; *desp* saco de patatas
cavalluccio *m zool/desp* rocín; *a* ~ a hombros, a caballito; *(zool) ~ marino* caballito de mar
cavapietre *m/inv* picador *m* (*cantera*)
cavare 1. *vt* 1. sacar, obtener; ~ *marmi* extraer mármol; ~ *sangue da una rapa* pedir peras al olmo; 2. quitar; ~ *un dente* sacar/quitar/arrancar un diente; ~ *le macchie* quitar las manchas; *~rsi le scarpe* quitarse los zapatos; *~rsi la fame, la sete, una voglia* matar el hambre, la sed, un deseo; *(fig) ~rsi gli occhi* sacarse los ojos, echarse los trastos a la cabeza; *cavati di torno!* ¡quítate de en medio!; **2.** *~rsela* arreglárselas, apañárselas, ingeniárselas
cavastivali *m/inv* sacabotas
cavatappi *m/inv* sacacorchos, tirabuzón *m*
cavaturaccioli *m/inv* sacacorchos, tirabuzón *m*
cavern|a *f geol* caverna, gruta; *med* caverna; ~**icolo** *adj/s* cavernícola; ~**oso** *adj geol/med/fig* cavernoso
cavezza *f* cabestro *m*, ronzal *m*, bozal *m/am*
cavia *f zool* conejillo de Indias *m*, cobaya *m*, cuy *m/Am Mer*, acure *m/Am Mer*; ~ *umana/uomo* ~ cobaya humano
caviale *m gastr* caviar
cavicchio *m* tarugo, clavija *f*; *agr* plantador
cavigli|a *f* clavija; *med* tobillo *m*; ~**era** *f med* tobillera; ~**ere** *m mus* cordal
cavilla|re *vi* <*avere*> cavilar; ~**zione** *f* cavilación
cavillo *m* sofisma; ~**sità** *f/inv* cavilosidad *f*; ~**so** *adj* caviloso; quisquilloso
cavità *f/inv geol/med* cavidad *f*
cavo 1. *adj* hueco, vacío; *(med) vena ~a* cava; *(mil) carica ~a* carga hueca; **2.** *m* 1. hueco, cavidad *f*; ~ *della mano* hueco de la mano; 2. *elec* cable; *mar* cabo, amarra *f*; *televisione via* ~ televisión por cable
cavol|ata *f pop* chorrada, tontería; ~**etti** *(mpl) ~ di Bruxelles* coles de Bruselas *fpl*; ~**fiore** *f bot* coliflor
cavolo 1. *m* 1. *bot* col *f*; ~ *di Bruxelles* col de Bruselas; ~ *cappuccio* repollo; ~ *nero* col lombarda; ~ *rapa* colinabo; ~ *verde* berza; 2. *fig/euf* pito, pimiento, pepino; *non importare un* ~ importar un pimiento; *non valere un* ~ no valer un pepino; *non capire un* ~ no entender ni jota; *(fam/euf) testa di* ~ berzotas; *(pop/euf) fare i ~i propri* meterse en sus asuntos, ocuparse de sus asuntos; *un ~!* ¡y un pimiento!, ¡y un jamón!; *ma che ~ fai?* ¿qué diablos/demonios haces?; **2.** *excl/euf* ¡caray!, ¡jolines!, ¡ostras!
cazzata *f vulg* jilipollez, pijada, pollada
cazzo 1. *m vulg* polla *f*, pijo, picha *f*, carajo; *testa di* ~ capullo, cabrón; *non me ne importa un* ~ me importa un carajo; *non capisco un* ~ no entiendo ni jota *fam*; *(vulg) stare sul ~ a q* caer a alg como una patada en los huevos, caer fatal *fam*; **2.** *excl/vulg* ¡coño!, ¡cojones!, ¡hostia!, ¡joder!, ¡carajo!
cazzomatto *m* estúpido, imbécil
cazzone *m vulg* jilipollas
cazzott|are *vt vulg* dar de hostias; ~**ata,** ~**atura** *f vulg* somanta de hostias; ~**o** *m vulg* hostia *f*; *prendere q a ~i* darle de hostias a alg
cazzuola *f arch* llana
cazzuto *adj vulg* cojonudo, de puta madre
ce *pr* V. **ci**
cecchino *m mil/pol* francotirador
cece *m bot* garbanzo
cecità *f/inv med/fig* ceguera *f*
ceco *adj/s* checo; *Repubblica *~* República Checa, Chequia
Cecoslova|cchia: *la ~ (hist)* Checoslovaquia; ***~cco** *adj/s* checoslovaco
cedente *m/f ius* cedente
cedere *vt/vi* <*avere*> ceder; *(mil/fig) ~ le armi* rendir las armas, rendirse
cedevole *adj* dúctil, maleable; blando (*terreno*); *fig* razonable, transigente, dócil
cedevolezza *f* ductilidad, maleabilidad; *fig* transigencia, docilidad
cedi|bile *adj ius* cesible, transmisible; ~**glia** *f ling* cedilla; ~**mento** *m geol* asentamiento; *arch/fig* hundimiento, derrumbe
cedola *f com* cupón *m*; ~ *di commissione libraria* boletín de pedido de libros

cedolare *adj* de los cupones
cedr|ata *f* agua de cidra; **~o** *m bot* 1. cedro (*conífera*); 2. cidro (*árbol*); cidra *f* (*fruto*); **~one** *m zool* urogallo
ceduo *adj bot* tallar
cefalea *f med* cefalea
cefalo *m zool* mújol
cefalopode *adj/m zool* cefalópodo
ceffo *m zool* hocico, morro; *fig* tipo malcarado; **~ne** *m* bofetada *f*, sopapo
cela|re *vt* celar, esconder; **~ta** *f mil* celada
celeberrimo *adj* celebérrimo
celebra|nte *m/f* celebrante; **~re** *vt* celebrar, festejar; celebrar, oficiar (*ceremonia*); **~tivo** *adj* conmemorativo; **~zione** *f* celebración
celebre *adj* célebre, famoso
celebrità *f/inv* celebridad *f*
celer|e 1. *adj* rápido, veloz; **2.** *f* brigada de intervención rápida (*policía*); **~ità** *f/inv* celeridad *f*, rapidez *f*
celeste *adj* celeste; *eccl* celestial; *corte ~* corte celestial
celesti|ale *adj* celestial; **~na** *f min* celestina; **~no 1.** *adj/s* celeste; **2.** *m eccl* celestino
celia *f lit* broma *est*, chiste *m/est*
celib|ato *m* soltería *f*, celibato *lit*; **~e** *adj/m* soltero, célibe *lit*
cella *f eccl/zool* celda; *ius* celda, calabozo *m*; *tec* cámara; *tec* célula; *infor* sector *m*; *~ di rigore* celda de castigo; *~ campanaria* vano de las campanas; *~ frigorifera* cámara frigorífica; *~ solare* célula solar
celletta *f* celdilla
cello *m mus* chelo, violonc(h)elo
cellophane *m* celofán
cellul|a *f biol/elec/pol* célula; *~ fotoelettrica* célula fotoeléctrica; **~are 1.** *adj* celular; **2.** *m* furgón celular; **~ite** *f med* celulitis; **~oide** *f chim/cine* celuloide *m*; **~osa** *f* celulosa
celta *m* celta; **~ico** *adj/m* celta, céltico
cembal|ista *m/f mus* cimbalero, -a, cimbalista; **~o** *m mus* clavicémbalo; *ant* címbalo
cement|are *vt metal* cementar; *arch/fig* cimentar; **~azione** *f metal* cementación; *arch/fig* cimentación; **~o** *m* cemento, hormigón; *~ armato* cemento armado, hormigón armado; *~ di Portland* cemento Portland, Portland; *~ amianto, mastice, di altoforno, a presa lenta, a pronta presa, dentario* cemento de asbesto, de caucho, de escoria, de fraguado lento, rápido, dental
cena *f* cena; **~colo** *m art/fig* cenáculo; **~re** *vi* <*avere*> cenar *vt/vi*
cenciaio, ~lo *m* trapero
cencio *m* trapo (*limpieza*); *desp* andrajo, harapo, trapo; *ridurre un ~ q* dejar a alg hecho un guiñapo; *bianco come un ~ lavato* blanco como la pared; **~so** *adj desp* andrajoso, harapiento, desharrapado
cenere *f* ceniza; *ridurre in ~* reducir a cenizas
cenerentola *f* manoletina (*zapatos*); *(lit/fig) la *~* la Cenicienta
cenerino, cenerognolo *adj* ceniciento, cenizo
cenno *m* 1. seña *f*, gesto, ademán; *comunicare a ~i* comunicarse por señas; *fece ~ di parlare* hizo ademán de hablar; 2. indicio, señal *f*; *la torre dava ~i di cadere* la torre amenazaba con caer/daba señales de caer; 3. nota *f*, apunte
cenobi|o *m eccl* cenobio; **~ta** *m/f* cenobita; **~tico** *adj* cenobita
cenone *m* gran cena *f*, atracón; cena de Nochebuena *f*; cena de Nochevieja *f*
cenotafio *m* cenotafio
cenozoico *adj/m geol* cenozoico
censi|mento *m* censo; *~ della popolazione* censo de población, padrón; **~re** <*isc*> *vt* censar (*hacer el censo*); censar, empadronar (*registrar*)
censo *m hist* censo; *econ* patrimonio; **~re** *m* censor
censuale *adj* censal
censura *f* censura; **~bile** *adj* censurable; **~re** *vt* censurar
centaur|ea *f bot* aciano *m*; **~o** *m mit* centauro; *sport/fig* piloto de motos
centenario *adj/m* centenario
centenn|ale *adj* centenario; **~io** *m* siglo
centerbe *m/inv* licor de hierbas *m*
centesim|ale *adj* centesimal; **~o 1.** *adj ord* centésimo; **2.** *m* centésima parte *f*; *econ* centavo, céntimo; *non avere un ~ in tasca* no tener ni un duro/una perra, estar sin blanca; *non valere un ~* no valer un real
centigrado *adj* centígrado
centigrammo *m* centigramo
centilitro *m* centilitro
centimetro *m* centímetro
centina *f arch* cimbra, cercha; **~io** <*pl le centinaia*> *m* centenar, centena *f*; **~re** <*esd*> *vt arch* cimbrar
centinodio, -a *m/f bot* correhuela *f*
centista *m/f sport* velocista (*de cien metros lisos*)
cento *adj/m card* cien, ciento; *~ lire* cien liras; *~mila lire* cien mil liras; *~venticinque metri* ciento veinticinco metros; *per ~* por ciento; *~ di questi giorni!* ¡que cumplas muchos más!
centometrista *m/f sport* velocista (*de cien metros lisos*)
centone *m lit* centón
centopiedi *m/inv zool* ciempiés
centrale 1. *adj* central; **2.** *f* central; *~ idroelettrica, elettrica, termoelettrica* central hidráulica, hidroeléctrica, térmica
centrali|nista *m/f* telefonista; **~no** *m* centralita *f*; **~smo** *m* centralismo; **~sta** *m/f* centralista; **~tà** *f/inv* punto central *m*; *pol* centro *m*
centralizza|re *vt* centralizar; **~to** *adj* centralizado, central; *riscaldamento ~* calefacción central; *(auto) chiusura delle porte ~a* cierre centralizado; **~zione** *f* centralización
centrare *vt* centrar; *(fig) ~ il personaggio* bordar el personaje
centrattacco *m sport* delantero centro, punta *f*

centratura *f* centrado *m*
centravanti *m/inv sport* delantero centro *m*, punta *f*
centrifuga *f* centrifugadora
centrifugare *<esd> vt* centrifugar
centrifugazione *f* centrifugado *m*
centrifugo *adj* centrífugo
centrino *m* tapete
centripeto *adj* centrípeto
centro *m* centro; ~ *commerciale* centro comercial; ~ *direzionale* centro de dirección; ~ *abitato* núcleo urbano; ~ *di gravità* centro de gravedad; ~ *di ricerca* centro de investigación ; ~ *elaborazione dati* centro de proceso de datos; ~ *ospedaliero* centro hospitalario; ~ *residenziale* complejo residencial; ~ *stampa* gabinete de prensa; ~ *storico* centro histórico, casco viejo; *far* ~ dar en el blanco; *essere nel proprio* ~ estar como en casa
centrocamp|ista *m sport* centrocampista, mediocampista; ~**o** *m sport* centro del campo
centrodestra *m pol* centroderecha
centroeuropeo *adj/s* centroeuropeo
centromediano *m sport* central de apoyo
centrosinistra *m* centroizquierda
centrotavola *<pl centritavola> m* centro de mesa
centupl|icare *<esd> vt* centuplicar; ~**o** *m* céntuplo
centuri|a *f hist* centuria; ~**one** *m hist* centurión
ceppa *f bot* cepa
ceppo *m* 1. *bot* cepa *f*; tocón (*de árbol cortado*); tronco, ceporro (*para quemar*); *fig* Navidad *f*; ~ *di Natale* nochebueno; 2. *fig* tronco, estirpe *f*; 3. tajo (*del carnicero, verdugo*); 4. *mec* zapata *f*; 5. *mar* cepo (del ancla); 6. *eccl* cepillo; 7. *mpl* cepo *m*, grilletes; *spezzare i ~i* romper las cadenas; 8. *mpl auto* cepo *m*
cera *f* 1. cera; ~ *da scarpe* betún, crema de zapatos; ~ *da pavimenti, per mobili* cera para suelos, para muebles; *museo delle ~e* museo de cera; 2. cara, aspecto *m*; *avere brutta/bella* ~ tener buena/mala cara; ~**iolo** *m* cerero; ~**lacca** *f* lacre *m*
cerami|ca *f* cerámica; loza; ~**sta** *m/f* ceramista
ceraste *m zool* ceraste, cerasta *f*
cerato *adj* encerado; *tela ~a* hule *m*
cerbiatto *m zool* cervato
cerbottana *f* cerbatana
cerca *f* busca, búsqueda; *andare in ~ di qc* ir a la búsqueda de algo, buscar algo; ~**mine** *m/inv* detector de minas *m*; ~**persone** *m/inv* busca *m*
cercare 1. *vt* buscar; ~ *il pelo nell'uovo* buscarle tres pies al gato; ~ *col lanternino* buscar con lupa; **2.** *vi <avere>* intentar *vt* (*di*), tratar (*di* de), probar (*di* a); *cerca di capirmi* intenta comprenderme; *chi cerca trova* quien busca halla
cercatore, -trice 1. *m/f* buscador, -a; 2. *m eccl* mendicante
cerchia *f geog* cadena, barrera; ~ *di mura* muralla(s); *fig* círculo *m*, grupo *m*; *la mia ~ di amici* mi círculo de amistades; ~**re** *vt* poner aros; enarcar (*tonel*); rodear, envolver; ~**to** *adj* con aros; *avere gli occhi ~i* tener ojeras
cerchietto *m* arandela *f*, anilla *f*; diadema *f* (*cabello*)
cerchio *m mat* círculo; aro (*sport, tonel*); anillo; *auto* llanta *f*; círculo, corro (*personas*); *dare un colpo al ~ e un altro alla botte* dar una de cal y otra de arena; ~ *in lega* llanta de aleación; ~**ne** *m auto* llanta *f*
cercine *f* rodete *m*
cereale *m* cereal
cerealicol|o *adj* cerealista; ~**tura** *f* cerealicultura
cerebello *m med* cerebelo
cerebral|e *adj* cerebral; ~**ismo** *m* cerebralismo; ~**ità** *f/inv* cerebralismo *m*
cereo *adj* céreo
cereria *f* cerería
ceretta *f* banda depilatoria
cerfoglio *m bot* perifollo
cerimoni|a *f* ceremonia; ~**ale** *m* ceremonial; ~**oso** *adj* ceremonioso
cerino *m* cerilla *f*, fósforo
cerni|a *f zool* mero *m*; ~**era** *f* gozne *m*, bisagra (*puerta...*); cremallera; ~ *lampo* cremallera, cierre relámpago *am*
cernita *f* criba
cero *m* cirio, hacha *f*; ~ *pasquale* cirio pascual; ~**so** *adj* ceroso; ~**tto** *m med* parche, pegado; ~ *adesivo* esparadrapo, tirita
certame *m lit* justa *f*, torneo; certamen (*literario*)
certamente 1. *adv* seguro, sin duda; **2.** *excl* ¡por supuesto!, ¡claro!
certezza *f* certeza, seguridad, convicción
certifica|re *<esd> vt ius* certificar; ~**to** *m* certificado, certificación *f*; ~ *di nascita, di morte* partida de nacimiento, certificado de defunción; ~ *penale* certificado de (antecedentes) penales; *(stud)* ~ *voti* expediente académico; ~ *di residenza* certificado de residencia; ~ *di malattia* parte de baja; ~**zione** *f* certificación, certificado *m*
certo 1. *adj* 1. cierto, verdadero, verídico; *notizia ~a* noticia verdadera; 2. evidente, claro; *dare qc per* ~ dar/tener algo por supuesto/cierto; 3. seguro, convencido; *sono ~ che ha sbagliato* estoy seguro de que se ha equivocado; 4. cierto, alguno; tal; unos; *~i amici è meglio non averli vicini* ciertos amigos es mejor no tenerlos cerca; *è venuto un ~ Calvi* ha venido un tal Calvi; *ha ~i occhi che mettono paura* tiene unos ojos que dan miedo; **2.** *pr/pl* algunos, -as; **3.** *adv* sin duda, seguro; *è ~ il tuo migliore amico* es sin duda tu mejor amigo; **4.** *excl* ¡claro!, ¡por supuesto!, ¡naturalmente!
certos|a *f eccl* cartuja; ~**ino** *adj/m* cartujo; *lavoro da* ~ trabajo de chinos
certuno *pr* alguno, cierto; *~i non riescono a capire mai niente* algunos no logran entender nunca nada
cerume *m* cera *f*, cerilla *f*, cerumen
ceruss|a *f chim* cerusa; ~**ite** *f min* cerusita
cervelletto *m med* cerebelo
cervello *<pl cervella, cervelli> m med/fig* cerebro; *gastr/fig* seso(s); *lambiccarsi il* ~

romperse los cascos, devanarse los sesos; *farsi saltare le ~a* volarse la tapa de los sesos; *avere il ~ di una gallina/una formica* tener menos seso/conocimiento que un mosquito; *fuga dei ~i* fuga de cerebros; **~ne** *m iron* coco, eminencia *f*; **~tico** *adj* estrambótico

cervic|ale *adj* cervical; **~e** *f lit* cerviz; *(fig) piegare la ~* doblar la cerviz; *(fig) di dura ~* de dura cerviz

cervino *adj zool* cervino, cerval; *(bot) lingua ~a* lengua de ciervo, escolopendra

cervo *m zool* ciervo, venado; *~ volante* cometa *f* (*juego*)

Cesare *m* César; ***~o** *adj* cesáreo; *(med) taglio ~* cesárea

cesell|are *vt* cincelar; **~atore** *m* cincelador; **~atura** *f* cinceladura, cincelado *m*; **~o** *m* cincel

cesoia *f* 1. tec cizalla; 2. *fpl agr* tijeras de podar

cespo *m* retoños *mpl*, rebrotes *mpl*

cespuglio *m* matorral, matojo, mata *f*; **~so** *adj* matoso, espeso (*matorral*)

cessare 1. *vt* cesar, detener, suspender; **2.** *vi* <*avere/essere*> cesar; remitir; cerrar; *il temporale è cessato* el temporal ha remitido; *il negozio ha cessato* la tienda ha cerrado

cessate il fuoco *m/inv* alto el fuego

cessazione *f* cese *m*; *la ~ delle ostilità* el cese de ostilidades

cessione *f* cesión; *com* traspaso *m*

cesso *m pop* váter, water

cest|a *f* canasta, capazo *m*; **~ello** *m* cesta *f*; basquet (*para envases*); tambor, bombo (*lavadora*); *med* autoclave, esterilizador

cestin|are *vt* echar a la papelera; *fig* rechazar (*publicación*); **~o** *m* cesta *f*; *~ (della carta)* papelera *f*; *~ da lavoro* caja de la costura, costurero; *~ da viaggio* bolsa de comida

cestista *m/f sport* baloncestista

cesto *m* cesto, capazo

cesura *f ling* cesura

cetaceo *m* cetáceo

ceto *m* clase (social) *f*; *ant* estamento; *di ~ medio* de clase media

cetra *f mus* cítara

cetriol|ino *m gastr* pepinillo; **~o** *m bot* pepino

cha cha cha *m/inv* chá-chá-chá, chachachá

champagne *m fr/inv* champagne *m*, champaña *f*

chance *f fr/inv* 1. suerte *f*, chance *f/am*; 2. oportunidad *f*, chance *f/am*

chanteuse *f fr/inv* cantante *f*, canzonetista *f*

chantilly *f fr/inv gastr* crema chantillí *f*

charme *m fr/inv* encanto *m*, atractivo *m*

charter *adj/m ingl/inv aer* chárter

châssis *m fr/inv* chasis *m/inv*

chauffeur *m fr/inv* chófer *m*, conductor *m*

che 1. *pr* 1. que; *ciò/quello ~ mi piace è dormire* lo que me gusta es dormir; *il ~* lo que, lo cual; *parla troppo, il ~ non mi piace* habla demasiado, lo cual no me gusta; 2. qué; *ha un non so ~ di insincero* tiene un no se qué/un algo de falso; *il film no era un gran ~* la película no era una gran cosa/nada del otro jueves; **2.** *pr/adj qué; excl* ¡vaya!; *a ~ (cosa) pensi?* ¿en qué piensas?; *non c'è ~ dire* no hay nada que decir; *non ha di ~ mangiare* no tiene qué comer; *Grazie! Non c'è di ~!* ¡Gracias! ¡No hay de qué!; *~ ora è?/~ ore sono?* ¿qué hora es?; *~ vedo!* ¡qué veo!; *ma ~!* ¡anda ya!; *~ bella idea!* ¡qué buena idea!; *(fam) ~ bello!* ¡qué bonito!; *~ domanda!* ¡Vaya pregunta!; *~ uomo!* Vaya tipo!; **3.** *conj* 1. que; *vorrei ~ tu studiassi* querría que estudiaras; *vai a fare la doccia, ~ sei molto sporco* ve a la ducha, que estás muy sucio; *c'era un afa ~ non si respirava* hacía un calor que no se podía ni respirar; *vieni ~ potrai ripararti* ven que podrás guarecerte; *~ io sappia non è successo niente* que yo sepa no ha pasado nada; que; *è meglio ~ non lo dica* es mejor que no lo diga; *è più facile parlare ~ agire* es más fácil hablar que actuar; *non fa (altro) ~ brontolare* no hace más que refunfuñar; *~ mi sia sbagliato?* me habré equivocado?; *sia ~, ... sia ~* tanto ... como; 2. cuando; *arrivò che era ancora presto* llegó cuando aún era pronto

ché *conj* <*causal*> porque

checché *(conj) ~ accada, non te lo dirò* pase lo que pase, no te lo diré

check-in *m ingl/inv aer* facturación *f*; *fare lo ~* hacer la facturación, embarcarse

check-panel *m ingl/inv auto* cuadro de mandos *m*

check-up *m ingl/inv med* chequeo *m*, control médico *m*

chef *m fr/inv* chef *m*, jefe de cocina *m*

chela *f zool* pinza (*crustáceos*)

chemioterapia *f med* quimioterapia

chemisier *m fr/inv* vestido camisero *m*

chepì *m/inv* quepis

cheppia *f zool* sábalo *m*

chèque *m fr/inv* cheque *m*

cheratina *f chim* queratina

chermes *m/inv zool* quermes, kermes

cherosene *m chim* queroseno

cherubino *m eccl/pitt/fig* querubín

chetare *vt* aquietar, apaciguar, pacificar

chetichella: alla *~ adv* a la chita callando

cheto *adj* quedo, tranquilo

chewing gum *m ingl/inv* chicle *m*, goma de mascar *f*

chi *pr/inv* 1. quien, quienes *pl*; *dillo a ~ vuoi* díselo a quien quieras; *si salvi ~ può* sálvese quien pueda; *~ più ~ meno* quien más quien menos, el que más y el que menos; 2. quién, quiénes *pl*; *di ~ hai paura?* de quién(es) tienes miedo; *a ~ telefoni?* ¿a quién llamas?; *~ sono quegli uomini?* ¿quiénes son aquellos hombres?; *~ va là?* ¿quién va?, ¿quién vive?; *guarda ~ si vede!* ¡mira quién llega!

chiacchiera *f* charla, conversación, cháchara; *desp* habladuría, cotilleo *m*, chisme *m*; *fare quattro ~e* pegar la hebra, charlar un rato; **~re** <*esd*> *vi* <*avere*> charlar, conversar, hablar; *desp* cotillear, chismorrear, cotorrear; **~ta** *f* charla, conversación

chiacchierino *adj* parlanchín, cotilla, hablador, bocazas
chiacchierio *m* cotorreo, chismorreo
chiacchierone *adj* parlanchín, cotilla, hablador, bocazas
chiama *f* el pasar lista *m*; *fare la ~* pasar lista; **~re 1.** *vt* llamar; *~ q per nome* llamar a alg por su nombre; *~ le cose per il loro (vero) nome* llamar a las cosas por su nombre, (llamar) al pan pan y al vino vino; *~ al telefono* reclamar al teléfono; *~ alle armi* llamar a filas; **2.** *~rsi* llamarse (*nombre, apellidos*); apellidarse (*apellidos*); **~ta** *f* llamada, llamado *m/am*
chiappa *f fam* nalga; *le ~e* el culo *m*, el pompis *fam*
chiara *f* clara (*huevo*)
chiaretto *adj/m gastr* clarete, rosado
chiarezza *f* claridad, nitidez
chiarifica|re <*esd*> *vt* aclarar, clarificar (*líquidos*); *fig* aclarar, clarificar, esclarecer; **~tore** *adj* clarificador, esclarecedor; **~zione** *f* aclarado *m*, clarificación *(líquidos, fig)*
chiarimento *m* aclaración *f*, esclarecimiento
chiarin|a *f*, **~o** *m mus/mil* clarín *m*
chiarire <*isc*> *vt* aclarar, clarificar (*líquidos*); *fig* aclarar, esclarecer, averiguar
chiarissimo *adj* Ilustrísimo Señor (*Chiar.mo* Ilmo. Sr.: *se aplica a profesores universitarios*)
chiaro 1. *adj* claro; *~ e tondo* rotundo, tajante; *un no ~ e tondo* un no rotundo; *cantarle ~e* hablar claro, cantar las cuarenta, decir verdades como puños; *~ come la luce del sole* claro como la luz del día; **2.** *m* claro; *mettere le cose in ~* aclarar la situación, hablar sin tapujos; *mettere in ~ una questione* echar luz sobre un asunto; **3.** *adv* claro; lisa y llanamente, sin rodeos; *parlare ~ (e tondo)* hablar sin rodeos/en plata; *più ~ di così si muore* más claro agua; **~re** *m* claridad *f*; **~scuro** *m pitt* claroscuro
chiaroveggen|te *adj/s* clarividente; **~za** *f* clarividencia
chiassata *f* jaleo *m*, follón *m*, alboroto *m*; escándalo *m*, número *m/fam*
chiasso *m* 1. jaleo, bulla *f*, jarana *f*, estruendo, escándalo, bullicio, bochinche; *fare ~* armar jaleo; *fig* levantar ampollas; 2. callejón; **~ne** *adj/s* follonero, jaranero, juerguista; **~so** *adj* ruidoso, bullicioso; *fig* llamativo, vistoso (*vestido, color*)
chiatta *f* barcaza, gabarra
chiava|io *m* cerrajero; **~rda** *f* perno *m*; *arch* perno de anclaje *m*; **~re** *vt vulg* joder, chingar, echar un polvo; **~ta** *f vulg* polvo *m*, follada
chiave 1. *f* 1. llave; *chiuso a sette ~i* cerrado a cal y canto; *buco della ~* ojo/hueco de la cerradura; *chiudere a ~* cerrar con llave; *~i in mano* llaves en mano; *(auto) ~ d'accensione* llave de arranque; *(tec) ~ inglese, fissa, a stella* llave inglesa, fija/plana, de estrella; 2. *arch/mus/tec/fig* clave; *(arch) ~ di volta* clave del arco; 3. *sport* llave; 4. *fig* fundamento *m*, base; **2.** *adj/inv* clave; *parola ~* palabra clave
chiavetta *f* llave (*reloj, juguete*); llave de paso (*gas, agua*); *mec* chaveta
chiavica *f* alcantarilla, cloaca
chiavistello *m* cerrojo, pestillo, pasador
chiazza *f* mancha, manchurrón *m*; **~re** *vt* manchar
chic 1. *adj fr/inv* chic *adj*, elegante *adj*; **2.** *m fr/inv* elegancia *f*
chicca *f infan* chuchería, golosina; *fig* joya, perita en dulce
chiccane *f fr/inv auto* chicane *m*
chicchera *f* jícara, pocillo *m*, tacita
chicchessia *pr* quienquiera (que sea)
chicchirichì *onom/m* quiquiriquí
chicco *m* grano (*café, arroz, trigo...*)
chiedere <*9 chiesi; chiesto*> **1.** *vt* 1. pedir; *~ perdono/scusa* pedir perdón; *~ in prestito* pedir prestado; 2. preguntar; *~ il prezzo di qc* preguntar por el precio de algo; **2.** *vi* <*avere*> preguntar (*di* por); *fam* llamar; *mi chiede di te continuamente* me pregunta por ti continuamente; *chiedono di Lei al telefono* le llaman por teléfono
chieri|ca *f* tonsura; **~cato** *m* clerecía *f*; **~chetto** *m* monaguillo; **~co** *m* clérigo
chies|a *f* iglesia; **~uola** *f mar* bitácora; *fig/desp* camarilla
chiffon *m fr/inv* chiffon
chiglia *f mar* quilla
chignon *m fr/inv* moño *m*
chilificazione *f med* quilificación
chilo *m* 1. *med* chilo; *fare il ~* reposar/bajar la comida; 2. kilo(gramo), quilo(gramo); **~caloria** *f* kilocaloría; **~ciclo** *m* kilociclo; **~grammo** *m* kilogramo, quilogramo
chilometr|aggio *m* quilometraje; **~ico** *adj* kilométrico, quilométrico; **~o** *m* kilómetro, quilómetro
chilowatt *m* kilovatio, quilovatio; **~ora** *m* kilovatio hora
chimer|a *f* quimera; **~ico** *adj* quimérico
chimic|a *f* química; **~o** *adj/s* químico
chimo *m med* quimo; **~no** *m* quimono
china *f* 1. *bot* quino *m*; *med* quina; 2. tinta china; 3. *geogr* pendiente; *mettersi su una brutta ~* ir por mal camino; **~re** *vt* inclinar, agachar; *~ il capo* agachar la cabeza; **~to** *adj* 1. inclinado, agachado; 2. quinado
chincaglier|e *m* quincallero; **~ia** *f* quincallería, quincalla; *com* quincallería
chinin|a *f* quinina; **~o** *m chim* quinina *f*
chino *adj* agachado, gacho; *stare a/col capo ~* estar cabizbajo/con la cabeza gacha
chioccia *f* (gallina) clueca; **~re** *vi* cacarear; **~ta** *f zool* pollada
chioccio *adj* rauco, bronco (*voz*)
chiocciola *f zool* caracol *m*; *tip/infor* arroba
chioda|to *adj* clavado; claveteado (*calzado, neumático*); **~tura** *f* clavado *m*
chiodo *m* 1. *tec* clavo; *(bot) ~ di garofano* clavo; *~ ad uncino* alcayata, escarpia; *magro come un ~* delgado como un palillo; *roba da ~i* bobadas, estupideces; *attaccare la bicicletta/i guantoni al ~* dejar el deporte, cortarse la coleta *fig*; *ribadire il ~* insistir en lo mismo; *(fig) ~ scaccia ~* un clavo saca otro clavo; 2. *fig* fijación *f*, manía *f*; ~

fisso idea fija; 3. *fam* deuda *f.* 4. *gergo* chupa *f* (*cazadora*)

chioma *f* melena, cabellera; *zool* crines *mpl* (*caballo*); *bot* copa; *astr* cabellera

chiosa *f* glosa, apostilla; ~**re** *vt* apostillar, anotar; *lit* glosar; ~**tore, -trice** *m/f* anotador, -a; glosador, -a

chiosco *m* quiosco, kiosko; chiringuito

chiostro *m arch* claustro

chip *m ingl/inv* chip *m*

chiroman|**te** *m/f* quiromántico, -a; ~**zia** *f* quiromancia

chirottero *m zool* quiróptero

chirurg|**ia** *f* cirugía; ~ *dentaria, plastica* cirugía dental, plástica/estética; ~**ico** *adj* quirúrgico; *intervento* ~ intervención quirúrgica, operación; ~**o** *m/f* (*f/raro -a*) cirujano, -a

chissà *adv* quién sabe, (vete tú) a saber; quizás, a lo mejor

chitarr|**a** *f mus* guitarra; ~**ista** *m/f* guitarrista

chitina *f chim* quitina

chiudere <*10 chiusi; chiuso*> **1.** *vt* cerrar; cortar (*calle, carretera; luz, agua*...); tapar, cubrir (*agujero, fallo*); *econ* saldar; *adm* clausurar, levantar; *fig* encerrar; ~ *sotto chiave* cerrar con llave; *(fig)* ~ *la bocca (a q)* tapar la boca (a alg); *(fig)* ~ *un occhio* hacer la vista gorda, mirar hacia otra parte; *non* ~ *occhio* no pegar ojo; ~ *la seduta* levantar la sesión; ~ *le scuole* acabarse el curso/las clases; **2.** *vi* <*avere*> cerrar; **3.** ~*rsi* cerrarse; encerrarse; *meteo* encapotarse

chiunque *pr/inv* 1. <*indefinido*> cualquiera, cualesquiera *pl*; 2. <*relativo*> quien quiera que, quienes quiera que, cualquiera que, cualesquiera que; ~ *sia* quien quiera que sea

chiurlo *m zool* zarapito

chius|**a** *f mec* compuerta, esclusa; *geogr* hoz, foz, barranco *m*; conclusión, fin, cierre *m (carta, poesía...)*; ~**o 1.** *adj* cerrado; tapado; *fig/ling* cerrado; ~ *a sette chiavi* cerrado a cal y canto; **2.** *m* cercado; cerrado; *puzza di* ~ olor a cerrado; ~**ura** *f* cierre *m*; clausura (*acto*); cerradura, cierre *m*; *fig* cerrazón; ~ *di borsa* cierre de la bolsa; ~ *del giornale* cierre de la edición; ~ *lampo* cremallera, cierre relámpago *am*

choc *m/inv med/fig* shock *m*, choque *m*

ci *pr* 1. nos; 2. <*lugar*> *conosci Roma? lo* ~ *sono stato due volte* ¿conoces Roma? Yo he estado (allí) dos veces; *non mi piace il mare, ma* ~ *dovrò andare quest'estate* no me gusta el mar, pero tendré que ir (allí) este verano; 3. <*complemento*> *tuo padre è simpatico, ma non ci vado troppo d'accordo* tu padre es simpático, pero no me llevo bien con él; 4. <*impersonal*> uno; *ci si sente bene in questa città* uno se encuentra bien en esta ciudad; 5. <*con ciertos verbos*> *qui c'è troppa gente, qui ci sono troppe persone* aquí hay demasiada gente, aquí hay demasiadas personas; *la macchina non* ~ *sta* el coche no cabe; ~ *tengo molto a conoscere il direttore* me interesa mucho conocer al director

ciabatt|**a** *f* zapatilla, pantufla; *desp* chancla; *desp* trasto *m*, piltrafa (*cosa, persona*); *trattare q come una* ~ tratar a alg como a un trapo; ~**are** *vi* <*avere*> chancletear; ~**ino** *m* zapatero remendón; ~**one, -a** *m/f* persona que chancletea; *desp* chapucero, -a, manazas

ciac, ciak 1. *m/inv cine* claqueta *f*; **2.** *excl* ¡acción!; ~ *si gira!* ¡cámara: acción!

ciald|**a** *f gastr* barquillo *m*; ~**onaio** *m* barquillero; ~**one** *m gastr* ="barquillo relleno de nata"

cialtron|**ata** *f* granujada, canallada, mala pasada; ~**e, -a** *m/f* granuja, canalla, bribón, -ona; ~**eria** *f* granujería, sinvergüencería; granujada, canallada

ciambella *f gastr* rosco *m*, rosca, rosquilla; ~ *(di salvataggio)* salvavidas; *non tutte le* ~*e riescono con il buco* el hombre propone y Dios dispone; ~**no** *m* chambelán

ciancia *f* paparrucha, embuste *m*, cuento chino *m*; chisme *m*, cotilleo *m*; ~**re** *vi* <*avere*> charlar, parlotear, cotorrear

ciancicare <*esd*> *vi* <*avere*> farfullar, balbucear

cianfrusaglia *f* trasto *m*, cacharro *m*

ciani|**drico** *adj chim* cianhídrico; ~**te** *f min* cianita

ciannamide *f chim* cianamida

cianosi *f/inv* cianosis

cianur|**azione** *f* cianuración; ~**o** *m* cianuro

ciao! *excl* 1. ¡hola!; 2. ¡adiós!, ¡hasta luego!

ciarla *f* charla, conversación; bulo *m*, chisme *m*; ~**re** *vi* <*avere*> charlar, conversar; cotillear, chismorrear

ciarlatan|**eria** *f* charlatanería; ~**o** *m* charlatán

ciarliero, -a, ciarlone, -a *m/f* parlanchín, -ina, bocazas

ciarpa *f desp* trasto *m*, cacharro *m*; ~**me** *m desp* cachivaches *mpl*, trastos *mpl*

ciascuno, -a 1. *adj/sing* <*terminaciones como el ar un, una*> cada *inv*; **2.** *pr/sing* cada uno, -a, cada cual; *a* ~ *il suo* a cada uno/a cada cual lo suyo, a cada uno/a cada cual lo que le corresponde

cibare 1. *vt zool* cebar; **2.** ~*rsi* cebarse; *fig* vivir *vi*; ~*rsi solo di scienza* vivir sólo para la ciencia

cibernetica *f* cibernética

cibo *m* comida *f*, alimento; ~**rio** *m arch* ciborio

cical|**a** *f zool* cigarra, chicharra; ~ *di mare* cigala; ~**are** *vi* <*avere*> chismorrear, parlotear; ~**eccio** *m* chismorreo, parloteo; *lit* garrulería *f*

cicatri|**ce** *f* cicatriz; ~**ziale** *adj* cicatricial

cicatrizza|re *vt/vi* cicatrizar; ~**zione** *f* cicatrización

cicca *f* 1. colilla; 2. *pop* chicle *m*, goma de mascar; 3. *fig* pito *m*, pimiento *m*; *non valere una* ~ no valer un pimiento, no valer un pucho *am*; ~**re** *vi* <*avere*> mascar

cicchetto *m* copita *f*, copichuela *f/fam*; *fig* regañina *f*, rapapolvo; *farsi un* ~ tomarse una copita/copichuela

ciccia *f fam* chicha, molla, chichi *m/infan*
cicciolo *m gastr* torrezno
ciccione, **-a** *m/f fam* gordinflón, -ona, regordete, -a, tonel *m*
cicerchia *f bot* almorta
cicerone *m* guía, cicerone (*turismo*); *fig/iron* cicerón
cicisbeo *m hist* chichisbeo, galán; *fig* galán, donjuán
ciclabile *adj* apto para bicicletas; *pista ~* carril bici
ciclamino *m bot* ciclamen, ciclamino
ciclic|ità *f/inv* periodicidad *f*; **~o** *adj* cíclico, periódico
ciclis|mo *m* ciclismo; **~ta** *m/f* ciclista; **~tico** *adj* ciclista, ciclístico
ciclo *m* ciclo; *~ biologico* ciclo biológico; *~ di conferenze* ciclo de conferencias; **~campestre 1.** *adj/inv* de ciclocross; **2.** *m* ciclocross; **~cross** *m* ciclocross; **~ide** *adj mat* cicloide; **~motore** *m* ciclomotor
ciclon|e *m meteo/fig* ciclón; **~ico** *adj* ciclónico
ciclop|e *m mit* cíclope; **~ico** *adj* ciclópeo; **~ista** *f* carril bici *m*
ciclostil|are *vt* ciclostilar; **~e** *m* ciclostil, ciclostilo, multicopista *f*
ciclotrone *m fis* ciclotrón
cicloturismo *m* cicloturismo
cicogna *f* cigüeña
cicoria *f bot* achicoria, chicoria
cicuta *f* cicuta
cieco <*pl -chi*> *adj/s* ciego; *diventare ~* quedarse ciego; *alla ~a* a ciegas; *nel regno dei ~i anche un guercio è re* el tuerto es el rey en el país de los ciegos
cielo *m* cielo; *arch* cielo raso, techo; *~ a pecorelle* cielo aborregado; *a ~ aperto* a cielo abierto; *acquistare il ~* ganar el cielo; *toccare il ~ con un dito* no caber en sí de la felicidad, estar como loco de contento; *muovere ~ e terra (per ottenere qc)* remover el cielo y la tierra, remover Roma con Santiago; *portare q al settimo ~* poner a alg por las nubes; *chi sputa in ~ in faccia gli viene* al que al cielo escupe a la cara le cae; *Santo ~!* ¡Dios mío!, ¡Santo Cielo!; *per l'amore del ~!* ¡por el amor de Dios!
cifosi *f/inv med* cifosis
cifra *f* 1. *mat* cifra, guarismo *m*; número *m*; *~ tonda* número redondo; 2. inicial; 3. clave, código secreto *m*; *in ~* en cifra; **~re** *vt* 1. bordar unas iniciales; 2. cifrar, poner en clave; **~rio** *m* libro de claves
ciglio *m* 1. <*pl le ciglia*> *med* pestaña *f*; ceja *f*; *biol* cilio; *aggrottare/alzare le ~a* fruncir el ceño; *non batter ~/senza batter ~* no pestañear/no inmutarse, sin pestañear; 2. <*mpl i cigli*> *fig* borde (*carretera, zanja*...); **~ne** *m* talud (*zanja*); borde (*precipicio*)
cigno *m zool* cisne; *il canto del ~* el canto del cisne
cigol|are <*esd*> *vi* <*avere*> chirriar; **~io** *m* chirrido
Cile: *il ~* Chile
cilecca: fare *~* llevarse un chasco
cileno *adj/s* chileno
cili|are *adj med* ciliar; **~cio** *m* cilicio
ciliegi|a *f* cereza; **~o** *m bot* cerezo
cilindr|are *vt mec* calandrar; **~ata** *f* cilindrada; *piccola, media, grossa ~* pequeña, media, gran cilindrada; **~atoio** *m tec* calandria *f*; **~atrice** *f tec* calandria; **~atura** *f tec* calandrado *m*, prensado *m*, satinado *m*; **~ico** *adj* cilíndrico; **~o** *m* chistera *f*, sombrero de copa; *mat* cilindro
cima *f* cima, cumbre; *mar* cabo *m*, amarra; *fig* eminencia, lumbrera; *in ~ a* en lo alto de; *da ~ a fondo* de arriba abajo, de cabo a rabo; **~re** *vt tec* tundir; **~sa** *f arch* cimacio *m*; **~tore** *adj/s* tundidor; **~trice** *f tec* tundidora; **~tura** *f tec* tundidura, tunda
cimelio *m* recuerdo
ciment|are *vt* poner a prueba, probar; arriesgar; **~o** *m* prueba *f*, ensayo; riesgo
cimice *f zool* chinche
cimiero *m ant* cimera *f*
ciminiera *f* chimenea
cimiter|iale *adj* del cementerio; **~o** *m* cementerio, camposanto; *~ di automobili* cementerio de coches, desguace
cimosa *f* orillo *m*
cimurro *m zool* moquillo
Cina: *la ~* (la) China
cinabro *m min* cinabrio
cinciallegra *f zool* herrerillo *m*
cinciglia *m/f*, **cincilla** *m/f*, **cincillà** *m/f inv zool* chinchilla *f*
cincin!, cin cin! *excl* ¡salud!, ¡a tu/su... salud! (*brindis*)
cincischiare *vt* arrugar; tijeretear; *~ le parole* comerse las palabras, hablar entrecortadamente
cine *m/inv* cine *m*
cinea|matore, -trice *m/f* director,-a de cine amateur; **~sta** *m/f* cineasta
cinecittà *m/inv* estudios de cine *mpl*
cineclub *m/inv* cineclub *m*
cinedilettante *m/f* director,-a de cine amateur
cinefilo, **-a** *m/f* cinéfilo, ä
cineforum *m/inv* cinefórum *m*
cinegetic|a *f ant* cacería, montería; **~o** *adj* cinegético
cinegiornale *m* noticiario cinematográfico, nodo *ant*
cinelandia *f* el mundo del cine *m*
cinema *m/inv* cine *m* (*espectáculo*); cine *m*, sala *f* (cinematográfica) *f*; *~ d'essai* cine de arte y ensayo; *~ muto, sonoro* cine mudo, sonoro; *~ poliziesco* cine negro; *~ di prima visione, di seconda visione* cine de estreno, de reestreno; *~ a luci rosse* cine X; *~ multisale* multicines; *andare al ~* ir al cine; **~scope** *m/inv* cinemascope; **~tica** *f fis* cinemática
cinematograf|are <*esd*> *vt* filmar, cinematografiar *raro*; **~ia** *f* cinematografía; filmografía; **~ico** *adj* cinematográfico; **~o** *m* cinematógrafo
cineoperatore, -trice *m/f* cámara *m*
cineparco *m* autocine
cinepresa *f* cámara (*de cine, cinematográfica*); *tomavistas m*
cinera|ma *m* cinerama; **~rio** *adj* cinerario
cinereo *adj* cinéreo
cineromanzo *m* fotonovela *f*

cinese *adj/s* chino
cinesi|ca *f psic* quinésica, kinésica; ~**terapia** *f med* quinesi(o)terapia
cineteca *f* filmoteca
cinetic|a *f* cinética; ~**o** *adj* cinético
cingalese *adj/s* cingalés
cingere <*11 cingo; cinsi; cinto*> **1.** *vt* cercar, rodear; ceñir; ~ *di mura* amurallar; ~ *d'assedio* poner sitio, asediar; ~ *la corona* coronar; ~ *le armi* armarse; ~ *le braccia al collo di q* estrechar a alg con los brazos; **2.** ~*rsi* ceñirse, ponerse
cinghia *f* correa, cincha; cinturón *m*; *(mec/fig)* ~ *di trasmissione* correa de transmisión; *(fig) tirare la* ~ apretarse el cinturón; ~**le** *m* jabalí
cingol|ato *adj* (vehículo) dotado de oruga; ~**o** *m eccl/hist* cíngulo; *mec/auto* oruga *f*
cinguett|are *vi* <*avere*> gorjear, piar; ~**io** *m* gorjeo
cinico *adj/s* cínico
cinigia *f* rescoldo *m*
ciniglia *f* felpilla
cinismo *m* cinismo
cinodromo *m* canódromo
cinofil|ia *f* amor a los perros *m*; ~**o, -a** *m/f* amigo, -a de los perros
cinquant|a *adj/m inv/card* cincuenta; ~**enario** *m* cincuentenario; ~**enne** *m/f* quincuagenario, -a *raro*, cincuentón, -ona *desp*; ~**ennio** *m* período de cincuenta años; ~**esimo** *adj ord* quincuagésimo; ~**ina** *m* cincuantena
cinque *adj/m/inv card* cinco
cinquecent|esco *adj* propio, típico del s XVI; ~**ista** *m/f* autor o artista del s XVI; ~**o 1.** *adj/m card* quinientos; **2.** *m* s XVI
cinquenne *adj/s* (persona) de cinco años de edad
cinquina *f* extracción/jugada de cinco números (*loto*)
cinta *f arch* muralla, recinto amurallado *m*; *muro di* ~ tapia, cercado; ~**re** *vt* amurallar; tapiar
cinto *m* cinto, cinturón; ~ *erniario* braguero
cintola *f* 1. cinturón *m*, cinto *m*; *alla* ~ al cinto; 2. *med* cintura, talle *m*
cintur|a *f* 1. cinturón *m*, correa; *sport* cinturón *m* (*judo*); *med* cintura, talle *m*; *fig* cinturón *m*; ~ *da salvataggio* chaleco salvavidas; ~ *di sicurezza* cinturón de seguridad; ~ *di castità* cinturón de castidad; 2. zona; ~ *verde* zona verde; ~ *industriale* cinturón industrial; ~**ino** *m* cadena del reloj; ~**one** *m* cinturón
ciò *pr* esto, ello; *nonostante* ~/~ *nondimeno* a pesar de esto/ello; ~ *che* lo que; *con tutto* ~ con todo
ciocca *f* mechón *m*
cioccolat|a *f* chocolate *m* (*bebida, pastilla*); ~**aio, -a** *m/f* chocolatero, -a; ~**iera** *f* chocolatera (*recipiente*); ~**ino** *m* chocolatina *f*; ~**o** *m* chocolate (*pastilla*); ~ *al latte* chocolate con leche; *una tavoletta di* ~ una pastilla de chocolate
cioè *adv* es decir, o sea
ciondolare <*esd*> *vi* <*avere*> mecerse, pender; tambalearse; *fam* zanganear, holgazanear
ciondolo *m* colgante
ciondolon|e, -a *m/f* vago, -a, holgazán, -ana; ~**i** *adv* colgando, meciéndose; *andare* ~ ir vagando
ciononostante, ciò nonostante *adv* no obstante, a pesar de ello
ciotola *f* tazón *m*, cuenco *m*
ciottolo *m* guijarro, canto rodado
cipero dolce *m bot* chufa *f*
cipiglio *m* ceño, entrecejo; *guardare con* ~ mirar con mala cara; *fare il* ~ fruncir el ceño
cipoll|a *f bot* cebolla; *fig* alcachofa (*ducha*); saboneta (*reloj*); ~**aio** *m* cebollar; ~**ino** *m bot* cebollino; ~**one** *m bot* cebollón
cippo *m* mojón, hito; *hist* cipo, estela *f*
cipress|eto *m* terreno abundante en cipreses; ~**o** *m bot* ciprés
cipria *f* polvos *mpl* (*cosmética*)
cipriota *adj/s* chipriota
Cipro *m* Chipre
circa 1. *prep* acerca de, sobre (*argumento*); **2.** *adv* alrededor de *prep*, cosa de *prep*, sobre *prep*, casi *prep*; *in* ~ *quindici giorni* en cosa de quince días; ~ *venti minuti/venti minuti* ~ alrededor de veinte minutos; *verrò alle undici* ~ vendré sobre las once
circense *adj* circense
circo *m* circo; *geol* circo
circola|nte 1. *adj* ambulante; *biblioteca* ~ biblioteca circulante; **2.** *m econ* dinero en circulación; ~**re** <*esd*> **1.** *vi* circular; **2.** *adj* circular, redondo; *assegno* ~ cheque de caja; **3.** *f* circular (*carta*); *tras* línea circular; ~**torio** *adj* circulatorio; ~**zione** *f* circulación; *(auto) carta di* ~ permiso de circulación; *(econ/fig) togliere dalla* ~ quitar de la circulación
circolo *m* 1. *mat/geogr/fig* círculo; *(astr)* ~ *verticale* vertical *f*; *(geogr)* ~ *polare, equatoriale* círculo polar, ecuatorial; *(fil/fig)* ~ *vizioso* círculo vicioso; 2. casino, club, círculo (*lugar de reunión*)
circoncidere <*61 -cisi; -ciso*> *vt* circuncidar
circoncis|ione *f* circuncisión; ~**o** *adj/m* circunciso
circonda|nte *adj* circundante; ~**re** *vt* rodear; ~**rio** *m* 1. *adm/ius* distrito; 2. alrededores *mpl*, cercanías *fpl*
circonferenza *f* circunferencia
circonflesso *adj* circunflejo
circonlocuzione *f* circunloquio *m*, perífrasis, giro *m*
circonvallazione *f tras* circunvalación, ronda; ~ *tangenziale* cinturón de circunvalación
circonvoluzione *f* circunvolución
circoscritto *adj* circunscri(p)to, ceñido
circoscrivere <*71 -scrissi; -scritto*> *vt* circunscribir
circoscrizione *f adm* circunscripción, distrito *m*
circospe|tto *adj* circunspecto; ~**zione** *f* circunspección

circostan|te *adj* circunstante; ~**za** *f* circunstancia

circostanzia|le *adj* circunstacial; ~**re** *vt* circunstanciar, detallar; ~**to** *adj* circunstanciado; detallado

circui|re *<isc>* *vt* rodear; *fig* engañar, engatusar; ~**to** *m elec/sport* circuito; *corto* ~ corto circuito

circumnaviga|re *<esd>* *vt* circunnavegar; ~**tore** *m* circunnavegante; ~**zione** *f* circunnavegación

ciré *m fr/inv* hule *m*

cirillico *adj* cirílico

cirro *m meteo* cirro; *bot* zarcillo; *zool* cirro; ~**si** *f/inv med* cirrosis

cisalpino *adj* cisalpino

cismontano *adj* cismontano

cispa *f* legaña; ~**dano** *adj* cispadano

cisposo *adj* legañoso

cistercense *adj/m* cisterciense

cisterna *f* cisterna, aljibe *m*; *aereo, nave* ~ avión, barco cisterna/nodriza

cisti *f/inv med* vejiga *f*; ~ *biliare* vesícula biliar; *biol/zool* quiste *m*; ~**fellea** *f med* vesícula biliar; ~**te** *f med* cistitis

cisto *m bot* jara *f*, estepa *f*

cita|re *vt ius* citar, requerir, emplazar; *lit* citar; ~**zione** *f ius* citación, requerimiento *m*; *lit* cita; mención; ~ *al merito* mención al mérito

citeriore *adj* citerior

citofonare *<esd>* *vt/vi* *<avere>* avisar por el interfono/portero automático

citofono *m* interfono, portero automático, telefonillo; interfono (*oficina*)

citogenetica *f biol* citogenética

citologi|a *f* citología; ~**co** *adj* citológico

citoplasma *m* citoplasma

citr|ato *m chim* citrato; ~**ico** *adj* cítrico

citrull|aggine *f* estupidez, memez; ~**o** *adj/s* estúpido, bobo, memo

città *f/inv* ciudad *f*; ~ *universitaria/degli studi* ciudad universitaria, campus; ~ *giardino* ciudad jardín; ~ *dei ragazzi* ciudad de los muchachos; *abitare in* ~ vivir en la ciudad

cittadella *f* ciudadela

cittadin|anza *f* ciudadanía (*ciudadanos*); nacionalidad; ~ *spagnola* nacionalidad española; ~**a** *f* pequeña ciudad; ~**o** *adj/s* ciudadano; ~ *comune* ciudadano de a pie

ciucci|are *vt fam* chupar, mamar; ~**o** *m* chupete

ciuco, -a *m/f zool/fig* burro, -a, borrico, -a, asno *m*

ciuffo *m zool* mechón, guedeja *f*, rizo; *bot* mata *f*; *prendere la fortuna per il* ~ la ocasión la pintan calva

ciurma *f mar/ant* chusma; *fig/desp* chusma, gentuza; ~**glia** *f desp* chusma, populacho *m*

civett|a *f zool* mochuelo *m*; *fig* mujer coqueta, mujer casquivana; *fare la* ~ coquetear; ~**are** *vi* *<avere>* coquetear, tontear; ~**eria** *f* coquetería, coqueteo *m*; ~**one** *adj* coquetón; ~**uolo** *adj* coquetón

civico *adj* cívico

civil|e 1. *adj* civil; *fig* educado, cultivado; *diritti* ~*i* derechos ciudadanos; 2. *m* civil; ~**ista** *m/f ius* civilista

civilizza|re *vt* civilizar; ~**tore** *adj/s* civilizador; ~**zione** *f* civilización

civilmente *adv* **1.** civilmente; *sposarsi* ~ casarse por lo civil; **2.** civilizadamente, educadamente

civiltà *f/inv* civilización *f*, cultura *f*; progreso *m*; civismo *m*, educación *f*

civismo *m* civismo, educación *f*

clacchista *m/f teatro* alabardero, -a

clacson *m/inv* claxon *m*, bocina *f*, pito *m/fam*

cladofillo *m bot* filocladio

clamor|e *m* clamor; ~**oso** *adj* clamoroso

clan *m/inv* clan *m*

clandestin|ità *f/inv* clandestinidad *f*; ~**o, -a 1.** *adj* clandestino, -a; **2.** *m/f* polizón *m*

claque *f fr/inv teatro* claque, clac

clarinett|ista *m/f* clarinetista; ~**o** *m* clarinete

clarino *m mil/ant* clarín; *mus* clarinete

clarissa *f eccl* clarisa

classe *f* clase; *stud* clase, aula; curso *m*; *mil* quinta; *lotta di* ~ lucha de clases; *una persona di* ~ una persona con clase; *prima, seconda* ~ primera, segunda clase; *(fig) fuori* ~ fuera de serie; *entrare in* ~ entrar a clase/en el aula; *gli alunni della quinta* ~ los alumnos del quinto curso; *(mil)* ~ *di leva* quinta

classic|ismo *m* clasicismo; ~**ista** *m/f art* clasicista; *stud* estudioso, -a de la antigüedad clásica; ~**istico** *adj* clasicista; ~**ità** *f/inv* antigüedad clásica *f*; ~**o** *adj/m* clásico

classifica *f* clasificación, tabla (clasificatoria), ránking *m*; *essere in testa alla* ~ estar a la cabeza de la tabla

classificare *<esd>* **1.** *vt* clasificar; **2.** ~*rsi sport* clasificarse, situarse

classificatore *m* clasificador

classificazione *f* clasificación

classis|mo *m* clasismo; ~**ta** *adj/s* clasista

claudica|nte *adj* claudicante; ~**re** *<esd>* *vi* *<avere>* claudicar

claunesco *adj* cómico, de payaso

clausola *f* cláusula

claustrale *adj/s eccl* claustral

claustrofobia *f* claustrofobia

clausura *f eccl* clausura

clava *f* clava, maza (*arma*)

clavicembalo *m mus* clavicémbalo, clave

clavicola *f med* clavícula

clavicordo *m mus* clavicordio

clearing *m ingl/inv* compensación interbancaria *f*

clemen|te *adj* clemente; ~**tina** *f agr* clementina; ~**za** *f* clemencia, indulgencia

cleptoman|e *adj/s* cleptómano; ~**ia** *f* cleptomanía

clerical|e *adj* clerical; ~**ismo** *m* clericalismo

clero *m* clero

clessidra *f* clepsidra

cliché *m fr/inv tip* cliché *m*, clisé *m*; *ling/fig* cliché *m*, clisé *m*, tópico *m*

cliente *m/f* cliente, -a; ~**la** *f* clientela; ~**lismo** *m* clientelismo, amiguismo; *pol* tráfico de influencias; corporativismo

clima *m meteo/fig* clima

climateri|co *adj* climatérico; **~o** *m* climaterio
climati|co *adj* climático; **~zzare** *vt* climatizar; **~zzazione** *f* climatización
climatologia *f* climatología
climax *m/inv ling/biol* clímax
clinic|a *f* clínica; **~o** *adj* clínico
clip *m ingl/inv* clip *m* (*sujetapapeles*); *cine* clip *m*, corte *m*; vídeo-clip *m*
clistere *m med* clister, lavativa *f*
clitoride *m/f* clítoris *m*
clitoridectomia *f med* clitorictomía
clitorideo *adj* clitoridiano
cloaca *f* cloaca
cloche *f fr/inv* sombrero gacho *m*; *aer* palanca de mando
clon|are *vt* clonar; **~azione** *f* clonación; **~e** *m* clon; **~ico** *adj* clónico
clora|lio *m* cloralio; **~to** *m* clorato; **~zione** *f* cloración
cloridrico *adj* clorhídrico
cloro *m chim* cloro
clorofill|a *f bot* clorofila; **~iano** *adj* clorofílico; *fotosintesi ~a* función clorofílica
cloroformi|o *m* cloroformo; **~zzare** *vt* cloroformizar
clorosi *f/inv* clorosis
clorur|are *vt* clorurar; **~o** *m* cloruro
clown *m ingl/inv* clown *m*, payaso *m*
club *m ingl/inv* club *m*
coabita|re <*esd*> *vi* <*avere*> cohabitar, convivir; **~zione** *f* cohabitación
coadiutor|e, -trice 1. *m/f* ayudante; 2. *m eccl* coadjutor; **~ia** *f* coadjutoría
coadiuva|nte *adj/m chim* potenciador; *med* coadyuvante; **~re** <*esd*> *vt* coadyuvar, colaborar
coagul|ante *adj/m* coagulante; **~are** <*esd*> *vt/vi* coagular; cuajar; **~azione** *f* coagulación; **~o** *m* coágulo
coalescenza *f* coalescencia
coalizione *f* coalición
coalizzare *vt* coaligar
coartare *vt* coartar
coatt|ivo *adj* coactivo; **~o** *adj ius* forzoso
coautore, -trice *m/f* coautor, -a
coazione *f* coacción
cobalto *m chim* cobalto; **~terapia** *f med* cobaltoterapia
cobbola *f lit* cobla, copla
cobol *m/inv infor* cobol
cobra *m/inv zool* cobra *f*
coc V. **coke**
coca *f* 1. *bot* coca; 2. coca, cocaína (*droga*); 3. Coca-cola
cocain|a *f* cocaína; **~omane** *m/f* cocainómano, -a
cocca *f mar/ant* coca; **~rda** *f* escarapela
cocchi|ere *m* cochero; **~o** *m* carroza *f*
coccige, coccige *m med* cóccix, coxis
coccin|ella *f zool* mariquita; **~iglia** *f zool* cochinilla
coccio <*pl -cci*> *m* 1. barro cocido; 2. tiesto, vasija *f*, cacharro (*de barro*); 3. *fig/fam* cascajo, persona achacosa *f*; 4. *mpl* añicos, cachos; *chi rompe paga (e i ~i sono suoi)* quien la hace la paga
cocciut|aggine *f* terquedad, tozudez, cabezonería; **~o** *adj/s* tozudo, terco, testarudo, cabezota
cocco *m* 1. *bot* coco; 2. *biol* coco, micrococo; 3. *fam/gastr* huevo
cocco, -a *m/f fam* rey, preferido; *il ~ della famiglia* el rey de la casa
coccodè *onom* clo clo clo; *fare ~* poner un huevo
coccodrillo *m zool* cocodrilo
coccoina *f* cola de lápiz adhesivo *m*
coccola *f fam* mimo *m*, caricia, cariñito *m*
coccolare <*esd*> *vt* mimar, hacer mimos/cariñitos
coccolo V. **~a**; **~ne** *m/f* mimoso, -a
coccoloni *adv* en cuclillas
cocente *adj* ardiente; punzante, abrasador (*dolor*); hiriente (*insulto*)
cocker *m ingl/inv zool* cocker *m* (*perro*)
cocktail *m ingl/inv* cóctel *m*, coctel *m*; **~-party** *m ingl/inv* guateque *m*, fiesta *f*
coclea *f med* caracol *m*; *tec* cóclea, rosca de Arquímedes
cocolla *f eccl* cogulla
cocomero *m bot* sandía *f*
cocuzz|a *f reg/fam* chola, melón *m*; **~olo** *m* coronilla *f*; *geogr* cima *f*, cumbre *f*
coda *f* cola (*personas, tren, fig*); *auto* caravana; *zoo* cola, rabo *m*; *mus* coda; *lit* estrambote *m*; *fare la ~* hacer/guardar cola; *mettersi in ~* ponerse en cola; *vettura di ~* vagón de cola; *~ di cavallo* cola de caballo; *bot* cola de caballo; *(fam) ~ di rospo* ancas de rana; *pianoforte a ~* piano de cola; *sonetto con la ~* soneto con estrambote; *(fig) andarsene con la ~ tra le gambe* irse con el rabo entre las piernas; *avere la ~ di paglia* no tener la conciencia tranquila; *chi ha la ~ di paglia, se la bruci* quien se pica, ajos come; *guardare con la ~ dell'occhio* mirar con el rabillo del ojo; *il diavolo ci ha messo la ~* el diablo anda suelto, aquí hay diablo
codard|ia *f* cobardía; **~o** *adj/s* cobarde
codazzo *m desp* séquito, cortejo
codeina *f chim* codeína
codesto *adj/pr reg/lit* ese, -a *adj/pr*, ése, -a *pr*
codice *m tip* códice; *ius/fig* código; *~ penale, civile* código civil, penal; *~ di procedura civile, penale* código de enjuiciamiento civil, criminal; *~ della strada* código de circulación; *~ di avviamento postale (CAP)* código postal (CP); *~ fiscale* número de identificación fiscal (NIF); *~ a barre* código de barras
codicillo *m ius* codicilo
codifica|re <*esd*> *vt* codificar; **~tore** *adj/s* codificador; **~zione** *f* codificación
codimozzo *adj lit* colín
codino *m* coleta *f* (*pelo*)
codirosso *m zool* colirrojo
codolo *m tec* espiga *f*, espigón
coedi|tore, -trice *m/f* coeditor, -a; **~zione** *f* coedición
coeducazione *f* coeducación
coefficiente *m* coeficiente
coerci|bile *adj fis* comprimible; *fig* manejable (*persona*); **~tivo** *adj* coercitivo; **~zione** *f* coerción
coere|de *m/f* coheredero, -a; **~nte** *adj* coherente; **~nza** *f* coherencia

coesione *f* cohesión
coesisten|te *adj* coexistente; ~**za** *f* coexistencia
coesistere <*41 coesistito*> *vi* coexistir
coesore *m elec* cohesor
coetaneo *adj* coetáneo, contemporáneo
coevo *adj/s* coevo, coetáneo, contemporáneo
cofanetto *m* estuche, joyero; estuche (*libros*)
cofano *m* 1. cofre, baúl, escriño; 2. *auto* capó, capot
coffa *f mar* cofa, gavia
cogerente *m com* codirector
cogestione *f com* cogestión
cogitabondo *adj lit* meditabundo, pensativo
cogliere <*13 colgo; colsi; colto*> *vt* 1. *agr* recoger, coger, cosechar, recolectar; 2. coger, agarrar; *fig* aprovechar (*oportunidad*); *fig* coger, entender; *(fig) ~ la palla al balzo* coger al vuelo (una oportunidad); *~ alla sprovvista/all'improvviso, in fallo, in flagrante* coger de sorpresa, en fallo, in fraganti/con las manos en la masa; 3. dar, acertar (*tiro, golpe*); *~ nel segno* dar en el blanco
coglione, **-a** 1. *m vulg* cojón; *rompere i ~i* tocar los cojones, hinchar las pelotas; 2. *m/f fig/vulg* jilipollas, capullo, -a, huevón, -ona *am*; ~**ria** *f* jilipollez
coglitore, -trice *m/f agr* recogedor, -a, recolector, -a
cognac *m/inv* coñac *m*
cognato, **-a** *m/f* cuñado, -a
cognizione *f lit* cognición, conocimiento *m*; *con ~ di causa* con conocimiento de causa; *con piena ~* a sabiendas
cognome *m* apellido
coherer *m ingl/inv elec* cohesor *m*
coiben|te *m fis/elec* aislante; ~**za** *f fis/elec* aislamiento *m*
coincidenza *f* coincidencia; *tras* empalme *m*, enlace *m*, combinación
coincidere <*61 -cisi; -ciso*> *vt* coincidir
coinquilino *m* coinquilino
cointeress|are *vt* hacer partícipe, participar (de); ~**ato** *adj/s* cointeresado, partícipe; ~**enza** *f* coparticipación
coinvolgere <*90 -volgo; -volsi; -volto*> *vt* involucrar, implicar
coiote V. **coyote**
coito *m* coito; *~ interrotto* coitus interruptus, marcha atrás *pop*
coke *m* coque, cok
cokificazione *f* coquefacción
colà *adv lit* allá, acullá
cola|brodo *m/inv* colador *m*, escurridor *m* (*caldo*); *(fig/iron) ridurre q come un ~* dejar a alg como un colador; ~**pasta** *m/inv* colador *m*, escurridor *m* (*pasta*); ~**re 1.** *vt* colar, escurrir; *metal* colar; *~ a fondo/a picco* mandar a pique; **2.** *vi* escurrirse, gotear; *~ a fondo/a picco* irse a pique; ~**ta** *f metal/geol* colada; ~**to** *adj metal* colado; ~**toio** *m* coladero; ~**tura** *f* coladura; ~**zione** *f gastr* desayuno *m*; *fare ~* desayunar(se); *prima, seconda ~* desayuno *m*, almuerzo *m*; *~ di lavoro* almuerzo de trabajo

colchico *m bot* cólquico
colcos V. **kolchoz**
colei *pr* aquella; *~ che* la que
coleottero *m* coleóptero
coler|a *f med* cólera; ~**ico** *adj med* colérico
coleroso, **-a** *m/f med* colérico
colester|ina *f*, ~**olo** *m chim* colesterol *m*
coli|brì *m zool* colibrí, picaflor, pájaro mosca; ~**ca** *f med* cólico; ~**no** *m* colador (*infusiones*); ~**te** *f med* colitis
colla *f* cola, pegamento *m*
collabora|re <*esd*> *vi* <*avere*> colaborar, cooperar; *~ con q a qc* colaborar con alg en algo ~**tore, -trice** *m/f* colaborador, -a; *~trice familiare* empleada de hogar
collaborazion|e *f* colaboración; ~**ismo** *m pol* colaboracionismo; ~**ista** *m/f pol* colaboracionista
collage *m fr/inv* colage *m*
collagen|e, ~**o** *m biol* colágeno
collana *f* collar *m* (*perlas*); colección, serie (*libros*)
collant *m fr/inv* panty(s) *m(pl)*
collar|e *m* collar (*perro, adorno*); *eccl* alzacuello, collarín; ~**ino** *m* collarino, collarín
collasso *m med/astr/fig* colapso
collaterale *adj ius/med* colateral
collaud|are *vt tec* ensayar, probar; ~**o** *m tec* ensayo, prueba *f*; *mec/elec* instalación *f*; *volo di ~* vuelo de prueba
collazion|are *vt* colacionar, cotejar, confrontar; ~**e** *f* colación, cotejo *m*
colle *m geogr* colina *f*, monte, elevación *f*; collado, paso
collega *m/f* colega, compañero, -a; ~**mento** *m* conexión *f*, unión *f*, enlace; *TV/radio* conexión; ~**re** *vt* conectar, unir, enlazar; ~**tario** *adj/s ius* colegatario
collegia|le 1. *adj* colegiado, -a; *organo ~, decisione ~a* órgano colegiado, decisión colegiada; **2.** *m/f* colegial, -a; ~**lmente** *adv* colegiadamente; ~**ta** *f eccl* colegiata
collegio *m* colegio; *~ dei medici, degli avvocati* colegio de médicos, de abogados; *~ elettorale* colegio electoral; *~ universitario* colegio mayor universitario; *~ docenti/professori* claustro de profesores
coller|a *f* cólera, ira, rabia; *andare/montare in ~* montar en cólera; *~ repressa* cólera contenida; *essere in ~ con q* estar encolerizado con alg; ~**ico** *adj* colérico, irascible
collett|a *f* colecta, cuestación; *eccl* colecta
collettiv|ismo *m econ* colectivismo; ~**ità** *f/inv* colectividad *f*; ~**izzare** *vt econ* colectivizar; ~**o** *adj/m* colectivo
colletto *m* cuello (*ropa*); ~**re** *adj/m* colector
collezion|are *vt* coleccionar; ~**e** *f* colección; ~**ismo** *m* coleccionismo; ~**ista** *m/f* coleccionista
collie *m ingl/inv zool* collie; ~**r** *m fr/inv* collar *m*
collimare 1. *vt fis* colimar; **2.** *vi* <*avere*> *a. fig* coincidir
collin|a *f geogr* colina, monte *m*, loma; ~**oso** *adj* montuoso

collirio *m med* colirio

collisione *f* colisión

collo *m* 1. *med/fig* cuello; ~ *(alla) dolce vita* cuello de cisne; ~ *d'oca* cuello de cisne; ~ *del piede* empeine; *(zool/fig) tirare il* ~ retorcer el pescuezo; *rompere il* ~ romper el cuello, desnucar; *essere indebitato fino al* ~ estar con el agua al cuello; *bere a* ~ beber a morro; 2. *com* fardo, bulto, bala *f*

colloca|mento *m* colocación *f*; ~ *a riposo* jubilación; ~ *in aspettativa* situación de expectativa; *ufficio di* ~ oficina de colocación; ~**re** <*esd*> *vt* colocar, poner, situar (*situación*); *fig* colocar, emplear (*trabajo*); ~**zione** *f* colocación, sitio *m*, lugar *m*; signatura (*biblioteca*); *ling* colocación; *fig* colocación, empleo *m*

colloid|ale *adj* coloidal; ~**e** *adj/m chim* coloide

colloqui|ale *adj* coloquial; ~**are** *vi* <*avere*> 1. charlar, hablar; 2. *fig* parlamentar (*con el enemigo*); ~**o** *m* entrevista *f*, encuentro, conferencia *f*; coloquio; *stud* (examen) parcial

colloso *adj* pegajoso

collottola *f* nuca, cogote *m*

collusi|one *f ius* colusión; ~**vo** *adj ius* colusorio

collut(t)orio *m med* colutorio

colm|are *vt* colmar; aterrar (*lago*); ~**o 1.** *m geogr* culmen, cima; *fig* colmo; *è il ~!* ¡es el colmo!; *il ~ della sventura* el colmo de la desdicha; **2.** *adj* colmo, lleno, rebosante

colofon|e *m tip* colofón; ~**ia** *f* colofonia

colomb|a *f* 1. *zool* paloma; 2. *gastr* ="mona de Pascua (sin huevo dentro)"; ~**aia** *f* palomar *m*; ~**ella** *f fam* pichona, pichoncita

Colombia: *la* ~ Colombia; ***~no** *adj/s* colombiano

colombicoltura *f* colombicultura

colombo *m zool* paloma *f*, palomo; ~ *viaggiatore* paloma mensajera; *~ *hist* Colón; *Cristoforo* * ~ Cristóbal Colón; ~**filo** *adj/s* colombófilo

colon *m med/ling* colon

colonia *f* 1. *pol* colonia, posesión; 2. (agua de) Colonia

colonia *f* 1. *ius* aparcería; 2. poblado de colonización *m*, colonia agraria

colonial|e 1. *adj* colonial; **2.** *mpl* ultramarinos *m*; ~**ismo** *m pol* colonialismo; ~**ista** *adj/s pol* colonialista; ~**istico** *adj* colonialista

colonico *adj* colonial; agrario; *casa ~a* casa del colono

colonizza|re *vt* colonizar, poblar; ~**tore** *adj/s* colonizador, poblador; ~**zione** *f* colonización, población

colonn|a *f* 1. *arch/mil* columna; *(pol) quinta* ~ quinta columna; 2. *cine* banda; ~ *sonora* banda sonora; 3. *auto* caravana; 4. *tec* chimenea; ~ *di ventilazione* chimenea de ventilación; 5. *fig* fila (*personas*); ~**are** *adj* columnar; ~**ato** *m arch* columnata *f*; ~**ello** *m mil* coronel

colono *m hist* colono; *agr* colono, agricultor; *ius* aparcero, agregado *am*

colophon *m/inv tip* colofón *m*

colora|nte *adj/s* colorante; ~**re** *vt pitt/fig* colorear; teñir (*pelo*); ~**zione** *f* coloración; teñido *m* (*pelo*)

colore *m pitt/fig* color; *a ~i* en color; *vedere tutto color di rosa* verlo todo de color de rosa; *dirne di tutti i ~i* decir pestes de alg; *farne di tutti i* ~ hacer de las suyas, armarla gorda; *(fig) passarne di tutti i ~i* pasarlas canutas, pasar las de Caín; *diventare di tutti i ~i* ponerse de todos los colores

colori|ficio *m* fábrica de pinturas *f*; ~**re** <*isc*> *vt* colorear; ~**smo** *m pitt* colorismo; ~**sta** *m/f* colorista; ~**stico** *adj* colorista; ~**to 1.** *adj* coloreado, pintado; colorido, vistoso, llamativo (*traje...*); sonrosado, colorado (*tez*); **2.** *m* colorido

coloro *pr/inv* aquellos, -as; ~ *che* aquellos, -as que, los/las que

coloss|ale *adj* colosal, soberbio; ***~eo** *m arch* Coliseo; ~**o** *m* coloso, gigante; ~ *dai piedi d'argilla* gigante con los pies de barro

colostro *m med* calostro

colpa *f* culpa; *dare la ~ a q di qc* echar la culpa a alg de algo; *essere, sentirsi in* ~ ser, sentirse culpable; *per ~ di q/qc* por culpa de alg/algo; *non è ~ mia* no es culpa mia/no es mi culpa

colpevole *adj/s* culpable

colpevolezza *f* culpabilidad

colpevolizzare *vt* culpabilizar, echar la culpa

colpire <*isc*> *vt* dar, golpear; acertar; alcanzar (*disparo*); *fig* impresionar, afectar; *la palla lo colpì in pieno viso* la pelota le dio en plena cara; ~ *nel bersaglio* dar en el blanco; *mi hanno colpito le sue parole* me han impresionado sus palabras

colpo *m* 1. *a. fig* golpe; puñetazo; *(fig/sport) ~ basso,* golpe bajo; ~ *di fortuna* racha de suerte; *(fig) ~ di fulmine* flechazo; *(fam) ~ di telefono* telefonazo; *(meteo) ~ di mare, di vento* golpe de mar, de viento; *(mar/fig) ~ di timone* golpe de timón; ~ *d'occhio* ojeada, vistazo; *a ~ d'occhio* a simple vista, de un vistazo; *di* ~ de repente, de golpe y porrazo; *sul* ~ de repente; *(mil) ~ di mano, di stato* golpe de mano, de estado; *è stato un brutto ~ per lui* ha sido un duro golpe para él; *dare un ~ al cerchio e uno alla botte* dar una de cal y otra de arena; 2. tiro, disparo; detonación *f*; ~ *alla nuca, di grazia* tiro en la nuca, de gracia; *senza ~ ferire* sin derramamiento de sangre; *a ~ sicuro* sin posibilidad de error; *fare* ~ dar la campanada; 3. *med* ataque; ~ *di tosse* ataque de tos; ~ *apoplettico* ataque de apoplejía

colposo *adj ius* culposo

coltell|a *f* cuchillo *m* (*de cocina, de carnicero*); ~**ata** *f* cuchillada, navajazo *m*; ~**eria** *f* cuchillería; ~**o** *m* cuchillo; ~ *a serramanico* navaja *f*; ~ *a scrocco* navaja de muelles; *(fig) avere il ~ dalla parte del manico* tener la sartén por el mango

coltiva|bile *adj* cultivable; ~**re** *vt agr* cultivar, labrar; explotar; *min* explotar; *fig* cultivar; ~**to** *adj* cultivado, labrado; *fig* cultivado, culto; *perle ~e* perlas cultivadas; ~**tore, -trice** *m/f agr* agricultor, -a, labrador, -a; ~**zione** *f agr* cultivo *m*, labranza; *fig* cultivo *m*; ~ *biologica* agricultura biológica; ~ *intensiva* agricultura intensiva

coltivo 1. *adj* cultivado, labrado; **2.** *m* cultivo

colto *adj* culto, cultivado, instruido; *(ling) parole ~e* cultismos

coltre *f* colcha, frazada; *fig* manto *m* (*nieve*)

coltura *f agr* cultivo *m*, labranza; *zool* crianza; *biol* cultivo; ~ *intensiva* agricultura intensiva

colui *pr* aquél; ~ *che* aquél que, el que

columbio *m chim* colombio

columnist *m/f ingl/inv* columnista *m/f*

colza *f bot* colza

coma *m med* coma

comanda|mento *m eccl* mandamiento; ~**nte** *m mil* comandante; *mar* capitán; ~ *in capo* comandante en jefe; ~**re 1.** *vt* 1. mandar, ordenar; *mil* comandar, dirigir; ~ *a q di fare qc* mandar a alg que haga algo; 2. *gastr* pedir; 3. *adm* trasladar en comisión de servicios; **2.** *vi* <*avere*> mandar; *comandi!* ¡a sus órdenes!; *come Dio comanda* como Dios manda; ~ *a bacchetta* llevar más recto que un palo; ~**to** *adj* 1. mandado, ordenado; 2. *eccl* de guardar; 3. *adm* en comisión de servicios

comando *m* 1. *mil* orden *f*; *infor* comando, orden *f*; 2. *mil* mando, dirección *f*; 3. *sport/fig* cabeza *f*; *il ~ della classifica, della gara* la cabeza de la clasificación, de la carrera; 4. *adm* comisión de servicios *f*; 5. *tec* mando, dispositivo; ~ *automatico* mando automático; ~ *a distanza* control remoto

comare *f* comadre

combaciare *vi* <*avere*> acoplar, encajar

combattente *adj/s* combatiente

combattere *vi/vt* combatir, luchar *vi*, pelear *vi*, batallar *vi*

combattimento *m mil* combate, lucha *f*, batalla *f*; *sport* combate (*boxeo*); *restare ucciso in ~* morir en combate; *mettere fuori ~* dejar fuera de combate; *(sport) fuori ~* fuera de combate, K.O.

combattiv|ità *f/inv* combatividad *f*; ~**o** *adj* combativo, luchador, batallador

combattuto *adj fig* atormentado, confundido, acosado

combina|re 1. *vt* 1. combinar; *fig* arreglar, montar, organizar; *fig/iron* armar, hacer; ~ *un buon affare* montar un buen negocio; *ne ha combinata un'altra delle sue* ha armado/hecho otra de las suyas; *non ~ nulla* no dar pie con bola; **2.** *vi* <*avere*> *a. fig* combinar; ~**ta** *f sport* combinada; ~**zione** *f* combinación; *fig* casualidad

combriccola *f* camarilla, banda

combusti|bile *adj/m* combustible; ~**bilità** *f/inv* combustibilidad *f*; ~**one** *f* combustión

combutta *f* banda, hatajo *m*, pandilla

come 1. *adv* 1. como; ~ *mai?* ¿cómo es eso?/¿cómo es posible?; ~ *va?* ¿cómo va eso?/¿qué tal?; 2. qué; *com'è grande!* ¡qué grande es!; ~ *l'hai fatto male!* ¡qué mal lo has hecho!; ~ *piove!* ¡cómo llueve!; **2.** *conj* 1. como; ~ *non detto* como si no hubiera dicho nada; 2. en cuanto, cuando; ~ *si accorse del fatto, lo comunicò alla polizia* en cuanto se enteró del asunto, lo comunicó a la policía

comedone *m med* comedón

cometa *f astr* cometa *m*

comfort *m/inv* confort *m*, comodidades *fpl*

comic *m/inv* cómic *m*, tebeo *m*; ~**a** *f cine* corto de cine cómico mudo *m*; ~**ità** *f/inv* comicidad *f*; ~**o** *adj/s* cómico

comignolo *m* lomera *f*, cumbrera *f* (*tejado*); chimenea *f (parte exterior)*

cominciare 1. *vt* comenzar, empezar, iniciar; **2.** *vi* <*avere, essere*> comenzar, empezar; *ho cominciato a lavorare oggi* he empezado a trabajar hoy; *è cominciata la primavera* ha empezado la primavera; *tanto per ~* de entrada, para empezar; *a ~ da oggi* a contar desde hoy; ~ *per emme* empezar por eme

comino V. **cumino**

comit|ale *adj* condal; ~**ato** *m* comité, junta *f*; ~ *di creditori* junta de acreedores; ~**iva** *f* comitiva, pandilla

comizi|ante *m/f* orador, -a; ~**o** *m pol* mitin, mitín

comma *m ius* apartado; *ling* colon; *mus* coma *f*; ~**ndo** *m mil* comando

commedi|a *f teatro/fig* comedia; ~ *d'intreccio* comedia de enredo; *(fig) fare/recitare la ~* hacer una comedia; ~**ante** *m/f teatro/fig* comediante, -a; ~**ografo, -a** *m/f* comediógrafo, -a

commemora|bile *adj* conmemorable; ~**re** <*esd*> *vt* conmemorar; ~**tivo** *adj* conmemorativo; ~**zione** *f* conmemoración

commenda *f ant* encomienda; ~**tore** *m* comendador

commensale *m/f* comensal

commensurabile *adj* conmensurable

comment|are *vt* comentar; ~**atore, -trice** *m/f TV/lit* comentarista; ~**o** *m* comentario; *(cine) ~ musicale* acompañamiento musical

commercia|bile *adj* comercializable; ~**bilità** *f/inv* comerciabilidad *f*; ~**le** *adj* comercial; ~**lista** *m/f ius* mercantilista; ~**lizzare** *vt* comercializar; ~**nte** *m/f* comerciante, vendedor, -a; ~ *all'ingrosso, al minuto* comerciante al por mayor, al por menor; ~ *in vini* vendedor de vinos; ~**re** *vi* <*avere*> comerciar; ~ *in tessuti* comerciar con tejidos

commercio *m* comercio, tráfico; ~ *all'ingrosso, al minuto* venta al por mayor/a granel, al por menor; *in ~, fuori ~* a la venta, agotado; ~ *estero, d'importazione e d'esportazione* comercio exterior, de importación y exportación; *(stud) economia e ~* ciencias económicas y empresariales

commess|a *f com* pedido *m*, encargo *m*; ~**o, -a** *m/f com* dependiente, -a (*tienda*); empleado, -a (*subalterno*); ~ *viaggiatore* representante, viajante; ~**ura** *f* comisura; ~ *labiale* comisura de los labios

commestibile 1. *adj* comestible; **2.** *mpl* tienda de comestibles *f*, ultramarinos, almacén *m/am*

commettere <*44 -misi; -messo*> **1.** *vt* cometer; perpetrar (*delito*); *com* encargar; **2.** *vi* <*avere*> acoplar, encajar

commettitura *f* junta, juntura, punto de unión *m*

commi|ato *m* despedida *f*, adiós; ~**litone** *m/f* conmilitón, -ona, camarada

commina|re *vt ius* conminar; ~**torio** *adj* conminatorio; ~**zione** *f* conminación

commisera|re <*esd*> *vt* compadecer; ~**zione** *f* conmiseración

commissari|ale *adj* del comisario; ~**ato** *m* comisaría *f*; ~**o, -a** *m/f adm/sport* comisario, -a; *adm* miembro de un tribunal; ~ *di pubblica sicurezza* comisario de policía; *(sport)* ~ *sportivo* delegado federativo; *(sport)* ~ *tecnico* comisario técnico

commission|are *vt* comisionar, encargar; ~**ario, -a 1.** *m/f* comisionista; **2.** *adj* por encargo; ~**e** *f* 1. *ius/pol* comisión; *adm* tribunal *m*; ~ *di fabbrica* comité de empresa; ~ *d'inchiesta* comisión de investigación; ~ *esaminatrice* tribunal examinador; 2. *com* pedido *m*, encargo *m*; *fig* encargo *m*, asunto *m*; *fam* mandado *m*, recado *m*; *su* ~ por encargo; 3. *com* comisión (*porcentaje*)

commissorio *adj ius* comisorio

commisurare *vt* conmensurar

committente *m/f* comitente

commo|doro *m mar* comodoro; ~**vente** *adj* conmovedor; ~**zione** *f* conmoción

commuovere <*47 -muovo; -mossi; -mosso*> *vt* conmover, impresionar

commuta|bile *adj* conmutable; ~**re** *vt* conmutar; ~**tivo** *adj* conmutativo; ~**tore** *m elec* conmutador; ~**trice** *f elec* conmutatriz; ~**zione** *f* conmutación

comò *m/inv* cómoda *f*

comod|are <*esd*> *vi/imp* convenir, agradar; ~**ato** *m ius* comodato; ~**ino** *m* mesita de noche *f*, velador *am*; ~**ità** *f/inv* comodidad, confort *m*; ~**o 1.** *m* comodidad *f*, conveniencia *f*; *con* ~ cómodamente, sin prisas; *fare il proprio* ~ hacer lo que le le da la gana a uno; *fare/tornare* ~ *qc a q* venir bien algo a alg; **2.** *adj* cómodo, confortable; ~**one, -a** *m/f* comodón, -ona

compaesano, -a *m/f* paisano, -a

compaginare <*esd*> *vt tip/fig* compaginar

compagine *f* conjunto *m*, bloque *m*

compagn|ia *f* compañía; *fare/tenere* ~ *a q* hacer compañía a alg; ~**o, -a** *m/f* 1. compañero, -a; pareja *f*; ~ *di banco/di scuola* compañero de clase; *abito con la mia* ~*a* vivo con mi pareja; 2. *mpl com* compañía *f*; *società Bianchi e* ~*i* sociedad Bianchi y cia.; ~**one** *m fam* amigote, amigacho

companatico *m* relleno (*del bocadillo*)

compara|re *vt* comparar; ~**tico** *m* padrinazgo; ~**tista,** ~**tivista** *adj/s* comparatista, comparativista; ~**tivo** *m ling* comparativo; ~**to** *adj* comparado; *letteratura* ~*a* literatura comparada; *grammatica* ~ gramática comparada/contrastiva; ~**zione** *f* comparación; *a* ~ en comparación

compare *m* compadre; ~**nte** *m ius* compareciente

compari|re <*3 comparisco/-paio; -parii/-parvi/-parsi; -parso*> *vi* aparecer; presentarse; *ius* comparecer; ~**zione** *f ius* comparecencia; *ordine/mandato di* ~ orden de comparecencia, citación

comparsa *f* 1. aparición; 2. *teatro* comparsa, figurante *m*; *cine* extra *m*; *fig* comparsa; 3. *ius* informe *m*; ~ *conclusionale* conclusiones

comparteci|pare <*esd*> *vi* <*avere*> participar con otros (*a qc* en algo); ~**azione** *f* coparticipación; ~**e** *adj/s* copartícipe

compartiment|ale *adj* del compartimiento; ~**azione** *f* compartimentación; ~**o** *m* 1. *tras* compartimiento; ~ *stagno* compartimiento estanco; 2. departamento (*telefónico...*)

compartire *vt lit* dividir *est*, repartir *est*

compassato *adj* acompasado

compassion|are *vt* compadecer; ~**e** *f* compasión, lástima, pena; *fare* ~ dar lástima/pena; ~**evole** *adj* compasivo, piadoso

compasso *m tec* compás

compati|bile *adj* compatible; *infor* compatible; ~**bilità** *f/inv* compatibilidad *f*; ~**mento** *m* compasión *f*, lástima *f*; ~**re** <*isc*> *vt* compadecer

compatriota *m/f* compatriota

compatt|ezza *f* consistencia, solidez; ~**o** *adj* compacto, sólido

compendi|are *vt* compendiar, recopilar; ~**o** *m* compendio, recopilación *f*; ~**oso** *adj* compendioso

compenetra|re <*esd*> *vt* compenetrar; *fig* invadir, llenar; ~**zione** *f* compenetración

compens|are *vt* compensar; ~**ato 1.** *adj* compensado; *legno* ~ conglomerado; **2.** *m* conglomerado (*madera*); ~**atore** *adj/s* compensador; ~**azione** *f* compensación; ~**o** *m* retribución *f*, compensación *f*, pago; *econ* compensación *f*, indemnización *f*; *in/per* ~ en compensación

compera... *V.* **compra...**

competen|te *adj* competente; ~**za** *f* 1. competencia, capacidad; 2. *ius* competencia; *fig* incumbencia; *ciò non è di sua* ~ esto no es de su incumbencia; 3. *fpl com* honorarios *mpl*

competere *vi ius* competer; *fig* incumbir; *sport* competir

competi|tività *f/inv* competitividad *f*; ~**tivo** *adj* competitivo; ~**tore, -trice** *m/f* competidor, -a, rival; ~**zione** *f econ* competencia; *sport/fig* competición

compiac|ente *adj* complaciente; consentidor; ~**enza** *f* compiacenza; ~**ere** <*53 -piaccio; -piacqui; -piaciuto*> **1.** *vt* complacer, agradar; **2.** *vi* complacer, gustar; **2.** ~*rsi* alegrarse, celebrar *vt*; ~**imento** *m* complacencia *f*

compian|gere <*53 compiango; compiansi; compianto*> *vt* compadecer; llorar (*muertos*); ~**to 1.** *adj* malogrado, llorado (*muerto*); **2.** *m* duelo, pesar
compiere <*13 compio; compii; compiuto*> *vt* 1. acabar, terminar; 2. realizar (*acción*); 3. cumplir (*años; promesa; deber*); ~ *gli anni* cumplir años
compila|re *vt* confeccionar (*lista*); *adm* rellenar, cumplimentar (*instancia*); compilar (*diccionario, crónica...*); ~**tion** *f ingl/inv mus* recopilación *f*, disco recopilatorio *m*; ~**tore, -trice** 1. *m/f* compilador, -a; 2. *m infor* compilador; ~**zione** *f* compilación
compimento *m* cumplimiento, acabamiento; *portare/condurre a* ~ llevar a cabo, conducir a buen fin
compire <*isc*> V. **compiere**
compita|re <*esd*> *vt* deletrear; ~**zione** *f* deletreo *m*
compitezza *f* cortesía, corrección
compito *m* trabajo, tarea *f*; *stud* deber(es) *m(pl)*, tarea *f*
compito *adj* acabado; *fig* correcto, educado
compiuto *adj* cumplido; *20 anni* ~*i* 20 años cumplidos
compleanno *m* cumpleaños
complement|are *adj* complementario; ~**o** *m* complemento; ~ *oggetto* complemento directo, objeto directo; ~ *di termine* complemento indirecto, objeto indirecto
complessa|re *vt* acomplejar; ~**to** *adj psic* acomplejado
complessi|one *f* complexión; ~**tà** *f/inv* complejidad *f*; ~**vamente** *adv* en conjunto, en total; ~**vo** *adj* global
complesso 1. *m mat/mus/fig* conjunto; *psic* complejo; ~ *musicale* grupo/conjunto musical; *in/nel* ~ en conjunto; ~ *balneare* balneario; ~ *residenziale* urbanización; ~ *d'inferiorità* complejo de inferioridad; ~ *di colpa* complejo de culpabilidad; **2.** *adj* complejo
complet|amento *m* finalización *f*, acabamiento, terminación *f*; ~**are** *vt* completar; ~**ezza** *f* exhaustividad; ~**ivo** *adj ling* completivo; ~**o 1.** *adj* completo; lleno (*lugar*); *l'albergo è al* ~/*al gran* ~ el hotel está lleno/al completo; **2.** *m* 1. lleno (*lugar*); 2. conjunto, traje (*ropa*); juego; ~ *a giacca* conjunto de traje y chaqueta; ~ *di trucco* juego de maquillaje
complica|re <*esd*> *vt* complicar; ~**to** *adj* complicado, difícil; ~**zione** *f* complicación; *senza* ~*i* sin complicaciones
complice *adj/s* cómplice
complicità *f/inv* complicidad *f*
compliment|are *vt* cumplimentar; ~**o** *m* cumplido; piropo; felicitación *f*, enhorabuena *f*; *non fare* ~*i, senza* ~*i* sin cumplidos; *(excl)* ~*i!* ¡enhorabuena!, ¡felicidades!; ~**oso** *adj iron* ceremonioso
complott|are *vi* <*avere*> conspirar, tramar; *che cosa state complottando?* ¿qué estáis tramando?; ~**o** *m* complot, conjura *f*, conspiración *f*
compon|ente *adj/s* componente; ~**ibile** *adj* armable; modular; *mobili* ~*i* muebles modulares; ~**imento** *m stud* redacción *f*; *lit/mus* composición *f*; *ius* arreglo
comporre <*56 -pongo; -posi; -posto*> *vt* componer, montar (*piezas*); *mus/lit/tip* componer; arreglar (*pelo, ropa*); marcar (*nº de teléfono*); *ius* conciliar
comportament|ale *adj* comportamental; ~**ismo** *m* conductismo; ~**o** *m* comportamiento, conducta *f*
comportare 1. *vt* comportar, implicar, suponer; permitir, consentir; **2.** ~*rsi* comportarse, portarse
composito *adj* compuesto
compositoio *m tip* componedor
compositore, -trice *m/f mus* compositor, -a
compositrice *f tip* fotocompositora
composizione *f* composición; *stud* redacción; *ius* conciliación
compost|a *f gastr* compota; *agr* compost *m*; ~**ezza** *f* compostura, decoro *m*; ~**o 1.** *adj* compuesto; *fig* correcto, decoroso; **2.** *m* compuesto
compra *f* compra, adquisición; ~**re** *vt* comprar; ~**tore, -trice** *m/f* comprador, -a; ~**vendita** *f* compraventa
comprendere <*58 -presi; -preso*> *vt* 1. comprender, entender; 2. comprender, abarcar
comprendonio *m fam/iron* mollera *m*, entendederas *fpl*; *essere duro di* ~ ser duro de mollera, ser corto de entendederas
comprens|ibile *adj* comprensible; ~**ione** *f* comprensión; ~**ivo** *adj* comprensivo, tolerante; *com* incluido; *prezzo* ~ *di IVA* precio con IVA incluido; ~**orio** *m adm* circunscripción *f*
compreso *adj com* incluido; inclusive *adv* (*tiempo*); *fig* invadido, lleno; *fino al 2 maggio* ~ hasta el dos de mayo inclusive; *tutto* ~, *IVA* ~*a* todo incluido, IVA incluido
compress|a *f med* compresa (*gasa*); comprimido *m* (*pastilla*); ~**ione** *f* compresión; ~**o** *adj* comprimido, apretado; *fig* oprimido, angustiado; ~**ore** *m tec* compresor
comprimere <*34 -pressi; -presso*> *vt* comprimir, apretar, estrujar; *fis* comprimir
compromesso 1. *m* compromiso; **2.** *adj* comprometido
compromettente *adj* comprometedor
compromettere <*44 -misi; -messo*> **1.** *vt* comprometer; **2.** ~*rsi* comprometerse, obligarse
compromissorio *adj ius* compromisorio
comproprietl|à *f/inv* propiedad compartida *f*; ~**ario, -a** *m/f* copropietario
comprova|re *vt* comprobar; ~**zione** *f* comprobación
compulsione *f ius* compulsión
compun|to *adj* compungido, afligido, apenado; ~**zione** *f* compunción, aflicción, pena; *eccl* compunción
computare <*esd*> *vt* computar, contabilizar
computer *m ingl/inv* ordenador *m*, computadora *f*; *personal* ~ ordenador personal; ~**izzare** *vt* computarizar, computadorizar

computist|a *m/f* contable; ~**eria** *f* contabilidad
computo *m* cómputo, cálculo
comuna|le *adj* municipal; ~**nza** *f lit* comunidad; comunión; ~**rdo** *adj/s pol* comunero
comune 1. *adj* común; *bene ~* bien común/compartido; *luogo ~* tópico, lugar común; *avere qc in ~* tener algo en común; **2.** *m adm* ayuntamiento, municipio, comuna *f/am*; **3.** *f hist* comuna; comuna (*hippy*); ~**lla** *f* 1. causa común, acuerdo *m*; *fare ~* hacer causa común; 2. llave maestra
comunica|bile *adj* comunicable; ~**ndo, -a** *m/f eccl* comulgante; ~**nte** *adj/s* comunicante; ~**re** *<esd>* **1.** *vt* comunicar, conectar, unir; comunicar, transmitir (*noticia*); *eccl* dar la comunión; **2.** *vi <avere>* comunicarse, estar comunicado; *fig* comunicarse, entenderse; **3.** *~rsi* comunicarse; *eccl* comulgar *vi*; ~**tiva** *f* capacidad de comunicación; ~**tivo** *adj* comunicativo, extrovertido; ~**to** *m* comunicado, parte, aviso, nota *f*; *~ stampa* nota de prensa; *~ commerciale* cuña publicitaria; *~ di guerra* parte de guerra; ~**zione** *f tras/post* comunicación
comunione *f* 1. comunión, comunidad; *(ius) ~ dei beni* comunidad de bienes; 2. *eccl* comunión; *prima ~* primera comunión
comunis|mo *m pol* comunismo; ~**ta** *adj/s* comunista
comunit|à *f/inv* comunidad; **~ Economica Europea (CEE)* Comunidad Económica Europea (CEE); ~**ario** *adj* comunitario
comunque 1. *adv* de todas formas, de cualquier manera; **2.** *conj* 1. como quiera que; *~ vadano le cose, venderò la casa* vayan como vayan/como quiera que vayan las cosas, venderé la casa; 2. aun así, de todas formas; *lo so che è difficile, ~ l'avresti dovuto dire* ya sé que es difícil, aun así lo hubieras podido decir
con *prep* con; *~ me, te, sé* conmigo, contigo, consigo; *una ragazza ~ i capelli biondi* una chica rubia/de pelo rubio; *caffè ~ la panna* café con nata; *arrosto ~ le patate* asado con patatas; *viaggiare ~ il treno, con l'aereo* viajar en tren, en avión; *~ questo caldo non si può uscire* con este calor no se puede salir; *~ tutto che...* con todo, a pesar de (que)...; *come va ~ la matematica?* ¿cómo te va con las matemáticas?; *~ l'insistere, spesso si ottiene quello che si vuole* insistiendo, a menudo se consigue lo que se quiere
conat|ivo *adj ling* conativo; ~**o** *m* conato, amago; *avere ~i di vomito* tener ganas de vomitar, tener arcadas
conca *f* cuenco *m*, barreño *m*; *geogr* cuenca, valle *m*; *~ di navigazione* esclusa
concatena|mento *m* concatenación *f*; ~**re** *vt* concatenar; ~**zione** *f* concatenación
concav|ità *f/inv* concavidad *f*; ~**o** *adj* cóncavo
concedere *<14 concedei/-detti/-cessi; concesso>* **1.** *vt* conceder, otorgar; **2.** *~rsi* entregarse (*mujer*)
concentra|mento *m mil* concentración; *campo di ~* campo de concentración; ~**re 1.** *vt mil/chim* concentrar; **2.** *~rsi fig* concentrarse, enfrascarse; ~**to** *adj/m chim/gastr* concentrado; ~**zione** *f* concentración
concentric|ità *f/inv* calidad de concéntrico *f*; ~**o** *adj* concéntrico
concepi|bile *adj* concebible; ~**mento** *f biol/fig* concepción; ~**re** *<isc> vt biol/fig* concebir
conceria *f* fábrica de curtidos
concernere *vt def <sin Pl ni PP>* concernir, atañer; *per quanto concerne a* en lo concerniente a, por lo que respecta a
concerta|re *vt fig/mus* concertar, acordar; ~**to** *adj mus* concertado; ~**tore, -trice** *m/f mus* maestro, -a concertador, -a; ~**zione** *f mus* armonización
concertist|a *m/f mus* concertista; ~**ico** *adj mus* concertista
concerto *m mus/adm* concierto
concession|aria *f* adjudicatario *m*; ~**ario** *adj/s adm* adjudicatario (*concurso*); *com* concesionario; ~**e** *f adm/fig* concesión; *~ edilizia* licencia de obras
concessivo *adj ling* concesivo
concett|ismo *m lit* conceptismo; ~**ista** *adj/s* conceptista; ~**o** *m* concepto; *impiegato di ~* oficial administrativo; empleado de dirección; *farsi un ~ di q* formarse una opinión sobre alg; ~**oso** *adj* conceptuoso
concettual|e *adj* conceptual; ~**ismo** *m* conceptualismo; ~**izzazione** *f* conceptualización
concezione *f biol/fig* concepción
conchiglia *f zool/arch* concha
concia *f tec* curtido *m* (*pieles*); adobo *m* (*olivas*); curado *m* (*carne*); ~**re 1.** *vt tec* curtir (*pieles, tejidos*); adobar (*olivas*); curar (*carne*); *fig* maltratar; *(fig) ~ q per le feste* dejar a alg para el arrastre, arreglar a alg; **2.** *~rsi iron* ensuciarse, emporcarse; *guarda come ti sei conciato!* ¡mira cómo te has puesto!; ~**tore** *m tec* curtidor; ~**tura** *f tec* curtido
concilia|bile *adj* conciliable; ~**bilità** *f/inv* compatibilidad *f*; ~**bolo** *m* conciliábulo; ~**nte** *adj* conciliador; ~**re 1.** *adj/m eccl* conciliar; **2.** *vt* conciliar; *~ il sonno* conciliar el sueño; ~**tivo** *adj* conciliativo *raro*, conciliador; ~**tore** *adj/s* conciliador; ~**zione** *f ius* conciliación
concilio *m eccl* concilio
concim|aia *f agr* estercolero *m*; ~**are** *vt agr* abonar; ~**azione** *f agr* abonado *m*; ~**e** *m agr* abono, estiércol
concio *adj tec* curtido (*pieles*)
concion|are *vi/vt <avere> lit* arengar; ~**e** *m lit* arenga *f*; *iron* arenga *f*, perorata *f*
concis|ione *f* concisión; ~**o** *adj* conciso, lacónico, sucinto
concistor|iale *adj eccl* consistorial; ~**o** *m eccl* consistorio
concita|re *<esd> vt lit* concitar; ~**to** *adj* arrebatado, inflamado; ~**zione** *f lit* concitación, arrebatamiento *m*
concittadino *m* conciudadano

conclave *m eccl* cónclave
concludente *adj* concluyente, terminante
concludere *<10 conclusi; concluso> vt* concluir, acabar, terminar; *dipl/com* cerrar (*acuerdo, tratado; negocio*); *stamattina non ho concluso nulla* esta mañana no he sacado nada en claro; *da ciò si conclude che...* a partir de esto se llega a la conclusión que...
conclus|ione *f* 1. conclusión; *dipl/com* cierre *m*, firma; *in ~* en conclusión, en definitiva; *trarre/cavare la ~* sacar en consecuencia; 2. *fpl ius* conclusiones; **~ivo** *adj* conclusivo, determinante; **~o** *adj* acabado, definitivo; *dipl/com* cerrado; *non c'è nulla di ~* no hay nada decidido/definitivo
concomitan|te *adj* concomitante; **~za** *f* concomitancia
concord|anza *f* 1. concordancia; 2. *fpl ling* concordancias; **~are 1.** *vt* acordar, convenir, pactar; *lit* concordar, avenir; *ling* concordar; **2.** *vi <avere>* estar de acuerdo, coincidir; *ling* concordar; *tutti concordano nel lodarlo* todos coinciden en alabarlo; **~atario** *adj eccl* concordatario; **~ato** *m ius* acuerdo; *eccl/dipl* concordato; **~e** *adj* concorde, acorde; **~ia** *f* concordia
concorren|te *adj/s* competidor; *adm* opositor, -a; *TV/radio/sport* concursante; **~za** *f com/fig* competencia; *~ libera, sleale* libre competencia, competencia desleal; **~ziale** *adj com* competitivo
concorrere *<18 -corsi; -corso> vi <avere> com/sport* competir; *adm* concursar, opositar; *fig* contribuir; concurrir, acudir; *mat* concurrir
concorso *m* 1. *ius/fig* concurso, concurrencia *f*; *fig* contribución *f*, ayuda *f*; *~ di creditori* concurso de acreedores; 2. *adm* oposición *f*; *bandire, vincere un ~* convocar, ganar una oposición; *~ interno* oposiciones restringidas; *~ per titoli* concurso de méritos; 3. *sport* concurso, certamen; *~ di bellezza* concurso de belleza; *fuori ~* fuera de concurso; *~ ippico* concurso/certamen hípico
concret|are *vt* concretar; **~ezza** *f* concreción; **~izzare** *vt* concretar; **~o** *adj* concreto; *in ~* en concreto
concrezione *f* concreción
concubin|a *f* concubina; **~ato** *m* concubinato, amancebamiento; **~o** *m* hombre que vive en concubinato
concupiscen|te *adj* concupiscente; **~za** *f* concupiscencia
concussion|ario *adj* concusionario; **~e** *f ius* concusión
condanna *f ius/fig* condena; **~bile** *adj* condenable; **~re** *vt ius/fig* condenar; **~to** *adj/s* condenado
conde|bitore, -trice *m/f* codeudor, -a
condensa *f* líquido de condensación *m*; **~mento** *m* condensación *f*; **~re** *vt* condensar; **~to** *adj/m* condensado; **~tore** *m tec* condensador; **~zione** *f* condensación
condimento *m* condimentación *f*, aderezo, aliño (*acción*); condimento (*cosa*); *fig* salsa *f*, chispa *f*
condire *<isc> vt* condimentar, aliñar, aderezar
condirettore, -trice *m/f* codirector, -a
condiscenden|te *adj* condescendiente; **~za** *f* condescendencia
condiscendere *<58 -scesi; -sceso> vi <avere>* condescender
condiscepolo, -a *m/f* condiscípulo, -a
condividere *<61 -divisi; -diviso> vt fig* compartir (*opiniones, ideas*)
condiziona|le 1. *adj* condicional; **2.** *m ling* condicional, potencial; **3.** *f ling/ius* condicional; **~mento** *m tec* acondicionamiento; *psic* condicionamiento; **~nte** *adj* condicionante; **~re** *vt tec* acondicionar; *fig* condicionar, determinar; **~to** *adj tec* acondicionado; *aria ~a* aire acondicionado; **~tore** *m tec* acondicionador, climatizador
condizione *f* condición; *~ risolutiva, impossibile, preliminare* condición resolutoria, imposible, previa; *a ~ che* a condición de que, con tal de que
condo|glianze *fpl* pésame; *fare le ~ a q* dar el pésame a alg, acompañar a alg en el sentimiento; **~lersi** *<27 dolgo; dolsi; doluto>* condolerse
condom *m/inv raro* condón *m*
condomini|ale *adj* de la comunidad de vecinos; *assemblea ~* reunión de escalera; **~o** *m ius* condominio; comunidad de propietarios *f*, condominio *am*
condomino, -a *m/f ius* copropietario, -a; propietario, -a de un piso
condon|abile *adj ius* condonable; **~are** *vt ius* condonar; **~o** *m ius* condonación *f*
condor *m/inv zool* cóndor *m*
condott|a *f* 1. *psic* conducta, comportamiento *m*; 2. *tec* conducción, tubería; *una ~ d'acqua* una conducción de agua; 3. *med* distrito médico *f*; **~iero** *m hist* condotiero, capitán de fortuna; *fig* caudillo, adalid; **~o 1.** *m med* conducto; *tec* tubería *f*, conducción *f*, tubo, canal, cañería *f*; **2.** *(adj) medico ~* médico municipal
conducente 1. *adj* conducente; **2.** *m/f* conductor, -a, chófer *m*
conducibilità *f/inv fis* conductibilidad *f*
condurre *<15 -duco; -dussi; -dotto>* **1.** *vt* dirigir, guiar (*empresa, guerra...*); *tec* transportar, llevar (*gas, elec*); conducir, llevar (*personas*); *fig* llevar; *~ q in miseria* llevar a alg a la ruina; *~ una vita tranquilla* llevar una vida tranquila; *~ qc a termine/compimento* llevar algo a cabo; **2.** *vi <avere> sport* ir por delante, ir ganando; llevar, conducir (*calle, carretera...*); **3.** *~rsi* conducirse, comportarse
condutt|anza *f fis* conductancia; **~ività** *f/inv fis* conductibilidad *f*; **~ivo** *adj fis* conductor; **~ore 1.** *adj* conductor; *(fig) filo ~* hilo conductor; **2.** *m auto* conductor; *TV/radio* presentador; *ius* arrendatario; *fis* conductor; **~ura** *f tec* conducción
conduzione *f* conducción, transporte *m*, traslado *m*; *tec* conducción
conestabile *m ant* condestable
confabula|re *<esd> vi <avere>* confabular; **~zione** *f* confabulación
confacente *adj* adecuado, apropiado
confarsi *<36 -faccio; -feci; -fatto>* ade-

cuarse, corresponderse; *fig* ayudar, sentar bien; *la risposta non si confà alla domanda* la respuesta no se adecúa a la pregunta; *l'aria del mare mi si confà* el aire del mar me sienta bien
confedera|le *adj* confederal; **~re** *<esd> vt* confederar; **~tivo** *adj* confederativo; **~to** *adj/s* confederado; **~zione** *f* confederación; ~ *sindacale* central sindical
conferenz|a *f* conferencia; ~ *stampa* conferencia de prensa, rueda de prensa; ~ *al vertice* cumbre, conferencia en la cumbre; *tenere/fare una ~ su qc* dar una conferencia sobre algo; **~iere, -a** *m/f* conferenciante, conferencista *am*, orador, -a
conferi|mento *m* concesión *f*, entrega *f*, otorgamiento (*premio*); *econ* aportación *f*; **~re** *<isc>* **1.** *vt* conceder, otorgar (*premio*); conferir (*cargo*); *fig* conferir; **2.** *vi <avere>* conferenciar, despachar
conferma *f* confirmación; *a/in ~ di* en confirmación de; **~re** *vt* confirmar; *eccl* dar la confirmación; **~tivo** *adj ius* confirmatorio; **~zione** *f eccl* confirmación
confessare 1. *vt* confesar; **2. ~***rsi ius* confesarse, declararse; *eccl* confesarse
confession|alità *f/inv* confesionalidad *f*; **~ale 1.** *adj* confesional; *segreto ~* secreto de confesión; **2.** *m eccl* confesionario, confesonario; **~e** *f ius/eccl/fig* confesión; *segreto della ~* secreto de confesión
confesso *adj ius/eccl* confeso; **~re** *m eccl* confesor
confett|eria *f* confitería; dulces *mpl*; **~o** *m gastr* peladilla *f*; *med* gragea; ; *mangiare i ~i di q* celebrar la boda de alg; **~ura** *f gastr* confitura, mermelada
confeziona|re *vt* embalar (*paquete*); envasar (*otros productos*); confeccionar (*ropa*); **~tore, -trice** *m/f* confeccionista (*ropa*); envasador, -a (*productos*); **~trice** *f tec* envasadora, empaquetadora
confezione *f* 1. confección (*ropa*); 2. envasado *m*, empaquetado *m*; paquete *m*, bolsa; ~ *regalo* envoltorio para regalo; *una ~ di cioccolatini* una caja de bombones; *una ~ di spaghetti* un paquete de espaguetis; 3. *fpl* confecciones; *negozio di ~i* tienda de ropa
confezionista *m/f* confeccionista, fabricante de ropa
conficcare *vt* clavar; *fig* fijar, grabar; *~ nella mente* fijar/grabar en la mente
confidare *vt/vi <avere>* confiar
confiden|te *m/f* confidente; **~za** *f* confianza; confidencia, secreto; *in ~* en confianza; **~ziale** *adj* confidencial, reservado
configura|rsi configurarse; **~zione** *f* configuración; *infor* configuración
confina|nte *adj* limítrofe, colindante, fronterizo; **~re 1.** *vi <avere>* limitar, colindar; **2.** *vt* confinar, desterrar; **3. ~***rsi fig* retirarse, apartarse; **~to** *adj/s* confinado; desterrado
confindustria *f Confederazione Generale dell'Industria Italiana* ="CEOE Confederación Española de Organizaciones Empresariales"
confine *m geogr* frontera *f*, límite (*país, región*); linde, límite (*propiedad*); confín, fin (*mundo, fig*)
confino *m ius/ant* confinamiento
confisca *f ius* confiscación, decomiso *m*; **~re** *vt ius* confiscar, decomisar, incautarse (de)
confiteor *m eccl* confíteor
conflagra|re *vi* conflagrar; **~zione** *f* conflagración
conflitto *m* conflicto; *(ius) ~ di competenza* conflicto de competencias
conflittual|e *adj* conflictivo; **~ità** *f/inv* conflictividad *f*
conflu|enza *f* confluencia; **~ire** *<isc> vi <avere/essere>* confluir
confondere *<37 -fusi; -fuso> vt* confundir
conforma|re *vt* conformar; **~zione** *f* conformación
conforme 1. *adj* conforme, acorde; *essere ~ alle norme* ser conforme a las normas; **2.** *conj/adv* conforme, de acuerdo (con); *pensare ~ alle idee attuali* pensar conforme a/de acuerdo con las ideas actuales; *pensa ~ gli dicono gli altri* piensa según le dicen los demás
conformis|mo *m* conformismo; **~ta** *m/f* conformista; **~tico** *adj* conformista
conformità *f/inv* conformidad *f*; *in ~ a* en/de conformidad con
confort|ante *adj* confortante; **~are** *vt* confortar, consolar; **~evole** *adj* 1. confortante, consolador; 2. confortable, cómodo; **~o** *m* 1. consuelo, consolación *f*, alivio; 2. comodidad *f*, confort
confrat|ello *m* cofrade; **~ernita** *f* congregación, cofradía, hermandad
confront|are 1. *vt* confrontar, cotejar (*escritos*); comparar; **2. ~***rsi* enfrentarse, discutir *vi*; **~o** *m* confrontación *f*, cotejo (*escritos*); comparación *f*; *ius* careo; *mettere a ~* comparar, poner cara a cara; *reggere al ~ con q/qc* resistir la comparación con alg/algo, ser comparable con alg/algo; *il suo libro non regge al ~ con quello precedente* este libro no tiene ni punto de comparación con el anterior; *in ~ a/a ~ di* en comparación con; *nei ~i di* respecto a; *nei miei ~i* en lo que a mí respecta; *senza ~i* sin (punto de) comparación; *(ius) ~ all'americana* rueda de reconocimiento; *(ius) mettere a ~* carear, someter a un careo
confucianesimo *m* confucionismo
confusion|ario *adj/s* desordenado, farraguista; *fam* juerguista; **~e** *f* confusión, equivocación; *fam* jaleo *m*, alboroto *m*
confuso *adj* desordenado (*objetos*); *fig* confuso (*sonido, idea*); *fig* confundido, desconcertado (*persona*)
confuta|bile *adj* confutable, rebatible; **~re** *vt <esd/-futo>* confutar, refutar, rebatir; **~zione** *f* confutación, refutación
conged|are *vt* despedir (*decir adiós*); *mil* licenciar; **~o** *m* despedida *f*, adiós; *mil* licencia *f*; *adm* permiso; *lit* despedida *f*;

(mil) ~ *assoluto* licencia absoluta; ~ *matrimoniale* permiso por matrimonio; *visita di* ~ visita de despedida

congegn|are *vt tec* montar; *fig* urdir, tramar; **~o** *m* aparato, artefacto, ingenio

congela|mento *m fis/med* congelación *f*; ~ *degli armamenti* congelación de armamentos; ~ *dei salari* congelación salarial; **~re** *vt fis/econ* congelar; *fig* congelar, bloquear; **~tore** *m* congelador; **~zione** *f med* congelación

congen|ere *adj* congénere, del mismo género; **~iale** *adj* que congenia; **~ito** *adj* congénito

congerie *f/inv* montón *m*, cúmulo *m*, pila *f*

congestion|are *vt med/auto* congestionar; **~e** *f med/auto* congestión

congettura *f* conjetura; **~re** <*esd*> *vt/vi* <*avere*> conjeturar

congiungere <*37 -giungo; -giunsi; -giunto*> *vt* unir, conectar; ~ *in matrimonio* unir en matrimonio

congiungimento *m* juntamiento, unión *f*; acceso (*carnal*)

congiuntiv|a *f med* conjuntiva; **~ite** *f med* conjuntivitis; **~o 1.** *adj ling* conjuntivo (*conjunción*); subjuntivo (*verbo*); *locuzione ~a* locución conjuntiva; *modo* ~ modo subjuntivo; **2.** *m ling* subjuntivo; **~o** *adj/s* allegado

congiuntura *f mec* juntura, junta; costura (*ropa*); *fig* coyuntura; **~le** *adj* coyuntural, circunstancial

congiunzione *f* unión, conexión; acceso *m* (*carnal*); *ling/astr* conjunción

congiura *f* conjura(ción), conspiración; **~re** *vi* <*avere*> conjurar, conspirar, tramar; **~to** *adj/s* conjurado

conglomera|re <*esd*> *vt* conglomerar, aglomerar; **~to** *m geol/fig* conglomerado; **~zione** *f* conglomeración, aglomeración

congolese *adj* congoleño

congratula|rsi <*esd*> congratularse, felicitarse (*per qc* por algo); **~zione** *f* congratulación, felicitación; *fare le ~i* felicitar, congratularse; *~i!* ¡felicidades!, ¡enhorabuena!

congrega *f* congregación; **~re** <*esd/-ego*> *vt* congregar

congregazion|e *f* congregación, hermandad; **~ista** *m/f* congregante

congress|ista *m/f* congresista; **~o** *m pol/cient* congreso; **~uale** *adj* congresual

congro *m zool* congrio

congru|ente *adj* congruente; **~enza** *f* congruencia; **~o** *adj* congruente, congruo

conguagli|are *vt econ* hacer un balance; **~o** *m econ* balance

conia|re *vt* acuñar; **~tore, -trice** *m/f* acuñador, -a; **~zione** *f* acuñación

conic|a *f mat* cónica; **~o** *adj mat* cónico

conifera *f bot* conífera

conigli|era *f* conejera; **~o** *m zool* conejo; *fig* gallina (*cobarde*)

conina *m chim* cicutina *f*

conio *m econ* acuñación *f*; troquel, cuño; *di nuovo* ~ de nuevo cuño; *gente di basso* ~ gente de baja ralea

coniug|ale *adj* conyugal; **~are** <*esd*> *vt ling/fig* conjugar; **~ato, -a** *m/f* casado, -a; **~azione** *f ling/biol* conjugación; **~e** *m/f* cónyuge, consorte

connatura|le *adj* connatural; **~re** *vt* connaturalizar; **~to** *adj* connatural, congénito

connazionale *adj/s* conciudadano

conness|ione *f* conexión, nexo *m*; *tec/elec* conexión; **~o** *adj* conectado; *ius* conexo

connettere <*62 connesso*> *vt* conectar, enlazar

connettiv|ale *adj med* conjuntivo; **~o** *adj med* conjuntivo; *ling* conector; *tessuto* ~ tejido conjuntivo

conniven|te *adj* connivente, cómplice; **~za** *f* connivencia, complicidad

connota|ti *mpl* descripción *f* (*persona*); *riformare i ~ a q* hacerle una cara nueva a alg, romperle la cara a alg; **~zione** *f* connotación

connubio *m lit* connubio

cono *m mat/bot* cono; *bot* bastoncillo; *(gastr)* ~ *gelato* cono, cucurucho (*de helado*); *a* ~ en forma de cono

conocchia *f* copo *m*

conoid|ale *adj* conoidal; **~e** *m* conoide

conopeo *m eccl* conopeo

conoscen|te *m/f* conocido, -a; **~za** *f* conocimiento *m*; conocimiento *m*, conocido, -a *m/f* (*persona*); *perdere, riprendere* ~ perder, recobrar el conocimiento; *venire a* ~ *di qc* venir a saber algo, enterarse de algo; *essere a* ~ *di qc* estar al corriente de algo; *(adm) per* ~ comuníquese también a; *fare la* ~ *di q* conocer a alg; *lieto di fare la Sua* ~ encantado de conocerle; *una vecchia* ~ un viejo conocido

conoscere <*16 conosco; conobbi; conosciuto*> *vt* conocer; *far* ~ *qc* dar a conocer algo; *far* ~ *q* presentar a alg; ~ *a fondo* conocer a fondo; dominar (*lenguas*)

conosci|bile *adj* conocible; **~tivo** *adj* cognoscitivo; **~tore, -trice** *m/f* conocedor, -a, entendido, -a

conosciuto *adj* conocido; notorio

conquibus *m/inv ant/iron* cuartos *mpl*, chavos *mpl*

conquista *f mil/fig* conquista; **~re** *vt mil/fig* conquistar; **~tore** *adj/s mil/fig* conquistador

consacra|re *vt* consagrar; **~zione** *f* consagración

consanguine|ità *f/inv* consanguineidad *f*; **~o** *adj* consanguíneo

consapevole *adj* consciente, conocedor, sabedor; **~zza** *f* consciencia

conscio *adj* consciente

consecutiv|a *f ling* consecutiva; **~o** *adj* consecutivo, siguiente; *ling* consecutivo; *proposizione, traduzione* ~ oración, traducción consecutiva

consegna *f* 1. entrega; ~ *a domicilio* entrega a domicilio; *pagamento alla* ~ entrega contra reembolso; *termine di* ~ plazo de entrega; 2. *mil/fig* consigna (*orden*); 3. *mil* arresto cuartelario *m*; **~re** *vt* 1. entregar; *com* consignar; 2. *mil* acuartelar; **~tario, -a** *m/f com* consignatario, -a

conseguen|te *adj fig/mat* consecuente;

~**temente** *adv* consiguientemente, en consecuencia, por consiguiente; ~**za** *f* consecuencia; *in* ~ en consecuencia, por consiguiente; *in/per* ~ *di* a consecuencia de, de resultas de
consegui|mento *m* consecución *f*, obtención *f*, logro; ~**re 1.** *vt* conseguir, obtener; **2.** *vi* <*avere*> seguirse, derivarse
consens|o *m ius* consenso, consentimiento, asentimiento; ~**uale** *adj ius* consensual
consenti|mento *m lit* consentimiento; ~**re 1.** *vi* <*avere*> aprobar, estar de acuerdo; consentir, tolerar *vt*; ~ *con q su qc* estar de acuerdo con alg sobre/en algo; ~ *alle sue proposizioni* consentir en sus proposiciones; **2.** *vt* consentir, permitir; *il partito non consente divergenze* el partido no consiente divergencias
consenziente *adj* consintiente
consequenziale *adj* consecuente, derivante
conserto *adj* cruzado; *braccia ~e* brazos cruzados; *di* ~ de común acuerdo
conserva *f gastr/mar* conserva; *(mar) navigare di* ~ navegar en conserva; ~**bile** *adj* conservable; ~**re 1.** *vt* conservar, preservar; guardar; *gastr* guardar en conserva; ~ *un documento* guardar un documento; **2.** *~rsi gastr/fig* conservarse; ~**tivo 1.** *adj* conservativo; *ius* preventivo; **2.** *m chim/gastr* conservante; ~**tore** *adj/s pol* conservador; ~**torio** *m mus* conservatorio; ~**torismo** *m pol* conservadurismo; ~**zione** *f* conservación
conservie|re, -a *m/f com* conservero, -a; ~**ro** *adj com* conservero; *industria ~a* industria conservera
conservificio *m com* conservera *f*, fábrica de conservas *f*
considera|bile *adj* digno de consideración; ~**re** <*esd*> *vt* considerar; ~**to** *adj* considerado; *tutto* ~ en definitiva, bien mirado; ~**zione** *f* 1. consideración, examen *m*, juicio *m*; *prendere in* ~ tomar en consideración; *in* ~ *di* en consideración a, considerando; 2. consideración, respeto *m*, aprecio *m*; *degno di* ~ digno de consideración
considerevole *adj* notable, digno de consideración; considerable, grande
consiglia|bile *adj* aconsejable; ~**re 1.** *vt* aconsejar; ~ *a q di fare qc* aconsejar a alg hacer algo/que haga algo; **2.** *~rsi* aconsejarse, asesorarse
consigliere, -a *m/f* consejero, -a; ~ *d'amministrazione* miembro de un consejo de administración; ~ *delegato* consejero delegado
consiglio *m* 1. consejo, sugerencia *f*; *venire a più miti ~i* bajar los humos; *la notte porta* ~ consúltalo con la almohada; 2. consejo, junta *f*; *Presidente del *~* Presidente del Gobierno; ~ *comunale, regionale* ayuntamiento, concejo, gobierno autónomo; ~ *di fabbrica* comité de empresa; **~ Nazionale delle Ricerche (CNR)* ="Consejo Superior de Investigaciones Científicas (CSIC)"; ~ *di facoltà* junta de facultad; ~ *d'istituto* consejo escolar; **~ Superiore della Magistratura* Consejo Superior del Poder Judicial; ~ *dei ministri* consejo de ministros
consiliare *adj* del consejo
consimile *adj* similar
consisten|te *adj* consistente; ~**za** *f* consistencia; *fig* consistencia, solidez
consistere <*41 consistito*> *vi* consistir
consocia|re *vt* asociar; ~**to, -a 1.** *adj* asociado, -a; **2.** *m/f* consocio, -a; ~**zione** *f* asociación, sociedad
consocio, -a *m/f* consocio, -a
consola|re 1. *adj dipl* consular; **2.** *vt* consolar; ~**to** *m dipl* consulado; ~**tore** *adj/s* consolador; ~**zione** *f* consolación, consuelo *m*
console *m/f dipl* cónsul
console *f fr/inv* consola *f*
consolida|mento *m* consolidación *f*; ~**re** <*esd*> *vt* consolidar; ~**to 1.** *adj econ* consolidado; **2.** *m econ* deuda consolidada *f*; ~**zione** *f econ* consolidación; *med* soldadura
consolle V. **console**
consommé *m/inv* consomé *m*
consonan|te *f ling* consonante; ~**tismo** *m ling* consonantismo; ~**tico** *adj ling* consonántico; ~**za** *f mus/ling/fig* consonancia; *in* ~ en consonancia
consono *adj* correspondiente, conforme
consor|ella *f eccl* cofrade; ~**te** *adj/s ius* consorte; ~**ziare** *vt com* asociar; ~**zio** *m com* consorcio
constare *vi/imp* constar
constata|re *vt* constatar; ~**zione** *f* constatación
consueto *adj* habitual, normal
consuetudinario *adj* consuetudinario
consuetudine *f* costumbre, usanza
consulen|te *m/f* asesor, -a; ~ *legale, tributario* asesor legal, fiscal; ~ *dell'immagine* asesor de imagen; ~**za** *f* asesoramiento *m*; *fornire una* ~ asesorar; *impresa di* ~ consultoría
consulta *f* consejo *m*, conferencia, reunión; ~**re 1.** *vt* consultar; **2.** *~rsi* asesorarse, pedir consejo; intercambiar opiniones; ~**zione** *f* 1. consulta; *med* consulta, visita; ~ *popolare* consulta popular, referéndum; 2. *fpl pol/dipl* consultas
consultivo *adj* consultivo (*órgano*)
consultor|e, -trice 1. *m/f* asesor, -a; 2. *m eccl* consultor; ~**io** *m med* consultorio
consuma|re 1. *vt* gastar, desgastar; *com* consumir; consumar (*delito, matrimonio*); **2.** *~rsi* consumirse, estropearse, desgastarse; ~**to** *adj* desgastado, estropeado; consumido; *fig/iron* consumado; *un ~ violinista* un consumado violinista; *(iron) un ~ ubriacone* un consumado borrachín; ~**tore, -trice** *m/f* consumidor, -a; ~**zione** *f* consumación (*delito, sacrificio, matrimonio*); *com* consumición; *pagare la* ~ pagar la consumición
consumis|mo *m* consumismo; ~**ta** *adj/s* consumista; ~**tico** *adj* consumista
consumo *m* consumo, gasto; *civiltà/società dei ~i* sociedad de consumo; *beni di* ~ bienes de consumo

consun|tivo 1. *adj econ* consuntivo; **2.** *m econ* balance; ~**to** *adj* gastado, consumido; ~**zione** *f* consunción
consuocero *m* consuegro
consustanzial|e *adj eccl* consubstancial; ~**ità** *f/inv eccl* consubstancialidad *f*
conta *f* cuenta, recuento *m* (*juegos*); ~**balle** *m/f inv pop* rollista *m/f*, trolero, -a
contabil|e *adj/s* contable; ~**ità** *f/inv* contabilidad *f*, teneduría *f*; *tenere la* ~ tener la contabilidad; ~**izzare** *vt* contabilizar
contachilometri *m* cuentaquilómetros
contadin|esco *adj* aldeano, campestre, pueblerino *desp*; ~**o, -a** *m/f* campesino, -a, labrador, -a; ~**otto, -a** *m/f fig/desp* paleto, -a, palurdo, -a, pueblerino, -a
contado *m* 1. *geogr* campo, campiña *f*, huerta *f*; *il* ~ *romano* la campiña romana; 2. *ant* huertanos *mpl*, labradores *mpl*
contagi|are *vt* contagiar; ~**o** *m* contagio; ~**oso** *adj* contagioso
contagiri *m/inv auto* cuentarrevoluciones, cuentavueltas
contagocce *m/inv* cuentagotas; *(fig) col* ~ con cuentagotas
container *m/inv tras* contáiner *m*, contenedor *m*
contamina|nte *adj* contaminante; ~**re** <*esd*> *vt* contaminar; *fig* mancillar (*nombre*); ~**tore** *adj/s* contaminador; ~**zione** *f* contaminación
contante 1. *adj* efectivo, metálico; *denaro, moneta* ~ dinero en efectivo; **2.** *mpl* efectivo *m*, metálico *m*; *in* ~ en efectivo, en metálico
contapassi *m/inv* cuentapasos, podómetro *m*
contare *vt/vi* <*avere*> contar (*su q/qc* con alg/algo)
contasecondi *m/inv* segundero *m*, cronómetro *m*
constascatti *m/inv* contador de pasos *m*, cuentapasos (*teléfono*)
contat|a *f* cuenta, recuento *m*; ~**o** *adj* contado, justo; *avere le ore* ~*e* tener las horas contadas; ~**ore** *m tec* contador, medidor *am*; cronómetro
contatt|are *vt* contactar; ~**o** *m* contacto; *essere, mettere a* ~ *con q* estar, poner en contacto con alg; *venire a* ~ *con* ponerse en contacto con; *entrare in* ~ *con* entrar en contacto con
conte, -essa *m/f* conde, -esa; ~**a** *f hist* condado *m*; *geogr* comarca, región
conteggi|are *vt/vi* <*avere*> contar, computar; ~**o** *m* cuenta *f*, conteo; ~ *alla rovescia* cuenta atrás
contegno *m* actitud *f*, porte; gravedad *f*, altivez *f*, seriedad *f*; ~**so** *adj* grave, altivo
contemperare <*esd/-pero*> *vt* 1. adaptar, amoldar; 2. mitigar, amortiguar
contempla|re *vt* contemplar; ~**tivo** *adj* contemplativo; ~**zione** *f* contemplación
contempo: nel ~ *adv* mientras tanto, al mismo tiempo
contemporane|amente *adv* simultáneamente, al mismo tiempo; ~**ità** *f/inv* contemporaneidad *f*; ~**o** *adj/s* contemporáneo
contendente *adj/s* contendiente, contrincante, rival
contendere <*58 -tesi; -teso*> *vt/vi* <*avere*> contender, luchar *vi*, altercar *vi*
contenente *m* continente; *il* ~ *e il contenuto* el continente y el contenido
contenere <*79 -tengo; -tenni; -tenuto*> **1.** *vt* 1. contener, encerrar; 2. contener, refrenar, aguantar; **2.** ~*rsi* contenerse, aguantarse
contenitore *m* envase; *TV* magazine
content|abile *adj* contentable; ~**are 1.** *vt* contentar; **2.** ~*rsi* contentarse, conformarse (*di* con); ~**ezza** *f* alegría, felicidad, contento *m*; ~**ino** *m* propina *f*, extra; ~**o** *adj* contento, satisfecho; contento, dichoso
contenut|istico *adj* del contenido; ~**o** *adj/m* contenido
contenzio|ne *f med* contención; *camicia di* ~ camisa de fuerza; ~**so** *adj/m ius* contencioso
conterraneo *adj/s* conterráneo, paisano
contesa *f* contienda; controversia, polémica; disputa, altercado *m*
contessa V. **conte**
contesta|bile *adj* contestable; ~**re** *vt* contestar, responder; protestar; *ius* notificar; ~**tario** *adj/s* contestatario; ~**tore** *adj/s* contestatario; ~**zione** *f pol* contestación, protesta; *fig* discusión, polémica; *ius* notificación
conteste *adj/s* conteste *adj*
contesto *m* contexto
contestual|e *adj* contextual; ~**izzare** *vt* contextualizar
contestura *f* contextura
contiguità *f/inv* contigüidad *f*
contiguo *adj* contiguo
continen|tale *adj/s* continental; ~**te 1.** *adj* contenido, moderado; **2.** *m geogr* continente; ~ *nuovo, antico* nuevo, viejo continente; ~**za** *f* continencia, moderación
contingen|tamento *m econ* contingentación *f*; ~**tare** *vt* contingentar, fijar contingentes; ~**te** *m econ* contingente; *mil* contingente, cupo; ~**za** *f fil/fig* contingencia
continua|re <*esd*> *vt/vi* <*avere, essere*> continuar, seguir; *lei ha continuato a lavorare, oggi è continuato a piovere* ella ha seguido trabajando, hoy ha seguido lloviendo; *continua a leggere* sigue leyendo; ~**tivo** *adj* continuativo; ~**tore, -trice** *m/f* continuador, -a; ~**zione** *f* continuación
continui|smo *m pol* continuismo; ~**tà** *f/inv* continuidad *f*; *soluzione di* ~ solución de continuidad
continuo *adj* continuo; *di* ~ de continuo, continuamente
contitolare *m/f* cotitular
conto *m* 1. cuenta *f*; ~ *alla rovescia* cuenta atrás; ~ *corrente* cuenta corriente; *a(d ogni) buon* ~ en todo caso; *in fin dei* ~*i* al fin y al cabo; *per* ~ *mio, per* ~ *suo* por mi cuenta, por su cuenta; *il* ~ *torna* la cuenta cuadra; *fare* ~ *di* imaginar; *fare* ~ *di fare qc* prometérselas muy felices; *fare* ~ *su q/qc* contar con alg/algo; *(fig) fare/regolare i* ~*i con q* ajustar cuentas con alg; *fare i* ~*i* echar cuentas; *fare i* ~*i senza l'oste* echar

la cuenta sin la huéspeda; *questo è un altro ~* esto es otra cosa; *rendere ~ a q di qc* dar cuenta(s) a alg de algo; *rendersi ~ di qc* darse cuenta, percatarse de algo; *tenere da ~ q* tener en cuenta a alg; *tenere ~ di qc* tener algo en cuenta; 2. *fig* consideración *f*, estima *f*; *avere/tenere q in buon/gran ~* tener en buena/gran consideración a alg

contorcere *<80 -torco; -torsi; -torto>* **1.** *vt* torcer; **2.** *~rsi* contorsionarse

contorcimento *m* torsión *f*, contorsión *f*

contorn|are *vt* rodear; *~***o** *m pitt* contorno; *gastr* guarnición *f*, *fig* entorno

contorsion|e *f* contorsión; *~***ista** *m/f* contorsionista

contorto *adj a. fig* retorcido

contrabband|are *vt* introducir de contrabando; *~***iere** *adj/s* contrabandista; *~***o** *m* contrabando; *di ~* a escondidas, de matute

contrabbasso *m mus* contrabajo

contraccambi|are *vt* devolver, retribuir *am* (*favor*); corresponder (*sentimiento*); *~***o** *m* devolución *f*, *fig* correspondencia *f*, reciprocidad *f*

contracce|ttivo *adj/m* anticonceptivo, contraceptivo; *~***zione** *f* contracepción

contraccolpo *m* contragolpe

contraccusa *f ius* contraacusación

contrada *f* calle (*larga*); *reg* barrio *m*

contraddire *<21 -dico; -dissi; -detto>* **1.** *vt* contradecir, llevar la contraria; **2.** *~rsi* contradecirse

contraddistinguere *<24 -distinguo; -distinsi; -distinto> vt* distinguir, marcar

contraddittorio *adj* contradictorio

contraddizione *f* contradicción

contraente *adj/s* contrayente

contraereo *adj* antiaéreo

contraffa|re *<36 -faccio; -feci; -fatto> vt* simular, imitar, remedar; falsificar; *~***ttore, -trice** *m/f* imitador, -a; falsificador, -a; *~***zione** *f* imitación, falsificación, remedo *m*

contraffilo *m* contrahilo

contrafforte *m arch* contrafuerte

contralto *m mus* contralto *m/f*

contrammiraglio *m mil* contraalmirante

contrappasso *m ant* ley del juicio final *f*

contrappello: fare pasar lista por segunda vez

contrappes|are *vt* sopesar; *~***o** *m* contrapeso

contrappo|rre *<56 -pongo; -posi; -posto> vt* contraponer, oponer; *~***sizione** *f* contraposición; *~***sto** *adj* contrapuesto

contrappunt|istico *adj mus* contrapuntístico; *~***o** *m mus* contrapunto

contrari|are *vt* contrariar; fastidiar; *~***età** *f/inv* contrariedad *f*; *~***o** *adj/m* contrario; *al ~* al/por el contrario; *non ho niente in ~* no tengo nada en contra

contrarre *<81 -traggo; -trassi; -tratto> vt* contraer

contrassegn|are *vt* marcar, señalar; *~***o** *adv* contra reembolso

contrast|are 1. *vt* oponerse, obstaculizar; negar, impedir; **2.** *vi <avere>* disentir, estar en desacuerdo; discutir; *venire a/in ~ con q* discutir con alg; *senza ~* sin punto de comparación; sin duda; *~***o** *m* discusión *f*, disputa *f*, conflicto; *TV/foto* contraste

contrattacc|are *vt mil/sport/fig* contraatacar; *~***o** *m mil/sport/fig* contraataque

contratta|re *vt* contratar; *~***azione** *f* contratación

contrattempo *m* contratiempo, percance; *mus* contratiempo

contrattile *adj* contráctil

contratto 1. *adj* contracto; contraído, encogido; **2.** *m* contrato; *~ di formazione e lavoro* contrato de aprendizaje; *~ collettivo di lavoro* convenio laboral; *~ a termine* contrato temporal; *perfezionare un ~* formalizar un contrato

contrattuale *adj* contractual

contravveleno *m* contraveneno, antídoto

contravven|ire *<86 -vengo; -venni; -venuto> vi <avere>* contravenir *vt/vi*, transgredir *vt*; *~ a una norma* contravenir (a) una norma; *~***tore, -trice** *m/f ius* contraventor, -a, transgresor, -a; *~***zione** *f ius* contravención, transgresión; multa, sanción

contrazione *f* contracción

contrib|uente *adj/s* contribuyente; *~***ire** *<isc> vi <avere>* contribuir, colaborar; *~***to** *m econ* contribución *f*, aportación *f*, *econ/adm* cotización *f*; *~i previdenziali* cotización a la Seguridad Social; *~***zione** *f* contribución

contristare *vt* entristecer, afligir

contrito *adj eccl* contrito, atrito, arrepentido

contrizione *f eccl* contrición, atrición

contro 1. *prep* contra; *~ di me, te...* contra mí, ti...; *marciare ~ q* marchar contra alg; *navigare ~ il vento* navegar contra el viento; *~ voglia* a regañadientes; **2.** *adv* en contra, contra; *votare, essere ~* votar, estar en contra; *di ~* de enfrente; *per ~* por contra; **3.** *m* contra; *il pro e il ~* el pro y el contra; *~***accusa** V. **contraccusa**

controbatter|e *vt mil* contrabatir; *fig* rebatir; *~***ia** *f mil* contrabatería

controbilanciare *vt* contrabalancear; *fig* compensar

controcampo *m cine* contracampo

controcoperta *f mar* cubierta superior

controcorrente 1. *f* contracorriente; **2.** *adv* (a) contracorriente; *andare ~* ir contracorriente

controcultura *f* contracultura; *~***le** *adj* contracultural

controdado *m mec* contratuerca *f*

controdata *f* nueva fecha (*en un escrito*); *adm* fecha de entrada; *~***re** *vt* escribir una nueva fecha (en)

controffensiva *f mil* contraofensiva

controfferta *f com* contraoferta

controfigura *f cine/teatro* doble *m/f*, especialista *m/f*

controfinestra *f* contraventana

controfirma *f* segunda firma; *~***re** *vt* poner la segunda firma (en)

controforza *f mec* contrafuerza

controfuga *f mus* contrafuga

controindica|re *<esd> vt med* contraindicar; ~**zione** *f 1. med* contraindicación; 2. nota al margen

controll|are 1. *vt* controlar, vigilar; comprobar, verificar; controlar, dominar; *sport* controlar; **2.** *~rsi* controlarse, dominarse, contenerse; ~**o** *m* control, vigilancia *f*; control, comprobación *f*, verificación *f*; control, dominio; ~ *dei bagagli, dei biglietti* control de equipajes, de billetes; ~ *budgettario* control presupuestario; ~ *delle nascite* control de natalidad; ~ *medico* revisión médica; ~**ore** *m tras* revisor, -a; ~ *di volo* controlador aéreo

controluce 1. *f* contraluz, trasluz *m*; *fotografia in ~* fotografia a contraluz; **2.** *adv* a contraluz; al trasluz; *guardare ~* mirar al trasluz

contromano *adv* en dirección contraria

contromarca *f* contraseña de salida

contromisura *f* medida preventiva; medida correctora

contropart|e *f* parte contraria; ~**ita** *f com/fig* contrapartida

contropelo *adv* a contrapelo; *(fig) a ~* a contrapelo, a contracorriente; *fare il pelo e il ~ a q* decir pestes de alg, poner a alg a caer de un burro

contropiede *m sport* contragolpe, contraataque; *prendere/cogliere q in ~* coger a alg a contrapié

controprestazione *f* contraprestación

contropro|ducente *adj* contraproducente; ~**posta** *f* contrapropuesta; ~**va** *f* contraprueba

controquerela *f ius* denuncia del querellado contra el querellante

contrordine *f* contraorden

controriforma *f hist* contrarreforma

controrivoluzion|ario *adj/s* contrarrevolucionario; ~**e** *f* contrarrevolución

controsenso *m* contrasentido

controsoffitto *m arch* cielo raso, falso techo

controspionaggio *m* contraespionaje

controstallia *f com* sobrestadía

controstomaco 1. *adv* con asco, con repugnancia; *fig* sin ganas; **2.** *m* nauseas *fpl*

controvalore *m com* contravalor

controvento *adv* contra el viento; *(fig) andare ~* ir contracorriente

controver|sia *f* controversia, debate *m*; *ius* conflicto *m*; ~ *in materia di lavoro* conflicto laboral; ~**so** *adj* controvertido

controvertere *<usado casi solo en P e infinitivo> vi/def <avere>* controvertir

controvoglia *adv* a regañadientes

contubernio *m* contubernio

contuma|ce *adj* contumaz; ~**cia** *f ius* contumacia, rebeldía; *condannare q in ~* condenar a alg en rebeldía

contundente *adj* contundente

conturbante *adj* turbador, inquietante

contus|ione *f med* contusión; ~**o** *adj/s* contuso

contutto|ché *conj <+ subjuntivo>* a pesar de que, aunque; ~**ciò, con tutto ciò** *conj* sin embargo, no obstante

conurbarzione *f* conurbación

convalescen|te *adj/s* convaleciente; ~**za** *f* convalecencia; ~**ziario** *m* casa de reposo *f*

convalida *f ius* convalidación

convalidare *<esd> vt ius* convalidar

convegn|ista *m/f cient* congresista; ~**o** *m cient* congreso, reunión *f*

convenevoli *mpl* ceremonias *fpl*, palabras de cortesía *fpl*

convenien|te *adj* conveniente; ~**za** *f* 1. conveniencia; 2. *fpl* normas de urbanidad

convenire *<86 -vengo; -venni; -venuto>* **1.** *vt* convenir, estipular; **2.** *vi* 1. *<avere>* convenir, coincidir, estar de acuerdo; 2. *<essere>* concurrir, venir; convenir, favorecer; 3. *imp <essere>* convenir, ser conveniente

convent|icola *f lit* camarilla; ~**o** *m* convento; ~**uale** *adj* conventual

convenuto 1. *adj/m* convenido, pactado; *secondo il ~* según lo convenido; **2.** *mpl* presentes, asistentes

convenzion|ale *adj* convencional; *armi ~i* armas convencionales; ~**alismo** *m* convencionalismo; ~**alità** *f/inv* convencionalidad *f*; ~**are 1.** *vt* convenir, acordar; concertar; **2.** *~rsi med* concertar(se), firmar un concierto *vt*; ~**e** *f* 1. acuerdo *m*, convenio *m*, pacto *m*; *dipl/pol* convención; ~ *mutualistico, commerciale, doganale* acuerdo sanitario, comercial, aduanero; *~ *di Ginevra* Convención de Ginebra; 2. *fpl* convenciones (*sociales*)

convergen|te *adj* convergente; ~**za** *f* convergencia

convergere *<30 -vergo; -versi; -verso> vi* convergir, converger

convers|are *vi <avere>* conversar, charlar, platicar; ~**atore, -trice** *m/f* conversador, -a; ~**azione** *f* conversación, charla, plática; ~**ione** *f econ/eccl* conversión; ~**o** *m eccl* lego

converti|bile 1. *adj econ/auto* convertible; **2.** *m auto* descapotable, convertible *am*; ~**bilità** *f/inv econ* convertibilidad *f*; ~**re** *<convertii/conversi>* **1.** *vt* convertir; **2.** *~rsi eccl* convertirse; ~**to** *m/f eccl* convertido, -a; converso, -a (*musulmanes y judíos al cristianismo*); ~**tore** *m tec* convertidor

convess|ità *f/inv* convexidad *f*; ~**o** *adj* convexo

convettore *m mat* convector; *tec* calefactor

convezione *f fis* convección

convincente *adj* convincente

convincere *<87 -vinco; -vinsi; -vinto> vt* convencer

convincimento *m* convencimiento

convinto *adj/s* convencido; *ius* convicto

convinzione *f* convicción

convit|ato, -a *m/f* invitado, -a, comensal; ~**o** *m lit* convite, banquete

convitto *m stud* internado; ~**re, -trice** *m/f stud* interno, -a

convivenza *f* convivencia

convivere *<88 -vissi; -vissuto> vi* convivir

conviviale *adj lit* convival

convoca|re *<esd> vt* convocar; ~**zione** *f* convocatoria

convogli|are *vt tras* 1. convoyar, escoltar;

2. recoger (*agua*); ~**atore** *m tras* transportador; ~ *a nastro* cinta transportadora; ~**o** *m tras* convoy
convolvolo *m bot* enredadera *f*
convuls|ione *f* convulsión; ~**ivo** *adj* convulsivo; ~**o** *adj* convulso
cooperare *<esd> vi <avere>* cooperar, colaborar
cooperativ|a *f* cooperativa; ~**ismo** *m* cooperativismo; ~**o** *adj* cooperativo
cooperatore *adj/s* cooperador, cooperante (*que ayuda*); cooperativista (*de una cooperativa*)
cooperazione *f* cooperación; organización de cooperativas, cooperativismo *m*
coordina|mento *m* coordinación *f*; ~**re** *<esd> vt* coordinar; ~**ta** *f mat* coordenada; ~**to 1.** *adj* coordinado; a juego (*ropa*); **2.** *m* juego (*ropa*); ~**tore, -trice** *m/f* coordinador, -a; ~**zione** *f* coordinación
coperchio *m* tapa *f*, tapadera *f*
copernicano *adj* copernicano
copert|a *f* 1. manta; *mettersi/ficcarsi sotto le ~e* meterse en la cama; 2. *mar* cubierta; ~**ina** *f tip* cubierta, portada, tapa; *ragazza ~* chica portada; ~**o 1.** *adj* cubierto, tapado; abrigado (*persona*); *meteo/fig* cubierto; *piscina ~a* piscina cubierta; **2.** *adv* veladamente (*hablar*); **3.** *m* 1. cubierto, seguro; *mettersi al ~* ponerse a cubierto, refugiarse bajo techo; *(a.fig) essere al ~* estar a cubierto; 2. *gastr* cubierto; ~**one** *m* 1. *auto* cubierta *f*; 2. tela *f*, toldo (*para cubrir*); ~**ura** *m arch* cubierta; *econ/mil* cobertura
copia *f* 1. copia; *in bella ~, in brutta ~* en limpio, en sucio/en borrador; *passare in bella ~* pasar a limpio; 2. *lit* copia, abundancia; ~**re** *vt* copiar; ~**tivo** *adj* para copiar (*tinta, papel*); *carta ~a* papel carbón, papel de calco; ~**tore, -trice** *m/f* copiante, -a, imitador, -a; ~**trice** *f tec* copiadora; ~**tura** *f* copiado *m*, copia
copilota *m* copiloto
copio|ne *m cine/teatro* guión; ~**ne, -a** *m/f fam* copión, -ona, copiante, -a; ~**so** *adj lit* copioso
copist|a *m/f* copista, amanuense, escribiente; ~**eria** *f* copistería
coppa *f* 1. copa; *sport* copa; *(mec) ~ dell'olio* cárter *m*; *~ della bilancia* plato de la balanza; *la *~ Italia* la Copa de Italia (="la Copa del Rey"); *la ~ delle ~e* la Eurocopa; 2. *gastr* morrillo *m*; 2. *fpl* copas (*naipes*); ~**rosa** *f* caparrosa
coppia *f* 1. pareja, par *m* (*personas, animales*); pareja (*casados o no*); *fis* par *m*; *due, tre... di ~* de dos en dos, de tres en tres; 2. *fpl sport* parejas, dobles *mpl*; *gara a ~e* competición/partido de dobles (*tenis*)
coppiere *m ant* copero, escanciador
cop(p)iglia *f* clavija, chaveta
coppo *m arch* teja árabe *f*
copra *f bot* copra
copri|busto *m/inv* cubrecorsé *m*; ~**capo** *m/inv* sombrero *m*, gorra *f*; ~**catena** *m/inv* cubrecadenas; ~**costume** *m/inv* bata de baño *f*; ~**fuoco** *m* toque de queda; ~**giunto** *m/inv mec* cubrejuntas; ~**letto** *m* cubre(cama), colcha *f*; ~**macchia** *m/inv* cubremanteles; ~**mozzo** *m auto* tapacubos, embellecedor *m*; ~**pudende** *m/inv* taparrabo(s)
coprire *<17 coprii/copersi; coperto>* **1.** *vt* 1. cubrir, tapar (*pared, agujero...*); cubrir, abrigar, arropar (*persona*); *fig* cubrir, ocultar, disimular; *arch* cubrir, techar; *~ q di baci* comerse a alg a besos; *~ q di onori* cubrir/colmar a alg de honores; 2. *mil/sport/econ/biol* cubrir; 3. cubrir, ocupar (*plaza, cargo*); **2.** *~rsi* cubrirse, abrigarse, arroparse
coprirsivolto *m* vista *f*, vuelta *f*
copritovaglia *m eccl* cubremantel
copritrice: penne ~i *adj zool* cobija *f*
coproduzione *f cine* coproducción
copto *adj/s eccl/ling* copto
copula *f cient/ling* cópula; ~**tivo** *adj ling* copulativo
copyright *m ingl/inv* copyright, derechos de autor *mpl*; copyright (*en el libro*)
copywriter *m/f ingl/inv* publicista *m/f*, publicitario, -a
coque: uova à la ~ *fr* huevos pasados por agua
coraggio 1. *m* valor, valentía *f*, coraje; ánimo, aliento; *mancare/perdersi di ~* descorazonarse, faltarle el valor a alg; *fare ~ a q* dar ánimos a alg; *farsi/darsi ~* darse ánimos, animarse; **2.** *excl* ¡ánimo!, ¡adelante!, ¡vamos!; ~**so** *adj* valiente, valeroso, intrépido
corale 1. *adj mus* coral; *società ~* sociedad coral; *fig* unánime; **2.** *m mus/eccl* coral; libro de coro
corall|ifero *adj* coralífero; ~**ino** *adj* coralino; ~**o** *m zool* coral
coram populo *adv* públicamente
Corano *m eccl* Corán
coratella *f* asadura(s) *f(pl)*
corazz|a *f mil/zool/fig* coraza; ~**are** *vt* acorazar, blindar; ~**ata** *f mil/mar* acorazado *m*; ~**ato** *adj mil* acorazado, blindado; *divisione ~* división acorazada; *vetro ~* cristal blindado; ~**iere** *m mil/ant* coracero
corba *f* serón *m*
corbell|are *vt fam* burlarse, pitorrearse (de alg); ~**eria** *f fam* bobada, tontería, chorrada; ~**o** *m* canasto, capacho
corbezzol|a *f bot* madroño *m* (*fruto*); ~**o** *m bot* madroño (*árbol*)
corcontento *m/f inv* persona satisfecha de sí misma *f*
corda *f* cuerda; soga; *~e vocali* cuerdas vocales; *(med) ~ dorsale* cuerda dorsal, notocordio; *salto della ~* salto de la comba; *strumenti a ~* instrumentos de cuerda; *mollare, stringere la ~* aflojar, apretar la cuerda; *toccare una ~ sensibile* tocar la fibra sensible; *(fig) far ballare q sulla ~* dejar a alg en la cuerda floja; *(fig) essere con la ~ al collo* estar con la soga al cuello; *(fig) dare ~ a q* dar cuerda a alg; *(fig) essere giù di ~* estar de capa caída, estar decaído; *parlare di ~ in casa dell'impiccato* hablar de la soga en casa del ahorcado
cordaio *m* cordelero

cordame *m* cordaje
cordat|a *f sport* cordada; **~i** *mpl zool* cordados
corderia *f* cordelería
cordial|e *adj* cordial, afable; **~ità** *f/inv* cordialidad *f*, afabilidad *f*
cordigliera *f geogr* cordillera
cordo|glio *m* duelo; **~ne** *m* cordón; *elec* cable; *med* cordón; *arch* cordón, bocel; bordillo (*acera*); *mil* cordón; ~ *ombelicale* cordón umbilical; ~ *sanitario* cordón sanitario
Cordova *f* Córdoba; ***~no 1.** *adj/s* cordobés; **2.** *m* cordobán
Corea: *la* ~ Corea; ***~no** *adj/s* coreano
coreograf|ia *f* coreografía; **~ico** *adj* coreográfico; **~o, -a** *m/f* coreógrafo, -a
coregono *m zool* farra *f*
coriaceo *adj* coriáceo
coriandolo *m* 1. *bot* cilantro; 2. *mpl* confeti *m*
coricare <*esd*> **1.** *vt* acostar; **2.** *~rsi* acostarse, irse a la cama
corifeo *m* corifeo
corin|done *m min* corindón; **~zio** *adj* corintio
corista *m/f* corista
cori(z)za *f* coriza, romadizo *m*
cormorano *m zool* cormorán
cornacchia *f zool* corneja
cornalina *f min* cornalina
cornamusa *f mus* gaita, cornamusa
cornat|a *f* cornada, cogida *taur*; **~ura** *f* cornadura, cornamenta
corne|a *f med* córnea; **~ale** *adj* de la córnea; **~o** *adj* córneo
corner *m/inv sport* córner *m*, saque de esquina *m*; *salvarsi in* ~ despejar a córner
cornett|a *f mus* corneta; **~ista** *m mus* cornetista; **~o** *m* 1. amuleto (*en forma de cuerno*); 2. *mus* corneta; ~ *acustica* trompetilla; 3. *gastr* croissant; 4. *bot* sarmiento
cornic|e *f tec/art/lit/fig* marco *m*; *arch* cornisamento *m*, cornisa; *legge* ~ ley marco; **~iaio** *m* marquista; **~ione** *m arch* cornisa *f*; *art* cornisamento
cornificare <*esd*> *vt iron* poner los cuernos, engañar
corniola *f min* corniola
cornio *m bot* cornejo
cornista *m* (músico de) corno
corno *m* 1. <*pl le corna*> *zool/fig* cuerno; asta *f*, pitón *taur*; *fare le ~a a q* poner cuernos a alg; *portare le ~a* ser un/a cornudo/a; *rompersi le ~a* salir perdedor; *rompere le ~a a q* romperle los huesos a alg; dejar por los suelos; *(fam) non me ne importa un* ~ me importa un bledo; *(pop) un ~!* ¡y un cuerno!, ¡y un jamón!; 2. <*pl i corni*> *mus* corno; *ant* cuerno; cuerna *f* (*caza*)
cornu|copia *f lit* cornucopia; **~to 1.** *adj zool* cornudo; **2.** *adj/s fig/pop* cornudo
coro *m* coro; *rispondere in/a* ~ responder a coro
corografia *f* corografía
coroide *f med* coroides
corolla *f bot* corola; **~rio** *f fil/fig* corolario
corona *f arald/econ/eccl* corona; *astr* corona, halo *m*; *mus* calderón *m*; *(mec)* ~ *dentata* corona dentada; ~ *mortuaria/funebre* corona fúnebre; *disporsi a* ~ ponerse en círculo; **~le** *adj med* coronal; *osso* ~ hueso coronal; **~mento** *m arch* remate, coronamiento; *fig* coronación *f*, acabamiento *m*; **~re** *vt* coronar; **~ria** *f med* coronaria; **~rio** *adj med* coronario; *(lit) certame* ~ juegos florales
corp|etto *m* chaleco, jubón *ant*; corpiño (*de mujer*); **~ino** *m* corpiño
corpo *m* 1. cuerpo; ~ *del reato* cuerpo del delito; *guardia del* ~ guardaespalda; ~ *consolare, diplomatico, di ballo* cuerpo consular, diplomático, de baile; ~ *insegnante* cuerpo de profesores, profesorado; *(mil)* ~ *di guardia* cuerpo de guardia; *(fis)* ~ *nero* cuerpo negro; *a* ~ *a* ~ cuerpo a cuerpo; *a* ~ *morto* a tumba abierta; *anima e* ~ en cuerpo y alma; *in* ~ *e anima* en persona; ~ *di Bacco!* ¡mecachis en la mar!; *avere qc in* ~ no quitarse algo de la cabeza; *dar, prender* ~ dar, tomar cuerpo; *mettere qc in* ~ echarle algo al cuerpo; 2. *med* cuerpo; *(med)* ~ *calloso, cavernoso, luteo* cuerpo calloso, cavernoso, lúteo/amarillo; 3. *med* vientre; *dolori di* ~ dolores de vientre; *(euf) andare di* ~ hacer de vientre; 4. *lit* obra(s) completa(s) *f(pl)*
corpora|le 1. *adj* corporal; **2.** *m eccl* corporal; **~tivismo** *m* corporativismo; **~tivo** *adj* corporativo, gremial; **~tura** *f* complexión; **~zione** *f* corporación, gremio *m*
corpore|ità *f/inv* corporeidad *f*; **~o** *adj* corpóreo
corporizzare *vt lit* corporeizar
corposo *adj* corpóreo; *pitt* que tiene volumen
corpulen|to *adj* corpulento; **~za** *f* corpulencia
corpus *m/inv lit/ling/ius* corpus
corpuscol|are *adj fis/chim* corpuscular; **~o** *m fis/chim* corpúsculo
Corpus Domini *m eccl* Córpus (Christi)
corred|are *vt* equipar (*di* con), dotar (*di* de); amueblar (*casa*); **~o** *m* equipamiento; ajuar (*novia*); *fig* bagaje (*conocimientos*)
correggere <*43 correggo, corressi; corretto*> *vt* corregir; *gastr* tocar *fam*, echar un poco de licor
correggi|a *f* correa; **~ame** *m* correaje; **~ola** *f* correhuela
correità *f/inv ius* complicidad *f*
correla|re *vt* poner en correlación; **~tivo** *adj* correlativo; **~zione** *f* correlación
correligionario *adj/s* correligionario
corrent|e 1. *adj* corriente; *acqua* ~ agua corriente; *il 25 del* ~ *mese* el 25 de los corrientes; *conto* ~ cuenta corriente; *moneta* ~ moneda de curso legal; **2.** *m* corriente; *essere al* ~ estar al corriente/al tanto; *tenere q al* ~ tener al corriente, tener informado a alg; *mettere al* ~ poner al corriente; **3.** *f geogr/elec/pol/fig* corriente; río *m* (*lava*); ~ *alternata* corriente alterna; *(a. fig) andare contro* ~ ir contra corriente; *(fig) seguire la* ~ dejarse llevar por la corriente; **~emente** *adv* 1. corrien-

temente, habitualmente; 2. fluidamente, con soltura (*hablar una lengua*); ~**ista** *m/f com* cuentacorrentista
correo, **-a** *m/f* cómplice
correre <*18 corsi; corso*> *vi/vt* <*avere, essere*> correr; *è corso in ospedale, ha corso per un'ora* ha ido corriendo al hospital, ha corrido durante una hora; *lasciar* ~ dejar correr; *fra noi due ci corrono dieci anni* entre nosotros dos hay diez años; *(fam) ci corre!* ¡ni punto de comparación!
correspons|abile *adj/s* corresponsable; ~**ione** *f* retribución, pago *m*
corrett|ezza *f* corrección, pulcritud; ~**ivo** *adj/m* correctivo; ~**o** *adj* correcto; *caffè* ~ carajillo, tocado *fam;* ~**ore, -trice** *m/f* corrector, -a
correzion|ale *m* correccional, reformatorio; ~**e** *f* corrección; *casa di* ~ reformatorio *m*
corrid|a *f taur* corrida; ~**oio** *m arch/tras* pasillo; *aer* corredor; ~ *aereo* corredor aéreo; *sport* línea lateral de saque *f* (*tenis*); ~**ore** *m sport/zool* corredor
corrier|a *f* autobús (correo) *m*, guagua *am/Canarias;* ~**e** *m tras* correo (*mensajero*)
corrigendo *m* corrigendo
corrimano *m* barandilla *f* (*escalera*); asidero (*autobús*)
corrispettivo 1. *adj* correspondiente, respectivo; **2.** *m iua* retribución *f*, salario
corrisponden|te 1. *adj* correspondiente; **2.** *m* corresponsal (*prensa*); correspondiente (*cartas*); ~**za** *f* correspondencia; *tras* enlace *m*
corrispondere <*49 -pongo; -posi; -posto*> **1.** *vt* corresponder (*sentimientos*); **2.** *vi* <*avere*> corresponder (*sentimientos, proporciones*); cartearse; dar (*edificio*); *la facciata corrisponde sulla strada principale* la fachada da a la calle principal
corrisposto *adj* correspondido
corrobora|nte *adj/m* corroborante; ~**re** <*esd*> *vt* corroborar
corrodere <*65 -rosi; -roso*> *vt* corroer, carcomer
corrompere <*66 -ruppi; -rotto*> *vt* corromper
corrompibile *adj* corruptible
corrosi|one *f* corrosión; ~**vo** *adj* corrosivo
corrotto *adj* corrompido
corrucci|arsi enojarse, molestarse; ~**o** *m* enojo, irritación *f*, cólera *f*
corruga|mento *m* fruncimiento, arrugamiento; *geol* plegamiento; ~**re** *vt* fruncir, arrugar
corrutt|ela *f* corruptela; ~**ibile** *adj* corruptible; ~**ibilità** *f/inv* corruptibilidad *f*; ~**ore** *adj/s* corruptor
corruzione *f* corrupción; ~ *di minorenni* corrupción de menores
corsa *f* carrera; *tras* trayecto *m*, viaje *m*; carrera (*taxi*); ~ *agli armamenti* carrera de armamentos; ~ *a staffetta* carrera de relevos; ~ *nel sacco* carrera de sacos; *di* ~ a la carrera; *andare di* ~ ir corriendo; *fare una* ~ *in un posto* hacer una escapada a algún sitio; *pigliare la* ~ echar a correr; *quando è la prossima* ~*?* ¿a qué hora sale el próximo tren/autobús?
corsaro *adj/s hist* corsario; pirata
corserella *f* carrerilla
corsett|eria *f* corsetería; ~**o** *m* corsé; *med* corsé ortopédico
corsia *f* pasillo *m*, corredor *m*; *med* sala (*de hospital*); *auto* carril *m*; *sport* calle; ~ *di accelerazione, di sorpasso, di emergenza* carril de aceleración, de adelantamiento, de emergencia; ~ *preferenziale* carril bus
Corsica: *la* ~ Córcega
corsiero *m* corcel
corsista *m/f* cursillista
corsivo 1. *adj* cursivo; **2.** *m* cursiva *f*; *in* ~ en cursiva
corso 1. *adj/s geogr* corso (*Córcega*); **2.** *m* 1. *stud/econ/fig* curso; *il* ~ *degli avvenimenti* el curso de los acontecimientos; *nel* ~ *dei secoli* en el curso de los siglos/a lo largo de los siglos; *lavori in* ~ trabajos en curso/en marcha; *arch* (tramo, edificio...) en obras; *in* ~ *di stampa* en prensa; *dare* ~ *a qc* dar curso/salida a algo, cursar, tramitar; *(econ) fuori* ~ sin curso legal; *in* ~ *legale* de curso legal; *avere* ~ tener curso legal; *capitano di lungo* ~ capitán de alto bordo/de navío; 2. *econ* cotización *f* (*acciones*); 3. avenida *f*, paseo; 4. desfile; ~ *mascherato* desfile de carrozas
corsoio *m mec* cursor
corte *f* 1. *hist/fig* corte; *fare la* ~ *a q* hacer la corte a alg, cortejar a alg; 2. *ius* tribunal *m*; ~ *d'appello, di cassazione/suprema, costituzionale, dei conti* tribunal de apelación, supremo, constitucional, de cuentas; 3. *arch* patio *m*, corral *m*; ~**ccia** *f* corteza; costra (*pan*); ~ *cerebral* corteza cerebral
corteggia|mento *m* cortejo, galanteo; ~**re** *vt* cortejar; ~**tore, -trice** *m/f* cortejador, -a, pretendiente
corteo *m* cortejo, desfile; ~ *funebre* cortejo fúnebre; *pol* manifestación *f*
cortes|e *adj* cortés, gentil, amable; ~**ia** *f* cortesía, gentileza, amabilidad; *per* ~ por favor, si es usted tan amable
cortezza *f lit* cortedad
corticale *adj med/biol* cortical
cortigian|a *f* cortesana (*prostituta*); ~**o** *adj/s* cortesano
cortile *m agr* corral; *arch* patio; *animali da* ~ animales de corral
cortina *f* cortina; *(hist)* ~ *di ferro* telón de acero *m*; ~ *di fumo, di nebbia* cortina de humo, de niebla; ~**ggio** *m* cortinaje
cortisone *m* cortisona *f*
corto 1. *adj* corto; breve; ~ *di vista* corto de miras; ~ di mente corto de miras; *essere a* ~ *di soldi* ir muy justo de dinero, no andar sobrado de dinero; *andare per le* ~*e* ir al grano; *per farla* ~*a* resumiendo, yendo al grano; **2.** *adv* de golpe, en seco; *tagliare* ~ cortar en seco
cortocircuito *m elec* cortocircuito
cortometraggio *m cine* cortometraje
corv|é *f mil* fajina; *hist* prestación perso-

nal; *fig* lata, incordio *m* (*trabajo*); ~**etta** *f mar* corbeta; ~**ino** *adj* corvino; ~**o** *m zool* cuervo; ~ *del malaugurio* pájaro de mal agüero
cosa 1. *f* cosa; *per prima* ~ en primer lugar; *sopra ogni* ~ por encima de todo; *fra le altre* ~*e* entre otras cosas; *qualche* ~ algo; *qualsiasi* ~ *succeda* pase lo que pase; *la* ~ *pubblica* la cosa pública; *~ *Nostra* Cosa Nostra, mafia; *arrivare a* ~*e fatte* llegar demasiado tarde; *è* ~ *fatta* eso está hecho; *le proprie* ~*e* sus propias cosas, sus asuntos; *credersi chissà che* ~ creerse alguien; *non è una gran* ~ no es nada del otro jueves/mundo; *è la stessa* ~ es lo mismo; *è tutt'altra* ~ es otra cosa; *la* ~ *più importante* lo más importante; *le* ~*e si mettono male* las cosas se están poniendo mal; *da* ~ *nasce* ~ una cosa lleva a la otra, lo uno lleva a lo otro; *raccontami come sono andate le* ~*e* cuéntame cómo han ido las cosas/cómo ha ido todo; *è una* ~ *da vedere* es algo digno de ver; *lasciamo le* ~*e in pace* tengamos la fiesta en paz; ~ *fatta capo ha* a lo hecho, pecho; *bella* ~*!* ¡vaya una cosa!; **2.** *pr* <*interrogativo*> ¿qué?; ~ *vuoi, sono bambini!* ¡qué se le va a hacer/qué esperabas, son niños!; ~*?* ¿qué?; *a (che)* ~ *pensi?* ¿en qué piensas?
cosacco *m mil* cosaco
cosca *f* grupo/clan mafioso *m*
coscia *f med/zool* muslo *m*; *zool* pierna (*cerdo, ternera, oveja*...)
coscien|te *adj* consciente; ~**za** *f* conciencia; *med* conocimiento *m*; *in* ~ en conciencia; *avere la* ~ *sporca, pulita* tener mala conciencia, tener la conciencia limpia; *avere qc sulla* ~ tener algo sobre la conciencia, remorder la conciencia (por algo); *perdere, riacquistare la* ~ perder, recuperar el conocimiento
coscenzios|ità *f/inv* escrupulosidad *f*, cuidado *m*; ~**o** *adj* escrupuloso, cuidadoso; concienzudo
coscio *m zool/gastr* pierna *f*; ~**tto** *m zool/gastr* pierna *f*
coscritto *m mil* recluta, quinto, conscripto *Am Mer*
coscrivere <*71 -scrissi; -scritto*> *vt mil* alistar, reclutar
coscrizione *f mil* servicio militar *m*, conscripción *Am Mer*
coseno *m mat* coseno
così 1. *adv* así (*de esa manera*); tan; *l'ho fatto* ~ lo he hecho así; *è proprio* ~ es precisamente así; *e* ~ *sia* amén; *non devi fare* ~ no debes actuar así; *basta* ~*!* ¡es suficiente/ya hay bastante!; *per* ~ *dire* por decirlo de alguna manera; *e* ~ *via* etcétera; *come va?* ~ ~ ¿cómo te va? así así; *è ancora* ~ *giovane*... es todavía tan joven...; **2.** *adj/inv* así, semejante *adj*; *non mi piacciono le persone* ~ no me gustan las personas así; **3.** *conj* así; ~ ... *come* tan ... como; ~ *come* (tal) como; *è* ~ *grande come lo immaginavo* es tan grande como lo imaginaba; *è* ~ *come lo immaginavo* es (tal) como lo imaginaba; ~ ... *che/da* tan ... que/como para; *sono* ~ *povero che non posso/da non poter comprare del pane* soy tan pobre que no puedo comprar ni pan
cosicché *conj* de manera que, de modo que
cosiddetto *adj* llamado, denominado
cosiffatto *adj* semejante, tal
cosme|si, ~**tica** *f* cosmética; ~**tico** *adj/m* cosmético
cosmico *adj* cósmico
cosmo *m* cosmos; ~**grafia** *f* cosmografía; ~**logia** *f* cosmología; ~**nauta** *m/f* cosmonauta; ~**nautica** *f* cosmonáutica; ~**nautico** *adj* cosmonáutico; ~**nave** *f* comonave; ~**polita** *adj* cosmopolita; ~**visione** *f* cosmovisión
coso *m fam* cosa *f*, eso (*objeto indeterminado*); tipo, individuo, fulano (*persona*)
cospargere <*75 -spargo; -sparsi; -sparso*> *vt* esparcir, diseminar
cospetto *m* aspecto, apariencia *f*; *in/al* ~ *di* a la vista de, en presencia de
cospicu|ità *f/inv* consideración *f*, grandeza *f*; evidencia *f*; ~**o** *adj* conspicuo
cospira|re *vi* <*avere*> conspirar; ~**tore,** **-trice** *m/f* conspirador, -a; ~**zione** *f* conspiración
costà *adv* ahí
costa *f* 1. *geogr* costa; 2. *med* costilla; *mar/tec* costilla, cuaderna; *tip* lomo *m*; canto *m* (*cuchillo*); ~**le** *adj med* costal
costan|te 1. *adj* constante, permanente; *fig* constante, tenaz; **2.** *f mat* constante; ~**za** *f* constancia, tesón *m*, tenacidad
costare *vi econ* costar, valer; *fig* costar; *quanto costa?* ¿cuánto cuesta/vale?; *qui la vita costa* aquí la vida es cara; *costi quel che costi* cueste lo que cueste
costaricano *adj/s* costarricense, costarriqueño
costat|a *f gastr* chuleta; ~**o** *m med* costado
costeggiare *vt mar/geogr* costear
costei *pr lit* ésa
costella|re *vt lit* constelar; ~**zione** *f* constelación
costerna|re *vt* consternar; ~**zione** *f* consternación
costì *adv* ahí
costier|a *f geogr* costa, litoral *m*; ~**o** *adj* costero, ribereño, litoral
costipa|re *vt* apisonar; *med* estreñir; ~**zione** *f* apisonamiento *m*; *med* estreñimiento *m*
costitu|ente *adj/m pol/ling/chim* constituyente; ~**ire** <*isc*> **1.** *vt* constituir; **2.** ~*rsi ius* entregarse, presentarse; ~**ito** *adj pol* constituido; ~ *a repubblica* constituido en república; ~**tivo** *adj* constitutivo
costituzion|ale *adj* constitucional; ~**alità** *f/inv* constitucionalidad *f*; ~**e** *f ius/med/fig* constitución
costo *m* 1. *econ* coste, costo; ~ *della vita* coste de la vida; *a prezzo di* ~ a precio de coste; *il* ~ *del denaro* el precio del dinero; 2. *fig* costa; *ad ogni* ~*/a tutti i* ~*i/a qualsiasi* ~ a toda costa, a cualquier precio, como sea; *a nessun* ~ de ninguna manera; *al* ~ *della vita* pagando con la vida

costola *f med* costilla; *tip* lomo *m*; canto *m* (*cuchillo*); *bot* nervadura; *rompere le ~e a q* romperle los huesos a alg; *stare/essere alle ~e di q* ser la sombra de alg, no dejar a alg ni a sol ni a sombra; *gli si contano le ~e* está en los huesos
costoletta *f gastr* chuleta
costolone *f arch* nervadura
costone *m geogr* cresta *f*
costoro *pr/inv lit* ésos, ésas
costoso *adj* costoso
costringere *<78 -stringo; -strinsi; -stretto> vt* obligar, forzar; *~ q a fare qc* obligar a alg a hacer algo
costringimento *m lit* constreñimiento
costritt|ivo *adj* constrictivo; **~ore** *adj med* constrictor; *ius* constrictivo
costrizione *f* constricción
costruire *<isc> vt arch/tec/fig* construir
costrutt|ivo *adj* constructivo; **~o** *m* 1. construcción *f*, estructura *f*; *ling* frase *f*, estructura *f*; **~ore** *adj/s* constructor
costruzione *f* construcción
costui *pr lit* ése
costum|e *m* 1. costumbre *f*, hábito; costumbre *f*, tradición *f*, uso; *il buon ~* las buenas costumbres; 2. traje; *~ da bagno* traje de baño, bañador; *~ a due pezzi* biquini; *~ regionale* traje regional; **~ista** *m/f cine/teatro* diseñador, -a, modisto, -a
costura *f* costura; *spianare le ~e a q* sentarle a alg las costuras
cotangente *f mat* cotangente
cote *f* piedra de afilar, afiladera
cotenna *f* pellejo *m* (*cerdo*); *avere la ~ dura* no tener corazón
cotiledone *m bot* cotiledón
cotogn|a *f bot* membrillo *m* (*fruto*); **~ata** *f gastr* (dulce) membrillo; **~o** *m bot* membrillo (*árbol*)
cotoletta *f gastr* escalope *m*
coton|are *f* cardar; algodonar (*pelo*); **~atura** *f* carda, algodonado *m* (*pelo*); **~e** *m* algodón; **~iere** *m* algodonero; **~iero** *adj* algodonero; **~ificio** *m* fábrica de algodón *f*; **~oso** *adj* algodonoso
cotta *f* 1. *ant* cota; *eccl* sobrepelliz; *~ d'armi, di maglia* cota de armas, de malla; *furfante di tre/sette ~e* pícaro de siete suelas; 2. cocción; 3. *fam* coladura, chaladura, enamoramiento *m*, camote *m/am*; *prendersi una ~ per q* quedarse prendado de alg, enamorarse de alg; *avere una ~ per q* estar colado por alg
cottage *m ingl/inv* casa de campo *f*
cottimista *m/f* destajista
cottimo *m* destajo; *a ~* a destajo
cotto *adj gastr* cocido; *~ e stracotto* pasado, desecho; *fig* hecho polvo, molido; *essere innamorato ~ di q* estar colado por alg
cottura *f gastr/tec* cocción
coturno *m ant* coturno
coulomb *m fr/inv fis* culombio *m*
count down m ingl/inv cuenta atrás *f*
coup|é *m fr/inv auto* cupé *m*; **~on** *m fr/inv* cupón *m*, vale *m*
cova *f zool* empollación, incubación; **~re** **1.** *vt zool* empollar, incubar; *med* incubar; *fig* albergar, guardar (*sospecha, odio*); **2.** *vi <avere> fig* ocultarse, estar oculto; **~ta** *f zool* nidada, pollada, puesta
cover girl *f ingl/inv* modelo de revista *f*, chica de portada *f*
cover story *f* tema de portada *m*
covo *m zool/fig* guarida *f*, madriguera *f*, cubil *f*; **~ne** *m agr* gavilla *f*
cow-boy *m ingl/inv* vaquero *f*, cow-boy *f*
coyote *m zool* coyote
cozza *f zool/reg* mejillón *m*; **~re** 1. *vi <avere> a. fig* chocar (contra/con), topar (con); *zool* (a)cornear *vt*; *~ contro un albero* chocar contra un árbol; 2. *~rsi* toparse, chocar *vi*; **~ta** *f* choque *m*
cozzo *m a. fig* choque
crac **1.** *onom* crac; **2.** *m/inv econ* crac *m*
crack *m/inv* crack (droga); **~ing** *m ingl/inv tec* craqueo *m*, cracking *m*
crampo *m* calambre
crani|co *adj* craneal; **~o** *m* cráneo; *(fam) a ~* por barba, por cabeza
crapul|a *f* crápula, disipación; **~one, -a** *m/f* crápula, libertino, -a
crasso *adj* 1. *lit* craso; 2. *med* grueso (*intestino*)
crater|e *m* cráter; **~ico** *adj* del cráter
cravatt|a *f* corbata; **~ino** *m* corbatín
crawl *m ingl/inv sport* crawl, estilo libre *m* (*natación*); **~ista** *m/f sport* nadador de crawl/estilo libre
crea|nza *f* crianza, educación, buenos modales *mpl*; **~re** *vt* crear; *fig* producir, levantar (*escándalo*)
creat|ività *f/inv* creatividad *f*; **~ivo**, -a 1. *adj* creativo, -a; 2. *m/f* creador, -a; publicitario, -a; **~o** *m* creación *f (mundo)*; **~ore** *adj/s* creador; **~ura** *f eccl/fam* criatura; *pol* protegido *m*
creazion|e *f* creación; **~ismo** *m* creacionismo
creden|te *adj/s* creyente; **~za** *f* 1. aparador *m*; 2. creencia; **~ziale** **1.** *adj* credencial; *lettere ~i* cartas credenciales; **2.** *f* 1. credencial; 2. *fpl* credenciales
credere **1.** *vt* creer; *lo credo bene!* ¡ya lo creo!; **2.** *vi* creer; *~ in Dio* creer en Dios; *~ alle parole di q, alle streghe* creer en la palabra de alg, en las brujas; *~ agli occhi* dar crédito a sus ojos; *~ sulla parola di q* confiar en la palabra de alg; *chi (ti) credi di essere?* ¿quién te has creído que eres?; **3.** *m* opinión *f*, parecer; *a mio ~* en mi opinión
credibil|e *adj* creíble; **~ità** *f/inv* credibilidad *f*
credit|izio *adj* crediticio; **~o** *m econ/fig* crédito; *~ agevolato* crédito a bajo interés; *degno di ~* digno de crédito; *godere di molto ~* tener mucho predicamento; **~ore** *adj/s* acreedor
credo *m* 1. credo, religión *f*; *fig* credo (*ideología*); 2. *eccl* credo (*oración*)
credul|ità *f/inv* credulidad *f*; **~o** *adj* crédulo, confiado; **~one, -a** *m/f* crédulo, -a, infeliz
crema **1.** *m gastr* crema; crema (*cosmética, zapatos*); *fig* crema, flor y nata; *~ da notte, da giorno* crema de noche, de día; *~ da barba* crema de afeitar; *~ detergente*

crema limpiadora; ~ *doposole* crema para después del sol; **2.** *adj/inv* crema (*color*); ~**gliera** *f tras* cremallera; ~**re** *vt* incinerar (*cadáver*)
crematistic|a *f econ* crematística; ~**o** *adj econ* crematístico
crematorio *adj/m* crematorio
cremazione *f* cremación, incineración (*cadáver*)
crème *f fr/inv gastr* crema *f*; *fig* crema *f*, crème, flor y nata *f*; *(gastr)* ~ *caramel* flan *m*; *la* ~ *della società* la crème de la crème
cremisi 1. *adj/inv* carmesí *adj*; 2. *m/inv* carmesí *m*, carmín *m*
Cremlino *m geogr/pol* Kremlin
cremo|re *m chim* cremor; ~**so** *adj* cremoso
cren *m/inv* rábano picante *m*
creolo *adj/s* criollo
crepa *f* grieta, resquebrajadura; ~**ccio** *m geol* grieta *f*, quebrada *f*; ~**cuore** *m* disgusto, congoja *f*, berrinche; ~**pelle: a** ~ *adv* a mandíbula batiente, a carcajadas (*reír*); a dos carrillos (*comer*); como un cosaco (*beber*)
crepare *vi* resquebrajarse; agrietarse, ajarse (*piel*); *fig/fam* consumirse, reventar (*envidia, rabia*); *fig/pop* estirar la pata, espicharla (*morir*); *crepa!* ¡que te parta un rayo!, ¡que te pudras!, ¡muérete!; ~ *dalle risa(te)* desternillarse (de risa), descuajeringarse (de risa), partirse (de risa), morirse de risa; ~ *di salute* rebosar salud
crêpe *m fr/inv* crêpe *f (comida, tejido)*
crepit|are <*esd*> *vi* <*avere*> crepitar, chisporrotear; ~**azione** *f med* crepitación; ~**io** *m* crepitación *f*, chisporroteo
crepuscol|are *adj* crepuscular; ~**arismo** *m art* crepuscularismo; ~**o** *m a. fig* crepúsculo
crescen|do *m mus/fig* crescendo; ~**te** *adj* creciente; ~**za** *f* crecimiento *m*
crescere <*16 cresco; crebbi; cresciuto*> **1.** *vi* crecer; **2.** *vt* aumentar, subir; criar (*hijo*); crecer (*punto de labor*)
crescione *m bot* berro, mastuerzo
crescita *f* crecimiento *m*; aumento *m*
cresima *f eccl* confirmación; ~**ndo, -a** *m/f eccl* confirmando, -a; ~**re** <*esd*> *vt eccl* confirmar
creso *m* creso
cresp|ella *f gastr* hojuela; ~**o 1.** *adj* crespo; **2.** *m* crespón
cresta *f zool/geol/mar* cresta; cofia (*camarera*); *fig* sisa; *fare la* ~ *(sulla spesa)* hacer sisas, sisar (*en la compra*); *(fig) essere sulla* ~ *dell'onda* estar en la cresta de la ola; *(fig) alzare la* ~ alzar/levantar la cresta, gallear, hacerse el gallito; *(fig) abbassare la* ~ irse con el rabo entre las piernas
creta *f min* creta, greda, arcilla; ~**ceo** *adj/m geol* cretácico
cretese *adj/s* cretense
cretin|ata *f* estupidez, bobada, chorrada; ~**eria** *f* estupidez, imbecilidad; ~**ismo** *m med* cretinismo; ~**o** *adj/s med* cretino; *fig* cretino, imbécil, estúpido
cretoso *adj min* gredoso, arcilloso

cric *m/inv mec* gato *m*; ~**ca** *f* camarilla, capilla
cricchi|are *vi* <*avere*> crujir; ~**o** *m* crujido
criceto *m zool* hámster
cricket *m ingl/inv sport* críquet
criminal|e *adj/s* criminal; ~**ista** *m/f ius* criminalista; ~**ità** *f/inv* criminalidad *f*
crimine *m* crimen, delito; ~*i di guerra* crímenes de guerra
criminolog|ia *f* criminología; ~**o,** |a *m/f* criminólogo, |a
criminoso *adj* criminal, criminoso
crin|ale *m* peineta *f* (*pelo*); *geogr* cresta *f*; ~**e** *m zool* crin *f*, cerda *f*; *bot* crin *f*; ~**iera** *f zool* melena; guedeja (*león*); ~**olina** *f* crinolina, tontillo *m*
cript|a *f* cripta; ~**ico** *adj* críptico
cripto(n) *m chim* criptón
crisalide *f zool* crisálida
crisantemo *m bot* crisantemo
crisi *f/inv* crisis
crisma *f eccl* crisma *m/f* (*óleo*); crismón *m*, lábaro *m* (*figura*); *con tutti i* ~*i* con todas las bendiciones
cristall|eria *f* cristalería; ~**iera** *f* cristalera; ~**ino 1.** *adj* cristalino, límpido, puro; **2.** *m med* cristalino
cristallizza|bile *adj a. fig* cristalizable; ~**re** *vt a. fig* cristalizar; ~**zione** *f a. fig* cristalización
cristallo *m* cristal
cristian|esimo *m* cristianismo; ~**ità** *f/inv* cristianismo *m* (*doctrina*); cristiandad *f* (*conjunto de cristianos*); ~**izzare** *vt* cristianizar; ~**o** *adj/s* cristiano
Cristo *m* Cristo; *avanti* ~, *dopo* ~ *(a.C., d.C.)* antes de Cristo, después de Cristo (a.C., d.C.); *un povero* ~ un pobre diablo
criterio *m* criterio
critic|a *f* crítica; ~**abile** *adj* criticable; ~**are** <*esd*> *vt* criticar; ~**ismo** *m* criticismo; ~**o** *adj/s* crítico; ~**one, -a** *m/f fam* criticón
crittogamico *adj bot* criptógamo
crivell|are *vt* acribillar; ~ *q di pallottole* acribillar a alg a balazos; ~**o** *m agr* criba *f*, tamiz
croa|to *adj/s* croata; ***~zia:** *la* ~ Croacia
croccante 1. *adj* crujiente (*pan*); **2.** *m gastr* guirlache
crocch|etta *f* croqueta; ~**ia** *f* rodete *m*, moño *m*, castaña (*pelo*); ~**io** *m* corro, corrillo
croce *f* cruz; *~ *Rossa* Cruz Roja; *(fig) farci una* ~ *sopra* hacer cruz y raya; *gettare/gridare la* ~ *addosso a q* ponerle a alg un sambenito; *(fig) stare con le braccia in* ~ estar de brazos cruzados; *ciascuno ha la sua* ~ cada uno tiene su cruz; *andare in* ~ atragantarse; *farsi il segno della* ~ santiguarse; ~**rossina** *f* enfermera de la Cruz Roja; ~**tta** *f mar* cruceta; ~**via** *m* cruce, encrucijada *f*
crocia|ta *f hist/fig* cruzada; ~**to 1.** *adj* cruzado; *parole* ~*e* crucigrama; **2.** *adj/m hist* cruzado
crocicchio *m* cruce, encrucijada *f*
crociera *f* 1. *mar/aer* crucero *m*; *velocità*

di ~ velocidad de crucero; 2. *arch* crucero *m*; *volta a* ~ bóveda de aljibe
crocifiggere *<1 -figgo; -fissi; -fisso> vt* crucificar
crocifiss|ione *f* crucifixión; ~**o 1.** *adj* crucificado; **2.** *m* crucifijo
croco *m bot* croco, azafrán
crogiol|are *<esd>* **1.** *vt gastr* cocer a fuego lento; *tec* templar (*vidrio*); **2.** ~*rsi fig* deleitarse; ~**o** *m min/fig* crisol
croll|are *vi a. fig* derrumbarse, desmoronarse, desplomarse; ~**o** *m a. fig* derrumbe, desplome, hundimiento
croma *f mus* corchea; ~**re** *vt* cromar
cromat|ico *adj* cromático; ~**ismo** *m* cromatismo; ~**o** *adj* cromado; ~**ura** *f* cromado *m*
cromosom|a *m biol* cromosoma; ~**ico** *adj* cromosómico
cronaca *f* crónica; página, sección (*periódico*); ~ *nera* sucesos; ~ *giudiziaria* tribunales; ~ *locale* información local
croni|cità *f/inv* cronicidad *f*; ~**co, -a 1.** *adj* crónico, -a; **2.** *m/f* enfermo, -a crónico, -a; ~**sta** *m/f* cronista; ~**storia** *f* cronología
cronologi|a *f* cronología; ~**co** *adj* cronológico
cronometr|aggio *m* cronometraje; ~**are** *<esd> vt* cronometrar; ~**ista** *m/f* cronometrador, -a; ~**o** *m* cronómetro
cross *m/inv sport* cross; ~**are** *vi <avere> sport* centrar
crosta *f* corteza (*pan, queso*); capa (*hielo*); *fig* fachada; *med* costra; *geogr* corteza; ~ *lattea* costra láctea, usagre; ~ *terrestre* corteza terrestre; ~**cei** *mpl zool* crustáceos; ~**ta** *f* ="torta de pasta quebrada cubierta de mermelada o fruta"
crostino *m gastr* tostadita *f* (*aperitivo*); costrón, tostón
crostoso *adj* costroso
crotalo *m zool* crótalo
croupier *m fr/inv* crupier *m*
crucci|are *vt* atormentar, afligir; ~**o** *m* dolor, aflicción *f*, congoja *f*; disgusto
crucco *adj/s desp* alemán *est*, teutón *iron*
cruci|ale *adj* crucial; ~**forme** *adj* cruciforme; ~**verba** *m/inv* crucigrama *m*
crudel|e *adj* cruel; ~**tà** *f/inv* crueldad *f*
crudo *adj* crudo
cruento *adj* cruento
crumir|aggio *m* esquirolismo; ~**o** *m desp* esquirol, rompehuelgas
cruna *f* ojo *m* (*aguja*)
crusc|a *f* salvado *m*; ~**otto** *m auto* salpicadero; *cassetto del* ~ guantera *f*
Cuba *f* Cuba; *~**no** *adj/s* cubano
cubatura *f* cubicación
cubetto *m* cubito
cubi|cità *f/inv* forma de cubo *f*; ~**co** *adj* cúbico; *radice* ~*a* raíz cúbica; ~**lotto** *m metal* cubilote; ~**smo** *m art* cubismo; ~**sta** *adj/s art* cubista; ~**to** *m med* cúbito
cubo 1. *m mat* cubo; **2.** *adj* cúbico; *metro* ~ metro cúbico
cucca|gna *f* jauja; *fig* suerte, chamba *fam*; *il paese della* ~ jauja; *l'albero della* ~ la cucaña; *è finita la* ~ se acabó la buena vida, se acabó lo bueno; ~**re 1.** *vt fam* coger, pillar (*sorprender*); ligar; **2.** ~*rsi* cargar (*con q/qc* con alg/algo)
cuccetta *f tras* litera
cucchiai|a *f tec* cuchara; ~**ata** *f* cucharada; ~**no** *m* cucharita *f*, cucharilla *f* (*objeto*); cucharadita *f* (*dosis*); ~**o** *m* cuchara *f*; ~**one** *m* cucharón
cuccia *f* cubil *m* (*perro*); *fig/fam* catre *m*
cucciolata *f* camada
cucciolo *m* cachorro, cría *f*
cucco *m* 1. *zool* cuco; *vecchio come il* ~ más viejo que el andar a pie/que Matusalén; 2. predilecto, preferido, ojito derecho *fam*; 3. tonto, bobo
cuccuma *f* cafetera (*recipiente*)
cucin|a *f* cocina; ~ *a gas, a legna, elettrica, economica* cocina de gas, de leña, eléctrica, económica; ~ *all'americana* cocina americana; ~ *abitabile* cocina-office; *fare la/da* ~ cocinar, estar en la cocina; ~**are** *vt* cocinar, guisar; ~**iere, -a** *m/f* cocinero, -a; ~**ino,** ~**otto** *m* rincón cocina
cucire *vt* coser; *macchina da* ~ máquina de coser
cucito 1. *adj* cosido; **2.** *m* cosido, costura *f*
cucitrice *f tip* cosedora; *tec* grapadora (*hojas*)
cucitura *f* cosido *m*; costura
cucù *m/inv zool* cuclillo *m*, cuco *m*; cucú *m* (*sonido*); *orologio a* ~ reloj de cuco
cuculo *m* cuclillo, cuco
cucurbita *f bot/chim* cucúrbita; ~**cee** *fpl bot* cucurbitáceas
cuffia *f* toca, gorro *m*; cofia (*camarera*); *tec* auriculares *mpl*, cascos *mpl*; *tec* funda; ~ *da bagno* gorro de baño
cugino, -a *m/f* primo, -a
cui *pr/inv* 1. *<sin preposición>* cuyo, -a, cuyos, -as; *l'amico la* ~ *figlia conosci* el amigo cuya hija conoces; *l'avvocato il* ~ *indirizzo mi scrivesti* el abogado cuya dirección me escribiste; 2. *<con preposiciones, cosas y personas>* el que, la que, los que, las que; *<con preposiciones, personas>* quien, -es; *<tras preposición y antes de un sustantivo>* cuyo, -a, cuyos, -as; *il libro con* ~ *mi sono divertito tanto* el libro con el que me he divertido tanto; *la casa in* ~ *sono vissuto durante tanti anni* la casa en la que he vivido tantos años; *la ragazza di* ~ *ti ho parlato* la chica de quien/de la que te hablé; *la persona alla* ~ *bontà mi riferisco* la persona a cuya bondad me refiero; *per* ~ por lo cual; *è partito, per* ~ *non so se tornerà* se ha ido, por lo que no sé si volverá
culata *f pop* culada
culatt|a *f mil* culata; ~**one** *m desp* maricón
culinari|a *f* gastronomía; ~**o** *adj* culinario
culla *f a. fig* cuna; *dalla* ~ desde la cuna; *dalla* ~ *alla bara* de la cuna a la sepultura; ~**re** *vt* acunar, mecer; arrollar, arrullar
culmin|ante *adj* culminante; ~**are** *<esd> vi <avere>* culminar; ~**azione** *f* culminación; ~**e** *m fig* cumbre *f*, cima *f*
culo *m vulg* culo *pop*, trasero; *fig/vulg* culo *pop* (*vaso, botella*); *vulg* chorra *f/pop*, po-

tra (*suerte*); *(vulg) leccare il* ~ lamer el culo; *(vulg) che* ~*!* ¡qué potra!, ¡qué chorra!; *(vulg) va' a fare in* ~*!* ¡vete a la mierda!, ¡vete a tomar por saco/culo!; *(vulg) farsi un* ~ *così* ir de culo
culone, -a *m/f iron* culón, -ona
culteran|esimo *m lit* culteranismo; ~**o** *adj/s* culterano
culto *m eccl/fig* culto; ~ *della bellezza, della personalità* culto a la belleza, a la personalidad; ~**re, -trice** *m/f art/lit* cultivador, -a
cultur|a *f* cultura; ~**ale** *adj* cultural; ~**ismo** *m* culturismo; ~**ista** *m/f* culturista
cumino *m bot* comino
cumul|are <*esd*> *vt* acumular; ~**ativo** *adj* acumulativo; ~**o** *m meteo/fig* cúmulo
cuna *f lit/fig* cuna *est*
cuneiforme *adj* cuneiforme
cuneo *m* cuña *f*
cunetta *f* cuneta
cunicolo *m* galería subterránea *f*, pasadizo
cuocere <*19 cuocio; cossi; cotto*> **1.** *vt gastr* cocer, cocinar, asar; tostar (*sol*); *tec* cocer; ~ *alla griglia, sulla brace* asar/hacer a la parrilla, a la brasa; **2.** *vi gastr* cocerse, hacerse; *fig* escocer (*ofensa*); **3.** ~*rsi gastr* quemarse; *fig* concomerse, afligirse
cuoco, -a *m/f* cocinero, -a
cuoio *m* 1. <*pl i cuoi*> cuero; ~ *capelluto* cuero cabelludo; 2. <*pl le cuoia*> *fig* pellejo, piel *f*; *(fig) tirare le* ~*a* estirar la pata, dejarse el pellejo
cuore *m* 1. *med/fig* corazón; *cuor di coniglio* gallina, miedica; *a/su* ~ *aperto* a corazón abierto; *col* ~ *in mano* con el corazón en la mano; *nel* ~ *della città* en el corazón de la ciudad; *nel* ~ *della notte* en plena noche; *amico del* ~ amigo del alma; *persona di buon* ~ persona de buen corazón; *accettare di buon* ~ aceptar de corazón/de buen grado; *avere q nel* ~ tener a alg en el corazón; *farsi* ~ darse ánimo; *perdersi di* ~ caérsele el alma a los pies (a alg); *prendere a* ~ *qc* tomarse a pecho algo; *sentire un tuffo al* ~ dar un vuelco el corazón; *stare a* ~ *qc* tenerle cariño a algo; *strappare, stringere, battere il* ~ arrancar/partir, encoger, latir el corazón; 2. *bot* cogollo; corazón (*alcachofa*); 3. *mpl* corazones (*naipes*)
cupezza *f lit* oscuridad, negrura
cupidigia *f* avaricia, codicia
cupido *adj lit* avaricioso, codicioso
cupido *m pitt* amorcillo; ***~** *m mit* Cupido
cupo *adj* sombrío, oscuro; ~**la** *f arch/fig* cúpula
cura *f* cuidado *m*, preocupación, interés *m*, desvelo *m*; *med* cura; *avere* ~ *di q/qc* cuidar a/de alg, preocuparse por algo; *prendersi* ~ *di qc/q* interesarse por algo/alg; *a* ~ *di* al cuidado de; ~ *del sonno* cura de sueño; *casa di* ~ sanatorio, clínica; ~**bile** *adj* curable; ~**nte:** *medico* ~ *m* médico de cabecera; ~**re 1.** *vt med* curar; *fig* cuidar (de) *vi*, ocuparse (de) *vi*, atender (a) *vi*, velar (por) *vi*; *ling* preparar, editar (*edición*); **2.** ~*rsi med* cuidarse; *fig* preocuparse
curat|ela *f ius* curatela, curaduría; ~**ivo** *adj* curativo; ~**o** *m eccl* cura, párroco; ~**ore, -trice** *m/f ius* curador, -a; *ling* editor, -a (*edición, antología*)
curcuma *f bot* cúrcuma
curdo *adj/s* kurdo, curdo
curia *f* curia; ~**le** *adj* curial
curios|are *vi* <*avere*> curiosear, fisgar, fisgonear; ~**ità** *f/inv* curiosidad *f*; ~**o, -a 1.** *adj* curioso, -a, fisgón, -ona; llamativo, -a; **2.** *m/f* curioso, -a, fisgón, -ona
curric|ulum (vitae) *m* currículum vitae, currículo; ~**olare** *adj* curricular
curry *m/inv gastr* curry
cursore *m mec/infor* cursor
curva *f mat/auto/fig* curva; ~ *di livello* curva de nivel; *(sport)* ~ *sud* gol/fondo sur; ~**re 1.** *vt* curvar, combar, doblar; **2.** *vi* <*avere*> *auto* girar; ~**tura** *f* curvatura, encorvadura
curvilineo *adj* curvilíneo
curvo *adj* curvo
cuscin|etto *m* 1. *tec* cojinete, rodamiento; ~ *a sfere, a rotolamento* cojinete/rodamiento de bolas, de rodillo; 2. *tip* tampón (*cuño*); almohadilla *f* (*alfiler*); ~**o** *m* cojín, almohadón; almohada *f* (*para dormir*)
cuspide *f* cúspide
custod|e 1. *m/f* vigilante, guardia, guardián, -ana; **2.** *adj* custodio; *angelo* ~ ángel custodio; ~**ia** *f* 1. custodia, vigilancia; *agente di* ~ vigilante de prisiones; 2. funda, estuche *m*; ~**ire** <*isc*> *vt* custodiar, guardar
cutaneo *adj* cutáneo
cute *f* cutis *m*, tez
cuticola *f* cutícula
cutrettola *f zool* aguzanieve
cutter *m ing/inv mar* cúter *m*
cyclette *f fr/inv* ciclostatic *f*, bicicleta fija *f*
czarda V. **ciarda**

D

da *prep* 1. <*lugar desde el cual*> de, desde; *vengo ~ Cosenza* vengo de(sde) Cosenza; *viaggiare ~ Siena a Siviglia* viajar de(sde) Siena hasta/a Sevilla; *~ capo* desde el principio; *lo spagnolo proviene dal latino* el español proviene del latín; 2. en casa de; a; *abito ~ mio zio* vivo en casa de mi tío; *ci vediamo ~ Lara* nos vemos en casa de Lara; *andiamo dal dottore* vamos al médico; 3. <*agente*> por; *la trasmissione è seguita ~ molte persone* el programa es visto por muchas personas; 4. <*causa*> de; *morire dalla fame* morirse de hambre, tener mucha hambre; *tremare dal freddo* temblar de frío; *riconoscere q dalla voce* reconocer a alg por la voz; 5. <*tiempo*> desde hace, hace ... que; *non la vedo ~ cinque anni* no la veo desde hace cinco años/hace cinco años que no la veo; *~ oggi in poi* de hoy en adelante, en lo sucesivo; 6. <*finalidad*> de; para; *auto ~ corsa* coche de carreras; *cane ~ caccia* perro de caza; *occhiali ~ sole* gafas de sol; *c'è qc ~ bere?* ¿hay algo para/de beber?; 7. <*cualidad*> de; por; *una ragazza dai capelli bruni* la chica del pelo moreno; *il signore dai baffi* el señor de bigotes; *cieco ~ un occhio* ciego de un ojo; 8. <*modo*> como; como para; de; *comportarsi ~ vero amico* comportarse como un verdadero amigo; *~ solo* solo; *essere così stanchi ~ non poter stare in piedi* estar tan cansados como para no poder estar en pie; *fare ~ padre* hacer de padre; 9. <*precio, estimación*> de; *una macchina ~ venti milioni* un coche de veinte millones
dabbasso *adv* abajo; de abajo
dabben|aggine *f* simpleza, cortedad; **~e** *adj/inv* honrado *adj*, probo *adj*, de bien; *gente ~* gente de bien
daccapo 1. *adv* desde el principio; de nuevo, otra vez; **2.** *adv mus* da capo; **2.** *m/inv mus* da capo
dacché *conj* <*+ indicativo*> desde que
dacio *adj/s* dacio
dadais|mo *m art* dadaísmo; **~ta** *adj/s art* dadaísta
dado *m* 1. dado (*juego*); 2. *gastr* dado (*comida*); *gastr* cubito (*caldo*); 3. *arch* pedestal; 4. *mec* tuerca *f*
daffare *m/inv* quehacer *m*, tarea *f*, faena *f*
daga *f* daga
dagherrotipo *m foto* daguerrotipo
dagli! *excl* ¡dale!, ¡vale!, ¡vamos!; *e ~!* ¡y dale!
daino *m zool* gamo
dalia *f bot* dalia
dalmata *adj/s* dálmata
daltoni|co *adj/s* daltónico; **~smo** *m* daltonismo
dama *f* 1. dama (*persona*); *~ di compagnia, di onore* dama/señorita de compañía, dama de honor; 2. damas *fpl* (*juego*); damero *m* (*tablero*); *giocare a ~* jugar a las damas; *andare a ~* ir a la dama
damasca|re *vt* adamascar; **~to** *adj* adamascado, damasquinado; **~tura** *f* adamascado *m*
damaschina|re *vt* damasquinar; **~tore** *m* damasquinador
damasco *m* damasco
damerino *m* galán, donjuán; *desp* petimetre, lechuguino, pisaverde
damig|ella *f* damisela, doncella; *~ di compagnia, di onore* dama/señorita de compañía, dama de honor; **~iana** *f* garrafa, damajuana
dammeno *adv* menos; *non siamo ~ di voi* no somos menos que vosotros
danaro V. **denaro**; **~so** *adj* adinerado
dancing *m ingl/inv* salón de baile *m*, bailadero *m*
dande *fpl* andadores *mpl*
danese *adj/s* danés, dinamarqués
Danimarca: *la ~* Dinamarca
danna|re 1. *vt lit/eccl* condenar; **2.** *~rsi eccl* condenarse; *fig* atormentarse; **~to** *adj/s* condenado; **~zione 1.** *f eccl* condenación, perdición; **2.** *excl* ¡maldición!
danneggia|mento *m* daño, perjuicio; **~re** *vt* dañar, perjudicar; **~to** *adj/s* damnificado, perjudicado
danno *m* daño, perjuicio; *med/ius* lesión *f*; *restare col ~ e con le beffe* ser cornudo y apaleado, quedarse compuesta y sin novio; *chiedere i ~i* pedir daños y perjuicios; *ai ~i di q* en detrimento/perjuicio de alg; **~so** *adj* dañino, nocivo, perjudicial (*a* para)
dant|esco *adj lit/fig* dantesco; **~ista** *m/f* dantista
Danubi|o *m* Danubio; ***~ano** *adj* danubiano
danza *f* danza, baile *m*; *~ classica* ballet clásico; *~ popolare* baile popular; **~nte** *adj* danzador; **~re** *vi* <*avere*> danzar, bailar; **~tore, -trice** *m/f* danzarín, -ina, danzante, -a
dappertutto *adv* por todas partes, por todos lados
dappi|è, ~ede, ~edi *adv* abajo, a los pies; **~ù** *adv* mejor, superior; *credersi ~ di tutti* creerse mejor que nadie
dappoc|aggine *f* poquedad, simpleza, ineptitud; **~o** *adj/inv* inútil *adj*, inepto *adj*; irrelevante *adj*, insignificante *adj*
dappresso *adv* de cerca
dapprima *adv* primeramente, al principio
dapprincipio *adv* al principio
dard|eggiare *vt lit* flechar; **~o** *m* dardo
dare <*20 do; diedi/detti; dato*> **1.** *vt* dar; *~ aiuto* prestar auxilio; *~ fastidio* molestar, estorbar; *~ fuoco* pegar fuego; *~ il buongiorno/la buonanotte a q* desear buenos días a alg, dar las buenas noches a alg; *~ una bastonata* dar/propinar una paliza; *~ una mano a q* echar una mano a alg; *~ del Lei* tratar de usted; *~ del tu* tratar de tú/tutear; *dai!* ¡venga!, ¡hala!; **2.** *vi* <*avere*> dar; *~ alla testa* subirse a la cabeza (*vino, gloria*); *~ in lacrime* romper a llorar; *~ nell'occhio* llamar la atención, saltar a la vista; *~ nel segno* dar en el blanco; *~ sulla strada* dar/mirar a la calle; *una persona che dà sul pedante* una persona que tira a pedante; *una giacca che dà sul/al rosso* una cha-

queta que tira a rojo; **3.** *~rsi* darse; *~rsi alla musica* darse/entregarse a la música; *~rsi da fare (per)* preocuparse, afanarse (por); *darsela a gambe* echar a correr; *~rsi per vinto* darse por vencido; *può ~rsi che* es posible que/podría ser que; *si dà il caso che* se da la casualidad que, sucede que; *non ~rsi pace* no parar, no cejar; **4.** *m com* debe; *il ~ e l'avere* el debe y el haber

darsena *f* dársena

darvinismo *m* darwinismo

data *f* fecha; *~ limite* fecha tope; *di vecchia ~* rancio, archisabido; *~* **base** *m ingl/inv infor* base de datos *f*; **~bile** *adj* datable; **~re 1.** *vt* fechar; datar; **2.** *vi* datar; **~rio** *m tip* fechador; **~zione** *f* datación

dativo *m ling* dativo

dato 1. *adj* 1. dado, determinado; *in ~i casi* en determinados casos; 2. dado, entregado (*a un vizio* a un vicio); 3. dado, teniendo en cuenta; *~ che* dado que; *~e le circostanze* dadas las circunstancias; **2.** *m* dato; **~re, -trice** *m/f* dador, -a; *~ di lavoro* empresario, -a, empleador, -a

dattero *m bot* dátil

dattilo *m* dáctilo

dattilograf|are <*esd*> *vt* mecanografiar; **~ia** *f* mecanografía, dactilografía; **~ico** *adj* mecanográfico, dactilográfico; **~o, -a** *m/f* mecanógrafo, -a, dactilógrafo, -a

dattiloscopia *f* dactiloscopia

dattiloscritto 1. *adj* escrito a máquina; **2.** *m* texto escrito a máquina

dattorno *adv* alrededor; cerca; *togliersi q ~* quitarse a alg de encima; *darsi ~* esforzarse, preocuparse; *stare ~ a q* estar encima de alg

davanti 1. *adv* delante, ante; *~ a* delante de; **2.** *adj/inv* de delante; *la parte ~* la parte de delante; **3.** *m/inv* delantera *f*, parte de delante *f*; *il ~ della casa* la parte de delante de la casa, la fachada de la casa

davanz|ale *m arch* alféizar; **~o, d'avanzo** *adv* de sobra

davvero *adv* de verdad, en serio; *~?* ¿de verdad?, ¡no me diga(s)!

dazi|are *vt* gravar; **~ario** *adj* aduanero; **~ere** *m* policía de aduanas; **~o** *m* derechos de aduana *mpl*, arancel; *ant* consumos *mpl* (*impuesto municipal*); *ant* fielato (*lugar*); **~one** *f ius* dación; *~ in pagamento* dación en pago

dea *f* diosa

deambula|re <*esd*> *vi* <*avere*> deambular; **~torio 1.** *adj* deambulatorio; **2.** *m arch* deambulatorio; **~zione** *f* locomoción

dêbacle *f fr/inv* debacle *f*

debella|re *vt* debelar; **~zione** *f* debelación

debilit|à *f/inv lit* debilidad *f/est*; **~are** <*esd*> *vt* debilitar; **~azione** *f* debilitamiento *m*

debito 1. *adj* debido, oportuno; *col ~ rispetto* con el debido respeto; **2.** *m ius/com* deuda *f*, débito; *fig* deuda *f*; *eccl* débito; *~ pubblico, esterno, fluttuante* deuda pública, exterior, flotante; *~ di gratitudine* deuda de gratitud; *~ coniugale* débito conyugal; **~re, -trice** *m/f* deudor, -a; **~rio** *adj* deudor

debole 1. *adj* débil; **2.** *m* débil, oprimido; *fig* punto débil, talón de Aquiles; *fig* debilidad *f*; *colpire q nel suo ~* tocarle a alg su punto débil; *avere il ~ del gioco* tener debilidad por el juego

debolezza *f* debilidad, flojedad, flojera

debordare *vi* <*avere*> desbordarse

debosciato *adj/s* disoluto, crápula

debra|iata *f*, **~gliata** *f*, **~yage** *m fr/inv auto* desembrague *m*

debutt|ante *adj/s* debutante; **~are** *vi* <*avere*> debutar; **~o** *m* debut, estreno

deca *m fam* ="billete de diez mil liras"

decade *f* década

decaden|te *adj* decadente; **~tismo** *f art* decadentismo; **~za** *f* decadencia; *ius* caducidad, extinción

decadere <*8 -caddi; -cadrà; -caduto*> *vi* decaer, menguar; *ius* caducar; perder *vt*; *~ da un diritto* perder un derecho

decadimento *m* decadencia *f*

decaedro *m* decaedro

decaffein|are, ~izzare *vt* descafeinar; **~ato** *adj/m* descafeinado

decagono *m* decágono

decalage *m fr/inv psic* décalage *m*, desfase *m*

decalcare *vt* calcar

decalcifica|re <*esd*> *vt* descalcificar; **~tore** *m* descalcificador; **~zione** *f* descalcificación

decalcomania *f* calcomanía

decalitro *f* decalitro

decalogo *m* decálogo

decametro *m* decámetro

decan|ato *m* decanato; **~o** *m* 1. decano (*el más viejo*); 2. *eccl* deán

decanta|re 1. *vt* ensalzar, alabar; **2.** *vt/vi fis* decantar; *fig* depurar; **~zione** *f fis* decantación; *fig* depuración

decapitalizzare *vt* descapitalizar

decapitare <*esd*> *vt* decapitar

decapitazione *f* decapitación

decappotta|bile *adj* descapotable; **~re** *vt* descapotar

decasillabo *m* decasílabo

decatl|on *m sport* decatlón; **~eta** *m/f* atleta de decatlón

deced|ere *vi* fallecer; **~uto** *adj/s* fallecido

decelera|re <*esd*> *vt/vi* <*avere*> desacelerar; **~zione** *f* desaceleración

decemvirato *m hist* decenvirato

decemviro *m hist* decenviro

decenn|ale 1. *adj* decenal; **2.** *m* décimo aniversario; **~e 1.** *adj* de diez años; **2.** *m/f* persona de diez años; **~io** *m* decenio

decente *adj* decente

decentralizza|re *vt* descentralizar; **~zione** *f* descentralización

decentramento *m* descentralización *f*

decentrare *vt* descentralizar

decenza *f* decencia

decesso *m* deceso, defunción *f*, fallecimiento, óbito

decibel, decibel *m fis* decibelio

decidere <*61 decisi; deciso*> **1.** *vt* decidir; *ius* fallar, resolver; **2.** *~rsi* decidirse

decifra|bile *adj* descifrable; ~**re** *vt* descifrar; ~**zione** *f* desciframiento *m*

decigramm|o *m*, ~**a** *f* decigramo *m*

decilitro *m* decilitro

decima *f* 1. *hist* diezmo *m*; 2. *mus/mat* décima; ~**le** *adj/m mat* decimal; ~**re** <*esd*> *vt mil/fig* diezmar; ~**zione** *f fig* estragos *mpl*; *mil* acción de diezmar

decimetro *m* decímetro

decimillimetro *m* diezmilímetro

decimo *adj/m* décimo; ~**primo**, ~**secondo** V. **undicesimo**, **dodicesimo**

decina V. **diecina**

decisi|onale *adj* de decisión; decisorio; *centri* ~*i* centros de decisión; *poteri* ~*i* poder decisorio/de decisión; ~**one** *f* decisión; *ius* decisión, resolución; ~**vo** *adj* decisivo

deciso *adj* decidido; ~**rio** *adj ius* decisorio

declama|re *vt/vi* <*avere*> declamar, recitar; ~**tore, -trice** *m/f* declamador, -a; ~**torio** *adj* declamatorio; ~**zione** *f* declamación

declaratorio *adj ius* declaratorio

declassare *vt* desclasar

declina|bile *adj* declinable; ~**re 1.** *vt ling/fig* declinar; **2.** *vi* <*avere*> declinar, menguar; ~**toria** *f ius* declinatoria; ~**torio** *m* declinatorio; ~**zione** *f ling/astr* declinación

declino *m* decadencia *f*, ocaso

declivio *m* declive, pendiente *f*, cuesta *f*

decodifica *f* de(s)codificación

decodificare <*esd*> *vt* de(s)codificar

decodificatore *m* de(s)codificador

decodificazione *f* de(s)codificación

decoll|are *vi* <*avere*> *aer* despegar; ~**eté** *m fr/inv* escote *m*; ~**o** *m aer* despegue

decolonizza|re *vt* descolonizar; ~**zione** *f* descolonización

decolora|nte *adj/m* decolorante; ~**re** *vt* de(s)colorar; ~**zione** *f* de(s)coloración

decompo|nibile *adj* descomponible; ~**rre** <*56 -pongo; -posi; -posto*> *vt* descomponer; ~**sizione** *f* descomposición

decompr|essione *f* descompresión; ~**imere** <*34 -pressi; -presso*> *vt* descomprimir

deconcentrare *vt psic* desconcentrar

decongelare *vt* descongelar

decongestiona|mento *m med/fig* descongestión *f*; ~**re** *vt med/fig* descongestionar

decontamina|re <*esd*> *vt* descontaminar; ~**zione** *f* descontaminación

decora|re *vt* decorar, adornar; *mil* condecorar; ~**tivo** *adj* decorativo; ~**tore, -trice** *m/f art* decorador, -a; ~**zione** *f* decoración, adorno *m*; *mil* condecoración

decoro *m* decoro; ~**so** *adj* decoroso

decorrenza *f* transcurso *m*; validez; *con ~ dal 3 marzo* con validez/válido desde el 3 de marzo, a contar desde el 3 de marzo

decorrere <*18 -corsi; -corso*> *vi* transcurrir, pasar; contar, tener validez; *a ~ dal 2 aprile* a contar desde el/válido desde el 2 de abril

decorso *m* decurso

decotto *m med* decocción *f*, decocto, pócima *f*

découpage *m fr/inv cine* desglose *m*

decozione *f med* decocción

decremento *m* decremento, disminución *f*

decrepit|ezza *f* decrepitud; ~**o** *adj* decrépito, caduco; ~**udine** *f* decrepitud

decrescen|do *m mus* decrescendo; ~**te** *adj* decreciente; ~**za** *f* decrecimiento *m*

decrescere <*16 -cresco; -crebbi; -cresciuto*> *vi* decrecer, disminuir

decret|are *vt* decretar; ~**o** *m pol* decreto; ~ *legge* decreto ley; *ius* auto, mandamiento

decubito *m med* decúbito

decupl|icare <*esd*> *vt* decuplicar; ~**o** *m* décuplo

decurtare *vt* descontar

decussato *adj* decusado; *croce ~a* cruz de San Andrés

dedalo *m* laberinto

dedica *f* dedicatoria; ~**re** <*esd*> *vt* dedicar; ~**toria** *f* dedicatoria; ~**zione** *f eccl* consagración; dedicatoria

dedito *adj* dedicado, consagrado, entregado (*a* a)

dedizione *f* dedicación, entrega, consagración

dedu|cibile *adj fig/econ* deducible; ~**rre** <*15 -duco; -dussi; -dotto*> *vt fil/fig/econ* deducir; ~**ttivo** *adj* deductivo; ~**zione** *f fil/fig* deducción; *econ* deducción, desgravación

defalc|are *vt econ* desfalcar; ~**o** *m econ* desfalco

defaticarsi *sport* hacer estiramientos

defeca|re 1. *vt chim* defecar; **2.** *vi* <*avere*> *med* defecar; ~**zione** *f* defecación

defenestra|re *vt* defenestrar; ~**zione** *f* defenestración

defensionale *adj ius* defensivo, de la defensa

deferen|te *adj* deferente; *med* deferente; *canale ~* conducto deferente; ~**za** *f* deferencia

deferire <*isc*> *vt* deferir

defettibile *adj lit* defectible

defezion|are *vi* <*avere*> traicionar *vt*; ~**e** *f* defección

deficien|te 1. *adj* deficiente, insuficiente; deficiente, retrasado, -a (*persona*); **2.** *m/f* deficiente (*mental*), retrasado, -a (*mental*); *desp* imbécil, idiota; ~**za** *f* deficiencia

deficit *m econ* déficit; ~**ario** *adj econ* deficitario

defini|bile *adj* definible; ~**re** <*isc*> *vt* definir; resolver (*discusión*); ~**tivo** *adj* definitivo; *in ~a* en definitiva; ~**to** *adj* definito; ~**tore, -trice 1.** *adj* definitorio, -a; **2.** *m/f* definidor, -a; *eccl* definidor, -a; ~**zione** *f* definición; *per ~* por definición; *(TV) ad alta ~* de alta difinición

deflagra|re *vi* <*avere*> *chim/fig* deflagrar; ~**zione** *f chim/fig* deflagración

deflazion|e *f econ* deflación; ~**istico** *adj econ* deflacionista, deflacionario

deflett|ere <*62 -flessi; -flesso*> *vi* <*avere*> *fig* apartarse; ~**ore** *m mec* deflector

deflora|re *f* desflorar, desvirgar; ~**zione** *f* desfloración

deflu|ire *vi* fluir, correr (*líquidos*); *fig* fluir; **~sso** *m* flujo, afluencia *f* (*líquidos, fig*); caudal (*río*); flujo (*capitales*)
defoglia|nte *adj/m* defoliante; **~zione** *f* defoliación
deforesta|re *vt* de(s)forestar; **~zione** *f* de(s)forestación
deform|are *vt* deformar; **~azione** *f* deformación; *~ professionale* deformación profesional; **~e** *adj* deforme; **~ità** *f/inv* deformidad *f*
defrauda|re *vt* defraudar; **~tore, -trice** *m/f* defraudador, -a; **~zione** *f* defraudación
defunto *adj/s* difunto, fallecido, finado *m/f*
degenera|re <*esd*> *vi* <*avere*> degenerar; **~tivo** *adj* degenerativo; **~to** *adj/s* degenerado; **~zione** *f* degeneración
degenere *adj* degenerado, bastardo, corrupto, depravado
degente *adj/s* encamado, enfermo en cama; hospitalizado
degenza *f* período de cama *m*; *~ ospedaliera* estancia hospitalaria
degluti|re <*isc*> *vt* deglutir; **~zione** *f* deglución
degna|re 1. *vt* estimar digno; *non ~ q di uno sguardo* no estimar a alg digno ni de una mirada; **2.** *~rsi* dignarse; *non ~ rsi di rispondere (a q)* no dignarse a responder (a alg); **~zione** *f* dignación, condescendencia
degno *adj* digno, adecuado; digno, merecedor; *~ di fede* digno de crédito; *~ di nota* digno de mención
degrad|ante *adj* degradante; **~are** *vt* degradar; **~azione** *f* degradación; *(geol) ~ meteorica* intemperismo; **~o** *m* degradación *f*
degusta|re *vt* degustar; **~zione** *f* degustación
deh! *excl lit* ¡oh!, ¡ah!
dei *mpl de* **dio**
deiezione *f med/geol* deyección
deifica|re <*esd*> *vt* deificar, divinizar; *fig* endiosar; **~zione** *f* deificación, divinización; *fig* endiosamiento *m*
deiscen|te *adj bot* dehiscente; **~za** *f bot* dehiscencia
deismo *m* deísmo
deissi *f/inv ling* deixis
deista *m/f* deísta
deità *f/inv* deidad *f*, divinidad *f*
deittico *adj/m ling* deíctico
dela|tore, -trice *m/f* delator, -a; **~zione** *f* delación
delega *f* delegación
delegare <*esd*> *vt* delegar
delegato *adj/s* delegado
delegazione *f* delegación
deleterio *adj* deletéreo
delfino *m hist/fig* delfín; *zool* delfín
deliba|re *vt lit* libar, degustar; **~zione** *f* libación, degustación
delibera *f* deliberación
deliberare <*esd*> *vi* <*avere*> deliberar
deliberato 1. *adj* deliberado, acordado; deliberado, premeditado; **2.** *m* deliberación *f*, acuerdo
deliberazione *f* deliberación
delicat|ezza *f* 1. delicadeza (*tacto, finura*); 2. *fig/gastr* gollería; 3. *fpl* comodidades; *vivere in mezzo alle ~e* vivir entre comodidades; **~o** *adj a. fig* delicado
delimita|re <*esd*> *vt* delimitar, deslindar, acotar; **~zione** *f* delimitación, deslinde *m*, acotación
delineare <*esd*> **1.** *vt pitt/fig* delinear; **2.** *~rsi fig* delinearse, dibujarse
delinquen|te *m/f ius* delincuente, malhechor, -a; *fig* sinvergüenza, gamberro, -a; **~za** *f ius* delincuencia; *fig* gamberrismo *m*; *~ minorile* delincuencia juvenil; **~ziale** *adj* delictivo
delinquere *vi* <*avere*> delinquir
deliquescenza *f* delicuescencia
deliquio *m* deliquio, desmayo
delir|ante *adj* delirante; **~are** *vi* <*avere*> delirar, desvariar; **~io** *m* delirio, desvarío; *~ di grandezza* delirios de grandeza; **~ium tremens** *m/inv* delírium trémens
delitt|o *m* delito, crimen; *~ passionale* crimen pasional; **~uoso** *adj* delictivo
deliz|ia *f* delicia; **~iare** *vt* delectar, recrear; **~ioso** *adj* delicioso
delta 1. *f* delta (*letra*); 2. *m geogr* delta; **~plano** *m sport/aer* ala delta *f*
delucida|re <*esd*> *vt* dilucidar; **~zione** *f* dilucidación
deludere <*10 delusi, deluso*> *vt* desilusionar, decepcionar, defraudar
delus|ione *f* desilusión, decepción, chasco *m*; **~o** *adj* desilusionado, decepcionado, despagado
demagog|ia *f* demagogia; **~ico** *adj* demagógico; **~o** *m* demagogo
deman|dare *vt* delegar, confiar; **~io** *m* patrimonio nacional, hacienda pública *f*
demarca|re *vt* demarcar; **~zione** *f* demarcación
demen|te *adj/s* demente; *fig* bobo, estúpido; **~za** *f* demencia; *fig* estupidez; **~ziale** *adj* demencial
demerit|are <*esd*> *vt/vi* <*avere*> desmerecer; **~o** *m* demérito, desmerecimiento
demilitarizzazione *f* desmilitarización
demistifica|re <*esd*> *vt* desmitificar; **~zione** *f* desmitificación
demitizzare *vt* desmitificar
democratic|ità *f/inv* cualidad de democrático *f*; **~o, -a 1.** *adj* democrático, -a; **2.** *m/f* demócrata
democratizza|re *vt* democratizar; **~zione** *f* democratización
democrazia *f* democracia
democristiano *adj/s* democristiano
démodé *adj/inv* démodé *adj*, pasado de moda *adj*, desfasado *adj*
demografi|a *f* demografía; **~co** *adj* demográfico
demoli|re <*esd*> *vt* demoler, derribar, echar abajo; *auto* desguazar; **~tore 1.** *adj* demoledor; **2.** *m* demoledor; *auto* desguazador; **~zione** *f* demolición, derribo *m*; *auto* desguace *m*
demologia *f* folklore *m* (*estudio*)
demoltiplica *f mec* desmultiplicación, re-

ducción; ~**re** *<esd> vt mec* desmultiplicar, reducir; ~**tore** *m mec* desmultiplicadora *f*, reductora *f*

demone *m* demonio, genio

demonetizza|zione *f econ* desmonetización; ~**re** *vt econ* desmonetizar

demoniaco *adj* demoniaco, demoníaco

demonico *adj* demoniaco, demoníaco

demonio *m* demonio, diablo

demonizz|are *vt* satanizar; ~**azione** *f* acusación pública de incompetencia

demoralizza|nte *adj* desmoralizador; ~**re** *vt* desmoralizar; ~**zione** *f* desmoralización

demordere *<45 -morsi; -morso> vi <avere>* soltar la presa, desistir

demoscopia *f* demoscopia

demotiva|re *vt* desmotivar; ~**zione** *f* desmotivación

denaro *m* 1. *econ* dinero; ~ *contante* dinero contante (y sonante); ~ *spicciolo* dinero suelto; ~ *scottante, sporco* dinero caliente, sucio; 2. *mpl* oros (*naipes*)

denatalità *f/inv* disminución de la natalidad *f*

denatura|re *vt chim* desnaturalizar; ~**zione** *f chim* desnaturalización

denazionalizza|re *vt* desnacionalizar, privatizar; ~**zione** *f* desnacionalización, privatización

denega|re *<esd/denego> vt* denegar, negar; ~**zione** *f* denegación

denicotinizzare *vt* desnicotinizar

denigra|re *vt* denigrar; ~**tore, -trice** *m/f* difamador, -a; ~**zione** *f* denigración

denomina|re *<esd> vt* denominar; ~**tivo** *adj* denominativo; ~**tore** *m mat* denominador; ~**zione** *f* denominazione; ~ *di origine controllata (DOC)* denominación de origen controlada

denota|re *<esd/denoto> vt* denotar; ~**tivo** *adj* denotativo; ~**zione** *f* denotación

dens|imetro *m fis* densímetro, areómetro; ~**ità** *f/inv* densidad *f*; ~**o** *adj* denso

denta|le *adj/f ling* dental; ~**rio** *adj med* dentario; ~**ta** *f* dentellada; ~**to** *adj med/mec* dentado; ~**trice** *f tec* talladora de dientes; ~**tura** *f* dentadura

dente *m med/mec* diente; ~ *canino, incisivo, molare* colmillo, incisivo, muela; ~ *del giudizio* muela del juicio; ~ *di latte* diente de leche; *(bot)* ~ *di leone* diente de león; *mal di ~i* dolor de muelas; *(gastr) al* ~ al dente, en su punto; *battere i ~i* castañetear, tiritar; *armato fino ai ~i* armado hasta los dientes; *avere il ~ avvelenato contro q* tener la lengua afilada contra alg; *(fig) mostrare i ~i a q* enseñarle los dientes a alg; *(a. fig) restare a ~i asciutti* quedarse con las ganas/con dos pares de narices; *scusa tirata con i* ~ i excusa dicha entre dientes; *(fig) stringere i ~i* apretar los dientes

dentell|ato *adj* dentado (*sellos*); ~**atura** *f* dentado *m* (*sellos*); *arch* denticulado *m*, festoneado *m*; ~**o** *m* diente (*sello, mec*); *arch* dentículo, festón

dentice *m zool* dentón

dentiera *f* dentadura postiza; *mec* cremallera

dentifricio *adj/m* dentífrico

dentist|a *m/f* dentista; ~**ico** *adj* dental; *gabinetto* ~ clínica dental

dentizione *f med* dentición

dentro 1. *adv* dentro, adentro; *(fam) mettere, essere* ~ enchironar, estar en chirona; **2.** *prep* dentro; ~ *casa* dentro de casa; ~ *di me* dentro de mí; *essere ~ a qc* estar metido en algo; *dare ~ a qc* poner manos a la obra en algo

denuclearizzare *vt* desnuclearizar

denuda|mento *m* desnudamiento; ~**re** *vt* desnudar; ~**zione** *f* desnudamiento *m*

denun|cia, ~zia *f* 1. *ius* denuncia; *fig* denuncia, acusación; 2. *ius* declaración; ~ *dei redditi* declaración de la renta; ~**ciare, ~ziare** *vt ius* denunciar; declarar

denutri|to *adj* desnutrido; ~**zione** *f* desnutrición

deodora|nte *m* desodorante; ~**re** *vt* desodorizar

deossiribonucleico *adj* desoxirribonucleico

depaupera|mento *m* depauperación *f*; ~**re** *<esd> vt* depauperar; ~**zione** *f* depauperación

depenalizza|re *vt* despenalizar; ~**zione** *f* despenalización

dépendance *f fr/inv arch* dependencia *f*, anejo *m*

depennare *vt* tachar

deperi|bile *adj* deteriorable; ~**mento** *m* desgaste, deterioro, empeoramiento; ~**re** *<isc> vi* deteriorarse, estropearse; *med* empeorar, desmejorar

depila|re *vt* depilar; ~**torio** *adj/m* depilatorio; ~**zione** *f* depilación

depista|ggio *m* pista falsa *f*; ~**re** *vt* despistar; dejar pistas falsas

dépliant *m fr/inv* folleto *m*, prospecto *m*

deplor|abile *adj* deplorable, lamentable; ~**are** *vt* deplorar, lamentar; ~**azione** *f* reprobación, censura; ~**evole** *adj* deplorable, lamentable

depolarizza|re *vt* despolarizar; ~**zione** *f* despolarización

depoliticizza|re *vt* despolitizar; ~**zione** *f* despolitización

deponente 1. *adj ling* deponente; **2.** *m ling* deponente; *mat* subíndice

deporre *<56 -pongo; -posi; -posto>* **1.** *vt* 1. depositar; poner (*huevos*); quitarse (*ropa, sombrero*); deponer (*las armas*); ~ *l'abito* colgar los hábitos; 2. *adm* destituir; 3. *ius* declarar; **2.** *vi <avere> ius* declarar; *fig* hablar; *ciò depone a suo favore* eso habla a su favor

deport|are *vt* deportar; ~**ato, -a** *m/f* deportado; ~**azione** *f* deportación; ~**o** *m com* doble

deposit|ante *m/f* depositante; ~**are** *<esd> vt* depositar; ~**ario** *adj/s* depositario; ~**ato** *adj* depositado; *marchio* ~ marca registrada; ~**o** *m* depósito; *(tras)* ~ *bagagli* consigna

deposizione *f* deposición; *ius/pol* deposición; *eccl* descendimiento *m*

deprava|re *vt* depravar, pervertir; ~**to** *adj/s* depravado; ~**zione** *f* depravación, perversión

depreca|bile *adj* deprecable; ~**re** *vt* deprecar; ~**zione** *f* deprecación
depreda|re *vt* depredar; ~**tore** *adj/s* depredador; ~**zione** *f* depredación
depressi|onario *adj* de depresión; ~**one** *f* depresión; ~**vo** *adj med* depresivo; *fig* deprimente
depresso *adj econ* deprimido; *fig* deprimido, alicaído, decaído; ~**re** *adj/m med* depresor
depressurizzazione *f* despresurización
deprezza|mento *m* depreciación *f*, devaluación *f*; ~**re** *vt* depreciar, devaluar
deprimente *adj* deprimente
deprimere <*34 depressi; depresso*> *vt econ/fig* deprimir
depura|re *vt a. fig* depurar; ~**tivo** *adj* depurativo; ~**tore 1.** *adj* depurador; **2.** *m mec* depurador, depuradora *f*; ~ *d'acqua* depuradora; ~**zione** *f a. fig* depuración; *impianto di* ~ depuradora
deputa|re <*esd*> *vt* diputar, delegar; ~**to, -a** *f* diputado, -a; ~**zione** *f* delegación (*acción, comisión*)
dequalifica|re <*esd*> *vt* descalificar; ~**zione** *f* descalificación
deraglia|mento *m tras* descarrilamiento; ~**re** *vi* <*avere/essere*> *tras* descarrilar
dérapage *m fr/inv auto* derrapaje *m*; *aer* bandazo *m*
derapa|re *vi* <*avere*> *auto* derrapar; *aer* dar bandazos; ~**ta** V. **déparage**
derattizzazione *f* desratización
derby *m/inv sport* derbi *m*, derby *m*
deregolamenta|re *vt* desregular; ~**zione** *f* desregulación
derelitto *adj/s* desvalido, desamparado
derequisi|re <*isc*> *vt* restituir; ~**zione** *f* restitución
deretano *m ant* trasero
deridere <*61 derisi; deriso*> *vt* escarnecer, mofarse (de), burlarse (de)
deris|ione *f* escarnio *m*, mofa, burla; ~**ore** *adj/s* escarnecedor; ~**orio** *adj* escarnecedor
deriva *f* deriva; *(geol)* ~ *continentale* deriva continental; *(mar/fig) andare alla* ~ ir a la deriva; ~**re 1.** *vi* derivar (*da* de), proceder (*da* de); **2.** *vt* derivar (*da* de); ~**ta** *f mat* derivada; ~**to 1.** *adj* derivado; **2.** *m chim/ling* derivado; ~**zione** *f* derivación
derma *f med* dermis; ~**atite** *f med* dermatitis
dermato|logia *f med* dermatología; ~**logico** *adj med* dermatológico; ~**logo, -a** *m/f* dermatólogo, -a; ~**si** *f/inv med* dermatosis
dermoide *m* polipiel, cuero sintético
deroga *f* derogación; *in* ~ *a/a* ~ *di* en derogación de
derogabile *adj* derogable
derogare <*esd*> *vi* <*avere*> *ius* derogar *vt*
derogatorio *adj* derogatorio
derogazione *f* derogación
derrate *fpl* mercancias, productos *mpl* (*del campo*); ~ *alimentari* productos alimenticios
derrick *m ingl/inv tec* torre de perforación *f*, derrick
derubare *vt* robar (*q di qc* algo a alg)
dervis(cio) *m eccl* derviche
desacralizzare *vt* desacralizar
desalazione *f* desalación
desalinizzazione *f* desalinización
desaparecido <*pl -os, -as*> *adj/s pol* desaparecido
deschetto *m* banco de zapatero
desco *m lit* mesa *f/est*
descolarizzare *vt* desescolarizar
descritt|ivo *adj* descriptivo; ~**ore 1.** *adj* descriptor; **2.** *m infor* descriptor
descriv|ere <*71 descrissi; descritto*> *vt* describir; ~**ibile** *adj* descriptible
descrizione *f* descripción
desensibilizzare *vt a. fig* insensiblizar
desert|ico *adj* desértico; ~**ificazione** *f* desertización; ~**o 1.** *adj ius/fig* desierto; **2.** *m geogr/fig* desierto; *predicare al* ~ predicar en el desierto
déshabillé *m fr/inv* déshabillé
desidera|bile *adj* deseable, apetecible; ~**re** <*esd*> *vt* 1. desear, apetecer, querer; ~ *di andare via* desear irse; *desidererei mangiare* desearía comer, querría/quisiera comer; *lasciare a* ~ dejar que desear; *desidera?* ¿qué se le ofrece?; 2. llamar; *il signor Cherubini è desiderato al telefono* llaman por teléfono al señor Cherubini; ~**ta** *mpl/inv* desiderata *f*; ~**tivo** *adj* desiderativo
desiderio *m* deseo
desideroso *adj* deseoso
design *m ingl/inv tec* diseño *m*; ~**are** *vt* designar; ~**azione** *f* designación; ~**er** *m/f ingl/inv tec* diseñador, -a
desin|are <*esd*> *vt/vi* <*avere*> comer, almorzar; ~**enza** *f ling* desinencia, terminación
desistere <*41 desistito*> *vi* <*avere*> desistir (*da* de)
desola|nte *adj* desconsolador, descorazonador; ~**re** <*esd/desolo*> *vt* desolar, devastar, arrasar; *fig* desolar, afligir; ~**to** *adj* desolado, abandonado; *fig* desolado, afligido; *sono veramente* ~ *di non poterti aiutare* siento mucho no poder ayudarte; ~**zione** *f* desolación, abandono *m*; devastación; *fig* desolación, aflicción, desconsuelo *m*
desolforare <*esd*> *vt* desulfurar
desossiribonucleico V. **deossiribonucleico**
despot|a *m/f* déspota, tirano, -a; ~**ico** *adj* despótico, tiránico
dessert *m fr/inv* postre(s) *m(pl)*
destabilizzare *vt* desestabilizar
destare *vt* despertar; *fig* despertar, levantar (*sospechas*); *fig* causar, suscitar (*extrañeza, admiración*)
destin|are *vt* destinar; dirigir, enviar; ~**atario** *m/f* destinatario, -a; ~**azione** *f* destino *m*; *partire con* ~ *ignota* partir con rumbo desconocido; ~**o** *m* destino, hado, sino
destit|uire <*esd*> *vt* destituir; ~ *q da una carica* destituir a alg de un cargo; ~**uito** *adj* destituido; *fig* falto; ~**uzione** *f* destitución
desto *adj* despierto

destra *adj/f* derecha; *a* ~ a la derecha, a mano derecha; *(pol) essere di* ~ ser de derechas

destre|ggiarsi arreglárselas, manejarse; ~**zza** *f* destreza, habilidad, maña

destri|ero *m lit* corcel; ~**na** *f chim* dextrina; ~**smo** *m* 1. *med* cualidad de zurdo *f*; 2. *pol* derechismo

destro 1. *adj* derecho (*lado*); *fig* diestro, hábil, ducho; **2.** *m* oportunidad *f*; ~**giro** *m tec* dextrógiro; ~**rso** *m tec* dextrógiro; ~**sio** *m chim* dextroglucosa *f*

destrutturare *vt* desestructurar

desuet|o *adj* desusado, anticuado; ~**udine** *f ius/fig* desuso *m*, obsolescencia

desumere <*6 desunsi; desunto*> *vt* sacar, obtener (*qc da* algo de); *fig* deducir

desumibile *adj* deducible

detect|ive *m ingl/inv* detective (privado) *m*; ~**or** *m ingl/inv* detector *m*

deten|ere <*79 -tengo; -tenni; -terrò*> *vt* 1. *ius/fig* poseer; 2. *ius* tener en prisión; ~**tivo** *adj* de prisión; *pena* ~*a* pena de prisión; ~**tore** *adj/s ius/fig* detentador; ~**uto, -a** *m/f* detenido, -a; recluso, -a, preso, -a; ~**zione** *f ius* 1. posesión, tenencia; 2. detención, arresto *m*

detergente 1. *adj* limpiador (*cosmética*); **2.** *m chim* detergente

detergere <*30 detergo; detersi, deterso*> *vt* limpiar, deterger

deterior|abile *adj* deteriorable; ~**amento** *m* deterioro, desgaste; ~**are** *vt* deteriorar, estropear; ~**e** *adj* inferior, menos bueno, de inferior calidad

determina|nte 1. *adj* determinante, decisivo; **2.** *m mat/ling* determinante; ~**re** <*esd*> *vt* determinar; ~**tezza** *f* determinación, arrojo *m*; ~**tivo** *adj ling* determinativo; ~**to** *adj* determinado; ~**zione** *f* determinación

determinismo *m fil* determinismo

deterren|te 1. *adj* disuasorio; **2.** *m mil* arma de disuasión *f*; *fig* elemento de disuasión; ~**za** *f* disuasión

detersivo 1. *adj* detersivo, detersorio; **2.** *m* detergente

detesta|bile *adj* detestable, odioso; ~**re** *vt* detestar, odiar

detona|nte *adj/m* detonante; ~**re** *vi* <*avere*> detonare; ~**tore** *m* detonador; ~**zione** *f* detonación

detra|rre <*81 -traggo; -trassi; -tratto*> *vt* detraer, descontar, deducir; ~**ttore, -trice** *m/f* detractor, -a; ~**zione** *f* detracción, deducción, descuento *m*

detri|mento *m* detrimento; ~**tico** *adj geol* detrítico; ~**to** *m* detrito, detritus

detronizza|re *vt* destronar; ~**zione** *f* destronización

detta: a ~ **di** *prep* según, en opinión de; *a* ~ *sua* en su opinión; *a* ~ *del ministro* según el ministro

dettaglia|nte *m/f com* detallista, minorista; ~**re** *vt* detallar, pormenorizar; ~**to** *adj* detallado, minucioso

dettaglio *m* detalle, pormenor; *com* detalle; *vendita al* ~ venta al detalle/al por menor

dettame *m* dictado

dettare *vt* dictar; *(fig)* ~ *legge* dictar su ley

dettat|o *m* dictado; ~**ura** *f* dictado *m* (*escritura*); *pol* dictadura; *scrivere sotto* ~ escribir al dictado

detto 1. *adj* 1. dicho; *è presto* ~ es fácil decirlo, se dice pronto; *come non* ~ como si no lo hubiera dicho; ~ *fatto* dicho y hecho; 2. llamado; *Pietro Vannucci* ~ *il Perugino* P. V. llamado el P.; 3. dicho; mencionado, susodicho; *(il)* ~ *signore* dicho señor, el susodicho señor; **2.** *m* dicho, máxima *f*, sentencia *f*

detumescenza *f med* detumescencia

deturpa|re *vt* estropear, afear; desfigurar; ~**tore** *adj/s* desfigurador, deteriorante; ~**zione** *f* estropicio *m*, deterioro *m*; desfiguración

devasta|re *vt* devastar, asolar; ~**tore** *adj/s* devastador; ~**zione** *f* devastación, destrucción

deverba|le *adj/m ling* deverbal, deverbativo; ~**tivo** *adj/s* deverbativo, deverbal

devia|mento *m* desviación *f*; ~**re** <*devio*> **1.** *vi* <*avere*> desviarse, apartarse; **2.** *vt* desviar

deviato|io *m tras* cambio de agujas; ~**re** *m tras* guardaagujas

deviazion|e *f* desviación; ~**ismo** *m pol* desviacionismo; ~**ista** *m/f pol* desviacionista; ~**istico** *adj pol* desviacionista

devitalizzare *vt med* desvitalizar; ~ *un nervo* desvitalizar un nervio, matar un nervio *fam*

devoluzione *f econ* devolución; *ius* traspaso *m*, transmisión

devolvere <*5 devolvei/-lvetti; devoluto*> *vt ius* transferir, traspasar

devon|iano, ~ico *adj/m geol* devoniano, devónico

devoto *adj/s eccl/fig* devoto; *Suo ~/devotissimo* Su (seguro) servidor; para servirle

devozione *f eccl/fig* devoción

di *prep* 1. de; *il mese* ~ *gennaio* el mes de enero; *la città* ~ *Siviglia* la ciudad de Sevilla; *un litro* ~ *latte* un litro de leche; 2. <*comparación*> que; *Pietro è migliore* ~ *Carlo/te/prima* P. es mejor que Carlos/tú/antes; 3. <*lugar desde el cual: pocos casos*> de; *uscire* ~ *casa* salir de casa; 4. <*lugar a través del cual/hacia el cual*> por; ~ *qui/qua*, ~ *là/lì* por aquí/acá, por allí/allà; 5. <*origen*> de; *essere* ~ *Montalcino* ser de Montalcino; 6. <*materia*> de; *una forchetta d'oro*, ~ *legno* un tenedor de oro, de madera; 7. <*argumento*> de, sobre; *parlare* ~ *poesia* hablar de/sobre poesía; 8. <*modo, medio*> de, con; *venire* ~ *corsa* venir corriendo; *ungere* ~ *burro* untar de mantequilla; *ridere* ~ *gusto* reírse a gusto; 9. <*causa*> de; *gridare* ~ *gioia* gritar de alegría; 10. <*edad*> de; *una donna* ~ *trent'anni* una mujer de treinta años; 11. <*tiempo*> de, en, por, durante; ~ *mattina* por la mañana; ~ *giorno* de día, durante el día; ~ *sera* por la tarde/noche; ~ *notte* de noche, por la noche; *d'estate*, *d'inverno* en verano, en invierno; 12. <*limitación*> de; *non c'è* ~ *meglio* no hay nada mejor;

soffrire ~ cuore sufrir del corazón; 13. *<partitivo: cantidad no especificada> vorrei del latte* quisiera leche; 14. *<dei/degli, delle>* unos, unas; *ho visto degli amici* he visto a unos amigos; 15. *<precediendo a un infinitivo> sembra ~ capire* parece comprender, parece que comprende; *tentare ~ fuggire* intentar huir; *ammetto ~ aver sbagliato* admito que me he equivocado; 16. *<precediendo los adv sì/no>* que; *dire ~ sì, ~ no* decir que sí, que no
dì *m/inv lit* día *m/est*
diabet|e *m med* diabetes *f*; **~ico** *adj/s* diabético
diabolico *adj* diabólico
diacon|ato *m eccl* diaconato; **~ia** *f eccl* diaconato *m*; **~o** *m eccl* diácono
diacritico *adj ling* diacrítico
diacroni|a *f* diacronía; **~co** *adj* diacrónico
diadema *f* diadema; **~to** *adj arald* diademado
diafan|ità *f/inv* diafanidad *f*; **~o** *adj* diáfano
diafisi *f/inv med* diáfisis
diafonia *f mus/elec* diafonía
diaframma *m med/foto* diafragma; *fig* barrera *f*, muro; **~re** *vt foto* diafragmar
diagnosi *f/inv* diagnóstico *m*, diagnosis; *~ precoce* detección precoz
diagnostic|a *f med* diagnosis; **~are** *<esd> vt* diagnosticar; **~o** *m* diagnóstico
diagonale 1. *adj* diagonal; **2.** *f mat* diagonal; *in ~* en diagonal; **3.** *m sport* pase en diagonal (*fútbol*); cruce (*tenis*)
diagramma *m* diagrama
dialett|ale *adj* dialectal; **~alismo** *m* dialectalismo; **~ica** *f fil* dialéctica; **~ico** *adj/s* dialéctico; **~ismo** V. **~alismo**
dialetto *m* dialetto; **~fono** *m/f* hablante de un dialecto; **~logia** *f* dialectología
diali|si *f/inv chim/med* diálisis; **~zzare** *vt* dializar
dialog|are *<esd> vt/vi <avere>* dialogar; **~ico** *adj* dialógico; **~ismo** *m ling* dialogismo; **~o** *m* diálogo
diamant|e *m* diamante; **~ifero** *adj* diamantífero
diametr|ale *adj* diametrale; **~o** *m* diámetro
diamine! *excl* ¡diantre!, ¡qué diablos!; *che ~ state facendo!* ¡qué narices/diablos estáis haciendo!; *~ se lo voglio!* ¡claro que lo quiero!
dian|a *f mil* diana; **~zi** *adv lit* hace poco *est*, poco antes *est*
diapason *m/inv mus* diapasón *m*
diapositiva *f* diapositiva
diaproiettore *m* proyector de diapositivas
diari|a *f* dietas por día *fpl*; **~o** *m* diario
diarr|ea *f med* diarrea; **~oico** *adj* diarréico
diaspor|a *f* diáspora; **~o** *m min* diásporo
diaspro *m min* jaspe
diast|ilo *adj/m arch* diástilo; **~ole** *f med/ling* diástole
diat|esi *f/inv med* diátesis; *ling* diátesis, voz *f*; **~onia** *f mus* diatonía
diatriba *f* diatriba, invectiva
diavol|a: alla ~ *adv/fig* de cualquier manera; *lavoro fatto alla ~* trabajo hecho de cualquier manera; *(gastr) alla ~* asado a la brasa con una salsa picante; **~eria** *f* diablura
diavole|ssa *f* diablesa; **~tto** *m* diablillo
diavolio *m* jaleo, alboroto
diavolo *m* diablo, demonio; *un povero ~* un pobre diablo, un pelagatos; *essere come il ~ e l'acquasanta* ser como el perro y el gato; *mandare q/tutto al ~/a casa del ~* mandar a alg/mandarlo todo al cuerno/a paseo; *avere un ~ per capello* llevársele a alg los demonios; *avere il ~ addosso/in corpo* tener el demonio en el cuerpo; *~!* ¡demonios!; *saperne una in più del ~* saber más que Lepe (Lepijo y su hijo), sabérselas todas; *fare il ~ a quattro* mover cielo y tierra; *abitare a casa del ~* vivir en el quinto pino; *che ~ vuoi?* ¿qué demonios quieres?, ¿qué tripa se te ha roto?
dibattere 1. *vt* debatir, discutir; **2.** *~rsi a. fig* debatirse
dibattimento *m* debate; *ius* vista oral *f*, juicio
dibattito *m* debate, discusión *f*
dibosca|mento *m* desmonte; **~re** *vt* desmontar
dicastero *m adm* ministerio
dicembre *m* diciembre
diceria *f* rumor *m*, habladuría
dichiara|nte *m/f ius* declarante; **~re 1.** *vt* declarar, manifestar; *ius* declarar (*considerar*); **2.** *~rsi* declararse, manifestarse; declararse (*amor*); **~tivo** *adj* declarativo; **~zione** *f* declaración; *~ d'amore, di principi* declaración de amor, de principios; *~ dei redditi* declaración de la renta
diciannov|e *adj/s* diecinueve; **~enne** *adj/s* (persona) de diecinueve años; **~esimo** *adj* decimonoveno
diciassett|e *adj/s* diecisiete; **~enne** *adj/s* (persona) de diecisiete años; **~esimo** *adj* decimoséptimo
diciott|enne *adj/s* (persona) de dieciocho años; **~esimo** *adj* decimoctavo; **~o** *adj/s* dieciocho
dicit|ore, -trice *m/f* recitador, -a; **~ura** *f* dicción
dicotiledone 1. *adj bot* dicotiledón(eo); **2.** *f bot* dicotiledónea
dicotomi|a *f* dicotomía; **~co** *adj* dicotómico
didascal|ia *f teatro* acotación; *cine* subtítulo *m*; *tip* pie de foto *m*; **~ico** *adj* didáctico; didascálico (*poesía*)
didatt|a *m/f* pedagogo, -a; **~ica** *f* didáctica; **~ico** *adj* didáctico
didentro *m fam* interior
didietro 1. *adj/inv* trasero *adj*, de detrás; **2.** *m* parte trasera *f*; *fam* trasero
dieci *adj/s* diez; **~na** *f* decena
diedro *adj/m* diedro
diegesi *f/inv ling* diégesis
dieresi *f/inv ling* diéresis
diesel (*disel*) *adj/m/inv mec* diesel
diesis *m/inv mus* sostenido *m*
dieta *f* 1. *pol* dieta; 2. *med* dieta, régimen *m*; *~ mediterranea* dieta mediterránea; *mettersi a ~* ponerse a régimen
dietetic|a *f* dietética; **~o** *adj* dietético

dietista *m/f* dietista
dietologia *f* dietética
dietro 1. *adv* detrás; *ridere ~ (a q)* reír a espaldas (de alg); **2.** *prep* tras, detrás de; *uno ~ l'altro* uno detrás de otro, uno tras otro; *~ di me, te* detrás de/trás de mí, tí; *~ ricevuta* contra la presentación de factura; *~ domanda* tras la presentación de la solicitud; **3.** *adj/inv* de detrás, trasero *adj*; **~front, dietro-front** *m/excl* media vuelta *excl/f*
difatti *adv* en efecto, de hecho
difendere *<58 difesi; difeso>* *vt* defender
difendibile *adj* defendible
difenditrice V. **difensore**
difens|iva: sulla *~ adv* a la defensiva; *stare sulla ~* estar a la defensiva; **~ivo** *adj* defensivo; **~ore, difenditrice 1.** *adj* defensor, -a; **2.** *m/f* defensor, -a, protector, -a; *sport* defensa, defensor, -a; *ius* defensor, -a; *~ civico* defensor del pueblo
difesa *f ius/mil/sport* defensa; *legittima ~* legítima defensa; *~ antiaerea* defensa antiaérea; *(sport) ~ a persona, a zona* defensa individual, zonal/por zonas
difett|are *vi <avere>* carecer, adolecer; ser defectuoso; *~ di mezzi* carecer de recursos; **~ivo** *adj ling* defectivo; **~o** *m* defecto; **~oso** *adj* defectuoso
diffama|re *vt* difamar, infamar; **~tore, -trice** *m/f* difamador, -a; **~torio** *adj* difamatorio; **~zione** *f* difamación
differen|te *adj* diferente; **~za** *f* diferencia; *a ~ di* a diferencia de; *per me non fa ~* para mí no hay diferencia
differenzia|bile *adj* diferenciable; **~le 1.** *adj* diferencial; *calcolo ~* cálculo diferencial; **2.** *m tec* diferencial; *mat* diferencial *f*; **~re** *vt* diferenciar, distinguir; **~zione** *f* diferenciación
differi|bile *adj* aplazable; **~mento** *m* aplazamiento; **~re** *<isc>* **1.** *vt* diferir, aplazar, posponer; **2.** *vi <avere/essere>* diferir, distinguirse (*da* de); **~ta** *f TV* diferido *m*; *in ~* en diferido
difficile *adj/s* difícil
difficolt|à *f/inv* dificultad *f*; **~oso** *adj* dificultoso
diffida *f ius* requerimiento *m*, intimación; **~re 1.** *vi <avere>* desconfiar, recelar; **2.** *vt ius* intimar, requerir; *~ q dal fare qc* intimar a alg para que no haga algo
diffiden|te *adj* desconfiado, receloso; **~za** *f* desconfianza, recelo *m*
diffondere *<37 diffusi; diffuso>* *vt* difundir, propagar
diffonditrice V. **diffusore**
difform|e *adj* diferente; **~ità** *f/inv* diferencia *f*, disimilitud *f*
diffrangersi *<54 -frango; -fransi; -franto>* *fis* difractarse
difrazione *f fis* difracción
diffus|ione *f* difusión, propagación; *fis* difusión; **~o** *adj* difundido, propagado; *fis* difuso; *fig* difuso, prolijo; **~ore, diffonditrice 1.** *m tec* difusor; **2.** *m/f* difusor, -a
difilato *adj* directo, derecho
difronte *adv* en frente; *~ a* en frente de
difteri|co *adj med* diftérico; **~te** *f med* difteria
diga *<pl -ghe>* *f* dique *m*, presa (*embalse*); *mar* dique *m*, espolón *m*, espigón *m*, escollera, malecón *m*, rompeolas *m*; *fig* barrera, obstáculo *m*; *(fig) rompere le ~e* romper la baraja, saltarse todas las reglas
digerente *adj* digestivo; *apparato ~* aparato digestivo
digeri|bile *adj* digerible; digestivo; **~bilità** *f/inv* digestibilidad *f*; **~re** *<isc>* *vt med/fig* digerir
digest|ione *f* digestión; **~ivo** *adj/m* digestivo; **~o** *m hist/ius* digesto
digita|le *adj* digital; **~lina** *f chim* digitalina; **~lizzare** *vt* digitalizar; **~zione** *f mus* digitación
digitigrado *adj zool* digitígrado
digiun|are *vi <avere>* ayunar; **~atore** *adj/s* ayunador; **~o 1.** *adj* en ayunas; *fig* falto, escaso; *essere ~ di notizie* estar falto de noticias; *essere ~ di filosofia* saber poco o nada de filosofía; **2.** *m* 1. ayuno, abstinencia *f*; *a ~* en ayunas; 2. *med* yeyuno
digloss|ia *f ling* diglosia; **~ico** *adj* diglósico
dignit|à *f/inv* 1. dignidad *f*; 2. *fpl* autoridades; **~ario** *m* dignatario; **~oso** *adj* digno, honroso
digrada|re 1. *vi <avere/essere>* ir en disminución; *pitt* degradar; **2.** *vt* degradar; **~zione** *f pitt* degradación
digredire *<isc>* *vi <avere>* divagar, hacer una digresión *vt*; irse por las ramas
digress|ione *f* digresión; **~ivo** *adj* divagador
digrignare *vt zool/fig* enseñar los dientes
digrossa|mento *m a. fig* desbaste; **~re** *vt a. fig* desbastar
diguazza|mento *m* chapoteo; **~re** *vi <avere>* chapotear
dilacerare *<esd>* *vt lit* dilacerar
dilagare *vi a. fig* extenderse, expandirse
dilaniare *vt* descuartizar, despedazar; *fig* calumniar, mancillar
dilapida|re *<esd>* *vt* dilapidar, despilfarrar; **~tore** *adj/s* dilapidador, despilfarrador
dilata|bile *adj* dilatable; **~bilità** *f/inv* dilatabilidad *f*; **~re** *vt fis* dilatar; *fis* dilatar, diferir; **~tore** *adj/m* dilatador; **~torio** *adj* dilatador; **~zione** *f* dilatación
dilatorio *adj* dilatorio
dilavamento *m* deslavadura *f*
dilazion|are *vt* aplazar, diferir; **~e** *f* dilación, demora
dileggia|re *vt* escarnecer, ridiculizar; **~tore** *adj/s* escarnecedor
dileggio *m* escarnio, befa *f*
dileg|uare 1. *vt* disolver, deshacer; **2.** *vi* desvanecerse, deshacerse; desaparecer, esfumarse; **~uo** *m lit* desaparición *f/est*; *ling* caída *f*, pérdida *f* (*sonido*)
dilemma *m fil/fig* dilema
dilettant|e *adj/s* aficionado, diletante, amateur; **~esco** *adj desp* aficionado, de aficionado; **~ismo** *m* diletantismo; **~istico** *adj* dilentante
dilettare *vt* deleitar, entretener, divertir
dilettevole *adj* deleitable, deleitoso, placentero
diletto 1. *m* gusto, placer, goce; *fare qc*

per ~ hacer algo por gusto; **2.** *adj* dilecto, predilecto; **~so** *adj lit* deleitoso, placentero

diligen|te *adj* diligente, competente; diligente, esmerado, cuidadoso; **~za** *f* 1. diligencia, esmero *m*; 2. *tras/ant* diligencia

diliscare *vt gastr* desespinar, quitar la espina

dilucidare... V. **delucidare**...

diluente *m* diluyente

dilui|re *<isc> vt* diluir, desleír; **~zione** *f* dilución, desleimiento *m*

dilungare 1. *vt lit* alejar *est*; **2.** *~rsi* alargarse, extenderse; *fig* extenderse, enrollarse *fam*; *sport* destacarse

diluv|iale *adj geol* diluvial; **~iare** *vi/imp <avere/essere> meteo/fig* diluviar; **~io** *m meteo/fig* diluvio; ~ *universale* diluvio universal

dimagra|mento *m* adelgazamiento; **~nte** *adj* adelgazante; *cura* ~ cura de adelgazamiento; **~re** *vt/vi* adelgazar

dimagri|mento V. **dimagramento**; **~re** *<isc> vi* adelgazar

dimena|mento *m* meneo, contoneo; **~re 1.** *vt* menear, contonear; **2.** *~rsi* revolverse, agitarse (*en la cama*)

dimenio *m* meneo, contoneo

dimension|ale *adj* dimensional; **~are** *vt* medir, mensurar; dimensionar; **~e** *f* dimensión

dimentic|anza *f* olvido *m*; descuido *m*; **~are** *<esd> vt* olvidar(se); **~atoio** *m fig* olvido, cajón; *(fig) porre nel ~/andare a finire nel ~* echar/ir a parar al cajón; **~o** *adj* olvidadizo, desmemoriado

dimesso *adj* humilde, insignificante; *fig* descuidado, desaliñado

dimestichezza *f* familiaridad, confianza; *entrare in ~ con q* coger confianza con alg; *avere ~ con qc* estar familiarizado con algo

dimettere *<44 -messi; -messo>* **1.** *vt* 1. *med* dar de alta; *ius* excarcelar; 2. *adm* destituir; **2.** *~rsi adm* dimitir *vi*; despedirse (*trabajo*); *il direttore si è dimesso dalla sua carica* el director ha dimitido de su cargo

dimezzare *vt* demediar, partir por la mitad

dimin|uendo *m mat* minuendo; **~uire** *<isc>* **1.** *vt* disminuir, reducir, bajar; **2.** *vi* disminuir, bajar; ~ *di prezzo* bajar de precio; **~utivo** *adj/m ling* diminutivo; **~uzione** *f* disminución, reducción; ~ *dei costi, del personale, di pena* reducción de costes, de personal, de pena

dimission|are *vt* obligar a dimitir; **~ario** *adj* dimisionario; **~i** *fpl* dimisión *f*, renuncia *f*; *presentare/dare le ~* presentar la dimisión; *lettera di ~* carta de dimisión

dimora *f* morada, alojamiento *m*; *senza fissa ~* sin domicilio conocido; *(euf) ultima ~* última morada; **~re** *vi <avere>* morar, residir

dimostra|bile *adj* demostrable; **~nte** *m/f* manifestante; **~re** *vt* 1. mostrar, evidenciar; aparentar; *non dimostra 80 anni* no aparenta 80 años; 2. demostrar, probar; **~tivo 1.** *adj* demostrativo, probatorio; aparente, ficticio; *ling* demostrativo; *(mil) azione ~a* maniobra de distracción; **2.** *m ling* demostrativo; **~zione** *f* 1. demostración; 2. *pol* manifestación

din *m/inv foto* din

dinami|ca *f fis/fig* dinámica; **~cità** *f/inv fig* dinamicidad *f*, dinamismo *m*; **~co** *adj fis/fig* dinámico; **~smo** *m* dinamismo

dinamit|ardo *adj/s* dinamitero; **~are** *vt* dinamitar; **~e** *f* dinamita

dinamo *f/inv fis* dinamo *f*, dínamo *f*

dinamoelettrico *adj fis* dinamoeléctrico

dinanzi 1. *adv* 1. delante, enfrente (*lugar*); ~ *a* delante de, ante *prep*; 2. antes (*tiempo*); **2.** *adj/inv* de delante

dinasti|a *f* dinastía; **~co** *adj* dinástico

dindin, din din *m/onom* tin tin

dindon, din don *m/onom* talán talán

diniego *m* denegación *f*

dinoccolato *adj* desmadejado, descoyuntado

dinosauro *m zool* dinosaurio

dintorno 1. *adv* alrededor, en rededor; ~ *a* alrededor de; **2.** *mpl* alrededores, afueras *fpl*

dio *<pl gli dei> m mit* dios

Dio *m* Dios; ~ *ci scampi e liberi!* ¡Dios nos libre!, ¡que Dios nos pille confesados!; ~ *l'abbia in gloria* Dios lo tenga en su gloria; ~ *lo voglia!* ¡Dios te oiga!; ~ *manda il freddo secondo i panni* Dios aprieta pero no ahoga; ~ *non voglia!* ¡Dios no lo quiera!; ~ *sa quando* sólo Dios lo sabe; ~ *sia lodato!* !¡alabado sea Dios!; ~ *li fa e poi li accoppia* Dios los cría y ellos se juntan; ~ *ti guardi!* ¡que Dios te guarde!; ~ *t'aiuti* que Dios te ampare; *andarsene con ~* irse con Dios; *come ~ comanda* como Dios manda; *come ~ vuole* como Dios quiera; *che ~ mi aiuti!* ¡válgame Dios!; *chi s'aiuta, ~ l'aiuta* a Dios rogando y con el mazo dando; *grazie a ~!* ¡gracias a Dios!; *ognuno per sé e ~ per tutti* cada uno en su casa y Dios en la de todos; *per l'amor di ~!* ¡por el amor de Dios!, ¡por lo que más quiera!

dioces|ano *adj* diocesano; **~i** *f/inv* diócesis

diod|o *m* diodo; **~onte** *m zool* diodón

dioico *adj bot* dioico

dion|ea *f bot* dionea; **~isiaco** *adj* dionisiaco; **~isio** *m mit* Dionisio, Dioniso, Baco

diorite *f min* diorita

diossina *f chim* dioxina

diottri|a *f* dioptría; **~ca** *f* dióptrica; **~co** *adj* dióptrico

dipan|amento *m* devanado; **~are** *vt* devanar; **~atoio** *m* devanadora *f*; **~ino** *m* devanador

dipartiment|ale *adj* departamental; **~o** *m* departamento

dipartita *f lit* partida (*salida*)

dipenden|te 1. *adj* dependiente; *ling* dependiente, subordinado, -a; **2.** *m/f* asalariado, -a, empleado, -a, trabajador, -a; ~ *pubblico* funcionario; **~za** *f* dependencia; *med* dependencia, adicción; *arch* dependencia; *in ~ di ciò* según esto, de acuerdo con esto

dipendere *<58 dipesi; dipeso> vi* depender (*da* de)

dipingere *<11 dipingo; dipinsi; dipinto> vt* pintar

dipinto 1. *adj* pintado; **2.** *m* pintura *f*, cuadro
diploma *m* diploma; ~ *di scuola superiore* título de bachillerato; ~ *di laurea* diplomatura (universitaria); ~**rsi** diplomarse; ~**tica** *f ling* diplomática; ~**tico** *adj/s a. fig* diplomático; ~**to** *adj/s* diplomado; ~**zia** *f* diplomacia
dipoi, di poi 1. *adv* más tarde, después; **2.** *adj/inv* siguiente *adj*
dipolo *m fis* dipolo
diporto *m* diversión *f*, entretenimiento, recreo; *imbarcazione da* ~ nave de recreo
dipresso: a un ~ *adv* más o menos, aproximadamente
dirada|mento *m* entresaca(dura) *f*; ~**re 1.** *vt* aclarar, entresacar; *fig* espaciar (*visitas*); **2.** ~*rsi* disiparse (*niebla*); disolverse (*multitud*)
dirama|re 1. *vt fig* difundir; **2.** ~*rsi* derivar *vi*, proceder *vi*; difundirse (*noticia*); ~**zione** *f* ramificación; difusión; *geogr/auto* ramal *m*
dire <*21 dico; dissi; detto*> **1.** *vt* decir; ~ *di sì, di no* decir que sì, que no; *dirne di tutti i colori a q* leerle la cartilla a alg; ~ *fra sé* decir para sus adentros; ~ *la messa* decir misa, decir misa; ~ *la sua* decir su opinión; ~ *male di q* hablar mal de alg; *dico bene?* ¿estoy en lo cierto?; *dico sul serio* hablo en serio; *dico per* ~ lo digo por decir, digo no más *am*; *diciamo*... pongamos...; *lo dicevo io!* ¡ya lo decía yo!; *sarebbe a* ~*?* ¿qué quiere(s) decir?; *vale a* ~ es decir; *voler* ~ querer decir, significar; *a* ~ *il vero* a decir verdad; *per meglio* ~ mejor dicho; *per sentito* ~ de oídas; *tanto per* ~ por decir algo; *è un modo di* ~ es un decir, como quien dice, como si dijéramos; *potevi dirlo!* ¡haberlo dicho!; *una cosa da non dirsi* una cosa que no se puede explicar; *dimmi con chi vai e ti dirò chi sei* dime con quién andas y te diré quién eres; **2.** *m* decir, dicho; *tra il* ~ *e il fare c'è di mezzo il mare* del dicho al hecho hay un buen trecho
diretta *f TV* directo *m*; *in* ~ en directo
direttissim|a *f tras* camino más corto *m*; *(ius) per* ~ sumarísimo; ~**o** *adj/m tras* expreso, rápido
direttiv|a *f* directiva; ~**o 1.** *adj* directivo, dirigente; **2.** *m* directorio
diretto 1. *adj* 1. directo; *(ling) complemento* ~ complemento directo; *(ling) discorso* ~ estilo directo; *(tras) treno* ~ tren directo; 2. dirigido, orientado; 3. dirigido, guiado, controlado; **2.** *m tras* (tren) directo; directo (*boxeo*); ~**re, -trice** *m/f* director, -a; ~ *delle vendite* jefe, -a de ventas; ~**riale** *adj* directoral, de dirección; *ufficio* ~ oficina de dirección; ~**rio** *m pol/infor* directorio
direttrice V. **direttore**
direzion|ale *adj* direccional, de dirección; *centro* ~ centro de dirección; *microfono* ~ micrófono direccional; ~**e** *f* dirección; rumbo *m*; *auto* dirección, sentido *m*; *in* ~ *di* en dirección a; *sotto la* ~ *di* bajo la dirección de; ~ *vietata* dirección prohibida
dirigen|te *adj/s* dirigente; *classe* ~ clase dirigente; ~**za** *f* directiva, dirigencia *am*
dirigere <*22 dirigo; diressi; diretto*> *vt* dirigir, encabezar; dirigir, guiar, encaminar
dirigi|bile *m aer* dirigible; ~**smo** *m pol* dirigismo
dirimente *adj* dirimente
dirimere *vt/def* <*sin PP ni tiempos compuestos*> *lit* dirimir
dirimpett|aio, -a *m/f fam* vecino, -a de enfrente; ~**o 1.** *adv* enfrente; ~ *a* enfrente de, frente a; **2.** *adj/inv* de enfrente, frontero *adj*
diritto 1. *m* 1. *ius* derecho; ~ *civile, penale, privato* derecho civil, penal, privado; ~ *di proprietà, di voto, di sciopero* derecho a la propiedad, de voto, de huelga; ~*i d'autore* derechos de autor; ~*i doganali* derechos de aduana, aranceles; *i* ~ *dell'uomo/umani* los derechos del hombre/humanos; *il* ~ *del più forte* la ley del más fuerte; *avanzare dei* ~*i* alegar un derecho/derechos; *a buon* ~ en buena ley; 2. anverso (*moneda, medalla*); **2.** *adj a. fig* recto; **3.** *adv* recto, derecho; *sempre* ~ todo recto
dirittura *f* recta; *(sport/fig)* ~ *finale/d'arrivo* recta final; *fig* rectitud, honestidad
diroccare *vt* derrocar, derribar, derruir
dirompente *adj* rompedor; *bomba* ~ bomba de fragmentación
dirott|amente *adv* desenfrenadamente, sin parar; ~**amento** *m aer* secuestro; ~**are** *vt aer* secuestrar; ~**atore, -trice** *m/f aer* pirata del aire, secuestrador, -a; ~**o** *adj* irrefrenable (*llanto*); incesante (*lluvia*); *piovere a* ~ llover a cántaros/a mares; *piangere a* ~ llorar a lágrima viva/a moco tendido
dirozza|mento *m fig* desbaste, afinamiento; ~**re** *vt fig* desbastar, afinar, desasnar
dirup|ato *adj* escarpado, abrupto, peñascoso; ~**o** *m* precipicio, despeñadero
disabil|e *m/f* minusválido, -a, incapacitado, a; ~**itare** <*esd*> *vt* inhabilitar; ~ *q a un lavoro* inhabilitar a alg para un trabajo
disabitato *adj* deshabitado, desierto
disabituare <*esd*> *vt* deshabituar, desacostumbrar; desenganchar (*droga*); ~ *q alla cocaina* deshabituar/desenganchar a alg de la cocaína
disaccordo *m mus* discordancia *f*; *fig* desacuerdo, discrepancia *f*
diacidare <*esd*> *vt chim* desacidificar
disadatt|amento *m psic* inadaptación *f*; ~**ato** *adj/s psic* inadaptado; ~**o** *adj* inadecuado (*cosa*); no apto (*persona*)
disadorno *adj* sobrio, sencillo, sin adornos
disaffezion|are 1. *vt* desaficionar; **2.** ~*rsi fig* desaficionarse, desapegarse; ~**e** *f* desafecto *m*, desafición, desapego *m*
disag|evole *adj* incómodo; ~**iato** *adj* pobre, menesteroso, desfavorecido; ~**io** *m* incomodidad *f*; malestar; *essere, sentirsi a* ~ estar, sentirse incómodo/a disgusto
disalberare <*esd*> *vt mar* desarbolar
disambientato *adj* raro, extraño (*sentirse*)
disambiguamento *m ling* desambiguamiento

disamina *f* examen *m*
disamor|are 1. *vt* desenamorar (*da q* de alg); desaficionar (*da qc* de algo); **2.** *~rsi* desenamorarse, desengañarse; **~ato** *adj/s* apático, desganado; desengañado; **~e** *m* desamor, desengaño
disanimare *<esd> vt* desanimar
disappannare *vt* desempañar
disappetenza *f* desapetencia, desgana
disapplicazione *f* desaplicación, inobservancia
disapprova|re *vt* desaprobar, reprobar, censurar; **~zione** *f* desaprobación, reprobación, censura
disappunto *m* contrariedad *f*; decepción *f*
disarma|re *vt mil* desarmar; *arch/fig* desarmar, desmontar; **~to** *adj* desarmado
disarmo *m* desarme; **~nia** *f* discordancia; *fig* discrepancia, desacuerdo *m*; **~nico** *adj mus* 1. inarmónico; 2. falto de oído musical
disarticolare *<esd> vt med/fig* desarticular
disastr|are *vt* azotar, devastar; **~o** *m* desastre, calamidad *f*, catástrofe *f*, azote; *fig* desastre, calamidad *f* (*persona*); **~oso** *adj* desastroso, calamitoso, catastrófico
disattendere *<58 disattesi; disatteso> vt* desatender, hacer caso omiso
disattento *adj* desatento, distraído
disattenzione *f* desatención, distracción, despiste *m*
disattivare *vt* desactivar
disautorare *<esd> vt lit* desautorizar
disautorizza|re *vt* desautorizar; **~zione** *f* desautorización
disavanzo *f econ* déficit *m*
disavvedut|ezza *f* ingenuidad, credulidad; **~o** *adj* incauto, ingenuo
disavventura *f* contrariedad, contratiempo *m*; desgracia
disavvertenza *f* distracción, despiste *m*
disavvezzare *vt* deshabituar, desacostumbrar (*da* de)
disbrigo *m* despacho, tramitación *f*
discapito: a ~ di *prep* a costa de, a expensas de
discaric|a *f tec* vertedero *m*; *mar* descarga; **~o** *m ius* descargo
discenden|te *adj/s* descendiente; **~za** *f* descendencia
discendere *<58 discesi; disceso> vi* descender, bajar; *fig* descender, derivar, provenir (*da* de)
discente *m/f stud* discente, alumno, -a
discepolo, -a *m/f* discípulo, -a
discernere *vt* discernir, vislumbrar
discernimento *m* discernimiento
disces|a *f* descenso *m*, bajada; bajada, cuesta; *sport* descenso *m*; *in ~* en bajada, cuesta abajo; *(sport) ~ libera* descenso; **~ismo** *m sport* especialidad del descenso; **~ista** *m/f sport* practicante del descenso *m*
dischetto *m* 1. *infor* disquet(e), disket(e); 2. *sport* punto de penalti
dischiudere *<10 -chiusi; -chiuso> vt* abrir; *fig* desvelar
discinto *adj* desaliñado
disciogliere *<12 -sciolgo; -sciolsi; -sciolto> vt* disolver, fundir; *fig* desatar, soltar
disciplina *f* disciplina; **~re 1.** *adj* disciplinario; **2.** *vt* disciplinar, aleccionar; disciplinar, regular, ordenar; **~to, -a 1.** *adj* disciplinado, -a, ordenado, -a; **2.** *m/f eccl/hist* disciplinante, flagelante
disc-jockey *m/f ingl/inv* disc-jockey, pinchadiscos
disco *m* disco; *tras* disco de señales (*tren*); *~ combinatore* disco para marcar (*teléfono*); *(tras) zona ~* zona azul; *~ orario* disco de estacionamiento; *~ magnetico, ottico* disco magnético, óptico; *~ rigido* disco duro/disco rígido; *(a. fig) ~ verde, rosso* luz verde, roja; *(fig) cambiare ~* cambiar de disco, cambiar de rollo; *(aer) ~ volante* platillo volante; **~bolo** *m* discóbolo
discografi|a *f* discografía; **~co** *adj* discográfico
discoid|ale, -e *adj* discoidal
discolo *adj* díscolo, travieso
discolpa *f* disculpa, excusa; **~re** *vt* disculpar, exculpar
disconoscente *adj* ingrato
disconoscere *<16 -conosco; -conobbi; -conosciuto> vt* negar, no reconocer; desconocer
disconoscimento *m* negación *f*; desconocimiento
discontinu|ità *f/inv* discontinuidad *f*; **~o** *adj* discontinuo
discord|ante *adj* discordante; **~anza** *f* discordancia, desacuerdo *m*; discordancia, contraste *m*; **~are** *vi <avere>* discordar, discrepar, disentir; discordar, contrastar, diferir; **~e** *adj* discorde, divergente, discrepante; discorde, disonante; **~ia** *f* discordia, discrepancia, desavenencia
discorrere *<18 -corsi; -corso> vi <avere>* discurrir, hablar, tratar (*di* de)
discors|ivo *adj* discursivo; **~o** *m* 1. discurso, alocución *f*; 2. conversación *f*, charla *f*; tema; *attaccare ~ con q* entablar conversación con alg; *il ~ è caduto su di te* se ha hablado de tí; *questo è (tutt'un) altro ~* eso es otra cosa; *cambiare ~* cambiar de tema; 3. *ling* estilo; *~ diretto, indiretto* estilo directo, indirecto; 4. *ling* oración *f*; *analisi del ~* análisis de la oración; *parti del ~* partes de la oración
discost|are *vt* alejar (*da* de); **~o** *adj* alejado
discoteca *f* discoteca; **~ro, -a** *m/f* discotequero, -a
discredit|are *<esd> vt lit* desacreditar; **~o** *m* descrédito; *gettare il ~ su q* desacreditar a alg
discrepa|nza *f* discrepancia, divergencia
discret|amente *adv* discretamente, con discreción; medianamente, razonablemente; **~o** *adj* discreto, razonable, moderado; discreto, reservado; *mat* discreto
discrezion|ale *adj* discrecional; **~alità** *f/inv* discrecionalidad *f*; **~e** *f* discreción; *a ~ di* a discreción de, al arbitrio de; *senza ~* sin discreción, sin medida
discrimina|nte 1. *adj* discriminador; *ius* atenuante; **2.** *m mat* discriminante; **3.** *f ius*

atenuante; **~re** <*esd*> *vt* discriminar; **~torio** *adj* discriminatorio; **~zione** *f* discriminación

discuss|ione *f* discusión; *pol* debate *m*; **~o** *adj* discutido; debatido; controvertido

discut|ere <*23 discussi; discusso*> *vt/vi* <*avere*> discutir; debatir; *stud* defender; ~ *il prezzo/sul prezzo* regatear; ~ *una tesi di laurea* defender una tesis de licenciatura/doctorado; **~ibile** *adj* discutible, opinable

disdegn|are *vt* desdeñar, despreciar, menospreciar; **~o** *m* desdén, desprecio, menosprecio; **~oso** *adj lit* airado, colérico; desdeñoso, soberbio

disdetta *f* 1. mala suerte; 2. *ius* rescisión; **~re** *vt ius* rescindir

disdi|cevole *adj* inconveniente, inadecuado; **~re** <*21 -dico; -dissi; -detto*> *vt* desdecir

disdoro *m lit* desdoro

diseducativo *adj* deseducativo

disegn|are *vt pitt* dibujar; *tec* delinear; *fig* diseñar, proyectar; *fig* diseñar, describir; **~atore, -trice** *m/f* dibujante; *tec* delineante; **~o** *m* dibujo; *fig* esbozo, esquema; *fig* proyecto; intención *f*; *tessuto a ~i* tejido estampado; ~ *di legge* anteproyecto de ley; *fare ~i* hacer planes

diseguale V. **disuguale**

diserba|nte *adj/m* herbicida; **~re** *vt* desherbar, quitar las hierbas

diereda|re *vt* desheredar; **~zione** *f* desheredación, desheredamiento *m*

disert|are **1.** *vt* abandonar; **2.** *vi* <*avere*> *mil* desertar; **~ore** *m* desertor

diserzione *f mil* deserción

disfa|cimento *m* descomposición *f*; **~re** <*36 disfaccio/disfò/disfo; disfeci; disfatto*> **1.** *vt* deshacer; descomponer; destruir; ~ *la casa* trasladarse; **2.** *~rsi* 1. deshacerse, descomponerse; *fig* troncharse, descuajeringarse; deshacerse; ~ *dalle risa* troncharse de risa; ~ *in lacrime* deshacerse en lágrimas; 2. deshacerse, desembarazarse, librarse (*di* de)

disfatt|a *f* derrota; **~ismo** *m* derrotismo; **~ista** *adj/s* derrotista

disfavore: a ~ di *prep* en contra de

disfida *f lit* desafío *m*, reto *m*

disforme *adj* disforme

disfunzione *f* disfunción

disgel|are *vt/vi* <*avere/essere*> deshelar; **~o** *m* deshielo

disgiungere <*39 -giungo; -giunsi; -giunto*> *vt* disgregar

disgiuntivo *adj* disyuntivo

disgiunzione *f* disyunción

disgrafia *f med/psic* disgrafía

disgrazia *f* desgracia; *cadere in ~* caer en desgracia; *per ~* por desgracia; **~to, -a 1.** *adj* desgraciado, -a, funesto, -a, calamitoso, -a; desgraciado, -a, infeliz, desventurado, -a; desafortunado, -a; **2.** *m/f* desgraciado, -a, infeliz; *desp* desgraciado, -a, miserable

disgrega|bile *adj* descomponible, divisible; **~mento** *m* disgregación *f*, dispersión *f*; **~re** *vt* disgregar, dispersar; **~tore** *adj/s* disgregador; **~zione** *f* disgregación

disguido *m* extravío; error

disgust|are **1.** *vt* repeler, desagradar (*olor, comida*); *fig* disgustar, fastidiar; **2.** *~rsi* disgustarse, enfadarse; **~o** *m* repugnancia *f*, repulsión *f*; *fig* disgusto, fastidio, desagrado; **~oso** *adj* desagradable, repugnante, repelente

disidrata|re *vt* deshidratar; **~zione** *f* deshidratación

disillu|dere <*10 -illusi; -illuso*> *vt* desilusionar, decepcionar; **~sione** *f* desilusión, decepción

disimballare *vt* desembalar

disimparare *vt* desaprender, olvidar

disimpegn|are *vt* 1. desempeñar (*cargo*); 2. liberar (*de una promesa*); 3. desempeñar (*joyas...*); 4. *mil* socorrer; **~ato** *adj* 1. *arch* con entrada independiente; 2. *pol* no comprometido; **~o** *m* 1. liberación *f* (*de una promesa*); 2. resolución *f*, despacho (*de un asunto*); *fare qc per ~* hacer algo por compromiso/para cubrir el expediente; 3. desempeño (*joyas...*); 4. *mil* apoyo; 5. *pol* desafección *f*, falta de compromiso *f*; 6. *sport* despeje

disimpiego *m* desempleo, paro *fam*

disincagli|are *vt mar* desencallar, desvarar; *fig* allanar el camino; **~o** *m* desencallamiento

disincant|are *vt* desencantar, deshechizar; *fig* desencantar, desilusionar; **~ato** *adj* desencantado, deshechizado; desencantado, desilusionado; espabilado, despierto; **~o** *m* desencanto, desilusión *f*

disincentiv|are *vt* desincentivar; **~o** *m* impedimento, traba *f*, obstáculo

disincrostare *vt* desincrustar

disinfesta|nte **1.** *adj* fumigatorio; **2.** *m* gas fumigatorio; **~re** *vt* fumigar; **~zione** *f* fumigación

disinfetta|nte *adj/m* desinfectante; **~re** *vt* desinfectar

disinfezione *f* desinfección

disinfiammare *vt* desinflamar

disinformazione *f* desinformación

disingann|are *vt* desengañar; desilusionar; **~o** *m* desengaño

disinibi|re *vt* desinhibir; **~to** *adj* desinhibido, sin complejos; **~zione** *f* desinhibición

disinnes|care *vt* desactivar; **~co** *m* desactivación *f*; **~tare** *vt mec* desembragar; ~ *la frizione* desembragar; ~ *la marcia* quitar la marcha

disinquina|mento *m* descontaminación *f*; **~re** *vt* descontaminar

disinserire <*isc*> *vt* desenchufar, desconectar

disintegra|re <*esd*> *vt* desintegrar; **~tore** *m* desintegrador; **~zione** *f* desintegración

disinteress|amento *m* desinterés, desidia *f*; **~are** *vt* hacer desinteresarse (~ *q a qc* a alg por algo); **~ato** *adj* 1. desinteresado, apático; 2. desinteresado, desprendido, altruista; **~e** *m* desinterés

disintossica|re <*esd*> *vt* desintoxicar; **~zione** *f* desintoxicación

disinvestimento *m* desinversión *f*

disinvolt|o *adj* desenvuelto, abierto, desembarazado; *desp* chulo, descarado, caradura; ~**ura** *f* desenvoltura, desparpajo *m*; *desp* cara dura, chulería

disistima *f* desestima, menosprecio *m*; ~**re** *vt* desestimar, menospreciar

disless|ia *f med* dislexia; ~**ico** *adj* disléxico

dislivello *m* desnivel

disloca|mento *m mil* despliegue; *mar* desplazamiento; ~**re** *vt mil* desplegar; *mar* desplazar; ~**zione** *f mil* despliegue *m*; distribución, repartición; *med/geol/ling* dislocación

dislustrare *vt* deslustrar

dismesso *adj* desusado; en declive

dismisura *f* desmesura, exceso; *a* ~ en exceso

disobbediente... V. **disubbidiente**...

disobbligare <*esd*> *vt* liberar de una promesa

disoccupa|to, -a 1. *adj* parado, -a, desempleado, -a (*sin trabajo*); *fig* ocioso, -a, desocupado, -a, inactivo, -a; **2.** *m/f* desempleado, -a, parado, -a *fam* (*sin trabajo*); ~**zione** *f* desempleo *m*, paro *m/fam*; ~ *stagionale, tecnologica* paro estacional, tecnológico

disonest|à *f/inv* deshonestidad *f*, falta de honradez *f*; ~**o** *adj* deshonesto, ímprobo; inmoral

disonor|are *vt* deshonrar, ultrajar; ~**e** *m* deshonor, deshonra *f*, vergüenza *f*; ~**evole** *adj* deshonroso, ignominioso

disopra, di sopra 1. *adv* 1. arriba; encima; *salire* ~ subir arriba; *essere al* ~ *di ogni sospetto* estar por encima de toda sospecha; 2. antes, más arriba (*en un escrito*); **2.** *adj/inv* de encima, superior *adj*; **3.** *m/inv* parte de encima *f*, parte superior *f*

disordin|are <*esd*> *vt* desordenar; ~**ato** *adj/s* desordenado; ~**e** *m* 1. desorden; 2. *mpl* disturbios

disorgani|co *adj* inorgánico; ~**zzare** *vt* desorganizar; ~**zzazione** *f* desorganización, desorden

disorienta|mento *m* desorientación *f*; ~**re** *vt* desorientar, despistar

disormeggiare *vt* desamarrar, levar anclas

disossare *vt* deshuesar

disossida|nte *adj/m* desoxidante; ~**re** <*esd*> *vt* desoxidar, desoxigenar; ~**zione** *f* desoxidación

disotto, di sotto 1. *adv* 1. abajo; por debajo; *andare* ~ ir abajo; *essere al* ~ *del livello del mare* por debajo del nivel del mar; 2. abajo, más abajo (*en un escrito*); **2.** *adj/inv* de debajo, inferior *adj*; **3.** *m/inv* parte de abajo *f*, parte inferior *f*

dispaccio *m dipl/mil* despacho

dispar|ato *adj* diferente, dispar, heterogéneo; ~**ere** *m* diferencia de pareceres *f*, disensión *f*; ~**i** *adj/inv* diferente *adj*, dispar *adj*; *mat* impar *adj*, non *adj*; ~**ità** *f/inv* disparidad *f*; ~**te: in** ~ *adv* a parte, de lado, al margen; *lasciare/mettere in* ~ dejar de lado, relegar; *tenere q in* ~ mantener a alg al margen

dispendio *m* dispendio, derroche; gasto; ~ *di energie* derroche de energías; ~**so** *adj* dispendioso, caro

dispensa *f* 1. reparto *m*, distribución; 2. despensa (*lugar de la casa*); *mar* despensa, bodega; alacena (*mueble*); 3. *adm* exención, dispensa; *eccl* dispensa; 4. fascículo *m*; *stud* apuntes *mpl* (*de una materia*); *enciclopedia a* ~*e* enciclopedia en fascículos/por entregas; ~**bile** *adj* dispensable; ~**re** *vt* 1. repartir; *lit* dispensar, otorgar; 2. dispensar, eximir (*da* de); ~**rio** *m med* dispensario; ~**tore** *adj/s* dispensador

dispenser *m ingl/inv* máquina expendedora *f*

dispensiere *m* despensero

dispepsia *f med* dispepsia

dispera|nte *adj* desesperante; ~**re** *vt/vi* <*avere*> desesperar; ~**to** *adj/s* desesperado; ~**zione** *f* desesperación, desespero *m*

disperdere <*52 -persi; -perso*> **1.** *vt* dispersar; disolver (*manifestantes*); diseminar, esparcir (*cosas al aire*); desperdiciar, derrochar; **2.** ~*rsi* dispersarse

dispers|ione *f* dispersión; ~**ivo** *adj* disperso, desordenado; ~**o 1.** *adj* disperso, desordenado; **2.** *m mil* desaparecido en combate

dispetto *m* despecho (*sentimiento*); desaire, desplante (*acción*); irritación *f*, cólera *f*; *per* ~ por despecho; *a* ~ *di* a despecho de; *fare un* ~ hacer un desaire; ~**so** *adj* despechado, airado; molesto, fastidioso

dispiacere 1. *vi* 1. disgustar, molestar; 2. sentir; importar; *mi dispiace* lo siento; *mi dispiace che lui non venga* siento que no venga; *ti dispiacerebbe darmi un po' d'acqua?* ¿te importaría darme un poco de agua?; **2.** *m* disgusto, sinsabor, contrariedad *f*, sofoco

dispiegare *vt lit* desplegar

display *m infor* display, pantalla *f*

displuvio *m geogr* vertiente *f*; *linea di* ~ divisoria de aguas

dispn|ea *f med* disnea; ~**oico** *adj/s med* disneico

disponibil|e *adj* disponible; *(com) fondi* ~*i* fondos disponibles; ~**ità** *f/inv* 1. disponibilidad *f*; *adm* excedencia forzosa *f*; 2. *fpl* disponibilidad(es), disponible *m*

disporre <*56 -pongo; -posi; -posto*> *vt/vi* <*avere*> disponer

dispos|itivo *m* dispositivo, aparato; ~ *intrauterino (IUD)* dispositivo intrauterino (DIU); ~**izione** *f* disposición; disposición, colocación; *fig* dotes *fpl*, aptitud (*per qc* para algo); *a sua completa* ~ a su entera disposición, para lo que guste usted mandar

disposto 1. *adj* dispuesto, colocado; dispuesto, preparado; *ben, mal* ~ bien, mal dispuesto; **2.** *m ius* lo dispuesto; *il* ~ *della legge* lo dispuesto en la ley

dispoti|co *adj pol/fig* despótico, tiránico, dictatorial; ~**smo** *m pol/fig* despotismo; ~ *illuminato* despotismo ilustrado

dispre|giativo *adj* despreciativo; ~**gio** *m* desprecio

disprezz|abile *adj* despreciable, ruín; **~are** *vt* despreciar; **~o** *m* desprecio
disputa *f* disputa; **~bile** *adj* disputable, discutible; **~re** *<esd>* **1.** *vi <avere>* disputar, debatir (*di/su qc* de/sobre algo); disputar, competir; **2.** *vt* disputar, debatir, discutir; *sport* disputar
disquisizione *f* disquisición
dissacra|re *vt eccl/fig* desacralizar; **~zione** *f eccl/fig* desacralización
dissala|re *vt* desalar; **~zione** *f* desalación
dissangua|mento *m* desangramiento; **~re** *vt med/fig* desangrar
dissapore *m* rencilla *f*, desacuerdo
dissecare *vt med* diseccionar, disecar
disseccare *vt* desecar, resecar
disselciare *vt* desempedrar (*calle*)
dissemina|re *<esd> vt* diseminar, esparcir; *fig* divulgar, propagar; **~tore, -trice** *m/f* diseminador, -a, esparcidor, -a; *fig* divulgador, -a, propagador, -a; **~zione** *f bot* diseminación
dissennat|ezza *f* insensatez, estupidez; **~o** *adj/s* insensato, estúpido
dissenso *m* disensión *f*, desavenencia *f*, desacuerdo
dissenteria *f med* disentería
dissenti|mento *m* disentimiento, desacuerdo; **~re** *vi <avere>* disentir (*da q su qc* de alg en algo)
dissenziente *adj/s* discorde, en desacuerdo
disseppellire *<isc> vt* desenterrar, exhumar
dissequestr|are *vt* desembargar; **~o** *m* desembargo
disserta|re *vi <avere>* disertar (*su qc* sobre algo); **~zione** *f* disertación; **~** *di laurea* tesis de licenciatura/doctorado
disservizio *m* mal funcionamiento, ineficacia *f*, deficiencia *f*
dissest|are *vt* desarreglar, desordenar; *strada* **~a** carretera en mal estado; **~ato** *adj* en mal estado; desastrado; **~o** *m* desarreglo, desorden
disseta|nte *adj* refrescante, que quita la sed; **~re** *vt* refrescar, quitar la sed
dissettore *m med* disector
dissezione *f med* disección
dissid|ente *adj/s* disidente; **~enza** *f* disidencia; **~io** *m* disenso, desacuerdo, discrepancia *f*
dissigillare *vt* desellar
dissimile *adj* diferente
dissimmetri|a *f* disimetría; **~co** *adj* disimétrico
dissimula|re *<esd> vt* disimular, fingir; disimular, disfrazar; **~tore, -trice** *m/f* disimulador, -a; **~zione** *f* disimulo *m*, disimulación
dissipa|re *<esd> vt* disipar; **~tezza** *f* disipación; **~to** *adj* disipado, vicioso; **~tore, -trice** *m/f* disipador, -a, malgastador, -a; **~zione** *f* disipación
dissocia|bile *adj* disociable; **~re** *vt* disociar; **~to** *adj* disociado; **~zione** *f* disociación
dissoda|mento *m agr* roturación *f*, artiga *f*; **~re** *vt agr* roturar, artigar
dissolubil|e *adj* disoluble; **~ità** *f/inv* disolubilidad *f*
dissolut|ezza *f* disolución, disipación, desenfreno *m*; **~o** *adj* disoluto, licencioso, disipado, crápula
dissoluzione *f* disolución
dissolvenza *f cine* fundido *m*; **~** *incrociata* fundido encadenado
dissolvere *<5 dissolsi/-vetti/-vei; dissolto> vt* disolver
dissomiglia|nza *f* disimilitud; **~re** *vi lit* desemejar (*da* de)
dissonan|te *adj mus* disonante, discordante; *fig* discorde; **~za** *f mus* disonancia, discordancia; *fig* discordancia, desacuerdo *m*
dissotterrare *vt* desenterrar
dissua|dere *<35 dissuasi; dissuaso> vt* disuadir (*q da qc* a alg de algo); **~sione** *f* disuasión; **~sivo** *adj* disuasivo, disuasorio
dissuggellare *vt* desellar, romper el sello
distacc|amento *m mil* destacamiento; **~are** *vt* separar; quitar, desprender; *bot* arrancar; *mil* destacar; *sport* destacarse, dejar atrás; **~ato** *adj* distante, ausente, indiferente; **~o** *m* 1. separación *f*; desglose; desprendimiento; *bot* arranque; *fig* indiferencia *f*, despego, desinterés; *sport* ventaja *f*; *aer* despegue; *(med)* **~** *della retina* desprendimiento de retina; *(sport) vincere con* **~** ganar con holgura/ventaja
distan|te 1. *adj a. fig* distante, lejano; **2.** *adv* lejos; *venire da molto* **~** venir de muy lejos; **~za** *f* distancia; *(sport/fig) venire fuori alla* **~** ganar en el último momento; *(fig) (man)tenere le* **~e** mantener las distancias
distanzia|mento *m* distanciamiento; **~re** *vt* 1. alejar (*da* de); 2. *sport* aventajar; dejar atrás; **~** *q di venti metri* aventajar a alg en veinte metros, sacarle a alg veinte metros
distare *vi/def <sin tiempos compuestos>* distar (*da* de); estar lejos (*da* de)
distendere *<58 -tesi; -teso>* **1.** *vt tec* destensar; relajar, distender (*nervios, músculos*); estirar (*piernas*); desplegar (*velas*); tender (*ropa*); acostar, tumbar, tender (*cuerpo*); tumbar, abatir, echar por tierra; extender, untar (*crema, líquidos, colores...*); **2.** **~rsi** relajarse; tumbarse, acostarse
distens|ione *f* 1. relajamiento *m*; *pol* distensión; 2. *sport* levantamiento en dos tiempos *m* (*halterofilia*); **~ivo** *adj* relajante; *pol* distensivo, de distensión; *politica* **~a** política de distensión
distes|a *f* extensión, superficie; hilera, ristra; *suonare a* **~** echar las campanas al vuelo, repicar; *cantare a* **~** cantar a grito pelado; **~amente** *adv* detenidamente; **~o** *adj* tendido, acostado; amplio, extenso; *per* **~** largo y tendido
distico *<pl -ci> m ling* dístico
distill|are 1. *vt chim* destilar; derramar (*lágrimas*); **2.** *vi* gotear, filtrarse; **~ato** *adj/m* destilado; **~atoio** *m* alambique, destilador; **~atore, -trice** 1. *m/f* destilador, -a; 2. *m* alambique, destilador; **~a-**

zione *f* destilación; ~ *frazionata, distruttiva* destilación fraccionada, destructiva; ~**eria** *f* destilería

distinguere <*24 distinguo; distinsi; distinto*> **1.** *vt* distinguir (*da* de); **2.** ~*rsi fig* distinguirse, destacar, sobresalir

distint|a *f com* lista, listín *m*, nota; ~**tivo** *adj/m* distintivo; ~**o** *adj fig* distinguido; ~*i saluti* reciba mis más cordiales saludos, le saludo atentamente (*en cartas*)

distinzione *f* distinción

distogliere <*12 -tolgo; -tolsi; -tolto*> *vt* alejar, separar; distraer (*q da qc* a alg de algo)

distorcere <*80 -torco; -torsi; -torto*> *vt med* torcer, dislocar; *fis/fig* distorsionar

distorsione *f med* torcedura, dislocación, esguince *m*; *fig/fis/mus* distorsión

distra|rre <*81 -traggo; -traevo; -trassi; -tratto*> **1.** *vt* distraer, apartar (*q da qc* a alg de algo); desviar, apartar (*la mirada*); *econ* desviar; *fig* distraer, entretener; **2.** ~*rsi* distraerse, entretenerse; ~**tto** *adj* distraído, despistado; ~**zione** *f* 1. distracción, descuido *m*, despiste *m*; 2. *econ* desvío *m*, distracción; 3. *fig* distracción, diversión, entretenimiento *m*

distretto *m* distrito; *geogr* comarca *f*, zona *f*; ~ *elettorale, postale* distrito electoral, postal; ~ *carbonifero* zona carbonifera

distribu|ire <*isc*> *vt* distribuir; repatir; ~**tivo** *adj* distributivo; *giustizia* ~*a* justicia distributiva; ~**tore, -trice** 1. *m/f post/tip* repartidor, -a; *com* distribuidor, -a; 2. *m* distribuidor; *mec* máquina expendedora *f*; ~ *automatico* máquina automática; ~ *(di benzina)* surtidor (de gasolina); ~ *di sigarette* máquina de tabaco; ~**zione** *f mec/com* distribución; *post/tip* reparto *m*; repartición (*cantidades*)

districare **1.** *vt a. fig* desenredar, desenmarañar; **2.** ~*rsi fig* desenvolverse, manejarse *fam*

distruggere <*25 distruggo; distrussi; distrutto*> *vt* destruir

distrutt|ivo *adj* destructivo; ~**o** *adj* destruido; *fig* molido, deshecho, hecho polvo *fam*; ~**ore** *adj/s* destructor

distruzione *f* destrucción

disturb|are **1.** *vt* molestar, importunar; estorbar, obstaculizar; *med* sentar mal; **2.** ~*rsi* molestarse, tomarse la molestia; *non si disturbi* no se moleste; ~**atore** *adj/s* perturbador, alborotador; ~**o** *m* molestia *f*, trastorno; estorbo, obstáculo, impedimento; *med* molestia *f*, malestar, desarreglo

disubbidi|ente *adj* desobediente, rebelde, díscolo; ~**enza** *f* desobediencia, rebeldía; ~**re** <*isc*> *vi* <*avere*> desobedecer *vt/vi* (*a q* a alg, *a un ordine* una orden)

disugua|glianza *f* desigualdad; ~**le** *adj* desigual

disuman|izzare *vt* deshumanizar; ~**izzazione** *f* deshumanización; ~**o** *adj* inhumano, infrahumano

disumidire <*isc*> *vt* deshumedecer

disunione *f* desunión

disunire <*isc*> *vt* desunir

disus|ato *adj* desusado, raro; ~**o** *m* desuso; *cadere in* ~ caer en desuso

disutile *adj* inútil, inservible; inútil, inepto (*persona*)

dita|le *m* dedal; ~**ta** *f* dedada

diteggiatura *f mus* digitación

ditiramb|ico *adj ling* ditirámbico; ~**o** *m ling* ditirambo

dito <*pl i diti; le dita: colectivo)*> *m* dedo; *(fig) mostrare/segnare a* ~ señalar con el dedo; *(fig) questa me la lego al* ~ *qc* esta te/se... la guardo; *(fig) mettere il* ~ *sulla piaga* poner el dedo en la llaga; *(fig) non muovere/alzare un* ~ *in favore di q* no mover un dedo en favor de alg/por alg; *sapere qc sulla punta delle* ~*a* saber algo al dedillo; *(fig) leccarsi le* ~*a* chuparse los dedos, estar de rechupete; *(fig) si contano sulle* ~*a/sulla punta delle* ~*a* se pueden contar con los dedos (de una mano)

ditta *f com* firma, empresa, casa; ~**fono** *m* dictáfono

dittat|ore *m pol* dictador; ~**oriale** *adj* dictatorial; ~**ura** *f pol* dictadura

dittero *m zool* díptero

dittico *m pitt* díptico

dittong|are *vi* <*avere*> diptongar; ~**azione** *f* diptongación; ~**o** <*pl -ghi*> *m* diptongo

diure|si *f/inv med* diuresis; ~**tico** *adj med* diurético

diurn|ista *m/f* jornalero, -a, eventual; ~**o** *adj* diurno; *albergo* ~ albergue/hotel de día

diva *f cine/mus* diva, estrella

divaga|re *vi* <*avere*> divagar; ~**zione** *f* divagación

divampare *vi* arder, inflamarse; extenderse (*incendio*); *fig* estallar (*guerra*)

divano *m* diván, sofá; ~ *letto* sofá cama; ~ *alla turca* otomana

divari|care <*esd*> *vt* abrir, separar; ~**o** *m* diferencia *f*, divergencia *f*

divenire <*86 -vengo; -venni; -venuto*> V. **diventare**

diventare *vi* convertirse (en), volverse, hacerse, resultar, llegar a ser, devenir *lit*; ~ *medico* convertirse en médico, hacerse médico; ~ *pazzo* volverse loco; ~ *grande* hacerse mayor; *(fig)* ~ *rosso* ponerse colorado; *(fig)* ~ *di sasso* quedarse de piedra

diverbio *m* discusión *f*, disputa *f*

divergen|te *adj* divergente; ~**za** *f* divergencia

divergere *vi def* <*sin Pl ni PP*> diverger

diversamente *adv* de otra forma, de otro modo, de forma diferente

diversifica|re <*esd*> *vt* diversificar, variar; ~**zione** *f* diversificación

diversione *f* desviación; *mil* distracción

diversità *f/inv* diversidad *f*, diferencia *f*

diversivo **1.** *adj mil* de distracción; *manovra* ~*a* maniobra de distracción; **2.** *m* distracción *f*, entretenimiento

diverso **1.** *adj* diferente, distinto; **2.** *adj/pr* varios, algunos

divert|ente *adj* divertido, entretenido, distraído; ~**imento** *m* diversión *f*, entretenimiento, esparcimiento; *mus* divertimento; *buon* ~*!* ¡que te lo pases bien!/¡que

os lo paséis bien!...; ~**ire** *<isc/diverto>* **1.** *vt* divertir, entretener, distraer; **2.** *~rsi* divertirse, pasár(se)lo bien; *~rsi alle spalle di q* divertirse a costa de alg; ~**ito** *adj* divertido, jovial, risueño (*expresión*)
divezza|mento *m* destete; ~**re** *vt* desacostumbrar, deshabituar; *med* destetar (*niño*)
dividendo *m econ/mat* dividendo
dividere *<61 divisi; diviso> vt* dividir, partir, repartir; *mat* dividir; *fig* dividir, desunir; *~ 9 per 3* dividir 9 entre 3; *~ a/per metà* partir por la mitad
divieto *m* prohibición *f*; *~ di sosta* prohibido estacionar, estacionamiento prohibido; *~ di pesca, di caccia* veda (de pesca, de caza)
divina|re *vt* adivinar; *fig* preveer; ~**tore** *adj/s* adivino; ~**torio** *adj* adivinatorio; ~**zione** *f* adivinación
divincola|mento *m* forcejeo, agitación *f*; ~**rsi** *<esd>* debatirse, forcejear, agitarse
divinità *f/inv* divinidad *f*, deidad *f*
divinizza|re *vt* divinizar, deificar; *fig* endiosar; ~**zione** *f* divinización, deificación
divino *adj* divino, celestial; *fig* divino, sublime, exquisito
divisa *f* uniforme *m*; *arald* divisa; *econ* divisa
divisibil|e *adj* dividible; *mat* divisible; ~**ità** *f/inv* divisibilidad *f*
division|ale *adj mil* divisional, de división; *econ* divisionario; *moneta ~* moneda divisionaria; ~**e** *f mat/mil* división; (re)partición; *fig* división, desunión; *~ dei poteri* división de poderes; *~ ospedaliera* sala de hospital; *~ corazzata* división acorazada; *(sport) massima ~* división de honor
divismo *m* divismo
diviso *adj* dividido, partido; *quattro ~ due fa due* cuatro entre/dividido por dos da dos; ~**re** *m mat* divisor; *massimo comun ~* máximo común divisor; ~**rio** **1.** *adj geogr* divisorio; *arch* medianero; **2.** *m geogr* divisoria *f*; *arch* tabique
divo *m* 1. *lit* divo, deidad *f*; 2. *cine/mus* divo, estrella *f*
divora|re *vt gastr/fig* devorar, engullir; *~ con gli occhi* comerse con los ojos; ~**tore, -trice** *m/f gastr/fig* devorador, -a
divorz|iare *vi <avere>* divorciarse (*da q* de alg); ~**io** *m ius/fig* divorcio; ~**ista** *adj/s* divorcista
divulga|re *vt* divulgar, difundir; popularizar; ~**tivo** *adj* divulgativo; ~**tore, -trice** *m/f* divulgador, -a; ~**zione** *f* divulgación, difusión
dizion|ario *m* diccionario, vocabulario; ~**arista** *m/f* lexicógrafo, -a, diccionarista; ~**e** *f* dicción
do *m mus* do; *(a. fig) ~ di petto* do de pecho
docc|ia *f* ducha; *fare la ~* ducharse, darse una ducha; *(fig) una ~ fredda* un jarro de agua fría; ~**ione** *m arch* canalón; *arch/ant* gárgola *f*
docen|te **1.** *adj* docente; *personale ~* personal docente, cuerpo académico; **2.** *m/f* profesor, -a; ~**za** *f* docencia
docil|e *adj zool/fig* dócil; ~**ità** *f/inv zool/fig* docilidad *f*
document|ale *adj* documental; ~**are** *vt* documentar; ~**ario** *m cine/TV* documental; ~**arista** *m/f cine/TV* documentalista; ~**atore, -trice** *m/f* documentalista; ~**azione** *f* documentación; ~**o** *m* 1. documento; 2. *mpl adm* documentación *f*, papeles
dodeca|edro *m mat* dodecaedro; ~**fonia** *f mus* dodecafonía; ~**gono** *m mat* dodecágono; ~**sillabo** *adj/m ling* dodecasílabo
dodic|enne **1.** *adj* de doce años, doceañero, -a *fam*; **2.** *m/f* persona de doce años *f*, doceañero, -a *fam*; ~**ennio** *m* período de doce años; ~**esimo** **1.** *adj* duodécimo; doce; *Luigi XII* Luis XII (Doce); **2.** *m* doceavo
dodici *m* doce
doga *f* duela
dogan|a *f* aduana; ~**ale** *adj* aduanero; ~**iere** *m* aduanero
dogaressa *f hist* dogaresa
doge *m hist* dux
doglia *f* 1. *lit* dolor *m/est*, sufrimiento *m/est*; 2. *fpl* dolores del parto *mpl*
dogma *m* dogma
dogmati|ca *f* dogmática; ~**co** *adj* dogmático; ~**smo** *m* dogmatismo; ~**zzare** *vi <avere>* dogmatizar
dolce **1.** *adj* dulce; **2.** *m* dulce; postre; ~**-amaro** *adj* agridulce; ~**vita, dolce vita** *f/inv* jersey de cuello de cisne *m*; ~**zza** *f* dulzura; *le ~e della vita* las alegrías de la vida
dolcia|na *f mus/ant* dulzaina; ~**rio** *adj/s* pastelero, confitero; ~**stro** *adj* dulzón, dulzarrón; *fig* melifluo, melindroso
dolcichini *mpl bot/gastr* chufas *fpl*
dolcifica|nte *m* edulcorante; ~**re** *<esd> vt* dulcificar; *chim* edulcorar
dolciumi *mpl* golosinas *fpl*, dulces, caramelos
dolente *adj* doliente, dolorido; *fig* apenado, apesadumbrado; *sono ~ di quanto è successo* siento mucho lo que ha pasado
dolere *<27 dolgo; dolsi; doluto>* **1.** *vi* 1. doler; *mi duole un dente* me duele un diente; 2. sentir, lamentar; *mi duole di non potervi aiutare* siento no poder ayudaros; **2.** *~rsi* dolerse, lamentarse (*di* de); quejarse (*di* de)
dolina *f geol* torca
dollaro *m* dólar
dolmen *m/inv* dolmen *m*
dolo *m ius* dolo
dolomi|a *f min* dolomía; ~**te** *f min* dolomita; ***~ti:** *le ~* las Dolomitas
dolor|ante *adj* doliente, quejoso; ~**are** *vi <avere> lit <avere>* dolerse *est*; ~**e** *m med/fig* dolor; *con tutto il mio ~* con todo el dolor de mi corazón; ~**ifico** *adj* doloroso; ~**oso** *adj* doloroso
dolos|ità *f/inv ius* dolo *m*; ~**o** *adj ius* doloso, fraudulento
domabile *adj zool/fig* domable
domanda *f* pregunta; petición; *adm* solicitud; *econ* demanda; *inoltrare/fare una ~*

presentar una solicitud; ~ *e offerta* oferta y demanda; ~**re 1.** *vt* 1. preguntar; 2. pedir; **2.** *vi* <*avere*> preguntar (*di q* por alg)

domani *adv/m* mañana (*el día siguiente*); ~ *mattina* mañana por la mañana; *a* ~ hasta mañana; *dall'oggi al* ~ de la noche a la mañana; *(fig)* ~ *si penserà* mañana será otro día

domare *vt zool/fig* domar, amansar

domatore, -trice *m/f* domador, -a; chalán *m/am* (*caballos*)

domattina *adv* mañana por la mañana

domatura *f* doma

domenica *f* domingo *m*; ~ *delle Palme, di Pasqua* domingo de Ramos, de Resurrección; ~ *in Albis* domingo de Cuasimodo; *guidatore della* ~ dominguero

domenicale *adj* dominical

domenicano *adj/s eccl* dominico; *geogr* dominicano

domestic|a V. ~**o**; ~**ità** *f/inv* docilidad *f*, mansedumbre *f*; ~**o, -a 1.** *adj* doméstico, -a; **2.** *m/f* criado, -a, sirviente, -a, chacha *f*

domicili|are 1. *adj ius* domiciliar; *arresto, perquisizione* ~ arresto, registro domiciliar; **2.** *vt com* domiciliar (*letra*); **3.** ~*rsi* domiciliarse, empadronarse, avecindarse; ~**azione** *f* domiciliación; ~ *delle bollette* domiciliación de recibos; ~**o** *m ius* domicilio; ~ *fiscale, legale* domicilio fiscal, legal

domina|nte 1. *adj* dominante, predominante; **2.** *f cine/foto/mus* dominante; ~**re** <*esd*> **1.** *vt/vi* <*avere*> dominar; **2.** ~*rsi* dominarse, controlarse; ~**tore** *adj/s* dominador; ~**zione** *f* dominación

domini|cale *adj ius/eccl* dominical; ~**o** *m* 1. dominio, autoridad *f*; *beni di* ~ *pubblico* bienes de dominio público; ~ *di sé* dominio de sí mismo; 2. dominio, posesión *f*, tierra *f*

domino *m* dominó (*juego, traje*)

domma... V. **dogma**...

don *adj* 1. don (*se aplica sólo al clero*); 2. *reg* don

dona|re 1. *vt ius/med* donar; **2.** *vi* <*avere*> *ius* hacer una donación *vt*; *fig* ir, sentar (*bien, mal*); ~**tario, -a** *m/f ius* donatario, -a; ~**tivo** *m* donativo; ~**tore, -trice** *m/f med* donante; ~**zione** *f ius/med* donación

donchisciotte *m* quijote

donde *adv lit* 1. de donde, desde donde; *il posto* ~ *è uscito* el lugar desde donde ha salido; 2. de lo que; ~ *si deduce*... de lo que se deduce...

dondol|amento *m* balanceo; vaivén; ~**are** <*esd*> **1.** *vt* mecer, balancear; columpiar; acunar; **2.** *vi* <*avere*> balancearse; columpiarse; **3.** ~*rsi* mecerse, columpiarse; ~**io** *m* balanceo

dondolo *m fam* columpio; *sedia, poltrona a* ~ mecedora; *cavallo a* ~ caballito

dondoloni *adv* meciéndose, balanceándose; *fig* holgazaneando; *andare* ~ hacer el vago

dongiovanni *m/inv* donjuán *m*

donna *f* 1. mujer; ~ *di casa* mujer de su casa; *andare a* ~*e* ir de putas *vulg*; *(euf)* ~ *galante/*~ *di vita (allegra)* mujer de vida alegre; ~ *cannone* mujer forzuda (*feria*); 2. criada, sirvienta; ~ *di servizio* asistenta, chacha, criada; ~ *fissa* interna; ~ *delle pulizie* mujer de la limpieza; 3. reina (*naipes*); ~**ccia** *f desp* mujerzuela, guaricha *am*; ~**iolo** *adj/m* mujeriego

donnesco <*pl -chi, -che*> *adj* mujeril, de mujeres; *lavori* ~*i* faenas de mujeres

donni|cciola *f* mujercita; *desp* cotilla; *desp* gallina *m*, miedoso *m*; ~**na** *f* mujercita; *desp/euf* mujerzuela, guaricha *am*; ~ *allegra* mujer de vida alegre

donnola *f zool* comadreja

donnone *m* mujerona *f*

dono *m* don, dádiva *f*, obsequio; don (*cualidad*); *avere il* ~ *delle lingue* tener facilidad para las lenguas

donzell|a *f* 1. *lit* doncella; 2. *zool* doncella, budión *m*; ~**o** *m ant* doncel

dop|arsi *sport* doparse; ~**ing** *m ingl/inv* dopaje *m*, dóping

dopo 1. *adv* después, luego, más tarde; *poco* ~ al poco tiempo, poco después; *a* ~ hasta luego; *ci vediamo* ~ non vemos luego/más tarde; **2.** *prep* después de; ~ *tutto* al fin y al cabo, después de todo; ~ *pranzo, cena* después de comer, de cenar; ~ *la pioggia esce il sole* después de/tras la lluvia sale el sol; ~ *di me, te, lui* después de mí, tí, él; **3.** *conj* después de; ~ *averlo fatto, si pentì* después de hacerlo/haberlo hecho, se arrepentió; ~ *di che* después de lo cual; **4.** *adj/inv* siguiente *adj*; *il giorno* ~ el día siguiente

dopo|barba *m/inv* loción para después del afeitado *f*, after-shave *ingl/inv*; ~**borsa** *m/inv econ* operaciones fuera del parqué *fpl*; ~**cena** *m/inv* tiempo que transcurre después de la cena; tertulia después de la cena *f*; ~**diché** V. **dopo**; ~**domani** *adv* pasado mañana; ~**guerra** *m* posguerra *f*; ~**lavoro** *m/inv* ="organismo que organiza actividades para el tiempo libre de los trabajadores" *m*; ~**pranzo** *m/inv* sobremesa *f*; ~**scì** *adj/m/inv* après-ski; ~**sole** *m* after sun *ingl*, crema para después del sol *f*; ~**tutto** V. **dopo**

doppia|ggio *m cine* doblaje; ~**re** *vt mar/sport/cine* doblar; ~**tore, -trice** *m/f cine* doblador, -a; actor, actriz de doblaje

doppie|tta *f* 1. *mil* escopeta de dos cañones; 2. *auto* doble embrague *m*; 3. *sport* doblete *m* (*fútbol*); ~**zza** *f* duplicidad; *fig* doblez, falsía, mala intención

doppio 1. *adj* doble; *fig* falso, hipócrita; **2.** *adv* doble; *vederci* ~ ver doble; **3.** *m* 1. doble; 2. *sport* dobles *mpl*; 3. *teatro* doble

doppiofondo <*pl doppifondi*> *m mar* doble fondo; doble fondo (*de maleta*)

doppiolavorista *adj/s* pluriempleado

doppione *m* duplicado; *ling* doblete

doppiopetto <*pl doppipetti/-i*> *m* chaqueta cruzada *f*

doppista *m/f sport* jugador, -a de dobles

dorare *metal/gastr* dorar; *(fig)* ~ *la pillola* dorar la píldora

dorat|o *adj* dorado; ~**ore, -trice** *m/f* dorador, -a; ~**ura** *f* dorado *m*

dorico *adj/m* dórico

dorifor|a *f zool* escarabajo de la patata *m*; ~**o** *m hist* dorífero

dormi|cchiare *vi <avere>* dormitar; ~**glione** *adj/m* dormilón; ~**re 1.** *vi <avere>* dormir; ~ *come un ghiro/come un masso* dormir como un lirón/como un tronco, *qui dorme...* aquí yace (*lápidas*); *(fig)* ~*rci sopra* consultar (algo) con la almohada; **2.** *vt* dormir; ~ *il sonno dei giusti* dormir el sueño de los justos

dormit|a *f* sueño *m*, siesta; *zool* dormida; ~**ina** *f* sueñecito *m*, cabezadita; ~**orio 1.** *m* dormitorio (*colectivo*); ciudad dormitorio *f*; ~ *pubblico* asilo nocturno; **2.** *adj* dormitorio; *città* ~ ciudad dormitorio

dormiveglia *f/inv* duermevela *m*

dors|ale 1. *adj* dorsal; *(biol) spina* ~ espina dorsal; *(sport) salto* ~ salto de espalda; **2.** *m* respaldo (*silla*); cabecera *f* (*cama*); **3.** *f geol* dorsal (*montaña, océano*); ~**ista** *m/f sport* nadador, -a de espaldas; ~**o** *m* dorso; *tip* dorso, lomo

dosa|ggio *m* dosificación *f*; ~**re** *vt* dosificar; ~**tura** *f* dosificación

dose *f* dosis; *fig* ración; *una buona* ~ *di legnate* una buena ración de palos; *(fig) rincarare la* ~ cargar las tintas

dossier *m fr/inv* dossier *m*

dosso *m* dorso; *auto* cambio de rasante; *(a. fig) levarsi di* ~ quitarse de en medio; *(fig) levarsi un peso di* ~ quitarse un peso de encima

dota|le *adj ius* dotal; ~**re** *vt ius* dotar; *fig* dotar, equipar, proveer; ~**to** *adj* dotado, preparado; ~**zione** *f* dotación

dote *f ius/fig* dote

dotto *adj/m* docto, sabio

dottor|ale *adj* doctoral; *desp* pedante; ~**ato** *m* doctorado; ~ *di ricerca* doctorado, programa/cursos de doctorado; ~**e, -essa 1.** *m/f stud* 1. licenciado, -a, doctor, -a (*título dado a los licenciados en Italia*); *fam* doctor, -a, médico, -a; ~ *in agraria* ingeniero agrónomo; 2. doctor, -a; ~ *in legge* doctor en derecho; **2.** *m eccl* doctor; *i* ~*i della Chiesa* los doctores de la Iglesia

dottrina *f* doctrina; ~**le** *adj* doctrinal; ~**rio** *adj/m* doctrinario

double-face *adj ingl/inv* reversible *adj*; *cappotto* ~ abrigo reversible

dove 1. *adv* 1. donde; adonde; *mi piace* ~ *sono* me gusta donde estoy; *non so dove andiamo* no sé (a)donde vamos; 2. dónde; adónde; ~ *vai?* ¿(a)dónde vas?; **2.** *(m) in/per ogni* ~ por dondequiera, por doquier

dovere *<28 devo/debbo; dovei/dovetti; dovuto>* **1.** *<verbo modal>* deber, haber de, tener que; *devo farlo* debo hacerlo, tengo que hacerlo, he de hacerlo; *sono dovuto andare* he tenido que ir; *ho dovuto cantare* he tenido que cantar; **2.** *vt* deber, adeudar; ~ *una somma* deber una suma; ~ *la vita a q* deberle la vida a alg; **3.** *m* deber, obligación *f*; *a* ~ a conciencia; *fare/compiere il proprio* ~ cumplir con su deber; *farsi un* ~ *di qc* sentirse en la obligación de hacer algo

doveroso *adj* obligado, debido

dovizia *f lit* copia (*abundancia*)

dovunque *adv/pr* por doquier, por dondequiera, por todas partes; ~ *tu vada* dondequiera que vayas, vayas donde vayas

dovuto 1. *adj* debido; ~ *a* debido a; **2.** *m* debido; *bere più del* ~ beber más de lo debido

dozzina *f* docena; *(fig/desp) di/da* ~ del montón; ~**le** *adj desp* adocenado, vulgar

dracma *m* dracma

draconiano *adj fig* draconiano

draga *f tec* draga; ~**ggio** *m tec* dragado; ~**mine** *m/inv mil* dragaminas; ~**re** *vt tec* dragar

drago *<pl -ghi>* *m mit* dragón

dragomanno *m ant* dragomán, trujamán

dragon|cello *m bot* estragón; ~**e** *m mit/mil* dragón

dramma *m* 1. *ant* dracma; 2. *teatro/fig* drama

drammati|ca *f* dramática; ~**cità** *f/inv* dramatismo *m*; ~**co** *adj* dramático; ~**zzare** *vt teatro/fig* dramatizar

drammaturg|ia *f* dramaturgia; ~**o, -a** *m/f* dramaturgo, -a

drappeggi|are *vt* drapear, fruncir; ~**o** *m* drapeado, fruncido

drappell|a *f mil* banderola; ~**o** *m mil* pelotón, escuadrilla *f*

drapperia *f* pañería

drappo *m* paño

drastico *adj* drástico

drena|ggio *m agr/med* drenaje; ~**re** *vt agr/med* drenar

driade *f mit* dríade

dribbl|are *vt sport* regatear, driblar; ~**ing** *m ingl/inv sport* regate *m*, dribbling *m*

drindrin, drin drin *onom* ring ring

drink *m ingl/inv* copa *f*; *vuoi un* ~*?* ¿quieres tomar algo?

dritt|a *f fam* explicación, información; ~**o 1.** *adj* V. **diritto**; **2.** *m fam* listo, despabilado, despierto

drive *m ingl/inv* 1. *sport* drive; 2. *infor* unidad de disco *f*

drive-in *m ingl/inv* drive-in

drizzare *vt* enderezar, poner recto; erigir, levantar, colocar; dirigir (*apuntar*); ~ *le orecchie* ser todo oídos, poner atención

droga *f* droga; ~ *leggera, pesante* droga blanda, dura; ~**re 1.** *vt* drogar; *sport* dopar; *gastr* especiar; **2.** ~*rsi* drogarse; picarse (*heroína*); *sport* doparse; ~**to, -a 1.** *adj* drogado, -a, enganchado, -a *fam*; yonqui (*heroína*); **2.** *m/f* drogadicto, -a, drogata *fam*

drogh|eria *f* droguería; ultramarinos *m*; ~**iere, -a** *m/f* droguero, -a, tendero, -a

dromedario *m zool* dromedario

drudo *m lit* amante, galán

dual|e *adj* dual; ~**ismo** *m* dualismo; ~**ità** *f/inv* dualidad *f*

dubbio 1. *adj* dudoso; **2.** *m* duda *f*; *non c'è* ~ sin duda, no me cabe duda; *senza* ~ sin duda, por descontado; *essere in* ~ estar dudoso; *essere (qc) fuori* ~ estar (algo) fuera de discusión; *mettere in* ~ poner en tela de juicio, poner en entredicho; ~**sità** *f/inv* duda *f*, incertidumbre *f*; ~**so** *adj* dudoso, inseguro

dubita|**re** *<esd>* *vi* *<avere>* dudar; temer, sospechar; *dubito che venga* dudo que venga; *ne dubito* lo dudo; *dubito che la malattia sia ben più grave* me temo que la enfermedad es bastante más grave; ~**tivo** *adj* dubitativo; ~**zione** *f ling* dubitación

duca *m* duque; ~**to** *m* ducado (*pol, moneda*)

duce *m pol* caudillo; *il *~* el Duce (*B. Mussolini*)

duchessa *f* duquesa

due *adj/m* dos; *a ~ a ~* de dos en dos; *tutt'e ~, tutti/tutte e ~* los dos/las dos; *tutte e ~ le sorelle* las dos hermanas; *fare ~ passi* dar una vuelta; *(fig) come ~ e ~ sono quattro* como tres y dos son cinco

duecent|**esco** *adj* del siglo XIII; ~**ista 1.** *adj* del siglo XIII; **2.** *m/f* autor, -a del siglo XIII; ~**o** *adj/m* doscientos; *il *~* el siglo XIII

duell|**ante** *m* duelista; ~**are** *vi* *<avere>* batirse en duelo; ~**ista** *m* duelista; ~**o** *m hist/sport* duelo; *battersi a ~* batirse en duelo

duemila *adj/m* dos mil; *il *~* el siglo XXI

duepezzi, due pezzi *m/inv* 1. traje de chaqueta *m* (*de mujer*); 2. bikini *m*, biquini *m*

duetto *m mus* dueto, dúo

dulcamara *f bot* dulcámara

dulcinea *f fam/iron* dulcinea

dulia *f eccl* (culto de) dulía

dumping *m ingl/inv com* dumping, venta por debajo de los costes *f*

duna *f* duna

dunque 1. *conj* 1. así pues, por (lo) tanto; 2. entonces, pues; 3. ¡venga!, ¡va!; ¿y bien?; **2.** *(m) veniamo al ~* vayamos al grano; *essere al ~* estar en el momento crucial

duo *m* dúo

duodecim|**ale** *adj* duodecimal; ~**o** *adj* duodécimo, decimosegundo

duodeno *m med* duodeno

duolo *m lit* duelo (*dolor*)

duomo *m arch* catedral *f*

duplex *m/inv* dúplex (*teléfono*)

duplic|**are** *<esd>* *vt* duplicar; ~**ato** *m* duplicado, copia *f*; ~**atore** *m tec* duplicador; ~**azione** *f* duplicación; ~**e** *adj* doble, dúplice; ~**ità** *f/inv* duplicidad *f*

duracino *adj bot* ="(fruta) que tiene la pulpa dura y asida al hueso"; *pesca ~a* pavía

duralluminio *m* duraluminio

duramadre, dura madre *f med* duramadre, duramáter

durame *m bot* duramen

durante 1. *adj* mientras dure; *vita natural ~* mientras viva; **2.** *prep* durante

durare 1. *vi* *<avere/essere>* durar, continuar, seguir; *così non può ~* esto no puede seguir así; **2.** *vt* aguantar; *(fig) ~ fatica* sudar; *chi la dura la vince* el que la sigue la mata, quien la sigue la consigue

durat|**a** *f* duración; *di lunga ~* de larga duración (*alimentos*); ~**ivo** *adj ling* durativo; ~**uro** *adj* duradero

durevole *adj* duradero

durezza *f a. fig* dureza

duro *adj* duro; *fig* torpe; *fig* tozudo; *più ~ di un mulo* más tozudo que una mula; *(vulg) averlo ~* tenerla dura

duttil|**e** *adj a. fig* dúctil; ~**ità** *f/inv a. fig* ductilidad *f*

E

e *conj* y, e; *tutti e tre/tutt'e tre* los tres; *io ~ te* tú y yo
ebanist|a *m/f* ebanista; **~eria** *f* ebanistería
ebanite *f* ebonita
ebano *m bot* ébano
ebbene *conj* 1. pues, entonces; 2. *<interrogativo>* ¿y bien?, ¿y entonces?
ebbr|ezza *f* ebriedad, embriaguez; *fig* arrebatamiento *m*, vértigo *m*; **~o** *adj* ebrio, borracho, bebido; *fig* ebrio, embebido
ebdomadario *m* hebdomadario
ebete *adj/s* idiota, bobo
ebetismo *m* idiotez *f*, estupidez *f*
ebollizione *f* ebullición
ebrai|co 1. *adj/s* hebreo, judío; **2.** *adj/m ling* hebreo; **~smo** *m* hebraísmo, judaísmo; **~sta** *m/f* hebraísta, judaísta
ebreo 1. *adj/s* hebreo, judío; **2.** *adj/m ling* hebreo
ebullioscopio *m fis* ebullómetro
ecatombe *f hist/fig* hecatombe
ecceden|te *adj/m* excedente; **~za** *f* exceso *m*; superávit *m*, excedente *m*; *~ di cassa* excedente de caja; *~ di peso* exceso de peso
eccedere 1. *vt* exceder, sobrepasar; **2.** *vi <avere>* excederse; *~ nel bere* excederse con la bebida
ecce homo *m/inv* eccehomo
eccellen|te *adj* excelente; **~tissimo** *adj* excelentísimo; *Ecc.mo Signore* Excmo. Señor; **~za** *f dipl/fig* excelencia; *per ~* por excelencia
eccellere *<29 eccelsi, eccelso> vi <avere/essere>* destacar, sobresalir, distinguirse (*su q/in qc* sobre alg/en algo)
eccelso *adj* excelso, sublime
eccentric|ità *f/inv mat/fig* excentricidad *f*; **~o, -a 1.** *adj mec* excéntrico; *fig* excéntrico, extravagante; **2.** *m mec* excéntrica *f*; **3.** *m/f fig* excentrico, -a
eccepi|bile *adj* discutible, criticable; **~re** *<isc> vt* objetar; *non ho niente da ~* no tengo nada que objetar
eccess|ivo *adj* excesivo; **~o** *m* 1. exceso; 2. *mpl fig* excesos; *dare in ~i* desmandarse
eccetera *adv* etcétera (*ecc.* etc.)
eccett|o 1. *adv* excepto, salvo, menos; **2.** *(conj) ~ che* a no ser que, salvo que; **~uare** *vt* exceptuar; *eccettuati i presenti* sin contar/salvo los presentes, exceptuados los presentes
eccezion|ale *adj* excepcional; **~e 1.** *f* excepción; *ius* excepción; *l'~ conferma la regola* la excepción confirma la regla; **2.** *(adj) d'~* excepcional; **3.** *(prep) ad ~ di* con excepción de
ecchimosi *f/inv med* equimosis
eccì! *excl* ¡achís!
eccidio *m* masacre *f*, matanza *f*
eccipiente *adj/m* excipiente
eccita|bile *adj* excitable, irritable; **~bilità** *f/inv* excitabilidad *f*, irritabilidad *f*; **~mento** *m* excitación *f*; **~nte** *adj* excitante; **~re** *<esd> vt* excitar; **~zione** *f* excitación
ecclesiastico *adj/m* eclesiástico
ecco 1. *adv* mira, ten, toma...; he aquí *raro*, he allí *raro*; *~ il guanto* aquí está/tienes el guante; *~ti il guanto* ten el guante; *~mi (qua)* ya estoy aquí; *~ tutto* eso es todo; *~ come sono andate le cose* así es como han ido las cosas; *~ fatto* ya está (hecho); *~ perché parlava così* ahora entiendo por qué hablaba así; **2.** *excl* ¡vaya!, ¡ea!; *~!, finamente sei qui* ¡vaya!, por fin llegas
eccome *adv* ya lo creo, sin duda
echeggiare 1. *vi <avere/essere>* resonar, tener eco; **2.** *vt fig* recordar, evocar
echino *m zool/arch* equino
echinococco *m zool* equinococo
echinoderma *m zool* equinodermo
ecletti|co *adj/s* ecléctico; **~smo** *m* eclecticismo
ecliss|are *vt astr/fig* eclipsar; **~e, ~i** *f/inv* eclipse *m*
eclittico *adj* eclíptico
ecloga V. **egloga**
eco *<mpl gli echi> m/f fis* eco *m*; *fig* eco *m*, resonancia *f*; *farsi ~ delle parole di q* hacerse eco de las palabras de alg; *suscitare una vasta ~* tener un gran eco/una gran resonancia
ecografia *f med* ecografía
ecolog|ia *f* ecología; **~ico** *adj* ecológico; **~ista** *m/f* ecologista; **~o, -a** *m/f* ecólogo, -a
ecometr|o *m* ecómetro; **~ista** *m/f* ecómetra
economato *m* economato
economi|a *f* economía; *~ sommersa* economía sumergida; *(stud) *~ e Commercio* Ciencias Económicas y Empresariales; *diplomato in *~ Aziendale* diplomado en Empresariales; **~co** *adj* barato, económico; *cient* económico; **~sta** *m/f* economista
economizza|re *vt/vi <avere>* economizar, ahorrar; **~tore** *m tec* economizador
economo, -a 1. *m/f* administrador, -a, gestor, -a; tesorero, -a; **2.** *adj* ahorrador, hormiguita *fam*
ecosistema *m* ecosistema
écru *adj fr/inv* crudo *adj*
ecstasy *f/inv* éxtasis *m* (*droga*)
ecu *m/inv econ* ecu *m*
ecumeni|co *adj* ecuménico; **~smo** *m* ecumenismo
eczema *m* eccema, eczema; **~toso** *adj* eccematoso
edelweis *f/inv* edelweis
edema, edema *m* edema
eden *m/inv hist/fig* edén
edera *f bot* hiedra, yedra; *(fig) avvinto come l'~* pegado como una lapa
edicola *f* quiosco *m*, kiosko *m*
edicolante *m/f* quiosquero, -a
edifica|bile *adj* edificable; **~nte** *adj a. fig* edificante; **~re** *<esd> vt a. fig* edificar; *(fig) ~ sulla roccia* construir sobre cimientos sólidos; *(fig) ~ sulla sabbia* edificar sobre arena; **~tore** *adj/s* edificador; **~zione** *f arch* edificación; *fig* ejemplo *m*
edificio *m* edificio; *fig* organización *f*, estructura *f*

edile 1. *adj* inmobiliario, de la construcción; **2.** *m* 1. *hist* edil; 2. obrero (de la construcción)
edilizi|a *f* construcción (*sector*); ~**o** *adj* inmobiliario, de la construcción
edipico *adj* edípico
edito *adj* editado, publicado
editor|e, -trice 1. *adj* editor, -a; editorial; *casa ~trice* (casa) editorial; **2.** *m/f tip/ling* editor, -a; ~**ia** *f* industria editorial, negocio del libro *m*
editorial|e *adj/m* editorial; ~**ista** *m/f* editorialista
editto *m ius* edicto, bando
edizione *f tip* edición; tirada; *TV/radio* edición; *~ straordinaria* avance
edonis|mo *m* hedonismo; ~**ta** *m/f* hedonista; ~**tico** *adj* hedonístico, hedonista
edredone *m zool* edredón
educabilità *f/inv* educabilidad *f*
educanda *f* educanda, interna; ~**to** *f* internado femenino *m*
educare <*esd*> *vt* educar
educat|ivo *adj* educativo; ~**o** *adj* educado; ~**ore** *adj/s* educador
educazione *f* educación
edulcora|nte *adj/m* edulcorante; ~**re** *vt* edulcorar
efelide *f med* efélide
effemeride *f* efemérides *fpl*
effe(m)mina|re <*esd*> *vt* afeminar; ~**tezza** *f* afeminación, afeminamiento *m*; ~**to** *adj/m* afeminado
efferat|ezza *f* ferocidad; ~**o** *adj* feroz, salvaje
efferente *adj med* aferente, eferente
effervescen|te *adj* efervescente; ~**za** *f* efervescencia
effettis|mo *m* efectismo; ~**tico** *adj* efectista
effettiv|amente *adv* efectivamente, en efecto, así es; ~**ità** *f/inv* efectividad *f*; ~**o 1.** *adj* efectivo, real; *adm* titular, numerario; *personale ~* personal numerario; **2.** *m adm* titular, numerario; *mil/sport* efectivos *mpl*
effetto *m* 1. efecto, consecuencia *f*; *in ~i* en efecto, así es, efectivamente; *agli ~i di* a efectos de; *fare ~ (una medicina)* hacer efecto (una medicina); *(ius) sortire/avere ~* surtir efecto; 2. cumplimiento; *mandare qc ad ~* realizar algo, llevar a cabo/a efecto algo; *a tale ~* a tal efecto; 3. *fig* efecto, impacto, impresión *f*; *d'~* de efecto, de impacto; *fare ~* impactar, impresionar; *fare l'~ di* dar la impresión de; 4. *fis/sport/cine* efecto; *(cine) ~i speciali* efectos especiales; *(biol) ~ serra* efecto invernadero; 5. *com* efecto, letra *f*; *~ commerciabile, non pagato, pignorato* efecto comerciable, impagado, pignorado; 6. *mpl* efectos, bienes; *~i personali* efectos personales
effettua|bile *adj* realizable; ~**re** <*esd*> *vt* efectuar, realizar; ejecutar, llevar a cabo; *il treno effettua fermate in tutte le stazioni* el tren efectúa paradas en todas las estaciones; ~**zione** *f* realización, cumplimiento *m*
efficac|e *adj* eficaz; ~**ia** <*pl -cie*> *f* eficacia
efficien|te *adj* eficiente; ~**za** *f* eficiencia
effigi|are *vt pitt* retratar; esculpir (*busto*); ~**e** *f/inv* efigie *f*
effimer|a *f zool* efímera, cachipolla; ~**o** *adj* efímero, fugaz
efflorescen|te *adj chim* eflorescente; ~**za** *f chim* eflorescencia
efflu|sso *m* flujo, chorro; ~**vio** *m* efluvio; *iron* efluvio, peste *f*
effondere <*37 effusi; effuso*> *vt* derramar, verter; esparcir
effrazione *f ius* rotura, fractura
effusi|one *f* efusión, derramamiento *m* (*sangre*); *fis/geol/fig* efusión; ~**vo** *adj geol/fig* efusivo
egalitario V. **egualitario**
egemone *adj* hegemónico, dominante
egemonia *f* hegemonía
egemonico *adj* hegemónico, dominante
egida *f* égida; *sotto l'~ di* bajo la égida de
egira *f hist* hégira, héjira
Egitto: *l'~ (m)* Egipto
egittolog|ia *f* egiptología; ~**o, -a** *m/f* egiptólogo, -a
egizi|ano *adj/s* egipcio (*actual*); ~**o** *adj/s* egipcio (*del antiguo Egipto*)
egli *pr* <*sujeto*> él
egloga *f ling* égloga
ego *m psic* ego
egocentr|icità *f/inv* egocentrismo *m*; ~**ico** *adj/s* egocéntrico; ~**ismo** *m* egocentrismo
egois|mo *m* egoísmo; ~**ta** *adj/s* egoísta
egoistico *adj* egoísta
egolatria *f* egolatría
egotismo *m psic* egotismo
egregio *adj* estimado, distinguido, illustrissimo (*cartas*); *lit* egregio; *Egr. Sig. Borghi* Distinguido/Ilmo. Sr. Borghi
eguaglianza... V. **uguaglianza...**
egualitari|o *adj* igualitario; ~**smo** *m* igualitarismo
eh! *excl* ¡eh!; *sei arrivato un po' tardi, ~?* has llegado un poco tarde, ¿eh?; *niente male, ~?* no está mal, ¿eh?
ehi! *excl* eh; *~, tu!* ¡eh, tú!
ehm! *excl* ¡ejem!
eiacula|re <*esd*> *vi* eyacular; ~**torio** *adj* eyaculatorio; ~**zione** *f* eyaculación
eiett|abile *adj aer* eyectable; *sedile ~* asiento eyectable; ~**ore** *m tec* eyector
eiezione *f tec* eyección
elabora|re <*esd*> *vt* elaborar, proyectar; *tec* elaborar, manufacturar; *infor* procesar; ~**to 1.** *adj* elaborado, trabajado; **2.** *m biol* (producto) elaborado; *infor* impresión *f*; ~**tore 1.** *adj/s* elaborador; **2.** *m infor* ordenador, computadora *f*; ~**zione** *f* elaboración; *infor* tratamiento *m*, procesamiento *m*, proceso *m*; *centro ~ dati* centro de proceso de datos
elargi|re <*isc*> *vt* dispensar, donar; ~**zione** *f* dádiva, donativo *m*, óbolo *m*
elastic|ità *f/inv* elasticidad *f*; *~ mentale* agilidad mental; ~**izzato** *adj* elasticizado; ~**o 1.** *adj a. fig* elástico, flexible; **2.** *m* elástico, goma (elástica) *f*
elce *m/f bot* encina *f*
elefant|e *m* elefante; ~**esco** *adj* elefan-

tino; ~**essa** *f* elefanta; ~**iasi** *f/inv med* elefantiasis
elegan|te *adj* elegante; ~**za** *f* elegancia
eleggere *<43 eleggo; elessi; eletto> vt* elegir, escoger; *pol* elegir
eleggibile *adj* elegible
elegi|a *f* elegía; ~**aco** *adj* elegiaco
element|are *adj* elemental; *scuola* ~ enseñanza primaria, Enseñanza General Básica; ~**o** *m* elemento; *essere nel proprio* ~ estar en su elemento
elemosina *f* limosna; *chiedere l'*~ pedir limosna; *fare l'*~ dar limosna
elemosinare *<esd>* **1.** *vt* implorar; **2.** *vi <avere>* pedir limosna
elenc|are *vt* hacer una lista; enumerar; ~**azione** *f* listado *m*; enumeración; ~**o** *m* lista *f*, catálogo; ~ *telefonico* guía telefónica, listín de teléfonos
elenio *m bot* helenio, ala *f*
elett|ivo *adj* electivo; ~**o** *adj/m* electo, escogido; *molti sono i chiamati e pochi gli* ~*i* muchos son los llamados y pocos los elegidos
elettor|ale *adj* electoral; ~**alismo** *m* electoralismo; ~**ato** *m* electorado; ~**e, -trice** 1. *m/f* elector, -a; 2. *m hist* elector
elettrauto *m/inv* taller de electricidad *m*; mecánico de electricidad *m*
elettric|ista *m/f* electricista; ~**ità** *f/inv* electricidad *f*; ~**o, -a 1.** *adj* eléctrico, -a; **2.** *m/f* trabajador, -a del sector eléctrico
elettrifica|re *<esd> vt* electrificar; ~**zione** *f* electrificación
elettrizza|bile *adj* electrizable; ~**re** *vt* electrizar; ~**zione** *f* electrización
elettro *m metal* electro
elettroacustic|a *f* electroacústica; ~**o** *adj* electroacústico
elettrocalamita *f* electroimán *m*
elettrocardiogramma *m* electrocardiograma
elettrochimic|a *f* electroquímica; ~**o** *adj/s* electroquímico
elettrochoc V. **elettroshock**
elettrocoagulazione *f* electrocoagulación
elettrocuzione *f* electrocución
elettrodinamica *f* electrodinámica
elettrodo *m* electrodo
elettrodomestico *m* electrodoméstico
elettroencefalogramma *m* electroencefalograma
elettrofisica *f* electrofísica
elettroforo *m* electróforo
elettrogeno *adj* electrógeno
elettroli|si *f/inv* electrólisis; ~**to** *m*, ~**ta** *f* electrólito *m*; ~**tico** *adj* electrolítico
elettromagnet|e *m* electroimán; ~**ico** *adj* electromagnético
elettromeccanic|a *f* electromecánica; ~**o** *adj/s* electromecánico
elettromotrice *f* máquina eléctrica (*tren*)
elettron|e *m* electrón; ~**ica** *f* electrónica; ~**ico** *adj* electrónico
elettroscopio *m* electroscopio
elettroshock *m* electrochoque
elettrotecnic|a *f* electrotecnia; ~**o** *adj* electrotécnico
elettroterapia *f* electroterapia
elettrotipia *f tip* electrotipia
eleva|mento *m* elevación *f*; *geogr* elevación *f*, altura *f*; ~**re** *<esd/elevo>* **1.** *vt* elevar; *(mat)* ~ *al cubo* elevar al cubo; **2.** ~*rsi* elevarse
elevat|ezza *f* elevación; *(fig)* ~ *di sentimenti* elevados sentimientos; ~**o** *adj* elevado, alto; *fig* elevado, noble, sublime; ~**ore 1.** *adj* elevador; **2.** *m tec* elevador
elevazione *f* elevación, subida; *fig* elevación, encumbramiento *m*; *mat/mil* elevación; *geogr* elevación, altura, prominencia
elezione *f* elección
elica *f mar/aer* hélice
elico|idale *adj* helicoidal; ~**ne** *m mus* helicón; ~**ttero** *m* helicóptero
elidere *<61 elisi; eliso> vt ling* elidir; eliminar, borrar
elimina|re *<esd> vt* eliminar, suprimir; ~**toria** *f sport* eliminatoria; ~**torio** *adj* eliminatorio; ~**zione** *f* eliminación, supresión; *sport* eliminación
elio *m chim* helio
eliocentrico *adj* heliocéntrico
eliografia *f* heliografía
elioincisione *f* heliograbado *m*
elioscopio *m* helioscopio
eliostato *m* helióstato
elioterapia *f* helioterapia
eliotropio *m bot* heliotropo
eliporto *m* helipuerto
eliscalo *m* helipuerto
elisio *adj/m mit* elíseo, elisio; *campi elisi* campos elíseos; ~**ne** *f ling* elisión
elisir *m/inv* elixir *m*; ~ *di lunga vita* elixir de la eterna juventud
elitari|o *adj* elitista; ~**smo** *m* elitismo
élite *f fr/inv* élite *f*
elitra *f zool* élitro *m*
ella *pr ant* ella; *(adm/ant)* *~ Usted
elleboro *m bot* eléboro
elleni|co *adj* helénico; ~**smo** *m* helenismo; ~**sta** *m/f* helenista; ~**stico** *adj* helenístico
ellenizza|nte *adj* helenizante; ~**re** *vt* helenizar
elleno *adj/s* heleno
ellepì *m/inv mus* elepé *m*
elliss|e *f mat* elipse; ~**i** *f/inv ling* elipsis; ~**oidale** *adj* elipsoidal
ellittico *adj* elíptico
elm|etto *m* casco; ~**o** *m* casco; *ant* yelmo
elocuzione *f* elocución
elogia|re *vt* elogiar, ensalzar, alabar; ~**tivo** *adj* elogioso
elogio *m* elogio, alabanza *f*; ~ *funebre* oración fúnebre
elongazione *f astr/fis* elongación
eloquen|te *adj* elocuente; ~**za** *f* elocuencia
elsa *f* empuñadura (*espada*)
elucubra|re *<esd> vt* (e)lucubrar; ~**zione** *f* (e)lucubración
eludere *<10 elusi; eluso> vt* eludir
elusi|vo *adj* elusivo, esquivo; ~**one** *f* evasiva; *ius* elusión
elvetico *adj/s* helvético

elzevir|iano *adj tip* elzeviriano; **~ista** *m/f* articulista (*periódicos*); **~o** *m* artículo (*periódico*); *tip/hist* elzevirio
emaciato *adj lit* débil, demacrado
emana|re *vt fis/fig* emanar, desprender, exhalar; *ius* promulgar (*ley*); *ius* dictar (*sentencia, orden...*); **~zione** *f* emanación; *ius* promulgación
emancipa|re <*esd*> **1.** *vt* emancipar; *ius/hist* emancipar, manumitir; **2.** *~rsi* emanciparse, independizarse; **~to** *adj* liberado; *una ragazza ~* a una chica liberada; **~zione** *f* emancipación
emargina|re <*esd*> *vt adm* anotar al margen (*documento*); *fig* marginar, discriminar; **~to** *adj/s* marginado; **~zione** *f* marginación
emat|ico *adj med* hemático; **~ologo, -a** <*mpl -gi*> *m/f* hematólogo, -a; **~oma** *m* hematoma; **~uria** *f med* hematuria
emazia *f med* hematíe *m*
embargo *m mar/econ* embargo
emblema *m* emblema; **~tico** *adj* emblemático
emboll|ia *f med* embolia; **~o** *m med/mec* émbolo
embrice *m* teja plana *f*
embrion|ale, ~ario *adj a. fig* embrionario; **~e** *m biol* embrión; *bot* germen, embrión; *(fig) in ~* en ciernes
emenda|mento *m* enmienda *f*, corrección *f*; *ius* enmienda *f*; **~re** *vt* enmendar, corregir, rectificar; *ius* enmendar
emergen|te *adj* emergente; *paese ~* país en vías de desarrollo; **~za** *f* emergencia
emergere <*30 emergo; emersi; emerso*> *vi* emerger, salir a flote, salir a la luz; *fig* sobresalir, destacar, descollar, despuntar
emerito *adj* emérito
emeroteca *f* hemeroteca
emersione 1. *f mar* salida a la superficie; *astr* emersión; **2.** *excl mar* ¡superficie!
emetico *adj med* emético, vomitivo
emett|ere <*44 emisi; emesso*> *vt* emitir; *TV/radio* emitir; *com* girar (*letras*); *econ* emitir, poner en circulación (*billetes*); *ius* promulgar; *ius* dictar (*sentencia*); *fig* emitir, expresar (*opinión*); **~itore** *m elec* emisor
emiciclo *m* hemiciclo
emicrania *f* migraña, jaqueca, cefalea
emigra|nte *adj/s* emigrante; **~re** *vi* emigrar; **~to** *adj/s* emigrado; **~torio** *adj* (e)migratorio; **~zione** *f* emigración; *~ di capitali* salida/exportación de capitales
emiliano *adj/s geogr/ling* emiliano
Emilia-Romagna *f* Emilia-Romaña
eminen|te *adj* eminente; **~tissimo** *adj* eminentísimo (*cardinales*); **~za** *f geogr* prominencia, elevación; *fig* eminencia, lumbrera *fam*; *eccl* eminencia (*cardenal*); *~ grigia* eminencia gris
emipleg|ia *f* hemiplejia, hemiplejía; **~ico** *adj/s* hemipléjico
emir|ato *m* emirato; **~o** *m* emir
emisfer|ico *adj* hemisférico; **~o** *m* hemisferio
emiss|ario, -a 1. *m geogr* desaguadero, aliviadero, emisario; **2.** *m/f* emisario, -a, enviado, -a; **~ione** *f* emisión, profusión; *econ/fis* emisión; *banca d'~* banco emisor
emistichio *m ling* hemistiquio
emittente 1. *adj TV/econ* emisor; **2.** *f TV/radio* emisora; *econ* emisor *m*
emodialisi *f/inv* hemodiálisis
emofil|ia *f* hemofilia; **~iaco, ~ico** *adj/s* hemofílico
emoglobina *f* hemoglobina
emolliente *adj/s* emoliente
emolumento *m* emolumento, retribución *f*
emorr|agia *f* hemorragia; *~ cerebrale* hemorragia/derrame cerebral; **~oidi** *fpl* hemorroides, almorranas
emostatico *adj/s* hemostático; *pinza ~a* torniquete
emoteca *f* banco de sangre *m*
emotiv|ità *f/inv* emotividad *f*; **~o** *adj* emotivo
emozion|ale *adj* emocional; **~ante** *adj* emocionante; **~are** *vt* emocionar; **~e** *f* emoción
empi|astro V. **impiastro**; **~età** *f/inv* impiedad *f*
empio *adj* impío
empire <*13 empio; empii; empito*> **1.** *vt* llenar; **2.** *~rsi gastr* llenarse, atracarse; **~o** *m* empíreo
empirico, -a 1. *adj* emírico; **2.** *m/f* empirista; **~smo** *m* empirismo; **~stico** *adj* empirista, empirico
emporio *m* emporio
emù *m/inv zool* emú *m*
emula|re <*esd*> *vt* emular; **~tore** *adj/s* emulador; **~zione** *f* emulación
emulo *adj/s* émulo
emulsion|ante *adj* emulsionante, emulsivo; **~are** *vt* emulsionar; **~e** *f* emulsión
enallage *f ling* enálage
enarmonico *adj mus* enarmónico
encefal|ico *adj* encefálico; **~ite** *f* encefalitis; **~o** *m* encéfalo; **~ogramma** *m* encefalograma
enchiridio *m* enquiridión
enciclica *f* encíclica
encicloped|ia *f* enciclopedia; **~ico** *adj* enciclopédico; **~ismo** *m* enciclopedismo
enclave *m* enclave
enclitic|a *f ling* enclítico *m*; **~o** *adj/m ling* enclítico
encomi|abile *adj* encomiable; **~are** *vt* encomiar, elogiar, alabar; **~astico** *adj* encomiástico; **~o** *m* encomio, elogio, alabanza *f*
endecaedro *m mat* endecaedro
endecagono *m mat* endecágono
endecasillabo *adj/m ling* endecasílabo
endemico *adj* endémico
endiadi *f/inv ling* endíadis
endocar|dio *m* endocardio; **~po** *m bot* endocarpio
endocrino *adj* endocrino; **~logia** *f* endocrinología
endofasico *adj* endofásico
endogam|ia *f* endogamia; **~ico** *adj* endogámico
endogen|esi *f/inv* endogénesis; **~o** *adj* endógeno
endometrite *f* endometritis

endoscopio *m* endoscopio
endotelio *m* endotelio
endovenoso *adj* intravenoso, endovenoso
enduro *m/inv sport* enduro *m*
energ|etico *adj* energético; ~**ia** *f fis/fig* energía; ~**ico** *adj* enérgico, vigoroso
energumeno, -a *m/f* energúmeno
enfant prodige *m fr/inv* niño prodigio *m*
enfant terrible *m fr/inv* niño travieso *m*; *pol/art* enfant terrible
enfasi *f/inv ling/fig* énfasis *m*; *desp* engolamiento *m*
enfati|co *adj* enfático; *desp* engolado; ~**zzare** *vt* enfatizar
enfisema *m* enfisema
enfiteu|si *f/inv ius* enfiteusis; ~**ta** *m ius* enfiteuta; ~**tico** *adj ius* enfitéutico
engag|é *adj fr/inv pol/art* comprometido *adj*; ~**ement** *m fr/inv pol/art* compromiso *m*
enigm|a *m* enigma; ~**atico** *adj* enigmático; ~**ista** *m/f* aficionado, -a o autor, -a de pasatiempos o a los crucigramas; ~**istico** *adj* enigmístico; de los pasatiempos
ennesimo *adj* enésimo
enolog|ia *f* enología; ~**ico** *adj* enológico; ~**o, -a** *m/f* enólogo, -a
enorm|e *adj* enorme; ~**ità** *f/inv* enormidad *f*, grandeza *f*; *fig* enormidad *f*, atrocidad *f*, horror
enoteca *f* bodega (*para degustar vinos*)
en passant *adv fr* de pasada, superficialmente
ente *m fil* ente; *adm* entidad *f*, organismo; ~ *pubblico* organismo público
entelechia *f fil* entelequia
entità *f/inv fil* entidad *f*; *fig* entidad *f*, importancia *f*
entomolog|ia *f* entomología; ~**o, -a** *m/f* entomólogo, -a
entourage *m fr/inv fig* entorno *m*, círculo *m*
entraîneuse *f fr/inv* chica de alterne *f*
entrambi, -e *adj/pr* ambos, -as; ~*e le sorelle* ambas hermanas
entrante *adj* entrante, próximo (*semana, mes...*)
entrare *vi* 1. entrar; *(fig)* ~ *in gioco/in campo, in scena, in guerra* entrar en juego, en escena, en guerra; *(sport)* ~ *in area* entrar en el área; ~ *in carica* tomar posesión; ~ *in contatto* entrar en contacto; ~ *in possesso di qc* entrar en posesión de algo; ~ *in vigore* entrar en vigor; *far* ~ *q* hacer pasar a alg; *da un orecchio gli entra e dall'altro gli esce* por un oído le entra y por el otro le sale; 2. entrar, caber; *tutto questo non può* ~ *nel pacco* todo esto no puede caber en el paquete; *la gonna non mi entra più* la falda ya no me entra/ya no me cabe; 3. ~*rci* caber; *qui non c'entra più niente* aquí ya no cabe nada; 4. *(fig)* ~*rci* tener que ver; *questo non c'entra nel nostro affare* esto no tiene nada que ver con nuestro negocio
entrat|a *f* 1. entrada, puerta, vestíbulo *m* (*lugar*); entrada, ingreso *m* (*acción*); ~ *in guerra* intervención en la guerra; ~ *in società* puesta de largo; 2. *mus/teatro/sport* entrada; 3. *infor* entrada, acceso *m*; 4. *fpl econ* ingresos *mpl*; ~*e ed uscite* ingresos y gastos; ~**ura** *f fig* acceso *m*, familiaridad
entrecôte *f fr/inv gastr* entrecôte *m*
entro *prep* antes de; ~ *e non oltre il 30 ottobre* antes y no más allá del 30 de octubre; *si sposa* ~ *l'anno* se casa antes de fin de año
entropia *f* entropía
entroterra *m/inv* tierra adentro *f*
entusias|mare *vt* entusiasmar; ~**mo** *m* entusiasmo; ~**ta** *adj/s* entusiasta; ~**tico** *adj* entusiástico
enuclea|re <*esd*> *vt med* enuclear; *fig* poner de relieve; ~**zione** *f med* enucleación
enumera|re <*esd*> *vt* enumerar; ~**zione** *f* enumeración
enuncia|re *vt* enunciar; ~**tivo** *adj ling* enunciativo; ~**to** *adj/m* enunciado; ~**zione** *f* enunciación
enuresi *f/inv med* enuresis
enzim|a *f* enzima *m/f*; ~**atico** *adj* enzimático; ~**ologia** *f* enzimología
eocen|e *m geol* eoceno; ~**ico** *adj geol* eoceno
eolico *adj fis/mit* eólico; *energia* ~*a* energía eólica
epanadiplosi *f/inv ling* epanadiplosis
epanafora *f ling* epanáfora
epati|ca *f bot* hepática; ~**co** *adj med* hepático; ~**te** *f med* hepatitis
epica *f ling* épica; ~**rp(i)o** *m bot* epicarpio
epicen|o *adj ling* epiceno; ~**tro** *m geol* epicentro
epiciclo *m astr* epiciclo
epico *adj ling/fig* épico
epicur|eismo *m fil* epicureísmo; ~**eo** *adj/s* epicúreo
epidem|ia *f* epidemia; ~**ico** *adj* epidémico
epidermi|co *adj* epidérmico; ~**de** *f* epidermis
epidurale *adj med* epidural
Epifania *f eccl* Epifanía; día de Reyes *m* (*6 de enero*)
epifito *adj bot* epifito
epifonema *m ling* epifonema
epigastrio *m* epigastrio
epiglottide *f* epiglotis
epigono *m* epígono
epigraf|e *f* epígrafe *m*; ~**ia** *f* epigrafía; ~**ico** *adj* epigráfico; ~**ista** *m/f* epigrafista
epigramma *m* epigrama; ~**tico** *adj* epigramático
epile|ssia *f* epilepsia; ~**ttico** *adj/s* epiléptico
epilogo *m* epílogo
episcopa|le *adj* episcopal; ~**to** *m* episcopado, obispado
episodi|co *adj* episódico; ~**o** *m* episodio
epistassi *f/inv med* epistaxis
epistemologia *f* epistemología
epistola *f* epístola; ~**re** *adj* epistolar; ~**rio** *m* epistolario
epistrofe *f ling* epístrofe
epita|ffio *m* epitafio; ~**lamio** *m ling* epitalamio
epite|lio *m med* epitelio; ~**ma** *f med* epítima, epítema; ~**to** *m ling/fig* epíteto
epitome *f* epítome *m*
epoca *f* época

epodo *m ling* epodo
eponimo *adj* epónimo
epopea *f ling/fig* epopeya
epos *m/inv* poema épico *m*
eppure *conj* sin embargo
eptasillabo *adj/m ling* heptasílabo
epulone *m* comilón, glotón
epura|re *vt pol* depurar; ~**zione** *f pol* depuración
equalizza|tore *m tec* ecualizador; ~**zione** *f tec* ecualización
equanim|e *adj* ecuánime, justo, equilibrado; ~**ità** *f/inv* ecuanimidad *f*
equator|e *m geogr* ecuador; ~**iale** *adj* ecuatorial
equazione *f mat* ecuación
equestre *adj* ecuestre
equiangolo *adj* equiángulo
equidistan|te *adj* equidistante; ~**za** *f* equidistancia
equilatero *adj* equilátero
equilibr|are *vt* equilibrar; *mec* balancear; ~**ato** *adj* equilibrado; ~**atore** *m mec* estabilizador; ~**atura** *f auto* equilibrado *m*; ~**io** *m fis/mec/fig* equilibrio; ~**ismo** *m a. fig* equilibrismo; ~**ista** *m/f a. fig* equilibrista
equino 1. *adj* equino, caballar; **2.** *m* equino; ~**zio** *m astr* equinoccio
equipaggi|amento *m* equipamiento, equipo; ~**are** *vt* equipar, dotar; *mar* dotar de tripulación; ~**o** *m mar/aer* tripulación *f*
equipara|re *vt* equiparar, igualar; ~**zione** *f* equiparación, igualación
équipe *f fr/inv* equipo *m*
equipollen|te *adj* equipolente; ~**za** *f* equipolencia
equit|à *f/inv* equidad *f*, justicia *f*; ~**ativo** *adj* equitativo; ~**azione** *f* equitación
equivale|nte *adj/m* equivalente; ~**nza** *f* equivalencia; ~**re** <*84 -valgo; -valsi; -valso*> *vi* <*avere/essere*> equivaler
equivoc|are <*esd*> *vi* <*avere*> equivocarse; ~**o 1.** *adj* equívoco, ambiguo; **2.** *m* equívoco, malentendido
equo *adj* equitativo; justo
era *f* era, época
erari|ale *adj* tributario, fiscal; ~**o** *m* erario, fisco, hacienda pública *f*
erba *f* hierba, yerba; césped *m* (*jardín*); *gergo* hierba, yerba; ~ *brusca* acedera; ~ *medica* alfalfa; *(fig) in* ~ inexperto, novato, en ciernes; *fare l'*~ quitar las malas hierbas; *(fig) fare d'ogni ~ un fascio* meter todo en el mismo saco, creer que todo el monte es orégano; *la mala ~ non muore mai* mala hierba nunca muere; ~**ccia** *f* hierbajo *m*, mala hierba; ~**ceo** *adj* herbáceo; ~**ggio** *m* forraje; ~**rio** *m* herbario, herbolario
erbi|cida *adj/m* herbicida; ~**vendolo, -a** *m/f* verdulero, -a, gatera *f/am*; ~**voro** *adj/m* herbívoro
erborist|a *m/f* herbolario, -a; ~**eria** *f* herboristería
erboso *adj* herboso
Ercole *m mit* Hércules; *~ *(fig/iron)* hércules, miura
erculeo *adj* hercúleo
erede *adj/s ius/fig* heredero; sucesor
eredit|à *f/inv ius/fig* herencia *f*; ~**are** <*esd*> *vt* heredar, recibir en herencia; ~**arietà** *f/inv* el hecho *m* o la posibilidad *f* de ser hereditario; ~**ario** *adj* hereditario; ~**iera** *f* rica heredera
eremit|a *m* ermitaño; *(zool) Bernardo l'*~ ermitaño; ~**aggio** *m* ermita *f*, eremitorio; ~**ico** *adj* eremítico
eremo *m* ermita *f*, *fig* yermo
eresia *f eccl/fig* herejía; ~**rca** *m* heresiarca
eretic|ale *adj* herético; ~**o, -a 1.** *adj* herético, -a; **2.** *m/f* hereje
erett|ile *adj* eréctil; ~**o** *adj* 1. erigido (*estatua*); 2. erecto, erguido
erezione *f arch/biol* erección
erg *m/inv fis* erg(io) *m*
ergastolano, -a *m/f* presidiario, -a
ergastolo *m ius* 1. cadena perpetua *f*; *condannare all'*~ condenar a cadena perpetua; 2. penal, presidio (*lugar*)
ergere <*31 ergo; ersi; erto*> *vt* erguir; erigir (*monumento*)
ergo *conj lit/iron* ergo, así pues, por tanto; ~**logia** *f* ergología; ~**metro** *m* ergógrafo
ergonomi|a *f* ergonomía; ~**co** *adj* ergonómico
ergoti|na *f* ergotina; ~**smo** *m* ergotismo
erica *f bot* brezo *m*
erigere <*22 erigo; eressi; eretto*> **1.** *vt* erigir, alzar; **2.** ~*rsi fig* erigirse, constituirse; ~ *a giudice* erigirse en juez
erisipela *f med* erisipela
eristica *f fil* ergotismo *m*
eritema *m med* eritema, sarpullido
ermafrodit|a V. ~**o**; ~**ismo** *m* hermafroditismo; ~**o** *adj/m* hermafrodita
ermellino *m zool* armiño
ermeneutica *f* hermenéutica
ermeti|co *adj/s* hermético; ~**smo** *m fil/ling/fig* hermetismo
ernia *f med* hernia; ~ *del disco* hernia de disco; ~**rio** *adj* herniario; *cinto* ~ braguero
erodere <*65 erosi; eroso*> *vt* erosionar
eroe *m* héroe
eroga|re <*esd*> *vt* suministrar (*gas, elec*); erogar, destinar (*dinero*); ~**tore 1.** *adj* erogador, suministrador, distribuidor; *società ~trice del gas* sociedad distribuidora del gas; **2.** *m tec* distribuidor, suministrador; ~**zione** *f* suministro *m*, distribución (*gas, elec*); erogación, destino *m* (*dinero*)
erogeno *adj* erógeno
eroic|ità *f/inv* heroicidad *f*; ~**izzare** *vt* ensalzar, considerar heroico; ~**o** *adj* heroico
eroin|a *f* 1. heroína; 2. heroína, caballo *gergo* (*droga*); ~**omane** *adj/s* heroinómano, yonqui *gergo*
eroismo *m* heroísmo
erompere <*66 eruppi; erotto*> *vi* <*avere*> irrumpir
eros *m/inv* eros
erosi|one *f* erosión; ~**vo** *adj* erosivo
eroti|co *adj* erótico; ~**smo** *m* erotismo; ~**zzare** *vt* erotizar
erpete *m med* herpes
erpetismo *m med* herpetismo
erpicare <*esd*> *vt agr* gradar
erpice *m agr* grada *f*, traílla *f*

erra|bondo *adj lit* errabundo; **~nte** *adj* errante; *cavaliere ~* caballero andante; **~re 1.** *vi <avere>* errar, vagar; **2.** *vt* errar, fallar, equivocarse; **~ta corrige** *m/inv* fe de erratas *f*; **~to** *adj* errado, desacertado, equivocado; *se non vado ~* si no voy descaminado
errone|ità *f/inv* falsedad *f*; **~o** *adj* erróneo
errore *m* error, equivocación *f*; falta *f*; *~ di calcolo* error de cálculo; *~ di ortografia* falta de ortografía; *~ di stampa* error de imprenta, errata; *cadere in ~* caer en un error; *salvo ~i e omissioni* salvo error u omisión
erta 1. *f* subida, pendiente, cuesta; **2.** *(adv) all'~* alerta; *stare all'~* estar alerta
erto *adj* empinado
erubescen|te *adj* erubescente; **~za** *f* erubescencia
erudi|re *<isc> vt* instruir, educar; **~to** *adj/s* erudito, docto, sabio; *~ all'acqua di rose* erudito a la violeta; **~zione** *f* erudición
erutt|are 1. *vt geol* expulsar, emitir, erupcionar *Col*; *fig* eructar, escupir; **2.** *vi <avere>* eructar; **~azione** *f* eructación, eructo *m*; **~ivo** *adj geol* eruptivo
eruzione *f geol/med* erupción
esacerba|re *vt* exacerbar; *fig* exasperar; **~zione** *f* exacerbación; *fig* exasperación
esacordo *m mus* hexacordo, hexacordio
esaedro *m mat* hexaedro
esagera|re *<esd> vt/vi <avere>* exagerar; *non esageriamo!* ¡sin exagerar!; **~to** *adj/s* exagerado; **~zione** *f* exageración; *costa un'~* cuesta una barbaridad
esagon|ale *adj mat* hexagonal; **~o** *m mat* hexágono
esala|re *vt/vi <avere>* exhalar; **~zione** *f* exhalación
esalta|re *vt* exaltar, enaltecer, ensalzar; **~to** *adj/s* exaltado; **~zione** *f* exaltación
esame *m med/stud/fig* examen; *~ di coscienza* examen de conciencia; *~ medico* examen médico, chequeo, reconocimiento; *~ del sangue* análisis de sangre; *~ di riparazione* examen de recuperación; *~i di maturità* reválida (*pruebas finales del bachillerato*); *dare, passare un ~* hacer, aprobar un examen; *prendere in ~* examinar, estudiar
esametro *m ling* hexámetro
esamina|ndo, -a *m/f* examinando; *~* **are** *<esd> vt stud/fig* examinar; *~* **atore** *adj/s* examinador; *commissione ~ trice* tribunal examinador
esan|gue *adj* exangue; **~ime** *adj* exánime; **~tema** *f med* exantema
esarca *m hist* exarca; **~to** *m hist* exarcado
esaspera|nte *adj* exasperante, desesperante, enervante; **~re** *vt* exasperar, desesperar, enervar, crispar; **~zione** *f* exasperación, crispación
esatt|amente *adv* exactamente, justamente, precisamente; **~ezza** *f* exactitud; **~o** *adj* exacto; **~ore, -trice** *m/f* cobrador, -a (*gas, agua*...); recaudador, -a (*impuestos*); **~oria** *f* oficina de cobro (*gas, agua*...); oficina de recaudación (*impuestos*)
esaudire *<isc> vt* satisfacer, atender (*solicitud, ruego*)
esauri|ente *adj* 1. exhaustivo, completo; 2. fehaciente, concluyente; *prova ~* prueba fehaciente; **~mento** *m com* agotamiento; *med* agotamiento, extenuación *f*; *fino ad ~ della merce* hasta agotar las existencias; **~re** *<isc> vt com/geol* agotar, acabar; *med* agotar, extenuar; **~to** *adj com* agotado; *(teatro/cine) tutto ~* agotadas las localidades
esaust|ivo *adj* exhaustivo; **~o** *adj* exhausto, extenuado
esautora|re *<esd> vt* desprestigiar, desautorizar; **~zione** *f* desprestigio *m*, desautorización
esazione *f adm* exacción, recaudación
esborso *m adm* desembolso
esca *f* cebo *m*, carnada (*pesca*); *fig* anzuelo *m*, cebo *m*; *tec* yesca, cebo *m*
escalation *f ingl/inv mil/pol* escalada *f*
escandescenza *f* excandescencia; *dare in ~e* ponerse como una furia
escara *f med* escara
escatologi|a *f* escatología; **~co** *adj* escatológico
escava|tore *m* excavadora *f*; **~trice** *f* excavadora; **~zione** *f* excavación; *min* cava, excavación
eschimese *adj/s* esquimal
eschimo V. **eskimo**
escissione *f med* escisión
esclama|re *vi <avere>* exclamar; **~tivo** *adj* exclamativo; *punto ~* signo de admiración; **~zione** *f* exclamación
escludere *<10 esclusi; escluso> vt* excluir (*da qc* de algo)
esclusione 1. *f* exclusión; excepción; *senza alcuna ~* sin excluir a nadie, sin exclusiones; *procedere per ~* proceder por eliminación; **2.** *(prep) ad ~ di* con la excepción de, excepción hecha de
esclusiv|a *f com* exclusiva; **~ista** *adj/s* exclusivista; **~ità** *f/inv* exclusividad *f*; **~o** *adj* exclusivo
escluso, -a 1. *adj* excluido, -a; exclusive *adv*; *non è ~ che* no hay que excluir/descartar que; *fino al 3 novembre ~* hasta el 3 de noviembre exclusive; **2.** *m/f* excluido, -a, no admitido, -a
escogitare *<esd> vt* excogitar, discurrir, cavilar
escoria|re *vt med* excoriar; **~zione** *f med* excoriación
escre|mento *m* excremento, hez *f*; **~scenza** *f* excrecencia; **~tivo, ~torio** *adj* excretorio; **~zione** *f* excreción
escursion|e *f* excursión; *meteo* excursión; *mec* carrera; **~ismo** *f* excursionismo; **~ista** *adj/s* excursionista
escussione *f ius* interrogatorio *m*
escutere *<23 escussi; escusso> vt ius* interrogar
esecra|bile *adj* execrable; **~ndo** *adj lit* execrando; **~re** *vt* execrar
esecu|tare *vt ius* ejecutar; **~tivo** *adj/m ius* ejecutivo; **~tore, -trice 1.** *adj* ejecutor, -a; **2.** *m/f ius* ejecutor, -a; *mus* intérprete; *~ testamentario* albacea *m/f*; **~zione** *f ius/mus* ejecución; *dare ~ a qc* poner en ejecu-

ción algo, ejecutar; ~ *(capitale)* ejecución (de la pena capital)
esegesi *f/inv* exégesis
eseguire *<isc/eseguo>* *vt* cumplir, realizar; *ius* ejecutar (*sentencia*); *mus* ejecutar, interpretar, tocar
esempio *m* ejemplo; *dare il buon/il cattivo ~* dar buen/mal ejemplo; *fare un ~* poner un ejemplo; *per ~* por ejemplo
esemplar|e 1. *adj* ejemplar, modélico; **2.** *m zool* ejemplar, especímen; *com/fig* ejemplar, copia *f*; **~ità** *f/inv* ejemplaridad *f*
esemplificare *<esd>* *vt* ejemplificar
esen|tare *vt* eximir, dispensar (*da qc* de algo); **~tasse** *adj/inv adm* libre de cargas, libre de impuestos; **~te** *adj* exento, dispensado (*da qc* de algo) (*obligación*); exento, libre (*defecto, impuestos*); **~zione** *f* exención, dispensa (*da* de)
esequie *fpl* exequias
esercente 1. *adj* ejerciente, en ejercicio, en activo; **2.** *m/f com* comerciante, tendero, -a, regente
eserci|re *<isc>* *vt* ejercer; *com* explotar; **~tare 1.** *vt* ejercer, practicar, desempeñar (*profesión*); ejercer (*poder*); practicar (*caridad, virtud*); profesar (*culto*); *sport* ejercitar; **2.** *~rsi sport* ejercitarse, entrenarse; **~tazione** *f sport/fig* ejercitación, ejercicio *m*; **~to** *m* ejército; **~zio** *<pl -zi>* *m sport/stud/fig* ejercicio; ejercicio, práctica *f* (*profesión*); *com* ejercicio (*período*); *~i spirituali* ejercicios espirituales; *essere fuori ~* no ejercer; *fig* estar falto de práctica, estar desentrenado
esfolia|re *vt med* exfoliar; **~zione** *f med* exfoliación
esibire *<isc>* **1.** *vt* exhibir, presentar; *fig* exhibir, lucir; **2.** *~rsi* exhibirse; *mus/teatro* actuar; *fig* ofrecerse, brindarse (*di fare qc* para hacer algo)
esibizion|e *f* exhibición; **~ismo** *m* exhibicionismo; **~ista** *adj/s* exhibicionista
esigen|te *adj* exigente; **~za** *f* 1. exigencia (*cualidad*); 2. *fpl* exigencias, pretensiones
esigere *<32 esigo; esigei; esatto>* *vt* exigir, requerir
esigibile *adj* exigible
esigu|ità *f/inv* exigüidad *f*; **~o** *adj* exiguo
esilarante *adj* hilarante, descacharrante; *gas ~* gas hilarante
esile *adj* 1. delgado; grácil, delicado; 2. débil
esili|are *vt* exiliar, desterrar; **~ato** *adj/s* exiliado, desterrado; **~o** *m* exilio, destierro
esimente *f ius* eximente
esimere *vt def <sin PP ni tiempos compuestos>* eximir, dispensar, relevar (*da* di)
esimio *adj* eximio
esisten|te *adj* existente; **~za** *f* existencia
esistenzial|e *adj* existencial; **~ismo** *m* existencialismo; **~ista** *adj/s* existencialista
esistere *<41 esistito>* *vi* existir
esita|nte *adj* titubeante; **~re** *<esd>* *vi <avere>* dudar, titubear; **~zione** *f* duda, titubeo *m*
esito *m* 1. salida *f*; 2. resultado; éxito; 3. gasto
eskimo *m* trenca *f*
esodo *m* éxodo
esofago *m* esófago
esogamia *f* exogamia
esogeno *adj* exógeno
esonerare *<esd>* *vt* exonerar, eximir, dispensar
esonero *m* exoneración *f*, exención *f*
esorbitan|te *adj* exorbitante; **~za** *f* exorbitancia
esorci|smo *m* exorcismo; **~sta** *m* exorcista; **~zzare** *vt eccl/fig* exorcizar
esordi|ente *adj/s* debutante, principiante; **~o** *m lit* exordio; *fig* inicio, principio; **~re** *<isc>* *vi <avere>* empezar, comenzar; *cine/teatro* debutar, estrenarse
esorta|re *vt* exhortar; **~torio** *adj* exhortatorio; **~zione** *f* exhortación
esos|mosi *f/inv fis* exósmosis; **~o** *adj lit* 1. caro (*precio*); *fig* avaro, tacaño; usurero (*persona*); 2. odioso
esoteri|co *adj* esotérico; **~smo** *m* esoterismo
esoti|co *adj* exótico; **~smo** *m* exotismo
espandere *<32a espansi; espanso>* *vt* expandir, extender
espansi|bilità *f/inv* expansibilidad *f*
espansion|ismo *m* expansionismo; **~ista** *adj/s* expansionista; **~e** *f* expansión
espansivo *adj fis* expansivo; *fig* expansivo, abierto, comunicativo
espatri|are *vi* expatriarse, emigrar; **~o** *m* expatriación *f*
espediente *m* expediente, recurso, artimaña *f*; *vivere di ~i* vivir a salto de mata
espellere *<33 espulsi; espulso>* *vt* expeler, expulsar
esperanto *m* esperanto
esperi|dio *m bot* hesperidio; **~enza** *f* experiencia; *cient* experiencia, experimento *m*; *~ pilota* experiencia piloto; **~mento** *m* experimento, experiencia *f*
esperto *adj/s* experto, especialista
espettora|re *<esd>* *vt med* expectorar; **~nte** *adj/m med* expectorante; **~zione** *f med* expectoración
espia|re *vt* expiar, purgar; **~torio** *adj* expiatorio; *capro ~* chivo expiatorio; **~zione** *f* expiación, purgación
espira|re *vt/vi <avere>* expirar; **~zione** *f* expiración
esplet|are *vt adm* concluir, completar; tramitar; **~ivo** *adj ling* expletivo
esplic|are *<esd>* *vt* 1. ejercer, desempeñar (*profesión*); 2. *lit* exponer, explicar; **~ativo** *adj* explicativo; **~azione** *f* ejercicio *m*, desempeño *m*; *lit* exposición, explicación; **~ito** *adj* explícito
esplodere *<65 esplosi; esploso>* **1.** *vi <avere/essere>* explotar, estallar; **2.** *vt* disparar
esplora|re *vt* explorar; **~tore, trice** *adj/s* explorador, -a; **~zione** *f geogr/med* exploración
esplosi|one *f a. fig* explosión, estallido *m*; **~vo** *adj/m a. fig* explosivo
espogliazione *f* expoliación, expolio *m*
esponen|te 1. *m/f adm* el abajo firmante *m*, la abajo firmante *f*; *fig* exponente, figura *f*, miembro destacado *m*; 2. *m mat* expo-

nente; *tip* volado; ~**ziale** *adj mat* exponencial
esporre <*56 espongo; esposi; esposto*> *vt* exponer
esporta|bile *adj* exportable; ~**re** *vt* exportar; ~**tore** *adj/s* exportador; ~**zione** *f* exportación
esposi|metro *m foto* exposímetro; ~**zione** *f* exposición
esposto 1. *adj* expuesto; *med* abierto; **2.** *m* 1. expósito (*niño abandonado*); 2. *adm* expuesto, exposición de los hechos *f*
espression|e *f* expresión; ~**ismo** *m art* expresionismo; ~**ista** *adj/s art* expresionista
espressivo *adj* expresivo
espresso 1. *adj* expreso, manifiesto; *post* urgente; *treno* ~ tren expreso; *caffè* ~ café exprés; *piatto* ~ plato rápido; **2.** *m post* carta urgente *f*; *tras* expreso (*tren*); 2. café exprés, solo *fam*
esprimere <*34 espressi; espresso*> *vt* expresar, manifestar
espropri|are *vt* expropiar; ~**azione** *f* expropiación; ~**o** *m* expropiación *f*
espugna|re *vt* expugnar; ~**zione** *f* expugnación
espuls|ione *f* expulsión; ~**o** *adj/s* expulsado
espurga|re *vt* expurgar; ~**zione** *f* expurgación
esquimese V. **eschimese**
essa, -e *pr* ella, ellas
essenz|a *f* esencia; ~**iale** *adj* esencial
essere <*sono; fui; stato; V. introducción*> **1.** *vi* 1. ser, estar; ~ *bello* ser bonito; *è Natale* es Navidad; *così sia* así sea; *qualunque sia* cualquiera que sea; *chiunque sia* sea quien sea; *comunque sia* sea como sea, como quiera que sea; *sia...sia* bien...bien; *come (se) niente fosse* como si no hubiese pasado nada, como si tal cosa; *come sarebbe a dire?* ¿cómo es eso?; *non ~ nessuno per (qc)* no ser quién para (algo); *non ~ da tanto* no ser para tanto; *sarà quel che sarà* que sea lo que Dios quiera; ~ *amato, odiato da...* ser amado, odiado por...; ~ *allegro, triste* estar alegre, triste; ~ *sul punto di arrivare* estar al llegar; 2. caer; *non mi è simpatico* me cae mal; *mi è simpatico* me cae bien; 3. hacer; *è freddo* hace frío; 4. estar; vivir (*encontrarse*); *dov'è Luigi?* ¿dónde está Luis?; *è a casa* está en casa; ~ *molto occupato* estar/andar muy ocupado; *sono da molti anni a Catanzaro* vivo desde hace muchos años/llevo muchos años en Catanzaro; 5. ser, estar (*tiempo*); *che ora è?/che ore sono?* ¿qué hora es?; *è lunedì* es lunes; *è il 25 aprile* estamos a/es 25 de abril; *sono ore che ti aspetto* te espero desde hace horas; 6. ser, estar (*costar*); *quant'è?* ¿cuánto es?; *la carne è a 25.000 lire al chilo* la carne está a 25.000 liras el kilo; 7. ser, resultar; *l'affare è stato un disastro* el negocio ha resultado ser/ha sido un desastre; 8. ser (*origen*); *è di Siena* es de Siena; **2.** ~*rci (imp)* 1. haber; *ci sono libri interessanti* hay libros interesantes; *ci fu una disgrazia* hubo una desgracia; *c'era poco interesse* había poco interés; *qualcosa ci sarà* algo habrá; *ci saranno premi* habrá premios; *c'è da piangere* es para echarse a llorar; *ci siamo!* ¡por fin!; *ci siamo?* ¿(estamos) de acuerdo?, ¿estamos?; 2. estar, encontrarse; *c'è il Sig. Bellini?* ¿está el Sr. Bellini?; *non c'è* no está; 3. suceder, pasar; ser; *che (cosa) c'è?* ¿qué pasa?, ¿qué hay?; *c'era una volta* érase una vez, érase que se era; **3.** *m* ser; ~ *umano, vivente* ser humano, vivo
essi *pr* ellos
essicca|tivo *adj* secante; ~**re** *vt geogr* desecar; secar (*fruta*); curar (*embutido*); ~**toio** *m tec* secadora *f*; secadero (*lugar*); ~**zione** *f geogr* desecación; secado *m* (*fruta*); curado *m* (*embutido*)
esso *pr* él; ello
essudazione *f* exudación
est *m/inv geogr* este, levante, oriente
estasi *f/inv* éxtasis *m*; *andare in* ~ extasiarse, ponerse en trance; ~**are** <*estasio*> *vt* extasiar
estat|e *f* verano *m*, estío *m/lit*; *in/d'*~ en verano; ~ *di San Martino* veranillo de San Martín; ~**ico** *adj* estático
estemporaneo *adj* extemporáneo
estendere <*58 estesi; esteso*> *vt* extender, agrandar; *fig* extender, difundir
estendibile *adj tec* extensible; *fig* extensivo, ampliable
estens|ione *f geogr* extensión, superficie; *fig* extensión, alcance *m* (*palabra, ley*); *mus* altura, tono *m*; ~**ivo** *adj* extensivo; ~**ore 1.** *adj* extensor; **2.** *m* redactor (*texto*); *sport* extensor
estenua|nte *adj* extenuante; ~**re** <*esd*> *vt* extenuar; ~**zione** *f* extenuación
estere *m chim* éster
esterior|e *adj/m* exterior; ~**ità** *f/inv* exterioridad *f*; ~**izzare** *vt* exteriorizar
estern|are *vt* exteriorizar, manifestar; ~**o 1.** *adj* externo, exterior; *stud* externo; *sport* fuera de casa; *(med) per uso* ~ para uso tópico; **2.** *m* 1. exterior (*parte de fuera*); *stud* (alumno) externo; *sport* exterior, ala (*fútbol*); alero (*baloncesto*); 2. *mpl cine* exteriores; *girare in* ~*i* rodar en exteriores
estero 1. *adj* exterior; extranjero; *commercio* ~ comercio exterior; *merce* ~*a* producto importado; **2.** *m* extranjero; *andare all'*~ ir al extranjero
esterrefatto *adj* aterrorizado
esteso *adj* extendido; amplio; *per* ~ por extenso, detalladamente; *firmare per* ~ firmar con el nombre completo
estet|a *m/f* esteta; ~**ica** *f* estética; ~**ico** *adj* estético; ~**ista** *m/f* esteticista, esthéticienne *f*
estim|azione *f lit* estimación *est*; ~**o** *m econ* estimación *f*, valoración *f*
estinguere <*24 estinguo; estinsi; estinto*> *vt* extinguir (*fuego, especie*); cancelar (*deuda*)
estinto *adj* extinguido; *com* cancelado; ~**re** *m* extintor

estinzione *f* extinción (*fuego, especie*); *com* cancelación

estirpa|re *vt med/fig* extirpar; *agr/fig* erradicar; **~zione** *f med/fig* extirpación; *agr/fig* erradicación

estivo *adj* veraniego, estivo *lit*

eston|e *adj/s* estonio; ***~ia:** *l'~ (f)* Estonia

estorcere *<80 estorco; estorsi; estorto> vt* extorsionar, chantajear

estorsione *f* extorsión, chantaje *m*

estrad|are *vt ius* extraditar, extradir; **~izione** *f ius* extradición; **~osso** *m arch* extradós, trasdós

estran|eo *adj fig* ajeno; *essere ~ a qc* ser ajeno a algo; **~iare** *vt fig* alejar, separar

estrapolazione *f* extrapolación

estrarre *<81 estraggo; estrassi; estratto> vt min/med* extraer; *mat* sacar (*raíz*); *~ a sorte* sacar/elegir a suerte

estratt|ivo *adj* extractivo; **~o** *m* 1. *gastr/chim* extracto; 2. *adm/com* extracto; partida *f*; *~ conto* extracto de cuenta; *~ di nascita* partida de nacimiento; 3. *tip* separata *f*; **~ore** *m mec* extractor

estrazione *f* extracción

estrem|ismo *m pol* extremismo; **~ista** *m/f pol* extremista; **~ità** 1. *f/inv* extremidad *f*; 2. *fpl med* extremidades; **~izzare** *vt pol* extremar; **~o 1.** *adj* extremo; *~a destra* extrema derecha, ultraderecha; *a mali ~i, ~i rimedi* a grandes males, grandes remedios; **2.** *m* extremo; *(fig) essere ridotto agli ~i* estar en las últimas; *passare da un ~ all'altro* pasar de un extremo a otro

estrinsec|are *<esd> vt* exteriorizar, manifestar; **~o** *adj* extrínseco

estro *m zool* estro; *art* inspiración *f*, estro; **~geno** *m* estrógeno; **~so** *adj art* inspirado, original; caprichoso

estrovers|ione *f* extroversión; **~o** *adj/s* extrovertido

estuario *m geogr* estuario, delta

estudiantina *f stud* estudiantina, tuna

esuberan|te *adj* exuberante; **~za** *f* exuberancia

esubero *m adm* exceso, sobrante; *~ di personale* excedente laboral, excedente de plantilla

esulare *<esd> vi <avere>* exceder, sobrepasar

esule *adj/s* exiliado

esultare *vi <avere>* exultar, dar saltos de alegría *fam*

esuma|re *vt* exhumar; **~zione** *f* exhumación

età *f/inv* edad *f*; *maggiore ~, minore ~* mayoría de edad, minoría de edad; *la prima/tenera ~* la tierna infancia; *di mezza ~* de mediana edad; *una persona d'~* una persona de edad; *~ pensionabile* edad de jubilación; *l'~ del bronzo* la edad de bronce

etanolo *m chim* etanol

etere *m* éter; **~o** *adj* etéreo

eterna|bile *adj* eternizable; **~re** *vt* eternizar

eternità *f/inv* eternidad *f*

eterno *adj* eterno

eterodossia *f* heterodoxia

eterogeneo *adj* heterogéneo

eteronimia *f* heteronimia

eterosessual|e *adj/s* heterosexual; **~ità** *f/inv* heterosexualidad *f*

eterzigote *m* heterocigoto

etica *f* ética

etichetta *f com/fig* etiqueta; **~re** *vt com/fig* etiquetar; **~trice** *f tec* etiquetadora

etico *adj* ético

etili|co *adj* etílico; **~smo** *m med* etilismo, intoxicación etílica *f*

etimo *m* étimo

etimologi|a *f* etimología; **~co** *adj* etimológico; **~sta** *m/f* etimologista

etiologia V. **eziologia**

etiope *adj/s* etíope

Etiopia: *l'~* Etiopía

etn|ia *f* etnia; **~ico** *adj* étnico

etno|grafia *f* etnografía; **~logia** *f* etnología

etologia *f* etología

etrusco *adj/s* etrusco

ettaedro *m mat* heptaedro

ettagonale *adj* heptagonal

ettaro *m* hectárea *f*

etto *m* cien gramos; *mi dia un ~ di prosciutto* póngame cien gramos de jamón

ettogrammo *m* hectogramo

ettolitro *m* hectolitro

eucalipto *m bot* eucalipto

eucaristi|a, eucarestia *f eccl* eucaristía; **~co** *adj* eucarístico

eufemismo *m* eufemismo

eufon|ia *f* eufonía; **~ico** *adj* eufónico

eufor|ia *f* euforia; **~ico** *adj* eufórico

eugen|etica, ~ica *f* eugenesia; **~etico** *adj* eugenésico

eunuco *m* eunuco

eureka!, eureka! *excl* ¡eureka!

euritmia *f* euritmia

eurochèque *m fr/inv* eurocheque *m*

eurocomunismo *m* eurocomunismo

eurodeputato *m* eurodiputado

eurodollaro *m* eurodólar

euromissile *m* euromisil

Europa: *l'~ (f)* Europa

europe|ismo *m* europeísmo; **~izzare** *vt* europeizar; **~o** *adj/s* europeo

eurovisione *m TV* eurovisión

eutanasia *f* eutanasia

evacua|re *<esd> vt* evacuar; **~zione** *f* evacuación

evadere *<35 evasi; evaso>* **1.** *vi* evadirse, escaparse, fugarse; *fig* evadirse; *econ* defraudar *vt*; **2.** *vt* despachar (*asuntos, correspondencia*); *econ* defraudar, no pagar; *~ il fisco* defraudar a hacienda

evanescen|te *adj* evanescente; **~za** *f* evanescencia

evangeli|co *adj/s* evangélico; **~sta** *m* evangelista

evangelizza|re *vt* evangelizar; **~zione** *f* evangelización

evapora|re *<esd>* **1.** *vi <essere/avere>* evaporarse, disiparse; *fig* esfumarse; **2.** *vt* evaporar; **~tore** *m tec* vaporizador; **~zione** *f* evaporación

evas|ione *f* 1. evasión, fuga; *econ* evasión, defraudación; *letteratura di ~* literatura de evasión; 2. *adm* curso *m*, salida;

~**ivo** *adj* evasivo, esquivo; ~**o** *adj/s* escapado, fugado; ~**ore, evaditrice** *m/f* evasor, -a, defraudador, -a
evenienza *f* eventualidad, ocasión; *nell'~ che* en el caso que, en la eventualidad que; *all'~* si se da el caso, si se presenta el caso
evento *m* evento, acontecimiento; *lieto ~* feliz acontecimiento; *in ogni ~* en cualquier caso
eventual|e 1. *adj* eventual, posible; **2.** *fpl (adm) varie ed ~i* ruegos y preguntas; ~**ità** *f/inv* eventualidad *f*; ~**mente** *adv* eventualmente; si hace falta, si es preciso
eversi|one *f* eversión; ~**vo** *adj* destructivo
eviden|te *adj* evidente; ~**za** *f* evidencia; *mettere in ~* resaltar, realzar; *(fig) mettere/mettersi in ~* poner(se) en evidencia
evira|re *vt* castrar, capar; *fig* debilitar; ~**zione** *f* castración
eviscerare <*esd*> *vt med* eviscerar
evita|bile *adj* evitable; ~**re** <*esd*> *vt* evitar
evo *m* edad *f*, época *f*
evocare <*esd*> *vt* evocar
evolu|tivo *adj* evolutivo; ~**to** *adj* evolucionado; desarrollado; ~**zione** *f* evolución; ~**zionismo** *f* evolucionismo
evolversi <*5 evolvei/evolvetti/evolsi; evoluto*> evolucionar *vi*
evviva *excl/m* ¡viva(n)!, ¡hurra!; *~ il re!* ¡viva el rey!; *~ gli sposi!* ¡vivan los novios!
ex *adj/m/inv* ex; *l'~ presidente* el ex presidente; *(fam) la mia ~* mi ex
ex abrupto *adv* ex abrupto, de repente
ex aequo *adv* ex aequo
ex cathedra *adv* ex cáthedra
ex equatur *m/inv ius* exequátur, cúmplase
ex libris *m/inv* ex libris
ex novo *adv* ex novo, de la nada
ex professo *adv* ex profeso
extra 1. *adj/prep* extra; *burro ~ fino* mantequilla extrafina; **2.** *m/inv* extra *m*
extracomunitario 1. *adj* extracomunitario; **2.** *m/f* inmigrante ilegal
extraconiugale *adj* extraconyugal, extramatrimonial
extraparlamentare *adj/s* extraparlamentario
extrasensoriale *adj* extrasensorial
extrasistole *f med* extrasístole
extraterrestre *adj/s* extraterrestre, alienígena
extraterritorial|e *adj* extraterritorial; ~**lità** *f/inv* extraterritorialidad *f*
extraurbano *adj* suburbano
extrauterino *adj* extrauterino
ex voto *m/inv eccl* exvoto *m*
eye-liner *m/inv* eye-liner, rotulador de ojos *m*
eziologia *f* etiología

F

fa 1. *m mus* fa; **2.** *adv* hace; *tre anni fa* hace tres años
fabbisogno *m* necesidad *f*, lo necesario; *econ* presupuesto, necesidades presupuestarias *fpl*
fabbrica *f* fábrica; *arch* edificación, construcción; ~**nte** *adj/s* fabricante; ~**re** <*esd*> *vt* fabricar; *arch* construir, edificar; ~**to** *m* edificio, construcción *f*; ~**zione** *f* fabricación, producción
fabbriceria *f eccl* fábrica
fabbro *m* herrero; forjador; cerrajero; ~ *ferraio* herrero
faccend|a *f* 1. faena, asunto *m*, quehacer *m*; 2. *fpl* tareas del hogar, faenas de la casa, ~**one, -a** *m/f* mequetrefe *m*; trajinero, -a
faccetta *f mat/min* faceta
facchin|aggio *m* actividad del mozo de cuerda *f*, changador *am*; ~**o** *m* mozo (de cuerda), porteador, maletero; *mar* cargador
faccia *f* cara, rostro *m*, faz *lit*; *tip* cara, carilla; *fig* cara (*parte*); *fig* cara, cariz (*aspecto*); ~ *tosta/di bronzo* cara dura, caradura, sinvergüenza, jeta *pop*; *a ~ a* ~ cara a cara; *cambiare ~ qc* tomar algo un nuevo cariz; *(fig) perdere la* ~ perder la dignidad; *ridere in ~ a q* reírse en las barbas de alg, reírsele a alg en la cara; *(fig) salvare la* ~ salvar la cara; *sbattere qc in ~ a q* echar algo en cara a alg, refregarle algo a alg por las narices
faccia a faccia *m/inv* cara a cara, debate *m*
facciale *adj* facial; *valore* ~ valor facial
facciata *f arch/fig* fachada
faceto *adj* faceto, jocoso, chistoso
facezia *f* ocurrencia, chiste *m*, ingeniosidad
fachiro *m* faquir
facil|e *adj* fácil; ~ *da dire/~ a dirsi* fácil de decir; ~**ità** *f/inv* facilidad *f*; ~ *di parola* facilidad de palabra
facilita|re <*esd*> *vt* facilitar, favorecer; ~**zione** *f* facilitación (*acción*); *com* facilidad(es) *f(pl)*
facilmente *adv* 1. fácilmente, con facilidad; 2. fácilmente, probablemente
facilone, -a *m/f* facilitón, -ona; ~**ria** *f* cualidad del facilitón
facinoroso *adj/s* facineroso
facitore, -trice *m/f* hacedor, -a
facolt|à *f/inv stud* facultad *f*; *fig* facultad *f*, posibilidad *f*; ~ *di Lettere e Filosofia, di Legge, di Economia e Commercio* Facultad de Filosofía y Letras, de Derecho, de Económicas y Empesariales; ~**ativo** *adj* facultativo, discrecional, opcional; *(stud) materia ~a* asignatura optativa; ~**oso** *adj* adinerado, acomodado
facond|ia *f* facundia; ~**o** *adj* facundo
facsimile *m/inv* facsímil(e) *m*
factotum *m/inv* factótum *m*
fading *m ingl/inv elec* fading, desvanecimiento *m*
fagg|eto *m bot* hayedo; ~**ina** *f bot* hayuco *m*; ~**io** *m bot* haya *f*
fagiano *m zool* faisán
fagiol|ino *m* judía verde *f*; ~**o** *m* judía *f*, alubia *f*, habichuela *f*, frijol *am*; *(fig) capitare a* ~ llegar en el momento justo
fagocit|are *vt biol/fig* fagocitar; ~**o** *m*, ~**a** *f biol* fagocito *m*
fagotto *m* 1. hato, fardo; petate *mil*; *(fig) far* ~ liar los bártulos, liar el petate; 2. *mus* fagot
faida *f* hostilidad, lucha; venganza
fai da te *m/inv* bricolage *m*
faina *f zool* garduña
falang|e *f med/pol* falange; ~**ista** *adj/s pol* falangista
falcata *f sport* zancada; *zool* brinco *m*
falce *f* hoz; *(pol) ~ e martello* la hoz y el martillo; ~ *fienaia* guadaña, dalla *reg*
falchetto *m zool* cernícalo
falcia|re *vt agr* segar; *sport* derribar; ~**tore, -trice** *m/f* segador, -a (*persona*); ~**trice** *f agr* segadora
falcidia *f ius* desfalco *m*
falco <*pl -chi*> *m zool* halcón
falcon|e *m zool* halcón; ~**eria** *f* cetrería; ~**etto** *m* jerifalte (*arma*); ~**iere** *m* halconero
falda *f* 1. *geol* estrato *m*, capa; 2. *geogr* falda, ladera; 3. copo consistente *m* (*nieve*); 4. faldón *m* (*vestido*)
falegname *m* carpintero; ~**ria** *f* carpintería
falena *f zool* falena
falesia *f* acantilado *m*
falla *f mar* grieta; *mil* brecha; ~**ce** *adj* falaz; ~**cia** <*pl -cie*> *f* falacia
fallibil|e *adj* falible; ~**ità** *f/inv* falibilidad *f*
fallico *adj* fálico
falliment|are *adj* de quiebra, por quiebra; *asta* ~ subasta por quiebra; ~**o** *m ius* quiebra *f*, bancarrota *f*; *fig* fracaso, fallo
fallire <*isc*> **1.** *vi* 1. <*avere*> fallar, fracasar; 2. <*essere*> *ius* quebrar; **2.** *vt* fallar, errar (*disparo*)
fallito, -a 1. *adj ius* en quiebra; *fig* fracasado, -a; **2.** *m/f ius* empresario, -a en quiebra; *fig* fracasado, -a
fallo *m* 1. error, fallo, falta *f*; *sport* falta *f*; *senza* ~ sin falta; *cogliere q in* ~ coger a alg en fallo/en renuncio; *(a. fig) mettere un piede in* ~ dar un paso en falso; *(sport)* ~ *laterale* fuera de banda; 2. *med* falo
fallocra|ta *m* falócrata, machista; ~**zia** *f* falocracia
falloso *adj* defectuoso, tarado; *sport* marrullero
falò *m/inv* hoguera *f*, fogata *f*
falpalà *m/inv* falbalá *m*, faralá *m*
falsa|re *vt* falsear, tergiversar; ~**riga** *f tip* falsilla; *fig* ejemplo *m*, enseñanza; *(fig) sulla ~ di q* siguiendo los pasos/el ejemplo de alg; ~**rio** *m* falsario, falsificador
falsetto *m* falsete
falsifica|re <*esd*> *vt* falsificar; ~**tore, trice** *m/f* falsificador, -a; ~**zione** *f* falsificación
falsità *f/inv* falsedad *f*, falsía *f*
falso 1. *adj* falso; *testimone ~/testimo-*

nianza ~a falso testimonio; **2.** *m* falsificación *f*; *giurare il ~* jurar en falso

fama *f* 1. fama, reputación; notoriedad, renombre *m*; 2. fama, noticia

fame *f* hambre; *(med) ~ canina* hambre canina; *~ da lupi* hambre de lobos; *morto di ~* muerto de hambre; *ammazzare di ~* matar de hambre; *soffrire la ~* pasar hambre; ~**lico** *adj* famélico

famigerato *adj* tristemente célebre; *iron* famoso, de marras

famigli|a *f* familia; *fig* hogar *m*; *mettere su ~* montar un hogar; *essere di ~* ser de la familia; ~**o** *m ant* fámulo, familiar

familiar|e, famigliare 1. *adj* familiar; doméstico; **2.** *m* familiar, pariente; **3.** *f auto* coche familiar *m*, ranchera; ~**ità** *f/inv* familiaridad *f*; ~**izzarsi** familiarizarse

famoso *adj* famoso, célebre, afamado

fan *m/f inv* fan *m*

fanal|e *m* farol, linterna *f*; *auto* faro; *mar* farol de situación; *aer* luz de navegación *f*; ~**ino** *m* farolito, lucecita *f*; *auto* piloto; *(fig) ~ di coda* farolillo rojo

fanati|co *adj/s* fanático; ~**smo** *m* fanatismo; ~**zzare** *vt* fanatizar

fanciul|lezza *f* niñez, infancia; ~**o, -a** *m/f* niño, -a; chico, -a, muchacho, -a

fandonia *f* mentira, cuento *m*, patraña, trola *fam*

fanfaluca *f* mentira, cuento *m*

fanfara *f* fanfarria, charanga, murga

fanfaron|ata *f* fanfarronada, bravuconada, bravata (*acción*); fanfarronería (*cualidad*); ~**e, -a** *m/f* fanfarrón, -ona, chulo, -a, bravucón, -ona

fangaia *f* cenagal *m*, lodazal *m*, barrizal *m*

fanghiglia *f* lodo *m*, cieno *m*

fango *m* barro, fango, lodo; ~**so** *adj* fangoso, embarrado; *(fig) gettare ~ su q* ensuciar el buen nombre de alg; ~**terapia** *f med* baños de lodo/de barro *mpl*

fannullone, -a *m/f* vago, -a, gandul, -a, holgazán, -ana

fanone *m zool* barba *f*, ballena *f*

fantascienza *f* ciencia ficción

fantasi|a *f* fantasía; *abito, collana di ~* traje, collar de fantasía; ~**oso** *adj* fantasioso

fantasma 1. *m* fantasma, espectro; **2.** *adj/inv* fantasma; *nave ~* buque fantasma

fantasmagori|a *f* fantasmagoría; ~**co** *adj* fantasmagórico

fantasmatico *adj* fantasmal; *psic* fantasmático

fantasti|care <*esd*> *vt/vi* <*avere*> fantasear; ~**cheria** *f* fantasía, fantaseo *m*; ~**co** *adj* fantástico; *fam* fantástico, fenomenal, bárbaro *am*

fante *m* 1. *mil* infante, soldado de infantería; 2. sota *f* (*naipes*); ~**ria** *f mil* infantería

fantino *m sport* jockey, yoquei, jinete

fantoccio 1. *m a. fig* fantoche, muñeco, pelele, títere; **2.** *adj/inv fig* títere; *governo ~* gobierno títere

fantomatico *adj* fantasmal

farabutto *m* canalla, malvado

farad *m fis* farad

faraglione *m* farallón

farandola *f* farándula (*baile*)

faraon|a *f* 1. *zool* gallina de Guinea, gallina pintada, gallineta *am*; 2. *hist* faraona; ~**e** *m hist* faraón

farcire <*isc*> *vt gastr* rellenar, embutir

fard *m/inv* colorete *m*

fardello *m* fardo; *fig* carga *f*, peso

fare <*36 faccio; feci; fatto*> **1.** *vt* 1. hacer; *~ attenzione* prestar atención, ir con cuidado; *~ benzina* poner gasolina, repostar; *~ colazione, pranzo, cena* desayunar, comer, cenar; *~ un numero* marcar un número; *far parte (di)* formar parte (de), tomar parte (en); *~ una passeggiata* dar un paseo; *~ strada* abrir camino; *~ cattivo, buon viso* poner mala, buena cara; *far sapere qc a q* hacer saber algo a alg; *far tacere a q* hacer callar a alg; *far vedere* hacer ver; *fammi vedere* déjame ver; *far capire* dar a entender; *far conoscere* dar a conocer; *(fam) far fuori* despachar, quitar de en medio; *~ e disfare* hacer y deshacer; *farla a q* hacerle la pascua a alg, jugársela a alg; *farla bella/farne delle belle* armar una buena, hacer una de las suyas; *farla finita* acabar de una vez por todas, romper, cortar; *chi la fa l'aspetti* donde las dan las toman; 2. dar (*producir*); *~ lezione* dar clase; *far ridere* dar risa; *far paura* dar miedo; *far piacere* dar gusto; *fare schifo* dar asco; 3. sentar, caer; *far bene/male qc* sentar bien/mal algo; 4. *mat* ser, dar; *tre più tre fa sei* tres más tres da(n)/son seis; 5. ser, hacer (de) *vi*, ejercer (de) *vi*, trabajar (de) *vi* (*actividad, profesión*); *~ l'arbitro* hacer de/ser árbitro; *~ il cameriere* trabajar de camarero; *~ l'avvocato* ser abogado; 6. hacer(se) (*comportamiento*); *~ lo spiritoso, l'interessante* hacerse el gracioso, el interesante; *fare l'indiano* hacerse el sueco; 7. *TV/cine/teatro* hacer, poner, echar *fam*, dar; *~ la Traviata, un film...* poner la Traviata, un film...; *che film fanno?* ¿qué película hacen?; 8. presentar, dar; *~ le condoglianze* dar el pésame; 9. *~rcela* conseguirlo, lograrlo; *non farcela* no dar abasto; *non farcela più* no poder más; *non ce la faccio con quest'esame* no puedo con este examen; **2.** *vi* 1. hacer; *fece per andarsene* hizo ademán de irse; *~ a meno di q/qc* prescindir de alg/algo; *~ tardi* llegar tarde; *non fa niente* no importa; *faccia pure!* ¡como usted quiera!; *~ sul serio* ir en serio; *~ a pugni* liarse a tortas; 2. hacer (*da* de) (*sustituir*); *~ da padre* hacer de padre; 3. *meteo* hacer; *fa bello/brutto* hace buen/mal tiempo; *fa caldo* hace calor; 4. convenir; *questo lavoro non fa per me* este trabajo no me va/no está hecho para mí; 5. *(fa)* hace; *tre anni fa* hace tres años; **3.** *~rsi* hacerse; *~rsi fare un vestito* mandar hacer un traje, encargar un traje; *~rsi pregare* hacerse de rogar; *(a. fig) ~rsi indietro* echarse atrás; *(fig) ~rsi in quattro* desvivirse; *si è fatto tardi* se ha hecho tarde; *(a fig) ~rsi strada* abrirse camino; *(pop) farsela con q* estar enrollado con alg; *(pop) farsela addosso/sotto* mearse

vulg; cagarse *vulg*; **4.** *(m) sul far del giorno* al amanecer; *sul far della sera* a la caída del sol, al atardecer
faretra *f* carcaj *m*
farfall|a *f zool* mariposa; *(sport) nuoto a ~* estilo mariposa; **~one** *m desp* mariposón, calavera
farfar|a *f*, **~o** *m bot* fárfara *f*
farfugliare *vi* <*avere*> farfullar
farina *f* harina; *(fig) non è ~ del suo sacco* no es de su cosecha; **~ceo 1.** *adj* farináceo; **2.** *mpl* cereales y legumbres destinados a hacer harina; farináceos
faring|e *f med* faringe; **~ite** *f med* faringitis
farinoso *adj* harinoso
faris|aico *adj* farisaico; **~eo** *adj/s* fariseo
farmac|eutico *adj* farmacéutico; **~ia** *f cient* farmacia; *com* farmacia, botica *fam*; **~ista** *m/f* farmacéutico, -a, boticario, -a *fam*; **~o** *m* fármaco, medicamento; **~ologia** *f* farmacología; **~opea** *f* farmacopea
farneticare <*esd*> *vi* <*avere*> delirar, desvariar
faro *m mar/auto* faro; *~ anabbagliante, abbagliante, fendinebbia* faro antideslumbrante, deslumbrante, antiniebla; *~ di retromarcia* luz de marcha atrás
farragine *f* fárrago *m*, revoltillo *m*
farraginoso *adj* farragoso
farro *m bot* farro
fars|a *f teatro* farsa, sainete *m*; *fig* farsa, montaje *m*; **~esco** *adj* sainetesco; *fig* ridículo; **~etto** *m* farseto, jubón
fascetta *f post* faja
fascia *f* tira, cinta, franja (*tejido*); faja (*vestir*); pañal *m* (*bebés*); *med* venda; *(fig) in ~e* en pañales, en mantillas; *(med) ~ elastica* faja (elástica); *(cient) ~ di ozono* capa de ozono; *~e di mercato* segmentos de mercado; **~me** *m mar* forro; **~re** *vt* envolver, forrar; *med* vendar; poner los pañales (*niño*); **~toio** *m* mesa para cambiar los pañales al bebé *f*; **~tura** *f med* vendaje *m*
fascicolo *m* fascículo, entrega *f*; *adm* legajo; *pubblicazione a ~i* publicación por entregas/fascículos
fascina *f* fajina
fascino *m* fascinación *f*, encanto; embrujo, atracción *f*
fascio *m* 1. haz, fajo; *pol* fascio, partido fascista; *~ di raggi* haz de rayos; 2. *mpl hist* fasces *fpl*, haces *fpl*
fascis|mo *m pol* fascismo; **~ta** *adj/s* fascista
fase *f* fase; estadio *m*, etapa; *mec* tiempo *m*; *motore a quattro ~i* motor de cuatro tiempos; *(mec) mettere in ~* reglar; *(fig) essere fuori ~* estar en baja forma
fastello *m* gavilla *f*, haz
fasti *mpl* fastos
fastidio *m* fastidio, molestia *f*, aburrimiento, hastío; *dare ~ a q* molestar a alg; *Le dà ~ il fumo?* ¿le molesta si fumo?; **~so** *adj* fastidioso, molesto, engorroso
fasto *m* fasto, boato, pompa *f*; **~so** *adj* fastuoso, pomposo
fasullo *adj* falso
fata *f* hada; *~ morgana* espejismo *m*
fatal|e *adj* fatal; **~ismo** *m* fatalismo; **~ista** *m/f* fatalista; **~istico** *adj* fatalista; **~ità** *f/inv* fatalidad *f*, destino *m*, hado *m*
fatica *f* fatiga, cansancio *m*; trabajo *m*, esfuerzo *m*; *mec* fatiga; *costare ~* costar trabajo; *uomo, animale di ~* mozo, animal de carga; *a ~* a duras penas; *senza ~* sin esfuerzo; **~re** *vi* <*avere*> esforzarse, trabajar, bregar, currar *fam*; *~ per finire un lavoro* esforzarse por/para terminar un trabajo
fatico *adj ling* fático; **~so** *adj* cansado, pesado; arduo, trabajoso
fatidico *adj* fatídico
fatiscente *adj* decadente, en ruina
fato *m* hado, sino, destino
fattezze *fpl* facciones
fatti|bile *adj* factible; **~specie** *f ius* caso *m*; *nella ~* en este caso concreto
fatto 1. *m* hecho; cuestión *f*, asunto; *~ d'arme* hecho de armas; *~ di sangue* delito de sangre; *~i suoi* con su pan se lo coma, allá él; *sono ~i suoi* es asunto suyo; *il ~ è che* el hecho/la cuestión es que; *il ~ è ~* a lo hecho pecho; *a ~ compiuto* a aguas pasadas; *in ~ di* en cuestión de; *cogliere q sul ~* coger a alg con las manos en la masa, coger in fraganti; *venire al ~* ir al grano; *ognuno sa il ~ suo* cada cual sabe dónde le aprieta el zapato; **2.** *adj* hecho; fabricado; *gergo* colgado, colocado, flipado (*droga*); *ben, mal ~* bien, mal hecho; *uomo ~* hombre hecho y derecho; *ben ~!* ¡bien hecho!; *è cosa ~a!* ¡eso está hecho!, ¡eso es pan comido!; *è ~a!* ¡ya está hecho!; *a notte ~* bien entrada la noche
fattore *m* 1. *cient* factor; 2. <*f fattrice*> hacedor, -a; *il sommo *~* el sumo Hacedor; 3. <*f -essa*> *agr* administrador, -a
fattoria *f* granja, caserío *m*, finca, estancia *am*
fattoriale *adj mat* factorial
fattorino *m* mozo, chico de los recados; botones (*hotel*)
fattucchiere, -a *m/f* hechicero, -a, brujo, -a; curandero, -a
fattura *f com* factura; factura, hechura, corte *m* (*vestido*); *fig* hechizo *m*; **~re** *vt com* facturar; adulterar (*vino*); **~to** *m com* facturación *f*, volumen de negocios; **~zione** *f* facturación
fatturista *m/f* encargado, -a de las facturas
fatu|ità *f/inv* fatuidad *f*, vanidad *f*; **~o** *adj/s* fatuo, vanidoso; *fuoco ~* fuego fatuo
fauci *fpl* fauces
faun|a *f* fauna; **~o** *m mit* fauno
fausto *adj* fausto
fautore *adj/s* partidario, seguidor
fava *f bot* haba
favella *f* habla; **~re** *vt/vi* <*avere*> hablar
favilla *f* chispa, pavesa
favo *m zool* panal
favol|a *f* fábula; *a. fig* cuento *m*, historia; *fig* comidilla; *essere la ~ del paese* ser la comidilla del pueblo; *(fam) da ~* de película; **~ista** *m/f* fabulista; **~istica** *f* fabulística; **~oso** *adj* fabuloso, fantástico; fabuloso, enorme

favonio *m lit* favonio
favore 1. *m* favor; gracia *f*; *per ~* por favor; *biglietto di ~* invitación; *prezzo di ~* precio especial, precio de amigo *fam*; *con il ~ dell'oscurità* con el favor de la noche; *fammi il (santo) ~ di tacere* hazme el favor de callarte; **2.** *(prep) in ~ di* a favor de, en beneficio de
favoreggia|re *vt* favorecer; proteger, encubrir; **~tore, -trice** *m/f* encubridor, -a
favorevole *adj* favorable; *essere ~ a qc/q* estar a favor de algo/alg
favori|re <*isc*> **1.** *vt* favorecer, apoyar; favorecer, facilitar; *favorisca il biglietto* (enséñeme) el billete, por favor; **2.** *vi* <*avere*> invitar; servirse; *vuole ~?* ¿quiere sentarse a la mesa?; *favorisca alla cassa* pase por caja, por favor; sírvase pasar por caja; **~tismo** *m* favoritismo, enchufismo, amiguismo; **~to, -a 1.** *adj/s* favorito, -a, preferido, -a; **2.** *m/f* favorito, -a, preferido, -a; *sport* favorito, -a; *hist* favorito, -a
fax *m/inv* fax *m*; **~are** *vt* faxear, enviar por fax
fazio|ne *f* facción, bando *m*; **~so** *adj/s* faccioso
fazzoletto *m* pañuelo; *~ di carta* pañuelo de papel, kleenex
febbr|aio *m* febrero; **~e** *f* fiebre, calentura; *fig* fiebre; *~ da fieno* fiebre del heno; *~ dell'oro* fiebre del oro
febbri|citante *adj* febril, calenturiento; **~fugo** *adj/m* febrífugo; **~le** *adj* febril
fecale *adj* fecal
feccia *f* hez (*residuo*)
feci *fpl med* heces, excrementos *mpl*
fecola *f* fécula
fecond|are *vt* fecundar; **~azione** *f* fecundación; *~ in vitro* fecundación in vitro; **~ità** *f/inv* fecundidad *f*; **~o** *adj* fecundo, fértil
fedain, fedayin *m/inv* fedayín *m*
fede *f* 1. *ius* fe; *eccl* fe, creencia, religión; *fare ~* dar fe; *in buona/mala ~* de buena/mala fe; *in ~ mia* a fe mia; *fare atto di ~* hacer profesión de fe; *~ di battesimo* fe de bautismo; *~ di deposito* certificado de depósito; 2. alianza, anillo de boda *m*
fedecommesso *m ius* fideicomiso
fededegno *adj lit* fidedigno
fedel|e 1. *adj* fiel, leal; devoto; **2.** *m eccl/pol* fiel; *hist* fiel, servidor; **~tà** *f/inv* fidelidad *f*, lealtad *f*; *(tec) ad alta ~* de alta fidelidad
federa *f* funda (*almohada*); **~le** *adj* federal; **~lismo** *m* federalismo; **~re** <*esd*> *vt* federar, confederar; **~tivo** *adj* federativo; **~to** *adj* federado, confederado; **~zione** *f* federación, confederación
fedina *f* 1. certificado de antecedentes penales *m*; 2. *fpl ant* patillas
fegat|accio *m* intrépido, valiente; **~ini** *mpl gastr* higadillos; **~o** *m med/gastr* hígado; *fig* agallas *fpl*, valor; *(fig) avere ~* tener hígado, tener agallas, tener redaños; *(fig) mangiarsi il ~* reconcomerse, rabiar
felce *f bot* helecho *m*
feldmaresciallo *m mil/ant* feldmariscal
feldspato *m min* feldespato
felice *adj* feliz; *fig* afortunado, conseguido
felicit|à *f/inv* felicidad *f*; **~arsi** alegrarse, congratularse; **~azione** *f* felicitación
felino *adj/s zool* felino
fellatio *f* felación
fellonia *f* felonía
felpa *f* felpa; **~to 1.** *adj* afelpado; amortiguado (*paso, andar*); **2.** *m* felpa *f*, felpudo
feltro *m* fieltro
feluca *f mar* falúa; clac *m* (*sombrero*)
femmin|a *f zool/mec/fig* hembra; **~ella** *f mec* hembrilla
femminil|e *adj/m* femenino; **~ità** *f/inv* feminidad *f*, femeinidad *f*
femminis|mo *m* feminismo; **~ta** *adj/s* feminista
femminuccia *f fig/desp* miedoso *m*, miedica *m*
femor|ale *adj med* femoral; **~e** *m med* fémur
fendente *m* altibajo, tajo (*esgrima*)
fendere 1. *vt* hender; *fig* surcar; **2.** *~rsi* agrietarse, cuartearse
fendi|nebbia *m/inv* faro antiniebla *m*; **~tura** *f* hendidura, grieta, fisura; *geol* falla (*terreno*)
fenic|e *f mit* fénix *m*; **~io** *adj/s hist* fenicio
fenicottero *m zool* flamenco
fenilammina *f chim* fenilamina
fenile *m chim* fenilo
fenolo *m chim* fenol
fenomen|ale *adj* fenomenal; **~o** *m* fenómeno
fenotipo *m cient* fenotipo
ferac|e *adj lit* feraz; **~ità** *f/inv lit* feracidad *f*
ferale *adj lit* feral
feretro *m* féretro, ataúd
feriale *adj* laborable; *adm* hábil
ferie *fpl* vacaciones
ferimento *m* herida *f*, herimiento *raro*
ferino *adj lit* ferino
ferire <*isc*> *vt a. fig* herir; *~ a morte* herir de muerte
ferit|a *f med/fig* herida; **~o** *adj/s* herido; **~oia** *f arch/mil* aspillera, tronera; **~ore** *adj/s* heridor
ferma *f* 1. *mil* permanencia en filas; 2. muestra (*caza*); **~carte** *m/inv* pisapapeles, sujetapapeles; **~glio** *m* hebilla *f*, alfiler; broche (*joya*); clip (*papeles*); **~re** *vt* parar, detener; **~ta** *f tras* parada; *mus* fermata; *~ facoltativa/a richiesta* parada discrecional; *~ di taxi* parada de taxis
ferment|are *vt/vi tec/fig* fermentar; **~azione** *f* fermentación; **~o** *m* fermento
fermezza *f* firmeza
fermo 1. *adj* parado, detenido, quieto; parado (*reloj*); fijo, estable; *fig* decidido, firme; *stare ~* estar quieto/parado; *è ~ nel suo rifiuto* permanece firme en su rechazo; **2.** *excl* ¡quieto!, ¡alto ahí!; **3.** *m* cierre; *ius* detención *f*, arresto; *(TV) ~ immagine* congelado de la imagen; **~posta, fermo posta** *m/inv* lista de correos *f*
feroce *adj* feroz, fiero
feroci|a <*pl -cie*> *f* ferocidad; **~tà** *f/inv* ferocidad *f*
ferola *f bot* férula
feromone *m biol* feromona *f*
ferraglia *f* chatarra, hierros *mpl*

ferragosto *m* el 15 de agosto; *eccl* fiesta de la Asunción *f*; vacaciones de agosto *fpl*
ferramenta *f* ferretería; *negozio di ~* ferretería
ferrare *vt* herrar
ferrato *adj* herrado; *fig* experto, ducho (*in* en); *strada ~a* ferrocarril
ferravecchio *m* chatarrero
ferreo *adj* férreo
ferri|co *adj chim* férrico; **~era** *f metal* forja
ferrifero *adj* ferruginoso
ferro *m* 1. hierro; *~ battuto, dolce, fuso* hierro forjado, dulce, colado; *~ di cavallo* herradura; *~ da stiro* plancha; *~i da calza* agujas de hacer punto *fpl*; *(fig) toccare ~* tocar madera; *(fig) battere il ~ finché è caldo* aprovechar el momento oportuno; 2. *mpl* herramientas *fpl*, útiles (*oficio*); 3. *mpl* parrilla *f*, plancha *f*; *carne ai ~i* carne a la plancha
ferroso *adj chim* ferroso
ferrotranviario *adj tras* ferroviario y tranviario
ferrov|ia *f* ferrocarril *m*; **~ dello Stato (FS)* compañía italiana de ferrocarriles (="RENFE"); *~ a scartamento ridotto, aumentato* ferrocarril de vía estrecha, ancha; *~ a cremagliera* ferrocarril de cremallera; *~ a monorotaia* monorraíl; **~iario** *adj* ferroviario; **~iere, -a** *m/f* ferroviario, -a
ferruginoso *adj* ferruginoso
ferry-boat *m ingl/inv tras* transbordador *m*, ferry *m*
fertile *adj* fértil, fecundo
fertilizza|nte *m* fertilizante, abono; **~re** *vt* fertilizar
ferula V. **ferola**
fervente *adj* ferviente
fervere *vi/dif* <*sin PP ni tiempos compuestos*> *a. fig* hervir
fervido *adj* ferviente, ardoroso
fervor|e *m* fervor, entusiasmo; *fig* clímax; **~ino** *m eccl* fervorino
fess|eria *f* tontería, nimiedad; **~o** *adj* estridente, estrídulo (*sonido*); *fig* tonto, bobo, idiota; **~ura** *f* grieta, raja, hendidura (*de un cuerpo*); rendija, resquicio *m* (*entre dos cuerpos*)
festa *f* fiesta; *~ mobile, fissa* fiesta móvil/movible, fija; *~ della mamma* día de la madre; *~ degli alberi* día del árbol; *~e di precetto* fiestas de precepto/de guardar; *guastare la ~* aguar la fiesta; *fare le ~e a q* hacerle fiestas a alg; *(fig) far la ~ a q* ajusticiar a alg; **~iolo, -a** *m/f* juerguista, juerguero, -a *am*; festero, -a
festeggia|menti *mpl* festejos; **~re** *vt* festejar, agasajar (*a alg*); festejar, celebrar (*algo*)
festino *m* festín, festejo, fiesta *f*
festiv|al *m/inv* festival *m*; **~ità** *f/inv* festividad *f*; **~o** *adj* festivo
festo|nare *vt* festonear; **~ne** *m* festón, orla *f*, guirnalda *f*; **~so** *adj* festivo, alegre
festuca *f* paja, pajita
fetale *adj* fetal
fetente *adj* hediondo, maloliente
feticcio *m* fetiche
feticis|mo *m* fetichismo; **~ta** *adj/s* fetichista
fetido *adj* fétido, hediondo, maloliente
feto *m med* feto; **~re** *m* hedor, fetidez *f*
fett|a *f* loncha (*embutido, queso*); rodaja (*merluza, embutido*); rebanada (*pan*), tajada (*carne*)
fettina *f* filete *m*, bistec *m*, bife *m/Arg* (*carne*)
feudal|e *adj* feudal; **~esimo** *m* feudalismo
feudatario *m* feudatario
feudo *m* feudo
fez *m/inv* fez *m*
fiab|a *f* cuento *m*, fábula; **~esco** *adj* fantasioso, irreal
fiacca *f* cansancio *m*, flojera; dejadez, pachorra *pop*; *battere la ~* no dar ni golpe, estar tumbado a la bartola; **~re** *vt* debilitar, aflojar
fiacchezza *f* flaqueza, debilidad
fiacco *adj* débil, flojo; alicaído
fiaccola *f* antorcha; *(sport) ~ olimpica* antorcha olímpica; **~ta** *f* procesión de antorchas
fiala *f* ampolla
fiamma *f* llama; *andare in ~e* prenderse fuego; **~nte** *adj* llameante; *fig* flamante (*nuevo*); *rosso ~* rojo intenso, rojo vivo; **~ta** *f* llamarada
fiammeggia|nte *adj* llameante, flameante; *(art) gotico ~* gótico flamígero; **~re** *vi* 1. <*avere*> llamear, flamear; 2. <*avere/essere*> *fig* llamear, centellear, resplandecer
fiammifero *m* cerilla *f*, fósforo, mixto
fiammingo 1. *adj/s* flamenco; **2.** *m ling/zool* flamenco
fiammola *f bot* flámula
fian|cata *f* lateral *m*, costado *m*, lado *m*; **~cheggiare** *vt* flanquear; *mil* flanquear, cubrir los flancos; *fig* apoyar; **~co** *m* lado, costado; *med* cadera *f*, costado; *mil* flanco, ala *f*; *di ~* de lado; *~ a ~* hombro con hombro
Fiandra: *la ~* Flandes; *le ~e* Flandes
fiasco *m* ampolla *f* (*botella*); *fig* fiasco, fracaso, chasco; *fare ~* ser un fiasco/fracaso
fiat *m/inv* momento *m*, instante *m*; *in un ~* en un santiamén, en un abrir y cerrar de ojos
fiatare *vi* <*avere*> *fig* rechistar; *senza ~* sin rechistar
fiato *m med* aliento, hálito, respiración *f*; *mus* viento; *strumenti a ~* instrumentos de viento; *d'un ~* de un tirón; *avere il ~ grosso, corto* tener buenos pulmones, quedarse sin aliento; *(fig) dare ~ alle trombe* dar pábulo a noticias; *(sport) fare il ~* entrenarse; *perdere il ~* quedarse sin aliento; *pigliar ~* recobrar el aliento; *trattenere il ~* aguantar la respiración; *il suo ~ puzza* le huele mal el aliento; *è ~ sprecato* es perder el tiempo, no vale la pena gastar saliva
fibbia *f* hebilla
fibra *f biol/tec/fig* fibra; *~ ottica, di vetro* fibra óptica, de vidrio
fibrilla|re *adj biol* fibrilar; **~zione** *f med* fibrilación
fibro|ma *m med* fibroma; **~so** *adj* fibroso
fibula *m art* fíbula; *med* peroné *m*

fica *f vulg* coño *m*, chocho *m*; *fig/vulg* tía buena
ficcanaso <*mpl -i; fpl/inv*> *m/f* metomentodo, entrometido, -a, escudriñador, -a, cotilla, zascandil *m*
ficcare 1. *vt* clavar, incrustar; poner, meter; **2.** *~rsi* meterse; *~rsi nei fatti altrui* meterse donde no le llaman; *dove ti sei ficcato?* ¿dónde te has metido?; *~rsi qc a q in testa* metérsele algo a alg en la cabeza
fiche *f fr/inv* ficha *f* (*juego*)
fico <*pl -chi*> *m bot* higo (*fruto*); higuera *f* (*árbol*); *fig* higo, pimiento, rábano, comino (*nada*); *non me ne importa un ~ (secco)* me importa un pimiento, no se me da un higo
ficodindia, fico d'India <*pl fichidindia, fichi d'India*> *m* higo chumbo (*fruto*); chumbera *f* (*arbusto*)
ficosecco <*pl fichisecchi*> *m* higo seco; *fig* higo, pimiento, rábano, comino (*nada*); *non me ne importa un ~* me importa un pimiento
fiction *f ingl/inv* serie de televisión *f*
fidanza|mento *m* compromiso, esponsales *mpl*; noviazgo; **~rsi** prometerse; **~to, -a** *m/f* novio, -a, prometido, -a
fidare 1. *vt* confiar (*qc a q* algo a alg); **2.** *vi* <*avere*> fiarse (*di* de), confiar (*di* en); **3.** *~rsi* fiarse (*di* de), confiar *vi* (*di* en)
fidato *adj* de confianza
fideiuss|ione *f ius* garantía, fianza; **~ore** *m ius* garante, fiador
fido 1. *adj/m lit* fiel *est*; **2.** *m econ* (límite de) crédito, disponible
fiduci|a *f* confianza; *di ~* de confianza; *avere ~ in se stesso* tener confianza en sí mismo; **~ario** *adj/s com/ius* fiduciario; **~oso** *adj* confiado
fiele *m med* hiel *f*, bilis *f*; *fig* amargura *f*, bilis *f*
fien|agione *f* siega; **~ile** *m* pajar; **~o** *m bot* heno
fier|a *f* 1. *com* feria; *~ campionaria* feria de muestras; *~ di beneficenza* rifa, gala de beneficencia; 2. *zool/fig* fiera, bestia; **~ezza** *f* 1. fiereza, bravura; 2. orgullo *m*, altivez; **~o** *adj* 1. fiero, cruel; fiero, feroz, salvaje; 2. orgulloso; pagado; *è ~ di se stesso* está orgulloso/pagado de sí mismo
fievole *adj* débil, mortecino
fif|a *f fam* mieditis, canguelo *m*; **~one** *adj/s fam* cagueta, miedica, rajado
figlia *f* hija; *com* talón *m* (*hoja de talonario*); **~re** *vt zool* parir; **~stro, -a** *m/f* hijastro, -a; **~ta** *f zool* camada (*mamíferos*); nidada (*pájaros*)
figlio *m* hijo; **~ dell'Uomo* Hijo del Hombre (*Cristo*); *~ d'arte* hijo de artistas; *~ di papà* niño, -a de papà, pijo, -a; *(vulg) ~ di puttana* hijo, -a de puta; *(fig) essere il ~ della serva* ser el último mono, mandar menos que el gato; **~ccio, -a** *m/f* ahijado, -a; **~lanza** *f* prole; **~lo, -a** *m/f* hijo, -a (*afectuoso*); *il ~ prodigo* el hijo pródigo
figo 1. *adj vulg* cojonudo, de puta madre; **2.** *m vulg* tío bueno
figura *f* figura; *fare una bella ~* quedar bien, lucirse; *fare una brutta ~* quedar mal, quedar fatal, lucirse *iron*; *che ~!* ¡qué bochorno!; **~ccia** *f desp* papelón *m*, ridículo *m*; **~re 1.** *vt art* modelar, formar, retratar; *fig* figurar, describir, retratar; **2.** *vi* <*avere*> figurar, aparecer; quedar, sentar (*bien, mal*); **3.** *~rsi* figurarse, imaginarse; *me lo figuravo più giovane* me lo imaginaba más jóven; *figurati!* ¡figúrate!, ¡no faltaba más!
figurat|ivo *adj art* figurativo; **~to** *adj* figurado; *tip* ilustrado; *linguaggio ~* lenguaje figurado; *ballo ~* baile con figuras; **~zione** *f* figuración
figurin|a *f* estatuilla, figurita; cromo *m*, estampa; **~ista** *m/f* figurinista (*moda*); **~o** *m* figurín (*moda*); *tip* revista de moda *f*; *fig/desp* figurín, lechuguino, petimetre
figuro *m desp* sujeto, individuo
fila *f* fila, cola (*personas*); fila, serie, ristra (*cosas*); *fare la ~* hacer cola; *in ~ indiana* en fila india; *in prima ~* en primera fila; *serrare le ~e* cerrar filas; *(mil) fuoco di ~* descarga *f*; **~ccia** *f* hilacha
filamento *m* filamento; **~so** *adj* filamentoso
filanca *f* helanca
filand|a *f* hilandería; **~aia** *f* hilandera; **~iere** *m* hilandero
filantrop|ia *f* filantropía; **~ico** *adj* filantrópico; **~o** *m* filántropo
filar|e 1. *vt* hilar; *mar* filar; manar, dejar correr (*líquidos*); *~rsela all'inglese* largarse a la francesa; **2.** *vi* hilar (*tela, razonamiento*); *fig* largarse, esfumarse; *fig/pop* ligar (*flirtear*); *far ~ q* tener a raya a alg; **3.** *m* hilera *f*; **~monico** *adj* filarmónico; **~ia** *f zool* filaria
filastrocca *f* cantinela; *fig* retahíla, letanía
filatelia *f* filatelia
filatelic|a *f* filatelia; **~o** *adj/s* filatélico
filatelista *m/f* filatélico, -a, filatelista
filato 1. *adj* hilado; *fig* seguido; *tre giorni ~i* tres días seguidos; **2.** *m* hilado; **~re, -trice** *m/f* hilador, -a, tejedor, -a
filatrice *f tec* hiladora, selfatina
filatura *f* hilatura
filett|atura *f* fileteado *m*, ribeteado *m* (*tejido*); *mec* filete *m*, rosca (*del tornillo*); fileteado *m*, roscado *m*, perfiladura (*acción*); **~o** *m* 1. filete, tira *f*, cinta *f* (*adorno*); 2. *tip* filete; perfil (*de letra*); 3. *med* frenillo; 4. *mec* filete, rosca *f*; 5. *gastr* filete, solomillo; 6. tres en raya (*juego*)
filia|le 1. *adj* filial; **2.** *m com* filial, sucursal; **~zione** *f* filiación
filibustiere *m mar/fig* filibustero
filiforme *adj* filiforme
filigrana *f* filigrana; **~to** *adj* de filigrana; *carta ~a* papel de filigrana
filipendula *f bot* filipéndula
filipp|ica *f* filípica, invectiva; ***~ine:** *le ~* las Filipinas; **~ino** *adj/s* filipino
filisteo *adj/s hist/fig* filisteo
fillocladio *m bot* filocladio, cladodio
fillomania *f bot* filomanía
fillossera *f bot* filoxera
fillotassi *f/inv* filotaxis
film *m/inv cine* película *f*, film(e) *m*, cinta *f*; *~ western* película del oeste/de vaque-

ros/de indios y vaqueros; ~ *dell'orrore* película de terror; ~ *porno* película porno/película X; ~ *in costume* película histórica/de época; ~**are** *vt* filmar; ~**ico** *adj* fílmico, cinematográfico; ~**ina** *f* filmina, diapositiva
filmografia *f* filmografía
filo *m* 1. <*pl i fili*> hilo (*tejido, fig*...); *(arch)* ~ *a piombo* plomada *f*; ~ *spinato* alambre de espino; *un ~ d'acqua, di voce* un hilo de agua, de voz; *un ~ d'erba* una brizna de hierba; *non c'è un ~ d'acqua* no hay ni gota de agua; *neanche un ~ d'aria* ni pizca de aire, ni un soplo de aire; *per ~ e per segno* con pelos y señales; *perdere il ~ del discorso* perder el hilo, írsele el santo al cielo (a alg); *(fig) dare del ~ da torcere* dar quebraderos de cabeza, poner en aprietos; *(fig) essere attaccato a un ~* estar pendiente de un hilo; *(fig) fare il ~ a q* intentar ligar con alg; 2. filo (*cuchillo*...); *(fig) essere sul ~ del rasoio* estar en el filo de la navaja; 3. *fpl* <*le fila*> hilos *mpl*, entresijos *mpl* (*conjura*)
filoamericano *adj/s* filoamericano
filobus *m/inv* trolebús *m*
filocomunista *adj/s* filocomunista
filodiffusione *f* hilo musical *m*
filodrammatic|a *f* teatro aficionado *m*; ~**o** *m teatro* actor aficionado
filogenesi *f/inv* filogénesis
filolog|ia *f* filologia; ~ *romanza* filología románica; ~**ico** *adj* filológico; ~**o, -a** <*mpl -gi*> *m/f* filólogo, -a
filone *m min* filón, veta *f*; *gastr* barra *f* (*pan*); *fig* filón, corriente *f*
filoso *adj* fibroso, filamentoso; correoso, duro (*carne*)
filosof|ale *adj* filosofal; ~**are** <*esd*> *vi* <*avere*> filosofar; ~**eggiare** *vi* <*avere*> *desp* filosofar; ~**ia** *f* filosofía; ~**ico** *adj* filosófico; ~**o, -a** *m/f* filósofo
filossera V. **fillossera**
filovia *f tras* cables *mpl*/catenaria del trolebús; línea de trolebús
filtra|re 1. *vt* filtrar, depurar; **2.** *vi* <*avere*> filtrarse; *(fig) ~ una notizia* filtrarse una noticia; ~**zione** *f* filtración
filtro *m* filtro; *fig* filtro, bebedizo; ~**pressa** *f tec* filtro a presión *m*, filtro prensa *m*
filugello *m zool* gusano de seda
filza *f* retahíla, sarta, serie
fimosi *f/inv med* fimosis
fin V. **fine** o **fino**
final|e 1. *adj* final; definitivo; **2.** *m* 1. final, fin; *mus* final; 2. *f sport* final; *ling* final (*oración*); ~**issima** *f sport* finalísima; ~**ista** *adj/s* finalista; ~**ità** *f/inv fil/fig* finalidad *f*; ~**izzare** *vt* 1. finalizar, acabar; 2. dirigir, dedicar; *gli sforzi sono finalizzati alla sopravvivenza del bosco* los esfuerzos van dirigidos a la supervivencia del bosque; ~**mente 1.** *adv* finalmente; **2.** *excl* ¡por fin!, ¡ya era hora!
finanza *f econ/ius* hacienda; finanza; *Ministero delle* *~*e* Ministerio de Hacienda; *Intendenza di* *~*e* Delegación de Hacienda; ~ *pubblica* hacienda pública; *l'alta* ~ las altas finanzas
finanzia|mento *m* financiación *f*, financiamiento; ~**re** *vt* financiar; ~**ria** *f* 1. *com* financiera; 2. *econ* ley de presupuestos generales del estado; ~**rio** *adj* financiero; ~**tore** *adj/s* financiador
finanziere, -a *m/f* financiero, -a
finca *f com* columna (*de una tabla*)
finché *conj* hasta que; ~ *(non) arrivi/arriverà il momento, i soldi me li prendo io* hasta que llegue el momento, el dinero me lo quedo yo
fine 1. *adj* fino, delgado (*espesor*); fino, agudo (*vista*); agudo, sutil (*inteligencia*); fino, distinguido (*persona*); delicado; esmerado (*arte*); **2.** *f* fin *m*, final *m*, conclusión; *fig* fin *m*, muerte; ~ *settimana* fin de semana; *alla* ~ al fin, al cabo; *alla fin* ~ en definitiva, a fin de cuentas, a la postre; *in* ~ en fin, al fin y al cabo; *in fin dei conti* al fin y al cabo; *a ~ mese* a fin de mes, a final de mes; *la ~ del mondo* el fin del mundo; *non sarà la ~ del mondo* no se va a hundir el mundo, no será para tanto; *che ~ ha fatto Luigi?* ¿qué ha sido de Luís?; *guarda che ~ ha fatto* mira como ha muerto; *mettere ~ a qc* dar/poner fin a algo; **3.** *m* fin, finalidad *f*, propósito; resultado; *lieto* ~ final feliz; *a fin di bene* con buenas intenciones; *a che ~?* ¿con qué fin?; *a questo* ~ a este fin/para ello; *a tal* ~ a tal fin/a tal efecto; *(com) salvo buon* ~ salvo buen fin
fine settimana *m/f inv* fin de semana *m*
finestr|a *f* ventana; ~**ino** *m* ventanilla *f* (*auto, tren*); ~**one** *m* ventanal
finezza *f* finura, delgadez; *fig* finura, fineza, delicadeza; *fig* galantería
fingere <*1 1 fingo; finsi; finto*> *vt/vi* <*avere*> fingir, simular; ~ *di essere un altro* hacerse pasar por otro
finimento *m* 1. aderezo; adorno; 2. *mpl agr* arreos, jaeces, montura *f*
finimondo *m* fin del mundo; debacle *f*; *fig* barullo, alboroto
finire <*isc*> *vt/vi* acabar, terminar, concluir, finalizar; ~ *male* acabar mal; *vedremo come va a* ~ ya veremos como acaba; *dov'è andato a ~ il giornale?* ¿dónde ha ido a parar el periódico?; *finiscila!* ¡acaba ya!, ¡ya está bien!
finitimo *adj geogr* limítrofe, vecino
finito *adj* acabado, terminado; *fig* acabado, arruinado; *farla ~a con q* acabar/cortar con alg; *tutto è* ~ ya ha pasado todo; todo ha acabado entre nosotros
finland|ese *adj/s* finlandés, finés; *~**ia:** *la* ~ Finlandia
finnico *adj ling* fínnico
fino 1. *prep* hasta; *fin qui* hasta aquí; ~ *a* hasta; ~ *a domani* hasta mañana; *fin da* desde; *fin da bambino* desde niño, desde la infancia; *fin dal principio* desde el principio; **2.** *adv* incluso; *ha detto fin troppo* ha dicho incluso demasiadas cosas; **3.** *adj* fino, delgado; fino, puro
finocchio *m bot* hinojo; *fig/pop* maricón, marica
finora *adv* hasta ahora, hasta este momento, hasta la fecha
finta *f* fingimiento *m*, simulación; amago *m*; *sport* finta (*fútbol, esgrima*); *fare ~ di*

niente actuar como si tal cosa, hacer como que no ha pasado nada, poner cara de no haber roto nunca un plato; *fare ~ di non capire* hacerse el sueco
fintantoché V. **finché**
finto *adj* fingido, simulado; falso, ficticio, falaz
finzione *f* ficción
fioccare *vi* caer a copos; nevar; *fig* llover; *fioccano insulti da tutte le parti* llueven insultos de todas partes
fiocco <*pl -chi*> *m* 1. borla *f*, fleco (*tejido*); nudo (*corbata*); vedija *f*, mechón, borra *f* (*lana*); copo (*nieve*); *~i d'avena* copos de avena; *(fig) coi ~i* excelente, de primera, de órdago *fam*; 2. *mar* foque
fiocina *f mar* fisga
fioco *adj* flojo, débil
fionda *f* honda, tirachinas *m/inv*; *~rsi fam* salir pitando
fiora|io, -a *m/f* florista; *~mi: a ~ adj* a flores
fiordaliso *m bot* flor de lis *f*, aciano
fiordo *m* fiordo
fiore *m* 1. *bot* flor *f*; *mandorlo in ~* almendro en flor; *~ d'arancio* (flor de) azahar; *negozio di ~i* floristería; 2. *fig* crema *f*, la flor y la nata *f*; flor *f*; *fior di latte* nata; *(fig) il fior ~* la flor y (la) nata, la crème de la crème *fr/iron*; *il ~ della gioventù/degli anni* la flor de la juventud/de la edad; *a fior d'acqua* a flor de agua; *avere i nervi a fior di pelle* tener los nervios a flor de piel; *un fior di quattrini* un montón de dinero, un pastón *pop*; 3. *mpl* tréboles (*naipes*)
fiorent|e *adj* floreciente; florido; *fig* floreciente, próspero; *~ino adj/s* florentino
fiorett|are *vt* recargar (*discurso*); *~ista m/f* floretista; *~o m* 1. *ling* florilegio; 2. *sport* florete
fioricultore... V. **floricultore**...
fiorino *m econ* florín
fiorire <*isc*> **1.** *vi* 1. florecer; *fig* florecer, prosperar; 2. enmohecerse; *metal* oxidarse; *gastr* florecerse; oxidarse, avinagrarse (*vino*); **2.** *vt* llenar de flores
fiorista *m/f* florista
fiorit|o *adj bot/fig* florido; *~ura f bot* floración; *fig* florecimiento *m*, prosperidad; *fig* floritura (*adorno*)
fiorone *m bot* breva *f*
fiotto *m* borbotón
Firenze *f* Florencia
firma *f* firma; *(com) avere la ~ per q* tener la firma de alg; *~ per delega* firma por poder; *~mento m* firmamento; *~re vt* firmar, rubricar; *~tario adj/s* firmatario, firmante
fisarmonica *f mus* acordeón *m*
fiscal|e *adj econ/ius* fiscal; *fig* riguroso, inquisitorial; *medico ~* inspector médico; *~eggiare vi* fisgonear, cotillear; censurar; *~izzare vt* fiscalizar
fischi|are 1. *vi* silbar, pitar; *mi fischiano gli orecchi* me zumban los oídos; **2.** *vt* silbar (*canción*); *fig* silbar, pitar, abuchear; *sport* pitar (*partido*); *~ata f* silbido *m*; *fig* pitada, abucheo *m*; *~etto m* pito, silbato; *~o* <*pl -chi*> *m* silbido (*sonido*); silbato, pito (*instrumento*); *prendere ~i per fiaschi* confundir la gimnasia con la magnesia, confundir el tocino con la velocidad
fisco *m* fisco, erario
fisic|a *f* física; *~o adj/s* físico
fisima *f* fijación, idea fija
fisiognom(on)ia *f* fisiognomía
fisiolog|ia *f* fisiología; *~ico adj* fisiológico; *~o, -a m/f* fisiólogo, -a
fisionomi|a *f* fisonomía, fisionomía; *~sta m/f* fisonomista
fisioterap|ia *f* fisioterapia; *~ista m/f* fisioterapeuta
fissa|ggio *m* sujeción *f*; *chim* fijación *f*; *foto* fijado; *~re vt* 1. fijar, sujetar, afianzar; 2. fijar, señalar (*fecha*); fijar, delimitar (*concepto*); 3. reservar (*habitación*); fijar, determinar (*precio*); 4. *foto* fijar; 5. mirar fijamente; *~ lo sguardo* mijar fijamente, fijar la mirada
fissat|ivo *m foto* fijador; *~o, -a m/f* chiflado, -a, obseso, -a; *~o bollato m com* vendí; *~ore m* fijador, laca (*pelo*); *foto* fijador
fissazione *f* fijación, afianzamiento *m*, sujeción; *fig/psic* fijación, obsesión
fissi|bile *adj fis* fisible; *~one f fis* fisión; *~tà f/inv* fijeza *f*
fisso 1. *adj* clavado; fijo; **2.** *m* (sueldo) fijo
fistola *f med* fístula
fitofago *adj* fitófago
fitolaccacea *f bot* fitolacácea
fitopatologia *f* fitopatología
fitoterapia *f med* fitoterapia
fitta *f* punzada, pinchazo *m*
fittavolo *m agr* arrendatario, aparcero
fittile *adj* figulino
fittizio *adj* ficticio, irreal
fitto 1. *m* 1. alquiler, arriendo, arrendamiento; 2. *fig* corazón (*del bosque*); **2.** *adj* 1. clavado; 2. poblado, tupido (*pelo*); espeso, tupido (*bosque*); denso (*líquido*); *fig* lleno, plagado; *un esercizio ~ di errori* un ejercicio plagado de errores; **3.** *adv* intensamente, sin parar; *~ne m bot* raíz nabiforme *f*
fittuario *m* arrendatario
fium|ana *f* riada; *(fig) una ~ di gente* una muchedumbre, un río de gente; *~e* **1.** *m* río; **2.** *adj/inv* interminable *adj*; *romanzo ~* novela interminable; *~iciattolo m* riachuelo
fiut|are *vt* husmear, olisquear; oler; *fig* oler(se); *~ la tempesta* oler una tormenta; *~o m zool/fig* olfato; *(a. fig) avere buon ~* tener buen olfato; *conoscere al ~* conocer a primera vista
flabello *m* flabelo
flaccid|ezza *f* flacidez; *~o adj* flácido
flacone *m* frasco
flagell|ante *m/f* disciplinante; *~are vt* flagelar, azotar; *~azione f* flagelación; *~o m a. fig* flagelo, azote; *biol* flagelo; *fig/fam* mogollón, montón; *Attila il ~ di Dio* Atila el azote de Dios
flagrante *adj ius/fig* flagrante; *in ~* en flagrante, in fraganti
flanella *f* franela
flash *m ingl/inv* flash *ingl* (*foto, noticia*); *~back m ingl/inv cine* flashback *m*

flato *m* flato
flatulen|to *adj* flatulento; ~**za** *f* flatulencia
flaut|ato *adj mus* aflautado; ~**ino** *m* flautín, flautillo; ~**ista** *m/f* flautista; ~**o** *m* flauta *f*; ~ *traverso, dolce* flauta travesera, dulce
flebile *adj* débil, flojo, bajo (*sonido*)
flebite *f med* flebitis
flebo|clisi *f/inv* gotero *m*; ~**tomia** *f med* flebotomía
flemm|a *f med* flema; *fig* flema, impasibilidad, cachaza, pachorra *pop*; ~**atico** *adj med* flemático; *fig* flemático, impasible, cachazudo; ~**one** *m med* flemón
flessibil|e *adj a. fig* flexible; ~**ità** *f/inv* flexibilidad *f*, flexibilización *f*; ~ *degli organici* flexibilización de plantilla
flessi|one *f* flexión; *(ling)* ~ *nominale, verbale* flexión nominal, verbal; ~**vo** *adj ling* flexivo
flesso 1. *adj ling* declinado (*nombre*); conjugado (*verbo*); **2.** *m mat* inflexión *f*; *punto di* ~ punto de inflexión; ~**re** *adj med* flexor; *muscolo* ~ músculo flexor
flessuoso *adj* elástico, flexible; tortuoso (*río, calle*)
flettere <*62 flesso*> *vt* flexionar, doblar; *ling* declinar (*nombre*); conjugar (*verbo*)
flipp|ato *adj gergo* flipado; ~**er** *m/inv* flipper *m*
flirt *m/inv* flirt *m*, ligue *m*, lío *m*; ~**are** *vi* <*avere*> flirtear, ligar
flogistico *adj med* inflamatorio
floppy disk *m ingl/inv infor* disquete *m*, disco flexible *m*
flora *f* flora; ~**le** *adj* floral; *giochi* ~*i* juegos florales
floreale *adj* florido; *(art) stile* ~ modernismo, liberty
floricolt|ore, -trice *m/f* floricultor; ~**ura** *f* floricultura
florid|ezza *f* lozanía (*persona*); *fig* prosperidad; ~**o** *adj* lozano, vigoroso (*persona*); *fig* floreciente, próspero
florilegio *m* florilegio
floscio *adj* blando (*material*); flácido (*carne*); *fig* débil
flott|a *f* flota; ~ *peschereccia* flota pesquera; ~ *aerea* flota aérea; ~**iglia** *f* flotilla
fluente *adj* fluido (*líquido*); suelto (*pelo*)
fluidità *f/inv* fluidez *f*
fluido *adj/m* fluido
fluire <*isc*> *vi* fluir
fluorescen|te *adj* fluorescente; ~**za** *f* fluorescencia
fluori|drico *adj* fluorhídrico; ~**te** *f min* fluorita
fluoro *m* flúor
fluoruro *m* fluoruro
flusso *m fis/fig* flujo; *mar* flujo, marea *f*; ~ *mestruale* flujo menstrual
fluttua|nte *adj* fluctuante; *econ/med* flotante; *costola, debito* ~ costilla, deuda flotante; ~**re** <*esd*> *vi* <*avere*> fluctuar, oscilar; *econ* fluctuar; ~**zione** *f* fluctuación
fluviale *adj* fluvial
fobia *f psic* fobia; *fig* fobia, manía, antipatía
foca *f zool* foca; ~**ccia** *f gastr* torta
focal|e *adj* focal; ~**izzare** *vt foto/fig* focalizar
foce *f geogr* desembocadura, delta *m*; ~**na** *f zool* marsopa
fochista *m* fogonero
focola|io *m med/fig* foco; ~**re** *m* chimenea *f*, hogar; *fig* hogar; *tec* fogón
focos|ità *f/inv fig* fogosidad *f*, ardor *m*; ~**o** *adj fig* fogoso, ardiente
fodera *f* forro *m*; ~**re** <*esd*> *vt* forrar
fodero *m* vaina *f* (*espada*)
foga *f* ímpetu *m*, ardor *m*, fogosidad
foggia *f* forma, manera; ~**re** *vt* forjar, modelar, moldear
foglia *f bot/metal* hoja; *(fig) mangiare la* ~ cogerlas al vuelo; ~**me** *m* follaje; ~**zione** *f bot* foliación
foglio *m* hoja *f*; *tip* pliego; folio (*grande*); cuartilla *f* (*pequeño*); *fig* billete; *(auto)* ~ *rosa* permiso provisional de conducir; ~ *volante* (hoja) volante, octavilla
fogna *f* cloaca, alcantarilla; *fig* cloaca, estercolero *m*; ~**tura** *f* alcantarillado *m*
föhn *m/inv* secador *m* (*pelo*)
foia *f zool* celo *m*; *fig* frenesí *m*, excitación
fola *f* fábula, cuento *m*; *fig* mentira, trola
folaga *f zool* foja
folata *f* ráfaga, ventolera
folclor|e *m* folclor(e); ~**ico** *adj* folclórico; ~**ista** *m/f* folclórista; ~**istico** *adj* folclorístico
folgora|nte *adj* fulgurante; ~**re** <*esd*> **1.** *vi* <*avere*> fulgurar, resplandecer; **2.** *vt* fulminar; *elec* fulminar, electrocutar; ~**zione** *f* fulguración
folgore *f* fulgor *m*; rayo *m*; resplandor *m*
folgorite *f min* fulgurita
folla *f* muchedumbre, multitud, gentío *m*; ~**re** *vt tec* abatanar; ~**trice** *f tec* batán *m*, diablo *m*
folle 1. *adj/m* loco; **2.** *adj mec* embragado; *in* ~ en punto muerto; ~**ggiare** *vi* <*avere*> desvariar; ~**tto** *m* duende, genio
follia *f* locura, desvarío *m*; *mus* folía
follicolo *m* folículo
follon|e *m tec* batán, diablo, diabla *f*; ~**iere** *m* batanero, diablero
follow up *m ingl/inv adm* seguimiento *m*
folt|ezza *f* espesura; *fig* abundancia; ~**o 1.** *adj* espeso, poblado (*pelo, bosque*); denso (*niebla*); **2.** *m* corazón (*del bosque*)
foment|are *vt* fomentar, instigar; promover; ~**atore** *adj* fomentador, instigador; ~**o** *m med/fig* fomento
fomite *m* instigación *f*, estímulo
fon V. **föhn**
fonazione *f ling* fonación
fonda *f* 1. *mar* fondeadero *m*; *nave alla* ~ barco fondeado; 2. funda, vaina (*arma*)
fondaco *m com* factoría *f*; almacén; *ant* alhóndiga *f*
fondale *m geogr* profundidad *f*; *teatro* telón de foro
fondament|ale *adj* fundamental; *stud* troncal (*materia*); ~**alismo** *m* fundamentalismo, integrismo; ~**alista** *m/f* fundamentalista, integrista; ~**o** *m* 1. <*pl le fondamenta*> *arch* cimiento; 2. <*pl i fondamenti*> *fig* fundamento, base *f*, cimiento

fondare *vt a. fig* fundar, basar, cimentar
fondatezza *f a. fig* solidez, consistencia
fondazione *f* 1. fundación; 2. *fpl* cimientos *mpl*, cimentación *f*
fondel|llo *m* fondillo (*pantalón*); *mil* casquillo; *(fig) prendere q per i ~i* tomar por el pito del sereno; **~nte** *m min* fundente
fonder|e *<37 fusi; fuso>* **1.** *vt* fundir; derretir; **2.** *vi* fundirse; derretirse; **~ia** *f metal* fundición, alto horno *m*
fondi|ario *m* inmobiliario (*rústico*); **~bile** *adj* fundible; **~na** *f* pistolera; **~sta** *m/f sport* fondista; *tip* articulista; **~tore** *m* fundidor, metalúrigico
fondo 1. *m* 1. fondo; *teatro* foro; *sport* fondo; poso (*líquidos, café*); *a ~* a fondo; *cassa a doppio ~* caja de doble fondo; *in ~* en el fondo; *in ~ alla sala* en el fondo de la sala; *da cima a ~* de cabo a rabo; *(mar) andare a ~* irse a pique; *il ~ della questione* el fondo del asunto; *conoscere a ~* conocer a fondo; *articolo di ~* artículo de fondo; *~i di caffè* posos de café; *gara, sci di ~* carrera, esquí de fondo; 2. finca *f*, propiedad *f*, terreno; *ius* fundo; *~ rustico, urbano* finca rústica, urbana; 3. *econ* fondo; *~i pubblici* fondos públicos; **~ Monetario Internazionale* Fondo Monetario Internacional; *~ di ammortamento, di investimento* fondo de amortización, de inversión; *~ di cassa* fondos de caja; *(adm) ~ nero* fondo de reptiles; *~i segreti* fondos reservados; *a ~ perduto* a fondo perdido; 4. *mpl* restos, fondos; *~i di magazzino* restos de almacén; **2.** *adj* hondo, profundo; *piatto ~* plato hondo, plato sopero; *notte ~a* noche cerrada
fondovalle *m geogr* vaguada *f*
fonema *m* fonema; **~tica** *f* fonemática, fonología
fonetic|a *f* fonética; **~o** *adj* fonético
foni|atria *f* foniatría; **~co** *adj* fónico
fonoassorbente *adj* fonoabsorbente
fonogra|fo *m* fonógrafo; **~mma** *m* fonograma
fonolog|ia *f* fonología; **~ico** *adj* fonológico; **~o, -a** *m/f* fonólogo, -a
fonometro *m* fonómetro
fonoriproduttore *m* reproductor de sonido
fontan|a *f arch* fuente; **~ella** *f med* fontanela; **~iere** *m* fontanero; **~ile** *m* 1. manantial, nacimiento; 2. abrevadero
fonte 1. *f* fuente; *(fig) sapere da buona ~* saber de buena tinta; 2. *fpl* fuentes (*documentación*); 3. *(m) ~ battesimale/sacro ~* fuente/pila bautismal
footing *m ingl/inv sport* footing
foracchiare *vt* agujerear
foragg|ero *adj* forrajero; **~iare** *vt* forrajear; *fig* sobornar, untar; **~io** *m* forraje
foraminiferi *mpl zool* foraminíferos
forare *vt* agujerear, perforar; *tras* picar (*billete*); *auto* pinchar *vi*; *~ una gomma* pinchar, tener un pinchazo
foratura *f* perforación; *auto* pinchazo *m*
forbici *fpl* tijeras; *zool* pinzas
forbiciata *f* tijeretazo *m*
forbicina *f zool* tijereta
forbit|ezza *f* pulcritud, limpieza; elegancia; **~o** *adj* cuidado, elegante
forca *<pl -che> f* horca (*patíbulo*); *agr* horca, bielda; *geogr* collado *m*; *(fig) passare le ~e caudine* pasar las horcas caudinas
forcella *f* horquilla (*mec, cabello*); *bot* horcadura, horqueta; *geogr* desfiladero *m*
forchetta *f* tenedor *m*; *(fig) essere una buona ~* tener buen saque, tener buen apetito, ser comilón
forcina *f* horquilla (*cabello*)
forcipe *m med* fórceps
forcone *m agr* horcón
forense *adj* forense
foresta *f* bosque *m*; selva; *~ vergine* selva virgen; **~le** *adj* forestal
foresteria *f* hospedería
forestier|ismo *m ling* extranjerismo; **~o** *adj/s* forastero
forfait *m fr/inv* 1. forfait *m*; 2. *sport* incomparecencia *f*; abandono *m*; *dichiarare ~* abandonar
forfecchia *f zool* tijereta
forfetario *adj* del forfait; sujeto a forfait
forfor|a *f med* caspa; **~oso** *adj* casposo
forgia *f tec* forja; **~re** *vt tec/fig* forjar
forma *f* 1. forma; *a/in ~ di* con forma de; *dare ~* dar forma; *in tutte le ~e* de cualquier manera, de todas formas; *in debita ~* en debida forma; *prendere ~* tomar forma; *essere in ~* estar en forma; *essere giù di ~* estar bajo de forma; *fig* estar bajo de moral; 2. *tec* horma (*zapato, sombrero*); *gastr/tip* molde *m*; 3. *fpl* formas, modales *mpl*; apariencias; *badare alla ~* guardar las formas; *rispettare/salvare le ~e* guardar las apariencias
formaggi|era *f* quesera; **~no** *m* quesito; **~o** *m* queso; *~ grattugiato* queso rallado; *~ da spalmare* queso de untar
formal|deide *f chim* formaldehído *m*; **~e** *adj* formal
formali|na *f chim* formalina, formol *m*; **~smo** *m art/fig* formalismo; **~sta** *m/f art* formalista; **~stico** *adj art* formalista; **~tà** *f/inv adm/fig* formalidad *f*, trámite *m*; **~zzare** *vt ius/fil* formalizar
formare *vt* formar; marcar (*número de teléfono*)
format|ivo *adj* formativo; **~o** *m* formato, tamaño; *fotografia ~ tessera* fotografía tamaño carné
formatta|re *vt infor* formatear; **~zione** *f infor* formateo *m*
formazione *f* formación; *sport* formación, alineación
formella *f arch* panel *m*, cuarterón *m*; baldosa; briqueta (*combustible*); *agr* hoyo *m*
formica *f* 1. *zool* hormiga; 2. formica (*material*); **~io** *m zool/fig* hormiguero
formichiere *m zool* oso hormiguero
formico *adj chim* fórmico; **~lare** *<esd> vi* 1. *<avere>* hormiguear; 2. *<essere>* sentir un hormigueo, cosquillear; **~lio** *m* hormigueo, cosquilleo
formidabile *adj* formidable
formo|lo *m* formol; **~so** *adj* lozano, rollizo, de buen ver; *donna ~a* mujer rolliza, jamona *pop*
formula *f* fórmula; *corsa di ~ uno* carrera

de fórmula uno; ~**re** *<esd> vt* formular; ~**rio** *m* formulario; ~**zione** *f* formulación

forna|ce *f* horno *m*; calera (*de cal*); tejar *m* (*ladrillos, tejas*); *(fig) questo è una ~* esto es un horno; ~**io, -a** *m/f* hornero, -a, panadero, -a; ~**ta** *f* hornada

fornello *m* hornillo; hogar (*caldera*); pozo (*mina*); cazoleta *f* (*pipa*); *~ a gas, a carbone, elettrico* hornillo de gas, de carbón, eléctrico

fornica|re *<esd> vi <avere>* fornicar; ~**zione** *f* fornicación

fornire *<isc> vt* abastecer, proveer, proporcionar; *com* suministrar; *mil* pertrechar

fornit|ore, -trice *m/f* proveedor, -a, suministrador, -a, abastecedor, -a; ~**ura** *f* abastecimiento *m* (*acción*); suministros *mpl* (*material*)

forno *m* horno; *com* horno, panadería *f*; *alto ~* alto horno; *~ crematorio* horno crematorio

foro *m* 1. agujero, orificio; 2. *ius* fuero; *hist* foro

forra *f* precipicio *m*, barranco *m*

forse *adv* quizá(s), a lo mejor, tal vez; *~ piove/pioverà* quizá llueva; *essere in ~* estar en la duda; *mettere in ~* poner en entredicho; ~**nnato** *adj/s* loco, enloquecido, poseso

forte 1. *adj* fuerte; *(fig) farsi ~* sobreponerse; *farsi ~ di qc* escudarse en algo; *dare man ~ a q* ser de valiosa ayuda para alg; *essere ~ in matematica* estar fuerte en matemáticas; **2.** *adv* fuerte; alto (*hablar*); profundamente (*dormir*); rápidamente (*andar*); *(fam) troppo ~* ¡qué guay!; **3.** *m* 1. fuerte, poderoso; *il diritto dei più ~i* la ley del más fuerte; 2. *fig* fuerte; *la fisica non è il mio ~* la física no es mi fuerte; 3. *fig* grueso (*parte mayor*); *il ~ dell'esercito* el grueso del ejército; 4. *mil* fuerte, fortín

fortezza *f mil* fortaleza

fortifica|re *<esd> vt arch* fortificar; *fig* fortalecer; ~**zione** *f* fortificación

fortilizio *m* fortín

fortino *m* fortín

fortuito *adj* fortuito, casual, accidental

fortun|a *f* 1. fortuna, hacienda, riqueza; *fare ~* hacer fortuna; 2. suerte, fortuna; *cattiva, buona ~* mala, buena suerte; *buona ~!* ¡buena suerte!; *per ~* por fortuna, por suerte; *un colpo di ~* un golpe de suerte; *portar ~* traer suerte; *atterraggio di ~* aterrizaje de emergencia; *mezzi di ~* medios improvisados; ~**ato** *adj/s* afortunado, suertudo; *~ lui!* ¡dichoso él!; ~**oso** *adj* venturoso, azaroso; *meteo* borrascoso

foruncolo *m med* furúnculo, forúnculo

forviare V. **fuorviare**

forza 1. *f* fuerza; *la ~ dell'abitudine* la fuerza de la costumbre; *~ bruta* fuerza bruta; *(ius) ~ maggiore* fuerza mayor; *~ pubblica* fuerza pública; *le *~e Armate* las Fuerzas Armadas; *a ~ di* a fuerza de; *per ~* a la fuerza, forzosamente; *con la ~* con la fuerza, con violencia; *riprendere le ~e* cobrar/recuperar fuerzas; *fare ~ a q* forzar a alg; *farsi ~* animarse; **2.** *excl* ¡ánimo!, ¡vamos!, ¡venga!; ~**re** *vt* forzar; ~**to 1.** *adj* forzado, obligado; *fig* forzado (*poco natural*); *marcia ~a* marchas forzadas; *lavori ~i* trabajos forzados; **2.** *m* forzado, presidiario

forziere *m* cofre, arca *f*

forzoso *adj* forzoso; *(com) a corso ~* de curso forzoso

forzuto *adj* forzudo

foschia *f* neblina, bruma, calina

fosco *adj* oscuro; *meteo* sombrío; *fig* hosco, lúgubre (*mirada, cara*)

fosfat|ico *adj* fosfatado; ~**o** *m* fosfato

fosforescen|te *adj* fosforescente; ~**za** *f* fosforescencia

fosforico *adj* fosfórico

fosforo *m* fósforo

fossa *f* fosa, foso *m*, zanja, hoyo *m*; *fig* fosa, tumba; *teatro* foso *m*; *geol/med* fosa; *~ biologica* pozo negro, fosa séptica; *~ comune* fosa común; *~e nasali* fosas nasales; *(fig) scavarsi la ~ con le proprie mani* cavarse su propia tumba; ~**to** *m arch* foso

fossetta *f* hoyuelo *m*

fossil|e *adj/m* fósil; *fig* fósil, carcamal; ~**izzare** *vt a. fig* fosilizar

fosso *m* foso, zanja *f*; *arch* foso; *~ di scolo* canal de desagüe; *(fig) saltare il ~* decidirse

foto *f/inv* foto *f*

fotocellula *f* célula fotoeléctrica

fotocomposizione *f* fotocomposición

fotocopia *f* fotocopia; ~**re** *vt* fotocopiar; ~**trice** *f* fotocopiadora

fotocron|aca *f* reportaje gráfico *m*; ~**ista** *m/f* reportero gráfico *m*, reportera gráfica *f*

fotoelettrico *adj* fotoeléctrico

fotofobia *f* fotofobia

fotogenico *adj* fotogénico

fotogiornale *m* diario ilustrado

fotograf|are *<esd> vt* fotografiar; ~**ia** *f* fotografía, foto; *~ a colori, in bianco e nero* fotografía en color, en blanco y negro; ~**ico** *adj* fotográfico; ~**o, -a** *m/f* fotógrafo, -a

fotogramma *m* fotograma

fotoincis|ione *f* fotograbado *m*; ~**ore** *m* fotograbador

foto|meccanico *adj* fotomecánico; ~**metr|ia** *f* fotometría; ~**o** *f* fotómetro; ~**modella** *f* fotomodelo; ~**montaggio** *m* fotomontaje; ~**ne** *m fis* fotón; ~**reportage** *m fr/inv* reportaje gráfico *m*; ~**romanzo** *m* fotonovela *f*; ~**sensibile** *adj* fotosensible; ~**sfera** *f* fotosfera; ~**sintesi** *f/inv* fotosíntesis; ~**tipia** *f* fototipia

fottere *vt vulg* joder, follar; *fam* jorobar *pop*, fastidiar *est*, joder *vulg*; *pop* mangar, birlar (*robar*); *(vulg) va' a farti ~!* ¡vete a tomar por culo!; *(pop) ~rsene* importar un pito

fottuto *adj vulg* jodido, jorobado *pop*; *essere ~* estar jodido

foulard *m fr/inv* foulard *m/fr*

fra 1. *prep* V. **tra**; **2.** *adj* fray; *~ Antonio, fra Domenico, fra Bernardino*

frac *m/inv* frac *m*

fracass|are *vt* destrozar, hacer añicos; ~**o** *m* estruendo, estrépito; *fam* mogollón, montón (*de gente*)

fradicio *adj* estropeado; mojado; *fig* co-

rrupto; *bagnato* ~ empapado, calado; *ubriaco* ~ borracho perdido
fradiciume *m* podredumbre *f*; humedad *f*; *fig* corrupción *f*
fragil|e *adj* frágil; ~**ità** */invf* fragilidad
fragola *f bot* fresa
fragoleto *m* fresal
fragolone *m bot* fresón
fragor|e *m* fragor, estruendo, estrépito; ~**oso** *adj* fragoroso, estruendoso, estrepitoso
fragran|te *adj* fragante; ~**za** *f* fragancia, aroma *m*
fraintendere *<58 -tesi; -teso>* *vt* malinterpretar
fraintendimento *m* malentendido
frammassone *m* francmasón, masón
framment|are *vt* fragmentar; ~**ario** *adj* fragmentario; ~**azione** *f* fragmentación; ~**o** *m* fragmento
frammettere *<43 -misi; -messo>* *vt* interponer
frammezzo *adv* en medio, entremedias
frammischiare *vt* entremezclar
frana *f geol* desprendimiento *m*, corrimiento *m*, alud *m*; *fig* ruina, debacle, desmoronamiento *m*; *fig* desastre *m*, calamidad (*persona*); ~**mento** *m geol* corrimiento, desprendimiento; ~**re** *vi geol* desprenderse, deslizarse; *fig* desmoronarse, hundirse
francescano *adj/s eccl* franciscano
francese *adj/s* francés
francesismo *m ling* galicismo, francesismo
franch|ezza *f* franqueza, sinceridad; ~**igia** *f* franquicia; ~**ismo** *m pol* franquismo; ~**ista** *adj/s pol* franquista
Francia: *la* ~ Francia
francio *m chim* francio; ~**so** *adj/s iron* franchute *desp*, gabacho *desp*
franco 1. *m econ* franco; **2.** *adj* franco, sincero, abierto; *com* franco, libre, exento; *porto* ~ puerto franco; ~ *fabbrica* franco fábrica; *(fig) farla* ~*a* salir limpio; ~ *tiratore* francotirador; ~**bollo** *m post* sello, estampilla *f/am*; ~**filo** *adj/s* francófilo
francofo|bo *adj/s* francófobo; ~**no** *adj/s* francófono; *~**rte** *f* Frankfurt
frangente *m mar* rompiente, batiente; *arch* rompeolas, escollera *f*; *fig* trance; *(fig) trovarsi in brutti* ~*i* estar en un aprieto
frangere *<frango; 54 fransi; franto>* **1.** *vt lit* quebrar, quebrantar; *agr* moler (*olivas*); **2.** ~*rsi mar* romper *vi* (*olas*)
frangetta *f* flequillo *m*
frangi|a *<pl -ge>* *f* fleco *m*; *geogr* franja costera; *fig/pol* facción; *fig* adorno *m*, flor; *raccontare qc con molte* ~*e* contar algo con muchas flores; ~**bile** *adj* frangible; ~**flutti** *m/inv mar* rompeolas, escollera *f*; ~**onde** *m/inv mar* rompeolas, escollera *f*; ~**tura** *f agr* molienda; ~**vento** *m* cortavientos
frantoi|ano *m* almazarero; ~**o** *m tec* triturador; almazara *f* (*olivas*)
frantum|are 1. *vt* triturar, machacar; **2.** ~*rsi* hacerse añicos, hacerse cisco *pop*; ~**i** *mpl* añicos; *andare in* ~ hacerse añicos

frappé *adj/m/inv* batido *adj*
frapporre *<56 -pongo; -posi; -posto>* *vt* interponer
frasario *m* jerga *f*, lenguaje
frasca *<pl -che>* *f* 1. rama; 2. *fpl* caprichos, antojos; ~**me** *m* follaje, ramaje, fronda *f*
frase *f ling/mus* frase; ~ *fatta* frase hecha
fraseggi|are *vi <avere>* frasear, hablar; *mus* frasear; ~**o** *m mus* fraseo
fraseologia *f* fraseología
frassineto *m* fresneda *f*
frassino *m bot* fresno
frastaglia|re *vt* recortar, tijeretear; ~**to** *adj* recortado; *geogr* accidentado
frastorna|re *vt* trastornar; ~**to** *adj* trastornado
frastuono *m* estruendo, bullicio
frate *m eccl* fraile, monje
fratell|anza *f* fraternidad, hermandad; ~**astro** *m* hermanastro; ~**o** *m* hermano; *eccl* hermano; ~ *d'armi* compañero de armas
fratern|ità *f/inv* fraternidad *f*, hermandad *f*, cofradía *f*; ~**izzare** *vt* (con)fraternizar; ~**o** *adj* fraterno, fraternal
fratesco *adj* frailero, frailuno *desp*
fratricid|a *adj/s* fratricida; ~**io** *m* fratricidio
fratta *f* matorral *m*, maleza, monte bajo *m*; ~**glie** *fpl* vísceras, menudillos *mpl*, despojos *mpl*; ~**nto** *adv* entre tanto, mientras tanto
frattempo: nel ~ *adv* mientras, mientras tanto, entre tanto
frattura *f med/fig* fractura
fraudolen|to *adj* fraudulento; ~**za** *f* fraude *m*, fraudulencia
frazion|amento *m* fraccionamiento; ~**are** *vt* fraccionar; ~**ario** *adj* fraccionario; ~**e** *f* fracción, porción; *mat* fracción; *adm* pedanía, barrio *m*
freatico *adj* freático
freccia *f* flecha, saeta *lit*; *tec* saeta, manecilla, aguja; *auto* intermitente *m*; *veloce come una* ~ rápido como una flecha; ~**re** *vt/vi <avere>* flechar; ~**ta** *f* flechazo *m*; *fig* puya, dardo *m*, indirecta
fredd|are *vt gastr/fig* enfriar; ~**ezza** *f* frialdad; ~**o** *adj/m* frío; *fa* ~ hace frío; *fa un* ~ *cane* hace un frío que pela; *non mi fa né* ~ *né caldo* no me da ni frío ni calor, me deja frío; *a* ~ en freddo
freddol|ina *f bot* cólquico *m*; ~**oso** *adj* friolero
freddura *f* ocurrencia, chiste *m*
freezer *m ingl/inv* congelador *m*
fregare 1. *vt* frotar; rascar (*cerilla*); *fig/pop* engañar, pegársela, timar (*a alg*); *fig/pop* birlar, afanar; ~ *q agli esami* cargarse, catear, cepillarse a alg; **2.** ~*rsi* frotarse; *(a. fig)* ~ *gli occhi* frotarse los ojos; **3.** ~*rsene pop* desentenderse, no importar *vt*, pasar *pop*; *(pop) che me ne frega?* ¿y a mí que me importa?; *(pop) non me ne frega niente* me importa un bledo; *(vulg) non me ne frega un cazzo* me la suda, me la trae floja
fregat|a *f* 1. fregado *m*, pasada (*de trapo*); *tec* frotación; 2. *fig/pop* jugarreta,

palo *m*; 3. *mar* fragata; ~**ura** *f pop* mala pasada, jugarreta, putada *vulg*; timo *m*; *dare una ~ a q* hacerle una mala pasada a alg; *prendere una ~* sufrir una mala pasada

fregio *m* adorno, ornamento; *arch* friso

frego <*pl -ghi*> *m* tachón, borrón

fregola *f biol* celo *m*; *fig* desazón

fremere *vi* <*avere*> bramar; agitarse, temblar

fremito *m* estremecimiento, temblor

frena|ggio *m mec* frenado; ~**re** *vt mec/fig* frenar; retener (*lágrimas*); refrenar (*lengua, ímpetu*); ~**ta** *f auto/fig* frenazo *m*; ~**tura** *f* frenado *m*

frene|sia *f* frenesí *m*; ~**tico** *adj* frenético

freno *m mec/fig* freno; freno (*caballo*); *~ a disco, a mano, a tamburo* freno de disco, de mano, de tambor; *~ d'allarme* freno de emergencia; *senza ~* sin freno, sin medida; *colpo di ~* frenazo; *(fig) mordere il ~* morder el freno; *porre ~ a qc* poner coto a algo; *(fig) tenere a ~* llevar con mano de hierro

frenocomio *m* manicomio

frenulo *m med* frenillo

frequen|tare *vt* frecuentar (*personas, lugar*); *stud* asistir, cursar; *~ cattive compagnie* ir/juntarse con malas compañías; ~**tato** *adj* concurrido, animado; ~**te** *adj* frecuente; ~**za** *f* 1. *fis/mat/fig* frecuencia; *modulazione di ~* frecuencia modulada; *corrente ad alta/bassa ~* corriente de alta/baja frecuencia; 2. asiduidad (*personas, lugar*); *stud* asistencia; *la ~ è obbligatoria* la asistencia es obligatoria

fresa *f mec/med* fresa; ~**re** *vt mec* fresar; ~**tore** *m mec* fresador; ~**trice** *f mec* fresadora, fresa; ~**tura** *f mec* fresado *m*

fresch|ezza *f* frescura, frescor *m*; *fig* frescura, lozanía; ~**ista** *m/f pitt* fresquista

fresco 1. *adj* fresco; *~ come una rosa* fresco como una rosa/una lechuga; *(fig) stare ~* estar aviado; *notizia ~a* noticia fresca/calentita; *essere ~ di studi* tener los estudios frescos/recién terminados; **2.** *m* fresco, fresca *f*; *stare al ~* estar al fresco/a la fresca; *mettere al ~* poner a refrescar; *(fig) stare al ~* estar a la sombra (*cárcel*)

frescura *f* fresca, fresco *m*, frescor *m*

frett|a *f* prisa; *avere ~* tener prisa; *darsi ~* darse prisa; *far ~ a q* dar/meter prisa a alg; *in ~* deprisa, rápidamente; *in ~ e furia* deprisa y corriendo, a todo correr; ~**oloso** *adj* apresurado, presuroso

friabil|e *adj* friable; ~**ità** *f/inv* friabilidad *f*

frica|ssea *f gastr* fricasé *m*; ~**tivo, -a** *adj/f ling* fricativo, -a

fricchettone, -a *m/f* pasota

friggere <*35 friggo; frissi; fritto*> *vt* freír, fritar *am*; *(pop) va' a farti ~!* ¡vete a freír espárragos!, ¡vete a la porra!

friggi|toria *f* freiduría; ~**trice** *f gastr* freidora

frigid|ezza *f med* frigidez; ~**ità** *f/inv med* frigidez *f*; ~**o** *adj* frígido

frign|are *vi* <*avere*> gimotear; ~**io** *m* gimoteo; ~**one, -a** *m/f* llorón, -a

frigo *m/inv* frigorífico *m*, nevera *f*

frigorif|ero *m* frigorífico, nevera *f*; ~**ico** *adj* frigorífico

fringuello *m zool* pinzón

frinire <*isc*> *vi* <*avere*> cantar (*cigarra*)

fritt|ata *f gastr* tortilla; ~**ella** *f gastr* buñuelo *m*; *~ ripiena* empanadilla; *fig* lamparón *m* (*mancha*); ~**o 1.** *adj gastr* frito; freído (*PP*); *fig* arreglado, apañado, aviado; *siamo (bell'e) ~i* estamos arreglados; *~ e rifritto* archisabido, más que sabido, más que visto; **2.** *m gastr* frito, fritura *f*; *~ misto* fritura de carne y pescado; ~**ura** *f* fritura; fritada, fritanga *desp*

Friul|i *m* Friul; *~**ano** *adj/s* friulano

frivol|ezza *f* frivolidad; ~**o** *adj* frívolo

frizion|are *vt* friccionar; dar friegas; ~**e** *f med* fricción, friega; *fis* fricción, rozamiento *m*, roce *m*; *fig* fricción, roce *m*; *mec* embrague *m*; *innestare, disinnestare la ~* embragar, desembragar

frizz|ante *adj* cortante (*viento*); espumoso (*vino*); *fig* agudo, ingenioso; *acqua ~* agua con gas; ~**o** *m* gracia *f*, ocurrencia *f*, agudeza *f*

frocio *m vulg* maricón, marica

frod|are *vt* defraudar, engañar; ~**e** *f* estafa, engaño *m*; *~ fiscale* fraude fiscal; ~**o** *m* contrabando; *cacciatore, pescatore di ~* cazador, pescador furtivo

frogia *f zool* ollar *m*

froll|are 1. *vt gastr* manir; **2.** *vi gastr* manirse; ~**atura** *f gastr* manido *m*; ~**o** *adj* tierno, blando; *gastr* manido; *fig* flojo, débil; *(gastr) pasta ~a* pasta quebrada, pastaflora; *(fig) essere di pasta ~a* ser de mantequilla

frombol|a *f lit* honda; ~**iere** *m* hondero

frond|a *f* 1. *bot* follaje *m*, fronda, frondosidad; 2. *fig* oposición; revuelta; ~**osità** *f/inv* frondosidad *f*; ~**oso** *adj* frondoso

front: dietro ~! *excl/mil* ¡media vuelta!

frontal|e *adj/m* frontal; ~**ino** *m* peldaño; *~ estraibile* carátula extraíble (*autorradio*)

fronte 1. *f med* frente; *a ~ a ~* cara a cara; *di ~* enfrente; *la casa di ~* la casa de enfrente; *mettere a ~* confrontar, enfrentar; *a ~ alta/bassa* con la cabeza alta/baja; **2.** *m mil//meteo/fig* frente; *far ~ alle difficoltà, agli impegni, alle spese* hacer frente a las dificultades, a los compromisos, a los gastos; *tener ~ a q* plantar cara a alg; *far ~ comune contro q/qc* hacer frente común contra alg/algo; *(meteo) ~ freddo* frente frío; **3.** *(prep) di ~ a* enfrente de, frente a; *fig* frente a; *di ~ a questo problema* frente a/ante este problema

fronteggiare *vt* enfrentarse, acometer, encarar; *fig* estar enfrente (de)

frontespizio *m arch* frontispicio; *tip* frontispicio, portada *f*

frontiera *f* frontera

frontone *m arch* frontón

fronzoli *mpl* perifollos, perendengues

frotta *f* tropel *m*, muchedumbre, oleada; *in ~/a ~e* en tropel, en manada

frottola *f* embuste *m*, camote *m/am*, trola *fam*, bola *fam*

fru fru, frufrù *onom/m/inv* frufrú

frugal|e *adj* frugal; ~**ità** *f/inv* frugalidad *f*

frugare *vt/vi* <*avere*> hurgar, escarbar

frugolo *m* diablillo (*niño*)
frui|re *<isc> vi <avere>* disfrutar, gozar; *~ di un privilegio* disfrutar de un privilegio; **~zione** *f* fruición, disfrute *m*
frull|are 1. *vt gastr* batir; **2.** *vi <avere>* agitarse, removerse; rugir (*motor*); aletear (*aves*); *fig* rondar; *che gli frulla per il capo?* ¿qué le ronda por la cabeza?; **~ato** *m gastr* batido; **~atore** *m tec* batidora *f*; **~ino** *m gastr* batidor
frument|ario *adj* frumentario; **~o** *m bot* trigo
frusc|iare *vi <avere>* crujir, hacer frufrú; **~io** *m* crujido; zumbido; rumor, murmullo; frufrú
frust|a *f* látigo *m*, fusta; *gastr* batidor *m*; **~are** *vt* fustigar, azotar; *fig* fustigar; **~ata** *f* latigazo *m*, azote *m*, trallazo *m*; **~ino** *m* fusta *f*, látigo
frustra|re *vt* frustrar; **~zione** *f* frustración
frutice *m bot* frútice, arbusto, mata *f*
frutt|a *f bot/gastr* fruta; *gastr* postre(s) *m(pl)*; *~ secca* fruto seco; *~ candita, sciroppata* fruta confitada, en almíbar; *~ di stagione* fruta del tiempo; *essere alla ~* estar en los postres; **~are 1.** *vi <avere>* fructificar, dar fruto; **2.** *vt* producir, dar; *econ* producir, rentar, devengar; *fig* acarrear; **~eto** *m* campo de árboles frutales
frutticol|o *adj* frutícola; **~tura** *f* fruticultura; **~tore, -trice** *m/f* fruticultor, -a
fruttiera *f* frutero *m*
fruttif|ero *adj* fructífero; frutal; *albero ~* árbol frutal; **~icare** *<esd> vi <avere>* fructificar
fruttivendolo, -a *m/f* verdulero, -a; frutero, -a
frutto *m bot/fig* fruto; *~ di mare* marisco; *il ~ proibito* la fruta prohibida; *mettere a ~ qc* poner a producir una cosa; **~sio** *m chim* fructosa *f*
fruttuoso *adj* fructuoso
fu *adj/inv* difunto *adj*; *il ~ Mattia Pascal* el difunto Matías Pascal; *(adm) Pascal Mattia ~ Paolo* Mattia Pascal hijo del difunto Paolo
fucil|are *vt* fusilar; **~ata** *f* escopetazo *m*, disparo *m*; **~azione** *f* fusilamiento *m*; **~e** *m* fusil, rifle, escopeta *f*; *~ mitragliatore* fusil ametrallador; *~ da caccia* escopeta/rifle de caza; *~ a ripetizione* rifle de repetición; *~ ad aria compressa* rifle de aire comprimido; **~eria** *f* fusilería; **~iere** *m mil* fusilero
fucina *f tec* fragua, forja; fragua, forja, herrería (*lugar*); **~re** *vt tec* forjar, fraguar; **~tura** *f* forjado *m*, forja
fuco *m zool* zángano; *bot* fuco
fucsia 1. *f bot* fucsia; **2.** *adj/inv* fucsia
fucsina *f chim* fucsina
fuga *f* fuga, huida; *tec/mus* fuga; *sport* escapada; *~ di capitali, dei cervelli* fuga de capitales, de cerebros; *~ di gas* escape de gas; *darsi alla ~* darse a la fuga, fugarse; *mettere in ~* poner en fuga, ahuyentar; **~ce** *adj* fugaz; **~cità** *f/inv* fugacidad *f*; **~re** *vt* ahuyentar, espantar; *fig* despejar (*dudas, nubes*)
fuggevole *adj* huidizo
fuggi|asco *adj/s* fugitivo, prófugo; **~fuggi** *m/inv* desbandada *f*; **~re 1.** *vi* huir, escapar(se); fugarse (*prisión*); *sport* escaparse; *fig* correr (*años, paisaje...*); **2.** *vt* evitar, esquivar; **~tivo** *adj/s* fugitivo
fulcro *m* fulcro, punto de apoyo; *fig* eje, punto central
fulg|ente *adj lit* fulgente; **~ido** *adj lit* fúlgido, fulguroso; **~ore** *m* fulgor
fuliggine *f* hollín *m*, tizne *m*
fuligginoso *adj* fuliginoso, tiznado
fulmina|nte *adj/m* fulminante; **~re** *<esd>* **1.** *vt* fulminar; **2.** *vi/imp* caer rayos; **~to** *m chim* fulminato
fulmine *m meteo* rayo; *(fig) ~ a ciel sereno* mazazo, bombazo; *(fig) colpo di ~* flechazo; *come un ~* como un rayo
fulmineo *adj* fulmíneo
fulvo *adj* leonado (*color*)
fumaiolo *m* chimenea *f*
fumar|e 1. *vt* fumar; **2.** *vi <avere>* 1. fumar (*tabaco*); 2. humear; **~ia** *f bot* fumaria; **~io** *adj* del humo; *canna ~* tobera; **~ola** *f geol* fumarola
fumat|a *f* 1. humareda; señal de humo; *(eccl) ~ bianca, nera* fumata blanca, negra; 2. fumada (*tabaco*); **~ore, -trice** *m/f* fumador, -a
fume|ggiare *vi <avere>* humear; **~tto** *m* tebeo, cómic, historieta *f*; *tip* bocadillo, globo
fumi|gazione *f* fumigación; **~sta** *m* fumista; **~voro** *adj/m* fumívoro
fumo *m* humo; vapor; *gergo* chocolate, costo (*hachís*); *(fig) andare in ~* irse al garete, quedarse en nada, esfumarse; *(fig) molto ~ e poco arrosto* mucho ruido y pocas nueces; **~geno** *adj* fumógeno; **~so** *adj* humoso
funambol|o, -a *m/f* funámbulo -a, equilibrista; **~ismo** *m* funambulismo
fune *f* cuerda, soga; *(fig) attaccarsi alle ~i del cielo* agarrarse a un clavo ardiendo; **~bre** *adj* fúnebre
funera|le *m* funeral, sepelio, entierro; *faccia da ~* cara de funeral; **~rio** *adj* funerario
funereo *adj* fúnebre
funest|are *vt* afligir, entristecer; **~o** *adj* funesto, aciago
fungaia *f* setal *m*
fungere *<39 fungo; funsi; funto> vi <avere>* hacer (*da* de), hacer las veces (*da* de), suplir (*da* a), actuar (*da* de/como); *~ da padrino* hacer de padrino
fungibile *adj* fungible
fungo *<pl -ghi> m bot* seta *f*, hongo; champiñón (*cultivado*); *~ velenoso* seta venenosa; *~ edule* calabaza; *crescere come i ~i* crecer como setas
funi|colare *adj/f tras* funicular *adj/m*; **~via** *f tras* teleférico *m*, funicular *m*
funzion|ale *adj* funcional; **~amento** *m* funcionamiento; **~are** *vi <avere>* funcionar, ir *fam*; *questo non funziona* esto no funciona/no va; **~ario** *m/f* funcionario, -a; **~e** *f* función; *eccl* oficio *m*; *in ~* en funciones
fuoco *<pl -chi>* **1.** *m* 1. fuego; *(fig) ~ di paglia* tormenta en un vaso de agua; *~i d'artificio* fuegos artificiales; *(med/fam) ~ di Sant'Antonio* fuego de San Antón; *(me-*

teo) ~ *di Sant'Elmo* fuego de Santelmo; *armi da* ~ armas de fuego; *a* ~ *dolce* a fuego lento; *al* ~*!* ¡fuego!; *andare a* ~ encenderse; *dare* ~ *a qc* pegarle fuego a algo; *fare* ~ hacer fuego; *mil* abrir fuego; *prendere* ~ prenderse fuego; *(mil) aprire, cessare il* ~ abrir fuego, cesar el fuego; *(fig) avere il* ~ *negli occhi* echar fuego por los ojos; *(fig) mettere la mano sul* ~ *per q* poner la mano en el fuego por alg; *(fig) soffiare sul* ~ echar leña al fuego, atizar el fuego; *(fig) scherzare col* ~ jugar con fuego; *(fig) versare acqua sul* ~ echar agua al fuego; 2. *foto* foco; *(a. fig) mettere a* ~ enfocar; **2.** *excl mil* ¡fuego!; *infan* ¡caliente!, ¡que te quemas!

fuorché *prep/conj* excepto, salvo

fuori 1. *adv* fuera, afuera; *da* ~ por fuera; *in* ~ hacia afuera; *(fam) far* ~ quitar de en medio, despachar, cargarse; *(fig) metter/tirar* ~ sacar a la luz, sacar a relucir, sacar a colación; *(fig) venir* ~ salir a relucir, salir a colación; ~ *i soldi!* ¡(suelta/afloja) la pasta!; *(teatro)* ~ *l'autore!* ¡el autor!; **2.** *prep* fuera de; ~ *concorso, pericolo* fuera de concurso, de peligro; *(fig)* ~ *luogo* fuera de lugar; ~ *mano* retirado, apartado; ~ *orario, tempo, tiro* fuera del horario, de tiempo, de tiro; ~ *uso* estropeado, inservibile; ~ *dalla valigia* fuera de la maleta; ~ *da qui!* ¡fuera de aquí!; *abitare* ~ *città* vivir fuera de la ciudad; *essere* ~ *di sé* estar fuera de sí; *essere di* ~ ser forastero; **3.** *m* el exterior, la parte de (a)fuera *f*; *il di* ~ la parte de afuera *f*

fuoribordo *m/inv* fueraborda *m/f*

fuoricampo *m/inv cine* en off, fuera de campo

fuoriclasse *adj/s* fuera de serie, superclase

fuori combattimento *adv/m sport* fuera de combate

fuoricorso 1. *adj/inv* fuera de circulación (*monedas, sellos*); **2.** *m/f inv* ="estudiante con más de cuatro años en la universidad"

fuorigioco *m/inv* fuera de juego *m*

fuorilegge *m/f* forajido, fuera de la ley

fuoriserie *adj* artesanal, hecho a mano; *fig* fuera de serie

fuoristrada *m/inv auto* todoterreno *m*

fuorivia *adv* lejos

fuoruscit|a *f* salida, expulsión; ~**o, -a** *m/f* exiliado, -a

fuorviare 1. *vt* desviar; despistar (*engañar*); *fig* desviar, descarriar; **2.** *vi* <*avere*> desviarse (*alejarse*)

furb|acchione *m/f* pillo *m*, pillastre *m*, granuja *m/f*, bribón, -ona; ~**eria** *f* picardía, pillería; ~**izia** *f* picardía, astucia, ardid *m*; ~**o** *adj/s* pillo, espabilado, listo, astuto, despierto; *essere* ~ *matricolato/di tre cotte* saber latín, sabérselas todas, ser más listo que el hambre

fure|nte *adj* furioso; ~**tto** *m zool* hurón

furfante *adj/s* bribón, bellaco, malhechor, truhán; ~**ria** *f* bellaquería, picardía

furgon|cino *m* furgoneta *f*; ~**e** *m* furgón; ~ *cellulare, funebre* coche celular, fúnebre

furi|a *f* furia; *a* ~ *di* a fuerza de, a base de; *andare su tutte le* ~*e* llevárselo todos los demonios; ~**bondo** *adj* furibundo; ~**ere** *m mil* furriel; ~**oso** *adj* furioso

furore *m* furor; *far* ~ hacer furor; ~**ggiare** *vi* <*avere*> hacer furor

furt|ivo *adj/m* furtivo; ~**o** *m* robo, hurto; *(ius)* ~ *con scasso* robo con violencia

fusa: far le ~ ronronear (*gato*)

fuscello *m* pajita *f*, paja *f*; ramita *f*; *(fig) fare d'ogni* ~ *una trave* hacer una montaña de un grano de arena

fusciacca *f* faja, fajín *m* (*vestir*)

fusi|bile *adj/m* fusible; ~**lli** *mpl gastr* ="pasta de forma helicoidal"

fusione *f* fusión; *metal/tec* fundición; ~ *fredda, nucleare* fusión fría, nuclear

fuso 1. *adj* fundido; *fam* hecho polvo; **2.** *m* huso; ~ *orario* huso horario; *diritto come un* ~ recto como un palo; ~**liera** *f aer* fuselaje *m*

fusta *f mar/ant* fusta; ~**gno** *m* fustán

fustella *f med* precinto *m*, cupón precinto *m*

fustiga|re *vt* fustigar, azotar; *fig* fustigar; ~**zione** *f* fustigación

fustino *m* tambor (*detergente*)

fusto *m* 1. *bot* tallo, fuste; *arch/fig* fuste; 2. barril; 3. *fig/pop* cachas, tío bueno; *essere un* ~ estar como un tren

futil|e *adj* fútil, baladí, insignificante; ~**ità** *f/inv* futilidad *f*

futuris|mo *m art* futurismo; ~**ta** *adj/s art* futurista; ~**o** *adj/m* futuro

futurolog|ia *f* futurología; ~**o, -a** *m/f* futurólogo, -a

G

gabardina *f*, **gabardine** *f fr/inv* gabardina *f* (*tejido, prenda*)
gabarra *f mar* gabarra
gabba|mondo *m/inv* engañabobos; ~**na** *f* gabán *m*; *voltare* ~ cambiar de chaqueta; ~**no** *m* gabán; ~**re 1.** *vt* engañar, embaucar; reírse (de), burlarse (de); **2.** *~rsi* reírse, burlarse (*di* de)
gabbia *f* 1. *zool* jaula; *fam* chirona (*cárcel*); *arch* hueco del ascensor *m*; *min* jaula; *(med) ~ toracica* caja torácica; *(fig) ~ di matti* casa de locos; 2. *mar* gavia; ~**no** *m zool* gaviota *f*
gabell|a *f ant* gabela, alcabala; ~**are** *vt* admitir, aceptar, tragar *fam*; ~**iere** *m ant* alcabalero
gabinetto *m pol* gabinete; *med* consulta *f*, clínica *f*; servicio, (cuarto de) baño, (cuarto de) aseo; *stud* laboratorio; *~ medico, dentistico* consulta médica, clínica dental; *~ fotografico* estudio fotográfico; *~ di fisica* laboratorio de física; *(euf) andare al ~* ir al servicio
gaff|a *f mar* gafa; ~**e** *f fr/inv* metedura de pata *f*, plancha *f*; ~**eur, -euse** *m/f fr/inv* metepatas *m/f*
gag *f/inv* gag *m*; ~**à** *m/inv desp* creído *m*, presumido *m*, guaperas
gaggia *f bot* acacia blanca
gagliard|etto *m mar* gallardete; ~**ia** *f* gallardía, bizarría; ~**o** *adj* gallardo, bizarro
gaglioff|aggine *f* holgazanería, vagancia; ~**o** *adj/s* holgazán, vago
gai|ezza *f* alegría, gozo *m*; ~**o** *adj* alegre, gozoso
gala *f* gala
galant|e 1. *adj* galante; **2.** *m* galante, caballero; ~**eria** *f* galantería; piropo *m*, requiebro *m*; ~**uomo** *m* caballero; *il tempo è ~* el tiempo pone a cada uno en su sitio
galassia *f* galaxia
galateo *m* buenas costumbres *fpl*; urbanidad *f*
galatt|ico *adj* galáctico; ~**osio** *m chim* galactosa *f*
galea *f mar* galera; ~**zza** *f mar* galeaza
galena *f min* galena
galeone *m mar* galeón
galeott|a *f mar* galeota; ~**o 1.** *m* presidiario; *ant* galeote, forzado; *desp* tunante, sinvergüenza; **2.** *adj/s* alcahuete, -a, celestina *f*
galera *f* cárcel, prisión; *ant* galeras *fpl*; *(fig) avanzo di ~* carne de presidio; *(fig) vita da ~* vida de perros
Galizia: *la ~* Galicia; *~**no** *adj/s* gallego
galla 1. *f bot* agalla; **2.** *(adv) a ~* en la superficie, flotando; *stare a ~* flotar; *(fig) tenersi a ~* ir tirando; *(fig) venire a ~* salir a flote; *fig* salir a la luz; ~**re** *vt zool* gallar; ~**tura** *f zool* galladura
galleggia|bilità *f/inv* flotabilidad *f*; ~**mento** *m* flotación *f*; *linea di ~* línea de flotación; ~**nte 1.** *adj* flotante; **2.** *m mar* boya *f* (*señal*); corcho (*caña de pescar*); ~**re** *vi* <*avere*> flotar
gallego *adj/m* gallego
galleri|a *f tras* túnel *m*; *art/arch/mil/teatro* galería; pasaje *m* (*edificio*); *(tec) ~ del vento* túnel aerodinámico; ~**sta** *m/f art* galerista
Galles: *il ~* Gales; *~**e** *adj/s* galés
gallett|a *f mar* galleta; ~**o** *m* 1. *zool/fig* gallito; *(fig) fare il ~* gallear, hacerse el gallito; 2. *tec* palomilla *f*
Galli|a *f* Galia; *~**cismo** *m ling* galicismo; *~**co** *adj* gálico
gallin|a *f* gallina; *(fig) la ~ dalle uova d'oro* la gallina de los huevos de oro; *(fig) ~ vecchia fa buon brodo* gallina vieja hace buen caldo; ~**acei** *mpl zool* gallináceas *fpl*; ~**accio** *m zool* gallipavo; ~**ella** *f zool* polla de agua
gallio *m chim* galio
gallismo *m* donjuanismo
gallo 1. *m zool* gallo; *~ cedrone* gallo silvestre, urogallo; *(fig) fare il ~* gallear, hacerse el gallito; *(fig) essere il ~ della Checca* ser el amo del gallinero; **2.** *adj/s* galo; **3.** *adj/inv sport* gallo; *peso ~* peso gallo; ~**filia** *f* francofilia; ~**nare** *vt* galonear; ~**ne** *m* galón (*adorno, medida*)
galoche V. **caloscia**
galopp|ante *adj zool/fig* galopante; ~**are** *vi* <*avere*> galopar; ~**ata** *f* galopada; ~**ino** *m* recadero; ~**o** *m* galope; *al/di ~* al galope
galoscia V. **caloscia**
galvani|co *adj* galvánico; ~**smo** *m* galvanismo
galvanizza|re *vt* galvanizzare; ~**zione** *f* galvanización
galvanometro *m* galvanómetro
galvanoplastic|a *f* galvanoplastia; ~**o** *adj* galvanoplástico
galvanotipia *f* galvanotipia
gamba *f* pierna; pata (*mueble*); pernera (*pantalón*); palo *m* (*letra*); *a ~e levate* a toda pastilla, pitando; *cadere a ~e all'aria* caer de espaldas, despatarrarse *pop*; *camminare a quattro ~e* caminar a cuatro patas; *darsela a ~e/mettere le ~e* salir por piernas, poner pies en polvorosa, salir pitando; *essere in ~* ser un buen tipo; *prendere qc sotto ~* tomar algo a la ligera; *raddrizzare le ~e ai cani* pedir peras al olmo; *sgranchire le ~* e estirar las piernas; ~**le** *m* caña *f* (*bota*); ~**ta** *f* pernada
gamberetto *m zool* camarón, quisquilla *f*
gambero *m zool* langostino; *rosso come un ~* rojo como un tomate; *(fig) fare come i ~i* hacer como los cangrejos
gambetto *m* gambito (*ajedrez*)
gambiera *f* espinillera
gambo *m bot* tallo; *tec* vástago
game *m ingl/inv* juego *m* (*tenis*)
gamella *f mil* escudilla
gamete *m biol* gameto
gametogenesi *f/inv biol* gametogénesis
gamia *f biol* reproducción sexual
gamma 1. *m/f inv ling/fis* gamma *f*; *raggi ~* rayos gamma; 2. *f mus/fig* gama; *(radio) ~ di frequenze* banda de frecuencias
gammaglobulina *f med* gammaglobulina
gammato *adj* gamado
ganascia *f* 1. *med* mandíbula; *zool* quijada, mandíbula; *(fig) mangiare a due ~e*

comer a dos carrillos; 2. *mec* mordaza *m*; *mec* zapata (*freno*); 3. *fpl* tenazas

gancio *m mec/sport* gancho

gang *f/inv* banda *f* (*delincuentes*); **~a** *f min* ganga

ganghero *m* gozne; *(fig) far uscire q dai ~i* sacar a alg de quicio, sacar a alg de sus casillas

ganglio *m med* ganglio

gangrena V. **cancrena**

gangster *m/inv* gángster *m*, matón *m*; **~ismo** *m* gangsterismo

ganimede *m* guaperas

ganzo *adj/s desp* querido

gap *m ingl/inv* desfase *m*

gara *f* carrera, competición; *adm* concurso *m*; *~ d'appalto* concurso-subasta, licitación

garag|e *m fr/inv* garaje *m*, cochera *f*; **~ista** *m/f* vigilante de un garaje

garan|te *m/f ius* garante; fiador, -a, valedor, -a; *rendersi ~* salir fiador; **~tire** *<isc> vt* garantizar, asegurar; **~zia** *f* garantía

garba|re *vi* gustar, agradar, ir; *questo non mi garba* esto no me va; **~tezza** *f* garbo *m*, gallardía; **~to** *adj* garboso, gallardo, apuesto

garbo *m* garbo, distinción *f*, apostura *f*

garbuglio *m* lío, barullo, revoltillo, enredo

garçonn|e *f fr/inv* chica independiente *f*; *capelli alla ~* pelo a lo chico; **~ière** *f fr/inv* picadero *m/pop*

gardenia *f bot* gardenia

garden-party *m ingl/inv* fiesta al aire libre *f*

gareggiare *vi <avere>* competir, rivalizar

garganella: a ~ *adv* a chorro, a morro (*beber*)

gargari|smo *m* gargarismo, gárgara *f* (*acción*); gargarismo (*líquido*); *fare i ~i* hacer gárgaras; **~zzare** *vi <avere>* gargarizar, hacer gárgaras

garibaldino *adj/m* garibaldino

garitta *f mil* garita

garofano *m bot* clavel

garre|se *m zool* cruz *f*; **~tto** *m zool* corvejón, jarrete; *fig/fam* talón

garri|re *<isc> vi <avere>* 1. *zool* chillar; 2. *fig* ondear (*bandera*); **~to** *m zool* chillido

garrotta *f* garrote (vil) *m*; **~re** *vt* dar garrote

garrul|ità *f/inv lit* garrulería *f*; **~o** *adj lit* gárrulo

garza *f* 1. *med* gasa; 2. *zool* garza; **~re** *vt tec* perchar; **~trice** *f tec* percha; **~tura** *f tec* perchado *m*

garzone *m* mozo, aprendiz

gas *m/inv* gas *m*; *~ illuminante, butano, di scappamento,* gas de alumbrado, butano, de escape; *~ esilarante, lacrimogeno, naturale* gas hilarante, lacrimógeno, natural; *a tutto ~* a toda máquina, a toda pastilla; *(auto) dare ~* dar gas

gasare V. **gassare**

gasdotto *m* gaseoducto

gasista V. **gassista**

gaso|lina *f* gasolina natural; **~lio** *m* gasóleo; **~metro** V. **gassometro**

gassa|re *vt* gasear; *tec* gasear, gasificar; **~to** *adj* gaseoso, con gas; *acqua ~a* agua con gas

gassifica|re *<esd> vt tec* gasificar; **~zione** *f* gasificación

gassista *m* gasista, instalador de gas

gasso|metro *m tec* gasómetro; **~sa** *f* gaseosa; **~so** *adj fis* gaseoso

gastaldo V. **castaldo**

gasteropode *m zool* gasterópodo

gastri|co *adj* gástrico; **~te** *f* gastritis

gastroent|erico *adj* gastroenterítico; **~erite** *f* gastroenteritis

gastrointestinale *adj* gastrointestinal

gastronom|ia *f* gastronomía; **~ico** *adj* gastronómico; **~o, -a** *m/f* gastrónomo, -a

gastropatia *f* gastropatía

gastroscop|ia *f* gastroendoscopia; **~io** *m* gastroendoscopio

gâteau *m fr/inv* tortada *f* (*rellena*)

gatta *f zool* gata; *~ cieca* gallina ciega (*juego*); *(fig) ~ ci cova* aquí hay gato encerrado; *(fig) fare la ~ morta* hacerse la mosquita muerta; *(fig) prendere una ~ da pelare* meterse en camisa de once varas; *(fig) comprare la ~ nel sacco* comprar con los ojos cerrados; *tanto va la ~ al lardo che ci lascia lo zampino* tanto va el cántaro a la fuente que al final se rompe

gattabuia *f pop* chirona, talego *m/gergo*

gattamorta V. **gatta**

gattaiola *f arch* gatera

gatte|ggiante *adj* gateado (*ojos*); **~sco** *adj* gatuno

gatto *m zool* gato; *~ d'Angora, selvatico/montese, siamese* gato de Angora, montés, siamés; *~ randagio* gato callejero; *~ a nove code* gato de nueve colas; *il ~ con gli stivali* el gato con botas; *(fig) essere in quattro ~i* ser cuatro gatos

gattomammone *m* ogro, coco

gattopardo *m zool* onza *f*

gaud|ente *adj/s lit* vividor; **~io** *m lit* gozo *est*, regocijo *est*; **~ioso** *adj lit* gozoso *est*

gav|etta *f mil* gaveta; *(fig) cominciare dalla ~* empezar desde cero; **~otta** *f* gavota

gay *adj/s inv* gay *adj/s*

gazebo *m* quiosco, cenador

gazz|a *f zool* urraca; *fig/fam* cotorra, cotilla; **~arra** *f* algazara, jolgorio *m*; gresca, jaleo *m*; **~ella** *f zool* gacela

gazzett|a *f* gaceta, boletín *m*; diario *m*; ***~ Ufficiale** Boletín Oficial del Estado; **~ino** *m* gacetilla *f*; **~istico** *adj* periodístico

gazzosa V. **gassosa**

geco *m zool* salamanquesa *f*

geiger *m/inv* geiger *m*

gel *m/inv* gel *m*; **~are 1.** *vt* helar, congelar; *fig* dejar helado; **2.** *vi* helarse, congelarse; *fig* quedarse de piedra

gelat|a *f meteo* helada; **~aio, -a** *m/f* heladero, -a; **~eria** *f* heladería; **~iera** *f* heladera; **~ina** *f* gelatina; *~ di frutta* jalea; **~inoso** *adj* gelatinoso; **~o** *adj/m* helado; *cono ~* cucurucho de helado

gelid|ezza *f* frialdad; **~o** *adj* gélido

gelifica|re *<esd> vt chim* gelificar; **~zione** *f chim* gelificación

gelo *m* hielo; helor; *fig* hielo, frialdad *f*; **~ne** *m med* sabañón; **~sia** *f* 1. celos *mpl*; celo *m*, cuidado *m*; 2. *arch* celosía, persiana; **~so** *adj* celoso

gelseto *m* moreral

gelsicoltura *f* cultivo de la morera *m*

gelso *m bot* morera *f*; ~ *nero* moral; **~mino** *m bot* jazmín

gemell|aggio *m* hermanamiento (*ciudades*); **~are 1.** *adj* gemelar; *parto* ~ parto gemelar; **2.** *vt* hermanar (*ciudades*); ***~i** *m/pl astr* Géminis; **~o 1.** *adj* gemelo; mellizo; *(fig) anime ~e* almas gemelas; **2.** *m* 1. *biol* gemelo; mellizo; 2. gemelo (*camisa*)

gemere *vi* <*avere*> gemir, plañir

gemina|to *adj ling* geminado, doble; **~zione** *f ling* geminación, duplicación

gemito *m* gemido, quejido, lamento

gemm|a *f min* gema; *bot* yema, botón *m*, brote *m*; **~ario** *m min* lapidario; **~azione** *f biol* gemación; **~ologia** *f min* gemología

gendarm|e *m mil* gendarme, guardia; *fig/desp* mujerona *f*, marimacho; **~eria** *f* gendarmería

gene *m biol* gen

genealogi|a *f* genealogía; **~co** *adj* genealógico; *albero* ~ árbol genealógico; **~sta** *m/f* genealogista

general|a *f iron* generala; **~ato** *m mil* generalato; **~e 1.** *adj* general; *in* ~ en general, por regla general; *stare/restare sulle ~i* hablar en general, tratar superficialmente; **2.** *m mil/eccl* general; ~ *di brigata, di divisione, di corpo d'armata* general de brigada/brigadier, general de división, general en jefe; **~esco** *adj* generalesco; **~essa** *f eccl* generala; *iron* generala; **~ità** *f/inv* 1. generalidad *f*; 2. *fpl* identidad *f*, datos personales *mpl*

generalizza|re *vt* generalizar; **~zione** *f* generalización

generare <*esd*> *vt* generar, originar; *biol* engendrar, procrear

generat|ivo *adj* generativo; *(ling) grammatica ~a* gramática generativa; **~ore 1.** *adj* generador; **2.** *m fis* generador

generatrice *f mat* generatriz

generazion|ale *adj* generacional; **~e** *f* generación

genere *m* género; *com* género, bien, producto; *~i alimentari* productos alimenticios; *~i di consumo, di prima necessità* bienes de consumo, de primera necesidad; *in* ~ en general, por lo general

generic|ità *f/inv* generalidad *f*; **~o, -a 1.** *adj* genérico, -a; *med* generalista; **2.** *m/f teatro/cine* extra, comparsa

genero *m* yerno

generos|ità *f/inv* generosidad *f*; **~o** *adj* generoso

genesi *f/inv* 1. génesis; 2. *****~ Génesis *m*

geneti|ca *f* genética; **~co** *adj* genético; **~sta** *m/f* genetista

gengiv|a *f med* encía; **~ale** *adj med* gingival; **~ite** *f med* gingivitis

genia *f desp* hatajo *m*, cuadrilla, pandilla

genial|e *adj* genial; **~ità** *f/inv* genialidad *f*

genico *adj biol* génico

geniere *m mil* ingeniero

genio *m* 1. *mit/fig* genio; *fig* genio, ingenio, talento; *(fig) andare a* ~ gustar; 2. cuerpo de ingenieros; ~ *civile* cuerpo de ingenieros del estado; ~ *militare* cuerpo de ingenieros militares

genit|ale 1. *adj* genital; **2.** *mpl biol* genitales; **~ivo** *adj/m ling* genitivo; **~ore** *m* 1. genitor; 2. *mpl* padres, papás *fam*, progenitores *lit*

genitrice 1. *adj/f lit* generadora; **2.** *f iron* progenitora (*madre*)

gennaio *m* enero

genocidio *m* genocidio

genoma *m biol* genoma

genotipo, genotipo *m biol* genotipo

Genov|a *f* Génova; ***~ese** *adj/s* genovés

gentaglia *f desp* gentuza, chusma

gente *f* gente; ~ *di teatro* gente del teatro; ~ *di servizio* personal de servicio; ~ *allegra il ciel l'aiuta* ayúdate, que Dios te ayudará

gentil|donna *f* noble señora, señora distinguida; **~e 1.** *adj* amable, cortés, atento; gentil, fino; **2.** *m eccl* gentil, pagano; **~ezza** *f* amabilidad, cortesía; gentileza, finura, donaire *m*; *fammi la ~ di...* hazme el favor de.../ten la bondad de...; **~izio** *adj* gentilicio, señorial; **~uomo** *m* gentilhombre, caballero

gentleman *m ingl/inv* gentleman, caballero *m*

genuflessione *f* genuflexión

genuflettersi <*62 -flessi; -flesso*> ponerse de rodillas

genuin|ità *f/inv* autenticidad *f*; **~o** *adj* genuino, auténtico

genziana *f bot* genciana

geocentri|co *adj* geocéntrico; **~smo** *m* geocentrismo

geochimica *f* geoquímica

geode *m geol* geoda *f*; **~sia** *f* geodesia; **~tico** *adj* geodésico

geodinamic|a *f* geodinámica; **~o** *adj* geodinámico

geofisic|a *f* geofísica; **~o** *adj/s* geofísico

geograf|ia *f* geografía; **~ico** *adj* geográfico; **~o, -a** *m/f* geógrafo, -a

geoide *m* geoide

geolinguistica *f* geolingüística, geografía lingüística

geolog|ia *f* geología; **~ico** *adj* geológico; **~o, -a** *m/f* geólogo, -a

geomagnetismo *m* geomagnetismo

geometr|a *m/f* aparejador, -a; **~ia** *f* geometría

geometrico *adj* geométrico

geomorfologia *f* geomorfología

geopolitic|a *f* geopolítica; **~o** *adj* geopolítico

Georgi|a: *la* ~ Georgia; ***~ano** *adj/s* georgiano; **~che** *fpl* Geórgicas; ***~co** *adj* geórgico

geotecnica *f* geotécnica, geotecnia

geotermic|a *adj* geotérmica; **~o** *adj* geotérmico

geotropi|co *adj* geotrópico; **~smo** *m* geotropismo

geranio *m bot* geranio

gerar|ca *m eccl/pol* jerarca; **~chia** *f* jerarquía; **~chico** *adj* jerárquico

geremiade *f desp* jeremíada, retahíla de lamentos

geren|te *m/f* gerente, gestor, -a; ~**za** *f* gerencia, administración
gergl|ale *adj* jergal; ~**o** *m* jerga *f*, jerigonza *f*, argot; germanía (*delincuencia*)
geriatr|a *m/f* geriatra; ~**ia** *f* geriatría; ~**ico** *adj* geriátrico
gerla *f* cuévano *m*
Germani|a: *la* ~ Alemania; *Repubblica Federale di* ~ República Federal Alemana; ***~co** *adj/m* germánico; ***~o** *m chim* germanio
germanis|mo *m* germanismo; ~**ta** *m/f* germanista; ~**tica** *f* filología germánica
germano 1. *adj* carnal; *fratello* ~ hermano carnal; **2.** *m* germano; ~**filo** *adj/s* germanófilo; ~**fobo** *adj/s* germanófobo
germe *m biol/bot/fig* germen
germicida *adj/m* germicida
germina|le *adj* germinal; ~**re** <*esd*> *vi* <*avere/essere*> *bot/fig* germinar; ~**tivo** *adj* germinativo; ~**zione** *f* germinación
germogli|are *vi* <*avere/essere*> *bot/fig* germinar; ~**o** *m* brote, retoño
gerocomio *m* asilo, residencia de la tercera edad *f*
geroglifico *adj/m ling* jeroglífico
gerontocomio V. **gerocomio**
gerontologi|a *f* gerontología; ~**o, -a** *m/f* gerontólogo, -a
gerund|io *m ling* gerundio; ~**ivo** *m ling* gerundivo
Gerusalemme *f* Jerusalén
gessa|ia *f* yesal *m*; ~**io** *m* yesero; ~**re** *vt* enyesar (*venda, papel*); *agr* echar yeso; ~**tura** *f* enyesado *m*
gessetto *m* tiza *f*
gesso *m min* yeso; *stud* tiza *f*; *med* escayola *f*; ~**so** *adj* yesoso
gesta *fpl lit* gesta(s), hazañas; *canzone di* ~ cantar de gesta; ~**nte** *f* gestante; ~**torio** *adj* gestatorio; *sedia ~a* silla gestatoria; ~**zione** *f* gestación
gesticola|re <*esd*> *vi* <*avere*> gesticular; ~**zione** *f* gesticulación
gestion|ale *adj* administrativo, de la gestión; ~**e** *f* gestión
gestire <*isc*> **1.** *vi* <*avere*> gesticular; **2.** *vt ius* gestionar; *com* dirigir, administrar
gesto *m* gesto; ~**re, -trice** *m/f* gestor, -a, gerente, administrador, -a
gestuale *adj* gestual
Gesù *m* Jesús, Jesucristo; ~ *Cristo* Jesucristo
gesuit|a *m* jesuita; ~**ico** *adj* jesuita; jesuítico; ~**ismo** *m* jesuitismo
gettare 1. *vt* 1. echar; lanzar, tirar; arrojar, escupir (*líquidos*); ~ *sassi* tirar/echar piedras; ~ *via qc* tirar algo; ~ *le braccia al collo di q* abrazarse a alg; *(arch/fig)* ~ *le fondamenta di qc* poner los cimientos de alg; ~ *le reti* echar las redes; ~ *il denaro* malgastar el dinero; ~ *il tempo* perder el tiempo; *(sport/fig)* ~ *la spugna* echar la toalla; 2. *econ* rentar, producir; 3. *metal* vaciar; **2.** *~rsi* echarse, lanzarse, arrojarse; *geogr* desembocar *vi*
gettata *f geogr* escollera, rompeolas *m*; *metal* vaciado *m*
gettito *m econ* rendimiento, ingresos *mpl*
getto *m* 1. lanzamiento; chorro (*líquido*); *aer* chorro, flujo; 2. *bot* brote; 3. *metal/arch* vaciado
getton|ato *adj fam* exitoso; ~**e** *m* ficha telefónica *f*; ficha *f* (*juegos*); *telefono a ~i* teléfono de fichas; ~**iera** *f* caja de fichas
geyser *m/inv* géiser *m*
ghepardo *m zool* guepardo
gheppio *m zool* cernícalo
gheriglio *m bot* molla *f*, nuez *f*
ghermire <*isc*> *vt* atrapar, agarrar; *fig* arrebatar
gherone *m* cuchillo (*cosido*); *mar* refuerzo de las velas
ghetto *m hist/fig* gueto
ghiacciai|a *f arch* nevera; heladera; ~**io** *m geol* glaciar; ~**re 1.** *vi* helarse; **2.** *vt* helar; ~**ta** *f* granizado con hielo triturado *m*; ~**to** *adj* helado; *fig* frío, seco
ghiaccio 1. *m* hielo; **2.** *adj* helado, gélido; *(fig) rompere il* ~ romper el hielo; *(fig) rimanere di* ~ quedarse helado/de piedra; ~**lo** *m* carámbano; *gastr* polo
ghiai|a *f arch* grava; gravilla (*auto, jardín...*); ~**one** *m geol* depósito de la erosión; ~**oso** *adj* pedregoso, guijoso
ghianda *f bot* bellota; ~**ia** *f zool* arrendajo *m*
ghiandola *f med* glándula; ~**re** *adj med* glandular
ghiareto *m* cascajal, pedregal
ghibellino *adj/s hist* gibelino
ghiera *f tec* abrazadera; virola (*espada, bastón*)
ghigliottina *f* guillotina; ~**re** *vt* guillotinar
ghign|are *vi* <*avere*> reír maliciosamente; ~**ata** *f* risotada; risa maliciosa; ~**o** *m* risotada *f*; risa maliciosa *f*
ghindare *vt mar* guindar
ghingheri: in ~ *adv/adj/inv iron* emperifollado, acicalado
ghiotto *adj* goloso (*persona*); goloso, apetitoso (*comida*); ~**ne, -a** 1. *m/f* glotón, -ona; 2. *m zool* glotón; ~**neria** *f* glotonería
ghiozzo *m zool* cangüeso
ghiribizzo *m* antojo, capricho
ghirigoro *m* garabato, ringorrango
ghirlanda *f* guirnalda, festón *m*
ghiro *m zool* lirón; *dormire come un* ~ dormir como un lirón
ghisa *f* hierro colado *m*
già *adv* 1. ya; *è ~ troppo tardi* ya es demasiado tarde; *è ~ fatto* ya está hecho; *ne abbiamo ~ parlato* ya hemos hablado de eso; 2. anteriormente, ex, antes; *Via Cagliari ~ Via Farnese* calle Cagliari, antes calle Farnese; *il ministro degli Esteri, ~ ministro delle Finanze* el ministro de Asuntos Exteriores y ex ministro de Hacienda
giacca *f* chaqueta, americana, saco *m/am*; ~ *a vento* anorak
giacché *conj* ya que, pues, dado que, puesto que
giacchett|a *f* chaqueta, chaquetilla; ~**o** *m* chaquetilla *f*
giaccone *m* trenca *f*, chaquetón, pelliza *f*
giacen|te *adj* yacente; *ius* en suspenso;

(ius) eredità ~ herencia yacente; ~**za** *f* 1. inactividad, paralización; 2. *fpl com* existencias, stock *m*
giacere <*53 giaccio; giacqui; giaciuto*> *vi* yacer; estar tumbado; *qui giace...* aquí yace...
giaci|glio *m* yacija *f*, lecho; ~**mento** *m min* yacimiento; ~**nto** *m bot/min* jacinto
giacobino *adj/s* jacobino
giacomo giacomo: fare ~ temblar las piernas, tener un tembleque
giaculatoria *f* jaculatoria
giada *f min* jade *m*; *verde* ~ verde jade
giaggiolo *m bot* lirio
giaguaro *m zool* jaguar, tigre *am*
giall|astro *adj* amarillento; ~**iccio** *adj* amarillento; ~**ista** *m/f* escritor, -a de novela negra; ~**o 1.** *adj* 1. amarillo; *farina ~a* harina de maíz; *pagine ~e* páginas amarillas; *sindacato* ~ sindicato vertical; *febbre ~a* fiebre amarilla; *stampa* ~ prensa amarilla; 2. policiaco, negro; *romanzo, film* ~ novela negra/policiaca, película policiaca; **2.** *m* 1. amarillo; ámbar (*semáforo*); yema *f* (*huevo*); *passare col* ~ pasar en ámbar; 2. novela negra/policiaca *f*; película policiaca *f*; ~**ognolo** *adj* amarillento; ~**ore** *m* amarillez; ~**orosa** *adj/inv* con final feliz (*película o novela policiaca*)
giambo *m ling* yambo
giammai *adj lit* jamás, nunca más
gianduia *m* 1. *gastr* ="especie de chocolate con avellana"; 2. *teatro* ="máscara piamontesa"
giansenis|mo *m* jansenismo; ~**ta** *adj/s* jansenista; ~**tico** *adj* jansenista
Giappone: *il* ~ (el) Japón; *~**se** *adj/s* japonés, nipón
giara *f* tinaja
giardin|aggio *m* jardinería *f*; ~**etta** *f ant auto* jardinera; ~**iera** *f* jardinera (*mueble*); *auto* coche familiar *m*; *gastr* menestra de verduras; ~**iere, -a** *m/f* jardinero, -a; ~**o** *m* jardín; ~ *botanico* jardín botánico; ~ *d'infanzia* jardín de infancia, parvulario
giarrettiera *f* jarretera, liga; *ordine della* ~ orden de la jarretera
giavazzo *adj/m* azabache
giavellott|ista *m/f sport* lanzador, -a de jabalina; ~**o** *m* jabalina *f* (*sport, caza*)
gibbo *m med* joroba *f*, gibosidad *f*, giba *f*; ~**ne** *m zool* gibón; ~**sità** *f/inv med* gibosidad *f*; ~**so** *adj* jorobado, giboso
giberna *f mil* cartuchera
Gibilterra *f* Gibraltar
gibus *m/inv* clac
gigante, -essa 1. *adj* gigante; **2.** *m/f* 1. gigante, -a; 2. *m mit/fig* titán; *(fig) fare passi da* ~ dar pasos de gigante; ~**ggiare** *vi* <*avere*> sobresalir, destacar, descollar; ~**sco** *adj* gigantesco, descomunal
gigantismo *m med/fig* gigantismo
gigli|aceo *adj bot* iridáceo; ~**ato** *adj* con lirios, que tiene lirios; ~**o** *m bot* lirio, azucena *f*
gigolo *m fr/inv* gigoló *m*
gilè *m/inv* chaleco *m*
gillette 1. *m* gillette *f*, maquinilla de afeitar *f*; **2.** *f* cuchilla de doble hoja

gimcana V. **gincana**
gin *m/inv* ginebra *f*
gincana *f sport* gincana
gineceo *m arch* gineceo
ginecolog|ia *f* ginecología; ~**ico** *adj* ginecológico; ~**o, -a** *m/f* ginecólogo, -a
ginepr|aio *m bot* enebral; *fig* berenjenal, embrollo, avispero; ~**o** *m bot* enebro
ginestra *f bot* retama
Ginevr|a *f geogr/mit* Ginebra; *~**ino** *adj/s* ginebrino
gingill|arsi entretenerse, gandulear; ~**o** *m* chuchería *f*, baratija *f*; distracción *f*, pasatiempo; ~**one, -a** *m/f* holgazán, -ana, gandul, -a
ginnasi|ale *adj stud* de la primera etapa de la enseñanza secundaria; ~**o** *m stud* primera etapa de la enseñanza secundaria *f* (*bachillerato de letras*); escuela *f* (*edificio*)
ginnast|a *m/f sport* gimnasta; ~**ica** *f* gimnasia, gimnástica; ~**ico** *adj* gimnástico
ginnico *adj* gimnástico
ginocchi|era *f* rodillera; ~**o** *m* rodilla *f*; *in* ~ de rodillas; ~**oni** *adv* de rodillas
Giobbe *m* Job; *la pazienza di* ~ la paciencia de Job
gioca|re *vi/vt* <*avere*> jugar; ~ *a calcio, alle carte* jugar a fútbol, a las cartas; ~ *sporco, sul/al sicuro* jugar sucio, sobre seguro; *(fig)* ~ *a carte scoperte* jugar con las cartas boca arriba; *(fig)* ~ *un brutto tiro* jugar una mala pasada; *(fig) ~rsi anche la camicia* jugarse hasta la camisa; ~**ta** *f* jugada; ~**tore, -trice** *m/f sport/fig* jugador, -a
giocattolo *m* juguete
giocherell|are *vi* <*avere*> juguetear; ~**one, -a** *m/f* juguetón, -ona
giochetto *m* juego, diversión *f*
gioco <*pl -chi*> *m* juego; ~ *d'azzardo* juego de azar; ~ *di parole* juego de palabras; *~i olimpici, di equilibrio/di prestigio* juegos olímpicos, malabares; *~i di luci, d'acqua* juegos de luces, de agua; ~ *da bambini* juego de niños; *campo da* ~ campo de juego; *(fig) a che gioco giochiamo?* ¿a qué estamos jugando?; *avere* ~ tener juego; *entrare in/nel* ~ entrar en juego; *fare il* ~ *di q* hacerle el juego a alg; *fare il doppio* ~ jugar con dos barajas; *mettere in* ~ poner en juego; *prendersi* ~ *di q* burlarse de alg; *il* ~ *non vale la candela* no vale la pena; *ogni bel* ~ *dura poco* lo bueno, si breve, dos veces bueno
giocoforza *adv* de fuerza mayor, de necesidad
giocoliere, -a *m/f* prestidigitador, -a
giocond|ità *f/inv lit* jocundidad *f*; ~**o** *adj lit* jocundo
giocos|ità *f/inv* jocosidad *f*; ~**o** *adj* jocoso
giog|aia *f geogr* cordillera; ~**o** *m agr/fig* yugo; *mec* astil (*balanza*); *geogr* cima *f*
gioia *f* 1. alegría, gozo *m*, contento *m*; *darsi alla pazza* ~ pasarlo en grande, darse la vida padre *fam*; 2. *a. fig* joya, alhaja
gioiell|eria *f* joyería; ~**iere, -a** *m/f* joyero, -a; ~**o** *m a. fig* joya *f*, alhaja *f*
gioioso *adj* gozoso, alegre
gioire <*isc*> *vi* <*avere*> regocijarse, alegrarse

Giordan|ia: *la* ~ Jordania; ***~o** *adj/s* jordano
giornal|aio, -a *m/f* quiosquero, -a, vendedor, -a de periódicos; **~e** *m* periódico, diario; ~ *radio* diario hablado, boletín de noticias; ~ *di bordo* diario de navegación; ~ *di chiesuola* cuaderno de bitácora; **~etto** *m fam* tebeo; **~iero, -a 1.** *adj* diario; **2.** *m/f* jornalero, -a; bracero *m*; **~ino** *m fam* tebeo; **~ismo** *m* periodismo; **~ista** *m/f* periodista; **~istico** *adj* periodístico
giornata *f* jornada, día *m*; *sport* jornada; jornal *m* (*paga*); *bella, brutta* ~ buen, mal día; *vivere alla* ~ vivir al día, vivir a salto de mata; *a grandi ~e* a marchas forzadas; *lavorare a ~e* trabajar por horas
giorno *m* día; ~ *feriale/lavorativo, festivo* día laborable, festivo; ~ *della mamma, del padre* día de la madre, del padre; ~ *di lezione* día lectivo; *buon* ~ buenos días; buenas tardes; ~ *e notte* noche y día, de día y de noche; ~ *per* ~ día a día; *un* ~ *o l'altro* un día u otro, algún día; *al* ~ *d'oggi* hoy en día; *da un* ~ *all'altro* de un día para otro; *di* ~ de día, durante el día; *di* ~ *in* ~ de día en día; *sul far del* ~ al amanecer; *(fam) tutto il santo* ~ todo el santo día; *farsi* ~ hacerse de día, amanecer, clarear;
giostra *f* tiovivo *m*; *hist* justa, torneo *m*; **~re** *vi* <*avere*> *hist* tornear; *fig* manejarse
giovamento *m* utilidad *f*, ayuda *f*
giovan|e *adj/s* joven; **~etto** *adj/m* jovencito, mozalbete *m*; **~ile** *adj* juvenil
giovanotto *m* jovenzuelo, mozo; *fam* soltero; *mar* grumete
giovare 1. *vi* <*avere/essere*> servir, aprovechar; ayudar; *il tuo pianto non giova alla situazione* tu llanto no ayuda en esta situación; *non giova piangere* de nada sirve llorar; **2.** *~rsi* servirse, aprovecharse (*di q/qc* de alg/algo)
Giove *m mit/astr* Júpiter
giovedì *m/inv* jueves
gioven|ca *f zool* ternera; **~tù** *f/inv* juventud *f* (*edad, conjunto*); *in* ~ de joven
giovevole *adj* provechoso
gioviale|e *adj* jovial; **~ità** *f/inv* jovialidad *f*
giovin|astro *m desp* calavera, crápula; **~etto** V. **giovanetto**; **~ezza** *f* juventud (*edad*)
gipeto *m zool* quebrantahuesos
girabile *adj com* girable, endosable
giradischi *m/inv* tocadiscos
giradito *m med* uñero
giraffa *f zool/tec* jirafa
giram|ento *m* giro, vuelta *f*; ~ *di testa* mareo; *(vulg) far venire un* ~ *di scatole* hacer cabrear; **~ondo** *m/f inv* trotamundos
girandol|a *f* girándula (*rueda de fuego, fuente*); *arch* veleta; molinete *m* (*juego*); *fig* veleta (*persona voluble*); *fig* aluvión *m* (*ideas, noticias*); **~are** <*esd*> *vi* <*avere*> vagar, callejear; **~one, -a** *m/f* callejero, -a, vagabundo, -a
girante 1. *m/f com* girador, -a; 2. *f mec* rodete *m*
girare 1. *vt* 1. (hacer) girar, dar vueltas (a); ~ *la chiave* girar la llave; 2. *auto* doblar; ~ *l'angolo* doblar la esquina; 3. *cine* rodar; 4. *com* girar, endosar (*letra*); 5. pasar, dirigir (*pregunta*); 6. recorrer, dar vueltas (por) (*lugar*); **2.** *vi* <*avere/essere*> 1. girar, dar vueltas; volver (*cabeza, mirada*); *mi gira la testa* me da vueltas la cabeza; *(fig) secondo come gira* según le dé; 2. *auto* girar, doblar, dar la vuelta; ~ *a destra, a sinistra* girar a la derecha, a la izquierda; *(a. fig)* ~ *al largo* pasar de largo; 3. dar vueltas, vagar; *(fam) cosa ti gira per la testa?* ¿qué te pasa por la cabeza?, ¿qué estás cavilando?; *gira e rigira* vueltas y más vueltas, dale que te pego; 4. *med/fig* circular (*sangre; dinero, noticias*); **3.** *~rsi* girarse, dar media vuelta; *fig* dar vueltas, revolverse
girarrosto *m* asador automático
girasole *m bot* girasol
girata *f* 1. giro *m*, vuelta; 2. vuelta, paseo *m*; 3. *com* endose *m*, endoso *m*; **~rio, -a** *m/f com* girador, -a, endosatario, -a
giratorio *adj* giratorio; *senso* ~ sentido giratorio
giratubi *m/inv* llave de tubo *f*
giravolta *f* voltereta, pirueta; *geogr* revuelta, recoveco *m*; *fig* cambio de opinión *m*
girell|are *vi* <*avere*> vagar, callejear; **~o** *m* 1. tacatá, andador, andaderas *fpl* (*niños*); 2. *gastr* redondo; **~one, -a** *m/f* vago, -a, holgazán, -ana, vagabundo, -a
giretto *m* vueltecita *f*, garbeo
girevole *adj* giratorio; *fig* tornadizo, voluble
girifalco *m zool* gerifalte
girigogolo *m* garbato, ringorrango
girino *m* 1. *zool* renacuajo; 2. *sport/fam* corredor del Giro de Italia
girl *f ingl/inv* bailarina *f*, corista *f*
giro *m* 1. circuito, perímetro; escote (*vestidos*); *fig/gergo* círculo, ambiente; *(com)* ~ *d'affari* volumen/giro de negocios; *(fig) essere nel* ~ estar en el ajo/en el rollo; *(fig) essere fuori dal* ~ estar fuera; *(gergo) uscire dal* ~ quitarse de en medio/de la circulación; desengancharse (*droga*) 2. vuelta *f*; *astr* rotación *f*; *mec* vuelta *f*; rotación *f*; *teatro* gira *f*; ronda *f* (*naipes*); *sport* vuelta *f*; giro (*de Italia*); *(sport)* ~ *d'onore* vuelta de honor; *(sport)* ~ *della morte* vuelta de campana; *(fig)* ~ *di boa* punto de inflexión; *a stretto* ~ *di posta* a vuelta de correo; *nel* ~ *di un mese* en (el plazo de) un més; *(mus) 45 ~i* sencillo, single; *(fig) essere giù di ~i* tener la moral baja, estar desanimado; *(fig) essere su di ~i* estar exultante; *(fig) prendere in* ~ *q* tomar el pelo a alg, burlarse de alg, quedarse con alg *fam*; *presa in* ~ tomadura de pelo, pitorreo; 3. vuelta *f*, paseo, garbeo *fam*; ~ *turistico* visita turística; *andare in* ~ circular, ir; *fare un* ~ dar una vuelta/un paseo; *fare il* ~ *della città* dar una vuelta por la ciudad, visitar la ciudad; *fare il* ~ *del mondo* dar la vuelta al mundo; *mettere in* ~ poner en circulación, hacer correr, hacer circular; 4. turno, vez *f*; 5. *ling* giro, locución *f*; ~ *di parole* circunloquio
girocollo *m* jersey de cuello de cisne

giromanica *m* sisa *f*
girone *m sport* partido (*vuelta*); ~ *d'andata, di ritorno* partido de ida, de vuelta
gironzolare *<esd> vi <avere>* callejear, vagar, dar vueltas
giroscopio *m* giroscopio
girotondo *m infan* corro
girotta *f* veleta, giralda
girovagare *<esd> vi <avere>* corretear, deambular, callejear; holgazanear
girovago *adj/s* ambulante; *mercante* ~ vendedor ambulante
gita *f* excursión; ~ *scolastica* excursión escolar; *andare in* ~ ir de excursión; ~**no** *adj/s* gitano; ~**nte** *m/f* excursionista
gittata *f mil* alcance *m*
giù *adv* abajo; *in* ~ (hacia) abajo; *(fig)* ~ *di corda* pocho, pachucho; *andare su e* ~ ir arriba y abajo; *(a. fig) non mi va* ~ no puedo tragármelo; *buttare* ~ echar abajo; *fig* hundir, hacer polvo *fam*; *(a. fig) mandare* ~ tragar; *mettere* ~ depositar, dejar; bajar; *essere* ~ *di morale* estar bajo de moral; *venire* ~ venirse/irse abajo; *su per* ~/~ *di lì* más o menos; ~ *le mani!* ¡quita las manos!
giubb|a *f mil* casaca; ~**etto** *m* chaleco; ~**one** *m* cazadora *f* (*motociclista*); ~**otto** *m* chaleco; ~ *salvagente/di salvataggio, antiproiettile* chaleco salvavidas, antibalas
giubil|are 1. *adj eccl* jubilar; **2.** *vt* jubilar; **3.** *vi* exultar, alborozarse, jubilar *ant*; ~**eo** *m eccl* jubileo; ~**o** *m* júbilo, alborozo
giuda *m/inv desp* judas, traidor *m*; ~**ico** *adj* judaico; ~**ismo** *m* judaísmo
giudeo *adj/s* judío, hebreo, hebraico
giudica|re *<esd> vt/vi <avere> ius/fig* juzgar; ~**to** *m ius* fallo; ~**tore** *adj/s* juzgador
giudice *m/f ius/sport* juez *m/f*, jueza *f*; ~ *conciliatore* juez municipal, juez de paz; ~ *istruttore* juez de instrucción; *(sport)* ~ *di gara* árbitro
giudizi|ale *adj* judicial; *potere, errore* ~ poder, error judicial; ~**ario** *adj* judicial; *ufficiale* ~ oficial de juzgados; *ordinamento* ~ ordenamiento jurídico; ~**o** *m ius* juicio, proceso; veredicto, sentencia *f*; *fil* juicio; *fig* juicio, parecer, opinión *f*; *eccl* juicio (final); *(fig) perdere il* ~ perder el juicio; *rimettersi al* ~ *di q* someterse al arbitrio de alg; *a mio* ~ a mi juicio; *(eccl)* ~ *finale* juicio final; ~**oso** *adj* juicioso, sensato
giuggiol|a *f bot* azufaifa; *gastr* gominola; *fig* tontería, nadería, chorrada; *andare in brodo di* ~ e regodearse; ~**o** *m bot* azufaifo
giugno *m* junio
giugulare *adj med* yugular; *vena* ~ (vena) yugular
giuliano *adj hist* juliano; *geogr* de Venecia Julia
giulivo *adj* jubiloso, contento
giullar|e *m* juglar; ~**esco** *adj* juglaresco
giument|a *f* jumenta; ~**o** *m* jumento
giunco *m bot* junco
giungere *<39 giungo; giunsi; giunto>* **1.** *vi* llegar; *mar* arribar; ~ *in porto* arribar a puerto; *mi giunge nuovo* me coge de nuevas; ~ *all'orecchio di q* llegar a oídos de alg; **2.** *vt* unir; ~ *le mani in preghiera* unir las manos en señal de oración
giungla *f geogr/fig* jungla; ~ *d'asfalto* jungla de asfalto
Giunone *m mit* Juno; *fig/iron* mujerona *f*
giunt|a *f* 1. añadido *m*, añadidura; *com* propina; *per* ~ para colmo, para más inri, encima; por añadidura; 2. *tec* junta; cosido *m* (*ropa*); 3. *pol/adm* junta; junta asamblea; ~ *comunale* municipio, concejo; ~ *provinciale* Diputación Provincial; ~**are** *vt* coser; ~**atura** *f* cosido *m*; ~**o** *m mec* junta *f*; racor; ~ *di dilatazione* junta de dilatación; ~ *cardanico* cardán; ~**ura** *f* juntura, empalme *m*; *med* articulación
giunzione *f* junta, empalme *m*
giuocare... V. **giocare**...
giurabbacco!, giuraddinci! *excl/euf* ¡voto a bríos!, ¡por todos los diablos!
giuraddio! *excl* ¡por Dios!
giuramento *m* juramento; *prestar* ~ prestar juramento
giurare *vt/vi <avere>* jurar; ~ *il falso* jurar en falso, perjurar; ~*rla a q* jurársela a alg; ~ *e spergiurare* jurar y perjurar
giurassico *adj geol* jurásico
giurato, -a 1. *adj* jurado, -a, declarado, -a (*enemigo*); jurado, -a (*declaración*); **2.** *m/f ius* jurado *m*
giureconsulto *m* jurisconsulto
giurì *m/inv ant* tribunal *m*; ~ *d'onore* tribunal de honor
giuria *f ius* jurado *m*; jurado *m* (*concurso, sport*)
giuridic|ità *f/inv* juridicidad *f*; ~**o** *adj* jurídico
giurisdizion|ale *adj* jurisdiccional; ~**e** *f* jurisdicción
giurisprudenz|a *f* jurisprudencia; *stud* derecho *m*; *laureato in* ~ licenciado en derecho; ~**iale** *adj* jurisprudencial
giurista *m/f* jurista
giusquiamo *m bot* beleño
giusta *prep ius* según, conforme a
giustappo|rre *<56 -pongo; -posi; -posto> vt* yuxtaponer; ~**sizione** *f* yuxtaposición
giustezza *f* justeza, justedad; *tip* justificación
giustifica|re *<esd> vt* justificar, razonar; *tip* justificar; ~**tivo 1.** *adj* justificativo; **2.** *m* justificante, comprobante; ~**zione** *f tip/fig* justificación
giustizi|a *f* justicia; *fare* ~ *da sé* tomarse la justicia por su mano; *rendere* ~ *a q* hacerle justicia a alg; ~**alismo** *m pol* justicialismo; ~**are** *vt* ajusticiar; ~**ato** *m/f* ajusticiado, -a; ~**ere** *m ius* verdugo; *fig* justiciero
giusto 1. *adj* 1. justo (*equitativo*); *non è* ~ no es justo, no hay derecho; 2. adecuado, apropiado; *è un'osservazione* ~*a* es una buena observación; 3. justo, exacto, preciso; *il conto è* ~ la cuenta es exacta; **3.** *adv/excl* justo, exacto
glabro *adj* glabro, lampiño
glacé *adj/inv* glasé
glacia|le *adj geol/fig* glacial; ~**zione** *f* glaciación
gladiato|re *m* gladiador; ~**rio** *adj* gladiatorio

gladiolo *m bot* gladiolo

gland|e *m med* glande; ~**olare** *adj med* glandular

glassa *f gastr* azúcar glasé *m*; ~**re** *vt* glasear

glauco *adj lit* glauco; ~**ma** *m med* glaucoma

gleba *f hist* gleba; *servo della* ~ siervo de la gleba

gli 1. *ar* los; *gli alberi, sbadigli, psichiatri, gnocchi* los árboles, bostezos, siquiatras, ñoquis; **2.** *pr* 1. le (*a él*); 2. *pop* les (*a ellos/a ellas*)

glicem|ia *f* glucemia; ~**ico** *adj* glucémico

gliceri|de *m* glicérido; ~**na** *f* glicerina

glicin|a *f chim* glicina, glicocola; ~**e** *m bot* glicinia *f*

glicocolla *f chim* glicocola, glicina

gliela, gliele, glieli, glielo, gliene *pr* se la, se las, se lo, se los

global|e *adj* global; ~**ità** *f/inv* globalidad *f*

globo *m* globo; ~ *oculare* globo ocular; ~ *terrestre/terracqueo* globo terrestre/terráqueo

globul|are *adj* globular; ~**ina** *f* globulina; ~**o** *m* glóbulo

glori|a 1. *f* gloria; *(iron) lavorare per la* ~ trabajar por amor al arte; *vecchia* ~ vieja gloria (*persona*); *che Dio l'abbia in* ~ que Dios lo tenga en su gloria; 2. *m eccl* Gloria; ~**arsi** gloriarse, ufanarse; ~**ette** *f fr/inv* glorieta *f*

glorifica|re *<esd> vt* glorificar; ~**zione** *f* glorificación

glorioso *adj* glorioso

glossa *f* glosa; ~**re** *vt* glosar; ~**rio** *m* glosario; ~**tore, -trice** *m/f* glosador, -a

glossematica *f ling* glosemática

glottide *f* glotis

glottolog|ia *f* lingüística; ~**ico** *adj* lingüístico; ~**o, -a** *m/f* lingüista

gluc|ide *m* glúcido; ~**ina** *f* glucina; ~**inio** *m* glucinio; ~**osio** *m* glucosa *f*

glutammato *m* glutamato

gluteo *m* glúteo, nalga *f*

glutin|e *m* gluten; ~**oso** *adj* glutinoso

gnao, gnau *onom* miau

gnaulare *vi <avere> zool* maullar

gneiss *m/inv min* gneis

gnocchi *mpl gastr* ñoquis *am*

gnom|ico *adj* gnómico; ~**o** *m* gnomo

gnorri: fare lo ~ hacerse el sueco/el desentendido/el despistado

gnos|eologia *f* gnoseología; ~**i** *f/inv* gnosis

gnostic|ismo *m* gnosticismo; ~**o** *adj* gnostico

gnu *m/inv zool* ñu *m*

goal *m ingl/inv* gol *m*

gobb|a *f med* joroba, chepa *fam*; *zool* joroba; *geogr* joroba, promontorio *m*; *avere la* ~ tener joroba; ~**o** *adj/s* jorobado, giboso

gobelin *adj/m fr/inv* gobelín *adj/m*

goccia *<pl -cce> f* gota; *a* ~ *a* ~ gota a gota; *neanche una* ~ ni gota; *somigliarsi come due* ~*e d'acqua* parecerse como dos gotas de agua; *(fig) la* ~ *che fa traboccare il vaso* la gota que colma el vaso; *(fig)* ~ *a* ~ *si scava la pietra* quien la sigue la consigue

goccio *m* gota *f* (*licor, leche*)

gocciola *f* 1. gota, gotita; 2. lágrima (*joya, lámpara*)

gocciolamento *m* goteo

gocciolare *<esd> vt/vi <essere: líquido; avere: recipiente>* gotear, chorrear

gocciolatoio *m arch* gotera *f*

gocciolio *m* goteo

gocciolo *m* gota *f* (*licor, leche*); *(fig/fam) non c'è più neanche un* ~ no queda ni gota

gocciolone *m* goterón

godere *<40 godrò>* **1.** *vi <avere>* gozar, disfrutar; *godo nel vedervi così felici* disfruto viéndoos tan felices; ~ *della fiducia di q* gozar de la confianza de alg; **2.** *vt* gozar (de), disfrutar (de); *godo una buona salute* disfruto de buena salud; **3.** ~*rsi* gozar (de), disfrutar (de); ~*rsi le vacanze* disfrutar de las vacaciones; *(pop)* ~*rsela* disfrutar, regodearse, pasárselo bomba; ~**ccio** *adj* placentero

godi|bile *adj* gozable, disfrutable; ~**mento** *m* goce, disfrute

goff|aggine *f* torpeza; ridiculez; ~**o** *adj* torpe, desmañado; ridículo

goffra|re *vt tec* gofrar; ~**tura** *f tec* gofrado *m*

gogna *f ant* picota

gogo: a ~ *adv* a gogó

go-kart *m ingl/inv* kart *m*

gol V. **goal**

gola *f med* garganta; cuello *m*; *geogr* garganta, desfiladero *m*, congosto *m*; *eccl* gula; *mal di* ~ dolor de garganta; *fino alla* ~ hasta el cuello; *parlare in* ~ ganguear; *mentire per la* ~ mentir como un bellaco

goldoniano *adj* goldoniano

golead|a *f* goleada; *vincere di* ~ ganar por goleada; ~**or** *m/inv* goleador *m*

golf *m/inv* 1. *sport* golf; 2. rebeca *f*, chaqueta de lana *f*; ~**ista** *m/f sport* golfista; ~**istico** *adj* golfístico; ~**o** *m geogr* golfo

goliard|ico *adj* goliárdico; ~**o** *m stud* tuno; goliardo

golos|ità *f/inv* glotonería *f*, gula *f*; ~**o** *adj/s* goloso, glotón; *fig* ávido, codicioso

golp|e *m pol* golpe; ~**ista** *m* golpista

gomena *f mar* maroma, amarra

gomitata *f* codazo *m*

gomito *m med/tec* codo; *coi* ~*i/a forza di* ~ a codazos; *(fig) alzare il* ~ empinar el codo

gomitolo *m* ovillo

gomma *f chim* goma; goma (*borrar*); *auto* neumático *m*, rueda; ~ *arabica* goma arábiga; ~ *americana/da masticare* chicle *m*, goma de mascar; ~ *a terra* rueda pinchada; *forare una* ~ pincharse una rueda; ~**gutta** *f* gutagamba; ~**piuma** *f* gomaespuma; ~**re** *vt* engomar

gommi|fero *adj* gomífero; ~**ficio** *m* fábrica de goma *f*; ~**no** *m* tapón de goma; ~**sta** *m/f* reparador, -a o vendedor, -a de neumáticos

gommo|ne *m* balsa neumática *f*; ~**sità** *f/inv* gomosidad *f*; ~**so** *adj* gomoso

gonade *f biol* gónada

gondol|a *f* góndola; **~iere** *m* gondolero

gonfalon|e *m* gonfalón, confalón; **~iere** *m* gonfalonero, confaloniero

gonfi|amento *m auto* hinchado; *fig* engreimiento; **~are 1.** *vt* hinchar, inflar; **2.** *~rsi* hincharse, abombarse; *fig* hincharse, envalentonarse; **~ato** *adj* hinchado; *(fig/desp) pallone ~* figurón, engreído; **~atoio** *m* bombín; **~ezza** *f* hinchazón; *fig* ampulosidad; **~o** *adj* hinchado; lleno, rebosante; *fig* engreído (*persona*); *fig* ampuloso (*estilo*); *stomaco ~* estómago pesado; **~ore** *m med* hinchazón *f*; bulto, haba *f*

gong *m/inv mus* gong *m*; **~olare** <*esd*> *vi* <*avere*> exultar; *~ dalla gioia* no caber en sí de alegría

goniometro *m* goniómetro, graduador

gonn|a *f* falda; *~ a pieghe* falda plisada; *~ pantalone* falda pantalón; **~ella** *f* falda; *stare attaccato alle ~e della mamma* estar pegado a las faldas de mamá; *rincorrere le ~e/correre dietro le ~e* ir detrás de las faldas, ser un donjuán

gono|cocco *m* gonococo; **~rrea** *f* gonorrea

gonzo *adj/s* bobo, simple

gora *f* azud *m*, embalse *m*; acequia, canal *m*

gordiano *adj* gordiano; *nodo ~* nudo gordiano

gorgheggi|are *vi* <*avere*> gorjear, trinar; **~o** *m* gorjeo, trino

gorgi|a *f* gangueo *m*; *(ling) ~ toscana* ="pronunciación aspirada de las oclusivas sordas intervocálicas que se da en Toscana"; **~era** *f hist* gorjal *m*, gola (*armadura*); gola, gorguera (*adorno*)

gorgo *m geogr* pozo, poza *f*; remanso; *fig* lodazal

gorgogl|iare *vi* <*avere*> borbollar, borbotar; **~o** *m* borbollón, borbotón; **~io** *m* gorgoteo; **~ione** *m zool* gorgojo, pulgón

gorgozzule *m* garguero, gañote, gaznate *fam*

gorilla *m/inv zool/fig* gorila *m*

got|a *f lit* mejilla *est*; **~ico** *adj art* gótico; *~ fiammeggiante, fiorito* gótico flamígero, florido; **~o** *m* godo

gott|a *f med* gota; **~azza** *f mar* achicador *m*; **~oso** *adj med* gotoso

governa|nte 1. *m/f pol* gobernante; 2. *f* ama de llaves; **~re** *vt* gobernar; **~tivo** *adj* gubernativo, gubernamental

governator|ato *m* gobernación *f*; **~e, -trice** *m/f* gobernador, -a; **~iale** *adj* gubernativo, gubernamental

governo *m* gobierno; *~ fantoccio, fantasma, ponte* gobierno títere, fantasma, puente; *~ monocolor, di coalizione* gobierno monocolor, de coalición

gozzo *m fam* buche (*estómago*); *med* bocio; *(fig) avere qc sul ~* tener algo atravesado en la garganta

gozzoviglia *f* juerga, jarana; **~re** *vi* <*avere*> ir de juerga, ir de parranda, jaranear

gozzuto *adj* papudo

Graal *m hist* Grial

gracchi|are *vi* <*avere*> graznar; **~o** *m* graznido

gracid|are <*esd*> *vi* <*avere*> *zool/fig* croar; **~io** *m* croar

gracil|e *adj* grácil; **~ità** *f/inv* gracilidad *f*

gradass|ata *f desp* valentonada, chulería; **~o** *m desp* matón, chulo, valentón

grada|tamente *adv* gradualmente, poco a poco; **~zione** *f* gradación; graduación (*alcohol*)

gradevole *adj* agradable, grato, placentero

gradevolezza *f* deleite *m*, agrado *m*

gradimento *m* 1. agrado, gusto; *questo è di mio ~* esto es de mi agrado; 2. aprobación *f*, aceptación *f*; *indice di ~* grado de aceptación

gradin|ata *f arch* escalinata (*escalera*); gradas *fpl*, graderío *m*, gradería (*estadio, teatro*); **~o** *m* escalón, peldaño

gradire <*isc*> *vt* agradecer, aceptar; *gradisci un caffè?* ¿te apetece un café?, ¿dejas que te invite a un café?; *gradirei un bicchiere d'acqua* ¿podría darme un vaso de agua?, ¿sería tan amable de darme un vaso de agua?; *voglia ~ i miei più sentiti auguri* acepte mi más sincera felicitación

gradito *adj* grato, agradecido

grado *m* grado; *(ling) ~ comparativo, superlativo* grado comparativo, superlativo; *ustioni di terzo ~* quemaduras de tercer grado; *famiglia di primo ~* familia de primer grado, familia carnal; *al massimo ~/in sommo ~* en grado sumo; *a ~ a ~* grado a grado; *di buon ~* de buen grado, de buena gana; *essere in ~ di fare qc* ser capaz de hacer algo, estar capacitado para hacer algo

gradua|bile *adj* graduable

gradual|e *adj* gradual, paulatino; **~ismo** *m* gradualismo; **~ità** *f/inv* gradualidad *f*

graduare *vt tec/fig* graduar

graduato 1. *adj* graduado; **2.** *m mil* graduado

graduazione *f mil/mat* graduación

grafema *m* grafema

graffa *f* grapa; *tip* llave, corchete *m*; **~re** *vt* grapar; **~trice** *f* grapadora

graffi|are *vt* arañar; rascar (*pared*); **~ata** *f* arañazo *m* (*acción*); arañazo *m*, rasguño *m* (*resultado*); **~atura** *f* rasguño *m*, arañazo *m*; **~o** *m* rasguño; *tec* grafio; **~to** *m* 1. grafito; 2. *mpl* graffiti *m*

grafi|a *f* grafía; **~ca** *f* tipografía; **~co, -a 1.** *adj* gráfico; **2.** *m mat* gráfico, gráfica *f*; **3.** *m/f* grafista; **~te** *f* grafito *m*

grafolog|ia *f* grafología; **~ico** *adj* grafológico; **~o, -a** *m/f* grafólogo, -a

gramaglie: in ~ *adv* de luto

gramigna *f bot* grama

graminace|e *fpl bot* gramíneas; **~o** *adj bot* gramíneo

grammaestro V. **gran maestro**

grammatic|a *f* gramática; **~ale** *adj* gramatical; **~alizzazione** *f* gramaticalización; **~o** *adj/s* gramático

grammo *m* gramo; **~fono** *m* gramófono, fonógrafo

gramo *adj* triste, mísero

gran V. **grande**

grana *f* 1. *zool* grana, cochinilla; grana (*color*); 2. *foto/min* grano *m*; 3. *fam* fastidio *m*,

molestia, gaita; *essere pieno di ~e* estar cargado de problemas; 4. *gergo* pasta, guita, parné *m* (*dinero*); 5. ="clase de queso parmesano"; ~**glie** *fpl* cereales *mpl*, granos *mpl*; ~**io** *m* granero, hórreo *reg*; ~**rio** *adj* del grano
granat|a 1. *f* 1. escobón *m*; 2. *bot/mil* granada; **2.** *adj/inv* granate; ~**iere** *m mil* granadero; ~**o** *adj/m bot* granado
Gran Bretagna *f* Gran Bretaña
grancassa *f mus* bombo *m*; *(fig) battere la ~* anunciar algo a bombo y platillo
grancevola *f zool* centollo *m*, centolla
granch|é *m/inv* gran cosa *f*; *non è un ~* no es nada del otro mundo/del otro jueves; ~**io** *m zool* cangrejo; *fig* equivocación *f*, metedura de pata *f*; *prendere un ~* meter la pata
grand' V. **grande**
grandangolare *m foto* gran angular
grande 1. *adj* gran, grande; mayor (*edad*); *gran libro, grand'uomo, grande signore* gran libro, gran hombre, gran señor; *libro ~* libro grande; *signore ~* señor mayor; **2.** *m/f* grande, mayor; *quando i ~i parlano* cuando hablan los mayores; **3.** *m* grande; *hist* Grande (*de España*); *fare le cose in ~* hacer las cosas a lo grande
grandeggiare *vi <avere> arch* destacar, sobresalir; *fig* pavonearse
grandezza *f* tamaño *m*; *fig* grandeza
grandiglione, -a *m/f fam* grandullón, -ona
grandiloquen|te *adj* grandilocuente; ~**za** *f* grandilocuencia
grandina|re *<esd>* **1.** *vi/imp <avere/essere> meteo* granizar; **2.** *vi fig* llover, caer; ~**ta** *f* granizada
grandine *f* granizo *m*, pedrisco *m*
grandios|ità *f/inv* grandiosidad *f*, magnificencia *f*; ~**o** *adj* grandioso, imponente
grandissimo *adj* grandísimo, enorme
granduca, -duchessa *m/f* gran duque *m*, gran duquesa *f*; ~**le** *adj* del gran ducado, ducal; ~**to** *m* gran ducado
granello *m* grano; granito; *fig* mota *f*, brizna *f*
granicolo *adj* cerealístico
granicoltura *f* cerealicultura, cultivo del grano *m*
granire *<isc> vi bot* granar
granit|a *f gastr* granizado *m*, granizada *am*; ~**ico** *adj* granítico; ~**o 1.** *adj bot/fit* granado; **2.** *m geol* granito
gran maestro *m* gran maestre
grano *m bot* grano, trigo; *fig* grano (*partícula*); *(bot) ~ saraceno* alforfón, alforjón
gran(o)turco *m bot* maíz
granula|re 1. *<esd> vt* granular; **2.** *adj* granular; ~**zione** *f* granulación
granulo *m* gránulo; ~**ma** *m* granuloma; ~**sità** *f/inv* granulosidad *f*; ~**so** *adj* granuloso
grapp|a *f* 1. *tec* gafa, grapa; 2. orujo *m* (*aguardiente*); ~**ette** *fpl sport* clavos *mpl*; ~**ino** *m* 1. *mar* garfio; 2. *fam* copichuela *f*, copita *f* (*de grappa*)
grappolo *m bot/fig* racimo
grassa|ggio *m mec* engrase; ~**tore** *m* atracador; salteador

grasse|tto *m tip* negrita *f*; ~**zza** *f* gordura
grasso 1. *adj* 1. *med* gordo; graso (*piel*); *gastr/chim* graso; *piante ~e* plantas grasas; 2. *agr* fértil, pingüe; *fig* rico, pingüe; *un'annata ~a* un buen año, un año de abundancia; *settimana ~a* última semana de carnaval; *martedì ~* martes de carnaval; *fare ~i guadagni* tener pingües beneficios; 3. *fig* grosero, indecente; **2.** *m* grasa *f*; *~ vegetale* grasa vegetal; ~**ccio** *adj* rollizo, regordete, rellenito; ~**ne, -a** *m/f* gordinflón, -ona
grata *f* reja, rejilla
gratella *f gastr* parrilla
graticcio *m* cañizo
graticola *f gastr* parrilla; rejilla
graticolato *m* enrejado
gratifica *f* gratificación, plus *m*
gratificante *adj* gratificante
gratificare *<esd> vt* gratificar
gratificazione *f* gratificación
gratin *m fr/inv* gratinado *m*; *al ~* gratinado; ~**are** *vt gastr* gratinar
gratis *adv* gratis; *~ et amore Dei* por amor al arte
gratitudine *f* gratitud, agradecimiento *m*, reconocimiento *m*; *provare ~ nei confronti di q* estarle reconocido a alg
grato *adj* 1. grato, agradable; 2. agradecido, reconocido; *essere ~ a* estar agradecido a
gratta|capo *m* quebradero de cabeza; ~**cielo** *m arch* rascacielos; ~**re 1.** *vt* rascar; **2.** *vi <avere>* chirriar; *auto/fam* rascar; ~**ta** *f* rascada, rascamiento *m*; *auto/fam* rascada; ~**to** *adj* rascado; *gastr* rallado (*pan*)
grattino *m* raspador
grattugia *f gastr* rallador *m*; ~**re** *vt gastr* rallar
gratuità *f/inv com/fig* gratuidad *f*
gratuito *adj com/fig* gratuito
grava|me *m* gravamen, carga *f*; *ius* impugnación *f*; ~**re** *vt* gravar, cargar; *~ la mano su q* cargar las tintas contra alg
grave *adj* grave; *mus* grave, bajo; *fig* grave, serio; *(ling) accento ~* acento grave; *(med) essere ~* estar grave
gravi|danza *f* embarazo *m*; ~**da, -o** *adj* embarazada, preñada *fam*; *fig* grávido, cargado; ~**metria** *f* gravimetría
gravit|à *f/inv fis/mus/fig* gravedad *f*; ~**are** *<esd> vi <avere/essere>* gravitar
gravitazion|ale *adj* gravitacional; ~**e** *f* gravitación
gravos|ità *f/inv* pesadez *f*, peso *m*; ~**o** *adj* gravoso, oneroso, costoso
grazia *f* gracia, armonía; gracia, donaire *m*, gracejo *m*; *ius/eccl* gracia; *(mil/fig) colpo di ~* golpe de gracia, puntilla; *per ~ ricevuta* por gracia recibida, por favor recibido; *(ius) concedere la ~* conceder la gracia; *essere nelle ~e di q* gozar del favor de alg, caer en gracia a alg; *rendere ~e a Dio* dar gracias a Dios; *nell'anno di ~...* en el año de gracia...; ~**re** *vt* amnistiar; *fig* conceder; ~**to, -a** *m/f* amnistiado, -a
grazie 1. *excl* ¡gracias!; *~ tante/mille!*, *tante/mille ~* ¡muchas gracias!; **2.** *~ *fpl*

mit Gracias; **3.** *(prep)* ~ *a* gracias a, merced a *lit*
grazios|ità *f/inv* graciosidad *f*; ~**o** *adj* agraciado, lindo, mono; agradable
greca *f arch* greca; ~**le** *m meteo* gregal
Grecia: *la* ~ Grecia
grecis|mo *m* grecismo, helenismo; ~**ta** *m/f* helenista
grecità *f/inv* helenismo *m*
grecizza|nte *adj* helenizante; ~**re** *vt* grecizar, helenizar
greco <*mpl -ci*> **1.** *adj/s* griego; **2.** *m ling* griego; *meteo* gregal
gregari|o 1. *adj* gregario; **2.** *m sport* gregario, doméstico (*ciclismo*); ~**smo** *m* gregarismo, borreguismo *desp*
gregg|e *m zool/fig* rebaño, manada *f*, grey *f/lit*; *eccl* rebaño, grey *f*; ~**io 1.** *adj* crudo; basto (*tela, fig*); *min* en bruto; *allo stato* ~ en bruto; **2.** *m* crudo (*petróleo*)
gregoriano *adj* gregoriano
grembi|ale, ~**ule** *m* delantal, mandil; babero (*niños...*)
grembo 1. *m* regazo; *fig* seno; *fig* vientre; *il* ~ *materno* el vientre materno; **2.** *(prep fig) nel* ~ *di* en el seno de
gremire <*isc*> *vt* atestar, abarrotar; *i giovani gremivano la piazza* los jóvenes atestaban la plaza
greppia *f* pesebre *m*
gres *m/inv* gres
greto *m* arenal
grett|ezza *f* mezquindad, cortedad de miras; ~**o** *adj* mezquino, corto de miras; tacaño, avaro
grezzo V. **greggio**
grid|a *f* bando *m*; ~**are** *vi/vt* <*avere*> gritar; ~**io** *m* griterío, vocerío; ~**o** *m* 1. <*pl le grida*> grito, chillido, alarido, voz *f* (*persona*); *(fig) di* ~ famoso; ~ *di guerra* grito de guerra; 2. <*pl i gridi*> grito (*animal*)
grifo *m zool* belfo; ~**ne** *m zool* buitre; *mit* hipogrifo
grigiastro *adj* grisáceo
grigio *adj/m a. fig* gris; ~**ne** *adj/s* grisón; ~**re** *m* gris; *fig* mediocridad *f*, monotonía *f*; ~**verde** *adj/m* verde grisáceo; caqui
griglia *f gastr* plancha, parrilla; *sport* parrilla; *arch/mec* rejilla; *bistecca alla* ~ filete a la plancha; ~ *dei risultati* parrilla/panel de resultados; *(auto)* ~ *del radiatore* rejilla del radiador; ~**ta** *f gastr* parrillada
grill *m/inv* grill *m*, parrilla *f*; ~**are** *vi* <*avere*> chisporrotear (*aceite*); ~**etto** *m mil* gatillo
grillo *m zool* grillo; *fig* capricho; *(fig) cervello di* ~ cabeza de chorlito; *(fig) avere* ~*i per la testa* tener la cabeza llena de pájaros; ~ *parlante* Pepito Grillo; *mangiare come un* ~ comer como un pajarito; *indovinala,* ~*!* ¡a saber cómo acaba!; ~**talpa** *m/f zool* cortón *m*; ~**tti** *mpl mil* entorchado *m*
grimaldello *m* ganzúa *f*
grinfia *f zool* zarpa, garra; *(fig) cadere nelle* ~*e di q* caer en las garras de alg
grinta *f* cara de pocos amigos; *fig* arrojo *m*, coraje *m*
grinz|a *f* arruga; ~**osità** *f/inv* rugosidad *f*; ~**oso** *adj* arrugado, rugoso
grippa|ggio *m* gripaje; ~**re 1.** *vt* gripar; **2.** *vi* <*avere*> griparse
grisou *m fr/inv* grisú *m*
grissino *m gastr* colín, rosquilleta delgada *f*, grisín
gromma *f* sarro *m* (*tonel*)
gronda *f arch* alero *m*, canalón *m*; gotera; ~**ia** *f arch* gotera; ~**re** *vi* <*avere*> chorrear
grongo *m zool* congrio
gropp|a *f zool* grupa; ~**o** *m* enredo, maraña *f*, ovillo; *avere un* ~ *alla gola* tener un nudo en la garganta; ~**one** *m fam* espalda *f*, espinazo, lomo; *piegare il* ~ doblar el espinazo
gros-grain *m fr/inv* gro *m*, tercianela *f* (*en la cinturilla de la falda*)
gross|a *f* gruesa (*medida*); *dormire della* ~ dormir como un lirón; ~**ezza** *f* grosor *m*, grueso *m*; gordura; ~**ista** *m/f com* mayorista
grosso *adj* 1. grande, gordo, grueso; *dito* ~ dedo gordo; *(fig/fam) dirle/spararle* ~*e* soltarlas gordas; *l'ho fatta* ~*a!* ¡buena la he hecho!, ¡la que he armado!; *mare* ~ mar gruesa; *caccia* ~*a* caza mayor; *una* ~*a bugia* una mentira gorda; *il pesce* ~ *mangia il piccolo* el pez grande se come al chico; *(fig) berle* ~*e* comulgar con ruedas de molino; ~ *modo* grosso modo, aproximadamente; 2. grueso, gordo; importante, poderoso, potente (*persona*); *(fig) un pezzo* ~ un pez gordo; *un* ~ *industriale* un importante/poderoso industrial; 3. grosero, basto; *sbagliarsi di* ~ equivocarse de medio a medio; **2.** *m* grueso; la mayor parte *f*; *il* ~ *dell'esercito* el grueso del ejército
grossolan|ità *f/inv* chabacanería *f*, rudeza *f*; ordinariez *f*, grosería *f*; ~**o** *adj* basto, chabacano, grosero, ordinario, soez
grossomodo *adv* grosso modo
grott|a *f* gruta, cueva, caverna; ~**esco** *adj* grotesco
grovi|era *m/f gastr* queso gruyer *m*; ~**glio** *m* ovillo; *fig* enredo, intriga *f*
gru *f/inv zool* grulla *f*; *tec/cine* grúa *f*
grucci|a *f* 1. *med* muleta; 2. percha, colgador *m*; ~**one** *m zool* abejaruco
grufolare <*esd*> *vi* <*avere*> *zool* hozar; *fig* comer como un cerdo
grugn|ire <*isc*> **1.** *vi* <*avere*> *zool* gruñir; **2.** *vt fig* escupir, soltar (*palabras*); ~**ito** *m* gruñido; ~**o** *m zool* morro, hocico (*cerdo*); *fig* morro(s); *fig/fam* mala cara *f*; *rompere il* ~ *a q* romperle/partirle la cara/los morros a alg
grullo *adj/s* bobalicón, crédulo, tontorrón
grumo *m* grumo
grupp|etto *m mus* grupeto; ~**o** *m* grupo; ~ *sanguigno* grupo sanguíneo; ~**uscolo** *m* grupúsculo
gruviera V. **groviera**
gruzzolo *m* suma *f*, pesetillas *fpl/fam*, cuartos *mpl/fam*
guadagn|are 1. *vt* ganar; *fig* granjearse; ~*rsi la vita/il pane* ganarse la vida/el pan;

2. *vi <avere>* ganar; ~ *per vivere* ganarse la vida; *guadagna molto con quel colore* gana mucho con aquel color; ~**o** *m* ganancia *f*, beneficio; ~ *lordo, netto* beneficio bruto, neto
guadare *vt* vadear
guado *m* vado; *passare a* ~ vadear
guai! *excl* ¡ay!; ~ *a voi se non è vero!* ¡ay de vosotros si no es verdad!
guaiaco *m* guayaco; ~**lo** *m chim* guayacol
guaiava *f bot* guayabo *m* (*árbol*); guayaba (*fruto*)
guaina *f* vaina; funda; *bot* vaina; faja (*de mujer*)
guaio *<pl guai> m* problema, dificultad *f*, aprieto, apuro; *ficcarsi nei ~i* meterse en camisa de once varas, meterse en dificultades; *trovarsi nei ~i* estar en un aprieto/apuro, estar en dificultades; *togliere dai ~i* sacar de apuros; *il ~ è che...* el problema es que..., lo malo es que...; *che ~!* ¡qué lata!
guaire *<isc> vi <avere>* gañir, gemir
guaito *m* gañido, gemido
gualchi|are *vt* batanar; ~**era** *f* batán *m*
gualdrappa *f* gualdrapa
guanaco *m zool* guanaco
guancia *f* mejilla, carrillo *m*; ~**le** *m* almohada *f*; *(fig) dormire tra due ~i* dormir a pierna suelta, soñar con los angelitos
guano *m* guano
guant|aio, -a *m/f* guantero, -a; ~**iera** *f* guantera; ~**o** *m* guante; *fig/pop* condón, goma *f*, chubasquero; *gettare, raccogliere il* ~ arrojar, recoger el guante; *(fig) calzare come un* ~ venir como anillo al dedo; ~**one** *m sport* guante
guappo *adj/m reg* matón, chulo
guarda|barriere *m/inv* guardabarrera *m*; ~**boschi** *m/inv* guardabosque(s); ~**caccia** *m/inv* guardia forestal *m*; ~**coste** *m/inv* guardacosta(s); ~**freni** *m/f* guardafrenos; ~**linee** *m/inv sport* juez de línea *m*, linier *m*
guardare 1. *vt* mirar; *(fig)* ~ *q dall'alto in basso* mirar a alg de arriba abajo; ~ *in faccia* mirar a la cara; **2.** *vi <avere>* mirar; dar (*ventana, edificio*); *non ~ a spese* no reparar en gastos; *guardate ai fatti vostri* meteos en vuestros asuntos; *Dio ce ne guardi!* ¡Dios nos libre!; *guarda un po'!* ¡mira por dónde!, ¡vaya!; **3.** *~rsi* guardarse, cuidarse; ~ *dal fare qc* guardarse/abstenerse de hacer algo
guardarob|a *m* guardarropía; guardarropa; ~**iere, -a** *m/f* guardarropa
guarda|scambi *m/f inv* guardagujas; ~**sigilli** *m/inv* guardasellos; ~**ta** *f* mirada, ojeada; ~**via** *f* guardavía *inv*
guardia *f* 1. guardia (*vigilancia*); *corpo di* ~ cuerpo de guardia; ~ *medica* servicio médico urgente, urgencias *fpl*; *fare la* ~ hacer guardia; *stare in ~, mettere in* ~ estar alerta/en guardia, poner en guardia; *in ~!* ¡en guardia!; 2. guardia *m/f*, agente *m/f* (*policía*); ~ *del corpo* guardaespaldas *m/inv*, gorila *m*; ~ *giurata* guardia jurado; ~ *forestale* agente forestal; *medico di* ~ médico de guardia; *(fig) la vecchia* ~ la vieja guardia; 3. *tip* guarda, anteportada; 4. límite *m*, raya (*nivel de un río*)
guardiamarina *m* guardiamarina *inv*
guardiano *m* guardián, vigilante; *eccl* guardián
guardina *f* calabozo *m*, depósito carcelario *m*
guardinfante *m* miriñaque, tontillo
guardingo *adj* cauto, receloso, desconfiado
guardiola *f* garita
guardone *m desp* mirón, voyeur
guardrail *m ingl/inv* guardacamino *m*, quitamiedos *m/inv*
guarentigia *f ius* garantía
guari|gione *f* curación, cura; ~**re** *<isc>* **1.** *vt* curar, sanar; **2.** *vi* curarse, sanar; ~**tore, -trice** *m/f* curandero, -a
guarni|gione *f mil* guarnición; ~**re** *<isc> vt* guarnecer; ~**zione** *f* guarnición
guast|afeste *m/f inv* aguafiestas; ~**are** *vt* estropear; *mec* estropear, averiar; *fig* estropear, aguar, desbaratar; ~**o 1.** *adj* estropeado; *fig* corrompido, corrupto; *mec* estropeado, averiado; *med* cariado (*diente*); revuelto (*estómago*); *(fig) farsi il sangue* ~ hacerse mala sangre; **2.** *m mec* avería *f*, estropicio, desperfecto, desaguisado
Guatemal|a: *il* ~ Guatemala; ***~teco** *adj/s* guatemalteco
guazz|a *f* rocío *m*, relente *m*; ~**buglio** *m* batiburrillo, revoltillo; ~ *di parole* galimatías; ~**o** *m* charco; *pitt* aguada *f*, guache
guercio *adj/s* tuerto; bizco
guerra *f* guerra; ~ *atomica, batteriologica, chimica, civile, fredda, lampo* guerra atómica, bacteriológica, química, civil, fría, relámpago; *essere sul piede di* ~ estar en pie de guerra; *~e stellari* guerra de las galaxias
guerrafondaio *adj/s* belicista
guerre|ggiare *vi <avere>* guerrear, batallar; ~**sco** *adj* guerrero
guerriero *adj/s* guerrero
guerrigli|a *f* guerrilla; ~**ero, -a** *m/f* guerrillero, -a
gufo *m zool* búho; *fig* solitario, -a *m/f*
guglia *f arch* pináculo *m*
guida *f* 1. *auto* conducción; *scuola ~, patente di* ~ auto-escuela, permiso de conducir; *posto di* ~ asiento del conductor; 2. guía *m/f*, cicerone *m* (*turismo*); 3. *tec* guía, riel *m*; *fig* guía, norte *m*, pauta; 4. ~ *telefonica* guía de teléfonos; ~**lesco** *m* matadura *f*; ~**re** *vt auto* conducir, manejar; *am: fig* guiar, dirigir; ~**tore, -trice** *m/f auto* conductor, -a
guiderdone *m lit* galardón, recompensa *f*
guidone *m mil* banderín
guinzaglio *m* correa *f*, cadena *f* (*perro*)
guisa 1. *f* guisa, manera; **2.** *prep* 1. *a ~ di* a guisa de; 2. *in/di ~che* de tal guisa que
guitto 1. *adj/m* miserable, desharrapado; **2.** *m teatro/desp* cómico de la lengua
guizz|ante *adj* escurridizo; ~**are** *vi* escurrirse, deslizarse; *fig <avere>* escabullirse; ~**o** *m* resplandor (*llama*); *fig* deslizamiento
guru *m/inv eccl/fig* gurú *m*
guscio *m zool/bot* cáscara *f*; *(fig) chiudersi nel* ~ encerrarse en su caparazón; *(fig) uscire dal* ~ salir del huevo

gusta|re 1. *vt* gustar, probar; saborear, paladear; **2.** *vi* gustar; ~**tivo** *adj* gustativo; *papille ~e* papilas gustativas
gusto *m* gusto; *di pessimo ~* de pésimo gusto; *non è di mio ~* no es de mi agrado; *avere buon ~, vestire con ~* tener buen gusto, vestir con gusto; *lavorare, ridere di ~* trabajar, reír a gusto; *prenderci ~* tomarle gusto (a algo), acostumbrarse (a algo); *togliersi il ~* darse el gusto/gustazo; *tutti i ~i son ~i* sobre gustos no hay nada escrito; ~**so** *adj* 1. gustoso, sabroso, suculento; 2. agradable
guttaperca *f* gutapercha
guttural|e *adj* gutural; ~**izzazione** *f ling* guturalización

H

habit|at *m/inv biol/fig* hábitat *m;* **~ué** *m/inv* habitual *m,* parroquiano *m,* asiduo *m;* **~us** *m/inv biol* fenotipo *m*
hall *f/inv* hall *m/ingl*, recibidor *m*, entrada *f*
hamburger *m/inv gastr* hamburguesa *f*
hamburgheria *f* hamburguesería
handicap *m/inv sport* handicap *ingl; med* minusvalía *f*, discapacidad *f*; *fig* desventaja *f*, dificultad *f*; *portatore, -trice di ~* minusválido, -a, discapacitado, -a; **~pare** *vt sport* fijar el handicap; *fig* incapacitar; **~pato** *adj/s med* minusválido, discapacitado; subnormal, disminuido (*psíquico*)
hangar *m/inv* hangar *m*
happening *m ingl/inv* happening *m*
harakiri *m/inv* haraquiri *m*
hard-core *adj ingl/inv cine* de porno duro
hard top *m ingl/inv* capota dura *f*
hardware *m ingl/inv infor* hardware
harem, harem *m/inv* harén *m*, *serrallo m*
harmonium V. **armonium**
hascisc *m/inv* hachís
hashimita *adj/s* hachemita
haute *f fr/inv* alta sociedad *f*
haute-couture *f fr/inv* alta costura *f*
henna *f bot/chim* henna
herpes *m/inv med* herpes
hertz *m/inv fis* hercio *m*, *hertz m*
high-fidelity *f ingl/inv* alta fidelidad *f*, hi-fi
high society *f ingl/inv* alta sociedad *f*
hinterland *m/inv* extrarradio *m*, afueras *fpl*
hippie, hippy *adj/s ingl/inv* hippy *adj/s*, hippie *adj/s*
hit *m ingl/inv mus* gran éxito *m*, éxito de ventas *m*, superventas
hobby *m/inv* hobby *m/ingl*, afición *f*
hockey *m ingl/inv sport* hockey; *~ su ghiaccio, su prato, su pista* hockey sobre hielo, hierba, patines/ruedas
holding *f ingl/inv* holding *m*, grupo (de empresas) *m*
Hondur|as: *l'~ (m)* Honduras; ***~egno** *adj/s* hondureño
hostess *f ingl/inv* azafata *f (aer, congresos)*
hôtel *m/inv* hotel *m*
hovercraft *m ingl/inv* hovercraft, aerodeslizador *m*
humour *m ingl/inv* humor *m*, sentido del humor *m;* avere ~ tener sentido del humor
humus *m/inv bot* humus, mantillo *m*

I

iato *m ling/fig* hiato
iattanza *f* jactancia
iberico *adj* ibérico
iberna|re *vt/vi* <*avere*> hibernar; ~**zione** *f* hibernación
ibi, ibis *m/inv zool* ibis *f*
ibisco *m bot* hibiscus
ibrido *adj/m* híbrido
iceberg *m ingl/inv* iceberg *m*
icona *f* icono *m*
iconoclasta *adj/s* iconoclasta
iconografia *f* iconografía
ics *m/f inv* equis *f* (*letra*)
Iddio V. **Dio**
idea *f* idea; ~ *fissa* idea fija, obsesión; *farsi un'~* hacerse una idea; *non avere la più pallida ~* no tener ni la más remota idea; *avere ~ di qc* tener la intención de hacer algo, llevar idea de algo; *cambiare ~* cambiar de idea; *neanche per ~!* ¡ni soñarlo!; ~**le** *adj/m* ideal
idealist|a *m/f* idealista; ~**ico** *adj* idealista
idealizza|re *vt* idealizar; ~**zione** *f* idealización
ideare *vt* idear, proyectar, planear
ideatore, -trice *m/f* inventor, -a
ideazione *f* ideación
idem *adv/pr* ídem
identic|ità *f/inv* identidad *f*; ~**o** *adj* idéntico
identifica|bile *adj* identificable; ~**re** <*esd*> *vt* identificar; ~**zione** *f* identificación
identikit *m/inv* retrato robot *m*
identità *f/inv* identidad *f*
ideogra|fico *adj* ideográfico; ~**mma** *m* ideograma
ideolog|ia *f* ideología; ~**ico** *adj* ideológico; ~**o, -a** *m/f* ideólogo, -a
idi *mpl/fpl hist* idus *mpl*
idilliaco, idillico *adj* idílico
idillio *m* idilio
idioma *m* idioma, lengua *f*; ~**tico** *adj* idiomático
idiosincrasia *f* idiosincrasia
idiot|a *adj/s med/fig* idiota; ~**ismo** *m ling* idiotismo
idiozia *f med* idiocia; *fig* idiotez, estupidez, imbecilidad
idolatr|a *adj/s* idólatra
idolatrare *vt* idolatrar
idolatri|a *f* idolatría; ~**co** *adj* idolátrico
idolo *m a. fig* ídolo
idone|ità *f/inv* idoneidad *f*, aptitud *f*; *esami di ~* puebas de idoneidad; ~**o** *adj* idóneo, apto, apropiado; *mil* apto; ~ *a qc* idóneo para algo
idra *f zool/mit* hidra; ~**nte** *m* boca de incendios *f*; boca de riego *f*; *auto* camión cisterna
idrat|ante *adj* hidratante; ~**are** *vt* hidratar; ~**azione** *f* hidratación; ~**o 1.** *adj* hidratado; **2.** *m* hidrato; ~*i di carbonio* hidratos de carbono
idraulic|a *f* hidráulica; ~**o, -a 1.** *adj* hidráulico; **2.** *m/f* fontanero, -a
idrico *adj* hídrico
idro|biologia *f* hidrobiología; ~**carburo** *m* hidrocarburo; ~**cefalia** *f med* hidrocefalia; ~**chinone** *m* hidroquinona *f*; ~**coltura** *f* hidrocultura; ~**dinamica** *f* hidrodinámica; ~**elettrico** *adj* hidroeléctrico; ~**filo** *adj* hidrófilo; ~**fobia** *f med* hidrofobia, rabia; ~**fobo** *adj/s* hidrófobo, rabioso
idrofono *m tec* sonar
idrofugo *adj/m* hidrófugo
idrogen|are <*esd*> *vt* hidrogenar; ~**o** *m* hidrógeno
idrografia *f* hidrografía
idrolisi *f/inv* hidrólisis
idro|massaggio *m* hidromasaje; *vasca per ~* yacuzi *m*; ~**mele** *m gastr* hidromel, hidromiel; ~**metro** *m* hidrómetro; ~**pisia** *f* hidropesía; ~**plano** *m* hidroplano; ~**repellente** *adj* hidrófugo; ~**scalo** *m* puerto para hidroaviones; ~**sfera** *f* hidrosfera; ~**solubile** *adj* hidrosoluble; ~**ssido** *m* hidróxido; ~**statica** *f* hidrostática; ~**terapia** *f* hidroterapia; ~**via** *f* línea fluvial; ~**volante** *m* hidroavión
idrovora *f* bomba de agua
iella *f* mala suerte; *portare ~* gafar, ser gafe; ~**to** *adj* gafado
iena *f zool* hiena
ieratico *adj* hierático
ieri *adv* ayer; *l'altro ~/~ l'altro* anteayer; ~ *mattina* ayer por la mañana; *da ~ a oggi* de ayer para hoy
iettat|ore, -trice *m/f* gafe, cenizo *m*, malaje *And*; ~**ura** *f* mala suerte
igien|e *f* higiene; ~ *mentale, della bocca* higiene mental, bucal; ~**ico** *adj* higiénico; *impianti ~i* instalaciones sanitarias, sanitarios; ~**ista** *m/f* higienista
igloo *m ingl/inv*, **iglù, iglò** *m/inv* iglú *m*
igna|me *m bot* ñame; ~**ro** *adj* ignaro, ignorante; ~**via** *f* ignavia, desidia; ~**vo** *adj* ignavo, indolente
igneo *adj lit* ígneo
igni|fugo *adj* ignífugo; ~**zione** *f* ignición
ignobil|e *adj* innoble, infame; ~**ità** *f/inv* mezquindad *f*, mediocridad *f*
ignomini|a *f* ignominia, infamia; ~**oso** *adj* ignominioso, ominoso
ignora|nte *adj/s* ignorante, iletrado, inculto; incompetente, zoquete; ~**nza** *f* ignorancia, desconocimiento *m*; ignorancia, incultura; *non è ammessa l'~ della legge* la ignorancia de la ley no exime de su cumplimiento; ~**re** *vt* ignorar, desconocer; ~**to** *adj* ignorado, desconocido; ignorado, olvidado
ignoto *adj/s* ignoto, desconocido; *monumento al milite ~* monumento al soldado desconocido
ignudo *adj* desnudo
igrometro *m* higrómetro
igroscopi|co *adj* higroscópico; ~**o** *m* higroscopio
iguana *f zool* iguana
ih! *excl* ¡aj!, ¡ah!; ¡puaj!
il *ar* <*ante consonante, excepto, s líquida, sce-, sci-, z, gn, ps*> el
ilar|e *adj* hilarante; ~**ità** *f/inv* hilaridad *f*
ileo *m med* íleon; íleo (*enfermedad*)

iliaco *adj* iliaco, ilíaco
Iliade *f* Iliada
illanguidire <*isc*> **1.** *vt* debilitar, agostar; **2.** *vi* languidecer
illazione *f* ilación
illecito 1. *adj* ilícito; **2.** *m* delito
illegal|e *adj* ilegal; **~ità** *f/inv* ilegalidad *f*
illeggiadrire <*isc*> **1.** *vt* embellecer, adornar; **2.** *vi* embellecerse
illeggibile *adj* ilegible
illegittim|ità *f/inv* ilegitimidad *f*; **~o, -a 1.** *adj* ilegítimo; **2.** *m/f* hijo, -a ilegítimo, -a
illeso *adj* ileso, indemne
illetterato *adj/s* iletrado, inculto, analfabeto
illiba|tezza *f* rectitud, honorabilidad; **~to** *adj* intachable, honrado; inmaculado
illiceità *f/inv* ilicitud *f*, ilegalidad *f*
illimitato *adj* ilimitado
illiquidità *f/inv econ* falta de liquidez *f*
illividire <*isc*> **1.** *vt* amoratar; **2.** *vi/~rsi* amoratarse
illocu|tivo *adj ling* ilocutivo; **~torio** *adj ling* ilocutorio; **~zione** *f ling* ilocución
illogico *adj* ilógico
illudere <*10 illusi; illuso*> **1.** *vt* engañar, embaucar, engatusar; **2.** *~rsi* ilusionarse, hacerse ilusiones; *non c'è da ~rsi* no hay que hacerse ilusiones
illumin|ante *adj* iluminador; **~are** <*esd*> *vt* iluminar, alumbrar; **~ato** *m hist* iluminado, alumbrado; **~azione** *f* iluminación, alumbrado *m*; **~ismo** *m hist* ilustración *f*; **~ista** *adj/s hist* ilustrado; **~istico** *adj hist* ilustrado, de la ilustración; **~otecnia** *f* luminotecnia
illusion|e *f* ilusión; *~ ottica* ilusión óptica, espejismo; *farsi delle ~i* hacerse ilusiones, prometérselas felices; **~ismo** *m* ilusionismo; **~ista** *m/f* ilusionista; **~istico** *adj* del ilusionista
illuso, -a *m/f* iluso, -a; **~rio** *adj* ilusorio
illustr|are *vt* ilustrar; **~ativo** *adj* ilustrativo; **~ato** *adj* ilustrado; *rivista ~a* revista ilustrada; **~atore, -trice** *m/f* ilustrador, -a; **~azione** *f* ilustración; **~e** *adj* ilustre, distinguido, insigne; **~issimo** *adj* ilustrísimo; *Ill.mo Sig., Ill.ma Sig.ra* Ilmo. Sr., Ilma. Sra.
imano *m eccl* imán
imbacuccare *vt* embozar, tapar
imbaldanzire <*isc*> **1.** *vt* envalentonar; **2.** *vi* envalentonarse
imballa|ggio *m* embalaje, envoltorio; embalaje, empaquetado (*acción*); *carta da ~* papel de embalaje; **~re** *vt* 1. embalar, empaquetar; 2. *auto* embalar; **~tore, -trice** *m/f* embalador, -a; **~trice** *f mec* embaladora, empaquetadora, enfardadora
imballo *m* embalaje, empaquetado
imbalsama|re *vt* embalsamar; **~tore, -trice** *m/f* embalsamador, -a; **~zione** *f* embalsamación, embalsamamiento *m*
imbambolato *adj* encantado, pasmado
imbandi|erare *vt* embanderar, engalanar; **~re** <*isc*> *vt gastr* preparar, aparejar, disponer (*mesa*)
imbarazz|ante *adj* embarazoso; engorroso, delicado (*asunto*); **~are** *vt* estorbar, molestar; *fig* cohibir, incomodar; *~ lo stomaco* empachar; **~ato** *adj* embarazado, cohibido, violento; **~o** *m* molestia *f*, engorro; estorbo; embarazo, empacho, turbación *f*; *~ di stomaco* empacho; *mettere q in ~* poner a alg en un aprieto, poner a alg en evidencia
imbarbari|mento *m* embrutecimiento, degradación *f*; **~re** <*isc*> **1.** *vt* embrutecer, degradar; **2.** *vi/~rsi* <*avere*> embrutecerse, degradarse
imbarc|adero *m* embarcadero, muelle; **~are 1.** *vt* embarcar; **2.** *~rsi* 1. *mar/fig* embarcarse; 2. abombarse (*madera*); **~atoio** *m* embarcadero, muelle; **~atura** *f* abombamiento *m*; **~azione** *f* embarcación, barco *m*, nave; *~ a vela, a remi* embarcación de vela, de remo; **~o** *m* embarque
imbast|ardire <*isc*> *vt/vi* bastardear, degenerar; **~ire** <*isc*> *vt a. fig* embastar, hilvanar; **~itura** *f* embaste *m*, hilván *m*; *sport* pájara
imbattersi toparse, encontrarse; *~ in un vecchio amico* encontrase con un viejo amigo; *~ bene, male* resultar bien, mal
imbattibile *adj* imbatible
imbattuto *adj* imbatido, invicto
imbavagliare *vt a. fig* amordazar
imbecca|re *vt zool* embuchar, cebar; *teatro* apuntar; **~ta** *f zool* alimento *m*, cebo *m*; *teatro* apuntamiento *m*, apunte *m*
imbecill|aggine *f* imbecilidad; **~e** *adj/s med/fig* imbécil; **~ità** *f/inv med/fig* imbecilidad *f*
imbell|e *adj lit* pacífico *est*; *fig/desp* manso, dócil, sumiso; **~ettare** *vt* acicalar, arrebolar; **~ire** <*isc*> *vt* embellecer, hermosear
imberbe *adj* imberbe, barbilampiño
imbestialire <*isc*> *vi* enfurecer(se), ponerse como una fiera
imbevere <*7 imbevo; imbevvi/imbevetti; imbevuto*> **1.** *vt* empapar, embeber; **2.** *~rsi* empaparse; *fig* imbuirse, impregnarse (*di* de)
imbianca|re 1. *vt* blanquear; encalar, enlucir (*pared*); **2.** *vi/~rsi* blanquear(se); **~tura** *f* blanqueo *m*; encalado *m*, enlucido *m* (*pared*)
imbianchi|mento *m* blanqueo; **~no** *m* pintor (*de brocha gorda*); *desp* pintor de brocha gorda (*mal pintor*); **~re** <*isc*> **1.** *vt* blanquear; encalar, enlucir (*pared*); **2.** *vi/~rsi* blanquear(se)
imbibizione *f* imbibición, absorción
imbiondire <*isc*> **1.** *vt* enrubiar; **2.** *vi/~rsi* enrubiarse, volverse rubio
imbizzarrire <*isc*> *vi zool* desbocarse (*caballo*); *fig* encolerizarse, descontrolarse
imbocc|are 1. *vt* embocar (*alimentar*); *mus* embocar; *auto* enfilar, coger (*calle, carretera*); *fig* instruir, aleccionar (*personas*); **2.** *vi* dar, desembocar; *la strada imbocca nella piazza* la carretera desemboca en la plaza/da a la plaza; **~atura** *f* 1. entrada, embocadura, inicio *m*; *mar* bocana (*puerto*); embocadura (*río*); 2. bocado *m* (*caballo*); 3. *mus* embocadura; **~o** *m* boca *f*, entrada *f*
imboni|mento *m* charlatanería *f*; **~re**

<*isc*> *vt* encarecer, vender el burro/la moto *fam*; *fig* camelar, engatusar; ~**tore, -trice** *m com* charlatán, -ana, vendedor, -a ambulante
imborghesi|mento *m* aburguesamiento; ~**re** <*isc*> **1.** *vt* aburguesar; **2.** *vi/~rsi* aburguesarse
imbosca|re *vt* emboscar, esconder; ~**ta** *f mil* emboscada; ~**to** *m mil* emboscado
imboschire <*isc*> *vt/vi* embosquecer *vi*
imbottare *vt* entonelar
imbottiglia|mento *m tec* embotellado, embotellamiento; *auto* embotellamiento, atasco, tapón; ~**re** *vt tec* embotellar; *auto* embotellar, atascar; ~**tore, -trice** *m/f* embotellador, -a
imbottire <*isc*> *vt* embutir (*rellenar*); acolchar (*vestido, sofá...*); rellenar (*bocadillo*); *fig* llenar, hinchar; *(fig)* ~ *la testa a q* hincharle la cabeza a alg
imbottit|a *f* edredón *m*; ~**ura** *f* acolchado *m*, embutido *m* (*acción*); guata, relleno *m* (*material*)
imbraca *f agr* retranca (*caballo*); *tec* braguero *m*; ~**re** *vt* embragar; ~**tura** *f* embrague *m*
imbracciare *vt* embrazar; empuñar (*armas*)
imbran|ato *adj/s* patoso, manazas *inv*; ~**care** *vt* agrupar, congregar, juntar
imbratta|carte *m/f inv desp* escritor, -a de tres al cuarto; ~**re** *vt* ensuciar, manchar, embadurnar; *(fig)* ~*rsi le mani* ensuciarse las manos; ~**tele** *m/f inv* pintamonas, pintor, -a de tres al cuarto, pintor, -a de brocha gorda
imbratto *m desp* 1. pintarrajo, churro (*pintura*); papelucho, garabatos *mpl* (*escrito*); 2. bazofia *f*, comistrajo (*comida*)
imbrigliare *vt* embridar, enfrenar (*caballo*); *fig* frenar, refrenar
imbroccare *vt* acertar; *non ~rne una* no dar ni una, no dar pie con bola
imbrogliare *vt* liar, embrollar, engatusar; engañar; estafar; *mar* cargar, plegar; ~ *le idee a q* confundirle las ideas a alg; *(fig)* ~ *la matassa* marear la perdiz
imbroglio *m* lío, embrollo, jaleo, fregado *fam*; engaño; estafa *f*; ~**ne, -a** *m/f* embaucador, -a, enredador, -a, liante, -a *fam*, tramposo, -a, marrullero, -a; estafador, -a
imbronciarsi enfadarse, enojarse
imbrunire <*isc*> **1.** *vi/imp* anochecer, oscurecer; **2.** *vi/~rsi* oscurecerse; **3.** *m* anochecer; *all'~* al anochecer
imbruttire <*isc*> **1.** *vt* ensuciar; **2.** *vi/~rsi* ensuciarse
imbucare *vt post* echar al correo/al buzón
imbullonare *vt* atornillar
imburrare *vt gastr* untar con mantequilla
imbussolare <*esd*> *vt* insacular, introducir
imbuto *m* embudo
imen|e *m med* himen; ~**eo** *m lit* himeneo
imenottero *m zool* himenóptero
imita|bile *adj* imitable; ~**re** <*esd*> *vt* imitar; ~**tivo** *adj* imitativo; ~**tore, -trice** *m/f* imitador, -a; ~**zione** *f* imitación
Immacolat|a *f* Inmaculada; *l'~ Concezione* la Inmaculada Concepción, la Purísima; *~**o** *adj* inmaculado
immagazzina|mento *m* almacenaje, almacenamiento; ~**re** *vt* almacenar
immagina|bile *adj* imaginable; ~**re** <*esd*> *vt* imaginar; *immaginati se lo voglio!* ¡imagínate si lo quiero!; *La disturbo? S'immagini!* ¿Le molesto? ¡Figúrese!/¡En absoluto!; ~**rio** *adj* imaginario; ~**tiva** *f* imaginativa, inventiva; *mancare di* ~ tener poca imaginación; ~**tivo** *adj* imaginativo; ~**zione** *f* imaginación
immagine *f* imagen; *a ~ e somiglianza di* a imagen y semejanza de
immaginoso *adj* fantasioso, soñador
immalinconire <*isc*> **1.** *vt* entristecer; **2.** *vi/~rsi* entristecerse
imman|cabile *adj* insustituible, imprescindible; inevitable; ~**e** *adj lit* enorme, desmedido; terrible, pavoroso
immanen|te *adj* inmanente; ~**za** *f* inmanencia
immangiabile *adj* incomible, incomestible, intragable
immantinente *adv lit* en seguida *est*
immateriale *adj* inmaterial
immatricola|re <*esd*> *vt auto/stud* matricular; ~**zione** *f auto* matriculación; *stud* matrícula
immatur|ità *f/inv* inmadurez *f*; ~**o** *adj* inmaduro, verde (*fruto*); *fig* inmaduro; inexperto; *med* prematuro
immedesima|re <*esd*> *vt* unir, fundir; **2.** *~rsi* identificarse, reflejarse; ~**zione** *f* 1. unión, fusión; 2. identificación (*in qc* con algo)
immediat|amente *adv* inmediatamente, al instante; ~**ezza** *f* inmediatez; ~**o** *adj* inmediato
immemorabile *adj* inmemorial, inmemorable; *da tempo* ~ desde tiempos inmemoriales
immemore *adj* desmemoriado, olvidadizo
immens|ità *f/inv* inmensidad *f*; ~**o** *adj* inmenso; ~**urabile** *adj* inmensurable, inconmensurable
immergere <*30 -mergo; -mersi; -merso*> **1.** *vt* sumergir; *fig* hundir; **2.** *~rsi* sumergirse; bañarse, zambullirse; *fig* enfrascarse; ~ *nel sonno* sumergirse en el sueño; ~ *nello studio* enfrascarse en el estudio
immerit|ato *adj* inmerecido; injusto; ~**evole** *adj* indigno, no merecedor
immers|ione *f* inmersión; ~**o** *adj* inmerso
immettere <*44 -misi; -messo*> *vt* introducir
immigra|nte *adj/s* inmigrante; ~**re** *vi* inmigrar; ~**to** *adj/s* emigrado; ~**zione** *f* inmigración
imminen|te *adj* inminente; ~**za** *f* inminencia
immischiare **1.** *vt* mezclar, involucrar; **2.** *~rsi* mezclarse, inmiscuirse (*in* en)
immiseri|mento *m* empobrecimiento; ~**re** <*isc*> *vt* empobrecer
immiss|ario *m geogr* afluente; ~**ione** *f* introducción; *ius* intromisión; *mec* admisión
immobil|e **1.** *adj* inmóvil, quieto; **2.** *m* bien inmueble; ~**iare** *adj* inmobiliario;

~**ismo** *m* inmovilismo; ~**ista** *m/f* inmovilista; ~**ità** *f/inv* inmovilidad *f*
immobilizz|are *vt* inmovilizar; ~**azione** *f* inmovilización; ~**o** *m econ* activo fijo
immodera|to *adj* inmoderado; ~**zione** *f* inmoderación, falta de moderación
immodest|ia *f* inmodestia, vanidad; ~**o** *adj* inmodesto, vanidoso
immola|re *vt* inmolar; ~**zione** *f* inmolación
immondezza *f* basura, deshecho *m*; *fig* inmundicia; ~**io** *m* basurero, vertedero
immondizia *f* basura, deshecho *m*, desperdicio *m*; *secchio dell'*~ cubo de la basura
immondo *adj* inmundo
immoral|e *adj* inmoral; ~**ità** *f/inv* inmoralidad *f*
immortal|are *vt* inmortalizar; ~**e** *adj* inmortal; ~**ità** *f/inv* inmortalidad *f*
immot|ivato *adj* inmotivado; ~**o** *adj lit* inmoto
immun|e *adj med* inmune; *fig* exento, libre, inmune; *fig* carente, libre; ~ *da difetti* carente de defectos; *rimanere* ~ *da qc* quedar a salvo de alg; ~**ità** *f/inv med/pol/fig* inmunidad *f*; *adm* exención *f*; ~**itario** *adj* inmunitario
immunizza|re *vt* inmunizar; ~**zione** *f* inmunización
immunodeficienza *f* inmunodeficiencia; ~ *acquisita* inmunodeficiencia adquirida
immunologi|a *f* inmunología; ~**co** *adj* inmunológico
immunosopress|ione *f* inmunodepresión; ~**ore** *adj* inmunodepresor
immusonirsi <*isc*> *fam* enfadarse
immuta|bile *adj* inmutable; ~**bilità** *f/inv* inmutabilidad *f*; ~**to** *adj* inalterado
impacca|re *vt* empacar, empaquetar; ~**tore, -trice** *m/f* empaquetador, -a; ~**trice** *f tec* empacadora
impacchetta|re *vt* empacar, empaquetar; *fig/fam* empapelar; ~**tura** *f* empaquetado *m*, empaque *m*
impaccia|re *vt* molestar, entorpecer; ~**to** *adj* azorado, cohibido, confundido
impaccio *m* 1. molestia *f*, estorbo; *cavarsi d'*~ quitarse un problema de en medio; *essere d'*~ *per q* ser un estorbo para alg; 2. torpeza *f*, impericia *f*; 3. embarazo, azoramiento, confusión *f*
impacco *m med* compresa *f*
impadronirsi <*isc*> adueñarse, apoderarse, enseñorearse; *fig* dominar *vt* (*lengua*)
impagabile *adj* impagable
impagina|re <*esd*> *vt tip* compaginar; ~**to** *m tip* página compaginada *f*; ~**zione** *f tip* compaginación
impaglia|re *vt* empajar; *tras* embalar; ~**tore, -trice** *m/f* empajador, -a; *tras* embalador, -a; ~**tura** *f* empajamiento *m*; *tras* embalado *m*
impal|are *vt* empalar; ~**ato** *adj* tieso; ~**catura** *f arch* andamio *m*, andamiaje *m*
impalli|dire <*isc*> *vi* palidecer
impallina|re *vt* disparar perdigones; herir con perdigones; ~**ta** *f* perdigonada
impal|mare *vt lit* desposar; ~**pabile** *adj* impalpable; ~**udare** *vt* empantanar
impan|are *vt gastr* empanar, rebozar (*sólo con pan*); *mec* filetear; ~**carsi** *fig* erigirse; ~ *a giudice* erigirse en juez; ~**iare 1.** *vt* enviscar; *fig* engatusar, enredar; **2.** ~*rsi fig* liarse, embrollarse, enredarse; ~**tanare 1.** *vt* empantanar; **2.** ~*rsi* atascarse, hundirse; *fig* empantanarse, embrollarse
impaperarsi <*esd*> trabucarse, trabarse la lengua
impappinarsi trastabillar, aturrullarse, trabucarse
impara|re *vt* aprender; ~ *a leggere* aprender a leer; ~ *a memoria* aprender de memoria
impare|ggiabile *adj* incomparable, inigualable; ~**ntare** *vt* emparentar
impari *adj/inv* dispar *adj*; *mat* impar *adj*; ~**tà** *f/inv* desigualdad *f*; inferioridad *f*
impartire <*isc*> *vt* repartir, distribuir; impartir, dar (*clases*)
imparzial|e *adj* imparcial; ~**ità** *f/inv* imparcialidad *f*
impasse *m fr/inv* impasse
impassibil|e *adj* impasible, imperturbable; ~**ità** *f/inv* impasibilidad *f*, imperturbabilidad *f*
impasta|mento *m* amasadura *f* (*pan*); ~**re** *vt* amasar (*pan*); *pitt* mezclar los colores; ~**to** *adj* embadurnado; embarrado; pastoso (*lengua*); ~**tore, -trice** *m/f* amasador, -a; ~**trice** *f tec* amasadora; ~**tura** *f* amasadura
impasto *m* empaste, masa *f*, engrudo; mezcla *f*; ~**iare** *vt fig* estorbar, molestar
impatto *m* impacto
impaurire <*isc*> **1.** *vt* asustar, espantar, atemorizar; **2.** *vi/*~*rsi* asustarse
impavido *adj* impávido
impazien|te *adj* impaciente; ~**tire** <*isc*> *vi/*~*rsi* impacientarse; ~**za** *f* impaciencia
impazz|are *vi* enloquecer; ~**ata: all'**~ *adv* a lo loco, a tontas y a locas, desordenadamente; *fuggire all'*~ salir pitando, salir a escape; *menare colpi all'*~ dar golpes a diestro y siniestro; ~**imento** *m* enloquecimiento; ~**ire** <*isc*> *vi* enloquecer; *far* ~ enloquecer, volver loco; *fig* volver loco, traer de cabeza; ~ *per q* perder la cabeza por alg
impeccabil|e *adj* impecable; ~**ità** *f/inv* impecabilidad *f*
impeciare *vt* embrear
imped|enza *f elec* impediencia, impedancia; ~**imento** *m* 1. impedimento, obstáculo, traba *f*; (*ius*) ~ *dirimente, impediente* impedimento dirimente, impediente; 2. *mpl mil* impedimenta *f*, pertrechos; ~**ire** <*isc*> *vt* impedir
impegn|are 1. *vt com/fig* empeñar; reservar (*hotel*); *mil* empeñar; **2.** ~*rsi* empeñarse, comprometerse, obligarse; *fig* empeñarse, afanarse, esforzarse; ~*rsi a fondo* emplearse a fondo; ~**ativo** *adj* comprometedor, vinculante; trabajoso, costoso; ~**ato** *adj* ocupado; prometido, comprometido; *pol* comprometido; *oggi sono* ~ hoy estoy ocupado; *paesi non* ~*i* países no ali-

neados; **~o** *m* obligación *f*, cometido; asunto, cita *f*, ocupación *f*; compromiso; *fig* empeño, afán, ahínco, tesón; *pol* compromiso; *soddisfare gli ~i* cumplir con sus obligaciones; *lottare con ~* luchar con ahínco; *senza ~* sin compromiso

impegolare <*esd*> **1.** *vt* embrear; **2.** *~rsi fig* embrollarse, empantanarse, liarse

impelagarsi *fig* hundirse, empantanarse

impellente *adj* impelente, apremiante, imperioso, acuciante

impenetrabil|e *adj* impenetrable; **~ità** *f/inv* impenetrabilidad *f*

impenitente *adj* impenitente

impenna|cchiare *vt* empenachar; **~ggio** *m aer* estabilizador; **~rsi** encabritarse, empinarse (*caballo*); *aer/mar/auto* encabritarse; **~ta** *f* empinamiento *m*; *econ* realce *m*; *fig* enfado, cabreo *pop*, pataleta *f/fam*

impens|abile *adj* impensable; **~ato** *adj* inesperado, inopinado; **~ierire** <*isc*> *vt* preocupar, inquietar

impera|re *vi* <*avere*> imperar, predominar; **~tivo 1.** *adj* imperativo; **2.** *m ling/fil/ius* imperativo; **~tore, -trice** *m/f* emperador *m*, emperatriz *f*

impercettibile *adj* imperceptible

imperdonabile *adj* imperdonable

imperfe|tto 1. *adj* imperfecto; **2.** *adj/m ling* imperfecto; **~zione** *f* imperfección

imperial|e 1. *adj* imperial; **2.** *m tras* baca *f*; **~ismo** *m* imperialismo; **~ista** *adj/s* imperialista; **~istico** *adj* imperialista

imperio *m lit* imperio; **~sità** *f/inv* apremio *m*, prisa *f*; **~so** *adj* imperioso, acuciante, impelente

imperit|o *adj* imperito, inexperto; **~uro** *adj* imperecedero

imperizia *f* impericia

imperlare *vt* adornar con perlas

impermalirsi <*isc*> ofenderse, agraviarse

impermeabil|e *adj/m* impermeable, gabardina; **~ità** *f/inv* impermeabilidad *f*; **~izzare** *vt* impermeabilizar

impermutabile *adj* impermutable

imperniare *vt* emperniar, enclavijar; atornillar; *fig* basar, fundamentar

impero 1. *m* imperio; **2.** *adj/inv* imperio; *stile ~* estilo imperio

imperscrutabile *adj* imperscrutable

impersona|le *adj* impersonal; **~re** *vt* personificar, encarnar

imperterrito *adj* impertérrito

impertinen|te *adj/s* impertinente, descarado, atrevido; **~za** *f* impertinencia, atrevimiento *m*

imperturba|bile *adj* imperturbable; **~bilità** *f/inv* imperturbabilidad *f*; **~to** *adj* sereno, impasible

imperv|ersare *vi* <*avere*> enfurecer, encolerizar; arreciar (*meteo, catástrofe*...); *fig* causar estragos, hacer furor (*moda*); **~io** *adj* impracticable, inaccesible

impetigine *f med* impétigo *m*, empeine *m*

impeto *m* ímpetu; arranque, arrebato; *agire d'~* actuar impetuosamente

impetrare *vt* 1. pedir, suplicar; 2. obtener, alcanzar

impettito *adj* erguido, tieso

impetuos|ità *f/inv* impetuosidad *f*, fogosidad *f*; **~o** *adj* impetuoso, fogoso

impiallaccia|re *vt* enchapar; **~tura** *f* enchapado *m*

impiant|are *vt mec* montar; *com* instalar, montar; montar (*casa*); *agr* plantar; *med* implantar; *fig* plantear (*discusión*); **~ito** *m* pavimento, suelo; enlosado (*de losas*); embaldosado (*de baldosas*); **~o** *m tec/com* instalación *f*; *med* implantación *f*; *~ elettrico* instalación eléctrica; *~ idraulico* fontanería; *~ stereo* equipo estéreo, cadena de alta fidelidad; *~i sanitari/igienici* sanitarios; *~ sciistico* remontes; *~ sportivo* instalaciones depórtivas, polideportivo

impiastr|are *vt* emplastar; *fig* embadurnar, ensuciar; **~icciare** *vt desp* embadurnar, ensuciar; **~o** *m med* emplaste; *fig* pegote

impicca|gione *f* ahorcamiento *m*; **~mento** *m* ahorcamiento; **~re** *vt* ahorcar, colgar; *~ q a un albero* ahorcar a alg en/de un árbol; *impiccati!* ¡muérete!; **~to** *adj/s* ahorcado, colgado

impicci|are 1. *vt* molestar, estorbar; **2.** *~rsi* entrometerse; *impicciati negli affari tuoi!* ¡métete en tus asuntos!; **~o** <*pl -cci*> *m* 1. estorbo, molestia *f*; obstáculo; *essere d'~* ser un estorbo; 2. embarazo, azoramiento; 3. *fig* jaleo, embrollo, lío; *essere negli ~i* estar en un lío; **~one, -a** *m/f* metomentodo, cotilla

impiccolire <*isc*> *vt/vi* empequeñecer, disminuir

impieg|are 1. *vt* 1. emplear, usar, ocupar; emplear (*dinero*); 2. emplear, colocar, dar empleo; **2.** *~rsi* emplearse, colocarse, encontrar empleo *vi*; **~ato, -a** *m/f* empleado, -a, trabajador, -a; *adm* funcionario, -a; *~ pubblico* funcionario; *~ di concetto* oficial administrativo; empleado de dirección; *~ esecutivo* auxiliar administrativo; **~o** *m* empleo, uso, utilización *f*; *adm* empleo, puesto de trabajo; *~ fisso* empleo fijo, trabajo fijo; *pieno ~* pleno empleo; *~ pubblico* plaza de funcionario

impietosire <*isc*> *vt* apiadar, conmover

impietrire <*isc*> **1.** *vt* petrificar; *fig* endurecer; helar (*corazón*); **2.** *vi/~rsi* endurecerse; *fig* quedarse helado

impigliare *vt a. fig* enredar

impigrire <*isc*> **1.** *vt* volver perezoso; **2.** *vi/~rsi* volverse perezoso

impilabile *adj* apilable

impinguare *vt* engordar, cebar; *fig* enriquecer

impiomba|re *vt* emplomar; lacrar, sellar, plomar (*paquete, documento*); **~tura** *f* lacrado *m*, sellado *m*

impiparsi *pop* no importar, importar un bledo; *me ne impipo di quello che dicono* me importa un bledo lo que digan

impiumare *vt* emplumar; empenachar

implacabil|e *adj* implacable; **~ità** *f/inv* implacabilidad *f*

implementa|re *vt infor* implementar; **~zione** *f* implementación
implic|are <*esd*> *vt* implicar; **~azione** *f* implicación; **~ito** *adj* implícito
implora|re *vt* implorar, suplicar; **~zione** *f* súplica, imploración
implosi|one *f fis/ling* implosión; **~vo** *adj ling* implosivo
implu|me *adj* implume; **~vio** *m arch* impluvio
impolitico *adj* impolítico; inoportuno; desaconsejable
impollina|re <*esd*> *vt bot* polinizar; **~zione** *f bot* polinización
impoltronire <*isc*> *vt* apoltronar
impolverare <*esd*> *vt* empolvar
imponderabil|e 1. *adj* imponderable; **2.** *mpl* imponderables; **~ità** *f/inv* imponderabilidad *f*
imponen|te *adj* imponente, impresionante; **~za** *f* grandeza, majestuosidad
imponibile 1. *adj* imponible; **2.** *m econ* base imponible *f*
impopolar|e *adj* impopular; **~ità** *f/inv* impopularidad *f*
imporporare <*esd*> *vt* purpurar
imporre <*56 -pongo; -posi; -posto*> *vt* imponer
importa|nte *adj/m* importante; *l'~ è...* lo importante es...; **~nza** *f* importancia; *darsi arie d'~* darse importancia, hacerse el importante; *di nessuna ~, di poca ~* de ninguna importancia, de poca importancia; **~re 1.** *vt com* importar; **2.** *vi* importar, interesar; *non me ne importa niente* no me interesa para nada, ni me va ni me viene; *non importa* no importa, no te preocupes, es igual; **~tore** *adj/s* importador; **~zione** *f* importación
importo *m com* importe, montante, monto
importun|are *vt* importunar; **~ità** *f/inv* importunidad *f*; **~o** *adj* importuno, inoportuno; molesto
imposizione *f com/eccl* imposición
impossessarsi posesionarse, apoderarse, adueñarse
impossibil|e *f* imposible; *fare l'~* hacer lo imposible; **~ità** *f/inv* imposibilidad *f*; **~itare** <*esd*> *vt* imposibilitar; **~itato** *adj* imposiblitado (*a* para), incapacitado (*a* para)
impost|a *f* 1. *arch* hoja (*puerta, ventana*); imposta (*arco*); *aprire le ~e* abrir la ventana; 2. *econ* impuesto *m*, tributo *m*; *esente da ~* exento de tributación; *soggetto a ~* sujeto a tributación; *~ di ricchezza mobile* impuesto sobre la renta; *~ sul valore aggiunto (IVA)* impuesto sobre el valor añadido (IVA); *~ patrimoniale* impuesto sobre el patrimonio; *~ sul reddito del capitale* impuesto sobre el rendimiento de capitales; **~are** *vt* 1. *post* echar al correo, echar al buzón; 2. *arch* asentar, cimentar; *com* establecer, abrir, poner en marcha; *fig* planear (*proyecto*); plantear (*cuestión, problema...*); *mus* impostar (*voz*); *infor* teclear (*número*); **~azione** *f* 1. *post* acción de echar al correo; *cassetta per l'~* buzón; 2. *fig* planteamiento *m*, planteo *m* (*cuestión*); *mus* impostación; **~ore, -a** *m/f* impostor, -a; **~ura** *f* impostura
impotente *adj/m* impotente
impoverire <*isc*> *vt* empobrecer, esquilmar, arruinar
impraticabil|e *adj* impracticable; **~ità** *f/inv* impracticabilidad *f*
impratichire <*isc*> *vt* adiestrar
impreca|re *vi* <*avere*> imprecar *vt*, maldecir *vt/vi*; **~zione** *f* imprecación
imprecis|ato *adj* impreciso, indeterminado; **~ione** *f* imprecisión, vaguedad; **~o** *adj* impreciso, vago
impregiudicato *adj ius* sin jurisprudencia (*asunto*); sin antecedentes (*persona*); *fig* abierto (a la discusión)
impregna|re *vt* impregnar, embeber; *zool* preñar; **~zione** *f* impregnación
imprend|ere <*58 -presi; -preso*> *vt lit* emprender; **~ibile** *adj* inaprensible; *mil* inexpugnable
imprenditor|e, -trice *m/f* empresario, -a; **~ia** *f* empresariado *m*; **~iale** *adj* empresarial
imprepara|to *adj* desprevenido; mal preparado; **~zione** *f* imprevisión; falta de preparación; mala preparación
impresa *f com/fig* empresa; *accingersi in un'~* embarcarse en una empresa; **~rio, -a** *m/f* empresario, -a (*teatro, espectáculo*)
imprescindibile *adj* imprescindible
imprescrittibile *adj* imprescriptible
impresentabile *adj* impresentable
impression|abile *adj* impresionable, sensible; **~ante** *adj* impresionante; **~are** *vt* impresionar, impactar; **~e** *f tip/fig* impresión; *fare buona ~* causar buena impresión; *scambiare ~i* cambiar impresiones
impressionis|mo *m art* impresionismo; **~ta** *adj/s art* impresionista; **~tico** *adj* impresionista
impreved|ibile *adj* imprevisible; **~uto** *adj* imprevisto, inesperado
impreviden|te *adj/s* imprevisor, incauto, poco previsor; **~za** *f* imprevisión
imprevisto *adj/m* imprevisto; *salvo ~i* salvo imprevistos
impreziosire <*isc*> *vt* hermosear, adornar; enjoyar
imprigiona|mento *m* encarcelamiento; **~re** *vt* encarcelar, encerrar; *fig* atrapar, bloquear
imprimatur *m/inv tip* imprimátur
imprimere <*34 -pressi; -presso*> *vt* imprimir; marcar; *~ movimento a un corpo* imprimir movimiento a un cuerpo; *~ a fuoco* marcar a fuego
imprimitura *f pitt* imprimación
improbabil|e *adj* improbable; **~ità** *f/inv* improbabilidad *f*
improbo *adj* ímprobo
improduttiv|ità *f/inv* improductividad *f*; **~o** *adj* improductivo
impronta *f* huella; *tip* impronta; *fig* impronta, sello *m*; *~e digitali* huellas dactila-

res; *(fig) all'~* a primera vista; **~re** *vt* cuñar (*con un cuño*); acuñar (*moneda*); *fig* imprimir; *~ il volto a dolore* imprimir un gesto de dolor en el rostro, poner cara de dolor

impronunziabile *adj* impronunciable

improperio *m* improperio

impropri|età *f/inv* impropiedad *f*; **~o** *adj* impropio

improrogabile *adj* improrrogable

improvvido *adj lit* imprevisor; incauto

improvvisa|mente *adj* de repente, de improviso; **~re** *vt* improvisar; **~ta** *f* sorpresa agradable, agradable sorpresa; *brutta ~* desagradable sorpresa; *fare una bella ~ a q* darle una (agradable) sorpresa a alg; **~tore, -trice** *m/f* improvisador, -a; **~zione** *f* improvisación

improvviso 1. *adj* inesperado; repentino, súbito; *all'~/d'~* de repente, de sopetón; **2.** *m mus* improvisación *f*

impruden|te *adj/s* imprudente; **~za** *f* imprudencia

impubere *adj/s* impúber

impuden|te *adj* impudente, impúdico, desvergonzado; **~za** *f* impudencia, impudicia

impudic|izia *f* impudicicia, impudicia; **~o** *adj* impúdico, desvergonzado

impugna|bile *adj* impugnable; **~re** *vt* 1. empuñar (*arma*); 2. impugnar, refutar, contradecir; *ius* impugnar; **~tura** *f* empuñadura; **~zione** *f* impugnación, refutación; *ius* impugnación

impuls|are *vt elec* impulsar; **~atore** *m elec* impulsor; **~ione** *f elec* impulsión; **~ività** *f/inv* impulsividad *f*; **~ivo** *adj* impulsivo; **~o** *m fis/fig* impulso

impun|e *adj lit* impune; **~ibile** *adj* no perseguible; **~ità** *f/inv* impunidad *f*; *godere l'~* gozar de impunidad; **~ito** *adj* impune

impunt|are 1. *vi* <*avere*> tropezar; *fig* balbucear, trastabillarse; **2.** *~rsi* obstinarse, empeñarse, emperrarse (*a* en); **~ire** <*isc*> *vt* embastar; **~ura** *f* basta, pespunte *m*

impur|ezza *f* impureza; **~ità** *f/inv* impureza *f*; **~o** *adj* impuro; *(ling) esse ~a* ese líquida

imputa|bile *adj* imputable; **~bilità** *f/inv* imputabilidad *f*; **~re** <*esd*> *vt* imputar; *fig* imputar, achacar, atribuir; **~to, -a** *m/f* acusado, -a, inculpado, -a; **~zione** *f* imputación, acusación

imputridi|mento *m* pudrimiento, putrefacción *f*; **~re** <*isc*> **1.** *vt* pudrir; **2.** *vi/~rsi* pudrirse

in *prep* 1. <*lugar*> en; *essere/vivere ~ America, ~ Italia, ~ Sardegna, ~ Liguria* estar/vivir en Italia, en América, en Cerdeña, en Liguria; *rimanere ~ montagna, ~ chiesa* quedarse en la montaña, en la iglesia; *abito ~ Via Collodi* vivo en la calle Collodi; 2. <*dirección*> a; hacia; *andare ~ America, ~ Italia, ~ Sardegna, ~ Liguria* ir a Italia, a América, a Cerdeña, a Liguria; *andare ~ campagna, ~ montagna, ~ chiesa* ir al campo, a la montaña, a la iglesia; *salire ~ auto* subir al coche; *~ qua, ~ là, ~ basso, ~ alto* hacia aquí, hacia allá, hacia abajo, hacia arriba; 3. <*tiempo*> en, durante; dentro de; *sono nato nel '63* nací en el 63; *sbrigare qc ~ giornata* solucionar algo en el día; *~ estate* en verano; *nel mese di gennaio* en el mes de enero; *finirò ~ poche ore* acabaré dentro de unas horas; 4. <*modo*> a, en; de (*tras el apellido de las mujeres casadas*); *~ contanti* al contado; *carne ~ umido* carne en salsa; *~ cerchio* en círculo; *~ spagnolo* en español; *~ abito da sera* en traje de noche; *~ fasce* en pañales; *~ compagnia di* en compañía de; *~ relazione a* en relación a; *~ seguito a* a continuación de; *Paola Volturni ~ Chiari* Paola Volturni de Chiari; 5. <*medio*> en; *andare ~ autobus, ~ tram* ir en autobús, en tranvía; 6. <*finalidad*> en, para; *prendere ~ prestito* tomar prestado; *dare un libro ~ visione* dar un libro para examinarlo; *venire ~ soccorso di q* llegar en ayuda de alg; 7. <*materia*> de; *mobili ~ rovere* muebles de roble; *valigia ~ cuoio* maleta de cuero; 8. <*causa*> a; *piangere nel pensarci* llorar al pensarlo; 9. <*cantidad*> en; entre; *dividere ~ due* partir en dos; *di tre ~ tre* de tres en tres; *di quando ~ quando* de vez en cuando; *~ gran numero* en gran número; *erano ~ quattro* eran cuatro; *l'hanno fatto ~ due* lo han hecho entre dos; 10. <*limitación*> en, de; *esperto ~ filosofia* experto en filosofía; *commerciante ~ tessuti* comerciante de tejidos

inabbordabile *adj* inabordable, inaccesible (*persona*)

inabile *adj* incapacitado; *mil* inútil; *~ al lavoro* incapacitado laboral; *~ al servizio militare* inútil para el servicio a filas

inabilit|à *f/inv* incapacidad *f*; *mil* inutilidad *f*; **~are** <*esd*> *vt* incapacitar (*a* para); *ius* inhabilitar; **~azione** *f* incapacitación; *ius* inhabilitación

inabissa|mento *m* hundimiento; **~re** *vt* abismar, hundir

inabita|bile *adj* inhabitable; **~to** *adj lit* inhabitado

inaccessibil|e *adj* inaccesible; **~ità** *f/inv* inaccesibilidad *f*

inaccettabil|e *adj* inaceptable; **~ità** *f/inv* inaceptabilidad *f*

inaccostabile *adj* inabordable; inalcanzable

inacerbire <*isc*> *vt* agravar, empeorar; exacerbar

inacidire <*isc*> **1.** *vt* agriar; **2.** *vi/~rsi* agriarse; avinagrarse (*vino*); *(fig) ~rsi il sangue* hacerse mala sangre, amargarse la vida

inadattabil|e *adj* inadaptable; **~ità** *f/inv* inadaptabilidad *f*

inadatto *adj* 1. inadecuado (*a* para); impropio; 2. incapaz, torpe

inadeguat|ezza *f* inadecuación; **~o** *adj* inadecuado

inadempi|ente *adj/s* incumplidor; **~enza** *f* incumplimiento *m*; **~mento** *m* incumplimiento

inafferrabile *adj* inaprensible
inaffondabile *adj* insumergible
inagibile *adj* inutilizado, fuera de servicio; impracticable; inservible
inala|re *vt* inhalar; **~tore** *m* inhalador, pulverizador; **~zione** *f* inhalación
inalberare <*esd*> *vt* enarbolar, izar
inalienabile *adj ius* inalienable
inaltera|bile *adj* inalterable, inmutable; **~bilità** *f/inv* inalterabilidad *f*, inmutabilidad *f*; **~to** *adj* inalterado
inamidare <*esd*> *vt* almidonar
inammissibil|e *adj* inadmisible, inaceptable; **~ità** *f/inv* inadmisibilidad *f*, inaceptabilidad *f*
inamovibile *adj* inamovible, firme
inane *adj* inane
inanellare *vt* anillar, ensortijar
inani|mato *adj* inanimado; **~zione** *f med* inanición
inappaga|bile *adj* insaciable; **~mento** *m* insaciabilidad; **~to** *adj* despagado, insatisfecho
inappellabile *adj* inapelable
inappeten|te *adj* inapetente; **~za** *f* inapetencia, desgana
inapplicabil|e *adj* inaplicable; **~ità** *f/inv* inaplicabilidad *f*
inapprensibile *adj* inaprensible
inapprezzabile *adj* inapreciable, inestimable; inapreciable, insignificante
inappuntabile *adj* irreprochable
inarca|mento *m* arqueo; **~re** *vt* arquear, enarcar; ~ *le sopracciglia* enarcar las cejas
inargentare *vt* platear
inaridi|mento *m* resecamiento; **~re** <*isc*> *vt* secar, resecar
inarrestabile *adj* imparable
inarrivabile *adj* inalcanzable; *fig* inigualable
inarticolato *adj* inarticulado
inascoltato *adj* desoído, desatendido
inaspettato *adj* inesperado
inaspri|mento *m* recrudecimiento; **~re** <*isc*> **1.** *vt* recrudecer, enconar; **2.** *vi/~rsi* recrudecerse, enconarse
inastare *vt* enastar; ~ *la baionetta* calar la bayoneta
inattaccabile *adj* inatacable; resistente
inattendibil|e *adj* poco fiable; **~ità** *f/inv* escasa fiabilidad *f*
inatteso *adj* inesperado, imprevisto
inattitudine *f* incapacidad
inattiv|are *vt* desactivar; **~ità** *f/inv* inactividad *f*; **~o** *adj* inactivo
inattua|bile *adj* irrealizable; **~le** *adj* anacrónico; pasado de moda
inaudito *adj* inaudito
inaugura|le *adj* inaugural; **~zione** *f* inauguración
inavvedut|ezza *f* descuido *m*, distracción; inconsciencia, imprudencia; **~o** *adj* descuidado, distraído; inconsciente, imprudente
inavvert|enza *f* inadvertencia; imprudencia; **~ito** *adj* inadvertido, desapercibido; *passare* ~ pasar desapercibido
inazione *f* inacción
inca *adj/s inv* inca *adj/s*

incagli|are *vi/~rsi mar* encallar, embarrancar; *fig* atascarse, encallar; **~o** *m mar* encalladura *f*, embarrancadura *f*; *fig* escollo, obstáculo
incaico *adj* incaico
incalcinare *vt* encalar
incalcolabile *adj* incalculable, inestimable
incalli|mento *m* encallecimiento; *fig* curtimiento, curtido; **~re** <*isc*> **1.** *vt* encallecer; *fig* curtir, endurecer; **2.** *vi/~rsi* encallecerse; *fig* encallecerse, acostumbrarse; *~rsi nel vizio* encallecerse en el vicio; **~to** *adj* encallecido; *fig* empedernido, impenitente, inveterado
incalorirsi *fig* acalorarse
incalza|nte *adj* apremiante; **~re 1.** *vt* perseguir, hostigar; *fig* apremiar; *il tempo ci incalza* el tiempo (nos) apremia; **2.** *~rsi* sucederse
incamera|mento *m ius* incautación *f*; **~re** <*esd*> *vt ius* incautarse (de)
incamicia|re *vt* revestir; *mec* encamisar; **~tura** *f* revestimiento *m*; *mec* encamisado *m*
incamminare 1. *vt* encaminar, encarrilar, aviar; **2.** *~rsi* encaminarse, encarrilarse
incanala|re *vt* canalizar, encauzar; **~tura** *f* canalización, encauzamiento *m*
incancellabile *adj* imborrable
incancrenire <*isc*> *vi med* gangrenarse; *fig* enquistarse (*vicio*)
incandescen|te *adj* incandescente; **~za** *f* incandescencia
incannicciata *f* encañizado *m*
incanta|mento *m* encantamiento, encanto, embrujo; **~re** *vt* encantar, embrujar; *fig* encantar, embelesar, fascinar; **~to** *adj* encantado, embrujado; mágico; *fig* embelesado, embobado; *anello* ~ anillo mágico; *castello* ~ castillo encantado; **~tore** *adj/m* encantador
incante|simo *m* hechizo, embrujo; **~vole** *adj* encantador
incanto *m* 1. encanto, magia *f*, embrujo; *fig* encanto, fascinación *f*; *come per* ~ como por encanto, como por ensalmo; *(fig) d'*~ de fábula, de cine; *essere un* ~ ser un encanto; 2. *com* subasta *f*; *mettere all'*~ sacar a subasta; *comperare all'*~ comprar en subasta
incanutire <*isc*> *vi* encanecer
incapac|e 1. *adj* incapaz; *desp* inepto, inútil; *ius* incapaz; *è ~ di mentire* es incapaz de mentir; **2.** *m/f* incapaz; *desp* inepto, -a; *ius* incapacitado, -a; **~ità** *f/inv* incapacidad *f*; *desp* ineptitud *f*, inutilidad *f*; *ius* incapacidad *f*
incaparbirsi <*isc*>, **incaponirsi** <*isc*> emperrarse, empeñarse, obstinarse (*in qc/a fare qc* en hacer algo)
incapp|are 1. *vt* encapar, encapotar; **2.** *vi/~rsi* topar(se) (*in* con), tropezar(se) (*in* con); **~ottare** *vt* abrigar, poner un abrigo; **~ucciare** *vt* encapuchar
incapricciarsi encapricharse
incapsula|mento *m* encapsulado; **~re** <*esd*> *vt* encapsular
incarcera|mento *m* encarcelamiento; **~re** <*esd*> *vt* encarcelar, encerrar

incardinare <*esd*> *vt* enquiciar, engoznar; *fig* basar, fundar; *eccl* incardinar

incaric|are <*esd*> **1.** *vt* encargar, encomendar; **2.** *~rsi* encargarse, ocuparse; **~ato** *adj/s* encargado; *(dipl) ~ d'affari* encargado de negocios; **~o** *m* encargo; puesto

incarn|are *vt* encarnar; **~ato** *adj/m* encarnado; **~azione** *f eccl/fig* encarnación; **~ire** <*isc*> *vi* encarnarse

incarognire <*isc*> *vi/~rsi* envilecerse; apoltronarse; *med* hacerse crónico

incarta|mento *m adm* expediente, legajo; **~pecorire** <*isc*> *vi* apergaminarse; *fig* anquilosarse; **~re** *vt* envolver, empaquetar (*con papel*)

incarto *m* envoltorio; *adm* expediente, legajo; **~cciare** *vt* envolver (*en un cucurucho*)

incasellare *vt* encasillar; *fig* clasificar

incasinare *vt pop* embarullar, liar

incass|are *vt* guardar en cajas; encajar, encajonar, empotrar; encauzar (*río*); engarzar (*mosaico*); *com* ingresar; *fig* encajar (*golpes, ofensas*); **~ato** *adj* empotrado; *forno ~* horno empotrado; **~atore, -trice** 1. *m/f com* embalador, -a, empaquetador, -a; 2. *m sport/fig* encajador; **~atura** *f* encaje *m*, encajadura; *arch* hueco *m*, vano *m*; **~o** *m com* ingreso; *arch* vano *m*, hueco *m*; *da ~* empotrable

incastellatura *f* armazón *m/f*; andamio *m*

incastona|re *vt* engastar, engarzar; **~tura** *f* engaste *m*, engarce *m*

incastr|are 1. *vt* encajar, acoplar; *tec* ensamblar; *fig/pop* embrollar, engañar; **2.** *vi* <*avere*> encajar, acoplar; **3.** *~rsi* atascarse; encasquillarse (*arma*); **~atura** *f* encaje *m*, acoplado *m*; *tec* ensamblaje *m*; **~o** *m* encaje, encajadura *f*

incatena|mento *m* encadenamiento; **~re** *vt* encadenar

incatorzolire <*isc*> *vi* acorcharse (*fruta*)

incatramare *vt* alquitranar

incattivire <*isc*> **1.** *vt* malear, estropear; **2.** *vi/~rsi* malearse, estropearse

incauto *adj* incauto

incava|re *vt* ahuecar; **~to** *adj* hundido (*ojos*); demacrado (*mejillas*); **~tura** *f* ahuecamiento *m*; hueco *m*, cavidad

incavi|cchiare *vt* enclavijar; **~gliare** *vt* enclavijar

incavo *m* hueco, cavidad *f*

incavola|rsi *pop/euf* cabrearse; **~tura** *f pop/euf* cabreo *m*

incazza|rsi *vulg* cabrearse *pop*; **~tura** *f vulg* cabreo *m/pop*

incedere 1. *vi* <*avere*> caminar majestuosamente; **2.** *m* paso (majestuoso)

incedibile *adj* intrasferible

incendi|are *vt* incendiar; **~ario** *adj/s* incendiario; **~o** *m* incendio

inceneri|mento *m* incineración *f*; **~re** <*isc*> *vt* incinerar; **~tore** *m* incineradora *f*

incensa|mento *m* incensación *f*; **~re** *vt eccl/fig* incensar; **~ta** *f eccl/fig* incensada; **~tore, -trice** *m/f* incensador, -a

incensiere *m* incensario

incenso *m eccl/fig* incienso

incensura|bile *adj* incensurable, intachable; **~to** *adj ius* sin antecedentes; *fig* irreprochable, intachable

incentiv|are *vt* incentivar, estimular, promover; **~azione** *f* incentivación; **~o** *m* incentivo, estímulo, aliciente

inceppa|mento *m* paralización *f*; obstrucción *f*; **~re** *vt* paralizar, bloquear; obstruir, obstaculizar

incera|re *vt* encerar; **~ta** *f* encerado *m*, hule *m* (*tela*)

incert|ezza *f* incertidumbre; **~o 1.** *adj* incierto; **2.** *mpl* extras, pluses; *gli ~i del mestiere* los gajes del oficio

incespicare <*esd*> *vi* <*avere*> tropezar (*in* en/con); *fig* atascarse, trastabillar *vi*; *~ nel leggere* atascarse leyendo

incessante *adj* incesante

incest|o *m* incesto; **~uoso** *adj* incestuoso

incetta *f* acaparamiento *m*, acopio *m*; **~re** *vt* acaparar, hacer acopio; **~tore, -trice** *m/f* acaparador, -a, especulador, -a

inchiesta *f ius* investigación, encuesta; *adm* expediente *m*; *commissione d'~* comisión de investigación; *~ giudiziaria* investigación judicial; *~ statistica* encuesta (estadística); *svolgere un'~* llevar a cabo una investigación

inchin|are *vt* inclinar, doblar, agachar; *~ la fronte, la testa* agachar la frente, la cabeza; **~o** *m* reverencia *f*

inchiodare *vt* clavar; *fig* tener sujeto, tener atado; *auto* frenar en seco

inchiostr|are *vt* manchar de tinta; *tip* entintar; **~azione** *f* entintado *m*; **~o** *m* tinta *f*; *~ di china, da stampa, simpatico, copiativo* tinta china, de imprenta, simpática, comunicativa

inciamp|are *vi* <*avere/essere*> tropezar (*in* en/con); *fig* toparse (*in* con); **~icare** <*esd*> *vi* <*esd*> trompicar, dar tumbos; **~o** *m* traspié, tropiezo; *fig* obstáculo, traba *f*; *essere d'~ a q* ser un estorbo para alg

inciden|tale *adj ling/ius/fig* incidental; **~te 1.** *adj* incidente; *raggio ~* rayo incidente; **2.** *m* incidente, altercado (*discusión*); *auto/ius* accidente; *~ stradale* accidente de circulación; *~ sul lavoro* accidente de trabajo; **~za** *f mat* incidencia; *fig* incidencia, repercusión; *angolo di ~* ángulo de incidencia

incidere <*61 incisi; inciso*> **1.** *vi* <*avere*> incidir, influir (*su* sobre/en); **2.** *vt* incidir, cortar; *med* incidir, hacer una incisión; *art* esculpir, grabar, incidir; *mus/cine/tip* grabar; *~ il legno, la pietra* esculpir la madera, la piedra; *~ su nastro magnetico* grabar en cinta magnética

incile *m geogr* sangría *f*

incinera|re <*esd*> *vt* incinerar; **~zione** *f* incineración

incinta *adj* encinta, embarazada; *è ~ di quattro mesi* está embarazada de cuatro meses

incipiente *adj* incipiente

incipriare *vt* empolvar, dar polvos

incirca: all'~ *adv* más o menos, aproximadamente

incisione *f* incisión, corte *m*; *art* grabado

m; mus/cine grabación; ~ *all'acquaforte* grabado al agua fuerte
incisiv|ità *f/inv* incisividad *f*; ~**o** *adj/m* incisivo
inciso *m* inciso; *per* ~ de paso; ~**re** *m art* grabador; ~**rio** *adj* incisorio; *(med) sala* ~*a* sala de disección
incistarsi *med* enquistarse
incita|mento *m* incitación *f*, instigación *f*; ~**re** *<esd/incito> vt* incitar, instigar, azuzar; ~**tore, -trice** *m/f* incitador, -a, instigador, -a
incitrullire *<isc> vt* atontar, embobar
incivil|e *adj* incivil, bárbaro, salvaje; ~**imento** *m* civilización *f*, desbastamiento; ~**ire** *<isc> vt* civilizar; ~**tà** *f/inv* incivilidad *f*, barbarie *f*, salvajismo *m*
inclassificabile *adj* inclasificable; *fig* incalificable
inclemen|te *adj meteo/fig* inclemente; ~**za** *f meteo/fig* inclemencia
inclin|abile *adj* reclinable; ~**are 1.** *vt* inclinar; **2.** *vi <avere>* inclinarse; *fig* inclinarse, propender, tender; **3.** ~*rsi* inclinarse, hacer una reverencia; ~**azione** *f* inclinación; *fig* inclinación, propensión, predisposición; ~**e** *adj* inclinado, propenso
inclito *adj* ínclito
includere *<10 inclusi; incluso> vt* incluir
inclusi|one *f* inclusión; ~**vo** *adj* inclusivo
incoa|re *vt/def <sólo infinitivo y PP> ius* incoar; ~**tivo** *adj* incoativo
incocciare *vt mar* enganchar; *reg* encontrar, toparse (con)
incoercibile *adj* incoercible
incoeren|te *adj* incoherente, incongruente; ~**za** *f* incoherencia, incongruencia
incogliere *<12 -colgo; -colsi; -colto> vi lit* acaecer, acontecer
incognit|a *f mat/fig* incógnita; ~**o** *adj/m* incógnito; *in* ~ de incógnito
incoll|aggio *m* encolado, encoladura *f*; ~**are** *vt* encolar, pegar; ~**atura** *f tec* encoladura, encolado *m*; ~**erire** *<isc> vi* encolerizarse, enfurecerse
incolmabile *adj* incolmable
incolonna|mento *m auto* caravana *f* (*embotellamiento*); ~**re** *vt tip/mil* poner en columnas; ~**tore** *m mec* tabulador
incolor|e, ~**o** *adj* incoloro
incolpare *adj* inculpar, acusar
incolpevole *adj* inocente
incolpevolezza *f* inocencia
incolto *adj agr* inculto, yermo; *fig* inculto, ingorante
incolum|e *adj* incólume, indemne; ~**ità** *f/inv* incolumidad *f*
incombe|nza *f* incumbencia
incombere *vi/def <sin PP ni tiempos compuestos>* incumbir
incombustibile *adj* incombustible
incominciare *vt/vi <avere/essere>* comenzar, empezar
incommensurabile *adj* inconmensurable
incommutabile *adj* inconmutable
incomod|are *<esd> vt* incomodar, importunar; ~**o 1.** *adj* incómodo; **2.** *m* molestia *f*, fastidio, engorro; *essere d'*~ *per q* resultar molesto a alg, ser una molestia para alg; *levare l'*~ quitarse de en medio; *scusi l'*~ perdone la(s) molestia(s)
incomparabile *adj* incomparable, inigualable
incompatibil|e *adj* incompatible; ~**ità** *f/inv* incompatiblidad *f*; *(ius)* ~ *di carattere* incompatibilidad de caracteres
incompeten|te *adj/s* incompetente; ~**za** *f* incompetencia
incompiuto *adj* inacabado, incompleto
incompleto *adj* incompleto
incompost|o *adj* incompuesto, desaliñado; ~**ezza** *f* descompostura, desaliñamiento *m*
incomprensi|bile *adj* incomprensible; ~**bilità** *f/inv* incomprensibilidad *f*; ~**one** *f* incomprensión
incompreso *adj/s* incomprendido
incompressibilità *f/inv fis* incomprensibilidad *f*
incomunicabil|e *adj* incomunicable; ~**ità** *f/inv* incomunicabilidad *f*
inconcepibile *adj* inconcebible
inconciliabile *adj* inconciliable
inconcludente *adj* vano (*esfuerzo, palabras*); irresoluto (*persona*)
incondizionato *adj* incondicional; *resa* ~*a* rendición incondicional
inconfessa|bile *adj* inconfesable; ~**to** *adj* inconfesable
inconfondibile *adj* inconfundible
inconfutabile *adj* irrefutable, incontrovertible
incongru|ente *adj* incongruente; ~**enza** *f* incongruencia; ~**o** *adj* incongruo, incongruente
inconsapevole *adj* ignorante, no sabedor; ajeno; ~ *di un rischio* ajeno a un riesgo
inconsapevolezza *f* ignorancia
inconscio 1. *adj* inconsciente; **2.** *m psic* inconsciente
inconseguen|te *adj* inconsecuente, incoherente; ~**za** *f* inconsecuencia, incoherencia
inconsiderat|ezza *f* atolondramiento *m*, irreflexión; ~**o** *adj* irreflexivo, atolondrado
inconsisten|te *adj* inconsistente; ~**za** *f* inconsistencia
inconsolabile *adj* inconsolable
inconsueto *adj* inhabitual, raro; insólito
inconsulto *adj* inconsulto
incontaminato *adj* incontaminado
inconten|ibile *adj* incontenible; ~**tabile** *adj* exigente, descontentadizo; insatisfecho
incontesta|bile *adj* incontestable, indiscutible; ~**to** *adj* incontestable
incontinenza *f* incontinencia; *(med)* ~ *d'urina* incontinencia de orina
incontrar|e 1. *vt* encontrar, hallar; *fig* afrontar (*dificultades*...); *sport* enfrentarse (a), jugar (con/contra); **2.** ~*rsi* coincidir *vi*; ~**io: all'**~ *adv* al contrario, al revés
incontrasta|bile *adj* incontestable, incontrovertible; ~**to** *adj* incontestable
incontro 1. *m* encuentro; reunión *f*; **2.** *adv* al encuentro; *mi corse* ~ corrió a mi encuentro; **3.** *(prep)* ~*a* al encuentro de;

correre ~ a q correr al encuentro de alg; *andare ~ a qc* afrontar algo; *(fig) andare, venire ~ a q* salir/ir en ayuda de alg
incontrolla|bile *adj* incontrolable; **~to** *adj* incontrolado
incontrovertibile *adj* incontrovertible, indiscutible
inconveniente *m* inconveniente
incoraggia|mento *m* ánimo; **~re** *vt* animar, alentar
incordatura *f mus* encordadura
incornare *vt* cornear; *fig/pop* poner los cuernos (a alg), pegársela (a alg)
incornicia|re *vt* enmarcar, encuadrar; **~tura** *f* enmarcado *m*
incorona|re *vt* coronar; *fig/pop* poner los cuernos (a alg); **~zione** *f* coronación
incorpora|re *vt* incorporar, añadir; **~zione** *f* incorporación
incorpore|ità *f/inv* incorporeidad *f*; **~o** *adj* incorpóreo
incorreggibile *adj* incorregible; *fig* incorregible, impenitente
incorrere <*18 -corsi; -corso*> incurrir; *~ in un errore* incurrir/caer en un error
incorretto *adj* incorrecto
incorrezione *f* incorrección
incorrotto *adj* incorrupto
incorruttibile *adj* incorruptible
incoscien|te *adj/s med* inconsciente; *fig* inconsciente, irresponsable; **~za** *f med* inconsciencia; *fig* inconsciencia, irresponsabilidad
incostan|te *adj* inconstante; **~za** *f* inconstancia
incostituzionale *adj* inconstitucional
incredibil|e *adj* increíble; *è qc di ~* es algo increíble, es lo nunca visto; **~ità** *f/inv* incredibilidad *f*
incredul|ità *f/inv* incredulidad *f*; **~o** *adj/s* incrédulo
increment|are *vt* incrementar; **~o** *m* incremento, crecimiento; *~ demografico* crecimiento demográfico
increscioso *adj* enojoso, molesto, fastidioso
increspa|re *vt* encrespar; **~to** *adj* encrespado, crespo; **~tura** *f* encrespado *m*
incretinire <*isc*> *vt* atontar, entontecer, embobar
incrimina|re <*esd*> *vt ius* incriminar, acusar; **~zione** *f ius* incriminación, acusación
incrina|re *vt* resquebrajar; *fig* dañar, romper; **~tura** *f* resquebrajadura, resquebrajamiento *m*, raja; *fig* fisura
incrocia|re *vt* cruzar; *biol* cruzar; *~ le braccia* cruzar los brazos; *~ le armi* medir las armas; **~tore** *m mar/mil* crucero
incrocio *m auto* cruce, encrucijada *f*; *biol* cruce
incrollabile *adj* inquebrantable, sólido
incrosta|re *vt* 1. encostrar (*cubrir con una costra*); 2. incrustar (*embutir*); **~zione** *f* incrustación
incrudelire <*isc*> *vi* 1. <*avere*> ensañarse, encarnizarse; 2. <*essere*> *fig* endurecerse, volverse cruel
incrudi|mento *m metal* endurecimiento por conformación en frío; **~re** <*isc*> **1.** *vt* recruceder; **2.** *vi* recrudecerse, endurecerse, empeorar; *metal* endurecer conformando en frío
incruento *adj* incruento
incuba|trice *f* incubadora; **~zione** *f* incubación
incubo *m* pesadilla *f*
incudine *f* yunque *m*; *(fig) essere tra l'~ e il martello* estar entre la espada y la pared
incula|re *vt vulg* dar por culo; *fig/vulg* dar por culo, putear; **~ta** *f vulg* acción de dar por culo; *fig* putada, cabronada
inculcare *vt* inculcar
incultura *f* incultura
incun|abolo *m* incunable; **~eare** <*esd*> *vt* acuñar (*meter cuñas*)
incupire <*isc*> **1.** *vt* oscurecer; *fig* entristecer; **2.** *vi/~rsi* oscurecerse; *fig* entristecerse
incura|bile *adj* incurable; **~nte** *adj* negligente, dejado; **~nza** *f* negligencia, dejadez
incuria *f* incuria
incuriosire <*isc*> *vt* intrigar
incursione *f mil/fig* incursión
incurva|mento *m* encorvamiento, encorvadura *f*; **~re** *vt* encorvar, curvar, combar; *(fig) ~ la schiena* agachar la cabeza
incustodito *adj* sin vigilancia; *passaggio a livello ~* paso a nivel sin barreras
incutere <*23 incussi; incusso*> *vt* infundir, inspirar
indaco 1. *m* añil, índigo (*color, chim*); **2.** *adj/inv* añil *adj*, índigo *adj*
indaffarato *adj* atareado, ajetreado, ocupado
indaga|re *vt/vi* <*avere*> indagar, inquirir, investigar; **~tore** *adj/s* indagador
indagine *f* indagación, pesquisa
indebita|mento *m* endeudadmiento; **~rsi** <*esd*> endeudarse
indebito *adj* indebido; inmerecido; *(ius) appropriazione ~a* apropiación indebida
indeboli|mento *m* debilitamiento; **~re** <*isc*> *vt* debilitar
indecen|te *adj* indecente; **~za** *f* indecencia
indeci|frabile *adj* indescifrable; **~sione** *f* indecisión; **~so** *adj* indeciso
indeclinabile *adj ling/fig* indeclinable
indecoroso *adj* indecoroso
indefesso *adj* incansable, infatigable
indefettibile *adj* indefectible
indefini|bile *adj* indefinible; **~to** *adj* indefinido; *aggettivo, pronome ~* adjetivo, pronombre indefinido
indeformabile *adj* indeformable
indeiscente *adj bot* indehiscente
indegn|ità *f/inv* indignidad *f*; **~o** *adj* indigno
indelebile *adj* indeleble, insoslayable
indelicat|ezza *f* indelicadeza, indiscreción; **~o** *adj* indelicado, indiscreto
indemagliabile *adj* indesmallable, no deshilachable
indemoniato *adj/s* endemoniado
indenn|e *adj* indemne, ileso; **~ità** *f/inv ius* 1. plus *m*, compensación *f*; *~ salariale* plus salarial; *~ di trasferta* dieta; *~ di carovita/di*

contingenza compensación por la subida del coste de la vida; 2. indemnización *f*, resarcimiento *m*; ~ *di licenziamento* indemnización por despido

indennizz|are *vt* indemnizar, resarcir, compensar; ~**o** *m* indemnización *f*, resarcimiento

indentro, in dentro *adv* adentro, hacia dentro

inderogabil|e *adj* inderogable; ~**ità** *f/inv* inderogabilidad *f*

indescrivibile *adj* indescriptible, inenarrable

indesidera|bile *adj* indeseable; ~**to** *adj* inesperado; indeseable

indetermina|bile *adj* indeterminable; ~**tezza** *f* indeterminación, imprecisión, vaguedad; ~**tivo** *adj ling* indeterminado; *articolo* ~ artículo indeterminado; ~**to** *adj* indeterminado; ~**zione** *f* 1. indeterminación, imprecisión; 2. indeterminación, indecisión

indi *adv lit* de ahí

India: *l'*~ *(f)* la India; ***~no** *adj/s* 1. hindú, indio (*de la India*); *fare l'*~ hacerse el sueco/el loco, no darse por enterado; 2. indio (*de América*); *in fila* ~*a* en fila india

indiavolato *adj* endiablado

indica|re <*esd*> *vt* indicar, señalar; ~**tivo 1.** *adj* indicativo; *(ling) modo* ~ modo indicativo; **2.** *m ling/post* indicativo; ~**to** *adj* indicado, apropiado; ~**tore 1.** *adj* indicador; *cartello* ~ cartel indicador; **2.** *m tec* indicador, testigo; *(auto)* ~ *di direzione* intermitente; ~**zione** *f* indicación

indice *m med/mat/tip* índice; *tec* indicador; *fig* índice, indicio; ~ *analitico* índice analítico, índice de materias; ~ *di gradimento* índice de aceptación; *(eccl)* ~ *dei libri proibiti* índice, índice expurgatorio; *(fis)* ~ *di refrazione* índice de refracción

indicibile *adj* indecible

indicizza|re *vt* indicizar, indexar; ~**zione** *f* indización, indexación

indietreggiare *vi* <*avere/essere*> retroceder

indietro 1. *adv* atrás; hacia atrás; *essere* ~ atrasar(se), retrasarse, ir retrasado (*reloj*); *tirarsi* ~ echarse atrás; *(a. fig) fare marcia* ~ hacer marcha atrás, retroceder; *tornare* ~ volver atrás, desandar lo andado; *voltarsi* ~ girarse, darse la vuelta; *essere* ~ *con il lavoro* ir retrasado en el trabajo; *all'*~ hacia atrás, marcha atrás; **2.** *excl* ¡atrás!

indifeso *adj* indefenso, desamparado

indifferen|te *adj/s* indiferente; ~**za** *f* indiferencia

indiferibile *adj* inaplazable

indigen|o, -a *adj/s* indígena, nativo, -a; ~**te** *adj/s* indigente; ~**za** *f* indigencia

indigest|ione *f* indigestión, empacho *m*; *fig* atracón *m*; *fare un'*~ *di film* darse un atracón de películas; ~**o** *adj* indigesto

indigna|re *vt/vi* indignar; ~**zione** *f* indignación

indilazionabile *adj* improrrogable, inaplazable

indimenticabile *adj* inolvidable

indio 1. *adj/s* indio (*de América*); **2.** *m chim* indio

indipenden|te *adj/s* independiente; ~**tismo** *m* independentismo; ~**tista** *m/f* independentista; ~**za** *f* independencia

indire <*21 -dico; -dissi; -detto*> *vt adm* convocar; declarar (*guerra*); ~ *le elezioni* convocar elecciones; ~ *un concorso* convocar una oposición; ~**tto** *adj* indirecto

indirizz|are *vt* dirigir; *post* escribir la dirección; ~**ario** *m com* lista de direcciones *f*; ~**o** *m* dirección *f*, señas *fpl* (*domicilio*); *fig* dirección *f*, línea *f*, tendencia *f*; *stud* itinerario curricular

indisciplina *f* indisciplina; ~**to** *adj/s* indisciplinado

indiscre|to *adj* indiscreto; ~**zione** *f* indiscreción

indiscriminato *adj* indiscriminado

indiscu|sso *adj* indiscutible, incuestionable; ~**tibile** *adj* indiscutible, incuestionable

indispensabile *adj* indispensable

indispettire <*isc*> *vt* ofender, irritar

indispo|nibile *adj* no disponible; ~**rre** <*56 -posi; -posto*> *vt* indisponer, irritar, ofender; ~**sizione** *f* indisposición, malestar *m*; ~**sto** *adj* indispuesto

indissolubil|e *adj* indisoluble; ~**ità** *f/inv* indisolubilidad *f*

indistint|amente *adv* indistintamente, indiferentemente, sin distinción; *fig* confusamente; borrosamente (*vista*); ~**o** *adj* indistinto, indiferente; *fig* confuso; borroso (*vista*)

indistruttibile *adj* indestructible

indisturbato *adj* tranquilo, sosegado, apacible

indivia *f bot* endibia, endivia

individual|e *adj* individual; ~**ismo** *m* individualismo; ~**ista** *adj/s* individualista; ~**istico** *adj* individualístico; ~**ità** *f/inv* individualidad *f*; ~**izzare** *vt* individualizar

individuare <*esd*> *vt* individuar, caracterizar, especificar; determinar, localizar, detectar

individuazione *f* individuación, caracterización, especificación; localización, detección

individuo *m* individuo; *desp* individuo, sujeto, tipo

indivis|ibile *adj* indivisible; ~**ibilità** *f/inv* indivisibilidad *f*; ~**o** *adj* indiviso

indizi|are *vt ius* convertir en sospechoso; ~**ario** *adj ius* indiciario; ~**ato** *adj/s* sospechoso; ~**o** *m* indicio

indocil|e *adj* díscolo, rebelde, revoltoso; ~**ità** *f/inv* rebeldía *f*

indoeuropeo *adj/m* indoeuropeo

indole *f* índole, carácter *m*, naturaleza; *per* ~ por carácter, por naturaleza; ~**nte** *adj* indolente, apático

indolenz|a *f* indolencia, apatía; ~**imento** *m med* atonía *f*; ~**ire** <*isc*> **1.** *vt* entumecer, adormecer; **2.** *vi/~rsi* entumecerse, adormecerse

indolor|e, ~o *adj* indoloro

indomabile *adj* indomable, indómito

indomani *m* el día siguiente; *l'*~ *del concerto* el dia siguiente al concierto; *rimandare all'*~ dejar para el día siguiente

indomito *adj* indómito, indomable
indonesiano *adj/s* indonesio
indoor *adj ingl/inv sport* en pista cubierta
indorare *vt metal* dorar; *gastr* rebozar; *(fig)* ~ *la pillola* dorar la píldora
indoss|are *vt* vestir, llevar puesto; ponerse, vestirse (con); **~atore, -trice** *m/f* modelo *m/f*; **~o** *adv* encima; *avere* ~ llevar puesto; *mettersi* ~ ponerse, vestir
indostano *adj/s* indostánico
indotto 1. *adj* 1. inducido; *(elec) corrente ~a* corriente inducida; 2. *lit* indocto, ignorante; **2.** *m mec* rotor
indottrinare *vt* adoctrinar, aleccionar
indovin|are *vt* adivinar, predecir, prever; adivinar, acertar; *chi l'indovina è bravo* premio para quien lo adivine, a quien lo adivine premio; **~ello** *m* adivinanza *f*, acertijo; **~ato** *adj* acertado, certero; **~o, -a** *m/f* adivino, -a, vidente
indù *adj/s inv* hindú *adj/s*
indubbio *adj* indudable, inequívoco
indubitabile *adj* indudable
indugi|are *vi* <*avere*> tardar (*a* en), entretenerse (*a* en); **~o** <*pl -gi*> *m* tardanza *f*, retraso, dilación *f*, demora *f*; *senza ~i* sin demora, sin dilación, sin más tardanza
induismo *m* hinduismo
indulgen|te *adj* indulgente; **~za** *f* indulgencia; ~ *plenaria* indulgencia plenaria
indulgere <*63a -dulgo; -dulsi; -dulto*> *vi* <*avere*> condescender (*a* en), consentir (*a* en)
indulto *m* indulto
indumento *m* 1. indumento; 2. *mpl* indumentaria *f*
induri|mento *m* endurecimiento; **~re** <*isc*> **1.** *vt* endurecer; **2.** *vi/~rsi* endurecerse
indurre <*15 -duco; -dussi; -dotto*> *vt* inducir, empujar, incitar; *fil/fis* inducir
industria *f* industria; ~ *libraria* industria editorial; ~ *pesante* industria pesada; *grande* ~ gran industria; *cavaliere d'*~ caballero de industria, estafador
industrial|e *adj/s* industrial; *zona* ~ polígono industrial; **~ismo** *m* industrialismo
industrializza|re *vt* industrializar; **~zione** *f* industrialización
industriarsi *fig* arreglarse, ingeniarse
industrioso *adj* industrioso, laborioso
indutt|ivo *adj fil/fis* inductivo; **~ore** *m elec* inductor
induzione *f fil/fis* inducción
inebetire <*isc*> **1.** *vt* atontar, entontecer, alelar; **2.** *vi* volverse tonto; cochear
inebriare *vt a. fig* embriagar
ineccepibile *adj* intachable, irreprensible, incensurable
inedia *f* inedia
inedificabile *adj* no edificable
inedito *adj* inédito
ineducato *adj* maleducado, grosero
ineffabile *adj* ineflable
inefficacia <*pl -cie*> *f* ineficacia
inefficien|te *adj* ineficiente; **~za** *f* ineficiencia
ineguaglia|bile *adj* inigualable; **~nza** *f* desigualdad
ineguale *adj* desigual
ineleggibil|e *adj* inelegible; **~ità** *f/inv* inelegibilidad *f*
ineluttabil|e *adj* ineluctable, ineludible, inevitable; **~ità** *f/inv* inevitabilidad *f*
inequivocabile *adj* inequívoco
ineren|te *adj* inherente; **~za** *f* inherencia
inerme *adj* inerme, indefenso
inerpicarsi <*esd*> encaramarse (*su* en)
inerte *adj* inerte
inerzia *f* inercia
inesatt|ezza *f* inexactitud; **~o** *adj* inexacto
inesauribile *adj* inagotable
inescusabile *adj* inexcusable
ineseguibile *adj* irrealizable
inesigibile *adj* no exigible; *com* incobrable
inesisten|te *adj* inexistente; **~za** *f* inexistencia
inesorabil|e *adj* inexorable; **~ità** *f/inv* inexorabilidad *f*
inesper|ienza *f* inexperiencia; **~to** *adj* inexperto
inesplica|bile *adj* inexplicable; **~to** *adj* inexplicado
inesplora|bile *adj* inexplorable; **~to** *adj* inexplorado
inespress|ivo *adj* inexpresivo; **~o** *adj* tácito, sobr(e)entendido
inesprimibile *adj* inexpresable
inespugnabile *adj* inexpugnable
inestimabile *adj* inestimable
inestinguibile *adj* inextinguible
inestirpabile *adj* inextirpable
inestricabile *adj* inextricable
inett|itudine *f* ineptitud; **~o** *adj/s* inepto; *mil* inútil
inevaso *adj adm* no tramitado
inevitabile *adj* inevitable, ineludible
inezia *f* minucia, nadería, fruslería, zarandaja
infagottare *vt fam* abrigar (*persona*); *fig* sentar mal, desmejorar (*ropa*)
infallibil|e *adj* infalible; **~ità** *f/inv* infalibilidad *f*
infam|are *vt* infamar, afrentar, deshonrar; **~atorio** *adj* infamatorio; **~e** *adj* infame, ignominioso; *fig/iron* infame, horrible, horroroso; **~ia** *f* infamia, afrenta; deshonra; *fig/iron* horror *m*, porquería
infangare *vt* embarrar, enfangar; *fig* ensuciar, deshonrar, arrastrar por el barro
infant|e *adj/s* infante, niño; **~e, -a** *m/f hist* infante, -a
infanticid|a *m/f* infanticida; **~io** *m* infanticidio
infantil|e *adj* infantil, pueril; **~ismo** *m med* infantilismo; *desp* puerilidad *f*, aniñamiento; **~ità** *f/inv* infantilidad *f*; *desp* puerilidad *f*, bobada *f*
infanzia *f* infancia, niñez
infarcire <*isc*> *vt gastr* embutir, rellenar; *fig* embutir, atiborrar, henchir
infarina|re *vt* enharinar; *fig* dar un barniz; **~tura** *f* enharinado *m*; *fig* barniz *m*, baño *m*
infarto *m med* infarto
infastidire <*isc*> **1.** *vt* molestar, fastidiar; **2.** *~rsi* molestarse, irritarse
infaticabile *adj* infatigable
infatti *conj* en efecto, de hecho

infatua|re *<esd>* **1.** *vt* entusiasmar (*q per qc* a alg con algo); **2.** *~rsi* infatuarse, engreírse; exaltarse; **~zione** *f* exaltación, entusiasmo *m*; *avere un'~ per un attore* ser fan de un actor, tener debilidad por un actor

infausto *adj* infausto, aciago

infecondo *adj* estéril

infedel|e *adj/s* infiel; **~tà** *f/inv* infidelidad *f*

infelic|e *adj/s* infeliz, desgraciado, desventurado; **~ità** *f/inv* infelicidad *f*

inferenza *f fil* inferencia

inferior|e *adj/s* inferior; **~ità** *f/inv* inferioridad *f*

inferire *<isc> vt* 1. inflingir, propinar (*golpes*); 2. inferir, colegir, deducir (*da* de)

infermeria *f* enfermería

infermiere, -a *m/f* enfermero, -a

infermieristic|a *f* enfermería; **~o** *adj* de los enfermeros, -as

infermità *f/inv* enfermedad *f*; *fig* debilidad *f*

infermo *adj/s* enfermo

infern|ale *adj* infernal; **~o** *m a. fig* infierno; *un baccano d'~* un jaleo de mil demonios; *mandare q all'~* mandar a alg a la porra

inferocire *<isc>* **1.** *vt* enfurecer; **2.** *vi* 1. enfurecerse; 2. *<avere>* ensañarse (*contro* con); **3.** *~rsi* enfurecerse

inferriata *f* reja, verja

infertilità *f/inv med* esterilidad *f*

infervorare *<esd>* **1.** *vt* enfervorizar; **2.** *~rsi* entusiarmarse, apasionarse

infesta|nte *adj* infestante; *erba, pianta ~* mala hierba, hierbajo; **~re** *vt* infestar; **~zione** *f* infestación

infett|are *vt* infectar, contagiar; **~ivo** *adj* infeccioso; **~o** *adj* infectado (*herida*); infecto

infezione *f* infección

infiacchire *<isc>* **1.** *vt* debilitar; **2.** *vi/~rsi* debilitarse

infiammabil|e *adj* inflamable; **~ità** *f/inv* inflamabilidad *f*, combustibilidad *f*

infiammare *vt* inflamar, encender; *fig* inflamar, enardecer

infiammatorio *adj* inflamatorio

infiammazione *f* inflamación

infiascare *vt* embotellar, envasar

inficiare *vt ius* impugnar, denunciar

infido *adj* infiel, indigno de confianza

infierire *<isc> vi <avere>* ensañarse, encarnizarse (*su* con)

infiggere *<1 -figgo; -fissi; -fisso> vt* clavar

infilare 1. *vt* 1. enhebrar, enfilar (*hilo*); enfilar, ensartar (*perlas*); *~ una serie de errori* ensartar un error detrás de otro; 2. ponerse, enfundarse (*ropa*); 3. ensartar, atravesar (*con objetos punzantes*); 4. enfilar (*carretera*); *~ l'uscio* enfilar la puerta; 5. *fig* soltar, colar (*decir*); *~ la risposta esatta* soltar la respuesta exacta; **2.** *~rsi* colarse, meterse; *~rsi tra la folla* colarse entre la multitud

infilata *f* hilera; sarta (*perlas*)

infiltra|re 1. *vt* infiltrar (*organización*); **2.** *~rsi* filtrarse (*gas, líquido*); infiltrarse (*organización*); **~to, -a** *m/f* infiltrado; **~zione** *f med/fig* infiltración

infilza|re *vt* ensartar, engarzar (*unir cosas*); ensartar, atravesar (*con la espada*); *fig* soltar, colar (*hablando*); **~ta** *f a. fig* sarta; *un'~ di bugie* una sarta de mentiras

infimo *adj* ínfimo

infine *adv* 1. por último, finalmente; 2. al fin y al cabo, en resumidas cuentas

infingard|aggine *f* vagancia, pereza, desgana; **~o** *adj/s lit* vago, perezoso

infinità *f/inv* infinidad *f*, sinfín *m*

infinitesim|ale *adj* infinitesimal; **~o** *adj/m* infinitésimo

infinitivo *adj ling* infinitivo; *proposizione ~a* oración de infinitivo

infinito 1. *adj* infinito, ilimitado; **2.** *m fil/mat* infinito; *ling* infinitivo; *all'~* hasta el infinito; hasta no poder más, hasta la saciedad

infinocchiare *vt fam* embaucar, engatusar

infiocchettare *vt* engalanar, adornar

infiorare *vt* adornar con flores, cubrir de flores; *fig* embellecer, hermosear

infiorescenza *f bot* inflorescencia

infirmare *vt ius* impugnar

infischiarsi *fam* importar un bledo (*di qc/q* algo/alg); reírse; *me ne infischio* me importa un comino, paso de eso

infisso 1. *adj* clavado; empotrado; **2.** *m arch* quicio, marco; *ling* infijo

infittire *<isc>* **1.** *vt* espesar; **2.** *vi/~rsi* espesarse

inflazion|e *f* inflación; *~ galoppante* inflación galopante; **~istico** *adj* inflacionista, inflacionario

inflessibil|e *adj a. fig* inflexible, rígido; **~ità** *f/inv a. fig* inflexibilidad *f*, rigidez *f*

inflessione *f* inflexión

infliggere *<38 -fliggo; -flissi; -flitto> vt* infligir

influente *adj* influyente

influenza *f* 1. influencia, influjo *m*; 2. *med* gripe; **~bile** *adj* influenciable; **~le** *adj med* gripal; **~re** *vt* influenciar; **~to** *adj* 1. *med* griposo; 2. influido

influire *<isc> vi* influir (*su* en/sobre)

influsso *m* influjo, influencia *f*

infocato *adj a. fig* candente, al rojo vivo; ardiente, acalorado (*palabras, rostro*)

infognarsi *fam* empantanarse, liarse (*in/con* en/con)

in folio *adj/m/inv tip* infolio

infoltire *<isc> vt* espesar

infondat|ezza *f* falta de fundamento; falsedad; *l'~ della notizia* lo infundado de la noticia; **~o** *adj* infundado; falso

infondere *<37 -fusi; -fuso> vt* infundir, inspirar

inforcare *vt* 1. *agr* beldar, aventar; 2. ponerse, enfundarse (*gafas*); 3. montar *vi*, subir *vi* (*bicicleta*)

informa|le *adj* informal; **~re** *vt* informar; *fig* conformar (*adecuar*)

informati|ca *f* informática; **~co** *adj/s* informático; **~vo** *adj* informativo

informatizza|re *vt* informatizar; **~zione** *f* informatización

informato *adj* informado, enterado; ~**re, -trice 1.** *adj* informador; **2.** *m/f* informador, -a, informante; confidente, chivato, -a (*policía*); ~ *medico* visitador médico
informazione *f* información; *chiedere ~i su qc* pedir información sobre algo
informe *adj* informe, amorfo
informicol|amento *m* hormigueo; ~**arsi** <*esd*>, ~**irsi** <*isc*> picar *vi*, hormiguear *vi*
inforna|re *vt* enhornar, meter en el horno; ~**ta** *f* hornada
infortun|arsi accidentarse, sufrir un accidente *vt*; ~**ato** *adj/s* accidentado; ~**io** *m* accidente; *fig* infortunio, desgracia *f*; ~ *sul lavoro* accidente laboral; ~**istica** *f* estudio para la prevención del riesgo de accidentes *m*
infossa|mento *m* enterramiento; hundimiento; ~**re** *vt* enterrar; hundir
infracidire <*isc*> *vi* pudrirse
infradiciare <*esd*> *vt* 1. empapar; 2. pudrir
inframmettenza *f* intromisión, injerencia
inframmettere <*44 -misi; -messo*> **1.** *vt* interponer, colocar; **2.** ~*rsi* entrometerse, injerirse
infranc|esare *vt* afrancesar
infrang|ere <*54 -frango; -fransi; -franto*> *vt* romper; *fig* infringir, transgredir (*ley*); incumplir (*contrato*); romper (*pacto*); ~**ibile** *adj* irrompible; *fig* inquebrantable
infranto *adj* roto; *cuore* ~ corazón destrozado; *idolo* ~ ídolo caído
infrarosso *adj/m fis* infrarrojo
infrascato *m* cabaña *f*, choza *f*
infrascritto *m* mencionado a continuación, mencionado más abajo
infrasettimanale *adj* entre semana
infrastruttura *f* infraestructura
infrasuono *m* ultrasonido
infrazione *f ius* infracción, violación; *(med)* ~ *ossea* fractura osea
infreddatura *f* resfriado *m*
infreddolito *adj* resfriado, constipado
infrequen|te *adj* infrecuente, inhabitual, raro; ~**za** *f* infrecuencia
infrollire <*isc*> *vi gastr* macerar; *fig* reblandecerse
infronzolare <*esd*> *vt desp* emperifollar, emperejilar
infrutt|escenza *f* infrutescencia; ~**ifero** *adj* infructífero; *com* improductivo
infruttuos|ità *f/inv* infructuosidad *f*; ~**o** *adj* infructuoso
infula *f* ínfula
infumabile *adj* infumable
infuori: 1. all'~ *adv* hacia afuera; **2. all'~ di** *prep* excepto
infuriare 1. *vt* enfurecer, encolerizar; **2.** *vi/~rsi* 1. enfurecerse, encolerizarse; 2. <*avere*> ensañarse (*su* con)
infus|ione *f eccl/gastr* infusión; ~**o 1.** *adj* infuso; *(iron) scienza ~a* ciencia infusa; **2.** *m* infusión *f* (*hierbas*)
ingabbia|re *vt* enjaular; *fig* encerrar; ~**tura** *f arch* estructura
ingaggi|are *vt* 1. contratar; *mil* reclutar, enganchar; *mar* enrolar; *sport* fichar; 2. *mil* entablar (*batalla*); ~**o** *m* 1. contratación *f*; *mil* reclutamiento, enganche; *mar* enrolamiento; *sport* fichaje; 2. paga *f*; *sport* ficha *f*
ingagliardire <*isc*> **1.** *vt* fortalecer, robustecer; **2.** *vi/~rsi* fortalecerse, robustecerse
ingalluzzire <*isc*> *vi* engallarse, envanecerse
ingann|abile *adj* engañadizo; ~**are 1.** *vt* engañar; traicionar; ~ *il tempo* engañar/matar el tiempo; ~ *la fame* engañar el hambre; **2.** ~*rsi* equivocarse; *se non mi inganno* si no me equivoco; ~**atore** *adj/s* engañador; tramposo; ~**evole** *adj* engañoso; ~**o** *m* engaño; camelo, fraude, trampa *f*; *fig* ilusión *f*; ~ *ottico* ilusión óptica; *pietoso* ~ mentira piadosa; *cadere in* ~ caer en la trampa; *trarre in* ~ inducir a error
ingarbugliare *vt* enredar, enmarañar; *fig* enredar, liar
ingegna|ccio *m fam* persona despierta *f*, despabilado *f*; ~**rsi** ingeniárselas, arreglárselas, darse maña
ingegner|e, -a *m/f* ingeniero, -a; ~ *civile* ingeniero de caminos, canales y puertos; ~ *forestale, del suono, chimico, militare* ingeniero de montes, de sonido, químico, militar; ~**ia** *f* ingeniería
ingegno *m* ingenio, talento, inteligencia *f*; maña *f*, habilidad *f*; *aguzzare l'*~ aguzar el ingenio; *prontezza d'*~ ingenio despierto; ~**sità** *f/inv* ingeniosidad *f*; ~**so** *adj* ingenioso
ingelosire <*isc*> **1.** *vt* poner celoso; dar envidia; **2.** *vi/~rsi* ponerse celoso; sentir envidia
ingener|are <*esd*> *vt* producir, provocar, traer; ~**oso** *adj* egoísta, ruín, mezquino
ingente *adj* ingente
ingentilire <*isc*> **1.** *vt fig* desasnar, desbastar, afinar; ennoblecer; **2.** *vi/~rsi* afinarse, desbastarse
ingenuità *f/inv* ingenuidad *f*, candidez *f*
ingenuo *adj/s* ingenuo, inocente, cándido
inger|enza *f* ingerencia, intromisión; ~**ire** <*isc*> **1.** *vt* ingerir, tragar; **2.** ~*rsi* injerirse, entrometerse
ingessa|re *vt* enyesar; *med* escayolar; ~**tura** *f* enyesado *m*; *med* escayola
ingestione *f* ingestión
Inghilterra: *l'~ (f)* Inglaterra
inghiottire *vt* tragar, engullir; *fig* tragar
inghippo *m fam/reg* embrollo, chachullo
inghirlandare *vt* enguirnaldar
ingiallire <*isc*> **1.** *vt* volver amarillo; **2.** *vi* amarillear
ingigantire <*isc*> **1.** *vt* agigantar; *fig* hinchar, inflar; **2.** *vi/~rsi* agigantarse
inginocchia|rsi arrodillarse, ponerse de rodillas; ~**toio** *m* reclinatorio
ingioiellare *vt* enjoyar
ingiù *adv* abajo, hacia abajo; *guardare dall'*~ mirar desde abajo
ingiudicato *adj* no juzgado

ingiungere <39 *-giungo; -giunsi; -giunto*> *vt* imponer, obligar

ingiuntivo *adj ius* intimatorio, conminatorio

ingiunzione *f ius* intimación, conminación

ingiuri|a *f* injuria, ultraje *m*; ~**are** *vt* injuriar, vilipendiar, ultrajar; ~**oso** *adj* injurioso, ultrajante

ingiustifica|bile *adj* injustificable; ~**to** *adj* injustificado

ingiustizia *f* injusticia

ingiusto 1. *adj* injusto; **2.** *m* injusticia

ingles|e *adj/s* inglés; *(fam) filarsela all'~* irse a la francesa; ~**ismo** *m* inglesismo

inglobare *vt* englobar

inglorioso *adj* ignominioso

ingluvie *f zool* papo *m*

ingobb|are *vt tec* vidriar; ~**ire** <*isc*> *vi/~rsi* salir joroba; ~**ito** *adj* jorobado; encorvado

ingoiare *vt* engullir; zamparse; *~ un libro* leer de pe a pa un libro, echarse al coleto un libro

ingolfa|mento *m mec* ahogamiento; ~**rsi** *mar* engolfarse; *mec* ahogarse; *fig* meterse, entrar *vi* (*negocios, política*); meterse (*problemas*)

ingolosire <*isc*> *vt* engolosinar; *fig* atraer

ingombr|ante *adj* voluminoso, aparatoso; molesto; ~**are** *vt* llenar de trastos; molestar, obstaculizar; *fig* compungir; ~**o 1.** *adj* obstaculizado, obstruido; **2.** *m* molestia *f*, estorbo, obstáculo; *essere d'~* ser un estorbo

ingomma|re *vt* encolar, engomar, pegar; ~**tura** *f* engomado *m*, encolado *m*, pegado *m*

ingord|igia *f* gula, voracidad, glotonería; *fig* avaricia, avidez; ~**o** *adj* glotón, voraz, tragón; *fig* avaro, ávido

ingorg|are *vt* atascar, obstruir; *auto* atascar; ~**o** *m* atasco, obstrucción *f*; *med* obstrucción *f*; *auto* atasco, embotellamiento, tapón

ingovernabil|e *adj* ingobernable; ~**ità** *f/inv* ingobernabilidad *f*

ingozzare *vt* 1. *zool* engullir, tragar; engullir, zamparse (*personas*); *fig* tragar; 2. *zool* cebar, engordar

ingrana|ggio *m mec/fig* engranaje; ~**mento** *m mec* engranaje; ~**re 1.** *vt* encajar; *(auto) ~ una marcia* embragar, poner/meter una marcha; **2.** *vi* <*avere*> *mec* engranar; *fam/fig* marchar, funcionar

ingrandi|mento *m* crecimiento, ampliación *f*, agrandamiento; *fis* aumento; *foto* ampliación *f*; *lente d'~* lente de aumento; lupa *f*; ~**re** <*isc*> **1.** *vt* agrandar, ampliar, engrandecer; *foto/com* ampliar; *fig* hinchar, abultar (*exagerar*); **2.** *vi* aumentar, crecer; **3.** *~rsi* crecer, aumentar; *com* expandirse, ampliarse; ~**tore** *m foto* ampliadora *f*

ingrass|aggio *m mec* engrase; ~**amento** *m* engrosamiento; *zool/fig* engorde, cebadura *f*; *mec* engrase; ~**are 1.** *vt* engordar; *zool/fig* engordar, cebar; *mec* engrasar, lubrificar; *agr* encrasar, abonar; **2.** *vi/~rsi* engordar; *fig* enriquecerse, engordar; ~**atore 1.** *adj* engrasador; **2.** *m mec* engrasador; ~**o** *m zool/fig* engorde, cebadura *f*; *agr* abono, abonado; abono, estiércol

ingrat|itudine *f* ingratitud; ~**o 1.** *adj* 1. ingrato, desagradecido; 2. desagradable; **2.** *m/f* ingrato, -a, desagradecido, -a

ingravidare <*esd*> **1.** *vt* embarazar, preñar, dejar embarazada/preñada; **2.** *vi* quedarse embarazada/preñada

ingraziarsi congraciarse

ingrediente *m* ingrediente

ingresso *m* entrada *f*, acceso; *arch* entrada *f*, recibidor; *~ libero* entrada libre; *vietato l'~ ai non addetti ai lavori* prohibida la entrada a toda persona ajena a la obra

ingross|amento *m* aumento, crecimiento; ~**are** *vt* agrandar, aumentar; engrosar (*filas*); *mar* embravecer; **2.** *vi/~rsi* aumentar, crecer; ~**o: all'~** *adv* al por mayor; *commercio all'~* comercio al por mayor; *venditore all'~* mayorista

ingrullito *adj reg* abobado

inguaiare *vt pop* liar, empantanar; *~ una ragazza* dejar preñada a una chica; *si è inguaiato fino al collo* está de deudas/problemas hasta el cuello

inguainare *vt* envainar

ingualcibile *adj* inarrugable

inguantato *adj* enguantado

inguaribile *adj* incurable

inguinale *adj* inguinal

inguine *m* ingle *f*

ingurgitare <*esd*> *vt med* ingurgitar

inibire <*isc*> **1.** *vt* prohibir; *med* inhibir; **2.** *~rsi* inhibirse (*contenerse*)

inibito *adj/s* inhibido; ~**re** *adj/m* inhibidor; ~**rio** *adj ius/med* inhibitorio

inibizione *f* prohibición; *med/ius* inhibición

inidone|ità *f/inv* inadecuación *f*, incompetencia *f*; ~**o** *adj* inadecuado; incompetente

iniett|are *vt* inyectar; ~**ore** *m* inyector

iniezione *f med/mec* inyección; *fare un'~* poner una inyección; *motore ad ~* motor de inyección

inimic|are *vt* enemistar; ~**ato** *adj* enemistado, reñido; ~**izia** *f* enemistad

inimitabile *adj* inimitable, inigualable

inimmaginabile *adj* inimaginable

ininfiammabile *adj* ininflamable, no inflamable

inintelligibile *adj* ininteligible

ininterrotto *adj* ininterrumpido, seguido

iniqu|ità *f/inv* iniquidad *f*; ~**o** *adj/s* inicuo

iniziale *adj/f* inicial

inizializza|re *vt infor* inicializar; ~**zione** *f infor* inicialización

iniziare 1. *vt* iniciar, comenzar, empezar, emprender; iniciar (*rito, magia*); **2.** *vi/~rsi* comenzar, empezar

iniziat|ico *adj* iniciático; ~**iva** *f* iniciativa; *agire di propria ~* actuar por propia iniciativa; *spirito d'~* capacidad de iniciativa; *prendere l'~ di qc* tomar la iniciativa en algo; ~**o** *adj/s* iniciado; ~**ore** *adj/s* iniciador

iniziazione *f* iniciación

inizio *m* inicio, comienzo, principio; *avere ~* empezar; *all'~* al principio

innaffia|mento *m* riego; ~**re** *vt* regar; ~**toio** *m* regadera *f*

innalza|mento *m* alzamiento, elevación *f*; *arch* levantamiento, erección *f*; *fig* elevación *f*, encumbramiento (*personas*); ~**re** *vt* levantar, alzar; elevar; *arch* erigir, levantar; *fig* elevar, encumbrar (*personas*); ~ *una preghiera* elevar una oración

innamora|cchiarsi *desp* enamoriscarse; ~**mento** *m* enamoramiento; ~**re 1.** *vt* enamorar; **2.** ~*rsi* enamorarse, prendarse; ~**to** *adj/s* enamorado; ~ *cotto* locamente enamorado, colado

innanzi 1. *adv* 1. <*dirección*> (a)delante; hacia (a)delante; *camminare* ~ andar hacia adelante; *tirare* ~ ir tirando; *essere* ~ *negli anni* ser de avanzada edad; 2. <*dirección en el tiempo*> en adelante; *da quel momento* ~ desde entonces en adelante; 3. <*tiempo*> antes; *come ho detto* ~ como he dicho antes; **2.** *prep* 1. <*lugar*> delante de; 2. <*tiempo*> ante; ~ *tutto* ante todo; ~ *tempo* antes de hora; ~ *a* delante de; **3.** *adj/inv* anterior *adj*; *il giorno* ~ el día anterior; **4.** *m/inv* anterioridad *f*; *per l'*~ con anterioridad

innat|o *adj* innato; ~**urale** *adj* innatural

innegabile *adj* innegable

inneggiare *vi* ensalzar *vt*, aclamar *vt* (*a*)

innervosire <*isc*> *vt* poner nervioso

innesc|are *vt* poner el anzuelo (a); *mil* cebar, poner la yesca; *fig* instigar; ~**o** *m mil* fulminante, detonante; *fig* detonante

innest|are *vt bot/med/fig* injertar; *mec* ajustar, acoplar; *elec* conectar, empalmar; ~ *una marcia* poner una macha; ~ *la frizione* embragar; ~**o** *m agr/med/fig* injerto; *mec* acoplamiento, engarce; embrague; *elec* enchufe, toma de corriente *f*; *(agr)* ~ *per approccio/per approssimazione, a spacco, a gemma/a occhio* injerto por aproximación, inglés, por escudete; *(mec)* ~ *a frizione* embrague

innevato *adj* nevado

inno *m* himno

innocen|te *adj/s* inocente; ~**za** *f* inocencia; *beata* ~*!* ¡santa inocencia!

innocu|ità *f/inv* inocuidad *f*; ~**o** *adj* inocuo

innominabile *adj* innombrable

innova|mento *m* innovación *f*; ~**re** *vt* innovar; ~**tivo** *adj* innovativo; ~**tore** *adj/s* innovador; ~**zione** *f* innovación

innumer|abile, ~**ere** *adj lit* innúmero; ~**evole** *adj* innumerable, incontable

inoccupato *adj/s* desocupado, parado

inocula|re <*esd*> *vt* inocular; ~**zione** *f* inoculación

inodor|e, ~**o** *adj* inodoro

inoffensivo *adj* inofensivo

inoliare *vt* aceitar

inoltra|re 1. *vt* encaminar; *adm* tramitar; presentar; ~ *una domanda* presentar una solicitud; **2.** ~*rsi* adentrarse, penetrar *vi*, aventurarse; ~**to** *adj* entrado, avanzado; *a notte* ~*a* entrada la noche; *fino a notte* ~*a* hasta bien entrada la noche

inoltre *adv* además

inoltro *m adm* tramitación *f*, presentación *f*

inonda|re *vt* inundar, anegar; ~**zione** *f* (*a.fig*) inundación

inopera|bile *adj med* inoperable; ~**nte** *adj* inoperante, inútil

inoperos|ità *f/inv* inactividad *f*; ~**o** *adj* inactivo; *mec* parado; *econ* improductivo

inopia *f* inopia

inopina|bile *adj* inopinable, incuestionable; ~**to** *adj* inopinado, inesperado

inopportun|ità *f/inv* inoportunidad *f*; ~**o** *adj* inoportuno, importuno

inoppugnabil|e *adj* incuestionable, incontrastable; ~**ità** *f/inv* incuestionabilidad *f*

inorganico *adj* inorgánico

inorgoglire <*isc*> **1.** *vt* envanecer, engreír; **2.** *vi/*~*rsi* envanecerse, engreírse

inorridire <*isc*> **1.** *vt* horrorizar; **2.** *vi* horrorizarse

inospit|ale *adj* arisco, poco hospitalario (*personas*); inhóspito (*lugar*); ~**e** *adj lit* inhóspito

inosserva|nza *f* inobservancia, transgresión; ~**to** *adj* transgredido; *fig* desapercibido (*persona*)

inossidabile *adj* inoxidable

input *m/inv infor* entrada de datos *f*, input

inquadra|mento *m mil/adm* encuadramiento; ~**re** *vt* 1. encuadrar; 2. poner en nómina; ~**tura** *f foto/cine* encuadre *m*, toma

inqualificabile *adj* incalificable, reprobable

inquiet|ante *adj* inquietante; ~**are** *vt* inquietar, intranquilizar; ~**o** *adj* inquieto, agitado; ~**udine** *f* inquietud, desasosiego *m*

inquilino, -a *m/f* inquilino, -a

inquina|mento *m* contaminación *f*, polución *f*; *ius* falseamiento; ~**nte** *adj* contaminante; ~**re** *vt* contaminar, polucionar

inquirente *adj* inquiridor, inquisitorio

inquisi|re <*isc*> *vt* inquirir; ~**tivo** *adj* inquisitivo; ~**tore 1.** *adj* inquisitivo; *eccl* inquisitorial, inquisitorio; **2.** *m* inquiridor; *eccl* inquisidor; ~**torio** *adj* inquisitorio; *eccl* inquisitorio, inquisitorial; ~**zione** *f* inquisición, investigación; *eccl* inquisición, Santo Oficio *m*

insabbia|mento *m* arenamiento; *fig* paralización *f*; *fig* ocultación *f*; ~**re** *vt* arenar, enarenar; *fig* paralizar, empantanar; *fig* ocultar, esconder, encubrir

insacca|re *vt* ensacar; *gastr* embutir, embuchar; *fig* abarrotar; *fig* embutir (*ropa*); ~**ti** *mpl* embutidos

insacchettare *vt* envasar, empaquetar

insalat|a *f* ensalada; ~ *russa* ensaladilla (rusa), ensalada rusa; ~**iera** *f* ensaladera

insaliva|re *vt* insalivar; ~**zione** *f* insalivación

insalubr|e *adj* insalubre; ~**ità** *f/inv* insalubridad *f*

insalvabile *adj* insalvable

insanabile *adj* insanable, incurable

insanguinare <*esd*> *vt* ensangrentar

insani|a *f* insania; *lit* demencia; ~**re** <*isc*> *vi lit* enloquecer

insano *adj* insano; *lit* demente

insapona|re *vt* enjabonar, jabonar; ~**tura** *f* jabonadura, jabonado *m*

insapor|ire <*isc*> *vt* dar sabor (a); **~o** *adj* insípido

insaputa: all'~ di *prep* a espaldas de

insatur|abile *adj chim* insaturable; **~o** *adj chim* insaturado

insaziabil|e *adj* insaciable; **~ità** *f/inv* insaciabilidad *f*

inscatola|mento *m* envasado, empaquetado; enlatado; **~re** <*esd*> *vt* empaquetar, envasar; enlatar

inscenare *vt* escenificar

inscindibile *adj* indivisible

inscrivere <*71 -scrissi; -scritto*> *vt mat* inscribir

inscrutabile *adj* inescrutable

insecchire <*isc*> **1.** *vt* secar, resecar; **2.** *vi* secarse, resecarse

insedia|mento *m* asentamiento; instalación *f*; *adm/pol* toma de posesión *f*; **~rsi** instalarse, establecerse; asentarse; *adm/pol* tomar posesión

insegna *f* 1. insignia, distinción, medalla; 2. enseña, estandarte *m*, pendón *m*; *fig* guía, estandarte *m*; 3. *arald* divisa, lema *m*; 4. *com* rótulo *m*, letrero *m*; ~ *luminosa* anuncio/rótulo luminoso; **~mento** *m* docencia *f*; enseñanza *f*, doctrina *f*; ~ *universitario* docencia universitaria; **~nte** **1.** *adj* docente; *corpo* ~ cuerpo de profesores, profesorado; **2.** *m/f* profesor, -a; maestro, -a; **~re** **1.** *vt* enseñar; indicar, mostrar; **2.** *vi* <*avere*> enseñar, dar clase

insegui|mento *m* persecución *f*; *sport* persecución *f*; *tec* seguimiento; **~re** *vt* perseguir; **~tore** *adj/s* perseguidor

insellare *vt* ensillar

inselvatichire <*isc*> **1.** *vt* asilvestrar; *fig* embrutecer; **2.** *vi/~rsi* asilvestrarse; embrutecerse

insemina|re <*esd*> *vt med* inseminar; **~zione** *f med* inseminación

insenatura *f* ensenada, bahía, rada

insensa|tezza *f* insensatez; **~to** *adj* insensato

insensibil|e *adj* insensible; **~ità** *f/inv* insensibilidad *f*

inseparabile *adj* inseparable

insepolto *adj* insepulto

inseri|mento *m* introducción *f*, inserción *f*; **~re** <*isc*> **1.** *vt* insertar, introducir; **2.** *~rsi* acoplarse; *fig* introducirse, integrarse; **~tore** *m elec* conmutador

inserto *m* 1. *adm* expediente, legajo; 2. suplemento (*periódico*); ~ *pubblicitario* folleto publicitario; 3. *cine* inserto

inservi|bile *adj* inservible; **~ente** *m/f* sirviente, -a, criado, -a

inserzion|e *f* inserción, introducción; *med* inserción; anuncio *m*, anuncio por palabras *m* (*periódico*); *fare un'~* poner un anuncio; **~ista** *m/f* anunciante

insett|icida *adj/m* insecticida; **~ivoro** *adj/m* insectívoro; **~o** *m* insecto; *desp* sabandija *f*

insicur|ezza *f* inseguridad; **~o** *adj* inseguro

insidi|a *f* insidia, trampa, asechanza; **~are** **1.** *vt* asechar; **2.** *vi* <*avere*> poner insidias; atentar; ~ *alla vita di q* atentar contra la vida de alg; **~oso** *adj* insidioso

insieme **1.** *adv* 1. juntos, -as *adj/pl*; *tutti ~, tutte ~* todos juntos, todas juntas; *abitare ~* vivir juntos, -as; *mettere ~* juntar, reunir; 2. al mismo tiempo; a la vez, a una; *tutti ~, tutte ~* todos, -as a la vez/a una; **2.** *(prep) ~ a/con* junto a, junto con; al mismo tiempo que, a la vez que; **3.** *m* conjunto, totalidad *f*; *mat* conjunto

insigne *adj* insigne

insignificante *adj* insignificante

insignire <*isc*> *vt* condecorar (*di* con)

insignorirsi enseñorearse, apoderarse

insincer|ità *f/inv* insinceridad *f*; **~o** *adj* insincero

insindacabile *adj* indiscutible

insinua|nte *adj* insinuante; **~re** **1.** *vt* deslizar (*introducir*); *fig* insinuar; **2.** *~rsi* infiltrarse, introducirse; **~zione** *f* insinuación

insipid|ezza *f*, **~ità** *f/inv a. fig* insipidez *f*; **~o** *adj a. fig* insípido

insipien|te *adj lit* insipiente; **~za** *f lit* insipiencia

insisten|te *adj* insistente; **~za** *f* insistencia

insistere <*41 insistito*> *vi* <*avere*> insistir; ~ *in qc* insistir en algo; ~ *a fare q* insistir en hacer algo

insito *adj* ínsito

insociabil|e *adj* insociable; **~ità** *f/inv* insociabilidad *f*

insocievole *adj* insociable

insocievolezza *f* insociabilidad

insoddisfa|tto *adj* insatisfecho, descontento; **~zione** *f* insatisfacción

insofferen|te *adj* impaciente; **~za** *f* impaciencia

insoffribile *adj* insufrible, inaguantable

insolazione *f* insolación

insolen|te *adj* insolente, desvergonzado; **~tire** <*isc*> **1.** *vt* insultar, ofender; **2.** *vi* <*avere*> insolentarse (*contro* con); **~za** *f* insolencia, desvergüenza

insolito *adj* insólito, inusitado

insolubil|e *adj chim* insoluble; *fig* insoluble, irresoluble; **~ità** *f/inv chim/fig* insolubilidad *f*

insoluto *adj* 1. insoluto *raro*, impagado; 2. no disuelto; 3. irresuelto

insolven|te *adj* insolvente; **~za** *f* insolvencia

insolvibil|e *adj chim* insoluble; **~ità** *f/inv chim* insolubilidad *f*

insomma **1.** *adv* en suma, en definitiva, en fin; **2.** *excl* ¡bueno!, ¡hombre!, ¡vaya!

insommergibile *adj* insumergible

insondabile *adj* insondable

insonn|e *adj* insomne; **~ia** *f* insomnio *m*; **~olito** *adj* somnoliento, amodorrado

insonorizza|re *vt* insonorizar; **~zione** *f* insonorización

insonoro *adj* insonoro

insopportabile *adj* insoportable, inaguantable

insorgere <*55 -sorgo; -sorsi; -sorto*> *vi* insurreccionarse, sublevarse; *fig* surgir, aparecer

insormontabile *adj* insuperable
insorto *adj/s* sublevado, insurrecto, insurgente, rebelde
insospett|abile *adj* insospechado; **~ire** <*isc*> **1.** *vt* despertar sospechas *(a alg)*, escamar *fam*; **2.** *vi/~rsi* sospechar, recelar, escamarse *fam*
insostenibile *adj* insostenible
insostituibile *adj* insustituible, irreemplazable
insozzare *vt* ensuciar, manchar; *fig* mancillar, enfangar, manchar
inspera|bile *adj* inesperable; **~to** *adj* inesperado
inspiegabile *adj* inexplicable
inspira|re *vt med* inspirar; **~zione** *f med* inspiración
instabil|e *adj* inestable; **~ità** *f/inv* inestabilidad *f*
installa|re *vt* instalar; **~tore, -trice** *m/f* instalador, -a; **~zione** *f* instalación
instancabile *adj* incansable, infatigable
instante *m/f ius* instante
instaura|re *vt* instaurar; **~tore, -trice** *m/f* instaurador, -a; **~zione** *f* instauración
instilla|re *vt* instilar; **~zione** *f med* instilación
instradare *vt* encaminar, conducir
insù *adv* arriba, hacia arriba; *all'~* boca arriba; *naso all'~* nariz respingona
insubordina|to *adj/m* insubordinado; **~zione** *f* insubordinación
insuccesso *m* fracaso, fiasco
insudiciare <*esd*> **1.** *vt* ensuciar; *fig* mancillar, deshonrar; **2.** *~rsi* ensuciarse; *fig* mezclarse, comprometerse
insufficien|te *adj* insuficiente; **~za** *f* insuficiencia; *~ di prove* insuficiencia de pruebas
insul|are *adj* insular, isleño; **~ina** *f med* insulina
insuls|aggine *f*, **~ità** *f/inv* insulsez *f*, estupidez *f*; **~o** *adj* insulso
insult|ante *adj* insultante; **~are** *vt* insultar; **~o** *m* insulto; *med* ataque
insuper|abile *adj* insuperable, infranqueable; insuperable, invencible, imbatible; **~ato** *adj* imbatido; **~bire** <*isc*> *vt* envanecer, engreír, endiosar
insurrezion|ale *adj* insurreccional; **~e** *f* insurrección, sublevación, motín *m*
insussisten|te *adj* insubsistente; **~za** *f* insubsistencia
intacc|are *vt* muescar, mellar; *chim* corroer; *med* atacar, afectar; *fig* ofender, mancillar; **~atura** *f* entalladura (*acción*); muesca, mella; **~o** *m* mella *f*, muesca *f*, incisión *f*
intaglia|re *vt* entallar; grabar; **~tore, -trice** *m/f* entallador, -a, tallista; grabador, -a; **~tura** *f* entalladura
intaglio *m* tallado, talla *f*; grabado
intangibile *adj* intangible
intanto *adv* mientras, mientras tanto; por el momento; *~ che* mientras (que); *~ che tu aspetti io vado a telefonare* mientras tu esperas yo voy a llamar por teléfono
intarsi|are *vt tec* taracear; **~o** *m tec* taracea *f*, marquetería *f*
intasa|mento *m* atasco, obstrucción *f*; **~re** *vt* atascar, obstruir; *auto* atascar, taponar
intascare *vt* embolsarse
intatto *adj* intacto, íntegro
intavolare <*esd*> *vt* entablar (*comenzar*)
integerrimo *adj lit* integérrimo
integral|e **1.** *adj* íntegro, integral; *mat/gastr* integral; *edizione ~* edición íntegra; **2.** *m mat* integral *f*; **~ismo** *m eccl/pol* integrismo, fundamentalismo; *pol* tendencia integradora *f*; *~ islamico* integrismo islámico, fundamentalismo islámico; **~ista** *adj/s* integrista; **~istico** *adj* integrista
integrare <*esd*> *vt mat/fig* integrar
integrativo *adj* integrador; complementario; *esame ~* examen de adaptación
integrazione *f* integración; complementación; *~ raziale* integración racial; *(adm) cassa ~* fondo de garantía salarial; *~ dello stipendio* complemento salarial
integrità *f/inv a. fig* integridad *f*; *~ fisica* integridad física
integro *adj a. fig* íntegro
intelaiatura *f arch* armazón *m/f*, entramado *m*; *fig* entramado *m*, estructura
intellett|ivo *adj* intelectivo; **~o** *m* intelecto, inteligencia *f*
intellettual|e *adj/s* intelectual; **~ismo** *m fil* intelectualismo; **~istico** *adj* intelectual; **~ità** *f/inv* intelectualidad *f*
intelligence *f ingl/inv* inteligencia, servicio de inteligencia *m*
intelligente *adj* inteligente
intelligenza *f* inteligencia; *quoziente di ~* cociente intelectual
intelligibile *adj* inteligible
intemerat|a *f* rapapolvo *m*, reprimenda; **~o** *adj* inmaculado
intemperan|te *adj* intemperante, inmoderado; **~za** *f* intemperancia, inmoderación; intemperancia, exceso *m*
intemperie *fpl* intemperie *f*
intempestivo *adj* intempestivo, inoportuno
intenden|te *m* intendente; delegado; *~ di finanza* delegado de Hacienda; **~za** *f* intendencia; delegación; *~ di finanza* delegación de Hacienda
intendere <*58 intesi; inteso*> **1.** *vt* 1. entender, comprender; *dare a ~ qc a q* dar a entender algo a alg; *lasciare ~ qc a q* dejar caer algo a alg; 2. atender *vi*, aceptar, oír; *non ~ consigli* no aceptar consejos; *non ~ ragioni* no atender a razones; 3. pretender; *non intendo offenderti* no pretendo ofenderte; *cosa intendi fare?* ¿qué pretendes hacer?; **2.** *~rsi* 1. entenderse, comprenderse; 2. entender *vi*; *~ di musica* entender de música
intendi|mento *m* 1. pretensión *f*, intención *f*; 2. entendimiento, comprensión *f*; **~tore, -trice** *m/f* entendedor, -a, conocedor, -a; *a buon intenditor poche parole* a buen entendedor pocas palabras bastan
inteneri|mento *m* ablandamiento; **~re** <*isc*> **1.** *vt* enternecer, ablandar; conmover; **2.** *vi/~rsi* enternecerse, ablandarse; conmoverse

intensifica|re <*esd*> *vt* intensificar; ~**zione** *f* intensificación
intensità *f/inv* intensidad *f*
intensivo *adj* intensivo; *coltura ~a* agricultura intensiva; *terapia ~a* cuidados intensivos
intenso *adj* intenso
intent|are *vt ius* promover, iniciar, entablar; ~**ato** *adj* sin probar; *non lasciar nulla di ~* intentarlo todo; ~**o 1.** *adj* empeñado, dedicado; *essere ~ al lavoro* estar dedicado de lleno al trabajo; **2.** *m* finalidad *f*, fin; propósito, objetivo
intenzion|ale *adj* intencional, intencionado; ~**ato** *adj* intencionado; *bene, male ~* bien, mal intencionado; ~**e** *f* intención; *ho ~ di/è mia intenzione di* tengo intención de; *senza ~* sin intención, sin querer
interagire <*isc*> *vi* <*avere*> interaccionar, interactuar
interattivo *adj* interactivo
interaziendale *adj* entre empresas
interbinario *m* entrevía *f* (*tren*)
intercalare 1. *adj* intercalar, interpuesto; **2.** *m fig* muletilla *f* (*hablando*); *ling* estribillo; **3.** *vt* intercalar, interpolar
intercambiabile *adj* intercambiable
intercapedine *f arch* crujía, intersticio *m*
intercedere *vi* <*avere*> interceder
intercess|ione *f* intercesión; ~**ore, interceditrice** *m/f* intercesor, -a
intercetta|re *vt* interceptar; ~**zione** *f* interceptación; *post* escucha, pinchazo *m* (*teléfono*)
intercity *adj/m/inv tras* intercity *adj/s*
intercomunicante 1. *adj* intercomunicado, comunicado; **2.** *m tras* intercomunicador
interconfessionale *adj* interconfesional
intercontinentale *adj* intercontinental
intercorrere <*18 -corsi; -corso*> *vi* correr, mediar
interdetto, -a 1. *adj* prohibido; *fig* turbado, patidifuso; **2.** *m eccl* entredicho, interdicto; **3.** *m/f* persona suspendida de sus derechos
interdipenden|te *adj* interdependiente; ~**za** *f* interdependencia
interdire <*21 -dico; -dissi; -detto*> *vt* prohibir; *eccl* poner entredicho; *ius* suspender, incapacitar
interdisciplinare *adj* interdisciplinar
interdizione *f* prohibición; *eccl* entredicho *m*; *ius* interdicción; *~ legale* interdicción civil
interessa|mento *m* interés; ~**nte** *adj* interesante; *(fam) essere in stato ~* estar en estado (de buena esperanza); ~**re** *vt/vi* interesar; ~**to** *adj/s* interesado
interesse *m econ/fig* interés; *tasso d'~* tipo de interés; *~ composto, legale* interés compuesto, legal; *mostrare ~ per* mostrar/sentir interés por; ~**nza** *f econ* participación en los beneficios
interezza *f* totalidad; *fig* entereza
interfaccia *f infor* interfaz *m*; *~ utente* interfaz de usuario
interfacoltà 1. *adj/inv* interfacultativo *adj*; **2.** *f/inv stud* comisión interfacultativa *f*
interfer|enza *f fis/ling/fig* interferencia; ~**ire** <*isc*> *vi* <*avere*> interferir; ~**one** *m biol* interferón
interfogli|aceo *adj bot* interfoliar; ~**are** *vt* interfoliar; ~**o** *m* hoja adjunta *f*
interfono *m* interfono, telefonillo
interiezione *f* interjección
interin|ale *adj* interino; ~**ato** *m* interinidad *f*; ~**o** *adj/s* interino
interior|a *fpl* tripas; ~**e** *adj* interior
interlinea *f* interlínea (*distancia entre líneas*); *tip* regleta, interlínea; ~**re 1.** *adj* interlineal; **2.** *vt tip* interlinear
interlocuto|re, -trice *m/f* interlocutor, -a; ~**rio** *adj ius* interlocutorio
interlu|dio *m mus* interludio; ~**nio** *m astr* interlunio
intermedi|ario *adj/s* intermediario, mediador; ~**o** *adj* intermedio
intermezzo *m teatro* entremés, intermedio; *mus* intermezzo, interludio; *fig* intermedio, descanso
interminabile *adj* interminable, inacabable
intermitten|te *adj* intermitente; ~**za** *f* intermitencia
internament|e *adv* internamente; *fig* para sus adentros (*decir*); ~**o** *m* internamiento, reclusión *f*
internare 1. *vt* internar, recluir; **2.** *~rsi* internarse, adentrarse
internato, -a *m* 1. *stud* internado; 2. prácticas *fpl* (*período de aprendizaje*); 3. *m/f* interno, -a, recluso, -a
internazional|e *adj/f* internacional; ~**izzare** *vt* internacionalizar
internista *m/f med* internista
interno, -a 1. *adj* interno; interior; *medicina ~a* medicina interna; *regolamento ~* reglamento (de régimen) interno; *commercio ~* comercio interior; *debito ~* deuda interna; *mare ~* mar interior; *alunno ~* alumno interno; *voce ~a* voz de la conciencia; **2.** *m* interior; *Ministero degli *~i* Ministerio del Interior; *l'~ della regione* el interior de la región; *scala B, ~ 4* escalera B, puerta 4; *mpl cine* interiores; *girare in ~i* rodar en interiores; *architettura d'~i* decoración de interiores; **3.** *m/f stud* interno, -a
intero 1. *adj* entero, completo, íntegro; *mat* entero; *latte ~* leche entera; **2.** *m* totalidad *f*; *mat* entero; *per ~* por completo, por entero; *nel suo ~* en su totalidad
interpella|nte *m/f* interpelante; ~**nza** *f* interpelación; ~**re** *vt* interpelar
interplanetario *adj* interplanetario
interpola|re *vt lit/ius/mat* interpolar; ~**zione** *f* interpolación
interporre <*56 -posi; -posto*> **1.** *vt* poner, presentar (*dificultades*); *ius* interponer; **2.** *~rsi* interponerse, intervenir *vi*
interposizione *f ius/fig* interposición
interpret|are <*esd*> *vt* interpretar; ~**ariato** *m* interpretariado; ~**azione** *f* interpretación; ~**e** *m/f teatro/mus/fig* intérprete; *ling* intérprete, traductor, -a; *~ simultaneo* traductor simultáneo
interpunzione *f ling* puntuación
interra|mento *m* enterramiento; *geogr*

aterramiento; **~re** *vt* enterrar; *geogr* aterrar; **~to** *adj/m arch* sótano; *piano ~* sótano

interregionale *adj* interregional

interregno *m pol* interregno

interroga|re <*esd*> *vt* interrogar, preguntar; *stud* hacer un control oral (a alg); **~tivo 1.** *adj ling/fig* interrogativo; *punto ~* signo de interrogación; **2.** *m* interrogante *m/f*; **~torio** *m* interrogatorio; **~zione** *f* pregunta, interrogación; *stud* control oral *m*; *~ parlamentare* interpelación parlamentaria

interrompere <*66 -ruppi; -rotto*> *vt* interrumpir; suspender

interru|ttore *m elec* interruptor; **~zione** *f* interrupción

interscambio *m com* intercambio

interse|care <*esd*> *vt* atravesar; *mat* intersecar; **~zione** *f mat* intersección

interstizio *m* intersticio

intertestual|e *adj* intertextual; **~ità** *f/inv* intertextualidad *f*

interurbana *f* llamada interurbana, conferencia

interurbano *adj* interurbano

intervall|are *vt* espaciar (*tiempo*); **~o** *m* intervalo, pausa *f*; *teatro* descanso, entreacto, intermedio; *mus/mat* intervalo

intervenire <*86 -vengo; -venni; -venuto*> *vi* intervenir, mediar, terciar; intervenir, participar; *med* intervenir, operar

interventis|mo *m pol* intervencionismo; **~ta** *adj/s pol* intervencionista; **~tico** *adj pol* intervencionista

intervento *m* intervención *f*, participación *f*; *med* intervención *f*; *~ operatorio* intervención quirúrgica; *principio del non ~* principio de no intervención

intervenzionismo *m econ* intervencionismo

intervist|a *f* entrevista; **~are** *vt* entrevistar; **~atore, -trice** *m/f* entrevistador, -a; entrevistador, -a, encuestador, -a

intervocalico *adj* intervocálico

intesa *f* acuerdo *m*, pacto *m*; entendimiento *m*; *agire d'~ con q* actuar de (común) acuerdo con alg; *essere d'~* estar de acuerdo

inteso *adj* 1. tendente, dirigido; *opere ~e al bene* obras tendentes al bien; 2. entendido, acordado; enterado; *resta ~ che...* queda entendido que...; *non darsi per ~* no darse por enterado

intessere *vt* entretejer, tejer; *fig* tramar

intesta|rdirsi <*isc*> obstinarse, emperrarse, empecinarse; **~re 1.** *vt* encabezar; *ius* poner a nombre (*a q* de alg); **2.** *~rsi* obstinarse; **~tario, -a** *m/f* titular; **~to 1.** *adj* encabezado (*carta*); **2.** *adj/s ius* intestado; *post* dirigido (*a* a); **~zione** *f* 1. *econ* titularidad; 2. encabezamiento *m*; membrete *m* (*carta*)

intestin|ale *adj* intestinal; **~o** *adj/m* intestino; *~ crasso, tenue, cieco* intestino grueso, delgado, ciego; *guerra ~a* guerra intestina

intiepidire <*isc*> *vt* templar, entibiar; *fig* templar

intima|re <*esd/-timo*> *vt* intimar (*q di fare qc* a alg a hacer algo), requerir (*q di fare qc* a alg para hacer algo); declarar (*guerra*); **~torio** *adj* intimatorio; **~zione** *f* intimación, requerimiento *m*

intimid|azione *f* intimidación; **~ire** <*isc*> **1.** *vt* intimidar, acobardar; volver tímido; **2.** *vi/~rsi* intimidarse, acobardarse

intimis|mo *m* intimismo; **~ta** *adj/s* intimista

intimità *f/inv* intimidad *f*

intimo *adj/m* íntimo; **~rire** <*isc*> *vt* atemorizar, amilanar, amedrentar

intin|gere <*11 -tingo; -tinsi; -tinto*> *vt* mojar; empapar; **~golo** *m* salsa *f*; guiso, guisado

intirizzire <*isc*> **1.** *vt* aterir; **2.** *vi/~rsi* aterirse

intisichire <*isc*> *vt* volver tísico; *bot* agostar

intitolare <*esd*> *vt* titular, intitular; dedicar

intoccabile *adj/s* intocable

intollera|bile *adj* intolerable; **~nte** *adj/s* intolerante; **~nza** *f* intolerancia

intonacare <*esd*> *vt arch* enlucir, revocar; *fig/iron* acicalar

intonaco *m arch* enlucido, revoque

intona|re *vt mus* entonar; afinar (*instrumentos*); entonar, ejecutar (*canción, himno*); *fig* pegar, hacer juego; *la cravatta non intona col vestito* la corbata no le pega al vestido/no pega con el vestido; **~zione** *f mus/ling* entonación; *mus* afinación; tono *m*; *dare l'~* dar el tono

intonti|mento *m* atontamiento; **~re** <*isc*> **1.** *vt* atontar, pasmar; **2.** *vi/~rsi* atontarse, pasmarse

intopp|are *vi* tropezar (*in* con), chocar (*in* con); **~o** *m* tropiezo, tropezón; *fig* tropiezo, dificultad *f*, obstáculo

intorbida|mento *m* enturbiamiento; **~re** <*esd*> **1.** *vt* enturbiar; **2.** *vi/~rsi* enturbiarse

intorno 1. *adv* alrededor; *girare ~* dar vueltas por los alrededores; *guardare ~* mirar alrededor; *tutt'~* alrededor; *all'~* alrededor, a la redonda; *~ a* alrededor de, en torno a (*lugar; cantidad aproximada*); **2.** *adj/inv* de alrededor, de los alrededores, circundante *adj*; *la gente ~* la gente de alrededor

intorpidi|mento *m* entorpecimiento; **~re** <*isc*> *vt* entorpecer; *fig* ofuscar, amodorrar; **2.** *vi/~rsi* entorpecerse; adormecerse, entumecerse (*miembros*)

intossica|re <*esd*> *vt* intoxicar; **~zione** *f* intoxicación

intradosso *m arch* intredós

intraducibile *adj* intraducible

intralci|are *vt* ralentizar; obstaculizar, entorpecer; **~o** *m* ralentización *f*; traba *f*, obstáculo

intrallazz|are *vt* trapichear, mangonear; **~o** *m* trapicheo, mangoneo; chanchullo, corruptela *f*, fraude; *pol* tráfico de influencias, corrupción *f*

intramontabile *adj* insuperable

intransigen|te *adj* intransigente; ~**za** *f* intransigencia
intransit|abile *adj* intransitable; ~**ivo** *adj ling* intransitivo
intrappolare <*esd*> *vt* capturar, entrampar; *fig* engañar
intraprenden|te *adj* emprendedor; ~**za** *f* iniciativa, empuje *m*
intraprendere <*58 -presi; -preso*> *vt* emprender; acometer (*empresa*); *stud* cursar, seguir
intrasferibile *adj* intransferible
intrattabile *adj* intratable, arisco (*persona*); intratable, inabordable (*tema*); innegociable (*precio*)
intratten|ere <*79 -tengo; -tenni; -tenuto*> *vt* entretener; ~**imento** *m* entretenimiento, distracción *f*
intravenoso *adj* intravenoso
intrav(v)edere <*85 -vidi; -visto*> *vt* entrever, atisbar, vislumbrar
intrecci|are *vt* entrelazar; cruzar (*manos, dedos*); trenzar (*pelo, mimbre*); (entre)tejer; *fig* urdir (*conjura*); ~**o** *m* trenzado; *tec* trama *f* (*tejido*); trama *f*, intriga *f*, acción *f* (*novela...*); *commedia d'*~ comedia de enredo
intrepid|ezza *f* intrepidez, osadía, audacia; ~**o** *adj* intrépido, osado, arrojado
intric|are *vt* intricar, embrollar; ~**o** *m a. fig* enredo, embrollo, maraña *f*
intrig|ante *adj/s* intrigante, maquinador; ~**are 1.** *vt* 1. intricar, embrollar; 2. intrigar (*interesar*); **2.** *vi* <*avere*> intrigar, conspirar; **3.** ~*rsi* embrollarse, enredarse; ~**o** *m* 1. intriga *f*, manejo, tejemaneje *fam*; 2. embrollo
intrinseco *adj* intrínseco
intriso 1. *adj* bañado; empapado; impregnado; **2.** *m gastr* papilla *f*; *arch* engrudo
intristire <*isc*> *vi* ajarse, agostarse
introdu|rre <*15 -duco; -dussi; -dotto*> *vt* introducir; ~**ttivo** *adj* introductivo, introductorio; ~**ttore, -trice** *m/f* introductor, -a; ~**zione** *f* introducción
introit|are *vt adm/com* ingresar, cobrar; ~**o** *m adm* ingreso; *eccl* introito
intromettersi <*44 -misi; -messo*> entrometerse, inmiscuirse
intromissione *f* intromisión, injerencia
intronare *vt* atronar
intronizza|re *vt* entronizar, entronar; ~**zione** *f* entronización
introspe|ttivo *adj psic* introspectivo; ~**zione** *f psic* introspección
introvabile *adj* ilocalizable, inhallable, inencontrable
introver|sione *f psic* introversión; ~**so, ~tito** *adj/s psic* introverso, introvertido
intrufolare <*esd*> *vt pop* colar (*introducir*)
intruglio *m desp* potingue, mejunje
intrus|ione *f* intrusión; ~**o, -a** *m/f* intruso
intubare *vt med/tec* entubar
intui|bile *adj* intuible; previsible; ~**re** <*isc*> *vt* intuir; ~**tivo** *adj* intuitivo
intuito *m fil/eccl* intuición *f*
intuizione *f fil/eccl* intuición
intumescenza *f med* intumescencia
inturgidire <*isc*> *vi* hincharse, volverse túrgido
inuma|no *adj* inhumano; ~**re** *vt* inhumar; ~**zione** *f* inhumación
inumidire <*isc*> *vt* humedecer
inurba|mento *m* éxodo rural; ~**no** *adj* inurbano, maleducado; ~**rsi** emigrar a la ciudad *vi*
inusitato *adj* inusitado, desacostumbrado
inutil|e *adj* inútil; ~**ità** *f/inv* inutilidad *f*
inutilizza|re *vt* inutilizar; ~**zione** *f* inutilización; ~**bile** *adj* inutilizable
invaden|te *adj/s* entrometido, cotilla; ~**za** *f* intromisión
invadere <*35 invasi; invaso*> *vt* invadir
invaditrice V. **invasore**
invaghirsi <*isc*> prendarse, enamorarse (*di* de); encapricharse (*di* con)
invalid|are <*esd*> *vt* invalidar; ~**ità** *f/inv ius/med* invalidez *f*; ~ *al lavoro* incapacidad laboral; ~**o** 1. *adj ius* inválido; 2. *adj/s med* inválido, impedido, lisiado
invalso *adj* arraigado, extendido, difundido
invano *adv* en vano, en balde
invariabil|e *adj* invariable, inmutable; ~**ità** *f/inv* invariabilidad *f*, inmutabilidad *f*
invariato *adj* invariado, inmutado
invasa|mento *m* envasado; ~**re** *vt* 1. obsesionar; 2. envasar; *bot* plantar en maceta; 3. *mar* varar; ~**tura** *f* 1. envasado *m*; 2. *mar* varadero *m*
invasione *f* invasión
invaso *m* 1. *bot* plantación en maceta *f*; 2. *tec* nivel de embalse; ~**re, invaditrice** *adj/s* invasor, -a
invecchia|mento *m* envejecimiento; ~**re** *vt/vi* envejecer
invece *adv* en cambio, por el contrario; ~ *di* en vez de, en lugar de
inveire <*isc*> *vi* <*avere*> despotricar (*contro* contra/de)
invelenire <*isc*> **1.** *vt fig* exasperar; envenenar (*asunto*); **2.** *vi/~rsi fig* exasperarse, enfurecerse
invendibile *adj* invendible
inventar|e *vt* inventar; ~**iare** <*-tario*> *vt* inventariar; ~**io** *m com/ius/fig* inventario
inventiv|a *f* inventiva, creatividad; ~**o** *adj* inventivo
inventore, -trice *m/f* inventor, -a
invenzione *f* invención, invento *m*
inverecond|ia *f* inverecundia; ~**o** *adj* inverecondo
inverminire <*isc*> *vi/~rsi* agusanarse
inverna|le *adj* invernal; ~**ta** *f* invernada, invierno *m*
invernicia|re *vt* barnizar; ~**tura** *f* barnizado *m*; *fig* barniz *m*
inverno *m* invierno; *d'*~ en invierno
invero *adv lit* en verdad
inverosimi|glianza *f* inverosimilitud; ~**le** *adj* inverosímil
invers|ione *f* inversión (*cambio*); *(auto)* ~ *di marcia* cambio de sentido; ~**o** *adj/m* inverso; *all'~a* a la inversa
invertebrato *adj/m zool* invertebrado; *fig* blandengue
inverti|re *vt* invertir (*cambiar*); ~ *la marcia*

cambiar de sentido; ~ *le parti* cambiar los papeles; **~to** *m* invertido (*homosexual*); **~tore** *m tec* inversor
investiga|re *vt* investigar, indagar; **~tivo** *adj* investigador; **~tore, -trice** *m/f* investigador, -a; ~ *privato* detective privado; **~zione** *f* investigación, indagación
investimento *m* 1. embestida *f*, atropello; 2. *econ* inversión *f*
investire *vt* 1. *auto/fig* atropellar, embestir; 2. *econ* invertir; 3. investir, revestir (*di* de/con) (*autoridad, cargo*)
investit|ore, -trice *m/f* 1. *auto/fig* atropellador, -a; 2. *econ* inversor, -a, inversionista; **~ura** *f* investidura
inveterato *adj* inveterado, impenitente
invetria|re *vt* vitrificar (*superficies*); acristalar (*ventanas*); **~ta** *f* vidriera
invettiva *f* invectiva, soflama, filípica
invia|re <*-vio*> *vt* enviar; **~to, -a** *m/f* enviado, -a; ~ *speciale* enviado especial; ~ *d'affari* encargado de negocios
invidi|a *f* envidia; **~abile** *adj* envidiable; **~are** *vt* envidiar; **~oso** *adj/s* envidioso
invigorire <*isc*> **1.** *vt* vigorizar, fortalecer; **2.** *vi/~rsi* vigorizarse, fortalecerse
invilupp|are *vt* envolver; *fig* envolver, complicar, implicar (*personas*); *fig* esconder, camuflar (*cosas*); **~o** *m* madeja *f*, lío; *fig* embrollo, enredo
invincibile *adj* invencible
invio *m* envío, expedición *f*
inviolabil|e *adj* inviolable; **~ità** *f/inv* inviolabilidad *f*
inviolato *adj* inviolado; *partita a reti ~e* partido sin goles
inviperirsi <*isc*> encolerizarse, enfurecerse
invischiare *vt* enviscar; *fig* complicar, implicar
invisibil|e *adj* invisible; **~ità** *f/inv* invisibilidad *f*
inviso *adj lit* mal visto, odiado
invita|nte *adj* provocador, malicioso; **~re** *vt* 1. invitar, convidar; ~ *q a cena* invitar a alg a cenar; 2. *tec/raro* atornillar; **~to, -a** *m/f* invitado, -a
invito *m* invitación *f*; *fig* exhortación *f*
in vitro *adj/inv* in vitro
invitto *adj* invicto
invoca|re *vt* invocar; **~zione** *f* invocación
invogliare *vt* estimular, incitar
involare 1. *vt lit* robar *est*; **2.** *~rsi* volatilizarse
involgarire <*isc*> *vt* desmerecer, afear
involgere <*90 -volgo; -volsi; -volto*> *vt* envolver
involontario *adj* involuntario
involt|are *vt* envolver; **~ino** *m gastr* rollito; ~ *di primavera* rollito de primavera; **~o** *m* paquete; fardo; envoltorio
involu|cro *m* envoltorio; *bot* involucro; **~tivo** *adj* involutivo; **~to** *adj* complicado, abstruso; **~zione** *f* involución
invulnerabil|e *adj* invulnerable; **~ità** *f/inv* invulnerabilidad *f*
inzaccherare <*esd*> *vt* salpicar de barro
inzeppare *vt* atiborrar
inzotichirsi <*isc*> embrutecerse
inzuccherare <*esd*> *vt a. fig* azucarar, endulzar
inzuppare *vt* empapar, embeber, calar; mojar (*pan, galleta*)
io 1. *pr* yo; **2.** *m fil* yo; *psic* yo, ego
iod|ato *adj chim* yodado; **~ico** *adj chim* yódico; **~io** *m chim* yodio
iogurt *m/inv* yogur *m*
iole *f mar* yola
ion|e *m fis* ión; **~ico** *adj* 1. *fis* iónico; 2. *geogr* jónico
ionizza|re *vt fis* ionizar; **~tore** *m fis* ionizador; **~zione** *f fis* ionización
ionosfera *f* ionosfera
iosa: a ~ *adv* a raudales, en abundancia
iota *m/f inv* iota *f* (*letra*); *fig* jota *f*; *non sapere un ~* no saber ni jota; **~cismo** *m ling* iotización *f*
ipecacuana *f bot* ipecacuana
iperbato *m ling* hipérbaton
iperbol|e *f mat* hipérbola; *ling* hipérbole; **~ico** *adj* hiperbólico
ipercalorico *adj* hipercalórico
ipercritico *adj* hipercrítico
iperglicemia *f med* hiperglucemia
iperico *m bot* corazoncillo
ipermercato *m* hipermercado
ipermetrop|e *adj/s* hipermétrope; **~ia** *f* hipermetropía
iperonimo *m ling* hiperónimo
ipersensibile *adj* hipersensible
iperte|nsione *f* hipertensión; **~so** *adj/s* hipertenso
ipertrofia *f* hipertrofia
ipertrofizzarsi hipertrofiarse
ipnosi *f/inv* hipnosis
ipnotico *adj* hipnótico
ipnotizza|re *vt* hipnotizar; **~tore, -trice** *m/f* hipnotizador, -a
ipocalorico *adj* hipocalórico
ipocondr|ia *f* hipocondría; **~iaco** *adj/s* hipocondríaco; **~ico** *adj* hipocóndrico
ipocri|sia *f* hipocresía; **~ta** *m/f* hipócrita
ipodermico *adj* hipodérmico
ipofisi *f/inv* hipófisis
ipogeo *m* hipogeo
ipoglicemia *f med* hipoglucemia
ipostasi *f/inv* hipóstasis
ipoteca *f ius/fig* hipoteca; **~re** *vt* hipotecar; **~rio** *adj* hipotecario
ipotensione *f* hipotensión
ipotenusa *f mat* hipotenusa
ipotes|i *f* hipótesis; **~o** *adj/s* hipotenso
ipotetico *adj* hipotético
ipotizzare *vt* conjeturar
ipotonia *f* hipotonía
ippic|a *f* hípica; *(iron) datti all'~* (mejor) dedícate a otra cosa; **~o** *adj* hípico
ippocampo *m zool* hipocampo
ippocastano *m bot* castaño de Indias
ippocratico *adj* hipocrático
ippodromo *m* hipódromo
ippoglosso *m zool* fletán
ippogrifo *m* hipogrifo
ippomane *f bot* manzanillo *m*
ippopotamo *m* hipopótamo
iprite *f chim* iperita
ipsilon *m/f* ípsilon; y griega *f*
ira *f* ira, cólera; **~cheno** *adj/s* iraquí

iracond|ia *f* iracundia; ~**o** *adj* iracundo, colérico

Iran: *l'~ (m)* Irán; ***~iano** *adj/s* iraní

Iraq: *l'~ (m)* Irak

irascibil|e *adj* irascible; ~**ità** *f/inv* irascibilidad *f*

irato *adj* encolerizado, furioso

ireos *m/inv bot* lirio *m*

irida|re *<esd> vt* irisar; ~**to** *adj* irisado

iride *f* iris *m* (*colores, med*); *bot* lirio *m*

iridescen|te *adj* iridiscente; ~**za** *f* iridiscencia

iridio *m chim* iridio

iris *m/inv bot* lirio *m*

Irland|a: *l'~ (f)* Irlanda; ***~ese** *adj/s* irlandés

ironi|a *f* ironía; ~**co** *adj* irónico; ~**zzare** *vi <avere>* ironizar

iroso *adj* colérico

irradia|mento *m* irradiación *f*; ~**re 1.** *vt* 1. irradiar, emitir; *post* radiar, difundir; 2. iluminar, alumbrar; 3. *med* radiar; **2.** *vi* irradiar, emitirse, difundirse; **3.** *~rsi* partir *vi*, esparcirse (*desde un punto*); ~**zione** *f* irradiación

irraggiungibile *adj* inalcanzable

irragionevole *adj* irrazonable

irrancidire *<isc> vi* enranciarse

irrazional|e *adj* irracional; ~**ismo** *m* irracionalismo; ~**istico** *adj* irracionalista; ~**ità** *f/inv* irracionalidad *f*

irreal|e *adj* irreal; ~**izzabile** *adj* irrealizable; ~**tà** *f/inv* irrealidad *f*

irreconciliabile *adj* irreconciliable

irrecuperabile *adj* irrecuperable

irrecusabile *adj* irrecusable

irredento *adj* irredento

irredimibile *adj* irredimible

irrefrenabile *adj* irrefrenable, incontenible

irrefutabile *adj* irrefutable, irrebatible

irregolar|e *adj* irregular; ~**ità** *f* irregularidad

irreligioso *adj* irreligioso

irremissibile *adj* irremisible

irremovibile *adj* irremovible

irreparabile *adj* irreparable

irreperibile *adj* ilocalizable

irreprensibile *adj* irreprensible, irreprochable

irrequiet|ezza *f* inquietud, intranquilidad; ~**o** *adj* inquieto, intranquilo; ~**udine** *f* inquietud

irresistibile *adj* irresistible

irresolut|ezza *f* irresolución, indeterminación; ~**o** *adj* irresoluto

irrespirabile *adj* irrespirable

irresponsabil|e *adj/s* irresponsable; ~**ità** *f/inv* irresponsabilidad *f*

irrestringibile *adj* que no encoge

irretire *<isc> vt lit* enredar *est*, engatusar *est*

irreversibile *adj* irreversible

irrevocabile *adj* irrevocable

irriconoscibile *adj* irreconocible

irridere *<61 irrisi; irriso> vt lit* escarnecer

irriducibile *adj* irreductible, irreducible

irriflessiv|ità *f/inv* irreflexividad *f*; ~**o** *adj* irreflexivo

irriga|re *vt agr* regar, irrigar; *med* irrigar; ~**tore** *m agr* aspersor; *med* irrigador; ~**zione** *f* riego *m*, irrigación; *med* irrigación; ~ *a pioggia, a goccia* riego por aspersión, por goteo

irrigidi|mento *m* agarrotamiento; ~**re** *<isc>* **1.** *vt* agarrotar, poner rígido; *fig* endurecer, agravar; **2.** *~rsi* agarrotarse; *mil* cuadrarse; *fig* empecinarse, obstinarse

irriguo *adj* regadío, de regadío (*tierra*); *acque ~e* aguas de riego

irrilevan|te *adj* irrelevante, intrascendente; ~**za** *f* irrelevancia, intrascendencia

irrimediabile *adj* irremediable

irrinunciabile *adj* irrenunciable

irripetibile *adj* irrepetible

irrisione *f* irrisión, escarnio *m*

irrisorio *adj* irrisorio, ridículo; *prezzo ~* precio irrisorio

irrispettoso *adj* irrespetuoso, irreverente

irrita|bile *adj* irritable; ~**bilità** *f/inv* irritabilidad *f*; ~**re** *<esd> vt* irritar, picar; *fig* irritar, molestar, contrariar; ~**zione** *f* irritación; *fig* irritación, enojo *m*

irrituale *adj* amistoso, privado

irriveren|te *adj* irreverente; ~**za** *f* irreverencia

irrobustire *<isc> vt* robustecer, fortalecer

irroga|re *<esd/-ogo> vt* irrogar; ~**zione** *f* irrogación

irrompere *<66 irruppi; irrotto> vi* irrumpir

irrora|re *vt* rociar, bañar; *med* regar; *agr* sulfatar, pulverizar; ~**trice** *f* sulfatadora, sulfatador *m*

irruen|te *adj* impetuoso; ~**za** *f* impetuosidad

irrugginire *<isc>* **1.** *vt* oxidar; **2.** *vi* oxidarse

irruvidire *<isc> vt* poner áspero

irruzione *f* irrupción

irsuto *adj* hirsuto

irto *adj* hirsuto; *fig* erizado, plagado (*lleno*)

iscritto 1. *adj* escrito; *per ~* por escrito; **2.** *adj/s adm* inscrito; empadronado; colegiado (*profesional*); *stud* matriculado; *pol* afiliado

iscrivere *<71 iscrissi; iscritto> vt adm* inscribir; empadronar; colegiar (*profesión*); *stud* matricular; *pol* afiliar

iscrizione *f* inscripción (*lápida...*); *adm* inscripción; empadronamiento *m*; colegiación (*profesión*); *stud* matriculación, matrícula; *pol* afiliación

Islam *m* Islam; ***~ico** *adj/s* islámico, musulmán; ***~ismo** *m* islamismo

Island|a: *l'~ (f)* Islandia; ***~ese** *adj/s* islandés

isobara *f fis* isobara

isola *f* isla; ~ *pedonale* zona peatonal; ~ *spartitraffico* mediana; ~**bile** *adj* aislable; ~**mento** *m* aislamiento; incomunicación *f*; ~ *acustico, termico* aislamiento acústico, térmico; *reparto di ~* sala de aislamiento; ~**no** *adj/s* isleño; ~**nte** *adj/m* aislante; ~**re**

<*esd*> *vt* aislar; ~**to 1.** *adj* aislado; **2.** *m* 1. *arch* manzana *f*, bloque de viviendas; 2. *fig* solitario, persona sola *f*; ~**tore** *adj/m* aislante
isolazionis|mo *m* aislacionismo; ~**ta** *adj/s* aislacionista; ~**tico** *adj* aislacionista
isolotto *m* islote
isomorf|ismo *m* isomorfismo; ~**o** *adj* isomorfo
isoscele *adj mat* isósceles
isotera *f meteo* isótera
isotermico *adj* isotérmico
isotop|ia *f fis* isotopía; ~**o** *m fis* isótopo
Isotta *f* Isolda
ispanis|mo *m* hispanismo; españolismo; ~**ta** *m/f* hispanista; ~**tica** *f* hispanística
ispano-americano *adj/s* hispanoamericano
ispanofono *adj/s* hispanohablante
ispessi|mento *m* espesamiento; ~**re** <*isc*> *vt* espesar
ispett|ivo *adj* inspector; ~**orato** *m* inspección *f*; ~**ore, -trice** *m/f* inspector, -a
ispezion|are *vt* inspeccionar, controlar; ~**e** *f* inspección, control *m*
ispido *adj* híspido, erizado
ispira|re *vt* inspirar; ~**to** *adj* inspirado; ~**tore, -trice** *m/f* inspirador, -a; ~**zione** *f* inspiración
Israel|e *m* Israel; *~**iano** *adj/s* israelí
israelit|a *m/f* israelita, judío, -a; ~**ico** *adj* israelita, judío, hebreo
issare *vt* izar
Istambul *f* Estambul
istantane|a *f foto* instantánea; ~**o** *adj* instantáneo
istante *m* instante, momento; *all'*~ al instante, al momento; *ad ogni* ~ en todo momento
istanza *f ius* instancia, solicitud; demanda; *fig* aspiración, necesidad
isteri|a *f* histeria; ~**co** *adj/s* histérico; ~**lire** <*isc*> *vt* esterilizar; ~**smo** *m* histerismo, histeria *f*
istiga|re *vt* instigar, provocar, azuzar; ~**tore, -trice** *m/f* instigador, -a, provocador, -a; ~**zione** *f* instigación, provocación
istint|ivo *adj* instintivo; ~**o** *m* instinto; *gli* ~*i bassi* los bajos instintos
istitu|ire <*isc*> *vt* instituir; ~**tivo** *adj* institutivo; ~**to** *m* instituto, institución *f*; *stud* instituto; departamento (*universidad*); ~ *di credito* entidad de crédito; ~ *di bellezza* salón de belleza; *consiglio d'*~ consejo escolar; ~ *tecnico professionale* instituto de formación profesional; ~ *magistrale* ="escuela del profesorado de EGB", Escuela Normal *ant*; ~ *di ragioneria* ="Escuela de Estudios Empresariales"; ~**tore, -trice** *m/f* 1. fundador, -a; 2. preceptor, -a, instructor *m*, institutriz *f*
istituzion|ale *f* institucional; ~**alizzare** *vt* institucionalizar; ~**e** *f* 1. institución, constitución, fundación; 2. institución, entidad; 3. *fpl ius* instituciones
istmo *m* istmo
istologia *f biol* histología
istoriare *vt art* historiar
istrice *m zool* puerco espín
istrion|e *m* histrión; ~**esco,** ~**ico** *adj desp* histriónico
istruire <*isc*> *vt* instruir, aleccionar, adiestrar; *ius* instruir
istrutt|ivo *adj* instructivo, aleccionador; *ius* instructivo; ~**ore, -trice 1.** *adj* instructor; **2.** *m/f* instructor, -a, monitor, -a; ~**oria** *f ius* instrucción; ~**orio** *adj ius* instructor, de instrucción
istruzione *f* instrucción, adiestramiento *m*; instrucción, orden; *ius* instrucción
istupidi|mento *m* atontamiento, abobamiento; ~**re** <*isc*> **1.** *vt* entontecer, abobar; **2.** *vi* entontecerse, abobarse
Italia: *l'*~ *(f)* Italia
italiani|smo *m* italianismo; ~**sta** *m/f* italianista; ~**tà** *f/inv* italianidad *f*
italianizza|nte *adj* italianizante; ~**re** *vt* italianizar
italiano 1. *adj/s* italiano; **2.** *adj tip* cursivo, itálico
italico *adj/s* itálico
iter *m adm* trámitación *f*, curso, procedimiento; ~**ativo** *adj* iterativo; ~**azione** *f* iteración
itinera|nte *adj* itinerante, ambulante; ~**rio** *m* itinerario, ruta *f*
itteri|co *adj med* ictérico; ~**zia** *f med* ictericia
ittico *adj* íctico
ittiologi|a *f* ictiología; ~**co** *adj* ictiológico
ittita *adj/s* hitita
IUD *m/inv med* DIU (*dispositivo intrauterino*)
iugero *m agr* yugada *f* (*medida*)
Iugoslav|ia: *la* ~ Yugoslavia; *~**o** *adj/s* yugoslavo
iugulare <*esd*> *vt fig* acogotar, oprimir
iuta *f* yuta
ivi *adj lit* allí *est*

J

jabot *m fr/inv* chorrera *f*
jacaranda *f bot* jacarandá
jack *m ingl/inv* 1. *elec* jack; 2. jota *f (naipes)*
jacquard *adj/m/inv mec* jacquard
jazz *m ingl/inv* jazz; **~ista** *m/f* jazzman *m*, jazzwoman *f*; **~istico** *adj* jazzístico
jeans *mpl ingl/inv* (pantalones) vaqueros *mpl*, (pantalones) tejanos *mpl*, bluyín *m/am*
jeep *m ingl/inv auto* jeep *m*, todoterreno *m*
jersey *m ingl/inv* jersey *m*
jet *m/inv aer* jet *m*, avión de reacción *m*
jet-set *m*, **jet-society** *f ingl/inv* jet-set *f*, gente bien *f*
jockey *m ingl/inv* yóquey *m*, yoqui *m*
jogging *m ingl/inv* jogging, footing
jolly *adj/m ingl/inv* comodín *adj/s*
joule *m ingl/inv fis* julio *m*
judò *m/inv sport* yudo, judo; **~ista** *m/f sport* yudoca *m/f*, judoca *m/f*
jugoslavo V. **iugoslavo**
juke-box *m ingl/inv* máquina tocadiscos *f*, rocanola *f/am*
julienne: alla ~ *adj fr/inv gastr* juliana *adj*
jumbo *m tras* jumbo *m*
junior *adj/inv* júnior
juta V. **iuta**

K

kafkiano *adj a. fig* kafkiano
kamikaze *adj/m/inv* kamikaze *adj/s*
kaputt *adj/inv* kaput, acabado *adj*
karatè *m/inv*, karate *m sport* kárate *m*
karate|ca, ~ka *m/f* karateka
kart *m/inv auto* kart *m;* **~ismo** *m* kárting
kartodromo *m* pista de karts *f*
kashmir V. **cachemire**
kayak *m/inv sport* kayac *m,* kayak *m*
kefir, **kefir** *m/inv* kéfir *m*
képi *m fr/inv* quepis *m*
kermesse *f fr/inv* kermés *f*
kerosene V. **cherosene**
ketch *m ingl/inv mar* ketch
ketchup *m ingl/inv gastr* cátchup, cátsup
keynesiano *adj econ* keynesiano
khan *m/inv* kan *m*, can *m*
khmer *adj/s inv* jemer *adj/s;* ~ *rossi* jemeres rojos
khomeinista *adj/s* jomeinista
kibbutz *m/inv* kibbutz
kidnapping *m ingl/inv* rapto infantil *m*
killer 1. *m/f inv* asesino, -a a sueldo, sicario, -a; **2.** *adj/inv* asesino; *cellula* ~ célula asesina
kindergarten *m/inv* guardería *f*, jardín de infancia *m*
kinderheim *m/inv* colonia de vacaciones *f*
kirsch *m/inv* kirsch
kiwi *m/inv zool/bot* kiwi *m*
knock out *adj/adv/m ingl/inv* fuera de combate, KO; *mettere* ~ noquear; *essere* ~ estar KO, estar fuera de combate
know how *m ingl/inv com* know how, conocimientos *mpl*, bagaje *m*
koala *m/inv* koala *m*
koinè *f/inv* koiné *f*
kolchoz *m/inv* koljos
kolossal *m/inv cine/TV* superproducción *f*
krapfen *m/inv gastr* berlinesa *f*
kriss *m/inv* kris
kursaal *m/inv* casino *m*
k-way *m ingl/inv* canguro *m*, chubasquero *m*

L

l' *ar* la; el; *l'edera* la hiedra; *l'ora* la hora
la 1. *ar* la; *la casa, la storia...* la casa, la historia...; **2.** *pr* la; *la vedo* la veo; **3.** *m mus* la; *dare il ~* dar el tono
La *pr* le; *~ ringrazio* le doy las gracias; *posso accompagnarLa?* ¿puedo acompañarle?
là *adv* allá; ahí; *più in ~* más allá; *andare in ~* avanzar; *da quel giorno in ~* desde aquel día en adelante; *essere in ~ con gli anni* ser de edad avanzada; *tirarsi in ~* echarse a un lado; *di ~* por allá, por ahí; *~ per ~* en ese momento; *al di ~ (di)* más allá (de); *per di ~* por allá; *chi va ~?* ¿quién vive?, ¿quién va ahí?; *via di ~!* ¡fuera de ahí!; *essere più di ~ che di qua* estar con un pie en el otro mundo
labaro *m* lábaro
labbro *m* 1. *<pl e labbra> med* labio (*boca, vagina*); *(fig) leccarsi le ~a* chuparse los dedos; *(fig) mordersi le ~a* morderse la lengua; *(fig) avere sulla punta delle ~a* tener en la punta de la lengua; 2. *<pl i labbri> fig* labio (*herida*); borde (*pozo...*)
labiale *adj/f ling* labial
labil|e *adj lit* lábil; **~ità** *f/inv lit* labilidad *f*
labio|dentale *adj/f ling* labiodental; **~velare** *adj/f ling* labiovelar
labirint|ico *adj* laberíntico; **~o** *m* laberinto
laboratori|o *m* laboratorio; taller, obrador; **~sta** *m/f* trabajador, -a de un laboratorio
laborioso *adj* laborioso, hacendoso, industrioso; laborioso, trabajoso, costoso
labradorite *f min* labradorita
laburis|mo *m pol* laborismo; **~ta** *adj/s pol* laborista
lacca *f* laca; **~re** *vt* lacar, laquear; **~tura** *f* lacado *m*, laqueado *m*
lacchè *m/inv* lacayo *m*, sirviente *m*; *desp* lacayo *m*
laccio *<pl -cci> m* lazo; cordón (*zapato*); *fig* trampa *f*; *tendere i ~i* tender una trampa
lacera|bile *adj* lacerable; **~nte** *adj* lacerante, desgarrador; **~re** *<esd> vt* lacerar, desgarrar; **~zione** *f* laceración
lacero *adj* lacerado, desgarrado; *fig* harapiento, desharrapado; *ferita ~a* herida con desgarro
lacerto *m* 1. *gastr* redondo; 2. *med* masa muscular del brazo *f*
laconic|ità *f/inv* laconismo *m*; **~o** *adj* lacónico
lacrima *f* lágrima; *~e di coccodrillo* lágrimas de cocodrilo; *avere le ~e agli occhi* saltar las lágrimas; *dare in ~e* romper a llorar; *piangere e amare di sangue* llorar lágrimas de sangre; *sciogliersi in ~e* deshacerse en lágrimas; **~le** *adj* lagrimal; *condotto ~* lagrimal; **~re** *<esd> vi <avere>* lagrimar, lagrimear, llorar; **~zione** *f* lagrimeo *m*
lacrimevole *adj* lacrimoso, lamentable
lacrimo|geno *adj* lacrimógeno; **~ne** *m* lagrimón; **~so** *adj* lagrimoso; *fig* lacrimoso, conmovedor
lacuna *f* laguna (*espacio en blanco*); *fig* vacío *m*; *~ della memoria* lápsus *m*; **~re** *m arch* lagunar
lacunos|ità *f/inv* lagunosidad *f*; **~o** *adj* lagunoso
lacustre *adj* lacustre
laddove *lit* **1.** *adv* donde *est*; **2.** *conj* mientras que *est*; en lugar de *est*
ladino *adj/m ling* ladino
ladre|ria *f* ladronería, ladronada; **~sco** *adj* ladronesco
ladro *adj/s* ladrón; *~ in guanti gialli* ladrón de guante blanco; **~cinio** V. **latrocinio**
ladrone *m* ladrón; **~ria** *f* ladronada; **~sco** *adj* ladronesco
ladruncolo, -a *m/f* ladronzuelo, -a
lager *m/inv* campo de concentración *m*
laggiù *adv* allí abajo, allá abajo
lagna *f fam* quejido, lamento; quejica *m/f*; **~nza** *f* queja, lamentación; **~rsi** quejarse, lamentarse (*di* de)
lagno *m* queja *f*, lamento
lago *m* lago; *~ di sangue* baño de sangre
lagrim|a V. **lacrima**; **~o** *m bot* lágrima *f*
laguna *f* laguna, albufera; **~re** *adj* lacustre
L'Aia *f* La Haya
laica|le *adj* laical; **~to** *m eccl* laicado
laici|smo *m* laicismo; **~tà** *f/inv* laicismo *m* (*cualidad*)
laicizza|re *vt* laicizar; **~zione** *f* laicización
laico 1. *adj/s* laico, lego, seglar (*persona*); **2.** *adj* laico, aconfesional (*estado, escuela*)
laid|ezza *f lit* fealdad *est*; **~o** *adj lit* feo *est*
lama 1. *f* 1. lama, hoja (*cuchillo, espada*); *(fig) ~ a doppio taglio* cuchillo de doble filo; 2. *geogr* charca, pantano *m*; 3. *zool* llama; **2.** *m eccl* lama
lambicca|re *vt* alambicar; *fig* sopesar, ponderar, alambicar; *~rsi il cervello* devanarse los sesos; **~to** *adj* rebuscado, complicado; *art* recargado
lambire *<isc> vt* lamer; *fig* rozar, acariciar
lambrusco *m gastr* ="vino tinto espumoso de Emilia"
lamella *f* lámina, hoja; **~re** *adj* laminar
lamellibranchio *adj zool* lamelibranquio
lament|are 1. *vt* lamentar, sentir; **2.** *~rsi* lamentarse, dolerse; lamentarse, quejarse; **~azione** *f eccl* lamentación; **~ela** *f* gimoteo *m*, lloriqueo *m*, lamentaciones *fpl*; **~evole** *adj* lamentable, deporable; lamentoso, quejoso; **~io** *m* gimoteo, lamentación *f*; **~o** *m* lamento, quejido; queja *f*; *lit* elegía *f*, canto fúnebre; **~oso** *adj* lamentoso, quejoso
lametta *f* hoja; *~ da barba* hoja de afeitar
lamier|a *f metal* chapa, plancha, hoja; **~ino** *m* chapa fina *f*; **~ista** *m/f* chapista, planchista
lamina *f metal* lámina, plancha, chapa, hoja; **~re 1.** *adj* laminar; **2.** *<esd> vt metal* laminar, chapar; **~to** *adj/m metal* laminado; **~toio** *m metal* laminadora *f*; **~tura, ~zione** *f metal* laminación, laminado *m*; chapado *m*
lampad|a *f* lámpara; *~ a gas, a quarzo, da miniera/di sicurezza* lámpara de gas, de cuarzo, de los mineros/de seguridad; *~ a snodo* flexo; *~ da tavolo, a stelo* lámpara

de mesa, de pie; *(fam) darsi la ~* darse rayos uva; **~ario** *m* araña *f*; **~ina** *f* bombilla

lampante *adj* reluciente; *fig* meridiano (*verdad*)

lampeggia|mento *m meteo* relampagueo; parpadeo (*luz*); *fig* centelleo, destello; **~re** *vi/imp* <*avere*> relampaguear; *fig* centellear; *auto* parpadear, hacer luces; **~tore** *m auto* intermitente; sirena *f* (*ambulancia*); *foto* flash

lampeggio *m auto* luces de emergencia *fpl*; *meteo* relampagueo; parpadeo (*luz*); *fig* centelleo, destello

lampion|aio *m ant* farolero, lamparero; **~cino** *m* farolillo; **~e** *m* farola *f*

lampista *m* lampista, lamparero

lampo 1. *m meteo/fig* relámpago; *(fig) come un ~* como un rayo, como una bala; *in un ~* en un santiamén; *~ di genio* relámpago; **2.** *adj/inv* relámpago; *guerra ~* guerra relámpago; *notizia ~* noticia de alcance; **~ne** *m bot* frambuesa *f* (*fruta*); frambueso (*planta*)

lampreda *f zool* lamprea

lana *f* lana; *(fig) buona ~* buena pieza; *essere della stessa ~* ser de la misma carda/pasta/ralea; *questioni di ~ caprina* discusiones bizantinas; *~ di legno, di acciaio* virutas de madera, de acero; *~ di vetro* fibra de vidrio; **~iolo, -a** *m/f* lanero, -a

lance|olato *adj bot* lanceolado; **~tta** *f* manecilla, aguja (*reloj*); *med* lanceta

lancia *f* 1. lanza; fisga, arpón *m* (*pesca*); *spezzare una ~ per q* romper una lanza por alg; *con la ~ in resta* con la lanza en ristre; *una buona ~* una buena lanza; 2. *mar* lancha; *~ di salvataggio* lancha de salvamento

lancia|bile *adj* lanzable, arrojadizo; **~bombe** *m/inv* lanzabombas; **~fiamme** *m/inv* lanzallamas; **~granate** *m/inv* lanzagranadas; **~mine** *m/inv* lanzaminas; **~missili** *adj/m/inv* lanzamisiles; **~razzi** *m/inv* lanzacohetes

lanciare *vt* lanzar; despedir, arrojar; *com* lanzar; *fig* soltar (*palabrota*); lanzar (*acusación*); echar (*mirada, maldición*); lanzar, dejar caer (*idea*)

lanciasiluri *m/inv* lanzatorpedos

lanciata *f* lanzada, lanzazo *m*

lanciato *adj* lanzado; **~re, -trice** 1. *m/f* lanzador, -a; *~ del disco, del giavellotto, del martello* lanzador de disco, de jabalina, de martillo; 2. *m aer* lanzadera *f*

lanciatorpedini *m/inv* lanzaminas

lanciere *m* 1. *mil* lancero; 2. *mpl mus* lanceros

lancinante *adj* lancinante

lancio *m com/sport/fig* lanzamiento; *~ del peso, del disco* lanzamiento de peso, de disco; **~la** *f bot* llantén *m*

landa *f* landa

lane|rie *fpl* lanería *f*; **~tta** *f* lanilla

languid|ezza *f* languidez; **~o** *adj* lánguido

languire <*isc*> *vi* <*avere*> languidecer; consumirse; *~ dalla fame* consumirse por el hambre

languore *m* languidez *f*

laniccio *m* pelusa *f*

lanier|e *m* lanero; **~o** *adj* lanero

lanificio *m* fábrica de lana *f*

lano|lina *f* lanolina; **~so** *adj* lanoso

lantern|a *f* linterna; farol *m*; **~ino** *m* farolillo; *(fig) cercare qc col ~* buscar con un candil

lanugine *f* pelusa

lapalissiano *adj* obvio, evidente

lapida|re <*esd*> *vt* lapidar; **~rio** *adj/s* lapidario; **~zione** *f* lapidación

lapide *f* lápida

lapis *m/inv* lápiz *m*

lapislazzuli *m/inv* lapislázuli

lappa *f bot* lapa, lampazo *m*; **~re** *vt* beber (*perro*); *fig* sorber

lappon|e *adj/s* lapón; ***~ia:** *la ~* Laponia

lapsus *m/inv* lapsus; *~ calami, ~ linguae* lapsus calami, lapsus linguae

lardellare *vt gastr* mechar

lardo *m* tocino; **~so** *adj* atocinado

larghe|ggiare *vi* <*avere*> prodigarse; **~zza** *f* anchura, ancho *m*; *fig* esplendidez, prodigalidad; *fig* manga ancha; *~ di vedute* amplitud de miras

largi|re <*isc*> *vt lit* dispensar; **~tore, -trice** *m/f lit* dispensador, -a; **~zione** *f lit* dispensación

largo 1. *adj* ancho; *fig* espléndido, pródigo, generoso; *è ~ tre metri* tiene tres metros de ancho; *stare alla ~a da q* mantenerse alejado de alg; *passare alla ~a* pasar de largo; *su ~a scala* a gran escala; **2.** *m* ancho, anchura *f*; *mar* mar abierto, alta mar *f*; *arch* plazoleta *f*, plazuela *f*; *mus* largo; *farsi ~ tra la folla* abrirse paso entre la multitud; *tenersi al ~ di q/qc* mantenerse alejado de alg/algo; *girare al ~ di q* evitar a alg; *(mar) prendere il ~* salir a mar abierto; *fig* marcharse; **3.** *excl* ¡paso!; *fate ~!* ¡abran paso!

larice *m bot* alerce

laring|e *f* laringe; **~eo** *adj* laríngeo; **~ite** *f* laringitis

laringo|iatra, ~logo, -a *m/f* laringólogo, -a; **~tomia** *f* laringotomía

larva *f zool* larva; *fig* sombra, espectro *m*; *è la ~ di se stesso* es la sombra de sí mismo; **~le** *adj* larval, larvario; **~to** *adj zool/fig* larvado

lasagne *fpl gastr* lasaña *f*

lasciapassare *m/inv* pase *m*, salvoconducto *m*

lasciare 1. *vt* dejar; *lascia stare/perdere* déjalo estar/correr; *~ andare* dejar ir, soltar; *fig* dejar escapar; *~ a desiderare* dejar que desear; *~ detto* dejar dicho; *~ fare* dejar hacer, dar libertad; *o prendere o ~* lo tomas o lo dejas; **2.** *~rsi* dejarse, separarse

lascito *m ius* legado, manda *f*

lasciv|ia *f* lascivia; **~o** *adj* lascivo

laser 1. *adj/inv* láser; **2.** *m/inv* (rayo) láser *m*; **3.** *f/inv* (impresora) láser *f*

lassativo *adj/m* laxante, laxativo

lassismo *m* laxismo

lasso 1. *adj lit* laxo; **2.** *m* lapso

lassù *adv* allá arriba, allí arriba

lastra *f* plancha, lámina, chapa (*metal*); lastra, losa, laja (*piedra*); *foto* placa; *tip* cliché *m*; *~ di ghiaccio* placa de hielo; *(fam) farsi le ~e* hacerse placas

lastrica|re <*esd*> *vt* enlosar, empedrar; **~to** *adj/m* enlosado, empedrado

lastrico *m* empedrado, enlosado; *fig* calle *f*; *gettare sul ~* dejar en la calle; *ridursi sul ~* quedarse en la calle

lastrone *m* lastra *f*, losa *f*

latente *adj* latente

laterale 1. *adj* lateral; **2.** *m sport* lateral, extremo

laterizio <*pl -zi*> **1.** *adj* del ladrillo; **2.** *mpl* ladrillos

latice *m* látex

latifond|ista *m/f* latifundista, terrateniente; **~o** *m* latifundio

latini|smo *m* latinismo; **~sta** *m/f* latinista; **~tà** *f/inv* latinidad *f*

latino 1. *adj/s* latino; **2.** *m ling* latín; **~-americano** *adj/s* latinoamericano, iberoamericano

latitan|te *adj ius* contumaz, rebelde; fugitivo; **~za** *f ius* contumacia, rebeldía; *darsi alla ~* pasar a la clandestinidad, quitarse de la circulación

latitudin|ale *adj* latitudinal; **~ario** *adj eccl* latitudinario

latitudine *f geogr* latitud

lato 1. *adj* lato, amplio; *in senso ~* en sentido lato; **2.** *m* lado; costado; *da un ~..., dall'altro* por un lado..., por otro; *per ogni ~* por cualquier lado; *da ambedue i ~i* por los dos lados; *da un ~ all'altro* de un lado a otro, de parte a parte; *da mio ~* por mi parte

latore, latrice *m/f* portador, -a

latra|re *vi* <*avere*> aullar; **~to** *m* aullido

latrina *f* letrina

latrocinio *m* latrocinio

latta *f* lata, hojalata (*material*); lata (*recipiente*); **~io, -a** *m/f* lechero, -a; **~nte** *adj/s* lactante; **~zione** *f* lactación; lactancia

latte *m* leche *f*; *~ in polvere, condensato, cagliato* leche en polvo, condensada, cuajada; *~ intero, scremato, parzialmente scremato* leche entera, desnatada, semidesnatada; *~ a lunga conservazione* leche uperisada; *~ di bellezza/verginale, detergente* leche virginal, limpiadora; *(bot) ~ di gallina* leche de gallina; *denti di ~* dientes de leche; *fratello di ~* hermano de leche; *(fig) avere il ~ alla bocca* estar con la leche en los labios; *dare il ~* dar de mamar; **~miele 1.** *m gastr* nata montada *f*; **2.** *adj* zalamero; **~o** *adj* lácteo; *(astr) via ~a* vía láctea; **~ria** *f* lechería

lattescen|te *adj* lactescente; **~za** *f* lactescencia

lattic|e V. **latice**; **~ini** *mpl* derivados de la leche, productos lácteos; **~o** *adj* láctico

lattier|a *f* lechera; **~o** *adj* lácteo

lattifero *adj* lechero, de leche; *vacca ~a* vaca lechera

lattiginoso *adj* lacticinoso, lechoso

lattina *f* lata, bote *m* (*cerveza, refresco*)

lattivendolo, -a *m/f* lechero, -a

latton|e 1. *adj* lechal; **2.** *m* lechón, choto; **~iere** *m* latonero, hojalatero

lattonzolo *adj* lechal

lattosio *m chim* lactosa *f*

lattuga *f* lechuga

lauda *f eccl/lit* gozo *m*; **~no** *m* láudano; **~tivo** *adj* laudatorio, elogioso

laurea *f* licenciatura; doctorado *m*; *~ ad honorem/~ honoris causa* doctorado honoris causa; *prendere la ~ in filologia* licenciarse en filología; **~ndo, -a** *m/f* persona que está haciendo la tesis de licenciatura; doctorando, -a; **~re 1.** *vt* licenciar, graduar *am*; *lit* laurear; **2.** *~rsi* licenciarse, graduarse *am*; doctorarse; **~to** *adj/s* licenciado, titulado superior; *lit* laureado

lauro *m* 1. *lit* laurel; 2. *fig* laureles *mpl*, fama *f*

lauto *adj* opíparo, pantagruélico

lava *f* lava

lavab|iancheria *f/inv* lavadora *f*; **~ile** *adj* lavable; **~o** *m* lavabo

lavacro *m lit* lavacro, baño *est*; pila *f*; *fig* purificación *f*; *~ di sangue* baño de sangre; *il santo ~* la pila bautismal

lavaggio *m* lavado; *~ a secco* lavado en seco; *~ del cervello* lavado de cerebro

lavagna *f min/stud* pizarra; *~ luminosa* retroproyector; *scrivere alla ~* escribir en la pizarra

lavama|cchine *m/inv* lavacoches; **~no** *m/inv* aguamanil *m*

lavand|a *f* 1. lavado *m*; *~ gastrica* lavado de estómago; 2. *bot* lavanda, lavándula, espliego *m*; **~aio, -a** *m/f* lavandero, -a; **~eria** *f* lavandería, tintorería; **~ino** *m* lavabo, fregadero, pila *f*, pileta *f/Am Cent*

lavapiatti 1. *f/inv* lavaplatos *m*, lavavajillas *m* (*aparato*); 2. *m/f inv* lavaplatos, friegaplatos (*persona*)

lavare *vt* lavare; *~ a secco* lavar en seco; *(fig) ~rsene le mani* lavarse las manos; **~llo** *m zool* farra *f*

lavasecco *m/inv* lavandería con lavado en seco *f*

lavastoviglie *f/inv* lavavajillas *m*, lavaplatos *m*

lavat|a *f* lavado *m*; *dare a q una ~ di capo* leerle a alg la cartilla, echarle una bronca a alg; **~ivo** *m* 1. *med* lavativa *f*; 2. *fig* holgazán; **~oio** *m* lavadero; **~ore** *adj* lavador

lavatrice *f* lavadora

lavatura *f* lavado *m*, lavadura; *(fig) ~ di piatti* calducho, agua sucia

lavavetri *m/inv* limpiacristiales (*persona, aparato*)

lavello *m* fregadero, pila *f*, pileta *f/Am Cent*

lavico *adj geol* lávico

lavina *f* alud *m*, avalancha

lavora|bile *adj* trabajable; *agr* cultivable; **~nte** *m/f* trabajador, -a; **~re 1.** *vt* labrar, trabajar; *agr* labrar; *~rsi q* trabajarse a alg; **2.** *vi* <*avere*> trabajar; **~tivo** *adj* laborable (*día*); laboral (*jornada*); *agr* cultivable; **~tore, -trice** *m/f* trabajador, -a, obrero, -a; **~zione** *f* manufactura; labra (*piedra, madera...*); elaboración; *agr* labranza

lavorio *m* actividad *f*, labor *f*, trabajo; *fig* intriga *f*

lavoro *m* trabajo; *~ a cottimo, a domicilio, nero* trabajo a destajo, a domicilio, negro; *~ di gruppo* trabajo en equipo; *~i forzati* trabajos forzados; *~i pubblici* obras públicas; *~i stradali* obras de carretera; *~i in corso* en obras; *giorno di ~* día laborable

lazi|ale 1. *adj* del Lacio; **2.** *m/f* habitante del Lacio; ***~o** *m* Lacio

lazzaretto *m* lazareto

lazzaron|ata *f* granujada, pillería; **~e, -a** *m/f desp* granuja, sinvergüenza, perillán, -ana; *fig* vago, -a, holgazán, -ana

lazzeretto V. **lazzaretto**

lazzeruola *f*, **lazzerolo** *m bot* acerolo *m*

lazzo *m* burla *f*, puya *f*

le 1. *ar* <*femenino pl*> las; **2.** *pr* 1. <*femenino pl, objeto directo*> las; 2. <*femenino sing, objeto indirecto*> le

Le *pr* le; *posso parlarLe in confidenza?* ¿puedo hablarle en confianza?

leader *m ingl/inv* líder *m*; **~ship** *m ingl/inv* liderazgo *m*

leal|e *adj/s* leal, fiel; **~ismo** *m* lealismo; **~ista** *m/f* lealista; **~tà** *f/inv* lealtad *f*, fidelidad *f*

leardo *adj* tordo (*caballo*)

leasing *m ingl/inv* leasing

lebbr|a *f* lepra; **~osario** *m* leprosería *f*, lazareto; **~oso** *adj/s* leproso

leccaculo *m/f desp/vulg* lameculos, pelota *m/f/fam*

lecca lecca *m/inv* chupa-chup *m*, pirulí *m*

leccapiatti *m/f inv* lameplatos

leccapiedi *m/f inv/desp* pelota *m/f*, lameculos *vulg*

leccarda *f gastr* grasera

leccare *vt* chupar, lamer; *(vulg) ~ il culo a q* lamerle el culo a alg; *~ i piedi a q* hacerle la rosca/la pelota a alg; *~rsi le dita/i baffi* chuparse los dedos

leccat|a *f* chupada, lengüetazo *m*; **~o** *adj* chupado; *fig* relamido; **~ura** *f* lamedura, chupeteo *m*; *fig* pelotilleo *m*, adulación; *fig* afectación

lecceto *m* encinar, carrascal

lecchino, -a *m/f desp* pelota, pelotillero, -a, lameculos *vulg*

leccia *f zool* dorada; *bot* bellota

leccio *m bot* encina *f*, carrasca *f*

leccornia *f* golosina, gollería

lecit|ina *f* lecitina; **~o** *adj* lícito

ledere <*42 lesi; leso*> *vt* perjudicar, lesionar, vulnerar; *med* lesionar

lega *f* 1. *metal* aleación; *pol* liga, alianza, coalición, confederación; *gente di bassa ~* gente de baja calaña; *far ~ con q* hacer buenas migas con alg; 2. legua (*medida*); **~ccio** *m* tira *f*, cordón

legale 1. *adj* legal; *studio ~* bufete de abogados; **2.** *m* abogado

legalit|à *f/inv* legalidad *f*; **~ario** *adj* legalista

legalizza|re *vt adm* legalizar, autorizar; *ius* legalizar, autenticar, acreditar; **~zione** *f adm* legalización, autorización; *ius* legalización, autenticación

legam|e *m* vínculo, nexo, conexión *f*; **~ento** *m* ligadura *f*, atadura *f*; *med* ligamento; *mus* ligado

legante *adj/s* mandante, testador, -a

legare 1. *vt* 1. atar, anudar; atar, sujetar; *metal* alear, ligar; *gastr* ligar, trabar; *tip* encuadernar; *min* engastar; 2. *ius* legar; **2.** *vi* <*avere*> *metal* alearse, ligarse; *fig* congeniar

legatario, -a *m/f ius* heredero, -a

legato 1. *adj* atado, sujeto; **2.** *m ius* legado, herencia *f*; *eccl/dipl* legado; *mus* ligado; **~re, -trice** *m/f tip* encuadernador, -a; **~ria** *f* industria de la encuadernación; encuadernación (*taller*)

legatura *f* atadura, ligadura; *tip* encuadernación; *mus* ligado *m*; *min* engarzado *m*; *gastr* ligado *m*, trabazón; *~ in pelle, a spirale* encuadernación en piel, de gusanillo

legazione *f dipl* legación

legenda *f* leyenda (*explicación, tabla...*)

legge *f* 1. ley; *~ quadro/cornice* ley marco; *a norma di ~* conforme a derecho, según la ley; *fatta la ~ trovato l'inganno* hecha la ley hecha la trampa; 2. derecho *m*, jurisprudencia; *facoltà di ~* facultad de derecho; *dottore in ~* doctor en derecho

leggenda *f* leyenda; **~rio** *adj* legendario

leggere <*43 leggo; lessi; letto*> *vt/vi* <*avere*> leer; *~ nel pensiero* leer el pensamiento

leggerezza *f* ligereza, livianidad; ligereza, agilidad; *desp* ligereza, desliz *m*, impertinencia

leggero *adj* ligero, liviano; ligero, ágil; *gastr* light, ligero; *desp* ligero, frívolo, superficial; *armi ~e* armas ligeras; *droghe ~e* drogas blandas; *prendere le cose alla ~* tomar las cosas a la ligera; *sentirsi più ~* quitarse un peso de encima

leggiadr|ia *f* apostura, donaire *m*, elegancia; **~o** *adj* agraciado, elegante, lindo

leggibile *adj* legible; recomendable

leggiero V. **leggero**

leggina *f ius* pequeña ley

leggio *m* atril; *eccl* facistol

legiferare <*esd*> *vi* <*avere*> legislar

legion|ario *m* legionario; **~e** *f mil/fig* legión

legisla|tivo *adj* legislativo; **~tore** *adj/s* legislador; **~tura** *f* legislatura; **~zione** *f* legislación

legittim|a *f ius* legítima; **~are** <*esd*> *vt* legitimar; **~ario** *adj* legitimario; **~azione** *f* legitimación; **~ismo** *m* legitimismo; **~ista** *adj/s* legitimista; **~ità** *f/inv* legitimidad *f*; **~o** *adj* legítimo

legna *f* leña; *far ~* hacer leña; *(fig) mettere ~ al fuoco* echar leña al fuego; **~ia** *f* leñera; **~me** *m* madera *f*; maderamen (*conjunto*); **~re** *vt* zurrar, apalear; **~ta** *f* leñazo *m*, palo *m*, bastonazo *m*

legno *m* madera *f* (*materia*); leño (*pedazo de madera*); *~ compensato* contrachapado; **~sità** *f/inv* leñosidad *f*; **~so** *adj* leñoso

leguleio, -a *m/f desp* leguleyo, -a, picapleitos

legumi *fpl* legumbres; **~nose** *adj/fpl* leguminosas

lei *pr* ella; **~* usted; *dare del *~* tratar de usted

lembo *m* borde, orilla *f* (*ropa, camino*); franja *f*, porción *f*

lemma *m fil/mat/ling* lema; **~rio** *m ling* lemario

lemmatizza|re *vt ling* lematizar; ~**zione** *f ling* lematización
lemme lemme *adv fam* despacito, sin prisas, poco a poco
lemure *m bot/mit* lémur
lena *f* 1. aliento *m*, respiración; 2. vigor *m*, empuje *m*, ganas *fpl*; *di buona* ~ de firme
lendine *m zool* liendre *f*
lenimento *m* alivio, mitigación *f*
leninismo *m pol* leninismo
lenire *<isc> vt* mitigar, aplacar, aliviar
lenitivo *adj* lenitivo
lenocinio *m* lenocinio
lente *f* lente; ~*i a contatto* lentes de contacto, lentillas; ~ *d'ingrandimento* lupa
lentezza *f* lentitud
lenticchia *f bot* lenteja
lenticolare *adj* lenticular
lentiggin|e *f* peca; ~**oso** *adj* pecoso
lento 1. *adj/adv* lento; flojo; **2.** *m mus* lento, largo; lento, agarrado (*baile*)
lenza *f* 1. sedal *m*; 2. *fig* zorro *m*, tipo listo *m*
lenzuolo *m <fpl le lenzuola; mpl i lenzuoli>* sábana *f*; ~ *con gli angoli* sábana ajustable; ~ *funebre* mortaja *f*; *cambiare le ~a* cambiar las sábanas; *comprare quattro ~i* comprar cuatro sábanas
Leone *m astr* Leo
leone, -essa *m/f* león, leona; *farsi la parte del* ~ llevarse la parte del león
leonino *adj* leonino
leopardo *m* leopardo
lepade *f zool* percebe *m*
lepido *adj* jocoso, ingenioso
lepidotteri *mpl* lepidópteros
lepisma *f zool* lepisma, pececillo de plata *m*
leporino *adj* leporino (*labio*)
lepre *f zool/sport* liebre
lerci|o *adj* sucio, asqueroso; ~**ume** *m* suciedad *f*, porquería *f*
lesbi|ca *f* lesbiana; ~**co** *adj* lésbico; ~**smo** *m* lesbianismo
lesina *f* lezna; *fig* tacañería; *fig* tacaño; ~**re** *<esd> vt/vi <avere>* escatimar *vt*, cicatear *vi*, regatear *vt*; ~ *sul prezzo* regatear el precio; ~ *sul centesimo* regatear hasta la última peseta
lesion|are *vt* dañar, afectar; ~**e** *f ius* lesión, perjuicio *m*; *med* lesión
lesivo *adj* lesivo
leso *adj med/ius* lesionado; *ius* leso; *delitto di ~a maestà* delito de lesa majestad
lessare *vt gastr* hervir
lessema *f ling* lexema
lessic|ale *adj* léxico; ~**o** *m* léxico, vocabulario
lessicograf|ia *f* lexicografía; ~**ico** *adj* lexicográfico; ~**o, -a** *m/f* lexicógrafo, -a
lessicolog|ia *f* lexicología; ~**o, -a** *m/f* lexicólogo, -a
lesso 1. *adj gastr* hervido; **2.** *m gastr* cocido, puchero
lesto *adj* despierto, espabilado; ~ *di mano* con las manos largas; *desp* pulpo, sobón; ~ *di mente* de ingenio despierto; *alla ~a* rápidamente; ~**fante** *m/f* pícaro, -a, embrollón, -ona
letale *adj* letal
letam|aio *m a. fig* estercolero, muladar; ~**e** *m* estiércol, abono
letarg|ia *f med* letargo *m*, hibernación; ~**ico** *adj* letárgico; ~**o** *m zool* letargo; *fig* sopor, modorra *f*
letizia *f* alegría, regocijo *m*
letta *f* leída, vistazo *m*
lettera *f* 1. letra; *tip* letra, carácter *m*; *uomo di ~e* hombre de letras, literato; *alla ~* al pie de la letra; *restare ~ morta* quedarse en letra muerta/en papel mojado; *belle ~e* buenas letras; 2. carta; ~ *raccomandata, assicurata, espresso* carta certificada, con valor declarado, urgente; ~ *di congratulazioni* carta de felicitación; ~ *circolare* circular *f*; ~ *credenziale* carta credencial; ~ *d'ufficio* oficio *m*; *per* ~ por carta; *(fig) mettere le ~e in tavola* poner las cartas sobre la mesa
letterale *adj* literal
letterario *adj* literario
letterat|o, -a *m/f* literato, -a; ~**ura** *f* literatura
letti|ga *f tras* litera; andas *fpl*, parihuelas *f(pl)*; ~**no** *m* camita *f*, tumbona *f* (*playa*); ~ *solare* aparato de rayos UVA
letto *m* cama *f*, lecho; *geol* lecho (*río, lago*); fondo, vega *f* (*valle*); ~ *a un posto/a una piazza* cama de un cuerpo; ~ *a una piazza e mezza* cama de cuerpo y medio; ~ *matrimoniale/a due piazze* cama de matrimonio/de dos cuerpos; ~ *ribaltabile/a libro* cama plegable; ~ *alla turca* cama turca; ~ *a castello* literas; *figlio di primo* ~ hijo de primeras nupcias; *andare a* ~ ir a la cama, acostarse; *(euf) andare a ~ (con q)* acostarse (con alg); *mettersi a* ~ meterse en la cama, irse a la cama; caer en cama (*enfermedad*); *(fig) andare a ~ con le galline* acostarse con las gallinas; *(fig) fare il ~ a q* prepararle el terreno a alg; *rivoltarsi nel* ~ dar vueltas en la cama
letton|e *adj/s* letón; ***~ia:** *la* ~ Letonia
lettor|ato *m* lectorado; ~**e, lettrice** 1. *m/f* lector, -a; 2. *m tec* lector, reproductor; ~ *per microfilm* lector de microfilmes
lettur|a *f* lectura; *dare ~ di un documento* dar lectura a un documento; ~**ista** *m tec* contador (*persona*)
leucem|ia *f* leucemia; ~**ico** *adj/s* leucémico
leucocit|a, ~o *m biol* leucocito
leucorrea *f* leucorrea
leuto *m mar/ant* laúd
leva *f* 1. *mec* palanca; *fig* acicate *m*, estímulo *m*; ~ *del cambio* palanca de cambios; *fare ~ su qc* hacer presión sobre algo; 2. *mil* reclutamiento *m*, alistamiento *m*, leva; reemplazo *m*, quinta (*conjunto*); *lista di* ~ caja de reclutamiento; *le nuove ~e* las nuevas generaciones
levant|e 1. *adj* naciente; *l'impero del sol* ~ el imperio del sol naciente; **2.** *m geogr* levante, este; Oriente; *meteo* levante; ~**ino** *adj/s* levantino
levare 1. *vt* 1. levantar, alzar; ~ *la seduta* levantar la sesión; ~ *le braccia in alto* levantar las manos; 2. quitar, eliminar; levan-

tar (*prohibición*); ~ *la fame* matar el hambre; ~ *il saluto a q* retirarle el saludo a alg; 3. sacar, extraer; **1.** ~*rsi* 1. levantarse, alzarse; elevarse; *mil* levantarse, alzarse, sublevarse; ~*rsi in volo* levantar el vuelo; 2. quitarse; ~*rsi di mezzo*/~*rsi dai piedi* quitarse de en medio; ~*rsi il pane di bocca* quitarse el pan de la boca; ~*rsi qc/q dalla testa* quitarse algo/a alg de la cabeza

levat|a *f* levantarse *m* (*de la cama*); *astr* salida; *post* retirada, recogida; *com* saca; ~**accia** *f* madrugón *m*; *fare una* ~ darse un madrugón; ~**oio** *adj* levadizo; *ponte* ~ puente levadizo

levatrice *f fam* comadrona, matrona, partera

levatura *f fig* altura, nivel *m*

leviga|re <*esd*> *vt* pulimentar, alisar; ~**tezza** *f* lisura; ~**trice** *f tec* pulidora, lijadora; ~**zione** *f tec* alisado *m*, pulimentado *m*

levitazione *f* levitación

levrier|e, ~**o** *m* galgo, lebrel

lezione *f stud* clase; lección; *fig* lección (*enseñanza*); *fig* lección, escarmiento *m*; *oggi non c'è* ~ hoy no hay clase; ~ *di spagnolo* clase de español; *studiare la* ~ *di fisica* estudiar la lección de física; *fare* ~ *a q di qc* dar clase a alg de algo; *prendere* ~ *(di qc)* ir a clase (de algo), tomar lecciones (de algo); *(fig) dare una* ~ *a q* dar una lección/un escarmiento a alg; *(fig) è stata una* ~ *dura* ha sido una dura lección

lezios|ità *f/inv* melindre *m*, afectación *f*, cursilería *f*; ~**o** *adj* afectado, cursi

lezzo *m* peste *f*, hedor, pestilencia *f*; *fig* suciedad *f*

li *pr* los; les; *li vedo* los veo (*cosa, persona*); les veo (*persona*)

lì *adv* allí; *essere* ~ ~ *per fare qc* estar en un tris de/a punto de hacer algo; *da* ~ desde allí; *di* ~ *a pochi giorni* de allí a unos días; *fin* ~ hasta allí; ~ *per* ~ en ese/aquel momento

liana *f bot* liana

libagione *f* libación

liban|ese *adj/s* libanés; ~**o:** *il* ~ el Líbano

libare *vt lit* libar

libeccio *m meteo* ábrego, lebeche; *geogr* sudoeste

libell|o *m* libelo, panfleto; ~**ula** *f zool* libélula

liberal|e *adj/s* liberal; *le arti* ~*i* las artes liberales; ~**ismo** *m* liberalismo; ~**ità** *f/inv* liberalidad *f*, generosidad *f*

liberalizza|re *vt* liberalizar; ~**zione** *f* liberalización

liberamente *adv* libremente; francamente, sin tapujos

liberare <*esd*> *vt* liberar

liberator|e *adj/s* liberador, libertador; ~**io** *adj* liberatorio

liberazione *f* liberación

liberismo *m* liberalismo (económico)

libero 1. *adj* libre; **2.** *m sport* líbero

libert|à *f/inv* libertad *f*; ~ *di parola, di stampa* libertad de expresión, de prensa; ~ *provvisoria, su cauzione* libertad provisional, bajo fianza; *prendersi la* ~ *di fare qc* tomarse la libertad de hacer algo; *prendersi delle* ~ *con q* tomarse ciertas libertades con alg; ~**ario** *adj* libertario; ~**icida** *m/f* liberticida

libertin|aggio *m* libertinaje; ~**o** *adj/s* libertino

liberto, -a *m/f hist* liberto, -a

liberty *ingl/inv art* **1.** *adj* liberty, modernista *adj*; **2.** *m* liberty, modernismo *m*

libico *adj/s* libio

libidine *f* lujuria, lascivia; *(fam) che* ~*!* ¡qué gozada!

libidinoso *adj* libidinoso, lujurioso

libido *f/inv psic* libido *f*

libra|io, -a *m/f* librero, -a; ~**rio** *adj* editorial; *mercato* ~ mercado editorial

libreria *f* librería (*tienda, mueble*); ~**sco** *adj* libresco

librett|ista *m/f* libretista; ~**o** *m* librillo, librito; *com* libreta *f*; *adm* cartilla *f*; *mus* libreto; ~ *degli assegni* talonario de cheques, chequera *f*; ~ *di risparmio* libreta/cartilla de ahorro; *(mil)* ~ *personale* cartilla militar; ~ *universitario* cartilla académica; ~ *sanitario* cartilla de la Seguridad Social; ~ *di circolazione* permiso de circulación; ~ *di istruzioni* manual de instrucciones

libro *m* libro; ~ *di testo* libro de texto; ~ *delle firme* libro de firmas; ~ *di devozione* devocionario; ~ *contabile* libro de de la contabilidad/de cuentas; ~ *nero* lista negra; *parlare come un* ~ *stampato* hablar como un libro abierto; *tenere i* ~*i* llevar los libros/la contabilidad; *a* ~ de libro/de tijera

licantrop|ia *f* licantropía; ~**o** *m* licántropo, hombre lobo

licciaiola *f tec* triscador *m*

liccio *m tec* lizo

liceale 1. *adj* del instituto; del bachillerato; **2.** *m/f* alumno, -a de bachillerato

liceità *f/inv* licitud *f*

licenza *f* licencia, permiso *m*, autorización; *mil* permiso *m*; *com* patente; *stud* diploma; *sport* licencia; *fig/desp* licencia, libertad; ~ *di porto d'armi, di caccia* permiso/licencia de armas, de caza; ~ *media* graduado escolar; ~ *di circolazione* permiso de circulación; ~ *poetica* licencia poética

licenzia|mento *m* despido; ~ *in tronco* despido fulminante; ~**re** *vt* despedir (*trabajo*); despedir (*decir adiós*); *stud* graduar, diplomar, titular; ~ *le bozze* devolver las pruebas (de imprenta) corregidas; ~ *la pagina* cerrar la página

licenzios|ità *f/inv* libertinaje *m*, desenfreno *m*; ~**o** *adj* licencioso, libertino

liceo *m stud* bachillerato (*estudios*); instituto (*edificio*); ~ *artistico* bachillerato artístico; ~ *classico* bachillerato de ciencias humanas y sociales; ~ *scientifico* bachillerato de ciencias de la naturaleza y de la salud

lichene *m bot* liquen

licita|re <*esd*> *vi* <*avere*> licitar; ~**zione** *f* licitación

licnide *f bot* colleja

lido *m geogr* ribera *f*, costa *f*; playa *f*

lieto *adj* alegre, contento; *sono ~ di conoscerLa* encantado de conocerle; *~ fine* final feliz
lieve *adj* ligero, leve
lievit|are *<esd> vi* fermentar (*masa, fig*); **~azione** *f* fermentación; **~o** *m* levadura *f*; *fig* fermento
ligio *adj* vasallo, fiel
lign|aggio *m* linaje, abolengo, alcurnia *f*; **~eo** *adj* leñoso; **~ite** *f min* lignito *m*
ligur|e *adj/s* ligur, ligurino; ***~ia:** *la ~* Liguria
ligustro *m* ligustre, alheña *f*
lilla, lillà *adj/m/inv* lila *f*
lillipuziano *adj/s* liliputiense
lima *f* lima
limaccio *m* fango, lodo, cieno; **~so** *adj* fangoso, cenagoso
limare *vt* limar
limatura *f* limadura
limbo *m* limbo
limetta *f bot* lima
limita|re 1. *m* umbral (*puerta, fig*); **2.** *<esd> vt* limitar, delimitar; *fig* limitar, reducir; **3.** *~rsi* limitarse, moderarse; **~tivo** *adj* limitativo; **~to** *adj* limitado, definido; limitado, reducido, escaso; **~zione** *f* limitación; *~ delle nascite* control de natalidad
limite 1. *m* límite; *passare i ~i* pasarse de la raya, excederse; *ciò passa ogni ~* esto se pasa de castaño oscuro; *entro i ~i del possibile* dentro de lo posible; *al ~* como última solución, si no hay más remedio, en caso extremo; **2.** *(adj/inv) caso ~* caso límite; *data ~* fecha tope
limitrofo *adj* limítrofe
limo *m* limo, cieno, fango
limon|are *vi <avere> fam* festejar, flirtear, tontear; **~ata** *f* limonada; **~e** *m bot* limón; limonero (*árbol*)
limoso *adj* limoso, cenagoso
limousine *f inv/fr* limusina *f*
limpid|ezza *f lit* limpidez; **~o** *adj lit* límpido, cristalino
lince *f zool* lince *m*; *occhi di ~* ojos de lince
lincia|ggio *m* linchamiento; **~re** *vt* linchar
lindo *adj* aseado, arreglado, pulcro; elegante
linea *f* línea; *fig* línea, trayectoria; *in ~ retta* en línea recta; *in prima ~* en primera línea; *in ~ di massima* en general, por lo general; *su tutta la ~* en toda la línea; *mettersi in ~* ponerse en línea, alinearse; **~menti** *mpl* rasgos, facciones *fpl*; *cient* fundamentos
linear|e *adj* lineal; **~ità** *f/inv* linealidad *f*
lineetta *f ling* guión *m*
linfa *f med* linfa; *bot* savia; **~tico** *adj* linfático; **~tismo** *m med* linfatismo
lingotto *m* lingote
lingua *f med* lengua; *ling* lengua, idioma *m*; habla; *fig* lengua, franja; *~ parlata* lengua hablada; *paese di ~ spagnola* país de habla española; *~ di partenza, ~ d'arrivo* lengua de partida, lengua meta; *~ madre* lengua materna; *~ tagliente, velenosa* lengua afilada, de víbora; *(bot) ~ cervina* escolopendra; *cattive ~e* malas lenguas; *(fig) mordersi la ~* morderse la lengua
linguacci|a *f* lenguaraz *m*, maldiciente *m/f*, deslenguado, -a; **~uto** *adj* maldiciente , lenguaraz
linguaggio *m* lenguaje
linguale *adj* lingual
linguetta *f mus/fig* lengüeta; *mec* chaveta
linguist|a *m/f* lingüista; **~ica** *f* lingüística; **~ico** *adj* lingüístico
lini|ficio *m* fábrica de lino *f*; **~mento** *m* linimento
lino *m bot* lino; **~leum** *m/inv* linóleo *m*
linotipi|a *f* linotipia; **~sta** *m/f* linotipista
linotype *f ingl/inv* linotipia *f*, linotipo *m* (*máquina*)
liofilizza|re *vt* liofilizar; **~zione** *f* liofilización
lion|ato *adj* leonado; ***~e** *f* Lyon
lipidi *mpl* lípidos
lipoma *m med* lipoma
liposolubile *adj* liposoluble
liposoma *m* liposoma
liposuzione *f* liposucción
lipotimia *f* lipotimia
lippa *f* tala (*juego*)
liqua|me *m* purín (*estiércol*); sanies, icor; **~zione** *f metal* licuación
liquefa|re *<36a -faccio/-fò; -feci; -fatto> vt* licuar, licuefacer *raro*; **~zione** *f* licuefacción
liquid|are *<esd> vt a. fig* liquidar; **~atore, -trice** *m/f* liquidador, -a; **~azione** *f a. fig* liquidación; *com* liquidación, rebajas *fpl*; **~ità** *f/inv* liquidez *f*; **~o** *adj/m* líquido
liquirizia *f bot* regaliz *m*
liquor|e *m* licor; **~oso** *adj* licoroso
lira *f econ* lira (*italiana*); *mus* lira; *~ sterlina* libra esterlina; *(fig) non avere una ~* no tener ni un duro
liric|a *f* lírica; **~ità** *f/inv* lirismo *m*, liricidad *f*; **~o** *adj/m* lírico
lirismo *m* lirismo
Lisbon|a *f* Lisboa; ***~ese** *adj/s* lisboeta
lisca *f* raspa (*de pescado*)
liscia|mento *m* alisamiento; **~re 1.** *vt* alisar; atusar (*barba, bigote*); *fig* adular; **2.** *~rsi* acicalarse, emperifollarse; **~to** *adj fig* peripuesto, emperifollado, atildado; **~tore** *m tec* alisador; **~tura** *f* alisadura
liscio 1. *adj* liso; *gastr* solo (*café*); sin gas (*agua*); solo (*whisky*); *mus* agarrado *fam*; *(fig) passarla ~a* salir bien parado; **2.** *m mus* baile agarrado *fam*
lisciv|ia, ~a *f* lejía (*de ceniza*)
liseuse *f fr/inv* mañanita *f* (*lencería*)
liso *adj* gastado, raído
lista *f* 1. lista, tira, cinta; 2. lista, elenco *m/lit*; *~ elettorale, d'attesa* lista electoral, de espera; *segnare nella ~ nera* poner en la lista negra; 3. *gastr* carta, menú *m*; *~ delle vivande* carta de platos, menú; *~ dei vini* carta de vinos; **~re** *vt* orlar, ribetear
listello *m arch* listel, filete
listino *m* listín, lista *f*, boletín; *~ (dei) prezzi* lista de precios; *~ di borsa* boletín de bolsa, lista de cotizaciones
litania *f* letanía
litantrace *m min* hulla *f*
lite *f* pelea, riña, reyerta; *ius* pleito *m*, litigio *m*; *attaccar ~* enzarzarse en una pelea; *(ius) muovere ~* poner un pleito, litigar

litiga|nte *m/f* contendiente, luchador, -a; *ius* litigante, pleiteante, demandante; **~re** <*esd*> *vi* <*avere*> reñir, pelear(se), enzarzarse; *fig* pelearse (*pareja*); romper (*pareja*); *ius* litigar, pleitear
litigio *m* disputa *f*, controversia *f*, discusión *f*, altercado; **~so** *adj* pendenciero, camorrista; *ius* litigioso
litogenesi *f/inv* litogénesis
litograf|are <*esd*> *vt* litografiar; **~ia** *f* litografía; **~ico** *adj* litográfico; **~o, -a** *m/f* litógrafo, -a
litologia *f* litología
litora|le *adj/s* litoral; **~neo** *adj* litoral; *(strada) ~a* carretera costera
litosfera *f* litosfera
litro *m* litro
littor|e *m* lictor; **~ina** *f tras* automotor *m* (*tren*); **~io** *adj* lictorio
Lituan|ia: *la ~* Lituania; **~o** *adj/s* lituano
liturg|ia *f* liturgia; **~ico** *adj* litúrgico
liut|ista *m/f mus* laúd (*persona*); **~o** *m mus* laúd
livella *f tec* nivel *m*; **~mento** *m* nivelación *f*; **~re** *vt* nivelar, igualar; **~tore** *adj/s* nivelador; **~trice** *f tec* niveladora, apisonadora; **~zione** *f* nivelación
livello *m* nivel; *allo stesso ~* al mismo nivel; *ad alto ~* de alto nivel; *~ di vita* nivel de vida
livid|ezza *f* lividez; **~o 1.** *adj* lívido, morado, cárdeno, amoratado; *fig* lívido; **2.** *m* moradura *f*, cardenal, moratón, moretón; **~ura** *f* moradura, cardenal *m*
livore *m* rencor, odio, malignidad *f*
livrea *f* librea
lizza *f* liza; *scendere/entrare in ~* entrar en liza
lo 1. *ar* el; *lo scoglio, lo gnomo, lo sciame, lo psicologo...*; **2.** *pr* lo (*cosa, persona*); le (*persona*); *lo vedo* lo/le veo
lobato *adj* lobulado
lobby *m ingl/inv* lobby *m*
lobo *m biol/med* lobo, lóbulo
lobulo *m* lóbulo
local|e 1. *adj* local; **2.** *m* local; habitación *f*, pieza *f*, sala *f*; *~ macchine* sala de máquinas; **~ità** *f/inv* localidad *f*
localizza|bile *adj* localizable; **~re** *vt* localizar; **~zione** *f* localización
locand|a *f* fonda, posada, hospedería, mesón *m*; **~iere, -a** *m/f* posadero, -a, mesonero, -a; **~ina** *f cine/teatro* cartelera
locare *vt ius* alquilar, arrendar
locat|ario, -a *m/f ius* arrendatario, -a, locatario, -a; **~ivo 1.** *adj ius* locativo; **2.** *m ling* locativo; **~ore, -trice** *m/f* arrendador, -a
locazione *f* arriendo *m*, alquiler *m*
locomo|tiva *f tras* locomotora; **~tore, -trice 1.** *m* 1. *tras* locomotora *f*, electrotrén; 2. *f tras* locomotora, electrotrén *m*; **2.** *adj adj* locomotor, -triz; **~tore**, **~torio** *adj* locomotor, -triz; **~zione** *f* locomoción
loculo *m* nicho
locusta *f zool* langosta (*insecto*)
locutore, -trice *m/f ling* locutor, -a
locuzione *f ling* locución
loda|bile *adj* loable, elogiable; **~re** *vt* loar, elogiar, alabar; **~tore, -trice** *m/f* adulador, -a
lode *f* alabanza, elogio *m*; *(stud) 30 e ~* matrícula de honor
loden *m/inv* loden
lodevole *adj* loable, encomiable
lodo *m ius* laudo; **~laio** *m zool* alcotán
logaritm|ico *adj* logarítmico; **~o** *m* logaritmo
loggia *f* 1. *arch* galería, pórtico *m*, soportal *m*; lonja; 2. logia (*masonería*); **~to** *m* galería porticada *f*
loggion|e *m teatro* gallinero, paraíso; **~ista** *m/f* espectador, -a de gallinero
logic|a *f* lógica; **~ità** *f/inv* lógica *f*; **~o** *adj* lógico
logistic|a *f mil* logística; **~o** *adj mil* logístico
loglio *m bot* cizaña *f*
logo *m/inv* logotipo *m*; **~grifo** *m* logogrifo; **~machia** *f* logomaquia
logoped|ia *f* logopedia; **~ista** *m/f* logopeda
logor|amento *m* desgaste, consunción *f*; **~ante** *adj* desgastante; *fig* agotador; **~are** <*esd*> *vt* desgastar, consumir; estropear, deteriorar; *~rsi la vista* dejarse la vista, estropearse la vista; **~io** *m* desgaste, deterioro
logoro *adj* desgastado, gastado, consumido; *fig* agotado
logorrea *f* verborrea
logotipo *m com* logotipo
loia *f* mugre
lolla *f* cascabillo *m*
lombaggine *f med* lumbago *m*
Lombar|dia *f* Lombardía; ***~do** *adj/s* lombardo; ***~e** *adj* lumbar
lombata *f* lomo *m*
lombo *m med/zool/gastr* lomo
lombrico *m* lombriz *f*
londinese *adj/s* londinense
Londra *f* Londres
longa manus *f/inv com* sociedad interpuesta *f*
longanim|e *adj* longánimo, magnánimo; **~ità** *f/inv* longanimidad *f*, magnanimidad *f*
longarina... V. **longherina**...
longev|ità *f/inv* longevidad *f*; **~o** *adj* longevo
longher|ina *f arch* tirante *m*; **~one** *m aer* larguero
longitudinale *adj* longitudinal
longitudine *f* longitud
long play *m ingl/inv* long play *m*, elepé *m*, disco de larga duración *m*
lontana|mente *adv* lejanamente; *fig* ni por asomo; **~nza** *f* lejanía; *in ~* en lontananza, a lo lejos
lontano 1. *adj* lejano, alejado; **2.** *adv* lejos; *da ~* de lejos, a lo lejos
lontra *f zool* nutria
lonza *f zool* onza; *ant* lince *m*, leopardo *m*
loppa *f bot* cascabillo *m*
loquac|e *adj* loquaz, parlanchín, dicharachero; **~ità** *f/inv* locuacidad *f*, verbosidad *f*
lord *m/inv* lord *m*
lordare *vt* ensuciar; *fig* ensuciar, mancillar

lordo *adj a. fig* sucio; *com* bruto; *peso, importo* ~ peso, importe bruto
lordu|me *m* suciedad *f*, mugre *f*; ~**ra** *f* suciedad
lorica *f ant* loriga
loro 1. *pr/inv* 1. ellos, ellas; *~ ustedes; 2. a ellas, a ellos; *~ a ustedes; *hanno visto* ~ los/les han visto a ellas/las han visto a ellas; *ho dato ~ le lettere* les he dado a ellos/a ellas las cartas; **2.** *adj* suyo, suya, sus (*de ellos, de ellas*); *~ suyo, suya, sus (*de ustedes*); *il ~ padre, la ~ madre, le ~ figlie* su padre, su madre, sus hijas; *un ~ amico, una ~ amica* un amigo suyo/de ellos/de ellas, una amiga suya/de ellos/de ellas; **3.** *pr* suyo, suya, sus (*de ellos, de ellas*); *~ suyo, suya, sus (*de usted*); *è la ~ (madre)* es la suya; *sono i ~ (libri)* son los suyos; *vivono del* ~ viven de lo suyo
losanga *f arald* rombo *m*; *mat* losange *m*
losco *adj* bizco, estrábico; *fig* torvo, torcido (*mirada*); dudoso, equívoco
loto *m* 1. *bot* loto; 2. lodo, cieno, fango
lotta *f* lucha; ~ *di classe* lucha de clases; *(sport)* ~ *libera* lucha libre; ~**re** *vi* <*avere*> luchar, combatir, pelear; ~**tore** *adj/s* luchador
lotteria *f* lotería
lottista *m/f* lotero, -a
lottizza|re *vt* lotear; parcelar; *pol* repartirse el pastel *pop*; ~**zione** *f* loteo *m*; parcelación; *pol* pasteleo *m/pop*
lotto *m* 1. = "lotería primitiva" *f*; 2. lote; parcela *f* (*terreno*); *a ~i* en lotes
lozione *f* loción; ~ *per capelli* loción capilar
lubrico *adj* lúbrico
lubrifica|nte *adj/m* lubri(fi)cante; ~**re** <*esd*> *vt* lubri(fi)car; ~**zione** *f* lubri(fi)cación, engrase *m*
lucchetto *m* candado
lucci|care <*esd*> *vi* <*avere/essere*> brillar, centellear; ~**chio** *m* centelleo
luccio *m zool* lucio
lucciola *f zool* luciérnaga; *cine* acomodador, -a; *fig/pop* prostituta *est*; *dare ad intendere ~e per lanterne* dar gato por liebre; *prendere ~e per lanterne* confundir la gimnasia con la magnesia
luce *f* luz; *dare alla* ~ dar a luz, alumbrar; *tip* sacar a la luz; *gettare/fare ~ su qc* arrojar luz sobre algo; *venire alla* ~ salir a la luz, hacerse público; ~ *d'incrocio, d'arresto, di posizione* luz de cruce, de freno, de posición
lucente *adj* luciente, resplandeciente, flamante; ~**zza** *f* brillo *m*, resplandor *m*
lucerna *f* candil *m*; tricornio *m*; ~**rio** *m* claraboya *f*, tragaluz
lucertol|la *f zool* lagartija; ~**one** *m zool* lagarto
lucherino *m zool* lugano, tarín
Lucibello *m* Luzbel
lucida|re <*esd*> *vt* 1. lustrar, sacar brillo; encerar, abrillantar (*suelo*); 2. calcar, copiar; ~**tore** *adj/s* abrillantador; ~**trice** *f* enceradora; ~**tura** *f* 1. abrillantado *m*, encerado *m* (*suelos*); 2. calco *m*, calcado *m*
lucidità *f/inv* lucidez *f*, brillo *m*; *fig* lucidez *f*
lucido 1. *adj* lúcido, brillante, lustroso; *fig* lúcido; *carta ~a* papel cebolla; ~ *come uno specchio* como los chorros del oro; **2.** *m* 1. brillo; 2. abrillantador (*suelo, muebles*); 3. transparencia (*de retroproyector*)
lucignolo *m* mecha *f*, pábilo (*candil, vela*); *iron* palillo, fideo (*persona*)
lucra|re *vt* lucrarse; ~**tivo** *adj* lucrativo
lucro *m* lucro; ~**so** *adj* lucrativo
luculliano *adj* opíparo, opulento
ludibrio *m* escarnio, befa *f*; hazmerreír; *essere il ~ di tutti* ser el hazmerreír de todos
ludico *adj* lúdico
ludo *m* juego; ~*i circensi* juegos circenses
lue *f/inv med* sífilis
luglio *m* julio
lugubre *adj* lúgubre
lui *pr* él; *beato ~!* ¡qué suerte!; *povero ~!* ¡pobre de él!
lumac|a *f* babosa; caracol *m*; ~**one** *m zool* babosa *f*, *fig* tortuga *f* (*persona*)
lume *m* 1. lumbre *f*, luz *f*; 2. lámpara *f*, linterna *f*, vela *f*, candil; ~ *a olio* lámpara de aceite; ~ *a petrolio* quinqué; *perdere il ~ degli occhi per qc* írsele a alg los ojos detrás de algo; *(fig) reggere il ~ a q* hacer de carabina; 3. *fig* luces *fpl*, juicio (*inteligencia*); *il secolo dei ~i* el siglo de las luces; *perdere il ~ della ragione* perder el juicio/el tino
lumeggiare *vt* brillar; *fig* resaltar
lumen *m/inv fis* lumen *m*
lumicino *m* lucecita *f*, lamparita *f*; *(fig) cercare qc col ~* buscar con un candil; *essere al ~* estar en las últimas
lumiera *f* araña, lucerna
luminar|e *m* lumbrera *f*, celebridad *f*; ~**ia** *f* luminaria
luminescen|te *adj* luminescente; ~**za** *f* luminescencia
luminis|mo *m pitt* técnica del claroscuro *f*; ~**tica** *f teatro* iluminación
lumino *m* mariposa *f*, candileja *f*; ~**sità** *f/inv* luminosidad *f*, ~**so** *adj* luminoso
luna *f* luna; ~ *calante, crescente, piena, nuova* luna menguante, creciente, llena, nueva; ~ *di miele* luna de miel; *abbaiare alla* ~ ladrar a la luna; *avere la ~ di traverso* estar de mal humor; *chiedere la* ~ pedir la luna; *con questi chiari di* ~ con los tiempos que corren; *vivere, essere nel mondo della* ~ estar/vivir en la luna
luna park *m/inv* parque de atracciones *m*
lunar|e *adj* lunar; ~**io** *m* lunario, calendario lunar; *sbarcare il* ~ vivir a salto de mata, ir tirando
lunatico *adj/s* lunático
lunazione *f astr* lunación
lunedì *m/inv* lunes
lunetta *f* 1. *arch* luneta; 2. tajadera (*de cortar*)
lungaggine *f* tardanza, retraso *m*, dilación
lungarno *m* = "paseo a orillas del río Arno"
lunghezza *f* longitud, largo *m*
lungi *adv lit* lejos *est*; ~ *da* lejos de
lungimirante *adj* previsor, clarividente
lungo <*pl -ghi, -ghe*> **1.** *adj* largo (*espacio, tiempo*); largo, alto (*persona*); *mil/*

sport desviado; *fig* lento; *è ~ tre chilometri* tiene tres quilómetros de largo; *(fig) avere le mani ~e* tener las manos largas; *(fig) tirare in ~/tirare per le ~e* dar largas; *farla ~a* alargarse demasiado, enrollarse *fam*; *saperla ~a* sabérselas todas; *di gran ~a* con diferencia; *(sport) palla ~a* balón desviado, balón alto; **2.** *adv* desviado, lejos; *tirare ~* tirar desviado; **3.** *m* largo; *per il ~ e per il largo* a lo largo y a lo ancho; **4.** *prep* a lo largo de (*espacio, tiempo*); *~ la riva* a lo largo de la orilla

lungofiume *m* paseo a orillas del río (*avenida*)

lungolago *m* paseo a orillas del lago (*avenida*)

lungomare *m* paseo marítimo

lungometraggio *m cine* largometraje

lungotevere *m* ="paseo a orillas del río Tíber" (*avenida*)

lunotto *m auto* luneta *f*, cristal trasero

lunula *f mat* lúnula

luogo <*pl -ghi*> *m* lugar; *adm* localidad *f*; *~ comune* lugar común, tópico; *i ~i santi* los santos lugares; *in ~ di* en lugar de; *in primo ~* en primer lugar; *fuori ~* fuera de lugar; *avere ~* tener lugar; *dare ~ a qc* dar lugar a algo; *non c'è ~* no ha lugar

luogotenente *m* lugarteniente

lupa *f zool* loba; *fig* ninfómana; *fig* puta

lupacchiotto *m zool* lobezno, lobato

lupanare *m lit* lupanar

lupetto *m zool* lobezno; lobato (*scouts*)

lupino *m bot* altramuz, lupino

lupo *m zool* lobo; *il ~ mannaro* el coco; *(fam) ~ di mare* lobo de mar; *il ~ perde il pelo ma non il vizio* la cabra siempre tira al monte

luppolo *m bot* lúpulo

luridlo *adj* sucio, asqueroso; ~**ume** *m* suciedad *f*, porquería *f*

lusinga *f* lisonja, halago *m*; ~**re** *vt* lisonjear, halagar, adular; ~**tore** *adj/s* lisonjero, halagador

lusinghiero *adj* lisonjero, halagador, halagüeño

lussazione *f* luxación, dislocación

lussemburlghese *adj/s* luxemburgués; ***~o:** *il ~* Luxemburgo

lusso *m* lujo; *di ~* de lujo

lussuoso *adj* lujoso, suntuoso

lussurleggiante *adj* exuberante, fastuoso; ~**ia** *f* lujuria; ~**ioso** *adj* lujurioso, lujuriante, lascivo

lustralle *adj lit* lustral; *acqua ~* agua lustral; ~**re** *vt* lustrar; ~**scarpe** *m/f inv* limpiabotas, lustrabotas *am*; ~**ta** *f* abrillantado rápido *m*

lustrino *m* lentejuela *f*

lustro 1. *adj* lustroso, brillante; **2.** *m* 1. lustre, brillo; *fig* lustre, gloria *f*; 2. lustro (*cinco años*)

luteranlesimo *m* luteranismo; ~**o** *adj/s* luterano

lutto *m* luto; duelo; *essere in ~* estar de luto; *vestire a ~* vestir de luto, llevar luto; *abito da ~, da mezzo ~* traje de luto, de medio luto; *~ stretto* luto riguroso; *~ nazionale* duelo nacional; *chiuso per ~* cerrado por defunción

luttuoso *adj* luctuoso

M

ma 1. *conj* 1. pero; 2. sino; **2.** *excl* V. **mah!**

maca|bro *adj* macabro

maca|co *m zool/fig* macaco; ~**o** *m* bacará

maccartismo *m pol* maccartismo

macché! *excl* ¡vamos!, ¡hombre!, ¡que va!, ¡quiá!

maccheroni *mpl* macarrones; ~**co** *adj ling/fig* macarrónico

macchia *f* 1. mancha; *fig* mancha, tacha, mácula, mancilla; *senza ~* sin tacha; 2. *bot* monte bajo *m*, coscojal *m*, chaparral *m*; *alla ~* clandestinamente; *darsi alla ~* echarse al monte; ~**re** *vt* manchar, ensuciar; *~ il caffè* cortar el café

macchiett|a *f pitt* caricatura; *teatro* caricatura, parodia; *fig* payaso *m*, bufón *m*; ~**are** *vt pitt* motear; ~**ista** *m/f pitt* caricaturista; *teatro* actor, actriz de parodia

macchina *f* 1. *mec* máquina; aparato *m*; mecanismo *m*; *~ da caffè, da/per scrivere, da cucire* máquina de café, de escribir, de coser; *~ fotografica* máquina/cámara fotográfica; *~ a vapore* máquina de vapor; *~ mangiasoldi* máquina tragaperras; *scrivere a ~* escribir a máquina; *fatto a ~* hecho a máquina; 2. *auto* coche *m*, automóvil *m*; *~ da noleggio, da corsa* coche de alquiler, de carreras; *andare in ~/con la ~* ir en coche

macchinale *adj* maquinal, automático

macchinar|e <*esd*> *vt* maquinar, urdir; ~**io** *m* maquinaria *f*

macchinatore, -trice *m/f* maquinador, -a, intrigante

macchinazione *f* maquinación, intriga

macchinis|mo *m* mecanicismo; ~**ta** *m/f* maquinista; *teatro* tramoyista

macchinoso *adj desp* artificioso

macedone *adj/s* macedonio

Macedonia: *la ~* Macedonia

macedonia *f gastr* macedonia

macell|aio, -a *m/f a. fig* carnicero, -a (*vendedor*); matarife *m* (*en el matadero*); ~**are** *vt* matar, sacrificar (*animales para el consumo humano*); ~**eria** *f* carnicería; ~**o** *m* 1. matadero; 2. matanza *f*, carnicería *f*, masacre *f*; *fig/iron* desastre, escabechina *f*; jaleo, desorden, barahúnda *f*

macera|re <*esd*> *vt* macerar; ~**zione** *f* maceración; *fig* mortificación

macerie *fpl* escombros *mpl*, cascotes *mpl*

macero 1. *adj* macerado; *fig* macerado, consumido, deshecho; **2.** *m* maceración *f*

machiavelli|co *adj* maquiavélico; ~**smo** *m* maquiavelismo

macigno *m* peñasco, peña *f*, roca *f*

macilento *adj* macilento, escuálido, consumido

macina *f mec* muela, rueda de molino

macinacaffè *m/inv* molinillo de café *m*

macinapepe *m/inv* molinillo de pimienta *m*

macinare <*esd*> *vt* moler; *~ chilometri/la strada* tragar quilómetros

macinato 1. *adj* molido; **2.** *m* molienda *f*; *fam* carne picada *f*; ~**re** *adj/s* moledor

macinatura, macinazione *f* molienda

macinino *m* molinillo; *auto/iron* cafetera *f*, cacharro

maciste *m* gigante, grandullón

maciullare *vt tec* agramar; *fig* triturar, chafar

macrò *m/inv* chulo *m*, macarra *m*

macrobiotic|a *f* macrobiótica; ~**o** *adj* macrobiótico

macrocosmo *m* macrocosmo(s)

macroscopico *adj* macroscópico

macula *f med/fig* mácula; ~**to** *adj lit* maculado

madama *f iron* madama, señora; *gergo* maderos *mpl*, pasma (*policía*)

madamigella *f iron* damisela, señorita

maddalena *f gastr* madalena

madia *f* artesa, masera

madido *adj lit* mojado *est*, húmedo *est*

Madonn|a 1. *f* Virgen; *pitt* madona, virgen; **2.** *excl* ¡Dios (mío)!, ¡Jesús!; *~ santa!* ¡Virgen santísima!, ¡Ave María purísima!; *della ~ (pop)* de no te menees, tremendo, bestial; ***~aro** *m art* imaginero; ***~ina** *f fig* preciosidad, ricura; *(fig) ~ infilzata* mosquita muerta

madornale *adj* garrafal, colosal, craso, mayúsculo, descomunal; *errore ~* error garrafal, craso error

madre 1. *f* madre; *~ superiora* madre superiora, priora; *~ natura* madre naturaleza; **2.** *adj* madre; matriz; *ragazza ~* madre soltera; *(chim) acqua ~* agua madre; *casa ~* casa matriz; *scena ~* escena principal; ~**lingua** *f* lengua materna; ~**patria** *f* nacionalidad; madre patria (*colonias*)

madreperla *f zool* madreperla, nácar *m*; ~**ceo** *adj* nacarado; ~**to** *adj* nacarado

madrepora *f zool* madrépora

madreselva *f bot* madreselva

madrevite *f mec* tuerca; terraja (*instrumento*)

madri|gale *m ling/mus* madrigal; ~**leno** *adj/s* madrileño; ~**na** *f* madrina (*bautismo*)

maestà *f/inv* majestad *f*; *Sua *~* Su Majestad

maestos|ità *f/inv* majestuosidad *f*; ~**o** *adj* majestuoso; *mus* maestoso

maestr|a *f stud/mar/fig* maestra; ~**ale** *adj/m meteo* maestral, mistral; ~**anze** *fpl tec* maestranza *f*; ~**ia** *f* maestría; ~**o 1.** *adj* maestro; *strada ~a* camino real; carretera principal; *muro ~* pared maestra; **2.** *m* maestro; *ant* maestre; *~ d'ascia* carpintero de ribera; *(ant) ~ di campo* maestre de campo; ~**ucolo** *m desp* maestrillo

mafi|a *f* mafia; ~**oso** *adj/s* mafioso

maga *f* maga, bruja, hechicera; *fig* embrujadora; ~**gna** *f a. fig* imperfección, defecto *m*, tara

magari 1. *excl* ¡ojalá!; *ha vinto la Juve? ~!* ¿ha ganado la Juve? ¡ojalá!; **2.** *conj* ojalá; *~ non l'avessi conosciuto!* ¡ojalá no lo hubiera conocido!; **3.** *adv* 1. quizá(s); *~ si sapeva* quizás se sabía; 2. incluso; *è ~ capace di non venire* es capaz incluso de no venir

magazzin|aggio *m* almacenaje; ~**iere, -a** *m/f* almacenista, almacenero, -a; ~**o** *m* almacén; *grande* ~ gran almacén, grandes almacenes *mpl*
maggese *m agr* barbecho
maggio *m* mayo
maggiolino *m zool* abejorro; *auto/fig* escarabajo
maggiorana *f bot* mejorana
maggiora|nza *f* mayoría; ~**re** *vt* aumentar, subir; ~**scato,** ~**sco** *m ius/hist* mayorazgo; ~**zione** *f* aumento *m*, subida
maggiordomo *m* mayordomo
maggiore 1. *adj* mayor; *la sorella è ~ di tre anni* la hermana es tres años mayor; *andare per la ~* ir viento en popa, tener éxito; *la ~ età* la mayoría de edad *f*; **2.** *m* 1. *mil* mayor; 2. *m/f* mayor (*de más edad*); 3. *mpl* mayores; ~**nne** *adj/s* mayor de edad
maggioritario *adj* mayoritario
maggiormente *adv* mucho más
magi *mpl* magos; *i Re *~* los Reyes Magos
magia *f* magia, brujería
magiaro *adj/s* magiar
magico *adj a. fig* mágico
magione *f mansión*
magistero *f stud/fig* magisterio
magistra|le *adj* magistral; *istituto ~* escuela del profesorado de EGB; ~**to** *m* magistrado; ~**tura** *f* magistratura
maglia *f* 1. malla; punto *m* (*tejido*); eslabón *m* (*cadena*); *~ diritta, rovescia* vuelta al derecho, al revés; *lavorare a ~* hacer punto (de media), hacer calceta, tricotar; *articoli a ~* géneros de punto; 2. jersey *m*, suéter *m*; *sport* camiseta, niqui; maillot *m* (*tour de Francia*); *~ azzurra* camiseta de los deportistas de las selecciones italianas; *~ rosa* camiseta del ganador del Giro de Italia; 3. *mpl fig* mallas, redes; *cadere nelle ~e di un intrigo* caer en las redes de una conspiración
magliaio, -a *m/f* calcetero, -a
maglie|ria *f* calcetería, géneros de punto *mpl*; tienda/fábrica de géneros de punto; ~**tta** *f* camiseta
maglificio *m* fábrica de géneros de punto *f*
maglio *m metal* mallo, mazo; martinete, macho; *sport* mallo; ~**lo** *m agr* esqueje, estaca *f*; ~**ne** *m* jersey
magma *m* magma
magnaccia *m/inv reg* chulo, macarra
magnanim|ità *f/inv* magnanimidad *f*; ~**o** *adj* magnánimo
magnano *m reg* cerrajero
magnate *m* magnate
magnesi|a *f* magnesia; ~**o** *m* magnesio
magnet|e *m fis* imán; *mec* magneto; ~**ico** *adj* magnético; ~**ismo** *m* magnetismo
magnetizza|re *vt* magnetizar, imantar; ~**zione** *f* magnetización, imantación
magnetofon|ico *adj* magnetofónico; ~**o** *m* magnetófono
magnific|are <*esd*> *vt* magnificar, exaltar; ~**enza** *f* magnificencia; ~**o** *adj* magnífico; **~ Rettore dell'Università* Magnífico Rector de la Universidad
magniloquen|te *adj* grandilocuente; ~**za** *f* grandilocuencia
magno *adj lit* magno; *aula ~a* aula magna; ~**lia** *f bot* magnolia
mago, -a *m/f* mago, -a, brujo, -a; mago, -a, ilusionista; ~**ne** *m fig* abatimiento, pesadumbre *f*; *avere il ~* estar apesadumbrado
magr|a *f* estiaje *m*; *fig* escasez, penuria; *fig* ridículo *m*; *tempi di ~* tiempos de vacas flacas; *fare una ~* quedar mal; ~**ezza** *f* delgadez, flaqueza; ~**o 1.** *adj* delgado, flaco; *~ come un chiodo* flaco como un palillo; **2.** *m gastr* magro; ~**olino** *adj* delgaducho, chupado
mah! *excl* bueno..., esto...; ¡vamos!, ¡vaya!, ¡pero bueno!
maharajah *m ingl/inv* maharajá *m*
mai *adv* nunca, jamás; *come ~?* ¿cómo es eso?; *~ più* nunca más; *~ e poi ~* jamás de los jamases; *non l'ho ~ visto* no lo he visto nunca; *non si sa ~* nunca se sabe, por si las moscas; *~ sentito* no lo he oído nunca; *~ visto* no lo he visto nunca; *è quanto ~ sgradevole* es bastante desagradable
maial|a *f a. fig* cerda, puerca, marrana, chancha *am*; ~**e** *m a. fig* cerdo, puerco, gorrino, chancho *am*; *gastr* cerdo
maiestatico *adj* mayestático
maiolica *f* cerámica, loza, mayólica
maionese *f* mahonesa, mayonesa
Maiorca *f* Mallorca
mais *m/inv* maíz *m*
maître *m fr/inv* maître *m/fr*
maiuscol|a *f* mayúscula; *scrivere con la ~* escribir con mayúscula; ~**etto** *m tip* versalitas *fpl*; ~**o** *adj* mayúsculo; *fig* mayúsculo, colosal
maizena *f* maicena
mal V. **male**
mala *f gergo* hampa, delincuencia
malaccio *m fam* grave dolencia *f/est*; *(fam) come va? non c'è ~* ¿cómo te va? no me quejo
malaccorto *adj* incauto, despistado
malachite *f min* malaquita
malaco|logia *f* malacología; ~**pia** <*pl malecopie*> f borrador *m*; *scrivere in ~* escribir en borrador/en sucio
malacreanza <*pl malecreanze*> *f* mala educación, descortesía
malafede *f* mala fe, alevosía; *agire in ~* actuar de mala fe/con alevosía
malaffare: di ~ *adv* de mala vida
malagevole *adj* incómodo, fatigoso
malagrazia <*pl malegrazie*> *f* grosería, rudeza
malalingua <*pl malelingue*> *f* maldiciente *m/f*, murmurador, -a
malamente *adv* de mala manera, con malos modos
malandato *adj* maltrecho; *com* arruinado
malandrino *adj/s* malandrín, bellaco; *iron* pícaro, pillín *fam*
malanimo *m* hostilidad *f*, animosidad *f*
malanno *m* desgracia *f*, calamidad *f*; *fig* achaque, tecla *f/fam*; *un ~ non vien mai solo* las desgracias nunca vienen solas
malaparata *f fam* nublado *m*, trance *m*

malapena: a ~ *adv* a duras penas, a malas penas

malari|a *f* malaria; ~**co** *adj/s* malárico

malasorte <*pl malesorti*> *f* mala suerte

malat|iccio *adj* enfermizo, enclenque; ~**o** *adj/s* enfermo

malattia *f* enfermedad

malaugur|ato *adj* de mal agüero, infausto; ~**io** *m* mal agüero; *uccello del* ~ ave de mal agüero

malavita *f* delincuencia, hampa

malavoglia <*pl malevoglie*> *f* desgana; *di* ~ a regañadientes, de mala gana

malcaduco *m pop* mal caduco (*epilepsia*)

malcapitato *adj/s* inoportuno; desventurado

malconcio *adj* maltrecho, malparado, baldado

malcontento 1. *adj* descontento, insatisfecho; **2.** *m* descontento, insatisfacción *f*; descontento, insatisfecho (*persona*)

malcostume *m* desorden, libertinaje

maldentati *mpl zool* desdentados

maldestro *adj* torpe, desmañado

maldicen|te *adj/s* maldiciente, murmurador; ~**za** *f* maledicencia; murmuración, rumor *m*, calumnia

maldisposto *adj* maldispuesto, indispuesto

male 1. *adv* mal; *bene o* ~ mal que bien; *andare di* ~ *in peggio* ir de mal en peor; *stare* ~ estar mal, estar fastidiado; *finire* ~ acabar mal, acabar como el rosario de la aurora *fam*; *venire* ~ salir poco favorecido; **2.** *excl* ¡mal!; **3.** *m* mal; daño; *med* mal (*enfermedad*); daño, dolor; *fare il* ~ hacer el mal; *meno* ~ menos mal; *non c'è* ~ no está mal; *il* ~ *è che...* lo malo es que...; *andare a* ~ estropearse, echarse a perder; *non tutto il* ~ *vien per nuocere* no hay mal que por bien no venga; *mal comune mezzo gaudio* mal de muchos consuelo de tontos; *mal di denti, di testa* dolor de muelas, de cabeza; *mal francese* mal francés, sífilis; *mal di montagna* mal de montaña, puna/soroche *Am Mer*; *far* ~ hacer daño, lastimar; *mi fa* ~ *la testa* me duele la cabeza; *a* ~*i estremi, rimedi estremi* a grandes males, grandes remedios

maledetto *adj/s* maldito

maledi|re <*21 -dico; -dissi; -detto*> *vt* maldecir; ~**zione** *f/excl* maldición

maleduca|to *adj/s* maleducado; ~**zione** *f* mala educación

malefatta *f* fechoría

malefic|io *m* maleficio, sortilegio; ~**o** *adj* maléfico

maleodorante *adj* maloliente

malerba *f* mala hierba, hierbajo *m*; *la* ~ *non muore mai* mala hierba nunca muere

males|e *adj/s* malayo; ***~ia:** *la* ~ Malasia

malessere *m* malestar

malestro *m* trastada *f*, estropicio

malevol|enza *f* malevolencia, animadversión; ~**o** *adj* malévolo

malfamato *adj* de mala fama, de mala reputación

malfatto 1. *adj* mal hecho; *med* malhecho, deforme, contrahecho; **2.** *m* desaguisado, mala acción *f*; *gastr* ="tipo de pasta para sopa"; ~**re, -trice** *m/f* malhechor, -a, delincuente

malfermo *adj* inestable, inseguro

malforma|to *adj* deformado, deforme; ~**zione** *f* malformación

malga *f reg* cabaña alpina

malgarbo *m* grosería *f*, rudeza *f*

malgascio *adj/s* malgache

malgoverno, mal governo *m* mal gobierno, desgobierno

malgrado 1. *prep* a pesar de, pese a; ~ *ciò*, ~ *tutto* a pesar de ello, a pesar de todo; *mio, tuo* ~ a pesar mío, tuyo; **2.** *conj* a pesar de que, aunque; ~ *lo sapesse, non disse nulla* aunque lo sabía, no dijo nada

malia *f* hechizo *m*, embrujo *m*; *fig* encanto *m*, fascinación

maliardo *adj/s* hechicero, encantador; *fig* encantador, fascinante

malign|are *vi* <*avere*> pensar mal, malpensar; ~**ità** *f/inv* malignidad *f*, maldad *f*; ~**o** *adj* maligno, malvado; *med* maligno

malinconi|a *f* melancolía; ~**co** *adj* melancólico

malincuore: a ~ *adv* a regañadientes, de mala gana

malintenzionato *adj* malintencionado

malinteso *adj/m* malentendido

malizi|a *f* malicia; ~**oso** *adj* malicioso

malleabil|e *adj metal/fig* maleable, dúctil; ~**ità** *f/inv metal/fig* maleabilidad *f*, ductilidad *f*

malleolo *m* maléolo

mallev|adore, -drice *m/f ius* garante, fiador, -a; ~**eria** *f ius* garantía, fianza

mallo *m bot* zurrón

malloppo *m reg* hato, fardo; *gergo* botín

malme|nare *vt* maltratar, vapulear; ~**sso** *adj* desastrado, desaseado

malnutrito *adj* mal alimentado, desnutrido

malo *adj lit* malo *est*; *in* ~ *modo* con malos modos, de mala manera; ~**cchio** *m* mal de ojo; *fig* antipatía *f*, inquina *f*; *gettare il* ~ *su q* echarle el mal de ojo a alg; *guardare di* ~ mirar con antipatía; ~**ra** *f* perdición, ruina; *va' in* ~*!* ¡vete enhoramala/en hora mala!; ~**re** *m* indisposición repentina *f*, ataque, acceso

malpensante 1. *adj* de ideas equivocadas/peregrinas; **2.** *m/f* malpensado, -a

malpreparato *adj* mal preparado

malridotto *adj* maltrecho, malparado

malsano *adj* malsano, insalubre; *fig* malsano (*pensamiento*)

malsicuro *adj* inseguro, inestable; *fig* inseguro, dudoso

malta *f arch* argamasa, mortero *m*

maltagliati *mpl* ="tipo di pasta de sopa" *f*

maltempo *m* mal tiempo

maltese *adj/s* maltés

malto *m gastr* malta *f*

maltratta|mento *m* maltrato, malos tratos *mpl*; ~**re** *vt* maltratar

maltusian|ismo *m* maltusianismo; ~**o** *adj/s* maltusiano

malumore *m* malhumor, mal humor

malva 1. *f bot* malva; **2.** *adj/m/inv* malva (*color*); **~ccione** *m bot* malvavisco

malvagi|o *adj/s* malvado; **~tà** *f/inv* maldad *f*

malvasia *f gastr* malvasía

malversa|re *vt* malversar; **~tore, -trice** *m/f* malversador, -a; **~zione** *f* malversación

malvi|ssuto *adj* que ha malvivido; **~sto** *adj* mal visto, mal mirado; **~vente** *adj/s* delincuente, maleante

malvolentieri *adv* de mala gana, a regañadientes

malvolere 1. *vt/def* <*solo PP, participio presente y participio*> malquerer, odiar; **2.** *m* malquerer, animosidad *f*, antipatía *f*

mambo *m mus* mambo

mamma *f* mamá; ~ *mia!* ¡madre mía!

mammalucco *m hist/fig* mameluco

mammario *adj* mamario

mammella *f med* mama, teta *fam; zool* mama, teta, ubre

mammi|fero *m* mamífero; **~na** *m* mamaíta

mammografia *f* mamografía

mammola *f bot* violeta

mammone, -a *m/f* hijo, -a enmadrado, -a

mammut *m* mamut

manager *m/f inv* ejecutivo, -a; manager *m/f*

manata *f* palmada (*golpecito*); puñado *m* (*cantidad*)

mancamento *m* desfallecimiento, desmayo; *fig* falta *f*, culpa *f*

mancanza *f* 1. falta, carencia; ausencia; escasez; *per ~ di* por falta de; *in ~ di meglio* a falta de algo mejor; *sentire la ~ di qc/q* echar de menos, echar en falta, extrañar algo/a alg; *in ~ di cavalli gli asini trottano* a falta de pan, buenas son tortas; 2. fallo *m*, falta

mancare 1. *vt* fallar, errar (*tiro*); **2.** *vi* 1. <*essere*> faltar; *quanto manca al confine?* ¿cuánto falta para la frontera?; *manca poco* falta poco; *è mancato poco che vincessi* ha faltado poco para que ganara; *non ci mancherebbe altro!* ¡no faltaría más!, ¡hasta ahí podíamos llegar!; 2. carecer; *~ di coraggio* carecer de valor; 3. *fig* fallecer, faltar; *suo nonno è mancato ieri* su abuelo falleció ayer; 4. <*avere*> dejar; *non mancherò di ringraziarvi* no dejaré de daros las gracias; 5. faltar (*di* a), descuidar *vt*, incumplir *vt*; *~ di parola* faltar a la palabra dada; *~ di rispetto* faltar al respeto; 6. fallar, defraudar; ofender *vt*; *ho mancato nei tuoi confronti* te he fallado, te he defraudado; te he ofendido

mancato *adj* fallido

manche *f fr/inv sport* manga *f*; mano (*juego*)

manchevole *adj* escaso, insuficiente; imperfecto, incompleto

manchevolezza *f* insuficiencia; *fig* descortesía, ofensa

mancia *f* propina; *~ competente* gratificación (*por un objeto perdido*); **~ta** *f* puñado *m*; *a ~e* a puñados, a manos llenas

mancino, -a 1. *adj* zurdo, izquierdo (*lado*); zurdo (*persona*); *fig* malévolo, torcido; **2.** *m/f* zurdo, -a

manco *adv reg* ni *est*; *~ per sogno!* ¡ni hablar!, ¡ni soñarlo!; *~ male!* ¡menos mal!

mandante *m/f ius* mandante, poderdante

mandarancio *m bot* clementina *f*

mandare *vt* mandar, enviar; *~ a chiamare q* mandar a llamar a alg; *~ q a farsi friggere/benedire/a quel paese* mandar a alg a freír espárragos; *~ all'aria* desbaratar; *(fig) ~ avanti* sacar adelante; *(fig) ~ giù qc* tragarse algo; *~ un vaglia, un telegramma* poner/mandar/enviar un giro, un telegrama

mandarino *m bot* mandarina *f*; *hist* mandarín

mandat|a *f* 1. *com* envío *m*; 2. vuelta (*cerradura*); *chiudere a doppia ~* cerrar con doble vuelta de llave; **~ario, -a** *m/f ius* mandatario, -a, poderhabiente, apoderado, -a; **~o** *m* encargo, mandado; *ius* mandato, orden *f*; *com* mandato, comisión *f*; *~ di cattura* orden de captura

mandibola *f* mandíbula

mandol|a *f mus* bandola; **~ino** *m mus* mandolina *f*

mandorla *f bot* almendra

mandorlato *m* almendrado

mandorleto *m* almendral

mandorlo *m bot* almendro

mandr|a, ~ia *f a. fig* manada; boyada (*bueyes*); vacada (*vacas*); **~iano** *m* mayoral, resero; boyero (*bueyes*); vaquero (*vacas*); **~illo** *m zool* mandril; **~ino** *m mec* mandril

maneggevole *adj a. fig* manejable

maneggevolezza *f a. fig* manejabilidad

maneggi|are *vt* manejar; **~o** *m* 1. manejo; 2. *mpl fig* manejos, tejemanejes, mangoneo *m/desp*; **~one, -a** *m/f* intrigante

manesco *adj* peleón

manetta *f* 1. *tec* manecilla, llave; 2. *fpl* esposas (*manos*); *mettere le ~e a q* echar el guante a alg

manganell|are *vt* aporrear, apalear; **~o** *m* porra *f*, cachiporra *f*

manganese *m chim* manganeso

mangereccio *adj* comestible; *fungo ~* seta comestible

mangia|bile *adj* comible, comestible; **~dischi** *m/inv* ="tocadiscos portátil" *m*; **~nastri** *m/inv* cas(s)et(t)e *m* (*aparato*); **~pane** *m/f inv* vago, -a, gandul, -a

mangiare 1. *vt/vi* <*avere*> comer; *avere da ~* tener qué comer; *dare da ~* dar de comer; *~ a quattro palmenti* comer a dos carrillos; *~ con gli occhi* comer con los ojos; *~rsi le unghie* morderse/comerse las uñas; *~rsi il fegato* rabiar; *~rsi le parole* comerse las palabras; **2.** *m* comida *f*

mangiasoldi *adj/inv* tragaperras, sacaperras

mangiat|a *f* comilona, banquete *m*; **~oia** *f agr* pesebre *m*, comedero *m*; **~ore, -trice** *m/f* comedor, -a; *~ di fuoco* tragafuegos

mangime *m agr* pienso
mangione *m/f iron* comilón, -ona, tragón, -ona, glotón, -ona, tragaldabas
mangiucchiare *vt* picar, picotear
mango *m bot* mango
mangosta, mangusta *f zool* mangosta
mania *f* manía, fijación; *~ di persecuzione* manía persecutoria; ~**co** *adj/s* maniaco, maníaco, maniático
Manica: Canale della ~ Canal de la Mancha
manica <*pl -che*> f 1. manga; *in ~e di camicia* en mangas de camisa; *senza ~e* sin mangas; *di ~ larga, stretta* de manga ancha, estrecha; *(fig) è un altro paio di ~e* eso es otra cosa; 2. manguera; 3. *desp* hatajo *m*, banda; ~**retto** *m* manjar, gollería *f*
manich|eismo *m* maniqueísmo; ~**eo** *adj/s* maniqueo; ~**etta** *f* 1. media manga; 2. *tec* manguera; ~**ino** *m* maniquí
manico <*pl -chi*> *m* mango, asidero, agarradero; mango (*cacharro, cuchillo*); asa *f* (*taza, vasija, cesta*); astil (*hacha, azada...*); *mil* empuñadura *f*, puño; *mus* mástil; *il difetto sta nel ~* el fallo está en la base; ~**mio** *m* manicomio; ~**tto** *m* manguito (*piel, tec*)
manicure *m/f* 1. *inv* manicuro, -a (*persona*); 2. *f* manicura (*tratamiento*)
manier|a *f* 1. manera, modo *m*, forma; *alla ~ di* a la manera de; *ognuno alla sua ~* cada uno a su manera; 2. *fpl* modales *mpl*, maneras, modos *mpl*; *che ~e!, belle ~e!* ¡vaya unos modales!, ¡bonitos modales!; ~**ato** *adj* amanerado; ~**ismo** *m art* manierismo; ~**ista** *adj/s art* manierista
manifattur|a *f* manufactura; ~**iero** *adj* manufacturero
manifest|ante *m/f* manifestante; ~**are** **1.** *vt* manifestar; **2.** *vi/~rsi* <*avere*> manifestarse; ~**azione** *f* manifestación; ~**ino** *m pol/com* octavilla *f*; ~**o 1.** *adj* manifiesto, evidente, notorio; *far ~* poner de manifiesto; **2.** *m* 1. *adm* bando, edicto; *com* anuncio; 2. *pol/art* manifiesto; 3. cartel, afiche *am*
maniglia *f* manilla; aldaba, tirador *m* (*puerta*); aldabón *m* (*baúl*)
manigoldo, -a *m/f* pícaro, -a, pillo, -a, sinvergüenza
manioca *f bot* mandioca
manipola|re <*esd*> *vt* manipular; ~**tore** *adj/s* manipulador; ~**zione** *f* manipulación
manipolo *m* manojo; *eccl/mil/hist* manípulo
maniscalco *m* herrador; *ant* albéitar
manna *f eccl/fig* maná *m*
mannaggia! *excl reg* ¡mecachis (en la mar)!, ¡maldita sea!
mannaia *f* hacha (*del verdugo*); cuchilla (*guillotina*)
mannaro: lupo ~ *m* lobo feroz, coco *infan*
mannequin *f fr/inv* modelo *f*
mannite *f chim* manito *m*
mano *f* mano; *zool* mano; mano (*naipes, pintura...*); *lavorato/fatto a ~* hecho a mano, artesanal; *~ fiacca/debole, ferma* mano blanda, dura; *~i in alto!* ¡arriba las manos!; *(fig) ~ i di burro* manos de mantequilla; *alla ~* al alcance de la mano, disponible, accesible; *persona alla ~* persona accesible; *fuori ~* inaccesible, fuera del alcance de la mano; *per ~ di q* por medio de alg, a través de alg; *sotto ~* bajo mano, bajo manga; *con le ~i nel sacco* con las manos en la masa; *man ~ che* a medida que; *a ~ a ~/man ~* poco a poco; *a ~ armata* a mano armada; *a man salva* a mansalva; *a piene ~i* a manos llenas; *a portata di ~* al alcance de la mano; *a ~ sinistra* a mano izquierda; *di prima ~, di seconda ~* de primera mano, de segunda mano; *di propria ~* de su puño y letra; *(fig) alzare le ~i* levantar la mano (*para pegar*); *(fig) arrivare a ~i vuote* llegar con las manos vacías; *avere le ~i bucate* ser un manirroto; *avere le ~i d'oro* ser un manitas; *(fig) avere le ~i legate* estar atado de pies y manos; *(fig) avere le ~i lunghe* tener mucha mano; *(fig) avere qc alle/per le ~i* tener algo entre manos; *battere le ~i* aplaudir, batir palmas; *chiedere la ~ (di una donna)* pedir la mano (de una mujer); *dare una ~ a q* echar una mano/un cable a alg; *darsi/stringersi la ~* darse la mano, estrecharse la mano; *essere di ~* ser mano (*naipes*); *essere in ~ a q* estar en (las) manos de alg; *essere lesto di ~i* tener las manos demasiado largas; *far man bassa* arrasar, hacer una escabechina; arramblar con todo; *mangiarsi le ~i* echarse las manos a la cabeza; *mettere le ~i addosso a qc* ponerle a alg las manos encima; *mettere le ~i sul fuoco per q* poner la mano en el fuego por alg; *mettere ~ a qc* echar mano a algo; *mettersi una ~ sulla coscienza* hacer examen de conciencia; *stare con le ~i in ~* estar de los brazos cruzados; *(fig) stropicciarsi/fregarsi le ~i* frotarse las manos; *tenere per ~* llevar (cogido) de la mano; *venire alle ~i* llegar a las manos
manodopera, mano d'opera *f* mano de obra
manometro *m* manómetro
manomettere <*44 -misi; -messo*> *vt* 1. *ius* violar (*post, derechos, tumba*); alterar (*pruebas*); forzar (*cajón*); 2. *hist* manumitir
manomorta *f ius* manos muertas *fpl*; *fare la ~* meter mano, sobar *pop*
manopola *f* 1. puño *m* (*manillar*); asidero *m* (*autobús*); 2. *TV/radio* botón *m*; 3. vuelta, forro *m* (*ropa*); 4. manopla (*guante*); *mil/ant* manopla, guantelete *m*
manoscritto *adj/m* manuscrito
manov|alanza *f* peonaje *m*; ~**ale** *m* peón; ~**ella** *f* manivela; *(cine) dare il primo giro di ~* empezar el rodaje
manovra *f tec/mar/auto/mil* maniobra; *fig* maniobra, trapicheo *m*, mangoneo *m/pop*; ~**bile** *adj* manejable; ~**bilità** *f/inv* manejabilidad *f*; ~**re** *vt/vi* <*avere*> maniobrar; *fig* maniobrar, mangonear *pop*, manipular; ~**tore** *adj/m* maniobrero
manrovescio *m* revés, mandoble, bofetada *f*
mansalva V. **mano**
mansarda *f arch* buhardilla
mansione *f* cometido *m*, tarea

mansuet|o *adj* manso; ~**udine** *f* mansedumbre
manteca|re *vt* convertir en manteca; ~**to** *m* mantecado (*helado*)
mantell|a *f* capa; ~**o** *m* capa *f*, manto; *zool* manto, pelaje; *fig* capa *f*
manten|ere <*79 -tengo; -tenni; -tenuto*> *vt* 1. mantener; *fig* mantener, sustentar, alimentar (*familia*); 2. mantener, sujetar, sostener; ~ *la parola data* mantener la palabra dada; ~**imento** *m* mantenimiento; *fig* mantenimiento, manutención *f*, sustento (*familia*); ~**uto, -a** *m/f desp* mantenido, -a
mantil|ce *m tec* fuelle; capota *f* (de fuelle); ~**de** *f zool* mantis religiosa
mantigli|a *f* mantilla; ~**o** V. **amantiglio**
manto *m* manto, capa *f*; *auto* pavimento, asfalto; *fig* manto (*nieve*); *sotto il ~ di* bajo la apariencia de
Mantova *f* Mantua; *~**no** *adj/s* mantuano
manuale *adj/m* manual
manubrio *m* manillar
manufatto 1. *adj* manufacturado, elaborado; **2.** *m* 1. manufactura *f*, producto manufacturado; 2. obra *f*, construcción *f*
manutenzione *f tec* mantenimiento *m*, conservación
manzo *m zool/gastr* buey
maois|mo *m* maoísmo; ~**ta** *adj/s* maoísta
maomett|ano *adj/s* mahometano, musulmán; ~**ismo** *m* mahometismo, islamismo; *~**o** *m* Mahoma
maorì *adj/s inv* maorí *adj/s*
mappa *f* mapa *m*; ~**mondo** *m* mapamundi
maquette *f fr/inv* maqueta *f*
maquillage *m fr/inv* maquillaje *m*
maquis *m fr/inv* maquis
marabù *m/inv zool* marabú *m*
maraca *f mus* maraca
marachella *f* travesura
maram|ao!, ~eo! *excl* ¡tururú!
maras|ca *f bot* guinda; ~**chino** *m gastr* marrasquino; ~**co** *m bot* guindo; ~**ma** *f med/fig* marasmo *m*
maratona *f sport* maratón *m/f*; *fig* maratón *m*, paliza
marca *f* marca, señal; *com* marca; resguardo *m* (*depósito*); ~ *da bollo* póliza, estampilla *am*; ~**mento** *m sport* marcaje; *(sport) ~ a zona* marcaje por zonas
marcantonio *m fam* chicarrón, grandullón
marcare *vt* marcar, señalar; *sport/fig* marcar
marcat|o *adj* marcado; *fig* marcado, acusado, pronunciado; ~**ore, -trice** *m/f* marcador, -a; *sport* marcador, -a, goleador, -a; ~**ura** *f* marcado *m* (*reses*); *sport* marcaje *m*
Marche: *le* ~ las Marcas; *~**se, -a** *m/f* marqués, -esa
marchia|no *adj* descomunal, colosal; ~**re** *vt* marcar, timbrar; *fig* marcar; ~ *d'infamia* cubrir de infamia, desacreditar
marchigiano, -a 1. *adj* de las Marcas; **2.** *m/f* habitante de las Marcas; *m/ling* lengua de las Marcas
marchio *m* marca *f*, señal *f*; *com* marca *f*; *fig* marca *f*, estigma *f*, sambenito; ~ *registrato/depositato* marca registrada; ~ *di fabbrica* marca de fábrica
marcia *f* marcha; *mettersi in ~* ponerse en marcha; *a ~ forzata* a marchas forzadas; *(auto) ~ indietro* marcha atrás; *(a. fig) fare ~ indietro* hacer marcha atrás; ~**piede** *m* acera *f*; andén (*estación*); *(fig) battere il ~* hacer la calle; ~**re** *vt mil/sport* marchar; *fig* marchar, funcionar
marcio 1. *adj* podrido; *med* purulento; *fig* corrompido; *avere torto ~* estar completamente equivocado, estar equivocado de medio a medio; **2.** *m* podredumbre *f*; *med* pus, purulencia *f*; *fig* corrupción *f*, depravación *f*
marcire <*isc*> *vi gastr* pudrirse, estropearse; *med* supurar; *fig* pudrirse, corromperse; languidecer, consumirse
marciume *m* podredumbre *f*; *med* pus; *fig* corrupción *f*, depravación *f*
marco *m econ* marco; ~**nista** *m/f* radiotelegrafista
mare *m* mar *m/f*; *~ *Adriatico, Rosso* Mar Adriático, Rojo; *alto ~* alta mar; *(fig) ~ magno* maremágnum; *sul livello del ~* sobre el nivel del mar; *andare al ~* ir a la playa; *uomo in ~!* ¡hombre al agua!
marea *f mar/fig* marea; *alta ~* marea alta, pleamar; *bassa ~* marea baja, bajamar
mareggiata *f* marejada, oleaje *m*
maremma *f* marisma
maremoto *m* maremoto
maresciallo *m mil* 1. comandante en jefe; 2. sargento primero; *ant* mariscal
maretta *f mar* marejadilla; *fig* mar de fondo *m*
marezza|re *vt* jaspear, vetear; ~**to** *adj* jaspeado, veteado; ~**tura** *f* jaspeado *m*, veteado *m*
margarina *f* margarina
margherita *f bot/tec* margarita
margina|le *adj* marginal; ~**re** <*esd*> *vt tip* marginar, poner márgenes
margine *m* margen, borde; *tip* margen; *auto* margen, arcén; margen (*tiempo*); *(com) ~ di profitto* margen comercial, beneficio
mariano *adj* mariano
marijuana *f* marihuana
marina *f geogr* costa, litoral *m*; puerto deportivo *m*; *pitt* marina; *mil/com* marina; ~ *mercantile, militare* marina mercante, militar; ~**io** <*pl -nai*> *m* marinero, marino; ~**ra** *f* traje de marinero *m* (*niños*); *(gastr) alla ~* a la marinera; ~**re** *vt gastr* marinar, escabechar; *(fam/fig) ~ la scuola* hacer novillos, pelarse las clases; ~**resco** *adj* marinero; ~**ro** *adj* marinero; ~**ta** *f gastr* escabeche *m*, adobo *m*
marine *m ingl/inv mil* marine *m*; ~**ria** *f mil* marinería
marino *adj* marino; *blu ~* azul marino
mariol|leria *f* bellaquería; ~**o, -a** *m/f* bellaco, -a, maleante; *fam* travieso, -a, pillo, -a
marionetta *f a. fig* marioneta, títere *m*
marit|ale *adj* marital; ~**are** *vt* casar; *bot* cruzar (*a* con); ~**ato** *adj* casado; ~**o** *m* marido, esposo

marittimo 1. *adj* marítimo; **2.** *m* marinero; trabajador portuario, estibador
market *m/inv* super(mercado) *m;* ~**ing** *m ingl/inv* marketing; mercado *m; ricerca di* ~ estudio de mercado
marmaglia *f desp* gentuza; chusma, morralla
marmellata *f* mermelada
marmi|fero *adj* marmífero; ~**sta** *m/f* marmolista; ~**tta** *f* 1. marmita, olla; 2. *auto* tubo de escape *m; silenciador;* ~ *catalitica* tubo de escape con catalizador *m;* 3. *mil/gergo* pepino *m (proyectil)*
marmo *m* mármol; ~**cchio** *m fam* criatura *f,* angelito; chiquillo, mocoso
marmor|eo *adj* marmóreo; ~**izzare** *vt* jaspear, vetear
marmotta *f zool/fig* marmota
marna *f min* marga
marocchin|erie *fpl* marroquinería *f;* ~**o 1.** *adj/s* marroquí; **2.** *m* marroquí (*piel*)
Marocco: *il* ~ Marruecos
maroso *m* golpe de mar
marra *f agr* escarda; *arch* batidera; ~**no** *m desp* marrano
marron *adj/m fr/inv* marrón *adj/m;* ~ *glacé* marron glacé; ~**e 1.** *m* marrón; *bot* castaño; **2.** *adj marrón*
marsala *m* vino de Marsala
marsc'!, march! *excl/mil* ¡marchen!, ¡en marcha!
marsina *f* frac *m*
marsovino *m zool* marsopa *f*
marsupi|ali *mpl zool* marsupiales; ~**o** *m zool* marsupio
Marte *m astr/mit* Marte
martedì *m/inv* martes; ~ *grasso* martes de Carnaval
martell|amento *m* martilleo; ~**are** *vt* martillear, martillar, amartillar; ~**ata** *f* martillada, martillazo *m;* ~**atura** *f* martilleo *m;* ~**etto** *m mus* martinete; ~**io** *m* martilleo; ~**o** *m* martillo; *sport/med* martillo; ~ *pneumatico* martillo neumático; *suonare a* ~ tocar a rebato
martin|etto *m mec* gato; ~**gala** *f* martingala; ~ **pescatore** *m zool* martín pescador
martir|e *m/f eccl/fig* mártir; ~**io** *m eccl/fig* martirio; ~**izzare** *vt eccl/fig* martirizar
martora *f zool* marta
marxis|mo *m* marxismo; ~**ta** *adj/s* marxista
marzapane *m* mazapán
marzia|le *adj* marcial; ~**no** *adj/s a. fig* marciano
marzo *m* marzo
Mas *m/inv* lancha torpedera *f*
mascalzon|ata *f pop* gamberrada, jugarreta; ~**e** *m pop* granuja, sinvergüenza, golfo
mascara *m/inv* rímel *m, rimmel m*
mascella *f* mandíbula, quijada; *(iron) lavorare di* ~*e* mover los carrillos, jalar, zampar; ~**re** *adj/m med* maxilar
maschera *f* 1. *a. fig* máscara, careta; disfraz *m; tec* máscara; máscara, mascarilla (*belleza*); ~ *subacquea* gafas de bucear *fpl; ballo in* ~ baile de disfraces; 2. *teatro/cine* acomodador, -a *m/f;* ~**mento** *m a. fig* enmascaramiento, disfraz; *mil* camuflaje; ~**re** <*esd*> *vt* enmascarar, disfrazar, disimular; *mil* camuflar; ~**ta** *f* mascarada; *fig* mascarada, bufonada
mascherina *f* mascarilla (disfraz); puntera (*zapato*); *auto* cubrerradiador *m; (iron) ti conosco,* ~*!* te conozco bacalao, aunque vayas disfrazado
mascherone *m arch* mascarón
maschiaccio, -a *m/f desp* machote, -a
maschiett|a *f* jovencita poco femenina; ~**o** *m* niño, jovencito
maschil|e *adj/m* masculino; *(ling) genere* ~ género masculino; ~**ismo** *m* machismo; ~**ista** *adj/s* machista
maschio 1. *m* macho, varón; *zool/tec* macho; *arch* bastión; **2.** *adj* varón (*persona*); *zool/bot* macho; *fig* varonil, viril; ~**ne** *adj/m iron* machote
mascolin|izzare *vt* masculinizar; ~**ità** *f/inv* masculinidad *f,* virilidad *f;* ~**o** *adj* masculino, viril
mascotte *f fr/inv* mascota *f*
maser *m/inv fis* máser *m*
masnad|a *f desp* hatajo *m,* banda, puñado *m; ant* mesnada; ~**iere** *m* bandido, salteador; *faccia da* ~ cara de hereje
masochis|mo *m* masoquismo; ~**ta** *adj/s* masoquista; ~**tico** *adj* masoquista
massa *f* masa; *fis/psic/mus* masa; *elec* masa, tierra; *fig* amasijo *m,* montón *m; fig* multitud, gentío *m; in* ~ en masa; ~ *corale, orchestrale* masa coral, orquestal; *(elec) collegare a* ~ conectar la toma de tierra
massacr|ante *adj fig* agotador, extenuante; ~**are** *vt* masacrar; *fig* destrozar; *fig* agotar, extenuar; ~**o** *m* masacre *f,* carnicería *f; fig* desastre
massaggi|are *vt* dar un masaje, masajear; ~**atore, -trice** *m/f* masajista; ~**o** *m* masaje
massai|a *f* ama de casa; ~**o** *m agr* capataz
massello *m metal* lingote, tocho; *arch* sillar, bloque
masser|ia *f* finca, quinta, masía, cortijo *m/And,* estancia *am;* ~**izie** *fpl* mobiliario *m,* enseres *mpl*
massicci|ata *f tras* firme *m,* asfalto *m* (*carretera*); balasto *m* (*tren*); ~**o 1.** *adj* macizo, compacto; corpulento (*persona*); *fig* masivo, intenso; **2.** *m geogr* macizo
massifica|re <*esd*> *vt* masificar; ~**zione** *f* masificación
massima *f* máxima, sentencia, proverbio *m; meteo* (temperatura) máxima
massimal|e *adj/m* máximo; ~**ismo** *m pol* maximalismo; ~**ista** *m/f pol* maximalista; ~**istico** *adj pol* maximalista
massimo *adj/m* máximo; *al* ~ como mucho, todo lo más, a lo sumo; *in* ~*a parte* en su mayor parte; *è il* ~ es el no va más; *fare il* ~ hacer todo lo posible; *(mat)* ~ *comun divisore* máximo común divisor
massivo *adj* masivo
mass media *mpl* medios de comunicación

massmedialle, ~tico *adj* mediático
masso *m* roca *f*, peñasco; *dormire come un ~* dormir como un tronco
massonle *m* masón; **~eria** *f* masonería; **~ico** *adj* masónico
massoterapia *f* masoterapia; masaje terapéutico *m*
mastectomia *f med* mastectomía
mastello *m* cubo, cuba *f*; barreño, lebrillo, batea *f/am* (*lavar*)
master *m/inv* máster *m*
masticalre <*esd*> *vt* masticar; *fig* balbucear; chapurrear (*lengua*); *(fig) ~ amaro* tragar quina, roerse por dentro; **~torio** *adj* masticatorio; **~zione** *f* masticación
mastice *m* mástique, almáciga *f* (*resina*); masilla *f*
mastino *m* mastín
mastite *f med* mastitis
mastodontle *m a. fig* mastodonte; **~ico** *adj* mastodóntico
mastoplastica *f med* mastoplastia
mastro *m* artesano
masturbalre *vt* masturbar; **~zione** *f* masturbación
matador *m/inv taur* matador *m*, diestro *m*
matassa *f* madeja; *elec* bobina; *fig* lío *m*, embrollo *m*; *(fig) arruffare la ~* enredar, liar las cosas
match *m ingl/inv sport* encuentro *m*; combate *m* (*boxeo*)
mate *m/inv* mate *m* (*árbol, infusión*)
matematicla *f* matemáticas *fpl*; **~o** *adj/s* matemático
materasslaio, -a *m/f* colchonero, -a; **~ino** *m* colchoneta *f*; **~o** *m* colchón
materia *f* materia; *stud* asignatura, materia; *~e prime* materias primas; *entrare in ~* entrar en materia; *in ~ di* en materia de, en cuestión de; **~le** *adj/m* material
materialislmo *m* materialismo; **~ta** *adj/s* materialista; **~tico** *adj* materialista
materialità *f/inv* materialidad *f*
materializzalre *vt* materializzare; **~zione** *f* materialización
maternlità *f/inv* maternidad *f*; *interruzione della ~* interrupción del embarazo; *essere in ~* estar de baja por maternidad; **~o** *adj* materno, maternal; *scuola ~a* enseñanza preescolar
matita *f* lápiz *m*
matraccio *m cient* matraz
matriarcalle *adj* matriarcal; **~to** *m* matriarcado
matrice *f mat/tec/com* matriz; *fig* fuente, origen *m*
matricidla *m/f* matricida; **~io** *m* matricidio
matricola *f* matrícula, registro *m*; número de matrícula *m*; *stud* novato *m*, borrego *m*; *certificato di ~* certificado de inscripción; *(stud) festa della ~* borregada; **~re** *adj* de matrícula; **~to** *adj* matriculado, registrado, inscrito; *fig/iron* empedernido, redomado
matrigna *f* madrastra
matrimonilale *adj* matrimonial; **~alista** *m/f* matrimonialista; **~o** *m* matrimonio; boda *f*, casamiento
matronla *f hist* matrona; **~eo** *m arch* matroneo
matta *f* comodín *m* (*naipes*)
mattacchione, -a *m/f* persona jovial/campechana *f*
mattana *f* chaladura, chifladura, extravagancia
mattarello V. **matterello**
mattatoio *m* matadero
matterello *m gastr* rodillo
mattina *f* mañana (*momento del día*); *domani ~* mañana por la mañana; *sabato ~* el sábado por la mañana; *la ~/di ~* por la mañana; *di ~* a primera hora de la mañana; **~ta** *f* mañana; *mus* alborada, albada; *cine/teatro* matinée
mattiniero *adj/s* madrugador
mattino *m* mañana *f*; *di buon ~* de buena mañana, por la mañana temprano; *al ~/il ~* por la mañana
matto *adj/s* loco; *essere ~ da legare* estar loco de atar; *diventare ~* volverse loco; *roba da ~i* cosa de locos, barbaridad; *studiare, ridere come un ~* estudiar, reír como un descosido; *andare ~ per q/qc* estar loco por alg/algo, chiflarse por alg/algo; *fossi ~!* ¡ni que estuviera loco!, ¿por quién me has tomado?
mattoide *adj/s* chiflado, chalado
mattonlaio, -a *m/f* ladrillero, -a; **~e** *m* ladrillo; *fig* mamotreto, tostón; pesado, -a, pelma *m/f* (*persona*); tocho, mamotreto (*libro*); **~ella** *f* baldosa, azulejo *m*; banda (*billar*); briqueta (*combustible*)
mattutino 1. *adj* matutino, matinal; **2.** *m eccl* maitines *mpl*
maturlando, -a *m/f* alumno, -a que debe pasar la reválida del bachillerato *ant*/la selectividad; **~are** *vt/vi bot/fig* madurar; **~azione** *f bot/fig* maduración; **~ità** *f/inv* 1. madurez *f*; 2. *stud* título de bachiller *m*; *esame di ~* reválida del bachillerato *ant*/la selectividad; **~o, -a 1.** *adj bot/fig* maduro; **2.** *m/f* aprobado, -a en la reválida del bachillerato *ant*/la selectividad
matusa *m/f inv gergo* carroza *m/f*, fósil *m/f*; ***~lemme** *m hist* Matusalén; *più vecchio di ~* más viejo que Matusalén
mausoleo *m* mausoleo
max *adv* máximo; *~ diciottenne* máximo dieciocho años (*anuncios*)
maya *adj/s inv* maya *adj/s*
mazurca *f mus* mazurca
mazza *f* bastón *m*, garrote *m*; martinete *m* (*herrero*); *mil/mus* maza; *sport* bate *m* (*béisbol*); palo *m* (*golf*); *(fam) non sapere una ~* no saber ni jota; **~cavallo** *m* cigoñal; **~ta** *f* mazazo *m*, porrazo *m*; *fig* mazazo *m*, golpe *m*
mazzo *m* 1. manojo; ramo (*flores*); 2. baraja *f* (*naipes*); *(fig) mettere nello stesso ~* meter en el mismo saco; **~lino** *m* ramillete
me *pr* 1. <*+ otro pronombre*> me; *~ lo prendo* me lo cojo; 2. mí; yo; *dillo a ~* dímelo a mí; *vieni da ~* ven a mi casa; *con ~* conmigo; *secondo ~* en mi opinión; *tra ~ e te* entre tú y yo; *tra ~ e ~* para mis

adentros; *lavora quanto* ~ trabaja tanto como yo; *lei è come* ~ ella es como yo
mea culpa *m eccl/fig* mea culpa; *recitare il* ~ entonar el mea culpa
meandro *m* meandro
Mecca: *la* ~ la Meca; *(fig) venire dalla* ~ venir de la Luna
meccanic|a *f* mecánica; ~**ismo** *m* mecanicismo; ~**ità** *f/inv* mecanicidad *f;* ~**o** *adj/s* mecánico
meccanismo *m* mecanismo
meccanizza|re *vt* mecanizar, automatizar; ~**zione** *f* mecanización, automatización
meccano *m* mecano (*juego*)
meccanografi|a *f* mecanografía; ~**co** *adj* mecanográfico
mecenat|e *m/f* mecenas; ~**ismo** *m* mecenazgo
mèche *f fr/inv* mecha *f (pelo)*
medagli|a *f* medalla; ~ *al valor civile* medalla al mérito civil; ~**ato, -a** *m/f sport* medallista; ~**ere** *m* monetario; *sport* medallero; ~**etta** *f* medallita; ~**one** *m* medallón
medesimo *adj/pr* mismo
media *f mat/sport* media, promedio *m; in* ~ por término medio; ~ *oraria* media horaria
media *mpl* medios de comunicación
median|ico *adj* del/de la médium; ~**ità** *f/inv* poder del/de la médium *m;* ~**o 1.** *adj* mediano, medio; **2.** *m sport* medio, central; ~**te** *prep* mediante
mediare *vt/vi* <*avere*> mediar
mediato *adj* mediato; ~**re, -trice 1.** *m/f* mediador, -a; intermediario, -a; *com* corredor, -a; **2.** *adj* mediador
mediazione *f* mediación, intermediación; *com* corretaje *m*
medicabile *adj* medicable
medicamento *m* medicamento; ~**so** *adj* medicamentoso
medicare <*esd*> *vt* medicar
medicastro *m desp* medicastro, matasanos
medicazione *f* medicación
medicina *f* medicina (*ciencia, producto*); ~**le 1.** *adj* medicinal; **2.** *m* medicina *f*, medicamento
medico *adj/s* médico; ~ *di famiglia/di base* médico de cabecera; ~ *legale* médico forense; ~ *fiscale* inspector médico; ~ *condotto* médico municipal
medievale *adj* medieval
medio 1. *adj* medio; *ceto* ~ clase media; *~ *Oriente* Oriente Medio; **2.** *m* 1. (dedo) medio; 2. *ling* voz media *f*
mediocr|e *adj* mediocre, mediano, regular; ~**edito** *m com* crédito a medio plazo; ~**ità** *f/inv* mediocridad *f, medianía f*
medioevale V. **medievale**
Medioevo *m* Edad Media *f*, Medievo
mediorientale *adj* del Oriente Medio
medita|bondo *adj* meditabundo; ~**re** <*esd*> *vt/vi* <*avere*> meditar, reflexionar *vi;* ~**tivo** *adj* meditativo; ~**to** *adj* meditado; ~**zione** *f* meditación
mediterraneo *adj/m* mediterráneo; *Mare* *~ Mar Mediterráneo

medium *m/f inv* médium *m/f (espiritismo)*
medusa *f zool/mit* medusa
meeting *m ingl/inv* reunión *f*
mefitico *adj* mefítico; *fig* corrompido
mega|byte *m ingl/inv infor* megabyte *m/ingl;* ~**ciclo** *m* megaciclo; ~**fono** *m* megáfono; ~**hertz** *m/inv* megahertzio *m*
megaloman|e *adj/s* megalómano, -a; ~**ia** *f* megalomanía
megaterio *m* megaterio
megaton, megatone *m* megatón
megera *f fig* tarasca, bruja
meglio *adv* mejor; *tanto ~!/~ così!* ¡tanto mejor!/¡mejor así!; *per ~ dire* mejor dicho; ~ *tardi que mai* más vale tarde que nunca; *in mancanza di* ~ a falta de algo mejor; **2.** *m/f inv* mejor *m/f; il ~ possibile/il ~ che si può* lo mejor posible; *avere la* ~ llevarse la mejor parte; *ha fatto del suo* ~ ha hecho todo lo que estaba en su mano/todo lo que ha podido; *alla ~/alla bell'e* ~ como buenamente se pueda, a la buena de Dios
mela *f bot* manzana; ~**grana** *f bot* granada
melan|esio *adj/s* melanesio; ~**ina** *f* melanina; ~**zana** *f bot* berenjena
melassa *f* melaza
melato *adj* meloso; *fig* melifluo, melindroso
melenso *adj fig* soso, desaborido
meleto *m* manzanar
melissa *f bot* melisa
mellifluo *adj* melifluo, meloso, almibarado
mellone V. **melone**
melm|a *f* fango *m*, cieno *m*, lodo *m; fig* corrupción, lodo *m;* ~**oso** *adj* fangoso, cenagoso
melo *m bot* manzano
melodi|a *f* melodía; ~**co** *adj* melódico; ~**oso** *adj* melodioso; ~**sta** *m/f* melodista
melodramma *m* melodrama; ~**tico** *adj* melodramático
melograno *m bot* granado
meloman|e *adj/s* melómano, -a; ~**ia** *f* melomanía
melon|aio *m agr* melonar; ~**e** *m bot* melón
melopea *f* melopea, melopeya
membr|ana *f* membrana; ~**anoso** *adj* membranoso; ~**atura** *f med* complexión; *arch* armazón *m/f;* ~**o** *m* 1. *med* <*pl le membra*> miembro; 2. *fig* <*pl i membri*> miembro, componente, individuo (*grupo, asociación*); ~**uto** *adj* fornido, robusto
memorabile *adj* memorable
memorandum *m/inv* memorándum *m*
memore *adj* rememorador, que recuerda
memori|a *f* 1. memoria; *a* ~ de memoria; *alla ~ di* en memoria de; *di gloriosa, d'infausta* ~ de gloriosa, infausta memoria; *a ~ d'uomo* desde que el hombre guarda memoria; *richiamare alla* ~ traer a la memoria; *serbare buona, cattiva ~ di q* guardar buen, mal recuerdo de alg; 2. *fpl* memorias; ~**ale** *m* memorial; ~**ona** *f* memorión *m*
memorizza|re *vt* memorizar; *infor* almacenar; ~**zione** *f* memorización; *infor* almacenamiento *m*

mena|bò *m/inv tip* maqueta *f*; ~**dito: a** ~ *adv* de carrerilla, al dedillo; ~**re** *vt* llevar, conducir; manejar, usar; *fig* zurrar, pegar, golpear; *(fig)* ~ *le mani* golpear, pegar; *(fig)* ~ *buono* traer suerte; ~ *vanto* pavonearse; ~*rla* dar la lata, dar la tabarra; ~**ta** *f fam* sermón *m*

mendace *adj* mendaz, falso

mendic|ante *adj/s* mendicante, pordiosero; ~**are** <*esd*> *vt/vi* <*avere*> mendigar; ~**ità** *f/inv* mendicidad *f*; ~**o** *adj/s* mendigo

menefreghis|mo *m* pasotismo; ~**ta** *adj/s* pasota

menestrello *m mus/ant* ministril, juglar

menhir *m/inv* menhir *m*

mening|e *f* meninge; ~**ite** *f* meningitis

menisco *m* menisco

meno 1. *adv* menos; *meno ... di/che* menos ... que; *è ~ bella di lei/di prima* es menos guapa que ella/que antes; *è ~ bella che intelligente* es menos guapa que inteligente; *di ~, in ~* menos; *parlare di ~* hablar menos; *ho avuto un milione in ~* he obtenido un millón menos; *sono le tre ~ cinque* son las tres menos cinco; *non so se rimanere o meno* no sé si quedarme o no; *~ male!* ¡menos mal!; *a ~ che* a menos que; *in men che non si dica* en menos que canta un gallo; *per lo ~* por lo menos, al menos; *né più né ~* ni más ni menos; *niente ~!* ¡casi nada!, ¡nada más ni nada menos!; *niente ~ che...* nada menos que...; *più o ~* más o menos; *poco ~* poco más o menos; *quanto ~* por lo menos; *senza ~* sin duda; *tanto/molto ~* aún menos; *essere ~ di niente* ser un cero a la izquierda, mandar menos que el gato; *non essere da ~ di q* no ser menos que alg; *non è da ~* no es para menos; *fare a ~ di q/qc* prescindir de alg/algo; *venire ~* desmayarse; *venire ~ a qc* faltar a algo, fallar en algo; **2.** *adj/inv* menos; *ha ~ anni di me* tiene menos años que yo; **3.** *prep* menos, excepto; *c'erano tutti, ~ te* estaban todos menos tú; **4.** *m/inv* menos; *il ~ è...* lo de menos es...; *parlare del più e del ~* hablar de todo un poco

menoma|re <*esd*> *vt* 1. disminuir, rebajar; 2. mutilar, lisiar; ~**to, -a** *m/f* mutilado, -a, lisiado, -a; ~**zione** *f* 1. disminución, mengua; 2. minusvalía; mutilación

menopausa *f* menopausia

mensa *f* 1. mesa; *fig* comida, banquete *m*; 2. comedor *m*; *~ universitaria* comedor universitario

mensil|e 1. *adj* mensual; **2.** *m* mensualidad *f* (*paga*); publicación mensual *f*; ~**ità** *f/inv* mensualidad *f*

mensola *f arch* ménsula, repisa; consola (*mueble*)

menta *f bot* menta, hierbabuena; *gastr* licor de menta *m*

mental|e *adj* mental; ~**ità** *f/inv* mentalidad *f*; ~**mente** *adj* mentalmente, de memoria

mente *f* mente; *a ~ lucida* con la mente despejada; *avere la ~ a qc/tenere a ~ qc* pensar siempre en algo; *avere in ~ di fare qc* tener la intención de hacer algo; *levarsi qc/q dalla ~* quitarse algo/a alg de la cabeza; *mettersi in ~ di fare qc* metérsele a alg algo en la cabeza; *passare di ~* irse de la cabeza; *venire in ~ qc* venir algo a la mente; ocurrírsele algo a alg; *passare per la ~* pasar por la cabeza; *cosa ti salta in ~?* ¿qué te pasa por la cabeza?

mentecatto *adj/s* mentecato

menti|na *f* pastilla de menta; ~**re** <*isc/mento*> *vi* <*avere*> mentir; ~**tore** *adj/s* mentiroso, embustero

mento *m* mentón, barbilla *f*; ~**lo** *m* mentol; ~**re** *m* mentor

mentre 1. *conj* 1. mientras (*temporal*); 2. mientras que, en cambio (*adversativa*); **2.** *m* momento; *in quel ~* entre tanto, en eso

menù *m/inv*, **menu** *m fr/inv* menú *m*

menzion|are *vt* mencionar, mentar; ~**e** *f* mención; *degno di ~* digno de mención; *far ~ di qc/q* hacer mención de algo/alg

menzogn|a *f* mentira; ~**ero** *adj/s* mentiroso, embustero

meravigli|a *f* maravilla (*cosa, persona*); admiración, asombro *m*, sorpresa; *a ~* a las mil maravillas; *mi fa ~* me asombra; *dire/raccontare ~e di q/qc* contar maravillas de alg/algo; ~**are** *vt* asombrar, admirar, sorprender; *mi meraviglio di te!* ¡me dejas asombrado!, ¡me sorprendes!; ~**oso** *adj* maravilloso, magnífico; asombroso, extraordinario

mercante *m* comerciante; *desp* mercader; *~ d'arte* marchante; ~**ggiare 1.** *vi* comerciar; *~ su qc* especular con algo; **2.** *vt desp* traficar *vi*, comprar; ~**sco** *adj* mercantil

mercantil|e 1. *adj* mercantil; **2.** *m mar* mercante *m*, nave mercante; ~**ismo** *m* mercantilismo

mercanzia *f* mercancía, género *m*

mercat|ino *m* mercado de barrio; rastro; ~**istica** *f* mercadotecnia; ~**o** *m* mercado; *a buon ~* barato; *~ all'ingrosso/~i generali* mercado de abastos; *~ nero* mercado negro, estraperlo; *~ di titoli* mercado de títulos, bolsa; *immettere nel ~* introducir en el mercado

mercé *f/inv* merced *f*, gracia *f*; *alla ~ di q/qc* a merced de

merce *f* mercancía, género *m*; *treno ~i* (tren de) mercancías; *scalo ~i* muelle de carga y descarga; ~**nario** *adj/m mil/fig* mercenario; ~**ologia** *f* mercadotecnia

merceri|a *f* mercería, paquetería; ~**zzare** *vt tec* mercerizar

merciaio, -a *m/f* comerciante, vendedor, -a

mercifica|re <*esd*> *vt* mercantilizar; ~**zione** *f* mercantilización

mercimonio *m* tráfico ilegal

mercoledì *m/inv* miércoles; *~ delle ceneri* miércoles de ceniza

mercur|iale 1. *adj chim* mercurial; **2.** *m com* lista oficial de precios *f*; **3.** *f bot* mercurial; ~**io** *m* mercurio; ***~io** *m astr/mit* Mercurio; ~**ocromo** *m* mercromina *f*

merd|a *f/excl vulg* mierda; ~**aio** *m vulg* estercolero *est*, muladar *est*, pocilga *f/est*; ~**oso** *adj vulg* merdoso

merend|a *f* merenda; *fare* ~ merendar; ~**ina** *f* merendilla
meretrice *f lit* meretriz
meridian|a *f* reloj de sol *m*; *astr* (línea) meridiana; ~**o** *adj/m* meridiano
meridional|e *adj/s* meridional, sureño; ~**ismo** *m ling* meridionalismo (*dialectalismo del sur de Italia*); *pol* ="problemática del sur de Italia"
meridione *m* sur; sur de Italia
merin|ga *f gastr* merengue *m*; ~**o** *adj/m* merino
merit|are <*esd*> **1.** *vt* merecer; *questa te la sei meritata!* ¡esta te la has ganado!; **2.** *vi* <*avere*> ser merecedor; ~**evole** *adj* merecedor, digno; ~**o** *m* mérito; *Dio ve ne renda* ~ Dios os lo pague; *fare a q* ~ *di qc* reconocerle a alg el mérito de algo; *farsi* ~ hacer méritos; *a pari* ~ ex aequo (*premio*); *in* ~ *a* con respecto a; ~**orio** *adj* meritorio
merlat|o *adj* almenado; ~**ura** *f arch* crestería
merlett|aia *f* encajera; ~**o** *m* encaje, puntilla *f*
merlo *m bot* mirlo; *fig* simple, estúpido; *arch* almena *f*; ~**ne** *m arch* merlón
merluzz|etto *m zool* faneca *f*; ~**o** *m zool* merluza *f*
mero *adj* mero
mescal *m* mezcal; ~**ina** *f chim* mezcalina, mescalina
mescere <*mesco, mesci*> *vt* escanciar
meschin|ità *f/inv* mediocridad *f*; *fig* pequeñez *f*; *desp* mezquindad *f*, ruindad *f*; ~**o** *adj* mediocre; *fig* pequeño, escaso; *desp* mezquino, ruín, rastrero
mescit|a *f reg* bodega; ~**ore, -trice** *m/f* escanciador, -a
mescola|nza *f* mescolanza, mezcolanza; *desp* mezcolanza, promiscuidad, mezcladillo *m*; ~**re** <*esd*> *vt* mezclar; ~**ta** *f* mezcla (*acción*); ~**tore** *m tec* mezclador
mese *m* mes; *essere al quinto* ~ estar de cinco meses (*embarazo*)
meso|carpo *m bot* mesocarpio; ~**derma** *m med* mesodermo; ~**ne** *m fis* mesón; ~**zoico** *adj/m geol* mesozoico
messa *f* 1. *eccl/mus* misa; ~ *al campo* misa de campaña; ~ *da requiem* misa de difuntos; *andare a* ~ ir a misa; 2. puesta; ~ *in marcia/in moto* puesta en marcha, arranque; *(teatro)* ~ *in scena* puesta en escena, montaje; ~ *in opera* instalación, montaje; ~ *a punto* puesta a punto, ajuste; ~ *in piega* moldeado, marcado; *(elec)* ~ *a massa/a terra* toma de tierra; *(foto)* ~ *a fuoco* enfoque
messagger|ia *f* mensajería; ~**o, -a** *m/f* mensajero, -a
messaggio *m* mensaje; recado
messale *m eccl* misal
messe *f* mies; mies, siega (*época*); *fig* cosecha, fruto *m*
messia *m eccl/fig* mesías
messic|ano *adj/s* mejicano; ***~o:** *il* ~ Méjico
messinscena, messa in scena <*pl messinscene/messe in scena*> *f* puesta en escena, montaje *m*
messo *m adm* mensajero, recadero, chico de los recados
mestier|ante *adj/s desp* pesetero; ~**e** *m* oficio, profesión *f*; *essere del* ~ ser del oficio/del ramo
mestizia *f lit* tristeza, melancolía
mesto *adj lit* triste, melancólico
mestol|a *f*, ~**o** *m* cazo *m*; *(fig) avere il* ~ *in mano* tener la sartén por el mango
mestru|ale *adj* menstrual; ~**azione** *f* menstruación, regla, período *m*; *avere le* ~*i* tener la menstruación/la regla; ~**o** *m* menstruo
metà *f/inv* mitad *f*; *fam/iron* media naranja *f*; *a* ~ a medias; a mediados; *a* ~ *agosto* a mediados de agosto; *a* ~ *strada* a medio camino, a mitad de camino; *dire le cose a* ~ decir las cosas a medias; *dividere a* ~ partir por la mitad
meta *f* meta; *fig* fin *m*, objetivo *m*
metaboli|co *adj* metabólico; ~**smo** *m* metabolismo
metacarpo *m* metacarpio
metadone *m chim* metadona *f*
metafisic|a *f* metafísica; ~**o** *adj/s* metafísico
metafonia *f* metafonía
metafor|a *f* metáfora; ~**ico** *adj* metafórico
metalinguaggio *m* metalenguaje
metallaro *m gergo* heavy
metalli|co *adj* metálico; ~**fero** *adj* metalífero
metallizza|re *vt* metalizar; ~**to** *adj* metalizado
metallo *m* metal; ~**grafia** *f* metalografía; ~**ide** *m* metaloide
metallurg|ia *f* metalurgia; ~**ico** *adj/m* metalúrgico
metalmeccanico 1. *adj* metalúrgico; **2.** *m* metalúrgico, trabajador del metal
metamorfosi *f/inv* metamorfosis
metano *m* metano; ~**dotto** *m* gasoducto; ~**lo** *m* metanol
metaplasmo *m ling* metaplasmo
metastasi *f/inv med/ling* metástasis
metatesi *f/inv ling* metátesis
metempsicosi *f/inv psic* metempsicosis
meteora *f meteo/astr* meteoro *m*
meteori|co *adj meteo/astr* meteórico; ~**smo** *m med* meteorismo; ~**te** *m/f* meteorito *m*
meteorolog|ia *f* meteorología; ~**ico** *adj* metereológico; ~**o, -a** *m/f* meteorólogo, -a
meteosat *m/inv* meteosat
meticci|amento *m zool* hibridación *f*; *med* mestizaje; ~**o, -a** *m/f zool* híbrido *m*; *med* mestizo, -a, mulato, -a, cholo, -a *am*
meticolos|ità *f/inv* meticulosidad *f*; ~**o** *adj* meticuloso
metil|e *m* metil; ~**ico** *adj* metílico
metodic|a *f* metodología, método *m*; ~**ità** *f/inv* sistematicidad *f*; ~**o** *adj* metódico, sistemático
metodis|mo *m eccl* metodismo; ~**ta 1.** *adj/s eccl* metodista; **2.** *m* analista; ~**tico** *adj* metodista
metodo *m* método

metodologi|a *f* metodología; ~**co** *adj* metodológico
metonimia, metonimia *f ling* metonimia
metra|ggio *m cine* metraje, duración *f*; *film a lungo, a corto* ~ largometraje, cortometraje; ~**tura** *f* largo *m*, longitud
metric|a *f* métrica; ~**o** *adj* métrico
métro *m fr/inv*, **metro** *f/inv tras* metro *m*
metro *m fis/ling* metro; ~ *cubo, quadrato* metro cúbico, cuadrado
metrono|mo *m mus* metrónomo; ~**tte** *m/inv* vigilante nocturno *m*, sereno *m*
metropoli *f/inv* metrópolis; ~**ta** *adj/m eccl* metropolitano; ~**tana** *f* metro *m*, metropolitano *m*; ~**tano 1.** *adj eccl/arch* metropolitano; **2.** *m* (guardia) municipal
mettere <*44 misi; messo*> **1.** *vt* poner; ponerse, vestir (*ropa*); dar, producir; poner, pasar (*traducir*); ~ *dentro* meter, introducir; *fig* enchironar, enjaular; ~ *fuori* sacar; ~ *su* montar, fundar; ~ *insieme* reunir, juntar; ~ *su casa* montar una casa/un hogar; *(fig)* ~*rcela tutta* poner toda la carne en el asador, hacer todo lo posible; *metti che abbia ragione* pon/supongamos que tenga razón; *(fam) vuoi* ~*?* ni punto de comparación; **2.** *vi* <*essere*> dar (*in* a), desembocar (*in* en); **3.** ~*rsi* ponerse; meterse; vestirse (*in* de); ~*rsi a piovere* ponerse a llover; ~*rsi a lavorare* ponerse a trabajar; *(fig)* ~*rsi con q* mezclarse, relacionarse; enrollarse con alg, arrejuntarse con alg *pop/desp*; *non ho niente da* ~*rmi* no tengo nada que ponerme
mettimale *m/f inv* cizañero, -a
mezzacalzetta, mezza calzetta <*pl mezzecalzette*> *f desp* don nadie *m*, medianía, pelagatos *m*
mezzacartuccia, mezza cartuccia <*pl mezzecartucce*> *f* medianía, nulidad
mezzadr|ia *f agr* aparcería; ~**o** *m agr* aparcero, mediero
mezzala, mezz'ala <*pl mezzali/mezze ali*> *f sport* medio volante *m*
mezzaluna <*pl mezzelune*> *f astr* media luna; medialuna, tajadera (*cuchillo*)
mezzan|a *f mar* mesana; *desp* alcahueta, celestina; ~**ino** *m arch* entresuelo; ~**o 1.** *adj* mediano (*regular*); **2.** *m* mediador, intermediario; *desp* rufián, alcahuete, correveidile; ~**otte** <*pl mezzenotti*> *f* medianoche
mezz'aria: a ~ *adv* a media altura
mezz'asta: a ~ *adv* a media asta
mezzatinta <*pl mezzetinte*> *f* mediatinta
mezzeria *f* mediana
mezzo 1. *adj* medio; **2.** *m* 1. medio, mitad *f*; *in* ~ en medio; *in* ~ *a/nel* ~ *di* en mitad de, en medio de; *togliere di* ~ quitar de en medio; *via di* ~ solución intermedia, compromiso; *andare di* ~ estar en juego; 2. medio (*instrumento, canal...*); *per* ~ *di/a* ~ *di* por medio de, a través de; *con ogni* ~ por todos los medios; ~*i di comunicazione* medios de comunicación; ~*i di trasporto* medios de transporte; ~*i di produzione* medios de producción; *(mil)* ~*i corazzati* medios acorazados; ~ *di fortuna* vehículo de emergencia; *il fine giustifica i* ~*i* el fin justifica los medios; 3. *biol* medio; 4. *mpl* medios, recursos, posibles *fam*
mezzobusto, mezzo busto *m* <*mezzibusti/mezzi busti*> *art* busto
mezzocontralto, mezzo contralto *m* <*mezzicontralti/mezzi contralti*> *mus* medio contralto *m/f*
mezzofond|ista *m/f sport* mediofondista; ~**o** *m sport* medio fondo
mezzogiorno *m* 1. las doce en punto; mediodía; 2. *geogr* mediodía, sur; *il* *~ el Sur de Italia
mezz'ora *f* media hora
mezzosoprano, mezzo soprano <*pl mezzosoprani/mezzi soprani*> *m/f mus* medio soprano
mezzuccio *m desp* malas artes *fpl*, subterfugio
mi 1. *pr* <*átono*> me; **2.** *m mus* mi
miagol|are <*esd*> **1.** *vi* <*avere*> *zool/fig* maullar; ~**ata** *f* maullido *m*; ~**io** *m* maullido; *fig* lloriqueo
mialgia *f med* mialgia
miao *onom* miau
miasma *f* miasma
mica 1. *f* 1. *lit* partícula, migaja *est*; 2. *min* mica; 3. *reg* panecillo *m*; **2.** *adv* <*reforzativo*> en absoluto; *non è* ~ *vero* no es en absoluto verdad; ~ *male* no está mal
micca *f reg* panecillo *m*
miccia *m* mecha *f*, pábilo, pabilo
michelaccio *m desp* vagabundo, holgazán
micidiale *adj* mortal; *fig* intolerable, insoportable
micio, -a *m/f fam* minino, -a, micho, -a
micolog|ia *f* micología; ~**o, -a** *m/f* micólogo, -a
micosi *f/inv* micosis
microb|ico *adj* microbiano; ~**io,** ~**o** *m* microbio
microbiolog|ia *f* microbiología; ~**o, -a** *m/f* microbiólogo, -a
microbo V. **microbio**
micro|camera *f foto* microcámara; ~ **chirurgia** *f* microcirugía; ~ **clima** *m* microclima; ~ **cosmo** *m* microcosmos; ~ **farad** *m/inv fis* microfaradio *m*; ~ **fiche** *f fr/inv* microficha *f*; ~ **film** *m/inv* microfilm *m*; ~ **filmare** *vt* microfilmar; ~**fono** *m* micrófono; ~ *senza fili* micrófono inalámbrico; ~ **fotografia** *f* microfotografía
micro|lettore *m* lector de microfilm; ~**metro** *m* micrómetro; ~**millimetro** *m fis* micra *f*; ~**motore** *m* micromotor; ~**ne** *m fis* micra *f*; ~**onda** *f* microonda; *forno a* ~*e* horno (de) microondas; ~**rganismo** *m* microorganismo; ~**processore** *m infor* microprocesador; ~**scheda** *f* microficha
microscop|ia *f* microscopia, microscopía; ~**ico** *adj* microscópico; ~**io** *m* microscopio
micro|sismografo *m* microsismógrafo; ~**solco** *m* microsurco; ~**spia** *f* micrófono camuflado (*teléfono*)
microtelefono *m* microteléfono
midoll|a *f* miga (*pan*); ~**are** *adj* medular; ~**o** *m* <*fpl le midolla; i midolli raro*> *zool/bot* médula, medula; *fig* meollo *m*; ~ *os-*

seo, spinale médula ósea, espinal; *fino al ~* hasta la médula; *bagnarsi fino alle ~a/al ~* empaparse hasta los tuétanos/el tuétano; *(fig) penetrare nel ~* penetrar en el meollo

miel|e *m* miel *f*; *~ vergine* miel virgen; *dolce come ~* dulce como la miel; **~ite** *f med* mielitis

mietere *vt agr* segar, cosechar; *fig* segar (*matar*); *fig* cosechar (*premios, honores*)

mietilega, **~trice** *f tec* segadora-atadora, gavilladora

mietitore, -trice *m/f agr* segador, -a, recolector, -a

mietitr|ebbiatrice *f tec* segadora-trilladora, cosechadora, trilladora; **~ice** *f tec* cosechadora

mietitura *f agr* cosecha, recolección; mies, grano *m*

miglia|ccio *m gastr* 1. morcilla *f*; 2. gachas de harina de castaña *fpl*; **~io** *<pl le migliaia> m* millar; *a ~a* a millares, a miles; **~rini** *mpl* mostacillas *fpl* (*caza*)

miglio *m* 1. *bot* mijo; 2. *<pl le miglia>* milla *f* (*distancia*); piedra miliar *f*

miglior|amento *m* mejora *f*; *med* mejoría *f*; **~are** *vt/vi* mejorar; **~ativo** *adj* mejorador; **~e** *adj/s* mejor; **~ia** *f* mejora

mignatta *f zool/fig* sanguijuela

mignolo *m* (dedo) meñique

mignotta *f vulg* puta

migra|re *vi* migrar, emigrar; **~tore, -trice** 1. *adj* migratorio (*movimiento, pájaros*); emigrante; **2.** *m/f* emigrante; **~torio** *adj* migratorio; **~zione** *f* migración

mila *adj/inv card* mil; *duemila, tremila...* dos mil, tres mil...

milan|ese *adj/s* milanés; ***~o** *m* Milán

miliard|ario *adj/s* millonario, multimillonario; **~o** *m* mil millones; *fig* millón; *te l'ho detto un ~ di volte* te lo he dicho un millón de veces

miliare *adj* miliar; *pietra ~* piedra miliar

milion|ario *adj/s* millonario; **~e** *m* millón; **~esimo** *adj/m* millonésimo

militante *adj/s* militante

militare 1. *adj/m* militar; **2.** *<esd> vi <avere>* 1. *mil* militar, servir en filas; 2. *pol* militar; **~sco** *adj* soldadesco

militaris|mo *m* militarismo; **~ta** *adj/s* militarista; **~tico** *adj* militarista

militarizza|re *vt* militarizar; **~zione** *f* militarización

militassolto *adj* libre del servicio militar, servicio militar cumplido (*en anuncios*)

milite *m* mílite *lit*, soldado; *il *~ Ignoto* el Soldado Desconocido; **~sente** *adj/m* exento del servicio militar

milizia *f* milicia, ejército *m*

millant|are *vt* alardear *vi* (de), jactarse (de); **~atore, -trice** *m/f* fanfarrón, -ona, bravucón, -ona, perdonavidas; **~eria** *f* fanfarronería, bravuconería, chulería

mille *adj/m/inv mil*; *~ e otto* mil ocho; *~ e duecento* mil doscientos/as; *~ grazie* mil gracias, muchísimas gracias

millecento 1. *m* mil cien; 2. *f auto* mil cien *m*

millefoglie *f bot* milenrama; *gastr* milhojas *m/inv*

millenario *adj/m* milenario

millennio *m* milenio

millepiedi *m/inv zool* ciempiés, escolopendra *f*

millesimo *adj/m* milésimo

milli|bar *m/inv* milibar *m*; **~grammo** *m* miligramo

millilitro *m* mililitro

millimetr|ato *adj* milimetrado; **~o** *m* milímetro

milza *f med* bazo *m*

mimare 1. *vt* representar (*sin palabras, como un mimo*); **2.** *vi <avere>* hacer mimo

mimesi *f/inv* mimesis, mímesis

mimeti|co *adj* mimético; **~smo** *m* mimetismo; **~zzare** *vt* mimetizar

mimic|a *f* mímica; **~o** *adj* mímico

mimo *m teatro* mimo; **~sa** *f bot* mimosa

mina *f mil* mina; *mil/ant* mina; *tec* barreno *m*; mina (*lápiz*)

minacci|a *f* amenaza; **~are** *vt* amenazar; *~ di morte* amenazar de muerte; *l'epidemia minaccia di propagarsi* la epidemia amenaza con propagarse; **~oso** *adj* amenazador, amenazante

minare *vt mil/fig* minar; *tec* barrenar, minar; **~to** *m* minarete

minator|e *m* minero; **~io** *adj* amenazador

minchia *f reg/vulg* polla, pijo *m*

minchion|aggine *f pop* estupidez, simpleza; **~are** *vt pop* torear, embromar; **~e** *adj/s pop* bobo, simple, memo; **~eria** *pop* estupidez, simpleza

minerale *adj/m* mineral

mineralizza|re *vt* mineralizar; **~zione** *f* mineralización

mineralogi|a *f* mineralogía; **~co** *adj* mineralógico

minerario *adj* minero

minerva 1. *mpl* cerillas de cartón *fpl*; 2. *f med* minerva, collarín *m*

minestr|a *f* 1. primer plato; 2. *gastr* sopa; ="tipo de potaje" *m*; 3. *fig* asunto *m*, historia; *(fig) ~ riscaldata* agua pasada; *(fig) è sempre la solita ~* es la misma historia de siempre; *(fig) è un'altra ~* es otra historia; **~ina** *f* sopa, sopita; **~one** *m gastr* sopa de legumbres *f*, potaje; *fig* amasijo

mingherlino *adj* delgado, esmirriado

mini *f/inv* mini *f*, minifalda *f*

minia|re *vt* miniar; *fig* bordar; **~tore, -trice** *m/f* miniaturista

miniatur|a *f* miniatura; **~ista** *m/f* miniaturista

minibar *m/inv* minibar *m*

minibus *m /inv* microbús *m*

minicalcolatore *m*, **microcomputer** *m ingl/inv* miniordenador *m*

minielaboratore *m* miniordenador

miniera *f min/fig* mina; *una ~ d'informazioni* una mina de información

minigolf *m/inv* minigolf

minigonna *f* minifalda

minim|a *f meteo* mínima; *mus* blanca, mínima *raro*; **~ale** *adj/m* mínimo; **~alismo** *m art* minimalismo; **~alista** *adj/s art* minimalista; **~izzare** *vt* minimizar; **~o** *adj/m* mínimo; *non avere neanche la ~a idea* no tener ni la más remota idea; ~**um** *m adm* mínimum, mínimo

minio *m* minio

ministeriale *adj* ministerial; *crisi* ~ crisis de gobierno

ministero *m* ministerio, departamento; *ius/eccl* ministerio; **~ della Difesa, degli Affari Esteri, degli Interni* Ministerio de Defensa, de Asuntos Exteriores, del Interior; **~ delle Finanze, di Grazia e Giustizia, della Pubblica Istruzione* Ministerio de Hacienda, de Justicia, de Educación y Ciencia; **~ dell'Agricoltura e delle Foreste, dei Lavori Pubblici, del Lavoro e della Previdenza Sociale* Ministerio de Agricultura, de Obras Públicas, de Trabajo y Seguridad Social; *(ius) pubblico* ~ ministerio público, ministerio fiscal, fiscalía *f*

ministro *<f/raro -essa> m/f pol/eccl* ministro, -a; *primo* ~ jefe del gobierno; ~ *senza portafoglio* ministro sin cartera

minora|nza *f* minoría; ~**to** *adj/s* disminuido, deficiente, minusválido; ~ *fisico, psichico* disminuido físico, psíquico; ~**zione** *f* disminución, merma; *med* disminución, minusvalía

minore *adj/s* menor; ~**nne** *adj/s* menor (de edad); *tribunale dei ~i* tribunal tutelar de menores

minorile *adj* juvenil, de menores; *delinquenza* ~ delincuencia juvenil

minorit|à *f/inv* minoría de edad *f*; ~**a** *m eccl* minorita; ~**ario** *adj* minoritario

minue|ndo *m mat* minuendo; ~**tto** *m mus* minueto

minuscol|a *f* minúscula; *scrivere con la* ~ escribir con minúscula; ~**o 1.** *adj* minúsculo; **2.** *m* minúscula *f*

minuta *f* borrador *m*, esbozo *m*; ~**glia** *f* morralla; *fig* minucia; ~**mente** *adv* 1. en trozos pequeños; 2. *fig* pormenorizadamente, detenidamente

minutiera *f mec* minutero *m*

minuto 1. *adj* menudo, pequeño; *(com) al* ~ al por menor, al detalle; **2.** *m* minuto; *spaccare il* ~ ser muy puntual; *avere i ~i contati* tener el tiempo justo; *fig* tener sus horas contadas

minuzi|a *f* minucia; ~**osità** *f/inv* minuciosidad *f*; ~**oso** *adj* minucioso

minuzzolo *m* miga *f*, migaja *f*; *fig* cosa de nada *f*

minzione *f med* micción

mio, -a *<pl miei, mie>* **1.** *adj* 1. mi *sing*, mis *pl*; *il ~ mondo, le ~e cravatte* mi mundo, mis corbatas; ~ *padre, ~a nonna* mi padre, mi abuela; *le mie zie, i miei nonni* mis tías, mis abuelas; 2. mío, mía, míos, mías; *amico* ~ amigo mío; *le scarpe sono mie* los zapatos son míos; **2.** *pr* mío, mía, míos, mías; *il* ~ el mío; lo mío; *i miei* los míos (*familia*); *voglio dire la ~a* quiero decir mi opinión; *ne ho fatta una delle ~e* he hecho una de las mías; *la ~a del due marzo* mi carta del dos de marzo; *essere dalla ~a* estar de mi parte

miocen|e *m geol* mioceno; ~**ico** *adj* miocénico

miop|e *adj/s med/fig* miope; ~**ia** *f med/fig* miopía

miosotide *f bot* miosotis, nomeolvides *m*, *raspilla*

mira *f* 1. mirada; puntería; *avere buona* ~ tener buena puntería; *porre la ~ su q/qc* poner la mira en alg/algo, echarle el ojo a alg/algo *fam*; 2. mira, blanco *m*, objetivo *m*; *(fig) prendere di ~ q* tomarla con alg; *avere di* ~ tener como mira; 3. *mil* mira (*armas*)

mirabil|e *adj* admirable, maravilloso; ~**ie** *fpl iron* maravillas

miracola|io *m* milagrero; ~**to, -a** *m/f* protagonista de un milagro

miracolo *m* milagro; *per* ~ de milagro; *(eccl/fig) fare ~i* hacer/obrar milagros; *sapere vita, morte e ~i di q* saber la vida y milagros de alg; ~**oso** *adj* milagroso, milagrero; *fig* milagroso, portentoso

miraggio *m a. fig* espejismo

mirare 1. *vi <avere>* apuntar (*arma*); *fig* aspirar, codiciar *vt*; **2.** *vt lit* mirar *est*, admirar *est*

miriade *f* miríada

mirino *m* mira *f* (*arma*); *foto* visor

mirra *f* mirra

mirt|illo *m bot* arándano; ~**o** *m bot* mirto

misantrop|ia *f* misantropía; ~**o** *adj/s* misántropo

miscela *f* mezcla, mixtura; *auto* mezcla; ~**re** *vt* mezclar; ~**tore** *adj/s* mezclador; ~**tura, ~zione** *f* mezclado *m*

miscellane|a *f* miscelánea; ~**o** *adj* misceláneo

mischia *f* reyerta, pelea, refriega; *sport* melée; ~**re** *vt* mezclar, entremezclar; barajar (*naipes*)

misconoscere *<16 -conosco; -conobbi; -conosciuto> vt* subestimar, minusvalorar

miscredente *adj/s* descreído

miscuglio *m* revoltillo, revuelto, mezcla *f*

miser|abile *adj/s* miserable; ~**ere** *m/inv* miserere; ~**evole** *adj* digno de compasión; miserable, pobre; ~**ia** *f* miseria; *costare una* ~ costar una miseria, ser regalado; *piangere* ~ llorar, lamentarse; *porca ~!/~ ladra!* ¡maldita sea!

misericordi|a *f* misericordia; ~**oso** *adj* misericordioso

misero *adj* mísero; *fig* pequeño, estrecho; ~ *me!* ¡pobre de mí!

misfatto *m* crimen, delito

misogin|ia *f* misoginia; ~**o** *adj/m* misógino

miss *f/inv* miss *f*

missaggio *m cine/TV* mezcla *f*

missile *m mil* misil; ~ *contraereo* misil antiaéreo; ~ *filoguidato* misil teledirigido; ~ *a corto, medio, lungo raggio* misil de corto, medio, largo alcance

missilistic|a *f* balística; ~**o** *adj* balístico

missino, -a 1. *adj* del Movimiento Social Italiano (Msi); (neo)fascista; **2.** *m/f* miembro del Msi *m*; (neo)fascista

mission|ario *adj/s* misionero; ~**e** *f* misión

missiva *f* misiva, carta

mister *m/inv* míster *m*; *sport* míster *m*; (*entrenador*); ~**ioso** *adj* misterioso; ~**o** *m eccl/teatro/fig* misterio

mistic|a *f* mística; ~**ismo** *m* misticismo; ~**o** *adj/s* místico
mistifica|re *<esd> vt* mistificar; ~**tore** *adj* mistificador; ~**zione** *f* mistificación
misto 1. *adj* mixto; **2.** *m* revoltillo, mezcolanza *f*
mistura *f* mixtura, mezcla
misura *f a. fig* medida; *a ~ di* a la medida de; *fuor di ~/oltre ~* en exceso, excesivamente; *senza ~* sin medida, sin control; *fatto su ~* hecho a medida; *~ della vista* graduación de la vista; *non avere il senso della ~* no tener sentido de la medida; *nella ~ delle mie possibilità/forze* en la medida de mis posibilidades; *la ~ è colma/piena* esto es demasiado, hasta aquí podríamos llegar; *vincere di ~* ganar por los pelos
misurabile *adj* mensurable
misurare 1. *vt* medir; *fig* sopesar, juzgar; *fig* medir, controlar; *~ il polso* medir el pulso; *~ la vista* graduar la vista; *~ uno schiaffo a q* propinar una bofetada a alg; *~ le parole* medir las palabras; **2.** *vi <avere>* medir; **3.** *~rsi* contenerse, moderarse
misurato *adj* mesurado, moderado, ponderado; ~**re** *m* medidor
misurazione *f* medición
misurino *m* medidor
mite *adj* benévolo, bondadoso; indulgente; *zool* manso, dócil; *meteo* templado; ~**zza** *f* bondad, benevolencia; indulgencia; *zool* mansedumbre, docilidad; *meteo* suavidad, templanza
mitic|izzare *vt* mitificar; ~**o** *adj* mítico; legendario
mitiga|re *<esd> vt* mitigar, atenuar; ~**zione** *f* mitigación, atenuación
mitilo *m zool* mejillón
mitizza|re 1. *vt* mitificar; **2.** *vi <avere>* crear mitos; ~**zione** *f* mitificación
mito *m* mito; leyenda *f*
mitologi|a *f* mitología; ~**co** *adj* mitológico
mitomane *adj/s* mitómano
mitra 1. *f eccl* mitra; 2. *f/inv mil* metralleta *f*
mitraglia *f* metralla; ~**mento** *m* ametrallamiento; ~**re** *vt* ametrallar; ~**ta** *f* ráfaga de metralleta; ~**tore** *adj* ametrallador; ~**trice** *f* metralleta
mitraglie|ra *f* ametralladora antiaérea; ~**re** *m* ametrallador; ~**tta** *f* metralleta
mitrale *adj med* mitral
mittente *m/f post* remitente
mix|age *m ingl/inv cine* mezcla *f*; ~**er** 1. *m/inv* batidora *f*; 2. *m/f inv TV* mezclador, -a
mnemo|nico *adj* mnemónico; ~**tecnica** *f* mnemotécnica
mo': a ~ di *prep* a modo de, a título de
mobil|e 1. *adj* móvil; *adm* mueble; *bene ~* bien mueble; **2.** *m* mueble; *~ bar* mueble bar; **3.** *f* brigada móvil; ~**ia** *f* mobiliario *m*; ~**iare** *adj* mobiliario; *mercato ~* mercado mobiliario; ~**iere** *m* mueblista; ~**ificio** *m* fábrica de muebles *f*; ~**io** *m* mobiliario
mobilit|à *f/inv* movilidad *f*; ~**are** *<esd> vt mil/fig* movilizar; ~**azione** *f mil/fig* movilización
moca *m/inv* moca *m*, moka *f*; ~**ssino** *m* mocasín
mocci|care *<esd> vi <avere>* moquear; ~**chino** *m fam* moquero (*pañuelo*)
moccio *m* moco; ~**so** *adj/s* mocoso, pipiolo
moccolo *m* moco (*cirio*); *fam* moco; *pop* taco, palabrota *f*; *tirare/mandare ~i* soltar palabrotas/tacos
mocio *m* mocho, fregona *f*
moda *f* moda; *alla ~* a la moda; *fuori (di) ~* pasado de moda; *di ~* de moda; *passare di ~* pasar de moda; *andare/essere di ~* estar de moda, estilarse, llevarse; *tornare di ~* volver a estar de moda
modal|e *adj* modal; ~**ità** *f/inv* modalidad *f*
modanatura *f arch* moldura, encofrado *m*
modano *m arch* molde; ságoma *f*, escotillón
modella *f art* modelo; ~**re** *vt art/fig* modelar, moldear; ~**to** *m art* modelado; ~**tore 1.** *adj/s* modelador, moldeador; **2.** *m ant* corsé; ~**tura** *f* modelado *m*, moldeado *m*
modellino *m* maqueta *f*
modellis|mo *m* modelismo; ~**ta** *m/f* 1. modisto, -a, diseñador, -a; 2. modelista; ~**tica** *f* modelismo *f*
modello 1. *m* modelo; *art* modelo; **2.** *adj/inv* piloto, experimental *adj*; *fig* modelo, ejemplar *adj*; *fattoria ~* granja experimental; *scolaro ~* alumno modelo/ejemplar
modem *m/inv infor* módem *m*, modem *m*
modera|re *<esd> vt* moderar, atemperar; ~**tezza** *f* moderación, templanza; ~**to, -a 1.** *adj* moderado, comedido; *pol* moderado; **2.** *m/f pol* moderado, -a; ~**tore** *adj/s* moderador; ~**zione** *f* moderación, comedimiento *m*
modern|amente *adv* modernamente, actualmente; ~**ismo** *m fil/eccl* modernismo; ~**ità** *f/inv* modernidad *f*
modernizza|re *vt* modernizar; ~**zione** *f* modernización
moderno *adj/m* moderno
modest|ia *f* modestia; *~ a parte* modestia aparte; ~**o** *adj* modesto
modic|ità *f/inv* baratura *f*, asequibilidad *f*; ~**o** *adj* módico
modifica *f* modificación
modificare *<esd> vt* modificar
modificazione *f* modificación
modista *f* sombrerera
modo *m* 1. modo, manera *f*; *ling/mus* modo; *fig* medida *f*, límite; *una persona a ~* una persona formal; *(ling) ~ di dire* locución *f*, modismo, expresión *f*; *~ di pagamento* forma de pago; *ad ogni ~/in ogni ~* de cualquier forma, de todas maneras; *a questo ~, in quel ~* de esa forma/manera, de aquella forma/manera; *di ~ che/in ~ che* de manera que; *in nessun ~* de ninguna forma, de ningún modo, ni hablar; *in qualsiasi ~* de cualquier manera; *in un certo qual ~* en cierto modo; *c'è ~ e ~ di dire qc* hay formas y formas de decir algo; *fare qc a ~ suo* hacer algo a su manera; *ciascuno a suo ~* cada cual a su manera; *in malo ~* de mala manera, con malos modos; 2. *mpl* modos, modales, maneras *fpl*
modul|are 1. *adj* modular; **2.** *<esd> vt*

modular; ~**atore** *m tec* modulador; ~**azione** *f* modulación; ~ *di frequenza* frecuencia modulada; ~**o** *m* módulo; *adm* impreso, instancia *f*; ~ *lunare* módulo lunar; *compilare un* ~ rellenar un impreso

moffetta *f zool* mapurite *m*

mogano *m* caoba *f* (*árbol, madera*)

mogio *adj* abatido, mustio, mohíno

moglie <*pl mogli*> *f* mujer, esposa; *prender* ~ casarse; *dare per* ~ entregar como esposa

moina *f* carantoña, zalamería, arrumaco *m*

moiré *adj fr/inv* jaspeado *adj*

mola *f tec* muela; muela, rueda de molino; ~**re 1.** *adj* molar; *pietra, dente* ~ piedra, diente molar; **2.** *m med* molar, muela *f*; **3.** *vt* amolar, afilar; ~**trice** *f tec* amoladora, afiladora; ~**tura** *f* amoladura, afilado *m*

mole *f* mole

molecola *f* molécula; ~**re** *adj* molecular

molest|are *vt* molestar, fastidiar, incordiar; acosar (*sexualmente*); ~**ia** *f* molestia, fastidio *m*, incordio *m*; ~ *sessuale* acoso sexual *m*; ~**o** *adj* molesto, fastidioso, incordiante

molibdeno *m chim* molibdeno

molit|orio *adj* molturador; ~**ura** *f* molienda, moltura

molla *f* 1. muelle *m*; ~ *a balestra* ballesta; *materasso a* ~*e* colchón de muelles; 2. *fpl* tenazas (*hogar*); *prendere q con le* ~*e* tratar a alg con guantes de seda, ir con pies de plomo con alg

mollare 1. *vt* aflojar; soltar, dejar ir; *pop* dejar, abandonar; dejar tirado *pop*, dejar colgado *pop* (*a alg*); *pop* soltar, arrear, largar, atizar (*golpe, bofetada*); *(gergo) non* ~*!* ¡no te rajes!; **2.** *vi* <*avere*> ceder; aflojar; *pop* parar (*cesar*); *tira e molla* tira y afloja

molle 1. *adj* 1. blando, mullido; flexible; *ling* palatalizado; 2. mojado, húmedo; 3. *fig* flojo, débil; relajado, muelle; flojo, peleón (*vino*); 4. dulce, tierno; **2.** *m* 1. blandura *f*, suavidad *f*; 2. remojo; *mettere, tenere in* ~ poner, tener en/a remojo

molleggi|amento *m* 1. elasticidad *f*; 2. muelles *mpl* (*colchón, sofá*); *auto* suspensión *m*; ~**are 1.** *vt* volver elástico; poner muelles; ser mullido; **2.** *vi* <*avere*> hundirse (*colchón, sofá*); ~**o** *m* 1. muelles *mpl (sofá, colchón)*; *auto* suspensión *f*, amortiguación *f*; 2. elasticidad *f*

mollett|a *f* pinza (*pelo, ropa*); tenacilla (*azúcar*); ~**one** *m* muletón (*tela*)

mollezza *f* 1. blandura; suavidad; *fig* molicie, blandenguería *desp*; 2. *fpl* comodidades

molli|ca *f* miga; ~**ccio** *adj* blandujo, blandito; *fig* lúbrico

mollo V. **molle**

mollusco *m zool* molusco; *fig/desp* disoluto, depravado

molo *m mar* muelle

molotov *f/inv* cóctel molotov *m*

molteplic|e *adj* múltiple; ~**ità** *f/inv* multiplicidad *f*

moltiplica *f tec* piñón *m*, plato *m* (*bicicleta*); *mat/fam* multiplicación; ~**ndo** *m mat* multiplicando; ~**re** <*esd*> *vt* multiplicar; ~**tore** *adj/m* multiplicador; ~**zione** *f* multiplicación

moltitudine *f* multitud; multitud, muchedumbre, gentío *m*, turba

molto 1. *adv* mucho, muy; *né* ~ *né poco* ni mucho ni poco; *né* ~ *né troppo poco* ni tanto ni tan calvo; **2.** *adj/pr* mucho; *fra non* ~ dentro de poco, dentro de no mucho; *a dir* ~ como mucho

momentaneo *adj* momentáneo

momento *m* momento; instante; *da un* ~ *all'altro* de un momento a otro; *per il* ~ por el momento, de momento; *a* ~*i* a ratos; *dal* ~ *che* desde el momento en que; *ogni* ~ cada momento, cada instante; *sul* ~ en el acto, al instante; *non vedere il* ~ *di* no ver el momento de; *del* ~ del momento, de actualidad

monaca *f* monja; ~**le** *adj* monacal; monjil (*monjas*); ~**to** *m* monacato

monachesimo *m* monacato, monaquismo

Monaco *m geogr* 1. Mónaco (*principado*); 2. Munich; ~ *di Baviera* Munich

monaco *m* monje, fraile

monade *f fil* mónada

monar|ca *m* monarca; ~**chia** *f* monarquía; ~**chico** *adj/s* monárquico

monast|ero *m* monasterio; ~**ico** *adj* monástico, monacal

monatto *m ant* enfermero de apestados

moncherino *m* muñón

monco *adj/s* manco; ~**ne** *m* muñón

monda|nità *f/inv* 1. mundanería *f*; mundanalidad *f*; *fig* frivolidad *f*; 2. alta sociedad f; ~**no** *adj* mundano; mundanal; *fig* frívolo; ~**re** *vt* 1. mondar, pelar; 2. limpiar; *agr* podar; ~**tura** *f* mondadura, peladura; *agr* poda

mondezzaio *m* vertedero, basurero

mondiale 1. *adj* mundial; **2.** *mpl sport* mundiales

mondiglie *fpl agr* peladuras; cáscaras

mondo 1. *m* mundo; *fig* montón; *uomo, donna di* ~ hombre, mujer de mundo; *il bel* ~ la alta sociedad, la gente bien; *niente dell'altro* ~ nada del otro mundo, nada del otro jueves; *mettere al* ~ traer al mundo; *venire al* ~ venir al mundo; *da che* ~ *è* ~ desde que el mundo es mundo; *per niente/nessuna cosa al* ~ por nada del mundo; *com'è piccolo il* ~*!* ¡qué pequeño es el mundo!; *tutto il* ~ *è paese* en todas partes cuecen habas; *divertirsi un* ~ divertirse un montón; **2.** *adj* mondo, pelado; limpio, enjuagado; *fig* limpio, puro; ~**visione** *f* mundovisión

monegasco *adj/s* monegasco

monell|eria *f* travesura, trastada, pillería; ~**o, -a** *m/f* golfillo, -a, pilluelo, -a, niño, -a travieso, -a

monema *f ling* monema

monet|a *f* moneda; ~ *corrente, di corso legale, fuori corso* moneda corriente, de curso legal, fuera de circulación; *(ri)pagare con la stessa* ~ pagar con la misma moneda; *prendere qc per* ~ *buona/contante*

dar algo por bueno; ~**ario** *adj* monetario; ~**iere** *m* monedero (*persona*); monetario (*mueble*)
mongol|fiera *f aer* globo *m*; ~**ico** *adj/s geogr* mongol, mongólico, mogol; ~**ismo** *m med* mongolismo; ~**o** V. ~**ico**; ~**oide 1.** *adj* mongoloide; **2.** *adj/s med* mongólico
monile *m* collar
monismo *m fil* monismo
monit|o *m* amonestación *f*; ~**or** *m/inv*, ~**ore** *m tec* monitor *m*; ~**orio 1.** *adj* monitorio; *TV* del monitor; **2.** *m eccl* monitorio
mono|asse *adj tras* monorraíl; ~**blocco** *adj/m* monobloque; ~**cilindrico** *adj* monocilíndrico; ~**colo** *adj/m* monóculo; ~**colore 1.** *adj* monocromo; *pol* monocolor; **2.** *m pol* gobierno monocolor; ~**coltura** *f* monocultivo *m*; ~**cromatico**, ~**cromo** *adj* monocromático, monocromo; ~**dia** *f mus* monodia; ~**fase** *adj* monofase; ~**gamia** *f* monogamia; ~ **gario** *adj/s* monógamo; ~**grafia** *f* monografía; ~**grafico** *adj* monográfico; ~**gramma** *m* monograma; ~**lingue** *adj* monolingüe; ~ **tico** *adj* monolítico; ~ **to** *m* monolito; ~**locale** *m* estudio; ~**logo** *adj* monólogo; ~**mania** *f* monomanía; ~**motore** *adj/m* monomotor; ~**pattino** *m* monopatín; ~**plano** *m* monoplano
monopoli *m/inv* monopoly; ~**o** *m* monopolio
monopol|ista *m/f* monopolista; ~**istico** *adj* monopolístico; ~**izzare** *vt* monopolizar; ~**izzatore** *adj/s* monopolizador
mono|posto *adj/m/inv* monoplaza; ~**rotaia** *adj/f/inv* monorraíl *adj/m*; ~**scopio** *m TV* carta de ajuste *f*; ~**sillabico** *adj* monosílabo; ~**sillabo** *adj/m* monosílabo; ~**ssido** *m* monóxido; ~**teismo** *m* monoteísmo; ~**teista** *adj/s* monoteísta; ~**teistico** *adj* monoteísta
monotipo *m tip* monotipo
monotipo *m tip/tec* monotipia *f*
mono|tonia *f* monotonía; ~**tono** *adj* monótono, repetitivo; ~**type** *f ingl/inv tip* monotipia *f*, monotipo *m*; ~**uso** *adj* de un solo uso, de usar y tirar, desechable; *siringa* ~ jeringuilla desechable; ~**valente** *adj* monovalente
monsignore *m eccl* monseñor
monsone *m meteo* monzón
monta *f zool* monta; picadero *m* (*lugar*); *sport* monta; *animale da* ~ semental
montacarichi *m/inv* montacargas, elevador *am*
montaggio *m tec/cine* montaje
montagn|a *f* montaña; ~*e russe* montaña rusa; ~**oso** *adj* montañoso, montuoso
montan|aro, -a *adj/s* montañés; ~**o** *adj* montañés, de montaña; ~**te** *m arch/com* montante; poste (*fútbol*); *sport* gancho
montare 1. *vt* 1. montar, armar (*construir*); *cine* montar; *tec* engarzar, engastar (*piedras preciosas*); *gastr* montar (*nata*); levantar (*clara*); ~ *la testa a q* llenarle a alg la cabeza de pájaros; 2. *zool* montar, cubrir; 3. subir; ~ *le scale* subir las escaleras; **2.** *vi* <*avere*> 1. subir; ~ *in bestia/in collera* montar en cólera; ~ *in cattedra/sul pulpito* hablar ex cáthedra; 2. montar (a caballo)
montat|o *adj* montado; *fig* creído, presumido; *panna* ~*a* nata montada; ~**ore** *m/f tec/cine* montador, -a; ~**ura** *f* montura (*gafas, joyas*); *fig/desp* montaje *m*, exageración
montavivande *m/inv* montaplatos
monte *m* monte; monte (*naipes*); *fig* montaña *f*, montón; *a* ~ aguas arriba; ~ *dei pegni, di pietà, pio* casa de empeños, monte de piedad, montepío; *(geogr) il* *~ *Bianco* el Montblanc; *(med)* ~ *di Venere* Monte de Venus; *andare a* ~ irse al garete, fracasar; *mandare a* ~ mandar a hacer gárgaras, llevar al fracaso
montgomery *m ingl/inv* trenca *f*
montone *m zool* carnero
montuos|ità *f/inv* montuosidad *f*; elevación *f*; ~**o** *adj* montuoso, montañoso
monument|ale *adj* monumental; ~**o** *m* monumento
mop *m/inv* mopa *f*
moquette *f fr/inv* moqueta *f*
mora *f* 1. bot mora (*morera*); mora, zarzamora (*zarza*); 2. *ius* mora, demora; intereses de demora *mpl*; 3. *ling* mora
morale 1. *adj* moral; **2.** *f* moral, ética; *fig* moraleja, enseñanza; *la* ~ *della favola* la moraleja; **3.** *m* moral *f*, ánimo; *avere il* ~ *alto, basso* tener la moral alta, baja; *essere giù, su di* ~ estar alto, bajo de moral; *risollevare il* ~ *di q* levantarle a alg la moral; ~**ggiare** *vi* <*avere*> moralizar
moralis|mo *m* moralismo; ~**ta** *m/f* moralista; ~**tico** *adj* moralista
moralità *f/inv* moralidad *f*
moralizza|re *f* moralizar; ~**tore** *adj/s* moralizador; ~**zione** *f* moralización
moratori|a *f ius* moratoria; ~**o** *adj ius* moratorio
morbid|ezza *f* esponjosidad, blandura; suavidad, delicadeza (*tacto*); ~**o** *adj* blando, esponjoso, mullido; suave, agradable (*tacto*)
morbillo *m med* sarampión
morbo *m med* enfermedad *f*, mal, síndrome, morbo; *fig* plaga *f*, azote; ~ *di Alzheimer* mal de Alzheimer; ~ *di Down, di Parkinson* síndrome de Down, de Parkinson; ~**sità** *f/inv med/fig* morbosidad *f*; ~**so** *adj med/fig* morboso
morchia *f* morga, alpechín *m*
mordac|e *adj* mordaz, agudo, cáustico; ~**ità** *f/inv* mordacidad *f*, causticidad *f*
mordente *m tec* mordiente (*tinte, metal*); *mus* quiebro; *fig* mordiente, gancho
mordere <*45 morsi; morso*> *vt* morder; *(fig)* ~*rsi le mani, le labbra* morderse las manos, los labios
mordicchiare *vt* mordiscar, mordisquear
more|llo *adj* pardo, grisáceo; ~**na** *f geol* morena; ~**nte** *adj/s* moribundo, agonizante; ~**sco** *adj* moruno; morisco
morfema *m ling* morfema
morfin|a *f* morfina; ~**ismo** *m* morfinismo; ~**omane** *adj/s* morfinómano
morfogenesi *f/inv bot* morfogénesis
morfologi|a *f* morfología; ~**co** *adj* morfológico

morfosintassi *f/inv* morfosintaxis

morganatico *adj* morganático

moria *f zool* mortandad

moribondo *adj/s* moribundo, agonizante

morigerat|ezza *f* morigeración; ~**o** *adj* morigerato

morione *m mil/ant* morrión

morire *<46 muoio; morii; morto> vi* morir, morirse; ~ *di fame* morir(se) de hambre; ~ *dalla voglia di qc/di fare qc* morirse de ganas por algo/por hacer algo; ~ *dal sonno* morirse/caerse de sueño; ~ *dalle risate* morirse de risa, troncharse de risa; ~ *dalla vergogna* morirse de vergüenza; *ho una fame da* ~ tengo un hambre que me muero; *va' a ~!* ¡muérete!, ¡que te zurzan!; *mi piace da* ~ me gusta a rabiar, me gusta un montón, me gusta cantidad; *più di così si muore* peor imposible; *più brutto di così si muore* más feo imposible; *chi muore giace e chi resta si dà pace* el muerto al hoyo y el vivo al bollo

mormone *adj/s* mormón

mormor|are *<esd>* **1.** *vi <avere>* murmurar; *fig* murmurar, chismorrear; **2.** *vt* murmurar, susurrar; ~**atore** *adj/s* murmurador; *fig* murmurador, chismoso; ~**azione** *f* murmuración; *fig* maledicencia, chisme *m*; ~**eggiare** *vi <avere> a. fig* murmurar; ~**io** *m* murmullo, rumor

moro 1. *adj/s* 1. moro; 2. moreno; **2.** *m bot* morera *f*, moral; ~**sità** *f/inv ius* morosidad *f*; ~**so, -a** *adj/s ius* moroso

mors|a *f tec* torno *m* (*de banco*); *fig* apretón *m*, apretujón *m*; ~**etto** *m mec* abrazadera *f*; *elec* borne

morsic|are *<esd> vt* morder; picar (*insectos*); ~**atura** *f* mordedura; picadura (*insectos*); ~**chiare** *vt* mordiscar, mordisquear

morso *m* 1. mordisco, bocado, dentellada *f*; mordedura *f* (*animales*); picadura *f* (*insectos*); *fig* comezón *f*, punzada *f* (*envidia, hambre*); 2. bocado (*comida*); 3. bocado, freno (*caballo*); *(fig) mettere il ~ a q* ponerle el freno a alg; *(fig) stringere, allentare il* ~ apretar, aflojar las riendas

morta|della *f* mortadela; ~**io** *m gastr* mortero, almirez; *mil* mortero

mortal|e 1. *adj* 1. mortal; *le spoglie ~i* los restos mortales; 2. mortal, letal; **2.** *mpl* mortales (*humanidad*); ~**ità** *f/inv* mortalidad *f*, mortandad *f*; ~**mente** *adv* mortalmente, de muerte (*herir*); gravemente (*ofender*); mortalmente, enormemente (*aburrir*)

mortaretto *m* petardo; morterete

morte *f* muerte; muerte, defunción, fallecimiento *m*; *fare una brutta* ~ morir de mala manera; *darsi la* ~ darse muerte, matarse, suicidarse; *annoiarsi a* ~ aburrirse como una ostra; *avercela a ~ con q* odiar a muerte a alg, tenérsela jurada a alg; *a tutto c'è rimedio fuorché alla* ~ todo tiene remedio menos morirse; *ogni ~ di papa* de uvas a peras, de Pascuas a Ramos

mortella *f bot* mirto *m*

mortifero *adj* mortífero, letal

mortifica|re *<esd> vt* mortificar; ~**zione** *f* mortificación

morto, -a 1. *adj* muerto; *essere ~ dal sonno, di fame, di paura* estar muerto de sueño, de hambre, de miedo; *cascar* ~ caer muerto, caer fulminado; *stanco* ~ cansadísimo, molido, hecho polvo; **2.** *m/f* muerto, -a, difunto, -a; *giorno dei ~i* día de difuntos; *fare il* ~ hacer el muerto; *suonare a* ~ tocar a muerto; ~**rio** *m fig/fam* velatorio; *la festa sembrava un* ~ la fiesta parecía un velatorio

mortuario *adj* mortuorio, fúnebre

morva *f zool* muermo *m*

mosaic|ista *m/f* mosaiquista; ~**o** *m* mosaico

Mosca *f* Moscú

mosca *<pl -sche>* **1.** *f zool* mosca; mosca (*barba*); *fig* moscardón *m*; ~ *bianca* bicho raro, mirlo blanco; ~ *cieca* gallina ciega (*juego*); *far di una ~ un elefante* hacer una montaña de un grano de arena; *non si sente volare una* ~ no se oye (volar) una mosca; *saltare la ~ al naso* mosquearse; *zitto e ~!* ¡a callar!, ¡silencio!; **2.** *adj/inv sport* mosca; ~**cieca** V. **mosca**

moscaio *m* mosquerío; ~**la** *f* alambrera, fresquera; *fig* petimetre *m*

moscat|ello *adj/m* moscatel; ~**o 1.** *adj* moscatel (*uva*); moscada (*nuez*); **2.** *m* moscatel (*cepa*)

moscerino *m* mosquito

moschea *f* mezquita

moschett|iere *m* mosquetero; ~**o** *m mil/ant* mosquete; *mil* mosquetón; ~**one** *m* mosquetón (*anilla*)

moschi|cida *adj* matamoscas; ~**nato** *adj* mosqueado (*a pintas*)

moscio *adj* flojo, suelto; *fig* abatido, decaído

mosco|ne *m* 1. *zool* moscón, moscardón; ~ *d'oro* cetonia; 2. *mar* patín; 3. *fig* moscón; ~**vita** *adj/s* moscovita

mossa *f* 1. movimiento *m*; *mil* movimiento *m*, maniobra; movimiento *m*, jugada (*ajedrez*); *una ~ falsa* un paso en falso; *prendere le ~e da* comenzar desde; *dare la ~ giusta* dar el paso adecuado; 2. gesto *m*, ademán *m*; aspaviento *m*; contoneo *m*; *fare la ~ di* hacer como que

mosso *adj mar/mus/fig* movido, agitado; ondulado (*pelo*)

mostard|a *f* mostaza; ~**iera** *f* mostacera

mosto *m* mosto

mostra *f* 1. exhibición; ostentación, alarde *m*; *mettersi in* ~ hacerse de notar, figurar; *fare bella ~ di sé* exhibirse, dejarse ver; 2. finta, amago *m*; *fare ~ di* hacer (un) amago de; 3. *art* muestra, exposición; *cine* festival *m*; *com* muestra, feria; 4. *com* escaparate *m*, exposición; 5. *com* muestra (*porción*); 6. *tec* cuadrante *m*, esfera (*reloj*); 7. parte visible de la solapa (*ropa*)

mostrare 1. *vt* mostrar, exhibir, enseñar; ostentar, alardear *vi* (de); fingir, aparentar; *(fig) ~ i denti* enseñar los dientes; ~ *di non capire* aparentar no entender; **2.** *~rsi* mostrase, dejarse ver; mostrarse, verse; demostrarse

mostri|ciattolo *m fam* monstruito; **~na** *f mil* distintivo *m*, insignia

mostro *m a. fig* monstruo; *fig/iron* monstruo, portento

mostruos|ità *f/inv* monstruosidad *f*; **~o** *adj* monstruoso

mota *f* fango *m*, barro *m*

motel *m/inv* motel *m*

motiv|are *vt* 1. motivar, fundamentar; 2. motivar, causar, ocasionar; **~azione** *f* motivación, fundamentación; *psic* motivación; **~o** *m* motivo, causa *f*, razón *f*; *art* motivo, tema; *~ conduttore* hilo conductor, leitmotiv; *aver ~ di/per* tener ocasión de; *per ~i di salute* por razones de salud

moto 1. *m* movimiento; *hist* revuelta *f*, levantamiento; *~ rotatorio, accelerato, perpetuo* movimiento rotatorio, acelerado, continuo; *avverbio, verbo di ~* adverbio, verbo de movimiento; *(mus) con ~* con moto; *fare del ~* hacer ejercicio; *essere in ~* estar en marcha; *mettere in ~* poner en marcha; *mettersi in ~* ponerse en marcha/en movimento; poner manos a la obra; 2. *f/inv* moto *f (motocicleta)*

moto|barca *f* motora, motonave; **~carro** *m* motocarro; **~carrozzetta** *f* moto con sidecar; **~cicletta** *f* motocicleta; **~ciclismo** *m* motociclismo; **~ciclo** *m* motociclo; **~cross** *m/inv* motocross; **~crossista** *m* corredor de motocross

motodromo *m* circuito motociclístico

moto|falciatrice *f agr* segadora; **~furgone** *m* motocarro; **~nave** *f* motonave; **~peschereccio** *m* barco de pesca a motor; **~pompa** *f* motobomba; **~propulsore** *adj* motopropulsor; **~raduno** *m* encuentro motociclístico; **~rboat** *m ingl/inv* motonave *f*

motore *adj/m mec/fig* motor; *~ a scoppio, a benzina, a iniezione, Diesel* motor de explosión, de gasolina, de inyección, Diesel; **~tta** *f* scooter

motorino *m* ciclomotor

motorio *adj* motor

motoris|mo *m* motorismo; **~ta** *m/f* motorista; **~tico** *adj* motorístico

motorizza|re *vt* motorizar; **~zione** *f* motorización

moto|scooter *m ingl/inv* scooter *f/ingl*; **~scafo** *m* lancha a motor *f*; **~sega** *f* motosierra; **~vedetta** *f* patrullera; **~veicolo** *m* vehículo a motor; **~velodromo** *m* pista de motos y bicicletas *f*; **~motrice** *f* locomotora

motteggi|are 1. *vt* burlarse (de); ridiculizar; **2.** *vi <avere>* bromear; **~atore** *adj/s* burlador, escarnecedor; **~o** *m* burla *f*, escarnio

mottetto *m mus* motete

motto *m* 1. ocurrencia *f*, chiste, dicho; máxima *f*; 2. *arald* mote, lema, divisa *f*; 3. *lit* palabra *f/est*

motuproprio *m/inv eccl* motu proprio

mountain bike *f ingl/inv* bicicleta de montaña *f*

mouse *m ingl/inv infor* ratón *m*

mousse *f fr/inv* mousse

moven|te *m* móvil; **~za** *f* 1. movimiento *m*; *fig* gracia, garbo *m*, delicadeza; 2. desarrollo *m*, discurrir *m*

moviment|are *vt* animar, agitar; **~ato** *adj* agitado, movido; accidentado; **~azione** *f* movimiento de mercancías *m*; **~o** *m* movimiento; *art/pol* movimiento, corriente *f*; *mil* movimiento, maniobra *f*; *fig* movimiento, animación *f*, marcha *f/pop*; *mettersi in ~* ponerse en movimiento

moviola *f cine/TV* moviola

mozarabico *adj/s* mozárabe

mozione *f* moción; *~ di fiducia, di sfiducia* moción de confianza, de censura

mozzafiato *adj/inv pop* que quita el hipo, que corta la respiración

mozzare *vt* seccionar, cortar; tronchar, desmochar (*planta, árbol*); *~ le parole in bocca a q* dejar a alg con la palabra en la boca; *qc da ~ il fiato* algo que quita la respiración/el hipo; **~lla** *f* mozzarella (*queso fresco de leche de vaca o también de búfala*)

mozzetta *f eccl* muceta

mozzicone *m* resto, residuo; colilla *f* (*cigarro*); cabo (*vela*)

mozzo 1. *m* 1. *mar* grumete; *~ da stalla* mozo de cuadra; 2. *mec* cubo, buje; **2.** *adj* truncado, cortado, mocho

mucca *f* vaca

mucchio *<pl -chi> m* montón; *a ~i* a patadas, a raudales

mucillaggin|e *f* mucilago, mucílago; **~oso** *adj* mucilaginoso

muco *m med* moco; **~sa** *f med* mucosa; **~sità** *f/inv* mucosidad *f*

muda *f zool* muda

muezzin(o) *m* muecín, almuecín, almuédano

muff|a *f* moho *m*; *<a. fig> fare la ~* criar moho; **~ire** *<isc> vi* enmohecerse

muffola *f* manopla

mugavero *m hist* almogávar

muflone *m zool* muflón

mugghi|are *vi <avere>* mugir, bramar (*buey*); *fig* bramar (*mar, viento*); **~o** *m* mugido, bramido (*buey*); *fig* bramido (*mar, viento*)

muggine *m zool* mújol, lisa *f*

muggire *vi <avere>* mugir

muggito *m* mugir

mughetto *m bot* mugueto

mugnaio, -a *m/f* molinero, -a, tahonero, -a

mugol|are *<esd>* **1.** *vi <avere> zool* gañir; *fig* gemir; **2.** *vt* murmurar, susurrar; **~io** *m zool* gañido

mugugn|are *vi <avere> reg* refunfuñar; **~o** *m reg* refunfuño

mulatt|iera *f* camino de herradura *m*; **~o** *adj/s* mulato

muliebre *adj* femenino

mulinare 1. *vt fig* cavilar, mascar; **2.** *vi <avere>* arremolinarse, formar(se) remolinos; *fig* dar vueltas; *fig* fantasear

mulinello *m* 1. remolino, torbellino; 2. ventilador; 3. carrete (*caña de pescar*);

4. *mar* cabrestante; 5. molinete (*juguete, esgrima*)

mulino *m* molino; ~ *ad acqua, a vento* molino de agua, de viento; *parlare come un ~ a vento* hablar atropelladamente; *il ~ non macina senza acqua* quien algo quiere, algo le cuesta; *chi va al ~s'infarina* no se pueden pescar truchas a bragas enjutas; *combattere contro ~i di vento* luchar contra molinos de viento

mulo *m* mulo, mula *f*; *ostinato come un ~* tozudo como una mula

multa *f* multa; **~re** *vt* multar

multicolore *adj* multicolor, abigarrado

multiforme *adj* multiforme

multigrade *adj/m ingl/inv mec* multigrado *adj/m/inv (aceite)*

multilaterale *adj* multilateral

multimedia *adj/inv*, **~le** *adj* multimedia

multimilionario *adj/s* multimillonario

multinazionale *adj/f* multinacional

multiplo 1. *m mat* múltiplo; **2.** *adj* múltiple; *mat* múltiplo

multipolare *adj elec/pol* multipolar

multisale: cinema ~ *m/inv* minicines *mpl*, multicines *mpl*

multisecolare *adj* multisecular, plurisecular

mummia *f* momia

mummifica|re *<esd> vt* momificar; **~zione** *f* momificación

mungere *<39 mungo; munsi; munto> vt* ordeñar; *fig* exprimir

mungi|tore, -trice *m/f* ordeñador, -a; **~trice** *f tec* ordeñadora; **~tura** *f* ordeño *m*

municipal|e *adj* municipal; *palazzo ~* ayuntamiento; **~ismo** *m* municipalismo; **~ità** *f/inv* municipalidad *f*

municipalizza|re *vt* municipalizar; **~zione** *f* municipalización

municipio *m* 1. municipio, término municipal; 2. municipio, ayuntamiento, consistorio, alcaldía *f*

munificenza *f* munificencia

munifico *adj* munificente, munífico

munire *<isc> vt* dotar, proveer (*di* de); *mil* fortificar

munizioni *fpl* municiones

muovere *<47 muovo; mossi; mosso>* **1.** *vt* mover; poner en marcha; *fig* promover, provocar; *fig* provocar, suscitar (*risa, llanto*); ~ *la testa* mover/menear la cabeza; ~ *i primi passi* dar los primeros pasos; ~ *guerra a una nazione* hacer la guerra a una nación; **2.** *vi <essere/avere>* salir, partir; empezar, arrancar; **3.** *~rsi* moverse; ponerse en marcha; *fig* moverse, preocuparse; *fig* levantarse, sublevarse; *muoviti!* ¡andando!, ¡arreando!

mura *fpl* V. **muro**

muragli|a *f* muralla; **~ato** *adj* amurallado; **~one** *m* paredón, murallón; *mar* espigón, espolón

mural|e *adj/m* mural; **~ista** *m/f* muralista

murar|e *vt* tapiar, tabicar; **~io** *adj* de la construcción; del albañil; *arte ~a* albañilería; *cinta ~a* murallas

murat|ore *m* albañil; **~ura** *f* 1. construcción, obra; mampostería, pared; 2. tabicación, tapiado *m*

murena *f zool* morena, murena

muriatico *adj chim* muriático

muricciolo *m* murete, tapia *f*

muro *m* 1. *<pl i muri>* pared *f*; muro; tabique, tapia *f*; ~ *divisorio, maestro* pared medianera, maestra; ~ *del suono* barrera del sonido; ~ *di nebbia* banco de niebla; ~ *di cinta* tapia, cerca; ~ *del pianto* muro de las lamentaciones; *a ~* empotrado; *mettere q al ~* enviar a alg al paredón; *parlare al ~* hablar con la pared; *è scritto anche sui ~i* lo saben hasta las piedras; *i ~i hanno orecchi* las paredes oyen; *a ~ basso ognuno ci si appoggia* a perro flaco todo son pulgas; 2. *<pl le mura>* muralla(s); *chiudersi fra quattro ~a* encerrarse entre cuatro paredes

musa *f mit/art/bot* musa

musaragno *m zool* musaraña *f*

muschi|ato *adj* almizclado; **~o** *m zool* almizcle; *bot* musgo

musco *m bot* musgo

muscol|are *adj* muscular; **~atura** *f* musculatura; **~o** *m* 1. *med* músculo; 2. *zool* mejillón; **~oso** *adj* musculoso

muscoso *adj* musgoso

museo *m* museo

museruola *f* bozal *m* (*perro*); muserola (*caballo*); *mettere la ~ a q* ponerle una mordaza a alg, amordazar a alg

musica *f* música; banda (de música); ~ *da camera* música de cámara; ~ *di fondo* música de fondo; *(fig) è la solita ~, è un'altra ~* es la misma canción/la canción de siempre, es otro cantar; *mettere in ~* poner música, musicar; **~bile** *adj* musicable

musical *m ingl/inv* musical *m*

musicale *adj* musicale

musicalità *f/inv* musicalidad *f*

musicante *m/f* músico, -a *(de banda)*

musicare *<esd> vt* musicar

musicassetta *f* musicas(s)et(t)e *m*

music hall *m ingl/inv* music-hall

musicista *m/f* músico, -a; músico, -a, compositor, -a

musico|logo, -a *m/f* musicólogo, -a; **~terapia** *f* musicoterapia

muso *m zool* morro, hocico; *fig/iron* morro(s), careto, jeta *f*; *aer/auto* morro; *fam* enfado, mosqueo *fam*, cabreo *pop*; *a ~ duro* con mala cara, de malos modos; *avere/fare il ~* estar de morros; *rompere/spaccare il ~ a q* romperle los morros/las narices a alg; *fare qc sul ~* hacer algo en los morros

musone, -a *m/f* persona malcarada, enfadada *f*; **~ria** *f* enfado *m*, disgusto *m*, cabreo *m/pop*

mussare *vi <avere>* espumar

mussol|a, ~ina *f* muselina

mussulmano V. **musulmano**

mustacchi *mpl* mostachos, bigotes

musulmano *adj/s* musulmán

muta *f* 1. cambio *m*; *zool* muda; *mil* relevo *m*; muda (*ropa*); *sport* traje de buzo *m*; 2. jauría (*perros*)

mutabil|e *adj* mutable; **~ità** *f/inv* mutabilidad *f*

mutamento *m* cambio, mutación *f*; ~ *linguistico* cambio lingüístico
mutan|de *fpl* 1. calzonzillo(s) *m(pl)*; 2. bragas; ~**dine** *fpl* braguitas, slip *m*; ~**te** *adj/m biol* mutante
mutare 1. *vt* cambiar; transformar; **2.** *vi* cambiar; transformarse
mutazione *f* mutación, cambio *m*, transformación; *biol* mutación
mutevole *adj* mutable, alterable, variable
mutevolezza *f* mutabilidad, alterabilidad
mutila|re *<esd> vt a. fig* mutilar; ~**to** *adj/s* mutilado; ~**zione** *f* mutilación
mutilo *adj lit* mútilo
mutismo *m* mutismo
muto *adj/s* mudo; *fare scena ~a* hacer mutis; ~ *come un pesce* mudo como un muerto/como la pared
mutua *f adm* mutualidad, mutua; *essere, mettersi in* ~ estar, ponerse de baja por enfermedad; *medico della* ~ médico del seguro; ~**listico** *adj* mutualista; ~**nte** *m/f* mutuante, prestamista; ~**re** *<esd> vt ius* tomar prestado *est*; ~**tario** *m/f* prestatario, -a; ~**to, -a** *m/f* mutualista
mutuo 1. *adj* mutuo; **2.** *m* préstamo; ~ *ipotecario* préstamo hipotecario

N

nababbo *m* pachá; *far vita da ~* vivir como un pachá/como un marajá
nacchere *fpl* castañuelas, postizas
nafta *f* 1. *chim* nafta; 2. *auto* gasóleo *m*, gasoil *m*; fuel *m* (*calefacción*); **~lina** *f* naftalina
naia *f* 1. *gergo* mili; 2. *zool* naja, cobra
naïf *adj/inv* naïf
nailon V. **nylonismo** *m med* enanismo
nanna *f infan* nana; *andare a ~* hacer nana
nano *adj/s med/fig* enano
napalm, napalm *m/inv* napalm; *bomba al ~* bomba de napalm
napo *m bot* nabo
napol|etano *adj/s* napolitano; ***~i** *f* Nápoles
nappa *f* borla, fleco *m* (*adorno*); napa (*piel*); *iron/fam* narizota
narcis|ismo *m* narcisismo; **~ista** *m/f* narcisista; **~istico** *adj* narcisista; **~o** *m mit/bot/fig* narciso
narco|si *f/inv* narcosis; **~tico** *adj/m* narcótico; **~tizzare** *vt* narcotizar
nari *fpl lit* narices *raro* (*orificios de la nariz*); **~ce** *f med* narina, nariz *raro*
narra|bile *adj* narrable, contable; **~re** *vt* narrar, contar, relatar, referir; **~tiva** *f* narrativa; *ius* relato *m*, exposición; **~tivo** *adj* narrativo; **~tore, -trice** *m/f* narrador, -a; **~zione** *f* narración, relato *m*
nasa|le 1. *adj* nasal; gangoso (*voz*); **2.** *f* (consonante) nasal; **~ta** *f* narizazo *m*
nascente *adj* naciente, emergente
nascere <*48 nasco; nacqui; nato*> *vi* nacer; *fig* surgir, originarse; *(fig) non essere nato ieri* no chuparse el dedo; *mi nasce un sospetto* me viene/surge una duda
nascit|a *f* nacimiento *m*; *sordo di/dalla ~* sordo de nacimiento; **~uro** *adj/m* nasciturus
nascondere <*49 nascosi; nascosto*> *vt* esconder, ocultar
nascondi|glio *m* escondite, escondrijo; **~no** *m* escondite; *giocare a ~* jugar al escondite
nascosto *adj* escondido, oculto; *di ~* a escondidas, a hurtadillas
nasello *m zool* merluza *f*, pescadilla *f*
naso *m* nariz *f*; *~ aquilino, schiacciato, all'insù* nariz aguileña, chata, respingona; *parlare col ~* ganguear; *arricciare il ~* torcer el gesto; *non vedere più in là del proprio ~* no ver tres en un burro; *fig* no ver más allá de sus narices, tener poca vista; *avere buon ~ in qc* tener buen olfato para algo; *ficcare il ~ negli affari altrui* meter las narices donde no le llaman/en los asuntos ajenos; *menare q per il naso* tomarle el pelo a alg; *restare con tanto di ~* quedarse con tres palmos de narices; **~ne, -a** *f* 1. narizota *f*, napias *fpl* (*gran nariz*); 2. *m/f* narigudo, -a, narizotas (*persona*)
nassa *f* nasa
nastro *m* cinta *f*; *~ adesivo* cinta adhesiva, celo; *~ dattilografico, isolante* cinta mecanográfica, aislante; *~ trasportatore* cinta transportadora; *~ magnetico* cinta magnética, cas(s)et(t)e
nasturzio *m bot* berro, mastuerzo
nasuto *adj* narigudo
natale 1. *adj* natal; **2.** *m* cumpleaños
Natale *m* Navidad *f*; *notte di ~* Nochebuena; *Buon ~!* ¡Feliz Navidad!; *le feste di ~* las fiestas de Navidad, las Navidades
natali|tà *f/inv* natalidad *f*; **~zio 1.** *adj* navideño; natalicio (*del nacimiento*); **2.** *m lit* natalicio
nata|nte 1. *adj* flotante; **2.** *m mar* embarcación *f*; **~torio** *adj* natatorio
natica *f* nalga, glúteo *m*
naticuto *adj iron* culón, fondón
natio V. **nativo**
Natività *f eccl* Natividad
nativo, -a 1. *adj* nativo, indígena; natal (*tierra, pueblo*); *min* nativo; **2.** *m/f* nativo, -a, indígena
nato *adj* nacido; *med* de nacimiento; *adm* de soltera (*mujeres*); *un attore ~* un actor nato; *cieco ~* ciego de nacimiento; *Paola Cocco ~a Bellini* Paola Cocco, de soltera Bellini
natura *f* naturaleza; *fig* naturaleza, condición, índole; *(pitt) ~ morta* bodegón; *pagare in ~* pagar en especie; *contro ~* contra natura
naturale *adj* natural; *al ~* al natural; *a grandezza ~* de tamaño natural; **~zza** *f* naturalidad, espontaneidad
naturalis|mo *m fil* naturalismo; **~ta** *m/f fil/cient* naturalista; **~tico** *adj* naturalista
naturalizza|re *vt* naturalizar, nacionalizar; **~zione** *f* naturalización, nacionalización
naturis|mo *m* naturismo, ambientalismo; **~ta** *adj/s* naturista; **~tico** *adj* naturista
naufrag|are <*esd*> *vi* <*essere; avere, referido a personas*> *mar/fig* naufragar; **~io** *m* naufragio; **~o, -a** *m/f* náufrago, -a
nausea *f* náusea; *fig* náusea, asco *m*, repulsión; *fino alla ~* hasta la saciedad; *dare la ~* revolver el estómago; **~bondo** *adj* nauseabundo, repugnante; **~nte** *adj* nauseabundo, repugnante; *fig* empalagoso; **~re** <*esd*> *vt* dar náuseas (a), marear; *fig* dar náuseas (a), repugnar; empalagar
nautic|a *f* náutica; **~o** *adj* náutico
naval|e *adj* naval; **~meccanica** *f* mecánica naval
navata *f arch* nave
nave *f* barco *m*, nave, embarcación; *~ da carico* nave de carga, carguero; *~ traghetto* transbordador; *~ cisterna* buque cisterna; *~ a vela/a vapore* barco de vela, de vapor; *~ spaziale* nave espacial; **~tta** *f tec* lanzadera (*telar*); *(aer) ~ spaziale* transbordador espacial; *fare la ~* ir de un sitio a otro
navicella *f* barca, barquilla; *aer* barquilla (*globo*); *~ spaziale* nave espacial
naviga|bile *adj* navegable; **~bilità** *f/inv* navegabilidad *f*; **~nte** *m/f* navegante; *(mar) personale ~* tripulación; **~re** <*esd*> *vi* <*avere*> navegar; **~to** *adj* navegado, viajado, corrido; **~tore, -trice** *m/f* nave-

gante; *auto* copiloto; ~**zione** *f* navegación; ~ *aerea, spaziale* navegación aérea, espacial; ~ *sottomarina, fluviale, d'altomare* navegación submarina, fluvial, de altura

naviglio *m* 1. navío, buque; 2. flota *f*

navone *m bot* nabo

nazionale 1. *adj* nacional; **2.** *f sport* selección nacional

nazionalis|mo *m* nacionalismo; ~**ta** *adj/s* nacionalista; ~**tico** *adj* nacionalista

nazionalità *f/inv* nacionalidad *f*

nazionalizza|re *vt* nacionalizar; ~**zione** *f* nacionalización

nazionalsocialis|mo *m* nacionalsocialismo; ~**ta** *adj/s* nacionalsocialista

nazione *f* nación

nazis|mo *m* nazismo; ~**ta** *adj/s* nazi

'ndrangheta *f reg* ="mafia calabresa"

ne *pr* 1. *<complemento>* (de él, de ella...); (de eso); *non conosco Luigi, ma ~ ho sentito parlare* no conozco a Luis, pero he oído hablar de él; *forse ha detto la verità, ma ~ dubito* quizás haya dicho la verdad, pero lo dudo; 2. *<lugar desde el cual>* (de allí, desde allí); *è andato presto al lavoro e ~ torna adesso* se ha ido a trabajar pronto y vuelve ahora (de allí); *andarsene* irse, largarse; 3. *<partitivo>* (de eso); *i dischi sono cari, ma io ~ compro due ogni settimana* los discos son caros, pero yo compro dos cada semana; *quanti anni hai? ~ ho venti* ¿quantos años tienes? tengo veinte (años); *vuoi del sale? no, non ~ voglio* ¿quieres sal? no, no quiero (sal); 4. *(enf) ~ ha combinate di tutti i colori* ha hecho de blancas y moradas; *non me ~ importa nulla* me importa un bledo; *non ~ posso più* ya no puedo más

né *conj* ni; ~ ... ~ ni ... ni; ~ *è venuto, ~ ha chiamato* ni ha venido ni ha llamado; ~ *più ~ meno* ni más ni menos; ~ *punto ~ poco* ni mucho ni poco, ni lo más mínimo

neanche V. **nemmeno**

nebbia *f* niebla; *fig* ofuscación

nebbios|ità *f/inv* nebulosidad *f*; ~**o** *adj* neblinoso, nebuloso, brumoso

nebulizza|re *vt tec* atomizar, vaporizar, pulverizar; ~**tore** *m tec* nebulizador, vaporizador; ~**zione** *f* nebulización, vaporización

nebulos|a *f astr* nebulosa; ~**ità** *f/inv* nebulosidad *f*; ~**o** *adj* nebuloso; *fig* nebuloso, borroso, impreciso

nécessaire *m fr/inv* neceser *m*

necessario *adj/m* necesario

necessit|à *f/inv* necesidad *f*; *fare di ~ virtù* hacer de la necesidad virtud, hacer de tripas corazón; ~**are** *<esd> vt/vi lit* necesitar *est*; ~**ato** *adj* obligado

necrofil|ia *f* necrofilia; ~**o** *adj/s* necrófilo

necroforo *m zool* necróforo

necrolo|gia *f* necrología; ~**gico** *adj* necrológico; ~**gio** *m* necrología *f*

necropoli *f/inv* necrópolis

necroscop|ia *f* necroscopia; ~**ico** *adj* necroscópico

necrosi *f/inv* necrosis

nefand|ezza *f* repugnancia, horror *m*; ~**o** *adj* nefando

nefasto *adj* nefasto, infausto

nefrit|e *f* nefritis; ~**ico** *adj* nefrítico

nefrolog|ico *adj* nefrológico; ~**o, -a** *m/f* nefrólogo, -a

nefrosi *f/inv* nefrosis

negare *vt* negar

negativ|a *f* negativa; ~**ità** *f/inv* negatividad *f*; ~**o** *adj/m* negativo

negato *adj* negado, incapaz, inepto; ~**re** *adj/s* negador

negazione *f* negación; rechazo *m*

neghittos|ità *f/inv* pereza *f*; ~**o** *adj* perezoso

negletto *adj lit* negligente

neglig|é *m fr/inv* bata *f* (*lencería*); ~**ente** *adj/s* negligente, descuidado; ~**enza** *f* negligencia, dejadez, desidia

negozi|abile *adj com* negociable; ~**ante** *m/f* comerciante, vendedor, -a; ~**are 1.** *vt* negociar; **2.** *vi <avere>* comerciar; ~**ato** *m* negociación; *~i di pace* negociaciones de paz; *entrare in ~i* entablar negociaciones; *riprendere i ~i* reanudar las negociaciones; ~**atore, -trice** *m/f* negociador, -a; ~**azione** *f* negociación; ~**o** *m com* 1. negocio; ~ *giuridico* acto jurídico, negocio jurídico; 2. tienda *f*, comercio, establecimiento (*local*)

negrier|e *m* negrero; ~**o** *adj/s* negrero

negro, -a 1. *adj* negro (*persona, raza*); ~ *come il carbone* negro como el carbón; *(fam) essere ~* estar negro, estar que echa humo; **2.** 1. *m/f* negro, -a; *fare il ~* trabajar como un negro; 2. *m fig* negro (*escritor*)

negroafricano *adj* negroafricano

negroamericano *adj* afroamericano

negroman|te *m/f* nigromante; ~**tico** *adj* nigromántico; ~**zia** *f* nigromancia

nembo *m meteo* nimbo; *fig* nube *f*, lluvia *f* (*gran cantidad*); ~**strato** *m meteo* nimboestrato

nemico *adj/s* enemigo, adversario

nemmeno 1. *adv* tampoco; ni siquiera; *non lo sa ~ lui* no lo sabe ni (siquiera) él; *non ho ~ una peseta* no tengo ni una peseta/una peseta siquiera; **2.** *conj* (ni) aun, aunque; ~ *sapendolo/~ a saperlo/~ se l'avessi saputo, l'avrei potuto evitare* (ni) aun sabiéndolo/aunque lo hubiera sabido, lo habría podido evitar; ~ *per idea* ni por asomo; ~ *per sogno* ni soñarlo

nenia *f* nenia

nenufaro *m bot* nenúfar

neo *m med* lunar, peca *f*; *fig* tacha *f*, defecto

neo|classicismo *m* neoclasicismo; ~**fascismo** *m* neofascismo; ~**fascista** *adj/s* neofascista; ~**fita** *m/f* neófito, -a; ~**formazione** *f* nueva formación; ~**latino** *adj ling* neolatino, románico; ~**litico** *adj/m* neolítico; ~**logismo** *m* neologismo

neon *m/inv* neón *m*; *lampada al ~* tubo de neón

neo|nato *adj/s* recién nacido; ~**nazismo** *m* neonazismo; ~**nazista** *adj/s* neonazi; ~**platonico** *adj* neoplatónico; ~**positivismo** *m* neopositivismo; ~**realismo** *m* *cine* neorrealismo; ~**testamentario** *adj* neotestamentario;~**zelandese** *adj/s* neozelandés; ~**zoico** *adj/m geol* neozoico

nepetella *f bot* nébeda

nepotismo *m* nepotismo, favoritismo

neppure V. **nemmeno**

nequizia *f lit* maldad *est*

nerastro *adj* negruzco

nerazzurro, -a 1. *adj* negro azulado; **2.** *m/f* ="seguidor, -a del Inter de Milán"

nerb|ata *f* latigazo *m*, zurriagazo *m*; ~**o** *m* látigo, azote; *fig* núcleo, médula *f*, meollo (*parte más importante*); *fig* nervio, vigor, fuerza *f*; ~**oruto** *adj* nervudo, musculoso, robusto

nere|ggiare *vi* <*avere*> negrear, oscurecerse; ~**tto** *m tip* negrita *f*; *in* ~ en negrita; ~**zza** *f* negrura

nericcio *adj* negruzco

nero, -a 1. *adj* negro; *borsa ~a/mercato ~* mercado negro; *cronaca ~a* sucesos; *vedere tutto ~* verlo todo negro; **2.** *m* negro (*color*); ~ *animale* carbón animal; *(zool) ~ di seppia* tinta *f*; *mettere ~ su bianco* poner por escrito; **3.** *m/f* negro, -a (*persona*)

nerofumo, nero fumo *m* negro de humo

nerognolo *adj* negruzco

nerume *m* hollín, tizne; *bot* tizón

nerv|atura *f bot/arch* nervadura; *med* sistema nervioso *m*; *tip* nervios *mpl*; ~**ino** *adj* nervino; nervioso; *gas ~* gas nervioso; ~**o** *m med/bot/fig* nervio; *avere i ~i a fior di pelle* tener los nervios a flor de piel; *avere i ~i a pezzi* tener los nervios destrozados; *far venire i ~i* alterar/atacar los nervios; *dare ai ~i* atacar los nervios

nervos|ismo *m* nerviosismo; ~**ità** *f/inv* nerviosidad *f*, nerviosismo *m*; ~**o 1.** *adj med/bot/fig* nervioso; **2.** *m* nerviosismo; *far venire il ~* atacar los nervios, poner nervioso; *dare sui ~i* poner de los nervios

nespol|a *f bot* níspero *m* (*fruto*); *(fam) ~e!* ¡caracoles!; ~**o** *m bot* níspero (*árbol*)

nesso *m* nexo

nessuno 1. *adj* <*solo sing; terminaciones como el ar un*> ningún; algún (*frases interrogativas*); *nessun libro, ~a colpa* ningún libro, ninguna culpa; *(fam) hai nessun giornale?* ¿tienes algún periódico?; *in nessun modo* de ninguna manera; **2.** *pr/sing* nadie, ninguno, -a; *non c'è ~* no hay nadie; *non ho visto ~* no he visto a ninguno/a nadie; *terra di ~* tierra de nadie; *figli di ~* huérfanos

netta|penne *f/inv* limpiaplumas *m*; ~**piedi** *m/inv* felpudo *m*, alfombrilla *f*, limpiabarros; ~**re** *vt* limpiar

nettar|e *m* néctar; ~**eo** *adj* nectáreo, nectarino

nettezza *f* limpieza; ~ *urbana* servicio municipal de limpieza

netto *adj* limpio; *econ* neto, (en) limpio; *prezzo, stipendio ~* precio, sueldo neto

netturbino, -a *m/a* barrendero, -a, basurero, -a

network *m ingl/inv TV/com* cadena *f*; *infor* red *f*; *local area ~* red local

neur|ale *adj* neurológico; ~**ite** V. **nevrite**

neurochirurg|ia *f* neurocirugía; ~**o** *m* neurocirujano, -a

neurolettico *adj/m* neuroléptico

neurolog|ia *f* neurología; ~**ico** *adj* neurológico; ~**o, -a** *m/f* neurólogo

neurone *m* neurona *f*

neuropatolog|ia *f* neuropatología; ~**o, -a** *m/f* neuropatólogo, -a

neuropsichiatria *f* neuropsiquiatría

neuroto|mia *f* neurotomía; ~**nico** *adj/m* neurotónico

neurovegetativo *adj* neurovegetativo

neutral|e *adj/s* neutral; ~**ismo** *m* neutralismo; ~**ista** *adj/s* neutralista; ~**ità** *f/inv* neutralidad *f*

neutralizza|re *vt* neutralizar; ~**zione** *f* neutralización

neutro *adj/m* neutro; ~**ne** *m* neutrón

neva|io *m* nevero; ~**to 1.** *adj* nevado; *bianco ~* blanco de nieve; **2.** *m* nevero, nevado *am*

neve *f* nieve; *gergo* coca; ~ *farinosa, molle, gelata* nieve en polvo, blanda, helada; ~ *carbonica* nieve carbónica; *(gastr) a ~* a punto de nieve

nevica|re <*esd*> *vi/imp* <*essere/avere*> nevar; ~**ta** *f* nevada

nevischi|are *vi/imp* <*essere/avere*> neviscar; ~**o** *m* nevisca *f*, agua nieve *f*

nevos|ità *f/inv* cantidad de nieve caída *f*; ~**o** *adj* nevoso

nevralg|ia *f* neuralgia; ~**ico** *adj* neurálgico; *punto ~* punto neurálgico

nevrasten|ia *f* neurastenia; ~**ico** *adj* neurasténico

nevrite *f* neuritis

nevro|si *f/inv* neurosis; ~**tico** *adj* neurótico

new wave *adj/f ingl/inv* nueva ola *adj/f*

New York Nueva York

nibbio *m zool* milano

Nicaragua: *il ~* Nicaragua *f*

nicarague|nse, ~se *adj/s* nicaragüense

nicchi|a *f arch* nicho *m*, hornacina; ~**are** *vi* <*avere*> titubear, vacilar; ~**o** *m* 1. *zool* concha *f*; 2. *eccl* sombrero de teja; 3. candil, candileja *f*

nicciano V. **nietzschiano**

nichel *m/inv* níquel *m*; ~**are** <*esd*> *vt* niquelar; ~**atura** *f* niquelado *m*; ~**ino** *m* moneda de níquel *f*; ~**io** V. **nichel**

nichilis|mo *m* nihilismo; ~**ta** *adj/s* nihilista

nicotin|a *f* nicotina; ~**ismo** *m* nicoti(ni)smo, tabaquismo

nicromo *m* nicromo, níquel cromo

nictalop|e *adj/s* nictálope; ~**ia** *f* nictalopía

nidiata *f* nidada

nidificare <*esd*> *vi* <*avere*> nidificar

nido *m zool/fig* nido; ~ *d'infanzia* casa cuna, guardería

niell|are *vt* nielar; ~**o** *m* niel

niente 1. *pr/adv* nada; algo (*interrogación*); *da ~* sin importancia; de tres al cuarto, de pacotilla; *come (se) ~ fosse* como si nada, como si tal cosa, como quien no quiere la cosa; ~ *affatto/per ~* en absoluto; *per ~ al mondo* por nada del mundo; *nient'altro* nada más; ~ *di ~* nada de nada; *hai detto ~!* ¡casi nada!; *di ~!* ¡de nada!; *non fa* ~ no es nada, no se preocupe; *non avere ~ a che fare con q/qc* no tener nada que ver con alg/algo; *non per ~...* no es por nada...; *non essere buono a ~* no servir para nada, ser un inútil; *(fam) c'è ~ di nuovo?* ¿hay alguna novedad?; **2.** *adj/inv* nada de; ~ *scuse* nada de excusas; ~ *paura!* ¡sin miedo!; **3.** *m* nada *f*

nientedimeno, nientemeno 1. *adv* ni más ni menos, nada menos; **2.** *excl* ¡casi nada!, ¡ahí es nada!

nietzschiano *adj/s* nietzschiano

night-club *m ingl/inv* club nocturno *m*, night-club *m/ingl*, cabaret *m*

nimb|ato *adj lit* aureolado; ~**o** *m* nimbo, aureola *f*; resplandor

ninf|a *f mit/zool* ninfa; ~**ea** *f bot* ninfea, nenúfar *m*; ~**etta** *f* niña precoz

ninfoman|e *f* ninfómana; ~**ia** *f* ninfomanía

ninna|nanna *f* nana, canción de cuna; ~**re** *vt* arrullar, acunar

ninnolo *m* juguete, pasatiempo; *desp* chuchería *f*, baratija *f*, bagatela *f*

nipote *m/f* 1. sobrino, -a; 2. nieto, -a

nipplo *m mec* manguito

nipponico *adj* nipón

nirvana *m/inv* nirvana

nitid|ezza *f* nitidez; ~**o** *adj* nítido

nitra|to *m* nitrato; ~**zione** *f* nitración

nitri|co *adj* nítrico; ~**re** *<isc> vi <avere>* relinchar; ~**to** *m* 1. *chim* nitrito; 2. *zool* relincho

nitro *m min* nitro; ~**cellulosa** *f* nitrocelulosa; ~**glicerina** *f* nitroglicerina; ~**so** *adj* nitroso

nitrur|azione *f* nitruración; ~**o** *m* nitruro

nitticora *f zool* aldorta

nittitante *adj* nictitante

nivale *adj* nivoso, de la nieve

niveo *adj lit* níveo

no 1. *adv <se usa si no va seguido de verbo>* no; *parti o ~?* ¿te vas o no?; *lo farai, ~?* lo harás, ¿no?; *pare di ~* parece que no; *come ~!* ¡cómo no!, ¡faltaría más!; *perché ~?* ¿por qué no?; ~ *e poi* ~ no y no; *dire di ~* decir que no; *non dico di ~...* no digo que no...; **2.** *m/inv* no; *la proposta è stata respinta per cento ~* la propuesta ha sido rechazada con cien noes

nobil|donna *f* dama, hidalga; ~**e** *adj/s* noble; *piano ~* principal; ~**iare** *adj* nobiliario

nobilita|re *<esd> vt* ennoblecer; ~**zione** *f* ennoblecimiento *m*

nobiltà *f/inv* nobleza *f*

nobiluomo *m* hidalgo

nocca *f med* nudillo *m*

nocchi|ere, ~**ero** *m mar/lit* piloto; ~**o** *m* nudo (*madera*); ~**uto** *adj* nudoso (*madera*)

nocciola 1. *f bot* avellana; **2.** *adj/m/inv* avellana (*color*); ~**ia** *f zool* cascanueces *m*; ~**to** *adj* avellanado

noccioleto *m* avellanar, avellanal

nocciolina *f* cacahuete *m*; ~ *americana* cacahuete, maní *am*

nocciolo *m bot* avellano

nocciolo *m bot* hueso; *fig* meollo, quid; *il ~ della questione* el meollo del asunto; *(pol/fig) il ~ duro* el sector duro

noce 1. *m* nogal, noguera *f*; nogal (*madera, color*); 2. *f bot* nuez; ~ *moscata* nuez moscada; ~**pesca** *f bot* nectarina; ~**to** *m* nogueral

nocino *m* licor de nuez

nociv|ità *f/inv* nocividad *f*; ~**o** *adj* nocivo, perjudicial, dañino

nocumento *m adm* perjuicio, daño

nodale *adj* nodal; *fig* crucial

nodino *m* mota *f*

nodo *m* nudo; ~ *scorsoio* nudo corredizo, lazo; ~ *stradale, ferroviario* nudo de carreteras, ferroviario; ~ *gordiano* nudo gordiano; *avere un ~ alla gola* tener un nudo en la garganta

nodos|ità *f/inv med* nudosidad *f*, nudo *m*, nódulo *m*; ~**o** *adj* nudoso

nodul|are *adj* nodular; ~**o** *m med* nódulo, nudosidad *f*; *min* gabarro

noi *pr/inv* nosotros, nosotras

noia *f* aburrimiento *m*; molestia, incomodidad; fastidio *m*, lata; *venire a ~ qc* cansarse de algo

noialtri *pr enf* nosotros, -as

noioso, -a 1. *adj* aburrido, -a; fastidioso, -a, engorroso, -a; latoso, -a, importuno, -a, cargante, pelma; **2.** *m/f* pesado, -a, latoso, -a, pelma

noleggi|are *vt tras* alquilar (*tomar, dar*); *mar/com* fletar; ~**atore, -trice** *m/f tras* alquilador, -a; *mar/com* fletador, -a; ~**o** *m tras* alquiler; *mar/com* fletamento; flete (*precio*)

nolente *adj lit* renuente; *volente o ~* de grado o por fuerza, quieras o no

nolo *m tras* fletamento (*acción*); flete (*precio*); *dare, prendere a ~* dar, tomar en alquiler

nomad|e *adj/s* nómada; ~**ismo** *m* nomadismo

nome *m* nombre; ~ *comune, proprio, astratto* nombre común, propio, abstracto; ~ *depositato* marca registrada; ~ *di battaglia* nombre de guerra; ~ *di battesimo* nombre de pila; *a ~ di* a nombre de; *in ~ di Dio* en nombre de Dios; *in ~ della legge* en nombre de la ley; *fare il ~ di q* dar el nombre de alg; *godere buon ~* tener buen nombre; *di ~* de nombre; *conoscere q di ~* conocer a alg de nombre

nomea *f desp* fama, reputación

nomenclat|ore *adj/m* nomenclátor, nomenclador; ~**ura** *f* nomenclatura

nomignolo *m* apodo, mote

nomina *f adm* nombramiento *m*

nominabile *adj* nombrable

nominale *adj econ/ling* nominal

nominalis|mo *m fil* nominalismo; ~**ta** *m/f* nominalista; ~**tico** *adj* nominalista

nominare *<esd> vt* nombrar, designar; *mai sentito ~* no lo he oído en mi vida

nominat|amente *adv* 1. nominalmente; 2. explícitamente; ~**ivo 1.** *adj* nominativo; **2.** *ling* nominativo; *adm* nombre y apellidos; *tras* indicativo

non *adv* 1. no; *vuoi? no, ~ voglio* ¿quieres? no, no quiero; *sono io, ~ Carlo,* soy yo, no Carlos; ~ *così* no así, así no; 2. ~ *appena* apenas; *mancò poco che non cantasse* faltó poco para que cantara; *finché ~ lo ve-*

drò, non ci crederò hasta que no lo vea, no me lo creo; 3. <*prefijo*> no; *i ~ fumatori* los no fumadores; *la ~ violenza* la no violencia; *i ~ belligeranti* los no beligerantes
nona *f hist* nona; ~**genario** *adj/s* nonagenario
nonché, non che *conj* 1. además de, así como; 2. y mucho menos
nonconformis|mo *m* inconformismo; ~**ta** *adj/s* inconformista
noncuran|te *adj* descuidado, negligente; ~**za** *f* dejadez, negligencia
nondimeno *conj* no obstante, a pesar de todo, aun así
none *fpl hist* nonas
nonio *m* nonio
nonno, -a *m/f* abuelo, -a; *sì, mio ~ (in carriola)!* ¡y un jamón!, ¡cuéntaselo a tu tía!
nonnulla *m* tontería *f*, nadería *f*, minucia *f*
nono *adj* noveno (*ord, partitivo*)
nonostante 1. *prep* a pesar de, pese a; **2.** *conj* <+ *subjuntivo*> aunque, a pesar de que
nonpertanto, non per tanto *conj lit* y aun así, y con todo
non plus ultra *m/inv* non plus ultra, no va más
nonsenso *m* sinsentido
non so che *m/inv* no sé qué, algo; *ha un ~ che mi piace* tiene un no sé qué/un algo que me gusta
nontiscordardimé, non ti scordar di me *m/inv bot* nomeolvides *f*
norcino *m reg* capador, castrador
nord *m* norte; *a ~ di* al norte de; *nel ~ di* en el norte de
nordafricano *adj/s* norteafricano
nordamericano *adj/s* norteamericano
nordest *m/inv* nordeste
nordico *adj/s* nórdico
nordovest *m/inv* noroeste
noria *f* noria
norma *f* norma; *fig* norma, guía, pauta; *~e per l'uso* instrucciones de uso; *a ~ di* según, conforme; *a ~ di legge* conforme a la ley, según ley; *per tua ~ e regola* para tu información, para que te enteres
normal|e *adj* normal; ~**ista** *m/f stud* normalista; ~**ità** *f/inv* normalidad *f*
normalizza|re *f* normalizar; ~**zione** *f* normalización
normanno *adj/s* normando
normativo *adj* normativo
normografo *m* normógrafo
norveg|ese *adj/s* noruego; ***~ia:** *la ~* Noruega
nossignore, -a! *excl* ¡no, señor, -a!
nostalg|ia *f* nostalgia, añoranza; *sentire la ~ di qc/q* echar de menos algo/a alg; ~**ico** *adj/s* nostálgico; *pol* nostálgico
nostrano *adj* del país, local
nostro, -a *adj/pr* nuestro, -a; *il ~ cane, le ~e amiche* nuestro perro, nuestras amigas; *~a madre, ~ cugino, i ~i nonni* nuestra madre, nuestro primo, nuestros abuelos; *vogliamo dire la ~a* queremos decir nuestra opinión; *è uno dei ~i* es uno de los nuestros; *ne abbiamo già fatta una delle ~e* ya hemos hecho una de las nuestras; *la ~a del tre aprile* nuestra carta del tres de abril; *è dalla ~a* está de nuestra parte
nostromo *m mar* contramaestre
nota *f* nota; *~ d'accredito, d'addebito* nota de ingreso, de cargo; *~ d'acquisto* nota de compra; *~ di consegna* nota de entrega, albarán; *(a. fig) prendere ~ di qc* tomar nota de algo; *degno di ~* digno de elogio; *a chiare ~e* sin tapujos
notabil|e *adj/m* notable; ~**ità** *f/inv* notabilidad *f*
notaio *m/f* notario, -a
notar|e *vt* 1. anotar, apuntar; 2. notar, percibir; considerar, tener en cuenta; *farsi ~* hacerse de notar, dar la nota; ~**esco** *adj desp* notarial *est*; ~**iato** *m* notariado, notaría *f*; ~**ile** *adj* notarial; ~**o** V. **notaio**
notazione *f* notación, anotación, apunte *m*; *mus* notación
note|book *m ingl/inv infor* (ordenador) portátil *m*; ~**s** *m/inv* bloc de notas *m*
notevole *adj* notable, considerable
notifica *f adm* notificación; ~**re** <*esd*> *vt* notificar; ~**zione** V. **notifica**
notizia *f* noticia, información; ~**rio** *m* noticiario, informativo
noto *adj* conocido, notorio; famoso (*persona*); *desp* sabido, consabido, trillado
notori|età *f/inv* notoriedad *f*, popularidad *f*; ~**o** *adj* notorio, público; *(ius) atto ~* información testifical
nottambul|ismo *m* noctambulismo; ~**o** *adj/m* noctámbulo, trasnochador
notta|nte *m/f* enfermero, -a de noche; ~**ta** *f* noche
notte *f* noche; *di ~/la ~* por la noche, de noche; *le due di ~* las dos de la noche/de la madrugada; *~ bianca/in bianco* noche en blanco, noche toledana; *~ di Natale* Nochebuena; *~ di San Silvestro* Nochevieja; *buona ~!* ¡buenas noches! (*para ir a dormir*); *a tarda ~/a ~ inoltrata* a altas horas de la noche, bien entrada la noche; *le mille e una ~* las mil y una noches; *ci corre quanto dalla ~ al giorno* va como del cielo a la tierra
nottetempo *adv* por la noche, de noche; *di ~* por la noche, de noche
nottola *f zool* murciélago *m*; *mec* tarabilla
nottolino *m mec* pestillo
nottolone *m zool* chotacabras *m/inv*
notturno 1. *adj* nocturno; **2.** *m mus/eccl* nocturno
novant|a *adj/m card* noventa; *te l'ho detto ~ volte!* ¡te lo he dicho mil veces!; *pezzo da ~* capo, pez gordo; ~**enne** *adj/s* nonagenario; ~**ennio** *m* novantenio; ~**esimo** *adj* nonagésimo; ~**ina** *f* unos/unas noventa; conjunto de noventa
novare *vt ius* novar
novatore *adj/s* innovador, renovador
novazione *f* innovación, renovación; *ius* novación
nove *adj/m card* nueve
novecent|esco *adj* del siglo XX; ~**ista** *m/f art* novecentista; ~**o 1.** *adj card* novecientos; **2.** *m* novecientos; *il *~* el siglo XX
novella *f ling* cuento *m*, novela corta; *lit* nueva (*noticia*); ~**me** *m* grupo de alevi-

nes (*peces*); ~**re** *vi* <*avere*> *lit* contar cuentos *est*; ~**tore, -trice** *m/f* cuentacuentos, cuentista, narrador, -a (*oral*)

novellino *adj/s* novato, bisoño

novellist|a *m/f* cuentista, novelista (de novela corta); ~**ica** *f* cuentística

novello *adj* nuevo; *vino ~, patate ~e* vino joven, patatas nuevas; *un ~ Picasso* un nuevo Picasso; *~i sposi* recién casados

novembre *m* noviembre

noven|diale *m* novenario; ~**a** *f eccl* novena

novenn|ale *adj* de nueve días; ~**e** *adj* de nueve años; ~**io** *m* período de nueve años

novilunio *m* novilunio

novissimi *mpl* 1. *eccl* postrimerías *fpl*; 2. novísimos (*poetas*)

novità *f/inv* novedad *f*

novizi|ato *m eccl/fig* noviciado; ~**o, -a** *m/f* novicio, -a; *fig* novato, -a, primerizo, -a

nozion|e *f* noción; ~**ismo** *m* memorismo; ~**ista** *m/f* memorista; ~**istico** *adj* memorístico

nozze *fpl* boda *f*, matrimonio *m*, casamiento *m*; *~ d'argento, d'oro, di diamante* bodas de plata, de oro, de diamante

nuance *f fr/inv* matiz *m*

nube *f meteo/cient/lit* nube

nubecola *f med* granizo *m*

nubi|lano *adj/s* nubiense; ~**fragio** *m* tempestad *f*, tromba *f*, turbión

nubile *adj/f* soltera

nuca *f* nuca, cogote *m*

nuclear|e 1. *adj* nuclear; **2.** *m* energía atómica *f*; ~**izzare** *vt* nuclearizar

nuclei|co *adj* nucleico; ~**na** *f* nucleína; ~**nico** V. ~**co**

nucleo *m* núcleo

nuclide *m fis* nucleido

nud|ismo *m* nudismo; ~**ista** *adj/s* nudista; ~**ità** *f/inv* desnudez *f*

nudo 1. *adj* desnudo; *~ nato* como Dios lo trajo al mundo; *a testa ~a* con la cabeza descubierta; *a occhio ~* a simple vista; *la verità ~ e cruda* la cruda verdad; **2.** *m art* desnudo

nulla 1. *pr/adv* nada; **2.** *m/inv* nada *f*; ~**dimeno** V. **nondimeno**

nullaggine *f* nulidad, ineptitud

nullaosta, nulla osta *m/inv* visto bueno *m*

nullatenen|te *adj/m* desposeído, paria, pobre; ~**za** *f* pobreza, miseria

nullità *f/inv ius* nulidad *f*; *desp* nulidad, inepto, -a *m/f*

nullo *adj* nulo, inválido

numera|bile *adj* numerable, contable; ~**le** *adj/m* numeral; ~**re** *vt* <*esd*> numerar; ~**rio** *adj mat* numerario; ~**tore** *m mat/tec* numerador; ~**zione** *f* numeración

numerico *adj* numérico

numero *m* número; *~ primo, frazionario/fratto* número primo, quebrado; *(stud) ~ chiuso* numerus clausus; *(post) ~ verde* línea 900; *~ di casa* número de la calle/del portal; *senza ~* sin fin; *(adm) ~ legale* quórum; *(iron) nel ~ dei più* en el otro barrio; *(fig) dare i ~i* desvariar; *sbagliare ~* equivocarse de número

numeros|ità *f/inv* numerosidad *f/raro*; ~**o** *adj* numeroso; *famiglia ~a* familia numerosa

numismatic|a *f* numismática; ~**o** *adj/s* numismático

nunzio *m eccl* nunzio; *lit* mensajero, anunciador

nuocere <*50 nuocio/nuoccio; nocqui; nociuto*> *vi* dañar *vt*, perjudicar *vt*

nuora *f* nuera, hija política

nuot|are *vi/vt* <*avere*> nadar; *~ nell'abbondanza* nadar en la abundancia; ~**ata** *f* baño; ~**atore, -trice** *m/f* nadador, -a; ~**o** *m* natación *f*; *a ~* a nado

nuova *f* nueva, noticia

Nuova York *f* Nueva York

Nuova Zelanda: *la ~* Nueva Zelanda

nuovo *adj/m* nuevo; *~ fiammante/di zecca* flamante, recién salido del horno; *che c'è di ~?* ¿qué hay de nuevo?; *non mi riesce ~* me es familiar, me suena; *di ~* de nuevo, nuevamente; *fare qc di ~* volver a hacer una cosa

nurse *f ingl/inv* niñera *f*

nutri|a *f zool* coipo *m*, myocastor *m*; ~**ce** *f* nodriza, aya, ama de cría; ~**ente** *adj/m* nutriente; ~**mento** *m* alimento; ~**re** <*isc/nutro*> *vt* alimentar, dar de comer, nutrir; ~**tivo** *adj* nutritivo, alimenticio; sustancioso; ~**to** *adj* nutrido, alimentado; *ben ~* bien alimentado; *mal ~* mal nutrido, desnutrido; ~**zione** *f* nutrición, alimentación

nuvola *f* nube; *(fig) cadere/cascare dalle ~e* caer del cielo, caer en la cuenta, abrir los ojos; *vivere nelle ~e* estar en las nubes, estar en la luna, estar en Babia

nuvolaglia *f* nublado *m*

nuvoletta *f* bocadillo *m* (*tebeo*)

nuvolo *m* nublado, nubosidad *f*, *fig* nube *f* (*montón*)

nuvolone *m* nubarrón

nuvolos|ità *f/inv* nubosidad *f*; ~**o** *adj* nuboso, nublado, cubierto

nuzial|e *adj* nupcial; ~**ità** *f/inv* nupcialidad *f*

nylon *m ingl/inv* nailon, nylon

O

o *conj* o, u; *carne ~ pesce* carne o pescado; *sette ~ otto* siete u ocho
oasi *f/inv geogr/fig* oasis *m*
obbediente V. **ubbidiente**
obbliga|re <*esd*> *vt* obligar; **~to** *adj* obligado; obligatorio, forzoso; obligado, reconocido; **~torio** *adj* obligatorio, forzoso; **~zione** *f econ/ius* obligación
obbligo *m* obligación *f*, deber; *d'~* obligatorio; *eccl* de guardar; *essere in ~ di/avere l'~ di* estar obligado a; *sentirsi in ~* sentirse en la obligación
obbrobrio *m* oprobio; **~so** *adj* oprobioso
obelisco *m* obelisco
oberato *adj ius* cargado (*deudas*...)
obes|ità *f/inv* obesidad *f*; **~o** *adj/s* obeso
obice *m mil* obús
obiett|are *vt* objetar (*su* a, contra); **~ività** *f/inv* objetividad *f*; **~ivo 1.** *adj* objetivo; **2.** *m foto/mil* objetivo; *fig* objetivo, finalidad *f*; **~ore, -trice** *m/f* objetor, -a; *~ fiscale, di coscienza* objetor, -a fiscal, de conciencia
obiezione *f* objeción; *~ fiscale, di coscienza* objeción fiscal, de conciencia
obito *m lit* óbito; **~rio** *m* depósito (de cadáveres)
obla|to *adj/s* oblato; **~zione** *f eccl* oblación
obliare *vt lit* olvidar *est*
oblio *m lit* olvido *est*
obliqu|ità *f/inv* oblicuidad *f*; **~o** *adj* oblicuo; *fig* oblicuo, indirecto
oblitera|re 1. *vt lit* obliterar, cancelar, anular; *tras* picar (*billete*); *post* matasellar; *fig* borrar, eliminar (*olvidar*); **2.** *~rsi med* obliterar *vi*; **~trice** *f post* mataselladora; *tras* invalidadora (*billete*); **~zione** *f lit* obliteración, cancelación; *post* matasellado *m*; *tras* picado *m* (*billete*), invalidación; *med* obliteración
oblò *m/inv mar* ojo de buey *m*
oblungo *adj* oblongo
obo|e *m mus* oboe; **~ista** *m/f* oboe *m* (*persona*); **~lo** *m* óbolo, limosna *f*
obnubilamento *m* obnubilación *f*
obrettizio *adj ius* obrepticio
obrezione *f ius* obrepción
obsole|scenza *f lit* obsolescencia; **~to** *adj lit* obsoleto
oca *f zool* ganso *m*, ánsar *m*, oca; *fig* pava, tonta; *gioco dell'~* juego de la oca; *porca l'~!* ¡maldita sea!
ocarina *f mus* ocarina
occasion|ale *adj* ocasional; **~e** *f* ocasión, oportunidad; *auto d'~* coche de ocasión; *cogliere l'~/approfittare dell'~* aprovechar la ocasión, no dejar pasar la oportunidad; *perdere l'~* perder la ocasión; *all'~* si se presenta la ocasión; *in ~ di* con ocasión de; *alla prima ~* en la primera ocasión; *l'~ fa l'uomo ladro* la ocasión hace al ladrón
occaso *m lit* ocaso
occhia|ccio <*pl -ci*> *m* mirada severa *f*; *far gli ~i* fulminar con la mirada; **~ia** *f* 1. cuenca (del ojo); 2. *fpl* ojeras
occhial|aio, -a *m/f* óptico, -a; **~etto** *m* impertinente, lente *f*; **~i** *mpl* gafas *fpl*, lentes *fpl*; *serpente dagli ~* cobra; **~uto** *adj iron* gafudo
occhiata *f* ojeada, mirada, vistazo *m*; *dare un'~ a qc* echarle un vistazo a algo; *lanciare un'~ a q* lanzarle una mirada a alg
occhie|ggiare *vt* ojear, mirar de reojo; **~llo** *m* ojal (*ropa*); ojete (*zapato*); *mar* ollao; *tip* antetítulo (*notícia*); anteportada *f* (*libro*); **~tto** *m* ojillo, ojito; *tip* entradilla *f* (*notícia*); anteportada *f* (*libro*); *fare l'~* guiñar el ojo
occhio <*pl occhi*> *m med/fig* ojo; vista *f*, mirada *f*; *tip* ojo; *fig* ojo, vista *f*; *fig* ojo, agujero; *~ clinico* ojo clínico; *(mar/bot) ~ di bue* ojo de buey; *(a. fig) ~ del ciclone* ojo del huracán; *~ di pernice* ojo de perdiz (*tela*); *med* ojo de pollo/de gallo; *(fig) ad ~i aperti* con los ojos abiertos; *(fig) ad ~i chiusi* con los/a ojos cerrados; *ad ~ e croce* a ojo (de buen cubero), a bulto; *in un batter d'~* en un abrir y cerrar de ojos, en un santiamén; *alzare, abbassare gli ~i* alzar, bajar los ojos/la vista; *(fig) aprire gli ~i* abrir los ojos, quitarse la venda; *(fig) avere gli ~i foderati di prosciutto* tener una venda en los ojos; *avere gli ~i fuori dalle orbite* tener los ojos fuera de las órbitas; *(fig) cavarsi gli ~i* dejarse los ojos; *non chiudere ~* no pegar ojo; *costare un ~ (della testa)* costar un ojo (de la cara), costar un riñón; *dare nell'~* llamar la atención; *(fig) essere l'~ destro* ser el ojo derecho; *essere tutt'~i* ser todo ojos; *gettare l'~ su qc* echarle el ojo a algo; *guardare con tanto d'~i* mirar con extrañeza; *mangiare con gli ~i* comerse con los ojos; *mettere gli ~i addosso a qc/q* echar/poner el ojo en algo/alg; *piantare gli ~i addosso a q* clavar los ojos en alg; *saltare agli ~i* saltar a la vista; *sgranare gli occhi* salirse los ojos de las órbitas, poner cara de asombro; *vedere di buon, di mal ~* ver con buenos, con malos ojos; *~ per ~, dente per dente* ojo por ojo, diente por diente; *quattro ~i vedono meglio di due* cuatro ojos ven más que dos; *~ che non vede, cuore che non desidera/lontano dagli ~i, lontano dal cuore* ojos que no ven, corazón que no siente; *l'~ del padrone ingrassa il cavallo* el ojo del amo engorda el caballo
occhiolino: fare l'~ guiñar el ojo, hacer guiños
occident|ale *adj/s* occidental; **~e** *m* occidente; oeste, poniente
occipite *m* occipucio
occitanico *adj* occitano; provenzal
occludere <*10 occlusi; occluso*> *vt* obstruir; *med* ocluir
occlusi|one *f cient/ling* oclusión; **~va** *f ling* (consonante) oclusiva; **~vo** *adj cient/ling* oclusivo
occorren|te *adj/m* necesario; *l'~ per scrivere* lo necesario para escribir; **~za** *f* necesidad; *all'~* en caso de necesidad
occorrere <*18 -corsi; -corso*> *vi* hacer falta, ser necesario, precisarse; *occorrono medicinali* hacen falta/se precisan medicinas; *~ fare provvista d'acqua* hay que hacer provisión de agua
occulta|mento *m* ocultación *f*; **~re** *vt*

ocultar, esconder; ~**zione** *f astr* ocultación
occultis|mo *m* ocultismo; ~**ta** *adj/s* ocultista
occulto *adj* oculto
occupa|bile *adj* ocupable; ~**nte** *adj/s* ocupante; ~**re** <*esd*> **1.** *vt* ocupar; ocupar, habitar; *adm* ocupar, desempeñar; **2.** ~*rsi* 1. ocuparse, preocuparse, atender (*personas*); ocuparse, encargarse; dedicarse (*profesión*); entender, interesarse (*aficiones*); ~*rsi degli ospiti* ocuparse de los invitados, atender a los invitados; ~*rsi di lingue morte* dedicarse a las lenguas muertas; ~*rsi di fossili* ser un estudioso de los fósiles/un experto en fósiles; 2. ocuparse, emplearse (*trabajo*); ~**tore, -trice** *m/f* ocupante
occupazion|ale *adj* ocupacional; ~**e** *f* ocupación; *piena* ~ pleno empleo
ocean|ico *adj* oceánico; ~**o** *m* océano
oceanograf|ia *f* oceanografía; ~**ico** *adj* oceanográfico
ocelot V. **ozelot**
ocra 1. *f* ocre *m*, almagre *m*; **2.** *adj/m/inv* ocre
ocula|re *adj/m* ocular; *testimone* ~ testigo ocular; ~**tezza** *f* cautela, circunspección; ~**to** *adj lit* cauto, atento; circunspecto
oculist|a *m/f* oculista, oftalmólogo, -a; ~**ica** *f* oftalmología; ~**ico** *adj* oftalmológico
od V. **o**
odalisca *f* odalisca
ode *f* oda
odiare *vt* odiar
odierno *adj* moderno, actual
odio *m* odio; *avere in ~ q* odiar a alg; *venire in ~ a q* caer en desgracia ante alg; *in ~ a qc/q* en contra de algo/alg; ~**sità** *f/inv* odiosidad *f*; ~**so** *adj* odioso, aborrecible
odissea *f mit/fig* odisea
odontalg|ia *f* odontalgia; ~**ico** *adj* odontálgico
odontoiatr|a *m/f* odontólogo, -a; ~**ia** *f* odontología
odontoiatrico *adj* odontológico
odontotecnic|a *f* mecánica dental; ~**o** *adj/s* protésico dental
odora|nte *adj* oloroso, fragante; ~**re** *vt/vi* <*avere*> oler; ~ *di qc* oler a alg; ~**to** *m* olfato
odore *m* 1. olor; *buon, cattivo* ~ buen, mal olor; *morire in ~ di santità* morir en olor de santidad; 2. *mpl gastr* hierbas aromáticas *fpl*
odori|fero *adj* odorífero; ~**no** *m* olorcillo, aroma (*perfume*); ~**zzante** *adj* odorizante
odoroso *adj* oloroso, fragante
offendere <*58 offesi; offeso*> *vt* ofender, molestar; ofender, insultar; ofender, mancillar (*honor*); dañar (*cosas*)
offens|iva *f mil/fig* ofensiva; *sferrare l'~* desencadenar la ofensiva; ~**ivo** *adj mil/fig* ofensivo; ~**ore, offenditrice** *m/f* ofensor, -a
offer|ente *m/f* oferente, donante; postor, -a (*subasta*); *aggiudicare al migliore* ~ adjudicar al mejor postor; ~**ta** *f* oferta, donativo *m*, óbolo *m*; oferta, ofrecimiento *m*, propuesta; oferta (*trabajo*); propuesta (*matrimonio*); puja, postura (*subasta*); *econ* oferta; *eccl* ofertorio *m*; *essere in ~* estar de oferta; ~ *pubblica d'acquisto (Opa)* oferta pública de adquisición (OPA); ~**torio** *m eccl* ofertorio
offes|a *f* ofensa, afrenta, agravio *m*; daño *m*, herida; *mil* ofensiva; ~**o** *adj/s* ofendido; *fare l'~* hacerse el ofendido
office automation *f ingl/inv* ofimática *f*
officiante *adj/s* oficiante, celebrante
officina *f* taller *m*; *auto* taller *m*, garaje *m*; ~**le** *adj med* oficinal
offrire <*17 offrii/offersi; offerto*> **1.** *vt* ofrecer; regalar; vender; invitar; *oggi offre lui il pranzo* hoy invita él a comer; *chi mi offre una sigaretta?* ¿quién me da un cigarrillo?; **2.** ~*rsi* 1. ofrecerse, brindarse; 2. ofrecerse, presentarse (*ocasión*)
offset *adj/m/inv* offset
offusca|mento *m* ofuscamiento, ofuscación *f*, obcecamiento; ~**re** *vt* ofuscar, oscurecer; deslumbrar; *fig* ofuscar, cegar
ofidi *mpl zool* ofidios
oftalmico *adj* oftálmico
oftalmolog|ia *f* oftalmología; ~**o, -a** *m/f* oftalmólogo, -a
oggettiv|are *vt* objetivar; ~**azione** *f* objetivación; ~**ismo** *m* objetivismo; ~**ità** *f/inv* objetividad *f*; ~**o** *adj* objetivo
oggetto 1. *m* objeto; *essere ~ di* ser objeto de; *fig* objeto, objetivo, finalidad *f*; *adm/fig* objeto, asunto, tema; *avere per ~* tener como objeto; **2.** *adj/inv* objeto; *donna, uomo ~* mujer, hombre objeto
oggettuare <*esd*> *vt* cosificar
oggi *adv/m/inv* hoy; *da ~ in avanti* de hoy en adelante; ~ *a otto* de aquí a ocho días, dentro de ocho días; *per ~* por hoy; *al giorno d'~/a tutt'~* a fecha de hoy; *dall'~ al domani* de hoy para mañana
oggidì, oggigiorno *adv* hoy en día; *i giovani d'~* los jóvenes de hoy en día
ogiva *f arch/mil* ojiva; ~**le** *adj arch* ojival
ogni *adj/inv* cada; ~ *tre ne prendo uno* cada tres cojo uno; ~ *giorno* cada día, todos los días; ~ *persona* cada persona, toda persona
ogniqualvolta *conj* cada vez que
Ognissanti *m/inv* Todos los Santos
ognora *adv lit* siempre *est*
ognuno, -a *pr* <*solo sing*> cada uno, -a, cada cual
oh! *excl* ¡oh!
ohe!, ohè! *excl* ¡eh!
ohi! *excl* ¡ay!, ¡huy!
ohibò! *excl* ¡puaj!
ohimè! *excl* ¡ay!, ¡válgame Dios!
ohm *m/inv* ohmio *m*; ~**(m)etro** *m* ohmiómetro
Oland|a: *l'~* Holanda; ***~ese** *adj/s* holandés
olea|ndro *m bot* adelfa *f*; ~**rio** *adj* aceitero; ~**stro** *m bot* acebuche; ~**to** *adj* parafinado; *carta ~a* papel parafinado
oleico *adj* oleico; ~**ltore** *m* aceitunero
oleificio *m* almazara *f*, molino de aceite
oleina *f* oleína
oleodotto *m* oleoducto

oleografi|a *f* oleografía; **~co** *adj* oleográfico
oleos|ità *f/inv* oleaginosidad *f*; **~o** *adj* aceitoso; oleaginoso, oleoso
olezz|ante *adj lit* fragante; **~are** *vi <avere> lit* oler bien *est* (*perfume*); **~o** *m lit* fragancia *f*
olfatt|ivo *adj* olfativo; **~o** *m* olfato
olia|re *vt* aceitar, untar; *mec* engrasar; **~tore** *m mec* aceitera *f*; depósito del aceite
oliera *f gastr* aceitera
oligar|ca *m* oligarca; **~chia** *f* oligarquía; **~chico** *adj* oligárquico
oligocene *m geol* oligoceno
oligoelemento *m* oligoelemento
oligofrenico *adj/s* oligofrénico
oligopolio *m* oligopolio
olimp|iadi *fpl sport* olimpiadas, olimpíadas; *~i invernali* juegos (olímpicos) de invierno; **~ico** *adj sport/fig* olímpico; *giochi ~i* juegos olímpicos; **~ionico** *adj* olímpico; **~o** *m* olimpo
olio *m* aceite; *pitt/eccl* óleo; *~ d'oliva, di semi, di ricino* aceite de oliva, de semillas, de ricino; *(gastr) sott'~* en aceite; *calmo come l'~* tranquilo como una balsa de aceite; *andare liscio come l'~* ir como una seda; *~ santo* óleo santo, santo óleo, extremaunción; *quadro all'~* cuadro al óleo
oliva *f* oliva, aceituna; **~stro** *adj* aceitunado, cetrino
oliveto *m* olivar
olivicolt|ore, -trice *m/f* aceitunero, -a, oleicultor, -a; **~ura** *f* oleicultura, cultivo del olivo *m*
olivo *m* olivo
olmo *m bot* olmo
olocausto *m* holocausto
olograf|ia *f* holografía; **~o** *m* (h)ológrafo
olona *f* lona
oloturia *f zool* holoturia
oltraggi|are *vt* ultrajar, afrentar, injuriar; **~atore** *adj/s* ultrajador; **~o** *m* ultraje, afrenta *f*, ofensa *f*, atropello, injuria *f*; **~oso** *adj* ultrajante, injurioso
oltralpe, oltr'alpe 1. *adv* al otro lado de los Alpes; **2.** *m* países del otro lado de los Alpes *mpl*
oltramontano *adj* ultramontano
oltranz|a: ad *~ adv* a ultranza; **~ismo** *m* extremismo; **~ista** *m/f* extremista
oltre 1. *adv* más allá (*espacio, tiempo*); *andare ~* ir más allá; *andare troppo ~* ir demasiado lejos; **2.** *prep* 1. más allá de (*lugar*); al otro lado de; 2. más allá de (*tiempo*); *~ ogni limite* más allá de cualquier límite; 3. además de, amén de; *fig* por encima de; *~ le loro possibilità* por encima de sus posibilidades; 3. *~ a* además de; *~ a ciò* además de eso; 4. *~ a* además de, fuera de, excepto
oltrecortina 1. *adj/inv pol/hist* al otro lado del muro; **2.** *m/inv pol/hist* países del bloque del Este *mpl*
oltremar|e 1. *adv* ultramar; **2.** *m* ultramar; **3.** *adj* marino (*color*); *blu ~* azul marino; **~ino** *adj* ultramarino; marino (*color*)
oltremisura, oltre misura *adv lit* sobremanera
oltremodo, oltre modo *adv lit* sobre manera
oltremondano *adj* ultramundano, ultraterreno
oltreoceano *adj* transoceánico
oltrepassare *vt* sobrepasar, superar, exceder
oltretomba *m/inv* ultratumba *f*
omaggio *<pl -ggi>* **1.** *m* 1. homenaje (*reconocimiento*); *hist* homenaje; *rendere ~ a q* rendir homenaje a alg, homenajear a alg; *in ~ alla verità* en honor a la verdad; 2. *com* regalo, obsequio; *libro in ~* libro de regalo; 3. *mpl* respetos, saludos; *Le porgo i miei ~i* le presento mis respetos; **2.** *adj* regalo; *confezione ~* muestra de regalo
ombelic|ale *adj* umbilical; *cordone ~* cordón umbilical; **~o** *m* ombligo; *(bot) ~ di Venere* ombligo de Venus
ombra 1. *f* sombra; *fig* sombra, asomo *m*, rastro *m*; *~e cinesi* sombras chinescas; *all'~* a la sombra; *sotto l'~ di* a la sombra de; *fare ~* dar/hacer sombra; *(fig) fare ~ a q* hacerle sombra a alg; *(fig) restare all'~* quedarse en la sombra; *avere paura della propria ~* tener miedo de su sombra; *seguire q come un'~* ser la sombra de alg; *senz'~ di dubbio* sin sombra/asomo de duda; *neanche l'~* ni rastro; **2.** *adj/inv* a la sombra; *mar* de conveniencia; *governo ~* gobierno a la sombra; *bandiera ~* bandera de conveniencia
ombreggia|mento *m pitt* sombreado; **~re** *vt* sombrear, dar sombra; *pitt* adumbrar, sombrear; dar sombra de ojos (*cosmética*); **~tura** *f pitt* sombreado *m*
ombrell|a *f bot* umbela; **~aio** *m* paragüero (*persona*); **~ificio** *m* fábrica de paraguas *f*; **~ino** *m* sombrilla *f*, parasol (*de señora*); **~o** *m* paraguas; *~ pieghevole* paraguas plegable; **~one** *m* sombrilla *f* (*playa*)
ombretto *m* sombra de ojos *f*
ombros|ità *f/inv* umbría *f*; **~o** *adj* sombrío, umbroso; *zool* asustadizo, asombradizo; *fig* quisquilloso, irascible
omega *m* omega *f*
omelette *f fr/inv* tortilla francesa *f*
omelia *f* homilía
omento *m med* mesenterio, redaño
omeopat|a *m/f* homeópata; **~ia** *f* homeopatía; **~ico, -a 1.** *adj* homeopático; **2.** *m/f* homeópata
omer|ale 1. *adj med* humeral; **2.** *m eccl* humeral; **~ico** *adj* homérico; *fig* colosal
omero *m med* húmero
omertà *f/inv* ley del silencio *f*
omettere *<44 -misi; -messo> vt* omitir
ometto *m* hombrecillo; hombrecito (*niño*)
omiciattolo *m desp* hombrecillo, pobre hombre
omicid|a *adj/s* homicida; **~io** *m* homicidio; *~ colposo* homicidio involuntario
ominide *m* homínido
omissi|bile *adj* omisible, prescindible; **~one** *f* omisión; *~ di soccorso* denegación de auxilio

omnibus *m/inv tras* ómnibus *m*
omofon|ia *f* homofonía; **~o** *adj/m* homófono
omogeneità *f/inv* homogeneidad *f*
omogeneizza|re *vt* homogeneizar; **~to** *m* potito; **~zione** *f* homogeneización
omogeneo *adj* homogéneo, uniforme
omografo *adj* homógrafo
omolog|are <*esd*> *vt* homologar; **~azione** *f* homologación; **~o** *adj* homólogo
omonim|ia *f* homonimia; **~o** *adj/m* homónimo
omoplata *f med* omoplato *m*, omóplato *m*
omosessual|e *adj/s* homosexual; **~ità** *f/inv* homosexualidad *f*
omottero *adj* homóptero
omozigote *adj* homocigótico
omuncolo *m* homúnculo *raro*, hombrecillo, pobre hombre
onagro *m zool* onagro
onanis|mo *m* onanismo; **~ta** *adj/s* onanista
oncia *f* onza; *fig* pizca; *non avere un'~ di giudizio* no tener ni pizca de conocimiento; **~le** *adj/f* uncial
oncologia *f* oncología
onda *f* 1. *mar/fig* ola; *~ nera* marea negra; *capelli a ~e* cabello a ondas/ondulado; *(fig) seguire l'~* seguir la onda; 2. *fis* onda; *~e corte, lunghe, medie* onda corta, larga, media; *(TV/radio) mandare/mettere in ~* emitir; *andare in ~* salir al aire; *(tras) ~ verde* recorrido con los semáforos sincronizados en verde
ondata *f mar* oleada, embate *m*; *fig* ola, oleada; *~ di caldo* ola de calor
onde 1. *adv lit* de(sde) donde; de lo cual; **2.** *conj* <*+ subjuntivo*> para que, a fin de que; <*+ infinitivo*> a fin de
ondeggia|mento *m* balanceo; *fig* titubeo; **~re** <*avere*> *vt* ondear (*mar, bandera*); *fig* balancearse, tambalearse; *fig* titubear, vacilar
ondina *f mit* ondina
ondoso *adj* ondoso, undoso; movido, agitado (*mar*); *fig* ondulante
ondula|nte *adj* ondulante; **~re 1.** *vt* ondular; **2.** *vi lit* ondular; **~to** *adj* ondulado (*pelo, chapa*); **~torio** *adj* ondulatorio; **~zione** *f* ondulazione
onerare <*esd*> *vt* gravar (*di* con), cargar (*di* con)
onere *m* gravamen, carga *f*; *~i fiscali, sociali* cargas fiscales, sociales
oneros|ità *f/inv* gravosidad *f*; **~o** *adj* oneroso, gravoso
onest|à *f/inv* honestidad *f*, rectitud *f*, honradez *f*; **~o, -a 1.** *adj* honesto, recto, honrado; honesto, casto, recatado; **2.** *m* justo, honesto; **3.** *m/f* persona honesta
onice *f min* ónice, ónix
onir|ico *adj* onírico; **~omanzia** *f* oniromancia, oniromancía
onnipoten|te 1. *adj* omnipotente, todopoderoso; **2.** *m* Omnipotente, Todopoderoso; **~za** *f* omnipotencia
onnipresen|te *adj* omnipresente; **~za** *f* omnipresencia
onniscien|te *adj* omnisciente; **~za** *f* omnisciencia
onnivoro *adj/m* omnívoro
onomastic|a *f ling* onomástica; **~o 1.** *adj* 1. *ling* onomástico; 2. del santo, de la onomástica; **2.** *m* santo, onomástica *f*
onomatope|a *f* onomatopeya; **~ico** *adj* onomatopéyico
ononide *f bot* gatuña
onora|bile *adj* honorable; **~bilità** *f/inv* honorabilidad *f*; **~nze** *fpl* honras; *~ funebri* honras fúnebres; **~re** *vt* 1. honrar, agasajar; homenajear; 2. hacer honor, hacer frente (*un obbligo* a una obligación); **~rio 1.** *adj* honorario; **2.** *m* honorario, emolumento; **~tezza** *f* honorabilidad; **~to** *adj* honrado; *~ di fare la Sua conoscenza* muy honrado de conocerle
onore *m* honor; *fare ~ a qc* hacer honor a algo; *fare ~ agli ospiti* honrar, agasajar a los invitados; *farsi ~ in qc* comportarse como un caballero en algo, lucirse en algo; *fare gli ~i di casa* hacer los honores de la casa; *tenere q in ~* tener a alg en gran consideración; *ad onor del vero* en honor a la verdad; *punto d'~* pundonor
onorevole 1. *adj* 1. honorable; honroso; 2. *pol* honorable (="tratamiento dado a los parlamentarios italianos, sobre todo a los diputados"); **2.** *m/f* diputado, -a, parlamentario, -a
onorevolezza *f* honorabilidad
onorific|enza *f* condecoración; **~o** *adj* honorífico
onta *f* vergüenza, deshonor *m*; afrenta, injuria, ultraje *m*; **~no** *m bot* aliso
ontologi|a *f* ontología; **~co** *adj* ontológico
oosfera *f bot* oosfera
Opa *f/inv econ* OPA
opac|ità *f/inv* opacidad *f*; **~izzare** *vt* opacar; **~o** *adj* opaco
opale *m/f min* ópalo *m*
opalescen|te *adj* opalescente; **~za** *f* opalescencia
opalin|a *f* opalina; **~o** *adj* opalino
opera *f* 1. obra; *per ~ di* por obra de; *per ~ e virtù dello Spirito Santo* por arte de magia, por arte de birlibirloque, como por ensalmo; *(mar) ~ morta, viva* obra muerta, viva; *~e pie* obras pías; *mettersi all'~* poner manos a la obra; *~ d'arte* obra de arte; *~ letteraria, drammatica* obra literaria, dramática; 2. *mus/teatro* ópera; *~ dei pupi* teatro de marionetas; *~ buffa, lirica, seria* ópera bufa, lírica, seria
operabile *adj* operable
operaio *adj/s* obrero, trabajador; *~ specializzato, qualificato* obrero especializado, cualificado; *classe ~a* clase obrera
operais|mo *m* obrerismo; **~ta** *adj/s* obrerista
operante *adj* operante
operare <*esd*> **1.** *vt* obrar, realizar; obrar (*milagros*); *med* operar, intervenir; *tec* adamascar (*tela*); **2.** *vi* <*avere*> obrar, actuar; influir; *mil* operar, maniobrar; **3.** *~rsi* obrarse, realizarse; *med* operarse
operativ|ità *f/inv* operatividad *f*; **~o** *adj* operativo

operato *adj tec* adamascado, trabajado; **2.** *m* obra *f*, actuación *f*; ~**re, -trice** *m/f* operador, -a, técnico, -a; *med* cirujano, -a; ~ *del suono* técnico de sonido; ~ *cinematografico* cámara *m*; ~ *economico* operador económico; ~ *di borsa* corredor de bolsa; ~ *sociale* asistente, -a social; *(euf)* ~ *ecologico* barrendero *est*; ~**rio** *adj* quirúrgico; *sala* ~*a* quirófano; *letto* ~ mesa de operaciones

operazione *f* operación; ~ *al ribasso, al rialzo, in contanti, a termine fermo* operación a la baja, al alza, al contado, en firme

operett|a *f mus* opereta; ~**ista** *m/f* actor, actriz de opereta

operistico *adj* operístico

operos|ità *f/inv* operosidad *f*, laboriosidad *f*; ~**o** *adj* operoso, laborioso

opificio *m* obrador, taller, fábrica *f*

opin|abile *adj* opinable; ~**are** *vt/vi* <*avere*> opinar; ~**ione** *f* opinión, parecer *m*; *secondo l'*~ *di* en opinión de

op là! *excl* ¡hop!, ¡aupa!

opossum *m/inv zool* zarigüeya *f*

oppia|ceo *adj* opiáceo; ~**re** *vt* poner opio, mezclar con opio; ~**to** *adj* opiado

oppio *m* opio; ~**mane** *adj/s* opiómano

oppon|ente *m/f* oponente, contrincante; ~**ibile** *adj* oponible

opporre <*56 -pongo; -posi; -posto*> **1.** *vt* oponer, aducir (*razones*); oponer, enfrentar (*al enemigo*); oponer, presentar (*resistencia*); **2.** ~*rsi* oponerse, resistir(se)

opportun|ismo *m* oportunismo; ~**ista** *m/f* oportunista; ~**istico** *adj* oportunista; ~**ità** *f/inv* oportunidad *f*; ~**o** *adj* oportuno; *arrivare* ~ llegar en el momento justo/oportuno; *a tempo* ~ en el momento oportuno

oppos|itore *adj/s* opositor; ~**izione** *f pol/astr/fig* oposición; *muovere* ~ *a qc* oponerse a algo; ~**to** *adj* opuesto, contrario; *all'*~ por el contrario

oppress|ione *f* opresión, agobio *m*, ahogo *m*; *pol* opresión; ~**ivo** *adj* opresivo; ~**o** *adj/s* oprimido; ~**ore** *adj/m* opresor

opprime|nte *adj* opresivo, abrumador, insoportable; ~**re** <*34 -pressi; -presso*> *vt* oprimir, agobiar, abrumar

oppugna|re *vt lit* opugnar; ~**zione** *f lit* opugnación

oppure *conj* o, o bien; si no (*en caso contrario*)

optare *vi* <*avere*> optar (*per* por)

optimum *m/inv* máximo *m*

optional(s) *mpl ingl/inv* accesorios *mpl*, extras *mpl*

optometria *f* optometría

opulen|to *adj* opulento; ~**za** *f* opulencia

opuscolo *m* opúsculo, folleto

opzion|ale *adj* opcional, facultativo; ~**e** *f ius/fig* opción

ora 1. *f* hora; ~*e di punta* horas punta; *alla buon'*~*!* ¡a buenas horas!; *a quest'*~ a estas horas; *ad* ~*e* a horas; *50 km all'*~ 50 km. por hora; *a tarda* ~ tarde; *di buon'*~ de buena mañana, temprano; *d'*~ *in* ~ de hora en hora; *per* ~*e e* ~*e* durante horas; *che* ~ *è?/che* ~*e sono?* ¿qué hora es?; *far le* ~*e piccole* trasnochar; *suonare/battere le* ~*e* dar las horas; *le* ~*e del mattino hanno l'oro in bocca* a quien madruga Dios le ayuda; **2.** *adv* ahora; hace un momento, ahora mismo (*pasado inmediato*); *per* ~ por ahora; *d'*~ *in avanti* de ahora en adelante; *or* ~ ahora mismo, hace un momento; ~ *come* ~ hoy por hoy, de momento; ~ ... ~ tan pronto ... como, ora ... ora *raro*; ~ *piange* ~ *ride* tan pronto llora como ríe; **3.** *conj* ahora (*en cambio*); ahora bien; ~ *che* ahora que

oracolo *m* oráculo

orafo *m* orfebre

orale 1. *adj* oral; *(med) per via* ~ por vía oral; **2.** *m* oral (*examen*)

oramai V. **ormai**

orango, orangutan(o) *m zool* orangután

orar|e *vi* <*avere*> *lit* orar; ~**io** *adj/m* horario; *disco* ~ disco horario; *fuso* ~ huso horario; *segnale* ~*a* señal horaria; *velocità* ~*a* velocidad a la hora; ~ *di lavoro* jornada laboral; ~ *di sportello* horario de ventanilla/de atención al público; ~ *continuato* jornada intensiva; ~ *flessibile* jornada flexible

orata *f zool* dorada

orator|e, -trice *m/f* orador, -a; ~**ia** *f* oratoria; ~**iale** *adj mus* oratorio; ~**io 1.** *adj* oratorio, retórico; **2.** *m mus/eccl* oratorio

orazi|ano *adj* horaciano; *~**o** *m* Horacio; ~**one** *m ling/eccl* oración

orbe *m* orbe; ~ *terracqueo/terrestre* globo terráqueo/terrestre

orbene, or bene *conj* así pues, por tanto, conque, ahora bien

orbettino *m zool* lución

orbita *f mat/fig* órbita; *uscire dall'*~ *della legalità* salirse del marco legal; *con gli occhi fuori dalle* ~*e* con los ojos fuera de sus órbitas; ~**le** *adj* orbital; *stazione* ~ estación orbital; ~**re** <*esd*> *vi* describir una órbita; *fig* gravitar, girar; ~ *intorno a q* gravitar en torno a alg

orbo *adj/s* ciego

orca *f zool* orca, orco *m*

orchestr|a *f* orquesta; ~**ale 1.** *adj* orquestal; **2.** *m/f* miembro de una orquesta *m*; ~**are** *vt mus/fig* orquestar; ~**azione** *f mus/fig* orquestación; ~**ina** *f* orquestina

orchi|dea *f bot* orquídea; ~**te** *f med* orquitis

orcio *m* orza *f*, tinaja *f*

orco *m mit/fig* ogro

orda *f* horda

ordigno *m* artefacto, artilugio, ingenio; ~ *esplosivo* artefacto explosivo

ordina|le *adj/m* ordinal; ~**mento** *m* ordenamiento

ordinan|do *m eccl* ordenando; ~**za** *f adm* ordenanza, decreto *m*, bando *m*; *mil* orden; *mil* ordenanza *m* (*persona*); *d'*~ de ordenanza

ordinar|e <*esd*> *vt* 1. ordenar, arreglar, asear; ordenar, clasificar; 2. ordenar, mandar; decretar, prescribir; 3. *com* pedir, encargar (*pedido*); pedir (*bar*); 4. *eccl* ordenar; ~**iato** *m* 1. *stud* cátedra universitaria *f*; oposición a catedrático *f*; 2. *eccl* episcopado; ~**io 1.** *adj* ordinario, habitual; ordinario, normal, corriente; *desp* ordinario, adocenado, vulgar; **2.** *m* 1. normalidad *f*;

fuori dell'~ fuera de lo normal; 2. *stud* catedrático
ordinat|a *f* 1. *mat* ordenada, coordenada; *mar/aer* coordenada; 2. *fam* arreglo *m*, ordenación; *dare un'~ alla casa* poner un poco de orden en casa; **~ivo 1.** *adj* ordenador; **2.** *m* pedido; **~o** *adj* ordenado; **~ore** *adj/s* ordenador
ordinazione *f* 1. *com* pedido *m*, encargo *m*; *su ~* por encargo; 2. *eccl* ordenación
ordine *m* 1. orden *m/f*; *~ del giorno* orden del día; *~ di consegna, di pagamento* orden de entrega, de pago; *~ di comparizione* orden de comparecencia; *~ pubblico* orden público; *essere agli ~i di q* estar a las órdenes de alg; *mettere ~* poner orden; *mettere in ~* poner en orden, ordenar; *richiamare q all'~* llamar a alg al orden; *chiamata all'~* llamada al orden, toque de atención; *in buon ~* ordenadamente; *di prim'~, di terz'~* de primer orden, de tercera fila; *fino a nuovo ~* hasta nueva orden; *per ~ di* por orden de, de orden de; *in ~ a* en orden a; *(com) all'~* a la orden; *ai vostri ~i!* ¡a sus órdenes!; 2. *adm* categoría *f*, estamento; colegio (*médicos...*); 3. *arch* orden; 4. *eccl* orden *f* (*grupo*); orden (*sacramento*); *~ episcopale* orden episcopal; 5. *com* pedido
ordire <*isc*> *vt tec/fig* urdir
ordit|o *m* urdimbre *f*; **~oio** *m tec* urdidora *f*, urdidera *f*, devanadora *f*; **~ore, -trice** *m/f a. fig* urdidor, -a; **~ura** *f* urdimbre; *fig* trama (*obra*); *fig* maquinación, conjura
orecchi|a *f* oreja; V. **~o**; **~abile** *adj mus* pegadizo; **~ante** *m/f desp* aficionado, -a; **~etta** *f med* aurícula; **~ino** *m* pendiente, aro
orecchio <*pl fli orecchi, le orecchie*> *m* oreja *f*; oído; *duro d'~* duro de oído; *essere tutto ~i* ser todo oídos; *(fig) avere le ~e foderate di prosciutto* no querer oír hablar de algo; *(fig) avere le ~e lunghe* ser un burro; *suonare, cantare a ~* tocar, cantar de oído; *aprire bene gli ~i* abrir bien los oídos; *(fig) entrare da un ~ e uscire dall'altro* entrar por un oído y salir por el otro; *(fig) fare ~e da mercante* hacer oídos de mercader, hacerse el sueco, no darse por aludido; *porgere l'~ a q* prestar oídos a alg; *(fig/iron) da quest'~ non ci sento* no oigo nada; *tirare gli ~i a q* darle un estirón de orejas a alg
orecchioni *mpl med/fam* paperas *fpl*
orecchiuto *adj* orejudo
orefice *m* joyero, orfebre; **~ria** *f* joyería, orfebrería (*arte*); joyería (*tienda, taller*)
orfan|ezza *f* orfandad; **~o** *adj/s* huérfano; **~otrofio** *m* orfanato, inclusa *f*
organetto *m mus* organillo; *fam* acordeón; *fam* armónica *f*
organic|ità *f/inv* organicidad *f*; **~o 1.** *adj* orgánico; **2.** *m adm* plantilla *f*, nómina *f*, personal; *mil* efectivos *mpl*; *essere in ~* estar en plantilla/en nómina
organigramma *m* organigrama
organino *m mus* organillo
organis|mo *m biol/fig* organismo; **~ta** *m/f mus* organista; **~tico** *adj* organístico
organizza|re *vt* organizar; **~tivo** *f* organizativo; **~to, -a 1.** *adj* organizado; **2.** *m/f* miembro *m* (*de una organización*); **~tore** *adj/s* organizador; **~zione** *f* organización
organo *m* órgano
organolettico *adj* organoléptico
organza *f* organza, organdí *m*
orgasmo *m med* orgasmo; *fig* agitación *f*, nerviosismo
orgia *f* orgía, bacanal
orgiastico *adj* orgiástico
orgoglio *m* orgullo, soberbia *f*, engreimiento; **~so** *adj* orgulloso
orienta|bile *adj* orientable; **~le** *adj/s* oriental
orientalis|ta *m/f* orientalista; **~tica** *f* orientalismo *m*; **~tico** *adj* orientalista
orientamento *m* orientación *f*; *senso dell'~* sentido de la orientación; *~ professionale* orientación profesional
orientare *vt* orientar, dirigir; *fig* orientar, guiar
orientativo *adj* orientativo; *a titolo ~* a título orientativo
orientazione *f* orientación
oriente *m* oriente, este, levante; *Estremo *~, Medio *~, Vicino *~* Extremo Oriente, Oriente Medio/Medio Oriente, Oriente Próximo
orifizio *m* orificio
origano *m bot* orégano
origin|ale 1. *adj* original; *peccato ~* pecado original; **2.** *m* original; **3.** *m/f* original (*persona extravagante*); **~alità** *f/inv* originalidad *f*; **~are** <*esd*> **1.** *vt* originar, producir; **2.** *vi/~rsi* originarse, producirse; **~ario** *adj* originario, oriundo (*nativo*); originario, original (*anterior*); **~e** *f* origen *m*; *dare ~* dar origen; *avere ~* empezar, tener su origen; *d'~* de origen; *in ~* al principio, originariamente
origliare *vi* <*avere*> espiar, escuchar
orina *f* orina; **~le** *m* orinal; **~re** *vt/vi* <*avere*> orinar; **~toio** *m* urinario
oriolo *m zool* oropéndola *f*
oriundo *adj/s* oriundo, nativo, originario
orizzont|ale 1. *adj* horizontal; **2.** *f* 1. *sport* horizontal; 2. *fpl* horizontales (*crucigrama*); **~arsi** *a. fig* orientarse; **~e** *m* horizonte; *(fig) di ~ limitato* de horizonte limitado, de cortas miras
orla|re *vt* orlar, orillar; **~tura** *f* orlado *m*, orillado *m* (*acción*); orla, orilla, bastilla (*borde*)
orlo *m* borde; ribete, orilla *f* (*tela*); *essere sull'~ della pazzia* estar al borde de la locura; *(fig) essere sull'~ del abisso* estar al borde del abismo
orma *f* huella, pisada; *fig* rastro *m*, pista; *mettersi sulle ~e di q* estar sobre la pista de alg
ormai *adv* ya, ahora; *~ è tardi* es demasiado tarde
ormeggi|are *vt* amarrar, fondear, atracar; **~o** <*pl -ggi*> *m* 1. amarre, atraque (*acción*); fondeadero, atracadero, amarradero (*lugar*); 2. *mpl* amarras *fpl*
ormon|ale *adj* hormonal; **~e** *m* hormona *f*
ornament|ale *adj* ornamental; **~azione** *f* ornamentación; **~o** *adj* ornamento, adorno

orna|re *vt* ornar, adornar, decorar; ~**to** *adj/m* ornato
ornitolog|ia *f* ornitología; ~**ico** *adj* ornitológico; ~**o, -a** *m/f* ornitólogo, -a
ornitomanzia *f* ornitomancia, ornitomancía
ornitorinco *m zool* ornitorrinco
oro *m* 1. oro; ~ *fino* oro de ley; *d'~/in* ~ de oro, en oro; *(fig) d'~* de oro; *vale tant'~ quanto pesa* vale su peso en oro; *non tutto l'~ del mondo* ni por todo el oro del mundo; *promettere tutto l'~ del mondo* prometer el oro y el moro; *(fig) non è tutto ~ quel che (ri)luce* no es oro todo lo que reluce; 2. *mpl* oros (*naipes*)
orogen|esi *f/inv* orogénesis; ~**etico** *adj* orogénico
orografi|a *f* orografía; ~**co** *adj* orográfico
orolog|eria *f* relojería; ~**iaio, -a** *m/f* relojero, -a; ~**iero** *adj* relojero
orologio *m* reloj; ~ *solare* reloj de sol; ~ *da tasca, da polso* reloj de bolsillo, de pulsera; ~ *ad acqua, a sabbia* reloj de agua, de arena; ~ *al quarzo* reloj de cuarzo; ~ *a sveglia* reloj despertador; *l'~ va avanti, indietro* el reloj adelanta, atrasa/el reloj va adelantado, atrasado
oroscopo *m* horóscopo
orpello *m* 1. oropel; *fig* oropel, relumbrón; 2. *mpl desp* oropeles
orrendo *adj* horrendo
orribile *adj* horrible, terrible; espantoso
orrido 1. *adj* hórrido; **2.** *m geogr* garganta *f*, despeñadero
orripilante *adj* horripilante
orrore *m* horror, terror; *film dell'~* película de terror; *avere in ~ qc* tenerle terror a algo
orsa *f zool/astr* osa; *l'*~ maggiore, minore* la osa Mayor, Menor
orsacchiotto *m* osezno
orso *m zool* oso; ~ *bianco/polare, bruno* oso blanco/polar, pardo; *(fig) essere un ~* ser huraño
orsù! *excl* ¡hala!, ¡vamos!, ¡venga!
ortaggio *m* hortaliza *f*, verdura *f*
ortensia *f bot* hortensia
ortica *f bot* ortiga; ~**nte** *adj* urticante; ~**ria** *f* urticaria
orticol|o *adj* hortícola; ~**tore, -trice** *m/f* horticultor, -a; ~**tura** *f* horticultura
orticultore... V. **orticoltore**...
ortivo *adj* hortícola
orto *m* huerto; huerta *f*; jardín; ~ *botanico* jardín botánico; *(fig) la via dell'~* el camino más rápido; *(fig) coltivare il proprio ~* ocuparse solo de sus asuntos
ortodon|tia, ~zia *f* ortodoncia; ~**ssia** *f pol/eccl* ortodoxia; ~**sso** *adj/s pol/eccl* ortodoxo
ortoepia *f ling* ortoepía
ortofoni|a *f* ortofonía; ~**co** *adj* ortofónico
ortofrutticol|o *adj* hortofrutícola; ~**tura** *f* hortofruticultura
ortogonale *adj* ortogonal
ortografi|a *f* ortografía; ~**co** *adj* ortográfico
ortolano, -a *m/f* hortelano, -a, huertano, -a, huertero, -a *am*; verdulero, -a (*vendedor*)
ortoped|ia *f* ortopedia; ~**ico, -a 1.** *adj* ortopédico; **2.** *m/f* ortopédico, -a, ortopedista
orza *f mar* orza; *all'~* a orza; ~**iolo** *m med* orzuelo; ~**re** *vi* <*avere*> orzar; ~**ta** 1. *f mar* orzada; 2. *gastr* bebida de cebada; bebida a base de jarabe de almendra
orzo *m bot* cebada *f*; ~ *mondo, perlato* cebada perlada
osanna *excl/m* hosanna
osare *vt* atreverse (a), osar; *non oso chiedere* no me atrevo a preguntar
oscar *m/inv cine/fig* óscar
oscen|ità *f/inv* obscenidad *f*; ~**o** *adj* obsceno
oscilla|nte *adj* oscilante, fluctuante; ~**re** *vi* <*avere*> oscilar, fluctuar; bascular; ~**tore** *m elec* oscilador; ~**torio** *adj* oscilatorio; ~**zione** *adj* oscilación, fluctuación
oscuramento *m* oscurecimiento
oscurantis|mo *m* oscurantismo; ~**ta** *adj/s* oscurantista
oscurare 1. *vt* oscurecer; *fig* eclipsar (*fama*); **2.** *~rsi in volto* poner mala cara
oscurità *f/inv* oscuridad *f*; *fig* ofuscamiento *m*; *fig* complicación *f*, confusión *f*
oscuro 1. *adj* oscuro; *fig* oscuro, negro; *un avvenire ~* un porvenir negro; **2.** *m* oscuridad *f*; *essere all'~ di qc* no estar enterado de algo, no estar al corriente de algo; *tenere all'~ di tutto* mantener al margen de algo
osé *adj/inv* atrevido *adj*, picante *adj*; verde *adj* (*chiste*)
osmio *m* osmio
osmosi *f/inv* osmosis, ósmosis
ospedal|e *m* hospital; ~ *da campo* hospital de campaña; *nave ~* barco hospital; *fare tre mesi d'~* pasar tres meses en el hospital; ~**iero, -a 1.** *adj* hospitalario; **2.** *m/f* enfermero, -a de hospital; médico de hospital; ~**izzare** *vt* hospitalizar
ospita|le *adj* hospitalario, acogedor; ~**lità** *f/inv* hospitalidad *f*; ~**re** *vt* hospedar, alojar, acoger, cobijar
ospite 1. 1. *m/f* huésped, -a, invitado, -a; 2. *m/f* huésped, -a, anfitrión, -ona; 3. *m biol* huésped; **2.** *adj sport* visitante
ospizio *m* hospicio, asilo; hospedería *f* (*peregrinos*)
ossa|me *m lit* osamenta *f*; ~**rio** *m* osario; ~**tura** *f med* osamenta; *arch/fig* armazón *m/f*, estructura
osseo *adj* óseo
ossequente *adj* respetuoso
ossequiare *vt* homenajear
ossequio <*pl -qui*> *m* 1. respeto, homenaje; *in ~ a* por respeto a; 2. *mpl* respetos, saludos; *gradisca i miei ~i* le presento mis respetos; ~**sità** *f/inv* reverencia *f*, respeto *m*; ~**so** *adj* respetuoso, reverente
osservan|te *adj/s* observante; ~**za** *f* observancia, respeto *m*; *con profonda ~* con mi más profunda consideración; *in ~ alle disposizioni emanate* de acuerdo con las disposiciones vigentes
osservare *vt* 1. observar, mirar, notar; 2. observar, respetar
osservato|re *adj/s* observador; ~**rio** *m*

observatorio; ~ *astronomico, meteorologico* observatorio astronómico, meteorológico
osservazione *f* observación; *(med) tenere in ~* tener en observación
ossession|ante *adj* obsesionante; *idea ~* idea fija, fijación; ~**are** *vt* obsesionar; ~**e** *f* obsesión
ossessivo *adj/s* obsesivo
ossesso *adj/s* obseso
ossia *conj* o sea, es decir
ossida|bile *adj* oxidable; ~**nte** *adj/m* oxidante; ~**re** *<esd> vt* oxidar; ~**zione** *f* oxidación
ossido *m* óxido
ossidrico *adj* oxhídrico
ossificazione *f* osificación
ossigen|are *<esd> vt chim/fig* oxigenar; ~**ato** *adj* oxigenado; ~**azione** *f* oxigenación; ~**o** *m* oxígeno
ossitono *adj ling* oxítono, agudo
osso *m <pl le ossa (colectivo); gli ossi>* hueso; *rompere le ~a a q* molerle/romperle los huesos a alg; *avere le ~a peste* estar molido; *il cane ha mangiato gli ~i del pollo* el perro se ha comido los huesos del pollo; *un ~ duro* un hueso (duro de roer), una persona dura de pelar; *costare l'~ del collo* costar un ojo/un riñón; *farsi le ~a a qc* habituarse a algo
ossuto *adj* huesudo
ostacol|are *<esd> vt* obstaculizar, dificultar, estorbar; ~**ista** *m/f sport* vallista (*atletismo*); ~**o** *m* obstáculo; *fig* obstáculo, impedimento, traba *f*; *sport* valla *f* (*atletismo*); handicap (*hípica*); *corsa a ~i* carrera de vallas
ostaggio *m* rehén; *tenere q in ~* retener a alg como rehén
ostare *vi/def <sin PI, PP ni tiempos compuestos> adm* obstar, impedir *vt*; *nulla osta a...* nada impide (que)...
oste, ostessa *m/f* huésped, -a, mesonero, -a, tabernero, -a; *(fig) fare i conti senza l'~* echar la cuenta sin la huéspeda
osteggiare *vt* hostigar, hostilizar
ostello *m* albergue; *~ della gioventù* albergue juvenil
ostens|ibile *adj* ostensible; ~**ivo** *adj* ostensivo; ~**orio** *m eccl* ostensorio, custodia *f*
ostenta|re *vt* ostentar; ~**to** *adj* ostentado; ostensible; ~**zione** *f* ostentación, alarde *m*
osteo|logia *f* osteología; ~**mielite** *f* osteomielitis
osteria *f* fonda, taberna, bodega
ostetric|a *f* comadrona (*enfermera*); obstetra, tocóloga (*médico*); ~**ia** *f* obstetricia; ~**o 1.** *adj* obstétrico; **2.** *m* obstetra, tocólogo (*médico*)
ostia 1. *f eccl* hostia; *gastr* oblea; **2.** *excl vulg* ¡hostia!
ostico *adj lit* áspero, amargo; *fig lit* desagradable, duro
ostil|e *adj* hostil; ~**ità** *f/inv* hostilidad *f*; *sospendere le ~à* suspender las hostilidades
ostina|rsi obstinarse, empecinarse, porfiar; *~ a fare qc* obstinarse en hacer algo; *~ nell'errore* obstinarse en el error; ~**to** *adj/s* obstinado, terco, cabezota; pertinaz, tenaz (*cosa*); ~**zione** *f* obstinación, cabezonería, tozudez
ostracismo *m hist/fig* ostracismo; *dare l'~ a q* condenar a alg al ostracismo
ostrica *f zool* ostra; *essere attaccato a q/a qc come un'~ allo scoglio* estar pegado a alg/a algo como una lapa
ostricolt|ore, -trice *m/f* ostricultor, -a; ~**ura** *f* ostricultura
ostruire *<isc> vt* obstruir, atascar, obturar
ostruzione *f med/sport/mil* obstrucción
ostruzionis|mo *m pol* obstruccionismo; *sport* obstrucción *f*; ~**ta** *m/f pol* obstruccionista; ~**tico** *adj pol* obstruccionista
otarda V. **ottarda**
otite *f* otitis
otoiatr|a *m/f* otólogo, -a; ~**ia** *f* otología
otorinolaringoiatra *m/f* otorrinolaringólogo, -a
otre *m* odre, pellejo, bota *f*
ottaedro *m* octaedro
ottagon|ale *adj* octagonal, octogonal; ~**o** *m* octágono, octógono
ottano *m* octano; *numero di ~i* octanaje
ottant|a *adj/m card* ochenta; ~**enne** *adj/s* octogenario; ~**ennio** *m* período de ochenta años; ~**esimo** *adj/m* octogésimo; ~**ina** *m* unos/unas ochenta; conjunto de ochenta
ot(t)arda *f zool* avutarda
ottativo *adj/m ling* optativo
ottav|a *f mus/eccl/ling* octava; ~**ino** *m mus* octavín, flautín; ~**o** *adj/m* octavo; *(sport) ~i di finale* octavos de final
ottempera|nza *f* obediencia; ~**re** *<esd> vi <avere>* obtemperar, obeceder *vt*
ottenebrare *<esd> vt* entenebrecer, oscurecer
ottenere *<79 -tengo; -tenni> vt* obtener
otteni|bile *adj* obtenible, conseguible; ~**mento** *m* obtención *f*
ottentotto *adj/s* hotentote
ottetto *m mus* octeto
ottic|a *f fis/fig* óptica; ~**o** *adj/s* óptico
ottima|le *adj* óptimo, ideal; ~**mente** *adv* perfectamente; ~**re** V. **ottimizzare**
ottimi|smo *m* optimismo; ~**sta** *adj/s* optimista; ~**stico** *adj* optimista; ~**zzare** *vt* optim(iz)ar
ottimo 1. *adj* excelente, sobresaliente, inmejorable, estupendo, óptimo *lit*; **2.** *m* ideal; *stud* sobresaliente; *l'~ della produzione* la producción ideal
otto *adj/m card* ocho; *~ volante* montaña rusa
ottobre *m* octubre
ottocent|esco *adj* decimonónico; ~**ista** *m/f* escritor/artista del siglo XIX; *sport* corredor, -a de 800 metros; ~**o** *adj/m card* ochocientos; *l'*~* el siglo XIX
ottoman|a *f* otomana; ~**o** *adj/m* otomano
otton|atura *f* latonado; ~**e** *m* 1. *metal* latón; 2. *mpl mus* cobres
ottotipo *m* optómetro
ottuagenario *adj/s* octogenario

ottundere <*37 ottusi; ottuso*> *vt a. fig* embotar

ottundimento *m a. fig* embotamiento

ottuplo *adj/m* óctuple, óctuplo

ottura|re *vt* obturar, tapar, cegar; empastar (*diente*); ~**tore** *m mil/foto* obturador; ~**zione** *f* obturación, cegamiento *m*; empaste *m* (*diente: acción, material*)

ottus|ità *f/inv* dureza *f* (*oído*); *fig* cerrazón *f*, obstinación *f*; ~**o** *adj mat* obtuso; *fig* obtuso, cerrado, cerril

ouverture *f fr/inv mus* obertura *f*

ovai|a *f*, ~**o** *m med* ovario *m*; ~**ola** *adj* ponedora (*gallina*)

oval|e *adj* oval, ovalado; ~**izzare** *vt* ovalar

ovari|co *adj med/bot* ovárico; ~**o** *m bot* ovario

ovatta *f* guata; acolchado *m*; *vivere nell'~* vivir entre algodones; ~**re** *vt* acolchar; *fig* acallar (*rumor*)

ovazione *f* ovación

ove 1. *adv lit* donde *est*, adonde *est*; **2.** *conj lit* en caso que *est*, si *est*

over|booking *m ingl/inv* overbooking, saturación *f*; ~**dose** *f/inv* sobredosis; ~**drive** *m ingl/inv mec* caja de cambios *f*

ovest *m* oeste, occidente, poniente; *a ~* al oeste

ovile *m* redil, majada *f*, aprisco; *(fig) tornare all'~* volver al redil

ovino *adj/m* ovino

oviparo *adj/m* ovíparo

ovoide *adj/m* ovoide

ovolo *m arch* óvolo; *bot* colmenilla *f*

ovovia *f* tipo de telecabina/de teleférico *m*

ovul|are 1. *adj* ovular; **2.** <*esd*> *vi* <*avere*> ovular; ~**azione** *f* ovulación; ~**o** *m med/bot* óvulo

ovunque 1. *adv* por todas partes, por doquier; **2.** *conj* donde quiera que

ovvero *conj* o bien

ovvi|are <*ovvio*> *vt* obviar; ~**età** *f/inv* obviedad *f*; ~**o** *adj* obvio

ozelot *m/inv zool* ocelote *m*

oziare *vi* <*avere*> gandulear, holgazanear, haraganear

ozio *m* ocio, vagancia *f*, holganza *f*; ocio, tiempo libre; *stare in ~* estar de brazos cruzados

ozios|ità *f/inv* ociosidad *f*; ~**o** *adj* ocioso, vago; *fig* ocioso, superfluo

ozonizzare *vt* ozonizar

ozono *m* ozono; *fascia d'~* capa de ozono; *buco dell'~* agujero de ozono; ~**sfera** *f* ozonosfera; ~**terapia** *f* ozonoterapia

P

paca *f zool* paca
pacat|ezza *f* calma, sosiego *m*; ~**o** *adj* sosegado, tranquilo
pacca *f* bofetada, bofetón *m*; golpe *m*; *fam/fig* palo *m*
pacchetto *m* paquete; paquete, cajetilla *f* (*cigarrillos*); ~ *azionario, di proposte* paquete de acciones/accionarial, de propuestas
pacchia *f* chollo *m*, cucaña
pacchian|eria *f* horterismo *m*, horterez; ~**o** *adj* hortera
pacco *m* paquete; *com* bulto, fardo; lote; ~ *postale* paquete postal, encomienda *f/am*
paccottiglia *f* pacotilla, baratillo *m*
pace *f* paz; *non darsi* ~ no parar, no cejar; no resignarse; *fare* ~ *con q* hacer las paces con alg; *lasciare in* ~ dejar en paz; *mettere* ~ poner paz; *riposi in* ~ descanse en paz; *andate in* ~ id en paz
pacemaker *m ingl/inv med* marcapasos *m*
pachiderma *m zool* paquidermo
pachistano *adj/s* paquistaní
paciere, **-a** *m/f* mediador, -a de paz
pacific|are *<esd> vt* pacificar; ~**atore** *adj/s* pacificador; ~**azione** *f* pacificación; ~**o** *adj* pacífico
pacifis|mo *m* pacifismo; ~**ta** *adj/s* pacifista
pacioccone *adj/s* bonachón
pack *m/inv* pack
padano *adj* del Po; *pianura* ~*a* depresión del Po, valle del Po
padella *f* sartén; *med* chata; *fig* lamparón *m*; *(fig) cadere dalla* ~ *nella brace* saltar de la sartén y dar en las brasas, salir de Guatemala y entrar en Guatepeor
padiglione *m arch/com/mil* pabellón; barracón (*de feria*); *(med)* ~ *auricolare* pabellón de la oreja
Padova *f* Padua
padre *m* padre, papá *fam*; ~ *adottivo, spirituale* padre adoptivo, espiritual; *Santo* *~ Santo Padre; *tale il* ~ *tale il figlio* de tal palo tal astilla; *di* ~ *in figlio* de padres a hijos, de generación en generación; ~**ggiare** *vi <avere>* salir al padre, parecerse al padre; ~**nostro** *m* padrenuestro, padre nuestro; ~**terno** *m eccl* Padre Eterno, Dios; *fig* pez gordo
padrino *m* padrino; *fare da* ~ *a q* apadrinar a alg
padrona|le *adj* patronal; *sindacato* ~ organización empresarial; ~**nza** *f* dominio *m*; ~**to** *m com* patronal *f*
padroncino, **-a** *m/f* 1. pequeño, -a empresario, -a; 2. señorito, -a (*tratamiento*)
padrone, **-a** *m/f* 1. patrón, -ona, empresario, -a, amo, -a; *mar* patrón, -ona; 2. dueño, -a, propietario, -a, amo, -a; *fig* señor, -a, dueño, -a; ~ *di casa* casero (*alquiler*); *diventare* ~ *di qc* hacerse el amo de algo; *essere* ~ *di sé* ser dueño de uno mismo/de sí mismo; *essere* ~ *di fare/non fare qc* ser libre de hacer/no hacer algo; 3. dominador, -a, conocedor, -a (*lengua*...); ~**ggiare** *vt* dominar, controlar; *fig* dominar (*lengua*...)
paesaggi|o *m* paisaje; ~**sta** *m/f tec* paisajista; ~**stico** *adj pitt* paisajístico
paesano, **-a 1.** *adj* lugareño, local, del país; *alla* ~*a* a la manera del país; **2.** *m/f* lugareño, -a, pueblerino, -a, aldeano, -a; *reg* compatriota, paisano, -a
paese *m* 1. pueblo; población *f*; lugar; 2. país; *~*i Bassi* Países Bajos; *mandare q a quel* ~ enviar a alg a la porra; ~ *che vai, usanza che trovi* allá donde fueres, haz lo que vieres
paesist|a *m/f pitt* paisajista; ~**ico** *adj pitt* paisajístico
paffuto *adj* rollizo, mofletudo
paga *f* paga, sueldo *m*, salario *m*, soldada *mil*; *fig* paga, recompensa; *foglio* ~*/busta* ~ nómina; ~**bile** *adj* pagadero; ~ *alla consegna, a pronta cassa, in contanti, in anticipo, alla scadenza* pagadero a la entrega, en el acto, al contado, por anticipado, al vencimiento; ~**ia** *f* pagaya; ~**mento** *m* pago; ~ *alla consegna/contro assegno* pago contra reembolso; ~ *a mezzo assegno* pago mediante cheque; ~ *anticipato, a rate* pago por anticipado, a plazos; ~ *in natura* salario en especie; *a* ~ de peaje
pagan|esimo *m* paganismo; ~**o** *adj/s* pagano, gentil; ~**te** *m/f* pagador, -a
pagare *vt* pagar; ~ *q di qc* pagar a alg por algo; *(fig) pagarla/pagarle* pagarla(s); ~ *caro qc* pagar caro algo; ~ *di persona* apechugar con las consecuencias; ~ *il giusto per il peccatore* pagar justos por pecadores; ~ *la pena* pagar el pato/los platos rotos
pagatore *adj/s* pagador
pagell|a *f stud* cartilla; notas *fpl*; ~**o** *m zool* pajel
paggio *m* paje, doncel
pagherò *m/inv com* pagaré *m*
pagina *f* página; ~ *e gialle* páginas amarillas; ~ *degli spettacoli* cartelera; *(fig) voltar* ~ pasar la página; ~**tura** *f* paginación
paglia *f* paja; *uomo di* ~ hombre de paja
pagliacc|etto *m* pelele (*ropa*); ~**iata** *f* payasada, gansada; ~**io** *m* payaso; *desp* payaso, bufón, fantoche, mamarracho
pagliaio *m* pajar
paglie|riccio *m* jergón, márfega *f*; ~**rino** *adj* pajizo (*color*); ~**tta** *f* 1. canotier *m*, sombrero de paja *m*; 2. estropajo *m*
pagliolo *m mar* pañol
pagliuzza *f* pajita, ramita; *guardare la* ~ *nell'occhio altrui e non vedere la trave nel proprio* ver la paja en el ojo ajeno y no ver la viga en el propio
pagnotta *f* hogaza; *lavorare per la* ~ trabajar para comer
pago *adj* pagado, satisfecho; ~**da** *f* pagoda
pagro *m zool* pagro
paguro *m zool* ermitaño, paguro
paillette *f fr/inv* lentejuela *f*
paio *<pl le paia> m* par; *un* ~ *di bicchieri* un par de vasos

paiol|ata *f* calderada; ~**o** *m* caldero
Pakistan: *il* ~ Paquistán
pala *f* pala; ~**dino** *m* paladín
palafitt|a *f* palafito *m*; ~**icolo, -a** *m/f* habitante de un palafito
palamit|a *f zool* bonito *m*; ~**o** *m mar* palangre
palanca <*pl -che*> *f* 1. *tec* palanca; 2. *fpl fam* cuartos (*dinero*)
palandrana *f ant* bata
palangaro *m mar* palangre
palata *f* palada; *a ~e* a espuertas, a raudales
palatal|e *adj/f* palatal; ~**izzazione** *f ling* palatalización
palatino *adj* palatino, palaciego; *med* palatino
palato *m med/fig* paladar; *avere il ~ delicato* tener el paladar delicado
palazz|etto *m* palacete; *~ dello sport* palacio de los deportes; ~**ina** *f* finca baja con jardín; ~**inaro** *m desp* constructor especulador; ~**o** *m* 1. palacio; *pol/adm* palacio; *~ di giustizia* palacio de justicia; *~ dello sport* palacio de los deportes; 2. finca *f*, edificio; ~**otto** *m* palacete
palchett|ista *m/f teatro* abonado, -a o propietario, -a de un palco; ~**o** *m* 1. *teatro* palco de la parte superior; 2. anaquel, estante
palco *m* 1. estrado, tarima *f*, tablado; *teatro* palco; *~ delle autorità* palco de autoridades; 2. *zool* candil, garceta *f*; ~**scenico** *m teatro* escenario; *fig* tablas *fpl* (*arte*)
paleocene *m geol* paleoceno
paleocristiano *adj* paleocristiano
paleografia *f* paleografía
paleolitico *adj/m* paleolítico
paleontolog|ia *f* paleontología; ~**ico** *adj* paleontológico; ~**o, -a** *m/f* paleontólogo, -a
paleozoico *adj/m* paleozoico
pales|are *vt* evidenciar, poner de manifiesto; ~**e** *adj* evidente, manifiesto, patente
palestinese *adj/s* palestino
palestra *f sport* gimnasio *m*
paletot *m fr/inv* V. **paltò**
palett|a *f* paleta; badil *m*, badila (*chimenea*); recogedor *m* (*basura*); ~**ata** *f* paletada; ~**o** *m* 1. pestillo (*cerradura*); 2. estaca *f*, piqueta *f* (*tienda*)
palin|genesi *f/inv* palingenesia *f*; ~**odia** *f* palinodia; ~**sesto** *m* palimpsesto; *TV* programación de televisión *f*
palio *m* palio (*premio*); *mettere in ~* poner en juego, sortear; ~**tto** *m* frontal
palissandro *m bot* palisandro
palizzata *f* palizada, empalizada
palla *f* 1. pelota, bola; *sport* balón *m*, pelota; *mil* bala; *~ di neve* bola de nieve; *~ del mondo* bola del mundo; *(fig/desp) ~ di lardo* bola de sebo; *~ da tennis* pelota de tenis; *giocare a ~* jugar a la pelota; *cogliere la ~ al balzo* aprovechar la oportunidad; *essere in ~* estar en racha; *non essere in ~* tener una mala racha; *mettere la ~ ai piedi di q* poner trabas a alg; 2. *vulg* coñazo *m*, rollo *m/fam*; 3. *fpl vulg* pelotas, huevos *mpl*; *(vulg) rompere le ~e a q* dar el coñazo a alg, tocarle las pelotas a alg, chingar a alg; *(vulg) avere le ~e piene* estar hasta los huevos; *(vulg) che ~e!* ¡qué coñazo!
pallabase *m* béisbol
pallacanestro *m* baloncesto
palladio *m* paladio
pallanuoto *m* waterpolo
pallata *f* pelotazo *m*, balonazo *m*
pallavolo *m* vóleibol, balonvolea
palleggia|mento *m sport* peloteo; ~**re 1.** *vt* agitar; sopesar; **2.** *vi* <*avere*> *sport* pelotear; **3.** *~rsi fig* pasarse la pelota
paleggio *m sport* peloteo
palli|are *vt* disimular, disfrazar; ~**ativo** *m med/fig* paliativo; ~**do** *adj* pálido; *non avere la più ~a idea* no tener ni la más remota idea; ~**na** *f* pelota; ~**no** *m* 1. bolita *f*; boliche (*petanca*); 2. mota *f* (*tejido*); 3. *fig* manía *f*, fijación *f*; 4. *mpl* perdigones, balines; ~**o** *m* palio; ~**sta** *m/f* rollero, -a, cuentista
pallon|aio *m* pelotero; ~**ata** *f* balonazo *m*; ~**cino** *m* 1. globo (*de niño*); 2. farolillo; ~**e** *m* 1. *sport* balón, pelota *f*; *(fig) ~ gonfiato* figurón; *avere la testa come un ~* tener la cabeza como un bombo; 2. *aer* globo; *~ sonda* globo sonda; 3. *chim* balón, matraz; ~**etto** *m sport* vaselina *f*, volea *f* (*fútbol*); lob (*tenis*)
pallore *m* palidez *f*
palloso *adj gergo* coñazo, pesado
pallottol|a *f* bola, bolita; *mil* bala; ~**iere** *m* ábaco
palma *f* 1. *bot* palmera, palma; palma (*rama*); *~ da datteri* palmera datilera, datilera; *~ da cocco* cocotero; *Domenica delle *~e* Domingo de Ramos; 2. *med* palma; *(fig) tenere q in ~ di mano* tener a alg en un altar; 3. *fig* palma (*premio*); *conseguire/riportare la ~* llevarse la palma; ~**re** *adj* palmario, evidente; ~**to** *adj zool/bot* palmado, palmeado; ~**toria** *f* palmatoria
palme|nto *m* muela *f*, rueda *f* (*molino*); *mangiare a quattro ~i* comer a dos carrillos; ~**to** *m bot* palmar
palmipede *adj/m* palmípedo
palmo *m* palmo (*medida*); *a ~ a ~* palmo a palmo; *restare con un ~ di naso* quedarse con un palmo de narices
palo *m* palo; poste (*teléfono, elec*); *mar* palo, mástil; *sport* palo (*fútbol*); *(gergo) fare da ~* estar al loro, dar el agua (*ladrones*); *diritto come un ~* tieso como un palo; *(fig) saltare di ~ in frasca* irse por los cerros de Úbeda, hablar sin ton ni son
palomb|aro *m mar* buzo; ~**o** *m zool* mustela *f*, cazón
palpa|bile *adj* palpable; *fig* palpable, tangible; ~**re** *vt* palpar, tocar; ~**zione** *f med* palpación
palpebra *f med* párpado *m*
palpeggiare *vt* toquetear, manosear
palpita|nte *adj* palpitante; *di ~ attualità* de palpitante actualidad; ~**re** <*esd*> *vi* <*avere*> palpitar, latir; ~**zione** *f med/fig* palpitación
palpito *m med* latido, pulsación *f*; *fig* palpitación *f*, nervios *mpl*

paltò *m/inv* abrigo *m*, gabán *m*
palud|e *f* pantano *m*, charca, estero *m*; **~ismo** *m* paludismo, malaria *f*; **~oso** *adj* pantanoso, cenagoso
palustre *adj* palustre; *febbre~* fiebre palúdica
pamela *f* pamela
pampa *f* pampa
pamphlet *m fr/inv* panfleto *m*
pampino *m* pámpano
panacea *f* panacea
panama *m/inv* panamá *m*
Panama *f geogr* Panamá
paname|gno, ~nse *adj/s* panameño
panamerican|ismo *m* panamericanismo; **~o** *adj* panamericano
panar|e *vt gastr* empanar; **~io** *adj* panadero
panca *f* banco *m*, asiento *m*, banca *am*
pancarré *m/inv* pan de molde *m*
pancetta *f* panceta, bacón *m*, tocino entreverado *m*
panch|etto *m* taburete; **~ina** *f* banco *m*, asiento *m*, banca *am*; *sport* banquillo *m* (*fútbol*)
panci|a *f fam* panza, barriga; *fig* abombamiento *m*; *mettere su ~* echar barriga; *a ~ all'aria* boca arriba; *restare a ~ all'aria* quedarse despatarrado; **~ata** *f* panzada, barrigazo *m*; *gastr* panzada, comilona; **~era** *f* ventrera, faja; pancera (*armadura*); **~olle: in** *~ adv fam* tumbado a la bartola; *starsene in ~* estar tumbado a la bartola; **~one, -a** *m/f* barrigudo, -a, barrigón, -ona; *(fam) avere il ~* estar embarazada; **~otto** *m* chaleco; **~uto** *adj* barrigón, panzudo, tripudo; *fig* panzudo, abombado
pancotto *m* sopa de pan *f*
pancreas *m/inv* páncreas
pancristiano *adj* ecuménico
panda *m/inv* panda *m*
pandemonio *m* pandemonio, trifulca *f*; *scatenare un ~* armar la marimorena
Pandora *f mit* Pandora; *il vaso di ~* la caja de Pandora
pane *m* pan; *metal* barra *f*, lingote; *fig* pan, sustento; *~ azzimo, bianco, nero/integrale* pan ácimo, blanco, moreno/integral; *~ di cera, di sapone, di burro* pan de cera, de jabón, de mantequilla; *~ grattato* pan rallado; *~ in cassetta* pan de molde; *pan di Spagna* bizcocho; *tenere q a ~ e acqua* tener a alg a pan y agua; *guadagnarsi il ~* ganarse el pan; *il nostro ~ quotidiano* el pan nuestro de cada día; *(a. fig) buono come il ~* más bueno que el pan; *dire ~ al ~ e vino al vino* llamar al pan pan y al vino vino; *non è ~ per i suoi denti* no se hizo la miel para la boca del cerdo; *rendere pan per focaccia* pagar con la misma moneda
panegiri|co *m* panegírico; **~sta** *m/f* panegirista
panett|eria *f* panadería; **~iere, -a** *m/f* panadero, -a, hornero, -a; **~one** *m* ="dulce milanés típico de Navidad"
panfilo *m mar* pánfilo
pangolino *m zool* pangolín
pangrattato, pan grattato *m* pan rallado
panico *adj/m* pánico; *essere preso dal ~* ser presa del pánico
panico *m bot* panizo
panier|a *f* panera (*pan*); cesta (*ropa*); **~e** *m* cesta *f*, cesto, canasto, capazo
panific|are <esd> *vt* panificar; **~atore, -trice** *m/f* panadero, -a, hornero, -a; **~azione** *f* panificación; **~io** *m* horno, panadería *f*; panificadora *f*, tahona *f* (*fábrica*)
panin|aro, -a *m/f gergo* pijo, -a; **~o** *m* panecillo; bocadillo; *~ imbottito/ripieno* bocadillo; **~oteca, ~eria** *f fam* bocatería
panna *f* 1. *gastr* nata; 2. *mec* avería; 3. *mar* pairo *m*; *in ~* al pairo
panne *f fr/inv* avería *f*; *la macchina è in ~* el coche está averiado
panneggia|mento *m* drapeado, fruncido; **~re** *vt* drapear, fruncir
panneggio *m* drapeado, fruncido
pannello *m* panel, tablero; *elec* panel, cuadro, tablero; *~ isolante* panel aislante; *~ di comandi* cuadro de mandos; *~ solare* placa solar
panno *m* 1. tela *f*, tejido; *(fig) stringere i ~i addosso a q* apretarle las tuercas a alg; *(fig) tagliare i ~i addosso a q* poner a alg como chupa de dómine; *(fig) essere/mettersi nei ~ i di q* estar/ponerse en la piel de alg; *non stare più nei propri ~i* no caber en sí de contento; *(fig) i ~i sporchi si lavano in casa* los trapos sucios se ventilan en casa; 2. paño, bayeta *f* (*tela de lana*); 3. fárfara *f* (*huevo*); 4. *med* paño; 5. *mpl* ropa *f*
pannocchia *f bot* panocha, panoja, mazorca
pannolino *m* pañal; paño (*bidet*); *~ mutandina* braguita pañal
panoplia *f* panoplia
panoram|a *m* panorama, vista *f*; *fig* panorama; **~ica** *f* panorámica; **~ico** *adj* panorámico
panpepato *m* alajú, alfajor
pansé V. **pensée**
pantalon|cini *mpl* pantalones cortos; **~i** *mpl* pantalones; *~i a campana* pantalones acampanados/de campana
pantano *m* pantano, cenagal; **~so** *adj* pantanoso, cenagoso
panteis|mo *m* panteísmo; **~ta** *m/f* panteísta; **~tico** *adj* panteísta
pantera *f zool* pantera; *gergo* coche de policía *m*
pantheon *m* panteón
pantofola *f* pantufla, zapatilla, babucha; **~io** *m* zapatillero; *fig/desp* apalancado, apoltronado
pantografo *m* pantógrafo
pantomim|a *f teatro/fig* pantomima; **~ico** *adj* pantomímico; **~o** *m* pantomimo
panzana *f fam* patraña, embuste *m*, bola
paonazzo *adj/m* morado
papà *m/inv fam* papá *m*, taita *m/am*
papa *m eccl* papa; *ad ogni morte di ~* de uvas a peras, de Pascuas a Ramos; *morto un ~ se ne fa un altro* a rey muerto, rey puesto; **~bile** *adj/m* papable; **~ia** *f bot* papayo *m* (*árbol*); papaya (*fruto*)
papal|e *adj* papal; **~ina** *f* papalina; **~ino 1.** *adj desp* papalino; **2.** *m mil* soldado papal; *pol* papista

paparazzo *m* reportero gráfico (*sensacionalista*)
papato *m eccl* papado
papavero *m bot* amapola *f*; ~ *da oppio* adormidera *f*
papera *f* 1. *zool* oca (*joven*); 2. *fig* pava, tonta; 3. *fig* metedura de pata; *(teatro/TV) prendere/fare una* ~ meter la pata
Paperino *m* Pato Donald
papero *m zool* pato (*joven*)
papessa *f* papisa
papill|a *f med* papila; **~are** *adj* papilar; **~oma** *m* papiloma; **~on** *m fr/inv* pajarita *f*
papir|aceo *adj* de papiro; **~o** *m bot/tip* papiro
papis|mo *m* papismo; **~ta** *m/f* papista; **~tico** *adj* papista
pappa *f* papilla; *fam* comida; ~ *reale* jalea real; *essere una* ~ *molle* ser un sopas; *(fig) trovare la* ~ *scodellata* encontrárselo todo hecho; *(fig) mangiare la* ~ *in capo a q* reírsele a alg en sus barbas; **~fico** *m zool/mar* papahígo, papafigo
pappagall|ino *m zool* periquito; **~o** *m* 1. *zool* loro, papagayo; *fig* copiamonas; *a* ~ mecánicamente; *fig/desp* moscón, pesado; 2. *med* chata *f*, bacín, orinal
pappagorgia *f* papada
pappar|della *f* 1. *gastr* ="tallarines anchos con salsa de carne"; 2. *fig* rollo *m*, latazo *m*; **~e 1.** *vt fam* devorar, jalar, papar, papear; **2.** *~rsi fig/fam* merendarse, soplarse, cepillarse
pappat|a *f fam* comilona, atracón *m*; **~oria** *f fam* comilona, atracón *m*; *fig* ganancia fácil, dinero fácil *m*
pappina *f* papilla; *med* cataplasma de linaza
pappone *m fam* 1. tragón, tragaldabas; 2. chulo, macarra
paprica, paprika *f* paprika
pap-test *m ingl/inv med* papanicolau
papua, papua *adj/s inv* papúa *adj/s*, papú *adj/s*
para *f* caucho de Pará *m*
parà *m/inv mil* paracaidista *m*, paraca *m/ gergo*
parabol|a *f eccl* parábola; *mat* parábola; *fig* trayectoria; **~ico** *adj* parabólico
parabordo *m mar* pallete
parabrezza *m/inv* parabrisas
paracadut|are *vt* lanzar en paracaídas; **~e** *m/inv* paracaídas; **~ismo** *m* paracaidismo; **~ista** *adj/s* paracaidista; **~istico** *adj* paracaidista
paracarro *m* mojón, hito; guardarrueda
paracolpi *m/inv* tope *m* (*puerta, ventana*); *auto* parachoques
paradigma *m* paradigma; **~tico** *adj* paradigmático
paradis|iaco *adj* paradisiaco, paradisíaco; **~o** *m* paraíso; ~ *terrestre* paraíso terrestre, edén; ~ *fiscale* paraíso fiscal
paradoss|ale *adj* paradójico; **~alità** *f/inv* lo paradójico *m*; **~o** *m* paradoja *f*
parafa *f* rúbrica
parafango <*pl -ghi*> *m* guardabarros
parafernale *adj* parafernal
paraffina *f* parafina
parafiamma *adj* ignífugo
parafras|are <*esd*> *vt* parafrasear; **~i** *f/inv* paráfrasis
parafulmine *m* pararrayos
parafuoco *m* pantalla *f* (*chimenea*)
paraggi *mpl* alrededores
paragocce *adj/m/inv* recogegotas
paragon|abile *adj* comparable, parangonable; **~are** *vt* comparar; **~e** *m* comparación *f*, parangón; *termine del* ~ término de comparación; *pietra di* ~ piedra de toque; *a* ~ *di* en comparación a/con; *essere senza* ~/*non avere* ~*i* no tener parangón, no haber/tener punto de comparación
paragraf|are <*esd*> *vt* dividir en parágrafos; **~o** *m* párrafo, parágrafo
paraguaiano *adj/s* paraguayo
Paraguay: *il* ~ Paraguay
parali|si *f/inv* parálisis; *fig* paralización; **~tico** *adj/s* paralítico; **~zzare** *vt* paralizar; colapsar
parallasse *f astr* paralaje
parallel|a *f* 1. *mat* paralela; 2. *fpl sport* paralelas; **~epipedo** *m* paralelepípedo; **~ismo** *m* paralelismo; **~o** *adj/m* paralelo; **~ogramma, ~ogrammo** *m* paralelogramo
paralu|ce *m/inv foto* parasol *m*; **~me** *m/inv* pantalla *f* (*lámpara*)
paramedico *m* ATS (*asistente técnico sanitario*)
paramento *m* 1. *arch* paramento; 2. *mpl eccl* paramentos, ornamentos
parametr|ico *adj* paramétrico; **~o** *m* parámetro
paramilitare *adj* paramilitar
paranco *m mec* aparejo, polea *f*
paranoi|a *f* paranoia; *(fam) andare/essere in* ~ entrarle a alg la neura; **~co** *adj/s* paranoico
paranormale *adj* paranormal
paranza *f mar* bou *m* (*barca, redes*)
paraocchi *mpl* anteojeras
parape|ndio *m sport* parapente; **~tto** *m* parapeto, barandilla *f*, baranda *f*, antepecho; *mil* parapeto; *mar* borda *f*
parapi|glia *m/inv fam* follón *m*, jaleo *m*; **~oggia** *m/inv* paraguas
parapleg|ia *f* paraplejia, paraplejía; **~ico** *adj/s* parapléjico
parapsicologia *f* parapsicología
parare 1. *vt* 1. adornar, engalanar; 2. proteger, resguardar, defender; 3. parar, esquivar (*golpe*); *sport* parar; **2.** *vi* <*avere*> parar; *dove vuoi andare a* ~? ¿dónde quieres ir a parar?; **3.** *~rsi* 1. plantarse, oponerse (*obstáculo*); 2. adornarse, engalanarse; 3. protegerse, resguardarse
parascolastico *adj* extraescolar
parasole *m* parasol, quitasol
parassit|a *adj/m biol/fig* parásito; **~ario** *adj biol/fig* parasitario; **~ismo** *m biol/fig* parasitismo; **~ologia** *f* parasitología
parastatale 1. *adj* paraestatal; **2.** *m/f* trabajador, -a paraestatal
parat|a *f* 1. *sport* parada (*fútbol*); parada, quite *m*, reparo *m* (*esgrima*); 2. *mil* parada, alarde *m*; revista; 3. *fig* gala, pompa; *abito, carrozza da* ~ traje, carroza de gala; *vista la*

mala ~ en vista de que la cosa se ponía fea; ~**assi** *f/inv ling* parataxis, coordinación *f*; ~**ia** *f* tabique *m*; *mar* mamparo *m*; ~*e stagne* compartimentos estancos; ~**ifo** *m med* paratifoidea *f*; ~**o** *m* papel pintado; *carta da* ~*i* papel pintado
paraurti *m/inv auto* parachoques
paravento *m* biombo, mampara *f*
parca *f mit/lit* parca
parcella *f* minuta, factura; *agr* parcela; ~**re** *adj agr* parcelario; ~**zione** *f agr* parcelación
parcellizza|**re** *vt* atomizar el trabajo; ~**zione** *f* atomización del trabajo
parcheggi|**are** *vt* aparcar; ~**o** *m* aparcamiento; ~ *a pagamento, custodito* aparcamiento de pago, vigilado
parchimetro *m* parquímetro
parco 1. *adj* parco, sobrio; *fig* avaro, tacaño; **2.** *m* parque; ~ *vetture/automobilistico* parque automovilístico; ~ *mobile* parque móvil; ~ *nazionale* parque nacional; ~ *giochi* parque infantil
pardon! *excl/fr* ¡disculpe!, ¡perdone!
parecchio *adj/pr/adv* bastante
pareggi|**amento** *m* equiparación *f*, igualación *f*; nivelación *f*, igualación *f* (*terreno*); *com* balance; ~**are 1.** *vt* equiparar, igualar; *sport* empatar, igualar; nivelar, igualar (*terreno*); *com* ajustar, saldar; **2.** *vi* <*avere*> *sport* empatar; hacer tablas (*ajedrez*); ~**ato** *adj* homologado (*colegio*); ~**o** *m econ* balance; *sport* empate; tablas *fpl* (*ajedrez*); *chiudere in* ~ acabar en empate
parelio *m astr* parhelio
paremia *f ling* paremia
paremiologia *f ling* paremiología
parenta|**do** *f* parentesco *m* (*vínculo*); parentela (*parientes*); ~**le** *adj* parental
parente *m/f* pariente, -a, allegado, -a; ~**la** *f* parentesco *m* (*vínculo*); parentela, familia (*parientes*); *fig* parentesco *m*, afinidad; ~**si** *f/inv* paréntesis *m*; ~ *tonda* paréntesis (normal); ~ *quadra, graffa* corchete, llave; *fra* ~ entre paréntesis; ~**tico** *adj* parentético
pareo *m* pareo (*ropa*)
parere <*51 paio; parvi/parsi; parso*> **1.** *vi* parecer; *mi pare di averlo visto* me parece haberlo visto/que lo he visto; *non mi pare vero* me parece mentira; *che te ne pare?* ¿qué te parece?; *fai come ti pare* haz lo que te dé la gana; *ma Le pare!* ¡a usted qué le parece!; *a quanto pare* por lo que parece, por lo visto; **2.** *vi/imp* parecer, dar la impresión; *pare di sì, di no* parece que sí, que no; *pare impossibile che...* parece imposible que; **3.** *m* parecer, opinión *f*, juicio; *a mio* ~ a mi parecer/juicio/entender, en mi opinión; *cambiare* ~ cambiar de parecer/opinión; *essere del* ~ *che...* ser de la opinión de que...
parete *f* pared
pargolo, -a *m/f lit* párvulo, -a
pari 1. *adj/inv* igual *adj*, parejo *adj*; *sport* igualado *adj*, empatado *adj*; *essere* ~ estar en paz; *essere* ~ *a* ser igual a, estar al mismo nivel que; *stare alla* ~ *con q* estar empatado con alg, estar al mismo nivel que alg; *mettere alla* ~ poner al mismo nivel; *andare di* ~ *passo* ir al mismo ritmo; *di* ~ *passo* al mismo tiempo; *alla* ~ au-pair; *ragazza alla* ~ chica au-pair; **2.** *adv* igual, a la par; **3.** *m/inv* 1. par *m*, igual *m*; *al* ~ *di* igual que, como; *giocare a* ~ *e dispari* jugar a pares y nones; 2. *pol* par; **4.** *m/f inv* igual *m/f*; *senza* ~ sin igual, sin par; *trattare q da* ~ *a* ~ tratar a alg de igual a igual; *far* ~ *e patta* terminar en empate; *mettersi in* ~ ponerse al día/al corriente; *trattare con i propri* ~ cada oveja con su pareja
paria *m/inv* paria *m*
parietale *adj/m med* parietal
parifica|**re** <*esd*> *vt* igualar, equiparar; *stud* homologar; ~**to** *adj* homologado (*colegio*); ~**zione** *f* igualación, equiparación; *stud* homologación
Parigi *f* París; ~ *ben vale una messa* París bien vale una misa; *~**no** *adj/s* parisino, parisiense
pariglia *f* pareja (*caballos, naipes*)
parigrado *m/f inv* igual *m/f*
parimenti *adv lit* igualmente *est*
parisillabo *adj/m* parisílabo
parit|**à** *f/inv* paridad *f*, igualdad *f*; *sport* empate *m*, igualdad *f*; *chiudere in* ~ acabar en empate; *a* ~ *di diritti* a iguales derechos; ~**ario** *adj* paritario; ~**etico** *adj* paritario; *commissione* ~*a* comisión paritaria
parka *m/inv* parka *f*
parlament|**are 1.** *adj* parlamentario; *fig* diplomático, cortés; **2.** *m/f pol/dipl* parlamentario, -a; **3.** *vi* <*avere*> parlamentar; ~**arismo** *m* parlamentarismo; ~**o** *m* parlamento, cortes *fpl*
parlant|**e 1.** *adj* hablante; *fig* evidente, elocuente; *ben* ~ bien hablado; *prova* ~ prueba elocuente; **2.** *m/f* hablante; ~**ina** *f fam* locuacidad, verborrea
parlare *vt/vi* <*avere*> hablar; ~ *spagnolo, russo* hablar español, ruso; *(fig)* ~ *arabo/ostrogoto* hablar en chino; ~ *a gesti* hablar con gestos; ~ *a vanvera* hablar por hablar; ~ *col naso* ganguear; ~ *tra i denti* hablar entre dientes; ~ *tra sé e sé* hablar consigo mismo; ~ *come un libro stampato* hablar como un libro abierto; *far* ~ *di sé* dar que hablar; *per ora non se ne parla* por ahora no hay nada más que decir; *non se ne parli più* no se hable más; *neanche a parlarne* ni hablar; *con rispetto parlando* con el debido respeto
parlat|**a** *f* habla; ~**o 1.** *adj* hablado; **2.** *m mus* recitativo; *ling* lengua hablada coloquial; ~**ore, -trice** *m/f* hablador, -a, orador, -a; ~**orio** *m* locutorio
parlott|**are** *vi* <*avere*> parlotear; ~**io** *m* parloteo
parmigian|**a: alla** ~ *adj gastr* ="cocinado al horno con tomate y queso parmesano"; ~**o 1.** *adj/s* parmesano; **2.** *gastr* (queso) parmesano
parnaso *m mit/lit* parnaso
parodi|**a** *f* parodia; ~**are** *vt* parodiar
parodist|**a** *m/f* parodista; ~**ico** *adj* paródico
parola *f* 1. palabra; habla (*facultad de hablar*); ~ *d'onore* palabra de honor; *(mil)* ~

d'ordine contraseña, santo y seña; *~e crociate* crucigrama; *sante ~e!* ¡santa palabra!; *~, ~, ~!* ¡palabras, sólo palabras!; *giro di ~e* circunloquio; *gioco di ~e* juego de palabras; *libertà di ~* libertad de expresión; *scambio di ~e* cambio de impresiones; *a ~e* de boquilla; *in ~* en palabras; *in una ~* en una palabra; *in poche ~e* en pocas palabras; *in ~e povere* hablando claro, hablando en plata *pop*; *~ per ~* palabra por palabra; *avere la ~ facile* tener facilidad de palabra; *avere l'ultima ~* tener la última palabra; *non avere ~e* no tener palabras, faltar las palabras; *chiedere la ~* pedir la palabra; *credere a q sulla ~* creer en la palabra de alg; *essere di ~/mantenere la ~* ser una persona de palabra, mantener la palabra dada; *mettere le ~e in bocca a q* poner algo en boca de alg; *prendere q in ~* tomar la palabra a alg; *restare senza ~e* quedarse sin habla; *rivolgere la ~ a q* dirigir la palabra a alg; *togliere a q la ~ di bocca* quitarle a alg la palabra de la boca; *venire a ~e con q* cruzar palabras con alg; 2. *fpl mus* texto *m* (*canción*)

parola|ccia *f* palabrota, taco *m*; ~**io** *adj/s* parlanchín, charlatán

parole *f/fr ling* habla

paroli|ere, -a *m/f* letrista (*canciones*); ~**na** *f* palabrita; *devo dirti una ~* te he de decir unas palabritas

parolon|a *f*, ~**e** *m* palabra muy larga, palabro *m*

paronimo *m ling* parónimo

paronomasia *f ling* paronomasia

parossi|smo *m* paroxismo; ~**stico** *adj* paroxístico; ~**tono** *adj/m ling* paroxítono

parotite *f med* parotiditis, paperas *fpl/fam*

parquet *m fr/inv* parqué *m*, parquet *m*

parricid|a *m/f* parricida; ~**io** *m* parricidio

parrocchetto *m zool* cotorra *f*, papagayo; *mar* perico, juanete

parrocchia *f eccl/fig* parroquia; ~**le** *adj* parroquial; ~**no** *m/f* parroquiano, -a, feligrés, -a

parroco *m* párroco

parruc|ca *f* peluca; ~**chiere, -a** *m/f* peluquero, -a; ~**chino** *m* peluquín, bisoñé; ~**cone** *m fig/desp* carcamal

parsimoni|a *f* parsimonia; ~**oso** *adj* parsimonioso

partaccia *f* papelón *m*

parte *f* parte; *teatro/fig* papel *m*; *~i del discorso* partes de la oración; *~i molli* partes blandas; *~ ... ~* en parte ... en parte, una parte ... otra parte, algunos/unos ... otros...; *a ~* aparte, por separado; *teatro* aparte *m*; *in ~* en parte; *in/da ogni ~* por todas partes; *da ~ di* de parte de; *per ~ di* por parte de; *da/per ~ mia* por mi parte, por lo que a mí respecta; *da una ~... dall'altra* por una parte ... por otra, por un lado ... por otro; *senza aver ~ in causa* sin comerlo ni beberlo; *essere ~ in causa* ser parte en la causa; *essere dalla ~ del torto* estar en el lado equivocado; *fare/essere ~ di* formar parte de; *fare le ~i* hacer las partes/el reparto; *(teatro) fare la ~ di* hacer el papel de; *lasciare da ~* dejar de lado; *prendere (viva) ~ a qc* tomar parte (activa) en algo, participar (activamente) en algo; *(fig) non sapere da che ~ voltarsi* no saber qué hacer/a quién dirigirse; *stare dalle ~i di Recanati* vivir cerca de Recanati

partecip|ante *adj/s* participante; ~**are** <*esd*> **1.** *vt* participar, comunicar; **2.** *vi* <*avere*> participar (*a* en); participar (*di* de) (*compartir*); *~ a un affare* participar en un negocio; *l'uomo partecipa della condizione animale* el hombre participa de la condición animal; ~**azione** *f* 1. participación, intervención (*a* en); 2. comunicación, anuncio *m*; esquela (*defunción*); 3. *econ* participación; *~ agli utili* participación en los beneficios; ~**e** *adj* partícipe

parteggia|nte *m/f* partidario, -a; ~**re** *vi* <*avere*> ser partidario (*per* de)

parteno|genesi *f/inv biol* partenogénesis; ~**peo** *adj/s* 1. *ant* partenopeo; 2. napolitano

partenza *f* salida, partida; *auto* arranque *m*; *sport* salida; *punto di ~* punto de partida; *linea di ~* línea de salida; *lingua di ~* lengua de partida; *il treno è in ~* el tren está a punto de salir

parterre *m fr/inv* parterre *m*; *teatro* platea *f*

particella *f* 1. *ling/fis* partícula; 2. *ius* parcela; *~ catastale* unidad catastral; ~**re** *adj* parcelario, catastral

participi|ale *adj ling* participial; ~**o** *m ling* participio

particola *f eccl* hostia

particolare 1. *adj* particular; *in ~* en particular; **2.** *m* particular, detalle, pormenor; *scendere in ~i* entrar en detalles; ~**ggiare** *vt/vi* <*avere*> particularizar, detallar, pormenorizar

particolari|smo *m* particularismo; ~**sta** *m/f* particularista; ~**stico** *adj* particularista; ~**tà** *f/inv* particularidad *f*, particular *m*, detalle *m*

partigian|eria *f* parcialidad, arbitrariedad; ~**o, -a 1.** *adj* partidario, favorable; *pol* partidista, faccioso; *hist* partisano; **2.** *m/f* partidario, -a; *hist* partisano, -a

partire *vi* salir, partir, marcharse; *auto* arrancar; *sport* salir; *fig* partir, empezar; *fig/fam* cascarse, estropearse; *a ~ da* a partir de; *~ per l'Italia* salir para/hacia Italia; *~ per le vacanze* salir de vacaciones; *~ per la tangente* salirse por la tangente; *~ in quarta* salir disparado, salir a escape; *~ da un'idea* partir de una idea

partita *f sport* partido *m*; partida (*juego*); *com* partida, lote *m*; *com* partida, asiento *m* (*anotación*); *~ amichevole* partido amistoso; *fare una ~ a carte, a scacchi* jugar una partida de cartas, de ajedrez; *~ di caccia* partida de caza; *essere della ~* ser del grupo; *(com) ~ semplice, doppia* partida simple, doble

partitico *adj pol* de los partidos

partitismo *m* partidismo

partitissima *f sport* partido en la cumbre *m*, partido del siglo *m/iron*

partitivo *adj ling* partitivo

partito *m* 1. *pol* partido; *per ~ preso* a

priori, de antemano; *prendere ~ per q* tomar partido por alg; 2. partido (*matrimonio*); *essere un buon ~* ser un buen partido; 3. ocasión *f*, oportunidad *f*; partido, provecho; *trarre ~ da qc* sacar provecho de algo, sacarle partido a algo; 4. *fig* estado, condición *f*; *trovarsi a mal ~* encontrarse en malas condiciones

partitocrazia *f* partitocracia

partitore *m* divisor, partidor

partitura *f mus* partitura

partizione *f* partición, división

partner *m/f inv* pareja *f*, partner; *com* socio, -a; **~ship** *f ingl/inv* acuerdo internacional *m*

parto *m* 1. *med* parto; *~ indolore, prematuro* parto sin dolor, prematuro; 2. *hist* parto

partori|ente *f* parturienta; **~re** <*isc*> *vt* parir, dar a luz; *fig* ocasionar, acarrear

part time *ingl/inv* **1.** *adj* de/a tiempo parcial; **2.** *m/inv* trabajo a tiempo parcial *m*

party *m/inv* fiesta *f*, recepción *f*

parure *f fr/inv* 1. conjunto de ropa interior femenina *m*; 2. aderezo *m* (*joyas*); 3. juego de cama *m*

parven|u *m fr/inv* advenedizo *m*, nuevo rico *m*; **~za** *f lit/fig* visos *mpl*; apariencia *est*; *~ di realtà* visos de realidad

parzial|e *adj* parcial; **~ità** *f/inv* parcialidad *f*

pascere <*pasco*> **1.** *vt* pacer (*comer el animal*); apacentar, pastar, pastorear (*llevar al pasto*); *fig* alimentar; **2.** *vi* <*avere*> pacer; **3.** *~rsi* alimentarse, nutrirse

pascià *m/inv* pachá *m*; *vivere come un ~* vivir como un pachá

pasciuto *adj* alimentado, cebado

pascolare <*esd*> **1.** *vt* apacentar, pastar, pastorear; **2.** *vi* <*avere*> pacer

pascolo *m* pastizal, dehesa *f*, prado, pastos *mpl*; pastoreo

Pasqu|a *f eccl* Pascua; *essere contento come una ~* estar como unas pascuas; ***~ale** *adj* pascual; ***~etta** *f fam* lunes de Pascua *m*

passa: e ~ *adv* y pico; *trenta e ~* treinta y pico; **~bile** *adj* pasable, aceptable, mediano

passaggio *m* 1. paso (*acción*); *essere di ~* estar de paso; *vietato il ~* prohibido el paso; *di ~* de pasada, de paso; *dire di ~* decir de paso, dejar caer; 2. paso (*lugar*); pasaje, pasadizo (*lugar*); *~ pedonale* paso de peatones; *~ a livello* paso a nivel; 3. invitación a subir a un vehículo *f*; *dare/offrire un ~ a q* ofrecerse a llevar a alg a algún sitio; 4. *lit/mus* pasaje, trozo; 5. *sport* pase

passaman|eria *f* pasamanería; **~o** *m* pasamano, trencilla *f*

passamontagna *m/inv* pasamontañas

passante *m/f* 1. transeúnte, viandante; 2. *m* trabilla *f* (*cinturón*)

passaporto *m* pasaporte

passare 1. *vi* pasar; *stud* aprobar; pasar (*de curso*); *mil* ascender; *fig* haber, existir, mediar; *~ al largo* pasar de largo; *~ per bello, per/da stupido* pasar por guapo, por estúpido; *~ inosservato* pasar inadvertido; *~ generale* ascender a general; *~ a nuove nozze* casarse en segundas nupcias; *è passato a miglior vita* ha pasado a mejor vida; *per questa volta passi* por esta vez pase; *passerò da casa tua/da te* pasaré por tí/por tu casa; *mi passi...* póngame con... (*teléfono*); **2.** *vt* pasar; *gastr* triturar, hacer papilla; *auto* pasar, adelantar; *stud* aprobar; pasar *vi* (*de curso*); *fig* exceder; *~ i limiti* propasarse; *~rla liscia/bella* salir con bien; *~rsela bene, male* pasarlo bien, mal; *~ un'ordinazione* pasar un pedido; *lasciar ~* dejar pasar; *(radio) passo!, passo e chiudo!* ¡corto!, ¡corto y cierro!; *passamelo* dile que se ponga (*teléfono*); *non gliene passa una* no le deja pasar ni una

passata *f* vistazo *m*, ojeada; pasada, capa (*pintura...*); *gastr* puré *m*; *di ~* de pasada; *dare una ~ al giornale* echar una ojeada al periódico; *una ~ di pioggia* un chaparrón; *~ di patate* puré de patatas; *~ di pomodoro* tomate triturado

passatempo *m* pasatiempo, entretenimiento

passato 1. *adj* pasado (*anterior*); pasado, estropeado (*carne, fruta*); *fig* pasado, superado, desfasado; **2.** *m* 1. pasado, ayer; *ling* pasado, pretérito; *~ prossimo, remoto* pretérito perfecto ("sono andato/he ido"), pretérito indefinido ("andai/fui"); 2. *gastr* puré, crema *f*; *~ di verdure* puré de verduras; **~ia** *f* 1. alfombra (*de escalera, de pasillo*); 2. pasarela (*tren*); **~io** *m* pasadera *f*, pasadero

passatutto *m/inv* pasapurés

passaverdur|a, ~e *m/inv* pasapurés

passeggero, -a 1. *adj* pasajero, transitorio; **2.** *m/f tras* pasajero, -a, viajero, -a; *~ clandestino* polizón

passeggia|re *vi* <*avere*> pasear(se); **~ta** *f* paseo *m* (*acción, lugar*); *fare una ~* dar un paseo; **~trice** *f euf* prostituta *est*

passeggino *m* cochecito (*niños*)

passeggio *m* paseo (*acción, lugar*); *andare a ~* ir de paseo, salir a pasear; *portare a ~* sacar a pasear/de paseo

passe-partout *m fr/inv* llave maestra *f*

passera *f* 1. *zool* gorriona; 2. *fig/vulg* coño *m*, chocho *m*; **~io** *m zool* gorjeo, algarabía *f*; *fig* chismorreo

passerella *f* pasarela

passero *m zool* gorrión, pardal

passerotto *m* gorrioncillo

passi *m/inv* pase *m*; **~bile** *adj* susceptible (*di* de); digno (*di* de); **~flora** *f bot* pasionaria, pasiflora; **~no** *m* colador

passion|ale *adj* pasional; **~alità** *f/inv* pasionalidad *f*; **~e** *f* pasión; *fig* afición, pasión; *ha la ~ del camminare* siente pasión por caminar, es muy aficionado a caminar

passito *adj* de pasas (*vino*)

passiv|ante *adj ling* pasivo; *il "si" ~* el "si" pasivo; **~ità** *f/inv* pasividad *f*; **~o 1.** *adj* pasivo; *gram/econ* pasivo; **2.** *m ling* (voz) pasiva *f*; *econ* pasivo; *(a. fig) segnare/registrare al ~* poner en el pasivo

passo *m* 1. paso (*distancia*); *~i da gigante* pasos de gigante; *(mil) ~ dell'oca* paso de la oca; *a ~ d'uomo* a paso de persona; *a ~*

di lumaca/di tartaruga a paso de tortuga; *a ~i da gigante* a pasos agigantados; *ad ogni ~* a cada paso; *di buon ~* a buen paso, a buena marcha; *di questo ~* a este paso; *~ ~/un ~ dopo l'altro* paso a paso; *e via di questo ~* y así en lo sucesivo; *allungare il ~* acelerar el paso; *andare al ~* marchar al paso; *è a pochi ~i* está a pocos pasos, está cerca; *fare due/quattro ~i* dar una vuelta; *fare il ~ secondo la gamba* medir las fuerzas; *fare il ~ più lungo della gamba* no medir las fuerzas; *fare un ~ falso* dar un paso en falso; *muovere i primi ~i* dar los primeros pasos, hacer los primeros pinitos; *(mil) segnare il ~* marcar el paso; *seguire i ~i di q* seguir las huellas de alg; *senza muovere un ~* sin moverse del sitio, sin mover un dedo; *stare al ~ di q* ir al paso de alg; *tenere il ~* llevar el paso; 2. *lit/mus* fragmento, pasaje, trozo; 3. paso (*acción; lugar*); *geogr* paso, puerto, collado; *~ carrabile* vado permanente; *uccelli di ~* aves de paso, aves migratorias; *aprirsi il ~ tra la gente* abrirse paso entre la gente; *cedere il ~* ceder el paso

pasta *f* pasta, masa; *gastr* pasta (*espaguetis*...); pasta, masa (*hojaldre*...); pastel *m*, dulce *m*, bollo *m*; *fig* pasta, calaña *desp*; *~ di vetro, di legno* pasta de vidrio, de madera; *~ sfoglia, frolla* hojaldre, pasta quebrada; *(fig) essere di ~ frolla* ser de mantequilla; *(fig) essere della stessa ~* estar hecho(s) de la misma pasta, ser de la misma calaña *desp*; *(fig) avere le mani in ~* estar en el ajo; **~frolla** V. **pasta**

pastasciutta, pasta asciutta <*pl -e, paste asciutte*> *f* pasta con salsa (*espaguetis, macarrones*...); **~io, -a** *m/f fam* aficionado, -a a la pasta

pastell|a *f* pasta de rebozar; **~o 1.** *m pitt* pastel; **2.** *adj* pastel; *verde ~* verde pastel

pasticc|a *f* pastilla, tableta; **~eria** *f* pastelería; pastelería, repostería (*arte*)

pasticci|are *vt* chapucear; ensuciar, enguarrar; **~ere, -a** *m/f* pastelero, -a, repostero, -a; **~no** *m* pasta *f*, pastita *f*, pasta de té *f*

pasticcio <*pl -cci*> *m* 1. chapuza *f*, estropicio, churro; 2. embrollo, enredo, lío, fregado; *mettersi/cacciarsi nei ~i* meterse en líos; *trovarsi nei ~i* estar metido en un lío; 3. *gastr* lasaña *f*; **~ne** *m/f* 1. chapucero, -a; 2. embrollador, -a, liante, -a

pastiche *m fr/inv* pastiche *m*

pastific|are <*esd*> *vt* fabricar pastas; **~io** *m* fábrica de pastas *f*

pastiglia *f* pastilla, tableta

pastina *f gastr* fideos *mpl*, estrellitas *fpl*...; **~ca** *f bot* chirivía

pasto *m* comida *f*; *fare due ~i al giorno* hacer dos comidas al día; *vino da ~* vino de mesa; *dare in ~ al pubblico* dar a conocer, poner en conocimiento del público; *a tutto ~* a todo pasto; **~ia** *f zool* maniota, suelta; *fig* atadura, cadena; **~ne** *m* pasta de salvado *f* (*animales*); *fig* amasijo, revuelto

pastor|ale 1. *adj eccl* pastoral; *lit* pastoril; **2.** *f eccl/mus* pastoral; **3.** *m eccl* báculo, cayado; **~e** *m/f* pastor, -a; **~ella** *f* pastorcilla; *mus/lit* pastorela; **~izia** *f* pastoreo *m*

pastorizza|re *vt tec* paste(u)rizar; **~zione** *f* paste(u)rización

pastos|ità *f/inv* pastosidad *f*; **~o** *adj* pastoso

pastr|ano *m ant* gabán; **~occhio** *m fam* embrollo, lío, fregado

pastura *f* 1. pastoreo *m*; 2. pastizal *m*, dehesa, prado *m*

patacc|a *f* patacón *m* (*moneda*); *fig* bagatela, baratija; *fig* lamparón *m*; *fig/desp* chatarra (*medallas*); **~one** *m fig/desp* patata (*reloj*); tonel, barrilete (*persona*)

patapum! *excl* ¡pataplum!, ¡cataplum!

patat|a *f bot* patata, papa; *~ dolce/americana* batata; *(fig) ~ bollente* patata caliente; *(fig) spirito di ~e* patochada; *(fig) sacco di ~e* saco de patatas; **~aio** *m* patatero; **~ina** *f* patatita; patata nueva; *~e fritte* papas, patatas fritas, papas fritas (*en bolsa*)

patatrac! *excl* ¡pataplum!, ¡cataplum!

pâté *m/inv* paté *m*

patella *f zool* lapa

patema *f* aflicción, congoja

patena *f eccl* patena

patent|ato *adj* titulado; *fig/iron* empedernido, redomado; **~e 1.** *adj* patente, manifiesto; *(ius) lettera ~* letras patentes; **2.** *f* permiso *m*, autorización, licencia; *~ (di guida)* permiso de conducir, carné de conducir

patera *f* pátera

patereccio *m med* panadizo, uñero

paternal|e *adj* paternal; **~ismo** *adj* paternalismo; **~istico** *adj* paternalístico

paternità *f/inv* paternidad *f*; *adm* datos del padre *mpl*

paterno *adj* paterno; **~stre, pater nostre** *m/inv* paternóster *m*; **~stro** *m* diez (*rosario*); *sapere qc come il ~* saberse algo de carrerilla

patetic|ità *f/inv* patetismo *m*; **~o** *adj* patético

pathos *m* pathos

patibol|are *adj* patibulario; **~o** *m* patíbulo, cadalso

patimento *m* padecimiento, tribulación *f*

patina *f metal* pátina; *med* saburra, sarro *m* (*lengua*); **~re** <*esd*> *vt metal* patinar; **~tura** *f metal* patinado *m*

patire <*isc*> *vt/vi* <*avere*> padecer, sufrir; *~ di cuore* padecer del corazón

patito, -a 1. *adj* sufrido; demacrado (*cara*); **2.** *m/f* fanático, -a, forofo, -a

patogeno *adj* patógeno

patolog|ia *f* patología; **~ico** *adj* patológico; **~o, -a** *m/f* patólogo, -a

patos V. **pathos**

patria *f* patria

patriarca *m* patriarca; **~le** *adj* patriarcal; **~to** *m* patriarcado

patrigno *m* padrastro

patrimoni|ale 1. *adj* patrimonial; **2.** *f*

impuesto sobre el patrimonio *m*; ~**o** *m* patrimonio; *fig* patrimonio, acervo; *fig/fam* dineral, capital; ~ *artistico, cultural* patrimonio artístico, cultural; *spendere un* ~ gastarse un dineral

patrio *adj* patrio; ~*a potestà* patria potestad; ~**ta** *m/f* patriota

patriott|ardo *adj/s* patriotero, chovinista; ~**ico** *adj* patriótico; ~**ismo** *m* patriotismo

patristica *f* patrística

patrizi|ato *m hist* patriciado; ~**o** *adj/s hist* patricio

patrocin|are *vt ius/fig* patrocinar; ~**atore, -trice** *m/f ius/fig* patrocinador, -a; ~**io** *m ius/fig* patrocinio

patron|ato *m* patronato; ~**imico** *adj/m* patronímico; ~**o, -a** *m/f eccl* patrono, -a;

patta *f* 1. tapa (*tejido*); 2. *sport* empate *m*; tablas *fpl* (*ajedrez*)

patteggiare *vt/vi* <*avere*> pactar

pattin|aggio *m* patinaje; ~ *a rotelle, su ghiaccio* patinaje sobre ruedas, sobre hielo; ~**are** *vi* <*avere*> patinar; *auto* patinar, derrapar; ~**atore, -trice** *m/f* patinador, -a; ~**o** *m sport/tec/tras* patín; ~*i a rotelle* patines de ruedas

patto *m* 1. pacto, acuerdo, trato; *dipl* tratado; *~ *Atlantico* Pacto Atlántico; ~ *di non aggressione* pacto de no agresión; *non stare ai* ~*i* no aceptar tratos; romper un trato; *venire a* ~*i con q* alcanzar un acuerdo con alg; 2. condición *f*; *a* ~ *che* a condición de que; *a nessun* ~ bajo ninguna condición; *a questi* ~*i non ci sto* con estas condiciones no acepto

pattuglia *f* patrulla; ~ *di ricognizione* patrulla de reconocimiento; ~**re** *vt/vi* <*avere*> patrullar; ~**tore** *m* patrullero; *(mar)* ~ *veloce* patrullera

pattui|re <*isc*> *vt* pactar, acordar, convenir; ~**to** *adj/m* pactado, acordado, convenido; *pagare il* ~ pagar lo acordado

pattum|e *m* basura *f*, desperdicio, deshecho; ~**iera** *f* cubo de la basura *m*; basurero *m*

paupe|rismo *m* pauperismo; ~**rrimo** *adj* paupérrimo

paur|a *f* miedo *m*, temor *m*; *avere* ~ *di (qc/q)* tener miedo (de/a algo/alg); *avere* ~ *che*... tener miedo de que, temer que; *far* ~ dar miedo; *far/mettere* ~ *a q* dar/meter miedo a alg; *niente* ~*!* ¡sin miedo!; *da far* ~ de miedo; ~**oso** *adj* miedoso, asustadizo, temeroso (*persona*); pavoroso, terrible (*hecho*)

pausa *f* pausa; descanso *m*, intermedio *m*

pavé *m/inv* adoquinado *m*, empedrado *m*

paves|are *vt* empavesar, engalanar; *mar* empavesar; ~**e 1.** *adj* de Pavía; **2.** *m mil* pavés

pavido *adj lit* pávido

paviment|are *vt* pavimentar, solar (*suelo*); pavimentar, asfaltar (*carretera, calle*); ~**azione** *f* pavimentación; pavimentación, asfaltado *m*; ~**o** *m* suelo, piso, pavimento

pavon|e, -a *m/f zool* pavo, -a real, pavón *m*; ~**eggiarsi** pavonearse, farolear *vi*

pazien|tare *vi* <*avere*> tener paciencia *vt*; ~**e 1.** *adj* paciente; **2.** *m/f med* paciente; ~**za** *f* paciencia; ~*!* ¡paciencia!, ¡qué se le va a hacer!; *santa* ~*!* ¡santa paciencia!; *abbi* ~*!* ¡ten (un poco de) paciencia!; *perdere/scappare la* ~ perder la paciencia; *avere la* ~ *di Giobbe/di un certosino* tener más paciencia que Job

pazzerello *adj* locuelo; ~**ne** *adj/s fam* locuelo, tarambana(s)

pazzesco *adj fam* de locos, increíble, bárbaro, alucinante

pazzia *f med* locura, demencia; *fig* locura, disparate *m*, barbaridad

pazzo, -a 1. *adj* loco, demente, chalado; *fig* raro, extravagante; *essere* ~ *furioso* ser un loco peligroso; ~ *da legare* loco de atar, loco de remate; *andare* ~ *per qc* volverle loco algo a alg; **2.** *m/f* loco, -a, demente; *fig* chalado, -a, pirado, -a

pecca *f* defecto *m*, falla; ~**minoso** *adj* pecaminoso; ~**re** *vi* <*avere*> *eccl* pecar; *fig* pecar (*di* de); ~ *di presunzione* pecar de presunción; ~ *per troppa bontà* pecar de excesiva bondad; ~**to** *m* 1. *eccl* pecado; ~ *mortale, veniale, originale, capitale* pecado mortal, venial, original, capital; *brutto come un* ~ más feo que un pecado, más feo que Picio; 2. *fig* pena *f*, lástima *f*; *che* ~*!* ¡qué pena/lástima!; ~ *che*... lástima que...; ~**tore** *adj/s* pecador

pecchione *m zool* zángano

pece *f* pez

pechin|ese *adj/s* pequinés; *cane* ~ perro pequinés; *~**o** *f* Pequín

pecora *f* oveja; *fig/desp* borrego *m*; *la* ~ *nera della famiglia* la oveja negra de la familia

pecoraggine *f* borreguismo *m*, servilismo *m*

pecoraio, -a *m/f* ovejero, -a, pastor, -a

pecorella *f* ovejita, borreguito *m*; *cielo a* ~*e* cielo aborregado; *la* ~ *smarrita* la oveja descarriada

pecorino 1. *m gastr* queso de cabra; **2.** *adj* ovejuno

pecorone *m fig/desp* borrego, calzonazos

pectina *f chim* pectina

peculato *m ius* peculado

peculiar|e *adj* peculiar; ~**ità** *f/inv* peculiaridad *f*

peculio *m ius/iron* peculio

pecunia *f ius/iron* pecunia; ~**rio** *adj* pecuniario

pedaggio *m* peaje; *a* ~ de peaje

pedagog|ia *f* pedagogía; ~**ico** *adj* pedagógico; ~**o, -a** *m/f* pedagogo, -a

pedala|re *vi* <*avere*> pedalear; ~**ta** *f* pedaleo *m* (*ritmo*); pedalada (*cada impulso*)

pedale *m* pedal; ~ *del freno, della frizione* pedal del freno, del embrague

pedali|era *f* juego de pedales *m*; plato *m* (*bicicleta*)

pedana *f* 1. peana, tarima; 2. *sport* trampolín *m*; 3. alfombrilla

pedante *adj/s* pedante; ~**ria** *f* pedantería; ~**sco** *adj* pedantesco

pedata *f* patada, puntapié *m*; *fig* huella; *prendere q a* ~*e* darle patadas a alg; *seguire le* ~*e di q* seguir las huellas de alg

pedemontano *adj* a los pies del monte

pederast|a *m* pederasta; **~ia** *f* pederastia

pedestre *adj* pedestre

pediatr|a *m/f* pediatra; **~ia** *f* pedriatría; **~ico** *adj* pediátrico

pedicure *m/f fr/inv* pedicuro, -a

pedigree *m ingl/inv* pedigrí *m*

pedina *f* ficha (*juego de las damas*); *fig* peón *m* (*persona*); **~re** *vt* seguir, vigilar (*policía, detective*)

pedissequo *adj lit* servil; fiel

pedofilia *f* pedofilia

pedometro *m* podómetro, cuentapasos

pedonal|e *adj* peatonal; **~izzare** *vt* peatonalizar

pedone, **-a** *m/f* 1. peatón, -ona, viandante; 2. *m* peón (*ajedrez*)

peduncolo *m bot* pedúnculo

peggio 1. *adv* peor; *cambiare in ~* cambiar a peor; *~ di così si muore* peor imposible, peor no puede ir; *tacere è ~* callar es peor; *(tanto) ~ per te* (tanto) peor para tí; *~ che ~/~ che andar di notte* peor que peor; **2.** *m/f inv* la peor parte *f*, la peor forma *f*; *avere la ~* llevarse la peor parte

peggior|amento *m* empeoramiento, agravamiento; **~are** *vt/vi* empeorar; **~ativo 1.** *adj* peyorativo; **2.** *m ling* despectivo; **~e** *adj/s* peor; *nel ~ dei casi* en el peor de los casos

pegno *m* prenda *f*, garantía *f*, fianza *f*; *in ~* en prenda

pelago *m lit* piélago

pelame *m* pelaje, pelo; *fig* pelaje

pelandrone, **-a** *m/f* holgazán, -ana, gandul, -a, vago, -a

pelapatate *m/inv* pelapatatas

pelapolli *m/inv desp* pelagatos

pelare *vt* pelar (*fruta*); pelar, rapar (*pelo*); desplumar (*ave*); despellejar, desollar (*animales*); *fig* desplumar (*robar*); *fa un freddo che pela* hace un frío que pela

pelat|a *f* 1. calva; coronilla; 2. rapadura, rapamiento *m*, pelado *m* (*pelo*); desplumadura (*aves*); *fig* sablazo *m*, clavada; **~o 1.** *adj* pelado, rapado, pelón (*cabeza*); **2.** *m* 1. calvo, pelón; 2. *mpl* tomates pelados (*de bote*); **~ura** *f* rapadura, pelado *m*

pella|ccia *f* 1. mal bicho *m*, malvado *m*, mala pécora; 2. (tipo) duro *m*; **~gra** *f* pelagra; **~io** *m* curtidor; peletero (*vendedor*); **~me** *m* pieles *fpl*, curtidos *mpl*

pelle *f* piel; *zool* piel, pellejo *m*, cuero *m*; *bot* piel; *fig* piel, pellejo *m* (*vida*); *~ d'uovo* muselina (*tela*); *amici per la ~* amigos del alma; *(fig) avere la ~ dura* ser duro de pelar; *avere, far venire la ~ d'oca* tener, poner la piel de gallina; *essere ridotto/ridursi ~ ed ossa* estar, quedarse en los huesos; *lasciarci/rimetterci la ~* dejarse el pellejo/la piel; *giocarsi la ~* jugarse el pellejo; *salvare la ~* salvar el pellejo; *non voler essere nella ~ di q* no querer estar en el pellejo de alg

pellegrin|aggio *m* peregrinación *f*, peregrinaje, romería *f*; **~o**, **-a** *m/f* peregrino, -a, romero, -a

pellerossa <*pl pellirosse*> *m/f* piel roja

pelletica *f fam gastr/fig* piltrafa

pellett|eria *f* peletería; **~iere** *m* peletero

pellicano *m zool* pelícano

pellicc|eria *m* peletería; **~ia** *f* 1. *zool* piel; *cappello di ~* gorro de piel; 2. abrigo de pieles *m*; **~iaio**, **-a** *m/f* peletero, -a

pellicola *f* película, cutícula; *foto/cine* película

pellirossa V. **pellerossa**

pelo *m* 1. pelo, cabello; *bot* pelo; pelo (*tejido*); *cavalcare a ~* montar a pelo; *andare contro ~* ir a contrapelo; *cercare il ~ nell'uovo* buscarle tres pies al gato; *non torcere un ~ a q* no tocarle ni un pelo a alg; *non avere ~i sulla lingua* no tener pelos en la lengua; *avere il ~ al cuore/sullo stomaco* tener pelos en el corazón; 2. piel *f* (*ropa*); 3. superficie *f* (*agua*); 4. *fig* pelo, pizca *f* (*poco*); *per un ~/è mancato un ~* por los pelos; **~so** *adj* peludo, piloso

peltro *m* peltre

peluche *f fr/inv* peluche *m*, felpa *f*

peluria *f* pelusa, vello *m*

pelvi *f/inv* pelvis; **~co** *adj* pelviano

pena *f* 1. pena, castigo *m*; *~ capitale/di morte* pena capital/de muerte; *sotto ~ di* bajo pena de, so pena de; 2. pena, angustia, aflicción; penalidad, sufrimiento *m*; *stare in ~ per q* estar preocupado por alg, sufrir por alg; *soffrire le ~e dell'inferno* pasar las de Caín, ir por la calle de la amargura; *far ~* dar pena/lástima; 3. pena, fatiga; *a mala ~/a gran ~* a duras penas, a malas penas; *darsi ~ di* esforzarse por; *valere la ~ (di fare qc)* valer la pena (hacer algo)

penal|e 1. *adj ius* penal; *codice ~* código penal; **2.** *f ius* penalización; **~ista** *m/f* penalista; **~ità** *f/inv ius* sanción *f*; *sport* penalización *f*

penalizza|re *vt* penalizar; **~zione** *f* penalización

penalty *m/f inv sport* penalti *m*, penalty *m*

penare *vi* <*avere*> penar, padecer, sufrir

pencolare <*esd*> *vi* <*avere*> vacilar, tambalearse; *fig* dudar, vacilar

pendaglio *m* colgajo

penden|te *adj* pendiente, inclinado; colgante; *ius* pendiente, en curso; *com* pendiente; *la torre ~ di Pisa* la torre inclinada de Pisa; *carichi ~i* deberes pendientes; **~za** *f* pendiente, inclinación, desnivel *m*; *ius* pendencia; *adm* asunto pendiente *m*; *fig* cuestión pendiente

pendere *vi* <*avere*> pender, colgar, estar colgado (*da* de); inclinarse, estar inclinado; *fig* pender, cernerse (*amenazar*); *fig* tender, inclinarse; *~ a destra* colgar hacia la derecha; *~ dalla parte di q* inclinarse a favor de alg

pendice *f* cuesta, pendiente

pendio *m* pendiente *f*, inclinación *f*; cuesta *f*; *essere in ~* estar en pendiente

pendol|a *f* péndola; **~are 1.** *adj* pendular; **2.** *adj/s* habitante de una ciudad-dormitorio que trabaja fuera; **3.** <*esd*> *vi* <*avere*> oscilar; **~ino** *m* 1. péndulo (*de zahorí*); 2. *tras* tren rápido; **~o** *m* péndulo; *arch* plomada *f*

pendulo *adj lit* péndulo

pene *m med* pene

penetra|bile *adj* penetrable; ~**bilità** *f/inv* penetrabilidad *f*; ~**nte** *adj* penetrante; ~**re** <*esd*> **1.** *vt* penetrar, traspasar; **2.** *vi* <*essere/avere*> penetrar, entrar; adentrarse; infiltrarse; ~**zione** *f* penetración
penicillina *f* penicilina
peninsulare *adj* peninsular
penisola *f* península
peniten|te *adj/s* penitente; ~**za** *f eccl/fig* penitencia
penitenzi|ale *adj* penitencial, expiatorio; ~**ario 1.** *adj* penitenciario, carcelario; **2.** *m* penal, penitenciaría *f*; ~**ere** *m eccl* penitenciario; ~**eria** *f eccl/ius* penitenciaría
penna *f* 1. *zool* pluma; *(mil) ~e nere* soldados alpinos; 2. pluma (*escribir*) bolígrafo *m*; ~ *biro/a sfera* bolígrafo; ~ *a feltro* rotulador; ~ *stilografica* pluma estilográfica; ~ *ottica* lápiz óptico; *restare nella* ~ quedarse en el tintero; 3. *fpl* macarrones; ~**cchio** *m* penacho, plumero; ~**rello** *m* rotulador (*escribir*)
pennell|are *vt/vi* <*avere*> pincelar *vt*, pintar; ~**ata** *f pitt* pincelada, brochazo *m*; *fig* pincelada; ~**ificio** *m* fábrica de pinceles o brochas *f*; ~**o** *m* pincel; ~ *da barba* brocha de barba; *venire/calzare a* ~ venir como anillo al dedo, venir que ni pintado
pennino *m* plumilla *f*
pennone *m hist* pendón, estandarte; *mar* verga *f*
pennuto 1. *adj* plumoso, plumado; **2.** *m* animal de pluma
penny *m/inv* penique *m*
penombra *f* penumbra
penoso *adj* penoso, lastimoso; penoso, cansado (*trabajo*)
pensa|re *vt/vi* <*avere*> pensar; ~ *a q/qc* pensar en alg/algo; *pensavo di tornare presto* pensaba volver pronto; *penso che tornerà presto* pienso que volverá pronto; *dare da* ~ dar que pensar; *pensa e ripensa* dale más y más vueltas; *pensa che roba!* ¡imagínate tú!, ¡fíjate tú!; ~ *a tutto* pensar en todo, estar en todo; *senza ~rci* sin pensar; *pensandoci bene* pensándolo bien; *~rci molto* pensárselo mucho; ~**ta** *f* ocurrencia; ~**toio** *m iron* retiro del mundanal ruido; ~**tore, -trice** *m/f* pensador, -a
pensée *f fr/inv bot* pensamiento *m*
pensier|ino *m* recuerdo (*pensamiento, regalo*); *stud* redacción *f* (*elemental*); ~**o** *m* pensamiento; *fig* preocupación *f*; *essere sopra* ~ estar absorto, estar ensimismado; *stare in ~ per q/qc* estar preocupado por alg/algo; *dare ~i a q* tener preocupado a alg; ~**oso** *adj* pensativo, caviloso
pensil|e *adj/m lit* pensil, pénsil; ~**ina** *f arch* marquesina, tejadillo *m*, porche *m*
pensiona|bile *adj* 1. jubilable (*persona*); 2. cotizable (*para la pensión*); ~**mento** *m* jubilación *f*; ~**nte** *m/f* pensionista (*que vive en una pensión*); ~**re** *vt* jubilar; ~**to, -a 1.** *adj* jubilado, retirado; **2.** *m/f* pensionista, jubilado, -a; **3.** *m* pensionado, residencia *f*, casa de huéspedes *f*; ~ *per anziani, per studenti* residencia de ancianos/de la tercera edad, de estudiantes
pensione *f* 1. pensión, jubilación (*cantidad*); ~ *di anzianità, invalidità* (pensión de) jubilación, pensión de invalidez; *andare in* ~ jubilarse; *mettere in* ~ jubilar; 2. pensión; ~ *completa, mezza* ~ pensión completa, media pensión; *tenere q a* ~ tener a alg como huésped; 3. pensión, hostal *m*, casa de huéspedes
pensionistico *adj* de la jubilación
pensos|ità *f/inv* ensimismamiento *m*; ~**o** *adj* pensativo, absorto, ensimismado
pentagon|ale *adj* pentagonal; ~**o** *m* pentágono; *il* *~ el Pentágono
pentagramma *m* pentagrama
pentamero *m* pentámero
pentathlon, pentatlon *m* pentatlón
pentavalente *adj* pentavalente
Pentecoste *f eccl* Pentecostés
penti|mento *m* arrepentimiento; ~**rsi** arrepentirse (*di qc* de algo); ~**to 1.** *adj* arrepentido; **2.** *m/f ius* arrepentido *(terrorista, traficante)*
pentola *f* olla; ~ *a pressione* olla a presión; *(fig) qualcosa bolle in* ~ algo se está cociendo
penultimo *adj/s* penúltimo
penuria *f* penuria
penzolare <*esd*> *vi* <*avere*> balancearse, oscilar
penzolo *m* racimo, colgajo
penzoloni *adv* balanceándose
peón *m/inv* 1. peón *m*, jornalero *m*; 2. *mpl pol* masa de parlamentarios de un grupo *f*
peonia *f bot* peonía
pepa|re *vt* poner pimienta; ~**to** *adj* picante; *fig* punzante, agrio
pepe *m bot* pimentero; *gastr* pimienta *f*
peperon|cino *m* guindilla *f*, chile, ají; ~**e** *m* pimiento; *diventare rosso come un* ~ ponerse colorado como un tomate
pepita *f* pepita (*oro*)
pepsina *f* pepsina
per *prep* 1. <*finalidad*> para; *è* ~ *te* es para ti; 2. <*lugar*> por; para; *passare* ~ *Livorno* pasar por Livorno; *partire* ~ *l'America* salir para América; 3. <*tiempo*> para; durante; *la cena è ordinata* ~ *le nove* la cena está encargada para las nueve; *ha piovuto* ~ *tutta la notte* ha llovido (durante) toda la noche; ~ *tempo* temprano; 4. <*medio*> por, a través de; *parlare* ~ *telefono* hablar por teléfono; *andare* ~ *mare* ir por mar; *spedire* ~ *posta* mandar por correo; 5. <*causa*> por; *lo faccio* ~ *te* lo hago por ti; *dare la vita* ~ *la patria* dar la vida por la patria; 6. <*modo*> por; *chiamare* ~ *ordine* llamar por orden; *prendere* ~ *moglie* tomar por mujer; *prendere* ~ *un altro* tomar por otro; ~ *caso* por casualidad; ~ *esempio* por ejemplo; ~ *di più* además; *anno* ~ *anno* año a año; *stare* ~ *fare qc* estar a punto de hacer algo; 7. *mat* por; *due* ~ *due fa quattro* dos por dos son cuatro; *il venti* ~ *cento* el veinte por ciento
pera *f* 1. *bot* pera; 2. *gergo* pico *m*, chute *m* (*droga*); *farsi una* ~ pegarse un chute, chutarse
peraltro *adv* por otra parte
perbacco! *excl/pop* ¡córcholis!, ¡pardiez!
perben|e 1. *adj/inv* decente *adj*, bien,

como Dios manda; *gente* ~ gente honrada; **2.** *adv* honradamente, rectamente; ~**ismo** *m* hipocresía social *f*

perborato *m* perborato

perca *f zool* perca; ~**lle** *m* percal

percento *adv* por ciento

percentual|e 1. *adj* porcentual; **2.** *f* porcentaje *m*, tanto por ciento *m*; ~**izzare** *vt* sacar porcentajes/tantos por ciento

percepi|bile *adj* perceptible; ~**re** <*isc*> *vt* percibir

percett|ibile *adj* perceptible; ~**ivo** *adj* perceptivo; ~**ore, -trice** *m/f* perceptor, -a

percezione *f* percepción

perché 1. *adv* 1. por qué (*motivo*); ~ *l'hai fatto?* ¿por qué lo has hecho?; 2. para qué (*finalidad*); ~ *l'hai fatto?* ¿para qué lo has hecho?; 3. por el/la/los/las que; *non so il motivo* ~ *non sia venuto* no sé el motivo por el que no ha venido; **2.** *conj* 1. porque; *non lavoro* ~ *sono stanco* no trabajo porque estoy cansado; 2. para que; *lavoro* ~ *tu possa mangiare* trabajo para que tú puedas comer; 3. (como) para que; *è troppo forte* ~ *possa vincerlo* es demasiado grande como para que pueda vencerle; **3.** *m* 1. porqué, motivo, razón *f*; *non mi ha spiegato il* ~ no me ha explicado el porqué; *il* ~ *e il percome* el cómo y el porqué; 2. porqué, duda *f*

perciò *adv* por eso, por ello

percome *m/inv fam* cómo; *il perché e il* ~ el cómo y el porqué

percorrenza *f tras* recorrido *m*, trayecto *m*

percorrere <*18 -corsi; -corso*> *vt* recorrer; cruzar, atravesar

percorribilità *f/inv auto* viabilidad *f*

percorso 1. *adj* recorrido; **2.** *m* recorrido, trayecto, ruta *f*

percossa *f* golpe *m*

percuotere <*71 -cuoto; -cossi; -cosso*> *vt* golpear, vapulear, percutir *tec*

percuss|ione *f* percusión; *(mus/mil) a* ~ de percusión; ~**ore** *m* percutor, percusor

perdente *adj/s* perdedor

perdere <*52 persi/perdei/perdetti; perso/perduto*> *vt/vi* <*avere*> perder; *a* ~ desechable, no retornable; *non avere nulla da* ~ no tener nada que perder

perdi|ana! *excl/euf* ¡mecachis!; ~**fiato: a** ~ *adv* a más no poder; ~**giorno** *m/f inv* holgazán, -ana, vago, -a

perdin|ci, ~**dirindina** V. *perdiana*

perdio!, per Dio! *excl* ¡por Dios!

perdita *f* pérdida; ~*e ingenti, di guadagno, di esercizio* pérdidas cuantiosas, de beneficios, de explotación; *profitti e* ~*e* ganancias y pérdidas; *una* ~ *irreparabile* una pérdida irreparable; *a* ~ *d'occhio* hasta donde alcanza la vista

perditempo 1. *m/inv* pérdida de tiempo *f*; 2. *m/f inv* gandul, -a, vago, -a

perdizione *f* perdición

perdon|abile *adj* perdonable, disculpable; ~**are** *vt/vi* <*avere*> perdonar; ~**o** *m* perdón; *chiedere* ~ *a q* pedir perdón a alg

perdur|are *vi* 1. <*avere/essere*> perdurar, durar; 2. <*avere*> insistir, perseverar; ~**evole** *adj* perdurable

perdut|amente *adv* perdidamente, locamente; ~**o** *adj* perdido, extraviado

peregrin|are *vi* <*avere*> vagar, peregrinar; ~**azione** *f* vagabundeo *m*, peregrinación; ~**o** *adj* peregrino, extravagante

perenn|e *adj bot/fig* perenne; perpetuo (*nieve*); ~**ità** *f/inv* perennidad *f*

perentori|età *f/inv ius/fig* perentoriedad *f*; ~**o** *adj ius/fig* perentorio

perenzione *f ius/adm* prescripción, caducidad

perequa|re <*-equo*> *vt* repartir equitativamente; ~**zione** *f* reajuste *m*, igualación

peretta *f elec/med* pera

perfettibil|e *adj* perfectible; ~**ità** *f/inv* perfectibilidad *f*

perfetto 1. *adj* perfecto; **2.** *m ling* (pretérito) perfecto

perfezion|amento *m* perfeccionamiento; ~**are** *vt* perfeccionar; ~**e** *f* perfección; *a* ~ a la perfección; ~**ismo** *m* perfeccionismo; ~**ista** *adj/s* perfeccionista

perfi|dia *f* perfidia; ~**do** *adj* pérfido; ~**no** *adv* incluso, aun

perfora|mento *m* perforación *f*; ~**nte** *adj* perforante; ~**re** *vt* perforar, horadar, agujerear; *tec* perforar, taladrar, barrenar; ~**tore** *adj/s* perforador; ~**trice** *f tec/infor* perforadora; taladradora; ~**zione** *f tec/med* perforación

performance *f ingl/inv* performance

pergamena *f* pergamino *m*

pergola *f* pérgola; ~**to** *m agr/arch* emparrado

perianzio *m bot* perianto, periantio

pericar|dio *m* pericardio; ~**po,** ~**pio** *m* pericarpio

pericola|nte *adj* tambaleante, inestable; ~**re** <*esd*> *vi* <*avere*> tambalearse

pericolo *m* peligro; *fuori* ~ fuera de peligro; *correre* ~ correr peligro, peligrar; *c'è* ~ *che* hay peligro de que, hay riesgo de que; ~**sità** *f/inv* peligrosidad *f*; ~**so** *adj* peligroso

perielio *m astr* perihelio

perifer|ia *f* periferia, extrarradio *m*, afueras *fpl* (*ciudad*); ~**ico** *adj* periférico

perifras|i *f/inv* perífrasis; ~**tico** *adj* perifrástico

perigeo *m astr* perigeo

perimetr|ale *adj* perimétrico; ~**o** *m* perímetro

perin|atale *adj med* perinatal; ~**eo** *m med* perineo

periodare 1. <*esd*> *vi* <*avere*> hacer enunciados, frases; **2.** *m* estilo

periodic|ità *f/inv* periodicidad *f*; ~**o 1.** *adj* periódico; **2.** *m* periódico, publicación periódica *f*

periodo *m* período, periodo; *ling* frase *f*, período

peripatetico *adj/s* peripatético

peripezia *f* 1. *teatro* peripecia; 2. *fpl fig* peripecias

periplo *m mar* periplo

perire <*isc*> *vi/dif* <*sin PP*> perecer, sucumbir

periscopio *m* periscopio

peristilio *m arch* peristilo

perit|ale *adj* pericial; **~o** *adj/s* perito; *~ industriale, agrario* perito industrial, agrícola
periton|eo *m med* peritoneo; **~ite** *f med* peritonitis
perituro *adj lit* perecedero
perizia *f* pericia, habilidad *ius* prueba pericial; **~re** *vt* peritar
perizoma *m* taparrabos
perla 1. *f* perla; *~ coltivata* perla cultivada; *(fig) gettar le ~e ai porci* dar margaritas a los puercos; **2.** *adj* perla; *grigio ~* gris perla; **~ceo** *adj* perlado, perlino
perlato *adj* perlado, perlino
perli|fero *adj* perlífero; **~na** *f* perlita
perlomeno, per lo meno *adv* por lo menos, al menos
perlopiù, per lo più *adv* por lo general; mayormente
perlustra|re *vt* explorar; **~zione** *f* exploración
permalos|ità *f/inv* susceptibilidad *f*; **~o** *adj/s* quisquilloso, susceptible, enojadizo
permane|nte 1. *adj* permanente; **2.** *f* permanente (*pelo*); **~nza** *f* permanencia; estancia; **~re** *<64 -mango; -masi; -masto> vi* permanecer, perdurar, mantenerse
permanganato *m* permanganato
permea|bile *adj* permeable; **~bilità** *f/inv* permeabilidad *f*; **~re** *<esd> vt* permear
permesso 1. *adj* permitido; *(è) ~?* ¿se puede?; **2.** *m adm/mil/fig* permiso; licencia *f*; *~ di soggiorno, di lavoro* permiso de residencia, de trabajo; *~ di caccia, di pesca* permiso de caza, de pesca; *chiedere il ~ di fare qc* pedir permiso para hacer algo; *essere in ~* estar de permiso; *con ~* con permiso, con perdón, con la venia *ius*
permettere *<44 -misi; -messo> vt* permitir, autorizar; permitir, tolerar; *~ a q di fare qc* permitir a alg hacer algo/que haga algo; *permette che mi sieda?* ¿permite que me siente?, ¿le importa que me siente?; *(è) ~?* ¿se puede?; *~rsi il lusso di* permitirse el lujo de; *come si permette!* ¡cómo se atreve!
permissi|bile *adj* permisible; **~onario, -a** *m/f* permisionario, -a
permissiv|ismo *m* permisividad *f*, tolerancia *f*; **~ità** *f/inv* permisividad *f*; **~o** *adj* permisivo, tolerante
permuta *f* permuta, trueque *m*
permutabile *adj* permutable
permutare *<esd> vt* permutar, trocar; *mat* permutar
permutazione *f mat/ling* permutación
pernacchia *f fam* pedorreta
pernice *f zool* perdiz
pernicio|so *adj* pernicioso, dañino, perjudicial; **~tto** *m zool* perdigón
perno, pernio *m* perno; pernio, gozne (*puerta*)
pernotta|mento *m* pernoctación *f*; **~re** *vi <avere>* pernoctar, hacer noche
però *conj* pero, mas *lit*; sin embargo
pero *m bot* peral
perone, perone *m med* peroné
peronospora *f bot/agr* mildiu *m*, mildeu *m*
perora|re *<esd>* **1.** *vt* defender; *~ una causa* defender un caso; **2.** *vi <avere>* perorar; **~zione** *f* peroración
perpendicolare *adj/f* perpendicular
perpendicolo: a ~ *adv* perpendicularmente, a plomo
perpetra|re *<esd> vt* perpetrar; **~zione** *f* perpetración
perpetua *f* criada, sirvienta, ama; **~re** *<esd> vt* perpetuar; **~zione** *f* perpetuación
perpetuità *f/inv* perpetuidad *f*
perpetuo *adj* perpetuo; *moto ~* movimiento continuo; *carcere ~* cadena perpetua
perpless|ità *f/inv* perplejidad *f*; **~o** *adj* perplejo
perquisi|re *<isc> vt* registrar (*lugar*); registrar, cachear (*persona*); **~zione** *f* registro *m* (*lugar*); registro *m*, cacheo *m* (*persona*); *~ domiciliare* registro domiciliario; *mandato di ~* orden de registro
persecu|tore *adj/s* perseguidor; **~torio** *adj* persecutorio; **~zione** *f* persecución; acoso *m*
persegui|bile *adj* perseguible; *ius* perseguible, penable; **~mento** *m* persecución *f*; **~re** *vt fig* perseguir (*objetivo*); **~tare** *<esd> vt* perseguir, acosar; **~tato** *adj/s* perseguido
persevera|nte *adj* perseverante, constante; **~nza** *f* perseverancia, constancia; **~re** *<esd> vi <avere>* perseverar
persian|a *f* persiana; **~o** *adj/s* persa
persico *adj* pérsico; *il Golfo *~* el Golfo Pérsico
persino V. **perfino**
persisten|te *adj* persistente, pertinaz; **~za** *f* persistencia, pertinacia
persistere *<41 persistito> vi <avere>* persistir
perso *adj* perdido; *tempo ~* tiempo perdido; *~ per ~* perdido por perdido, de perdidos al río
persona *f* persona; *~ fisica, giuridica* persona física, jurídica; *~ di fiducia* persona de confianza; *di/in ~* en persona; *presentarsi di ~* ir en persona, personarse; *è la bruttezza in ~* es la fealdad en persona/personificada; **~ggio** *m cine/fig* personaje; **~le 1.** *adj* personal; **2.** *m* personal; *sport* personal *f*; *~ di volo* personal de vuelo; *~ qualificato, avventizio* personal cualificado, eventual; **3.** *f pitt* retrospectiva
personali|smo *m* personalismo; **~tà** *f/inv* personalidad *f*; *culto della ~* culto a la personalidad
personalizza|re *vt* personalizar; **~zione** *f* personalización
personalmente *adv* 1. personalmente, en persona; 2. personalmente, por mi/nuestra parte
personifica|re *<esd> vt* personificar, encarnar; **~zione** *f ling* personificación; *fig* personificación, imagen, encarnación
perspicac|e *adj* perspicaz, agudo; **~ia** *f* perspicacia
persuadere *<35 persuasi; persuaso> vt* persuadir, convencer; *si persuada!* ¡convénzase!

persuas|ione *f* persuasión; *forza di ~* dotes de persuasión; **~ivo** *adj* persuasivo; **~ore, -ditrice** *m/f* persuasor, -a
pertanto *conj* por tanto, así pues; *non ~* no por eso
pertica *f* pértiga
pertinac|e *adj* pertinaz, persistente, perseverante; **~ia** *f* pertinacia, perseverancia, tesón *m*
pertinen|te *adj* pertinente; **~za** *f* pertinencia; *essere ~ di q* ser competencia de alg
pertosse *f* tos ferina
pertugio *m* resquicio, hendidura *f*
perturba|re *vt* perturbar; **~tore** *adj/s* perturbador; **~zione** *f cient/fig* perturbación
Perù: *il ~* (el) Perú; *valere un ~* valer un Perú/un Potosí
Perugi|a *f* Perusa; ***~no** *adj/s* perusino
peruviano *adj/s* peruano
pervadere *<35 -vasi; -vaso>* *vt* invadir
pervenire *<86 -vengo; -venni; -venuto>* *vi* llegar; *~ a destinazione* llegar a destino
pervers|ione *f* perversión; **~ità** *f/inv* perversidad *f*; **~o** *adj* perverso
perverti|mento *m* pervertimiento *raro*, perversión *f*, depravación *f*; **~re** *vt* pervertir, corromper; **~to** *adj/s* pervertido, degenerado; **~tore** *adj/s* perversor
pervica|ce *adj* obstinado, terco; **~cia** *f* obstinación, terquedad
pervinca *f bot* pervinca, vincapervinca, hierba doncella
pesa *f* pesaje *m*
pesalettere *m/inv* pesacartas
pesante *adj* pesado; *meteo* pesado, cargado; *fig* pesado, cansado, fatigoso; *fig* pesado, cargante, pelma (*persona*); *battuta ~* broma pesada; *(sport) gioco ~* juego duro, juego sucio; *industria ~* industria pesada; *droghe ~i* drogas duras; **~zza** *f* pesadez; *~ di stomaco* pesadez de estómago; *~ di testa* dolor de cabeza
pesare *vt/vi <avere/essere>* pesar
pesat|a *f* pesaje *m* (*acción*); pesada (*cantidad*); **~ura** *f* pesaje *m*
pesca *f* 1. *bot* melocotón *m*; *~ duracina* pavía; *~ nettarina/noce* nectarina; 2. pesca; *~ d'alto mare, subacquea* pesca de altura, submarina; **~ggio** *m mar* calado; **~ia** *f* pesquera; **~re** *vt a. fig* pescar; **~ta** *f* pesca; **~tore** *adj/s* pescador
pesce *m zool* pez (*en el agua*); *gastr* pescado (*fuera del agua*); *~ rospo* rape; *sano come un ~* sano como una manzana; *buttarsi a ~ su qc* abalanzarse sobre algo; *non sapere che ~i prendere/pigliare* no saber a qué atenerse; *sentirsi un ~ fuor d'acqua* sentirse como pez fuera del agua; *chi dorme non piglia pesci* quien se duerme ni oye misa ni come carne; camarón que se duerme, se lo lleva la corriente; *Il ~ d'aprile* 1 de abril (="día de los Inocentes en España, celebrado el 28 de diciembre"); *fare un ~ d'aprile a q* gastar una inocentada a alg
pescecane *<pl ~i/pescicani>* *m zool/fig* tiburón
pesche|reccio *adj/m* pesquero; **~ria** *f* pescadería; **~to** *m bot* melocotonar
peschiera *f mar* vivero *m*
Pesci *mpl astr* Piscis *m*
pesci|aiolo, -a *m/f* pescadero, -a; **~era** *f gastr* besuguera; **~vendolo, -a** *m/f* pescadero, -a; *vado dal ~* voy a la pescadería
pesco *m bot* melocotonero; **~sità** *f/inv* abundancia de peces *f*; **~so** *adj* abundante en peces
peseta *f* peseta
pesist|a *m/f* levantador, -a de pesos; **~ica** *f* levantamiento de pesos *m*, halterofilia; **~ico** *adj* halterofílico
peso *m fis/fig* peso; *econ* peso (*moneda*); *sport* pesa *f*, peso; peso (*boxeo*); *~ lordo, netto* peso bruto, neto; *~ atomico, specifico* peso atómico, específico; *~ massimo, medio, piuma, gallo, mosca* peso pesado, ligero, pluma, gallo, mosca; *a ~* a peso; *(a. fig) a ~ d'oro* a peso de oro; *sollevare di ~* levantar a peso; *(fig) avere un ~ sullo stomaco* tener un peso en el estómago; *(fig) avere un ~ sulla coscienza* tener un cargo de conciencia; *(fig) avere due ~i e due misure* tener dos varas de medir
pessimis|mo *m* pesimismo; **~ta** *adj/s* pesimista; **~tico** *adj* pesimista
pessimo *adj* pésimo
pesta|ggio *m* paliza *f*, tunda *f*; **~re** *vt* chafar, machacar, prensar; triturar, moler; *fig* pegar, vapulear, machacar, pisotear; **~ta** *f* machaqueo *m*; *fig* molimiento *m*, paliza, vapuleo *m*; pisotón *m* (*pie*)
peste *f med/fig* peste; *dire ~ e corna di q* echar pestes de alg, poner a parir a alg *pop*
pestello *m* maza *f*, mano, majadero (*mortero*)
pesti|cciare *vt* pisotear; **~cida** *m* pesticida; **~fero** *adj* pestífero
pestilenz|a *f* pestilencia; **~iale** *adj* pestilente
pesto 1. *adj* chafado, machacado; *fig* vapuleado, pisoteado; *occhio ~* ojo morado/amoratado; *buio ~* (oscuro) como la boca del lobo; **2.** *m gastr* picadillo; **~ne** *m* pisotón
petalo *m bot* pétalo
petardo *m* petardo
petecchia *f med* petequia; **~le** *adj med* petequial
peti|torio *adj ius* petitorio; **~zione** *f* petición, solicitud; *ius* reclamación, demanda
peto *m* pedo; *fare/tirare un ~* tirarse/echarse un pedo
petrarch|esco *adj* petrarquesco; **~ismo** *m* petrarquismo; **~ista** *adj/s* petrarquista
petro|grafia *f* petrografía; **~dollari** *mpl* petrodólares
petro(l)chimic|a *f* petroquímica; **~o** *adj* petroquímico
petroli|era *f mar* petrolero *m*; **~ere** *m* petrolero; **~ero** *adj* petrolero; **~fero** *adj* petrolífero; **~o** *m* petróleo; *~ grezzo* petróleo crudo
pettegol|are *<esd>* *vi <avere>* cotillear, chismorrear, cotorrear; **~ezzo** *m* cotilleo, chismorreo, chisme, comidilla *f*, habladuría *f*; **~io** *m* chismorreo; **~o** *adj/s* cotilla, chismoso, cotorra *f*

pettina *f chim* pectina; ~**re** <*esd*> *vt* peinar; *tec* cardar; ~**ta** *f* peinada; *tec* cardada; ~**to 1.** *adj* peinado; *tec* cardado; **2.** *m tec* carda *f*, cardado; ~**trice** *f* peinadora; ~**tura** *f* peinado *m*; *tec* cardadura, cardado *m*

pettine *m* peine, batidor; peineta *f*; *tec* carda *f*

petting *m ingl/inv* lote *m/vulg*, magreo *m/vulg*

pettino *m* pechera *f*

pettirosso *m zool* petirrojo

petto *m* 1. *med* pecho; *essere debole di* ~ padecer de los pulmones; 2. pechera *f* (*camisa*); *(fig) prendere q per il* ~ coger a alg por el cuello; 3. *mil/ant* peto; 4. *fig* pecho, corazón; *(fig) aprire il* ~ *a q* abrir el corazón a alg

pettor|ale 1. *adj* pectoral; **2.** *m med* pectoral; cincha *f* (*caballo*); *sport* dorsal; ~**ina** *f* peto *m*; ~**uto** *adj* pechugón; *fig* engreído

petulan|te *adj* petulante; ~**za** *f* petulancia

petunia *f bot* petunia

peucedano *m bot* peucédano

pezza *f* 1. pieza (*tela*); 2. parche *m*, remiendo *m*; 3. *zool* mancha, remiendo *m*; 4. *com* documento *m*, justificante *m*; *trattare come una* ~ *da piedi* tratar como a un trapo; ~**to** *adj zool* pío, remendado; ~**tura** *f* 1. *zool* remiendo *m*; 2. *com* calibre *m*, tamaño *m*; clasificación *f* (*por tamaños*)

pezzente *m/f* pordiosero, -a, mendigo, -a

pezzo *m* 1. trozo, pedazo, porción *f*; *fare a* ~*i/ridurre in* ~*i* romper en/hacer pedazos, hacer añicos; *cadere a/in* ~*i* caerse a trozos/pedazos; *(fig) a* ~*i e a bocconi* a trancas y barrancas, de cualquier manera; *(fig) essere un* ~ *di legno* ser un témpano de hielo; *un uomo tutto d'un* ~ un hombre entero; 2. *mec/mil* pieza *f*; ~ *di ricambio* pieza de recambio; 3. pieza *f*, parte *f* (*ropa*); *vestito di due* ~*i* vestido de dos piezas; *un due* ~*i* un biquini; 4. pieza *f* (*ajedrez*); 5. *mus/lit* fragmento, trozo; ~ *forte* fuerte; 6. *fig* (mucho) tiempo; rato (*tiempo*); *è da un* ~ *che non ci vedevamo* hacía tiempo que no nos veíamos; *ce n'è per un* ~ hay para rato; 7. *fig* cacho, pedazo (*persona*); ~ *d'asino* pedazo de burro/de alcornoque; *un bel* ~ *di donna, d'uomo* un pedazo de mujer, de hombre, un tío bueno/una tía buena *pop*; 8. pez gordo, figurón (*persona*); ~ *grosso* pez gordo

pezzuola *f* trapo *m*, harapo *m*

photo finish *m ingl/inv* photo finish

piacente *adj* placentero, agradable

piacere <*53 piaccio; piacqui; piaciuto*> **1.** *vi* gustar, agradar *lit*, placer *lit*; *mi piace nuotare, il cinema* me gusta nadar, el cine; *a Dio piacendo* Dios mediante; *piaccia o non piaccia* guste o no guste, se quiera o no; **2.** *m* 1. placer, gusto; goce, disfrute; *i* ~*i della tavola* los placeres de la mesa; *provare* ~ sentir placer/gusto; *mi fa* ~ me gusta; me hace ilusión; 2. placer, honor, gusto; *è un* ~ *per me conoscerLa* es para mí un placer/honor conocerle/la; *con* ~ con mucho gusto; 3. favor; *fare un* ~ *a q* hacerle un favor a alg, complacer a alg; *fammi il (santo)* ~ *di* hazme el favor de; *ma mi faccia il* ~*!* ¡hágame el favor!; *per* ~ por favor; 4. placer, voluntad *f*; *a* ~ a placer, a voluntad

piacevole *adj* agradable, placentero

piacevolezza *f* 1. placer *m*, gusto *m*, deleite *m*; 2. broma, chanza

piacimento *m* disfrute, goce

piada *f gastr* torta de pan ácimo

piaga *f med* llaga; *fig* plaga; ~**re** *vt* llagar

piagn|isteo *m* lloriqueo, llorera *f*; ~**one, -a** *m/f* llorón, -ona, quejica

piagnucol|are <*esd*> *vi* <*avere*> lloriquear, gimotear; ~**io** *m* lloriqueo, gimoteo; ~**one, -a** *m/f* llorón, -ona, quejica; ~**oso** *adj* llorón, lloroso

pialla *f tec* cepillo *m* (*de carpintero*); ~**re** *vt tec* cepillar, acepillar; ~**ta** *f tec* cepilladura, acepilladura; ~**trice** *f tec* cepilladora, acepilladora; ~**tura** *f tec* cepilladura, acepilladura

piana *f* llanura, llano *m*; ~**le** *m tras* plataforma *f*, batea *f*

pianeggia|nte *adj* casi plano; ~**re 1.** *vt* allanar, nivelar; **2.** *vi* <*avere*> llanear

pianella *f* chinela, chancla; *arch* baldosa

pianerottolo *m arch* rellano, descansillo

pianeta 1. *m astr* planeta; 2. *f eccl* planeta

piangente *adj* lloroso, lagrimoso; *salice* ~ sauce llorón

piangere <*54 piango; piansi; pianto*> *vt/vi* <*avere*> llorar; ~ *di gioia, di rabbia* llorar de alegría, de rabia; ~ *a dirotto* llorar desconsoladamente; ~ *a calde lacrime* llorar a lágrima viva/a moco tendido; ~ *sul latte versato* llorar cuando es demasiado tarde; ~ *come un vitello* llorar como una magdalena

pianifica|re <*esd*> *vt* planificar; ~**tore, -trice** *m/f* planificador, -a; ~**zione** *f* planificación

pianigiano, -a *m/f* llanero, -a

pianist|a *m/f* pianista; ~**ico** *adj* pianístico

piano 1. *m* 1. *mat* plano; *geogr* llano, llanura *f*; ~ *cottura da incasso* encimera (*cocina*); 2. nivel; *porre sullo stesso* ~ poner al mismo nivel; *(fig) di primo, secondo* ~ de primera, segunda fila; 3. *arch* piso, planta *f*, altura *f* (*edificio*); *abito al primo* ~ vivo en el primer piso; *pian terreno/*~ *terra* planta baja; 4. plano, croquis; 5. *cine* plano; ~ *medio, americano* plano medio, americano; *primo* ~ primer plano; 6. plan, proyecto; ~ *quinquennale* plan quinquenal; ~ *regolatore* plan general de ordenación urbana; ~ *di attacco* plan de ataque; ~ *di studi* plan de estudios; 7. *mus* piano; **2.** *adj* llano; *mat* plano; *ling* llano, paroxítono; *fig* fácil, sencillo; bajo (*voz*); ~ *e liscio* corriente y moliente; **3.** *adv* despacio; bajo (*voz*); *pian(o)* ~, *pian pianino* despacio, despacito; *andiamo pian* ~ vayamos por partes; *chi va piano, va sano e va lontano* despacito y buena letra, lento pero seguro

pianoforte *m mus* piano; ~ *a coda, a mezza coda* piano de cola, de media cola

pianola *f mus* pianola

pianoro *m geogr* meseta *f*

pianoterra V. **piano**
pianta *f bot/med/arch* planta; *adm* plantilla; *di sana ~* de raíz, de cuajo; *inventare di sana ~* inventar de la nada; *essere in ~ stabile* ser fijo
piantaggine *f bot* llantén *m*, carmel *m*
piantagione *f* plantación
piantagrane *m/f inv* pedante *m/f*, pelmazo, -a
piantare *vt agr* plantar; clavar (*estaca*...); *fig* plantar, dejar; *piantala!* ¡ya está bien!, ¡corta el rollo! *fam*; *piantala di...!* ¡deja ya de...!; *mi si è piantato in casa* se me ha plantado en casa
piantato *agr* plantado; *fig* plantado, esbelto, robusto; *fig* plantado, inmóvil; *ben ~* bien plantado, de buena planta; **~re** *m* plantador
piantatrice *f* sembradora
piantatura *f* plantación, sembrado *m*
pianterreno V. **piano**
pianto *m* llanto, lloro; *sciogliersi in ~* romper a llorar, anegarse en llanto
piantona|mento *m* vigilancia *f*; **~re** *vt* vigilar
piantone *m bot* plantón; *mil* centinela, plantón; *stare di ~* estar de plantón
pianura *f geogr* llanura, llano *m*, planicie
piastra *f* chapa, plancha, placa; *elec* placa; *econ* piastra
piastrell|a *f* baldosa (*suelo*); azulejo *m*, baldosín *m* (*pared*); tejo *m* (*juegos*); **~aio, -a** *m/f* embaldosador, -a; **~are 1.** *vt* embaldosar (*suelo*); azulejar, alicatar (*pared*); **2.** *vi* <*avere*> *aer/mar* rebotar; **~ista** *m/f* embaldosador, -a
piastrina *f biol* plaqueta; *tec* pletina; chapa (*perro*); *mil* chapa, placa; *~ di riconoscimento* chapa de identificación
piatta *f mar* patera; **~forma** *f* plataforma; *~ girevole* plataforma giratoria (*tren*); *~ continentale* plataforma continental; *~ di lancio* plataforma de lanzamiento; *~ rivendicativa* plataforma reivindicativa
piattello *m* platillo; *sport* plato; *tiro al ~* tiro al plato
piattezza *f fig* mediocridad
piattin|a *f elec* pletina; *tec* vagoneta, carro *m*; **~o** *m* plato, platillo, platito (*de taza, vaso*); *fig* manjar
piatto 1. *adj* 1. plano, chato; *(mat) angolo ~* ángulo plano; *elettroencefalogramma ~* electroencefalograma plano; 2. *fig* hueco, insulso, banal; **2.** *m* 1. plato; *~ fondo, piano* plato hondo/sopero, llano; *primo, secondo ~* primer, segundo plato; *(fig) ~ forte* plato fuerte; *~ della bilancia, del giradischi* plato de la balanza, del tocadiscos; 2. *mpl mus* platillos
piattola *f zool* ladilla
piazza *f* 1. plaza; *~ d'armi* plaza/patio de armas; *(fig) scendere in ~* bajar al ruedo; *(fig) mettere in ~* sacar a la luz pública; *(fig) fare ~ pulita* arramblar; barrer la casa; 2. cuerpo *m* (*cama*); **~forte** <*pl piazzeforti*> *f mil/fig* plaza fuerte; **~le** *m* plaza *f*, explanada *f* (*con vistas*); *tras* área de servicio; **~mento** *m* emplazamiento, posición *f*, puesto (*clasificación*); **~re** *vt* emplazar, apostar; *com* colocar, vender; **2.** *~rsi sport* clasificarse, colocarse; *fig* colocarse (*trabajo*); **~to** *adj fig* colocado, situado
piazzista *m/f com* corredor, -a, representante
piazzola *f* plazuela, plazoleta, glorieta; *mil* emplazamiento *m*, plataforma; *auto* área de descanso
picar|esco *adj* picaresco, **~o** *m* pícaro, buscón
picca <*pl -che*> *f* 1. *mil* pica; 2. *fig* resentimiento *m*; pique *m*; 3. *fpl* picas (*naipes*); **~nte** *adj* picante; *fig* picante, verde, subido de tono; **~rsi** 1. picarse, mosquearse *pop* (*con q per qc* con alg por algo); 2. presumir (*di qc* de algo); **~to** *adj* picado, mosqueado
picchett|aggio, ~amento *m* actividad de los piquetes *f*; **~are** *vt* 1. jalonar, estacar; festonear (*tela*); 2. vigilar (*piquetes en una huelga*); **~o** *m* 1. jalón, estaca *f*; 2. piquete (*huelga*); *mil* piquete, retén
picchia|re 1. *vt* golpear; pegar, zurrar, sacudir, golpear (*persona*); **2.** *vi* <*avere*> golpear, aporrear; *aer* caer en picado; *(fig) picchia e ripicchia* insistiendo una y otra vez; **~ta** *f* golpe *m*, coscorrón *m* (*persona*); golpe *m*, llamada (*puerta*); *aer* picado *m*; *scendere in ~* caer en picado; **~tello** *adj/s* alocado, tarambana; **~to** *adj* raro, extravagante; **~tore** *m* matón
picchiett|are *vt* golpetear; *mus* picar; picar (*superficie*); **~ato** *m mus* picado; **~atura** *f* picado *m*; **~io** *m* golpeteo, martilleo
picchio *m* 1. golpe; 2. *zool* pájaro carpintero
piccin|eria *f* mezquindad, pequeñez, **~o, -a 1.** *adj* pequeño; *desp* mezquino, grosero; **2.** *m/f* pequeño, -a, niño, -a
picciolo *m bot* peciolo, pecíolo, pezón, rabo
piccion|aia *f arch* palomar *m*; *fam* buhardilla; *fig/iron* gallinero *m*, paraíso *m* (*teatro, cine*); **~cino** *m zool* palomino; *fig/iron* pichoncito, tórtolo; **~e** *m zool* pichón; *prendere due ~i con una fava* matar dos pájaros de un tiro
picco *m geogr* pico; *mar* pique; *a ~* a pico; *(mar/fig) andare/colare a ~* irse a pique
piccol|ezza *f* pequeñez; *fig* minucia, tontería; *fig* exigüidad, escasez; *~ di mente* cortedad de miras; **~o, -a 1.** *adj* pequeño, chico; *da ~* de pequeño; *fin da ~* desde pequeño; *~ imprenditore* pequeño empresario; *~a industria* pequeña industria; *(fig) farsi ~* querer desaparecer, querer que se lo trague a uno la tierra; **2.** *m/f* pequeño, -a, niño, -a; *zool* cría *f*, cachorro *m*; *in ~* en pequeño, en miniatura; *nel mio ~* en lo que yo pueda, en la medida de mis posibilidades
piccone *m* pico (*cavar*)
piccoso *adj* quisquilloso, irritable

piccozza *f sport* piolet *m*
pick-up *m ingl/inv* fonocaptor *m*, pick-up
picnic *m/inv* pícnic *m*, merienda campestre *f*, almuerzo campestre *m*
pidocchi|eria *f* tacañería, avaricia; ~**o** *m zool* piojo; *bot* pulgón; *fig* piojoso, rácano; ~**oso** *adj zool/fig* piojoso
piè *m/inv lit* pie *m/est*; *ad ogni ~ sospinto* a cada paso; *a ~ del monte* a pie de monte; *a ~ di pagina* a pie de página; *(mec) ~ di porco/di capra* pie de cabra, palanca; *saltare a ~ pari* saltar a pies juntillas
pied-à-terre *m fr/inv* domicilio ocasional
pied-de-poule *m fr/inv* pie de gallo *m* (*tela*)
piede *m* pie; *zool* pie, pezuña *f*; *ling* pie; pie (*medida*); *fig* pie, pata *f* (*mesa...*); *~i piatti* pies planos; *a ~i* a pie, andando; *ai ~i di* a los pies de; *in ~i* en pie, de pie; *(fig) coi ~i di piombo* con pies de plomo; *su due ~i* de repente; *(fig) cadere in ~i* caer de pie; *(fig) essere/restare a ~i* quedarse en la calle; *(fig) fatto coi ~i* hecho con los pies; *mettere i ~i in un posto* poner los pies en un sitio; *(a. fig) mettere un ~ in fallo* dar un paso en falso; *(fig) mettere in ~i qc* poner algo en pie; *(fig) mettere q sotto i ~i* hacer arrodillarse a alg, humillar a alg; *(fig) prendere ~* tocar fondo; *(fig) puntare i ~i* empecinarse, obstinarse; *stare in ~* estar de pie; *non stare in ~i* no tenerse en pie; *(a. fig) tenere in ~i* tener en pie; *(fig) togliersi dai ~ q* quitarse de en medio a alg
piedestallo V. **piedistallo**
piedino *m* nota de prensa *f*
piedipiatti *m/inv desp* piesplanos
piedistallo *m arch* pedestal
piedritto *m arch* pie derecho
piega <*pl -ghe*> *f* pliegue *m*, doble *m*; *geol* plegamiento *m*, pliegue *m*; *fig* entresijo *m*; *fig* cariz *m*; *gonna a ~e* falda plisada/fruncida; *le ~e dell'anima* los entresijos del alma; *prendere una brutta ~* tomar un feo cariz; ~**ciglia** *f* rizador de pestañas *m*; ~**mento** *m* flexión *f*, plegamiento, doblamiento; *sport* flexión *f*; ~**re** **1.** *vt* doblar; doblar, inclinar, agachar (*cabeza...*); *fig* domar, someter; *~ q alla propria volontà* someter a alg a su voluntad; **2.** *vi* <*avere*> doblarse; doblar, girar (*dirección*); *~ a destra* doblar a la derecha; **3.** *~rsi* doblarse, curvarse, agacharse; *fig* plegarse, acceder (*a qc* a algo); ~**trice** *f tec* plegadora; ~**tura** *f* doblado *m*, pliegue *m*; *sport* flexión; *tip* plegadura, plegado *m*
pieghetta|re *vt* plisar, fruncir; ~**tura** *f* plisado *m*, fruncido *m*
pieghevole *adj* flexible; plegable (*mesa...*); *fig* tornadizo, variable (*carácter*)
pieghevolezza *f* flexibilidad
piemia *f med* piogenía
Piemonte: *il ~* el Piamonte; ***~se** *adj/s* piamontés
piena *f* crecida (*río*); *fig* masa, muchedumbre; *fig* desbordamiento *m*
pienezza *f* plenitud
pieno **1.** *adj* lleno; *fig* pleno (*completo*); pleno (*en medio*); *luna ~a* luna llena; *in ~a notte* en plena noche; *sbagliare in ~* equivocarse de lleno/de pleno; *~ zeppo* lleno a rebosar, repleto, abarrotado; *a ~e mani* a manos llenas; **2.** *m* lleno; pleno; *in ~* en pleno; *nel ~ dell'estate* en pleno verano; *(auto) fare il ~* llenar el depósito; ~**ne** *m teatro/cine* llenazo; ~**tto** *adj* relleno, rellenito
pietà *f/inv* piedad *f*, compasión *f*, lástima *f*; *muovere q a ~* ablandar a alg; *fare ~* dar lástima
pietanza *f* pitanza
pietis|mo *m* pietismo; *desp* beatería *f*; ~**ta** *m/f* pietista; *desp* beato, -a; ~**tico** *adj* pietista; *desp* beato
pietoso *adj* piadoso
pietra *f* piedra; *~ focaia* pedernal; *~ miliare* piedra miliar, hito; *~ pomice* piedra pómez; *~ dello scandalo* piedra de escándalo; *~ di paragone* piedra de toque; *~e preziose* piedras preciosas; *età della ~* edad de piedra; *far piangere le ~e* ablandar las piedras; *porre la prima ~* poner la primera piedra; *non lasciar ~ su ~* no dejar piedra sobre piedra; *scagliare la prima ~* tirar la primera piedra; ~**ia** *f* cantera, pedrera; ~**me** *m* pedrisco, montón de piedras
pietrifica|re <*esd*> *vt* petrificar; *fig* dejar de piedra; ~**zione** *f* petrificación
pietrina *f* piedra (de mechero)
pietrisco *m* grava *f*
pietroso *adj* pétreo (*consistencia*); pedregoso (*lugar*)
pieve *f eccl* parroquia
piffer|aio *m mus* pífano (*persona*); ~**o** *m mus* pífano; *(fig) fare come i ~i in montagna (che andarono a suonare e furono suonati)* ir por lana y salir trasquilado, salir el tiro por la culata
pigia|ma *m* pijama, piyama *am*; *~* **pigia** *m/inv* muchedumbre *f*; ~**re** *vt* apretar, empujar; chafar, estrujar, apretujar; pisar (*uva*); ~**tura** *f* estrujamiento *m*; pisada, pisadura (*uva*)
pigione *f ius* alquiler *m*, arrendamiento *m* (*cantidad*); *tenere q a ~* tener una habitación alquilada a alg; *stare a ~* vivir de alquiler
piglia|mosche *m/inv zool* papamoscas; ~**re** *vt fam* coger, agarrar, pillar
piglio *m* 1. toma *f*, cogida *f*; *dar di ~* agarrar, atrapar; *fig* empezar; 2. semblante, gesto, ceño
pigment|azione *f* pigmentación; ~**o** *m* pigmento
pigmeo *adj/s a. fig* pigmeo
pigna *f bot* piña (*pino*); *fig* piña, montón *m*; *arch* frontispicio *m*, frontón *m*; *(fig) avere le ~e in testa* tener pájaros en la cabeza; ~**tta** *f* piñata, olla
pign|oleria *f* pedantería; meticulosidad; ~**olo** *adj/s* pedante; puntilloso
pignone *m mec* piñón; *arch* malecón, espigón
pignora|bile *adj* embargable; ~**bilità** *f/inv* embargabilidad *f*; ~**mento** *m* em-

bargo, confiscación *f*; **-re** <*esd*> *vt* embargar, confiscar
pigol|are <*est*> *vi* <*avere*> *zool* piar; **~io** *m* piar, pío pío
pigr|izia *f* pereza; **~o** *adj/s* perezoso, lento, remolón; vago, holgazán, haragán
pila *f* 1. pila (*líquidos*); 2. *elec* pila; 3. *fig* pila, montón *m*; **~stro** *m arch* pilar, columna *f*, pilastra *f*; *fig* pilar; **~tura** *f* monda, descascarillado *m* (*arroz*)
pillola *f* píldora; *prendere la ~* tomar la píldora; *(fig) indorare la ~* dorar la píldora; *(fig) una ~ amara* una píldora amarga
pilone *m arch* machón, pilar
piloro *m med* píloro
pilota 1. *m/f auto/aer* piloto; *mar* práctico; *~ collaudatore* piloto de pruebas; *~ automatico* piloto automático; **2.** *adj* piloto; *luce ~* luz piloto; *impianto ~* instalación piloto; **~ggio** *m* pilotaje; **~re** *vt a. fig* pilotar, conducir
piluccare *vt* desgranar (*uva*); picar, comiscar; *fig* birlar
pimento *m* pimentón picante
pimpante *adj fam* pimpante; animado
pin *m/inv* pin *m*
pina V. **pigna**; **~ccia** *f mar* pinaza
pinacoteca *f* pinacoteca
pince *f fr/inv* pinza *f* (*vestido, traje*)
pinco *m* papanatas, estúpido
pineta *f*, **pineto** *m bot* pinar *m*
ping-pong *m* ping-pong
pingue *adj* pingüe
pinguedine *f* pinguosidad, obesidad
pinguino *m zool* pingüino, pájaro bobo
pinna *f* aleta; **~colo** *m arch* pináculo
pino *m bot* pino; *~ da pinoli* pino piñonero; *~ di Aleppo* pincarrasco
pinolo *m bot* piñón
pinta *f* pinta (*medida*)
pinza|re *vt* pellizcar; picar (*insectos*); **~tura** *f* pellizco *m*; picadura (*insectos*)
pinze *fpl* tenazas, alicates *mpl*; *zool* pinzas; **~tta** *f* pinza (*sellos...*)
pinzochero, -a *m/f desp* beato, -a
pio *adj* pío; **~geno** *adj med* piógeno
pioggerella *f* llovizna, calabobos *m*
pioggia *f meteo/fig* lluvia; *~ acida* lluvia ácida; *a ~* indiscriminado, sin distinción; *interventi a ~* intervenciones indiscriminadas
piolo *m* estaca *f*, palo; piqueta *f* (*tienda*); *scala a ~i* escalera de mano; *starsene piantato come un ~* estar plantado como un palo
piomba|re 1. *vi* caer; caer, abalanzarse (*con violencia*); *fig* aparecer, dejarse caer, amanecer; *~ in casa di q* dejarse caer/aparecer por casa de alg; **2.** *vt* precintar, emplomar (*paquete*); *med* empastar; **~tura** *f post* precintado *m*, emplomadura; *med* empaste *m*
piombi|fero *adj* plumbífero; **~no** *m arch/mar* plomada *f*; perdigón (*escopeta*); *post* precinto, emplomadura *f*
piombo *m chim/fig* plomo; *a ~* a plomo; *sollevare di ~* levantar a peso; *cadere di ~* caer a plomo, caer redondo
pionier|e, -a *m/f* 1. pionero, -a, explorador, -a; *fig* pionero, -a, precursor, -a; 2. *m mil* zapador; **~ismo** *m* exploración *f*; **~istico** *adj* exploratorio
pio pio *onom/m* pío pío
piopp|aia *f bot* chopera; **~eto** *m bot* chopera *f*, chopal; **~o** *m bot* chopo; *~ bianco* álamo
piorrea *f med* piorrea
piota *f agr* gleba, terrón *m*
piova|no *adj* pluvial, de lluvia; **~sco** *m* chubasco, tormenta *f*
piovere <*7 piovve; piovuto*> **1.** *vi/imp* llover; *~ a dirotto/a scroscio/a catinelle* llover a cántaros, caer chuzos de punta; *(fig) piove sul bagnato* llueve sobre mojado; *(fig) su questo non ci piove* sobre esto no hay discusión posible; **2.** *vi* llover, caer; *(fig) ~ dal cielo* caer del cielo; *è piovuto un amico* ha caído del cielo un amigo, se ha presentado un amigo
pioviccicare <*esd*>, **piovigginare** <*esd*> *vi/def* lloviznar, chispear
pioviggine *f* llovizna, calabobos *m*
piovigginoso *adj* lluvioso, chispeante
piovos|ità *f/inv* pluviosidad *f*; **~o** *adj* lluvioso
piovra *f* 1. *zool* pulpo gigante *m*; 2. *fig* sanguijuela, chupasangre *m*; 3. organización mafiosa
pipa *f* pipa, cachimbo *m*, cachimba *am*; *fumare la ~* fumar en pipa; **~ta** *f* pipa (*cantidad, acción*)
pipeline *f ingl/inv* oleoducto *m*
pipetta *f* pipeta
pipì 1. *f/inv infan* pipí *m*, pis *m*; *fare (la) ~* hacer pipí/pis; 2. *m/inv infan* pilila *f*
pipiare <*pipio*> *vi* <*avere*> piar
pipistrello *m zool* murciélago
pipita *f* 1. *zool* pepita; 2. *med* padrastro *m*
piqué *m fr/inv* piqué *m*
pira *f* pira; **~gna** V. **~nha**
piralide *f zool* piral *m*
piramid|ale *adj mat/fig* piramidal; *fig* garrafal, colosal; **~e** *f mat/fig* pirámide; *a ~* piramidal
piranha *f/inv zool* piraña *f*
pirargirite *f min* rosicler *m*
pirat|a 1. *m* pirata; *~ della strada* conductor suicida; *~ dell'aria* pirata aéreo; **2.** *adj* pirata; *emittente ~* emisora pirata; **~eggiare** *vi* <*avere*> piratear; **~eria** *f* piratería; **~esco** *adj* pirata
Piren|ei: *i ~* los Pirineos, el Pirineo *m*; **~aico** *adj* pirenaico
piretrina *f* piretrina
piri|co *adj* pírico; *polvere ~a* pólvora; **~dina** *f* piridina; **~te** *f min* pirita; **~tico** *adj* piritoso
pirla *f* 1. bobo *m*; 2. *reg/vulg* pijo *m*, polla
piroetta *f* pirueta, cabriola; **~re** *vi* <*avere*> piruetear, hacer piruetas
pirofil|a *f* fuente pirófila; **~o** *adj* pirófilo
piroforo *m zool* cocuyo
piroga *f* piragua
piroman|e *adj/s* pirómano; **~ia** *f* piromanía
piroscafo *m mar* vapor
piroscissione *f tec* pirolisis

pirotecnic|a *f* pirotecnia; **~o** *adj/s* pirotécnico

piscia *f vulg* meada, meado *m*; **~re** *vi/vt* *<avere> vulg* mear; *(vulg) ~rsi addosso/sotto* mearse de miedo; *(vulg) ~rsi sotto dal ridere* mearse de risa, descojonarse; **~ta** *f vulg* meada; *fare una ~* echar una meada; **~toio** *m vulg* meadero

piscicolt|ore, -trice *m/f* piscicultor, -a; **~ura** *f* piscicultura

piscina *f* piscina; *~ coperta, scoperta* piscina cubierta, al aire libre

piscio *m vulg* meado; **~ne, -a** *m/f vulg* meón, -ona

pisello *m bot* guisante; *fig/infan* pilila *f*, colita *f*

pisol|are *<avere> vi <avere> fam* echar una cabezadita *vt*, sestear; **~ino** *m fam* cabezadita *f*, siestecita *f*, sueñecito; *schiacciare un ~* echar una cabezadita, descabezar un sueño

pisside *f eccl* píxide, copón *m*

pissi pissi 1. *onom* pss pss; **2.** *m/inv* cuchicheo *m*, bisbiseo *m*

pista *f* pista; *~ di collaudo, da ballo, del circo* pista de pruebas, de baile, de circo; *~ ciclabile* carril bici; *~ d'atterraggio/di volo, di decollo/di volo* pista de aterrizaje, de despegue; *~ sonora* pista sonora; *seguire le ~e di q* seguir la pista de alg

pistacchio *m bot* pistacho

pistillo *m bot* pistilo

pistol|a *f mil/tec* pistola; *~ a spruzzo* pistola de pintar; *~ da segnalazione* pistola de señales; **~ero** *m* pistolero; **~ettata** *f* pistoletazo *m*

pistone *m mec* pistón, émbolo; *mus* pistón; *~ d'iniezione* cilindro de inyección

pitagorico *adj* pitagórico

pitale *m fam* bacín, orinal

pitoc|care *vt/vi <avere>* mendigar; **~cheria** *f* tacañería, avaricia; **~co** *adj/s* tacaño, avaro

pitone *m zool* pitón, serpiente pitón *f*; **~ssa** *f* pitonisa, adivina

pittima *f* 1. pítima, emplasto *m*; 2. *fig* pesado *m*, pelmazo *m*, lapa

pittogra|fia *f* pictografía; **~fico** *adj* pictográfico; **~mma** *m* pictograma

pittor|e, pittrice *m/f* pintor, -a; **~esco** *adj* pintoresco; **~ico** *adj* pictórico

pittura *f* pintura; **~re** *vt* pintar

pituita *f* pituita; **~rio** *adj* pituitario

più 1. *adv* 1. más; *è ~ bello di lui* es más guapo que él; *è ~ bello che intelligente* es más guapo que inteligente; *è il ~ bello* es el más guapo; *uno è ~ furbo dell'altro* son a cada cual más pillo; *~ di tutto* por encima de todo; *qc in ~* algo más; *per di ~* además, por más señas; *molto ~* mucho más; *niente (di) ~* nada más; *ancora di ~* todavía más, aún más; *~ che mai* más que nunca; *~ o meno* más o menos; *chi ~ chi meno* quien más quien menos; *né ~ né meno* ni más ni menos; *due ~ due fa quattro* dos más dos son cuatro; *a ~ non posso* a más no poder; 2. ya, más (*en frases negativas*); *non ... ~* ya no; *non ne posso ~* (ya) no puedo más; *mai ~* nunca más; **2.** *adj/inv* más; *ci vuole ~ tempo* hace falta más tiempo; *~ persone vengono meglio è* cuantas más personas vengan mejor; *al ~ presto* lo antes posible, cuanto antes; *al ~ tardi* como muy tarde; *a ~ tardi* hasta luego; **3.** *prep* más, además de; *sono il padre, il figlio ~ il nonno* son el padre, el hijo más el abuelo; **4.** *m* mayoría *f*, mayor parte *f*; *il ~ è fatto* lo principal ya está hecho; *parlare del ~ e del meno* hablar de todo un poco; *il di ~* lo sobrante; *il ~ delle volte* la mayor parte de las veces, la mayoría de las veces; *al ~/tutt'al ~* todo lo más, como mucho, a los sumo; *per lo ~* al menos; *i ~ sono contrari* la mayoría es contraria

piuccheperfetto *m ling* pluscuamperfecto

piuma *f zool* pluma; **~ggio** *m* plumaje; **~to** *adj* plumado

piumetta *f bot* plumilla

piumino *m* edredón (*cama*); plumífero, plumón (*chaqueta*); plumero (*polvo*); borla *f* (*polvos*)

piumo|ne *m* edredón nórdico; plumífero, plumón (*chaqueta*); **~so** *adj* plumoso

piuttosto *adv* más bien; *~ che/~ di* antes que

piva *f* cornamusa, gaita

pivello, -a *m/f fam* pardillo, -a, novato, -a

piviale *m eccl* capa pluvial *f*

piviere *m zool* chorlito

pivot *m fr/inv* pívot *m*

pizza *f* 1. *gastr* pizza; 2. *fig* lata, rollo *m*, tostón *m* (*cosa*); pesado *m/f*, pelma *m/f* (*persona*); **~iolo, -a** *m/f* pizzero, -a

pizzeria *f* pizzería

pizzicagnolo, -a *m/f* charcutero, -a

pizzicare 1. *<esd> vt* 1. picar, resquemar (*garganta*); picar (*insectos*); 2. pellizcar; *mus* puntear; 3. *fig* pinchar, azuzar; 4. *fig/fam* pescar, atrapar; **2.** *vi <avere> a.* *fig* picar, escocer; *gastr* picar

pizzicato *m mus* punteado, pizzicato

pizzicheria *f* charcutería

pizzico *m* 1. pellizco (*en la piel*); picadura *f* (*insecto*); 2. pizca *f*, pellizco, punta *f*, presa *f* (*sal...*); *fig* pizca *f*

pizzicore *m* picor, escozor, resquemor; *fig/fam* gusanillo

pizzicott|are *vt* pellizcar; **~o** *m* pellizco; *bacio a ~* beso de tornillo

pizzo *m* 1. puntilla *f*, encaje (*bordado*); 2. perilla *f*, pera *f* (*barba*)

placare *vt* aplacar, mitigar

placca *f* 1. placa, plancha, lámina; 2. placa, matrícula; 3. *elec* ánodo *m*; 4. *med* mancha, erupción; **~ggio** *m sport* placaje; **~re** *vt sport* placar; *tec* chapar; *~ in/d'oro* chapar en oro; **~tura** *f tec* chapado *m*

placchetta *f art* bajorrelieve *m*, medalla

place|bo *m med* placebo; **~nta** *f* placenta; **~t** *m ius* plácet

placid|ezza *f*, **~ità** *f/inv* placidez *f*; **~o** *adj* plácido

placito *m ius/hist* sentencia *f*

plafon|d *m fr/inv* 1. *aer* techo *m*; 2. *econ* tope de crédito *m*; **~iera** *f*, **~nier** *m fr/inv* plafón *m*

plagale *adj mus* plagal

plagi|are *vt* plagiar, copiar; **~ario** *adj/s* plagiario; **~o** *m* plagio

plaid *m ingl/inv* manta de viaje *f*

plana|re *vi* <*avere*> *aer/mar* planear; **~ta** *f aer* planeo *m*

plancia *f mar* puente de mando *m*; pasarela

plancton *m/inv* plancton

planetario *adj/m* planetario

planimetr|ia *f* planimetría; **~ico** *adj* planimétrico; **~o** *m* planímetro

planisfero *m* planisferio

planning *m ingl/inv* planning

plant|are 1. *adj* plantar; **2.** *m* plantilla ortopédica *f*; **~igrado** *adj/s* plantígrado

plasma *m* plasma; **~re** *vt art/fig* plasmar

plastic|a *f* plástico *m* (*meterial*); *art* plástica; *med* cirugía plástica; **~ismo** *m* plasticidad *f*; **~ità** *f/inv* plasticidad *f*; **~o 1.** *adj* plástico; **2.** *m* 1. *arch* maqueta *f*; 2. *mil* plástico

plastifica|nte *adj/m chim* plastificante; **~re** <*esd*> *vt* plastificar; **~zione** *f* plastificación, plastificado *m*

plastilina *f* plastilina

platano *m bot* plátano, banana *f/am* (*árbol*)

platea *f teatro* platea, patio de butacas *m*; *fig* galería (*público*); **~le** *adj fig* ostensible, evidente

plateau *m fr/inv geogr* meseta *f*, altiplano *m*; *com* basquet *m* (*fruta*)

plateresco *adj art* plateresco

platin|a *f tip* platina; **~are** <*esd*> *vt* platinar; **~atura** *f* platinado *m*; **~o 1.** *m chim* platino, platina *f*; **2.** *adj* platino

platonico *adj* platónico

plausibil|e *adj* plausible; **~ità** *f/inv* plausibilidad *f*

plauso *m fig* aplauso, aprobación *f*

play-back *m ingl/inv* play-back

playboy *m ingl/inv* playboy *m/ingl*, galán *m*

playmaker *m ingl/inv sport* creador de juego *m*

pleb|aglia *f desp* chusma, morralla; **~e** *f hist/fig* plebe; **~eo** *adj hist/fig* plebeyo

plebiscit|ario *adj* plebiscitario; **~o** *m* plebiscito

plenario *adj* plenario

plenilun|are *adj* del plenilunio; **~io** *m* plenilunio, luna llena *f*

plenipotenziario *adj* plenipotenciario

plenum *m/inv pol* pleno *m*

pleonas|mo *m ling* pleonasmo; **~tico** *adj ling/fig* pleonástico

plesso *m med* plexo

pletor|a *f med/fig* plétora; **~ico** *adj fig* pletórico

plettro *m mus* plectro, púa *f*; *ant* plectro; *fig* plectro (*inspiración*)

pleur|a *f med* pleura; **~ico** *adj* pleural, pleurítico; **~ite** *f* pleuritis

plexiglas *m/inv* plexiglás

plico *m adm* plica *f*, pliego

pliocen|e *f geol* plioceno; **~ico** *adj geol* plioceno

plissé *adj/inv* plisado *adj*

plissetta|re *vt* plisar; **~to** *adj* plisado

plotone *m mil/sport* pelotón

plumbeo *adj metal/fig* plumbeo, plomizo

plurale *adj/m* plural; ~ *maiestatico* plural mayestático; *mettere al* ~ poner en plural

plurali|smo *m* pluralismo; **~sta** *m/f* pluralista; **~stico** *adj* pluralista; **~tà** *f/inv* pluralidad *f*

pluricellulare *adj* pluricelular

pluridecorato *adj mil* condecorado varias veces

pluridimensionale *adj* pluridimensional, multidimensional

pluridirezionale *adj* multidireccional

pluriennale *adj* plurianual

plurilingu|ismo *m* plurilingüismo; **~e** *adj/s* plurilingüe

plurimiliardario *adj/s* multimillonario

plurimilionario *adj/s* multimillonario

plurimillenario *adj* milenario

plurimo *adj* múltiple, variado; *voto* ~ voto plural; **~tore** *adj/m* multimotor

plurinazionale *adj* internacional

pluripartitico *adj* pluripartidista, pluralista

plurisecolare *adj* multisecular

plurisillabo *adj* plurisílabo

pluristadio *adj/inv aer* multifase

pluriuso *adj/inv* multiuso

plusval|enza *f econ* plusvalía; **~ore** *m econ/pol* plusvalía *f*

plutocra|te *m* plutócrata; **~tico** *adj* plutocrático; **~zia** *f* plutocracia

plutoni|o *m* plutonio; **~smo** *m geol* plutonismo

pluvi|ale *adj* pluvial; **~ometro** *m* pluviómetro

pneumatico 1. *adj* neumático; hinchable; *materassino* ~ colchoneta hinchable; **2.** *m* neumático

po' V. **poco** *m*

poc'anzi *adv lit* poco antes *est*

pochezza *f* poquedad

pochino *adj/adv/m* poquito

poco <*mpl -chi*> *adv/adj/pr/m* <*se usa la variante* ***po'*** *tras el ar un*> poco; *è ~a cosa* es poca cosa, no es nada; *è ~ gentile* es poco amable; ~ *dopo* poco después, al poco; ~ *prima* poco antes, un rato antes; ~ *fa* hace poco, hace un rato; *fra* ~ dentro de poco, dentro de un rato; *per* ~ por poco, por los pelos; por poco (dinero), barato; por poco, casi; *per ~ che* por poco que; *da* ~ desde hace poco; *fig* insignificante, mezquino, del montón; *a ~ a* ~ poco a poco; *di lì a* ~ dentro de poco; *a dir* ~ como mínimo; ~ *male* no es para tanto; ~ *o nulla* poco o nada; *sapere di* ~ ser casi insípido; *fig* ser insignificante; *stare ~ bene* encontrarse mal; *un ~/un po' (di)* un poco (de), algo (de); *ancora un po'* un poco más; *aspetta un po'* espera un poco/un momento; *accontentarsi del* ~ contentarse con poco; *essere un ~ di buono* ser de alivio, ser un pájaro de cuidado; *essere in ~i* ser poca gente; *come ce ne sono ~i* como hay pocos; *c'è ~ da fare* no hay nada que hacer; *meglio ~ che niente* más vale eso que nada

podagra *f med* podagra
poder|e *f* finca, hacienda; **~oso** *adj* poderoso, potente
podestà *m/inv hist* corregidor *m* (*Edad Media*); alcalde *m* (*época fascista*)
podio *m arch* podio, estrado
podis|mo *m sport* pedestrismo (*carreras atléticas*); **~ta** *m/f sport* atleta, corredor, -a; marchador, -a; **~tico** *adj sport* pedestre
podo|logo, -a *m/f* podólogo, -a; **~metro** *m* podómetro
poem|a *m* poema; *(fig/iron) è un ~!* ¡es un poema!; **~etto** *m* poemita
poesia *f* poesía
poet|a, -essa *m/f* poeta *m*, poetisa *f*; **~are** *vi* <avere> escribir en verso, escribir poesías *vt*; **~astro, -a** *m/f* poetastro, -a; **~essa** V. **poeta**
poetic|a *f* poética; **~ità** *f/inv* lirismo *m*; **~izzare** *vt* poetizar; *fig* embellecer, adornar; **~o** *adj* poético
poggia|re 1. *vt* apoyar; **2.** *vi* <avere> apoyarse, sostenerse; **~testa** *m/inv* reposacabezas
poggio *m geogr* colina *f*, montículo, altozano; **~lo** *m* balcón
pogrom *m/inv* pogromo *m*
poh! *excl* ¡bah!
poi 1. *adv* 1. después, luego; *lasciare per ~* dejar para después; *prima o ~* antes o después, más pronto o más tarde; *d'ora in ~* de ahora en adelante, en lo sucesivo; 2. *enf* entonces, bien; *e ~?* ¿y bien?; *pensi ~ di venire o no?* entonces, ¿piensas venir o no?; *no e ~ no* no y no; *tanto e ~ tanto* más y más; **2.** *m/inv* futuro, porvenir; *pensare al ~* pensar en el porvenir
poiché *conj* ya que, puesto que, pues
pois *m fr/inv* mota *f*, lunar *m*; *stoffa a ~* tela a lunares
poker *m/inv* póquer *m*; **~ista** *m/f* jugador, -a de póquer
polac|ca *f mus* polonesa; *mar* polacra; **~co** *adj/s* polaco; **~chino** *m* polaina *f*
polar|e *adj* polar; **~ità** *f/inv* polaridad *f*
polarizza|re *vt fis/fig* polarizar; **~zione** *f fis/fig* polarización
polca *f mus* polca
polder *m/inv geogr* pólder *m*
polemi|ca *f* polémica; **~cità** *f/inv* polémica *f*; **~co** *adj* polémico; **~sta** *m/f* polemista; **~zzare** *vi* <avere> polemizar
polent|a *f* polenta (*masa de harina de maíz hervido*); **~one** *m/f fig* persona cachazuda, lenta; *desp* ="campesino del norte de Italia"
polesine *m geogr* isla fluvial *f*; delta del Po
poliammide *f* poliamida
poliandria *f bot/fig* poliandria
policlinic|a *f*, **~o** *m med* policlínica *f*, policlínico *m*
policrom|atico *adj* polícromo; **~ia** *f* policromía; **~o** *adj* polícromo
poliedr|icità *f/inv mat* naturaleza poliédrica *f*; *fig* versatilidad *f*; **~ico** *adj* poliédrico; *fig* versátil, flexible, polifacético; **~o** *m* poliedro
poliennale *adj* plurianual
poliestere *adj/m* poliéster
polietilene *m* polietileno
polifagia *f med* polifagia
polifase *adj/inv elec* polifásico *adj*
polifoni|a *f* polifonía; **~co** *adj* polifónico
poligam|ia *f* poligamia; **~ico** *adj* poligámico; **~o** *adj/s* polígamo
poliglotta *adj/s* políglota
poligon|ale *adj* poligonal; **~o** *m* polígono
poligraf|ia *f* poligrafía; **~ico** *adj* poligráfico; **~o** *m* polígrafo
polimeri|a *f* polimería; **~co** *adj* polimérico
polimerizza|re *vt* polimerizar; **~zione** *f* polimerización
polimero *adj/m* polímero
polimetro *m* polímetro
polimorf|ismo *m* polimorfismo; **~o** *adj* polimorfo
polinesiano *adj/s* polinesio
polinomio *m* polinomio
polio *f med* polio; **~mielite** *f med* poliomielitis
polipo *m zool/med* pólipo
polisem|ia *f* polisemia; **~ico** *adj* polisémico
polisillabo *adj* polisílabo
polisindeto *m* polisíndeton
polisportivo *adj* polideportivo
polistirolo *m* poliestireno, poliestirol
politecnico 1. *adj* politécnico; **2.** *m* instituto politécnico, universidad politécnica *f*
politeis|mo *m* politeísmo; **~ta** *adj/s* politeísta; **~tico** *adj* politeísta
politica *f* política; *~ estera, interna* política exterior, interna; *~ dei prezzi* política de precios; **~nte** *adj/s desp* político aficionado; **~stro** *m desp* politicastro
politicizza|re *vt* politizar; **~zione** *f* politización
politico *adj/s* político; **~ne, -a** *m/f fam* pico de oro *m*
politolog|ia *f* politología; **~o, -a** *m/f* politólogo, -a
polittico *m art* políptico
politura V. **pulitura**
poliur|etano *m* poliuretano; **~ia** *f* poliuria
polivalen|te *adj* polivalente; **~za** *f* polivalencia
polivinile *m* polivinilo
polizi|a *f* policía (*cuerpo*); *agente di ~* (agente de) policía; *~ stradale, giudiziale* policía de tráfico, judicial; **~esco** *adj* policiaco, policíaco, policial; *romanzo ~* novela policíaca; **~otto, -a 1.** *m/f* policía (*individuo*); *desp* esbirro, -a; **2.** *adj/inv* policía; *donna, cane ~* mujer, perro policía
polizza *f com* póliza; *~ di assicurazione* póliza de seguros
polla *f* manantial *m*; **~io** *m* pollera *f*, gallinero; *fig* pocilga *f*; **~iolo** *m/f* pollero, -a (*vendedor*); **~me** *m* aves de corral *fpl*; **~stro** *m* polluelo; *fig* pardillo, pipiolo
polleria *f* pollería
pollice *m* pulgar, dedo gordo
pollicoltura *f* cría de pollos, avicultura
polline *m bot* polen
pollivendolo, -a *m/f* pollero, -a

pollo *m gastr/zool* pollo; *fig* pollino; *far ridere i ~i* ser el hazmerreír; **~ne** *m bot* vástago, retroño, rebrote

polluzione *f med/biol* polución

polmon|are *adj* pulmonar; **~e** *m med/fig* pulmón; *respirare, gridare a pieni ~i* respirar, gritar a pleno pulmón; **~ite** *f* pulmonía, neumonía

polo *m* polo; polo, niqui (*ropa*); *sport* polo; *~ nord, sud* polo norte, sur; *essere ai ~i opposti* estar en las antípodas

polon|aise *f fr/inv mus* polonesa *f*; ***~ia:** *la ~* Polonia; **~io** *m chim* polonio

polpa *f* molla (*carne*); pulpa (*fruta*); *~ dentaria* pulpa dentaria

polpacci|o *m* pantorrilla *f*; **~uto** *adj* pantorrilludo

polpastrello *m med* yema *f*

polpett|a *f gastr* albóndiga; croqueta; *fare ~e di q* hacer picadillo a alg; **~one** *m* 1. pastel de carne; 2. *fig/TV* culebrón

polpo *m zool* pulpo; **~so** *adj* carnoso, pulposo (*fruta*)

polputo *adj* carnoso, pulposo (*carne*)

pols|ino *m* puño (*camisa*); gemelo (*botón*); **~o** *m med* muñeca *f*, pulso (*parte del cuerpo*); pulso (*ritmo cardiaco*); *di ~* de temple, de fuste (*persona*); *tastare/sentire il ~ a q* tomar el pulso a alg

poltiglia *f gastr* papilla; *ridurre q in ~* dejar a alg hecho papilla

poltrire *<isc> vi <avere>* holgazanear, haraganear

poltron|a *f* butaca, sillón *m*, poltrona; *teatro* butaca; *fig* poltrona (*cargo*); **~aggine** *f* pereza, vagancia, gandulería; **~e** *adj/s* vago, holgazán, gandul, perezoso, poltrón; **~eria** *f* holgazanería, gandulería, poltronería

polver|e *f* polvo *m*; *chim/mil* pólvora; *~ da sparo* pólvora; *in ~* en polvo; *(fig) mangiare/mordere la ~* morder el polvo; *ridurre qc/q in ~* hacer polvo algo/a alg; **~iera** *f mil/fig* polvorín *m*; **~ificio** *m* fábrica de armas *f*; **~ina** *f med* polvo *m*; **~io** *m* polvareda *f*

polverizza|re *vt* 1. pulverizar; 2. pulverizar, vaporizar; 3. espolvorear; **~tore** *m tec* pulverizador; pulverizador, vaporizador, atomizador (*líquido*); espolvoreador (*polvo*); **~zione** *f* pulverización; pulverización, vaporización, nebulización (*líquido*); espolvoreo *m* (*polvo*)

polvero|ne *m a. fig* polvareda *f*; **~so** *adj* polvoriento

poma|io *m agr* pomar; **~ta** *f* pomada, crema

pomello *m* 1. *med* pómulo; 2. pomo, bola *f*

pomeri|diano *adj* vespertino; **~ggio** *m* tarde *f*; *oggi ~* hoy por la tarde; *di/il ~* por la tarde

pomice *f* piedra pómez

pomici|are *<esd> vi <avere> pop* hacer manitas, darse el lote *vulg*; **~ata** *f pop* manitas *fpl*, magreo *m/vulg*; **~one** *m* sobón *pop*

pomo *m* 1. *lit* manzana *f/est*; *il ~ della discordia* la manzana de la discordia; *il ~ vietato* la fruta prohibida; *(med) ~ d'Adamo* nuez *f*, bocado de Adán; 2. *tec* pomo

pomodor|ata *f* tomatazo *m*; **~o** *m bot* tomate (*fruto*); tomatera *f* (*planta*)

pompa *f* 1. *tec* bomba; *mar* pompa, bombillo *m*; *fam* gasolinera; 2. pompa (*jabón*); 3. pompa, fasto *m*, lujo *m*; boato *m*, alarde *m*; *~ funebre* pompa fúnebre; *far ~ di qc* darle bombo a algo; *fare ~ di sé* darse bombo; **~ggio** *m* bombeo; **~re** *vt* bombear, hinchar (*neumatico, fig*)

Pompei *f* Pompeya

pompelmo *m bot* pomelo

pompetta *f tec* bombilla, bombillo *m*; *med* pera

pompi|ere *m* bombero; **~no** *m vulg* francés, mamada *f*

pompon *m fr/inv* pompón *m*

pompos|ità *f/inv* pomposidad *f*, fastuosidad *f*; **~o** *adj* pomposo, fastuoso

pondera|bile *adj* ponderable; **~re** *<esd> vt/vi <avere>* ponderar; **~tezza** *f* ponderación; **~to** *adj* ponderado, mesurado; **~zione** *f* ponderación, mesura

ponderoso *adj* ponderoso

ponente *m* poniente, occidente, oeste; poniente (*viento*)

ponte *m* puente; *arch* andamio; *~ levatoio, sospeso, girevole* puente levadizo, colgante, giratorio; *~ aereo* puente aéreo; *~ di barche* pontón; *~ di volo, di comando* puente volante, de mando; *testa di ~* cabeza de puente; *(fig) gettare un ~* tender puentes; *(fig) tagliare i ~i* romper el diálogo; *il ~ di Capodanno* el puente de Año Nuevo; *fare il ~* hacer puente (*festa*)

pontefice *m* pontífice

ponti|cello *m mus* cejilla *f*; puente (*gafas*); *elec* puente; **~ere** *m mil* pontonero

pontifica|le *adj* pontifical; **~re** *<esd> vt eccl/fig* pontificar; **~to** *m* pontificado

pontificio *adj* pontificio

pontile *m* embarcadero

ponton|e *m* pontón; **~iere** *m mil* pontonero

pony *m/inv* poni *m*, poney *m/ingl*

ponzare *vt/vi <avere>* elucubrar, cavilar

pool *m ingl/inv econ/biol* pool

pop *adj/inv* pop; **~art** *m/inv* pop-art; **~corn** *m ingl/inv* palomita *f* (de maíz) *f*

pope *m* pope; **~lin** *m/inv*, **~line** *f fr/inv* popelina, popelín *m*

popò *infan* 1. *f/inv* caca *f*; 2. *m/inv* pompis *m*

popola|ccio *m* populacho; **~mento** *m* poblamiento; **~no, -a 1.** *adj* popular (*del pueblo*); **2.** *m/f* hombre del pueblo *m*, mujer del pueblo *f*; **~re 1.** *adj* popular; *musica ~* música popular; *prezzi ~i* precios populares; **2.** *<esd> vt* poblar; llenar, abarrotar; **~resco** *adj* popular, populachero *desp*; **~rità** *f/inv* popularidad *f*; **~to** *adj* poblado, populoso; **~zione** *f* población (*habitantes*)

popolino *m desp* vulgo

popolo *m* pueblo, población *f* (*gente*)

popoloso *adj* populoso, poblado

poppa *f* 1. *mar* popa; 2. *fam* teta; **~nte**

m/f niño, -a de pecho; ~**re** *vi* <*avere*> mamar; ~**ta** *f* toma (*de mamar*); ~**toio** *m* tetilla *f*, biberón, tetera *f/am*, mamadera *f/am*
populis|mo *m* populismo; ~**ta** *adj/s* populista
porca|io *m* porquero, porquerizo, chanchero *am*; *fig* pocilga *f*, cochiquera *f*; lupanar; ~**ta** *f* 1. jugarreta, mala pasada, faena; 2. gorrinada, porquería (*hablar*)
porcell|ana *f* porcelana, loza; ~**anato** *adj* aporcelanado; ~**ino** *m* cochinillo, cebón, porcino; *fig* gorrinete, guarrete (*niño*); ~ *d'India* conejillo de Indias, cobaya, cuy *Am Mer*, cusí *Am Mer*
porche|ria *f* 1. porquería, birria, bodrio *m* (*comida...*); chapuza; 2. porquería, cochinada, gorrinada, guarrada, marranada, chanchada *am* (*cosa, acción*); ~**tta** *f gastr* lechón asado *m*, cochinillo *m*, tostón *m*
porci|le *m a. fig* pocilga *f*, porqueriza *f*, cochiquera *f*; ~**no** **1.** *adj* porcino; **2.** *m bot* calabaza *f* (*seta*)
porco **1.** *m zool/fig* cerdo, puerco, gorrino, marrano, chancho *am*; *piede di* ~ pie de cabra; **2.** *adj desp* maldito, perro, cochino; *(vulg)* ~ *mondo!* ¡perro mundo!, ¡mundo cruel!; *(pop)* ~*a l'oca!* ¡maldita sea!; *(pop)* ~*a miseria!* ¡me cago en la mar!; *(vulg)* ~ *Dio!* ¡me cago en Dios!; ~**spino** *m zool* puercoespín, erizo; *fig* erizo
porfido *m* pórfido
porgere <*55 porgo; porsi; porto*> *vt* ofrecer, presentar, dar; *fig* ofrecer, brindar; ~ *la mano* ofrecer/dar/tender la mano; ~ *l'occasione* brindar la ocasión; ~ *l'orecchio* prestar oídos; ~ *ascolto a q* prestar atención a alg
porno *adj/m/inv* porno; ~**grafia** *f* pornografía; ~**grafico** *adj* pornográfico; ~**shop** *m ingl/inv* sex-shop
poro *m* poro; ~**sità** *f/inv* porosidad *f*; ~**so** *adj* poroso
porpor|a *f* púrpura; ~**ato** *adj/m* purpurado; ~**ina** *f* purpurina; ~**ino** *adj* purpurino, purpúreo
porre <*56 pongo; posi; posto*> **1.** *vt* poner, meter; situar; *mat/fig* poner, plantear, formular; poner, fijar (*límite*); *fig* poner, suponer, imaginar; *poniamo che* pongamos que, supongamos que; ~ *fiducia in q* depositar la confianza en alg; ~ *fine/termine* poner fin; ~ *freno* poner freno; ~ *gli occhi/lo sguardo in q/qc* poner/fijar los ojos/la mirada en alg/algo; ~ *in esecuzione/in essere* poner en práctica; ~ *in libertà* poner en libertad; ~ *la firma su un documento* poner/estampar la firma en un documento; ~ *mano alla spada* echar mano de la espada; ~ *mente a qc* pararse a pensar en algo; ~ *un problema* exponer un problema; ~ *una domanda* hacer/plantear una pregunta; *senza* ~ *tempo di mezzo* sin perder tiempo; **2.** ~*rsi* ponerse; ~ *a sedere* sentarse; ~*rsi in marcia/in cammino* ponerse en marcha/en camino, encaminarse; ~*rsi in salvo* ponerse a salvo
porro *m bot* puerro; *med/fam* verruga *f*
porta *f* puerta; *sport* puerta, portería, meta; ~ *finestra* puertaventana; *a* ~*e chiuse* a puerta cerrada; *essere alle* ~*e* estar a las puertas/en puertas; *chiudere la* ~ *in faccia a q* darle a alg con la puerta en las narices; *indicare la* ~ *a q* enseñarle la puerta a alg; *mettere q alla* ~ poner a alg de patitas en la calle
porta|bagagli *m/inv* 1. *auto* maletero *m*, portaequipajes; baca *f*, portaequipajes (*superior*); 2. mozo de estación *m*; ~**bandiera** *m/f inv* abanderado, -a, portaestandarte *m/mil*; *fig* abanderado, -a, adalid *m*; ~**biancheria** *m/inv* cesto de la ropa sucia *m*
portabile *adj* portátil
porta|bottiglie *m/inv* botellero *m*; ~**burro** *m/inv* mantequera *f*, mantequillera *f/am*
porta|carte *m/inv* cartera *f*; ~**catino** *m/inv* palanganero *m*; ~**cenere** *m/inv* cenicero *m*; ~**chiavi** *m/inv* llavero *m*; ~**cipria** *m/inv* polvera *f*
portacont|ainers, ~**enitori** *adj/f inv* portacontenedores *adj/m inv*
porta|dischi *m/inv* mueble para discos *m*; ~**documenti** *m/inv* portafolios; ~**dolci** *m/inv* bandeja para dulces *f*; ~**elicotteri** *m/inv* portahelicópteros; ~**erei** *m/inv* porta(a)viones; ~**feriti** *m/inv mil* sanitario *m*; ~**fiori** *m/inv* florero *m*, jarrón *m*; ~**foglio** *m/inv* cartera *f*, billetera *f*; *(com) titoli in* ~ valores de cartera; ~**fortuna** *m/inv* amuleto *m*; mascota *f*; ~**frutta** *m/inv* frutero *m*; ~**gioie, gioielli** *m/inv* joyero *m*; ~**lampada, lampade** *m/inv* portalámparas
portale *m arch* portal (*palacio, iglesia*)
portalettere *m/f inv* cartero, -a
porta|matita *m/inv* lapicero *m*; ~**mento** *m* porte; ~**mina** *m/inv* portaminas; ~**missili** *adj/s inv* portamisiles; ~**monete** *m/inv* monedero *m*
portant|e *adj arch* maestro; *muro* ~ pared maestra; ~**ina** *f* 1. camilla, parihuela; 2. silla de mano, palanquín *m*; ~**ino, -a** *m/f* celador, -a
porta|oggetti *m/inv* portaobjeto(s); ~**ombrelli** *m/inv* paragüero *m*; ~**pacchi** *m/inv* portapaquetes; ~**penne** *m/inv* portaplumas; ~**piatti** *m/inv* escurridera *f*; ~**posate** *m/inv* portacubiertos, posacubiertos
portare *vt* 1. llevar, conducir; traer (*a mí, a nosotros*); ~ *su* levantar, alzar, aupar; ~ *giù* bajar; ~ *via* llevarse; ~ *avanti* llevar/sacar adelante; ~ *gli occhiali* llevar gafas; ~ *in regalo* llevar como regalo/de regalo; ~ *in tavola* sacar a la mesa; ~ *in trionfo* llevar en triunfo; ~ *a spasso* llevar a pasear/de paseo; ~ *a termine* llevar a cabo; ~ *per mano* llevar de la mano; *mi porti gli occhiali?* ¿me traes las gafas?; 2. traer (*consecuencia*); ~ *fortuna/bene, sfortuna/male* traer buena suerte, traer mala suerte; 3. llevar (*encima*); llevar, vestir (*ropa*); aguantar (*bebida*); ~ *bene, male gli anni* llevar bien, mal los años; *si veste come porta la moda* se viste como manda la moda; 4. ir, llevar, conducir; *questa strada porta a Valencia* esta carretera va a Valencia; 5. *auto* conducir; ~ *la macchina* llevar/conducir el co-

che; 6. sentir, tener (*odio, amor...*); *l'amore che ti porto* el amor que siento por ti; **2.** *~rsi* 1. acercarse, pasarse, ir *vi*; 2. portarse, comportarse; 3. encontrarse, estar (*salud*)
porta|ritratti *m/inv* portarretratos; **~riviste** *m/inv* revistero *m*; **~sapone** *m/inv* jabonera *f*; **~scì** *m/inv* portaesquís; **~sciugamano** *m/inv* toallero *m*; **~sigarette** *m/inv* pitillera *f*, cigarrera *f*; **~sigari** *m/inv* cigarrera *f*; **~spilli** *m/inv* almohadilla *f*, cojinete *m*; alfiletero *m* (*tubo*)
portastecchini, portastuzzicadenti *m/inv* palillero *m*
portata *f* 1. *gastr* plato *m*; 2. capacidad de carga; 3. *mil* alcance *m*; 4. *geogr* caudal *m* (*río*); 5. *fig* alcance *m* (*posibilidad*); *alla ~ di tutti* al alcance de todos (los bolsillos); *a ~ di mano* al alcance de la mano; 6. *fig* alcance *m*, importancia
portatessera *m/inv* funda de carnet *f*
portatile *adj* portátil
portato *adj* 1. usado, de segunda mano (*ropa*); 2. *fig* inclinado; *~ allo studio* inclinado al estudio; *essere ~ per la filosofia* sentir inclinación para la filosofía; **~re, -trice** *m/f* mensajero, -a; *econ/med* portador, -a; *al ~* al portador
porta|tovagliolo *m/inv* servilletero *m*; **~uova, ~uovo** *m/inv* huevera *f*; **~vasi** *m/inv* macetero *m*, portamacetas; **~vivande** *m/inv* fiambrera *f*, portacomidas; **~voce** 1. *m/f inv* portavoz *m/f*; 2. *m/inv mil* portavoz *m*
porte-enfant *m fr/inv* capazo *m*, moisés
portello *m* portillo (*portón*); puerta *f* (*armario*); *mar* portilla *f*, porta *f*
portento *m* portento, prodigio, maravilla *f*; **~so** *adj* portentoso, prodigioso
portic|ato 1. *adj* porticado; **2.** *m* pórtico, soportal, porche; **~o** *m* pórtico, soportal, porche
portier|a *f* 1. *auto* puerta; 2. persiana (*de entrada*); **~e, -a** *m/f adm* conserje; *sport* portero, -a, guardameta
portin|aio, -a *m/f* portero, -a (*casa*); **~eria** *f* portería, conserjería
porto *m* 1. *mar* puerto; *~ franco* puerto franco; *(a. fig) giungere in ~* llegar/arribar a puerto; *(a. fig) condurre in ~ qc* llevar algo a puerto; *(fig) un ~ di pace* un oasis/remanso de paz; 2. *tras* porte; *~ assegnato* portes debidos; *franco di ~* portes pagados; 3. *~ d'armi* licencia de armas *f*; *~ abusivo d'armi* tenencia ilícita de armas; 4. oporto (*vino*)
Portogallo: *il ~* Portugal
portoghese *adj/s geogr* portugués; *fig* gorrón (*teatro*)
portone *m* portón, portal, portalón
portoricano *adj/s* puertorriqueño
portua|le *adj/m* portuario; **~rio** *adj* portuario
porzione *f* porción, trozo *m*; *gastr* ración
posa *f* 1. puesta, colocación; 2. descanso *m*, reposo *m*; *senza ~* sin parar, sin descanso; 3. *art/foto* pose; *fig* actitud, gesto *m*, postura; *mettersi in ~* poner una pose; 4. *foto* exposición; 5. *cine* rodaje *m*; *teatro di ~* estudio de cine
posacenere *m/inv* cenicero *m*
posare 1. *vt* 1. posar, apoyar; 2. *lit* aquietar; **2.** *vi* 1. apoyarse (*su* en/sobre), reposar (*su* sobre); 2. *art/foto* posar; 3. reposar (*líquido*); **3.** *~rsi* posarse
posat|a *f gastr* cubierto *m*; **~eria** *f* cubertería; **~ezza** *f* calma, sosiego *m*; ponderación; **~o** *adj* tranquilo, sosegado; mesurado, ponderado; **~ura** *f* poso *m*, hez
poscritto *m* posdata *f*
posdomani *adv lit* pasado mañana *est*
positiv|a *f fot* positivo *m*; **~ismo** *m* positivismo; **~ista** *m/f* positivista; **~istico** *adj* positivista; **~ità** *f/inv* positividad *f*; **~o** *adj/m* positivo
posizione *f* posición; *~ chiave* puesto clave; *~ d'attenti* posición de firmes; *prendere ~* tomar posición, posicionarse; *in ~* en posición
posologia *f* posología
pospo|rre *<56 -pongo; -posi; -posto>* *vt* posponer; **~sizione** *f* posposición, postergación
possed|ere *<-siedo>* *vt* poseer; **~imento** *m* posesión *f*, dominio (*tierras*); *pol* colonia *f*; **~itrice** V. **possessore**
possente *adj* potente, poderoso; pujante
possess|ione *f eccl* posesión; **~ivo** *adj ling/fig* posesivo; **~o** *m* 1. posesión *f*, dominio; tenencia *f*; *essere in ~ di* estar en posesión de; *prendere ~ di* tomar posesión de; *venire/entrare in ~ di* entrar en posesión de, hacerse con; 2. posesión *f*, finca *f*; **~ore, posseditrice** *m/f* poseedor, -a; **~orio** *adj ius* posesorio
possibil|e *adj/m* posible; *al più presto ~* lo antes posible; *fare (tutto) il ~* hacer (todo) lo posible; **~ità** *f/inv* posibilidad *f*
possidente *m/f* propietario, -a, hacendado, -a, terrateniente
posta *f* 1. *post* correo *m*; *~ aerea, raccomandata* correo aéreo, certificado; *~ elettronica* correo electrónico; *la ~ del cuore* consultorio sentimental (*revista*); 2. *tras/ant* posta (*diligencia*); 3. puesta, apuesta (*juegos*); 4. puesta, apostadero *m* (*caza*); *mettersi/stare alla ~* ponerse/estar al acecho; 5. *lit* gusto *est*, placer *est*; 6. *a bella ~* a posta, ex profeso, a sabiendas; **~giro** *m* giro postal; **~le 1.** *adj* postal; **2.** *m* (tren) correo; (vapor) correo; correo (*autobús*); **~rsi** apostarse; **~zione** *f mil* posición
postbellico *adj* posbélico
postdata|re *vt* posfechar; **~zione** *f* posfechación
posteggi|are *vt/vi <avere>* *auto* aparcar; **~atore, -trice** *m/f* guardacoches; **~o** *m tras* 1. parada *f*; 2. aparcamiento
postelegrafico *adj* de correos y telégrafos
poster *m/inv* póster *m*; **~gare** *vt* postergar
posteri *mpl* descendientes
posterior|e 1. *adj* posterior; **2.** *m fam/iron* trasero; **~ità** *f/inv* posterioridad *f*
posterità *f/inv* posteridad *f*
posticcio 1. *adj* postizo; **2.** *m* tupé
posticino *m fam* rinconcito; localito

posticipa|re *<esd> vt* posponer, aplazar, diferir; ~**zione** *f* aplazamiento *m*
postierla *f arch* portillo *m*
postiglione *m* postillón
postilla *f* apostilla, anotación, nota; ~**re** *vt* apostillar, anotar
postino, -a *m/f* cartero, -a
posto 1. *adj* puesto, colocado; ~ *che* puesto que, dado que; ~ *ciò* aclarado esto; **2.** *m* 1. lugar, sitio; puesto; localidad *f*, plaza *f* (*locales públicos*); ~ *di blocco/di controllo* (puesto de) control, control de carreteras; ~ *di guardia, di comando* puesto de guardia, de mando; ~ *telefonico* cabina telefónica; ~ *in piedi, a sedere* localidad de pie, de asiento; *al ~ di* en lugar de, en vez de; *da un ~ all'altro* de un sitio/lugar a otro; *sul ~* en el mismo lugar, sobre la marcha; *avere la testa a ~* tener la cabeza en su sitio; *essere a ~* estar en orden; *essere a ~ con la coscienza* tener la conciencia tranquila; *essere una persona a ~* ser una persona de confianza/como Dios manda; *fare ~ a q* hacer sitio a alg; *mettere a ~* arreglar, poner en orden; *mettere la testa a ~* sentar la cabeza; *stare al proprio ~* estar en su puesto; *tenere le mani a ~* tener las manos quietas; 2. ocupación *f*, empleo, trabajo; cargo, plaza *f*; puesto de trabajo; *essere a ~* estar bien colocado; *mettere a ~ q* colocar a alg; *mettersi a ~* colocarse
postoperatorio *adj* postoperatorio
postribolo *m* prostíbulo
postscriptum *m/inv* post scriptum, pos(t)data *f*
postula|nte *adj/s* postulante; ~**re** *<esd> vt* postular; ~**to** *m* postulado
postumo 1. *adj* póstumo; **2.** *m* 1. secuela *f*; 2. *mpl* secuelas *fpl*, consecuencias *fpl*
potabil|e *adj* potable; ~**ità** *f/inv* potabilidad *f*
potabilizza|re *vt* potabilizar; ~**zione** *f* potabilización
potare *vt* podar
potass|a *f* potasa; ~**io** *m* potasio
potat|oio *m* podadera *f*; ~**ura** *f* poda
potent|ato *m* potentado; ~**e 1.** *adj* potente, vigoroso; potente, poderoso; **2.** *m* poderoso
potenza *f* potencia; ~ *fiscale, motrice* caballos fiscales; *le grandi ~e* las grandes potencias; *in ~* en potencia; *all'ennesima ~* a la enésima potencia
potenzia|le *adj/m* potencial; ~**lità** *f/inv* potencialidad *f*; ~**mento** *m* potenciación *f*; ~**re** *vt* potenciar
potere 1. *<57 posso; potei; potuto> vi <avere; seguido de infinitivo, según éste>* poder; *ha potuto farlo, ma non è potuto venire* ha podido hacerlo, pero no ha podido venir; *può darsi che...* es posible que...; *si può?* ¿se puede?; *a più non posso* a más no poder; *non ne posso più* no puedo más, no aguanto más; **2.** *m* poder; ~ *detergente* poder limpiador; ~ *d'acquisto* poder adquisitivo; ~ *legislativo, giudiziario* poder legislativo, judicial; *in ~ di* en poder de; *essere al ~* estar en el poder
potest|à *f/inv* potestad *f*; *patria ~* patria potestad; ~**ativo** *adj* potestativo
pot-pourri *m fr/inv* popurrí *m*, batiburrillo *m*
pouf *m fr/inv* puf *m*
pover|accio, -a *m/f* pobre hombre *m*, pobre mujer *f*; ~**ino** *adj/s* pobrecito; ~**o** *adj/s* pobre; ~ *me, te...!* ¡pobre de mí, de ti...!, ¡ay de mí, de ti...!; ~ *in canna* pobre como las ratas; ~ *diavolo* pobre diablo; ~**tà** *f/inv* pobreza *f*
pozione *f* poción, brebaje *m*, bebedizo *m*
pozza *f* poza; ~ *di sangue* charco de sangre
pozzanghera *f* charco *m*
pozzetto *m* desagüe
pozzo *m* pozo; ~ *artesiano, nero* pozo artesiano, negro; *un ~ senza fondo* un pozo sin fondo; *essere un ~ di scienza* ser un pozo de ciencia; ~**lana** *f* puzolana
praghese *adj/s* praguense, de Praga
pragmati|ca *f fil* pragmática; ~**co** *adj fil* pragmático; ~**smo** *m* pragmatismo; ~**sta** *adj/s* pragmatista; ~**stico** *adj* pragmatista
pralina *f* peladilla garrapiñada, almendra confitada
prammatic|a *f ius* pragmática; ~**o** *adj ius* pragmático
pranz|are *vi <avere>* comer *vt/vi*, almorzar *vt/vi* (*al mediodía*); ~**o** *m* comida *f*, almuerzo (*al mediodía*); *all'ora di ~* a la hora de comer; *dopo ~* después de comer
prassi *f/inv* costumbre *f*; *fil* praxis, práctica *f*
prate|nse *adj* pratense; ~**ria** *f* pradera, prado *m*
pratica *f* práctica; *adm* gestión, diligencia, trámite *m*; *adm* expediente *m*, dosier *m*; *in ~* en la práctica; *mettere in ~* poner en práctica, llevar a la práctica; *sbrigare una ~* despachar un asunto
praticabil|e *adj* practicable; ~**ità** *f/inv* practicabilidad *f*
praticamente *adj* prácticamente, casi; prácticamente (*en modo práctico*)
praticante 1. *adj/s eccl* practicante; **2.** *m/f* pasante; *desp* aficionado, -a
praticare *<esd>* **1.** *vt* 1. practicar; ejercer (*profesión*); 2. practicar, ejecutar; aplicar; ~ *uno sconto* aplicar un descuento; 3. frecuentar; **2.** *vi <avere>* 1. relacionarse (*con q* con alg); 2. frecuentar *vt*, ser asiduo (*in* de); *dimmi con chi pratichi e ti dirò chi sei* dime con quién vas y te diré quién eres
praticità *f/inv* aplicabilidad *f*; *fig* manejabilidad *f*, sencillez *f*
pratico, -a 1. *adj* práctico; *mec* práctico, manejable, cómodo; *fig* experto, conocedor (*persona*); *essere ~ di qc* ser experto en algo; *all'atto ~* en la práctica; **2.** *m/f* 1. persona práctica *f*; 2. experto, -a, conocedor, -a
praticoltura *f* praticultura
prato *m* prado; césped (*jardín*); ~**lina** *f bot* maya
prealpino *adj* prealpino

preambolo *m* preámbulo

preannun|ziare, ~ciare *vt* anunciar con antelación; **~zio, ~cio** *m* anuncio previo, preaviso

preavvis|are *vt* avisar con antelación; **~o** *m* preaviso

prebarba *m/inv* loción para antes del afeitado *f*

prebellico *adj* prebélico

prebenda *f eccl/fig* prebenda; **~to** *adj/m* prebendado

precampionato *m sport* pretemporada *f*

precari|ato *m* precariedad *f*; **~età** *f/inv* precariedad *f*, inestabilidad *f*; **~o, -a 1.** *adj* precario, -a, inestable, provisional; precario, -a, eventual (*trabajo, trabajador*); **2.** *m/f* eventual

precauzion|ale *adj* preventivo; **~e** *f* precaución, cautela

preceden|te 1. *adj* precedente, anterior; **2.** *m* precedente; *ius* antecedente; *senza ~i* sin precedentes; *creare un ~* sentar un precedente; *~i penali* antecedentes penales; **~za** *f* precedencia; *auto/fig* preferencia, prioridad; *in ~* anteriormente; *dare la ~* ceder el paso

precedere *vt* preceder

precessione *f astr* precesión

precett|ista *m/f* preceptista; **~istica** *f* preceptiva; **~ivo** *adj* preceptivo; **~o** *m eccl/ius* precepto; *mil* llamamiento a filas; **~re, -trice** *m/f* preceptor, -a

precipita|nte *m chim* precipitante; **~re** <*esd*> **1.** *vt* lanzar, arrojar; precipitar, despeñar; *fig* precipitar (*adelantar*); **2.** *vi* precipitarse, despeñarse; *fig* precipitarse, derrumbarse, desplomarse; precipitarse (*acontecimientos*); *~ in rovina* caer en la miseria, arruinarse; **3.** *~rsi* 1. precipitarse, lanzarse, arrojarse; abalanzarse; *fig* precipitarse; 2. ir corriendo; apresurarse; **~to** *m chim/mus* precipitado; **~zione** *f chim/meteo/fig* precipitación

precipitevolissimevolmente *adv iron* aparatosamente

precipitoso *adj* impetuoso; *fig* atropellado, precipitado

precipizio *m* precipicio, barranco, despeñadero, abismo; *a ~* a pico

precipuo *adj* primero, principal

precis|are *vt* precisar, determinar; **~azione** *f* precisión, aclaración; **~ione** *f* precisión, exactitud; **~o** *adj* preciso, exacto; *sono le due ~e* son las dos en punto

preclaro *adj lit* preclaro

precludere <*10 -clusi; -cluso*> *vt* obstruir, obstaculizar

preclusione *f* obstrucción; *ius* caducidad

precoc|e *adj* precoz; **~ità** *f/inv* precocidad *f*

precognizione *f* precognición

precolombiano *adj* precolombino

preconcetto 1. *adj* preconcebido; **2.** *m* prejuicio, idea preconcebida *f*

preconizzare *vt* preconizar

preconoscenza *f* precognición, clarividencia

precorrere <*18 -corsi; -corso*> *vt* anticiparse, adelantarse; *non voler ~ gli eventi* no querer adelantarse a los acontecimientos

precorritore, -trice *m/f* precursor, -a

precostituire <*isc*> *vt* preconstituir

precotto *adj/m* precocinado

precursore, precorritrice *adj/s* precursor, -a

preda *f* presa; *essere in ~ a q/qc* ser presa de alg/algo; **~re** *vt* depredar, saquear; **~tore 1.** *adj zool* depredador, predador; *fig* saqueador; **2.** *m zool* depredador, predador; *fig* saqueador, bandido; pirata, corsario

predecessore, -a *m/f* predecesor, -a

predell|a *f* tarima, estrado *m*; **~ino** *m* estribo

predestina|re *vt* predestinar; **~zione** *f* predestinación

predetto *adj* susodicho, antedicho

predica *f eccl* sermón *m*, prédica; *fig* sermón *m*, perorata, monserga, bronca; *fare la ~* echar la bronca; **~mento** *m* predicamento; **~re** <*esd*> *vt/vi* <*avere*> predicar; *~ al deserto* clamar en el desierto

predicat|ivo *adj ling* predicativo; **~o** *m ling/fil* predicado; **~ore** *m* predicador; **~orio** *adj* de predicador; *fig* afectado

predicazione *f* predicación

predicozzo *m fig/fam* regañina *f*

predil|etto *adj/s* predilecto; **~ezione** *f* predilección; **~igere** <*22 -diligo; -dilessi; -diletto*> *vt* preferir

predio *m lit* predio

predire <*21 -dico; -dissi; -detto*> *vt* predecir, vaticinar

predisporre <*56 -pongo; -posi; -posto*> *vt* predisponer

predisposizione *f* predisposición

predizione *f* predicción, vaticinio *m*

predomin|ante *adj* predominante; **~are** <*esd*> *vi* <*avere*> predominar; **~io** *m* predominio

predone *m* saqueador, bandido

preesisten|te *adj* preexistente; **~za** *f* preexistencia

preesistere <*41 -sistito*> *vi* preexistir

prefabbrica|re <*esd*> *vt* prefabricar; **~to** *adj* prefabricado; **~zione** *f* prefabricación

prefazio *m eccl* prefacio; **~ne** *f* prefacio *m*, introducción

preferenz|a *f* preferencia, predilección; *di ~* preferentemente, con preferencia; *non ho ~e* no tengo ninguna preferencia; **~iale** *adj* preferente, preferencial

preferi|bile *adj* preferible; **~re** <*isc*> *vt* preferir; **~to** *adj/s* preferido, favorito, predilecto

prefett|izio *adj hist/eccl* del prefecto; *pol* del gobernador civil; **~o** *m hist/eccl* prefecto; *pol* gobernador civil; **~ura** *f hist/eccl* prefectura; *pol* gobierno civil *m*

prefica *f* plañidera

prefiggere <*1 -figgo; -fissi; -fisso*> *vt* prefijar

prefigurazione *f* prefiguración

prefinanziamento *m* prefinanciación *f*

prefisso *m ling* prefijo; *post* código territorial (*teléfono*)

pregare *vt* rogar, pedir, suplicar; *eccl* re-

zar, orar; *ti prego di venire* te ruego que vengas; *farsi* ~ hacerse de rogar; *entri, La prego* entre, se lo ruego; *si prega di...* se ruega...; ~ *Iddio* rogar a Dios
pregevole *adj* valioso, preciado
preghiera *f* oración, plegaria, rezo *m*; *a ~ di/su ~ di* a ruegos de
pregia|rsi *adm* tener el placer/gusto; *mi pregio di comunicarLe che...* tengo el gusto de comunicarle que...; **~tissimo** *adj* muy apreciado (*en las cartas; abreviado en Preg.mo*); **~to** *adj* preciado, valioso
pregio *m* valor, valía *f*, calidad *f*; estima *f*, prez *f/lit*, estimación *f*, consideración *f*; *tenere in ~* tener en gran estima
pregiudica|re *<esd>* *vt* perjudicar, dañar; **~to** *m/f* persona con antecedentes *f*
pregiudizi|ale *adj ius* prejudicial; **~evole** *adj* perjudicial, dañoso; **~o** *m* 1. prejuicio; 2. perjuicio, daño
pregnan|te *adj* lleno/cargado de significado; **~za** *f* riqueza de significados
pregno *adj* 1. *fig* preñado, lleno; 2. preñada, embarazada
prego! *excl* 1. ¡por favor!, ¡no más! *am*; 2. ¡de nada!; *grazie! ~!* ¡gracias! ¡de nada!
pregustare *vt fig* acariciar, saborear de antemano
preistori|a *f* prehistoria; **~co** *adj* prehistórico
prelat|izio *adj* prelaticio; **~o** *m* prelado; **~ura** *f* prelatura
prelavaggio *m* prelavado
prelazione *f* prelación
preleva|mento *m econ* reintegro, retirada *f* (*dinero*); **~re** *vt* sacar, retirar (*dinero*); *med* extraer, sacar; *fig* llevarse, sacar por la fuerza (*personas*); *fig/fam* pasar *vi* (*por alg*), recoger; ~ *un campione* tomar una muestra
prelibato *adj* exquisito, excelente
prelievo *m econ* reintegro, retirada *f*, saca *f*; *med* toma *f*; ~ *fiscale* retención fiscal *f*
preliminare 1. *adj* preliminar, previo; **2.** *m* preliminar, preámbulo
preludere *<10 prelusi; preluso>* *vi <avere>* preludiar
preludi|o *m mus/fig* preludio; **~are** *vi <avere> mus* preludiar
pré-maman 1. *adj fr/inv* premamá *adj/inv*; **2.** *m* vestido premamá *m*
prematrimoniale *adj* prematrimonial
prematuro, -a 1. *adj* prematuro; *fig* prematuro, precipitado; **2.** *m/f med* prematuro, -a
premedita|re *vt ius/fig* premeditar; **~to** *adj* premeditado, intencionado; **~zione** *f* premeditación
premere 1. *vt* apretar; estrujar (*con violencia*); pisar (*con el pie*); *fig* oprimir, agobiar; ~ *il freno, l'acceleratore* pisar el freno, el acelerador; **2.** *vi <avere>* apretar; *fig* pesar, oprimir *vt*; *fig* instar, dar prisa; *fig* importar, interesar; *fig* urgir, correr prisa (*ser urgente*)
premessa *f* 1. premisa, condición, supuesto *m*; *fil* premisa; 2. introducción, advertencia (*libro*)
premettere *<44 -misi; -messo>* *vt* anteponer; exponer antes
premia|re *vt* premiar, galardonar; **~zione** *f* entrega de premios
premier *m/inv* primer ministro *m* (*Gran Bretaña y otros países*)
première *f fr/inv teatro* estreno *m*
preminen|te *adj* preeminente; **~za** *f* preeminencia
premio *m* premio, recompensa *f*; extra, complemento (*sueldo*); prima *f* (*seguro*); aproximación *f*, pedrea *f* (*lotería*); ~ *d'assicurazione, d'anzianità* prima del seguro, por antigüedad; ~ *di consolazione* premio de consolación
premolare *adj/m* premolar
premoni|tore *adj* premonitorio; **~zione** *f* premonición
premuni|re *<isc>* **1.** *vt* preparar, prevenir, precaver, premunir *am*; *mil* fortificar, armar; **2.** *~rsi* proveerse (*di/con qc* de algo); **~zione** *f med* inmunidad
premur|a *f* 1. premura, prisa; 2. premura, cuidado *m*, celo *m*; **~oso** *adj* premuroso, solícito, atento
prenatale *adj* prenatal
prendere *<58 presi; preso>* **1.** *vt* 1. coger *Esp*, agarrar *Ur/Arg*; sujetar, prender (*con algo*); coger *Esp*, agarrar *Ur/Arg*, sorprender, prender (*ladrón*); *mil* tomar, conquistar; ~ *q a calci* emprenderla a patadas con alg; *(fig) ~rla larga* irse por las ramas; 2. tomar, coger (*camino*); tomar (*bebida, comida; palabra*); cobrar (*sueldo*); *fig* tomar (*considerar*); ~ *appunti* tomar/coger apuntes; ~ *q sul serio* tomar a alg en serio; ~ *q per stupido* tomar a alg por estúpido; 3. coger *Esp*, agarrar *Ur/Arg* (*enfermedad*); tomar (*sol*); dar (*susto*); recibir (*golpes*); ~ *sonno* dormirse; **2.** *vi* 1. *<avere>* tomar, ir (*dirección*); *auto* girar; 2. *bot* prender, arraigar; prender, cogerse (*fuego*); endurecerse, secarse (*cola*); ~ *a fare qc* ponerse a hacer algo, empezar a hacer algo; 3. *<essere/avere>* coger *Esp*, agarrar *Ur/Arg*, dar (*repentino*); *gli ha preso la febbre* le ha dado la fiebre, ha cogido fiebre; *che ti prende?* ¿qué mosca te ha picado?; **3.** *~rsi* cogerse *Esp*, agarrarse *Ur/Arg*, asirse, sujetarse; *fig* liarse (*golpes*); *~rsi a botte* liarse a golpes; *~rsi a noia* cogerse manía; *~rsela (con q)* enfadarse (con alg); *~rsela comoda* tomárselo con calma
prendi|sole *m/inv* camiseta de tirantes *f* (*de mujer*); **~tore** *m com* tomador
prenota|re *vt* reservar (*mesa, billete...*); **~zione** *f* reserva (*mesa, billete...*)
prensile *adj* prensil
preoccupa|nte *adj* preocupante; **~re** *<esd>* *vt* preocupar, inquietar; *non ti ~* no te preocupes, descuida; **~zione** *f* preocupación
preordina|mento *m* preparación *f*, disposición *f*; **~re** *<esd>* *vt* preparar, predisponer
prepara|re *vt* preparar; **~tivi** *mpl* prepa-

rativos; ~**to 1.** *adj* preparado, dispuesto; **2.** *m* preparado; ~**tore** *adj/s* preparador; ~**torio** *adj* preparatorio; ~**zione** *f* preparación

prepensionamento *m* jubilación anticipada *f*

preponderan|te *adj* preponderante, predominante; ~**za** *f* preponderancia, predominio *m*

preporre <*56 -pongo; -posi; -posto*> *vt* anteponer; *fig* preferir, anteponer

prepos|itivo *adj ling* prepositivo; ~**izione** *f ling* preposición; ~ *articolata* artículo contracto; ~**to** *m* preboste

prepoten|te 1. *adj* irrefrenable; prepotente (*persona*); **2.** *m/f* prepotente, déspota, tirano, -a; ~**za** *f* prepotencia, tiranía, despotismo *m*; abuso *m*, atropello *m*

prepuzio *m* prepucio

preregistra|re *vt TV* pregrabar; ~**to** *adj TV* pregrabado, enlatado

prerogativa *f* prerrogativa

preromantic|ismo *m* prerromanticismo; ~**o** *adj/s* prerromántico

presa *f* 1. cogida, toma, agarre *m*; *tec* fragua (*cemento*); *bot* arraigo *m*; ~ *di corrente, di terra* toma de corriente/luz, de tierra; ~ *di posizione* toma de posición; ~ *di possesso* toma de posesión; ~ *in considerazione* toma en consideración; ~ *in giro* tomadura de pelo, recochineo; *venire alle ~e con q* llegar a las manos con alg; *far ~* fraguar (*cemento*); *tec* morder; 2. *elec* enchufe *m*, toma; toma (*agua, gas...*); 3. *gastr* pizca, pellizco *m*; 4. cogedor *m*, agarrador *m* (*de cocina*); 5. *mil* toma, conquista; 6. *cine* rodaje *m*; 7. arrastre *m* (*naipes*);

presagi|o *m* presagio, augurio; ~**re** <*isc*> *vt* presagiar, presentir

presago *adj* presago, présago

presalario *m* ayuda al estudio *f*, beca *f*

presame *m* cuajo

presbiopia *f* presbicia

presbite *adj/s* présbite, présbita

presbiteri|anesimo *m* presbiterianismo; ~**ano** *adj/s* presbiteriano; ~**o** *m* presbiterio

prescegliere <*69 prescelgo; prescelsi; prescelto*> *vt* escoger, seleccionar

prescienza *f* presciencia

prescindere <*70 -scissi; -scisso*> *vt* prescindir; *a ~ da/prescindendo da* prescindiendo de, sin contar con

prescola|re, ~**stico** *adj* preescolar

prescrittibile *adj* prescriptible

prescrivere <*71 -scrissi; -scritto*> **1.** *vt med* prescribir, recetar; *ius* prescribir; **2.** *~rsi ius* prescribir *vi*

prescrizione *f* prescripción; *cadere in ~* prescribir

preselezione *f* preselección

presenta|bile *adj* presentable; ~**re** *vt* presentar; ~**tore, -trice** *m/f* presentador, -a; ~**zione** *f* presentación

presente 1. *adj* presente; *avere ~ qc/q* tener presente algo/a alg; *tenere ~ qc/q* tener en cuenta algo/a alg; **2.** *m/f* 1. presente, asistente; *i ~i esclusi* excluidos los presentes; 2. *m ling/fig* presente; *al ~* en este momento; 3. *m* presente, regalo; 4. *f adm* presente; *con la ~ Le comunico che...* con la presente le comunico que...

presenti|mento *m* presentimiento, presagio, corazonada *f*; ~**re** *vt* presentir, presagiar

presenz|a *f* 1. presencia, asistencia; *in ~ di* en presencia de; *in mia ~* en mi presencia; *di ~* personalmente; 2. presencia, porte *m*; ~ *di spirito* presencia de ánimo; ~**iare** *vt* presenciar

presepio *m lit* pesebre, establo; *eccl* belén, nacimiento, pesebre

preserva|re *vt* preservar, salvaguardar; ~**tivo** *m* preservativo; ~**zione** *f* preservación

preside *m/f* director, -a (*instituto*); decano, -a (*facultad*)

presidente *m/f* <*f también -essa*> presidente, -a; *~ del Consiglio (di Ministri)* Presidente del Gobierno

presidenz|a *f* presidencia (*presidente*); dirección (*instituto*); decanato *m* (*universidad*); ~**iale** *adj* presidencial; ~**ialismo** *m* presidencialismo

presidi|are *vt mil* presidiar, guarnecer; *fig* proteger; ~**o** *m mil* presidio, guarnición *f*; *fig* protección *f*

presiedere 1. *vt* presidir; **2.** *vi* <*avere*> dirigir *vt*, presidir *vt* (*a qc*)

pressa *f* 1. muchedumbre, gentío *m*; 2. *tec* prensa

press-agent *m/f ingl/inv* agente de prensa *m*

pressante *adj* urgente

pressappoco, press'a poco *adv* más o menos, aproximadamente

pressare *vt* apretar, apisonar; *tec* prensar; *fig* importunar, dar la lata

pressatura *f* prensado *m*

pressione *f fis/fig* presión; *med* tensión; *fare ~ su q* presionar a alg; *avere la ~ alta, bassa* tener la tensión alta, baja

presso 1. *adv* cerca; *qui ~* aquí cerca; *a un di ~/dipresso* más o menos, aproximadamente; **2.** *prep* 1. cerca de; junto a; *~ di me, te...* junto a mí, ti...; en mi casa, en tu casa...; 2. en; entre; ante; *lavorare ~ una ditta seria* trabajar en una empresa seria; *~ alcuni scrittori* entre algunos escritores; *ambasciatore ~ il governo cinese* embajador ante el gobierno chino; **3.** *mpl* alrededores, cercanías *fpl*; *nei ~i di* en los alrededores de; ~**ché** *adv lit* casi *est*

pressurizza|re *vt* presurizar; ~**zione** *f* presurización

presta|bilire <*isc*> *vt* prefijar; ~**nome** *m/f inv* testaferro *m/f*; ~**nte** *adj* apuesto, guapo; ~**nza** *f* prestancia; ~**re 1.** *vt* prestar; ~ *aiuto* prestar auxilio; ~ *attenzione* prestar atención; ~ *orecchio* prestar oídos; ~ *a interesse* prestar con interés; **2.** *~rsi* prestarse; ~**tore, -trice** *m/f* prestamista; ~ *di lavoro/d'opera* trabajador, -a, empleado, -a; ~**voce** *m/f inv cine* doblador, -a; ~**zione** *f* prestación; ~ *d'opera* prestación personal

prestidigitatore, -trice, prestigiatore, -trice *m/f* prestidigitador, -a

prestigio *m* 1. prestigio; 2. prestidigitación *f*, malabarismo, prestigio *raro*; *giochi di* ~ juegos malabares; ~**so** *adj* prestigioso, afamado
prestito *m* préstamo; *dare, prendere in* ~ dar, tomar prestado; ~ *a scadenza fissa, a vista* préstamo a plazo fijo, a la vista; *accordare un* ~ conceder un préstamo
presto *adv* 1. pronto, dentro de poco; *a* ~ hasta pronto; 2. rápido, rápidamente, aprisa; *mus* presto; *è* ~ *detto* se dice pronto; *è* ~ *fatto* eso está hecho; 3. pronto, temprano; *fare* ~ llegar pronto; *al più* ~ lo antes posible, cuanto antes; ~ *o tardi* tarde o temprano
presumere <*6 -sunsi; -sunto*> *vt* presumir, creer, considerar; *fig* presumir, alardear, jactarse (*di* de)
presun|tivo *adj* presuntivo; ~**to** *adj ius* presunto; *econ* previsto, presupuestado; ~**tuoso** *adj* presuntuoso, fatuo, jactancioso; ~**zione** *f ius/fig* presunción
presuppo|rre <*56 -pongo; -posi; -posto*> *vt* presuponer; ~**sizione** *f* presuposición; ~**sto 1.** *adj* presupuesto, supuesto; **2.** *m* presupuesto, presuposición *f*, premisa *f*
prêt-à-porter 1. *adj fr/inv* prêt-à-porter, listo para llevar *adj*; **2.** *m fr/inv* traje de prêt-à-porter *m*
prete *m* cura, sacerdote
pretendente *m/f* pretendiente
pretendere <*58 -tesi; -teso*> *vt* pretender; ~ *di avere ragione* pretender tener razón
pretensione *f* pretensión
pretenzioso *adj* pretencioso, exigente
preteri|ntenzionale *adj ius* preterintencional; ~**to 1.** *adj lit* pretérito; **2.** *m ling* pretérito; ~**zione** *f ling* preterición
pretes|a *f* pretensión, exigencia; *fig* pretensión, presunción; *avere molte, poche* ~*e* tener muchas, pocas pretensiones; ~**to** *m* pretexto, excusa *f*, evasiva *f*; *col* ~ *di* con la excusa de, so pretexto de
pretor|e *m ius* juez de 1ª instancia; *hist* pretor; ~**iano** *adj/m* pretoriano; ~**io 1.** *adj ius* de 1ª instancia, del juez de 1ª instancia; *adm* municipal; *hist* pretorio; *albo* ~ tablón de anuncios municipal
pretto *adj* puro; *ling* puro, castizo
pretura *f ius* juzgado de 1ª instancia *m*; *hist* pretura
prevale|nte *adj* preponderante, predominante; ~**nza** *f* 1. preponderancia, predominio *m*; *in* ~ preferentemente; 2. *tec* altura de elevación; ~**re** <*84 -valgo; -valsi; -valso*> *vi* <*essere/avere*> prevalecer, preponderar, predominar
prevarica|re <*esd*> *vi* <*avere*> prevaricar; ~**tore** *adj/s* prevaricador; ~**zione** *f* prevaricación
preved|ere <*85 -vidi; -visto*> *vt* prever; ~**ibile** *adj* previsible
prevenire <*86 -vengo; -venni; -venuto*> *vt* 1. preceder, anteceder; 2. prevenir, precaver; prevenir, advertir, avisar
preventiv|are *vt* presupuestar; ~**o 1.** *adj* preventivo; **2.** *m econ* presupuesto
prevenuto *adj* prevenido, receloso
prevenzione *f* prevención; *fig* prevención, predisposición, recelo *m*
previden|te *adj* previsor; ~**za** *f* previsión; *~ *Sociale* Seguridad Social; ~**ziale** *adj* de la Seguridad Social
previo *adj* previo; ~ *avviso, esame, pagamento* previo aviso, examen, pago
prevision|ale *adj* preventivo, previsor; ~**e** *f* previsión
prebosto *m* preboste
prezios|ismo *m* preciosismo; ~**ità** *f/inv* 1. valor *m*, valía *f*, calidad *f*; utilidad *f*; 2. preciosidad *f*, elegancia *f*; ~**o 1.** *adj* 1. valioso, preciado; útil; 2. precioso, elegante, selecto; *fig* difícil de ver (*persona*); *farsi* ~ no dejarse ver (*persona*); **2.** *m* joya *f*, objeto precioso; *fig* persona difícil de ver *f* (*persona*)
prezzar|e *vt* colocar el precio, marcar; ~**io** *m* lista de precios *f*, catálogo de precios
prezzemolo *m bot* perejil; *(fig) essere come il* ~ ser como el perejil
prezzo *m* precio; ~ *di costo, di vendita* precio de coste, de venta; ~ *di favore* precio de amigo, precio especial; ~ *di listino* precio de catálogo; *(fig) a* ~ *di* a costa de; *a* ~ *di costo* a precio de coste; *a metà* ~ a mitad de precio; *a qualunque* ~ a cualquier precio; *non avere* ~ no tener precio; *pagare qc a caro* ~ resultar cara una cosa; *tirare sul* ~ regatear; ~**lare** <*esd*> *vt desp* reclutar; sobornar
prigion|e *f* prisión, cárcel; ~**ia** *f* cautividad, cautiverio *m*; ~**iero** *adj/s* prisionero, cautivo, recluso
prima 1. *adv* 1. antes, anteriormente; primero; ~ *di* antes de; *chi arriva* ~ quien llegue antes/primero; *quanto* ~ cuanto antes, lo antes posible; *come* ~ como antes; *(fam) ne so quanto* ~ sé lo mismo que antes, me he quedado igual que estaba; 2. antes (*lugar*); ~ *di* antes de; 3. antes, en primer lugar, antes que nada, primero; ~ *o poi* antes o después, tarde o temprano; ~ *di tutto* antes que/de nada, ante todo; ~ *del tempo* antes de hora; ~ *che tu venga* antes de que vengas; ~ *che posso* en cuanto pueda; **2.** *f teatro/cine* estreno *m*; *auto* primera (*marcha*); *aer/mar* primera (*clase*); *stud* primero *m* (*curso*); *sport* primer toque *m*; *colpire la palla di* ~ jugar la pelota al primer toque; ~**rio, -a 1.** *adj* primario; *fig* principal; *scuola* ~*a* enseñanza primaria; **2.** *m/f med* jefe, -a de especialidad
primat|e *m* 1. *eccl* primado; 2. *zool* primate; ~**iccio** *adj agr* temprano; ~**ista** *m/f* plusmarquista; ~**o** *m* primacía *f*, superioridad *f*, liderazgo; *sport* récord, plusmarca *f*
primaver|a *f meteo/bot* primavera; *fig/iron* abril *m*, primavera; *in* ~ en primavera; *una ragazza di diciotto* ~*e* una chica de dieciocho abriles; ~**ile** *adj* primaveral
primazia *f eccl* primacía; ~**le** *adj eccl* primacial
primeggiare *vi* <*avere*> destacar, descollar

primipara *adj* primeriza
primitiv|ismo *m* primitivismo; **~o** *adj/s* primitivo
primizia *f agr/fig* primicia
primo, -a 1. *adj* primer(o), -a; *mat* primo; *alla ~a* a la primera; *~ a donna* prima dona; *sulle ~e/a tutta ~a* de buenas a primeras; *di prim'ordine* de primera; **2.** *m/f* 1. primero, -a; *l'ho saputo per ~* lo he sabido el primero; 2. *m* uno (*día*); *il ~ (di) giugno* el uno de junio; *il ~ maggio* el uno/primero de mayo; *il ~ dell'anno* Año Nuevo; 3. *m* primero, primer plato; *per ~ prenderò gli spaghetti* de primero tomaré espaguetis; 4. *mpl* principios, inicios; *ai ~i del mese* a principios de mes; *sui ~ del Novecento* a principios del siglo XX
primogenit|o *adj/s* primogénito; **~ura** *f* primogenitura
primordi *mpl* inicios, principios, orígenes, balbuceos; **~ale** *adj* primordial
primula *f bot* primavera
principa|le *adj/s* principal; **~to** *m* principado
principe 1. *m* príncipe; *~ azzurro, ereditario* príncipe azul, heredero; *comportarsi da ~* portarse como un príncipe/como un señor; **2.** *adj tip* princeps; *edizione ~* edición princeps; **~ssa** *f* princesa
principia|nte *m/f* principiante, novato, -a, aprendiz, -a, pipiolo, -a *fam*; **~re** *vt/vi* <*avere, essere*> comenzar, empezar; *lui ha principiato male in quel lavoro* ha empezado mal en aquel trabajo; *è principiato il mal tempo* ha empezado el mal tiempo
principio *m* principio, inicio, comienzo; *cient/fil* principio; *da ~/al ~* al principio; *in ~* en principio; *(sin) dal ~* desde el principio
prior|ato *m* priorato; **~e, -a** *m/f* prior, -a; **~ità** *f/inv* prioridad *f*; **~itario** *adj* prioritario
prisma *m* prisma; **~tico** *adj* prismático
priva|cy *f ingl/inv* vida privada *f*; **~re** *vt* privar, despojar (*q di qc* a alg de algo)
privati|sta *m/f* libre (*estudiante*); **~va** *f* monopolio *m*, exclusiva; **~vo** *adj* privativo
privatizza|re *vt* privatizar; **~zione** *f* privatización
privato, -a 1. *adj* privado, particular; *in ~* en privado; *lezioni ~e* clases particulares; **2.** *m/f* particular (*persona*)
privazione *f* privación
privilegia|re *vt* privilegiar (*conceder privilegios*); favorecer; **~to** *adj/s* privilegiado
privilegio *m* privilegio, prerrogativa *f*
privo *adj* carente, desprovisto, falto; *~ di mezzi* carente/falto de medios; *essere ~ di* carecer de
pro 1. *prep* pro, en/a favor de; **2.** *m/inv* provecho *m*, utilidad *f*; *il ~ e il contro* el pro y el contra, los pros y los contras; *(iron) buon ~ ti faccia!* ¡que te aproveche!; *a che ~?* ¿para qué?
probabil|e *adj* probable; **~ismo** *m fil* probabilismo; **~ità** *f/inv* probabilidad *f*; *con molta, tutta/ogni ~* con mucha, toda probabilidad; **~mente** *adj* probablemente, seguramente
probante *adj* probante
probatorio *adj* probatorio
probità *f/inv* probidad *f*, honradez *f*
problema *m* problema, dificultad *f*; *mat* problema
problematic|a *f* problemática; **~ità** *f/inv* problematicidad *f*; **~o** *adj* problemático
probo *adj* probo, honrado
proboscid|ati *mpl zool* proboscidios; **~e** *f zool* probóscide, trompa
proboviro *m ius* árbitro; *ant* magistrado de trabajo
procac|ciare *vt* procurar, proveer, conseguir; **~e** *adj* procaz; **~ità** *f/inv* procacidad *f*
procapite, pro capite *adv* per cápita
proced|ere *vi* 1. <*essere*> proceder, avanzar, progresar; *fig* discurrir, ir, marchar; 2. proceder, provenir (*da* di); 3. <*avere*> proceder, avanzar, progresar (*in qc* en algo); 4. proceder, conducirse, comportarse; 5. proceder (*a fare qc* hacer algo), ejecutar *vt*; 6. *ius* proceder, actuar (*contro q* contra alg); **~imento** *m* procedimiento; proceso, desarrollo; *ius* procedimiento, vía *f*
procedura *f ius* procedimiento *m*, vía; *adm* tramitación; *~ burocratica* trámite burocrático *m*; **~le** *adj* procedimental, de procedimiento
procellaria *f zool* petrel *m*
processare *vt ius* procesar, enjuiciar, encausar; *infor* procesar
procession|aria *f zool* procesionaria; **~e** *f eccl/fig* procesión
processo *m* 1. proceso, evolución *f*; 2. *tec* proceso; procesamiento; 3. *ius* juicio, pleito, causa *f*; juicio, vista *f*, proceso; procedimiento; *mettere q sotto ~* procesar a alg; someter a alg a juicio; *fare il ~ alle intenzioni* hacer un juicio de intenciones; **~re** *m infor* procesador
processuale *adj* procesal
procinto: in ~ di *prep* a punto de
procione *m zool* mapache
proclama *f* proclama; **~re** *vt* proclamar (*rey*); proclamar, promulgar (*ley*); **~zione** *f* proclamación (*rey*); proclamación, promulgación (*ley*)
proclisi *f/inv ling* proclisis
proclitico *adj ling* proclítico
proclive *adj lit* proclive
procrastinare <*esd*> *vt* retrasar, diferir
procrea|re *vt* procrear, engrendrar; **~zione** *f* procreación
procura *f ius* 1. poder *m*, autorización; *matrimonio per ~* matrimonio por poder; 2. fiscalía; procuradoría; **~re** *vt* 1. procurar, intentar; *~ di non fare rumore* procurar no hacer ruido; 2. procurar, facilitar; **~tore, -trice** *m/f* 1. *ius/com* apoderado, -a, habilitado, -a, representante; *~ legale* procurador, representante legal; 2. *ius* fiscal; *~ della Repubblica* fiscal; **~ Generale* Fiscal General del Estado
proda *f* ribera, orilla
prode *adj/s lit* valeroso, esforzado, gallardo; **~zza** *f* valor *m*, gallardía; proeza, hazaña; *fam* valentía
prodiga|lità *f/inv* prodigalidad *f*, generosidad *f*; **~rsi** prodigarse
prodigio 1. *m* prodigio, portento; **2.** *adj/*

inv prodigio; *bambino, -a* ~ niño, -a prodigio; ~**so** *adj* prodigioso, portentoso

prodigo *adj/s* pródigo, generoso; *desp* pródigo, derrochador; *figliol* ~ hijo pródigo

proditorio *adj* proditorio, traicionero

prodotto 1. *adj* producido, hecho, fabricado; **2.** *m* producto; ~ *Interno Lordo (PIL)* Producto Interior Bruto (PIB)

prodromo *m* 1. *med* pródromo, síntoma; *fig* señal *f*, síntoma; 2. *arch* pronaos

produrre *<15 -duco; -dussi; -dotto>* **1.** *vt* producir; presentar, estrenar (*espectáculos*); ~ *in serie* producir en serie; ~ *sulla scena* estrenar en los escenarios; **2.** ~*rsi* presentarse, estrenarse (*espectáculos*)

produtt|ività *f/inv* productividad *f*; ~**ivo** *adj* productivo; ~**ore** *adj/s* productor

produzione *f* producción; ~ *in serie, a catena* producción en serie, en cadena

proemio *m* proemio, introducción *f*

profan|are *vt* profanar; ~**azione** *f* profanación; ~**o** *adj/s eccl/fig* profano

proferire *<isc> vt* proferir

professare 1. *vt* profesar; **2.** ~*rsi* declararse, mostrarse

profession|ale *adj* profesional; ~**alità** *f/inv* profesionalidad *f*; ~**e** *f* profesión, oficio *m*; ~**ismo** *m* profesionalismo; ~**ista** *m/f* profesional; *libero* ~ profesional liberal; ~**istico** *adj* profesional

professo *adj/s eccl* profeso

professor|ale *adj desp* profesoral; ~**e, -essa** *m/f* profesor, -a; ~ *di ruolo, fuori ruolo, a contratto* profesor numerario, no numerario, contratado; ~ *associato* profesor titular; ~ *ordinario* catedrático

profet|a, -essa *m/f* profeta *m*, profetisa *f*; *nessuno è* ~ *in patria* nadie es profeta en su patria; ~**ico** *adj* profético; ~**izzare** *vt* profetizar

profettizio *adj ius* profecticio

profezia *f* profecía, vaticinio *m*

proficuo *adj* provechoso, beneficioso, proficuo

profila|re 1. *vt pitt/tec/fig* perfilar; guarnecer, orillar (*tejido*); **2.** ~*rsi* perfilarse, resaltar *vi*; *fig* perfilarse, adivinarse; ~**ssi** *f/inv* profilaxis; ~**to 1.** *adj* perfilado, delineado; guarnecido, orillado (*tejido*); **2.** *m arch* vigueta *f*; ~**ttico** *adj/m* profiláctico; ~**tura** *f* perfiladura, perfilado *m*; orillado *m* (*tejido*)

profilo *m* perfil; orilla *f*, guarnición *f* (*tejido*); *di* ~ de perfil

profiterole *f fr/inv* profiterole *m*

profitt|are *vi <avere>* aprovechar *vt*, sacar provecho *vt*; ~ *dell'occasione* aprovechar la ocasión; ~**atore, -trice** *m/f* aprovechado, -a, explotador, -a; ~**evole** *adj* provechoso; aprovechable; ~**o** *m* provecho, beneficio, utilidad *f*; *econ* beneficio; *trarre* ~ *da qc* sacar provecho de algo; *mettere a* ~ *qc* sacar provecho de algo; *a* ~ *di q* en beneficio de alg

profond|ere *<37 -fusi; -fuso> vt* repartir, esparcir; derrochar, dilapidar (*dinero*); ~**ità** *f/inv* profundidad *f*; *fig* profundidad *f*, hondura *f*; *in* ~ en profundidad; ~**o** profundo; *adj* profundo, hondo

proforma, pro forma 1. *adv* pro forma; **2.** *m/inv* formalidad *f*, trámite *m*

profugo *adj/s* prófugo

profum|are *vt/vi <avere>* perfumar; ~**atamente** *adv fig* generosamente; ~**eria** *f* perfumería; ~**iere, -a** *m/f* perfumero, -a, perfumista; ~**iero** *adj* perfumero, de perfumería; ~**o** *m* perfume; perfume, fragancia *f*, aroma

profus|ione *f* profusión; *a* ~ con profusión; ~**o** *adj* profuso

progeni|e *f/inv lit* progenie *f*; ~**tore, -trice** *m/f* progenitor, -a

progesterone *m* progesterona *f*

progett|are *vt arch* proyectar, diseñar; *fig* proyectar, planear; ~**azione** *f* proyecto *m*, diseño *m*; ~**ista** *m/f* proyectista; ~**istico** *adj* proyectista; ~**o** *m ius/com/tec* proyecto; *fig* proyecto, plan

prognatismo *m* prognatismo

prognosi *f/inv med* pronóstico *m*; ~ *riservata* pronóstico reservado

programma *m* programa; *fuori* ~ fuera de programa; ~**re** *vt* programar; ~**tico** *adj* programático; ~**tore, -trice** *m/f* programador, -a; ~**zione** *f* programación

progredi|re *<isc> vi <avere: persona; essere: cosa>* progresar, avanzar; ~**to** *adj* avanzado, desarrollado

progress|ione *f* progresión, avance *m*, desarrollo *m*; *essere in* ~ estar en desarrollo; ~**ista** *adj/s* progresista; ~**istico** *adj* progresista; ~**ività** *f/inv* progresividad *f*; ~**ivo** *adj* progresivo; *imposta* ~*a* impuesto progresivo; ~**o** *m* progreso

proibi|re *<isc> vt* prohibir; ~ *a q di fare qc* prohibirle a alg que haga algo; ~**tivo** *adj* prohibitivo; *fig* prohibitivo, abusivo

proibizion|e *f* prohibición; ~**ismo** *m* prohibicionismo; ~**ista** *adj/s* prohibicionista; ~**istico** *adj* prohibicionista

proiett|are *vt* proyectar, lanzar; *cine/mat* proyectar; ~**ile** *m* proyectil; ~**ore** *m cine* proyector; *auto* foco, faro, reflector

proiezione *f* proyección, lanzamiento *m*; *cine/mat* proyección

prolasso *m med* prolapso

prole *f* prole, descendencia; ~**gomeni** *mpl* prolegómenos; ~**ssi** *f/inv* prolepsis

proletari|ato *m* proletariado; ~**o** *adj/s* proletario

prolifer|are *<esd> vi <avere>* proliferar; ~**azione** *f* proliferación; ~**o** *adj biol* prolífero, prolífico

prolific|are *<esd> vi <avere>* proliferar; procrear; *fig* expandirse, extenderse; ~**azione** *f* proliferación; procreación; *fig* expansión; ~**ità** *f/inv* fecundidad *f*, fertilidad *f*; ~**o** *adj biol/fig* prolífico

proliss|ità *f/inv* prolijidad *f*; ~**o** *adj* prolijo

prologo *m* prólogo

prolunga *f tec* alargadera, prolongador *m*; ~**mento** *m* alargamiento, prolongación *f*; ~**re 1.** *vt* prolongar, alargar; **2.** ~*rsi* prolongarse; *fig* alargarse, enrollarse *fam*; ~**zione** *f mus* prolongación

promemoria *m/inv* recordatorio *m*

promess|a *f* 1. promesa; 2. prometida

(*mujer*); **~o** *adj/s* prometido; *terra ~a* tierra prometida, tierra de promisión
promettente *adj* prometedor
promettere <*44 -misi; -messo*> *vt* prometer (*di fare qc* hacer algo); *promette molto* promete mucho
prominen|te *adj* prominente; **~za** *f* prominencia
promiscu|ità *f/inv* promiscuidad *f*; **~o** *adj* promiscuo (*sexualmente*); mixto (*escuela, matrimonio*); *ling* común (*género*)
promo *m/inv TV* avance *m*; tráiler *m* (*película*)
promontorio *m* promontorio, cabo
promosso *adj/s stud* aprobado; admitido; *essere ~* aprobar *vi*
promotion *f ingl/inv com* promoción *f*
promotore *adj/s* promotor, impulsor; *(eccl) ~ della fede* promotor de la fe
promozion|ale *adj* de promoción; **~e** *f* 1. *com* promoción; ascenso *m* (*trabajo*); 2. *stud* aprobado *m*, paso de curso *m*
promulga|re *vt* promulgar; **~zione** *f* promulgación
promuovere <*47 -mossi; -mosso*> *vt* 1. promover, promocionar; *stud* aprobar; pasar de curso; *mil* ascender; 2. provocar (*vómito, sudor*)
pronipote *m/f* biznieto, -a
pronom|e *m* pronombre; **~inale** *adj* pronominal
pronostic|are <*esd*> *vt* pronosticar, augurar, vaticinar; **~o** *m* pronóstico, predicción *f*, vaticinio
prontezza *f* prontitud, presteza, rapidez; *fig* soltura, agilidad; *~ di parola* soltura de palabra; *~ di riflessi* rapidez de reflejos
pronto 1. *adj* 1. preparado, listo, dispuesto; *~ per l'uso* listo para usar; *essere ~ per partire* estar listo para salir; *essere ~ a tutto* estar dispuesto a todo; *essere ~ all'ira* ser propenso a la ira; 2. rápido, presto *lit*; *(med) ~ soccorso* urgencias *fpl*; socorrismo; **2.** *excl* ¡diga!, ¡bueno! *Mex* (*teléfono*); *~i, via!* ¡preparados, listos, ya!
prontuario *m* prontuario, vademécum
pronuncia *f ling/ius* pronunciación; **~miento** *m/inv pol* pronunciamiento *m*; **~re** *vt ling/ius* pronunciar; **~to 1.** *adj* pronunciado, prominente; marcado; **2.** *m ius* pronunciamiento, sentencia *f*
pronunzia... V. **pronuncia...**
propagand|a *f* propaganda; **~are** *vt* hacer propaganda (de); **~ista** *m/f* propagandista; **~istico** *adj* propagandístico
propagare *vt* propagar, difundir, extender
propagatore *adj/s* propagador
propagazione *f* propagación
propaggina|re <*esd*> *vt agr* acodar; **~zione** *f agr* acodo *m*
propaggine *f agr* acodo *m*, mugrón *m*; *fig* descendencia, prole
propalare *vt* propalar, difundir
propano *m* propano
proparossitono *adj/m ling* proparoxítono, esdrújulo
propedeutic|a *f* propedéutica, preparación; **~o** *adj* propedéutico, preparatorio
propellente *adj/m* propulsor
propendere <*32a -pendei/pesi; -penso*> *vi* <*avere*> propender (*per* a/hacia), tender (*per* a/hacia), inclinarse (*per* por)
propens|ione *f* propensión, tendencia, inclinación; **~o** *adj* propenso, proclive
propilene *m* propileno
propinare *vt* administrar (*veneno*); *fig* endilgar
propizi|are *vt* propiciar; **~atore** *adj/s* propiciador; **~atorio** *adj* propiciatorio; **~o** *adj* propicio, favorable
propon|ente *adj/s* proponedor; **~ibile** *adj* proponible; **~imento** *m* propósito, intención *f*, ánimo; *fare il ~ di qc* tener el propósito de algo
proporre <*56 -pongo; -posi; -posto*> *vt* proponer
proporzion|ale *adj* proporcional; **~alità** *f/inv* proporcionalidad *f*; **~are** *vt* proporcionar, adecuar, adapatar; **~ato** *adj* proporcionado (*mesurado*); **~e** *f mat/fig* proporción; *in ~ a* en proporción a
proposi|to *m* 1. propósito, intención *f*, proyecto; *donna di ~* mujer resuelta/de carácter; 2. propósito, asunto, tema; *a ~!* ¡a propósito!, ¡por cierto!; *a ~ di* a propósito de; *a questo ~* a este respecto; *di ~* a/de propósito, aposta; *venire/capitare a ~* venir de perlas/de perilla/como anillo al dedo; **~zione** *f fil* proposición; *ling* proposición, oración
proposta *f* propuesta; *~ di legge* proposición de ley; *su ~ di* a propuesta de
propriet|à *f/inv* propiedad *f*; *~ letteraria, intellettuale* propiedad literaria/copyright, propiedad intelectual; *~ pubblica* propiedad pública; *vestire, scrivere con ~* vestir, escribir con propiedad; **~ario, -a** *m/f* propietario, -a, dueño, -a, amo, -a
proprio 1. *adj* 1. proprio; *(enf) vero e ~* verdadero; 2. <*posesivo, con referencia al sujeto*> su (propio, -a), sus (propios, -as); **2.** *pr* <*posesivo, con referencia al sujeto*> el suyo propio, la suya propia...; **3.** *adv* 1. precisamente, justamente, mismo *adj*; *~ così* eso mismo, como lo oyes, como suena; 2. verdaderamente, realmente; *sto ~ bene* estoy realmente bien; 3. <*en frases negativas*> en absoluto; *non ne ho ~ voglia* no me apetece nada; **4.** *m* proprio, propiedad *f*; *perdere il ~* perder su propiedad; *in ~* de su propiedad; personalmente, en persona
propugna|re *vt* propugnar; **~tore, -trice** *m/f* impulsor, -a, sostenedor, -a
propuls|ione *f* propulsión; *~ a getto, a razzo* propulsión a chorro, a reacción; **~ivo** *adj* propulsor; **~ore** *adj/m* propulsor
prora *f mar* proa
prorettore *m stud* vicerrector; gerente
proroga *f* prorroga, aplazamiento *m*; **~bile** *adj* prorrogable; **~re** <*esd*> *vt* prorrogar
prorompente *adj* impetuoso
prorompere <*66 -ruppi; -rotto*> *vi* <*avere*> prorrumpir
prosa *f* prosa; **~ico** *adj* prosaico; **~pia** *f* prosapia, alcurnia; **~tore, -trice** *m/f* prosista

proscenio *m teatro* proscenio
prosciogliere *<12 -sciolgo; -sciolsi; -sciolto> vt* liberar, exonerar, dispensar
proscioglimento *m* liberación *f*, exoneración *f*, dispensación *f*
prosciuga|mento *m* desecación *f*; curado (*jamón*); **~re** *vt* desecar; curar (*jamón*)
prosciutto *m* jamón; ~ *crudo* jamón serrano; ~ *cotto* jamón de York, jamón cocido
proscritto *adj/s* proscri(p)to
proscrivere *<71 -scrissi; -scritto> vt* proscribir
proscrizione *f* proscripción
prosecuzione *f* prosecución, continuación
prosegui|mento *m* prosecución *f*, continuación *f*; *buon ~!* ¡que siga bien!; **~re** *vt/vi <avere>* proseguir, continuar
proselit|ismo *m* proselitismo; **~ista** *adj/s* proselitista; **~o, -a** *m/f* prosélito, -a
prosieguo *m adm* continuación *f*
prosindaco *m* teniente de alcalde
proso|dia *f* prosodia; **~popea** *f* prosopopeya
prosper|are *<esd> vi <avere>* prosperar; **~ità** *f/inv* prosperidad *f*; **~o** *adj* próspero; **~oso** *adj com* próspero; *fig* sano, robusto (*persona*)
prospett|are 1. *vt* exponer, presentar; **2.** *~rsi* presentarse, perfilarse; **~ico** *adj* de perspectiva; en perspectiva; **~iva** *f tec/pitt/fig* perspectiva; **~o** *m arch* fachada *f*, frontis; *com* tabla *f*, cuadro; *fig* perspectiva *f*, vista *f*, panorama *f*
prospiciente *adj* que da (a); *una casa ~ il lago* una casa que da al lago
prossemica *f* proxémica
prossenet|a *m* proxeneta; **~ismo** *m* proxenetismo
prossim|ità *f/inv* proximidad *f*; *in ~ di* en las proximidades de; **~o 1.** *adj* próximo, cercano; *l'anno ~* el año que viene, el próximo año/el año próximo; *passato ~* pretérito perfecto; *trapassato ~* pretérito pluscuamperfecto; **2.** *m* prójimo, semejante
prostat|a *f* próstata; **~ite** *f* prostatitis
prosterna|rsi prosternarse, postrarse; **~zione** *f* prosternación
prostitu|ire *<isc> vt* prostituir; **~ta** *f* prostituta; **~to** *m* prostituto; **~zione** *f* prostitución
prostra|re 1. *vt* acostar, tumbar; postrar; *fig* postrar, abatir; **2.** *~rsi* postrarse, arrodillarse; *fig* humillarse; **~zione** *f* postración, abatimiento *m*
protagonis|mo *m* protagonismo; **~ta** *m/f* protagonista
protasi *f/inv ling* prótasis
proteggere *<43 -teggo; -tessi; -tetto> vt* proteger, amparar; favorecer, respaldar
protei|co *adj* proteico; **~na** *f* proteína
protendere *<58 -tesi; -teso> vt* alargar, extender (*hacia delante*)
proterv|ia *f* protervia, perversidad; **~o** *adj* protervo, perverso
protesi *f/inv med/ling* prótesis; **~co** *adj* protésico; **~sta** *m* protésico
protesta *f* protesta, queja, reclamación; protesta, manifestación
protestant|e *adj/s eccl* protestante; **~esimo** *m eccl* protestantismo
protestare 1. *vt* manifestar, declarar; *ius* protestar; **2.** *vi <avere>* protestar, quejarse; **3.** *~rsi* declararse, manifestarse; *~rsi innocente* declararse inocente
protestatario *adj* contestatario
protesto *m ius* protesto
protett|ivo *adj* protector; **~o** *adj/s* protegido; **~orato** *m pol* protectorado; **~ore, -trice 1.** *adj* protector, -a; **2.** *m/f* 1. protector, -a; 2. *m fig* chulo, macarra
protezion|e *f* protección; *~ civile* protección civil; **~ismo** *m* proteccionismo; **~ista** *adj/s* proteccionista; **~istico** *adj* proteccionista
proto *m* jefe de tipógrafos
protocoll|are 1. *adj* protocolario; **2.** *vt* protocol(iz)ar; **~o** *m* protocolo; *carta/formato ~* papel de oficio; *numero di ~* número de registro
protomartire *m* protomártir
proton|e *m* protón; **~ico** *adj* protónico
protoplasma *m* protoplasma
prototipo *adj/m tec/fig* prototipo
protozoo *m* protozoo
protra|rre *<81 -traggo; -trassi; -tratto>* **1.** *vt* alargar, prolongar (*tiempo*); **2.** *~rsi* prolongarse, durar *vi*; **~ttile** *adj* protráctil; **~zione** *f* prolongación, alargamiento *m* (*tiempo*)
protuberanza *f* protuberancia
prova *f* prueba; *stud* prueba, examen *m*; *teatro* ensayo *m*; *~ del fuoco* prueba de fuego; *a ~ di* a prueba de; *a tutta ~* a toda prueba, a carta cabal; *fino a ~ contraria* hasta que se demuestre lo contrario; *mettere qc/q alla ~* poner algo/a alg a prueba; *mettere un abito in ~* preparar un vestido para probarlo; **~bile** *adj* probable, demostrable; **~re 1.** *vt* 1. probar, experimentar; examinar; ensayar; *gastr* probar; 2. probar, demostrar; documentar; 3. probar, intentar; *prova a farlo* prueba a hacerlo, intenta hacerlo; 4. sentir (*amor, odio...*); **2.** *~rsi* 1. practicar *vt* (*in*), ejercitarse (*in* en); 2. intentar *vt* (*a*); **~to** *adj* 1. probado, fiel, seguro; 2. cansado, fatigado
proven|iente *adj* proveniente, originario; **~ienza** *f* procedencia, proveniencia, origen *m*; **~ire** *<86 -vengo; -venni; -venuto> vt* provenir, proceder (*da* de); **~to** *m econ* producto, renta *f*, ingreso; **~zale** *adj/s* provenzal
proverbi|ale *adj* proverbial; **~o** *m* refrán, proverbio, dicho
provett|a *f* probeta; *figlio in ~* niño probeta; **~o** *adj* experimentado, experto, curtido; *lit* provecto
provincia *<pl -ce/-cie> f* provincia; **~le 1.** *adj* provincial; *desp* provinciano, paleto; **2.** *m/f* 1. provinciano, -a; *desp* provinciano, -a, paleto, -a; 2. *f* provincial (*carretera*); **~lismo** *m pol/ling* provincialismo; *desp* provincianismo; **~lità** *f/inv* provincianismo *m*

provino *m cine* prueba *f*; *com* muestra *f*; *tec* probeta de ensayo *f*

provoca|nte *adj* provocador, provocativo; ~**re** <*esd*> *vt* provocar; ~**tivo** *adj* provocativo; ~**tore** *adj/s* provocador, pendenciero; ~**torio** *adj* provocador; ~**zione** *f* provocación

provved|ere <*85 -vidi; -visto*> **1.** *vt* proveer, proporcionar, suministrar; **2.** *vi* <*avere*> preocuparse (*a* por/de), tomar medidas (*a* para); **3.** ~*rsi* proveerse, aprovisionarse (*di* de); ~**imento** *m* medida preventiva *f*; *ius* providencia *f*

provveditor|ato *m* proveeduría *f*; ~ *agli studi* delegación de educación; ~**e** *adj/s* proveedor, abastecedor; *adm* delegado

provvidenza *f eccl/fig* providencia; *adm* provisión

provvidenzial|e *adj* preventivo; *fig* providencial; ~**ismo** *m* providencialismo; ~**ità** *f/inv* prevención *f*; *fig* oportunidad *f*

provvido *adj* próvido, previsor; oportuno

provvigione *f com* comisión

provvisori|età *f/inv* provisionalidad *f*, interinidad *f*; ~**o** *adj* provisional, interino (*gobierno, trabajador*); eventual (*trabajo*)

provvist|a *f* provisión, acopio *m*; provisiones *fpl*, víveres *mpl*; *fare ~ di qc* hacer acopio de algo

prozio, -a *m/f* tío abuelo *m*, tía abuela *f*

prua *f mar* proa

pruden|te *adj* prudente; ~**za** *f* prudencia; ~**ziale** *adj* prudencial

prudere *vi/def* <*sin PP ni tiempos compuestos*> picar

pruderie *f fr/inv* gazmoñería *f*, melindre *m*

prugn|a *f bot* ciruela; ~ *secca* ciruela pasa; ~**o** *m bot* ciruelo

prugnol|a *f bot* endrina; ~**o** *m bot* endrino

prun|aio *m* zarzal; *fig* berenjenal, lío; ~**eto** *m* zarzal; ~**o** *m bot* 1. endrino; 2. espina *f*

prurigine *f med* prurigo *m*; picazón, picor *m*

pruriginoso *adj med* pruriginoso

prurito *m* prurito, picor, picazón *f*; *fig* comezón *f*

Prussia: *la* ~ Prusia; *~**no** *adj/s* prusiano

pseudo|cultura *f* pseudocultura; ~**nimo** *m* seudónimo, pseudónimo

psicanali|si *f/inv* psicoanálisis *m/f*; ~**sta** *m/f* psicoanalista; ~**tico** *adj* psicoanalítico; ~**zzare** *vt* psicoanalizar

psiche *f* psique, psiquis; ~**delico** *adj* psicodélico

psichiatr|a *m/f* psiquiatra; ~**ico** *adj* psiquiátrico

psichico *adj* psíquico

psicoanalisi... V. **psicanalisi**...

psicofarmaco *m* psicofármaco

psicofisica *f* psicofísica

psicolog|ia *f* psicología, sicología; ~**ico** *adj* psicológico, sicológico; ~**o, -a** *m/f* psicólogo, -a, sicólogo, -a

psicometria *f* psicometría

psicomotorio *adj* psicomotorio

psicomotricità *f/inv* psicomotricidad *f*

psicopat|ico, -a 1. *adj* psicopático; **2.** *m/f* psicopático, -a, psicópata; ~**ologia** *f* psicopatología

psicosi *f/inv med/fig* psicosis

psicosomatico *adj* psicosomático

psicoterap|ia *f* psicoterapia; ~**ico** *adj* psicoterapéutico, psicoterápico; ~**ista** *m/f* psicoterapeuta

psicotico *adj/s* psicótico

psoriasi *f/inv* psoriasis

pss, pst *onom* pss, pst

pterocle *m zool* ganga *f*

pterodattilo *m* pterodáctilo

ptialina *f med* tialina

puah! *excl* puaj

pubblica|no *m* publicano; ~**re** <*esd*> *vt* publicar, divulgar, pregonar; *tip* publicar, editar; ~**zione** *f* 1. publicación; 2. *fpl eccl* amonestaciones; ~*i matrimoniali* amonestaciones matrimoniales

pubblici|sta *m/f* publicista, publicitario, -a; ~**stica** *f* publicismo *m*; ~**stico** *adj* publicitario; ~**tà** *f/inv* publicidad *f*; *TV* anuncios *mpl*, publicidad *f*; *fare ~ a q/qc* hacer publicidad/propaganda de alg/algo; ~**tario** *adj/s* publicitario; ~**zzare** *vt* publicitar

pubblico 1. *adj* público; ~ *funzionario* funcionario público; ~*a sicurezza* seguridad pública, seguridad ciudadana; *agente di ~a sicurezza* agente de policía; ~ *ministero/~a accusa* ministerio público, fiscalía; *opinione ~* opinión pública; ~*e relazioni* relaciones públicas; **2.** *m* público; *in ~* en público

pube *m* pubis; ~**rale** *adj* de la pubertad; ~**re** *adj/s* púber; ~**rtà** *f/inv* pubertad *f*

public relations *m/f ingl/inv* relaciones públicas *m/f*

pudella|ggio *m metal* pudelación *f*; ~**re** *vt metal* pudelar

pudendo *adj* pudendo

pudibondo *adj* pudibundo, pudoroso

pudicizia *f* pudicia, pudibundez

pudico *adj* púdico, recatado

pudore *m* pudor, recato, vergüenza *f*; modestia *f*

puericolt|ore, -trice *m/f* puericultor, -a; ~**ura** *f* puericultura

pueril|e *adj* pueril, infantil; ~**ità** *f/inv* puerilidad *f*

puerper|a *f* puérpera; ~**ale** *adj* puerperal; ~**io** *m* puerperio

puf 1. *excl* puf; **2.** *m* V. **pouf**

pugil|ato *m* pugilato, boxeo; ~**e** *m* púgil, boxeador; ~**istico** *adj* pugilístico, boxístico

Pugli|a *f* Pulla; *~**ese** *adj/s* pullés

pugnal|are *vi* <*avere*> apuñalar, acuchillar; ~**ata** *f* puñalada, cuchillada; ~**e** *m* puñal

pugnare *vt lit* pugnar

pugno *m* 1. puño; *di proprio ~* de su puño y letra; *(fig) ~ di ferro* mano de hierro; *tenere/stringere in ~* tener en un puño; *mostrare i ~i* enseñar los dientes; 2. puñetazo, puñada *f* (*golpe*); *fare a ~i* liarse a puñetazos; 3. puñado (*cantidad*); *restare con un ~ di mosche* quedarse con dos palmos de narices

puh! *excl* !puf!, !bah!

pula *f bot* cascabillo *m*

pulce *f zool* pulga; ~ *d'acqua* pulga de agua; *cercare le ~i a q* buscarle las pulgas a alg; *mettere una ~ nell'orecchio* poner la mosca detrás de la oreja; *gioco delle ~i* juego de las pulgas

pulci|aio *m* pulguera *f*; **~nella** *m teatro* polichinela, pulchinela; *il segreto di ~* un secreto a voces; **~no** *m* polluelo; *sport* alevín; *fig* polluelo, retoño; **~oso** *adj* pulgoso

puledro, -a *m/f* potro, -a

puleggi|a *f tec* polea; **~o** *m bot* poleo

puliment|are *vt* pulimentar, pulir, alisar; **~o** *m* pulimento

pulire *<isc> vt* limpiar

puliscipiedi *m/inv* limpiabarros

pulit|a *f* limpieza, limpiadita, pasada; **~o** *adj* limpio, aseado; *fig* limpio; *(fig) farla ~a* salir con bien, salir bien parado

pulitrice *f* pulidora, alisadora; *agr* trilladora

pulitura *f* limpieza; *tec* pulido *m*, alisado *m*

pulizia *f* limpieza; *donna delle ~e* mujer de la limpieza; *fare le ~e* limpiar la casa

pullman *m/inv* autocar *m*, autobús *m*, guagua *f/am*

pullover *m/inv* jersey, suéter

pullulare *<esd> vi <avere>* pulular

pulmino *m* microbús

pulpito *m* púlpito

pulsa|nte *m* botón, pulsador; **~re** *vi <avere>* pulsar, palpitar; **~zione** *f* pulsación, latido *m*, palpitación

pulsione *f psic* pulsión

pulviscolo *m* polvillo

puma *m/inv zool* puma *m*

punch *m ingl/inv* ponche *m*

pungente *adj a. fig* punzante, hiriente

pungere *<39 pungo; punsi; punto> vt* pinchar; picar (*insectos*); *fig* herir, punzar; *~ q sul vivo* darle a alg donde más duele

pungiglione *m zool* aguijón

pungitopo *m bot* brusco, rusco

pungolare *<esd> vt* aguijonear; *fig* aguijonear, espolear, incitar

pungolo *m* vergajo (*para bueyes*); *fig* acicate, estímulo

puni|bile *adj* punible, castigable; **~re** *<isc> vt* castigar; **~tivo** *adj* punitivo; **~zione** *f* castigo *m*; *(sport) tiro di ~* tiro de castigo

punk *m/inv* punk *m*

punta *f* punta; *geogr* pico *m*, cima; punta (*costa*); *tec* broca (*taladro*); *tec* clavo *m*; *sport* punta, delantero *m*; *fig* pizca, pellizco *m*; *~ secca* punta seca; *di ~* de punta; *uomo di ~* puntero; *pattuglia di ~* avanzadilla; *ore di ~* horas punta; *cane da ~* perro de punta; *in ~ di piedi* de puntillas; *terminare a ~* terminar en punta; *avere qc sulla ~ delle dita* conocer algo al dedillo; *avere qc sulla ~ della lingua* tener algo en la punta de la lengua; *prendere qc di ~* tomarse algo a pecho; *prendere q di ~* enfrentarse a alg; *fare la ~ a una matita* sacar punta a un lápiz

puntale *m* puntal; contera *f* (*paraguas...*); *mar* puntal

puntamento *m mil* puntería *f*

puntare 1. *vt* 1. apoyar; *(fig) ~ i piedi a terra* emperrarse; 2. *mil* apuntar; 3. apostar; *~ tutto su qc* jugárselo todo en algo; 4. apuntar, anotar, señalar; 5. *fig* echar el ojo; mirar fijamente; **2.** *vi <avere>* 1. avanzar, dirigirse; 2. *fig* centrarse, fijarse (*su qc* en algo); 3. confiar (*su qc* en algo)

puntasecca *f* punta seca

puntaspilli *m/inv* almohadilla *f*, cojinete *m*; alfiletero *m* (*tubo*)

puntat|a *f* 1. pinchazo *m*, estocada; 2. *mil/sport* incursión; 3. apuesta; 4. entrega, fascículo *m*; *TV* capítulo *m*; *a ~e* por capítulos; por entregas; **~ore, -trice** *m/f* 1. apostante; 2. *mil* puntero, -a

punteggi|are *vt* puntear; **~atura** *f* punteado *m*; *ling* puntuación; **~o** *m* puntuación *f*, tanteo

puntell|amento *m* apuntalamiento; **~are** *vt* apuntalar; *fig* apoyar, fundamentar; **~atura** *f* apuntalamiento *m*; **~o** *m* puntal; *fig* puntal, apoyo

punter|ia *f mil* puntería; **~uolo** *m* punzón, barrena *f*

puntiforme *adj* puntiforme

puntiglio *m* empeño, puntillo, honrilla *f*, pique; **~so** *adj* puntilloso, tozudo

puntin|a *f* tachuela, clavito *m*; *~ (da disegno)* chincheta; *tec* aguja (*tocadiscos*); **~o** *m* punto, puntito, mota *f*; *(fig) mettere i ~i sulle i* poner los puntos sobre las íes; *~i di sospensione* puntos suspensivos; *sapere a ~* saber al dedillo; *fare qc a ~* hacer algo a conciencia

punto 1. *m* punto; *(ling) ~ (fermo)* punto (y seguido); *~ e a capo* punto y a parte; *~ e virgola* punto y coma; *due ~i* dos puntos; *~ esclamativo* signo de admiración; *~ interrogativo* signo de interrogación; *~ a croce, a occhiello, a catenella* punto de cruz, de ojal, de cadeneta; *~ debole* punto débil/flaco, talón de Aquiles; *(mec) ~ morto* punto muerto; *(fig) ~ nero* punto negro, mancha *f*; *med* comedón, espinilla *f*; *~i cardinali* puntos cardinales; *~ d'appoggio* punto de apoyo; *~ di cottura* punto de cocción; *~ di gelo, di ebollizione, di fusione* punto de congelación, de ebullición, de fusión; *~ d'onore* pundonor; *~ di partenza* salida; *fig* punto de partida; *~ di riferimento* punto de referencia; *~ di ritrovo* punto de encuentro; *~ di vendita* punto de venta, tienda *f*; *~ di vista* punto de vista; *~ e basta!* ¡cruz y raya!, ¡hasta aquí podríamos llegar!; *~ per ~* punto por punto; *ad un certo ~* en un momento dado; *a questo ~* en este punto, a estas alturas; *alle tre in ~* a las tres en punto; *di ~ in bianco* de repente; *di tutto ~* de todo punto, completamente; *fino a un certo ~* hasta cierto punto; *in ~ di morte* en punto/trance de muerte; *essere sul ~ di* estar a punto de; *arrivare a buon ~* llegar en el momento justo; *(fig) dare dei ~i a q* dar ventaja a alg; *fare ~* detenerse; *(mar) fare il ~* determinar la posición; *fare il ~ su una questione* describir el estado de la cuestión; *(fig) mettere i ~i sulle i* poner los puntos sobre las íes; *vincere ai ~i* ganar por puntos; **2.** *adv* nada, en absoluto; **3.** *adj reg* ningún, -una

puntone *m arch* cabrio

puntual|e *adj* puntual; **~ità** *f/inv* puntualidad *f*

puntualizza|re *vt* puntualizar; **~zione** *f* puntualización

puntura *f* pinchazo *m*; picadura (*insecto*); *med* punción; inyección; *fig* pulla, puyazo *m*; *fare una ~* poner una inyección

puntuto *adj* puntiagudo

punzecchia|mento *m* pulla *f*, indirecta *f*; **~re** *vt* pinchar, punzar; **~tura** *f* pinchazo *m*; picadura; *fig* pulla, indirecta

punzon|are *vt tec* punzonar; **~atrice** *f* punzonadora; **~atura** *f* punzonadura; **~e** *m* punzón, troquel

pupa *f* muñeca; *fig* muñeca, chavala; *zool* pupa

pupattola *f a. fig* muñeca

pupazzo *m a. fig* muñeco, monigote, fantoche

pupill|a *f med* pupila; niña; ojo *m*; *(fig) la ~ dei propri occhi* la niña de sus ojos; **~are** *adj med/ius* pupilar; **~o, -a** *m/f ius/fig* pupilo

pupo *m reg* marioneta *f*; *fam* niño, criatura *f*

pur V. **pure**

puramente *adv* puramente; simplemente

purch|é *conj* <*+ subjuntivo*> con tal de que, siempre que; **~essia** *adj/inv* cualquiera

pure, pur 1. *conj* 1. aun así, con todo; 2. <*+ subjuntivo o gerundio*> aunque; 3. *pur di* <*+ infinitivo*> con tal de; **2.** *adv* 1. también; 2. *enf* pues, no más *am*; *faccia ~!* ¡hágalo (pues)/no más!; *lascia ~* déjalo estar

purè *m/inv* puré *m*

pure|a *f* puré; **~zza** *f* pureza

purga *f med/tec/fig* purga; **~nte 1.** *adj* purgante; **2.** *m* purgante, purga *f*; **~re** *vt* purgar; *fig* expurgar (*libro*); **~tivo** *adj* purgativo

purgato *adj* purgado; *fig* expurgado (*libro*); *fig* depurado (*estilo*); **~rio** *m eccl/fig* purgatorio

purifica|re <*esd*> *vt* purificar; **~toio** *m eccl* purificador; **~tore** *adj/s* purificador; **~zione** *f* purificación

purismo *m* purismo

purist|a *adj/s* purista, **~ico** *adj* purista

purità *f/inv* puridad *f*, pureza *f*

puritan|esimo, ~ismo *m* puritanismo; **~o** *adj/s* puritano

puro *adj* puro, incontaminado; puro, casto (*persona*); *fig* puro, mero; *il ~ necessario* lo estrictamente necesario; *per ~ caso* por pura casualidad; **~sangue** *adj/s inv* purasangre

purpureo *adj* purpúreo

purtroppo *adv* desgraciadamente, por desgracia

purulen|to *adj* purulento; **~za** *f* purulencia

pus *m/inv* pus

pusher *m/f ingl/inv gergo* camello, -a

pusillanim|e *adj/s* pusilánime; **~ità** *f/inv* pusilanimidad *f*

pustol|a *f med* pústula; **~oso** *adj med* pustuloso

puta|caso, puta caso *adv* pongamos por caso; *~ che* pongamos por caso que, supongamos que; **~tivo** *adj* putativo

putiferio *m* desbarajuste, follón, jaleo, bulla *f*, barahúnda *f*

putredine *f* podredumbre

putrefa|re <*36 -faccio; -feci; -fatto*> **1.** *vt* pudrir, corromper; **2.** *vi/~rsi* pudrirse, corromperse, descomponerse; **~tto** *adj* putrefacto, podrido; **~zione** *f* putrefacción, pudrimiento *m*, corrupción, descomposición

putrella *f arch* viga, vigueta de doble T

putrido *adj* pútrido, podrido

puttan|a *f vulg* puta, ramera, fulana; **~ata** *f vulg* chorrada, jilipollez; **~esco** *adj vulg* putesco; *spaghetti alla ~a* ="espaguetis con tomate, anchoas, olivas negras y alcaparras"; **~iere** *m vulg* putero, putañero

putto *m art* amorcillo

puzza *f* peste, hedor *m*, tufo *m*, mal olor *m*; *avere la ~ sotto il naso* ser un remilgado/un tiquismiquis; **~re** *vi* <*avere*> apestar, heder, oler mal; *fig* oler mal; *gli puzza il fiato* le huele mal el aliento; *~ di cipolla* apestar a cebolla

puzzle *m ingl/inv* puzzle *m*

puzzo *m* peste *f*, hedor, tufo, mal olor

puzzola *f zool* turón *m*

puzzolente *adj* maloliente, hediondo

Q

qua 1. *adv* acá, aquí; *al di ~ di* a este lado de; *di ~* por acá/aquí; *di ~ e di là* de acá para allá; *in ~* para acá; *da cinque anni in ~* de cinco años acá/a esta parte; *vieni ~!* ven acá!; **2.** *onom/m* cuac
quacchero, quacquero *adj/s* cuáquero
quaderno *m* cuaderno, libreta *f*
quadrage|nario *adj/s* cuadragenario; **~simale** *adj* cuadragesimal
quadrangol|are *adj mat/sport* cuadrangular; **~o** *m* cuadrángulo
quadrante *m mat/mar/astr* cuadrante; esfera *f* (*reloj*)
quadrare 1. *vt* cuadrar; **2.** *vi* <*avere/essere*> *econ/fig* cuadrar
quadrat|ico *adj mat* cuadrático; **~o** *adj/m* cuadrado; *(elevare) al ~* (elevar) al cuadrado; **~one** *m tip* encuadre; **~ura** *f* cuadratura; *la ~ del cerchio* la cuadratura del círculo
quadrett|are *vt* cuadricular; **~atura** *f* cuadriculado *m*, cuadrícula (*dibujo*); cuadriculado *m* (*acción*); **~o** *m* 1. cuadrito; 2. cuadradito; cuádricula *f* (*cuaderno*); 3. *fig* escena *f*, cuadro
quadricromia *f* cuatricromía
quadridimensionale *adj* cuatridimensional
quadrienn|ale *adj/f* cuatrienal; **~io** *m* cuatrienio
quadrifoglio *m* trébol de cuatro hojas
quadriga *f* cuadriga
quadrigemino *adj* de cuatrillizos
quadriglia *f mus/hist* cuadrilla; **~ti** *mpl* cuatrillo *m (juego)*
quadrilatero *adj/m* cuadrilátero
quadrimestr|ale *adj* cuatrimestral; **~e** *m* cuatrimestre
quadrimotore *m aer* cuatrimotor
quadriparti|re <*isc*> *vt* dividir en cuatro; **~to 1.** *adj* cuatripartito; **2.** *m* gobierno de cuatro partidos
quadrisillabo *adj/m* cuatrisílabo
quadrivio *m* cuadrivio
quadro 1. *adj mat/fig* cuadrado; *metro ~* metro cuadrado; *testa ~a* cabeza cuadrada; **2.** *adj/inv* marco; *accordo, legge ~* acuerdo, ley marco; **3.** *m* 1. cuadro; *tec* cuadro, panel; *fig* marco; *~ clinico* cuadro clínico; *~ di distribuzione* cuadro de distribución; *~i direttivi, intermedi* cuadros directivos, intermedios; *a ~i* a cuadros; *nel ~ dei nuovi accordi* en el marco de los nuevos acuerdos; *(sport) ~ svedese* bancos suecos; 2. *mpl* rombos (*naipes*)
quadrumvir|ato, quadrunvirato *m* cuadrunvirato; **~o, quadrunviro** *m* cuadrunviro
quadrupede *adj/s* cuadrúpedo
quadrupl|icare <*esd*> *vt* cuadruplicar; **~ice** *adj* cuádruple, cuádriple; **~o** *adj/m* cuádruple, cuádriple
quaggiù *adv* aquí abajo
quaglia *f zool* codorniz; *re delle ~e* rey de codornices, polla de agua; **~re** *vt fig* cuajar
qual V. **quale**
qualche *adj/inv* <*solo sing*> algún, -una; *~ persona* alguna persona; *~ volta* a veces; *in ~ modo* de algún modo; *ci sarà un ~ motivo* habrá algún motivo; *~ cosa* V. **qualcosa**; **~duno** V. **qualcuno**
qualcosa *pr/inv* <*solo sing*> algo, alguna cosa; *~ di buono, di cattivo, di bello* algo bueno, malo, bonito; *~ come 20.000 persone* algo así como 20.000 personas; *è già ~* ya es algo
qualcuno *pr/sing* alguien, alguno, -a (*persona*); alguno, -a (*cosa*); *c'è ~?* ¿hay alguien?; *qualcun altro, qualcun'altra* algún otro, alguna otra; *~ di voi* alguno de vosotros; *si crede di essere ~* se cree que es alguien
quale <*pl quali*> **1.** *adj* 1. <*interrogativo*> qué, cuál; *~ libro preferisci?* ¿qué libro prefieres?; *ha un non so ~ fascino* tiene un cierto encanto; 2. <*excl*> qué; *~ vergogna!* ¡qué vergüenza!; 3. <*relativo*> como; *(tale) ~* (tal) como; *è tale ~ te l'ho descritto* es tal como te lo he descrito; *è tale ~ suo padre* es tal cual su padre, es clavado a su padre; **2.** *pr* 1. <*interrogativo*> cuál; *qual è il tuo libro?* ¿cuál es tu libro?; 2. <*relativo*> cual; *il ~, i ~i, la ~, le ~i* el cual, los cuales, la cual, las cuales; 3. como (*por ejemplo*); *grandi attrici, ~i Sofia Loren e Anna Magnani* grandes actrices, como S. Loren y A. Magnani; **3.** *adv* como (*en calidad de*); *vi parlo ~ amico* os hablo como amigo
qualifica *f* cualificación (*trabajador*); *adm* categoría; *fig* cualificativo
qualificare <*esd*> **1.** *vt* preparar, cualificar (*trabajador*); *fig* calificar; **2.** *~rsi sport* clasificarse; *fig* calificarse, definirse
qualificat|ivo *adj* calificativo; **~o** *adj* cualificado (*trabajador*); preparado, dotado; *fig* distinguido
qualificazione *f* 1. cualificación (*trabajador*); 2. *sport* clasificación
qualit|à *f* 1. *com* calidad; *di buona, cattiva ~* de buena, mala calidad; *controllo della ~* control de calidad; *prodotto di ~* producto de calidad; *di prima ~* de primera calidad; 2. cualidad, atributo *m* (*característica*); 3. tipo *m*, clase, género *m*, especie; 4. calidad, condición, carácter *m*; *in ~ di* en calidad de, con carácter de; **~ativo** *adj* cualitativo
qualora *conj* <*+ subjuntivo*> si, en caso de que
qualsiasi 1. *adj/inv* <*solo sing*> cualquier(a); **2.** *conj* <*con subjuntivo*> cualquier que; *~ cosa tu voglia, dimmela* cualquier cosa que quieras, dímela
qualunque 1. *adj/inv* <*solo sing*> 1. cualquier(a); *a ~ ora del giorno* a cualquier hora del día; *un libro ~* un libro cualquiera; *uno ~* uno cualquiera; *l'uomo ~* el hombre de la calle; 2. *desp* cualquiera, del montón, insignificante; *è una persona ~* es una persona del montón; **2.** *conj* <*+ subjuntivo*> cualquier cosa que
qualunquis|mo *m pol/fig* pasotismo, indiferencia *f*; **~ta** *m/f pol/fig* pasota
quando 1. *adv* 1. <*interrogativo*>

cuándo; *da ~?* ¿desde cuándo?; 2. *<correlativo>* ~ ... ~ ora ... ora, ya ... ya; *di ~ in ~* de cuando en cuando, de vez en cuando; **2.** *conj* cuando; *~ avrò finito le lezioni, andrò in vacanza* cuando acabe las clases, me iré de vacaciones; *quand'ecco che...* cuando hete aquí que...; *quand'anche* aun cuando, aunque; **3.** *m/inv* cuándo

quantico *adj fis* cuántico

quantifica|re *<esd> vt* cuantificar; **~tore** *adj/m* cuantificador; **~zione** *f* cuantificación

quantistico *adj fis* cuántico

quantit|à *f* cantidad; *in ~* en cantidad; **~ativo 1.** *adj* cuantitativo; **2.** *m* cantidad *f*

quanto 1. *m fis* cuanto; **2.** *adj* 1. *<interrogativo, exclamativo>* cuánto; 2. *<relativo>* cuanto, todo lo que; *compra ~e cartoline vuoi* compra todas las postales que quieras, compra cuantas postales quieras; *tutti ~i* todos; *da ~ ho capito* por lo que he entendido; **3.** *pr* 1. *<interrogativo, exclamativo>* cuánto; *~i ne abbiamo oggi?* ¿a cuántos estamos?, ¿a cómo estamos hoy? (*fecha*); 2. *<relativo, en pl>* cuantos, -as; *prendine ~i ne vuoi* coge los que quieras, coge cuantos quieras; 3. *<relativo, neutro>* lo; *è ~ di peggio si possa immaginare* es de lo peor que pueda imaginarse; **4.** *adv* 1. *<interrogativo, exclamativo>* cuánto; *~ costa?* ¿cuánto cuesta?, ¿qué cuesta?; *non sai ~ mi dispiace* no sabes cuánto/lo mucho que lo siento; 2. cuanto; como (*en correlación*); *tanto ... ~* tanto ... como; *~ più ... tanto meno...* cuanto más ... menos...; *in ~* en cuanto, en cualidad de; *in ~ che* en cuanto que; *~ mai* bastante, mucho; *~ prima* cuanto antes, lo antes posible; *~ a* en cuanto a, por lo que respecta a; *a ~ pare* por lo que parece; *vale ~ pesa* vale lo que pesa; *per ~ io ne sappia* por lo que yo sé; *per ~ faccia* por mucho que haga; *per ~ sia bello* por muy guapo que sea; **5.** *m* cuánto

quantunque *conj <+ subjuntivo>* aunque, a pesar de que, aun cuando

qua qua V. **qua**

quarant|a *adj/m/inv* cuarenta; **~ena** *f med/fig* cuarentena; *mettere in ~* poner en cuarentena; **~enne** *adj/s* cuarentón *desp*; **~esimo 1.** *adj* cuadragésimo; **2.** *m* cuarentavo, cuadragésimo; **~ina** *f* cuarentena (*cantidad, edad*); **~otto** *adj/m* cuarenta y ocho; *fare un ~* armarse la de San Quintín; **~ott'ore** *f/inv* bolsa de viaje *f*

Quaresima *f eccl* Cuaresma

quaresimale 1. *adj* cuaresmal; **2.** *m eccl* sermón de Cuaresma, cuaresma *f*

quarta *f mus/mar* cuarta; *auto* cuarta, directa (*marcha*); *stud* cuarto *m* (*curso elemental*); *(fig) partire in ~* salir disparado; **~buono** *m* cartabón; **~na** *f med* cuartana

quartetto *m mus* cuarteto

quarti|ere *m* 1. barrio; 2. *mil* cuartel; *~ generale* cuartel general; *non dare ~* no dar cuartel; **~na** *f* 1. *tip* hoja, cuartilla, papel de carta *m*; 2. *ling* cuarteta, redondilla; 3. bloque de cuatro sellos *m*; **~no** *m* cuartillo (*medida*); cuarto (*cuarta parte*); *tip* pliego

quarto *adj/s* cuarto; *la ~a dimensione* la cuarta dimensión; *il ~ potere* el cuarto poder; *~ d'ora* cuarto de hora; *sono le sei e un ~* son las seis y cuarto; *il ~ d'ora accademico* el cuarto de hora de cortesía; *i ~i di finale* los cuartos de final; *giacca a tre ~i* chaquetón

quarz|ifero *adj* cuarcífero, cuarzoso; **~ite** *f* cuarcita; **~o** *m* cuarzo

quasar *m/inv astr* quásar, cuásar

quasi 1. *adv* casi; *~ ~* casi; *~ ~ me ne andrei* casi estoy por irme, me parece que me voy; **2.** *conj <+ subjuntivo>* como; *parla ~ fosse il presidente* habla como si fuese el presidente; **~modo** *m eccl* cuasimodo

quassù *adv* aquí arriba

quaterna *f* cuatro aciertos *mpl*, cuaterna (*loto italiana*); línea (*bingo*); *fig* grupo *m*, conjunto *m* (*cosas, personas*); **~rio 1.** *adj geol* cuaternario; *ling* cuadrisílabo; **2.** *m geol* cuaternario; *ling* cuadrisílabo

quatto *adj* 1. agazapado; 2. callado; *~ ~* a la chita callando

quattordice|nne *adj/s* catorceañero; **~simo 1.** *adj ord* decimocuarto; **2.** *m* catorceavo

quattordici *adj/s* catorce

quattrino *m* 1. *hist* cuarto; 2. *mpl fam* cuartos, perras *fpl*, pasta *f*; *avere un sacco di ~i* tener muchas perras

quattro *adj/s inv/card* cuatro; *gridare ai ~ venti* gritar a los cuatro vientos; *dirne ~ a q* cantarle las cuarenta a alg, decirle cuatro cosas a alg; *farsi in ~ per q* desvivirse por alg; *in ~ e quattr'otto* en menos que canta un gallo

quattrocchi, quattr'occhi: a ~ *adv* en privado, a solas, cara a cara

quattrocent|esco *adj* del siglo XV, del cuatrocientos; **~ista** *adj/s* cuatrocentista; **~o** *adj/s* cuatrocientos; *il *~* el siglo XV, el cuatrocientos

quegli *pr/inv lit <solo sing, solo sujeto, solo m, solo persona>* aquel, aquél

quegli, quei *adj* V. **quello**

quello, -a 1. *adj <terminaciones como el ar determinado: quel/quello/quell', quella/quell'; quei/quegli; quelle>* aquel, aquella, aquellos, aquellas; **2.** *pr <quello, -a, -i, -e>* aquel, aquella, aquellos, aquellas; aquello, lo (*neutro*); *quello che tu dici* lo que tú dices; *tutto ~ che* todo lo que/todo aquello que; *in quel di* en el territorio de, en la zona de

querceto *m* encinar; robledal

quercia *f bot* encina; roble *m*; *~ da sughero* alcornoque; *~ comune* roble; *forte come una ~* fuerte como un roble

querela *f ius* querella, demanda; *sporgere ~ contro q* interponer una querella contra alg; **~nte** *m/f* querellante, demandante; **~re** *vt ius* demandar, querellarse (contra alg); **~to, -a** *m/f* querellado, a-, demandado, -a

quesito *m* problema, cuestión *f*

questi *pr/inv lit <solo sing, solo sujeto, solo m, solo persona>* este, éste

question|are *vi* <*avere*> discutir; pelearse; ~**ario** *m* cuestionario; ~**e** *f* cuestión, problema *m*; conflicto *m*, discusión, pendencia; ~ *ardente, di principio* cuestión candente, de principios; ~ *preliminare, di competenza, di fiducia* cuestión previa, de competencia, de confianza; ~ *di vita o morte* cuestión de vida o muerte; *mettere in* ~ cuestionar, poner en cuestión/en duda; *è* ~ *di un minuto* es cuestión de un minuto

questo 1. *adj* <*questo/quest', questa/quest'; questi, queste*> este, -a, -os, -as; *in* ~ *momento* en este momento; *fino a* ~ *punto* hasta ese punto; **2.** *pr* <*questo, -a, -i, -e*> este, -a, -os, -as; esto (*neutro*); *per* ~ por eso; *e con* ~*?* ¿y (eso) qué?; ~*a sì che è bella* esta sí que es buena

questore *m* jefe provincial de policía; *hist* cuestor

questua *f* cuestación

questur|a *f* jefatura de policía; comisaría; *hist* cuestura; *andare in* ~ ir a comisaría, ir a la policía; ~**ino** *m* policía (*persona*)

qui *adv* aquí; *da* ~ de(sde) aquí; *di* ~ por aquí (*dirección*); de aquí (*lugar*); *fuori da* ~ fuera de aquí; *eccomi* ~ aquí estoy; *di* ~ *in avanti* de aquí en adelante

quiescenza *f lit/ius* reposo *m*, inacción; *geol* inactividad (*volcán*); *adm* jubilación; *porre* ~ jubilar

quiet|anza *f com* recibo *m*, resguardo *m*, albarán *m*; liquidación, finiquito *m*; ~**are** *vt* aquietar, sosegar, calmar; *fig* satisfacer (*deseo, deuda*); ~**e** *f* quietud, tranquilidad, paz, sosiego *m*; ~**ismo** *m* quietismo; ~**o** *adj* quieto, reposado, sosegado; pacífico, tranquilo (*persona*)

quinario *adj/m ling* quinario

quindi *adv* por tanto, por consiguiente, de ahí, así pues

quindice|nne *adj/s* quinceañero; ~**nnio** *m* quindenio, período de quince años; ~**simo 1.** *adj/s* decimoquinto; quince (*reyes, papas*); **2.** *m* quinceavo, quinzavo

quindici *adj/m* quince

quindicina *f* quincena; ~**le** *adj* quincenal

quinquage|nario *adj/s* quincuagenario; ~**simo** *adj lit* quincuagésimo

quinquenn|ale *adj* quinquenal; ~**io** *m* quinquenio, lustro

quinta *f auto/mus* quinta; *stud* quinto *m*; *teatro* bastidor *m*; *(fig) dietro le* ~*e* entre bastidores; ~**decima** *f mus* quincena; ~**le** *m* quintal

quinterno *m tip* cuadernillo

quintessenza *f* quintaesencia, quinta esencia

quintetto *m mus/fig* quinteto

quinto *adj/s* quinto

quintuplicare <*esd*> *vt* quintuplicar

quintuplice *adj* quíntuple, quíntuplo

quintuplo 1. *adj* quíntuplo, quíntuple; **2.** *m* quíntuplo

qui pro quo *m/inv* equívoco *m*, *confusión f*

quisqui|lia, ~glia *f* quisquilla, minucia, tontería

quiz *m/inv* concurso *m*

quorum *m/inv* quórum

quota *f* 1. parte, porción; cuota, cupo *m*; ~ *di partecipazione* cuota de participación; 2. *econ* cuota, canon *m*; 3. *geogr* altura, cota; *aer* altitud, altura; cota, acotación (*topografía*); *essere a* ~ *zero* estar al nivel del mar; *(sport) tenersi in* ~ mantener la altura; *(aer) prendere, perdere* ~ ganar/tomar, perder altura/altitud; *(aer)* ~ *di tangenza* techo; ~**bile** *adj* cotizable; ~**re** *vt econ* cotizar; *fig* valorar, estimar, apreciar; ~**zione** *f econ* cotización; *fig* valoración, estima

quotidiano 1. *adj* cotidiano; **2.** *m* diario, periódico

quoziente *m mat* cociente; coeficiente, tasa *f* (*estadística*); ~ *d'intelligenza* coeficiente de inteligencia; ~ *di natalità* tasa de natalidad

R

rabarbaro *m bot* ruibarbo; *gastr* licor de ruibarbo

rabbercia|re *vt* arreglar, remendar; ~**tura** *f* arreglo *m*, remiendo *m*

rabbi|a *f med/fig* rabia; *fare ~ a q* dar rabia a alg; ~**co** *adj med* rábico; ~**no** *m eccl* rabino; ~**oso** *adj med/fig* rabioso

rabbonire *<isc>* *vt* aplacar, calmar, aquietar

rabbrividire *<isc>* *vi* estremecerse (*a* por, ante), temblar (*a* por, ante)

rabbuff|are *vt* alborotar, desordenar; desgreñar (*pelo*); *fig* reñir, reprender; ~**o** *m* reprimenda *f*, regañina *f*

rabbuiare *vi* oscurecer, anochecer

rabdoman|te *m* zahorí, radioestesista; ~**zia** *f* radioestesia

raccapezzare 1. *vt* reunir, juntar; *fig* adivinar, vislumbrar; **2.** *~rsi* afanarse; despistarse, aturullarse

raccapriccia|nte *adj* espeluznante, horripilante; ~**re** *vi* horrorizarse (*alla vista di qc* de algo)

raccapriccio *m* horror, pavor

raccatta|fieno *m/inv agr* cosechadora de forraje *f*; ~**palle** *m/inv* recogepelotas; ~**re** *vt* recoger; *fig* recoger, reunir

racchetta *f* raqueta

racchio, -a 1. *adj fam* feo, birrioso; **2.** *m/f fam* feo, -a, loro *m*, birria *f*, feto *m*

racchiudere *<10 -chiusi; -chiuso>* *vt* contener; *fig* encerrar, implicar

raccoglibriciole *m/inv* recogemigas

raccogliere *<12 -colgo; -colsi; -colto>* *vt* recoger; *agr* recolectar, cosechar

raccoglimento *m fig* recogimiento

raccoglit|iccio 1. *adj* colecticio; **2.** *m* mezcladillo, revoltillo; ~**ore, -trice** 1. *m/f* recopilador, -a; 2. *m* archivador, carpeta *f*; 3. *f agr* cosechadora

raccolt|a *f* recogida (*acción*); recopilación, colección; *agr* cosecha; *fig* reunión; ~**o 1.** *adj* recogido; acurrucado (*persona*); *fig* recogido, concentrado; recogido, tranquilo, recoleto (*lugar*); **2.** *m agr* cosecha *f*

raccomanda|bile *adj* recomendable; ~**re 1.** *vt* 1. encomendar, confiar; 2. recomendar, aconsejar; recomendar (*persona*); **2.** *~rsi* 1. encomendarse; *mi raccomando!* ¡te/se... lo ruego!, ¡pon/ponga...atención!; 2. confiar (*a qc* en algo); ~**ta** *f post* certificado *m*, carta certificada; ~**tario, -a** *m/f* recomendador, -a; *mar* consignatario, -a; ~**to 1.** *adj* recomendado; *post* certificado; **2.** *m/f* recomendado, -a, enchufado, -a *pop*; ~**zione** *f* recomendación, enchufe *m/fam*

raccomodare V. **riaccomodare**

racconciare *vt* arreglar, reparar

raccont|are *vt* contar (*narrar*); *~rne delle belle/di tutti i colori* contar trolas; *va' a ~rla altrove* cuéntaselo a tu abuela, a otro perro con ese hueso; *che racconti di bello?* ¿qué te cuentas?; ~**o** *m* relato, cuento, narración *f*; *ling* novela corta *f*

raccorciare *vt* acortar

raccord|are *vt tec/auto* enlazar, empalmar; ~**o** *m auto/tras* enlace, empalme; *tec* racor, empalme; *~ anulare* cinturón de circunvalación; *~ a gomito* codo de unión; *~ a manicotto* manguito

raccosta|mento *m* acercamiento; ~**re** *vt* acercar; entornar (*puerta, ventana*)

raccozzare *vt desp* amontonar, apiñar

rachide *f med/bot* raquis; *zool* astil *m* (*pluma*)

rachideo *adj* raquídeo

rachiti|co *adj med* raquítico; *fig* enclenque, esmirriado; ~**smo** *m med* raquitismo

racimolare *<esd>* *vt agr* racimar; *fig* reunir, juntar

racimolo *m* racimo

racket *m/inv* sindicato del crimen *m*

rada *f geogr* rada

radar *adj/m/inv* radar *m*; ~**ista** *m/f* radarista

raddensare *vt* condensar, espesar

raddobb|are *vt mar* carenar; ~**o** *m mar* carenadura *f*

raddolcire *<isc>* *vt a. fig* endulzar

raddoppi|amento *m* duplicación *f*, reduplicación *f*; *fig* multiplicación *f*; ~**are 1.** *vt* doblar, duplicar; *fig* redoblar (*esfuerzos*...); **2.** *vi <essere/avere>* doblarse, duplicarse; *fig* redoblarse, arreciar; ~**o** *m* duplicación *f*; *tras* desdoblamiento

raddrizza|mento *m* enderezamiento; *fig* corrección *f*; *elec* rectificación *f*; ~**re** *vt* enderezar, poner recto; *fig* corregir, enmendar; *elec* rectificar; ~**tore** *m elec* rectificador; ~**trice** *f mec* enderezadora

radente *adj* rasante; *volo ~* vuelo rasente

radere *<35 rasi; raso>* *vt* 1. rasurar, raer, afeitar (*barba*); 2. derribar, demoler; talar (*bosque*); *~ al suolo* arrasar, demoler

radezza *f* raleza; *fig* espaciamiento *m* (*visitas*)

radia|le 1. *adj* radial; **2.** *f tras* radial (*línea*); ~**nte 1.** *adj fis* radiante; *fig* radiante, esplendoroso; *terapia ~* radioterapia; **2.** *m fis* radián; ~**re** *vt adm* borrar, dar de baja; ~**tore** *m tec/auto* radiador; ~**zione** *f fis* radiación; *adm* baja

radica *f* raíz de brezo (*para pipas*); *reg* raíz

radical|e *adj/s* radical; ~**eggiare** *vt* radicalizar; ~**ismo** *m* radicalismo

radicalizza|re *vt* radicalizar; ~**zione** *f* radicalización

radicalmente *adv* radicalmente, completamente; de raíz

radicando *m mat* radicando

radicare *<esd>* *vi bot/fig* arraigar, radicar, echar raíces

radicazione *f bot* radicación

radicchio *m bot* tipo de achicoria

radice *f* raíz; *~ quadrata* raíz cuadrada; *dalla ~* de raíz, de cuajo; *(fig) mettere ~i* echar raíces

radicolare *adj bot/med* radicular

radio 1. *f/inv* radio *f*, transistor *m*; radio *f*, emisora *f*; *~ trasmittente, ricevente* emisora de radio, receptor de radio; *~ libera* emisora privada; **2.** *m med/chim* radio; **3.** *adj/inv* radio; *ponte ~* radioenlace; *giornale ~* boletín de noticias, diario hablado

radio|abbonato, -a *m/f* abonado, -a a una radio; ~**amatore, -trice** *m/f* radioaficionado, -a; ~**ascoltatore, -trice** *m/f* radioyente, radioescucha; ~**assistenza** *f aer/mar* radiocontrol *m*; ~**attività** *f/inv* radioactividad *f*; ~**attivo** *adj* radioactivo; ~**audizione** *f* audición de radio; ~**biologia** *f* radiobiología
radio|centro *m* estación *f*, emisora *f*; ~**collegamento** *m* enlace por radio; ~**comandare** *vt* controlar a distancia; accionar por control remoto; ~**comando** *m* control remoto; ~**comunicazione** *f* radiocomunicación;~**conversazione** *f* tertulia radiofónica; ~**cronaca** *f* reportaje radiofónico *m*, transmisión radiofónica; ~**cronista** *m/f* radioreportero, -a
radiodiff|ondere <37 *-fusi; -fuso*> *vt* difundir por la radio; ~**usione** *f* radiodifusión
radio|disturbo *m* interferencia *f*; ~**dramma** *m* radionovela *f*; ~**elettrico** *adj* radioeléctrico; ~**estesista** *m/f* radioestesista; ~**fonia** *f* radiofonía, radiotelefonía; ~**fonico** *adj* radiofónico; ~**goniometro** *m* radiogoniómetro
radiogra|fia *f* radiografía; ~**fico** *adj* radiográfico; ~**mma** *m* radiograma; placa para rayos X *f*
radio|intervista *f* entrevista en la radio; ~**lario** *adj/m* radiolario; ~**lina** *f* transistor *m*
radiolog|ia *f* radiología; ~**ico** *adj* radiológico; ~**o, -a** *m/f* radiólogo, -a
radio|messaggio *m* mensaje radiofónico; ~**metro** *m* radiómetro; ~**mobile** *f* coche patrulla *m*; ~**pilota** *m aer* piloto automático; ~**registratore** *m* radiocas(s)set(t)e
radiorice|vente *adj/m* radiorreceptor; ~**vitore** *m* radiorreceptor; ~**zione** *f* radiorrecepción
radiorilevamento *m aer* marcación radiogoniométrica *f*
radioscop|ia *f* radioscopia; ~**ico** *adj* radioscópico
radio|segnale *m* señal radioeléctrica *f*; ~**sità** *f/inv* esplendor *m*; ~**so** *adj* radioso, radiante, fulgurante; ~**stazione** *f* estación de radio; ~**sveglia** *f* radiodespertador *m*; ~**taxi,** ~**tassì** *m/inv* radiotaxi *m*
radiotecnic|a *f* radiotecnia; ~**o** *adj* radiotécnico
radiotele|fonia *f* radiotelefonía; ~**fono** *m* radioteléfono
radiotele|grafico *adj* radiotelegráfico; ~**grafista** *m/f* radiotelegrafista; ~**gramma** *m* radiotelegrama; ~**scopio** *m* radiotelescopio; ~**visione** *f* radiotelevisión; ~**visivo** *adj* radiotelevisivo
radioterapia *f* radioterapia
radiotras|mettere <44 *-misi; -messo*> *vt* radiar, transmitir por la radio; ~**mettitore** *m* radiotransmisor; ~**missione** *f* radiotransmisión; ~**mittente** *adj/f* radioemisor *adj/m*
radioutente *m/f* radioyente
rado *adj* ralo, claro; *fig* raro (*tiempo*); *di* ~ raramente, de tarde en tarde
radon *m chim* radón
radun|are *vt* reunir, juntar; ~**ata** *f* reunión, adunación; ~**o** *m* reunión *f*, concentración *f*
radura *f* calva, claro *m*; calvero *m*, claro *m*, abra *am* (*bosque*)
rafano *m bot* rábano
raffa V. **riffa**
raffazzona|mento *m* chapuza *f*, parche, apaño; ~**re** *vt* chapucear, parchear
rafferm|a *f adm* confirmación; *mil* reenganche *m*; ~**are 1.** *vt adm* confirmar, ratificar; **2.** ~*rsi* 1. ponerse duro (*pan*); 2. *mil* reengancharse; ~**o** *adj* duro (*pan*)
raffica *f meteo/fig* ráfaga, racha; *mil* ráfaga
raffigurare *vt* 1. representar, plasmar; 2. simbolizar; 3. reconocer
raffila|re *vt* volver a afilar; igualar, recortar (*pelo*); ~**tura** *f* recorte *m*, igualación (*pelo*)
raffina|mento *m tec/fig* refinamiento; ~**re** *vt tec/fig* refinar; ~**tezza** *f fig* refinamiento *m*; ~**to 1.** *adj* refinado; **2.** *m/f* persona refinada *f*; ~**zione** *f tec* refinación, refinado *m*
raffineria *f tec* refinería
rafforza|mento *m a. fig* reforzamiento, refuerzo, intensificación *f*; ~**re** *vt a. fig* reforzar, fortalecer
raffredd|amento *m* enfriamiento; ~**are 1.** *vt* enfriar; **2.** ~*rsi a. fig* enfriarse; *med/fam* resfriarse, constiparse, acatarrarse; ~**ore** *m med/fam* resfriado, constipado, catarro; *prendere un* ~ coger/pescar un constipado, resfriarse
raffront|are *vt* confrontar, cotejar, comparar; ~**o** *m* confrontación *f*, cotejo
rafia, raffia *f bot* rafia
ragade *f med* grieta (*piel*)
raganella *f* 1. *mus* matraca; 2. *zool* rubeta, rana de zarzal
ragazz|a *f* chica, muchacha, joven, moza; *fam* chica, novia; ~ *tuttofare* chica para todo; ~ *madre* madre soltera; ~**aglia** *f desp* chiquillería, muchachada; ~**ata** *f* chiquillada, travesura, trastada; ~**ino** *m* mozalbete, muchachito; ~**o** *m* chico, muchacho, chaval, mozo, joven, pibe *Arg*, chamaco *Mex*; *fam* chico, novio; ~**one, -a** *m/f* chicarrón, -ona, mocetón, -ona; ~ *di bottega* aprendiz
raggelare *vt a. fig* helar
raggi|ante *adj fis/fig* radiante; ~**are** *vt* emitir radiaciones *vt*, irradiar *vt*, radiar *vt*; *fig* resplandecer, refulgir; ~**ato** *adj* radiado; ~**era** *f eccl* estrellón *m*; ~**o** <*pl -gi*> *m fis/fig* rayo; *mat/mec* radio; ~ *d'azione* radio de acción; ~*i alfa, X* rayos alfa, X
raggir|are *vt fig* engañar, engatusar, embaucar; ~**o** *m* engaño, engatusamiento
raggiungere <39 *-giungo; -giunsi; -giunto*> *vt* alcanzar, dar alcance; alcanzar, obtener
raggiungi|bile *adj* alcanzable; ~**mento** *m* consecución *f*, logro
raggiustare *vt* arreglar, reparar; ordenar; *fig* arreglar (*conflicto*)
raggomitolare <*esd*> **1.** *vt* ovillar; **2.** ~*rsi* acurrucarse, ovillarse
raggranellare *vt fam* acumular, juntar, arañar
raggrinz|are, ~**ire** <*isc*> *vt* arrugar, fruncir (*tela, piel*)
raggrumare *vt* agrumar

raggruppa|mento *m* agrupamiento, agrupación *f*; reagrupación *f*; ~**re** *vt* agrupar; reagrupar
ragguagli|are *vt* 1. comparar; 2. informar; ~**o** *m* 1. comparación *f*; 2. información *f*
ragguardevole *adj* considerable, elevado (*cantidad*); respetable (*persona*)
ragia *f* resina; *acqua* ~ aguarrás
ragiona|mento *m* razonamiento; ~**re** *vi* <*avere*> razonar; ~**to** *adj* razonado, argumentado; ~**tore, -trice** *m/f* razonador, -a
ragione *f fil* razón; *fig* razón, motivo *m*; *ragion di stato* razón de estado; ~ *d'una progressione artimetica, geometrica* razón aritmética, geométrica; *a maggior* ~ con mayor motivo; *a* ~ *di* a razón de; *a* ~ con razón; *a ragion veduta* habiendo considerado los pros y los contras; *in* ~ *dell'età* en atención a la edad; *per* ~*i di famiglia* por razones de familia; *avere* ~ tener la razón, estar en lo cierto; *dare* ~ dar la razón; *farsi* ~ *di qc* resignarse a algo; *perdere l'uso/il lume della* ~ perder la razón; *ridurre q alla* ~ hacer entrar en razón a alg; *non sentire/ascoltare* ~ no atender a razones
ragioneria *f* contabilidad, contaduría (*ciencia*); administración, oficina de contabilidad
ragionevol|e *adj* razonable; ~**ezza** *f* racionalidad, sensatez
ragioniere, -a *m/f* contable; perito/profesor mercantil (*título*)
raglan: alla ~ *adj* raglán
ragliare *vi* <*avere*> *zool/fig* rebuznar
raglio *m zool/fig* rebuzno
ragnatela *f* telaraña, tela de araña
ragno *m zool* araña *f*
ragù *m/inv gastr* ragú *m*, salsa de carne *f*
raid *m ingl/inv* incursión aérea *f*, raid *m*
raion *m/inv* rayón *m*
rallargare *vt* ensanchar
rallegra|menti *mpl* felicitaciones *fpl*, enhorabuena *f*; ~**re 1.** *vt* alegrar, contentar; **2.** ~*rsi* 1. alegrarse, regocijarse (*a qc* por algo); 2. felicitarse, congratularse
rallenta|mento *m* desaceleración *f*, disminución *f*; aflojamiento; *cine* cámara lenta *f*; ~**re** *vt* desacelerar, disminuir; aflojar; ~**tore** *m cine* cámara lenta *f*, ralentí; *al* ~ a cámara lenta
rally *m ingl/inv* rally(e) *m*
ramaiolo *m* cazo, cucharón (*cemento*)
ramanzina *f* rapapolvo *m*, reprimenda
ramare *vt metal* cobrear; *agr* sulfatar
ramarro *m zool* lagartija *f*
ramato *adj* cobrizo (*color*); *metal* cobreado, chapado en cobre
ramazza *f* escobón *m*
rame *m* cobre; *età del* ~ edad del cobre
ramifica|re <*esd*> *vi/*~*rsi* <*avere*> ramificarse; ~**zione** *f* ramificación
ramingo *adj* errante, vagabundo
ramino *m* ramiro (*juego*)
rammaricare <*esd*> **1.** *vt* afligir, amargar; **2.** ~*rsi* lamentarse, dolerse (*di* de)
rammarico *m* lamento; aflicción *f*
rammend|are *vt* remendar, zurcir; ~**atrice** *f* remendona, zurcidora; ~**atura** *f* zurcido *m*, remiendo *m*, compostura; ~**o** *m* remiendo
rammentare *vt* rememorar, recordar
rammodernare *vt* modernizar, remozar
rammolli|mento *m a. fig* ablandamiento, reblandecimiento; ~**re** <*isc*> *vt a. fig* ablandar, reblandecer; ~**to** *adj/s* blando, débil
rammorbidire <*isc*> *vt* ablandar, reblandecer
ramo *m bot* rama *f*; *fig* rama *f*, sección *f*, parte *f*; *cient* rama *f*; *geogr* brazo, ramal; *arald* rama *f*; *fam* ramalazo; *un* ~ *di pazzia* un ramalazo de locura; ~**scello** *m* rama *f*, ramita *f*; ~**so** *adj* ramoso
rampa *f* tramo de escalera *m*, ramal *m*; rampa, cuesta, subida; *aer/med* rampa; ~ *di lancio* rampa de lanzamiento; ~**nte 1.** *adj arch/arald/fig* rampante; **2.** *m/f* rampante, arribista, trepa *pop*
rampi|cante 1. *adj* trepador; **2.** *m* planta trepadora *f*; ~**no** *m* gancho; *mar* rastra *f*
rampo|llo *m bot* brote, retoño; *fig* vástago, retoño, cachorro; ~**ne** *m mar* arpón; *sport* crampón; clavo, taco (*zapato*); ~**niere** *m* arponero
rana *f zool* rana; *uomo* ~ hombre rana; *nuoto a* ~ estilo braza
rancid|ezza *f* rancidez, ranciedad; ~**o** *adj a. fig* rancio; ~**ume** *m* olor a rancio; *fig* antigualla *f*
rancio *m mil* rancho
rancore *m* rencor; *serbare* ~ *contro q* guardar rencor a alg
randagio *adj* vagabundo, callejero; *gatto* ~ gato callejero
randell|are *vt* apalear; ~**ata** *f* paliza, apaleamiento *m*; ~**o** *m* garrote, palo, tolete *am*
rango <*pl -ghi*> *m mil/fig* rango; *(fig) serrare i* ~ cerrar filas; *(fig) uscire dai* ~*i* salirse de madre
ranking *m ingl/inv sport* ranking
rannicchiarsi acurrucarse, ovillarse
ranno *m* colada *f*, lejía *f*
rannuvola|mento *m* encapotamiento, oscurecimiento, nublado; ~**rsi** <*esd*> encapotarse, nublarse; *fig* enfurruñarse
ranocchi|a *f zool* rana; ~**o** *m zool* rana *f*; *fig* renacuajo (*niño*); *fig/desp* renacuajo, microbio, enano
rantol|are <*esd*> *vi* <*avere*> agonizar; ~**io** *m* estertor
rantolo *m* estertor
ranuncolo *m bot* ranúnculo, botón de oro
rapa *f bot* naba, nabicol; ~**ce 1.** *adj zool/fig* rapaz; **2.** *m zool* rapaz *f*; ~**cità** *f/inv* rapacidad *f*; ~**re** *vt* rapar, pelar, trasquilar
rapè *adj/inv* rapé *adj*
raperonzolo *m bot* rapónchigo
rapid|a *f* rápido *m* (*río*); ~**ità** *f/inv* rapidez *f*; ~**o 1.** *adj* rápido; **2.** *m tras* rápido
rapimento *m* rapto, secuestro; *fig* rapto, arrebato, éxtasis
rapina *f* robo *m*, atraco *m*; ~ *a mano armata* atraco a mano armada; *uccello da* ~ ave de rapiña; ~**re** *vt* atracar, robar, asaltar; ~**tore, -trice** *m/f* atracador, -a
rapire <*isc*> *vt* secuestrar, raptar

rapitore, **-trice** *m/f* secuestrador, -a, raptor, -a
rappacifica|re <*esd*> *vt* apaciguar, pacificar; ~**zione** *f* apaciguamiento *m*, pacificación
rappezz|are *vt* arreglar, reparar; remendar; *fig* apañar, chapucear; ~**atura** *f* remiendo *m*; ~**o** *m* arreglo, apaño, remiendo
rapport|are *vt* 1. transmitir, comunicar; 2. reproducir; ~**atore** *m mat* transportador; ~**o** *m* 1. relación *f*, relato; informe, dictamen; *mil* parte; 2. relación *f*; conexión *f*, vínculo; ~*i intimi/sessuali* relaciones íntimas/sexuales; ~ *di lavoro* relación profesional; *in ~ a* en relación con; 3. *mec* relación *f*; 4. *mat* proporción *f*, cociente
rapprendere <*58 -presi; -preso*> *vt/vi/~rsi* cuajar
rappresaglia *f* represalia
rappresenta|nte *m/f* representante, delegado, -a, agente; *fig* representante, exponente; *(pol) ~ di lista* apoderado, -a; ~ *farmaceutico* visitador médico; ~**nza** *f com* representación, delegación; ~**re** *vt* representar; ~**tiva** *f sport* representación, selección; ~**tivo** *adj* representativo; ~**zione** *f* representación
rapsod|ia *f* rapsodia; ~**o** *m* rapsoda
raptus *m/inv psic* rapto *m*, arrebato *m*
rarefa|re <*36a -faccio/fò; -feci; -fatto*> *vt* enrarecer; ~**zione** *f* rarefacción, enrarecimiento *m*
rarità *f/inv* rareza *f*, curiosidad *f*
raro *adj* 1. raro, extraño, curioso, peregrino; *terra ~a* tierra rara; 2. raro, escaso, contado; *~e volte* rara vez, contadas veces
rasa|re *vt* rasurar, afeitar (*barba, pelo*); recortar, igualar (*seto*); ~**to** *m* raso (*tejido*); ~**tura** *f* rasurado *m*, afeitado *m*
raschia|mento *m* raspado, rascado; *med* raspado; ~**re** *vt* raspar, rascar; *~rsi la gola* carraspear; ~**toio** *m tec* rascador; ~**tura** *f* raspado *m*, rascado *m*; raspadura, limadura, viruta
raschietto *f*, **raschino** *m tec* rascador *m*, raedera *f*
raschio *m* carraspeo (*sonido*); irritación *f*, picor (*garganta*)
rasent|are *vt* rozar; *fig* rozar, frisar, rondar; ~ *la quarantina* rondar los cuarenta; ~ *il ridicolo* rozar el ridículo; ~**e** **1.** *prep* rozando; a ras de; **2.** *adv* rozando
rasiera *f tec* rasero *m*, raedera
raso **1.** *adj* rasurado, afeitado (*cara, cabeza*); raso, descubierto (*campo*); raso, lleno (*recipiente*); *fare tabula ~a* hacer tabla rasa; ~ *terra* V. **rasoterra**; **2.** *m* raso; ~**io** <*pl -oi*> *m* navaja de afeitar *f*; ~ *di sicurezza* maquinilla de afeitar; *attaccarsi ai ~i* agarrarse a un clavo ardiendo; ~**terra** **1.** *adv* a ras de tierra; **2.** *adj/inv* mediocre *adj*; **3.** *m/inv sport* tiro rasante *m*
raspa *f* raspador *m*; ~**re** **1.** *vt* raspar; escarbar (*tierra*); raspar (*garganta*); **2.** *vi* rascar, chirriar; raspar
raspo *m* raspa *f*, grapa *f*, escobajo (*uva*)
rassegna *f* examen *m*, control *m*, revista; reseña (*libro, exposición*); *mil* revista; *(mil/fig) passare in ~* pasar revista; ~**re** **1.** *vt* presentar (*dimisión*); poner a disposición (*cargo*); **2.** *~rsi* resignarse; ~**zione** *f* resignación
rasserena|mento *m* sosiego, calma *f*; ~**re** *vt* serenar, calmar; *meteo* despejar
rassettare **1.** *vt* ordenar, arreglar; arreglar, reparar; *econ* reajustar; **2.** *~rsi* arreglarse (*vestirse*)
rassicura|re *vt* tranquilizar; ~**zione** *f* palabras tranquilizadoras *fpl*
rassoda|nte *adj* reafirmante (*crema*); ~**re** *vt* endurecer; *fig* consolidar, fortalecer
rassomiglia|nte *adj* parecido, semejante; ~**nza** *f* parecido *m*, semejanza; ~**re** *vi/~rsi* <*essere/avere*> parecerse, asemejarse (*a* a)
rastrell|amento *m agr* rastrillado; *mil* barrido, rastreo, batida *f*; ~**are** *vt agr* rastrillar; *fig* recabar, reunir; *mil* barrer, rastrear, batir; ~**ata** *f agr* rastrillado *m*; rastrillazo *m*; ~**iera** *f* 1. *agr* pesebre *m*; 2. escurreplatos *m*, escurridor *m*; 3. armero *m* (*mueble*); ~**o** *m agr* rastrillo, mielga *f*
rata *f com* plazo *m*; *a ~e* a plazos
ratafià *m/inv* ratafia *f*
rate|ale *adj* a plazos; ~**are**, ~ **izzare** *vt com* aplazar, prorratear; ~**o** *m com* prorrateo
ratifica *f* ratificación; ~**re** <*esd*> *vt* ratificar; ~**zione** *f* ratificación
rattizzare *vt* atizar (*fuego, discordia*)
ratto *m* 1. *ius* rapto; 2. *zool* rata *f*; ~ *delle chiaviche* rata de alcantarilla
rattopp|are *vt a. fig* remendar, parchear; ~**atura** *f*, ~**o** *m a. fig* remiendo *m*, parcheo *m*
rattrappi|mento *m* entumecimiento; ~**re** <*isc*> *vt* entumecer
rattristare *vt* entristecer, afligir
rauc|edine *f* ronquera, carraspera; ~**o** *adj* ronco, tomado, carrasposo (*voz*)
ravanello *m bot* rábano
ravioli *mpl* ravioles, raviolis
ravizzone *m bot* colza *f*
ravved|ersi <*85 -vidi; -visto*> arrepentirse; ~**imento** *m* arrepentimiento
ravvia|re *vt* ordenar, arreglar; ~**ta** *f* arreglo rápido *m*, pasada
ravvicina|mento *m* acercamiento, aproximación *f*; *fig* reconciliación *f*; ~**re** *vt* acercar, aproximar; *fig* reconciliar
ravviluppare **1.** *vt* envolver, arropar; **2.** *~rsi* enmarañarse
ravvisare *vt* reconocer, identificar
ravvivare *vt med* reanimar; avivar, reavivar (*fuego, fig*)
ravvolgere <*90 -volgo; -volsi; -volto*> *vt* envolver, arropar (*persona*); empaquetar, enrollar (*objeto*)
ravvoltolare <*esd*> *vt* envolver
rayon V. **raion**
raziocin|ante *adj* raciocinante; ~**are** *vi* <*avere*> raciocinar; ~**io** *m* raciocinio
razional|e *adj/m* racional; ~**ismo** *m* racionalismo; ~**ista** *adj/s* racionalista; ~**istico** *adj* racionalista; ~**ità** *f/inv* racionalidad *f*
razionalizza|re *vt* racionalizar; ~**zione** *f* racionalización
razionamento *m* racionamiento

razionare *vt* racionar

razione *f* ración

razza *f* 1. *zool* raya; 2. *biol* raza; *fig* clase, rayos *mpl/desp*; *di ~ pura/di ~* de pura raza/de raza; *fare ~ a sé* ser una raza aparte; *essere di buona ~* ser de buena cepa; *che ~ di regalo!* ¡vaya un regalo!; *che ~ di storia è questa?* ¿qué rayos es esta historia?

razzia *f* razia, incursión, correría

razziale *adj* racial

razziare *vt* *<razzio>* saquear

razzis|mo *m* racismo; **~ta** *adj/s* racista; **~tico** *adj* racista

razzo *m* cohete; *mil* cohete, misil; **~lare** *<esd> vi <avere>* escarbar; *fig* hurgar, rebuscar

re *m/inv* 1. *pol* rey *m*; *essere più realista del ~* ser más papista que el papa; *i ~ magi* los Reyes Magos; 2. *mus* re

reag|ente *adj/m chim* reactivo; **~ire** *<isc> vi <avere>* reaccionar

reale 1. *adj pol/fig* real; **2.** 1. *m* real (*moneda*); 2. *mpl* reyes

realist|a *adj/s* 1. realista, pragmático, -a; *art* realista; 2. *pol* realista, monárquico, -a; **~ico** *adj art/fig* realista

realizz|abile *adj* realizable; **~are** *vt* realizar; **~azione** *f* realización; **~o** *m econ* realización *f*; *com* liquidación *f*; *prezzo di ~* precio de saldo

realtà *f/inv* realidad *f*; *in ~* en realidad; *~ virtuale* realidad virtual

reame *m lit* reino *est*

reato *m ius* delito; *~ valutario* delito monetario; *corpo del ~* cuerpo del delito; *il fatto non costituisce ~* el hecho no es constitutivo de delito

reatt|ivo *adj/m* reactivo; **~ore** *m aer/elec* reactor

reazion|ario *adj/s pol* reaccionario; **~e** *f cient/pol* reacción; *a ~* de reacción; *~ a catena* reacción en cadena

reboante *adj* rimbombante

rebus *m/inv* jeroglífico *m* (*pasatiempo*); *fig* misterio *m*, incógnita *f*

recalcitrare V. **ricalcitrare**

recapitare *<esd> vt* entregar

recapito *m* 1. paradero; 2. entrega *f*

recare 1. *vt* llevar; traer; *fig* ocasionar, producir, causar; *~ disturbo a q* causarle molestias a alg; **2.** *~rsi* ir *vi*, trasladarse (*in* a); *~rsi in città* ir a la ciudad

recedere *vi <avere>* retractarse (*da qc* de algo), echarse atrás (*da qc* de algo); retroceder

recens|ione *f* recensión, reseña; **~ire** *<isc> vt* reseñar (*libro*); **~ore, -a** *m/f* recensor, -a

recent|e *adj* reciente; *di ~* recientemente; **~issime** *fpl* últimas noticias (*periódico*)

recepire *<isc> vt* acoger, recibir

reception *f ingl/inv* recepción *f* (*hotel*); **~ist** *m/f ingl/inv* recepcionista *m/f*

recess|ione *f* recesión; **~ivo** *adj* recesivo; **~o** *m* rincón, escondite; *ius* renuncia *f*

recettività... V. **ricettività**...

recidere *<61 recisi; reciso> vt* cortar

recidiv|a *f med* recidiva, *ius* reincidencia; **~o** *adj ius* reincidente

recingere *<11 -cingo; -cinsi; -cinto> vt* rodear, cercar; amurallar; tapiar, vallar

recint|are *vt* cercar, vallar; **~o** *m* recinto; cercado, palenque; corro (*bolsa*)

recinzione *f* cercado *m*, vallado *m*

recipiente *m* recipiente

reciproc|ità *f/inv* reciprocidad *f*; **~o** *adj* recíproco, mutuo

reciso *adj* cortado; cortante, seco (*respuesta*)

recita *f teatro* representación

recital *m ingl/inv* recital *m*

recitare *<esd>* **1.** *vt* recitar (*poesía*); *teatro/cine* representar, protagonizar, hacer el papel (de); **2.** *vi <avere> teatro/cine* actuar

recitativo *adj/m* recitativo

recitazione *f teatro/cine* interpretación, actuación

reclamare *vt/vi <avere>* reclamar

réclame *f fr/inv* publicidad *f*; *fare ~ a q/qc* hacer publicidad de alg/de algo

reclamizzare *vt* dar publicidad, anunciar, publicitar

reclamo *m* reclamación *f*, queja *f*

reclinare *vt* reclinar, recostar

reclus|ione *f* reclusión; **~o** *adj/s* recluso

recluta *f mil* recluta *m*; *fig* bisoño *m*, novato *m*; **~mento** *m mil* reclutamiento, alistamiento; *fig* reclutamiento; **~re** *<esd> vt mil* reclutar, alistar; *fig* reclutar

recondito *adj* recóndito

record 1. *m/inv* récord *m*; **2.** *adj/inv* récord

recrimina|re *<esd> vt* recriminar; **~torio** *adj* recriminatorio; **~zione** *f* recriminación

recrudescenza *f* recrudecimiento *m*

recto *m tip* recto

recuperare *<esd> vt* recuperar (*objetos; salud; tiempo; residuos*); rescatar (*náufrago*); rehabilitar (*delincuente*)

recupero *m* recuperación *f*; rescate (*náufrago*); rehabilitación *f* (*delincuente*); *classi di ~* clases de recuperación; *(sport) minuti di ~* minutos de descuento

recusare V. **ricusare**

redarguire *<isc> vt* amonestar, reprender

redarre V. **redigere**

redattore, -trice *m/f* redactor, -a

redazion|ale *adj* de (la) redacción; **~e** *f* redacción

redazza *f mar* lampazo *m*

redditi|vità *f/inv* rentabilidad *f*; **~zio** *adj* rentable

reddito *m* renta *f*, rédito, producto; *~ pro capite* renta per cápita; *~ netto, lordo* renta neta, bruta; *imposta sul ~* impuesto sobre la renta; *~ nazionale* renta/producto nacional; *dichiarazione dei ~i* declaración de la renta; **~metro** *m* medidor de la renta de una persona

reden|to 1. *adj* redimido; **2.** *m/f* cristiano; **~tore** *adj/m* redentor; **~zione** *f* redención

redibitorio *adj* redhibitorio

redigere <*59 redigo; redassi; redatto*> *vt* redactar; ~ *i verbali* levantar acta, hacer el acta

redimere <*60 redensi; redento*> *vt* redimir, liberar (*q da qc* a alg de algo)

redimibil|e *adj* redimible, amortizable; **~ità** *f/inv* redimibilidad *f*

redini *fpl a. fig* riendas; *allentare le ~i* aflojar las riendas; *avere le ~i in mano* llevar las riendas

redivivo *adj* resucitado

reduce *adj* repatriado, retornado; *med* convaleciente

refe *m* hilo de coser (*torcido*)

referen|dum *m/inv* referéndum *m*; **~te 1.** *adj* ponente; *(pol) in sede ~* en ponencia; **2.** *m ling* referente

referenz|a *f* referencia; **~iale** *adj ling* referencial; **~iato** *adj* con buenas referencias

referto *m* parte médico

refettorio *m* refectorio

refezione *f* refección

refill *m ingl/inv* recarga *f*

refluo *adj* refluyente

refolo *m* ventolera *f*

refrattari|età *f/inv* refractabilidad *f*; **~o** *adj* refractario

refrigera|nte 1. *adj* refrescante; *tec* refrigerante; **2.** *m* refrigerante; **~re** <*esd*> *vt* refrescar, refrigerar; *tec* refrigerar; **~tore** *m* refrigerador; **~zione** *f* refrigeración

refrigerio *m* refrigerio

refurtiva *f* botín *m* (*robo*)

regal|are *vt* regalar; **~e** *adj* real (*de rey*); *fig* majestuoso, fastuoso; **~ia** *f* propina; *hist* regalía; **~ità** *f/inv* realeza *f*, majestad *f*; *fig* majestuosidad *f*; **~o** *m* regalo, obsequio; *dare qc a q in ~* regalar algo a alg

regata *f mar* regata; **~re** *vi* <*avere*> *mar* regatear

reggen|te *adj/s* regente; **~za** *f pol* regencia; *ling* rección

reggere <*43 reggo; ressi; retto*> **1.** *vt* 1. sujetar, sostener, aguantar; 2. *a. fig* aguantar, soportar; *una stoffa che regge l'acqua* una tela resistente al agua; *(fig) ~ il vino* aguantar el vino; 3. regir, regentar, dirigir; *pol* regir, gobernar; *ling* regir; **2.** *vi* <*avere*> 1. resistir, aguantar; *fig* tenerse en pie, resistir; *è una teoria, un'accusa che non regge* es una teoría, una acusación que no se tiene en pie; 2. durar; **3.** *~rsi* 1. sostenerse, tenerse en pie; *fig* controlarse, dominarse; *~rsi la pancia dalle risa* morirse de la risa; *~rsi a galla* mantenerse a flote; 2. *pol* gobernarse, regirse; *~ a repubblica* ser una república

reggetta *f tec* cinto *m*

reggia *f* palacio real *m*; *fig* palacio *m*, mansión

reggicalze *m/inv* liguero *m*

reggilibr|o *m*, **~i** *m/inv* soportalibros *inv*

reggiment|ale *adj* del regimiento; **~o** *m pol* gobierno, dirección *f*; *mil* regimiento

reggipetto, reggiseno *m* sujetador, sostén

reggitore *adj/s lit* regidor, gobernante

regia *f* dirección, mando *m*; *cine* dirección

regicid|a *m/f* regicida; **~io** *m* regicidio

regime *m pol* régimen; *med* régimen, dieta *f*; *ius* régimen, estatuto; *mec* velocidad *f* (*motor*); *cient* régimen, caudal (*agua*); *essere a ~* estar a régimen

regina *f* reina (*pol, ajedrez, naipes*); dama (*baraja francesa*)

reginetta *f* reina (*clase, concurso*)

regio *adj* regio, real

regional|e *adj* regional; **~ismo** *m* regionalismo; **~ista** *adj/s* regionalista

regione *f geogr/med* región; *pol* región, comunidad autónoma *Esp*; *~ a statuto speciale* comunidad autónoma con mayor poder de decisión

regista *m/f cine/teatro* director, -a; *aiuto ~* ayudante de dirección

registr|are *vt* 1. *adm* registrar, inscribir, matricular; *com* asentar; *fig* registrar, anotar; 2, *tec* grabar; 3. *tec* ajustar, calibrar; **~atore 1.** *adj fis* grabador (*barómetro...*); **2.** 1. *m/f adm* registrador, -a; 2. *m tec* magnetofón, grabadora *f*, cas(s)et(t)e; *~ di cassa* caja registradora; **~azione** *f adm* registro *m*, inscripción, matrícula; *com* asiento *m*; *mus/radio* grabación; **~o** *m* 1. *stud* cuaderno, libro; *~ di classe* libro de clase; *~ del professore* cuaderno del profesor; 2. *adm/mus* registro; *mar* registro, matrícula *f*

regna|nte 1. *adj* reinante; **2.** *m/f lit* rey *m*, reina *f*; **~re** *vi* <*avere*> *a. fig* reinar

regno *m* reino; reinado (*duración*)

regola *f* 1. regla; *eccl/ling* regla; *fig* orden *m*, medida; *~e del gioco* reglas del juego; *~ del tre* regla de tres; *non avere ~ nel mangiare* no tener medida con la comida; *essere in ~* estar en regla; *fare ~* ser norma; *di ~* normalmente, por lo general; *a ~ d'arte* como Dios manda, según los cánones; *con tutte le ~e/in perfetta ~* con todas las de la ley; 2. *fpl* regla *f* (*menstruación*)

regolabile *adj* regulable

regolament|are 1. *adj* reglamentario; **2.** *vt* reglamentar; **~azione** *f* reglamentación; **~o** *m* reglamento; *tec* reglaje, ajuste; *adm* reglamentación *f*, ordenamiento; *com* pago, liquidación *f*; *~ scolastico* ordenamiento escolar; *~ di conti* ajuste de cuentas

regolar|e <*esd*> **1.** *vt* regular, ordenar; *tec* regular, reglar, ajustar; *fig* moderar, reducir; *~ un conto* saldar una cuenta; *(fig) ~ i conti con q* ajustar cuentas con alg; **2.** *~rsi* comportarse; controlarse, moderarse; **3.** *adj* regular; *ius* en regla, correcto; **~ità** *f/inv* regularidad *f*

regolarizza|re *vt* regularizar, normalizar; **~zione** *f* regularización, normalización

regolat|a *f fam* apaño *m*, arreglo rápido *m*; *datti una ~* compórtarte; cálmate; **~ezza** *f* medida, moderación; **~o** *adj* regulado, ordenado; *fig* moderado, mesurado; **~ore** *adj/s* regulador

regolazione *f* regulación; *mec* regulación, reglaje *m*

regolo *m* 1. *mat* regla *f* (*instrumento*); *~ calcolatore* regla de cálculo; 2. *desp/zool* reyezuelo

regredire <*isc*> *vt* retroceder; *psic* regresar
regress|ione *f* regresión, retroceso *m*; **~ivo** *adj* regresivo; **~o** *m* retroceso, decadencia *f*, regresión *f*; *ius* regreso, retroceso
reietto 1. *adj lit* rechazado, repudiado; **2.** *m/f lit* desamparado, -a, desvalido, -a
reifica|re <*esd*> *vt* alienar; **~zione** *f* alienación
reimbarco *m* reembarque
reimpieg|are *vt* recolocar; **~o** *m* recolocación *f*
reincarna|re *vt* reencarnar; **~zione** *f* reencarnación
reingaggio *m* nueva contratación *f*
reinnest|are *vt* reinjertar, reimplantar; **~o** *m* reinjerto, reimplante
reinseri|mento *m* reinserción *f*; **~re** <*isc*> *vt* reinsertar
reintegra|re *vt* reintegrar; **~zione** *f* reintegro *m*
reinvesti|mento *m* reinversión *f*; **~re** <*isc*> *vt* reinvertir
reità *f/inv* culpabilidad *f*
reitera|re <*esd*: *reitero*> *vt lit* reiterar; **~zione** *f* reiteración
relais *m fr/inv tec* relé *m*
relativa *f ling* (frase) relativa; **~mente** *adv* relativamente; ~ *a* por lo que respecta a
relativi|sta *m/f* relativista; **~stico** *adj* relativista; **~tà** *f/inv* relatividad *f*; **~zzare** *vt* relativizar
relativo *adj ling/fig* relativo; *risposta ~a alla domanda* respuesta relativa a/en relación con la solicitud
relatore *adj/m* ponente
relax *m/inv* relax, relajación *f*
relazione *f* 1. relación; *~i italo-spagnole* relaciones italo-españolas; *~i pubbliche* relaciones públicas; *in ~ a* con relación a, en lo relativo a; *essere in (buone, cattive) ~i con* estar en (buenas, malas) relaciones con; 2. relación, informe *m*, memoria; *cient* ponencia
relè V. **relais**
relega|re <*esd*> *vt* relegar; **~zione** *f* relegación
religio|ne *f* religión; **~sità** *f/inv* religiosidad *f*; **~so** *adj/s* religioso
reliquia *f eccl/fig* reliquia; **~rio** *m eccl* relicario
relitto 1. *adj cient* relicto; **2.** *m mar* pecio, restos *mpl*; *fig* deshecho, piltrafa *f*
remainder *m/inv* saldo *m*, resto de edición *m* (*libro*)
remake *m ingl/inv cine* remake *m/ingl*, versión *f*
remare *vi* <*avere*> remar
remat|a *f* paseo en barca *m*; golpe de remo *m*; **~ore, -trice** *m/f* remero, -a
remiga|nte *adj/f zool* remera (*pluma*); **~re** <*esd*> *vi* <*avere*> aletear
reminiscenza *f* reminiscencia
remissi|bile *adj* remisible; **~one** *f ius/eccl* remisión; **~vità** *f/inv* sumisión *f*, debilidad *f*; **~vo** *adj* remiso, sumiso
remittente *adj med* remitente
remo *m* remo; **~ra** *f zool* rémora; *fig/lit* rémora, freno *m*; **~to** *adj* remoto, distante, lejano
remunerare V. **rimunerare**
rena *f* arena; **~le** *adj med* renal
renard *m fr/inv* zorro *m* (*peletería*)
rendere <*58 resi*; *reso*> **1.** *vt* 1. devolver (*restituir*); 2. dar, asignar; *~ giustizia* hacer justicia; *~ omaggio a q* rendir homenaje a alg; 3. *econ* rendir, rentar, producir; *fig* rendir, dar buen resultado; *non rende a scuola* no rinde en la escuela; 4. <*+ adj*> volver, hacer, convertir *vi*; 5. representar, reproducir; expresar; *~ bene, male* expresar bien, mal; 6. traducir; **2.** *~rsi* volverse, hacerse, convertirse; *~rsi conto di qc* darse cuenta de algo
rendez-vous *m fr/inv* cita *f*, encuentro *m*
rendi|conto *m* relato, descripción *f*, narración *f*; *com* balance, rendición de cuentas *f*; **~mento** *m* rendimiento, productividad *f*; *econ* rendimiento, renta *f*, interés; *fig* fruto
rendita *f* renta; *vivere di ~* vivir de renta
rene <*pl le reni*> 1. *m* riñón; 2. riñones *mpl*, riñonada *f*, espalda *f*; *(fig) avere le ~ rotte* tener la espalda rota; *(fig) spezzarsi le ~i* romperse la espalda/la riñonada; **~tta** *f bot* reineta
renio *m chim* renio
reniten|te *adj/s* remiso, reacio, rebelde; *(mil) ~ alla leva* insumiso; **~za** *f* renuencia, reluctancia, rebeldía; *(mil) ~ alla leva* insumisión
renna *f zool* reno *m*
Reno *m geogr* Rin
rentier *m fr/inv* rentista *m*
rentrée *f fr/inv* vuelta *f*, regreso *m*; *teatro* vuelta a los escenarios *f*
reo 1. *adj* malvado; **2.** *m* reo, -a, culpable
reostato *m fis* reóstato
reparto *m* 1. reparto; 2. sección *f*, departamento, división *f*, unidad *f*; *med* unidad *f*, sala *f*
repêchage *f fr/inv sport* repesca *f*
repellente *adj/m* repelente
repellere <*33 repulsi*; *repulso*> *vi* <*avere*> repeler, repugnar
repent|aglio *f* peligro *m*, gran riesgo *m*; **~e** *adj lit* repentino *est*; *(lit) di ~* de repente *est*; **~ino** *adj* repentino
reperi|bile *adj* localizable; *com* disponible; **~mento** *m* localización *f*; **~re** <*isc*> *vt* localizar, encontrar
repert|are *vt ius* presentar (*hallazgos*); **~o** *m* hallazgo, descubrimiento (*arqueología*); *ius* cuerpo del delito; *med* resultado; *~ giudiziario* documento probatorio; **~orio** *m* repertorio
replay *m ingl/inv TV/sport* repetición *f*
replica *f* réplica; *teatro* reposición; *ubbidire senza ~* obedecer sin rechistar; **~re** <*esd*> *vt* repetir; replicar (*responder, contradecir*)
report|age *m fr/inv* reportaje *m*; **~er** *m ingl/inv* reportero *m*, repórter *m*
repress|ione *f* represión; **~ivo** *adj* represivo; **~o** *adj* reprimido; **~ore, reprimitrice** *adj/s* represor, -a
reprimere <*34 -pressi*; *-presso*> **1.** *vt* reprimir; **2.** *~rsi* reprimirse, contenerse

reprint *m ingl/inv* reimpresión *f*

reprobo *adj* réprobo

reprocessing *m ingl/inv fis* reprocesado *m*

repta|nte *adj/s* reptante; ~**zione** *f* reptación

repubblica *f* república; ~**nesimo** *m* republicanismo; ~**no** *adj/s* republicano

repulisti: fare ~ *fam/iron* arramblar con todo, no dejar ni las telarañas

repulsione *f* repulsión, repugnancia

reputa|re *vt* reputar, juzgar, considerar; ~**zione** *f* reputación, fama

requie *f* <*solo sing*> tranquilidad, paz

requiem *m eccl/mus* réquiem

requirente *adj ius* requiriente

requisi|re <*isc*> *vt* requisar, confiscar; ~**to 1.** *adj* requisado, confiscado; **2.** *m* requisito; ~**toria** *f ius* exposición, conclusiones del fiscal *fpl*; ~**zione** *f* requisición, confiscación

resa *f mil/fig* rendición; ~ *incondizionata/senza condizioni* rendición incondicional/sin condiciones; ~ *dei conti* dación de cuentas

rescindere <*70 rescissi; rescisso*> *vt* rescindir

resciss|ione *f* rescisión; ~**orio** *adj* rescisorio

reseda *f bot* gualda

residen|ce *f ingl/inv* aparthotel *m*; ~**te** *adj/s* residente; ~**za** *f* residencia; *certificato di* ~ certificado de empadronamiento; ~**ziale** *adj* residencial

residu|ale *adj* residual; ~**o 1.** *adj* residuo, restante; **2.** *m* residuo, resto

resina *f* resina

resinaceo *adj* resinoso

resinoso *adj* resinoso

resisten|te *adj* resistente, robusto, recio; ~ *al fuoco* resistente al fuego; ~**za** *f a. hist* resistencia

resistere <*41 resistito*> *vi* <*avere*> resistir

resoconto *m* informe, relación *f*; narración *f*, relato

respingente *m* tope (*tren*)

respingere <*11 -pingo; -pinsi; -pinto*> *vt* rechazar (*enemigo, propuesta*); rehusar, rechazar (*regalo*); *stud* suspender

respira|bile *adj* respirable; ~**re** *vt/vi* <*avere*> *med/fig* respirar; ~**tore** *m* tubo de respiración (*buzo*); *aer* máscara de oxígeno *f*; *med* respirador; ~**torio** *adj* respiratorio; ~**zione** *f* respiración; ~ *artificiale* respiración artificial

respiro *m* aliento, respiración *f*; *mus* pausa *f*; *fig* respiro, alivio; *fig* alcance, pretensión *f*; *una cosa da togliere il* ~ una cosa que quita el hipo/la respiración; *un'opera di ampio* ~ una obra de gran alcance

responsabil|e *adj/s* responsable; ~**ità** *f/inv* responsabilidad *f*; ~**izzare** *vt* responsabilizar

responso *m* respuesta *f*; *lit* responso

ressa *f* gentío *m*, multitud

resta *f* 1. *agr* ristra (*ajos*...); 2. *bot* arista; *zool* espina (*pez*); 3. *mil* ristre *m*; *con la lancia in* ~ con la lanza en ristre; ~**nte** *adj/m* restante; ~**re** *vi* 1. quedarse, parar, detenerse; permanecer; durar; ~ *in piedi* quedarse de pie; ~ *a pranzo* quedarse a comer; ~ *indietro* quedarse atrás, retrasarse; ~ *d'accordo* quedar de acuerdo; 2. restar, quedar (*sobrar*); *non resta altro da fare* no hay otra solución; 3. estar (*situación*)

restaura|nt *m fr/inv* restaurante *m*; ~**re** *vt art/fig* restaurar; ~**tore, -trice** *m/f art/fig* restaurador, -a; ~**zione** *f art/pol/fig* restauración

restauro *m art* restauración *f*

restio *adj* remiso, renuente, reacio; terco, tozudo (*caballo, mula*); *essere* ~ *a fare qc* ser reacio a hacer algo

restitu|ire <*isc*> *vt* devolver; ~**zione** *f* devolución, restitución

resto *m* resto; *com* vuelta *m*, cambio; ~*i mortali* restos mortales; *del* ~ por lo demás; *dare il* ~ dar el cambio, devolver el cambio

restringere <*78a restringo; restrinsi; ristretto*> **1.** *vt* estrechar; encoger, estrechar (*ropa*); *fig* restringir, disminuir (*gastos*); **2.** ~*rsi* estrecharse; encogerse (*ropa*); apretarse, juntarse (*personas*); *fig* moderarse (*gastos*)

restringimento *m* reducción *f*, limitación *f*; *med* estreñimiento

restrittivo *adj* restrictivo

restrizione *f* restricción

resurrezione V. **risurrezione**

resuscitare V. **risuscitare**

retaggio *m fig* herencia *f*, legado

retata *f zool/fig* redada

rete *f* 1. red; *fig* trampa; ~ *del letto* somier; ~ *stradale, ferroviaria, telefonica* red de carreteras, ferroviaria, telefónica; *cadere nella* ~ caer en la red; *tendere la* ~ tender la red; 2. *TV* cadena; 3. *sport* gol *m*, tanto *m*

reticella *f* redecilla

reticen|te *adj* reticente; ~**za** *f* reticencia

retico *adj/s* rético; ~**lato 1.** *adj* cuadriculado; **2.** *m* cuadriculado, cuadrícula *f*; *mil* alambrada *f*; ~**lo** *m* retículo

retina *f* redecilla (*pelo*)

retina *f med* retina

retino *m tip* retícula *f*

retor|e *m* rétor; *desp* pedante; ~**ica** *f* retórica; *desp* retórica, pedantería; ~**ico** *adj* retórico; *desp* retórico, pedante

retratt|ile *adj* retráctil; ~**o** *m ius* retracto

retribu|ire <*isc*> *vt* retribuir, remunerar; ~**tivo** *adj* retributivo; ~**zione** *f* retribución, remuneración

retrivo *adj/s* retrógrado, reaccionario

rétro *adj fr/inv* retro *adj/inv*

retro 1. *adv* detrás; *vedi* ~ véase detrás; **2.** *m* parte de atrás *f*, revés, reverso; *tip* verso

retro|attività *f/inv* retroactividad *f*; ~**attivo** *adj* retroactivo; ~**azione** *f* retroacción; ~**bottega** *m/f* trastienda *f*; ~**camera** *f* recámara

retro|cedere <*14 -cessi/-cedetti/-cedei; -ceduto/-cesso*> **1.** *vi a. fig* retroceder; **2.** *vt mil* degradar; *sport* descender; ~**cessione** *f mil* degradación; *sport* des-

censo *m*; *fig* retroceso *m*; ~**cucina** *m/f inv* despensa *f*, trastero *m*
retrodata|re *vt* antedatar; ~**zione** *f* antedatación
retro|grado *adj/s* retrógrado, reaccionario; ~**guardia** *f* retaguardia; ~**gusto** *m* regusto, gustillo; ~**marcia** *f auto* marcha atrás
retro|scena 1. *f teatro* bastidores *mpl*; 2. *m/inv teatro* (lo que pasa) entre bastidores; *fig* manejos *mpl*, intríngulis; ~**spettiva** *f* retrospectiva; ~**spettivo** *adj* retrospectivo; ~**stante** *adj* situado detrás; ~**stanza** *f* recámara; ~**terra** *m/inv geogr* interior *m*; *fig* trasfondo *m*, telón de fondo *m*; ~**treno** *m auto* eje trasero; ~**vendita** *f com* retroventa; ~**via** *f mil* retaguardia; ~**visivo** *adj* retrovisor; ~**visore** *adj/m auto* retrovisor
retta *f* 1. *mat* recta; 2. pensión (*cantidad*); 3. *dar ~ a q* hacer caso a alg; ~**le** *adj med* rectal
rettangol|are *adj* rectangular; ~**o** *adj/m* rectángulo
rettifica *f* rectificación, corrección; *mec* rectificación
rettifica|re <*esd*> *vt* rectificar, corregir; *mec/chim* rectificar; ~**tore** *adj/m* rectificador; ~**trice** *f mec* rectificadora; ~**zione** *f* rectificación, corrección; *chim* rectificación
rettile *m* reptil; *fig/desp* reptil, gusano
rettilineo **1.** *adj* rectilíneo; **2.** *m tras* recta *f*; ~ *d'arrivo* recta de llegada, línea de meta
rettitudine *f fig* rectitud, honradez
retto **1.** *adj mat/fig* recto; **2.** *m med/tip* recto; ~**rato** *m* rectorado; ~**re** *adj/s* rector; ~**scopia** *f* rectoscopia
reuma *m* reúma, reuma
reumati|co *adj* reumático; ~**smo** *m* reumatismo; ~**zzarsi** enfermar de reumatismo *vi*
reumato|ide *adj* reumatoide; ~**logia** *f* reumatología; ~**logo, -a** *m/f* reumatólogo, -a
revanscismo *m* revanchismo
reveren|do *adj/m eccl* reverendo; ~**ziale** *adj* reverencial
reversibil|e *adj* reversible; ~**ità** *f/inv* reversibilidad *f*
reversione *f biol/ius* reversión
revision|are *vt* revisar; ~**e** *f* revisión; ~**ismo** *m pol* revisionismo
revisore, -a *m/f* revisor, -a; *tip* corrector, -a
revival *m ingl/inv* revival
reviviscen|te *adj* reviviscente; ~**za** *f* reviviscencia
revoca *f* revocación (*orden*...); desconvocatoria (*huelga*...)
revoca|bile *adj* revocable; ~**re** <*esd*> *vt* revocar (*orden*); desconvocar (*huelga*...); ~**torio** *adj* revocatorio; ~**zione** *f* revocación
revolver *m/inv* revólver *m*; ~**ata** *f* disparo de revólver *m*
rhum V. **rum**
riabilita|re <*esd*> *vt med/ius/fig* rehabilitar; ~**zione** *f med/ius/fig* rehabilitación
riaccendere <*58 cosi; ceso*> *vt* encender de nuevo, volver a encender;
riaccomodare <*esd*> *vt* volver a arreglar, arreglar de nuevo
riaccompagnare *vt* volver a acompañar, acompañar de nuevo; acompañar de vuelta
riacquist|are *vt* recobrar, recuperar; ~**o** *m* recuperación *f*
riaffacciare *vt* volver a asomar, asomar de nuevo
riaffittare *vt* realquilar
riagganciare *vt* reenganchar
riaggancio *m* reenganche
riaggiustare V. **raggiustare**
riallacciare *vt a. fig* reanudar
riallargare V. **rallargare**
rialleva|re *vt* recriar; ~**mento** *m* recría *f*
riallinea|mento *m econ* realineamiento, reajuste; ~**re** <*esd*> *vt* realinear
riallungare *vt* volver a alargar, alargar de nuevo
rialto *m geogr* elevación *f*, promontorio
rialza|mento *m* realce; *econ* subida *f*; ~**re** *vt* realzar; *econ* subir; ~**to** *adj* realzado; *piano* ~ entresuelo
rialzista *adj/s* alcista
rialzo *m econ* alza *f*; *geogr* elevación *f*, montículo; *(a. fig) essere in* ~ estar en alza
riammissione *f* readmisión
riandare <*2 -vado; -andai; -andato*> **1.** *vt* 1. *lit* volver a recorrer *est*; 2. revisar, repasar; **2.** *vi* volver a caminar
rianima|re <*esd*> *vt a. fig* reanimar; ~**zione** *f a. fig* reanimación; *(med) centro di* ~ unidad de cuidados intensivos
riannessione *f* nueva anexión, reincorporación
riannodare *vt a. fig* reanudar
riapertura *f* apertura, inauguración; reabertura (*herida*); *ius* reapertura
riappari|re <*3 -appaio/-apparisco; -apparii/-apparvi/-apparsi; -apparso*> *vi* reaparecer; ~**zione** *f* reaparición
riaprire <*17 -apersi/-aprii; -aperto*> *vt* reabrir, volver a abrir
riarm|amento *m* rearme; ~**are** *vt* rearmar; ~**o** *m* rearme
riarso *adj* requemado, reseco
riassett|are V. **rassettare**; ~**o** *m* reajuste
riassicur|are *vt com* reasegurar; ~**o** *m com* reaseguro
riassorbi|mento *f* reabsorción; *med* resorción; ~**re** <*isc/-sorbo*> *vt* reabsorber; *med* resorber
riassumere <*6 -assunsi; -assunto*> *vt* 1. volver a contratar, contratar de nuevo; readmitir; 2. resumir, sintetizar; compendiar
riassunt|ivo *adj* sintético, sintetizador, recapitulatorio; ~**o** *m* resumen, síntesis *f*, compendio
riassunzione *f* readmisión (*trabajo*)
riatta|ccare *vt* 1. atacar de nuevo; 2. colgar (*teléfono*); ~**mento** *m* reacondicionamiento; ~**re** *vt* reacondicionar

riattiva|re *vt* reactivar; ~**zione** *f* reactivación
riattizzare V. **rattizzare**
riavere <*como avere: V. introd.*> **1.** *vt* recuperar; **2.** ~*rsi econ* recuperarse; *med/fig* recuperarse, restablecerse
riavvicina|mento *m a. fig* acercamiento; ~**re** *vt a. fig* acercar, aproximar
riavvolgere <*90 -volgo; -volsi; -volto*> *vt* rebobinar
riavvolgimento *m* rebobinado
ribadi|re <*isc*> *vt* remachar (*clavo*); *fig* repetir, hacer hincapié (en); ~**tura** *f* remache *m*
ribald|eria *f* bellaquería, picardía, ribaldería; ~**o** *m* bribón, sinvergüenza, ribaldo; *mil/hist* ribaldo
ribalta *f* trampilla; *teatro* proscenio *m*; *tavolo, letto a* ~ mesa, cama empotrada; *(fig) venire alla* ~ salir a la palestra; ~**bile** *adj* abatible; *sedile* ~ asiento abatible; *cassone* ~ volquete; ~**mento** *m* vuelco; caída *f* (*gobierno*); ~**re 1.** *vt* volcar; derribar (*gobierno*); **2.** *vi/*~*rsi* volcar
ribass|are 1. *vt* bajar, disminuir; *com* rebajar, abaratar; **2.** *vi* bajar, disminuir; ~**ista** *adj/s com* bajista; ~**o** *m* bajada *f*, disminución *f*, descenso; *com* bajada *f*, rebaja *f*, abaratamiento; bajada *f* (*bolsa*); *(com) giocare al* ~ jugar a la baja; *(com) vendere a* ~ *qc* hacer descuento sobre algo; *(fig) essere in* ~ estar en horas bajas
ribattere *vt* rebatir, refutar; replicar, contestar, retrucar *am*; insistir (*su* en/sobre); rechazar (*golpe*); *tec* remachar (*clavo*); *sport* rematar
ribattezzare *vt eccl/fig* rebautizar
ribattino *m tec* remache, roblón
ribattuta *f* rechazo *m* (*golpe*); *sport* rechazo *m*, remate *m*; resto *m* (*tenis*)
ribell|arsi rebelarse, sublevarse; ~**e** *adj/s* rebelde; ~**ione** *f* rebelión, sublevación
ribes *m/inv* grosella *f*; grosellero *m* (*planta*)
ribolli|mento *m* hervor; *fig* arrebato, excitación *f*; ~**re** *vi/vt* <*avere*> *a. fig* hervir
ribonucleico *adj* ribonucleico
ribrezzo *m* repulsión *f*, asco
ributta|nte *adj* repulsivo, asqueroso; ~**re 1.** *vt* echar de nuevo; arrojar, devolver (*vomitar*); *fig* expulsar, rechazar; **2.** *vi* <*avere*> repeler, repugnar, asquear; *bot* rebrotar; **3.** ~*rsi* volver a echarse; ~*rsi giù* desanimarse
ricacciare *vt* echar, expulsar; *mil/fig* rechazar; ~ *in gola una ingiuria* hacer tragar una ofensa
ricad|ere <*8 -caddi; -caduto*> *vi* volver a caer (*in* en); *fig* recaer (*su* sobre); sentar (*ropa*); ~**uta** *f med* recaída; *fig* nueva caída
ricalcare *vt* calcar, recalcar (*copiar*); encasquetar (*gorro*); *(fig)* ~ *le orme di q* seguir los pasos de alg
ricalcitra|nte *adj* recalcitrante; ~**re** <*esd*> *vi* <*avere*> *zool/fig* recalcitrar
ricama|re *vt a. fig* bordar; ~**trice** *f* bordadora
ricambi|are *vt* 1. volver a cambiar; 2. devolver, corresponder (a) *vi* (*saludo, favor*); ~**o** *m mec* recambio, repuesto; *biol* recambio; *fig* devolución *f* (*saludo, favor*); *pezzo di* ~ recambio, pieza de repuesto; *ruota di* ~ rueda de repuesto
ricamo *m* bordado, labor *f*; *fig* filigrana *f*, obra de arte *f*
ricapitola|re *vt* <*esd*> recapitular; ~**zione** *f* recapitulación
ricarica *f* recarga; ~**re** *vt* <*esd*> recargar; volver a dar cuerda (*reloj*)
ricatt|are *vt* chantajear; ~**atore, -trice** *adj/s* chantajista; ~**o** *m* chantaje
ricav|are *vt a. fig* extraer, obtener (*da* de); ~ *vino dall'uva* obtener vino de la uva; ~ *dati da un libro* extraer datos de un libro; ~**ato** *m com* beneficio, ganancia *f*; *fig* fruto, utilidad *f*; ~**o** *m min* extracción *f*; *fig* fruto, utilidad *f*
ricchezza *f* riqueza; *imposta di* ~ *mobile* impuesto sobre bienes muebles
riccio 1. *adj* rizado; **2.** *m* 1. rizo (*pelo*); 2. *zool* erizo; *bot* erizo, zurrón (*castaña*); ~ *di mare* erizo de mar, equino
ricciolo *m* rizo; bucle, tirabuzón
ricciuto *adj* rizado
ricco *adj/s* rico; ~ *sfondato* forrado, riquísimo, ricachón; ~**ne, -a** *m/f* ricachón, -ona, ricacho, -a
ricerca *f* <*pl -che*> búsqueda, busca; indagación, pesquisa, averiguación; *cient* investigación; ~ *di mercato* estudio de mercado; *andare alla* ~ *di qc* ir en busca/búsqueda de algo; *fare delle* ~*e su q/qc* hacer indagaciones sobre alg/algo; *Consiglio Nazionale delle* *~*e (CNR)* ="Centro Superior de Investigaciones Científicas (CSIC)"; ~**re** *vt* volver a buscar; rebuscar; buscar, indagar, investigar; *cerca e ricerca* busca que te busca; ~ *le parole* medir las palabras; ~**tezza** *f* afectación, engolamiento *m*; ~**to** *adj* 1. apreciado; 2. elegante; *desp* afectado, engolado; ~**tore, -trice** *m/f* investigador, -a; *stud* profesor, -a investigador, -a (*universidad*)
ricetrasmittente *m* receptor-emisor
ricetta *f med/gastr* receta; ~**colo** *m bot* receptáculo; *fig* acogida *f*, asilo, refugio; ~**re** *vt ius* receptar; ~**rio** *m med/gastr* recetario; *med* talonario de recetas; ~**tore, -trice** *m/f ius* receptador, -a, perista *gergo*; ~**zione** *f ius* receptación
ricettiv|ità *f/inv* receptividad *f*; ~**o** *adj* receptivo
ricevente *adj/s* receptor; *apparecchio* ~ aparato receptor
ricevere *vt* recibir
ricevi|mento *m* recibimiento, acogida *f*; recepción *f* (*acto*); *offrire un* ~ dar una recepción; ~**tore 1.** *adj* receptor; **2.** *m* 1. *adm* recaudador; 2. receptor, aparato (*teléfono*); ~**toria** *f* despacho *m* (*lotería, quiniela*); ~ *postale* estafeta de correos
ricevuta *f* recibo *m*; ~ *fiscale* tíquet de compra; ~ *di ritorno* acuse de recibo; *accusare* ~ acusar recibo
ricezione *f* recepción
richiam|are 1. *vt* volver a llamar; llamar; reclamar; *mil/dipl* retirar; *fig* evocar, rememorar; ~ *l'attenzione di q su qc* reclamar/

llamar la atención de alg sobre algo; ~ *all'ordine* llamar al orden; ~ *alla realtà* devolver a la realidad; ~ *alla memoria* evocar en la memoria; ~ *in vita* devolver a la vida, resucitar; **2.** ~*rsi* 1. referirse; 2. apelar, invocar; ~**o** *m* llamada *f*, llamado, llamamiento; reclamo, señuelo (*fig, caza*); *tip* remisión *f*; *dose di* ~ dosis de recuerdo; *uccello di* ~ señuelo, reclamo; ~ *all'ordine* llamada al orden

richiedente *m/f* solicitante

richiedere <*9 -chiesi; -chiesto*> *vt* volver a pedir; pedir, solicitar; *ius* requerir, instar; reclamar; *fig* exigir, requerir, precisar

richiest|a *f* petición, solicitud; *a ~ dell'interessato* a petición del interesado; *dietro ~* previa solicitud

ricicla|ggio *m* reciclaje; *econ* blanqueo; ~**re** *vt* reciclar; *econ* blanquear; ~ *denaro sporco* blanquear dinero negro

ricino *m bot* ricino

ricogni|tore *m* avión de reconocimiento; ~**zione** *f mil* reconocimiento *m*, exploración; *ius* reconocimiento *m*; identificación (*cadáver, persona*)

ricollegare 1. *vt* volver a unir, volver a conectar; *fig* relacionar, unir; **2.** ~*rsi* 1. volver a conectarse; 2. referirse; 3. relacionarse, tener relación

ricollocare *vt* <*esd*> volver a colocar, reponer

ricolm|are *vt* colmar, llenar; ~**o** *adj* lleno a rebosar

ricominciare *vt* volver a empezar

ricompar|ire <*3 -paio/parisco; -parii/-parvi/-parsi; -parso*> *vi* <*essere*> reaparecer; ~**sa** *f* reaparición

ricompensa *f* recompensa; ~**re** *vt* recompensar

ricomposizione *f* recomposición

riconcentrare *vt* reconcentrar

riconcilia|re *vt* reconciliar, apaciguar; ~**zione** *f* reconciliación

ricondu|cibile *adj* reconducible; *fig* atribuible, achacable; ~**rre** <*15 -duco; -dussi; -dotto*> *vt* reconducir (*volver a conducir*); *fig* atribuir, achacar

riconferma *f* confirmación; ~**re** *vt* confirmar

riconfortare *vt* reconfortar

ricongiungere <*39 -giungo; -giunse; -giunto*> *vt* reunir (*volver a unir*)

riconoscen|te *adj* agradecido, reconocido; *essere ~ a q per qc* estar agradecido a alg por algo; ~**za** *f* agradecimiento *m*, gratitud

riconoscere <*16 riconosco; riconobbi; riconosciuto*> *vt* reconocer

riconosci|bile *adj* reconocible; ~**mento** *m* reconocimiento

riconquista *f* reconquista; ~**re** *vt* reconquistar

riconsegna *f* devolución; ~**re** *vt* devolver (*entregar de nuevo*)

riconsiderare <*esd*> *vt* reconsiderar

riconver|sione *f econ* reconversión; ~**tire** *vt* reconvertir

ricopertura *f* forro *m*, funda; revestimiento *m*

ricopia|re *vt* volver a copiar; transcribir; ~**tura** *f* transcripción

ricoprire <*17 -coprii/-copersi; -coperto*> *vt* 1. recubrir, revestir; 2. tapar, cubrir; 3. *adm* ocupar, desempeñar;

ricord|anza *f lit* recordación; ~**are** *vt* recordar; *se ben ricordo* si no recuerdo mal; ~**ino** *m* recuerdo, souvenir; *eccl* recordatorio; ~**o** *m* recuerdo; memoria *f*; *serbare un buon ~ di q/qc* guardar buen (un) recuerdo de alg/algo

ricorren|te 1. *adj* recurrente; **2.** *m/f ius* recurrente, apelante; ~**za** *f* aniversario *m*, conmemoración, celebración

ricorrere <*18 -corsi; -corso*> **1.** *vi* 1. volver, regresar; 2. recurrir, acudir (*a q* a alg); apelar (*a qc* a algo); *ius* recurrir; ~ *in appello/in cassazione* recurrir en casación, apelar; 3. celebrarse (*fiesta, aniversario*); repetirse (*hecho, fenómeno*); **2.** *vt* volver a correr (*distancia*)

ricorso *m* 1. petición *f*, solicitud *f*; *fare ~ a q* recurrir a alg, acudir a alg; *fare ~ a qc* recurrir a algo, echar mano de algo; 2. *ius* recurso, apelación *f*; ~ *gerarchico, amministrativo, in appello, in cassazione, di revisione* recurso de alzada, administrativo, de apelación, de casación, de revisión; 3. celebración *f*, conmemoración *f*; repetición *f* (*hecho*)

ricostitu|ente *adj/m* reconstituyente; ~**ire** <*isc*> *vt* reconstituir, rehacer; *fig* relanzar (*dar nueva fuerza*); ~**zione** *f* reconstitución; *fig* relanzamiento *m*

ricostru|ire <*isc*> *vt* reconstuir; ~**zione** *f* reconstrucción

ricotta *f* requesón *m*

ricovera|re <*esd*> **1.** *vt* hospitalizar, ingresar, internar (*hospital*); internar (*psiquiátrico, cárcel*); **2.** ~*rsi* refugiarse, cobijarse; *med* ingresar en un hospital; ~**to, -a** *m/f med* paciente; *fig* refugiado, -a; interno, -a

ricovero *m* 1. hospitalización *f*, internamiento, ingreso (*hospital*); internamiento (*psiquiátrico, cárcel*); 2. asilo; *fig* refugio, asilo; ~ *per vecchi* residencia de ancianos, asilo

ricrea|re *vt* recrear, distraer; ~**tivo** *adj* recreativo; ~**zione** *f* recreación

ricredersi pensárselo mejor, cambiar de idea

ricrescere <*16 -cresco; -crebbi; -cresciuto*> *vi* volver a crecer

rictus *m med* rictus

ricuci|re *vt* recoser, volver a coser; *med* coser; *fig* cerrar una herida (*apaciguar*); ~**tura** *f* recosido *m*; *desp* popurrí

ricuocere <*19 -cuocio; -cossi; -cotto*> *vt* volver a cocer; *metal* recocer

ricuper|are... V. **recuperare**...

ricurvo *adj* curvo, corvado; encorvado (*viejo, espalda*)

ricusare *vt* rechazar; *ius* recusar

ridacchiare *vi* <*avere*> reír(se) con sorna

ridanciano *adj* risueño

ridare <*20 -do; -diedi -detti; -dato*> *vt* volver a dar; devolver, restituir; *dagli e ridagli* dale que te pego; ~**lla** *f fam* risa floja

ridda *f* baile en corro *m*; *fig* barullo *m*, tumulto *m*

ridente *adj* risueño, alegre

ridere <*61 risi; riso*> **1.** *vi* <*avere*> reír; *far ~* hacer reír, dar risa; *ma non farmi ~!* ¡no me hagas reír!; *è da ~* es para echarse a reír, es de risa; *(fig) far ~ i polli* ser ridículo; *ride bene chi ride l'ultimo* quien ríe el último ríe mejor; **2.** *~rsi* reírse, burlarse; *~rsela* despreocuparse

ridicol|aggine *f* ridiculez; **~ezza** *f* ridiculez; **~izzare** *vt* ridiculizar; **~o** *adj/m* ridículo; *mettere/porre in ~ q* dejar en ridículo a alg; *restare in ~* quedar en ridículo, hacer el ridículo

ridimensiona|mento *m* reestructuración *f* (*tamaño*); *fig* replanteamiento; **~re** *vt* redimensionar; *fig* redimensionar, poner en su justo lugar

ridire <*21 -dico; -dissi; -detto*> *vt* 1. repetir, volver a decir; 2. referir; contar; responder; 3. *fig* echar en cara, criticar, objetar; *non aver nulla a ~* no tener nada que objetar

ridistribu|ire <*isc*> *vt* redistribuir; **~zione** *f* redistribución

ridiventare *vi* volver a convertirse

ridomandare *vt* volver a pedir

ridonare *vt* volver a dar; devolver, restituir

ridondan|te *adj* redundante; **~re** *vi lit* redundar; *~ a danno* redundar en daño; **~za** *f* redundancia

ridosso *m* abrigo, reparo, defensa *f*; *a ~ di* a espaldas de

ridott|a *f mil* reducto *m*; posición; **~o 1.** *adj* reducido; *(fig) mal ~* mal parado; **2.** *m teatro* foyer, saloncillo; *mil* reducto

riduc|ente *adj/m chim* reductor; **~ibile** *adj* reducible

ridurre <*15 -duco; -dussi; -dotto*> **1.** *vt* 1. reducir, disminuir; acortar, abreviar; *mat/chim* reducir; *~ una frazione ai minimi termini* reducir una fracción a la mínima expresión; 2. llevar, conducir; *fig* someter, obligar; *~ un bambino all'obbedienza* obligar a un niño a obedecer; *~ al silenzio* silenciar; 3. dejar, hacer, convertir; *~ in polvere* convertir en polvo; *~ in pezzi* hacer añicos; **2.** *~rsi* 1. reducirse; abreviarse; *fig* reducirse, quedarse; *~rsi all'elemosina* sumirse en la pobreza; *~rsi pelle ed ossa* quedarse en los huesos; 2. refugiarse (*in* en)

riduttore 1. *adj chim* reductor; **2.** *m mec/chim/elec* reductor

riduzione *f* 1. reducción, bajada; reducción, acortamiento *m*; *med/mat/chim* reducción; 2. *fig* sometimiento *m*

riecco *adv fam* estar aquí de nuevo; *rieccomi!* ¡aquí me tenéis de nuevo!; *~la con le sue storie* ya está otra vez con sus historias

riecheggiare 1. *vi* reflejarse, verse (*aparecer*); **2.** *vt* volver el eco; *fig* recordar (*sugerir*)

riedifica|re <*esd*> *vt* reedificar; **~zione** *f* reedificación

riedizione *f* reedición

rieduca|re <*esd*> *vt* reeducar; *med* rehabilitar; **~zione** *f* reeducación; *med* rehabilitación

rielabora|re <*esd*> *vt* reelaborar; **~zione** *f* reelaboración

rieleggere <*43 -leggo; -lessi; -letto*> *vt* reelegir

rieleggibile *adj* reelegible

rielezione *f* reelección

riemergere <*30 -emergo; -emersi; -emerso*> *vi* emerger de nuevo

riempi|mento *m* relleno; rellenado (*impreso*); **~re** <*13 riempio; riempii; riempito*> *vt* llenar, rellenar; *adm* rellenar (*impreso*); **~tivo** *m* relleno; *fig* relleno (*cosa superflua*); *fig* relleno, bulto, paquete (*persona*)

rientr|ante 1. *adj* entrante; **2.** *m mil* entrante; **~anza** *f* entrante *m*, concavidad; *tip* sangrado *m*, sangría; **~are** *vi* 1. volver a entrar; volver, regresar (a casa); *adm/mil* reingresar; *~ in sé* volver en si, reponerse; *(a. fig) ~ in gioco* volver a entrar en juego; 2. encoger (*ropa*); 3. abombarse (*pared*); abrirse (*río, carretera*); 4. estar incluido, entrar; *ciò non rientra nei miei calcoli* esto no entra en mis cálculos; **~o** *m* 1. regreso, vuelta a casa *f*; *adm/mil* reingreso; 2. encogerse, encogimiento (*ropa*); 3. *tip* sangrado, sangría *f*

riepilog|are <*esd*> *vt* recapitular; **~o** *m* recapitulación *f*

riesam|e *m* nuevo examen; **~inare** <*esd*> *vt* volver a examinar, reconsiderar

riesporta|re *vt* reexportar; **~zione** *f* reexportación

riessere <*como essere: V. introd.*> *vi* volver a estar, estar de nuevo; *ci risiamo!* ¡ya estamos en las mismas!

riesumare <*esd/-umo*> *vt a. fig* exhumar, desenterrar

rievoca|re <*esd*> *vt* evocar, recordar; evocar de nuevo; **~tivo** *adj* conmemorativo; **~zione** *f* evocación, recuerdo *m*; conmemoración

rifacimento *m* recomposición *f*, reelaboración *f*; reconstrucción *f*; nueva versión *f* (*película, libro*)

rifare <*36a rifaccio/rifò; rifeci; rifatto*> **1.** *vt* 1. rehacer, volver a hacer (*reconstruir*); volver a hacer (*acciones*); *~ il letto* hacer la cama; 2. imitar; parodiar; 3. compensar, indemnizar; *~ i danni/le spese a q/~ q dei danni/delle spese* compensar a alg por los daños, pagarle a alg los gastos; **2.** *~rsi* 1. volver a hacerse, volver a ser; 2. *med/econ* restablecerse, recobrarse, reponerse; 3. desquitarse, vengarse; *~rsela con q* vengarse de alg; 4. volver a empezar; *~rsi da zero* volver a empezar desde cero; *non so da che parte ~rmi* no sé por dónde empezar/tirar; *(fig) ~rsi l'occhio* recrearse la vista; *(a. fig) ~rsi la bocca* quitarse el mal sabor de boca

riferi|mento *m* referencia *f*; *punto di ~* punto de referencia; *in/con ~ a* con referencia a; **~re** <*isc*> **1.** *vt* contar, relatar, referir; referir, atribuir; **2.** *vi* <*avere*> presentar un informe; **3.** *~rsi* referirse, aludir *vi*

riffa *f* 1. rifa, sorteo *m*; 2. *di ~ o di raffa* sea como sea, a cualquier precio

rifiatare *vi* <*avere*> respirar; *fig* respirar, aliviarse; *fig* rechistar (*protestar*)

rificolona *f* farolillo de papel *m*

rifilare *vt* rehilar; recortar, igualar (*borde*); *fig/pop* soltar, endilgar (*palabras, golpes*); *fig/pop* endosar, endilgar (*cosas falsas o desagradables*)

rifini|re <*isc*> *vi* acabar, rematar; *tec/pitt/fig* perfilar; ~**tezza** *f* acabado *m* (*objeto, trabajo*); ~**tura** *f* acabado *m*, remate *m*

rifiori|mento *m fig* reflorecimiento, renacimiento; ~**re** <*isc*> *vi* 1. *a. fig* reflorecer; 2. enmohecerse, florecerse; ~**tura** *f* 1. *a. fig* reflorecimiento *m*; 2. enmohecimiento *m*, florecimiento *m*

rifischiare *vt* volver a pitar; *fam* chivarse, soplar

rifiut|are 1. *vt* rechazar, rehusar; ~ *di fare qc* rehusar hacer algo, negarse a hacer algo; **2.** ~*rsi* negarse; ~*rsi di fare qc* negarse a hacer algo; ~**o** *m* 1. rechazo, negativa *f*; 2. desecho, desperdicio, residuo; ~*i radioattivi/nucleari* desechos radiactivos; ~*i tossici* residuos tóxicos; *acque di* ~ aguas residuales; *(fig) i* ~*i della società* la escoria de la sociedad; 3. *mpl* basura *f* (*doméstica*)

rifless|ione *f fis/fig* reflexión; ~**ivo** *adj ling/fig* reflexivo; ~**o 1.** *adj* reflejado; reflejo (*respuesta, acto, movimiento*); **2.** *m* reflejo; ~ *condizionato* reflejo condicionado; *di* ~ de rebote

riflettente *adj fis* reflectante, reflector

riflettere <*62 riflessi; riflesso/riflettuto*> **1.** <*riflesso*> *vt fis/fig* reflejar; **2.** <*riflettuto*> *vi* <*avere*> reflexionar, recapacitar; **3.** <*riflesso*> ~*rsi* reflejarse; *fig* repercutir *vi* (*su* en) (*consecuencias*)

riflettore *m* reflector

riflu|ire <*isc*> *vi* refluir; ~**sso** *m* reflujo; *mar* reflujo, resaca *f*, bajamar *f*; *fig* desencanto

rifocillare 1. *vt* dar de comer/beber; **2.** ~*rsi* reponerse (*comer, beber*)

rifondere <*37 -fusi; -fuso*> *vt* refundir (*metal, obra*); *fig* resarcir, satisfacer

riforestazione *f* reforestación

riforma *f* reforma; *(ius) ricorso di* ~ recurso de reposición; ~**re** *vt* reformar

riformato *adj/m eccl* reformado, protestante; *mil* inútil; ~**re** *adj/s* reformador; ~**rio** *m* reformatorio

riformis|mo *m* reformismo; ~**ta** *adj/s* reformista; ~**tico** *adj* reformista

riforni|mento *m* 1. abastecimiento, aprovisionamiento, avituallamiento; *fare* ~ *di qc* hacer provisión de algo, aprovisionarse de algo; *fare* ~ *di benzina* repostar, poner gasolina; 2. *mpl* provisiones *fpl*, víveres; ~**re** <*isc*> *vt* abastecer, aprovisionar, proveer

rifrangenza *f fis* refringencia

rifrangere <*54 rifrango; rifransi; rifranto/rifratto (fis)*> **1.** *vt fis* refractar; **2.** ~*rsi* romperse; desmenuzarse; *fis* refractarse

rifrattore *adj/m* refractor

rifrazione *f* refracción

rifreddo 1. *adj* frío (*comida*); **2.** *m* plato frío, comida fría *f*

rifriggere <*38 friggo; -frissi; -fritto*> *vt* volver a freír; *fig/desp* repetir, copiar, fusilar *fam*

rifritt|o *m gastr/fig* refrito; ~**ume** *m desp/fig* refrito

rifuggire *vi* volver a huir; *fig* rehuir *vt* (*da*), aborrecer *vt* (*da*), esquivar *vt* (*da*)

rifugi|arsi refugiarse, guarecerse; ~**ato** *adj/s* refugiado; ~**o** *m* refugio, cobijo; *mil* refugio; *fig* refugio, amparo

rifulgente *adj lit* refulgente

rifulgere <*63 rifulgo; rifulsi; rifulso*> *vi lit* <*essere/avere*> refulgir

rifusione *f metal/fig* refundición

riga <*pl -ghe*> *f* línea; raya (*ropa, pelo*); línea, renglón *m* (*escritura*); *mil* fila, línea; *mat* regla; *TV* línea; *carta a* ~*e* papel a rayas; *(fig) leggere tra le* ~*e* leer entre líneas; *(fig) mettersi in* ~ *con q* ponerse a la altura de alg; *(fig) mettere in* ~ *q* hacer entrar en vereda a alg; *(mil) rompete le* ~*e!* ¡rompan filas!; *(fig) uscire dalla* ~ salirse del rebaño; *(fig) rimettersi in* ~ volver al redil

rigaglie *fpl gastr* menudillos *mpl*, asaduras

rigagnolo *m* arroyo, riachuelo

rigare *vt* rayar; *fig* regar, surcar (*lágrimas*); *(fig)* ~ *diritto* ir por el camino marcado

rigatt|eria *f* ropa vieja; ~**iere** *m* chamarilero, ropavejero

rigatura *f* rayado *m*

rigenera|re <*esd*> *vt biol/fig* regenerar; ~**tivo** *adj* regenerativo; ~**tore** *adj/m* regenerador; ~**zione** *f biol/fig* regeneración

rigermogliare *vi* rebrotar, retoñar

rigett|are *vt* 1. volver a lanzar; 2. *bot* brotar, rebrotar; 3. rechazar; 4. *fam* devolver, arrojar (*vomitar*); ~**o** *m med/fig* rechazo; *bot* brote, rebrote

righello *m* cuadradillo (*regla*)

rigid|ezza *f fis/fig* rigidez; ~**ità** *f/inv med/fig* rigidez *f*; ~**o** *adj a. fig* rígido

rigir|are 1. *vt* dar vueltas, girar; ~ *il discorso* cambiar de tema; *saperla* ~ saber manejarse; **2.** *vi* <*avere*> dar vueltas, deambular; **3.** ~*rsi* darse la vuelta, girarse; ~**o** *m a. fig* vuelta *f*, rodeo; *fig* lío, embrollo

rigo *m* línea *f*, raya *f* (*escritura*); *mus* línea de pentagrama *f*

rigoglio *m bot* frondosidad *f*, lozanía *f*, exuberancia *f*; *fig* vigor, energía *f*, fuerza *f*; ~**so** *adj bot* frondoso, lozano, exuberante; *fig* vigoroso, pujante, ufano

rigogolo *m zool* oropéndola *f*

rigonfi|amento *m* hinchazón *f*, abombamiento; ~**are 1.** *vt* volver a hinchar; **2.** *vi* hincharse; levantarse (*pasta*); ~**o 1.** *adj* hinchado; abombado; **2.** *m* hinchazón *f*; abombamiento

rigore *m* 1. rigor; *meteo* rigor, inclemencia *f*; 2. *sport* penalti, penalty; *calcio di* ~ penalti, falta máxima; *di* ~ de rigor; *a stretto* ~ rigurosamente; *a* ~ *di termini* en rigor; *a* ~ *di logica* en buena lógica

rigoris|mo *m* rigorismo; ~**ta** *adj/s* rigorista

rigoros|ità *f/inv* rigurosidad *f*; ~**o** *adj* riguroso; *per ordine* ~ por riguroso orden

rigoverna|re *vt* 1. lavar los platos, fregar; 2. ocuparse (de), cuidar (*animales*); **~tura** *f* lavado de platos *m*, fregada; agua de la fregada

riguadagnare *vt* volver a ganar; recuperar (*tiempo*)

riguarda|re 1. *vt* 1. volver a mirar, remirar; mirar atrás; 2. concernir *vi*, tener que ver *vi*, atañer *vi*, afectar *vi*; per quel che mi riguarda por lo que a mí respecta, en lo que a mí concierne; 3. considerar, estimar; 4. guardar, resguardar, preservar; **2.** *~rsi* resguardarse, preservarse; cuidarse; **~ta** *f* mirada, vistazo *m*, ojeada; *dare una ~ a qc* echar una ojeada a algo

riguardo *m* 1. cuidado, atención *f*; 2. respeto, consideración *f*; *persona di ~* persona respetable, persona digna de consideración *f*; 3. relación *f*; respecto; *nei ~i di/~ a* por lo que respecta a, respecto a; **~so** *adj* respetuoso, considerado, atento

rigurgitare <*esd*> *vi/vt* <*essere, avere*> regurgitar; *fig* desbordarse; *il fiume ha rigurgitato/l'acqua è rigurgitata* el río se ha desbordado/el agua ha regurgitado

rigurgito *m med* regurgitación *f*; *fig* desbordamiento

rilanci|are *vt* volver a lanzar; *sport* despejar; *fig* relanzar; **~o** *m* relanzamiento

rilascia|mento *m* 1. aflojamiento; 2. *med* relajación *f*; 2. liberación *f* (*prisionero*); **~re** *vt* 1. *adm* expedir; *com* entregar; 2. liberar, poner en libertad (*prisionero*); 3. *med* relajar

rilascio *m adm* expedición *f* (*documentos*); *com* entrega *f*; liberación *f*, puesta en libertad *f* (*prisionero*)

rilassa|mento *m med/fig* relajación *f*, relajamiento; **~nte** *adj* relajante; **~re** *vt* relajar; **~tezza** *f fig* relajo *m*, relajación

rilega|re *vt* volver a atar; *tec* engarzar, engastar (*joyas*); *tip* encuadernar; **~tore, -trice** *m/f tip* encuadernador, -a; **~tura** *f tip* encuadernación

rileggere <*43 -leggo; -lessi; -letto*> *vt* releer

rilento: a ~ *adv* despacio, lentamente

rileva|bile *adj* deducible; **~mento** *m* detección *f*, determinación *f*; encuesta *f*, sondeo; *tec/mar* levantamiento, marcación *f*, trazado; **~nte** *adj* relevante

rilevare 1. *vt* 1. destacar, realzar; poner de manifiesto; detectar, notar, observar; 2. sondear, encuestar; 3. *tec* levantar, deslindar (*topografía*); sacar, obtener (*dibujo, molde*); *fig* sacar, extraer, obtener (*datos, información*); 4. *com* adquirir; 5. relevar, dar el relevo; 6. recoger, pasar *vi* (por alg); **2.** *vi* <*avere*> resaltar, sobresalir (*objeto*); **3.** *~rsi a. fig* levantarse

rilevato *m* dique; terraplén (*carretera*)

rilevazione *f* sondeo *m*, encuesta

rilievo *m geogr/art/fig* relieve; *tec* levantamiento, marcación *f*, trazado; *fig* observación *f*; *alto, basso, mezzo ~* alto, bajo, medio relieve; *mettere in ~ qc* poner de relieve algo

riloga *f* riel *m* (*cortinas*)

rilucente *adj* reluciente

rilucere *vi/dif* <*sin PP ni tiempos compuestos*> relucir

rilutta|nte *adj* reluctante, reacio (*a* a); **~nza** *f fis* reluctancia; *fig* resistencia; **~re** *vi* <*avere*> resistirse, ser reacio *(a fare qc* a hacer algo)

rima *f* rima; *~ alternata, baciata, incatenata* rima alterna, pareada, cruzada; *far ~* rimar; *(fig) rispondere per le ~e* devolver la pelota

rimand|are *vt* 1. volver a enviar; 2. devolver (*dinero, pelota*); rechazar (*regalo*); 3. devolver, repatriar (*persona*); dar de alta (*paciente*); 4. posponer, aplazar; 5. *stud* suspender; rechazar (*candidato*); 6. remitir (*hacer referencia*); **~o** *m* 1. reenvío, nuevo envío; devolución *f*; repatriación *f* (*persona*); *sport* despeje; *di ~* de rebote; 2. aplazamiento, posposición *f*; 3. remisión *f* (*in un testo* en un texto)

rimaneggia|mento *m tip* recomposición *f*; **~re** *vt* reorganizar, reestructurar, cambiar; *tip* recomponer

rimanen|te 1. *adj* restante; **2.** *mpl/fpl* restantes; **3.** *m* remanente, resto; **~za** *f* resto *m*, remanente *m*

rimanere <*64 rimango; rimasi; rimasto*> *vi* 1. quedarse, permanecer, detenerse; *fig* quedarse (*estados*); *~ male* quedarse mal, dejar mal sabor de boca; *~ meravigliato* quedarse asombrado, asombrarse; *~ a bocca aperta* quedarse boquiabierto/con la boca abierta; *~ al verde* quedarse sin blanca; *(a. fig) ~ indietro* quedarse atrás; *(fig/fam) ~rci* palmarla; 2. quedar, restar; *rimangono poche persone* quedan pocas personas

rimangiare *vt* volver a comer; *(fig) ~rsi la parola* comerse sus palabras, retractarse; *(fig) ~rsi le promesse* llamarse uno andana

rimarcare *vt adm* notar, observar

rimarchevole *adj adm* notable, resaltable

rimarco *m* nota *f*, observación *f*, reparo

rimare *vt/vi* <*avere*> rimar

rimarginare <*esd*> *vt/vi med/fig* cicatrizar

rimaritare *vt* volver a casar

rimasticare <*esd*> *vt* volver a masticar; *zool* rumiar; *fig* rumiar, dar vueltas (a); *fig/desp* mascullar

rimasuglio *m* restos *mpl*, sobras *fpl*

rimatore *adj/s* rimador

rimbalz|are *vi* <*essere/avere*> rebotar; *fig* esparcirse, correr (*noticia*); **~ello** *m* cabrillas *fpl* (*juego*); **~o** *m* rebote; *sport* rebote; *di ~* de rebote, de carambola

rimbambi|mento *m desp* chochez *f*, chochera *f*; **~re** <*isc*> *vi desp* chochear; **~to** *adj/s desp* chocho, chocheante

rimbeccare *vt* devolver (*ofensa, golpe, pelota*)

rimbecilli|re <*isc*> **1.** *vt* abobar, alelar; **2.** *vi* abobarse, alelarse; chochear; **~to** *adj/s* abobado, alelado; chocho, chocheante

rimbellire <*isc*> **1.** *vt* embellecer; **2.** *vi/~rsi* embellecerse

rimbocca|re *vt* arremangar, remangar, arrollar *am*; *~rsi le maniche* poner manos a la obra; ~**tura** *f* remango *m*, arremango *m*; rebozo *m* (*sábana*)

rimbomb|ante *adj fig* rimbombante; ~**are** *vi* <*essere/avere*> retumbar, resonar, rimbombar; ~**o** *m* retumbo, estruendo, rimbombo

rimbors|abile *adj* re(e)mbolsable; ~**are** *vt* re(e)mbolsar, devolver; ~**o** *m* re(e)mbolso, devolución *f*

rimbosca|mento *m* reforestación *f*, repoblación forestal *f*; ~**re** *vt* reforestar, repoblar

rimboschi|mento *m* reforestación *f*, repoblación forestal *f*; ~**re** <*isc*> *vt* reforestar, repoblar

rimbrott|are *vt* reprender, regañar; ~**o** *m* reprensión *f*, reproche; regañina *f*

rimbruttire <*isc*> **1.** *vt* afear de nuevo; **2.** *vi* afearse de nuevo

rimedi|are 1. *vi* <*avere*> remediar *vt*, subsanar *vt*, poner remedio (*a* a); **2.** *vt fam* conseguir, obtener, procurar; arreglar, reparar; ~**o** *m* remedio; *porre ~ a qc* poner remedio a algo, remediar algo; *non c'è ~* no hay remedio; *spesso è peggio il ~ del male* a veces es peor el remedio que la enfermedad; ~**tare** <*esd*> *vt/vi* <*avere*> volver a meditar

rimembra|nza *f lit* remembranza; ~**re** *vt* rememorar

rimescol|amento *m* mezcla *f* (*acción*); *fig* turbación *f*, sobresalto; ~**are** <*esd*> **1.** *vt* 1. mezclar, remover; revolver; barajar (*naipes*); 2. *fig* turbar, sobresaltar; **2.** ~*rsi* 1. turbarse, sobresaltarse; agitarse; 2. mezclarse, entremezclarse; ~**ata** *f* barajada rápida; ~**io** *m* tumulto, agitación *f*; *fig* turbación *f*, sobresalto

rimess|a *f* 1. nueva puesta; *~ in scena* nueva puesta en escena; 2. *sport* saque *m* (*fútbol...*); resto *m* (*tenis*); *~ laterale* saque de banda; 3. almacenaje *m*, almacenamiento *m*; 4. *com* remesa, partida (*mercancía*); remesa, transferencia (*dinero*); 5. *com* pérdida; *vendere a ~* vender con pérdida; 6. *auto* garaje *m*, cochera; *agr* cobertizo *m*, granero *m*; 7. *bot* brote *m*; ~**o 1.** *adj* puesto de nuevo; restablecido, repuesto (*enfermedad*); perdonado (*pecado, deuda*); **2.** *m* dobladillo (*tela*)

rimestare *vt* remover, revolver; *fig* hurgar

rimettere <*44 -misi; -messo*> **1.** *vt* 1. volver a poner; reponer; restablecer, restaurar; *(teatro) ~ in scena* reponer; *~ a galla* sacar a flote, reflotar; 2. confiar (*qc a q* algo a alg); *~ alla sorte* echar a suerte; 3. perdonar (*pena, falta*); 4. *sport* despejar, chutar (*balón*); 5. posponer, aplazar; 6. remitir, enviar; girar, transferir, enviar (*dinero*); 7. *fam* pagar, dejarse (*daño, pérdida*); *~rci la pelle* dejarse el pellejo; *~rci la salute* dejarse la salud; *~rci di tasca propria* tener que pagar de su bolsillo; 8. *fam* devolver, arrojar (*vomitar*); **2.** ~*rsi* 1. volver a ponerse; 2. restablecerse, reponerse (*salud*); *meteo* mejorar *vi*; *~rsi in salute* reponerse; 3. remitirse (*a q* a alg) (*confiarse*)

rimmel *m/inv* rimmel

rimoderna|mento *m* modernización *f*, renovación *f*; ~**re** *vt* modernizar, renovar

rimonta *f mil/tec* remonta; *sport* remontada; *min* galería inclinada; ~**re 1.** *vt* volver a montar (*rehacer*); remontar (*río, corriente*); *sport/fig* remontar; *tec/mil* remontar (*zapato*); **2.** *vi* volver a montar, volver a subir; *fig* remontarse

rimorchi|are *vt* remolcar; *fig* arrastrar; *fam/fig* ligar; ~**atore** *m mar* remolcador; ~**o** *m* remolque; *prendere a ~* llevar a remolque

rimordere <*45 -morsi; -morso*> *vt* volver a morder; *fig* remorder (*conciencia*)

rimorso *m* remordimiento

rimostra|nza *f* queja, protesta; ~**re 1.** *vt* volver a mostrar; **2.** *vi* <*avere*> quejarse, protestar

rimovibile *adj* removible, desplazable

rimozione *f* eliminación (*obstáculos, dificultades*); *adm* destitución (*cargo*); *(mil) ~ dal grado* degradación

rimpallo *m sport* rebote (*balón*); retruque (*billar*)

rimpast|are *vt* volver a amasar; *fig* reajustar; remodelar, reajustar (*gobierno*); ~**o** *m* nueva amasadura *f*; *fig* reajuste; remodelación *f*, reajuste (*gobierno*)

rimpatri|are 1. *vt* repatriar; **2.** *vi* repatriar(se); ~**ata** *f fam* reencuentro *m*, reunión de amigos; ~**o** *m* repatriación *f*

rimpiangere <*54 -piango; -piansi; -pianto*> *vt* añorar, recordar

rimpianto *m* añoranza *f*

rimpiatt|are *vt* esconder, ocultar; ~**ino** *m* escondite (*juego*)

rimpiazz|are *vt* re(e)mplazar; ~**o** *m* re(e)mplazo, sustitución *f*

rimpiccolire <*isc*> *vt/vi* empequeñecer

rimpinguare *vt* engrandecer, enriquecer; enriquecer de nuevo

rimpinzare 1. *vt* embutir, atiborrar; **2.** ~*rsi* atracarse, atiborrarse

rimpolpare *vt* engordar; *fig* enriquecer

rimpossessarsi volver a adueñarse, volver a apoderarse

rimpoverire <*isc*> *vt* empobrecer; empobrecer de nuevo

rimproverare <*esd*> **1.** *vt* reñir, reprender, amonestar; echar en cara; **2.** ~*rsi* reprocharse (*di* por), echarse en cara *vt*

rimprovero *m* reproche; riña *f*, rapapolvo *fam*

rimuginare <*esd*> *vt/vi* <*avere*> *fig* rumiar, dar vueltas (a)

rimunera|re <*esd*> *vt lit* remunerar, retribuir; dar, producir, rendir (*trabajo*); ~**tivo** *adj* rentable, fructífero; ~**zione** *f* remuneración

rimuovere <*47 -muovo; -mossi; -mosso*> **1.** *vt* quitar, apartar (*obstáculo*); *fig* eliminar (*dificultad*); *fig* apartar (*q da qc* a alg de algo); *adm* destituir, apartar (*cargo, puesto*); **2.** ~*rsi* apartarse (*da qc* de algo)

rinascere <*48 -nasco; -nacqui; -nato*> *vi* renacer, volver a nacer

rinasciment|ale *adj* renacentista; ***~o** *m art* Renacimiento

rinascita *f fig* renacimiento *m*, resurgimiento *m*; *bot* rebrote *m*

rincagnata *adj* chata (*nariz*)

rincalz|are *vt* apuntalar, reforzar, afianzar; **~o** *m* apuntalamiento, afianzamiento; *mil* tropas de reserva *fpl*; *sport* reserva
rincantucciarsi esconderse, meterse en un rincón
rincar|are 1. *vt* encarecer; **2.** *vi* encarecerse, subir; **~o** *m* encarecimiento, subida *f*, alza *f*; **~** *della vita* subida del coste de la vida; **~tare** *vt* envolver de nuevo
rincasare *vi* volver a casa
rinchiudere *<10 -chiusi; -chiuso>* *vt* encerrar, recluir; **2.** *~rsi* encerrarse, retirarse
rinchiuso 1. *adj* encerrado; *aria ~a* aire enrarecido/viciado; **2.** *m* local cerrado; *sapere di* ~ oler a cerrado
rincitrullire *<isc>* *vt* embobar, idiotizar
rincoglionire *<isc>* *vt vulg* volver gilipollas, agilipollar
rincollare *vt* volver a encolar
rincominciare *vt* reanudar, volver a empezar
rincontr|are *vt* reencontrar; **~o** *m* reencuentro
rincorare *vt* animar, dar ánimos
rincorbellire *<esd>* *vt pop* atontar, idiotizar
rincorporare *<esd>* *vt* reincorporar
rincorrere *<18 -corsi; -corso>* *vt* perseguir
rincorsa *f* carrerilla (*impulso*); *prendere la* ~ tomar carrerilla
rincrescere *<16 -cresco; -crebbi; -cresciuto>* *vi/imp* sentir, disgustar, pesar; *mi rincresce che...* siento que...
rincrescimento *m* disgusto, molestia *f*, desagrado
rincrudi|mento *m* recrudecimiento; **~re** *<isc>* **1.** *vt* agravar, empeorar; **2.** *vi/~rsi* recrudecerse
rincul|are *vi* *<avere>* recular; **~o** *m* reculada *f*; *mil* retroceso
rincuorare *lit* V. **rincorare**
rincupire *<isc>* *vt/vi* oscurecer; volver a oscurecer
rinfacciare *vt* echar en cara, enrostrar *am*
rinfiancare *vt arch/fig* apuntalar, reforzar
rinfocola|mento *m a. fig* reavivamiento; **~re** *<esd>* *vt a. fig* reavivar
rinfoderare *<esd>* *vt* volver a enfundar, volver a envainar (*espada*); *fig* guardarse, retirar (*propuesta, sugerencia*)
rinforz|are 1. *vt* reforzar; **2.** *vi/~rsi* reforzarse; **~o** *m* 1. refuerzo, apoyo; 2. *mpl mil* refuerzos
rinfrancare *vt* tranquilizar, dar seguridad
rinfresc|ante 1. *adj* refrescante; **2.** *m pop* antiinflamatorio *med*; **~are 1.** *vt a. fig* refrescar; **2.** *vi meteo* refrescar; **~ata** *f* refresco *m*, descanso *m* (*lavarse*); *meteo* refrescamiento *m*; *fig* memoria, recuerdo *m*; *se non ti ricordi, ti darò io una* ~ si no te acuerdas, te refrescaré la memoria; **~o** *m* refresco, refrigerio
rinfusa: alla ~ *adv* desordenadamente, de cualquier manera; al tuntún (*hablar*)
ring *m/inv* 1. *sport* ring, cuadrilátero *m*; 2. *econ* cartel, cártel
ringalluzzire *<isc>* *vt* envalentonar, engreír
ringhi|are 1. *vi* *<avere>* *zool/fig* gruñir; **2.** *vt fig* gruñir, mascullar; **~era** *f* barandilla, baranda; **~o** *m zool* gruñido; *fig* gruñido, refunfuño; **~oso** *adj zool* gruñidor; *fig* gruñón
ringiovani|mento *m* rejuvenecimiento; **~re** *<isc>* *vt/vi* rejuvenecer
ringoiare *vt a. fig* volver a tragar(se)
ringrazia|mento *m* agradecimiento; **~re** *vt* agradecer (*q di qc* algo a alg), dar las gracias (*q di qc* por algo a alg)
rinite *f* rinitis
rinnega|mento *m* reniego, abjuración *f*; **~re** *vt* renegar (*da* de), abjurar (*da* de); **~to** *adj/s* renegado
rinnov|amento *m* renovación *f*; **~are** *vt* renovar; **~atore** *adj/s* renovador; **~azione** *f* renovación; **~ellare** *vt lit* renovar *est*; **~o** *m* renovación *f*
rinoceronte *m zool* rinoceronte
rinoma|nza *f lit* renombre *m*, fama; **~to** *adj* renombrado, famoso
rinoplastica *f med* rinoplastia
rinsaldare *vt* consolidar, afianzar
rinsan|guare 1. *vt fig* devolver la energía; **2.** *~rsi med/econ* restablecerse, reponerse; **~ire** *<isc>* *vi* recobrar la razón
rinsavire *<isc>* *vi* 1. recobrar la razón; 2. sentar la cabeza
rinsecchire *<isc>* *vi* 1. secarse; 2. adelgazar, chuparse
rinserrare *vt* volver a cerrar; volver a encerrar
rintanarsi *zool/fig* refugiarse
rintavolare *<esd>* *vt* volver a entablar (*comenzar*)
rinterrare *vt* volver a enterrar; *geogr* volver a aterrar
rintocc|are *vt* sonar (*horas*); repicar, sonar (*campana*); **~o** *m* toque (*horas*); repique, toque (*campana*)
rintoppare *vt* volver a toparse *vi* (con)
rintracciare *vt* encontrar, localizar, hallar
rintrona|mento *m* estruendo; **~re 1.** *vi* *<essere/avare>* retumbar, resonar; retronar; **2.** *vt* ensordecer, aturdir; *fig* estremecer
rintuzzare *vt* despuntar (*espada...*); *fig* reprimir, sofocar; *fig* rebatir, refutar
rinuncia, rinunzia *f* renuncia; **~re** *vi* *<avere>* renunciar; **~tario** *adj/s* renunciatario
rinvasa|re *vt* trasplantar (*de maceta*); **~tura** *f* trasplante *m* (*de maceta*)
rinveni|mento *m* 1. descubrimiento, hallazgo; 2. revenimiento (*flores, setas...*); *metal* revenido, recocido; *fig* restablecimiento, volver en sí (*persona*); **~re** *<86 -vengo; -venni; -venuto>* **1.** *vt* hallar, encontrar; **2.** *vi* revenir (*flores, setas...*); *metal* revenir, recocer; *fig* volver en sí, reponerse, recobrarse (*persona*)
rinverdire *<isc>* *vt/vi a. fig* reverdecer
rinvestire V. **reinvestire**
rinviare *vt* 1. volver a enviar; *sport* chutar, despejar; 2. remitir, mandar (*texto*); 3. aplazar, posponer
rinvigori|mento *m* fortalecimiento; **~re**

<*isc*> **1.** *vt a. fig* fortalecer, revitalizar; **2.** *vi* fortalecerse, revitalizarse
rinvilire <*isc*> **1.** *vt* abaratar; **2.** *vi/~rsi* abaratarse
rinvio *m* 1. nuevo envío; *sport* chut(e), despeje; 2. remisión *f*, envío (*en un texto*); 3. aplazamiento
rio 1. *adj lit* malvado; **2.** *m lit* riachuelo *est*, arroyo *est*
rioccupa|re <*esd*> **1.** *vt* volver a ocupar; **2.** *~rsi* 1. colocarse de nuevo (*trabajo*); 2. volver a ocuparse (*cuestión*); **~zione** *f* 1. nueva ocupación (*territorio*); 2. nueva ocupación, nuevo trabajo *m*
rion|ale *adj* de barrio, del barrio; **~e** *m* barrio, barriada *f*
riordin|amento *m* reordenación *f*; **~are** <*esd*> *vt* reordenar; **~o** *m adm* reordenación *f*, reorganización *f*
riorganizza|re *vt* reorganizar; **~zione** *f* reorganización
riottoso *adj* reticente, renuente, reacio
ripagare *vt* 1. volver a pagar; 2. recompensar; indemnizar
ripara|bile *adj* reparable; **~re 1.** *vt* 1. reparar, proteger, resguardar; 2. reparar, arreglar; **2.** *vi* 1. <*avere*> ocuparse (*di* de), atender (*a* de); 2. <*essere*> refugiarse; **3.** *~rsi* refugiarse (*in* en); *meteo* resguardarse (*da* de); **~tore** *adj/s* reparador; **~zione** *f* reparación, arreglo *m*; *fig* reparación, corrección (*error*); *ius* reparación, satisfacción, indemnización; *(stud) esame di ~* repesca
riparlare 1. *vi* <*avere*> volver a hablar; *ne riparleremo!* ¡ya hablaremos!; **2.** *~rsi* volver a hablarse (*reconciliarse*)
riparo *m* 1. reparo, abrigo, refugio, protección *f*; *mil* defensa *f*, refugio; *correre ai ~i* correr a buscar refugio; 2. reparación *f*, remedio, solución *f*; *porre ~ a qc* poner remedio a algo; *non c'è ~* no tiene remedio, no hay nada que hacer
riparti|re 1. *vt* partir, dividir; repartir, distribuir; *post* clasificar; **2.** *vi* volver a partir, salir de nuevo; *auto* volver a ponerse en marcha; **~tore, -trice** *m/f post* clasificador, -a; **~zione** *f* repartición, distribución; porción, parte
ripass|are 1. *vt* 1. volver a pasar; 2. repasar; revisar; **2.** *vi* volver a pasar (*da/per* por); **~ata** *f* repaso *m*; *fam* repaso *m*, reprimenda, bronca; **~o** *m stud* repaso
ripensa|mento *m* 1. reconsideración *f*, reflexión *f*; 2. cambio de opinión; **~re** *vi* 1. reflexionar (*a* sobre), meditar (*a* sobre); volver a meditar; 2. cambiar de opinión, pensárselo mejor; *ci ho ripensato* me lo he pensado mejor; 3. recordar *vt* (*a*), evocar *vt* (*a*)
ripercorrere <*18 -corsi; -corso*> *vt* volver a recorrer
ripercuotere <*72 -cossi; -cosso*> **1.** *vt* 1. volver a sacudir; 2. reflejar, repercutir; **2.** *~rsi a. fig* reflejarse, repercutirse
ripercussione *f* repercusión
ripescare *vt* volver a pescar; *fig* repescar, recuperar; *fam/fig* hallar, encontrar
ripete|nte *m/f stud* repetidor, -a
ripetere *vt* repetir
ripeti|tivo *adj* repetitivo, reiterativo; **~tore, -trice 1.** *adj* repetidor, -a; **2.** *m/f* repetidor, -a; **3.** *m TV/radio* repetidor; **~zione** *f* 1. repetición; *arma a ~* arma de repetición; 2. clase particular
ripian|o *m* rellano (*escalera*); *agr* bancal; *geogr* llano, llanura *f*; estante, balda *f*, anaquel (*armario, estantería*); **~tare** *vt* replantar
ripic|ca *f* despecho *m*; **~chiare** *vt* volver a llamar (*a la puerta*); *fig* insistir
ripid|ezza *f* empinamiento *m*; **~o** *adj* empinado
ripieg|amento *m* pliegue hacia atrás; *mil/fig* repliegue; **~are 1.** *vt* 1. volver a doblar; 2. doblar; **2.** *vi* <*avere*> *mil/fig* replegarse; **3.** *~rsi* doblarse, inclinarse; **~o** *m* excusa *f*, expediente
ripieno 1. *adj* lleno, repleto; *gastr* relleno; **2.** *m gastr* relleno
ripigliare *vt* recuperar (*aliento, fuerzas*); reanudar (*conversación*); readmitir (*personas*); **2.** *vi* <*avere*> *bot/fig* recuperarse, reverdecer
riplasmare *vt* volver a plasmar; plasmar
ripopola|mento *m* repoblación *f*; **~re** <*esd*> *vt* repoblar
riporre <*56 -pongo; -posi; -posto*> *vt* volver a poner; volver a presentar (*idea, candidatura*)
riportare *vt* 1. volver a llevar; traer; 2. devolver, restituir; 3. contar, referir (*noticia...*); citar, aducir (*texto, cita*); 4. obtener, conseguir; 5. *mat* llevar; **2.** *~rsi* 1. volver atrás *vi*, retroceder *vi*, rememorar *vt* (*a*); 2. remitirse; 3. trasladarse de nuevo
riporto *m* 1. *mat* unidad superior restante que se aplica a la siguiente columna en una suma *f*; *2. com* suma anterior *f*, suma y sigue; 3. traslado; 4. *econ* doble; 5. ribete, volante (*zapato, ropa*)
ripos|ante *adj* tranquilizador; tranquilo, calmado; **~are 1.** *vi* <*avere*> 1. descansar, reposar; *riposi in pace* descanse en paz; 2. estar posado, descansar; **2.** *vt* descansar, reposar; **3.** *~rsi* descansar, reposar; **~ato** *adj* descansado, reposado; calmado, sosegado; **~ino** *m fam* descansito; sueñecito; **~o 1.** *m* descanso, reposo; *med* reposo; *mil* reserva *f*; *adm* jubilación *f*; *agr* barbecho; *casa di ~* sanatorio; *giornata di ~* día de asueto; *(mil) collocamento a ~* pase a la reserva; *(mil) andare a ~* pasar a la reserva; *buon ~!* ¡que descanses/descanse...!; **2.** *excl mil/sport* ¡descansen!
ripost|iglio *m* trastero, desván; **~o** *adj* apartado (*lugar*); secreto, profundo (*sentido, idea*)
riprendere <*58 -presi; -preso*> **1.** *vt* 1. retomar, volver a coger *Esp*; volver a agarrar *am*; 2. recoger, retirar; 3. *mil* reconquistar, retomar; *fig* recuperar, recobrar; *~ quota* retomar altura; *~ le forze, i sensi* recobrar las fuerzas, el sentido; 4. volver a empezar, reemprender, retomar; *fig* afectar de nuevo (*enfermedad, vicio*); 5. reprender, amonestar, reñir; 6. *cine* filmar;

foto fotografiar; 7. entrar (*coser*); **2.** *vi* <*avere*> volver (*a fare qc* a hacer algo); *fig* reponerse, recobrarse, recuperarse; **3.** *~rsi* reponerse, recobrarse, recuperarse (*salud*); corregirse, enmendarse (*error*)

riprensi|bile *adj* reprensible; **~one** *f lit* reprensión

ripresa *f* 1. reanudación, continuación; *sport* reanudación, segunda parte; *a più ~e* repetidamente, en varias veces, a intervalos; 2. *med* recuperación; *econ* recuperación, reactivación; *auto* poder de aceleración *m*, reprise *m/fr*; 3. *cine* filmación, toma, rodaje *m*; *foto* toma; 4. *mus* repetición, reiteración; *ling* estribillo *m*; 5. *tec* pinza (*sastre*)

ripresentare *vt* volver a presentar

ripristina|mento *m* restablecimiento, reposición *f*; restauración *f*; **~re** <*esd*> *vt* restablecer, reponer, rehacer; *arch* restaurar

ripristino *m* restablecimiento, reposición *f*; *arch* restauración *f*

riprivatizza|re *vt* reprivatizar; **~zzione** *f* reprivatización

riprodu|cibile *adj* reproducible; **~rre** <*15 -duco; -dussi; -dotto*> **1.** *vt* reproducir; **2.** *~rsi* reproducirse, procrear *vi*; **~ttivo** *adj* reproductivo; **~ttore** *adj/s* reproductor; **~zione** *f* reproducción

riprografia *f* reprografía

ripromettere <*44 -misi; -messo*> **1.** *vt* volver a prometer; **2.** *~rsi* 1. esperar, confiar (en); 2. prometerse

riprova *f* confirmación, comprobación; *a ~* en confirmación; **~re** *vt* 1. volver a probar; volver a probarse (*vestido*); volver a sentir (*dolor*...); 2. confirmar, probar; 3. *lit* reprobar, censurar; repudiar, rechazar; suspender (*examen*); **~zione** *f lit* reprobación, censura; rechazo *m*, repudio *m*

ripubblica|re <*esd*> *vt* volver a publicar, reeditar; **~zione** *f* reedición

ripudi|are *vt* repudiar; **~o** *m* repudio

ripugna|nte *adj* repugnante; **~nza** *f* repugnancia; **~re** *vt* repugnar

ripuli|re <*isc*> *vt* volver a limpiar; limpiar; *fig* limpiar, robar; **~ta** *f* limpieza (rápida), pasada; *dare una ~ alla giacca* dar una pasada a la chaqueta; **~tura** *f a. fig* limpieza (*acción*); porquería, suciedad (*cosa*)

ripuls|a *f lit* repulsa; **~ione** *f* repulsión; **~ivo** *adj* repulsivo

riquadr|are *vt* cuadrar, dar forma cuadrada; **~ato** *m tip* recuadro (*periódico*); **~o** *m* recuadro; *arch* recuadro

riqualifica|re <*esd*> *vt* recalificar; **~zione** *f* recalificación

risacca *f mar* resaca

risaia *f* arrozal *m*

risali|re <*67 -salgo; -salii; -salito*> **1.** *vt* volver a subir; remontar (*río*); **2.** *vi* 1. volver a subir; 2. *com* encarecerse, subir, aumentar; 3. remontarse; *fig* volver atrás, rememorar *vt*; **~ta** *f* nueva subida, remonte *m*; *com* subida, aumento *m*; *impianto di ~* remonte *m* (*esquí*)

risalt|are 1. *vi* 1. <*avere/essere*> volver a saltar; 2. <*avere*> *a. fig* resaltar, sobresalir; **2.** *vt* volver a saltar; **~o** *m a. fig* resalte, resalto, relieve, realce; *mettere in ~* poner de relieve, destacar, subrayar

risana|mento *m med/fig* sanación *f*, curación *f*; *arch/econ/geogr* saneamiento; **~re 1.** *vt med/fig* sanar, curar; *arch/econ/geogr* sanear; **2.** *vi* sanarse, curarse; **~tore** *adj/s med/fig* sanador; *arch/econ/geogr* saneador

risap|ere <*68 -so, -seppi; -saputo*> *vt* enterarse (de); **~uto** *adj* notorio, sabido, archisabido

risarci|mento *m* resarcimiento, indemnización *f*; *fig* desagravio; *~ danni* indemnización por daños y perjuicios; **~re** <*isc*> *vt* resarcir, indemnizar; *fig* desagraviar

risata *f* carcajada, risotada; *morire dalle ~e* morirse de risa

riscalda|mento *m tec/sport* calentamiento (*acción*); calefacción *f* (*instalación*); *~ centrale* calefacción central; **~re 1.** *vt a. fig* calentar, caldear; *gastr* recalentar; **2.** *~rsi* calentarse; *fig* excitarse, calentarse, enfervorizarse; **~tore** *m* calentador

riscatt|are 1. *vt* rescatar (*persona*); desempeñar, rescatar (*cosas*); *ius* rescatar, redimir; *fig* redimir; **2.** *~rsi* redimirse, rehabilitarse; **~o** *m* rescate (*cautivo*); *ius* rescate, redención *f*; *fig/eccl* redención *f*

rischiar|amento *m* esclarecimiento; *meteo* mejora *f*; **~are 1.** *vt* iluminar, alumbrar; aclarar, rebajar (*color*); *fig* aclarar, esclarecer; *~ la voce* aclarar la voz; **2.** *vi/~rsi meteo* aclararse, mejorar, serenarse; *~rsi in volto* iluminársele la cara (a alg); **~e 1.** *vt* arriesgar, jugarse; **2.** *vi* <*avere*> correr el riesgo (*di* de); arriesgarse (*di* a)

rischio *m* riesgo; peligro; *a proprio ~ e pericolo* por su cuenta y riesgo; *a ~ del committente* por cuenta y riesgo del receptor; *pazienti a ~* pacientes de riesgo; *c'è il ~ di*... hay riesgo de (que)...; *correre il ~* correr el riesgo; *mettere in ~* poner en peligro; **~sità** *f/inv* riesgo *m*, peligro *m*, peligrosidad; **~so** *adj* arriesgado, peligroso

risciacqua|re *vt* enjuagar; aclarar (*ropa*); *(fig) ~ i panni in Arno* ="adecuar el italiano al hablado por los florentinos cultos"; **~ta** *f* enjuague *m*; aclarado rápido *m* (*ropa*); *fig* reprimenda, regañina, sermón *m*; **~tura** *f* 1. enjuague *m*; aclarado *m* (*ropa*); 2. agua sucia; 3. *fig* bodrio *m*, rollo *m*

risciacquo *m* 1. enjuague; aclarado (*ropa*); aclarado (*lavadora*); agua del aclarado *f*; 2. *med* colutorio, elixir bucal

riscont|are *vt com* redescontar; **~o** *m com* redescuento

riscontr|are 1. *vt* 1. comparar, cotejar, colacionar; comprobar, verificar; 2. encontrar, toparse (con); **2.** *vi* <*avere*> corresponderse, coincidir, casar; **~o** *m* 1. comparación *f*, cotejo; comprobación *f*, verificación *f*; *mettere a ~* comparar, colacionar; 2. correspondencia *f*, coincidencia *f*; 3. respuesta *f*; *in ~ alla Vostra del*... en respuesta a su carta del...

riscoperta *f* redescubrimiento *m*
riscoss|a *f mil* recuperación, reconquista; *fig* recuperación (*valores*); **~ione** *f* cobro *m*, cobranza, percepción (*sueldo, dinero*)
riscotimento *m* despertar
riscrivere *<71 -scrissi; -scritto>* **1.** *vt* reescribir; **2.** *vi <avere>* contestar (*carta*)
riscuotere *<72 -scossi; -scosso>* **1.** *vt* 1. volver a agitar; 2. cobrar, percibir; 3. despertar (enérgicamente); 4. *fig* obtener, cosechar (*aplausos, admiración...*); **2.** *~rsi* despertarse; volver en sí; sobresaltarse
risecchirsi *<isc>* resecarse
risecco *adj* reseco
risenti|mento *m* resentimiento; **~re 1.** *vt* 1. volver a sentir; 2. volver a escuchar; 3. sentir, sufrir, experimentar; **2.** *vi <avere>* resentirse (*di* de); **3.** *~rsi* 1. ofenderse; 2. volver a oírse; *a risentirci!* ¡hasta la próxima! (*al teléfono*); **~to** *adj fig* intenso, vivo; pronunciado
riserb|are *vt* reservar; **~o** *m* reserva *f*, discreción *f*
riserva *f* 1. reserva; coto *m* (*caza, pesca*); *~ indiana, naturale, marina* reserva india, natural, marina; 2. *com* reserva, provisión; acopio *m*; *vino di ~* vino de reserva; *fare ~ di qc* hacer acopio de algo; *(auto) si è accesa la ~* se ha encendido la luz de reserva; *(auto) essere in ~* estar/ir en reserva; 3. *ius* reserva; 4. *fig* reserva, desconfianza, prevención; *fig* salvedad; *~ mentale* reserva mental; *senza ~e* sin reservas; **~re** *vt* reservar; *~rsi (la facoltà) di...* reservarse la posibilidad de...; **~tezza** *f* reserva, discreción; **~to** *adj* reservado; *adm* reservado, secreto, confidencial; *fig* reservado, callado, discreto
riservista *m/f mil* reservista; *sport* reserva
risibile *adj* risible, irrisible
risicare V. **rosicare**
risicolo *adj* arrocero
risicolt|ore, -trice *m/f* arrocero, -a; **~ura** *f* cultivo del arroz *m*
risiedere *vi <avere>* residir; *fig* residir, radicar
risipola *f pop* erisipela
risma *f* 1. resma (*papel*); 2. *fig/desp* hatajo *m*, puñado *m*, calaña; *(fig) essere della stessa ~* ser de la misma calaña
riso *m* 1. *<pl i risi> bot* arroz; 2. *<pl le risa>* risa *f*; *crepare, sganasciarsi, scoppiare, sbellicarsi dalle ~* caerse, desconyuntarse, desternillarse, troncharse, morirse de risa; *il ~ fa buon sangue* la risa es sana
risolare V. **risuolare**
risolu|tezza *f* resolución, decisión, determinación, firmeza; **~tivo** *adj* resolutivo, resolutorio; **~to** *adj* resuelto, resoluto, firme, decidido; **~zione** *f mat/mus/ius* resolución; *fig* resolución, arrojo *m*, decisión
risolvere *<5 risolsi/risolvei/risolvetti; risolto>* **1.** *vt* resolver, solucionar, solventar (*problema*); resolver, despejar (*duda*); *ius* rescindir (*contrato*); *med/chim/mus* resolver; *fig* resolver (*di fare qc* hacer algo), decidir (*di*); **2.** *~rsi* 1. resolverse, acabar *vi*, terminar *vi*; *~rsi bene/male* resolverse/acabar bien/mal; 2. decidirse (*a* a), resolver *vt* (*a*)
risona|nza *f fis* resonancia; *fig* eco *m*, resonancia; *(fig) avere ~* tener eco; **~re** V. **risuonare**
risorgere *<54 -sorgo; -sorsi; -sorto> vi a. fig* resurgir
risorgimento *m* 1. *art/fig* resurgimiento, renacimiento; 2. *hist* ="período entre 1800 y 1870, de gestación de la unidad italiana"
risorsa *f econ/fig* recurso *m*; *le ~e dello Stato* los recursos del estado; *una persona di ~e* una persona de recursos
risotto *m gastr* ="plato de arroz sin caldo y con diferentes ingredientes"
risparmi|are *vt* ahorrar (*dinero*); *fig* ahorrarse; perdonar (*vida*); *così risparmiamo di andarci* así nos ahorramos el ir allí; **~atore, -trice** *m/f* ahorrador, -a; **~o** *m* ahorro; ahorros *mpl* (*cantidad guardada*); *cassa di ~* caja de ahorros; *libretto di ~* libreta/cartilla de ahorros
rispecchiare *vt* reflejar; *fig* reflejar, expresar, representar
rispedi|re *<isc> vt* reexpedir; **~zione** *f* reexpedición
rispetta|bile *adj* respetable; honrado; *fig/iron* respetable, considerable; **~bilità** *f/inv* respetabilidad *f*; **~re** *vt* respetar
rispettivo *adj* respectivo, correspondiente
rispetto *m* respeto; *il ~ umano* el (miedo al) qué dirán; *zona di ~* zona de protección urbanística; *~ a* respecto a, en lo que atañe a; *con ~ parlando* con el debido respeto; *sotto ogni ~* bajo todos los puntos de vista, se mire como se mire; *mancare di ~ verso q* faltarle al respeto a alg; *presentare a q i propri ~i* presentar a alg sus respetos; **~so** *adj* respetuoso, educado, considerado
risplendente *adj* resplandeciente
risplendere *vi <essere/avere> a. fig* resplandecer, relucir
rispondente *adj* correspondiente, proporcionado
rispondere *<49 -posi; -posto>* **1.** *vi <avere>* responder *vt*, contestar *vt*; *fig* responder, corresponder(se); *~ di sì, di no* responder (que) sí, (que) no; *~ a voce, per scritto* responder de palabra, por escrito; *~ a una lettera* responder/contestar una carta; *~ al telefono* atender una llamada; *non risponde* no contesta; *non risponde alle aspettative* no se responde a las expectativas; **2.** *vt* responder, contestar
risposta *f* respuesta, contestación; *fig* respuesta, reacción; *in/per ~ a* en respuesta a; *per tutta ~* por toda contestación
rissa *f* pelea, riña, trifulca, reyerta
ristabili|mento *m* restablecimiento; **~re** *<isc> vt* restablecer
ristagn|are 1. *vi <avere>* estancarse, empantanarse, restañar; restañar (*sangre*); *fig* estancarse; **2.** *~rsi* estancarse, rebalsarse; **~o** *m* estancamiento, rebalsamiento; remanso, embalse (*lugar*); restaño (*sangre*); *fig* estancamiento

ristampa *f tip* reimpresión; ~**re** *vt tip* reimprimir
ristora|nte *m* restaurante; *vagone/vettura* ~ vagón restaurante; ~**re** *vt* confortar, reconfortar; fortalecer, reponer; ~**tore 1.** *adj* reconfortante; **2.** *m/f* dueño, -a de un restaurante
ristoro *m a. fig* alivio
ristrett|ezza *f a. fig* estrechez, apretura; estrechez, cortedad (*mente*); ~**o** *adj* estrecho, angosto (*lugar*); apretado (*uno junto a otro*); corto (*café, caldo*); corto, justo, apretado (*tiempo*); restringido, limitado (*uso, cantidad*); *fig* estrecho, corto, mermado (*mente*)
ristruttura|re *vt* reestructurar; reformar, reacondicionar; ~**zione** *f* reestructuración
risucchi|are *vt* 1. volver a chupar; 2. absorber, aspirar; ~**o** *m* torbellino, remolino
risulta|nte *adj/m* resultante; ~**re 1.** *vi* resultar, derivarse (*da* de) (*consecuencia*); **2.** *vi/imp* constar, parecer (*ser evidente*); *non mi risulta che l'abbiate fatto* no me consta que lo hayáis hecho; ~**to** *m* resultado
risuolare *vt* volver a solar
risuonare 1. *vt* volver a sonar; **2.** *vi* <*essere/avere*> 1. volver a sonar; 2. *(a fig)* resonar
risurrezione *f eccl/fig* resurrección
risuscitare <*esd*> *vt/vi a. fig* resucitar
risvegli|are *vt* despertar; *fig* despertar, resucitar (*idea, sentimiento*); *fig* despertar, incitar (*personas*); ~**o** *m* despertar; *fig* despertar, reactivación *f*, resurgimiento
risvolto *m* vuelta *f*, solapa *f* (*ropa*); *tip* solapa *f*; *fig* cara oculta *f*
ritagli|are *vt* recortar; ~**o** *m* recorte (*periódico*); retal (*tela*)
ritard|are 1. *vi* <*avere*> retrasarse; atrasar (*reloj*); **2.** *vt* retrasar; retardar, ralentizar; aplazar; ~**atario, -a** *m/f* rezagado, -a, tardón, -ona *fam*; ~**ato 1.** *adj* retardado; *fig* retrasado (*persona*); *ad azione ~a* de efectos retardados; **2.** *m/f* retrasado, -a (mental); ~**o** *m* retraso, demora *f*, tardanza *f*; retardo, ralentización *f*; *med* retraso; *essere in* ~ ir con retraso; *giungere in* ~ llegar con retraso, llegar tarde; *(med) effetto* ~ efecto retardado
ritegno *m* 1. reparo, inconveniente, problema; *non avere ~ a fare q* no tener reparos en hacer algo; 2. medida *f*, contención *f*, control; *senza* ~ sin medida
ritemprare *vt* volver a templar; *fig* templar, curtir, forjar (*espíritu, carácter*)
ritenere <*79 -tengo; -tenni; -tenuto*> *vt* 1. retener, contener; 2. considerar, opinar, creer; *ritengo che sia meglio aspettare* opino que es mejor esperar
ritentiv|a *f* retentiva, memoria; ~**ità** *f/inv* retentividad *f*; ~**o** *adj* retentivo
ritenuta *f* retención, contención; *econ* retención; ~ *d'acconto* retención a cuenta
ritenzione *f med/ius* retención
ritingere <*11 -tingo; -tinsi; -tinto*> *vt* reteñir
ritira|re 1. *vt* 1. volver a tirar; 2. retirar (*quitar, apartar*); ~ *dalla circolazione* retirar de la circulación; revocar, anular (*permiso*); 3. retirar, recoger (*paquete...*); **2.** ~*rsi* 1. retirarse (*a casa, a un convento, del trabajo*); 2. encoger(se) (*tela*); ~**ta** *f* 1. *mil* retirada; *battere in* ~ batirse en retirada; 2. *euf/ant* váter *m*, water, servicio *m*; ~**tezza** *f* retraimiento *m*, timidez; ~**to** *adj* retirado, apartado, recogido (*lugar*)
ritiro *m* 1. retirada *f*, recogida *f* (*documentos, correo...*); cobro (*sueldo*); *econ* retirada *f* (*de la circulación*); *mil* retirada *f*; 2. retiro, apartamiento, separación *f* (*acción*); retiro (*lugar*); *adm* retiro, jubilación *f*; ~ *spirituale* ejercicios espirituales *mpl*; *(sport)* ~ *(collegiale)* concentración *f*
ritmic|a *f* rítmica; ~**o** *m* rítmico
ritmo *m* ritmo
rito *m eccl/fig* rito; *fig* procedimiento; *di* ~ ritual
ritocc|are *vt* 1. volver a tocar; 2. retocar, repasar; ~**o** *m* retoque
ritorcere <*80 -torco; -torsi; -torto*> *vt* retorcer; *fig* devolver, dar la vuelta (a) (*argumento, acusación*)
ritorcitura *f* retorsión
ritorn|are *vi* volver, regresar, retornar; ~ *in sé* volver en sí; ~**ello** *m a. fig* estribillo; ~**o** *m* vuelta *f*, regreso, retorno; *nel /al* ~ a la vuelta; *avere qc di* ~ recuperar algo prestado; *essere di* ~ estar de vuelta
ritorsione *f* represalia; *ius* retorsión
ritorto 1. *adj* retorcido; torcido (*hilo*); **2.** *m* hilo torcido
ritradurre <*15 -duco; -dussi; -dotto*> *vt* retraducir; volver a traducir
ritrarre <*81 -traggo; -trassi; -tratto*> **1.** *vt* 1. retirar, apartar; 2. obtener, conseguir (*renta, beneficio*); *fig* deducir, extraer (*ejemplo*); 3. *art* representar, reproducir; **2.** ~*rsi* retirarse (*da* de)
ritratt|are 1. *vt* 1. volver a tratar; 2. retractar, desdecir, desmentir; **2.** ~*rsi* 1. retratarse, hacerse el retrato; 2. retractarse, desdecirse; echarse atrás; ~**azione** *f* retractación; ~**ista** *m/f art* retratista; *ling* costumbrista; ~**o** *m art/fig* retrato; *fare il* ~ retratar; ~ *a figura intera, a mezzo busto, al naturale* retrato de cuerpo entero, de medio cuerpo, de tamaño natural
ritrazione *f med* retracción
ritros|ia *f* 1. reticencia, renuencia; 2. insociabilidad; ~**o** *adj* 1. inverso, contrario; *andare a* ~ ir hacia atrás; 2. *fig* reticente, renuente, remiso, reacio; 3. *fig* esquivo, huraño, arisco
ritrov|amento *m* hallazgo; invención *f*; ~**are 1.** *vt* 1. volver a encontrar; 2. encontrar, hallar; 3. *fig* recuperar, recobrar (*salud*); **2.** ~*rsi* 1. reencontrarse, volver a encontrarse; *fam* encontrarse, verse (*repentino*); *si è ritrovato con parecchi milioni in tasca* sa ha encontrado con muchos millones en el bolsillo; *si è ritrovato nella miseria* se ha visto de repente en la miseria; 2. encontrarse, sentirse; ~**o** *m* encuentro (*reunión*); lugar de encuentro
ritto *adj* recto, derecho, erguido; *avere i capelli ~i* tener los pelos de punta
ritual|e *adj/m* ritual; ~**ista** *m/f* ritualista

riunifica|re <*esd*> *vt* reunificar; ~**zione** *f* reunificación
riunione *f* reunión
riunire <*isc*> *vt* reunir
riusci|re <*83 -esco*> *vi* 1. volver a salir; 2. desembocar, dar, ir a dar; 3. salir, resultar, acabar (*bien, mal...*); salir bien, tener éxito; *il viaggio riuscì stupendamente* el viaje salió estupendamente; 4. ser capaz (*a* de), conseguir *vt* (*a*), lograr *vt* (*a*), llegar (*a* a); *è riuscito a vincere* ha conseguido ganar; *non riesco a vederlo* no consigo verlo; *non riesco a capire* no acabo de comprender; 5. ser, resultar; *la festa riesce gradita a tutti* la fiesta resulta agradable para todos; ~**ta** *f* resultado *m* (*bueno, malo*); éxito *m* (*bueno*)
riutilizzare *vt* reutilizar
riva *f geogr* orilla
rivale *adj/s* rival, competidor; ~**ggiare** *vi* <*avere*> rivalizar; ~**rsi** 1. volver a valerse, volver a servirse; 2. desquitarse (*su* de), tomarse la revancha (*su* de)
rivalità *f/inv* rivalidad *f*
rivalsa *f* compensación, desquite *m*, revancha; *com* resaca
rivaluta|re <*esd*> *vt com/fig* revalorizar, revaluar; ~**zione** *f com/fig* revalorización, revaluación
rivangare *vt agr* recavar, remover; *fig* remover, recordar (*pasado*)
rived|ere <*85 -vidi; -visto*> **1.** *vt* 1. volver a ver, volver a encontrar; 2. revisar; releer; **2.** ~*rsi* volverse a ver; volverse a encontrar; *ci rivedremo* nos volveremos a ver (las caras); *a rivederci!* ¡hasta la vista!; ~**ibile** *adj* revisable; *mil* declarado provisionalmente inútil
rivela|re *vt* revelar (*secreto*); ~**tore** *m cient* detector; *foto* revelador; ~**zione** *f* revelación
rivendica|re <*esd*> *vt ius/fig* reivindicar; ~**tivo** *adj* reivindicativo; ~**zione** *f ius/fig* reivindicación
rivendita *f* reventa
rivenditore, -trice *m/f* revendedor, -a
riverbera|re <*esd*> **1.** *vt* reflejar; **2.** ~*rsi* reflejarse, reverberar *vi*; *fig* reflejarse, repercutir; ~**zione** *f* reverberación
riverbero *m* reverbero, reverberación *f*; *di* ~ indirectamente, de rebote
riveren|te *adj* reverente; ~**za** *f* reverencia
riverire <*isc*> *vt* honrar, reverenciar, venerar; saludar (*con respeto*); *La riverisco!* ¡le presento mis respetos!
riversare *vt* 1. volver a derramar; 2. derramar(se), echar(se); 3. *tec* regrabar, pasar a otro soporte (*grabación*); dactilografiar (*texto grabado*)
rivesti|mento *m* revestimiento; ~**re 1.** *vt* revestir, recubrir; llevar (puesto), vestir (*ropa*); *fig* desempeñar (*cargo*); *fig* revestir, tener (*importancia*); **2.** ~*rsi* volver a vestirse; *fig* revestirse (*di* con) (*cargo*)
rivetto *m* remache, roblón
riviera *f* costa, ribera, litoral *m*; ~**sco** *m* ribereño, costero
rivincere <*87 -vinco; -vinsi; -vinto*> *vt* volver a ganar
rivincita *f* desquite *m*, revancha; *riprendersi la* ~ tomarse la revancha
rivista *f mil/tip/teatro* revista; *passare in* ~ pasar revista
rivitalizzare *vt* revitalizar
rivivere <*88 -vissi; -vissuto*> *vt/vi* revivir
rivivifica|re <*esd*> *vt* revivificar; ~**zione** *f* revivificación
rivo *m lit* arroyo *est*, riachuelo *est*; *fig* río *est*; ~ *di lava* río de lava
rivolgere <*90 -volgo; -volsi; -volto*> **1.** *vt* 1. girar, dar vueltas (a); volver a girar; 2. dirigir (*apuntar*); *fig* dirigir, prestar (*atención*); ~ *la parola a q* dirigir la palabra a alg; **2.** ~*rsi* volverse a girar; *fig* dirigirse, recurrir *vi*, acudir *vi* (*a q* a alg)
rivolgimento *m fig* revolución *f*, vuelco
rivolo *m lit* arroyo, riachuelo; *lit/fig* río; ~ *d'oro* río de oro
rivolta *f* revuelta, rebelión, insurrección; ~**re 1.** *vt* 1. dar la vuelta, poner al revés; 2. mezclar; dar vueltas; 3. revolver (*estómago*); *fig* repugnar, asquear; **2.** ~*rsi* 1. darse la vuelta, girarse; 2. rebelarse, sublevarse; *fig* mutarse, cambiar *vi*; *fig* revolverse (*estómago*)
rivoltella *f* revólver *m*; ~**ta** *f* tiro de revólver *m*
rivolto|lare <*esd*> *vt* revolcar, revolver; ~**so** *adj/s* revoltoso, rebelde
rivoluzion|are *vt pol/fig* revolucionar; ~**ario** *adj/s a. fig* revolucionario; ~**e** *f a. fig* revolución
rizoma *m bot* rizoma
rizzare 1. *vt* alzar, erguir; levantar (*tienda de campaña, edificio*); alzar (*vela, bandera*); *(fig)* ~ *la coda/la cresta* engreírse; ~ *gli orecchi* poner atención; **2.** ~*rsi* erguirse, alzarse, levantarse; erizarse (*pelo*); ~*rsi i capelli a q dallo spavento* ponérsele los pelos de punta a alg por el miedo
roba *f* 1. cosas *fpl*, pertenencias *fpl*; cosa; asunto *m*; ~ *di casa* cosas de la casa; ~ *da mangiare* cosas de comer, comestibles; ~ *di valore* objetos de valor; *che* ~*!* ¡vaya (una) cosa!; *è* ~ *da ridere* es (una) cosa de risa; *non è* ~ *per te* no es pan para tus dientes; 2. mercancía, material *m*; 3. ropa; ~ *di lana* ropa de lana; ~ *da lavare* ropa sucia
robbia *f bot* rubia
robivecchi *m/inv* chamarilero *m*, ropavejero *m*
roboante V. **reboante**
robot *m/inv* robot *m*, autómata *m*
robotic|a *f* robótica; ~**o** *adj* robótico
robotizzare *vt* robotizar
robust|ezza *f* robustez, solidez; ~**o** *adj* robusto, fornido, fuerte (*persona*); robusto, sólido (*árbol, cosa*)
rocambolesco *adj* rocambolesco
rocca *f* 1. fortaleza (*castillo*); 2. *tec* rueca; ~**forte** *f* plaza fuerte, bastión *m*; *fig* feudo *m*, bastión *m*
rocchett|aro V. **rockettaro**; ~**o** *m tec* carrete (*hilo*); *cine* carrete, bobina *f*; *eccl* roquete
roccia *f geol* roca; roca, peña, peñasco *m*, risco *m*; ~ *eruttiva, sedimentaria* roca

eruptiva/ígnea, sedimentaria; ~**tore** *m/f* escalador, -a, trepador, -a
roccioso *adj* rocoso
rocke|r *m/f inv* rockero, -a; ~**ttaro** *m* rockero
roco *adj* ronco; ~**cò** *adj/m art* rococó
roda|ggio *m auto/fig* rodaje; ~**re** *vt auto/fig* rodar
rodere <*65 rosi; roso*> **1.** *vt* roer; **2.** ~*rsi fig* concomerse, recomerse
rodi|mento *m* roedura *f*; *fig* concomimiento; remordimiento; ~**tore** *adj/m zool* roedor
rododendro *m bot* rododendro
roga|re *vt ius* escriturar, formalizar, extender (*documento*); ~**toria** *f ius* exhorto *m*; ~**torio** *adj ius* rogatorio
rogna *f med* sarna; *fig* lata, engorro *m*
rogno|nata *f gastr* riñonada; ~**ne** *m gastr* riñón; ~**so** *adj med* sarnoso; *fig* engorroso, latoso
rogo *m* pira *f*, hoguera *f* (*castigo*)
Roma *f* Roma; ~ *non fu fatta in un giorno* no se ganó Zamora en una hora; *tutte le strade portano/conducono a* ~ todos los caminos llevan a Roma
roman|cio *adj/m* reto-romano, ladino, romanche; ~**esco 1.** *adj* romanesco, romano; **2.** *m* dialecto de Roma
Roman|ia: *la* ~ Rumanía; ~**ia** *f ling* Romania; *~**ico** *adj/m art* románico
romanist|a *m/f* romanista; ~**ica** *f* romanística, filología románica
romanità *f/inv* latinidad *f*
romanizza|re *vt* romanizar; ~**zione** *f* romanización
romano *adj/s* romano; *fare alla ~a* pagar a escote
romanti|cheria *f* cursilería, sensiblería; ~**cismo** *m art/lit* romanticismo; ~**co** *adj/s* romántico
romanz|a *f mus/lit* romanza; ~**are** *vt* novelar; ~**esco** *adj a. fig* novelesco; ~**iere, -a** *m/f* novelista; ~**o 1.** *m* novela *f*; *fig* romance, aventura *f*; ~ *d'appendice* folletín; ~ *giallo, rosa* novela negra, rosa; ~ *a tesi* novela de tesis; **2.** *adj ling* románico; *filologia ~a* filología románica
romb|are *vi* <*avere*> retumbar, resonar; ~**o** *m* 1. retumbo, estruendo; 2. *mat* rombo; 3. *zool* rodaballo, rombo; 4. *mar* rumbo; ~**oedro** *m* romboedro; ~**oidale** *adj* romboidal
romeno *adj/s* rumano
rompere <*66 ruppi; rotto*> **1.** *vt* 1. romper; ~ *con q* romper/cortar con alg; 2. abrirse paso (entre) (*gente, corriente*); 3. *mec* estropear; **2.** *vi* <*avere*> 1. romper, cortar (*relación*); 2. desbordarse (*río*); ~ *in pianto* romper a llorar; **3.** ~*rsi* romperse; *pop* estar hasta el moño
rompicapo *m* rompecabezas, acertijo, adivinanza *f*; *fig* quebradero de cabeza, preocupación *f*
rompicollo *m* tarambana, irresponsable; *a* ~ a tumba abierta
rompighiaccio *m mar* rompehielos
rompimento *m* rompimiento, rotura *f*; *fig* fastidio, molestia *f*, lata *f*
rompipalle, rompiscatole, rompitasche *m/f inv vulg* coñazo *m*, pelmazo *fam*, hinchahuevos *am* (*persona latosa*)
ronca, roncola *f agr* podadera, hocino *m*
rond|a *f* ronda; *fare la* ~ hacer la ronda, patrullar; *(fig)* rondar, mariposear (*a una mujer*); ~**eau** *m/fr mus* rondó; ~**ella** *f mec* arandela
rondine *f zool* golondrina (*pez, pájaro*); *una* ~ *non fa primavera* una golondrina no hace verano
rondò V. **rondeau**
rondone *m zool* vencejo
ronfare *vi* <*avere*> roncar fuerte (*persona*); maullar (*gato*)
ron ron 1. *onom* ron ron; **2.** *m/inv* ronroneo *m*
ronz|are *vi* <*avere*> *zool/aer* zumbar; *fig* rondar, mariposear (*a una mujer*); ~ *in testa* rondar por la cabeza; ~**ino** *m* rocín, jamelgo; ~**io** *m zool/aer* zumbido
rosa 1. *f bot* rosa (*flor*); rosal *m* (*planta*); ~ *dei venti* rosa de los vientos; *all'acqua di ~e* de chicha y nabo; *(fig) non c'è ~ senza spine* no hay rosa sin espinas; **2.** *m/inv* rosa (*color*); **3.** *adj/inv* rosa; *romanzo ~* novela rosa; ~**io** *m* rosal; ~**rio** *m eccl/fig* rosario; ~**tello** *m* rosado (*vino*); ~**to 1.** *adj* rosado (*color, vino*); **2.** *m* rosado (*vino*)
rosbif *m* rosbif, bife *Arg*
rosé *adj/m/inv* rosado *adj/m* (*vino*)
rose|o *adj* róseo, sonrosado; *fig* de color de rosa; *vedere tutto* ~ verlo todo de color de rosa; ~**to** *m* rosaleda *f*; ~**tta** *f* roseta (*diamante*); *mec* arandela
rosicare <*esd*> *vt* roer; *fig* arañar (*dinero*); *chi non risica non rosica* quien algo quiere algo le cuesta
rosicchiare *vt* roer; *fig* arañar (*dinero*)
rosmarino *m bot* romero
rosol|accio *m bot* amapola *f*; ~**are** *vt* <*esd*> *gastr* dorar; ~**ia** *f med* rubéola; ~**io** *m* rosoli, resoli
rosone *m arch* rosetón
rospo *m zool* sapo; *pesce* ~ rape; *(fig) ingoiare un* ~ tragarse una gorda
rossastro *adj* rojizo
rosse|ggiare *vi* <*avere*> rojear, enrojecer; ~**tto** *m* 1. pintalabios, barra de labios *f*, carmín; 2. colorete (*mejilla*)
rossiccio 1. *adj* rojo; **2.** *m* color rojizo
rosso 1. *adj* rojo; tinto (*vino*); *far diventar* ~ poner colorado, sacar los colores; **2.** *m* rojo (*color*); ~ *d'uovo* yema de huevo; *(auto) passare col* ~ pasar en rojo, saltarse el semáforo en rojo; **3.** *m/f* pelirrojo, -a; *pol* rojo, -a *desp*, comunista; ~**re** *m* enrojecimiento; *a. fig* sonrojo, rubor
rosticc|eria *f* freiduría, asador *m*; ~**iere, -a** *m/f* dueño, -a de una freiduría o asador; ~**io** *m metal* cagafierro, escoria *f*
rostr|ato *adj* rostrado; ~**o** *m zool* rostro, pico; *mar* espolón
rota *f gergo* mono *m* (*droga*)
rotabile *adj* carretero
rotacismo *m ling* rotacismo
rotaia *f* raíl *m* (*tren*); surco *m*, carrilada (*huella de rueda*); *(fig) uscire dalle ~e* salirse del camino, salirse de madre *fam*

rotare V. **ruotare**
rotat|iva *f* rotativa; **~ivo** *adj* rotativo, rotatorio; *pompa ~a* bomba rotativa; **~orio** *adj* rotatorio
rotazione *f* rotación
rote|are <*esd*> **1.** *vt* girar (*ojos*); **2.** *vi* <*avere*> girar, dar vueltas; **~lla** *f* rueda, ruedecilla (*pequeña*); *med* rótula; *(fig) gli manca una ~* le falta un tornillo
rotismo *m mec* engranaje
rotocalco *m* semanario, revista ilustrada *f*
rotola|mento *m* rodadura *f*; **~re** <*esd*> *vt/vi* rodar
rotolo *m* rollo; *mandare a ~i* hundir, llevar a la ruina; *andare a ~i* hundirse, arruinarse, irse a pique
rotond|a *f* rotonda; **~eggiare** *vt* redondear (*dar forma redonda*); **~ità** *f/inv* redondez *f*; **~o** *adj* redondo
rotore *m mec* rotor
rotovia *f* funicular de neumáticos *m*
rotta *f* 1. rotura, fractura; *essere in ~ con q* estar peleado con alg; *a ~ di collo* a toda pastilla; 2. *mil* derrota; 3. *mar* rumbo *m*, ruta
rottama|re *vt auto* desguazar; **~zione** *f auto* desguace *m*
rottame *m* chatarra *f* (*hierro*); cascotes *mpl*, escombros *mpl* (*construcción*); *fig/desp* cacharro, cachivache, cascajo; *fig* trapo, cascajo (*persona*)
rotto 1. *adj* roto; estropeado; *fig* curtido (*a* en), acostumbrado (*a* a); **2.** *m* 1. roto; *passare per il ~ della cuffia* salirse de rositas, salir bien librado; 2. *mpl* pico *m* (*cantidades*); *costa duemila lire e ~i* cuesta dos mil liras y pico
rottura *f* rotura, rompimiento *m*; *fig* ruptura (*negociaciones*...); *fig* fastidio *m*, lata; *(vulg) ~ di palle* coñazo, lata *fam*
rotula *f med* rótula
roulette *f fr/inv* ruleta *f*
roulotte *f fr/inv* roulotte, caravana *f*
round *m ingl/inv sport/fig* round *m*, asalto *m*
routin|ario *adj* rutinario; **~e** *f fr/inv* rutina *f*; **~iero** *adj* rutinario
rovente *adj metal/fig* candente, al rojo (vivo)
rovere *m* roble, roble albar
rovereto *m* robledal
rovescia: alla ~ *adv* al revés; **~mento** *m* vuelta *f*, giro; *fig* vuelco, giro; **~re 1.** *vt* 1. derramar, verter, volcar; 2. invertir, girar, dar la vuelta; 3. derribar, tumbar, volcar; *fig* derribar (*gobierno*); *mil* desbaratar, derrotar; **2.** *~rsi* 1. caerse, desplomarse; volcar (*barco*); dejarse caer (*persona*); 2. derramarse, verterse; abatirse; 3. abalanzarse, lanzarse a la calle; **~ta** *f sport* chilena (*fútbol*)
rovescio 1. *adj* vuelto, girado; de espaldas, supino; *a ~* al revés; **2.** *m* 1. revés; envés, vuelta *f* (*tela*); *tip* verso; *fig* revés, desgracia *f*; *(fig) il ~ della medaglia* la otra cara de la moneda; 2. contrario; *dire il ~* decir lo contrario; 3. *meteo* chaparrón, aguacero; 4. *sport* (golpe de) revés
roveto *m bot* zarzal
rovin|a *f* 1. desmoronamiento *m*, desplome *m*, hundimiento *m* (*caída*); *fig* ruina, destrucción, perdición; 2. *fpl* ruinas (*restos*); **~are** *vt* derruir; *fig* arruinar, destruir, echar a perder; **2.** *vi* desmoronarse, desplomarse, hundirse; precipitarse (*caer desde lo alto*); *fig* arruinarse, hundirse; **~oso** *adj* ruinoso
rovistare *vt* rebuscar, revolver
rovo *m bot* zarza *f*
rozz|ezza *f* bastedad, tosquedad; **~o** *adj* basto, tosco, rústico (*cosa*); cazurro, palurdo, zafio (*persona*)
ruba: andare a ~ venderse como churros/rosquilletas
rubacchiare *vt fig* arañar, pellizcar, sisar
rubacuori *adj/s inv* rompecorazones
rubare *vt* robar; *~ sul peso* engañar en el peso; *~rsi qc/q con gli occhi* comerse algo/a alg con los ojos
rubeola *f med* rubéola
ruberia *f* robo *m*, hurto *m*
rubicondo *adj* rubicundo
rubinett|eria *f* grifería; **~o** *m* grifo
rubino *m* rubí
rubizzo *adj* lozano, fresco
rublo *m* rublo
rubrica *f* repertorio *m*, directorio *m*, listín *m*; *com* registro *m*; sección (*TV, periódico*...); *tip* rúbrica, título *m*; *~ telefonica* agenda de teléfonos
ruca *f bot* ruca; *zool* oruga
ruchetta *f bot* ruca
rude *adj lit* rudo
ruderi *mpl* escombros, cascotes; *fig* restos, despojos
rudezza *f* rudeza
rudiment|ale *adj* rudimentario; **~o** *m* 1. esbozo, rudimento; 2. *mpl* rudimentos, bases *fpl*
ruffian|ata *f fam* jugarreta; **~eggiare** *vi* <*avere*> rufianear, alcahuetear; **~eria** *f* rufianería; **~o, -a** *m/f* rufián, -ana, alcahuete, -a
ruga *f* arruga (*piel*)
rugbista *m/f* jugador, -a de rugby
rugby *m sport* rugby
ruggine *f* 1. óxido *m*, herrumbre *m*, orín *m*; 2. *fig* rencor *m*, resentimiento *m*
rugginoso *adj* oxidado, herrumbroso
ruggire <*isc*> *vi* <*avere*> *zool/fig* rugir
ruggito *m zool/fig* rugido
rugiada *f meteo* rocío *m*
rugos|ità *f/inv* rugosidad *f*; **~o** *adj* rugoso
rulla|ggio *m aer* rodado; *sport* batida *f*; **~re 1.** *vi* <*avere*> *aer* rodar (*por la pista*); *mus* redoblar (*tambor*); *sport* batir; **2.** *vt* apisonar, allanar; *metal* cilindrar; **~ta** *f aer* rodado *m*; *sport* batida
rullino *m foto* carrete, rollo; *iron* michelín
rullio *m mus* redoble (*tambor*)
rullo *m mus* redoble; *tec* cilindro, rodillo; *~ compressore* apisonadora *f*
rum *m/inv* ron *m*; **~ba** *f* rumba
rumeno V. **romeno**
rumina|nte *adj/s zool* rumiante; **~re** <*esd*> *vt zool/fig* rumiar; **~zione** *f* rumia
rumine *m zool* panza *f*
rumor|e *m* ruido; bullicio, estruendo; *fig*

rumor (*chisme*); *fare* ~ hacer/armar ruido; ~ *ambientale/di fondo* ruido de fondo; ~**eggiare** *vi* <*avere*> hacer ruido; *fig* protestar ruidosamente; ~**ista** *m/f cine* técnico de efectos sonoros; ~**oso** *adj* ruidoso, rumoroso *lit*; bullicioso, estruendoso
run|a *f* runa; ~**ico** *adj* rúnico
ruolo *m* 1. *teatro/fig* papel; 2. *adm* plantilla *f*, escalafón; registro, nómina *f*; *di* ~ de plantilla, numerario; *fuori* ~ contratado, interino; *insegnante di* ~ profesor numerario
ruota *f* rueda; *tec* torno *m* (*alfarero*); *eccl* torno *m* (*convento*); ~ *dentata* rueda dentada; *(mar)* ~ *di poppa* codaste; *(mar)* ~ *di prora* estrave; *(fig) fare la* ~ hacer la corte, cortejar; *(fig) essere l'ultima* ~ *del carro* ser el último gato/mono, ser un cero a la izquierda; *(fig) ungere le* ~*e* untar el carro (*sobornar*); ~*re* **1.** *vi* <*avere*> girar, dar vueltas; **2.** *vt* rodar, girar, voltear
rupe *f* roca, risco *m*, peñasco *m*; ~**stre** *adj* rupestre
rupia *f* rupia
rurale 1. *adj* rural; **2.** *m/f* campesino, -a
ruscello *m* arroyo, riachuelo
ruspa *f* excavadora, pala mecánica; ~**nte** *adj* de granja (*pollo*); *fig* auténtico, genuino; ~**re** *vi* <*avere*> escarbar (*el pollo*)
russ|are *vi* <*avere*> roncar; ***~ia:** *la* ~ Rusia; ~**o** *adj/s* ruso
rustic|ano *adj* rústico, campestre; ~**ità** *f/inv* rusticidad *f*; ~**o 1.** *adj* rústico, campestre; rústico (*mueble*); *fig* rústico, rudo; *(tip) legatura alla* ~*a* encuadernación en rústica; **2.** *m arch* armazón *m/f*, estructura *f*
ruta *f bot* ruda
rutenio *m chim* rutenio
rutilante *adj* rutilante
rutt|are *vt* <*avere*> eructar; ~**o** *m* eructo; *fare un* ~ echar/soltar un eructo; ~**ore** *m elec* ruptor
ruvidezza *f fig* aspereza
ruvido *adj fig* áspero
ruzzare *vi* <*avere*> retozar
ruzzo *m fam* capricho, manía *f*
ruzzol|are <*esd*> *vi* rodar, caer rodando; ~**ata** *f* revolcón *m*, voltereta; ~**one** *m* caída *f*, revolcón; *fare un* ~ arruinarse, quebrar; ~**oni** *adv* dando vueltas, dando volteretas; a tumbos

S

sabato *m* sábado
sabba *f* aquelarre *m*; ~**tico** *adj* sabático
sabbi|a *f* arena; ~*e mobili* arenas movedizas; *(fig) costruire nella* ~ edificar sobre arena; *(fig) seminare nella* ~ sembrar en arena; ~**atura** *f med* arenación, baño de arena *m*; ~**oso** *adj* arenoso; arenisco; *pietra* ~*a* piedra arenisca
sabota|ggio *m* sabotaje; ~**re** *vt* sabotear; ~**tore, -trice** *m/f* saboteador, -a
sacca *f* saca, bolsa; *med* bolsa; *geogr* remanso *m* (*río*); ensenada (*mar*); *mil* zona cercada; ~ *da viaggio* bolsa de viaje
saccar|ide *m chim* sacárido; ~**ina** *f* sacarina; ~**osio** *m* sacarosa *f*
saccata *f* saco *m* (*cantidad*)
saccente *adj/s* sabihondo, sabelotodo; ~**ria** *f* sabihondez, presunción
saccheggi|are *vt* saquear; *fig* plagiar, fusilar *fam*; ~**atore** *adj/s* saqueador; *fig* plagiario; ~**o** *m* saqueo; *fig* plagio
sacchetto *m* bolsa *f*
sacco <*pl -chi*> *m* 1. saco (*tela*); bolsa *f*; *post* saca *f*; *med* bolsa *f*; *tela da/di* ~ tela de saco; ~ *a pelo* saco de dormir; *corsa nei* ~*i* carrera de sacos; *colazione al* ~ almuerzo campestre/al aire libre; *(fig) cogliere q con le mani nel* ~ coger a alg con las manos en la masa; *(fig) mettere q nel* ~ engañar a alg; *(fig) vuotare il* ~ desahogarse, soltarlo todo; 2. *mil* saqueo; 3. *fig* montón; mucho *adv*, muchísimo *adv*; *un* ~ *di* un montón de; *mi è piaciuto un* ~ me ha gustado muchísimo; 4. *fig/iron* buche (*estómago*); ~**ne** *m* jergón
sacerdo|tale *adj* sacerdotal; ~**te, -essa** *m/f* sacerdote *m*, sacerdotisa *f*; ~**zio** *m* sacerdocio
sacral|e *adj med/eccl* sacro; ~**izzare** *vt* sacralizar
sacrament|ale *adj* sacramental; ~**are** *vt* sacramentar; ~**o** *m* sacramento
sacrario *m* sagrario
sacrestano... V. **sagrestano**...
sacrifica|re <*esd*> *vt* sacrificar; ~**to** *adj* 1. sacrificado, resignado; 2. desaprovechado, mal aprovechado, echado a perder
sacrificio, sacrifizio *m* sacrificio
sacrileg|io *m* sacrilegio; ~**o** *adj* sacrílego
sacripante 1. *m* gigante, grandullón; **2.** *excl* ¡demonios!
sacristia V. **sagrestia**
sacro 1. *adj* 1. sagrado, sacro; *la* *~*a Famiglia* la Sagrada Familia; *le* *~*e Scritture* las Sagradas Escrituras; 2. *med* sacro; **2.** *m med* (hueso) sacro; ~**santo** *adj* sacrosanto; *la verità* ~*a* la pura verdad
sadi|co *adj/s* sádico; ~**smo** *m* sadismo
sadomasochis|mo *m* sadomasoquismo; ~**ta** *adj* sadomasoquista
saetta *f* 1. *lit* saeta, flecha *est*; *fig* rayo *m*, flecha (*rápido*); 2. *arch* puntal *m*; ~**re** *vt lit* (a)saetar; *fig* lanzar, soltar
safari *m/inv* safari *m*
saffico *adj* sáfico
saga *f lit* saga
sagac|e *adj* sagaz; ~**ia** *f*, ~**ità** *f/inv* sagacidad *f*
saggezza *f* sabiduría
saggia|re *vt* probar, ensayar; ~**tore** 1. *m/f* ensayador, -a; 2. *m tec* balanza de precisión *f*
saggina *f bot* sorgo *m*, adaza, alcandía
saggio 1. *adj* sabio, prudente; **2.** *m/f* sabio, -a; **3.** *m* 1. ensayo, prueba *f*; 2. *a. fig* muestra *f*; *un* ~ *del prodotto* una muestra del producto; *dare* ~ *di sé* dar la medida de uno mismo; 3. *econ* tasa *f*, tipo (*nivel*); 4. ensayo, tratado, estudio
saggist|a *m/f* ensayista; ~**ica** *f* ensayística, ensayismo *m*; ~**ico** *adj* ensayístico
sagittari|a *f bot* sagitaria; *~**o** *m astr* Sagitario
sagoma *f* 1. línea, perfil *m*, silueta (*contorno*); *com* plantilla, patrón *m* (*modelo*); *tras* gálibo *m* (*tren*); 2. blanco *m* (*en el tiro al blanco*); 3. *fig/fam* tipo gracioso *m*
sagomare <*esd*> *vt* delinear, perfilar, modelar
sagomatura *f* delineado *m*, perfilado *m*, modelado *m*
sagra *f* feria (*fiesta, verbena, mercado*); ~**to** *m eccl* sagrado
sagrest|ano *m* sacristán; ~**ia** *f* sacristía
saharian|a *f* sahariana; ~**o** *adj/s* sahariano; saharaui (*de la República Saharaui*)
saio *m* sayo
sakè *m/inv* sake *m*, saki *m*
sala *f* sala, cuarto *m*, salón *m*; ~ *da pranzo* comedor; ~ *da ballo* salón de baile; ~ *d'aspetto* sala de espera; ~ *operatoria* quirófano; ~ *stampa* sala de prensa
salac|e *adj* salaz, lujurioso, lascivo; mordaz; ~**ità** *f/inv* salacidad *f*, lascivia *f*, lujuria *f*; mordacidad *f*
salamandra *f zool* salamandra
salame *m* salchichón; *fig* pasmarote
salamelecco *m* zalamería *f*
salamoia *f* salmuera
salar|e *vt* salar; ~**iale** *adj* salarial; ~**iato, -a** *m/f* asalariado, -a; ~**io** *m* salario, jornal, sueldo
salass|are *vt med* sangrar; *fig* sangrar, exprimir; *fig* dar el sablazo, clavar *pop*; ~**o** *m med* sangría *f*; *fig* sangría *f*, sablazo
salat|ino *m gastr* saladito; ~**o** *adj* salado; *fig* caro, salado *Am Mer*; elevado (*cuenta*); *fig* mordaz, picante; *(fig) pagarla* ~*a* pagarlo caro, costar la torta un pan; ~**oio** *m* saldero; ~**ura** *f* saladura, salazón, salado *m*
salciccia *fam* V. **salsiccia**
salda *f* apresto *m*; ~**re** *vt* conectar, unir; *tec* soldar; *com* saldar; *med* cicatrizar; ~**tore** *m tec* soldador; ~**trice** *f mec* soldador *m*; ~**tura** *f tec* soldadura; *fig* conexión, unión; *med* cicatrización
saldezza *f* solidez
saldo 1. *adj a. fig* sólido, fuerte; **2.** *m* 1. *com/econ* saldo; 2. *mpl* rebajas *fpl*, oportunidades *fpl*
sale *m* sal *f*; ~*i da bagno* sales de baño; *avere poco* ~ *in zucca* tener poco conocimiento; *restare di* ~ quedarse de piedra; ~**siano** *adj/s* salesiano

salgemma *m/inv* sal gema *f*
salice *m bot* sauce; ~ *piangente* sauce llorón
salici|lato *m chim* salicilato; ~**lico** *adj chim* salicílico; ~**na** *f chim* salicina
salico *adj* sálico
salie|nte 1. *adj* saliente; *fig* sobresaliente, importante; **2.** *m arch/geogr* saliente; *mil* cuña *f*, punta *f*; ~**ra** *f* salero *m*
salif|ero *adj* salífero, salino; ~**icare** <*esd*> *vt chim* salificar
salin|a *f* salina; ~**ità** *f/inv* salinidad *f*; ~**o** *adj* salino
salire <*67 -salgo; salii; salito*> *vi/vt* subir; ~ *sul treno/in treno* subir al tren
saliscendi *m/inv* 1. pasador *m*; 2. sube y baja (*acción*)
salita *f* subida, cuesta; *in* ~ en pendiente, cuesta arriba
saliva *f* saliva; ~**re 1.** *adj* salival; **2.** *vi* <*avere*> salivar; ~**zione** *f* salivación
salma *f* cadáver *m*; ~**stro** *adj* salobre
salmerie *fpl mil* impedimenta *f*
salmista *m* salmista
salmo *m* salmo; ~**dia** *f* salmodia; ~**diare** *vi* <*avere*> salmodiar
salmon|are *vt* (a)salmonar; ~**e** *m zool* salmón
salmonell|a *f med* salmonela; ~**osi** *f/inv med* salmonelosis
salnitro *m* salitre; ~**so** *adj* salitroso
salone *m* salón; ~ *da ballo* salón de baile; ~ *dell'automobile* salón del automóvil
salotto *m* salita *f*, salón; tertulia *f*, reunión *f*; tresillo
salpare 1. *vi* zarpar, levar anclas, hacerse a la mar; **2.** *vt* zarpar; izar, levar (*ancla*)
salsa *f* salsa
salsapariglia *f* zarzaparrilla
salsedine *f* salinidad, salobridad
salsicci|a *f* salchicha, longaniza; *(fig) fare* ~ *di q* romperle la cara a alg; ~**otto** *m* salchichón, longaniza *f* (*crudo*)
salsiera *f* salsera
salso *adj* salado; ~**iodico** *adj* salyodado
saltamartino *m zool* grillo; *fig* diablillo, demonio (*niño*)
saltare 1. *vi* <*essere, avere*> saltar; *è saltato dalla finestra, ha saltato tutta la sera* ha saltado desde la ventana, ha saltado toda la tarde; ~ *al collo di q* echarsele a alg al cuello (*cariño o agresión*); ~ *agli occhi* saltar a la vista; ~ *in testa* pasar por la cabeza; **2.** *vt* saltar (*obstáculo*); saltarse (*omitir*); *gastr* saltear; *ho saltato due capitoli* me he saltado dos capítulos; *far* ~ volar, hacer saltar por los aires; ~**tore** *adj/s* saltador
saltell|are *vi* <*avere*> brincar, retozar; ~**o** *m* brinco, retozo; ~**oni** *adv* a saltos, dando saltos, brincando
salterell|are V. **saltellare**; ~**o** *m mus* saltarelo; triquitraque (*fuegos artificiales*)
salterio *m* salterio
saltimbanco, -a *m/f* saltimbanqui
salto *m* salto; *fig* visita rápida *f*; *(sport)* ~ *in alto, in lungo, con l'asta* salto de altura, de longitud, de pértiga; ~ *triplo* triple salto; ~ *mortale* salto mortal, vuelta de campana; *(fig) fare i ~i mortali* dar saltos de alegría, echar las campanas al vuelo; hacer malabarismos; *(fig) fare quattro ~i* echarse unos bailes, mover el esqueleto *fam*; *faccio un* ~ *a casa tua* voy a acercarme/pasarme por tu casa, voy a dejarme caer por tu casa
saltuari|età *f/inv* intermitencia *f*, discontinuidad *f*, irregularidad *f*; ~**o** *adj* intermitente, discontinuo
salubr|e *adj* salubre, saludable; ~**ità** *f/inv* salubridad *f*
salum|aio, -a *m/f* charcutero, -a; ~**eria** *f* charcutería; ~**i** *mpl* embutidos; ~**iere, -a** *m/f* charcutero, -a; ~**ificio** *m* fábrica de embutidos *f*
salutare 1. *adj* saludable; *fig* útil, beneficioso; **2.** *vt* saludar (*decir hola*); despedir (*decir adiós*); dar recuerdos; presentar sus respetos (*formal*); *salutami Carlo* dale recuerdos a Carlos (de mi parte); *andare a* ~ *q* ir a despedir a alg/despedirse de alg
salute 1. *f* salud; *avere* ~ *da vendere* derrochar salud; *bere/brindare alla* ~ *di q* beber/brindar a la salud de alg; *alla tua, vostra* ~ a tu/vuestra salud; **2.** *excl* ¡a mi/tu... salud! (*brindis*); ¡Jesús!, ¡salud! (*estornudo*); ¡vaya! (*sorpresa*)
saluto *m* saludo (*hola*); despedida *f* (*adiós*); *mandare i* ~ *a q* enviar recuerdos a alg; *(tanti)* ~ *a Piero* recuerdos para Pedro; *Le invio distinti ~i/vogliate gradire i più distinti ~i* le saluda atentamente; *affettuosi, cordiali ~i* afectuosamente/cordialmente te/le saluda
salva *f a. fig* salva; *cartuccia a ~e* cartucho de fogueo; *una* ~ *di applausi* una salva de aplausos
salvabile *adj* salvable
salvacondotto *m* salvoconducto
salvadanaio, salvadanaro <*pl -nai, -nari*> *m* hucha *f*, alcancía *f*
salvadoregno *adj/s* salvadoreño
salvagente *m* 1. salvavidas; ~ *a giubbotto* chaleco salvavidas; 2. *inv* isleta peatonal *f*
salvaguard|are *vt* salvaguardar; ~**ia** *f* salvaguarda, salvaguardia
salvamento *m* salvamento, salvación *f*
salvapunte *m/inv* salvapuntas
salvare *vt* salvar; *si salvi chi può!* ¡sálvese quien pueda!
salvat|aggio *m* salvamento, rescate; *fig* salvación *f*, ayuda *f*; *infor* realización de una copia de seguridad *f*; *cintura di* ~ cinturón salvavidas; ~**ore** *adj/s* salvador
salvavita *adj/m/inv elec* cortacircuitos *adj/f*
salvazione *f eccl* salvación
salve! *excl* ¡hola!
Salveregina, Salve regina *f* Salve
salvezza *f eccl/fig* salvación
salvi|a *f bot* salvia; ~**etta** *f* servilleta (*de papel*)
salvo 1. *adj* salvo, sano y salvo, ileso, bien parado; *avere ~a la vita* salvar la vida; *a man ~a* a mansalva, a porrillo; *uscire in* ~ salir bien parado, salir del paso; *mettere in* ~ poner a salvo; **2.** *prep* salvo, excepto; ~ *il caso che* excepto/salvo en el caso de

que, excepto/salvo en caso de; ~ *che* salvo que
sambernardo V. **San Bernardo**
sambuc|a *f mus/mil* sambuca; licor de anís *m*; ~**o** *m bot* saúco
samo|iedo *adj/s* samoyedo; ~**var** *m/inv* samovar *m*
san V. **santo**
sana|bile *adj* sanable, curable; ~**re 1.** *vt* sanar, curar; **2.** ~*rsi* sanarse, sanar *vi*, curarse; ~**torio** *m* sanatorio
San Bernardo, sambernardo *m* San Bernardo (*perro*)
sancire <*isc*> *vt ius* sancionar, ratificar (*ley, uso*)
sanculotto, -a *m/f* sans-coulotte *fr*
sand|alo *m* 1. *bot* sándalo; 2. sandalia *f*; 3. *mar* barcaza *f*, chata de la laguna de Venecia *f*; bote ligero; ~**olino** *m* piragua *f*
sangue *m* sangre *f*; ~ *blu* sangre azul; *puro* ~ pura sangre (*caballo*); *animale a ~ caldo, freddo* animal de sangre caliente, de sangre fría; *a ~ caldo* en caliente, a sangre caliente; *a ~ freddo* a sangre fría; *(gastr) al* ~ poco hecho (*carne*); *all'ultimo* ~ a ultranza; *avere qc nel* ~ llevar algo en la sangre; *avere q il ~ che bolle* bullirle la sangre a alg, encendérsele la sangre a alg; *guastarsi il ~/farsi il ~ cattivo* hacerse mala sangre; *non aver ~ nelle vene* tener sangre de horchata; *non esserci buon* ~ tener malas relaciones; *sudare* ~ sudar sangre/tinta, echar los hígados; *voler cavar ~ da una rapa* pedir peras al olmo; *buon ~ non mente* de tal palo tal astilla
sanguemisto *m* mestizo
sanguign|a *f pitt* sanguina; ~**o** *adj* sanguíneo
sangui|naccio *m* morcilla *f*; ~**re** <*esd*> *vi* <*avere*> sangrar; *fig* sangrar, doler; ~**rio** *adj* sanguinario
sanguinella *f* sanguina (*naranja*)
sanguino|lento *adj* sanguinolento; ~**so** *adj* ensangrentado (*manchado*); sangriento, cruento, encarnizado (*lucha*); *fig* sangrante, doloroso; *fig/lit* sanguinario (*persona*)
sanguisuga *f zool/fig* sanguijuela
sanit|à *f/inv* sanidad *f*, salud *f*; *adm* sanidad; *Ministero della *~* Ministerio de Sanidad; ~**ario 1.** *adj* sanitario; **2.** *m/f* médico; **3.** *mpl* sanitarios
sano 1. *adj med/fig* sano; ~ *come un pesce* sano como una manzana; ~ *e salvo* sano y salvo; *essere ~ di mente* estar en su sano juicio; **2.** *m/f* persona sana
sansa *f agr* orujo *m*
sanscrito *adj/m* sánscrito
sansevieria *f bot* sansevieria, lengua de suegra *am*
sant' V. **santo**
santabarbara <*pl santebarbere*> *f mar* santabárbara; *fig* polvorín *m*
santarel|lina, santerellina *f fam/fig* mosca muerta, mosquita muerta; ~**o** *m/f fam/fig* beato, -a, mojigato, -a
santifica|re <*esd*> *vt* santificar; ~**zione** *f* santificación
santino *m* imagen *f* (*de santo*)
santissimo *adj/m* santísimo
sant|ità *f/inv* santidad *f*; *Sua *~* Su Santidad
santo 1. *adj* <**san** *ante nombre m empezado por consonante, excepto s- líquida;* **sant'** *ante nombre m/f empezado por vocal*> san(to), santa; *San Francesco* San Francisco, *Santo Stefano* San Esteban, *Sant'Antonio* San Antonio, *Sant'Anna* Santa Ana; *un sant'uomo* un santo varón; *tutto il ~ giorno* todo el santo día; *fammi il ~ piacere di...!* ¡hazme el favor de...!; ~ *cielo!* ¡cielo santo!; **2.** *m/f* santo, -a; *non sapere a che ~ votarsi* no saber con qué carta quedarse; *non ci sono ~i che tengano* no hay Dios que lo arregle; *avere qualche ~ dalla sua* tener el santo de cara; **3.** *m* santo (*celebración, imagen*)
santone *m eccl/fig* santón, gurú
santor|ale *m* santoral; ~**eggia** *f bot* ajedrea
santuario *m* santuario
sanzion|are *vt* 1. sancionar, ratificar (*ley, uso*); 2. sancionar, multar, castigar; ~**atore** *adj/s* sancionador; ~**e** *f* 1. sanción, ratificación (*ley, uso*); 2. sanción, multa, castigo *m*
sapere <*68 so; seppi; saputo*> **1.** *vt* saber; ~ *il fatto suo* saber lo que tiene entre manos; ~*rla lunga* sabérselas todas, ser más listo que el hambre; *un non so che* un no sé qué; *lo so* ya lo sé; *che ne so!* ¡y yo qué sé!; *mi sa che...* me da en la nariz que...; *non saprei* no sabría decirlo, no estoy seguro; *non si sa mai* nunca se sabe; *non saprei fare senza...* no sabría/podría pasar sin...; *per quanto ne sappia io* que yo sepa; *non sa fare altro che ridere* no sabe hacer más que reír; *come hai fatto a saperlo?* ¿cómo has conseguido enterarte?; *ora si viene a ~ che il colpevole è lui* ahora resulta/nos enteramos de que el culpable es él; **2.** *vi* <*avere*> saber; oler; *fig* saber (*sentir*); *questa minestra non sa di nulla* esta sopa no sabe a nada; *la stanza sa di chiuso* la habitación huele a cerrado; **3.** *m* saber
sapien|te *adj/s* sabio; ~**tone** *adj/s* sabihondo; ~**za** *f* sabiduría
saponari|a *f bot* saponaria, jabonera; ~**o** *adj* jabonero
saponata *f* jabonaduras *fpl* (*agua*); jabonadura (*espuma*)
sapone *m* jabón; ~ *da bucato, da barba, da toiletta* jabón de lavar, de afeitar, de baño; ~**ria** *f* jabonería; ~**tta** *f* 1. pastilla de jabón (*para la cara*); 2. *ant* saboneta (*reloj*)
saponier|e *m* jabonero; ~**o** *adj* jabonero
saponific|are <*esd*> *vt* saponificar; ~**azione** *f* saponificación; ~**io** *m* fábrica de jabón *f*
saponite *f min* saponita
sapor|e *m a. fig* sabor, gusto; ~**ito** *adj gastr* sabroso, apetitoso, gustoso; salado; *fig/iron* elevado, caro (*cuenta*); *fig* agradable, placentero (*sueño*); *fig* picante (*historia*); ~**oso** *adj gastr* sabroso, gustoso
sapro|fago *adj/s* saprófago; ~**filo** *adj/s* saprófilo

saput|ello *adj/s* sabi(h)ondo, sabelotodo, sabidillo, marisabidilla *f*; **~o** *adj/s desp* sabi(h)ondo, sabidillo

sarabanda *f mus/fig* zarabanda

saracco *m* serrucho

saraceno *adj/s* sarraceno

saracinesca *f* persiana metálica, cierre metálico *m*

sarago *m zool* sargo

Saragozza *f* Zaragoza

sarcas|mo *m* sarcasmo; **~tico** *adj* sarcástico

sarchia|re *vt agr* escardar, rozar, desbrozar; **~tore, -trice** *m/f agr* escardador, -a, rozador, -a; **~trice** *f agr* rozadera; **~tura** *f agr* roza, escardadura

sarchio *m agr* escardadera *f*

sarcofago *m* sarcófago

sarcoma *m med* sarcoma; **~toso** *adj med* sarcomatoso

sarda *f zool* sardina

Sardegna: *la ~* Cerdeña

sardella *f zool* sardina

sardina *f zool* sardina; *~e sott'olio* sardinas en aceite

sardo *adj/s* sardo; **~nico** *adj* sardónico

sarg|ia *f* sarga; **~o** V. **sarago**

sarmento *m* sarmiento

sartia *f mar* jarcia; **~me** *f mar* jarcias *fpl*

sarto, -a *m/f* sastre, -a, modisto, -a, costurera *f*; **~ria** *f* sastrería; **~rio** *adj* sartorio; *muscolo ~* músculo sartorio, músculo del sastre

sas(s)anide *adj/s hist* sasánida

sassa|ia *f* pedregal *m*; dique de piedras *m*; **~iola** *f* pedrea; **~ta** *f* pedrada

sassello *m zool* zorzal

sassifraga *f bot* saxífraga

sasso *m* piedra *f*, pedrusco, guijarro; *cose da far piangere i ~i* cosas que ablandan hasta las piedras; *gettare il ~ e nascondere la mano* tirar la piedra y esconder la mano; *restare di ~* quedarse de piedra

sassofonista *m/f* saxofonista, saxo

sassofono *m* saxofón, saxófono

sassola *f mar* achicador *m*

sassolino *m* piedrecita *f*, china *f*

sasson|e *adj/s* sajón; ***~ia** *f* Sajonia

sassoso *adj* pedregoso

Satana *m* Satanás

satanasso *m* Satanás; *fig* demonio, diablo

satani|co *adj* satánico, demoníaco; **~smo** *m* satanismo

satellite 1. *m astr/tec/pol* satélite; **2.** *adj/inv* satélite

satin *m fr/inv* satén; **~are** *vt* satinar

satir|a *f* sátira; **~eggiare** *vt/vi <avere>* satirizar; **~esco** *adj* de sátiro; **~iasi** *f/inv med* satiriasis; **~ico** *adj/s* satírico; **~ione** *f bot* satirión; **~o** *m mit/fig* sátiro

satoll|are *vt* hartar, saciar; **~o** *adj* harto (*lleno*)

satrapo *m hist/fig* sátrapa

satura|re *<esd> vt chim/fig* saturar; **~zione** *f chim/fig* saturación

satureia *f bot* ajedrea

saturn|ale 1. *adj* saturnal; **2.** *mpl* saturnales *fpl*; **~ismo** *m med* saturnismo

saturo *adj chim/fig* saturado

saudita *adj/s* saudita

sauna *f* sauna

sauro *adj/m zool* sauro

savana *f geogr* sabana

savio *adj/s* sabio; *i sette ~i di Grecia* los siete sabios de Grecia

Savoia *f geogr/hist* Saboya

savoir-faire *m fr/inv* don de gentes *m*, maña *f*, mano izquierda *f*

saxofonista... V. **sassofonista**...

sazi|are *vt a. fig* saciar, hartar; *non si sazia di guardarla* no se cansa de mirarla; **~età** *f/inv a. fig* saciedad *f*, hartazgo *m*; *fino alla ~* hasta la saciedad; *a ~* hasta la saciedad; en abundancia; **~o** *adj a. fig* saciado, harto, ahíto, lleno

sbaciucchi|amento *m* besuqueo, morreo *pop*; **~are** *vt* besuquear, morrear *pop*; **~one, -a** *m/f fam* besucón, -ona

sbadat|aggine *f* despiste *m*, atolondramiento *m*; **~o** *adj* despistado, descuidado, atolondrado

sbadigli|are *vi <avere>* bostezar; **~o** *m* bostezo

sbaf|are *vt fam* devorar, jalar; *desp* comer de gorra, gorrear *vi*; **~ata** *f fam* comida de gorra; **~atore, -trice** *m/f fam* gorrero, -a, gorrista; **~o: a ~** *adv desp* de gorra, de mogollón

sbagli|are 1. *vt* errar, fallar (*tiro, objetivo*); equivocarse (de) (*elección*); equivocarse (de), confundir; *~ mestiere* equivocarse de profesión; *~ numero, treno, strada* equivocarse de número, de tren, de calle; *(fam) ~rla* equivocarse, meter la pata; **2.** *vi <avere>* equivocarse; *~ a leggere, a scrivere* equivocarse leyendo, escribiendo; *sbagliando s'impara* se aprende de los errores; **3.** *~rsi* equivocarse; **~o** *m* error, equivocación *f*, fallo

sbalestra|re *vt* estampar, arrojar; *adm* destinar lejos, desplazar (*empleado*); *fig* confundir, aturdir, turbar; **~to** *adj* descentrado, desplazado; *fig* desordenado (*vida*)

sballa|re 1. *vt com* desembalar; *fam* soltar, largar (*mentiras*); *~rle grosse* soltarlas gordas; **2.** *vi fam* pasarse, excederse; **~atura** *f* desembalaje *m*; **~to** *adj fam* desquiciado, alocado, descontrolado

sballo *m gergo* alucine; *da ~* alucinante, super, guay

sballotta|mento *m* traqueteo, meneo; **~re** *vt* traquetear, agitar, menear

sbalordi|mento *m* estupor, asombro, pasmo; **~re** *<isc>* **1.** *vt* aturdir, atontar, embobar (*golpe, noticia*); *fig* impresionar, asombrar, pasmar; **2.** *vi <avere>* asombrarse, pasmarse; **~tivo** *adj* asombroso, pasmoso; **~to** *adj* atónito, embobado, aturdido, pasmado

sbalz|are 1. *vt* 1. lanzar, arrojar, despedir; derribar; *fig* echar, destituir; 2. *tec* repujar; **2.** *vi* saltar; *fig* cambiar, oscilar (*precio, temperatura*); **~atore, -trice** *m/f* repujador, -a; **~o** *m* 1. salto; *fig* cambio, oscilación *f* (*precio, temperatura*); 2. *tec* repujado

sbancare 1. *vt* desbancar (*naipes*); *fig* arruinar; **2.** *~rsi* arruinarse

sbanda|mento *m* 1. *mil/fig* desbandada *f*; 2. *mar* escora *f*; **~re 1.** *vi* <*avere*> *mar* escorar (*barco*); *auto* derrapar; *fig* derivar, inclinarse (*verso* hacia); **2.** *vt* desmovilizar, dispersar, disolver (*ejército*); **3.** *~rsi* dispersarse, disolverse, desperdigarse; **~ta** *f* *mar* bandazo *m*; *auto* derrape *m*, derrapaje *m*; *(fig) prendersi una ~ per q* volverse loco por alg; **~to** *adj* disperso, desperdigado; *fig* desorientado, confuso; desarraigado

sbandiera|mento *m* ondeo de banderas; *fig* ostentación *f*; **~re** *vt* hacer ondear (*banderas*); *fig* alardear *vi* (de), ostentar

sbaraccare 1. *vt fam* quitar de en medio, echar a la calle; **2.** *vi* <*avere*> *fam* largarse, marcharse

sbaragli|are *vt mil* desbaratar, dispersar (*da* de); *pol* disolver (*manifestación*); *fig* hacer polvo, machacar (*humillar*); **~o** *m* desbaratamiento; desperdigamiento, dispersión *f*; *gettarsi/buttarsi/andare allo ~* ir a la perdición/ruina; *mandare/condurre allo ~* llevar a la ruina/perdición

sbarazz|are 1. *vt* desembarazar, librar (*da* de); **2.** *~rsi* desembarazarse, librarse, deshacerse (*di* de); **~ino, -a** *adj/s fam* pillo, -a

sbarb|are *vt* afeitar (*persona*); erradicar, arrancar (*planta*); *fig* extirpar, erradicar (*vicio*); **~atello** *m* mocoso; **~icare** <*esd*> *vt a. fig* erradicar, arrancar

sbarc|are 1. *vt* 1. desembarcar (*pasajeros*); descargar (*mercancías*); *fig/iron* descargar; 2. pasar (tiempo); **2.** *vi* desembarcar; **~o** *m* desembarco, desembarque; desembarcadero (*lugar*)

sbarra *f* barrera (*aduana, paso a nivel, hípica*); barra, tranca (*palo*); *sport* barra; *tip* barra; barrote *m* (*cárcel*); *(fig) essere dietro le ~e* estar entre rejas; *alla ~* en tela de juicio (*opiniones, personajes*); **~mento** *m* bloqueo; *diga di ~* dique de contención; **~re** *vt* 1. bloquear, cerrar, obstruir; 2. *econ* cruzar (*cheque*); 3. abrir de par en par (*ojos*)

sbarretta *f tip* pleca

sbassare *vt* rebajar, disminuir, reducir

sbastire <*isc*> *vt* deshilvanar

sbatacchiare 1. *vt* golpear; agitar; **2.** *vi* <*avere*> agitarse

sbattere 1. *vt* 1. batir, sacudir (*alfombra, tela*); batir (*alas*); golpear, chocar *vi*; *gastr* batir; *~ qc/q per terra* echar algo/a alg por tierra; *~ la porta* dar un portazo; *~ la porta in faccia a q* darle a alg con la puerta en las narices; *~ in faccia* echar a la cara, refregar; *(fam) ~ fuori* echar; *andare a ~ contro il muro* pegársela contra un muro; 2. *adm* desplazar; 3. desmejorar, sentar mal; *quel colore ti sbatte il viso* aquel color te desmejora la cara; 4. *vulg* joder, follar; **2.** *vi* <*avere*> golpear *vt*, dar golpes *vt*; **3.** *~rsi* agitarse; *~rsene* dar igual, importar un bledo *vt*

sbattezzare 1. *vt* descristianizar; **2.** *~rsi* descristianizarse, renegar del cristianismo

sbatti|mento *m* golpeo, batimiento, sacudida *f*; **~tore** *m* batidor, batidora *f*; **~uova** *m/inv* batidor de huevos *m*

sbattut|a *f* sacudida; **~o** *adj gastr* batido; *fig* cansado, abatido (*cara*)

sbava|re 1. *vi* <*avere*> 1. babear; *fam/fig* caérsele a alg la baba (*per* por); 2. *fig* difuminarse (*pintura*); **2.** *vt* 1. babosear; 2. *metal* rebavar; **~tura** *f* 1. babeo *m* (*persona*); baba (*babosa*); 2. difuminación (*color*); *fig* divagación, vaguedad; 3. *metal* rebaba

sbeffeggiare *vt* burlarse (de), pitorrearse (de)

sbellicarsi descoyuntarse, troncharse; *~ dalle risa/dal ridere* morirse de risa, troncharse de risa

sbendare *vt* desvendar

sberl|a *f* bofetada, bofetón *m*; **~effo** *m* mofa *f*, mueca de escarnio *f*

sbertucciare *vt* arrugar, estropear; *fig* maltratar; *fig* burlarse (de)

sbevazzare *vi* <*avere*> *desp* beber como un cosaco

sbiadi|re <*isc*> **1.** *vt* descolorar, desvaír; **2.** *vi* empalidecer, desvaírse, deslucirse; descolorarse; **~to** *adj* pálido, deslucido, borroso; descolorido

sbianca|nte *adj/m* blanqueador; **~re** *vt/vi* blanquear

sbianchire <*isc*> **1.** *vt* blanquear; *gastr* escaldar; **2.** *vi* blanquear

sbicchierata *f* ronda (*bebida*)

sbieco *adj* torcido, sesgado; *guardare di ~* mirar de soslayo/de reojo; *fig* poner mala cara, mirar mal

sbigotti|mento *m* espanto, pavor, terror; asombro, estupor; **~re** <*isc*> **1.** *vt* aterrorizar, espantar; **2.** *vi* aterrorizarse, espantarse

sbilancia|mento *m* desequilibrio; *fig* desconcierto, trastorno; **~re 1.** *vt* desequilibrar; *fig* desbaratar, desconcertar, trastornar; **2.** *vi* <*avere*> inclinarse (*su* hacia)

sbilancio *m* desequilibrio; *econ* déficit

sbilenco *adj* torcido, encorvado

sbircia|re *vt* echar una ojeada; **~ta** *f* ojeada, vistazo *m*

sbirro *m desp* esbirro

sbizzarrirsi matar el deseo, satisfacer un antojo

sblocc|amento *m* desbloqueo; *fig* descongelación *f* (*precios*...); **~are** *vt a. fig* desbloquear; *fig* descongelar (*precios*...); **~o** *m* desbloqueo

sbobba *f desp* calducho *m*, mejunje *m*

sbocca|re 1. *vi* desembocar (*in* en) (*río, calle, fig*); **2.** *vt* verter; desbocar (*botella*); **~to** *adj* desbocado, deslenguado (*persona*); desbocado (*botella*)

sbocciare *vi bot* romper, abrirse (*flor*)

sboccio *m bot* eclosión *f*

sbocco *m* desembocadura *f* (*río*); salida *f* (*calle*); *fig* salida *f*, colocación *f* (*mercancía, trabajo*); *strada senza ~* calle sin salida; *~ di sangue* esputo de sangre

sbocconcellare *vt* comiscar, malcomer

sboll|entare *vt gastr* escaldar; **~ire** <*isc/sbollo*> *vi* 1. <*avere*> dejar de hervir; 2. <*essere*> *fig* calmarse, tranquilizarse

sbornia *f fam* borrachera, cogorza, mona;

smaltire la ~ dormir la mona; ~**rsi** emborracharse

sbors|are *vt* desembolsar; ~**o** *m* desembolso

sbosca|mento *m* de(s)forestación *f*; ~**re** *vt* de(s)forestar

sbott|are *vi* romper, echarse; ~ *a piangere* romper/echarse a llorar; ~**o** *m* ataque (*risa, llanto*); ~**onare** *vt* desabotonar, desabrochar

sbozz|are *vt* esbozar; *tec* desbastar; ~**o** *m* esbozo; *tec* desbaste

sbraccia|rsi 1. bracear *vi*, gesticular *vi*, agitar los brazos *vt*; 2. remangarse, arremangarse; 3. *fig* ajetrearse, desvivirse; ~**to** *adj* sin mangas, desmangado (*ropa*); arremangado, remangado (*persona*)

sbraitare *vi* <*avere*> desgañitarse

sbranare *vt* descuartizar; lacerar, desgarrar; *fig* destrozar, destruir

sbreccare *vt* romper por el borde (*vaso, plato*)

sbrecciare *vt* romper, resquebrajar

sbrendolare <*esd*> *vi* <*avere*> *reg* caerse a pedazos, a jirones (*ropa*)

sbriciolare <*esd*> *vt* desmenuzar, desmigar, desmigajar

sbriga|re 1. *vt* despachar (*asunto, correo, persona*); tramitar, cursar (*solicitud*); **2.** ~*rsi* darse prisa, apresurarse, espabilarse; ~*rsi da/di q/qc* librarse, desembarazarse de alg/algo; ~*rsela* arreglar un asunto, quitarse un problema de encima; ~**tivo** *adj* expeditivo; *desp* superficial

sbriglia|re *vt a. fig* desenfrenar

sbrina|mento *m* descongelación *f*, deshielo (*nevera*); *auto* desempañamiento; ~**re** *vt* descongelar, quitar la escarcha (*nevera*); *auto* desempañar; ~**tore** *m* descongelador (*nevera*); *auto* luneta térmica *f*

sbrindell|are *vt* rasgar, desgarrar (*tela*); ~**ato** *adj* desgarrado, rasgado (*ropa*); harapiento, andrajoso (*persona*); ~**o** *m* jirón, harapo, andrajo

sbroccare *vt agr* limpiar

sbrodol|are <*esd*> *vt* ensuciar, pringar; *fig* recargar (*discurso*); ~**one, -a** *m/f fam* cochino, -a, guarro, -a, sucio, -a

sbrogliare *vt a. fig* desenredar, desembrollar, desenmarañar; *mar* zafar

sbronz|a *f fam* borrachera, cogorza, mona, castaña; ~**arsi** *fam* emborracharse, coger una mona; ~**o** *adj/s fam* borracho

sbruffone, **-a** *m/f reg/desp* matón, -ona, chulo, -a

sbucare *vi* asomar, asomarse (*animal en la madriguera*); *fig* aparecer (*de repente*)

sbuccia|patate *m/inv* pelapatatas; ~**re** *vt* pelar, mondar (*patata, fruta*); descascarillar, descascarar (*frutos secos*); *med* pelar, hacer un rasguño; ~**tura** *f* peladura, mondadura; *med* rasguño *m*, arañazo *m*

sbudellare *vt* destripar; ~*rsi dalle risate* desternillarse de risa

sbuff|ante *adj* resollante (*persona*); abombado (*ropa*); ~**are** *vi* <*avere*> resoplar, resollar (*persona*); resollar, bufar (*animal*); echar bocanadas de humo (*tren*); ~**ata** *f* resoplido *m*; ~**o** *m* 1. resuello, resoplido (*persona*); resuello, bufido (*animal*); bocanada *f* (*aire, humo*); 2. abombamiento (*ropa*); *a* ~ abombado

sbullettare *vi* <*avere*> hacerse agujeros en el enlucido

sbullonare *vt* desempernar

sburocratizzare *vt* desburocratizar

sbuzzare *vt* destripar

scabbia *f med* sarna, roña

scabr|ezza *f* aspereza; ~**o** *adj* áspero

scabros|ità *f/inv* aspereza *f*, escabrosidad *f*; ~**o** *adj* áspero, rugoso; escabroso (*camino*); *fig* cerril, cerrado (*persona*); espinoso (*problema, cuestión*); escabroso (*escena*)

scacchi V. **scacco**

scacchier|a *f* tablero *m* (de ajedrez); damero *m* (*juego de damas*); ~**e** *m mil* teatro de operaciones; *a* ~ en cuadro

scacchist|a *m/f* ajedrecista; ~**ico** *adj* ajedrecístico

scaccia|cani *m/f inv* pistola de fogueo *f*; ~**pensieri** *m/inv mus* birimbao *m*, trompa de París *f*, trompa gallega *f*; ~**re** *vt* expulsar, echar

scacco <*pl -chi*> *m* 1. pieza *f* (*ajedrez*); 2. cuadro (*tablero, vestido*); *stoffa a* ~*i* tela a cuadros; 3. jaque (*movimiento*); ~ *matto* jaque mate; *dare* ~ *al re* dar jaque al rey; *tenere q in* ~ tener a alg en jaque; 4. *mpl* ajedrez *m*; *giocare a* ~*i* jugar al ajedrez

scaccomatto, scacco matto *m* jaque mate; *dare* ~ *a q* derrotar a alg

scadente *adj* malo, flojo, de baja calidad (*producto*); *fig* insuficiente

scadenza *f* caducidad (*producto, documento*); vencimiento *m* (*deuda, tratado*); plazo *m* (*deuda*); *a lunga, breve* ~ a largo, corto plazo; ~**re** *vt adm* fijar el vencimiento (de algo); ~**rio** *m com* libro de vencimientos

scadere <*8 scaddi*> *vi* 1. decaer, declinar, empeorar; 2. vencer (*letra, tratado*); caducar (*producto, documento*); expirar, cumplirse (*plazo*)

scadimento *m* decadencia *f*, declinar

scafandro *m* escafandra *f*

scaffal|are *vt* poner estanterías, cubrir de estanterías (*pared*); poner en estanterías (*libros*); ~**atura** *f* colocación en estanterías (*libros*); estanterías *fpl*; ~**e** *m* estantería *f*

scafo *m mar* casco; ~**ide** *m med* escafoides

scagionare *vt* disculpar, exculpar

scaglia *f* 1. *zool* escama; 2. astilla, trozo *m*, fragmento *m*; ~**re 1.** *vt* 1. arrojar, lanzar, tirar; estampar, estrellar; *fig* soltar, escupir (*insulto*); 2. escamar (*pescado*); 3. hacer astillas, hacer añicos; **2.** ~*rsi* 1. lanzarse, arrojarse, abalanzarse, echarse (*contro q/addosso a q* contra/sobre alg); 2. romperse, hacerse añicos

scagliola *f* 1. escayola; 2. *bot* alpiste *m*

scaglion|amento *m mil/fig* escalona-

miento; ~**are** *vt mil/fig* escalonar; ~**e** *m* 1. *mil* escalón; 2. *geogr* terraza *f*; 3. *zool* colmillo
scaglioso *adj zool* escamoso
scagnozzo *m* 1. *eccl* cura de misa y olla; 2. *ant/desp* esbirro, sicario
scala *f* escalera; *mus/cient* escala; escalera (*póquer*); *salire le* ~*e* subir la escalera/las escaleras; ~ *a chiocciola* escalera de caracol; ~ *antiincendio* escalera de incendios; ~ *a pioli* escala, escalera de mano; ~ *di valori* escala de valores; ~ *mobile (dei salari)* subida del sueldo según el coste de la vida; ~ *mobile* escalera mecánica; ~ *reale* escalera de color (*póquer*); *(sport)* ~ *svedese* escalera sueca; *su larga, piccola* ~ a gran, pequeña escala
scalandrone *m mar* pasarela *f*; *mar* varadero
scalare 1. *adj* gradual; graduado; *fis* escalar; **2.** *m mat* función escalar *f*; **3.** *vt* 1. *sport* escalar; 2. graduar, escalonar; *com* escalonar, fraccionar
scalat|a *f sport/fig* escalada; *dare la* ~ *al potere* tomar el poder; ~**ore, -trice** *m/f sport* escalador, -a
scalcagnato *adj* gastado, ajado (*zapato*); harapiento, andrajoso (*persona*)
scalciare *vi* <*avere*> cocear, tirar coces
scalcina|re *vt* desconchar (*pared*); ~**to** *adj* desconchado; *fig* ajado, desaliñado
scalda(a)cqua *m/inv* calentador (de agua) *m*
scaldabagno *m/inv* calentador (de agua) *m*
scaldabanchi *m/f inv* calientasillas (*alumno*)
scaldaletto *m* calientacamas, calentador de camas; bolsa de agua *f*
scaldapiedi *m/inv* calientapiés
scaldare 1. *vt a. fig* calentar, caldear; *(fig)* ~ *la sedia* calentar la silla; **2.** ~*rsi a. fig* calentarse, caldearse; *sport* calentarse
scaldaseggiole *m/f inv* calientasillas (*alumno*)
scaldata *f* calentamiento *m*, calentón *m/fam*
scaldavivande *m/inv* calientaplatos
scaldino *m* estufilla *f*, braserillo
scale|no *adj mat* escaleno; ~**o** *m* escalerilla *f*, escala de tijera *f*; ~**tta** *f* escalerilla; *fig* esbozo *m*, croquis *m* (*discurso, guión*...)
scalfi|re <*isc*> *vt* arañar; ~**ttura** *f* arañazo *m*, rasguño *m*
scalin|ata *f* escalinata; ~**o** *m* escalón, peldaño
scalmana *f* resfriado *m*; *fig/iron* entusiasmo *m*, emoción; *prendersi una* ~ *per q/qc* entusiasmarse con alg/algo; ~**rsi** *fig* agitarse, afanarse; *fig* excitarse, emocionarse (*hablando*); ~**to** *adj/s* exaltado
scalmiera *f*, **scalmo** *m mar* tolete *m*, escálamo *m*
scalo *m* 1. *mar* varadero; ~ *di alaggio* dique de carenaje, varadero; 2. *mar* muelle, embarcadero; ~ *merci* muelle de carga y descarga (*mar, tren*); ~ *aereo* terminal *f*; 3. *mar/aer* escala *f* (*parada*); *fare* ~ hacer escala
scalogn|a *f* 1. gafe *m*, mala suerte; 2. *bot* chalote *m*, escaloña; ~**ato** *adj/s* desgraciado, gafado; ~**o** *m bot* chalote, escaloña *f*
scalone *m* escalinata *f*
scaloppa, scaloppina *f* escalope *m*
scalpell|are *vt* escoplear, cincelar; ~**ino** *m* cantero, cincelador; ~**o** *m* cincel, puntero (*piedra, metal*); escoplo, formón (*madera*); trépano (*min, petróleo*); *med* escalpelo
scalpicciare *vi* <*avere*> trapalear
scalpiccio *m* trápala *f*
scalpit|are <*esd*> *vi* <*avere*> patalear, piafar, zapatear (*caballo*); *fig/iron* patalear (*persona*); ~**io** *m* pataleo, zapateo
scalpo *m* cabellera *f* (*indios*); ~**re** *m* alboroto, escándalo; *destare* ~ levantar ampollas
scaltr|ezza *f* astucia, picardía; ~**ire** <*isc*> *vt* espabilar, avispar; ~**o** *adj* astuto, espabilado, avispado
scalza|cane, ~**cani** *m/f inv desp/fam* chapucero, -a; ~**re 1.** *vt* descalzar (*pie*); *agr* cavar; *arch/fig* socavar; *fig* echar, descabalgar (*puesto*); *fig* sonsacar (*interrogar*); **2.** ~*rsi* descalzarse, quitarse los zapatos
scalzo *adj* descalzo
scambi|are 1. *vt* 1. confundir (*per* con), tomar (*per* por); 2. cambiar por error, coger por error; 3. cambiar (*con* por), intercambiar (*con* por), trocar (*con* por); cambiar (*billete, moneda*); *fig* cambiar (*impresiones*); cruzar (*palabras, insultos*); **2.** ~*rsi* intercambiarse; cruzarse, intercambiarse (*palabras, insultos*); ~**etto** *m* gambeta *f*, trenzado (*danza*); ~**evole** *adj* recíproco; ~**o** *m* intercambio, cambio; cruce (*palabras, insultos*); *tras* cambio de agujas (*tren*); *(com) libero* ~ librecambio; ~**sta** *m/f com* cambista; *tras* guardagujas (*tren*)
scamicia|rsi descamisarse, quitarse la camisa; ~**to 1.** *adj* descamisado, en mangas de camisa; **2.** *m* pichi
scamorza *f fig/iron* debilucho *m*; *gastr* ="queso del sur de Italia"
scamoscia|re *vt* agamuzar, gamuzar; ~**to** *m* piel agamuzada *f*
scampagnata *f* excursión, escapada (*al campo*)
scampana|cciata *f* cencerrada; ~**re 1.** *vi* <*avere*> 1. campanear, repicar, echar las campanas al vuelo; *fig/iron* cencerrear; 2. acampanarse (*ropa*); **2.** *vt* acampanar (*ropa*); ~**ta** *f* repique *m* (*campanas*); *fig/iron* cencerrada
scampanell|are *vi* <*avere*> tintinear, tintinar; ~**ata** *f* campanillazo *m*; ~**io** *m* tintineo
scampanio *m* campaneo, repique, repiqueteo
scampare 1. *vt* librar, salvar (*alg*); evitar, esquivar (*algo*); **2.** *vi* escapar(se) (*a/da* de), salvarse (*a/da* de); refugiarse; ~*rla (bella)* librarse, salir bien librado, salir con bien; *Dio ci scampi e liberi!* ¡que Dios nos ampare!

scampo *m* 1. salvación *f*; refugio; 2. *zool* langostino
scampolo *m* retazo, retal (*tela*); *fig* resto, trozo, fragmento
scanala|re *vt* acanalar, estriar; **~tura** *f* acanaladura, estriado *m*; *arch* canaladura, canal *m/f* (*columna*)
scandagli|are *vt mar/fig* sondear; **~o** *m mar* sonda *f*, plomada *f*, escandallo; *fig* sondeo
scandali|smo *m* afición a los escándalos *f*; **~stico** *adj* escandalizador; **~zzare** *vt* escandalizar
scandalo *m* escándalo; *pietra dello ~* piedra del escándalo; *fare uno ~* armar un escándalo; *gridare allo ~* poner el grito en el cielo; **~so** *adj* escandaloso
Scandinav|ia: *la ~* Escandinavia; ***~o** *adj/s* escandinavo
scandire *<isc> vt* escandir (*verso*); silabear (*pronunciación*)
scann|are *vt* degollar (*animal*); degollar, masacrar (*persona*); *fig* exprimir, explotar; **~atoio** *m* degolladero; *fig/desp* cueva de ladrones *f* (*local*); **~atura** *f* degüello *m*
scannell|are *vt arch* acanalar, estriar; **~atura** *f arch* acanaladura, estriado *m*; **~o** *m* atril, escritorio
scanner *m/inv tec* escáner *m*
scanno *m* escaño
scansa|fatiche *m/f inv* vago, -a, holgazán, -ana, manta *m/fam*; **~re** *vt* 1. separar, apartar; 2. esquivar, evitar
scansia *f* estantería, aparador *m*
scansione *f ling* escansión (*verso*); silabeo *m*; *tec* barrer, explorar
scanso: a ~ di *prep* para evitar, en evitación de
scantinato *m* sótano; semisótano
scantonare *vi<avere>* doblar la esquina; *fig* desviarse, apartarse
scanzonato *adj* despreocupado
scapa|ccione *m* pescozón; **~to** *adj* despreocupado, inconsciente
scapestrat|aggine *f* libertinaje *m*; calaverada; **~o** *adj/s* libertino, vicioso, disoluto, disipado, licencioso; **2.** *m/f* libertino, -a, crápula *m*, calavera *m*
scapicollo: a ~ *adv* a tumba abierta
scapiglia|re *vt* desgreñar, desmelenar, despeinar; **~to 1.** *adj* desgreñado, desmelenado, despeinado; *lit* bohemio; *fig* libertino, licencioso, disoluto; **2.** *m/f* bohemio, -a; **~tura** *f* 1. libertinaje *m*, desenfreno *m*, desmelenamiento *m*; 2. scapigliatura (*movimiento literario italiano decimonónico de tipo bohemio*)
scapitare *<esd> vi <avere>* salir perdiendo, perder
scapito *m* perjuicio, daño, detrimento, menoscabo; *a ~ di* a costa de, en perjuicio de; *vendere a ~* vender con pérdida
scapola *f med* omoplato *m*, omóplato *m*, escápula, paletilla; **~re 1.** *adj med* escapular; **2.** *m eccl* escapulario; **3.** *<esd> vt mar* escapular; *fig* esquivar, evitar
scapolo *adj/m* soltero (*hombre*)
scapolone *m fam* solterón
scappa|mento *m mec* escape (*motor*); escape, disparador (*reloj*); **~re** *vi* 1. escapar(se), huir; ir corriendo, apresurarse; *sport* escaparse; *scappo in ufficio* voy corriendo a la oficina; *di qui non si scappa* no hay escapatoria; 2. escaparse; pasarse, irse; *gli è scappato di mente* se le ha ido de la cabeza; *~ la pazienza* agotarse la paciencia; 3. escaparse (*no aguantar*); saltar; *mi scappa da ridere* se me escapa la risa; *~ fuori a dire qc* saltar/salir con algo; **~ta** *f* escapada; *fig* salida de tono, inconveniencia; **~tella** *f* cana al aire, aventura; **~toia** *f* escapatoria, salida
scappell|are 1. *vt* quitar el sombrero; **2.** *~rsi* quitarse el sombrero, descubrirse; **~ata** *f* saludo con el sombrero *m*; **~otto** *m* pescozón, coscorrón
scappottare *vt auto* descapotar
scarabattola V. **carabattola**
scarabeo *m zool* escarabajo; *~ stercoraio* escarabajo pelotero
scarabocchi|are *vt* garabatear, emborronar, borronear; **~atura** *f* garabateo *m*; **~o** *m* garabato, borrón, tachón; *desp* monigote, pintarrajo
scaracchi|are *vi <avere> pop* echar gargajos; **~o** *m pop* gargajo, escupitajo
scarafaggio *m zool* cucaracha *f*
scaram|anzia *f* conjuro *m*; **~azza** *f* barrueco *m*; **~uccia** *f mil/fig* escaramuza
scaraventare *vt* lanzar, arrojar, tirar; *adm* trasladar (*lejos*)
scarcassato *adj* destartalado, descuajeringado
scarcera|re *<esd> vt* excarcelar; **~zione** *f* excarcelación
scardasso *m tec* carda *f*
scardinare *<esd> vt* desquiciar; *fig* desmontar (*razonamiento*)
scarica *f a. fig* descarga; *~ elettrica, di pugni, intestinale* descarga eléctrica, de palos, intestinal
scaricabaril|e, ~i: fare a ~ *fig* pasarse la pelota, pasarse el muerto
scaricamento *m* descarga *f*
scaricare *<esd>* **1.** *vt a. fig* descargar; vaciar; *fig* abandonar, dejar tirado (*a alg*); **2.** *~rsi* descargarse; vaciarse; *fig* quitarse (un peso) de encima; *fig* relajarse
scaricatore *m* descargador
scarico *<mpl -chi>* **1.** *adj* descargado; vacío; *tec* sin cuerda (*reloj*); *fig* libre; **2.** *m* descarga *f*; vaciado; vertido (*basura, residuos*); *mec* escape; *com* salida *f* (*mercancía, dinero*); *fig* descargo (*justificación*); *divieto di ~* prohibido tirar basuras; *~i industriali* residuos industriales
scarlatt|ina *f med* escarlatina, escarlata; **~o** *adj/m* escarlata *adj/f*
scarmigliare *vt* despeinar, desgreñar
scarn|ificare *<esd> vt* descarnar; **~ire** *<isc> vt* descarnar; **~o** *adj* descarnado; demacrado; *fig* descarnado, sobrio
scarola *f bot* escarola
scarpa *f* 1. zapato *m*; *(fig) fare le ~e a q* darle una puñalada trapera a alg; *(fig) non essere degno di lustrare le ~e a q* no llegarle a alg a la suela de los zapatos; 2. *fig* asno *m*, inútil *m*; **~io, -a** *m/f* zapatero, -a

ambulante; ~**ta** *f* 1. zapatazo *m*; 2. *geogr* escarpa, escarpadura, escarpe *m*
scarpetta *f* zapatilla; *fare la ~* rebañar (*plato*)
scarpi|era *f* zapatero *m* (*mueble*); ~**nare** <*esd*> *vi* <*avere*> *fam* darse una larga caminata; ~**nata** *f fam* larga caminata; ~**no** *m* escarpín
scarpone *m* bota *f* (*montaña, militar*)
scarrozza|re 1. *vt* pasear (*en coche*); **2.** *vi* <*avere*> pasearse, dar vueltas (*en coche*); ~**ta** *f* vuelta, paseo *m* (*en coche*)
scarrucolare <*esd*> **1.** *vt* quitar la cuerda de la polea; **2.** *vi* <*avere*> deslizarse por la polea
scarse|ggiare *vi* <*avere*> escasear; *~ di educazione* ir escaso de educación, tener poca educación; ~**lla** *f* escarcela; *reg* bolsillo *m*; ~**zza** *f* escasez, penuria
scarsità *f/inv* escasez *f*, penuria *f*
scarso *adj* escaso
scarta|bellare *vt* hojear; ~**faccio** *m* cartapacio, mamotreto; ~**mento** *m tras* ancho, trocha *f/Arg*; *~ ridotto, largo, normale* vía estrecha, ancha, normal; *(fig) a ~ ridotto* a pequeña escala; ~**re 1.** *vt* 1. desenvolver, desempaquetar, abrir; 2. descartar, deshechar; 3. descartarse (de algo) (*naipes*); 4. *sport* regatear, driblar; **2.** *vi* desviarse, ladearse; ~**ta** *f* reparada (*caballo*)
scarto *m* 1. descarte, exclusión *f*, rechazo; descarte (*naipes*); *com* resto, deshecho; *~i di magazzino* restos de almacén; 2. desviación *f*, ladeo; reparada *f* (*caballo*); 3. diferencia *f*, distancia *f*, separación *f*; ~**cciare** *vt* desenvolver; *agr* despinochar; ~**ffia** *f desp* papelajo *m*
scassa|quindici *m/inv* chinos *mpl* (*juego*); ~**re** *vt* desembalar, desempaquetar; *agr* roturar; *fig/fam* cargarse, hacer polvo (*romper*)
scassina|re *vt* forzar, descerrajar (*cerradura*); ~**tore** *m* ladrón de casas, desvalijador, topista *gergo*
scasso *m* 1. *ius* violencia *f*; 2. *agr* roturación *f*
scatafascio V. **catafascio**
scatarrare *vi* <*avere*> gargajear, expectorar *med*
scatena|mento *m* desencadenamiento; ~**re 1.** *vt* incitar, azuzar; **2.** *~rsi* desenfrenarse, descontrolarse (*alg*); desatarse, desencadenarse (*tempestad*)
scatola *f* 1. caja (*cartón, madera*); lata (*metal*); *cibi in ~* alimentos enlatados; *~ di fiammiferi* caja de cerillas; *~ armonica/acustica* caja de música; *~ cranica* caja craneal; *(aer) ~ nera* caja negra; *(auto) ~ del cambio* caja de cambios; *(elec) ~ di derivazione* caja de derivación; *~e cinesi* cajas rusas; *comprare a ~ chiusa* comprar con los ojos cerrados; 2. *fpl pop/euf* pelotas, huevos *mpl*, cojones *supl/vulg*; *rompere le ~e/far girare le ~e* tocar las narices, chinchar, tocar las pelotas *vulg*
scatola|me *m* 1. conjunto de cajas; 2. latas de conserva *fpl*; ~**re** *adj arch* en forma de caja; ~**to** *m* lata *f*, producto enlatado
scatoletta *f gastr* lata
scatolificio *m* fábrica de cartonajes *f*
scatologi|a *f* escatología (*excrementos*); ~**co** *adj* escatológico
scatta|nte *adj* ágil, listo; ~**re 1.** *vi* saltar, dispararse (*mecanismo, muelle*); *sport* esprintar; *fig* saltar, estallar, explotar (*ira*); estallar (*aplauso*); *~ in piedi* ponerse en pie; *~ sull'attenti* cuadrarse; *~ alla partenza* salir disparado; *essere pronto a ~* estar a la que salta; **2.** *vt* disparar, hacer (*una fotografía*)
scattista *m/f sport* velocista; esprínter
scatto *m mec* resorte, disparador; disparo; *foto* disparador; salto, bote (*movimiento*); *sport* esprint; *auto* acelerón; *post* paso (*teléfono*); *fig* estallido, explosión *f*, pronto *fam* (*ira*); *fig* subida *f*, aumento; *~ a vuoto* disparo fallido; *a ~i* a saltos, a trompicones; *di ~* de repente, de golpe
scaturire <*esd*> *vi* manar, brotar; *fig* derivarse, originarse *(da de)*
scava|lcare *vi* descabalgar, desmontar (*caballo*); saltar, superar (*obstáculo*); *fig* superar, desbancar; ~**re** *vt* excavar; ~**tore 1.** *adj* excavador; **2.** *m* cavador; **trice** V. **escavatrice**; ~**tura** *f* excavación; *agr* cavadura
scavezzacollo *m/f inv* libertino, -a
scavo *m* 1. excavación *f* (*tunel, arqueología*); 2. escote (*cuello del vestido*)
scazzotta|re *vt pop* zurrar, dar una azotaina; ~**ta,** ~**atura** *f* zurra, azotaina
sceccario *m* chequera *f*
scegliere <*69 scelgo; scelsi; scelto*> *vt* elegir, escoger
sceicco *m* jeque
scellerat|ezza *f* maldad, perversidad, crueldad; ~**o** *adj/s* malvado, desalmado, perverso
scellino *m* chelín
scelt|a *f* elección, opción; *a ~* a elegir; *di prima ~* de primera/primerísima calidad; *di seconda ~* de menor calidad; ~**o** *adj* escogido, selecto (*producto, ambiente*)
scem|are *vi/vt* disminuir, menguar; ~**ata** *f* bobada, memez, estupidez (*acción, dicho*); ~**enza** *f* estupidez, memez (*cualidad, acción*); ~**o** *adj/s* bobo, memo, tonto
scempi|aggine *f* estupidez, memez, simpleza; ~**o 1.** *adj* simple, sencillo; *ling* simple (*consonante*); **2.** *adj/s* bobo, memo, simple, tonto, estúpido; **3.** *m* masacre *f*, estrago; *fig* tortura *f*, tormento
scena *f teatro/fig* escena (*representación*); *teatro/fig* escenario *m*, escena (*lugar*); *~ madre* escena principal; *(a. fig) cambiamento di ~* cambio de escenario; *(a. fig) colpo di ~* golpe de efecto; *andare in ~* ser llevado a los escenarios, representarse (*obra*); *(a. fig) avere ~* tener tablas; *calcare le ~e* dedicarse al teatro; *(a. fig) entrare in ~* entrar en escena; *mettere in ~* poner en escena, escenificar; *uscire dalla ~ politica* salir de la escena política; *(fam) fare ~e* hacer escenas, montar números; *(a. fig) fare ~ muta* hacer mutis; *messa in ~* puesta en escena, montaje *m*
scenari|o *m teatro* escenario, aparato es-

cénico; *fig* escenario; *cine* escenografía y argumento; ~**sta** *m/f cine* guionista
scenata *f fig* escena, número *m*
scendere <*58 scesi; sceso*> *vi/vt* bajar; *(fig)* ~ *molto basso* caer muy bajo; ~ *a patti con q* pactar con alg
scendiletto *m* alfombrilla *f*
sceneggia|re *vt* escenificar; ~**ta** *f fam* escena, número *m*; ~**to** *m TV* serie *f*; ~**tore, -trice** *m/f cine/TV* guionista; ~**tura** *f cine/TV/radio* escenografía *f* y argumento *m*
scenetta *f* sketch *m/ingl*
scenico *adj* escénico
scenograf|ia *f* escenografía; ~**ico** *adj* escenográfico; ~**o, -a** *m/f* escenógrafo, -a
sceriffo *m* 1. sheriff; 2. jerife (*árabe*)
scervella|rsi romperse los cascos, estrujarse el cerebro (*su/intorno a* con); ~**to** *adj/s* descerebrado, inconsciente
scesa *f* bajada
scespiriano *adj* shakespeariano
scettic|ismo *m* escepticismo; ~**o** *adj/s* escéptico
scettro *m* cetro
scevro *adj lit* exento, libre (*di* de)
scheda *f* ficha; *adm* papeleta, boleta *am* (*elecciones*); ~ *bianca, nulla* papeleta en blanco, nula; ~ *magnetica* tarjeta con banda magnética; ~ *perforata* ficha perforada; ~ *telefonica* tarjeta telefónica; ~**re** *vt* fichar; ~**rio** *m* fichero; ~**to 1.** *adj pol* fichado; **2.** *m/f pol* persona fichada *f*; ~**tura** *f* fichado *m*
schedina *f* 1. quiniela (*boleto*); 2. quiniela hípica (*boleto*); 3. lotería primitiva (*boleto*)
scheggia *f* astilla (*madera*); esquirla (*hueso, metal*); lasca (*piedra*); ~**re** *vt* astillar
scheletri|co *adj med/fig* esquelético; ~**re** <*isc*> **1.** *vt* dejar en los huesos; **2.** ~*rsi* quedarse en los huesos; ~**to** *adj* esquelético; *fig* raquítico
scheletro *m* esqueleto; *fig* esqueleto, armazón *m/f*
schema *m* esquema; boceto, esbozo, guión (*novela, discurso*); *ius* proyecto; ~ *di legge* proyecto de ley
schemati|cità *f/inv* esquematicidad *f*; ~**co** *adj* esquemático; ~**smo** *m* esquematismo
schematizza|re *vt* esquematizar; ~**zione** *f* esquematización
scherma *f* esgrima; *tirare di* ~ practicar la esgrima; ~**glia** *f* discusión, debate *m*, polémica; ~**re** *vt* tapar; blindar; ~**tura** *f* tapado *m*, protección; blindaje *m*
schermi|dore V. ~**tore**; ~**re 1.** *vi* esgrimir; **2.** *vt* cubrir, proteger; **3.** ~*rsi* escabullirse (*da* de), eludir *vt*; ~**stico** *adj* de la esgrima; ~**tore** *m/f* esgrimidor, -a, esgrimista *Am Mer*
schermo *m* refugio, protección *f*; *tec* pantalla *f*, escudo; *cine/TV* pantalla *f*; *divi dello* ~ estrellas de la pantalla; *piccolo, grande* ~ pequeña, gran pantalla
schermograf|are <*esd*> *vt med* examinar con rayos X; ~**ia** *f med* radioscopia
schern|ire <*isc*> *vt* escarnecer, mofarse (de); ~**itore, -trice** *m/f* escarnecedor, -a, burlador, -a; ~**o** *m* escarnio, escarnecimiento, mofa *f*, burla *f*
scherzare *vi* bromear; jugar; *(fig)* ~ *col fuoco* jugar con fuego; *scherzi?* ¿bromeas?, ¿me estás tomando el pelo?; *stavo scherzando* estaba bromeando, lo decía de broma; *c'è poco da* ~ no tiene ninguna gracia; *smettila di* ~ déjate de bromas/de tonterías; *non scherzo* lo digo en serio, no es broma
scherzo *m* broma *f*, burla *f*; ~ *di natura* fenómeno de la naturaleza; ~ *da prete* broma de mal gusto, broma pesada; ~*i d'acqua, di luce* juegos de agua, de luz; *fare uno* ~ *a q* gastarle/hacerle una broma a alg; *prendere qc in* ~ tomar algo a broma, tomar algo a risa; *stare allo* ~ seguir la corriente; *per* ~ en broma; de mentirijillas; *neppure per* ~ ni en broma; *senza* ~*i* sin bromas; ~*i a parte* bromas a parte; ~**so** *adj* bromista (*persona*); juguetón (*persona, animal*); gracioso, divertido (*dicho*)
schettina|ggio *m* patinaje sobre ruedas; ~**re** <*esd*> *vi* <*avere*> patinar
schettino *m* patín
schiaccia|mento *m* aplastamiento; ~**noci** *m/inv* cascanueces; ~**nte** *adj fig* aplastante, abrumador; ~**patate** *m/inv* pasapurés; ~**re** *vt* aplastar, chafar; pisar (*pie*); triturar (*patata*...); cascar, romper (*nueces*); *fig* deformar; *fig* aplastar, destruir; *sport* rematar, machacar; ~**sassi** *m/inv* apisonadora *f*; ~**ta** *f* 1. pisotón *m* (*pie*); *sport* remate *m*; mate *m* (*baloncesto*); 2. *gastr* torta plana; ~**to** *adj* chato, achatado (*nariz*); ~**tura** *f* aplastamiento *m*
schiaff|are *vt fam* echar, tirar; ~ *q dentro* meter a alg en la cárcel; ~**eggiare** *vt* abofetear; ~**o** *m* bofetada *f*, bofetón, tortazo, torta *f*, sopapo, guantazo; *mollare uno* ~ pegar una torta; *prendere q a* ~*i* liarse a bofetadas con alg
schiamazz|are *vi* cacarear (*gallina*); graznar (*oca*); *fig* gritar, vociferar; ~**o** *m* cacareo (*gallina*); graznido (*oca*); *fig* griterío, vocerío, algarabía *f*
schiant|are *vt a. fig* romper, quebrar, destrozar; **2.** *vi fam* reventar, morirse; ~ *dalla fatica* reventar/morirse de cansancio; ~**o** *m* 1. quebranto, rotura *f*; estallido, estrépito (*ruido*); *di* ~ de repente; 2. *fig* dolor, punzada *f*; 3. *fig/fam* maravilla *f*, virguería *f*
schiappa *f desp* inepto, -a, negado, -a
schiari|mento *m* aclaración *f*; *fig* esclarecimiento, aclaración *f*; ~**re** <*isc*> *vt* aclarar (*color, monte*); **2.** *vi* aclararse (*color, meteo*); **3.** ~*rsi meteo* aclararse, despejarse; aclarar, hacerse de día; ~**ta** *f meteo* claro *m*; *fig* mejora
schiatta *f lit* estirpe; ~**re** *vi a. fig* explotar, reventar
schiav|ina *f* esclavina; ~**ismo** *m* esclavismo; ~**ista** *adj/s* esclavista; ~**itù** *f/inv a. fig* esclavitud *f*; cautividad *f*; *vivere, allevare in* ~ vivir, criar en cautividad (*animal*); *ridurre in* ~ esclavizar; ~**o** *adj/s a. fig* esclavo; *braccialetto alla* ~*a* esclava
schidione *m* asador, espeto
schiena *f* espalda; *(fig) rompersi la* ~ rom-

perse la espalda, deslomarse; ~**le** *m* respaldo, espaldar; *ant* espaldar (*armadura*); *gastr* espinazo; ~**ta** *f* golpe dado con la espalda *m*
schiera *f mil* tropa; *fig* multitud, muchedumbre; *case a* ~ chale(t)s adosados, casas adosadas; ~**mento** *m mil/fig* despliegue; ~**re 1.** *vt mil/fig* desplegar; **2.** ~*rsi mil* desplegarse; *fig* alinearse; ~*rsi dalla parte di q, contro q* alinearse con alg, contra alg
schiett|ezza *f* pureza; sinceridad; ~**o** *adj* puro; sincero
schif|are *vt* asquear, repugnar; ~**ezza** *f* asquerosidad, porquería, bazofia; ~**iltoso** *adj* remilgado, melindroso, asqueroso; *fare lo* ~ hacer ascos
schifo *m* 1. asco, repugnancia *f*; asco, bazofia *f*, porquería *f* (*cosa*); *fare* ~ dar asco; *che* ~*!* ¡qué asco!; 2. *mar* esquife; ~**so** *adj* asqueroso, repugnante
schiniere *m mil/ant* espinillera *f*
schiocc|are *vt/vi* <*avere*> chasquear, restallar; ~**ata** *f* chasquido *m*, restallido *m*; ~**o** *m* chasquido, restallido
schiopp|ettata *f* escopetazo *m*; ~**o** *m* escopeta *f*
schiribizzo V. **sghiribizzo**
schiudere <*10 chiusi; chiuso*> **1.** *vt* entreabrir; **2.** ~*rsi* abrirse; ~*rsi dal guscio* salir del cascarón
schiuma *f* espuma; ~ *da bagno* gel de baño *m*; *(fig) avere la* ~ *alla bocca* estar rabioso; ~**iola** *f* espumadera; ~**re** *vt/vi* <*avere*> espumar; ~**rola** V. ~**iola**
schiumo|geno 1. *adj* espumógeno; **2.** *m* extintor; ~**so** *adj* espumoso
schiv|are *vt* esquivar, evitar; ~**o** *adj* esquivo, tímido, huidizo; reacio
schizofren|ia *f* esquizofrenia; ~**ico** *adj/s* esquizofrénico
schizoide *adj/s* esquizoide
schizza|re *vt* 1. salpicar; *(fig)* ~ *veleno* destilar veneno; *(fig)* ~ *fuoco dagli occhi* echar fuego por los ojos; 2. ensuciar; 3. esbozar; **2.** *vi* saltar; escurrirse, escapar; *gli occhi schizzano dalla testa/dalle orbite* los ojos se salen de las órbitas; ~**ta** *f* salpicadura, salpicón *m*
schizzinoso *adj/s* remilgado, melindroso, finolis
schizzo *m* 1. salpicadura *f*; mancha *f*; borrón (*tinta*); 2. esbozo, bosquejo; croquis
sci *m/inv* esquí *m* (*deporte, instrumento*); ~ *alpino, di fondo, fuori pista, alpinismo, nautico* esquí alpino, de fondo, fuera de pista, de travesía, náutico
scia *f mar/fig* estela; *(fig) mettersi sulla* ~ *di q* seguir los pasos de alg
scià *m/inv* sha *m*
sciabol|a *f* sable *m*; ~**ata** *f* sablazo *m*
sciacallo *m zool/fig* chacal
sciacqua|re *vt* enjuagar; ~**ta** *f* enjuague *m*; ~**tura** *f* enjuagadura; ~ *di piatti* agua de lavar los platos
sciacquio *m* enjuague; chapoteo
sciacquo *m* enjuague (*boca*); ~**ne** *m* cadena *f* (*del retrete*); *tirare lo* ~ tirar de la cadena
sciaguattare *reg* **1.** *vt* enjuagar (*ropa*); **2.** *vi* <*avere*> chapotear
sciagura *f* desgracia, infortunio *m*, accidente *m*; mala suerte; ~**taggine** *f* maldad, crueldad; ~**to** *adj/s* 1. desgraciado, infortunado; 2. desafortunado, inoportuno; 3. malvado, despiadado
scialacqu|are *vt* despilfarrar, derrochar, dilapidar; ~**atore** *adj/s* despilfarrador, derrochador, derrochón; ~**one, -a** *m/f fam* derrochón, -ona
scialare *vi* <*avere*> darse buena vida, regalarse; *c'è poco da* ~ no es momento para alegrías
scialbo *adj* pálido, claro, desvaído; *fig* insulso
scialle *m* chal, mantón
scialo *m* pompa *f*, derroche; *a* ~ en abundancia
scialuppa *f* chalupa
sciama|nnato *adj* desaliñado, descuidado; ~**no** *m* chamán; ~**re** *vi* 1. <*avere*> *zool* enjambrar; 2. <*essere*> *fig* salir de estampida
sciame *m zool/fig* enjambre
sciampagn|a *f* champán *m*, champaña *m*; cava *m*; ~**otta** *f* botella de champán
sciampo *m fam* champú
sciancare *vt* baldar, lisiar
sciangai *m/inv* juego de los palillos *m*
sciantosa *f* canzonetista, cantante de cabaret
sciarada *f* charada
sciare <*scio*> *vi* <*avere*> esquiar
sciarpa *f* bufanda; cabestrillo *m* (*brazo*)
sciat|a *f* paseo en esquí *m*; ~**ica** *f med* ciática; ~**ico** *adj med* ciático; ~**ore, -trice** *m/f* esquiador, -a
sciatt|eria *f* abandono *m*, desaliño *m*, dejadez; ~**ezza** *f* abandono *m*, desaliño *m*, descuido *m*, dejadez; ~**o** *adj* descuidado, desaliñado, desastrado, zarrapastroso; ~**one, -a** *m/f* perdulario, -a, descuidado, -a
scibile *m* saber
sciccheria *f fam* elegancia, gracia
sciccoso *adj fam* elegante
scientifi|cità *f/inv* cientificidad *f*; ~**co** *adj* científico; ~**smo** *m* cientifismo
scientis|mo *m* cientismo; ~**ta** *m/f* cientista
scienz|a *f* ciencia; ~*e esatte, occulte* ciencias exactas, ocultas; *avere la* ~ *infusa* tener ciencia infusa; ~**iato, -a** *m/f* científico, -a
sciistico *adj* de esquí
sciita *m/f eccl* chiíta
scilinguagnolo *m* locuacidad *f*, palique; *avere lo* ~ *sciolto* hablar por los codos
scillaro *m zool* cigala *f*
scimitarra *f* cimitarra
scimmi|a *f* mono *m*, simio *m*; ~**esco** *adj* simiesco; ~**ottare** *vt* remedar, imitar mal; ~**otto** *m zool* mico, monito
scimpanzé *m/inv zool* chimpancé *m*
scimunit|aggine *f* estupidez; ~**o** *adj* idiota, bobo, estúpido
scindere <*70 scissi; scisso*> *vt* escindir, dividir, partir; *chim* disociar
scintill|a *f* centella, chispa; ~**are** *vi* <*ave-*

re> centellear, chispear; ~**azione** *f astr* centelleo *m*; ~**io** *m* centelleo, destello
scintois|mo *m* sintoísmo; ~**ta** *adj/s* sintoísta
sciò! *excl* ¡fuera!, ¡largo! (*animales, niños*)
scioccare *vt* aturdir, conmocionar
sciocchezza *f* tontería, estupidez, necedad, sandez
sciocco *adj/s* tonto, estúpido, bobo
sciogliere <*12 sciolgo; sciolsi; sciolto*> **1.** *vt* deshacer, desatar, desenredar (*nudo*); desplegar, largar (*velas*); desempaquetar, desenvolver (*paquete*); soltar, deshacer (*pelo*); liberar, soltar (*personas, animales*); disolver, diluir, desleír (*en líquidos*); derretir, deshacer (*hielo, grasa*); disolver (*empresa, sociedad*); anular, rescindir (*contrato*); cumplir (*voto, promesa*); levantar, disolver (*reunión*); *pol* disolver (*parlamento*); resolver, solucionar (*duda, problema*); despejar (*duda, sospecha*); estirar (*piernas, músculos*); ~ *q da un impegno/da un'impresa* dispensar a alg de una obligación; *(fig) far ~ la lingua a q* aflojarle la lengua a alg, hacer cantar a alg; **2.** ~*rsi* 1. liberarse (*da* de); 2. derretirse, deshacerse, fundirse; ~*rsi in lacrime* deshacerse en lágrimas, romper a llorar
scioglilingua *m/inv* trabalenguas
scioglimento *m* desatadura *f* (*nudo*); despliegamiento (*velas*); disolución *f*, desleimiento (*en líquidos*); derretimiento (*hielo, grasa*); disolución *f* (*parlamento, empresa, manifestación, matrimonio*); rescisión *f* (*contrato*); resolución *f* (*duda, problema*); dispensa *f* (*voto*); *fig* desenlace, conclusión *f*, final
sciolina *f* lubrificante de esquíes *m*
sciolt|a *f fam* diarrea; ~**ezza** *f* soltura, libertad, movilidad (*movimiento*); soltura, desenvoltura, desparpajo *m* (*comportamiento*); ~**o** *adj a. fig* suelto, desatado; *lingua ~a* lengua suelta; *versi ~i* versos libres
sciopera|nte *m/f* huelguista; ~**re** <*esd*> *vi* <*avere*> hacer huelga, parar; ~**taggine** *f* vagancia, gandulería; ~**tezza** *f* vagancia, gandulería; ~**to** *adj/s* vago, gandul
scioperistico *adj* huelguístico
sciopero *m* huelga *f*, paro; ~ *bianco* huelga de celo/de brazos caídos; ~ *della fame* huelga de hambre; ~ *generale, a oltranza* huelga general, indefinida; ~ *a singhiozzo, selvaggio* huelga intermitente, salvaje; *mettersi in ~* ponerse/declararse en huelga, ir a la huelga; *fare lo ~* hacer huelga
sciorinare *vt* tender (*colada*); *fig* airear, ventilar
sciovia *f* telesquí *m*
sciovinis|mo *m* chovinismo, chauvinismo; ~**ta** *adj/s* chovinista, chauvinista; ~**tico** *adj* chovinista, chauvinista
scipit|ezza *f* sosería; ~**o** *adj a. fig* insulso, soso, desaborido
scipp|are *vt* robar de tirón, tironear; ~**atore, -trice** *m/f* tironero, -a; ~**o** *m* tirón
scirocco *m* siroco
sciropp|are *vt* almibarar, confitar; ~**o** *m med* jarabe; *gastr* almíbar, arrope; ~**oso** *adj a. fig* almibarado
scisma *m eccl/fig* cisma; ~**tico** *adj/s* cismático
scission|e *f* escisión; ~**ismo** *m pol* inducción a la escisión *f*
scissura *f* grieta, hendidura; *fig* división, discordia
scisto *m min* esquisto; ~**so** *adj min* esquistoso
sciup|are 1. *vt* 1. estropear, gastar, ajar; 2. desperdiciar, malgastar, consumir; despilfarrar, derrochar; **2.** ~*rsi* estropearse, gastarse, ajarse; demacrarse, desmejorar *vi*, marchitarse (*persona*); ~**io** *m* desperdicio, despilfarro, derroche; destrozo, estropicio; ~ *di tempo* pérdida de tiempo; ~**one** *adj/s fam* derrochón, gastador, despilfarrador, malgastador; destrozón
sciuscià *m/inv reg* limpiabotas (*niño*)
scivola|re <*esd*> *vi* 1. resbalar; 2. deslizarse; escurrir(se) (*dalle mani* de las manos); 3. *fig* evitar *vt*, rehuir *vt* (*su un tema* un tema); ~**ta** *f* resbalón *m*, patinazo *m*
scivolo *m* tobogán, rampa *f*; tobogán (*niños*)
scivolone *m* resbalón, patinazo, traspiés; *fig* desliz, patinazo, coladura *f*, metedura de pata *f*; *(a. fig) fare uno ~* dar un traspiés
scivolos|ità *f/inv* estado resbaladizo *m*; *fig* habilidad *f* (*para escurrirse*); ~**o** *adj* resbaladizo; *fig* escurridizo
sclarea *f bot* amaro *m*
sclero|si *f/inv* esclerosis; ~**tico** *adj/s* escleroso
scocca *f auto* carrocería; ~**re 1.** *vt* 1. lanzar, soltar, largar (*puñetazo*); disparar (*flecha, tiro*); *fig* lanzar (*mirada*); dar (*beso*); 2. tocar (*horas*); **2.** *vi* 1. saltar (*chispa, trampa*); 2. sonar (*horas*)
scoccia|nte *adj* pesado, latoso, rollista; ~**re 1.** *vt fam* dar la lata, jorobar, molestar *est*; **2.** ~*rsi fam* mosquearse, molestarse *est*; ~**tore, -trice** *m/f fam* pesado, -a, latoso, -a, incordio *m*; ~**tura** *f fam* lata, matraca
scodare *vt* descolar
scodella *f* escudilla, cuenco *m*, tazón *m*; ~**re** *vt* escudillar, servir
scodinzol|are <*esd*> *vi* <*avere*> mover la cola, colear; *fig* mover el trasero, contonearse; ~**io** *m* coleadura *f*, coleo
scogli|era *f* arrecife *m*; ~**o** *m mar/fig* escollo; ~**onato** *adj vulg* jodido (*fastidiado*); ~**oso** *adj* lleno de escollos
scoia|mento *m* desuello, desolladura *f*, despellejadura *f*; ~**re** *vt* desollar, despellejar; ~**ttolo** *m zool* ardilla *f*
scola|bottiglie *m/inv* escurridor de botellas *m*; ~**pasta** *m/inv* escurridor (de pasta) *m*; ~**piatti** *m/inv* escurridor *m*, escurreplatos
scolare 1. *adj* escolar; *età ~* edad escolar; **2.** *vt* escurrir, colar (*pasta, verdura*); **3.** *vi* escurrirse (*líquido*); ~**sca** *f* alumnado *m*; ~**tto** *m fam* escolar, crío; *arrossire come uno ~* ponerse colorado como un escolar
scolarità *f/inv* escolaridad *f*
scolarizza|re *vt* escolarizar; ~**zione** *f* escolarización

scolaro, -a *m/f* alumno, -a
scolastic|a *f* escolástica; ~**o** *adj/m* escolástico
scolat|oio *m* escurridero, escurridor (*ropa*); ~**ura** *f* escurrimiento *m*
scolio *m* escolio; ~**si** *f/inv med* escoliosis
scolitidi *mpl zool* barrenillos
scolla|cciato *adj* escotado (*vestido*); *fig* atrevido, osado; ~**re** *vt* 1. escotar; 2. despegar (*separar*); ~**to** *adj* escotado; ~**tura** *f* 1. escotadura, escote *m*; 2. despegue *m* (*separación*)
scollo *m* escote
scolo *m* 1. desagüe, desaguadero; *canale di* ~ desagüe; 2. *med/pop* purgaciones *fpl*, blenorragia *f med*
scolopendra *f zool* escolopendra
scolor|are 1. *vt* descolorir, descolorar; **2.** *vi/~rsi* descolorirse, descolorarse; ~**imento** *m* descoloramiento, descolorimiento, decoloración *f*; ~**ina** *f* borratinta *m*; ~**ire 1.** *vt* descolorir, descolorar; *fig* hacer palidecer; **2.** *vi/~rsi* descolorirse, descolorarse; *fig* palidecer
scolp|are *vt* exculpar; ~**ire** *<isc> vt* esculpir; grabar (*nombre*); *fig* fijar, grabar (*memoria*)
scolta *f* centinela *m*
scombina|re *vt* desordenar, revolver; *fig* desbaratar, estropear (*plan*); ~**to** *adj* confuso, incoherente
scombro *m zool* caballa *f*
scombussol|amento *m* trastorno, contratiempo; *fig* trastorno, turbación *f*, convulsión *f*; ~**are** *<esd> vt* trastornar, estropear (*plan*); *fig* trastornar, turbar; ~**io** *m* trastorno
scommessa *f* apuesta, polla *am*; *fig* apuesta, reto *m*
scommett|ere *vt <44 -misi; -messo>* apostar; ~**itore, -trice** *m/f* apostante
scomod|are 1. *vt* incomodar, molestar; **2.** *vi <avere>* venir mal (*incomodar*); **3.** *~rsi* molestarse (*a* en), tomarse la molestia (*a* de); ~**ità** *f/inv* incomodidad *f*, molestia *f*; ~**o 1.** *adj* incómodo, molesto, fastidioso; incómodo, a disgusto; **2.** *m* incomodidad *f*, molestia *f*; *fare ~ qc* venir mal algo
scompaginare *<esd> vt* desbaratar, desordenar, descomponer; *tip* desencuadernar, descuadernar
scompagna|re *vt* desaparear; ~**to** *adj* desapareado, suelto, sin pareja
scompar|ire *<isc> vi* desaparecer; ~**sa** *f* desaparición; ~**so 1.** *adj* desaparecido; **2.** *m/f euf* desaparecido, -a, difunto, -a; ~**timento** *m tras* compartimiento (*tren*); cabina *f* (*barco*); ~**to** *m* estante, anaquel (*armario*)
scompens|are *vt* descompensar, desequilibrar; *med* descompensar; ~**ato** *adj med* descompensado; ~**o** *m* descompensación *f*, desequilibrio; *med* descompensación *f*
scompigli|are *vt* desordenar, desbaratar; *fig* turbar, trastornar; ~ *i capelli* desgreñar el pelo; ~**o** *m* desorden, desbarajuste, desarreglo; *fig* confusión *f*, desconcierto
scompisciarsi *pop* mearse *vulg*; *(fig/vulg)* ~ *dalle risate* mearse de risa
scomponi|bile *adj* descomponible; ~**mento** *m* descomposición *f*
scomporre *<56 -pongo; -posi; -posto> vt* descomponer
scomposizione *f* descomposición, división
scompost|ezza *f* descompostura, descortesía, descaro *m*; ~**o** *adj* descompuesto; desarreglado, revuelto (*pelo*); *fig* descompuesto, descortés, descarado; *fig* deslavazado (*estilo*)
scomunica *f eccl* excomunión
scomunicare *<esd> vt eccl* excomulgar
sconcatenato *adj* inconexo
sconcert|are *vt* desordenar, desbaratar; *fig* desconcertar, turbar; ~**o** *m* desorden; *fig* desconcierto, turbación *f*
sconcezza *f* deformidad
sconcio 1. *adj* deforme; *fig* indecente, obsceno; **2.** *m* desaguisado, desastre; *fig* indecencia *f*, obscenidad *f*
sconclusionato *adj* inconexo, incongruente, deshilvanado (*cosa*); indeciso, irresoluto (*persona*)
sconcordanza *f* disconcordancia
scondito *adj gastr* desabrido, soso
sconfess|are *vt* renegar, retractarse (de) (*ideas*); desautorizar, desmentir (*declaraciones*); ~**ione** *f* abjuración (*ideas*); desmentido *m* (*declaraciones*)
sconficcare *vt* desclavar
sconfiggere *<38 -figgo; -fissi; -fitto> vt mil/fig* derrotar
sconfina|re *vi <avere>* penetrar, pasar la frontera; *fig* excederse; ~**to** *adj* ilimitado, inmenso, infinito
sconfitta *f mil/fig* derrota
sconfort|ante *adj* desconsolador; ~**are** *vt* desalentar, desanimar; ~**o** *m* desconsuelo, desánimo, abatimiento
scongela|mento *m* descongelación *f*; *econ* descongelación *f*, desbloqueo; ~**re** *vt* descongelar; *econ* descongelar, desbloquear; ~**zione** *f* descongelación
scongiur|are *vt* conjurar, exorcizar; *fig* instar, rogar, suplicar; ~**o** *m* conjuro, exorcismo
sconness|ione *f* inconexión, incoherencia; ~**o** *adj* 1. inconexo, incoherente; 2. desconectado; ~**ura** *f* 1. inconexión, incoherencia; 2. grieta, hendidura (*punto*)
sconnettere *<62 -nettei; -nesso> vt* desconectar, desunir, separar
sconosciuto *adj/s* desconocido
sconquass|are *vt* desvencijar, desencajar; *fig* indisponer, marear; ~**o** *m* desorden, desbarajuste; *fig* ruina *f*, perdición *f*, desastre
sconsacrare *vt* desacralizar
sconsiderat|ezza *f* desconsideración; imprudencia, irreflexión; ~**o** *adj* desconsiderado; imprudente, irreflexivo, impulsivo
sconsiglia|bile *adj* desaconsejable; ~**re** *vt* desaconsejar; *ti sconsiglio di farlo* te desaconsejo que lo hagas; ~**to** *adj* incauto, imprudente
sconsola|re *vt* afligir, apesadumbrar; ~**to** *adj* desconsolado, afligido, desolado

sconta|re *vt* 1. descontar, rebajar (*precio*); descontar (*letra*); 2. expiar, pagar (*culpa, pecado*); pasar (*años de cárcel*); *gliela farò ~!* ¡me las pagará!; **~to: dare per** ~ dar por descontado/por sentado
scontent|are *vt* descontentar, disgustar, desagradar; **~ezza** *f* desagrado *m*, disgusto *m*; **~o 1.** *adj* descontento, disgustado, quejoso; **2.** *m* descontento
sconto *m* descuento, rebaja *f* (*precio*); descuento (*letra*)
scontr|are 1. *vt* encontrar (*persona*); **2.** *~rsi* chocar *vi* (*con* contra), colisionar *vi* (*con* contra), topar *vi* (*con* con); *mil* encontrarse, enfrentarse; **~ino** *m* ticket/tique de compra, comprobante de compra, resguardo
scontro *m tras* choque, colisión *f*; *mil/fig* choque, enfrentamiento, conflicto; **~sità** *f/inv* antipatía *f*; **~so** *adj* huraño, arisco
sconvenien|te *adj* inconveniente, inoportuno; **~za** *f* inconveniencia, inoportunidad
sconvolgente *adj* estremecedor
sconvolgere *<90 -volgo; -volsi; -volto>* *vt* estremecer, trastocar, turbar
sconvolgimento *m* estremecimiento, revuelo, turbación *f*
scoop *m ingl/inv* exclusiva *f*, noticia bomba *f*
scoordina|mento *m* descoordinación *f*; **~zione** *f* descoordinación
scooter *m ingl/inv* scooter *m/f*
scopa *f* escoba (*barrer; juego*); ~ *a frange* mopa; **~io** *m* escobero; **~re** *vt* 1. barrer; 2. *vulg* joder, chingar, echar un polvo; **~ta** *f* 1. barrido *m*; escobazo *m*, escobada; 2. *vulg* polvo *m*; *farsi una* ~ echar un polvo; **~tura** *f* barrido *m*; barredura
scoper|chiare *vt* destapar; **~ta** *f* descubrimiento *m*, hallazgo *m*; **~to 1.** *adj* 1. descubierto, al aire libre (*terreno, terraza*); desnudo (*brazo*); descubierto (*cabeza*); *(fig) a viso ~/a fronte ~a* francamente; 2. *com* descubierto; *(com) essere ~ di* tener un descubierto de; **2.** *m* 1. descampado; *allo* ~ al aire libre; 2. *com* descubierto
scopet|o *m bot* escobar; **~ta** *f*, **~to** *m* escobilla *f*
scopiazza|re *vt desp* remedar, copiar; **~tura** *f desp* remedo *m*, refrito *m*
scopiera *f* armario de las escobas *m*
scopino *m* escobilla *f*
scopo *m* fin, finalidad *f*, objetivo; *a ~ di lucro* con fines lucrativos; *allo ~ di* con/al objeto de, a fin de; *a quale ~?* ¿con qué finalidad?, ¿para qué?
scoppiare *vi* explotar, estallar; *fig* prorrumpir, romper (*llanto, risa*); *fig* reventar (*fatiga, comida*); declararse, estallar (*guerra, epidemia*); *~ in lacrime/a piangere* echarse a llorar, romper a llorar; *~ dal caldo* morirse de calor; *~ di salute* rebosar salud; *se non parla scoppia* si no habla revienta
scoppiett|are *vi <avere>* crepitar, chisporrotear (*leña*); *fig* retumbar; **~io** *m* crepitación *f*, chisporroteo (*leña*)
scoppio *m a. fig* explosión *f*, estallido; *motore a ~* motor de explosión; *(a. fig) a ~ ritardato* de efectos retardados
scopri|mento *m* descubrimiento (*acción*); **~re** *<17 scoprii/scopersi; scoperto>* *vt* 1. descubrir, hallar; *fig* revelar; 2. descubrir, destapar; descubrir (*lápida*); **2.** *~rsi* desabrigarse, desarroparse; *fig* descubrirse; **~tore** *adj/s* descubridor
scoraggia|mento *m* desánimo, desaliento, descorazonamiento; **~nte** *adj* desalentador, desmoralizador, descorazonador; **~re** *vt* desanimar, desmoralizar, desalentar, amilanar
scoramento *m lit* descorazonamiento, desesperanza *f*
scorbut|ico *adj* escorbútico; *fig/desp* arisco, huraño; **~o** *m* escorbuto
scorcia|mento *m* acortamiento; **~re 1.** *vt* acortar; *art* escorzar; **2.** *vi art* representar en escorzo *vt*; **~toia** *f a. fig* atajo *m*, desecho *m/am*
scorcio *m* 1. *art* escorzo; 2. *fig* final, fin (*tiempo*); *sullo ~ del secolo* al final del siglo, en el cambio de siglo; 3. preliminares *mpl* (*tiempo*)
scordare *vt* 1. olvidar; 2. *mus* destemplar
scoreggia *f vulg* pedo *m/fam*, cuesco *m*; **~re** *vi vulg* tirarse pedos, peer, pedorrear
scorfano *m* 1. *zool* escorpena *f*; 2. *fig/desp* adefesio, feto
scorgere *<55 scorgo; scorsi; scorto>* *vt* vislumbrar, divisar, columbrar, entrever; *fig* adivinar, percibir
scori|a *f metal* escoria; *~e nucleari* residuos nucleares; **~ficare** *<esd>* *vt metal* bogar
scorn|are *vt* descornar; *fig* burlar, ridiculizar; **~o** *m* ridículo, vergüenza *f*, bochorno
scorpacciata *f* comilona, atracón *m*, panzada; *farsi una ~* darse una comilona
scorpena, scorpena *f zool* escorpena, escórpera
scorpione *m zool* escorpión, alacrán; *~ *astr* Escorpio
scorrazzare 1. *vi <avere>* corretear; **2.** *vt* correr, recorrer
scorreggia... V. **scoreggia**...
scorrere *<18 scorsi; scorso>* **1.** *vi* discurrir, fluir (*río, tráfico*); correr, fluir (*lágrimas*); discurrir, pasar (*tiempo*); **2.** *vt* 1. hojear; 2. *mil* saquear
scorreria *f* correría, incursión
scorrett|ezza *f* incorrección (*error, grosería*); **~o** *adj* incorrecto, equivocado; incorrecto, maleducado
scorrevol|e *adj* corredizo, corredero; fluido (*líquido*); fluido, ágil (*estilo*); *porta ~* puerta corredera; **~ezza** *f* fluidez
scorri|banda *f* escurribanda, correría; **~mento** *m* flujo; *fis* corrimiento, deslizamiento; *irrigazione per ~* riego a manta; *strada di ~* vía rápida
scors|a *f* hojeada; **~o 1.** *adj* anterior, pasado, último; *l'anno ~* el año pasado; **2.** *m* descuido, desliz, error; **~oio** *adj* corredizo (*nudo*)
scorta *f* 1. *mil* escolta; convoy *m*; 2. reserva, provisión; *ruota di ~* rueda de repuesto; *sulla ~ di* sobre la base de; 3. *fpl* provisiones, existencias, stock *m*; **~re** *vt* escoltar

scorte|cciare *vt* descortezar (*árbol*); descorchar (*alcornoque*); desconchar (*pared*); ~**se** *adj* descortés, grosero, maleducado; ~**sia** *f* descortesía, grosería; mala educación

scortica|mento *m* desuello; ~**re** <*esd*> *vt* desollar, despellejar; *med* excoriar; ~**tura** *f* desuello *m*, desolladura, despellejadura; *med* excoriación

scorz|a *f* corteza (*árbol, frutos secos*); piel (*fruta, serpiente*); *(fig) essere di ~ dura* ser duro de pelar; ~**onera** *f bot* escorzonera

scosceso *adj* empinado; escarpado, abrupto

scoss|a *f* sacudida; *elec* sacudida, descarga; *fig* golpe *m*, shock *m*; *~ di terremoto* temblor *m*, sacudida; ~**one** *m* fuerte sacudida *f*

scosta|nte *adj* repelente, antipático; ~**re** **1.** *vt* alejar, apartar, separar; *fig* evitar, rehuir; **2.** *~rsi* alejarse, apartarse (*da* de)

scostumat|ezza *f* disipación, libertinaje *m*; ~**o** *adj/s* libertino, disipado

scotch *m ingl/inv* 1. whisky *m*, güisqui *m*; 2. celo *m*, cinta adhesiva *f*

scotennare *vt* despellejar (*cerdo*); quitar la cabellera (*indios*)

scotimento *m* sacudida *f*

scotolare <*esd*> *vt* tascar (*cáñamo*)

scotta *f mar* escota; ~**nte** *adj* abrasador; *fig* urgente, acuciante; ~**re** **1.** *vt* quemar, abrasar; *gastr* escaldar; *fig* herir, zaherir; **2.** *vi* <*avere*> quemar, abrasar; *fig* arder; *è una questione che scotta* es una cuestión de palpitante actualidad; *questi soldi scottano* este dinero quema; *la situazione politica scotta* la situación política está que arde; **3.** *~rsi* quemarse; *fig* escaldarse, salir malparado

scottat|a *f gastr* escaldadura; ~**ura** *f* quemadura; *fig* mal trago *m*

scotto *m* escote (*cuenta*); *pagare lo ~* pagar el escote

scout *adj/s ingl/inv* scout *adj/s*, escultista *adj/s*; ~**ismo** *m* escultismo, movimiento scout; ~**istico** *adj* escultista, scout

scov|are *vt* sacar de la madriguera; *fig* descubrir, hallar; ~**olino** *m* escobilla *f*

scovolo *m* escobillón

Scozia: *la ~* Escocia

scozzese *adj/s* escocés; *doccia ~* ducha escocesa; *sottana ~* falda escocesa

screanzato *adj* malcriado, maleducado

scredit|are <*esd*> *vt* desacreditar, difamar, desprestigiar; ~**o** *m* descrédito, desprestigio

screma|re *vt* descremar, desnatar; ~**trice** *f* desnatadora; ~**tura** *f* descremado *m*

screpola|re <*esd*> **1.** *vt* agrietar, resquebrajar; **2.** *vi/~rsi* <*avere*> agrietarse, resquebrajarse, cuartearse; ~**tura** *f* agrietamiento *m*, resquebrajamiento *m*

screzi|are *vt* jaspear; ~**o** *m* jaspeado

scriba *m* escriba

scribacchi|are *vt desp* borronear, emborronar, garabatear; ~**no** *m desp* chupatintas

scricchiol|are *vi* crujir (*pan*); chirriar (*silla, mec*); *fig* hacer aguas (*matrimonio, gobierno*); ~**io** *m* crujido (*pan*); chirrido (*silla, mec*); *fig* naufragio (*matrimonio, gobierno*)

scricciolo *m zool* troglodita, carrizo; *fig* pajarito

scrigno *m* escriño, cofre

scriminatura *f* raya, crencha (*pelo*)

scriteriato *adj* insensato

scritta *f* 1. *com* letrero *m*; *hist* inscripción, leyenda; *~ sui muri* pintada; 2. *ius* documento *m*

scritto *adj/m* escrito; *per/in ~* por escrito; ~**io** *m* escritorio (*mueble*); ~**re, -trice** *m/f* escritor, -a

scrittura *f* 1. escritura; *le Sacre *~e* las Sagradas Escrituras; 2. *ius* escritura (*documento*); *teatro/cine* contrato *m*; 3. *fpl com* libro de contabilidad *m*; ~**re** *vt* escriturar

scrivan|ia *f* escritorio *m* (*mesa*); ~**o** *m* escribano, amanuense

scrivente *m/f adm* el/la abajo firmante, el/la infrascrito, -a

scrivere <*71 scrissi, scritto*> *vt* escribir

scrocc|are *vt fam* gorronear, sablear; chupar del bote, obtener sin dar ni golpe (*sueldo*); ~**atore, -trice** *m/f fam* gorrón, -ona, sablista; ~**o** *m fam* sablazo; *a/di ~* de gorra, de mogollón; ~**one, -a** *m/f fam* gorrón, -ona, sablista, pedigüeño, -a

scrofa *f zool/fig* cerda, puerca, marrana

scroll|amento *m* sacudida *f*; ~**are** *vt* sacudir, agitar; *~ il capo* cabecear, decir que no con la cabeza; *~ le spalle* encogerse de hombros; *~rsi qc di dosso* sacudirse algo de encima; ~**ata** *f* sacudida; cabeceo *m*; encogimiento *m* (*hombros*); ~**o** *m* sacudida *f*

scrosci|are *vi* <*avere/essere*> caer con estrépito, bramar (*agua*); *fig* llover (*aplausos*); ~**o** *m* estrépito, estruendo (*agua*); *fig* lluvia *f* (*aplausos*); *piovere a ~* llover a cántaros

scrostare *vt med* descostrar; *arch* desconchar

scroto *m med* escroto

scrupolo *m* escrúpulo; *farsi ~ di qc* tener escrúpulos en hacer algo; *senza ~i* sin escrúpulos; ~**sità** *f/inv* escrupulosidad *f*; ~**so** *adj* escrupuloso, meticuloso

scruta|re *vt* escrutar, escudriñar; ~**tore** *m/f* escrutador, -a

scrutin|are *vt pol* escrutar, hacer el escrutinio/recuento; *stud* evaluar; ~**atore, -trice** *m/f* escrutador, -a; ~**io** *m pol* escrutinio, recuento (*votos*); *stud* evaluación *f*

scuci|re *vt* descoser; *fam* soltar, aflojar (*dinero*); ~**to** *adj* descosido; *fam* deslavazado, incoherente; ~**tura** *f* descosido *m*

scuderia *f* cuadra, caballeriza; *mil* remonta; *auto* escudería

scud|etto *m sport* título de campeón de liga; ~**iero** *m* escudero; ~**o** *m* escudo; *portare q sugli ~i* aclamar a alg; *farsi ~ di/con qc* escudarse en algo

scuffia *f* 1. *fam* chaladura (*enamora-*

miento); 2. *fam* mona, borrachera; 3. *mar* vuelco *m*; *fare* ~ volcar, zozobrar

scuffina *f tec* escofina; ~**re** *vt tec* escofinar

scugnizzo *m reg* arrapiezo, golfillo

sculacci|are *vt* azotar, zurrar (*en el trasero*); ~**ata** *f* azotaina, zurra (*en el trasero*); ~**one** *m* azotazo

sculett|are *vi* <*avere*> contonearse; ~**io** *m* contoneo

scultor|e, -trice *m/f* escultor, -a; ~**eo,** ~**io** *adj* escultórico; *fig* escultural

scultura *f* escultura

scuocere <*19 scuocio; scossi; scotto*> *vi/~rsi gastr* pasarse

scuoiamento... V. **scoiamento**...

scuola *f* escuela; escuela, colegio (*edificio*); ~ *materna* preescolar; ~ *elementare* enseñanza primaria; ~ *media/secondaria inferiore* primer ciclo de la ESO (enseñanza secundaria obligatoria); ~ *secondaria superiore* segundo ciclo de la ESO (*dos cursos: hasta 16 años*) y bachillerato (*dos cursos: entre 16 y 17 años*); ~ *dell'obbligo* período de escolarización obligatoria; ~ *serale* enseñanza nocturna; ~ *guida* autoescuela; *(mil) nave* ~ barco escuela

scuolabus *m/inv* autobús escolar *m*

scuotere <*72 scossi; scosso*> *vt* agitar, sacudir, zarandear

scuotimento V. **scotimento**

scure *f* hacha; ~**tto** *m* postigo

scurire <*isc*> **1.** *vt* oscurecer; **2.** *vi/~rsi* oscurecerse

scuro 1. *adj* oscuro; **2.** *m* 1. oscuridad *f*; 2. oscuro (*vestido*); 3. postigo (*ventana*)

scurril|e *adj* grosero, vulgar; ~**ità** *f/inv* grosería *f*, vulgaridad *f*

scusa *f* 1. excusa, pretexto *m*; 2. perdón *m*, disculpa; *chiedere* ~ pedir perdón, excusarse, disculparse; ~**bile** *adj* excusable, disculpable; ~**nte** *f* excusa, pretexto *m*; ~**re** *vt* excusar, disculpar; perdonar; *scusi/mi scusi* perdone, disculpe, lo siento, perdón; *scusa/scusami* perdona, disculpa, lo siento, perdón; *mi scusi per il disturbo* perdone (por) la molestia

sdebitarsi <*esd*> *com/fig* desendeudarse, desempeñarse

sdegnare 1. *vt* desdeñar, despreciar; dignarse; *non* ~ *di rispondere* no dignarse responder; **2.** ~*rsi* indignarse, enojarse, irritarse (*con/contro q* con alg)

sdegno *m* enfado, enojo, irritación *f*; *lit* desdén, desprecio; ~**sità** *f/inv* desdén *m*, altanería *f*; ~**so** *adj* desdeñoso

sdenta|re *vt* mellar, desdentar *raro*; ~**to** *adj/s* desdentado

sdilinqui|mento *m* desmayo, desvanecimiento; melosidad *f*, melindre; ~**rsi** desmayarse, desfallecer *vi*; *fig* enternecerse, languidecer *vi*

sdogana|mento *m* despacho de aduanas, pago de los aranceles; ~**re** *vt* pagar los aranceles, despachar en la aduana

sdolcinat|ezza *f* empalago *m*, melindre *m*, zalamería; ~**o** *adj* empalagoso, acaramelado, almibarado, zalamero; ~**ura** *f* zalamería

sdoppia|mento *m* desdoblamiento; ~**re** *vt* desdoblar

sdraia *f* tumbona, hamaca; ~**re 1.** *vt* tumbar, acostar, tender; **2.** ~*rsi* tumbarse, tenderse

sdraio: sedia ~ **a** *f* tumbona

sdrammatizzare *vt* desdramatizar

sdrogarsi desintoxicarse, desengancharse *pop* (*droga*)

sdrucciol|are <*esd*> *vi* <*avere/essere*> resbalar; *auto* derrapar; ~**evole** *adj a. fig* resbaladizo; ~**o** *adj ling* esdrújulo; ~**one** *m* resbalón; ~**oni** *adv* resbalando; ~**oso** *adj* resbaladizo

sdruci|re <*isc*> *vt* rasgar, desgarrar; descoser; ~**tura** *f* desgarrón *m*; descosido *m*

se 1. *conj* si; ~ *glielo dirai, lo farà* si se lo dices, lo hará; ~ *ben ricordo* si no recuerdo mal; ~ *non* si no; *come* ~ como si; *come* ~ *non lo sapesse!* ¡como si no lo supiera!; ~ *solo l'avessi saputo!* ¡si por lo menos lo hubiera sabido!; **2.** *m/inv* 1. condición *f*; 2. vacilación *f*, duda *f*; **3.** *pr* <*ante otro pr*> se

sé *pr* <*tónico reflexivo*> sí; *pensa solo a* ~ *(stesso, -a)* piensa sólo en él/ella/en sí mismo, -a; ~ *stesso/medesimo* sí mismo, él/ella mismo, -a; *un caso a* ~ un caso a parte, un caso particular; *da* ~ por sí mismo, por su cuenta, solo; *di per* ~ de por sí, en sí mismo, -a; *fra ~/dentro di* ~ para sus adentros; *dire fra* ~ *e* ~ decir para sus adentros/entre dientes; *è un uomo che si è fatto da* ~ es un hombre que se ha hecho a sí mismo; *essere fuori/uscire di* ~ estar fuera de sí; *va da* ~ *che...* está claro que, no hay duda de que; *chi fa per* ~ *fa per tre* quien se ayuda Dios le ayuda

sebaceo *adj* sebáceo

sebbene *conj* <*+ subjuntivo*> aunque, si bien

sebo *m* sebo; ~**rrea** *f* seborrea

secante *f mat* secante

secca *f* seca, encalladero *m*, alfaque *m*; ~**nte** *adj* molesto, incordiante; ~**re 1.** *vt* 1. secar; 2. *fig* molestar, incordiar, importunar, jorobar, dar la lata; **2.** *vi* secarse, marchitarse; **3.** ~*rsi* 1. secarse; 2. *fig* aburrirse, hartarse; molestarse, mosquearse *pop*; *si è seccato di aspettare* se ha hartado de esperar; ~**tore, -trice** *m/f fig* pesado, -a latoso, -a, pelma; ~**tura** *f fig* lata, tabarra; molestia, incordio *m*

secchezza *f* sequedad

secchi|a *f* 1. cubo *m*, pozal *m*; 2. *fam/desp* empollón, -ona; ~**ello** *m* cubo; ~**o** *m* cubo; ~**one, -a** 1. *m/f fam/desp* empollón, -ona; 2. *m metal* cucharón

secco 1. *adj a. fig* seco; *vino* ~, *fichi* ~*i* vino seco, higos secos; *(fig) fare* ~ *q* dejar tieso/seco a alg; **2.** *m* aridez *f*, sequía *f*; *(mar) tirare a* ~ varar; *lavatura a* ~ lavado en seco; *(fig) rimanere in* ~ quedarse en la calle

secent|esco *adj* del siglo diecisiete; ~**ista** *m/f* autor, artista del siglo diecisiete

secernere *vt/def biol* secretar
secession|e *f* secesión; ~**ismo** *m* secesionismo; ~**ista** *adj/s* secesionista
seco *pr lit* consigo
secolare *adj* 1. secular, centenario; 2. secular, seglar, lego, laico
secolarizza|re *vt* secularizar; ~**zione** *f* secularización
secolo *m* siglo; *il ~ dei lumi* el siglo de las luces; *per tutti i ~i dei ~i* por los siglos de los siglos; *rinunziare al ~* renunciar a la vida mundana
seconda 1. *f* segundo (*curso*) *m*; *auto* segunda (*marcha*); *tras* segunda (*clase*); *pilota in ~* piloto de segunda; *(sport) punizione di ~* libre indirecto; *navigare a ~* navegar al favor del viento, seguir la corriente; *(fig) tutto gli va a ~* todo le va viento en popa; **2.** *(prep) a ~ di* según; *agire a ~ dei casi* actuar según los casos; ~**mento** *m* apoyo; ~**re** *vt* secundar, apoyar, favorecer; ~**riamente** *adv* 1. secundariamente; 2. en segundo lugar; ~**rio** *adj* secundario
secondino *m* funcionario de prisiones
secondo 1. *adj* segundo; *di ~a mano* de segunda mano; **2.** *m* segundo (*tiempo, orden, plato*); **3.** *prep* según, de acuerdo con, conforme a, con arreglo a; *~ l'uso* según la costumbre; *~ me, te* en mi, tu opinión; *vieni con noi? ~* ¿vienes con nosotros? depende; **4.** *conj* según, de acuerdo con lo que; *~ quanto mi hanno detto* según me han dicho, por lo que me han dicho
secondogenito *adj/s* segundogénito
secrétaire *m fr/inv* secreter *m*
secretore *adj* secretorio, secretor
secrezione *f* secreción
sedano *m bot* apio
sedare *vt* sedar, calmar
sedativo 1. *adj* sedante, sedativo; **2.** *m med* sedante
sede *f com/pol/eccl* sede; *adm* residencia, domicilio *m*; *adm* destino *m* (*funcionario*); *med* foco *m*; *Santa *~* Santa Sede; *~ centrale* sede central; *~ sociale* domicilio social; *~ vacante* puesto vacante, vacante; *cambiare ~* cambiar de destino; *in ~ di* durante, durante la sesión de
sedentari|età *f/inv* sedentarismo *m*; ~**o** *adj/s* sedentario
sedere 1. *vi* sentarse; *mettersi a ~* sentarse, tomar asieto; *stare a ~* estar sentado; *~ in giudizio* actuar como juez; **2.** *~rsi* sentarse; **3.** *m* trasero, pandero *fam*, culo *pop*; *(fam) avere ~* tener chorra/potra; *prendere q a calci nel ~* tratar a alg a patadas
sedia *f* silla; *~ a dondolo* mecedora; *~ a rotelle* silla de ruedas; *~ a sdraio* tumbona, hamaca; *~ elettrica* silla eléctrica; *~ viennese* silla de rejilla
sedice|nne *adj/s* (persona) de dieciséis años; ~**nte** *adj* supuesto, presunto, pretendido; ~**simo 1.** *adj/s ord* decimosexto, dieciséis; *Luigi XVI* Luis XVI (dieciséis); **2.** *m* dieciseisavo
sedici *adj/m card* dieciséis
sedile *m* asiento
sediment|are *vi* <*avere/essere*> sedimentarse; ~**ario** *adj* sedimentario; ~**azione** *f* sedimentación; ~**o** *m* sedimento, poso, concho *am*; *geol* sedimento
sedizio|ne *f* sedición; ~**so** *adj/s* sedicioso
seducente *adj* seductor, halagüeño
sedurre <*15 -duco; -dussi; -dotto*> *vt* seducir; *fig* camelar, cautivar, embaucar, hechizar
seduta *f* sesión; *aprire, chiudere/levare la ~* abrir, levantar la sesión; *~ stante* durante la sesión; acto seguido
seduttore *adj/s* seductor
seduzione *f* seducción
sefardita *adj/s* sefardita, sefardí
sega *f* 1. sierra; *~ a mano, ad arco, meccanica, circolare* sierra de mano, de arco, mecánica, circular; *(zool) pesce ~* pez sierra; 2. *vulg* paja; *farsi una ~* hacerse una paja, cascársela, meneársela; ~**bile** *adj* segable, segadero
segal|a, ~e *f bot* centeno *m*; *~ cornuta* corzuelo *m*; ~**igno** *adj* enjuto, espigado
segare *vt* serrar; cortar (*cuello, vena*); *stud/gergo* catear
segatrice *f* sierra eléctrica, (a)serradora
segatura *f* aserrado *m* (*acción*); (a)serrín *m*, (a)serraduras *fpl* (*producto*)
seggio *m pol* escaño; *lit* asiento *est*, silla *f/est*; *fig* cátedra *f*, trono; *~ elettorale* colegio electoral
seggiola *f* silla
seggiolino *m* sillita *f*; silla plegable *f*; *aer* asiento; *~ eiettabile* asiento eyectable
seggiolone *m* 1. silla alta de niño *f*; 2. sillón, butaca *f*
seggiovia *f* telesilla *m*
segheria *f* serrería, aserradero *m*
seghett|ato *adj* dentado, dentellado; ~**o** *m* serrucho
segment|are *vt* segmentar; ~**azione** *f* segmentación; ~**o** *m* segmento
segnala|mento *m auto* señalización *f*; ~**re 1.** *vt* señalar, indicar (*hacer notar*); señalizar (*poner señales*); 2. *~rsi* señalarse, distinguirse, hacerse notar; ~**tore** *adj/m* señalador, indicador, avisador; ~**zione** *f* 1. señalización, señales *fpl*; *bandiera, pistola di ~* bandera, pistola de señales; 2. *fig* indicación, referencia, información; recomendación
segnale *m* señal *f*; *~ d'allarme* señal de alarma; *~ orario* señales horarias; *~ stradale* señal de tráfico
segnaletica *f* señalización, señales *fpl*
segnalibro *m* marca *f*, señal *f* (*libro*)
segnaposto *m* cartel, letrero (*indicando la persona que ocupa el sitio*)
segnapunti *m/inv sport* marcador *m*, tanteador *m*
segnare 1. *vt* 1. señalar, indicar; señalar, marcar; anotar, escribir; *~ le carte* marcar las cartas; *~ il passo* marcar el paso; *~ a debito* adeudar, anotar; *~ a dito* señalar con el dedo; 2. *sport* marcar, anotar; **2.** *~rsi* santiguarse

segnat|o *adj a. fig* marcado (*cara, destino*); ~**ura** *f* marcaje *m*, marcado *m*; señalización; *sport* marcaje *m*, anotación; *tip/eccl* signatura
segnavia *m/inv* marca *f* (*senderismo, alpinismo*)
segno *m* 1. signo, indicio, señal *f*; *med* síntoma; *non dare ~i di vita* no dar señales de vida; 2. signo, marca *f*, señal *f* (*físico*); *(ling) ~i di interpunzione* puntuación *f*; 3. signo, señal, demostración *f*; *in ~ di* en señal de; 4. signo, gesto, ademán, seña *f*, señal *f*; *farsi il ~ della croce* hacer la señal de la cruz, santiguarse; *fare ~ di sì, di no* hacer señas de que sí, de que no; *a tal ~ che* de tal manera que; *(fig) avere la testa a ~* tener la cabeza en su sitio; 5. *cient/astr* signo; *(mat) ~ meno, più* signo menos, más; *~i dello Zodiaco* signos del Zodiaco; 6. rastro, huella *f*; 7. blanco, objetivo; *tiro a ~* tiro al blanco; *colpire/dare nel ~* dar en el blanco; *fig* dar en el clavo
sego *m* sebo
segrega|mento *m* segregación *f* (*discriminación*); ~**re** <*esd*> *vt* segregar (*apartar*)
segregazion|e *f* segregación, discriminación; *~ razziale* segregación racial; ~**ismo** *m* segregacionismo
segreta *f* calabozo *m*, celda; *eccl* secreta; ~**riato** *m* secretariado; ~**rio, -a** *m/f* secretario, -a
segrete|ria *f* secretaría; *~ telefonica* contestador automático; ~**zza** *f* secreto *m*, confidencialidad
segreto *adj/m* secreto; *~ di confessione, professionale* secreto de confesión, profesional; *(fig/iron) ~ di Pulcinella* secreto a voces; *in ~* en secreto; *in gran ~* con gran sigilo; *nel ~ del cuore* en el fondo de su corazón, en lo más profundo de su corazón
seguace *m/f* seguidor, -a (*idea, doctrina*)
seguente *adj/s* siguiente, próximo
segugio *m zool/fig* sabueso
segui|re 1. *vt* seguir (*ir detrás*); **2.** *vi* 1. seguir (*venir detrás*); seguir, continuar; 2. producirse, derivarse; suceder, ocurrir, pasar; ~**tare** <*esd*> **1.** *vt* 1. seguir, continuar, proseguir; 2. seguir, rastrear, seguir el rastro; **2.** *vi* <*avere/essere*> seguir, continuar; *seguita a piovere* sigue lloviendo
seguito *m* 1. séquito, cortejo; *fig* seguidores *mpl*, fieles *mpl*; 2. *fig* predicamento; 3. sucesión *f*, serie *f*; *di ~* seguido, todo seguido; 4. continuación *f*; *in ~* a continuación; *in ~ a/a ~ di* a consecuencia de; *e così di ~* y así en adelante; *(adm) dare ~ a qc* dar respuesta a algo; 5. rastreo, búsqueda *f*
sei *adj/s card* seis
seicent|esco V. **secentesco**; ~**o 1.** *adj/s card* seiscientos; **2.** *m* siglo XVII; **3.** *f auto* seiscientos *m*
selce *f* sílex *m*, pedernal *m*; adoquín *m* (*pavimento*)
selcia|re *vt* adoquinar, empedrar; ~**to** *m* adoquinado, empedrado
seleni|o *m chim* selenio; ~**ta** *m/f* selenita; ~**te** *f min* selenita
seletti|vità *f/inv tec* selectividad *f*; ~**vo** *adj tec* selectivo
selettore *m tec* selector
selezion|amento *m* selección *f*; ~**are** *vt* seleccionar; ~**atore 1.** *adj/s* seleccionador; **2.** *m sport* seleccionador; ~**e** *f* selección; *~ naturale* selección natural
self-service *m ingl/inv* self-service, autoservicio *m*
sella *f* silla (*caballo*); sillín *m* (*bicicleta, moto*); ~**io** *m* guarnicionero; ~**re** *vt* ensillar
sellino *m* sillín (*bicicleta, moto*)
seltz *m/inv* seltz, sifón *m*
selva *f* bosque *m*, selva; *fig* montaña, montón *m*
selvaggina *f* caza, salvajina
selvaggio *adj/s* salvaje
selvati|chezza *f* salvajismo *m*, rudeza; ~**co 1.** *adj bot* silvestre; *zool* salvaje; *fig* montaraz, rústico, cerril; **2.** *m* 1. olor a monte, sabor a monte; *(fig) puzzare di ~* ser más de pueblo que las cabras/que las amapolas; 2. animal (*caza*)
selvicolt|ore *m* silvicultor; ~**ura** *f* silvicultura
selz V. **seltz**
semaforo *m* semáforo
se mai V. **semmai**
semantic|a *f* semántica; ~**o** *adj* semántico
semasiologi|a *f* semasiología; ~**co** *adj* semasiológico
sembian|te *m lit* semblante, apariencia *f*; ~**za** *f* semblanza, apariencia, aspecto *m*
sembrare *vi/imp* parecer; *sembra incredibile* parece increíble, parece mentira
seme *m* 1. *bot* semilla *f*; *zool* semen; *fig* germen, causa *f*, origen; 2. palo (*baraja*); ~**nte** *f* simiente, semilla
semenza *f* 1. simiente, semilla; *fig* causa, origen *m*; 2. tachuela; ~**io** *m* semillero, sementera *f*
semestr|ale *adj* semestral; ~**e** *m* semestre
semi|aperto *adj* semiabierto; ~**asse** *m mec* semieje; ~**biscroma** *f mus* semifusa; ~**breve** *f mus* semibreve; ~**cerchio** *m* semicírculo; ~**chiuso** *adj* entornado, entreabierto; ~**circolare** *adj* semicircular; ~ **circolo** *m* semicírculo; ~**circonferenza** *f* semicircunferencia; ~**conduttore** *adj/m* semiconductor; ~**consonante** *f ling* semiconsonante; ~**convitto** *m* seminternado; ~**coperto** *adj* medio cubierto; ~**croma** *f mus* semicorchea
semidio *m*, **semidea** *f* semidiós *m*, semidiosa *f*
semi|finale *f sport* semifinal; ~**finalista** *m/f* semifinalista
semi|freddo *adj/m* semifrío; ~**grasso** *adj* semigraso; ~**lavorato** *adj/m* semielaborado, semiacabado; ~**lunio** *m* semilunio; ~**minima** *f mus* negra
semina *f agr* siembra

semina|gione *f lit* siembra *est*; ~**le** *adj* seminal
seminar|e <*esd*> *vt* 1. *agr/fig* sembrar; 2. *sport* dejar clavado; ~**io** *m eccl/stud* seminario; ~**ista** *m* seminarista
seminativo *adj/m* labrantío
seminato 1. *adj agr* sembrado; *fig* sembrado, repleto (*di* de); **2.** *m* sembrado; *(fig) uscire dal* ~ salirse del rebaño; ~**re, -trice** *m/f* sembrador, -a; ~**trice** *f tec* sembradora
seminfermità *f/inv* afección parcial *f*
seminterrato *m* semisótano; sótano
seminudo *adj* semidesnudo, medio desnudo
semiolog|ia *f* semiología; ~**go, -a** *m/f* semiólogo, -a
semioscur|ità *f/inv* semioscuridad *f*; ~**o** *adj* semioscuro
semiotica *f* semiótica
semipieno *adj* medio lleno
semisfer|a *f* semiesfera; ~**ico** *adj* semiesférico
semita *adj/s* semita; ~**ppa** *f* media etapa
semitico *adj* semítico
semitono *m mus* semitono
semiufficiale *adj* semioficial, oficioso
semivivo *adj lit* semivivo
semivocale *f ling* semivocal
semmai, se mai 1. *conj* <+ *subjuntivo*> en caso de que; **2.** *adv* si acaso, si por una de esas
semol|a *f* sémola; ~**ino** *m gastr* sémola *f*
semovente *adj/m* semoviente
sempiterno *adj lit* sempiterno
semplice *adj a. fig* simple; *soldato* ~ soldado raso
semplicio|ne *adj/s* simplón, pánfilo; ~**tto** *adj/s* inocente, simple, bobo, pazguato
semplicis|mo *m* simplismo; ~**tico** *adj* simplista
semplicità *f/inv* simplicidad *f*, sencillez *f*; *fig* simplicidad *f*, ingenuidad *f*, candidez *f*
semplifica|re <*esd*> *vt* simplificar; ~**zione** *f* simplificación
sempre 1. *adv* 1. siempre; *da* ~ desde siempre; ~ *più* cada vez más; *per* ~ para siempre; *una volta per* ~ de una vez por todas; 2. todavía, aún; *parla* ~ habla todavía, continúa hablando; *abita* ~ *a Ivrea* vive todavía en Ivrea, continúa viviendo en Ivrea; 3. de todas formas, aun así; **2.** *conj* <+ *subjuntivo*> ~ *che* siempre que; ~**verde** *adj/s* perennifolio; ~**vivo** *m bot* siempreviva *f*
Sempronio *m* zutano; *Tizio, Caio e* ~ fulano, mengano y zutano
sena *f bot* sen
senape *f* mostaza
senato *m* senado; ~ *accademico* junta de gobierno (*universidad*); ~**re, -trice** *m/f* senador, -a; ~**riale** *adj* senatorial
senechismo *m fil* senequismo
Senegal: *il* ~ el Senegal; ***~ese** *adj/s* senegalés
senese *adj/s* sienés
senil|e *adj* senil; ~**ità** *f/inv* senilidad *f*, senectud *f*
senior *adj/s inv* senior *adj/s*
Senna *f geogr* Sena *m*
senno *m* juicio, sensatez *f*, prudencia *f*; *uscire di* ~/*perdere il* ~ perder el juicio
se no, sennò *adv* si no
seno *m* seno, pecho; seno, vientre; *fig* corazón; *geogr* ensenada *f*; *in* ~ *a* en el seno de
se non ché, senonché *conj* de no ser porque (*pero*)
sensale *m* corredor, agente, intermediario
sensat|ezza *f* sensatez, prudencia; ~**o** *adj/s* sensato, prudente
sensazional|e *adj* sensacional; ~**ismo** *m* sensacionalismo; ~**istico** *adj* sensacionalista; amarillo (*prensa*)
sensazione *f* sensación; *fare* ~ causar sensación
senseria *f* corretaje *m*, intermediación
sensibil|e *adj* sensible; ~**ità** *f/inv* sensibilidad *f*; ~**izzare** *vt* sensibilizar
sensitiv|a *f bot* sensitiva; ~**ità** *f/inv* sensibilidad *f*; ~**o** *adj* sensitivo; *fig* sensible, emotivo
senso *m* 1. sentido; *buon* ~/~ *comune* sentido común; ~ *della misura* sentido de la medida; *nel* ~ *della lunghezza, della larghezza* a lo largo, a lo ancho; 2. *fig* sensación *f*; *provare un* ~ *di stanchezza* sentir una sensación de cansancio; ~ *di colpa* complejo de culpa, remordimientos; 3. sentido, significado; ~ *figurato* sentido figurado; *doppio* ~ doble sentido; *a doppio* ~ de doble sentido; *a* ~ por el sentido; *in un certo* ~ en cierta medida, en cierto modo; *non aver* ~ no tener sentido; 4. *tras* sentido, dirección *f*; ~ *vietato, unico* dirección prohibida, única; 5. *adm* conformidad *f*; *ai* ~*i di* de conformidad con; 6. *mpl* sentido *m*; conocimiento *m* (*consciencia*); *perdere i* ~*i* perder el conocimiento
sensor|e *m tec* sensor; ~**iale** *adj* sensorial; ~**io** *adj* sensorio
sensual|e *adj* sensual; ~**ismo** *m* sensualismo; ~**ità** *f/inv* sensualidad *f*
sentenz|a *f ius* sentencia, fallo *m*; *fig* sentencia, máxima, dicho *m*; ~ *passata in giudicato* sentencia firme; ~ *di assoluzione, di condanna* sentencia absolutoria, condenatoria; ~**iare** *vt/vi* <*avere*> sentenciar; ~**ioso** *adj* sentencioso
sentiero *m* sendero, senda *f*
sentimental|e *adj* sentimental; ~**ismo** *m* sentimentalismo, sensiblería *f/desp*; ~**ista** *m/f* sentimental, sensiblero, -a *desp*; ~**ità** *f/inv* sentimentalismo *m*
sentimento *m* sentimiento; *fig* sentimiento, consciencia *f*, sentido; ~ *di sé* respeto por uno mismo, propia consideración
sentin|a *f mar/fig* sentina; ~**ella** *f* centinela *m*; *fare la* ~ montar guardia
sentire 1. *vt* 1. oír (*oído*); sentir, oler (*olfato*); probar, gustar (*gusto*); sentir, tocar (*tacto*); ~ *freddo, caldo* sentir frío, calor; *senta!, senti!* ¡oiga!, ¡oye!; *mi sentirà!* ¡me va a oír!; 2. sentir (*sensación, sentimiento*); ~ *la mancanza di* sentir nostalgia de, echar de menos; **2.** *vi* oler (*di* a) (*olfato, fig*); saber (*di* a) (*gusto*); **3.** ~*rsi* sentirse; encontrarse; ~*rsi bene* sentirse bien; ~*rsi*

morire creerse morir; *non me la sento (di fare qc)* no me siento capaz (de hacer algo), no me siento con fuerzas (para hacer algo)

sentito *adj* 1. oído; *per ~ dire* por rumores, de oídas; 2. sentido, sincero

sentore *m* olor; *fig* indicio, rumor; *avere ~ di qc* llegar rumores de algo

senza 1. *prep* sin; *~ di me, ~ di te* sin mí, sin tí; *senz'altro* desde luego, por supuesto; *~ dubbio* sin duda; *~ paragone* sin par, sin igual; *fare ~ qc/q* seguir/proceder sin tener en cuenta algo/a alg; *vuoi il caffè con il latte o senza?* ¿quieres el café con o sin leche?; **2.** *conj* sin; *~ che <+ subjuntivo>* sin que; *~ far niente* sin hacer nada, sin dar ni golpe; *~***dio** *m/f inv* ateo, -a; *~***patria** *m/f inv* apátrida *m/f*; *desp* traidor, -a, vendepatrias; *~***tetto** *m/f inv* sin techo

sepalo *m bot* sépalo

separa|bile *adj* separable; *~***re** *vt* separar; *~***tamente** *adv* 1. apartadamente; 2. por separado

separatis|mo *m* separatismo; *~***ta** *adj/s* separatista; *~***tico** *adj* separatista

separato *adj/s* separado; *~***re** *m tec* separador

separazione *f* separación; *~ dei beni* separación de bienes; *~ consensuale* separación por mutuo acuerdo

separé *m fr/inv* reservado *m* (*local público*)

sepiolite *f* espuma de mar

sepolcr|ale *adj* sepulcral; *~***o** *m* sepulcro

sepolt|o *adj* enterrado, sepultado; *(fig) morto e ~* muerto y enterrado; *~***ura** *f* sepultura

seppelli|mento *m* entierro, funeral, sepelio; *~***re** *<isc> vt* enterrar

seppia *f zool* sepia, jibia; *nero di ~* sepia

seppure, se pure *conj <+ subjuntivo>* aunque, si bien

sequela *f* secuela

sequenz|a *f* secuencia; *~***iale** *adj* secuencial

sequestr|are *vt ius* secuestrar, embargar, decomisar; *~***o** *m ius* secuestro, incautación *f*, decomiso; *~ di persona* secuestro, rapto

sera *f* tarde (*ultima parte*); noche (*hasta la hora de dormir*); *buona ~!* ¡buenas tardes!, ¡buenas noches!; *sul far della ~/verso ~* al anochecer; *ieri ~* anoche

serafi|co *adj* seráfico; *~***no** *m* serafín

serale *adj* vespertino; *stud* nocturno

serata *f* velada; *~ di gala* noche de gala

serba|re 1. *vt* guardar (*reservar, custodiar*); mantener (*promesa*); **2.** *~rsi* mantenerse; reservarse; *~***toio** *m* depósito; tanque

Serbia: *la ~* Serbia

serbo 1. *adj/s* serbio; **2.** *(m) tenere in ~* reservar, guardar; *~***croato** *adj/s* serbocroata

seren|ata *f* serenata; *~***issimo** *adj* serenísimo (*título*); *la *~a* la Serenísima (*la República de Venecia*); *~***ità** *f/inv* serenidad *f*; *~***o 1.** *adj meteo/fig* sereno, despejado; **2.** *m meteo* buen tiempo; *fig* aire libre, sereno, serena *f*; *dormire al ~* dormir a la serena/al sereno/a la luna de Valencia

sergente *m/f mil* sargento; *fig* sargento *m/f*; *tec* cárcel *f* (*prensa*); *sua moglie è un ~* su mujer es un(a) sargento

serial *m ingl/inv TV* serie *f*, serial *m*

seriazione *f econ* seriación

serico *adj* sedero, de la seda

sericoltura *f* seri(ci)cultura

serie *f/inv* serie *f*; *sport* liga *f*, campeonato *m*; *campionato di ~ A* liga de 1ª división; *~***tà** *f/inv* seriedad *f*

serigrafia *f* serigrafía

serio *adj* serio; *sul ~* en serio; *fare sul ~* obrar seriamente; *prendere sul ~* tomar en serio

sermone *m eccl/fig* sermón

serotino *adj bot* tardío

serp|aio *m* nido de serpientes; *~***e** *f* serpiente, culebra; *scaldare una ~ in seno* cría cuervos y te sacarán los ojos

serpeggia|mento *m* serpenteo; *~***nte** *adj* serpenteante, serpeante, sinuoso; *~***re** *vi <avere>* serpentear, serpear; *fig* insinuarse, entreverse

serpent|aria *f bot* serpentaria; *~***e** *m* serpiente *f*, culebra *f*; *~ a sonagli* serpiente de cascabel; *~ dagli occhiali* cobra; *(fig) ~ di mare* serpiente de verano; *~***ina** *f min* serpentina; *chim* serpentín *m*; *mil/ant* serpentín *m*; *~***ino 1.** *adj zool* serpentino; *(fig) lingua ~a* lingua serpentina/viperina; **2.** *m min* serpentín, serpentina *f*; *~***one** *m* bordillo central

serpigine *f med* serpigo *m*

serra *f* 1. *agr* invernadero *m*; *effetto ~* efecto invernadero; *(fig) essere un fiore di ~* ser una flor de invernadero, ser de mírame y no me toques; 2. *geogr* sierra; *~***dadi** *m/inv* llave inglesa *f*; *~***fila** 1. *m/f* zaguero, -a; 2. *f mar* última nave; *~***filo** *m elec* borne

serraglio *m* 1. exposición de fieras *f*; 2. harén, serrallo

serramanico: coltello a ~ *m* navaja *f*

serrame *m* cierre, cerradura *f*; *~***nto** *m* cerramiento

serranda *f* cierre *m*, persiana metálica

serrare *vt* cerrar; apretar, cerrar (*puño*); perseguir, pisar los talones (*enemigo*); acelerar (*ritmo*); *il pianto gli serrava la gola* el llanto le oprimía la garganta; *~ le file* cerrar filas

serra serra *m/inv* gentío *m*, muchedumbre *f*

serrat|a *f* cierre patronal *m*; *~***e** *m/inv sport* sprint final *m*; *~***o** *adj* tupido (*tejido*); apretado (*fila*); *fig* cerrado, conciso (*razonamiento*); *fig* veloz, acelerado (*ritmo*); *~***ura** *f* cerradura, cierre *m*; *~ a scatto* cerradura de golpe; *~ di sicurezza* cierre de seguridad

serva *f desp* sirvienta, criada, chacha

servente *m mil* sirviente, asistente; *~***se** *m ling* serventesio

servi|bile *adj* servible; *~***gio** *m* favor (*a alg*); servicio (*patria, sociedad*)

servil|e *adj* servil, sumiso; *~***ismo** *m* servilismo; *~***ità** *f/inv* servilismo *m*

servire 1. *vt* 1. servir; *com* servir, atender (*cliente*); *in che cosa posso servirLa?* ¿en qué puedo servirle?; *(iron) ora lo servo io* ahora le voy a dar su merecido, ahora se va a enterar; ~ *messa* ayudar a misa; 2. *sport* pasar, centrar la pelota; **2.** *vi* <*avere*> 1. servir (*ser útil*); *non serve a niente* no sirve para nada; 2. *fam* necesitar, hacer falta; *mi serve una macchina nuova* necesito un coche nuevo; 3. servir (*prestar servicio*); trabajar; servir (*la mesa*); 4. *sport* servir (*tenis*); **3.** ~*rsi* 1. servirse (*utilizar*); *desp* servirse, aprovecharse; 2. proveerse (*habitualmente*)
servit|o 1. *adj* servido, listo (*comida*); **2.** *m reg* servicio, cubierto; ~**ore, -a** *m/f* servidor, -a, criado, -a; *fig* servidor, -a; ~**ù** *f/inv* 1. *a. fig* esclavitud *f*, servitud *f/raro*; 2. servidumbre *f* (*criados*); 3. *ius* servidumbre *f*
servizievole *adj* servicial
servizio *m* 1. servicio, trabajo doméstico; *donna di* ~ asistenta, chacha *fam*; 2. *adm/mil/com* servicio; ~ *militare* servicio militar; ~ *civile* prestación social sustitutoria *f*; *essere di* ~/*in* ~, *fuori* ~ estar de servicio, fuera de servicio; *essere al* ~ *di* estar al servicio de; 3. *TV/radio* reportaje; 4. *fig* favor; 5. servicio, juego (*mesa*); ~ *da tavola* servicio de mesa; 6. *sport* servicio, saque (*tenis*); 7. *mpl* servicios; *beni e* ~*i* bienes y servicios
servo, -a *m/f* siervo, -a (*esclavo*); *desp* siervo, -a, criado, -a; *fig* siervo, -a
servo|assistito *adj* servoasistido; ~**comando** *m* servocomando; ~**freno** *m* servofreno; ~**meccanismo** *m* servomecanismo; ~**motore** *m* servomotor; ~**sterzo** *m* dirección asistida *f*
sesamo *m bot* sésamo; *apriti,* ~*!* ¡ábrete, sésamo!
sessagenario *adj/s lit* saxagenario
sessant|a *adj/m/inv card* sesenta; ~**enario** *m* sexagésimo aniversario; ~**enne** *m/f* persona de sesenta años, sesentón, -ona *fam*; ~**ennio** *m* período de sesenta años; ~**esimo 1.** *adj ord* sexagésimo; **2.** *m* sesentavo; ~**ina** *f* 1. conjunto de sesenta *m* (*cosas, personas*); unos/unas sesenta; 2. sesenta (*años*); *essere sulla* ~ rondar los sesenta; ~**otto** *m/inv pol* sesenta y ocho, mayo francés
sessennio *m lit* sexenio
sessile *adj bot* sésil
sessione *f* sesión
sessis|mo *m* sexismo; ~**ta** *adj/s* sexista
sesso *m* sexo
sessual|e *adj* sexual; ~**ità** *f/inv* sexualidad *f*
sessuato *adj* sexuado
sessuolog|ia *f* sexología; ~**o, -a** *m/f* sexólogo, -a
sesta *f eccl/mus* sexta; ~**nte** *m* sextante
sesterzio *m* sextercio
sestetto *m mus* sexteto
sesti|ere *m* barrio (*en Venecia*); ~**na** *f ling* sextina; *mus* sextillo *m*, seisillo *m*
sesto, -a 1. *adj ord* sexto, -a; **2.** *m/f* 1. sexto (*orden*); 2. *m* sexto (*parte*); 3. *arch* curvatura (*de arco*); *arco a tutto* ~, *a* ~ *acuto* arco de medio punto, ojival; 4. orden; *rimettersi in* ~ volver a la normalidad
set *m/inv* 1. *cine* escenario *m*; 2. *sport* set *m* (*tenis*); 3. juego *m*, conjunto *m*
seta *f* seda
setacci|are *vt* cerner, tamizar; *fig* rastrear, peinar (*policía*); ~**atura** *f* cernidura, tamizado *m*; ~**o** *m* cedazo, tamiz
setaceo *adj* sedoso
setaiolo *m* sedero
setale *m mar* sedal
sete *f a. fig* sed; *avere* ~ tener sed; *appagare/togliere la* ~ apagar/quitar la sed
seteria *f* sedería
setificio *m* fábrica de seda *f*
setola *f zool* cerda, seda; *tip* cepillo *m*, escobilla
setoloso *adj zool* cerdoso
setoso *adj* sedoso
setta *f* secta
settant|a *adj/m card* setenta; ~**enne** *m/f* persona de setenta años, septuagenario *lit*, setentón, -ona *fam*; ~**ennio** *m* período de setenta años; ~**esimo** *adj/s* septuagésimo; ~**ina** *f* 1. grupo de setenta *m* (*cosas, personas*); unos/unas setenta; 2. setenta (*años*); *essere sulla* ~ rondar los setenta
settari|o *adj/s* sectario; ~**smo** *m* sectarismo
sette 1. *adj card* siete; **2.** *m* 1. siete; ~ *e mezzo* siete y medio (*juego*); *fig* siete, desgarro (*ropa*); ~**bello** *m* siete de oros (*juego de la escoba*)
settecent|esco *adj* dieciochesco; ~**ista** *m/f* artista o autor del siglo XVIII; ~**o 1.** *adj card* setecientos; **2.** *m* 1. setecientos; 2. siglo XVIII
settembre *m* septiembre
settenario *m ling* heptasílabo, septenario
settenn|ale *adj* 1. de cada siete años; 2. que dura siete años; ~**e** *m/f* persona de siete años; ~**io** *m* septenio
settentrion|ale *adj/s* septentrional, norteño; ~**alismo** *m* septentrionalismo; ~**e** *m* septentrión, norte
settic|emia *f med* septicemia; ~**o** *adj* séptico
settima *f mus* séptima
settimana *f* semana; ~ *corta* semana inglesa; ~ *santa* semana santa; ~**le 1.** *adj* semanal; **2.** *m* semanario (*prensa*)
settimino 1. *adj/s* sietemesino; **2.** *m mus* septimino
settimo *adj/s* séptimo
setto *m med* tabique; ~ *nasale* tabique nasal
settor|e 1. *m mat/com/mil* sector; *fig* sector, campo; **2.** *adj/s med* disector, -a; *perito* ~ disector; ~**iale** *adj* sectorial; ~**ialismo** *m* particularismo
settrice *adj/f mat* sectriz
settuage|nario *adj/s lit* septuagenario; ~**simo** *adj/m lit* septuagésimo
sever|ità *f/inv* severidad *f*; ~**o** *adj* severo
sevizia|re *vt* maltratar; violar; ~**tore, -trice** *m/f* autor, -a de malos tratos; violador, -a
sevizie *fpl* malos tratos *mpl*

sevo *m* sebo
sex appeal *m ingl/inv* sex appeal, atractivo *m*
sex-shop *m ingl/inv* sex-shop
sex symbol *m/f ingl/inv* sex symbol
sexy *adj/inv* sexy
sezion|ale *adj* de la sección; **~amento** *m* seccionamiento; **~are** *vt* seccionar; **~e** *f mat/med/fig* sección; *ius* sala; *adm* sección, negociado *m*; ~ *elettorale* sección electoral
sfaccenda|re *vi* <*avere*> afanarse, estar atareado; **~to** *adj/s* parado; *desp* vago, gandúl
sfaccetta|re *vt metal* tallar; *fig* sacar punta (*tema*); **~tura** *f metal* talla (*acción*); faceta (*cara*)
sfacchina|re *vi* <*avere*> afanarse, trabajar como un negro; **~ta** *f* tute *m/fam*, paliza *fam*
sfacciat|aggine *f* descaro *m*, desfachatez, desvergüenza, cara dura; **~o 1.** *adj* 1. descarado, atrevido, impertinente (*persona*); 2. llamativo, descocado (*ropa*); **2.** *m/f* caradura, fresco, -a, sinvergüenza
sfacelo *m med* esfacelo, esfácelo, gangrena *f*; *fig* descomposición *f*, desintegración *f*, ruina *f*
sfagiolare *vi fam* molar, caer bien, ir
sfalda|re 1. *vt min* exfoliar; **2.** *~rsi* exfoliarse; *fig* disgregarse, desintegrarse; **~tura** *f min* exfoliación
sfalsare *vt* esquivar, desviar
sfamare *vt* dar de comer
sfare <*36a sfaccio/sfo; sfeci; sfatto*> *vt* deshacer
sfarfall|amento *m* mariposeo, revoloteo; *cine/TV/elec* parpadeo; **~are** *vi* <*avere*> mariposear, revolotear; *cine/TV/elec* parpadear; **~io** *m cine/TV/elec* parpadeo; **~one** *m fam* metedura de pata *f*, patinazo
sfarinare *vt* moler, pulverizar
sfarzo *m* boato, pompa *f*, lujo; **~sità** *f* pomposidad, ostentación; **~so** *adj* pomposo, ostentoso
sfasa|mento *m elec* desfase; *fig* desfase, confusión *f*; **~tura** *f elec* desfase
sfascia|carrozze *m/inv* chatarrero *m*; cementerio de automóviles *m*, desguace *m*; **~mento** *m* destrozo, desvencijamiento, descacharramiento; **~re** *vt* 1. quitar los pañales; desvendar; 2. destrozar, desvencijar, romper; **~tura** *f* acción de quitar los pañales o las vendas
sfascio *m fig* derrumbe, ruina *f*, desastre
sfatare *vt fig* desmontar, desacreditar (*habladuría*)
sfaticato *adj/s* vago, gandul
sfatto *adj* deshecho; *gastr* demasiado cocido; pasado (*fruta*); gordo, fondón *fam* (*persona*)
sfavill|are *vi* <*avere*> centellear; **~io** *m* centelleo
sfavor|e: a ~ di *prep* en perjuicio de; **~evole** *adj* desfavorable, adverso; **~ire** <*isc*> *vt* desfavorecer
sfebbrare *vi* pasar/irse la fiebre
sfegata|rsi <*esd*> afanarse (*per* por), empeñarse (*per* en), echar los hígados (*per* por); **~to** *adj/s* fanático, apasionado
sfera *f* esfera; *fig* esfera, órbita, círculo *m*
sferic|ità *f* esfericidad; **~o** *adj* esférico
sferisterio *m* frontón, trinquete, cancha *f*
sferoid|ale *adj* esferoidal; **~e** *m* esferoide
sferraglia|mento *m* chirrido; **~re** *vi* <*avere*> chirriar, rechinar
sferr|are *vt* 1. desherrar (*caballo*); *fig* desencadenar, liberar; 2. soltar, lanzar (*golpe, tiro*); **~uzzare** *vi* <*avere*> hacer punto, hacer calceta, tricotar
sferza *f* látigo *m*, azote *m*; *fig* azote *m*; **~re** *vt* azotar, fustigar; *fig* fustigar, hostigar; **~ta** *f* latigazo *m*, azote *m*
sfiammare *vt* desinflamar
sfiancare *vt* romper los lados (*de algo*); entallar (*traje*); *fig* derrengar, deslomar, desriñonar
sfiat|amento *m* exhalación *f*; **~are 1.** *vi* <*avere*> exhalar, despedir; **2.** *~rsi mus* desafinarse, destemplarse; *fig/fam* desgañitarse; **~atoio** *m* respiradero; ventosa *f*; **~o** *m* respiradero
sfibbiare *vt* deshebillar, desabrochar
sfibra|mento *m* deshebramiento; **~re** *vt* deshebrar; *fig* derrengar, extenuar
sfida *f* desafío *m* (*duelo*); *fig* desafío *m*, reto *m*; **~nte 1.** *adj* desafiante; **2.** *m/f* retador, -a; **~re** *vt* desafiar, retar; *(fam) sfido io!/sfido!* ¡claro!, ¡seguro!
sfiducia *f* desconfianza, recelo *m*; **~re 1.** *vt* retirar la confianza; **2.** *~rsi* perder la confianza
sfiga *f vulg* mala pata *fam*; *portar* ~ gafar; **~to** *adj/s vulg* malapata, gafe
sfigurare 1. *vt a. fig* desfigurar; **2.** *vi* <*avere*> desentonar, quedar mal
sfila|cciare *vt* deshilachar; **~re 1.** *vt* 1. desenhebrar (*aguja*); deshilar (*tejido*); desensartar (*collar*); 2. quitar (*ropa*); **2.** *vi* <*essere/avere*> desfilar; **3.** *~rsi* deshilacharse (*tejido*); hacerse una carrera (*media*); desensartarse (*collar*)
sfilat|a *f* desfile *m*; ~ *di moda* pase de modelos *m*, desfile de moda *m*; **~ino** *m fam* barra *f* (*pan*); **~o** *m* vainica *f* (*bordado*)
sfilza *f* ristra, sarta
sfinge *f* esfinge
sfini|mento *m* agotamiento; **~re** *vt* agotar, reventar, dejar exhausto; **~tezza** *f* agotamiento *m*; **~to** *adj* exhausto, agotado, exangüe, reventado
sfior|are *vt* rozar; *fig* tocar de refilón (*tema*); acariciar (*éxito*); **~ire** <*isc*> *vi* perder la flor; *fig* marchitarse, ajarse
sfitt|are *vt* desalquilar, desarrendar; **~ire** <*isc*> *vt* aclarar, hacer menos espeso; **~o** *adj* desalquilado, desarrendado
sfoca|re <*sfoco/sfuoco*> *vt* desenfocar; **~to** *adj* desenfocado; **~tura** *f* desenfoque *m*
sfoci|are *vi geogr* desembocar (*in* en); *fig* desembocar, acabar; **~o** *m geogr* desembocadura *f*, delta; *fig* salida *f*, solución *f*; *situazione senza* ~ situación sin salida
sfodera|bile *adj* desenfundable; **~re** *vt* 1. desenvainar, desenfundar (*espada*); 2. desenfundar (*sofá*); quitar el forro (*ropa*); **~to** *adj* sin forro

sfogare 1. *vt* desahogar, desatar; **2.** *vi* escaparse, salir (*gas, humo*); **3.** *~rsi* desahogarse, explayarse; *(fig) ~rsi su q* desahogarse en alg, hacerle pagar a alg los platos rotos; *~rsi a correre* desahogarse corriendo

sfoggiare 1. *vt* lucir, alardear *vi* (de), fardar *vi/fam* (de); **2.** *vi* <*avere*> lucirse, alardear, presumir; hacer ostentación (*di* de)

sfoggio *m* alarde, ostentación *f*

sfoglia *f* lámina, hoja, capa; *(gastr) pasta ~* (masa de) hojaldre; *~***re 1.** *vt* 1. deshojar (*flor*); 2. hojear (*libro*); **2.** *~rsi* 1. deshojarse; 2. *metal* laminarse; *~***ta** *f* 1. *gastr* torta de hojaldre; 2. hojeada, vistazo *m*; *dare una ~* echar una hojeada

sfogo *m* escape, salida *f* (*gas, líquido*); *geogr* desembocadura *f*; *fig* desahogo, desfogue; *dare ~ a qc* dar rienda suelta a algo

sfolgor|are <*esd*> *vi* <*avere*> fulgurar; *~***io** *m* fulguración *f*, fulgor

sfolla|gente *m/inv* porra *f*; *~***mento** *m* desalojo; *~***re** *vt* desalojar, evacuar

sfoltire <*isc*> *vt* aclarar, hacer menos espeso

sfonda|mento *m* desfondamiento; *~***re** *vt* desfondar; hundir (*cráneo*); gastar, romper (*zapatos*); echar abajo (*puerta*); *mil* romper (*frente*); *~***to** *adj* desfondado; hundido; *fig* sin fondo, insaciable; *(fig/fam) ricco ~* ricachón, forrado, podrido de dinero

sfondo *m pitt* fondo; *teatro* foro; *fig* escenario, trasfondo; *~***ne** *m fam* metedura de pata *f*

sforbicia|re <*esd*> *vt* tijeretear; *~***ta** *f* tijeretazo *m*

sforma|re *vt* deformar; *gastr* sacar del molde; *~***to** *m gastr* pastel (*verdura, carne*)

sforn|are *vt* sacar del horno; *fig* producir, sacar; *~***ire** <*isc*> *vt* desabastecer; *~***ito** *adj com* desabastecido, poco surtido; *fig* desprovisto, carente, falto (*di* de)

sfortuna *f* mala suerte, desgracia, desventura; *~***to** *adj* desgraciado, desventurado

sforz|are 1. *vt* forzar; **2.** *~rsi* esforzarse; *~***ato** *adj* forzado, falso (*sonrisa*); forzado (*interpretación*); *~***o** *m* esfuerzo; *(iron) bello ~!* ¡no te habrás matado!; *fare tutti gli ~i per* hacer todo lo posible por

sfottere *vt pop* tomar el pelo, chotearse (de); fastidiar; *non ~!* ¡no fastidies!, ¡no jodas! *vulg*

sfotti|mento *m pop* choteo, cachondeo; fastidio, molestia *f*; *~***tore, -trice** *m/f pop* guasón, -ona; puñetero, -a

sfracellare *vt* destrozar, aplastar

sfrangia|re *vt* desflecar; *~***tura** *f* desflecado *m*

sfratarsi *eccl* colgar los hábitos

sfratt|are 1. *vt ius* desahuciar; **2.** *vi* <*avere*> desalojar, marcharse; *~***o** *m ius* desahucio

sfrecciare *vi* pasar como una flecha/ como una exhalación

sfrega|mento *m* frote, frotamiento; roce (*pared*); *~***re** *vt* frotar; rozar (*pared*)

sfregi|are *vt* arañar; desfigurar (*cara*); *~***o** *m* cicatriz *f*; arañazo (*cara*); *fig* mancilla *f*, deshonra *f*

sfrena|re 1. *vt fig* desenfrenar, dar rienda suelta; **2.** *~rsi* desenfrenarse; *~***tezza** *f* desenfreno *m*, libertinaje *m*; *~***to** *adj* desenfrenado, incontenible; desbocado (*carrera*)

sfrigolare <*esd*> *vi* <*avere*> chirriar (*aceite*)

sfronda|re *vt agr* deshojar; ramonear; *fig* pulir (*escrito*); *~***tura** *f agr* deshojado *m*; ramoneo *m*

sfrontat|ezza *f* descaro *m*, insolencia; *~***o** *adj* descarado, insolente, chulo, carota

sfrutta|mento *m agr/min/fig* explotación *f*; *~***re** *vt agr/min/fig* explotar; *~***tore** *adj/s agr/min/fig* explotador

sfuggente *adj* escurridizo, huidizo

sfuggevole *adj* escurridizo; fugaz

sfuggi|re 1. *vt* eludir, rehuir, evitar; **2.** *vi* escapar (*a* de); escaparse, escurrirse (*caer*); pasar por alto, escaparse (*no darse cuenta*); pasarse, olvidar; escaparse (*hablando*); *~***ta: di ~** *adv* 1. de pasada, de refilón; 2. deprisa

sfuma|re 1. *vt pitt/fig* difuminar; **2.** *vi pitt/fig* difuminarse; disiparse (*niebla*); *~***to 1.** *adj* difuminado; *fig* vago, impreciso; **2.** *m* difuminado, sombreado; *~***tura** *f pitt* difuminado *m*, matización; *fig* matiz *m*

sfumino *m pitt* difumino, esfumino

sfuocare... V. **sfocare**...

sfuriata *f* rapapolvo *m*, bronca, chaparrón *m*

sfuso *adj* fundido (*manteca*); *com* a granel, suelto

sgabell|arsela *fam* quitarse de encima; *~***o** *m* taburete, banqueta *f*

sgabuzzino *m* trastero

sgambett|are 1. *vt* zancadillear; **2.** *vi* <*avere*> patalear; corretear; *~***o** *m* zancadilla *f*; *(a. fig) fare lo ~ a q* poner/echar la zancadilla a alg

sganasci|are 1. *vt* romper la mandíbula (*q* a alg); **2.** *~rsi fig* desternillarse

sganciare 1. *vt* desenganchar; *fig* soltar, aflojar (*dinero*); **2.** *~rsi fig* librarse, desembarazarse (*da* de)

sgangherare <*esd*> **1.** *vt* desquiciar (*puerta*); descerrajar, forzar (*baúl*); **2.** *~rsi fig* desternillarse

sgarbat|aggine, *~***ezza** *f* descortesía, grosería, falta de cortesía; *~***o** *adj* descortés, grosero, maleducado

sgarberia *f*, **sgarbo** *m* descortesía *f*, desplante *m*, desaire *m*

sgargiante *adj* fuerte, llamativo (*color*)

sgarr|are *vi* <*avere*> fallar (*persona, reloj*); *~***o** *m* fallo, error

sgattaiolare <*esd*> *vi* <*avere*> escabullirse, escurrir el bulto

sgel|are 1. *vt* deshelar, fundir; **2.** *~rsi* deshelarse, fundirse; *~***o** *m* deshielo

sghembo *adj* torcido, sesgado

sgherro *m* esbirro, sicario

sghiacciare V. **sgelare**

sghignazza|re *vi* <*avere*> carcajearse; *~***ta** *f* carcajada

sghimbescio: a/di ~ *adv* de lado, torcido

sghiribizzo *m fam* antojo, capricho

sgobb|are *vi* <*avere*> *fam* empollar (*estudio*); trabajar como un negro; **~ata** *f fam* empollada (*estudio*); **~one, -a** *m/f fam* empollón, -ona (*estudio*)
sgocciola|re <*esd*> **1.** *vt* escurrir (*recipiente*); hacer gotear (*líquido*); **2.** *vi* 1. <*avere*> escurrir(se); 2. <*essere*> gotear, chorrear; **~toio** *m* escurridero; escurreplatos
sgoccioli: essere agli ~ estar en las últimas
sgocciolio *m* goteo
sgolarsi desgañitarse
sgomb(e)rare <*esd*> *vt* desocupar, desalojar, vaciar (*habitación, casa*); despejar (*calle, mesa*); evacuar, desalojar (*personas*)
sgomb(e)ro *m* desalojo (*casa*); evacuación *f* (*ciudad*)
sgombr|aneve *m/inv* quitanieves; **~are** V. **sgomberare**; **~o 1.** *adj* libre, despejado; **2.** *m zool* caballa *f*
sgoment|are *vt* aturdir, turbar, azorar; **~o 1.** *adj* aturdido, turbado; asustado; **2.** *m* turbación *f*, desasosiego, azoramiento
sgominare <*esd*> *vt* derrotar, desbaratar
sgomitolare <*esd*> *vt* desenmarañar, desovillar
sgomma|re *vi* <*avere*> *auto* salir derrapando; **~to** *adj* despegado, sin goma (*carta*); *auto* sin neumáticos
sgonfi|amento *m* deshinchadura *f*; *med* remisión de la inflamación; **~are** *vt a. fig* deshinchar, desinflar; *med* desinflamar; **~ato, ~o** *adj* deshinchado, desinflado; *med* desinflamado
sgorbi|a *f tec* gubia; **~are** *vt* garabatear, emborronar; **~o** *m* borrón (*mancha*); garabato (*palabra*); *desp* birria *f*, bodrio
sgorgare 1. *vi* brotar, manar (*da* de); **2.** *vt* desatascar
sgozza|mento *m* degüello, degollación *f*; **~re** *vt* degollar
sgrad|evole *adj* desagradable, enojoso; **~ito** *adj* desagradecido
sgraffignare *vt fam* birlar, chorizar
sgraffio *m* arañazo, rasguño
sgrammatica|re <*esd*> *vi* <*avere*> hablar o escribir con errores gramaticales; **~to** *adj* que habla o escribe mal; lleno de errores gramaticales; **~tura** *f* error de gramática *m*
sgrana|mento *m* desgrane; **~re** *vt* desgranar
sgranchire <*esd*> *vt* estirar, desentumecer; ~ *le gambe* estirar las piernas
sgranocchiare *vt fam* picotear, mordisquear, comiscar
sgrassare *vt* desgrasar, desengrasar (*caldo, piel*)
sgrav|are 1. *vt a. fig* aligerar, aliviar; **2.** *vi* <*avere*> *fam* parir; **3.** *~rsi* 1. quitarse de encima, librarse; 2. parir *vi*; **~io** *m* descarga *f*, aligeramiento, liberación *f*; *econ* desgravación *f*; ~ *fiscale* desgravación fiscal
sgraziato *adj* desgarbado, desangelado
sgretola|mento *m* resquebrajamiento, agrietamiento; **~re** <*esd*> *vt* resquebrajar, agrietar; *fig* minar
sgrida|re *vt* regañar, reprender; **~ta** *f* regañina, reprimenda, rapapolvo *m*
sgrondare 1. *vt* escurrir, vaciar (*recipiente*); **2.** *vi* <*avere*> chorrear; <*essere/avere*> escurrir(se)
sgrossa|re *vt* desbastar; **~tura** *f* desbaste *m*
sgrovigliare *vt a. fig* desenmarañar, desovillar
sguaiat|aggine *f* grosería, mala educación, ordinariez; **~o** *adj* ordinario, grosero, maleducado; basto, vulgar
sguainare <*sguaino*> *vt* desenvainar, desenfundar
sgualci|re <*isc*> *vt* arrugar; **~to** *adj* arrugado
sgualdrina *f* mujerzuela, barragana, pelandusca, buscona
sguancio *m arch* derrame, alféizar
sguardo *m* mirada *f*, vista *f*; vistazo, mirada *f*, ojeada *f* (*rápido*); *abbassare, alzare, tenere lo* ~ bajar, alzar, mantener la vista; *dare uno* ~ echar un vistazo/una mirada/una ojeada
sguarnito *adj* desguarnecido
sguattero *m/f* pinche, friegaplatos
sguazzare *vi* <*avere*> chapotear; *fig* estar a gusto; *fig* nadar; ~ *nell'abbondanza* nadar en la abundancia
sguinzagliare *vt* soltar la correa; *fig* soltar, azuzar (*perros, esbirros*)
sgusciare 1. *vt* descascarar (*huevo*); desgranar, pelar (*guisante, judía*); **2.** *vi* 1. salir del cascarón; 2. escaparse, escurrirse
shaker *m ingl/inv* coctelera *f*
shampoo *m ingl/inv* champú *m*
sherry *m ingl/inv* jerez (*vino*)
shoccare V. **scioccare**
shock *m ingl/inv* shock, conmoción *f*
short *m ingl/inv* spot publicitario *m*
shorts *mpl ingl/inv* pantalones cortos *mpl*
show *m ingl/inv* show *m/ingl*, espectáculo *m*; **~man** *m ingl/inv* showman; *fig* exhibicionista *m*, numerero *m*
shuttle *m ingl/inv* lanzadera espacial *f*, transbordador espacial *m*
si 1. *pr* 1. <*reflexivo, recíproco*> se; *Lia ~ lava* Lia se lava; *i ragazzi ~ picchiano* los chicos se pegan; *il romanzo, se l'è letto in due notti* la novela, se la ha leído en dos días; 2. <*impersonal, pasivo*> se; *da qui non ~ vede niente* desde aquí no se ve nada; *cercasi appartamento* se busca piso; *non ~ sa mai* nunca se sabe; *~ sa!* ¡ya se sabe!; *cerco lavoro, ma non lo si trova così facilmente* busco trabajo, pero no se encuentra tan fácilmente; **2.** *m mus* si
sì 1. *adv* 1. sí; *dire di* ~ decir que sí; *credo di* ~ creo que sí; *questa ~ (che) è bella!* ¡esta sí que es buena!; 2. *lit* tan, así de; *è ~ bello* és tan bello
sia *conj* ya, bien; ~ ... *sia/o* ya ... ya, bien ... bien, o ... o; ~ ... *che* tanto ... como; *~ che gli piaccia, ~ che non gli piaccia* tanto si le gusta como si no, le guste o no

siamese *adj/s* siamés
sibarit|a *m/f* sibarita; ~**ico** *adj* sibarítico, sibarita
Siberia: *la* ~ Siberia; *~**no** *adj/s* siberiano
sibila|nte *adj/f ling* sibilante; ~**re** *<esd> vi <avere>* silbar (*viento...*)
sibill|a *f hist* sibila; ~**ino** *adj hist/fig* sibilino
sibilo *m* silbido, silbo
sicario *m* sicario
sicché *conj <+ indicativo>* 1. *<consecutivo>* por lo que; 2. *<interrogativo>* y bien
siccità *f* sequía; aridez, sequedad
siccome *conj <+ indicativo>* como, ya que, puesto que; ~ *piove, non esco* como llueve, no salgo
Sicilia: *la* ~ Sicilia; *~**no** *adj/s* siciliano
sicomoro *m bot* sicomoro, sicómoro
sicumera *f* petulancia, presunción
sicura *f* seguro *m* (*armas de fuego*); ~**mente** *adv* sin duda, a buen seguro, de fijo
sicurezza *f* seguridad; ~ *stradale* seguridad vial; ~ *di sé* seguridad en sí mismo; *Pubblica* *~ Fuerzas de Seguridad, fuerzas del orden; *nella* ~ *di* con la seguridad de, confiando en
sicuro *adj/m* seguro; *essere* ~ estar seguro; *essere* ~ *di sé* estar seguro de sí mismo; *andare sul* ~ ir sobre seguro; *mettere al* ~ poner en lugar seguro, poner a buen recaudo
siderale, sidereo *adj* sideral, sidéreo
siderurg|ia *f* siderurgia; ~**ico 1.** *adj* siderúrgico; **2.** *m/f* trabajador, -a de la siderurgia
sidro *m* sidra *f*
siepe *f* seto *m*
siero *m* suero (*med, leche*); ~**positivo** *adj/s med* seropositivo; ~**so** *adj* seroso
sierra *f geogr* sierra
siesta *f* siesta; *fare la* ~ dormir/hacer la siesta
siffatto *adj raro* semejante, tal
sifilide *f med* sífilis
sifilitico *adj/s med* sifilítico
sifone *m* sifón
sigar|aio, -a *m/f* cigarrero, -a; ~**etta** *f* cigarrillo *m*, cigarro *m*
sigaro *m* puro (*tabaco*)
sigill|are *vt* sellar, precintar; ~**atura** *f* sellado *m*, precintado *m*; ~**o** *m* sello, precinto; *ius* precinto; ~ *sacramentale* secreto de confesión; *(ius) apporre i ~i* precintar; *avere il* ~ *alle labbra* tener los labios cosidos
sigla *f* sigla; iniciales *fpl* (*firma*); *TV* cabecera, sintonía; *(TV/radio)* ~ *musicale* sintonía; ~**re** *vt* firmar con las iniciales; ~**rio** *m* lista de siglas *f*; ~**tura** *f* rúbrica con las iniciales
sigma *m/f* sigma *f*
significa|nte 1. *adj* significativo, elocuente; **2.** *m ling* significante; ~**re** *<esd> vt* significar, querer decir; *fig* significar, suponer; *lit* significar, manifestar; ~**tivo** *adj* significativo; ~**to** *m* significado
signor|e, -a *m/f* señor, -a; *il signor Contini, il signor dottore* el señor Contini, el señor doctor; *(eccl) la Nostra *~a, il Nostro *~* Nuestra Señora, Nuestro Señor; *gentile* ~ distinguido señor; *egregio* ~ distinguido señor, muy señor mío; *~i e ~e* señoras y señores; *(fig/iron) benedetto sia il ~!* ¡alabado sea Dios!, ¡dichosos los ojos!
signoreggiare 1. *vt* señorear; **2.** *vi <avere>* dominar, mandar
signoria *f* señorío *m*, dominio *m*; *hist* señoría; *(adm) Sua *~* Su Señoría
signoril|e *adj* señorial; ~**ità** *f* señorío *m*, distinción
signorin|a *f* señorita; ~**o** *m* señorito
signornò *adv mil* no señor
signoro|ne, -a *m/f* señorón, -a; ~**tto** *m* cacique
signorsì *adv mil* sí señor, a la orden
silenzi|are *vt mec* silenciar; ~**atore** *m mec* silenciador; ~**o** *m* silencio; *fare* ~ imponer silencio, hacer callar; *ridurre q al* ~ silenciar a alg; *passare q sotto* ~ ignorar a alg, hacerle el vacío a alg; *il* ~ *è d'oro* al buen callar le llaman Sancho; ~**oso** *adj* silencioso
silf|ide *m mit/fig* sílfide; ~**o** *m mit* silfo
silhouette *f fr/inv* silueta *f*
silic|ato *m* silicato; ~**e** *m* sílice; ~**ico** *adj* silícico; ~**io** *m* silicio; ~**one** *m* silicona *f*; ~**osi** *f/inv med* silicosis
siliquastro *m bot* ciclamor
sillab|a *f* sílaba; *non dire una* ~ no decir (ni una) palabra, no decir ni pío; ~**are** *<esd> vt* silabear, silabar; ~**ario** *m* silabario; ~**azione** *f* silabación; ~**ico** *adj* silábico
sillogis|mo *m* silogismo; ~**tico** *adj* silogístico
silo *m agr/mil* silo
silo-... V. **xilo-**...
silur|amento *m* torpedeo; ~**ante** *adj/f* lanzatorpedos; ~**are** *vt mil/fig* torpedear; *mil/pol* destituir; ~**o** *m* 1. *mil* torpedo; 2. *zool* siluro
silvestre *adj* silvestre
silvicol|o *adj* silvícola; ~**tore** V. **selvicoltore**
sima *f arch* sima
simbio|si *f/inv* simbiosis; ~**tico** *adj* simbiótico
simbol|eggiare *vt* simbolizar; ~**ica** *f* simbología; ~**icità** *f* simbolismo *m*; ~**ico** *adj* simbólico; ~**ismo** *m* simbolismo; ~**ista** *adj/s* simbolista; ~**izzare** *vt* simbolizar; ~**o** *m* símbolo
simil|are *adj* similar; ~**e 1.** *adj* similar, parecido, semejante; semejante, tal; *è* ~ *a suo nonno* es parecido a su abuelo; *non posso accettare una cosa* ~ no puedo aceptar semejante cosa/una cosa parecida; **2.** *m/f* semejante *m*, prójimo *m*; *ogni* ~ *ama il suo* ~ cada oveja con su pareja; Dios los cría y ellos se juntan; ~**itudine** *f ling* símil *m*, comparación; ~**oro** *m/inv metal* similor; ~**pelle** *f/inv* polipiel *m*, skay *m*
simmetri|a *f* simetría; ~**co** *adj* simétrico
simon|ia *f* simonía; ~**iaco** *adj/m* simoníaco, simoniaco
simpati|a *f* simpatía; *scoppio per* ~ explosión por simpatía; *avere* ~ *per q/qc* sentir simpatía por alg/algo; *prendere q in* ~ cogerle simpatía a alg; ~**co 1.** *adj* simpático,

2. *m/f* persona simpática *f*; **3.** *m med* simpático
simpatizza|nte *adj/s* simpatizante; **~re** *vi* <*avere*> simpatizar (*con/per* con/por)
simplex *m/inv* línea individual *f* (*teléfono*)
simposio *m* simposio
simula|cro *m* simulacro (*imagen*); **~re** <*esd*> *vt* simular, fingir; **~tore, -trice** 1. *m/f* simulador, farsante; 2. *m mec* simulador; *~ di volo* simulador de vuelo; **~zione** *f* simulación
simultane|ità *f* simultaneidad; **~o** *adj* simultáneo
simun *m/inv* simún *m*
sinagoga *f* sinagoga
sinalefe *f ling* sinalefa
sinapsi *f/inv med* sinapsis
sincer|arsi cerciorarse, asegurarse; **~ità** *f* sinceridad, franqueza; *con tutta ~* con toda franqueza; **~o** *adj* sincero, franco
sinché *raro* V. **finché**
sincop|are <*esd*> *vt* sincopar; **~ato** *adj mus* sincopado; **~e** *f mus* síncopa; *med* síncope *m*; *ling* síncopa, síncope *m*
sincroni|a *f* sincronía; **~co** *adj* sincrónico; **~smo** *m* sincronismo
sincronizza|re *vt* sincronizar; **~tore** *m tec* sincronizador; **~zione** *f* sincronización
sincrono *adj* sincronizado, simultáneo
sindacabile *adj* controlable, fiscalizable
sindacale *adj* sindical
sindacalis|mo *m* sindicalismo; **~ta** *m/f* sindicalista; **~tico** *adj* sindical
sindacalizza|re *vt* organizar como sindicato; **~zione** *f* organización como sindicato
sindacare <*esd*> *vt* 1. sindicar (*afiliar*); 2. *adm* controlar, examinar, fiscalizar; 3. *econ* sindicar
sindacato *m* sindicato (*trabajadores*); *econ* cartel, consorcio; *~ giallo/~ di comodo* sindicato amarillo/vertical; *~ dei datori di lavoro* organización patronal
sindaco <*f -chessa (iron)*> *m* 1. *adm* alcalde *m*, alcaldesa *f*; *~ aggiunto* alcalde pedáneo; 2. *econ* síndico
sindone *f* mortaja, sudario *m*; *la Sacra *~e* la Sábana Santa
sindrome *f* síndrome *m*; *~ da immunodeficienza acquisita (Aids)* síndrome de inmunodeficiencia adquirida (SIDA); *~ di astinenza* síndrome de abstinencia
sine|cura *f eccl* sinecura; **~drio** *m hist* sinedrio, sanedrín
siner|esi *f/inv* sinéresis; **~gia** *f* sinergia
sinfoni|a *f* sinfonía; **~co** *adj* sinfónico
singalese *adj/s* cingalés
singhiozz|are *vi* <*avere*> 1. sollozar; 2. *med* hipar, tener hipo *vt*; **~o** *m* 1. sollozo; 2. *med* hipo; *avere il ~* tener hipo; *(fig) a ~i* a tirones, a tumbos, a saltos; *lavorare a ~* trabajar a ratos
singolar|e 1. *adj* singular, curioso, raro; único; *ling* singular; **2.** *m ling* singular; *sport* individual; *post* línea individual *f* (*teléfono*); **~ità** *f* singularidad
singolo *adj* individual, simple; *le ~e persone/ogni ~a persona* cada persona por separado; *camera ~a* habitación individual
singulto V. **singhiozzo**
sinibbio *m meteo* ventisca *f*
siniscalco *m hist* senescal
sinistra *f* izquierda (*lado, mano, pol*); *mar* babor *m*; *a ~* a la izquierda; *tenere la ~* ir por la izquierda; **~re** *vt* damnificar, devastar; **~to** *adj/s* siniestrado, damnificado
sinistro 1. *adj* 1. izquierdo; izquierdo, zurdo (*mano, pierna*); 2. *fig* siniestro; adverso; amenazador; **2.** *m* 1. siniestro (*accidente*); 2. izquierda *f*, zurda *f* (*mano, pierna*); zurdazo (*tiro, golpe*); *colpire di ~* golpear con la izquierda/la zurda; **~ide** *adj/s desp* izquierdoso; **~rso** *adj* vuelto a la izquierda; *chim* levógiro
sino V. **fino**
sinod|iale *adj eccl* sinodial, sinódico; **~ico** *adj astr* sinódico; **~o** *m eccl* sínodo
sinolog|ia *f* sinología; **~o, -a** *m/f* sinólogo
sinonim|ia *f* sinonimia; **~o** *adj/m* sinónimo
sinora V. **finora**
sinossi *f/inv* sinopsis
sinottico *adj* sinóptico
sinovia *f med* sinovia
sintagma *m* sintagma; **~tico** *adj* sintagmático
sintantoché *enf* V. **finché**
sintassi *f/inv* sintaxis
sintattico *adj* sintáctico
sinterizza|re *vt metal* sinterizar; **~zione** *f metal* sinterización
sintesi *f/inv* síntesis
sinteti|co *adj* sintético; **~smo** *m* sintetismo; **~zzatore** *m mus* sintetizador
sintom|atico *adj* sintomático; **~atologia** *f* sintomatología; **~o** *m med/fig* síntoma
sintonia *f radio/fig* sintonía
sintonizza|re *vt radio/fig* sintonizar; **~tore** *m fis* sintonizador; **~zione** *f* sintonización
sinuos|ità *f* sinuosidad; **~o** *adj* sinuoso
sinus|ite *f med* sinusitis; **~oidale** *adj mat* sinusoidal; **~oide** *f mat* sinusoide
sionis|mo *m* sionismo; **~ta** *m/f* sionista; **~tico** *adj* sionístico
sipario *m teatro* telón; *(hist) ~ di ferro* telón de acero; *(a. fig) calare il ~* bajar el telón
sirena *f mit/tec* sirena
Siria: *la ~* Siria; ***~co** *adj/s hist* siriaco; ***~no** *adj/s* sirio
siringa *f* jeringuilla, jeringa; **~re** *vt med* jeringar
sirte *f* sirte
sirventese *m* serventesio
sisal *f* sisal *m*
sisma *m* seísmo
sismic|ità *f* simicidad; **~o** *adj* sísmico
sismo *m* seísmo
sismogra|fia *f* sismografía; **~fico** *adj* sismográfico; **~fo** *m* sismógrafo; **~mma** *m* sismograma
sismolog|ia *f* sismología; **~o, -a** *m/f* sismólogo, -a
sissignore *adv* sí señor, a sus órdenes, para servirle
sistema *m* sistema; *~ di vita* modo de vida; *cambiare ~* cambiar de estrategia;

~**re 1.** *vt* 1. ordenar, arreglar, poner en orden; *fig/iron* arreglar (*castigar*); *se non vieni ti sistemo io* si no vienes te voy a arreglar yo; 2. solucionar, resolver; 3. alojar, hospedar; 4. *fig* colocar, emplear (*trabajo*); casar; **2.** ~*rsi* 1. hospedarse, alojarse; encontrar alojamiento; 2. colocarse (*trabajo*); casarse
sistematic|a *f biol* sistemática; ~**ità** *f* sistematicidad; ~**o** *adj* sistemático
sistematizz|are *vt* sistematizar; ~**azione** *f* sistematización
sistemazione *f* 1. ordenación; arreglo *m*, solución (*cosas*); 2. colocación (*trabajo*); casamiento *m*; 3. alojamiento *m*, hospedaje *m*
sistemico *adj* sistémico
sistol|a *f* manguera; ~**e** *f ling/med* sístole
sitibondo *adj lit/fig* sediento, ávido
sit-in *f/inv pol* sentada *f*
sito 1. *adj* sito (*in* en); **2.** *m lit* sitio, lugar
situa|re <*esd*> *vt* situar, colocar, emplazar, ubicar; ~**zione** *f a. fig* situación, posición
Siviglia *f* Sevilla; *~**no** *adj/s* sevillano
skai *m/inv* skay *m*
skate-board *m ingl/inv* monopatín *m*
skating *m ingl/inv* 1. *sport* patinaje *m*; patinaje sobre hielo *m*; 2. *tec* skating
sketch *m ingl/inv* sketch
ski-lift *m ingl/inv* telesquí *m*
skinhead *m/f ingl/inv* cabeza rapada *m/f*, skinhead *m/f*
ski-pass *m ingl/inv* forfait *m* (*esquiadores*)
skunk *m ingl/inv zool* mofeta *f*
slabbra|re 1. *vt* mellar, descantillar; deshilachar (*tejido*); desgarrar (*herida*); **2.** *vi* <*essere/avere*> rebosar, desbordarse; ~**tura** *f* desgarro *m* (*herida*)
slacciare *vt* desatar, desanudar, desenlazar; desabrochar (*ropa*)
slalom *m/inv sport* slalom, eslalon, eslálom; ~**ista** *m/f sport* corredor, -a de slalom
slancia|rsi abalanzarse (*contro* sobre), arremeter (*contro* contra); ~**to** *adj* 1. arrojado, lanzado; 2. esbelto, espigado (*persona*)
slancio *m* salto; lanzamiento; *sport* arrancada *f*; *fig* arranque, arrebato; *prendere lo ~* tomar carrerilla; *agire di ~* actuar impulsivamente; *uno ~ di entusiasmo* un arrebato de entusiasmo
slang *m/inv* jerga *f*, argot
slarg|are *vt* ensanchar; ~**o** *m* ensanche
slatta|mento *m* destete; ~**re** *vt* destetar
slavato *adj* descolorido, difuminado
slavi|na *f* alud *m*, avalancha; ~**smo** *m* eslavismo; ~**stica** *f* eslavística
slavo *adj/s* eslavo
sleal|e *adj* desleal; ~**tà** *f/inv* deslealtad *f*
slega|re *vt* desatar, desliar, soltar; ~**to** *adj* desatado; *tip* desencuadernado; *fig* incoherente, inconexo
slip *m/inv* slip *m*, eslip *m*
slitta *f* trineo *m*; ~**mento** *m* deslizamiento; ~**re** *vi* <*avere/essere*> deslizarse; *auto* patinar; resbalar (*persona*); *econ* bajar, depreciarse; *fig* desviarse, alejarse
slittino *m* tobogán (*tipo de trineo*)
sloga|re *vt med* dislocar; ~**tura** *f med* dislocación, luxación
sloggiare *vt* desalojar, echar
slombarsi desriñonarse, derrengarse
slot machine *f ingl/inv* (máquina) tragaperras
Slovac|chia: *la ~* Eslovaquia; *~**co** *adj/s* eslovaco
Sloven|ia: *la ~* Eslovenia; *~**o** *adj/s* esloveno
slow *m ingl/inv* baile lento *m*, baile agarrado *m*
smaccato *adj* 1. avergonzado; 2. *fig* empalagoso
smacchia|re *vt* quitar las manchas; ~**tore** *m* quitamanchas
smacco *m* humillación *f*, vergüenza *f*
smaglia|nte *adj* brillante, deslumbrante; ~**re 1.** *vt* desmallar; romper, hacer una carrera (*media*); **2.** ~*rsi* romperse, hacerse una carrera (*media*); estriarse (*piel*); ~**tura** *f* carrera (*media*); estría (*piel*)
smagnetizzare *vt* desimantar
smagrire <*isc*> *vt* adelgazar, enflaquecer
smaliziato *adj* despabilado
smaltare *vt* esmaltar
smalti|re <*isc*> *vt* digerir; *com* liquidar; desaguar (*aguas*); *~ la sbornia* dormir la mona; ~**toio** *m* desagüe, desaguadero, vertedero
smalto *m* esmalte; *~ per unghie* esmalte de uñas
smanceria *f* zalamería, remilgo *m*, melindre *m*
smani|a *f* 1. desasosiego *m*, inquietud; *fig* deseo *m*, anhelo *m*; ~**are** *vi* <*avere*> agitarse; desvariar, delirar; *fig* desear *vt*, anhelar *vt* (*di fare qc* hacer algo); ~**erato** *adj* desgarbado; ~**oso** *adj* agitado, desasosegado; *fig* ansioso, anhelante; *essere ~ di fare qc* estar ansioso por hacer algo
smantellare *vt* desmantelar; demolir, derruir; desguazar (*mec*)
smarcarsi *sport* desmarcarse
smargiass|ata *f* fanfarronada, bravata, bravuconería; ~**o** *m* fanfarrón, bravucón
smarri|mento *m* pérdida *f*, extravío; *fig* desmayo; ~**re** <*isc*> **1.** *vt* perder, extraviar; *~ i sensi, la ragione* perder el sentido, la razón; **2.** ~*rsi* perderse, extraviarse; *fig* turbarse, perder el ánimo
smarrona|re *vi* <*avere*> *fam* meter la pata *vt*; ~**ta** *f fam* burrada, animalada
smascellarsi desternillarse
smaschera|mento *m a. fig* desenmascaramiento; ~**re** *vt a. fig* desenmascarar; ~**tore** *adj/s* desenmascarador
smash *m ingl/inv* smash, mate *m* (*tenis*)
smaterializzare *vt* desmaterializar
smazzata *f* reparto de todas las cartas *m*
smelare V. **smielare**
smembra|mento *m* desmembramiento, disgregación *f*; ~**re** *vt* desmembrar, disgregar
smemorat|ezza *f* falta de memoria; ~**o** *adj/s* desmemoriado; olvidadizo
smenti|re <*isc*> **1.** *vt* desmentir; *ius* desdecir; *fig* desmerecer; **2.** ~*rsi* retractarse, desdecirse; *non ~rsi mai* no hacer nunca

marcha atrás; ~**ta** *f* desmentido *m*, mentís *m*

smerald|ino *adj* esmeraldino; ~**o** *m* esmeralda *f*

smerci|are *vt* vender, despachar; ~**o** *m* venta *f*

smerdare *vt vulg* llenar de mierda, enmierdar

smeriglia|re *vt* esmerilar; ~**to** *adj* esmerilado; ~**trice** *f* esmeriladora; ~**tura** *f* esmerilado *m*

smeriglio *m* 1. *tec* esmeril; 2. *zool* alcotán

smerl|are *vt* festonear; ~**o** *m* festón

smettere <*44 -misi; -messo*> **1.** *vt* abandonar, dejar; interrumpir, detener, suspender; ~ *gli studi* dejar los estudios; *(fam) smettila!* ¡ya está bien!, ¡basta ya!; **2.** *vi* <*avere*> dejar; ~ *di fumare* dejar de fumar

smezzare *vt* 1. partir en dos; 2 consumir hasta la mitad

smidollato *adj fig* débil, muelle, flojo

smiela|re *vt* brescar, castrar (*colmena*); ~**tore** *m* castrador (*colmena*)

smilitarizza|re *vt* desmilitarizar; ~**zione** *f* desmilitarización

smilzo *adj* delgado

sminare *vt mil* limpiar de minas, quitar las minas

sminuire <*isc*> *vt* disminuir, aminorar

sminuzza|mento *m* desmenuzamiento; ~**re** *vt* desmigajar, desmenuzar; *fig* contar con pelos y señales

smista|mento *m post* clasificación *f*; *stazione di* ~ estación de maniobra (*tren*); ~**re** *vt post* clasificar; *tras* formar un convoy (*tren*); ~ *il pallone* pasar el balón

smisurato *adj* desmesurado, enorme, descomunal

smitizza|re *vt* desmitificar; ~**zione** *f* desmitificación

smobilita|re <*esd*> *vt* desmovilizar; ~**zione** *f* desmovilización

smobilizzo *m* movilización *f*

smoccola|re <*esd*> **1.** *vt* despabilar (*vela*); **2.** *vi fam* blasfemar, decir palabrotas *vt*; ~**toio** *m* despabiladeras *fpl*

smodato *adj* desmedido, desorbitado, desaforado

smoderat|ezza *f* inmoderación; ~**o** *adj* inmoderado

smog *m/inv* smog, esmog

smoking *m/inv* smoking *m*, esmoquin *m*

smonta|bile *adj* desmontable; ~**ggio** *m* desmontaje; ~**re** *vt a. fig* desmontar; *tras* bajar, apear; **2.** *vi* desmontar, bajar; ~ *di guardia* salir de una guardia; **3.** ~*rsi* desanimarse

smorfi|a *f* mueca, mohín *m*; gesto *m*; *fig* melindre *m*, zalamería; ~**oso** *adj* zalamero, melindroso, remilgado

smorto *adj* pálido, apagado; *faccia* ~*a* cara de acelga

smorza|mento *m* extinción *f* (*fuego*); *fig* atenuación *f*; ~**re** *vt a. fig* apagar; *fig* atenuar, amortiguar; ~**ta** *f sport* dejada (*tenis*); ~**tore** *m mus* sordina *f*

smun|gere <*39 smungo; smunsi; smunto*> *vt fig* exprimir; ~**to** *adj* chupado, escuálido, demacrado

smuovere <*47 -muovo; -mossi; -mosso*> **1.** *vt* mover, desplazar; *fig* disuadir (*q da qc* a alg de algo); *fig* conmover, ablandar; *agr* remover, arar; **2.** ~*rsi* moverse, desplazarse; *fig* disuadirse; cambiar de idea

smussare 1. *vt* redondear; embotar (*filo*); biselar (*cristal*); *fig* limar, quitar hierro; **2.** ~*rsi* embotarse

snack-bar *m/inv* snack-bar

snatura|re *vt* desnaturalizar; *fig* desvirtuar; ~**to** *adj* desnaturalizado (*padre, hijo*)

snazionalizza|re *vt* desnacionalizar; ~**zione** *f* desnacionalización

snebbiare *vt* quitar la niebla; *fig* aclarar

snell|ezza *f* esbeltez, agilidad; ~**ire** <*isc*> *vt* hacer esbelto; *fig* agilizar (*facilitar*); ~**o** *adj* esbelto, espigado; ágil, ligero; *fig* sobrio (*estilo*)

snerva|nte *adj* enervante; ~**re** *vt* enervar; ~**tezza** *f* enervación

snidare *vt* desanidar

sniffa|re *vt* esnifar (*droga*); ~**ta** *f* esnifada (*droga*)

snob *adj/s inv* snob *adj/s*, cursi *adj/s*, afectado *adj/s*

snobbare *vt* humillar

snobismo *m* esnobismo, cursilería *f*

snocciolare <*esd*> *vt* deshuesar (*fruta*); *fig* ensartar (*mentiras*); *fam* soltar, aflojar (*dinero*)

snod|abile *adj* desanudable; ~**are** *vt* desanudar, desatar; aflojar, soltar; soltar (*lengua*); ~**o** *m mec* articulación *f*

snudare *vt* desenvainar (*espada*)

soav|e *adj* suave, agradable, delicado; ~**ità** *f/inv* suavidad *f*, dulzura *f*, delicadeza *f*

sobbalz|are *vi* <*avere*> *auto* dar saltos, dar tumbos; *fig* sobresaltarse; ~**o** *m auto* salto, bote, tumbo; *fig* sobresalto, vuelco

sobbarcare *vt fig* cargar; ~ *q a un lavoro* cargar a alg con un trabajo, embarcar a alg en un trabajo

sobborgo *m* suburbio, arrabal

sobilla|re *vt* soliviantar, instigar; ~**tore** *adj/s* instigador

sobri|età *f/inv* sobriedad *f*; ~**o** *adj* sobrio

socchiudere <*10 -chiusi; -chiuso*> *vt* juntar, entornar, entreabrir (*puerta…; ojos*)

soccombere *vi* sucumbir; ~ *in giudizio* perder un juicio

soccorr|ere <*18 -corsi; -corso*> *vt* socorrer, auxiliar; ~**itore** *adj/s* auxiliador

soccorso *m* socorro, auxilio, asistencia *f*; *pronto* ~ primeros auxilios; urgencias (*lugar*); *correre in* ~ *di q* correr en auxilio de alg

soccoscio *m gastr* tapa *f* (*carne*)

sociabil|e *adj lit* sociable; ~**ità** *f/inv lit* sociabilidad *f*

socialdemocra|tico *adj/s* socialdemócrata; ~**zia** *f* socialdemocracia

sociale *adj* social

sociali|smo *m* socialismo; ~**sta** *adj/s* socialista; ~**ità** *f/inv* sociabilidad *f*

socializza|re *vt* socializar; ~**zione** *f* socialización

società *f/inv* sociedad *f*; sociedad *f*, asociación *f*; ~ *per azioni (S.p.A.)* sociedad anónima (S.A.); ~ *a responsabilità limitata*

(S.r.l.) sociedad limitada (S.L.); ~ *in accomandita* sociedad en comandita; ~ *finanziaria* sociedad financiera; ~ *mercantile* sociedad mercantil; ~ *sportiva* sociedad deportiva; ~ *letteraria* asociación literaria; ~ *protettrice di animali* sociedad protectora de animales; ~ *del benessere* sociedad del bienestar; *giochi di* ~ juegos de sociedad

socievol|e *adj* sociable

socievolezza *f* sociabilidad

socio, -a *<pl -ci, -cie>* *m/f* socio, -a

socioculturale *adj* sociocultural

socioeconomico *adj* socioeconómico

sociolinguistica *f* sociolingüística

sociolog|ia *f* sociología; **~ico** *adj* sociológico; **~o, -a** *m/f* sociólogo, -a

soda *f* soda; *chim* soda, sosa; ~ *caustica* sosa cáustica; **~lizio** *m* sociedad *f*, agrupación *f*; hermandad *f*

soddisfacente *adj* satisfactorio

soddisfare *<36a -faccio/-fò/-fo; -feci; -fatto>* **1.** *vt/vi <avere>* satisfacer *vt*; contentar *vt*; ~ *(a) una richiesta* satisfacer una solicitud; ~ *(a)i gusti di q* contentar los gustos de alg; ~ *(a) un debito* satisfacer una deuda; ~ *(a) certe premesse* satisfacer determinadas premisas

soddisfatto *adj* satisfecho, pagado, ufano; contento

soddisfazione *f* satisfación; *con mia grande* ~ con gran satisfacción por mi parte; *dare, prendere* ~ *di un'offesa* dar, recibir satisfacción de una ofensa

sodio *m* sodio

sodo 1. *adj* duro; *fig* sólido (*argumento*); *uova ~e* huevos duros; *darle ~e* dar candela; *prenderle ~e* recibir muchos palos; **2.** *adv* duro; *lavorare, studiare* ~ trabajar, estudiar duro; *dormire* ~ dormir profundamente; **3.** *(m) venire al* ~ ir al grano

sodomi|a *f* sodomía; **~ta** *m* sodomita

sodomizza|re *vt* sodomizar; **~zione** *f* sodomización

sofà *m/inv* sofá *m*

sofferen|te *adj* sufridor, aquejado; *essere* ~ *di fegato* sufrir del hígado; **~za** *f* sufrimiento *m*, padecimiento *m*; *econ* morosidad; *effetto in* ~ efecto pendiente de pago

soffermare 1. *vt* detener; **2.** *~rsi* detenerse, pararse; ~ *su un aspetto* detenerse en un aspecto; ~ *a parlare* pararse a hablar

soffia|re 1. *vt* soplar; *tec* soplar (*vidrio*); comer (*ficha de las damas*); *fig* soplar, chivar; *fam* birlar, soplar (*robar*); *fig* husmear (*espiar*); *~rsi il naso* sonarse; **2.** *vi <avere>* 1. soplar; *fig* bufar; ~ *sul fuoco* avivar el fuego; 2. *fig* echar leña al fuego; **~ta** *f* soplido *m*; *fig* chivatazo *m*, soplo *m*; **~tore, -trice** *m/f tec* soplador, -a (*vidrio*); **~tura** *f tec* soplado *m*, sopladura (*vidrio*)

soffice *adj* blando, mullido, esponjoso

soffietto *m* 1. fuelle; *agr* aventador; 2. *tip* artículo propagandístico

soffio *m* soplo, hálito, resuello; soplo (*aire*); *med* soplo; *in un* ~ en un soplo; **~ne** *m* 1. fuelle; 2. *geol* fumarola *f*

soffitt|a *f* buhardilla, desván *m*, altillo *m*; **~o** *m* techo

soffoca|mento *m* 1. sofocamiento (*revuelta*); 2. sofoco, ahogo; **~nte** *adj* sofocante, asfixiante; **~re** *<esd>* **1.** *vt* sofocar, ahogar; *fig* sofocar, reprimir; **2.** *vi/~rsi* ahogarse, asfixiarse; **~zione** *f* 1. sofocamiento *m* (*revuelta*); 2. sofoco *m*, ahogo *m*

soffriggere *<38 -friggo; -frissi; -fritto>* *vt* sofreír

soffrire *<17 soffersi; sofferto>* *vt/vi <avere>* sufrir, padecer; ~ *la fame, il freddo* pasar hambre, frío; ~ *le pene dell'inferno* pasar las de Caín, pasar un Calvario; ~ *di cuore* sufrir de corazón

soffritto *m* sofrito

soffuso *adj* difuso (*luz*)

sofis|ma *m* sofisma; **~ta** *m/f* sofista

sofistica|re *<esd>* **1.** *vt* sofisticar, adulterar, falsificar; **2.** *vi <avere>* cavilar; **~to** *adj tec/fig* sofisticado; **~tore, -trice** *m/f* falsificador, -a, adulterador, -a; **~zione** *f* adulteración, falsificación

sofistico 1. *adj fil* sofístico; *fig* pedante; **2.** *adj/s fig* remilgado, zalamero

soft *adj/inv* suave *adj*

soft-core *adj/inv* (porno) blando *adj*

software *m ingl/inv* software

soggettista *m/f cine/TV* guionista

soggettiv|ismo *m* subjetivismo; **~ità** *f/inv* subjetividad *f*; **~o** *adj* subjetivo; *ling* de(l) sujeto

soggetto 1. *adj* sujeto, sometido; *med* propenso; **2.** *m* 1. tema, argumento; *mus* tema, motivo; *tip* materia *f* (*biblioteca*); *(tip) catalogo per ~i* catálogo por materias; 2. *ling/fil/ius* sujeto; *med* individuo, paciente; *desp* sujeto, tipo, individuo; 3. *cine/teatro* guión; 4. *teatro* improvisación *f*; *a* ~ improvisado

soggezione *f* 1. sometimiento *m* (*dependencia*); 2. *fig* rubor *m*, turbación; *ispirare* ~ inspirar respeto

sogghign|are *vi <avere>* reír maliciosamente; **~o** *m* risa maliciosa *f*

soggiacente *adj* subyacente

soggiacere *<53 -giaccio; -giacqui; -giaciuto>* *vi <avere/essere>* subyacer

soggiogare *vt* subyugar, sojuzgar, esclavizar

soggiorn|are *vi <avere>* demorarse, detenerse (*en un lugar*); **~o** *m* 1. estancia *f*, permanencia *f* (*tiempo*); residencia *f*, morada *f* (*lugar*); *località di* ~ lugar de residencia; 2. cuarto de estar, sala de estar *f*

soggiungere *<39 -giungo; -giunsi; -giunto>* *vt* añadir (*hablando*)

soglia *f a. fig* umbral *m*

soglio *m* solio; ~ *pontificio* solio pontificio

sogliola *f zool* lenguado *m*

sogna|nte *adj* 1. soñador; 2. idílico, de ensueño; **~re** *vt/vi <avere> a. fig* soñar; *ho sognato il nonno/mi sono sognato il nonno* he soñado con el abuelo; *me lo sarò sognato* me lo habré imaginado; *non se lo sogna nemmeno di averlo* no tiene ninguna esperanza de conseguirlo; ~ *ad* *occhi aperti* soñar despierto; ~**tore, -trice** *m/f* soñador, -a

sogno *m* sueño (*visión*); *fig* sueño, ensueño; *fare un* ~ tener un sueño; *neanche per* ~ ni soñarlo, ni hablar, ni pensarlo; ~*i d'oro!* ¡que duermas con los angelitos!

soia *f bot* soja

soirée *f fr/inv* velada *f*

sol *m/inv* 1. sol *m* (*moneda*); 2. *mus/chim* sol *m*

solaio *m* 1. suelo, entablado; 2. *reg* desván

solar|e *adj* solar; ~**io** *m*, ~**ium** *m/inv* solárium *m*; ~**izzare** *vt* solarizar

solatio 1. *adj* soleado; **2.** *m* solana *f*

solcare *vt agr/mar/fig* surcar

solco *m agr/mar/fig* surco; *med* arruga *f*

solcometro *m mar* corredera *f*

soldat|esco *adj desp* soldadesco, cuartelero; ~**essa** *f* mujer soldado; *iron* sargento; ~**ino** *m* soldado de juguete; ~**o** *m* soldado; ~ *semplice* soldado raso; ~ *di ventura* soldado de fortuna, aventurero; *andare* ~ ir al servicio militar; *fare il* ~ cumplir/hacer el servicio militar

soldo *m* 1. *hist* sueldo (*moneda*); *fig* cuarto, duro, perra *f*; *essere senza un* ~/ *non avere neanche un* ~ no tener ni un duro, estar sin blanca; *(desp) quattro* ~*i* cuatro perras, cuatro chavos; *(desp) da quattro* ~*i* de tres al cuarto, de chicha y nabo; *non valere un* ~ *(bucato)* no valer ni una perra gorda; *essere alto quanto un* ~ *di cacio* ser un retaco, ser bajito; 2. *mil* soldada *f* (*sueldo*); *essere al* ~ *di q* estar a sueldo de alg; 3. *mpl* dinero *m*; *avere molti* ~*i* tener mucho dinero

sole *m* sol; ~ *di mezzanotte* sol de medianoche; ~ *levante, calante* sol naciente, poniente; *prendere il* ~ tomar el sol; *(fig/iron) vedere il* ~ *a scacchi* estar entre rejas; *essere chiaro come il* ~ estar claro como la luz del sol; ~**cismo** *m* solecismo

soleggia|re *vt* solear; ~**to** *adj* soleado

solenn|e *adj* solemne; *(iron) è un* ~ *bugiardo* es un solemne mentiroso; ~**ità** *f/inv* solemnidad *f*; ~**izzare** *vt* solemnizar

soler|e <*74a soglio; solei; solito*> **1.** *vi/def* soler, acostumbrar; **2.** *vi/imp* soler; *come si suol dire* como se suele decir; ~**te** *adj* competente, diligente; ~**zia** *f* competencia, diligencia

soletta *f* plantilla

solfa *f mus* solfa; *fig* cantinela, rollo *f*; ~**ra** *f* azufrera

solfat|ara *f geol* solfatara, fumarola; ~**o** *m* sulfato

solfeggi|are *vt/vi* <*avere*> *mus* solfear; ~**o** *m mus* solfeo

solfi|drico *adj* sulfhídrico; ~**to** *m* sulfito

solfor|are <*esd*> *vt agr* sulfatar; *chim* sulfurar, azufrar; ~**atrice** *f agr* sulfatadora; ~**azione** *f agr* azufrado *m*; ~**ico** *adj* sulfúrico; *acido* ~ ácido sulfúrico; ~**oso** *adj* sulfuroso

solfuro *m* sulfuro

solidale *adj ius/fig* solidario

solidari|età *f/inv ius/fig* solidaridad *f*; ~**zzare** *vi* <*avere*> *ius/fig* solidarizarse

solidifica|re <*esd*> *vt* solidificar; ~**zione** *f* solidificación

solid|ità *f/inv a. fig* solidez *f*, consistencia *f*; ~**o 1.** *adj a. fig* sólido, consistente; **2.** *m mat/fis* sólido

soliloquio *m* soliloquio, monólogo

solista *adj/s* solista

solitario 1. *adj* solitario; **2.** *m* solitario (*persona, naipes, diamante*); *fare un* ~ hacer un solitario

solito 1. *adj* habitual, acostumbrado, corriente; *essere* ~ *(di) fare qc* soler hacer algo, acostumbrar a hacer algo; **2.** *m* costumbre *f*; *di* ~ normalmente, de ordinario; *come al* ~ como de costumbre, como siempre; *è peggio del* ~ es peor que de costumbre

solitudine *f* soledad

sollazz|are *vt* divertir, entretener, solazar; ~**o** *m* diversión *f*, entretenimiento, distracción *f*, solaz

sollecit|are <*esd*> *vt* instar, apremiar, acuciar; *fig* estimular, aguijonear; acelerar (*paso*); *fis* solicitar; ~**azione** *f* instancia, apremio *m*; *fig* instigamiento *m*; *fis* solicitación; *lettera di* ~ carta de apremio; ~**o 1.** *adj* solícito, presto, rápido; **2.** *m* solicitud *f*, solicitación *f*; apremio; ~**udine** *f* solicitud, diligencia

solleone *m* canícula *f*

solletica|mento *m* cosquilleo; ~**re** <*esd*> *vt* hacer cosquillas, cosquillear; *fig* estimular, azuzar

solletico *m* cosquilleo, cosquillas *fpl*; *fare il* ~ *a q* hacer cosquillas a alg

solleva|mento *m* levantamiento, elevación *f*; *(sport)* ~ *pesi* halterofilia *f*, levantamiento de pesos/pesas; ~**re 1.** *vt* 1. levantar, elevar, alzar; alzar, levantar (*cabeza, ojos*); 2. elevar (*oración*); 3. sacar (*da* de) (*miseria...*); *fig* consolar, confortar; 4. levantar, sublevar; provocar (*jaleo, disputa*); **2.** ~*rsi* 1. levantarse, alzarse; elevarse (*en el aire*); 2. aliviarse, sentir alivio; 3. sublevarse, levantarse, rebelarse; ~**to** *adj* aliviado; reanimado; ~**tore, -trice** 1. *m/f* levantador, -a; ~ *di pesi* levantador de pesos; 2. *m mec* elevador; ~**zione** *f* sublevación, levantamiento *m*

sollievo *m* alivio

sollucchero: andare in ~ caérsele la baba a alg

solo 1. *adj* solo; *da* ~ solo, por sí solo; sin ayuda; *fare da* ~ actuar por su cuenta; *essersi fatto da* ~ haberse hecho a sí mismo; *parlare da* ~ hablar solo; *vivere (da)* ~ vivir solo; *da* ~ *a* ~ a solas, en privado; *meglio* ~*i che male accompagnati* más vale solo que mal acompañado; **2.** *adv* sólo, solo, únicamente, solamente; *non* ~ ... *ma anche* no sólo ... sino también; **3.** *conj* sólo, únicamente (*aunque*); ~ *che* sólo que; **4.** *m mus* solista; solo (*pieza*); *a* ~ solo

solstizi|ale *adj* solsticial; ~**o** *m* solsticio

soltanto *adv* sólo, solo, únicamente, solamente

solubil|e *adj chim/fig* soluble; ~**ità** *f/inv chim/fig* solubilidad *f*

soluzione *f chim/mat/fig* solución; *(com)*

pagare in un'unica ~ pagar en una sola vez; ~ *di continuità* solución de continuidad

solven|te *adj chim/com* solvente; ~**za** *f chim/com* solvencia

solvibil|e *adj com* solvente; ~**ità** *f/inv com* solvencia *f*

soma *f* carga; *bestia da* ~ animal de carga, acémila, caballería

somaro, -a 1. *m/f zool/fig* burro, -a, asno *m*, borrico, -a; *lavorare come un* ~ trabajar como un burro; **2.** *adj* borrico, burro (*incompetente*)

somatico *adj* somático

somiglia|nte *adj* parecido; ~**nza** *f* parecido *m*, semejanza, similitud; ~**re 1.** *vt/vi* <*avere/essere*> parecerse, asemejarse, semejar *vi*; **2.** ~*rsi* parecerse

somma *f* suma, cantidad; cuenta, importe *m*, total *m*; *mat* suma; *fig* conclusión; *fare la* ~ hacer la suma; *tirare le* ~*e* hacer la suma; *fig* sacar conclusiones; ~**re** *vt mat* sumar; *fig* sumar, añadir; ~**rio 1.** *adj ius* sumario; *fig* somero, superficial; **2.** *m* compendio; resumen; ~**to: tutto** ~ *adv* en suma, en definitiva

sommergere <*30 -mergo; -mersi; -merso*> *vt* sumergir

sommergibile *adj/m* sumergible

sommerso *adj* sumergido

sommesso *adj* sumiso, dócil

sommier *m fr/inv* somier *m*

somministra|re *vt* suministrar, proporcionar, abastecer; *med/eccl* administrar; ~**tore** *adj/s* suministrador; ~**zione** *f* suministración, suministro *m*, abastecimiento *m*; *med/eccl* administración

sommissione *f* sumisión

sommità *f/inv* cima *f*; *fig* cima *f*, grado sumo *m*, apogeo *m*

sommo 1. *adj* sumo, máximo; *in* ~ *grado* en grado sumo; *per* ~*i capi* por encima, sin entrar en detalles; *il* *~ *Pontefice* el Sumo Pontífice; **2.** *m* colmo, máximo

sommoscapo *m arch* sumoscapo

sommossa *f* levantamiento *m*, revuelta, sublevación

sommozzatore *m* submarinista, hombre rana

sonagli|era *f* cascabeles *mpl* (*ganado*); ~**o** *m* cascabel

sona|re V. **suonare**; ~**ta** *f mus* sonata; *fig/fam* lío *m*, embrollo *m*; ~**tore** V. **suonatore**

sonda 1. *f tec/med* sonda; ~ *spaziale* sonda espacial; **2.** (*adj/inv*) *pallone* ~ globo sonda; ~**ggio** *m geol* sondeo, perforación *f*; *med* sondeo, exploración *f*; sondeo, encuesta *f* (*estadística*); ~**re** *vt mar/geol* sondar; *fig* sondear, pulsar, tantear; ~**tore** *m* sondista

soneria V. **suoneria**

sonetto *m* soneto

sonnacchioso *adj* somnoliento, adormilado

sonnambul|ismo *m* sonambulismo; ~**o** *adj/s* sonámbulo

sonne|cchiare *vi* <*avere*> *a. fig* dormitar; ~**llino** *m* sueñecito, cabezada *f*; *schiacciare un* ~ echar una cabezadita, descabezar un sueño, quedarse traspuesto

sonnifero *adj/m* somnífero

sonno *m* sueño (*dormir*); *avere* ~ tener sueño; *morire di* ~/*cascare dal* ~ morirse de sueño/caerse de sueño; ~ *pesante* sueño pesado; *prendere* ~ entrar sueño

sonnolen|to *adj* somnoliento; ~**za** *f* somnolencia, sopor *m*

sonorità *f/inv* sonoridad *f*

sonorizza|re *vt cine/ling* sonorizar; ~**zione** *f cine/ling* sonorización

sonoro 1. *adj* sonoro; *cinema* ~ cine sonoro; **2.** *m cine* 1. (cine) sonoro; 2. banda sonora *f*

sontuos|ità *f/inv* suntuosidad *f*; ~**o** *adj* suntuoso

sopire <*isc*> *vt* calmar, aquietar

sopor|e *m* sopor, modorra *f*; ~**ifero** *adj* soporífero

soppalco *m* altillo

sopperire <*isc*> *vi* <*avere*> hacer frente, asumir *vt*; ~ *alle spese* hacer frente a los gastos

soppesare *vt a. fig* sopesar, ponderar

soppiantare *vt* suplantar

soppiatto: di ~ *adv* a hurtadillas, a escondidas, de rondón

sopporta|bile *adj* soportable, llevadero; ~**re** *vt* soportar, aguantar (*pesos, personas*); *fig* soportar, sufrir (*pérdida*); *fig* soportar, sufrir, padecer (*males*); ~**zione** *f* aguante *m*; paciencia

soppress|ata *f* sobrasada; ~**ione** *m* supresión; ~**ore** *m tec* supresor

sopprimere <*34 -pressi; -presso*> *vt* suprimir

sopra 1. *prep* sobre, encima de; *al di* ~ *di* por encima de; *è* ~ *la trentina* está sobre los treinta, ronda los treinta; **2.** *adv* arriba; encima; *qui* ~ aquí arriba; *berci* ~ beber para olvidar; *dormirci* ~ consultar con la almohada; *passarci* ~ pasar por alto; *il cassetto di* ~ el cajón de arriba; *vedi* ~ véase más arriba; *come detto* ~ como se ha dicho anteriormente; *di cui* ~ para lo cual véase más arriba; **3.** *m/inv* la parte de arriba; **4.** *adj/inv* de arriba

soprabito *m* sobretodo, abrigo de entretiempo

sopracciglio <*fpl le sopracciglia*> *m* ceja *f*

sopraccitato *adj* citado más arriba

sopraccoperta *f* sobrecubierta

sopraddetto *adj* susodicho

sopr(a)eleva|re *vt* realzar; *arch* sobrealzar, añadir alturas; ~**ta** *f auto* paso elevado *m*, escaléxtric *m/fam*; ~**zione** *f* realce *m*, elevación; *arch* sobrealzado *m*

sopraffa|re <*36a -faccio/fò; -feci; -fatto*> *vt* oprimir, subyugar; vencer, derrotar, superar; ~**zione** *f* atropello *m*, tropelía

sopraffilare *vt* sobrehilar

sopraffino *adj* superfino, refinado

sopraggitto *m* pespunte

sopraggiungere <*30 -giungo; -giunsi; -giunto*> **1.** *vt* sorprender, coger de sorpresa (*enfermedad, lluvia*); alcanzar, atrapar; **2.** *vi* llegar de repente; suceder de repente

sopraggiunta: per ~ *adv* por añadidura

sopra(l)luogo *m ius* inspección *f*

soprammanica *f* manguito *m* (*ropa*)

soprammobile *m* adorno

soprannaturale *adj* sobrenatural, paranormal

sopran(n)azionale *adj* supranacional

soprannom|e *m* sobrenombre, apodo, mote, alias; ~**inare** <*esd*> *vt* apodar

soprannumer|ario *adj adm* supernumerario; ~**o: in** ~ *adj* supernumerario (*funcionario*)

soprano 1. *m/f mus* soprano *f*; **2.** *adj mus* soprano

soprappaga *f* sobresueldo *m*, extra *m*, gratificación

soprappensiero, sopra pensiero *adv* distraídamente, sin poner atención

soprappiù *m/inv* cosa extra *f*; añadido *m*, propina *f*

sopra(p)prezzo *m* sobreprecio

sopra(p)profitto *m* beneficio extra

soprascarpa *f* chanclo *m*

soprassa|lto *m* sobresalto; *di* ~ con un sobresalto; ~**ta** V. **soppressata**

soprassedere <*-siedo*> *vi* <*avere*> aplazar *vt*, diferir *vt* (*a*)

soprattacco *m* tapa *f* (*zapato*)

soprattassa *f* sobretasa; ~**re** *vt* poner una sobretasa

soprattutto *adv* sobre todo, especialmente

sopra(v)valuta|re <*esd*> *vt* sobrevalorar; ~**zione** *f* sobrevaloración

sopravven|ire <*86 -vengo; -venni; -venuto*> *vi* llegar de repente; sobrevenir, suceder de repente; ~**to 1.** *m* 1. *mar* barlovento; 2. *fig* ventaja *f*, superioridad *f*; *prendere il* ~ *su q* tomar la delantera sobre alg, alcanzar el predominio sobre alg; **2.** *adv* a barlovento

sopravvissuto *adj/s* superviviente

sopravvivenza *f* supervivencia

sopravvivere <*88 -vissi; -vissuto*> *vi* sobrevivir

soprintenden|te *m/f* superintendente; ~**za** *f* superintendencia

sopraintendere <*58 -intesi; -inteso*> *vi* <*avere*> dirigir *vt* (*a*), supervisar *vt* (*a*), estar al mando (*a* de)

sopruso *m* atropello, cacicada *f*

soqquadro: mettere a ~ poner patas arriba, desbaratar

sorba *f bot* serba

sorbett|iera *f* garapiñera; ~**o** *m* sorbete

sorbire <*isc*> *vt* sorber; *fig* tragar, aguantar

sorbo *m bot* serbal

sorbola *f bot* serba

sorcio <*pl -ci*> *m* ratón; *far vedere i ~i verdi a q* dejar a alg viendo visiones, dejar pasmado

sordaggine *f* sordera

sordi|dezza *f a. fig* sordidez; ~**do** *adj a. fig* sórdido; ~**na** *f mus* sordina; *in* ~ a la sordina, en sordina; ~**tà** *f/inv* sordera *f*

sordo, -a 1. *adj a. fig* sordo; ~ *come una campana* sordo como una tapia; *essere ~ da un orecchio* ser sordo de un oído; *rumore* ~ ruido sordo; **2.** *m/f* sordo, -a; *fare il* ~ hacerse el sordo; *parlare/cantare ai* ~ i hablar para sordos; *non c'è peggior ~ di chi non vuol sentire* no hay peor sordo que el que no quiere oír

sordomut|ismo *m* sordomudez *f*; ~**o** *adj/s* sordomudo

sorella *f* hermana; ~**stra** *f* hermanastra

sorgente *f* manantial *m*, nacimiento *m*, fuente (*agua*); *fis* fuente; *fig* fuente, origen *m*; ~ *di calore* fuente de calor

sorgere <*55 sorgo; sorsi; sorto*> *vi* salir, despuntar (*sol*); erigirse, elevarse (*montaña, castillo*); levantarse, alzarse (*personas*); surgir, brotar, manar (*agua*); *fig* surgir, originarse

sorgivo *adj* de manantial; *acqua ~a* agua de manantial

sorgo *m bot* sorgo

sormontare *vt* superar (*dificultad*); rebasar (*límite, cauce*)

sornione *adj* indiferente, indolente; socarrón

sorpass|are *vt a. fig* sobrepasar, superar, exceder; rebasar, superar (*límite*); *auto* adelantar, pasar; ~**ato, -a 1.** *adj fig* superado, anticuado; **2.** *m/f* anticuado, -a; ~**o** *m auto* adelantamiento; *fare un* ~ efectuar un adelantamiento, adelantar; *divieto di* ~ prohibido adelantar

sorprendente *adj* sorprendente, chocante

sorprendere <*58 -presi; -preso*> *vt* sorprender

sorpres|a *f* sorpresa; *di* ~ por sorpresa; *fare una* ~ dar una sorpresa; ~**o** *adj* sorprendido, asombrado

sorreggere <*43 -reggo; -ressi; -retto*> *vt* sostener, aguantar; *fig* consolar, confortar

sorridente *adj* sonriente, risueño

sorridere <*61 -risi; -riso*> *vi* <*avere*> *a. fig* sonreír

sorriso *m* sonrisa *f*

sorsata *f* trago *m*

sorseggiare *vt* beber a sorbos

sorso *m* sorbo, trago; *in un* ~ de un trago; *a ~ a* ~ a sorbos

sorta *f* suerte, clase, tipo *m*, género *m*; *d'ogni* ~ de todo tipo; *gente d'ogni* ~ gente de todas clases, toda suerte de gentes; *senza spesa di* ~ sin ningún tipo de gastos

sorte *f* suerte, fortuna; *buona, cattiva* ~ buena, mala suerte; *toccare in* ~ tocar en suerte; *tirare/estrarre a* ~ echar a suertes

sorteggi|are *vt* sortear; ~**o** *m* sorteo

sorti|legio *m* sortilegio, hechizo; ~**re** *vi* salir (*por sorteo*); *fam* salir (*fuera*); ~**ta** *f mil* salida; *teatro* entrada en escena; *fig* salida, ocurrencia, gracia

sorveglia|nte *m/f* vigilante; ~**nza** *f* vigilancia; ~**re** *vt* vigilar

sorvolare *vt* sobrevolar

sosia *m/f inv* sosias, doble *m/f*

sospendere <*58 -pesi; -peso*> *vt* suspender

sospens|ione *f* suspensión; *puntini di* ~ puntos suspensivos; ~**ivo** *adj* suspensivo;

punti ~i puntos suspensivos; **~orio** *adj/m* suspensorio

sospeso *adj* suspendido; *in ~* en suspenso; *stare col fiato ~* estar con el alma en vilo; *essere ~ a un filo* estar pendiente de un hilo

sospett|are 1. *vt* 1. sospechar *vi* (*q* de alg); 2. sospechar (*imaginar*); vislumbrar, barruntar; **2.** *vi* <*avere*> 1. sospechar (*di q* de alg); 2. recelar, desconfiar; **~o, -a 1.** *adj* sospechoso; **2.** *m/f* sospechoso, -a (*persona*); **3.** *m* sospecha *f*, indicio, atisbo; *essere al di sopra di ogni ~* estar fuera de toda duda, no haber sombra de duda sobre alg; **~osità** *f/inv* recelo *m*, suspicacia *f*; **~oso** *adj* receloso, desconfiado, suspicaz

sospingere <*11 -pingo; -pinsi; -pinto*> *vt* empujar, arrastrar; *fig* incitar, azuzar

sospir|are *vi* <*avere*> suspirar; **~o** *m* suspiro

sosta *f* parada; *auto* estacionamiento *m*; *com* almacenaje *m*; *~ limitata* estacionamiento limitado; *divieto di ~* prohibido estacionar; *diritti di ~* derechos de almacenaje

sostantiv|are *vt* sustantivar; **~o** *adj/m* sustantivo

sostanz|a *f* sustancia; *in ~* en sustancia, en suma; **~iale** *adj* sustancial; **~ioso** *adj gastr* sustancioso, jugoso; *fig* sustancioso, enjundioso

sostare *vi* <*avere*> detenerse, parar(se) (*movimiento*); parar (*tiempo*); *auto* estacionar

sostegno *m a. fig* sostén, apoyo

sostenere <*79 -tengo; -tenni; -tenuto*> **1.** *vt* 1. sostener, aguantar, sujetar; apoyar, sostener, propugnar (*candidatura*); sostener (*idea*); 2. sostener, soportar, asumir (*gastos, consecuencias*); *fig* aguantar, soportar (*persona*); 3. mantener (*conversación*); hacer, realizar (*examen, prueba*); 4. *teatro* representar (*papel*); **2.** *~rsi a. fig* sostenerse, mantenerse

sosteni|bile *adj fig* sostenible, defendible; **~mento** *m* sustento, alimento; **~tore, -trice 1.** *m/f* partidario, -a, defensor, -a; **2.** *adj* 1. partidario, defensor; 2. benefactor; *socio ~* socio benefactor

sostenta|mento *m* sustentamiento, sostenimiento; sustento, alimento; **~re** *vt* sustentar

sostenut|ezza *f* reserva, distancia (*actitud*); refinamiento *m* (*estilo*); contención (*precios*); **~o** *adj* frío, distante, reservado (*actitud*); refinado, elevado (*estilo*); contenido (*precio*); *mus* sostenido

sostitu|ibile *adj* sustituible; **~ire** <*isc*> *vt* sustituir, reemplazar; **~tivo** *adj* sustitutivo; **~to** *m/f* sustituto, -a; **~zione** *f* sustitución; *in ~ di* en sustitución de

sostrato *m geol/ling* substrato

sottabito *m* combinación *f*, enagua(s) *f(pl)*, saya *f*

sottaceto, sott'aceto 1. *adv/adj/inv* en vinagre; **2.** *mpl* verduras en vinagre *fpl*

sottana *f* enagua, refajo *m*; falda; *eccl* sotana; *essere sempre attaccato alla ~ della mamma* estar siempre pegado a las faldas de su mamá

sottecchi: di ~ *adv* con disimulo, a hurtadillas

sotterfugio *m* subterfugio, triquiñuela *f*, artimaña *f*; *di ~* a escondidas

sotterra|mento *m* soterramiento, enterramiento; **~nea** *f* ferrocarril subterráneo *m*; **~neo** *adj/m* subterráneo; **~re** *vt* soterrar, enterrar; enterrar, sepultar (*muerto*)

sottigliezza *f* 1. delgadez; 2. *fig* sutileza, agudeza, ingenio *m*; 3. *fpl* sutilezas, rodeos *mpl*, cavilaciones

sottil|e *adj* 1. delgado, fino; esbelto (*figura, piernas*); 2. sutil, agudo (*mente*); agudo (*vista*); sutil, astruso, complicado (*razonamiento*); *andare per il ~* pararse en minucias, perder el tiempo en sutilezas; **~izzare** *vt/vi* <*avere*> sutilizar *vt*, perderse en detalles

sottinsù, sott'in su: da ~ *adv* de abajo arriba

sottintendere <*58 -tesi; -teso*> *vt* sobre(e)ntender; *si ~ che...* se sobreentiende que..., queda claro que ...

sottinteso 1. *adj* sobre(e)ntendido, implícito; **2.** *m* sobre(e)ntendido

sotto 1. *prep* bajo, debajo de; *~ il monte* debajo de la montaña, a los pies de la montaña; *~ questo aspetto* bajo esta perspectiva; *due gradi ~ zero* dos grados bajo cero; *sott'aceto, sott'olio* en vinagre, en aceite; *~ chiave* bajo llave; *~ giuramento* bajo juramento; *~ processo* procesado, encausado; *~ voce* en voz baja; **2.** *adv* abajo; debajo; *più ~* más abajo; *farsi ~* avanzar con decisión; *mettere ~* someter; *mettersi ~* poner manos a la obra; *vedi ~* véase más abajo; *le stanze di ~* las habitaciones de abajo; **3.** *adj/inv* de abajo, inferior *adj*; **4.** *m/inv* la parte de abajo *f*

sotto|alimentazione *f* malnutrición; **~ascella** *f* sobaquera; **~banco** *adv* bajo manga; **~bicchiere** *m/inv* posavasos; **~bosco** *m* sotobosque; **~bottiglia** *m/inv* salvamanteles; **~braccio** *adv* del brazo; **~cchio** *adv* a la vista; **~ccupato** *adj* subempleado; **~occupazione** *f* subempleo *m*, trabajo a tiempo parcial *m*; **~chiave** *adv* bajo llave; **~cipria** *m* base de maquillaje *f*; **~classe** *f* subclase; **~coda** *f* baticola; **~commissione** *f* subcomisión; **~coperta 1.** *f mar* cubierta baja; **2.** *adv mar* bajo cubierta; **~coppa** *m/inv* salvamanteles; **~costo** *adv* por debajo del precio de coste; **~cultura** *f* subcultura; **~cutaneo** *adj* subcutáneo

sottoesporre <*56 -pongo; -posi; -posto*> *vt foto* subexponer

sottofondo *m mus/TV/cine* música de fondo *f*; *arch* cimiento

sottogamba *adv* a la ligera; *prendere ~* tomar a la ligera, minusvalorar

sotto|genere *m* subgénero; **~gonna** *f* enaguas *fpl*; **~gruppo** *m* subgrupo; **~lineare** <*esd*> *vt* subrayar; **~lineatura** *f* subrayado *m*; **~linguale** *adj med* sublingual; **~lio, sott'olio** *adv/adj/inv* en aceite

sottomano *adv* 1. al alcance de la mano, a tiro; 2. *fig* bajo manga, a hurtadillas
sotto|marino *adj/m* submarino; ~**messo** *adj* sumiso, dócil; ~**mettere** <*44 -misi; -messo*> *vt* someter, subyugar, sojuzgar; ~**missione** *f* sumisión, sometimiento *m*; ~**multiplo** *adj/m mat* submúltiplo; ~**passaggio** *m* paso subterráneo; ~**porre** <*56 -pongo; -posi; -posto*> *vt* 1. someter, sojuzgar; 2. someter (*prueba, operación*); 3. someter, presentar (*propuesta*); ~**prodotto** *m* subproducto; ~**proletariato** *m* subproletariado, lumpen
sottordine *m* suborden; *in* ~ en un segundo plano
sottoregno *m zool* subreino
sottoscala *m/inv* hueco bajo la escalera *m*
sottoscritto *m/f adm* abajo firmante, infrascrito; *la* ~*a* la abajo firmante; ~**re, -trice** *m/f adm* suscriptor, -a, firmante
sottoscrivere <*71 -scrissi; -scritto*> *vt* subscribir, firmar; suscribir (*apoyar*); adquirir (*acciones*); ~ *un abbonamento* suscribirse (*a*)
sottoscrizione *f* suscripción, recogida de firmas; suscripción popular, recogida de fondos; suscripción (*revista*); adquisición (*acciones*)
sottosegretari|ato *m* subsecretaría *f*; ~**o, -a** *m* subsecretario, -a
sottosopra 1. *adv* al revés; *fig* en desorden, patas arriba *fam*; **2.** *adj/inv fig* alterado *adj*, turbado *adj* (*persona*)
sottospecie *f/inv* subespecie *f*
sottostare *vi* 1. estar sometido (*a qc/q* a algo/alg); 2. afrontar *vt*, someterse (*a una prova* a una prueba)
sottosterzante *adj auto* subdirigido
sottosuolo *m* subsuelo; *arch* subterráneo
sottosvilupp|ato *adj* subdesarrollado; ~**o** *m* subdesarrollo
sottote|nente *m* subteniente, alférez; ~**rra 1.** *adv* bajo tierra; **2.** *m/inv* subterráneo *adj*; ~**tto** *m* desván
sottotitol|are <*esd*> *vt cine/tip* subtitular; ~**o** *m cine/tip* subtítulo
sottovaluta|re *vt* infravalorar, minusvalorar, subestimar; ~**zione** *f* infravaloración, minusvaloración
sottovaso *m* plato de maceta
sottove|nto 1. *adv mar* a sotavento; **2.** *m mar* sotavento; ~**ste** *f* combinación, enagua(s) *f(pl)*, saya
sottovoce *adv* en voz baja
sottovuoto *adv/adj/inv* envasado al vacío *adj/adv*
sottra|endo *m mat* substraendo; ~**rre** <*81 -traggo; -trassi; -tratto*> *vt* substraer, quitar, apartar; *fig* substraer, robar; *mat* substraer, restar; ~**zione** *f* substracción, robo *m*; *mat* substracción, resta
sottufficiale *m* suboficial
soufflé *m/inv* souflé *m*
souvenir *m fr/inv* souvenir *m*, recuerdo *m*
sovente *adv lit* a menudo *est*
soverchi|are *vt* oprimir, tiranizar; ~**eria** *f* opresión, tiranía; cacicada, superchería
soviet *m/inv* soviet *m*; ~**ico** *adj* soviético

sovrabbonda|nza *f* sobreabundancia, superabundancia; ~**re** *vi* <*avere/essere*> abundar, ser muy abundante
sovraccaricare <*esd*> *vt* sobrecargar, recargar
sovraccarico 1. *adj* sobrecargado; *fig* recargado; **2.** *m* sobrecarga *f*; *fig* recargamiento
sovraesporre <*56 -pongo; -posi; -posto*> *vt foto* sobreexponer
sovraffaticarsi derrengarse, deslomarse
sovraffollato *adj* abarrotado
sovralimentazione *f mec* sobrealimentación
sovran|ità *f/inv* soberanía *f*; ~**o, -a 1.** *adj* soberano; **2.** *m/f* soberano, -a, monarca *m*
sovrappasso *m* paso elevado
sovrappopolato *adj* superpoblado
sovrapporre <*56 -pongo; -posi; -posto*> *vt* superponer, sobreponer; *fig* anteponer
sovrapposizione *f* superposición, sobreposición
sovrapprezzo *m* sobreprecio
sovrapproduzione *f* superproducción
sovrascorrimento *m geol* corrimiento
sovrastare *vi* 1. estar encima; 2. *fig* cernerse, ser inminente
sovrasterzante *adj auto* subdirigido
sovrastruttura *f* superestructura
sovresporre V. **sovrasporre**
sovreccitazione *f* sobreexcitación
sovrumano *adj* sobrehumano
sovvenire <*86 -vengo; -venni; -venuto*> *vt lit* socorrer
sovvenzion|are *vt* subvencionar; ~**e** *f* subvención
sovversivo *adj/s* subversivo
sovverti|mento *m* subversión *f*, trastorno; ~**re** *vt* subvertir, trastornar, perturbar; ~**tore** *adj/s* subversivo
sozz|eria *f* guarrería, porquería; ~**o** *adj* sucio, asqueroso, inmundo; *fig* degenerado, ruín; ~**ume** *m* suciedad *f*, porquería *f*
spacca|legna *m/inv* leñador *m*; ~**pietre** *m/inv* picapedrero *m*, cantero *m*; ~**re** *vt* romper, partir, quebrar (*piedra...*); partir, cortar (*leña*); ~**ta** *f* rotura, partición (*piedra...*); corte *m* (*leña*); ~**to 1.** *adj* 1. partido, roto (*objeto, labio*); 2. *fig* igualito, clavado (*parecido*); *è il ritratto* ~ *di suo nonno* es el vivo retrato de su abuelo; **2.** *m* corte, sección vertical *f*; ~**tura** *f* hendidura, fisura; resquebrajamiento *m*, quiebra (*acción*); *fig* ruptura, división
spacchettare *vt* desempaquetar
spaccia|re *vt* vender, despachar, expender; vender, pasar (*droga*); poner en circulación (*moneda falsa*); *fam/fig* desahuciar; *fig* despachar, liquidar; ~**to** *adj fig* 1. acabado; 2. desahuciado; ~**tore, -trice** *m/f* expendedor, -a de moneda falsa; camello, -a, traficante (*droga*)
spaccio *m* 1. despacho, venta *f*; venta *f*, salida *f*; trapicheo (*droga*); *questa merce ha molto* ~ este producto tiene mucha venta; 2. tienda *f*, ultramarinos, cantina *f*
spacco *m* rotura *f*, rompimiento; roto (*ropa*); corte (*falda*); ~**nata** *f fam* fanfarronada, chulería, bravata, bravuconada;

~**ne, -a** *m/f* fanfarrón, -ona, chulo, -a, bravucón, -ona
space shuttle *m ingl/inv* transbordador espacial *m*
spad|a *f* espada; ~ *di Damocle* espada de Damocles; *difendere a ~ tratta* defender a capa y espada; *chi di ~ ferisce, di ~ perisce* quien a hierro mata, a hierro muere; ~**accino** *m* espadachín; ~**ino** *m* espadín; ~**ista** *m/f* esgrimidor, -a de espada; ~**one** *m* espadón
spadroneggiare *vi* <*avere*> *desp* creerse el amo, hacer de amo
spaesato *adj fig* desarraigado
spaghett|ata *f fam* comilona de espaguetis; ~**i** *mpl* espaguetis; ~**ini** *mpl* fideos largos
spaginare <*esd*> *vt tip* descompaginar
spagliare *vt* desembalar, quitar la paja
spaglio: a ~ *adv agr* al voleo
Spagna: *la* ~ España
spagnol|esco *adj desp* altivo, altanero; ~**etta** *f* 1. *arch* falleba; 2. rollo de hilo *m*; ~**ismo** *m* españolismo; ~**o** *adj/s* español
spago *m* 1. cordel, cuerda *f*; 2. *fam* miedo, canguelo; *(fig) dare ~ a q* dar cuerda a alg
spaia|re *vt* desparejar, descabalar; ~**to** *adj* desparejado, suelto (*zapato...*)
spala|ncare *vt* abrir de par en par; ~**re** *vt* quitar con la pala
spalla *f med* hombro *m*; *zool* paletilla, espaldilla; *geogr* pendiente, cuesta, repecho *m*; falda (*montaña*); *tip* hombro *m*; *arch* contrafuerte *m*, machón *m*; *(fig) con le ~e al muro* contra la pared, entre la espada y la pared; *alzare le ~e/stringersi nelle ~e* encogerse de hombros; *(fig) avere le ~e larghe* tener las espaldas cubiertas; *(a. fig) avere buone ~e* tener buenas espaldas; *avere la famiglia sulle ~e* tener la familia a sus espaldas; *avere 70 anni sulle ~e* tener 70 años a sus espaldas; *mangiare alle ~ di q* comer la sopa boba; *prendersi qc sulle ~e* hacerse cargo de algo; *ridere alle ~ di q* reírse de alg a sus espaldas; *(fig) volgere le ~e a q* volverle la espalda a alg; *(fig) vivere alle ~e di q* vivir a costa de alg
spallata *f* 1. empujón *m*, empellón *m*; 2. encogimiento de hombros *m*
spalle|ggiare *vt* respaldar, apoyar; ~**tta** *f* parapeto *m*, pretil *m*, dique *m*
spalli|era *f* respaldo *m*, espaldar *m* (*silla*); cabecera (*cama*); *agr* espaldar *m*, espaldera; *sport* espalderas *fpl*; ~**na** *f* hombrera (*ropa*); *mil* charretera
spallucce: fare ~ encogerse de hombros
spalmare *vt* untar, embadurnar
spalto *m* 1. *mil* escarpa *f*; 2. *mpl sport* gradas *fpl*, graderío *m*
spampanare <*esd*> *vt agr* despampanar
spancia|re *vi* <*avere*> darse un barrigazo (*agua*); ~**ta** *f* 1. barrigazo *m*; 2. *fig* comilona
spandere <*54 spansi; spanto*> *vt* extender, esparcir; verter (*líquido*); difundir, emitir (*perfume, luz*); *fig* expandir, difundir (*noticia*)
spanna *f* palmo *m* (*medida*); *essere alto una ~* ser un retaco, ser bajito
spannocchiare *vt agr* despinochar
spaparacchiarsi desperezarse
spaparanzarsi *fam* repantigarse
spappolare <*esd*> *vt* triturar, despachurrar
sparagnino *adj/s* tacaño, agarrado, roñoso
sparare 1. *vt* disparar; dar, soltar (*golpes*); disparar, lanzar, chutar (*balón*); soltar, decir (*mentiras*); ~*rsi un colpo* pegarse un tiro; *(sport) ~ in rete/a rete* rematar (a puerta); ~*rle grosse* decir mentiras gordas, desbarrar; **2.** *vi* disparar, tirar; *TV* deslumbrar *vt*
sparat|a *f* descarga (*arma*); *sport* trallazo *m*; *fig* fanfarronada; disparate *m*; ~**o 1.** *adj* disparado, lanzado (*rápido*); *partire tutto ~* salir a la carrera; **2.** *m* pechera *f* (*camisa*); ~**ore, -trice** *m/f* tirador, -a; *sport* rematador, -a; ~**oria** *f* tiroteo *m*
spare|cchiare *vt* quitar la mesa; *fam* devorar, jalar; ~**ggio** *m com* desequilibrio, déficit; *sport* desempate
spargere <*75 spargo; sparsi; sparso*> *vt* esparcir, diseminar (*cosas, semillas*); desperdigar (*personas, animales*); derramar, desparramar, verter (*líquidos*); difundir (*luz, calor, noticia*)
spargimento *m* diseminación *f*, esparcimiento; derramamiento (*líquidos*); difusión *f* (*luz, noticia*); ~ *di sangue* derramamiento de sangre
spari|re <*isc*> *vi* desaparecer; ~**zione** *f* desaparición
sparlare *vi* <*avere*> criticar *vt*, murmurar, despellejar *vt*, hablar mal
sparo *m* disparo, tiro
sparpaglia|mento *m* diseminación *f*, desparramamiento; ~**re** *vt* desperdigar, diseminar, desparramar
sparso *adj* desparramado, esparcido, suelto; *capelli ~i* pelo suelto; *(mil) in ordine ~* en orden abierto
spartano *adj/s hist/fig* espartano
sparti|acque *m/inv geogr* divisora de aguas *f*; ~**neve** *m/inv* quitanieves; ~**re** <*isc*> *vt* dividir, repartir; *non avere niente da ~ con nessuno* no querer saber nada de nadie; ~**to** *m mus* partitura *f*; ~**traffico 1.** *m/inv auto* mediana *f* (*seto, muro*); raya de separación *f*; **2.** *adj/inv auto* divisorio *adj*; *linea ~* raya divisoria, raya de separación; *banchina ~* mediana; ~**zione** *f* reparto *m*, división
sparto *m bot* esparto
sparuto *adj* escuálido, esmirriado
sparvier|e, ~**o** *m bot* gavilán
spasima|nte *m iron* cortejador, galán, pretendiente; ~**re** <*esd*> *vi* <*avere*> gemir, quejarse; *fig* sufrir; *fig* derritirse, suspirar (*amor*)
spasimo *m* espasmo, pasmo; *fig* sufrimiento
spasmo *m med* espasmo, convulsión *f*; ~**dico** *adj* espasmódico; ~**litico** *adj/m* espasmolítico
spassare *vt* entretener, distraer; ~*rsela* pasárselo en grande, pasárselo bomba

spassionato *adj* desapasionado
spasso *m* entretenimiento, distracción *f*; *per ~* por diversión; *andare a ~* salir a dar una vuelta, ir de paseo; *mandare q a ~* mandar a alg a paseo; *prendersi ~ di q* divertirse a costa de alg; ~**so** *adj* entretenido, distraído
spastico *adj* espasmódico; *fig* patoso
spata *f bot* espata
spato *m min* espato; ~**la** *f* espátula
spaur|acchio *m* espantapájaros; *fig* coco, ogro; ~**ire** <*isc*> *vt* asustar
spavald|eria *f* bravuconería, chulería, jactancia; ~**o** *adj/s* bravucón, chulo, jactancioso
spaventa|passeri *m/inv agr/fig* espantapájaros, espantajo *m*; ~**re** *vt* asustar, espantar, horrorizar
spavento *m* espanto, terror, miedo; susto, sobresalto; *fig* horror, espanto; *fare/mettere/incutere ~* causar/infundir terror, espantar; ~**so** *adj* espantoso, horrible; *fig* tremendo, increíble, alucinante
spazia|le *adj* espacial; *navicella, volo, era ~* nave, vuelo, era espacial; ~**re 1.** *vi* <*avere*> vagar (*mirada, pájaro*); **2.** *vt* espaciar; ~**tore** *adj tip* espaciador; *barra ~trice* espaciador *m*
spazieggiare *vt tip* espaciar
spazientire *vi/~rsi* impacientarse
spazio *m* espacio; *~ atmosferico/aereo* espacio aéreo; ~**sità** *f/inv* espaciosidad *f*, capacidad *f*, cabida *f*; ~**so** *adj* espacioso, amplio
spazza|camino *m* deshollinador; ~**forno** *m* barredero; ~**neve** *m/inv* quitanieves; ~**re** *vt* barrer; *fig* zamparse, tragar, devorar; ~**trice** *f* barredera; ~**tura** *f* barrido *m* (*acción*); basura
spazzino, -a *m/f* barrendero, -a
spazzol|a *f* cepillo *m* (*pelo, zapatos*); *elec* escobilla; *auto* escobilla (*limpiaparabrisas*); *capelli a ~* pelo cortado a cepillo; ~**are** <*esd*> *vt* cepillar; *fig/fam* ventilarse, zamparse
spazzolat|a *f* cepillado *m*; ~**ura** *f* cepillado *m*
spazzolino *m* cepillo; *~ da denti, da unghie* cepillo de dientes, de uñas
spazzolone *m* escobillón
speaker *m ingl/inv TV* presentador *m*; *radio* locutor *m*; *pol* portavoz *m*
specchi|arsi 1. mirarse al espejo; *fig* tomar ejemplo, imitar *vt*; *~ in q* tomar ejemplo de alg; 2. reflejarse; ~**era** *f* espejo de cuerpo entero *m*; cómoda con espejo; ~**etto** *m* 1. espejito; *(auto) ~ retrovisore* espejo retrovisor; 2. espejuelo, señuelo, reclamo; 3. cuadro, esquema (*resumen*)
specchio <*pl -chi*> *m* 1. espejo; *~ a mano* espejito, espejo de mano; *tenere la casa come uno ~* tener la casa como los chorros del oro; *il mare è uno ~* el mar es una balsa de aceite; *arrampicarsi sugli ~i* agarrarse a un clavo ardiendo; *farsi ~ di q* mirarse en alg, tener a alg como ejemplo; 2. cuadro, esquema
special *m ingl/inv TV* especial *m*
speciale *adj* especial; *inviato ~* enviado especial
speciali|sta *m/f* especialista; ~**stico** *adj* especializado; ~**tà** *f/inv* especialidad *f*
specializza|re *vt* especializar; ~**to** *adj* especializado; ~**zione** *f* especialización
specie 1. *f/inv* especie; *fare ~* causar estupor/sorpresa; *d'ogni ~* de todas clases; *in ~* especialmente; **2.** *adv* especialmente, en especial
specifica *f* nota, lista, detalle *m*
specificare <*esd*> *vt* especificar, detallar
specificazione *f* especificación
specifico *adj/m* específico
specioso *adj* especioso
specula|re 1. *adj* especular; **2.** <*esd*> *vi* <*avere*> *fil/com/fig* especular; ~**tivo** *adj fil/com/fig* especulativo; ~**tore, -trice** *m/f com* especulador, -a; ~**zione** *f fil/com/fig* especulación
spedalità *f/inv* admisión de enfermos *f*
spedi|re <*isc*> *vt* mandar, enviar, expedir (*objeto*); enviar, mandar (*persona*); ~**to** *adj* expedito; *fam* desahuciado; ~**tore, -trice** *m/f* expedidor, -a; *tras* consignador, -a
spedizion|e *f* expedición, envío *m*; *cient/mil* expedición; *spese di ~* gastos de envío, portes; ~**iere** *m* consignatario
spegnere <*76 spengo; spensi; spento*> **1.** *vt* apagar, extinguir; *elec/mec* apagar; *fig* calmar, aplacar (*sed*); **2.** *~rsi* apagarse, extinguirse; *elec/mec* apagarse; *fig* extinguirse (*morir*)
spelacchia|re *vt* rapar, trasquilar; ~**to** *adj* pelón
spelare *vt* pelar; *elec* pelar
speleolog|ia *f* espeleología; ~**o, -a** *m/f* espeleólogo
spella|re *vt* despellejar, desollar (*animal*); *fam* pelar, arañar (*piel*); ~**tura** *f* despellejamiento *m*; arañazo *m*, excoriación *med*
spelonca *f* cueva, gruta, antro *m*; *fig/desp* antro *m*, tugurio *m*
spelta *f bot* farro *m*
spendaccione, -a *m/f* derrochador, -a, malgastador, -a
spendere <*58 spesi; speso*> *vt* gastar; *fig* gastar, emplear; *fam/desp* derrochar, malgastar, echar por la borda; *~ e spandere* gastar sin control, derrochar; *~ quattro parole per q* hablar en favor de alg; *chi più spende meno spende* lo barato sale caro
spendereccio *adj* gastador, derrochador, manirroto (*persona*); caro, costoso, a todo tren (*vida*)
spengere V. **spegnere**
spennacchiare, spennare *vt a. fig* desplumar
spennella|re *vt* pincelar; ~**ta,** ~**tura** *f* pincelada
spensierat|ezza *f* despreocupación, ligereza; ~**o** *adj* despreocupado
spento *adj a. fig* apagado
spenzolare <*esd*> *vt/vi* <*avere*> pender, colgar
sperabile *adj* esperable; deseable; *è ~ che* es de esperar que

speranz|a *f* esperanza; *avere/nutrire ~ in q/qc* cifrar sus esperanzas en alg/algo; *chi di ~ vive, di ~ muore* quien espera, desespera; **~oso** *adj* esperanzado

sperare 1. *vt* esperar (*esperanza*); *spero di no* espero que no; *spero di poter vivere abbastanza* espero que pueda vivir lo suficiente; *spero che non succeda nulla* espero que no pase nada; *speriamo bene!* ¡esperemos que así sea!; **2.** *vi* <*avere*> confiar (*in qc* en algo)

sperdersi <*52 spersi/sperdei; sperso/sperduto*> perderse, extraviarse

sperduto *adj* perdido (*lejano*)

sperequa|to *adj* desigual, desnivelado; **~zione** *f* desigualdad, desequilibrio *m*

spergiur|are *vi* <*avere*> perjurar; **~o 1.** *adj/s* perjuro; **2.** *m* perjurio

spericolato *adj* temerario

sperimenta|le *adj* experimental; **~lismo** *m* experimentalismo; **~re** *vt a. fig* experimentar; **~to** *adj* experimentado, ducho; **~tore, -trice** *m/f* experimentador; **~zione** *f* experimentación

sperma *m* esperma; **~tico** *adj* espermático

spermatozo|ide *m* espermatozoide; **~o** *m* espermatozoo

spermicida *adj/m* espermicida

spermiogramma *m* espermiograma

speron|are *vt mar* embestir con el espolón; **~ata** *f* espolonazo *m*; **~ato** *adj* 1. *zool* dotado de espolones; 2. *arch* dotado de contrafuertes; **~e** *m* espuela *f* (*caballo*); espolón (*mar, bot*); *arch* contrafuerte; **~ella** *f bot* espuela de caballero

sperperare <*esd*> *vt* derrochar, malgastar, despilfarrar

sperpero *m* derroche, despilfarro

spersonalizzare *vt* despersonalizar

sperticato *adj* enorme, desmesurado; *fig* excesivo, desmesurado (*elogio*)

spesa *f* 1. gasto *m*; *borsa della ~* bolsa de la compra; *fare la ~* hacer la compra; *andare a fare ~e* ir de compras; 2. compra; *~e legali* gastos deducibles; *~e d'esercizio/di gestione* gastos corrientes; *a ~e di* a expensas de; *meno le ~e, più le ~e* descontando los gastos, más gastos; *(econ) con ~e, senza ~e* con gastos, sin gastos; *non badare a ~e* no reparar en gastos; *imparare qc a proprie ~e* sufrir algo en sus propias carnes; *lavorare per le ~e* trabajar a cambio de comida y alojamiento; **~re** *vt* mantener (*alg*); costear (*algo*)

spesso 1. *adj* 1. espeso, denso; espeso, tupido (*bosque*); 2. grueso (*pared...*); 3. frecuente; *~e volte* numerosas veces; **2.** *adv* a menudo; **~re** *m* espesor, grosor; *fig* profundidad *f*, calado

spettabile *adj* respetable; *~ ditta* muy señores míos (*cartas*)

spettacol|are *adj* espectacular; **~o** *m* 1. *a. fig* espectáculo; *dare ~ (di sé)* dar un espectáculo, montar un número; 2. *cine* sesión *f*; **~oso** *adj* aparatoso, espectacular; *fig* sensacional, grandioso

spetta|nza *f* 1. competencia, incumbencia; *di mia ~* de mi competencia; 2. honorarios *mpl*; **~re** *vi* competer, incumbir, tocar (*asunto*); pertenecer, corresponder (*suma*); *per quel che spetta a* por lo que respecta a; **~tore** *adj/s* espectador

spettegolare <*esd*> *vi* <*avere*> cotillear, chismorrear

spettinare <*esd*> *vt* despeinar

spettr|ale *adj* espectral; **~o** *m a. fig* espectro

spezie *fpl* especias; **~ria** *f* especiería, droguería

spezza|re *vt* despedazar; romper, partir, quebrar (*brazo, rama*); segmentar, dividir en partes; **~tino** *m* estofado, guiso de carne; **~to 1.** *adj med* roto, fracturado; partido (*horario*); **2.** *m* combinado (*traje*); *teatro* terma *f*

spezzetta|mento *m* troceado, fragmentación *f*; *agr* parcelación *f* (*excesiva*); **~re** *vt* trocear, desmenuzar, despedazar

spezzone *m* 1. *cine* secuencia *f*; 2. *mil* bomba de fragmentación *f*

spia *f* 1. espía *m/f*; *fig/desp* espía *m/f*, chivato, -a, soplón, -ona; *fare la ~* espiar; 2. *tec* chivato *m*, testigo *m*, indicador *m*; *fig* señal, indicador *m*; 3. mirilla (*puerta*)

spiaccicare <*esd*> *vt* chafar, aplastar

spiace|nte *adj* disgustado; *sono ~ di non poter accompagnarti* siento no poder acompañarte; **~re** <*53 spiaccio; spiacque, spiaciuto*> *vi* disgustar, molestar

spiacevole *adj* molesto, disgustoso

spiaggia *f* playa; *andare in ~* ir a la playa

spiana|mento *m* allanamiento, nivelación *f*; **~re** *vt* allanar, aplanar, alisar, nivelar (*terreno*); extender (*pasta*); apuntar (*fusil*); asentar (*traje*); demoler, derruir (*edificio*); *~ la fronte* desarrugar la frente; *(fig) ~ la strada a q* allanarle el camino a alg; *(fig) ~ le costole a q* asentarle las costillas a alg; **~ta** *f* allanamiento *m*, igualación, nivelación (*acción*); explanada (*superficie*); **~trice** *f tec* apisonadora

spiano: a tutto ~ *adv* a todo pasto, a toda pastilla

spiant|are *vt* arrancar; *fig* arruinar; **~ato, -a 1.** *adj* arruinado; **2.** *m/f* pobretón, -ona, pelagatos *m*

spiare *vt* espiar

spiata *f* delación

spiattellare *vt fam* espetar, echar en cara

spiazzo *m* explanada *f*, claro

spicca|re 1. *vt* 1. coger (*fruta*); arrancar (*flor, cabeza*); 2. *ius/com* emitir (*orden, letra*); 3. separar (*sílabas, palabras*); 4. dar, pegar (*salto*); *~ il volo* levantar el vuelo; **2.** *vi* <*avere*> destacar, sobresalir, resaltar; **~to** *adj* pronunciado, marcado; notable, elevado

spicchio *m* gajo (*fruta*); diente (*ajo*); cortada *f*, loncha *f* (*queso...*); *(mat) ~ sferico* huso esférico

spiccia|re 1. *vt* despachar, ventilar (*asunto*); despachar, atender (*cliente*); **2.** *~rsi* darse prisa, apresurarse; **~tivo** *adj* expeditivo

spiccica|re <*esd*> **1.** *vt* despegar; *non ~ parola* no decir ni mu; **2.** *~rsi fam* librarse, desembarazarse (*da* de); **~to** *adj reg* cla-

vado, idéntico; *è la madre ~a* es clavado a su madre
spiccio <*pl -ci, -ce*> *adj* expeditivo; *andare per le ~e* ir sin rodeos, no irse por las ramas
spicciola|re <*esd*> *vt* cambiar (*dinero en cantidades menores*); **~ta: alla** ~ *adv* pocos cada vez, poco a poco (*personas*)
spicciolo 1. *adj* suelto (*dinero*); *moneta ~a* calderilla; **2.** *mpl* calderilla *f*, suelto *m*
spicco: fare ~ resaltar
spidocchiare *vt* despiojar
spied|ino *m gastr* pincho, pinchito; **~o** *m gastr* asador, espiedo *Arg* (*palo*); *mil* jabalina *f*, venablo
spiega|bile *adj* explicable; **~mento** *m mil* despliegue; **~re** *vt* 1. explicar; 2. desplegar, extender; *mil/fig* desplegar; **~zione** *f* explicación; **~zzare** *vt* arrugar; ajar
spietato *adj* despiadado, cruel
spifferare <*esd*> *vt fam* pregonar; decir a la cara, espetar
spiffero *m fam* corriente de aire *f* (*por una rendija*)
spiga *f bot* espiga; **~to** *adj bot* espigado
spighetta *f* espiguilla (*cinta, bot*)
spigliat|ezza *f* desenvoltura, desparpajo *m*; **~o** *adj* desenvuelto
spignattare *vi* <*avere*> *fam* estar entre los pucheros
spigo *m bot* espliego, lavanda *f*
spigola *f zool* lubina, róbalo *m*; **~re** <*esd*> *vt agr* espigar; *fig* rebuscar; **~tore, -trice** *m/f agr* espigador, -a; *fig* curioso, -a, coleccionista; **~tura** *f* 1. *agr* espigueo *m*, rebusca; 2. *fpl* curiosidades, notas
spigolo *m mat* arista *f*; *arch* esquina *f*; ángulo; *(fig) smussare gli ~i* limar asperezas
spigoloso *adj* anguloso; *fig* arisco
spilla *f* broche *m* (*joya*); alfiler *m* (*corbata*); **~re** *vt* 1. prender, enganchar (*con alfiler*); 2. *fig* sisar, sangrar (*dinero*); sonsacar; 3. sangrar (*tonel*)
spillo *m* alfiler; ~ *di sicurezza* imperdible; *(fig) colpo di* ~ pulla, puyazo; **~ne** *m* alfiler de sombrero, agujón, espetón
spilluzzicare <*esd*> *vt* comiscar, picar
spilorc|eria *f* tacañería, cicatería; **~io** *adj/m* tacaño, cicatero, agarrado
spilungone *adj* larguirucho
spina *f* 1. *bot* espina, pincho *m/fam*; *zool* púa; espina, raspa (*pez*); ~ *dorsale* espina dorsal; *avere una ~ nel cuore* tener una espinita clavada en el corazón; *stare sulle ~e* estar en ascuas; *quel ragazzo è la mia ~* aquel chico es mi cruz; 2. *elec* enchufe *m*, clavija; 3. *mec* chaveta; 4. espita (*tonel*); *birra alla ~* cerveza de barril; 5. *arch* espina (*circo romano*); **~cio** *m* 1. *bot* espinaca *f*; 2. *mpl* <*-ci*> *gastr* espinacas *fpl*; **~le** *adj* espinal; **~to** *adj* espinado; *filo ~* alambre de púas, alambre de espino
spine|llo *m gergo* porro, canuto; **~to** *m bot* espinar; **~tta** *f mus* espineta
spingere <*11 spingo; spinsi; spinto*> **1.** *vt* empujar; *fig* empujar, inducir; **2.** *vi* empujar (*hacer presión*); ~ *l'acceleratore* apretar el acelerador; ~ *lo sguardo lontano* dirigir la mirada lejos
spino *m* 1. *bot* espino; ~ *bianco* majuelo; 2. endrino; 3. *porco* ~ puerco espín; 4. *uva* ~ uva crespa; **~so** *adj bot/fig* espinoso; **~tto** *m mec* perno, cruceta *f*
spinta *f* 1. empuje *m*, impulso *m*, fuerza; *fis* empuje *m*; 2. empujón *m*, empellón *m*; *fig* empujón *m*, empujoncito *m*, ayuda; **~rella** *f fig* enchufe *m*
spinterogeno *m mec* delco
spinto *adj* 1. inclinado (*verso qc* hacia algo); dispuesto (*a fare qc* a hacer algo); incitado; 2. excesivo, exagerado; verde, subido de tono (*chiste*); **~ne** *m* empujón, empellón; *fig* enchufe
spion|aggio *m* espionaje; **~cino** *m* mirilla *f* (*puerta*); **~e, -a** *m/f desp* chivato, -a, soplón, -ona; **~istico** *adj* del espionaje
spiovente 1. *adj* colgante, pendiente; *sport* bombeado (*balón*); **2.** *m arch* vertiente *f* (*tejado*)
spiovere <*7 spiovve*> **1.** *vi/imp meteo* escampar; **2.** *vi* escurrirse, correr (*agua*); caer, recaer (*cabello*)
spira *f mat/elec/zool* espira; **~glio** *m* respiradero; rendija *f*, abertura *f*; rayo, hilo (*luz*); bocanada *f* (*aire*); *fig* atisbo (*esperanza*); **~le 1.** *adj* espiral; **2.** *f mat* espiral; *med* DIU (dispositivo intrauterino); **~re 1.** *vi* 1. <*avere*> soplar (*viento*); *(fig) non spira buon vento* se avecina una tormenta; 2. desprenderse, despedirse (*olor*); 3. <*essere*> expirar, acabar (*plazo*); expirar (*morir*); **2.** *vt* exhalar, emanar (*olor, fig*)
spirea *f bot* filipéndula
spirillo *m biol* espirilo
spirit|ato *adj* excitado, agitado; **~ico** *adj* espiritista
spiritis|mo *m* espiritismo; **~ta** *m/f* espiritista; **~tico** *adj* espiritista
spirito *m* 1. espíritu; ~ *di carità, di giustizia* espíritu de caridad, de justicia; ~ *di squadra* espíritu de equipo; ~ *di corpo* corporativismo; *presenza di* ~ presencia de espíritu, entereza; *lo *~ Santo* el Espíritu Santo; *per opera e virtù dello *~ Santo* por obra y gracia del Espíritu Santo, por arte de birlibirloque; *esalare lo* ~ exhalar el espíritu; 2. *fig* ingenio, agudeza *f*, chispa *f*, gracia *f*; ~ *di patate* poca gracia; *una battuta di* ~ un chiste gracioso, una historia graciosa; *fare dello* ~ ser gracioso, contar chistes; 3. espíritu (*alcohol*); *fornello a* ~ hornillo de alcohol, infiernillo, reverbero *am*; 4. *ling* espíritu; ~ *aspro, dolce* espíritu áspero, suave
spiritos|aggine *f* agudeza, gracia, ingenio *m*; **~o** *adj/s* gracioso, divertido, saleroso
spiritual|e *adj* espiritual; **~ità** *f/inv* espiritualidad *f*
spiritualizza|re *vt* espiritualizar; **~zione** *f* espiritualización
spiumare *vt a. fig* desplumar, pelar
spizzic|are <*esd*> *vt* comiscar, picar, picotear; **~o: a ~/a spizzichi** *adv* poco a poco, poquito a poco
splendere *vi* <*avere/essere*> resplandecer
splendid|ezza *f* esplendor *m*, magnificen-

cia; *fig* esplendidez, generosidad; **~o, -a 1.** *adj* espléndido, magnífico; *fig* espléndido, generoso; **2.** *m/f* espléndido, -a, generoso, -a

splendore *m* resplandor, brillo, fulgor; *fig* esplendor, brillantez *f*, magnificencia *f*; *fig* esplendidez *f*, generosidad *f*

spocchia *f* vanidad, jactancia

spodestare *vt* desposeer (*da qc* de algo)

spoetizzare *vt* despoetizar

spoglia *f* 1. *lit* vestimenta; *sotto mentite ~e* bajo falsa apariencia; 2. *zool* piel de la muda; 3. *fpl lit* despojos *mpl*, restos *mpl* (*cadáver*); *le ~e mortali* los restos mortales; **~re 1.** *vt* desnudar, desvestir; despojar, expoliar (*robar*); *ling* vaciar (*texto*); abrir, despachar (*correspondencia*); **2.** *~rsi* 1. desnudarse; *zool* mudar *vt* (*piel*); 2. a. *fig* despojarse, desprenderse (*di qc* de algo)

spogliarell|ista *f* bailarina de strip-tease, de estriptis; **~o** *m* strip-tease, estriptis

spogliatoio *m* vestuario

spoglio 1. *adj* desnudo, pelado; *fig* despojado; desprovisto, libre; *~ di pregiudizi* libre de prejuicios; **2.** *m* escrutinio, selección *f*; despojo, vaciado (*texto*); clasificación *f*, despacho (*correspondencia*)

spola *f tec* 1. canilla; 2. lanzadera; *(fig) fare la ~* ir de un sitio a otro; *(sport) gioco di ~* cambio continuo de juego, juego por ambas bandas

spoletta *f* 1. *tec* canilla; 2. *mil* espoleta

spoliticizzare *vt* despolitizar

spollonare *vt agr* despampanar, despimpollar

spolmonarsi desgañitarse

spolpare *vt* descarnar; *fig* pelar, desplumar (*dinero*)

spolver|are <*esd*> *vt* desempolvar, despolvorear, quitar el polvo; *fig* ventilarse, jalarse (*comida*); **~ata** *f* desempolvadura, despolvoreo *m*; *gastr* espolvoreo *m*; **~atura** *f* desempolvadura, despolvoreo *m*; *gastr* espolvoreo *m*; **~ino** *m* guardapolvo; **~izzare** *vt* pulverizar; *gastr* espolvorear

spond|a *f geogr* orilla, ribera; lado *m* (*cama, billar*); **~eo** *m ling* espondeo

sponsali *mpl* esponsales, desposorios

sponsor *m/inv* patrocinador, -a

sponsorizza|re *vt* patrocinar, promocionar; **~zione** *f* patrocinio *m*, promoción

spontane|ità *f/inv* espontaneidad *f*; **~o** *adj* espontáneo

spopola|mento *m* despoblamiento; **~re** <*esd*> **1.** *vt* despoblar; **2.** *vi* <*avere*> *fam* arrasar (*triunfar*)

spora *f bot* espora

sporadic|ità *f/inv* ocasionalidad *f*, poca frecuencia *f*; **~o** *adj* esporádico

sporangio *m bot* esporangio

sporca|ccione *adj/s* guarro, puerco, cochino; *fig* obsceno, impúdico, verde *fam*; *un vecchio ~* un viejo verde; **~re** *vt a. fig* ensuciar, manchar

sporcizia *f* 1. suciedad, porquería, mugre, roña; 2. guarrada, porquería

sporco *adj* sucio, manchado; *fig* sucio, obsceno; *desp* sucio, guarro, roñoso; *avere la lingua ~a* tener la lengua pastosa; *avere la coscienza ~a* no tener la conciencia tranquila; *(fam) farla ~a* hacer una cochinada

sporgen|te *adj* prominente, saliente; **~za** *f* prominencia, saliente

sporgere <*55 sporgo; sporsi; sporto*> **1.** *vt* asomar; *(ius) ~ querela* presentar una querella, querellarse; **2.** *vi* sobresalir, asomar; **3.** *~rsi* asomarse

sport *m/inv* deporte *m*; *fare dello ~* hacer deporte; *fare q per ~* hacer algo por deporte

sporta *f* bolsa de la compra; *(fig) un sacco e una ~* a espuertas

sportell|ista *m/f adm* empleado, -a de ventanilla; **~o** *m auto* puerta *f*; portezuela *f* (*tren*); *adm* ventanilla *f*; *~ automatico* cajero automático

sportivo, -a 1. *adj* deportivo; **2.** *m/f* deportista

sposa *f* esposa; novia (*día de la boda*); *promessa ~* novia; *abito/vestito da ~* vestido/traje de novia; *andare ~* casarse; **~lizio** *m* boda *f*, casamiento, matrimonio; **~re 1.** *vt* 1. casarse (con); 2. casar (*sacerdote, juez...*); casar (*q con q* a alg con alg); **2.** *~rsi* casarse (*con q* con alg); **~to** *adj/s* casado

sposino, -a *m/f* recién casado, -a

sposo *m* esposo; novio (*día de la boda*); *promesso ~* novio; *abito da ~* traje de novio; *andare ~* casarse

spossa|mento *m* cansancio, debilidad *f*, agotamiento; **~re** *vt* debilitar, cansar, aplatanar; **~tezza** *f* cansancio *m*, debilidad, agotamiento *m*

spossessare *vt* desposeer, despojar (*di* de)

sposta|mento *m* desplazamiento, traslado; **~re 1.** *vt* mover, correr, desplazar, trasladar (*mueble...*); cambiar, aplazar (*fecha*); *adm* trasladar; *fig* descolocar, trastornar; **2.** *~rsi* 1. moverse, correrse, apartarse; 2. desplazarse, trasladarse; **~to** *adj/s* desplazado, marginado

spot *m/inv* spot *m*, espot *m*, anuncio *m*

spranga *f* tranca, barra, aldaba; **~re** *vt* atrancar, trancar

spray *m/inv* spray *m*, espray *m*

sprazzo *m* salpicadura *f* (*líquido*); destello (*luz*); *fig* destello, atisbo

sprec|are 1. *vt* derrochar, malgastar; desaprovechar (*oportunidad, balón*); **2.** *~rsi* perder el tiempo; **~o** *m* derroche, dispendio; **~one** *adj/s* derrochón, -a, malgastador, -a, manirroto, -a

spregevole *adj* despreciable, ruín, rastrero

spregiativo 1. *adj* despectivo; *ling* despectivo; **2.** *m ling* peyorativo

spregio *m* desprecio

spregiudicat|ezza *f* falta de prejuicios; falta de escrúpulos; **~o, -a 1.** *adj* sin prejuicios; sin escrúpulos; **2.** *m/f* persona sin prejuicios *f*; persona sin escrúpulos *f*

spremere *vt a. fig* exprimir; *(fig) ~rsi le meningi* romperse los cascos

spremi|agrumi, ~limoni *m/inv* exprimidor *m* (*cítricos*); ~**frutta** *m/inv* exprimidor *m*; ~**toio** *m* exprimidor; ~**tura** *f* estrujamiento *m*

spremuta *f* zumo *m* (*cítricos*)

spretarsi colgar los hábitos

sprezz|ante *adj* despectivo, desdeñoso; ~**o** *m* desprecio, desdén

sprigionare *vt* 1. excarcelar; 2. *fig* exhalar, emanar, desprender

sprimacciare *vt* mullir, esponjar

sprint *m/inv* sprint

sprizzare 1. *vi* bobotar; **2.** *vt* manar; rebosar, exhalar (*alegría*)

sprofonda|mento *m* hundimiento (*terreno, casa*); ~**re 1.** *vi* hundirse; *fig* sumirse, enfrascarse (*in* en) (*estudio, trabajo*); **2.** *vt* hundir; **3.** ~*rsi* hundirse (*sofá*); sumirse, sumergirse (*in* en) (*estudio, trabajo*)

sproloquio *m* vaniloquio, discurso grandilocuente

spron|are *vt* espolear (*caballo*); *fig* espolear, incitar; ~**e** *m* 1. espuela *f* (*caballo*); *fig* estímulo, acicate; *dar di* ~ dar de espuela, espolear; *a spron battuto* a todo correr; *(bot)* ~ *di cavaliere* espuela de caballero; 2. espalda *f*, canesú (*camisa*)

sproporzion|ato *adj* desproporcionado; ~**e** *f* desproporción

spropositl|ato *adj* disparatado; *fig* desproporcionado, enorme; ~**o** *m* despropósito, disparate, dislate; *fam* barbaridad *f* (*gran cantidad*); *dire* ~*i* desvariar, desbarrar, decir disparates; *a* ~ sin ton ni son; *parlare a* ~ salirse por peteneras, hablar sin ton ni son

sprovvedut|ezza *f* inadvertencia, falta de prevención; ingenuidad; ~**o** *adj* desprevenido, descuidado; incauto, ingenuo; *desp* inculto

sprovvisto *adj* desprovisto, desabastecido, desguarnecido; *cogliere q alla* ~*a* coger a alg desprevenido, sorprender a alg

spruzza|biancheria *m/inv* rociador *m*; vaporizador para ropa *m*; ~**re** *vt* rociar, asperjar (*líquido*); salpicar, mojar (*a alg*); ~**ta** *f* rociada; salpicadura; *meteo* llovizna; ~**tore** *m* pulverizador, atomizador; *auto* surtidor

spruzzo *m* salpicadura *f*, rociado; *meteo* chubasco; *verniciatura a* ~ pintura a pistola, gotelé

spudorat|ezza *f* desvergüenza, descoco *m*, impudor *m*; ~**o** *adj/s* desvergonzado, descocado

spugn|a *f* esponja (*zool, baño*); *(fig) gettare la* ~ tirar la toalla; *bere come una* ~ beber como una esponja; ~**etta** *f* mojasellos *m/inv*

spugnos|ità *f/inv* esponjosidad *f*; ~**o** *adj* esponjoso

spulciare *vt* espulgar; *fig* examinar

spuma *f* 1. espuma; 2. refresco *m*, limonada; 3. mousse; ~**nte** *m* vino espumoso; ~**re** *vi* <*avere*> espumar, levantar espuma *vt*

spumeggia|nte *adj* espumoso; *fig* picante, atrevido; ~**re** *vi* <*avere*> espumar, levantar espuma

spumo|ne *m* helado esponjoso; ~**so** *adj* espumoso

spunt|are 1. *vt* 1. despuntar (*lápiz*...); cortar las puntas (*pelo*); 2. *fig* superar (*dificultad*); ~*rla* salirse con la suya; 3. comprobar, verificar (*cuenta, lista*); **2.** *vi* asomar, aparecer, salir; *bot* brotar, despuntar; salir (*diente, sol*); ~ *il giorno* amanecer; *(fam) da dove spunti?* ¿de dónde sales?; **3.** ~*rsi* despuntarse; *fig* desvanecerse (*rabia*); ~**ino** *m gastr* tentempié, puntal *am*, piscolabis, refrigerio

spunto *m* 1. motivo; excusa *f*, pretexto; 2. inicio, principio; *auto* arranque, salida *f*; *sport* sprint, arrancada *f*; *mus* arranque; 3. *teatro* apunte; ~**ne** *m* 1. saliente, punta *f* (*roca*); 2. pincho, espina *f*; 3. *mil/ant* alabarda *f*

spunzone *m* codazo; palmetazo; empujón

spurgare *vt* desatascar; *med* expectorar

spurgo *m* desatascamiento; expurgación *f*, limpieza *f*; *med* expectoración *f*

spurio *adj* espúreo

sputacchi|are *vi* <*avere*> escupir; ~**era** *f* escupidera; ~**o** *m* escupitajo, escupitazo, gargajo

sputa|re 1. *vt a. fig* escupir; *(fig)* ~ *sangue* sudar sangre; ~ *sentenze* hablar de modo pedante; *sputa l'osso/il rospo!* ¡desembucha!, ¡confiesa!; **2.** *vi* <*avere*> escupir; ~ *su q* escupirle a alg a la cara; ~**sentenze** *m/f* pedante, sabi(h)ondo

sputo *m* escupitazo, escupitajo, salivazo, salivajo, gargajo; *(fig/fam) appiccicato con lo* ~ cogido con alfileres

sputtanare *vt vulg* poner a parir, poner de vuelta y media *pop*, poner a caer de un burro *pop*

squadr|a *f* 1. *mat* escuadra; 2. brigada, cuadrilla, grupo *m*; *mil* compañía; *sport* equipo; ~ *mobile* patrulla móvil; ~**are** *vt* cuadrar, escuadrar; *fig* examinar, calibrar (*q* a alg); ~**iglia** *f mar/aer* escuadrilla; ~**one** *m mil* escuadrón

squagliare *vt* derritir, deshacer; ~*rsela* esfumarse, escabullirse, largarse

squalifica *f sport* descalificación

squalificare <*esd*> *vt* descalificar

squall|idezza *f* escualidez, miseria; ~**ido** *adj* escuálido; triste, mísero; ~**ore** *m* escualidez *f*; miseria *f*, suciedad *f*, abandono, dejadez *f*

squalo *m zool* escualo, tiburón

squam|a *f zool* escama; ~**are** *vt* escamar; ~**oso** *adj* escamoso

squarciagola: a ~ *adv* a grito pelado

squarciare *vt* rasgar, desgarrar, lacerar

squarcio *m* desgarro, desgarrón; *med* desgarro

squarta|re *vt* descuartizar; ~**tore, -trice** *m/f* descuartizador, -a

squash *m ingl/inv* squash

squassare *vt* sacudir

squattrinato *adj/s* pobretón

squilibr|are *vt* desequilibrar; ~**ato** *adj/s fig* desequilibrado, perturbado; ~**io** *m a. fig* desequilibrio

squilla *f* campanilla; *agr* esquila, cencerro *m*; ~**nte** *adj* agudo, estridente (*sonido*);

vivo (*color*); ~**re** *vi* <*essere/avere*> sonar (*teléfono, timbre*); resonar (*voz*)
squillo 1. *m* timbrazo; **2.** *(adj/inv) ragazza* ~ prostituta contratada por teléfono; *casa* ~ casa de citas
squinternato *adj tip* desencuadernado, descompuesto; *fig* alocado, pirado
squisit|ezza *f* exquisitez, refinamiento *m*; ~**o** *adj* exquisito, refinado; *gastr* exquisito, delicioso
squittire <*isc*> *vi* <*avere*> *zool* gañir
sradica|mento *m* desarraigo, erradicación *f*; ~**re** <*esd*> *vt* desarraigar, erradicar, descuajar; *fig* erradicar (*vicio*)
sragionare *vi* <*avere*> desvariar
sregolat|ezza *f* desorden *m*; *fig* desarreglo *m*, disipación; ~**o** *adj* desordenado; *fig* disoluto, disipado
srotolare <*esd*> *vt* desenrollar
stabbio *m agr* redil, aprisco; ~**lo** *m* porqueriza *f*
stabile 1. *adj* estable; **2.** *m arch* inmueble, bien inmueble; **2.** *m/f teatro* compañía estable *f*
stabili|mento *m* establecimiento (*acción, lugar*); ~**re** <*isc*> **1.** *vt* establecer; fijar (*residencia*); **2.** ~*rsi* establecerse, instalarse; ~**tà** *f/inv* estabilidad *f*
stabilizza|re *vt* estabilizar; ~**tore** *adj/m* estabilizador; ~**zione** *f* estabilización
stacca|bile *adj* separable; ~**re 1.** *vt* 1. separar; despegar (*sello*); descolgar (*cuadro*); arrancar (*clavo, hoja, flor...*); desenganchar, desensillar (*caballo*); desenganchar (*vagón*); *sport* distanciar; *mus* picar, desligar; separar (*sílabas, palabras*); 2. emitir, librar (*letra*); extender (*cheque*); **2.** *vi* <*avere*> 1. destacar, resaltar; 2. *fam* acabar de trabajar *est*; **3.** ~*rsi* separarse, alejarse; *fig* distanciarse, apartarse; soltarse, descoserse (*botón*)
staccato *adj/m mus* picado
stacci|are *vt* cerner, tamizar; ~**onata** *f* empalizada, estacada, valla
stacco *m* separación *f*; *fig* alejamiento, distanciamiento; contraste (*color, sonido*); *fare* ~ resaltar, destacar
stadera *f* romana (*balanza*)
stadio *m* 1. estadio (*sport, medida*); 2. *aer* fase *f* (*cohete*)
staffa *f* estribo *m* (*montar*); trabilla (*pantalón*); *tec* abrazadera, mordaza; *sport* garfio *m*; *arch* grapa; *(fig) perdere le ~e* perder los estribos; *(fig) tenere il piede in due ~e* jugar con dos barajas
staffett|a *f* 1. *sport* carrera de relevos; 2. *ant* estafeta, correo *m*; ~**ista** *m/f sport* relevista
staffile *m* látigo
stafilococco *m* estafilococo
stage *m fr/inv* período de prácticas *m*
staggio *m* 1. *agr* varal; 2. *sport* paralela *f*
stagion|ale 1. *adj* estacional; **2.** *m/f* temporero, -a; ~**are 1.** *vt* envejecer, añejar (*vino*); curar (*jamón, queso*); secar (*madera*); **2.** *vi/~rsi* envejecerse (*vino*); curarse (*jamón, queso*); secarse (*leña*); ~**ato** *adj* añejo (*vino*); curado (*queso, jamón*); seco (*madera*); *fig/iron* maduro, machucho; ~**e** *f meteo* estación; temporada (*teatro, turismo...*); *mezza* ~ entretiempo; *frutta di* ~ fruta del tiempo; ~ *lirica* temporada de conciertos; *alta, bassa* ~ temporada alta, baja
staglia|rsi recortarse (*fondo*); ~**tura** *f* recorte *m* (*fondo*)
stagna|io *m* estañador, hojalatero; ~**nte** *adj* estancado (*agua, actividad*); ~**re 1.** *vt* 1. estañar; 2. restañar (*sangre*); **2.** <*avere*> *vi* 1. estancarse, remansarse (*agua*); *fig* estancarse, paralizarse; 2. restañar(se) (*sangre*); ~**zione** *f com* estancamiento *m*
stagnino V. **stagnaio**
stagno 1. *adj* estanco; *(mar/fig) compartimenti ~i* compartimientos estancos; **2.** *m* 1. estanque, charca *f*; 2. *chim* estaño; ~**la** *f* papel de aluminio *m*, papel de plata *m*
staio *m* 1. <*pl le staia*> celemín (*medida*); 2. <*pl gli stai*> celemín (*recipiente*)
stala|gmite *f* estalagmita; ~**ttite** *f* estalactita
stalinis|mo *m* estalinismo; ~**ta** *adj/s* estalinista
stall|a *f* establo *m*, cuadra; ~**iere** *m* mozo de cuadra
stallo *m* asiento (*coro, parlamento*); ~**ne** *m* semental
stamane, stamani, stamattina *adv* esta mañana
stambecco *m zool* cabra montés *f*
stamberga *f* cuchitril *m*, cuartucho *m*
stambugio *m* cuchitril, cubículo
stame *m* estambre (*bot, lana, hilo*)
stampa *f* 1. *tip* imprenta; *errore di* ~ error de imprenta; *libertà di* ~ libertad de prensa; *in corso di* ~ en prensa; 2. prensa (*periodismo*); ~ *gialla, rosa* prensa amarilla/sensacionalista, del corazón; *ufficio* ~ gabinete de prensa; *conferenza* ~ rueda de prensa; 3. *fig* prensa (*reputación*); *avere buona, cattiva* ~ tener buena, mala prensa; 4. *foto* impresión; *tec* estampación (*tejidos*); ~**ggio** *m tec* moldeo, moldeado
stampante *f infor* impresora; ~ *ad aghi, a margherita, a getto di inchiostro, laser* impresora de agujas/matricial, de margarita, de chorro de tinta, láser
stampare *vt tip* imprimir (*libro, billetes*); *art* grabar; *tec* estampar (*tejido*); moldear (*metal, plástico*); *foto* impresionar; *fig* dejar, grabar (*huella*); *fig* soltar, largar, endosar (*mentiras*); ~ *figli* parir como una coneja
stampatello *adj/m adm* mayúscula *adj/f*; *scrivere in* ~ escribir con/en mayúsculas
stampato 1. *adj tip/elec* impreso; *tec* estampado (*tejido*); *circuito* ~ circuito impreso; **2.** *m* 1. publicación *f*, opúsculo; 2. *adm* instancia *f*; 3. *mpl post* impresos; ~**re, -trice** *m/f* tipógrafo, -a
stampatrice *f cine* máquina de sobreimprimir
stampatura *f tip* impresión; *tec* estampación
stampe|lla *f* 1. muleta; *(fig) reggersi sulle ~e* pasar un mal momento; 2. percha,

colgador *m* (*ropa*); ~**ria** *f* tipografía, imprenta (*local*)

stampiglia *f* estampilla (*cuño*); ~**re** *vt* estampillar; ~**tura** *f* estampillado *m*

stampo *m gastr/tec* molde; *fig* calaña *f*, ralea *f*; *di vecchio* ~ chapado a la antigua

stanare *vt a. fig* sacar de la madriguera; *fig* destapar, desvelar

stanca *f* nivel máximo de crecida *m* (*río*); nivel máximo de la marea *m* (*mar*); ~**re** *vt a. fig* cansar

stanchezza *f* cansancio *m*

stanco *adj* cansado; *fig* cansado, harto; *fig* agotado (*imaginación...*); *agr* agotado, exhausto (*tierra*); ~ *morto* reventado, rendido, molido, hecho polvo

stand *m/inv com* stand *m*, caseta *f*

standard *adj/m/inv* estándar *adj/m*, standard *adj/m*

standardizza|**re** *vt* estandarizar, unificar; ~**zione** *f* estandarización

standista *m/f* encargado, -a de un stand

stanga *f* barra, listón *m*, tranca; vara alcándara (*carro*); *fig/fam* palo *m*, palillo *m* (*persona delgada*); ~**re** *vt* 1. atrancar (*puerta*); 2. golpear, vapulear, apalear; *fig* abrumar, exprimir; *stud* catear; ~**ta** *f* trancazo *m*, varapalo *m*; *fig* palo *m*, hachazo *m*; *sport* chut *m*, disparo *m* (*fútbol*)

stanghetta *f* pestillo *m*, cerrojo *m*, pasador *m* (*puerta*); patilla, varilla (*gafas*); *mus* barra de compás *m*

stanotte *adj* esta noche

stante 1. *(adj) a sé* ~ separado, solo; *seduta* ~ durante la sesión; **2.** *prep* teniendo en cuenta, considerando

stantio *adj gastr/fig* rancio

stantuffo *m mec* émbolo, pistón

stanza *f* 1. habitación, cuarto *m*, pieza; ~ *dei bottoni* centro de decisiones; 2. *ling* estancia

stanzi|**amento** *m econ* partida *f*; ~**are 1.** *vt com* consignar, asignar, destinar; **2.** ~*rsi* instalarse; ~**no** *m* cuartito

stappare *vt* destapar, descorchar

star *f/inv cine* estrella *f*

stare <*77 sto; stetti; stato*> *vi* 1. estar, encontrarse (*estado, situación*); *come stai?* ¿cómo estás?; ~ *bene, male* estar/encontrarse bien, mal; ~ *seduto, in piedi, fermo* estar sentado, de pie, quieto; *le cose stanno così* las cosas están así, la situación es esta; *sta' tranquillo* estáte tranquilo; *lasciar* ~ dejar estar; *(fam) gli sta bene* le está bien merecido; 2. estar, vivir; *sta con un amico* vive con un amigo, está con un amigo; 3. estar, costar; *a quanto sta la carne?* ¿a cuánto está la carne?; 4. depender; tocar; *sta a te decidere* depende de tí la decisión, te toca decidir; 5. consistir, radicar; *in questo sta il merito* en eso consiste el mérito; 6. caber; *non sta in sé dall'allegria* no cabe en sí de gozo; 7. <*en varias perífrasis*> estar; *sta piovendo* está lloviendo; *sta studiando* está estudiando; *stanno a studiare* están estudiando; *stiamo a vedere cosa succede* esperemos a ver qué pasa; ~ *per fare qc* estar a punto de hacer algo; *stavo per uscire* estaba a punto de salir, iba a salir; 8. atenerse; ~ *ai fatti* atenerse a los hechos; ~ *allo scherzo* seguir la broma, seguir la corriente; 9. sentar, ir (*ropa*); *ti sta bene quel cappello* te sienta bien aquel sombrero; 10. ~*rci* caber, entrar; estar de acuerdo; *la macchina in questo posto non ci sta* el coche en este sitio no cabe; *dice di andare in campagna e io ci sto* propone ir al campo y yo estoy de acuerdo

starlet *f/inv* estarlet *f*

starna *f zool* perdiz pardilla

starnut|**are,** ~**ire** <*isc*> *vi* <*avere*> estornudar; ~**o** *m* estornudo

starter *m/inv auto* estárter *m*, starter *m*

stasare *vt* destascar

stasera *adv* esta tarde; esta noche

stasi *f/inv med* estasis; *econ* estancamiento *m*, parón *m*

statale 1. *adj* estatal, del estado; *impiegato* ~ funcionario público; **2.** *m/f* funcionario, -a público, -a; **3.** *f* carretera nacional

statalismo *m* estatalismo

statalizza|**re** *vt* nacionalizar; ~**zione** *f* nacionalización

static|**a** *f* estática; ~**ità** *f/inv* estaticidad *f*; ~**o** *adj* estático

statino *m stud* papeleta (de examen) *f*

statist|**a** *m/f* estadista; ~**ica** *f* estadística; ~**ico** *adj* estadístico

stativo *m* soporte, pie (*microscopio*)

stato *m* estado; ~ *d'assedio, d'emergenza* estado de sitio, de emergencia; ~ *civile/di famiglia* estado civil; ~ *d'animo* estado de ánimo; *(mil/fig)* ~ *maggiore* estado mayor, plana mayor; *essere in* ~ *di accusa* estar en situación de acusado; *essere in* ~ *interessante* estar en cinta/encontrarse en estado de buena esperanza; *vivere allo* ~ *selvaggio* vivir en estado salvaje; *gli* *~*i Uniti d'America* los Estados Unidos de América

statua *f* estatua; ~**rio** *adj* estatuario

statunitense *adj/s* estadounidense, norteamericano

statu|**ra** *f* estatura, altura; ~**s** *m/inv* status; ~ *giuridico* estatuto jurídico

statut|**ario** *adj* estatutario; ~**o** *m ius/pol* estatuto; *lo* ~ los estatutos

stavolta *adv fam* esta vez *est*

stazion|**amento** *m* estacionamiento; ~**are** *vi* <*avere*> estacionar; ~**ario** *adj* estacionario; *uccelli* ~*i* aves no migratorias; ~**e** *f tras* estación; ~ *ferroviaria, marittima* estación de trenes, marítima; ~ *spaziale* estación espacial; ~ *di servizio* estación de servicio, gasolinera; ~ *balneare* balneario (*mar*); ~ *termale* establecimiento termal; ~ *meteorologica* estación meteorológica

stazza *f mar* arqueo *m*, registro *m*, tonelaje *m*; ~**re** *vt mar* arquear

stecca *f* 1. varilla (*paraguas, abanico*); taco *m* (*billar*); 2. cartón *m* (*cigarrillos*); 3. *mus* gallo *m*; pifia (*billar*); ~**re 1.** *vt* 1. *med* entablillar; 2. *gastr* mechar; 3. vallar, cercar (*terreno*); **2.** *vi* <*avere*> *mus* desafinar, soltar un gallo *vt*; pifiar (*billar*); ~**to** *m* cerca *f*, empalizada *f*, valla *f*; palenque

stecchetto: a ~ *adv* a dos velas

stecchi|**era** *f* taquera (*billar*); ~**no** *m* palillo

(*dientes*); ~**re** <*isc*> *vt* matar, dejar tieso *fam*; ~**to** *adj* seco, chupado, escuchimizado; *morto* ~ muerto en el acto
stecco *m* ramita seca *f*; palito; *essere magro come uno* ~ estar más flaco que un palillo
stegola *f agr* esteva, mancera
stele *f/inv art* estela *f*
stella *f* estrella; *(zool)* ~ *di mare* estrella de mar; ~ *filante/cadente* estrella fugaz; *buona, cattiva* ~ buena, mala estrella; *(fig) portare q alle* ~*e* poner a alg por las nubes; *(fig) vedere le* ~*e* ver las estrellas; *i prezzi sono saliti alle* ~*e* los precios están por las nubes; ~**re** *adj* estelar; *guerre* ~*i* guerra de las galaxias; ~**ria** *f bot* estelaria; ~**to** *adj* estrellado
stelletta *f* 1. *tip* asterisco *m*; 2. *fpl mil* estrellas, galones *mpl*
stellina *f* estrellita; *cine* starlet, estrella promesa; *fam* cariño *m*, cielito *m*
stelo *m bot* tallo; *(mec)* ~ *dello stantuffo* vástago del émbolo; *lampada a* ~ lámpara de pie
stemma *m arald* 1. blasones *mpl*, armas *fpl*, escudo de armas (*familia*); escudo (*institución, país*); 2. árbol genealógico; 3. *ling* estema
stemperare <*esd*> *vt* 1. diluir, desleír; 2. *metal* destemplar; 3. despuntar
stempiarsi pelarse las sienes
stendardo *m* estandarte, enseña *f*, bandera *f*
stendere <*58 stesi; steso*> **1.** *vt* 1. extender, alargar; 2. tender (*ropa*); 3. extender (*sobre una superficie*); poner (*mantel*); 4. tender, acostar; tumbar, derribar (*persona*); 5. *adm* redactar; levantar (*acta*); ~ *il verbale* levantar acta; 6. *fam* dejar pasmado, alucinar; **2.** ~*rsi* 1. extenderse; 2. echarse, tumbarse, recostarse
stendi|biancheria *m/inv* tendedero *m* (*objeto*); ~**toio** *m* tendedero (*objeto, local*)
stenodattilograf|ia *f* taquimecanografía; ~**o, -a** *m/f* taquimecanógrafo, -a
stenograf|are <*esd*> *vt* estenografiar, taquigrafiar; ~**ia** *f* estenografía, taquigrafía; ~**ico** *adj* estenográfico, taquigráfico; ~**o, -a** *m/f* estenógrafo, -a, taquígrafo, -a
stenogramma *m* texto taquigrafiado; signo taquigráfico
stenoscritto *m* texto taquigrafiado
stenta|re 1. *vi* <*avere*> 1. esforzarse; ~ *a fare q* esforzarse en hacer algo; 2. malvivir, padecer; **2.** *vt* costar esfuerzo, sudar; ~ *il pane* ganar el pan con esfuerzo; ~**to** *adj* sacrificado, duro (*trabajo*); forzado (*sonrisa, palabras*)
stenterello *m fig* espantajo
stento *m* esfuerzo, sacrificio; *a* ~ a duras penas, apenas; ~**reo** *adj* estentóreo
stepp|a *f geogr* estepa; ~**ico** *adj* estepario; ~**oso** *adj* estepario
sterco *m* estiércol
stereo 1. *adj/inv* estéreo *adj*; **2.** *m/inv* equipo de música *m*, cadena de música *f*
stereofoni|a *f* estereofonía; ~**co** *adj* estereofónico
stereoscopio *m* estereoscopio
stereotip|are <*esd*> *vt tip/fig* estereotipar; ~**ato** *adj tip/fig* estereotipado; ~**ia** *f tip* estereotipia
stereotipo *m* estereotipo, cliché
steril|e *adj a. fig* estéril; ~**ità** *f/inv a. fig* esterilidad *f*
sterilizza|re *vt* esterilizar; *gastr* paste(u)rizar; ~**tore** *adj/m* esterilizador; ~**zione** *f* esterilización; *gastr* paste(u)rización
sterlina *f* libra esterlina
stermin|are <*esd*> *vt* exterminar; ~**ato** *adj* inmenso, inconmensurable; ~**atore** *adj/s* exterminador; ~**io** *m* exterminio; *fig/fam* montón, mogollón
sterno *m med* esternón
sternutire... V. **starnutare**...
sterp|aglia *f* maleza; ~**aia** *f* zarzal *m*; ~**o** *m bot* 1. rama seca *f*; 2. zarza *f*; ~**oso** *adj* breñoso
sterra|re *vt* excavar; ~**tore, -trice** *m/f* excavador, -a
stertore *m med* estertor
sterz|are *vt/vi* <*avere*> *auto* virar *vi*, girar *vi*, doblar *vi*; ~**ata** *f auto* viraje *m*, giro *m*; *fig* cambio de idea *m*; ~**o** *m auto* dirección *f*; volante
stessere *vt* destejer
stesso *adj/pr* mismo; *è la* ~*a persona* es la misma persona; *lo farò io* ~ lo haré yo mismo; *lo farò lo* ~ lo haré de todas formas; *è lo* ~*, è la* ~*a* es el mismo, es la misma (*persona*); *è lo* ~*/fa lo* ~ es lo mismo, da igual (*neutro*); *la* ~*a identica cosa* exactamente lo mismo
stesura *f* redacción (*escrito*)
stetoscopio *m* estetoscopio
steward *m/inv aer* auxiliar de vuelo *m*
stia *f agr* jaula, gallinero *m*
stiancia *f bot* ñisñil *m*
stick *m/inv* barra *f* (*cosmética, farmacia*); *rossetto in* ~ barra de labios
stigma *m bot/zool/fig* estigma
stigmate *fpl eccl/fig* estigmas *mpl*
stigmatizzare *vt fig* estigmatizar
stilare *vt adm* extender, redactar, estilar *raro*
stilé *adj/inv* elegante *adj*
stile *m a. fig* estilo; *avere* ~ tener estilo, tener clase; *in grande* ~ a lo grande
stiletto *m* estilete
stilist|a *m/f* estilista, diseñador, -a (*moda*); *lit* estilista; ~**ica** *f* estilística; ~**ico** *adj* estilístico
stilizza|re *vt* estilizar; ~**zione** *f* estilización
stillare 1. *vt* gotear, destilar; ~*rsi il cervello* devanarse los sesos; **2.** *vi* gotear
stilliberista *m/f* nadador, -a de estilo libre
stillicidio *m a. fig* goteo
stilo *m* 1. estilete; 2. *hist* estilo (*escritura*); 3. *bot* estilo
stilografic|a *f* estilográfica; ~**o** *adj* estilográfico
stima *f* estima, consideración, aprecio *m*, estimación; *com* estimación, evaluación, tasación; *avere* ~ *di q* sentir aprecio por alg; *fare la* ~ *di qc* hacer la tasación de algo; ~**bile** *adj* estimable, apreciable; *com* tasable; ~**re 1.** *vt* estimar, apreciar; *com* estimar, tasar; *fig* estimar, considerar; **2.**

~rsi considerarse; *desp* creerse; *~rsi furbo* creerse muy listo; **~tore, -trice** *m/f* tasador, -a
stimmate V. **stigmate**
stimol|ante *adj/m* estimulante; **~are** *<esd> vt* estimular; **~azione** *f* estimulación; **~o** *m* estímulo
stinco *m med* tibia *f*, espinilla *f*; *(fig) non essere uno ~ di santo* no ser trigo limpio
stingere *<11 stingo; stinsi; stinto> vt/vi* desteñir, descolorir
stipare *vt* amontonar, apelotonar
stipendi|are *vt* contratar; **~ato** *adj/s* asalariado; **~o** *m* sueldo, salario, paga *f*; *~ netto, lordo* sueldo neto, bruto; *~ magro* sueldo bajo; *aumento di ~* subida salarial, aumento de sueldo
stipite *m arch* estípite; jamba *f*
stipula|re *<esd> vt* estipular; **~zione** *f* estipulación
stira|calzoni *m/inv* galán de noche *m*; **~cchiare 1.** *vt* estirar (*sueldo, dinero; piernas*); regatear (*precio*); **2.** *vi <avere> fam* regatear (*sul prezzo*); **3.** *~rsi* desperezarse; **~mento** *m* 1. planchado; 2. *med* estiramiento, distensión *f*; **~re** *vt* 1. estirar, alargar; 2. planchar; **~tore, -trice** *m/f* planchador, -a; **~trice** *f tec* plancha; **~tura** *f* planchado *m*
stiro *m* planchado; *ferro da ~* plancha; *tavolo da ~* tabla de planchar
stirpe *f* estirpe, familia, linaje *m*; estirpe, progenie, descendencia
stitichezza *f pop* estreñimiento *m*
stitico *adj/s pop* estreñido; *fig* tacaño, agarrado
stiva *f mar* bodega; *agr* esteva, mancera
stivaggio *m mar* estiba *f*
stival|e *m* bota *f*; *(fig/desp) ...dei miei ~i* ...de mis pecados; **~etto** *m* botín
stivare *vt mar* estibar
stivatore *m mar* estibador
stizz|a *f* berrinche *m*, enfado *m*; *fig* rabia; **~ire** *<isc>* **1.** *vt* enfadar, atufar; **2.** *~rsi* enfurruñarse, enfadarse, atufarse; **~oso** *adj* enojadizo, irascible, cascarrabias (*persona*); enojoso, fastidioso, engorroso (*cosas*)
stoccafisso *m gastr* bacalao salado
stoccaggio *m* almacenaje
stoccata *f* estocada; *sport* estocada (*esgrima*); disparo a puerta *m* (*sport*); *fig* indirecta, puya
Stoccolma *f* Estocolmo
stock *m/inv* stock *m*, existencias *fpl*
stoffa *f* tela, tejido *m*; paño *m*; *fig* madera; *avere la ~ del filosofo* tener madera de filósofo; *avere della ~* tener aptitudes
stoic|ismo *m* estoicismo; **~o** *adj/s* estoico
stoino *m* felpudo
stol|a *f* estola; **~ido** *adj/s* estólido, necio
stolt|ezza *f* estulticia, necedad, estupidez; **~o** *adj/s* estulto, necio
stoma|care *<esd>* **1.** *vt a. fig* asquear, dar náuseas; **2.** *~rsi a. fig* revolverse las tripas, sentir náuseas; **~chevole** *adj* nauseabundo, repugnante
stomaco *m* estómago; *a ~ vuoto* con el estómago vacío, en ayunas; *dare di ~* vomitar; *ho qc sullo ~* me ha sentado algo mal; *avere q sullo ~* estar de alg hasta las narices, tener a alg atravesado; *(a. fig) rivoltare lo ~ a q* revolverle las tripas a alg
stomatite *f med* estomatitis
stona|re 1. *vt mus* desafinar *vi*, desentonar *vi*; **2.** *vi <avere>* desentonar (*color...*); **~to** *adj mus* desafinado (*instrumento*); desafinado, desentonado (*voz*); *fig* chillón; *(a. fig) nota ~a* nota discordante; **~tura** *f* desafinación, disonancia; *fig* salida de tono
stop 1. *m/inv auto* luz de freno *f*; stop *m/Esp*, alto *m/am* (*señales*); *post* stop *m* (*telégrafo*); **2.** *excl* ¡alto!
stoppa *f* estopa; *capelli di ~* pelo estropajoso; *uomo di ~* calzonazos *fam*; **~re** *vt* 1. parar, detener; 2. obstruir, taponar (*con estopa*); **~ta** *f sport* parada
stoppi|e *fpl agr* rastrojos *mpl*; **~no** *m* mecha *f*, pábilo, pabilo
stopposo *adj* estropajoso
storcere *<80 storco; storsi; storto>* **1.** *vt* retorcer, torcer; *~ la bocca/il naso/le labbra* torcer el gesto; **2.** *~rsi* 1. retorcerse (*dolor*); 2. torcerse (*clavo, mano*)
stordi|mento *m* aturdimiento, entontecimiento; **~re** *<isc> vt* aturdir, turbar, atontar, embotar; **~to** *adj/s* atolondrado, desconsiderado
storia *f* historia; *fig/desp* historia, cuento *m*, romance *m*; *~ medioevale, moderna* historia medieval, moderna; *è la solita ~* es el cuento/la historia de siempre; *è una ~ che non finisce mai* es el cuento de nunca acabar
storic|izzare *vt* considerar desde el punto de vista histórico; **~o, -a 1.** *adj* histórico; **2.** *m/f* historiador, -a
storiograf|ia *f* historiografía; **~ico** *adj* historiográfico; **~o, -a** *m/f* historiógrafo, -a
storione *m zool* esturión
storm|ire *<isc> vi <avere>* susurrar (*hojas*); **~o** *m* bandada *f* (*aves*); *aer* escuadrilla *f*
storn|are *vt* esquivar (*peligro*); disuadir (*q da qc* a alg de algo); **~o** *m zool* estornino
storpi|are *vt* 1. *med* lisiar, tullir; 2. *fig* chapurrear (*lengua*); 3. comerse (*palabras, sílabas*); **~atura** *f* 1. *med* lisiadura, tullimiento *m*; 2. *fig* chapurreo *m*; **~o** *adj/s* lisiado, tullido
stort|a *f* 1. *med* torcedura, esguince *m*; 2. *chim* retorta; **~o** *adj* torcido; *fig* equivocado; **~ura** *f fig* absurdo *m*, contrasentido *m*
stoviglie *fpl* vajilla *f*; *lavare le ~* lavar los platos
strabi|co *adj/s* bizco, estrábico; **~liare** *vt* anonadar, apabullar; **~smo** *m* estrabismo
strabuzzare *vt* torcer
stracarico *adj* sobrecargado
straccia|re *vt* rasgar, desgarrar, romper; **~tella** *f gastr* 1. ="sopa con huevo deshilachado y queso rallado"; 2. stracciatella (*helado*); **~to** *adj* rasgado; *fam* tirado, baratísimo (*precio*)
straccio *<pl -ci>* **1.** *adj* viejo, de deshecho; *carta ~a* papel usado; **2.** *m* 1. trapo;

~ *per i pavimenti* bayeta; *uno ~ di* un miserable; *non avere uno ~ di vestito* no tener ni un miserable vestido; *sentirsi uno ~* sentirse como un trapo; *ridurre uno ~* dejar hecho un guiñapo; 2. *mpl fam* trastos (*pertenencias*); **~ne, -a** *m/f* andrajoso, -a, harapiento, -a
straccivendolo, -a *m/f* trapero, -a
stracco *adj* reventado, molido, rendido
stracotto *adj* pasado, demasiado cocido; *fig* colado, locamente enamorado
stracuocere <*10 -cuocio; -cossi, -cotto*> *vt* recocer, cocer demasiado
strada *f* 1. carretera; *andare fuori ~* salirse de la carretera; *divorare la ~* devorar los quilómetros; *tagliare la ~ a q* cerrar a alg; 2. calle; *~ a senso unico* calle de una dirección; *~ senza uscita* calle sin salida; *l'uomo della ~* el hombre de la calle; *(desp) donna di ~* mujer de la calle; *ragazzo di ~* arrapiezo, golfo; *mettere q in mezzo alla ~* poner a alg de patitas en la calle; *(fig) trovarsi sulla ~* encontrarse en la calle; 3. *fig* camino *m*, vía; *andare per la propria ~* seguir su propio camino, ir a la suya; *(a. fig) farsi ~* abrirse camino, abrirse paso; *mettersi in ~* ponerse en camino; *trovarsi sulla ~ giusta* encontrarse en el buen camino; *essere su una cattiva ~* ir por mal camino; *~ facendo* durante el camino; *tutte le ~e portano a Roma* todos los caminos llevan a Roma
stradale *adj* viario, vial, de carretera(s); *polizia ~* ="guardia civil de tráfico *Esp*"; *cartello ~* panel de carretera; *carta ~* mapa de carreteras
stradario *m* callejero, guía urbana *f*
stradin|a *f* callejuela, calleja; **~o** *m* peón caminero
stradivario *m mus* estradivario
stradone *m* avenida *f*
strafalcione, -a 1. *m/f* chapucero, -a; 2. *m* barbaridad *f*, salvajada *f* (*error*)
strafare <*36a -faccio/fò; -feci; -fatto*> *vi* <*avere*> llevar demasiados asuntos entre manos
strafatto *adj* pasado (*fruta*)
straforo: di ~ *adv* a escondidas
strafotten|te *adj* indiferente; desvergonzado, fresco, impertinente; **~za** *f* indiferencia; desvergüenza, impertinencia, cara *fam*
strafottere 1. *(vi/vulg) a ~* a mansalva *est*, por tubos *gergo*; **2.** *~rsi vulg* traérsela floja, importar un carajo; *me ne strafotto* me la trae floja, me la suda
strage *f* estrago *m*, matanza; *stud/iron* escabechina; *fare ~* causar estragos
stragrande *adj* enorme, inmenso
stralci|are *vt* eliminar, borrar (*nombre...*); *com* liquidar; **~o** *m* 1. eliminación *f*, cancelación *f*; *com* liquidación *f*, cancelación *f*; *legge ~* ley provisional; *vendere a ~* liquidar; 2. extracto (*texto*)
strale *f lit* saeta
straluna|re *vt* abrir mucho, abrir de par en par (*ojos*); *~ gli occhi* poner ojos como platos; **~to** *adj* abierto del todo (*ojo*); *fig* anonadado (*persona*)

stramaledire <*21 -dico; -dissi; -detto*> *vt pop* blasfemar, soltar sapos y culebras
stramazz|are *vi* desplomarse, derrumbarse, caer en redondo; **~o** *m* batacazo; *dare uno ~ per terra* darse un batacazo contra el suelo
stramb|eria *f* disparate *m*, chaladura; **~o** *adj* disparatado, estrafalario, estrambótico, raro; **~otto** *m lit* estrambote
strame *m* paja *f* (*para el ganado*)
strampalato *adj* descabellado
stramonio *m bot* estramonio
stranezza *f* extrañeza, rareza
strangola|mento *m a. fig* estrangulamiento, estrangulación *f*; **~re** <*esd*> *vt a. fig* estrangular; **~tore, -trice** *m/f* estrangulador, -a
strani|ero *adj/s* extranjero; **~to** *adj* confuso, aturullado
strano *adj* extraño, raro
straordinario 1. *adj* extraordinario; *lavoro ~* horas extraordinarias, horas extra; **2.** *m* paga extra *f*; *fare gli ~i* hacer horas extras
straorzare *vi* <*avere*> *mar* guiñar
strapagare *vt* pagar demasiado (*qc* por algo)
strapazz|are *vt a. fig* maltratar; **~ata** *f* 1. reprimenda, sermón *m*; 2. paliza (*trabajo*); **~ato** *adj* 1. de perros; *vita ~a* vida de perros; 2. *(gastr) uova ~e* huevos revueltos; **~o** *m* 1. ajetreo, paliza *f* (*trabajo*); 2. *(desp) da ~* de tres al cuarto, de pacotilla; 3. *(fig) dare uno ~ a q* llevar/acercar a alg en coche
strapieno *adj* lleno a rebosar
strapiomb|are *vi* <*avere/essere*> inclinarse, estar inclinado; **~o** *m* saledizo; *geogr* tajo; *a ~* a pico
strappa|lacrime *adj* lacrimógeno; **~re 1.** *vt a. fig* arrancar; *~ le lacrime, gli applausi* arrancar lágrimas, aplausos; **2.** *~rsi* romperse; rasgarse; **~ta** *f* tirón *m*, estirón *m*
strappo *m* 1. estirón, tirón; *a ~i* a tirones, a ratos; *dormire a ~i* dormir a tirones; *dare uno ~* romper los contactos; 2. desgarrón, roto (*tela*); *med* desgarro; 3. *fig* excepción *f*; 4. *sport* arrancada *f* (*halterofilia*); arrancada *f*, tirón (*ciclismo*)
strapuntino *m* traspontín (*asiento plegable*)
straricco *adj* riquísimo
straripare *vi* <*avere/essere*> desbordarse; *fig* rebosar
strascicare 1. *vt* arrastrar; *fig* hacer sin ganas; *~ le parole* arrastrar las palabras; **2.** *vi* <*avere*> arrastrarse
strascico *m* 1. arrastre; *rete a ~* red barredera; 2. cola *f* (*vestido*); 3. séquito, cortejo; 4. secuelas *fpl*, consecuencias *fpl*
strasciconi *adv* a rastras
strass *m/inv min* zirconita *f*
stratagemma *m* estratagema *f*, treta *f*, ardid
strateg|ia *f* estrategia; **~ico** *adj* estratégico; **~o** *m* estratega
stratifica|re <*esd*> *vt* estratificar; **~zione** *f* estratificación
strato *m meteo/geol/fig* estrato

stratosfer|a *f* estratosfera; ~**ico** *adj* estratosférico
strattone *m* tirón
stravagan|te *adj* extravagante, estrafalario; ~**za** *f* extravagancia, rareza
stravecchio *adj* viejísimo; *gastr* añejo
stravedere <*85 -vidi; -visto/-veduto*> *vt/vi* <*avere*> ver mal; desvariar; ~ *per q* tener ojos sólo para alg
stravincere <*87 -vinco; -vinsi; -vinto*> *vt* ganar con ventaja
stravizio *m* exceso, desenfreno
stravolgere <*90 -volgo; -volsi; -volto*> *vt* desencajar (*cara, ojos*); *fig* trastornar, turbar
strazi|ante *adj* desgarrador; ~**are** *vt a. fig* torturar, atormentar; desgarrar; ~ *l'anima* romper el alma; *(iron)* ~ *le orecchie* hacer daño a los oídos; ~**o** *m a. fig* tormento, tortura *f*; desgarro; *fare* ~ *di q* torturar a alg
strega *f* bruja; ~**re** *vt* embrujar, hechizar
stregone *m* 1. brujo, hechicero; 2. curandero; ~**ria** *f* 1. brujería, hechicería; 2. embrujo *m*, hechizo *m*, maleficio *m*
stregua: alla ~ **di** *prep* según, siguiendo a; *alla stessa* ~ del mismo modo
strem|are *vt* extenuar, agotar; ~**o** *m* extenuación *f*, agotamiento
strenna *f* estrena, aguinaldo *m*
strenuo *adj* estrenuo; *fig* esforzado, trabajador
strepit|are <*esd*> *vi* <*avere*> alborotar, armar estrépito; ~**io** *m* barullo, estrépito; ~**o** *m* estrépito, estruendo, fragor; ~**oso** *adj a. fig* estrepitoso
stress *m/inv* estrés; *essere sotto* ~ estar sometido a estrés; ~**ante** *adj* estresante; ~**are** *vt* estresar; *fam* dar la tabarra
stretta *f* 1. apretón *m*; *fig* reducción; ~ *di mano* apretón de manos; ~ *creditizia* reducción del crédito; 2. *fig* vuelco *m*, impresión; *sentire una* ~ *al cuore* dar un vuelco el corazón; 3. apretura, estrechez; 4. apogeo *m*, máximo *m*; conclusión, final *m*; *essere alla* ~ *finale* estar en las últimas; *essere, mettere alle* ~ estar, poner contra las cuerdas; *venire alle* ~*e* llegar el momento de la verdad; 5. *geogr* garganta, desfiladero *m*
strettezza *f* 1. estrechez, apretura; apuro *m* (*tiempo*); 2. *fpl* estrecheces, apuros *mpl*, escasez *f* (*dinero*)
stretto 1. *adj* estrecho; próximo, allegado (*pariente*); íntimo (*amigo*); *fig* estricto (*disciplina*); *ling* cerrado (*vocal, lengua*); *lo* ~ *necessario* lo estrictamente necesario; **2.** *m geogr* estrecho; ~**ia** *f* estrechamiento *m* (*carretera*); *fig* apuro *m*, aprieto *m*
stria *f med/arch* estría; ~**re** *vt* estriar; ~**to** *adj* estriado; ~**tura** *f* estriado *m*; acanaladura
stricnina *f* estricnina
stridente *adj* estridente (*sonido*); estridente, chillón (*color*)
stridere *vi/def* <*sin PP*> chillar (*persona, animal*); crujir, chirriar, crepitar, rechinar; chirriar (*puerta, rueda*); silbar (*viento*); *fig* chirriar, no pegar
stridio *m* chillido, chillería *f* (*persona*); chirrido (*cosa*)
strido <*pl le strida*> *m* chillido; ~**re** *m* chirrido (*cosa*); chillido (*persona*); rechinar, dentera *f* (*dientes*)
stridulo *adj* estridente, chirriante
striglia *f* almohaza, rascadera; ~**re** *vt* almohazar; ~**ta** *f* 1. cepillado con la almohaza *m*; 2. *fig* rapapolvo *m*, regañina
strilla|re *vi* <*avere*> chillar, vocear, desgañitarse; berrear; ~**ta** *f* grito *m*, chillido *m*; berrido *m*
strillo *m* grito, chillido; ~**ne, -a** *m/f com* vocero, -a, canillita *am*; *fig* chillón, -ona, vocinglero, -a
striminzito *adj* escuchimizado, chupado (*persona*); miserable (*ropa*)
strimpellare *vt fam/mus* aporrear
stringa *f* cordón *m* (*zapato, paquete*); ~**re** *vt* anudar, acordonar; ~**to** *adj* conciso
stringere <*78 stringo; strinsi; stretto*> **1.** *vt* 1. apretar; estrechar; *(fig)* ~ *i denti* apretar los dientes; *(fig)* ~ *i freni* apretar las tuercas; ~ *la mano a q* estrechar la mano de alg; ~ *q tra le braccia* estrechar a alg entre los brazos; ~ *una città d'assedio* poner cerco a una ciudad, asediar una ciudad; 2. establecer, firmar (*pacto*); entablar (*amistad*); 3. *med* estreñir; 4. estrechar (*vestido*); restringir, ajustar (*crédito*); 5. resumir, sintetizar; *stringi, stringi* en resumidas cuentas; 6. acelerar; adelantar; **2.** *vi* <*avere*> apremiar; **3.** ~*rsi* apretarse; ~*rsi nelle spalle* encogerse de hombros
striptease *m ingl/inv* estriptis
striscia <*pl -sce*> *f* tira, lista, cinta; raya (*en la tela*); tira (*tebeo*); *gergo* raya (*cocaína*); ~*e pedonali* paso de cebra; *a* ~*e* a rayas; ~**nte** *adj zool/fig* rastrero; *econ* recurrente; ~**re 1.** *vt* arrastrar (*pies*); rozar; **2.** *vi* <*avere*> 1. *zool* reptar; arrastrarse; 2. rozar *vt*, pasar rozando (*contro qc*); **3.** ~*rsi* 1. restregarse; 2. *fig* adular *vt*, halagar *vt*; ~**ta** *f* 1. arrastre *m*; roce *m*; *zool* reptar *m*; 2. rastro *m*
striscio *m med* frotis; *di* ~ de refilón; ~**ne** *m* pancarta *f*; ~ *d'arrivo* pancarta de llegada/de meta
stritola|mento *m* trituración *f*; ~**re** <*esd*> *vt* triturar; *fig* machacar, derrotar
strizzare *vt* escurrir (*ropa*); ~ *l'occhio* guiñar el ojo
strofa, strofe <*pl -e*> *f ling* estrofa
strofina|ccio *m* trapo; bayeta *f*; estropajo; ~**re** *vt* frotar, fregar; ~**ta** *f* restregón *m*
strombazzare *vt fig* pregonar
stronca|re *vt* destroncar (*árbol*); arrancar (*brazo...*); *fig* sofocar, reprimir (*revuelta*); *fig* echar por el suelo, poner de vuelta y media (*crítica*); ~**tura** *f fig* crítica feroz
stronz|ata *f vulg* cabronada; gilipollez; ~**io** *m chim* estroncio; ~**o, -a** 1. *m/f vulg* cabrón, -ona, mamón, -ona, capullo, -a, gilipollas; 2. *m vulg* cagallón, zurullo
stropicciare *vt* frotar, refregar; *(fig)* ~*rsi le mani* frotarse las manos; *(fig)* ~ *gli occhi* frotarse los ojos (*asombro*)
stroppo *m mar* estrobo
strozza *f* gaznate *m*, garguero *m*, gollete

m; ~**mento** *m* estrangulamiento; ~**re 1.** *vt* estrangular; ahogar; *tec* obstruir, taponar; *fig* ahogar, exprimir (*préstamo*); **2.** ~*rsi* ahorcarse; ahogarse; atragantarse; ~**to** *adj* ahogado, apagado (*voz*); *med* estrangulado (*hernia*); ~**tura** *f* estrangulamiento *m*; estrechamiento *m* (*conducto, carretera...*)

strozzin|aggio *m* usura *f*; ~**o, -a** *m/f* usurero, -a

struccare *vt* desmaquillar

struggere <*25 struggo; strussi; strutto*> *vt* derretir, fundir; *fig* concomer, consumir

struggimento *m* desvelo, celo, preocupación *f*

strumental|e *adj* instrumental; ~**izzare** *vt* instrumentalizar

strumentar|e *vt mus* instrumentar; ~**io** *m* instrumental

strumentazione *f* instrumentación

strumentista *m/f mus* instrumentista; *tec* proyectista, diseñador, -a industrial

strumento *m mus/tec/fig* instrumento; ~*i ad arco, a corda, a fiato, a percussione* instrumentos de arco, de cuerda, de viento, de percusión

strusciare 1. *vt* frotar, rozar; **2.** ~*rsi* refregarse, frotarse; *fig* adular *vt*, halagar *vt*; ~*rsi a q* adular a alg

strutto *m* manteca *f*

struttura *f* estructura; ~**le** *adj* estructural; ~**lismo** *m* estructuralismo; ~**re** *vt* estructurar; ~**zione** *f* estructuración

struzzo *m zool* avestruz *f*; *fare la politica dello* ~ esconder la cabeza debajo del ala

stuccare *vt* 1. enmasillar, estucar; 2. saciar, llenar (*comida*); *fig* cansar, aburrir

stucchevole *adj* empalagoso (*comida*); *fig* engorroso, pesado; aburrido, tedioso

stucco *m* estuco, masilla *f*, escayola *f*; estuco, escayola *f* (*adorno*)

studente, -essa *m/f* estudiante; ~**sco** *adj* estudiantil

studi(a)cchiare *vt/vi* <*avere*> estudiar con desgana

studiare 1. *vt/vi* <*avere*> estudiar; **2.** *vi/* ~*rsi* intentar *vt*, esforzarse (*di fare qc* por hacer algo); **3.** ~*rsi* estudiarse, examinarse

studio *m* 1. estudio (*acción; tratado, proyecto*); *borsa di* ~ beca; *essere allo* ~ estar en estudio; 2. estudio, despacho (*local*); *TV/cine/radio* estudio; ~ *legale* bufete; ~ *medico* consulta; ~**so, -a 1.** *adj* estudioso; **2.** *m/f* experto, -a, estudioso, -a

stufa *f* estufa, radiador *m*; ~**re 1.** *vt* calentar, caldear; *gastr* rehogar, cocer a fuego lento; *fig* cansar, hartar; **2.** ~*rsi* hartarse, cansarse; aburrirse; ~**to** *m gastr* estofado, guisado

stufo *adj* harto, cansado; aburrido

stunt-man *m ingl/inv* doble *m*, especialista *m*

stuo|ia *f* estera; ~**lo** *m* multitud *f*, legión *f*, nube *f* (*gente*)

stupefa|cente *adj/s* estupefaciente; ~**re** <*36a -faccio/-fò; -feci; -fatto*> *vt* pasmar, anonadar, impresionar; ~**tto** *adj* estupefacto, patidifuso, pasmado

stupendo *adj* estupendo, magnífico

stupid|aggine *f* estupidez; ~**ità** *f/inv* estupidez *f*, necedad *f*; ~**o** *adj/s* estúpido

stupire <*isc*> *vt* sorprender, asombrar

stupore *m* estupor, estupefacción *f*, asombro, pasmo

stupro *m* estupro

sturare *vt* destapar, abrir (*botella*); desatascar, desembozar (*lavabo*)

stuzzica|denti *m/inv* palillo *m*, mondadientes (*dientes*); ~**re** *vt* hurgar, escarbar; *fig* molestar, dar la lata, pinchar *fam*; *fig* incitar; despertar, abrir (*apetito*); despertar (*curiosidad*)

su 1. *prep* 1. <*lugar*> sobre, encima de; en; a (*dirección*); *sul tavolo* encima de la mesa, sobre la mesa; *sul lago, sul mare* en el lago, en el mar; *salire sul treno* subir al tren; *cadde* ~ *di noi una pioggia di pietre* cayó sobre nosotros una lluvia de piedras; 2. <*tema*> sobre, acerca de; *discutere* ~ *un argomento* discutir sobre un tema; 3. <*tiempo, edad*> alrededor de, sobre; en; *un uomo sulla sessantina* un hombre sobre los sesenta; *sul momento* en ese momento; 4. <*cantidad aproximada*> alrededor de, sobre; *costa sulle trentamila lire* costa sobre unas treinta mil liras/alrededor de treinta mil liras; 5. <*modo*> por, sobre, a; ~ *misura* a medida; ~ *ordinazione* por encargo; *due* ~ *tre* dos de cada tres; *sull'esempio di* siguiendo el ejemplo de; *fare errori* ~ *errori* hacer un error detrás de otro; *giurare* ~ *q/qc* jurar por alg/algo; **2.** *adv* arriba, encima (*situación*); hacia arriba (*dirección*); *andare* ~ *e giù* ir arriba y abajo; *(fig) non andare né* ~ *né giù* no tragar; ~ *per giù* más o menos, aproximadamente; *mettere* ~ *casa* montar un hogar; *dalle mille lire in* ~ de mil liras para arriba; ~ *le mani!* ¡arriba las manos!; **3.** *excl* ¡arriba!, ¡vamos!, ¡ánimo!

suadente *adj lit* suasorio, persuasivo

subacqueo, -a 1. *adj* submarino; *sport* ~*i* submarinismo; **2.** *m/f* submarinista

subaffitt|are *vt* subarrendar, realquilar; ~**o** *m* subarriendo; ~**uario, -a** *m/f* subarrendatario, -a

subalpino *adj* prealpino

subalterno *adj/s* subalterno

subatomico *adj* subatómico

subbuglio *m* alboroto, tumulto

subconscio *adj/m psic* subconsciente

subcosciente *adj/m psic* subconsciente

subcultura *f* subcultura

subdelegare <*esd*> *vt* subdelegar

subdolo *adj* falso, engañoso, pérfido

subduzione *f geol* subducción

subentrare *vi* sustituir, suceder (*q in qc* a alg en algo); *fig* aparecer; *sono subentrate difficoltà* han surgido dificultades

suberificazione *f bot* suberificación

subinquilino, -a *m/f* subinquilino, -a

subire <*isc*> *vt* sufrir, padecer; *med* sufrir, someterse (a); ~ *un'operazione* operarse, someterse a una operación

subissare *vt* hundir; arruinar

subitaneo *adj* súbito, repentino

subito 1. *adv* enseguida, en seguida, al momento; inmediatamente, ya; *vengo* ~

voy enseguida, ya voy; ~ *prima, dopo* justo antes, después; **2.** *(m) in un* ~ en un momento, en un santiamén; **3.** *adj lit* súbito
sublima|re 1. *vt psic/chim/fig* sublimar; **2.** *vi chim* sublimarse; ~**to** *m chim* sublimado, solimán *pop*; ~**zione** *f psic/chim/fig* sublimación
sublime *adj* sublime
subliminale *adj* subliminal
sublimità *f/inv* sublimidad *f*
subloca|re *vt* subarrendar, realquilar; ~**tario, -a** *m/f* subarrendatârio, -a; ~**zione** *f* subarriendo *m*
subnormale *adj/s* subnormal
subodorare *vt* presentir, sospechar
subordina|re *<esd>* *vt* subordinar; ~**to** *adj/s* subordinado; ~**zione** *f* subordinazione
suborna|re *vt ius* sobornar, cohechar; ~**zione** *f ius* soborno *m*, cohecho *m*
substrato *m biol* substrato
subtropicale *adj* subtropical
subumano *adj* inhumano
suburb|ano *adj* suburbano; ~**io** *m* suburbio
succedaneo *adj/m* sucedáneo
succedere *vi* 1. *<14 successi/succedei; successo>* suceder, ocurrir, pasar, acontecer; 2. *<14 successi/succedetti/succedei; successo/succeduto>* suceder (*sustituir*); suceder, seguir (*venir después*)
succeditrice V. **successore**
successi|one *f* sucesión, serie; *ius* sucesión; ~**vo** *adj* sucesivo, siguiente
successo *m* éxito; ~**re, succeditrice** *adj/s* sucesor, -a; ~**rio** *adj ius* sucesorio
succhi|are *vt* chupar, succionar; *(sport)* ~ *la ruota* chupar rueda; ~**ello** *m* barrena *f*; ~**o** *m* chupada *f*; ~**one, -a** *m/f* chupón, -ona, gorrón, -ona; ~**otto** *m* chupete
succiacapre *m/inv zool* chotacabras
succinto *adj* sucinto
succitato *adj* aludido, citado antes
succo *m med/fig* jugo; jugo, zumo (*fruta*); ~ *gastrico* jugo gástrico; ~**so** *adj a. fig* jugoso
succub|e, ~**o** *adj/s* súcubo
succulento *adj* suculento
succursale *f* sucursal, filial, delegación
sud *m/inv* sur
Sudafrica: *il* ~ Sudáfrica; *~**no** *adj/s* sudafricano
sudamericano *adj/s* sudamericano
sudar|e *vt/vi* *<avere>* sudar; ~ *sette camicie/sangue* sudar la gota gorda/sangre; ~**io** *m* sudario
sudat|a *f* sudada; *fare una* ~ pegarse una sudada; ~**iccio** *adj* sudoroso, sudado; ~**o** *adj* sudado; *fig* sudado, trabajado; ~ *fradicio* empapado
suddetto *adj* susodicho, mencionado
suddit|anza *f* condición de súbdito; vasallaje *m*; ~**o, -a** *m/f* súbdito, -a;
suddividere *<61 -divisi; -diviso>* *vt* subdividir
suddivisione *f* subdivisión
sudest *m/inv* sudeste
sudiceria *f* suciedad, porquería
sudicio *adj a. fig* sucio; ~**ne** *adj/s* guarro, puerco, cochino; *fig* obsceno, impúdico, verde *fam*
sudiciume *m* suciedad *f*, porquería *f*, roña *f*
sudista *adj/s* sudista
sudor|e *m* sudor; ~**iparo** *adj* sudoríparo
sudovest *m/inv* sudoeste
sufficien|te 1. *adj* suficiente; **2.** *(m/f) fare il* ~, *la* ~ darse aires de suficiencia; ~**za** *f* suficiencia; *desp* suficiencia, presunción; *stud* suficiente *m*, aprobado *m*; *a* ~ suficiente
suffisso *m ling* sufijo
suffrag|are *vt lit* sufragar; ~**io** *m* sufragio; ~ *universale, limitato* sufragio universal, restringido; ~**ista** *m/f hist* sufragista
suffumi|care *<esd>* *vt* fumigar, sahumar; ~**gio** *m* fumigación *f*, sahumerio
suggell|are *vt a. fig* sellar; ~**o** *m lit* sello, sigilo; *fig* señal *f*, prueba *f*
suggeri|mento *m* sugerencia *f*; ~**re** *<isc>* *vt* sugerir; *teatro* apuntar; ~**tore, -trice** *m/f teatro* apuntador, -a
suggesti|onare *vt* sugestionar; ~**one** *f* sugestión; ~**vo** *adj* sugestivo
sughera *f bot* alcornoque *m*
sughereto *m bot* alcornocal
sughero *m bot* corcho
sugheroso *adj* corchoso
sugna *f* manteca, enjundia (*cerdo*)
sugo *m* jugo, zumo (*fruta, verdura*); jugo (*carne...*); salsa de tomate *f* (*pasta*); *fig* sustancia *f*, enjundia *f*; *(fig) non c'è* ~ no tiene sustancia
sugos|ità *f/inv* jugosidad *f*; ~**o** *adj* jugoso
suicid|a *adj/s* suicida; ~**arsi** suicidarse; ~**io** *m* suicidio
suino 1. *adj* porcino; **2.** *m* cerdo
suite *f fr/inv* suite *f*
sulfamidico *m* sulfamida *f*
sulfureo *adj* sulfúreo
sultan|ato *m* sultanato; ~**ina** *f* sultana (*uva*); ~**o, -a** *m/f* sultán, -ana; *fare una vita da* ~ vivir como un maharajá
summit *m/inv pol* cumbre *f*
sunto *m* resumen
suo, -a *<pl suoi, sue>* **1.** *adj* 1. su *sing*, sus *pl* (*de él, de ella*); *~ (*de usted*); *il* ~ *cane, le* ~*e cravatte* su perro, sus corbatas; ~ *padre,* ~*a nonna* su padre, su abuela; *le* ~*e zie, i suoi nonni* sus tías, sus abuelas; 2. suyo, -a, -os, -as; *è un amico* ~ es un amigo suyo; *le scarpe sono sue* los zapatos son suyos; **2.** *pr* suyo, -a, -os, -as; *il* ~ el suyo; lo suyo; *i suoi* los suyos (*familia*); *vuole dire la* ~*a* quiere decir su opinión; *ne ha fatta una delle* ~*e* ha hecho una de las suyas; *la* ~*a del due marzo* su carta del dos de marzo; *essere dalla* ~*a* estar de su parte
suocero, -a *m/f* suegro, -a
suoi V. **suo**
suol|a *f* suela; *mezze* ~*e* medias suelas; ~**are** V. **solare**; ~**o** *m* suelo; *radere al* ~ arrasar
suonare 1. *vt mus* tocar (*instrumento, pieza*); tocar (*timbre, campana*); dar (*las horas el reloj*); *(fam)* ~*rla a q* cantarle a alg las cuarenta; liar a alg, meter a alg en un lío; ~ *q/*~*rle a q* dar una zurra a alg, zurrar a alg;

2. *vi* 1. <*avere*> sonar (*teléfono, despertador...*); llamar (*a la puerta*); *ha suonato il campanello* ha sonado el timbre; *hanno suonato* han llamado (*a la puerta*); 2. <*essere*> sonar (*horas, toques de campana*); 3. <*avere*> *mus* tocar; tocar (*campana*); *il chitarrista ha suonato molto bene* el guitarrista ha tocado muy bien; ~ *a festa* repicar; 4. <*avere/essere*> sonar (*causar una impresión*); *questo verso non suona bene* este verso no suena bien
suonato *adj* cumplido (*años*); *sport/fig* sonado (*boxeador*); ~**re, -trice** *m/f* músico, -a; *(fam) buonanotte, ~i!* ¡apaga y vámonos!
suono *m* sonido; *muro del ~* barrera del sonido; *ingegnere, tecnico del suono* ingeniero, técnico de sonido; *al ~ di/a suon di* al son de; *a suon di fischi, di legnate* con una lluvia de silbidos, de golpes
suora *f* monja; sor, hermana (*ante nombre propio*); *suor Maria, Agata* sor María, Agata
super *adj/f/inv* súper (*gasolina*)
superabbondanza *f* superabundancia
superaffollato *adj* abarrotado
superalimentazione *f* sobrealimentación
superallenamento *m* sobreentrenamiento
superamento *m* superación *f*; *auto* adelantamiento
superare <*esd*> *vt* superar; *auto* adelantar; *stud* aprobar
superato *adj fig* superado, anticuado, obsoleto
superb|ia *f* soberbia; ~**o** *adj desp* soberbio, altanero, engreído; orgulloso (*di q/qc* de alg/algo); *fig* soberbio, magnífico
supercarcere *m* cárcel de máxima seguridad *f*
supercondu|ttività *f/inv fis* superconductividad *f*; ~**ttore** *m fis* superconductor; ~**zione** *f fis* superconducción
superdonna *f desp* superwoman
superdotato *adj/s* superdotado
superfici|ale *adj a. fig* superficial; ~**alità** *f/inv* superficialidad *f*; ~**e** <*pl -ci*> *f* superficie
superflu|idità *f/inv fis* superfluidad *f*; ~**o** *adj* superfluo
super-io *m/inv psic* superyó
superior|a *adj/f eccl* superiora; *madre ~* madre superiora; ~**e 1.** *adj* superior; **2.** *m mil/eccl* superior; ~**ità** *f/inv* superioridad *f*
superlativo *adj/m* superlativo
superlavoro *m* trabajo excesivo
supermarket, supermercato *m* supermercado
superpotenza *f pol* superpotencia
supersonico *adj* supersónico
superstite *adj/s* superviviente
superstizio|ne *f* superstición; ~**so** *adj/s* supersticioso
superstra|da *f* autovía; ~**to** *m ling* superestrato
superuomo *m fil* superhombre; *iron* superhombre, supermán
supervis|ione *f* supervisión; ~**ore, -a** *m/f* supervisor, -a
supino *adj* supino, boca arriba; *fig* supino; *ignoranza ~a* ignorancia supina
suppellettile *f* objeto/mueble de una casa *m*; útil *m*, utensilio *m*; resto *m*, hallazgo *m* (*arqueología*); *le ~i di casa* los enseres domésticos
suppergiù *adv fam* poco más o menos
supplement|are *adj* suplementario, adicional; ~**o** *m* suplemento
supplen|te *adj/s* suplente, sustituto; ~**za** *f* suplencia, sustitución
suppletivo *adj* supletorio; *ling* supletivo
supplica *f* súplica; ~**nte** *adj/s* suplicante; ~**re** <*esd*> *vt* suplicar, implorar
supplichevole *adj* suplicante, implorante
supplire <*isc*> **1.** *vt* suplir, sustituir (*profesor*); **2.** <*avere*> *vi* suplir *vt* (*a una qualità* una cualidad)
supplizio *m* suplicio
supporre <*56 -pongo; -posi; -posto*> *vt* suponer
supporto *m* soporte, apoyo; *infor/tec* soporte
supposi|torio *m med* supositorio; ~**zione** *f* suposición
supposta *f med* supositorio *m*
suppura|re *vi* <*avere/essere*> supurar; ~**zione** *f* supuración
suprem|azia *f* supremacía; ~**o** *adj* supremo
surf, ~ing *m/inv* surf, surfing; ~**ista** *m/f* surfista
surgela|mento *m* congelación *f*; ~**re** *vt gastr* congelar; ~**to** *adj/m gastr* congelado
surplus *m/inv econ* excedente *m*
surreale *adj* irreal
surrealis|mo *m art* surrealismo; ~**ta** *adj/s art* surrealista; ~**tico** *adj art* surrealista
surrenale *adj med* suprarrenal; *ghiandola ~* glándula suprarrenal
surrettizio *adj* subrepticio
surrezione *f ius* subrepción
surriscalda|mento *m* recalentamiento; ~**re** *vt* recalentar
surroga|re *vt* subrogar; ~**to** *m* sucedáneo
suscettibil|e *adj/s* susceptible; ~**ità** *f/inv* susceptibilidad *f*
suscitare <*esd*> *vt* suscitar
susin|a *f bot* ciruela; ~**o** *m bot* ciruelo
suspense *f ingl/fr/inv* suspense *m*, intriga *f*
suspicione: legittima ~ *f ius* legítima suspicacia
susseguente *adj* subsiguiente; ~**ire** *vt* subseguir, seguir, venir después
sussidi|ario *adj* subsidiario; ~**o** *m* subsidio; *~ di disoccupazione* subsidio de paro; *~i didattici* materiales didácticos, medios didácticos; *~i bibliografici* material bibliográfico
sussiego *m* sosiego, calma *f*
sussisten|te *adj* subsistente; ~**za** *adj* subsistencia
sussistere <*41 sussitito*> *vi* subsistir
sussult|are *vi* <*avere*> sobresaltarse, azorarse, estremecerse; ~**o** *m* sobresalto, estremecimiento, azoramiento
sussurr|are *vt* susurrar; ~**o** *m* susurro

sutura *f med* sutura; ~**re** *vt med* suturar

suvvia! *excl* ¡vamos!, ¡ea!

suzione *f* succión

svaccarsi *fam* repantigarse, despatarrarse; estar tirado

svag|are *vt* distraer, entretener; ~**o** *m* distracción *f*, entretenimiento

svaligia|re *vt* desvalijar; ~**tore, -trice** *m/f* desvalijador, -a

svaluta|re <*esd/-uto*> *vt econ* devaluar, depreciar; *fig* menospreciar; ~**zione** *f econ* devaluación, depreciación

svani|re <*isc*> *vi* desvanecerse, desaparecer; *fig* desvanecerse, esfumarse (*ilusiones*...); ~**to** *adj fig/desp* abobado, atontado; chocho (*vejez*)

svantaggi|ato *adj* desfavorecido; *essere ~ rispetto a q* estar en desventaja con alg; ~**o** *m* desventaja *f*; ~**oso** *adj* desventajoso, desfavorable

svaporare *vi* evaporarse, disiparse; *fig* disiparse, desvanecerse

svari|ato *adj* variado; ~**one** *m* despropósito, burrada *f*

svasare *vt* 1. *bot* trasplantar; 2. alargar (*falda*)

svastica *f* esvástica, cruz gamada

svecchia|mento *m* rejuvenecimiento; puesta al día *f*; ~**re** *vt* rejuvenecer, poner al día

svedese 1. *adj* sueco; **2.** 1. *m/f* sueco, -a; 2. *m* cerilla de seguridad *f*

svegli|a *f* 1. hora de despertarse; *mil* diana; 2. (reloj) despertador *m*; ~**are** *vt* despertar; *fig* despabilar, espabilar; ~**o** *adj* despierto; *fig* despierto, despabilado, espabilado, listo

svelare *vt* desvelar

svellere <*26 -velsi; -velto*> *vt lit* arrancar *est*, desarraigar *est*

svelt|ezza *f* 1. soltura, agilidad; *fig* listeza, inteligencia; 3. esbeltez; ~**ire** <*isc*> **1.** *vt* 1. agilizar (*tráfico*); 2. despertar, despabilar, avispar (*persona*); 3. estilizar, realzar (*figura*); **2.** ~*rsi* despabilarse, avisparse; ~**o** *adj* 1. rápido, despierto, ágil; *alla ~a* rápido; 2. esbelto

svenare 1. *vt* 1. cortar las venas; 2. *fig* arruinar, hundir; **2.** ~*rsi* 1. cortarse las venas; 2. *fig* desvivirse

svendere *vt com* liquidar, rematar

svendita *f com* liquidación, remate *m*; *~ di fine stagione* liquidación de fin de temporada

svenevole *adj* zalamero, melindroso

sveni|mento *m* desmayo, desvanecimiento; ~**re** <*86 -vengo; -venni; -venuto*> *vi* desmayarse

sventa|gliare *vt* 1. abanicar; 2. desplegar en abanico; ~**re** *vt* desvelar, destapar, malograr (*conjura*); conjurar (*peligro*); ~**tezza** *f* atolondramiento *m*; ~**to, -a 1.** *adj* alocado, atolondrado; **2.** *m/f* atolondrado, -a, bala perdida *fam*

sventola *f* 1. soplillo *m* (*fuego*); *orecchie a ~* orejas de elefante; 2. tortazo *m*, soplamocos *m*

sventolare <*esd*> **1.** *vt* agitar (*bandera, pañuelo*); avivar (*fuego*); **2.** *vi* <*avere*> ondear

sventolio *m* ondeo

sventra|mento *m* destripamiento; *fig* demolición *f* (*barrio*); ~**re** *vt* destripar, despanzurrar; *fig* demoler (*barrio*)

sventura *f* desventura; *compagno di ~* compañero de fatigas/de desventuras; ~**to** *adj/s* desventurado

sverginare <*esd*> *vt* desvirgar, desflorar

svergogna|re *vt* avergonzar, abochornar; ~**to** *adj/s* desvergonzado, sinvergüenza

svernare *vi* <*avere*> invernar

svestire *vt* desvestir, desnudar

svettare *vt agr* desmochar

Svev|ia *f* Suabia; ***~o** *adj/s* suabo

Svezia: *la ~* Suecia

svezza|mento *m* destete (*bebé*); ~**re** *vt* quitar un vicio, deshabituar; destetar (*bebé*)

svia|mento *m* desviación *f*, desvío; *tras* descarrilamiento; ~**re 1.** *vt* desviar; esquivar; *fig* distraer; **2.** *vi/~rsi* desviarse, descarriarse

svicolare <*esd*> *vi* <*essere/avere*> dar esquinazo *vt*, escabullirse

svignarsela *fam* escabullirse, escaquearse, dar esquinazo

svigorire <*isc*> *vt* debilitar

svili|mento *m* envilecimiento; ~**re** <*isc*> *vt* envilecer

svilupp|are 1. *vt* desenrollar, desplegar; *econ/fig* desarrollar; *foto* revelar; **2.** ~*rsi* desarrollarse, formarse; *econ* desarrollarse, progresar *vi*; *fig* evolucionar; ~**o** *m* desarrollo; evolución *f*; *foto* revelado; *~ sostenibile* desarrollo sostenido

svincol|are <*esd*> *vt* desvincular, desligar; *com* rescatar; ~**o** *m com* rescate; *auto* ramal de autopista

svisare *vt* tergiversar, alterar, desvirtuar

sviscera|re <*esd*> *vt* desentrañar, estudiar a fondo; ~**to** *adj* apasionado, vehemente

svista *f* despiste *m*, descuido *m*, distracción

svita|re *vt* destornillar, desenroscar; ~**to** *adj* destornillado; *fig* chalado

Svizzer|a: *la ~* Suiza; ***~o** *adj/s* suizo

svogliat|ezza *f* desgana; desidia; ~**o** *adj/s* desganado; perezoso

svolazz|are *vi* <*avere*> *a. fig* revolotear; ~**o** *m* 1. *a. fig* revoloteo; 2. rúbrica *f* (*en la firma*); 3. *mpl* florituras *fpl*

svolgere <*90 svolgo; svolsi; svolto*> *vt* desarrollar

svolgimento *m* desarrollo

svolta *f* giro *m*, vuelta; revuelta (*curva*); *fig* giro en redondo *m*, cambio sustancial *m*; *fig* momento clave *m*; ~**re 1.** *vt* desempaquetar; **2.** *vi* <*avere*> girar; *~ a sinistra* girar a la izquierda

svuota|mento *m* vaciado; ~**re** *vt* vaciar

T

tabac|caio, **-a** *m/f* estanquero, -a; *vado dal* ~ voy al estanco; ~**cheria** *f* estanco *m*; ~**chiera** *f* tabaquera; ~**co** *m* tabaco; ~ *biondo, scuro* tabaco rubio, negro; ~ *da pipa* tabaco de pica; ~ *trinciato* picadura; ~ *da fiuto/da naso* rapé
tabagismo *m med* tabaquismo
tabarro *m* tabardo
tabe *f med* tabes; ~ *dorsale* tabes dorsal
tabell|a *f* tabla; ~ *dei prezzi* tabla de precios; *(sport)* ~ *di marcia* hoja de ruta; ~**one** *m* tablón (*anuncios*...); *(sport)* ~ *elettronico* marcador
tabernacolo *m* tabernáculo
tabloid *m/inv tip* tabloide *m*; ~**e** *m med* tableta *f*; sello
tabù 1. *adj/inv* tabú; **2.** *m/inv* tabú *m*
tabula rasa: fare ~ hacer tabla rasa, hacer borrón y cuenta nueva
tabulare <*esd*> *vt* tabular
tabulato *m infor* listado (*impreso*); ~**re** *m tec* tabulador
tacca *f* muesca, mella; *di mezza* ~ de mediana estatura, bajito
taccagn|eria *f* tacañería, avaricia; ~**o** *adj/s* tacaño, avaro, roñoso
tacchett|are *vi* <*avere*> taconear; ~**io** *m* taconeo; ~**o** *m* tacón (*fino*); *sport* taco
tacchino, **-a** *m/f zool* pavo, -a
taccia *f* mala fama; tacha, mancilla; ~**re** *vt* tachar, tildar; ~ *q di traditore* tachar a alg de traidor
tacco <*pl -chi*> m tacón; ~*i alti, a spillo* tacones altos, de aguja; *battere/alzare il* ~ poner pies en polvorosa, salir por piernas
taccuino *m* bloc, libreta *f*, agenda *f*
tacere <*53 taccio; tacqui; taciuto*> *vt/vi* <*avere*> callar; *far* ~ acallar; *mettere a* ~ *q* hacer callar a alg; *chi tace acconsente* quien calla otorga
tachicardia *f med* taquicardia
tachimetro *m* taquímetro
tacit|are <*esd*> *vt com/fig* acallar; ~**o** *adj* tácito
taciturn|ità *f/inv* taciturnidad *f*; ~**o** *adj* taciturno
tafanario *m iron* trasero
tafano *m zool* tábano
taffe|ruglio *m* tumulto, alboroto, batahola *f*; ~**ttà** *m/inv* tafetán *m*
taglia *f* 1. talla (*ropa*); 2. estatura; complexión; 3. recompensa; *mettere una* ~ *su q* ofrecer una recompensa por alg
taglia|borse *m/f inv* ratero, -a, carterista *m/f*; ~**boschi** *m/inv* leñador *m*; ~**carte** *m/inv* cortapapeles; abrecartas; ~**ferro** *m* cortafrío; ~**fuoco** *m* cortafuego; ~**legna** *m/inv* leñador *m*; ~**mare** *m/inv mar* tajamar; ~**ndo** *m com* cupón; ~**pasta** *m/inv* cortapasta; ~**pietre** *m/inv* picapedrero *m*
tagliare 1. *vt* cortar; tallar (*diamante, art*); *(fig)* ~ *corto* cortar por lo sano; *(fig)* ~ *la corda* escabullirse; *(sport)* ~ *il traguardo* cruzar la meta; **2.** *vi* <*avere*> cortar, atajar (*camino*); ~ *diritto* ir por el camino más corto
tagliasigari *m/inv* cortapuros
tagliatelle *fpl* tallarines *mpl*
tagliato *adj* cortado; *capelli* ~*i corti* pelo corto; *uomo* ~ *all'antica* hombre chapado a la antigua; ~**tore**, **-trice** *m/f* cortador, -a
tagliatura *f* corte *m*
tagliavetri *m/inv* cortacristales
taglie|ggiare *vt* tallar, cargar de tributos; ~**nte** *adj* cortante, afilado; *fig* mordaz
taglier|e *m* tajo de cocina; ~**ina** *f tec* cizalla; ~**ini** *mpl* tallarines
taglio *m* corte; filo (*cuchillo*...); canto (*libro*); ~ *cesareo* cesárea *f*; *banconote di piccolo, grosso* ~ billetes pequeños, grandes; *(fig) arma a doppio* ~ arma de doble filo
tagliol|a *f* cepo *m*, trampa; ~**ini** V. **taglierini**
tagliuzzare *vt* desmenuzar
tailleur *m fr/inv* traje sastre *m*
tal V. **tale**
talaltro, **-a** *pr* otro; *taluno* ... ~ uno ... otro; *talvolta* ... ~*a* unas veces ... otras
talamo *m med/bot/fig* tálamo
talar|e *adj* talar; *veste* ~ vestido talar, hábito, sotana; ~**i** *mpl mit* talares
talassemia *f med* talasemia
talassoterapia *f* talasoterapia
talché *conj lit* de manera que *est*, por lo que *est*
talco *m* talco
tale 1. *adj* <*ante consonante a veces* ***tal***> 1. <*demostrativo*> tal, semejante; *non vale servirsi di* ~*i mezzi* no es lícito valerse de tales/semejantes medios; *ha* ~*i ricchezze da non dover lavorare* tiene tales riquezas como para no tener que trabajar; *a tal punto* hasta tal punto; *in tal caso* en tal caso, en ese caso; ~*(i)* ... ~*(i)* tal(es) ... cual(es); ~ *il padre,* ~ *il figlio* el hijo igual(ito) que el padre, cual el padre, tal el hijo; 2. <*indefinido*> tal, cierto; *ti ha telefonato un* ~ *Benigni* te ha llamado un tal Benigni; *la tal persona* tal persona; **2.** *pr* 1. alguien, fulano *m/desp*, persona *f*; *un* ~ *ti vuole al telefono* alguien te llama por teléfono, un fulano pregunta por tí; *il tal dei* ~*i* fulano de tal; *tale (e) quale* igual, clavado; *la sua faccia è* ~ *(e) quale la tua* su cara es clavada a la tuya
talea *f agr* esqueje *m*
talento *m* 1. talento, ingenio; *un giovane di* ~ un joven con talento; *avere del* ~ tener talento; 2. talento (*moneda*)
talismano *m* talismán
tallero *m* tálero
tallio *m chim* talio
tallire <*isc*> *vi* <*essere/avere*> *bot* grillarse, tallecer
tallo *m bot* tallo, grillo
tallon|are *vt* pisar los talones; *sport* taconear; ~**cino** *m* cupón, vale; ~**e** *m* 1. *med* talón; ~*d'Achille* talón de Aquiles; 2. mango, empuñadura *f* (*cuchillo*...); 3. flanco (*neumático*); 4. *econ* patrón; ~ *aureo* patrón oro
talmente *adv* de tal manera, así
talora *adv* a veces
talpa *f zool/mec/fig* topo *m*

taluno, -a 1. *pr* alguno, -a; *~ ... talaltro* uno ... el otro; **2.** *adj <solo pl>* algunos, -as, ciertos, -as
talvolta *adv* a veces
tamari|ndo *m bot* tamarindo; **~sco** *m bot* tamarisco
tamarro *m* macarra; hortera (*mal gusto*)
tamburato 1. *adj* chapado; **2.** *m* chapa de madera *f*
tambureggia|mento *m* tamboreo; *mil* tableteo (*metralleta*); **~re** *vi <avere> mus* tocar el tambor; *mil* tabletear (*metralleta*)
tamburell|are *vi <avere> mus* tamborilear; **~o** *m mus* pandereta *f*, pandero
tamburino *m mus* tamboril
tamburo *m mus/tec/mil* tambor; *arch* cimborrio; cubo (*reloj*); *pistola a ~* revólver; *(fig) a ~ battente* en caliente, en seguida
tamerice *f bot* tamarisco *m*
Tamigi *m geogr* Támesis
tampon|amento *m* taponamiento, obstrucción *f*; *auto* choque, colisión *f*, alcance (*por detrás*); *~ a catena* colisión múltiple; **~are** *vt* taponar, tapar; *auto* chocar *vi*, colisionar *vi*, alcanzar (*por detrás*); **~e** *m* tampón (*med, regla*); tampón, almohadilla *f* (*cuño*); *auto* parachoques
tam-tam, tamtam *m/inv* tamtan *m*
tana *f zool* madriguera, cubil *m*; *fig* guarida, madriguera; *desp* cuchitril *m*, cuartucho *m*
tandem *m/inv* tándem *m*
tanfo *m* tufo, hedor
tangen|te 1. *adj mat* tangente; **2.** *f mat* tangente; *fig* comisión ilegal, mordida *Mex*; soborno *m*; **~za** *f mat* tangencia; *(aer) quota di ~* techo; **~ziale** *adj* tangencial
tanghero *m desp* cazurro, paleto, tarugo
tangibile *adj* tangible
tango *m mus* tango
tanica *f* tanque *m*, lata (*combustible*)
tank *m/inv mil* tanque *m*
tanni|co *adj chim* tánico; **~no** *m chim* tanino
tantino *pr <indefinido, solo sing>* poquito; *un ~* un poquito
tanto 1. *adj* 1. mucho; tanto; *l'ho detto ~e volte* lo he dicho muchas veces; *c'è ~a miseria al mondo* hay mucha miseria en el mundo; *possiede ~e case che non sa dove dormire* posee tantas casas que no sabe dónde dormir; *ho ~i soldi da non saper come spenderli* tengo tanto dinero que no sé cómo gastarlo; 2. tanto, otro tanto; **2.** *pr* 1. mucho; *non so quanti anni abbia, ma ne ha ~i* no sé cuántos años tiene, pero tiene muchos/bastantes; 2. tanto; *~i/~e quanti/e* tantos/as como; *bevo ~e birre quante ne voglio* bebo tantas cervezas como quiero; 3. *pl* muchos, -as (*personas*); tantos (*días*); *~i ne sono convinti* muchos están convencidos de ello; *ai ~i di maggio* a tantos de mayo; 4. *<sing>* tanto; *costa un ~ al mese* cuesta un tanto al mes; *con ~ d'occhi* con estupor; **3.** *adv* 1. tan (*comparaciones*); *è ~ giovane quanto te* es tan joven como tú; *è ~ sciocco da credere tutto ciò che gli dicono* es tan tonto que se cree todo lo que le dicen; *sono ~ sorpreso che non posso dire niente* estoy tan sorprendido que no puedo decir nada; 2. tanto; mucho; *se non fumasse ~!* ¡si no fumase tanto!; *mi piace ~* me gusta mucho; *~ meglio* tanto mejor; *~ meno* mucho menos; *~ e poi ~* mucho más; *~ per cominciare* de entrada; *~ per parlare* simplemente; *~ è lo stesso* total es lo mismo; *~ più che* y más teniendo en cuenta que; *~ più, ~ meno* tanto más, tanto menos; *da ~* desde hace mucho tiempo; *di ~ in ~* de vez en cuando; *né ~ né quanto* ni tanto ni tan calvo; *ogni ~* de vez en cuando, a veces; *due volte ~* dos veces eso; 3. *<con adj>* tan, muy (*así de*); *~ bello, alto, presto* tan bonito, alto, pronto; *è ~ grande* es muy grande; 4. tanto, otro tanto
taois|mo *m* taoísmo; **~ta** *m/f* taoísta; **~tico** *adj* taoístico
tapino *adj/s* misero, mezquino, pobre
tapioca *f gastr* tapioca
tapiro *m zool* tapir
tappa *f* etapa; *a ~e* por etapas; *(fig) bruciare le ~e* proceder muy rápidamente
tappare *vt* taponar, poner el tapón (*botella*); tapar (*agujero, rendija*); **~lla** *f fam* persiana
tappeto *m* alfombra *f* (*suelo*); tapete (*muebles*); *sport* cuadrilátero, lona *f (boxeo)*; *~ verde* tapete verde (*juego*); *~ erboso* césped; *(sport) andare al ~* caer a la lona; *(fig) mettere qc sul ~* poner algo sobre el tapete
tappezz|are *vt* tapizar; **~eria** *f* tapicería; **~iere, -a** *m/f* tapicero, -a
tappo *m* tapón; *fig/iron* tapón, retaco (*persona*); *~ a corona, a vite* tapón de chapa, de rosca
tara *f med/com* tara; *(fig) fare la ~ a un racconto* creerse la mitad de una historia
tarallo *m gastr* rosquilla *f*
tarantella *f mus* tarantela
Taranto *m geogr* Tarento
tarantola *f zool* tarántula
tarare *vt com* tarar; *mec* reglar
tarato *adj/s med* tarado
taratura *f tec* tarado *m*
tarchiato *adj* robusto, fornido (*persona*)
tardare *vi* 1. *<avere>* llegar tarde; retrasarse, demorarse; 2. *<essere>* tardar; *~ a rispondere, ad arrivare* tardar en responder, en llegar
tardi *adj* tarde; *fare ~* llegar tarde; *a più ~* hasta luego; *al più ~* como muy tarde, a más tardar; *sul ~* a última hora (de la tarde); *chi ~ arriva, male alloggia* quien se fue a Sevilla, perdió su silla; *meglio ~ che mai* más vale tarde que nunca; **~grado** *adj/s* tardígrado; **~vo** *adj bot/fig* tardío; *fig* retrasado (*persona*)
tardo *adj* 1. tardío; *le ore ~e* las altas horas; *~ gotico* gótico tardío; *a ~a età* de edad avanzada; 2. *fig* lento, lerdo; **~na** *f desp* loro *m*; **~ne** *adj/s fam* lerdo, bobo
targa *f* placa; *auto* matrícula; *mil/ant* adarga; **~re** *vt auto* poner la matrícula; *una macchina targata PG 234554* un coche con matrícula de Perugia 234554
targhetta *f* chapa, plaquita

tariffa *f* tarifa; ~**re** *vt* tarifar; ~**rio** *m* lista de tarifas *f*

tarla|re 1. *vt* carcomer (*madera*); apolillar (*tejido*); **2.** *vi/~rsi* carcomerse (*madera*); apolillarse (*tejido*); ~**tura** *f* carcoma

tarlo *m* carcoma *f* (*madera*); *fig* remordimiento

tarma *f zool* polilla; ~**re 1.** *vt* apolillar; **2.** *vi/~rsi* apolillarse

tarocco *m* tarot

tarpare *vt* alicortar, cortar (*alas, plumas*); *(fig) ~ le ali* cortar las alas

tars|ia *f* marquetería, taracea; ~**o** *m med* tarso

tartagli|amento *m* tartamudeo; ~**are** *vi* <*avere*> tartamudear; ~**one, -a** *m/f* tartamudo, -a

tartana *f mar/ant* tartana

tartar|ico *adj chim* tartárico; ~**o, -a 1.** *adj gastr/geogr* tártaro, -a; **2.** *m* 1. tártaro (*tonel*); tártaro, sarro (*dientes*); 2. *m/f geogr* tártaro; ~**uga** *f zool/fig* tortuga

tartassare *vt fig* maltratar; *mus* aporrear

tartina *f gastr* canapé *m*

tartufo *m* 1. *bot* trufa *f*; *~ nero* trufa; *~ bianco* turma, criadilla de tierra; 2. *fig* hipócrita

tasca <*pl -che*> f bolsillo *m*; *med* bolsa, saco *m*; *(zool) ~ del nero* bolsa de tinta; *conoscere come le proprie ~e* conocer como la palma de su mano; *(fig) starsene con le mani in ~* estar de brazos cruzados; *(fig/pop) averne le ~e piene* estar hasta las narices; *(fig/pop) rompere le ~e a q* dar la tabarra a alg; *(fig) non mi entra nulla in ~* no consigo ganar ni un duro; ~**bile 1.** *adj* de bolsillo; **2.** *m* libro de bolsillo; ~**pane** *m* bolsa de excursión *f*; *mil* morral

taschino *m* bolsillo (*camisa, maleta...*)

tassa *f* tasa, impuesto *m*; *~ di circolazione* impuesto de circulación; *~ di soggiorno* impuesto de turismo; *~e scolastiche* tasas académicas; *esente da ~e* libre de impuestos; *soggetto a ~e* sujeto a impuestos; ~**bile** *adj* imponible; ~**metro** *m* taxímetro; ~**re** *vt econ* gravar; ~**tivo** *adj* taxativo; ~**zione** *f* tributación, imposición

tassello *m* taco, tarugo (*madera*); porción de prueba *f* (*melón, queso...*)

tassì *m/inv* taxi *m*; *~ aereo* aerotaxi

tassiderm|ia *f* taxidermia; ~**ista** *m/f* taxidermista

tassista *m/f* taxista

tasso *m* 1. tasa *f*; *econ* tipo; *~ di mortalità, di natalità* tasa de mortalidad, de natalidad; *~ d'interesse, di sconto* tipo de interés, de descuento; *~ alcolico* tasa de alcoholemia; 2. *bot* tejo; 3. *zool* tejón; 4. tas (*yunque*)

tassobarbasso *m bot* gordolobo

tassonomi|a *f* taxonomía; ~**co** *adj* taxonómico

tast|are *vt* tocar, palpar; *~ il polso* tomar el pulso; *(fig) ~ il terreno* sondear el terreno; ~**eggiare** *vt mus* trastear; ~**iera** *f mus/tec/infor* teclado *m*

tasto *m* 1. palpamiento, tocamiento; *med* tacto, tactación *f*; 2. prueba *f*; *gastr* degustación *f*, cata *f*; 3. *mus/tec/infor* tecla *f*; *mus* traste (*cuerda*); *~ spaziatore* espaciador; 4. *fig* tema, punto, asunto; *toccare un ~ delicato* tocar un punto delicado; ~**ni** *adv* a tientas

tatti|ca *f* táctica; ~**co** *adj/m* táctico; ~**le** *adj* táctil

tatto *m med/fig* tacto

tatua|ggio *m* tatuaje; ~**re** <*esd*> *vt* tatuar

taumaturgo *m* taumaturgo

taur|ino *adj* taurino; ~**omachia** *f* tauromaquia

tautologia *f* tautología

tavern|a *f* taberna, figón *m*, tasca; ~**iere, -a** *m/f* tabernero, -a

tavola *f* 1. mesa; *~ allungabile* mesa alargable; *~ calda* cafetería; *~ dei negoziati* mesa de negociaciones; *~ rotonda* mesa redonda; *vino da ~* vino de mesa; *apparecchiare, sparecchiare la ~* poner, quitar la mesa; *mettere q a ~* sentar a alg a la mesa; *(fig) mettere le carte in ~* poner las cartas sobre la mesa; 2. tabla, tablón *m*; *~ a vela* tabla de surf; *~ reale* backgammon; *~ da lavare, da stiro* tabla de lavar, de planchar; *~ di salvezza* tabla de salvación; *(fig) calcare le ~e* pisar las tablas; 3. *pitt* tabla; *tip* ilustración; 4. tabla, cuadro *m* (*lista*); *~ numerica* tabla numérica

tavolame *m arch* tablazón *f*

tavolat|a *f* mesa (*comensales*); ~**o** *m* tablado; *geogr* meseta *f*, altiplanicie *f*

tavoletta *f* tablilla; *gastr* tableta (*chocolate...*); *(fam) andare a ~* ir a toda pastilla, pisar a fondo el acelerador

tavoli|ere *m* tablero (*juego*); tapete (*billar*); *geogr* llanura *f*; ~**no** *m* mesita *f*, mesilla *f*; *tec* platina *f* (*miscroscopio*); *lavoro di ~* trabajo concienzudo; *al ~* sobre el papel

tavolo *m* mesa *f*; *~ da gioco, di cucina, operatorio* mesa de juego, de cocina, de operaciones; ~**zza** *f pitt* paleta; *sembrare una ~* ir pintarrajeada, parecer una máscara

taxi *m/inv* taxi *m*

tazza *f* taza; *fam* taza del váter; *~ da caffè* taza de café (*uso*); *~ di caffè* taza de café (*contenido*)

te *pr* 1. <*+ otro pr*> te; *~ lo pago* te lo pago; 2. tí; tú; *seguono ~* te siguen a tí; *parlo con ~* hablo contigo; *vengo da ~* voy a tu casa; *secondo ~ è così?* ¿según tú/en tu opinión es así?; *tra me e ~* entre tú y yo; *lavora quanto ~* trabaja tanto como tú; *farò come ~* haré como tú

tè *m/inv* té *m*; *~ del Paraguay* (yerba) mate

tea *adj bot* de té; *rosa ~* rosa de té

team *m ingl/inv* equipo *m*; *sport* team, equipo *m*

teatr|ale *adj* teatrale; ~**alità** *f/inv* teatralidad *f*; ~**o** *m* teatro; *fig* teatro, escenario; *(cine) ~ di posa* estudio; *(med) ~ anatomico* anfiteatro anatómico; *andare a ~* ir al teatro

teca *f bot/eccl* teca

tecnica *f* técnica

tecnici|smo *m* tecnicismo; ~**tà** *f/inv* tecnicidad *f*; ~**zzare** *vt* tecnificar

tecnico *adj/s* técnico

tecnicolor *m/inv* tecnicolor *m*
tecnificare <*esd*> *vt* tecnificar
tecnocra|te *m/f* tecnócrata; ~**zia** *f* tecnocracia
tecnologi|a *f* tecnología; ~**co** *adj* tecnológico
teco *pr lit* contigo *est*
teda *f* tea; ~ *nuziale* teas maritales *fpl*
tedesco *adj/s* alemán
tedi|are *vt* tediar, aburrir; fastidiar; ~**o** *m* tedio, aburrimiento; molestia *f*; ~**oso** *adj* tedioso, aburrido; fastidioso
teen-ager *m/f ingl/inv* teenager, quinceañero, -a
teflon *m/inv* teflón *m*
tegam|e *m* cazuela llana *f*, sartén con asas *f*; ~**ino** *m* cazoleta *f*; *uova al* ~ huevos al plato
teglia *f* tortera
tegola *f* teja; *(fig)* ~ *in testa* sorpresa desagradable, mazazo
tegumento *m biol* tegumento
tei|era *f* tetera; ~**na** *f chim* teína; ~**smo** *m* teísmo
tek *m/inv* teca *f* (*madera*)
tela *f* tela; *pitt* tela, cuadro *m*; *teatro* telón *m*; ~ *di ragno* tela de araña; ~ *cerata, olona* hule, lona; *(fig) far* ~ poner tierra de por medio; ~**io** *m* 1. *tec* telar; ~ *da ricamo* bastidor, tambor; ~ *per maglieria* tricotosa *f*; 2. *auto* chasis, bastidor; 3. marco, cuadro; 4. *tip* rama *f*; 5. *teatro* telar
tele *f/inv fam* tele *f*
teleabbonato, -a *m/f* abonado, -a a una cadena de televisión
telearma <*pl -i*> f arma teledirigida
telecamera *f* cámara de televisión
telecomand|are *vt* teledirigir; ~**o** *m* mando a distancia
telecomunicazione *f* telecomunicación
telecopia|trice *f* telefax *m*, fax *m*; ~**tura** *f* sistema del fax *m*
telecron|aca *f* reportaje televisivo *m*; ~**ista** *m/f* reportero, -a de televisión
telediffusione *f* teledifusión
telefax *m/inv* telefax *m*, *fax m*
teleferica *f* teleférico *m*
telefilm *m/inv* telefilm(e) *m*
telefon|are <*esd*> **1.** *vi* <*avere*> llamar por teléfono, telefonear; **2.** *vt* comunicar por teléfono; ~**ata** *f* llamada (telefónica); ~ *urbana, interurbana* llamada urbana, interurbana; *fare una* ~ *a q* llamar por teléfono a alg; ~**ico** *adj* telefónico; *scheda* ~*a* tarjeta telefónica; ~**ino** *m fam* teléfono móvil; ~**ista** *m/f* telefonista; ~**o** *m* teléfono; ~ *a gettone, a scheda magnetica* teléfono de monedas, de tarjeta; ~ *a tastiera, senza filo* teléfono de teclado, sin hilos/inalámbrico; ~ *cellulare* teléfono móvil; ~ *amico* teléfono de la esperanza; ~ *rosso* teléfono rojo; *colpo di* ~ telefonazo
telefoto *f/inv* telefoto *f*; ~**grafia** *f* telefotografía
telegenico *adj* telegénico
telegiornale *m* telediario
telegraf|are <*esd*> *vt/vi* <*avere*> telegrafiar; ~**ia** *f* telegrafía; ~**ico** *adj* telegráfico; ~**ista** *m/f* telegrafista; ~**o** *adj* telégrafo
telegramma *m* telegrama
teleguida *f* teledirección; mando a distancia *m*; ~**re** *vt* teledirigir
telelibera *f* emisora de televisión privada
telemetro *m tec* telémetro
telenovela *f TV* telenovela, culebrón *m*
teleobiettivo *m* teleobjetivo
teleologia *f* teleología
teleosteo *adj/m zool* teleósteo
telepati|a *f* telepatía; ~**co** *adj* telepático
teleprocessing *m ingl/inv* transmisión de datos por cable *f*
telequiz *m/inv* concurso de televisión *m*
teleradiotrasmettere <*44 -misi; -messo*> *vt* transmitir por radio y televisión
teleria *f* tienda de telas
teleriscaldamento *m* calefacción a distancia *f*
teleromanzo *m* telenovela *f*
teleschermo *m* pantalla de televisión *f*
telescopi|co *adj* telescópico; ~**o** *m* telescopio
telescrivente *f* teletipo *m*
teleselezione *f* selección directa (*teléfono*)
telespettatore, -trice *m/f* telespectador, -a, televidente
teletex *m/inv infor* teletex
teletext *m/inv TV* teletexto *m*
teletrasmettere <*4 -misi; -messo*> *vt* televisar, retransmitir (por televisión)
teletrasmissione *f* retransmisión televisiva
teletrasmittente *f* estación de televisión
teleutente *m/f* televidente
televideo *m* teletexto (*en Italia*)
televis|ione *f* televisión; ~ *a colori, ad alta definizione* televisión en color, de alta definición; ~ *a circuito chiuso* circuito cerrado de televisión; ~ *via cavo/su cavo* televisión por cable; ~**ivo** *adj* televisivo; ~**ore** *m* televisor
telex *m/inv* télex
tellurico *adj* telúrico
telo *m* tela *f*; ~ *da tenda* lona de tienda; ~**ne** *m* lona *f*; *teatro* telón (*vertical*)
tema 1. *m* tema, argumento; *ling* tema; *ling* raíz *f*, desinencia *f*; *stud* redacción *f*; *andare fuori* ~ salirse del tema; 2. *f lit* miedo *m/est*
tematic|a *f* temática; ~**o** *adj* temático
temerari|età *f/inv* temeridad *f*; ~**o** *adj/s* temerario
temere *vt/vi* <*avere*> temer; *temo di non poter venire* temo no poder venir, tengo miedo de no poder venir
temerità *f/inv* temeridad *f*
temibile *adj* temible
temolo *m zool* timo
tempera *f pitt* témpera, pintura al temple
temperalapis, temperamatite *m/inv* sacapuntas
temperamento *m* temperamento, genio, carácter
temperan|te *adj/s* temperante; ~**za** *f* temperancia, templanza
temperare <*esd*> *vt* templar, temperar, atenuar; *metal* templar; afilar, sacar punta (*lápiz*)

temperat|o *adj* templado, moderado (*temperatura*); *fig* moderado; *acciaio* ~ acero templado; ~**ura** *f* temperatura
temperi|e *f/inv* temperie *f*; *fig* clima *m*, ambiente *m*; ~**no** *m* cortaplumas; sacapuntas
tempest|a *f* tormenta, tempestad; *fig* lluvia, alud *m*; *una ~ di fischi* una lluvia de pitidos; *una ~ in un bicchier d'acqua* una tormenta en un vaso de agua; ~**are 1.** *vt* aporrear, dar golpes; *fig* acosar, abrumar; **2.** *vi/imp* <*essere/avere*> haber tormenta; ~**ività** *f/inv* rapidez *f*, *urgencia f*; ~**ivo** *adj* tempestivo, oportuno; rápido; ~**oso** *adj meteo/fig* tempestuoso, tormentoso, borrascoso
tempia *f med* sien
tempio <*pl templi*> *m* templo
tempis|mo *m* oportunismo; ~**ta** *m/f* cronometrador, -a; *fig* oportunista
tempo *m* tiempo; *mus* tempo, compás; *cine/teatro* parte *f* (*primera, segunda*); *~ libero* tiempo libre; *~ perso* tiempo perdido; *~ da cani/da lupi* tiempo de perros; *bel, cattivo ~* buen, mal tiempo; *(sport) ~i supplementari* prórroga; *ammazzare il ~* matar el tiempo, pasar el rato; *(mus) andare a ~* llevar el compás; *(mus) andare fuori ~* ir desacompasado; *dare ~ al ~* dar tiempo al tiempo; *darsi al bel ~* dedicarse a la buena vida; *(fig) fare il buono e il cattivo ~* llevar la voz cantante; *ha fatto il suo ~* ha pasado ya su momento; *prendere ~* tomarse su tiempo, tomárselo con calma; *(mus) segnare/battere il ~* marcar el compás; *(mus) a ~ di valzer* a ritmo de vals; *a ~ e luogo* en su momento, a su debido tiempo; *a ~ perso* a ratos muertos/perdidos; *a suo ~* en su momento, en su día; a su debido tiempo; *a ~ debito* a su debido tiempo; *ai miei ~i* en mis tiempos; *al ~ dei ~i/nella notte dei ~i* en la noche de los tiempos; *al ~ dei romani* en tiempo de los romanos; *allo stesso ~* a la vez; *a ~ pieno, a mezzo ~* a tiempo completo, a tiempo parcial; *col ~* con el tiempo, al correr del tiempo; *con i ~i che corrono* en los tiempos que corren; *in ~* a tiempo; *in quei ~i* en aquel entonces; *per ~* temprano, pronto; *prima del ~* antes de hora; *un ~* antiguamente, antaño; *~ fa* hace tiempo, tiempo ha; *chi ha ~ non aspetti ~* más vale llegar a tiempo que rondar un año; *il ~ è denaro/moneta* el tiempo es oro; *il ~ guarisce tutti i mali* el tiempo todo lo cura
tempora *fpl* témporas
temporale 1. *adj* temporal; **2.** *m* 1. *med* temporal; 2. *meteo* temporal, tormenta *f*; ~**sco** *adj* borrascoso
temporaneo *adj* temporal
temporeggiare *vi* <*avere*> ganar tiempo
temporizzatore *m tec* temporizador
tempra *f tec/fig* temple *m*; timbre *m* (*voz*); ~**re** *vt tec/fig* templar
tenac|e *adj* tenaz, perseverante; ~**ia** <*pl -cie*> *f* tenacidad, perseverancia; ~**ità** *f/inv tec* tenacidad *f*, *resistencia f*
tenaglia *f* 1. *zool* pinza (*crustáceos*); 2. *pl* tenazas

tenda *f* 1. cortina; *~ alla veneziana* veneciana, persiana veneciana; 2. toldo (*de tienda*); 3. tienda (*de campaña*); *~ da campeggio* tienda de campaña; *~ ad ossigeno* cámara de oxígeno
tendenz|a *f* tendencia; ~**iale** *adj* tendencial; ~**iosità** *f/inv* tendenciosidad *f*; ~**ioso** *adj* tendencioso
tender *m/inv* ténder *m*
tendere <*58 tesi; teso*> **1.** *vt* 1. tensar, estirar; 2. tender (*red, trampa*); 3. tender, ofrecer (*mano*); *~ l'orecchio* poner atención; **2.** *vi* <*avere*> 1. tender, propender; 2. tender, aspirar
tendina *f* visillo *m*, cortina (*ventana*)
tendine *m med* tendón
tendinite *f med* tendinitis
tenditore *m mec* tensor
tendo|ne *m* toldo (*de tienda*); carpa *f* (*circo*); ~**poli** *f/inv* campamento de emergencia *m*
tenebr|e *fpl* tinieblas, oscuridad *f*; ~**oso** *adj* tenebroso
tenente *m mil* teniente; *~ colonnello* teniente coronel
tenere <*79 tengo; tenni; tenuto*> **1.** *vt* 1. sujetar, tener sujeto; *(auto) ~ bene la strada* agarrarse bien al firme; 2. mantener, tener; mantener (*palabra, secreto*); guardar (*sitio*); *~ al fresco* mantener en un lugar fresco; *fig* tener en la cárcel; *la malattia lo tiene a letto* la enfermedad lo (man-)tiene en cama; *~ d'occhio q* vigilar a alg; *essere tenuto a qc* sentirse en la obligación de algo; 3. contener; 4. ocupar (*cargo, posición*); 5. dar, impartir (*clase, conferencia*); 6. mantener, adoptar (*actitud*); **2.** *vi* <*avere*> 1. resistir, aguantar; *tieni duro* aguanta, no cedas; *~ per q* apoyar a alg; 2. dar importancia (*a qc* a algo), mostrar interés (*a qc* por algo); 3. *~rci* tener interes (*a qc* en algo), estar interesado (*a qc* en algo); *ci tengo molto a conoscere i tuoi genitori* me gustaría/interesaría mucho conocer a tus padres; **3.** *~rsi* 1. sujetarse, agarrarse; 2. mantenerse, estar *vi*; *~rsi ai patti* atenerse a lo pactado
tenerezza *f* ternura
tenero *adj* tierno
tenia *f zool* tenia, solitaria *fam*
tennis *m/inv* tenis; *~ da tavolo* tenis de mesa; ~**ta** *m/f* tenista; ~**tico** *adj* tenístico
tenore 1. *adj* tenor; *sax ~* saxo tenor; **2.** *m* 1. *mus* tenor; 2. contenido; 3. *fig* tenor, modo; tenor, tono; *~ di vita* tren de vida; *il ~ di uno scritto* el tenor/tono de un escrito
tensione *f* tensión; *alta, bassa ~* alta, baja tensión; *~ arteriosa* tensión arterial
tensore *m mat* tensor
tenta|bile *adj* intentable, que se puede intentar; *tentare il ~* intentarlo todo, tocar todas las teclas; ~**colo** *m* tentáculo; ~**re** *vt* 1. tentar, probar (*terreno...*); 2. tentar, incitar; 3. intentar (*di*), tratar (*di* de); ~**tivo** *m* tentativa *f*, intento; ~**tore** *adj/s* tentador; ~**zione** *f* tentación
tentenn|a *m/f inv* indeciso, -a; ~**amento** *m* duda *f*, titubeo, indecisión *f*; ~**are 1.** *vt* mover, menear; *~ il capo* cabecear; **2.** *vi*

<avere> tambalearse, moverse; *fig* vacilar, titubear; ~**io** *m* tambaleo, oscilación *f*; *fig* indecisión *f*, titubeo

tenton|e, ~i *adv* a tientas; *fig* a voleo

tenu|e *adj* tenue; *med* delgado (*intestino*); ~**ità** *f/inv* tenuidad *f*

tenuta *f* 1. mantenimiento *m*, contención; ~ *di strada* adherencia al firme; 2. estanqueidad (*recipiente*); *a ~ d'acqua* impermeable; *a ~ stagna* estanco, hermético; 3. capacidad; 4. *agr* finca; 5. ropa; *mil* uniforme *m*; ~ *di fatica/da lavoro* mono de trabajo; *alta* ~ uniforme de gala; 6. *sport* resistencia, aguante *m*; 7. *com* teneduría; ~**rio, -a** *m/f* propietario, -a de un garito, de una casa de juego, de un prostíbulo...

teocra|tico *adj* teocrático; ~**zia** *f* teocracia

teodolite *m* teodolito

teolog|ale *adj* teologal; ~**ia** *f* teología; ~**ico** *adj* teológico; ~**o, -a** *m/f* teólogo, -a

teore|ma *m* teorema; ~**tico** *adj fil* teorético

teori|a *f* teoría; *in* ~ en teoría; ~**co** *adj* teórico; ~**zzare** *vt/vi <avere>* teorizar

teosofi|a *f* teosofía; ~**co** *adj* teosófico

tepalo *m bot* tépalo

tepore *m* tibieza *f*

teppa *f* hampa, bajos fondos *mpl*; ~**glia** *f desp* hampa

teppis|mo *m* delincuencia *f*, hampa *f*; gamberrismo, vandalismo; ~**ta** *m/f* delincuente, hampón, -ona; gamberro, -a, vándalo *m*

terapeut|a *m/f* terapeuta; ~**ico** *adj* terapéutico

terapi|a *f* terapia; ~ *intensiva* cuidados intensivos; ~**ista** *m/f* terapeuta

tergere *<30 tergo; tersi; terso> vt lit* limpiar *est*

tergicristallo *m auto* limpiaparabrisas

tergilunotto *m auto* limpiaparabrisas trasero

tergiversare *vi <avere>* contemporizar, dar largas *pop*

tergo *m lit* espalda *est*; reverso (*moneda*); *a* ~ detrás, en el reverso; *vedi a* ~ véase detrás/en el reverso

termale *adj* termal; *stazione* ~ balneario

terme *fpl* termas

termico *adj* térmico

terminal *m/inv tras* terminal *f*

terminale 1. *adj* final; *med* terminal; **2.** *m elect/infor* terminal

terminare *<esd> vt/vi <avere>* terminar

terminazione *f* final *m*, conclusión; terminación, extremo *m*; *ling* terminación

termine *m* 1. límite, extremo (*lugar*); 2. plazo; final, acabamiento (*tiempo*); ~ *di consegna* plazo de entrega; *a breve, lungo* ~ a breve, a largo plazo; *nel ~ di dieci giorni* en el plazo de diez días; *avere* ~ tener fin; *portare/condurre a* ~ llevar a cabo; 3. término; *a ~i di legge* con arreglo a la ley; *essere in buoni ~i con q* estar en buenos términos con alg; *ridurre ai minimi ~i* reducir a la mínima expresión; *rimanere nei ~i* estar dentro de los límites; 4. *ling* término; ~ *legale, tecnico* término legal, técnico; *a rigor di ~i* en rigor

terminologia *f* terminología

termit|aio *m* termitero; ~**e** *f* termita

termoelettrico *adj* termoeléctrico

termoforo *m* almohadilla eléctrica *f*

termogenesi *f/inv* termogénesis

termoisolante *adj/m* termoaislante

termometro *m* termómetro; ~ *a massima, a minima* termómetro de máxima, de mínima

termonucleare *adj* termonuclear

termoreattore *m* termorreactor

termos V. **thermos**; ~**ifone** *m* 1. termosifón; calefacción por caldera *f*; 2. radiador

termostatico *adj* termostático

termostato *m* termostato

termotecnica *f* termotecnia

terna *f* terna; ~**rio** *adj* ternario

terno *m* 1. *tip* terno; 2. acierto de tres números (*loto italiana*); *(fig) ~ al lotto* golpe de suerte inesperado, lotería

terra *f* tierra; ~ *di nessuno* tierra de nadie; ~ *da follone* tierra de batán; *andare per* ~ ir por tierra; *gomma a* ~ rueda pinchada; *cadere a/per* ~ caer(se) al suelo; *(fig) essere a* ~ estar por los suelos, estar hecho polvo; *gettare a* ~ echar por tierra; *mancare la ~ sotto i piedi* faltar la tierra bajo los pies; *(elect) mettere a* ~ conectar la toma de tierra; *muovere cielo e* ~ mover cielo y tierra; *(aer) prendere* ~ tomar tierra; *raso* ~ a ras de tierra

terracotta *f* terracota, barro cocido *m*

terracqueo V. **terraqueo**

terraferma *f* tierra firme

terraglia *f* loza

terramicina *f* terramicina

terrapieno *m* terraplén

terraqueo *adj* terráqueo

terrazz|a *f* terraza; ~**ino** *m* balcón; ~**o** *m* terraza *f*; *agr* terraza *f*, bancal; *arch* terrazo

terremot|ato *adj/s* damnificado por un terremoto; ~**o** *m* terremoto

terreno 1. *adj* terreno; *eccl* terrenal; *piano* ~ planta baja; **2.** *m* terreno; suelo; ~ *fabbricabile* terreno edificable; ~ *minato* campo minado; ~ *neutro* terreno neutral; *sport* campo neutral; ~ *di gioco* terreno de juego, cancha; *a* ~ a nivel de calle; *guadagnare, perdere* ~ ganar, perder terreno; *(a. fig) preparare il* ~ preparar/allanar el terreno; *restare sul* ~ morir en el campo de batalla

terreo *adj* térreo

terrestre *adj/s* terrestre

terri|bile *adj* terrible; ~**ccio** *m* mantillo, humus; ~**colo** *adj* terrícola; ~**ero** *adj* agrario

terrifica|nte *adj* aterrador, terrorífico, espeluznante; ~**re** *<esd> vt* aterrar, aterrorizar

terrigno *adj* terroso

terrina *f* terrina

territori|ale *adj* territorial; ~**alità** *f/inv* territorialidad *f*; ~**o** *m* territorio

terrone *m/f desp* destripaterrones (*persona del sur de Italia*)

terrore *m* terror
terrori|smo *m* terrorismo; ~**sta** *m/f* terrorista; ~**stico** *adj* terrorista; ~**zzare** *vt* aterrorizar
terroso *adj* terroso
ters|ezza *f* tersura; ~**o** *adj* terso
terza *f auto* tercera (*marcha*); *mus* tercera; *stud* tercero *m* (*curso*); ~**na** *f med* terciana; ~**rolo** *m mar* tercerol; ~**ruolo** *m mil* tercerola *f*
terzetto *m mus/fig* terceto, trío
terziario *adj/m geol/eccl/econ* terciario
terziglio *m* tresillo (*juego*)
terzin|a *f ling* terceto *m*; *mus* tresillo *m*; ~**o** *m sport* defensa, zaguero
terzo, -a 1. *adj ord* tercero, -a; *il ~ mondo* el tercer mundo; *~a età* tercera edad; *di terz'ordine* de tercera fila; **2.** *m* 1. tercio (*parte*); 2. *m/f* tercero, -a (*orden*); 3. *mpl ius/fig* terceros; ~**genito** *adj/s* nacido en tercer lugar
terzomondis|mo *m* tercermundismo; ~**ta** *adj* tercermundista
terzultimo *adj/s* antepenúltimo
tesa *f* 1. ala (*sombrero*); 2. caza con red; ~**re** *vt mar* tesar
tesaurizzare *vt/vi* <*avere*> atesorar, acumular, acaparar
teschio *m* calavera *f*
tesi *f/inv* tesis; *~ di laurea* tesis de licenciatura, tesina; *~ di dottorato di ricerca* tesis doctoral; ~**na** *f stud* tesina
teso *adj* estirado, tenso, tensado, tirante; *fig* tenso
tesor|eggiare *vt* atesorar, acumular; ~**eria** *f* tesorería; ~**iere, -a** *m/f* tesorero, -a; ~**o** *m a. fig* tesoro; *mio figlio è un ~* mi hijo es un tesoro/un sol; *~ mio* mi vida, amor mío, cielito mío
tessera *f* 1. carné *m*, carnet *m*, tarjeta; cartilla; *~ d'abbonamento* abono; *~ d'ingresso libero* pase; 2. *art* tesela; 3. ficha (*dominó*)
tesserare <*esd*> *vt* 1. dotar de carnet; *pol* afiliar; *sport* federar; 2. racionar
tesserato *adj/s pol* afiliado; *sport* federado
tessere *vt* tejer; *fig* urdir, tramar
tessile *adj* textil
tessit|ore, -trice *m/f* <*f a. -tora pop*> tejedor, -a; *fig* maquinador, -a; ~**oria** *f* tejeduría; ~**ura** *f* tejido *m* (*acción*); *mus* tesitura; *fig* trama (*novela*...); *tec* textura
tessuto *m* tejido (*tela, med*); *fig* embrollo, trama *f*; *~ a maglia* tejido de punto
test *m/inv* test
testa *f* cabeza; cara (*moneda*); *~ dura, quadra* cabeza dura, cuadrada; *~ rasata* cabeza rapada *m*; *~ vuota/sventata* cabeza hueca, tarambana(s), vivalavirgen; *~ d'aglio* cabeza de ajos; *~ di ponte* cabeza de puente; *(euf) ~ di rapa/di cavolo* cabeza de chorlito, berzotas; *(vulg) ~ di cazzo* capullo, gilipollas; *~ di turco* cabeza de turco; *a ~* por barba; *in ~ al treno* en la cabeza del tren; *in ~ alla classifica* a la cabeza de la clasificación; *(a. fig) abbassare/chinare la ~* agachar la cabeza; *avere mal di ~* doler la cabeza; *(fig) avere la ~ sulle spalle* tener la cabeza sobre los hombros; *(fig) camminare a ~ alta* ir con la cabeza (bien) alta; *dare alla ~* subirse a la cabeza (*vino, éxito*); *essere in/alla ~* estar en cabeza/a la cabeza; *fare a ~ e croce* echar a cara o cruz; *fare di ~ propria* actuar por su cuenta, ir por libre; *mettere la ~ a partito* sentar la cabeza; *mettersi/ficcarsi qc in ~ a q* metérsele algo en la cabeza a alg; *passare qc per la ~ a q* pasársele a alg algo por la cabeza; *(fig) perdere la ~* perder la cabeza; *rompere la ~ a q* romperle la cabeza a alg; *(fig) sbattere la ~ contro il muro* darse de cabezazos contra la pared; *(fig) stare con la ~ fra le nuvole* estar en las nubes; *(fig) tagliare la ~ al toro* cortar por lo sano
testacoda *m/inv auto* trompo *m*
testament|ario *adj* testamentario; ~**o** *m* testamento
testante *m/f ius* testador, -a
testard|aggine *f* tozudez, obstinación, cabezonería, terquedad; ~**o** *adj/s* tozudo, cabezota, terco
testare *vi* <*avere*> testar
testat|a *f* 1. cabezazo *m* (*golpe*); 2. cabecera (*cama*); *mec* culata (*cilindro*); *~ nucleare* cabeza nuclear; 3. *tip* cabecera (*diario*); ~**ore, -trice** *m/f* testador, -a
teste *m/f ius* testigo
testé *adv lit* hace un momento *est*
testicol|are *adj* testicular; ~**o** *m* testículo
testiera *f* testera (*caballo*); cabecera (*cama*); respaldo *m* (*sillón*); fraustina (*pelucas*)
testimone 1. *m/f ius* testigo; *~ a carico, a discarico* testigo de cargo, de descargo; *~ oculare, auricolare* testigo ocular, de oídas; *~ di Geova* testigo de Jehová; 2. *m sport* testigo
testimonia|le *adj* testimonial; ~**nza** *f* testimonio *m*; *~ falsa* falso testimonio; *rendere ~* dar fe; ~**re** *vt/vi* <*avere*> testimoniar, declarar; *~ il falso* declarar en falso
testimonio V. **testimone**
testina *f tec* cabezal *m*
testo *m* 1. texto; *(fig) fare ~* sentar cátedra; 2. *gastr* molde; ~**ne, -a** *m/f* 1. cabezota, terco, -a, tozudo, -a; 2. cabezón, cabezota *f*
testuale *adj* testuale
testuggine *f zool* tortuga, galápago *m*
testura *f* tesitura
tetano *m med* tétano(s)
tetracordo *m mus* tetracordio
tetraedro *m* tetraedro
tetraggine *f* lobreguez
tetragono *m* tetrágono
tetralogia *f* tetralogía
tetrapak *m/inv* tetrabrik *m*
tetro *adj* tétrico, lóbrego, lúgubre
tetta *f* teta; ~**rella** *f* tetina; chupete *m*
tetto *m tejado; auto/geol* techo; *fig/econ* techo, tope; *~ domestico* hogar, techo familiar; ~**ia** *f* marquesina, porche *m*, tinglado *m*, cobertizo *m*
tettona *f fam* tetuda, pechugona
tettonic|a *f* tectónica; ~**o** *adj* tectónico

teurg|ia *f* teurgia; ~**o** *m* teúrgo
teutonico, -a 1. *adj* teutón, teutónico; **2.** *m/f* teutón, -ona
Tevere *m geogr* Tíber
the V. **tè**
thermos *m/inv* termo *m*
ti *pr* <*átono*> te
tiara *f* tiara
tibia *f* tibia
tic 1. *onom* tic; **2.** *m/inv* tic *m*
ticchett|are *vi* <*avere*> repiquetear; ~**io** *m* repiqueteo
ticchio *m* 1. capricho, antojo; 2. mancha *f* (*marmol, fruta*)
ticket *m ingl/inv* tíquet *m*, tique *m*; resguardo de apuesta hípica *m*; *med* aportación del asegurado al comprar medicinas con receta *f*
tiepid|ezza *f* tibieza; ~**o** *adj* tibio, templado; *fig* tibio
tifare *vi* <*avere*> *fam sport* ser forofo/hincha; ~ *per il Barcellona* ser (hincha) del Barça
tifo *m* 1. *med* tifus; 2. *sport* afición *f*, pasión *f*; *fare il* ~ *per il Madrid* ser (forofo) del Madrid; ~**ide,** ~**ideo** *adj* tifoideo; ~**ne** *m* tifón; ~**so** *adj/s* 1. *med* tífico; 2. *sport/fig* aficionado, hincha, forofo
tight *m ingl/inv* chaqué *m*
tiglio *m bot* tilo; ~**so** *adj* fibroso
tigna *f med/fig* tiña
tigno|la *f zool* polilla; ~**so** *adj med/fig* tiñoso
tigrato *adj* atigrado
tigre *f zool* tigre *m*, tigresa *f*
tigrotto *m* cría del tigre *f*
tilde *m/f inv* tilde *f*
tilt *m/inv* tilt, falta *f*; *(a. fig) andare in* ~ bloquearse
timballo *m mus* timbal, tímpano; *gastr* timbal
timbra|re *vt* timbrar, sellar; cuñar; ~ *il cartellino* fichar (*trabajo*); ~**tura** *f* timbrado *m*, sellado *m*
timbrificio *m* fábrica de cuños o sellos *f*
timbro *m adm* sello, cuño, estampilla *f*; *mus/fig* timbre; ~ *a secco* timbre en seco
timer *m ingl/inv* temporizador *m*
timid|ezza *f* timidez; ~**o** *adj/s* tímido
timo *m* 1. *bot* tomillo; 2. *med* timo
timon|e *m* timón; ~**iere, -a** *m/f* timonel
timor|ato *adj* timorato; ~**e** *m* temor, miedo; ~ *di Dio* temor de Dios; ~**oso** *adj* temeroso
timpan|ista *m/f* timbalero, -a; ~**o** *m mus* tímpano, timbal; *arch/med* tímpano; *(fam) essere duro di* ~*i* ser duro de oído
tina *f* tina, cuba
tinca *f zool* tenca
tinello *m* comedor; salita *f*; tinelo (*críados*)
tingere <*11 tingo; tinsi; tinto*> *vt* tintar, teñir; *fig* ensuciar; ~*rsi i capelli* teñirse el pelo
tino *m* tina *f*, cuba *f*; ~**zza** *f* 1. cuba, tina (*ancha y baja*); 2. lebrillo *m*, tinaja; bañera
tinta *f* color *m*; *fig* tinte *m*; *mezza* ~ media tinta; *in* ~ *unita* de color liso; *dare una mano di* ~ *a qc* dar una mano de pintura a algo; *calcare le* ~*e* cargar las tintas; *vedere tutto a* ~*e fosche* verlo todo con tintes oscuros, verlo todo negro; ~**rella** *f* bronceado *m*
tinteggia|re *vt* colorear, pintar; ~**tura** *f* tinte *m*, pintura
tintinn|are *vi* <*essere/avere*> tintin(e)ar; ~**io** *m* tintineo
tintor|e, -a *m/f* tintorero, -a; ~**ia** *f* tintorería, tinte *m*
tintura *f* tintura, tinte *m*
tipic|ità *f/inv* tipicidad *f*; ~**o** *adj* típico
tipizzare *vt* tipificar
tipo *m* tipo
tipo, -a *m/f* tipo, -a, tío, -a, individuo, -a (*persona*); *un bel* ~*!* ¡menudo individuo!, ¡vaya pieza!
tipograf|ia *f* tipografía; ~**ico** *adj* tipográfico; ~**o, -a** *m/f* tipógrafo, -a, impresor, -a
tipologia *f* tipología
tiraggio *m* tiro (*chimenea*)
tiralinee *m/inv* tiralíneas
tiranneggiare *vt* tiranizar
tiranni|a *f* tiranía; ~**cida** *adj/s* tiranicida; ~**cidio** *m* tiranicidio; ~**co** *adj* tiránico
tirannide *f* tiranía
tiranno, -a *m/f* tirano, -a
tirante *adj/m* tirante
tirapiedi *m/f desp* secuaz, servidor, -a
tirapugni *m/inv* puño americano *m*, puño de hierro *m*
tirare 1. *vt* 1. estirar, tensar (*cuerda...*); ~ *per le lunghe* dar largas; 2. tirar, estirar *vi* (de); correr, descorrer (*cortina*); ~ *il carro* tirar del carro; (*sport*) ~ *il gruppo* tirar del pelotón (*ciclismo*); 3. tirar, lanzar, arrojar; disparar, tirar; ~ *calci* dar patadas, cocear; 4. sacar, extraer; ~ *fuori* sacar; *fig* sacar a relucir; ~ *in ballo* traer a colación, sacar a relucir; *(mar)* ~ *in secco* varar; ~ *su le maniche* arremangarse; ~ *su i figli* sacar adelante a los hijos; 5. trazar (*línea*); 6. *tip* imprimir; ~ *le bozze* echar las galeradas; **2.** *vi* <*avere*> 1. tirar, seguir, ir; ~ *avanti* avanzar, proceder; *fig* ir tirando; *(a. fig)* ~ *diritto* ir derecho; 2. *fig* tirar, tender, propender; 3. soplar (*viento*); 4. apretar (*ropa*); 5. tirar (*chimenea*); 6. tirar, disparar; *sport* chutar, disparar; ~ *a sorte* echar a suertes; ~ *di scherma* practicar la esgrima; 7. ~ *sul prezzo* regatear; **3.** ~*rsi* tirarse; echarse; ~ *indietro* retroceder; *fig* echarse atrás; ~*rsi su* animarse
tirastivali *m/inv* tirabotas
tirat|a *f* 1. estirón *m*, tirón *m*; *(fig) una* ~ *d'orecchie* un tirón de orejas; 2. calada (*pipa, cigarro*); 3. trecho *m*; tirón *m*; *fare in una* ~ hacer de un tirón, hacer en una sentada; 4. *fig* discurso *m*; invectiva; ~**o** *adj* estirado, tensado; *fig* estirado, agarrado, tacaño; *fig* forzado (*sonrisa*); *fig* tenso (*cara, expresión*); ~**ore, -trice** *m/f* tirador, -a; ~**ura** *f tip* tirada
tirchi|eria *f* tacañería, roñosería; ~**o** *adj/s* tacaño, roñoso, agarrado
tiremmolla *m/inv* tira y afloja
tiritera *f* cantinela, rollo *m/fam*
tiro *m* tiro, disparo; lanzamiento; tirada *f* (*dados*); ~ *con l'arco* tiro con arco; ~ *al piattello* tiro al plato; ~ *al piccione* tiro de pichón; ~ *a segno* tiro al blanco; *a* ~ a tiro; *a*

un ~ di schioppo a un tiro de piedra; *essere a ~* estar a tiro; 2. tiro (*caballos*); 3. *fig* jugarreta *f*, mala pasada *f*; *~ mancino* jugarreta; *fare/giocare un brutto ~ a q* hacerle/jugarle una mala pasada a alg

tirocin|ante *adj/s* aprendiz; **~io** *m* aprendizaje; prácticas *fpl*

tiroide *f med* tiroides; **~o** *adj med* tiroideo

tirol|ese *adj/s* tirolés; ***~o** *m* Tirol

tisana *f* tisana

tisi *f/inv* tisis; **~co** *adj/s* tísico

titan|ico *adj* titánico; **~io** *m chim* titanio; **~o** *m mit/fig* titán

titilla|mento *m* cosquilleo; **~re** *vt* hacer cosquillas

titola|re 1. *adj/s* titular; **2.** *<esd> vt* titular, intitular; *chim* titular, valorar; **~rità** *f/inv* titularidad *f*; **~to, -a 1.** *adj chim* titulado; **2.** *m/f* noble; **~zione** *f chim/tip* titulación

titolo *m* título; *fig* título, apelativo; *econ* título, valor; *tip* titular; *chim* título, grado; *metal* ley *f*; *~i di Stato* títulos del Estado; *(cine/TV) ~i di testa* títulos de crédito; *(tip) ~ d'apertura* titular de primer página; *a ~ di curiosità* a título de curiosidad; *a ~ d'informazione* a título informativo; *a ~ gratuito* a título gratuito; *a ~ personale* a título personal; *concorso per ~i* concurso de méritos

tituban|te *adj* titubeante, indeciso, vacilante; **~za** *f* titubeo *m*, indecisión, vacilación

titubare *vi <avere>* titubear, vacilar

tizio, -a *m/f* fulano, -a, tipo, -a *desp*, tío, tía *desp* (*desconocido*); fulano, -a de tal (*conocido*); *ha telefonato un ~/una ~a* ha llamado un fulano/ha llamado fulana (!); ***~**, *Caio e Sempronio* Fulano, Mengano y Zutano

tizzone *m* tizón

tmesi *f/inv ling* tmesis

to'! *excl* ¡toma!, ¡coge!, ¡mira!; *~, prenditi questa!* ¡chúpate esa!

toast *m ingl/inv* sandwich *m*, emparedado *m*

toboga *m/inv* tobogán *m*

tocca|bile *adj* tocable; *fig* tangible, palpable; **~nte** *adj* conmovedor

toccare 1. *vt* 1. tocar; *fig* afectar, conmover; *~ fondo* hacer pie (*en el agua*); *~ terra* tocar tierra; *~ la sessantina* rondar/frisar los sesenta; *(fig) ~ i bicchieri* brindar; *~ con mano* tocar con su propia mano, asegurarse; 2. afectar, atañer, concernir; *questo mi tocca da vicino* esto me atañe de cerca; 3. tocar, tratar (*tema*); **2.** *vi* 1. tocar, corresponder; *~ a te* te toca (a tí); *tocca a te parlare* te corresponde hablar a tí; *a chi tocca tocca* a quien le toca la paga; 2. *mar* hacer pie

toccasana *m/inv* mano de santo *m*, panacea *f*

toccat|a *f mus* tocata; **~o** *adj sport/fig* tocado; *è un po' ~* está un poco tocado

tocco *<mpl -chi>* **1.** *adj fam* tocado, ido, pirado; **2.** *m* 1. toque, golpecito; toque, campanada *f* (*campana*); 2. *pitt* retoque, pincelada *f*; *fig* toque; *dare gli ultimi ~i* dar los últimos retoques; 3. una *f* (*de la tarde*); 4. trozo, pedazo, cacho; *un ~ d'uomo* un pedazo de hombre, un tío bueno *vulg*; *un bel ~ di ragazza* un pedazo de mujer, una tía buena *vulg*; 5. birrete, bonete

toeletta V. **toletta**

toga *f* toga; **~to** *adj* togado

togliere *<12 tolgo; tolsi; tolto> vt* quitar; *fig* librar; *~ di mezzo* quitar de en medio; *ciò non toglie che ...* eso no quita que...

toilette *f fr/inv* V. **toletta**

tolda *f* tolda, alcázar *m*

toletta *f* servicio *m*, baño *m*; tocador *m* (*mueble*); *fare la ~* arreglarse, acicalarse

tollerabil|e *adj* tolerable; **~ità** *f/inv* tolerabilidad *f*

tolleran|te *adj* tolerante; **~za** *f* tolerancia

tollerare *<esd> vt* tolerar

tolto *adj* excepto, con excepción de; *~e le ultime pagine* excepto las últimas páginas

tomaia *f* empeine *m* (*zapato*)

tomba *f* tumba; *(fig) essere una ~* ser una tumba; **~le** *adj* sepulcral; **~rolo** *m gergo* ladrón de tumbas

tombino *m* alcantarilla *f*

tombol|a *f* 1. tómbola (*juego*); 2. batacazo *m*, caída; **~o** *m* 1. caída *f*, voltereta *f*; 2. cojín de canapé; 3. almohadilla del encaje de bolillos *f*; 4. *fig/iron* bola *f*, tonel

tomismo *m* tomismo

tomo *m* tomo; *fig/fam* tipo, individuo; **~grafia** *f* tomografía

tonaca *f* túnica; *(fig) gettare la ~ alle ortiche* colgar los hábitos

tonal|e *adj* tonal; **~ità** *f/inv* tonalidad *f*

tonar|e V. **tuonare**; **~rium** *m/inv eccl* tonario *m*

tond|eggiante *adj* redondeado; **~ino** *m* salvamanteles; posavasos; **~o 1.** *adj* redondo; *numero ~* número redondo, número pelado *fam*; *dire chiaro e ~* decir sin rodeos, cantarlas claras; *(tip) carattere ~* letra redonda, redondilla; **2.** *m* redondel; *girare in ~* girar en redondo

tonema *m ling* tonema

toner *m/inv* toner

tonfete *onom* plof, chof

tonfo *m* ruido de la zambullida

tonic|a *f mus/ling* tónica; **~o 1.** *adj mus/ling/med* tónico; *acqua ~* tónica; **2.** *m med* tónico

tonificare *<esd> vt* tonificar

tonnar|a *f* almadraba; **~otto** *m* atunero (*pescador*)

tonnella|ggio *m* tonelaje; **~ta** *f* tonelada

tonnetto *m zool* albacora *f*

tonno *m zool* atún

tono *m* tono; *fuori ~* fuera de tono; *dare il ~* dar el tono; *(fig) darsi un ~* darse tono; *rispondere a ~* dar una respuesta a tono; *sentirsi in ~* sentirse a tono

tonsill|a *f* tonsila, amígdala; **~ectomia** *f* tonsilectomía, operación de amígdalas; **~ite** *f* amigdalitis

tonsura *f* tonsura; **~ndo** *adj/m* tonsurando; **~re** *vt* tonsurar

tonto *adj/s* tonto, bobo, estúpido
topaia *f* ratonera; *fig* cuchitril *m*, tugurio *m*
topazio *m* topacio
topic|a *f* 1. tópicos *mpl* (*retórica*); 2. *fam* metedura de pata, plancha; ~**ida** *adj/m* raticida, matarratas; ~**o** *adj* tópico
topless *m/inv* topless
topo *m zool* rata *f*, ratón; ~ *di chiavica* rata de alcantarilla; ~ *d'albergo* ladrón de hoteles; ~ *d'auto* descuidero de coches; ~ *di biblioteca* ratón de biblioteca
topograf|ia *f* topografía; ~**ico** *adj* topográfico; ~**o, -a** *m/f* topógrafo, -a
topolino *m* ratón; *~ Micky Mouse
topologi|a *f* topología; ~**co** *adj* topológico
toponim|ia *f* toponimia; ~**ico** *adj* toponímico; ~**o** *m* topónimo
toporagno *m zool* musaraña *f*
topp|a *f* 1. cerradura; ojo de la cerradura *m*; 2. parche *m*, remiendo *m*; *fig* parche *m*, pegote *m*; ~**o** *m* troncón
torace *m* tórax
toracico *adj* torácico
toracotomia *f med* toracotomía
torba *f min* turba
torbid|ezza *f* turbiedad; ~**o** *adj* turbio
torbiera *f min* turbera, turbal *m*
torcere *<80 torco; torsi; torto>* *vt* retorcer; torcer; ~ *il collo* (re)torcer el cuello; ~ *la bocca* torcer la boca
torchi|are *vt* prensar, estrujar; *fig* presionar; ~**o** *m tec/tip* prensa *f*; *essere sotto il* ~ estar en prensa; *fig* estar sometido a una gran presión
torci|a *f* antorcha; ~**collo** *m med* tortícolis *f*
tordo *m zool* tordo, zorzal
tore|are *vi <avere>* torear *vt/vi*; ~**llo** *m* becerro, novillo; ~**ro** *m* torero, diestro
Torino *m* Turín
torio *m chim* torio
torlo V. **tuorlo**
torma *f* multitud, muchedumbre (*personas*); manada (*animales*); ~**lina** *f* turmalina
torment|a *f* tormenta; ~**are** *vt* atormentar, afligir; ~**o** *m* tormento; *fig* tormento, aflicción *f*, cruz *f*; ~**oso** *adj* tormentoso
torna|conto *m* beneficio, ganancia *f*; ~**do** *m meteo* tornado; ~**nte** *m* revuelta *f*, curva cerrada *f*
tornare *vi* 1. volver, retornar; ~ *a casa/~rsene a* ~ volver a casa; ~ *indietro* volver atrás, retroceder; ~ *a fare qc* volver a hacer algo; ~ *in sé* volver en sí; 2. *fig* volverse (*convertirse*); 3. *fig* resultar; cuadrar (*cuenta*); ~ *utile* resultar útil; ~ *a proposito* venir que ni pintado, venir como anillo al dedo; *il conto torna* la cuenta cuadra/sale
tornasole *m* tornasol
tornata *f* reunión, sesión
torneare *vi <avere>* tornear (*torneo*)
tornell|a *f*, ~**o** *m* torniquete *m* (*puerta*)
torneo *m* torneo
torni|o *m tec* torno; ~**re** *<isc>* *vt tec/fig* tornear; ~**tore, -trice** *m/f* tornero, -a
torno: 1. **levarsi di** ~ quitarse de en medio, ahuecar el ala *pop*; 2. **in quel** ~ **di tempo** en aquella época, en aquellos momentos
toro *m* toro; *(fig) prendere il* ~ *per le corna* coger el toro por los cuernos
Toro *m astr* Tauro
torpedine *f zool/mil* torpedo *m*
torpedinier|a *f mil* torpedero *m* (*barco*); ~**e** *m mil* torpedero (*marino*)
torpedone *m* autocar, autobús
torpid|ezza *f med* torpor *m*, entumecimiento *m*; ~**o** *adj* tórpido; *fig* perezoso
torpore *m med* torpor, entumecimiento; *fig* pereza *f*
torrazzo *m* torreón
torre *f* torre (*arch, tec, ajedrez*); ~ *di controllo, di perforazione* torre de control, de perforación; ~ *d'avorio, di Babele* torre de marfil, de Babel; ~ *campanaria* campanario *m*
torrefa|re *<36a -faccio/fò; -feci; -fatto>* *vt* torrefactar; ~**zione** *f* torrefacción (*acción*); tostadero de café *m* (*lugar*)
torreggiare *vi <avere>* sobresalir
torren|te *m geogr/fig* torrente; ~**ziale** *adj* torrencial
torretta *f mil/tec* torreta
torri|do *adj* tórrido; ~**one** *m* torreón
torrone *m gastr* turrón
torsione *f* torsión
torso *m* 1. *med/art* torso; 2. troncho (*fruta*)
torsolo *m* troncho (*fruta*); raspa *f* (*tallo*); *non star lì come un ~!* ¡no te quedes ahí como un pasmarote!
torta *f* tarta, pastel *m*
tortell|ini *mpl* tortellini (*pasta rellena de queso y carne, verduras...*); ~**oni** *mpl* tortellini grandes (*con requesón, huevo, queso y perejil*)
torti|era *f* tartera; ~**glione** *m* objeto en forma de espiral; *gastr* ="macarrón rayado en forma de espiral"; ~**no** *m* tartaleta *f*
torto 1. *adj* torcido; **2.** *m* 1. ofensa *f*, injuria *f*; *dare* ~ *a q* llevar la contraria a alg, contradecir a alg; 2. falta *f*, error; *avere* ~ estar equivocado; *non ha tutti i ~i* algo de razón no le falta; *a* ~ injustamente; ~**ra** *f zool* tórtola
tortuos|ità *f/inv* tortuosidad *f*; ~**o** *adj* tortuoso
tortura *f* tortura, tormento *m*; ~**re** *vt* torturar, atormentar
torvo *adj* torvo, malcarado
tosa|erba *m/inv* cortacésped *m*; ~**re** *vt* esquilar, trasquilar, pelar; *iron* pelar, trasquilar (*pelo*); atusar (*seto*); *fig* esquilmar, dejar pelado (*contribuyente*); ~**tore** *m/f* trasquilador, -a, esquilador, -a; ~**tura** *f* esquila, trasquila, trasquilado *m*
Toscan|a: *la* ~ Toscana; *~**o** *adj/s* toscano
tosone *m* toisón; *~ *d'oro* Toisón de oro
tosse *f* tos; ~ *canina* tos ferina
tossic|chiare *vi <avere>* carraspear; ~**ità** *f/inv* toxicidad *f*; ~**o** *adj/m* tóxico
tossicodipenden|te *adj/s* drogodependiente, drogadicto; ~**za** *f* drogodependencia, drogadicción
tossicolog|ia *f* toxicología; ~**o, -a** *m/f* toxicólogo, -a
tossicoman|e *adj/s* toxicómano; ~**ia** *f* toxicomanía

tossi|na *f* toxina; ~**re** *<tosso/-isc-> vi <avere>* toser

tosta|pane *m/inv* tostador *m*; ~**re** *vt* tostar; ~**tura** *f* tostadura, tueste *m*

tosto 1. *adj* duro; *faccia ~a* cara dura; **2.** *adv lit* pronto *est*

tot *adj/pr* 1. tal (*impreciso*); *ne riparleremo il giorno ~* volveremos a hablar de ello el día tal; 2. tanto (*impreciso*); *guadagna ~ e spende ~* gana tanto y gasta tanto

total|e *adj/m* total; ~**ità** *f/inv* totalidad *f*

totalitari|o *adj* totalitario; ~**smo** *m* totalitarismo

totalizza|re *vt* totalizar; ~**tore** *m sport* totalizador

totem *m/inv* tótem *m*

totip *m/inv* quiniela hípica *f*

totocalcio *m* quiniela *f* (*futbolística*); *vincere al ~* acertar una quiniela

toupet *m fr/inv a. fig* tupé *m*

tournée *f fr/inv* tournée, gira *f*

tovagli|a *f* mantel *m*; ~**olo** *m* servilleta *f*

tozzo 1. *adj* rechoncho, achaparrado; **2.** *m* trozo, cacho; mendrugo (*pan*)

tra, fra *prep* 1. entre; *~ l'altro* entre otras cosas; *~ di noi* entre nosotros; *~ sé e sé* para sí, pasa sus adentros; *~ una cosa e l'altra* entre unas cosas y otras; 2. *<tiempo, distancia>* dentro de; *~ breve* en breve; *~ poco* dentro de poco

traballa|mento *m* tambaleo; ~**re** *vi <avere>* tambalearse

trabeazione *f arch* entablamento *m*, cornisamento *m*

trabiccolo *m* tumbilla *f* (*calentador de camas*); *auto/desp* cacharro, cafetera *f*

trabocca|nte *adj* desbordante; ~**re** *vi* 1. *<essere>* desbordarse, salirse (*líquido*); 2. *<avere>* rebosar, desbordarse (*recipiente*)

trabocchetto *m* trampa *f* (*en el suelo*); *fig* trampa *f*, encerrona *f*; *tendere un ~ a q* tender una trampa a alg; *domanda ~* pregunta capciosa

trabocco *m* 1. derramamiento (*sangre*); 2. *mil/ant* trabuco

tracagnotto *adj/s* rechoncho

tracannare *vt* engullir, tragar

traccia *f* 1. huella; rastro *m*, indicio *m*; *fig* vestigio *m*; 2. esbozo *m*, bosquejo *m*; 3. *elec* traza; ~**mento** *m* trazado, marcaje; ~**nte** *adj* trazador; ~**re** *vt* trazar, marcar; *fig* esbozar

trachea *f* tráquea; ~**le** *adj* traqueal

tracheotomia *f* traqueotomía

tracoll|a *f* bandolera; *a ~* en bandolera; ~**are** *vi* inclinarse, vencerse; *fig* caer; ~**o** *m* caída *f*; *fig* trastorno (*problema*)

tracoma *m med* tracoma

tracotan|te *adj* arrogante, jactancioso, insolente; ~**za** *f* arrogancia, insolencia

tradi|mento *m* traición *f*; *alto ~* alta traición; *a ~* a traición; ~**re** *<isc> vt* traicionar; *se la memoria non mi tradisce* si la memoria no me engaña/falla; ~**tore** *adj/s* traidor

tradizion|ale *adj* tradicional; ~**alismo** *m* tradicionalismo; ~**alista** *adj/s* tradicionalista; ~**e** *f* tradición

tradotta *f* tren militar *m*

tradu|cibile *adj* traducible; ~**rre** *<15 -duco; -dussi; -dotto> vt* traducir; *ius* conducir (*detenido*); *~ all'impronta* traducir sin diccionario; *~ in atto* realizar; *~ in parole povere* explicar sin rodeos; *~ dall'italiano in spagnolo* traducir del italiano al español; ~**ttore, -trice** *m/f* traductor, -a; ~**zione** *f* 1. traducción; *~ simultanea, consecutiva* traducción simultánea, consecutiva; 2. *ius* conducción (*detenido*)

traente *m/f econ* girador, -a, librador, -a

trafelato *adj* resollante, jadeante

traffica|nte *m/f* traficante; ~**re** *<esd> vi <avere>* traficar, comerciar (*in* con)

traffichino *adj/s* especulador, trafagón

traffico *m* tráfico; *~ marittimo, aereo* tráfico marítimo, aéreo; *~ stradale* tránsito rodado; ~**ne, -a** *m/f desp* especulador, -a, aprovechado, -a, trafagón, -ona

trafiggere *<38 -figgo; -fissi; -fitto> vt* atravesar

trafil|a *f* 1. *tec* hilera; 2. *adm* papeleo *m*, tramitación; ~**are** *vt tec* trefilar; ~**eria** *f tec* trefilería; ~**etto** *m tip* suelto (*periódico*)

trafitta *f* punzada, pinchazo *m*

trafor|are *vt* perforar; ~**o** *m* perforación *f*; *tras* túnel

trafuga|mento *m* escamoteo, hurto; ~**re** *vt* escamotear, hurtar

tragedia *f* tragedia

traghett|are *vt* barquear, pasar a la otra orilla; ~**atore, -trice** *m/f* barquero, -a; ~**o** *m* 1. barqueo; 2. *mar* transbordador, ferry

tragicità *f/inv* dramatismo *m*

tragico *adj/s* trágico; ~**mico** *adj* tragicómico; ~**mmedia** *f* tragicomedia

tragitto *m* trayecto, recorrido, trecho

traguard|are *vt* mirar de reojo; ~**o** *m sport* meta *f*; *mil* mira *f*

Traiano *m hist* Trajano

traiettoria *f mil* trayectoria

trailer *m ingl/inv tras/cine* tráiler *m*

traina *f* curricán *m*; *pesca alla/a ~* pesca al curricán

trainare *vt* remolcar

trainer *m ingl/inv* entrenador *m*

traino *m* remolque; *mar* rastra *f*

tralasciare *vt* 1. suspender, abandonar (*estudios*...); 2. dejar de lado, omitir

tralcio *m agr* sarmiento, pámpano

traliccio *m* 1. dril, terliz (*tela*); 2. torre de alta tensión *f*

tralice: in ~ *adj* al sesgo, en diagonal

traligna|mento *m fig* degeneración *f*, degradación *f*; ~**re** *vi <avere/essere>* degenerar, degradarse

tralucere *vi/def <sin PP ni tiempos compuestos>* translucirse; *fig* reflejarse, entreverse

tram *m/inv* tranvía *m*; *(fam) attaccati al ~!* ¡arréglatelas!, ¡búscate la vida! *pop*

trama *f* trama (*tejido*); *fig* trama, intriga, maquinación; ~**glio** *m mar* chinchorro

tramandare *vt fig* transmitir, legar

tramare *vt* tramar (*tejido*); *fig* tramar, maquinar, urdir

trambusto *m* jaleo, revuelo

tramenio *m* trajín, trasiego

tramest|are *vt* remover, mezclar; *fig* revolver; ~**io** *m* jaleo, revuelo; trajín
tramezz|are *vt* 1. interponer; intercalar; 2. dividir con tabiques; ~**ino** *m gastr* sandwich, emparedado; ~**o** *m arch* tabique, pared medianera *f*
tramite 1. *m* trámite; mediación *f*; **2.** *prep* por medio de
tramoggia *f* tolva
tramont|ana *f* tramontana (*norte, viento*); *perdere la* ~ perder el norte; ~**are** *vi* ponerse (*sol*); *fig* declinar, estar en el ocaso; ~**o** *m* puesta de sol *f*, atardecer, ocaso; *fig* ocaso
tramorti|mento *m* desfallecimiento; ~**re** <*isc*> *vi* desfallecer
trampolino *m sport/fig* trampolín
trampolo *m* zanco
tramutare *vt* 1. trasegar; 2. *lit* mutar
tramvai V. **tram**
trance *m ingl/inv* trance *m*
trancia *f* 1. *tec* cizalla; 2. rodaja; rebanada; loncha; ~**re** *vt* 1. *tec* cizallar; 2. *gastr* rebanar; ~**trice** *f tec* cizalla
tranello *m* trampa *f*
trangugiare *vt* engullir, devorar, tragar
tranne *prep* excepto, salvo
tranquill|ante *m* tranquilizante; ~**are** *vt lit* tranquilizar *est*, calmar *est*; ~**ità** *f/inv* tranquilidad *f*
tranquillizza|nte *adj* tranquilizante; ~**re** *vt* tranquilizar
tranquillo *adj* tranquilo; *stia ~!* ¡cálmese!
trans|alpino *adj* transalpino; ~**aminasi** *f/inv* transaminasa *f*; ~**atlantico** *adj/m* transatlántico; ~**azion|ale** *adj* transaccional; ~**e** *f* transacción; ~**codifica,** ~**codificazione** *f infor* transcodificación; ~**continentale** *adj* transcontinental; ~**enna** *f* barrera, valla; ~**essuale** *adj/s* transexual; ~**etto** *m arch* crucero; ~**eunte** *adj lit* transeúnte
transfert *m/inv med/tec* tranferencia *f*
trans|fuga *m/f lit* tránsfuga; ~**iberiano** *adj/m* transiberiano; ~**igere** <*32 transatto*> *vt/vi* <*avere*> transigir
transist|or *m/inv*, ~**ore** *m* transistor *m*
transita|bile *adj* transitable; ~**re** <*esd*> *vi* transitar; ~**rio** *m* agente de aduanas
transitivo *adj ling* transitivo
transito *m* tránsito; *divieto di* ~ prohibida la circulación; *stazione di* ~ estación de tránsito; *in* ~ en tránsito; ~**rio** *adj* transitorio
transizione *f* transición
transoceanico *adj* transoceánico
transpadano *adj* transpadano
transuma|nza *f* transhumancia; ~**re** *vi* <*avere*> transhumar
transu(b)stanziazione *f* transubstanciación
tran tran, trantran *m/inv* rutina *f*, monotonía *f*
tranvai V. **tram**
tranvi|a *f* tranvía *m*; ~**ario** *adj* tranviario; ~**ere** *m* tranviario, conductor de tranvías
trapana|re <*esd*> *vt tec* taladrar, barrenar; *med* trepanar; ~**zione** *f tec* taladrado *m*, barrenado *m*; *med* trepanación
trapano *m tec* taladro, taladradora *f*; *med* trépano
trapass|are 1. *vt* traspasar, atravesar; **2.** *vi* 1. atravesar, pasar; 2. transmitir (*herencia*); 3. *lit* morir *est*; ~**ato** *m* 1. *ling* pretérito; ~ *prossimo* pretérito pluscuamperfecto; ~ *remoto* pretérito anterior; *congiuntivo* ~ pretérito pluscuamperfecto de subjuntivo; 2. *mpl lit* difuntos; ~**o** *m* 1. paso (*acción*); 2. *lit* traspaso, óbito
trapelare *vi* rezumar, filtrarse (*da* de); *fig* transcender (*da* de) (*saberse*)
trapezi|o *m* trapecio; ~**sta** *m/f* trapecista
trapezoid|ale *adj* trapezoidal; ~**e** *f* trapezoide
trapiant|are *vt bot/med* trasplantar; ~**o** *m bot/med* trasplante
trapp|a *f* monasterio trapense *m*; ~**ista** *m* monje trapense
trappola *f* trampa; ~ *per topi* ratonera; *cadere nella* ~ caer en la trampa; *tendere una* ~ tender una trampa
trappolone, -a *m/f* trampero, -a
trapunt|a *f* edredón *m*; ~**are** *vt* pespuntar, pespuntear; coser; ~**o 1.** *adj* pespunteado; cosido; *fig* lleno, plagado; **2.** *m* pespunte
trarre <*81 traggo; trassi; tratto*> *vt* 1. sacar; *fig* obtener; ~ *profitto da qc/q* sacar provecho de algo/alg; ~ *conclusioni* sacar conclusiones; 2. llevar, conducir; ~ *in arresto* llevar arrestado; ~ *in inganno* llevar/llamar a engaño; ~ *in salvo* poner a salvo; 3. emitir, girar (*letra*)
trasali|mento *m* sobresalto; ~**re** <*isc*> *vi* <*essere/avere*> sobresaltarse
trasandato *adj* desarreglado, desaliñado
trasbord|are *vt/vi* <*avere*> transbordar; ~**o** *m* transbordo
trascegliere <*69 -scelgo; -scelsi; -scelto*> *vt* seleccionar, entresacar
trascenden|tale *adj* transcendental; ~**te** *adj* transcendente; ~**za** *f* transcendencia
trascendere <*58 -scesi; -sceso*> *vt/vi* <*essere/avere*> transcender; ~ *a vie di fatto* recurrir a medios expeditivos
trascina|mento *m* arrastre; ~**re** <*esd*> *vt a. fig* arrastrar
trascorrere <*18 -corsi; -corso*> *vt/vi* transcurrir
trascorso *m* transcurso
trascrivere <*71 -scrissi; -scritto*> *vt* transcribir
trascrizione *f* transcripción
trascura|bile *adj* desdeñable; secundario, superfluo; ~**re** *vt* 1. descuidar, desatender; 2. omitir, ignorar; ~**tezza** *f* negligencia, desidia, abandono *m*
trasecolare <*esd*> *vi* <*essere/avere*> pasmar, asombrar
trasferi|bile *adj* transferible; ~**mento** *m* traslado; *adm* traslado; *ius* traspaso; *econ* transferencia *f*; ~**re** <*isc*> **1.** *vt* trasladar; *adm* trasladar; *ius* traspasar; *econ* transferir; **2.** ~*rsi* trasladarse, mudarse
trasferta *f* 1. viaje de trabajo *m*; 2. dieta
trasfigura|re *vt* transfigurar; ~**zione** *f* transfiguración
trasfondere <*37 -fusi; -fuso*> *vt* transfundir; *fig* infundir, provocar

trasforma|bile *adj* convertible, transformable; **~re** *vt* transformar; **~tore** *m* transformador; **~zione** *f* transformación

trasformis|mo *m teatro/pol* transformismo; **~ta** *m/f teatro/pol* transformista

trasfusione *f* transfusión

trasgredi|re *<isc> vt/vi <avere>* transgredir *vt*, infringir *vt*; *~ un ordine/a un ordine* transgredir una orden; **~trice** V. **trasgressore**

trasgress|ione *f* transgresión; **~ore, -greditrice** *adj/s* transgresor, infractor

trasla|to *m ling* translación *f*; **~zione** *f* traslación, traslado *m*

traslitterazione *f* transliteración

trasloc|are *vt* trasladar; **~o** *m* traslado, mudanza *f*

traslucido *adj* translúcido

trasmettere *<44 -misi; -messo> vt* transmitir

trasmettitore *adj/m* transmisor

trasmigra|re *vi <essere/avere>* transmigrar; **~zione** *f* transmigración

trasmissi|bile *adj* transmisible; **~one** *f* trasmisión

trasmittente 1. *adj/s* transmisor; **2.** *f* emisora

trasmodare *vi <avere>* excederse

trasogna|re *vi <avere>* fantasear; **~to** *adj* asombrado; embobado

traspar|ente 1. *adj* transparente; **2.** *m tec* transparencia *f*; **~ire** *<3 -paio/parisco; -parii/-parsi/-parvi; -parso> vi* transparentar; *fig* vislumbrarse, entreverse

traspira|re *vi <avere>* transpirar; *fig* vislumbrar; **~zione** *f* transpiración

trasporre *<56 -pongo; -posi; -posto> vt* transponer, trasladar; *mus* transportar

trasport|abile *adj* transportable; **~are** *vt* transportar; **~atore, -trice** *m/f* 1. transportista; 2. *m* transportador; *~ di nastro* cinta transportadora; **~o** *m* 1. transporte; *mezzi di ~* medios de transporte; 2. *fig* arrebato, arranque

trasposizione *f* transposición

trassato V. **trattario**

trastull|are 1. *vt* divertir, entretener; **2.** *~rsi* divertirse, entretenerse, jugar; perder el tiempo; **~o** *m* juego, entretenimiento; *fig* capricho (*de la suerte*)

trasuda|re *vi/vt* trasudar, exudar; rezumar; **~zione** *f* trasudación

trasversale *adj* transversal

trasvola|re 1. *vt* sobrevolar; **2.** *vi fig* pasar por encima; *~ su un argomento* tocar superficialmente un tema; **~ta** *f* travesía aérea

tratta *f* 1. trata (*comercio*); *~ delle bianche, dei negri* trata de blancas, de negros; 2. *com* letra; **~bile** *f* tratable, negociable (*precio...*); *fig* tratable, afable; **~mento** *m* tratamiento, trato; *med/tec* tratamiento; **~re** *vt/vi <avere>* tratar; *~ q da pazzo* tratar a alg de loco/como a un loco; **~rio** *m* librado, girado; **~tiva** *f* negociación; **~to** *m cient/pol* tratado; **~zione** *f* tratamiento *m*, desarrollo *m* (*tema*); tratado *m*, disertación

tratteggi|are *vt* rasguear; *pitt/fig* esbozar; **~o** *m* rasgueo; *fig* esbozo

tratten|ere *<79 -tengo; -tenni; -tenuto> vt* retener; entretener; *~rsi dal fare qc* abstenerse de hacer algo; **~imento** *m* entretenimiento; **~uta** *f* retención (*sueldo*)

trattino *m tip* guión

tratto *m* 1. trazo, línea *f*, raya *f*; 2. trato, comportamiento; *fig* impulso, arranque; 3. trozo, fragmento; trecho, tramo (*distancia*); momento, lapso (*tiempo*); *ad un ~* de repente; *a ~i* a intervalos; 4. *mpl* rasgos; *a grandi ~i* a grandes rasgos

trattore *m agr* tractor

trattor|e, trattrice *m/f* 1. posadero, -a; dueño, -a de un restaurante; **~ia** *f* pequeño restaurante; **~ista** *m/f* tractorista

tratturo *m* cañada *f*, vía pecuaria *f* (*ganado*)

trauma *m* trauma

traumat|ico *adj* traumático; **~ismo** *m* traumatismo; **~izzare** *vt* traumatizar; **~ologo, -a** *m/f* traumatólogo, -a

travagli|are *vt* tormentar, afligir, angustiar; fatigar; **~o** *m* afán, angustia *f*, pena *f*; dolor, daño; *~ di parto* dolores del parto

travas|are *vt* trasegar, transvasar; *fig* transmitir, plasmar; **~o** *m* trasiego, transvase; *med* derrame

travatura *f* viguería, envigado *m*

trave *f* viga

travedere *<85 -vidi; -visto> vi* ofuscarse; *~ per l'odio* estar ofuscado por odio

traveggole: avere le ~ confundirse, equivocarse

traveller's chèque *mpl ingl* cheques de viaje *mpl*

traversa *f* 1. *arch* travesaño *m*; *tras* traviesa (*vía del tren*); *sport* larguero *m*; barrote *m* (*silla...*); 2. bocacalle, cruce *m*; **~re** *vt* atravesar, cruzar; **~ta** *f* travesía

traversi|a *f* 1. *meteo* travesía; 2. *fpl fig* adversidades, reveses *mpl*; **~na** *f* traviesa (*vía de tren*)

traverso 1. *adj* transversal; *flauto ~* flauta travesera; *via ~a* vía transversal, bocacalle; *(fig) vie ~e* malas artes, artimañas; **2.** *m* través; *di ~* de través; *andare di ~* atragantarse; *guardare di ~* mirar de reojo; **~ne** *m sport* pase largo

travertino *m* travertino

travesti *m/inv teatro* travesti *m*, travestí *m*

travestimento *m* disfraz

travestire *vt* disfrazar

travestito *m* travesti, travestí

travia|mento *m* extravío, perversión *f*, corrupción *f*; **~re** *<-vio>* **1.** *vt* pervertir, corromper; **2.** *~rsi* descarriarse, pervertirse

travicello *m* vigueta *f*, listón

travisa|mento *m* tergiversación *f*, falseamiento; **~re** *vt* tergiversar, falsear

travolgente *adj* arrebatador

travolgere *<90 -volgo; -volsi; -volto> vt* arrollar; *fig* arrebatar

trazione *f* tracción; *~ animale, meccanica* tracción animal, mecánica; *~ a vapore* tracción de vapor; *a ~ anteriore, posteriore* de tracción anterior, trasera; *~ sulle quattro ruote* tracción a las cuatro ruedas

tre *adj/s* tres

trealberi *m/inv* velero de tres palos *m*
trebbia *f agr* trillo *m* (*instrumento*); trilla (*acción*); ~**re** *vt agr* trillar; ~**tore, -trice** *m/f agr* trillador, -a; ~**trice** *f mec* trilladora; ~**tura** *f agr* trilla, trilladura
trebisonda: perdere la ~ perder los estribos
treccia *f* trenza, coleta
trecent|esco *adj* del siglo XIV; ~**ista** *m/f* autor, -a o artista del siglo XIV; ~**o 1.** *adj* trescientos; **2.** *m* siglo XIV; *il* *~ el siglo XIV
tredice|nne 1. *adj* de trece años; **2.** *m/f* persona de trece años *f*; ~**simo, -a 1.** *adj ord* decimotercero, -a (*orden*); treceavo, -a (*parte*); **2.** *m* 1. treceavo (*parte*); 2. *m/f* decimotercero, -a (*orden*); trece *inv (reyes, papas)*; 3. *f* paga extra de Navidad
tredici *adj/m card* trece
trefolo *m tec* cordón
tregenda *f* aquelarre *m*
tregua *f mil/fig* tregua
trekking *m/inv* trekking, senderismo *m*
trema|nte *adj* tembloroso; ~**re** *vi <avere>* temblar; ~**rella** *f fam* tembleque *m*
tremebondo *adj lit* tremebundo
tremendo *adj* tremendo
trementina *f* trementina
tremito *m* temblor, tembleque
tremo|lare *<esd> vi <avere>* temblar, estremecerse (*flor*); parpadear (*llama, luz...*); ~**lio** *m* temblor, tembleque *fam*; ~**lo** *m mus* trémolo; ~**re** *m* escalofrío; *fig* trepidación *f*
tremulo 1. *adj* trémulo; **2.** *m mus* trémolo
trend *m/inv econ* trend, evolución de la economía *f*
treno *m* tren; ~ *merci, viaggiatori* tren de mercancías, de pasajeros; ~ *accelerato/locale* tren de cercanías; ~ *diretto* tren expreso; ~ *rapido* tren rápido; ~ *di vita* tren de vida; ~ *di laminazione* tren de laminación
trenta *adj/s* treinta; *(stud)* ~ *e lode* matrícula de honor *f*
trentenn|ale 1. *adj* que dura treinta años; que pasa cada treinta años; **2.** *m* trigésimo aniversario; ~**e** *m/f* treintañero, -a; ~**io** *m* período de treinta años
trentesimo 1. *adj* trigésimo; treintavo (*parte*); **2.** *m* treintavo
trentin|a *f* treintena; ~**o** *adj/s* tridentino
trepid|ante *adj* trepidante; ~**are** *<esd> vi <avere>* trepidar, temblar; ~**azione** *f* trepidación; ~**o** *adj lit* trémulo
treppied|e, ~i *m* trébedes *fpl* (*fuego*); *foto* trípode
trequarti *m/inv* 1. chaquetón *m*, gabán *m*; 2. med trocar *m*
tresca *f* lío *m*, embrollo *m*; lío *m*, aventura (*amoroso*); ~**re** *vi <avere>* 1. intrigar, conspirar; 2. tener una aventura
trespolo *m* caballete, trípode
triade *f* tríada
trial *m ingl/inv* trial *m*
triangol|are *adj* triangular; ~**azione** *f* triangulación; ~**o** *m* triángulo; ~ *isoscele, equilatero, rettangolo, scaleno* triángulo isósceles, equilátero, rectángulo, escaleno
trias(s)ico *adj/m* triásico
tribale *adj* tribal
triboelettricità *f/inv* triboelectricidad *f*
tribola|re 1. *vt* atribular, atormentar; **2.** *vi <avere>* sufrir; ~**zione** *f* tribulación
tribolo *m bot* abrojo
tribordo *m mar* estribor
tribù *f/inv* tribu *f*; ~ *urbane* tribus urbanas
tribun|a *f* tribuna; ~**ale** *m* tribunal; ~ *per i minorenni* tribunal de menores; ~**o** *m hist* tribuno; *fig/desp* demagogo
tributar|e *vt* tributar, rendir; ~**io** *adj econ/geogr* tributario; *anagrafe ~a* agencia tributaria
tributo *m econ/fig* tributo
tric *onom* tris
tricheco *m zool* morsa *f*
trichin|a *f zool* triquina; ~**osi** *f/inv med* triquinosis
triciclo *m* triciclo
tricipite 1. *adj lit* tricípite; *med* tríceps; **2.** *m med* tríceps
trico|lore 1. *adj* tricolor; **2.** *m* bandera tricolor *f*; ~**rno** *m* tricornio
tricromia *f* tricromía
trident|e *m mit* tridente; *agr* horca *f*; ~**ino** *adj hist* tridentino
tridimensionale *adj* tridimensional
triduo *m eccl* triduo, ternario
trielina *f chim* tricloroetileno *m*
trienn|ale *adj* trienal; ~**io** *m* trienio
trifase *adj elec* trifásico
trifoglio *m bot* trébol
trifolato *adj* trufado
triforcarsi trifurcarse
trigemino *adj* triple (*parto*); trillizo (*niño*)
triglia *f zool* salmonete *m*; *(fig) fare l'occhio di ~ a q* poner cara de borrego degollado ante alg
trigonometri|a *f* trigonometría; ~**co** *adj* trigonométrico
trilaterale *adj* trilateral
trilingue *adj* trilingüe
trilione *m* trillón
trill|are *vi <avere> zool/mus* trinar; ~**o** *m zool/mus* trino
trilo|bato *adj* trilobulado; ~**gia** *f* trilogía
trimarano *m mar* trimarán
trimestr|ale *adj* trimestral; ~**e** *m* trimestre
trimotore *adj/m* trimotor
trina *f* encaje *m*, puntilla
trincare *vt* 1. *fam* chupar, soplar (*beber*); 2. *mar* trincar
trincea *f mil* trinchera
trincera|mento *m* atrincheramiento; ~**re** *vt* atrincherar
trincetto *m* trinchete, chaira *f*
trinchetto *m mar* trinquete
trincia|nte *m* trinchante; ~**polli, ~pollo** *m/inv* trinchador para aves *m*; ~**re** *vt* trinchar; ~ *l'aria* gesticular; ~**to** *m* picadura *f* (*tabaco*); ~**tura** *f* 1. trinchado *m*; 2. virutas *fpl*, picadura
trinità *f* trinidad
trino *adj* trino; ~**mio** *m* trinomio
trio *m* trío
trionf|ale *adj* triunfal; ~**alismo** *m* triunfalismo; ~**ante** *adj* triunfante, victorioso;

~are *vi* <*avere*> triunfar; **~atore** *adj/s* triunfador; **~o** *m* 1. triunfo, victoria *f*; 2. triunfo; figura *f* (*naipes*)
trip *m/inv gergo* viaje *m*, colocón *m*, flipe *m* (droga)
triparti|re <*isc*> *vt* tripartir, dividir en tres; **~tico** *adj pol* de tres partidos; **~to 1.** *adj* tripartito; **2.** *m* gobierno tripartito; **~zione** *f* tripartición
tripletta *f* tripleta
triplicare <*esd*> *vt* triplicar
triplice *adj* triple, triplo
triplo *adj/m* triple, triplo
tripode *m* trípode
tripp|a *f gastr* callos *mpl*; *fam* panza, barriga; **~one, -a** *m/f* tripón, -ona, barrigudo, -a
tripudi|are *vi* <*avere*> tripudiar; **~o** *m* tripudio
triregno *m* tiara papal *f*
trisavolo, -a *m/f* tatarabuelo, -a
trisillabo *adj/m* trisílabo
triste *adj* triste; **~zza** *f* tristeza
tristo *adj* malvado, malévolo; miserable, mezquino
trita|carne *m/inv* picadora *f*; **~re** *vt* triturar; *gastr* picar, triturar; **~tutto** *m/inv* picadora *f*, trituradora *f*
trito *adj* triturado; gastado, raído (*ropa*); *fig* trillado; ~ *e ritrito* sabido y resabido, repetido hasta la saciedad; **~ne** *m mit/zool* tritón
trittico *m* tríptico
trittongo *m* triptongo
tritu|me *m* migajas *fpl*, migas *fpl*; virutas *fpl* (*madera, hierro*); **~rare** *vt* triturar
triumvir|ato, triunvirato *m hist* triunvirato; **~o, triunviro** *m* triunviro
trivalente *adj* trivalente
trivella *f* barrena; **~re** *vt* barrenar; **~zione** *f* barrenado *m*
trivial|e *adj* trivial; **~ità** *f/inv* trivialidad *f*
trivio *m* trivio (*caminos; stud*)
trocantere *m med* trocánter
trofeo *m* trofeo
troglodit|a *m/f a. fig* troglodita; **~ico** *adj* troglodítico, troglodita
trogolo *m* 1. pileta *f*, batea *f/am*; 2. artesa *f*; 3. comedero
troica *f* troica
trolley *m ingl/inv* trole *m*; **~bus** *m ingl/inv* trolebus *m*
tromba *f* 1. *mus* trompa, trompeta; *med/zool* trompa; *auto* bocina, claxon *m*; ~ *d'Eustachio* trompa de Eustaquio; ~ *uterina/di Falloppio* trompa de Falopio; ~ *degli stivali* caña; ~ *delle scale* hueco de la escalera; 2. *meteo* tromba; ~ *marina* manga, tromba marina; ~ *d'aria* tornado; **~re** *vt* 1. *fam* catear, cargarse (*suspender*); 2. *vulg* tirarse (*q* a alg), follar *vi* (*q* con alg)
trombetti|ere *m mil* corneta, trompeta; **~sta** *m/f mus* trompetista
trombon|e *m* 1. *mus* trombón; ~ *a pistoni, a tiro* trombón de pistones, de varas; 2. *mil* trabuco; 3. *desp* histrión; fanfarrón; **~ista** *m/f* trombón *m*
trombosi *f/inv med* trombosis
tronca|mento *m* truncamiento; *ling* apócope *f*; **~re** *vt a. fig* truncar; *ling* apocopar
tronco 1. *adj* truncado, quebrado; *ling* apocopado; *ling* agudo; *fig* truncado, interrumpido; *cono* ~ cono truncado; *licenziamento in* ~ despido fulminante; *lasciare q in* ~ dejar plantado a alg; **2.** *m* tronco; **~ne** *m* tocón, troncón
troneggiare *vi* <*avere*> *fig* reinar, figurar
tronfio *adj* altivo, engreído; ampuloso
trono *m* trono
tropic|ale *adj* tropical; **~o** *m astr/geogr* trópico
tropismo *m biol* tropismo
tropo *m ling/mus* tropo; **~sfera** *f* troposfera
troppo 1. *adj* demasiado; **2.** *pr* 1. demasiado; 2. <*neutro*> demasiado, demasiadas cosas *fpl*; *è* ~ es demasiado; *ho* ~ *da fare* tengo demasiadas cosas que hacer; 3. <*en pl*> demasiadas personas; **3.** *adv* demasiado; *di* ~ en exceso; **4.** *m* mucho; *il* ~ *stroppia* lo mucho cansa
trota *f zool* trucha; ~ *salmonata* trucha asalmonada
trott|are *vi* <*avere*> trotar; **~atore** *adj/m* trotón; **~erellare** *vi* 1. <*avere*> trotar (a pasos cortos); 2. <*essere*> *fig* corretear
trotto *m* trote; *al* ~ al trote
trottola *f* peonza, trompo *m*
trottolino, -a *m/f fam* diablillo, -a, demonio *m*
trotzskista *adj/s* trotzkista
trovador|e V. **trovatore**
trovadorico *adj* trovadoresco
trova|re 1. *vt* encontrar, hallar; ~ *q simpatico* encontrar a alg simpático; *andare a* ~ *q* ir a ver a alg; **2.** *~rsi* encontrarse; ~ *bene* encontrarse bien; **~robe** *m/f inv teatro/cine* guardarropa
trovat|a *f* hallazgo *m*; buena idea; ocurrencia; **~ello, -a** *m/f* niño, -a abandonado, -a, expósito, -a, inclusero, -a; **~ore** *m* trovador
troviero *m* trovero
trucca|re 1. *vt* 1. trucar; *sport* amañar; marcar (*naipes*); 2. *teatro* caracterizar; 3. maquillar, pintar *fam*; **2.** *~rsi* 1. maquillarse, pintarse *fam*; 2. caracterizarse (*da* de); disfrazarse (*da* de); **~tore, -trice** *m/f* maquillador, -a; **~tura** *f* maquillaje *m*; disfraz *m*
trucco *m* 1. maquillaje; 2. truco, martingala *f*; *cine* truco, trucaje
truce *adj* feroz, fiero
trucidare *vt* asesinar, masacrar
truciolo *m* viruta *f*
truculen|to *adj* truculento; **~za** *f* truculencia
truffa *f* estafa, fraude *m*, timo *m*; engaño *m*
truffaldino *adj/s* timador, -a; embrollón, -ona
truffare *vt* estafar, timar
truffatore, -trice *m/f* estafador, -a, timador, -a
truppa *f* tropa
trust *m ingl/inv econ* trust *m*
t-shirt *f ingl/inv* camiseta *f*
tu *pr* tú, vos *Arg*; *dare del* ~ tutear, tratar de tú; *parlare a* ~ *per* ~ hablar de tú a tú
tuareg *adj/s inv* tuareg *adj/s*

tuba *f mus* tuba; *med* trompa; ~ *uterina* trompa de Falopio; ~**re** *vi* <*avere*> arrullar; ~**tura,** ~**zione** *f* tubería
tubercol|are *adj med/bot* tuberculoso; ~**o** *m med/bot* tubérculo; ~**osario** *m* sanatorio de tuberculosos; ~**osi** *f/inv med* tuberculosis; ~**oso** *adj/s med* tuberculoso
tubero *m bot* tubérculo
tuberosa *f bot* tuberosa, nardo *m*
tubetto *m* tubo (*crema, pastillas*)
tubo *m* tubo; ~ *digerente* tubo digestivo; ~ *fluorescente* tubo fluorescente; ~ *di scarico* desagüe; ~ *di scappamento* tubo de escape; ~ *di saggio* tubo de ensayo; *(fam) non capire un* ~ no enterarse de nada; ~**lare** *adj* tubular
tuff|are 1. *vt* zambullir, capuzar; **2.** ~*rsi* zambullirse; *fig* lanzarse (*in* a), darse (*in un vizio* a un vicio); ~**ista** *m/f* saltador, -a de trampolín; ~**o** *m* zambullida *f*, chapuzón; *sport* salto de trampolín; *fig* sobresalto, excitación *f*; *gettarsi a* ~ lanzarse en picado
tufo *m min* tufo, toba *f*
tugurio *m* tugurio, antro
tuia *f bot* tuya
tulipano *m bot* tulipán
tulle *m/inv* tul *m*
tumefa|re <*36a -faccio/fò; -feci; -fatto*> *vt* inflamar, hinchar; ~**tto** *adj* tumefacto; ~**zione** *f* tumefacción, hinchazón
tumido *adj* túmido, hinchado
tumor|ale *adj* tumoral; ~**e** *m* tumor
tumul|are <*esd*> *vt* sepultar, enterrar; ~**azione** *f* sepelio *m*, entierro *m*; ~**o** *m* túmulo
tumult|o *m* tumulto, alboroto; ~**uare** <*esd*> *vi* <*avere*> alborotar; ~**uoso** *adj* tumultuoso, tumultuario
tundra *f* tundra
tungsteno *m* tungsteno
tunica *f* túnica
Tunis|i *m* Túnez (*ciudad*); ~**ia:** *la* ~ Túnez (*país*); *~**ino** *adj/s* tunecino
tunnel *m/inv* túnel *m*; *(sport) fare il* ~ hacer el túnel
tuo, -a <*pl tuoi, tue*> **1.** *adj* 1. tu *sing*, tus *pl*; *il* ~ *cavallo, i tuoi giocattoli* tu caballo, tus juguetes; ~ *padre,* ~*a zia,* ~*a nonna* tu padre, tu tía, tu abuela; *i tuoi genitori, le* ~*e zie, i tuoi nonni* tus padres, tus tías, tus abuelos; 2. <*después del nombre o como atributo*> tuyo, -a, -os, -as; *è amico* ~ es amigo tuyo; *la tavola è* ~*a* la mesa es tuya; **2.** *pr* tuyo, -a, -os, -as; *i tuoi* los tuyos (*familia*); *perché non dici la* ~*a?* ¿por qué no dices tu opinión?; *hai fatto già una delle* ~*e* ya has hecho una de las tuyas; *siamo dalla* ~*a* estamos de tu parte; *ti tieni sempre sulle* ~*e* sigues manteniéndote en tus trece
tuon|are 1. *vi* <*avere*> tronar; *fig* tronar, retumbar; **2.** *vi/imp* <*avere/essere*> tronar; ~**o** *m* trueno
tuorlo *m* yema *f* (*huevo*)
tu(p)è V. **toupet**
turacciolo *m* tapón
turare *vt* tapar, taponar; *fig* tapar, esconder (*fallo*); *(fig)* ~ *un buco* tapar un agujero (*deuda*)
turba *f* 1. *med* turbación, excitación; 2. turba, multitud; ~**mento** *m med/fig* perturbación *f*, trastorno, alteración *f*; turbación *f*, excitación *f*; ~**nte** *m* turbante; ~**re 1.** *vt* 1. turbar, molestar; 2. turbar, alterar, trastocar; 3. turbar, inquietar, excitar; **2.** ~*rsi* turbarse, alterarse; ~**tiva** *f* perturbación, traba; ~**tore, -trice** *m/f* perturbador, -a
turbina *f* turbina; ~**re** <*esd*> *vi* <*avere*> *a. fig* arremolinarse
turbine *m* torbellino, remolino; *fig* torbellino, muchedumbre *f*
turbinoso *adj* turbulento, vortiginoso
turbo *adj/m* turbo
turbo|alternatore *m* turboalternador; ~**compressore** *m* turbocompresor; ~**elica** *f* turbohélice *m*, turbopropulsor *m*; ~**getto** *m* turborreactor; ~**lento** *adj* turbulento; ~**lenza** *f* turbulencia; ~**nave** *f* nave turbopropulsada; ~**reattore** V. **turbogetto**
turchese 1. *f min* turquesa; **2.** *adj/m* turquesa (*color*)
Turchia: *la* ~ Turquía
turchin|etto *m* añil, índigo; ~**o** *adj* turquí
turco *adj/s* turco; *fumare, bestemmiare come un* ~ fumar, hablar como un carretero
turgescen|te *adj* turgente; ~**za** *f* turgencia
turgido *adj* turgente, túrgido
turgore *m* turgencia *f*
turibolo *m eccl* turíbulo, incensario
turis|mo *m* turismo; ~**ta** *m/f* turista; ~**tico** *adj* turístico
turlupina|re *vt* embaucar, engañar; ~**tura** *f* embaucamiento *m*, engaño *m*
turn|ista *m/f* trabajador, -a por turnos; ~**o** *m* turno; guardia *f*; *a* ~ por turno; ~ *di giorno, di notte* turno de día, de noche; *cambio di* ~ relevo; *farmacia di* ~ farmacia de guardia; *essere di* ~ estar de guardia; *fare a* ~ proceder por turno
turpe *adj* infame, innoble
turpi|loquio *m* habla soez *f*; ~**tudine** *f* indecencia, obscenidad
turrito *adj* torreado
tuta *f* mono *m* (*trabajo*); pelele *m* (*niños*); *sport* chándal *m*; ~ *mimetica* uniforme de camuflaje; ~ *spaziale* traje espacial; ~ *sportiva* chándal
tutela *f* tutela, protección, defensa; ~ *del consumatore* defensa del consumidor; ~ *del paesaggio* protección del paisaje; ~**re 1.** *adj* tutelar; **2.** *vt* tutelar, proteger
tutor|ato *m stud* tutoría *f*; ~**e, tutrice** *m/f* tutor, -a; ~**io** *adj* tutelar
tutrice V. **tutore**
tuttavia *conj* sin embargo, no obstante
tutto 1. *adj* todo; ~ *ciò* todo esto; ~*e le ragazze* todas las chicas; 2. *pr* todo; *tutti e due/tutt'e due, tutte e due/tutt'e due* los dos, las dos; *a* ~*i i costi* a toda costa; *dopo* ~ después de todo, a fin de cuentas; *prima di* ~ antes que nada; *in* ~ en total; *rischiare/tentare il* ~ jugárselo todo a una carta; 3. *adv* todo; *a tutt'oggi* a lo sumo hoy, hoy a más tardar; *tutt'al più* como mucho, todo lo más; *tutt'altro che chiaro* nada claro, todo menos claro; 4. *m* todo
tuttofare 1. *adj/inv* para todo; *ragazza* ~

chica para todo; **2.** *m/f inv* sirviente, -a, empleado, -a del hogar
tuttora *adv* todavía, aún hoy
tutù *m/inv* tutú
tv (*tivu*) *f/inv fam* tele *f*
twist *m ingl/inv* twist
tzingano V. **zigano**

U

u *m/f inv inv* u *f* (*letra*); *(auto) inversione a U* cambio de dirección
ubbia *f* prejuicio *m*, superstición
ubbidi|ente *adj* obediente; ~**enza** *f* obediencia; ~**re** <*isc*> *vi* <*avere*> obedecer *vt*; ~ *ai genitori* obedecer a los padres
ubertoso *adj lit* ubérrimo, fecundo
ubica|re <*esd*> *vt* ubicar, emplazar, situar; ~**zione** *f* ubicación, emplazamiento *m*
ubiquità *f/inv* ubicuidad *f*
ubriaca|re 1. *vt* emborrachar; *fig* marear, aturdir; **2.** ~*rsi* emborracharse; ~**tura** *f* borrachera; *fig* entusiasmo *m*, excitación
ubriachezza *f* embriaguez; borrachera
ubriaco, -a 1. *adj* borracho, bebido, ebrio; *fig* ebrio, excitado; *fig* mareado, aturdido; ~ *fradicio* borracho como una cuba, borracho perdido; *essere ~ d'amore* estar colado; ~ *di gioia* loco de alegría; *essere ~ di sonno, di stanchezza* morirse de sueño, de cansancio; **2.** *m/f* borracho, -a; ~**ne, -a** *m/f* borracho, -a, borrachín, -ina, beodo, -a
uccella|gione *f* 1. caza de aves; cetrería (*con ave de presa*); 2. aves cazadas *fpl*; ~**me** *m* aves cazadas *fpl*; ~**re 1.** *vi* <*avere*> pajarear, cazar aves; **2.** *vt lit* engañar *est*; ~**tore, -trice** *m/f* pajarero, -a, cazador, -a de aves
uccelliera *f* pajarera
uccello *m* 1. pájaro, ave *f*; ~ *mosca* colibrí, picaflor; ~ *del paradiso* ave del paraíso; ~ *di S. Maria* martín pescador; ~ *di passo, da rapina, da preda* ave de paso, de rapiña, de presa; ~ *del malaugurio* pájaro/ave de mal agüero; *(fig) diventare uccel di bosco* echarse al monte; *a volo d'~* a vista de pájaro; 2. *vulg* nabo, polla *f*, pito
uccidere <*61 uccisi; ucciso*> **1.** *vt* matar; **2.** ~*rsi* matarse; suicidarse
ucciditrice V. **uccisore**
uccis|ione *f* matanza; ~**ore, ucciditrice** *m/f* asesino, -a
Ucraina, Ucraina: *l'~ (f)* Ucrania
ucraino, ucraino *adj/s* ucraniano
udibil|e *adj* audible, oíble, perceptible; ~**ità** *f/inv* audibilidad *f*
udienza *f* audiencia; *dare ~* dar audiencia
udire <*odo; udirò/odrò*> *vt* oír
udito *m* oído; *duro d'~* duro de oído
uditofono *m* audífono
uditor|e, -trice *m/f* oyente; *ius* auditor, -a; *stud* oyente; ~**io** *m* auditorio
ufficial|e 1. *adj* oficial; **2.** *m/f adm/mil* oficial, -a; ~ *giudiziario* alguacil, ujier; ~ *di stato civile* jefe del Registro Civil; *pubblico ~* funcionario público; ~**ità** *f/inv adm/mil* oficialidad *f*; ~**izzare** *vt* oficializar
ufficio <*pl -ci*> m 1. despacho; 2. oficina *f*; departamento; ~ *informazioni* oficina de información; ~ *di collocamento* oficina de empleo; ~ *contabilità, personale, vendite* departamento de contabilidad, de personal, de ventas; ~ *stampa* gabinete de prensa; ~ *postale* oficina postal; 3. puesto, cargo; 4. *eccl* oficio; 5. *ius* oficio; *d'~* de oficio; *reato perseguibile d'~* delito perseguible de oficio; *difensore d'~* defensor de oficio; 6. *(mpl) buoni ~i* buenos oficios; *interporre i buoni ~i in favore di q* usar de sus buenos oficios en favor de alg; ~**so** *adj* oficioso, extraoficial
ufo: a ~ *adv* de gorra; *vivere a ~* vivir de gorra, vivir a expensas de los demás
Ufo, UFO *m/inv* OVNI *m*, ovni *m*; *~**logia** *f* ufología; *~**logo, -a** *m/f* ufólogo, -a
ugello *m mec* boquilla *f*; tobera *f* (*horno*)
uggia *f* molestia, estorbo *m*; aburrimiento *m*; *avere in ~* detestar; *prendere in ~* coger manía; *venire in ~* cansar, aburrir
uggio|lare <*esd*> *vi* <*avere*> aullar; ~**so** *adj* molesto; aburrido
ugola *f med* úvula, campanilla *fam*; *(fig) bagnarsi l'~* remojar el gaznate
ugonotto *adj/s* hugonote
uguaglia|mento *m* igualación *f*; ~**nza** *f* igualdad; ~**re** *vt* igualar
ugual|e 1. *adj/adv* igual; *è ~* es igual; *due più due ~ a quattro* dos más dos igual a cuatro; **2.** *mpl* iguales, pares; ~**mente** *adv* 1. igualmente, del mismo modo; 2. igualmente, de todos modos
uh! *excl* ¡huy!; ~**i!** *excl* ¡huy!, ¡ay!; ~**m!** *excl* ¡hum!, ¡uf!
ulcer|a *f* úlcera; ~**are** <*esd*> *vt* ulcerar; ~**ativo** *adj* ulcerativo; ~**azione** *f* ulceración; ~**oso** *adj* ulceroso
Ulisse *m* Ulises
uliva V. **oliva**
ulna *f med* cúbito *m*
ulteriore *adj* ulterior, posterior
ultima|re <*esd*> *vt* ultimar; ~**tivo** *adj* perentorio; ~**tum** *m/inv* ultimátum *m*; ~**zione** *f* ultimación, acabamiento *m*
ultimissima *f* ultimísima hora
ultimo, -a 1. *adj* último, -a; *all'~a moda* a la última (moda); *all'~ momento* en el último momento; **2.** *m/f* 1. último, -a; *gli ~i saranno i primi* los últimos serán los primeros; 2. *m último día; l'~ del mese* el último día del mes; 3. *m final; all'~* a lo último, al final; *da ~* por fin, por último; *in ~* al final; *per ~, sull'~* por último; *fino all'~* hasta el final; *essere agli ~i* estar en las últimas
ultimogenito *adj/s* nacido el último
ultrà, ultra *adj/s inv sport/pol* ultra *adj/s*
ultra|centenario *adj* centenario; ~**corto** *adj* ultracorto; ~**ismo** *m* ultraísmo; ~**leggero** *m* ultraligero; ~**moderno** *adj* ultramoderno; ~**piatto** *adj* extraplano; ~**rapido** *adj* ultrarrápido; ~**rosso** *adj* ultrarrojo; ~**sonico** *adj* ultrasónico; ~**suono** *m* ultrasonido; ~**terreno** *adj* sobrenatural; ~**violetto** *adj* ultravioleta
ulula|re <*esd*> *vi* <*avere*> aullar; ~**to** *m* aullido (*lobo, viento*)
ululo *m* aullido
umanazione *f eccl* humanación
umanesimo *m art* humanismo
umanist|a *m/f* humanista; ~**ico** *adj* humanístico
umanit|à *f/inv* humanidad *f*; ~**ario** *adj* humanitario
umanizza|re *vt* humanizar; ~**zione** *f* humanización

umano *adj/m* humano
Umbr|ia: *l'~ (f)* Umbría; ***~o** *adj/s* umbro
umetta|re *vt* humectar; **~zione** *f* humectación
umidiccio *adj* algo húmedo
umidifica|re *<esd>* *vt* humidificar; **~tore** *m* humidificador
umidità *f/inv* humidad *f*
umido 1. *adj* húmedo; **2.** *m* 1. humedad *f*; 2. *gastr* guiso; *coniglio in ~* guiso de conejo
umificazione *f* conversión en humus
umile *adj* humilde; *di ~i natali/origini* de origen humilde
umilia|re *vt* humillar; **~tore** *adj/s* humillador; **~zione** *f* humillación
umiltà *f/inv* humildad *f*
umo V. **humus**
umore *m med* humor; *fig* humor (*ánimo, disposición*); *essere di buon ~* estar de buen humor; *essere di cattivo ~* estar de mal humor, estar malhumorado; *essere di ~ nero* estar de muy mal humor
umoris|mo *m* humor; *senso dell'~* sentido del humor; **~ta** *m/f* humorista; **~tico** *adj* humorístico
un, un', una V. **uno**
unanim|e *adj* unánime; **~ità** *f/inv* unanimidad *f*
una tantum *adj adm* una tantum
uncin|are *vt* 1. dar forma de gancho; 2. enganchar, aferrar; *sport* empalmar; **~ato** *adj* en forma de gancho, ganchudo; *croce ~a* cruz gamada; **~etto** *m* ganchillo; *lavorare all'~* hacer ganchillo; **~o** *m* gancho, garfio; *fig* excusa *f*, pretexto
undecimo *adj lit* undécimo, decimoprimero, onceno
undicenne 1. *adj* de once años; **2.** *m/f* onceañero, -a, niño, -a de once años
undicesimo, -a 1. *adj* 1. *ord* undécimo, -a, decimoprimero, -a, onceno, -a; 2. onceavo, -a (*parte*); **2.** *m/f* 1. undécimo, -a; 2. *m* onceavo (*parte*)
undici 1. *adj* once; **2.** *m/f* once; *(sport) l'~ italiano* el once italiano
ungere *<39 ungo; unsi; unto>* **1.** *vt* 1. untar, embadurnar; engrasar; 2. ensuciar, pringar; 3. *eccl* ungir; 4. *fig* untar (*sobornar*); adular; *(fig) ~ le ruote* untar la mano; **2.** *~rsi* 1. untarse, embadurnarse; 2. ensuciarse
ungher|ese *adj/s* húngaro; ***~ia:** *l'~ (f)* Hungría
unghia *f* 1. uña (*persona, gato...*); pezuña (*caballo...*); garra, zarpa (*león...*); *(bot) ~ cavallina* uña de caballo; *(fig) avere le ~e lunghe* tener las uñas afiladas; *(fig) mettere fuori le ~e* enseñar las uñas; 2. uña (*ancla*); 3. *fpl* garras; *cadere tra le ~e di q* caer en las garras de alg; **~ta** *f* arañazo *m*, uñada, uñetazo *m*; zarpazo *m*
unghiolo *m* uña *f* (*gato*)
ungueale *adj* ungular
unguento *m* ungüento
ungulato *adj/m zool* ungulado
unicamerale *adj* unicameral
unicellulare *adj* unicelular
unicità *f/inv* unicidad *f*
unico *adj/s* único; *figlio ~* hijo único; *è l'~a che puoi fare* es lo único que puedes hacer; **~lore** *adj* unicolor; **~rno** *m mit* unicornio
unicum *m/inv* ejemplar único *m*
unidimensionale *adj* unidimensional
unidirezionale *adj* unidireccional
unifamiliare *adj* unifamiliar
unifica|re *<esd>* *vt* unificar; **~tore** *adj/s* unificador; **~zione** *f* unificación
uniform|are *vt* uniformar (*igualar*); **~e 1.** *adj* uniforme; **2.** *f* uniforme *m*; **~ità** *f/inv* uniformidad *f*
unigenito *adj* unigénito
unilaterale *adj* unilateral
uninominale *adj* uninominal
union|e *f* unión; *~ monetaria, doganale* unión monetaria, aduanera; *l'~ fa la forza* la unión hace la fuerza; **~ismo** *m pol/econ* unionismo
unipolare *adj* unipolar
unire *<isc>* *vt* unir
unisessuale *adj* unisexual
unisex, unisex *adj/m/inv* unisex
unisono *adj/m* unísono; *all'~* al unísono
unità *f/inv* unidad *f*; *~ monetaria* unidad monetaria
unitari|età *f/inv* unidad *f*, *unicidad f*; **~o** *adj* unitario; **~smo** *m* unitarismo
unito *adj* unido; adjunto
univalve *adj* univalvo
universal|e *adj* universal; *diluvio ~* diluvio universal; *erede ~* heredero universal; **~ismo** *m* universalismo; **~ità** *f/inv* universalidad *f*
universit|à *f/inv* universidad *f*; **~ario** *adj/s* universitario
universo *m astr/fig* universo
univoc|ità *f/inv* univocidad *f*; **~o** *adj* unívoco
uno, una 1. *art indeterminado <masculino:* ***uno*** *ante s líquida, z, gn, sce, sci, ps;* ***un*** *ante otras consonante y vocal; femenino:* ***una*** *ante consonante;* ***un'*** *ante vocal; sin formas propias de pl>* un, una; **2.** *pr* uno, una; *gli ~i e gli altri* los unos y los otros; *a ~ a ~* de uno en uno uno a uno; *non ~* ni uno; *~ per volta* uno cada vez, uno detrás de otro; *marciare per ~* ir en fila de a uno; *aiutarsi l'un l'altro* ayudarse el uno al otro; *ora ve ne racconto ~a* ahora os cuento una buena; **3.** 1. *m* uno (*número; calificación*); 2. *f* una (*hora*); *è l'~a* es la una; *mi è capitata ~ veramente incredibile* me ha pasado una cosa realmente increíble
unticcio *adj* pringoso, grasiento, mugriento
unto 1. *adj* untado, embadurnado; engrasado; **2.** *m* 1. grasa *f*, pringue, mugre *f*; 2. *eccl* ungido, elegido
untume *m* mugre *f*, pringue
untuos|ità *f/inv* untuosidad *f*; *fig* zalamería *f*, hipocresía *f*; **~o** *adj* untuoso, grasiento, pringoso; *fig* zalamero, hipócrita
unzione *f* unción; *estrema ~/~ degli infermi* extremaunción, unción de enfermos
uomo *<pl uomini>* m hombre; *~ d'affari* hombre de negocios; *l'~ della strada* el

hombre de la calle; *~-sandwich* hombre anuncio; *brav'~, pover'~* buen hombre, pobre hombre; *un sant'~* un santo varón; *~ a mare!* ¡hombre al agua!; *per soli ~i* solo para hombres; *come un sol ~* como un solo hombre, todos a una; *l'~ propone e Dio dispone* el hombre propone y Dios dispone
uopo *m lit* necesidad *f/est*; *(adm) all'~* al efecto, en caso necesario; *fare all'~* venir al caso; *essere d'~* ser de necesidad, ser necesario
uosa *f* polaina
uovo *<pl le uova>* m huevo; *bianco, rosso d'~* clara, yema de huevo; *~ à la coque/bazzotto* huevo pasado por agua; *~ sodo* huevo duro; *~ all'ostrica* yema cruda con limón y sal; *~a affogate/in camicia, fritte, strapazzate, al tegame* huevos escalfados, fritos, revueltos, al plato; *l'~ di Colombo* el huevo de Colón; *guastare/rompere le ~a nel paniere a q* desbaratarle los planes a alg; *meglio l'~ oggi che la gallina domani* más vale pájaro en mano que ciento volando
uperizzazione *f* uperización
uppercut *m ingl/inv sport* gancho *m (boxeo)*
up-to-date *adj ingl/inv* actualizado *adj*, al día
upupa *f* abubilla
uragano *m* huracán
urango *m zool* orangután
urani|fero *adj* uranífero; *~***o** *m* uranio
urbanesimo *m* urbanismo
urbanist|a *m/f* urbanista; *~***ica** *f* urbanística; *~***ico** *adj* urbanístico
urbanità *f/inv* urbanidad *f, educación f*
urbanizza|re *vt* 1. urbanizar, educar; 2. *arch* urbanizar; *~***zione** *f arch* urbanización
urbano *adj* urbano; *vigile ~* urbano, guardia urbano
urbe *f lit* urbe; *l'*~* la Urbe (*Roma*)
ure|a *f* urea; *~***mia** *f med* uremia; *~***tano** *adj/m chim* uretano
uretere *m* uréter
uretra *f med* uretra
urgen|te *adj* urgente; *~***za** *f* urgencia; prisa; *in caso di ~* en caso de urgencia; *fare ~ a q* dar prisa a alg
urgere 1. *vt/def* instar, apremiar; **2.** *vi/def* urgir
uri, urì *f/inv* hurí *f*
urico *adj* úrico
urina... V. **orina**...
url|are 1. *vi <avere>* aullar (*lobo*...); rugir (*león*); *fig* chillar, gritar, aullar (*persona*); **2.** *vt* gritar; cantar a grito pelado; *~***atore** *adj* aullador; *~***io** *m* griterío; *~***o** *m* 1. *<pl gli urli> zool* aullido (*lobo*); rugido (*león*); 2. *fig <pl le urla>* chillido, grito, alarido (*persona*); fragor, ruido (*viento*); *~***one, -a** *m/f* chillón, -ona, gritón, -ona
urna *f* urna; *andare alle ~e* ir a las urnas
uro *m zool* uro; *~***gallo** *m zool* urogallo
urogenitale *adj* urogenital, genitourinario
urolog|ia *f* urología; *~***o, -a** *m/f* urólogo, -a
urrà! *excl* ¡hurra!
urta|nte 1. *adj* antipático, desagradable; **2.** *m* detonador de contacto (*mina*); *~***re** *vt* golpear, chocar *vi* (contra); *fig* molestar; *~ i nervi* atacar los nervios; **2.** *vi <avere>* chocar (*contro* con/contra); *~ contro difficoltà insormontabili* chocar con dificultades insuperables; **3.** *~rsi* 1. chocar *vi*; 2. discutir *vi*; pelearse; 3. enfadarse
urticà V. **ortica**
urto *m* choque, trompazo, encontronazo; *tras* choque, colisión *f*; *mil* choque, encuentro, acometida *f*; *fig* contraste, oposición *f*; *essere/mettersi in ~ con q* estar a la greña con alg; *prendere in ~ q* cogerle manía a alg
Urugua|y: *l'~ (m)* (el) Uruguay; ***~***iano** *adj/s* uruguayo
usabile *adj* usable
usa e getta *adj/inv* desechable *adj*, de usar y tirar
usanza *f* usanza, uso *m*, costumbre; *all'~* a la usanza; *prendere l'~ di fare qc* adquirir la costumbre de hacer algo
usare 1. *vt* 1. usar; ejercer (*poder, derecho*); *usa e getta* desechable, de usar y tirar; 2. usar, emplear; *~ l'inganno* usar el engaño; *~ prudenza* usar la prudencia; *~ la testa* usar la cabeza; *usami il favore di andartene* hazme el favor de irte; 3. acostumbrar (a), tener por costumbre; *uso uscire le mattine* acostumbro a salir por las mañanas; **2.** *vi <avere>* 1. usar *vt* (*di*); ejercer *vt*, valerse (*di* de); 2. usar *vt*, emplear *vt* (*di*); 3. usarse, estar de moda; **3.** *vi/imp* usarse, acostumbrarse; *in questo paese usa così* en este país se acostumbra a hacer así
usato 1. *adj* 1. usado, gastado; 2. acostumbrado, habitual; **2.** *m* 1. acostumbrado, habitual; *secondo l'~* según la costumbre, como es habitual; 2. cosa de segunda mano *f*; *mercato dell'~* mercado de segunda mano
uscente *adj* saliente; *adm* saliente, cesante
usciere, -a *m/f* ujier *m*
uscio *m* puerta *f*, entrada *f*; umbral; *essere a ~ e bottega* estar puerta con puerta; *(fig) prendere/infilare l'~* enfilar la puerta; *(fig) trovarsi tra l'~ e il muro* estar entre la espada y la pared
uscire *<83 esco> vi* 1. salir (*da* de); *~ con q* salir con alg; *~ di casa* salir de casa; *~ in lacrime* estallar en llanto, romper a llorar; *~ sui giornali* salir en los periódicos; *~rsene con una battuta simpatica* salir con una historia divertida; 2. salirse, escaparse (*líquido, gas*); 3. *ling* acabar; *~ in vocale* acabar en vocal
uscita *f* 1. salida; *~ di sicurezza* salida de emergencia; *vicolo senza ~* callejón sin salida; 2. escape *m*, fuga (*líquido, gas*); 3. *com* salida, gasto *m*; 4. *ling* terminación, desinencia; 5. *fig* salida, humorada, chiste *m*
usignolo *m zool* ruiseñor
usitato *adj lit* usual, habitual
uso *m* 1. uso; ejercicio (*derecho*); *~ della ragione* uso de razón; *in ~* en uso; *fuori ~* en desuso; *per ~ esterno* de uso externo;

fare ~ della parola hacer uso de la palabra; *istruzioni per l'~* instrucciones de uso; *ad ~ delle scuole* para uso escolar; *per più ~i* para varios usos; *con ~ cucina* con derecho a cocina; *~ pelle* imitación de piel; 2. uso, costumbre *f*, hábito; *~i e costumi* usos y costumbres
ussaro, ussero *m mil* húsar
usta *f* rastro *m* (*caza*)
ustion|are *vt med* quemar; **~ato** *adj/s* quemado; *grande ~* gran quemado; **~e** *f med* quemadura
ustorio *adj* ustorio
usua|le *adj* usual, corriente; **~rio, -a** *m/f ius* usuario, -a
usufruire <*isc*> *vi* <*avere*> disfrutar, gozar, beneficiarse; *ius* usufructuar
usufrutt|o *m ius* usufructo; **~uario** *adj/s* usufructurario
usura *f* 1. desgaste *m*; *guerra di ~* guerra de desgaste; 2. usura; *dare denaro a ~* prestar dinero con usura; *(fig) ricompensare a usura* devolver con creces; **~io, -a** *m/f* usurero, -a; **~rio** *adj* usurario, usurero
usurpa|re *vt* usurpar; **~tore** *adj/s* usurpador; **~zione** *f* usurpación
utensil|e 1. *adj* útil; *macchina ~* utensilio, herramienta; **2.** *m* utensilio, herramienta *f*, útil; *~i di cucina* enseres de cocina, cacharros de cocina; **~eria** *f* 1. utensilios *mpl*, herramientas *fpl*, utillaje *m*; *2. mec* mantenimiento *m (sección)*
utente *m/f* usuario, -a (*TV, teléfono, carretera...*)
utenza *f* 1. uso *m*, utilización; 2. usuarios *mpl*; *TV/radio* audiencia
uter|ino *adj* uterino; *fratello ~* hermano uterino; **~o** *m med* útero; *~ in affitto* madre de alquiler
util|e 1. *adj* útil; *carico ~* peso útil; *rendersi ~* ofrecerse, ayudar, colaborar; **2.** *m* utilidad *f*, provecho, beneficio, ventaja *f*; *econ* beneficio, ganancia *f*; *~ lordo, netto* beneficio bruto, neto; *partecipazione agli ~i* participación en los beneficios; **~ità** *f/inv* utilidad *f*
utilitari|a *f auto* utilitario *m*; **~o** *adj/s* utilitario; **~smo** *m* utilitarismo; **~sta** *adj/s* utilitarista; **~stico** *adj* utilitarista
utility *f ingl/inv infor* utilidad *f*
utilizza|bile *adj* utilizable; **~re** *vt* utilizar, usar; **~zione** *f* utilización, uso *m*; explotación
utilizzo *m adm* utilización *f*
utopi|a *f* utopía; **~co** *adj* utópico; **~sta** *m/f* utopista
uva *f* uva; *~ nera, bianca, da tavola* uva negra, blanca, de mesa; *~ passa* pasa; **~ceo** *adj* uval
uvetta *f* pasa (*sin hueso*)
uvulare *adj med/ling* uvular
uxoricid|a *adj/s* uxoricida; **~io** *m* uxoricidio
uzzolo *m* capricho, antojo

V

vacan|te *adj* vacante; ~**za** *f* 1. vacaciones *fpl*; *andare, essere in* ~ ir, estar de vacaciones; *un mese di* ~ un mes de vacaciones; *domani è* ~ mañana es fiesta; *fare* ~ hacer fiesta; 2. *adm* vacante; 3. *fpl* vacaciones; ~ *natalizie, pasquali, estive* vacaciones de Navidad, de Pascua, de verano
vacca <*pl -che*> *f* 1. *zool* vaca; *tempo di ~e grasse, magre* tiempo de vacas gordas, flacas; *andare in* ~ irse a la porra, irse al garete; 2. *fig/desp* vaca, barril *m* (*gordo*); 3. *vulg* puta, fulana; ~**io, -a** *m/f* vaquero, -a; ~**ro, -a** *m/f* vaquero, -a
vacche|ria *f* vaquería; ~**tta** *f* vaqueta
vaccina *f* 1. vaca; 2. carne de vaca; 3. estiércol de vaca *m*; ~**re** *vt* vacunar; ~**zione** *f* vacunación
vaccinico *adj* de la vacuna
vaccino 1. *adj zool* vacuno; **2.** *m med* vacuna *f*
vacilla|mento *m* vacilación *f*, tambaleo; *fig* vacilación *f*, titubeo; ~**re** *vi* <*avere*> vacilar, tambalearse; fluctuar, oscilar; *fig* vacilar, titubear
vacuità *f/inv* vacuidad *f*, vaciedad *f*
vacuo 1. *adj* vacuo, vacío; **2.** *m* vacío; ~**metro** *m tec* vacuómetro
vademecum *m/inv* vademécum *m*
va e vieni *m/inv* ir y venir, va y viene, trasiego *m*, trajín *m*
vaffanculo! *excl vulg* ¡vete a tomar por culo!, ¡vete a la mierda!
vagabond|aggine *f* vagancia, gandulería; ~**aggio** *m* vagabundeo; ~**are** *vi* <*avere*> vagabundear; gandulear, zanganear; ~**o, -a 1.** *adj* vagabundo, errante; **2.** *m/f* vagabundo, -a; maleante, tunante, -a
vagare *vi* <*avere*> vagar, errar
vaghe|ggiare *vt* deleitarse (con), admirar, contemplar; añorar; anhelar; ~ *la gloria, il successo* anhelar la gloria, el éxito; ~**zza** *f* vaguedad, imprecisión
vagin|a *f* vagina; ~**ale** *adj* vaginal; ~**ismo** *m* vaginismo
vagire <*isc*> *vi* <*avere*> gimotear, llorar (*bebés*)
vagito *m* 1. vagido; 2. *mpl fig* balbuceos, albores
vaglia *m/inv* giro *m (postal)*; ~ *postale, telegrafico* giro postal, telegráfico; ~**re** *vt* cerner, cribar, tamizar; *fig* examinar, considerar; ~**tura** *f* cribado *m*, tamizado *m*
vaglio *m* criba *f*, tamiz; *fig* examen, estudio
vago 1. *adj* vago, impreciso; *lit* anhelante, deseoso; *med* vago; **2.** *m med* (nervio) vago; ~**lare** <*esd*> *vi* <*avere*> vagar, errar
vagon|cino *m* vagoneta *f*; ~**e** *m* vagón, coche; ~ *letto* coche cama; ~ *ristorante* vagón restaurante
vainiglia V. **vaniglia**
vaiolo *m med* viruela *f*; ~**so** *adj/s* varioloso, virolento
valanga *f* avalancha, alud *m*
valchiria *f* valquiria
valdese *adj/s* valdense
valent|e *adj* eficiente, hábil; valioso; ~**ia** *f* valentía, valor *m*; ~**uomo** *m* hombre de valía
Valenz|a *f geogr* Valencia; ***~ano, *~iano** *adj/s* valenciano
valenza *f chim* valencia
valere <*84 valgo; valsi; valso*> **1.** *vi* 1. valer; *questa persona vale molto* esta persona vale mucho; *non* ~ *un ficosecco* no valer un pimiento; *far* ~ hacer valer; ~ *la pena* valer la pena; ~ *la fatica* valer la pena el esfuerzo; *vale a dire* es decir; 2. valer, costar (*precio*); **2.** *vt* 1. valer, costar (*precio*); 2. valer, suponer; reportar, acarrear; **3.** ~*rsi* valerse, servirse
valeriana *f bot* valeriana
valevole *adj* válido, útil
valgo *adj med* valgo, valgus
valica|bile *adj* franqueable; ~**re** <*esd*> *vt* pasar, franquear, atravesar
valico *m* paso, puerto (*montaña*); vado (*río*)
valid|are <*esd*> *vt* verificar; ~**ità** *f/inv* validez *f*; ~**o** *adj* 1. válido, valioso; 2. robusto, fuerte; 3. eficaz (*ayuda*); 4. *ius* válido
valige|ria *f* tienda de maletas; surtido de maletas *m*; ~**tta** *f* maletín *m*
valigia *f* maleta; ~ *diplomatica* valija diplomática; *fare le ~e* hacer las maletas
vallata *f* valle *m*, vaguada
valle *f* valle *m*; *a* ~ aguas abajo
vallett|a *f TV* azafata; ~**o, -a** *m ant* paje
valli|giano, -a 1. *adj* del valle; **2.** *m/f* habitante de un valle *m*; ~**vo** *adj* de la cuenca fluvial
vallo *m mil* vallado; ~**ne 1.** *m geogr* desfiladero, garganta *f*; **2.** *adj/s* valón
valore *m com/econ/mat/fig* valore; *fig* valía *f*; ~ *aggiunto* valor añadido; ~ *nominal* valor nominal; *~i bollati* pólizas; *borsa ~i* bolsa de valores; *un medico di* ~ un médico de valía
valorizza|re *vt com/fig* revalorizar; ~**zione** *f* revalorización
valoroso *adj* valeroso, valiente, esforzado
valuta *f econ* divisa, moneda; ~ *nazionale, estera* divisa nacional, extranjera; ~ *forte* moneda fuerte; ~**re** *vt com/fig* valorar; ~**rio** *adj* monetario; ~**tivo** *adj* valorativo, estimativo; ~**zione** *f* valoración, estimación; *stud* evaluación
valva *f bot/zool* valva
valvola *f* válvula; ~ *di sicurezza, di scarico* válvula de seguridad, de escape; ~ *mitrale, tricuspide* válvula mitral, tricúspide
valzer *m/inv* vals *m*
vamp *f/inv* vampiresa *f (mujer)*; ~**a** *f* llamarada; ~**ata** *f* llamarada; *fig* ola; ~**iro** *m zool/mit* vampiro; *fig/desp* vampiro, sanguijuela *f*
vanadio *m* vanadio
vanaglori|a *f* vanagloria, presunción; ~**arsi** vanagloriarse, presumir (*di* de); ~**oso** *adj* vanaglorioso, presuntuoso, jactancioso
vandal|ico *adj* vandálico; ~**ismo** *m* vandalismo; ~**o** *adj/s hist/fig* vándalo
vaneggia|mento *m* delirio, desvarío, devaneo; ~**re** *vi* <*avere*> delirar, desvariar

vanesio *adj* fatuo, vanidoso
vanga *f* pala; ~**re** *vt* cavar; ~**ta** *f* palada; palazo *m* (*golpe*); ~**tore, -trice** *m/f* cavador, -a
Vangelo *m* Evangelio
vanificare *<esd>* *vt* frustrar, malograr, abortar
vaniglia *f bot/gastr* vainilla; ~**to** *adj* con vainilla
vanillina *f chim* vanilina
vaniloquio *m* vaniloquio
vanit|à *f/inv* vanidad *f*; ~**oso** *adj* vanidoso
vano 1. *adj* vano, inútil, baldío (*intento, promesa*...); vano, huero, fatuo (*persona*); **2.** *m* 1. habitación *f*, cuarto; 2. vano, hueco (*escalera*); alféizar (*puerta, ventana*)
vantaggio *m* 1. ventaja *f*; provecho (*beneficio*); *sport* ventaja *f*; *a mio* ~ en mi beneficio, en mi provecho; *avere* ~ llevar ventaja, llevar la delantera; *trarre* ~ sacar provecho; 2. *tip* galera *f*; ~**so** *adj* ventajoso, provechoso
vantare 1. *vt* 1. exagerar, magnificar; 2. alegar, aducir; **2.** ~*rsi* presumir, jactarse, vanagloriarse, fanfarronear *vi* (*di* de)
vanteria *f* fanfarronería, presunción
vanto *m* 1. jactancia *f*; alarde, ostentación *f*; *menar* ~ hacer ostentación; 2. mérito; 3. orgullo
vanvera: a ~ *adv* sin ton ni son, sin tino, a lo loco
vapore *m* vapor; *tras* vapor, barco de vapor; ~ *acqueo* vapor de agua; *bagno a* ~ baño de vapor; *nave, macchina a* ~ barco, máquina de vapor; *cucinare al* ~ cocer al vapor; *cavallo* ~ caballo de vapor; *a tutto* ~ a todo gas; ~**ella** *f* vaporeta; ~**tto** *m* barca pequeña de vapor *f*, golondrina *f/reg*
vaporiera *f* máquina de vapor (*tren*)
vaporizza|re 1. *vt* vaporizar; **2.** *vi/*~*rsi* evaporarse; ~**tore** *m* vaporizador; ~**zione** *f* vaporización
vaporos|ità *f/inv* vaporosidad *f*; ~**o** *adj* vaporoso
varare *vt mar* botar; *pol* aprobar (*ley*); *teatro* estrenar
varc|are *vt* atravesar, franquear; franquear, traspasar (*umbral*); ~**o** *m geogr* paso, puerto; *(fig) aspettare q al* ~ buscarle las vueltas a alg
vare(c)china *f* lejía
variabil|e 1. *adj* variable; **2.** *f mat* variable; ~**ità** *f/inv* variabilidad *f*
variante *adj/f* variante
variare *<vario>* *vt/vi* *<avere: persona; essere: cosa>* variar
variato *adj* variado; ~**re** *m tec* variador
variazione *f cient/mus/fig* variación
varice *f med* variz, varice; ~**lla** *f med* varicela
varicoso *adj med* varicoso
variegat|o *adj* variopinto, abigarrado; ~**ura** *f* abigarramiento *m*
varietà 1. *f/inv* 1. variedad; 2. *m/inv teatro* variétés *fpl*, variedades *fpl*
variété V. **varietà** (2)
vario 1. *adj* vario, diverso, variado; *meteo* variable; **2.** *adj/pr pl* *<indefinito>* varios, -as; *(adm)* ~*e ed eventuali* ruegos y preguntas; ~**metro** *m tec* variómetro; ~**pinto** *adj* variopinto, abigarrado
varo *m mar* botadura *f*
Varsavia *f* Varsovia
vasaio *m* alfarero
vasca *f* bañera; pila (*fuente*); piscina; ~ *da bagno* bañera; *(fig) fare la* ~ dar un paseo por la calle principal
vascello *m* buque, navío; *capitano di* ~ capitán de navío
vascolare *adj* vascular
vasectomia *f* vasectomía
vaselina *f* vaselina
vasell|ame *m* vajilla *f*; ~**ina** V. **vaselina**
vaso *m* 1. jarrón; maceta *f*; ~ *da fiori* jarrón, florero; maceta *f*, tiesto; ~ *da notte* orinal; *il* ~ *di Pandora* la caja de Pandora *f*; 2. *gastr* tarro; 3. *fam* taza (del váter) *f*; 4. *med/fis* vaso; ~*i comunicanti* vasos comunicantes
vasocostrittore *adj/m* vasoconstrictor
vasodilatatore *adj/m* vasodilatador
vassall|aggio *m hist/fig* vasallaje; ~**o** *adj/s hist/fig* vasallo
vassoio *m* bandeja *f*
vast|ità *f/inv* vastedad *f*, amplitud *f*; ~**o** *adj* vasto, inmenso, grande; *di* ~*a cultura, di* ~*e proporzioni* de vasta cultura, de vastas proporciones; *di* ~*a portata* de enorme alcance; *su* ~*a scala* a gran escala
vate *m lit* vate
vaticano *adj/m* vaticano; *Città del* *~ Ciudad del Vaticano
vaticin|are *<esd/-cino>* *vt* vaticinar, pronosticar; ~**io** *m* vaticinio, pronóstico
vattelapesca! *excl/fam* ¡vete tú a saber!
vaudevil *m fr/inv teatro* vodevil *m*
ve *pr* *<+ otro pr>* os
ve'! *excl* 1. ¡cuidado!; 2. ¡vaya!, ¡pues!
vecchia|ia *f* vejez; ~**rdo, -a** *m/f* vejete *m*, viejecito, -a
vecchie|tto *m/f* viejecito, -a, vejete *m*; ~**zza** *f* vejez
vecchio, -a *<mpl -chi>* **1.** *adj* 1. viejo, -a; mayor; *una* ~*a storia* una vieja historia; ~*a volpe* zorro viejo, perro viejo; ~*i amici* viejos amigos; 2. mayor (*edad*); *è il più* ~ *dei fratelli* es el hermano mayor; *è più* ~ *di lei di due anni* es dos años mayor que ella; **2.** *m/f* viejo, -a, anciano, -a
vecchiume *m desp* trastos viejos *mpl*; *fig* ideas anticuadas *fpl*
veccia *f bot* algarroba
vece *f adm* vez; *fare le* ~*i di q* hacer las veces de alg; *in* ~ *di* en lugar de; *in* ~ *tua* en tu lugar; *firma del padre o di chi ne fa le* ~*i* firma del padre o tutor
vedente *m/f* vidente; *(euf) non* ~ invidente
vedere *<85 vedo; vidi; visto/veduto>* **1.** *vt* ver; *avere qc a che* ~ *con q/qc* tener algo que ver con alg/algo; ~ *nero* verlo todo negro; *dare a* ~ mostrar, enseñar; *far* ~ enseñar; *farsi* ~ *dal medico* hacerse examinar por el médico, ir al medico; *stare a* ~ estar al tanto; *sta' a* ~ espera y verás; *non* ~*rci più dalla fame* estar muerto de hambre; *non ci vede più dalla rabbia* está que echa chispas, está que trina; *non* ~*rci chiaro in una faccenda* no ver claro un

asunto; *non poter* ~ *q* no poder ver a alg, caer mal alg; *vedi sopra* (*v.s.*) véase más arriba; *è una cosa da* ~ es una cosa digna de verse; *perché, vedi, io gli voglio bene* porque, sabes/mira, yo le quiero; *a mio modo di* ~ a mi modo de ver, en mi opinión; *(fam) vuoi* ~ *che...* quieres ver tú que...; *vediamo un po'* vamos a ver, veamos; *vedremo* ya veremos; *si vede che...* está visto que..., se conoce que...; *(fam) te lo faccio* ~ *io* ahora te vas a enterar; *chi s'è visto, s'è visto* si te he visto no me acuerdo; **2.** *~rsi* verse; *ci vediamo ogni giorno* nos vemos cada día; *si vide perduto* se vio perdido; *(fam) ~rsela brutta* pasarlas canutas; **3.** *m* ver; entender; *a mio* ~ a mi entender
vedett|a *f* atalaya, vigía (*lugar*); vigía *m* (*persona*); **~e** *f fr/inv* vedette *f*
vedova *adj/f* viuda; *Lia Perugi* ~ *Calvi* Lia Perugi, viuda de Calvi
vedovanza *f* viudedad
vedovella *f bot* viuda
vedovile *adj* de viudedad; de viudo, -a; *pensione* ~ pensión de viudedad
vedovo *adj/m* viudo
veduta *f* 1. vista; ~ *aerea* vista aérea; *stanza con* ~ *sul lago* habitación con vistas al lago; 2. *fpl fig* miras; *persona di larghe ~e* persona de largas miras
veemen|te *adj* vehemente; **~za** *f* vehemencia
vegeta|le *adj/m* vegetal; **~re** <*esd*> *vi* <*avere*> *bot/fig* vegetar; **~riano** *adj/s* vegetariano; **~tivo** *adj* vegetativo; **~zione** *f* vegetación
vegeto *adj bot* exuberante, lozano; *fig* fuerte, sano, robusto; **~minerale** *adj* vegetomineral
veggente *m/f* vidente, adivino, -a
veglia *f* 1. vela (*acción*); ~ *funebre* velatorio *m*; *fare la* ~ *ad un malato* acompañar a un enfermo; 2. vigilia; ~ *danzante* velada con baile; *stare tra la* ~ *e il sonno* estar entre el sueño y la vigilia; **~rdo, -a** *m/f* anciano, -a venerable; **~re** *vt/vi* <*avere*> velar
veglione *m* gran velada con baile *f*; ~ *di Capodanno* cotillón, fiesta de nochevieja *f*; ~ *di carnevale* baile de carnaval
veicol|are 1. <*esd*> *vt* vehicular; **2.** *adj* vehicular (*lengua*); rodado (*tráfico*); **~o** *m* vehículo
vela *f mar* vela; *barca a* ~ barco de vela; *a gonfie ~e* a toda vela, a todo trapo; *fig* viento en popa, sobre ruedas; *(fig) ammainare le ~e* tirar la toalla; *sciogliere le ~e* largar las velas; *spiegare le ~e* desplegar las velas
velacci|no *m mar* sobrejuanete; **~o** *m mar* juanete
velame *m* velamen
velar|e 1. *adj med/ling* velar; **2.** *vt* velar; tapar, ocultar; **3.** *~rsi* velarse; ofuscarse, apagarse
velat|o *adj* velado; tapado; tenue; **~ura** *f* 1. velado *m*; 2. capa fina; 3. *foto* velado *m*, ofuscamiento *m*; 4. *mar* velamen *m*
veleggia|re *vi* <*avere*> *mar* navegar a vela; *aer* planear; **~tore** *m mar* velero; *aer* planeador
velen|ifero *adj* venenífero *lit*, tóxico; **~o** *m biol/fig* veneno; *schizzare* ~ *(da tutti i pori)* destilar veneno (por todos los poros); *sputare* ~ echar sapos y culebras
velenos|ità *f/inv* venenosidad *f*, toxicidad *f*; **~o** *adj* venenoso
veletta *f* velete *m*
velico *adj* de la vela, velero
veliero *m* velero
velina 1. *(adj) carta* ~ papel de cebolla, papel de seda; **2.** *f* papel de cebolla *m*, papel de seda *m*
velis|mo *m sport* vela *f*; **~ta** *m/f* regatista
velivolo 1. *adj lit* velívolo; **2.** *m* aeronave *f*, aeromóvil; avión
velleit|à *f/inv* veleidad *f*; **~ario** *adj* veleidoso; **~arismo** *m* veleidosidad *f*
vello *m* vellón, vellocino; zalea *f* (*piel*); *il* ~ *d'oro* el vellocino de oro
vellut|are *vt* aterciopelar; **~ato** *adj* aterciopelado (*tejido, vino, tacto*); **~ino** *m* velludillo; tira de terciopelo *f*; **~o** *m* terciopelo; ~ *a coste* pana; ~ *di cotone* velludillo; *(fig) camminare sul* ~ ir con pies de plomo
velo *m* velo; *fig* capa *f*; ~ *palatino* velo del paladar; ~ *da sposa* velo de novia; *zucchero a* ~ azúcar glacé; *prendere, deporre il* ~ tomar, colgar el velo (*monja*); *(fig) stendere un* ~ *pietoso su qc* correr un tupido velo sobre algo; **~ce** *adj* veloz, rápido
velociped|e *m* velocípedo; *iron* velocípedo, bicicleta *f*; **~istico** *adj* ciclístico
veloci|sta *m/f sport* velocista; **~tà** *f/inv* velocidad *f*; *auto* velocidad *f*, marcha *f*; ~ *di crociera* velocidad de crucero; *gara di* ~ prueba de velocidad; *treno ad alta* ~ tren de alta velocidad; *a tutta* ~ a toda velocidad
velodromo *m* velódromo
velours *m fr/inv* velludillo *m*, terciopelo *m*
veltro *m* galgo
vena *f med/min/fig* vena; ~ *cava, porta* vena cava, porta; ~ *poetica* vena poética; *essere in* ~ estar en vena
venal|e *adj* venal, vendible; *fig/desp* venal, corruptible; **~ità** *f/inv* venalidad *f*
venare *vt* vetear, jaspear
venato *adj* veteado, jaspeado; **~rio** *adj* venatorio
venatura *f* veta
vendemmia *f* vendimia; **~re** *vt/vi* <*avere*> vendimiar; **~tore, -trice** *m/f* vendimiador, -a
vendere 1. *vt* vender; ~ *all'asta* subastar; *(fig)* ~ *fumo* vender la moto; *(fig) saper* ~ *la propria merce* saber venderse; *averne da* ~ tener para dar y vender; *(fig) te la vendo come l'ho comprata* te lo digo tal como me lo han contado; **2.** *~rsi* 1. *desp* venderse; prostituirse; 2. *com/fig* venderse; *~rsi bene* venderse bien, tener buena venta
vendetta *f* venganza; *ricevere* ~ ser vengado; *la* ~ *di Dio* el castigo de Dios

vendibile *adj* vendible
vendica|re *<esd>* **1.** *vt* vengar (*qc su q* algo en alg); **2.** *~rsi* vengarse (*su q di qc* en alg de algo/de alg por algo); **~tivo** *adj* vengativo; **~tore** *adj/s* vengador
vendifumo *m/f inv* vendehúmos
vendit|a *f* venta; *~ di fine stagione* liquidación de fin de temporada; *~ fallimentare* venta por quiebra; *~ all'ingrosso, al minuto/al dettaglio* venta al por mayor, al detalle/al pormenor; *~ porta a porta/per corrispondenza* venta puerta a puerta/a domicilio, venta por correo; *essere in ~* estar en venta, estar a la venta; **~ore, -trice** *m/f* vendedor, -a; *~ ambulante* vendedor ambulante; *~ all'ingrosso, al dettaglio/al minuto* mayorista, detallista/minorista
venduto *adj* vendido; *fig/desp* vendido, traidor
venefic|io *m* veneficio; **~o** *adj* venéfico
venera|bile *adj* venerable; **~bilità** *f/inv* venerabilidad *f;* **~ndo** *adj* venerando, venerable; **~re** *<esd> vt* venerar; **~zione** *f* veneración
venerdì *m/inv* viernes *m; *~ Santo* Viernes Santo; *(fig) gli manca qualche/un ~* le falta algún/un tornillo
Venere *f astr/mit* Venus; *(med) monte di ~* monte de Venus
venereo *adj* venéreo
veneto *adj/s* véneto, del Véneto
Venezia *f* Venecia; ***~na** *f* veneciana (*persiana*); ***~no** *adj/m* veneciano
Venezuela: *il ~* Venezuela; ***~no** *adj/s* venezolano
venia *f* venia; **~le** *adj* venial; *peccato ~* pecado venial
venire *<86 vengo; venni; venuto>* **1.** *vi* 1. venir; *~ da Padova* venir de Padua; *andare e ~* ir y venir; ser descubierto, salir a la luz; *~ fuori* resultar; *viene fuori con certe idee!* ¡sale con cada cosa!; *~ giù* caer; *~ meno* faltar; desmayarse (*persona*); *~ su* subir, aumentar; crecer (*persona*); *~ via* despegarse; largarse, esfumarse; *mi è venuta un'idea* se me ha ocurrido una idea; *mi viene da vomitare* me dan ganas de vomitar; *cosa ti viene in mente?* ¿qué te pasa por la cabeza?; 2. ir (*hacia el interlocutor*); *vieni a casa mia? sì, ci vengo* ¿vienes a mi casa? sí, voy; *~ incontro a q* ir al encuentro de alg; *~ avanti* adelantarse; 3. llegar; *~ a patti* llegar a un acuerdo; *~ alle mani* llegar a las manos; *~ a sapere* enterarse, llegar a saber; *~ a conoscenza di qc* enterarse de algo; 4. salir, resultar (*foto, plato...*); venir, sentar (*ropa*); costar, resultar (*precio*); *viene bene in fotografia* sale bien en las fotografías; *mi viene stretto* me aprieta (*ropa*); *quanto viene?* ¿por cuánto resulta?, ¿por cuánto sale?; *com'è venuto il lavoro?* ¿cómo ha salido el trabajo?; 5. caer (*fecha*); *Pasqua viene sempre di domenica* Pascua siempre cae en domingo; 6. *<con un gerundio>* ir, estar; *viene dicendo queste cose* va diciendo estas cosas; 7. *<frases pasivas; solo tiempos simples>* ser; *i suoi articoli vengono letti da tutti* sus artículos son leídos por todos; *mi venne detto di tacere* se me dijo que callara; **2.** *~rsene* venirse; irse
venoso *adj* venoso
venta|glio *m* abanico; **~ta** *f meteo* ventolera, racha, ráfaga; *fig* pronto *m*, impulso *m*
ventenn|ale 1. *adj* que dura veinte años; que se celebra cada veinte años; **2.** *m* vigésimo aniversario; **~e 1.** *adj* de veinte años; **2.** *m/f* persona de veinte años; **~io** *m* período de veinte años
ventesimo 1. *adj* vigésimo (*ord*); veinteavo, veintésimo (*parte*); **2.** *m* veinteavo, veintésimo
venti *adj/m card* veinte
ventila|bro *m agr* aventadora *f;* **~re** *<esd> vt agr* aventar; ventilar, airear, orear (*habitación*); *fig* exponer, presentar, lanzar (*idea*); **~to** *adj* ventilado, aireado; **~tore** *m* ventilador; *agr* aventador; **~zione** *f med/tec* ventilación
ventina *f* veintena
ventiquattr'ore, ventiquattrore *f/inv* maletín *m*, portafolios *m*
vento *m* viento; *~ di prora* vento de proa; *~i di fronda* vientos de revuelta, vientos de guerra; *fa ~* hace aire; *tira ~* sopla aire; *(a. fig) navigare col ~ in poppa* ir viento en popa; *parlare al ~* hablar con la pared; *(fig) spira cattivo ~* soplan malos aires, corren malos tiempos; *spargere/gridare ai quattro ~i* publicar a los cuatro vientos; *chi semina ~ raccoglie tempeste* quien siembra vientos recoge tempestades
ventola *f* 1. soplillo *m* (*fuego*); 2. *mec* pulsor *m*
ventos|a *f med/zool/tec* ventosa; **~ità** *f/inv* ventosidad *f;* **~o** *adj* ventoso
ventrale *adj* ventral
ventre *m* vientre, barriga *f;* **~sca** *f gastr* 1. bacón *m;* 2. ventrecha de atún
ventricol|are *adj* ventricular; **~o** *m* ventrículo
ventriera *f* ventrera, faja
ventriglio *m zool* molleja *f*
ventriloqu|io *m* ventriloquia *f;* **~o** *adj/s* ventrílocuo
ventur|a *f* ventura, suerte; *alla ~* a la ventura; **~o** *adj* venidero, próximo; **~oso** *adj lit* venturoso
venusiano *adj/s* venusiano
venust|à *f/inv lit* venustez *f*, venustidad *f;* **~o** *adj lit* venusto
venut|a *f* venida; **~o, -a 1.** *adj* venido, llegado; **2.** *m/f* llegado, -a; *primo ~* recién llegado; *(fig) non essere il primo ~* no chuparse el dedo
vera *f* alianza, anillo de bodas *m*
verac|e *adj* veraz; **~ità** *f/inv* veracidad *f*
veramente *adv* 1. realmente; 2. sinceramente, a decir verdad
veranda *f arch* galería
verbal|e 1. *adj* verbal; **2.** *m adm* acta *f*; *redigere il ~* levantar acta; *mettere a ~* poner en acta, hacer constar en acta; **~ismo** *m* verbalismo
verbalizza|re *vt* verbalizar; **~zione** *f* verbalización
verbasco *m bot* gordolobo
verbena *f bot* verbena

verbo *m eccl/ling* verbo
verbos|ità *f/inv* verbosidad *f*, verborrea *f*; ~**o** *adj* verboso, locuaz
verda|stro *adj* verdusco; ~**zzurro** *adj/m* verde azulado; garzo (*ojos*)
verde 1. *adj* verde; ~ *oliva, bottiglia, mare* verde oliva, botella, mar; *zona* ~ zona verde; *la* ~ *età* la tierna edad; **2.** *m* verde (*color*); *bot* verde, verdor, verdura *f*; *(fig) essere al* ~ estar sin blanca; *(fig) restare al* ~ quedarse sin blanca, quedarse a dos velas; *passare col* ~ pasar en verde (*semáforo*); **3.** *adj/s pol* verde (*ecologista*)
verdeggia|nte *adj* verdoso, verdusco; ~**re** *vi* <*avere*> verdear
verdemare *adj/m/inv* verdemar
verderame *m/inv* cardenillo *m*, verdín *m*
verdetto *m ius* veredicto, fallo; *sport/fig* decisión *f*
verdezza *f* verdor *m*
verdi|ccio *adj* verdoso, verdusco; ~**gno** *adj* verdusco
verdognolo *adj* aceitunado, verdusco
verdolino *adj* verdoso
verdone *m* 1. verdinegro; 2. *zool* cañamero, venderol, venderón
verdura *f bot/gastr* verdura, hortaliza
verecond|ia *f* verecundia, pudor *m*; ~**o** *adj* verecundo, púdico
verga *f* verga, vara; azote *m*; varita (*zahorí, mago*); *mar* verga; *metal* barra, lingote *m*; *pop* verga, cipote *m* (*pene*); ~**re** *vt* rayar, pautar (*papel*); varetear (*tela*); *fig* escribir (*carta*)
vergat|ina *f* papel vergé *m*, papel vergueteado *m*; ~**ino** *m* tela vareteada *f*; ~**o** *adj* vergé, vergueteado; *carta* ~*a* papel vergé/vergueteado; ~**ura** *f* vergueteado *m* (*papel*); vareteado *m* (*tela*)
vergin|ale *adj* virginal; ~**e** *adj/s* virgen; *foresta* ~ selva virgen; *olio* ~ *d'oliva* aceite de oliva virgen; *pura lana* ~ pura lana virgen; *~**e** *f* 1. *astr* Virgo; 2. *eccl* Virgen; ~**eo** V. **virgineo**; ~**ità** *f/inv* virginidad *f*
vergogn|a *f* 1. vergüenza; ~*!* ¡qué vergüenza!; *è una* ~ es una vergüenza; *morire dalla* ~ caérsele (a alg) la cara de la vergüenza; *avere* ~ *di q/qc* avergonzarse de algo/alg; 2. *fpl fam* vergüenzas; ~**arsi** avergonzarse (*di* de); ~**oso** *adj* vergonzoso (*deplorable, tímido*)
veridic|ità *f/inv* veracidad *f*; ~**o** *adj* verídico
veridittorio *adj* veridictorio
veridizione *f* veridicción
verifica *f* verificación, comprobación
verificabil|e *adj* verificable; ~**ità** *f/inv* verificabilidad *f*
verificare <*esd*> **1.** *vt* verificar, comprobar; **2.** ~*rsi* 1. verificarse, comprobarse; 2. suceder, ocurrir
verificatore *adj/s* verificador
verificazione *f* verificación, comprobación
veris|mo *m art/fig* realismo; ~**ta** *adj/s art* realista; ~**tico** *adj art* realista
verit|à *f/inv* verdad *f*; *la pura e semplice* ~ la pura verdad; *una* ~ *sacrosanta* una verdad como un templo/como un puño; *in* ~ en verdad, la verdad; ~**iero** *adj* verídico, sincero
verme *m zool* gusano, lombriz *f*; *fig/desp* gusano, sabandija *f*; ~ *solitario* tenia, solitaria *f*; *essere nudo come un* ~ ser más pobre que las ratas
vermic|elli *mpl gastr* espaguetis finos; ~**olare** *adj* vermicular; ~**ulite** *f min* vermiculita
vermiforme *adj* vermiforme
vermifugo *adj/m* vermífugo, vermicida
vermiglio *adj/m* bermejo
verminoso *adj* agusanado
vermouth, vermut *m/inv* vermut *m*, vermú *m*
vernaccia *f* garnacha
vernacolo 1. *adj* vernáculo; **2.** *m* lengua vernácula *f*
vernice *f* barniz *m*, laca; pintura; charol *m* (*piel*); *fig* pátina, capa; ~ *fresca* recién pintado
vernicia|re *vt* barnizar; pintar; acharolar (*piel*); ~ *a smalto* esmaltar; ~ *a spruzzo* barnizar a pistola; ~**tore, -trice** 1. *m* barnizador, -a, pintor, -a; 2. *m tec* pistola (de barnizar) *f*; ~**tura** *f* barnizado *m*; pintura; *fig* fachada, apariencia
verniero *m tec* vernier, nonio
vernissage *m fr/inv* inauguración de una exposición *f*
vero 1. *adj* verdadero; cierto; verdad *f*; *tant'è* ~ *che...* mira si es verdad que...; *è incredibile ma* ~ es increíble pero verdad/pero cierto; *è un fatto* ~ es un hecho real; ~ *e proprio* puro y simple; *non mi par* ~*!* ¡parece mentira!; ~*?* ¿verdad?, ¿a que sí?; **2.** *m* verdad *f*; *pitt* natural; *a dire il* ~ a decir verdad; *dipingere dal* ~ pintar del natural
veronica *f eccl* verónica
verosimi|glianza *f* verosimilitud; ~**e** *adj* verosímil
verr|icello *m* cabrestante; ~**o** *m* verraco
verruc|a *f* verruga; ~**oso** *adj* verrugoso
versa|ccio *m* mueca *f*; ~**iolo** *m* coplero, coplista; ~**mento** *m econ* ingreso, imposición *f* (*banco*); pago, desembolso; *med* derrame; ~**nte** *m geogr/fig* vertiente *f*; ~**re 1.** *vt* verter, derramar (*líquido*); *econ* ingresar (*banco*); pagar; **2.** *vi* <*avere*> encontrarse (*situación*); **3.** ~*rsi* verterse, derramarse
versatil|e *adj* versátil; ~**ità** *f/inv* versatilidad *f*
versato *adj* versado, ducho
verseggia|re *vi* <*avere*> versificar, versear *fam*; ~**tore, -trice** *m/f* versificador, -a, versista
versetto *m eccl* versículo
versifica|re <*esd*> *vt/vi* <*avere*> versificar; ~**tore, -trice** *m/f* versificador, -a; ~**zione** *f* versificación
versione *f* versión; *ling* versión, traducción; *cine/mus* versión
verso 1. *prep* hacia (*lugar, tiempo*); *andare* ~ *un posto* ir hacia un sitio; *veniva* ~ *di noi* vanía hacia nosotros; ~ *sera* a última hora de la tarde; ~ *mezzanotte* alrededor de la medianoche, hacia las doce; ~ *luglio* hacia julio, allá por julio; **2.** *m* 1. *ling* verso;

2. *zool* canto (*pájaros*); sonido, voz *f* (*otros animales*); *fig* grito (*persona*); 3. dejo (*voz*); gesto; paso, andar; 4. forma *f*, modo; *non c'è ~ di farlo entrare* no hay forma de hacerle entrar; 5. dirección *f*, camino; lado; *prendere q per il suo ~* saber tratar a alg, saber por donde respira alg; *prendere q per il ~ sbagliato* tratar a alg de forma equivocada; *per un ~ o per l'altro* por un lado o por otro; 6. verso, vuelta *f* (*tip, medalla*)

versoio *m agr* vertedera *f*

vertebra *f* vértebra; **~le** *adj* vertebral; **~to** *adj/m* vertebrado

vertenza *f* controversia, cuestión pendiente

vertere *vi/def* <*sin PP ni tiempos compuestos*> versar, tratar (*su* sobre)

vertical|e *adj/f* vertical; *fare la ~* hacer el pino; **~ità** *f/inv* verticalidad *f*

vertice *m mat* vértice; *geogr/fig* cima *f*; *pol* cumbre *f*; *incontro al ~* encuentro en la cumbre

vertigine *f med* vértigo *m*, mareo *m*; *avere, dare le ~i* tener, dar vértigo; *cosa da far venire le ~i* cosa de vértigo

vertiginoso *adj* vertiginoso

verza *f bot* berza

verzi|ere *f lit* vergel; **~no** *m bot* brasil

verzotto: cavolo ~ *m* berza *f*

verzura *f lit* verdura, verdor *m*

vescia *f bot* pedo de lobo *m*, bejín *m*

vescic|a *f* 1. *zool/med* vejiga; *~ biliare* vesícula biliar; 2. *med* vejiga, vesícula, ampolla (*piel*); **~ante, ~atorio** *adj/m* vejigatorio; **~olare** *adj* vesicular

vescov|ado *m* episcopado, obispado; **~ile** *adj* episcopal

vescovo *m* obispo

vespa *f* 1. zool avispa; *vitino di ~* cintura de avispa; 2. **~* Vespa (*moto*); **~io** *m zool/fig* avispero; *(fig) suscitare un ~* alborotar el gallinero; **~siano** *m ant* urinario

vespertino *adj* vespertino

vespino *m* vespino

vespro *m* atardecer; *eccl* víspera *f*

vessa|re *vt* vejar; **~tore** *adj/s* vejador; **~torio** *adj* vejatorio; **~zione** *f* vejación

vessill|ifero *m* portaestandarte, abanderado; **~o** *m* bandera *f*, estandarte

vestaglia *f* bata, batín *m*

vestale *f hist* vestal

veste *f* 1. vestido *m*; *~ da camera* salto de cama; *~ talare* sotana; 2. revestimiento *m*; *~ tipografica* forma tipográfica; 3. *fig* forma, aspecto *m*; *in ~ di* bajo forma de; en calidad de (*cargos*); 4. *fpl* ropa *f*; *~i femminili, maschili* ropa de mujer, de hombre

vestiari|o *m* vestuario (*ropa*); **~sta** *m/f teatro* encargado, -a del guardarropa

vestibolo *m arch* vestíbulo, atrio, zaguán

vestigio *m* vestigio

vestimento *m lit* vestimenta *f*

vestire 1. *vt* vestir (*q* a alg); vestir, llevar (*prendas*); sentar, caer (*ropa*); **2.** *vi* <*avere*> vestir; **3.** *~rsi* 1. vestirse; *si veste da Valentino* se viste en Valentino; *~rsi a festa, di bianco* vestirse de fiesta, de blanco; *~rsi in maschera* disfrazarse; *~rsi della divisa* ponerse el uniforme

vestito *m* 1. traje; vestido (*mujer*); *farsi fare un ~* hacerse un traje, encargar un traje; 2. vestuario, indumentaria *f*

veterano *adj/s* veterano

veterinari|a *f* veterinaria; **~o** *adj/s* veterinario

veto *m* veto; *diritto di ~* derecho de veto; *porre il proprio ~ a qc/q* vetar algo/a alg

vetra|io *m* vidriero; cristalero; **~ta** *f* vidriera; **~to** *adj* vidriado; *carta ~a* lija

vetreria *f* vidriería; cristalería

vetrifica|re <*esd*> **1.** *vt* vitrificar; **2.** *vi/~rsi* vitrificarse; **~zione** *f* vitrificación

vetrin|a *f com* escaparate *m*; vitrina (*mueble*); **~ista** *m/f* escaparatista; **~istica** *f* escaparatismo *m*; **~o** *m* cubreobjeto (*microscopio*)

vetriolo *m* vitriolo

vetro *m* vidrio; vidrio, cristal (*ventana...*); *(auto) ~i atermici* cristales ahumados; *(fig) essere di ~* ser de mírame y no me toques; **~so** *adj* vidrioso

vetta *f geogr/fig* cima, cumbre

vettor|e, -trice 1. *m mat/fid* vector; *com* vector, transportista; **2.** *adj* porteador; *mat* vector; **~iale** *adj* vectorial

vettovaglia|mento *m* avituallamiento, abastecimiento; **~re** *vt* avituallar, abastecer

vettovaglie *fpl* vituallas, víveres *mpl*, provisiones

vettur|a *f* coche *m*, automóvil *m*; coche *m*, vagón *m* (*tren*); *ant* coche *m*, carroza (*de caballos*); **~ale** *m* cochero; **~ino** *m* cochero

vetust|à *f/inv lit* vetustez *f*; **~o** *adj lit* vetusto

vezzeggia|mento *m* mimo, arrumaco; **~re 1.** *vt* mimar; **2.** *vi* <*avere*> hacerse el mimoso, dejarse mimar; **~tivo 1.** *adj* mimoso; afectuoso; *ling* apreciativo; **2.** *m ling* apreciativo, hipocorístico

vezzo *m* 1. hábito, vicio; 2. mimo, arrumaco, carantoña *f*; 3. collar; 4. *mpl* zalamerías *fpl*, melindres; 5. *mpl* gracia *f*, encanto *m*; **~sità** *f/inv* gracia *f*, encanto *m*, donaire *m*; **~so** *f* 1. gracioso, encantador, donoso; 2. afectado, cursi

vi *pr* <*átono*> 1. os; *~ dico* os digo; 2. <*adverbial de lugar*> *conosci Roma? lo ~ sono stato due volte* ¿conoces Roma? Yo he estado (allí) dos veces; *non mi piace il mare, ma ~ dovrò andare quest'estate* no me gusta el mar, pero tendré que ir (allí) este verano; 3. <*complemento*> *per te quest'affare è chiaro, ma io non ~ vedo la soluzione* para tí el problema está claro, pero yo no le veo la solución

via 1. *f* vía; camino *m*; carretera; calle (*seguido del nombre de la calle*); *med/ius* vía; *fig* vía; *~ comunale, provinciale, nazionale* carretera comarcal, provincial, nacional; **~ Lattea* Vía Lactea; *~* Garibaldi calle Garibaldi; *~ d'uscita* salida, escapatoria; *~ libera* vía libre; *dare ~ libera* dar luz verde; *~e respiratorie* vías respiratorias; *per ~ orale* por vía oral; *per ~ di padre* por parte de padre; *per ~e traverse* con malas artes;

per ~ di a causa de; *per ~ privata/confidenziale* confidencialmente; *andare per ~ mare* ir por mar; *essere in ~ di guarigione* estar en vías de curación; *mettersi la ~ tra i piedi* ponerse en camino; *passare a ~e di fatto* pasar a la acción; **2.** *(adv) andare ~* irse; desaparecer (*fiebre*); *essere ~* estar fuera, haber salido; *mandare ~* echar; *venire ~* irse (*mancha*); caerse (*botón*); *e così ~/e ~ dicendo* y así sucesivamente; *~ ~ che* a medida que; *va' ~!* ¡lárgate!, ¡fuera de aquí!; **3.** *excl* 1. ¡ánimo!, ¡vamos!; 2. *sport* ¡ya!; *pronti, attenti, ~!* ¡preparados, listos, ya!; 3. ¡largo!, ¡fuera!; **4.** *m/inv* salida *f*, señal de salida *f*; *dare il ~* dar la salida
viabil|e *adj* viable; ~**ista** *m/f* técnico, -a en viabilidad; ~**istico** *adj* de la viabilidad; ~**ità** *f/inv* viabilidad *f*
via crucis *f eccl* vía crucis *m*; *fig* vía crucis *m*, calvario *m*
viadotto *m* viaducto, puente
viaggia|re 1. *vi* <*avere*> viajar; **2.** *vt* recorrer; ~**tore, -trice 1.** *adj* viajero; *commesso ~* viajante; *colombo ~/piccione ~* paloma mensajera; **2.** *m/f* viajero, -a; *aer/mar* pasajero, -a
viaggio <*pl -ggi*> m viaje; *buon ~!* ¡buen viaje!; *essere in ~* estar de viaje; *ci vorranno tre ~i per portare tutto* harán falta tres viajes para llevarlo todo; *fare un ~ e due servizi* matar dos pájaros de un tiro
viale *m* avenida *f*, paseo; alameda *f*
viandante *m/f* viandante, caminante
viario *adj* viario
viatico *m eccl* viático
viavai *m/inv* vaivén, ir y venir, trajín *m*, trasiego *m*
vibra|fono *m* vibráfono; ~**nte** *adj/f ling* vibrante; ~**re 1.** *vt* vibrar; **2.** *vi* <*avere*> *fis/fig* vibrar; ~**tile** *adj* vibrátil
vibrato 1. *adj* enérgico (*protesta*); **2.** *m mus* vibrato; ~**re** *adj/m* vibrador; ~**rio** *adj* vibratorio
vibrazione *f* vibración
vibrione *m biol* vibrión
vicari|ato *m* vicariato, vicaría *f*; ~**o** *adj/m* vicario
vice *m/f inv* suplente *m/f*, sustituto, *-a*
viceammiraglio *m* vicealmirante
vicend|a *f* 1. sucesión, discurrir *m*; 2. suceso *m*, caso *m*, hecho *m*; *a ~* recíprocamente, uno(s) a otro(s); 3. *agr* rotación; ~**evole** *adj* recíproco, mutuo
viceré, viceregina *m/f* virrey, virreina
vicereame *m* virreino
vicesindaco *m* teniente de alcalde
viceversa 1. *adv* viceversa; al revés; **2.** *conj fam* en cambio *est*
vichingo *adj/s* vikingo
vicina|le *adj tras* de cercanías; ~**nza** *f* 1. cercanía, proximidad; 2. *fpl* cercanías, proximidades, alrededores *mpl*; ~**to** *m* vecindario
vicino, -a 1. *adj* cercano, próximo ; cercano, afín, allegado (*pariente*); *fig* cercano, parecido; *essere ~ a fare qc* estar a punto de hacer algo; **2.** *adv* cerca; *conoscere, esaminare da ~* conocer, examinar de cerca; *ci sono stato ~* he estado cerca, casi lo consigo; **3.** *(prep) ~ a* cerca de; junto a; **4.** *m/f* vecino, -a; *~ di casa* vecino, -a
vicissitudini *fpl* vicisitudes
vico *m reg* callejón (*+ nombre de la calle*)
vicolo *m* callejón; *~ cieco* callejón sin salida
video 1. *adj/inv* vídeo, video *am*; **2.** *m/inv* vídeo *m*; ~**camera** *f* cámara de vídeo; ~**cassetta** *f* cinta de vídeo; ~**citofono** *m* videoportero; ~**clip** *m/inv* videoclip *m*; ~**controllo** *m* videocontrol; ~**disco** *m* videodisco; ~**fono** *m* videoportero; ~**game** *m ingl/inv*; ~**gioco** *m* videojuego *m*
videoregistra|tore *m* vídeo, video *am*; ~**zione** *f* grabación en vídeo
videoriproduttore *m* reproductor de vídeo
videote|ca *f* videoteca; ~**l** V. **videotex**; ~**lefono** *m* videoteléfono; ~**rminale** *f* terminal de vídeo; ~**x** *m/inv* ="ibertex"
vidima|re <*esd*> *vt* legalizar, visar; ~**zione** *f* legalización, visado *m*
Vienn|a *f* Viena; ~**ese** *adj/s* vienés
viepiù *adv lit* cada véz más *est*
vieta|re *vt* prohibir; *~ a q di fare qc* prohibir a alg hacer algo; *nulla vieta che*... nada prohíbe/impide que...; ~**to** *adj* prohibido; *~ fumare* prohibido fumar; *~ l'ingresso* prohibida la entrada
vietnamita *adj/s* vietnamita
vieto *adj desp* caduco, rancio
vigente *adj* vigente
vigere *vi/def* <*solo 3ª sing y pl; sin PP*> estar vigente/en vigor
vigilan|te 1. *adj* vigilante, atento; **2.** *m* 1. vigilante; 2. <*pl -es*> guardia jurado, vigilante jurado; ~**za** *f* vigilancia
vigilare <*esd*> *vt/vi* <*avere*> vigilar
vigilato *adj* vigilado; *libertà ~a* libertad provisional; ~**re** *adj/s* vigilante
vigile 1. *adj* vigilante, atento; **2.** *(m/f) ~ del fuoco* bombero; *~ urbano* policía municipal
vigilia *f* vigilia, víspera; *eccl* vigilia; *fare ~* comer de vigilia; *alla ~ di* en vísperas de
vigliac|cata *f* jugarreta, mala pasada, gorrinada; ~**cheria** *f* bellaquería, cobardía; ~**co** *adj/s* bellaco, cobarde
vigna *f* viña; ~**iolo** *m* viñador
vigneto *m* viñedo
vignett|a *f tip* viñeta, ilustración; ~**ista** *m/f* ilustrador, -a; caricaturista
vigogna *f zool* vicuña
vigor|e *m* vigor; *riprendere ~* recobrar fuerzas; *(ius) essere, entrare in ~* estar, entrar en vigor; ~**ia** *f* vigor *m*, fuerza, fortaleza
vigoros|ità *f/inv* vigorosidad *f*, fortaleza *f*; ~**o** *adj* vigoroso, fuerte
vile 1. *adj* 1. vil, bajo, despreciable; 2. cobarde; **2.** *m/f* cobarde
vilipendere <*58 -pesi; -peso*> *vt* vilipendiar, injuriar, zaherir
vilipendio *m* vilipendio, injuria *f*
villa *f* villa (*señorial*); chalet *m*; ~**ggio** *m* pueblo; poblado; *~ residenziale* ciudad dormitorio; *~ turistico* población turística; *~ globale* aldea global
villan|ata *f* villanía, bajeza; ~**ia** *f* villanía, grosería, vulgaridad; ~**o, -a 1.** *adj* grosero,

zafio, vulgar; **2.** *m/f* aldeano, -a, pueblerino, -a; *desp* villano, -a, patán, -ana; ~**zone** *adj* cazurro, grosero, zafio
villeggia|nte *m/f* veraneante; ~**re** *vi* <*avere*> veranear; ~**tura** *f* veraneo *m*; vacaciones *fpl*; lugar de veraneo *m*
villino *m* chalecito; pequeña villa *f*
villo *m* vello
villos|ità *f/inv* vellosidad *f*; ~**o** *adj* velloso, velludo
viltà *f/inv* vileza *f*, bajeza *f*, ruindad *f*; cobardía f
viluppo *m a. fig* enredo, maraña *f*
vimine *m* mimbre; *mobili di* ~*i* muebles de mimbre
vina|ccia *f* orujo *m*, hollejo *m*; ~**io, -a** *m/f* vinatero, -a; ~**rio** *adj* vinario, vinatero
vinca *f bot* pervinca
vincere <*87 vinco; vinsi; vinto*> **1.** *vt* vencer, ganar (*guerra, elecciones*); ganar (*premio, carrera, partido*); *fig* vencer, superar (*dificultad*); ~ *il nemico* vencer al enemigo; ~ *il premio* llevarse el premio; ~ *in bontà* superar a alg en bondad; ~*rla* salirse con la suya; **2.** *vi* <*avere*> vencer, ganar; **3.** ~*rsi* vencerse, dominarse
vincibile *adj* vencible
vincita *f sport* victoria, triunfo *m*; premio *m* (*cantidad*)
vincitore *adj/s* vencedor, ganador
vinco *m* mimbre
vincola|nte *adj* vinculante; ~**re** <*esd*> *vt* 1. atar, ligar; 2. vincular; ~**to** *adj* vinculado; *deposito* ~ imposición a plazo fijo
vincolo *m ius/fig* vínculo
vinello *m* vinillo
vinicolo *adj* vinícola
vinificazione *f* vinificación
vinil|e *m chim* vinilo; ~**pelle** *f* skay *m*
vino *m* vino; ~ *bianco, rosso/nero, rosé* vino blanco, tinto, rosado/clarete; ~ *abboccato, frizzante, chinato* vino abocado, espumoso, quinado; ~ *da tavola, da dessert* vino de mesa, de postre; *(fig) smaltire il* ~ dormir el vino; *(fig) avere il* ~ *triste* tener mal vino; ~**so** *adj* vinoso
vinto *adj/s* vencido; ~ *dalla stanchezza* vencido por el cansancio; *darsi per* ~ darse por vencido; *darla* ~*a a q* ceder ante alg
viola 1. *f* 1. *bot* viola, violeta; ~ *del pensiero* pensamiento; 2. *mus* viola; ~ *d'amore* vihuela; ~ *da gamba* viola da gamba; **2.** *adj/m/inv* violeta (*color*)
violacciocca *f* alhelí *m*
violaceo *adj* violáceo
violare *vt ius* violar (*ley, promesa, mujer*); allanar (*morada*); profanar (*tumba, iglesia*)
violatore *adj/s* violador; profanador
violazione *f ius* violación (*ley, promesa, mujer*); profanación (*tumba, iglesia*); ~ *di domicilio* allanamiento de morada
violent|are *vt* forzar; forzar, violar (*mujer*); ~**atore** *adj/m* violador; ~**emente** *adj* violentamente, por la fuerza; ~**o** *adj/s* violento; *rapina* ~*a* robo con violencia
violenza *f* violencia; ~ *carnale* violación (*delito*); *far* ~ *a una donna* violar a una mujer; *usare* ~ *a q* usar la violencia con alg
violett|a *f bot* violeta; ~**o** *adj/m* violeta (*color*)
violin|ista *m/f* violinista; ~**istico** *adj* de(l) violín; de(l) violinista; ~**o** *m* violín
violista *m/f* músico de viola; vihuelista
violoncell|ista *m/f* violonchelista, violoncelista; ~**o** *m* violonchelo, violoncelo
viottol|o *m*, ~**a** *f* sendero *m*, senda *f*, vereda *f*
viper|a *f zool* víbora, *fig* víbora, vípera; ~**ino** *adj zool/fig* viperino
viraggio *m tec/foto/fig* viraje; *tras* viraje, virada *f*
virago <*pl viragini*> *f* marimacho *m*, mujerona
virale *adj med* viral
virare *vi* <*avere*> virar
virata *f tras* viraje *m*, virada
virgineo *adj lit* virgíneo, virginal
virgol|a *f tip* coma; *punto e* ~ punto y coma; ~**ette** *f tip* comillas; *mettere tra* ~ poner entre comillas, entrecomillar
virgulto *m bot* yema *f*, brote; *lit* vástago
viril|e *adj* viril, varonil; ~**ismo** *m med* virilismo; ~**ità** *f/inv* virilidad *f*; ~**izzarsi** virilizarse
virolog|ia *f* virología; ~**o, -a** *m/f* virólogo, -a
virosi *f/inv med* virosis
virtù *f/inv* virtud; *in* ~ *di* en virtud de; *per* ~ *magica* por arte de birlobirloque
virtu|ale *adj* virtual; ~**osismo** *m* virtuosismo; ~**oso** *adj/s* virtuoso
virulen|to *adj med/fig* virulento; ~**za** *f med/fig* virulencia
virus *m/inv* virus
visagista *m/f* maquillador, -a (*de cara*)
vis-à-vis *adv* vis-à-vis, cara a cara
viscer|ale *adj* visceral; ~**e** *m* 1. víscera *f*; 2. *mpl* <*i visceri*> vísceras *fpl*, tripas *fpl*, entrañas *fpl* (*animal sacrificado*); 3. *fpl* <*le viscere*> vientre; ~*e mie!* ¡hijo de mis entrañas!; *strappare le* ~*e* sacar las entrañas
vischio *m bot* muérdago; ~**sità** *f/inv* viscosidad *f*; ~**so** *adj* viscoso
viscidità *f/inv* viscosidad *f*
viscido *adj* viscoso; resbaladizo
visconte, -essa *m/f* vizconde, -esa
viscos|a *f* viscosa; ~**ità** *f/inv* viscosidad *f*; ~**o** *adj* viscoso
visibil|e *adj* visible; ~**io** *m fam* montón (*gente, cosas*); *andare in* ~ estar exultante, entusiasmarse; ~**ità** *f/inv* visibilidad *f*
visiera *f* visera (*sombrero, casco*)
visigot|ico *adj* visigótico; ~**o** *adj/s* visigodo
vision|are *vt cine* visionar; ~**ario** *adj/s* visionario; ~**e** *f* visión; *cine/foto* visionado *m*; *fig* examen *m*; *(cine) prima, seconda* ~ estreno *m*, reestreno *m*; *prendere* ~ *di qc* examinar algo
visir *m/inv* visir *m*
visita *f* visita; inspección; ~ *di dovere* visita de cumplido; ~ *medica* visita médica, reconocimiento; ~ *di controllo* chequeo; ~ *doganale, fiscale* inspección aduanera,

fiscal; *in ~ ufficiale* de visita oficial; *andare in ~ da q* ir de visita a casa de alg
visitare <*esd*> *vt* visitar; *med* visitar, reconocer
visitatore, -trice *m/f* visitante, visita *f*
visitazione *f eccl* visitación
visivo *adj* visual; *campo ~* campo visual; *memoria ~a* memoria visual
viso *m* cara *f*, rostro; *dire qc sul ~ a q* decir algo a alg a la cara; *fare buon, cattivo ~* poner buena, mala cara; *fare il ~ lungo* poner caras largas; *fare buon ~ a cattivo gioco* a mal tiempo buena cara; *a ~ aperto* sin miedo; ~**ne** *m zool* visón; ~**re** *m foto* visor
vispo *adj* avispado, vivo, despierto
vissuto *m psic* vivencia *f*
vista *f* vista; *~ buona* buena vista; *~ debole, stanca* vista débil, cansada; *una camera con ~ sul mare* una habitación con vistas al mar; *(com) a ~* a la vista; *tratta a ~* letra a la vista; *a prima ~* a primera vista; *in ~ di* a la vista de; *fin dove si spinge la ~* hasta donde alcanza la vista; *avere la ~ corta* ser corto de vista; *(a. fig) avere la ~ lunga* tener buena vista; *(fig) avere in ~* tener a la vista; *conoscere q di ~* conocer a alg de vista; *essere molto in ~* ser conocido, ser popular; *non perdere di ~* no perder de vista
vistare *vt adm* visar
visto 1. *adj* visto; *ben, mal ~* bien, mal visto; *mai ~* nunca visto; *~ che* visto que, dado que, en vista que; **2.** *m adm* visto bueno; *dipl* visado, visa *f/am*; *tip* imprímase; ~**sità** *f/inv* vistosidad *f*; ~**so** *adj* 1. vistoso, llamativo; 2. considerable, ingente
visuale 1. *adj* visual; **2.** *f* vista, panorama *m*; *fig* perspectiva
visualizza|re *vt* visualizar; ~**zione** *f* visualización
vita *f* 1. vida; *~ da cani* vida de perros; *a ~* de por vida; *fra la ~ e la morte* entre la vida y la muerte; *mai in ~ mia* en toda mi vida; *essere in fin di ~* estar al borde de la muerte, estar entre la vida y la muerte; *essere in ~* estar vivo, estar con vida; *fare la bella ~* darse la gran vida; *guadagnarsi la ~* ganarse la vida; *ne va della ~* está en juego la vida; *non dare segni di ~* no dar señales de vida; *passare a miglior ~* pasar a mejor vida; *passare la ~* pasar la vida; *questione di ~ o di morte* cuestión de vida o muerte; *rendere la ~ difficile a q* hacerle la vida imposible a alg; *se ti è cara la ~* si en algo estimas tu vida; 2. cintura; *~ di vespa* cintura de avispa
vital|e *adj* vital; ~**ità** *f/inv* vitalidad *f*; ~**izio 1.** *adj* vitalicio; **2.** *m* renta vitalicia *f*
vitamin|a *f* vitamina; ~**ico** *adj* vitamínico; ~**izzare** *vt* vitaminar
vite *f* 1. *agr* vid; 2. *tec* tornillo *m*; rosca; *aer* tirabuzón *m*; *a ~* de tornillo, enroscado; *~ perpetua/senza fine* tornillo sin fin
vitello, -a *m/f* 1. ternero, -a, becerro, -a; *~ marino* becerro marino; *~ d'oro* becerro de oro; 2. *m gastr* ternera *f*; 3. *m* becerro, vitela *f* (*piel*); 4. *m biol* vitelo; ~**ne** *m zool* novillo; *fig* vago, holgazán
viticcio *m bot* zarcillo; *arch* caulículo; candelabro de pared *f*
viticolo *adj* vitícola
viticolt|ore, viticultore, -trice *m/f* viticultor, -a; ~**ura, viticultura** *f* viticultura
vitigno *m agr* vid *f*
vitreo *adj* vítreo
vitroceramica *f* vitrocerámica
vittim|a *f* víctima; ~**ismo** *m* victimismo
vitto *m* manutención *f*, comida *f*; *~ e alloggio* comida y alojamiento
vittoria *f* victoria, triunfo *m*; *~ di Pirro* victoria pírrica; *cantare ~* cantar victoria
vittorioso *adj* victorioso
vituper|abile *adj* vituperable; ~**are** <*esd*> *vt* vituperar; ~**io** *m* vituperio, improperio, injuria *f*, deshonor, deshonra *f*; *essere il ~ della famiglia* ser la deshonra de la familia
viuzza *f* calleja, callejuela
viva! *excl* ¡viva(n)!; *~ il re!* ¡viva el rey!; *~ gli sposi!* ¡vivan los novios!
vivac|chiare *vi* <*avere*> ir tirando; vivir a salto de mata; ~**e** *adj* vivaz; *mus* vivace; ~**ità** *f/inv* vivacidad *f*; ~**izzare** *vt* vivificar; avivar, animar
vivai|o *m* vivero (*agr, peces, fig*); ~**sta** *m/f* viverista
vivanda *f* vianda, manjar *m*
viven|te *adj/s* viviente; *essere ~* ser vivo; ~**za** *f ius* vivencia
viver|e <*88 vissi; vissuto*> *vi/vt* vivir; *stare sul chi vive* estar con el alma en vilo; ~**i** *mpl* víveres, vituallas *fpl*
viveur *m fr/inv* vividor *m*; vivales, frescales
vivezza *f* viveza, vivacidad
vivido *adj lit* vívido
vivifica|nte *adj* vivificante, vivificador; ~**re** <*esd*> *vt* vivificar; ~**zione** *f* vivificación
viviparo *adj/s* vivíparo
vivisezione *f* vivisección
vivo 1. *adj biol/fig* vivo; *~ e vegeto* vivito y coleando; *vivissimi auguri* mi más ferviente felicitación; *farsi ~* aparecer, dejarse ver; *non trovare anima ~a* no encontrar a nadie; **2.** *m* 1. vivo; *al ~* al vivo; *(TV/radio) dal ~* en directo; *toccare sul ~/pungere sul ~* dar en lo vivo; 2. *mpl* vivos, seres vivos
viziare *vt fig/ius* viciar; consentir, malcriar (*niños*)
vizio *m* vicio; *ius/tec* vicio, defecto; ~**so** *adj/s* vicioso
vizzo *adj* mustio
vocabol|ario *m* vocabulario; ~**o** *m* vocablo
vocal|e *adj/f ling/mus* vocal; *corde ~i* cuerdas vocales; ~**ico** *adj* vocálico; ~**ismo** *m* vocalismo; ~**list** *m/f ingl/inv mus* vocalista *m*
vocalizz|are *vt/vi* <*avere*> vocalizar; ~**azione** *f* vocalización; ~**o** *m mus* vocalización *f*
vocativo *adj/m ling* vocativo
vocazione *f* vocación
voce *f* voz; *~ acuta, argentina, smorzata, roca* voz aguda, argentina, empañada/opaca, ronca/tomada; *alzare, abbassare la ~* levantar, bajar la voz; *dare sulla ~ a q* hacer callar a alg; *parlare sotto ~* hablar entre dientes; *portare la ~* llevar la voz

cantante; *(fig) avere ~ in capitolo* tener voz en capítulo, llevar la voz cantante; *a mezza ~* a media voz; *circolare la ~* circular la voz; *a viva ~* de viva voz; *a bassa ~, ad alta ~* en voz baja, en voz alta
voci|are 1. *vi <avere>* gritar, desgañitarse; **2.** *m* griterío, estruendo; **~ferare** *<esd> vi <avere>* vociferar
vocio *m* murmullo, rumor, parloteo
vodka *f/inv* vodka *m/f*
voga *f mar/fig* boga; *essere in ~* estar en boga; **~re** *vi <avere> mar* bogar, remar; **~ta** *f* bogada; **~tore, -trice** *m/f* bogador, -a, remero, -a
vogli|a *f* deseo *m*, gana; antojo *m* (*embarazo, lunar*); *di buona ~* de buena gana; *avere ~ di qc* tener ganas de algo, apetecer algo; *avere una ~ matta di qc* tener unas ganas locas de algo; *fare qc contro ~* hacer algo a la fuerza; *morire dalla ~* morirse de ganas; **~oso** *adj* deseoso
voi *pr/inv* vosotros, -as; ustedes; *~ ustedes; *ant/reg* usted; *dare del ~* tratar de usted; tratar de vosotros
voialtri, ~e *pr enf* vosotros, -as
volan|da *f tec* volandera; **~o** *m mec* volante; **~t** *m fr/inv* volante *m*; **~te 1.** *adj* volante, volador; *foglio ~* volante, octavilla; *squadra ~* brigada móvil; *disco ~* disco volador; **2.** *m mec* volante
volantin|aggio *m* distribución de octavillas *f*; **~are 1.** *vt* difundir, hacer propaganda (de); **2.** *vi <avere>* repartir octavillas *vt*; **~o** *m* volante, octavilla *f*
volare *vi <avere: duración; essere: acción>* volar
volata *f* 1. vuelo *m*; 2. *zool* bandada; 3. *fig* escapada, carrera; *sport* esprint *m* (*ciclismo*); 4. *min* voladura; 5. *mil* caña (*cañón*)
volatil|e 1. *adj* volátil; **2.** *m* pájaro, ave *f*; **~ità** *f/inv* volatilidad *f*
volatilizza|re *vt* volatilizar; **~zione** *f* volatilización
vol-au-vent *m fr/inv* volován *m*
volente: **~ o nolente** *adv* de grado o por fuerza
volenteroso *adj* voluntarioso
volentieri *adv* 1. de buen grado; 2. claro, por supuesto
volere *<89 voglio; volli; voluto>* **1.** *vt* 1. querer; *~ dire* querer decir, significar; *senza ~* sin querer; *come, quando vuoi* como, cuando quieras; *Dio voglia che...* Dios quiera que; *volesse il cielo!* ¡ojalá!; *vorrei un pacchetto di sigarette* quisiera/querría un paquete de tabaco; *che vuoi che faccia?* ¿qué quieres que haga?; *vuoi ... vuoi* tanto ... como; 2. buscar; llamar; *c'è uno che ti vuole* hay una persona que te busca; *ti vogliono al telefono* te llaman por teléfono; 3. pretender; insinuar; *c'è chi vuole che sia tutta una messinscena* hay quien insinúa que es todo un montaje; 4. *ling* exigir, requerir; *questo verbo vuole il congiuntivo* este verbo requiere el subjuntivo; 5. *~rci* hacer falta, ser necesario; *qui ci vuole un po' d'ordine* aquí hace falta un poco de orden; *qui ci vogliono due come te* aquí hacen falta dos como tú; *ci vuol altro* no es eso lo que hace falta; *ce n'è voluto* ha hecho falta Dios y ayuda; *quanto ci vuole per andare a Madrid?* ¿cuánto se tarda en ir a Madrid?; 6. *~ bene* querer, amar; *~ male* odiar; 7. *~rne a q* tomarla con alg; *non volermene* no la tomes conmigo; **2.** *m* querer, voluntad *f*; *a mio ~* a mi gusto
volgar|e 1. *adj* vulgar, ordinario, chabacano; *ling* vulgar; *latino ~* latín vulgar; **2.** *m ling* romance (*lengua*); **~ismo** *m ling* vulgarismo; **~ità** *f/inv* vulgaridad *f*, ordinariez *f*; **~izzare** *vt ling* vulgarizar, romancear; *cient* vulgarizar
volgata V. **vulgata**
volgere *<90 volgo; volsi; volto>* **1.** *vt* volver, girar; *fig* cambiar; *~ gli occhi* volver los ojos/la vista; *~ le spalle a q* dar la espalda a alg; *~ in fuga il nemico* poner en fuga al enemigo; *~ il pensiero a qc* dirigir el pensamiento a algo; *~ le cose in burla* convertir las cosas en burla; **2.** *vi <avere>* 1. girar, dar la vuelta; *~ in fuga* darse a la fuga; 2. acercarse, aproximarse; tender, tirar (*color*); *~ al termine* acercarse al final; **3.** *~rsi* 1. volverse, girarse; *~rsi verso q* volverse hacia alg; *~rsi a destra, a sinistra* volverse a la derecha, a la izquierda; *~rsi in fuga* darse a la fuga; 2. tender *vi*; **4.** *m* discurrir, paso; *con il ~ degli anni* con el paso de los años
volgo *m* vulgo
voli|era *f* pajarera; **~tivo** *adj* volitivo; **~zione** *f* volición
volo *m* vuelo; *~ charter* vuelo chárter; *~ planato, radente* vuelo planeado, rasante; *al ~* al vuelo; *~ a vela* vuelo a vela; *a ~ d'uccello* a vista de pájaro; *alzarsi in ~* elevarse, levantar el vuelo; *(a. fig) prendere il ~* alzar el vuelo; *prendere/acchiappare al ~* coger al vuelo
volontà *f/inv* voluntad *f*; *le ultime ~* las últimas voluntades; *buona ~* buena voluntad; *a ~* a voluntad, a placer
volontari|ato *m* voluntariado; **~età** *f/inv* voluntariedad *f*; **~o** *adj/s* voluntario; **~smo** *m* voluntarismo
volpacchiotto *m zool* cría de zorro *f*
volpe *f* 1. *zool* zorro *m*, raposo *m* (*macho*); zorra (*a. desp*), raposa (*hembra*); *~ argentata* zorro azul; *la ~ perde il pelo ma non il vizio* la cabra siempre tira al monte; 2. piel de zorro; 3. *fig* zorro *m*
volpino *adj* vulpino, zorruno
volpon|a *f fig* lagartona, pájara; **~e** *m fig* zorro; *un vecchio ~* un viejo zorro
volt *m/inv elec* voltio *m*
volta 1. *f* 1. vez; *una ~* una vez; *qualche ~* alguna vez, algunas veces, a veces; *una ~ sola* solo una vez; *una buona ~* de una vez; *una ~ tanto* de vez en cuando, alguna vez; *una ~ per tutte* de una vez por todas; *un'altra ~* otra vez; *ancora una ~* una vez más; *certe ~e, delle ~e* a veces; *a ~e* a veces; *a mia ~* a mi vez; *il più delle ~e* las más de las veces, la mayoría de las veces; *c'era una ~...* érase una vez... (*cuentos*); *che sia la prima e l'ultima ~ che...* que sea la última vez que...;

te lo dico per l'ultima ~ te lo digo por última vez; 2. vez, turno *m*; *tutto in una* ~ todo de una vez, todo de golpe; *ogni cosa a sua* ~ cada cosa a su tiempo; *un po' alla* ~ un poco cada vez; *uno per* ~ uno cada vez, uno detrás de otro; ~ *per* ~ caso por caso; *di* ~ *in* ~ cada vez; 3. vuelta, giro *m*; *aer* rizo *m*; 4. *tip* reverso *m*, vuelta; 5. *arch/astr/med* bóveda; ~ *a crociera, a botte* bóveda de arista/de crucería, de cañón; ~ *celeste, cranica* bóveda celeste, craneal; *a* ~ abovedado; **2.** *(prep) alla* ~ *di* en dirección a
voltafaccia *m/inv* cambio de chaqueta *m*; traición *f*, puñalada trapera *f*
voltagabbana *m/f inv* chaquetero, -a, camaleón *m*, veleta *m/f*
voltaggio *m* voltaje
voltai|co *adj* voltaico; ~**smo** *m* voltaísmo
voltametro *m* voltámetro
voltare 1. *vt* girar, volver; pasar, girar (*página*); doblar (*esquina*); **2.** *vi* <*avere*> girar, dar la vuelta; ~ *a destra* girar a la derecha; **3.** ~*rsi* 1. girarse, volverse, darse la vuelta; ~*rsi e rivoltarsi nel letto* dar vueltas en la cama; *non sapere da che parte* ~*rsi* no saber hacia donde tirar; 2. *meteo* girar; *il tempo si è voltato a levante* el tiempo ha girado a levante
voltastomaco <*pl -chi*> *m* náuseas *fpl*, asco; *mi viene il* ~ me entran náuseas
volteggiare *vi* <*avere*> girar, revolotear; *sport* voltear
volt(i)metro *m* voltímetro
volto *m lit* faz *f*, rostro, semblante; *fig* apariencia *f*, cara *f*; ~**lare** <*esd*> *vt* girar, rodar
voltura *f ius* registro de un traspaso *m*; *com* transferencia; cambio de nombre *m* (*teléfono, gas...*); *fare la* ~ *della luce* cambiar de nombre el contrato de la luz
volubil|e *adj* voluble, tornadizo; ~**ità** *f/inv* volubilidad *f*, inconstancia *f*
volume *m* volumen; ~**trico** *adj* volumétrico
voluminos|ità *f/inv* voluminosidad *f*; ~**o** *adj* voluminoso
voluta *f* espiral; *arch* voluta
voluttà *f/inv* voluptuosidad *f*; ~**uario** *adj* voluptuoso
voluttuos|ità *f/inv* voluptuosidad *f*; ~**o** *adj* voluptuoso
vomere *m* 1. *agr* reja del arado *f*; 2. *med* vómer
vomit|are <*esd*> *vt/vi* <*avere*> vomitar; ~ *l'anima* echar las tripas; *mi viene da* ~ me entran ganas de vomitar; ~**atorio,** ~**ivo** *adj* vomitivo, vomitorio; ~**o** *m* vómito
vongola *f zool* almeja
vorac|e *adj* voraz; ~**ità** *f/inv* voracidad *f*
voragine *f* remolino *m*, vorágine
vortic|e *m* remolino, torbellino, vórtice; frenesí (*danza*); *fig* ajetreo, agitación *f*; ~**oso** *adj* vortiginoso, arremolinado; frenético (*danza*); *fig* ajetreado, agitado
vostro, -a *adj/pr* vuestro, -a; suyos, suyas, sus (*de ustedes*); *il* ~ *cane, le* ~*e amiche* vuestro perro, vuestras amigas; ~*a madre,* ~ *cugino, i* ~*i nonni* vuestra madre, vuestro primo, vuestros abuelos; *vogliamo sentire la* ~*a* queremos oír vuestra opinión; *è uno dei* ~*i* es uno de los vuestros; *ne avete già fatta una delle* ~*e* ya habéis hecho una de las vuestras; *la* ~*a del tre aprile* vuestra carta del tres de abril; *sono dalla* ~*a* estoy de vuestra parte
Vostro, -a <*forma de cortesía*> **1.** *adj* sus (*antepuesto*); suyo, -a, -os, -as (*pospuesto*); **2.** *pr* suyo, -a, -os, -as
vota|nte *m/f* votante; ~**re 1.** *vt/vi* <*avere*> votar; ~ *per/a favore di, contro q/qc* votar por/a favor de alg/algo, en contra de alg/algo; **2.** ~*rsi eccl* hacer votos; *fig* encomendarse; ~**zione** *f ius* votación; *stud* notas *fpl*, calificaciones *fpl*; ~ *per alzata di mano* votación a mano alzada; *passare alle* ~*i* pasar a la votación
votivo *adj* votivo
voto *m* 1. *ius* voto; votación *f*; *eccl* voto, promesa *f*; ~ *di fiducia, di sfiducia* voto de confianza, de censura; ~ *di preferenza, di lista* votación en listas abiertas, en listas cerradas; *scheda di* ~ papeleta de votación; ~ *di castità, di povertà* voto de castidad, de pobreza; *pronunciare i* ~ pronunciar los votos; 2. *stud* nota *f*, calificación *f*; *essere promosso a pieni* ~*i* aprobar con las máximas calificaciones
voyeur *m fr/inv* voyeur *m/fr*, mirón *m*
vudù *m/inv* vudú *m*
vulcani|co *adj geol/fig* volcánico; ~**smo** *m* vulcanismo; ~**te** *f min* vulcanita, ebonita
vulcanizza|re *vt* vulcanizar; ~**zione** *f* vulcanización
vulcano *m geol/fig* volcán; *(fig) essere seduto su un* ~ estar sobre un volcán; ~**logia** *f* vulcanología
Vulgata *f eccl* Vulgata
vulnerabil|e *adj* vulnerable; ~**ità** *f/inv* vulnerabilidad *f*
vulnerare <*esd*> *vt* vulnerar
vulva *f* vulva
vuotare *vt* vaciar; *(fig)* ~ *il sacco* desembuchar
vuoto 1. *adj* vacío; **2.** *m fis/fig* vacío; hueco, agujero; *com* envase, casco (*vacío*); *(aer)* ~ *d'aria* bache; ~ *a rendere, a perdere* envase retornable, desechable; *cadere nel* ~ caer al vacío; *colmare un* ~ llenar un hueco/un vacío; *parlare a* ~ hablar sin fundamento; *sotto* ~ *spinto* al vacío

W

wafer *m/inv* barquillo *m*, waffe *am*
wagneriano *adj/s* wagneriano
wagon-lit *m fr/inv* coche cama *m (tren)*
wagon-restaurant *m fr/inv* vagón restaurante *m*
walkie-talkie *m ingl/inv* walkie-talkie, transmisor-receptor portátil *m*
walkman *m ingl/inv* walkman
wash-and-wear *adj ingl/inv* de lavar y poner, inarrugable *adj (ropa)*
water-closet *m ingl/inv* water *m*, váter *m*
water proof *adj* impermeable (*tejido*)
watt *m/inv* vatio *m*, watt; ~**ora** *m/inv* vatio-hora *m*
weber *m/inv* wéber *m*
week-end *m ingl/inv* fin de semana *m*
west *m ingl/inv* oeste *m (americano)*
western *m ingl/inv cine* western, película del oeste *f*, película de vaqueros *f*; ~ all'italiana spaghetti-western
whisky *m ingl/inv* whisky *m/ingl*, güisqui *m*
windsurf *m ingl/inv* windsurf(ing); tabla de vela *f*
wolframio *m* wólfram, wolframio
word processing *m ingl/inv infor* procesamiento de textos *m*
word processor *m ingl/inv infor* procesador de textos *m*
würstel *m/inv* salchicha de Frankfurt *f*

X

x (*ics*) *m/f inv* x *f* (*equis*); *raggi X* rayos X; *avere le gambe a ~* ser patizambo; *il signor X* el señor X
xeno *m chim* xenón
xenofob|ia *f* xenofobia; **~o** *adj/s* xenófobo
xeres *m/inv* jerez (*vino*)
xerocopia *f* xerocopia
xerofilo *adj/m* xerófilo
xerofito *adj/m* xerófito, xerofítico
xerografi|a *f* xerografía; **~co** *adj* xerográfico
xilofago *adj/s* xilófago
xilofon|ista *m/f* xilofonista; **~o** *m* xilófono
xilograf|ia *f* xilografía; **~o** *m* xilógrafo

Y

yacht *m ingl/inv* yate *m*
yachting *m ingl/inv sport* vela *f*
yachtsman, yachtswoman *m/f ingl/inv* regatista *m/f*
yak *m/inv zool* yak *m*, yac *m*
yankee *adj/s ingl/inv* yanqui *adj/s*
yard *f ingl/inv* yarda *f*
yeti *m/inv* yeti
yoga *m/inv* yoga *m*
yogin, yoghin *m/inv* yogui *m*
yogurt *m/inv* yogur *m*
yogurtiera *f* yogurtera
yo yo *m/inv* yo yo
ypsilon V. **ipsilon**
yucca *f bot* yuca, mandioca
yuppie *m/f ingl/inv* yupi *m/f*, yuppie; ~**smo** *m* yupismo

Z

zacchera *f* cazcarria, salpicadura
zaff *onom* zas
zaffata *f* vaharada; salpicadura
zafferan|ato *adj* azafranado; ~**o** *m bot/gastr* azafrán
zaffiro *m* zafiro
Zagàbria *f* Zagreb
zagara *f bot* azahar *m*
zaino *m* mochila *f*; *mil* macuto, mochila *f*
zampa *f zool* pata; garra, zarpa (*fieras*); pata (*mueble*); *fig* zarpa (*hombre*); *(med)* ~*e di gallina* pata de gallo; *fig* garabatos *mpl* (*escritura*); *a quattro* ~*e* a cuatro patas, a gatas; ~**ta** *f* 1. patada; coz (*mulo, caballo...*); 2. pisada, huella
zampett|are *vi* <*avere*> *fam* corretear; ~**o** *m gastr* mano *f*
zampill|are *vi* <*essere/avere*> manar, brotar; ~**io** *m* chorreo; ~**o** *m* chorro
zampino *m* patita *f*; *(fig) mettere/ficcare lo ~ in qc* meter las narices en algo
zampogna *f mus* gaita; ~**ro** *m* gaitero
zampone *m gastr* ="mano de cerdo rellena" *f*
zana *f* cesta de mimbre; cuna de mimbre
zangola *f* mantequera
zanna *f zool* colmillo *m*; *(fig) mostrare le ~e* enseñar los dientes
zanzar|a *f zool* mosquito *m*; *fig* mosca, moscón *m*, pesado *m*; ~**iera** *f* mosquitera
zappa *f agr* azada; *mil* zapa; *(fig) darsi la ~ sui piedi* echar piedras a su propio tejado; ~**re** *vt* cavar, labrar, zapar; ~ *il pianoforte* aporrear el piano; ~**ta** *f* azadonazo *m*; ~**terra** *m/f* labrador, -a; *desp* destripaterrones; ~**tore, -trice 1.** *adj* cavador; *mil* zapador, gastador; **2.** *m/f* 1. *agr* cavador, -a; labrador, -a; 2. *m mil* zapador, gastador; 3. *f agr* rozadera; ~**tura** *f* labranza
zappetta *f agr* escarda
zapping *m ingl/inv* zápìng; *fare lo ~* hacer zápìng
zappone *m agr* azadón
zar *m/inv* zar *m*; ~**ina** *f* zarina; ~**ista** *adj/s* zarista
zattera *f* balsa, almadia
zavorra *f mar/fig* lastre *m*; ~**re** *vt mar/fig* lastrar
zazzer|a *f desp* greña; melena; ~**uto** *adj* melenudo, desgreñado
zebra *f zool* cebra; ~**to** *adj* cebrado
zebù *m/inv zool* cebú *m*
zecca *f* 1. ceca, casa de la moneda; 2. *zool* garrapata, caparra *reg*
zecchino *m* cequí
zef(f)iro *m lit* céfiro
zel|ante *adj* celoso, diligente; ~**o** *m* celo, cuidado
zen *adj/m/inv* zen
zenit *m astr* cénit; ~**ale** *adj* cenital
zenzero *m bot* jengibre
zepp|a *f* cuña, calzo *m*; *tip* regleta; *fig* parche *m*, arreglo *m* (*remedio*); ~**o** *adj fam* lleno; *pieno ~* lleno hasta los topes, abarrotado
zerbino *m* felpudo; ~**tto** *m* petimetre
zero *adj/m* cero; ~ *assoluto* cero absoluto; *essere uno ~* ser un cero a la izquierda; *essere ridotto a ~* estar en la miseria; *rapare a ~* pelar al cero/al rape
zeugma *m ling* zeugma
zia *f* tía
zibaldone *m* cuaderno, diario; *desp* potpourri, mezcladillo
zibellino *m zool* marta cebellina *f*
zibetto *m* 1. *zool* gato de algalia; 2. algalia *f* (*sustancia*)
zigano *adj/s* zíngaro
zigomo *m* pómulo
zigrinare *vt* chagrinar (*piel*); cerrillar (*moneda*)
zigzag, zig-zag *m/inv* zigzag; ~**are** *vi* <*avere*> zigzaguear, hacer eses
zimarra *f* zamarra
zimbello *m* 1. señuelo (*caza, fig*); 2. hazmerreír
zinc|are *vt* cincar, galvanizar; ~**atura** *f* cincado *m*, galvanizado *m*; ~**o** *m* cinc, zinc
zingar|esco *adj* gitano; ~**o, -a** *m/f* gitano, -a
zinzino *m* pizca *f*, migaja *f* (*comida, fig*); sorbito (*líquido*)
zio <*pl zii*> m tío
zip *m/inv* cremallera *f*
zircon|e *m min* circón, zircón; ~**io** *m* circonio, zirconio
zitell|a *adj/f* soltera; *desp* solterona; ~**one** *m* solterón
zitt|ire <*isc*> **1.** *vt* silbar, pitar, abroncar (*público*); **2.** *vi* <*avere*> silbar, pitar (*público*); ~**o 1.** *adj* callado; *sta ~!* ¡cállate!; **2.** *excl* ¡chitón!, ¡calla!
zizzania *f bot/fig* cizaña
zoccolare <*esd*> *vi* <*avere*> caminar ruidosamente
zoccolo *m* 1. zueco; chanclo, almadreña *f*; 2. *zool* pezuña *f*, casco; 3. *arch* zócalo, rodapié; pedestal (*columna, monumento*); 4. *geol* plataforma continental *f*; 5. *fig/desp* tarugo, burro
zodiacale *adj* zodiacal
zodiaco *m* zodiaco, zodíaco
zolfa|nello *m* cerilla de cocina *f*; ~**tara** V. **solfatara**
zolfo *m chim* azufre
zoll|a *f agr* terrón *m*, gleba; ~**etta** *f* terrón *m* (*azúcar*)
zombie *m/inv a. fig* zombi(e) *m*
zona *f* zona; ~ *blu* zona azul, zona ORA; *(fig) ~ calda* zona caliente, punto caliente; ~ *del libero scambio* zona de libre cambio; ~ *denuclearizzata, smilitarizzata* zona desnuclearizada, desmilitarizada; ~ *depressa* área deprimida; ~ *di influenza* zona de influencia; ~ *franca* zona franca; ~ *industriale* zona industrial, polígono industrial; ~ *residenziale* zona residencial; ~ *verde* zona verde
zonzo: andare a ~ callejear, deambular
zoo *m/inv* zoo *m*; ~**filo** *adj/m* zoófilo; ~**fito** *m* zoófito; ~**latra** *m/f* zoólatra
zoolog|ia *f* zoología; ~**ico** *adj* zoológico; ~**o, -a** *m/f* zoólogo, -a
zoom *m ingl/inv foto* zoom
zoonosi *f/inv* zoonosis

zooplancton *m/inv* zooplancton *m*
zoospora *f* zoospora
zootecn|ia *f* zootecnia; ~**ico** *adj* zootécnico
zootossina *f* zootoxina
zoppica|nte *adj* cojeante, renqueante; cojo (*verso*); ~**re** <*esd*> *vi* <*avere*> cojear, renquear; *fig* cojear (*mueble*); flaquear (*persona*); ~ *in matematica* ir flojo/fallar en matemáticas; *(fig) zoppica da quel piede* cojea en ese campo (*persona*); no se tiene en pie (*argumento*)
zoppic|atura *f* cojera, renquera; ~**oni** *adv* cojeando
zoppo, -a 1. *adj* cojo, renqueante; cojo (*mueble*); *fig* cojo (*razonamiento*); *andare a ~ galletto* ir a la pata coja; **2.** *m/f* cojo, -a
zoticaggine, zotichezza *f* tosquedad, zafiedad, patanería, grosería
zotico *adj/s* paleto, zopenco, animal
zuavo *adj/m* zuavo; *pantaloni alla ~a* pantalones bombachos
zucca *f bot* calabaza; *fig/iron* melón *m*, coco *m*, chola, cholla (*cabeza*); ~**ta** *f fam* cabezazo *m*
zuccher|are <*esd*> *vt* azucarar, endulzar; ~**ato** *adj a. fig* azucarado; ~**iera** *f* azucarera, azucarero *m*; ~**ificio** *m* azucarera *f* (*fábrica*); ~**ino 1.** *adj* azucarado; **2.** *m* azucarillo, terrón (de azúcar); *fig* propina *f*; *fig/iron* perita en dulce *f*
zucchero *m* azúcar; ~ *in polvere, in zollette* azúcar en polvo, en terrones; ~ *greggio* azúcar moreno
zuccheroso *adj* azucarado; *fig* almibarado, melifluo
zucchin|o *m*, ~**a** *f bot* calabacín *m*
zuccon|aggine *f* cabezonería, testarudez; ~**e, -a 1.** *adj* zoquete, duro, -a de mollera; **2.** *m* 1. cabezón, cabezota *f*; 2. *m/f* cabezón, -ona, testarudo, -a, cabezota; 3. *m/f* pedazo de alcornoque *m*, mendrugo *m*, zoquete *m*, burro, -a
zuffa *f* pelea, altercado *m*, refriega; discusión, riña
zufol|are <*esd*> **1.** *vi* tocar la chirimía; silbar, tocar el pito; **2.** *vt* silbar (*tararear*); ~**o** *m mus* caramillo, chirimía *f*
zulù *adj/s inv* zulú *adj/s*
zupp|a *f gastr* sopa; *fig* mezcladillo *m*, batiburrillo *m*; ~ *di pesce, di verdura* sopa de pescado, de verdura; ~**iera** *f* sopera; ~**o** *adj* empapado, bañado
Zurigo *f* Zúrich
zuzzerellone, -a, zuzzurullone, -a *m/f fam* niño, -a grande, persona juguetona *f*

SIGLAS ITALIANAS–SIGLE ITALIANE

a *anno* año (*A.*)
AA.VV. *Autori Vari* Autores Varios (*AA.VV.*)
A.B.I. *Associazione della Banca Italiana –*
ABS *sistema frenante antibloccaggio* sistema de frenado antibloqueo (*ABS*)
a. C. *avanti Cristo* antes de Cristo (*a. d. C.*)
A.C.I. *Automobile Club d'Italia –*
A.C.R.I. *Associazione fra le Casse di Risparmio Italiane (Agrupación de las Cajas de Ahorro Italianas) (=CECA, España)*
Aff. Est. *Affari Esteri (Ministero degli)* Asuntos Exteriores (Ministerio de) (*AA.EE.*)
a.f.m. *a fine mese (a final de mes)*
A.G.I.P. *Azienda Generale Italiana Petroli –*
AIDS *Sindrome da InmmunoDeficienza Acquisita* Síndrome de Inmunodeficiencia Adquirida (*SIDA*)
A.I.E. *Agenzia Internazionale per l'Energia* Agencia Internacional de la Energía (*AIE*)
A.I.E.A. *Agenzia Internazionale per l'Energia Atomica* Agencia/Organismo Internacional de Energía Atómica (*AIEA, OIEA*)
all. *allegato (adjunto)*
A.M. *Modulazione di Ampiezza* Modulación de Amplitud (*AM*)
A.M.E. *Accordo Monetario Europeo* Acuerdo Monetario Europeo (*AME*)
A.N. *Alleanza Nazionale (Alianza Nacional, coalición de partidos de derecha)*
A.N.A.S. *Azienda Nazionale Autonoma delle Strade (Dirección General de Carreteras)*
A.N.S.A. *Agenzia Nazionale Stampa Associata (agencia de noticias italiana)*
a.p.c. *a pronta cassa (al contado)*
A.P.I. *Anonima Petroli Italiana –*
app. *appendice (apéndice)*
art. *articolo* artículo (*art.*)
Ass. *1. assicurazione* seguro*; 2. assicurata* carta con valor declarado*; 3. assegno*
A.T. *Antico Testamento* Antiguo Testamento (*AT*)
A.T.I. *Aereo Trasporti Italiani –*
AZ *Alitalia (compañía aérea estatal de Italia)*
B.E.I. *Banca Europea per gli Investimenti* Banco Europeo de Inversiones (*BEI*)
B.I. *Banca d'Italia –*
B.I.R.D., B.I.R.S. *Banca Internazionale per la Ricostruzione e lo Sviluppo* Banco Internacional para la Reconstrucción y el Desarrollo (*BIRD*)
B.N.L. *Banca Nazionale del Lavoro –*
BOT, bot *Buono Ordinario del Tesoro (Bono del Tesoro)*
BR, br *Brigate Rosse (organización terrorista de izquierda italiana de los años 70)*
B.U. *Bollettino Ufficiale* Boletín Oficial (*BO*)
c. *circa* circa (*c.*)
c.a *1. corrente alternata* corriente alterna (*CA*)*; 2. corrente anno (el presente año)*
C.A.I. *Club Alpino Italiano –*
C.A.P. *Codice di Avviamento Postale (Código Postal) (=CP, Esp)*
C.A.R. *Battaglione Addestramento Reclute* Centro de Instrucción de Reclutas (*CIR*)
Cav. *Cavaliere (título honorífico)*
c/c *conto corrente* cuenta corriente (*c/c*)
c.c. *corrente continua* corriente continua (*CC*)
C.C. *1. Codice Civile* Código Civil*; 2. Corte Costituzionale* Tribunal Constitucional (*TC*)*; 3. Corte di Cassazione* Tribunal Supremo (*TS*)
C.C.I. *Camera di Commercio Internazionale* Cámara de Comercio Internacional (CCI)
CD *Compact Disc* Compact Disc (*CD*)
C.D. *Corpo Diplomatico* Corpo Diplomático (*CD*)
C.d.S. *Codice della Strada (Código de Circulación*)
C.E.E. *Comunità Economica Europea* Comunidad Económica Europea (*CEE*)
CF *Codice Fiscale – (=NIF, Esp*)
cfr. *confronta confronta (cfr.*)
cg *centigrammo* centígramo(*cg.*)
C.G.I.L. *Confederazione Generale Italiana del Lavoro (sindicato italiano de orientación comunista)*
C.ia *Compagnia* compañía (*cía.*)
C.I.O. *Comitato Internationale Olimpico* Comité Olímpico Internacional (*COI*)
C.I.S.L. *Confederazione Italiana Sindacati Lavoratori (sindicato italiano de orientación cristiana)*

C.I.T. *Compagnia Italiana di Turismo* –

C.L.N. *Comitato di Liberazione Nazionale* –

cm *centimetro* centímetro (*cm.*)

c.m. *corrente mese (de los corrientes)*

C.M. *Circolare Ministeriale* –

C.N.R. *Consigio Nazionale delle Ricerche* Consejo Nacional de Investigación (*=CSIC, Esp*)

c/o *presso (en la dirección de: referido a quien vive en casa de otro)*

cod. *codice (1. código; 2. códice)*

Comm. *Commendatore (título honorífico)*

CONFIN-DUSTRIA *Confederazione Generale dell'Industria Italiana (asociación empresarial italiana)*

C.O.N.I. *Comitato Olimpico Nazionale Italiano* –

COOP *cooperativa*

C.P. *1. Codice Penal (Código Penal); 2. Casella Postale* Apartado de Correos (*Apdo.*)

C.P.C. *Codice di Procedura Civile (Código de Enjuiciamiento Civil)*

C.P.P. *Codice di Procedura Penale (Código de Enjuiciamiento Criminal)*

C.p.r. *con preghiera di restituzione (con ruego de devolución)*

C.R.I. *Croce Rossa Italiana (Cruz Roja Italiana)*

c.s. *come sopra (como antes)*

C.S.I. *Comunità di Stati Indipendenti* Comunidad de Estados Independientes (*CEI*)

C.S.M. *Consiglio Superiore della Magistratura* (*=CGPJ, Esp*)

C.V. *Cavallo Vapore* Caballo de Vapor (*CV*)

d.C. *dopo Cristo* después de Cristo (*d. d. C.*)

D.C. *Democrazia Cristiana (partido de centro de inspiración cristiana)*

D.D.L. *Disegno di Legge (Proyecto de Ley)*

DIGOS *Divisione Investigazioni Generali e Operazioni Speciali (servicio de información de la policía estatal)*

dl *decilitro* decilitro (*dl.*)

D.L. *Decreto Legge (Decreto Ley)*

dm *decimetro* decímetro (*dm.*)

D.M. *Decreto Ministeriale* Orden Ministerial (*OM*)

D.N.A. *acido desossiribonucleico* ácido desoxirribonucleico (*DNA*)

D.O.C. *Denominazione di Origine Controllata* Denominación de Origen Cualificada (*DOC*)

Dott. *Dottore* Doctor (*Dr.*)

Dott.ssa *Dottoressa* Doctora (*Dra.*)

D.P. *1. Decreto Presidenziale; 2. Democrazia Proletaria (grupo de extrema izquierda)*

D.P.C. *Decreto del Presidente del Consiglio* –

D.P.R. *Decreto del Presidente della Repubblica* –

E *este* este (*E*)

E.A. *Ente Autonomo (Organismo Autónomo)*

ecc. *eccetera* etcétera (*etc.*)

ECU *Unità Monetaria Europea* Unidad Monetaria Europea (*ECU*)

ed. *edizione* edición (*ed.*)

E.D.P., E.E.D. *Elaborazione Elettronica dei Dati* Proceso Electrónico de Datos (*PED*)

Egr. *Egregio (Distinguido)*

E.I. *Esercito Italiano (Ejército Italiano)*

E.N.E.L. *Ente Nazionale per l'Energia Elettrica* –

E.N.I. *Ente Nazionale Idrocarburi* –

es. *esempio* ejemplo (*ej.*)

E.V. *Eccellenza Vostra* Vuestra Excelencia (*V.E.*)

F.C. *Fuori Corso (V. en el diccionario)*

FEDER-CALCIO *Federazione Italiana Gioco Calcio (Federación Italiana de Fútbol)*

FEDERMEC-CANICA *Federazione Sindacale dell'Industria Metalmeccanica* –

Ferr. *Ferrovia (Ferrocarril)*

FERRO-TRANVIERI *Federazione Nazionale Lavoratori Autoferrotranvieri e Internavigatori* –

FF.AA. *Forze Armate* Fuerzas Armadas (*FF.AA.*)

FF.SS. *Ferrovie dello Stato (compañía ferroviaria estatal) (=RENFE, Esp)*

F.lli *Fratelli* Hermanos (*Hnos.*)

F.L.M. *Federazione Lavoratori Metalmeccanici* –

f.m. *fine mese (final de mes)*

F.M. *Modulazione di Frequenza* Frecuencia Modulada (*FM*)

F.M.I. *Fondo Monetario Internazionale* Fondo Monetario Internacional (*FMI*)

f.to *firmato* firmado (*fdo.*)

g *grammo* gramo (*gr.*)

Gazz. Uff. *Gazzetta Ufficiale* Boletín Oficial del Estado (*BOE, Esp*)

G.I.M. *Generale Industrie Metallurgiche* –

G.I.S. *Gruppo Intervento Speciale (grupo de operaciones especiales de los carabineros)*

GR *Giornale Radio (diario hablado)*

G.U. *Gazzetta Ufficiale* Boletín Oficial del Estado (*BOE, Esp*)

h *1. ora* hora (*h.*); *2. etto* hectogramo (*Hg.*)

hg *ettogrammo* hectogramo (*Hg.*)

Hi.Fi. *High-Fidelity* Alta Fidelidad (*HI-FI*)
hl *ettolitro* hectolitro (*Hl*)
Hz *hertz* hercio (*Hz*)
ib., ibid. *ibidem* ibídem (*Ib., Ibíd.*)
id. *idem* ídem (*id.*)
i.e. *id est* id est (*i.e.*)
I.F.C. *Società Finanziaria Internazionale* Corporación Financiera Internacional (*CFI*)
ill. *illustrazione* ilustración
Ill.mo *Illustrissimo* ilustrísimo (*Ilmo.*)
I.N.A. *Istituto Nazionale delle Assicurazioni (instituto nacional de seguros)*
I.N.A.M. *Istituto Nazionale per l'Assicurazione contro le malattie (instituto nacional del seguro de enfermedad)*
I.N.P.S. *Istituto Nazionale Previdenza Sociale (instituto nacional de la seguridad social)* (*=INSALUD, Esp*)
I.P.Z.S. *Istituto Poligrafico e Zecca dello Stato (casa de la moneda italiana)* (*=FNMT, Esp*)
I.R.I. *Istituto per la Ricostruzione Industriale* –
IRPEF *Imposta sul Reddito delle Persone Fisiche (Impuesto sobre la Renta de las Personas Físicas)* (*=IRPF, Esp*)
I.S.E.F. *Istituto Superiore di Educazione Fisica* (*=INEF, Esp*)
ISTAT *Istituto Centrale di Statistica* (*=INE, Esp*)
ITALCABLE *Servizi Cablografici Radiotelegrafici e Radioelettrici* –
ITALCASSE *Istituto di Credito della Cassa di Risparmio Italiana (instituto de crédito de las cajas de ahorro italianas)*
ITALGAS *Società Italiana per il Gas* –
I.T.I.S. *Istituto Tecnico Industriale Statale (centro de enseñanza técnica)*
IUD, Iud *Dispositivo Anticoncezionale Intrauterino* Dispositivo Intrauterino (*DIU*)
I.V.A. *Imposta sul Valore Aggiunto* Impuesto sobre el Valor Añadido (*IVA*)
kg *chilogrammo* quilogramo (*Kg.*)
km *chilometro* quilómetro (*Km.*)
kW *chilowatt* quilovatio (*Kw*)
kWh *chilowattora* quilovatio-hora (*Kwh*)
l *litro* litro (*l.*)
Lit. *lire italiane* –
L.C. *Lotta Continua (partido de extrema izquierda)*
loc. cit. *loco citato* lugar citado (*loc. cit.*)
m *1. metro* metro (*m.*); *2. mese (mes)*
m^2, m^3 *metro quadrato, metro cubo* metro cuadrado, metro cúbico (*m^2, m^3*)
M.C.D. *Massimo Comune Divisore* máximo comun divisor (*m.c.d.*)
m.c.m. *minimo comune multiplo* mínimo común múltiplo (*m.c.m.*)
M.E.C. *Mercato Europeo Comune* Mercado Común Europeo (MCE)
min. *minuto* minuto (*m.*)
M.O. *Medio Oriente* –
M.P.S. *Monte dei Paschi di Siena (banco italiano)*
ms *manoscritto* manuscrito (*ms.*)
M.S.I.-D.N. *Movimento Sociale Italiano-Destra Nazionale (partido de extrema derecha)*
n *numero* número (nº)
N *Nord* norte (N)
N.A.T.O. *Organizzazione del Trattato Nord Atlantico* Organización del Tratado del Atlántico Norte (*OTAN*)
N.B. *nota bene* nota bene (*N.B.*)
N.d.A. *nota dell'autore* nota del autor (*N. del A.*)
N.d.E. *nota dell'editore* nota del editor (*N. del E.*)
N.d.R. *nota della redazione* nota de la redacción (*N. de la R.*)
N.d.T. *nota del traduttore* nota del traductor (*N. del T.*)
N.E. *nordest* noreste (*NE*)
N.O. *nordovest* noroeste (*NO*)
N.T. *Nuovo Testamento* Nuevo Testamento (NT)
O. *ovest* oeste (*O*)
O.A.S. *Organizzazione degli Stati del continente americano* Organización de Estados Americanos (*OEA*)
O.A.C.I. *Organizzazione dell'Aviazione Civile Internazionale* Organización de la Aviación Civil Internacional (*OACI*)
obb.mo *obbligatissimo (fórmula de cortesía)*
OC *onde corte* onda corta (*OC*)
O.C.D.E. *Organizzazione per la Cooperazione e lo Sviluppo Economico* Organización de Cooperación y Desarrollo Económico (*OCDE*)
O.I.L. *Organizzazione Internazionale del Lavoro* Organización Internacional del Trabajo (*OIT*)
OL *onde lunghe* onda larga (*OL*)
O.L.P. *Organizzazione per la Liberazione della Palestina* Organización para la Liberación de Palestina (*OLP*)
OM *onde medie* onda media (*OM*)
O.M.S. *Organizzazione Mondiale della Sanità* Organización Mundial de la Salud (*OMS*)
O.N.U. *Organizzazione delle Nazioni*

Unite Organización de las Naciones Unidas (*ONU*)
OPA *Offerta Pubblica di Acquisto* Oferta Pública de Adquisición (*OPA*)
op. cit. *opera citata* obra citada (*op. cit.*)
p. *pagina* página (*p.*)
P.A. *Pubblica Amministrazione* –
pag. *pagina* página (*pág.*)
par. *paragrafo* –
p.c. *per conoscenza (comuníquese también a)*
p/c *per conto (por cuenta de)*
P.C.I. *Partito Comunista Italiano* –
P.D.S. *Partito Democratico della Sinistra (partido democrático de la izquierda)*
p.es. *per esempio* por ejemplo (*p. ej.*)
P.G. *Procuratore Generale (Fiscal General del Estado)*
P.I. *(Ministero) della Pubblica Istruzione (Ministerio de Educación)* (*=MEC, Esp*)
P.I.L. *Prodotto Interno Lordo* Producto Interior Bruto (*PIB*)
P.L.I. *Partito Liberale Italiano* –
P.M. *Pubblico Ministero (Fiscalía)*
P.N.L. *Prodotto Nazionale Lordo* Producto Nacional Bruto (*PNB*)
pp. *pagine* páginas (*págs.*)
P.P.I. *Partito Popolare Italiano* –
PP.TT. *(Ministero delle) Poste e Telecomunicazioni* –
Preg.mo *Pregiatissimo (fórmula de tratamiento)*
P.R.I. *Partito Repubblicano Italiano* –
Prov. *Provincia* provincia (*Prov.*)
P.S. *Pubblica Sicurezza (fuerzas de orden público, policía del estado)*
P.S.D.I. *Partito Socialista Democratico Italiano* –
P.S.I. *Partito Socialista Italiano* –
P.T. *Poste e Telegrafi (Correos y Telégrafos)*
PVC *polivinilcloruro* polivinilcloruro (*PVC*)
P.za *Piazza* Plaza (*Pza.*)
q *quintale* quintal (*Q.*)
Q.I. *quoziente d'intelligenza* coeficiente intelectual (*QI*)
racc. *raccomandata* certificado, carta certificada (*certif.*)
R.A.I. *Radio Audizioni Italiane (radiotelevisión italiana)*
R.A.I.-TV *Radio Televisione Italiana* –
R.D.T. *Repubblica Democratica Tedesca* República Democrática Alemana (*RDA*)
R.F.T. *Repubblica Federale Tedesca* República Federal Alemana (*RFA*)
R.N.A. *acido desossiribonucleico* acido desoxirribonucleico (*ADN*)
Rrr *raccomandata con ricevuta di ritorno (certificado con acuse de recibo)*
R.S.M. *Repubblica di San Marino* –
s *secondo* segundo (*seg.*)
S *Sud* sur (*S*)
s.a. *senza anno* sin año (*s.a.*)
S.acc. *Società in Accomandita* Sociedad en comandita
S.A.R. *Sua Altezza Reale* Su Alteza Real (*S.A.R.*)
S.C.V. *Stato della Città del Vaticano*
s.d. *senza data* sin año (*s.a.*)
S.E. *1. Sudest* sudeste (*SE*); *2. Sua Eccellenza* Su Excelencia (*S.E.*)
sec. *secondo* segundo (*seg*)
S.E.eO. *salvo errori e omissioni* salvo error u omisión (S.E.u O., s.e.u o.)
sg. *seguente* siguiente (*s., sig.*)
S.I.A.E. *Società Italiana Editori ed Autori* (*=SGAE, Esp*)
S.I.D. *Servizio Informazioni Difesa (servicio secreto del ejército italiano)*
Sig. *signore* señor (*Sr.*)
Sigg. *signori* señores (*Srs.*)
Sig.na *signorina* señorita (*Srta.*)
Sig.ra *signora* señora (*Sra.*)
S.M. *Sua Maestà* Su Majestad (*S.M.*)
S.M.E. *Sistema Monetario Europeo* Sistema Monetario Europeo (*SME*)
S.I.P. *Società Italiana per l'Esercizio Telefonico (compañía telefónica estatal)*
S.I.S.M.I. *Servizio per l'Informazione e la Sicurezza Militare (servicio secreto del ejército italiano)*
s.l. *senza luogo* sin lugar (*s.l.*)
s.l.m. *sul livello del mare* sobre el nivel del mar (*SNM*)
S.O. *Sudovest* sudoeste (*SO*)
soc. *società* sociedad (*soc.*)
S.O.S. *S.O.S.*
S.p.A. *Società per Azioni* Sociedad Anónima (*S.A.*)
S.r.l. *Società a responsabilità limitata* Sociedad Limitada (*S.L.*)
ss. *seguenti* siguientes (*ss.*)
S.S. *1. Sua Santità* Su Santidad (*S.S.*); *2. Santa Sede; 3. Santi* Santos (SS.); *4. Strada Statale* Carretera Nacional (*N*)
st.civ *stato civile* –
t. *tonnellata* tonelada (*t.*)
tab. *tabella* tabla
TAC *Tomografia Assiale Computerizzata* Tomografía Axial Computerizada (*TAC*)
TG *Telegiornale* Telediario (*TD*)
T.I.R. *Trasporti Internazionale su Strada* Transporte Internacional por Carretera (*TIR*)
T.P.L. *Tonnellata Portata Lorda* Tonelada de Registro Bruto (*TRB*)

tr. *tratta (letra)*
TV *televisione* televisión (*TV*)
U.E. *Unione Europea* Unión Europea (UE)
U.E.O. *Unione Europea Occidentale* Unión Europea Occidental (*UEO*)
U.F.O. *Oggetto Volante non Identificato* Objeto Volador No Identificado (*O.V.N.I.*)
U.I.L. *Unione Italiana del Lavoro (sindicato italiano socialista)*
U.I.T. *Unione Internazionale per le Comunicazioni* Unión Internacional de Telecomunicaciones (*UIT*)
U.N.E.S.C.O. *Organizzazione delle Nazioni Unite per l'Educazione, la Scienza e la Cultura* Organización de las Naciones Unidas para la Educación, la Ciencia y la Cultura (*UNESCO*)
U.N.I.C.E.F. *Fondo Internazionale per l'Infanzia delle Nazioni Unite* Fondo Internacional de las Naciones Unidas para la Infancia (=*UNICEF*)
U.P.U. *Unione Postale Universale* Unión Postal Universal (*UPU*)
U.R.S.S. *Unione di Repubbliche Socialiste Sovietiche* Unión de Repúblicas Socialistas Soviéticas (*U.R.S.S.*)
u.s. *ultimo scorso* próximo pasado (*p. pdo.*)
U.S.A. *Stati Uniti di America* Estados Unidos (*EE.UU.*)
U.S.L. *Unità Sanitaria Locale (organismo che gestiona la sanidad en una zona del territorio)*
v. *1. vedi* véase (v.); *2. verso* verso (*v.*)
val. *valuta (divisa)*
V.E. *Vostra Eccellenza* Vuestra Excelencia (*V.E.*)
ver. *versamento (ingreso)*
V.I.P. *Very Important Person (VIP)*
V.le *Viale* Paseo (*P°*)
v.r. *vedi retro (véase detrás)*
v.s. *vedi sopra (véase más arriba)*
V.S. *Vostra Santità* Vuestra Santidad (*V.S.*)
vs., Vs. *vostro* su (de ustedes) (*V.*)
vv *versi* versos (*vs.*)
wc *water closet (gabinetto)* water, váter (*wc*)

DICCIONARIO ITALIANO
II

DICCIONARIOS HERDER
PUBLICADOS BAJO LA DIRECCIÓN DE

GÜNTHER HAENSCH

Catedrático emérito de Lingüística aplicada y ex Director del Centro de Lenguas Modernas de la Universidad de Augsburgo

Miembro correspondiente de la Real Academia Española

DICCIONARIO ITALIANO

II

ESPAÑOL - ITALIANO

ANNA GIORDANO – CESÁREO CALVO RIGUAL

Introducción gramatical de SALVADOR PONS BORDERÍA

Herder

INDICE

PREFAZIONE

E' chiaro che un dizionario come questo può rispondere solo a una parte della ricchezza e dell'ampiezza dell'evoluzione del lessico che hanno l'attuale spagnolo e l'attuale italiano. Limitati da una obbligata selezione, gli autori di quest'opera hanno rinunciato consapevolmente a molte parole ormai antiquate o arcaiche, d'uso molto ristretto, che tradizionalmente passano da un dizionario all'altro, e hanno preferito dedicarsi all'uso moderno della lingua e al vocabolario della nostra epoca. Oltre al linguaggio letterario e standard, che evidentemente occupa la maggior parte dello spazio, gli autori si sono occupati della lingua colloquiale e popolare e, persino volgare dei nostri tempi.

Si sono introdotte, nel limite delle possibilità, parole nuove nate per i mutamenti del costume o per lo sviluppo tecnologico o scientifico, amministrativo o politico, ecc, affinché quest'opera risponda alle esigenze quotidiane di ogni lettore: studente, professionista o tecnico

Questo volume contiene numerosi vocaboli, locuzioni e una fraseologia che finora non erano apparsi in nessun altro dizionario spagnolo-italiano, e che, in parte, si dovrebbe affermare che non esistono neanche nelle edizioni più recenti di importanti opere di consultazione monolingui; per es.:

capa de ozono, carca, dinero caliente, dinero sucio, efecto invernadero, encimera, espiral/DIU, formatear, guaperas, impresora, inseminación artificial, insumiso, litrona, lluvia ácida, madero, madre de alquiler, mocho, ordenador, piragüismo, senderismo

Anche la parte italiano-spagnolo è stata arricchita da molte parole nuove; per es.:

fascia dell'ozono, effetto serra, formattare, frontalino estraibile, pirata della strada, pista ciclabile, processore, realtà virtuale, sieropositivo, sportello automatico, stampante a getto d'inchiostro, superconduttore, T-shirt, telefonino, telenovela, tribù urbane, ultraleggero.

Affinché il dizionario possa essere veramente utile, sono presenti puntuali limiti d'uso delle parole, reggenze, costruzioni, locuzioni, ausiliari (*essere* o avere) indispensabili per i verbi italiani, ecc..

Si consiglia l'utente di leggere attentamente le istruzioni delle seguenti pagine, perché solo così potrà ottenere il massimo profitto dal presente dizionario.

Con piacere sarà accolta qualsiasi indicazione di eventuali mancanze ed errori.

Günther Haensch *Editorial Herder*

PROLOGO DELL'AUTRICE

A Ester y José

A mis estudiantes

Este diccionario es fruto de una experiencia docente de largos años durante los cuales he tenido que solucionar con mis estudiantes innumerables problemas de traducción.

A ellos va dirigida la parte *español-italiano* de este diccionario con el deseo de que les sea de utilidad tanto en la tarea diaria e inmediata de la traducción general como en la más detenida de la traducción filológica.

Deseo expresar mi agradecimiento de manera especial al doctor Günther Haensch, a la doctora María Teresa Echenique y a la Editorial Herder por haber confiado en mí, proponiéndome la redacción de esta obra; en segundo término el agradecimiento va dirigido a mis antiguos alumnos y ahora compañeros Cesáreo Calvo, Salvador Pons, Carles Pitarch y a Sabina Morello por su ayuda material, pero especialmente por haberme transmitido su entusiasmo juvenil frente a un trabajo tan arduo; por último quisiera dar las gracias a José Miguel Madrid por su continuado apoyo.

Anna Giordano Gramegna
Universitat de València

INTRODUZIONE

1. GUIDA ALLA CONSULTAZIONE

1.1. Ordine alfabetico

I vocaboli o lemmi di ambedue le parti del dizionario appaiono in rigoroso ordine alfabetico.

I *lemmi composti* formati da vari elementi seguono l'ordine alfabetico come se fossero un lemma semplice: per esempio, **mass media** funzionerà come se fosse il vocabolo **massmedia**.

Nella parte *spagnolo-italiano*, secondo le recenti norme della Real Academia Española, sono state annullate, come lettere autonome, la **ch** e la **ll**, per cui i vocaboli che cominciano con queste consonanti si cercheranno rispettivamente nell'ordine alfabetico della **c** e della **l**.

L'utente italiano dovrà tener presente l'esistenza della lettera **ñ**, propria dello spagnolo, che segue la lettera **n**.

1.2. Lemmi e sub-lemmi

Per ragioni di spazio si sono raggruppati vocaboli formalmente simili, sempre contraddistinti dal carattere tipografico nero, in un unico blocco, nel quale appaiono, dopo il lemma principale che fa da guida, in una serie di sub-lemmi. La **tilde** (~) sostituisce un lemma completo o la parte dello stesso che appare prima della linea di separazione (|). Per es.:

alquil|ar *vt* affittare, ...; ~**er** *m* affitto, ...
facilita|re *<esd>* *vt* facilitar, favorecer; ~**zione** *f* facilitación (*acción*); *com* facilidad(es) *f(pl)*

Si è usata la tilde anche all'interno degli articoli, sostituendo, in questo caso, il lemma guida:

alta *f* 1. entrata in servizio, ...; *(com) ~s y bajas* carico e scarico
altar *m* altare; *llevar a una mujer al* ~ condurre una donna all'altare
abdu|ttore *adj/m* abductor; *muscolo* ~ músculo abductor

Il segno *~ indica che il lemma guida ripetuto, oppure la parte dello stesso che appare prima della linea di separazione (|), deve scriversi con la maiuscola o viceversa, in modo contrario a quello del lemma iniziale: Per es.:

Australia *f geogr* Australia; ***~no** *adj/s* australiano
Asi|a *f* Asia; ***~ático** *adj/s* asiatico
asunto *m* faccenda *f*; tema, argomento; *com* affare; oggetto (*cartas*); *Ministerio de *~s Exteriores* Ministero degli Affari Esteri
filipp|ica *f* filípica, invectiva; ***~ine:** *le* ~ las Filipinas; **~ino** *adj/s* filipino
Abissin|ia *f geogr* Abisinia; ***~o** *adj/s* abisinio
adriatico *adj geogr* adriático; *il mare *~* el mar Adriático

L'uso di una virgola o di una virgola più un trattino nel lemma indica la forma maschile e femminile dello stesso vocabolo (in questo caso la differenza, se esiste, si ripete anche negli equivalenti); l'uso di una virgola e di una tilde nel lemma indica una variante di forma:

barbot|ar, ~ear *vt/vi* borbottare, brontolare
musicólog|o, -a *m/f* **musicolog|o, -a** *m/f*
denu|ncia, ~nzia *f* 1. *ius* denuncia; *fig* denuncia, acusación; 2. *ius* declaración; ~ *dei redditi* declaración de la renta
cugino, -a *m/f* primo, -a

In alcuni lemmi si osserverà che una o più lettere appaiono tra parentesi: ciò indica una variante di forma:

pelma(zo) *adj/s fam* pesante, scocciante, palloso, pizza *f*
cripto(n) *m chim* criptón

In questi casi si deve intendere che la prima parola ha sia la forma **pelma**, sia la forma **pelmazo**, e la seconda **cripto** o **cripton**. Ciò può accadere anche all'interno dell'articolo:

derech|a 1. *adj* destra; *a la* ~ a destra; **2.** *f (a. pol)* destra; *ser de ~(s)* essere di destra
decodificare *<esd>* *vt* de(s)codificar
bua *f infan* pupa; *far(si) la* ~ hacer(se) pupa; *avere la ~ al pancino* tener pupa en la barriguita

La struttura dei sub-lemmi è identica a quella del lemma guida.

1.3. Struttura degli articoli del dizionario

Ogni articolo del dizionario comprende tutti o parte dei seguenti elementi:

— il *lemma* (*vocabolo* o *esponente*), che appare in nero
— nella parte *italiano-spagnolo*, in alcuni casi, l'informazione sulla vocale accentata (accento non grafico) sottolineandola (V. 1.4)

— nei verbi irregolari e in alcuni regolari un po' speciali, rinvio, per mezzo di numeri in carattere corsivo, ai modelli di *coniugazione* che si trovano in questa introduzione, oltre a una minima indicazione di paradigma, il tutto fra virgolette (< >)

— indicazione, in carattere corsivo, della *qualifica grammaticale* del vocabolo (sostantivo, verbo transitivo, aggettivo, ecc.)

— nella parte *italiano-spagnolo*, indicazione dell'ausiliare dei verbi intransitivi quando questo è *avere* o quando c'è l'uso del doppio ausiliare

— indicazioni, in carattere corsivo, del campo a cui appartiene un determinato lemma o equivalenza come, per es., medicina o astronomia

— indicazioni, in carattere corsivo, sul *livello stilistico* dei lemmi, quando non corrispondono al livello standard

— l'*equivalenza o le equivalenze* del lemma nella lingua meta, sempre in carattere tondo

— molto spesso, in carattere corsivo e tra parentesi, sfumature di significato delle equivalenze in un contesto determinato

— molto spesso, *forme di flessione e reggenza* del vocabolo, *contesti usuali, fraseologia esplicativa, locuzioni idiomatiche, proverbi.*

Quando una parola appartiene a più di una qualifica grammaticale (o un uso transitivo, intransitivo o riflessivo del verbo), queste saranno indicate separatamente da numeri in neretto. Quando nello stesso uso della parola ci sono significati diversi, questi saranno indicati da numeri in tondo; quelle accezioni in cui ci sono differenze semantiche minime, saranno divise soltanto da un punto e virgola. Per es.:

pago *m* 1. *com* pagamento; *fig* ricompensa *f*, premio; *suspensión de ~s* sospensione dei pagamenti; *en ~ de* in ricompensa di; *~ en efectivo, adelantado, a plazos* pagamento in contanti, anticipato, a rate; 2. villaggio; terra *f*

abono *m* 1. abbonamento (*revista*); 2. accreditamento; 3. *agr* fertilizzante, concime; 4. *com* abbono

frequen|za *f* 1. *fis/mat/fig* frecuencia; *modulazione di ~* frecuencia modulada; *corrente ad alta/bassa ~* corriente de alta/baja frecuencia; 2. asiduidad (*personas, lugar*); *stud* asistencia; *la ~ è obbligatoria* la asistencia es obligatoria

affine 1. *adj* afín, similar; **2.** *m* afín, allegado (*familia*)

1.4. Pronunzia

Nella parte *italiano-spagnolo* sono state date le informazioni fonetiche sulla sede dell'accento, giacché in italiano sono accentati solamente i polisillabi tronchi e qualche monosillabo; dovuto a ciò, è stato sottolineato l'accento nei casi seguenti:

—in quelle parole che, pur essendo identiche alle equivalenze spagnole, hanno una sede diversa per l'accento; per esempio:

diatriba *f* diatriba, invectiva
democrazia *f* democracia

—in tutte quelle parole sdrucciole, in cui la sede dell'accento non sia chiaramente ed immediatamente deducibile (ciò è abbastanza frequente in molti infiniti della seconda coniugazione); per esempio:

bonifica *f agr/fig* saneamiento *m*
devolvere *<5 devolvei/-lvetti; devoluto> vt ius* transferir, traspasar

—in tutte quelle parole piane che terminano in due vocali in iato e che non sono incluse nei gruppi precedenti; per esempio:

brusio *m* rumor, murmullo

Si sono usate, inoltre, in tutte e due le parti, due abbreviazioni (*ingl* e *fr*), non con fini etimologici, ma con lo scopo di ricordare all'utente che, in italiano, i lemmi francesi o inglesi si pronunciano "alla francese" e "all'inglese".

In ogni caso, si ricorda all'utente che, nell'Introduzione c'è una descrizione minuziosa della pronunzia nelle due lingue.

1.5. Segni di alcune qualifiche grammaticali

1.5.1. *Sostantivi ed aggettivi*

Il genere grammaticale di tutti i sostantivi si indica mediante le abbreviazioni *m* e *f* (per il singolare), *mpl* e *fpl* (per il plurale). Si indica il genere delle equivalenze soltanto quando non corrisponde al genere del lemma. Quando a un lemma corrisponde più di una qualifica grammaticale, per es., aggettivo e sostantivo, si indica con le abbreviazioni *adj/m* (aggettivo e sostantivo maschile), *adj/f* (aggettivo e sostantivo femminile) e *adj/s* (aggettivo e sostantivo maschile o femminile).

In ambedue le parti si indicano i pochi plurali irregolari o con cambio di accento dei sostantivi, dopo la forma del singolare. Per es.:

orig|en *<pl orígenes> m* origine *f*; fonte *f*, genesi *f*; nascita *f*, cuna *f*, provenienza *f*; *dar* ~ dare origine; *defecto,*

denominación de ~ difetto, denominazione d'origine; *de* ~ di origine, originario
orden <*pl órdenes*> 1. *m* ordine; *cient/arch* ordine...; 2. *f* ordine *m*
bue <*pl buoi*> *m* buey; *fig* burro, zopenco; *parlando del* ~, *spuntan le corna* hablando del rey de Roma, por la puerta asoma
braccio *m* 1. <*fpl le braccia*> *med* brazo; (...) 2. braza *f* (*medida*); 3. <*mpl i bracci*> *arch* ala *f*; *geogr* brazo; *fig* brazo (*grúa, lámpara, balanza*)

Alcuni sostantivi plurali hanno un significato diverso da quello della forma singolare; questi appariranno nello stesso articolo della forma singolare, preceduti dal corrispondente numero e con l'indicazione *mpl* o *fpl*, secondo il loro genere, maschile o femminile.

memoria 1. *f.* memoria; ricordo *m*; relazione; 2. *fpl* memorie, autobiografia *f*
denaro *m* 1. *econ* dinero; ~ *contante* dinero contante (y sonante); ~ *spicciolo* dinero suelto; ~ *scottante, sporco* dinero caliente, sucio; 2. *mpl* oros (*naipes*)

Per la formazione dei plurali regolari rinviamo all'introduzione grammaticale.

1.5.2. *Verbi*

In ambedue le parti del dizionario sono stati segnalati, in carattere corsivo e tra virgolette, i verbi irregolari con un numero e un paradigma minimo utile, come memorandum, al lettore che possiede già una certa dimestichezza con lo spagnolo o con l'italiano (per maggiori informazioni si consulti la parte grammaticale dell'introduzione). Per es.:

poder <*31 puedo; pude*> *vt* poder
alludere <*10 allusi; alluso*> *vi* <*avere*> aludir, referirse (*a* a)

Nella parte *italiano-spagnolo*, oltre ai verbi irregolari, si indicano le caratteristiche di alcuni verbi che possono essere molto utili all'utente spagnolo: i verbi sdruccioli della prima coniugazione e i verbi della terza coniugazione che, in alcune forme prendono l'infisso *isc* (per una maggiore informazione si veda l'introduzione grammaticale), che saranno indicate rispettivamente con le abbreviazioni *esd* e *isc*, tra virgolette (<...>):

aborri|re <*isc*> *vt/vi* <*avere*> aborrecer, detestar

adopera|re *<esd>* **1.** *vt* usar, utilizar; llevar, usar, gastar (*gafas, sombrero*); **2.** *~rsi* trabajar (*per* por), luchar (*per* por), consagrarse (*per* a)

Un altro elemento utile indicato nella parte italiano-spagnolo è l'ausiliare dei verbi intransitivi, quando questo non è <essere>:

brave|ggiare *vi <avere>* fanfarronear
abort|ire *<isc> vi <avere, fig essere>* abortar

In tutti i verbi, sia italiani, sia spagnoli si indica se sono transitivi, intransitivi o impersonali, mediante le abbreviazioni *vt, vi, vi/imp.* Non si usa nessuna abbreviazione per i verbi riflessivi facilmente deducibili: questi appaiono dentro del corrispondente verbo transitivo o intransitivo, con un numero in neretto seguito dalla terminazione in carattere corsivo *~se* (spagnolo) e *~rsi* (italiano):

arraig|ar 1. *vi* radicare, attecchire; **2.** *vt ius* garantire, ipotecare; **3.** *~se* 1. consolidarsi; 2. domiciliarsi
bardare 1. *vt mil* poner la barda; *agr* arrear; **2.** *~rsi iron* engalanarse, acicalarse;

Si sono tradotti soltanto quei verbi riflessivi che presentano qualche differenza di significato rispetto al corrispondente verbo transitivo. Per es.:

bald|ar 1. *vt med* paralizzare; lasciare malconcio; **2.** *~se* rattrappirsi
crogiol|are *<esd>* **1.** *vt gastr* cocer a fuego lento; *tec* templar (*vidrio*); **2.** *~rsi fig* deleitarse

Come si è indicato al punto 1.3., gli usi transitivo, intransitivo o impersonale di uno stesso verbo sono separati da cifre in neretto, ma ciò non accade quando a due o più usi della lingua meta corrispondono uno o più equivalenze che possiedono le stesse sfumature. Per es:

blanque|ar *vt/vi* imbiancare; imbianchire; biancheggiare; *~ el dinero sucio* riciclare il denaro sporco
conteggi|are *vt/vi <avere>* contar, computar

Quando esistono differenze tra il lemma guida e le equivalenze, se ne indicherà la differenza:

picote|ar 1. *vt/vi zool* beccare; mangiucchiare; **2.** *~se* bisticciare *vi*
contendere *<58 -tesi; -teso> vt/vi <avere>* contender, luchar *vi*, altercar *vi*

Si è cercato di riportare il maggior numero di costruzioni tipiche (o reggenze) dei verbi; queste si indicano dopo le equivalenze, tra parentesi, con la forma della lingua di partenza in carattere corsivo e della lingua meta in carattere tondo. Per es.:

pensar <*5a pienso*> *vi* pensar (*en* a)
dissua|dere <*35 dissuasi; dissuaso*> *vt* disuadir (*q da qc* a alg de algo)

Nonostante ciò, nella maggior parte dei casi di coincidenza tra lo spagnolo e l'italiano, allo scopo di risparmiare spazio, si è omessa la reggenza.

1.6. Modi di dire, locuzioni, ecc.

Alcune espressioni sono formate da parole che si usano solo in queste. Questi modi di dire o locuzioni avverbiali si sono introdotti in ordine alfabetico dopo la parola seguita da due punti e dall'espressione completa in neretto:

dispar|te: in ~ *adv* aparte, de lado, al margen; *lasciare/mettere in* ~ dejar de lado, relegar; *tenere q in* ~ mantener a alg al margen
machamartillo: a ~ *adv* in modo saldo, fortemente

Il resto delle espressioni appaiono sotto un lemma che generalmente corrisponde al primo sostantivo, al primo verbo o al primo aggettivo che inizia l'espressione. In alcuni casi, però, si è preferito introdurre l'espressione sotto la parola più significativa dell'espressione o, a volte, si è introdotta una stessa espressione sotto i lemmi più importanti dell'espressione.

1.7. Nomi propri

Nel corpo del dizionario si sono inclusi alcuni nomi propri, applicando un doppio criterio. Da una parte si sono introdotti i nomi che hanno un interesse specifico per relazioni culturali, linguistiche, storiche o sociologiche tra le due lingue, specialmente quando si presentano differenze formali; dall'altra, si sono inclusi quei nomi che fanno parte di espressioni o modi di dire abituali in una delle due lingue e che, proprio per questo, appaiono sotto questo nome proprio.

1.8. Ambito semantico d'uso del vocabolo

Dopo le qualifiche grammaticali di ogni lemma guida appaiono, abbreviate (si può consultare la lista completa qui acclusa) *le indicazioni di tipo lessico-semantico* d'uso del vocabolo. Queste indicazioni (geografiche, stilistiche, ecc.) non hanno un valore assoluto, ma stabiliscono alcune restrizioni d'uso.

Quando le indicazioni precedono un'espressione in carattere corsivo, a scanso d'equivoci, queste sono state collocate tra parentesi:

> **pájaro** *m* uccello; *fig* persona astuta *f*; *(desp) ~ de cuenta* imbroglione; *(fig) ~ gordo* pesce grosso
> **dente** *m med/mec* diente; *~ canino, incisivo, molare* colmillo, incisivo, muela; *~ del giudizio* muela del juicio; *~ di latte* diente de leche; *(bot) ~ di leone* diente de león; *mal di ~i* dolor de muelas; *(gastr) al ~* al dente, en su punto; *battere i ~i* castañetear, tiritar; *armato fino ai ~i* armado hasta los dientes; *avere il ~ avvelenato contro q* tener la lengua afilada contra alg; *(fig) mostrare i ~i a q* enseñarle los dientes a alg;...

In questo dizionario si usano le seguenti qualifiche specifiche:

1.8.1. *Qualifiche geografiche*

Queste qualifiche indicano il luogo d'uso di una parola o espressione, per es. solo in Spagna o in un paese latinoamericano. E' opportuno ricordare che, rispettando i limiti di spazio, si sono incluse, insieme alle parole usuali nei paesi ispanofoni, delle parole o espressioni tipiche solo dell'America Latina, specialmente nella parte *spagnolo-italiano*. La qualifica *am* significa che si tratta di un termine o espressione di uso generale in tutti i paesi latinoamericani o per lo meno nella maggior parte di essi.

Nella parte *italiano-spagnolo* sono stati inclusi alcuni regionalismi italiani (sotto la qualifica *reg*) abbastanza diffusi o conosciuti in tutto il territorio italiano e sono stati omessi quelli circoscritti a una sola zona del territorio italiano. Tra le equivalenze spagnole si è cercato di tener presente gli americanismi più diffusi, che sono indicati dall'abbreviazione *am*.

1.8.2. *Qualifiche specialistiche*

Queste qualifiche indicano che la parola di cui si tratta o una sua accezione appartengono a una determinata specialità o campo come, per es., agricoltura, sport, informatica o mitologia.

1.8.3. *Qualifiche stilistiche*

La maggior parte delle parole di questo dizionario appartengono al *livello standard* della lingua, cioè non hanno una qualifica stilistica speciale. Altre parole, invece, appaiono marcate dalle relative abbreviazioni.

Le qualifiche di questo tipo applicate nel dizionario sono le seguenti: *lit* (indica che una parola appartiene a uno stile più elevato: linguaggio letterario o poetico), *cient* (parola propria del linguaggio scientifico), *ant* (parola arcaica o uso arcaico di una parola), *fam* (parola appartenente al linguaggio famigliare o a un contesto piuttosto limitato), *pop* (parola o espressione di tipo chiaramente colloquiale che può usarsi secondo i parlanti), *vulg* (parola o espressione considerata volgare, poco educata o tabù), *euf* (parola sostitutiva di una volgare). Altre qualifiche riflettono un atteggiamento da parte del parlante: *desp* (peggiorativo), *iron* (ironia).

Ci sono parole appartenenti a un linguaggio settoriale: *gergo* (parola o espressione di un gergo come quello della delinquenza o della droga, come quello propriamente giovanile, ecc.), *infan* (parola o espressione propria del linguaggio infantile).

1.8.4. *Altre delimitazioni lessico-semantiche*

Molte parole della lingua di partenza possiedono diverse traduzioni (equivalenze) nella lingua meta secondo il contesto in cui si usano. Per definire meglio il rapporto tra le equivalenze e i relativi contesti, si indicano tra parentesi, dopo le equivalenze, le spiegazioni opportune in carattere corsivo:

> **picar 1.** *vt* 1. pungere (*insectos, taur...*); beccare (*pájaro*); 2. *gastr* tritare; triturare, sminuzzare; spizzicare (*comida*); 3. *tec* punzonare, traforare, punteggiare; picchiettare (*pared*); *fig* provocare, irritare; **2.** *vi* 1. *med* prudere; bruciare, pizzicare (*sol, garganta, picante...*); 2. abboccare (*pez*); *fig* cadere nel tranello, cascare; 3. *aer* scendere in picchiata; 4. *mus* granire
> **abbuon|o** *m com* bonificación *f*, descuento; *sport* bonificación *f* (*ciclismo*); handicap (*hípica*)

Si è usata la qualifica *est* per indicare un uso standard nell'equivalenza di una parola dalla lingua di partenza, alla lingua meta. Quando un lemma e la sua equivalenza non hanno nessuna qualifica appartengono allo stesso livello stilistico od allo stesso campo.

1.9. Le equivalenze

In molti casi non esiste un'equivalenza esatta tra le due lingue. Il caso estremo si trova nelle parole caratteristiche di una cultura o inesistenti nell'altra; in questi casi si dà una definizione nella lingua meta tra virgolette e preceduta dal segno (=). Per es.:

mudéjar *adj/s* 1. ="moro sotto il dominio cristiano spagnolo"; 2. *arch* ="arte di ispirazione islamica sviluppatasi nella Spagna cristiana dall'XI al XVI secolo"
lambrusco *m gastr* ="vino tinto espumoso de Emilia"

1.10. Raccomandazioni per un uso conveniente del dizionario

Questo dizionario comprende due parti: *italiano-spagnolo* e *spagnolo-italiano*; si consiglia in molti casi di consultare ambedue le parti. La parte *spagnolo-italiano*, per esempio, ci dà le equivalenze italiane delle parole spagnole; se si desidera una maggior informazione sulle equivalenze italiane (fonetica, morfologia, ecc.) è conveniente che si cerchi la voce corrispondente della parte *italiano-spagnolo*. Lo stesso consiglio vale quando la lingua di partenza è l'italiano.

Si prega l'utente di non consultare unicamente la parte iniziale della voce (il lemma e la sua prima equivalenza), ma tutta la voce corrispondente al detto lemma e che, in caso di dubbio, ricorra alle nozioni fonetiche e grammaticali accluse in questa introduzione. Una buona lettura eviterà l'interferenza dei "falsi amici" esistenti tra le due lingue ed un uso proficuo di quest'opera.

2. INTRODUZIONE ALLA GRAMMATICA SPAGNOLA[1]

por Salvador Pons Bordería (Universitat de València)

Questo compendio grammaticale è una breve descrizione della lingua spagnola a scopo contrastivo, che non fa le veci né di una grammatica descrittiva né di una grammatica contrastiva. L'utente è consigliato di consultare le seguenti pubblicazioni per trovarne una descrizione più dettagliata.

Tra i diversi materiali che sono stati utilizzati nella redazione di questa introduzione, la cui impronta non è difficile da scoprire, bisogna sottolinearne due: il *Curso de lengua italiana*, di Manuel

1. Vorrei ringraziare Anna Giordano Gramegna e Cesáreo Calvo Rigual, i cui contributi hanno migliorato questa introduzione, le cui inesattezze non corrispondono ad altri che all'autore.

Carrera Díaz, Barcelona, Ariel, 1984, dato il suo carattere contrastivo, e la *Gramática española*, di J. Alcina Franch e J.M. Blecua, Barcelona, Ariel, 1975.

2.1. Fonologia e ortografia

2.1.1. *Osservazioni sulla corrispondenza tra suono e grafia*

Lo schema seguente riflette il rapporto tra i fonemi della lingua spagnola e la loro scrittura. Nella colonna riferita alla pronunzia si danno delle indicazioni basiche che si completeranno nelle sezioni 1, 2 e 3:

FONEMI	GRAFIE	PRONUNZIA
[a]	<a>	simile al fonema italiano
[e]	<e>	si trova tra la e chiusa italiana e quella aperta
[i]	<i>	simile al suono italiano
[o]	<o>	si trova tra la o chiusa italiana e quella aperta
[u]	<u>	simile al suono italiano
[p]	<p>	simile al suono italiano
[b]	<b>	pronunzia spesso fricativa
[t]	<t>	simile al suono italiano
[d]	<d>	pronunzia spesso fricativa
[k]	<c^{a,o,u}> <k> <qu^{e,i}>	simile al suono italiano. Il digramma <qu> si pronunzia [k] e non [qw]
[g]	<g^{a,o,u,}> <gu^{e,i}>	pronunzia spesso fricativa. Il digramma <gu> si pronunzia [g] e non [gw]
[s]	<s>	si può pronunziare in modo simile al suono italiano
[θ]	<z> <c^{e,i}>	come in inglese *thick*, *thin*. Fricativa, non affricata
[f]	<f>	simile al suono italiano
[tʃ]	<ch>	simile al suono italiano

FONEMI	GRAFIE	PRONUNZIA
[χ]	<j ^{a,e,i,o,u}> <g ^{e,i}>	suono velare sordo, come la *chi* del greco antico o la *ch* del tedesco
[m]	<m>	simile al suono italiano
[n]	<n>	simile al suono italiano
[ɲ]	<ñ>	simile al suono italiano nel digramma <gn>, ma sempre semplice
[l]	<l>	simile al suono italiano
[λ]	<ll>	simile al suono italiano nel trigramma <gli>, ma sempre semplice
[r]	<r>	simile al suono italiano
[r̄]	<-rr-> tra vocali <r> altre posizioni	pronunzia più rinforzata del suono precedente.

Su queste equivalenze approssimative, le seguenti osservazioni tentano di fornire delle indicazioni supplementari. Non si dimentichi però, che queste regole si applicano a una lingua idealizzata, lo standard colto, e che le differenze dovute alle variazioni geografiche e sociali sono spesso significative.

2.1.1.1. Vocali

Anche se il trasferimento del sistema eptavocalico italiano non crea speciali problemi, l'italofono terrà conto delle differenze foniche tra tutti e due i sistemi vocalici:

L'impostazione della vocale a è leggermente più avanzata (cioè, il suono è più palatale) di quella italiana, più velare.

Dal punto di vista acustico, le vocali spagnole e ed o sono leggermente più aperte delle vocali italiane chiuse [e, o] e non tanto quanto quelle aperte [ε, o)]. Nonostante ciò, i suoni spagnoli vanno paragonati ai suoni italiani chiusi.

La durata delle vocali spagnole è più breve di quella delle vocali italiane, che variano secondo la posizione (cfr. *b**o**te* –vocale allungata– ~ *b**o**tte* –vocale breve–).

2.1.1.2. Dittonghi e trittonghi

L'unione tra una semivocale ([i], [u]) o una semiconsonante ([j], [w]) e una vocale forma un dittongo. La rappresentazione grafica delle semivocali e delle semiconsonanti si fa mediante i grafemi <i, u> e qualche volta <y>. *Caigo, causa, cien, cuento.*

I dittonghi spagnoli sono ascendenti (semiconsonante più vocale: ia, ie, io, ua, ue, uo, ui, uy, iu) o discendenti (vocale più semivocale: ai, ay, au, ei, ey, eu, oi, oy, ou). L'unione tra una <u> e una <i> non permette di conoscere a priori se si deve pronunziare un dittongo o uno iato. In questi casi, si ritiene corretta la pronunzia di un dittongo ascendente (*jesuita* [χeswíta] e non [χesuíta]), anche se questa regola non si segue in molte regioni della Spagna.

L'unione tra una semiconsonante, una vocale e una semivocale all'interno di una sillaba è chiamata trittongo. *Averiguáis, averigüéis.*

2.1.1.3. Consonanti

Le consonanti occlusive sonore [b, d, g] sono occlusive soltanto in due occasioni: in posizione iniziale assoluta e precedute da una consonante nasale (<m, n, ñ>). Nelle altre posizioni la pronunzia è fricativa, cioè più mite che nelle equivalenti italiane.

In posizione intervocalica la pronunzia di questi suoni diventa più soave ancora. Questa tendenza porta alla scomparsa del suono, e si verifica oggigiorno in alcune delle occorrenze della -d- e, in pronunzie dialettali, con la -b- e con la -g-.

È ammesso, ma soltanto in Spagna, ommettere il suono [d] nei participi dei verbi della prima coniugazione, e perciò i participi <acabado>, <terminado> si possono pronunziare [akabáo] [termináo]. Nonostante ciò, data l'impopolarità di questa pronuncia nei ceti sociali più colti, si raccomanda di non sopprimere questo suono in nessuna posizione e di pronunziarlo in modo fricativo. Le diverse circostanze comunicative saranno la guida più adatta alla pronunzia della d.

Il suono [g] si può rappresentare sia con la grafia semplice <g> che con il digramma <gu>. Si ricordi che, a differenza dell'italiano, in questo caso la grafia <u> non corrisponde a nessun suono. Nel caso in cui la combinazione grafematica <gu> dovesse corrispondere alla combinazione fonetica [gu] si metterebbe sopra la <u> una dieresi, il che si dà soltanto nelle combinazioni <güe, güi>: *pingüe, pingüino.*

La grafia <s> si può articolare in due modi diversi, dipendenti dalla distribuzione geografica. In tutta l'America ispanofona e nel Sud della Penisola Iberica (comprese le Isole Canarie) la s ha un'articolazione dentale, simile a quella italiana. Nel Centro e nel Nord della Spagna il suono è più sibilante, dovuto alla posizione della lingua nell'articolare il suono (alveolare e non dentale).

La pronunzia delle <s> in posizione finale sia della sillaba sia della parola crea dei problemi agli italofoni, i quali allungano spesso questo suono oltre a quanto non lo si faccia in spagnolo; si badi dunque a non esagerarne troppo la pronuncia.

Il suono interdentale sordo [θ] non esiste in italiano. Si pronunzia collocando la lingua tra i denti e lasciando scorrere l'aria. Questo suono è fricativo; non si deve riprodurre l'articolazione italiana dei grafemi italiani <z> o <zz>.

Un altro fonema spagnolo non esistente in italiano è [χ]. La sua pronunzia è simile a un'aspirazione, come quella dell'inglese <house> [haus], ma sorda; l'aria non vibra tra le corde vocali e quindi è più forte.

Non esiste in spagnolo un fonema [v] corrispondente al grafema <v>. Questa grafia verrà letta come [b] fricativa. La pronunzia ultracorretta [v] si considera affettata.

Anche se l'articolazione del fonema palatale sordo /tʃ/ è praticamente identica in tutt'e due le lingue, c'è una leggera differenza fonetica: il suono italiano ha un'articolazione leggermente anteriore rispetto a quello spagnolo, producendosi così una sfumatura nella pronunzia di ogni suono nelle due lingue.

Il suono laterale palatale [λ] sparisce ogni giorno di più nel dominio ispanofono, sostituito dal suono palatale centrale sonoro [y]. Comunque, la pronunzia della grafia <ll> all'italiana non è scorretta, dato che il fonema è ancora presente nella memoria passiva degli ispanofoni.

In diverse regioni dell'America ispanofona, il suono [λ] è diventato un suono palatale sonoro affricato [ž] o sordo [š], simile ai suoni italiani. Chiamasi yeísmo questo fenomeno e caratterizza il parlato di alcuni paesi (l'Argentina o l'Uruguay, per esempio).

I fonemi vibranti, /r/ e /ř/ corrispondono al fonema italiano /r/. In posizione iniziale (grafema <r>) e in posizione intervocalica (grafema <rr>) la pronunzia è rafforzata, realizzata mediante due, tre o quattro approssimazioni della lingua sugli alveoli. Nelle altre posizioni (grafema <r>) la pronunzia è tenue, simile a quella del suono italiano. L'italofono dovrebbe fare una speciale attenzione alle diverse articolazioni del suono in posizione iniziale, dato che in italiano questo è tenue e in spagnolo è invece rafforzato (cfr. it. [róma] ~ sp. [řóma]).

2.1.1.4. Intonazione

L'intonazione è uno dei tratti più distintivi tra l'italiano e lo spagnolo. Oltre al fatto che l'altezza musicale è in italiano maggiore di quanto non lo sia in spagnolo, i modelli intonativi sono diversi. Lo spagnolo non oscilla tanto quanto l'italiano, dovuto al fatto che l'altezza tonale si mantiene stabile dalla prima sillaba tonica del gruppo fino all'ultima. L'assenza delle consonanti doppie e dell'allungamento delle vocali sono altri fattori che aumentano la differenza d'intonazione tra le due lingue.

2.1.1.5. Pronunzia dei forestierismi

La lingua spagnola tende all'adattamento fonetico delle parole di origine straniera. Parole come *meeting, chauffeur* o *violino* si sono incorporate nel vocabolario spagnolo come *mítin, chófer* o *violín*. Si ricordi che, in casi simili, l'italiano cerca di riprodurre la pronunzia originaria.

Una speciale attenzione si deve fare alla pronunzia dei nomi propi, soprattutto a quelli storici, giacché l'accento spesso diverge, anche se la forma è simile (*Perícles* ~ *Péricle*; *Eléna* ~ *Élena*; *Davíd* ~ *Dávide*).

L'ispanizzazione dei forestierismi può subire percorsi diversi nella Spagna e nell'America Ispanofona. In alcuni casi si verificano processi di adattamento che spingono fino in fondo le possibilità del sistema fonetico spagnolo; così *bistec* diventa *bife* in Argentina. In altri casi, però, la differenza si trova nel fatto che in una nazione si adatta la forma straniera e in un'altra questa viene sostituita da una creazione lessicale: *ingl. computer arg. computador*(a), *sp. ordenador.*

2.1.1.6. Punteggiatura

In spagnolo si segna l'inizio e la fine delle interrogazioni e delle esclamazioni mediante gli appositi segni ¿ e ¡. La frontiera di queste orazioni si stabilisce dunque a destra e a sinistra (¿? e ¡!).

2.1.2. *Regole per la divisione grafica delle sillabe*

Le poche divergenze esistenti in questo punto tra l'italiano e lo spagnolo si possono elencare così:

Ambedue le lingue tendono alle sillabe che finiscono in vocale. Nello spagnolo, la divisione grafica delle parole rispetta questa regola anche nei casi delle grafie doppie (*ca-rro, ca-lle,*). Le scarse eccezioni si devono piuttosto a ragioni etimologiche (*nos-o-tros, vos-o-tros, des-ha-cer, des-en-ca-jar*).

La divergenza contrastiva più importante si dà nei casi di s- iniziale di gruppo consonantico. Lo spagnolo riflette la pronunzia reale della sillaba nella scrittura, aggruppando la s- impura alla sillaba precedente (cfr. it. *no-stro* ~ sp. *nues-tro*, it. *di-strur-re* ~ sp. *des-tru-ir*).

Si segue nello spagnolo una regola grafica secondo la quale non è elegante l'isolamento di una vocale alla fine della riga, per cui si raggruppa la suddetta vocale insieme al resto della parola, all'inizio della seguente riga:

scorretto: ....a-
gradable

corretto: ....
agradable

2.1.3. *Regole di accentazione*

Lo spagnolo non adopera che un solo segno grafico per indicare l'accento: l'accento acuto detto anche chiuso (´). Non essendoci vocali aperte e chiuse, i segni grafici del accento grave (`) e di quello circonflesso (^) non appartengono al sistema grafico attuale della lingua.

L'accento grafico in spagnolo serve soltanto a distinguere la sillaba tonica da quelle atone all'interno di una parola. E' così esclusa la funzione supplementare di segnare l'apertura o chiusura delle vocali, come in italiano.

Due grandi principi regolano l'accentazione grafica della lingua spagnola:

1. La posizione dell'accento: l'accento grafico riflette l'accento fonematico. Secondo questa regola le parole sono

–acute: accento fonematico sull'ultima sillaba. L'accento grafico si mette sulle parole che terminano in vocale, -n o -s

–*Tentempié, canción, perdéis*[2], *dieciséis*

–gravi: accento fonematico sulla penultima sillaba. L'accento grafico si mette sulle parole che terminano in consonante, tranne -n o -s.

–*cárcel, álbum, Héctor,*

–sdrucciole e bisdrucciole: accento fonematico sulla terzultima sillaba. L'accento grafico si mette sempre:

–*cómputo, síndico, acabárasenos, dádnoslos*

2. Il carattere vocalico di i e di u. Dato che le grafie <i> e <u> rappresentano sia le vocali che le semivocali o le semiconsonanti, l'ortografia spagnola ne distingue il carattere vocalico tramite l'accento. Così parole come

–*Baúl, caída, leído*

si accentano, il che vuol dire che la pronunzia dei segni grafici <i,u> è quella di una vocale, escludendo così i dubbi sull'esistenza di un dittongo.

La regola 2 è più forte della regola 1 cioè, si deve applicare anche se le parole su indicate non dovrebbero accentuarsi secondo le regole del n° 1 (acuta che termina in consonante -l nel primo caso, tronca finita in vocale nei casi secondo e terzo).

Secondo una terza regola, le coppie omografe accenteranno uno dei loro membri per evitare la confusione (accento diacritico). Questa regola non esclude le parole monosillabiche, le quali non si accentano in nessun altro caso (dato che non pongono dei dubbi sulla loro pronunzia):

–*el* (articolo) ~ *él* (pron. pers)

–*mi* (possessivo) ~ *mí* (pron atono).

2. Si ricordi che, nei casi di dittongo, i segni grafici <i> e <u> non rappresentano la vocale, per cui la parola, essendo acuta e finendo in -s, si deve accentuare.

–*tu* (possessivo) ~ *tú* (pron pers)
–*te* (pron atono) ~ *té* (bevanda)
–*si* (cong condiz) ~ *sí* (particella affermazione)
–*se* (pron impers) ~ *sé* (verbo *sapere*)
–*que* (cong), *cual, quien* (relativi) ~ *qué, cuál, quién* (pron interrogativi)
–*como* (avv) ~ *cómo* (pron int)
–*cuanto* (avv) ~ *cuánto* (pron int)[3]

2.2. Morfologia

2.2.1. *L'articolo*

In spagnolo, come in italiano, ci sono due articoli: quello determinativo e quello indeterminativo. È di interesse contrastivo il fatto che in spagnolo la forma dell'articolo non si accorci secondo il contesto fonico, per cui il paradigma spagnolo è abbastanza più semplice di quello italiano.

Nonostante ciò, l'articolo forma in pochi casi delle preposizioni articolate. Questi casi verranno elencati sotto.

2.2.1.1. L'articolo determinativo

Paradigma:

	MASCHILE	FEMMINILE
SINGOLARE	el	la
PLURALE	los	las

Osservazioni:

L'unica variazione formale che subisce l'articolo determinativo si dà nei contesti in cui la parola alla quale si unisce l'articolo è femminile e comincia per a tonica. In questi casi, la forma femmile dell'articolo va sostituita da quella maschile:

El águila, el agua

Questa regola si segue anche quando la parola inizia per h-:

El hada, el hacha[4]

L'unione dell'articolo e della preposizione dà luogo alla preposizione articolata in due casi: a + art. determinativo maschile e de + art. determinativo maschile:

–*Vamos al campo, venimos del campo (*a el, *de el)*

3. Alle volte si distingue l'uso pronominale di éste, ése, aquél da quello aggettivale (*Dame este libro pero no aquél*) tramite l'accento, anche se non è più obbligatorio.
4. Eccezioni: i nomi delle lettere a e h *(la a, la hache)* e i nomi di donne, che nel parlato informale si accompagnano con l'articolo *(la Ángela, la Águeda)*.

Etimologicamente, l'articolo determinativo proviene dal pronome latino ILLE; l'uso odierno ne serba alcuni relitti, che si riflettono dal punto di vista contrastivo nel fatto che nello spagnolo l'articolo si adopera in casi in cui l'italiano usa il pronome o un relativo:

Los de la noche ~ Quelli della notte
El que se levanta tarde... ~ Chi dorme...
El blanco y el negro ~ Quello bianco e quello nero

Le differenze nell'uso dell'articolo determinativo vanno oltre lo spazio di questa introduzione, benché alcune tra le più comuni si trovino in questo elenco:

a) Il possessivo spagnolo non richiede l'articolo
Mi libro, tu coche, su casa.

b) I nomi di nazioni e i nomi propri non sono quasi mai preceduti dall'articolo
España, Argentina, Zanzíbar, Petrarca, Cervantes, Manzoni.

c) Non si usa l'articolo davanti all'oggetto diretto di verbi quali comer, tomar, beber
Beber agua, cenar pizza, tomar gambas al ajillo

d) L'articolo si usa davanti ai giorni della settimana
–El domingo nos fuimos a la playa

2.2.1.2. L'articolo indeterminativo

Paradigma:

	MASCHILE	FEMMINILE
SINGOLARE	un	una
PLURALE	unos	unas

Osservazioni:

Lo spagnolo, contrariamente a quanto succede nell'italiano e nel francese, possiede delle forme proprie per l'articolo indeterminativo, tanto nel singolare quanto nel plurale.

L'articolo indeterminativo non serve, però, a esprimere il partitivo. Gli usi partitivi dell'italiano si traducono in spagnolo con la forma Ø:

Beber Ø agua, hacer Ø daño

2.2.1.3. L'articolo neutro lo

È questa una forma atona e di genere neutro che compare nei contesti seguenti:

a) Lo + aggettivo qualificativo:
lo bueno; lo malo
No sabes lo bueno que es; ¡lo fuertes que eran!

b) Lo + possessivo:
lo mío; lo tuyo; lo suyo
c) Lo + or. relativa:
lo que te dije; me ha mentido, lo cual me enfada
d) Lo + S.prep intestato da de:
lo de ayer; lo de siempre
e) Modo di dire a lo:
bigote a lo Clark Gable

L'aggettivo sostantivato che si accorda con l'articolo neutro prende la forma maschile singolare.

2.2.2. *Il sostantivo*

2.2.2.1. Numero

1. Regola generale: per formare il plurale di un sostantivo singolare, si aggiunge alla forma singolare il suffisso -s se la parola termina in vocale atona, e -es se la parola termina in consonante o in vocale tonica (tranne -é):
Casas, consonantes, dados, fes, minués
ángeles, relojes, dieces, síes, noes.

Questa regola, pur essendo semplice, ha delle difficoltà in alcuni casi:

a) I nomi che al maschile terminano in a tonica hanno il plurale in -s e in -es:
*papás, mamás, sofás (*papaes, *mamaes, *sofaes), aes*

b) I forestierismi offrono dei gruppi consonantici alieni alla struttura della lingua spagnola. I risultati sono diversi:
*clubs ~ clubes; récords ~ *récordes; *estándars ~ estándares; slips ~ * slipes*
zigzags ~ ?zigzagues
*gourmets ~ *gourmetes, soviets ~ * sovietes*
*superávits ~ *superávis*
boicots; complots; argot; vermuts; debuts
yogures ~ yogurs; sándwiches, filmes, stands, tests, trusts.

c) I latinismi presentano anche dei dubbi nei ceti sociali più colti: la scelta è tra il plurale latino e quello spagnolo:
los curricula ~ los currículos, los corpora ~ los corpus

Dato che la norma in questo punto non è totalmente stabilita, si consiglia l'utente di questo dizionario di costruire il plurale delle parole problematiche partendo sempre dalle regole generali.

2. Rimangono invariati i sostantivi non acuti che terminano in -s, quelli che terminano in -x e i cognomi in -z.

Martes, fénix, González

3. I nomi composti prendono la desinenza del plurale soltanto nell'ultimo elemento del composto:

Montepíos; salvoconductos; agridulces.

anche se nei casi in cui l'unione tra gli elementi del composto non si è ancora lessicalizzata, soltanto il primo elemento del composto prende la desinenza del plurale:

Cualesquiera; quienesquiera; bombas de mano; ojos de buey

Non sempre, però, la formazione del plurale è definitiva. In pochi casi, la norma offre due soluzioni:

Guardias civiles ~ guardiaciviles

4. I sostantivi che indicano un oggetto formato da due o più elementi non hanno che una forma, sempre in plurale:

Gafas, pantalones, esposas (=manette), calzoncillos, grilletes.

È scorretta la creazione di un singolare analogico, inesistente:

**Gafa, *alicate*

2.2.2.2. Genere

1. Regola generale: il femminile si forma tramite l'aggiunzione del suffisso -a alla forma maschile o mediante la sostituzione della terminazione maschile con il suffisso del femminile:

señor ~ señora
niño ~ niña; pariente ~ parienta

I sostantivi che terminano al maschile in -a sono generalmente femminili; ci sono poche eccezioni:

poeta; profeta

Anche se queste forme coincidono con quelle italiane, si badi a non riprodurre il genere delle forme italiane *il pilota* (esp. *el/la piloto*), *la guardia* (esp. *el/la guardia*), *la recluta* (esp. *el/la recluta*) e *la spia* (sp. *el/la espía*).

a). Alcune parole aggiungono i suffissi -esa, -isa, -ina, e -triz per formarne il femminile:

Abad ~ abadesa; barón ~baronesa
Poeta ~poetisa; profeta ~ profetisa
Tigre ~ tigresa; conde ~condesa; marqués ~ marquesa
Actor ~actriz; emperador ~ emperatriz

b) L'alternanza tra maschile e femminile può dare luogo a delle specializzazioni secondo le quali si esprime:

–Lo strumento e l'utente

La trompeta ~ el trompeta; la batería ~ el batería

–l'utente (maschile o femminile) e la macchina o luogo di lavoro *(el) verdulero ~ la verdulera; encuadernador ~ encuadernadora*

–L'albero (maschile) e il frutto (femminile):

naranjo ~ naranja, manzano ~ manzana

–Differenza nella grandezza di un oggetto. In questi casi, la forma femminile designa generalmente un oggetto più grande di quello designato dal maschile:

huerto ~ huerta; saco ~ saca; bolso ~ bolsa

–Due significati diversi

el cometa ~ la cometa; el frente ~ la frente

2. Il genere si indica anche con l'articolo. In questi casi, il sostantivo rimane invariato.

a) Nomi, per lo più di professione, che terminano in -a e in -ista:

(el/la) dentista, alpinista, pacifista, víctima, idiota

b) Alcuni sostantivi che terminano in -o, in -e e in consonante:

(el/la) reo, cónyuge, consorte, huésped, mártir

3. La differenza dovuta al genere si può incorporare al significato delle parole. Si formano così delle coppie eteronome maschile-femminile, specie se rispecchiano una differenza sessuale tra maschio e femmina:

hombre ~ mujer; toro ~ vaca; caballo ~ yegua.

4. L'indicazione del genere non si trova nel sostantivo, ma nell'articolo ed eventualmente nell'aggettivo con cui concorda:

a) Realtà sessuate:

Qui si trova la maggioranza dei nomi di animali. Nei casi in cui si vuole esprimere il genere, si possono aggiungere gli aggettivi macho/ hembra:

Gorila (macho/hembra), araña (macho/hembra)

b) Realtà non sessuate:

Una idea acertada, un deseo incumplido

5. I nomi propri segnano diversi procedimenti per formare il femminile:

a) Il genere è incorporato nel nome

José, Juan, Ana, María

b) Si crea una variante femminile da un nome maschile, o una variante maschile da un nome femminile:

Juan ~ Juana, Agustín ~ Agustina

María José ~ José María

c) Il genere del nome varia secondo la distribuzione geografica:

Trinidad, Sacramento (femminili in Spagna, maschili in alcuni paesi dell'America ispanofona).

6. Si badi a questi nomi dal genere divergente in tutt'e due le lingue:

a) Nomi di luogo:

Los Alpes; los Apeninos

El valle del Guadalquivir; el Sena; el Guadiana

b) Sostantivi che, per cause etimologiche, sono diventati femminili in spagnolo e maschili in italiano:

La leche, la sangre, la frente

2.2.3. *L'aggettivo*

2.2.3.1. Plurale

Il morfema di numero si aggiunge dopo il morfema di genere. Il singolare si segna tramite il morfema Ø e il plurale mediante i suffissi -s o -es, secondo le stesse regole che reggono per il sostantivo.

I morfemi di genere e di numero permettono di classificare gli aggettivi spagnoli in due gruppi: quelli che hanno quattro terminazioni (Ø/-o, -a, -es/-os, -as) e quelli che ne hanno due (Ø, -es).

Blanco, blanca, blancos, blancas ~ *verde, verdes*

Anche se la corrispondenza tra lo spagnolo e l'italiano in questo punto è grande, ci sono delle differenze contrastive da segnalare:

a) La stragrande maggioranza dei gentilizi spagnoli appartiene al gruppo degli aggettivi di quattro terminazioni; quell italiani invece, non ne offrono che due:

Inglés, inglesa, ingleses, inglesas ~ *inglese, inglesi*

b) Altre dissimetrie contrastive:

–It. 4 terminazioni ~ sp. due:

arabo ~ *arabe; caldo* ~ *caliente; allegro* ~ *alegre*

–Sp. quattro terminazioni ~ it. due:

femenino ~ *femminile; fino* ~ *fine; burgués* ~ *borghese*

2.2.3.2. Genere

Gli aggettivi che terminano al maschile in -o, -dor, -tor, -ón, -ín e -án, e la maggioranza dei gentilizi, formano il femminile in -a:

Bueno ~ *buena, malo* ~ *mala, blanco* ~ *blanca*
Creador ~*creadora*
Tensor ~ *tensora*
Grandullón ~ *grandullona*
saltarín ~ *saltarina*
alazán ~ *alazana*
Inglés ~ *inglesa*

Nel gruppo degli aggettivi invariabili per quanto riguarda il genere si trovano:

a) Gli aggettivi che terminano in consonante, -a, -i e alcuni tra quelli che finiscono in -e:

(Un hombre/ una mujer) feliz, capaz
(Un golpe/ un arma) homicida
(Un hombre/ una mujer) cursi
(Un hombre/ una mujer) valiente

b) I comparativi sintetici provenienti dal latino:
(Un hombre/ una mujer) mayor, menor

2.2.3.3. Formazione del comparativo e del superlativo

1. L'aggettivo in grado positivo esprime l'esistenza di una qualità senza valutazione quantitativa:
El café está bueno

2. L'aggettivo in grado comparativo esprime il grado in cui un oggetto possiede una qualità a confronto con un altro oggetto. Il comparativo esprime

a) Uguaglianza, tramite i morfemi discontinui tan...como, igual de...que:
*El café está **tan** bueno **como** el té*
*El café está **igual de** bueno **que** el té*

b) Minoranza, mediante il morfema menos...que
*Juan es **menos** listo **que** María*

c) Superiorità, grazie al morfema más...que
*El chocolate está **más** bueno **que** el café*

3. L'aggettivo superlativo attribuisce al sostantivo il massimo di una qualità. Il superlativo assoluto si forma sinteticamente mediante l'aggiunzione del morfema -ísimo all'aggettivo in grado positivo
*El café está buen**ísimo***
e analiticamente per mezzo dell'espressione muy + agg. positivo:
*El café está **muy** bueno*

Il superlativo relativo stabilisce la possessione massima di una qualità su un insieme ristretto di individui. Si crea anteponendo all'aggettivo in grado positivo la formula el más e posponendoci la preposizione de:
*Este café es **el más** caro **de** toda la ciudad*

Osservazioni:

1. Come altre lingue romanze, lo spagnolo serba relitti del comparativo e del superlativo latino, che formano delle serie comparative e superlative:

Positivo	Comparativo	Superlativo
bueno	mejor	óptimo
malo	peor	pésimo
grande	mayor	máximo
pequeño	menor	mínimo
Ø	superior	supremo
Ø	inferior	ínfimo

Queste forme stanno per perdere nel parlato quotidiano il loro valore comparativo e superlativo, e sono sostituite dalle forme analogiche formate dagli aggettivi in grado positivo (óptimo è sostituito da buenísimo, pésimo, da malísimo; máximo, dalla forma el más grande; mínimo, da el más pequeño, e così via).

2. Il rotacismo latino che crea superlativi in -RIMUS ha lasciato alcune tracce nelle voci dotte pulquérrimo, acérrimo, celebérrimo, libérrimo, paupérrrimo.

3. Nel parlato, le forme analitiche del comparativo e del superlativo perdono forza di fronte alle creazioni sintetiche formate mediante l'aggiunzione dei prefissi super-, e ultra-. Questi suffissi continuano una tendenza verso la sintesi che si trova nella lingua popolare nelle formazioni prefissali re-, requete- e archi-:

Reguapa, requeteguapa, archisimpática

Súper- è il morfema più usato nel parlato giovanile odierno:

El café está superbueno, es una chica supersimpática

2.2.4. *I dimostrativi*

2.2.4.1. Aggettivi dimostrativi

Il sistema deittico dello spagnolo si articola intorno a tre gradi: nel primo si esprime ciò che è vicino a chi parla, nel secondo ciò che non è né vicino né lontano da chi parla e nel terzo ciò che è lontano da chi parla. Questo sistema è simile a quello del toscano letterario (*questo~codesto~quello*).

Paradigma:

		–LONTANO	±LONTANO	+LONTANO
SINGOLARE	Maschile	este	ese	aquel
	Femminile	esta	esa	aquella
PLURALE	Maschile	estos	esos	aquellos
	Femminile	estas	esas	aquellas

2.2.4.2. Pronomi dimostrativi

Paradigma:

		–LONTANO	±LONTANO	+LONTANO
SINGOLARE	Maschile	este	ese	aquel
	Femminile	esta	esa	aquella
PLURALE	Maschile	estos	esos	aquellos
	Femminile	estas	esas	aquellas
NEUTRO		esto	eso	aquello

Osservazioni:

1. Aggettivo e pronome si distinguono per la presenza (agg) o assenza (pronome) di un sostantivo.

Esta camisa no me gusta; prefiero ***e****sta*

2. Fino a poco tempo fa si consigliava di inserire un accento diacritico sui pronomi, allo scopo di differenziarli dagli aggettivi. Questa regola, pur non essendo obbligatoria oggi, si trova spesso nel linguaggio scritto:

Esta camisa no me gusta; prefiero ***é****sta.*

3. Il pronome presenta le forme neutre esto, eso, e aquello, la cui traduzione in italiano oscilla tra le forme *ciò* e *questo (qua, là).*

4. Morfologicamente, la differenza più importante tra il sistema dei dimostrativi italiano e quello spagnolo si trova nel secondo grado di deissi (ese), tra i valori dei dimostrativi italiani *questo* e *quello*. Spesso la traduzione degli usi italiani di quello si fa tramite la forma spagnola ese:

Che ne sai, di Paolo? Di quel tizio non voglio saperne nulla (de ese tipo...)

anche se non è sempre così:

In quei tempi...= en aquellos tiempos...

5. Dal punto di vista contrastivo, si ricordi che l'articolo spagnolo presenta un uso pronominale che l'italofono esprimerebbe mediante il dimostrativo:

Quelli che vengono = los que vienen

No me gustan los tuyos; me gustan los míos = non mi piacciono quelli tuoi; mi piacciono quelli miei.

6. I pronomi equivalenti alle forme italiane *questi* e *quegli* sono este e aquel:

Me gustan el chico rubio y el moreno. Este (el moreno) es atractivo pero aquel (el rubio) tampoco está nada mal.

2.2.5. *I possessivi*

Paradigma:

		UNA COSA POSSEDUTA		PIÙ DI UNA COSA POSSEDUTA	
		ANTEP	POSPOSTO	ANTEP	POSPOSTO
		Masc/Fem	Masc/Fem	Masc/Fem	Masc/Fem
	1ª pers	mi	mío, -a	mis	míos, -as
SINGOLARE	2ª pers	tu	tuyo, -a	tus	tuyos, -as
	3ª pers	su	suyo, -a	sus	suyos, -as
	1ª pers	nuestro, -a	nuestro, -a	nuestros, -as	nuestros, -as
PLURALE	2ª pers	vuestro, -a	vuestro, -a	vuestros, -as	vuestros, -as
	3ª pers	su	suyo, -a	sus	suyos, -as

Osservazioni:

1. Il paradigma dei possessivi rimane invariato sia per gli aggettivi sia per i pronomi. Tutte le forme pronominali possono diventare aggettivi, ma soltanto le forme aggettive posposte (e quindi toniche) possono funzionare come pronomi.

Mi coche; tu casa; su libro

A propuesta (mía, tuya, suya), se aprobó la moción
Este libro es suyo

2. Le forme toniche si sostantivano tramite l'aggiunzione dell'articolo determinativo:

El mío, la tuya, lo suyo, los nuestros, las vuestras, las suyas
Vino con treinta de los suyos

L'italiano richiede per le frasi equivalenti il dimostrativo o il neutro ciò.

3. Si faccia attenzione alla differenza tra l'italiano e lo spagnolo per quanto riguarda la costruzione del possessivo: l'italiano richiede lo schema art+poss+sostantivo (tranne eccezioni). Lo spagnolo invece prende gli schemi possessivo+sostantivo / art+sostantivo +possessivo (usi aggettivali) o adopera quello art+possessivo (uso pronominale).

4. L'omofonia tra la forma atona di terza persona maschile e quella femminile crea in castigliano una certa ambiguità; per questo si adopera spesso, soprattutto nel parlato, la struttura analitica art+sost+ de+ pron.pers:

Sus libros > los libros de él/de ella

L'ambiguità si estende anche alle forme di cortesia, giacché non esiste in spagnolo la distinzione ortografica dell'italiano tra maiuscole e minuscole (it. *la sua lettera / la Sua lettera* ~ cast. *su carta*).

2.2.6. *Il pronome personale*

2.2.6.1. Paradigma

			CASI RETTI			CASI OBLIQUI
	PERSONA		SOGG.	OD	OI	
SINGOL	Prima		yo	me	me	Prep+ mí/ conmigo
	Seconda		tú	te	te	Prep+ ti/ contigo
		maschile	él	lo	le	Prep+ él
	Terza	femminile	ella	la	le	Prep+ ella
		riflessivo		se	se	Prep+ sí/ consigo
PLURALE	Prima		nosotros	nos	nos	Prep+ nosotros, -as
	Seconda		vosotros	os	os	Prep+ vosotros, -as
		maschile	ellos	los	les	Prep+ ellos
	Terza	femminile	ellas	las	les	Prep+ ellas
		riflessivo		se	se	Prep+ sí/ consigo

Osservazioni:

1. Il pronome soggetto di terza persona ello è un arcaismo che non appartiene più al lessico attivo degli ispanofoni, anche se rimane nella loro coscienza linguistica. Prende come anaforico un complemento, spesso lungo, non determinato:

***El problema de los puestos de trabajo** no se puede mejorar ¿para qué hablar de **ello**?*

2. In spagnolo esistono le stesse tendenze alla duplicazione dell'oggetto che avvengono in italiano, ma le preferenze sono diverse. In spagnolo è corretta, e pure obbligatoria, la duplicazione dell'OI mediante l'espressione simultanea del complemento e del pronome. Questa struttura si dà anche nei dialetti meridionali italiani:

A mí me *gusta*

Alle volte il pronome non concorda più con il complemento:

No ***le*** *tenía miedo* ***a las balas***

L'italofono deve evitare la trasposizione della struttura italiana *A me piace* nello spagnolo (**A mí gusta*).

La duplicazione dell'OD è invece meno generale. Mantenendosi sulle generali, la duplicazione si dà con i pronomi tonici preceduti dalla preposizione a:

Me *ha visto* ***a mí*** ~ **Ha visto a mí,* ma *Me ha visto*

oppure nei casi in cui l'OD non è determinato:

Él ***casi todo*** *se* ***lo*** *compra en el supermercado*

La duplicazione dell'OD determinato, straordinariamente frequente nel parlato informale italiano, è ritenuta "strana" dall'ispanofono peninsulare

??? *¿**Lo** sabes,* ***que Juan ya ha venido****?*

anche se è frequente nel parlato dell America ispanofona:

Lo *cogieron* ***a Juan***

2.2.6.2. Pronomi e altre forme di cortesia

La prima persona noi ha il cosiddetto plurale maiestatico (Nos), utilizzato soltanto nei casi in cui il re si riferisce a sé stesso.

Per quanto riguarda la seconda persona, le forme di cortesia sono usted (abbreviato Vd.) per la seconda persona singolare e ustedes (abbreviato Vds.) per la seconda persona plurale.

L'uso di queste forme diventa sempre più ristretto per causa della concorrenza tra questi e i pronomi tú e vosotros. In effetti, la società spagnola attuale è più reticente ad adoperare i pronomi di cortesia di quanto non lo sia quella italiana. Nonostante ciò, l'utente è consigliato di utilizzare le forme di cortesia quando non sia sicuro dell'adeguatezza dell'uso del tu in una situazione comunicativa determinata.

Per la terza persona si adoperano preferentemente le forme Señor + cognome oppure Don + Nome

Don Francisco, Señor Roca

Si badi a non utilizzare il trattamento don accanto al nome di un prete. Per questi c'è la formula padre + nome/ cognome; per le suore, invece, si adopera la formula sor + nome:

El padre Juan ; el padre Escolano ~ Sor María Teresa

2.2.6.3. Leísmo, laísmo e loísmo

Il sistema dei pronomi subisce un mutamento nello spagnolo parlato nella Penisola Iberica (non nell'America ispanofona) per cui si perde l'opposizione casuale OD ~ OI. Le forme lo, la e le si confondono, il che dà luogo ai seguenti processi:

a) Leísmo: il pronome OI le si utilizza al posto del pronome OD lo:

***Le** he visto* invece di ***Lo** he visto*

Il *leísmo* è oggi di norma nei casi in cui l'antecedente è un complemento maschile di persona al singolare, ma soltanto in Spagna. I due esempi suddetti sono corretti in Spagna –anzi, il secondo è più usato– ma soltanto il secondo lo è in America.

b) Laísmo: il pron femminile OD la si mette al posto del pronome OI le:

*****La** mandaba flores* invece di ***Le** mandaba flores*

Questo fenomeno è volgare e scorretto.

c) Loísmo: il pronome maschile OD lo si mette al posto del pronome OI le:

*****Lo** doy una bofetada* invece di ***Le** doy una bofetada*

Questo fenomeno è anche scorretto.

La ragione di questo mutamento sarebbe dovuta all'influsso degli altri paradigmi pronominali, dove la terminazione in -e è propria del maschile, quella in -a propria del femminile e quella in -o propria del neutro. Così si produrrebbe un riassetto delle forme atone di oggetto attorno al genere e non attorno al caso. L'italofono è consigliato di seguire le forme del paradigma fino a quando la sua competenza non gli permetta di utilizzare il *leísmo* con esattezza grammaticale.

2.2.6.4. Il voseo

È invece specifico dell'America ispanofona il fenomeno del *voseo*. Questo fenomeno, le cui realizzazioni vanno ben oltre questa introduzione, consiste nell'uso del pronome vos al posto di tu:

¿Vos venís, Juan?

Anche se nelle sue origini vos era un pronome di cortesia, nell'uso odierno è un sinonimo della forma tu.

L'accordo del pronome si fa con delle forme verbali speciali (cfr. sopra venís invece di vienes) la cui distribuzione varia a seconda dell'area geografica, e la cui forma si dovrà consultare su una grammatica.

2.2.7. *Pronomi relativi*

Paradigma:

FUNZIONE SINTATTICA	SINGOLARE MASCHILE	FEMMINILE	PLURALE MASCHILE	FEMMINILE
Soggetto	el que	la que	los que	las que
		que/ quien(es)		
Oggetto Diretto		a+ (que/ quien(es)/el que)		
Genitivo	cuyo	cuya	cuyos	cuyas
Ogg Ind/ C circost		Prep + que/ Prep + quien		
Qualsiasi funzione	el cual	la cual	los cuales	las cuales

Osservazioni:

1. La preposizione a si mette davanti all'OD quando il complemento si presenta individualizzato, e sempre se l'OD è una persona. Questa struttura rispecchia delle strutture simili nei dialetti meridionali italiani.

2. La forma el que serve a generalizzare un soggetto qualsiasi, ed è spesso equivalente della forma chi. Questa forma varia per quanto riguarda il numero e il genere (el que, la que, los que, las que).

El que quiera, que se vaya (=Chi vuole andare via, se ne vada)

3. Spesso equivalente alla forma el que, il relativo quien è divergente riguardo alla forma italiana, giacché il relativo spagnolo ha un suffisso per il plurale:

Vendrán quienes quieran (Verrà chi vorrà/ verranno coloro che vorranno)

4. Anche se la forma cuyo è obbligatoria nel linguaggio scritto e nei registri linguistici più alti, il parlato ha sostituito questa forma con delle espressioni analitiche quale que su[5], o evitando il caso genitivo:

Es un profesor que sus clases no hay quien las entienda

Este profesor es que sus clases no hay quien las entienda (Nominativus pendens)

5. Altri relativi, tradizionalmente avverbiali, sono donde e cuanto. L'espressione di luogo si può fare anche attraverso la costruzione prep de + el cual senza variazioni stilistiche relevanti:

El lugar de donde viene ~ el lugar del cual viene

La conclusión de cuanto me dices ~ la conclusión de lo que me dices

2.2.8. *Pronomi interrogativi*

Paradigma:

Che? ¿Qué?

5. Questa forma è però totalmente colloquiale.

Che cosa?	¿Qué?
Chi?	¿Quién?
Quale?	¿Cuál?, ¿qué?
Come?	¿Cómo?
Quanto?	¿Cuánto?
Dove?	¿Dónde?
Quando?	¿Cuándo?

In questo elenco bisogna distinguere i relativi veri e propri dagli avverbi cómo, dónde e cuándo.

L'accentazione diacritica permette di distinguere gli usi relativi da quelli interrogativi, il che è utile specie nel caso delle proposizioni di OD introdotte da verbi che esprimono dubbio, incertezza e sim., che in spagnolo si considerano interrogative indirette:

No sé quién habrá hecho esto

Ignoro dónde está ni cuándo volverá

Tra le costruzioni assimetriche, la formula italiana Come hai fatto a + infinito? equivale all'espressione spagnola ¿Cómo has (podido) + infinito/ participio?:

Come hai fatto a indovinarlo? = ¿Cómo lo has podido adivinar?

Come hai fatto a sapere? = ¿Cómo lo has sabido?

2.2.9. *Il verbo*

Per la coniugazione dei verbi, sia nel caso degli ausiliari sia di quelli regolari o irregolari, si terrà conto delle seguenti avvertenze:

1. Il nome dei tempi verbali è scritto in spagnolo affinché ci si renda conto delle differenti terminologie grammaticali.

2. Il pretérito imperfecto de subjuntivo (imperfetto congiuntivo) può prendere delle forme in -ra o in -se, senza differenze significative. Le circostanze in cui tutte e due le forme si utilizzano in modo diverso sono scarse e rispecchiano di solito le origini etimologiche:

*Quisiera pedirle un favor (*Quisiese pedirle un favor)*

3. Il Futuro de Subjuntivo *(congiuntivo futuro)* è una forma arcaica che soltanto si usa nel linguaggio giuridico.

4. Le forme di cortesia hanno l'accordo con la terza persona, al singolare e al plurale (usted –abbreviato Vd.– / ustedes –abbreviato Vds.–).

2.2.9.1. Coniugazione dei verbi ausiliari

I verbi ausiliari in spagnolo sono: ser (usato nelle costruzioni passive) e haber (che si adopera per costruire i tempi composti).

È di interesse contrastivo segnare che il verbo ser non si utilizza in nessun caso per costruire i tempi composti, compresi quelli dello stesso ser.

1. HABER

a) Tempi semplici

Gerundio: habiendo Participio: habido

Indicativo:

Presente	Imperfecto	Pret. indefinido	Fut. imperfecto	Condicional
he	había	hube	habré	habría
has	habías	hubiste	habrás	habrías
ha	había	hubo	habrá	habría
hemos	habíamos	hubimos	habremos	habríamos
habéis	habíais	hubisteis	habréis	habríais
han	habían	hubieron	habrán	habrían

Subjuntivo:

Presente	Imperfecto	Fut. imperfecto	Imperativo
haya	hubiera/hubiese	hubiere	
hayas	hubieras/hubieses	hubieres	he
haya	hubiera/hubiese	hubiere	haya
hayamos	hubiéramos/hubiésemos	hubiéremos	hayamos
hayáis	hubierais/hubieseis	hubiereis	habed
hayan	hubieran/hubiesen	hubieren	hayan

b) Tempi composti

La struttura dei tempi composti è ausiliare + participio del verbo principale. Il participio rimane invariato. I tempi composti e quelli semplici si possono accoppiare in modo simmetrico:

presente	pretérito perfecto (indic./subj.)
pretérito imperfecto	pretérito pluscuamperfecto (indic./subj.)
pretérito indefinido	pretérito anterior
futuro imperfecto	futuro perfecto (indic./subj.)
condicional simple	condicional compuesto

Indicativo:

Pret. perfecto:	{he/ has/ha/hemos/habéis/han} habido
Pret. pluscuamperfecto:	{había/habías/había/habíamos/habíais/ habían} habido
Pret. anterior:	{hube/hubiste/hubo/hubimos/ hubisteis/hubieron} habido
Futuro perfecto:	{habré/habrás/habrá/habremos/ habréis/habrán} habido
Condicional compuesto:	{habría/ habrías /habría /habríamos / habríais /habrían} habido

Subjuntivo:
Pret. perfecto: {haya/hayas/haya/hayamos/hayáis/hayan} habido
Pret. pluscuamperfecto: {hubiera/hubieras/hubiera/hubiéramos/hubierais/hubieran} habido, oppure: {hubiese/hubieses/hubiese/hubiésemos/hubieseis/hubiesen} habido
Futuro perfecto: {hubiere/hubieres/hubiere/hubiéremos/hubiereis /hubieren} habido

2. **SER**

a) Tempi semplici

Gerundio: siendo
Participio: sido
Indicativo:

Presente	Imperfecto	Pret. indefinido	Fut. imperfecto	Condicional
soy	era	fui	seré	sería
eres	eras	fuiste	serás	serías
es	era	fue	será	sería
somos	éramos	fuimos	seremos	seríamos
sois	erais	fuisteis	seréis	seríais
son	eran	fueron	serán	serían

Subjuntivo:

Presente	Imperfecto	Fut. imperfecto	Imperativo
sea	fuera/fuese	fuere	
seas	fueras/fueses	fueres	sé
sea	fuera/fuese	fuere	sea
seamos	fuéramos/fuésemos	fuéremos	seamos
seáis	fuerais/fueseis	fuereis	sed
sean	fueran/fuesen	fueren	sean

b) Tempi composti

Indicativo:
Pret. perfecto: {he/ has/ha/hemos/habéis/han} sido
Pret. pluscuamperfecto: {había/habías/había/habíamos/habíais/habían} sido
Pret. anterior: {hube/hubiste/hubo/hubimos/hubisteis/hubieron} sido

Futuro perfecto:	{habré/habrás/habrá/habremos/ habréis/habrán} sido
Condicional compuesto:	{habría/ habrías /habría /habríamos / habríais /habrían} sido

Subjuntivo:

Pret. perfecto:	{haya/hayas/haya/hayamos/hayáis/ hayan} sido
Pret. pluscuamperfecto:	{hubiera/hubieras/hubiera/hubiéramos/ hubierais/hubieran} sido, oppure: {hubiese/hubieses/hubiese/ hubiésemos/hubieseis/hubiesen} sido
Futuro perfecto:	{hubiere/hubieres/hubiere/hubiéremos/ hubiereis /hubieren} sido

2.2.9.2. Coniugazione dei verbi regolari

In spagnolo come in italiano ci sono tre coniugazioni, distribuite in questo modo:

Prima: verbi che terminano in -ar
Seconda: verbi che terminano in -er
Terza: verbi che terminano in -ir

Nella terza coniugazione non esistono verbi che abbiano forme con l'infisso -isc-.

Le forme della coniugazione sono le seguenti:

1. Prima coniugazione
a) Tempi semplici

Gerundio: amando — Participio: amado

Indicativo:

Presente	Imperfecto	Pret. indefinido	Fut. imperfecto	Condicional
amo	amaba	amé	amaré	amaría
amas	amabas	amaste	amarás	amarías
ama	amaba	amó	amará	amaría
amamos	amábamos	amamos	amaremos	amaríamos
amáis	amabais	amasteis	amaréis	amaríais
aman	amaban	amaron	amarán	amarían

Subjuntivo: Presente	Imperfecto	Fut. imperfecto	Imperativo
ame	amara/amase	amare	
ames	amaras/amases	amares	ama
ame	amara/amase	amare	ame
amemos	amáramos/amásemos	amáremos	amemos
améis	amarais/amaseis	amareis	amad
amen	amaran/amasen	amaren	amen

b) Tempi composti

Indicativo:
Pret. perfecto: {he/ has/ha/hemos/habéis/han} amado
Pret. pluscuamperfecto: {había/habías/había/habíamos/habíais/habían} amado
Pret. anterior: {hube/hubiste/hubo/hubimos/hubisteis/hubieron} amado
Futuro perfecto: {habré/habrás/habrá/habremos/habréis/habrán} amado
Condicional compuesto: {habría/ habrías /habría /habríamos /habríais /habrían} amado

Subjuntivo:
Pret. perfecto: {haya/hayas/haya/hayamos/hayáis/hayan} amado
Pret. pluscuamperfecto: {hubiera/hubieras/hubiera/hubiéramos/hubierais/hubieran} amado, oppure: {hubiese/hubieses/hubiese/hubiésemos/hubieseis/hubiesen} amado
Futuro perfecto: {hubiere/hubieres/hubiere/hubiéremos/hubiereis /hubieren} amado

2. Seconda coniugazione
a) Tempi semplici

Gerundio: temiendo   Participio: temido

Indicativo: Presente	Imperfecto	Pret. indefinido	Fut. imperfecto	Condicional
temo	temía	temí	temeré	temería
temes	temías	temiste	temerás	temerías
teme	temía	temió	temerá	temería
tememos	temíamos	temimos	temeremos	temeríamos
teméis	temíais	temisteis	temeréis	temeríais
temen	temían	temieron	temerán	temerían

Subjuntivo:

Presente	Imperfecto	Fut. imperfecto	Imperativo
tema	temiera/temiese	temiere	
temas	temieras/temieses	temieres	teme
tema	temiera/temiese	temiere	tema
temamos	temiéramos/temiésemos	temiéremos	temamos
temáis	temierais/temieseis	temiereis	temed
teman	temieran/temiesen	temieren	teman

b) Tempi composti

Indicativo:

Pret. perfecto:	{he/ has/ha/hemos/habéis/han} temido
Pret. pluscuamperfecto:	{había/habías/había/habíamos/habíais/habían} temido
Pret. anterior:	{hube/hubiste/hubo/hubimos/hubisteis/hubieron} temido
Futuro perfecto:	{habré/habrás/habrá/habremos/habréis/habrán} temido
Condicional compuesto:	{habría/ habrías /habría /habríamos /habríais /habrían} temido

Subjuntivo:

Pret. perfecto:	{haya/hayas/haya/hayamos/hayáis/hayan} temido
Pret. pluscuamperfecto:	{hubiera/hubieras/hubiera/hubiéramos/hubierais/hubieran} temido, oppure: {hubiese/hubieses/hubiese/hubiésemos/hubieseis/hubiesen} temido
Futuro perfecto:	{hubiere/hubieres/hubiere/hubiéremos/hubiereis /hubieren} temido

3. Terza coniugazione

a) Tempi semplici

Gerundio: viviendo Participio: vivido

Indicativo:

Presente	Imperfecto	Pret. indefinido	Fut. imperfecto	Condicional
vivo	vivía	viví	viviré	viviría
vives	vivías	viviste	vivirás	vivirías
vive	vivía	vivió	vivirá	viviría
vivimos	vivíamos	vivimos	viviremos	viviríamos
vivís	vivíais	vivisteis	viviréis	viviríais
viven	vivían	vivieron	vivirán	vivirían

Subjuntivo: Presente	Imperfecto	Fut. imperfecto	Imperativo
viva	viviera/viviese	viviere	
vivas	vivieras/vivieses	vivieres	vive
viva	viviera/viviese	viviere	viva
vivamos	viviéramos/viviésemos	viviéremos	vivamos
viváis	vivierais/vivieseis	viviereis	vivid
vivan	vivieran/viviesen	vivieren	vivan

b) Tempi composti

Indicativo:

Pret. perfecto:	{he/ has/ha/hemos/habéis/han} vivido
Pret. pluscuamperfecto:	{había/habías/había/habíamos/habíais/ habían} vivido
Pret. anterior:	{hube/hubiste/hubo/hubimos/ hubisteis/hubieron} vivido
Futuro perfecto:	{habré/habrás/habrá/habremos/ habréis/habrán} vivido
Condicional compuesto:	{habría/ habrías /habría /habríamos / habríais /habrían} vivido

Subjuntivo:

Pret. perfecto:	{haya/hayas/haya/hayamos/hayáis/ hayan} vivido
Pret. pluscuamperfecto:	{hubiera/hubieras/hubiera/hubiéramos/ hubierais/hubieran} vivido, oppure: {hubiese/hubieses/hubiese/ hubiésemos/hubieseis/hubiesen} vivido
Futuro perfecto:	{hubiere/hubieres/hubiere/hubiéremos/ hubiereis/hubieren} vivido

2.2.9.3. Il passivo

La voce passiva si forma sinteticamente e perifrasticamente.

La costruzione perifrastica si forma con il verbo ser come ausiliare più il participio del verbo. Dopo la forma verbale si esprime di solito l'agente, introdotto dalla preposizione por:

Juan es amado (por María)

La costruzione sintetica si forma con la particella se passivante più la forma attiva del verbo:

Se ama a Juan

In questa costruzione l'agente resta sottinteso, per cui ci si aggiunge una sfumatura di impersonalità.

La costruzione con se è molto più usata della costruzione perifrastica, tanto nel registro formale quanto nel parlato.

2.2.9.4. I verbi irregolari

a) Mutamenti ortografici

VERBI IN		DIVENTANO	DAVANTI A	NELLE FORME SEGUENTI
-car (sacar)	c	qu	e	*Cong. presente (saque,* saques ecc.) e 1. *persona singolare* del *passato remoto (saqué)*
-gar (pagar)	g	gu	*e*	*Cong. presente (*pague, pagues ecc.) e 1. *persona singolare* del *passato remoto* (pagué)
-zar (cazar)	z	c	e	*Cong. presente* (cace, caces ecc.) e 1. *persona singolare* del *passato remoto (cace)*
-cer, -cir (vencer, zurcir)	c	z	a, *o*	*1ª persona singolare indicativo presente* (venzo, zurzo) *e le forme del congiuntivo presente* (venza, venzas ecc., oppure. zurza, zurzas, ecc.)
-ger, -gir (escoger, dirigir)	g	j	a, *o*	*1ª persona singolare* (escoger, dirigir) *indicativo presente* (escojo, dirijo) e *le forme del congiuntivo presente* (escoja, escojas ecc., oppure dirijas ecc.)
-guir (distinguir)	gu	g	a, *o*	*1ª persona singolare indicativo Presente* (distingo) *e le forme del congiuntivo presente* (distinga, distingas ecc.)
-quir (delinquir)	qu	c	a *o*	*1ª persona singolare indicativo presente* (delinco) *e le forme del congiuntivo presente* (delinca, delincas ecc.)
-guar (averiguar)	gu	gü	e	*tutte le forme del congiuntivo al presente* (averigüe, averigües ecc.)

VERBI IN		DIVENTANO	DAVANTI A	NELLE FORME SEGUENTI
-ñer, -ñir (tañer, gruñir)	ñ + i	ñ	–	3. *persona singolare e* atona *plurale del passato remoto* (tañó, tañeron oppure gruñó, *gruñeron) e gerundio* (tañendo oppure. gruñendo)
-llir (bullir)	ll + i	ll		3. *persona singolare e atona plurale del passato remoto* (bulló, bulleron) e gerundio (bullendo)

b) Mutamenti dell'accentazione

1. cambiar Presente Indicativo	Subjuntivo	2. enviar Presente Indicativo	Subjuntivo
cambio	cambie	envío	envíe
cambias	cambies	envías	envíes
cambia	cambie	envía	envíe
cambiamos	cambiemos	enviamos	enviemos
cambiáis	cambiéis	enviáis	enviéis
cambian	cambien	envían	envíen

3. evacuar Presente Indicativo	Subjuntivo	4. continuar Presente Indicativo	Subjuntivo
evacuo	evacue	continúo	continúe
evacuas	evacues	continúas	continúes
evacua	evacue	continúa	continúe
evacuamos	evacuemos	continuamos	continuemos
evacuáis	evacuéis	continuáis	continuéis
evacuan	evacuen	continúan	continúen

5. a) cerrar Presente Indicativo	Subjuntivo	b) errar Presente Indicativo	Subjuntivo
cierro	cierre	yerro	yerre
cierras	cierres	yerras	yerres
cierra	cierre	yerra	yerre
cerramos	cerremos	erramos	erremos
cerráis	cerréis	erráis	erréis
cierran	cierren	yerran	yerren

6. tender

Presente	
Indicativo	Subjuntivo
tiendo	tienda
tiendes	tiendas
tiende	tienda
tendemos	tendamos
tendéis	tendáis
tienden	tiendan

7. a) discernir b) adquirir

Presente		Presente	
Indicativo	Subjuntivo	Indicativo	Subjuntivo
discierno	discierna	adquiero	adquiera
disciernes	disciernas	adquieres	adquieras
discierne	discierna	adquiere	adquiera
discernimos	discernamos	adquirimos	adquiramos
discernís	discernáis	adquirís	adquiráis
disciernen	disciernan	adquieren	adquieran

8. a) contar b) jugar

Presente		Presente	
Indicativo	Subjuntivo	Indicativo	Subjuntivo
cuento	cuente	juego	juegue
cuentas	cuentes	juegas	juegues
cuenta	cuente	juega	juegue
contamos	contemos	jugamos	juguemos
contáis	contéis	jugáis	juguéis
cuentan	cuenten	juegan	jueguen

9. a) mover b) oler

Presente		Presente	
Indicativo	Subjuntivo	Indicativo	Subjuntivo
muevo	mueva	huelo	huela
mueves	muevas	hueles	huelas
mueve	mueva	huele	huela
movemos	movamos	olemos	olamos
movéis	mováis	oléis	oláis
mueven	muevan	huelen	huelan

10. sentir
Gerundio: sintiendo

Presente Indicativo	Presente Subjuntivo	Pret. indefinido
siento	sienta	sentí
sientes	sientas	sentiste
siente	sienta	sintió
sentimos	sintamos	sentimos
sentís	sintáis	sentisteis
sienten	sientan	sintieron

11. dormir
Gerundio: durmiendo

Presente Indicativo	Presente Subjuntivo	Pret. indefinido
duermo	duerma	dormí
duermes	duermas	dormiste
duerme	duerma	durmió
dormimos	durmamos	dormimos
dormís	durmáis	dormisteis
duermen	duerman	durmieron

12. pedir
Gerundio: pidiendo

Presente Indicativo	Presente Subjuntivo	Pret. indefinido
pido	pida	pedí
pides	pidas	pediste
pide	pida	pidió
pedimos	pidamos	pedimos
pedís	pidáis	pedisteis
piden	pidan	pidieron

13. a) crecer b) lucir

a) crecer — Presente Indicativo	Presente Subjuntivo	b) lucir — Presente Indicativo	Presente Subjuntivo
crezco	crezca	luzco	luzca
creces	crezcas	luces	luzcas
crece	crezca	luce	luzca
crecemos	crezcamos	lucimos	luzcamos
crecéis	crezcáis	lucís	luzcáis
crecen	crezcan	lucen	luzcan

14. huir
Gerundio: huyendo

Indicativo (Presente)	Subjuntivo (Presente)	Pret. indefinido	Imperativo
huyo	huya	huí	
huyes	huyas	huiste	huye
huye	huya	huyó	huya
huimos	huyamos	huimos	huyamos
huís	huyáis	huisteis	huid
huyen	huyan	huyeron	huyan

c) *Altre irregolarità*[6]

15. abrir
Participio: abierto

Pret. indefinido
abrí
abriste
abrió
abrimos
abristeis
abrieron

16. asir

Pres. indicativo
asgo
ases
ase
asimos
asís
asen

18. caber

Pres. indicativo	Pret. indefinido	Fut. imperf.
quepo	cupe	cabré
cabes	cupiste	cabrás
cabe	cupo	cabrá
cabemos	cupimos	cabremos
cabéis	cupisteis	cabréis
caben	cupieron	cabrán

6. Si elencano soltanto le forme irregolari. Le altre forme si coniugano come le forme regolari delle loro coniugazioni.

19. caer
Gerundio: cayendo

Pres. indicativo	Pret. indefinido
caigo	caí
caes	caíste
cae	cayó
caemos	caímos
caéis	caísteis
caen	cayeron

20. conducir

Pres. indicativo	Pret. indefinido
conduzco	conduje
conduces	condujiste
conduce	condujo
conducimos	condujimos
conducís	condujisteis
conducen	condujeron

21. creer
Gerundio: creyendo
Participio: creído

	Pret. indefinido
	creí
	creíste
	creyó
	creímos
	creísteis
	creyeron

22. cubrir
Participio: cubierto

23. dar

Pres. indicativo	Pres. subj.	Pret. indefinido	Imperativo
doy	dé	di	
das	des	diste	da
da	dé	dio	dé
damos	demos	dimos	demos
dais	deis	disteis	dad
dan	den	dieron	den

24. decir
Gerundio: diciendo
Participio: dicho

Pres. indic.	Pret. indefinido	Fut. imperfecto	Imperativo
digo	dije	diré	
dices	dijiste	dirás	di
dice	dijo	dirá	diga
decimos	dijimos	diremos	digamos
decís	dijisteis	diréis	decid
dicen	dijeron	dirán	digan

25. escribir
Participio: escrito

26. hacer
Participio: hecho

Pres. indic.	Pret. indefinido	Fut. imperfecto	Imperativo
hago	hice	haré	
haces	hiciste	harás	haz
hace	hizo	hará	haga
hacemos	hicimos	haremos	hagamos
hacéis	hicisteis	haréis	haced
hacen	hicieron	harán	hagan

27. imprimir
Participio: impreso

28. ir
Gerundio: yendo

Pres. indic.	Pres. subj.	Pret. imperf.	Pret. indef.	Imperativo
voy	vaya	iba	fui	
vas	vayas	ibas	fuiste	ve
va	vaya	iba	fue	vaya
vamos	vayamos	íbamos	fuimos	vayamos
vais	vayáis	ibais	fuisteis	id
van	vayan	iban	fueron	vayan

29. morir
Gerundio: muriendo
Participio: muerto

Pres. indic.	Pret. indefinido
muero	morí
mueres	moriste
muere	murió
morimos	morimos
morís	moristeis
mueren	murieron

30. oír

Pres. indic.	Pret. indefinido
oigo	oí
oyes	oíste
oye	oyó
oímos	oímos
oís	oísteis
oyen	oyeron

31. poder
Gerundio: pudiendo

Pres. indic.	Pret. indefinido	Fut. imperf.
puedo	pude	podré
puedes	pudiste	podrás
puede	pudo	podrá
podemos	pudimos	podremos
podéis	pudisteis	podréis
pueden	pudieron	podrán

32. poner
Participio: puesto

Pres. indic.	Pret. indefinido	Fut. imperfecto	Imperativo
pongo	puse	pondré	
pones	pusiste	pondrás	pon
pone	puso	pondrá	ponga
ponemos	pusimos	pondremos	pongamos
ponéis	pusisteis	pondréis	poned
ponen	pusieron	pondrán	pongan

33. querer

Pres. indic.	Pret. indef.	Fut. Imperf.
quiero	quise	querré
quieres	quisiste	querrás
quiere	quiso	querrá
queremos	quisimos	querremos
queréis	quisisteis	querréis
quieren	quisieron	querrán

34. reír
Gerundio: riendo
Participio: reído

Pres. indic.	Pres. subj.	Pret. indefi.
río	ría	reí
ríes	rías	reíste
ríe	ría	rió
reímos	riamos	reímos
reís	riáis	reísteis
ríen	rían	rieron

35. roer

Pres. indic.	Pres. subj.	Pret. indefi.
roo/roigo/royo	roa/roiga/roya	roí
roes	roas	roíste
roe	roa/roiga/roya	royó
roemos	roamos	roímos
roéis	roáis	roísteis
roen	roan	royeron

36. romper
Participio: roto (corromper > corrompido)

37. saber

Pres. indic.	Pres. subj.	Pret. indefi.	Fut. imperf.
sé	sepa	supe	sabré
sabes	sepas	supiste	sabrás
sabe	sepa	supo	sabrá
sabemos	sepamos	supimos	sabremos
sabéis	sepáis	supisteis	sabréis
saben	sepan	supieron	sabrán

38. salir

Pres. indicativo	Fut. imperfecto	Imperativo
salgo	saldré	
sales	saldrás	sal
sale	saldrá	salga
salimos	saldremos	salgamos
salís	saldréis	salid
salen	saldrán	salgan

39. traer
Gerundio: trayendo
Participio: traído

Pres. indicativo	Pret. indefinido
traigo	traje
traes	trajiste
trae	trajo
traemos	trajimos
traéis	trajisteis
traen	trajeron

40. valer

Pres. indicativo	Fut. imperfecto
valgo	valdré
vales	valdrás
vale	valdrá
valemos	valdremos
valéis	valdréis
valen	valdrán

41.venir
Gerundio: viniendo

Pres. indicativo	Pret. indefinido	Fut. imperfecto	Imperativo
vengo	vine	vendré	
vienes	viniste	vendrás	ven
viene	vino	vendrá	venga
venimos	vinimos	vendremos	vengamos
venís	vinisteis	vendréis	venid
vienen	vinieron	vendrán	vengan

42. ver
Gerundio: viendo
Participio: visto

Pres. indicativo	Pret. indefinido	Pret. imperf.
veo	vi	veía
ves	viste	veías
ve	vio	veía
vemos	vimos	veíamos
veis	visteis	veíais
ven	vieron	veían

43. volver
Participio: vuelto

Pres. indicativo
vuelvo
vuelves
vuelve
volvemos
volvéis
vuelven

44. yacer

Pres. indicativo	Pres. subjuntivo	Imperativo
yazco/yazgo/yago	yazca/ yazga/ yaga	
yaces	yazcas/yazgas/yagas	yaz, yace
yace	yaga	yazca, yazga, yaga
yacemos	yazcamos/yazgamos/ yagamos	yazcamos, yazgamos, yagamos
yacéis	yazcáis/yazgáis/yagáis	yazcan, yazgan, yagan
yacen	yazcan/yazgan/yagan	yazcan, yazgan,yagan

2.2.10. *I numerali*

2.2.10.1. Cardinali

0 cero
1 un, uno, una
2 dos
3 tres
4 cuatro
5 cinco
6 seis
7 siete
8 ocho
9 nueve

10 diez
11 once
12 doce
13 trece
14 catorce
15 quince
18 dieciséis
17 diecisiete
18 dieciocho
19 diecinueve

20 veinte
21 veintiuno
22 veintidós
23 veintitrés
24 veinticuatro
25 veinticinco
26 veintiséis
27 veintisiete
28 veintiocho
29 veintinueve
30 treinta
40 cuarenta
50 cincuenta
60 sesenta
70 setenta
80 ochenta
90 noventa
100 cien, ciento
110 ciento diez
300 trescientos

400 cuatrocientos
500 quinientos
600 seiscientos
700 setecientos
800 ochocientos
900 novecientos
1 000 mil
1 001 mil uno
1 100 mil cien
2 000 dos mil
3 000 tres mil
10 000 diez mil
100 000 cien mil
200 000 doscientos mll
500 000 quinientos mil (o medio millón de...)
1.000.000 un millón
2.000.000 dos millones
1.000.000.000 mil millones
1.000.000.000.000 un billón
1.000.000.000.000.000.000 un trillón

Il miliardo non è unità di quantità in spagnolo. Al posto suo, si utilizza il bilione. Si consiglia di tradurre le quantità in miliardi a milioni oppure a bilioni.

Un prodotto interno lordo di mille miliardi di lire = Un PIB de un billón de liras.

2.2.10.2. Ordinali

1º primero
2º segundo
3º tercero
4º cuarto
5º quinto
6º sexto
7º séptimo
8º octavo
9º noveno/ (raro) nono
10º décimo
11º undécimo
12º duodécimo
13º decimotercero
14º decimocuarto
15º decimoquinto
16º decimosexto

17º decimoséptimo
18º decimoctavo
19º decimonoveno
20º vigésimo
21º vigésimo primero
30º trigésimo
40º cuadragésimo
50º quincuagésimo
60º sexagésimo
70º septuagésimo
80º octogésimo
90º nonagésimo
100º centésimo
1 000º milésimo
1 000 000º millonésimo

Osservazioni:

Il tratto che permette di individuare gli ordinali dai numerali è diverso da quello italiano (lo spagnolo usa º invece di °).

3. ABBREVIAZIONI

también	*a.*	anche
adjetivo	*adj*	aggettivo
administrativo	*adm*	amministrativo
adverbio	*adv*	avverbio
aviación, aeronáutica	*aer*	aviazione, aeronautica
agricultura	*agr*	agricoltura
alguien	*alg*	
América Central	*Am Cent*	America Centrale
Sudamérica	*Am Mer*	America del Sud
americanismo	*am*	americanismo
Andalucía	*And*	Andalusia
Antillas	*Ant*	Antille
antiguo	*ant*	antico
artículo	*ar*	articolo
Aragón	*Arag*	Aragona
heráldica	*arald*	araldica
arquitectura, construcción	*arch*	architettura, edilizia
Argentina	*Arg*	Argentina
bellas artes	*art*	belle arti
astronomía, astrología	*astr*	astronomia, astrologia
automovilismo	*auto*	automobilismo
biología	*biol*	biologia
Bolivia	*Bol*	Bolivia
botánica	*bot*	botanica
número cardinale	*card*	numero cardinale
lenguaje científico; perteneciente a diferentes campos científicos	*cient*	linguaggio scientifico; appartenente a più campi scientifici
cinematografía	*cine*	cinematografia
Colombia	*Col*	Colombia
comercio	*com*	commercio
conjunción	*conj*	congiunzione
química	*chim*	chimica
verbo defectivo	*def*	verbo difettivo
despectivo	*desp*	dispregiativo
diplomacia	*dipl*	diplomazia
iglesia, religiones	*eccl*	chiesa, religioni
economía	*econ*	economia
Ecuador	*Ecu*	Ecuador
electricidad, electrotecnia, electrónica	*elec*	elettricità, elettrotecnica, elettronica
uso enfático	*enf*	uso enfatico
	<esd>	verbo sdrucciolo della 1ª coniugazione
España	*Esp*	Spagna

nivel estándar	*est*	livello standard
eufemismo	*euf*	eufemismo
exclamación, interjección	*excl*	esclamazione, interiezione
substantivo femenino	*f*	sostantivo femminile
futuro	*F*	futuro
familiar	*fam*	familiare
sentido figurado	*fig*	senso figurato
filosofía	*fil*	filosofia
física	*fis*	fisica
fotografía	*foto*	fotografia
substantivo femenino plural	*fpl*	sostantivo femminile plurale
francés	*fr*	francese
gerundio	*G*	gerundio
gastronomía	*gastr*	gastronomia
geografía	*geogr*	geografia
geología	*geol*	geologia
argot, jerga	*gergo*	gergo
gitano, caló	*git*	gitano
Guatemala	*Guat*	Guatemala
historia	*hist*	storia
imperativo	*I*	imperativo
impersonal	*imp*	impersonale
infinitivo	*inf*	infinito
lenguaje infantil	*infan*	linguaggio infantile
informática	*infor*	informatica
inglés	*ingl*	inglese
invariable	*inv*	invariabile
irónico	*iron*	ironico
pretérito imperfecto de subjuntivo	*IS*	imperfetto congiuntivo
	<isc>	verbo incoativo della 3ª coniugazione
lenguaje jurídico	*ius*	linguaggio giuridico
lingüística, gramática, estilística	*ling*	linguistica, grammatica, stilistica
lenguaje literario y poético	*lit*	linguaggio letterario e poetico
substantivo masculino	*m*	sostantivo maschile
marino, marítimo	*mar*	marino, marittimo
matemáticas, geometría	*mat*	matematica, geometria
mecánica	*mec*	meccanica
medicina, anatomía, farmacia	*med*	medicina, anatomia, farmacia
metalurgia, metales	*metal*	metallurgia, metalli
meteorología	*meteo*	meteorologia
Méjico	*Mex*	Messico

militar	*mil*	militare
mineralogía	*min*	mineralogia
mitología	*mit*	mitologia
substantivo masculino plural	*mpl*	sostantivo maschile plurale
música	*mus*	musica
onomatopeya, onomatopéyico	*onom*	onomatopea, onomatopeico
número ordinal	*ord*	numero ordinale
presente de indicativo	*P*	indicativo presente
Paraguay	*Par*	Paraguay
pretérito indefinido	*PI*	passato remoto
pretérito imperfecto de indicativo	*PIm*	imperfetto indicativo
pintura	*pitt*	pittura
plural	*pl*	plurale
política	*pol*	politica
lenguaje popular	*pop*	linguaggio popolare
correos y telecomunicaciones	*post*	posta e telecomunicazioni
participio pasado	*PP*	participio passato
pronombre	*pr*	pronome
Puerto Rico	*PR*	Portorico
preposición	*prep*	preposizione
presente de subjuntivo	*PS*	congiuntivo presente
psicología	*psic*	psicologia
	q	qualcuno
	qc	qualcosa
uso infrecuente	*raro*	uso infrequente
regionalismo	*reg*	regionalismo
singular	*sing*	singolare
deporte	*sport*	sport
estudiantil, académico	*stud*	studentesco, accademico
tauromaquia	*taur*	tauromachia
tecnología	*tec*	tecnologia
tipografía, imprenta, libro, papelería	*tip*	tipografia, stampa, libro, cartoleria
transportes	*tras*	trasporti
televisión	*TV*	televisione
Uruguay	*Ur*	Uruguay
véase	*V.*	vedi
verbo intransitivo	*vi*	verbo intransitivo
verbo transitivo	*vt*	verbo transitivo
Venezuela	*Ven*	Venezuela
lenguaje vulgar	*vulg*	linguaggio volgare
zoología	*zool*	zoologia

DICCIONARIO ITALIANO
II

A

a *prep* 1. *<lugar>*: a, in; *a la derecha* a destra; *a la orilla del mar* in riva al mare, sulla riva del mare; *ir a Francia* andare in Francia; *ir a París* andare a Parigi; *ir al campo* andare in campagna; *ir al monte* andare in montagna; *ir al mar* andare al mare; *ir a la escuela* andare a scuola; *ir a comer* andare a mangiare; *ir al teatro* andare a teatro; *ir a la iglesia* andare in chiesa; *sentarse a la mesa* sedersi a tavola; 2. *<tiempo>*: a; *a las cinco* alle cinque; *al mediodía* a mezzogiorno; *Valencia, a 22 de julio* Valenza, 22 luglio; 3. *<modo, medio>*: a, in; *a pie* a piedi; *al contado* in contanti; *pintar al óleo* dipingere a olio; 4. *precio: a mil pesetas cada una* a mille pesete l'una; 5. *(adv): poco a poco* a poco a poco; *a medida que* a mano a mano che; 6. *<«A» con valor imperativo o exhortativo>*: *¡a comer!* a mangiare!; *¡a la cama!* a letto!; 7. *verbos, adjetivos, sustantivos +a: empezar a* cominciare a; *dispuesto a* disposto a; *miedo a la muerte* paura della morte; 8. *complemento directo: he visto a Luis* ho visto Luigi
abacial *adj* abbaziale, badiale
ábaco *m* pallottoliere; *arch* abaco
abad *m* abate; ~**esa** *f* abbadessa; ~**ía** *f* abbazia
abadejo *m zool* baccalà (fresco), merluzzo giallo
abajo *adv* giù; sotto; abbasso; *cuesta* ~ in discesa; *de arriba* ~ dall'alto in basso; *el* ~ *firmante* il sottoscritto; *echar* ~ buttare giù, demolire, abbattere; *escaleras* ~ giù per le scale; *irse* ~ venire giù, crollare; *¡~ la tiranía!* abbasso la tirannide!
abalanzar *<abalancé>* **1.** *vt* equilibrare, bilanciare; **2.** *~se* precipitarsi; *~se hacia la salida* precipitarsi verso l'uscita; *~se sobre alg* avventarsi, scagliarsi contro q
abale|ar *vt am* sparare *vi*; *agr* vagliare; ~**o** *m am* sparatoria *f*, spari *mpl*
abalizar *<abalicé> vt mar* segnalare con boe
abalorio *m* conterie *fpl*
abander|ado, -a *m/f* portabandiera; ~**ar** *vt* iscrivere una nave
abandon|ado 1. *adj/s* abbandonato (*estar*); **2.** *adj* sciatto, trascurato (*ser*); ~**ar 1.** *vt* abbandonare, lasciare; *fig* trascurare; **2.** *~se* abbandonarsi, cedere *vi*; ~**o** *m* abbandono; rinuncia *f*; *sport* abbandono, ritiro; trascuratezza *f*, negligenza *f*
abani|car *<abaniqué> vt* far vento col ventaglio; ~**co** *m* ventaglio; *am* ventilatore; ~**quear** *vt* sventolare; ~**queo** *m* sventolamento
abarat|amiento *m* ribasso; ~**ar 1.** *vt* ribassare; **2.** *~se* ribassare *vi*
abarca *f*="(specie di) sandalo greggio" *m*; *desp/fam* ciabatta
abar|car *<abarqué> vt* abbracciare, comprendere; *quien mucho abarca poco aprieta* chi troppo abbraccia nulla stringe; ~**quillarse** incurvarsi
abarraganarse vivere in concubinaggio *vi*
abarranc|adero *m* pantano, *fig* imbroglio; ~**ar 1.** *vt* incagliare; **2.** *~se mar* incagliare *vi*; *fig* impantanarsi
abarrot|ado *adj* colmo, pieno zeppo; affollato; ~**ar 1.** *vt* riempire, colmare; **2.** *~se am* deprezzarsi; ~**e** 1. *m mar*="piccolo collo che serve di zeppa per la stiva"; 2. *mpl am* commestibili
abast|ecedor *adj/s* fornitore; ~**ecer 1.** *vt* fornire, somministrare, provvedere (di); **2.** *~se* fornirsi (*de* di); ~**ecimiento** *m* rifornimento; approvvigionamento; ~**ero** *m am* fornitore; *Chil* ="fornitore di carne all'ingrosso"; ~**o** *m* fornitura *f*, rifornimento; *mercado de ~(s)* mercati generali; *dar ~o* provvedere sufficientemente; *(fig) no dar ~* non farcela
abate *m* Abbé
abat|ible *adj* ribaltabile; ~**ido** *adj fig* abbattuto, prostrato, avvilito, depresso; ~**imiento** *m* abbattimento, prostrazione *f*, avvilimento, depressione *f*; ~**ir 1.** *vt* abbattere, atterrare; *fig* distruggere, abbattere, umiliare; indebolire; ~ *un árbol* abbattere un albero; ~ *un animal* ammazzare un animale; *(mar)* ~ *las velas* calare le vele; **2.** *vi* deviare la rotta di una nave; **3.** *~se* abbattersi; scendere *vi*; *fig* cedere *vi*
abdic|ación *f* abdicazione; ~**ar** *<abdiqué> vt* abdicare; *fig* rinunciare
abdom|en *m* addome; ~**inal** *adj* addominale
abducción *f* abduzione
abec|é *m* Abc, abbiccì, alfabeto; ~**edario** *m* abbecedario, sillabario
abedul *m bot* betulla *f*, betula *f*
abej|a *f zool* ape; ~ *obrera* ape operaia; ~ *reina* ape regina; ~**arrón** *m zool* calabrone *m*; ~**aruco** *m zool* gruccione; ~**ón** *m zool* fuco, pecchione; ~**orro** *m zool/fig* calabrone (*vespa crabro*); ~ *sanjuanero* maggiolino (*melolontha, melolontha*); *ser un* ~ essere noioso
aberenjenado *adj* color melanzana, violaceo
aberr|ación *f* aberrazione; *fig* smarrimento *m*; ~**ante** *adj* aberrante
abertura *f* apertura; spaccatura; *geogr* seno di mare *m*, insenatura; *fig* franchezza, schiettezza
abertzale *adj/s* ="nazionalista basco, -a radicale"
abeto *m bot* abete; ~ *blanco* abete bianco; ~ *rojo* abete rosso
abiert|amente *adv* sinceramente; ~**o** *adj* aperto, spazioso, scoperto, disteso; *fig* sincero, schietto; *fig* comprensivo; ~ *de par en par* spalancato
abigarr|ado *adj* screziato, multicolore, variopinto; ~**amiento** *m* screziatura *f*; *fig* miscuglio
abige|ato *m ius* abigeato; ~**o** *m ius* abigeo
abiótico *adj biol* abiotico
abisal *adj* abissale
Abisini|a *f geogr* Abissinia; *~**o** *adj/s* abissino
abism|ado *adj* inabissato, affondato; *(fig)* ~ *en sus pensamientos* assorto nei suoi

pensieri; ~**al** *adj* abissale; ~**ar 1.** *vt* inabissare, sommergere; **2.** ~*se* immergersi; *am* stupirsi; ~**o** *m* abisso

Abjasia *f geogr* Abkhasia

abjur|ación *f* abiurazione, abiura; ~**ar** *vt/vi* abiurare, rinnegare

ablación *f* ablazione, estirpazione; *geogr/fis/ius* ablazione

abland|amiento *m (a. fig)* rammollimento, intenerimento; ~**ar 1.** *vt* rammollire; temprare; ammorbidire; *fig* addolcire, intenerire; **2.** ~*se* intenerirsi; ~**e** *m Arg auto* rodaggio

ablativo *adj/m* ablativo

ablución *f* abluzione

abneg|ación *f* abnegazione; ~**ado** *adj* abnegato

abob|ado 1. *adj/s* istupidito, scimunito, ingrullito; **2.** *adj* sbalordito (*sorpresa*); ~**amiento** *m* istupidimento, balordaggine *f*; stupefazione *f*; ~**ar** *vt* istupidire; sbalordire (*sorpresa*)

aboc|ado *adj* 1. abboccato (*vino*); 2. destinato; ~ *a perder* destinato a perdere; ~**ar** <*aboqué*> **1.** *vt* abboccare *vi*; **2.** *vi mar* imboccare

abochorn|ado *adj* soffocato dal caldo; *fig* vergognoso, umiliato; ~**ar 1.** *vt* soffocare dal caldo; *fig* svergognare, umiliare; **2.** *(fig)* ~*se* vergognarsi, arrossire *vi*; seccare *vi* (*plantas*)

abocinado *adj* a trombone; *arch* rampante

abofetear *vt* schiaffeggiare

abog|acía *f* avvocatura; ~**ado, -a** *m/f ius* avvocato *m*, avvocatessa *f*; difensore *m*, patrono *m*; ~ *de oficio, del Estado* avvocato d'ufficio, dello Stato; ~ *del diablo* avvocato del diavolo; ~**ar** <*abogué*> *vi* intercedere

abolengo *m* lignaggio; *de rancio* ~ di antica stirpe

aboli|ción *f* abolizione; ~**cionismo** *m* abolizionismo; ~**cionista** *adj/s* abolizionista; ~**r** <*se usa sólo en las formas en que la desinencia comienza con la vocal* **i**> *vt/def* abolire

aboll|ado *adj* ammaccato; ~**adura** *f* ammaccatura; ~**ar** *vt* ammaccare; ~**onar** *vt* modellare a sbalzi (*figuras*)

abomb|ado *adj* piegato ad arco, convesso; *am/fig* stordito, scemo; ~**ar 1.** *vt* piegare ad arco, gonfiare, riempire; **2.** ~*se* gonfiarsi; *am/fig* ubriacarsi, marcire *vi*

abomin|able *adj* abominevole, odioso, obbrobrioso; *el ~ hombre de las nieves* l'abominevole uomo delle nevi; ~**ación** *f* abominazione, abominio *m*; ~**ar** *vt* abominare, aborrire

abon|ado 1. *adj/s* abbonato; **2.** *adj agr* concimato; ~**ar 1.** *vt* 1. abbonare (*periódico*); 2. accreditare (*fiador*); 3. *agr* concimare; 4. *com* pagare; 5. *com* detrarre da una somma; **2.** ~*se* abbonarsi; ~**aré** *m com* pagherò *inv*; ~**o** *m* 1. abbonamento (*revista*); 2. *econ* accreditamento; 3. *agr* fertilizzante, concime; 4. *com* abbono

abord|able *adj* abbordabile; ~**aje** *m* abbordaggio, arrembaggio; *¡al ~!* all'abbordaggio!, all'arrembaggio; ~**ar** *vt mar/fig* abbordare; *mar* ormeggiarsi

aborigen <*pl aborígenes*> *adj/s* aborigene, aborigeno

aborrascarse *lit* turbarsi il tempo; *fig* inquietarsi

aborrec|er <*13a aborrezco*> *vt* aborrire, detestare; infastidire; *zool* abbandonare il nido; ~**ible** *adj* odioso; ~**imiento** *m* aborrimento; avversione *f*; fastidio

aborregado *adj meteo* a pecorelle (*cielo*)

abort|amiento *m fig* aborto, fallimento; ~**ar 1.** *vi* abortire; *fig* fallire; **2.** *vt* bloccare, interrompere; *fig* far fallire; ~**ista** *adj/s* abortista; ~**ivo** *adj/m* abortivo; ~**o** *m med/fig* aborto; *fig* fallimento; ~**ón** *m* animale abortito; pelle di feto d'agnello *f*

abota|garse, ~**rgarse** <*abotagué*> gonfiarsi, tumefarsi

aboton|ador *m* alamaro; ~**ar 1.** *vt* abbottonare; **2.** *vi bot* germogliare

abovedar *vt arch* coprire a volta

abra *f* piccola insenatura; gola (*montaña*); crepaccio *m*; *Col* anta; *am* radura; ~**cadabra** *m* abracadabra

abras|ador *adj* ardente, cocente; *fig* ardente; ~**ar 1.** *vt/vi* bruciare, scottare *vi*; corrodere; **2.** ~*se* bruciarsi; *fig* infiammarsi; ~**ión** *f* abrasione; ~**ivo** *adj/m* abrasivo

abraz|adera *f tec* ghiera; anello o cerchietto metallico *m*; *tip* graffa; ~**ar** <*abracé*> **1.** *vt* abbracciare, cingere; *fig* comprendere; **2.** ~*se* abbracciarsi, avvinghiarsi, stringersi; ~**o** *m* abbraccio

abrecartas *m/inv* tagliacarte

ábrego *m geogr* libeccio, africo *lit*

abrelatas *m/inv* apriscatole

abrev|adero *m* abbeveratoio; ~**ar** *vt* abbeverare; *tec* irrigare; mettere a bagno (*pieles*)

abrevi|ación *f* abbreviazione; abbreviatura; ~**aduría** *f* 1. ufficio dei brevi *m*; 2. carica d'abbreviatore; ~**ar** *vt* abbreviare; ridurre; *pop/fig* sbrigarsi; ~**atura** *f* abbreviatura

abridor *m* apritore; apribottiglie *inv*; *agr* frutta spiccace *f*

abrig|ado *adj* coperto, riparato; ~**ar** *vt* coprire, riparare, proteggere; ~ *malas intenciones* covare/avere cattive intenzioni; ~**o** *m* cappotto (*ropa*); riparo, rifugio; *(fig) al ~ de* sotto la protezione di; al riparo da; *de ~* che ripara/che riscalda, caldo, -a, pesante

abril *m* aprile; *fig* primavera *f*; *una niña de dieciocho ~es* una ragazza che ha diciotto primavere; ~**eño** *adj* aprilino

abrillant|ador 1. *m* lapidario (*persona*); brunitoio; **2.** *adj/m* brillantante (*líquido*); ~**ar** *vt* sfaccettare; lucidare; *fig* far brillare

abrir 1. *vt/vi* aprire; incidere *vt*; sfogliare un libro; ~ *camino* fare strada; ~ *la marcha* aprire la marcia; *(fig) ~ la mano* essere generoso; *(a. fig) ~ los ojos* aprire gli occhi; *(mil) ¡~ filas!* rompete le righe!; ~ *paso* far largo; *a medio ~* socchiuso; *en un ~ y cerrar de ojos* in un batter d'occhio; **2** ~*se* 1. aprirsi; estendersi; confidarsi (con q); ~*se la muñeca* avere uno stiramento al polso;

¡ábrete tierra! Muoio dalla vergogna!; 2. *(gergo) ~se* svignarsela, squagliarsela

abroch|ador *m* allacciabottoni *inv*; **~ar** *vt* abbottonare; agganciare; allacciare; *am/fig* castigare

abrog|ación *f* abrogazione; **~ar** *vt* abrogare, abolire; **~atorio** *adj* abrogativo, *ius* abrogatorio

abrojo 1. *m bot* cardo selvatico; tribolo; 2. *mpl* pene *fpl*, dolori

abrótano *m* abrotano

abrum|ador *adj* opprimente, pesante, schiacciante; **~ar** *vt* opprimere, pesare *vi*, annientare; *fig* soffocare, opprimere

abrupto *adj* scosceso, ripido

absceso *m* ascesso, tumore

abscis|a *f mat* ascissa; **~ión** *f cient* asportazione, escissione; *fig* taglio *m*

absenta *f bot* assenzio *m*

absent|ismo *m* assenteismo; **~ista** *m/f* assenteista

absidal *adj* absidale

ábsid|e *m* abside *f*

absolución *f ius/eccl* assoluzione, perdono *m*

absolut|ismo *m* assolutismo; **~ista** *adj/s* assolutista; **~o** *adj* assoluto; *en ~* in modo assoluto; assolutamente, affatto

absolutorio *adj* assolutorio

absolver *<43 absuelvo; absuelto>* *vt* assolvere, perdonare

absor|bencia *f* assorbimento *m*; **~bente** *adj/m* assorbente; **~ber** *vt* assorbire; consumare; **~ción** *f* assorbimento *m*; **~to** *adj* assorto, attonito

abstemio *adj/s* astemio

absten|ción *f* astensione; **~cionismo** *m* astensionismo; **~erse** astenersi (*de* da)

abstinencia *f* astinenza; *día de ~* giorno di digiuno; *síndrome de ~* sindrome da astinenza

abstr|acción *f* astrazione; *~ hecha de* ad eccezione di; **~acto** *adj* astratto; **~aer** *<39 traigo, traje, trayendo>* **1.** *vt* astrarre; **2.** *~se* astrarsi; **~aído** *adj* assorto

abstruso *adj* astruso, complicato

absurdo *adj/m* assurdo; *(fil) reducción al ~* dimostrazione per assurdo

abubilla *f zool* upupa, bubbola

abuch|ear *vt* fischiare; **~eo** *m* fischi *mpl*

abuel|a *f* nonna; **~o** *m* nonno

abulense *adj/s* (persona) di Avila

abulia *f* abulia

abúlico *adj/s* abulico

abult|ado *adj* ingrandito, gonfiato; protuberante; **~ar 1.** *vi* occupare; **2.** *fig* esagerare (*espacio*); gonfiare

abund|amiento *m*, **~ancia** *f* abbondanza *f*; *a mayor ~amiento* per di più, inoltre; **~ante, ~oso** *adj* abbondante; **~ar** *vi* abbondare

¡abur! *excl/pop* arrivederci!

aburgues|amiento *m* imborghesimento; **~ar 1.** *vt* imborghesire; **2.** *~se* imborghesirsi

aburr|ido *adj* annoiato, seccato; noioso; **~imiento** *m* noia *f*, tedio, fastidio; **~ir** *vt* annoiare, infastidire, seccare

abus|ar *vi* abusare; **~ivo** *adj* abusivo; **~o** *m* abuso; **~ón** *adj/s* scroccone

abyec|ción *f* abbiezione; **~to** *adj* abbietto, vile

acá *adv* qua; *am* qui; *para ~* in qua; *de cinco años ~* da cinque anni in qua; *de ~ para allá* di qua e di là

acabado 1. *adj* finito, terminato; distrutto, esaurito; rifinito; *(fig) estar ~* essere un uomo finito; **2.** *m* rifinitura *f*

acaballadero *m* scuderia *f*

acabamiento *m* fine *f*, termine

acabar 1. *vt/vi* finire, terminare; **2.** *vi (con)* distruggere *vt*, esaurire *vt*; uccidere *vt*; **3.** *vt tec* rifinire; *Ecu* sparlare (di q); *acaba de salir* è appena uscito; *~ por* finire per; *no acabo de comprender* non riesco a capire; *no acaba de gustarme* non mi piace del tutto; *¡acabáramos!* finalmente!; *es cosa de nunca ~* è una cosa che non finisce mai; *¡acaba ya!* smettila! finiscila!; *se acabó lo que se daba* è finita la pacchia!; **4.** *~se* finire *vi*, terminare *vi*; *¡es el acabóse!* è la fine!; è la fine del mondo! (*positivo*)

acacia *f bot* acacia

acad|emia *f* 1. accademia, 2. scuola privata; **~émico** *adj/s* accademico

acaec|er *vi/imp* accadere, succedere, avvenire; **~imiento** *m* avvenimento, evento

acallar 1. *vt* far tacere, calmare; **2** *~se* tacere *vi*, calmarsi

acalor|ado *adj* accalorato, accaldato; *fig* infiammato, eccitato; **~amiento** *m* accaloramento, impeto, eccitazione *f*; **~ar 1.** *vt* riscaldare, eccitare; adirare; **2.** *~se* accalorarsi, eccitarsi, adirarsi

acamp|ada *f* accampamento *m*, campeggio *m*; *ir de ~* andare in camping; **~ar** *vi* campeggiare, accampare

acanal|ado *adj* incanalato, scanalato, striato; **~adura** *f* incanalatura, scanalatura, striatura; **~ar** *vt* incanalare, scanalare, striare

acantil|ado 1. *m* scarpata *f*, dirupo; scogliera *f*; **2.** *adj* scosceso; incagliato, dragato; **~ar** *vt mar* incagliare *vt/vi*, dragare

acanto *m bot/arch* acanto

acanton|amiento *m mil* accantonamento, acquartieramento; **~ar** *vt mil* accantonare, acquartierare

acapar|ador *adj/s* accaparratore; **~amiento** *m* accaparramento; **~ar** *vt* accaparrare

acápite *m am* alinea *f*, comma *ius*

acaramel|ado *adj/s* caramellato, *fig* sdolcinato; **~ar 1.** *vt* caramellare; **2.** *~se fig* divenire dolce e mellifluo *vi*

acarici|ador *adj/s* accarezzatore; **~ar** *vt* accarezzare; *fig* sfiorare (*éxito*), accarezzare

ácaro *m zool* acaro

acarr|eador *m* carrettiere; **~ear** *vt* trasportare; *fig* cagionare, provocare; **~eo** *m* trasporto, carreggio; *com* spesa di porto *f*; *(agr) tierra de ~o* terreno alluvionale

acartonado *adj* incartapecorito

acaso 1. *m* caso, imprevisto; **2.** *adv* casualmente, forse, per caso, a caso; *~* per caso; *por si* ~ ...nel caso che...; *si* ~ se per caso, forse, caso mai

acat|amiento *m* rispetto, sottomissione *f*, obbedienza *f*; ~**ar** *vt* rispettare, sottomettersi, obbedire *vi*; *am* accorgersi, osservare; ~**arrar 1.** *vt am* importunare; **2.** ~*se* raffreddarsi; accatarrarsi

acaud|alado *adj* ricco, agiato; ~**alar** *vt* arricchire, accumulare; ~**illar** *vt* condurre, comandare

acce|der *vi* accedere, consentire; condiscendere; ~**sibilidad** *f* accessibilità; ~**sible** *adj* accessibile; ~**sión** *f* adesione, accessione; *med* accesso *m* (*de fiebre, etc*); ~**so** *m* accesso, adito, entrata *f*; *exámenes de* ~ esami di ammissione; *med* accesso, attacco; congiungimento (*carnal*)

accesorio 1. *adj* accessorio, secondario, accidentale; **2.** *m* accessorio, guarnizione *f*; (*auto*) ~*s opcionales* optional

acci|dentado *adj* accidentato, movimentato; ~**dental** *adj* accidentale, casuale, fortuito; ~**dentarse** subire un incidente; ~**dente** *m auto* incidente; *med* complicazione *f*; *mus/ling/geogr* accidente; sciagura *f*, disgrazia *f*; accidente, evento, caso; ~ *de trabajo* infortunio sul lavoro; ~ *de circulación* incidente stradale/di circolazione; *por* ~ per caso

acción *f* azione, operazione, atto *m*; gesto *m*, movimento *m*; *lit* azione, intreccio *m*, favola; *com* azione, titolo *m*, partecipazione; *mil* combattimento *m*; ~ *de gracias* ringraziamento; *(cine) cámaras, ¡~!* motore, azione!, ciac, si gira!

accion|ar 1. *vi* gesticolare; **2.** *vt* mettere in azione; ~**ista** *m/f* azionista

acebo *m bot* agrifoglio, alloro spinoso; *pop* pungitopo

acebuche *m bot* oleastro, olivo selvatico

acech|anza V. **asechanza**

acecinar *vt* salare, affumicare, salare (*la carne*); **2.** ~*se (a. fig)* dimagrire *vi*, rinsecchire *vi*

aced|era *f bot* acetosa, erba brusca; ~**o 1.** *adj* acido, agro; aspro e sgradevole; **2.** *m* succo di frutto agro

acéfalo 1. *adj* acefalo; **2.** *m zool* acefalo, lamellibranchio

aceit|ar *vt* inoliare, ungere d'olio; ~**e** *m* olio; *en* ~ sott'olio; ~**era** *f* ampolla dell'olio; oliera; oliatore *m* (*de máquinas*); ~**ería** *f* negozio d'olio *m*, industria olearia; ~**ero 1.** *adj/m* oleario; **2.** *m* venditore d'olio; *bot* albero delle Antille dal legno duro e giallo per mobili; ~**oso** *adj* oleoso

aceitun|a *f* oliva; ~**ado** *adj* olivastro, di colore bruno verdognolo; ~**ero, -a** *m/f* raccoglitore, -trice; venditore, -trice di olive; ~**o 1.** *m am* olivo americano; **2.** *adj am* olivastro

aceler|ación *f* accelerazione, acceleramento *m*; fretta, premura; *(auto) poder de* ~ ripresa; ~**ador 1.** *m auto* acceleratore; **2.** *adj* acceleratore; ~**ar 1.** *vt* accelerare; affrettare; **2.** *vi* affrettarsi, sbrigarsi; ~**ón** *m* accelerata *f*

acelga *f bot* bietola; *(fig) cara de* ~ faccia verdognola/smorta

acémila *f* bestia da soma; *fig* asino *m*, somaro *m*

acendr|ado *adj* raffinato, depurato; *fig* puro, purificato, disinteressato; ~**ar** *vt* raffinare, depurare, purificare

acent|o *m* accento; modulazione *f*, espressione *f*; ~ *grave, agudo, circunflejo* grave/aperto, acuto/chiuso, circonflesso; *(fig) poner el* ~ *en algo* accentuare qc; ~**uación** *f* accentazione; *fig* accentuazione; ~**uar** <*4 acentúo*> **1.** *vt* accentare; *fig* accentuare; **2.** ~*se* accentuarsi, aggravarsi

acepción *f* accezione, senso *m*, significato *m*; preferenza (*persona*) *raro*

acepillar V. **cepillar**

acept|abilidad *f* accettabilità; ~**able** *adj* accettabile; ~**ación** *f* accettazione; approvazione, consenso *m*; accoglienza; *índice de* ~ indice di gradimento; ~**ante** *m/f* accettante; ~**ar** *vt* accettare, ricevere; ammettere; *com* accettare; ~**o** *adj* accetto, gradito

acequia *f* canale d'irrigazione *m*; *am* ruscello *m*

acera *f* marciapiede *m*; *fig* marciapiede *m*, fila di case che fiancheggiano la via; *arch* rivestimento di un muro *m*, pietra di rivestimento di un muro; *(fig) de la otra* ~ */de la* ~ *de enfrente* di idee contrarie; *iron* omosessuale

acera|do *adj* acciaiato; duro, saldo, forte; *fig* mordace, caustico; ~**r** *vt* acciaiare; *fig* rinvigorire, fortificare; *arch* lastricare

acerbo *adj* acerbo, aspro; *fig* amaro, crudele, duro

acerca: ~ **de** *prep* circa, rispetto a, con riferimento a, riguardo a

acerc|amiento *m* avvicinamento, accostamento; ~**ar** <*acerqué*> **1.** *vt* avvicinare, accostare, approssimare; *auto* dare un passaggio (a) *vi*; **2.** ~*se* avvicinarsi, accostarsi

acería *f* acciaieria

acerico *m* cuscinetto; puntaspilli (*coser*)

acero 1. *m* acciaio; *fig* arma bianca *f*; ~ *fundido* acciaio fuso; 2. *mpl* armi di buona tempra *fpl*; *(fam) tener buenos* ~*s* avere un buon appetito

acerol|a *f bot* lazzeruola, azzeruola; ~**o** *m bot* lazzeruolo, azzeruolo

acérrimo *adj* acerrimo; *fig* fierissimo, veemente

acerrojar *vt* chiudere con catenaccio o chiavistello

acert|ado *adj* azzeccato, imbroccato, colto nel segno; opportuno; ~**ante** *adj/s* vincente (*juego*); ~**ar** <*5 acierto*> *vt/vi* indovinare, imbroccare, azzeccare; riuscire (a) *vi*; *agr* svilupparsi bene; ~ *al blanco* colpire il bersaglio; ~ *a encontrar* riuscire ad incontrare; ~ *la quiniela* vincere al totocalcio; ~**ijo** *m* indovinello, enigma

acervo *m* mucchio, cumulo; *ius* acervo, patrimonio; *fig* bagaglio

acetato *m chim* acetato

acético *adj chim* acetico

acet|ileno *m chim* acetilene; ~**ona** *f chim* acetone *m*

achabacanamiento *m* grossolanità *f*
achac|able <*achaqué*> *adj* attribuibile; **~ar** *vt* attribuire o imputare; **~oso** *adj* acciaccoso, pieno di acciacchi, malaticcio
achaflanar *vt* smussare, arrotondare
¡achalay! *excl Arg* bello!
achampa|nado, ~ñado *adj* simile allo champagne
achantar 1. *vt* intimorire, spaventare; **2.** *~se* rannicchiarsi, nascondersi per paura, abbattersi
achaparrado *adj* tozzo, pesante, tarchiato (*persona*)
achaque *m* acciacco; *fam* mestruazioni *fpl*; *fig* affare; pretesto, scusa *f*; *ius* multa *f*, denunzia *f*
acharol|ado *adj* verniciato, lucido; **~ar** *vt* verniciare
achatar *vt* schiacciare, appiattire, comprimere
achic|ador 1. *adj* riduttore; **2.** *m mar* gottazza *f*; **~adura** *f* riduzione, rimpicciolimento *m*; **~ar** <*achiqué*> **1.** *vt* rimpicciolire, ridurre; *mar* aggottare; *fig* umiliare; **2.** *~se* rimpicciolirsi, ridursi; *fig* perdersi d'animo
achicharr|adero *m fig* forno; **~ar** *vt* bruciacchiare, tostare; *fig* molestare; *Chile* umiliare
achicoria *f bot* cicoria
achinado *adj* simile a un cinese; *ojos ~s* occhi di taglio orientale
¡achis! *excl* ecciù!, ecciì!
achisp|ado *adj* brillo; **~arse** ubriacarsi (leggermente)
achocolatado *adj* simile alla cioccolata
acholar 1. *vt am* svergognare; **2.** *~se am* vergognarsi
achuch|ar *vt* spingere, aizzare; palpare; *la vida está muy achuchada* la vita è difficile; **~ón** *m* spintone, urtone; *fam* palpata *f*
achulado *adj fam* con modi da guappo
achuras *fpl Arg/Ur* frattaglie
aciago *adj* infausto, funesto, disgraziato, nefasto
aciano 1. *m bot* fiordaliso, centaurea *f*; 2. *mpl bot* erica *f*
acíbar *m* áloe, aloe *m/f*; *fig* amarezza *f*, dispiacere
acibarar *vt* rendere amaro (qc) con àloe; *fig* amareggiare, rattristare
acica|lar 1. *vt* pulire, brunire, lucidare; *fig* acconciare, adornare, abbellire; *arch* intonacare; **2.** *~se fig* adornarsi, acconciarsi
acicate *m* sperone a punta; *fig* stimolo, sprone
acicular 1. *adj bot* aghiforme; **2.** *f* aghifoglia
acidez *f* acidità, acidezza; *~ (de estómago)* bruciore di stomaco
acidia *f lit* accidia, pigrizia *est*, svogliatezza *est*
acidificar <*acidifiqué*> *vt chim* acidificare
ácido 1. *m chim* acido; **2.** *adj* acido, agro, acre
acidul|ar *vt* acidulare
acídulo *adj* acidulo, agretto
acierto *m* riuscita *f*, successo; abilità *f*, destrezza *f*
ácimo *adj* azzimo
acimut *m astr* azimut; **~al** *adj* azimutale
acitrón *m* cedro candito
aclam|ación *f* acclamazione; applauso *m*; *por ~* per acclamazione; **~ar** *vt* acclamare, applaudire; proclamare
aclar|ación *f* chiarimento *m*, spiegazione, delucidazione; **~ante** *adj* schiarente; **~ar 1.** *vt* chiarire, chiarificare, spiegare; risciacquare (*colada*); schiarire (*pelo*); **2.** *vi/imp meteo* schiarire, spuntare il giorno; rasserenare; **~atorio** *adj* chiarificatore, esplicativo
aclimat|ación *f* acclimatazione, adattamento *m*; **~ar 1.** *vt* acclimatare; **2.** *~se* acclimatarsi, adattarsi, assuefarsi
acné *m med* acne *f*
acobardar 1. *vt* scoraggiare, avvilire, intimidire, intimorire, deprimere; **2.** *~se* scoraggiarsi, deprimersi
acocear *vt* tirare calci *vi*, prendere a calci; *fig* insultare, offendere
acod|ar 1. *vt* piegare (qc) a forma di gomito; *agr* propagginare; **2.** *~se* appoggiarsi sui gomiti; **~o** *m agr* propaggine *f*; *arch* modanatura *f*, rilievo, chiave *f*
acog|edor *adj* accogliente, piacevole; **~er** <*acojo*> **1.** *vt* accogliere, ospitare; accettare, ricevere; *fig* proteggere; **2.** *~se* rifugiarsi, ripararsi, ricoverarsi; *fig* appigliarsi; *ius* far uso di *vi*, far valere *vt* (*un derecho*); **~ida** *f* accoglienza, ricevimento *m*; ospitalità; asilo *m*, rifugio *m*; *fig* protezione; *fig* accettazione
acogollar 1. *vt agr* formare a palla (*lechugas*); *agr* riparare (le piante) dalle intemperie; **2.** *~se agr* accestire *vi*
acogotar *vt* accoppare, uccidere colpendo la nuca; *fig* intimorire
acojon|ado *adj vulg* stupito *est*, sorpreso *est*; spaventato *est*; *estar ~* farsela sotto; **~ante** *adj vulg* impressionante *est*, allucinante *est*, da sballo *gergo*; **~ar** *vt vulg* far venire la fifa/la tremarella (a q) *vi est*
acolch|ado *adj* trapuntato; **~ar** *vt* **1.** imbottire, ovattare; *mar* torcere; **~onar** *am* V. **alcolchar**; **2.** *~se Hond* schiacciarsi, comprimersi
acólito *m* accolito; *eccl* chierichetto; *fig* seguace
acomet|edor *adj/s* assalitore, aggressore; **~er 1.** *vt* assalire, aggredire, investire; **2.** *vi arch* sboccare; **~ida** *f* aggressione, assalto *m*, investimento *m*; *arch* punto di sbocco *m*; **~ividad** *f* aggressività
acomod|able *adj* accomodabile, adattabile, *fig* conciliabile; **~ación** *f* collocazione; accomodamento *m*; **~adizo** *adj* contentabile, adattabile, conciliabile; **~ado** *adj* accomodato, aggiustato; agiato, ricco (*persona*); adeguato, appropriato, opportuno; occupato, collocato (*trabajo*); *precios ~s* prezzi modici; **~ador, -ora** *m/f teatro/cine* maschera *f*, accomodatore, -trice, aggiustatore, -trice; **~amiento** *m* adattamento, conciliazione *f*; **~ar** *vt* accomodare, aggiustare; collocare, sistemare; applicare, adattare; provvedere *vi*, somministrare, fornire *vi*; **~aticio** V. **~adizo**

acompañ|amiento *m* accompagnamento (*a. mus*); *gastr* contorno; ~**ante 1.** *adj* accompagnante; **2.** *m/f* accompagnatore, accompagnatrice *f*; ~**ar** *vt* accompagnare; unire, accludere; appaiare due cose; *le acompaño en el sentimiento* condoglianze; *¿te acompaño?* ti accompagno?; vuoi un passaggio? (*en coche*)

acompas|ado *adj* compassato, misurato, ponderato; pacato; *mus* cadenzato; ~**ar** *vt* compassare; V. **compasar**

acomplej|ado *adj* complessato; ~**ar 1.** *vt psic* rendere complessato; turbare, disorientare; **2.** ~*se* sentirsi complessato

acomunarse accomunarsi, unirsi, associarsi; allearsi; mettersi alla pari

acondicion|ado *adj* condizionato; preparato, disposto; ~**ador, -ora** *m/f teatro* maschera *f*; ~ *de aire* apparecchio di aria condizionata; ~**amiento** condizionamento; ~**ar** *vt tec* condizionare; preparare, disporre; convertire, trasformare

acongojar *vt* angosciare, affannare, travagliare

acónito *m bot* aconito

aconsej|able *adj* consigliabile; ~**ar 1.** *vt* consigliare, suggerire *vi*; **2.** ~*se* consigliarsi, consultarsi

acontec|er *vi* succedere, accadere, avvenire; ~**imiento** *m* avvenimento, successo, evento; *feliz* ~ lieto/fausto evento

acopi|ar *vt* unire, ammucchiare; far provvista (di) *vi*; accaparrare, monopolizzare; ~**o** *m* ammasso, provvista *f*, riserva *f*, copia *f*, abbondanza *f*; *hacer* ~ far riserva

acopl|ado 1. *adj* accoppiato, unito; *tec* combaciato; appaiato; adattato; **2.** *m Arg/auto* rimorchio; ~**amiento** *m* accoppiamento, unione *f*, collegamento; ~**ar 1.** *vt* accoppiare, unire; combaciare; appaiare; collegare, adattare; **2.** ~*se* adattarsi; *fam* affezionarsi

acoquinar 1. *vt* demoralizzare, scoraggiare; intimorire, turbare; **2.** ~*se* scoraggiarsi, intimorirsi

acorazado 1. *adj* corazzato, blindato; **2.** *m mar* corazzata *f*

acorcharse *agr/fig* inaridire *vi*, dissecarsi; incatorzolire *vi* (*fruta*)

acord|ado *adj* decretato; stabilito, accordato; ricordato; intonato; ~**ar** <*8a acuerdo*> **1.** *vt* decretare, deliberare, concordare; stabilire, accordare; *mus* accordare; armonizzare; **2.** ~*se* 1. accordarsi, mettersi d'accordo; 2. ricordarsi; *¡acuérdate de él!* ricordati di lui!; *si te he visto, no me acuerdo* chi s'è visto, s'è visto; *si mal no me acuerdo* se non ricordo male

acorde 1. *adj* concorde, conforme; **2.** *m mus* accordo

acorde|ón *m* fisarmonica *f*; ~**onista** *m/f* sonatore, -trice di fisarmonica

acordon|amiento *m* 1. isolamento (di una zona con cordoni o con persone); 2. allacciatura (con cordoni) *f*; 3. orlatura (delle monete o medaglie) *f*; ~ar *vt* 1. stringere, allacciare; 2. *mil* circondare, isolare con truppe; 3. fare l'orlatura a monete, medaglie

acorralar 1. *vt (a. fig)* accerchiare; rinchiudere il bestiame; *fig* intimidire, isolare; **2.** ~*se (gergo)* sfuggire alla giustizia *vi*

acort|amiento *m* accorciamento, raccorciamento; *astr* ="differenza tra la distanza reale di un pianeta dal sole o dalla terra e la stessa distanza proiettata sull'eclittica" *f*; ~**ar 1.** *vt* accorciare, raccorciare, ridurre, restringere; **2.** ~*se* intimorirsi, ammutolire *vi*

acos|ar *vt* inseguire, perseguitare; molestare sessualmente (*mujer, hombre*); *fig* vessare, tartassare, importunare; ~ *a preguntas* stringere a domande; ~**o** *m* inseguimento, persecuzione *f*; ~ *sexual* molestia sessuale

acostar <*acuesto*> **1.** *vt* 1. coricare, distendere, sdraiare; 2. accostare, avvicinare, approssimare; *mar* approdare *vi*; **2.** ~*se* coricarsi, andare a letto; adagiarsi; inclinarsi; *fig* andare a letto (*con q*); *am* partorire *vi*

acostumbr|ado *adj* abituato, avvezzato, avvezzo; ~**ar** *vt* abituare, avvezzare, avere l'abitudine (*a* di)

acot|ación *f* nota, postilla; delimitazione; *teatro* didascalia; *geogr* quota; *agr* potatura a corona; ~**ar** *vt* annotare, postillare; delimitare; fissare; *agr* segnare le quote; *agr* potare un albero a corona

ácrata *adj/s* anarchico

acre 1. *adj* acre, agro, aspro; *fig* pungente, mordace; **2.** *m* acro

acrece|ntar <*5a acreciento*> **1.** *vt* accrescere, aumentare, ingrandire; **2.** ~*se* migliorare *vi*; aumentare *vi*; ~**r** V. **acrecentar**

acredit|ado *adj* accreditato, garantito, autenticato, legalizzato; ~**ar 1.** *vt* accreditare, garantire; autenticare, legalizzare; *com* accreditare, segnare a credito; **2.** ~*se* acquistare fama o stima *vi*, farsi un nome

acreedor 1. *adj/s* creditore; **2.** *adj fig* degno (di), meritevole (di)

acribillar *vt* crivellare, bucare come un crivello; *fig* assillare; ~ *a balazos* crivellare il corpo di pallottole

acrílico *adj/m* acrilico

acrimin|ación *f* accusa, imputazione; ~**ar** *vt* accusare, incolpare, incriminare

acrimonia *f fig* acrimonia, acredine

acriollarse *am* creolizzarsi

acrisol|ado *adj* puro; ~**ar** *vt* fondere nel crogiolo; *fig* appurare

acristal|ado *adj* provvisto di vetri, invetriato; ~**ar** *vt* invetriare, chiudere con vetri

acritud *f* V. **acrimonia**

acrobacia *f* acrobazia

acróbata *m/f* acrobata, funambolo, -a

acrobático *adj* acrobatico

acrom|ático *adj* acromatico; ~**atismo** *m* acromatismo, apocromatismo; *med* acromatopsia *f*

acronía *f* acronia

acrópolis *f* acropoli

acróstico *adj/m* acrostico

acta 1. *f* documento *m*, atto *m*, certificato *m*, estratto *m*; relazione; verbale *m*; *hacer constar en* ~ mettere a verbale; *levantar* ~

redigere il verbale; 2. *fpl* atti *mpl*; *stud* verbali *mpl*; registri *mpl*; vita di santi *f*

actan|cial *adj* attanziale; **~te** *m ling* attante

actinia *f zool* attinia, anemone di mare *m*

actitud *f* atteggiamento *m*, modo di comportarsi *m*; attitudine, disposizione d'animo; *tec* assetto *m*

activ|ación *f* attivazione; **~ar** *vt* attivare, mettere in azione; **~idad** *f* attività, operosità; **~ista** *m/f* attivista; **~o 1.** *adj* attivo, operoso, alacre, diligente; **2.** *m com* attivo

acto *m* atto, azione *f*, gesto, movimento; celebrazione *f*, cerimonia *f*; assemblea *f*, seduta *f*; *teatro* atto; *ius* contratto, atto; *~ seguido/continuo* seduta stante, immediatamente/subito dopo; *en el ~* issofatto, subito; *~ de presencia* atto di presenza

actor *m* attore, artista; *ius* attore; **~a** *f ius* accusatrice, querelante

actriz *f teatro/cine* attrice

actuación <*pl actuaciones*> 1. *f* condotta, attuazione; *ius* procedura, esecuzione di atti giudiziari; *teatro* recitazione; 2. *fpl ius* pratica *f*

actu|al *adj* attuale; reale; presente; **~alidad** *f* attualità; *en la ~* attualmente, adesso; **~alismo** *m geol/psicol* attualismo; **~alista** *adj* attualista; **~alización** *f* aggiornamento *m*, ammodernamento *m*, rinnovo *m*; **~alizar** <*actualicé*> *vt* attualizzare, rinnovare; aggiornare

actu|ante *adj/s* attuatore; **~ar** <*4 actúo*> **1.** *vi* agire, comportarsi; operare, procedere (a); *teatro* recitare; **2.** *vt* realizzare; **~arial** *adj* attuariale; **~ario** *m ius* attuario

acua|rela *f* acquerello *m*; **~relista** *adj/s* acquerellista; **~rio** *m* acquario

Acuario *m astr* Acquario

acuartel|amiento *m* acquartieramento; **~ar** *vt* acquartierare

acuático *adj* acquatico

acuchill|ado *adj* accoltellato, pugnalato; *fig* esperto, navigato; **~ador** *m* accoltellatore; spadaccino; **~ar** *vt* accoltellare, pugnalare

acuci|a *f* fretta, brama, ansia; **~ar** *vt* sollecitare, assillare; bramare; **~oso** *adj* urgente, premuroso; bramoso, ansioso

acudir *vi* accorrere, andare, dirigersi; rivolgersi, ricorrere; andare in aiuto; rispondere (subito a una chiamata)

acueducto *m* acquedotto

ácueo *adj* acqueo

acuerdo *m* decisione *f*, risoluzione *f*; parere, consiglio; accordo, convenzione *f*; *~ marco* accordo quadro; *(estar, ponerse) de ~* (essere, mettersi) d'accordo

acuicultura *f* acquicoltura

acuífero *adj* acquifero

acular *vt* spingere indietro, rinculare

acullá *adv/ant* colà, lassù, laggiù; *acá y ~* qua e là

acultur|ación *f* acculturazione; **~ar** *vt* acculturare

acum|inado, ~íneo, ~inoso *adj* acuminato, appuntito

acumul|able *adj* accumulabile; **~ación** *f* accumulazione, accumulo *m*; **~ador** *m* accumulatore; **~ar** *vt* accumulare, ammucchiare; **~ativo** *adj* cumulativo

acunar *vt* cullare

acuñ|ación *f* coniazione, coniatura; **~ador** *adj/m* coniatore; **~ar** *vt* coniare (*monedas*); incuneare

acuos|idad *f* acquosità; **~o** *adj* acquoso

acupuntura *f* agopuntura

acure *m Ven* cavia *f*

acurrarse *Cuba* imitare gli andalusi *vi*

acurrucarse <*acurruqué*> accoccolarsi, rannicchiarsi, raggomitolarsi

acus|ación *f* accusa, imputazione; **~ado 1.** *adj/s ius* accusato, imputato; **2.** *adj* chiaro, evidente, spiccato; **~ador** *adj/s* accusatore; **~ar** *vt* accusare, imputare; denunziare; notare; *~ recibo* dichiarare o dare la ricevuta

acus|ativo *m* accusativo; **~e** *m* ricevuta *f*; accusa *f* (*naipes*); *~ de recibo* ricevuta di ritorno

acus|ica, ~ón *adj/m fam* spia *f*

acústic|a *f* acustica; **~o** *adj* acustico

acutángulo *adj* acutangolo

acutí *m am/zool* aguti

adagio *m* adagio, massima *f*; *mus* adagio

adalid *m* condottiero, capitano; leader *ingl/inv*

adamantino *adj* adamantino

adamasc|ado *adj* damascato; **~ar** <*adamasqué*> *vt* damascare

Adán *m* Adamo; *fig fam* uomo sciatto; *nuez de ~* pomo di Adamo

adapt|able *adj* adattabile; **~ación** *f* adattamento *m*; **~ar 1.** *vt* adattare, aggiustare; **2.** *~se* adattarsi, accomodarsi, adeguarsi

adaraja *f arch* addentellato *m*

adarce *m* crosta salina *f*

adarga *f mil* scudo di cuoio ovale *m*; **~rse** proteggersi con lo scudo

adarme *m* ="peso antico equivalente a meno di 2 grammi"; *fig* briciola *f*, briciolo

adarv|ar *vt* 1. proteggere; 2. stordire; **~e** *m mil* ="cammino dietro i merli di una fortezza"; muro di una fortezza; *fig* difesa *f*

adaza *f bot* saggina

adecentar *vt* ripulire

adecu|ación *f* adequazione, adeguamento *m*; **~ado** *adj* adeguato, adatto, appropriato; **~ar** *vt* adeguare, adattare, aggiustare

adefesio *m* sproposito; *fam* spauracchio (*persona*)

adelant|ado 1. *adj* anticipato; avanzato; precoce; *fig* imprudente; **2.** *m hist* governatore di una provincia di frontiera; **3.** *(adv) (pagar) por ~* (pagare) in anticipo; **~amiento** *m* anticipazione *f*; progresso; *auto* sorpasso; **~ar 1.** *vt/vi* anticipare; accelerare *vt*; mettere avanti *vt*; *auto* sorpassare; **2.** *vi* progredire; andare avanti; migliorare; **~e** *adv/excl* avanti; *pasar ~* passare oltre; *en ~* per l'innanzi; *de hoy en ~* da adesso in poi; *(fam) ¡~!* coraggio!, forza!, avanti!; **~o** *m* anticipo *(pago)*; progresso, miglioramento

adelfa *f bot* oleandro *m*

adelgaz|amiento *m* dimagrimento; assottigliamento; ~**ante** *adj* dimagrante; ~**ar** <*adelgacé*> **1.** *vt/vi* assottigliare *vt*; dimagrire; **2.** ~*se* dimagrire *vi*

ademán <*pl ademanes*> 1. *m* gesto, atteggiamento; *hacer ~ de* far segno di; 2. *mpl* modi, maniere *fpl*

además 1. *adv* inoltre, oltre a ciò, per di più; **2.** *(prep) ~ de* oltre a

aden|itis *f med* adenite; ~**ófora** *f bot* adenofora; ~**oma** *m med* adenoma; ~**osis** *f med* adenosi

adentellar *vt arch* addentellare; *fig* mordere

adentrarse entrare *vi*, penetrare *vi*; *fig* approfondire lo studio *vi* (*en* di)

adentro 1. *adv* dentro, nell'interno; *tierra ~* entroterra; *mar ~* in alto mare; **2.** *mpl* interno *m*; *en sus ~s* nel suo interno; *para sus ~s* tra di sé

adepto *m* adepto, iniziato; affiliato; partigiano

aderez|ar <*aderecé*> **1.** *vt* preparare; acconciare, abbigliare; *gastr* condire; manganare (*telas*); conciare (*pieles*); **2.** ~*se* abbellirsi, adornarsi; ~**o** *m* ornamento, acconciatura *f*; *gastr* condimento; manganatura *f*; concia *f*; *medio ~* completo di orecchini e spilla

adeud|ado *adj* addebitato; indebitato; ~**ar 1.** *vt* dovere (*dinero*); *com* addebitare, caricare in conto; **2.** ~*se* imparentarsi; ~**o** *m* debito; dazio doganale; *com* dare, addebito

adher|encia *f* aderenza, legame *m*, attaccamento *m*; ~**ente** *adj* aderente; unito; ~**ir** < *10 adhiero; adhirió*> **1.** *vt* aderire; unire, attaccare; **2.** ~*se* aderire *vi*

adhes|ión *f* adesione; aderenza; *fig* adesione; ~**ivo** *adj/m* adesivo, collante

adicción *f* dipendenza (*drogas*)

adici|ón *f mat* addizione, somma; aggiunta; *ius* addizione; ~**onal** *adj* addizionale; ~**onar** *vt* addizionare, sommare; aggiungere; allegare

adict|ivo *adj* stupefacente; ~**o 1.** *adj* attaccato; **2.** *adj/s* seguace; (tossico)dipendente (*droga*)

adiestr|amiento *m* addestramento, ammaestramento, allenamento, pratica *f*; ~**ar** *vt* addestrare, ammaestrare, allenare; istruire

adinerado *adj* danaroso, ricco, facoltoso

adiós *excl/m* arrivederci, ciao; arrivederla (*a usted*); addio (*para siempre*)

adipos|idad *f* adiposità, obesità; ~**o** *adj* adiposo

adit|amento *m* aggiunta *f*; ~**ivo 1.** *m* additivo; **2.** *adj* aggiuntivo

adivin|able *adj* indovinabile; ~**ación** *f* predizione; ~**anza** *f* indovinello *m*; ~**ar** *vt* indovinare; predire, presagire; ~**o, -a** *m/f* indovino, -a; astrologo, -a; mago, -a

adjetiv|ación *f* aggettivazione; ~**al** *adj* aggettivale; ~**ar** *vt* aggettivare; ~**o** *m* aggettivo

adjudic|ación *f* aggiudicazione; ~**ar** <*adjudiqué*> *vt* aggiudicare; ~**atario** *adj/s* aggiudicatario, concessionario

adjunt|ar *vt* allegare, accludere; ~**ía** *f ant* = "posto di professore associato" *m*; ~**o** *adj* aggiunto, unito; allegato; *profesor ~* professore associato (*universidad*)

adlátere *m/f desp* accompagnante

administr|ación *f* amministrazione; direzione; gerenza; ~**ador, -ora** *m/f* amministratore, -trice; ~**ar** *vt* amministrare, dirigere; somministrare; *am* dare l'olio santo al malato; *(fig/iron) ~ una paliza* dare una bastonata; ~**ativo, -a 1.** *adj* amministrativo, -a; **2.** *m/f* impiegato, -a; *auxiliar ~* impiegato esecutivo; *oficial ~* impiegato di concetto

admir|able *adj* ammirevole; stupendo, meraviglioso; ~**ación** *f* ammirazione, meraviglia; stupore *m*, sorpresa; *signo de ~* punto esclamativo; ~**ador** *adj/s* ammiratore; ~**ar 1.** *vt* ammirare, stimare; meravigliare, stupire; **2.** ~*se* stupirsi, meravigliarsi

admis|ible *adj* ammissibile; ~**ión** *f* ammissione, accettazione

admitir *vt* ammettere, riconoscere, accettare, permettere; introdurre

admonición *f* ammonizione, avvertimento *m*

adob|ar *vt* addobbare; *gastr* marinare; *tec* conciare le pelli; adattare i ferri agli zoccoli dei cavalli; *fig* adornare; ~**e** *m arch* mattone crudo; ~**o** *m* addobbamento; *gastr* marinata *f*, salamoia *f*; concia *f* (*pieles*)

adocen|ado *adj* dozzinale, ordinario, ~**arse** inzotichirsi

adoctrin|amiento *m* addottrinamento; ~**ar** *vt* addottrinare, istruire

adolecer < *13a adolezco*> **1.** *vi* soffrire; peccare; **2.** ~*se* condolersi (*de* di)

adolesc|encia *f* adolescenza; ~**ente** *adj/s* adolescente

adolorado V. **dolorido**

adonde *adv* dove, ove, nel luogo in cui; *~ quieras* dove vuoi

¿adónde? *adv* dove?

Adonis *mit* Adone

adop|ción *f* adozione; ~**tar** *vt* adottare; seguire; prendere; ~**tivo** *adj* adottivo

adoqu|ín *m* selce *f*; *fig* testa di rapa *f*; ~**inado** *m* selciato; ~**inar** *vt* selciare; lastricare

ador|able *adj* adorabile; ~**ación** *f* adorazione; ~**ador** *adj/s* adoratore; ~**ar** *vt/vi* adorare *vt*; amare intensamente *vt*; pregare *vt* ~**atorio** *m am* altarino

adormec|edor *adj* addormentatore; soporifero; calmante, sonnifero; ~**er** < *13a adormezco*> **1.** *vt* addormentare; calmare, attutire; assopire; **2.** ~*se* addormentarsi; intorpidirsi, aggranchirsi; *~se en un vicio o deleite* abbandonarsi a un vizio o a un piacere

adormi|dera *f bot* papavero da oppio *m*; ~**larse,** ~**tarse** appisolarsi

adorn|ar *vt* adornare, abbellire, ornare; decorare; ~**o** *m* adorno, ornamento, fregio; *clases de ~* lezioni di musica, ricamo, ecc.

ados|ado *adj* addossato; *chalés ~s* villette a schiera; ~**ar** *vt* addossare, appoggiare col dorso

adquir|ente *adj/s* acquirente, compratore, -trice; ~**idor** *adj/s* acquisitore, acquirente; ~**ir** <*7b adquiero*> *vt* acquistare, acquisire, ottenere
adquisi|ción *f* acquisizione, acquisto *m*; ~**tivo** *adj* acquisitivo; *poder* ~ potere d'acquisto
adrede *adv* apposta, deliberatamente, volutamente
adrenalina *f med* adrenalina
Adriático 1. *m geogr* Adriatico; **2.** *adj* adriatico
adrizar <*adricé*> *vt mar* raddrizzare, drizzare
adscribir *vt* ascrivere, iscrivere, inscrivere; assegnare
adscripción *f* iscrizione
adscrito *adj* ascritto, iscritto
adsor|bente *adj/m cient* adsorbente; ~**ción** *f cient* adsorbimento *m*
adstrato *m ling* adstrato
aduan|a *f* dogana; *derechos de* ~ dazio; ~**ero 1.** *m* doganiere; **2.** *adj* doganale
aducción *f* adduzione
aduc|ir <*20 aduzco; aduje*> *vt* addurre; aggiungere; *ius* allegare; ~**tor** *adj/m cient* adduttore
adueñarse appropriarsi, impadronirsi, impossessarsi
adul|ación *f* adulazione; ~**ador** *adj/s* adulatore; *desp* lecchino; ~**ar** *vt* adulare, lusingare, lisciare; ~**ón** *am* V. **adulador**
adulter|ación *f* adulterazione, alterazione, falsificazione; ~**ar** *vt* adulterare, alterare, falsificare; ~**ino** *adj* adulterino; ~**io** *m* adulterio
adúltero *adj/s* adultero
adulto *adj/s* adulto
adulz|ar <*adulcé*> *vt* addolcire, temperare (*metales*); ~**orar** V. **endulzar**
adumbr|ación *f pitt* ombreggiamento *m*; ~**ar** *vt pitt* ombreggiare
adunar *vt lit* adunare, radunare, riunire
adunco *adj* adunco, curvo
adusto *adj* adusto, inaridito, arido; *fig* adusto
advenedizo *adj/s* forestiero, straniero; *desp* nuovo ricco; novizio
adveni|miento *m* avvento, venuta *f*; ~**r** *vi* avvenire, succedere, occorrere; venire, arrivare
adventicio *adj* avventizio, casuale
adventis|mo *m eccl* avventismo; ~**ta** *adj/s* avventista
adverar *vt ius* asseverare, certificare
adverbi|al *adj* avverbiale; ~**o** *m* avverbio
advers|ario, -a *m/f* avversario, -a, nemico, -a, antagonista; ~**ativo** *adj ling* avversativo; ~**idad** *f* avversità, inimicizia; disgrazia; ~**o** *adj* contrario, sfavorevole
advert|encia *f* avvertenza, avvertimento *m*, osservazione; ~**idamente** *adv* attentamente, accortamente; ~**ido** *adj* esperto; ~**ir** <*10 advierto; advirtió*> *vt* avvertire, osservare; avvisare, consigliare
adviento *m lit/eccl* avvento
advocación *f eccl* invocazione
adyac|encia *f* adiacenza, vicinanza; ~**ente** *adj* adiacente, limitrofo
aedo *m lit* aedo, cantore
aeración *f med* aerazione, ventilazione
aéreo *adj* aereo
aerí|cola *adj* aericolo; ~**fero** *adj* aerifero
aerific|ación *f* aerificazione; ~**ar** <*aerifiqué*> *vt* aerificare
aeriforme *adj* aeriforme
aerobic *m* aerobica *f*
aerobio *adj/m biol* aerobio; ~**sis** *f* aerobiosi
aero|bús *m/inv* aerobus, airbus; ~**dinámica** *f* aerodinamica; ~**dinámico** *adj* aerodinamico
aeródromo *m* aerodromo
aero|espacial *adj* aerospaziale; ~**fagia** *f med* aerofagia; ~**física** *f* aerofisica; ~**fobia** *f* aerofobia; ~**fotografía** *f* aerofotogramma *m*; ~**grama** *m* aerogramma; ~**lito** *m* aerolito; ~**mancia** *f* aeromanzia; ~**metría** *f* aerometria; ~**modelismo** *m* aeromodellismo; ~**moza** *f am* hostess; ~**nauta** *m/f* aeronauta; ~**náutica** *f* aeronautica; ~**náutico** *adj* aeronautico; ~**naval** *adj* aeronavale; ~**nave** *f* aeronave; ~**navegación** *f* aeronavigazione; ~**plano** *m* aeroplano; ~**puerto** *m* aeroporto; ~**sfera** *f* aerosfera; ~**sol** *m* aerosol; ~**stación** *f* aerostazione; ~**stática** *f* aerostatica; ~**stático** *adj* aerostatico; ~**terapia** *f* aeroterapia; ~**termodinámica** *f* aerotermodinamica; ~**transportes** *mpl* aerotrasporti; ~**vía** *f* aerovia
afabilidad *f* affabilità; gentilezza
afable *adj* affabile, gentile
afam|ado *adj* famoso, celebre; ~**ar** *vt* rendere celebre
afán <*pl afanes*> 1. *m* ansia *f*, desiderio ardente; impegno, fervore, zelo; fatica *f*; 2. *mpl* travagli, pene *fpl*
afan|ar 1. *vt/vi* lavorare con impegno, con affanno *vi*; affannare *vt*; *gergo* rubare *vt*; **2.** ~*se* impegnarsi (*en* a), affannarsi (*en* a); ~**oso** *adj* faticoso; affannoso
afantasmado *adj fam* vanitoso, presuntuoso
afasia *f med* afasia
afásico *adj* afasico
afear *vt* imbruttire; *fig* vituperare
afección *f med* affezione, malattia; impressione
afect|able *adj* impressionabile, suscettibile; ~**ación** *f* affettazione, artificio *m*; ~**ado** *adj* affettato, artificioso (*estilo*); addolorato, impressionato (*estar*); *med* colpito; *ius* gravato; destinato; **1.** ~**ar** *vt* affettare, simulare, ostentare; impressionare, colpire, addolorare; *ius* gravare, ipotecare; *med* colpire; ancorare; **2.** ~*se* afferrarsi, aggrapparsi; *fig* ostinarsi, incaparbirsi
afect|ísimo *adj* affezionatissimo; ~**ividad** *f* affettività; ~**ivo** *adj* affettivo, sensitivo; ~**o 1.** *adj* affetto, gravato, soggetto; *med* ammalato; **2.** *m* affetto, amore; *med* affezione *f*; *pitt* espressione *f*, vivezza *f*; ~**uosidad** *f* affettuosità; ~**uoso** *adj* affettuoso
afeit|ada *f am* rasatura; ~**ado 1.** *m* rasatura *f*; **2.** *adj* raso, sbarbato; abbigliato, imbellettato; ~**adora** *f* rasoio elettrico *m*;

~**ar 1.** *vt* radere, sbarbare; abbellire, abbigliare; *zool* tosare; *agr* ritagliare le piante di un giardino; ~ *un toro* limare le corna al toro da corrida; **2.** ~*se* farsi la barba; ~**e** 1. *m* abbellimento; 2. *mpl* insieme di cosmetici *m*, trucco *m*
afelp|ado *adj* felpato; ~**ar** *vt* rivestire/foderare con felpa
afemin|ación *f* effeminatezza; ~**ado** *adj/m* effeminato, lezioso; ~**ar** *vt* effeminare
aferente *adj med/ius* afferente
aféresis *f/inv ling* aferesi
aferr|ado *adj* afferrato, assicurato; *fig* ostinato, fisso; ~**ar 1.** *vt* afferrare, acciuffare; *mar* piegare e fissare le vele; ormeggiare, ancorare; **2.** ~*se* afferrarsi, aggrapparsi; *fig* ostinarsi, incaparbirsi
Afgan|istán *m geogr* Afganistan; ***~o** *adj/s* afgano
afianz|amiento *m* rafforzamento, consolidamento; *com* avallo; ~**ar** <*afiancé*> *vt* consolidare, assicurare, fissare; *com* garantire, avallare
afiche *m am* cartello, manifesto
afición *f* simpatia, affetto *m*, propensione, inclinazione, passione; *sport* tifo *m*; *taur* amore *m*, passione; *taur* fan *mpl*; hobby *m/inv*
aficion|ado *adj/s* dilettante; tifoso (*fútbol*), appassionato (*toros, ópera*); ~**ar 1.** *vt* affezionare; **2.** ~*se* affezionarsi, appassionarsi
afijo *m ling* affisso
afila|cuchillos *m/inv* affilacoltelli; ~**dera** *f* cote; ~**do** *adj* affilato, tagliente; sottile, delicato, affilato; ~**dor** *m* arrotino (*persona*); affilatoio, affilatrice *f*; ~**dura** *f* affilatura, arrotatura; ~**lápices** *m/inv* temperamatite, temperalapis; ~**miento** *m* affilamento; ~**r 1.** *vt* affilare, arrotare; *Arg* innamorare, corteggiare; **2.** ~*se* assottigliarsi, dimagrire *vi*
afile *m Arg* corteggiamento, corte *f*
afili|ación *f* affiliazione, ascrizione, associazione; ~**ado** *adj/s* affiliato, iscritto, associato, tesserato; ~**ar** *vt* affiliare, iscrivere, associare
afiligranado *adj* filigranato; fino, delicato
áfilo *adj bot* afillo
afilón *m* affilatoio, acciaiolo
afín 1. *adj* affine, simile; vicino, attiguo; **2.** *m* parente per affinità
afin|ación *f metal* affinazione; *mus* accordatura; ~**ador** *m* affinatore; *mus* accordatore (*persona*); chiave per accordare; ~**ar** *vt fig* perfezionare, affinare, ingentilire; *mus* accordare; *tip* rifilare la legatura dei libri; assottigliare, affinare; *metal* affinare
afincar <*afinqué*> **1.** *vt/vi* comprare terreni; **2.** ~*se* stabilirsi
afinidad *f* affinità, somiglianza; parentela
afino *m metal* affinazione *f*
afirm|ación *f* affermazione; consolidamento *m*; ~**ar** *vt* affermare, ratificare; consolidare; assicurarsi; *Arag* contrattare un operaio; ~**ativa** *f* affermazione, asserzione; ~**ativo** *adj* affermativo, asseverativo
aflautado *adj* flautato
afli|cción *f* afflizione, pena, tristezza, tribolazione; ~**ctivo** *adj* afflittivo, affliggente; ~**cto** V. **afligido**
aflig|ido *adj* afflitto, addolorato; ~**ir** <*aflijo*> *vt* affliggere, addolorare, abbattere, tormentare
afloj|amiento *m* allentamento, rallentamento; indebolimento; ~**ar 1.** *vt* allentare, rallentare; ~ *la mosca* mollare il denaro; *tira y afloja* tira e molla; **2.** *vi* indebolire, mitigare, scemare; *fig* mollare
aflor|amiento *m* affioramento; ~**ar** *vi* affiorare, emergere, spuntare; stacciare *vt*
aflu|encia *f* affluenza, afflusso *m*; abbondanza; facondia; ~**ente 1.** *m* affluente; **2.** *adj* affluente; loquace, facondo
afluir *vi* affluire; accorrere; sfociare
aflujo *m cient* afflusso
afofado V. **fofo**
afollar <*8a afuello*> **1.** *vt* soffiare con il mantice; pieghettare a mantice; **2** ~*se* gonfiarsi delle pareti
afondar 1. *vt/vi* affondare; **2.** ~*se* colare a picco *vi*
afonía *f* afonia
afónico *adj* afonico, *med/ling* afono
afor|ado *adj/s* privilegiato; *hist* privilegiato dai *fueros*; ~**ar** *vt* 1. *teatro* nascondere le quinte; 2. misurare la capacità di una corrente d'acqua; 3. *com* stimare, periziare; 4. calcolare la capacità di un locale; 5. dare o prendere a censo un podere; ~**ismo** *m* aforisma; ~**o** *m* 1. capacità (*lugar*) *f*; 2. valutazione *f*, estimo, cubatura *f*
afortunado *adj* fortunato, felice
afrances|ado *adj* infrancesato, infranciosato, gallicizzato; ~**amiento** *m* l'infrancesarsi, l'infranciosarsi
afrecho *m am* crusca *f*
afrenta *f* affronto *m*, oltraggio *m*, offesa, insulto *m*; infamia, vergogna; ~**r 1.** *vt* oltraggiare, insultare; svergognare, infamare; **2.** ~*se* vergognarsi
África *f geogr* Africa
africado *adj ling* affricato
africano *adj/s* africano
áfrico *m/lit* africo, libeccio *est*
afrocubano *adj/s* afrocubano
afrodisíaco *adj/m* afrodisiaco
Afrodita *f mit* Afrodite
afrontar *vt* affrontare; mettere a fronte a fronte; confrontare
aft|a *f med* afta; ~**oso** *adj* aftoso
after-shave *m* dopobarba *inv*
afuera 1. *adv* fuori; *¡~!* fuori!, via di qua!; **2** *fpl* dintorni *mpl*
agachar 1. *vt* chinare, curvare; **2.** ~*se* piegarsi, abbassarsi, accovacciarsi; *am* cedere *vi*, sottomettersi, rassegnarsi
agall|a *f* gallozzola; branchia dei pesci; tempia degli uccelli; *am* astuzia, cupidigia; *med* amigdala, angina; *tener ~s* aver coraggio, fegato; ~**udo** *adj am* audace, valoroso; astuto, avido
agamia *f* agamia, celibato *m*

ága|mo *adj bot* agamico; ~**pe** *m* agape *f*
agarr|ada *f fam* discussione, lite; ~**adero** *m, -am* ~**adera** *f* manico *m*; *fig* appiglio *m*; appoggio *m*; ~**ado 1.** *adj* afferrato; *baile* ~ ballo liscio; **2.** *adj/s* tirchio, spilorcio; ~**ar 1.** *vt* afferrare, acciuffare; cogliere, prendere; ottenere; ~*la* ubriacarsi; **2.** ~*se* afferrarsi, attaccarsi, appigliarsi; venire alle mani *vi*
agarre *m* stretta *f*; *auto* presa *f*, aderenza *f*
agarrón *m* stretta *f*
agarrotar 1. *vt* stringere; pigiare, opprimere, soffocare; strangolare con la garrotta; **2** ~*se* irrigidirsi; *auto* grippare, -arsi
agasaj|ar *vt* festeggiare, accogliere festosamente, ossequiare; ~**o** *m* accoglienza festosa *f*, ossequio, regalo
ágata *f min* agata
agavanz|a *f* rosa silvestre; ~**o** *m* frutto del rosaio, rosaio
ágave *f bot* agave
agavillar *vt agr* accovonare; *fig* formare squadre di gente
agazapar 1. *vt* acchiappare; arrestare; **2.** ~*se* acquattarsi, nascondersi
agencia *f* agenzia; rappresentanza; succursale; *am* casa di prestiti su pegno; ~ *de viajes* agenzia di viaggi; ~**r 1.** *vt* far pratiche, sollecitare, procurare; **2.** ~*se* impegnarsi; ingegnarsi
agenda *f* agenda, taccuino *m*; ordine del giorno *m*
agente *adj/s* agente; *complemento* ~ complemento d'agente; ~ *de prensa* press agent
agérato *m bot* agerato
agermanarse intedescarsi; affiliarsi a una società losca
agigantar *vt* ingigantire
ágil *adj* agile, snello, leggero
agili|dad *f* agilità, snellezza, leggerezza, destrezza; ~**tar,** ~**zar** <*agilicé*> *vt* facilitare, sveltire, agevolare; *adm* sbrigare (una pratica)
agio *m com* aggio; ~**taje** *m com* aggiotaggio; ~**tista** *m/f com* aggiotatore, -trice
agit|ación *f* agitazione, eccitazione, inquietudine; ~**ador** *adj/s* agitatore; ~**ar 1.** *vt* agitare, scuotere, rimuovere; **2.** ~*se* agitarsi, inquietarsi, turbarsi
agitan|ado *adj* zingaresco, simile a un gitano; ~**arse** prendere il fare dei gitani *vi*
aglomer|ación *f* agglomerazione; cumulo *m*; affollamento *m*; ~**ado 1.** *adj* agglomerato, conglomerato; **2.** *m* agglomerato, bricchetta *f*; ~**ar** *vt* agglomerare, conglomerare; ammucchiare
aglutin|ación *f ling/cient* agglutinazione; agglutinamento *m*; ~**ante** *adj/m* agglutinante; ~**ar** *vt* agglutinare
agn|ación *f ius* agnazione; ~**ado** *adj ius* agnato; ~**ición** *f lit* agnizione; ~**osticismo** *m fil* agnosticismo; ~**óstico** *adj/s fil* agnostico
agobi|ado *adj* angosciato, stressato; ~**ador** *adj* opprimente, faticoso, pesante; ~**ar** *vt* curvare, piegare, inclinare (*el cuerpo*); stancare, affaticare, spossare; *fig* abbattere, angosciare; ~**o** *m* piegatura *f*, curvatura *f*; stanchezza *f*, oppressione *f*; *fig* angoscia *f*, stress, abbattimento; *¡qué ~!* Che noia!
agolp|amiento *m* affollamento, agglomeramento; ressa *f*, folla *f*; ~**arse** affollarsi, accalcarsi, giungere di colpo *vi*; *fig* accavallarsi
agonal 1. *adj* agonale, agonistico; **2.** *mpl* agonali
agon|ía *f* agonia; angustia, angoscia; *fig* ansia, brama
agónico *adj* agonico
agon|ístico *adj* agonistico; ~**izante 1.** *adj/s* agonizzante, moribondo; **2.** *m* 1. religioso che assiste i morenti; 2. padrino del laureando; ~**izar** <*agonicé*> *vi* agonizzare; estinguersi
ágora *f* agora, piazza; assemblea
agor|ar <*8a agüero*> *vt* predire, pronosticare, presagire; ~**ero** *adj/s* indovino, divinatore, astrologo; presago di disgrazie; *ave ~a* uccello di/del mal augurio
agorgojarse *agr* bacarsi
agost|amiento *m agr* disseccamento; ~**ar 1.** *vt* seccare, appassire; arare in agosto per estirpare le erbacce; **2.** *vi* pascolare in campi di stoppie; ~**ero** *m* bracciante (contrattato per la raccolta dei cereali); ~**o** *m* agosto; *hacer su* ~ fare un buon affare
agot|ado *adj* esaurito; ~**ador** *adj* faticoso; ~**amiento** *m* esaurimento; *fig* esaurimento, spossatezza *f*; prosciugamento; ~**ar** *vt* esaurire; *fig* indebolire; prosciugare
agraci|ado *adj* grazioso, pieno di garbo, leggiadro; premiato; ~**ar** *vt* dare, concedere, elargire; aggraziare, abbellire
agrad|able *adj* gradevole, piacevole; grato; ~**ar** *vi* piacere, compiacere; ~**ecer** <*13a agradezco*> *vt* ringraziare, essere grato/riconoscente/obbligato; ~**ecimiento** *m* ringraziamento; gratitudine *f*, riconoscenza *f*; ~**o** *m* piacere, gusto, soddisfazione *f*; cortesia *f*, gentilezza *f*; *es de mi* ~ mi compiace; mi piace
agrand|amiento *m* ingrandimento; ~**ar** *vt* ingrandire, aumentare, ampliare
agrario *adj* agrario
agrav|ación *f*, ~**amiento** *m* aggravamento *m*, peggioramento *m*; *ius* aggravio *m*; ~**ante** *adj* aggravante; ~**ar** *vt* aggravare; peggiorare
agravi|ar *vt* offendere, insultare, oltraggiare; pregiudicare; *ius* appellarsi contro una sentenza; ~**o** *m* offesa *f*, insulto, oltraggio; danno, pregiudizio
agraz *m* agresto; agrestata *f* (*zumo*); *fig* amarezza *f*, dispiacere; *en* ~ in erba
agredir *vt def* aggredire, assalire; V. *abolir*
agreg|ación *f* aggregazione, aggiunta, unione; ~**ado 1.** *adj* aggregato, aggiunto, unito; **2.** *m* complesso, insieme; *dipl* addetto; *am* bracciante, colono; ~**ar** <*agregué*> *vt* aggregare, aggiungere, unire; ascrivere
agres|ión *f* aggressione, assalto *m*;

~**ividad** *f* aggressività; ~**ivo** *adj* aggressivo; ~**or** *adj/s* aggressore, assalitore

agreste *adj* agreste, rustico, selvatico; *fig* rozzo, grossolano, rude

agri|ado *adj* inacidito, inasprito; aspro; ~**ar** *vt* inacidire, rendere aspro; *fig* irritare, amareggiare

agrícola *adj* agricolo

agricult|or *m* agricoltore; ~**ura** *f* agricoltura

agridulce *adj* agrodolce

agriet|amiento *m* screpolatura *f*; ~**ar** *vt* screpolare

agrillarse germinare *vi*, tallire *vi*

agrimens|or *m* agrimensore; ~**ura** *f* agrimensura

agringarse *am* somigliare ad uno straniero *vi* (*gringo*)

agrio 1. *adj* agro, acre, acerbo, aspro; disgustato; *pitt* stonato; *cient* fragile, crudo; **2.** *mpl* agrumi

agro *adj/m* agro; ~**onomía** *f* agronomia

agrónomo *adj/m* agronomo; *ingeniero* ~ dottore in agraria

agropecuario *adj* agricolo e pastorizio

agrup|ación *f* raggruppamento *m*, gruppo *m*; associazione; ~**ar 1.** *vt* raggruppare, aggruppare; **2** ~*se* raggrupparsi

agua 1. *f* acqua; pioggia; *mar* falla; ~ *abajo* a valle; ~ *arriba* a monte; ~ *de azahar* acqua di fior d'arancio; ~ *con gas, sin gas* acqua gassata/frizzante, naturale; ~ *delgada* acqua sottile; ~ *fuerte* acquaforte; ~ *de lluvia* acqua piovana; *(fig)* ~ *mansa* acqua cheta; *el* ~ *clara y el chocolate espeso* patti chiari, amicizia lunga; ~ *pasada no mueve molino* acqua passata non macina più; *am ¡~ va!* attenzione!; *ahogarse en un vaso de* ~ affogare in un bicchier d'acqua; *estar con el* ~ *al cuello* essere con la corda al collo/avere l'acqua alla gola; *hacérsele (a alg) la boca* ~ venire (a q) l'acquolina in bocca; *llevar el* ~ *a su molino* tirare l'acqua al proprio mulino; 2. *fpl* sorgente *f*; *mar* correnti, marea *f*, scia *f*, direzione *f*; riflesso *m*; ~*s bautismales* battesimo; *estar entre dos* ~*s* stare fra due acque; *(med) romper* ~*s* rompersi le acque; 3. *fpl* orina *f*; ~*s mayores* deiezioni; ~*s menores* orina; ~*s residuales* acque di scarico

aguacate *m bot* avocado

agua|cero *m* acquazzone; ~**charnar** *vt* irrigare soverchiamente; ~**chirle** *m* vinello di scarto; brodaglia *f*; *fig* sciocchezza *f*; ~**da** *f* 1. ="luogo provvisto d'acqua" *m*; *mar* ="provvista d'acqua *f* e luogo di provvista *m*"; 2. *pitt* guazzo *m*; 3. *min* inondazione nelle miniere; 4. tinta per velare le pareti troppo bianche; ~**deras** *fpl* ="ceste applicate ai giumenti per trasportare recipienti per liquidi"; ~**dor** *m* acquaiolo; ~**fiestas** *m/f inv* guastafeste; ~**je** *m* marea *f*, corrente impetuosa *f*; scia *f*; *am/fig* sgridata *f*; ~**manil** *m* brocca *f*; catinella *f*; lavamano; ~**marina** *f min* acquamarina; ~**miel** *f* idromele *m*; ~**nieve** *f* nevischio *m*

aguant|aderas *fpl am* pazienza *f*; ~**ar 1.** *vt* sostenere; trattenere; *(a. fig)* sopportare, tollerare, resistere *vi*; *¡aguanta!* forza!, resisti!, coraggio!; ~ *una broma* stare allo scherzo; **2.** *vi* durare; **3** ~*se* accontentarsi; contenersi, reprimersi; *¡aguántate!* arrangiati!, ~**e** *m* pazienza *f*, tolleranza *f*; fortezza *f*, vigore; costanza *f*

aguar *vt* annacquare; guastare (*a. fig*); ~ *la fiesta* guastare la festa; ~**dar** *vt* aspettare, attendere; concedere tempo *vi*; ~**dentoso** *adj* spiritoso; *bebida* ~*a* bevanda molto alcolica; *voz* ~*a* voce ronca; ~**diente** *m* acquavite *f*; grappa *f*; spirito di vino

aguarrás *m* acqua ragia *f*

aguasal *f* salamoia

aguat|ar V. **enguatar;** ~**ero** V. **aguador**

aguazo *m* guazzo

agud|eza *f* acutezza, finezza; *fig* acume *m*, perspicacia, spirito *m*; arguzia, frizzo *m*, spiritosità; ~**ización** *f med* aggravamento *m*; ~**izarse** <*agudicé*> *med* aggravarsi; ~**o** *adj* acuto, sottile, tagliente; penetrante; *fig* arguto, fine, perspicace; mordente, mordace, pungente; *ling* tronco

agüero *m* presagio, pronostico, augurio; *ser un pájaro de mal* ~ essere un uccello di malaugurio/cattivo augurio

aguerr|ido *adj* agguerrito; ~**ir** *vt def* agguerrire; V. *abolir*

aguij|ada *f agr* pungolo *m*; ~**ar 1.** *vt* stimolare, pungere, spronare; **2.** ~*se* sbrigarsi, spicciarsi; ~**ón** *m* aculeo, pungiglione; pungolo; stimolo; ~**onazo** *m* puntura *f*; ~**onear** *vt* spronare, stimolare; *fig* incoraggiare

águila *f* 1. *zool* aquila; 2. moneta d'oro di Carlo V; moneta d'oro messicana; moneta d'oro degli Stati Uniti; 3. *am* aquilone *m*; 4. *(arald)* ~ *explayada* aquila ad ali spiegate; ~ *plasmada* aquila ad ali chiuse; *(fig) ser un* ~ essere un genio

aguil|eño *adj* aquilino (*nariz*); ~**ucho** *m zool* aquilotto; *gergo* ladro

aguinaldo *m* regalo, strenna *f*

aguj|a *f* 1. ago *m*; 2. ferro da calze *m*; uncinetto *m*; 3. lancetta dell'orologio *f*; 4. ago della bussola *m*; 5. punta per giradischi; 6. aguglia (*pez*); 7. *tras* scambio *m* (binari o rotaie mobili); 8. *agr* germoglio *m*; ~**erear** *vt* bucare, forare, perforare; ~**ero** *m* buco, foro; fabbricante d'aghi; ~**eta** 1. *f* stringa, cordoncino da scarpe *m*; 2. *fpl* dolori muscolari *mpl*; ~**ón** *m* spillone

agusanar *vt* bacare *vt/vi*, inverminire *vi*

agustino *adj/m* agostiniano

agutí *m zool* aguti

aguzar <*agucé*> *vt* aguzzare, affilare; *fig* stimolare, eccitare; ~ *el ingenio* aguzzare l'ingegno; ~ *el oído* aguzzare le orecchie

¡ah! *excl* ah!

aherrojar *vt* ammanettare, incatenare; *fig* soggiogare

ahí *adv* lì, là; *desde* ~ da lì; *hasta* ~ fino lì; *por* ~ giù di lì; ~ *lo tienes* eccolo lì; ~ *me las den todas* me ne infischio

ahij|ado *m* figlioccio; figlio adottivo; ~**ar** *vt* adottare; fare da padrino o madrina (a) *vi*; *bot* germogliare *vi*; *fig* appioppare qc a q

ahincado *adj* efficace, veemente
ahínco *m* impegno, vigore
ahitarse rimpinzarsi, inzepparsi
ahíto 1. *m* sazietà *f*, indigestione *f*; **2.** *adj* sazio, zeppo
ahog|ado *adj* affogato, annegato; soffocato; strangolato; *auto* ingolfato; **~ar** <*ahogué*> **1.** *vt/vi* affogare, annegare; soffocare; strangolare; *~ al rey* (*ajedrez*) mettere in stallo il re; **2.** *~se* affogarsi, annegarsi, soffocarsi, strangolarsi; *auto* ingolfarsi; *~se en un vaso de agua* affogare in un bicchier d'acqua; **~o** *m* affanno, angoscia *f*; soffocamento; oppressione *f*
ahondar *vt/vi* affondare; approfondire *vt*; scavare *vt*; penetrare *vi*; *fig* investigare *vt*, approfondire *vt*
ahora *adv* ora, adesso, in questo momento; *~ bien* ebbene; *por ~* per adesso, per ora; *~ mismo* proprio adesso; *hasta ~* finora
ahorcar <*ahorqué*> **1.** *vt* impiccare; **2.** *~se de un árbol* impiccarsi a un albero
ahormar *vt* mettere in forma; *taur* = "far sì che il toro si collochi in posizione per dargli la stoccata"
ahorr|ador *adj/s* risparmiatore, economo; **~ar** *vt* risparmiare, economizzare; **~o** *m* risparmio, economia *f*; *Caja de ~s* Cassa di risparmio
ahoyar *vt agr* scavare, affossare
ahuecar <*ahuequé*> **1.** *vt* scavare; svuotare; *agr* dissodare; rendere soffice; *(fam) ~ el ala* andarsene, levarsi di torno, smammare; **2.** *~se* inorgoglirsi
ahuevado *adj* a forma d'uovo
ahum|ado *adj* affumicato, affumato; *fig* ubriaco; **~ar** <*ahúmo*> *vt* affumicare, affumare
ahusarse <*ahúso*> affusolarsi; assottigliarsi
ahuyentar 1. *vt* scacciare; mettere in fuga; spaventare; **2** *~se* fuggire *vi*
aína, aínas *adv/ant* presto; facilmente; per poco
aínde *adv/ant* avanti
air|ado *adj* adirato, incollerito, irritato; *fig* depravato; vizioso; **~ar 1.** *vt* adirare, irritare; **2.** *~se* incollerirsi, adirarsi, arrabbiarsi
aire 1. *m* aria *f*; corrente d'aria *f*; vento; *mus* aria *f*; aspetto, espressione *f*; *al ~ libre* all'aperto; *coger ~* raffreddarsi; *darse, tener buen ~* essere abile in qc; *darse ~* sbrigarsi; *disparar al ~* sparare in aria; *hablar al ~* parlare al muro; *hacer ~* fare vento; *mantenerse de ~* campare d'aria; *tener un ~ a alguien* somigliarsi a q; *tomar el ~* prendere una boccata d'aria; *vivir del ~* campare d'aria; *cambiar de ~s* cambiare aria; *mudar de ~s* cambiar aria; 2. *mpl* arie *fpl*; presunzione *f*, boria *f*; *tener ~s de grandeza* darsi delle arie
airear 1. *vt* arieggiare, ventilare; *fig* diffondere, divulgare; **2.** *~se* prendere aria *vi*
airón *m zool* airone
airoso *adj* arioso, arieggiato; *fig* garbato, leggiadro, elegante; *salir, quedar ~* risultare vincitore
aislable *adj* isolabile, separabile
aislacion|ismo *m* isolazionismo; **~ista** *adj/m* isolazionista; *adj* isolazionistico
aislado *adj* isolato; **~r** *m* isolatore
aislamiento *m* isolamento
aislante *adj/m* isolante
aislar *vt* isolare, appartare, separare
Ajaccio *geog* Aiaccio
aja|do *adj* rugoso, raggrinzito, sgualcito; avvizzito, appassito, intristito; **~r 1.** *vt* raggrinzire, sgualcire, invecchiare, sciupare; **2.** *~se* sciuparsi, avvizzirsi (*persona, flor*)
ajamonarse *fig* diventare più grassa *vi*; arrotondarsi
ajardinar *vt* fare giardini *vi*
ajedrea *f bot* santoreggia, satureia
ajedre|cista *m/f* scacchista; **~z** *m* scacchi *mpl*; **~zado** *adj* a scacchi, a scacchiera
ajenjo *m bot* assenzio; vèrmut, vermouth
ajeno *adj* altrui, d'altri; estraneo (*de* a); libero (*de* di/da); privo (*de* di, da); alieno (*de* da); diverso, differente; *lo ~* le cose altrui
ajetre|arse affaticarsi; affannarsi; **~o** *m* lavoro affannoso; strapazzo; traffico; trambusto
ají *m am* peperoncino rosso; *ponerse como un ~* diventare rosso come un peperone, arrossire violentemente
aji|aceite v. **ajoaceite**; **~aco** *m am/gastr* = "salsa con ají" *f*; = "specie di stufato brodoso di legumi e carne con ají"; **~limoje, ~limójili** 1. *m gastr* = "salsa piccante con aglio" *f*; 2. *mpl fig* accessori, ammenicoli; **~llo** *m* aglietto; *al ~* fritto con aglio
ajimez *m* finestra bifora *f*
ajo *m* aglio; *diente de ~* spicchio d'aglio; *andar, estar en el ~* far parte di qc, essere informato di qc; *oler a ~* sapere d'aglio; *cabeza de ~ s* testa d'aglio; *quien se pica ~s come* chi ha la coda di paglia se la bruci; **~aceite** *m gastr* = "salsa d'agliata ed olio" *f*; maionese con l'aglio *f*
ajorca *f* braccialetto o cerchietto metallico per polsi e caviglie *m*
ajuar *m* corredo; *~ de novia* corredo da sposa
ajust|ado *adj* aggiustato, regolato, adattato; giusto; aderente, attillato (*vestido*); **~ador** *adj/s* aggiustatore; bustino *m*; **~ar 1.** *vt* regolare; aderire, stringere; adattare, adeguare; pattuire, mettersi d'accordo; rivedere (*presupuesto*); impiegare; *tip* impaginare; *~ a cero* azzerare; *~ cuentas* regolare i conti; **2.** *~se* adattarsi; **~e** *m* regolamento, adattamento; accordo, patto; *tip* impaginazione *f*; *~ a cero* azzeramento; *(pop) ~ de cuentas* regolamento dei conti; *(tele) carta de ~* monoscopio
ajusticiar *vt* giustiziare
ala 1. *f* ala; fianco *m*; aletta; *mar* pala; *bot* elenio *m*; tesa (*sombrero*); *ahuecar el ~* fuggire, scappare; 2. *(sport) ~ delta* deltaplano; 3. *fpl* audacia *f*; *(fig) cortar las ~s (a alg)* tarpare le ali (*a q*); *(fig) dar ~s (a alg)* incoraggiare (*q*)

Alá *m* Allah
alab|anza *f* lode; elogio *m*; encomio *m*; ~**ar 1.** *vt* lodare, elogiare; encomiare; **2.** *~se* vantarsi, gloriarsi
alabard|a *f* alabarda; lancia; ~**ero** *m* alabardiere; *teatro* clacchista *m/f*
alabastro *m* alabastro
álabe *m* dente di ruota; pala del molino *f*; tegola della grondaia *f*
alabeado *adj* curvato, storto
alábega *f bot* basilico *m*
alacena *f* armadio a muro *m*; dispensa
alacrán *m zool* scorpione
alacridad *f* alacrità
aladelta *m sport* deltaplano
alado *adj* alato
alamar *m* alamaro
alambi|car <*alambiqué*> *vt* lambiccare, *fig* distillare; esaminare accuratamente, ponderare; *fig* sottilizzare; ~**que** *m* alambicco
alambr|ada *f* reticolato *m*; ~**ar** *vt* cingere con fil di ferro; munire di rete metallica; ~**e** *m* filo metallico; ~ *de púas* filo spinato; ~**era** *f* rete metallica; moscaiola, zanzariera
alameda *f* viale *m*; pioppeto *m*
álamo *m bot* pioppo
alancear *vt* ferire con lancia
alano *adj/s* alano
alarde *m mil* parata *f*; elenco dei soldati; ispezione *f*; visita del giudice ai detenuti *f*; esame delle cause in corso nei tribunali; *fig* ostentazione *f*; vanto; *hacer ~ de* presumere di; ~**ar** *vi* presumere, vantarsi; ~**o** *m* pompa *f*, vanto
alarg|adera *f* prolunga; *chim* tubo di vetro di prolunga *m*; ~**amiento** *m* allungamento, prolungamento; ~**ar** <*alargué*> **1.** *vt* allungare, prolungare; *mar* lasciar scorrere; **2** *~se* allontanarsi; crescere *vi*; *mar* cambiare di direzione il vento verso poppa *vi*
alarido *m* grido, urlo; *dar ~s* urlare, lanciare urli
alarm|a *f* allarme *m*; spavento *m*; ~**ante** *adj* allarmante; ~**ar** *vt* allarmare; spaventare; chiamare alle armi; ~**ista** *adj/s* allarmista
alavés *adj/s* alavese, di Alava
alazán *m* cavallo color cannella
alba *f* alba; *eccl* camice *m*; *al rayar el ~* allo spuntar del giorno
albacea *m ius* esecutore testamentario
albaceteño *adj/s* (persona) di Albacete
albacora *f bot* fiorone *m*; *zool* tonnetto *m*
albahaca *f bot* basilico *m*
albaicín *m* = "rione gitano alla periferia di Granada"
alban|és *adj/s* albanese; ***~ia** *f geogr* Albania
albañal, albañar *m* fogna *f*, cloaca *f*
albañil *m* muratore; ~**ería** *f* arte muraria
albar *adj lit/agr* bianco *est*
albarán *m* 1. quietanza *f*, ricevuta *f*; 2. appigionasi
albarca, abarca *f* = "sandalo rustico di cuoio o di gomma" *m*
albard|a *f* basto *m*, barda; *~ sobre ~* ridondanza; ~**ar** *vt* sellare; lardellare la carne; ~**illa** *f* bastina; pastella da frittura; fettina di lardo; ~**ón** *m* sella (dei mandriani andalusi) *f*
albaricoque *m bot* albicocca *f*; ~**ro** *m bot* albicocco
albatros *m/inv zool* albatro *m*
albayalde *m* biacca *f*
albedrío *m* volontà *f*; arbitrio; *a su ~* a sua volontà; *libre ~* libero arbitrio
albéitar *m ant* veterinario
alberca *f* serbatoio idrico *m*; maceratoio per lino o canapa *m*; *Am Cent/Mex* piscina; *(arch) estar en ~* essere ancora senza tetto
alber|gar <*albergué*> *vt* albergare; alloggiare, ospitare; ~**gue** *m lit* albergo, asilo; rifugio; *~ juvenil* ostello della gioventù
albino *adj/s* albino
albo *adj lit* albo, bianco *est*
albóndi|ga *f gastr* polpetta
albondiguillas: hacer ~ *fam/iron* fare polpette
albor *m* albore; alba *f*; *los ~es de la vida* l'infanzia, la gioventù; ~**ada** *f mus* serenata mattutina; *mil* sveglia; ~**ear** *vi* spuntare l'alba
albornoz *m* vestaglia *f* (*casa*), accappatoio (*baño*); burnus (*árabe*)
alborot|adizo *adj* turbulento, irrequieto; ~**ado** *adj* eccitato, turbato; ~**ador** *adj/s* agitatore, provocatore; ~**ar** *vt* agitare, provocare, mettere in subbuglio; ~**o** *m* confusione *f*, subbuglio, tumulto; chiasso, baccano
alborozo *m* gioia *f*, giubilo, allegria *f*
albricias 1. *fpl* = "mancia (a chi porta buone nuove)" *f*; *tec* sfiatatoio negli stampi dei fonditori *m*; **2.** *excl* meraviglioso!
albufera *f* laguna (litorale); l'Albufera di Valenza
álbum *m* album
albumen *m* albume
albúmina *f* albumina
albur *m zool* alborella *f*; = "le prime due carte del banchiere in un gioco d'azzardo" *fpl*; *al ~* a casaccio; ~**no** *m bot* alburno
alcabala *f* gabella; dazio *m*; *Ven* controllo di Polizia Stradale *m*
alcachofa *f bot* carciofo *m*; *am* schiaffo *m*; *fig* cipolla *f* (*ducha*)
alcahuet|e, -a *m/f* ruffiano, -a, mezzano, -a; *fig* pettegolo, -a, spia *f*; *teatro m* telone; ~**ear** *vi* ruffianeggiare, pettegolare
alcaide *m hist/mil* governatore; *ant* direttore (*cárcel*); ~**sa** *f* moglie dell'*alcaide*
alcald|e *m* sindaco; *~ pedáneo* sindaco aggiunto; *teniente de ~* vicesindaco; ~**esa** *f* 1. sindachessa; 2. moglie del sindaco; ~**ía** *f* municipio *m*, comune *m*
álcali *mpl chim* alcali
alcal|inidad *f* alcalinità; ~**ino** *chim* alcalino; ~**oide** *m* alcaloide
alcance 1. *m* portata *f*; conseguimento, raggiungimento; importanza *f*; *auto* collisione *f*, tamponamento; *mil* gittata *f*; *de corto, medio, largo ~* di corta, media, lunga gittata; *(prep) al ~ de* a portata di; *dar ~ (a alg)* raggiungere (q); 2. *mpl* intelligenza *f*

alcancía *f* salvadanaio *m*; sfera d'argilla vuota (*juego de jinetes*); *mil* pentola piena di materiale infiammabile; *am* cassetta delle elemosine
alcanfor *m* canfora *f*; ~**ado** canforato *adj*
alcantarilla *f* fogna, chiavica; ~**do** *m* fognatura *f*, smaltitoio; ~**r** *vt* costruire fognature
alcanz|able *adj* raggiungibile; ~**adizo** *adj* facilmente raggiungibile; ~**ar** <*alcancé*> *vt* raggiungere, arrivare *vi*; cogliere; afferrare il senso; bastare *vi*; riuscire *vi*
alcaparr|a *f bot* cappero *m*; ~**ón** *m bot* frutto del cappero
alcarr|eño *adj/s geog* (persona) dell'Alcarria; ~**ia** *f* ="terreno alto e generalmente sterile" *m*
alcatraz *m* cartoccio; *bot* aro; *zool am* sula *f*
alcayata *f* gancio *m*, chiodo a uncino *m*
alcazaba *f* fortezza
alcázar *m* castello, palazzo reale; *mar* tolda *f*
alce *m zool* alce
alción *m zool* martin pescatore
alcista *adj/s* rialzista
alcoba *f* camera da letto, alcova
alcohol *m* spirito, alcol
alco|holemia *f med* alcolemia; *control de* ~ controllo del tasso alcolico; ~**hólico** *adj* alcolico; *adj/s* alcolizzato; ~**holismo** *m* alcolismo; ~**holizado** *adj/s* alcolizzato; ~**holizar** <*alcoholicé*> *vt* alcolizzare
alcor *m lit* collina *f est*
alcorno|cal *m* sughereto; ~**que** *m* sughera *f*, quercia da sughero *f*; *pedazo de* ~ zuccone, tanghero
alcotán *m zool* lodolaio
alcoyano *adj/s* (persona) di Alcoy (Alicante); *tener más moral que el* * ~ non perdersi mai d'animo
alcurnia *f* prosapia, lignaggio *m*, stirpe
alcuza *f* orciolo *m*; *am* oliera
aldab|a *f* battente *m*; anello per legare il cavallo *m*; spranga; *tener buenas ~s* avere raccomandazioni; ~**ón** *m* maniglia del baule *f*; grosso battente; ~**onazo** *m* forte busso o picchio alla porta; *fig* spintone
aldea *f* villaggio *m*; ~**no** *adj/s* campagnuolo, contadino
aldehído *m chim* aldeide *f*
alea|ción *f chim* lega; ~**r** *vt chim/metal* allegare
aleatorio *adj* aleatorio, incerto, dubbio
aleccionar *vt* istruire, addestrare; ammonire
aledaño 1. *adj* adiacente, limitrofo; **2.** *mpl* dintorni
aleg|ación *f* allegazione; *ius* allegato *m*; ~**ar 1.** <*alegué*> *vt* allegare, addurre; *ius* perorare; **2.** *vi am* altercare, protestare; ~**ato** *m* allegato
aleg|oría *f* allegoria; ~**órico** *adj* allegorico
alegr|ar 1. *vt* rallegrare, allegrare; *taur* eccitare il toro; *mar* allentare un cavo, alleggerire la nave; **2.** *~se* rallegrarsi (*de* di); ~**e** *adj* allegro, lieto, contento, felice; ardito; licenzioso; *fig* brillo; *mujer de vida* ~ donna di vita/di facili costumi; ~**eto** *m mus* allegretto; ~**ía** 1. *f* allegria, gioia, giubilo *m*; 2. *fpl mus* ="canti e balli andalusi" *mpl*; ~**o** *m mus* allegro; ~**ón** *m* forte allegria *f*
alej|ado *adj* lontano, discosto, remoto (*de* da); ~**amiento** *m* allontanamento, separazione *f*; ~**ar 1.** *vt* allontanare, separare; **2.** *~se* allontanarsi, separarsi, ritirarsi (*de* da)
alel|ado *adj* istupidito, rimbecillito; ~**arse** diventare stupido/imbecille *vi*
alelí v. **alhelí**
aleluya 1. *excl* alleluia; **2.** *m* 1. Pasqua (*tiempo*); 2. *f* dolce pasquale *m*; *tip* foglietti stampati *mpl*; *fig* poesiola; *bot* acetosella
alemán *adj/m* tedesco
Alemania *f geogr* Germania
alent|ado *adj* incoraggiato, animato; coraggioso; ~**ador** *adj* incoraggiante; animatore; ~**ar** <*5a aliento*> **1.** *vt* incoraggiare, animare; **2.** *vi* respirare; *am* partorire; **3.** *~se am* guarire *vi*
alerce *m bot* larice
alerg|eno, alérgeno *m med* allergene; ~**ia** *f med* allergia
alérgico *adj* allergico
alero *m* 1. gronda *f*; 2. parafango; ala *f* (*baloncesto*); *estar en el* ~ essere in aria
alerón *m* alettone
alert|a 1. *f* allarme *m*; **2.** *adv/exc* all'erta; *estar en* ~ stare all'erta; ~**ar** *vt* mettere in guardia; dare l'allarme *vi*; ~**o** *adj* vigile, attento
aleta *f* aletta; pinna (*peces, natación*); ~**da** *f* colpo d'ala *m*
aletarg|amiento *m* letargo; ~**ar 1.** <*aletargué*> *vt* causare letargo *vi*; **2.** *~se* cadere in letargo *vi*, assopirsi
aletazo *m* forte colpo d'ala; *am* schiaffo, pugno
alete|ar *vi* aleggiare, scuotere le ali; *fig* ricuperare le forze, rimettersi; ~**o** *m* movimento d'ali; primi voli *mpl*
alev|e V. **alevoso**; ~**illa** *f* farfallina bianca notturna; ~**ín** *m* avannotto
alevos|ía *f* slealtà, tradimento *m*, perfidia; ~**o** *adj/s* sleale, traditore, perfido
alexia *f med* alessia
alfa *f* alfa; ~**bético** *adj* alfabetico; ~**betización** *f* alfabetizzazione; ~**betizar 1.** <*alfabeticé*> *vt* alfabetizzare; ~**beto** *m* alfabeto
alfalfa *f* erba da foraggio; erba medica, erba Spagna
alfanje *m* scimitarra *f*; *zool* pesce spada
alfanumérico *adj/infor* alfanumerico
alfaque *m* secca *f*, banco di sabbia
alfarer|ía *f* arte e negozio *m* del vasaio; ~**o** *m* vasaio
alféizar *m arch* vano di una porta o finestra; davanzale
alfeñique *m* ="caramella allungata di zucchero" *f*; *fig* persona fragile *f*
alférez *m* alfiere; sottotenente; portabandiera
alfil *m* alfiere (*ajedrez*)
alfile|r *m* spillo; spilla *f*; ~ *de sombrero* spillone; ~ *imperdible* spillo di sicurezza; *no cabe ni un* ~ essere pieno zeppo; *(fig)*

estar prendido con ~es appiccicato con lo sputo; ~**tero** *m* agoraio
alfombr|a *f* tappeto *m*; ~**ar** *vt* coprire con tappeti; ~**illa** *f* tappetino *m*, scendiletto *m*; *med* rosolia
alfor|fón *m* grano saraceno; ~**ja** *f* bisaccia
alga *f bot* alga
algalia *f* zibetto *m*; *med* catetere *m*, sonda
algara|bía *f* ="arabo parlato anticamente dagli spagnoli" *m*; *fig* lingua inintelligibile; *fig* chiasso *m*, schiamazzo *m*; ~**da** *f* scorreria a cavallo; *fig* chiasso *m*
algarrob|a *f bot* carruba; ~**o** *m bot* carrubo
algazara *f hist* grido di guerra dei Mori *m*; chiasso *m*, baccano *m*
álgebra *f* algebra
algebraico *adj* algebrico
algébrico *adj* algebrico
álgido *adj* algido; *fig* culminante
algo 1. *pr* qualche cosa, qualcosa; *~ es ~* è già qualcosa/meglio di niente; **2.** *adv* alquanto, un poco, un po'; *~ bueno, malo, bonito...* qualcosa di buono, di cattivo, di bello...; **3.** *m* qualcosa, non so che
algod|ón *m* cotone; bambagia *f*; *(fig) criarse entre ~es* crescere nella bambagia; ~**onar** *vt* imbottire di bambagia, ovattare; cotonare (*el pelo*); ~**onero 1.** *adj* cotoniero; **2.** *m* cotoniere; ~**onoso** *adj* cotonoso
algoritmo *m* algoritmo
alguacil *m* ufficiale giudiziario; usciere; *ant* poliziotto, sbirro; *ant* governatore civile e penale; ~**illo** *m taur* ="ciascuno dei due impiegati che precedono la squadriglia dei toreri nella corrida"
alguien *pr* qualcuno, qualcheduno
algún, alguno 1. *adj* qualche; nessuno (*negativo*); certo; **2.** *pr* qualcuno, qualcheduno; *~ que otro* qualche, alcuni, alquanti; *de/en modo ~* in nessun modo
alhaja *f* gioiello *m*, gioia; *(fig) ser una ~* essere una bellezza, un amore, un gioiello; *(iron) ¡menuda ~!* bel tipo! bel soggetto!; ~**r** *vt* ornare, adornare
alharaca *f iron* moina, chiasso *m*, storia *f*
alhelí *m bot* violacciocca *f*
alheña *f bot* ligustro *m*
alhóndiga *f ant* magazzino di cereali *m*; mercato *m*
alhucema *f bot* spigo *m*, lavanda
aliado *adj/m* alleato
aliaga *f bot* ginestra spinosa
alia|nza *f* 1. alleanza; lega; unione; 2. fede (*anillo*); ~**rse** allearsi, unirsi
alias 1. *adv* altrimenti detto; **2.** *m* soprannome
alicaído *adj* di uccello malato; *fig* debole, fiacco; decaduto, avvilito, triste
alicant|e *m* vipera cornuta *f*; *am* serpe *f*; ~**ina** *f* astuzia, inganno *m*; ~**ino** *adj/s* alicantino, di Alicante
alicat|ado 1. *adj* piastrellato; **2.** *m* rivestimento di piastrelle; ~**ar** *vt* rivestire di piastrelle
alicates *mpl* pinze *fpl*
aliciente *m* incentivo, stimolo, attrattiva *f*
alícuota *adj/f* aliquota, proporzionale
alien|able *adj* alienabile; ~**ación** *f* alienazione; ~**ado** *adj* alienato, pazzo; ~**ar** *vt* alienare; ~**ígena** *adj/m* alieno, extraterrestre; ~**ista** *adj/s med* alienista
aliento *m* alito, fiato, respiro; *fig* animo, coraggio; *cobrar ~* pigliar fiato; *de un ~* tutto d'un fiato
aligátor *m zool* alligatore
aliger|amiento *m* alleggerimento; ~**ar** *vt* alleggerire, alleviare, *mar* allibare; *fig* sbrigarsi, accelerare
aligustre *m bot* ligustro
alij|ar 1. *m* terreno incolto; **2.** *vt* allibare; scaricare merce di contrabbando; ~**o** *m* sbarco e merce di contrabbando
alimañ|a *f* animale nocivo (alla selvaggina) *m*; ~**ero** *m* cacciatore di animali nocivi (*alimañas*)
aliment|ación *f* alimentazione; *~ forzosa* alimentazione forzata; ~**ador** *adj/m* alimentatore; ~**ar** *vt* alimentare, nutrire; mantenere; fomentare; *ius* passare gli alimenti; ~**ario** *adj* alimentario; ~**icio** *adj* alimentare; alimentario; ~**o** *m* alimento, cibo; fomento; *ius* pensione alimentaria *f*; *ser de mucho ~* essere molto nutritivo
alimoche *m zool/Esp* avvoltoio normalmente bianco e con ali nere
alimón 1. *m taur* ="maneggio contemporaneo della cappa fra due toreri"; **2.** *(adv) al ~* contemporaneamente, insieme
alindar V. **deslindar**
aline|ación *f* allineamento *m*; *sport* formazione; ~**ar** *vt* allineare
aliñ|ar *vt* condire; ornare; ~**o** *m gastr* condimento; ornamento
alioli *m* V. **ajiaceite**
alis|ador *adj/m* pulitore, lisciatore, lustratore; ~**adura** *f* lisciatura, pulitura, brunitura, limatura; ~**aduras** *fpl* schegge, trucioli *mpl*; ~**ar** *vt* lisciare, pulimentare, spianare
alis|io *adj/m* aliseo; *vientos ~s* venti alisei; ~**o** *m bot* ontano, alno
alist|amiento *m mil* arruolamento, reclutamento; ~**ar 1.** *vt* arruolare, reclutare; iscrivere; *am* preparare; **2.** *~se am* prepararsi per uscire
aliteración *f ling* allitterazione; paronomasia
alivi|ar *vt* alleviare, mitigare, calmare, alleggerire; *fig* rubare; ~**o** *m* conforto, sollievo; alleggerimento; *~ de luto* mezzo lutto; *(fig) ser de ~* essere tremendo
aljal|ba *f* faretra; ~**ma** *f* ="riunione di Arabi o Ebrei"; sinagoga; moschea
aljibe *m* cisterna *f*, deposito d'acqua, pozzo
aljófar *m* perla irregolare *f*, *fig* gocce di rugiada *fpl*
allá 1. *adv* là, lì, colà, ivi; *~ arriba* lassù; *~ abajo* laggiù; *más ~* più in là, oltre; *muy ~* molto in là; *por ~* per di là; *no muy ~* non molto buono; *~ por julio* verso luglio; *~ ellos* fatti loro; *~ él* fatti suoi; *algo hasta ~* qualcosa di gran valore; *¡~ voy!* vengo subito; *no ser muy (hasta) ~* non essere un granché; **2.** *el más ~* l'aldilà
allan|amiento *m* appianamento, spianamento; eliminazione di ostacoli *f*, *~ de*

morada violazione di domicilio; ~**ar 1.** *vt* appianare, spianare; eliminare ostacoli; pacificare; *ius* violare un domicilio; *fig* superare difficoltà; **2.** *~se* sottomettersi, cedere *vi*; trattare alla pari una persona *vi*
alleg|ado *adj/s* vicino, prossimo; parente, congiunto; alleato; ~**ar** *vt* raccogliere, riunire; ammucchiare
allende *prep/lit* oltre, al di là di, dall'altra parte di
allí *adv* lì, in quel luogo; allora
alma *f* anima, spirito *m*; *lit* alma; persona; *~ de cántaro* insensibile; *~ de Dios* anima benedetta; *~ en pena* anima in pena; *~ mía* tesoro mio; *ni un ~* neanche un cane; *con toda su ~* con tutto il cuore; *amigos del ~* amici per la pelle; *agradecer en el ~* ringraziare con tutto il cuore; *arrancar el ~* strappare l'anima; *caérsele (a alg) el ~ a los pies* cascare le braccia (a q); *estar con el ~ en un hilo* stare con l'anima in bilico; *ir como ~ que lleva el diablo* fuggire precipitosamente; *llegar (algo) al ~* colpire profondamente (qc); *no había ~ viviente* non c'era un'anima viva; *no poder con su ~* essere stanco morto, non farcela più
alma|cén *m* magazzino; *tip* cassa di caratteri *f*; *am* negozio di commestibili; *mar* cisterna *f*; ~**cenaje** *m* immagazzinamento, stoccaggio; *derecho de ~* diritti di sosta; ~**cenamiento** *m* immagazzinamento; *infor* archiviazione *f*; ~**cenar** *vt* immagazzinare; accumulare; *infor* archiviare, memorizzare; ~**cenero** *m* magazziniere; *am* negoziante di commestibili; ~**cenista** *m/f* proprietario, -a o commesso, -a di un magazzino
alma|día *f* zattera; canotto indiano *m*; ~**draba** *f* tonnara; pesca del tonno; ~**dreña** *f* zoccolo *m*; caloscia di legno; ~**gre** *m* ocra *f*; *fig* marchio; ~**naque** *m* almanacco, calendario; ~**zara** *f* frantoio *m*
alme|ja *f zool* vongola; ~**na** *f arch* merlo *m*
almendr|a *f bot* mandorla; *~ garrapiñadas* ="mandorle (abbrustolite) candite/glassate"; ~**ada** *f* crema o latte *m* di mandorle; ~**ado** *m* mandorlato; ~**al** *m* mandorleto; ~**ero** *m* mandorlicoltore; ~**o** *m bot* mandorlo; ~**uco** *m* mandorla fresca *f*
almeriense *adj/s* (persona) di Almeria
almiar *m* pagliaio
almíbar *m* sciroppo
almibarado *adj* sciroppato; *fig* sdolcinato, mellifluo
almid|ón *m* amido; ~**onar** *vt* inamidare
alminar *m* minareto
almirant|azgo *m* ammiragliato; ~**e** *m* ammiraglio
almirez *m* mortaio (*cocina*)
almizcle *m* muschio
almohad|a *f* cuscino *m*, guanciale *m*; ~**illa** *f* cuscinetto *m*; tampone *m* (*cuños*); *~ eléctrica* termoforo; *consultar con la ~* pensarci su; ~**ón** *m* cuscino
almoneda *f ant* asta pubblica
almorrana *f pop* emorroide
almorta *f* cicerchia
almorzar <*8a almuerzo*> *vt/vi* pranzare; fare una seconda colazione *vi*
almu|ecín, ~**édano** *m* muezzino
almuerzo *m* pranzo; seconda colazione *f raro*; ="spuntino", panino (*media mañana*); *~ de trabajo* colazione di lavoro
alocado 1. *adj* strambo, sventato; **2.** *m* mattoide, pazzoide
alocución *f* allocuzione, discorso *m*
alo|e, áloe *m* aloe, aloè; ~**ético** *adj* aloetico
aló|fono *m ling* allofono; ~**geno** *adj* allogeno
aloj|amiento *m* alloggio; alloggiamento; *mil* acquartieramento; ~**ar** *vt* alloggiare, albergare, ospitare; *mil* acquartierare
alondra *f zool* allodola
alop|atía *f med* allopatia; ~**ecia** *f med* alopecia
alotropía *f chim* allotropia
alpaca *f zool* alpaca *m*; *metal* alpacca
alpargata 1. *f* ciabatta; 2. *fpl* espadrilles *Esp*
Alpes *mpl* Alpi *fpl*
alpestre *adj* alpestre, alpino
alpin|ismo *m* alpinismo; ~**ista** *m/f* alpinista; ~**o** *adj* alpino
alpiste *m bot* scagliola *f*; mangime per uccelli
alquería *f* podere *m*, cascina, masseria, fattoria, casa colonica
alquil|ar *vt* affittare, appigionare (*casa*); *auto* noleggiare; *se alquila* affittasi, appigionasi; ~**er** *m* affitto (*casa*); *auto* autonoleggio; nolo, fitto, pigione *f* (*precio*); *de ~* da noleggio
alquim|ia *f* alchimia; ~**ista** *m/f* alchimista
alquitr|án *m* catrame; ~**anar** *vt* incatramare
alrededor: *~* **de** *adv/prep* intorno (a), attorno (a); circa, all'incirca
alrededores *mpl* dintorni; vicinanze *fpl*
Alsacia *f geogr* Alsazia; ***~no** *adj/s* alsaziano
alta *f* 1. entrata in servizio, assunzione; 2. *med* certificato di guarigione *m*; *dar de ~ del hospital* dimettere (dall'ospedale); 3. iscrizione, documento *m* di apertura di uno stabilimento industriale; *darse de ~ como trabajador autónomo* iscriversi come lavoratore autonomo; 4. danza antica *f*; 5. *(com) ~s y bajas* carico e scarico
altamisa *f bot* artemisia
altaner|ía *f* 1. alterigia, arroganza; 2. volo alto *m*; caccia coi falchi; ~**o** *adj* altero, arrogante, altezzoso
altanos *adj/mpl mar* brezze di mare e di terra *fpl*
altar *m* altare; *lit* ara *f*; *llevar a una mujer al ~* condurre una donna all'altare
altavoz *m* altoparlante
altea *f bot* altea
alter|abilidad *f* alterabilità; ~**able** *adj* alterabile; ~**ación** *f* alterazione, turbamento *m*; sussulto *m*; alterco *m*, eccitazione; ~**adizo** *adj* mutevole; ~**ar** *vt* alterare; turbare, perturbare; eccitare, inquietare
alterc|ación *f* alterco *m*, disputa; ~**ado** *m* alterco, disputa *f*, litigio; ~**ador, -ra** *m/f* altercatore, -trice; attaccabrighe; al-

tercante, contendente; ~**ar** <*alterqué*> *vi* altercare, contendere, litigare
altern|ación *f* alternazione, avvicendamento *m*; alternativa; ~**adamente** *adv* alternativamente; ~**ador** *m* alternatore; ~**ancia** *f* alternanza; ~**ar** *vi* alternare; agire alternativamente; *fam* bazzicare; esercitare la prostituzione in un bar/club; ~ *con alg* trattare q; ~**ativa** *f* alternativa, scelta; dilemma *m*; *(taur) tomar la* ~ ricevere il battesimo di torero; ~**ativo** *adj* alternativo; ~**e** *m* rapporto con entraîneuse; *bar de* ~ = "bar squillo", club equivoco; ~**o** *adj* alterno, alternato; *(elect) corriente* ~ corrente alterna/alternata
alteza *f* altezza; *fig* elevazione, eccellenza *fpl*; *~ *real* Altezza reale
altibajo 1. *m* oscillazione *f*, cambiamento; 2. fendente (*esgrima*); 3. *mpl* irregolarità di un terreno *f*; *fig* alti e bassi, vicissitudini (della vita) *fpl*
altillo *m* soppalco; *am* soffitta *f*; parte superiore di un armadio *f*
altímetro 1. *adj* altimetrico; **2.** *m* altimetro
alti|planicie *f geog* altopiano, altipiano *m*, tavolato *m*; ~**plano** *m am* altopiano *m*
altísimo *adj* altissimo; *el* *~ Dio, l'Altissimo
alti|sonancia *f* altisonanza; ~**sonante** *adj* altisonante; pomposo
alti|tud *f* altezza, elevazione; *geog* altitudine, quota; ~**vez** *f* alterigia, arroganza, alterezza; ~**vo** *adj* altero, altezzoso; superbo, arrogante
alto 1. *adj* alto, elevato; *fig* superiore, eccellente; difficile, enorme, profondo; *~a costura* alta moda; *~a fidelidad* alta fedeltà; *~os estudios* studi superiori; *a ~as horas de la noche* a notte avanzata; *un metro de* ~ alto un metro; *pasar por* ~ chiudere un occhio, passarci sopra; *por todo lo* ~ con lusso, con sfarzo **2.** *excl/mil* alt! ~ *el fuego* cessate il fuoco; **3.** *adv* forte; **4.** *m* alto, fermata *f*, pausa *f*; **5.** *mpl* le parti superiori *fpl*
altoparlante *m am* altoparlante
altozano *m* poggio, collinetta *f*; *am* atrio di una chiesa
altramuz *m bot* lupino
altru|ismo *m* altruismo; ~**ista** *adj/s* altruista
altura 1. *f* altezza, elevazione; *geog* altitudine, quota; altura, sommità, cima; statura; *pesca de* ~ pesca d'alto mare; *a estas ~s* a questo punto; *no estar a la* ~ non essere all'altezza; *tomar/ganar, perder* ~ elevarsi/prender, perdere quota; 2. *fpl fig* cielo *m*
alubia *f* fagiolo *m*
alucin|ación *f* allucinazione, abbaglio *m*; ~**ador** *adj* allucinatore, lusingatore; ~**ante** *adj* allucinante, pazzesco; eccezionale; ~**ar 1.** *vt* allucinare, abbagliare; lusingare, illudere; **2.** *vi* stupirsi; ~**ógeno** *adj/m* allucinogeno
alud *m* valanga *f* (*nieve*); frana *f*
alud|ido *adj* alluso; suddetto, succitato; *darse por* ~ sentirsi offeso; sentirsi alluso; ~**ir** *vi* alludere, fare allusione, riferirsi
alumbr|ado 1. *adj* illuminato; messo alla luce; **2.** *m* illuminazione *f*; ~ *público* illuminazione stradale; **3.** *adj/s fig* (persona) della setta degli illuminati; ~**amiento** *m* illuminazione *f*; parto, nascita *f*; ~**ar 1.** *vt* illuminare, rischiarare; dare alla luce, partorire; scoprire una sorgente o un filone; *fig* istruire; **2.** *vi* ardere
alumbre *m* allume; ~**ra** *f* allumiera
alúmina *f min* allumina
aluminio *m* alluminio
alumn|ado *m* scolaresca *f*, gli studenti *mpl*; ~**o** *m* alunno, scolaro, studente
alun|amiento *m* allunamento; ~**izaje** *m* allunaggio; ~ *suave* allunaggio soffice, morbido; ~**ar** *vi* allunare
alus|ión *f* allusione, cenno *m*; *hacer ~ a* fare allusione a; ~**ivo** *adj* allusivo
aluv|ial *adj* alluviale; ~**ión** *m* alluvione *f*, inondazione *f*; ~**ional** *adj* alluvionale
alveario *m* cavità esterna dell'orecchio *f*
álveo *m* alveo, letto del fiume
alvéolo, alveolo *m med/bot* alveolo, celletta *f*
alza *f com* rialzo *m*, aumento *m*, rincaro *m*; *mil/tec* alzo *m*; rialzo *m*; ~**cuello** *m* collare dei preti; gorgiera *f*; ~**da** *f zool* garrese *m*; altezza; *ius* appello *m*; ~**do 1.** *adj* fraudolento; *am* orgoglioso, ribelle; **2.** *m* bancarottiere; somma fissa *f*; *arch* disegno frontale di un edificio o macchina; (*am*) ~ *en armas* guerrigliero; ~**miento** *m* 1. innalzamento; 2. sommossa *f*; 3. bancarotta *f*; 4. spinta nell'asta pubblica *f*; ~**paño** *m* reggitende *inv*; ~**r 1.** <*alcé*> *vt* alzare, sollevare; rizzare, erigere; costruire; **2.** *~se (com)* fallire dolosamente *vi*; scappare con oggetti e denaro altrui *vi*; ribellarsi; alzarsi; *ius* ricorrere in appello *vi*
ama *f* padrona, proprietaria; padrona di casa, massaia; perpetua; ~ *de cría* balia; ~ *de llaves* governante; ~ *seca* balia asciutta
ama|bilidad *f* gentilezza, cortesia, affabilità; ~**ble** *adj* gentile, cortese, affabile
Amadís *m* Amadigi
amadrinar *vt* 1. fare da madrina (a) *vi*; 2. appaiare bestie da tiro
amaestr|ado *adj* ammaestrato, addestrato; furbo; ~**amiento** *m* ammaestramento, addestramento; ~**ar** *vt* ammaestrare, addestrare; insegnare a
amag|ar <*amagué*> *vt* minacciare; manifestarsi i sintomi di una malattia; dar o far segno (di); ~ *y no dar* = "gioco infantile"; ~**o** *m* minaccia *f*, finta *f*, segno; sintomo di malattia
amainar *vt/vi mar* ammainare; diminuire *vi*, scemare *vi* (*viento*); *fig* moderarsi, cedere *vi*
amalga|ma *f chim* amalgama *m*; *fig* miscuglio *m*; ~**miento** *m* amalgazione *f*; ~**mar** *vt* amalgamare; *fig* mescolare
amamantar *vt* allattare; *fig* educarsi (in), alimentarsi (di)
amanceb|ado *adj* unito in concubinaggio; ~**amiento** *m* concubinaggio; ~**arse** vivere in concubinaggio *vi*
amanecer 1. <*13a amanezco*> *vi* albeggiare, spuntare il giorno; destarsi, svegliarsi; far giorno in un luogo; *fig* apparire

al mattino q; *amaneció lloviendo* pioveva di buon mattino; **2.** *m* alba *f*, aurora *f*; *al ~* sul far del giorno
amaner|ado *adj* manierato, affettato; **~amiento** *m* ammanieramento, affettazione *f*, artificiosità *f*; **~ar** *vt* ammanierare
amanit|a *f bot* amanita; **~ina** *f chim* amanitina
amanojar *vt* far manopoli
amans|ador *adj/s* ammansatore, addomesticatore; *am* domatore di cavalli; **~ar** *vt* ammansare, addomesticare; domare; calmare
amant|e *adj/s* amante; *mar* amante; **~illo** *m mar* amantiglio
amanuense *m* amanuense, scrivano, copista
amanzanar *vt Arg* lottizzare
amañ|ar 1. *vt* rassettare, accomodare; preparare (qc) con astuzia; *sport* truccare; **2.** *~se* cavarsela; adattarsi; **~o** 1. *m* abilità *f*, destrezza *f*, garbo; astuzia *f*; 2. *mpl* raggiri; utensili/arnesi di un mestiere
amapola *f bot* papavero *m*; rosolaccio *m*
amar *vt* amare, voler bene (a) *vi*; **~aje** *m aer* ammarraggio; **~anto** *m bot* amaranto; **~ar** *vt aer* ammarrare
amarg|ar <*amargué*> **1.** *vt* amareggiare; disgustare, affliggere; **2.** *vi* essere amaro; **~o 1.** *adj/m* amaro; **2.** *adj* disgustoso; triste, doloroso; *lo ~* l'amarezza; **~or** *m*, **~ura** *f* amarezza *f*; tristezza *f*, disgusto *m*
amaric|ado, ~onado *adj vulg* effeminato *est*; lisciato *est*, agghindato *est*
amarilis *f/inv bot* amarilli
amarill|ear *vi* tendere al giallo; ingiallire; **~ento** *adj* giallastro, giallognolo; **~ez** *f* giallore *m*, pallore *m*; **~o 1.** *adj/m* giallo; **2.** *adj* pallido; sensazionalistico (*prensa*)
amaro *m bot* sclarea *f*
amarra 1. *f mar* amarra, gomena, cavo *m*; 2. *fpl* ormeggi *mpl*; *(fig) tener fuertes ~s* avere raccomandazioni; **~dero** *m* palo d'ormeggio; **~do 1.** *adj* ormeggiato; **2.** *adj/s am* tirchio; **~je** *m* tassa d'ormeggio *f*; **~r** *vt* ormeggiare; *am* legare; *fig* fare una sgobbata prima degli esami; *Col* ubriacarsi; truffare al gioco *vi*
amartel|ado *adj* innamorato cotto; **~amiento** *m* innamoramento; **~ar 1.** *vt* amare perdutamente; **2.** *~se* invaghirsi
amartillar *vt* martellare, battere
amas|adera *f* madia; trogolo da muratore *m*; **~adora** *f* impastatrice; **~adura** *f* impastatura; **~ar** *vt* impastare; *fig* ordire; **~ijo** *m* pasta *f*, pastone; *fig* pasticcio, miscuglio; *fig* insieme
amatista *f* ametista
amatorio *adj* amatorio
amazacotado *adj* compatto, pesante; *fig* noioso; *(fig) libro ~* mattone
amaz|ona *f* amazzone; **~ónico** *adj/s* amazzonico, amazzonio, dell'Ammazzonia
ambages *mpl* circonlocuzioni *fpl*, ambagi; *sin ~* chiaramente; *fam* senza tante storie
ámbar *m* ambra *f*
ambarin|a *f bot* ambretta, abelmosco *m*; **~o** *adj* ambrato
Amberes *geog* Anversa
ambici|ón *f* ambizione; **~onar** *vt* ambire; **~oso** *adj* ambizioso; bramoso
ambi|dextro, ~diestro *adj/s* ambidestro
ambient|ación *f* ambientazione; **~ador** *m* deodorante per la casa; **~ar 1.** *vt* ambientare; **2.** *~se* ambientarsi; **~e 1.** *m* 1. ambiente; *am* vano; 2. animazione *f*, vita *f*; 3. *pitt* rilievo prospettico; *el medio ~* l'ambiente; la società; **2.** *adj* circondante, ambiente
ambig|üedad *f* ambiguità, equivoco *m*; **~uo** *adj* ambiguo, incerto
ámbito *m* ambito, giro, circuito
ambival|encia *f* ambivalenza; **~ente** *adj* ambivalente
ambo *m* ambo; *am* completo di pantalone e gilè
ambón *m eccl* ambone
ambos *mpl*, **ambas** *fpl* **1.** *adj* ambedue, entrambi, -e (*+ art*); **2.** *pr* ambedue, entrambi, -e
ambros|ía *f mit/bot* ambrosia; **~íaco** *adj* delizioso, paradisiaco
Ambros|io *m* Ambrogio; ***~iano** *adj* ambrosiano; milanese
ambul|ancia *f* ambulanza; ospedale mobile *m*; **~ante** *adj* ambulante, girovago; *~ de correos* servizio postale ambulante; **~atorio** *m* ambulatorio
ameba *f zool* ameba
amebeo *adj lit/mus* amebeo
amedrentar *vt* spaventare, impaurire, intimorire
amelga *f agr* porca; **~r** <*amelgué*> *vt agr* solcare
amelo *m bot* amello, astro
amelonado *adj* fatto a forma di melone; *fig* innamorato cotto
amén 1. *excl* amen, così sia; *decir ~ a todo* consentire in tutto; *en un decir ~* in un amen, in meno di un amen; **2.** *m* amen; **3.** *adv* oltre; tranne; *~ de* oltre a
amenaza *f* minaccia; **~r** <*amenacé*> *vt* minacciare; presagire
amenguar <*3 amengüé*> *vt/vi* diminuire, scemare; *fig* diffamare *vt*
amen|idad *f* amenità, piacevolezza; **~izar** <*amenicé*> *vt* rendere ameno, allietare, allegrare; **~o** *adj* ameno, piacevole; lieto
amenorrea *f med* amenorrea
amento *m bot* amento
amerengado *adj* simile alla meringa; *fig* sdolcinato, stucchevole
América *f* America
american|a *f Esp* giacca da uomo; **~ismo** *m* americanismo; **~ista** *adj/s* americanista; **~ización** *f* americanizzazione; **~izar** <*americanicé*> *vt* americanizzare; **~o** *adj/s* americano
Américo *m* Amerigo
amerizaje V. **amaraje**
ametrall|adora *f* mitragliatrice; **~ar** *vt* mitragliare
ametropia *f med* ametropia
amianto *m* amianto
amiba *f zool* ameba
amida *f chim* ammide
amig|a *adj/f* amica, amante; **~able** *adj*

amichevole; ~ *componedor* conciliatore
amígdala *f med* tonsilla, amigdala
amigo *adj/m* amico; amante; *tener cara de pocos ~s* essere un orso; ~ *del alma* amico per la pelle/intimo; ~**te** *m* amicone
amigui|smo *m* favoritismo; ~**to** *m fam/desp* amichetto
amilamina *f chim* amilammina
amilanar *vt* intimorire, scoraggiare
amina *f chim* ammina
aminor|ación *f* minorazione; ~**ar** *vt* minorare, rallentare
amist|ad *f* amicizia; amistà *lit*; ~**ar 1.** *vt* amicare; riconciliare; **2.** *~se* amicarsi con q; ~**oso** *adj* amichevole
amito *m eccl* amitto
amn|esia *f* amnesia; ~**ésico** *adj/s* affetto da amnesia, in stato d'amnesia
amniótico *adj* amniotico
amnist|ía *f* amnistia, indulto *m*; ~**iar** *vt* amnistiare
amo *m* padrone, proprietario; capo; *hacerse el ~* diventare il padrone; *ser el ~ del cotarro* essere chi comanda; *el ojo del ~ engorda el caballo* l'occhio del padrone ingrassa il cavallo
amodorr|ado *adj* assonnato, insonnolito; ~**amiento** *m* assopimento, sonnolenza *f*; ~**arse** assopirsi, dormicchiare *vi*
amojam|ado *adj* salato e disseccato; *fig* magro, asciutto, incartapecorito; ~**ar 1.** *vt* salare e seccare carne o pesce; **2.** *~se fig* risecchirsi, incartapecorirsi
amojonar *vt* delimitare con cippi (una proprietà)
amolar *vt raro* affilare, arrotare; *fig* infastidire, annoiare
amoldar 1. *vt* modellare, adattare; **2.** *~se* adattarsi
amonedar *vt* monetare, coniare
amonest|ación <*pl amonestaciones*> 1. *f* ammonizione, avvertimento *m*; *sport* ammonizione; 2. *fpl* pubblicazioni matrimoniali; ~**ar** *vt* ammonire, consigliare; esporre le pubblicazioni matrimoniali *vi*; *sport* ammonire
amoníaco, amoniaco *m* ammoniaco; ammoniaca *f*
amontillado *adj/m* (vino) simile al *Montilla*
amonton|amiento *m* ammucchiamento, accumulazione *f*; ~**ar 1.** *vt* ammucchiare, accumulare; **2.** *(fig) ~se* irritarsi
amor *m* amore; ~ *con ~ se paga* amore con amore si paga; *al ~ de la lumbre* accanto al fuoco, al camino; *con/de mil ~es* di tutto cuore; *en ~ y compaña* d'amore e d'accordo; *desgraciado en el juego, afortunado en ~es* sfortunato al gioco, fortunato in amore; *por ~ al arte* gratis et amore Dei; *hacer el ~ (a alg)* fare la corte a q; *hacer el ~ (con alg)* fare l'amore (con q)
amor|al *adj* amorale; ~**alidad** *f* amoralità; ~**alismo** *m* amoralismo; ~**oso** *adj* amoroso, affettuoso, tenero, dolce
amoratado *adj* illividito; livido, paonazzo; violaceo
amorcillo *m pitt* Cupido, puttino, amorino
amordazar <*amordacé*> *vt* imbavagliare; *fig* impedire (a q) di parlare
amorfo *adj* amorfo
amorío(s) *m(pl)* amoretto *m*
amorrar 1. *vi* chinare il capo; *mar* beccheggiare *vi*; **2.** *~se* imbronciarsi; avvicinare la bocca *vi*
amorronar *vt mar* mettere la bandiera in derno *vi*
amortajar *vt* avvolgere la salma nel lenzuolo funebre (*mortaja*)
amorte|cer <*13a amortezco*> *vt/vi* ammortire, attutire; tramortire; ~**imiento** *m* tramortimento, svenimento
amorti|guación *f* attutimento *m*; attenuazione; ~**guador** *adj tec* ammortizzatore; attenuante; mitigatore; ~**guar** <*3 amortigüé*> *vt* ammortizzare; attenuare; attutire
amortiz|able *adj* ammortizzabile, estinguibile; ~**ación** *f* ammortizzazione; ~**ar** <*amorticé*> *vt com* ammortare, ammortizzare, liquidare (*una deuda*)
amoscarse V. **amostazarse**
amostazarse <*amostacé*> irritarsi, far venire la senape al naso *vi*, stizzirsi
amotin|ado *adj/s* ammutinato, insorto; ~**amiento** *m* ammutinamento; ~**ar 1.** *vt* ammutinare; agitare; **2.** *~se* ammutinarsi
amovible *adj (a. ius)* amovibile
ampar|ar 1. *vt* proteggere, difendere; **2.** *~se* difendersi; ripararsi, rifugiarsi; ~**o** *m* difesa *f*, protezione *f*, aiuto; riparo, rifugio
amper|aje *m fis* amperaggio; ~**ímetro** *m* amperometro; ~**o** *m fis* ampere *fr/inv*
ampli|ación *f* ampliamento *m*, amplificazione; *foto* ingrandimento *m*; ~**amente** *adv* ampliamente, largamente; ~**ar** <*2 amplío*> *vt* ampliare, amplificare; *foto* ingrandire
amplific|ación *f* amplificazione; ~**ador** amplificatore; ~**ar** <*amplifiqué*> *vt* amplificare
ampli|o *adj* ampio, vasto, spazioso; ~**tud** *f* ampiezza, vastità; *astr* amplitudine; *(fig) ~ de horizontes* mente di grande ampiezza
ampo *m lit* candore; fiocco di neve
ampolla *f* ampolla; fiala; bolla (*agua*); bollicina, vescichetta (*piel*); *Chile* lampadina (elettrica)
ampulos|idad *f* ampollosità; ~**oso** *adj* ampolloso
amput|ación *f* amputazione; ~**ar** *vt* amputare; mutilare
amuebl|ado *adj* ammobiliato; ~**ar** *vt* ammobiliare, arredare
amuleto *m* amuleto
amurallado *adj* muragliato, cinto di mura
ana|baptista *adj/s* anabattista; ~**bolizante** *adj/m* anabolizzante; ~**coluto** *m ling* anacoluto; ~**conda** *f zool* anaconda *m*; ~**coreta** *m* anacoreta; ~**crónico** *adj* anacronistico; ~**cronismo** *m* anacronismo
ánade *m/f* anitra *f*, anatra *f*
anadiplosis *f ling* anadiplosi
anaerobio *adj/m* anaerobio
anaforesis *f chim* anaforesi
anáfora *f ling* anafora
anagnórisis *f lit* agnizione
anagrama *m* anagramma

anal *adj med* anale; ~**epsia** *f med* analessi; ~**epsis** *f* analessi; ~**es** *mpl* annali
anal|fabetismo *m* analfabetismo; ~**fabeto** *adj/s* analfabeta
analgésico *adj/m* analgesico
análisis *m/inv* analisi *f*
anal|ista *m/f* analista; *lit* annalista; ~**ítico** *adj* analitico; ~**izar** <*analicé*> *vt* analizzare
ana|logía *f* analogia; ~**ógico** *adj* analogico
ananás *m Arg/Ur* ananas, ananasso
anaquel *m* palchetto, ripiano
anaranjado *adj* arancione, aranciato
anarqu|ía *f* anarchia; ~**ismo** *m* anarchismo; ~**ista** *adj/s* anarchico
anárquico *adj* anarchico
anat|ema *m* anatema; ~**emizar** <*anatemicé*> *vt* anatemizzare
anat|omía *f* anatomia; ~**ómico** *adj* anatomico; ~**omista** *adj/s* anatomista
Anax|ágoras *m* Anassagora; ~**ímenes** *m* Anassimene
anca *f* anca, groppa (*equinos*); *(gastr)* ~*s de rana* cosce di rana; *ir a las* ~*s* montare in groppa; *no sufrir* ~*s* non lasciarsi montare; *fig* non sopportare insulti
ancestral *adj* ancestrale, atavico
ancho 1. *m* larghezza *f*, ampiezza *f*; vastità *f*; scartamento (*tren*); **2.** *adj* largo, ampio, spazioso; *a sus* ~*as* a suo agio; *ponerse muy* ~ sentirsi orgoglioso; *todo a lo* ~ *de la carretera* per tutta la strada; *venir* ~ *(a alg algo)* essere eccessivo (qc) per le possibilità (di q); *quedarse tan* ~ restare completamente tranquillo
anchoa *f zool* acciuga, alice; *gastr* acciuga salata o alice in salamoia
anchur|a *f* ampiezza, larghezza; vastità; ~**oso** *adj* molto spazioso
ancian|ato *m* anzianato; ~**idad** *f* anzianità; vecchiaia; ~**o** *adj/s* anziano, vecchio; vegliardo
ancla *f mar* ancora; *echar* ~*s* ancorarsi; *levar* ~*s* salpare; ~**je** *m* ancoraggio, ormeggio; diritto di ancoraggio; ~**r** *vt* ancorare, ormeggiare
áncora *f* ancora *(reloj)*; *fig* tavola di salvezza; *mar lit* ancora
¡anda!, *am* **¡ándele!** *excl* va'!, ma va'!, coraggio!, forza!
andad|a *f ant* pane senza mollica *m*; *am* andatura; passeggiata; *volver a las* ~*s* ripetere gli stessi errori/falli; ~**eras** *fpl* girello *m*; ~**o 1.** *adj* andato; frequentato; logoro; usuale; **2.** *m am* andatura *f*; *desandar lo* ~ rifare il cammino, tornare indietro; ~**or 1.** *adj/s* camminatore; bighellone, girandolone; **2.** *m* girello (*niños*); ~**ores** *mpl* dande *fpl* (*niños*); ~**ura** *f* andatura
Andalu|cía *f* Andalusia; *~**z** *adj/s* andaluso; *~**zada** *f* spacconata, fanfaronata
andami|aje, ~**o** *m arch* impalcatura *f*; tribuna *f*, palco
andan|a *f* fila, filare *m*; *mar* andana; *(fam) llamarse uno* ~ rimangiarsi le promesse, fare lo gnorri; ~**ada** *f mar* bordata; *taur* tribuna dell'arena; *fig* rabbuffo *m*, sfuriata *f*
¡andando! *excl* cammina!, muoviti!
andan|te *adj mus* andante; *caballero* ~ cavaliere errante; ~**za** *f* caso *m*, successo *m*; avventura
andar 1. *m* andatura *f*; **2.** <*anduve*> *vi* andare, camminare, muoversi; ~ *bien de salud* stare bene; ~ *muy ocupado* essere molto occupato; ~ *triste, alegre* essere triste, allegro; ~ *a gatas* andare a carponi; ~ *tras algo/alg* andare dietro qc/q; ~ *con cuidado* stare attento; ~ *el tiempo* passare il tempo; ~ *en pleitos* stare con cause varie; ~ *en los veinte* avere quasi vent'anni; ~ *todo el pueblo* percorrere tutto il paese; ~ *con bromas* scherzare; *(am) de tanto* ~ *alguna vez ha de cuajar* a furia di battere...; ~ *el tiempo* con il passar del tempo; **3.** ~*se por las ramas* menar il can per l'aia; *todo se andará* tutto arriva
andar|iego, ~**ín** *adj/s* girandolone; ramingo
andas *fpl* barella *f*, lettiga *f*, portantina *f*; *en* ~ *y volandas* rapidamente, al volo
andén *m* banchina *f*; marciapiede; passaggio pedonale
And|es *mpl* Ande *fpl*; *~**ino** *adj/s* andino
andorga *f fam* pancia, ventre *m*
Andorra *f geogr* Andorra; *~**no** *adj/s* andorrano
andrajo *m* cencio, straccio (*tela, fig*); ~**so** *adj* cencioso, straccione
Andr|ea *f* Andreina; ~**és** *m* Andrea
andrógino *adj/m* androgino
andurriales *mpl* luoghi poco accessibili/fuori mano
anea *f bot* stiancia, sala, biodo *m*
anécdota *f* aneddoto *m*
anecdótico *adj* aneddotico
anegar 1. <*anegué*> *vt/vi* annegare, affogare; allagare, inondare; **2.** ~*se en llanto* piangere a dirotto
anejo, anexo 1. *adj* annesso; **2.** *m* frazione di un comune *f*; chiesa dipendente da un'altra *f*; *llevar* ~ portare incorporato; comprendere
anemia *f* anemia
anémico *adj* anemico
anemómetro *m* anemometro
anémona, anemona, anemone *f bot* anemone *m*
anest|esia *f* anestesia; ~**esiar** *vt* anestetizzare; ~**ésico** *adj* anestetico; ~**esista** *adj/s* anestesista
anex|ar *vt* aggregare; ~**ión** *f* annessione; ~**ionar** *vt* annettere; unire; ~**ionismo** *m* annessionismo; ~**ionista** *adj/s* annessionista; ~**o** V. **anejo**
anfetamina *f* amfetamina
anfib|io *adj/m* anfibio; ~**ología** *f* anfibologia
anfiteatro *m* anfiteatro
anfitrión *m* anfitrione
ánfora 1. *f* anfora; *am* urna di votazione; 2. *fpl eccl* vasi crismali *mpl*
anfract|uosidad *f* anfrattuosità, anfratto *m*; ~**o** *adj* anfratto
angarillas *fpl* barella *f*; basto a cestoni *m*
ángel *m* angelo, angiolo; Angelo; ~ *custodio, de la guarda* angelo custode; ~ *de tinieblas* angelo delle tenebre, Lucifero, il diavolo; ~ *patudo* angelo con le corna; *¡que*

duermas con los ~s! Sogni d'oro!; *(fig) eres un ~* sei un angelo/un tesoro; *¡Ángela María!* perdiana! ah!; *(gastr) cabello de ~* fili dolci di zucca
ang|élica *f bot* angelica; *eccl* ="canto del sabato santo" *m*; **~elical** *adj* angelicale, angelico
angélico *adj* angelico
angel|ito *m* angioletto; *fig* bimbetto; *estar con los ~s* dormire tranquillamente; *¡que duermas con los ~s!* Sogni d'oro!; **~ote** *m* bambino pasciuto; *fig* angelo
ángelus *m eccl* angelus
angevino *adj/m* angioino
angina *f med* angina; *~ de pecho* angina pectoris
angl|icanismo *m* anglicanismo; **~icano** *adj/s* anglicano
angl|icismo *m* anglicismo; **~oamericano** *adj/s* angloamericano; **~ófilo** *adj/s* anglofilo; **~ófobo** *adj* anglofobo; **~osajón** *adj/s* anglosassone
Angora *f* Angora; *lana de ~* lana d'angora
angost|o *adj* angusto, ristretto; **~ura** *f* strettezza; passaggio angusto *m*
angui|la *f zool* anguilla; *~ ahumada* anguilla affumicata; *mar* trave *f*; **~la** *f zool* avvannotto d'anguilla *m*
angul|ar *adj* angolare; **~oso** *adj* angoloso
ángulo *m* angolo; canto, cantone; spigolo
angusti|a *f* angoscia, angustia, afflizione; **~ado** *adj* angosciato, afflitto, travagliato; pusillanime; **~ar** *vt* angosciare, affliggere, travagliare, tormentare; **~oso** *adj* angoscioso, angustioso
anhel|ante *adj* anelante, ansante; ansioso; **~ar 1.** *vt* anelare; bramare *vt*; **2.** *vi* ansare; **~o** *m* anelito; ansia *f*; brama *f*; **~oso** *adj* bramoso, ansioso; ansante; avido
anhídrido *m* anidride *f*
anhidrita *f* anidrite
anid|ación *f* annidamento *m*; **~ar 1.** *vi* annidare; **2.** *vt* accogliere, ricoverare
anili|das *fpl chim* anilidi *mpl*; **~na** *f chim* anilina
anilla 1. *f* anello per tende *m*, cerchietto *m*; 2. *fpl sport* anelli *mpl*; **~miento** *m* anellatura *f* (*de animales*); **~r** *vt* inanellare; guernire di anelli
anillo *m* anello; cerchio; *zool* segmento circolare; *arch* modanatura circolare *f*; *taur* arena *f*; *~ de boda* fede; *el ~ del Pescador* il suggello pontificio; *(fig) caérsele (a alg) los ~s* vergognarsi di un lavoro; *venir (una cosa) como ~ al dedo* venire a pennello/a proposito (qc)
ánima *f* anima; *toque de ~s* suono di campane; *en mi ~* sull'anima mia
anima|ción *f* animazione, movimento *m*; **~do** *adj* animato; frequentato; allegro; incoraggiato; *dibujos ~s* cartoni animati; **~dor** *adj/s* animatore; **~r 1.** *vt* animare; incoraggiare; **2.** *~se* osare *vi*
animadversión *f* animavversione; inimicizia
animal *m* animale; *fig* stupido, bestione; *(a. fig) ~ de bellota* maiale; zotico; **~ada** *f* bestialità; **~ejo** *m* animaluccio; **~idad** *f* animalità
anímico *adj* animico
animismo *m* animismo
ánimo *m* animo; coraggio, forza *f*; intenzione *f*, proponimento; *(excl) ¡~!* coraggio!, forza!; *hacerse el ~* decidersi
animos|idad *f* animosità; animavversione; **~o** *adj* animoso; coraggioso
aniñ|ado *adj* infantile, puerile; **~arse** fare il bambino/la bambina *vi*
Anio *m geog* Aniene, Teverone
aniquil|ación *f*, **~amiento** *m* annichilamento *m*, annichilazione *f*, annientamento *m*; **~ador** *adj* distruttore, distruttivo; **~ar** *vt* annichilare, annichilire, annullare, distruggere
anís *m* anice *f*; *un grano de ~* una bazzeccola
anis|ado *adj* all'anisetta; **~ete** *m* anisetta *f*
aniversario *adj/m* anniversario
ano *m* ano
anoche *adv* ieri sera; ieri notte; **~cer 1.** *<13a anochezco> vi* annottare, farsi notte *imp*; arrivare di notte; **2.** *m* crepuscolo, sera *f*; *al ~* all'imbrunire
anodino 1. *adj* insignificante, inefficace; **2.** *m med* anodino, calmante
ánodo *m fis* anodo
anomalía *f* anomalia, irregolarità
anómalo *adj* anomalo, irregolare
anonad|ación *f*, **~amiento** *m* annientamento *m*, abbattimento *m*; **~ar** *vt* annientare, annichilire; *fig* abbattere; allibire
anonimato *m* anonimato
anónimo *adj/m* anonimo
anorak *m* giacca a vento impermeabile *f*
anor|exia *f med* anoressia; **~éxico** *adj/s* anoressico
anormal *adj* anormale; **~idad** *f* anormalità
anot|ación *f* annotazione, nota, appunto *m*; chiosa, postilla; **~ador** *adj/s* chiosatore; **~ar** *vt* annotare, appuntare; chiosare, postillare
anovulatorio *adj/m* anovulatorio
anquilos|amiento *m* anchilosi *f*; **~arse** anchilosarsi; **~is** *f* anchilosi
Anquises *m hist* Anchise
ánsar *m* oca *f*
anseático *adj geogr/hist* anseatico
ansi|a *f* ansia, affanno *m*, ansietà; brama; angoscia; **~ar** *<1 ansío> vt* bramare, agognare; **~edad** *f* ansietà; brama; *med* ambascia; **~olítico** *adj/m* ansiolitico; **~oso** *adj* ansioso; bramoso
anta *f zool* alce *m*; *arch* anta, pilastro *m*
antag|ónico *adj* antagonistico; contrario, opposto; **~onismo** *m* antagonismo; opposizione *f*, rivalità *f*; **~onista** *adj/s* antagonista; rivale, avverso
antaño *adv lit* anticamente, una volta; l'anno scorso
antártico *adj/m* antartico
Antártida *f* Antartide
ante 1. *m zool* alce; *zool* dante; *gastr* antipasto; *piel de ~* pelle di camoscio; **2.** *prep* davanti (a), dinanzi (a); *~ todo* innanzi tutto, prima di tutto; **~anoche** *adv* l'altra sera, due notti fa; **~ayer** *adv* l'altro ieri, ieri l'altro; **~brazo** *m* avambraccio; **~cedente** *adj/m*

antecedente; precedente; *estar en ~s* essere al corrente di qc, conoscere l'antefatto; *tener ~s penales* avere la fedina penale macchiata/sporca; **~cesor** *adj/s* predecessore, antecessore; antenato; **~dicho** *adj* suddetto, predetto, anzidetto; **~lación** *f* anticipazione, anteriorità, precedenza; *con ~* in anticipo; **~mano: de ~** *adv* anticipatamente; **~meridiano** *adj* antimeridiano

ante|na *f* antenna; **~nista** *m/f* antennista

ante|ojeras *fpl* paraocchi dei cavalli *mpl*; **~ojo 1.** *m* cannocchiale; **2.** *mpl* binocolo *m*

ante|pasado *m* antenato, avo; **~pecho** *m* parapetto, davanzale; **~penúltimo** terzultimo

ante|poner <*32* V. *poner*> *vt* anteporre, premettere; preferire; **~puesto** *adj* anteposto; preferito

anteportada *f* guardia (*libro*), occhiello *m*

anteproyecto *m bur* disegno, abbozzo di progetto; *~ de ley* disegno di legge

anter|a *f bot* antera; **~idio** *m bot* anteridio

anterior *adj* anteriore, precedente, antecedente; **~idad** *f* anteriorità, precedenza

antes 1. *adv* prima, avanti; precedente; *cuanto ~* quanto prima, al più presto; *~ bien, ~ al contrario* anzi; **2.** *(prep) ~ de* prima di; *~ de nada* anzitutto, prima di tutto; **3.** *conj ~ de que* prima che

antesala *f* anticamera

antetítulo *m tip* occhiello

anti|aéreo *adj* antiaereo; **~arrugas** *adj* antirughe (*piel*); antipiega; **~baby** *adj/m* anticoncezionale; **~biótico** *adj/m* antibiotico; **~cipación** *f* anticipazione, anticipo *m*; **~cipar 1.** *vt* anticipare; pagare prima di tempo; prevenire; **2.** *~se* arrivare prima (*a* di) *vi*; **~cipo** *m* anticipo, anticipazione *f*; **~clerical** *adj/s* anticlericale; **~clericalismo** *m* anticlericalismo; **~comunismo** *m* anticomunismo; **~comunista** *adj/s* anticomunista; **~conceptivo** *adj/m* anticoncezionale; **~congelante** *adj/m auto* anticongelante, antigelo; **~constitucional** *adj* anticostituzionale; **~corrosión** *adj* antiruggine; **~cuado** *adj* antiquato; **~cuario** *m* antiquario; **~cuchos** *mpl gastr/Perú* spiedini; **~cuerpo** *m med* anticorpo; **~deslizante** *adj* antisdrucciolevole, antislittante; antiderapante (*coches*); **~disturbios** *adj/inv* antidisordini

antídoto *m* antidoto, contravveleno

anti|espasmódico *adj/m med* antispasmodico, antispastico; **~fascista** *adj/s* antifascista; **~faz** *m* maschera *f*, fazzoletto, velo per coprire il volto

antí|fona *f* antifona; **~geno** *m biol* antigene

anti|gualla *f* anticaglia; **~güedad** *f* antichità; *adm* anzianità (*en el servicio*); *tienda de ~es* negozio di antiquariato; **~guo 1.** *adj* antico; vecchio; anziano; veterano; *a la ~a (usanza)* all'antica (usanza); **2.** *(adv) de ~* da molto tempo; **~higiénico** *adj* anti(i)gienico

anti|llano *adj/s* antillano, antigliano, delle Antille; ***~llas** *fpl* Antille

antílope *m zool* antilope *f*

anti|militarismo *m* antimilitarismo; **~monárquico** *adj/s* antimonarchico; **~monio** *m min* antimonio; **~natural** *adj* antinaturale; **~neurálgico** *adj* antinevralgico; **~nomia** *f* antinomia; **~nómico** *adj* antinomico

anti|papa *m* antipapa; **~parásito, -ta** *adj/m* antiparassita; **~patía** *f* antipatia, avversione; **~pático** *adj/s* antipatico; **~patizar** <*antipaticé*> *vi am* sentire antipatia per q; **~pirético** *adj/m* antipiretico

antípoda *m* antipode, antipodo

anti|rrábico *adj* antirabbico; **~rreflejo** *adj* antiriflesso; **~rreglamentario** *adj* antiregolamentare; **~rreumático** *adj/m* antireumatico; **~rrobo** *adj/m* antifurto; **~semita** *adj/s* antisemita; **~semitismo** *m* antisemitismo; **~séptico** *adj/m* antisettico; **~térmico** *adj/m* antitermico

antítesis *f* antitesi

antitético *adj* antitetico

antitóxico *adj/m* antitossico

antoj|adizo *adj* capriccioso, volubile; **~arse** venir voglia *vi*; *hacer (alg) lo que se le antoja* far ciò che (uno) vuole; **~o** 1. *m* voglia *f*, desiderio; capriccio, ghiribizzo; *a su ~* a sua volontà; come gli pare e piace; 2. *mpl* voglie *fpl* (*embarazo*)

antología *f* antologia

antónimo *m* antonimo

antonomasia *f* antonomasia

antorcha *f* fiaccola, torcia

antracita *f min* antracite

antrax *m med* antrace

antro *m* antro, spelonca *f*, *fig/desp* tugurio

antro|pocentrismo *m* antroponcentrismo; **~pofagia** *f* antropofagia; **~pófago** *adj/s* antropofago; **~pología** *f* antropologia; **~pólogo, -a** *m/f* antropologo, -a; **~pometría** *f* antropometria; **~pomorfismo** *m* antropomorfismo

antruejo *m* V. **carnaval**

anua|l *adj* annuale, annuo; **~lidad** *f* annualità; **~rio** *m* annuario

anub|arrado *adj* rannuvolato, nuvoloso; con nubi; **~larse** rannuvolarsi

anudar 1. *vt* annodare, fare nodi *vi*; legare, allacciare; *fig* riannodare, riprendere; **2.** *~se* bloccarsi lo sviluppo organico; *~se la voz* venire un nodo alla gola

anuencia *f* annuenza, assenso *m*; permesso *m*

anul|ación *f* annullamento *m*, cancellazione, revoca; **~ar 1.** *vt* annullare, cancellare, revocare; screditare; **2.** *adj* anulare

anunci|ación *f* annuncio *m*, *eccl* Annunziazione (*Virgen*); **~ador** *adj/m* nunzio; annunciatore; **~ar** *vt* annunciare, pronosticare; pubblicizzare (*film*); **~o** *m* annuncio, avviso; *TV* spot pubblicitario; *adm* bando; pronostico; *~ por palabras* inserzione, annuncio economico; *~ luminoso* insegna luminosa

anuro *m zool* anuro

anverso *m* diritto (*medalla*); *tip* bianca *f*

anzuelo *m* amo; *fig* esca *f*, *morder, tragar/tragarse el ~, caer/picar en el ~* cadere in un inganno, abboccare all'amo; *echar el ~* gettare l'amo

añada *f* annata (*meteo, vino*)

añad|ido 1. *adj* aggiunto; **2.** *m* posticcio,

aggiunta *f*; ~**idura 1.** *f* aggiunta; giunta; **2.** *(adv) por* ~ per giunta; ~**ir** *vt* aggiungere; incorporare; aumentare

añej|ar *vt* far invecchiare, stagionare; ~**o** *adj* stagionato, vecchio

añicos *mpl* cocci; schegge *fpl*; briciole *fpl*; *hacer* ~ rompere in mille pezzi; *(fig) hecho* ~ stanco morto

añil *m bot* anile; indaco

año *m* anno; annata *f*; *estar de buen* ~ essere grasso e arzillo; *entrado en ~s* in là con gli anni, in età avanzata; *~s de servicio* anzianità nel lavoro; *¡Feliz *~ Nuevo!* Buon Anno!; ~**jo** *m* agnellino o vitellino; ~**so** *adj* annoso, vecchio

añor|anza *f* nostalgia; ~**ar** *vt* avere nostalgia (di) *vi*

añublo *m agr* carbonchio, golpe, carbone

aoristo *m ling* aoristo

aorta *f med* aorta

aova|do *adj* ovale; ~**r** *vi* deporre le uova *vt*

aovillarse V. **acurrucarse**

apabull|ante *adj* strabiliante; ~**ar** *vt fam* maltrattare, annientare, schiacciare

apacentar *<5a apaciento>* *vt* pascolare, pascere; alimentare

apache *m/f* apache; *fig* teppista, malfattore, -trice

apaci|bilidad *f* mitezza, calma; ~**ble** *adj* mite, calmo, tranquillo, pacifico; *meteo* mite, gradevole; ~**guar** *<3 apacigüé>* *vt* riconciliare, rappacificare; calmare

apadrinar *vt* fare da padrino (a) *vi*; *fig* promuovere, proteggere, patrocinare

apag|ado *adj* spento, smorzato; estinto; *fig* smorto, languido; *ruido* ~ rumore smorzato; ~**ar 1.** *<apagué>* *vt* spegnere, smorzare; estinguere; calmare; *pitt/mus* smorzare; *apaga y vámonos* finiamola!; addio!; **2.** *~se* spegnersi; ~**ón** *m tec* black-out; *ha habido un* ~ è andata via la luce

apaisado *adj* oblungo

apalabrar *vt* dare la parola a *vi*; impegnarsi sulla parola; trattare (un affare) verbalmente

apalancar *<apalanqué>* *vt* muovere con leva

apale|ar *vt* bastonare; sbattere (*alfombras...*); ventilare (*trigo*); *~ oro, dinero, plata* nuotare nell'abbondanza; ~**o,** ~**amiento** *m* bastonatura *f*; *agr* ventilamento; sbattimento

apañ|ado *adj* adatto, appropriato; abile, ingegnoso; aggiustato, conciato; *estar* ~ essere conciato per le feste, essere bell'e fritto; ~**ar** *vt* coprire; rammendare; pigliare; racimolare; ~**arse,** ~**árselas** cavarsela, arrangiarsi; ~**o** *m* accomodatura *f*; *buscarse un* ~ cercarsi un amante

aparador *m* buffè, buffet, credenza *f*; scansia *f*

aparato *m* 1. apparecchio, congegno; 2. allestimento; 3. decorazione *f*; 4. pompa *f*; 5. strumenti *mpl*; *med* apparato; *estar al* ~ essere al telefono/all'apparecchio; *~ del partido* apparato del partito; ~**so** *adj* vistoso, appariscente, pomposo, che dà nell'occhio

aparca|miento, ~**dero** *m* parcheggio; ~**r** *<aparqué>* *vt* parcheggiare (*vehículos*); *mil* parcare

aparcer|ía *f agr* mezzadria; ~**o** *m* mezzadro

apare|amiento *m* appaiamento, appaiatura *f*; ~**ar 1.** *vt* appaiare, accoppiare; pareggiare; **2.** *~se* accoppiarsi

aparec|er *<13a aparezco>* *vi* apparire, comparire; *fam* farsi vivo; *~ como* parere, sembrare; ~**ido 1.** *adj* apparso; **2.** *m* fantasma, spettro

aparej|ado *adj* apparecchiato; *traer* ~ comportare, implicare; ~**ador** *adj/s* preparatore; *m* geometra (*profesión*) *m/f*; ~**ar** *vt* apparecchiare, preparare; bardare (*caballos*); *mar* attrezzare, armare; ~**o** 1. *m* apparecchio, preparazione *f*; bardatura *f* (*caballos*); *mar* attrezzatura *f*; *arch* disposizione *f*, piano; 2. *mpl* attrezzi, arnesi

aparent|ar *vt* mostrare; fingere; dimostrare; *no aparenta 80 años* non dimostra 80 anni; ~**e** *adj* apparente; finto; appariscente; ~**emente** *adv* in apparenza

aparición *f* apparizione; fantasma *m*, spettro *m*

apariencia *f* apparenza, aspetto *m*; sembianza; *teatro/ant* fondale *m*; *en* ~ in apparenza; *sólo de* ~ solo di vista; *las ~s engañan* l'apparenza inganna; *cubrir las ~s* salvare le apparenze

aparta|damente *adv* separatamente; ~**dero** *m tras* binario morto; luogo separato per vari usi; ~**dizo 1.** *adj* ritroso; **2.** *m* retrostanza *f*; ~**do 1.** *adj* separato, appartato; lontano, ritirato; **2.** *m* stanza riservata *f*; *ius* comma; *~ de correos* casella postale; ~**mento** *m* studio; ~**miento** *m* separazione *f*, divisione *f*, allontanamento; *am* appartamento, casa *f*; ~**r** *vt* ap-partare, separare, dividere; allontanare; dissuadere; *ius* desistere; *¡apártate!* scostati!

aparte 1. *adv* a parte, da parte; separatamente; *~ esto* tralasciando ciò; *bromas* ~ a parte gli scherzi; *punto y* ~ punto e a capo; **2.** *m teatro* a parte, fra sé; **3.** *adj* speciale

aparthotel *m* residence, casa albergo *f*

apasion|ado *adj* appassionato (*de* di); dedito, affezionato (*de* a); ~**amiento** *m* appassionamento; ~**ar 1.** *vt* appassionare, destare passione *vi*; tormentare; **2.** *~se* appassionarsi, affezionarsi (*por* a)

apatía *f* apatia; indolenza, abbandono *m*

apático *adj* apatico; indolente

apátrida *adj/s* apolide

apea|dero *m* sedile o banco (per montare o scendere dal cavallo); luogo di sosta, fermata *f*; ~**ar 1.** *vt* 1. scendere; 2. calzare (*vehículo*); 3. dissuadere q; **2.** *~se* scendere; *(fig) ~se del burro* piegarsi, cedere

apechugar *vi* sbattere con il petto (*con* contro); *fam* sopportare *vt*; resistere

apedrear 1. *vt* tirare sassi *vi*; lapidare; **2.** *vi* grandinare; **3.** *~se agr* soffrire per la grandine *vi*

apeg|ado *adj* affezionato; *fam* attaccato; ~**arse** affezionarsi, attaccarsi; ~**o** *m* attaccamento, affetto

apel|able *adj* appellabile; ~**ación** *f ius* appello *m*; chiamata, richiamo *m*; ~**ante** *adj/s ius* appellante, ricorrente; ~**ar** *vi ius* appellare, ricorrere; ~**ativo 1.** *adj* appellativo; **2.** *m* soprannome

apellid|ar 1. *vt* nominare; convocare; acclamare; denominare; **2.** ~*se* chiamarsi, *lit* nomarsi; ~**o** *m* cognome; casato

apelmaz|ado *adj* schiacciato, compresso, indurito; ~**ar** <*apelmacé*> *vt* schiacciare, comprimere, indurire

apeloton|amiento *m* agglomeramento, agglomerazione *f*; ~**ar 1.** *vt* agglomerare; **2.** ~*se* agglomerarsi; aggrumarsi; indurirsi

apenar 1. *vt* affliggere; deprimere; **2.** ~*se am* vergognarsi

apenas *adv* non appena; appena, a stento, con difficoltà; quasi

apencar V. *fam* **apechugar**

apéndice *m* appendice *f*; aggiunta *f*; ~ *vermiforme* appendice vermiforme

apendicitis *f med* appendicite

Apeninos *mpl geogr* Appennini

apensionarse *am* affliggersi; affannarsi

apercib|imiento *m* avvertenza *f*; *ius* citazione *f*, ammonimento; ~**ir 1.** *vt* avvisare, avvertire; ammonire; *ius* comunicare; **2.** ~*se* rendersi conto (*de* di)

apergaminarse incartapecorirsi

aperitivo *m* aperitivo

apero(s) *m(pl) agr* utensili, attrezzi *mpl*; *ant* ovile *m*, stalla *f*; *am* bardatura *f*

aperrear *vt* aizzare i cani contro q *vi*; *fig* finire, stancare di lavoro; *vida aperreada* vita da cani

apertur|a *f* apertura; inaugurazione; ~**ista** *adj/s* aperturista

apesadumbrar *vt* rattristare, affliggere

apest|ado *adj* 1. pieno (*di*), carico (*di*); 2. appestato, con la peste addosso; ~**ar 1.** *vi* puzzare; **2.** *vt* riempire; *med* contagiare; *fig* seccare; ~**oso** *adj* pestifero, fetido

apet|ecer <*13a apetezco*> *vt* desiderare, aver voglia di *vi*; bramare; ~**ecible** *adj* appetitoso; desiderabile; ~**encia** *f* appetenza; desiderio *m*

apetito *m* appetito, voglia *f*; *abrir el* ~ stuzzicare l'appetito; ~**so** *adj* appetitoso, saporito; attraente (*persona*)

apiadarse impietosirsi, aver pietà (*de* di), sentir pietà (*de* verso/di) *vi*

apical *adj* apicale

ápice *m ling* apice; cima *f*, vetta *f*, sommità *f*; *ni un* ~ neanche una punta

apicul|tor, -ra *m/f* apicultore, -trice; ~**tura** *f* apicultura

apil|able *adj* impilabile; ~**ar** *vt* ammucchiare, accumulare

apiñ|ado *adj* a forma di pigna; affollato; ~**ar 1.** *vt* affollare, ammassare; **2.** ~*se* accalcarsi

apio *m* sedano

apiolar *vt* impastoiare; *fam* acchiappare; *gergo* accoppare, far fuori

apiparse *fam* abbuffarsi

apison|adora *f tec* cilindratrice, spianatrice; ~**ar** *vt* spianare

aplacar <*aplaqué*)> *vt* placare, calmare, acquietare; rabbonire

aplanar *vt* appianare, spianare; *fig* abbattere, allibire; *(am)* ~ *las calles* gironzolare

aplast|ante *adj* schiacciante, opprimente; *mayoría* ~ maggioranza schiacciante; ~**ar** *vt* schiacciare; opprimere; *fig* abbattere, sbigottire; sconfiggere

aplatanarse *fam* abbandonarsi, impigrirsi, impoltronirsi; *am* ambientarsi

aplau|dir *vt* applaudire, battere le mani *vi*; approvare; ~**so** *m* applauso, approvazione *f*, elogio

aplaz|amiento *m* differimento, proroga *f*, rinvio; ~**ar** <*aplacé*> *vt* rimandare, differire, prorogare; *am* essere bocciato (*pasivo*); bocciare (*activo*)

aplic|able *adj* applicabile; ~**ación** *f* applicazione; assiduità; ~**ado** *adj* applicato; diligente; ~**ar 1.** <*apliqué*> *vt* applicare, apporre; attribuire; destinare; **2.** ~*se* dedicarsi, applicarsi

aplique *m* applique *f fr*

aplom|ado *adj* messo a piombo; prudente, disinvolto, sicuro di sé; plumbeo; ~**ar 1.** *vt* appesantire; *arch* verificare se le pareti cadono a piombo *vi*; costruire verticalmente *vi*; **2.** ~*se* precipitarsi; appesantirsi; acquistare sicurezza *vi*; ~**o** *m* padronanza di sé *f*, sicurezza *f*

apnea *f med* apnea

apoc|ado *adj* timido, imbarazzato; misero; ~**amiento** *m fig* abbattimento, timidezza *f*, ~**arse** scoraggiarsi

apocopar *vt ling* apocopare, troncare

apócope *f ling* apocope, troncamento *m*

apócrifo *adj* apocrifo, falso, spurio

apod|ar *vt* soprannominare; ~**o** *m* soprannome, nomignolo

apoder|ado 1. *m* procuratore, mandatario; *pol* rappresentante di lista; **2.** *adj* munito di procura; ~**ar 1.** *vt ius* conferire procura; **2.** ~*se* impossessarsi, impadronirsi

apódosis *f ling* apodosi

apofonía *f ling* apofonia

apogeo *m astr* apogeo; *fig* sommità *f*, sommo, apice; *(fam) estar en su* ~ trovarsi nel momento magico

apol|illado *adj* roso dalle tarme, tarlato; *fig* antiquato; ~**illarse** tarlarsi; tarmarsi

apolíneo *adj* apollineo, di Apollo

Apolo *mit* Apollo

apol|iticismo *m* apoliticità *f*; ~**ítico** *adj* apolitico

apolo|gético *adj* apologetico; ~**gía** *f* apologia, elogio *m*, panegirico *m*; ~**gista** *adj/s* apologista

apólogo *m* apologo

apoltronarse impoltronirsi

apopl|ejía *f med* apoplessia; ~**ético** *adj/s* apoplettico

apoquinar *vt vulg* mollare (*dinero*) *pop*; pagare contro voglia *est*

aporcar <*aporqué*> *vt agr* rincalzare

aporrear *vt* bastonare, picchiare; ~ *el piano* strimpellare il pianoforte

aport|ación *f* contributo *m*; apporto *m*; ~**ar** *vt* contribuire *vi*, apportare; causare; ~**e** *m* contributo; quota *f*, apporto

aportillar *vt* aprire una breccia *vi*

aposent|ar *vt* alloggiare; ~**o** *m* appartamento; stanza *f*, camera *f*; alloggio; *mil* alloggiamento; *ant/teatro* palco

aposi|ción *f ling* apposizione; ~**tivo** *adj* appositivo

apósito *m* fasciatura *f*, bendaggio

aposta *adv* apposta; ~**damente** *adv* apposta, a bella posta, appositamente

apostar 1. *vt* 1. <*apuesto*> scommettere; competere *vi*; 2. <*aposto*> appostare, mettersi in agguato; **2.** *~se ¿qué te apuestas a que hoy llueve?* che scommetti che oggi piove?; *~ por un caballo* scommettere, puntare su un cavallo

apostasía *f* apostasia

apóstata *m/f* apostata

apost|atar *vi* apostatare (*de* da); ~**illa** *f* postilla, chiosa, nota; ~**illar** *vt* postillare, chiosare, annotare

apóstol *m* apostolo

apost|olado *m* apostolato; ~**ólico** *adj* apostolico

apostrofar *vt* apostrofare; redarguire

apóstrof|e *m/f* apostrofe *f*; ~**o** *m ling* apostrofo

apostura *f* garbo *m*, leggiadria

apoteosis *f* apoteosi, glorificazione

apoy|abrazos *m/inv* bracciolo *m*; ~**adura** *f mus* appoggiatura; ~**ar 1.** *vt* appoggiare; sostenere; basarsi; *fig* favorire, proteggere; **2.** *~se* appoggiarsi (*en/sobre* su/sopra); ~**atura** *f mus* appoggiatura; ~**o** *m* appoggio, sostegno; protezione *f*

apreci|able *adj* apprezzabile, stimabile; pregevole; ~**ación** *f* valutazione, stima; ~**ar** *vt* valutare, stimare; apprezzare, pregiare; riconoscere; ~**o** *m com* valutazione *f*, estimo; stima *f*, considerazione *f*

aprehen|der *vt* afferrare; catturare; *fig* cogliere, captare; *ius* sequestrare; ~**sión** *f* cattura, arresto *m*; sequestro *m*; *fig* V. **aprensión**

apremi|ante *adj* incalzante, impellente, urgente, assillante; ~**ar 1.** *vt* incalzare, spingere; *ius* intimare, ordinare; **2.** *vi* stringere urgere; ~**o** *m* premura *f*, fretta *f*; sollecitazione *f*; *ius* intimazione *f*, ordine

aprend|er *vt* imparare, apprendere; *~ de memoria* imparare a memoria; ~**iz, -za** *m/f* apprendista, principiante, garzone *m*; ~**izaje** *m* tirocinio, apprendistato

aprensión *f* apprensione, timore *m*

aprensivo *adj* apprensivo, impressionabile

apres|amiento *m* accalappiamento, cattura *f*; ~**ar** *vt* afferrare, accalappiare; *mar* catturare

aprest|ar *vt* apprestare, preparare; apprettare (*tejidos*); ~**o** *m* preparazione *f*, apprestamento, preparativo; appretto (*tejidos*)

apresur|adamente *adv* frettolosamente, in fretta e furia; ~**amiento** *m* fretta *f*, premura *f*; acceleramento; ~**ar 1.** *vt* accelerare, affrettare, sollecitare; **2.** *~se* affrettarsi, sbrigarsi

apret|ado *adj* stretto, premuto; fitto; *fig* tirchio; in strettezze (*dinero*); ~**ar** *vt* stringere, premere, opprimere; incalzare, sollecitare, affrettare, accelerare; forzare; esigere; restringere; *~se el cinturón* stringere la cinghia; ~**ón** *m* stretta (di mano) *f*; ~**ujar** *vt* stringere fortemente, pigiare; ~**ujón** *m* forte stretta *f*; ~**ura** *f* oppressione; affollamento *m*; urgenza; strettezza, angustia

aprieto *m* strettezza *f*, oppressione *f*; difficoltà *f*; *estar en un ~* trovarsi nei guai/in difficoltà

aprisa *adv* presto, in fretta, rapidamente, alla svelta

aprisco *m* stalla *f*, ovile

aprisionar *vt* imprigionare, ammanettare; *fig* legare, vincolare

aprob|ación *f* approvazione, consenso *m*; ~**ado 1.** *adj* approvato; *stud* promosso; **2.** *m stud* promozione *f*, sufficienza *f*; ~**ar** <*8a apruebo*> *vt* approvare, consentire; *stud* essere promosso (*pasivo)*; promuovere (*activo*); superare (*concurso, examen*); ~**atorio** *adj* approvativo

aprontar *vt* preparare, allestire; consegnare, anticipare

apropi|ación *f* appropriazione; ~**adamente** *adv* convenientemente, in modo adatto; ~**ado** *adj* adatto, conveniente, idoneo; ~**ar 1.** *vt* appropriare; attribuire; adattare; **2.** *~se* appropriarsi, impadronirsi

apropincuarse *fam/iron* avvicinarsi

aprovech|able *adj* utilizzabile, profittevole; ~**adamente** *adv* con profitto; ~**ado** *adj* approfittato; diligente; economo; *desp* interessato; ~**ador** *adj/s* sfruttatore; ~**amiento** *m* utilizzazione *f*, sfruttamento, profitto; ~**ar 1.** *vt* approfittare (di) *vi*, utilizzare; *¡que aproveche!* buon appetito!; **2.** *vi* servire; progredire; **3.** *~se* sfruttare *vt*, approfittarsi (di) *vi*

aprovision|amiento *m* fornitura *f*; ~**ar** *vt* rifornire, provvedere

aproxim|ación *f* approssimazione; avvicinamento *m*; ~**ado** *adj* approssimato; approssimativo; ~**ar** *vt* avvicinare, approssimare, accostare; ~**ativo** *adj* approssimativo

áptero *adj/m* attero, senza ali

apt|itud *f* attitudine, idoneità, capacità; *certificado de ~ pedagógica* abilitazione all'insegnamento; ~**o** *adj* atto, idoneo; adatto; permesso; *~ para menores* permesso ai minorenni

apuesta *f* scommessa

apuest|amente *adv* ordinatamente; ~**o** *adj* apposto; prestante, di bella presenza

Apulia *f geogr* Puglia

apunt|ación *f* appunto *m*, annotazione; *mus* scrittura dell'opera; ~**ado** *adj* notato; appuntato; aguzzato; aguzzo; ~**ador** *adj/s* appuntatore; *teatro* suggeritore; ~**alar** *vt* puntellare; ~**ar 1.** *vt* 1. appuntare; aguzzare; 2. puntare; dirigersi; 3. indicare; segnare; annotare; 4. imbastire; 5. puntare al gioco *vi*; 6. *teatro* suggerire; **2.** *vi* spuntare; **3.** *~se* 1. iscriversi; 2. starci, essere d'accordo *vi*; ~**e** *m* 1. appunto, annotazione *f*, nota; schizzo; *teatro* suggeritore; copione; punto; 2. *mpl* appunti

apuñal|ar, *am* ~**lear** *vt* pugnalare, accoltellare

apur|ación *f* verifica, chiarimento *m*;

~**adamente** *adv* frettolosamente; esattamente; ~**ado** *adj* bisognoso; appurato, esatto; assillato; ~**ar 1.** *vt* verificare, appurare; purificare; esaurire; obbligare; sbrigare; infastidire; *no te apures* non ti preoccupare; **2.** *~se* affliggersi, preoccuparsi; *am* sbrigarsi, affrettarsi; *¡Apúrate!* Sbrigati!; ~**o** *m* strettezza *f*; angustia *f*; penuria *f*; *en caso de ~* se ti trovi nei guai; *estar en ~s/en un ~* trovarsi nei guai; *sacar de ~s/de un ~* togliere dai guai
aquej|ado *adj* afflitto, sofferente; *estar ~ de* soffrire di; ~**ar** *vt* addolorare, affliggere; tormentare
aquel *adj* quel, quell', quello; *en ~ entonces* in quei tempi
aquél *pr* quello, colui; *no es guapa, pero tiene un ~* non è bella, ma ha un qualcosa
aquelarre *m* tregenda *f*; conciliabolo
aquell|a, -as *adj* quella, quell', -quelle
aquéll|a, -as *pr* quella, colei, -quelle, coloro
aquello *pr* quello, ciò
aquellos *adj* quei, quegli
aquéllos *pr* quelli, coloro
aquende *adv lit* di qua
aquenio *m bot* achenio
aquerenciarse affezionarsi, attaccarsi (*animales*)
aquí *adv* qui; in questo luogo/ tempo/ caso (*tiempo*); *de ~ a* fra, tra; *de ~ para allí* da qui e da là; *por ~* di qui/qua; *¡largo de ~!* fuori da qui!; *~ estoy* eccomi qui
aquiesc|encia *f* acquiescenza, consenso *m*; ~**ente** *adj* acquiescente
aquietar *vt* quietare, calmare, tranquillizzare
aquifolio *m bot* agrifoglio
aquilatar *vt* caratare; apprezzare, ponderare
Aquiles *m* Achille; *talón de ~* tallone d'Achille, punto debole
aquilino *adj* aquilino
Aquisgrán *geogr* Aquisgrana
ara 1. *f lit* ara, altare *m*; **2.** *(prep) en ~s de* in onore di
árabe *adj/s* arabo
arabesco 1. *adj* arabico; **2.** *m* arabesco
Arabia *f geogr* Arabia
arábi|co, ~go *adj* arabico, arabo
arabista *m/f* arabista
arácnido *adj/m* aracnide
ara|da *f agr* aratura; terra arata; ~**do** *m agr* aratro; *zool* acaro
Arag|ón *m geogr* Aragona *f*; *~**onés 1.** *adj/s* aragonese; **2.** *m* specie d'uva *f*
aragonito *m min* aragonite *f*
arancel *m* tariffa *f*, tassa *f*
arándano *m bot* mirtillo; *~ rojo* mirtillo rosso
arandela *f* anello *m*, disco *m*, cerchietto *m*, guarnizione, rondella; candelabro da parete *m*
araña *f zool* ragno *m*; lampadario a bracci; ~**r** *vt* graffiare; *fig* racimolare, rubacchiare; ~**zo** *m* graffio; scalfittura *f*
arar 1. *vt agr* arare; **2.** *m* larice africano
arbitr|aje *m ius* arbitrato; *com* arbitraggio; ~**al** *adj* arbitrale; ~**ar** *vt* arbitrare; *ius* sottoporre ad arbitro; ~**ariedad** *f* arbitrarietà; arbitrio *m*; ~**ario** *adj* arbitrario; ~**arse** arrangiarsi; ~**io** *m* arbitrio; volontà *f*, facoltà *f*, ricorso; imposta *f*; *estar al ~ de alg* dipendere da q
árbitro *m* arbitro; *ser el ~ de la situación* essere l'arbitro della situazione
árbol *m bot/fig* albero; *~ de Navidad* albero di Natale; *~ frutal* albero da frutta; *~ genealógico* albero genealogico; *tec* albero o asse motore; *tip* spalla del carattere *f*; *(mec) ~ de levas* albero a camme/di distribuzione
arbol|ado 1. *adj* alberato; **2.** *m* albereto, albereta; ~**adura** *f mar* alberatura; ~**ar** *vt mar* alberare; inalberare; appoggiare; ~**eda** *f* albereto *m*, albereta
arbóreo *adj* arboreo
arborescente *adj* arborescente
arboricult|or, -ora *m/f* arboricultore, -trice; ~**ura** *f* arboricoltura
arbotante *m arch* arco a puntello
arbusto *m* arbusto
arca 1. *f* arca, cassa; cassone *m*; cassaforte; *tec* forno *m*; *~ de agua* serbatoio; *~ de Noé* arca di Noè; 2. *fpl com* depositi delle banche *mpl*; *~s del Estado* Tesoro (dello Stato)
arcabuz *m* archibugio
arcada *f* 1. *arch* arcata; occhio del ponte *m*; 2. conato di vomito *m*
arcaduz *m* tubo, canale; bindolo della noria; *fig* inganno
arca|ico *adj* arcaico; antiquato; ~**ísmo** *m* arcaismo; arcaicità *f*; ~**izante** *adj* arcaizzante, arcaicizzante; ~**izar** <*arcaicé*> *vi* arcaizzare
arcángel *m* arcangelo
arcano 1. *adj* arcano, misterioso; **2.** *m* mistero, arcano
arce *m bot* acero; ~**do** *m bot* acereto
arcediano *m* arcidiacono
arcén *m* margine; corsia di emergenza; sponda *f*, bordo di un pozzo
archi|diócesis *f/inv* archidiocesi; ~**duque** *m* arciduca; ~**duquesa** *f* arciduchessa; ~**piélago** *m* arcipelago; ~**sabido** *adj* risaputo
archiv|ador 1. *adj/s* archivista; **2.** *m* archivio (*mueble*); ~**ar** *vt* archiviare; ~**ero** *m* archivista; ~**o** *m* archivio
archivolta *f arch* archivolto *m*
arcill|a *f* argilla, creta; ~**oso** *adj* argilloso
arcipreste *m* arciprete
arco *m* arco; *mus* archetto; *~ de medio punto* arco a tutto sesto; *~ de todo punto* arco a sesto acuto; *~ de herradura* arco arabo; *~ iris, de San Martín* arcobaleno; *~ superciliar* arco delle sopracciglia; *~ voltaico* arco voltaico
arcón *m* cassone
arder *vi* ardere, bruciare, incendiarsi; *lit* splendere; scottare; *está la cosa que arde* è una questione che scotta; *está que arde* è furioso; *agarrarse a un clavo ardiendo* attaccarsi alle funi del cielo; arrampicarsi sugli specchi
ardid 1. *adj/ant* astuto; **2.** *m* stratagemma, inganno
ardiente *adj* ardente; *fig* fervido, ferven-

te, appassionato; infocato

ardilla 1. *f zool* scoiattolo *m*; **2.** *adj fig* svelto

ardite *m ant* ="moneta di poco valore" *f*; *no vale un ~* non vale un quattrino; *me importa un ~* non me ne importa un ficosecco

ardor *m* ardore, bruciore; arsura *f*; fervore, impeto; *~ de estómago* bruciore di stomaco; **~osamente** *adv* fervidamente, vigorosamente; **~oso** *adj* fervido, vigoroso, focoso

arduo *adj* arduo, faticoso, difficile

área *f* area, superficie; area, zona; *agr* ara

aren|a 1. *f* sabbia, arena; anfiteatro *m*, arena; *una de cal y otra de ~* un colpo al cerchio e uno alla botte; *~s movedizas* sabbie mobili; *saltar a la ~* scendere in piazza; *sembrar en la ~* pestar l'acqua nel mortaio; 2. *fpl med* renella *f*; **~al** *m* arenile; **~ar** *vt* insabbiare; fregare con sabbia

arenga *f* arringa, discorso *m*; *iron* predica; *am* alterco *m*

areni|lla *f* sabbietta, polvere; *ant* polvere per asciugare; *med* renella; **~sco, -a 1.** *adj* arenoso, -a, sabbioso, -a; **2.** *f* arenaria

arenque *m zool* aringa *f*; *~ ahumado* aringa affumicata

areola, aréola *f med* areola

areó|metro *m* areometro; **~pago** *m* areopago; **~stilo** *adj arch* areostilo

arepa *f am* focaccina di granoturco

aretino *adj/s* aretino, di Arezzo

argamasa *f* calcina, malta

árgano *m* argano

Argel *geogr* Algeri; **~ia** *f geogr* Algeria; ***~ino** *adj/s* algerino

argent|ar, -ario, -o V. **plat|ear, -ero, -a**

argénteo *adj* argenteo

argentífero *adj* argentifero

Argentin|a *f geogr* Argentina; ***~o** *adj/s* argentino; ***~ismo** *m* argentinismo

argivo *adj/s* argivo, di Argo

argolla *f* grosso anello di ferro *m*; collare di ferro *m*; *ant* collare femminile *m*; *am* anello di fidanzamento *m*, fede

argón *m chim* argon, argo

argonauta *m* argonauta

argot *m* gergo

argucia *f* arguzia; acume *m*, sottigliezza

argüir 1. *<14 arguyo>* *vt* arguire, argomentare; **2.** *vi* discutere

argument|ación *f* argomentazione; **~ar** *vi* argomentare *vi/vt*, arguire *vt*; **~ista** *m/f* soggettista; **~o** *m* argomento, tema, soggetto; ragionamento; sommario

arguyente *adj* argomentatore

aria *f mus* aria

Ariadna *f* Arianna; *el hilo de ~* il filo di Arianna

aridez *f* aridità, siccità

árido 1. *adj* arido, secco, asciutto; sterile; noioso; **2.** *mpl* aridi

Aries *m astr* Ariete

ariet|a *f mus* arietta; **~e** *m mil* ariete

ario *adj/s* ariano; ario

arisco *adj* aspro, scontroso, intrattabile

arista *f* arista, resta; spigolo *m*

arist|ocracia *f* aristocrazia; **~ócrata** *m/f* aristocratico, -a; **~ocrático** *adj* aristocratico, distinto

Arist|óteles *m* Aristotele; ***~otelismo** *m* aristotelismo

aritmétic|a *f* aritmetica; **~o** *adj* aritmetico

Arlequ|ín *m* Arlecchino; *fig* buffone; ***~inada** *f* buffonata

arma 1. *f* arma; *~ de dos filos* arma a doppio taglio; *~ de fuego, ~ blanca* arma da fuoco, ~ bianca; 2. *fpl* armatura *f*; truppe; *arald* stemma *m*; *fig* mezzi *mpl*; *una persona de ~s tomar* persona ardita/spavalda; **~da** *f hist* armata; squadra navale; flotta da guerra; *la *~ Invencible* l'Invincibile Armata; **~día** *f* zattera; **~dillo** *m zool* armadillo; **~dor** *m* armatore; **~dura** *f* armatura; scheletro *m*; **~mentismo** *m* armamentismo; **~mentista** *adj* degli armamenti; *carrera ~* corsa agli armamenti; **~mento** *m* armamento; *mar* attrezzatura *f*; **~r 1.** *vt* armare; montare; provvedere *vi*; applicare; ordire; *fig* provocare, causare; *~ bronca* fare/accendere una zuffa; *~ un escándalo* fare uno scandalo; **2.** *~se la gorda/la de Dios es Cristo* succedere un putiferio; *~se de paciencia* armarsi di pazienza

armario *m* armadio, stipo; *~ empotrado* armadio a muro; *~ ropero* guardaroba; *~ rinconero* armadio d'angolo

arma|toste *m* macchina *f* o mobile ingombrante; *fig* persona corpulenta e torpida *f*; **~zón** *m/f* armatura *f*, scheletro *m*, intelaiatura *f*

armella *f* anello *m*, ghiera, vite a occhiello

Arme|nia *f geogr* Armenia; ***~nio** *adj/s* armeno

armer|ía *f* armeria; fabbrica d'armi; **~o** *m* armiere; artificiere; rastrelliera per le armi *f*

armiño *m zool* ermellino

armisticio *m* armistizio

armón *m mil* avantreno

armon|ía *f* armonia; proporzione; accordo *m*

armón|ica *f mus* armonica; **~ico** *adj* armonico

armon|io, ~ium *m mus* armonio, armonium; **~ioso** *adj* armonioso; **~izar** *<armonicé>* *vt* armonizzare; accordare

armuelle *m bot* bietolone

arnés *<pl arneses>* 1. *m* arnese; armatura *f*; 2. *mpl* attrezzi, utensili

árnica *f bot* arnica

Arno *m geogr* Arno

aro *m* cerchio; anello; orecchino; *pasar por el ~* cedere, ubbidire controvoglia

arom|a *m* aroma, profumo, fragranza *f*; *f* mimosa, gaggia; **~ático** *adj* aromatico; **~atizar, ~ar** *<aromaticé>* *vt* aromatizzare

arp|a *f mus* arpa; **~ar** *vt* graffiare; lacerare; **~egio** *m mus* arpeggio; **~ista** *m/f mus* arpista

arpía *f* arpia; *fig* strega

arp|ón *m* arpione; **~onar, ~onear** *vt* arpionare, arponare; **~onero** *m* ramponiere

arque|ar 1. *vt* inarcare; battere la lana; *mar* stazzare; **2.** *vi* sentir nausea; **~o** *m* 1. inarcamento; 2. battitura della lana *f*; 3. *mar* stazza *f*; 4. *com* controllo cassa

arque|ología *f* archeologia; ~**ológico** *adj* archeologico; ~**ólogo, -a** *m/f* archeologo, -a
arquero *m* arciere; *com* cassiere, tesoriere; portiere (*fútbol*)
arquetipo *m* archetipo, modello
arqui|banco *m* cassapanca *f*; ~**llo** *m mus* archetto
Arquímedes *m* Archimede
arqui|tecto *m* architetto; ~**tectónico** *adj* architettonico; ~**tectura** *f* architettura; ~**trabe** *m arch* architrave; ~**volta** *f arch* archivolto *m*
arrabal 1. *m* sobborgo; 2. *mpl* dintorni; ~**ero** *adj* di sobborgo; *fig* ordinario, rozzo, volgare
arracimarse farsi a grappolo
arraig|ado 1. *adj* radicato, attecchito; **2.** *m* possidente; *mar* legatura *f*; ~**ar** <*arraigué*> **1.** *vi* radicare, attecchire; **2.** *vt ius* garantire, ipotecare; **3.** ~*se* consolidarsi; domiciliarsi; ~**o** *m* stabilità *f*; radici *fpl*; beni *mpl*, proprietà *fpl*
arran|cada *f* messa in moto, partenza, spinta; *sport* strappo *m*; ~**cadero** *m* punto di partenza; ~**cador 1.** *adj/s* strappatore; **2.** *m mec* avviatore; ~**cadora** *f mec* raccoglitrice; ~**cadura** *f*, ~**camiento** *m* strappatura *f*, strappamento *m*, strappo *m*; sradicamento *m*; ~**car** <*arranqué*> **1.** *vt* strappare, svellere; sradicare; **2.** *vi* 1. mettersi in marcia, partire di corsa; 2. provenire, procedere; 3. cominciare; 4. sputare; **3.** ~*se* andarsene; *am* rovinarsi; ~**que** *m* slancio; strappo; sradicamento; impeto; energia *f*; battuta *f*, uscita *f*; punto di inizio di qc; *auto* messa in moto *f*; ~**quera** *f am* povertà, miseria
arrapiezo, arrapo 1. *m* cencio, straccio; 2. monello, scugnizzo (*muchacho*); omiciattolo
arras *fpl* caparra *f*; *ius* contraddote *f*
arrasar *vt* spianare; distruggere, radere al suolo; *fig* spopolare, avere grande successo *vi*, essere di cassetta (*film*); ~*se los ojos de lágrimas* gonfiarsi di lacrime
arrastr|adera *f mar* ala del trinchetto; ~**adero** *m* sentiero; ~**adizo** *adj* trascinabile; ~**ado 1.** *adj* trascinato; cencioso, miserabile; **2.** *m* maledetto; miserabile; ~**ar 1.** *vt* trascinare; travolgere; strascicare; strisciare; far presa *vi* (*naipes*); **2.** ~*se desp* strisciare; umiliarsi; ~**e** *m* trascinamento, strascichio; trasporto; presa *f* (*naipes*); mulino (*minas*); *material de* ~ detriti; *estar para el* ~ essere stanco morto/sfinito
arrayán *m bot* mirto
¡arre! *excl* arri!
¡arrea! *excl/pop* caspita!; spicciati!
¡arreando! alla svelta! muoviti!, sbrigati!
arrear *vt* stimolare, frustare il bestiame; bardare; *(vulg)* ~ *una torta* mollare uno schiaffo *pop*
arrebañar *vt* ripulire, far piazza pulita *vi*
arrebat|ado *adj* strappato; precipitoso; violento; furibondo; acceso (*rostro*); ~**ador** *adj* rapitore; travolgente; affascinante; ~**ar 1.** *vt* strappare; travolgere; affascinare, attrarre; **2.** ~*se* infuriarsi, esaltarsi; bruciacchiarsi; seccarsi; ~**o** *m* furore, furia *f*; rapimento, estasi *f*; impeto
arrebol *m* rosso (*cielo*); rossetto; ~**ar** *vt* arrossare; imbellettare
arrech|ar *vi am* entrare in calore (*chica*); ~**o** *adj* libidinoso
arreciar *vi* rafforzarsi, aumentare
arrecife *m* strada selciata *f*; *mar* bassofondo roccioso
arredrar 1. *vt* far indietreggiare; allontanare; intimorire; **2.** ~*se* retrocedere *vi*; *fig* spaventarsi
arregl|ado *adj* regolato; ordinato; adornato; ben vestito; *(iron) estar* ~ essere ben combinato; ~**ar 1.** *vt* regolare; aggiustare; preparare; pattuire; combinare; *¡ya te arreglaré yo a ti!* T'aggiusto io!; *estoy bien arreglado* sono ben conciato per le feste; ~ *cuentas* fare/regolare i conti; **2.** ~*se* prepararsi, aggiustarsi; ~*árselas* arrangiarsi; vedersela; ~**ista** *m/f mus* arrangiatore, -trice; ~**o** *m* assetto, ordine, riparazione *f*; accordo; *mus* arrangiamento; *con* ~ *a* secondo; *esto no tiene* ~ non c'è niente da fare; è impossibile da risolvere; ~ *de pies* pedicure
arrellanarse sdraiarsi
arremangar 1. <*arremangué*> *vt* rimboccare; **2.** ~*se fig* rimboccarsi; decidersi (a)
arremet|er *vt* assalire, aggredire; slanciarsi; urtare; ~**ida** *f* assalto *m*, aggressione; slancio *m*
arremolinarse affollarsi, riunirsi
arrend|able *adj* affittabile; ~**ador** *adj/s* locatore; ~**amiento** *m* affitto; pigione *f*, fitto; ~**ar** <*5a arriendo*> *vt* affittare; appaltare; noleggiare; *no le arriendo las ganancias* non lo/la invidio; ~**atario** *adj/s* locatario, (af)fittuario; appaltatore (*compañía*)
arreo 1. *m* ornamento; 2. *mpl* bardatura *f*, attrezzi
arrepent|ido *adj/s* pentito; *Esp* terrorista/trafficante pentito; ~**imiento** *m* pentimento, contrizione *f*, *pitt* correzione visibile *f*; ~**irse** <*10 arrepiento*; *arrepintió*> pentirsi
arrest|ar 1. *vt* arrestare, imprigionare; **2.** ~*se* decidersi, osare *vi*; ~**o** 1. *m* arresto; ~ *domiciliario* arresto domiciliare; 2. *mpl* audacia *f*, valore *m*
arrian|ismo *m eccl* arianesimo; ~**o** *adj/s* ariano
arriar <*2 arrío*> *vt* ammainare, calare; abbassare; allentare; inondare
arriat|e *m*, ~**a** *f* aiuola *f*; passaggio *m*
arriba 1. *adv* sopra, su, di sopra, in alto; all'insù; **2.** *prep* sopra, su; *ir cuesta* ~ andare all'insù, salire; *aguas* ~ a monte; *venir algo de* ~ venire qc dall'alto; *de* ~ *abajo* dall'alto in basso; *manos* ~ mani in alto; *de 50 años para* ~ da 50 anni in su; *más* ~ più in su; *por* ~ verso l'alto; *el* ~ *mencionado* il suddetto; **3.** *excl ¡~!* viva!
arrib|ada *f*, ~**aje** *m* approdo *m*, arrivo *m*; *mar* bordata *f*; ~*ada forzosa* approdo di fortuna; ~**ar** *vi mar* approdare; arrivare; rimettersi; raggiungere la meta; *mar* anda-

re alla deriva; ~**eño** *adj/s am* persona di terre alte; ~**ista** *adj/s* arrivista; ~**o** *m* V. **llegada**
arriendo V. **arrendamiento**
arriero *m* mulattiere
arriesg|ado *adj* arrischiato; rischioso, pericoloso; temerario; ~**ar 1.** *<arriesgué> vt* rischiare (di) *vi*, azzardare, avventurarsi; **2.** ~*se* rischiare (*a* di) *vi*, avventurarsi
arrim|adizo 1. *adj* appoggiabile; **2.** *adj/s fig* leccapiedi, adulatore; ~**ar 1.** *vt* avvicinare, accostare; appoggiare; *fig* abbandonare; *fig* picchiare; *fig* isolare; ~ *el hombro* collaborare, aiutare in un lavoro; sforzarsi; ~ *el ascua a su sardina* tirare l'acqua al proprio mulino; **2.** ~*se* appoggiarsi; unirsi; *fig* leccare *vt*, lusingare *vt*; ~*se al sol que más calienta* ="essere opportunista; adattarsi opportunisticamente a varie situazioni"; ~**o** *m* avvicinamento; appoggio, sostegno; protezione *f*; *arch* muro divisorio
arrincon|amiento *m* ritiro; isolamento; ~**ar 1.** *vt* isolare, ritirare; mettere in un angolo, in un cantuccio; abbandonare q; *fig* mettere alle strette; **2.** ~*se fam* appartarsi, rincantucciarsi
arriscado *adj* arrischiato; dirupato; temerario; *am* altezzoso
arritmia *f med* aritmia
arrítmico *adj* aritmico, irregolare
arrivista V. **arribista**
arrob|a *f* ="misura di capacità e peso variabile secondo i luoghi" (*Castilla: 11,5 Kg*); ~**ado** *adj* estasiato, incantato, affascinato; ~**ador** *adj* affascinante, *lit* fascinatore; ~**amiento,** ~**o** *m* fascinazione *f*, estasi *f*; ~**ar 1.** *vt* estasiare, affascinare; **2.** ~*se* alienarsi
arrocero 1. *adj* risicolo; **2.** *m* risicoltore
arrodalado *adj* alberato
arrodillarse inginocchiarsi
arrog|ación *f ius* arrogazione; adozione; ~**ancia** *f* arroganza; ~**ante** *adj* arrogante; altero; prode; aitante; ~**arse** *<arrogué>* arrogarsi, attribuirsi; adottare *vt*
arroj|adizo *adj* scagliabile; ~**ado** *adj* slanciato, scagliato; intrepido, audace; ~**ar 1.** *vt* scagliare, lanciare, scaraventare; scacciare; *com* dare; *bot* germogliare *vi*; vomitare; **2.** ~*se* precipitarsi, gettarsi; ~**o** *m* audacia *f*, valore
arroll|ador *adj* travolgente; ~**ar** *vt* travolgere; sconfiggere; assalire; investire; arrotolare; *am* cullare, rimboccare
arrop|ado *adj* protetto, coperto; *fig* raccomandato, ammanicato; ~**ar 1.** *vt* coprire; **2.** ~*se* coprirsi, imbacuccarsi, vestirsi pesante; *fam* premunirsi; ~**e** *m* sciroppo, miele cotto
arrostrar 1. *vt* affrontare; **2.** *vi* resistere; affrontare; **3.** ~*se* azzuffarsi
arroyarse *agr* arrugginirsi (*plantas*)
arroyo *m geogr* ruscello; rigagnolo; *fig* strada *f*, fango; *poner/plantar en el* ~ sfrattare, licenziare; *sacar del* ~ raccogliere/prendere dalla strada
arroz *m* riso; ~**al** *m* risaia *f*

arruga *f* ruga, grinza; ~**do** *adj* rugoso, corrugato, grinzoso; aggrinzito (*ropa-piel*); ~**r 1.** *<arrugué> vt* corrugare; aggrinzire; aggrottare (*ceño*); **2.** ~*se* aggrinzirsi
arruinar 1. *vt* rovinare; danneggiare; guastare; distruggere; devastare; **2.** ~*se* impoverirsi, andare in rovina *vi*
arrull|ador *adj* carezzevole, allettevole; melodioso; ~**ar** *vt* tubare *vi* (*palomos*); *fig* addormentare un bimbo con ninna-nanna; *fig* lusingare; *fig* assopire; ~**o** *m* il tubare (*palomos*); soave canto, sussurro
arrum|aco *m* moina *f*, vezzo; ~**ar** *vt mar* stivare; annuvolarsi; ~**azón** *m mar* stivaggio; nuvolaglia *f*; ~**bar** *vt* scartare; isolare
arsenal *m* arsenale; *fig* deposito
arsénico *m* arsenico
arta *f bot* piantaggine
arte *<fpl artes> m/f* arte *f*, professione *f*, abilità *f*, astuzia *f*, apparecchio da pesca *m*; *bellas ~s* belle arti; *no ser (no tener) ni ~ ni parte (en algo)* non avere né arte, né parte (*in qc*); *(fam) por ~ de magia, de birlibirloque* per opera e virtù dello Spirito Santo
arte|facto *m* dispositivo, congegno; artefatto; bomba *f*; ~**misa** *f bot* artemisia
arter|ia *f med* arteria; via di comunicazione; ~**ía** *f* scaltrezza, astuzia, malizia; ~**ial** *adj* arteriale; ~**ioso** *adj* arterioso; ~**iosclerosis** *f* arteriosclerosi
artero *adj* scaltro, astuto, malizioso
artesa *f* madia
artesan|ado *m* artigianato; ~**ía** *f* artigianato *m*; ~**o** *m* artigiano
artesiano *adj* artesiano
artesonado *m* soffitto a cassettoni/in legno scolpito
ártico *adj geogr* artico
Ártico *m* Artide *f*
arti|culación *f* articolazione; giuntura; *ling* articolazione, pronuncia; *bot* nodo *m*; ~**culado 1.** *adj* articolato; **2.** *m zool* artropodo; *ius* articoli *mpl*, prove *fpl*; ~**cular** *vt* articolare; unire, congiungere; pronunciare; ~**culista** *m/f* articolista
artículo *m* articolo; *ius* articolo, paragrafo, comma
artífice *m* artefice; autore
arti|ficial *adj* artificiale; ~**ficiero** *m* artificiere; ~**ficio** *m* artificio; meccanismo; *fig* stratagemma; ~**ficioso** *adj* artificioso
artiga *f agr* dissodamento *m*; terra dissodata; ~**r** *<artigué> vt agr* dissodare
artill|ar *vt* munire di artiglierie; ~**ería** *f* armamento *m*; artiglieria; ~ *pesada* artiglieria pesante; ~**ero** *m* artigliere; *sport* cannoniere
artilugio *m* ordigno, congegno
artimaña 1. *f* trappola; *fig* insidia; 2. *fpl* male arti
artimón *m mar* artimone
artista *m/f* artista
artístico *adj* artistico
artolas *fpl* basto con sedili laterali *m*
artr|ítico *adj med* artritico; ~**itis** *f med* artrite

artrópodo *adj/m zool* artropodo
artrosis *f med* artrosi
arveja *f bot* veccia; *am* pisello *m*
arzobisp|ado *m* arcivescovado; ~**al** *adj* arcivescovile; ~**o** *m* arcivescovo
arzón *m* arcione
as *m* asse (*moneda*); asso (*juegos-sport*); *ser un* ~ essere un asso
asa *f* 1. manico *m* (*taza, cacerola...*); 2. linfa; *bot* assafetida
asa|do 1. *adj* arrostito; **2.** *m* arrosto; *Arg* barbecue; ~**dor** *m* spiedo; graticola *f*; *(fig) poner /echar toda la carne en el* ~ giocare tutte le proprie carte; sparare tutte le proprie cartucce; ~**dura** *f* frattaglie *fpl*, rigaglie *fpl*
asaetear *vt* saettare; *fig* importunare
asalari|ado *adj* salariato; ~**ar** *vt* salariare; retribuire con un salario
asalmonado *adj* color salmone
asalt|ador *adj/s* assaltatore, assalitore, aggressore; ~**ar** *vt* assaltare, assalire, aggredire; ~**o** *m* assalto, aggressione *f*; attacco
asamble|a *f* assemblea; riunione; ~**ario** *adj* assembleare; ~**ísmo** *m* assemblearismo
asar *vt* arrostire
asaz *adv lit* assai *est*, abbastanza *est*
asbesto *m min* asbesto
ascáride *f* ascaride *m*
ascen|dencia *f* ascendenza; ~**dente** *adj* ascendente; ~**der** <*6 asciendo*> *vi* ascendere, salire; ammontare; ~**diente 1.** *adj* ascendente; **2.** *m fig* ascendente, predominio; antenato; ascendente, influsso; ~**sión** *f* ascensione; ascesa, salita; ~**sional** *adj* ascensionale; ~**so** *m* promozione *f*; ~**sor** *m* ascensore
asceta *m* asceta
ascétic|a *f* ascetica; ~**o** *adj* ascetico
ascetismo *m* ascetismo
asco *m* schifo, nausea *f*; ribrezzo; *dar* ~ far schifo; *estar hecho un* ~ essere uno schifo (*por la suciedad*), essere sudicio; *hacer* ~*s* fare lo schifiltoso, lo schizzinoso; *¡qué* ~*!* che schifo!
ascomiceto *adj/m bot* ascomiceto
ascua *f* brace; *arrimar el* ~ *a su sardina* tirare l'acqua al proprio mulino; *estar en* ~*s* essere sulle braci/sulle spine
asea|do *adj* pulito; accurato, assettato; ~**r** *vt* pulire; assettare; abbellire
asech|anza *f* insidia, tranello *m*, agguato *m*; ~**ar** *vt* insidiare, tendere un agguato; ~**o** *m* V. **asechanza**
asedi|ar *vt* assediare; *fig* importunare; ~**o** *m* assedio
asegur|ado *adj/s* assicurato; garantito; affermato; ~**ador** *adj/s* assicuratore; ~**amiento** *m* assicurazione *f*; certezza *f*; garanzia *f*; ~**ar** *vt* assicurare; garantire; affermare; premunire; rassicurare
asemejarse assomigliarsi, rassomigliarsi
asenso *m* consenso, consentimento, approvazione *f*
asent|aderas *fpl* natiche; ~**ado** *adj* situato, collocato; ~**amiento** *m* insediamento; collocamento; ~**ar** *vt* collocare, mettere a posto; fissare; contrattare all'ingrosso; fondare; assestare; *com* registrare; far constare
asent|imiento V. **asenso;** ~**ir** <*10 asiento*; *asintió*> *vi* assentire, consentire
aseo 1. *m* pulizia *f*, eleganza *f*, accuratezza *f*; 2. secondo bagno (di servizio)
asepsia *f med* asepsi
aséptico *adj* asettico
asequible *adj* acquistabile; accessibile (*persona*)
aser|ción *f* asserzione, affermazione; ~**to** *m* asserzione *f*, ~**torio** *adj ius* assertorio, assertivo
asesin|ar *vt* assassinare; ~**ato** *m* assassinio; ~**o 1.** *adj* assassino; *célula* ~*a* cellula killer; **2.** *m* assassino; ~ *a sueldo* killer, sicario
asesor *adj/s* consulente, consigliere; ~ *comercial, fiscal, industrial, legal* consulente commerciale, fiscale, industriale, legale; ~**amiento** *m* consulenza *f*, consulta *f*; consiglio; ~**ar** *vt* consigliare, informare; fornire consulenza *vi*; ~**ía** *f* ufficio/studio *m* di consulenza
asestar *vt* assestare; puntare (*arma*); colpire
asever|ación *f* asseverazione, affermazione, asseveranza; ~**ar** *vt* asseverare, affermare, assicurare; ~**ativo** *adj* asseverativo
asexu|ado *adj* asessuato; ~**al** *adj bot/zool* asessuale
asfalt|ar *vt* asfaltare; ~**o** *m* asfalto, bitume; *(fig) jungla de* ~ giungla
asfixia *f* asfissia; ~**dor**, ~**nte** *adj* asfissiante, soffocante; ~**r 1.** *vt* asfissiare, soffocare; **2.** ~*se* asfissiare *vi*
así 1. *adv* così, in tal modo; altrettanto, ugualmente; tanto; ~ *como* così come, tanto quanto; ~ *mismo* così, anche; ~ ~ così così; ~ *que* non appena; ~ *como* ~ comunque; facilmente; ~ *es* è così; *(am)* ~ *no más* così facilmente; *ni* ~ neanche così; neanche un briciolo; **2.** *(conj)* ~ *que* cosicché
Asi|a *f* Asia; *~**ático** *adj/s* asiatico
asidero *m* manico; *fig* appiglio
asidu|idad *f* assiduità, frequenza; ~**o** *adj* assiduo, costante
asiento *m* 1. sedile, sedia *f*, poltrona *f*, panchina *f*; scanno; seggio; 2. sede *f*; 3. fondo, base *f*; 4. stabilità *f*, permanenza *f*; 5. registrazione *f*; *tomar* ~ accomodarsi, sedersi
asign|ación *f* assegnazione, aggiudicazione; stipendio *m*; ~**ar** *vt* assegnare, attribuire, destinare; ~**atura** *f stud* materia
asil|ado *adj/s pol* rifugiato; ricoverato; ~**ar** *vt* dar asilo; ricoverare; ~**o** *m* asilo, ricovero, rifugio, ospizio; ~ *infantil* asilo; ~ *de huérfanos* orfanotrofio; ~ *nocturno* dormitorio pubblico; ~ *de ancianos* ospizio; pensionato; ~ *político* asilo politico
asimétrico *adj* asimmetrico
asimil|ación *f* assimilazione; ~**ar** *vt* assimilare
asimismo *adv* V. **así mismo**

asin|cronía *f* asincronia; ~**crónico** *adj* asincrono, asincronico; ~**cronismo** *m* asincronismo
asín|deton *m ling* asindeto; ~**tota** *f mat* asintoto *m*
asir <*17 asgo*> *vt lit* prendere *est*, afferrare *est*; acchiappare *est*; *bot* attecchire *vi*
Asiri|a *f geogr* Assiria; *~**o** *adj/s* assiro
asisten|cia *f* assistenza; soccorso *m*; presenza, frequenza; *sport* assist *m*; ~ *a clase* frequenza alle lezioni; ~ *en carretera* assistenza su strada; ~ *social* assistenza sociale; *certificado de* ~ attestazione di frequenza; ~**cial** *adj* assistenziale; ~**ta** *f* donna di servizio, collaboratrice familiare, domestica; ~**te** *adj/s* assistente, aiutante; *mil* attendente; ~ *social* assistente sociale
asistir 1. *vt* assistere; soccorrere, aiutare; curare; **2.** *vi* frequentare *vt*, assistere; ~ *a clase* frequentare le lezioni
asm|a *f med* asma; ~**ático** *adj* asmatico
asn|a *f zool/fig* asina; ~**al** *adj* asinino; ~**o** *m zool/fig* asino, somaro, ciuco
asoci|ación *f* associazione; società, compagnia; ~ *de ideas* associazione d'idee; ~**ado 1.** *adj* associato; **2.** *m* socio; compagno; *profesor* ~ professore a contratto; ~**al** *adj/s* asociale; ~**ar** *vt* associare, unire; ~**ativo** *adj* associativo
asol|ador *adj* devastatore; ~**amiento** *m* devastazione *f*, distruzione *f*; ~**ar** *vt* 1. <*8a asuelo*> distruggere, devastare; 2. <*asolo*> *agr* seccarsi la raccolta
asomar 1. *vt* sporgere; **2.** *vi* spuntare; **3.** ~*se* affacciarsi
asombr|adizo *adj* pauroso; ombroso; ~**ar 1.** *vt* meravigliare, stupire; oscurare; spaventare; **2.** ~*se* meravigliarsi, stupirsi; ~**o** *m* meraviglia *f*, stupore, sorpresa *f*; paura *f*; ~**oso** *adj* meraviglioso, stupendo
asomo *m* indizio, sintomo; *ni por* ~ neanche per sogno
asonan|cia *f ling* assonanza; consonanza, armonia; ~**te** *adj* assonante
asordar *vt* assordare
aspa *f* aspa, aspo *m*; ala; ~**r** *vt* innaspare, annaspare; inchiodare in croce; mortificare; *que me aspen si lo entiendo* mi venga un accidente se ci capisco qualcosa; ~*se a gritos* contorcersi di rabbia o dolore
aspaviento 1. *m* agitazione *f*; 2. *mpl* smanie *fpl*, mosse *fpl*; *hacer ~s* fare mosse
aspecto *m* aspetto, apparenza *f*; *al primer* ~ a prima vista; *mal/buen* ~ cattivo/bell'aspetto
aspereza *f* asprezza, ruvidezza; scabrosità; *limar ~s* versare acqua sul fuoco
asperjar *vt* aspergere, spruzzare
áspero *adj* aspro, acerbo; ruvido; scabro; brusco; *fig* sgradevole
aspers|ión *f* aspersione, spruzzatura; ~**or** *m* spruzzatore; ~**orio** *m* aspersorio
aspérula *f bot* asperella
áspid *m zool* aspide
aspillera *f* feritoia
aspir|ación *f* aspirazione; ~**ador** *adj/m* aspiratore; ~**adora** *f* aspirapolvere *m/inv*; ~**ante** *adj/s* aspirante; ~**ar 1.** *vt* aspirare; **2.** *vi* aspirare
aspirina *f* aspirina
asque|ado *adj* schifato; ~**ar 1.** *vi* fare schifo, avere schifo; **2.** *vt* rovinare; ~**roso** *adj* schifoso, immondo, nauseabondo; schifiltoso (*persona*)
asta *f* asta, lancia, picca; *taur* corno *m*; *a media* ~ a mezz'asta
astenia *f med* astenia
asténico *adj* astenico
áster *m bot* aster
aster|isco *m* asterisco; ~**oide** *adj/m* asteroide
astigm|ático *adj/s* astigmatico; ~**atismo** *m med* astigmatismo
ástil *m* manico (*herramientas*); stecca *f*, asticciuola *f* (*flecha*); braccio (*balanza*); *zool* rachide *f*
astilla *f* scheggia; *de tal palo tal* ~ tale padre, tale figlio; *sacar* ~ trarre profitto
astillero *m* cantiere navale; rastrelliera *f*
astr|acán *m* astracan; *garras de* ~ zampe di astracan; ~**acanada** *f teatro* farsa, opera grottesca; ~**al** *adj* astrale
astr|ingente *adj/m* astringente; ~**ingir** <*astrinjo*> *vt* astringere; *fig* costringere
astr|o *m* astro; ~**ofísica** *f* astrofisica; ~**ología** *f* astrologia; ~**ólogo** *m* astrologo; ~**onáutica** *f* astronautica; ~**onomía** *f* astronomia; ~**onómico** *adj* astronomico; ~**ónomo, -a** *m/f* astronomo, -a; ~**oso** *adj* infausto; cencioso; vile
astucia *f* astuzia, malizia, scaltrezza; inganno *m*
asturiano *adj/s* asturiano
Asturias *f geogr* Asturie *fpl*
astuto *adj* astuto, scaltro, furbo
asueto *m* vacanza di un giorno o mezza giornata *f*; *día de* ~ giorno di riposo; *darse* ~ darsi riposo
asumir *vt* assumere
Asunción *f eccl* Assunzione; Assunta
asunto *m* faccenda *f*; tema, argomento; *com* affare; oggetto (*cartas*); *meterse en sus ~s* pensare agli affari propri; *tomar parte en el* ~ intervenire; *Ministerio de *~s Exteriores* Ministero degli Affari Esteri; *(no) es ~ tuyo* (non) sono affari/fatti tuoi
asust|adizo *adj* pauroso; ~**ar 1.** *vt* spaventare, impaurire, intimorire; **2.** ~*se* spaventarsi
atabal *m mus* timballo, timpano; ~**ear** *vi* tamburellare; scalpitare (*caballo*)
atac|able *adj* attaccabile; ~**ado** *adj* attaccato; pusillanime; spilorcio; ~**ar** <*ataqué*> *vt* attaccare; aggredire; *chim* intaccare, corrodere
atad|o 1. *adj* legato; impacciato; **2.** *m* fardello; ~**ura** *f* legatura; legaccio *m*; *fig* legame *m*
ataj|ar 1. *vt* prendere una scorciatoia; interrompere; bloccare; accorciare; *Arg/Perú/Ur* prendere al volo; **2.** ~*se* vergognarsi; ~**o** *m* scorciatoia *f* (*camino*); branco; taglio *m*; ostacolo; *(fig) echar por el* ~ andare per le spicce

atalaya 1. *f mil* vedetta, torre di vigilanza; 2. *m ant/mil* sentinella *f*; ~**r** *vt* vigilare, spiare
atañer *vi/def* concernere *vt*, riguardare *vt*; *por lo que atañe a* per quel che riguarda, rispetto a, riguardo a
ataque *m* attacco, assalto, aggressione *f*; *med* accesso; alterco
atar 1. *vt* legare, annodare; immobilizzare; ~ *de pies y manos a alg* legare le mani e i piedi a q; ~ *los perros con longanizas* legare la vigna con salsicce; **2.** ~*se* legarsi; obbligarsi
atarantado *adj* stordito; con il ballo di San Vito
atarazana *f* cantiere *m*, arsenale navale *m*
atardecer 1. <*13a*> *vi/imp* farsi sera, scendere la sera; **2.** *m* sera *f*, crepuscolo, tramonto; *al* ~ al tramonto
atarearse lavorare molto *vi*, affaticarsi; *estar atareado* essere molto occupato/affaccendato
atasc|adero *m* fangaia *f*; *fig* ginepraio; ~**ar 1.** <*atasqué*> *vt* turare, ostruire; *fig* ostacolare; **2.** ~*se* ostruirsi; *fig* impappinarsi; arenarsi; ~**o** *m* intoppo; ostacolo; ostruzione *f*; ingorgo, imbottigliamento (*tráfico*)
ataúd *m* bara *f*, feretro
ataviar <*2 atavío*> *vt* abbigliare, acconciare
atávico *adj* atavico
atav|ío 1. *m* abbigliamento, acconciatura *f*; 2. *mpl* ornamenti; ~**ismo** *m* atavismo
ateísmo *m* ateismo
atem|orizar <*atemoricé*> *vt* intimorire, impaurire; ~**perar** *vt* moderare, adattare
atena|zar, ~**cear** <*atenacé*> *vt* attanagliare
atención 1. *f* attenzione; cortesia, riguardo *m*; *¡~!* attenzione!; ~ *médica* assistenza sanitaria; *toque de* ~ chiamata all'ordine; *llamar la* ~ attirare l'attenzione; suscitare l'interesse; *stud* rimproverare; *prestar* ~ fare, prestare attenzione; **2.** *(prep) en* ~ *a* tenendo conto di
atender *vt* 1. attendere, aspettare; 2. curare; 3. ascoltare; fare attenzione a/caso a *vi*; seguire; 4. servire, occuparsi di *vi*; *tip* fare la collazione *vi*; ~ *una llamada telefónica* rispondere al telefono
aten|eo 1. *m* ateneo; **2.** *adj/s lit* ateniese; ~**erse** <*tengo; tendré; tuve*> attenersi, regolarsi; ~**iense** *adj/s* ateniese
atent|ado *m* attentato; *cometer un* ~ compiere un attentato; ~**amente** *adv* 1. attentamente, con attenzione; 2. gentilmente, cortesemente; ~ *le saluda* distinti saluti; ~**ar** <*5a atiento*> *vi* attentare (*contra* a); ~**o** *adj* 1. attento; 2. gentile, cortese
atenu|ación *f* attenuazione; ~**ante** *adj/f* attenuante; ~**ar** <*4 atenúo*> *vt* attenuare; diminuire
ateo *adj/s* ateo
aterciopelado *adj* vellutato
ateri|do *adj* intirizzito; ~**rse** intirizzirsi
aterr|ador *adj* terrificante; ~**ar 1.** <*5a atierro*> *vt* 1. atterrare, abbattere; 2. <*aterro*> atterrire, impaurire; **2.** <*5a atierro*> *vi* atterrare
aterriz|aje *m aer* atterraggio; ~ *forzoso* attentato forzato; *mar* approdo; ~**ar** <*aterricé*> *vi* atterrare
aterrorizar <*aterroricé*> *vt* terrorizzare, atterrire
atesor|amiento *m com* tesaurizzazione *f*; ~**ar** *vt* tesaurizzare, tesoreggiare
atest|ación *f* attestazione, attestato *m*; *ius* deposizione; ~**ado 1.** *m* attestato, certificato; **2.** *adj* riempito, zeppo, gremito; ~**ar** *vt* 1. <*5a atiesto*> riempire, gremire; 2. <*atesto*> *ius* attestare, testificare
atesti|guación *f* attestazione; ~**guar** <*3 atestigüé*> *vt* testimoniare, testificare, certificare, dichiarare
atezar <*atecé*> *vt* annerire, abbronzare
atiborrar *vt* inzeppare; rimpinzare (*comida*)
ático 1. *adj* attico, elegante; ateniese; *sal* ~*a* sale attico, fine arguzia; **2.** *m arch* attico
atild|amiento *m* 1. *ling* apposizione di accenti *f*, tilde *f*, dieresi *f*; 2. ornamento; critica *f*; ~**ar 1.** *vt ling* apporre accenti/tilde/dieresi; criticare; **2.** ~*se* adornarsi
atin|ado *adj* azzeccato; abile; ~**ar** *vi/vt* accertare *vt*, dare nel segno *vi*, imbroccare *vt*
ating|encia *f* connessione, relazione; ~**ente** *adj* relativo (*a* con/a), connesso
atípico *adj* atipico
atiplar *vi mus* falseggiare, cantare in falsetto
atisb|ar *vt* spiare; intravedere; ~**o** *m* indizio, sospetto
atiz|ador 1. *adj/s* attizzatore; **2.** *m* frantoiano; ~**ar** <*aticé*> *vt* attizzare; *fig* mollare; *(fam) se atizó tres copas de coñac* s'ingoiò tre cognac; *me aticé un plato de paella* mi divorai un piatto di paella/mi fregai un piatto di *paella (pop)*; *¡atiza!* caspita!
atlántico *adj* atlantico
Atlántico *m* Atlantico
Atlas *m mi* Atlante
atlas *m geogr/ling* atlante
atl|eta *m* atleta; ~**ético** *adj* atletico; ~**etismo** *m* atletica *f*, atletismo
atm|ósfera *f* atmosfera; ~**osférico** *adj* atmosferico
atoch|a *f bot* sparto *m*, alfa; ~**al** *m* campo di sparto
atocinado *adj* lardoso, grasso
atolladero *m* fangaia *f*
atolón *m* atollo
atolondr|ado *adj* stordito; intontito; sbadato; ~**amiento** *m* stordimento, stupore; ~**ar** *vt* stordire, stupefare
atómico *adj* atomico
atomiz|ación *f chim* atomizzazione; ~**ador** *m tec* atomizzatore, nebulizzatore; spruzzatore, vaporizzatore; ~**ar** <*atomicé*> *vt* atomizzare, nebulizzare; polverizzare
átomo *m* atomo

atonía *f* atonia
atónito *adj* attonito, sbalordito, sorpreso
átono *adj ling* atono
atont|ado *adj* stordito, sbalordito; **~ar** *vt* stordire, sbalordire, istupidire
atorment|ador *adj/s* tormentatore; aguzzino; **~ar** *vt* tormentare, torturare
atornillar *vt* avvitare
atorr|ante *adj/s Arg* vagabondo, fannullone; **~ar** *vi am* vagare, sbafare
atortolar *vt fam* stordire, intontire
atosig|amiento *m* avvelenamento, intossicazione *f*; *fig* pressione *f*; **~ar** <*atosigué*> *vt fig* non dar tregua *a*/fare pressione su *vi*; avvelenare, intossicare
atrabiliario *adj* bilioso, irascibile; *med* atrabiliare
atra|cada *f am* scorpacciata; **~cadero** *m mar* ormeggio; **~cador** *adj/s* rapinatore; **~car 1.** <*atraqué*> *vt* 1. rapinare, assaltare; **2.** *vt/vi mar* attraccare, ormeggiare; **3.** *(fig)* *~se* rimpinzarsi
atracción 1. *f* attrazione; *ius* preferenza; 2. *fpl* giostre; *parque de ~ones* luna park
atra|co *m* assalto, rapina *f*; **~cón** *m* scorpacciata *f*; *darse un ~* fare una scorpacciata
atra|ctivo 1. *adj* attraente; **2.** *m* attrattiva *f*, fascino; **~er** <*39* V. *traero*> *vt* attrarre, attirare; cattivarsi; lusingare
atragantarse andare di traverso/in croce *vi*; *fig/fam* incepparsi (*hablando*); *~le una persona a alg* essere antipatica una persona a q
atrancar <*atranqué*> *vt* sprangare (*puerta*); ostruire, otturare
atrapar *vt* acchiappare, pigliare, prendere al volo; intrappolare; *fig* accalappiare
atraque *m mar* ormeggio
atrás 1. *adv* dietro, indietro, di dietro; *echarse ~* ritrattarsi; *por ~* da dietro; *tiempo ~* tempo addietro; *volverse ~* girarsi, voltarsi indietro; **2.** *(excl)* *¡~!* indietro!
atras|ado *adj* arretrato, ritardato; **~ar 1.** *vi* ritardare, andare indietro; **2.** *vt* mettere indietro (*reloj*); **3.** *~se* restare indietro *vi*; andare indietro *vi*; **~o** 1. *m* ritardo; *com* mora *f*; 2. *mpl* arretrati
atraves|ado *adj* attraversato; trafitto; messo di traverso; strabico; *fig* maligno; *tener ~ a alg* sentire antipatia per q; **~ar 1.** *vt* attraversare; trapassare, trafiggere (*con un puñal*); penetrare; mettere di traverso; **2.** *~se* mettersi/andare di traverso *vi*; *~se en el camino de alg* mettere a q il bastone fra le ruote
atrayente *adj* attrattivo
atrecho *m am* scorciatoia *f*
atrev|erse osare *vt*, azzardarsi (*a* a); mancare di riguardo *vi* (*con* verso); affrontare *vt*; **~ido 1.** *adj* osato; pericoloso; indecoroso; **2.** *adj/s* audace, ardito, coraggioso; impertinente, sfacciato; **~imiento** *m* coraggio, audacia *f*; impertinenza *f*, sfacciataggine *f*
atrezo *m teatro* attrezzatura di scena *f*
atri|bución *f* attribuzione; facoltà, prerogativa; **~buible** *adj* attribuibile; **~buir** <*14 atribuyo; atribuyó*> *vt* attribuire; imputare; conferire; **~bular** *vt* tormentare, affliggere; **~buto** *m* attributo, dote *f*, qualità *f*
atrición *f eccl* attrizione, contrizione
atril *m* leggio
atrincher|amiento *m* trinceramento; **~ar 1.** *vt* trincerare; **2.** *~se* barricarsi
atrio *m* atrio, vestibolo, ingresso
atrito *adj* attrito, contrito, pentito
atrocidad *f* atrocità, crudeltà; *fig* enormità
atrofia *f* atrofia; **~rse** atrofizzarsi
atron|ador *adj* assordante; **~ar** *vt* assordare, intronare; stordire; *taur* = "uccidere un toro con una stoccata alla cervice"
atropell|adamente *adv* precipitosamente, disordinatamente; **~ado** *adj* precipitoso; investito, travolto; *fig* calpestato, maltrattato; **~ar 1.** *vt* investire (*coche,...*), travolgere; *fig* calpestare, oltraggiare; **2.** *~se* precipitarsi; **~o** *m* tumulto, assalto; investimento (*coche...*); oltraggio; prepotenza *f*
atroz *adj* atroce, crudele; *fig* enorme; **~mente** *adv* atrocemente
ats *m/f* (*ayudante técnico sanitario*) paramedico, infermiere, -a
atuendo *m* abbigliamento; pompa *f*
atuf|ar *vt* intossicare; *fig* stizzire; **~o** *m* stizza *f*, broncio; **~arse** stizzirsi; inacidirsi (*vino*)
atún *m zool* tonno
atunero *m* tonnarotto
aturd|ido *adj* stordito, sbalordito; **~imiento** *m* stordimento; capogiro; **~ir** *vt* stordire, sbalordire; assordare
aturullar *vt* stordire, confondere
atusar 1. *vt* tosare (*plantas*); lisciarsi (*barba, bigotes*); **2.** *~se* agghindarsi
auda|cia *f* audacia, ardire *m*; **~z** *adj* audace, ardito, baldanzoso
audi|ción *f* audizione, concerto *m*, recital *m*; *ius* interrogatorio *m*; **~encia** *f* udienza; tribunale *m*; *tele* audience, ascolto *m*; *dar ~* dare udienza; *índice de ~* indice di ascolto
audífono *m am radio* cuffia *f*; *med* audioprotesi *f*
audi|ófono *m* apparecchio acustico, audioprotesi *f*; **~ovisual** *adj* audiovisivo; **~tivo** *adj* uditivo; **~tor** *m* auditore; giudice; *com* auditor; **~toría** *f* auditorato *m*; *com* auditing *m*, revisione dei conti; **~torio** *m* uditorio
auge *m* auge, apogeo; *estar en ~* essere in auge
augur *m* augure, indovino; **~ar** *vt* pronosticare, predire; **~io** *m* presagio, pronostico
augusto *adj* augusto
Augusto *m* Augusto
aula *f* aula; classe; *lit* sala di una reggia; **~rio** *m* edificio adibito ad aule
áulico *adj* aulico, cortigiano
aull|ar <*aúllo*> *vi* urlare; ululare; **~ido** *m* urlo; ululato
aument|ar *vt/vi* aumentare, ampliare, crescere; ingrandire; **~ativo** *adj* aumen-

tativo, accrescitivo; ~**o** *m* aumento, accrescimento; ingrandimento (*lente*); rincaro (*precios*)
aun *conj* anche, pure; perfino, persino; *ni ~* nemmeno, neppure; *~ cuando* anche se; *~ así* nonostante; sebbene, quantunque
aún *adv* ancora; *~ más* ancora di più
aunar <*aúno*> *vt* adunare, unire; unificare
aunque *conj* sebbene, benché, quantunque, nonostante (*+ subj.*); anche se (*+ind.*)
¡aúpa, aúpa! *excl* op là!; *de ~* incredibile, fantastico
au pair *adv/adj* alla pari, au pair *fr*
aupar <*aúpo*> *vt* sollevare, prendere in braccio
aura *f lit* aura, zeffiro *m*; *med* aura; *zool* ="avvoltoio americano" (*cathartes aura*) *m*
áureo *adj* aureo
aureola *f* aureola; *raro* nimbo; ~**do** *adj* nimbato
aur|ícula *f med* orecchietta, auricola; ~**icular 1.** *adj* auricolare; **2.** *m* cuffia *f* (*grande*); ricevitore (*teléfono*)
aurífero *adj* aurifero
aurora *f* aurora; *~ boreal* aurora boreale
auscult|ación *f med* auscultazione; ~**ar** *vt med* auscultare
ausen|cia *f* assenza; mancanza; *(enf) brillar por su ~* non esserci; mancare *vi*; ~**tarse** assentarsi; ~**te** *adj/s* assente
auspici|ar *vt* auspicare; ~**o** *m* auspicio, pronostico, presagio; protezione *f*, appoggio; *(fig) bajo los ~s de* sotto gli auspici di
auster|idad *f* austerità; ~**o** *adj* austero
austral *adj* australe
Australia *f geogr* Australia; ***~no** *adj/s* australiano
Austr|ia *f geogr* Austria; ***~iaco** *adj/s* austriaco
austro *m* austro; **-húngaro** *adj* austroungarico
aut|arquía *f* autarchia; ~**árquico** *adj* autarchico
aut|enticación *f ius* autenticazione; ~**enticar** <*autentiqué*> *vt ius* autenticare, legalizzare
aut|enticidad *f* autenticità; ~**éntico** *adj* autentico, legalizzato; legittimo; *es un tío ~* è un vero uomo; ~**illo** *m* allocco; ~**ismo** *m med* autismo; ~**ista** *adj/s med* autista
auto 1. *m ius* ordinanza giudiziaria *f*, atto, decreto; *~ de prueba* richiesta di nuove prove; *~ de sobreseimiento* sentenza di non luogo a procedere; 2. *(teatro) ~ sacramental* ="sacra rappresentazione in un atto"; 3 *m* automobile *f*, auto *f*
auto|adhesivo *adj* autoadesivo; ~**biografía** *f* autobiografia; ~**blinda** *f mil* autoblinda, autoblindata; ~**bombo** *m stud* difesa del proprio curricum in un concorso *f*; ~**bús** *m* autobus *inv*; ~**car** *m* pullman *inv*; corriera *f*; autocarro; ~**caravana** *f* camper *m/inv*; ~**choque** *m* autoscontro; ~**cine** *m* autocinema *inv*, cineparco *inv*; ~**clave** *f* autoclave; ~**columna** *f mil* autocolonna; ~**cracia** *f* autocrazia
autócrata *adj/s* autocrata, despota
autocrítica *f* autocritica
autóctono *adj* autoctono
auto|destructor *adj* autodistruttivo; ~**determinación** *f* autodeterminazione, autodecisione; ~**didacta** *adj/s* autodidatta; ~**dirigido** *adj* autoguidato, autocomandato
autódromo *m* autodromo
auto|encendido *m* autoaccensione *f*; ~**-escuela** *f* autoscuola, scuola guida; ~**estopista** *m/f* autostoppista; ~**exploración** *f med* autopalpazione; ~**financiación** *f* autofinanziamento *m*
autógeno *adj* autogeno
auto|giro *m* autogiro; ~**gobierno** *m* autogoverno; ~**grafía** *f* autografia
autógrafo *m* autografo
auto|inducción *f* autoinduzione; ~**lavado** *m* autolavaggio; ~**limpiante** *adj* autopulente; ~**marginarse** autoemarginarsi
autómata *m* automa, robot *inv*
auto|mático *adj* automatico; ~**matismo** *m* automatismo; ~**matización** *f* automazione, automaticizzazione; ~**matizar** <*automaticé*> *vt* automatizzare, automaticizzare; ~**medicación** *f* automedicazione; ~**motriz** *adj/f* automotrice; ~**móvil** *adj/m* automobile *adj/f*; ~**movilista** *m/f* automobilista; ~**nomía** *f* autonomia; ~**nómico** *adj* autonomico, delle regioni
autónomo *adj* autonomo
auto|pista *f* autostrada; ~**psia** *f med* autopsia
autor, -ra 1. *m/f* autore, -trice; *ius* causante; 2. *m teatro/ant* capocomico
autoría *f* proprietà letteraria/artistica; impiego di capocomico *m*
auto|ridad *f* autorità; potere *m*, forza; ~**ritario** *adj* autoritario; ~**ritarismo** *m* autoritarismo; ~**rización** *f* autorizzazione; *ius* vidimazione, legalizzazione; ~**rizado** *adj* autorizzato; autorevole; ~**rizar** <*autoricé*> *vt* autorizzare; dare facoltà *vi*, conferire autorità *vi*; approvare; vidimare, legalizzare
auto|rradio *f* autoradio; ~**rrebobinado** *m* riavvolgimento automatico; ~**rretrato** *m* autoritratto
auto|servicio *m* self-service, autoservizio; *auto* officina meccanica *f*; ~**stop** *m* autostop; ~**sugestión** *f med* autosuggestione
autovía *f* superstrada
autumnal *adj lit* autunnale *lit*
auxili|ar 1. *adj* ausiliare, ausiliario; **2.** *m/f* assistente (*vuelo*); **3.** *vt* aiutare, soccorrere, assistere; ~**o 1.** *m* ausilio, aiuto, soccorso; **2.** *excl ¡~!* aiuto!
aval *m com* avallo
avalancha *f* valanga; *fig* folla
aval|ar *vt com* avallare, garantire; ~**ista** *adj/s* avallante; ~**orar** *vt* avvalorare; *fig* incoraggiare; ~**úo** *m com/ius* valutazione *f*
avance *m* avanzata *f*, avanzamento; anticipazione *f*, *com* bilancio, preventivo; *cine* prossimamente; *cine* trailer; *radio/tele* edizione straordinaria *f*
avantrén *m mil* avantreno
avanz|ada *f mil* avanguardia; ~**adilla** *f*

mil/fig avanguardia; ~**ado** *adj* avanzato; ~**ar** <*avancé*> **1.** *vi* avanzare, andare avanti; *fig* progredire; **2.** *vt* spostare in avanti; ~**o** *m com* bilancio, preventivo

avar|icia *f* avarizia; cupidigia; ~**icioso,** ~**iento** *adj* avaro; cupido; ~**o** *adj/s* avaro, tirchio, spilorcio

avasall|ador *adj/s* dominatore; soggiogatore; ~**amiento** *m* soggiogamento; vassallaggio; ~**ar** *vt* soggiogare, dominare; sottomettere

avatares *mpl* vicissitudini (della vita) *fpl*, casi (della vita)

ave *f* uccello *m*; volatile *m*; ~ *acuática* uccello acquatico; ~ *de corral* volatile; ~ *de mal augurio* uccello di malaugurio; ~ *de paso* uccello migratore; ~ *de rapiña* uccello da rapina

AVE *m* treno super rapido

avechucho *m fig* uccellaccio, spauracchio

ave|cinar 1. *vt* avvicinare; **2.** ~*se* 1. avvicinarsi; 2. domiciliarsi; ~**cindamiento** *m* presa di domicilio *f*; ~**cindar 1.** *vt* iscrivere; **2.** ~*se* domiciliarsi

avefría *f zool* pavoncella, vanello *m*; *fig* persona insipida

avejentar *vt* invecchiare

avellan|a *f bot* nocciola; ~**ado** *adj* (color) nocciola; ~**ador** *m tec* alesatore; ~**ar,** ~**al 1.** *m bot* noccioleto; ~**ar 2.** *vt tec* alesare; ~**o** *m bot* nocciolo

avemaría *f* avemmaria; *¡**~*!* Madonna Santa!; *¡**~ *Purísima!* ="forma di saluto del clero nei paesi"; *al* ~ al tramonto; *en un* ~ in un batter d'occhio

avena *f bot* avena, biada; ~**do** *adj* lunatico; ~**miento** *m agr* drenaggio; ~**r** *vt agr* drenare

avenencia *f* accordo *m*, armonia; *en buena* ~ di buon accordo

aveni|da *f* 1. viale *m*, corso *m*; 2. alluvione *m*; 3. *fig* abbondanza; ~**do** *adj bien, mal* ~ concorde, discorde; ~**r 1.** <*41* V. *venir*> **2.** *vt* concordare, accordare; **3.** *vi* 1. armonizzare; 2. succedere; **4.** ~*se* mettersi, andare d'accordo *vi*; adattarsi; corrispondere *vi*

aventador *adj/m agr* ventilatore; soffietto *m*; ventilabro

avent|ajado *adj* avvantaggiato, progredito; *mil* scelto; ~**ajar 1.** *vt* sorpassare, superare; anteporre; **2.** ~*se* emergere *vi*, primeggiare *vi*

avent|ar <*2 aviento*> **1.** *vt agr* ventilare, vagliare; *fig* cacciare; **2.** ~*se* gonfiarsi; *fig* scappare *vi*, svignarsela; ~**ón** *m Mex* spintone

aventur|a *f* avventura; caso *m*, evento *m*; ~**ar** *vt* avventurare, azzardare; ~**ero 1.** *adj/s* avventuriero/e; imbroglione; **2.** *m* soldato di ventura, mercenario; venditore avventizio; ~**ismo** *m* avventurismo

avergonzar 1. <*8a avergüenzo; avergoncé*> *vt* svergognare; **2.** ~*se* vergognarsi

aver|ía *f* 1. *com* avaria; 2. pollaio *m*; ~**iado** *adj* avariato, guasto; ~**iarse** avariarsi, guastarsi

aver|iguación *f* verifica; indagine, ricerca; ~**guamiento** *m* verificazione *f*; ~**guar** <*3 averigüé*> *vt* verificare, indagare, ricercare, investigare; chiarire

Averno *m* Averno; *lit* inferno

Averro|es *m* Averroè; *~**ísmo** *m* averroismo; *~**ísta** *adj/s* averroista

averrugado *adj* verrucoso

aversión *f* avversione, ripugnanza, antipatia

ave|struz *f zool* struzzo *m*; *fig* selvaggio; ~**toro** *m zool* tarabuso

avezar <*avecé*> *vt* avvezzare, abituare

avia|ción *f* aviazione; ~**do** *adj* avviato, incamminato; preparato; *(iron) estar aviado(s)* star fresco (freschi); ~**dor** *m* aviatore; ~**r** <*2 avío*> *vt* 1. avviare, incamminare; 2. preparare; 3. cominciare; 4. abbigliare

Avicena *m* Avicenna

avícola *adj* avicolo

avicult|or *adj/s* avicultore; ~**ura** *f* avicoltura

avidez *f* avidità, cupidigia

ávido *adj* avido, cupido, ingordo

aviejar V. **avejentar**

avieso *adj* storto; *fig* cattivo, maligno, subdolo

avilantarse divenire insolente *vi*

avinagr|ado *adj* inacidito; inasprito; amareggiato; ~**arse** inacidirsi; inasprirsi; amareggiarsi

avío 1. *m* avviamento, avvio; preparazione *f*; provvista *f*; 2. *mpl* arnesi, strumenti

avión *m* aeroplano, aereo; *zool* tipo di rondone; ~ *a chorro* aerogetto; ~ *nodriza* aerocisterna; ~ *de bombardeo* bombardiere; ~ *de caza* caccia; ~ *de reacción* aereo a reazione; ~ *torpedo* aerosiluro

avioneta *f* aeroplano da turismo *m*

avis|ado *adj* avvisato, avvertito; sagace, accorto; ~**ador** *adj/s* messaggero; avvisatore; ~ *acústico* segnalatore acustico; ~**ar** *vt* avvisare, avvertire; prevenire; ~**o** *m* avviso, annunzio; comunicazione *f*; consiglio; attenzione *f*; *estar sobre* ~ stare all'erta, in guardia, sull'avviso

avisp|a *f zool* vespa; ~**ado** *adj* sveglio, vispo; guardingo; stimolato; scaltrito; ~**ar** *vt* svegliare, scaltrire; stimolare, spronare; ~**ero** *m* vespaio; *fig* impiccio, ginepraio; ~**ón** *m* vespone, calabrone

avistar *vt* scorgere, avvistare

avitaminosis *f* avitaminosi

avitualll|amiento *m* vettovagliamento; ~**ar** *vt* vettovagliare, rifornire di viveri

avivar 1. *vt* avvivare, ravvivare; animare; attizzare (*fuego*); **2.** *vi* rianimarsi, rinvigorirsi; *am* svegliarsi; scaltrirsi

avizor *adj* scrutatore; *ojo* ~ occhio scrutatore; ~**ar** *vt* scrutare, spiare, vigilare

avulsión *f med* avulsione, estirpazione

avutarda *f zool* ottarda

axil *adj* dell'asse; ~**a** *f* ascella; ~**ar** *adj* ascellare

axio|logía *f* assiologia; ~**ma** *m* assioma; ~**mático** *adj* assiomatico

¡ay! 1. *excl* ahi!; *¡~ de mí, de ti, vosotros...!* povero me!, te/poveri voi...!; guai a me!, a te, guai a voi...!; *¡~de mí!*

ahimè; *¡~ qué bonito!* oh, che bello!; *estar en un ~* essere in un continuo lamento; **2.** *m* gemito, sospiro
aya *f* balia; governante
Ayatolá *m* Ayatollah
ayer 1. *adv* ieri; *~ por la mañana* ieri mattina; *~ por la noche* ieri sera/notte; **2.** *m* passato
ayuda *f* **1.** aiuto *m*, soccorso *m*, ausilio *m*; appoggio *m*; **2** *m ~ de cámara* maestro, valletto di camera; **~nte** *adj/s* aiutante, *adm* assistente; *~ universitario* assistente universitario; *~ de realización* aiuto regista; **~ntía** *f* assistentato *m*; **~r** *vt* aiutare, soccorrere; cooperare; *~ a bien morir* assistere un morto; *~ a/en misa* servire messa
ayun|ar *vi* digiunare; **~as: en** *~ adv* a digiuno; *(fig) quedarse en ~* non capire niente; **~o** *m* digiuno
ayuntamiento *m* 1. municipio, Comune (*de una ciudad*); 2. congiungimento, unione *f*
azabache *m* giavazzo; *zool* cincia dal capo nero *f*
azad|a *f agr* zappa; **~ón** *m agr* zappone
azafa|ta *f* hostess; *telc* valletta; **~te** *m* cestino
azafr|án *m* zafferano; **~anado** *adj* zafferanato
azahar *m bot* fior d'arancio
azalea *f bot* azalea
azar *m* caso, accidente; caso; azzardo; disgrazia *f*; *al ~* a casaccio; *juegos de ~* giochi d'azzardo; *por ~* per caso; **~arse** vergognarsi; turbarsi; **~olla** *f bot* lazzeruola; **~oso** *adj* azzardato, rischioso
Azerbaiyán *m* Azerbajdzan, Azerbaigian; ***~o** *adj/s* azerbaigiano
ázimo *adj* azzimo
azn|acho, ~allo *m bot* pino rosso
azofaifa V. **azufaifa**
azogar 1. <*azogué*> *vt* coprire di amalgama; **2.** *~se* intossicarsi coi vapori di mercurio; *fig* agitarsi
azogue *m* 1. mercurio; 2. mercato (*plaza*)
azor *m zool* astore delle Asturie, sparviero; **~amiento** *m* spavento, sussulto; **~ar** *vt* agitare, impaurire
Azores (Las) *fpl geogr* Le isole Azzorre
azota|calles *m* scioperato, girellone; **~ina** *f* bastonata, staffilatura, dose di frustate; **~r** *vt* frustare, flagellare; sferzare, picchiar forte; **~zo** *m* frustata *f*, sculaccione
azote *m* flagello; frusta *f*, sferza *f*; frustata *f*; *fig* calamità *f*, disastro; *Atila el ~ de Dios* Attila, il flagello di Dio; **~a** *f* tetto a terrazza *m*; *(fig) estar mal de la ~* essere matto
azteca *adj/s* azteco
azúcar *m* zucchero; *~ moreno/de caña* zucchero greggio/scuro
azucar|ado *adj* zuccherato; addolcito, dolce, zuccherino; *fig* mellifluo; **~ar 1** *vt* zuccherare, inzuccherare; addolcire; *fig* dorare la pillola; **2.** *~se am* cristallizzarsi; **~era** *f* zuccheriera; zuccherificio *m* (*fábrica*); **~ero 1.** *m* zuccheriera *f*; **2.** *adj* dello zucchero; **~illo** *m* zuccherino
azucena *f bot* giglio *m*
azud *m*, **azuda** *f* presa d'acqua *f*; noria *f*
azufaif|a *f bot* giuggiola; **~o** *m* giuggiolo
azufr|ado 1. *adj* solforato; solforoso; **2.** *m* solforazione *f*; **~ador 1.** *adj/m* solforatore; **2.** *m* solforatoio; **~adora** *f agr* solforatrice; **~ar** *vt* solfare, solforare; **~e** *m* zolfo; **~era** *f* solfara, solfatara
azul *adj/m* azzurro, blu; *~ cielo o celeste* celeste; *~ marino* blu marino; **~ado** *adj* azzurrino, azzurognolo
azulej|o *m* mattonella *f*, piastrella *f*; **~ar** *vt* rivestire con mattonelle
azulete *m* azzurretto per la biancheria
azulgrana *adj/m sport* (giocatore) della squadra di calcio di Barcellona
azumbre *m/f* ="misura di capacità" (*l. 2,016*) *f*
azur *adj/m arald* azzurro cupo
azuz|ar <*azucé*> *vt* aizzare, incitare; irritare; **~ón** *adj/s* pettegolo

B

baba *f* bava; *caérsele (a alg) la* ~ andare in sollucchero (q); *(pop) tener mala* ~ essere malvagio/perfido *est*
babelar *vi* sbavare; ~**l** *m/f fig* babele *f*, babilonia *f*; *~ Babele; ~**o** *m* sbavatura *f*; ~**ro** *m* bavaglino; *desp/gergo* bavoso
Babia: en ~ *adv/fam*; *estar en* ~ stare con la testa fra le nuvole; essere distratto
babileca *adj* babbeo, idiota; ~**lla** *f* coscia di bovini (*carnicería*); rotula
bable *m* dialetto asturiano
babor *m mar* babordo
babosla *f zool* lumaca; ~**o** *adj* 1. bavoso; 2. moccioso (*niño*); *am* sciocco; *viejo* ~ vecchio sporcaccione
babucha *f* babbuccia, pantofola
baby *m* 1. grembiulino; 2. bimbo; *(am)* ~ *fútbol* calcetto
baca *f* 1. portabagagli *m*; 2. *bot* bacca; 3. *ant* imperiale *m*
bacalao *m* baccalà, stoccafisso (*seco*), merluzzo; *(fig) cortar el* ~ comandare; *te conozco ~ aunque vayas disfrazado* ti conosco mascherina
bacán 1. *m am* torta di granoturco *f*, 2. *Arg pop* pappone; uomo ricco; capo
bacanlal *f* baccanale *m*, orgia; ~**te** *f* baccante
bacará *m* baccarà, macao
bache *m* buca *f*; vuoto d'aria; *fig* depressione *f*, fase depressiva *f*, periodo nero; *econ* buco; ~**ar** *vt* spianare buche
bachiller *adj/m* diplomato di liceo; *ant* baccelliere; *iron* saputello; ~**a** *f* chiacchierona, saccentella; ~**ato** *m* 1. liceo; 2. diploma di liceo
bacía *f* bacinella da barbiere; bacile *m*
bacillar V. **vacilar**; ~**iforme** *adj* bacilliforme; ~**o** *m med* bacillo
bacín *m* 1. vaso da notte, pitale (*ant*); 2. cassetta delle elemosine *f*; 3. *fig* meschino
bacinla *f ecc* cassetta delle elemosine; ~**ero** *m* sacrestano questuante
Baco *m mit* Bacco, Dioniso
bacón *m* bacon, ventresca *f*, pancetta affumicata *f*
bacterila *f med* batterio *m*, bacterio *m*; ~**al,** ~**ano** *adj* batterico; ~**cida** *adj* battericida; ~**ología** *f* batteriologia; ~**ológico** *adj* batteriologico; ~**ólogo, -a** *m/f* batteriologo, -a
báculo *m* bastone; *(eccl) ~ pastoral* pastorale
badajlo *m* batacchio, battaglio; *fig* sciocco, babbeo; *pop/euf* banana *f*; ~**uelo** *m* batacchietto
badajolcense, ~**ceño** *adj/s* (persona) di Badajoz
badana *f* bazzana; *zurrar (a alg) la* ~ dare una bastonata (a q); ~**s** *m* gonzo
badén *m* cunetta *f*; borro
badil *m*, **badila** *f* paletta del focolare *f*
baf(f)le *m tec* cassa acustica *f*
bagaje *m* bagaglio; ~ *militar* treno
bagatela *f* bagatella
bagual *adj am* fiero, indomito
¡bah! *excl* bah!
bahía *f geogr* baia, insenatura
baillable *adj* ballabile; ~**adero** *m* balera *f*; ~**ador, -a** *m/f* 1. ballerino, -a di flamenco; 2. *gergo* ladro, -a; ~**ar** *vi* 1. ballare, danzare; ~ *al son que le tocan* adattarsi alle circostanze; *(fam) otro que bien baila* un altro uguale; *¡qué me quiten lo bailao!* chi ha avuto, ha avuto, chi ha dato, ha dato; 2. *gergo* rubare; ~**arín** *m* ballerino; ~**arina** *f* ballerina; ~**e** *m* ballo, danza *f*, ~ *de disfraces* ballo in maschera; ~ *de etiqueta* ballo in abito da sera; ~**ón** *adj/s* amante del ballo; ~**ongo** *m* ballo da poco; ~**otear** *vi* ballonzolare; ~**oteo** *m* ballonzolo
baja *f* 1. ribasso *m* (*com*), abbassamento *m* (*meteo*), diminuzione, riduzione, calo *m*; *(com) jugar a la* ~ giocare al ribasso; 2. *mil* perdita; 3. cessazione; congedo *m* (*trabajo*); ~ *médica* certificato di malattia; *darse de* ~ cessare, dimettersi, uscire (*trabajo*); mettersi in mutua; *estar de* ~ essere in mutua; *estar de ~ por maternidad* essere in maternità; *8 meses de* ~ 8 mesi di congedo
bajá *m* pascià
bajalda *f* discesa; pendio *m*; calata, abbassamento *m*; *arch* grondaia; ~**mar** *f* bassa marea, riflusso *m*; ~**nte** *m/f arch* tubo *m* (per condutture) (*agua, gas...*), tubatura di scarico *f*, ~**r 1.** *vi* scendere, discendere; calare, diminuire; **2.** *vt* abbassare, ribassare; metter giù; calare, diminuire; *(fig) ~ la cabeza* chinare/abbassare il capo; *(fig) ~ los humos (a alg)* umiliare (q); **3.** ~*se* inchinarsi; ~*se del burro* cedere, arrendersi
bajel *m* battello, nave *f*
bajelro *adj* inferiore, di sotto; ~**za** *f* bassezza, viltà; ~ *de nacimiento* umiltà di nascita
bajío *m mar* bassofondo; *am* terreno basso
bajista *adj/s com* ribassista
bajo 1. *adj* basso; inferiore; chino, chinato; *fig* umile, volgare; *mus* grave, tono basso; *piso* ~ pianterreno; **2.** *m* 1. *mus* basso; 2. *mpl* parte inferiore *f*, pianterreno *m*; bassifondi; **3.** *adv/prep* sotto; ~ *sospecha* in sospetto; ~ *cero* sotto zero; ~ *techado* al coperto; *en voz ~a* a bassa voce; *por lo* ~ sotto sotto, di nascosto; *hablar* ~ parlare sottovoce
bajón *m* forte diminuizione *f*; deperimento rapido; *dar un* ~ deperire *vi*
bajorrelieve *m* bassorilievo
bakelita, baquelita *f* bachelite
bala *f* proiettile *m*, pallottola, cartuccia; *com* balla, collo *m*; ~*s de fogueo* cartucce da salva; *como una* ~ come un lampo; ~**cear** *am* V. **balear**; ~**zo** *m* sparo
balada *f* ballata
baladí *adj* futile, dappoco
baladrón *adj/m* smargiasso, spaccone, gradasso
balancle *m* 1. *com* bilancio; 2. dondolio, oscillazione *f*, *mar* rullio; **1.** ~**ear** *vi* bilanciare; *mar* rullare; dondolare; **2.** *vt* equilibrare; **3.** ~*se* dondolarsi; ~**eo** *m* dondolio,

rullio; ~**ín** *m* sedia a dondolo *f*; altalena *f*; bilancino; bilanciere (*acróbatas*); manovella *f*; *mar* mantiglio
balandr|a *f mar* cútter *m/inv*; ~**o** *m mar* iole *f*
balanza *f* bilancia; ~ *de cruz* bilancia a fulcro; ~ *de pagos* bilancia dei pagamenti; ~ *romana* stadera
Balanza *f astr/raro* Libra
balar *vi* belare
balasto *m* ballast *ingl/inv*, ghiaiata *f*
balata *f* ballata; *Ven* albero da gomma *m*
balaustrada *f* balaustra, balaustrata
balbuc|ear *vi* balbettare; ~**eo** *m* balbettio; balbuzie *f*; ~**iente** *adj/s* balbuziente; ~**ir** <V. *abolir*> *vi/def* balbettare
Balc|anes *mpl geogr* Balcani; *~**ánico** *adj* balcanico; *~**anización** *f pol* balcanizzazione
balcón *m* balcone; terrazzino; belvedere
bald|ado *adj* paralitico; ~**aquín** *m* baldacchino; ~**ar 1.** *vt med* paralizzare; lasciare malconcio; **2.** ~*se* rattrappirsi
balde 1. *m* bugliolo; *am* secchio; **2.** *(adv) de* ~ gratis; *en* ~ inutilmente/invano; ~**ar** *vt mar* lavare/sciacquare il ponte col bugliolo; ~**o** *m mar* lavaggio/sciacquatura *f* col bugliolo
baldío *adj* vano, inutile; sterile (*terreno*)
baldón *m* oltraggio; vergogna *f*; obbrobrio
baldos|a *f* mattonella, mattone *m*; *mus* baldosa; ~**ín** *m* piastrella *f*, mattonella *f*
baldragas *m* bietolone, baccalà
bale|ar 1. *adj geogr* baleare; **2.** *vt am* fucilare; scroccare; **3.** ~*se am* prendersi a revolverate
Baleares *fpl* Baleari
balido *m* belato; belio *lit*
balí|n *m* pallino; ~**stica** *f mil* balistica
baliza *f mar* boa
ballen|a *f* 1. *zool* balena; 2. stecca (*corsé*); ~**ato** *m* balenotto; ~**ero 1.** *adj* baleniero; **2.** *m* baleniere; *mar* (nave) baleniera *f*
ballest|a 1. *f* balestra; 2. *fpl tec* balestre; ~**ero** *m* balestriere
ballet *m/fr* balletto
balneario 1. *adj* balneare; **2.** *m* stabilimento balneare, terme *fpl*
balompié V. **fútbol**
balón *m* 1. pallone; 2. *cient* matraccio
balon|cesto *m sport* pallacanestro *f*, basket; ~**mano** *m sport* pallamano *f*; ~**volea** *m sport* pallavolo *f*
balota *f* ballotta; ~**je** *m* ballottaggio; ~**r** *vi* ballottare
balsa *f* 1. deposito d'acqua *m*, bacino *m*; stagno *m*; piccola piscina; *estar como una* ~ *de aceite* stare calmo come l'olio, essere una tavola; 2. *mar* zattera
balsámico *adj* balsamico
bálsamo *m* balsamo
báltico *adj* baltico
Báltico *m* Baltico
baluarte *m* baluardo, bastione
balumba *f* ="mucchio di cose disordinate" *m*; *am* baccano *m*
bamba *f mus* bamba; ~**lear** *vt* dondolare; ~**lina** *f teatro* ="decorazione superiore del palcoscenico"
bambol|ear *vi* dondolare, barcollare; ~**eo** *m* dondolio, barcollamento
bambú *m* bambù
banal *adj* banale, volgare, insignificante; ~**idad** *f* trivialità, sciocchezza
banan|a *f am* banana; ~**ero** *adj* bananiero; *(iron) república* ~*a* repubblica delle banane; ~**o** *m* banano
banast|a *f* paniere *m* (di vimini o di canne); ~**o** *m* paniere grande e rotondo
banca *f com* banca; *am* panca; banco *m* (*juegos*)
bancal *m agr* spianata *f*; *agr* ripiano in un pendio
banca|rio *adj com* bancario; ~**rrota** *f com* bancarotta
banco *m* 1. *com* banca *f*; 2. *(med)* ~ *de esperma, de órganos, de sangre* banca del seme, degli organi, di sangue; 3. banco; banco, panchina *f* (*asiento*); ~ *de escuela, de carpintero* banco di scuola, da falegname; 4. *mar* banco, bassofondo
banda *f* banda, striscia; tracolla; *mus/cine/tec* banda; banda armata; ~ *sonora* colonna sonora; *sport* linea; *mar* banda, fianco *m*; *(sport) saque de* ~ rimessa laterale; ~**da** *f* stormo *m*; ~**zo** *m mar/fig* sbandata *f*; *tec* déparage *fr*
bandeja *f* vassoio *m*; *servir en* ~ *de plata* servire di tutto punto
bander|a *f* bandiera, vessillo *m*, stendardo *m*; *mil* truppa, compagnia; ~ *a media asta* bandiera a mezz'asta; *a* ~*s desplegadas* a bandiere spiegate; ~ *de conveniencia* bandiera ombra; *dejar bien alta la* ~ portare alta la bandiera; *jurar la* ~ prestar giuramento militare; ~**ía** *f* bando *m*, fazione; ~**illa** *f* 1. *taur* banderilla, banderiglia; ~ *de fuego* banderilla con petardo; *(fig) poner las* ~ *(a alg)* pungere, punzecchiare, irritare (q); 2. *gastr* spiedino *m*; ~**illear** *vt taur* piantare le banderille al toro; ~**illero** *m taur* banderillero; ~**ín** *m mil* guida *f*; guidone; ~ *de enganche* ufficio di reclutamento; ~**ola** *f* banderuola
bandid|aje *m* brigantaggio; ~**o** *m* bandito, brigante, malandrino
bando *m* 1. bando, editto; *echar un* ~ bandire un'ordinanza; 2. fazione *f*; *(euf) del otro* ~ omosessuale
bandol|a *f mus* mandola; ~**era** *f* tracolla; *mil* sciarpa; donna del bandito; *(adv) en* ~ a tracolla; ~**erismo** *m* brigantaggio; ~**ero** *m* bandito, brigante; ~**ín** *m mus* mandolino
bandurria *f mus* ="piccola chitarra a 12 corde"
banjo *m mus* banjo, bangio
banque|ro *m* banchiere; ~**ta** *f* banchetto *m*, sgabello *m*; *Mex* marciapiede *m*; ~**te** *m* banchetto, convito; *darse un* ~ farsi un banchetto; *enf* farsi un'abbuffata
banqui|llo *m* banco degli imputati; *sport* panchina *f*; panca *f*; ~**sa** *f* banchisa
bantú *adj/s* bantu
bañ|adera *f am* V. **bañera**; ~**adero** *m* ="stagno dove si bagnano gli animali silvestri"; ~**ado** *m am* palude *f*; ~**ador** *m* costume da bagno; ~**ar 1.** *vt* bagnare; immer-

gere; *pitt* velare; fare il bagno (a q) *vi* (*lavar a alg*); **2.** *~se* bagnarsi; farsi il bagno (*bañera, mar*); immergersi; ~**era** *f* vasca da bagno; *desp/fig* caffettiera, rottame *m*; ~**ero** *m* bagnino; ~**ista** *m/f* bagnante; ~**o** *m* bagno; *fig* infarinatura *f*; *pitt* velatura *f*; *~ de arena* sabbiatura; *~ de sangre* lago, pozza di sangue; *~ (de) María* bagnomaria; *~s termales* bagni termali

baptisterio *m* battistero

baquelita *f* bachelite

baquet|a *f* bacchetta; *a la ~* a bacchetta; ~**azo** *m* colpo di bacchetta; *a ~ limpio* a colpi; ~**eado** *adj* battuto, sferzato; *fig* maltrattato; indurito (*por la vida*); ~**ear** *vt* battere, sferzare; indurire; stancare; ~**eo** *m* battimento, battitura *f*

baquiano *adj am* esperto, pratico

bar *m* bar, caffè

barahúnda *f* baraonda

baraja *f* mazzo di carte *m*; baruffa; *jugar con dos ~s* tenere il piede in due staffe; ~**r** *vt* **1.** mescolare, mischiare (*naipes*); trattare, discutere; *~ una posibilidad* pensare a una possibilità; **2.** *vi* baruffare

barand|a *f* ringhiera, parapetto *m*, balaustrata; bordo della tavola da biliardo *m*; ~**illa** *f* ringhiera, balaustra, parapetto *m*

barat|ija *f* bagattella, cianfrusaglia; ~**illo** *m* cianfrusaglie *fpl*, paccottiglia *f*; mercatino; ~**o** *adj* a buon mercato, economico; *lo ~ sale caro* chi più spende, meno spende; ~**ura** *f* basso prezzo *m*

báratro *m* baratro; *lit* inferno

baraúnda V. **barahúnda**

barba 1. *f* barba; mento *m*; *(bot) ~ capruna, del monte, del capuchino* barba di becco, di bosco, di cappuccino; *~ cerrada, corrida* barba folta, fluente; *~s de chivo* barba del capro; *en las ~s de alg* in faccia, in barba a q; *por ~* a testa; *hacer(se) la ~* fare/(farsi) la barba, radere/(radersi); 2. *m teatro* uomo anziano; ~**cana** *f mil* feritoia; barbacane *m*, contrafforte *m*; ~**coa** *f* barbecue *m/inv/ingl*, grigliata; ~**do** *m bot* barbatella *f*, rampollo; ~**r** *vi* spuntare la barba; *zool* nascere le api; *agr* barbicare

barba|ridad *f* barbarie, barbarità; atrocità, crudeltà; *fig* assurdità, sciocchezza, cavolata, sproposito *m*; *¡qué ~!* Che bestialità!; Roba da matti!; *una ~ de* un sacco di; ~**rie** *f* barbarie; crudeltà; inciviltà; ~**rismo** *m* barbarismo

bárbaro *adj* barbaro; crudele; incivile; *fig* pazzesco; *fig* eccezionale, bellissimo; *¡qué ~!* che animale!

Barbarroja *m* Barbarossa

barbecho *m agr* maggese

barbe|ría *f* negozio del barbiere *m*; ~**ril** *adj* del barbiere; ~**ro** *m* barbiere

barbi|lampiño *adj* imberbe; ~**lla** *f* mento *m*; ~**túrico** *adj/m* barbiturico

barbo *m zool* barbio; *~ de mar* triglia *f*

barboquejo *m* sottogola *inv*

barbot|ar, ~tear *vt/vi* borbottare, brontolare; ~**eo** *m* brontolio

barbudo 1. *adj* barbuto; **2.** *m am* ="classe di pesci" *f*

barbullar *vi* farfugliare; barbugliare

barca 1. *f* barca; *~ de pasaje* traghetto; **2.** *fpl* giostre con barche; ~**je** *m* prezzo del traghetto; ~**rola** *f mus* barcarola; ~**za** *f* chiatta

Barce|lona *f geogr* Barcellona; *~**lonés** *adj/s* barcellonese

barco *m* nave *f*; battello; imbarcazione *f*; *~ de vela, de vapor, de recreo* barca/bastimento a vela, a vapore, da diporto; *~ de guerra, cisterna, nodriza, mercante* nave da guerra, cisterna, sussidiaria, da carico/mercantile

bard|ana *f bot* bardana, lappa; ~**o** *m lit* bardo

baremo *m* punteggio; valutazione *f*, *com* libro di conti fatti

bari|o *m min* bario; ~**ta** *f chim* barite

barista *m am* barista, barman

barítono *m mus* baritono

barlovento *m mar* sopravvento

barman *m* barman, barista

barniz *m* vernice *f*; *fig* infarinatura *f*; ~**ado 1.** *adj* verniciato; **2.** *m* verniciatura *f*; ~**ador, -ra** *m/f* verniciatore, -trice; ~**ar** <*barnicé*> *vt* verniciare

barómetro *m* barometro

barón *m* barone

baron|esa *f* baronessa; ~**ía** *f* baronia, baronaggio *m*

baroscopio *m* baroscopio

baróstato *m* barostato

barquero *m* barcaiolo

barqui|chuelo, -a *m/f* barchetta *f*; ~**lla** *f* navicella dell'aerostato; *mar* tavoletta del solcometro; ~**llero** *m* cialdonaio; ~**llo** *m gastr* cialda friabile *f*

barquín *m* mantice da fucina

barquinazo *m* scossa *f*, sobbalzo

barra *f* 1. sbarra, barra, stanga; banco *m*, bancone *m* (*tienda, bar*); *~ americana* bar all'americana; *chica de ~ americana* entraîneuse, ="ragazza squillo"; *sin parar en ~s* senza fermarsi davanti agli ostacoli; *tomar algo en la ~* prendere qc al banco; 2. lingotto *m* (*metal*); 3. *mar* sbarra; 4. *~ de labios* rossetto; *~ de pan* filone (di pane), filoncino (di pane); *~ libre* consumazione gratuita; *~ de chocolate* tavoletta di cioccolata

barrabás *m* barabba, malvivente

barrac|a *f* baracca; ="casetta rustica tipica di Valenza e Murcia con il tetto spiovente di paglia e canne"; *am* capannone *m*; ~**ón** *m* baraccone

barrado *adj* sbarrato

barragana *f desp* sgualdrina, puttana; concubina

barranc|al *m* luogo scosceso; ~**o** *m* burrone, precipizio; balza *f*; *fig* intoppo

barre|dera *f* spazzatrice; *mar* rete a strascico; ~**dero** *m* spazzaforno; ~**dura** 1. *f* scopatura; 2. *fpl* spazzatura *f*

barre|na *f* trapano *m*, trivella; *(aer) entrar en ~* scendere verticalmente; ~**nado** *adj* matto, lunatico; ~**nar** *vt* trapanare, trivellare, perforare; frustrare i piani di q; trasgredire una legge

barre|ndero, -ra *m/f* netturbino, -a, spazzino, -a, operatore, -trice ecologico, -a *euf*;

~**nieve** *m* spazzaneve *inv*, spartineve *inv*; ~**nillo** *m zool* scolitide; ~**no** *m* perforatrice *f*; foro da mina
barreño *m* catino, bacino
barrer *vt* scopare; spazzare; *fig* portarsi via tutto, trascinare; ~ *para dentro/casa* tirare l'acqua al proprio mulino
barrera *f* barriera, steccato *m*, cancellata; parapetto *m*; *taur* ="assito *m* e prima fila *f* nell'arena" (*plaza de toros*); *fig* ostacolo *m*, difficoltà; ~ *del sonido* muro del suono; *(fig) ver los toros desde la* ~ osservare dall'alto
barretina *f* berretta catalana
barri|ada *f* sobborgo *m*, rione *m*; ~**al** *am* V. **barrizal**
barrica *f* piccola botte; ~**da** *f* barricata
barrido 1. *adj* scopato; **2.** *m* spazzata *f*, scopata *f*; *tec* esplorazione *f*, analisi *f*; *cine* carrellata *f*, panoramica veloce *f*; *dar un* ~ dare una scopata; *servir lo mismo para un* ~ *que para un fregado* essere un tuttofare
barri|ga *f* pancia, ventre *m*; *echar* ~ mettere, far pancia; *rascarse/tocarse la* ~ grattarsi la pancia; ~**gón**, ~**gudo** *adj/s* panciuto, pancione; ~**guera** *f* ventriera, panciera (*caballos*)
barril *m* barile, botte *f*; anfora *f*, orcio, giara *f*; ~**ería** *f* 1. bottega del bottaio; 2. barilame *m*; ~**ero** *m* bottaio, barilaio; ~**ete** *m* 1. barilotto; 2. tamburo (*arma*); 3. *mar* nodo; 4. *zool* granchio marino
barrio *m* rione, quartiere, borgo; sobborgo; *el otro* ~ l'altro mondo; ~ *chino* bassifondi, rione della prostituzione; ~ *de chabolas* bidonville
barriobaj|ero *adj/s* (persona) di bassifondi; ~**os** *mpl* bassifondi
barrit|ar *vi* barrire (*elefante*); ~**o** *m* barrito
barrizal *m* fangaia *f*, pantano
barro *m* 1. fango, melma *f*, loto; argilla *f*, creta *f*; ~ *cocido* terracotta; *arrastrarse por el* ~ infangarsi, coprirsi di fango; 2 *med* pustoletta *f*; tumoretto (*animales*)
barro|co *adj/m* barocco; ~**quismo** *m* barocchismo
barro|so *adj* fangoso, pantanoso; ~**te** *m* sbarra grossa *f*, spranga *f*
barrunt|ar *vt* presentire, prevedere; sospettare; ~**o** *m* presentimento, presagio; indizio
bartola: a la ~ *adv tumbarse a la* ~ stare in panciolle
bártulos *mpl* arnesi; il necessario *m*; *liar los* ~ far fagotto; *preparar los* ~ preparare il necessario
barullo *m* garbuglio, confusione *f*, imbroglio; casino *pop*, casotto *pop*
basa *f* base, basamento *m*; ~**l** *adj* basale
basáltico *adj* basaltico
basa|lto *m min* basalto; ~**mento** *m* basamento; ~**r** *vt* basare; fondare, appoggiare
basca(s) *f(pl)* nausea *f*, accesso *m*, attacco *m*; capriccio *m*; *gergo* compagnia *f*, gente *f*
báscula *f* bilancia
bascular *vi* oscillare
base *f* **1.** base; appoggio *m*, sostegno *m*; *chim* base; *(infor)* ~ *de datos* data base; ~ *imponible* l'imponibile; ~ *naval, aérea*, base navale, aerea; **2.** *(prep) a* ~ *de* a base di; a forza di; *(prep) sobre la* ~ *de* in base a, sulla base di; *(fam) pasarlo a* ~ *de bien* passarsela molto bene
básico *adj* basico; fondamentale; basale; basilare; *educación general* ~*a (EGB)* scuola dell'obbligo, (scuola elementare e media inferiore)
basi|cidad *f* basicità; ~**lar** *adj med* basilare
basílica *f* basilica
basilical *adj* basilicale; ~**es** *fpl* libri basilici *mpl*
basilisco *m zool* basilisco; *estar hecho un* ~ essere molto arrabbiato
basket-ball *m* pallacanestro
basta *f* imbastitura; impuntitura
bastante 1. *adj* sufficiente; **2.** *adv* abbastanza, a sufficienza; *dejar* ~ *que desear* lasciare a desiderare
bastar 1. *vi* bastare; *¡basta!* basta!; *basta de charlas, ruidos...* basta con le chiacchiere, rumori...; **2.** ~*se* essere sufficiente; ~**dear 1.** *vi* degenerare; **2.** *vt* falsificare; ~**deo** *m*, ~**día** *f* bastardaggine *f*; degenerazione *f*; alterazione *f*; ~**dilla** *f tip* corsivo *m*; ~**do** *adj/s* bastardo; degenerato
baste|za, ~**dad** *f* rozzezza; ~**ar** *vt* imbastire
basti|dor *m* telaio; *teatro* quinta *f*; *entre* ~*es* dietro le quinte; ~**lla** *f* 1. orlatura; 2. *la* *~ la Bastiglia; ~**mento** *m* bastimento, nave *f*; *mil* vettovaglie *fpl*; ~**ón** *m* bastione, baluardo
basto 1. *adj* grossolano, rozzo; **2.** *m* 1. basto; *el* ~ l'asso di bastoni; 2. *mpl* bastoni (*naipes*)
bastón *m* bastone; palo; *empuñar el* ~ assumere il comando; *dar* ~ agitare il vino con un palo
baston|ada *f*, ~**azo** *m* bastonata *f*; ~**era** *f* portaombrelli *m*
basur|a *f* immondizia, spazzatura; sudiciume *m*; *fig* porcheria; ~**ero, -a** 1. *m/f* spazzino, -a, netturbino, -a (*persona*); 2. pattumiera *f* (*de casa*), cassonetto (*de calle*)
bata *f* vestaglia; camice *m*; ~**cazo** *m* stramazzo, stramazzone, colpo forte; ~**hola** *f* baccano *m*, tafferuglio *m*
batall|a *f* battaglia, combattimento *m*; *fig* lotta; ~ *campal* battaglia campale; ~ *de flores* battaglia di fiori; *caballo de* ~ cavallo di battaglia; *dar* ~ dare battaglia; *traje de* ~ roba resistente/da battaglia; ~**ador** *adj/m* battagliero, combattivo; ~**ar** *vi* battagliare, guerreggiare, combattere, lottare; *fig* disputare, gareggiare; ~**ón** *m* battaglione; squadrone
batán *m ant* gualchiera *f*, follone tessile ad acqua
batan|ar *vt* gualcare, follare; ~**ear** *vt* picchiare; ~**ero** *m* gualchieraio, folloniere
batasuno *adj/s* membro di HB (*Herri Batasuna, coalición política vasca independentista*)
batata *f bot* batata, patata dolce/americana; *am* timidezza, vergogna

bate *m am/sport* mazza *f*
batea *f* 1. vassoio di legno *m*; 2. *am* trogolo *m*, mastello *m*; 3. *tras* pianale *m*; ~**dor** *m sport* battitore; ~**r** *am* colpire con la mazza
batel *m* battello; ~**ero** *m* battelliere
batería 1. *f* batteria; ~ *de cocina* batteria da cucina; *en* ~ in batteria; *aparcar en* ~ parcheggiare a pettine/a spina di pesce; 2. *teatro* fila di luci del proscenio; 3. *elect/mus* batteria; 4. *m/f* batterista (*persona*)
batiborrillo, batiburrillo *m* guazzabuglio, pot-pourri *fr/inv*
batícola *f* sottocoda *m*; *(am) ser de la* ~ *floja* essere leggera
batid|a *f* battuta; *am* retata; ~**era** *f* marra (*albañiles*); ~**eros** *mpl mar* alettoni di rullio, rinforzi; ~**o 1.** *adj* 1. battuto; 2. frequentato; 3. sbattuto (*huevos...*); 4. frullato, frappé (*fruta, café...*); **2.** *m* pasta per dolci *f*; ~**or** *m* 1. esploratore; 2. battitore; 3. battistrada; 4. *Arg/fam* traditore; ~**ora** *f* frullatore *m*
batiente *m* battente; *mar* frangente
batín *m* vestaglia *f*; giacca da casa *f*
batir 1. *vt* battere; sbattere; frullare; montare (*nata*); sconfiggere, abbattere; **2.** ~*se* combattere *vi*; battersi
batista *f* battista
batracio *adj/m zool* batrace
Batuecas: estar en las ~ stare nelle/fra le nuvole
batuque *m am* baccano
baturr|ada *f* villania; ~**illo** *m* guazzabuglio; ~**o, -a** *m/f* contadino, -a aragonese; *fig* testardo, -a
batuta *f* bacchetta (*director de orquesta*); *llevar la* ~ avere il bastone del comando; *Arg/mus* battuta
baúl *m* baule; *fig/fam* ventre; *am* baule (*coche*); *llenar el* ~ farsi una scorpacciata, panciata
bauprés *m mar* bompresso
bautis|mal *adj* battesimale; ~**mo** *m* battesimo; *(fam) romper el* ~ rompere la testa; ~**ta** *m* battezzatore; *el* *~ San Giovanni Battista
bautiz|ar <*bauticé*> *vt* battezzare; *fig* annacquare; ~**o** *m* battesimo
bauxita *f min* baussite, bauxite
bávaro *adj/s* bavaro, bavarese
Baviera *f* Baviera
baya *f* bacca
bayeta *f* straccio *m*, strofinaccio *m*, panno *m*
bayo 1. *adj* (cavallo) dal mantello bianco isabella; **2.** *m* crisalide del baco *f*
bayoneta *f* baionetta; *(mil) a la* ~ alla baionetta; ~**zo** *m* colpo di baionetta
baza *f* bazza (*naipes*); *(no dejar) meter* ~ (non lasciar) parlare, intervenire
bazar *m* bazar
bazo 1. *m med* milza *f*; **2.** *adj* bruno giallastro
bazofia *f* porcheria; schifezza; cibo/mangiare schifoso *m*; *pop* sbobba
bazuca, bazooka *f* bazooka *m*, bazuca *m*
beat|a *f* beata, devota; *desp* beghina, pinzochera, bigotta; ~**ería** *f* bigotteria, bigottismo *m*; ~**ificación** *f* beatificazione; ~**ificar** <*beatifiqué*> *vt* beatificare; ~**ífico** *adj* beatifico; ~**itud** *f* beatitudine; *con* ~ beatamente; ~**o 1.** *adj* beato; felice, contento; **2.** *adj/s desp* bigotto, baciapile
beb|e, -a *m/f Arg/Chile* bebè
bebé *m* bebé
bebe|dero 1. *m* abbeveratoio; beccuccio; **2.** *adj/raro* bevibile; ~**dizo 1.** *adj* bevibile, potabile; **2.** *m* filtro, pozione *f*; ~**dor** *adj/s* bevitore; beone; ~**r** *vt* bere; brindare; ~ *como un cosaco* bere come una spugna, sbevazzare
bebi|ble *adj* bevibile; ~**da** *f* bevanda; bibita; pozione; ~ *refrescante* bibita; ~*s alcohólicas* bevande alcoliche; *darse a la* ~ darsi al bere; ~**do** *adj* bevuto; *estar* ~ essere ubriaco
beca *f stud* borsa di studio; ~ *salario* presalario, assegno di studio; *ant/stud* becca, sciarpa; *ant* mantellina della cappa
beca|cina, ~**da** *f* beccaccia; ~**do** *adj/s am* borsista; ~**figo** *m* beccafico
becar <*bequé*> *vt* concedere una borsa di studio; ~**io, -a** *m/f* borsista
becerr|a *f* 1. vitella; ~**ada** *f taur* corrida con torelli; ~**o** 1. *m* vitello; torello; ~ *marino* vitello marino, foca; *(eccl)* ~ *de oro* vitello d'oro; 2. *fig* le ricchezze *fpl*
bechamel *f* besciamella
becuadro *m mus* bequadro
bedel, -a *m* bidello, -a (*enseñanza*)
beduino *adj/s* beduino
befa *f* beffa, burla; ~**r 1.** *vi zool* allungare il muso; **2.** *vt* beffare, beffeggiare, ingannare; **3.** ~*se* beffarsi
befo 1. *m zool* muso; *zool* specie di micco; **2.** *adj* sciancato
begonia *f bot* begonia
behavi|orismo, ~**ourismo** *m psic* comportamentismo
beige, beis *adj/m inv* beige
béisbol *m* baseball *inv/ingl*
bejín *m bot* vescia *f*; *fig* permaloso
bejuco *m bot am* liana *f*
Belcebú *m* Belzebù
beldad *f* beltà, bellezza
Belén 1. *geogr* Betlemme; 2. *~ *m* presepio; *fig* confusione *f*, guaio; *estar en* ~ essere distratto; *meterse en* ~*enes* mettersi nei guai
beleño *m bot* giusquiamo
belesa *f bot* erba di Sant'Antonio
belfo *m zool* muso, grugno, grifo, labbro
belga *adj/s* belga
Bélgica *f* Belgio *m*
beli|cismo *m* bellicismo; ~**cista** *adj/s* bellicista
bélico *adj* bellico
beli|cosidad *f* bellicosità; ~**coso** *adj* bellicoso; ~**gerancia** *f* belligeranza; *dar* ~ riconoscere belligeranza; ~**gerante** *adj* belligerante
belígero *adj* belligero
bellac|ada *f* canagliata; ~**o** *adj* canaglia, vile, vigliacco; mascalzone, briccone; furbo, scaltro
belladona *f bot* belladonna
bellaquería *f* bricconata, vigliaccheria

belleza *f* bellezza
bello *adj* bello; leggiadro; avvenente; *el ~ sexo* il bel sesso
bellota *f bot* ghianda
Belun|o *geogr* Belluno; ***~és** *adj/s* bellunese
belvedere *m* belvedere
bemol *m mus* bemolle; *tener ~* essere difficile; *(iron/euf) tiene ~es (esto de que...)* questa è proprio buona!, questa è bella!, oh, bella!
ben|ceno *m chim* benzene, benzolo; **~cina** *f chim/Chile* benzina
ben|decir <*24* V. *decir*> *vt* benedire; consacrare; **~dición** *f* benedizione; **~dito 1.** *adj* benedetto; santo; felice; **2.** *m* bonaccione, un pezzo di pane; preghiera *f*
bene|dícite *m* benedicite; **~dictino** *adj/m* benedettino
bene|factor *adj/s* benefattore; **~ficencia** *f* beneficenza; **~ficiado** *adj/s* beneficiato; favorito; **~ficiar 1.** *vt* beneficiare; favorire; *am* macellare; **2.** *vi com* scontare effetti; fruttare; godere un usufrutto; **3.** *~se de la amnistía* approfittare dell'amnistia; **~ficiario** *adj/m ius* beneficiario; **~ficio** *m* 1. beneficio; utile, guadagno, profitto; vantaggio; *com* cessione *f* di crediti con sconto; *(ius) ~ de inventario* beneficio d'inventario; *~ eclesiástico* beneficio ecclesiastico; *~ bruto, neto* guadagno lordo, netto; *en ~ de* a vantaggio, profitto, favore di; *participación en los ~s* partecipazione agli utili; 2. *am* vendita di carne macellata *f*; **~ficioso** *adj* vantaggioso, utile, proficuo
benéfico *adj* benefico
Benemérita *f Guardia Civil* ="Carabinieri spagnoli" *mpl*
benemérito *adj* benemerito
beneplácito *m* beneplacito
benevolen|cia *f* benevolenza; **~te** *adj* benevolente
benévolo *adj* benevolo
bengal|a *f* bengala; *luz de ~* fuoco di bengala; **~í** *adj/s* bengalese; **~ina** *f* mussolina
benign|idad *f* benignità; **~o** *adj* benigno, benevolo
benjamín *m fig* beniamino
benjuí *m chim* benzoino, benzoe
benzol *m chim* benzolo
beo|do *adj/s* beone, ubriacone; **~rí** *m* tapiro
bequista *adj/s am* borsista
berberecho *m zool* vongola *f*; arsella *f*
Berber|ía *f* Barberia; ***~isco, bereber** *adj/s* berbero
berbiquí *m* trapano
berenjena *f* melanzana; **~l** *m* orto di melanzane; *(fig) meterse en un ~* mettersi in un ginepraio
bergam|asco *adj/s* bergamasco; ***~o** *geogr* Bergamo
bergam|ota, ~ote *m bot* bergamotto, -a *m/f*
bergant|e *m* furfante; **~ín** *m mar* brigantino
beriberi *m med* beriberi
beri|lio *m chim* berillio; **~lo** *m min* berillo
Berlín *geogr* Berlino
berlin|a *f* berlina; *en ~* in/alla berlina; **~és** *adj/s* berlinese
berme|jo *adj* vermiglio, rosso; **~llón** *adj* vermiglione
bermudas *mpl* bermuda
Bermudas *fpl geogr* Isole Bermude
berr|ear *vi zool* muggire; strillare; **~ido** *m zool* muggito; strillo; **~inche** *m* stizza *f*, bizza *f*; **~inchoso** *adj* stizzoso, permaloso
berro *m bot* crescione, nasturzio
berro|cal *m* terreno roccioso; **~queña (piedra)** *f* granitica
berrueco *m* pietra granitica dentata *f*; *med* tumoretto dell'iride
berz|a *f* cavolo verde; *estar en ~* essere in erba; **~otas** *adj/s fam* rapa, testa di cavolo
besa|lamano *m ant* ="biglietto di invito, comunicazione ufficiale (*B.L.M.*)", V. **saluda**; **~manos** *m* baciamano
besa|mela, ~mel V. **bechamel**
besana *f* aratura a solchi paralleli; primo solco *m*; misura agraria (*ca.* 2.187)
besar 1. *vt* baciare; *fig* lambire; *llegar y ~ el santo* ottenere qc immediatamente; *(fig) ~ el suelo* cadere bocconi; **2.** *~se* baciarsi; *fig* urtare *vi*
beso *m* bacio; *~ de Judas* bacio di Giuda; *comerse a ~s (a alg)* coprire, mangiare di baci (q)
bestia 1. *f* bestia, animale *m*; *a lo ~* con durezza, da animale; *~ de carga* bestia da soma; 2. *m fam/fig* animale, bestia *f*; *ser una mala ~* essere una brutta bestia; **~l** *adj* bestiale; *fig* smisurato, eccezionale; *fig* incredibile, tremendo; **~lidad** *f* bestialità; **~rio** *m* bestiario
besucón *adj/s* sbaciucchione
besugo *m zool* pagello (*pagellus acarne*); *fig* baccalà; *ojos de ~* occhi di bove; *ya te veo ~...* Ti conosco mascherina!
besuque|ar *vt* sbaciucchiare; **~o** *m* sbaciucchio, sbaciucchiamento
betabloqueante *adj/m* betabloccante
Bétic|a *f geogr* Betica, Andalusia; ***~o** *adj/s* betico, andaluso
betún *m* bitume, asfalto; lucido da scarpe; *darse ~* darsi delle arie; *quedar/dejar a la altura del ~* fare/far fare una pessima figura
biauricular *adj* biauricolare
bibelot *m* ninnolo, gingillo
biberón *m* biberon
biblia *f* bibbia
bíblico *adj* biblico
bibliófilo *adj/s* bibliofilo
biblio|grafía *f* bibliografia; **~gráfico** *adj* bibliografico
bibliómano, -a *m/f* bibliomane
biblioteca *f* biblioteca; **~rio, -a** *m/f* bibliotecario, -a
bicameral *adj pol* bicamerale
bicar|bonato *m chim* bicarbonato; **~buro** *m chim* bicarburo
bicéfalo *adj* bicefalo
bicentenario *m* bicentenario
bíceps *m med* bicipite
bicha *f euf/fam* serpe; **~rraco** *m desp* animalaccio
bicho *m* animaluccio; *mal ~* individuo mal-

vagio; ~ *raro* individuo strano, mosca bianca; *todo ~ viviente* ogni essere vivente
bici *fam*, **bicicleta** *f* bici, bicicletta; ~ *de caballero* bicicletta da uomo; ~ *de carrera* bicicletta da corsa; ~ *de montaña* mountain bike
bicípite *adj* bicipite
bicoca *f* bazzecola, baga(t)tella; *¡menuda ~!* Che bazza! E' proprio una bazza!
bicolor *adj* bicolore
bicóncavo *adj* biconcavo
biconvexo *adj* biconvesso
bicornio *m* bicorno (*sombrero*)
bicrom|ato *m chim* bicromato; ~**ía** *f tip* bicromia
bicuadrado *adj mat* biquadratico
bidé, bidet *m* bidé *inv*
bidón *m* bidone, latta *f*
biel|a *f tec* biella; ~**da** *f agr* tridente *m*, forca
biel|dar, beldar <*5a bieldo*> *vt agr* spagliare col bidente; ~**do** *m agr* bidente
bien <*pl bienes*> **1.** *m* 1. bene; utilità *f*, beneficio; 2. *mpl* beni, ricchezze *fpl*, proprietà *fpl*; ~*es gananciales* comunione di beni; ~*es parafernales, raíces, muebles* beni parafernali, immobili, mobili; **2.** *adj* perbene, dabbene, ricco; *gente ~* gente perbene; *gente/hombre de ~* gente/uomo dabbene; *niños ~* figli di papà; **3.** *adv/conj* bene; *ahora ~* or dunque, orbene; *más ~* piuttosto, anzi; *antes ~* anzi; ~ ...~ sia-...sia; *si ~* sebbene; *¿y ~?* ebbene?; ~ *que mal* bene o male; *¡~ por la (cocinera)!* viva (la cuoca)!; *No vengas mañana. Está ~* Non venire domani. Va bene!; *¡qué ~!* che bello!
bienal *adj* biennale
bien|andanza *f* fortuna; caso fortunato *m*; ~**aventurado** *adj* beato; fortunato; ~**aventuranza** 1. *f* beatitudine, fortuna; 2. *fpl* beatitudini; ~**estar** *m* benessere; ~**hechor** *adj/s* benefattore; ~**intencionado** *adj* benintenzionato
bienio *m* biennio
bienquerer 1. *m* benevolenza *f*; affetto; **2.** *vt* voler bene (a) *vi*
bienvenid|a *f* benvenuto *m*; ~**o** *adj* benvenuto
bienvivir *vi* vivere bene
bies *m* sbieco; *al ~* di sbieco
bifásico *adj cient* bifase
bife *Arg* , **biftec, bifstec** V. **bisté**
bifocal *adj* bifocale
biforme *adj* biforme
bifronte *adj* bifronte
bifurc|ación *f* biforcazione; ~**arse** <*bifurqué*> biforcarsi
big bang *m astr* big bang
biga *f* biga; *lit* pariglia; ~**mia** *f* bigamia
bígamo *adj/s* bigamo
bigardo *adj* dissoluto; vagabondo
bigornia *f tec* incudine
bigot|e 1. *m* baffo; *ant* mustacchio; *(fig) tener ~s* essere risoluto; *metal* bocca del forno *f*; 2. *mpl metal* fiamme, infiltrazioni di metallo; 3. *(adv) de ~* formidabile, stupendo; ~**udo** *adj* baffuto
bigudí *m* bigodino
bikini *m* bikini, due pezzi
bila|biado *m bot* bilabiato; ~**bial** *adj* bilabiale; ~**teral** *adj* bilaterale
biliar *adj* biliare
bilin|güe *adj* bilingue; ~**güismo** *m* bilinguismo
bilioso *adj* bilioso; *fig* collerico
bilis *f* bile, fiele *m*; *fig* collera; *tragar ~* masticare/mangiare veleno
billa *f* bilia, biglia; ~**r** *m* biliardo
billete *m* biglietto; banconota *f*; ~ *de ida y vuelta* biglietto di andata e ritorno; ~**ra** *f*, ~**ro** *m* portafoglio *m*
billón *m/Esp* un milione di milioni
bilongo *m Cuba* malocchio
bime|nsual *adj* bimensile; ~**stral** *adj* bimestrale; ~**stre** *m* bimestre
bimetalismo *m econ* bimetallismo
bimotor *adj/m* bimotore
bin|ario *adj* binario; ~**arismo** *m* binarismo
bingo *m* tombola *f*; bingo; locale di gioco; *jugar al ~* giocare alla tombola (*en casa*); giocare al bingo
binocular *m* binoculare
binóculos *mpl* binocolo *m*
binomio *m* binomio
bio|degradable *adj* biodegradabile; ~**física** *f* biofisica; ~**génesis** *f* biogenesi; ~**grafía** *f* biografia; ~**gráfico** *adj* biografico; ~**logía** *f* biologia; ~**lógico** *adj* biologico
biólog|o, -a *m/f* biologo, -a
biombo *m* paravento, separé
bio|psia *f* biopsia; ~**química** *f* biochimica; ~**rritmo** *m* bioritmo; ~**sfera** *f* biosfera; ~**síntesis** *f* biosintesi
bióxido *m chim* biossido
bipartid|ismo *m pol* bipartitismo; ~**ista** *adj* bipartitico; ~**o** *adj/m* bipartito
bíped|e, ~o *adj/s* bipede
bipla|no *m* biplano; ~**za** *adj* biposto
bipolar *adj* bipolare
biquini, bikini *m* bichini, bikini
birla *f* birillo *m*; ~**r** truffare; *pop* fregare, soffiare; tirare un secondo colpo ai birilli; abbattere d'un colpo
birlibirloque: por arte de ~ *adv* per opera e virtù dello Spirito Santo
Birman|ia *f* Birmania; *~**o** *adj/s* birmano
birome *f Arg* biro, penna a sfera
birret|a *f* berretto ecclesiastico *m*; ~**e** *m* tocco; berretta *f*
birria *f fam* sgorbio *m*; racchio, -a *m/f* (*persona*); *fig* porcheria
bis *excl/m* bis; *pedir el ~* chiedere il bis; ~**ar** *vt teatro* bissare
bisabuel|o, -a *m/f* bisnonno, -a, bisavolo, -a
bisagra *f* cardine *m*; *tec* cerniera; bussetto *m* (*zapatero*)
bisb|isear, ~**isar** *vt* bisbigliare, borbottare; ~**iseo** *m* bisbiglio
biscuit V. **bizcocho**
bisec|ción *f* bisezione; ~**tor, -triz** *adj/f mat* bisettore, -trice
bisel *m* taglio a scancio; smussatura *f*; ~**ar** *vt* tagliare a scancio, smussare
bisemanal *adj* bisettimanale
bisexual *adj/s* bisessuale, bisex
bisiesto *adj* bisestile

bisílabo *adj/m* bisillabo
bismuto *m min* bismuto
bisniet|o, -a *m/f* pronipote
bisojo *adj/s* guercio
bisonte *m zool* bisonte
bisoñ|é *m* parrucchino; **~o** *adj/m* recluta *f*; *fig* inesperto, novizio
bisté, bistec *m* fettina *f*
bisturí *m* bisturi
bisulf|ato *m chim* bisolfato; **~ito** *m chim* bisolfito; **~uro** *m chim* bisolfuro
bisutería *f* bigiotteria
bit *m infor* bit *inv*; **~ácora** *f mar* chiesuola della bussola
bíter *m* bitter *inv*; ~ *sin alcohol* bitter analcolico
bituminoso *adj* bituminoso
biunívoco *adj* biunivoco
bival|ente *adj chim* bivalente; **~vo, ~a** *adj* bivalve
Bizan|cio *geogr* Bisanzio *; **~tinismo** *m* bizantinismo; * **~tino** *adj/s hist/fig* bizantino
bizarr|ía *f* gagliardia, valore *m*; **~o** *adj mil* valoroso, gagliardo; bizzarro
bizco *adj* guercio, bircio
bizcocho *m* 1. *gastr* pan di spagna; *gastr* biscotto, galletta *f*; ~ *borracho* pan di spagna o biscotti bagnati con liquore; 2. porcellana *f*, ceramica *f*
bizma *f med* empiastro *m*, cataplasma *m*
bizniet|o, -a *m/f* pronipote
bizquear *vi* essere guercio, bircio
blanca *f* 1. *mus* minima; 2. *fig* denaro *m*, quattrini *mpl*; *no tener ~, estar sin ~* essere al verde; *ant* moneta di rame e argento; 3. *fig* cocaina, neve (*droga*); 4. *mil* congedo *m*; 4. bianca; 5. *trata de ~as* tratta delle bianche
Blancanieves *f* Biancaneve
blanco 1. *adj* bianco; *carta ~a* carta bianca; *en ~* in bianco; *no distinguir lo ~ de lo negro* non capire nulla; non distinguere bianco da nero; *quedarse en ~* restare tabula rasa; **2.** *adj/m* codardo; **3.** *m* 1. bianco; *~ de España* bianco di Spagna; *~ de plomo* biacca; *~ de la uña* bugia, macchietta bianca dell'unghia; 2. bersaglio; *fig* centro dell'attenzione; *dar en el ~* colpire il bersaglio; dare nel segno; 3 *zool* neo bianco; *teatro* intervallo; 4. *tip* bianca *f*
blancor *m* bianchezza *f*
blancura *f* bianchezza
blancuzco *adj* bianchiccio
blandengue *adj desp* molle, blando; debole, effeminato; **~ría** *f desp* mollezza, debolezza
blandir *vt* brandire
blando *adj* blando, molle, tenero, soffice, morbido; duttile, malleabile; indulgente, debole; mite; *mus* bemollato
blandura *f* morbidezza, soavità, mitezza; lusinga; agio *m*, comodità
blanque|ador *adj/m* sbiancante; **~ar** *vt/vi* imbiancare; imbianchire; biancheggiare; *~ el dinero sucio* riciclare il denaro sporco; **~cino** *adj* bianchiccio; **~o** *m* imbiancatura *f*, imbianchimento, biancheggiamento; riciclaggio (*dinero*); **~te, blanquillo** *m* bianchetto, belletto
blanqui|negro *adj* bianconero; **~noso, ~zco** *adj* bianchiccio, biancoso
Blas *m* Biagio; *(iron) lo dijo ~, punto redondo* ha parlato l'oracolo/lo Spirito Santo
blasfem|ar *vi* bestemmiare; maledire; **~ia** *f* bestemmia; maledizione; **~o** *adj/s* blasfemo
blasón *m* blasone; stemma; araldica *f*; *fig* onore
blasonar 1. *vt* ostentare; **2.** *vi* gloriarsi, presumere (*de* di)
bledo *m bot* bietola *f*; *me importa un ~* non me ne importa un accidente/un fico secco; *pop* non me ne frega niente; *no vale un ~* non vale un cavolo
blenda *f min* blenda
blenorr|agia *f med* blenorragia, blenorrea, gonorrea, scolo *m pop*; **~ágico** *adj* blenorragico; **~ea** *f med* blenorrea
blind|aje *m mil* blindaggio, riparo; **~ar** *vt* blindare, corazzare
bloc *m* bloc-notes, block-notes *ingl/inv* (*papel*); **~aje** *m tec* bloccaggio; **~ao** *m mil* ridotta *f*
blonda *f* blonda, merletto *m*
bloque *m* blocco, masso; *pol* blocco, coalizione *f*, gruppo; *~ de viviendas* palazzo; isolato di case; *~ de papel* bloc-notes; *en ~* tutto insieme, in blocco; **~ar** *vt* bloccare; chiudere; assediare; *tip* sostituire una lettera mancante; **~o** *m* blocco, assedio, isolamento, embargo *esp*
blúmer *m Am Centr/Cuba* slip; mutandina *f*
blusa *f* blusa, camicetta; camiciotto *m*
bluyín *m am* pantalón vaquero
boa *f zool* boa *m*
boato *m* fasto, pompa *f*
boba|da *f* sciocchezza; **~licón, ~rrón** *adj/s* grullo, babbeo
bóbilis, de bóbilis *adv* gratis et amore Dei
bobina *f* bobina, rocchetto *m*; **~r** *vt* avvolgere
bobo 1. *adj* sciocco, stupido, scemo; *pájaro ~* pinguino; **2.** *m teatro* buffo, ingenuo
boca *f* bocca; *~ abajo* bocconi; *~ arriba* supino, a pancia in su; *~ del estómago, de riego* bocca dello stomaco, d'irrigazione; *~ del rio, de la calle* bocca o sbocco del fiume, della strada; *~ de oreja a oreja* bocca molto grande; *~ de verdades* bocca della verità; *a ~ de jarro/a bocajarro* a bruciapelo; *a pedir de ~* a volontà; *blando, duro de ~* tenero, duro di bocca; *como ~ de lobo* come in gola al lupo; *con la ~ abierta* a bocca aperta; *con la ~ chica/pequeña* a mezza bocca; *de ~/boquilla* a parole/a chiacchiere; *en ~ cerrada no entran moscas* in bocca chiusa non entran mosche; *andar de ~ en ~* essere/andare sulla bocca di tutti; *callar la ~* tacere, star zitto; *cerrar la ~ (a alg)* tappare/chiudere/cucire la bocca (a q); *hacerse la ~ agua* venire l'acquolina in bocca; *meterse en la ~ del lobo* cadere in bocca al lupo; *no decir esta ~ es mía /no abrir la ~* non aprire bocca; *quitar algo (a alg) de la ~* togliere la parola di bocca (a q)
boca|calle *f* traversa; **~dillo** *m gastr* pa-

nino imbottito; *Col gastr* ="dolce tipico"; *tip* fumetto, nuvoletta *f*; ~**do** *m* boccone; morso; ~ *de Adán* pomo d'Adamo; *con el ~ en la boca* con il boccone in bocca; *dar un ~* dare un morso; *no probar ~* non toccar cibo; *tomar un ~* mangiare un boccone; ~**manga** *f* apertura della manica; ~**nada** *f* boccata; sbuffo *m* (*humo*); folata (*viento*); ~**ta** *m gergo* panino (imbottito); ~**tería** *f* paninoteca, panineria; ~**za(s)** 1. *m* ciarlone, chiacchierone; 2. *f desp* boccaccia

boce|ra *f fig* baffo *m*; ~**ras** *m* V. **bocaza(s)**

boceto *m* bozzetto, modello

bocha 1. *f* boccia; 2. *fpl* (gioco delle) bocce; ~**r** *Ven* respingere

bochinche *m am* baccano, chiasso; ~**ar** *vi am* far baruffa

bochorno *m* afa *f*; *fig* vergogna *f*; ~**so** *adj meteo* afoso, soffocante; *fig* vergognoso

bocina *f* clacson *m*; tromba; ~**zo** *m* colpo di clacson

bocio *m* gozzo

bod|a *f* nozze *fpl*, sposalizio *m*; *anillo de ~* fede; *vestido de ~* abito da sposa; *~s de oro, plata, diamante* nozze d'oro, d'argento, di diamante; *las ~s de Camacho* banchetto gratuito; ~**ijo** *m* nozze povere *fpl*

bodeg|a *f* cantina; osteria; produzione vinaria locale; dispensa (*casa*); *mar* stiva; *am* negozio di commestibili *m*; ~**ón** *m* osteria *f*, taverna *f*; *pitt* natura morta *f*; ~**uero, -a** *m/f* oste, -essa

bodo|que 1. *m mil ant* palla di creta *f*; grumo; groppo; batuffolo; **2.** *adj fig* zotico, villano; ~**rrio** *m* nozze di lusso *fpl*

bodrio *m* brodaglia *f*, broda *f*; *fig* porcheria *f*, bufala *f*

body *m/ingl* body *inv*

bóer *adj/s* boero

bofe *m* polmone; *echar los ~s* rimetterci un'ala di polmone/i polmoni

bofet|ada *f* schiaffo *m*; *fig* affronto *m*; *(fig) dar una ~ a alg* fare un affronto a q; umiliare; ~**ón** *m* ceffone; *teatro* macchina girevole *f*; *ant* periatto

bofia *f gergo* madama

boga *f zool* boga; voga; *estar en ~* essere di moda, in voga; ~**r 1.** *vi mar* vogare, remare; **2.** *vt metal* scorificare

bogavante *m zool* astice

bogí, bogie *m tec* carrello

bogotano *adj/s* bogotano, di Bogotà

Bohemi|a *f geogr* Boemia; bohème (*artistas*); ***~o, -a** *adj/s* bohémien, -bohémienne *inv* (*artista*); boemo, -a; zingaro, -a

bohío *m am* capanna *f*

bohordo *m* giavellotto; *bot* stelo

boicot *m* boicottaggio; ~**ear** *vt* boicottare; ~**eo** *m* boicottaggio

boina *f* basco *m*, berretto *m*

boira *f* nebbia

boj *m bot* bosso, bossolo; *tec* bisegolo; ~**a** *f bot* abrotano *m*; ~**iganga** *f teatro ant* ="compagnia di comici girovaghi"; ~**o** *m mar* perimetro di un'isola, costa; *am* pacco

bol *m* ciotola *f*; terrina *f*; ~**a** *f* palla; globo *m*, sfera; pallottola; *tec* cuscinetto a sfera *m*; *fig* frottola; ~ *de nieve* palla di neve; *dejar que ruede la ~* lasciar correre; *no dar pie con ~* non azzeccarne una; ~**ada** *f* colpo di palla *m*; *am* occasione; scherzo *m*; ~**ado** *m* zuccherino; *am* affare; avventura amorosa *f*

bolchevi|que *adj/s* bolscevico; ~**smo** *m* bolscevismo

bold|ina *f med* boldina; ~**o** *m* boldo

bole|adoras *fpl Arg/Ur* ="corda tripartita con palle agli estremi (*arma*)" *f*; ~**ar 1.** *vt* cacciare con *boleadoras*; *am* giocare un brutto tiro a q; **2.** *vi* giocherellare al bigliardo; ~**o** *m* tiro di palla e luogo dove si gioca; ~**ra** *f* bowling *m/inv*; ~**ro** *m* bolero (*música-chaqueta*); *am* cilindro (*sombrero*)

bolet|a *f* bolletta; scontrino *m*; *am* scheda elettorale; ~**ería** *f am* biglietteria; ~**ín** *m* bollettino; cedola *f*, scheda *f*; polizza *f*; *~ *Oficial* Gazzetta Ufficiale; ~ *meteorológico, médico*... bollettino meteorologico, medico...; ~**o** *m am* biglietto

boli *m fam* biro *f*; ~**che** *m* pallina *f*; boccino; bowling; legno tornito; giocattolo; *am* bettola *f*, negoziuccio; ~**chero** *m* gestore del bowling

bólido *m astr* bolide

bolígrafo *m* biro *f*, penna a sfera *f*

boli|llo *m* fuso; legno affusolato; *Mex* panino; ~**na** *f mar* bolina; *fig* chiasso *m*, tumulto *m*; ~**sta** *adj/s Mex* rivoluzionario, agitatore

bolívar *m* bolivar (*Ven., moneda*)

Bolivia *f geogr* Bolivia; ***~no** *adj/s* boliviano

bollera *f vulg* lesbica *est*

bollo *m* 1. *gastr* brioche *f*; *gastr* panino al latte; *no estar el horno para ~s* non essere il momento opportuno; 2. ammaccatura *f*; *fig* bernoccolo; *fig* casino; sgonfio (*traje*); ~ *de relieve* sbalzo su metalli

bolo 1. *m* birillo; tombolo; *teatro* tournée *f*; attore dal ruolo fisso; *fig* ignorante; *med* bolo; 2. *mpl* bowling *m*

Bolo|nia *f geogr* Bologna; ***~nio** *m* ="studente del Collegio Spagnolo di Bologna"; scemo; ***~ñés** *adj/s* bolognese

bolsa *f* 1. borsa; sacco *m*; sacchetto *m*; *fig* tasca; ~ *de trabajo* ="graduatoria di collocamento"; *estar en la ~ de trabajo* essere in attesa di collocamento; ~ *para/de la basura* sacchetto per la pattumiera, per l'immondizia; ~ *de plástico, de hielo, del agua* borsa di plastica, da ghiaccio, dell'acqua; ~ *de viaje* borsa di studio; *¡la ~ o la vida!* O la borsa o la vita!; 2. *com* borsa; ~ *de mercancías, de valores* borsa merci, valori; *bajar, subir la ~* scendere, salire la borsa, i titoli; *jugar a la ~* giocare in borsa

bolsillo *m* tasca *f*, taschino; borsellino; *de ~* tascabile; *reloj de ~* orologio da tasca; *al alcance de todos los ~s* alla portata di tutti; *meterse, tener (a alg) en el ~* conquistare/dominare (q)

bolsín *m com* borsino

bolsista *m/f com* borsista

bolso *m* borsetta *f*, borsa *f*; *mar* pancia *f*, borsa *f*

bomba 1. *f tec* pompa; *mus* pompa; *mil/fig* bomba; ~ *de mano, atómica, de hidrógeno...* bomba a mano, atomica, H/all'idrogeno...; ~ *de tiempo* bomba tempo; *(fig) caer (algo) como una* ~ essere (qc) una doccia fredda; *(fig) estar echando ~s* essere molto caldeggiato; *am* bugia, frottola; **2.** *adv* molto bene, super; *pasarlo* ~ divertirsi molto/un sacco

bombacho: pantalones ~s *mpl* pantaloni alla zuava

bombar|dear *vt* bombardare; **~deo** *m* bombardamento; **~dero 1.** *m aer* bombardiere; **2.** *adj* bombardiero; **~dino** *m mus* bombardino

bombazo *m* scoppio di bomba; *fig* bomba *f*

bombe|ar 1. *vt* pompare; *fig* elogiare; *Arg* esplorare; *Arg* spiare; *Col* licenziare; *Hond* nascondere; **2.** *vi* darsi delle arie; **~ro** *m* pompiere, vigile del fuoco; *tener ideas de* ~ avere idee da matti; *mil* mortaio

bombill|a *f* lampadina elettrica; pompetta; *mar* fanaletto *m*; **~o** *m* pompetta *f*; *mar* pompa portatile; *Col* lampadina *f*

bombín *m* bombetta *f*; pompa *f* (*bici*)

bombo *m mus* grancassa *f*; urna sferica *f*; cestello (*lavadora*); propaganda *f*, elogio; *(fig) a ~ y platillo* battendo la grancassa; *dar mucho* ~ fare molta propaganda; *darse* ~ vantarsi; *tener la cabeza como un* ~ avere la testa che scoppia

bombón *m* cioccolatino, dolce; *fig* bijou *inv/fr*

bombon|a *f* bombola (*gas*); damigiana; **~era** *f* bomboniera

bonachón *adj/s* bonaccione

bonaerense *adj/s* bonaerense, di Buenos Aires

bonanza *f* bonaccia; prosperità

bondad *f* bontà; mitezza; *tenga la ~ de* abbia la bontà di; **~oso** *adj* buono; mite

bonete *m* berretta *f*; tocco

bong|o *m am* (tipo di) canoa *f*; **~ó** *m am/mus* bongos *mpl*

boniato *m bot/am* batata *f*, patata americana/dolce *f*

bonific|ación *f* bonifica; *com* bonificazione, sconto *m*; **~ar** <*bonifiqué*> *vt* bonificare; *com* abbuonare

bonit|amente *adv* soavemente, bellamente; **~o 1.** *adj* bello, grazioso; buono; **2.** *m zool* palamita *f*

bono *m com* buono; ~ *del tesoro* buono del Tesoro

bonzo *m* bonzo

boñig|a *f* bovina; **~o** *m* escremento bovino

boom *m* boom *inv*; **~erang** *m* boomerang *inv*

boque|ada *f* boccheggiamento *m*; *dar las ~s* boccheggiare; **~ar** *vi* aprire la bocca; boccheggiare; agonizzare; **~ra** *f* bocca, bocchello *m*, bocchetta; *med* febbre alle labbra, boccarola *pop*

boque|rón *m zool* alice *f*, acciuga *f*; **~te** *m* breccia *f*

boquiabierto *adj* a bocca aperta

boquilla *f* bocchino *m* (*cigarrillos*); bocca (*riego*); *mus* bocchetta, bocchino *m*; *de* ~ a parole

bora|cita *f min* boracite; **~to** *m chim* borato

bórax *m* borace

borboll|a *f* bollicina; **~ar, ~ear** *vi* gorgogliare; **~ón** *m* gorgoglio; *a ~ones* gorgogliando

Borbones *mpl* Borboni

borbónico *adj* borbonico

borbot|ar, ~ear *vi* gorgogliare; **~ón** *m* gorgoglio, fiotto; *a ~ones* a fiotti, a scatti

borceguí *m* stivaletto

borda *f* 1. *mar* parapetto *m*, bordo *m*; *(fig) echar por la* ~ mandare a picco; *(tras/mar) fuera (de)* ~ fuoribordo *m*; 2. capanna di pastori (*Pirineo*); **~da** *f mar* bordata; **~do 1.** *adj* ricamato; *fig* perfetto; **2.** *m* ricamo; **~dora** *f* ricamatrice; **~r** *vt* ricamare; *fig* indovinare, fare alla perfezione

borde 1. *m* bordo; orlo, margine; **2.** *adj/m* bastardo, carogna *f*, stronzo; **3.** *(prep) al ~ del mar* in riva al mare; *al ~ de* sul punto di, in punto di; **~ar** *vt* bordeggiare; **~lés** *adj/s* bordolese

bordillo *m* bordo del marciapiede; serpentone (spartitraffico)

bordo *m* **1.** *mar* bordo; *(fig) de alto* ~ d'alto bordo; **2.** *(prep) a ~ de* a bordo di

bordón *m* bordone; sostegno; *mus* ritornello

boreal *adj* boreale

bóreas *m* borea, vento del nord

Borgoñ|a *f geogr* Borgogna; ***~ón** *adj/s* borgognone

Borja *hist* Borgia

borla *f* 1. nappa; piumino *m*; *tomar la* ~ laurearsi; 2. *bot* amaranto *m*; **~rse** *am* laurearsi

borne *m elect* vite della spina *f*; *elect* bottone; **~ar** *vt* allineare (*con la vista*); girare

boro *m chim* boro; **~na** *f* granoturco *m*; miglio *m*; torta di granoturco; *am* briciola di pane

borra *f* borra

borrach|a *f* borraccia; **~era** *f* ubriacatura, sbornia; ubriachezza; **~ín** *adj/s* ubriacone; **~o** *adj/s* ubriaco, ebbro; *fig* ebbro, esaltato; *bizcocho* ~ dolce al liquore/inzuppato (*licor*)

borrad|or *m* brutta copia *f*; *com* brogliaccio; *am* gomma per cancellare *f*; **~ura** *f* cancellatura

borraj|a *f bot* borragine; *quedarse (algo) en aguas de* ~ non farsi nulla (di qc); **~ear** *vt* scarabocchiare

borrar 1. *vt* cancellare; macchiare lo scritto; sbiadire; **2.** *~se* cancellarsi; abbandonare *vt*, uscire *vi*

borrasc|a *f* burrasca, tempesta; **~oso** *adj* burrascoso, tempestoso

borre|gada *f stud* festa della matricola; **~go** *m* agnellone; *fig* pecora *f*, pecorone (*personas*); *stud* matricola *f*; ~guero, **~guil** *adj* relativo all'agnellone o pecora; *cielo ~guero* cielo a pecorelle

borric|a *f* asina; *fig* asina, donna ignorante; **~ada** *f fig* asinata; branco d'asini *m*; **~o** *m zool/fig* asino, somaro, ciuco; cavalletto da falegname

borriquete *m* cavalletto
borrón *m* sgorbio, scarabocchio; macchia *f*; schizzo; difetto; *¡~ y cuenta nueva!* giriamo pagina!
borro|near *vt* scarabocchiare; **~so** *adj* confuso; sbiadito; torbido
bosc|aje *m* boscaglia *f*; *pitt* paesaggio ricco di alberi; **~oso** *adj* boscoso
Bósforo *m geogr* Bosforo
bosque *m* bosco; **~jar** *vt* abbozzare, fare uno schizzo; **~jo** *m* abbozzo, schizzo; idea generale *f*
bosquimán *adj/s* boscimano
bostez|ar <*bostecé*> *vi* sbadigliare; **~o** *m* sbadiglio
bota *f* 1. stivale *m*; scarpone *m* (*montaña*); *~s de montar, de media caña* stivaloni/stivali alla scudiera, fino al polpaccio; *(fig) morir con las ~s puestas* morire lottando; *(fig/fam) ponerse las ~s* arricchirsi; godersela; 2. otre *m*
botadura *f mar* varo *m*, varamento *m*
botana *f* toppa; *fam* cerotto *m*; *am* guaina per gli sproni dei galli; *Mex gastr* spuntino *m*
botánic|a *f* botanica; **~o** *adj/s* botanico
botar 1. *vt mar* varare; *am* licenziare; gettare; **2.** *vi* sbottare; rimbalzare (*pelota*); saltare; scalciare (*animales*); **3.** *~se* imbizzarrire *vi*
botarate *adj/s* sventato, stordito; *am* sprecone
botarel *m arch* contrafforte, pilastro
bote *m* 1. barattolo, vasetto; *¡para el ~!* per la mancia; *tonto del ~* scemone, deficiente; *(fig) chupar del ~* scroccare; *(fam) tener (a alg) en el ~* dominare (q); 2. *mar* scialuppa *f*, gommone; *~ salvavidas* canotto di salvataggio; *de ~ en ~* pieno zeppo di gente; 3. sbalzo, scatto; *~ de carnero* scalciata
botell|a *f* bottiglia; **~azo** *m* colpo di bottiglia; **~ero** *m* portabottiglie; negoziante di bottiglie; **~ín** *m* bottiglietta *f*; **~ón** *m* bottiglione
botica *f* farmacia; **~rio, -a** *m/f* farmacista
botij|a *f* brocca, caraffa; *Cuba* lattiera; *(fam) estar hecho una ~/un ~o* essere un piagnucolone; *fam* essere cicciottello; **~o** *m* anfora *f*
botín *m* 1. bottino; 2. stivaletto (*zapato*)
botiquín *m* armadietto dei medicinali; astuccio per medicinali di pronto soccorso; *Ven* taverna *f*
botón *m* bottone; *bot* gemma *f*, bocciuolo; pomo (*puerta*); *(med) ~ de fuego* cauterio; *~ de oro* ranuncolo
boton|adura *f* abbottonatura; **~es** *m* fattorino, boy
bou *m* paranza *f* (*red, barco*)
bóveda *f* soffitto *m*; volta; cripta; *~ de/por arista, de cañón* volta a crociera, a botte; *~ celeste* firmamento; *~ palatina* volta del palato; *~ craneal* volta cranica
bovino *adj* bovino
box|eador *m* pugile; **~ear** *vi* praticare il pugilato; **~eo** *m sport* pugilato, boxe *f*; **~ístico** *adj* pugilistico
boya *f mar* boa; sughero della rete da pesca *m*; **~da** *f* mandra di buoi; **~nte** 1 *adj* galleggiante; fortunato; 2. *taur* toro bravo; **~r** *vi am* galleggiare
boz|al *m* museruola *f*; *am* capestro, cavezza *f*; **~o** *m* lanugine *f*; capestro
brace|ada *f* bracciata; sbracciata; **~ar** *vi* sbracciarsi; nuotare a bracciate; *mar* bracciare
bracero *m* 1. bracciante (*trabajador*); 2. giavellotto; lanciatore (*persona*); *(fam) de ~* a braccetto
braco *adj/m zool* bracco *m*
braga(s) 1. *f(pl)* mutandine *fpl*; pantaloncini *mpl*; *ant* brache *fpl*; *en ~s* in brache; 2. *f tec* braca
braga|do *adj fig* malintenzionato; deciso; **~zas** *m fig/desp* uomo debole, senza carattere
brague|ro *m* 1. cinto erniario; 2. *mil/mar* imbraca *f*; **~ta** *f* brachetta
braguetazo: dar un ~ *pop* sposarsi con una donna ricca
braguetero *m* donnaiolo
brahm|án *adj/s* brahmano, bramano; **~anismo** *m* bramahnesimo, bramanesimo
bram|a *f* brama; **~ante** *m* spago; **~ar** *vi* bramire; muggire; ululare; *fig* fremere; **~ido** *m* bramito; muggito; ululato; *fig* mugghio
brandy *m* brandy *inv*
branquia *f zool* branchia; **~l** *adj* branchiale
braquial *adj* brachiale
braquicéfalo *adj/m* brachicefalo
braquiuro *adj/m zool* brachiuro
bras|a *f* brace; bragia; *a la ~* alla brace; **~ero** *m* braciere
Brasil *m geogr* Brasile
brasil *m bot* verzino, brasile; **~eño,** *am* **~ero** *adj/s* brasiliano
brav|ata *f* bravata, smargiassata; **~ear** *vi* bravare; **~eza** *f* bravura; valore *m*; furore *m* (*viento...*); **~ío** *adj* feroce, indomito; *fig/bot* spinoso; *fig* brutale
bravo 1. *adj* valoroso, bravo; eccellente; fiero, selvaggio; infuriato; piccante (*patatas*); *¡~!* bravo!; **2.** *m* guappo, bravo; *Cuba* imbroglione
bravu|cón *adj/m* fanfarone; **~conada** *f* fanfaronata; **~ra** *f* fierezza, valore *m*; bravata
braza *f* braccio *m* (*m. 1,67*); *mar* braccio *m*, corda del pennone *f*; *(sport)* rana; *a ~ a* rana; **~da** *f* sbracciata; bracciata (*hierba*); **~do** *m* bracciata *f*; **~l** *m* bracciale; **~lete** *m* braccialetto; bracciale (*a. arma*)
brazo *m* 1. braccio (*ïa fpl; ï mpl*); *a ~* a mano; *a ~ partido* duramente; *al ~* sul braccio; *del ~* a braccetto; *en ~s* in braccio; *con los ~s abiertos, cruzados* a braccia aperte, incrociate; *(fig) faltan ~s* mancano braccia/manca mano d'opera; *cruzarse de ~s* incrociare le braccia; *(fig) echarse en ~s de alg* gettarsi in braccio a q; *(fig) no dar su ~ a torcer* non cedere; *(fig) ser el ~ derecho* essere il braccio destro; 2. zampa *f* (*animales*); 3. bracci(u)olo (*butaca*); 4. ramo; *fig* forza *f*
brea *f* catrame *m*; tela catramata; *mar* impasto per calafatare *m*

break *m* break *inv*
brebaje *m* beveraggio; *desp* pozione *f*
brecha *f* breccia; *med* ferita; *fig* effetto *m*; *abrir* ~ fare breccia; *estar en la* ~ stare sulla breccia
brécol *m bot* broccolo
brega *f* briga; zuffa; *fig* burla; **~r** *<bregué> vi* 1. litigare, azzuffarsi; 2. sfacchinare, faticare
breñ|a *f* sterpaglia; **~oso** *adj* sterposo
bresca *f* favo di miele *m*; **~r** *<bresqué> vt* smelare
Bret|aña *f geogr* Bretagna; ***~ón** *adj/s* bretone
breva *f bot* fiorone *m*; *fig* buon affare *m*; *más blando que una* ~ molto remissivo; *(fig) no me caerá esa* ~ non avrò questa fortuna; **~l** *m bot* fico (che dà i fioroni) (*árbol*)
breve 1. *adj* breve, corto; *en* ~ fra poco, in breve; **2.** *f mus* breve; *m dipl* breve; **~dad** *f* brevità
breviario *m* breviario; compendio
brez|al *m bot* ericaia *f*; **~o** *m bot* erica *f*
brib|ón *adj/s* briccone, birba *f*, birbone; **~onada** *f* bricconata; **~onería** *f* birboneria; **~onzuelo** *adj/s* bricconcello, birba *f*
bricolaje *m* bricolage *inv/fr*, fai da te *inv*
brida *f* briglia; *a la* ~ a briglia sciolta; *a toda* ~ a tutta briglia
bridge *m* bridge
brigad|a 1. *f mil* brigata; squadra; 2. *m mil* brigadiere; ~ *social* polizia politica; **~ier** *m* generale di brigada
brill|ante 1. *adj* brillante; *fig* brillante, splendente; **2.** *m* brillante; **~antez** *f* fulgore *m*, splendore *m*; **~antina** *f* brillantina; **~ar** *vi* brillare, splendere; luccicare; *fig* brillare, emergere, spiccare; **~o** *m* lucidità *f*, lustro, splendore; *fig* spicco; ~ *de labios* lucidalabbra
brinc|ar *<brinqué> vi* saltare, balzare; balzellare; *fig* piccarsi; *estar (alg) que brinca* essere (q) furioso; **~o** *m* salto, balzo; *dar, pegar un* ~ spiccare, fare un salto
brindar 1. *vi* brindare, bere alla salute (di); **2.** *vt* offrire, porgere; **3.** *~se* offrirsi
brindis 1. *m* brindisi *inv*; 2. *geogr* *~ Brindisi
brío *m* brio, vivacità *f*; garbo; **~s: ¡voto a ~!** *excl* giuraddio!
brio|fito *adj bot* briofita; **~nia** *f bot* brionia; **~so** *adj* brioso; **~zoo** *adj/m zool* briozoo
brisa 1. *f meteo* brezza; *am* appetito *m*; 2. *fpl am* venti alisei *mpl*
brisca *f* briscola
británico *adj/s* britannico
brizna *f* filamento *m*, filo *m*
broca *f* 1. punta (*taladro*) *m*; 2. spoletta; 3. brocca (*zapatos*); **~do** *m* broccato; **~l** *m* orlo; sponda di un pozzo *f*; **~tel** *m* broccatello
brocha *f* pennello *m*; *pintor de* ~ *gorda* imbianchino; *fig* artista da strapazzo; **~zo** *m* pennellata *f*
broche *m* spilla *f*; fermaglio; **~ta** *f* spiedino *m*
brom|a *f* 1. scherzo *m*; burla; ~ *pesada* scherzo di cattivo gusto, scherzo da prete; *de* ~ per scherzo; *~s aparte* scherzi a parte; *déjate de ~s* smettila di scherzare; *estar de* ~ aver voglia di scherzare; *tomar a* ~ prendere in scherzo; 2. *zool* bruma, teredine; **~ear** *vi* scherzare; **~ista** *adj/s* burlone; scherzoso
brom|o *m chim* bromo; *bot* (tipo di) gramigna *f*; **~uro** *m chim* bromuro
bronca *f* alterco *m*, rissa; predica, sgridata; *armar una* ~ fare/accendere una zuffa; *buscar* ~ cercare rogne, guai; *echar una* ~ *(a alg)* sgridare (q), fare una predica/sgridata (a q)
bronce *m* bronzo; **~ado 1.** *adj* 1. bronzato; 2. abbronzato, bronzeo; **2.** *m* 1. bronzatura *f*; 2. abbronzatura *f*; **~ador** *adj/m* abbronzante; **~ar** *vt* 1. bronzare; 2. abbronzare
broncíneo *adj* bronzeo
broncista *m* bronzista
bronco *adj* rauco; aspro; duro, aspro
bronconeumonía *f* broncopolmonite
bronqui|al *adj* bronchiale; **~os** *mpl med* bronchi; **~tis** *f* bronchite
broquel *m ant* brocchiere; *fig* difesa *f*
brot|ar *vi bot* germogliare; *bot/fig* germinare, spuntare; scaturire; apparire; **~e** *m bot* germoglio, rampollo; *fig* germe, radice *f*
broza *f* sterpaglia, ciarpame *m*; pattume *m*; *fig* fumo *m*
brucelosis *f* brucellosi
bruces: de ~ *adv caer/echarse de* ~ cadere/buttarsi bocconi/a bocca in giù
bruja *f* 1. strega; 2. *fig* spauracchio *m*
Brujas *geogr* Bruges
bruj|ería *f* stregoneria, maleficio *m*; magia; **~o** *m* stregone, mago
brújula *f mar* bussola; ago magnetico *m*; *(fig) perder la* ~ perdere la bussola
brujulear *vt* sondare, indagare; succhiellare (*naipes*)
brum|a *f* nebbia, bruma, foschia; **~oso** *adj* brumoso, nebbioso
bruñi|do 1. *adj* brunito, lucido; **2.** *m* brunitura *f*; **~r** *vt* brunire, lucidare; *am* seccare
brusco *adj* brusco, aspro
Bruselas *geogr* Bruxelles
brusquedad *f* asprezza, bruschezza
brut|al *adj* brutale; bruto; **~alidad** *f* brutalità; crudeltà; stoltezza; **~o 1.** *adj* 1. bestiale, brutale; *a lo* ~ violentemente; 2. villano; lordo (*peso*); *en* ~ grezzo; **2.** *m* bestia *f*, bruto
bruza *f* brusca, bruschino *m*
bu *m* babau
buba, búa *f infan* pustoletta; bubbone *m*
bubón *m* bubbone; **~ico** *adj* bubbonico
bucal *adj* boccale
bucanero *m* bucaniere
búcaro *m* bucchero
buce|ador *m* palombaro; **~ar** *vi* nuotare o lavorare da palombaro; **~o** *m* immersione *f*
buche *m zool* gozzo; *fig* stomaco; sorsata *f*; *(fig) guardar/tener (algo) en el* ~ avere un segreto/nascondere qualcosa; *(fig) sacar el* ~ *(a alg)* strappare un segreto (a q)

bucle *m* buccolo
bucólic|a *f* bucolica (*poesia*); ~**o** *adj* bucolico
Buda *m* Budda
budín *m* budino
budis|mo *m* buddismo; ~**ta** *adj/s* buddista
buen V. **bueno**
buena|mente *adv* bonariamente; facilmente; *como ~ puedas* così come puoi; ~**ventura** *f* sorte; felicità; ~**zo** *adj/s* bonaccione
bueno 1. *adj* buono; atto, utile; bello; sano; *¡*~!* Bene!, D'accordo!; *¡eso sí que está/estaría ~!* questa sì che è/sarebbe bella!; *está ~ si...* sta fresco se...; *lo ~ es* il bello è; *¡qué ~ sería que...!* sarebbe bello che...!; *a la ~a de Dios* alla buona; *¡~a la he hecho!* L'ho fatta bella/grossa!; *(fam) ¡*~as!* buongiorno, buonasera; *de ~as a primeras* di primo acchito, alla prima; *por las ~as* con le buone; *¡estaríamos ~s!* staremmo freschi!; *dar una ~a a alg* darne tante a q; *(pop) estar ~a, -o* (*mujer/hombre*) essere bona/una figa *f*; essere un fusto/un figo *m*; *estar de ~as* essere in buona, di buon umore; **2.** *m* bonaccione, pezzo di pane
buey *m* bue, bove
búfalo *m* bufalo; *Mex* bisonte
bufanda *f* sciarpa
bufar 1. *vi* sbuffare; soffiare; fremere; *estar (alg) que bufa* essere furioso (q); **2.** *~se* gonfiarsi
bufé (libre) *m* servizio a buffet *inv*, self-service *inv*
bufete *m* scrivania *f*; studio legale
buffet *m* buffet *inv*
bufido *m* sbuffo; soffio
bufo 1. *adj* buffo, comico; **2.** *m teatro* buffone
bufón *m* buffone, pagliaccio
bufon|ada *f* buffonata; burla; ~**earse** burlarsi, beffarsi (*de* di)
buganvilla *f bot* buganvillea
buhardilla *f* mansarda, soffitta
búho *m* gufo
buhoner|ía *f* merceria; ~**o** *m* merciaio ambulante
buitre *m zool* avvoltoio; *gran ~ de las Indias* condor
bujarrón *m pop* finocchio *fig*
buje *m tec* bronzina *f*
bujía *f* 1. candela; 2. candeliere *m*; *tec* candela
bula *f* bolla; *(eccl) ~ de la Santa Cruzada* ="dispensa papale dal magro per gli spagnoli"
bulbo *m bot/med* bulbo; ~**so** *adj* bulboso
bulerías *fpl* ="canto e ballo andaluso" *m*
bulevar *m* viale, corso
Bulgaria *f geogr* Bulgaria
búlgaro *adj/s* bulgaro
bull|a *f* chiasso *m*, putiferio *m*; *fam* casino *m*; calca; *meter ~* far casino/putiferio; *meter a ~* intralciare un affare; ~**anguero** *adj/s* tumultuoso, casinista; ~**icio** *m* frastuono, chiasso, rumore; ~**icioso** *adj* rumoroso; turbolento; ~**idor** *adj* irrequieto, vivace; ~**ir** *<bulló, bulleron>* *vt* bollire; agitarsi; ~**ón** *m* borchia *f*
bulo *m* frottola *f*; notizia allarmistica *f*
bulto *m com* collo, balla *f*; *med* gonfiore; volume; pacco; *am* cartella *f*; *a ~* a occhio; *(fig) escurrir el ~* svignarsela, eludere qc; *hacer ~* far volume; *(fig) ir de ~* fare da comparsa; *(fig) ser de ~* essere palese
bumer|ang, ~**án** *m* bumerang *ingl/inv*
bungalow *m/ingl* bungalow *inv*
buñuelo *m gastr* ="frittellina (dolce) di S. Giuseppe" *f*; *fig* pasticcio
BUP *m* (*Bachillerato Unificado Polivalente*) scuola media superiore *f*, liceo
buque *m mar* nave *f*, bastimento; *~ de transporte* nave da trasporto; V. **barco**
buqué *m* bouquet *fr* (*vino*)
burbuj|a *f* bolla; ~**ear** *vi* gorgogliare; ~**eo** *m* gorgoglio
burdégano *m zool* bardotto
burdel *m* bordello, casino
Burdeos 1. *geogr* Bordeaux; 2. *m* (vino di) Bordeaux
burdeos *adj/m* (color) bordò, bordeaux
burdo *adj* rozzo; greggio
bure|ar *vi am* divertirsi; ~**o** *m* spasso, divertimento
burgalés *adj/s* burgalese, di Burgos
burgués *adj/s* borghese
burguesía *f* borghesia
buril *m tec* bulino; ~**ar** *vt* bulinare, incidere
burl|a *f* burla, scherzo *m*, beffa; ~**adero** *m taur* ="pezzo di steccato per proteggersi dall'inseguimento del toro"; ~**ador 1.** *m* seduttore; burlone; canzonatore; **2.** *adj* canzonatorio, beffardo; ~**ar 1.** *vt* ingannare, prendere in giro; *fig* schivare, ingannare; **2.** *~se* beffarsi, burlarsi, prendere in giro *vt*; ~**esco** *adj* burlesco, giocoso; beffardo; ~**ete** *m* guarnizione *f* (*puertas, ventanas...*); ~**ón** *adj/s* burlone
burocracia *f* burocrazia
burócrata *m/f* burocrate
burocr|ático *adj* burocratico; ~**atización** *f* burocratizzazione; ~**atizar** *<burocraticé>* *vt* burocratizzare
bursátil *adj com* borsistico
burra *f zool/fig* asina, somara; ~**da** *f* sciocchezza; sbaglio *m*; bestialità; *zool* mandra di asini
burro *m zool/fig* asino, somaro, ciuco; cavalletto; asino (*naipes*); *(fig) ~ de carga* bestia da soma; *(fig) apearse del ~* cedere alla fine; *(fig) hacer el ~* essere una bestia, fare sciocchezze; *no ver tres en un ~* non vederci un tubo/non vedere più in là del proprio naso; *trabajar como un ~* lavorare come una bestia
busca *f* ricerca; *ir a la ~* andare alla ricerca; ~**dor** *adj/s* cercatore; ~**r 1.** *vt* cercare; *am* provocare; *~ tres pies al gato* andar cercando il pelo nell'uovo; *~ una aguja en un pajar* cercare un ago nel pagliaio; *~ con el candil* cercare con il lanternino; **2.** *~se la vida* arrangiarsi nella vita; ~**vidas** *m/inv* ficcanaso
buscón *adj/s* borsaiolo, picaro
buscona *f* sgualdrina
busilis *m* nocciolo, busillis

búsqueda *f* ricerca, indagine
busto *m* busto
buta|ca *f* poltrona; ~ *de mimbre* poltrona di vimini; ~**no** *m* butano
buten: de ~ *adv/adj gergo* stupendo, meraviglioso
butifarra *f* 1. *gastr* ="salsicciotto catalano" *m*; 2. *gastr Perú* panino d'insalata e prosciutto *m*; 3. *fig* calze poco aderenti *fpl*
butrón *m mar* bertuello; *gergo* buco (*robo*)
buz|amiento *m* inclinazione *f* (*terreno*); ~**o** *m* palombaro; ~**ón** *m* cassetta della posta *f*, buca delle lettere *f*
by-pass *m tec/med/ingl* by-pass *inv*
byte *m infor/ingl* byte *inv*

C

¡ca! *excl* macché!
cabal *adj* giusto, esatto, preciso, completo; *fig* serio, onesto; *estar uno en sus ~es* essere assennato, avere senno
cábala 1. *f* cabala; 2. *fpl* congetture, calcoli *mpl*; *hacer ~s* fare congetture
cabal|gada *f* cavalcata; **~gadura** *f* cavalcatura; **~gar** <*cabalgué*> **1.** *vt* cavalcare; montare; **2.** *vi* andare a cavallo; **~gata** *f* cavalcata
cabal|ista *m/f* cabalista; **~ístico** *adj* cabalistico
caballa *f zool* sgombro *m*; **~da** *f* mandria di cavalli; **~je** *m mec* cavalli (del motore) *mpl*; **~r** *adj* equino, cavallino
caballe|resco *adj* cavalleresco; *literatura ~* letteratura cavalleresca; **~ría** *f* 1. *zool* bestia da soma; 2. *mil* cavalleria; **~riza** *f* scuderia; **~rizo** *m* cavallerizzo; **~ro** *m* cavaliere; signore, gentiluomo; *~ andante* cavaliere errante; **~rosidad** *f* cortesia, gentilezza; **~roso** *adj* cortese, gentile; **~te** *m pitt* cavalletto
caballi|sta *m* intenditore o mercante di cavalli; **~to** 1. *m* cavallino; 2. *mpl* (cavalli da) giostra *f*; *~ del diablo* libellula; *~ de mar* cavalluccio marino; *hacer un ~ (con la moto)* sgommare con la moto
caballo *m* 1. *zool/fig* cavallo; *(fig) ~ de batalla* cavallo di battaglia; *~ de carreras* cavallo da corsa; *~ de Frisia* cavallo di Frisia; *~ de madera* cavallo a dondolo; *~ de montar* cavallo da sella; *~ de refresco* cavallo da posta; *~ de silla* cavallo da sella; *~ de tiro* cavallo da tiro; *~ de vapor* cavallo-vapore; *a ~* a cavallo; (*fig*) *a ~ de* a cavallo di; *fiebre/medicina de ~* febbre/medicina da cavallo; *a mata ~* a spron battuto; *a ~ regalado no le mires el diente* a caval donato non si guarda in bocca; *montar a ~* montare a cavallo; 2. *gergo* eroina *f* (*droga*)
caballuno *adj* cavallino, equino
cabaña *f* 1. capanna; 2. gregge *m*, mandria, numero di capi *m*
cabaret, cabaré *m* cabaret *inv*; night-club *inv*
cabe *prep/lit* presso, vicino a
cabece|ar *vi* tentennare/scuotere/scrollare il capo; *tras* beccheggiare; **~o** *m* scossa/tentennata di testa *f*; *tras* beccheggio; **~ra** *f* 1. testiera, testata; 2. posto d'onore *m*; 3. capezzale *m*; 4. *tip* testata; 5. *tele* sigla di una trasmissione; *medico de ~* medico di famiglia (della mutua)
cabecilla *m* capobanda; caporione, capoccia
cabell|era *f* chioma, capigliatura; *astr* chioma; *~ de indios* scalpo; **~o** *m* capello; capelli *mpl*, capigliatura *f*; *(gastr) ~ de ángel* ="ripieno per dolci a base di zucca"; **~udo** *adj* capelluto; *cuero ~* cuoio capelluto
caber <*18 quepo; cupe; cabré*> *vi* 1. starci, entrarci; passare; poter darsi; *aquí caben muchas personas* qui ci stanno molte persone; *este sillón no cabe por la puerta* questa poltrona non passa dalla porta; *cabe la posibilidad de que llegue a tiempo* può darsi che arrivi in tempo; *no cabe en sí de gozo/de alegría* non sta in sé dalla gioia; *no caber (algo) en la cabeza (a alg)* non poter capire (*q qc*)/non riuscire a capire (*q qc*); *no me cabe duda* non c'è dubbio; 2. spettare, toccare; *me cabe el honor de presentarte* ho/mi spetta l'onore di presentarti
cabestr|illo *m* 1. capestro, cavezza *f*; 2. *med* benda per appoggiare il braccio *f*; *llevar el brazo en ~* avere il braccio (legato) al collo; **~o** *m* capestro
cabeza *f* 1. testa, capo *m*; 2. *fig* testa, capocchia; *fig* capacità; *~ abajo/arriba* bocconi/supino; *~ de ajo* testa d'aglio; *~ cuadrada* testa quadra; *~ de chorlito* testa di rapa/di cavolo; *~ dura* testa dura; *~ de ganado* capo di bestiame; *~ hueca* testa vuota; *(geogr) ~ de partido* capoluogo; *(sport) ~ de serie* testa di serie; *(fig) ~ rapada* testa rasata; *~ de turco* testa di turco; *estar a la ~ de* essere in testa a/alla testa di; *en la ~ del tren* in testa al treno; *juego de ~* gioco di testa; *sin pies ni ~* senza né capo né coda; *(a. fig) agachar la ~* abbassare/chinare la testa; *(fig) calentarle la ~ a alguien* montare/riempire la testa a qc; *(fig) darse con la ~ en la pared* sbattere la testa/il capo contro il muro; *doler la ~* avere mal di testa; *ir de ~* ammattire, affannarsi; lambiccarsi il cervello; *(a. fig) ir con la ~ (bien) alta* andare/camminare a testa alta; *levantar ~* rifarsi (*económicamente*), rimettersi (*salud*); *metérsele una cosa (a alg) en la ~* mettersi/ficcarsi qualcosa in testa/in capo (a q); *no atreverse a levantar la ~* non azzardarsi a fiatare; *pasarle una cosa por la ~ (a alg)* passare (qc) per la testa/il capo (a q); *(fig) perder la ~* perdere la testa; *(fig) romperse la ~* scervellarsi; (*fig*) *sentar la ~* mettere la testa a partito/a posto; *(fig) subirse a la ~ (algo)* dare alla testa (qc), montarsi la testa; *tener la ~ llena de pájaros* avere dei grilli per il capo; *tener la ~ encima de los hombros* avere la testa sulle spalle; *tocar a tanto por ~* toccare un tanto a testa; *traer de ~* fare impazzire; 3. *tec* testata; *tec/fig* estremità (*viga*); *tec* testina (*grabación*); *~ atómica* testata atomica; *~ nuclear* testata nucleare; *(mil) ~ de puente* testa di ponte; 4. *~ de familia* capofamiglia; *(pol) ~ de lista* capolista
cabeza|da *f* colpo di testa *m*; scossa di testa; testata; *echar una ~adita* fare un pisolino; *dar ~s* sonnecchiare; **~l** *m* 1. guanciale; capezzale (*cama*); 2. *tec* testina *f*; **~zo** *m* testata *f*; *sport* colpo di testa
cabezo *m raro* collina *f*
cabezón *m* testone; *fig* testardo
cabezo|nada *f* 1. testardaggine, caparbietà; 2. colpo di testa *m*; **~ta** *adj/s* testardo, caparbio
cabezudo **1.** *adj/m* testone; **2.** *m teatro* ="figura di nano con testone" *f*
cabida *f* capacità, capienza; *fig* posto *m*, spazio *m*; *aquí no hay ~ para 100 perso-*

nas qui non c'è posto/spazio per 100 persone
cabila *f* cabila, tribù
cabild|ear *vi* intrigare; ~**o** *m* 1. comune; 2. *eccl* capitolo; 3. *(pol)* *~ *Insular Canario* Governo Regionale delle Canarie
cabin|a *f* cabina; ~**era** *f Col* hostess *ingl/inv*
cabizbajo 1. *adj* a capo chino; **2.** *adv*; mortificato
cable *m* cavo; *mar* gomena *f*; *televisión por* ~ televisione via cavo; *(fig) echar un ~ a alg* dare una mano a q; ~**ado** *m tec* cablaggio; ~**ar** *vt* cablare; ~**grama** *m* cablogramma
cabo *m* 1. capo, estremità *f*; *al* ~ alla fine; *al ~ de* dopo; *al fin y al* ~ dopo tutto; alla fin fine, in fin dei conti; *de ~ a rabo* da cima a fondo; *estar al ~ de algo* essere già informato, al corrente di qc; *llevar a ~ una cosa* portare a termine qc; *no dejar ~ suelto* non lasciare nulla in sospeso; *atar/reunir/juntar ~s* riunire dati, riflettere; 2. *geogr* capo, promontorio; 3. *mil* caporale; *~ de guardia* caporale di giornata; 4. *mar* cavo, gomena *f*
cabotaje *m* cabotaggio
cabra *f* capra; *~ hispánica o montés* stambecco; *(fam) estar como una ~* essere pazzo da legare; *la ~ siempre tira al monte* il lupo perde il pelo ma non il vizio; ~**higo** *m bot* caprifico
cabre|ar 1. *vt pop* incavolare, incazzare *vulg*; *estar cabreado* essere incazzato *vulg*/incavolato *pop*; **2.** *~se pop* incavolarsi, incazzarsi *vulg*; ~**o** *m* arrabbiatura *f*, incavolatura *f*, incazzatura *f vulg*, giramento di scatole *vulg*
cabrer|iza *f* caprareccia; ~**izo 1.** *m* capraio; **2.** *adj* caprino; ~**o** *m* capraio
cabrestante *m mar* argano
cabria *f mar* capra
cabrío *adj* caprino; *macho ~* capro, caprone
cabrio|la *f* capriola; ~**lé** *m* cabriolet *inv*, cabriolè *inv*
cabrit|illa *f* pelle di capretto; *guantes, zapatos de ~* guanti, scarpe di capretto; ~**o** *m* capretto; *fig* cornuto
cabr|ón *m zool* capro *m*; ~**ón, -ona** *adj/s fig* cornuto, -a; *vulg/fig* stronzo, -a, testa di cazzo; *la muy ~ona!* Che stronza!
cabronada *f vulg* fregatura *pop*, inculata
cabruno *adj* caprino
caca *f pop* cacca; *fig* porcheria; *hacer ~* fare la cacca
cacahuete, *Mex* **cacahuate** *m bot* nocciolina americana *f*, arachide *f* (*fruto*)
cacao *m bot* cacao; *fig/Esp* confusione *f*, pasticcio, casino; *se armó un ~* ci fu un casotto/scandalo; ~**tal** *m* piantagione di cacao *f*
cacare|ar *vi* chiocciare (*gallina*); chicchiriare (*gallo*); *fig* strombazzare; ~**o** *m* coccodè (*gallina*), chicchiriata *f* (*gallo*); *fig* strombazzata *f*, vanteria *f*
cacatúa *f zool* cacatua *m*
cacería *f* partita di caccia
cacerola *f* casseruola
cacha 1. *f* ="ciascuna delle due parti di un manico di coltello, corno, osso, ecc"; 2. *fpl* natiche; *hasta las ~s* fino all'ultimo; *(pop) un ~s* un fusto, un tipo ben piazzato, un tipo muscoloso, un figo; ~**co** *m am* bellimbusto, ganimede; damerino
cachalote *m zool* capidoglio, capodoglio
cacharrazo *m fam* colpo; *pegarse un ~* darsi un colpo
cacharrer|ía *f* negozio di stoviglie *m*; ~**o** *m* venditore di stoviglie; stovigliaio, vasaio
cacharro 1. *m* vaso di terracotta; 2. recipiente; 3. *fig* catorcio, oggetto vecchio e malridotto; *este coche es un ~* questa macchina è una caffettiera, un rottame; 4. *mpl* aggeggi, cianfrusaglie *fpl*
cachaz|a *f* flemma; *am* acquavite di canna da zucchero; ~**udo** *adj* flemmatico
cachear *vt* perquisire
cachemir(a) *m/f* cachemire *m*
Cachemir *m geogr* Cascimir
cache|o *m* perquisizione *f*; ~**tada** *f am* schiaffo *m*; ~**te** *m* schiaffo, manrovescio; ~**tero** *m taur* ="pugnale per dare il colpo di grazia al toro, e la persona che lo dà"
cachicamo *m am zool* armadillo
cachicán *m ant* gastaldo; *fig* uomo astuto
cachimba *f* pipa; *Arg* pozza d'acqua sorgiva
cachi|polla *f zool* efemera, effimera; ~**porra** *f* manganello *m*; ~**vache** *m desp* rottame, ciarpame
cacho 1. *m* pezzo, tozzo; fetta *f*, spicchio; *un ~ de pan* un tozzo di pane; 2. *am* corno
cachond|earse *pop* prendere in giro *vt*, burlarsi; ~**eo** *m pop* burla *f*, beffa *f*; baldoria *f*; *tomársela a ~* prenderla a risate/a scherzo; ~**ez** *f vulg* fregola; ~**o** *adj* 1. *vulg* eccitato *est*; (*estar*) in fregola; 2. *fig* (*ser*) spiritoso, allegro, molto divertente
cachorro *m* cucciolo
cachupín *m/desp Mex* spagnolo
caci|cada *f* sopruso *m*, azione da signorotto; ~**que** *m am* cacicco, cacico; signorotto; ~**quil** *adj* arbitrario, despotico; ~**quismo** *m* signoreggiamento *ant*
caco *m pop* ladro; ~**fonía** *f* cacofonia; ~**fónico** *adj ling* cacofonico
cacto, cactus *m bot* cactus *inv*
cacumen *m* acume, perspicacia *f*
cada 1. *adj* ogni; *~ día* ogni giorno, tutti i giorni; *~ cual*, *~ uno* ciascuno, ognuno; *~ dos por tres* in continuazione; *~ vez que* ogni volta che; **2.** *m bot* ginepro
cadalso *m* 1. palco; 2. patibolo
cadáver *m* cadavere; salma *f*
cadavérico *adj* cadaverico
cadena *f* 1. catena; *en ~* a catena; *~ del frío* catena del freddo; *~ de montaje* catena di montaggio/di lavorazione; *~ montañosa* catena di montagne/montuosa; *~ de periódicos, tiendas, ...* catena di giornali, negozi, ...; *~ perpetua* ergastolo; *~ del perro* guinzaglio; *~ del reloj* catena dell'orologio, cinturino; *~ sin fin* catena perpetua; *~s antideslizantes (para la nieve)* catene antisdrucciolevoli, da neve; *tirar de*

la ~ tirare l'acqua; 2. *tele* canale *m*, rete, network *m/inv*; ~ *de alta fidelidad* impianto stereo(fonico)
cadenci|a *f* cadenza; ~**oso** *adj* cadenzato, armonioso
cadera *f* fianco *m*, anca
cadete *m* cadetto; *am* garzone
cadí *m* cadì
cadmio *m metal* cadmio
caduc|ar <*caduqué*> *vi* scadere; *ius* prescriversi; decadere; ~**eo** *m* caduceo; ~**idad** *f* scadenza; *ius* caducità; ~ *de la instancia* perenzione; ~**o** *adj bot* caduco; decrepito, vecchio; *hojas* ~*as* foglie caduche
caedizo *adj* cadente, cascante; *frutos* ~*s* frutti cascaticci
caer 1. *vi* cadere, cascare; *(fig) ¡ahora caigo!* adesso capisco!; *al* ~ *la tarde* sul/al cader del giorno/del sole; ~ *a la calle* dare sulla strada; *(fig)* ~ *muy bajo* cadere in basso, disonorarsi; ~ *bien/mal un vestido* stare/cadere bene/male un abito; ~ *bien una persona (a alg)* essere simpatica una persona (a q); ~ *mal una persona (a alg)* essere antipatica/insopportabile una persona (a q); ~ *de bruces* cadere bocconi; ~ *de cabeza* cadere a testa in giù; ~ *de perlas* venire a puntino; ~ *en la cuenta* rendersi conto di; ~ *en desgracia* cadere in disgrazia; ~ *en desuso* cadere in disuso; ~ *enfermo* cadere ammalato; ~ *de espaldas* cadere all'indietro; ~ *en falta* cadere/incorrere in fallo; ~ *el gordo (en la lotería)* vincere il primo premio (della lotteria); ~ *el pelo* cadere i capelli; ~ *de pie* cadere in piedi/ritti; ~ *de/por su propio peso* essere evidente; ~ *en suerte* toccare in sorte; ~ *en la trampa* cadere nella trappola; ~ *redondo* stramazzare al suolo; *estar al* ~ stare per arrivare; **2.** ~*se* cadere *vi*, cascare *vi*, piombare *vi*; ~*sele a uno el alma a los pies* cascare le braccia a q; ~*sele a uno la baba* andare in solluchero; ~*sele a uno la cara de vergüenza* morire, nascondersi dalla vergogna; ~*se a pedazos* cascare a pezzi; ~*se de risa* morire dalle risate; ~*se redondo* stramazzare al suolo; ~*se de sueño* cascare dal sonno; ~*se de viejo (algo)* cascare a pezzi per la vecchiaia (qc)
café *m* 1. caffè *inv*; ~ *con leche* caffellatte; ~ *cargado* caffè ristretto; ~ *cortado* caffè macchiato; ~ *del tiempo* caffè freddo; ~ *largo* caffè lungo; ~ *solo* (caffè) espresso; 2. caffè *inv*, bar *inv*; ~ *concierto* caffè concerto
cafe|ína *f* caffeina; ~**tal** *m* piantagione di caffè *f*; ~**tera** *f* caffettiera; ~**tería** *f* caffè *m*, bar *m*; caffetteria (*hotel*); ~**tero 1.** *adj* caffeario; **2.** *m* caffettiere; ~**tín** *m* caffeuccio; ~**to** *m* pianta del caffè *f*
cafre *adj/s* cafro; *fig* barbaro, selvaggio, crudele
caftán *m* caffettano
caga|da *f vulg* cacata; ~**dero** *m vulg* cacatoio, cesso; ~**do** *adj vulg* cacasotto, fifone *est*; *estar* ~ *de miedo* cacarsi sotto/farsela addosso dalla paura, avere la cacarella addosso; ~**fierro** *m* rosticcio; ~**jón** *m vulg* stronzo; ~**lera** *f vulg* cacarella, diarrea; ~**r 1.** <*cagué*> *vi/vt vulg* cacare; ~ *algo* guastare qc; *(vulg)* ~*la* fare una stronzata; **2.** ~*se vulg* farsela addosso, cacarsi sotto; ~*se en alg* maledire q, bestemmiare, sputare su q; *(vulg) ¡me cago en Dios!/en diez (euf)* porco Dio!, Dio cane!, cazzo!, vaffanculo; *(vulg) me cago en tus muertos* i mortacci tuoi! *reg*
caga|rria *f bot* spugnola; ~**rruta** *f* pallina di sterco; ~**tintas** *m/inv desp* impiegatuccio *m*
cagón *m vulg adj/s* cacone; *fig* fifone *est*, cacasotto
cagueta 1. *f* cacarella; **2.** *adj/m* cacone, vile, codardo
caída *f* caduta, cascata; calata; ~ *de aguas* cascata, caduta/salto d'acqua; ~ *del Gobierno* caduta del Governo; ~ *de la hoja* caduta delle foglie; ~ *de la libra* calata della libbra; ~ *del pelo* caduta dei capelli; ~ *de los precios* calata dei prezzi; ~ *de tensión* caduta di tensione; *a la* ~ *del sol/de la tarde* al calar del sole/del giorno, sul far della sera
caído 1. *adj* caduto, cascato; **2.** *mpl mil* caduti
caimán *m zool* caimano
Caín *m* Caino; *pasar las de* ~ passarsela molto male; passarne di tutti i colori
Cairo: El ~ *m geogr* Il Cairo; *~**ta** *adj/s* cairota
caja *f* 1. cassa, scatola; ~ *acústica* cassa acustica; ~ *de cartón* scatola di cartone; ~ *de caudales* cassaforte; ~ *de cerillas* scatola di fiammiferi/cerini; ~ *craneal* scatola cranica; *(mar)* ~ *de distribución* cassetto di distribuzione; ~ *fuerte* cassaforte; ~ *de madera* cassa di legno; ~ *de música* carillon; *(aer)* ~ *negra* scatola nera; ~ *de Pandora* scatola/vaso di Pandora; ~ *registradora* registratore di cassa; ~ *de resonancia* cassa di risonanza; ~*s rusas* scatole cinesi; *(fam)* ~ *tonta* televisione; ~ *de seguridad* cassetta di sicurezza; ~ *torácica* cassa toracica; *echar (a alg) con* ~*s destempladas* scacciare (q) in malo modo; ~ *de muertos* cassa da morto; 2. *com/tip* cassa; ~ *de ahorros* cassa di risparmio; ~ *de pensiones* cassa pensioni; ~ *postal de ahorros* cassa postale; ~ *rural* cassa rurale; *(tip)* ~ *alta, baja* maiuscola, minuscola; 3. *mus/ant* grancassa; 4. *(mil)* ~ *de reclutamiento/de reclutas* ufficio del Distretto Militare
caje|ro *m* cassiere; ~ *automático* sportello automatico, bancomat; ~ *permanente* cassa continua; ~**ta** *f Mex* barattolo per dolci *m*; *Arg/vulg* passera, fica; ~**tilla** *f* pacchetto *m* (*cigarrillos*); ~**tín** *m* 1. scatolino; 2. anello di serratura; 3. timbro; dicitura timbrata *f*; 4. *tip* scompartimento della cassa
cajón *m* cassetto, tiretto; *arch* cassonetto; *(fig)* ~ *de sastre* guazzabuglio; *ser de* ~ *(algo)* essere naturale, essere molto evidente (qc)
cajonera *f* cassettiera

cal *f* calce; ~ *muerta* calce spenta; ~ *viva* calce viva; *cerrado a ~ y canto* chiuso a sette chiavi; *dar una de ~ y otra de arena* dare un colpo al cerchio e uno alla botte

cala *f* 1. *geogr/mar* cala; 2. tassello *m*, assaggio *m* (*melón, queso, ...*); 3. *bot* calla

calabac|ear *vt* 1 respingere, bocciare; ~**ín** *m bot* zucchino; *fig* zuccone

calabaza *f bot/fig* zucca; ~ *vinatera* zucca da vino/lagenaria; *(fig) dar ~s* respingere un pretendente; *stud* bocciare agli esami

calabobos *m fam* pioggerella *f*, piovig-gine *f*, acquerugiola *f*

calabozo *m* cella *f*; segreta *f*

cala|brés *adj/s* calabrese; *~**bria** *f geogr* Calabria

cala|da *f* 1. bagnata; 2. *aer* volo rapido *m*; 3. boccata, tirata (*cigarrillo*); ~**dero** *m mar* fondale di pesca; ~**do 1.** *adj* inzuppato; traforato (*tela*); *estar ~ hasta los huesos* essere bagnato fradicio; **2.** *m mar* pescaggio; *mar* profondità *f*

calafate *m mar* calafato; ~**ado** *m* calafataggio; ~**ar** *vt* calafatare

calamar *m zool* calamaro

calambre *m* crampo; ~ *del escribiente* crampo degli scrivani

calambur *m* freddura *f*; gioco di parole

calami|dad *f* calamità; disgrazia; *fig* disastro *m*; ~**na** *f min* calamina; ~**ta** *f* calamita; bussola; ~**toso** *adj* calamitoso

cálamo *m lit/bot/fig* calamo

calandr|ado *m* calandratura *f*; ~**ar** *vt* calandrare; ~**ia** 1. *f zool/tip/tec* calandra; argano a torno *m*; 2. *fig* finto malato *m*

calaña *f desp* risma; *gente de mala ~* malviventi; *ser de la misma ~* essere della stessa risma/stoffa

calar 1. *vt* 1. bagnare, inzuppare; 2. tassellare, assaggiare (*alimentos*); 3. *mil* inastare la baionetta; *mil* impugnare; 4. calcarsi (*sombrero*); 5. *fig* penetrare, approfondire; 6. traforare; *fig/pop* capire le intenzioni; **2.** *vi mar* calare; **3.** *~se* inzupparsi, bagnarsi; *~se hasta los huesos* bagnarsi fino al midollo/alle midolla; *~se el coche* spegnersi il motore

calavera 1. *f* teschio *m*; 2. *m fig* scapestrato; ~**da** *f* scapestrataggine

calcado 1. *m* calco; **2.** *adj* calcato, ricalcato; *fig* copiato, imitato

calcáneo *m med* calcagno (*hueso*)

calcañar *m* calcagno, tallone

calcar <*calqué*> *vt* ricalcare; calcare; *fig* copiare, imitare

calcáreo *adj* calcareo

calce *m* 1. *Mex* calce; 2. cuneo *m*; *(Arg) dar ~* dare un'opportunità; *firmar al ~* firmare in calce

calcedon|ia *f* 1. *min* calcedonio *m*; 2. *~ Calcedonia; ~**io** *adj/s* calcedone

calcet|a *f raro* calza da donna; *hacer ~* lavorare a maglia; ~**ín** *m* calzino

cálcico *adj* calcico

calcificar <*calcifiqué*> *vt* calcificare

calci|nación *f*, ~**namiento** *m* calcinatura *f*, calcinazione *f*; ~**nador** *adj* calcinatorio; ~**nar** *vt* calcinare

calci|o *m min* calcio; ~**ta** *f min* calcite

calco *m* calco; *papel de ~* carta carbone/copiativa; ~**grafía** *f* calcografia; ~**manía** *f* decalcomania, calcomania; ~**pirita** *f min* calcopirite

calcul|able *adj* calcolabile; ~**ador** *adj/s* calcolatore; ~**adora** *f* calcolatrice; ~**ar** *vt* calcolare; valutare; ~**atorio** *adj* del calcolo; ~**ista** *m* calcolista

cálculo *m mat* calcolo; computo; *med* calcolo

calda 1. *f tec* calda; 2. *fpl* terme

calde|ar *vt* riscaldare, scaldare; ~**o 1.** *adj/s* caldeo; **2.** *adj* caldaico (*lengua*); ~**ra** *f* 1. caldaia; ~ *de vapor* caldaia a vapore; *(fig) las ~s de Pero Botero* l'inferno; 2. *mus* cassa del timpano; 3. *am* bricco *m*; ~**rada** *f* paiolata; ~**rería** *f* caldareria; ~**rero** *m* calderaio

calde|rilla *f* 1. spiccioli *mpl*; 2. *eccl* acquasantiera; ~**ro** *m* paiolo; caldaio (*cocina*); ~**rón** *m* 1. *mat/ant* ="segno per indicare le migliaia"; 2. *mus* corona *f*; 3. *tip* ="segno per indicare il paragrafo"

caldo *m* 1. brodo; 2. vino; olio...; *los ~s de Rioja* i vini della Rioja; *(biol/fig) ~ de cultivo* brodo di coltura; *(fig) hacerle el ~ gordo (a alg)* favoreggiare (q); ~**so** *adj* brodoso

calducho *m desp* brodaglia *f*

calé *m And* gitano; *am* ="moneta di rame" *f*

calefacción *f* riscaldamento *m*; *fis* calefazione; ~ *centralizada, individual* riscaldamento centrale, autonomo

calend|ario *m* calendario; ~ *de pared, de taco* calendario da parete/da muro, a fogli mobili; *hacer ~s* almanaccare; ~**as** *fpl* calende

caléndula *f bot* calendula

calent|ador 1. *m* scaldabagno; ~ *eléctrico, de gas* scaldabagno elettrico/boiler, scaldabagno a gas; scaldino (*cama*); *fig* cipolla *f*, orologio da tasca; **2.** *adj* riscaldatore; ~**amiento** *m* riscaldamento; ~**ar** *vt* 1. scaldare, riscaldare; 2. animare, eccitare; *fig/iron* riscaldare; ~ *la cabeza, las orejas* riempire la testa, le orecchie; *arrimarse al sol que más calienta* ="essere sempre vicino al potere"

calent|ito *adj* 1. calduccio; 2. appena fatto; *(fig) noticia ~a* notizia fresca/calda; ~**ura** *f* febbre; ~**uriento** *adj* febbricitante; *fig* eccitato; esaltato

caler|a *f* 1. cava di pietra calcare; 2. calcara, fornace da calce; ~**o** *m* calcinaio

cales|a *f* calesse *m*; ~**itas** *fpl/Arg* cavalli da giostra *mpl*

calet|a *f* piccola cala; *am* piccola imbarcazione; ~**re** *m fam* senno, giudizio

calibr|ación *f* calibrazione; *bot* calibratura; ~**ador** *m* calibro; calibratoio; ~**ar** *vt* calibrare; *fig* calibrare, valutare; ~**e** *m* calibro

calica|nto *m* muratura *f*; ~**ta** *f* sondaggio *m*

calidad *f* qualità; *control de ~* controllo della qualità; *en ~ de* in qualità, in veste di; come...

cálido *adj* caldo; caloroso, cordiale
calidoscopio, caleidoscopio *m* caleidoscopio
calienta|piés *m/inv* scaldapiedi; ~**platos** *m/inv* scaldavivande; ~**pollas** *f/inv vulg* ="donna prima invitante, poi inaccessibile", *f* ="arrapante che poi non ci sta" *f*; ~**sillas** *m/f/inv* scaldaseggiole
caliente 1. *adj* caldo; *¡~!* fuoco!; *~ de cascos* testa calda; *en ~* a tamburo battente, a caldo; immediatamente; 2. *fig* eccitato, focoso; *fig* arrabbiato; *está ~ con vosotros* è arrabbiato con voi; *(vulg) estar ~* essere in calore; *ande yo ~ y ríase la gente* chi mostra gode, chi vede crepa; chi se ne frega! *pop*
califa *m* califfo; ~**to** *m* califfato
calific|able *adj* qualificabile; ~**ación** *f* 1. qualificazione; qualifica; 2. *stud* voto *m*; ~**ado** *adj* qualificato; autorevole; ~**ador** *adj/s* qualificatore, esaminatore; *tribunal ~* commissione esaminatrice; ~**ar** <*califiqué*> **1.** *vt* 1. qualificare; definire; 2. dare, mettere il voto; **2.** *~se* qualificarsi; ~**ativo** *adj* qualificativo
calígine *f* caligine, foschia
caliginoso *adj* caliginoso
caligr|afía *f* calligrafia; ~**áfico** *adj* calligrafico
calina *f meteo* caligine, foschia
cáliz *m* 1. calice; *apurar el ~ hasta las heces* bere il calice fino alla feccia; *beber el ~ de la amargura* bere al calice dell'amarezza; 2. *bot* calice
caliz|a *f min* calcare *m*; ~**o** *adj* calcare, calcareo; *piedra ~a* pietra calcare; *terreno ~* terreno calcareo
callad|a *f raro* silenzio *m*; *dar la ~ por respuesta* rispondere col silenzio; *a las/de ~s* silenziosamente; ~**amente** *adv* tacitamente, in silenzio; segretamente, alla chetichella; ~**ito** *adj/excl* zitto; silenzio!; ~**o** *adj* silenzioso; taciturno; riservato
callampa 1. *f am* fungo *m*; *Chile* capanna, casa misera; 2. *fpl* quartiere povero *m*
callandico *adv* zitto zitto
callando: a la chita *~ adv* alla chetichella; zitto zitto
callar 1. *vt* tacere; far tacere; *~ a alg* far tacere q; **2.** *vi* far silenzio, star zitto; *¡Calla!* taci!, sta' zitto!; *al buen ~ llaman Sancho* il silenzio è d'oro; *hablar por no ~* parlare a vanvera; *fam* parlare perché si ha la bocca; *quien calla otorga* chi tace acconsente; **3.** *~se* tacere *vi*; *~se el pico* star zitto, chiudere il becco
calle *f* 1. via, strada; 2. *sport* corsia; 3. fila della scacchiera; *abrir ~* fare spazio; *dejar en la ~, echar a la ~, poner de patitas en la ~* lasciare in mezzo alla strada, cacciare/lasciare sulla strada; *echar por la ~ de en medio* andare per la propria strada; *echarse a la ~* ribellarsi, ammutinarsi; *(euf) hacer la ~/ganar de ~* battere la strada; *ir ~ abajo/~ arriba* andare giù/su per la via; *llevar/traer por la ~ de la amargura* far passare le pene dell'inferno; *llevarse a alg de ~* far impazzire q; *no pisar la ~* non mettere mai un piede fuori; *quedarse en la ~* trovarsi sulla strada, ridursi sul lastrico; *gente/hombre de la ~* gente/uomo della strada
calle|ja, ~**juela** *f* viuzza, stradina; ~**jear** *vi* gironzolare, girovagare, andare a zonzo; ~**jeo** *m* il girandolare; ~**jero 1.** *adj/s* girellone, girandolone; *gato ~* gatto randagio; **2.** *m* stradario; elenco telefonico per vie; ~**jón** *m* vicolo; *~ sin salida* vicolo cieco; *fig* affare imbrogliato
callista *m* callista
callo 1. *m med* callo; 2. *mpl gastr* ="(piatto a base di) trippa" *f*; *dar el ~* lavorare duro; ~**sidad** *f* callosità; ~**so** *adj* calloso
calm|a *f* calma, quiete; *mar* bonaccia; *~ chicha* calma assoluta; *con ~* pian pianino; *en ~* calmo, sereno; *¡~!* Calma!, Pian pianino!; *perder la ~* perdere la pazienza; ~**ante** *adj/m* calmante; ~**ar** *vt* calmare; alleviare; ~**o** *adj* calmo, quieto; ~**oso** *adj* pacifico, tranquillo; flemmatico
caló *m* ="lingua dei gitani" *f*; gergo della malavita (*Esp siglo XIX*), *Mex, Am Cent*
calor *m* 1. caldo; *hace ~* fa caldo; *entrar en ~* riscaldarsi; *morirse de ~* morire dal caldo; *no dar ni frío ni ~* non fare né caldo né freddo; 2. *fis* calore; *~ negro* riscaldamento elettrico; 3. *fig* calore, fervore, zelo; ~**ía** *f fis* caloria
calórico *adj* calorico
calor|ífero *m* calorifero; ~**ífico** *adj* calorifico; ~**ífugo** *adj* calorifugo; incombustibile; ~**ímetro** *m* calorimetro
calostro *m* colostro
caloyo *m* agnello o capretto appena nato
calumni|a *f* calunnia; ~**ador** *adj/s* calunniatore; ~**ar** *vt* calunniare; ~**oso** *adj* calunnioso
caluroso *adj* caloroso; caldo; *un día ~* una giornata calda; *(fig) una acogida ~a* un'accoglienza calorosa
calva *f* testa pelata; parte pelata
calvario *m hist/fig* calvario; Via crucis
calvero *m* radura *f*
calvicie *f* calvizie
calvinis|mo *m* calvinismo; ~**ta** *adj/s* calvinista
calvo 1. *adj/m* calvo; **2.** *adj* pelato, spelato; brullo; *ni tanto ni tan ~* né troppo, né troppo poco; *(fam) la ocasión la pintan ~a* bisogna prendere la fortuna per il ciuffo/la palla al balzo
calza 1. *f ant* calza; 2. *fpl* brache; ~**da** *f* carreggiata; *ant* via, strada; ~**do 1.** *m* calzatura *f*; scarpa *f*; **2.** *adj* calzato; *fábrica de ~* calzaturificio *m*; ~**dor** *m* 1. calzatoio; *entrar una cosa con ~* entrare a malapena/a stento; 2. *Arg* portapenne; ~**r** <*calcé*> **1.** *vt* calzare; *tip* livellare; **2.** *(fig) ~se a alg* maneggiare q; ottenere qc da q
calzo *m mar* calzuolo, cuneo, bietta *f*; *sport* blocco di partenza
calzón *m*, **calzones** *mpl* calzoni *mpl*, brache *fpl*; pantaloni *mpl*; *(iron) llevar, ponerse los ~ones* portare le brache
calzon|azos *m iron* minchione, imbecille, pecorone; ~**cillos** *mpl* mutande (da uomo) *fpl*; slip *inv*
cama *f* letto *m*; *~ abatible* letto ribaltabile;

~ *de un cuerpo* letto a un posto/a una piazza; ~ *de cuerpo y medio* letto a una piazza e mezza; ~ *de matrimonio* letto matrimoniale; ~ *plegable* letto a libro, branda; ~ *solar* lettino solare; ~ *turca* letto alla turca; *caer en* ~ mettersi a letto, ammalarsi; *dar vueltas en la* ~ rivoltarsi nel letto; *estar en ~/guardar* ~ essere ammalato; *hacer* ~ *redonda* fare un'ammucchiata; *(fig) hacerle la* ~ *a alg* fare le scarpe a q/lavorare sott'acqua; *irse a la ~/meterse en la* ~ andare a letto, coricarsi; *(euf) irse a la* ~ *con alg* andare a letto con q; *saltar de la* ~ balzare dal letto

camada *f* covata (*aves*); figliata (*mamíferos*); *fig* covata (*hijos*); *fig* banda (*de ladrones*)

camafeo *m* cammeo

camal *m Perú/Bol* macello; **~eón** *m zool* camaleonte; **~eónico** *adj fig* camaleontico

cámara *f* 1. *ant* camera; (*ayuda, maestro, médico) de* ~ (valletto, maestro, medico) di camera, di corte; *música de* ~ musica da camera; 2. *foto/cine/med* camera; ~ *cinematográfica, de cine* cinepresa; ~ *fotográfica* macchina fotografica; *a* ~ *lenta* al rallentatore; ~ *obscura* camera oscura; ~ *de video* videocamera; *(med)* ~ *de burbujas* camera a bolle; *(med)* ~ *de descompresión* camera di decompressione; 3. *pol/tec* camera; ~ *acorazada* camera blindata; ~ *alta* camera alta, Senato, ~ *baja* camera bassa, camera dei deputati; ~ *de aire* camera d'aria; ~ *de comercio* camera di commercio; ~ *frigorífica* cella frigorifera; ~ *de gas* camera a gas; ~ *mortuoria* camera ardente; 4. *m cine* cameraman, (cine)operatore (*persona*)

camarad|a *m pol* camerata (*fascista*), compagno (*partidos de izquierda*); commilitone; compagno; **~ería** *f* cameratismo *m*

camarer|a *f* 1. cameriera (*persona*); *ant* dama della regina; 2. carrello *m*; **~o** *m* cameriere

camarilla *f* 1. *hist* camarilla; 2. cricca, combriccola, conventicola; *pol* lobby, chiesuola politica

camarín *m* 1. *teatro* camerino; 2. *eccl* cappelletta *f*, cappella del tesoro *f*; 3. *ant* gabinetto

camarista *f hist* camerista *m*; prima dama della regina

camarlengo *m* camerlengo

camarógrafo *m am/cine* cameraman *inv*

camarón *m zool* gamberetto; ~ *que se duerme se lo lleva la corriente* chi dorme non piglia pesci

camarote *m mar* cabina *f*

camastro *m* pagliericcio

cambalache *m* scambio/baratto di poco valore

cambi|able *adj* cambiabile, mutabile; **~ante 1.** *adj* cambiante, cangiante; **2.** *mpl* colori cangianti; **~ar** *vt/vi* cambiare; mutare; scambiare *vt*; ~ *un disco por un libro* scambiare un disco con un libro; *(fig)* ~ *de aires* cambiare aria; ~ *de casa, de coche* cambiare casa, cambiare macchina; *(fig)* ~ *de chaqueta, de camisa* voltare casacca; **~azo** *m* scambio fraudolento; *dar el* ~ ingannare nello scambio

cambio *m* 1. cambio, cambiamento; *a* ~ *(de)* in cambio (di); *a las primeras de* ~ senza indugio, subito; *en* ~ invece; *(auto)* ~ *de marchas* cambio; *(tras)* ~ *de vía* scambio, deviatoio; 2. *com* scambio; *libre* ~ libero scambio; *letra de* ~ cambiale; ~ *de nombre* voltura; 3. spiccioli *mpl* (*dinero suelto*); 4. resto; *dar el* ~ dare il resto

cambista *m/f* cambista, cambiavalute *inv*

Camboya *f geogr* Cambogia; ***~no** *adj/s* cambogiano

cambur *m am* (varietà di) banano

camelar 1. *vt* corteggiare, sedurre; lusingare; **2.** *~se fig* lisciare il pelo *vi*, accarezzare

camelia *f bot* camelia

camell|ero *m* cammelliere; **~o** *m zool* cammello; spacciatore, trafficante, pusher (*droga*); **~ón** *m agr* porca *f*

camelo *m* inganno, tranello; lusinga *f*; *dar el* ~ *a alg* ingannare q

cameraman *m ingl* cameraman *inv*

camerino *m teatro* camerino

camero *adj* di letto a una piazza e mezza

camill|a *f med* barella; *mesa* ~ ="tavolo rotondo atto a mettervi sotto un braciere"; **~ero** *m* barelliere

camin|ante *m/f* camminante; viandante; **~ar** *vi* camminare; marciare; andare; **~ata** *f* camminata; passeggiata; **~ero** *adj* stradale; *peón* ~ cantoniere

camino *m* cammino; strada *f*, via *f*; tragitto; *(fig)* ~ *de cabras* cammino accidentato; sentiero; ~ *de herradura* mulattiera; ~ *de Santiago* via lattea; *(fig)* ~ *trillado* cammino battuto; ~ *vecinal* strada vicinale; *por el* ~ strada facendo; *por ese* ~ per quella strada; *este es el* ~ *para Soria* questa è la strada per Soria; *hay un largo* ~ *hasta casa* c'è un lungo tragitto fino a casa; *(fig) abrirse* ~ aprirsi il cammino; *(fig) cruzarse en el* ~ *(de alg)* tagliare il cammino (a q); *estar de* ~ essere in cammino; *ir/venir de* ~ passare da; *voy de* ~ *a la escuela* vado verso la scuola; *ir por/llevar buen/mal* ~ essere sulla buona/cattiva strada; *(fig) llevar* ~ *de* avere l'aspetto di; *ponerse en* ~ mettersi in cammino; *(fig) quedarse a mitad de* ~ restare a metà strada

camión *m* camion; ~ *articulado* autoarticolato; ~ *cisterna* autocisterna; ~ *de basura* autoimmondizie; ~ *de bomberos* autoincendio; ~ *de mudanzas* autocarro per traslochi; ~ *con remolque* autotreno; *estar como un* ~ essere uno schianto, essere bona (*mujer*) *pop*, essere un fusto/un figo/uno schianto (*hombre*)

camion|ero *m* camionista; **~eta** *f* camioncino *m*; *mil* camionetta

camisa *f* camicia; ~ *azul* camicia azzurra, (*falangista español*); ~ *de fuerza* camicia di forza; ~ *negra* camicia nera (*fascista italiano*); ~ *parda* camicia bruna (*nazi, fascista alemán*); ~ *vieja* falangista veterano; *en mangas de* ~ in maniche di camicia; *cambiar de* ~ voltare casacca/gabbana; *dejar a alguien en ~/sin la* ~ ridurre in camicia, ridurre in miseria; *meterse en ~s de once varas* ficcare il naso negli affari altrui; *no llegarle a alguien la ~ al cuerpo* essere mezzo morto di paura; *(fig) quedarse en ~* rimanere, ridursi in camicia

camise|ría *f* camiceria; **~ro** *m* camiciaio; *traje ~* chemisier *fr*; *blusa ~a* camicetta **~ta** *f* maglietta (*con mangas*); canottiera (*sin mangas*); *sport* maglia; *llevar la ~* essere primo in classifica

camisola *f* pettino *m*

camisón *m* camicia da notte *f*

camorr|a *f* briga, lite; camorra; *armar, buscar ~* attaccare, cercare briga; **~ista** *m/f* attaccabrighe, camorrista

camote *m* 1. *am bot* batata *f*; 2. *am* cotta *f* (*amor*); 3. *am* frottola *f* (*mentira*); 4. *am* bernoccolo (*chichón*)

campa|l *adj* campale; **~mento** *m* accampamento; campeggio

campana *f* 1. *mus/eccl* campana; 2. camino *m*; 3. cappa della cucina; *~ de buzo* campana da palombaro; *doblar las ~s* suonare le campane a morto; *echar las ~s al vuelo* sonare a distesa; *oír ~s (y no saber dónde)* sentirne qc (e non sapere dove); *repicar las ~s* suonare a distesa; **~da** *f* tocco di campana *m*; *fig* scandalo *m*; *dar la ~* fare colpo; **~rio** *m* campanile

campane|ar *vi* scampanare; **~o** *m* scampanio; **~ro** *m* campanaro

campanill|a *f* campanello *m*; *med* ugola; *bot* campanella; fiocchetto *m*; *ser de (muchas) ~s* essere di alto rango; **~azo** *m* scampanellata *f*; **~ero** *m* sonatore di campanello

campante *fam adj* baldanzoso, soddisfatto

campanudo *adj* gonfio, ampolloso; fatto a campana

campaña *f* campagna; *~ agrícola* campagna agricola; *~ electoral, de prensa, informativa* campagna elettorale, di stampa, d'informazione; *~ de propaganda, de promoción*, campagna di pubblicità, promozionale; *~ puerta a puerta* canvassing; *tienda de ~* tenda da campeggio

campar *vi* emergere; *~ por sus respetos* agire con prepotenza

campe|ador *ant* guerriero prode; *el Cid ~ (Rodrigo Díaz de Vivar)*; **~ar** *vi mil* combattere in campo aperto; campeggiare, emergere

campech|anía *f* familiarità; **~ano** *adj* gioviale, alla buona; ***~e** *m geogr/Mex* Campeche, Campeggio

campeón *m* campione

campeonato *m* campionato; *(fam) de ~* fuoriclasse; eccezionale

campero 1. *adj* campestre; *fiesta ~a* festa campestre; **2.** *m* guardia campestre; *auto/Col* jeep, fuoristrada

campesino, -a 1. *m/f* contadino, -a; **2.** *adj* rurale, campestre

campestre *adj* campestre

camping *m ingl* camping *inv*, campeggio; *ir de ~* andare in campeggio

campiña *f* campagna, terra coltivata

campista *m/f* campeggiatore; *am* mandriano

campo *m* campagna *f*; campo; terreno coltivato; *fig* settore, campo; *mil/cient* campo; *a ~ raso* all'aperto; *a ~ traviesa* attraverso i campi; *~ de concentración* campo di concentramento; *~ de deportes* campo sportivo; *~ de fútbol* stadio; *dejar el ~ libre* lasciare libero il campo; *ir de ~* andare in campagna/a fare una scampagnata

camposanto *m* camposanto, cimitero

campus *m/inv* campus, città universitaria *f*

camufl|aje *m* camuffamento; *uniforme de ~* tuta mimetica; **~ar** *vt* camuffare, mascherare

can *m* 1. can (Khan); 2. ***~** *astr* Cane; 3. cane (*arma*)

cana *f* capello bianco *m*; *echar una ~ al aire* divertirsi ogni tanto; fare una scappatella ogni tanto; *peinar ~s* essere vecchio

Cana|dá *m geogr* Canada; ***~diense 1.** *adj/s* canadese; **2.** *f* giaccone foderato di pelliccia *m*

canal *m* 1. canale; *en ~* dall'alto al basso; *abrir en ~* sventrare, squartare; spaccare; 2. stretto, passo; *arch* grondaia *f*; *arch* scanalatura *f*; **~adura** *f arch* scanalatura; **~ización** *f* canalizzazione; **~izar** <*canalicé*> *vt* canalizzare; incanalare

canall|a 1. *f* marmaglia; 2. *m* canaglia, birbante; **~ada** *f* canagliata; **~esco** *adj* canagliesco

canalón <*pl canalones*> 1. *m* grondaia *f*; 2. *mpl* cannelloni

canana *f* cartucciera a cintola

canapé *m* canapè (*mueble*); *gastr* tartina *f*

Canarias *fpl geogr* Le (isole) Canarie

canario 1. *adj/s geogr* canario; **2.** *m zool* canarino; canario (*danza*); *Chile* chi dà mance generose

canast|a *f* canestra, cesta; canasta (*naipes*); *hacer ~* fare, realizzare un canestro; **~illa** *f* 1. cestella con il corredino (del neonato); corredino *m*; 2. cestino da lavoro *m*; **~o 1.** *m* canestro, corbello; **2.** *excl* *¡~s!* capperi!

cáncamo *m* chiodo a occhiello

cancel *m* bussola della porta *f*; vetrata *f*; *am* paravento; **~a** *f* cancello *m*; **~ación** *f* cancellazione, annullamento *m*; **~ar** *vt* cancellare, annullare; *~ una reserva* annullare una prenotazione; *~ un vuelo* cancellare un volo

cáncer *m med/astr* cancro

cancer|bero *m fig* Cerbero; **~ígeno** *adj* cancerogeno; **~ización** *f med* cancerizzazione; **~oso** *adj* canceroso

cancha *f am* sferisterio *m*; campo, terreno di gioco *m*; spianata; *¡~!* largo!; *dar ~ a alg* concedere vantaggio a q; *(am) estar en su ~* trovarsi a suo agio

canciller *m* cancelliere; *am* ministro degli Affari Esteri; **~ía** *f* cancelleria

canci|ón *f* canzone; *~ de cuna* ninna nanna; *es la misma/otra ~* è la solita/un'altra musica; **~onero** *m* canzoniere

candado *m* lucchetto

candeal *adj trigo, pan ~* grano/frumento bianco, pane buffetto

candel|a *f raro* candela; *arrimar la ~* dare una bastonata; *en ~* in pericolo; **~abro** *m*

candelabro; ~**aria** *f* candelora; ~**ero** *m* candeliere; *estar en ~* essere sulla cresta dell'onda
candente *adj* incandescente
candid|ato, -a *m/f* candidato, -a; ~**atura** *f* candidatura
candidez *f* candidezza, candore *m*; ingenuità; semplicità
cándido *adj* candido; ingenuo; sempliciotto
candil *m* lucerna *f*, lume a mano; *ni buscado con ~* neanche a farlo apposta; ~**eja** 1. *f* lumino *m*; 2. *fpl teatro* luci della ribalta *mpl*, lampade del proscenio
candong|a *f* 1. beffa; 2. *zool* mula da tiro; ~**o** *adj/s* furbo, astuto; scansafatiche
candonguear *vi* fare l'indolente/lo scansafatiche
candor *m* candore, candidezza *f*; ingenuità; semplicità; ~**oso** *adj* ingenuo
canel|a *f* cannella; *¡es ~ fina!* è uno zucchero!; ~**o** *m* 1. albero della cannella; 2. color cannella; *(fig) hacer el ~* fare la parte dell'imbecille
canesú *m* sprone, carré
cangilón *m* cucchiaia della draga *f*; secchio
cangrejo *m zool* granchio; *ir para atrás como los ~s* andare indietro come i granchi
canguelo *m pop* fifa *f*
canguro 1. *m zool* canguro; K-way (*ropa*); 2. *f/m Esp fig* baby-sitter
caníbal *adj/m* cannibale
canibalismo *m* cannibalismo
canica *f* biglia; *bot* cannella selvatica
canicie *f* canizie
canícula *f* canicola
canicular *adj* canicolare
canijo *adj* debole, infermiccio
canilla *f* 1. stinco *m*; osso lungo di gamba *m*, braccio *m*, ala; 2. *tec* bobina
canillita *f am* strillone *m*
canino *adj/m* canino
canje *m* cambio; *com/mil* scambio; ~**able** *adj* cambiabile; ~**ar** *vt* cambiare; *com/mil* scambiare
cano *adj* canuto, bianco; vecchio
canoa *f mar* canoa, canotto *m*; scialuppa
canódromo *m* cinodromo
canon <*pl cánones*> 1. *m* canone; regola *f*; *ius* canone, quota *f*; *tip* carattere di 24 punti; *mus/eccl* canone; 2. *mpl* diritto canonico *m*; ~**ical** *adj* canonicale; ~**icato** *m* canonicato
canón|ico *adj* canonico; ~**iga** *f fam* pisolino *m*, siesta; ~**igo** *m* canonico
canon|ista *adj* canonista; ~**ización** *f* canonizzazione; ~**izar** <*canonicé*> *vt* canonizzare; *fig* esaltare; ~**jía** *f* canonicato *m*
canoro *adj* canoro, melodioso
canoso *adj* canuto
canot|ié, ~ier *m* paglietta *f* (*sombrero*)
cans|ado *adj* (*estar*) stanco, affaticato, spossato; sciupato; (*ser*) *fig* noioso, pesante; ~**ancio** *m* stanchezza *f*, spossatezza *f*; ~**ar** *vt* stancare, affaticare, spossare; esaurire; *fig* annoiare, infastidire; ~**era** *f* noia, fastidio *m*; ~**ino** *adj* affaticato, spossato (*animal*)
Cant|abria *f* Cantabria; ~**ábrico** *adj/m* Cantabrico
cántabro *adj/s* cantabro
canta|dor, *reg* **cantaor** *m And* cantante di flamenco; ~**mañanas** *m/f/inv* ballista *m/f*, pallonaro, -a *m/f reg*; ~**nte** *adj/s* cantante
cantar 1. *vt/vi* cantare; *fig* suonare; *iron* confessare; accusare (*naipes*); *~las claras, ~ la cartilla, ~ las cuarenta* dirle chiare e tonde/dirne di tutti i colori; *le cantan los pies* gli puzzano i piedi; *en menos que canta un gallo* in un batter d'occhio/d'ali; **2.** *vi fig* cigolare (*rueda, puerta*...); *pop* puzzare; **3.** *m* canto, cantare, canzone *f*; *es otro ~* è un'altra musica, è un altro paio di maniche
cántara *f* brocca, anfora; cantaro *m*
cantarela *f mus* cantino *m*
cantárida *f zool* cantaride
cantar|ín, -ina *adj* canterino, -a
cántaro *m* cantaro; brocca *f*, anfora *f*, orcio; *llover a ~s* piovere a catinelle; *tanto va el ~ a la fuente hasta que se rompe* tanto va la gatta al lardo che ci lascia lo zampino
cantata *f* cantata
cantatriz *f* cantatrice
cantautor *m* cantautore
cante *m And* canto (*jondo, flamenco*)
canter|a *f* cava di marmo; ~**ía** *f* arte dello scalpellino; ~**o** *m* scalpellino, spaccapietre
cántico *m* cantico
cantidad *f* quantità; somma
cantiga, cántiga *f ant* cantico *m*, inno *m*
cantilena *f* cantilena; filastrocca
cantimplora *f* borraccia
cantin|a 1. *f* osteria; cantina; 2. *fpl Mex* bisacce; ~**ero, -a** *m/f* cantiniere, -a
canto *m* 1. *mus* canto; 2. bordo; spigolo, angolo, punta *f*; taglio (*libro*); costa *f*; pezzo; spessore; *~ de pan* cantuccio di pane; *~ rodado* ciottolo; *de cal y ~* in muratura; *por el ~ de un duro* per un pelo; *darse con un ~ en el pecho/en los dientes* cantare alleluia
cantón *m geogr* cantone; *mil* accantonamento
canto|nal *adj* cantonale; ~**nera** *f* cantoniera (*mueble*); *tip* fregio angolare *m*
canto|r, -ra 1. *m/f* cantore, -cantatrice; **2.** *adj* canoro, -a
cantoral *m eccl* cantorino
cantorral *m* terreno sassoso
canturre|ar *vi/vt* canticchiare, canterellare; ~**o** *m* canterellio
cánula *f* cannuccia; *med* cannula
canut|ero *m* agoraio; *am* asticciola della penna *f*; ~**o** *m* 1. tubo, cerbottana *f*; 2. spinello, canna *f* (*droga*); 3. *am* agoraio; *pasarlas ~as* vedersela brutta; *no saber hacer la o con un canuto* non sa fare neanche le aste
caña 1. *f* canna; *~ de azúcar* canna da zucchero; *~ de pescar* canna da pesca; *(fam) dar/meter ~* picchiare, bastonare; *auto* accelerare, dar gas; 2. gambale *m* (*bota*); 3. birra alla spina; boccale/bicchiere *m* (*medida de cerveza o vino*); 4.

osso del braccio o gamba *m*; *gastr* osso midollo *m*; 5. *fpl* giostra con lancio di canne *f*
caña|da *f* passaggio *m*, passo *m*, varco *m*; *agr* tratturo *m*; *am* ruscello *m*; ~**mazo** *m* stoppa di canapa *f*; canovaccio; ~**melar** *m* piantagione di canna da zucchero *f*; ~**mero** *m zool* verdone; ~**miel** *f* canna da zucchero
cáñamo *m* canapa *f*; *am* spago
caña|món *m* canapuccia *f*; ~**veral,** ~**r** *m* canneto; ~**zo** *m* cannata *f*
cañería *f* tubatura; tubazione
cañí *adj/s pop* gitano; guappo, bullo
cañi|zal *m* canneto; ~**zo** *m* canniccio, graticcio
caño *m* tubo; condotto dell'acqua; *mar* canale
cañón 1. *m mil* cannone; canna *f*; *geogr* Cañon, gola di montagna *f*; cannoncino; penna d'oca *f*; *carne de* ~ carne da cannone; *estar al pie del* ~ stare all'erta; **2.** *adj/inv pop* fantastico, stupendo
cañon|azo *m* cannonata *f* (*a. sport*); ~**eo** *m* cannoneggiamento; ~**ero 1.** *m mar* cannoniera *f*; **2.** *adj mil* cannoniere
cañut|ero *m* agoraio; ~**illo** *m* 1. giaietto; 2. canutiglia *f*; *(agr) de* ~ innesto a marza; ~**o** *m* cannello
caob|a *f*, ~**o** *m* mogano *m*
caolín *m min* caolino
caos *m/inv* caos, disordine
caótico *adj* caotico
capa *f* 1. cappa, mantello *m* (*ropa*); 2. strato *m*, manto *m*; ~ *de pintura* mano di pittura; 3. involucro *m*; 4. ceto *m* (*sociedad*); 5. *mar* cappa; *(mar) a la* ~ alla cappa; *(fig) bajo/(so)* ~ *de* sotto l'apparenza di; *(cient)* ~ *de ozono* fascia di ozono; *(teatro) comedia de* ~ *y espada* commedia di cappa e spada; *(fig) andar/estar de* ~ *caída* essere giù di corda; *(fig) defender a* ~ *y espada* difendere a spada tratta; *(fig) hacer de su* ~ *un sayo* fare a propria volontà
capacho *m* 1. corbello, cesto, sporta *f*, 2. *bot* pianta cannacea *f*; 3. *zool* succiacapre
capaci|dad *f* capienza; *fig/ius* capacità; abilità; ~**tación** *f* abilitazione
capad|or *m* castratore; ~**ura** *f* castratura; capponatura
capar *vt zool* castrare; evirare
caparazón *m* 1. carcassa *f*; 2. coperta *f*
caparr|a *f ius* caparra; *bot/Ar* cappero *m*; *zool* zecca; ~**ón** *m bot* gemma *f*
caparrosa *f* copparosa
capataz *m* caposquadra; *agr* gastaldo; assistente agronomo
capaz *adj* capiente, capace; spazioso, ampio; capace, esperto; atto, idoneo; *am* possibile, facile
capazo *m* cesta *f*, paniere; porte-enfant *fr/inv*
capcios|idad *f* capziosità; ~**o** *adj* capzioso
capea *f taur* ="inganno fatto al toro con la cappa" *m*; ~**r** *vt taur* ="aizzare il toro con la cappa"; *mar* cappeggiare; *fig* scansare, schivare; cavarsela; ~ *el temporal* far fronte alle difficoltà
capell|án *m* cappellano; ~ *castrense* cappellano militare; ~**anía** *f* cappellania
capelo *m* cappello cardinalizio; *am* tocco
capeo V. **capea**
Caperucita Roja *f* Cappuccetto Rosso *m*
caperuza *f* cappuccio *m*
capibara *m Arg/zool* capibara
capicúa *adj/m* numero bifronte
capilar *adj* capillare; ~**idad** *f* capillarità
capilla *f* cappella; *fig* combriccola, chiesuola politica, cricca; *(fig) estar en* ~ essere alla vigilia di qc; *mil* altare portatile *m*; *mus* cappella; *tip* foglio sciolto *m*
capiro|tazo *m* buffetto; ~**te** *m* ="copricapo conico per le processioni di Pasqua"; ="tocco con mozzetta per universitari"; *tonto de* ~ scemone, scioccone
capisayo *m iron* tonaca *f*, saio
capit|ación *f ius* capitazione; ~**al 1.** *f* 1. capitale (*Estado*); capoluogo *m* (*provincia*); 2. *m* capitale, patrimonio; **2.** *adj* capitale; principale; *(tip) letra* ~ lettera maiuscola; *pena* ~ pena capitale; ~**alino** *adj/s am/iron* abitante della capitale; *es un* ~ è di città/della capitale; ~**alismo** *m* capitalismo; ~**alista** *adj/s* capitalista; ~**alizar** <*capitalicé*> *vt* capitalizzare
capit|án *m* capitano; ~ *de corbeta, fragata, navío, altura* capitano di corvetta, fregata, vascello, lungo corso; ~**ana** *f mar/iron* capitana; ~**anear** *vt* capitanare; ~**anía** *f* capitaneria (*oficina*); capitanato *m*
capitel *m arch* capitello
capito|lio *m* Campidoglio; acropoli *f*; ~**né** *adj* imbottito, capitonné; ~**ste** *m* caporione, capoccia
capítula *f eccl* capitolo *m*
capitul|ación <*pl capitulaciones*> **1** *f* capitolazione; **2.** *fpl ius* capitolato matrimoniale *m*; ~**ar 1.** *vi* capitolare; **2.** *adj/m* capitolare
capítulo 1. *m* capitolo; 2. *mpl* capitolato matrimoniale *m*; *tele* puntata *f*; *llamar/traer a* ~ chiamare alla resa dei conti/chiamare all'ordine; *ser* ~ *aparte* essere un'altra questione
capó *m auto* cofano
capón 1. *m zool* cappone; colpo di nocche; **2.** *adj/s* castrato
caporal *m* caposquadra
capot V. **capó**
capota *f auto* capote *fr/inv*; ~ *dura* tettuccio rigido, hard top; ~**r** *vi tras* cappottare, ribaltarsi
capote *m* poncho; *mil* cappotto; *taur* cappa *f*; *echar un* ~ *a alg* interrompere apposta il discorso di q; *decir (alg) una cosa para su* ~ parlare (q) fra sé; ~**ar** V. **capear**; ~**ra** *f am* attaccapanni *m*
capricho *m* capriccio; fantasia *f*; ~**so** *adj* capriccioso; bizzarro
Capricornio *m astr* Capricorno
cápsula *f* capsula; involucro *m*; *bot* ricettacolo *m*; *tec* capsula
capsuladora *f* capsulatrice
capt|ación *f Tv/psic* captazione; conquista; ~**ar** *vt* captare; cattivarsi, procu-

rarsi; ~**ura** *f* cattura; arresto *m*, ~**urar** *vt* catturare; arrestare

capuch|a *f* cappuccio *m*; *tip* accento circonflesso *m*; ~**ina** *f bot* cappuccina; ~**ino** *eccl adj/s* cappuccino; *gastr* cappuccino; ~**ón** *m* cappuccione; mantello con cappuccio da sera; domino (*fr*) corto

capullo *m bot* bocciolo, boccio; bozzolo; *vulg* cappella *f*; prepuzio; *fig/vulg* testa di cavolo/cazzo, pirla, stronzo

capuzar <*capucé*> *vt* tuffare; *mar* sommergere da prora

caquexia *f med* cachessia

caqui *m bot* cachi *inv*; color cachi

cara *f* 1. faccia, volto *m*, viso *m*; aspetto *m*, cera; *buena, mala* ~ buona, cattiva cera; ~ *de ángel* viso d'angelo; ~ *dura* faccia tosta/di bronzo; ~ *de Pascua* faccia allegra; ~ *de perro/de pocos amigos* faccia rabbiosa/minacciosa/torva; *a* ~ *o cruz* a testa e croce; ~ *a* ~ faccia a faccia; *(iron) por su* ~ *bonita* perchè è bello, -a; *caérsele la* ~ *de vergüenza* morire dalla vergogna; *dar la* ~ mostrare la faccia, fronteggiare; *echar en* ~ rinfacciare; *no tener* ~ non aver il coraggio; *plantar* ~ sfidare; *poner buena/mala* ~ far un buon/cattivo viso; *poner* ~ *de circunstancias* stare in tono; *romper la* ~ rompere il muso; *tener mucha* ~ avere la faccia di bronzo; 2. *zool* muso *m*; 3. facciata, faccia, superficie

carab|a *f fam* colmo *m/est*; *¡Es la ~!* E' il colmo!; ~**ela** *f mar* caravella

carabin|a *f* carabina; *fig* candela; *ser la* ~ *de Ambrosio* essere un buono a nulla/non servire a niente; ~**ero** *m mil* guardia di finanza *f*; *zool* (tipo di) gambero rosso scuro

cárabo *m mar/zool* carabo

Caracalla *m hist* Caracalla; *~ *f* caracalla

caracha *f* rogna, tigna

caracol 1. *m* 1. chiocciola *f*; *escalera de* ~ scala a chiocciola; 2. lumaca *f*; 3. tirabaci *inv* (*pelo*), ricciolo; **2.** *(excl/euf) ¡~es!* perbacco!, caspita!; ~**a** *f zool* buccino *m*, tritone *m*; chiocciola; ~**ada** *f* piatto di lumache *m*; ~**ear** *vi* caracollare, volteggiare (*caballo*)

carácter *m* 1. carattere; 2. indole *f*, temperamento; 3. scrittura *f*; carattere, tipo; *con* ~ *de* in qualità di

característic|a *f* caratteristica; ~**o 1.** *adj* caratteristico; **2.** *m/f teatro* caratterista

caracteriz|ación *f* caratterizzazione; *teatro* travestimento *m*; trucco *m*; ~**ar** <*caractericé*> **1.** *vt* caratterizzare, distinguere; *teatro* caratterizzare, rappresentare (il ruolo di); **2.** ~*se* truccarsi; travestirsi

caracú *m Am Mer/gastr* osso midollo

caradura *m/f* faccia tosta *f*, sfacciato, -a

carajillo *m* caffè corretto con cognac/liquore

carajo 1. *m vulg* cazzo; *(vulg) irse, mandar al* ~ andarsene, mandare al diavolo/a quel paese/a farsi fottere; *(vulg) no me importa un* ~ non me ne importa un cazzo; **2.** *excl/vulg* cazzo!

¡caramba! *excl* accidenti!, caspita!, diamine!; *¡qué ~!* e che caspita/diamine!

carámbano *m meteo* ghiacciolo

carambola *f* carambola; *por* ~ di rimbalzo, indirettamente

caramelo *m* caramella *f*; caramello (*azúcar*); *a punto de* ~ allo stato di caramello; ~ *de palo* lecca-lecca

caramillo *m* 1. *mus* zufolo, zampogna *f*, oboe, flauto (*pastoriles*); 2. pettegolezzo; lite *f*; 3. baccano, casino *pop*

carantoña(s) 1. *f(pl)* moine *fpl*; 2. *f fam* vecchia vestita come una maschera

carapacho *m* guscio; conchiglia *f*; carcassa *f*

caraqueño *adj/s* di Caracas

carátula *f* maschera; *fig teatro* farsa; *am tip* copertina (*disco, libros*)

caravana *f* carovana; *tras* roulotte *fr/inv*, caravan *ingl/inv*

¡caray! *excl/pop* cavolo!, caspita!, accidenti!

carbón *m* carbone; ~ *de piedra o mineral* carbon fossile; ~ *de palo o vegetal* carbone vegetale/di legna; *papel* ~ carta carbone

carbon|ada *f* carbonata; ~**ado** *m min* carbonado; ~**ato** *m chim* carbonato; ~**cillo** *m* carboncino (*dibujo*); ~**era** *f* carbonaia, *mar* carbonera; ~**ería** *f* negozio del carbonaio *m*; ~**ero 1.** *m* carbonaio, carboniere; **2.** *adj* carboniero

carbónico *adj* carbonico

carbon|ífero *adj* carbonifero; ~**illa** *f* carbonella; ~**ización** *f* carbonizzazione; ~**izar** <*carbonicé*> *vt* carbonizzare; ~**o** *m chim* carbonio

carbun|clo, ~**co** *m agr* carbonchio; *med* antrace

carbúnculo *m med* carbonchio; rubino

carbur|ación *f* carburazione; ~**ador** *m* carburatore; ~**ante** *adj/m* carburante; ~**ar** *vt* carburare; *(fig) no* ~ essere rimbambito, non carburare; ~**o** *m chim* carburo

carca *m/f pol/desp* retrogrado, -a, reazionario, -a

carcaj *m* faretra *f*; ~**ada** *f* risata; sghignazzata; *reír a ~s* ridere a crepapelle

carcamal *m desp* vecchio rimbambito

carcasa *f* bomba d'artificio

cárcel <*pl cárceles* carceri *fpl*> *f* 1. carcere *m*, prigione; 2. *tec* morsa da falegname

carcel|ario *adj* carcerario; ~**ero 1.** *m* carceriere; **2.** *adj* carcerario

carcom|a *f zool* tarlo *m*; *fig* rodimento *m*; ~**er** *vt* tarlare; *fig* corrodere, consumare

card|a *f* 1. *tec* cardatura; 2. cardo *m*, scardasso *m* (*máquina*); *fig* rimprovero *m*; *dar una* ~ dare, fare una strapazzata; *ser de la misma* ~ essere della stessa lana; ~**ado** *m* cardatura *f*; ~**ador, -ra** *m/f* cardatore, -trice; ~**án** *m tec* cardano, giunto cardanico; ~**ar** *vt* cardare

cardenal 1. *m eccl* cardinale; 2. livido *m*; ~**ato** *m* cardinalato; ~**icio** *adj* cardinalizio

cardenillo *m* verderame

cárdeno 1. *adj* violaceo, paonazzo; **2.** *m* toro bianco e nero

cardíaco *adj* cardiaco

cardinal *adj* cardinale

cardi|ólogo *adj/m* cardiologo; ~**opatía** *f* cardiopatia; ~**ovascular** *adj* cardiovascolare
cardizal *m bot* cardeto
cardo *m bot* cardo; *(pop) ser un* ~ essere una racchia
care|ar 1. *vt* mettere a confronto; **2.** ~*se* confrontarsi; *ius* mettere a confronto
carecer <*13a carezco*> *vi* mancare (*de* di), essere privo (*de* di)
carena *f mar* carenaggio *m*; carenatura; ~**r** *vt* carenare
caren|cia *f* carenza; mancanza, scarsezza, penuria; ~**cial** *adj med* carenziale; ~**te** *adj* carente, privo, mancante (*de* di)
care|o *m ius* confronto; faccia a faccia; ~**ro** *adj fam* carestoso
carestía *f* carestia, scarsezza, penuria
careta *f* maschera
carey *m zool* caretta *f*, tartaruga marina *f*
carga *f* 1. carica; 2. carico *m*; soma; peso *m*; *ius* gravame *m*, onere *m*; *mil* carica; *fig* preoccupazione; *burro de* ~ bestia da soma; ~ *eléctrica* carica elettrica; ~**dero** *m* scalo merci; ~**do** *adj* carico, *meteo* pesante, afoso; forte; ~ *de años* vecchio; ~ *de espaldas* curvo, un po' gobbo; *café* ~ caffè ristretto; ~**dor, -ra** *m/f* caricatore, -trice; scaricatore, -trice; facchino, -a; ~**mento** *m* carico; ~**nte** *adj* pesante, noioso
cargar <*cargué*> **1.** *vt* caricare; *com* addebitare; imputare, accusare; *fig* annoiare, stancare; **2.** *vi* volgersi (*tempestad, viento*); assumersi, addossarsi; rubare *vt*; *ling* ricadere; pesare; ~ *con el mochuelo* pagare la pena; **3.** ~*se* curvarsi; *meteo* rannuvolarsi; caricarsi; *(fig)* ~*se a alg* accoppare q, far fuori q; *stud* bocciare/fregare agli esami
cargo *m* carico, peso; *fig* carica *f*, impiego, direzione *f*; *testigo de* ~ testimone d'accusa; *estar a* ~ *de* essere a carico di, dipendere da; *hacerse* ~ farsi carico
carguero *m* nave da carico *f*
cariacontecido *adj* turbato, preoccupato
cari|ado *adj* cariato; ~**ar** *vt* cariare
caribe 1. *adj/m* 1. caribo; *fig* selvaggio; 2. *mar* ~ mare Caribico; **2.** *geogr* *~ Caribi *mpl*; ~**ño** *adj/s* caribo
caricatur|a *f* caricatura; ~**esco** *adj* caricaturale; ~**ista** *m/f* caricaturista; ~**izar** <*caricaturicé*> *vt* caricaturare; ridicolizzare
caricia *f* carezza; moina
caridad *f* carità; elemosina; *implorar la* ~ chiedere l'elemosina
caries *f/inv med* carie
carill|a *f* faccia di un foglio; ~**ón** *m* carillon *fr/inv*
cariño *m* 1. affetto; tenerezza *f*, delicatezza *f*; 2. caro, tesoro, amore; ~**so** *adj* affettuoso, tenero
carioca 1. *adj/s* carioca, di Rio de Janeiro; **2.** *f* carioca (*baile*)
carisma *m eccl/fig* carisma
caritativo *adj* caritatevole
cariz *m* aspetto
carl|anca 1. *f* collare dentato *m*; 2. *fig/fpl* astuzia *f*; ~**inga** *f mar/aer* carlinga; ~**ista** *adj/s pol/hist* carlista, partigiano di Don Carlo di Borbone
carm|elita, ~**elitano** *adj/s eccl* carmelita, carmelitano; ~**en** *m lit* carme; Carmen, Carmela *f*, Carmine *m*; *Virgen del* * ~ Vergine del Carmine/Carmelo
carm|esí *adj* cremisi; ~**ín** *m* rossetto; *chim* carminio
carnada *f* esca (per pesca o caccia); *fig* trappola
carnal *adj* carnale; sensuale; di primo grado, carnale (*pariente*); *acto* ~ copulazione; ~**idad** *f* carnalità, sensualità
carnaval *m* carnevale; ~**ada** *f* carnevalata; ~**esco** *adj* carnevalesco
carnaza *f* carnaccia
carne *f* carne; polpa (*fruta*); ~ *picada, ahumada* carne tritata, affumicata; ~ *poco hecha* carne al sangue; ~ *en su punto* carne cotta al punto giusto; ~ *muy hecha* carne ben cotta; ~ *a la parrilla* carne alla griglia; ~ *hervida/cocida* lesso; *en* ~ *viva* in carne viva; *de* ~ *y hueso* in carne ed ossa; *en* ~*s vivas* nudo; *echar* ~ ingrassare; *no ser ni* ~ *ni pescado* non essere né carne né pesce; *poner la* ~ *de gallina* far venire la pelle d'oca; *poner toda la* ~ *en el asador* sparare tutte le proprie cartucce
carnear *vt* macellare
cárneo *adj* carneo
carnero *m* 1. *zool* montone; 2. carnaio, ossario; *am/fig* pecorone
carnestolendas *fpl* ultimi tre giorni di carnevale *mpl*
carnet, carné *m* tessera *f*, carta *f*; ~ *de identidad* carta d'identità; ~ *de conducir* patente (di guida)
carnicer|ía *f* 1. macelleria, beccheria; 2. *fig* carneficina; ~**o, -a 1.** *m/f* macellaio, -a; **2.** *adj* carnivoro
carnívoro *adj* carnivoro
carnos|idad *f* carnosità; ~**o** *adj* carnoso; polposo
caro *adj* caro (*precio*); *lit/iron* caro
carolingio *adj/s* carolingio
carótida *f med* carotide
carozo *m* torsolo della pannocchia; *am* nocciolo di frutta
carp|a *f* 1. *zool* carpa; 2. *bot* racimolo d'uva *m*; 3. *am* tenda da campagna; telo *m*; *Esp* tendone da circo *m*; bancarella; ~**anta** *f pop* fame da lupo
Cárpatos *mpl geogr* Carpazi
carpeta *f* cartellina; cartella da scrivania; ~**zo** *m* colpo di cartella; *dar* ~ archiviare/sospendere una pratica
carpinter|ía *f* 1. falegnameria; 2. materiale in legno *m*, serramenti *mpl*; ~ *metálica* serramenti in metallo; ~**o** *m* falegname; *(zool) pájaro* ~ picchio
carpir *vt am/agr* sarchiare
carpo *m med* carpo
carrac|a *f mec* pignone *m*; *ant/mar* caracca; *fig* carcassa; ~**o 1.** *adj/s* vecchio, acciaccoso; ~**uca: estar más perdido que** ~ trovarsi in condizioni disastrose
carrasca *f bot* leccio *m*, elce *m/f*; ~**l** *m bot* lecceto; *am* ghiareto

carrasp|ear *vi* fare il raschio, raschiare (*garganta*); **~eo** *m* raschio (*garganta*); **~era** *f* raucedine; **~oso** *adj* rauco cronico
carrera *f* 1. corsa; ~ *de armamentos* corsa agli armamenti; *sport* gara di corsa; *~s de caballos, de coches, de bicicletas* corse di cavalli, automobilistiche, ciclistiche...; ~ *de relevo* staffetta; ~ *de fondo* gara di fondo; *a la* ~ di corsa; *de ~s* da corsa; *tomar* ~ pigliare la corsa; 2. strada; 3. *stud* corso di studi *m*; 4. fila (*árboles*); 5. smagliatura (*medias*); 6. carriera (*profesión*); 7. percorso *m* (*taxi*)
carrerilla *f* corserella; *mus* scala rapida; *de* ~ tutto di seguito; a memoria
carrero *m* carrettiere
carret|a *f agr* carretta; **~ada** *f* carrettata
carret|e *m foto* rullino; rocchetto, bobina *f*; **~era** *f* strada; **~ero 1.** *m* carrettiere; **2.** *adj* rotabile
carret|illa *f* carrello *m*; carriola; girello (*niños*); ~ *elevadora* carrello elevatore; **~ón** *m* carrettone; carretto; carrucola *f*
carri|coche *m iron* carrozza *f*; **~el** *m Col* valigetta *f*, borsa da viaggio *f*
carril *m* 1. corsia *f*, carreggiata *f*; ~ *bici* pista ciclabile; 2. rotaia *f* (*tranvía*); binario (*tren*); 3. *agr* solco
carrillo *m* ganascia *f*, guancia *f*; *comer a dos ~s* mangiare a due ganasce
carrito *m* carrello
carrizo *m bot* giunco palustre, canna di palude *f*
carro *m* 1. carro; 2. carrello; *am* automobile *f*; **~ astr* Carro; *¡Eh, eh..., para el ~ !* Ehi, fermati!/calma!; *(fig) poner el ~ delante de las mulas* mettere il carro davanti ai buoi; *(fam) tirar del* ~ mandare avanti la baracca da soli; *untar el* ~ ungere le ruote
carrocería *f auto* carrozzeria
carromat|ero *m* carrettiere; **~o** *m* carro, carriaggio
carroñ|a *f* carogna; **~ero** *adj* che si alimenta di carogne
carroza 1. *f* carrozza, cocchio *m*; 2. *m fig* matusa, vecchio
carruaje *m* carrozza *f*, vettura *f*
carrusel *m* carosello; giostra *f*
carta *f* 1. lettera, missiva; ~ *de felicitación* lettera di congratulazione; ~ *certificada, urgente, con valor declarado* lettera raccomandata, espresso, lettera assicurata; ~ *credencial* lettera credenziale; ~ *bomba* bomba carta; *a ~ cabal* a tutta prova; *despachar una* ~ spedire una lettera; 2. carta (da gioco); *echar las ~s* fare le carte, predire; *(fig) poner las ~s boca arriba* mettere le carte in tavola; *(fig) tomar ~s en un asunto* intervenire in un affare; 3. *ius* carta, statuto *m*, certificato *m*; ~ *de marear* carta di navigazione; 4. *geogr/econ* carta; ~ *blanca, de crédito* carta bianca, di credito; *(tele) ~ de ajuste* monoscopio
cartabón *m* quartabuono
cartag|enero *adj/s* (persona) di Cartagena; **~inense, ~inés** *adj/s* cartaginese; di Cartagine
cartapacio *m* scartafaccio; cartella *f*
cartearse carteggiare *vi*
cártel *m econ* cartello; *el ~ de Medellín* il cartello di Medellín
cartel *m* cartello; manifesto; *teatro/cine* cartellone; ~ *de desafío* cartello di sfida; *de* ~ di fama; *se prohíbe fijar ~es* divieto d'affissione; *tener* ~ tenere il cartellone; **~era** *f* bacheca; *teatro/cine* locandina, pagina degli spettacoli; **~ero** *m* attacchino; **~onista** *m/f* cartellonista
carteo *m* carteggio
cárter *m* carter *ingl/inv*
carter|a *f* 1. portafoglio *m*; 2. cartella; *ministro sin* ~ ministro senza portafoglio; *(com) valores en* ~ titoli in portafoglio; **~ía** *f* posta (rurale); **~ista** *m/f* borsaiolo, -a; **~o** *m* postino
cartilaginoso *adj* cartilaginoso
cartílago *m* cartilagine *f*
cartilla *f* 1. libretto bancario *m*; 2. *stud* sillabario *m*; 3. *mil* tessera; 4. libretto *m*; ~ *escolar* libretto dell'alunno; pagella; ~ *de la Seguridad Social* libretto della mutua; *leerle (a alg) la* ~ fare una lavata di capo (a q)
cartografía *f* cartografia
cartógrafo *m* cartografo
cartomancia *f* cartomanzia
cartón *m* cartone; stecca *f* (*cigarrillos*); ~ *piedra* cartapesta
carton|é *adj* incartonato; **~ería** *f* fabbrica di cartoni
cartuch|era *f* cartucciera; **~o** *m mil* 1. cartuccia *f*; 2. cartoccio; ~ *de fogueo* cartuccia da salva; *quemar el último* ~ sparare l'ultima cartuccia
cartuj|a *f* certosa, monastero certosino *m*; **~o** *m* certosino; *fig* uomo solitario
cartulina *f* cartoncino *m*
carúncula *f med/zool/bot* caruncola
casa *f* casa; appartamento *m*; dinastia; succursale; ~ *de citas/de lenocinio/de placer/de tolerancia* casino, casa squillo/di appuntamenti/di lenocinio/di tolleranza; ~ *de comidas* osteria, trattoria; ~ *de campo* casa di campagna; ~ *consistorial* comune, municipio; ~ *cuna* asilo nido; ~ *de empeños* Monte dei pegni; ~ *de huéspedes* pensione; *(a. fig) ~ de locos* manicomio; ~ *de la moneda* zecca; ~ *solariega* casa avita; ~ *de tócame Roque* casa disordinata, casotto; *en ~ del herrero cuchillo de palo* in casa del ciabattino le scarpe son sfondate; *echar/tirar la ~ por la ventana* gettare i quattrini dalla finestra; *no parar en* ~ non stare mai a/in casa; *ser (alg) muy de* ~ fare (q) vita di casa/essere attaccato alla vita di casa
casaca *f* casacca, giubba militare; *cambiar de* ~ voltar casacca
casación *f ius* cassazione; *recurso de* ~ ricorso per cassazione
casad|ero *adj* maritabile; *una chica ~a* una ragazza da marito; **~o** *adj* sposato, maritato; *recién ~s* novelli sposi, sposini
casam|entero *adj/s* mediatore di matrimoni; **~iento** *m* matrimonio, nozze *fpl*, sposalizio
casar 1. *vt* sposare; *ius* cassare; **2.** *~se* sposarsi; accordarsi, accoppiarsi; *~se por*

poderes sposarsi per procura; ~ *por la iglesia, por lo civil* sposarsi in chiesa, in comune; *no ~se con nadie* non lasciarsi influenzare da nessuno, non parteggiare per nessuno; essere indipendente da tutti; **3.** *m* casale

cascabel *m* sonaglio; *serpiente de ~* serpente a sonagli; *de ~ gordo* rozzo; *poner el ~ al gato* averne il coraggio, azzardarsi a fare qc; ~**ada** *f fig* baggianata; *ant* ="festa popolare con rumori di sonagli"; ~**ear 1.** *vt fam* lusingare, illudere; **2.** *vi fam* agire alla leggera; scuotere i sonagli; ~**eo** *m* rumore di sonagli; cicaleccio

cascad|a *f* cascata; ~**o** *adj* sfinito, sciupato

cascaj|al, ~**ar** *m* ghiareto, pietrisco; ~**o** *m* 1. coccio; 2. frutta secca *f*; frutti secchi *mpl*; 3. ghiareto; *estar hecho un ~* essere un rottame/diventare uno straccio

cascanueces *m/inv* schiaccianoci *i*

cascar <*casqué*> **1.** *vt* schiacciare, pestare, spaccare; *fig* bastonare; *fig* riprendere; *(pop) ~rla* crepare; **2.** *vi fig* chiacchierare; *fig* affannarsi; crepare; **3.** *(vulg) ~sela* farsi una sega

cáscara *f* guscio *m*, buccia, corteccia; *¡~s!* caspita!; *ser de la ~ amarga* bravaccio, estremista

cascarón *m* guscio d'uovo; *recién salido del ~* moccioso

cascarrabias *m fig* furia *f*, testa calda *f*; collerico, stizzoso

casco *m* 1. *mil* casco, elmo; 2. vuoto (*botellas*...); 3. *radio* cuffia stereofonica *f*, auricolare; 4. coccio (*algo roto*); 5. *mar* scafo; 6. *fig* testa *f*; *ligero de ~s* testa vuota; *~ antiguo* centro storico (*ciudad*); *calentarse, romperse los ~s* lambiccarsi il cervello, scervellarsi

cascote *m* rottame; calcinaccio

caseína *f* caseina

caser|ío *m* cascina *f*, fattoria *f*; casale, gruppo di case; ~**o, -a 1.** *m/f* padrone, -a di casa; **2.** *adj* casalingo, -a; attaccato, -a alla casa; casereccio, -a (*comida*); ~**ón** *m* casona *f*; casone

caset|a *f* 1. casetta; 2. casotto *m*, casello *m*; ~**e,** ~**te** *m mus* cassetta *f*; registratore, mangianastri; ~**ón** *m arch* cassettone

casi *adv* quasi, circa, più o meno; *¡~ nada!* Come se niente fosse!; Hai detto niente!

casia *f bot* cassia

casill|a *f* 1. casello *m*, casotto *m*; 2. casella; 3. sportello *m*; *sacar/salir de sus ~s* far perdere la pazienza/uscire dai gangheri; *(am) ~ postal/de correos* casella postale; ~**ero** *m* casellario

casino *m* circolo; casinò *inv* (*juego*)

casiterita *f min* cassiterite

caso *m* caso; fatto, successo; occasione *f*; *dado el ~* dato, posto il caso; *el ~ es que* il fatto è che; *en ~ de que* caso mai, nel caso che; *en el peor de los ~s* mal che vada; *en todo ~* in ogni caso; *hay ~s y ~s* dipende dai casi/ci sono casi e casi; *ir al ~* arrivare al quid; *no hacer ~* non far caso; *venir/hacer al ~* fare al caso; *ser un ~ perdido* essere un caso patologico

casorio *m desp* sposalizio, matrimonio

casp|a *f* forfora (*pelo*); squametta (*piel*); *metal* patina; ~**era** *f* pettine fitto *m*

Caspio *adj/m* (Mar) Caspio

¡cáspita! *excl/ant* caspita!

casposo *adj* forforoso, pieno di forfora

casque|ría *f* macelleria di sole frattaglie; ~**te** *m* caschetto; calotta *f*, cuffia *f*; *(mat) ~ esférico* calotta sferica

casqui|jo *m* ghiaia *f*, pietrisco; ~**llo** *m* ghiera *f*, anello metallico; bossolo

casquivano *adj* frivolo, leggero; *mujer ~a* civetta

cas(s)et(t)e *m/f* cassetta *f*; registratore *m*, mangianastri *m*

casta *f* razza (*a. zool*), schiatta, stirpe; specie *inv*; *cruzar las ~s* incrociare le razze; *de ~ le viene el galgo* tale il padre, tale il figlio

castañ|a *f* castagna; crocchia (*pelo*); *fig* colpo *m*, pugno *m*; *fig* sbronza; *~ pilonga* castagna secca; *dar la ~ a alg* beffare, ingannare qc; *sacarle a alg las ~s del fuego* cavar la castagna dal fuoco per q; ~**ar,** ~**al** *m* castagneto

castañ|ero, -a *m/f* caldarrostaio, -a; ~**etazo** *m* 1. scoppio delle castagne sul fuoco; 2. schioccata *f*; ~**etear** *vi* 1. battere i denti; 2. suonare le nacchere; 3. scricchiolare le ossa

castaño 1. *adj* castano; *pasar de ~ oscuro* oltrepassare i limiti; **2.** *m bot* castagno; *~ de Indias* castagno d'India/ippocastano

castañuela *f* nacchera; *estar como unas ~s* essere molto allegro

castellan|ismo *m* castiglianismo; ~**izar** <*castellanicé*> *vt* castiglianizzare; ~**o 1.** *adj/m* castigliano, di Castiglia; **2.** *m* castellano; ~**ohablante** *adj/s* castigliano-parlante, ispanofono

casti|cismo *m* purismo; ~**dad** *f* castità

castig|ador *adj/s* castigatore; ~**ar** <*castigué*> *vt* castigare, punire; mortificare; ~**o** *m* castigo, punizione *f*

Castilla *f geogr* Castiglia; *¡ancha es ~!* Viva la libertà!

castill|ete *m* castelletto; ~**o** *m* castello; *~ de fuego(s)* fuochi artificiali/macchina pirotecnica; *hacer ~s de naipes* fare un castello di carte; *hacer ~s en el aire* far castelli in aria

castizo *adj* puro, genuino, di razza, tipico

casto *adj* casto, puro; pudico

castor *m zool* castoro

castr|ación *f* castrazione; ~**ador** *m* castratore; ~**ar** *vt* castrare, evirare; *bot* smelare; *fig* snervare

castrense *adj* castrense

casual *adj* casuale, fortuito, accidentale; ~**idad** *f* caso *m*, casualità; ~**ismo** *m fil* casualismo

casuismo *m fil* dottrina casistica *f*

casuístic|a *f* casistica; ~**o** *adj* casistico

casulla *f eccl* pianeta

cata *f* assaggiatura; assaggio *m*; ricerca

cata|bolismo *m* catabolismo; ~**clismo** *m* cataclisma; ~**cresis** *f* catacresi; ~**cumbas** *fpl* catacombe

cata|dióptrico *adj fis* catadiottrico; ~**dor** *m* assaggiatore; sommelier *inv/fr* (*restaurante*); ~**dura** *f fig desp* aspetto *m*; assaggiatura
catafalco *m* catafalco
catal|án *adj/s* catalano; ~**anismo** *m* catalanismo; ~**anista** *m/f* catalanista
cataléctico *adj med/ling* catalettico
catalejo *m* cannocchiale
catalepsia *f* catalessia, catalessi
catálisis *f chim* catalisi
catalizador *m chim* catalizzatore
catalog|ación *f* catalogazione, registrazione; ~**ar** <*catalogué*> *vt* catalogare, registrare
catálogo *m* catalogo, elenco, lista *f*
Cataluña *f geogr* Catalogna
cataplasma *f* cataplasma *m*
¡cataplum! *excl* patapum!
catapulta *f* catapulta; ~**r** *vt* catapultare
catar *vt* assaggiare; saggiare; *fig* provare; *bot* smelare
catarata *f geogr/med* cateratta
catarr|al *adj* catarrale; ~**o** *m* catarro
catarsis *f* catarsi
catastro *m* catasto
catástrofe *f* catastrofe; disastro *m*
catastrófico *adj* catastrofico
catastrofismo *m* catastrofismo
catavino *m* (tipo di) mestolo; ~**s** *m* assaggiatore, perito in vini; *fig* ubriacone
cate *m stud/fam* bocciatura *f*; colpo, schiaffo; ~**ar** *vt stud* fregare agli esami *fam*, trombare *gergo*; *am* V. **catar**
cate|cismo *m* catechismo; ~**cúmeno** *adj* catecumeno
cátedra *f* cattedra; *poner/sentar* ~ montare in cattedra
catedral *f* cattedrale
catedr|ático *adj/s* cattedratico; professore ordinario; professore (*universitario*) titolare di cattedra
cátedro *m stud/gergo* cattedratico, professore ordinario
categ|oría *f* categoria; classe, condizione; ~**órico** *adj* categorico
catequesis *f*, **catequismo** *m* catechesi *f*
catequista *m/f* catechista
catequizar <*catequicé*> *vt* catechizzare; *fig* persuadere
caterpillar *m* caterpillar *inv*
caterva *f* caterva, mucchio *m*
catéter *m med* catetere, sonda *f*
cateto *m mat* cateto; *pop* campagnolo, zotico; imbranato
cati|no *m metal* catino; ~**re** *adj Ven* biondo; ~**ón** *f fis* catione
cátodo *m fis* catodo
catolicismo *m* cattolicesimo
católico *adj/s* cattolico; *no estar muy* ~ non star bene
catorce *adj/m card* quattordici; *ord* quattordicesimo
catre *m* branda *f*; *Arg* zattera *f*; ~**cillo** *m* seggiolina pieghevole *f*
cauce *m* alveo, letto del fiume; canale; *fig* via *f*, procedimento
cauch|ero *m* chi lavora il caucciù; ~**o** *m bot* caucciù
cauci|ón *f* cautela; *ius* cauzione; ~**onar** *vt ius* garantire; premunire
caudal 1. *m econ* capitale; *geogr* volume d'acqua; *fig* patrimonio; **2.** *adj* ricco, abbondante; principale; caudale; ~**oso** *adj* abbondante, copioso, ricco
caudillo *m* duce, condottiero; *(hist) el* *~ Franco
causa *f* causa, cagione, motivo *m*; *ius* causa, processo *m*; *a/por~ de* a /per causa di; *con conocimiento de* ~ con cognizione di causa; *dar la ~ por conclusa* dare per chiuso il processo; *hacer ~ común* far causa comune; ~**l** *adj* causale; ~**lidad** *f fil* causalità; causa; ~**nte** *adj/s* causante; ~**r** *vt* causare, motivare, cagionare; originare; ~**tivo** *adj* causativo
causticidad *f chim* causticità
cáustico *adj/m* caustico; *fig* mordace
cautel|a *f* cautela, precauzione; ~**ar 1.** *vt* cautelare, difendere; **2.** *adj ius* cautelare; ~**oso** *adj* cauto, prudente, circospetto
cauteri|o *m* cauterio; cauterizzazione *f*; ~**zación** *f* cauterizzazione; ~**zar** <*cautericé*> *vt* cauterizzare
cautiv|ador *adj* affascinante, attraente; ~**ar** *vt* affascinare, attrarre, sedurre; ~**erio** *m*, ~**idad** *f* cattività *lit*, prigionia, schiavitù *f*; ~**o** *adj* prigioniero, schiavo
cauto *adj* cauto, prudente, accorto
cava *f* 1. *med* vena cava; 2. *tec* scavo *m*, escavazione; cantina (*vino*); 3. *m* spumante (*bebida*)
cava|dor *m* scavatore; ~**r 1.** *vt* scavare, zappare; ~ *su fosa* scavarsi la fossa con le proprie mani; **2.** *vi* pensare, meditare
cavern|a *f* caverna, grotta, antro *m*; *med* cavità; ~**ícola** *adj/s* troglodita; *fig* retrogrado; ~**oso** *adj* cavernoso
caviar *m* caviale
cavidad *f* cavità, vuoto *m*
cavil|ación *f* cavillazione; ~**ar** *vi* cavillare, arzigogolare, fantasticare; ~**oso** *adj* cavilloso, capzioso
cayado *m* bastone da pastore; *eccl* pastorale
cayuco *m am* piccola canoa *f*; *fig/desp* testone
caza *f* caccia; cacciagione; ~ *mayor, menor* alta, bassa caccia; *andar (ir) a (la) ~ de* andare a caccia di; *dar* ~ dare la caccia; *(fam) levantar la* ~ scoprire le tombe
caza-autógrafos *m/f* cercatore, -trice di autografi
cazabe *m am* torta di yucca *f*
cazabombardero *m aer* cacciabombardiere
cazad|or *adj/m* cacciatore; ~ *furtivo* cacciatore di frodo; ~ *de recompensas* cacciatore di ricompense; ~**ora 1.** *f* giubbotto *m*; giacca alla cacciatora; **2.** *adj/f* cacciatrice
cazadotes *m* cercatore di dote
cazalla *f* acquavite di Cazalla
cazar <*cacé*> *vt* cacciare, andare a caccia (di) *vi*; pigliare; ~*las al vuelo* prenderla al volo
caza-submarinos *m mar* cacciasommergibili
cazatorpedero *m* cacciatorpediniere

cazcarrias *fpl* zacchere

cazo *m* 1. tegame, tegamino; 2. mestolo; ~**leta** *f* 1. tegamino *m*; 2. ricettacolo *m*

cazuela *f* casseruola, tegame *m*; fricassea; *teatro/ant* galleria riservata alle donne

cazurro *adj* orso; furbo; rozzo

cazuz *f bot* edera

ceba *f zool* alimento da ingrasso *m*; biada; *fig* alimentazione del forno; ~**da** *f bot* orzo *m*; ~ *perlada* orzo perlato; ~**dura** *f zool* ingrasso *m*, alimentazione; ~**r 1.** *vt zool* cibare, ingrassare; *tec* alimentare; *fig* fomentare; **2.** ~*se* far presa *vi*, accanirsi, infervorarsi

cebo *m* esca *f* (*pesca*); *fig* alimento, stimolo; capsula *f* (*arma*)

ceboll|a *f* cipolla; ~**ar** *m* orto di cipolle, cipollaio; ~**eta** *f bot* cipolletta; ~**ino** *m bot* pianta giovane *f*; cipollino; *mandar a alg a escardar ~s* mandare q a farsi friggere; ~**ón** *m* cipollone

cebón 1. *adj* animale ingrassato; **2.** *m* porcellino

cebra *f zool* zebra; ~**do** *adj* zebrato

cebú *m zool* zebù *inv*

ceca *f* zecca; *ir de *~ en Meca /de la *~ a la Meca* andar di qua e di là

cece|ar *vi And* pronunciare la *s* come *c*; ~**o** *m* pronuncia della *s* come *c*

cecina *f* carne secca

cedazo *m* setaccio

cede|nte *adj/s ius* cedente; ~**r 1.** *vt* cedere, dare, trasmettere; **2.** *vi* cedere, sottomettersi; *meteo* diminuire

cedilla *f ling* cediglia

cedro *m bot* cedro

cédula *f* cedola

cefalea *f med* cefalea, emicrania

cefalópodo *adj/s zool* cefalopodo

céfiro *m* zeffiro

ceg|ar <*5a ciego; cegué*> *vt* **1.** accecare; **2.** *fig* offuscare; **3.** otturare; ~**ato** *adj* miope; ~**uera,** ~**uedad** *f* cecità; accecamento *m*; *fig* offuscamento *m*

ceja *f* 1. sopracciglio *m*; *con las ~s fruncidas* accigliato, a; *arquear/levantar las ~s* inarcare/alzare le ciglia; *estar/ponerse hasta las ~s* averne fin sugli occhi/sopra i capelli; *fruncir las ~s* aggrottare le sopracciglia; *meterse, ponerse, tener entre ~ y ~* ficcarsi in capo/testa; *tener (a alg) entre ~ y ~* avercela con q.; 2. ciglio *m*, margine *m*; 3. *mus* ponticello *m*

cejar *vi* indietreggiare; cedere, diminuire

cejijunto *adj* con sopracciglia congiunte e folte; *fig* accigliato

cejilla *f mus* ponticello *m*

cela|da *f mil* celata; *caer en la ~* cadere nel trabocchetto; ~**dor** *m* vigile, custode, guardiano; *med* barelliere; ~**je** 1. *m* finestrino, abbaino; presagio; 2. *mpl poet* nembi, nuvolette sfumate dell'aurora o tramonto *fpl*; ~**r** *vt* 1. vigilare; 2. celare; 3. zelare

celd|a *f* cella; ~**illa** *f* celletta; cellula

celebérrimo *adj* celeberrimo

celebr|ación *f* celebrazione; ~**ante** *adj/s* celebrante; ~**ar** *vt* celebrare, festeggiare; lodare, applaudire; compiacersi, essere lieto di *vi*; ~ *misa* dire messa; ~ *la sesión* tenere la seduta

célebre *adj* celebre, famoso

celebridad *f* celebrità, fama; solennità, pompa

celemín *m* (*Castilla*) 4,625 litri; *agr* 537 mq

celentéreo *adj/m zool* celenterato

celeridad *f* celerità, rapidità

celest|e *adj* celeste; ~**ial** *adj* celestiale, paradisiaco; *fig* delizioso, squisito; ~**ina** *f* mezzana; *min* celestina

celibato *m* celibato

célibe *adj* celibe

cellisca *f* nevischio *m*

celo *m* 1. zelo, fervore; cura *f*, premura *f*; 2. *zool* calore, fregola *f*; 3. nastro adesivo, scotch *inv*; 4. *mpl* gelosia *f*; *dar ~s* destare gelosia

celofán *m* cellofan *inv*

celos|ía *f* persiana, gelosia (*ventana*); ~**o** *adj* 1. geloso; 2. zelante

celta *adj/s* celta

céltico *adj* celtico

célula *f* cellula

celul|ar *adj* cellulare; ~**itis** *f* cellulite; ~**oide** *f* celluloide; ~**osa** *f* cellulosa

cement|ación *f metal* cementazione; ~**ar** *vt metal* cementare

cementerio *m* cimitero, camposanto

cemento *m* cemento; ~ *armado, artificial,* cemento armato, artificiale; ~ *de asbesto* cemento amianto, fibrocemento; ~ *de caucho* mastice/colla per gomma; ~ *de escoria, de fraguado lento, dental...* cemento di altoforno, a presa lenta, dentario...

cen|a *f* cena; ~**áculo** *m* cenacolo; ~**ador** *m arch* pergolato; mangione (*persona*)

cenag|al *m* fangaia *f*, pantano; *fig* ginepraio, pasticcio; ~**oso** *adj* fangoso, melmoso

cenar *vt/vi* cenare

cenceño *adj* magro

cencerr|ada *f* scampanacciata; ~**ear** *vi* suonare con sonagli; *fig* strimpellare; *fig* sbattere; ~**o** *m* sonaglio; campano; *a ~s tapados* alla chetichella; *estar como un ~* essere matto da legare

cenefa *f* bordo *m*, gallone *m*; *arch* battiscopa *m*

cenicero *m* portacenere *inv*, posacenere *inv*

cenicient|a *f* cenerentola; ~**o** *adj* cenerognolo

cenit *m* zenit; ~**al** *adj* zenitale

ceniz|a *f* cenere; *bot* oidio *m*; *las ~s* le ceneri; *reducir a ~s* ridurre in cenere; ~**o** *m fig* iettatore

cenob|io *m* cenobio; ~**ita** *m* cenobita; ~**ítico** *adj* cenobitico

cenozoico *adj geol* cenozoico

cens|al 1. *adj* censuale; **2.** *m* censo, tributo; ~**ar** *vt* censire; ~**o** *m* censimento; *ius* censo; ~**or** *m* censore; *adm* verificatore

censur|a *f* censura; ~**able** *adj* censurabile; ~**ar** *vt* censurare; *fig* biasimare

centauro *m mit* centauro

centavo *m* centesimo

centell|a *f* scintilla; saetta, *meteo* fulmine *m*; *echar rayos y ~s* essere furibondo, schizzare veleno; **~eante** *adj* scintillante; **~ear** *vi* scintillare, sfavillare; lampeggiare; **~eo** *m* scintillio, luccichio, sfavillio; lampeggiamento; *astr* scintillazione *f*
centen|a *f* centinaio *m* (~aia *fpl*); **~ar** *m* centenaio; *bot* segalaio; **~ario** *adj/m* centenario
centeno *m bot* segale *f*
centesimal *adj* centesimale
centésimo *adj* centesimo
centí|grado *adj* centigrado; **~metro** *m* centimetro
céntimo *adj/m* centesimo
centinela *m mil* sentinella *f*, piantone; *estar de ~* essere di sentinella
centoll|a *f*, **~o** *m zool* grancevola *f*
centón *m* centone
central *adj/f* centrale; *~ hidráulica, hidroeléctrica, térmica* centrale idroelettrica, elettrica, termoelettrica; *sindical* confederazione sindacale; *~ de inteligencia* intelligence service *ing/inv*; **~ismo** *m* centralismo; **~ista 1.** *adj* centralista; **2.** *m/f* telefonista; **~ita, ~illa** *f* centralino *m* (*teléfono*); **~ización** *f* centralizzazione; accentramento *m*; **~izar** <*centralicé*> *vt* centralizzare, accentrare
centrar *vt* centrare
céntrico *adj* centrico; centrale; *piso ~* appartamento del centro
centri|fugado *m* centrifugazione *f*; **~fugadora** *f* centrifuga; **~fugar** <*centrifugué*> *vt* centrifugare
centrí|fugo *adj* centrifugo; **~peto** *adj* centripeto
centro *m* centro; mezzo; *~ comercial* centro/quartiere commerciale; *~ de dirección* centro direzionale; *~ de gravedad* centro di gravità/baricentro; *~ hospitalario* centro ospedaliero; *~ de investigación* centro di ricerca; *~ de Procesos de Datos* centro elaborazione dati
Centro|américa *m* America Centrale *f*; **~americano** *adj/s* (q o qc) dell'America Centrale
centro|bárico *adj* baricentrico; **~campista** *m* centrocampista (*fútbol*); **~europeo** *adj/s* centroeuropeo, dell'Europa centrale
centuplicar <*centupliqué*> *vt* centuplicare
céntuplo *adj/m* centuplo
centuria *f* centuria
centurión *m* centurione
ceñ|ido *adj* cinto; aderente, attillato; *fig* circoscritto; **~ir 1.** *vt* cingere, circondare; stringere; **2.** *~se* attenersi; adattarsi; **~o** *m* 1. cipiglio; *fruncir el ~* aggrottare le ciglia; 2. cerchio; 3. aspetto; **~udo** *adj* accigliato, corrucciato
cepa *f* ceppa, ceppo *m*; vite; *raro* ceppo *m*, lignaggio *m*; *ser de buena ~* essere di buona razza; *ser de pura ~* essere autentico
cepill|ado 1. *m* 1. spazzolatura *f*; 2. piallatura *f* (*madera, metal*); **2.** *adj* 1. piallato; 2. spazzolato; **~ar 1.** *vt* 1. spazzolare; 2. piallare (*madera, metal*); 3. *fig* pulire; far piazza pulita; *am* adulare; **2.** *(vulg) ~se a alg* chiavarsi q; *stud* fregare agli esami *pop*; far fuori; **~o** *m* 1. spazzola *f*; *~ de dientes* spazzolino (da denti); *~ limpiabarabrisas* racchetta *f*, spazzola *f*; 2. pialla *f* (*madera, metal*); 3. *eccl* cassetta delle elemosine *f*
cepo *m* 1. ceppo; *metal* toppo; 2. trappola *f* (*animales*); **~rro** *m* ceppo da ardere; *fig* testa di legno *f*
cera *f* cera; *~ de los oídos* cerume; ceretta (*depilación*); *no hay más ~ que la que arde* ="questo è quello che c'è"; *sacar la ~* tirare la cera (*suelo*)
cerámica *f* ceramica
ceramista *m/f* ceramista
cerast|a *f*, **e** *m* ceraste *m*
cerbatana *f* cerbottana; *hablar por ~* parlare per bocca d'altri
cerca 1. *f* 1. muro di cinta *m*, recinzione, steccato *m*; 2. *mpl pitt* primo piano *m*; **2.** *adv* vicino; *~ de* vicino a; circa, quasi; presso; *de ~* da vicino; **~do** *m* recinto; **~nía** 1. *f* vicinanza, prossimità; 2. *fpl* dintorni *mpl*, circondario *m*; *tren de ~s* treno locale; **~no** *adj* prossimo, vicino
cercar <*cerqué*> *vt* recintare; accerchiare, circondare, cingere; assediare; aggirare (*persona*)
cercén: a ~ *adv* tutto intorno
cercenar *vt* ritagliare, accorciare; *elec* squadrare un segnale
cerceta *f zool* alzavola
cercha *f tec* arco *m*, centina
cerciorar 1. *vt* assicurare, convincere; **2.** *~se* sincerarsi (*de* di), toccare con la mano *vt*
cerco *m* 1. cinta *f*, siepe *f*; 2. *mil/fig* assedio; 3. alone; 4. *tec* cerchio
cerda *f* crine *m*; setola; *zool/fig* scrofa; *ganado de ~* bestiame suino
Cerdeña *f geogr* Sardegna
cerdo *m/fig* maiale, porco; suino; **~so** *adj* setoloso, ispido
cereal *m* cereale; **~alicultura** *f* cerealicoltura
cerebelo *m med* cerebello, cervelletto
cerebr|al *adj* cerebrale; **~o** *m med/cient/fig* cervello
ceremoni|a *f* cerimonia; solennità; *traje, maestro de ~s* abito da cerimonia, maestro di cerimonia; **~al** *adj/m* cerimoniale; **~oso** *adj* cerimonioso, complimentoso
cerer|ía *f* cereria; **~o** *m* ceraiolo
cerez|a *f bot* ciliegia; *~ picota* graffione; **~o** *m bot* ciliegio
cerill|a *f* 1. cerino *m*, fiammifero *m*; 2. candelina; 3. cerume *m*; **~o** *m* candelina *f*
cern|edor *m* setaccio; **~er** <*6 cierno*> **1.** *vt* 1. setacciare, crivellare, stacciare; 2. scrutare; discernere; **2.** *vi bot* allegare; **3** *~se* 1. dondolarsi; 2. librarsi; 3. sovrastare *vi* (*sobre* su)
cernícalo *m zool* gheppio, falchetto; *fig* bruto; *coger un ~* prendere una sbornia
cernidura *f* setacciatura
cero *m* zero; *~ absoluto* zero assoluto; *ser un ~ a la izquierda* non valere uno zero

cerot|ato *m chim* cerotato; **~ina** *f chim* cerotene *m*
cerquita *adv* molto vicino
cerr|ado 1. *adj* chiuso; compatto; *meteo* coperto, carico; *fig* chiuso, impenetrabile; ottuso, duro; *ling* chiuso, stretto; *(ius) a puerta ~a* a porte chiuse; *con los ojos ~os* ad occhi chiusi; *en boca ~a no entran moscas* in bocca chiusa non entran mosche; *oler a ~* puzzare di chiuso; **2.** *m* terreno con vegetazione fitta; **~adura** *f* serratura; toppa; *~ de golpe/inglesa* serratura a scatto, a cilindro; **~ajería** *f* negozio di ferramenta *m*; **~ajero** *m* fabbro ferraio, chiavaio; **~ar** <*5a cierro*> **1.** *vt* chiudere, serrare; occultare; concludere; *~ con llave* chiudere a chiave; *~ un acuerdo* concludere, accordarsi; **2.** *~se* chiudersi; stringersi; **~azón** *f* chiusura; oscurità
cerril *adj* aspero, scabroso; selvatico; villano
cerro *m geogr* monte, colle; collo o dorso degli animali; *en ~* a ridosso; *irse por los ~s de Úbeda* allontanarsi, uscire dall'argomento
cerrojo *m* chiavistello, catenaccio
certamen *m* concorso, gara *f*; *lit* certame
cert|ero *adj* giusto, indovinato; **~eza** *f* certezza, sicurezza; **~idumbre** *f* certezza, sicurezza
certific|ación *f* certificazione; certificato *m*; **~ado** *adj/m* certificato, attestato; *carta ~a* lettera raccomandata; *~ de empadronamiento, de antecedentes penales* certificato di residenza, certificato/fedina penale; *~ de asistencia* attestazione di frequenza; *~ de trabajo* scheda di servizio; **~ar** <*certifiqué*> *vt* certificare, attestare; autenticare; *fig* garantire
cerumen *m* cerume
cerus|a *f chim* cerussa; **~ita** *f min* cerussite
cerval *adj* cervino; *miedo ~* paura tremenda/da morire
cervat|illo *m* cerbiatto; **~o** *m zool* cerbiatto
cerve|cería *f* birreria; **~cero 1.** *m* birraio; bevitore di birra; **2.** *adj industria ~a* birrificio; **~za** *f* birra; *~ negra, rubia* birra scura, chiara/bionda; *~ de barril* birra alla spina
cervi|cal *adj* cervicale; **~z** *f* cervice; collottola, nuca; *(fig) doblar la ~* piegare la cervice; *(fig) de dura ~* di dura cervice
cesación *f* cessazione
cesant|e *adj/s* cessante; *pol* uscente; disoccupato; **~ía** *f* licenziamento *m*; disoccupazione
cesar 1. *vt* cessare; *pol* destituire; **2.** *vi* smettere (*de* di), desistere (*de* da)
cesárea *f med* taglio cesareo *m*
cese *m* cessazione *f*, sospensione *f*
cesi|ón *f* cessione, rinunzia; **~onario** *adj* cessionario
césped *m* tappeto erboso, erba *f*, prato
cest|a *f* cesta, canestro *m*, cestello *m*, paniere *m*; (*sport*) canestro *m*; *(iron) llevar la ~* reggere la candela; **~ería** *f* fabbrica di ceste; **~ero** *m* cestaio; **~o** *m* cesto, paniere; *sport* canestro
cesura *f* cesura
ceta *f* zeta
cetáceo *adj/m* cetaceo
cetilo *m chim* cetile
cetr|ería *f* falconeria; **~ero** *m* falconiere; **~ino** *adj* olivastro; *fig* adusto; **~o** *m* scettro
ceugma *f ling* zeugma *m*
ceutí 1. *adj/s* di Ceuta; **2.** *m* ="moneta marocchina" *f*
chabacan|ería *f* volgarità, grossolanità; **~o** *adj* volgare, grossolano; *am* tipo di albicocco
chabol|a *f* baracca; **~ismo** *m* baraccamento; habitat di una baraccopoli/bidonville; **~ista** *m/f* baraccato, -a
chacal *m zool* sciacallo; **~ín** *m Hond/zool* gambero; *am* bimbo
chacarero *m am* agricoltore, contadino
chacha *f fam* domestica; bambinaia
cháchara *f* chiacchiera
chacharear *vi* chiacchierare, ciarlare
chach|o *m*, **-a** *f fam* 1. ragazzo, -a; 2. *f fam* cameriera
chacin|a *f* carne salata; **~ería** *f* salumeria, pizzicheria
chaco|lí *m* ="vino aspro basco e di Santander"; **~lotear** *vi* chiocciare; **~na** *f* ="composizione poetica e musicale antica spagnola"
chacot|a *f* chiasso *m*, baldoria; burla; *tomar a ~* prendere in scherzo; **~ero, ~ón** *adj/s* burlone
chacra *f am* podere *m*, masseria, fattoria
chafar *vt* schiacciare; pestare; pigiare; *fig* abbattere, schiacciare
chafarrinón *m* grossa macchia *f*; *echar un ~* macchiare l'onore/il buon nome di q
chaflán *m* angolo; smussatura *f*; ugnatura *f*
chaise longue *f fr* dormosa
chal *m* scialle
chalad|o *adj* alienato, pazzo; innamorato cotto; **~ura** *f* stramberia; cotta (*amor*)
chalán *m* cozzone; *am* domatore di cavalli
chalan|a *f mar* piccola chiatta; **~ear 1.** *vi* trafficare; **2.** *~se* perdere la testa *vi*; prendersi una cotta
chalé, chalet *m* villino, villetta *f*
chaleco *m* gilè (*traje*); giubbotto salvagente
chalina *f* cravatta a fiocco; *am* scialle *m*
chalote *m bot* scalogna *f*
chalupa *f* scialuppa; *Mex* canoa
chamac|o *m*, **-a** *f Mex* ragazzo, -a
chamán *m* sciamano
chamaril|ear *vi* barattare; **~ero** *m* rigattiere
chamba *f fam* fortuna, sorte; *Mex* lavoro *m*, guadagno *m*
chambelán *m* ciambellano
chambergo *m* cappello floscio
chambón 1. *adj/s iron* fortunato; **2.** *m* schiappa *f*
chambra *f* corpetto da donna *m*
chami|co *m am bot* stramonio; *dar ~* affascinare; **~zo** *m* capanna *f*; *fam* tugurio
champ|án *m*, **~aña** *f*, **~agne** *m* cham-

pagne *m fr/inv; fam* spumante *m* (*no francés*); *mar* chiatta *f*; ~**iñón** *m* fungo coltivato; ~**ú** *m* shampoo *ingl/inv*, sciampo

chamullar *vi gergo* parlare

chamus|car <*chamusqué*> *vt* bruciacchiare; ~**quina** *f* bruciacchiatura; bruciaticcio *m*; *fig* lite; *(a. fig) oler a ~* esserci puzzo di...

chance *f* chance *fr*, probabilità di riuscita; ~**ar** *vi* scherzare; ~**ro** *adj* burlone, spiritoso

chanch|ada *f am* tiro mancino *m*, canagliata; ~**ero** *m am* salumiere; ~**o 1.** *m am/zool* porco, maiale; *gastr* maiale; *fig* porco, maiale (*persona*); **2.** *adj* sporco, sudicio

chanchull|ero *adj/s* imbroglione; ~**o** *m* imbroglio, intrallazzo, raggiro

chancl|a *f* ciabatta; pianella; *(fam) estar hecho una ~* diventare una (vecchia) ciabatta; ~**etear** *vi* ciabattare; ~**o** *m* 1. zoccolo; 2. caloscia *f*

chandal *m* tuta sportiva *f*

chang|a *f am* occasione; servizio di facchino *m*; mancia; ~**ador** *m Arg* facchino; ~**o** *m Mex/PR* burlone; *Chile* inutile e noioso

chanquete *m zool* bianchetto

chantaj|e *m* ricatto; ~**ear** *vt* ricattare; ~**ista** *m/f* ricattatore, -trice

chantar *vt* piantare, ficcare; schiaffare

chantillí *f gastr* chantilly *fr*

chantre *m ant* maestro di cappella

chanza *f* burla, scherzo *m*

chapa *f* 1. piastrina, targhetta; gettone *m*; 2. lastra, lamina; *am* serratura; *~ de identidad* piastrina di riconoscimento; *hombre de ~* uomo serio; 3. *am/auto* targa; 4. *Col* serratura; ~**do 1.** *m* placcatura *f*, rivestimento, laminazione *f*; **2.** *adj* placcato, rivestito, laminato; *~ a la antigua* tagliato all'antica; ~**r** *vt* placcare, laminare, rivestire; *fig* sbattere, schiaffare

chaparr|a *f bot* leccio *m*; ~**ada** *f* acquazzone *m*; ~**al** *m* lecceto; ~**o** *adj* tozzo; ~**ón** *m* acquazzone; *aguantar el ~* sopportare la sfuriata

chape|ado V. **chapado**; ~**tón** *m am/desp* spagnolo; ~**tonada** *f fig* noviziato *m*; *am/med* malessere da acclimatazione oraria *m*, (sindrome da) jet long *(f)/m*

chapista *m auto* carrozziere

chapitel *m arch* cuspide di torre *f*; capitello

¡chapó! *excl/fam stud* bocciare, fregare agli esami; far fuori; tanto di cappello!

chapot|ear *vi* diguazzare; ~**eo** *m* diguazzamento

chapuc|ear *vt/vi* pasticciare, acciarpare, raffazzonare; ~**ero** *adj/s* raffazzonatore, pasticcione

chapul *m Col* libellula *f*; ~**ete**, ~**ín** *m Mex* cavalletta *f*; bimbo

chapurr|(e)ar *vi* storpiare una lingua, masticare male una lingua; ~**eo** *m* parlata storpiata *f*

chapuz|a *f* pasticcio *m*; raffazzonatura; *hacer una ~* fare un pasticcio, una porcheria; ~**ar** <*chapucé*> *vt* tuffare; ~**ón** *m* tuffo; *darse un ~* tuffarsi, farsi un tuffo

chaqué *m* tight *ingl/inv*

chaqueño *adj/s* di Chaco

chaquet|a *f* giacca; *cambiar la ~* voltare, mutare casacca; ~**ero** *adj/s* voltafaccia *inv*; ~**illa** *f* giacchino *m*; giacchetta; ~**ón** *m* giaccone

chara|da *f* sciarada; ~**musca** *f* legna minuta; ~**nga** *f* fanfara

charc|a *f* stagno *m*, palude; ~**al** *m* terreno pieno di pozze; ~**o** *m* pozzanghera *f*; *(fam) cruzar el ~* attraversare il mare; andarsene in America *Esp*

charcuter|ía *f* pizzicheria, salumeria; ~**o** *m* salumaio, pizzicagnolo

charla *f* ciarla; conferenza; ~**dor** *adj/s* chiacchierone; ~**duría** *f* murmurazione, pettegolezzo *m*; ~**r** *vi* ciarlare; conversare; ~**tán** *m* ciarlatano; ~**tanería** *f* ciarlataneria

charlot|ada *f* buffonata; ~**ear** *vi* cicalare; ~**eo** *m* cicaleccio

charneg|o, -a *m/f* cafone, -a, terrone, -a, immigrante del Sud (*Cataluña*)

charol *m* vernice *f*, cuoio verniciato; *darse ~* darsi delle arie, presumere; ~**ar** *vt* verniciare, laccare

charpa *f mil* bandoliera; *med* benda reggibraccio

charqui *m am* carne secca *f*

charr|án *m* briccone; ~**anada** *f* bricconata, canagliata

charretera *f mil* spallina; giarrettiera

charro 1. *m* contadino di Salamanca; *Mex* contadino tipico messicano; **2.** *adj* rozzo, cafone; chiassoso (*vestidos*)

charrúa *adj/s Arg* uruguaiano

chárter *adj/m* charter

chasca *f* tralci *mpl*, rami potati *mpl*; *am* capelli arruffati *mpl*; ~**r** *vt/vi* 1. schioccare (*dedos*); 2. screpolarsi (*madera*); 3. inghiottire *vt*; ~**rrillo** *m* barzelletta *f*

chasco *m* burla *f*, beffa *f*; delusione *f*, fiasco; *llevarse un ~* far fiasco, prendere una fregatura

chasis *m auto* telaio; *quedarse en el ~* essere ridotto uno scheletro, essere pelle ed ossa

chasquear 1. *vt* 1. beffare, dare una fregatura a; 2. schioccare (*dedos, lengua*...); **2.** *vi* scricchiolare

chasqui *adj/s am* messaggero; ~**do** *m* schiocco, crepitio

chata *f* 1. *am mar* chiatta; 2. *fam* tesoro *m*, gioia; 3. *med* padella

chatarr|a *f* ferri vecchi *mpl*, rottami di ferro *mpl*; ~**ero**, ~**ista** *m* ferravecchio

chatear *vi* farsi un bicchiere

chateo: irse de ~ andare a farsi un bicchiere

chato 1. *adj* piatto, schiacciato; camuso, rincagnato (*nariz*); insignificante; *dejar ~ a alg* lasciare di stucco q; **2.** *m* 1. bicchiere largo e basso; *un ~ de vino* un bicchierino di vino; 2. *adj/sfam* tesoro, caro

chatón *m* gemma preziosa incastonata *f*

chaucha *f Arg* fagiolino *m*; *Chile* patata novella

chauvin|ismo *m* sciovinismo; ~**ista** *adj/s* sciovinista

chaval *m* ragazzo; ~**a** *f* ragazza

chav|eta *f* perno *m*, bullone *m*; *fig* testa,

giudizio *m*; *perder la* ~ perdere la testa, il senno; ~**o** *m* ="moneta di poco valore" *f*; *fig* centesimo
chazar *vt* bloccare la palla; segnare il punto d'arresto
¡che! *excl/fam Arg/Ur* dai! (come il *xe* valenzano e il *ció* veneto); *¡~!, no te enojes; no puedo, ¡~!* dai! non arrabbiarti!; non posso, oh!
checa *f hist* ghepeu (*G.P.U.*); *hist* camera di tortura
checo *adj/s* ceco; ~**slovaco** *adj/s hist* cecoslovacco; slavo; ***~slovaquia** *f geogr/hist* Cecoslovacchia
cheli 1. *m* ="gergo giovanile madrileno"; **2.** *m/f* caro, -a
chelín *m* scellino
chenca *f Am Cent* cicca
chepa *f fam* gobba
cheque *m* assegno; ~ *cruzado, intransferible, de viaje, al portador, en blanco, sin fondos* assegno sbarrato, non trasferibile, turistico, al portatore, in bianco, a vuoto; ~ *de gasolina* buono benzina; ~ *de viaje* traveller's chèque; ~**ar** *vt med* fare un check-up *vi*
chequeo *m med* visita di controllo *f*, check-up *inv*
chequera *f* libretto degli assegni *m*
Chequia *f* Repubblica Ceca
chévere *excl/adj/inv am* stupendo
chica *f* 1. ragazza; domestica; ~ *para todo* ragazza tuttofare; 2. *Mex* moneta d'argento; 3. ="ballo afrocubano" *m Cuba*
chica|near *vi* cavillare; ~**nero** *adj* puntiglioso; ~**no** *adj/s* messicano in USA (*persona y lengua*); ~**rrón** *m* ragazzone
chicha *f* ciccia; *am* ="bevanda alcolica"; *de ~ y nabo* da quattro soldi; *no ser ni ~ ni limonada* non essere né carne, né pesce; *(mar) calma* ~ calma assoluta
chicharr|a *f* cicala; *fig* chiacchierone, -a *m/f*; cicalino *m*; *cantar la* ~ fare molto caldo; ~**o** 1. *m* cicciolo; 2. *zool* sugarello; ~**ón 1.** *adj/s Cuba* pettegolo; **2.** *m gastr* cicciolo; carne bruciacchiata *f*; **3.** *fig* pezzo di carbone
chiche *m am* 1. mammella *f*; 2. *am* gingillo, giocattolo; ~**ría** *f* negozio di bibite e liquori *m*, bar *m*
chichón *m* bernoccolo
chichonera *f* berretto imbottito *m*
chicle *m* chewing-gum *ingl/inv*, gomma da masticare *f*
chico 1. *adj* piccolo; **2.** *m* bambino, ragazzo; ragazzo, boyfriend; *¡~!* To'! (*sorpresa*); ~ *de los recados* fattorino; *fig* l'ultima ruota del carro; *como ~ con zapatos nuevos* contento come una Pasqua
chiffon *m* chiffon *fr*
chifla *f* fischio *m*; ~**do** *adj/s* mattoide, fissato, maniaco; ~**dura** *f* fissazione, mania; ~**r 1.** *vt* 1. fischiare; *fig* far diventar matto; 2. trincare; *tec* raspare pelli; **2.** *~se* diventar matto *vi*; perdere la testa *vi*
chiflón *m* arietta *f*, corrente d'aria *f*
chilaba *f* tunica dei mori
Chile *m geogr* Cile; ***~** *gastr* peperoncino piccante
chileno 1. *adj/s* cileno; **2.** *f sport* rovesciata
chilindrina *f* bazzecola, bagattella; arguzia, scherzo *m*
chill|ar *vi* strillare (*persona*); stridere; cinguettare; ~**ería** *f* grida *fpl*, baccano *m*; stridio *m*; cinguettio *m*; ~**ido** *m* strillo; cinguettio; strido; ~**ón 1.** *m* strillone; *tec* bulletta *f*; **2.** *adj* stridente (*a. color*); stonato
chilote *m Mex* ="bevanda a base di succo d'agave e peperoncino" *f*
chimenea *f* 1. camino *m*; focolare *m*; ciminiera; ~ *de ventilación* colonna di ventilazione; 2. *teatro* colonna dei contrappesi
chimichurri *m Arg* ="pesto per carni"
chimpancé *m* scimpanzé
China *f geogr* Cina
china 1. *f* 1. sassolino *m*; 2. ostacolo *m*, difficoltà; *tocarle a uno la* ~ toccargli la cattiva sorte; *echar (a la)* ~ tirare a sorte; 3. *fam* denaro *m*; 4. porcellana; tessuto cinese *m*; 5. gioco del ripiglino *m*; 6. *am* domestica, bambinaia; amante; 7. *bot* specie di salsapariglia; 8. *Col* ventaglio *m*; **2.** *adj/f* cinese
chinchar *vt vulg* seccare, molestare; scocciare; rompere le scatole, l'anima; (*pop*) *¡chínchate!, ¡para que te chinches!* arrangiati!; friggiti!
chinche *f zool* cimice; *fig* mosca (*persona*); *caer (morir) como ~s* morire come le mosche; *tec* puntina da disegno; ~**ta** *f* puntina da disegno
chinchilla *f zool* cinciglia
chincho|rrero *adj/s* pettegolo, scocciante; ~**rro** *m* scialuppa *f*; *mar* tramaglio; *am* amaca *f*; ~**so** *adj/fam* noioso, seccante
chinchulines *mpl Ven/Arg gastr* trippa *f*
chiné *adj/m* (tessuto) a fiori
chinela *f* pianella; soprascarpa
chinesco *adj* cinese
chinga *f am* 1. mozzicone *m*; 2. *Ven* sbornia; 3. *C. Rica* mancia (*juego*); 4. *zool* puzzola; ~**r** <*chingué*> **1.** *vt* trincare; **2.** *vi am/vulg* chiavare *vt*, rompere le palle/le scatole
chingue *m* puzzola *f*
chino *adj/s* cinese; *(fam) engañar a uno como un* ~ abbindolare, ingannare q completamente; *jugar a los ~s* giocare alla morra; *esto es ~ para mí* questo è arabo per me; *fam* tesoro, caro; *am* mulatto; *am* ragazzo; *colador* ~ colino
chip *m tec* chip; ~**én 1.** *f* vita, movimento *m*; **2.** *adj/adv fam de* ~ stupendamente, stupendo
chipirón *m zool* calamaretto
chipote *m Mex* bernoccolo; *am* manata *f*
Chipr|e *geogr* Cipro; ***~iota** *adj/s* cipriota
chique|ar *vt am* coccolare; ~**o** *m* coccola *f*
chiquero *m* porcile; ovile; stalla dell'arena *f*
chiquill|a *f* bambina, ragazza; ~**ada** *f* ragazzata, bambinata; ~**ería** *f* ragazzume *m*; *desp* ragazzaglia; ~**o** *m* bambino, ragazzo; *no seas* ~ non fare il bambino
chiqui(rri)t|ín *adj* piccolino; ~**to** *adj* piccolo; *no andarse con/en chiquitas* andare per le spicce
chiribita *f* 1. favilla; *echar ~s* mandare scintille; 2. *bot* margherita

chirigota *f* facezia, battuta

chirim|bolo *m* arnese; ~**ía** *f am/mus* ="specie di flauto" *m*, zufolo *m*; ~**oya** *f am* frutto del *chirimoyo* (*anona*)

chiringuito *m* ="chiosco con tavolini all'aperto"; *fig* piccola impresa *f*, piccolo affare

chiripa *f fam* caso *m*, sorte, colpo di fortuna *m*; *de* ~ per caso

chirivía *f bot* pastinaca

chirl|a *f zool* vongola; ~**e 1.** *adj* insipido, scipito; **2.** *m* escremento ovino/caprino

chirona *f fam* carcere *m*, galera

chirri|ar <*chirrío*> *vi* stridere, cigolare; strillare; frinire (*cigarra*); grillare (*aceite*); *fig* stonare; ~**do** *m* cigolio, stridio; cinguettio (*pájaros*); friggio (*aceite*)

chism|e 1. *m* pettegolezzo, mormorazione *f*; chiacchiera *f*; *fam* aggeggio; 2. *mpl fam* arnesi; ~**ear,** ~**orrear** *vi* pettegolare, mormorare, blaterare *desp*; ~**orreo** *m* pettegolezzo; ~**oso** *adj* pettegolo

chispa *f* scintilla, favilla; gocciolina; briciolo, -a *m/f*; *fig* arguzia; *fam* sbronza; ~ *eléctrica* scintilla elettrica; *ni* ~ assolutamente nulla, neanche l'ombra; *echar* ~*s* essere furioso, fare lampi e fulmini; *(fig) no tener* ~ non aver grazia; ~**zo** *m* scintilla forte *f*; *fig* scintilla *f*; *fig/fam* chiacchiera

chispe|ante *adj* scintillante; *fig* brillante; ~**ar** *vi* mandare scintille; brillare; *meteo* pioviccicare

chispo *adj* brillo; ~**rrotear** *vi* scoppiettare, crepitare; ~**rroteo** *m* crepitio, scoppiettio

chist|ar *vi* dire qualcosa; *sin* ~ senza aprire bocca; ~**e** *m* barzelletta *f*; spiritosaggine *f*; *hacer* ~ *(de algo)* prendere in scherzo (qc); *(iron) tener* ~ *(algo)* essere spiritosa qc; ~**era** *f* cilindro *m* (*sombrero*); ~**oso** *adj* spiritoso; buffo

chit|a *f* astragalo *m*; *a la* ~ *callando* alla chetichella; ~**o** *excl* zitto!

chiva *f zool* capretta; *am* pizzo *m* (*barba*); ~**r 1.** *vt am* molestare, seccare; **2.** ~*se* fare la spione *vi*; ~**tazo** *m* soffiata *f*; ~**to** *m* spia *f*, spione; *zool* capretto

chivera *f am* pizzo *m* (*barba*)

chivo *m zool* capro, becco; *fig* chi paga la pena; ~ *expiatorio* capro espiatorio

choc *m* choc *fr/inv*, shock *ingl/inv*; ~**ante** *adj* sorprendente, scioccante, raro; ~**ar** <*choqué*> **1.** *vi* urtare, sbattere, scontrarsi; litigare; indispettire *vt/vi*; sorprendere *vt*; ~ *por detrás* tamponare; **2.** *vt* scontrare, toccare

chocarrer|ía *f* buffonata, volgarità; ~**o** *adj* villano, buffone

choch|a *f zool* beccaccia; ~**ear** *vi* dar numeri, essere rimbecillito; ~**era,** ~**ez** *f* imbecillaggine; ~**o 1.** *adj* rimbambito, rimbecillito; **2.** *m* 1. *bot* lupino; 2. *vulg* passera *f*, fica *f*; 3. *mpl* chicche *fpl*

choclo *m* 1. *am/bot* pannocchia di mais tenero *f*; 2. zoccolo

choco *m* seppietta *f*

chocolat|e *m* cioccolata *f*; cioccolato (*pastilla*); *gergo* hashish, fumo (*droga*); ~**era** *f* cioccolatiera; *ese coche es una* ~ questa macchina è una caffettiera; ~**ero** *m* cioccolataio; ~**ina** *f* cioccolatino *m*

chófer *m* autista

chol|a *f* meticcia; *pop* giudizio *m*, testa; ~**o** *adj/s* meticcio

choll|a *f* V. **chola**; *Am Cent* fiacca; ~**o** *m* bazza *f*, filone

chom|ba, ~**pa** *f am* pullover *m*, giacca di lana; *(Arg/Chile)* ~*ba* ="vestito corto, largo e scollato"

chonco 1. *adj* monco; **2.** *m* moncone

chop *m Arg* bicchiere di birra; ~**al** *m*, ~**era** *f* pioppeto *m*; ~**ería** *f Arg* birreria; ~**o** *m* pioppo; *mil* schioppo

choque *m* urto, tamponamento, scontro, collisione *f*; *med* choc *fr/inv*, shock *ingl/inv*; *fig* scaramuccia *f*; ~ *múltiple* tamponamento a catena; ~ *de trenes* scontro ferroviario

chor|ar *vt pop* rubare *est*, fregare *pop*; ~**ba** *f pop* ragazza; ~**bo** *m pop* tipo; ~**o** *m fam* ladruncolo; *Chile* cozza *f*, mitilo

chori|cear *vt pop* fregare, rubare *est*; ~**cero** *m* salumiere, fabbricante di salumi; ~**zo** *m* ="salame e salsicciotto tipico spagnolo"; *pop* ladro, borsaiolo

chorl|a *f* 1. *zool* grossa starna; 2. testa; ~**ito** *m zool* piviere; *cabeza de* ~ testa vuota, sventata; ~**o** *m min* tormalina *f*

chorra 1. *f vulg* cazzo *m*, uccello *m*; *fig/vulg* fortuna, culo *m*; *(vulg) tener* ~ avere culo/fortuna; 2. *m fig/vulg* pirla, cretino; ~**da** *f pop* cazzata, puttanata, cretinata

chorre|ar *vi* gocciolare, sgocciolare; ~**o** *m* sgocciolio, zampillio

chorrillo *m* getto continuo

chorro *m* getto, zampillo; *arch* gettata *f*; ~ *de voz* potenza, volume di voce; *a* ~ a garganella; *a* ~*s* copiosamente, abbondantemente; *avión a* ~ aerogetto; *como los* ~*s del oro* lucido come uno specchio; *llover a* ~*s* piovere a catinelle

chot|ear(se) *vi vulg* sfottere *vt*, prendere in giro *vt*, burlarsi (*de* di); ~**eo** *m vulg* casino; burla *f est*, presa in giro *f est*; *tomar a* ~ prendere in scherzo

chotis *m* ="ballo madrileno"; *ser más agarrado que un* ~ essere tirchio (da morire)

chot|o *m* vitello o capretto lattone; ~**uno** *adj* lattone; *oler a* ~ puzzare di becco

chovinismo *m* sciovinismo

choza *f* capanna; tugurio *m*

christmas *m* bigliettino natalizio, auguri di Natale *mpl*

chubasco *m* acquazzone; burrasca *f*; ~**so** *adj* burrascoso

chubasquero *m* K-way *ingl/inv*; *fig* guanto, preservativo

chuch|ería *f* bagattella; *gastr* chicca; cibo appetitoso *m*; ~**o** *m fam* cane; *am* frusta *f*; *am* brivido; *am* febbre intermittente *f*; ~**umeco** *adj* tirchio

chufa *f bot* cipero dolce *m*, dolcichini *mpl*, babbagigi *m* (*horchata española*); *(fam) echar* ~*s* far bravate; *fam (Valencia)* pene *m*, uccello *m*

chula|da *f* presunzione, spacconata; cosa carina/divertente; *(fam) ¡qué* ~*!* che meraviglia!; ~**po** V. **chupo**

chule|ar(se) 1. *vt* burlarsi (*de* di), sfottere, prendere in giro; **2.** *vi* presumere, fare il guappo; ~**ría** *f* grazia, eleganza; *Mex desp* spacconata; ~**sco** *adj* disinvolto, spavaldo; ~**ta** *f* 1. costoletta; braciola; 2. *stud* bigino, bigliettino (per copiare agli esami) *m*

chulo 1. *adj/s. desp* guappo, bullo, spaccone; sfrontato, spavaldo; **2.** *adj* grazioso, bello; **3.** *m* protettore di prostitute, *dial* magnaccia, pappone; *taur* aiutante del torero

chumb|era *f bot* fico d'India *m*; ~**o** *m* fico; *higo* ~ fico d'India

chumin|ada *f vulg* cretinata, cazzata, puttanata; ~**o** *m vulg* passera *f*, fica *f*

chunga *f fam* scherzo *m*, burla; *estar de* ~ aver voglia di scherzare; *de, en* ~ per scherzo

chunguearse burlarsi (*de* di), prendere in giro *vt*

chup|a *f ant* giubba; *gergo* giubbotto di pelle *m*; *poner a alg como ~ de dómine* insultarlo, rimproverarlo severamente; ~**o** *m* bullo

chupa|cirios *m/inv* bigotto *m*; ~**chúp(s)** *m* lecca lecca *inv*; ~**da** *f* succhiata; *fam* ciucciata; ~**do** *adj* smunto, molto magro; *am* ubriaco; *gergo* molto facile; *se ha quedado* ~ è pelle e ossa; *este examen está* ~ questo esame è molto facile/come bere un bicchier d'acqua

chupar 1. *vt* succhiare; *fam* ciucciare; assorbire; bere molto; *am* ubriacarsi; *(fam) ¡chúpate ésa!* to'! prendi e porta a casa!; ~ *del bote* vivere da parassita; essere uno scroccone; **2.** ~*se* consumarsi; dimagrire *vi*; *fig* sorbirsi; ~*se los dedos* leccarsi i baffi; *no ~se el dedo* non essere nato adesso

chupatintas *m* scribacchino

chupete *m* ciuccetto, succhiotto, tettarella *f*; *ser de* ~ essere squisito; ~**ar** *vt* succhiare; ~**o** *m* succhiamento

chupinazo *m fam* cannonata *f*

chupó|n *m* scroccone; succhione; ~**ptero** *adj/s* scroccone

churrasco *m Arg* ="carne di manzo alla brace" *f*

churriguer|esco *adj arch* barocco spagnolo; *fig* lambiccato, artificioso; ~**ismo** *m* ="movimento artistico barocco spagnolo"

churro *m* 1. *gastr* ="ciambella *f* o bastoncino dolce fritto simile alla zeppola"; 2. *fig* pasticcio, schifezza *f*; 3. ovino di lana ordinaria; 4. *Col* fusto, bell'uomo

churrusco *m* pezzo di pane bruciacchiato o troppo cotto

churumbel *m git* bambino, bimbo; ~**a** *f am* ="cannuccia metallica per sorbire il *mate*"; *mus* specie di flauto

chusco 1. *m* pezzo di pane secco; pane militare; **2.** *adj* scherzoso; sorprendente; *Col* grazioso, carino

chusma *f* ciurma; ciurmaglia, gentaglia

chut *m sport* tiro; ~**a,** ~**ona** *f gergo* siringa (*droga*); ~**ar 1.** *vi* calciare, tirare un calcio (*fútbol*); *va che chuta* va che è un piacere, è già fin troppo; **2.** ~*se* bucarsi, farsi una pera (*droga*); ~**e** *m am* pungiglione; *gergo* pera *f*, buco (*droga*)

chuzo *m mil* picca *f*; bastone con punta metallica; *am* frusta *f*; *aunque caigan ~s de punta* a qualsiasi costo; *caer, llover, nevar ~s* piovere, nevicare molto forte

cian|amida *f chim* ciannamide; ~**ita** *f min* cianite; ~**osis** *f* cianosi; ~**uración** *f* cianurazione; *metal* cementazione liquida; ~**uro** *m chim* cianuro

ciátic|a *f med* sciatica; ~**o** *adj* sciatico

Cibeles *f mit* Cibele

cibernética *f* cibernetica

ciborio *m* coppa *f*; *arch* ciborio

cicate|ar *vi* lesinare, tirare sul prezzo; ~**ría** *f* spilorceria, tirchieria; ~**ro** *adj* spilorcio, tirchio

cicatriz *f* cicatrice; ~**ación** *f* cicatrizzazione; ~**ar** <*cicatricé*> *vt/vi* cicatrizzare

cicerone *m* cicerone, guida *f*

ciclam|en *m bot* ciclamino; ~**or** *m bot* siliquastro, albero di Giuda

cíclico *adj* ciclico

ciclis|mo *m* ciclismo; ~**ta** *adj/s* ciclista

ciclo *m* ciclo; periodo; ~**cross** *m* ciclocross; ~**ide** *m* cicloide; ~**motor** *m* ciclomotore, motorino

ciclón *m* ciclone, uragano; ~**ico** *adj* ciclonico

cíclope *m* ciclope

ciclostil, ciclostilo *m* ciclostile

ciclotrón *m fis* ciclotrone

cicloturismo *m* cicloturismo

cicut|a *f* cicuta; ~**ina** *f chim* conina

Cid *m* duce, condottiero; *el ~ Campeador* Rodrigo Díaz de Vivar

cidr|a *f* cedro *m*; ~**al** *m* cedreto; ~**o** *m* cedro

ciego *adj/s* cieco; *a ~s* alla cieca; all'impazzata; ~ *de nacimiento* cieco dalla nascita; *obediencia ~a* ubbidienza totale; *estar ~ de pasión* essere accecato dalla passione

ciel|ín, ~**ito** *m* tesoro, stella *f*; *Arg* ="danza di gauchos" *f*

cielo *m* 1. cielo; paradiso; Dio; 2. *arch* soffitto; *a ~ abierto* a cielo aperto; ~ *de la boca* palato; ~ *raso* soffitto, controsoffitto; *en el* ~ in paradiso; *al que al ~ escupe a la cara le cae* chi sputa in cielo in faccia gli viene; *¡~s!* Santo Cielo!; *clamar al* ~ essere scandaloso; *ganar el* ~ acquistare il cielo; *irse el santo al* ~ perdere il filo del discorso; *remover el ~ y la tierra* fare il diavolo a quattro; *tocar el ~ con las manos* toccare il cielo con un dito; *ver el ~ abierto* vedere/scorgere una via di scampo

ciempiés *m/inv zool* millepiedi

cien V. **ciento**

ciénaga *f* fangaia

ciencia *f* scienza; *a ~ cierta* in modo sicuro; ~ *ficción* fantascienza; ~ *infusa* scienza infusa; *~s exactas, ocultas,...* scienze esatte, occulte,...; *~s económicas y empresariales* economia e commercio; *~s de la educación* pedagogia

ciencia-ficción *f* fantascienza

cieno *m* melma *f*, fango, loto

científic|o, -a 1. *adj* scientifico, -a; **2.** *m/f* scienziato, -a

cient|ifismo *m* scientifismo; ~**ismo** *m fil* scientismo; ~**ista** *m/f* scientista

ciento *adj/m card* cento; *ord* centesimo; *fig/pop* gabinetto; *por ~* per cento; *(pop) ~ y la madre* moltissimi; *andarse con cien ojos* stare molto attento; *cien liras, hombres ...*, cento lire, uomini...
cierne *m bot* allegazione *f*; *en ~s* in erba, in fiore, in gestazione
cierre *m* 1. chiusura *f*; 2. serratura *f*; 3. serranda *f*; *~ de aceite* tenuta d'olio; *(cine) ~ en fundido* dissolvenza; *~ metálico* saracinesca; *~ patronal* serrata; *(am) ~ relámpago* chiusura lampo
cierto *adj* certo, sicuro, vero; *~ lugar, día* un certo luogo, giorno; *por ~* a proposito; *estar en lo ~* aver ragione
ciervo *m zool* cervo
cierzo *m meteo* tramontana *f*
cifosis *f med* cifosi
cifra *f* cifra; numero *m*; *~ de negocios* fatturato, volume d'affari; *en ~* in cifra; *~r vt* cifrare, codificare
cigala *f zool* cicala di mare, scillaro *m*
cigarr|a *f zool* cicala; *~al m* ="casa di campagna per villeggiatura nei pressi di Toledo" *f*; *~era f* 1. sigaraia (*persona*); 2. portasigari *m/inv*, portasigarette *m/inv*; *~ería f* tabaccheria; *~illo m* sigaretta *f*; *~o m* sigaro; *am* sigaretta *f*; *~ón m zool* cavalletta *f*
cigoñal *m mec* mazzacavallo; *ant/mec* cicogna *f*
cigüeña *f zool/mec* cicogna; *~l m mec* albero a gomito
cilantro *m bot* coriandolo
cilicio *m* cilicio; *mil* copertone
cilindr|ada *f mec* cilindrata; *~adora f* cilindratoio *m*; spianatrice a rullo, cilindratrice; *~ar vt* cilindrare, rullare
cilíndrico *adj* cilindrico
cilindro *m* cilindro; *tip* cilindro, rullo; *Arg* cappello a staio; *~ de inyección* pistone d'iniezione; *~ impresor* cilindro stampatore; *~ prensador* rullo pressore
cima *f* cima, vetta, vertice *m*; *dar ~* terminare; *~cio m arch* cimasa *f*
cimarrón 1. *adj* selvaggio; silvestre; **2.** *m mar* fannullone
címbalo *m mus ant* cembalo; campanella *f*
cimborrio *m arch* tiburio
cimbr|ar *vt arch* centinare, flettere; curvare, piegare; *~earse* curvarsi
ciment|ación *f* costruzione delle fondazioni; *~ de hormigón, por pilotes* fondazioni in calcestruzzo, su pali; *~ar vt* gettare le fondamenta, costruire le fondazioni; *fig* cementare
cimiento 1. *m* fondamento, radice *f*; 2. *mpl* fondamenta *fpl*, fondazioni *fpl*
cimitarra *f mil* scimitarra
cinabrio *m min* cinabro
cinc *m metal* zinco
cincel *m* scalpello, bulino; cesello; *~ador m* cesellatore; scalpellino; *~ar vt* cesellare; scolpire
cincha *f* cinghia
cinco *adj/m card* cinque; *ord* quinto; *estar sin ~/no tener ni ~* essere al verde
cincuent|a *adj/m card* cinquanta; *ord* cinquantesimo; *~ena f* cinquantina; *~enario adj/m* cinquantenario; *~ón adj/s desp* cinquantenne
cine *m* cinema *inv*, cinematografo; *~ de arte y ensayo* cinema d'essai; *~ de barrio* cinema di rione; *~ de estreno* cinema di prima visione; *~ mudo, sonoro, negro* cinema muto, sonoro, poliziesco; *~ de reestreno* cinema di seconda visione; *~ de sesión continua* spettacolo continuato; *~ "X"* cinema a luci rosse; *de ~* stupendo; *actor de ~* attore cinematografico; *ir al ~* andare al cinema
cine|asta *m/f* cineasta; *cámara de ~* cinepresa; *~gética f* cinegenetica; *~gético adj* cinegenetico; *~landia f* cinelandia; *~mática f* cinematica; *~matografía f* cinematografia; *~matografiar vt* cinematografare; *~matográfico adj* cinematografico; *~matógrafo m* cinematografo, cinema *inv*; *~rama m* cinerama; *~rio adj* cinerario; cinereo; *~siterapia f med* c(h)inesiterapia
cinétic|a *f* cinetica; *~o adj* cinetico
cingalés *adj/s* singalese, cingalese
cíng|aro *adj/s* zingaro; *~ulo m* cingolo
cínico *adj/s* cinico
cinismo *m* cinismo
cint|a *f* nastro *m*; striscia, fascia; *arch* lista, listello *m*; *~ adhesiva (am ~ pegante)* scotch; *~ aislante, magnética, métrica,...* nastro isolante, magnetico, metrico,...; *~ de vídeo* videocassetta; *~ cinematográfica* film, pellicola; *~ de algodón* fettuccia; *~ elástica* nastro elastico; *~ impresora* nastro inchiostrato; *~ perforada* banda perforata; *~ transportadora* nastro trasportatore, convogliatore a nastro; *~o m* cinto, cintura *f*; cintola *f*; *tec* reggetta *f*; *al ~* alla cintola
cintur|a *f* cintura, vita; cintola; *arch* cintura; *meter en ~* tenere a freno; *~ón m* cinghia *f*; cinturone; cintura *f*; *fig* zona *f*; *~ de castidad, salvavidas* cintura di castità, di sicurezza; *~ de circunvalación* raccordo anulare, circonvallazione tangenziale; *~ de lastre* cinghia coi pesi; *~ de seguridad* cintura di sicurezza; *~ verde, industrial* zona/cintura verde, industriale; *(fig) apretarse el ~* tirare la cinghia
cipote *m am* sciocco; grossetto; *vulg* verga *f*
ciprés *m bot* cipresso
circense *adj* circense
circo *m* circo; *~nio m min* zirconio
circu|ir *vt* circuire, aggirare; *~ito m* circuito; giro; *~ cerrado, de relé, hidráulico* circuito chiuso/loop, a relè, oleodinamico; *corto ~* corto circuito
circul|ación *f* circolazione; traffico *m*, circolazione; *~ar* **1.** *vi* circolare, girare; **2.** *adj/f* circolare; *~atorio adj* circolatorio
círculo *m* circolo, associazione *f*, club; circonferenza *f*, cerchio, circolo
circun|cidar *vt* circoncidere; *~cisión f* circoncisione; *~ciso adj* circonciso
circun|dante *adj* circondante; *~dar vt* circondare
circun|ferencia *f* circonferenza; *~flejo adj* circonflesso

circunlo|cución *f* circonlocuzione, perifrasi; ~**quio** *m* giro di parole
circunscr|ibir *vt* circoscrivere, limitare; ~**ipción** *f* circoscrizione, comprensorio *m*; ~**i(p)to** *adj* circoscritto
circunsp|ección *f* circospezione; ~**ecto** *adj* circospetto
circunstan|cia *f* circostanza; situazione, congiuntura; *yo soy yo y mis ~s* sono fatto così; questa è la mia situazione; ~**ciado** *adj* circostanziato; ~**cial 1.** *adj* circostanziale; **2.** *adj/m ling* indiretto; ~**te** *adj* circostante
circunv|alación *f* circonvallazione; ~**olución** *f* circonvoluzione
ciré *m* incerata *f*
cirílico *adj* cirillico
cirio *m* cero
cirro *m* cirro; ~**sis** *f med* cirrosi
ciruel|a *f* susina, prugna; ~ *pasa* prugna secca; ~ *claudia* prugna claudia; ~**o** *m* prugno
cirugía *f* chirurgia; ~ *dental, estética* chirurgia dentaria, plastica
cirujano *adj/m* chirurgo
cisc|a *f bot* carice; ~**ar** <*cisqué*> **1.** *vt* insudiciare; **2.** *~se (vulg) ~se de miedo* cacarsi sotto; ~**o** *m* carbonella *f*; *fig* baccano; *estar hecho ~* essere distrutto/uno straccio; *hacer ~* frantumare, fare a pezzi, distruggere
cisma *m* scisma
cismático *adj* scismatico
cismontano *adj* cismontano
cisne *m zool* cigno; *canto del ~* canto del cigno
cist|erciense *adj/m* cistercense; ~**erna** *f* cisterna; ~**itis** *f med* cistite
cisura *f* incisione
cita *f* appuntamento *m*; *lit/ius* citazione; *casa de ~s* casa squillo/di appuntamenti, casino; ~**ción** *f* citazione; ~**do** *adj* prenominato, suddetto; *ius* citato; ~**r 1.** *vt ius/lit* citare; dare appuntamento *vi*; *taur* provocare il toro; **2.** *~se* darsi appuntamento
cítara *f mus* cetra; *lit* lira
citatorio *adj* citatorio
citerior *adj* citeriore
cito|logía *f* citologia; ~**plasma** *m* citoplasma
citrato *m* citrato
cítrico 1. *adj* citrico; **2.** *mpl* agrumi
citricultura *f* agrumicoltura
ciudad *f* città; ~ *jardín* città giardino; ~ *dormitorio* città dormitorio; *en la ~* in città; ~**anía** *f* cittadinanza; nazionalità; ~**ano** *adj/s* cittadino; ~ *de a pie* cittadino qualsiasi; ~**ela** *f* cittadella
cívico *adj* civico
civil *adj ius* civile; civico; urbano; *de ~* in borghese; *guardia ~* carabiniere; *casarse por lo ~* sposarsi civilmente; ~**ista** *adj/s ius* civilista; ~**ización** *f* civiltà, cultura; civilizzazione; ~**izar** <*civilicé*> *vt* incivilire
civismo *m* civismo
cizalla 1. *f tec* cesoia, trancia; 2. *fpl metal* forbici da lattoniere *mpl*
cizañ|a *f fig* zizzania; *bot* loglio *m*; *sembrar ~* spargere, provocare zizzania; ~**ero** *m* mettimale
clac 1. *m/inv* gibus; feluca *f*; 2. *f teatro* claque *fr*
clam|ar *vt/vi* invocare *vt*; pregare *vt*, chiedere *vi*; ~ *al cielo* essere scandaloso; ~ *en el desierto* predicare al deserto; ~**or** *m* clamore; lamento; ~**oreo** *m* clamore insistente; ~**oroso** *adj* clamoroso
clan *m* clan
clandestin|idad *f* clandestinità; ~**o** *adj* clandestino; *com* irrituale
claque *f fr* claque; ~**ta** *f cine* ciac *m*
clara *f gastr* albume d'uovo *m*, bianco d'uovo *m*; calvizie *inv*; *fam/meteo* schiarita
claraboya *f* lucernario *m*, abbaino *m*
clare|ar 1. *vi/vt* schiarire, rischiarare; **2.** *vi* albeggiare, farsi giorno; ~**te** *adj/m* chiaretto
claridad <*claridades*> 1. *f* chiarezza; chiarore *m*; splendore *m*; 2. *fpl* verità
clarific|ador, -ra *adj/f* chiarificatore *adj/m*; ~**ar** <*clarifiqué*> *vt* chiarificare, depurare; chiarire
clarín *m mus mil* cornetta *f*; chiarina *f*; *ant* clarino
clarinete *m mus* clarinetto, clarino
clarión *m* gesso da lavagna
clarisa *f eccl* clarissa
clarivid|encia *f* chiaroveggenza; ~**ente** *adj/s* chiaroveggente
claro 1. *adj* chiaro, luminoso; rado; illustre; *el agua ~a y el chocolate espeso* patti chiari amicizia lunga; *más ~ agua* più chiaro di così si muore; *pasar la noche de ~ en ~* passare tutta la notte in veglia; *vestir de ~* vestire di chiaro; **2.** *adv/excl* chiaramente; *¡~!* Certo!, Naturalmente!; *a las ~as* apertamente; *cantarlas, decirlas ~as* cantarla, dirla chiara; *hablar ~* parlar chiaro e tondo; **3.** *m arch* lucernario, abbaino; spiazzo, radura *f*; *tip* vuoto (*bosque*); *pitt* chiaroscuro
claror *m* chiarore
claroscuro *adj/m* chiaroscuro
clase *f* classe, categoria, tipo *m*; ceto *m*, classe; qualità; *stud* lezione; *tras* classe; corso *m*; *dar ~* 1. fare lezione; 2. prendere lezioni; *de toda ~* d'ogni sorta; *hoy no hay ~* oggi non c'è lezione; *las ~s pasivas* i pensionati; ~ *turista* classe turistica; *¿Qué ~ de...?* Che razza di...?
clasic|ismo *m* classicismo; ~**ista** *adj/s* classicista
clásico 1. *adj/m* classico; **2.** *adj* caratteristico
clasific|ación *f* classificazione, smistamento *m*; graduatoria, classifica; ~**ador** *adj/m* classificatore; *agr* pezzatore; ~**ar** <*clasifiqué*> *vt* classificare, smistare
clasis|mo *m* classismo; ~**ta** *adj* classista
claudic|ación *f* claudicazione; zoppicamento *m*; ~**ar** <*claudiqué*> *vi* claudicare; zoppicare
claustr|al *adj/s* claustrale; ~**o** *m arch* chiostro; *lit* claustro; ="collegio accademico" (*universidad*); ~**ofobia** *f* claustrofobia

cláusula *f ius* clausola; termine *m*, condizione
clausura *f eccl* clausura; chiusura; **~r** *vt* chiudere
clava *f* clava; **~do 1.** *adj* inchiodato; *fig* identico, spiccicato *reg*; **2.** *m* chiodatura *f*; *dejar ~* piantare; lasciare di pietra; **~r** *vt* inchiodare; piantare, ficcare; *stud* azzeccare; *~ los ojos en alg* piantare gli occhi addosso a q; *~ una multa* appioppare una multa; **~rio, -a, clavero, -a** *m/f eccl* chiavaio, -a
clave 1. *f mus/arch* chiave; *palabra ~* parola chiave; 2. *m mus* clavicembalo (*instrumento*)
clavel|l *m bot* garofano; **~llina** *f bot* garofano selvatico *m*
clavetear *vt* guernire di borchie
clavi|cémbalo *m mus* clavicembalo; **~cordio** *m mus* clavicordo, spinetta sorda *f*
clavícula *f med* clavicola
clavija *f elec* spina; cavicchio *m*, perno *m*, caviglia; *mus* bischero *m*; *(fig) apretar las ~s a alg* mettere alle strette q
clavo *m* 1. *tec* chiodo; *(fig) agarrarse a/de un ~ ardiendo* attaccarsi ai rasoi; *(fig) dar en el ~* dar nel segno; *estar sin un ~* essere al verde; *(fig) remachar el ~* ribadire il chiodo; *(fig) ser un ~* essere puntualissimo; *un ~ saca otro ~* chiodo schiaccia chiodo; 2. *fig* chiodo, idea fissa *f*; *clavarse un ~ en la cabeza* ficcarsi un chiodo in testa; 3. *bot/gastr* chiodo di garofano; 4. callo (*pies*)
claxon *m/inv auto* clacson
clemen|cia *f* clemenza; **~te** *adj* clemente
clementina *f* mandarancio *m*, clementina
clep|sidra *f* clessidra; **~tomanía** *f* cleptomania; **~tómano** *adj/s* cleptomane
cler|ecía *f* clericato *m*, chiericato *m*; il clero *m*; *(lit) mester de ~* ="poesía spagnola erudita del sec. XIII"; **~ical** *adj* clericale; **~icalismo** *m* clericalismo
clérigo *m* chierico
clero *m* clero
cliché *m* cliché; *foto* negativo
cliente *m/f* cliente; *~ fiel, habitual* cliente affezionato, regolare; **~la** *f* clientela
clim|a *m* clima; **~atérico** *adj* climaterico; **~aterio** *m* climaterio; **~ático** *adj* climatico; **~atización** *f* climatizzazione; condizionamento dell'aria *m*; **~atizador** *m* condizionatore d'aria; **~atizar** <*climaticé*> *vt* climatizzare; **~atología** *f* climatologia; **~atológico** *adj* climatologico
clímax *m* climax
clínic|a *f* clinica; **~o 1.** *adj* clinico; *hospital ~* clinica universitaria; **2.** *m* medico
clip *m* 1. *ingl* clip *inv*, fermaglio, graffa *f*; 2. *cine* clip *inv*, videoclip *inv*
clisé *m* cliché *inv*, stereotipo; negativo
clist|el, -er *m* clistere
Clitemnestra *f lit* Clitennestra
clítoris *m* clitoride *m/f*
clitori|ctomía *f* clitoridectomia; **~diano** *adj* clitorideo
Clitumno *m mit* Clitunno
cloaca *f* cloaca
clon *m* clone; **~ación** *f* clonazione; **~ar** *vt* clonare
cloque|ar *vi* chiocciare; **~o** *m* voce chioccia *f*
clor|ación *f chim* clorazione; **~al** *m chim* cloralio; **~ato** *m chim* clorato
cloro *m chim* cloro; **~fila** *f bot* clorofilla; **~fílico** *adj* clorofilliano; **~fluorocarbonado (CFC)** *m* clorofluorocarbonato; **~formizar** <*cloroformicé*> *vt* cloroformizzare; **~formo** *m chim* cloroformio; **~sis** *f* clorosi
clorur|ar *vt chim* clorurare; **~o** *m chim* cloruro
clown *m* clown *inv*, pagliaccio
club *m* club *inv*, circolo; *~ nocturno* night club
cluec|a *f zool* chioccia; **~o** *adj* debole
coac|ción *f* coazione; **~cionar** *vt* forzare, costringere; **~tivo** *adj* coattivo
coad|jutor *adj/s* coadiutore; **~jutoría** *f* coadiutoria, coadiutorato *m*; **~yutor** *m* coadiutore; **~yuvante** *adj/m* coadiuvante; **~yuvar** *vt* coadiuvare
coagul|ación *f* coagulazione, accagliamento *m*; *metal* consolidamento *m*; **~ar 1.** *vt* coagulare, cagliare; **2.** *~se* coagularsi; cagliarsi (*leche*)
coágulo *m* coagulo, grumo
coalescencia *f* coalescenza
coalición *f* coalizione, lega; *~ gubernamental* coalizione di governo
coart|ada *f ius* alibi *m/inv*; **~ar** *vt* coartare, forzare
coautor *adj/s* coautore
coba *f* burla; *dar ~* adulare
cobalto *m min* cobalto; **~terapia** *f med* cobaltoterapia
cobard|e *adj* codardo, vigliacco, pusillanime; **~ía** *f* vigliaccheria, viltà, pusillanimità
cobay|o, -a *m/f* cavia *f*
cobert|era *f* coperchio *m*; *fig* mezzana; **~izo** *m* tettoia *f*, gronda *f*; **~or** *m* coperta *f*; **~ura** *f* copertura
cobij|a *f zool* penna copritrice; *arch* tegola; *am* coperta; **~ar** *vt* coprire, occultare; proteggere, dar asilo *vi*, ospitare, rifugiare; **~o** *m a. fig* rifugio, riparo
cobista *m/f fam* adulatore
cobla *f lit* cobbola
cobol *m infor* cobol *inv*
cobra *f zool* cobra *m*; **~dor** *m* esattore; *tras* bigliettaio; **~nza** *f* riscossione, incasso *m*; **~r 1.** *vt* 1. riscuotere, incassare, percepire; 2. prendere; ritirare; **2.** *~se* rinvenire *vi*; *~se el favor* farsi pagare; *¿se puede cobrar?* Posso pagare?
cobr|e 1. *m* rame; 2. *mpl mus* ottoni; **~izo** *adj* color rame, rossastro; **~o** *m* incasso, riscossione *f*; *~ revertido* pagamento a carico del destinatario; *poner recibos al ~* presentare ricevute (per l'incasso) alla cassa
coca *f bot* coca; *gastr* pizzetta; cocaina (*droga*); **~-cola** *f* coca-cola; **~ína** *f* cocaina; **~inómano, -a** *m/f* cocainomane
cocción *f* cottura
cóccix *m med* coccige
cocear *vi* tirar calci
cocer 1. <*9a cuezo*> *vt* cuocere, cucinare; bollire; **2.** *(fig) ~se* tramare *vt*, tessere *vt*; *algo se está cociendo* qualcosa bolle in pentola

cochambr|e *f* luridume *m*; rottame *m*; ~**oso** *adj* lurido, sudicio; *fig* sconquassato
cochano *m Ven* pezzo d'oro grezzo
coche *m* 1. automobile *f*, macchina *f*, auto *f*, vettura *f*; ~ *de alquiler, de carreras* macchina/vettura da noleggio, da corsa; ~ *utilitario* (macchina) utilitaria; 2. pullman; ~ *de línea* pullman; 3. carrozza *f*; vagone; ~ *cama, restaurante* vagone letto/carrozza letti, ristorante; *en el ~ de S. Fernando/Francisco (un ratito a pie y otro andando)* con la carrozza di S. Francesco; 4. furgone; ~ *celular, fúnebre* furgone cellulare, funebre; ~**cito** *m* carrozzella a rotelle *f* (*enfermos*); carrozzella *f* (*bebé*); passeggino (*bebé*); ~**ra** *f* box *m/inv*, garage *m/fr/inv*; ~**ro** *m* cocchiere, vetturino
cochi|na *f zool* scrofa; *fig* maiala; ~**nada** *f* porcheria; fregatura, carognata; ~**nilla** *f zool* 1. ~ *de San Antón* coccinella, maggiolino *m*; 2. *zool* cocciniglia (*plantas*); ~**nillo** *m* porchetta *f*; ~**no 1.** *m zool* maiale, porco; suino; ~ *montés* cinghiale; **2.** *adj/s fig* sporcaccione, maiale; *cuatro ~as pesetas* quattro soldi miserabili; ~**quera** *f*, **-tril** *m* porcile *m*
cocido 1. *adj* cotto, lesso; **2.** *m* ="brodo di carne, salsicce speciali, prosciutto crudo, ceci e verdure"
cociente *m mat/psic* quoziente
cocin|a *f* cucina; ~ *de gas, de leña, económica* cucina a gas, a legna, economica; ~**ar** *vt* cucinare; ~**ero, -a** *m/f* cuoco, -a; *haber sido ~ antes que fraile* sapere qualcosa per esperienza; ~**illa** *f* fornello *m*; *fig/desp* uomo casalingo *m*
coco *m* 1. *bot/cient* cocco; 2. *fam* testa *f*, zucca *f*, cervello; *comer el ~* fare il lavaggio del cervello; *comerse el ~* preoccuparsi, rimuginare; *hacer ~s* fare moine; *romperse el ~* scervellarsi; 3. *fam* lupo mannaro; *fig* spauracchio; *¡que viene el ~!* che viene il lupo mannaro!
coco|drilo *m zool* coccodrillo; ~**liche** *m Arg* italospagnolo degli immigranti; italiano; ~**tero** *m bot* cocco (*palma*)
cóctel *m* cocktail *inv*, coctel *inv*; ~ *molotov* bottiglia molotov
coctelera *f* shaker *m/ingl/inv*
cocuyo *m zool* piroforo; *bot* ="albero cubano", cocuyo
cod|a *f mus* coda; ~**azo** *m* gomitata *f*; ~**ear 1.** *vi* fare a gomitate, gomitare; **2.** *am* scroccare; **3.** *~se* trattare *vt*
codeína *f* codeina
códice *m* codice
codici|a *f* cupidigia, brama; ~**able** *adj* desiderabile; ~**ar** *vt* bramare, desiderare; ~**lo** *m ius* codicillo; ~**oso** *adj* cupido, avido, bramoso
codific|ación *f* codificazione; ~**ar** <*codifiqué*> *vt ius* codificare
código *m* codice; ~ *de circulación, de señales, postal* codice stradale, di segnalazione, (di avviamento) postale; ~ *territorial* prefisso telefonico; ~ *de barras* codice a barre; ~ *de procedimiento penal* codice di procedura penale
codo *m* gomito; *(fig) ~ a ~* uno accanto all'altro, fianco a fianco; *alzar/empinar el ~* alzare il gomito; *dar con el ~* dare una gomitata; *estar metido hasta los ~s* esserci dentro dalla testa ai piedi; *hablar por los ~s* essere chiacchierone, -a; *romperse/dejarse (alg) los ~s* ammazzarsi (q) di lavoro
codorniz *f zool* quaglia
coe|ducación *f* coeducazione; ~**ficiente** *m* coefficiente; ~**rción** *f ius* coercizione; ~**rcitivo** *adj ius* coercitivo; ~**táneo** *adj/s* coetaneo; ~**vo** *adj* coevo; ~**xistencia** *f* coesistenza; ~**xistir** *vi* coesistere
cofia *f* cuffia
cofr|ade *m/f* confratello, *m*, consorella *f*; ~**adía** *f* confraternita; *iron* banda; ~**e** *m* scrigno; baule, cofano
coge|dero 1. *m* manico; **2.** *adj* facile da cogliere/prendere; ~**dor** *m* paletta *f*; ~**r 1.** <*cojo*> *vt* cogliere, prendere, raccogliere; pigliare, afferrare, acchiappare; ~ *desprevenido, en flagrante/in fraganti* cogliere di sorpresa, in flagrante; ~ *de nuevas* giungere nuova; *(fam) ~ la marcha* prendere l'abitudine; ~ *de la mano* prendere per la mano; ~ *con pinzas* pigliare coi guanti; **2.** *vi/vt Arg/Ur vulg* chiavare
cogestión *f econ* cogestione
cogida *f taur* cornata; raccolta
cogn|ición *f* cognizione; ~**oscitivo** *adj* conoscitivo
cogollo *m* cuore (*ensalada*); *bot* germoglio; *fig* crema *f*, fior fiore; *zool/Arg* grossa cicala *f*
cogorza *f pop* sbornia, sbronza
cogot|azo *m* scapaccione; ~**e** *m* nuca *f*, collottola *f*; ~**udo** *adj/m* collottolone; *am* altezzoso; arricchito
cogulla *f* cocolla
cohabitar *vi* coabitare, convivere
cohech|ar *vt ius* subornare, corrompere; ~**o** *m ius* subornazione *f*, corruzione *f*
cohereder|o, -a *m/f* coerede
coher|encia *f* coerenza; coesione; ~**ente** *adj* coerente
cohes|ión *f* coesione; ~**or** *m elec* coesore; coherer *inv* (*teléfono*)
cohete *m* razzo; *aer* missile; ~ *antiaéreo, nuclear* missile contraereo, nucleare; ~ *de tres etapas* missile tristadio; ~ *teledirigido* missile teleguidato; ~**ría** *f* stabilimento pirotecnico *m*; ~**ro** *m* pirotecnico
cohib|ición *f* repressione, freno *m*; ~**ido** *adj* represso; imbarazzato; ~**ir** *vt* reprimere; imbarazzare; frenare
cohombro *m bot* cetriolo
coima *f* concubina; *am* bustarella
coincid|encia *f* coincidenza; ~**ir** *vi* coincidere
coipo *m* nutria *f*, castorino
coito *m* coito
coje|ar *vi* zoppicare; *(fig) de qué pie cojea* da che piede zoppica, conoscere il debole di q; *cojea en geografía* zoppica/è deboluccio in geografia; ~**ra** *f* zoppicatura
cojín *m* cuscino
cojinete *m* cuscinetto; *mec* cuscinetto, bronzina *f*; *(mec) ~ de bolas, de rodillo* cuscinetto a sfere

cojitranco *adj* zoppaccio
cojo *adj/s* zoppo; *ir a la pata ~a* andare zoppiconi; andare a zoppo galletto
cojonudo *adj vulg* figo, da sballo, stupendo *est*, forte *est*; *fig* di carattere *est*, con le spalle quadrate *est*
cojón <*pl cojones*> *m* coglione; *euf* palla *f*; *vulg/excl ¡~es!* cazzo!; *(vulg) estar hasta los ~es* averne le palle rotte/piene/girate; *(vulg) no me toques los ~es* non rompermi le palle/scatole; *(vulg) ser de ~ones* essere da sballo; *(vulg) tener ~ones la cosa* è una cosa da incazzarsi; *(vulg) tener ~ones alg* essere terribile q/avere le spalle quadrate q *est*
cojuelo *adj* zoppetto
cok *m* coke *inv*
col <*pl coles*> *f bot* cavolo *m*; *bot* cavolo cappuccio; verza *f*; *~es de Bruselas* cavoletti di Bruxelles; *~ lombarda* cavolo nero
cola *f* 1. coda; *(bot) ~ de caballo* coda di cavallo; coda di cavallo (*pelo*); *hacer ~* fare la coda, mettersi in coda; *traer ~* avere strascico, non finire qui; 2. colla, adesivo *m* (*tec, droga*); *fig* coda, strascico *m*; 3. *mus* coda
colabor|ación *f* collaborazione; **~acionista** *adj/s pol* collaborazionista; **~ador** *adj/s* collaboratore; **~ar** *vi* collaborare
colaci|ón *f eccl/ius/tip* collazione; *ant* spuntino *m*, merendina; *traer/sacar a ~* tirare in ballo; **~onar** *vt* collazionare
colad|a *f* bucato *m*; *metal* colata; *(fig) echar a la ~ algo* mettere qc con la roba da lavare; *salir algo a (con) la ~* venire i nodi al pettine; **~era** *f* colatoio *m*; **~ero** *m* colatoio; *stud* luogo dove si passa/si è promossi facilmente; **~o** *adj (fig) estar ~ por alg* essere innamorato cotto di q; **~or** *m* colino; **~ora** *f* lavandaia; **~ura** *f* colatura; *fig* scivolone *m*
colage *m* collage *fr/inv*
colágeno *m* collageno
colaps|ar 1 *vt med* collassare; paralizzare; **2.** *vi* avere un collasso; crollare; **3.** *(fig) ~se* paralizzarsi; **~o** *m med* collasso; blocco
colar 1. *vt* colare, filtrare; passare di nascosto; *(fig) esto no cuela* questo non attacca; **2.** *~se* ficcarsi; infiltrarsi, introdursi
colateral *adj* collaterale
colch|a *f* coperta, copriletto *m*; **~ón** *m* materasso; **~onería** *f* negozio di materassi *m*; **~onero** *m* materassaio; **~oneta** *f* materassino *m*
cole *m inf* scuola *f*
colear *vi zool* scodinzolare, menare la coda; *fig* durare, *vi* trascinarsi; *vivito y coleando* vivo e vegeto
colecci|ón *f* collezione; **~onable** *adj* a fascicoli, a dispense; **~onar** *vt* far collezione (di) *vi*, collezionare; **~onismo** *m* collezionismo; **~onista** *adj/s* collezionista
colecta *f* colletta; **~r** *vt* collettare
colectiv|idad *f* collettività; **~ismo** *m econ* collettivismo; **~ista** *adj/s* collettivista; **~izar** <*colectivicé*> *vt* collettivizzare; **~o 1.** *adj* collettivo; **2.** *m* collettivo, équipe *fr/inv*; *Arg/Ur* autobús

colector *adj/m* collettore
colega *m/f* collega; *fam* amico, -a; **~tario** *adj/s ius* collegatario
colegi|ado *adj/s* iscritto a un albo professionale; *sport* arbitro; **~al, -ala** *adj/s* collegiale; **~arse** iscriversi in un collegio professionale o nell'albo dell'ordine; **~ata** *f eccl* collegiata; **~o** *m* scuola elementare e media *f*; collegio; ordine; *~ electoral* collegio elettorale; *~ mayor* residenza universitaria; *~ de médicos* ordine dei medici
colegir <*12 colijo*> *vt* inferire, dedurre, supporre; raccogliere
coleóptero *adj/m* coleottero
cólera 1. *m med* colera; 2. *f* collera, ira, furia; *montar en ~* montare in collera
colérico *adj* collerico, iracondo; *med* coleroso
colester|ol *m*, **~ina** *f* colesterolo *m*, colesterina *f*
colet|a *f* treccia (*pelo*); codino *m* (*pelo*); poscritto *m*; *(taur/fig) cortarse la ~* abbandonare l'arte; **~azo** *m* colpo di coda; *fig* ultimo tentativo; **~illa** *f* postilla, poscritto *m*; **~o** *m* l'interno dell'animo o del corpo; *(pop) decir (alg) para su ~* dire fra se stesso; *(pop) echarse algo al ~* mettersi qc in corpo; ingoiare un libro
colg|adero 1. *m* gancio, uncino; **2.** *adj pop agr* da appendere; **~ado** *adj* appeso; *(pop) dejar ~ a alg* piantare q, bidonare q; *estar ~* stare impasticciato/fatto (*droga*); essere al verde (*dinero*); **~ador** *m* gruccia *f*; **~aduras** *fpl* paramenti *mpl*, addobbi *mpl*, cortinaggi *mpl*; **~ajo** *m desp* brandello, cencio pendente; **~ante 1.** *m* ciondolo; **2.** *adj* pendente; **~ar** <*8a cuelgo; colgué*> **1.** *vt* 1. appendere; 2. impiccare; 3. attaccare (*teléfono*); 4. affibbiare, appioppare; 5. *stud* bocciare; *~ una cosa a alg* affibbiare una cosa a q; *~ los hábitos* lasciare, deporre l'abito; **2.** *vi* pendere
colibrí *m zool* colibrì, uccello mosca
cólico *m med* colica *f*
coliflor *f bot* cavolfiore *m*
colig|ación *f* lega, alleanza; **~arse** <*coligué*> allearsi
colill|a *f* cicca, mozzicone *m*; **~ero** *m* ciccaiolo
colín 1. *m mus* piano a coda ridotto; *gastr* grissino; **2.** *adj* codimozzo
colina *f* collina, colle *m*
colinabo *m bot* cavolo rapa
colind|ante *adj* limitrofo, confinante; **~ar** *vi* confinare
colirio *m med* collirio
colirrojo *m zool* codirosso
Coliseo *m* Colosseo
colisi|ón *f* collisione, scontro *m*, urto *m*; **~onar** *vi* scontrarsi, fare uno scontro
colista *adj/s sport* l'ultimo della classifica, di coda
colita *f* codina; *euf* pisello
colitis *f* colite
colla 1. *f* squadra di operai; **2.** *adj/m am* meticcio; indiano; **~da** *f mar* vento persistente *m*; passo di montagna *m*; **~do** *m* colle, collina *f*; passo; **~r** *m* collana *f* (*joya*); collare; *~ de perlas* collana di

perle; ~**rín** *m eccl* collare; *med* minerva *f*; *arch* collarino
colle|ja *f bot* licnide; ~**ra** *f* 1. collare *m*; *fig* catena di forzati; 2. *fpl Chile* gemelli da camicia *mpl*
colm|ado 1. *adj* colmo; abbondante; **2.** *m Esp/reg* negozio di alimentari; ~**ar** *vt* colmare, riempire
colmen|a *f* alveare *m*, arnia; *fig* ="case popolari" *fpl*; ~**ar** *m* apiario; ~**ero, -ra** *m/f* apicultore, -tora; ~**illa** *f bot* ovolo *m*
colmillo *m* dente canino; zanna *f*; *(a. fig) enseñar los ~s* mostrare i denti; *(fig) escupir por el ~* fare lo spaccone; *(fig) tener el (los) ~(s) retorcido(s)* essere una vecchia volpe
colmo 1. *adj* colmo, pieno zeppo; **2.** *m* colmo, sommo, grado massimo; *para ~* per giunta, per di più; *ser el ~* essere il colmo (dei colmi)
coloc|ación *f* collocamento *m*; collocazione, situazione; lavoro *m*; *ling* collocazione; ~**ado** *adj* 1. situato, collocato; 2. *pop* drogato, fatto; ~**ar** <*coloqué*> **1.** *vt* collocare, situare; impiegare; *fig* piazzare; **2.** ~*se* collocarsi; trovar impiego/collocamento *vi*; *pop* drogarsi, farsi, avere un trip *vi*
colof|ón *m* colophon, colofone; ~**onia** *f* colofonia
coloid|al *adj* colloidale; ~**e** *adj/m chim* colloide
Colombia *f geogr* Colombia
colomb|iano *adj/s* colombiano; ~**ino** *adj/s* colombiano; *biblioteca ~a* biblioteca di Siviglia; ~**io** *m chim* columbio; ~**ófilo** *adj/s* colombofilo
Colón: **Cristóbal** ~ *hist* Cristoforo Colombo
colon *m med/ling* colon
colonia *f* 1. acqua di colonia, profumo *m*; *echarse ~* mettersi il profumo; 2. colonia
coloniaje *m am* epoca *f*/periodo/regime coloniale
colonial *adj* coloniale; ~**ismo** *m* colonialismo; ~**ista** *adj* colonialista
coloniz|ación *f* colonizzazione; ~**ador** *adj/s* colonizzatore; ~**ar** <*colonicé*> *vt* colonizzare
colono *m* colono
coloqui|al *adj* colloquiale; ~**o** *m* colloquio, conversazione *f*
color <*pl colores*> *m* colore; colorito; *de/en ~* a colori; *de ~ de rosa* (color di) rosa; *escalera de ~* scala reale; *so ~ de* sotto colore di; *subido de ~* piccante; *ponerse de mil ~es* diventare di tutti i colori; *sacarle a alg los ~es* svergognare q; *salirle (a alg) los ~es* diventar rosso, vergognarsi (q); *tomar ~* prendere colore
color|ación *f* colorazione, tinta; ~**ado** *adj* colorato, colorito; *poner ~ a alg* far diventar rosso~q/far arrossire q; ~**adote** *adj fam* bello colorito; ~**ante** *adj/m* colorante; ~**ar** *vt* colorare, colorire
color|ear 1. *vt* colorare, colorire; **2.** *vi* prendere colore; ~**ete** *m* fard *inv*
color|ido *m pitt* colorito; colore; ~**ines** *mpl* colori vivaci; ~**ista 1.** *m/f* colorista; **2.** *adj* coloristico
colos|al *adj* colossale, gigantesco; *fig* straordinario; ~**o** *m* colosso
cólquico *m bot* colchico, freddolina *f*
columbino *adj* colombino
columbrar *vt* scorgere, discernere
columna *f arch/mil/med/tip* colonna; *fig* colonna, pilastro *m*; *en ~* in colonna; *quinta ~* quinta colonna; ~**ta** *f* colonnato *m*
columpi|ar *vt* dondolare; ~**io** *m* altalena *f*
colus|ión *f ius* collusione; ~**orio** *adj ius* collusivo
colza *f bot* ravizzone *m* (*brassica napus oleifera*); colza (*brassica napus arvensis*)
coma *f* 1. *ling* virgola; *punto y ~* punto e virgola; *sin faltar una ~* dettagliatamente; 2. *m med* coma; *mus* comma
comadr|e *f* comare; ~**ear** *vi* pettegolare; ~**eja** *f zool* donnola; ~**eo** *m* pettegolezzo; ~**ona** *f* levatrice, ostetrica; *fig* pettegola
comanche *adj/s* indigena del Texas o Nuovo Messico
comand|ancia *f mil* comando *m*; giurisdizione, edificio *m* o carica di comandante; ~**ante** *m/f* comandante; *mil* maggiore *m*; ~**ar** *vt mil* comandare
comandita *f com* accomandita; *sociedad en ~* società in accomandita; *fam* combriccola; ~**rio** *adj/m com* accomandante; accomandatario (*socio gerente*); *sociedad comanditaria* società in accomandita
comando *m* comando; *mil* commando
comarca *f* provincia; territorio *m*; ~**l** *adj* provinciale, territoriale; ~**no** *adj* vicino
comba *f* curvatura; *sport* corda; ~**r** *vt* curvare, torcere
combat|e *m* combattimento, battaglia *f*; *dejar fuera de ~* mettere K.O./Knock out/ fuori combattimento; ~**iente** *adj/s* combattente; ~**ir 1.** *vi* combattere, guerreggiare, lottare; **2.** *vt a fig* combattere, attaccare; ~**ividad** *f* combattività; aggressività; ~**ivo** *adj* combattivo; aggressivo
combin|ación *f* 1. combinazione; 2. sottoveste; ~**ada** *f sport* combinata; ~**ado** *m* cocktail *inv*; insieme; ~**ar** *vt* combinare; ~**atoria** *f mat* combinazione; ~**atorio** *adj* combinatorio
comburente *adj/m* comburente
combust|ibilidad *f* combustibilità; ~**ible** *adj/m* combustibile; ~**ión** *f* combustione
comecocos *m pop* rompiscatole
comedero 1. *m* mangiatoia *f*, beccatoio (*pájaros*); **2.** *adj* mangiabile
comedi|a *f* commedia; *~ de capa y espada, de enredo* commedia di cappa e spada, d'intreccio; *hacer la ~* fare/recitare la commedia; ~**ante** *m*, **-anta** *f/desp a. fig* commediante
comedi|do *adj* prudente, moderato; cortese; ~**miento** *m* prudenza *f*, moderazione *f*; cortesia *f*
comediógraf|o, -a *m/f* commediografo, -a
comedirse <*12 V. medir*> contenersi, moderarsi
comedón *m* foruncoletto
comedor 1. *m* 1. sala da pranzo *f* (*casa*);

2. mensa *f*; ~ *universitario* mensa universitaria; **2.** *adj/s* mangione
comején *m* termita *f*
comendador *m* commendatore
comensal *m/f* commensale
comentar *vt* commentare; parlare di *vi*; ~**io** *m* commento; ~**ista** *m/f* commentatore, -trice; cronista
comenzar *<5a comienzo; comencé; comience>* *vt/vi* cominciare, iniziare
comer 1. *vt/vi* mangiare; pranzare; ~ *con los ojos* mangiare con gli occhi; ~ *de gorra* mangiare a sbafo; *después de* ~ dopo pranzo; *dar de* ~ dare da mangiare; *ser de buen* ~ aver un buon appetito, essere una buona forchetta; *sin ~lo ni beberlo* senza aver parte in causa; *tener que* ~ aver da mangiare; *no come ni deja* ~ non mangia né lascia mangiare; **2.** *~se unos a otros* mangiarsi vivi; *~se las uñas, los codos* mangiarsi le mani, il fegato
comerci|al *adj* commerciale; ~**alización** *f* commercializzazione, introduzione; ~**alizar** *<comercialicé>* *vt* commercializzare; ~**ante** *m/f* commerciante, negoziante; mercante *m*; ~ *al por mayor, al por menor,* commerciante all'ingrosso, al minuto; ~**ar** *vi* commerciare, negoziare; trafficare; ~**o** *m* 1. commercio; traffico; ~ *exterior, de importación y exportación* commercio estero, d'importazione e d'esportazione; *dependiente de* ~ commesso; *viajante de* ~ commesso viaggiatore; 2. negozio, bottega *f*
comestible 1. *adj* commestibile, mangiabile; **2.** *m* alimento; *tienda de ~s* negozio di alimentari
cometa 1. *m astr* cometa *f*; 2. *f* aquilone *m*, *fig* cervo volante *m*
comet|er *vt* commettere, dare un incarico; *com* commettere, ordinare; commissionare; ~**ido** *m* commissione *f*, incarico, ordine; impegno, obbligo; *cumplir con su* ~ assolvere il proprio impegno
comezón *f* prurito *m*; *fig* voglia, capriccio *m*
comible *adj* mangiabile
cómic(s) *m(pl)* fumetto *m*, comic *inv*
comicidad *f* comicità
comicios *mpl* comizi, assemblea *f*
cómic|o, -a 1. *adj* comico, -a, buffo, -a; **2.** *m/f* comico, -a
comid|a *f* cibo *m*, alimento *m*; pranzo *m*; *(pop)* ~ *de coco* lavaggio di cervello; *la* ~ *está en la mesa* il pranzo è pronto; ~ *de negozio* colazione di lavoro; *dar una* ~ offrire un pranzo; *ganarse la* ~ guadagnarsi il pane; ~**illa** *f* mormorazione, pettegolezzo *m*; *ser la* ~ *del pueblo* essere la favola del paese; ~**o** *adj* mangiato; *estar* ~ aver mangiato; *fig* essere facilissimo; *lo* ~ *por lo servido* lavorare per le spese
comienzo *m* principio, inizio
comillas *fpl ling* virgolette
comil|ón *adj/m* mangione; ~**ona** *f* mangiata; pranzone *m*; *fam* abbuffata
comino *m bot* cumino; *no vale un* ~ non vale un soldo; *no me importa un* ~ non me ne importa un fico secco

comis|aría *f* questura; commissariato *m* (*P.S.= di pubblica sicurezza*); ~**ario** *m* commissario
comis|ión *f* 1. commissione, mandato *m*; 2. commissione, comitato *m*, delegazione; *com* commissione, provvigione; **~ones Obreras* Commissioni operaie, ="Sindacato spagnolo d'ispirazione comunista"; *en* ~ *de servicio* comandato; *trabajar a* ~ lavorare a provvigione; ~**ionado** *adj/s* incaricato, commissionario; ~**ionar** *vt* commissionare, incaricare; ~**ionista** *m/f* commissionario, -a
comiso *m ius* confisca *f*; ~**rio** *adj ius* commissorio
comisura *f* commessura
comit|é *m* comitato; ~ *de empresa* consiglio di fabbrica; ~**ente** *adj/s* committente; ~**iva** *f* comitiva, compagnia
como 1. *adv/m/excl* come; **2.** *conj* siccome; non appena; se; *¡Cómo llueve!* come piove!; *es bajo* ~ *yo* è basso come me; ~ *llueve, no salgo* siccome piove, non esco; ~ *llegue a casa, te llamo* non appena arrivo a casa, ti chiamo; ~ *no cambies, me enfado* se non cambi, mi arrabbio; *el cómo* il come; *¿Cómo no?* come no?; *¡Cómo!* Come mai?; *¿A cómo...?* a quanto...?; *¿A cómo estamos hoy?* Quanti ne abbiamo oggi?
cómoda *f* comò *m/inv*; cassettone *m*
comodidad *f* comodità; agio *m*; *pensar en sus ~es* fare il proprio comodo
comodín *m* comò; matta *f*, jolly *inv* (*naipes*); *fig* jolly *inv*; *fig* pretesto, scusa *f*
cómodo *adj* comodo, agevole; conveniente; *póngase* ~ si accomodi
comodón *adj/s* comodone
comodoro *m mar* commodoro
comoquiera *adv* comunque, in qualsiasi modo; ~ *que* siccome
compac|idad *f* compattezza; ~**to** *adj* compatto
compadecer *<13a compadezco>* **1.** *vt* compatire, aver compassione di *vi*; **2.** *~se* aver compassione di; andare d'accordo (*de* con) *vi*
compadr|e *m* compare; compagno; *am* gradasso, spaccone; ~**eo** *m desp* amicizia *f*; ~**ito, -ón** *m am* fanfarone
compagin|ación *f tip* impaginazione; ~**ar** **1.** *vt* impaginare, compaginare; *fig* conciliare, armonizzare; **2.** *~se* corrispondersi
compañ|erismo *m* cameratismo; ~**ero** *adj/s* compagno, camerata; collega; ~ *de armas* commilitone; ~**ía** *f* compagnia, comitiva; accompagnamento *m*; *com/mar/aer/eccl* compagnia
compar|able *adj* comparabile, paragonabile; ~**ación** *f* paragone *m (a ling)*, comparazione, confronto *m*; *en* ~ in comparazione, in paragone; *sin* ~ senza paragone; *no tener* ~ non esserci confronto; ~**ar** *vt* comparare, paragonare, confrontare; ~**atista** *adj/s* comparatista; ~**ativo** *adj* comparativo
comparec|encia *f ius* comparizione, comparsa; ~**er** *<13a comparezco>* *vi ius* comparire; ~**iente** *adj ius* comparente

comparsa *f* 1. *teatro/cine* comparsa; 2. mascherata, sfilata in maschera

compartim|entación *f* compartimentazione; **~entar** *vt* suddividere in compartimenti; **~iento** *m tras* scompartimento; compartimento, parte *f*; *(mar/fig) ~ estanco* compartimento stagno

compartir *vt* spartire, dividere, compartire *lit*

compás *m tec* compasso; *mus* battuta *f*; tempo; ritmo; *a ~* a battuta; *~ de espera* battuta d'aspetto/d'arresto; *ir a ~* andare a tempo; *llevar el ~* dirigere; *fig* comandare; *marcar el ~* segnare/battere il tempo

compas|ado *adj* compassato; **~ar** *vt* compassare, misurare col compasso

compas|ión *f* compassione, pietà; **~ivo** *adj* compassionevole, pietoso

compat|ibilidad *f* compatibilità; **~ibilizar** *<compatibilicé> vt* rendere compatibile; **~ible 1.** *adj* compatibile; **2.** *m* computer PC

compatriota *m/f* compatriota

compeler *vt lit* costringere, obbligare

compendi|ar *vt* compendiare, riassumere; **~o** *m* compendio, riassunto, sommario; **~oso** *adj* compendioso

compenetr|ación *f* compenetrazione; **~arse** compenetrarsi; coincidere *vi*, identificarsi

compens|ación *f* compensazione; compenso *m*, indennizzo *m*, risarcimento *m*; *en ~* in compenso; *(com) cámara de ~* stanza di compensazione; **~ador** *adj* compensatore; **~ar** *vt* compensare; risarcire, indennizzare

compet|encia *f* competenza, perizia; *ling* competenza; *com* concorrenza; *ius* competenza, incombenza; **~ente** *adj* competente, atto; esperto; **~er** *vi* competere, spettare

compet|ición *f* competizione; *deporte de ~* sport agonistico; **~idor, -ra** *m/f* competitore, -trice, rivale; *com* concorrente; **~ir** *<12 compito; compitió> vi* competere, gareggiare, concorrere; **~itividad** *f* competitività; **~itivo** *adj* competitivo, concorrenziale

compil|ación *f* compilazione; **~ador** *adj/m* compilatore; **~ar** *vt* compilare

compinche *m fam* amico, camerata

complac|encia *f* compiacenza, compiacimento *m*; gentilezza, cortesia; **~er** *<13a complazco>* **1.** *vt* compiacere, soddisfare; **2.** *~se* rallegrarsi, degnarsi; **~ido** *adj* compiaciuto; contento; **~iente** *adj* compiacente

complej|idad *f* complessità; **~o 1.** *adj* complicato, complesso; **2.** *m* complesso; *~ de inferioridad* complesso d'inferiorità; *~ residencial* complesso/zona residenziale

complement|ar *vt* completare; **~ario** *adj* complementare; **~o** *m* complemento

complet|ar *vt* completare; **~ivo** *adj ling* completivo; **~o** *adj* 1. completo, esauriente; 2. pieno; *por ~* per intero

complexión *f* complessione, costituzione

complic|ación *f* complicazione; **~ado** *adj* complicato, difficile; **~ar** *<compliqué> vt* complicare

cómplice *m/f* complice

complicidad *f* complicità

complot *m* complotto, congiura *f*

complutense *adj* "complutense", di Alcalá de Henares; *universidad ~* ="una delle università di Madrid"

componedor 1. *m tip* compositoio; **2.** *adj* componitore

compon|encial *adj* componenziale; **~enda** *f* accordo *m*, transazione; *ant* tassa; **~ente** *adj/m* componente; **~er** *<32 V. poner>* **1.** *vt* 1. comporre; 2. aggiustare, riparare; preparare; *tip* comporre; **2.** *~se* comporsi; accordarsi; *~érselas* arrangiarsi; *¡allá te las compongas!* arrangiati!

comport|amental *adj* comportamentale; **~amiento** *m* comportamento, condotta *f*; **~ar 1.** *vt* comportare; **2.** *~se* comportarsi, agire *vi*

compos|ición *f* 1. composizione; 2. aggiustatura, riparazione; **~itivo** *adj* compositivo; **~itor, -ra** *m/f* compositore, -trice

compostelano *adj/s* compostelano, di Santiago de Compostela

compostura *f* 1. composizione; 2. compostezza, modestia; 3. riparazione, aggiustatura; rammendo *m*, lavoro di cucito da sartina *m*

compot|a *f gastr* composta, marmellata; **~era** *f* barattolo per la composta *m*

compra *f* acquisto *m*; compera, spesa; *hacer la ~* fare la spesa; *ir de ~s* andare a far spese; **~dor, -ra** *m/f* acquirente; compratore, -trice; **~r** *vt* comprare, comperare, acquistare; *~ a plazos* comprare a rate

compraventa *f* compravendita

compren|der *vt* 1. comprendere, intendere, capire; 2. comprendere, includere, abbracciare; **~sión** *f* comprensione, intendimento *m*; **~sivo** *adj* comprensivo

compresa *f* assorbente igienico *m*; *med* garza

compres|ión *f* compressione; **~or** *adj/m* compressore

comprim|ido 1. *m med* compressa *f*, pastiglia *f*; **2.** *adj* compresso; **~ir** *vt* comprimere, premere, opprimere

comprob|ación *f* comprovazione, verifica; **~ante 1.** *adj* giustificativo; **2.** *m* prova *f*, documento giustificativo; **~ar** *<8a compruebo> vt* comprovare, provare; verificare

compromet|edor *adj* compromettente; **~er 1.** *vt* compromettere; obbligare; **2.** *~se* impegnarsi, compromettersi; fidanzarsi; **~ido** *adj* compromesso, impegnato; *estar ~ con alg* essere fidanzato con q; essere impegnato

compromis|ario 1. *adj/s ius* compromissario; **2.** *m* delegato; **~o** *m* compromesso, accordo, impegno; imbarazzo, difficoltà *f*; *sin ~* senza obbligazioni; senza impegno; **~orio** *adj ius* compromissorio

compuerta *f* chiusa; sportello *m*

compuesto *adj/m* composto; *~a y sin novio* sedotta e abbandonata
compuls|a *f* autenticazione; **~ar** *vt* autenticare; **~ión** *f* compulsione, coazione
compun|ción *f* compunzione; **~gido** *adj* compunto, mortificato; **~gir** *<compunjo> vt* affliggere, rattristare, compungere
comput|ación *f* computazione, computo *m*; **~ador** *adj/s* computatore; **~adora** *f am* computer *m/inv*, elaboratore *m*; **~adorizado** *adj* computerizzato; **~ar** *vt* computare, calcolare
cómputo *m* computo, calcolo
comulg|ante *adj/s* comunicante; **~ar** *<comulgué> vi eccl* comunicarsi; *~ con ruedas de molino* berle grosse; **~atorio** *m eccl* balaustrata *f*
común 1. *adj* comune; abituale, corrente; *por lo ~* di solito, generalmente; **2.** *m* comune; comunità *f*; *el ~ de las gentes* la maggior parte della gente
comun|a *f econ/pol* comune; *am* comune *m*; *vivir en una ~* vivere in una comune; **~al** *adj* comunale; **~ero** *m pol* comunardo; *hist* appartenente alle Comunità di Castiglia
comunic|able *adj* comunicabile; **~ación** *f* comunicazione; *buenas ~ones* buoni mezzi pubblici; buone vie di comunicazione; **~ado** *adj/m* comunicato; **~ante** *adj* comunicante; **~ar** *<comuniqué> vt* comunicare; **~ativo** *adj* comunicativo; affabile
comunidad *f* comunità; *C.E.E., *~ Económica Europea* C.E.E./Comunità Economica Europea; *~ de vecinos* abitanti di un quartiere o di un condominio
comunión *f eccl* comunione; *~ de bienes* comunione dei beni; *primera ~* prima comunione
comunis|mo *m* comunismo; **~ta** *adj/s* comunista
con *prep* con; *para ~* verso; *¿Quién es Usted para conmigo?* Chi è Lei verso di me?; *~ salir a las seis es suficiente* uscendo/uscire alle sei, è più che sufficiente; *~ ser su madre no lo aguanta* sebbene sia/con tutto che è sua madre, non lo sopporta; *~ que, ~ tal que* purché
conat|ivo *adj ling* conativo; **~o** *m* conato, tentativo, impulso
concatenación *f tec* concatenamento *m*; *biol* concatenazione
concavidad *f* concavità
cóncavo *adj* concavo
conce|bible *adj* concepibile; **~bir** *<12 concibo; concibió> vt* concepire
conceder *vt* concedere; ammettere
concej|al *m* consigliere; *adm* assessore; **~o** *m* consiglio; *adm* giunta comunale *f*
concentr|ación *f* concentrazione; *mil* concentramento *m*; *sport* ritiro *m*; **~ado** *adj/m* concentrato; **~ar** *vt* concentrare
concéntrico *adj* concentrico
concep|ción *f* concezione; *la Inmaculada ~* l'Immacolata Concezione; **~tismo** *m lit* concettismo; **~tista** *adj/s* concettista; **~to** *m* concetto; opinione *f*; *en ~ de* a titolo di; *tener un alto ~ de* avere un'alta opinione di; **~tual** *adj* concettuale; **~tualismo** *m fil* concettualismo; **~tualización** *f* concettualizzazione; **~tuar** *<4 conceptúo> vt* giudicare; **~tuoso** *adj* concettoso
concer|niente *adj* concernente, attinente; **~nir** *<7a/def concierne> vi* concernere *vt*, riguardare *vt*
concert|ar *vt* concertare; **~ina** *f* fisarmonica; **~ino** *m* primo violino; **~ista** *m/f mus* concertista
conces|ión *f* concessione; **~ionario** *adj/m* concessionario; **~ivo** *adj* concessivo
conch|a *f* conchiglia; guscio *m*; *meterse (alg) en su ~* rinchiudersi nel guscio; *am/vulg* fica, passera; **~abarse** *fam* associarsi, mettersi d'accordo; **~o** *m* fondo; *am* feccia *f*, sedimento, residuo
concien|cia *f* coscienza; *a/en ~* con/in coscienza; *remorder la ~* aver un peso sulla coscienza; *tener mala ~* avere la coscienza sporca; **~ciar 1.** *vt* responsabilizzare; **2.** *~se* prendere coscienza *vi*, rendersi conto; **~zudo** *adj* coscienzioso
concierto *m mus* concerto; *econ* accordo, concerto
concili|able *adj* conciliabile; **~ábulo** *m* conciliabolo; **~ación** *f* conciliazione; **~ador** *adj* conciliatore; **~ar 1.** *vt* conciliare, riconciliare; *~ el sueño* conciliare il sonno; **2.** *adj* conciliare; **~atorio** *adj* conciliatorio; **~o** *m* concilio
concis|ión *f* concisione; **~o** *adj* conciso
concit|ación *f* concitazione; **~ar** *vt* concitare
conciudadan|o, -a *m/f* concittadino, -a; connazionale
cónclave *m* conclave
conclu|ir *<14 concluyo; concluyó>* **1.** *vt/vi* concludere; finire, terminare; **2.** *vt* dedurre; **~sión** *f* conclusione; fine; *en ~* insomma, in conclusione; **~yente** *adj* concludente
concomerse struggersi
concomit|ancia *f* concomitanza; **~ante** *adj* concomitante
concord|ancia *f* concordanza; **~ar** *<8a concuerdo> vt/vi* concordare, mettere d'accordo *vt*; **~ato** *m* concordato; **~e** *adj* concorde; **~ia** *f* concordia; *ius* accordo *m*
concre|ción *f* concrezione; **~tar 1.** *vt* concretare; ridurre; **2.** *~se* concretarsi; **~to** *adj* concreto; *tec* denso; *en ~* in concreto
concubina *f* concubina; **~to** *m* concubinato
conculcar *<conculqué> vt* conculcare
concupisc|encia *f* concupiscenza; **~ente** *adj* concupiscente; **~ible** *adj* concupiscibile
concurr|encia *f* concorso *m* (*acreedores, hechos*); afflusso *m*, affluenza (*personas*); **~ente 1.** *adj/m* concorrente; **2.** *adj mat* concorrente; convenuto; **~ido** *adj* frequentato; affollato; **~ir** *vi mat/adm* concorrere; assistere, intervenire; convenire; contribuire
concurs|ante *adj/s* concorrente; **~ar 1.** *vi* concorrere; **2.** *vt ius* dichiarare in fallimento; **~o** *m* concorso; quiz, gioco a premi; coincidenza *f* (*hechos*); affluenza *f*;

~ *de acreedores* concorso di creditori; ~ *subasta* gara d'appalto
cond|ado *m* contea *f*; **~al** *adj* comitale; **~e** *m* conte
condecor|ación *f mil* decorazione; onorificenza; **~ar** *vt* decorare
condena *f* condanna; **~ble** *adj* condannabile; **~ción** *f* condanna; **~do** *adj/s* condannato; *fig* maledetto, indemoniato; **~r 1.** *vt* condannare; **2.** *~se* dannarsi
condens|able *adj* condensabile; **~ación** *f* condensazione, addensamento *m*; **~ado 1.** *adj* condensato; **2.** *m* condensa *f*; **~ador** *adj/m* condensatore; **~ar** *vt* condensare, addensare
condesa *f* contessa
condescend|encia *f* condiscendenza; **~er** *<6 condesciendo>* *vi* accondiscendere (*en* a); **~iente** *adj* condiscendente
condestable *adj ant/mil* contestabile, conestabile
condici|ón *f* condizione, stato *m*; ceto *m*; natura, carattere *m*, qualità; patto *m*; *a ~ de que* a patto che, sempre che; *en ~ de* in qualità di; *de ~* di ceto elevato; *sin ~ones* a nessuna condizione; *(ius) ~ resolutoria, imposible* condizione risolutiva, impossibile; *~ de necesidad* stato di bisogno; *~ previa* condizione preliminare; **~onado** *adj* condizionato; **~onal 1.** *adj/m ling* condizionale; **2.** *f ius* condizionale; **~onar** *vt* condizionare
condiment|ación *f* condimento *m*; **~ar** *vt* condire; **~o** *m* condimento
condiscípul|o, -a *m/f* condiscepolo, -a
condol|encia *f* condoglianza; **~erse** condolersi, rammaricarsi
condominio *m ius* condominio; *am/reg* appartamento in condominio
condón *m* preservativo
condon|ación *f* condonazione; *ius* condono *m*; **~ar** *vt* condonare, perdonare
cóndor *m zool* condor
condotiero *m* condottiere
conduc|ción *f* conduzione; trasporto *m*; **~ente** *adj* conducente; adeguato; **~ir** *<20 conduzco; conduje>* **1.** *vt* portare, trasportare, condurre; condurre, guidare; *~ un vehículo* guidare un veicolo; **2.** *~se* comportarsi, procedere *vi*; **~ta** *f* condotta, comportamento *m*; *mala ~* cattivo comportamento; **~tibilidad** *f* conduttività, conducibilità; **~tivo** *adj* conduttivo, conduttore; **~to** *m* condotto, conduttura *f*; **~tor 1.** *adj/m* conduttore; **2.** *m tras* autista, conducente, guidatore; *~ suicida* pirata della strada; *tec* convogliatore
condumio *m lit* companatico; *iron* mangiare
conect|ado *adj* connesso, collegato; **~ador** *m elec* connettore; inseritore; **~ar** *vt* connettere, collegare; **~or** *m* connettore
conej|a *f zool* coniglia; *ser una ~* essere una coniglia; **~ar** *m*, **-era** *f* conigliera *f*; tana *f*; **~illo** *m* coniglietto;*~~ de Indias* cavia; **~o** *m* 1. *zool* coniglio; 2. *vulg* passera *f*, fica *f*
conex|ión *f* connessione, collegamento *m*, allacciamento *m*; legame *m*, vincolo *m*; **~o** connesso
confabul|ación *f* confabulazione, complotto *m*; **~ar 1.** *vi* confabulare, tramare; **2.** *~se* associarsi, cospirare *vi*
confecci|ón *f* confezione; *tienda de ~es* negozio di abbigliamento; **~onar** *vt* confezionare, fare
confeder|ación *f* confederazione, federazione; **~ado** *adj/s* confederato; **~arse** confederarsi, federarsi
conferenci|a *f* conferenza; colloquio *m*; dissertazione; telefonata interurbana; *dar una ~* tenere/fare una conferenza; *póngame una ~ con...* vorrei una telefonata interurbana con...; *~ en la cumbre* summit; **~ante,** *am* **~sta** *m/f* conferenziere, -ra; **~ar** *vi* dibattere *vt*, negoziare *vt*
conferir *<5a confiero; confirió>* *vt* conferire, concedere
confes|ar *<5a confieso>* *vt* confessare; *~ de plano* confessare completamente; **~ión** *f* confessione; fede; *en ~* in segreto; **~ional** *adj* confessionale; **~ionalidad** *f* confessionalità; **~ionario, -onario** *m* confessionale; **~o** *adj* confesso; **~or** *m* confessore
confeti *m* coriandoli *mpl*
confi|able *adj* fidato, degno di fiducia; **~ado** *adj* fiducioso, credulo; **~anza** *f* fiducia; confidenza, famigliarità; *~ en sí mismo* fiducia in se stesso; *de ~* di fiducia; *en ~* in confidenza; *lleno de ~* speranzoso; *la ~ da asco* ="la troppa confidenza è brutta"; *tener ~ en alg* aver fiducia di q/condifare in q; **~ar** *<confío>* **1.** *vi* confidare (in), aver fiducia (*en* di); **2.** *vt* confidare; **3.** *~se* fidarsi (*en* di); affidarsi (*en a*)
confiden|cia *f* confidenza; **~cial** *adj* riservato; **~te** *adj/s* confidente
configur|ación *f* configurazione; **~ar** *vt* configurare
confín 1. *m* confine; **2.** *adj* confinante
confin|amiento *m* 1. *ius* confino, relegazione *f*; 2. delimitazione *f*; **~ar 1.** *vi* confinare, essere limitrofo; **2.** *vt* confinare
confirm|ación *f* conferma; *eccl* cresima; **~ar** *vt* confermare, assicurare; *eccl* cresimare; **~atorio** *adj ius* confermativo
confisc|ación *f* confisca; **~ar** *<confisqué>* *vt* confiscare
confit|ar *vt* candire; *fig* addolcire; **~e** *m* confetto; **~ería** *f* pasticceria; **~ero** *m*, **-a** *f* pasticciere, -a; **~ura** *f* confettura, marmellata
conflagr|ación *f* conflagrazione; **~ar** *vt* conflagrare, incendiare
conflict|ividad *f* conflittualità; **~ivo** *adj* conflittuale; **~o** *m* conflitto; contrasto; *~ laboral* conflittualità contrattuale, controversia salariale
conflu|encia *f* confluenza; **~ente** *adj* confluente; **~ir** *< 14 confluyo>* *vi* confluire; affluire
conform|ación *f* conformazione; **~ar 1.** *vt* conformare; **2.** *~se* contentarsi (*con* di), rassegnarsi (*con* a); **~e 1.** *adj* conforme; simile; *estar ~* essere d'accordo; *ser ~ a la ley* essere conforme alla legge; **2.** *adv ~ a derecho* a norma di legge; *cobrarás ~ a tu*

trabajo guadagnerai secondo il tuo lavoro; ~**idad** *f* conformità; *(prep) en/de ~ con* in conformità a; ~**ismo** *m* conformismo; ~**ista** *adj/s* conformista
confort *m* confort, comodità *f*, agio; ~**able** *adj* confortevole, comodo; confortante; ~**ador** *adj* confortatore; ~**ante** *adj* confortante; ~**ar** *vt* confortare, incoraggiare; rinvigorire, confortare
confraterni|dad *f* fraternità; ~**zar** *<confraternicé> vi* fraternizzare
confront|ación *f* raffronto *m*, *ius* confronto *m*; ~**ar** *vt* confrontare, comparare; collazionare; affrontare
confucianismo *m* confucianesimo
confundir 1. *vt* confondere; turbare; **2.** ~*se* confondersi; sbagliare *vi*, impappinarsi
confungencia *f* fulgore *m*
confus|ión *f* confusione, caos *m*; turbamento *m*; *para evitar ~es* a scanso d'equivoci; ~**ionismo** *m* confusionismo; ~**o** *adj* confuso, oscuro; turbato
confutar *vt* confutare, oppugnare
congel|ación *f* congelazione, congelamento *m*, surgelazione; ~**ado** *adj/s* congelato, surgelato *gastr*; *~ de imagen* fermo immagine; ~**ador** *m* congelatore, freezer; ~**ar** *vt* congelare, surgelare, ghiacciare, gelare; *econ* bloccare, congelare; *(tele) ~ la imagen* fermare l'immagine
congén|ere *adj/s* congenere, consimile; ~**ito** *adj* congenito, connaturale
congeniar *vi* andare d'accordo
congesti|ón *f* congestione; ~**onar 1.** *vt* congestionare; **2.** ~*se* congestionarsi, affollarsi
conglomer|ación *f* conglomeramento *m*; conglomerato *m*; ~**ado** *adj/m geol* conglomerato
congoja *f* angoscia, afflizione, angustia
congol|eño, -és *adj/s* congolese
congosto *m* gola *f*, passo
congraciarse cattivarsi, conquistarsi; *~ con alg* entrare nelle grazie di q.
congratul|ación *f* congratulazione, rallegramento *m*; ~**arse** congratularsi
congreg|ación *f* congregazione, congrega, confraternita; ~**ante** *m/f* congregazionista; ~**ar** *<congregué> vt* congregare; riunire. convocare
congres|ista *m/f* congressista; ~**o** *m pol* congresso; *cient* convegno, congresso; **~ de los diputados* Camera dei Deputati; ~**ual** *adj* congressuale
congrio *m zool* grongo, congro
congru|encia *f* congruenza, coerenza; *mat* congruenza; ~**ente** *adj* congruente; ~**o** *adj* congruo; coerente
cónico *adj* conico
coníferas *fpl bot* conifere
conjetura *f* congettura, supposizione, ipotesi; ~**r** *vt* congetturare; ipotizzare
conjug|ación *f cient/ling* coniugazione; ~**ar** *<conjugué> vt* coniugare
conjunción *f astr/ling* congiunzione
conjunt|iva *f* congiuntiva; ~**ivitis** *f med* congiuntivite; ~**ivo** *adj* congiuntivo; *biol* connettivo
conjunto 1. *adj* congiunto, unito; *en ~* nell'insieme; **2.** *m* 1. *mat/fig* insieme; 2. completo; *~ de traje y chaqueta* completo a giacca; 3. *mus* complesso, gruppo; *~ musical* complesso musicale
conjur|a, ~**ación** *f* congiura, cospirazione; ~**ado** *adj/s* congiurato; ~**ar 1.** *vi* congiurare, cospirare; **2.** *vt* scongiurare; ~**o** *m* scongiuro; supplica *f*
conmemor|able *adj* commemorabile; ~**ación** *f* commemorazione; ~**ar** *vt* commemorare; ~**ativo** *adj* commemorativo
conmensurable *adj* commensurabile
conmigo *pr* con me
conmilitón *m* commilitone
conmin|ación *f* comminazione; ~**ar** *vt ius* comminare; ~**atorio** *adj* comminatorio
conmiseración *f* commiserazione
conmo|ción *f* commozione; *~ cerebral* commozione cerebrale; ~**cionar** *vt* commuovere; ~**vedor** *adj* commovente; ~**ver** *<9a mover> vt* commuovere
conmut|able *adj* commutabile; ~**ación** *f ius/ling* commutazione; conversione, permuta, scambio *m*; ~**ador 1.** *adj/m tec* commutatore, convertitore, cambiatensione *inv*; **2.** *adj* commutante; ~**ar** *vt tec* commutare; convertire, permutare, scambiare
conn|atural *adj* connaturale, connaturato; ~**ivencia** *f* connivenza; ~**otación** *f* connotazione; ~**otado** *m* connotato; ~**otar** *vt* connotare; ~**ubio** *m* connubio
cono *m mat/bot* cono
conoce|dor *adj/s* conoscitore; intenditore; consapevole; ~**r** *< 13a conozco>* **1.** *vt* conoscere; sapere, capire; vedere, riconoscere; *dar a ~* far conoscere; *se conoce que* si vede che; **2.** *vi ius ~ de/en algo* giudicare *vt*
conoci|do 1. *adj* conosciuto; noto, famoso; **2** *m/f* conoscente; ~**miento** 1. *m* conoscenza *f*; intelligenza *f*, giudizio; *con ~ de causa* con cognizione di causa; *estar sin ~* essere senza conoscenza/essere incosciente; *estar (alg) en su pleno ~* essere (q) perfettamente cosciente/conscio; *perder, recobrar el ~* perdere, riprendere conoscenza; *no tener ~* essere un incosciente; *venir en ~* venire a conoscenza; 2. *com* polizza *f*; 3. documento di riconoscimento; 4. *mpl* conoscenze *fpl*
conoidal *adj* conoidale
conopeo *m eccl* conopeo
conque *conj* dunque, quindi, perciò
conquista *f* conquista; ~**dor** *adj/s* conquistatore; ~**r** *vt* conquistare; ottenere
consabido *adj* noto, risaputo; consaputo *lit*
consagr|ación *f* consacrazione; ~**ar 1.** *vt* consacrare; **2.** ~*se* dedicarsi
consanguíneo *adj/s* consanguineo
consanguinidad *f* consanguineità
conscien|cia *f* coscienza; consapevolezza; ~**te** *adj med* cosciente; *psic* conscio, consapevole
conscrip|ción *f Arg/mil* coscrizione, arruolamento *m*; ~**to** *adj/s am* coscritto
conse|cución *f* conseguimento *m*; ~**cuencia 1.** *f* conseguenza; coerenza; ri-

sultato *m*; *fig* strascico *m*; *sacar en ~* trarre/cavare la conclusione; **2.** *(conj) a ~ de* in/per conseguenza di; **3.** *(adv) en ~* pertanto; **~cuente 1.** *adj* conseguente; coerente; **2.** *m mat* conseguente; **~cutivo** *adj* consecutivo

conseguir *<12 V. seguir> vt* ottenere, raggiungere, conseguire

consej|a *f* favola, leggenda; **~ero** *adj/s* consigliere; **~o** *m* consiglio, suggerimento; *adm* consiglio, giunta *f*; **~ Superior de Investigaciones Científicas (CSIC)* Consiglio Nazionale delle Ricerche (CNR); **~ de administración* Consiglio d'amministrazione

consen|so *m* consenso; **~sual** *adj* consensuale; **~tido** *adj* consentito; viziato (*niño*); compiacente, condiscendente (*hombre*); **~tidor** *adj/s* consentitore; condiscendente; **~timiento** *m* consenso, consentimento; **~tir** *<10 V. sentir> vt* consentire, approvare, accondiscendere *vi*, permettere; viziare (*niños*)

conserje *m* portiere, portinaio (*finca*); custode; **~ría** *f* portineria

conserv|a *f* conserva; *(mar) navegar en ~* navigare di conserva/in convoglio; **~ación** *f* conservazione; manutenzione; **~ador** *adj/s* conservatore; **~adurismo** *m pol* conservatorismo; **~ar** *vt* conservare; **~atorio** *adj/m* conservatorio; **~ero** *adj* conserviero

consider|able *adj* considerevole, notevole, rispettabile; **~ación 1.** *f* considerazione; stima; rispetto *m*; *ser de ~* essere importante, grande; *tener, tomar en ~* avere, prendere in considerazione; **2.** *(prep) en ~ de que* considerato che; *por ~ a* per rispetto a; **~ado** *adj* considerato; *una persona ~a* una persona rispettosa, educata; **~andos** *mpl ius* motivazioni *fpl*; **~ar** *vt* considerare, stimare, giudicare; trattare con rispetto

consigna *f* 1. *mil* parola d'ordine *m*; 2. deposito bagagli *m*; **~ción** *f tras* consegna; *com* stanziamento *m*; **~dor** *m* speditore; **~r** *vt* consegnare; depositare; *ius* registrare; destinare; **~tario** *com adj/s* consegnatario, spedizioniere; destinatario

consigo *pr* con sé

consiguiente 1. *adj* conseguente; **2** *(conj) por ~* in conseguenza, pertanto

consist|encia *f* consistenza, compattezza; solidità; **~ente** *adj* consistente; **~ir** *vi* consistere (*en* in)

consistori|al *adj eccl* concistoriale; **~o** *m eccl* concistoro; municipio

consola *f* console *fr/inv*, consolle *fr/inv*; **~ción** *f* consolazione; conforto *m*; **~dor 1.** *adj* consolatore; **2.** *m* vibratore (*sexo*); **~r** *<8a consuelo> vt* consolare, confortare

consolid|ación *f* consolidazione, consolidamento *m*; **~ar 1.** *vt* consolidare, stabilizzare; **2.** *~se ius* consolidarsi

consomé *m* consommé *fr/inv*

consonan|cia *f* consonanza; *en ~* in consonanza; **~te** *adj/f* consonante; **~tismo** *m ling* consonantismo

consorcio *m* consorzio

consorte *m/f ius* consorte; coniuge

conspicuo *adj* cospicuo, illustre

conspir|ación *f* cospirazione, congiura, complotto *m*; **~ador** *adj/s* cospiratore, congiurato; **~ar** *vi* cospirare; complottare

const|ancia *f* 1. costanza, perseveranza; 2. certezza, prova; *tener ~ de algo* essere a conoscenza di qc; **~ante 1.** *adj* costante, perseverante; stabile; **2.** *f cient* costante; **~ar** *vi* constare; *consta de* consiste di, è costituito da; *me consta que* so che; *consta en acta* è messo a verbale; **~atación** *f* co(n)statazione; **~atar** *vt* constatare; accertare

constelación *f* costellazione

constern|ación *f* costernazione; **~ar** *vt* costernare, avvilire

constip|ado 1. *adj* raffreddato; **2.** *m* raffreddore; **~arse** raffreddarsi, prendersi il raffreddore

constitu|ción *f* costituzione, struttura; *ius* costituzione; **~cional** *adj* costituzionale; **~ir** *<14 constituyo>* **1.** *vt* costituire, comporre; stabilire; **2.** *~se ius* costituirsi; **~tivo** *adj* costitutivo; **~yente** *adj/m* costituente

constreñ|imiento *m* costringimento; **~ir** *<12 constriño> vt* 1. costringere, obbligare; 2. *med* opprimere, stringere

constric|ción *f* costrizione; *mec* strizione; **~tivo** *adj* costrittivo

constru|cción *f* 1. costruzione; 2. edificio *m*, fabbricato *m*; *sector de la ~* settore edile; **~ctivo** *adj* costruttivo; **~ctor** *adj/s* costruttore, fabbricante, imprenditore; costruttore edile; *empresa ~a* società costruttrice; **~ir** *<14 construyo> vt* costruire, fabbricare

consubstancial *adj* consustanziale; **~idad** *f eccl* consustanzialità

consuegr|o, -a *m/f* consuocero, -a

consuelo *m* consolazione *f*, conforto; gioia *f*; *la Virgen del *~* la Consolata; *mal de muchos ~ de tontos* mal comune mezzo gaudio

consuetudinario *adj* consuetudinario

cónsul *m* console

consul|ado *m* consolato; **~ar** *adj* consolare

consult|a *f* 1. consultazione (*sala*); 2. *med* consultorio (*lugar*) *m*; *med* consulto *m*; visita medica; 3. *tec/adm* consulenza; **~ar** *vt* consultare *~ con la almohada* dormirci su e riflettere; **~ivo** *adj* consultivo; **~or** *adj/s* consultore; *ius/adm m* consulente; **~oría** *f* impresa di consulenza aziendale; **~orio** *m* consultorio; *med* ambulatorio

consum|ación *f* consumazione; **~ado** *adj* consumato; perfetto; *hechos ~s* fatto compiuto; **~ar** *vt* consumare, compiere; *~ el matrimonio* consumare il matrimonio; **~ición** *f* consumazione; consumo *m*, logoramento *m*; *pagar la ~* pagare la consumazione; **~ido** *adj* consumato, logoro; consunto, macilento; **~idor** *adj/s* consumatore; **~ir 1.** *vt* consumare, logorare, sciupare; **2.** *fig. ~se* struggersi, estenuarsi; ~**o** 1. *m* consumo; 2. *mpl* dazio comunale *m*, tributaria *f*

consun|ción *f* consunzione; ~**o: de** ~ *adv* d'accordo; ~**tivo** *adj* consuntivo

conta|bilidad *f* contabilità; ragioneria; ~**bilizar** *<contabilicé>* *vt* contabilizzare, computare; ~**ble 1.** *adj* contabile, numerabile; narrabile; **2.** *m* ragioniere, contabile

contact|ar *vi* prendere contatto, entrare in contatto, contattare; ~**o** *m* contatto

contad|o 1. *adj* contato; raro; *nos vemos en ~as ocasiones* ci vediamo in rare/poche occasioni; **2.** *m com* contante; **3.** *(adv) al* ~ in contanti; *por de* ~ senz'altro; ~**or 1.** *adj/s* contatore; **2.** *m* contabile (*persona*); ~**uría** *f com* ragioneria, contabilità; biglietteria, sportello prenotazioni *m*

contagi|ar *vt* contagiare; ~**o** *m* contagio, infezione *f*; *fig* contaminazione *f*; ~**oso** *adj* contagioso

container *m* container *inv/ingl*

contamin|ación *f* contaminazione, inquinamento *m*; ~**ador** *adj* contaminatore; ~**ar** *vt* contaminare, inquinare; *fig* corrompere

contante *adj* contante

contar *<8a cuento>* **1.** *vt* 1. contare, calcolare; 2. raccontare, narrare; *cuéntaselo a tu abuela* va' a raccontarla altrove; *¿qué cuentas?* che racconti di bello?; **2.** *vi* contare; pensare; *a* ~ *desde hoy* da oggi, dalla data odierna; ~ *con* contare su; *no* ~ *con la huéspeda* non contare con l'oste; *no* ~ *con que* non pensare che

contempl|ación *f* contemplazione; considerazione; ~**ar** *vt* contemplare; considerare; ~**ativo** *adj* contemplativo

contempor|áneo *adj* contemporaneo; coetaneo; ~**ización** *f* temporeggiamento *m*; ~**izador** *adj/s* temporeggiatore; ~**izar** *<contemporicé>* *vi* temporeggiare

conten|ción *f* contenimento *m*; moderazione (*salarial*); *ius* contesa; ~**cioso** *adj ius* contenzioso; ~**diente** *m/f* contendente; ~**edor** *m* contenitore; container *inv*; ~ *de basura* cassonetto; ~**er** *<tengo; tendré; tuve>* **1.** *vt* contenere, comprendere; **2.** ~*se* contenersi, reprimersi; ~**ido 1.** *adj* contenuto, moderato; **2.** *m* contenuto; tasso, tenore

content|adizo *adj* facilmente contentabile; ~**ar 1.** *vt* accontentare, soddisfare; **2.** ~*se* accontentarsi (*con* di); ~**o 1.** *adj* contento, lieto, allegro; *darse por* ~ accontentarsi; *no caber en sí de* ~ non stare in sé dalla gioia; **2.** *m* allegria *f*, gioia *f*, contentezza *f*

conteo *m* conteggio

contera 1. *f* puntale *m*; **2.** *(adv) por* ~ per giunta

contertulio *m* assiduo di un gruppo o riunione

contest|ación 1. *f* risposta; *pol/ius* contestazione; *esperando su* ~ in attesa di una Sua risposta; **2.** *(prep) en* ~ *a* in risposta a; ~**ador:** ~ **telefónico** *m* segreteria telefonica *f*; ~**ar** *vt/vi* **1.** rispondere *vi*; **2.** *vt ius* contestare, impugnare; ~**atario** *adj/s* contestatore

context|o *m* contesto; intreccio; ~**ual** *adj* contestuale; ~**ura** *f* contestura, tessitura

contienda *f* contesa, diverbio *m*, alterco *m*

contigo *pr* con te

contig|üidad *f* contiguità; ~**uo** *adj* contiguo, adiacente

continen|cia *f* continenza; ~**tal** *adj* continentale; ~**te 1.** *adj* contenente; **2.** *m geog* continente; *fig* sembiante; contenitore

contingen|cia *f* contingenza; rischio *m*; ~**tación** *f econ* contingentamento *m*; ~**tar** *vt* contingentare; ~**te 1.** *adj/m* contingente; **2.** *adj* casuale

continu|ación 1. *f* continuazione, proseguimento *m*; **2.** *(adv) a* ~ di seguito; ~**ador** *adj/s* continuatore; ~**ar** *<4 continúo>* *vt/vi* continuare, proseguire; durare *vi*; *continúa lloviendo* continua a piovere; ~**idad** *f* continuità; ~**o 1.** *adj* continuo, ininterrotto; *papel* ~ carta in rotolo; **2.** *(adv) de* ~ di continuo

contone|ar 1. *vt* contornare, sagomare; **2.** ~*se* dimenarsi; sculettare *vi*; dinoccolarsi; ~**o** *m* dimenio; sculettio; andatura dinoccolata *f*

contorno 1. *m* contorno; 2. *mpl* dintorni

contorsi|ón *f* contorsione; ~**onarse** contorcersi; ~**onista** *m/f* contorsionista

contra 1. *prep/adv/m* contro; *en* ~ contro; *el pro y el* ~ il pro e il contro; *darse con la cabeza* ~ *la pared* sbattere la testa contro il muro; **2.** *f* difficoltà; *llevar, hacer la* ~ contraddire, opporsi

contra|acusación *f* contraccusa; ~**almirante** *m mil* contrammiraglio; ~**ataque** *m mil* contrattacco

contra|bajo *m mus* contrabbasso; ~**bandista** *m/f* contrabbandiere, -a; ~**bando** *m* contrabbando

contra|campo *m cine* controcampo; ~**cción** *f* contrazione; ~**cepción** *f med* contraccezione; ~**ceptivo** *adj/m* contraccettivo, anticoncezionale; ~**corriente** *f* controcorrente; *(adv) a* ~ controcorrente; ~**cultura** *f* controcultura; ~**cultural** *adj* controculturale

contráctil *adj* contrattile

contra|cto *adj* contratto; rattrappito; *artículo* ~ preposizione articolata; ~**ctual** *adj* contrattuale; ~**cubierta** *f mar* controcoperta

contra|decir *<24 V. decir>* *vi* contraddire *vi/vt*; ~**dicción** *f* contraddizione; ~**dictorio** *adj* contraddittorio

contraer *<39 V. traer>* **1** *vt* contrarre, stringere; **2.** ~*se* restringersi; contrarsi

contraespionaje *m* controspionaggio

contra|figura *f teatro/cine* controfigura; ~**fuerte** *m* contrafforte; ~**fuerza** *f* controforza; ~**fuga** *f mus* controfuga; ~**golpe** *m* contraccolpo; *sport* contropiede

contra|hecho *adj* contraffatto, spurio; ~**hilo** *m* contraffilo

contraído *adj* contratto, rattrappito

contra|indicación *f med* controindicazione; **~indicar** <*contraindiqué*> *vt med* controindicare

contralto *m/f* contralto

contraluz *f* controluce; *(adv) a ~* in controluce

contra|maestre *m mar* nostromo; capofabbrica

contramano: a ~ *adv* contromano

contra|ofensiva *f* controffensiva; **~oferta** *f com* controfferta; **~orden** *f* contrordine *m*

contrapartida *f com* contropartita

contrapelo: a ~ *adv* a contropelo

contra|peso *m* contrappeso, zavorra *f*; **~pié** *m sport* contropiede; **~placado** *m* compensato (*madera*)

contra|poner <*32* V. *poner*> *vt* contrapporre; **~posición** *f* contrapposizione; **~prestación** *f* controprestazione; **~producente** *adj* controproducente; **~proposición** *f* controproposta; **~proyecto** *m* controprogetto; **~punto** *m mus* contrappunto

contra|ria *f* contrario *m*; *llevar la ~* contraddire; **~riar** *vt* contrariare, dispiacere, irritare; **~riedad** *f* contrarietà, intoppo *m*; antipatia; **~rio 1.** *adj* contrario, opposto; nocivo, sfavorevole; *al, por el, por lo ~* al contrario, all'opposto, invece; *en ~* contro; **2.** *m* avversario

contra|rreforma *f* controriforma; **~rre(e)mbolso** *m/adv* contrassegno; **~rrestar** *vt* opporre, neutralizzare; **~rrevolución** *f* controrivoluzione; **~rrevolucionario** *adj/s* controrivoluzionario

contra|sentido *m* controsenso; **~seña** *f mil* parola d'ordine; contromarca; **~señar** *vt* contrassegnare; **~star 1.** *vi* contrastare; discordare; **2.** *vt tec* tarare; *fig* verificare; **~ste** *m* contrasto, discordanza *f*

contra|ta *f* appalto *m*; contratto *m*; **~tación** *f* contrattazione; commercio *m*; **~tante** *adj/s* contrattante, contrattatore; **~tar** *vt* contrattare; commerciare

contra|tiempo *m* contrattempo; **~tista** *m/f* appaltatore, -trice; imprenditore, -trice

contrato *m* contratto; *~ de compraventa, consensual, de retrovendendo, temporal* contratto di compravendita, consensuale, di retrovendita, a termine/a durata determinata

contratecho *m* controsoffitto

contratorpedero *m mar* cacciatorpediniere

contra|valor *m* controvalore; **~vención** *f* contravvenzione; **~veneno** *m* contravveleno, antidoto; **~venir** <*41* V. *venir*> *vi* contravvenire; **~ventana** *f* controfinestra; **~ventor** *adj/s* contravventore

contrayente 1. *adj/s* contraente; **2.** *mpl* futuri sposi

contribu|ción *f* contribuzione; *ius* contributo *m*, imposta, tassa *f*; concorso *m* (*en algo*); *~ territorial* imposta fondiaria; **~ir** <*14 contribuyo*> *vi* contribuire; **~yente** *m/f* contribuente

contrición *f* contrizione

contrincante *adj/s* contendente, avversario

contristar *vt* contristare, rattristare, affliggere

contrito *adj* contrito, pentito, compunto

control *m* controllo; revisione *f*; *~ presupuestario, visual...* controllo budgetario, visivo...; *~ remoto* controllo remoto, comando a distanza; *~ de natalidad* controllo delle nascite; **~ador** *m* controllore; *~ aéreo* controllore di volo; *bajo ~* sotto controllo; **~ar** *vt* controllare, verificare, ispezionare; controllare, regolare

controversia *f* controversia, disputa

controvert|ible *adj* controvertibile; **~ido** *adj* controverso, discutibile; **~ir** *vi* controvertere, discutere

contubernio *m* contubernio

contum|acia *f* contumacia; **~az** *adj ius* contumace, latitante; ribelle

contundente *adj* contundente; *fig* convincente, schiacciante

contus|ión *f* contusione, ammaccatura; *~ con desgarro* ferita lacero-contusa; **~o** *adj* contuso

convalec|encia *f* convalescenza; **~er** <*13a convalezco*> *vi* essere convalescente; **~iente** *adj/s* convalescente

convalid|ación *f ius* convalida; **~ar** *vt* convalidare, validare

convec|ción *f* convezione; **~tor** *m* convettore

convenc|er <*vencer*> *vt* convincere, persuadere; **~imiento** *m* convincimento, convinzione *f*; *llegar al ~ de que* giungere alla convinzione che; *tener el ~ de que* essere convinto che

convenci|ón *f* convenzione, patto *m*; assemblea, congresso *m*; **~onal** *adj* convenzionale; **~onalismo** *m* convenzionalismo

conveni|encia *f* convenienza; utilità, profitto *m*; **~ente** *adj* conveniente, opportuno, adatto; *com* a buon mercato; **~o** *m* accordo, patto; *com* contratto, convenzione *f*, trattato; *~ marco* accordo quadro; convenzione; *~ colectivo* contratto collettivo; **~r** <*41* V. *venir*> *vi* convenire *vt*, concordare *vt*, pattuire; essere d'accordo; essere opportuno, conveniente

convent|illo *m am* casa operaia con cortile *f*; **~o** *m* convento; **~ual** *adj/s* conventuale

converg|encia *f* convergenza; **~ente** *adj* convergente; **~er, -ir** <*converjo*> *vi* convergere

convers|ación *f* conversazione; *dejar caer en la ~* dire di passaggio; *sacar la ~* metter fuori il discorso; *trabar ~* attaccare discorso; **~ar** *vi* conversare, chiacchierare, parlare; trattare *vi/vt*; **~ión** *f eccl/econ* conversione; trasformazione; **~o 1.** *adj* converso; **2.** *m eccl* convertito

converti|bilidad *f* convertibilità; **~ble 1.** *adj* convertibile, trasformabile; **2.** *adj/m auto* decapottabile; **~dor** *adj/m tec* convertitore; *~ catalítico* marmitta catalitica;

~**r** < *10 convierto; convirtió*> *vt* convertire, trasformare

convex|idad *f* convessità; ~**o** *adj* convesso

convic|ción *f* convinzione, convincimento *m*; convinzione, persuasione; ~**to** *adj* convinto

convid|ado *adj lit* convitato, invitato; commensale; ~**ar** *vt* invitare

convincente *adj* convincente

convite *m* banchetto, *lit* convito

conviv|encia *f* convivenza; ~**ir** *vi* convivere, coabitare

convoc|ación *f* convocazione; ~**ar** <*convoqué*> *vt* convocare, citare; indire (*huelga*); bandire (*oposición*); ~**atoria** *f* convocazione, citazione; bando *m* (*oposición*); *stud* appello d'esami *m*

convoy *m mil* convoglio; scorta *f*; *fam* seguito

convuls|ión *f* convulsione; scossa; ~**ivo** *adj* convulsivo; ~**o** *adj* convulso

conyugal *adj* coniugale

cónyuge *m/f* coniuge

coñ|a *vulg f* burla, beffa; *¿estás de ~?* Vuoi sfottere?; ~**ac** *m* cognac *inv*; ~**azo** *m pop* pizza *f*, mattone (*libro, film*); rottura di scatole/di palle *f*; *(vulg) dar el ~* rompere le palle/le scatole *pop*; ~**o 1.** *m vulg* fica *f*; **2.** *excl/pop ¡~!* cazzo!; *¡Qué ~...!* Che cazzo...!

cooper|ación *f* cooperazione; ~**ador** *adj/s* cooperatore; ~**ar** *vi* cooperare, collaborare, coadiuvare; ~**ativa** *f* cooperativa; ~**ativo** *adj* cooperativo

coordenada *f mat* coordinata

coordin|ación *f* coordinazione; ~**ador** *adj/s* coordinatore; ~**ar** *vt* coordinare

copa *f* 1. *sport* coppa; *~ del Rey* ="coppa Italia"; 2. bicchiere *m*; ciotola; 3. *bot* chioma; 4. *fpl* coppe *(naipes)* ; *irse de ~s* andar a bere qualcosa; *sombrero de ~* cilindro

copa|l *m* copale; ~ *vt fig* conquistare, occupare, prendere; *mil* accerchiare; ~**azo** *m* bicchierone

cope|ar *vi* andare in giro a bere; ~**o** *m* giro di coppe piene; *ir de ~* andare in giro a bere; ~**ro** *m* coppiere; ~**te** 1. ciuffo *m*; 2. cima *f*; *de alto ~* di alta classe; ~**tín** *m am* coctail *inv*; bicchierino di liquore; ~**tudo** *adj* borioso, altezzoso

copia *f* 1. copia, esemplare *m*; 2. *lit* copia, abbondanza; 3. *foto* copia; ~**adora** *f* fotocopiatrice; ~**ar** *vt* copiare, riprodurre, imitare

copiloto *m* copilota

copión *adj/s fam* copione

copioso *adj* copioso, abbondante

copista *m/f* copista, amanuense

copla 1. *f lit/mus* cobbola, cobla; *~ de arte mayor* strofa di 8 versi dodecasillabi; *~ de arte menor* strofa di versi corti intercalati con lunghi; 2. *fpl* versi *mpl*; *~s de ciegos* canzoni di ciechi mendicanti; *andar en ~s* essere sulla bocca di tutti

copl|ero, ~**ista** *m* versaiolo, poetastro

copo *m* fiocco di neve; conocchia *f*, pennecchio; *~s de avena* fiocchi di avena

copón *m eccl* pisside *f*

copra *f bot* copra

copropietario *adj/s* co(m)proprietario

copto *adj/s* copto

copudo *adj* frondoso

cópula *f cient/ling* copula

copulativo *adj* copulativo

coque *m* coc *inv*, coke *inv/ingl*; ~**facción** *f tec* cokificazione

coquet|a *adj/f* civetta (*mujer*); toilette *fr/inv*; ~**ear** *vi* fare la civetta, civettare; ~**eo** *m*, ~**ería** *f* civetteria; ~**ón 1.** *adj* civettuolo, grazioso; **2.** *m* civettone

coquito *m am bot* ="tipo di cocco grande come una prugna"

coracero *m mil* corazziere

coraj|e *m* 1. coraggio, valore; 2. rabbia *f*, collera *f* ; ~**ina** *f* impeto d'ira *m*; ~**udo** *adj* collerico; coraggioso

coral 1. *adj* corale; **2.** *m*. 1. corallo; 2 *f mus* coro *m*; 3. *zool/am* serpente corallo *m*; ~**ífero** *adj* corallifero; ~**ino** *adj* corallino

Corán *m* Corano

coraza *f* corazza

corazón 1. *m* cuore; *fig* centro; amore; *blando de ~* tenero di cuore; *con el ~ en la mano* col cuore in mano; *ojos que no ven ~ que no siente* lontano dagli occhi, lontano dal cuore; *arrancar/partir, encoger, latir el ~* strappare, stringere, battere il cuore; *brincarle /dar un vuelco el ~* sentire un tuffo al cuore; *hacer de tripas ~* tirare avanti; *no tener ~* non aver cuore; *tener el ~ en un puño* sentirsi stringere il cuore; 2. *mpl* cuori (*naipes*)

corazonada *f* presentimento *m*; impulso di generosità *m*

corbat|a *f* cravatta; *mil* nastro *m*, insegna; ~**ín** *m* cravattino

corbeta *f mar* corvetta

Córcega *f geogr* Corsica

corcel *m ant/lit* corsiere; corsiero

corche|a *f mus* croma; ~**ro** *adj* di sughero; ~**te** *m* gancetto; *tip* parentesi quadra *f*

corcho *m bot* sughero; turacciolo; ~**so** *adj* sugheroso

¡córcholis! *excl* caspita!, accidenti!

corcova *f* gobba, gibbosità; ~**do** *adj* gobbo, gibboso

corda|da *f* cordata; ~**je** *m* cordame; ~**l 1.** *m mus* cavigliere; **2.** *adj* di dente del giudizio

cordel *m* spago, cordicella *f*; *(adv) a ~* a rettifilo; ~**ería** *f* corderia; ~**ero** *m* cordaio

corder|a *f* agnella; *fig* donna mansueta; ~**illo** *m* agnellino (e sua pelle); ~**o** *m* agnello; *fig* uomo mansueto; **~ de Dios* Agnello di Dio; *~ lechal* abbacchio *reg*; *aquí está la madre del ~* questo è il nocciolo della questione

cordial 1. *adj* cordiale, affettuoso; **2.** *m* cordiale; *gastr* dolcetto di marzapane; ~**idad** *f* cordialità

cordillera *f* cordigliera

Córdoba 1. *geogr* Cordova; 2. ***** *m* cordova (*moneda*)

cordo|bán *m* cordovano, cuoio marocchino; ~**bés** *adj/s* cordovano, di Cordova

cordón <*pl cordones*> 1. *m* cordone; *eccl*

cingolo; 2. *mpl* stringhe *fpl* (*zapatos*); *mil* cordoni
cordonería *f* passamaneria
cordura *f* senno *m*, buonsenso *m*, prudenza
Core|a *f geogr* Corea*; ~**ano** *adj/s* coreano
core|ografía *f* coreografia; ~**ógrafo, -a** *m/f* coreografo, -a
cori|áceo *adj* coriaceo; ~**feo** *m* corifeo; ~**ndón** *m min* corindone; ~**ntio** *adj* corinzio; ~**sta** *m/f* corista; ~**za** *f* corizza, rinite
cornad|a *f* cornata; ~**ura** *f* cornatura
cornal *m* correggia; ~**ina** *f min* cornalina, corniola
cornamenta *f* corna *fpl*
cornamusa *f mus* cornamusa
córnea *f* cornea
corne|ar *vt* dar cornate *vi*; ~**ja** *f zool* cornacchia; ~**jo** *m bot* corniolo
córne|o *adj* corneo; ~**r** *m ingl* corner *inv*, calcio d'angolo
cornet|a 1. *f mus* cornetta; *(med)* ~ *acústica* cornetto acustico; 2. *m mil* tromba *f/m*, cornetta *f/m*; cornettista *m/f*; ~**ín** *m mus* cornetta minore *f*
cornezuelo *m bot* segale cornuta *f*
corni|ola *f* corniola; ~**sa** *f arch* cornice; ~**veleto** *adj taur* con le corna all'insù
cornu|copia *f* cornucopia (*vaso*); specchiera con candelabri; ~**do** *adj* cornuto; ~ *y apaleado* cornuto e bastonato
cornúpeta *adj/m* (animale) con le corna
coro *m* coro; *(adv) a* ~ a coro; *lit* coro (*viento de N-O*)
coro|grafía *f* corografia; ~**ides** *f med* coroide; ~**la** *f* corolla; ~**lario** *m* corollario
coron|a *f* corona; *ceñir la* ~ cingere la corona; ~**ación** *f* incoronazione; coronamento *m* (*de una obra*); ~**ar** *vt* incoronare, coronare; ~**aria** *f* ruota corona; ~**ario** *adj* coronario
coronel *m mil* colonnello
coronilla *f* chierica; cocuzzolo *m*; *andar/ir/bailar de* ~ diventar pazzo (*dietro qc*); *estar hasta la* ~ averne fin sopra i capelli/la testa
corpachón *m* corpaccione
corpiño *m* corpetto
corp|oración *f* corporazione; ~**oral** *adj/m* corporale; ~**orativismo** *m pol* corporativismo; ~**orativo** *adj* corporativo; ~**oreidad** *f* corporeità; ~**oreizar** <*corporeicé*> *vt* corporizzare; ~**óreo** *adj* corporeo
corpulen|cia *f* corpulenza; ~**to** *adj* corpulento
Corpus (Christi) *m* Corpus Domini
corpuscular *adj* corpuscolare
corpúsculo *m* corpuscolo
corral *m* cortile; aia cintata *f*; recinto per bestiame; *teatro ant/Esp* teatro all'aperto in un patio; *mar* pescaia *f*; *hacer ~es* marinare la scuola
correa *f* cinghia, cintura, nastro *m*; correggia; ~ *de piel* cintura di pelle; *(mec)* ~ *de transmisión* cinghia di trasmissione; *tener* ~ aver pazienza; ~**je** *m* correggiame
correc|ción *f* 1. correzione, emendamento *m*, *tec* rettifica; 2. correttezza; ~**cional** *adj/m* correzionale; ~**tivo** *adj* correttivo; ~**to** *adj* corretto, esatto, preciso; ~**tor** *adj/s* correttore
corred|era *f* scanalatura; *mec* slitta*, cursore *m*; *mar* solcometro *m*; *puertas de* ~ porte scorrevoli; ~**izo** *adj* scorrevole; ~**or** 1. *adj/s sport/zool* corridore; 2. *m arch* corridoio; *com* agente di borsa, mediatore, sensale; rappresentante
correg|ible *adj* correggibile; ~**idor** *m ant* correggitore; *ant* alcalde, podestà; ~**ir** < *12* V. *regir*> *vt* correggere, emendare; riprendere
correhuela *f* correggiola; *bot* centinodio, -a *m/f*
correl|ación *f* correlazione; ~**ativo** *adj* correlativo; ~**igionario** *adj/s* correligionario
correo *m* posta *f*; corrispondenza *f*; corriere, messaggero; *a vuelta de* ~ a giro posta; *tren* ~ treno postale; *apartado de ~s* casella postale; *buzón de ~s* cassetta della posta; *lista de ~s* fermo posta; *oficina de ~s* ufficio postale; *echar al* ~ imbucare
correoso *adj* flessibile; gommoso
correr 1. *vt* correre; ~ *la cortina* tirare la tenda; ~ *la mesa* spostare il tavolo; ~ *la clase* marinare la scuola; *~la* correre la cavallina; 2. *vi* correre; scorrere; trascorrere; percorrere *vt*; spostare *vt*; *a todo* ~ a tutta velocità; *corriendo* di corsa; ~ *peligro* correre pericolo; ~ *con algo* assumerne le spese, occuparsi di qc; ~ *tras alg* inseguire q; *dejar* ~ lasciar correre; 3. *~se* spostarsi; esagerare *vi*; spargersi; spassarsela; *vulg* sborrare *vi*, venire *est vi* (*sexual*)
correría *f* scorreria, scorribanda
correspond|encia *f* corrispondenza; connessione; ~**er** 1. *vi* corrispondere, toccare; contraccambiare, corrispondere; 2. *~se* corrispondersi; ~**ido** *adj* corrisposto; ~**iente** *adj/s* corrispondente, rispettivo; pertinente, *ius* afferente
corresponsal *m/f* corrispondente
corretaje *m* mediazione *f*, senseria *f*; provvigione *f*
corretear *vi* andare a zonzo, girovagare, scorrazzare
correve|idile *m/f* pettegolo, -a; mezzano, -a; ~**rás** *m* ="giocattolo a molla"
corrid|a *f* 1. corsa; *de* ~ tutto di seguito; 2. *taur* corrida; *vulg* lo sborrarsi *m*; ~**o** *adj* corso; spostato; sperimentato, esperto, navigato; *estar* ~ restare umiliato
corriente 1. *f* corrente; ~ *alterna* corrente alternata; *toma de* ~ presa di corrente; *dejarse llevar por la* ~ seguire la corrente; *ir, navegar contra la* ~ andare contro corrente; 2. *adj* usuale, corrente; *al* ~ al corrente; ~ *y moliente* piano e liscio; *...de los ~s* del corrente mese
corrillo *m* crocchio, capannello
corrimiento *m geol* sovrascorrimento, frana *f*; scorrimento
corro *m* crocchio, circolo; *infan* girotondo; recinto; *hacer* ~ fare spazio; *hacer* ~ *aparte* separarsi
corroborar *vt* corroborare; appoggiare, rinforzare
corroer < *35* V. *roer*> *vt* corrodere, consumare

corromper 1. *vt* corrompere, alterare, putrefare; pervertire, viziare; **2.** *~se fig* corrompersi; andare a male *vi*
corroncho *adj am* tardo, lento
corrosi|ón *f* corrosione; *~***vo** *adj/m* corrosivo
corrup|ción *f* corruzione; *~***tela** *f* corruttela; *~***tibilidad** *f* corruttibilità; *cient* decomponibilità; *~***tible** *adj* corrompibile, corruttibile; *~***to** *adj* corrotto; *~***tor** *adj/s* corruttore
corrusco *m* tozzo di pane
cors|ario *adj/m* corsaro; predatore; *~***é** *m* busto; *~***o 1.** *adj/s* corso, della Corsica; **2.** *m mar* corso
corta *f* taglio *m*; *~***césped** *m* tosaerba, tagliaerba *inv*; *~***cigarros** *m/inv* tagliasigari; *~***circuitos** *m/inv* salvavita; *~***cristales** *m/inv* tagliavetri; *~***da** *f am* taglio *m*; *~***dera** *f* tagliaferro *m*; *~***dillo** *m* bicchierino cilindrico; *~***do 1.** *adj* 1. tagliato, interrotto; 2. cagliato (*leche*); 3. *fig* imbarazzato, turbato; *quedarse cortado* rimanere senza parole; **2.** *m* caffè macchiato; *~***dora 1.** *adj* tagliente; **2.** *f* tagliatrice; *agr* trinciatrice; *~***dura** *f* tagliata, ritaglio *m*; taglio *m*, incisione; passo fra montagne *m*; *~***fiambres** *m* affettatrice *f*; *~***frío** *m* scalpello a freddo, tagliaferro; *~***fuego** *m* tagliafuoco; *~***papeles** *m/inv* tagliacarte; *~***pisas** *fpl/fig* difficoltà, limitazioni; *~***plumas** *m/inv* temperino, temperamatite; *~***puros** *m/inv* spuntasigari
cortar 1. *vt* tagliare; interrompere; alzare (*naipes*); separare; ritagliare; *fig* mettere in imbarazzo; *mil* tagliar fuori; *(pop) ~ el bacalao* comandare; *~ las alas* tarpare le ali; *~ por lo sano* troncare alla radice; **2.** *vi* essere tagliente; **3.** *(fig) ~se* impappinarsi, confondersi; screpolarsi; *~se la comunicación* cadere la linea; *~se la leche* cagliarsi il latte; *(pop) no te cortes* non essere timido/non aver paura; *(pop) no se corta un pelo* non ha nessuna vergogna/paura
cortaviento *m mil/mar* tagliavento; *mec* paravento
corte *m* 1. taglio, filo (*cuchillo*); 2. taglio, ferita *f*; *dar ~* mettere in imbarazzo; 3. taglio, fattura *f* (*traje*); 4. interruzione *f*; *dar un ~* dare una risposta secca; *~ de mangas* ="gesto volgare di rifiuto con derisione"; *(gastr) ~ redondo* lacerto, girello; 5. *f* corte; *hacer la ~* fare la corte; 6. *ius* corte; *las *~s* il Parlamento; *am* Tribunale Supremo; **~ de cuentas* Corte dei Conti; *~***dad** *f* brevità, *lit* cortezza; scarsezza d'ingegno
cortej|ar *vt* corteggiare; *~***o** *m* 1. corteggiamento, corte *f*; 2. corteo, seguito
cortés *adj* gentile, cortese
cortes|ano *adj/s* cortigiano; *~***ía** *f* gentilezza, cortesia
corteza *f* corteccia (*bot, pan*); buccia (*fruta*); scorza (*queso*); crosta (*geogr, pan*); *~ terrestre* crosta terrestre
corti|cal *adj* corticale; *~***jo** *m And* podere, cascina *f*, fattoria *f*
cortin|a *f* tenda; *fig* cortina; *~ de humo, de niebla* cortina di fumo, di nebbia; *¡corramos una ~!* lasciamo stare/perdere!; *~***aje** *m* cortinaggio
cortisona *f* cortisone *m*
corto *adj* corto, breve, scarso; *a ~ plazo* a breve scadenza; *a la ~a o a la larga* prima o poi; *~ de alcances, de vista* corto di mente, di vista; *de ~* di corto; *quedarse ~* mancare ancora; non averne a sufficienza
corto|circuito *m elec* cortocircuito; *~***metraje** *m cine* cortometraggio; *cine* promo, prossimamente
cortón *m zool* grillotalpa
corv|a *f med* poplite *m*; *~***o 1.** *adj* curvo, arcuato; **2.** *m zool* corvo, corvina *f*
corzo *m zool* capriolo
cosa *f* cosa; *a ~ hecha* a fatto compiuto; *~ de* circa; *~ de guasa, de risa* roba da ridere; *no ser ~ del otro jueves/del otro mundo* non essere un granché; *como quien no quiere la ~* senza volerlo; *como si tal ~* come niente fosse; *(excl) ¡habrá ~ igual!* sará possibile?; *¡vaya una cosa!* (Che) bella cosa!; *~s de comer, de beber* cose da mangiare, da bere; *meter ~s en la cabeza a alg* riempire la testa a q; *poner las ~s en su punto* mettere i puntini sulle i; *ser ~ de ver* essere una cosa da vedere; *no ser la ~ para menos* non essere da meno; *salir bien las ~s* andare, riuscire bene le cose
cosaco *adj/m* cosacco
coscoja *f bot* leccio *m*; foglia secca
coscorrón *m* picchiata in testa *f*
cosech|a *f agr* raccolta, raccolto *m*; mietitura; *de su ~* farina del suo sacco; *~***adora** *f* raccoglitrice, mietitrebbia, mietitrebbiatrice; *~***ar** *vt* far la raccolta; mietere; *~***ero** *m* proprietario agricolo
cosedora *f* cucitrice
coseno *m mat* coseno
coser *vt* cucire; *máquina de ~* macchina da cucire; *ser (algo) ~ y cantar* essere (qc) molto facile
cosido 1. *adj/m* cucito; **2.** *adj/fig* attaccato
cosificar <*cosifiqué*> *vt* oggettivare
cosmétic|a *f* cosmetica; *~***o** *adj/m* cosmetico
cósmico *adj* cosmico
cosmo|grafía *f* cosmografia; *~***logía** *f* cosmologia; *~***nauta** *m/f* cosmonauta; *~***nave** *f* cosmonave, astronave
cosmópolis *f* cosmopoli
cosmo|polita *adj/s* cosmopolita; *~***s** *m* cosmo; *~***visión** *f* cosmovisione
coso *m* piazza *f*; *reg* corso
cosque *m* V. **coscorrón**
cosquill|as *fpl* solletico *m*; *buscarle (a alg) las ~* stuzzicare, provocare (q); *hacer ~s* fare il solletico; *~***ear** *vt* solleticare, fare il solletico *vi*; *~***eo** *m* formicolio; solleticamento; *~***oso** *adj* permaloso
costa *f* 1. *geogr* costa; 2. costo *m*; *a toda ~* a ogni costo; *a ~ de* a costo di; *condenar en ~s* condannare alle spese; *~***do** *m* lato, fianco; *noble por los cuatro ~s* di gran nobiltà; *por los cuatro ~s* da ambo le parti
costal *m* sacco grande; *ser harina de otro ~* essere farina di un altro sacco; *~***ero** *m reg* facchino

costar <*8a cuesto*> *vt* costare; *cueste lo que cueste* a qualsiasi costo

costarricense *adj/s* costaricense

coste *m* costo, spesa *f*, importo; ~ *de la vida* carovita, costo della vita; ~**ar** *vt* pagare, spesare; *geogr* costeggiare; ~**ño** *adj/s* costiero; ~**ro 1.** *adj* costiero; **2.** *m arch* muro laterale

costilla *f med* costola; *tec/cient* costa; *fig* moglie; *fig* spalla; *arch* costolone *m*; *(fig) medir, moler las ~s* rompere le costole

costo *m* costo, spesa *f*, importo; ~ *de la vida* carovita; ~**so** *adj* costoso, gravoso

costr|a *f* crosta; *tec* incrostazione, crosta; ~**ada** *f* crostata; ~**oso** *adj* crostoso

costumbr|e *f* prassi, abitudine, costume *m*, consuetudine, uso *m*, usanza; *de* ~ di solito/d'uso; *fuerza de la* ~ forza dell'abitudine; *(lit) novela de* ~ romanzo ritrattistico; ~**ismo** *m lit* letteratura ritrattistica *f*; ~**ista** *adj/s* ritrattista

costur|a *f* cucitura; cucito *m*; *(fig) sentar las ~s a alg* spianare le costure a q; ~**ar** *vt am* cucire; ~**era** *f* sartina; ~**ero** *m* cestino o mobile da lavoro

cota *f* 1. quota; 2. *mil* cotta (di maglia, d'arme); ~**na** *f tec* incastro *m*; scalpello *m* (*instrumento*)

cotangente *f mat* cotangente

cotarro *m ant* ="albergo per vagabondi e pellegrini"; *(fig) alborotar el* ~ stuzzicare il vespaio; *ser el amo del* ~ / *dirigir el* ~ esserne il caporione/il capoccia

cotej|ar *vt* confrontare, comparare; *tec* collazionare; ~**o** *m* confronto, raffronto, comparazione *f*; *tec* collazione *f*

coterráneo *adj/s* conterraneo

cotidiano *adj* quotidiano

cotiledón *m bot* cotiledone

cotill|a 1. *adj/s* pettegolo; **2.** *m ant* busto; ~**ear** *vi* pettegolare; ~**eo** *m* pettegolezzo; ~**ero** *adj/s* pettegolo

cotiz|able *adj* quotabile; ~**ación** *f econ* quotazione; *adm* contributo *m*; *~ones de la Seguridad Social* contributi della Previdenza sociale; ~**ador** *m* estimatore; ~**ar** *econ* **1.** *vt* pagare (i contributi della Previdenza sociale); **2.** *~se* quotare *vt*; *art* farsi pagare molto

coto *m* 1. terreno delimitato; 2. riserva di caccia o pesca *f*; 3. *adm* quota *f*; *fig* limite; *poner* ~ metter freno; 4. *com* convenzione *f*; 5. *am* gozzo

cotorr|a *f zool* parrocchetto *m*; *zool* gazza ladra; *fig* chiacchierone, -a; ~**ear** *vi* chiacchierare, pettegolare; ~**eo** *m* chiacchierio; ~**era** *f zool* pappagallo femmina *m*; *fig* chiacchierone, -a

cotufa *f* leccornia; *pedir ~s (en el golfo)* voler cavar sangue da una rapa, chiedere l'impossibile

coturno *m* coturno; *de alto* ~ di alto ceto

covach|a *f* covile *m*, covo *m*; ~**uela** *f* bugigattolo *m*; botteguccia

cox|al *adj cient* dell'anca; *hueso* ~ osso iliaco; ~**is** *f* coccige *m*

coy *m mar* branda *f*; ~**ote** *m zool am* coyote; *fig* sciacallo, guida per immigranti clandestini (*Méx-USA*)

coyunda *f* correggia; *fig* sommissione; *fig* legame matrimoniale *m*

coyuntura *f* giuntura, articolazione; *econ* congiuntura; *hablar por las ~s* parlare troppo; ~**l** *adj* congiunturale

coz <*coces*> *f* calcio *m*, pedata; rinculo *m* (*agua-arma*); *tratar a ~s* trattare a calci

crabrón *m zool* calabrone

crac *m econ* crac *inv*, fallimento, crack *inv*; crack *inv* (*droga*)

cracking *m ingl/tec* cracking *inv*

cráneo *m* cranio; *ir de* ~ impazzire

crápula 1. *m* crapulone; 2. *f* crapula, libertinaggio *m*

crascitar *vi* gracchiare

craso *adj lit* grasso; crasso, madornale; ~ *error* errore madornale

cráter *m* cratere

crawl *m ingl/sport* stile libero, crawl *inv*

crea|ción *f* creazione, creato *m*; fondazione; ~**cionismo** *m* creazionismo; ~**dor** *adj/s* creatore; *El* *~ Dio, il Creatore; ~**r** *vt* creare, inventare, fondare, generare; ~**tividad** *f* creatività; ~**tivo** *adj* creativo

crece|pelo *m* lozione anticalvizie *f*; ~**r** <*13a crezco*> *vi* crescere, aumentare

creces *mpl* aumento *m*; vantaggio *m*; giunta *f*; *con* ~ più del dovuto

creci|da *f* piena, crescita (*río*); aumento *m*; ~**do 1.** *adj* cresciuto; grande; **2.** *m tec* aumento; ~**ente 1.** *adj* crescente; **2.** *f* 1. lievito *m*; 2. piena (*río*); 3. *m* falce di luna *f*; ~**miento** *m* crescita *f*; cresciuta *f*; aumento, incremento; ~ *demográfico* incremento demografico

credencia *f* mensola; credenza

credencial *adj/f* credenziale; *cartas ~es* lettere credenziali

credibilidad *f* credibilità

crediticio *adj* creditizio

crédito *m* credito; *cine* titolo di testa o di coda; *(stud) ~s* credits; ~ *a bajo interés* credito agevolato; *dar a* ~ dare a credito; *dar ~ (a alg)* dare credito (a q); *digno de* ~ degno di credito

credo *m* credo; *en un* ~ in un credo

credulidad *f* credulità

crédulo *adj* credulo

creeder|as: **tener buenas/malas** ~ essere/non essere credulone; ~**o** *adj* credibile

creencia *f* credenza, fede; religione

creer <*21 creyó*> **1.** *vt/vi* credere; *en Dios* credere in Dio; **2.** *vt* pensare, opinare, supporre; *dar en* ~ cominciare a credere; *¡ya lo creo!* certamente!; ci credo bene!; **3.** *~se* credere *vi*; *¿qué se cree/te crees...?* Chi crede/credi d'essere?; *¡qué te crees tú /se cree usted eso)!* Ma fammi/mi faccia il favore!

creí|ble *adj* credibile; ~**do** *adj/s* presuntuoso

crema *f* crema; panna; *fig* fior fiore *m*, crema; ~ *pastelera* crema pasticciera; ~**ción** *f* cremazione; ~**llera** *f* cerniera lampo; *tras* cremagliera; ~**tística** *f econ* crematistica; ~**torio** *adj/m* crematorio

crémor *m chim* cremore

crencha *f* scriminatura, divisa

crepé *m* crêpe, crespo

crêpe *f gastr* crêpe *fr/inv*

crep|itación *f* crepitazione, crepito *m*; crepitio *m*, scoppiettio *m* (*fuego*); **~itar** *vi* crepitare; scoppiettare (*fuego*)

crep|uscular *adj* crepuscolare; **~úsculo** *m* crepuscolo

cres|a *f* uovo d'ape *m*; larva; **~o** *m* creso

cresp|o *adj* crespo, increspato, arricciato; *fig* irritato; **~ón** *m* crespo

crest|a *f* cresta; ciuffo *m*; *alzar la ~* alzare la cresta; *dar (a alg) en la ~* far abbassare la cresta (a q); **~ería** *f arch* cresta; *arch* merlatura

cret|a *f* creta; **~áceo** *adj* cretaceo; **~ense** *adj/s* cretese; **~ino** *adj/s* cretino

creyente *adj/s* credente

cría *f* 1. allevamento *m*; 2. lattante *m*; 3. bambina; 4. *zool* cucciolo *m*

criad|a *f* cameriera, domestica; **~ero** *m* vivaio; *min* giacimento; **~illa** *f zool/gastr* ="testicolo di animale" macellato *m*; *bot* tartufo *m*; *bot* patatina; **~o 1.** *m* cameriere, domestico; **2.** *adj* allevato, educato; **~or 1.** *adj/s* allevatore; creatore; **2.** *m* Creatore, Dio

crianza *f* 1. allattamento *m*; 2. allevamento *m*; 3. creanza, educazione

criar <*2 crío*> **1.** *vt* 1. produrre, generare; 2. allevare; 3. allattare; 4. istruire, educare; *Dios los cría y ellos se juntan* Dio li fa e poi li accoppia; **2.** *~se* crescere *vi*

criatura *f* creatura; *¡~!* povera creatura!; *no seas ~* non fare il bambino

criba *f* crivello *m*, vaglio *m*; **~do 1.** *adj* vagliato; **2.** *m* vagliatura *f*; cernita *f*; mondatura *f*; **~r** *vt* vagliare; cernere

crim|en *m* crimine, delitto; **~inal** *adj/s* criminale, delinquente; **~inalidad** *f* criminalità; **~inalista** *adj/s* criminalista, penalista

crin *f* crine *m*; **~olina** *f* crinolina

crío *m* bambino

criollo *adj/s* creolo; nativo, vernacolo

cript|a *f* cripta; **~ógamo** *adj bot* crittogamo; **~ón** *m chim* cripton

criquet *m* cricket *ingl/inv*

cris|álida *f* crisalide; **~antemo** *m bot* crisantemo; **~is** *f/inv* crisi; **~ma** 1. *m/f eccl* crisma *m*; 2. *f fig* testa; *romper la ~ (a alg)* rompere la testa (*a q*); **~món** *m* crisma; **~ol** *m* crogiolo

crisp|ación *f* irritazione, irritamento *m*; **~ar 1.** *vt* contrarre, raggrinzare; esasperare; *~ los nervios* irritare, far venire i nervi; **2.** *~se* irritarsi; contrarsi

cristal *m* cristallo; vetro; *limpiar los ~es* pulire i vetri; *todo depende del color del cristal con que se mire* tutto dipende da come si vede; **~era** *f* cristalliera; **~ería** *f* cristalleria; **~ero** *m* vetraio; **~ino 1.** *adj* cristallino, puro, limpido; **2.** *m med* cristallino; **~izable** *adj* cristalizzabile; **~ización** *f* cristallizzazione; **~izar** <*cristalicé*> *vt* 1. cristallizzare; 2. lucidare a piombo (*suelo*)

cristian|dad *f* cristianità; **~ismo** *m* cristianesimo; cristianità *f*; **~ización** *f* cristianizzazione; **~izar** <*cristianicé*> *vt* cristianizzare; **~o** *adj/s* cristiano; *~ nuevo, viejo* cristiano convertito, d'antica stirpe; *hablar en ~* parlare spagnolo; in modo cristiano

Cristo *m* Cristo; crocifisso; *armarse la de Dios es ~* nascere un putiferio; *donde ~ perdió el gorro/dio las tres voces* in capo al mondo; *sentar como a un ~ un par de pistolas* stare malissimo

criterio *m* criterio, giudizio

crítica *f* critica

critic|able *adj* criticabile; **~ar** <*critiqué*> *vt* criticare; giudicare; **~ismo** *m* criticismo

crítico *adj/m* critico

criticón *adj/s* criticone

Croacia *f* Croazia

croar *vi* gracidare

croata *adj/s* croato

crocante *adj/m gastr* croccante

crol *m sport* V. **crawl**

crom|ar *vt* cromare; **~ático** *adj* cromatico; **~o** *m* cromo; *infan* figurina *f*; *estar hecho un ~* essere troppo truccato; essere molto aggiustato; **~osoma** *m* cromosoma; **~otipia** *f* cromotipia

crónic|a *f* cronaca; **~o** *adj* cronico

cron|ista *m/f* cronista; **~ología** *f* cronologia; **~ológico** *adj* cronologico; **~ometrar** *vt* cronometrare; **~ómetro** *m* cronometro; **~ótopo** *m* cronotopo

croqueta *f* polpetta, crocchetta

croquis *m* schizzo, abbozzo; studio

cross *m sport* cross

crótalo 1. *m zool* crotalo, serpente a sonagli; 2. *mpl mus* nacchere *fpl*

cruc|e *m* incrocio; **~ero** *m mar* crociera *f* (*viaje*); *mar* incrociatore; *tec* traversa *f*; *velocidad de ~* velocità di crociera; **~eta** *f mar* crocetta; incrociatura (*bordado*)

cruc|ial *adj* cruciale; fatto a croce; **~ífero** *adj/s bot* crocifero; **~ificado** *adj* crocifisso; **~ificar** <*crucifiqué*> *vt* crocifiggere; **~ifijo** *m* crocifisso; **~ifixión** *f* crocifissione; **~iforme** *adj* crociforme; **~igrama** *m* cruciverba; **~igramista** *m/f* cruciverbista

crud|a *f Mex* sbornia; **~elísimo** *adj* crudelissimo; **~eza** *f* crudezza; asprezza, rudezza; **~o 1.** *adj* crudo; crudo, crudele; *meteo* rigido; **2.** *m* grezzo, crudo (*petróleo*)

cruel *adj* crudele, spietato; atroce, forte; **~dad** *f* crudeltà, malvagità

cruento *adj* cruento, sanguinoso

cruj|ía *f arch* intercapedine; *mar* ringhiera; *pasar ~* soffrire la pena delle verghe; **~ido** *m* scricchiolio, scoppiettio; fruscio (*tela*); **~iente** *adj* scricchiolante; *gastr* rosticcioso, croccante; **~ir** *vi* scricchiolare, scoppiettare; frusciare

crup *m med* crup, difterite *f*; **~ier** *m* croupier *fr/inv*

crural *adj med* crurale

crustáceo *adj/s* crostaceo

cruz <*pl cruces*> *f* croce; *fig* croce, tormento *m*; *cara o ~* testa o croce; *(fig) ~ y raya* punto e basta; *hacerse ~es* farsi il segno della croce/restare sbigottito; **~ada** *f* crociata; campagna; **~ado 1.** *adj* incrociato, attraversato; **2.** *m* crociato; **~ar** <*crucé*> **1.** *vt* 1. *zool/bot* incrociare; 2. attraversare, percorrere; **2.** *~se* incontrarsi, incrociarsi

cuaco *m Mex* cavallo

cuadern|illo *m* quinterno; ~**o** *m* quaderno; registro, libro

cuadr|a *f* 1. stalla; 2. scuderia; ~**adillo** *m* quadrello, righello; ~**ado 1.** *adj/m* quadrato; *al ~* al quadrato; **2.** *adj/fig* perfetto; *cabeza ~a* testa quadra; ~**agenario** *adj* quadragenario; ~**agesimal** *adj* quadragesimale, quaresimale; ~**angular** *adj* quadrangolare; ~**ángulo** *m* quadrangolo; ~**ante** *m* quadrante; ~**ar 1.** *vt* quadrare, squadrare; **2.** *vi* quadrare, coincidere, convincere; **3.** *~se mil* mettersi sull'attenti; irrigidirsi, far resistenza *vi*; ~**atura** *f* quadratura

cuadr|ícula *f* quadrettatura; ~**iculado** *adj/m* quadrettato; reticolato; ~**icular 1.** *adj* quadrettato, reticolare; **2.** *vt* quadrettare, reticolare; ~**ienal** *adj* quadriennale; ~**ienio** *m* quadriennio; ~**ifonía** *f* quadrifonia; ~**iga** *f* quadriga; ~**ilátero** *adj/m* quadrilatero; ~**illa** *f* squadriglia; *(desp) en ~* in gruppo; ~**ivio** *m* quadrivio

cuadro *m* 1. quadro, quadrato; *~ clínico* quadro clinico; *~ de distribución* quadro di distribuzione; *~ de mando* pannello dei comandi; *en ~* in quadro; *estar en ~* restare in pochi; *a ~s* a quadri; *(teatro) un acto y cuatro ~s* un atto e quattro quadri; 2. *pitt* quadro; 3. telaio; cornice *f*

cuadrúpedo *adj/m* quadrupede

cuádrupl|e, ~o *adj* quadruplo

cuadruplicar <*cuadrupliqué*> *vt* quadruplicare

cuaima *f Ven* ="serpente velenoso" *m*; *fig* scaltro

cuaja|da *f* cagliata, caglio *m*; ~**do** *adj* cagliato, quagliato, rappreso; ~**dura** *f* cagliatura; ~**leche** *m* caglio; ~**r 1.** *vt* cagliare, quagliare, coagulare; **2.** *vi (a. fig)* quagliare, coagularsi; ~**rón** *m* grumo, coagulo

cuajo *m* caglio, presame; *zool* abomaso; *fig* flemma *f*; *de ~* dalla radice

cual <*pl cuales* quali> **1.** *adj/pr* quale, qual; *sin, con, por el/la ~* senza, con, per il/la quale; *a/de los, las ~es* ai, dei, dai quali, alle, delle, dalle quali; *por lo ~* per cui, per la qual cosa; *cada ~ tiene sus problemas* ognuno ha i suoi problemi; *son a ~ más embustero* sono uno più furbo dell'altro; *tal ~* tale e quale; **2.** *adv* come, quale

cuál <*pl cuáles* quali> *adj/pr* quale; *no sé de cuál libro hablas* non so di quale libro parli

cuali|dad *f* qualità; requisito *m*; dote, pregio *m*; ~**tativo** *adj* qualitativo

cualquier, ~a *adj* qualunque, qualsiasi; *pr* chiunque; *a ~er hora del día* a qualsiasi/qualunque ora del giorno; *un libro ~a* un libro qualsiasi; *¡~a le dice nada!* E chi ha il coraggio di dirgli qualcosa!; *¡~a lo diría!* Chi lo direbbe!; *(desp) un, una ~a* uno, una qualunque

cuan, cuán V. **cuanto**

cuando 1. *adv* quando; **2.** *conj* se, poiché; anche se; *eso me pasó ~ niño* questo mi accadde da bambino; *~ tú lo dices...* se tu lo dici; *aun ~ lo supiese* anche se lo sapessi; *~ más, tardará cinco días* tutt'al più tarderà cinque giorni; *~ menos, le habrá costado medio millón* Gli/le sarà costato almeno mezzo milione; *de ~ en ~* di quando in quando; *~ quieras* quando vuoi

cuándo *adv/m* quando; *¿De ~ acá...?* Da quando in qua...?; *el cómo y el ~* il come e il quando

cuantía *f* quantità, valore *m*

cuántico *adj* quantistico

cuanti|oso *adj* grande, abbondante; ~**dad** *f mat* quantità; ~**ficación** *f* quantificazione; ~**ficador** *m* quantificatore; ~**ficar** <*cuantifiqué*> *vt* quantificare; ~**tativo** *adj* quantitativo

cuanto 1. *adj/adv/prep* quanto; *~ (a, que)* in quanto (*a, che*); *tanto...~ ...* tanto... quanto...; *~ antes* al più presto; *~ más* tanto più; *te llamaré en ~ llegue* ti chiamerò appena arriverò (sarò arrivato); *unos ~s* alcuni; *vale ~ pesa* vale quanto pesa; **2.** *pr/pl* tutti coloro che, tutti quelli che; tutti i, tutte le; quanto; **3.** *m fis* quanto

cuánto *adj/pr/adv* quanto; *¡Cuánta gente!* quanta gente; *¡cuán difícil es contentar a todos!* Come/quanto è difficile accontentare tutti!; *¿a cuántos estamos?* Quanti ne abbiamo oggi?

cuáquero *adj/s* quacchero, quacquero

cuarcita *f geol* quarzite

cuarent|a *adj/m card* quaranta; *ord* quarantesimo; *cantar (a alg) las ~* dirne quattro (a q); ~**ena** *f* quarantina; quaresima; quarantena; *poner en ~* mettere in quarantena; ~**ón** *adj/s desp* quarantenne *est*

cuaresma *f* quaresima; ~**l** *adj* quaresimale

cuarta *f mat* quarto *m*; *mus/mar/auto* quarta; *ius* quarta parte; ~**na** *f med* quartana

cuartear 1. *vt* 1. dividere in quattro parti; 2. *taur* fare lo scarto; 3. fare zig-zag; **2.** *~se* screpolarsi, fendersi

cuartel *m mil* caserma *f*; quartiere; *no dar ~* non concedere tregua; *sin ~* senza un attimo di tregua; *mil* (non) dare quartiere; ~**ada** *f*, ~**azo** *m* ammutinamento *m*; ~**ero,** ~**esco** *adj* da caserma, soldatesco

cuarteo *m* crepa *f*; *taur* scarto

cuarterón *m* 1. *am* ="di meticcio spagnolo e meticcio indiano"; 2. ="meticcio di bianco e mulatto"; 3. pannello; 4. imposta *f*

cuartet|a *f lit/mus* quartina; ~**o** *m mus/lit* quartetto

cuartill|a *f* mezzo foglio *m*; *tip* cartella; ~**o** *m* ="0,504 litri di latte"; ="1,156 litri di aridi"

cuarto 1. *adj/m mat* quarto; **2.** *m* 1. stanza *f*, camera *f*, abitazione *f*; *~ de aseo, de dormir, de costura, de estar* bagno di servizio, stanza da letto, stanza da lavoro, soggiorno; *~ de banderas* sala delle bandiere; 2. *mpl* quattrini, denaro *m*, soldi; *un ~* un soldo; *de tres al ~* da niente; *tener cuatro ~s* avere quattro soldi

cuartucho *m desp* bugigattolo, stanzuccia *f*

cuarzo *m* quarzo; *reloj de ~* orologio al quarzo

cuasi V. **casi**
cuasi|contrato *m ius* quasi contratto; **~delito** *m ius* quasi delitto; **~modo** *m* quasimodo, domenica in Albis *f*
cuate *adj Mex* gemello; *Mex* compagno
cuaternario *adj/m* quaternario
cuatrero *m* ladro di bestiame
cuatri|llizo *m* gemello di parto quadrigemino; **~llo** *m* quadrigliati *mpl*; **~partita** *f* quadripartizione; **~mestre** *m* quadrimestre; **~mestral** *adj* quadrimestrale; **~motor** *m aer* quadrimotore; **~sílabo** *adj/m* quadrisillabo
cuatro 1. *adj/m card* quattro; *ord* quarto; *el ~ de oros* il quattro di danari; **2.** *mus* composizione a quattro voci *f*; **~cientos** *adj/m* quattrocento
Cuba *f geogr* Cuba
cuba *f* botte; *metal* tino *m*; *estar como una ~* essere ubriaco fradicio; *~ de fermentación* tino di fermentazione; **~libre** *m* cubalibre; **~no** *adj/s* cubano; **~ta** *m Esp/pop* cubalibre
cube|ro *m* bottaio; *a ojo de buen ~* ad occhio e croce; **~rtería** *f* posate *fpl*; **~ta** *f* vaschetta, piletta
cubic|ación *f mat* cubatura; **~ar** <*cubiqué*> *vt mat* elevare al cubo
cúbico *adj* cubico
cubículo *m* cubicolo
cubiert|a *f* coperta; *tip* copertina; *auto* copertone *m*; *arch* copertura; *mar* coperta; **~o 1.** *adj* coperto; **2.** *econ* copertura *f*; *m* posata *f*; coperto; *(ponerse) a ~* (mettersi) al coperto
cubil *m* covo, tana *f*, covile; **~ete** *m* bussolotto; **~ote** *m metal* cubilotto
cubis|mo *m* cubismo; **~ta** *adj/s* cubista
cúbito *adj med* cubito
cubito *m gastr* dado da brodo; cubetto
cubo *m mat* cubo; secchio; *~ de la basura* pattumiera; *al ~* al cubo
cubre|cadena *m* copricatena; **~cama** *m* copriletto; **~corsé** *m* copribusto; **~fuego** *m* coprifuoco; **~juntas** *m mec* coprigiunto; **~mantel** *m* coprimacchia; *eccl* copritovaglia; **~nuca** *m mil* coprinuca
cubrir 1. *vt* coprire; occultare, nascondere; *mil* coprire; **2.** *~se* coprirsi
cuca|monas *fpl* moine; **~ña** *f* cuccagna; **~ñero** *adj/s* scroccone, scroccatore; **~racha** *f zool* scarafaggio *m*; *mus* cucaracha; **~rda** *f* coccarda
cuchar|a *f* cucchiaio *m*; *tec* cucchiaia; **~ada** *f* cucchiaiata; **~adita** *f* cucchiaino *m*; **~ero** *m* fabbricante di cucchiai; **~illa, ~ita** *f* cucchiaino *m*; **~ón** *m* cucchiaione
cuché: papel ~ *adj* carta satinata
cuchi|chear *vi* bisbigliare; **~cheo** *m* bisbiglio
cuchi|lla *f* 1. lama; 2. mannaia, scure; *~ de afeitar* lametta da barba; **~llada** *f* coltellata; taglio *m*; **~llería** *f* coltelleria; **~llero** *m tec* staffa *f*, ghiera *f*; coltellinaio (*persona*); *fig* attaccabrighe; **~llo** *m* coltello
cuchi|panda *f* baldoria; **~tril** *m* porcile; *fig* bugigattolo
cuchufleta *f* facezia
cuclill|as: en ~ *adv estar en ~* stare coccoloni; **~o** *m zool* cuculo
cuco 1. *adj* lindo, grazioso; furbacchione; **2.** *m zool* cuculo; *zool* bruco
cucú *m* cucù; **~rbita** *f bot/chim* cucurbita
cucurbitáce|o, -a *adj/f bot* cucurbitaceo, -a
cucurucho *m* 1. cartoccio; cono (*helado*); 2. mitra *f*
cuelga *f* penzolo *m*
cuello *m med/fig* collo; colletto; *con la soga al ~* con la corda al collo; *~ de pajarita* colletto a punte piegate; *~ cisne* collo dolce vita; *~ de pico* scollo a punta; *coger por el ~* prendere per il collo; *salirse/escaparse por el ~ de la camisa* essere una stecca
cuenc|a *f* 1. orbita (*ojos*); 2. bacino *m*, conca; **~o** *m* 1. catino (*lavar*); 2. ciotola *f* (*comer*); 3. conca *f*
cuenta *f adm* conto *m*; *mat* calcolo *m*, computo *m*; *~ corriente* conto corrente; *~ al revés* conteggio alla rovescia; *de ~* d'importanza; *en resumidas ~s* insomma; *por su ~ y riesgo* a suo rischio e pericolo; *pájaro de ~* brutto tipo, tipo pericoloso; *ajustar ~s* regolare, fare i conti; *caer en la ~* rendersi conto; *cargar en ~* mettere in/sul conto; *dar ~* dare, render conto; *dar la ~* dare il conto; *echar la ~* fare il calcolo; *echar ~s* fare i conti; *entrar en las ~s de alg* entrare nei calcoli di q; *estar fuera, salir de ~* aver compiuto (i nove mesi); *poner en la ~* mettere a carico; *a tener en ~* da tener da conto
cuenta|correntista *m/f com* correntista; **~gotas** *m/inv* contagocce; **~kilómetros, ~quilómetros** *m/inv* contachilometri; **~pasos** *m/inv* contapassi, pedometro; **~rrevoluciones** *m/inv* contagiri
cuentista *m/f* novelliere, -a; *fig* ballista
cuento *m* racconto, fiaba *f*, storia *f*, novella *f*; *fig* frottola *f*, balla *f*; pettegolezzo; *~ de viejas* fiaba; *el ~ de la lechera* un'illusione; *el ~ de nunca acabar* una storia che non finisce mai; *dejarse de ~s* andare al fondo della questione/venire al sodo; sbrigarsi; *no querer ~s con alg* non voler storie con q; *tener mucho ~* avere molte storie; *traer a ~* tirare in ballo; *no venir a ~* non venire al caso; *venir con ~s* venire con storie; *vivir del cuento* vivere di espedienti
cuerda *f* corda, fune; *bajo ~* di nascosto; *~ floja* corda dei funamboli; *mus/med/sport/tec* corda; *~s vocales* corde vocali; *aflojar, apretar la ~* mollare, stringere la corda; *dar ~ a alg* dar corda a q; *dar ~ al reloj* dar corda all'orologio/caricare l'orologio; *estar en la ~ floja* stare sulla corda; *tocar la ~ sensible* toccare la corda sensibile
cuerdo *adj* saggio, assennato
cuern|a *f zool* corna *fpl*; bicchiere di corno *m*; *mus* trombetta di corno; **~o** *m* corno (*zool* corna *fpl*); *mus* corno (*pl* corni *mpl*); *echar, mandar al ~* mandare al diavolo; *irse al ~* andarsene al diavolo; *levantar sobre los ~s de la luna* portare al settimo cielo; *poner los ~s* fare le corna; *saber (algo, a alg) a cuerno quemado* puzzare (qc a q); *no valer un ~* non valere un corno

cuero *m* 1. pelle *f*, cuoio; 2. otre *f*; ~ *cabelludo* cuoio capelluto; *en ~s (vivos)* nudo; *dejar, quedar en ~s* spogliare, rovinarsi
cuerpo *m* corpo; ~ *a* ~ a corpo a corpo; *tener, tomar* ~ avere, prender corpo; ~ *diplómatico, del delito, militar, legislativo, químico* corpo diplomatico, del delitto, militare, legislativo, chimico; *a ~ descubierto* a corpo nudo; *a ~ de rey* come un re/un pascià; *dar con el ~ en tierra* cadere a/per terra; *de ~ presente* presente il cadavere; *en ~ y alma* anima e corpo; *(fam) pedir algo el* ~ avere molta voglia di qc; *fotografía de ~ entero, de medio* ~ fotografia di tutta la persona, a mezzo busto
cuervo *m zool* corvo; *cría ~s y te sacarán los ojos* allevare la serpe in seno
cuesco *m* nocciolo; *vulg* scorreggia *f*
cuesta *f* pendice, pendio *m*; salita; discesa; *a ~s* sulle/a spalle; ~ *arriba, abajo* in salita, in discesa; *la ~ de enero* le penurie del mese di gennaio; *caérsele la casa a ~s/ encima* non sopportare di stare in casa; *hacérsele a alg ~ arriba (algo)* diventare difficile, pesante (qc per q)
cuestación *f* questua, colletta
cuestión *f* questione, problema *m*; ~ *candente, de competencia, de confianza, previa* questione scottante, di competenza, di fiducia, preliminare; *en ~ de quince días* in circa quindici giorni; *en ~ de* in materia di; *esa es otra* ~ questo è un altro fatto; *una ~ personal* un problema personale; *la ~ es pasar el rato* l'importante/il caso è passare il tempo; *la ~ es que* il fatto/caso è che; *sería ~ de* sarebbe opportuno, meglio
cuestion|able *adj* discutibile, questionabile *raro*; ~**ar** *vt* mettere in discussione, discutere; ~**ario** *m* questionario; ~ *de aptitudes* questionario attitudinale
cuestor *m hist* questore
cuete *m am* revolver, pistola *f*; *Mex* ubriaco
cueva *f* grotta, caverna, spelonca; *fig* covo *m*
cuévano *m* corbello; gerla *f*
cuico *adj am* di altra regione, forestiero
cuid|ado 1. *m* cura *f*, attenzione *f*, diligenza *f*, precauzione *f*; *¡~!* attento!, attenzione!; *~s intensivos* terapia intensiva; reparto di rianimazione; *enfermo de* ~ malato grave; *andar con* ~ andare con precauzione; *estar al ~ de* avere in custodia; essere sotto la custodia di; *¡pierda usted ~!* non si preoccupi!; *tener sin* ~ non preoccupare; *una persona de* ~ una persona poco raccomandabile; *tener* ~ fare attenzione; **2.** *adj* accurato; **3.** *(excl) ¡~ con el perro!*, attenti/attenzione al cane!; ~**adora** *f Mex* bambinaia; ~**adoso** *adj* meticoloso, minuzioso, attento; ~**ar 1.** *vi* curare *vt*, aver cura (*de* di); **2.** *vt* vigilare, custodire
cuita *f* dolore *m*, pena, travaglio *m*; ~**do** *adj* infelice, sventurato
cula|da *f pop* culata; ~**ta** *f* culatta; *mec/auto* testata del cilindro; *(fig) salir el tiro por la* ~ riuscire al rovescio; ~**tazo** *m* rinculo; colpo di culatta
culebr|a *f* serpe, biscia; ~**ear** *vi* serpeggiare; ~**ón** *m* 1. *tele* serial *inv*, telenovela *f*; 2. *m/f fig* verme *m*
culera *f* toppa
culinario *adj* culinario
culito *m fam* pochino, *fig* dito
culmin|ante *adj* culminante; ~**ar** *vi* culminare
culo *m pop* culo (*vulg*), sedere *est*; ano *med*; *fig* fondo; *(pop) ~ de vaso* fondo di bicchiere *est*; *(pop) ~ de mal asiento* persona mutevole/volubile/incostante; *(fig) con el ~ a rastras* a terra, angosciato, assillato; *(vulg) ir de* ~ farsi il/un culo, avere un casino da fare; *(fig) quedarse con el ~ al aire* battere il culo in terra;
culombio *m cient* coulomb *inv*
culpa *f* colpa; responsabilità; *echar, tener la* ~ dare, aver la colpa; ~**bilidad** *f* colpevolezza; ~**bilizar** <*culpabilicé*> *vt* colpevolizzare; ~**ble** *adj* colpevole, reo; ~**do** *adj* accusato, imputato, incolpato; ~**r** *vt* accusare, imputare; tacciare
culteran|ismo *m lit* culteranesimo; ~**o** *lit adj/m* culterano
cultismo *m* cultismo; culteranismo
cultiv|able *adj* coltivabile; ~**ador** *adj/s* coltivatore; *art/lit* cultore; ~**ar** *vt* coltivare; ~**o** *m agr* coltivazione *f*, coltura *f*; *caldo de* ~ brodo di coltura; *fig* terreno propizio; ~ *biológico* coltivazione biologica
culto 1. *adj* colto; culterano; educato; **2.** *m* culto; *rendir* ~ rendere omaggio
cultur|a *f* cultura, istruzione; civiltà; *agr* coltura, coltivazione; ~**al** *adj* culturale; ~**ismo** *m sport* culturismo; ~**ista** *adj/s* culturista
cumbia *f Col* ="ballo popolare" *m*
cumbre *f* cima, vetta, culmine *m*; *pol* vertice *m*, incontro al vertice *m*, summit *m/inv*
cúmplase *m ius* exequatur, visto
cumpleaños *m* compleanno
cumpl|idero *adj* da compiersi, con scadenza; ~**ido 1.** *adj* compiuto; completo, perfetto; cerimonioso, cortese, gentile; comodo; *20 años ~s* 20 anni compiuti; *una persona ~a* una persona gentile/cortese; **2.** *m* complimento; ~**idor** *adj* puntuale, esatto; serio (*persona*); ~**imentar** *vt ius* eseguire; *ius* completare; congratularsi; ~ *un expediente* compilare/eseguire una pratica; ~**imentero** *adj* complimentoso, cerimonioso; ~**imiento** *m* 1. compimento; 2. complimento, omaggio; *por* ~ per pura cortesia
cumplir 1. *vt* compire, compiere, eseguire, adempiere; ~ *una promesa* mantenere una promessa; **2.** *vi* scadere; comportarsi con gentilezza; restituire una visita, una gentilezza; finire il servizio militare; ~ *un plazo* scadere; ~ *con sus deberes* compiere il proprio dovere; **3.** *~se* compiersi
cúmulo *m astr* cumulo; *fig* cumulo, mucchio, sacco
cuna *f* culla; *lit/fig* cuna; *desde la* ~ fin dall'infanzia; dalla culla; *de ~ humilde* di umile famiglia
cundir *vi* 1. rendere molto; 2. spargersi estendersi, diffondersi (*pánico*)

cune|ar *vt* cullare, dondolare; **~iforme** *adj* cuneiforme; **~ta** *f* cunetta (*carretera*), fosso *m*
cuñ|a *f* zeppa; conio *m*, cuneo *m*; *tip* cuneo *m*, zeppa; *sport* spazzaneve *m*; *TV* spot *m*, annuncio *m*; *meter ~* mettere zizzania; *(sport) de ~* a spazzaneve; **~ado, -a** *m/f* cognato, -a; **~o** *m* timbro; conio (*moneda*); *de nuevo ~* di nuovo conio
cuota *f* quota
cupé *m* coupé *fr/inv*; *~ descapotable* spider
Cupido *m mit* Cupido
cupl|é *m* couplet *inv*; **~etista** *m/f* cantante di couplet
cupo *m* contingente; quota *f*; *(mil) excedente de ~* fuori contingente di leva
cupón 1. *m* tagliando, buono, cedola *f*, coupon *fr/inv*; 2. biglietto della lotteria dei ciechi
cuponazo *m* biglietto vincente (della lotteria)
cúpula *f* cupola, volta; *mar* torre girevole; *fig* dirigenti *mpl*
cura 1. *m eccl* sacerdote, prete; *(fam) este ~* io stesso; 2. *f* cura; *ponerse en ~* mettersi in cura
cura|ble *adj* curabile; **~ción** *f* cura, guarigione; **~do** *adj* 1. curato; *estar ~ de espanto* non meravigliarsi più di nulla; 2. stagionato, essiccato, conservato
curander|ismo *m* fattucchieria *f*; **~o, -a** *m/f* fattucchiere, -a
curar 1. *vt* 1. curare, medicare; 2. conservare (*alimentos*); stagionare (*alimentos, madera*); **2.** *vi* guarire, risanare; **3.** *~se* curarsi, preoccuparsi; *~se en salud* prevenire il male
curare *m* curaro
curativo *adj* curativo
curato *m* curato; parrocchia *f*
cúrcuma *f bot* curcuma
curd|a *f* sbornia; **~o** *adj/s* curdo
curí *m zool Col* cavia *f*
curia *f* curia; **~ra** *f mar am* canotto *m*
curios|ear *vi* curiosare; **~idad** *f* curiosità; rarità; **~o 1.** *adj* strano, raro; **2.** *m* curioso, ficcanaso
curr|ante *m/f pop* lavoratore, -trice, operaio, -a; **~ar** *vi pop* sgobbare
curr|icán *m* traina *f*; *pesca al ~* pesca a/alla traina; **~icular** *adj* curricolare; **~ículo, ~ículum** *m* curriculum; **~o** *m pop/desp* lavoro, fatica *f*
curruca *f zool* capinera
curry *m* curry
curs|ado *adj* abituato, versato; **~ar** *vt stud* frequentare, seguire un corso; dar corso (a), sbrigare
cursi *adj/s* snob *inv*; **~lería** *f* snobismo *m*
cursill|ista *m/f* corsista; **~o** *m* corso breve; ciclo di conferenze
cursiv|a *f* corsivo *m*; **~o** *adj* corsivo; *en ~a* in corsivo
curso *m* corso; *dar ~* dar corso; *en ~* in corso; *de ~ legal* in corso; **~r** *m mec* corsoio, cursore; *infor* cursore
curt|ido 1. *adj* conciato; *fig* indurito, incallito, assuefatto; **2.** *m* conciatura *f*; **~idor** *m* conciatore; **~ir** *vt* conciare; *fig* indurire, incallire, tostare
curv|a *f* curva; *~ de nivel* curva di livello; **~ar** *vt* curvare, piegare; **~atura** *f* curvatura; **~ilíneo** *adj* curvilineo; **~o** *adj* curvo
cúspide *f* cuspide
custodi|a *f* custodia, cura; *eccl* tabernacolo *m*; ostensorio *m*; **~ar** *vt* custodire, vigilare; **~o** *adj/s* custode, guardiano; *el angel ~* l'angelo custode
cutáneo *adj* cutaneo
cúter *m* cutter *inv/ingl*
cutícula *f* cuticola, pellicola
cutis *m* cute *f*, epidermide *f*, pelle del viso *f*
cutre *adj* misero, meschino; avaro; squallido, decadente, vecchio
cuy *m am* cavia *f*
cuyo *m*, **cuya** *f*, **cuyos** *mpl*, **cuyas** *fpl pr* cui *inv*; di cui; a+cui; *el amigo, ~a hija/~o hijo/~as hijas/~os hijos conoces...* l'amico, la cui figlia/il cui figlio/le cui figlie/i cui figli conosci...; *el abogado ~a dirección escribiste...* l'avvocato di cui scrivesti l'indirizzo/il cui indirizzo scrivesti...; *las personas a ~a bondad me refiero...* le persone alla cui bontà mi riferisco...; *(lit/ant) ¿cúyos son estos campos?* di chi sono questi campi

D

dable *adj* possibile
dabu|te, -ten *adj gergo* stupendo, fantastico
da capo *m mus* da capo
dacio *adj/s* dacio, della Dacia
dación *f ius* consegna, cessione; ~ *en pago* dazione in pagamento
dactilar *adj lit* digitale
dáctilo *m* dattilo
dactilo|grafía *f lit* dattilografia; ~**grafiar** *vt* dattilografare, scrivere a macchina; riversare (*texto grabado*); ~**scopia** *f* dattiloscopia
dadaís|mo *m* dadaismo; ~**ta** *adj/s* dadaista
dádiva *f* dono *m*, regalo *m*, presente *m*
dadivos|idad *f* generosità, prodigalità; ~**o** *adj* generoso, prodigo
dado 1. *m* dado; cubo; *jugar a los ~s* giocare ai dadi; **2.** *adj* dato; **3.** *(conj) ~ que* visto/posto/dato che, giacché
dado|r, -ra 1. *m/f* datore, -trice; 2. *m fis* donatore
daga *f* daga
daguerrotipo *m foto* dagherrotipo
dalia *f bot* dalia
dall|a *f*, *reg* **-e** *m* falce fienaia *f*; ~**ar** *vt* falciare (il fieno)
Dalmacia *f* Dalmazia
dálmata *adj/s* dalmata
dalt|oniano *adj* daltonico; ~**ónico** *adj/s* daltonico; ~**onismo** *m* daltonismo
dama *f* dama, signora; *teatro* attrice; regina (*naipes, ajedrez*) *jugar a las ~s* giocare alla dama; *ir a la ~* andare a dama; ~ *de compañía, de honor ...* dama di compagnia, d'onore...
damajuana *f* damigiana
damas|co *m* damasco; ~**quinado 1.** *adj* damascato; **2.** *m* damascatura *f*; ~**quinador** *m* damaschinatore; ~**quinar** *vt* damaschinare
dame|ro *m* scacchiera *f*; ~**sana** *f am* damigiana
damisela *f* damigella, signorina; *iron* prostituta; *iron* damerino *m*
damnific|ado *adj* danneggiato, sinistrato; ~**ar** <*damnifiqué*> *vt* danneggiare, sinistrare
dandi *m* damerino
danés 1. *adj/s* danese; **2.** alano (*perro*)
dantesco *adj* dantesco
danubiano *adj* danubiano
Danubio *m* Danubio
danza *f* danza, ballo *m*; *en ~* in ballo; ~**nte** *adj/s* danzante; *fig* persona iperattiva *f*; *fam* ficcanaso *m*; ~**r** *vi* ballare, danzare; *fig* agitarsi; ~**rín, -ina** *m/f* ballerino, -a; *fam* ficcanaso *m*
dañ|ado *adj* 1. cattivo; 2. danneggiato; ~**ar 1.** *vt* danneggiare, ledere, nuocere *vi*, sciupare; *ant* condannare; **2.** *~se* ammalarsi; guastarsi; ~**ino** *adj* nocivo, dannoso, pernicioso, lesivo; ~**o** *m* danno, male, pregiudizio; *~s personales, materiales* danni personali, materiali; *pago de ~s y perjuicios* risarcimento danni; *hacer(se) ~* fare(farsi) male; ~**oso** *adj* dannoso, nocivo
dar <*23 doy,das...; di, diste, dio...*> **1.** *vt* dare; *(med/adm) ~ de alta* dimettere dall'ospedale, dalla cassa malattia *med*; iscriversi a *adm*; *(med/adm) ~ de baja* mettere in cassa malattia *med*; rilasciare un certificato di malattia *med*; espellere da *adm*; congedare *mil*; ~ *a conocer* far conoscere; ~ *a entender* far capire; ~ *asco* fare schifo; ~ *la cara* mostrare la faccia; ~ *de comer* dare da mangiare; ~ *con algo* imbattersi in qc; ~ *de lleno en* sbattere contro, colpire; ~ *de sí* cedere; rendere; ~ *en el suelo* cadere per terra; ~ *ganas* venire voglia; *(fig) ~ guerra* dar fastidio, non lasciare in pace; ~ *gusto* far piacere; ~ *lengua* far lezione di lingua; far l'esame di lingua; ~ *largas* portarla per le lunghe; ~ *la lata* seccare, scocciare; ~ *palos de ciego* dare botte da orbi; *no ~ para más* non poter fare di piú; ~ *un plantón* fare un bidone; ~ *por algo* prendere l'abitudine di qc; considerare qc; ~ *por ahí* venir voglia; ~ *por bien empleado (algo)* considerare ben occupato/speso (qc); ~ *por hecho* sottindere; ~ *un paseo* fare una passeggiata; ~ *que decir* dar motivo di mormorare; ~ *risa* far ridere; *no ~ una* non indovinarne una; ~ *la salida* dare il via; *¿qué película dan?* che film fanno?; *me da igual* per me è lo stesso; *¡qué más da!* che importa?!; *¡dale!* dagli!; *la puerta da a la calle* la porta dà sulla strada; *(vulg) ¡Ahí me las den todas!* Chi se ne frega!; *¡Dale!* E dai!; *donde las dan las toman* chi la fa l'aspetti; **2.** *~se* darsi, dedicarsi; succedere *vi*; prodursi; risultare facile *vi*; colpirsi; *no ~se por aludido* fare orecchio da mercante; *~se por contento* accontentarsi; *~se por vencido* darsi per vinto; *~selas de algo* fare qc, vantarsi di qc
dardo *m* dardo, giavellotto; *fig* frecciata *f*
dársena *f* darsena
darvinis|mo *m* darvinismo; ~**ta** *adj/s* darvinista
data *f* data; ~**ción** *f* datazione; ~**r** *vt* datare
dátil <*pl dátiles*> 1. *m* dattero; 2. *mpl fam* le dita *fpl*
dativo *m ling* dativo
dato *m* dato, fatto, elemento
de *prep* 1. di; 2. da; ~ *oro, madera, plata* d'oro, di legno, d'argento; *la casa ~ Juan* la casa di Giovanni; *la ciudad ~ Sevilla* la città di Siviglia; *ir de Sevilla a Roma* andare da Siviglia a Roma; *máquina ~ coser, escribir* macchina da cucire, da scrivere; *traje ~ noche* vestito da sera; ~ *memoria* a memoria; *salir ~ casa* uscire di/da casa; ~ *mañana, noche* di mattina, di sera, di notte; *¡ay de mí!* ahimè!; *¡pobre ~ mí!* povero me!; ~ *haberlo sabido* se l'avessi saputo; *~... a...* da...a...
deambular *vi* deambulare, girovagare
deán *m* decano
debacle *f* débâcle *fr*
debajo *adv/prep* sotto; da basso, di sotto; ~ *de* sotto; *por ~* dal di sotto
debat|e *m pol* dibattito; controversia *f*, discussione *f*; ~**ir** *vt* dibattere, discutere

debe *m com* dare; ~ *y haber* dare e avere
debel|ación *f* debellamento *m*; **~ar** *vt* debellare
deber 1. *m* dovere, obbligo, *stud* compito; **2.** *vt* dovere; *cumplir con su* ~ compire, fare il proprio dovere; ~ *de* dovere; *debe de haber llegado ya a Roma* deve/dovrebbe essere già arrivato a Roma
debid|amente *adv* dovutamente, debitamente; **~o** *adj* dovuto; *come es* ~ come di dovere; *a su* ~ *tiempo* a tempo debito
débil *adj* debole, fiacco
debil|idad *f* debolezza, fiacchezza; debilità; **~itación** *f* indebolimento *m*; **~itar** *vt* indebolire, debilitare
debitar *vt com* addebitare
débito *m com* debito, addebitamento; ~ *conyugal* debito coniugale
debut *m* debutto, esordio; **~ante** *adj/s* debuttante, esordiente; **~ar** *vi* debuttare, esordire
década *f* decade
deca|dencia *f* decadenza; **~dente** *adj* decadente; **~dentismo** *m* decadentismo
decaedro *m* decaedro
decaer <*19 caigo*> *vi* decadere, venir meno; peggiorare; *mar* deviare
decagramo *m* decagramma, -mo
deca|ído *adj* depresso; **~imiento** *m* decadimento, decadenza *f*
decalitro *m* decalitro
decá|logo *m* decalogo; **~metro** *m* decametro
deca|nato *m* decanato; ~ *de un cuerpo* decanato di un corpo; ~ *de una facultad universitaria* consiglio di presidenza di una facoltà...; **~no** *m* decano; preside (*Universidad*)
decantar *vt cient/fig* decantare
decapit|ación *f* decapitazione; **~ar** *vt* decapitare
decasílabo *adj/m* decasillabo
decat(h)lón *m sport* decat(h)lon
deceler|ación *f* decelerazione; **~ar** *vt* decelerare
decen|a *f* decina; **~al** *adj* decennale; **~ario 1.** *adj* decennale; **2.** *m* ="filza di dieci grani del rosario" *f*
decen|cia *f* decenza, decoro *m*; **~io** *m* decennio; **~te** *adj* decente; decoroso
decepci|ón *f* delusione; inganno *m*; **~onar** *vt* deludere; ingannare
deceso *m am* decesso, morte *f*
dechado *m* 1. *fig* modello, esempio; *un* ~ *de virtudes* un modello d'ogni virtù; 2. campione di ricamo
deci|bel, -belio *m* decibel; **~ble** *adj raro* dicibile; che si può dire
deci|dido *adj* deciso; risoluto; **~dir** *vt* decidere; scegliere; risolvere; indurre
deci|gramo *m* decigrammo; **~litro** *m* decilitro
déci|ma *f mat/lit/mus* decima; decimo *m* (*fiebre*)
decimal *adj* decimale
decímetro *m* decimetro
décimo 1. *adj/m* decimo; **2.** *m* ="decima parte di un biglietto di lotteria" *f*
decir 1. *m* detto, sentenza *f*; dire; *es un* ~ è un modo di dire; **2.** <*24 digo, dices; dije; dicho*> *vt* dire; *como quien dice/como si dijéramos* come dire; *al* ~ *de alg* secondo q; *como quien no dice nada* come niente fosse; *¡cualquiera diría!* chi lo direbbe!; ~ *a alg cuántas son tres por dos* cantarla chiara a q; ~ *para sí* dire fra sé; ~ *por* ~ tanto per dire; ~ *que no, que sí* dire di no, di sì; *¡Diga!* Pronto! (*teléfono*); *dime con quién andas y te diré quién eres* dimmi con chi vai e ti dirò chi sei; *es* ~ cioè; *¡haberlo dicho!* potevi dirlo!; *no irás a ~me* ... non mi verrai a dire...; *sin* ~ *esta boca es mía* senza dir parola; *¡no diga!* ma davvero?; *ni que* ~ *tiene que*...non parliamo poi...; *dígase lo que se quiera* checché si dica; *el qué dirán* i commenti della gente
decis|ión *f* decisione, risoluzione; fermezza; *ius* sentenza; **~ivo** *adj* decisivo; **~orio** *adj* decisivo; *ius* decisorio
declam|ación *f* declamazione; recitazione; **~ador, -ra** *m/f* declamatore, -trice; **~ar** *vt/vi* declamare; recitare; **~atorio** *adj* declamatorio
declar|ación *f* dichiarazione; *prestar* ~ prestare, rilasciare una dichiarazione; ~ *de impuestos* dichiarazione dei redditi; ~ *jurada* declaratoria/dichiarazione giurata; **~ante** *adj/s ius* dichiarante; **~ar 1.** *vt* dichiarare, manifestare; esporre; **2.** *~se* confessarsi, dichiararsi; prodursi; dichiararsi (*amor*); **~atorio** *adj* dichiarativo; *ius* declaratorio
declin|able *adj* declinabile; **~ación** *f* declinazione; **~ar** *vt* declinare; **~atoria** *f ius* declinatoria; **~atorio 1.** *adj* declinatorio; **2.** *m cient* bussola topografica *f*
decliv|e *m* declivio, pendio; **~idad** *f* pendenza
decocción *f* decozione; decotto *m*
decodific|ación *f* decodificazione, decodifica; **~ador** *m* decodificatore; **~ar** <*decodifiqué*> *vt* decodificare
decoloniz|ación *f* decolonizzazione; **~ar** <*decolonicé*> *vt* decolonizzare
decolor|ación *f* decolorazione; **~ar** *vt* decolorare
decomis|ar *vt* confiscare; sequestrare; **~o** *m* confisca *f*; sequestro
decor|ación *f* decorazione; arredamento *m*; **~ado 1.** *adj* decorato; **2.** *m* scenografia *f*, scenario; **~ador, -a** *m* decoratore, -trice; **~ar** *vt* decorare, ornare; **~ativo** *adj* decorativo; **~o** *m* decoro, dignità *f*, onore; *guardar el* ~ serbare il decoro; **~oso** *adj* decoroso, decente
decre|cer <*13a crezco*> *vi* diminuire, decrescere, scemare, calare; **~ciente** *adj* decrescente, calante; **~cimiento** *m* calo, decrescenza *f*; **~mento** *m* decremento
decrépito *adj* decrepito
decrepitud *f* decrepitezza, decrepitudine
decrescendo *m mus* decrescendo
decret|ar *vt* decretare, deliberare, ordinare; **~o** *m* decreto, risoluzione *f*, decisione *f*; ~ *ley*, ~ *relámpago* decreto legge, decreto catenaccio
decúbito *m med* decubito
décuplo *adj* decuplo

decurso *m* decorso (*tiempo*)
ded|ada *f* ditata; **~al** *m* ditale
dédalo *m mit* labirinto
Dédalo *m mit* Dedalo
dedic|ación *f* dedicazione; dedizione; impegno *m*; ~ *exclusiva* tempo pieno; ~ *parcial* part time, tempo definito; **~ar** <*dediqué; dedique*> **1.** *vt* dedicare; consacrare; **2.** *~se* dedicarsi, applicarsi; **~atoria** *f* dedica; **~atorio** *adj* dedicatorio
dedil *m* ditale di pelle o altra materia
dedillo *m* ditino; *saber al* ~ sapere a menadito, sulla punta delle dita
dedo *m* dito; ~ *pulgar/gordo* dito pollice (*mano*), alluce (*pie*); ~ *índice, medio, anular, meñique* dito indice, medio, anulare, mignolo; *a dos ~s de* a un passo da; *no chuparse el ~, chuparse los ~s* V. *chupar*; *poner el ~ en la llaga* mettere il dito sulla piaga; *tener dos ~s de frente* aver poco cervello; *(fam) viajar a ~* fare autostop, viaggiare in autostop
deduc|ción *f* deduzione; *com* detrazione; derivazione; illazione; **~ible** *adj* deducibile; **~ir** <*20 deduje*> *vt* 1. dedurre; 2. detrarre, scontare; 3. *ius* allegare; **~tivo** *adj* deduttivo
defasaje *m tec* sfasamento
defec|ación *f* defecazione; **~ar** <*defequé*> *vt/vi* defecare; **~ción** *f* defezione
defect|ible *adj* defettibile; **~ivo** *adj* difettivo; **~o** *m* difetto; imperfezione *f*; *en ~ de* in mancanza di; *por ~* per difetto; *por ~ de forma* per errore di procedura; **~uoso** *adj* difettoso; imperfetto; *funcionamiento ~* cattivo funzionamento
defender 1. *vt* difendere, proteggere; **2.** *~se* cavarsela (*en* con/in)
defenestración *f* defenestrazione
defens|a *f* difesa; protezione; *ius/mil/sport* difesa; *ius* avvocato difensore *m*; **~iva** *f ponerse/estar a la ~* mantenersi sulla difensiva; **~or, -ra** *m/f* difensore, -a; protettore, -trice; ~ *del pueblo* difensore civico
deferen|cia *f* deferenza, rispetto *m*; **~te** *adj fig* deferente, rispettoso
deficien|cia *f* deficienza, difetto *m*; **~te 1.** *adj* deficiente; insufficiente; **2.** *m/f* minorato
déficit *m* deficit, disavanzo; ~ *presupuestario* deficit/disavanzo del bilancio preventivo; *arrojar un ~* presentare un deficit; ~ *exterior* deficit con l'estero
deficitario *adj* deficitario, in deficit
defin|ible *adj* definibile; **~ición** <*pl definiciones*> 1. *f* definizione; decisione; delimitazione; *de alta ~* ad alta definizione; 2. *fpl* statuto *m*; **~ir** *vt* definire; determinare; *pitt* rifinire; **~itivo** *adj* definitivo, conclusivo
defla|ción *f econ* deflazione; **~cionario** *adj* deflazionistico
deflagr|ación *f cient* deflagrazione; **~ar** *vi* deflagrare
defle|ctor *m auto* deflettore; **~xión** *f tec/fig* deflessione
defoliante *adj/m* defogliante
deforest|ación *f* diboscamento *m*, deforestazione; **~ar** *vt* diboscare
deform|ación *f* deformazione; **~ar** *vt* deformare; **~e** *adj* deforme; **~idad** deformità
defraud|ación *f* defraudazione, frode; *fig* frustrazione; turbamento *m*; ~ *de impuestos* frode fiscale; **~ador, -ra** *m/f* defraudatore, -trice; **~ar** *vt* defraudare, frodare; *fig* deludere
defunción *f* decesso *m*, morte; *partida de ~* atto/certificato di morte
degener|ación *f* degenerazione; perversione; **~ar** *vi* degenerare; pervertirsi; **~ado** *adj/s* degenerato, pervertito
deglu|ción *f* deglutizione; **~tir** *vt* deglutire, inghiottire
degoll|adero *m* scannatoio; **~ar** *vt* sgozzare, scannare; *fig* assassinare; **~ina** *f* carneficina
degrad|ación *f fig/fis* degradazione; *tec* degrado *m*; *pitt* digradazione; **~ante** *adj* degradante; **~ar** *vt* degradare; *pitt* digradare *vi*
degüello *m* decapitazione *f*, sgozzatura *f*, scannatura *f*; *entrar a ~* mettere a ferro e fuoco; *tirar a ~* perseguitare a morte
degust|ación *f* degustazione; assaggio *m*; **~ar** *vt* degustare, assaggiare
dehesa *f* prateria, pascolo *m*
dehiscen|te *adj bot* deiscente; **~cia** *f bot* deiscenza
deí|ctico *adj ling* deittico
deidad *f* deità, divinità
deific|ación *f* deificazione, divinizzazione; glorificazione; **~ar** <*deifiqué*> *vt* deificare, divinizzare
deixis *f* deissi
deja|ción *f ius* abbandono *m*, rinuncia; **~dez** *f* abbandono *m*, pigrizia, negligenza; **~do** *adj* pigro, trasandato; abbattuto
dejar 1. *vt* lasciare; abbandonare; smettere; prestare; ~ *dicho* lasciar detto; ~ *bien a alg* parlare bene di q; ~ *caer* dire come se niente fosse; ~ *correr* lasciar stare; ~ *dinero* prestare soldi; ~ *que desear* lasciare a desiderare; ~ *de hacer, decir, fumar...* smettere di fare dire, fumare...; **2.** *~se* lasciarsi andare, abbandonarsi; avvilirsi; farsi; *~se llevar* lasciarsi trasportare; *~se ver* farsi vedere; *no ~se ensillar* non lasciarsi dominare; *¡déjate de tonterías!* smettila di fare/di dire sciocchezze!; *~se de cuentos* venire al sodo, sbrigarsi
deje, dejo *m* accento regionale; sapore, gusto finale; sensazione *f*
delación *f* delazione
delant|al *m* grembiule; **~e 1.** *adv* davanti; avanti; **2.** ~ *de prep* davanti a, dinanzi a; **~era** *f* parte anteriore; davanti *m*; facciata; vantaggio *m*; prima fila; *fam/iron* seno *m*; *coger/tomar la ~* sorpassare, anticiparsi; *llevar la ~* essere in vantaggio; **~ero 1.** *adj* anteriore; **2.** *m sport* attaccante, punta *f* (ala, centrattacco)
delat|ar *vt* denunziare; rivelare; **~or, -a** *m/f* delatore, -trice
delco *m tec* spinterogeno
del credere *m com* del credere
delect|able *adj ant* dilettevole; **~ación** *f* dilettazione
deleg|ación *f* delegazione; delega; ufficio *m*; succursale; *por ~* per delega; *~ de Ha-*

cienda Intendenza di Finanza; **~ de Trabajo* Ufficio del Lavoro; ~**ado** *adj/s* delegato; rappresentante; **~ de Hacienda* Intendente di Finanza; ~**ar** <*delegué*> *vt* delegare, deputare, autorizzare
delei|table *adj* dilettevole; ~**tación** *f* diletto *m*; ~**tar** *vt* dilettare; divertire; ~**te** *m* diletto, piacere; ~**toso** *adj* dilettevole, piacevole
deletéreo *adj* deleterio
deletrear *vt* compitare
deleznable *adj* fragile; effimero, vano
delfín *m zool/hist* delfino
delgad|ez *f* magrezza, snellezza; sottigliezza; ~**o** *adj* magro, snello; sottile; ~**ucho** *adj* magrolino, delicatuccio
deliber|ación *f* deliberazione, delibera, risoluzione; ~**ar 1.** *vt/vi* deliberare; *~ por mayoría* deliberare a maggioranza; **2.** *vt* disporre
delicad|eza *f* delicatezza, finezza; gentilezza; soavità; *por ~* per delicatezza; ~**o** *adj* delicato; gentile; debole, malaticcio; fragile; sensibile; esigente; *manjar ~* cibo squisito; *rostro ~* viso bello, dolce; *asunto ~* affare imbarazzante
delici|a *f* delizia, gioia; ~**oso** *adj* delizioso, squisito
delictivo *adj* delittuoso
delimitar *vt* delimitare, limitare
delincuen|cia *f* delinquenza; ~**te** *adj/s* delinquente
deline|ación *f* tracciato *m*, delineamento *m*; ~**ante 1.** *adj* delineante; **2.** *m* disegnatore; ~**ar** *vt* delineare, disegnare
delinquir <*delinco*> *vi* delinquere
delir|ante *adj* delirante; ~**ar** *vi* delirare; farneticare; ~**io** *m* delirio; esaltazione *f*; *~s de grandeza* delirio di grandezza
delito *m* delitto, crimine, reato; *~ fiscal, monetario* reato fiscale, valutario; *cometer un ~* commettere un delitto/*ius* reato
delta 1. *f ling* delta; 2. *m geogr* delta; *tec* triangolo; *(ala) ~* ala a delta
demacr|ación *f* dimagrimento *m*; ~**ado** *adj* sciupato; ~**arse** dimagrire *vi*
demag|ogia *f* demagogia; ~**ógico** *adj* demagogico; ~**ogo** *m* demagogo
demanda *f* richiesta, istanza, domanda; *ius* petizione, querela; *en ~ de* in cerca di; *contestar la ~* impugnare; *~ conjunta, de reembolso, interior* domanda congiunta, di rimborso, interna; ~**do** *adj/s ius* querelato; ~**nte 1.** *adj/s* richiedente; **2.** *m ius* attore, querelante; ~**r** *vt* chiedere, richiedere; *ius* citare, querelare, convenire in giudizio
demarc|ación *f* demarcazione; territorio demarcato *m*; ~**ar** <*demarqué*> *vt* demarcare, delimitare; *mar* marcare
demás *adj/pr* altro; *lo ~* il resto; *por lo ~* in quanto al resto; *los ~* gli altri; *estar de ~* essere di troppo; *y ~* eccetera
demas|ía *f* eccesso *m*; sfacciataggine; arbitrio *m*; *en ~* eccessivamente; ~**iado 1.** *adj* troppo, eccessivo; **2.** *adv* troppo
demen|cia *f* demenza, pazzia; ~**cial** *adj* demenziale; ~**te** *adj/s* demente, pazzo
demérito *m* demerito
democracia *f* democrazia
demócrata *adj* democratico
democratacristiano *adj/s* democristiano
democrático *adj* democratico
democratiz|ación *f* democratizzazione; ~**ar** <*democraticé*> *vt* democratizzare
demodular *vt* demodulare
demogr|afía *f* demografia; ~**áfico** *adj* demografico
demol|edor *adj/s* demolitore; ~**er** <*9a V. moler*> *vt* demolire, abbattere; ~**ición** *f* demolizione
demonetización *f* demonetizzazione
demon|íaco *adj* demoniaco; indemoniato; ~**io** *m* demonio, diavolo; *¡qué ~!* diavolo!, per diavolo!; *este huevo sabe a ~s* quest'uovo è pessimo/puzza da morire; *llevarse a alg los ~s* avere q un diavolo per capello; *tener el ~ en el cuerpo* avere il diavolo in corpo; ~**tre** *m euf/excl* diavolo
demora *f* ritardo *m*; dilazione; *ius* mora; *sin ~* senza indugio; ~**r 1.** *vt/vi* rimandare, rinviare; tardare, ritardare; trattenersi; **2.** *~se en* tardare a
demoscopia *f* demoscopia
Demóstenes *m* Demostene
demostr|able *adj* dimostrabile; ~**ación** *f* dimostrazione, prova; manifestazione; ~**ar** <*8a demuestro*> *vt* dimostrare, provare; manifestare; mostrare; ~**ativo** *adj* dimostrativo
demudar 1. *vt* mutare, alterare; **2.** *~se* turbarsi; diventare di tutti i colori *vi*, cambiar colore *vi*
denario 1. *m* denaro; **2.** *adj* decimale
deneg|ación *f* diniego *m*, rifiuto *m*, denegazione *lit*; *ius* ricusazione, ricusa; *~ de auxilio* mancato soccorso; ~**ar** <*5a deniego; denegué*> *vt* denegare, respingere; *ius* rifiutare, denegare, ricusare
dengoso *adj* schifiltoso, schizzinoso
dengue *m* affettazione *f*; smorfia *f*, smanceria *f*; *hacer ~s* fare smorfie/smancerie
denigr|ación *f* denigrazione; ~**ar** *vt* denigrare; calunniare
denodado *adj* audace, coraggioso, valoroso
denomin|ación *f* denominazione; ~**ador** *m mat* denominatore; *máximo común ~* massimo comune denominatore; ~**ar** *vt* denominare, intitolare; ~**ativo** *adj* denominativo
denostar <*8a denuesto*> *vt* insultare, ingiuriare, oltraggiare
denot|ación *f* denotazione; ~**ar** *vt* denotare, significare, indicare; ~**ativo** *adj* denotativo
dens|idad *f* densità; ~**o** denso; compatto; spesso; fitto; *fig* confuso
dent|ado *adj* dentato; ~**adura** *f* dentatura; *~ postiza* dentiera; ~**al 1.** *adj* dentale; **2.** *f* 1. *ling* dentale; 2. *m agr* dentale; ~**ar** <*5a diento*> *vt/vi* mettere i denti; ~**ellada** *f* dentata, morso *m*; ~**ellar** *vi* battere i denti; ~**era** *f* stridore *m* (*dientes*); *fig* invidia; ~**ición** *f* dentizione; ~**ículo** *m arch* dentello; ~**ífrico** *adj/m* dentifricio; ~**ista** *m/f* dentista
dentro *adv/prep* dentro; entro; *~ de una hora* fra, tra un'ora; *hacia ~* in dentro; *por*

~ di dentro; dentro di sé; ~ *del armario* nell'armadio, dentro l'armadio

denue|do *m lit* coraggio, valore, ardire; **~sto** *m* insulto, ingiuria *f*, oltraggio

denuncia *f* denuncia, accusa; notificazione; **~nte, -dor** *adj/s* denunciante; *ius* querelante; **~r** *vt* denunciare, denunziare; accusare

deparar *vt* offrire, dare, concedere; riservare (*destino*); *¡Dios te la depare buena!* Che Dio te la mandi buona!

departament|al *adj* dipartimentale; **~o** *m* dipartimento, istituto (*universidad*); *adm* reparto, sezione *f*; compartimento; *am* appartamento

departir *vi* conversare

depauper|ación *f* depauperazione, *econ* depauperamento *m*; **~ar** *vt* depauperare, indebolire

depend|encia 1. *f* dipendenza, subordinazione; succursale; dipendenti *mpl*; 2. dipendenza (*droga*); 3. *fpl* annessi *mpl*; **~er** *vi* dipendere (*de* da); **~iente 1.** *adj* dipendente; **2.** *~, -a (de comercio) m/f* commesso, -a (di negozio)

depil|ación *f* depilazione; **~atorio** *adj/m* depilatorio; **~ar** *vt* depilare

deplor|able *adj* deplorevole; **~ar** *vt* deplorare; lamentare; pentirsi

depon|ente *adj/s* deponente; **~er** <*32* V. *poner*> **1.** *vt* deporre; destituire, dimettere; ~ *en un pleito* deporre in una causa; **2.** *vi* evacuare le feci

deport|ación *f* deportazione; **~ar** *vt* deportare

deport|e *m* sport *inv*; diporto; ~ *interior* sport al coperto; *~s de invierno* sport invernali; *por* ~ per sport; **~ista, -ivo** *adj/s* sportivo

deposición *f ius* deposizione, testimonianza; destituzione; *med* defecazione

deposit|ador, -ante *adj/s* depositante; **~ar** *vt* depositare, versare *com*; consegnare, affidare; **~aría** *f* deposito *m*; tesoreria; **~ario** *adj/s* depositario, consegnatario; ~ *de la fe pública* notaio

depósito *m com* deposito; serbatoio (*agua, gasolina*); obitorio; ~ *de aduana* deposito doganale

deprav|ación *f* depravazione; **~ado** *adj/s* depravato, degenere; **~ar** *vt* depravare, corrompere, pervertire

deprec|ación *f* deprecazione; supplica; **~ar** <*depreque*> *vt* deprecare; supplicare; **~atorio** *adj* deprecatorio

deprec|iación *f* deprezzamento *m*, svalutazione; **~iarse** deprezzarsi, svalutarsi

depred|ación *f* depredazione, saccheggio *m*; **~ar** *vt* depredare, saccheggiare

depres|ión *f med/geol* depressione; **~ivo** *adj* depressivo; **~or** *adj* depressivo, deprimente; ~ *lingual* abbassalingua

deprim|ente *adj* deprimente; depressivo; **~ido** *adj* depresso; *regiones ~as* aree depresse; **~ir** *vt a. fig* deprimere; *fig* avvilire, umiliare

depur|ación *f* depurazione; epurazione; **~ador** *adj* depuratore; **~adora** *f tec* depuratore *m*; epuratore *m* (*a. fig*); **~ar** *vt* depurare, purificare, epurare (*a. fig*); **~ativo** *adj* depurativo

derech|a 1. *adj* destra; *a la* ~ a destra; **2.** *f (a. pol)* destra; *ser de ~(s)* essere di destra; **~azo** *m* diretto, colpo dato con la destra; **~ista** *adj/s pol* persona di destra; **~izar** *vt pol* spostare a destra

derecho 1. *adj* destro; dritto, retto, diritto; **2.** *m* 1. *ius/sport* diritto; *doctor en* ~ dottore in legge; ~ *al pataleo* diritto a sfogarsi/a protestare; *(hist)* ~ *de pernada* diritto alla prima notte; *Facultad de* *~ Facoltà di Legge e Giurisprudenza; *conforme a* ~ a norma di legge; *de* ~ di diritto; *de pleno* ~ con tutti i diritti; *estar (alg) en su* ~ aver (q) il diritto; *¡no hay ~!* Non è giusto!; *todo* ~ tutto dritto/diritto; 2. *mpl* diritti, tassa *f*, dazio *m*, imposta *f*; ~ *de timbre* tassa di bollo; *~s de aduana* dazio; *~s de autor* diritti d'autore; *~s humanos* diritti umani; *~s pasivos* pensione statale; *~s reales* tasse di trasmissione di beni

derechura *f* rettitudine; *en* ~ direttamente

deriva *f mar/com* deriva; *ir a la* ~ andare alla deriva; **~ción** *f* derivazione; **~da** *f mat* derivata; **~do** *adj/m a. ling* derivato; **~r 1.** *vi* derivare, discendere (*de* da); *mar* deviare; **2.** *vt* ricavare, derivare

derm|atitis *f med* dermatite; **~atología** *f* dermatologia; **~atológico** *adj* dermatologico; **~atólogo** *adj/s* dermatologo; **~is** *f* derma *m*; **~oprotector** *adj/m* dermoprotettore

derog|ación *f* derogazione, deroga; diminuzione; **~ar** <*derogué*> *vt* derogare, abolire; diminuire; **~atorio** *adj ius* derogatorio, derogativo

derram|a *f* ripartizione di contributi; spesa straordinaria; **~amiento** *m* spargimento; dispersione *f*; **~ar 1.** *vt* spargere, versare; ripartire i contributi; divulgare; **2.** *~se* versarsi, spargersi; sfociare *vi*; **~e** *m* spargimento; perdita *f*; *med* emorragia *f*; *arch* sguancio

derrapar *vi auto* pattinare, sbandare, sdrucciolare

derredor *adv* V. **alrededor**

derrengar <*5a derriengo; derrengué*> *vt* slombare, sfiancare

derret|imiento *m* fusione *f*; *fig* struggimento amoroso; **~ir** <*12 derrito*> **1.** *vt* fondere, liquefare, sciogliere; **2.** *(fig) ~se* innamorarsi pazzamente, struggersi; *fam* squagliarsi

derrib|ar 1. *vt* abbattere, demolire; *pol* rovesciare; **2.** *~se* crollare *vi*; **~o** 1. *m* demolizione *f*, abbattimento; crollo; 2. *mpl* macerie *fpl*

derrick *m ingl* derrick *inv*

derrocar <*derroqué*> *vt* precipitare, demolire, abbattere; rovesciare

derroch|ador, -ón *adj/s* scialacquatore; **~ar** *vt* scialacquare, sperperare; ~ *salud* scoppiare di salute; **~e** *m* sperpero, spreco

derrot|a *f* sconfitta, disfatta; *mar* rotta, rombo *m*; **~ar 1.** *vt* sconfiggere, vincere; distruggere; **2.** *(mar) ~se* uscir di rotta *vi*;

~**e** *m taur* ="cornata dal basso all'alto" *f*; ~**ero** *m* direzione *f*, verso; ~**ismo** *m* disfattismo; ~**ista** *m/f* disfattista
derruir <*14* V. *huir*> *vt* demolire, distruggere
derrumb|adero *m* precipizio, burrone; ~**amiento** *m* caduta *f*; franamento; ~**arse** precipitarsi; crollare *vi*
derviche *m* dervis *inv*
desabastec|er *vt* sprovvedere (*de* di); ~**ido** *adj* sprovvisto; ~**imiento** *m* mancanza, assenza (*de* di)
desaborido *adj* insipido, scipito
desabotonar *vt* sbottonare
desabrido *adj* sgradevole; uggioso; brusco
desabrig|ar <*desabrigué*> *vt* spogliare; ~**ado** *adj* scoperto, spogliato; sprotetto
desabrochar *vt* sbottonare; aprire
desacat|ar *vt* disubbidire *vi*, ribellarsi, mancare di rispetto *vi*; ~**o, -amiento** *m* irriverenza *f*; mancanza di rispetto *f*; insubordinazione *f*, insulto; ~*ato a la autoridad* resistenza a pubblico ufficiale
desacert|ado *adj* sbagliato, errato; erroneo; ~**ar** <*5a desacierto*> *vt* sbagliare, errare
desacidificar <*desacidifiqué*> *vt chim* disacidare
desacierto *m* errore, sbaglio; sciocchezza *f*
desacomodado *adj* disagiato; disagevole
desaconsej|ado *adj* sconsigliato; ~**ar** *vt* sconsigliare, dissuadere
desacoplar *vt* spaiare; separare
desacord|ar *vi* stonare; dissonare; ~**e** *adj* dissonante
desacostumbr|ado *adj* disabituato; insolito, inusitato; ~**ar** *vt* disabituare
desacotar *vt* liberare una bandita
desacralizar <*desacralicé*> *vt* desacralizzare; dissacrare
desacredit|ado *adj* screditato; ~**ar** *vt* screditare
desactivar *vt* disattivare, disinnescare
desacuerdo *m* disaccordo, discordanza *f*
desafecto 1. *adj* contrario; **2.** *m* disaffezione *f*, malvolere
desafiar <*2 desafío*> *vt* sfidare
desafin|ación *f* stonatura; ~**ar** *vi mus/fig* stonare
desafío *m* sfida *f*
desafor|ado *adj* smisurato; straordinario; illegale; ~**tunado** *adj* sfortunato
desafuero *m ius* violazione della legge *f*; privazione di diritti *f*; prepotenza *f*, abuso
desagraciar *vt* sgraziare; deturpare
desagrad|able *adj* sgradevole; disgustoso; ~**ar** *vi* spiacere; disgustare; ~**ecido** *adj* ingrato; ~**ecimiento** *m* ingratitudine *f*; ~**o** *m* dispiacere, disgusto
desagrav|iar *vt* riparare un oltraggio; risarcire; ~**io** *m* riparazione di oltraggio *f*; risarcimento
desagua|dero *m* canale di scolo, smaltitoio; sbocco; ~**r** <*desagüé*> *vt* prosciugare; sboccare; evacuare
desagüe *m* prosciugamento; sbocco, foce *f*, canale di scolo
desaguisado 1. *m* insulto, offesa *f*; **2.** *adj* guasto, sconcio; ingiusto, illegale
desahog|ado *adj* ampio, spazioso; agiato (*persona*); liberato; sfacciato; ~**ar 1.** *vt* allargare; alleviare; **2.** ~*se* sfogarsi; liberarsi; ~**o** *m* sfogo; sollievo; disinvoltura *f*; agiatezza *f*
desahuci|ado *adj/s* sfrattato (*casa*); dato per morto, spacciato (*enfermo*); ~**ar** *vt* togliere la speranza *vi*; spacciare; sfrattare (*casa*); ~**o** *m* sfratto (*casa*)
desair|ado *adj* disprezzato; umiliante; sgraziato; ~**ar** *vt* disprezzare, umiliare; ~**e** *m* sgarbo, disprezzo; trascuratezza *f*
desajust|ar *vt* scompigliare, scomporre; ~**e** *m* disaccordo; *tec* sregolazione *f*
desal|ación *f* dissalazione; desalinizzazione (*agua*); ~**ado** 1. dissalato; 2. affannato; ~**ar** *vt* dissalare; correre affannosamente
desalent|ador *adj* scoraggiante, avvilente; ~**ar** <*desaliento*> *vt fig* scoraggiare
desaliento *m* scoraggiamento, avvilimento
desalinar *vt* desalinizzare
desaliñ|ado *adj* sciatto, trasandato; arruffato; ~**ar** *vt* sciupare, disordinare; ~**o** *m* trascuratezza *f*, disordine, sciatteria *f*
desalmado *adj/s* crudele, inumano
desalojar *vt* sgombrare; sfrattare, scacciare
desalquilado *adj* sfittato
desampar|ado 1. *adj* abbandonato; indifeso, sprotetto; 2. *fig* derelitto, indigente; ~**ar** *vt* abbandonare; lasciare indifeso; ~**o** *m* abbandono; *ius* rinunzia *f*
desandar <*16* V. *andar*> *vt* rifare il cammino, retrocedere *vi*
desangelado *adj* insipido, sgraziato
desangrar *vt* dissanguare; prosciugare; smungere
desanidar *vt* snidare
desanim|ado *adj* disanimato, scoraggiato; ~**ar** *vt* disanimare, scoraggiare
desánimo *m* sconforto, scoraggiamento
desanudar *vt* snodare, slacciare, slegare
desapacible *adj* sgradevole; molesto
desapar|ecer <*13a desaparezco*> *vi* scomparire, sparire; ~**ecido** *adj/s* scomparso; *pol* desaparecido; ~**ición** *f* scomparsa
desapasionado *adj* spassionato
desapego *m* disinteressamento, indifferenza *f*; disaffezione *f*
desapercibido *adj* inavvertito; sprovveduto; *pasar* ~ passare inosservato
desaplic|ación *f* disapplicazione; negligenza; ~**ado** *adj* svogliato, negligente
desapolillarse *fam* sgranchirsi le gambe, uscire a prendere aria *vi*
desaprens|ión *f* mancanza di apprensione; noncuranza; ~**ivo** *adj* indifferente, noncurante; senza scrupoli
desaprob|ación *f* disapprovazione; ~**ar** <*8a desapruebo*> *vt* disapprovare
desaprovech|ado *adj* sprecato; trascurato; negligente; ~**ar** *vt* non profittare (di); sprecare; perdere il tempo
desarbolar *vt mar* disalberare

desarm|ar *vt* disarmare; smontare; **~e** *m* disarmo; ~ *nuclear* disarmo nucleare

desarraig|ar <*desarraigué*> *vt* sradicare, svellere; esiliare; **~o** *m* sradicamento; indifferenza *f*

desarregl|ado *adj* sregolato; disordinato; **~ar** *vt* disordinare, scompigliare; **~o** *m* disordine, scompiglio; sregolatezza *f*

desarrendar <*5a desarriendo*> *vt* sfittare

desarroll|ado *adj* sviluppato; **~ar 1.** *vt* sviluppare, svolgere; aumentare; **2.** *~se* svilupparsi, crescere *vi*; **~o** *m* sviluppo, svolgimento; crescita *f*, aumento; *plan de ~* piano di sviluppo; *en vías de ~* in via di sviluppo

desarroparse scoprirsi

desarrugar <*desarrugué*> *vt* spianare le grinze; *fig* distendersi

desarticular *vt* disarticolare

desas|eado *adj* disordinato, sudicio; **~irse** disfarsi (*de* di)

desasnar *vt* dirozzare, ingentilire

desasos|egar <*5a desasosiego; desasogué*> *vt* inquietare; **~iego** *m* inquietudine *f*

desastr|ado *adj* disgraziato, infausto; sciatto; **~e** *m* disastro; **~oso** *adj* disastroso, infausto

desatar 1. *vt* slegare, sciogliere; *fig* chiarire; **2.** *~se* 1. sfogarsi; 2. snodarsi; 3. scatenarsi; 4. svegliarsi

desatascar <*desatasqué*> *vt* sturare; liberare

desat|ención *f* disattenzione, distrazione; scortesia; **~ender** <*6 desatiendo*> *vt* non prestar attenzione *vi*, distrarsi; trascurare; disubbidire; **~ento** *adj* disattento, distratto; scortese

desatesoramiento *m* detesaurizzazione *f*

desatin|ado *adj* sbagliato; insensato; stordito; *ir ~* essere fuori strada; **~ar** *vi* sbagliare; dire insensatezze; far pazzie; **~o** *m* sbaglio; sproposito; pazzia *f*

desatornillar *vt* svitare

desatrancar <*desatranqué*> *vt* togliere la sbarra (da una porta); sturare

desautoriz|ación *f* disautorizzazione; discredito *m*; **~ar** <*desautoricé*> *vt* disautorare, spodestare, screditare; disautorizzare, smentire

desaven|encia *f* dissenso *m*; discordia; **~ido** *adj* inimicato; non armonizzato; *matrimonio ~* coppia in rotta; **~ir 1.** *vt* inimicare; mettere in discordia; **2.** *~se* inimicarsi

desaventajado *adj* inferiore; arretrato

desayun|ar(se) *vi* 1. far colazione; 2. *fig* venire a conoscenza, essere informato (*pasivo*); **~o** *m* colazione *f*

desaz|ón *m* inquietudine *f*, disgusto; **~onado** *adj* inquieto; disgustato; **~onar** *vt* inquietare, disgustare

desbancar <*desbanqué*> *vt* sbancare; superare

desbandada *f* sbandamento *m*; *a la ~* alla rinfusa

desbarajust|ar *vt* scompigliare, mettere a soqquadro; **~e** *m* disordine, scompiglio

desbaratar 1. *vt* scompigliare, guastare; *mil* sbaragliare, far fallire; **2.** *vi* spropositare

desbarbado *adj* sbarbato

desbarrar *vi fig* delirare, dire spropositi; svignarsela; sbagliare

desbast|ar *vt* digrossare, sgrossare; *fig* dirozzare; **~e** *m* digrossamento, sgrossatura *f*; dirozzamento

desbloquear *vt* sbloccare (*precios, salario*), scongelare

desboc|ado *adj* sboccato; **~ar** <*desboqué*> *vt/vi* sboccare

desbord|amiento *m* traboccamento; straripamento (*río*); **~ante** *adj* traboccante; **~ar 1.** *vi* traboccare; straripare (*río*); **2.** *vt* oltrepassare

desbr|iznar *vt* sminuzzare; togliere i fili *vi*; **~oce, ~ozo** *m agr* decespugliamento; **~ozar** <*desbrocé*> *vt agr* decespugliare

descabalar *vt* spaiare

descabalgar <*descabalgué*> *vi* scavalcare, smontare da cavallo

descabell|ado *adj* scapigliato; *fig* strampalato, illogico; **~ar** *vt taur* ="uccidere il toro con una stoccata alla nuca"; scapigliare; **~o** *m taur* stoccata alla nuca *f*

descabezar <*descabecé*> *vt* mozzare; decapitare; *~ un sueño* fare, schiacciare un sonnellino

descacharrante *adj fam* da ridere a crepapelle

descafeinado *adj* decaffeinato; *fig* leggero, insipido

descalabr|ado *adj* malconcio; danneggiato; **~ar** *vt* ferire alla testa; danneggiare; far male *vi*; **~o** *m* disastro, sconfitta *f*, contrattempo

descalcific|ación *f* decalcificazione; **~ar** <*decalcifiqué*> *vt* decalcificare

descalific|ación *f* dequalificazione; *sport* squalifica; **~ar** <*descalifiqué*> *vt* squalificare

descalz|ar <*descalcé*> *vt* scalzare; togliere la zeppa; **~o** *adj* scalzo

descaminado *adj* fuori cammino; sviato; *(fig) ir ~* essere fuori cammino/strada

descamis|ado 1. *adj* senza camicia; *fig* pezzente; **2.** *mpl Arg* ="operai fautori di Perón"; **~ar** *vt am* mandare in rovina; pelare

descampado 1. *adj* libero, scoperto; *en ~* all'aperto; **2.** *m* spiazzo, terreno (libero, scoperto)

descans|ar 1. *vi* riposare; calmarsi; dormire; appoggiarsi; pesare; basarsi; *¡descanse en paz!* riposi in pace!; *(mil) ¡descansen!* Riposo!; **2.** *vt* aiutare; **~illo** *m* pianerottolo; **~o** *m* riposo; sollievo; base *f*; *teatro* intervallo; pianerottolo

descapitalizar <*descapitalicé*> *vt* decapitalizzare

descapot|able *adj/m* decappottabile, cabriolet *fr/inv*; **~ar** *vt* decappottare

descar|ado *adj* sfacciato; **~arse** avere la faccia di dire o di fare qc *vi*

descarg|a *f* scarico *m*; scarica; *~ eléctrica* scarica elettrica; *~ de mercancías* scarico merci; *tubo de ~* tubo di scarico;

~**adero** *m* scalo; ~**ador** *adj/s* scaricatore; ~**ar** <*descargué*> **1.** *vt* scaricare; sparare (*arma*); **2.** *vi* sboccare; **3.** ~*se* sfogarsi; ~**o** *m* scarico; *ius/com* discarico; discolpa *f*; *testigo de* ~ testimone a discarico
descarn|ado *adj* scarnato; scarno; ~**ar** *vt* scarnare; scarnificare; scarnire; spiritualizzare; spogliare; *(fam)* ~*se (uno) por alg* spogliarsi (q) a favore di q
descaro *m* sfacciataggine *f*, sfrontatezza *f*
descarri|ado *adj* smarrito; traviato; fuorviato; *oveja* ~ pecorella smarrita; ~**arse** smarrirsi; traviarsi
descarril|adura *f*, ~**amiento** *m tras* deragliamento *m*; sviamento *m*; ~**ar** *vi tras* deragliare, uscire dalle rotaie/dai binari; sviare
descart|ar 1. *vt* scartare; respingere, rifiutare; **2.** ~*se* scartare *vt*; *raro* scusarsi; ~**e** *m* scarto; *raro* scusa *f*
descasca|rar *vt* sgusciare; sbucciare; ~**rillar** *vt* sbucciare; scortecciare
descast|ado *adj* snaturato, freddo con la famiglia; ~**ar** *vt* distruggere una razza
descen|dencia *f* discendenza, prole; stirpe; ~**dente** *adj* discendente; ~**der** <*6 desciendo*> **1.** *vi* discendere; scendere; cadere; derivare; **2.** *vt* metter giù; ~**diente** *m/f* discendente; ~**dimiento** *m* discesa *f*; deposizione *f*; ~**so** *m* discesa *f*; abbassamento; *com* ribasso, calo
descentr|ado *adj* decentrato; fuori ambiente; ~**alización** *f* decentramento *m*; decentralizzazione; ~**alizar** <*descentralicé*> *vt* decentrare, decentralizzare; ~**ar** *vt* decentrare
descerrajar *vt* scassinare una serratura; *fig* sparare
descifr|amiento *m* decifrazione *f*, decifFramento; ~**ar** *vt* decifrare
descimbrar *vt arch* togliere la centina
descinto *adj* discinto
desclavar *vt* schiodare; smontare una gemma
descoc|ado *adj* sfacciato; spudorato; ~**arse** <*descoqué*> mostrarsi sfacciato; ~**o** *m* sfacciataggine *f*, spudoratezza
descodific|ación *f* decodifica, decodificazione; ~**ador** *m* decodificatore; ~**ar** <*descodifiqué*> *vt* decodificare
descojonarse *(vulg)* pisciarsi addosso dalle risate
descolg|ado *adj* staccato; *fig* isolato, out *ingl/inv*, fuori dal giro; ~**ar 1.** <*descolgué*> *vt* staccare, calare; **2.** ~*se* lasciarsi cadere; discendere *vi*; apparire improvvisamente *vi*; fare un'uscita *vi*
descollar <*8a descuello*> *vi* emergere, risaltare, prevalere
descolor|ar, ~**ir** *vt* scolorire, stingere; ~**ido** *adj* scolorito, stinto
descomed|ido *adj* ineducato; eccessivo, esagerato; ~**imiento** *m* eccesso; scortesia *f*; ~**irse** <*12* V. *medir*> eccedere *vi*; mancare di riguardo *vi*
descompo|ner <*32* V. *poner*> *vt* scomporre, disordinare; indisporre; irritare; corrompere; ~**sición** *f* scomposizione; alterazione; putrefazione; ~**stura** *f* scomponimento *m*; incompostezza, sguaiataggine
descompr|esión *f* decompressione; ~**imir** *vt* decomprimere
descompuesto *adj* scomposto; alterato; putrefatto; con diarrea (*vientre*)
descomunal *adj* inaudito, enorme, madornale
desconcentr|ación *f econ* deconcentrazione; ~**ar** *vt* deconcentrare
desconcert|ado *adj* sconcertato, turbato, stupito, confuso; ~**ar** <*5a desconcierto*> *vt* sconcertare, confondere, turbare; scompigliare
desconchar *vt arch* scrostare; stonacare
desconcierto *m* sconcerto; scompiglio, disordine
descone|ctar *vt* sconnettere; *elec* staccare; isolare; ~**xión** *f* spegnimento *m*, sconnessione
desconfi|ado *adj* diffidato; diffidente, sospettoso (*persona*); ~**anza** *f* sfiducia, diffidenza; ~**ar** <*2 desconfío*> *vi* diffidare (*de* di)
descongel|ación *f* scongelazione; *econ* scongelamento *m*; ~**ar** *vt* scongelare
descongest|ión *f* decongestione; sgombro *m*; ~**ionar** *vt* decongestionare, sgombrare; decongestionare
desconoc|er <*13a conozco*> *vt* ignorare; non riconoscere; ~**ido** *adj* (*ser*) sconosciuto; (*estar*) distinto, diverso; ~**imiento** *m* ignoranza *f*
desconsider|ación *f* sconsiderazione; ~**ado** *adj* sconsiderato
desconsol|ación *f* desolazione; ~**ado** *adj* sconsolato; desolato, afflitto; ~**ador** *adj* desolante, sconfortante
desconsuelo *m* sconforto, desolazione *f*
descontado *adj* scontato; *dar por* ~ dare per cosa fatta; *por* ~ senza dubbio, certo
descontamin|ación *f* disinquinamento *m*, decontaminazione; ~**ar** *vt* decontaminare, disinquinare
descontar <*8a cuento*> *vt* scontare
descontent|adizo *adj* incontentabile; ~**ar** *vt* scontentare, disgustare; ~**o 1.** *adj* scontento, insoddisfatto; **2.** *m* dispiacere, malcontento
descontrol *m* perdita del controllo *f*; ~**arse** perdere il controllo *vi*
desconvoc|ación, -atoria *f* revoca; ~**ar** <*desconvoqué*> *vt* revocare
descoordinación *f* scoordinazione; scoordinamento *m*
descorazon|amiento *m* scoraggiamento, scoramento; ~**ar** *vt* scoraggiare, avvilire
descorch|ador *m* 1. scortecciatore di sughero; 2. cavatappi; ~**ar** *vt* 1. scortecciare il sughero; 2. stappare
descorrer 1. *vi* scorrere; **2.** *vt* ricorrere; tirare la tenda
descort|és *adj* scortese, sgarbato; ~**esía** *f* scortesia, sgarbatezza
descortezar <*descortecé*> *vt* scortecciare; *fig* dirozzare
descos|er 1. *vt* scucire; *no* ~ *la boca* non aprire bocca; **2.** ~*se* scucirsi; *fig/vulg* dire un segreto *vi*; *vulg* scoreggiare *vi*; ~**ido 1.**

adj 1. scucito; 2. indiscreto; 3. disordinato; **2.** *m* scucitura *f*; *estudiar, reír como un* ~ studiare, ridere come un matto; *como un* ~ molto
descoyunt|amiento *m* slogamento, lussazione *f*; **~ar 1.** *vt* slogare, lussare; *fig* seccare; **2.** *~se* slogarsi; *~se de risa* crepare/sbellicarsi dalle risa
descrédito *m* discredito
descre|ído *adj* incredulo, miscredente; **~imiento** *m* incredulità *f*
descremar *vt* scremare
describir *vt* descrivere; disegnare
descrip|ción *f* descrizione; *ius* inventario *m*; **~tivo** *adj* descrittivo
descrismar 1. *vt fig* rompere la testa *vi*; **2.** *~se* scervellarsi
descuajar *vt* squagliare; liquefare; *agr* sradicare; **~ingar** <*descuajaringué*> **1.** *vt* disfare; spappolare; **2.** *~se de risa* crepare dalle risa/dal ridere
descuartizar <*descuarticé*> *vt* squartare
descubiert|a *f mar/mil* ricognizione, esplorazione; **~o 1.** *adj* scoperto; *al* ~ allo scoperto; **2.** *m com* scoperto, deficit
descubr|idor *m* scopritore; *mil* esploratore; **~imiento** *m* scoperta *f*; rinvenimento; **~ir 1.** *vt* scoprire; **2.** *~se* scoprirsi; togliersi il cappello
descuento *m* sconto; detrazione *f*
descuid|ado *adj* trascurato; negligente, noncurante; sciatto (*aspecto*); sprovveduto; **~ar 1.** *vt* trascurare; distrarre; non preoccupare; *descuida* non ti preoccupare; **2.** *~se* distrarsi; non stare attento *vi*; **~ero: ~ (de coches)** *m* topo d'auto; **~o** *m* distrazione *f*; dimenticanza *f*; negligenza *f*; trascuratezza *f*
desde *prep* da; ~ *que* da quando; ~ *entonces* da allora; ~ *luego* naturalmente; ~ *hace años* da anni; ~ *niño* fin da bambino; ~ *un principio* sin/fin dal principio
desdecir <*24* V. *decir*> **1.** *vt* disdire, ritrattare, smentire; **2.** *~se* contraddirsi
desdén *m* disdegno, sdegno; *al* ~ con trascuratezza
desdentado 1. *adj* sdentato; **2.** *mpl zool* maldentati
desdeñ|able *adj* spregevole; **~ar** *vt* disprezzare *vt*, disdegnare; **~oso** *adj* sdegnoso
desdibujar *vt* sgorbiare
desdicha *f* sfortuna, disgrazia; miseria; **~do** *adj* sfortunato, sventurato; disgraziato; misero
desdobl|amiento *m* sdoppiamento; **~ar** *vt* sdoppiare; distendere
desdor|ar *vt* sdorare; **~o** *m* disdoro, disonore
dese|able *adj* desiderabile; **~ar** *vt* desiderare; augurare, auspicare; *dejar bastante que* ~ lasciare a desiderare
desec|ación *f* disseccazione; essiccazione; **~ar** <*desequé*> *vt* disseccare; essiccare
desech|able *adj* a perdere, usa e getta; **~ar** *vt* scartare; rifiutare; scacciare; **~o** *m* rifiuto, scarto, scoria *f*; *fig* disprezzo; *am* scorciatoia *f*
desembal|aje *m* sballatura *f*; **~ar** *vt com* sballare
desembar|azado *adj* sbarazzato, libero; *fig* disinvolto; **~azar** <*desambaracé*> *vt* sbarazzare, sgombrare; disoccupare; liberare (*de* da); **~azo** *m* disinvoltura *f*, spigliatezza *f*
desembar|cadero *m* sbarcatoio; **~car** <*desembarqué*> *vt/vi* sbarcare; scendere; **~co, ~que** *m* sbarco
desembargar <*desembargué*> *vt ius* togliere il sequestro
desemboc|adura *f* sbocco *m*; foce; **~ar** <*desemboqué*> *vi* sboccare; sfociare
desembols|ar *vt* sborsare; **~o** *m* sborso, versamento; spesa *f*
desemboque *m* sbocco
desembozar <*desembocé*> *vt* 1. sturare; 2. smascherare
desembra|gar <*desembragué*> *vt tec* staccare/disinnestare la frizione; **~gue** *m tec* stacco/disinnesto della frizione
desembrollar *vt* sbrogliare; sciogliere
desembuchar *vt* vuotare il gozzo; *fig/pop* vuotare il sacco
desemp|acho *m* disinvoltura *f*; **~añar** *vt* disappannare; **~apelar** *vt* scartare, scartocciare; togliere la carta da parati; **~aquetar** *vt* disfare un pacchetto, spacchettare
desempat|ar *vt/vi* fare lo spareggio *vi*; *pol* fare il ballottaggio *vi*; **~e** *m* spareggio; *pol* ballottaggio
desempeñ|ar *vt* 1. disimpegnare; 2. rappresentare, svolgere; **~o** *m* disimpegno; esercizio
desempleo *m* disoccupazione *f*
desempolv|ar *vt* spolverare; *fig* metter fuori; **~adura** *f* spolveratura
desenamorarse disamorarsi
desencadenar *vt* provocare; scatenare
desencajar 1. *vt* slogare; strappare; scassinare; *ojos desencajados* occhi sbarrati; **2.** *~se* alterarsi, impallidire *vi*
desen|cantar *vt* disincantare; disilludere; **~canto** *m pol* riflusso, delusione *f*
desen|carcelar *vt* scarcerare; **~chufar** *vt* disinnestare; staccare (la spina, il ferro da stiro…); **~corvar** *vt* raddrizzare; **~cuadernar** *vt* squadernare
desenf|adado *adj* disinvolto; spigliato; **~ado** *m* disinvoltura *f*, spigliatezza *f*
desenfoc|ado *adj* sfocato; **~ar** <*desenfoqué*> *vt* sfocare
desenfren|ar *vt* sfrenare; scatenare; **~o** *m* sfrenatezza *f*
desenfundable *adj* sfoderabile
desenganchar 1. *vt* sganciare; staccare; **2.** *~se* disintossicarsi, uscire dal giro (*droga*)
desengañ|ar *vt* disingannare; disilludere; **~o** *m* disinganno; disillusione *f*
desengrasar *vt* sgrassare
desenlace *m* slegamento; *fig* scioglimento, epilogo, finale
desenma|rañar *vt* districare; sbrogliare, sgrovigliare; *fig* chiarire; **~scarar** *vt* smascherare
desenr|edar *vt* sciogliere; districare; lisciare (*pelo*); **~ollar** *vt* sviluppare; svolgere;

~**oscar** <*desenrosqué*> *vt* svitare; stendere

desentenderse <*6 desentiendo*> disinteressarsi (*de* di), non occuparsi (*de* di); fare orecchi da mercante *vi*; *hacerse el desentendido* fare l'indiano/lo gnorri; fare orecchi da mercante

desenterrar *vt* esumare, dissotterrare

desentonar 1. *vi* stonare; **2.** *vt* umiliare

desentrañar *vt* sventrare; *fig* decifrare

desentrenado *adj* disabituato; non allenato

desentumecer <*13a desentumezco*> *vt* sgranchire; ~ *las piernas* sgranchire le gambe

desenvainar *vt* sguainare, sfoderare

desenvol|tura *f* disinvoltura, spigliatezza; ~**ver** <*43* V. *volver*> **1.** *vt* svolgere; **2.** ~*se* svilupparsi; districarsi; cavarsela

desenvuelto *adj* disinvolto, spigliato

deseo *m* desiderio; voglia *f*; speranza *f*; *arder en ~s de/por* bramare; *venir en ~ de* desiderare; venire la voglia di; ~**so** *adj* desideroso; bramoso; ansioso

desequilibr|ado *adj* squilibrato; ~**ar** *vt* squilibrare; ~**io** *m* squilibrio

deser|ción *f* diserzione; abbandono *m*; ~**tar 1.** *vi* disertare; *ius* abbandonare un appello

desértico *adj* desertico

desertización *f* desertificazione

desertor *m* disertore

desesper|ación *f* disperazione; ~**ado** *adj* disperato; ~**ante** *adj* disperante; esasperante; ~**anza** *f* scoramento *m*; ~**anzar** <*desesperancé*> *vt* togliere la speranza; ~**ar** *vt/vi* disperare; esasperare; ~**o** *m am/reg* disperazione *f*

desestabiliz|ación *f* destabilizzazione; ~**ar** <*desestabilicé*> *vt* destabilizzare

desestim|ación *f* disprezzo *m*; negazione; rifiuto *m*; *ius* diniego *m*; ~**ar** *vt* ricusare, respingere, rifiutare, rigettare

desfachatez *f* sfacciataggine

desfalc|ar <*desfalqué*> *vt com* defalcare; scavalcare; ~**o** *m* defalco; ammanco; *ius* falcidia *f*

desfallec|er <*13a desfallezco*> **1.** *vi* svenire; **2.** *vt* indebolire; ~**imiento** *m* svenimento; indebolimento

desfas|ado *adj* sfasato; *fig* di idee antiquate, antiquato; ~**aje, -e** *m* sfasamento, sfasatura *f*; gap *ingl*; ~**ar** *vt* sfasare

desfavor|able *adj* sfavorevole; ~**ecer** <*13a desfavorezco*> *vt* sfavorire, non favorire

desfigur|ación *f* deformazione, alterazione; ~**ar** *f* sfigurare; alterare

desfil|achar *vt* sfilacciare; ~**adero** *m* passo, gola *f*; ~**ar** *vi* sfilare; *fig* passare; ~**e** *m* sfilata *f*

desflor|ación *f med* deflorazione; sfioramento *m*; ~**ar** *vt med* deflorare; sfiorare; ~**ecer** <*13a desflorezco*> *vi* sfiorire

desfo|garse <*desfogué*> sfogarsi; ~**gue** *m* sfogo; sfiato

desfondar *vt* sfondare; *agr* arare profondo

desforest|ación *f* deforestazione; ~**ar** *vt* deforestare

desgaire *m* noncuranza *f*, indifferenza *f*

desgajar *vt* strappare

desgana *f* inappetenza; svogliatezza; ~**rse** perdere l'appetito *vi*; stufarsi

desgañitarse sgolarsi, sfiatarsi

desgarbado *adj* sgarbato, sgraziato

desgarr|ado *adj* 1. lacerato, stracciato; 2. *fig* sfacciato; ~**ador** *adj* straziante, lacerante; ~**ar** *vt* lacerare, stracciare; sbranare; *fig* straziare; ~**o** *m* strappo; *fig* sfacciataggine *f*; ~**ón** *m* strappo

desgast|ar *vt* consumare, logorare, sciupare; indebolire; ~**e** *m* consumo, deterioramento; *fig* deperimento

desglos|ar *vt* separare, suddividere; togliere le chiose; ~**e** *m cine* découpage *fr*; *fig* distacco, separazione *f*, suddivisione *f*

desgobierno *m* sgoverno

desgra|cia *f* disgrazia; sfortuna; *caer en ~* cadere in disgrazia; *por ~* per disgrazia, sfortunatamente; *las ~s nunca vienen solas* le disgrazie non vengono mai sole; ~**ciado** *adj/s* disgraziato, sfortunato; ~**ciar 1.** *vt* storpiare, rovinare; **2.** ~*se* sciuparsi, guastarsi; fallire *vi*

desgra|nar *vt* sgranare; ~**sar** *vt* sgrassare

desgrav|ación *f* sgravio *m*; ~ *fiscal* sgravio/deduzione fiscale; ~**ar** *vt* sgravare

desgreñ|ado *adj* scapigliato, scarmigliato; ~**ar** *vt* spettinare; arruffare

desgua|ce *m* smantellamento, demolizione *f*; ~**zar** <*desguacé*> *vt* smantellare, demolire

deshabitado *adj* disabitato

deshabituar <*deshabitúo*> *vt* disabituare

deshacer <*26* V. *hacer*> **1.** *vt* disfare; distruggere, rovinare; fondere; sconfiggere; **2.** ~*se* struggersi; estenuarsi; svanire *vi*; disfarsi; ~*se en elogios* esaltare con lodi

desharrapado *adj* cencioso

deshecho 1. *adj* disfatto; rotto; distrutto; *tempestad ~a* tempesta violenta; **2.** *m am* scorciatoia *f*

deshelar <*5a deshielo*> **1.** *vt* sgelare; **2.** *vi* sgelare, sciogliersi

desh|erbar <*5a deshierbo*> *vt* diserbare; ~ **ierbe** *m tec/agr* diserbo, escarda *f*

desheredar *vt* diseredare

deshidrat|ación *f* disidratazione; ~**ar** *vt* disidratare

deshielo *m* disgelo, sgelo

deshil|achar *vt* sfilacciare; ~**ar** *vt* sfilare

deshilvan|ado *adj fig* sconclusionato; sbastito; ~**ar** *vt* sbastire

deshinch|ado *adj* sgonfio; ~**ar** *vt* sgonfiare; ~**adura** *f* sgonfiatura, sgonfiamento *m*

deshojar *vt* sfogliare

deshollin|ador *m* spazzacamino (*persona*); spazzola per il camino *f*; ~**ar** *vt* spazzare il camino

deshon|estidad *f* disonestà; impudicizia; ~**esto** *adj* disonesto; impudico; ~**or** *m* disonore; ~**ra** *f* disonore *m*; infamia; ~**rar** *vt* disonorare, infamare; ~**roso** *adj* disonorevole, indecoroso

deshora *f* ora indebita; *a ~* inopportunamente

deshuesar *vt* disossare

deshuman|ización *f* disumanizzazione; ~**izar** <*deshumanicé*> *vt* disumanizzare; ~**o** *adj* disumano
deshumedecer <*13a deshumedezco*> *vt* disumidire
desid|ia *f* negligenza, inerzia, pigrizia; ~**ioso** *adj* pigro, accidioso
desierto 1. *adj* deserto, disabitato; *quedar* ~ andare deserto; **2.** *m* deserto; *predicar en el* ~ predicare al deserto
design|ación *f* designazione; ~**ar** *vt* designare, proporre; progettare; ~**io** *m* proposito, progetto
desigual *adj* ineguale, irregolare; ~**ar 1.** *vt* disuguagliare; **2.** ~*se* differenziarsi; emergere *vi*; ~**dad** *f* disuguaglianza
desilus|ión *f* delusione, disillusione; ~**ionar** *vt* deludere, disilludere
desincentivar *vt* disincentivare
desincrustar *vt* disincrostare
desinencia *f ling* desinenza
desin|fección *f* disinfezione; ~**fectante** *adj/s* disinfettante; ~**fectar** *vt* disinfettare
desin|flación *f* disinflazione; ~**flamar** *vt* disinfiammare; ~**flar** *vt* sgonfiare; ~**formación** *f* disinformazione; ~**formar** *vt* non informare
desinhib|ición *f* disinibizione; ~**ir** *vt* disinibire
desintegr|ación *f* disintegrazione; ~**ar** *vt* disintegrare
desinter|és *m* disinteresse; ~**esado** *adj* disinteressato; ~**esarse** disinteressarsi
desintoxic|ación *f* disintossicazione; ~**ar** <*desintoxiqué*> *vt* disintossicare
desinversión *f* disinvestimento *m*
desisti|miento *m* desistenza *f*; ~**r** *vi* desistere (*de* da); smettere (*de* di)
desleal sleale; ~**tad** *f* slealtà
desle|ído *adj* diluito, sciolto; ~**ír** <*34 deslío*> *vt* diluire, sciogliere, stemperare
deslenguado *adj/s* sboccato; linguacciuto
desliar <*2 deslío*> *vt* slegare, slacciare
deslig|adura *f* slegatura; ~**ar** <*desligué*> *vt* slegare; sciogliere; svincolare; dispensare; *mus* staccare
deslind|ar *vt* delimitare; separare; ~**e** *m* delimitazione *f*; limite
desliz *m* scivolone; *fig* fallo, errore involontario; ~**able** *adj* sdrucciolevole; ~**amiento** *m* sdrucciolone; slittamento; ~**ar** <*deslicé*> **1.** *vi* sdrucciolare, scivolare, slittare; **2.** *vt* far correre; **3.** ~*se* guizzare *vi*; svignarsela
deslomarse sfiancarsi; sfacchinare *vi*
desluc|ido *adj* sbiadito; scialbo; mal riuscito; ~**imiento** *m* mancanza di splendore *f*; ~**ir** <*13b luzco*> *vt* togliere lustro *vi*; sbiadire
deslumbr|ador *adj* abbagliante; abbagliatore; ~**amiento** *m* abbaglio, abbagliamento; offuscamento; ~**ar** *vt* abbagliare; offuscare
deslustrar *vt* dislustrare; smerigliare (*vidrio*); *fig* denigrare
desmadr|ado *adj* privo di madre; *fam* incontrollato; ~**arse** perdere il controllo *vi*, dare i numeri *vi*; ~**e** *m fam* caos, disordine
desmán *m* eccesso; disordine; abuso; *zool* desman
desmandarse eccedere *vi*, mancare di rispetto *vi*; appartarsi
desmanotado *adj* maldestro, inetto; tardo
desmantel|amiento *m* smantellamento, demolizione *f*; ~**ar** *vt* smantellare, demolire
desmañado *adj* inabile, goffo
desmaquill|ador *m* detergente (da strucco)/(per occhi, viso); ~**arse** struccarsi
desmarcar <*desmarqué*> **1.** *vt* staccare; **2.** ~*se* smarcarsi, dissentire *vi* (*de* da)
desmay|ado *adj* svenuto; pallido, smorto; debole; ~**arse** svenire *vi*; scoraggiarsi; ~**o** *m* svenimento, deliquio
desmed|ido *adj* smisurato, esagerato; ~**irse** <*12* V. *medir*> esagerare *vi*, eccedere *vi*
desmedr|ar *vt/vi* deteriorare, peggiorare; decadere *vi*; ~**o** *m* peggioramento, decadenza *f*; calo
desmejorar *vt* deteriorare; sciupare
desmelenado *adj* spettinato, scapigliato
desmembr|ación *f*, **-amiento** *m* smembramento *m*; ~**ar** <*5a desmiembro*> *vt* smembrare
desmemori|ado *adj* smemorato; ~**arse** scordarsi, dimenticarsi
desment|ida *f*, ~**ido** *m* smentita *f*; ~**ir** <*10 desmiento*> *vt* smentire
desmenuzar <*desmenucé*> *vt* spezzettare, sbriciolare; *fig* fare a pezzetti
desmerec|edor *adj* immeritevole; ~**er** <*13a merezco*> *vt/vi* non meritare *vt*; demeritare; sfigurare *vi*; ~**imiento** *m* demerito
desmesur|a *f* eccesso *m*; ~**ado** *adj* smisurato, eccessivo; esagerato; sfacciato; ~**arse** eccedere *vi*
desmiga(ja)r <*desmigué*> *vt* sbriciolare, sminuzzare
desmilitariz|ación *f* smilitarizzazione; ~**ar** <*desmilitaricé*> *vt* smilitarizzare
desmirriado *adj* rachitico, magro
desmistific|ación *f* demistificazione; ~**ar** <*desmistifiqué*> *vt* demistificare
desmitific|ación *f* demitizzazione, smitizzazione; ~**ar** <*desmitifiqué*> *vt* demitizzare, smitizzare
desmoch|ar *vt* mozzare; *agr* potare; ~**e** *m* mozzatura *f*; *agr* potatura *f*; ~**o** *m* rami potati *mpl*
desmonetización *f com* demonetizzazione, deprezzamento della moneta *m*
desmont|able *adj* smontabile; ~**aje** *m* smontaggio; ~**ar 1.** *vi* scendere/smontare da cavallo; appiedarsi; **2.** *vt* 1. smontare; 2. *a. fig* disarmare; 3. spianare (*terreno*); 4. *agr* diboscare; ~**e** *m* diboscamento; terreno diboscato o spianato
desmoraliz|ación *f* demoralizzazione; scoramento *m*; ~**ador** *adj* demoralizzante; scoraggiante; ~**ar** <*desmoralicé*> *vt* demoralizzare; scoraggiare, avvilire
desmoron|amiento *m* franamento; caduta *f*; ~**arse** disfarsi, dissolversi
desmotiv|ación *f* demotivazione; ~**ar** *vt* demotivare

desmoviliz|ación *f mil* smobilitazione; ~**ar** <*desmovilicé*> *vt mil* smobilitare
desnacionaliz|ación *f pol/econ* snazionalizzazione, denazionalizzazione; *econ* riprivatizzazione; ~**ar** <*desnacionalicé*> *vt* snazionalizzare, denazionalizzare, riprivatizzare
desnat|adora *f* scrematrice; ~**ar** *vt* scremare
desnaturaliz|ación *f* snazionalizzazione; snaturamento *m*; *chim* denaturazione; ~**ar** <*desnaturalicé*> *vt* snaturare; *chim* denaturare
desnivel *m* dislivello; ~**ar** *vt* produrre dislivello
desnucar <*desnuqué*> *vt* rompere il collo *vi*
desnud|ar 1. *vt* denudare, spogliare; ~ *un santo para vestir a otro* scoprire un altare per ricoprirne un altro; **2.** ~*se* spogliarsi; ~**ez** *f* nudità; schiettezza; ~**ismo** *m* nudismo; ~**ista** *m/f* nudista; ~**o 1.** *adj* nudo, ignudo; spoglio, privo; schietto; ~ *como Dios lo trajo al mundo* nudo come mamma l'ha fatto/come un verme; *poner al* ~ mettere a nudo; *verdad* ~ verità nuda e cruda; **2** *m pitt* nudo
desnutr|ición *f* denutrizione; ~**ido** *adj* denutrito, macilento
desobed|ecer < *13a obedezco*> *vt* disobbedire *vi/vt*, disubbidire *vi/vt*; ~**iencia** *f* disubbidienza; ~**iente** *adj* disubbidiente
desocup|ación *f* disoccupazione; ~**ado** *adj* disoccupato, sfaccendato; ~**ar 1.** *vt* disoccupare, sgomberare, vuotare; **2.** ~*se* sbarazzarsi (*de* di)
desodor|ante *adj/m* deodorante; ~**izar** <*desodoricé*> *vt* deodorare
desoír <*30* V. *oír*> *vt* non ascoltare, non badare *vi*
desojarse *fig* cavarsi gli occhi
desol|ación *f* desolazione; ~**ador** *adj* desolatore; ~**ar 1.** *vt* devastare; desolare, sconsolare; **2.** ~*se* desolarsi, affliggersi
desollar *vt* scuoiare; pelare; ~ *vivo (a alg)* mangiarsi (q) vivo
desorbit|ado *adj* smisurato, esagerato; *con ojos* ~*s* con occhi fuori dalle orbite; ~**ar** *vt* esagerare
desorden *m* disordine; ~**ado** *adj* disordinato; ~**ar** *vt* disordinare
desorejado *adj* vile
desorganiz|ación *f* disorganizzazione; ~**ar** <*desorganicé*> *vt* disorganizzare
desorient|ación *f* disorientamento *m*; ~**arse** disorientarsi
desov|ar <*8a deshuevo*> *vi zool* deporre le uova; ~**e** *m* deposizione delle uova *f*; fregola *f*
desovillar *vt* sgomitolare; *fig* sgrovigliare; animare
desoxi|dar *vt* disossidare; ~**genar** *vt* disossidare; ~**rribonucleico** *adj* desossiribonucleico (*ácido*) **despabil|aderas** *fpl* smoccolatoie; ~**ado** 1. *fig* sveglio, intelligente; 2. smoccolato; ~**ar 1.** *vt* 1. svegliare, sveltire; 2. smoccolare; **2.** ~*se* svegliarsi, sveltirsi
despach|aderas *fpl* agilità/sbrigatività negli affari *f*; *tener buenas* ~ essere sbrigativo; ~**ar 1.** *vt* sbrigare; spedire (*correo*); licenziare (*a alg*); vendere; servire (*a alg*); *fam* far fuori; **2.** ~*se* sfogarsi; sbrigarsi; ~**o** *m* 1. *adm* spaccio, disbrigo; 2. ufficio, studio (*lugar*); 3. dispaccio, telegramma (*comunicaciones*); 4. spaccio, vendita *f* (*ventas*)
despachurrar *vt* schiacciare, spappolare; disfare; *fig* sbalordire, sconcertare
despaci|o *adv* adagio, piano piano; lentamente; a bassa voce; ~**to** *adv* pian pianino; ~ *y buena letra* pian pianino; chi va piano va sano e va lontano
despagado *adj* deluso; *quedarse* ~ restare deluso, disilluso
despampanante *adj* attraente, vistoso, appariscente
despanzurrar *vt* sventrare, spappolare
despare|ado *adj* spaiato; ~**o** *adj* dispari *inv*; disuguale
desparpajo *m* disinvoltura *f*, spigliatezza *f*, faccia tosta *f*; *am* disordine
desparram|ado *adj* sparso; sparpagliato; ~**ar** *vt* spargere, versare; sparpagliare; *fig* dissipare; sprecare
despatarrado *adj fama* gambe aperte; a bocca aperta; *quedarse* ~ restare a pancia all'aria, a gambe larghe; restare a bocca aperta
despavorido *adj* spaurito, sbigottito
despech|ar *vt* indispettire, indignare; ~**o** *m* dispetto, indignazione *f*; *a* ~ *de* a dispetto di, malgrado; *por* ~ per dispetto
despechugado *adj fam* con il collo sbottonato e aperto
despectivo *adj/m* spregiativo, dispregiativo *ling*
despedazar <*despedacé*> *vt* spezzettare, spezzare; *fig* lacerare, straziare
desped|ida *f* commiato *m*, congedo *m*; licenza; festa d'addio; saluto *m*; *dar la* ~ salutare; dare l'addio; ~ *de soltero* festa d'addio al celibato; ~**ir** <*12* V. *pedir*> **1.** *vt* 1. salutare; congedare; 2. licenziare (*trabajo*); 3. lanciare, tirare; 4. diffondere; mandar fuori; *salir despedido* essere lanciato in fuori; **2.** ~*se* 1. salutare *vt*, congedarsi; 2. dire addio *vi*
despeg|ado *adj* staccato, scollato; freddo; ~**ar** <*despegué*> **1.** *vt* staccare, scollare; allontanare; **2.** *vi aer* decollare; ~**o** *m* indifferenza *f*, disinteresse
despegue *m aer* decollo
despeinar *vt* spettinare
despej|ado *adj* sgombro; ampio, spazioso (*espacio*); sereno; sveglio; ~**ar 1.** *vt* sgombrare; sfollare; *mat* risolvere; **2.** ~*se meteo* schiarirsi, rassenerarsi; svegliarsi; sfebbrarsi; ~**e** *m sport* rinvio della palla; ~**o** *m* sgombro; spigliatezza *f*
despellejar *vt* spellare, scorticare; *fig* parlar male di *vi*; spellare, sputtanare
despel|otarse *(vulg)* spogliarsi/mettersi nudo *est*; ~**ote** *m vulg/fam* nudo *est*; stramberia *est*
despeluznante *adj* terrificante
despenaliz|ación *f ius* depenalizzazione; ~**ar** <*despenalicé*> *vt* depenalizzare

despens|a *f* dispensa; *am* negozio di alimentar *m*; ~**ero** *m* dispensiere
despeñ|adero *m* precipizio, burrone; ~**ar** *vt* precipitare, buttar giú
despepitarse strillare *vi*; affannarsi; *fam* andare pazzo per qc *vi*
desperdic|iar *vt* sprecare, sciupare; perdere; ~**io** *m* sciupio, spreco; avanzo, scarto; *no tener* ~ essere completo, perfetto
desperdigar <*desperdigué*> *vt* spargere
desperezarse <*desperecé*> sgranchirsi; spigrirsi
desperfecto *m* guasto; difetto
despert|ador *m* sveglia *f*; *fig* avviso; ~**ar** <*5a despierto*> **1.** *vt* svegliare, destare; *fig* suscitare, stimolare; **2.** ~*se* svegliarsi; scaltrirsi
despiadado *adj* spietato, inumano, crudele
despido *m* licenziamento
despierto *adj* (*estar*) sveglio, desto; (*ser*) furbo, astuto; *soñar* ~ sognare ad occhi aperti
despilfarr|ado *adj* sciupone; cencioso; ~**ador** *adj/s* scialacquatore; sciupone; ~**ar** *vt* scialacquare, sperperare; sciupare; ~**o** *m* sciupio, sperpero
despimpollar *vt agr* spollonare
despinochar *vt agr* spannocchiare
despiojar *vt* spidocchiare; *fig* togliere dalla miseria
despist|ado *adj* distratto, disorientato; ~**ar 1.** *vt* distrarre, disorientare; sviare; **2.** ~*se* distrarsi; perdersi, andar fuori strada *vi*; ~**e** *m* distrazione *f*; confusione *f*; *llevar un* ~ non raccapezzarsi
desplant|ar *vt* svellere, sradicare; ~**e** *m* 1. *fig* frase *f* o gesto arrogante o provocatorio; *hacer un* ~ *a alg* essere arrogante con q; 2. posizione irregolare *f* (*danza*); 3. *taur* voltata di spalle *f*
desplaz|ado *adj/s* spostato; ~**amiento** *m* spostamento, dislocamento; ~**ar** <*desplacé*> **1.** *vt* spostare; sostituire; **2.** ~*se* spostarsi
desplegar <*desplegué*> *vt* spiegare, distendere; *mil* stendere; sviluppare; *(mar)* ~ *las velas* spiegare le vele al vento
despliegue *m* spiegamento
desplom|ar 1. *vt* far cadere; **2.** ~*se* precipitare *vi*, crollare *vi*; ~**e** *m* strapiombo; crollo
desplumar *vt* spennare, pelare
despobl|ación *f*, ~**amiento** *m* spopolamento *m*; ~**ar** <*8a pueblo*> *vt* spopolare
despoj|ar *vt* spogliare, privare; *ius* espropriare; ~**o** 1. *m* spo(g)liazione *f*; bottino, presa *f*; 2. *mpl* rigaglie *fpl*, frattaglie *fpl*; avanzi; spoglie mortali *fpl*
despolariz|ación *f* depolarizzazione; ~**ar** <*despolaricé*> *vt* depolarizzare
despolitiz|ación *f* depoliticizzazione, spoliticizzazione; ~**ar** <*despoliticé*> *vt* depoliticizzare
despolvorear *vt* spolverare; *am* spolverizzare
desportillado *adj* con l'orlo scheggiato
despos|ado 1. *adj* 1. sposato; 2. ammanettato; **2.** *m* sposo; *los recién* ~*s* i novelli sposi; ~**arse** sposarsi; ~**eer** <*desposeyó*> *vt* spogliare; spossessare; ~**orios** *mpl* sponsali
déspota *m* despota
despótico *adj* dispotico
despotismo *m* 1. dispotismo; ~ *ilustrado* dispotismo illuminato; 2. prepotenza *f*
despotricar <*despotriqué*> *vi* parlare a vanvera (*de* di), brontolare; parlar male (*de* di)
despreci|able *adj* spregevole; ~**ar** *vt* disprezzare; ~**ativo** *adj* dispregiativo; ~**o** *m* disprezzo; disdegno
desprend|er 1. *vt* staccare; emanare; **2.** ~*se* separarsi (*de* da); privarsi (*de* di), rinunciare (*de* a) *vi*; dedursi, emanar *vi* (*de* da); ~**ido** *adj* disinteressato; generoso, splendido; ~**imiento** *m* 1. distacco; 2. *geogr* franamento; frana *f*; caduta massi *f* (*peligro*); 3. *fig* generosità *f*, disinteresse; *cient* scarica *f*; *eccl* deposizione *f*; ~ *de retina* distacco di retina
despreocup|ación *f* spensieratezza, indifferenza; ~**ado** *adj/s* spensierato, indifferente; ~**arse** non preoccuparsi; non darsi pensiero
desprestigi|ar *vt* screditare, esautorare; ~**o** *m* scredito
despresurización *f* depressurizzazione
desprevenido *adj* impreparato; sprovvisto; *coger (a alg)* ~ cogliere (q) alla sprovvista
despro|porción *f* sproporzione; ~**porcionado** *adj* sproporzionato
despropósito *m* sproposito, errore
despro|veer <*42* V. *ver*> *vt* sprovvedere, privare (*de* di) *vi*; ~**visto** *adj* sprovvisto, privo (*de* di)
después 1. *adv* dopo, poi; *hasta* ~ a dopo, a piú tardi; **2.** *prep* dopo; ~ *de mí, ti, él*...dopo di me, te, lui...; ~ *de todo* dopo tutto
despunt|ar *vt/vi* spuntare; sorgere *vi*; *bot* germogliare *vi*, spuntare *vi*; *fig* emergere *vi*; ~**e** *m* spuntatura *f*; *am* legna minuta *f*
desquiciar 1. *vt* scardinare, sgangherare; *fig* far uscire dai gangheri; turbare; sconquassare; **2.** *(fig)* ~*se* perdere l'uso della ragione *vi*
desquit|arse rifarsi; risarcirsi; prendere la rivincita *vi*; vendicarsi; ~**e** *m* risarcimento; rivincita *f*; vendetta *f*
desratizar <*desraticé*> *vt* derattizzare
desriñonar *vt* slombare, sfiancare
desrizar <*desricé*> *vt* stirare (*el pelo*)
destac|ado *adj* importante, famoso; ~**amento** *m mil* distaccamento; ~**ar** <*destaqué*> **1.** *vt pitt* mettere in risalto; *mil* distaccare; **2.** *vi* emergere, risaltare (*sobre* su)
destaj|ista *m/f* cottimista; ~**o** *m* cottimo; *(a. fig) a* ~ a cottimo
destap|ar 1. *vt* stappare; scoprire, scoperchiare; **2.** ~*se* confidarsi con q; ~**e** *m* scoperchiamento; *cine/teatro* nudo erotico o pornografico; *fig* liberalizzazione dei costumi *f*; *desp* libertinaggio; ~**iado 1.** *adj* non recinto; **2.** *m* terreno aperto

destaponar *vt* stappare, sturare
destartalado *adj* disordinato; sconquassato
destejer *vt* stessere, disfare un tessuto
destell|ar *vi* brillare, rifulgere; **~o** *m* raggio, brillo, scintillio, sprazzo di luce
destempl|ado *adj mus* stonato, discordante; scomposto; indisposto; stemprato; **~anza** *f* eccesso d'ira *m*; indisposizione; intemperanza; sregolatezza; **~ar 1.** *vt* alterare; stemprare; irritare; **2.** *vi mus* scordare, stonare; **~e** *m mus* dissonanza *f*, stonatura *f*; stempratura *f*
desteñir <*12 tiño*> *vt/vi* stingere
desternillarse: ~ **de risa** crepare *vi*/ smascellarsi dalle risa/dal ridere
desterr|ado *adj/s* esiliato; confinato; **~ar** <*5a destierro*> *vt* 1. esiliare, bandire; confinare; 2. allontanare
destet|ar *vt* svezzare; *fig* far sì che i figli se la cavino da soli; **~e** *m* svezzamento
destiempo: a ~ *adv* intempestivamente, in modo intempestivo, inopportuno
destierro *m* esilio; confino; *fig* luogo solitario
destil|ación *f* distillazione; ~ *fraccionada, destructiva* distillazione frazionata, distruttiva; **~ador 1.** *adj* distillatore; **2.** *m* alambicco, distillatoio; distillatore (*persona*); **~ar 1.** *vt* distillare; filtrare; **2.** *vi* stillare, gocciolare; **~ería** *f* distilleria
destin|ar *vt* destinare, assegnare; **~atario** *adj/s* destinatario; **~o** *m* destino, fato; fatalità *f*; destinazione *f*; sede (di lavoro) *f*; destino; *con ~ a* con sede di lavoro a; *vuelo con ~ a* volo per; *llegar a su ~* giungere a destinazione/destino
destitu|ción *f* destituzione; **~ir** <*14 destituyo*> destituire, deporre
destornill|ado *adj* svitato; **~ador** *m* cacciavite *inv*; **~ar 1.** *vt* svitare; **2.** *~se* parlare a vanvera *vi*
destrenzar <*destrencé*> *vt* disfare una treccia
destreza *f* destrezza, abilità
destripa|dor *adj/m* sventratore, squartatore; *Jack el *~* Jack lo squartatore; **~r** *vt* sventrare, sbudellare; squartare; *fig/desp* rovinare, mandare all'aria; **~terrones** *m* bracciante, cafone
destron|amiento *m* detronizzazione *f*, deposizione *f*; **~ar** *vt* detronizzare, deporre dal trono
destronc|amiento *m* stroncamento; **~ar** <*destronqué*> stroncare; troncare; rovinare; interrompere
destroz|ar <*destrocé*> *vt* rompere; stracciare; distruggere; *mil* sbaragliare; **~o** *m* rottura *f*; sciupio; danno; *causar ~s* V. **destrozar**; **~ón** *adj/s* sciupone; rompitutto
destru|cción *f* distruzione, rovina; **~ctivo** *adj* distruttivo; **~ctor 1.** *adj/s* distruttore; **2.** *m mar* cacciatorpediniere; **~ir** <*14 destruyo*> *vt* distruggere, rovinare; annientare
desuello *m* scorticamento; *fig* sfacciataggine *f*
desulfurar *vt* desolforare
desun|ión *f* disunione; discordia; **~ir** *vt* disunire, separare; seminare zizzanie *vi*
desus|ado *adj* disusato; inusitato, insolito; **~o** *m* disuso; *dejar en ~* smettere di usare; *caer en ~* cadere in disuso; essere fuori moda
desvaído *adj* sbiadito; scialbo; affilato
desval|ido *adj* abbandonato, derelitto; **~ijar** *vt* svaligiare; *fig* spennacchiare; **~imiento** *m* abbandono
desvalor|ar *vt am* screditare; **~ización** *f* svalutazione; **~izar** <*desvaloricé*> *vt* svalutare
desván *m* soffitta *f*, abbaino
desvanec|edor *m foto* ="apparecchio per sfumare i contorni di una fotografia"; **~er** <*13a desvanezco*> **1.** *vt* attenuare; **2.** *vi* svanire; **3.** *~se* dissiparsi; svenire *vi*; **~imiento** *m* attenuazione *f*, sparizione *f*; svenimento; *tec* fading, evanescenza *f*
desvarar *vt mar* disincagliare
desvar|iado *adj* delirante, folle; **~iar** <*2 desvarío*> *vi* delirare, spropositare; **~ío** *m* delirio, sproposito; follia *f*, capriccio
desvedar *vt* revocare una proibizione/un divieto di caccia o pesca
desvel|ar 1. *vt* 1. tenere sveglio; 2. svelare; **2.** *~se* affannarsi, struggersi; svegliarsi; **~o** *m* insonnia *f*; zelo, cura *f*; struggimento
desvencijar *vt* sfasciare, scassare, sconquassare; *fig* dinoccolare
desvendar *vt* sfasciare, sbendare
desventaj|a *f* svantaggio *m*, pregiudizio *m*, danno *m*; *fig* handicap *m ingl/inv*; **~oso** *adj* svantaggioso, dannoso
desventura *f* sfortuna, disgrazia, sventura; **~do** *adj* sventurato, sfortunato, disgraziato; infelice; avaro
desvergonz|ado *adj/s* svergognato, sfacciato, insolente; **~arse** <*8a desvergüenzo; desvergoncé*> osare *vi*; insolentire *vi*
desvergüenza *f* sfacciataggine, insolenza
desvestir <*12* V. *vestir*> *vt* svestire, spogliare
desvi|ación *f* deviazione, deviamento *m*; sviamento *m*; **~acionismo** *m pol* deviazionismo; **~acionista 1.** *adj pol* deviazionistico; **2.** *m/f* deviazionista
desvi|ador *m tec* deviatore; **~ar** <*desvío*> *vt* deviare, sviare; separare, allontanare; traviare
desvincular *vt* svincolare; liberare
desvío *m* 1. deviazione *f*, sviamento; 2. freddezza *f*; 3. *tras* scambio
desvirgar <*desvirgué*> *vt* deflorare
desvirtuar <*4 desvirtúo*> *vt* debilitare, annullare, scalzare; evaporare
desvitalizar <*devitalicé*> *vt* devitalizzare
desvivirse struggersi, farsi in quattro (*por* per); bramare *vt*
detall|adamente *adv* minuziosamente, dettagliatamente; **~ar 1.** *vt* descrivere minuziosamente; dettagliare; **2.** *vi* vendere al minuto, al dettaglio; **~e** *m* dettaglio, particolare; conto, relazione *f*; *fig* regalino, atto di cortesia; *vender al ~* vendere al minuto, al dettaglio; **~ista** *adj* **1.** minuzioso,

meticoloso; **2.** *m/f com* venditore, -trice al dettaglio

detec|ción *f* rilevamento *m*, individuazione; *med* diagnosi; **~tar** *vt* scoprire, rivelare; **~tive** *m/f* detective *ingl/inv* ; investigatore, -trice privato, -a; **~tor** *m tec* detector *ingl/nv*; rivelatore

deten|ción *f* detenzione, arresto *m*, carcerazione; il ritenere *m*; indugio *m*; **~er** <*tengo; tendré; tuve*> **1.** *vt* fermare, detenere; trattenere; arrestare; **2.** *~se* ritardare *vi*, intrattenersi; **~ido** *adj/s* detenuto, arrestato; imbarazzato; **~imiento** *m* detenzione *f*; cura *f*, diligenza *f*; **~tación** *f ius* detenzione generalmente indebita; **~tador** *m ius* detentore; **~tar** *vt ius* detenere generalmente in modo illegale

detergente 1. *adj* detergente; **2.** *m* detersivo

deterior|ar *vt* deteriorare, guastare, logorare; **~o** *m* deterioramento

determin|ación *f* determinazione, risoluzione; risolutezza; **~ado** *adj* determinato; risoluto; **~ante 1.** *m ius/mat* determinante; **2.** *adj* decisivo, determinante; determinativo; **~ar** *vt* determinare, fissare, stabilire; *ius* sentenziare; definire; provocare; decidere; **~ativo** *adj* 1. *ling* determinativo; 2. risolutivo

determin|ismo *m fil* determinismo; **~ista** *adj/s fil* determinista

detest|able *adj* detestabile; **~ar** *vt* detestare, odiare, aborrire

deton|ación *f* detonazione; **~ador** *m* detonatore; **~ante 1.** *adj* detonante; **2.** *m* detonatore; *fig* causa *f*; **~ar** *vi/vt* esplodere, detonare

detrac|ción *f* detrazione; **~tar** *vt* diffamare; **~tor** *adj/s* diffamatore

detraer <*39* V. *traer*> *vt* 1. detrarre, sottrarre; 2. diffamare

detrás 1. *adv* dietro, di dietro; *por ~* da dietro; **2.** *(prep) ~ de* dietro

detrimento *m* detrimento, scapito, danno; *en ~ de* a scapito/danno di

detrítico *adj geol* detritico

detrit|o, ~us *m* detrito

detumescencia *f med* detumescenza

deud|a *f* debito *m*; *~ pública, exterior, flotante* debito pubblico, esterno, fluttuante; *contraer ~s* contrarre debiti; *(a. fig) estar en ~ con alg* essere in debito con q; **~o, -a** *m/f* parente; **~or** *adj/s* debitore

deuterio *m chim* deuterio

devalu|ación *f* svalutazione; deprezzamento *m*; **~ar** <*4 devalúo*> *vt* svalutare, deprezzare

devan|adera *f* arcolaio *m*, aspo *m*, dipanatoio *m*; *teatro* scenario girevole *m*; *estar como unas ~s* essere matto; **~ado 1.** *adj* dipanato; **2.** *m elect* bobina *f*; avvolgimento (*acción*); **~ador 1.** *m* dipanino; **2.** *adj* dipanatore; **~ar 1.** *vt* dipanare; **2.** *(fig) ~se los sesos* stillarsi, lambiccarsi il cervello

devane|ar *vi* vaneggiare, delirare; **~o** *m* vaneggiamento, delirio; flirt *ingl/inv*; perditempo *inv*

devast|ación *f* devastazione; **~ador** *adj/s* devastatore; **~ar** *vt* devastare; distruggere

develar *vt* svelare

devengar <*devengué*> *vt* guadagnare; *com* produrre, fruttare

devenir 1. *m lit* divenire; **2.** <*41* V. *venir*> *vi fil* divenire

deverb|al, ~ativo *ling adj/s* deverbale; deverbativo

devoci|ón *f* devozione; *eccl* preghiera; *no ser santo de su ~* non essere il suo prediletto; **~onario** *m* libro di preghiere

devolución *f* restituzione, resa

devolver <*43* V. *volver*> *vt* 1. restituire; 2. contraccambiare; 3. vomitare; **2.** *~se (am)* tornare *vi*

devoniano, devónico *adj geol* devoniano, devonico

devor|ador *adj/s* divoratore; **~ar** *vt* divorare; distruggere

devoto *adj/s* devoto, fedele

dextr|ina *f chim* destrina; **~ógiro** *adj/fis* destrogiro, *tec* destrorso; **~oglucosa** *f chim* destrosio *m*, glucosio *m*

deyección *f* deiezione

día *m* giorno, dì *lit*; giornata *f*; tempo; *a ~s* secondo i giorni; *al otro ~* il giorno dopo; *(com) a tantos ~s fecha/vista* a tanti giorni data; *buenos ~s* buon giorno; *buen, mal ~* bella, brutta giornata; *como del ~ a la noche* quanto tra il giorno e la notte/tra il cielo e la terra; *(iron) ¡cualquier ~!* domani!; *meteo/fig ~ feo* brutta giornata; *~ de ayuno, de difuntos* giorno di digiuno, dei morti; *~ de huelga, hábil/laborable, lectivo* giorno di sciopero, di lavoro/feriale, di lezione; *~ de campo* scampagnata; *~ de mi, tu... santo* onomastico o compleanno; *~ de los Inocentes (28 de diciembre)* ="il pesce d'aprile (il primo aprile)"; *~ de Reyes* la Befana; *~ de Todos los Santos* Ognissanti; *de ~ y de noche* giorno e notte; *el mejor ~/el ~ menos pensado* quando uno meno se l'aspetta; *en cuatro ~s* in pochi giorni; *en su ~* a suo tempo; *estar, tener al ~* tenersi, tenere al corrente; aggiornarsi; aggiornare; *hay más ~s que longanizas* c'è (molto) tempo!; *hoy en ~* oggigiorno; *mañana será otro ~* domani si pensa; *no pasar ~ (por alg)* non passare il tempo (per q); *vivir al ~* vivere alla giornata; *ya es de ~* è già spuntato il giorno; *ser cosa de ~s* 1. essere cosa vecchia; 2. mancare poco tempo; *el ~ de mañana* il domani; *no tener más que el ~ y la noche* essere povero in canna; *tener un ~ negro* avere una brutta giornata; *tener los ~s contados* restare pochi giorni/poco tempo

diab|etes *f med* diabete *m*; **~ético** *adj/s* diabetico

diabl|a *f* 1. diavola, diavolessa; *a la ~* alla carlona; 2. *teatro* ="batteria di luci fra le quinte"; 3. *tec* carretto a due ruote *m*; **~esa** *f* diavolessa; **~illo** *m* diavoletto; **~ito** *m* diavoletto, folletto; *Chile* ="gioco di ragazzi"; **~o** *m* diavolo, demonio; *un pobre ~* un povero diavolo; *¡(Qué) ~(s)!*

(Che) diavolo!; Che cavolo!; *¡Un ~!* Un corno!; *anda el ~ suelto* il diavolo ci ha messo la coda; *irse, mandar al ~* andarsene, mandare al diavolo; ~**ura** *f* diavoleria
diabólico *adj* diabolico
diácono *m* diacono
diacr|ítico *adj ling* diacritico; ~**onía** *f ling* diacronia; ~**ónico** *adj* diacronico
diacústica *f fis* diacustica
diadema *f* diadema; cerchietto per i capelli *m*; ~**do** *adj arald* diademato
diafanidad *f* diafanità, trasparenza
diáf|ano *adj* diafano, trasparente; ~**isis** *f med* diafisi
diafragma *m* diaframma; ~**r** *vt tec* diaframmare
diagn|osis *f cient* diagnosi; ~**osticar** *<diagnostiqué>* *vt* diagnosticare; ~**óstico 1.** *m* diagnosi *f*; *hacer el ~* fare la diagnosi; **2.** *adj* diagnostico
diagonal *adj/f* diagonale
diagrama *m* diagramma
dial *m* quadrante (di strumento)
dialectal *adj* dialettale; ~**ismo** *m* dialettalismo, dialettismo
dialéctic|a *f fil* dialettica; ~**o** *adj* dialettico
dialecto *m* dialetto; ~**logía** *f* dialettologia
dialectólog|o, -a *m/f* dialettologo, -a
diálisis *f chim* dialisi
dialog|ar *<dialogué>* *vi/vt* dialogare; ~**ismo** *m* dialogismo
diálogo *m* dialogo; *es un ~ de sordos* è come cantare/parlare ai sordi *es un ~ de besugos* è un dialogo da imbecilli
diamant|e *m* diamante; brillante; ~**ino** *adj* diamantino; *fig* adamantino
diametral *adj* diametrale
diámetro *m mat* diametro
diana *f* 1. *mil* sveglia; *hacer ~* fare centro; indovinare; 2. *mit* *~ Diana
¡dianche!, ¡diantre! *euf/excl* diamine!
diandro *adj bot* diandro
diapasón *m mus* diapason; corista; *(fam) bajar, subir el ~* abbassare, alzare il tono di voce
diapositiva *f foto* diapositiva
diari|o 1. *adj* giornaliero, quotidiano; **2.** *m* giornale; gazzetta *f*; diario; *com* libro giornale; spesa giornaliera di una casa *f*; *~ hablado* giornale radio; *~ de a bordo/de navegación* libro di bordo; *de/para ~* di tutti i giorni; *a ~* tutti i giorni, giornalmente; ~**smo** *m am* giornalismo
diarrea *f med* diarrea
diarreico *adj* diarroico
diás|pora *f* diaspora; ~**poro** *m min* diasporo; ~**tole** *f med/ling* diastole; ~**tilo** *m arch* diastilo
diátesis *f med/ling* diatesi
diatriba *f* diatriba
dibuj|ante *adj/s* disegnatore; ~**ar 1.** *vt* disegnare; tracciare; **2.** *~se* delinearsi; apparire *vi*; ~**o** *m* disegno; *~s animados* cartoni animati; *(pitt) ~ del natural* ritratto dal vero; *~ robot* identikit; *~ artístico, lineal/técnico* disegno artistico, tecnico
dicci|ón *f* dizione; ~**onario** *m* dizionario

dicha *f* fortuna, felicità, piacere *m*; *a, por ~* per fortuna; ~**rachero** *adj/s* chiacchierone; ~**racho** *m* battuta *f*, arguzia *f*, motto
dicho *m* detto, motto, arguzia *f*; *~ y hecho* detto fatto; *mejor ~* per meglio dire; *lo ~, ~* ogni promessa è debito; *del ~ al hecho hay mucho trecho* tra il dire e il fare c'è di mezzo il mare; *tomarse los ~s* richiedere le pubblicazioni matrimoniali; ~**so** *adj* felice; contento; *(iron) ¡~ trabajo!* benedetto lavoro!; *éste es el ~ coche* questa è la famosa macchina; *(iron) ese ~ vicio* quel benedetto vizio; *¡~s los ojos!* Beato chi ti vede!
diciembre *m* dicembre
dicotiledóneo *adj/s bot* dicotiledone
dicotomía *f* dicotomia
dict|ado *m* 1. dettato; dettatura *f*; *escribir al ~* scrivere sotto dettatura; 2. qualità *f*, titolo; 3. *mpl* precetti, dettami; ~**ador** *m* dittatore; ~**adura** *f* dittatura; ~**áfono** *m* dittafono
dictam|en *m* giudizio, opinione *f*; parere, verdetto; ~**inar** *vi* emettere un giudizio/parere/verdetto
dictar *vt* dettare
dictatorial *adj* dittatoriale
dicterio *m* ingiuria *f*, insulto
didácti|ca *f* didattica; ~**co** *adj* didattico; ~**lo** *adj* didattilo
dieci|nueve *adj/m card* diciannove; *ord* diciannovesimo; ~**ocho** *adj/m card* diciotto; *ord* diciottesimo; ~**séis** *adj/m card* sedici; *ord* sedicesimo; ~**siete** *adj/m card* diciassette; *ord* diciassettesimo
diedro *adj/m* diedro
diégesis *f* diegesi
diente *m* 1. dente; *~ de ajo* spicchio d'aglio; *(bot) ~ de león* dente di leone; *~s de leche* denti di latte; *~s de embustero* denti radi; *a regañadientes* controvoglia, a malincuore; *a caballo regalado no le mires el ~* a caval donato non si guarda in bocca; *alargársele los ~s* bramare; *armado hasta los ~s* armato fino ai denti; *crujirle a alg los ~s* scricchiolare, stridere i denti a q; *dar ~ con ~* battere i denti; *enseñar los ~s* digrignare/mostrare i denti; *poner (a alg) los ~s largos* far venire l'acquolina in bocca (a q); *tener buen ~* essere una buona forchetta; aver un buon appetito; 2. *arch* addentellato
diéresis *f* dieresi
dies|el *adj/m* diesel; ~**elización** *f* dieselizzazione; ~**is** *f mus* diesis *m*
diestr|a *f* destra (*mano, pol*); ~**o 1.** *adj* destro; abile, esperto; scaltro; **2.** *m taur* 1. torero; 2. cavezza *f*; **3.** *(adv) a ~ y siniestro* a casaccio
dieta *f* 1. dieta, regime *m*; 2. *pol* assemblea parlamentare; 3. digiuno *m*; *estar a ~* essere a dieta; 4. *fpl* trasferta *f*; ~**rio** *m* cronaca *f*; agenda *f*
dietétic|a *f* dietetica, dietologia; ~**o** *adj* dietetico
diez 1. *adj/m card* dieci; *ord* decimo; *(naipes) hacer las ~ de últimas* avere l'ultima mano; **2.** *m* grano del rosario; ~**mar** *vt* decimare; ~**mo** *m* decima *f*

difam|ación *f* diffamazione; **~ador** *adj/s* diffamatore; **~ar** *vt* diffamare, screditare, denigrare; **~atorio** *adj* diffamatorio
diferen|cia *f* differenza; diversità; *mat* resto *m*; *mat* differenza; dissenso *m*; **~cial 1.** *adj* differenziale; **2.** *m* 1. *tec/fig* differenziale; 2. *f mat* differenziale *m*; **~ciar 1.** *vt* differenziare, distinguere; **2.** *vi* discordare; **~te** *adj* differente, diverso, distinto (*de* da)
diferi|do *m tele* differita *f*; *en* ~ in differita; **~r** < *10* V. *sentir*> *vt/vi* differire (*de* da)
difícil *adj* difficile, complicato; sgradevole; permaloso, esigente
dificult|ad *f* difficoltà; **~ar** *vt* difficoltare, ostacolare; **~oso** *adj* difficoltoso; difficile, faticoso
difrac|ción *f fis* diffrazione; **~tar(se)** *vi fis* diffrangersi
dift|eria *f med* difterite; **~érico** *adj* difterico
difumin|ado *m* sfumatura *f*; (*tele)* appannamento dell'immagine; **~ar** *vt* sfumare; **~o** *m* sfumino
difundir *vt* diffondere; spargere; emanare; divulgare
difunto 1. *adj/s* defunto, morto; **2.** *m* cadavere
difus|ión *f* diffusione; divulgazione; **~ivo** *adj* diffusivo; **~o** *adj* diffuso; prolisso; **~or** *m tec* diffusore
diger|ible *adj* digeribile; **~ir** < *10* V. *sentir*> *vt* digerire
digest|ible *adj* digeribile; **~ión** *f* digestione; **~ivo** *adj/m* digestivo; *med* digestivo, digerente; **~o** *m ius* digesto
digit|ación *f mus* digitazione; **~al** *adj* digitale; **~alina** *f chim* digitalina; **~ígrado** *adj zool* digitigrado
dígito *m mat/infor* digit *ingl/inv*, cifra *f*; ~ *binario* binary digit
diglosia *f* diglossia
dign|ación *f* degnazione; **~arse** (*+inf*) degnarsi (di); **~atario** *m* dignitario; **~idad** *f* dignità; decoro *m*; **~ificar** <*dignifiqué*> *vt* dignificare; **~o** *adj* degno (*de* di); meritevole (*de* di)
digresi|ón *f* digressione; **~vo** *adj* digressivo
dije *m* ciondolo; gioiello; *fig* gioia *f*
dilacerar *vt* lacerare, dilacerare, sbranare
dilación *f* dilazione, indugio *m*; *sin* ~ senza indugio
dilapid|ación *f* dilapidazione; **~ar** *vt* dilapidare, sperperare
dilat|abilidad *f* dilatabilità; **~able** *adj* dilatabile; **~ación** *f* dilatazione; **~ador** *m* dilatatore; **~ar 1.** *vt* dilatare; prolungare; **2.** *~se* estendersi; dilungarsi; **~orio, -a 1.** *adj* dilatorio, -a; **2.** *fpl* dilazioni
dilecto *adj lit* diletto, caro
dilema *m* dilemma
diletant|e *adj/s* dilettante; **~ismo** *m* dilettantismo
diligen|cia *f* 1. diligenza, cura, accuratezza; 2. *adm* pratica; *hacer una* ~ sbrigare una pratica; 3. *ius* esecuzione giudiziaria; 4. *tras* diligenza; **~te** *adj* diligente
dilucid|ación *f* dilucidazione, chiarimento *m*; **~ar** *vt* dilucidare, chiarire
diluir < *14 diluyo*> *vt* diluire; sciogliere
diluvi|al *adj geol* diluviale; **~ar** *vi* diluviare; **~o** *m* diluvio
dimanar *vi* emanare, procedere (*de* da)
dimensi|ón *f* dimensione; **~onal** *adj* dimensionale; **~onar** *vt* dimensionare
dimes: andar en ~ y diretes 1. fare pettegolezzi; 2. dire sciocchezze, parlare a vanvera
diminut|ivo *adj/m* diminutivo; **~o** *adj* minuto, piccolo
dimisi|ón *f* dimissione; *presentar la* ~ presentare le dimissioni; **~onario** *adj/s* dimissionario
dimitir *vi* dimettersi (*de* da), rinunziare (*de* a)
din *m foto* din *inv*
Dinamar|ca *f geogr* Danimarca; **~qués** *adj/s* danese
dinámic|a *f* dinamica; **~o** *adj* dinamico
dinamismo *m* dinamismo
dinamit|a *f* dinamite; **~ar** *vt* dinamitare; **~ero** *adj/s* dinamitardo
dinamo, dínamo *f fis* dinamo
dinastía *f* dinastia
dinástico *adj* dinastico
diner|al *m* sacco di denaro; *gastar un* ~ spendere un patrimonio; **~illo** *m* piccola somma di denaro *f*, un po' di soldi; **~o** *m* denaro, danaro; soldi *mpl*, quattrini *mpl*; *ant* moneta *f*; ~ *contante/contante y sonante/efectivo* denaro contante; ~ *suelto* spiccioli; ~ *sucio* denaro sporco; *de* ~ ricco; ~ *de bolsillo* argent de poche, pocket money; ~ *caliente* denaro scottante; *ir escaso de* ~ essere a corto di denaro
dintel *m arch* architrave
diocesano *adj* diocesano
diócesis *f/inv* diocesi
dio|do *m tec* diodo; **~dón** *m zool* diodonte; **~ico** *adj bot* dioico; **~nea** *f bot* dionea; **~nisíaco** *adj* dionisiaco; ***~nisio** *m mit* Dionisio, Bacco; * ~ nisos; **~ptría** *f* diottria; **~rita** *f min* diorite
Dios *m* 1. Dio, Iddio; *a ~ rogando y con el mazo dando* chi s'aiuta Iddio l'aiuta; *a la buena de* ~ alla buona; *¡alabado sea ~!; ¡bendito sea ~!* Dio sia lodato!; grazie a Dio!; *anda con* ~ Dio ti guardi; *(excl) ¡A ~!* Addio!; *¡Ay, ~!* Santo Cielo!; ~ *dirá/proveerá* Dio deciderà; ~ *los cría y ellos se juntan* Dio li fa e poi li accoppia; ~ *mediante* se Dio vuole; *¡~ sabe!* Chissà!; Dio sa quando!; *¡vive ~!, ¡voto a* ~ Per Dio!, Dio buono!...; ~ *aprieta pero no ahoga* Dio manda il freddo secondo i panni; *¡~ nos coja confesados!* Dio ce ne scampi e liberi!; *¡Vaya por Dios!* meno male!; *armarse la de ~ es Cristo* far nascere un putiferio; *costar algo ~ y ayuda* costare molto lavoro qc; *(pop) estar de ~ algo* essere il suo destino; 2. *~ *mit* dio, deità *f* (*pl dioses* dei)
dios *m* dio (pagano); **~a** *f* dea
dioxina *f chim* diossina
diplom|a *m* diploma; ~ *universitario* diploma di laurea; **~acia** *f* diplomazia; **~ado** *adj/s* diplomato; **~ática** *f* diplomatica; **~ático** *adj/s* diplomatico
dípt|ero *adj/s* dittero; **~ico** *adj pitt* dittico

diptong|ación *f* dittongazione; ~**ar** <*diptongué*> *vt/vi* dittongare; ~**o** *m* dittongo
diput|ación *f* deputazione; *~ *provincial* ="Consiglio/Giunta Provinciale"; *~ *Regional* Governo Regionale; ~**ado, -a** *m/f* deputato, -a; ~ *a Cortes* deputato al Parlamento; ~**ar** *vt* deputare; destinare
dique *m* diga *f*; argine; ~ *seco, flotante* bacino di carenaggio galleggiante; ~ *de contención* sbarramento
direcci|ón *f* 1. direzione (*órgano*); *centro de* ~ centro direzionale; *(cine) ayudante de* ~ aiuto regista; 2. *post* indirizzo *m*; 3. *(auto)* sterzo *m*; ~ *asistida* servosterzo; ~**onal** **1.** *adj* direzionale; **2.** *f am/auto* freccia
direct|iva *f pol* direttiva; giunta direttiva, direttivo *m*; ~**ivo** **1.** *adj* direttivo; **2.** *m* dirigente; *el* ~ i dirigenti; ~**o** *adj/m* diretto; *tele en* ~ in diretta; *poner/meter la* ~*a* mettere/ingranare la quarta; *tren* ~ treno diretto; ~**or** *adj/s* direttore; ~ *de cine, de teatro* regista; ~ *adjunto* aiuto regista; *~ *de Instituto* Preside; *~ *de Escuela (Superior) Universitaria* Preside; ~**orio** **1.** *adj* direttivo; **2.** *m* direttorio; rubrica *f*, guida *f*; ~**riz** **1.** *adj/f* direttrice; **2.** *f adm* direttiva
dirig|ente *adj/s* dirigente; ~**ible** *adj/m* dirigibile; ~**ismo** *m econ* dirigismo; ~**ir** <*dirijo*> **1.** *vt* 1. dirigere; 2. indirizzare; rivolgere; *no* ~ *la palabra a alg* non rivolgere la parola a q; 3. condurre, guidare; ~ *el cotarro* comandare; fare e disfare; **2.** ~*rse* avviarsi, dirigersi (*a un lugar*); rivolgersi (*a alg*)
dirimir *vt* dirimere; metter fine (a) *vi*
discal *adj med* del disco
discente *adj/s* discente
discern|imiento *m* discernimento, giudizio, senno; ~**ir** <*7a discierno*> *vt* discernere, distinguere; *ius* incaricare
disciplina *f* disciplina; ~**nte** *m* disciplinato, flagellante; ~**r** **1.** *vt* disciplinare; insegnare, correggere; flagellare; **2.** *adj* disciplinare; ~**rio** *adj* disciplinare
discípul|o, -a *m/f* discepolo, -a
disco 1. *m* disco; ~ *de estacionamiento* disco orario; ~ *de larga duración (LP)* disco a 33 giri (LP); ~ *duro* disco rigido, fisso; ~ *compacto/compact disc* compact disc; *(med)* ~ *intervertebral* disco intervertebrale;. 2. *f fam* discoteca; ~ *pub/bar* disco bar
discóbolo *m* discobolo
discográfico *adj* discografico
discoidal *adj* discoidale, discoide
díscolo *adj* discolo, indocile, ribelle
disconform|e *adj* discorde; ~**idad** *f* disaccordo *m*
discontinuo *adj* discontinuo; intermittente
discord|ancia *f mus* discordanza, dissonanza; disaccordo *m*; ~**ante** *adj* discordante; ~**ar** <*8a discuerdo*> *vi* discordare; *mus* dissonare, stonare; ~**e** *adj* discorde; *mus* dissonante, stonato; ~**ia** *f* discordia, dissenso *m*; *la manzana de la* ~ il pomo della discordia; *ser tercero en* ~ essere il terzo litigante
discote|ca *f* discoteca; ~**quero** *adj/s* (tipo) da discoteca, discotecaro

discrec|ión *f* discrezione, riserbo *m*; arguzia; *a* ~ a discrezione; ~**ional** discrezionale; *parada* ~ fermata facoltativa; *servicio* ~ servizio privato
discrep|ancia *f* discrepanza, dissenso *m*; ~**ar** *vi* discrepare, discordare (*de* da)
discreto *adj* discreto; prudente, saggio; arguto
discrimin|ación *f* discriminazione; ~**ar** *vt* discriminare
disculpa *f* discolpa, scusa; ~**ble** *adj* scusabile; ~**r** **1.** *vt* discolpare, scusare, scagionare; perdonare; *¡Disculpe!* Scusi!, Pardon!; **2.** ~*se* scusarsi, chiedere scusa *vi*
discu|rrir **1.** *vi* 1. *lit* vagare, gironzolare; 2. scorrere; 3. trascorrere; 4. riflettere, ragionare, discutere; **2.** *vt* ideare, escogitare; ~**rsista** *m/f* ciarlone, -a; ~**rsivo** *adj* discorsivo; riflessivo, ragionatore; ~**rso** *m* discorso; conversazione *f*, conferenza *f*; ragionamento, riflessione *f*; scritto, trattato; *ling* discorso; ~**sión** *f* discussione; disputa, dibattito *m*; *no hay* ~ *posible* non c'è nulla da discutere; ~**tible** *adj* discutibile; ~**tir** *vt/vi* discutere; dibattere; contrattare; contraddire
disec|ar <*disequé*> *vt* **1.** dissecare, sezionare; **2.** disseccare; ~**ción** *f* dissezione, autopsia; ~**tor** *m* dissettore
disemin|ación *f* disseminazione; ~**ar** *vt* disseminare, spargere
disen|sión *f* dissensione, discordia; ~**tería** *f med* dissenteria; ~**timiento** *m* dissentimento, dissenso; ~**tir** <V.*sentir*> *vi* dissentire, discordare; ~ *de alg* dissentire da q
diseñ|ador, -a *m/f* stilista (*moda*); designer *ingl/inv*; ~**ar** *vt* disegnare; ~**o** *m* disegno; schizzo; *tec* design *ingl/inv*, disegno industriale; ~ *exclusivo* modello esclusivo; ~ *de interiores* architettura d'interni
disert|ación *f* dissertazione; ~**ar** *vi* dissertare
disforme *adj* disforme, difforme
disfraz *m* travestimento; maschera *f*; simulazione *f*; ~**ar** <*disfracé*> *vt* travestire, mascherare; *mil* camuffare; *fig* dissimulare, nascondere
disfrut|ar **1.** *vt* godere; **2.** *vi* fruire, godere (*de* di); ~**e** *m* godimento, fruizione *f*
disfunción *f* disfunzione
disgrafía *f med/psic* disgrafia
disgreg|ación *f* disgregazione; ~**ar** <*disgregué*> *vt* disgregare; disgiungere (*de* da)
disgust|ado *adj* dispiaciuto, disgustato, irritato, triste; ~**ar** *vt* disgustare, dispiacere *vi*; infastidire; ~**o** *m* dispiacere, disgusto, dolore; noia *f*; *a* ~ con disgusto; *sentirse a* ~ sentirsi a disagio; *dar un* ~ *a alg* dare un dispiacere a q; ~**oso** *adj* disgustoso; spiacevole
disid|encia *f* dissidenza; disaccordo *m*; ~**ente** *adj/s* dissidente; ~**ir** *vi* dissentire
disim|etría *f* dissimmetria; ~**étrico** *adj* dissimmetrico
disimil|ación *f ling* dissimilazione; ~**itud** *f* dissomiglianza

disimul|ación *f* dissimulazione; **~ado** *adj* dissimulato; dissimulatore (*persona*); *hacerse el ~* fare lo gnorri *vi*, far finta di niente *vi*; **~ar** *vt* dissimulare, occultare; fare lo gnorri; mascherare; perdonare; **~o** *m* dissimulazione *f*
disip|ación *f* dissipazione, dissipamento *m*; dissipatezza (*conducta*); **~ado** *adj* dissipato; scapestrato; **~ador** *adj/s* dissipatore, dissipato; **~ar 1.** *vt* dissipare; sperperare; **2.** *~se* evaporare *vi*, volatizzarsi
diske(t)te *m* diskette *ingl/inv*, dischetto, floppy disk *ingl/inv*
disl|ate *m* sproposito; **~exia** *f* dislessia; **~éxico** *adj* dislessico
disloc|ación *f* dislocazione; *med* slogatura, lussazione; **~ar** *<disloqué>* *vt* spostare; *med* slogare
dismin|ución *f* diminuzione, calo *m*; **~uido** *adj/s* handicappato, minorato; *~ físico, psíquico* minorato fisico, psichico; **~uir** *<14 disminuyo; disminuyó>* *vt/vi* diminuire, calare
disne|a *f med* dispnea; **~ico** *adj* dispnoico
disoci|ación *f* dissociazione; **~ar** *vt* dissociare
disolu|bilidad *f* dissolubilità; **~ble** *adj chim* solubile; dissolubile; **~ción** *f* dissoluzione, scioglimento *m*; *chim* soluzione; dissolutezza (*conducta*); **~to** *adj/s* dissoluto, licenzioso
disolv|ente 1. *adj* dissolvente; **2.** *m* solvente; **~er** *<43 disuelvo; disuelto>* *vt* 1. dissolvere, sciogliere; 2. risolvere; 3. dissipare
dison|ancia *f* dissonanza, stonatura; **~ante** *adj* dissonante; discorde; **~ar** *<8a V.sonar>* *vi* dissonare, stonare
dispar *adj* disuguale, differente
dispar|ado: **salir** *~ adj* partire in quarta; **~ador** *m* sparatore, tiratore; grilletto (*arma*); *foto* pulsante di scatto; *mar* affondatoio; scappamento (*reloj*); *~ automático* scatto automatico; **~ar 1.** *vt* sparare, tirare; scagliare; **2.** *vi foto* scattare; *fig* spararle grosse; **3.** *~se* scattare *vi*; fuggire precipitosamente *vi*, partire in quarta *vi*; aumentare molto *vi* (*precios*)
disparat|ado *adj* insensato, assurdo; enorme, smisurato, spropositato; **~ar** *vi* fare/dire/scrivere spropositi; **~e** *m* sproposito; stramberia *f*; *hacer un ~* fare una pazzia; *¡qué ~!* che pazzia!; *un ~* moltissimo
disparidad *f* disparità
disparo *m* sparo
dispendio *m* dispendio, spreco; **~so** *adj* dispendioso, costoso
dispensa *f* dispensa, esenzione; **~ble** *adj* dispensabile; **~r** *vt* dispensare, esonerare (*de* da); concedere; perdonare; **~rio** *m* dispensario
dispepsia *f* dispepsia
dispers|ar *vt* disperdere, spargere; *mil* sbaragliare; *~ una manifestación* sciogliere una manifestazione; **~ión** *f* dispersione; **~ivo** *adj* dispersivo; **~o** *adj* disperso
display *m infor* display *ingl/inv*, schermo
displicen|cia *f* svogliatezza, freddezza; disgusto *m*; **~te** *adj* svogliato, freddo; sprezzante
dispon|er *<32 V. poner>* **1.** *vt* disporre, ordinare, preparare; **2.** *vi* disporre (*de* di); **3.** *~se a hacer algo* disporsi a fare qc; **~ibilidad** *f* disponibilità; **~ible** *adj* disponibile; *(com) fondos ~* fondi disponibili
dispos|ición *f* disposizione, ordine *m*, collocazione; inclinazione, tendenza, attitudine; voglia; *estar/poner a la ~ de* essere/disporre a disposizione di; **~itivo** *m* dispositivo
dispuesto *adj* disposto, preparato, pronto; attivo; *la comida está ~a* il mangiare è pronto; *bien, mal ~* ben, mal disposto
disputa *f* disputa, diverbio *m*; *sin ~* non soggetto a disputa; **~ble** *adj* disputabile; **~r** *vt/vi* disputare, discutere, dibattere; *~se un puesto, un premio* disputarsi un posto, un premio
disque|ría *f am* negozio di dischi *m*; **~t(e)** *m infor* diskette *ingl/inv*, dischetto, floppy disk *ingl/inv*
disquisición *f* disquisizione
distancia *f* distanza; differenza; allontanamento *m*; *fig* freddezza; *guardar las ~s* mantenere le distanze; **~miento** *m fig* raffreddamento; allontanamento; **~r** *vt* allontanare, distanziare
distante *adj* distante, lontano; remoto
distar *vi* distare (*de* da)
disten|der *<6 V. tender>* *vt* distendere; *med* stirare, strappare; **~sión** *f* stiramento *m*
distin|ción *f* distinzione; differenza; garbo *m*, cortesia, signorilità; *~ honorífica* distinzione onorifica; *hacer ~ con alg* trattare con deferenza q; *a ~ de* a differenza di; **~go** *m* eccezione *f*; *no hacer ~s* non fare differenza; **~guido** *adj* distinto, egregio, illustre, insigne; fine; **~guir** *<distingo>* **1.** *vt* distinguere, differenziare; scorgere; caratterizzare; contrassegnare; *no ~ lo blanco de lo negro* mancare di discernimento; **2.** *~se* segnalarsi, emergere *vi*, eccellere *vi*; **~tivo 1.** *adj* caratteristico; **2.** *m* distintivo; **~to** *adj* distinto, diverso; chiaro, visibile
distorsi|ón *f med/tec* distorsione; **~onar** *vt* distorcere
distracción *f* distrazione; svago *m*
distraer *<39 V. traer>* *vt* distrarre, distogliere; divertire, ricreare
distraído 1. *adj/s* distratto; *am* cencioso; *hacerse el ~* fare l'indiano; **2.** *adj* svagato; divertente
distribu|ción *f* distribuzione; ripartizione; **~idor** *adj/s* distributore; **~ir** *<14 distribuyo>* *vt* distribuire, ripartire, dividere; *tip* scomporre la composizione; **~tivo** *adj* distributivo
distrito *m* distretto, circoscrizione *f*; *~ postal* codice d'avviamento postale; *~ electoral* distretto elettorale
disturb|ar *vt* turbare, alterare; **~io** *m* turbamento; alterazione *f*; tumulto, disordine; *TV* interferenza *f*; *~s políticos* disordini politici

disua|dir *vt* dissuadere (*de* da); ~**sión** *f* dissuasione; ~**sivo,** ~**sorio** *adj* dissuasivo
disyun|ción *f* disgiunzione; *tec* disinserimento *m*; ~**tiva** *f* alternativa; ~**tivo** *adj* disgiuntivo
ditir|ámbico *adj* ditirambico; ~**ambo** *m lit* ditirambo; *fig* adulazione *f*
DIU (dispositivo intrauterino) *m med* IUD (dispositivo intrauterino), spirale *f*
diuca 1. *f am* tipo di fringuello *m*; 2. *m fig* alunno prediletto
diur|esis *f* diuresi; ~**ético** *adj/m* diuretico
diurno *adj/m* diurno
divag|ación *f* divagazione; ~**ar** <*divagué*> *vi* divagare
diván *m* divano
diverg|encia *f* divergenza; discrepanza; ~**ente** *adj* divergente, discrepante; ~**ir** <*diverjo*> *vi* divergere (*de* da); discordare (*de* da)
divers|idad *f* diversità, differenza; varietà; ~**ificación** *f* diversificazione; ~**ificar** <*diversifiqué*> *vt* diversificare; ~**ión** *f* diversione; divertimento *m*, svago *m*, passatempo *m*; spettacolo *m*; ~**o 1.** *adj* diverso, differente (*de* da); **2.** *pl adj/pr* vari, diversi
divert|ido *adj* divertente, allegro; *am* brillo; ~**imiento** *m* divertimento; ~**ir 1.** *vt* divertire, ricreare; **2.** ~*se* divertirsi
divid|endo *m* dividendo; ~**ir** *vt* dividere *mat* , separare; distribuire
divieso *m* foruncolo
divin|idad *f* divinità, deità; ~**ización** *f* divinizzazione, deificazione; apoteosi *inv*; ~**izar** <*divinicé*> *vt* divinizzare, deificare; ~**o** *adj* divino; eccelso
divis|a *f com* divisa, valuta; fregio *m*, distintivo *m*, insegna; *arald* motto *m*; *taur* laccio *m*; *tráfico de ~s* traffico di valuta; ~**ar** *vt* scorgere, percepire, intravedere; ~**ibilidad** *f* divisibilità; ~**ible** *adj* divisibile; ~**ión** *f mat/mil* divisione; ripartizione; separazione; *ling* lineetta; ~**or** *adj/s* divisore; *(mat) máximo común ~* massimo comune divisore; ~**oria** *f* divisorio *m*; *~ de aguas* spartiacque; ~**orio** *adj* divisorio
divo *adj/s poet* divino, divo; divo
divorc|iado *adj/s* divorziato; ~**iar 1.** *vt* concedere il divorzio; **2.** ~*se* divorziare *vi*; ~**io** *m* divorzio; ~**ista** *adj/s* divorzista
divulg|ación *f* divulgazione; ~**ador** *adj/s* divulgatore; ~**ar** <*divulgué*> *vt* divulgare, diffondere; ~**ativo** *adj* divulgativo
diyambo *m ling* digiambo
DNI *m* carta d'identità *f*
do *m mus* do; *~ de pecho* do di petto; *ant/lit* ove
dobl|adillo *m* orlo; ~**ado** *adj* raddoppiato, piegato; tozzo; accidentato; *fig* doppio; ~**ador, -a** *m/f cine* doppiatore, -trice; ~**adura** *f* piega, piegatura; doppiezza; ~**aje** *m cine* doppiaggio; ~**ar 1.** *vt* 1. raddoppiare; 2. piegare, inchinare; *mar/sport/cine* doppiare; *teatro* sostenere due ruoli; *taur* cadere ferito a morte il toro *vi*; *~ la esquina* girare, voltare l'angolo; *~ las campanas* suonare le campane a morto; *~ la cabeza* piegare la testa; **2.** *vi* girare, voltare; *~ a la derecha, a la izquierda* girare a destra, a sinistra; **3.** ~*se* piegarsi; sottomettersi
dobl|e 1. *adj* doppio; duplice; falso; resistente; **2.** *m teatro/sport* doppio; *com* deporto; piega *f*; *cine* controfigura *f*; sosia; *Chile* doppio litro; *un ~ de cerveza* 1/3 di litro di birra; **3.** *adv* doppiamente; ~**egar 1.** <*doblegué*> *vt* curvare; soggiogare, sottomettere, piegare; **2.** ~*se* sottomettersi; ~**ez** *f* piega, piegatura; *fig* doppiezza, ipocrisia
doblón *m* doblone, doppione
doce *adj/m card* dodici; *ord* dodicesimo; *Luis XII* Luigi dodicesimo; ~**añista** *adj/s hist* ="fautore o difensore della Costituzione spagnola del 1812"; ~**na** *f* dozzina; *(iron) ~ de fraile* tredici pezzi; *(ant) meterse en ~* fare il ficcanaso
docen|cia *f* docenza; ~**te 1.** *adj/s* docente; **2.** *m/f* insegnante, professore, -essa
dócil *adj* docile, obbediente; duttile; ~**mente** *adv* docilmente
docilidad *f* docilità; duttilità
docto *adj* dotto, erudito; ~**r, -ra** *m/f* dottore, -essa; medico, -chessa; laureato, -a; **~ en Derecho* Dottore in Giurisprudenza; ~**rado** *m* dottorato di ricerca; laurea *f*; ~**ral** *adj* dottorale; ~**rando, -a** *m/f* laureando, -a; ~**rarse** laurearsi; addottorarsi
doctrina *f* dottrina, scienza; insegnamento *m*; *am* parrocchia; ~**l** *adj* dottrinale; ~**rio** *adj* dottrinario
document|ación *f* documentazione, prova; documenti *mpl*; ~**al 1.** *adj* documentale; **2.** *cine/TV m* documentario; ~**alista** *m/f* documentarista; ~**ar** *vt* documentare, provare; informare; ~**o** *m* documento; prova *f*; *~ nacional de identidad* carta d'identità; *~ de identidad* documento/tessera d'identità
dodeca|fonismo *m mus* dodecafonia *f*; ~**sílabo** *adj/m* dodecasillabo
dogal *m* cappio; capestro; *estar con el ~ al cuello* avere il cappio al collo
dogm|a *m* dogma, domma; ~**ático** *adj* dogmatico; ~**atismo** *m* dogmatismo; ~**atizar** <*dogmaticé*> *vi* dogmatizzare
dogo *adj/s* alano
dólar *m* dollaro
dol|encia *f* malattia; acciacco *m*; ~**er** <*9a duelo*> *vi* dolere; dispiacere; pentirsi, lamentarsi; *ahí duele* hai/ha... messo il dito sulla piaga; ~**iente** *adj* dolente; ammalato; afflitto
dolmen *m* dolmen
dolo *m* dolo, frode *f*; ~**mía,** ~**mita** *f min* dolomia; dolomite
dolor *m* dolore, *lit* duolo; pena *f*, angoscia *f*; *~ de corazón* pentimento; *estar (una mujer) con ~es* avere (una donna) i dolori; *¡qué ~!* Che pena!; Che peccato!; ~**ido** *adj* pieno di dolori; sofferente; afflitto; ~**osa: La *~** *f eccl* La Madonna Addolorata; *fig/iron* il conto *m*; ~**oso** *adj* doloroso
doloso *adj* doloso, fraudolento
dom|a *f* domatura; ~**able** *adj* domabile; ~**ador** *adj/s* domatore; ~**ar** *vt* domare; addomesticare; ammansire

dom|esticable *adj* addomesticabile; **~éstica** *adj/f* domestica, cameriera; **~esticar** <*domestiqué*> *vt* addomesticare; **~éstico 1.** *adj* domestico; **2.** *m* 1. domestico, cameriere; 2. *sport* gregario; **~estiquez, ~eza** *f* domestichezza

domicili|ación *f ius/com* domiciliazione; **~ado** *adj ius/com* domiciliato; residente; **~ar** *vt ius/com* domiciliare; **~ario** *adj* domiciliare; **~arse** domiciliarsi; **~o** *m* domicilio, residenza *f*; *com* sede *f*; casa *f*; *sin ~ fijo* senza dimora fissa

domin|ación *f* dominazione; dominio *m*; **~ador** *adj/s* dominatore; **~ante 1.** *adj cient/foto/cine* dominante; predominante; **2.** *adj/s* dominatore, -trice; **3.** *f mus* dominante; **~ar** *vt* dominare; reprimere; conoscere a fondo, possedere (*idioma*)

dómine *m desp* maestro; pedante; *poner como chupa de ~* dare una lavata di capo

domin|go *m* domenica *f*; *~ de Ramos, de Resurrección* domenica delle Palme, di Pasqua; *hacer ~* far festa; **~guero 1.** *adj* della domenica; **2.** *m/f desp* guidatore della domenica; **~guillo** *m* misirizzi; **~ical** *adj* domenicale; *ius* dominicale; **~icano** *adj/s* domenicano; **~ico** *adj/m eccl* domenicano

domin|io *m* dominio, possedimento; padronanza *f*; *~ de sí mismo* dominio di sé; **~ó, dómino** *m* domino

don *m* **1.** dono, regalo; **2.** grazia *f*, garbo, abilità *f*; *~ de palabra* facilità di parola; *tener ~ de gentes* avere savoir-faire; (*delante de un nombre de persona*) don (*al clero*), signor; *un ~ nadie* una schiappa

dona|ción *f* donazione; **~dor** *adj/s* donatore; **~ire** *m* garbo, grazia *f*; leggiadria *f*; arguzia *f*; **~nte** *adj/s* donante, donatore; *~ de sangre* donatore di sangue; **~r** *vt* regalare, donare; **~tario** *adj ius* donatario; **~tivo** *m* donativo

doncel 1. *m lit* donzello; paggio; adolescente; **2.** *adj* dolce; *vino ~* vino dolce

doncell|a *f* donzella, giovinetta; cameriera; damigella; *zool* donzella; **~ez** *f* verginità

donde 1. *adv* dove, ove; **2.** *pr* in/da/verso cui; *ant* quando

dónde *adv* dove; *¿~ estás?* dove sei?; *¿por ~ se pasa?* da dove si va/si passa?

dondequiera *adv* ovunque, dovunque; dappertutto

dondiego: ~ de día, de noche *m bot* bella di giorno, di notte *f*

donjuán *m* dongiovanni

donos|idad *f* gentilezza, leggiadria; arguzia; **~o** *adj* gentile, leggiadro; arguto, spiritoso; *(iron) ¡~a ocurrencia!* bella trovata!

Donostia *f geogr* San Sebastián; ***~tiarra** *adj/s* (persona) di San Sebastian

doña *f* (*delante de nombre de persona*) signora; donna *ant*

dop|ado *adj* drogato; **~arse** drogarsi; *sport* prendere del doping; **~ing** *m ingl/sport* doping; drogaggio

doquier, ~ra V. **dondequiera**

dora|da *f zool* orata; *Cuba* mosca velenosa; **~do 1.** *adj* dorato; aureo, felice; **2.** *m* 1. *tec* doratura *f*; 2. *zool* leccia *f*; 3. *mpl* dorature *fpl*; *el *~* l'Eldorado; **~dor** *m* doratore; **~dura** *f* doratura; **~r** *vt* dorare, indorare; *(fig) ~ la píldora* dorare la pillola

dórico *adj hist* dorico

dorífor|a *f zool* dorifora; **~o** *m hist* doriforo

dormi|dero *m*, **-dera** *f* 1. sonnifero *m*; 2. *f bot* papavero *m*; *tener buenas ~as* essere dormiglione; **~do** *adj* dormito; addormentato; *estar ~* essere addormentato; *quedarse ~* addormentarsi; **~lón** *adj/s* dormiglione; poltrone; **~r 1.** *vi* dormire; *~ con alg* vivere con q.; *~ con las gallinas* andare a letto presto; *~ a pierna suelta* dormire tra due guanciali; *~ de un tirón* dormire tutto un sonno; *ir a ~ con alg* andarsene a dormire con q.; **2.** *vt* addormentare; *~ la mona* digerire la sbornia; *~ la siesta* fare la siesta, un pisolino; **3.** *~se* addormentarsi; **~tar** *vi* dormicchiare, sonnecchiare; **~torio** *m* camera da letto *f*; dormitorio

dors|al 1. *adj* dorsale; **2.** *m sport* pettorale; **~o** *m* dorso

dos *m card* due; *ord* secondo; *cada ~ por tres* spesso; *de ~ en ~* a due a due; *en un ~ por tres* in un batter d'occhio; *los ~* tutti e due, tutt'e due; *las ~* tutte e due, tutt'e due; **~cientos** *adj/m card* duecento

dosel *m* baldacchino

dosific|ación *f* dosaggio *m*; **~ar** <*dosifiqué*> *vt* dosare

dosis *f* dosi

dossier *m* dossier *fr/inv*

dot|ación *f* 1. dotazione; 2. *mil* equipaggio *m*; **~al** *adj ius* dotale; **~ar** *vt* dotare (*de* di); **~e** *m/f* dote *f*

dozavo *adj/m* dodicesimo

drac|ma *m* dramma *ant*, dracma; **~oniano** *adj* draconiano

drag|a *f* draga; **~ado** *m* dragaggio; **~aminas** *m/inv mar* dragamine; **~ar** <*dragué*> *vt* dragare, scavare; **~omán** *m* dragomanno, interprete; **~ón** *m* drago, dragone; *mil* dragone; **~oncillo** *m bot* dragoncello

dram|a *m* dramma; **~ática** *f* drammatica; **~ático** *adj* drammatico; **~atismo** *m* drammaticità; **~atizar** <*dramaticé*> *vt* drammatizzare; **~aturgo, -a** *m/f* drammaturgo, -a; **~ón** *m cine/teatro desp* melodramma

drape|ado *m* drappeggio; **~ar** *vt* drappeggiare

drástico *adj* drastico

drena|je *m* drenaggio; **~r** *vt agr/med* drenare

dri|bbling *m sport/ingl* dribbling; **~blar** *vt sport* dribblare; **~ve** *sport* drive *m ingl*, dritto; **~ver** *m* driver *ingl/inv*

drog|a *f* droga; **~adicción, ~odependencia** *f* tossicomania, tossicodipendenza; **~adicto** *adj/s* tossicodipendente, tossicomane; **~ar** <*drogué*> *vt* drogare; **~ata** *m/f pop* drogato, -a

droguer|ía *f* drogheria; **~o, -a** *m/f* droghiere, -a

dromedario *m zool* dromedario

dual 1. *adj ling* duale; **2.** *m* duale; **~idad** *f* dualità; **~ismo** *m* dualismo; **~ista** *adj* dualista

dubit|ación *f ling* dubitazione; **~ativo** *adj* dubitativo

duca|do *m* ducato (*moneda y dominio*); ~**l** *adj* ducale
duch|a *f* doccia; *darse una* ~ farsi una doccia; ~**arse** farsi la doccia; ~**o** *adj* abile, destro
dúctil *adj* duttile; malleabile
ductilidad *f* duttilità
dud|a *f* dubbio *m*; perplessità; *sin* ~ senza dubbio; *sin sombra de* ~ senza (ombra di) dubbio; *la* ~ *ofende* il dubbio offende; *desatar la* ~ far venire il dubbio; *estar fuera de* ~ essere fuori dubbio; *no caber* ~ non esserci dubbio; ~**ar 1.** *vi* dubitare (*de* di); **2.** *vt lo dudo* ne dubito; ~**oso** *adj* dubbio, dubbioso, improbabile
duel|ista *m/f* duellista; ~**o** *m* 1. duello; 2. lutto; corteo funebre; afflizione *f*; *los* ~*s con pan son menos* col pane tutti i guai son dolci
duende *m* folletto, spirito; diavoletto; *tener* ~ avere il genio addosso
dueñ|a *f* padrona di casa, proprietaria; signora; *ant* governante; ~**o** *m* padrone, proprietario; signore; *hacerse* ~ *de algo* diventare padrone di qc; *ser* ~ *de sí mismo* essere padrone di sé; *ser muy* ~ *de hacer...* essere padronissimo di fare...
duermevela *m* dormiveglia
duet|ista *m/f mus* duettista; ~**o** *m* duetto
dulce 1. *adj/m* dolce; *a nadie le amarga un* ~ il bello piace a tutti; ~ *de membrillo* cotognata; **2.** *mpl* dolci, dolciumi
dulcedumbre *f* dolcezza
dulcificar <*dulcifiqué*> *vt* addolcire, dolcificare; *fig* mitigare
Dulcinea *f* Dulcinea
dulz|aina *f mus* dolciana; ~**arrón,** ~**ón** *adj* dolciastro; ~**ura** *f* dolcezza; soavità, tenerezza
dumping *m com* dumping *inv/ingl*
duna *f* duna; ~ *móvil* duna mobile
dundo *adj Am Cent/Mex* sciocco, stupido
dúo *m mus* duo, duetto
duod|écimo *adj/ord* dodicesimo; ~**écuplo** *adj* duodecuplo
duodeno *m med* duodeno
dúpl|ex *m* duplex (*teléfono*); *arch* villetta *f* o appartamento a due piani; ~**ica** *f ius* duplica
duplic|ación *f* duplicazione; ~**ado 1.** *adj* duplicato, doppio; **2.** *m* copia *f*; *por* ~ in duplice copia; ~**ador** *m tec* duplicatore; ~**ar** <*dupliqué*> *vt* duplicare, raddoppiare; ~**idad** *f* duplicità; doppiezza
duplo *adj* doppio
duque *m* duca; *gran* ~ arciduca; ~**sa** *f* duchessa
dura|ble *adj* durevole; ~**ción** *f* durata; ~**dero** *adj* durevole, durabile; duraturo
dura|luminio *m* duralluminio; ~**madre,** ~**máter** *f med* duramadre
durante *prep* durante
dura|r *vi* durare; restare; ~**tivo** *adj/s ling* durativo
durazno *adj* (frutta) duracina (*melocotón, albaricoque, uva...*)
dureza *f* durezza; *med* callosità
durmiente 1. *adj* dormente; *la bella* ~ la bella addormentata; **2.** *m tec* trave di sostegno *f*
duro 1. *adj* duro; resistente, forte; aspro; rigido; *cara* ~*a* faccia tosta; *huevo* ~ uovo sodo; *estar a las* ~*as y a las maduras* ="bisogna saperci stare col buono e col cattivo tempo"; *ser* ~ *de pelar* essere un osso duro; ~ *de oído* duro d'orecchi; **2.** *adv* forte, fortemente; *pegarle* ~ darci dentro; **3.** *m* moneta da 5 pesete *f*; *a* ~ a 5 pesete; *¡lo que faltaba para el* ~*!* Quello che ci mancava!
dux *m* doge (*Venecia*)

E

e <*delante de* **i** o **hi**> *conj* e; *Pedro e Ignacio; padre e hijo*
¡ea! *excl* Ecco!; suvvia!
ebanist|a *m* ebanista; ~**ería** *f* ebanisteria
ébano *m* ebano
ebrio *adj* ebbro, ubriaco
ebullición *f* ebollizione, bollore *m*
ebull|ómetro, ~oscopio *m* ebullioscopio
ebúrneo *adj* eburneo
eccehomo *m* ecce homo; *fig* persona malconcia *f*
eccema *m med* eczema
echado *adj* cacciato; gettato, lanciato; *estar* ~ essere coricato; ~ *para adelante* spavaldo, ardito
echar 1. *vt* gettare, buttare; lanciare; cacciare; licenziare (*trabajo*); ~ *abajo* buttar giù; far crollare; ~ *a la suerte* rimettere alla sorte; ~ *de comer, de beber* dar da mangiare, da bere; ~ *de menos, en falta* sentir la mancanza di; ~ *a perder* rovinare, sciupare; ~ *a lo sucio* buttare nei panni sporchi; ~ *el cerrojo* tirare il catenaccio; chiudere a chiave; ~*lo todo a rodar* mandar tutto all'aria; ~*a suerte* sorteggiare; ~ *una mano* dar una mano; ~ *pestes* sparlare; ~ *la buena ventura* leggere la mano, la fortuna; ~ *la vista encima* buttare gli occhi addosso; ~ *la zancadilla* fare lo sgambetto; *(fam) ¿qué edad me echas?* Quanti anni mi dai?; **2.** *vi* 1. *bot* germogliare, buttare, spuntare; 2. ~ *por la derecha* prendere a destra; **3.** ~*se* coricarsi; stendersi, buttarsi sul letto; farsi; ~*se a reir* scoppiare a ridere; ~*se a correr* buttarsi/darsi a correre; ~*se novio* farsi il fidanzato; *no ~se nada al bolsillo* non mettersi niente in tasca; ~*se en brazos de* buttarsi nelle braccia di; ~*se sus cuentas* farsi i propri calcoli; ~*se un trago* buttar giù un sorso; ~*sela de* presumere di
echarpe *f* sciarpa; scialle *m* (*hombros*)
echazón *m mar* alleggerimento della nave
eclecticismo *m* eclettismo, eclettismo
ecléctico *adj* eclettico
eclesiástico 1. *adj/m* ecclesiastico; **2.** *m* prete, sacerdote
eclips|ar 1. *vt* eclissare; oscurare; **2.** ~*se* eclissarsi, sparire; ~**e** *m* eclissi *f*, eclisse *f*
eclisa *f tras* morsa/ganascia (delle rotaie)
eclosión *f* sboccio *m*; nascita, comparsa, boom *m ingl/inv*, scoppio *m*
eco *m* eco *m/f* (echi *mpl*); *tener* ~ aver risonanza; suscitare un'eco
eco|grafía *f med* ecografia; ~**logía** *f* ecologia; ~**lógico** *adj* ecologico; ~**logismo** *m* ecologia *f*; ~**logista** *adj/s* ecologista
ecólog|o, -a *m/f* ecologo, -a
econ|omato *m* economato; ~**omía** *f* economia; ~**ómico** *adj* economico; ~**omista** *adj/s* economista; ~**omizar** <*economicé*> *vt* economizzare, risparmiare
ecónomo *m* economo
ecosistema *m* ecosistema
ecu *m* Ecu (*moneda*)
ecua|ción *f mat* equazione; ~**dor** *m* equatore
Ecua|dor *m geogr* Ecuador, Repubblica dell'Equatore *f*; ***~toriano** *adj/s* ecuadoriano
ecualizador *m tec* equalizzatore
ecuánime *adj* equanime
ecuanimidad *f* equanimità, bontà
ecuatori|al *adj/m* equatoriale; ~**ano** *adj/s* equatoriano
ecuestre *adj* equestre
ecum|énico *adj* ecumenico; ~**enismo** *m* ecumenismo
eczema *m med* eczema; ~**toso** *adj* eczematoso
edad *f* età; *una persona de* ~ una persona d'età; ~ *temprana* età giovanile; *mayor, menor de* ~ maggiorenne, minorenne; *de corta* ~ di pochi anni; ~ *media* medioevo; ~ *del pavo* età dell'adolescenza; ~ *de jubilación* età pensionabile; *en mi tierna* ~ nella mia prima età
edema *m med* edema
edén *m* eden, paradiso terrestre
edic|ión *f* edizione; ~ *príncipe/princeps* edizione principe, editio princeps; ~**to** *m* editto; manifesto
edific|able *adj* edificabile; ~**ación** *f* edificazione; fabbrica, edificio *m*; ~**ante** *adj* edificante; ~**ar** <*edifiqué*> *vt* edificare, costruire, fabbricare; ~**io** *m* edificio, fabbrica *f*, costruzione *f*
edil *m* consigliere comunale
edit|ar *vt* pubblicare, stampare; ~**or** *adj/s* editore; editor, curatore; ~**orial 1.** *adj* editoriale; **2.** *f* 1. casa editrice; 2. *m* editoriale, articolo di fondo; ~**orialista** *m/f* editorialista
edredón 1. *m* piumino; trapunta *f ant*; 2. *zool* edredone
educ|abilidad *f* educabilità; ~**ación** *f* educazione; creanza, urbanità; *(ant) obra sindical* ~ *y descanso* ente nazionale assistenza lavoratori (*E.N.A.L.*); ~**ador, -ra** *m/f* educatore, -trice; ~**ando** *adj/s* educando; ~**ar** <*eduqué*> *vt* educare; ~**ativo** *adj* educativo
edulcor|ante *m* edulcorante, dolcificante; ~**ar** *vt* edulcorare
efebo *m* efebo
efect|ismo *m art* effettismo; ~**ista** *adj* effettistico, vistoso, di effetto; ~**ividad** *f* effettività; ~**ivo 1.** *adj* effettivo, autentico; **2.** *m* denaro contante; *en* ~ in contanti; ~ *metálico* moneta contante
efecto *m* (*a. com*) effetto; ~ *comerciable, impagado, pignorado* effetto commerciabile, non pagato, pignorato; *al* ~ all'uopo, a tal fine; *a ~s de* agli effetti di; *en* ~ in effetti, infatti, difatti; ~*s especiales* effetti speciali; ~*s timbrados* valori bollati; *causar* ~ fare effetto; *surtir* ~ sortire/avere effetto; *llevar a* ~ mandare a effetto
efectuar <*4 efectúo*> *vt* effettuare, eseguire
efemérides *fpl* effemeridi
efervescen|cia *f* effervescenza; bollore *m*, agitazione; ~**te** *adj* effervescente
efica|cia *f* efficacia; ~**z** *adj* efficace, attivo
eficien|cia *f* efficienza; ~**te** *adj* efficiente

efigie *f* effigie, immagine
efímero *adj* effimero
eflorescen|cia *f chim* efflorescenza, fioritura; **~te** *adj* efflorescente
efluvio *m* effluvio, emanazione *f*
efusi|ón *f cient/fig* effusione, espansione; **~vo** *adj* effusivo
égi|da *f* egida; protezione, riparo *m*; *bajo la ~ de* sotto l'egida di
egipcio *adj/s* egiziano, dell'Egitto; egizio; *arte ~* arte egizia
Egipt|o *m geogr* Egitto; ***~ólogo, -a** *m/f* egittologo, -a
égira *f* egira
égloga *f* egloga
ego *m psic* ego; **~céntrico** *adj* egocentrico; **~centrismo** *m* egocentrismo; **~ísmo** *m* egoismo; **~ísta** *adj/s* egoista; **~latría** *f* egolatria; **~tismo** *m psic* egotismo
egregio *adj* egregio, insigne, illustre
egres|ar *vi am* uscire dalla scuola o università, terminare gli studi; **~o** *m com* uscita *f*, passivo; *am* fine degli studi *f*, uscita dal centro di studi *f*
¡eh! *excl* ehi!; eh!; ah!, oh!; *¡Eh, niño que vas a tropezar!* Ehi, bambino che inciampi!; *Has llegado un poco tarde, ¿eh?* sei arrivato un po' tardi, eh?; *¡Eh, qué susto¡* Ah/oh, che spavento!
eje *m* asse; *partir por el ~ a alg* rovinare q
ejecu|ción *f* esecuzione; *poner en ~* dare esecuzione; **~tar** *vt* 1. eseguire, effettuare; 2. *ius* giustiziare; *ius* esecutare; **~tivo, -a 1.** *adj* esecutivo, -a; **2.** *m/f* 1. dirigente, manager; 2. *m pol* potere esecutivo, governo; **~tor** *adj/s* esecutore; **~toria** *f ius* sentenza esecutoria; **~torio** *adj* esecutorio
ejempl|ar 1. *adj/m* esemplare; **2.** *m* copia *f*; esempio; **~aridad** *f* esemplarità; **~ificar** <*ejemplifiqué*> *vt* esemplificare; **~o** *m* esempio; *por ~* per esempio; *dar ~* dare esempio
ejerc|er <*ejerzo*> *vt/vi* praticare, esercitare; *un médico que no ejerce* un medico che non esercita; **~icio** *m* esercizio; esercitazione *f*; *en ~* in esercizio; *en el ~ de sus funciones* nell'esercizio delle sue funzioni; **~itar** *vt* esercitare
ejército *m* esercito
ejido *m* ="campo, terreno limitrofo con paesi o città"; *Mex* terreno collettivo
ejote *m Mex* fagiolino verde
el *ar* il, l', lo; *~ libro* il libro; *~ árbol* l'albero; *~ estudiante* lo studente; *~ agua* l'acqua; *~ que* chi, colui che
él *pr* egli; lui; esso *bur*; *también/ni ~* anche/neanche lui; *¡pobre de ~!* Povero lui!; *a ~ no le importa* a lui non importa
elabor|ación *f* elaborazione; **~ador** *adj/s* elaboratore; **~ar** *vt* elaborare
elasticidad *f* elasticità
elástico 1. *adj/m* elastico; **2.** *adj* flessibile
¡ele! *excl* ecco!
eléboro *m bot* elleboro
elec|ción <*elecciones*> 1. *f* elezione, scelta; 2. *fpl pol* elezioni; **~tivo** *adj* elettivo; **~to** *adj* eletto; scelto; **~tor** *adj/s* elettore; *hist* principe elettore; **~torado** *m* elettorato; **~toral** *adj* elettorale
electrici|dad *f* elettricità; **~sta** *adj/s* elettricista
eléctrico *adj* elettrico
electrific|ación *f* elettrificazione; **~ar** <*electrifiqué*> *vt* elettrificare
electriz|able *adj* elettrizzabile; **~ación** *f* elettrizzazione; **~ar** <*electricé*> *vt* elettrizzare; *fig* esaltare
electro *m* elettro; **~acústica** *f* elettroacustica; **-acústico** *adj* elettroacustico; **~cardiograma** *m* elettrocardiogramma; **~coagulación** *f* elettrocoagulazione; **~cutar** *vt* mandare alla sedia elettrica; *morir electrocutado* morire per elettrocuzione; **~choque** *m med* elettroshock; **~dinámica** *f* elettrodinamica; **~do** *m* elettrodo; **~doméstico** *m* elettrodomestico; **~encefalograma** *m* elettroencefalogramma
electró|foro *m* elettroforo; **~geno** elettrogeno
electroimán *m* elettrocalamita *f*, elettromagnete
electró|lisis *f* elettrolisi; **~lito** *m* elettrolito; **~n** *m* elettrone; **~nica** *f* elettronica; **~nico** *adj* elettronico
electro|scopio *m* elettroscopio; **~tecnia** *f* elettrotecnica; **~terapia** *f* elettroterapia; **~tipia** *f* elettrotipia
elefante *m zool* elefante
eleg|ancia *f* eleganza; leggiadria; **~ante** *adj* elegante; **~ía** *f* elegia; **~íaco** *adj* elegiaco; **~ible** *adj* eleggibile; **~ir** <*elijo*> *vt* eleggere; scegliere
elemental *adj* elementare; ovvio, evidente; fondamentale
elemento 1. *m* elemento; *(chim) ~ transuraniano* elemento transuranico; *~s de juicio* elementi di giudizio; *estar (alg) en su ~* essere, trovarsi (q) nel proprio elemento/a proprio agio; 2. *mpl* elementi; mezzi
elenco *m* elenco, lista *f*; *teatro* cast, attori di uno spettacolo *mpl*
elepé *m mus* ellepì, LP
elev|ación *f* elevazione; aumento *m*; promozione; altezza; *~ de sentimientos* elevatezza di sentimenti; *geogr* sommità; **~ador 1.** *adj/m* elevatore; **2.** *m am* ascensore, montacarichi; **~adorista** *m/f am* ascensorista; **~alunas** *m/inv auto* alzacristalli; **~ar 1.** *vt* elevare; alzare, aumentare; innalzare; **2.** *~se* elevarsi; salire *vi*; estasiarsi
elidir *vt ling* elidere
elimin|ación *f* eliminazione; **~ar** *vt* eliminare; **~atoria** *f* eliminatoria; **~atorio** *adj* eliminatorio
elips|e *f mat* ellisse; **~is** *f ling* ellissi; **~oidal** *adj* elissoidale; **~oide** *m* elissoide
elíptico *adj* ellittico
elíseo, elisio *adj* elisio, eliso; *campos ~s* campi elisi
élite *f* élite *fr*
elit|ismo *m* elitarismo; **~ista 1.** *adj/s* elitarista; **2.** *adj* elitario
élitro *m zool* elitra *f*

elixir *m* elisir

ella *pr* ella *bur/ant*; lei; essa; ~*s* esse, loro; *allí fue* ~ qui venne il buono!; *también/ni* ~ anche/neanche lei

ello *pr* ciò; questo, quello; ~*s* essi, loro; *¡a ~s!* dagli!; addosso!; ~ *es que* il caso è che; *estar en* ~ occuparsi dell'affare; *por* ~ perciò; *para* ~ a questo fine

elocu|ción *f* elocuzione; ~**encia** *f* eloquenza; ~**ente** *adj* eloquente

elogi|able *adj* lodevole, degno di elogio; ~**ar** *vt* elogiare, lodare, encomiare; ~**o** *m* elogio, lode *f*; ~**oso** *adj* elogiativo, laudatorio

elongación *f astr/fis* elongazione

elote *m Mex* pannocchia tenera *f*

elucid|ación *f* dilucidazione, spiegazione; ~**ar** *vt* dilucidare, spiegare

elucubr|ación *f* elucubrazione; ~**ar** *vt* elucubrare

eludir *vt* eludere, evitare

elusión *f ius* elusione

elzeviri|ano *adj tip* elzeviriano; ~**o** *m* elzeviro

eman|ación *f cient* emanazione, esalazione; effluvio *m*; ~**ar** *vt/vi* emanare; procedere *vi*

emancip|ación *f* emancipazione; ~**ar** *vt* emancipare

embadurnar *vt* spalmare, ungere; *pitt* imbrattare

embajad|a *f adm* ambasciata; messaggio *m*; ~**or, -a** *m/f* ambasciatore, -trice

embal|aje *m* imballaggio; imballatura *f*; *gastos de* ~ spese d'imballaggio; ~**amiento** *m* imballo, imballaggio; *auto* imballatura *f*; ~**ar 1.** *vt com* imballare; **2.** ~*se sport/fig* partire in quarta *vi*; *fig/mec* essere su di giri *vi*, imballarsi

embaldos|ado 1. *adj* ammattonato; **2.** *m* ammattonatura *f*; ~**ar** *vt* piastrellare, pavimentare con mattonelle, ammattonare

embalsamar *vt* 1. imbalsamare; 2. profumare

embalse *m* bacino, stagno artificiale; ristagno d'acqua

embancarse *mar* arenarsi; *metal* incrostarsi

embaraz|ada *adj* incinta; ~**ar** *vt* mettere incinta; *fig* imbarazzare, impacciare; ~**o** *m* 1. gravidanza *f*; 2. *fig* impiccio, difficoltà *f*; ~**oso** *adj* imbarazzante, incomodo

embarc|ación *f* imbarcazione; barca; ~**adero** *m* imbarcadero, imbarcatoio; ~**ar** <*embarqué*> **1.** *vt* imbarcare; caricare; **2.** ~*se* imbarcarsi; *fig* impegnarsi

embarg|ar <*embargué*> *vt ius* sequestrare; *fig* assorbire, occupare; *raro* estasiare; *raro* imbarazzare; ~**o** *m ius* sequestro; *mar* embargo; *sin* ~ nonostante

embarque *m* imbarco

embarr|ada *f am* sproposito *m*; ~**ancar(se)** <*embarranqué*> *vi* incagliare, arenarsi; impantanarsi; ~**ar 1.** *vt* infangare; **2.** *vi am* fare uno sproposito

embarull|ador *adj/s* arruffone, pasticcione; imbroglione; ~**ar 1.** *vt* arruffare, confondere, ingarbugliare; **2.** ~*se* ingarbugliarsi, confondersi

embast|ar *vt* imbastire; ~**e** *m* imbastitura *f*

embate *m mar* ondata *f*; assalto, attacco, scontro

embauc|ador *adj/s* abbindolatore, imbroglione; ~**amiento** *m* raggiro, abbindolamento; ~**ar** <*embauqué*> *vt* abbindolare, gabbare, raggirare; sedurre

embebe|cerse restare affascinato/incantato *vi*; ~**r 1.** *vt* assorbire; **2.** ~*se* imbeversi; restringersi; *fig* impregnarsi, imbeversi

embeles|ar *vt* affascinare, incantare; ~**o** *m* fascino, incanto, estasi *f*

embellec|edor *m* elemento decorativo; *auto* coprimozzo, coppa (per ruota) *f*; ~**er** <*13a embellezco*> *vt* abbellire; ~**imiento** *m* abbellimento

embest|ida *f* attacco *m*, scontro *m*, investimento *m*; ~**ir** <*12 embisto*> *vt* assalire, investire, attaccare

embetunar *vt* bitumare, bituminare

emblem|a *m* emblema; simbolo; ~**ático** *adj* emblematico

embob|ado *adj* sbalordito, trasognato; ~**amiento** *m* sbalordimento, stupore; ~**ar** *vt* sbalordire, intontire, stordire; ~**ecer** <*13a embobezco*> *vt* V. **embobar**

emboc|ado *adj* abboccato (*vino*); ~**adura** *f* imboccatura, abboccatura; *mus* imboccatura; *zool* morsa del freno; attitudine; ~**ar** <*emboqué*> *vt* imboccare; infilare; trangugiare; *mus* imboccare

embol|ado *m teatro* particina *f*; *taur* ="toro con le punte delle corna rivestite da palle"; *taur* ="nelle feste popolari, toro con le corna ricoperte da materiale ardente"; *meter un* ~ spacciare una frottola; *meterle (a alg) en un* ~ mettere (q) in un pasticcio; ~**ador** *m am* lustrascarpe; ~**ar** *vt taur* ="munire di palle le punte delle corna dei tori"; *am* lucidare le scarpe

embolia *f med* embolia

émbolo *m med* embolo; *mec* stantuffo, pistone

embols|ar *vt* riscuotere, incassare; ~**o** *m* incasso, riscossione *f*

emboque *m* imbocco

emboquill|ado *adj* con filtro (*cigarrillo*); ~**ar** *vt* mettere il bocchino alle sigarette

emborr|achar 1. *vt* ubriacare; *lit* inebriare; stordire; **2.** ~*se* ubriacarsi; *tec* ="mescolarsi i colori di un tessuto bagnato"; ~**onar** *vt* scarabocchiare, sgorbiare

embosc|ada *f* imboscata, agguato *m*; *caer en una* ~ cadere in un'imboscata; ~**arse** <*embosqué*> imboscarsi; ~**ado** *adj/s* imboscato

embot|ado *adj tec* spuntato, smussato; ottuso; ~**adura** *f*, ~**amiento** *m tec* spuntatura *f*, smussatura *f*; stordimento, testa vuota/stordita *f*; ~**ar 1.** *vt* spuntare, smussare; ottundere; indebolire; **2.** ~*se* sentire la testa vuota *vi*; stordirsi

embotell|ado *adj* imbottigliato; *(fig) discurso* ~ discorso studiato; ~**adora** *f* imbottigliatrice; ~**amiento** *m* imbottigliamento; ingorgo (*tráfico*); ~**ar** *vt* imbottigliare

emboz|ar <*embocé*> **1.** *vt* mascherare,

palliare; **2.** ~*se* imbacuccarsi; ~**o** *m* bavero; rimboccatura del lenzuolo *f*; *fig* dissimulazione *f*, mascheramento

embra|gar <*embragué*> *vt* imbracare; *mec* innestare la frizione; ~**gue** *m* imbracatura *f*; *auto* frizione *f*

embravec|er <*13a embravezco*> **1.** *vt* irritare, inferocire; **2.** *vi bot* irrobustirsi; **3.** ~*se* infuriarsi; ~**imiento** *m* ira *f*, furore

embrazar <*embracé*> *vt* imbracciare

embrear *vt* impeciare, calafatare

embri|agador *adj* inebriante; ~**agar** <*embriagué*> **1.** *vt* ubriacare; *lit* inebriare; **2.** ~*se* estasiarsi; ~**aguez** *f* ubriacatura, sbornia; *lit* ebbrezza

embri|ón *m* embrione; ~**onario** *adj a. fig* embrionario, embrionale

embrocar <*embroqué*> *vt* travasare; *am* capovolgere

embroll|ar *vt* imbrogliare, ingarbugliare; ~**o** *m* imbroglio; inganno; pasticcio; ~**ón** *adj/s* imbroglione

embruj|ar *vt* stregare; ~**o** *m* incantesimo, magia *f*

embrutec|er <*13a embrutezco*> **1.** *vt* abbrutire; **2.** ~*se* abbrutire *vi*, abbrutirsi; ~**imiento** *m* abbrutimento

embuch|ado 1. *adj/m* insaccato; **2.** *adj* trangugiato, ingozzato; **3.** *m fig* inganno; ~**ar** *vt a. fig* insaccare; ingozzare (*aves*); trangugiare

embudo *m* imbuto

embuste 1. *m* bugia *f*, frottola *f*; 2. *mpl* gioielli falsi; ~**ro** *adj/s* bugiardo; *fig* imbroglione

embut|ido 1. *adj* insaccato; **2.** *m* 1. salame; 2. *mpl* salumi, insaccati; ~**ir** *vt* imbottire; insaccare (*carne*); *tec* intarsiare

emerg|encia *f* emergenza; *salida de* ~ uscita di sicurezza; ~**ente** *adj* emergente; ~**er** <*emerjo*> *vi* emergere; spuntare, derivare

emérito *adj/s* emerito

emersión *f astr* emersione

emigr|ación *f* emigrazione; ~**ante** *adj/s* emigrante; ~**ar** *vi* emigrare; ~**atorio** *adj* emigratorio

eminen|cia *f* eminenza, elevazione; eccellenza, elevatezza; *eccl* eminenza; ~ *gris* eminenza grigia; ~**te** *adj* eminente

emir *m* emiro; ~**ato** *m* emirato

emis|ario 1. *adj* emissario; **2.** *m pol/tec* emissario; ~**ión** *f* emissione; ~**or** *adj/s* emittente; ~**ora** *f TV* emittente

emitir *vt* emettere; *TV* trasmettere, mandare/mettere in onda; *ius* emanare; esprimere (*opinión*)

emoc|ión *f* emozione, commozione, turbamento *m*; ~**ional** *adj* emotivo; ~**ionante** *adj* emozionante; appassionante; ~**ionar** *vt* emozionare, commuovere, turbare

emoliente *adj/m med* emolliente

emolumentos *mpl* emolumenti; onorari

emotiv|idad *f* emotività; ~**o** *adj* emotivo

empacar <*empaqué*> **1.** *vt* impaccare, impacchettare; **2.** *vi am* fare le valigie *vi*; **3.** ~*se* ostinarsi, incaparbire *vi*

empach|ar 1. *vt* impacciare, imbarazzare, disturbare; **2.** *vi med* causare indigestione; dar nausea; **3.** ~*se* confondersi, impappinarsi; avere l'indigestione; ~**o** *m med* indigestione *f*; imbarazzo, vergogna *f*

empadr|ado *adj* troppo attaccato al padre o ai genitori; ~**onado** *adj* iscritto, censito; ~**onamiento** *m* iscrizione nel censo *f*; censimento; ~**onar** *vt* iscrivere nel censo; censire

empal|agar <*empalagué*> *vt* nauseare; ripugnare; disgustare; ~**ago** *m* nausea *f*, disgusto; ~**agoso** *adj* nauseante, stucchevole, stomachevole

empalidecer <*13a empalidezco*> *vt/vi* impallidire

empalizada *f* palizzata, steccato *m*

empalm|ar 1. *vt* unire, congiungere, raccordare; ~*la* attaccare bottone; *(vulg) estar empalmado* averlo duro; **2.** *vi tras* coincidere, fare coincidenza; ~**e** *m* unione *f*, giuntura *f*, innesto; *tras* coincidenza *f*

empan|ada 1. *adj* impanata; **2.** *f gastr* focaccia o frittella ripiena; *fig* confusione; ~**adilla** *f* frittella ripiena; ~**ar** *vt* impanare

empantanar 1. *vt* inondare; *fig* bloccare, piantare in asso; **2.** ~*se* inondarsi; *fig* arenarsi, bloccarsi

empañar 1. *vt* appannare (*cristales*); fasciare (*niños*); *fig* macchiare; **2.** ~*se* appannarsi

empapar 1. *vt* inzuppare, imbevere; assorbire; **2.** ~*se* imbeversi, impregnarsi; *¡para que te empapes!* friggiti!

empapel|ado *m* carta da parati *f*; ~**ador** *m* tappezziere; ~**ar** *vt* tappezzare (con carta da parati) (*paredes*); incartare; *ius/fam* processare

empaque *m* impacco, imballo; *am* aspetto, aria *f*; *am/tec* guarnizione *f*; ~**tador** *adj/s* imballatore, impacchettatore; ~**tado 1.** *m* imballo, impacchettatura *f*; **2.** *adj* impacchettato, imballato; ~**tadura** *f tec* premistoppa *m*; ~**tar** *vt* imballare, impacchettare

empared|ado 1. *m* tramezzino, toast *ingl/inv*; **2.** *adj* recluso; ~**ar** *vt* murare

emparejar 1. *vt* accoppiare; appaiare; livellare; socchiudere (*puertas*); **2.** ~*se* accoppiarsi

emparent|ado *adj* imparentato; ~**ar** *vi* imparentarsi

emparr|ado *m* pergolato; ~**illado** *m arch* retinatura *f*, intelaiatura di fondazione *f*; *tec* reticolo *m*; ~**illar** *vt* arrostire sulla graticola

empast|ar *vt* impastare; *med* otturare (*diente*); ~**e** *m* impasto; *med* otturazione *f*; *tec* impastamento; ~**elar** *vt tip* scomporre

empat|ar 1. *vi* pareggiare; **2.** *vt am* unire, congiungere; ~**e** *m* pareggio; ~ *a cero* zero a zero

empavesar *vt mar* pavesare

empec|atado *adj* discolo, scavezzacollo; dannato, maledetto; ~**inado** *adj* ostinato; ~**inar 1.** *vt* impeciare; **2.** ~*se* ostinarsi (*en* a)

empedern|ido *adj* insensibile, crudele; incorreggibile; *fumador* ~ fumatore incallito; ~**irse** divenire insensibile/crudele *vi*

empedr|ado *adj/m* selciato, lastricato;

~**ador** *m* selciatore; ~**ar** *vt* selciare, lastricare
empeine *m* collo del piede; tomaia *f* (*zapato*); *med* impetigine *f*
empellón *m* spinta *f*, spintone; *a ~ones* a spintoni
empelotarse svestirsi, spogliarsi; *fam* incasinarsi; *am* incapricciarsi
empenachar *vt* impennacchiare
empeñ|ar 1. *vt* impegnare, dare in pegno; *mil/sport* impegnare; **2.** *~se* impegnarsi (*en* a); ~**o** *m* pegno; impegno, obbligo; *estudiar con ~* studiare con impegno; *casa de ~s* monte di pietà/dei pegni, casa di pegno
empeor|amiento *m* peggioramento; ~**ar** *vt/vi* peggiorare
empequeñecer <*13a empequeñezco*> *vt/vi* impiccolire, rimpicciolire; diminuire; screditare
empera|dor *m* 1. imperatore; 2. *zool* pesce spada; ~**triz** *f* imperatrice
emperejilarse *desp* agghindarsi, infronzolirsi
emperezar 1. <*emperecé*> *vi* impigrire; **2.** *vt* ritardare; **3.** *~se* impigrirsi
emperifollar *vt desp* infronzolare, agghindare
empernar *vt* imperniare
empero *conj lit* però, ma; tuttavia
emperrarse infuriarsi; incaponirsi, incaparbirsi (*en* a)
empezar <*5a empiezo; empecé*> *vt/vi* cominciare, iniziare; *empezó diciendo* cominciò a dire
empin|ado *adj* alzato; *fig* dritto, eretto; ripido; ~**ar 1.** *vt* alzare, sollevare, drizzare, sollevare; *~ el codo* alzare il gomito; **2.** *~se* alzarsi; impennarsi (*caballo*); elevarsi
empingorot|ado *adj desp* borioso, altero; ~**ar** *vt* innalzare
empiñonado *m* pasticcino con pinoli
empiparse *am* rimpinzarsi
empír|eo *adj/m* empireo; ~**ico** *adj* empirico
empirismo *m* empirismo
empitonar *vt taur* cogliere con una cornata
empizarrado *m* tetto di ardesia
emplast|ar *vt* impiastrare, impiastricciare; ostacolare; ~**o** *m med/fig* impiastro
emplaz|amiento *m* 1. situazione *f*, collocazione *f*, ubicazione *f*; 2. *ius* citazione *f*; ~**ar** <*emplacé*> *vt* 1. *ius* citare; 2. collocare, situare, ubicare
emple|ada *f* impiegata; *~a del hogar* collaboratrice familiare, domestica; ~**ado** *adj/m* impiegato; ~**ar** *vt* impiegare, occupare; ~**o** *m* impiego, occupazione *f*, uso; *(Esp) ~ comunitario* impiego comunitario
emplom|ador *m* saldatore; ~**ar** *vt* impiombare; saldare; piombare, sigillare; *am/med* otturare
emplumar 1. *vi* impiumare; *am* svignarsela; **2.** *vt* impiumare; *am* bastonare
empobrec|er <*13a empobrezco*> **1.** *vt* impoverire; **2.** *~se* impoverire *vi*, diventar povero *vi*; ~**imiento** *m* impoverimento
empoll|adura *f* covata; ~**ar 1.** *vt* covare le uova; **2.** *vi* produrre larve l'arnia; *stud* sgobbare; ~**ón** *adj/s stud* sgobbone, secchione
empolvar 1. *vt* impolverare; **2.** *~se* incipriarsi; *(gergo)* sniffare *vi* (*droga*)
emponzoñ|amiento *m* avvelenamento; ~**ar** *vt* avvelenare, intossicare
emporio *m* emporio
emporrarse *fam* fumare spinelli *vi*, spinellare *vi*
empotr|able *adj* da incasso; ~**ado** *adj* murato; *armario ~* armadio a muro; ~**ar** *vt* incassare
emprend|edor *adj* intraprendente; ~**er** *vt* intraprendere
empreñar *vt* impregnare
empresa *f* impresa, azienda, ditta; *~ fantasma* ditta fantasma; ~**riado** *m* imprenditoria *f*; ~**rial** *adj* imprenditoriale; *diplomado en ~es* diplomato (universitario) in Economia Aziendale; ~**rio, -a** *m/f* impresario, -a (*teatral*), imprenditore, -trice (*industrial*)
empréstito *m econ* prestito statale
empuj|ar *vt* spingere; premere; *fig* indurre, spingere; ~**e** *m* spinta *f*; sforzo; *fig* impulso, impeto; *persona de ~* persona potente; ~**ón** *m* spintone; *fig* progresso rapido; *a ~ones* a forza di spinte
empuñ|adura *f* impugnatura, elsa; ~**ar** *vt* impugnare; afferrare, stringere
emul|ación *f* emulazione; ~**ador** *adj* emulatore; ~**ar** *vt* emulare
émulo *adj/s* emulo
emuls|ión *f* emulsione; ~**ionar** *vt* emulsionare; ~**ivo** *adj/m* emulsionante; ~**or** *adj/m* emulsionatore
en *prep* in; (nel, nell', nella, nello, nei, negli, nelle); su; a; *estar ~ casa* stare in/a casa; *está ~ la mesa* è sul tavolo; *~ serio* sul serio; *~ fin* infine; *~ seguida* subito; *~ todas partes* dappertutto; *~ 1992* nel 1992; *~ espiral, ángulo* a spirale, a angolo; *creer ~ Dios* credere in Dio; *creer, pensar ~* credere, pensare a; *vivir ~ Valencia* abitare a Valenza
enagua(s) *f(pl)* sottana, sottoveste; sottogonna
enajen|able *adj* alienabile; ~**ación** *f med/ius* alienazione; *econ* compravendita; *~ mental* alienazione mentale; ~**ar 1.** *vt* alienare; vendere; **2.** *~se* alienarsi; allontanarsi
enálage *f ling* enallage
enaltecer <*13a enaltezco*> *vt* esaltare
enamor|adizo *adj* facile a innamorarsi; ~**ado** *adj/s* innamorato; ~**amiento** *m* innamoramento; ~**ar 1.** *vt* innamorare; conquistare, sedurre; **2.** *~se* innamorarsi, invaghirsi; ~**icarse,** ~**iscarse** *desp* innamoracchiarsi
enano *adj/s* nano
enar|bolar *vt* inalberare; alzare; ~**car** <*enarqué*> *vt* inarcare, curvare; *~ las cejas* inarcare le ciglia; ~**decer** <*13a enardezco*> *vt* avvivare, eccitare, infiammare, accendere; ~**enar 1.** *vt* spargere di arena; **2.** *~se* arenarsi, incagliare *vi*; ~**mónico** *adj mus* enarmonico
encabe|strar *vt* incavezzare, incapestra-

re; ~**zamiento** *m* intestazione *f*; ~**zar** <*encabecé*> *vt* 1. intestare, intitolare; 2. capitanare, dirigere

encabritarse impennarsi; *fig* arrabbiarsi, incavolarsi; *aer* cabrare *vi*

encaden|ación *f* incatenamento *m*; concatenazione *f*; ~**ado** *adj* incatenato; concatenato; *fig* legato; *estrofa ~a* strofa concatenata; ~**ar** *vt a. fig* incatenare; concatenare; *fig* collegare

encaj|adura *f tec* incastro *m*, calettatura; ~**ar 1.** *vt tec* incastrare, calettare; far combaciare; incassare; *fig* incassare; mollare; **2.** *vi* coincidere, venire a proposito, andar bene; **3.** ~*se* intromettersi, infilarsi; ~**e** *m tec* incastro; merletto, pizzo, trina *f* (*tela*); intarsio (*madera-metal*); ~**era** *f* trinaia; ~**onamiento** *m* incassamento, imballo; ~**onar** *vt* incassare, imballare; mettere alle strette

encal|ador *adj/m* imbianchino; ~**ar** *vt* 1. imbiancare; 2. ficcare, introdurre

encall|adero *m* bassofondo, secca *f*, banco; *fig* incaglio; ~**adura** *f* incaglio *m*, arenamento *m*; ~**ar** *vi* incagliare, arenarsi; ~**ecer** < *13a encallezco*> *vi* incallire; indurirsi

encam|arse ammalarsi; ~**inar** *vt* incamminare, avviare, dirigere

encanarse 1. soffocare *vi*; 2. incagliarsi, bloccarsi

encan|dilar 1. *vt* abbagliare; allucinare, lasciare a bocca aperta; **2.** ~*se* restare a bocca aperta *vi*; brillare gli occhi *vi*; ~**ecer** < *13a encanezco*> *vi* incanutire; invecchiare; ~**ijarse** deperire *vi*, indebolirsi, dimagrire *vi*

encant|ado *adj* incantato, ammaliato; imbambolato, attonito; ~ *de conocerle* molto piacere; *palacio* ~ palazzo incantato; ~**ador, -ra 1.** *adj/s* incantatore, -trice; affascinante, incantevole; **2.** *m* 1. stregone, mago; 2. *f* strega, maliarda; ~**amiento** *m* incantesimo; fascino, incanto; ~**ar** *vt* incantare; ammaliare, affascinare; ~**o** *m* incantamento, malia *f*; incanto, meraviglia *f*, bellezza *f*; *este chico es un* ~ questo ragazzo è una meraviglia/un incanto

encañizado *m* incannicciata *f*

encañonar *vt* 1. puntare un'arma *vi*; 2. incanalare; 3. stirare a cannoncini

encapotarse 1. imbronciarsi; 2. rannuvolarsi (*cielo*); 3. incappottarsi

encapricharse incapricciarsi

encapu|chado *adj* incappucciato; ~**llado** *adj* in boccio

encara|do *adj bien, mal* ~ di bella, brutta faccia; ~**mar 1.** *vt* mettere in alto; **2.** ~*se* arrampicarsi, inerpicarsi; ~**r 1.** *vt* mettere di fronte; *fig* fronteggiare; **2.** ~*se* trovarsi, mettersi di fronte; scontrarsi; affrontare *vi*

encarcelar *vt* incarcerare, arrestare, imprigionare

encarec|er < *13a encarezco*> **1.** *vi/vt* rincarare (*precio*); **2.** *vt* raccomandare; ~**idamente** *adv* caldamente, vivamente; ~**imiento** *m* rincaro; interessamento

encarg|ado *adj/s* incaricato; *(dipl)* ~ *de negocios* incaricato d'affari; ~ *de curso* docente incaricato; ~**ar** <*encargué*> **1.** *vt* incaricare, ordinare; *com* richiedere; **2.** ~*se* incaricarsi, occuparsi (*de* di), assumere *vt*; ~**o** *m* incarico; *com* commissione *f*, ordinazione *f*; *de* ~ su ordinazione; su misura

encariñarse affezionarsi (*con* a)

encarn|ación *f* incarnazione; rappresentazione; *pitt* color carne *m*; ~**ado** *adj* incarnato, rosso; *pitt* color carne; ~**adura** *f* cicatrizzazione; ~**ar 1.** *vt* incarnare; rappresentare; **2.** *vi* cicatrizzarsi; prendere; **3.** ~*se* incarnarsi

encarniz|ado *adj* accanito, inferocito; cruento, sanguinoso; ~**amiento** *m* accanimento; crudeltà *f*; ~**arse** <*encarnicé*> accanirsi, incrudelire *vi*

encaro *m* punteria *f*, mira *f*

encarrilar *vt* avviare, incamminare; mettere in carreggiata

encartar *vt ius* proscrivere; incartare (*naipes*); includere

encasill|ado 1. *adj* incasellato; **2.** *m* casellario; ~**amiento** *m* classificazione *f*; qualifica *f*; ~**ar** *vt* incasellare; *fig* classificare

encasquetar *vt* calcare; ficcare in testa

encasquillarse incepparsi, incastrarsi la pallottola

encastill|ado *adj* superbo, altero; ~**arse** trincerarsi; ostinarsi

encastrar *vt tec* incastrare, incassare

encausar *vt ius* querelare; processare

encauz|amiento *m* arginamento, avvio, incanalamento; ~**ar** <*encaucé*> *vt* incanalare; avviare; arginare; *fig* dirigere, indirizzare

encebollado *adj/m* stufato con cipolle

encef|álico *adj* encefalico; ~**alitis** *f med* encefalite

encéfalo *m* encefalo

encefalograma *m* encefalogramma

encel|ado *adj* ingelosito; *zool* in fregola; ~**ar** *vt* ingelosire

encenag|ado *adj* infangato; ~**arse** <*encenagué*> infangarsi; *fig* abbrutirsi

encend|edor *m* accendisigari, -o, *fam* accendino; accenditore; ~**er** <*6 enciendo*> **1.** *vt* accendere; incendiare; *fig* incitare, infiammare; **2.** ~*se* ardere *vi*; arrossire *vi*; ~**ido 1.** *adj* acceso; **2.** *m* accensione *f*; ~**imiento** *m* accensione *f*, accendimento; rossore

encer|ado 1. *adj* incerato; **2.** *m* tela incerata *f*; inceratura *f*; ~**adora** *f* lucidatrice; ~**amiento** *m* inceratura *f*; ~**ar** *vt* incerare; lucidare (*suelo*)

encerr|ar <*5a encierro*> *vt* rinchiudere; ingabbiare; incarcerare, imprigionare; contenere; immobilizzare; ~**izarse** <*encerricé*> incaponirsi, ostinarsi; ~**ona** *f* ritiro *m*; *taur* corrida privata; *fig* imboscata, trabocchetto *m*; *stud/fam* ="ultima prova di un concorso docente"

encestar *vt (sport)* ~ *(la pelota)* far canestro *vi*

enchapar V. **chapar**

encharcar <*encharqué*> *vt* inondare; *fig* infangare

enchavetar *vt tec* fissare con chiavetta, inchiavettare

enchilar *vt am gastr* condire con peperoncino rosso; *am* punzecchiare, seccare
enchironar *vt* mettere in galera
enchuf|ado *adj* acceso; attaccato, innestato; *fig* raccomandato; **~ar 1.** *vt* accendere; attaccare, innestare; *fig* raccomandare; **2.** *(fig)* *~se* collocarsi per raccomandazione; **~e** *m tec/elect* spina *f*, spinotto; *elect* presa *f*; *fig* raccomandazione *f*; **~ismo** *m desp* favoritismo; **~ista** *m/f* pluriraccomandato, -a
encía *f* gengiva
encíclica *f* enciclica
enciclop|edia *f* enciclopedia; **~édico** *adj* enciclopedico; **~edismo** *m* enciclopedismo
encierro *m* chiusura *f*; ritiro; prigione *f*, cella *f*; *taur* stalla dell'arena *f*; *pol* sit-in *m*
encima 1. *adv* sopra; addosso; su; per giunta, inoltre, per di più; oltre; *de ~* di sopra; *~ de llegar tarde...* oltre ad arrivar tardi...; *por ~* su, sopra; *le quitaron todo y ~ le pegaron* gli tolsero tutto e inoltre/per giunta/per di più lo bastonarono; *limpiar la casa por ~* pulire la casa appena appena; *quitarse de ~* togliersi, levarsi d'addosso; *venirse ~* cadere addosso; **2.** *prep* sopra, su; oltre; *~ de que le hacen trabajar...* oltre a farlo lavorare; *estar ~ de alg* stare addosso a q; *estar ~ de algo* star dietro qc; *por ~ de* al di sopra di; *por ~ de sus posibilidades* oltre le/al di sopra delle loro/sue possibilità; *echarse ~* buttarsi addosso; *por ~ de todo* più di tutto; *~ de la mesa* sul, sopra il tavolo; *mirar por ~ del hombro* guardare dall'alto in basso
encimer|a *f* piano di cottura (da incasso) *m* (*cocina*); piano di un mobile *m*; **~o** *adj* sovrastante, di sopra
encina *f bot* leccio *m* (*quercus ilex*); quercia (*nombre común*); **~r** *m* lecceto; querceto
encinta *adj/inv* incinta; **~do 1.** *adj* ornato di nastri; **2.** *m* bordo del marciapiede
enclaustrar *vt* chiudere in un chiostro; nascondere
enclav|ado *adj* incassato, incastrato; incluso, compreso; inchiodato; **~e** *m* enclave *f*; **~ijar** *vt* incavigliare, incavicchiare; imperniare; *gergo* stringere
enclenque *adj* rachitico, malaticcio
encofr|ado *m* armatura *f*; modano; **~ar** *vt* armare; sagomare; ricoprire di legno
encog|er 1. <V. *coger*> *vt* restringere; stringere, contrarre; **2.** *~se* restringersi; *fig* scoraggiarsi, avvilirsi, accasciarsi; *~se de hombros* scrollare le spalle; **~ido** *adj* ristretto; contratto; *fig* timido, impaurito; **~imiento** *m* restringimento; contrazione *f*; *psic* scoraggiamento
encol|ado 1. *adj* incollato; **2.** *m* incollatura *f*; chiarificazione *f* (*vino*); **~adura** *f* incollatura, incollaggio *m*; **~ar** *vt* incollare; chiarificare (*vino*)
encolerizar <*encolericé*> *vt* incollerire, adirare
encom|endar 1. *vt* incaricare, affidare; **2.** *~se* raccomandarsi; **~iar** *vt* encomiare, elogiare, lodare; **~iástico** *adj* encomiastico; **~ienda** *f ant* commenda; incarico *m*; raccomandazione; *am* pacco postale *m*; **~io** *m* encomio
encon|ar 1. *vt med* infettare; inasprire, esasperare; **2.** *~se* inimicarsi; sentir rimorso *vi*; **~o** *m* rancore, avversione *f*, astio; **~oso** *adj* irritabile, collerico, astioso
encontr|adizo *adj hacerse el ~* ="fingere di incontrare per caso chi si cerca"; **~ado** *adj* contrario, opposto; **~ar** <*8a encuentro*> **1.** *vt* incontrare, trovare; ritrovare, rinvenire; *ha encontrado la horma de su zapato* ha trovato chi fa per lui/lei; **2.** *~se* trovarsi, incontrarsi; **~onazo** *m* urto, scontro
encoñarse *vulg* appiccicarsi a una donna *est*, prendere una cotta *vi est*
encopetado *adj* altezzoso, borioso; di alto ceto
encorajinarse incollerirsi, infuriarsi
encorn|ado: bien, mal ~ ben, mal cornato *adj*; **~adura** *f* cornatura; **~ar** *vt* incornare
encorralar *vt* chiudere (il bestiame) nei recinti
encorsetado *adj fig* rigido
encorv|adura *f* curvatura; **~amiento** *m* curvamento; **~ar** *vt* curvare, incurvare
encresp|ado 1. *adj* increspato, arricciato; *fig* difficile; **2.** *m* increspatura *f*; **~ar 1.** *vt* increspare, arricciare; **2.** *~se* agitarsi, increspаrsi; *fig* complicarsi; innervosirsi
encrucijada *f* incrocio *m*, crocevia *m*; *fig* dilemma *m*; *fig* agguato *m*
encuadern|ación *f* rilegatura; **~ador, -ra** *m/f* rilegatore, -trice; **~ar** *vt* rilegare
encuadr|ar *vt foto* inquadrare; incorniciare; **~e** *m foto* inquadratura *f*; *tip* quadratone
encubiert|a *f* frode; **~o** *adj* occulto, nascosto, coperto
encubr|idor, -ra *m/f ius* ricettatore, -trice; complice; mezzano, -a; **~imiento** *m ius* ricettazione *f*; occultamento; **~ir** *vt* occultare, nascondere, celare; *ius* ricettare
encuentro *m* incontro; *pol* riunione *f*, convegno; *ir, salir al ~ (de alg)* andare/correre incontro (a q)
encuesta *f* inchiesta, indagine, investigazione; *~ demoscópica* indagine demoscopica, sondaggio; **~ador, -ra** *m/f* intervistatore, -trice; **~r** *vt/vi* fare un'inchiesta *vi*; intervistare *vt*
encumbr|ado *adj* alto, elevato, eminente; **~amiento** *m* innalzamento, elevazione *f*, esaltazione *f*; **~ar** *vt* elevare, innalzare, esaltare
encurtido 1. *adj* sottaceto; **2.** *mpl* sottaceti (*alcaparras, pepinillos, etc.*)
ende: por ~ *conj* pertanto, quindi, perciò
ende|ble *adj* debole, fiacco; **~blez** *f* debolezza, fiacchezza
ende|caedro *m mat* endecaedro; **~cágono** *m mat* endecagono; **~casílabo** *adj/m* endecasillabo
endecha *f* poesia funebre, pianto *m*
endémico *adj med* endemico
endemoniado *adj/s* indemoniato, ossesso, perverso

endentecer *vi* mettere i denti
enderez|ado *adj* raddrizzato; indirizzato; propizio; ~**ar** <*enderecé*> **1.** *vt* raddrizzare; correggere; indirizzare, dirigere; **2.** ~*se* raddrizzarsi; avviarsi
endeud|ado *adj* indebitato; ~**amiento** *m* indebitamento; ~ *exterior* debito pubblico con l'estero; ~**arse** indebitarsi, coprirsi di debiti
endiablado *adj* indiavolato; pessimo; perverso
endíadis *f* endiadi
endi|bia, ~**via** *f bot* indivia
endilgar <*endilgué*> *vt* addossare, affibbiare; *pop* appioppare, mollare
endios|amiento *m* orgoglio, alterigia *f*; estasi *f*; ~**ar 1.** *vt* deificare, divinizzare; **2.** ~*se* insuperbirsi
endo|cardio *m med* endocardio; ~**carpio** *m bot* endocarpo; ~**crino** *adj/s med* endocrino; ~**crinología** *f* endocrinologia; ~**fásico** *adj* endofasico; ~**gamia** *f* endogamia; ~**gámico** *adj* endogamico; ~**génesis** *f cient* endogenesi; ~**metritis** *f* endometrite
endomingado *adj desp* vestito con abiti festivi, agghindato
endo|sable *adj com* girabile; ~**sante** *adj/s com* girante; ~**sar** *vt com* girare; affibbiare; ~**satario** *adj/s* giratario
endo|scopio *m* endoscopio; ~**telio** *m med* endotelio; ~**venoso** *adj* endovenoso
endrin|a *f bot* prugnola, susina selvatica; ~**o** *m bot* prugnolo, susino selvatico
endulzar <*endulcé*> *vt* addolcire; *fig* mitigare, lenire; *pitt* sfumare, attenuare
endurec|er < *13a endurezco*> **1.** *vt* indurire; *fig* irrobustire, temprare; **2.** *(fig)* ~*se* incrudelire *vi*; ~**imiento** *m* indurimento; durezza *f*
enea V. **anea**
ene|bro *m bot* ginepro; ~**ldo** *m bot* aneto; ~**ma** *m* 1. *med* clistere, clisma; 2. *med* enema
enem|igo *adj/s* nemico, avversario; avverso; ~**istad** *f* inimicizia, avversione; ~**istar** *vt* inimicare
energ|ético *adj* energetico; ~**ía** *f* energia, vigore *m*, forza; ~ *solar, eólica, cinética, nuclear* ...energia solare, eolica, cinetica, atomica...
enérgico *adj* energico, vigoroso
energúmeno *m* energumeno
enero *m* gennaio
enerv|ación *f* snervamento *m*, snervatezza, spossamento *m*; ~**ador** *adj* snervatore; ~**ante** *adj* snervante, spossante; ~**ar** *vt* snervare, spossare
enésimo *adj* ennesimo
enfad|adizo *adj* irritabile, permaloso; ~**ar 1.** *vt* far arrabbiare; **2.** ~*se* arrabbiarsi; ~**o** *m* arrabbiatura *f*, sdegno, stizza *f*; ~**oso** *adj* sgradevole, molesto, seccante
enfangar 1. <*enfangué*> *vt* infangare, insozzare; *fig* infamare; **2.** ~*se* infangarsi
enfard|adora *f* imballatrice; ~**ar** *vt* imballare, impaccare
énfasis *f* enfasi
enfático *adj* enfatico
enfatizar <*enfaticé*> *vt* enfatizzare
enferm|ar *vi* ammalarsi; ~**edad** *f* malattia; infermità; ~**era** *f* infermiera; ~**ería** *f* infermeria; ~**ero** *m* infermiere; ~**izo** *adj* malaticcio; infermiccio, cagionevole; ~**o** *adj/s* malato, ammalato; *(fig) poner ~ a alg* esasperare q; ~**ucho** *adj* malaticcio
enfervorizar <*enfervoricé*> *vt* infervorare, entusiasmare, eccitare
.enfilar *vt* allineare; infilare (*perlas, vía*)
enfisema *m med* enfisema
enfit|eusis *f ius* enfiteusi; ~**euta** *m/f ius* enfiteuta; ~**éutico** *adj* enfiteutico
enflaquec|er < *13a enflaquezco*> *vi* dimagrire; spossarsi, indebolirsi; ~**imiento** *m* dimagrimento; spossamento, indebolimento
enfo|car <*enfoqué*> *vt foto* mettere a fuoco; *(fig) ~ un problema* impostare un problema/una questione; ~**que** *m* messa a fuoco *f*; *fig* impostazione *f*
enfrascarse <*enfrasqué*> *fig* concentrarsi, immergersi
enfrent|ar 1. *vt* affrontare; mettere di fronte, opporre; **2.** ~*se* affrontare *vt*; trovarsi di fronte (*con* a) *vi*; fronteggiare *vt*; ~**e** *adv* di fronte, dirimpetto
enfri|ador *adj/s* refrigeratore; ~**amiento** *m* raffreddamento; ~**ar** <*2 enfrío*> **1.** *vt* raffreddare; *fig* intiepidire, attenuare; **2.** ~*se* raffreddarsi
enfundar *vt* infoderare, mettere nel fodero
enfur|ecer < *13a enfurezco*> irritare, infuriare; ~**ecimiento** *m* furia *f*, furore
enfurruñarse stizzirsi; *meteo/fig* rannuvolarsi
engalanar *vt* adornare, abbellire, agghindare
engallarse ingalluzzire *vi*, ingalluzzirsi
enganch|ado *adj* agganciato; drogato; iniziato (*secta*); ~**ar 1.** *vt* agganciare; attaccare, appendere; *mil* arruolare, ingaggiare; *taur* infilzare; **2.** ~*se* agganciarsi; *mil* arruolarsi; attaccarsi alla droga; ~**e** *m* agganciamento, aggancio; *mil* arruolamento; *taur* cornata *m*; uncino; ~**ón** *m* strappo
engañ|abobos 1. *m/f* gabbamondo (*persona*); 2. *m* fregatura *f*; ~**adizo** *adj* sempliciotto; ~**ador 1.** *adj/s* ingannatore; **2.** *adj* ingannevole; ~**ar 1.** *vt* ingannare; truffare; distrarre, fare uno scherzo; illudere; **2.** ~*se* sbagliare *vi*, ingannarsi; ~**ifa** *f pop* tranello *m*; ~**o** *m* inganno; errore; *taur* muleta del torero *f*; *llamarse a ~* lamentarsi, trovare scuse; ~**oso** *adj* ingannevole
engar|ce *m fig* concatenamento; incastonatura *f*; ~**zar** <*engarcé*> *vt* incastonare; infilzare
engast|ar *vt* incastonare; infilzare; ~**e** *m* 1. incastonatura *f* (*acción*); 2. castone
engatus|ador *adj/s* raggiratore, abbindolatore; ~**amiento** *m* raggiro, abbindolamento; ~**ar** *vt* abbindolare, raggirare
engavillar *vt agr* accovonare
engendr|ar *vt* generare, procreare; causare, originare; ~**o** *m* feto; mostro, *fig* aborto
englobar *vt* includere, comprendere
engol|ado *adj* con gorgiera; *fig* enfatico,

presuntuoso; ~**amiento** *m* enfasi *f*; presunzione *f*; ~**farse** *mar* addentrarsi; ingolfarsi; ~**osinar 1.** *vt* ingolosire; allettare; **2.** ~*se* ingolosinarsi
engom|ado *adj* gommato; incerato; *am fig* agghindato; ~**adura** *f* ingommatura; ~**ar** *vt* ingommare, gommare
engord|ar *vt/vi* ingrassare; arricchirsi; ~**e** *m* ingrassamento
engorro *m* disturbo, fastidio; ~**so** *adj* fastidioso, noioso, imbarazzante
engran|aje *m mec* ingranaggio; ingranamento; ~**ar** *vi* ingranare
engrandec|er <*13a engrandezco*> *vt* dignificare, elevare; ingrandire, aumentare; ~**imiento** *m fig* elevazione *f*; ingrandimento, aumento
engras|ador, -ra *m/f* ingrassatore, -trice; ~**ar** *vt* ingrassare, ungere, lubrificare; *agr* concimare; ~**e** *m mec* ingrassaggio; ingrassamento, lubrificazione *f*; *agr* ingrasso; *lavado y* ~ lavaggio e ingrassaggio
engre|ído *adj* superbo, arrogante; ~**imiento** *m* orgoglio, boria *f*; ~**ír** <*34 engrío; engrió*> **1.** *vt* inorgoglire; **2.** ~*se* inorgoglirsi, diventare arrogante *vi*
engrosar <*8a engrueso*> **1.** *vt* ingrossare; aumentare; **2.** *vi* ingrassare
engrud|ar *vt* impastare, incollare; ~**o** *m* colla d'amido *f*; bozzima *f* (*telas*)
enguantado *adj* inguantato
enguijarrar *vt* selciare, acciottolare
enguirnaldar *vt* inghirlandare
engullir *vt* inghiottire, trangugiare
enharinar *vt* infarinare
enhebrar *vt* infilare; *fig* snocciolare
enhiesto *adj* diritto, alto, slanciato
enhora|buena *f* congratulazione, rallegramento *m*; *dar la* ~ congratularsi; fare gli auguri; *(excl)* ¡~! Auguri!, Complimenti!; ~**mala** *adv ant* in brutta ora; *(excl) ¡Idos enhoramala!* andate in malora!
enhornar *vt* infornare, mettere al forno
enigm|a *m* enigma; ~**ático** *adj* enigmatico
enjabonar *vt* insaponare; *fig* lisciare, ungere
enjaezar <*enjaecé*> *vt* sellare; mettere i finimenti ai cavalli
enjalbeg|adura *f* imbiancatura; ~**ar** <*enjalbegué*> *vt* imbiancare
enjalma *f* basto *m*
enjambr|ar 1. *vi* sciamare; *fig* moltiplicarsi; **2.** *vt* rinchiudere uno sciame; ~**e** *m* sciame; *fig* sciame, moltitudine *f*
enjarciar *vt mar* munire di sartie
enjaular *vt* ingabbiare; *fig* incarcerare
enjoyar *vt* ingioiellare; adornare; *tec* incastonare
enjua|gar <*enjuagué*> *vt* sciacquare, risciacquare; ~**gue** *m* sciacquata *f* risciacquo; *fig* pasticcio
enjugar <*enjugué*> **1.** *vt* asciugare; *fig* estinguere; **2.** ~*se* dimagrire *vi*
enjuicia|miento *m ius* giudizio, processo; *ley de ~ criminal* legge di giudizio penale; ~**r** *vt ius* giudicare, processare, istruire una causa *vi*
enjun|dia *f* grasso di pollo *m*; sugna; *fig* vigore *m*, brio *m*; *fig* sostanza, nocciolo *m*, succo *m*; ~**dioso** *adj* sostanzioso, succoso
enjuto 1. *adj* asciutto, secco, magro; **2.** *mpl* stipa *f*
enlace *m* 1. allacciamento, vincolo; 2. matrimonio, nozze *fpl*; 3. *tras* coincidenza *f*; 4. *pol/fig* intermediario
enladrill|ado *adj* ammattonato; ~**ar** *vt* ammattonare
enlagunarse allagarsi
enlat|ado *adj* inscatolato, in lattina; preconfezionato; *tele* preregistrato; ~**ar** *vt* inscatolare
enlazar <*enlacé*> **1.** *vt* allacciare, legare; collegare, connettere; cogliere al laccio; **2.** *vi tras* avere la coincidenza; **3.** ~*se* sposarsi; imparentarsi
enloquec|edor, -ra *m/f* turbatore, -trice, sconvolgente; ~**er** <*13a enloquezco*> **1.** *vt* far impazzire, far ammattire; **2.** *vi* impazzire, ammattire; andare pazzo per qc; ~**imiento** *m* impazzimento, follia *f*
enlos|ado *adj* lastricato; ~**ar** *vt* lastricare
enluc|ido 1. *adj* imbiancato, intonacato; **2.** *m* intonaco; ~**ir** <*12b enluzco*> *vt* intonacare, imbiancare
enlut|ado *adj* vestito a lutto; ~**ar** *vt* vestire a lutto; *fig* rattristare
enmadrado *adj* troppo attaccato alla madre; mammone *desp*
enmara|ñar *vt* arruffare, aggrovigliare; *fig* intricare, ingarbugliare; ~ **arse** *mar* addentrarsi in alto mare
enmascar|ado, -a 1. *adj* mascherato, -a; **2.** *m/f* maschera *f*, persona in maschera *f*; ~**ar** *vt* mascherare
enmasillar *vt* stuccare
enmendar <*5a enmiendo*> *vt* emendare, correggere; *mar* correggere la rotta; ~ *la plana a alg* trovare difetti in ciò che ha fatto q; fare qc meglio dell'altra persona
enmienda *f* emendamento *m*, correzione
enmierdado *adj/vulg* nella merda
enmohec|erse <*13a enmohezco*> ammuffire *vi*; arrugginirsi; ~**imiento** *m* ammuffimento; arrugginimento
enmoquetar *vt* mettere la moquette, rivestire di moquette *vi*
enmudec|er <*13a enmudezco*> *vt/vi* ammutire, ammutolire, far tacere *vt*; tacere *vi*; ~**imiento** *m* l'ammutolire
enmugrecer <*13a enmugrezco*> *vt* coprire di sudiciume
ennegrec|er <*13a ennegrezco*> **1.** *vt* annerire; **2.** ~*se* oscurarsi; ~**imiento** *m* annerimento
ennoblec|er <*13a ennoblezco*> *vt* nobilitare; adornare; dignificare; ~**imiento** *m* nobilitazione *f*, nobilitamento
enoj|adizo *adj* permaloso, collerico, irascibile; ~**ar 1.** *vt* far arrabbiare, far adirare, irritare; **2.** ~*se* arrabbiarsi, adirarsi, incollerire *vi*, andare in collera *vi*, sdegnarsi, infuriarsi; ~**o** *m* collera *f*, irritazione *f*, sdegno; broncio; ~**oso** *adj* sgradevole, fastidioso, noioso
enología *f* enologia
enólogo *m* enologo
enorgullec|er <*13a enorgullezco*> *vt*

inorgoglire; insuperbire; ~**imiento** *m* insuperbimento

enorm|e *adj* enorme, smisurato; ~**idad** *f* enormità; sproposito *m*

enquiciar *vt* incardinare; *fig* mettere qc a posto

enquiridión *m* enchiridio

enquistarse *med* incistarsi

enraizar <*enraízo; enraicé*> *vi* radicare, attecchire

enram|ada *f* infrascato *m*, ingraticciata; ~**ar** *vi* metter rami

enranciarse irrancidire *vi*

enrarec|er <*13a enrarezco*> **1.** *vt* rarefare; scarseggiare; **2.** ~*se* rarefarsi; ~**ido** *adj* rarefatto; ~**imiento** *m* rarefazione *f*

enred|adera *f* pianta rampicante; *bot* convolvolo *m*; ~**ador** *adj/s* pettegolo, arruffone, imbroglione; ~**ar 1.** *vt* imbrogliare, ingarbugliare; spargere zizzania; trattenere; **2.** ~*se* impigliarsi; *fig* mettersi con q; ~**o** *m* intreccio *lit*; imbroglio, garbuglio; pasticcio; monelleria *f*; relazione amorosa *f*; ~**oso** *adj* imbrogliato; complicato, intricato

enrej|ado *m* cancellata *f*; graticolato; ~**ar** *vt* chiudere con cancelli

enrevesado *adj* difficile, oscuro

enriquec|er <*13a enriquezco*> **1.** *vt/vi* arricchire; ingrandire; **2.** ~*se* arricchirsi; ~**imiento** *m* arricchimento

enriscado *adj* roccioso, scosceso

enrocar *vt* arroccare (*ajedrez*)

enrojec|er(se) <*13a enrojezco*> *vi* arrossire; tingersi di rosso; ~**imiento** *m* arrossimento, rossore

enrolarse arruolarsi

enroll|able *adj* avvolgibile; ~**ado** *adj fig* impegnato, occupato (*trabajos*); *fig* emarginato; ~**ar 1.** *vt* arrotolare, avvolgere; **2.** ~se *(fig/fam) farla lunga vi*, essere palloso *vi*, dilungarsi; mettersi con q

enronquecer <*13a enronquezco*> **1.** *vt* arrochire; **2.** *vi* divenire rauco

enroque *m* arroccamento

enroscar <*enrosqué*> **1.** *vt* avvitare; avvolgere; **2.** ~*se* arrotolarsi, avvolgersi

enrostrar *vt am* rinfacciare

ensacar <*ensaqué*> *vt* insaccare

ensaimada *f gastr* ="brioche"; ="ciambella di Maiorca, tipo brioche, di varia grandezza"

ensal|ada *f* insalata; *fig* miscuglio *m*; ~ *rusa* insalata russa; ~**adera** *f* insalatiera; ~**adilla** *f* insalatina; ~ *rusa* insalata russa

ensalivar *vt* insalivare

ensalm|ador, -ra *m/f* fattucchiere, -ra; ~**ar** *vt* curare per arte magica; ~**o** *m* fattura *f*; parola magica *f*, preghiera *f*; *como por* ~ per opera dello Spirito Santo

ensalz|ador *adj* esaltatore; ~**amiento** *m* esaltazione *f*, elogio; ~**ar** <*ensalcé*> *vt* esaltare, elogiare

ensambl|adura *f*, ~**aje** *m* assemblaggio *m*, montaggio *m*; incastratura *f*; ~**ar** *vt* assemblare, incastrare, addentellare

ensanch|amiento *m* allargamento; ~**ar** *vt* allargare; ~**e** *m* allargamento, estensione *f*; *zona de* ~ zona di estensione

ensangrentar <*5a ensangriento*> **1.** *vt* insanguinare; **2.** *(fig)* ~*se* eccitarsi, infuriarsi

ensañ|amiento *m* accanimento; ~**ar 1.** *vt* irritare, infuriare; **2.** ~*se* accanirsi, inferocirsi

ensartar *vt* infilare; infilzare; *fig* snocciolare

ensay|ar *vt* saggiare; provare, sperimentare; fare le prove *vi*; ~**ista** *m/f lit* saggista; ~**o** *m* saggio; *tec* saggiatura *f*; *teatro/cine* prova *f*

enseguida, en seguida *adv* subito

ensenada *f geogr* insenatura

enseña *f* insegna, stendardo *m*; ~**do** *adj* istruito; educato, ammaestrato, abituato

enseña|nza *f* insegnamento *m*; istruzione; esempio *m*, lezione; ~ *primaria, secundaria, media, superior* scuola elementare, secondaria/media inferiore, secondaria/media superiore; istruzione superiore; ~**r 1.** *vt* insegnare, istruire; mostrare, indicare; ~ *los dientes, las uñas* mostrare i denti, metter fuori le unghie; **2.** ~*se* abituarsi

enseñorea|miento *m* l'insignorirsi; ~**rse** insignorirsi, impadronirsi

enseres *mpl* mobili, attrezzi, utensili, attrezzi

ensiforme *adj bot* ensiforme

ensil|aje *m* insilamento, insilaggio; ~**ar** *vt* insilare

ensillar *vt* sellare, insellare; *no dejarse* ~ non lasciarsi dominare

ensimism|ado *adj* assorto, astratto; *am* pieno di sé, inorgoglito; ~**amiento** *m* estasi *f*; ~**arse** astrarsi; *am* gonfiarsi, inorgoglirsi

ensoberbecerse <*13a ensombrezco*> insuperbirsi; *mar* agitarsi

ensombrecer 1. *vt* adombrare, oscurare; **2.** ~*se* rattristarsi

ensoñación *f* incanto *m*, sogno *m*

ensordec|edor *adj* assordante; ~**er** <*13a ensordezco*> *vt* assordare; insordire; ~**imiento** *m* assordamento

ensortij|ado 1. inanellato; 2. arricciato (*pelo*); ~**ar** *vt* inanellare, arricciare; *zool* anellare

ensuci|amiento *m* imbrattamento; ~**ar 1.** *vt* insudiciare, imbrattare, sporcare; macchiare; **2.** ~*se* insudiciarsi, sporcarsi; macchiarsi

ensueño *m* sogno; illusione *f*

entabl|ado *m* tavolato; pavimento di legno; ~**adura** *f* intavolatura; ~**ar 1.** *vt* intavolare; *am* abituare il bestiame a stare in mandra; **2.** ~*se* stabilirsi il vento; disobbedire il cavallo *vi*

entablillar *vt med* steccare

entall|ador, -adora *m/f* intagliatore, -trice; ~**adura** *f*, **-amiento** *m* intagliatura *f*, intaglio *m*; calettatura *f*; ~**ar** *vt* intagliare; scolpire; calettare; attillare (*vestido*)

entarim|ado *m* pavimento di legno; ~**ar** *vt* fare pavimenti di legno

ente *m fil* ente; *desp* essere; ~**co** *adj* rachitico, malaticcio; ~**lequia** *f fil* entelechia; *fig* illusione

entend|ederas *fpl* comprendonio *m*; *tener malas* ~ essere duro di comprendonio; ~**edor** *adj/s* intenditore; *a buen ~ con pocas palabras basta* a buon intenditor poche parole; ~**er** <*6 entiendo*> **1.** *vt* capire, comprendere, intendere; interpretare; stimare, pensare; conoscere; *dar a* ~ far capire; **2.** *vi* ~ *de música* intendersi di musica; *(ius)* ~ *en* avere a carico; **3.** ~*se* intendersi; sapere *vt*; mettersi, andare d'accordo *vi*; *no ~se con algo* non capirci niente; **4.** *m* opinione *f*, giudizio; *a mi* ~ a mio parere; ~**ido 1.** *adj* inteso; **2.** *adj/s* esperto, intenditore; *no darse por* ~ fare l'indiano; far finta di non capire; ~**imiento** *m* intendimento, intelligenza *f*, giudizio, senno; *haber buen* ~ andare d'accordo

entenebrecer <*13a entenebrezco*> *vt* oscurare, offuscare, ottenebrare

enter|ado 1. *adj* informato; *darse por* ~ essere messo a conoscenza; **2.** *adj/s* dotto, esperto, erudito; *desp* borioso; ~**amente** *adv* completamente; ~**ar 1.** *vt* informare, mettere al corrente; **2.** ~*se (de)* venire a sapere *vt*; capire *vt*, comprendere *vt*; informarsi

enter|eza *f* carattere *m*, fermezza, serenità; integrità, rettitudine; *lit* interezza; ~**izo** *adj* d'un solo pezzo; *columna ~a* colonna monolitica

enternec|edor *adj* commovente; ~**er** <*13a enternezco*> *vt* commuovere; intenerire; ~**imiento** *m* tenerezza *f*; intenerimento

entero 1. *adj* intero; completo; retto, integro; *por* ~ completamente, interamente, del tutto; *am* identico; **2.** *m mat* intero; *am/com* versamento di denaro

enterr|ador *m* seppellitore, becchino; ~**amiento** *m* seppellimento, sepoltura *f*; sotterramento; ~**ar** <*5a entierro*> *vt* seppellire; sotterrare; ~*se en vida* seppellirsi a vita

entib|ación *f* puntellamento *m*, puntellatura; ~**ar** *vt* puntellare; basare; ~**iar 1.** *vt* intiepidire; **2.** *(a. fig)* ~*se* raffreddarsi

entidad *f fil* entità; ente *m*, essere *m*; importanza, valore *m*; ~ *de crédito* istituto di credito

entierro *m* funerale, corteo funebre; seppellimento; ~ *de la sardina* ="festa di carnevale nel giorno delle Sacre Ceneri"

entintar *vt tip* macchiare/tingere d'inchiostro

entold|ado 1. *m* padiglione; attendamento; **2.** *adj* coperto di tende; ~**ar 1.** *vt* coprire di tende; *fig* annuvolarsi; **2.** ~*se* inorgoglire *vi*

enton|ación *f* intonazione; ~**ado** *adj* intonato; ~**ar 1.** *vt/vi* intonare; essere intonato *vi*; **2.** ~*se* rinvigorire *vi*; inorgoglire *vi*

entonces *adv* allora; in tal caso, dunque; *en aquel* ~ in quel mentre; *por aquel* ~ in quel tempo

entontec|er 1. *vt* intontire, stordire; **2.** *vi* inebetire, incretinire; ~**imiento** *m* stordimento

entorchado *m mil* grillotto; canutiglia *f*

entorn|ar *vt* socchiudere; ~**o** *m* ambiente, intorno *raro*, luogo circostante; *nuestro* ~ ciò che ci circonda

entorpec|er <*13a entorpezco*> *vt* **1.** intorpidire, impigrire; **2.** rallentare; ostacolare, turbare; **3.** intontire; ~**imiento** *m* intorpidimento; rallentamento; ostacolo

entrada *f* entrata; accesso *m*; atrio *m*; ingresso *m*; possibilità; *mus* entrata; *cine/teatro* biglietto *m*; *com* anticipo *m*, entrata; rendita; *infor* input *m ingl/inv*; ="calvizie incipiente della fronte/dell'attaccatura dei capelli"; ~*s y salidas* entrate e uscite; *no dar* ~ non dare la possibilità; *dar ~ a alg* permettere l'accesso a q; *de* ~ tanto per cominciare

entrado *adj* entrato; ~ *en años* d'età avanzata; ~*a la noche* a notte inoltrata

entramado *m arch* intelaiatura *f*

entram|bos, -bas *adj/pr* entrambi, -be, ambedue

entrampar 1. *vt fam* intrappolare; indebitare; **2.** ~*se fam* indebitarsi

entrante 1. *adj* entrante; **2.** *m gastr* antipasto

entraña **1.** *f med* viscere *m*; **2.** *fpl fig* viscere; *madre sin ~s* madre snaturata; *hombre sin ~s* uomo senza carattere; *¡Hijo de mis ~s!* Viscere mie!; *sacar las* ~ strappare l'anima; *la ~ de la cuestión* le viscere/il nocciolo della questione; ~**ble** *adj* caro, intimo; vero, profondo; ~**r 1.** *vt* contenere, occultare; **2.** ~*se* addentrarsi; amarsi molto

entrar 1. *vi* entrare; *fig* rientrare; cominciare; venire; prendere *vt*; *eso no entra en mis cálculos* ciò non rientra nei miei calcoli; *me ha entrado frío, sueño* mi è venuto freddo, sonno; *(fam) a ese no hay por dónde ~le* non si sa da dove prenderlo; *aquel hombre no me entra* quell'uomo non mi va (a genio); *no me entra la geometría* non mi va/entra in testa la geometria; *por un oído le entra y por otro le sale* da un orecchio gli entra e dall'altro gli esce; ~ *en razón* cominciare a ragionare; ~ *en cólera* montare in collera; ~ *en campo, en guerra, en escena* entrare in campo, in guerra, in scena; ~ *en la Universidad* iscriversi all'Università; *no ~ ni salir en algo* non aver niente a che vedere con qc; **2.** *vt* metter dentro *vt*; **3.** ~*se* introdursi

entre *prep* fra, tra; ~ *tanto* frattanto, nel frattempo; ~ *ellos* fra di loro; *lo cogimos ~ cuatro* lo prendemmo in quattro

entre|abrir *vt* socchiudere; ~**acto** *m teatro* intervallo, intermezzo; ~**cano** *adj* brizzolato; ~**cejo** *m* cipiglio; *arrugar/fruncir el* ~ aggrottare le ciglia/fare il cipiglio; ~**claro** *adj* chiaroscuro; ~**comillar** *vt* mettere fra virgolette; ~**cortado** *adj* intermittente, discontinuo; ~**cot** *m* bistecca *f*, costata *f*, braciola *f*; ~**cruzar** <*entrecrucé*> *vt* intrecciare; ~**cubierta** *f mar* spazio fra coperte *m*; ~**dicho** *m eccl/ius* interdetto; *estar/poner en* ~ essere, mettere in dubbio; ~**dós** *m* tramezzo

entrega *f* consegna; dispensa, fascicolo *m*; ~ *a domicilio* consegna a domicilio; *publicación por ~s* pubblicazione a fascicoli; ~ *contra reembolso* consegna contrassegno/

pagamento alla consegna; ~ *libre de gastos* consegna franco di spese; *plazo de* ~ termine di consegna; **~dor** *adj/s* portatore; **~r** <*entregué*> **1.** *vt* consegnare; mettere nelle mani, dare; recapitare; **2.** *~se* arrendersi; dedicarsi; abbandonarsi, darsi

entreguismo *m* disfattismo

entrelazar <*entrelacé*> *vt* intrecciare

entremedias *adv* framezzo, in mezzo; frattanto

entremés <*entremeses*> 1. *m teatro* intermezzo; farsa *f*; 2. *mpl gastr* antipasto *m*

entre|meterse intromettersi, interporsi; **~metido** *adj/s* ficcanaso, intrigante

entremezclar *vt* mischiare, mescolare

entre|nador, -ra *m/f sport* allenatore, -trice; **~namiento** *m* allenamento, training *ingl/inv*; **~nar** *vt* allenare; addestrare

entreoír <*30* V. *oír*> *vt* udire confusamente

entrepaño *m arch* parete *f*; pannello, riquadro; scansia *f*

entrepierna *f* faccia interna delle cosce; rinforzi *mpl* (*pantalones*)

entrepiso *m arch* ="piano intermedio tra il 1° e il 2° piano"

entrepuente *m mar* coperta *f*

entre|sacar <*entresaqué*> *vt* trascegliere, selezionare; *bot* diradare; **~sijo** *m fig* piega *f*, giravolta *f*, anfratto; sinuosità *f*, tortuosità *f*; raggiro; *med* mesentere; **~suelo** *m* piano rialzato, mezzanino; **~surco** *m agr* porca *f*

entretanto *adv* frattanto, nel mentre, nel frattempo

entre|tejer *vt* intessere; *fig* inserire, intercalare; **~tela** *f* canapina; *querer a alg más que a sus ~s* volergli/volerle un bene dell'anima; **~tener** <V. *tener*> **1.** *vt* trattenere, intrattenere; **2.** *~se* trattenersi, intrattenersi, passare il tempo *vi*; indugiare *vi*, attardarsi; **~tenida** *f* amante; **~tenido** *adj* divertente; spiritoso, arguto; pesante; *un trabajo* ~ un lavoro pesante/faticoso; **~tenimiento** *m* passatempo; divertimento; trattenimento; *tec* manutenzione *f*

entretiempo *m* mezza stagione *f*; *abrigo de* ~ soprabito

entre|ver <*42* V. *ver*> *vt* intravedere; intuire; **~verado** *adj* mescolato, confuso; *tocino* ~ lardo con vene di magro; **~vero** *m am* confusione *f*, miscuglio; **~vía** *f tras* interbinario *m*; **~vista** *f* intervista; colloquio *m*; **~vistar 1.** *vt* intervistare; **2.** *~se* avere una intervista *vi*

entristec|edor *adj* rattristante; **~er** < *13a entristezco*> *vt* rattristare; *vt/vi* intristire, immalinconire

entromet|erse intromettersi, interporsi; **~ido** *adj* intruso; indiscreto

entromparse *am* imbronciarsi

entroncar <*entronqué*> *vt/vi* imparentare; *tras* coincidere, raccordare

entroniz|ación *f* intronizzazione; **~ar** <*entronicé*> *vt* intronizzare; *fig* esaltare

entronque *m* parentado; *tras* coincidenza *f*

entropía *f* entropia

entubar *vt* intubare

entuerto *m* torto, offesa *f*

entumec|erse tumefarsi; *fig* gonfiarsi; **~imiento** *m* tumefazione *f*

enturbi|amiento *m* intorbidamento; **~iar** *vt* intorbidare; *fig* turbare

entusi|asmar *vt* entusiasmare; **~asmo** *m* entusiasmo, esaltazione *f*; **~asta** *adj/s* entusiasta; **~ástico** *adj* entusiastico

enucleación *f med* enucleazione

enumer|ación *f* enumerazione; **~ar** *vt* enumerare

enunci|ación *f* enunciazione; **~ado** *adj/m* enunciato; **~ar** *vt* enunciare; **~ativo** *adj* enunciativo

envainar *vt* inguainare

envalenton|amiento *m* baldanza *f*; **~ar** *vt* imbaldanzire

envanec|er(se) *vi* invanire; **~imiento** *m* invanimento, infatuazione *f*

envar|amiento *m* intorpidimento; **~arse** intorpidirsi

envas|ador *m* imbottatoio; **~adora** *f* macchina confezionatrice; **~ar** *vt* conservare in recipienti; imbottigliare; inscatolare; imbottare; invasare; **~e** 1. *m* recipiente, contenitore, (botte *f*, scatola *f*, bottiglia *f*, tetrapak,...); 2. vuoto; ~ *desechable, retornable* vuoto a perdere, a rendere; 3. imbottamento, inscatolamento, imbottigliamento (*acción*)

envejec|er < *13a envejezco*> *vt/vi* invecchiare; **~ido** *adj* invecchiato; **~imiento** *m* invecchiamento

envenen|amiento *m* avvelenamento; **~ar** *vt* avvelenare, intossicare

envergadura *f mar* ampiezza della vela o di ali spiegate; *fig* importanza

enverjado *m* cancellata *f*, inferriata *f*

envés *m* rovescio

envi|ado *adj/s* inviato; ~ *especial, extraordinario* inviato speciale, straordinario; **~ar** <*2 envío*> *vt* inviare, mandare; spedire

enviciar 1. *vt* viziare; **2.** *vi bot* gettare troppo; **3.** *~se* viziarsi, incapricciarsi, darsi; sciuparsi

envidi|a *f* invidia; **~able** *adj* invidiabile; **~ar** *vt* invidiare; **~oso** *adj* invidioso

envigado *m arch* travatura *f*

envilec|er < *13a envilezco*> *vt* avvilire, degradare, umiliare; *com* deprezzare; **~imiento** *m* avvilimento, degradazione *f*, umiliazione *f*; *com* deprezzamento

envío *m* invio; spedizione *f*

envite *m* scommessa *f* (*juegos de azar*); offerta *f*; spinta *f*

enviudar *vi* restare vedovo, -a

envol|torio *m* involto, fagotto, pacco; **~tura** *f* involucro *m*; *elec* avvolgimento *m*; *las ~s* le fasce; **~vente** *adj* avvolgente; **~ver** <*43* V. *volver*> *vt* avvolgere, ravvolgere; *fig* coinvolgere; circondare; fasciare; incartare; *mil* aggirare

enyes|ado 1. *adj* ingessato; **2.** *m* ingessatura *f*; **~ar** *vt* ingessare

enzarzar <*enzarcé*> **1.** *vt* 1. *fig* far litigare, aizzare; 2. *bot* imprunare; **2.** *~se* mettersi nei rovi; *fig* cacciarsi in un ginepraio; litigare *vi*; attaccar zuffa/lite/discorso *vi*

enzim|a *m/f* enzima *m*; ~**ático** *adj* enzimatico; ~**ología** *f* enzimologia

eoceno 1. *m geol* eocene; **2.** *adj* eocenico

épica *f* epica

epic|arpio *m bot* epicarpio; ~**edio,** ~**eyo** *m* epicedio, canto funebre; ~**eno** *adj ling* epiceno; ~**entro** *m* epicentro; ~**iclo** *m astr* epiciclo

épico *adj* epico

epic|ureísmo *m* epicureismo; ~**úreo** *adj* epicureo

epid|emia *f* epidemia; ~**émico** *adj* epidemico; ~**ermis** *f* epidermide; ~**iascopio,** ~**iáscopo** *m* epidiascopio; ~**ural** *adj* epidurale

Epifanía *f* Epifania

epifito *adj bot* epifito

epifonema *m* epifonema

epífrasis *f* epifrasi

epigastrio *m med* epigastrio

epiglotis *f* epiglottide

epígono *m* epigono

epígrafe *m* epigrafe *f*

epigrama *m* epigramma

epil|epsia *f* epilessia; ~**éptico** *adj/s* epilettico

epílogo *m* epilogo

episcop|ado *m* episcopato; vescovato; ~**al** *adj* espiscopale

episódico *adj* episodico

episodio *m* episodio

epist|axis *f med* epistassi; ~**emología** *f* epistemologia

epístola *f* epistola; lettera

epistolar *adj* epistolare; ~**io** *m* epistolario

epístrofe *f ling* epistrofe

epita|fio *m* epitaffio; ~**lamio** *m* epitalamio; canto nuziale

epít|eto *m* epiteto; ~**ima,** ~**ema** *m med* epitema; *fig* sollievo; ~**ome** *m* epitome *f*; compendio

época *f* epoca; era, periodo *m*, età; *hacer* ~ fare epoca

epopeya *f* epopea

equi|dad *f* equità; moderazione; ~**distancia** *f* equidistanza; ~**distante** *adj* equidistante; ~**látero** *adj* equilatero

equilibr|ado *adj* equilibrato; equanime, prudente; ~**ar** *vt* equilibrare; ~**io** *m* equilibrio; ~**ista** *m/f* equilibrista, funambolo, -a

equimosis *f med* ecchimosi

equino 1. *adj zool* equino; **2.** *m zool* echino, riccio di mare; *arch* echino

equinoccio *m astr* equinozio

equino|coco *m zool* echinococco; ~**dermo** *adj/m* echinoderma

equip|aje *m* bagaglio; ~ *de mano* bagaglio a mano; *facturación del* ~ check-in; ~**ar** *vt* attrezzare, equipaggiare, munire, dotare, corredare; *mar* equipaggiare; ~**arar** *vt* equiparare, comparare

equipo *m* équipe *f/inv fr*, gruppo di lavoro; *sport* squadra *f*; equipaggiamento; *mar/aer* equipaggio; corredo (*novia*); attrezzatura *f*; *un* ~ *de científicos* un'equipe/un gruppo di scientifici; ~ *para la radio* equipaggiamento radio; ~ *de esquí* attrezzatura da sci; ~ *estéreo* impianto stereo(fonico)

equipol|encia *f* equipollenza, equivalenza; ~**ente** *adj* equipollente

equit|ación *f* equitazione; ~**ativo** *adj* equo, *lit* equitativo

equival|encia *f* equivalenza; ~**ente 1.** *adj* equivalente; **2.** *m ling/mat* equivalenza *f*; ~**er** <*40* V. *valer*> *vi* equivalere

equivoc|ación *f* errore *m*, sbaglio *m*; ~**ado** *adj* erroneo, sbagliato; *estar* ~ sbagliare, errare; ~**ar** <*equivoqué*> **1.** *vt* confondere, sbagliare; far sbagliare; **2.** ~*se* sbagliarsi, confondersi, errare *vi*

equívoco *adj/m* equivoco

era *f* 1. era, epoca, età; 2. *agr* aia; 3. spiazzo *m*; ~**rio** *m* erario, fisco

erección *f* erezione

eréctil *adj* erettile

eremítico *adj* eremitico

erg(io) *m fis* erg(on)

erg|ógrafo *m* ergometro; ~**ología** *f* ergologia; ~**onomía** *f* ergonomia; ~**ómico** *adj* ergonomico; ~**otina** *f* ergotina; ~**otismo** *m med* ergotismo; *fil* eristica *f*

ergui|do *adj* eretto; erto, altezzoso; ~**r** <*10 o 12 yergo; irguió*> **1.** *vt* alzare, ergere, rizzare; **2.** ~*se* insuperbirsi

erial 1. *adj* incolto; **2.** *m* deserto, terreno incolto, steppa *f*

erigir <*erijo*> **1.** *vt* erigere, edificare, elevare; fondare, costituire; **2.** ~*se en juez* erigersi a giudice

erisipela *f med* risipola, erisipela

eritema *m med* eritema

eriz|ado *adj* irto, ispido; *camino* ~ *de obstáculos* cammino irto di ostacoli; ~**ar** <*ericé*> **1.** *vt* rizzare, sollevare; **2.** ~*se* rizzarsi, mettersi sulla difensiva; arricciarsi (*pelo*); ~**o** *m zool* riccio, porcospino; *bot* riccio; ~ *de mar* riccio di mare

ermita *f* eremo *m*, romitaggio *m*; ~**ño** *m* eremita, romito; *zool* Bernardo l'eremita, paguro

erog|ación *f* erogazione; ~**ar** <*erogué*> *vt* erogare

erógeno *adj* erogeno

erosi|ón *f* erosione; ~**onar** *vt* erodere; ~**vo** *adj* erosivo

erótico *adj* erotico

erotismo *m* erotismo

erra|bundo *adj* errabondo; ~**dicación** *f* estirpazione; ~**dicar** <*erradiqué*> *vt* sradicare, estirpare; ~**do** *adj* sbagliato, errato; ~**nte** *adj* errante, vagante; ~**r** <*5b yerro*> *vt* **1.** errare, sbagliare; ~ *el tiro* mancare il bersaglio; **2.** *vi* errare, vagare; ~**ta** *f* errore *m*; *fe de* ~*s* errata corrige; ~ *de imprenta* errore di stampa

errático *adj* erratico

erre *f* erre; ~ *que* ~ dagli e dagli

erróneo *adj* erroneo, errato, sbagliato

error *m* errore, sbaglio; fallo, colpa *f*; ~ *de bulto* grave errore

ertzaina *m/f* poliziotto, -a basco, -a

ertzanza *f* polizia basca

erubesc|encia *f* erubescenza; ~**ente** *adj* erubescente

eruct|ar *vi* eruttare; ~**o** *m* rutto

erud|ición *f* erudizione; ~**ito** *adj/s* erudito; ~ *a la violeta* erudito all'acqua di rose

erup|ción *f* eruzione; ~**tivo** *adj* eruttivo

esbelt|ez *f* snellezza, eleganza; ~**o** *adj* snello, slanciato

esbirro *m* sbirro, poliziotto

esboz|ar <*esbocé*> *vt* abbozzare, sbozzare; ~**o** *m* abbozzo, schizzo; bozza *f* (*contrato*)

escabech|ar *vt gastr* marinare; *fig* trucidare; *stud* bocciare; ~**e** *m gastr* marinata *f*; ~**ina** *f fam/stud* macello *m*, carneficina

escabel *m* sgabello; *fig* appoggio

escabros|idad *f* scabrosità, asprezza; ~**o** *adj* scabroso, scabro, aspro

escabullirse svignarsela, squagliarsela; guizzare *vi*

escach|arrar *vt* ridurre in rottame/in cocci, fare a pezzi; mandare all'aria; ~**ifollar,** ~**ifullar** *vt* schiacciare, umiliare

escaf|andra *f*, ~**andro** *m* scafandro *m*; ~**oides** *adj med* scafoide

escala *f* scala; *mar/aer* scalo *m*; *hacer* ~ fare scalo; ~**da** *f* scalata; *mil* escalation *ingl*; ~**dor, -ra** *m/f* scalatore, -trice; ~**fón** *m* ruolo, graduatoria *f*; ~**r 1.** *vt* scalare, dare la scalata *vi*; **2.** *m* passo angusto

escald|ado *adj* scottato; ~**adura** *f* scottatura; ~**ar 1.** *vt* scottare; **2.** ~*se* irritarsi

escaleno *adj mat* scaleno

escaler|a *f* scala; ~ *de caracol, de tijera, mecánica, de mano* scala a chiocciola, a mobile, a pioli; ~ *monumental* scalinata; *tramo de* ~ rampa; *gente de ~s para abajo* servitù; subalterni; ~**illa** *f* scaletta; *mar/aer* scala aerea

escaléxtric *m* cavalcavia, sopraelevata *f*; escalectric (*juego*)

escalf|ado *adj* affogato; *huevos ~s* uova affogate/in camicia; ~**ar** *vt* affogare (*huevos*)

escalinata *f* scalinata, gradinata

escalo *m* scalata *f*

escalo|friante *adj* tremendo, spaventoso, orrendo, tremebondo; ~**frío** *m* brivido

escalón *m* scalino, gradino; grado; *mil* scaglione; *en ~ones* a scale

escalon|amiento *m* scaglionamento; ~**ar** *vt* scaglionare; graduare

escalope *m* carne impanata *f*

escalpelo *m med* scalpello

escam|a *f* squama; scaglia; ~**ado** *adj* diffidente; scottato; *(fig) estar* ~ essere scottato; ~**ar 1.** *vt* squamare; *fig* insospettire; **2.** ~*se* diventare diffidente *vi*; ~**oso** *adj* squamoso

escamote|ador, -ra 1. *m/f* prestigiatore, -trice; **2.** *adj* lesto, -a di mano; ~**ar** *vt* far sparire, sottrarre, trafugare; ~**o** *m* sparizione *f*, trafugamento

escampar *vi* smettere di piovere; sgombrare

escanci|ador *adj/s* mescitore; *ant* coppiere; ~**ar** *vt* mescere, versare vino

escandal|era *f pop* scandalo *m*, chiasso *m*; ~**izar** <*escandalicé*> *vt* scandalizzare

escándalo *m* scandalo; chiasso; *piedra de* ~ pietra dello scandalo

escandalos|a *f mar* controranda; *echar la* ~ dare una lavata di capo; ~**o** *adj* scandaloso; tumultuoso

escandallo *m* scandaglio; *com* calmiere

escanear *vt neol/infor* passare per lo scanner

escáner *m tec* scanner *ingl/inv*

escansión *f ling* scansione

escaño *m pol* seggio; scanno

escap|ada *f* scappata, fuga; ~**ar 1.** *vi* scappare, sfuggire; *dejar* ~ far scappare; ~ *de milagro* scamparla per miracolo; **2.** *vt* liberare, scampare; **3.** ~*se* scappare *vi*, fuggire *vi*

escaparat|e *m* vetrina *f*; ~**ista** *m/f* vetrinista

escapatoria *f* fuga, evasione; *fig* scappatoia, pretesto *m*

escape *m* fuga *f*, perdita *f*; *mec* scappamento; valvola di sicurezza *f*; *a* ~ in fretta e furia; *tubo de* ~ tubo di scappamento; *no haber* ~ non esserci scappatoia/scappo

escápula *f med* scapola

escapulario *m* scapolare

escaquearse *(pop)* svignarsela, squagliarsela; liberarsi da un lavoro

escara *f med* escara, crosta

escara|bajo *m zool* scarabeo; ~ *de la patata* dorifora; ~ *pelotero* scarabeo stercoraio; *fig* scarabocchio; *auto/ant* maggiolino; ~**mujo** *m* rosa canina/selvatica *f*; ~**muza** *f* scaramuccia; ~**pela** *f* coccarda

escarb|ador *m* raspa *f*; ~**ar** *vt* frugare; raspare; razzolare; *fig* indagare

escarcela *f* 1. scarsella; 2. cuffia

escarceo 1. *m* maretta *f*; 2. *mpl* caracolli; *fig* divagazioni *fpl*

escarcha *f* brina; ~**r** *vt/vi meteo* brinare; *vt gastr* brillantare

escard|adera *f agr* sarchio *m*, marra; ~**ar** *vt agr* sarchiare; *fig* espurgare; *mandar a* ~ *cebollinos* mandare a farsi friggere; ~**illo** *m agr* sarchio; scintillio

escarlat|a 1. *adj* scarlatto; **2.** *f med* scarlattina; ~**ina** *f med* scarlattina

escarm|entar <*5a escarmiento*> **1.** *vt* castigare, punire, dare una buona lezione; **2.** *vi* imparare la lezione; ~**iento** *m* castigo, punizione *f*, lezione *f*

escarn|ecer <*13a escarnezco*> *vt* schernire; ~**ecimiento,** ~**io** *m* scherno, ludibrio, canzonatura *f*

escarola *f bot* scarola, indivia

escarp|a *f* scarpata; ~**ado** *adj* scosceso, a pendio; ~**adura** *f* scarpata, declivio *m*; ~**ar** *vt* sbozzare con lo scalpello; scarpare

escarp|ia *f* gancio *m*, chiodo a uncino *m*; ~**iador** *m* chiodo ad anello; ~**idor** *m* pettine rado; ~**ín** *m* scarpino

escas|ear *vi* **1.** scarseggiare; mancare; **2.** *vt* segare a scancio/di sbieco; ~**ez** *f* scarsità, scarsezza; carestia; strettezza; *vivir con* ~ *eces* vivere nelle strettezze; ~**o** *adj* scarso; ridotto, limitato; *dos quilos ~s* quasi due chili

escatimar *vt* lesinare, misurare; stiracchiare sul prezzo

escatol|ogía *f* escatologia (*muerte*); scatologia (*excrementos*); ~**ógico** *adj* 1. escatologico; 2. scatologico, scurrile

escavadora *f* escavatore *m*, escavatrice

escayola *f* scagliola, gesso *m*; stucco *m*; ~**r** *vt med* ingessare

escen|a *f* scena; scenario *m*; *hacer/dar una* ~ fare una scenata; *poner/entrar en* ~ mettere/entrare in scena; *puesta en* ~ messinscena; ~**ario** *m* palcoscenico; scenario *a. fig*, apparato scenico; *fig* sfondo; ~ *giratorio* scenario girevole

escénico *adj* scenico

escen|ificación *f* sceneggiatura; ~**ificar** <*escenifiqué*> *vt* sceneggiare; mettere in scena; ~**ografía** *f* scenografia; ~**ógrafo, -a** *m/f* scenografo, -a

escepticismo *m* scetticismo

escéptico *adj* scettico

esci|ndir *vt* scindere; ~**sión** *f* scissione

esclarec|edor *adj* chiarificatore; rischiarante; ~**er** < *13a esclarezco*> **1.** *vt* illuminare, rischiarare; *fig* chiarire; **2.** *vi* schiarire, albeggiare; nobilitare; ~**ido** *adj* illustre, chiaro, insigne; ~**imiento** *m* chiarimento, spiegazione *f*; schiarimento

esclav|a *f* braccialetto alla schiava *m*; ~**ina** *f* schiavina; ~**ista** *adj/s* schiavista; ~**itud** *f* schiavitù; servitù; ~**izar** <*esclavicé*> *vt* ridurre in schiavitù; soggiogare, sottomettere; ~**o 1.** *adj/s* schiavo; **2.** *adj* soggetto, sottomesso, dominato

escleros|is *f med* sclerosi; ~**o** *adj* sclerotico

esclusa *f tec* chiusa

escob|a *f* scopa; *bot* saggina; ~**ada** *f* scopata; ~**ajo** *m* raspo dell'uva; ~**ar** *m* scopeto; ~**azo** *m* scopata *f*, colpo di scopa; ~**ero** *m* scopaio; ~**illa** *f* scopetto *m*; *elec* spazzola; scovolino *m* (*pipa*); *bot* erica *f*, cardo selvatico *m*; ~**illón** *m* ramazza *f*; scovolo (*arma*); ~**ón** *m* granata *f*; scopa per soffitti *f*; scopino

escoc|edura *f* bruciore *m*; ~**er** <*9a escuezo*> **1.** *vi* bruciare; *fig* pungere, seccare; **2.** ~*se* irritarsi; *fig* rammaricarsi, dolersi

escoc|és *adj/s* scozzese; ***~ia** *f geogr* Scozia

escoda *f tec* mazzuolo *m*, rullo dentato *m*

escofina *f tec* raspa, scuffina; ~**r** *vt* raspare, limare, scuffinare

escog|er <*escojo*> *vt* scegliere, eleggere; ~**ido** *adj* scelto, eletto

escol|anía *f* ="scolaresca di chierici"; ="coro di bambini" *m*; ~**ano** *adj* ="collegiale preparato per il culto e per il canto"; ~**ar 1.** *adj* scolastico; **2.** *m/f* scolaro, -a

escolari|dad *f* scolarità; ~ *obligatoria* scuola dell'obbligo; ~**zación** *f* scolarizzazione; ~**zar** <*escolaricé*> *vt* scolarizzare

escolástic|a *f fil* scolastica; ~**o** *adj/s* scolastico

escolio *m* chiosa *f*, annotazione *f*, scolio; ~**sis** *f med* scoliosi

escoll|era *f* diga, frangiflutti *m*, frangionde *m*; ~**o** *m* scoglio

escolopendra *f* scolopendra, millepiedi *m*; *bot* lingua cervina

escolta *f mil* scorta; accompagnamento *m*; ~**r** *vt* scortare; accompagnare

escombr|ar *vt* spazzare, sgombrare; *agr* mondare; ~**era** *f* luogo per le macerie *m*; ~**o** 1. *m zool* sgombro; *agr* scarto; 2. *mpl* macerie *fpl*, calcinacci

escond|er *vt* nascondere, occultare, celare; ~**idas: a** ~ *adv* di nascosto; ~**ite** *m* nascondiglio; *jugar al* ~ giocare a nascondino/rimpiattino

escondrijo *m* nascondiglio

escoñar *vt vulg* scassare *est*

escopet|a *f* schioppo *m*, fucile *m*; ~ *de aire comprimido* fucile ad aria compressa; ~ *de cañones recortados* lupara, fucile (da caccia) a canne mozze; ~**azo** *m* schioppettata *f*; ~**ear** *vt* tirare schioppettate *vi*; ~**eo** *m* sparatoria *f*

escopl|ear *vt* scalpellare; ~**o** *m* scalpello

escora *f mar* lunghezza dello scafo; *mar* sbandamento della nave *m*

escorb|útico *adj* scorbutico; ~**uto** *m* scorbuto

escorchar *vt* scorticare

escoria *f* scoria; ~**l** *m* 1. luogo sparso di scorie; 2. *El* ***~** *m geogr* L'Escuriale (*Madrid*)

escorpena *f zool* scorpena, scorfano *m*

escórpera *f zool* scorpena

Escorpio *m astr* Scorpione

escorpión *m zool* scorpione

escorzo *m pitt* scorcio; ~**nera** *f bot* scorzonera

escot|a *f mar* scotta; ~**ado 1.** *m* scollo; **2.** *adj* scollato; ~**ar** *vt* scollare; *com* pagare lo scotto *vi*; ~**e** *m* scollo, scollatura *f*, décolleté *fr*; *com* scotto; *a* ~ a scotto; ~**illa** *f mar* boccaporto *m*; ~**illón** *m* botola *f*; *por el* ~ come per incanto

escozor *m* bruciore; *fig* ardore, umiliazione *f*

escriba *m* scriba; ~**nía** *f* ufficio dell'ufficiale giudiziario *m*; notariato *m*; servizio da scrittoio *m*; ~**no** *m* notaio; ufficiale giudiziario

escribi|ente *m* scrivano, amanuense, copista; ~**r** *vt* scrivere; ~ *a mano* scrivere a mano; ~ *a máquina* battere a macchina; scrivere a macchina; *máquina de* ~ macchina da scrivere

escrito *adj/m* scritto; *por* ~ per scritto; ~**r, -ra** *m/f* scrittore, -trice; ~**rio** *m* scrivania *f*, scrittoio; studio, ufficio

escritura *f* scrittura; calligrafia, carattere *m*; ~ *pública* atto notarile; *Sagrada* ***~** Sacra Scrittura; ~**ción** *f am* scritturazione; ~**r** *vt ius* rogare un atto notarile, autenticare per atto notariale; *teatro* scritturare; ~**rio** *adj* scritturale; notariale

escroto *m med* scroto

escrupulizar <*escrupolicé*> *vi* avere scrupoli (*en* di)

escrúpulo *m* scrupolo

escrupulos|idad *f* scrupolosità; ~**o** *adj* scrupoloso

escrut|ador *adj* scrutatore; ~**ar** *vt* scrutare, indagare; ~**inio** *m* scrutinio; verifica *f*

escuadr|a *f* squadra; ~**ar** *vt* squadrare; ~**illa** *f* squadriglia; ~**ón** *m* squadrone;

squadra *f*; ~ *de la muerte* squadroni della morte
escualidez *f* squallidezza
escuálido 1. *adj* squallido, macilento; **2.** *mpl zool* squaliformi
escucha 1. *f* ascolto *m*; *a la* ~ in ascolto; ~ *telefónica* intercettazione telefonica; 2. *m/f* spione, -a; ~**r** *vt* ascoltare; origliare; ubbidire
escuchimizado *adj* striminzito
escud|ar 1. *vt* proteggere, difendere; **2.** ~*se* ripararsi, farsi forte, trincerarsi, farsi scudo; ~**ero** *m* scudiero; *tec* scudaio; ~**illa** *f* scodella; ~**o** *m* scudo; ~ *de armas* stemma
escudriñ|ador *adj/s* ficcanaso, curioso; scrutatore; ~**ar** *vt* scrutare; indagare
escuela *f* scuola; *~ *Normal* Istituto Magistrale Universitario; *~ *de Comercio* Istituto di Ragioneria; *~ *Técnica Superior de Ingenieros* Facoltà di Ingegneria; *~ *Politécnica* Politecnico; ~ *maternal* scuola materna; ~ *de párvulos* asilo; ~ *primaria* scuola elementare; ~ *nocturna* scuola serale; ~ *especial* scuola speciale; *crear* ~ fare scuola
escueto *adj* schietto, nudo, chiaro
esculpir *vt* scolpire; incidere
escult|ismo *m* scoutismo; ~**or, -ra** *m/f* scultore, -trice; ~**órico** *adj* scultoreo, scultorio; ~**ura** *f* scultura; ~**ural** *adj* sculturale
escup|idera *f* sputacchiera; *am* orinale *m*; ~**ir** *vt* sputare; espettorare; sputacchiare; *fig* sputare, vomitare, gettare; ~ *a la cara* sputare, sputacchiare in faccia; ~**itajo,** ~**azo** *m* sputacchio
escurr|eplatos *m* scolapiatti *inv*; ~**ibanda** *f* scorribanda; ~**idero** *m* scolatoio, sgocciolatoio; ~**idizo** *adj* sdrucciolevole, scivoloso; *fig* guizzante, sfuggente; ~**ido** *adj* liscio; scolato, sgocciolato; ~**idor, -ra** *m/f* scolatoio *m*; scolapasta *m*; ~**iduras** *fpl* sgoccioli *mpl*; ~**ir 1.** *vt* scolare (*pasta, verdura*); strizzare (*ropa*); ~ *el bulto* scansare/sfuggire una fatica/un problema; **2.** *vi* scivolare; sgocciolare; **3.** ~*se* 1. scivolare *vi*; 2. eccedere *vi*; 3. svignarsela
esdrújulo *adj* sdrucciolo
ese *f* esse; *hacer* ~*s* fare zig-zag
ese, esa *m/f*, **esos, esas** *mpl/fpl adj/pr m/f*, codesto/codesta, codesti/codeste; V. **aquel**; *¡A ese!* dagli addosso!, piglialo!; *ni por esas* in nessun modo
ése, ésa *m/f*, **ésos, ésas** *mpl/fpl pr/desp*, codesto/codesta, codesti/codeste *reg*; V. **aquél**
esencia *f* essenza; *la quinta* ~ la quintessenza; ~**l** *adj* essenziale, necessario, capitale
esf|era *f astr/mat/fig* sfera; quadrante dell'orologio *m*; ~**érico** *adj* sferico; ~**eroidal** *adj mat* sferoidale; ~**eroide** *m mat* sferoide
esfinge *f* sfinge
esfínter *m med* sfintere
esforz|ado *adj lit* prode, valoroso; ~**ar** *<8a esfuerzo; esforcé>* **1.** *vt* forzare; **2.** ~*se* sforzarsi (*en* a; *por* per)
esfuerzo *m* sforzo; vigore, coraggio
esfum|ar 1. *vt pitt* sfumare; **2.** ~*se* sparire *vi*; ~**ino** *m pitt* sfumino
esgrim|a *f* scherma; ~**idor, -ra** *m/f* schermidore, -a; ~**ir** *vt a. fig* schermire; brandire; ~**ista** *m/f am* schermidore, -a
esguince *m med* storta *f*, distorsione *f*; scarto
eslab|ón *m* anello di catena; *zool* scorpione nero; acciarino; ~**onar** *vt* concatenare, collegare
eslalon, eslálom *m sport* slalom
eslavo *adj/s* slavo; *~**nia** *f geogr* Slavonia
eslip *m* slip *ingl/ingl*
eslogan *m* slogan *ingl/inv*
eslora *f* lunghezza dello scafo
eslovaco *adj/s* slovacco
Eslov|aquia *f* Slovacchia; ~**enia** *f geogr* Slovenia
esloveno *adj/s* sloveno
esmalt|ar *vt* smaltare; *fig* smaltare, adornare, tempestare; ~**e** *m* smalto; ~ *para uñas* smalto per le unghie
esmer|ado *adj* accurato, fine, diligente; ~**alda** *f* smeraldo *m*; ~ *oriental* corindone; ~**arse** mettere ogni cura *vi*, impegnarsi, sforzarsi (*en* a); ~**il** *m* smeriglio; ~**ilado 1.** *adj* smerigliato; **2.** *m* smerigliatura *f*; ~**ilar** *vt* smerigliare; ~**iladora** *f tec* smerigliatrice; ~**o** *m* cura *f*, accuratezza *f*, precisione *f*; delicatezza *f*
esmirriado *adj* allampanato
esmog *m* smog *ingl*
esmoquin *m* smoking *ingl/inv*
esnif|ada *f* sniffata; ~**ar** *vt* sniffare (*droga*)
esnob *adj/s* snob *ingl/inv*; ~**ismo** *m* snobismo
eso *pr* ciò; *desp* codesto, codesta cosa; *¡a ~!* dagli addosso!, acchiappalo!; *aun con* ~ nonostante ciò; *a* ~ *de las tres* verso le tre; *¿Cómo es ~?* Come mai?; *En* ~ in quel mentre; ~ *mismo* proprio così; *lejos de* ~ lungi da ciò; *por* ~ *mismo* proprio per questo; *¿Y ~ qué?* E con questo?
esófago *m* esofago
esot|érico *adj* esoterico; ~**erismo** *m fil* esoterismo
espabil|ado *adj/s* sveglio, furbo; ~**ar 1.** *vt fig* svegliare; smoccolare; **2.** ~*se* svegliarsi, sbrigarsi
espaci|ado 1. *adj* separato; **2.** *m tip* spazio; ~**ador** *m* tasto spaziatore, barra spaziatrice *f*; ~**al** *adj* spaziale; ~**ar 1.** *vt tip* spazieggiare, separare, distanziare; **2.** ~*se* dilungarsi, estendersi; ~**o** *m* spazio; lasso (*tiempo*); ~ *interplanetario* spazio interplanetario; ~**oso** *adj* spazioso, ampio, largo; tardo
espad|a 1. *f* spada; ~ *blanca, negra* spada normale, fioretto; ~ *de dos filos* arma a doppio taglio; ~ *de Damocles* spada di Damocle; *ceñir, desnudar la* ~ cingere, sguainare la spada; *hallarse entre la ~ y la pared* essere tra l'incudine e il martello/tra l'uscio e il muro; 2. *mat* saetta; 3. *m taur* torero principale; *primer* ~ torero principale; ~**achín** *m* spadaccino; ~**aña** *f bot* sala, biodo *m*; campanile a ventola *m*; ~**ín** *m* spadino; ~**ón** *m* spadone (*arma*); *fig* pesce/pezzo grosso; eunuco
espagueti(s) *m(pl)* spaghetto, -i

espald|a *f* schiena; *cargado de ~s* curvo, un po' gobbo; *las ~s* la parte posteriore, il di dietro; *a ~s* a/sulle spalle; *a ~s de alg* alle spalle di q; *por la ~* a tradimento; *(iron) donde la ~ pierde su honesto nombre* nelle natiche; *caerse de ~s* cadere di spalle/all'indietro; *echarse algo a las ~s* non preoccuparsene; *(a. fig) tener buenas ~s* avere buone spalle; *tirar, tumbar de ~s* intontire; *volver las ~s* voltare le spalle; **~ar** *m* schienale; **~arazo** *m* manata sulla schiena *f*; *hist* accollata *f*; **~eras** *fpl sport* spalliera *f*; **~illa** *f med* scapola; spalla di animale
espant|able *adj* spaventevole; **~adizo** *adj* timido, pauroso; **~ajo, ~apájaros** *m* spauracchio, spaventapasseri *inv*; **~ar 1.** *vt* spaventare; scacciare; **2.** *~se* impaurirsi; **~o** *m* spavento; **~oso** *adj* spaventoso
España *f geogr* Spagna
español *adj/s* spagnolo; **~ada** *f* spagnolata; **~ismo** *m* spagnolismo, ispanismo; **~izar** <*españolicé*> *vt* spagnolizzare
esparadrapo *m* cerotto
esparaván *m* 1. *zool* sparviere; 2. *med* formella *f*
esparc|imiento *m* 1. spargimento; 2. svago; **~ir** <*esparzo*> **1.** *vt* 1. spargere; 2. allietare; **2.** *~se* svagarsi, divertirsi
espárrago *m bot* asparago; *~ triguero* asparago selvatico; *mandar a freír ~s* mandare a farsi friggere; *vete a freír ~s* va' a farti friggere
esparraguera *f* asparageto *m*, asparagiaia
espartano *adj/s* spartano
espart|ería *f* arte *f* e negozio *m* dello sparto; **~ero** *m* venditore o lavoratore dello sparto; **~o** *m bot* sparto
espasm|o *m* spasimo, *med* spasmo; **~ódico** *adj* spasmodico; **~olítico** *adj/m* spasmolitico
espat|a *f bot* spata; **~arrarse** *pop* restare a gambe aperte *vi*; *fig* restare a bocca aperta *vi*; **~o** *m min* spato, calcite *f*
espátula *f* spatola
especia *f gastr* spezie *f/fpl*
especial *adj* speciale; singolare, particolare; adatto; *en ~* specialmente, specie; **~idad** *f* specialità; singolarità, particolarità; specializzazione; **~ista** *adj/s* specialista; **~ización** *f* specializzazione; **~izarse** <*especialicé*> specializzarsi (*en* in)
especie *f* 1. specie *f/fpl*; classe; qualità, sorta; 2. frottola, balla; notizia; *sport* finta; *bajo ~ de* sotto specie di; *pagar en ~* pagare in natura; *una ~ de* una specie di; **~ría** *f* drogheria; *ant* spezieria; **~ro, -ra** *m/f* 1. droghiere, -a; 2. *m* portaspezie; *ant* farmacista, speziale
especificar <*especifiqué*> *vt* specificare, spiegare, determinare
específico *adj/m* specifico
espécimen *m* esemplare; saggio, campione, mostra *f*
especioso *adj* specioso
espect|acular *adj* spettacolare, spettacoloso; **~áculo** *m* spettacolo; **~ador, -ra** *m/f* spettatore, -trice
espectr|al *adj* spettrale; **~o** *m cient/fig* spettro; ombra *f*, fantasma
especul|ación *f* speculazione; **~ador** *adj/s* speculatore; **~ar** *vi* speculare; **~ativo** *adj* speculativo
espej|ismo *m* miraggio, *fig* illusione *f*; **~o** *m* specchio; *~ retrovisor* specchietto retrovisore; *mirarse en ese ~* farsi specchio di q/qc; **~uelo** 1. *m* gesso cristallizzato; 2. specchietto; 3. *mpl Ant/Mex* occhiali
espeleología *f* speleologia
espeleólogo, -a *m/f* speleologo, -a
espeluzn|ante *adj* raccapricciante; **~ar** *vt* raccapricciare
espera *f* attesa; calma, pazienza; *ius* dilazione; *a la, en ~ de* in attesa di; *sala de ~* sala d'attesa
esperanto *m* esperanto
esperanza *f* speranza; *dar ~s* dare speranza; *vivir de ~s* vivere di speranza; **~dor** *adj* promettente, ricco di belle speranze
esperar *vt* **1.** aspettare, attendere; *~ a alg* aspettare q.; *(iron) espera sentado* aspetta, aspetta, che la morte si avvicina; *era de ~* c'era da aspettarselo; *quien espera, desespera* chi di speranza vive, di speranza muore; **2.** *vt/vi* sperare; *espero que no ocurra nada* spero che non succeda nulla
esperm|a *m/f* sperma *m*; **~aticida** *adj/m* spermicida; **~atozoide, ~atozoo** *m* spermatozoo; **~icida** *m* spermicida; **~iograma** *m* spermiogramma
esperp|éntico *adj* assurdo; *teatro* dell'assurdo; **~ento** *m* spauracchio; sproposito, assurdo
espes|amiento *m* ingrossamento; ispessimento; **~ante** *adj/m* addensante; **~ar** *vt* ispessire, addensare; infoltire; **~o** *adj* spesso, denso; folto; grosso, massiccio; *bosque ~* bosco folto; **~or** spessore; densità *f*; **~ura** *f* spessezza, densità; foltezza; *fig* boscaglia
espet|ar *vt* infilzare; *fig* infilzare, spiattellare; trafiggere; **~o** *m* spiedo (*Asturias, Galicia*); **~ón** *m* stocco, spiedo; attizzatoio; spillone; *zool* aguglia *f*
espía *m/f* spia *f*
espiantar *vi gergo/Arg* fuggire; rubare
espiar <*2 espío*> *vt* spiare; *mar* alare
espich|arla *vt fam/gergo* morire *vi*, crepare *vi*; *am* schiacciare; *~la* crepare; **~e** *m* punteruolo, punzone; *mar* zeppa *f*
espid *m* speed *ingl* (*droga*)
espiedo *m Arg* spiedo
espiga *f bot/fig* spiga; piolo *m*; *agr* cavicchio *m*; codolo *m*; **~do** *adj agr* spigato; *fig* alto, slanciato, snello; **~dor, -ra** *m/f* spigolatore, -trice; **~r** <*espigué*> **1.** *vt agr* spigolare; *fig* racimolare; **2.** *vi agr* spigare *vi*; **3.** *~se* crescere *vi*
espigón *m* codolo; pungolo; *bot* spiga spinosa *f*; *mar* muraglione, diga *f*
espigueo *m agr* spigolatura *f*
espina *f bot/fig/med/arch* spina; *zool* spina, aculeo *m*; scheggia; *~ dorsal* spina dorsale; *a ~ de pez* a spina di pesce/spinapesce; *dar mala ~* preoccupare, crucciare; *sacarse una ~* togliersi una spina
espinacas *fpl bot* spinaci *mpl*
espina|l *adj* spinale; **~r** *m* prunaio, spi-

neto; ~**zo** *m zool* spina dorsale *f*; *doblar el ~* piegare la testa; piegare il groppone
espine|la *f lit* decima; *min* spinello *m*; ~**ta** *f mus* spinetta
espinilla *f med* stinco *m* (*pierna*); foruncoletto *m* (*piel*)
espino 1. *m bot* biancospino; **2.** *adj* spino; ~**so** *adj* spinoso; *fig* scabroso, arduo
espionaje *m* spionaggio
espiral 1. *adj* spirale; **2.** *f med* spirale, IUD *m*
espirar 1. *vi* espirare; respirare; soffiare, spirare; **2.** *vt* emanare; infondere
espirilo *m med* spirillo
espiritis|mo *m* spiritismo; ~**ta 1.** *adj* spiritistico; **2.** *m/f* spiritista
espíritu *m* spirito; anima *f*; coraggio, vivacità *f*; *exhalar el ~* esalare l'ultimo spirito; **~ Santo* Spirito Santo; *levantar el ~* sollevare lo spirito; *pobre de ~* povero di spirito
espiritual *adj* spirituale; ~**idad** *f* spiritualità; ~**ización** *f* spiritualizzazione; ~**izar** *<espiritualicé>* *vt* spiritualizzare
espita *f tec* rubinetto *m*, chiave di botte; palmo *m* (*medida*)
esplend|ente *adj lit* splendente; ~**idez** *f* splendidezza, larghezza, sfarzo *m*, lusso *m*
espléndido *adj* splendido, generoso; *lit* splendente
esplendor *m* splendore; splendidezza *f*, lusso, lustro; ~**oso** *adj* splendente
espliego *m bot* spigo, lavanda *f*
espol|ear *vt* spronare; *fig* stimolare; ~**eta** *f* spoletta; ~**ón** *m* sprone; *mar* rostro, sperone; muraglione, diga *f*; *arch* contrafforte; *fig* gelone del piede; ~**onazo** *m* speronata *f*
espolvore|ador *m* polverizzatore; ~**ar** *vt* 1. *am* polverizzare; 2. spolverare
espondeo *m lit* spondeo
esponj|a *f* spugna; *(fig) pasar la ~* dare un colpo di spugna; *ser una ~* bere come una spugna; ~**amiento** *m*, ~**adura** *f* ammorbidimento *m*; sprimacciata *f*; ~**ar 1.** *vt* rendere soffice, ammorbidire; sprimacciare; **2.** ~*se* gonfiarsi; invanire *vi*; ~**osidad** *f* spugnosità, morbidezza; ~**oso** *adj* spugnoso; soffice
esponsales *mpl lit* sponsali, fidanzamento *m*
espont|anearse confidarsi; ~**aneidad** *f* spontaneità; ~**áneo** *adj* spontaneo; *taur* volontario
espor|a *f bot* spora; ~**ádico** *adj* sporadico; ~**angio** *m bot* sporangio
esportillo *m* sporta *f*, cesto di sparto
espos|a 1. *f* sposa; moglie; *am* anello episcopale *m*; 2. *fpl* manette; ~**ado** *adj* 1. ammanettato; 2. sposato; ~**ar** *vt* ammanettare; ~**o** *m* sposo; marito
espot *m* spot *inv/ingl*
espray *m* spray *inv/ingl*
espuela *f* sperone *m*, sprone *m*; *fig* sprone *m*, stimolo *m*; *(bot) ~ de caballero* speronella, sprone di cavaliere; *dar de ~* dar di sprone; *poner ~s* spronare
espuerta *f* cesto di sparto *m*; sporta; *a ~s* a bizzeffe, un sacco e una sporta
espulgar *<espulgué>* *vt* spulciare
espum|a *f* schiuma, spuma; *mar* magnesite; sepiolite; *~ moldeadora, de afeitar* schiuma modellante, da barba; *tela de ~* spugna; ~**adera** *f* schiumaiola; ~**ajear** *vi* schiumare, sbavare; ~**ar** *vt* schiumare; ~**arajo** *m* bava schiumosa *f*; ~**oso** *adj* spumoso, spumeggiante
espurio *adj* spurio, illegittimo; falso; adulterato
esput|ar *vt* sputare, espettorare; ~**o** *m* sputo
esqueje *m agr* talea *f*
esquel|a *f* annunzio *m*, partecipazione; *~ mortuoria* necrologio; ~**ético** *adj* scheletrico; ~**eto** *m* scheletro; *fig* armatura *f*
esquem|a *m* schema; disegno, progetto; ~**ático** *adj* schematico; ~**atismo** *m fil* schematismo; ~**atizar** *<esquematicé>* *vt* schematizzare
esquí *m* sci; *~ alpino, de fondo, fuera de pista, náutico* sci alpino, di fondo, fuori pista, nautico; *~ de travesía* sci alpino; ~**ador, -ra** *m/f* sciatore, -trice; ~**ar** *vi* sciare
esqui|cio *m pitt* schizzo, abbozzo; ~**fe** *m mar* schifo; *arch* volta a schifo *f*
esquil|a *f* 1. campanaccio *m*, squilla; 2. tosatura; 3. *zool* squilla; ~**ador, -ra** *m/f* tosatore, -trice; ~**ar 1.** *vt* tosare; **2.** *vi* suonare il campanaccio; ~**eo** *m* tosatura *f*; ~**mar** *vt* isterilire il terreno; impoverire
esquimal *adj/s* eschimese, esquimese
esquina *f* spigolo *m*; angolo *m*, canto *m*, cantone *m*; *de ~* ad angolo; *doblar la ~* girare (al)l'angolo; *hacer ~ a...* fare angolo con...; *jugar a las 4 ~s* giocare ai 4 cantoni; ~**zo** *m* cantonata *f*; *am* serenata *f*; *dar ~* piantare in asso, fare un bidone
esquir|la *f* scheggia d'osso; ~**ol** *m Esp* crumiro
esquisto *m min* scisto; ~**so** *adj* scistoso
esquiv|ar *vt* schivare, evitare, scansare; ~**ez** *f* freddezza, sgarbatezza; ritrosia; ~**o** *adj* schivo, sdegnoso; ritroso
esquizo|frenia *f med* schizofrenia; ~**frénico** *adj* schizofrenico; ~**ide** *adj* schizoide
estabili|dad *f* stabilità; fermezza; *auto* tenuta di strada, stabilità; ~**zación** *f* stabilizzazione, consolidazione; ~**zador** *adj/s* stabilizzatore; ~**zar** *<estabilicé>* *vt* stabilizzare, consolidare
estable *adj* stabile, fermo, fisso; costante; ~**cer** *<13a establezco>* **1.** *vt* stabilire, fondare; ordinare, decretare; affermare; **2.** ~*se* stabilirsi; ~**cimiento** *m* stabilimento; *com* impresa *f*, negozio; insediamento
establo *m* stalla *f*
estaca *f* palo *m*, piolo *m*, bastone *m*; *agr* magliolo *m*; ~**da** *f* staccionata; steccato *m*; *dejar a alg en la ~* piantare in asso q; abbandonarlo alla sua sorte; ~**zo** *m* colpo di bastone, bastonata *f*; *fig* colpo
estaci|ón *f* 1. *meteo* stagione; 2. *tras/eccl* stazione; *~ espacial, emisora* stazione spaziale, emittente; *~ de servicio* stazione di servizio; ~**onal** *adj* stagionale;

~**onamiento** *m* parcheggio; sosta *f*, stazionamento; ~**onar 1.** *vt/vi* parcheggiare; sostare *vi*; **2.** ~*se* fermarsi, arrestarsi; ~**onario** *adj* stazionario
estad|ía *f* 1. *mar* stallia; 2. *am* permanenza; ~**io** *m sport* stadio; fase *f*, stadio; ~**ista** *m/f* statista; ~**ística** *f* statistica
estado *m* stato, condizione *f*; *pol* ~ Stato; *mil/com/ius* stato; ~ *de alarma, de sitio* stato d'emergenza, d'assedio; *en buen, mal* ~ in buone, cattive condizioni; *en* ~ *de merecer* maritabile; *estar en* ~ *(de buena esperanza)* essere in stato interessante/incinta; *golpe de* ~ colpo di Stato; golpe; *~*s Unidos* Stati Uniti
estadunidense *adj/s* statunitense
estafa *f* truffa, frode; ~**dor, -ra** *m/f* truffatore, -trice; ~**r** *vt* truffare, ingannare, imbrogliare
estafeta *f* staffetta; ~ *de correos* ricevitoria postale
estala|ctita *f* stalattite; ~**gmita** *f* stalagmite
estalin|ismo *m pol* stalinismo; ~**ista** *adj/s* stalinista
estall|ar *vi* scoppiare, esplodere; ~**ido** *m* scoppio, esplosione *f*
estambre *m* stame
estamento *m ius* categoria *f*, corpo; *pol* stamento
estampa *f* stampa, incisione, figura; aspetto *m*, sembiante *m*; *eccl* figurina; *la viva* ~ la viva immagine; ~**do 1.** *adj* stampato; **2.** *m tec* stampaggio; disegno (*tela*); ~**r** *vt* stampare, imprimere; scagliare; lasciar impresso
estampía: de ~ *adv* precipitosamente
estampido *m* scoppio
estampilla *f* stampiglia, timbro *m*; *am* marca da bollo; *am* francobollo *m*; ~**r** *vt* stampigliare
estanc|amiento *m* ristagno, stagnazione *f*; ~**ar** <*estanqué*> *vt* ristagnare, arrestare il corso *vi*; monopolizzare
estanc|ia *f* 1. soggiorno *m*, permanenza; 2. *arch/lit* stanza; *am* fattoria; ~**iero** *m am* padrone della fattoria
estanco 1. *m* tabaccheria *f*; monopolio; *voy al* ~ vado dal tabaccaio; **2.** *adj* stagno; impermeabile; *(mar) departamentos* ~*s* compartimenti stagni
estándar *adj/m* standard *ingl*
estandar|(d)ización *f* standardizzazione; ~**(d)izar** <*estandar(d)icé*> *vt* standardizzare
estandarte *m* stendardo
estanque *m* stagno; serbatoio d'acqua; ~**ro** *m* tabaccaio, tabacchino
estante 1. *m* ripiano; **2.** *adj* stabile, fisso; ~**ría** *f* scaffale *m*, scansia
estañ|ador *m* stagnaio; ~**ar** *vt* stagnare; saldare; ~**o** *m* stagno
estaquilla *f* chiodo di legno *m*; chiodo lungo *m*
estar <*estoy, estás; estuve*> *vi* stare; essere; *¿Cómo estás?* Come stai?; *está en casa* è a casa; *no está* non c'è; *está estudiando, leyendo* sta studiando, leggendo; *está que bota* sta per sbottare; *está al caer (algo)* sta per succedere (qc); *está al caer alg* sta per venire q; *está erre que erre* è testardo; ~ *alegre, triste...* essere allegro, triste...; ~ *en ascuas* stare sulla brace/sulle spine; ~ *en lo cierto* avere ragione; ~ *a 25 de abril* essere il 25 aprile; ~ *de broma* star scherzando; *no* ~ *para bromas* non aver voglia di scherzare; ~ *para llegar* star per arrivare/essere sul punto di arrivare; ~ *sobre algo/alg* preoccuparsi di qc/q; ~ *tras algo* andar dietro qc; ~ *a matar* essere nemici; ~ *a oscuras* essere all'oscuro; ~ *con alg* essere d'accordo con q; ~ *de más* essere superfluo, avanzare; ~ *en que...* credere che...; ~ *en antecedentes* essere al corrente; ~ *en todo* pensare a tutto; *cuarto de* ~ soggiorno; *¿estamos?* Ci siamo capiti/intesi?; *¿A cómo estamos?* Quanti ne abbiamo?; *¿Dónde está Luis?* Dov'è Luigi?; *la carne está a 2.000 ptas. kilo* la carne è a 2.000 pesete al chilo; *dejar* ~ lasciar stare; *ya estoy bueno* sto già bene; *en Sevilla están a 40 grados* a Siviglia sono a 40 gradi; *¡Le está bien empleado!* Gli sta bene!; *la vida está por las nubes* la vita è carissima; *el sombrero te está bien* il cappello ti sta bene; *la fruta está por recoger* la frutta è da raccogliere; *la fruta está para recoger* la frutta è pronta per essere raccolta
estaribel *m gergo* gattabuia *f*, galera *f*
estárter *m auto* starter *ingl/inv*
estatal *adj* statale; ~**izar** <*estatalicé*> *vt* statalizzare; nazionalizzare
estátic|a *f* statica; ~**o** *adj* statico; immobile
estatismo *m* statalismo
estatu|a *f* statua; ~**aria** *f* statuaria, scultura; ~**ario** *adj* statuario; **2.** ~**ir** < *14 estatuyo; estatuyó*> *vt* statuire, stabilire; ~**ra** *f* statura, taglia, altezza; ~**s** *m* status; ~**tario** *adj* statutario; ~**to** *m* statuto; costituzione *f*; regime giuridico; *los* ~*s* lo statuto; ~ *de autonomía* statuto regionale
este *m geogr* est, levante, oriente
este, esta *m/f*, **estos, estas** *mpl/fpl adj* questo/questa *m/f*, questi/queste *mpl/fpl*; *a todas estas* dopo tutto
éste, ésta *m/f* questo/questa, **éstos, éstas** *mpl/fpl pr* questi/queste
estea|rina *f* stearina; ~**tita** *f* steatite; ~**toma** *m med* steatoma
estela *f* 1. *mar* scia; 2. *arch* stele, cippo *m*; ~**r** *adj* stellare; ~**ria** *f bot* stellaria
esten|osis *f med* stenosi; ~**tóreo** *adj* stentoreo, tonante
estepa *f* steppa; *bot* cisto *m*; ~**rio** *adj* steppico
éster *m chim* estere
estera *f* stuoia
estercol|ar *vt* concimare; ~**ero** *m* letamaio
estéreo *adj* stereo, stereofonico
estereo|fonía *f* stereofonia; ~**scopio** *m* stereoscopio; ~**tipado** *adj* stereotipato; ~**tipar** *vt* stereotipare; ~**tipia** *f* stereotipia
estéril *adj* sterile, infecondo
esterili|dad *f* sterilità; ~**zación** *f* sterilizzazione; ~**zador** *adj/m* sterilizzatore; ~**zar** <*esterilicé*> *vt* sterilizzare

esterilla *f* stuoina; canovaccio *m*
esterlina:libra ~ *adj* sterlina *f*
esternón *m med* sterno
estero *m* estuario; *am* palude *f*; *Chile* ruscello
estertor *m* rantolo, stertore
esteta *m/f* esteta
estética *f* estetica
esteticista *m/f* estetista, esthéticienne *f fr/inv*
estético *adj* estetico
estetoscopio *m med* stetoscopio
esteva *f agr* stiva, stegola
estiaje *m* magra (dei corsi d'acqua) *f*
estiba *f mar* stivaggio *m*; ~**dor** *m* stivatore; ~**r** *vt mar* stivare; pressare
estiércol *m* sterco, escremento
estigma *m bot/zool/fig* stigma; marchio; *eccl* stigmate *f*; ~**tizar** *<estigmaticé>* *vt* stigmatizzare; bollare, biasimare
estilar 1. *vi* essere solito, solere; **2.** *vt ius* stilare, redigere; **3.** *~se* essere di moda *vi*, usarsi
estilete *m* stiletto, pugnale; *med* sonda *f*
estil|ista *m/f* stilista; ~**ística** *f* stilistica; ~**ístico** *adj* estilistico; ~**izar** *<estilicé>* *vt* stilizzare; *fig* dar stile *vi*; ~**o** *m* 1. (*lit, mus*....) stile; *a(l)* ~ *de* allo/(secondo lo) stile di; di stile; ~ *informal* casual; *algo por el* ~ qualcosa del genere; *por el* ~ *de* simile a; *por ese* ~ più o meno così; 2. *bot* stilo
estil|ográfica *f* penna stilografica; ~**ógrafo** *m am* penna stilografica *f*
estima *f* stima, considerazione; *mar/com* stima, valutazione; *tener en mucha/poca* ~ *(a alg)* avere molta/poca stima di q; ~**ble** *adj* stimabile; ~**ción** *f lit* estimazione; stima; *com* estimo *m*, stima; ~**r** *vt* stimare, apprezzare; credere, giudicare; *com* stimare; ~**torio** *adj ius* estimatorio
estimul|ante *adj* stimolante; ~**ar** *vt* stimolare, incitare, spronare
estímulo *m* stimolo, incitamento
estío *m lit* estate *f*, stagione estiva *f*
estipendio *m* stipendio, salario
estipul|ación *f ius* stipulazione, convegno *m*, obbligazione; clausola; ~**ar** *vt* stipulare, convenire, obbligarsi a
estir|ado *adj* stirato, teso; *fig* borioso, altezzoso; *fig* tirchio; ~**ar** *vt* 1. tirare, tendere; 2. stiracchiare; ~ *las piernas* sgranchire, stiracchiare le gambe; *(pop)* ~ *la pata* tirare le cuoia, crepare, tirare il calzino; ~**ón** *m* strappo, strappata *f*, tirata *f*; *dar un* ~ crescere in fretta/di colpo
estirpe *f* stirpe; schiatta, razza
estival *adj* estivo
esto *pr* ciò, questa cosa, questo; *en* ~ in questo/quel momento
estocada *f* stoccata
estofa *f fig* specie *inv*, classe, genere *m*; *de baja* ~ di classe bassa; ~**do** *m gastr* stufato; *tec* stuccatura *f*; dipinto
estoic|ismo *m* stoicismo; ~**o** *adj* stoico; forte, impassibile
estola *f* stola
estólido *adj* stolido, stolto
estoma *m bot* stoma
estoma|cal *adj/m* stomacale; ~**gar** *<estomagué>* *vt* stomacare, nauseare
estómago *m* stomaco
estomatitis *f med* stomatite
Estoni|a *f* Estonia; *~**o** *adj/s* estone
estopa *f* stoppa
estoque *m* stocco; *bastón de* ~ bastone da stocco; *bot* gladiolo
estor *m* tenda a stecche *f*
estorb|ar *vt* disturbare, dar fastidio *vi*, molestare; impedire, ostacolare; ~**o** *m* disturbo; ostacolo
estornino *m zool* stornello, storno
estornud|ar *vi* starnutire, starnutare; ~**o** *m* starnuto
estra|bismo *m* strabismo; ~**divario** *m mus* stradivario; ~**do** 1. *m* predella *f*, palco, podio; 2. *mpl ius* tribunale *m*, sala delle udienze *f*; ~**falario** *adj* stravagante, strambo, bizzarro
estrag|ar *<estragué>* *vt* guastare, corrompere, danneggiare; fare strage *vi*; ~**o** *m* strage *f*, danno, rovina *f*; *(a. fig) hacer ~s* fare una strage
estragón *m bot* dragoncello, artemisia *f*
estramb|ote *m lit* strambotto; ~**ótico** *adj* strambo, strano, bizzarro
estramonio *m bot* stramonio
estrangul|ación *f* strangolamento *m*; ~**amiento** *m* strangolatura *f*, strozzamento; ~**ar** *vt* strangolare, strozzare
estraperl|ista *m/f* incettatore, -trice; ~**o** *m* mercato nero, incetta *f*
estrat|agema *f* stratagemma *m*; ~**ega** *m/f* stratega; ~**egia** *f* strategia; ~**égico** *adj* strategico
estratific|ación *f* stratificazione; ~**ar** *<estratifiqué>* *vt* stratificare
estrato *m* strato; ~**sfera** *f* stratosfera
estraza *f* straccio *m*, cencio *m*; *papel de* ~ carta straccia
estrech|ar 1. *vt* stringere; unire; diminuire, restringere; costringere; ~ *la mano* stringere la mano; **2.** *~se* stringersi, restringersi; ~**ez** *f* strettezza; *fig* ristrettezza, scarsezza; ~**o 1.** *adj* stretto; angusto; attillato (*traje*); intimo; rigido, austero; ~ *de miras* corto di mente; *hacerse la ~a* fare la seria; *hacerse la/ ser una ~a* fare la ritrosa/ essere troppo seria; **2.** *m geogr* stretto; ~**ura** *f* stretta; strettezza
estregar *<estregué>* *vt* strofinare
estrella *f* stella; *fig* sorte, destino *m*; ~ *de mar, polar, fugaz* stella marina, polare, cadente; *ver las ~s* vedere le stelle; ~**do** *adj* 1. stellato; 2. infranto; *huevos ~s* uova fritte; ~**r 1.** *vt* infrangere; scagliare, scaraventare; cospargere; **2.** *~se* sbattere *vi*, schiantarsi, fracassarsi, urtare *vi*; ~**zgo** *m* star system *ingl*
estremec|edor *adj* sconvolgente, commovente; pauroso; ~**er** *<13a estremezco>* **1.** *vt fig* sconvolgere, commuovere, turbare; scuotere; **2.** *~se* rabbrividire *vi*; ~**imiento** *m* turbamento, tremito, brivido, sussulto
estren|a *f* strenna; ~**ar 1.** *vt* inaugurare, usare per la prima volta; iniziare, cominciare; *cine/teatro* esordire *vi*, debuttare *vi*; **2.** *~se* esordire *vi*; ~**o** *m teatro/cine* prima

f, debutto; inaugurazione *f*, inizio, primo uso; *cine de* ~ cinema di prima visione; *ir de* ~ essere a nuovo; *riguroso* ~ la prima
estreñ|ido *adj med* stitico; *fig* tirchio; **~imiento** *m med* stitichezza *f*; restringimento; **~ir** *<12 estriño; estriñó>* *vt* restringere
estrépito *m* strepito; ostentazione *f*
estrepitoso *adj* strepitoso
estrepto|coco *m* streptococco; **~micina** *f* streptomicina
estrés *m* stress
estres|ante *adj* stressante; **~ar** *vt* stressare
estría *f* stria; smagliatura, stria gravidica (*piel*); *arch* scannellatura
estriar *<2 estrío>* *vt* striare; *arch* scanalare, scannellare
estrib|ación *f* contrafforte *m*; **~ar** *vi* basarsi, appoggiarsi (en *su*); consistere (*en* in); fondarsi (*en* in/su); **~illo** *m* ritornello; intercalare; **~o** *m* 1. staffa *f*; 2. predellino, staffa *f*; *arch* contrafforte, staffa *f*; *med* staffa *f*; *estar con un pie en el* ~ essere con il piede nella staffa; *estar sobre los ~s* stare all'erta; *perder los ~s* perdere le staffe; **~or** *m mar* tribordo
estric|nina *f chim* stricnina; **~to** *adj* stretto; rigoroso, esatto
estriden|cia *f* stridore *m*, stridio *m*; **~te** *adj* stridente
estriptis *m* strip-tease *ingl/inv*, spogliarello
estro *m art/zool* estro; **~bo** *m mar* stroppo; **~fa** *f* strofa, strofe *inv*
estrógeno *m med* estrogeno
Estrómboli *m geogr* Stromboli
estroncio *m chim* stronzio
estrop|ajo *m* strofinaccio; paglietta *f*; *fig* cencio; **~ajoso** *adj* stopposo; cencioso (*persona*); *lengua ~a* lingua pastosa; **~eado** *adj* storpio; rotto, guasto; **~ear** *vt* guastare, sciupare, rompere; storpiare; devastare; **~icio** *m* fracasso; baccano, chiasso; pasticcio, *pop* casino
estructura *f* struttura; **~ción** *f* strutturazione, disposizione; **~l** *adj* strutturale; **~lismo** *m* strutturalismo; **~lista** *adj/s* strutturalista; **~r** *vt* strutturare, disporre
estruendo *m* strepito, fragore, frastuono; scoppio; baccano; **~so** *adj* rumoroso, strepitoso; *fig* pomposo
estrujar *vt* spremere; pigiare, comprimere
estuario *m* estuario
estu|cado 1. *adj* stuccato; **2.** *m* stuccatura *f*; **~car** *<estuqué>* *vt* stuccare; **~che** *m* astuccio; *fig* gioiello; **~co** *m* stucco
estudiant|ado *m* studenti *mpl*; **~e** *m/f* studente *m*, studentessa *f*; **~il** *adj* studentesco; **~ina** *f Esp* estudiantina, ="complesso musicale universitario ambulante e in abiti goliardici antichi";
estudiar *vt* studiare; *pitt* copiare dal vero
estudio *m* studio; *pitt/cine* studio; studio, monolocale; *dar ~s a alg* mantenere agli studi q; *estar en* ~ essere allo studio; *tener ~s* avere un titolo; **~so** *adj* studioso
estuf|a *f* stufa; *am/agr* serra; essiccatoio *m*; *ant* sudatorio *m*; **~illa** *f* 1. manicotto *m*; 2. scaldino *m*; braciere *m*
estulticia *f* stoltezza
estup|efacción *f* stupefazione, stupore *m*; **~efaciente** *adj/m* stupefacente; **~efacto** *adj* stupefatto, attonito; **~endo** *adj* stupendo, meraviglioso; **~idez** *f* stupidità, stupidaggine
estúpido *adj* stupido, scemo
estupor *m* stupore, sorpresa *f*, sbalordimento
estupr|ar *vt* stuprare; **~o** *m* stupro
esturión *m zool* storione
esvástica *f* svastica
ETA *f pol* (Euskadi Ta Askatasuna) ="organizzazione rivoluzionaria basca"
etanol *m chim* etanolo
etapa *f a. sport* tappa; *por ~s* a tappe
etarra *adj/s* appartenente all'ETA
etcétera, etc. *f* eccetera, ecc. *m*
éter *m* etere
etéreo *adj* etereo
etern|idad *f* eternità; **~izable** *adj* eternabile; **~izar** *<eternicé>* *vt* eternare; immortalare; **~o** *adj* eterno
étic|a *f* etica; **~o** *adj* etico, morale
etílico *adj* etilico
etilismo *m* etilismo
étimo *m* etimo; radice *f*, tema
etim|ología *f* etimologia; **~ológico** *adj* etimologico; **~ologista** *m/f* etimologista; **~ólogo, -a** *m/f* etimologo, -a
etiología *f* etiologia, eziologia
etíope *adj/s* etiope, dell'Etiopia
etiqueta *f* etichetta; *traje de* ~ abito da cerimonia; **~dora** *f* etichettatrice; **~r** *vt* etichettare
etnia *f* etnia
étnico *adj* etnico, razziale
etno|grafía *f* etnografia; **~logía** *f* etnologia; **~lógico** *adj* etnologico
etología *f* etologia
etrusco *adj/s* etrusco
eucalipto *m bot* eucalipto
Eucar|istía *f eccl* Eucaristia, Eucarestia; ***~ístico** *adj* eucaristico
eudiómetro *m cient* eudiometro
eufem|ismo *m* eufemismo, eufemia *f*; **~ístico** *adj* eufemistico
eufonía *f* eufonia
eufónico *adj* eufonico
euforia *f* euforia
eufórico *adj* euforico
eugenesia *f med* eugenetica
eunuco *m* eunuco
¡eureka! *excl* eureka!
euritmia *f* euritmia
euro|comunismo *m pol* eurocomunismo; ***~copa** *f sport* Coppa delle Coppe; **~diputado** *m* eurodeputato
Europa *f* Europa
euro|peísmo *m* europeismo; **~peísta 1.** *m/f* europeista; **2.** *adj* europeistico; **~peizar** *<europeicé>* *vt* europeizzare; **~peo** *adj/s* europeo; **~visión** *f* eurovisione
éuscaro, eusquera, euskera *m* basco (*lengua*)
eutan|asia *f med* eutanasia; **~ásico** *adj* eutanasico
eutrofización *f cient* eutrofizzazione

evacua|ción *f* evacuazione; ~**r** *vt* evacuare; *ius* sbrigare; ~**torio 1.** *adj* evacuativo; **2.** *m* orinatoio pubblico
evadir 1. *vt* evitare, eludere; *com* esportare (*divisas, capitales*); evadere; **2.** ~*se* evadere *vi*
evalua|ción *f com* valutazione, accertamento *m*; stima, tassazione; *stud* giudizio *m*; ~**dor** *m tec* perito in valutazione; ~**r** <*4 evalúo*> *vt* valutare, stimare
evang|élico *adj* evangelico; ~**elio** *m* vangelo, *lit* evangelo; ~**elista** *adj/s* evangelista; ~**elización** *f* evangelizzazione; ~**elizar** <*evangelicé*> *vt* evangelizzare
evapor|able *adj* evaporabile; ~**ación** *f* evaporazione; ~**ar 1.** *vt/vi* evaporare; **2.** ~*se* squagliarsela, sparire *vi*; ~**izar** <*evaporicé*> *vt* vaporizzare
evas|ión *f* evasione, fuga; ~ *de impuestos* evasione fiscale; ~ *de capitales* fuga dei capitali; ~**iva** *f* pretesto *m*, elusione; ~**ivo** *adj* evasivo; ~**or** *m com* evasore
event|o *m* evento, avvenimento, successo; ~**ual** *adj* eventuale; provvisorio, precario; ~**ualidad** *f* eventualità, caso *m*
eversión *f* eversione, distruzione
evicción *f ius* evizione
eviden|cia *f* evidenza; ~**ciar** *vt* mettere in evidenza, far notare, porre in risalto; ~**te** *adj* evidente, chiaro, manifesto
eviscerar *vt med* eviscerare
evit|able *adj* evitabile; ~**ar** *vt* evitare; scansare; impedire
eviterno *adj* sempiterno
evoc|ación *f* evocazione; ~**ador** *adj* evocatore; ~**ar** <*evoqué*> *vt* evocare; ricordare
evolu|ción <*pl evoluciones*> 1. *f* evoluzione, sviluppo *m*; 2. *fpl mil* evoluzioni; ~**cionar** *vi* svilupparsi, cambiare modo di vita, condotta, ecc.; *cient* evolversi; *mil* fare evoluzioni; ~**cionismo** *m cient* evoluzionismo; ~**tivo** *adj* evolutivo
ex abrupto *adv* ex abrupto, all'improvviso
exac|ción *f* esazione; ~**erbación** *f* esacerbazione; ~**erbar** *vt* esacerbare, irritare
exact|itud *f* esattezza, precisione; ~**o** esatto, preciso, puntuale; ~**or** *m com* esattore
ex aequo *adv lat* ex aequo, a pari merito
exager|ación *f* esagerazione; ~**ar** *vt* esagerare
exalt|ación *f* esaltazione; elevazione; ~**ado 1.** *adj/s* esaltato; **2.** *adj* eccessivo; ~**ar 1.** *vt* esaltare, elevare; **2.** ~*se* esaltarsi, accalorarsi
examen *m* esame; analisi *f/inv*; ~ *de conciencia* esame di coscienza; *(ius)* ~ *de testigos* esame dei testimoni; ~ *escrito, oral, de doctorado, de selectividad* esame scritto, orale, di laurea, d'ammissione all'Università; *pasar/aprobar el* ~ passare/superare l'esame, essere promosso all'esame; *suspender el* ~ essere bocciato all'esame
examin|ador, -ra *m/f* esaminatore, -trice; ~**ando, -da** *m/f* esaminando, -a, candidato, -a; ~**ar 1.** *vt* esaminare; interrogare; **2.** ~*se* esaminarsi, fare/dare gli esami (*de* di/in)
exangüe *adj* esangue, dissanguato; sfinito, esanime
exánime *adj* esanime
exantem|a *m med* esantema; ~**ático** *adj med* esantematico
exarca *m* esarca; ~**do** *m* esarcato
exasper|ación *f* esasperazione; ~**ar 1.** *vt* esasperare, inasprire, esacerbare; **2.** ~*se* irritarsi, adirarsi
excandecencia *f* escandescenza
excarcel|ación *f* scarcerazione; ~**ar** *vt* scarcerare
ex cáthedra *adv lat* ex cathedra, cattedraticamente
excav|ación *f art* scavo *m*, escavazione; ~**adora** *f tec* scavatrice; ~**ar** *vt* scavare; *agr* scalzare
exced|encia *f* eccedenza; *ius* aspettativa; *estar en* ~ essere in aspettativa; essere commissionato; ~**ente 1.** *adj* eccedente; eccessivo; **2.** *adj/s* in aspettativa; **3.** *m* eccedenza *f*, surplus; ~ *laboral* personale in esubero; ~**er 1.** *vt/vi* eccedere, sorpassare; **2.** ~*se* oltrepassare i limiti *vi*, esagerare *vi*
excelen|cia *f* eccellenza; *por* ~ per eccellenza; ~**te** *adj* eccellente; ~**tísimo** eccellentissimo; *Excmo. Señor* Ecc.mo Signore
excels|itud *f* altezza, sublimità; ~**o** *adj* eccelso, eminente, sublime
excentricidad *f* eccentricità
excéntric|a *f mec* eccentrico *m*; ~**o** *adj* eccentrico, stravagante
excep|ción *f* eccezione; ~**cional** *adj* eccezionale, straordinario; ~**to** *prep* eccetto, salvo, tranne, fuorché; ~**tuar** <*4 exceptúo*> *vt* eccettuare, escludere
exces|ivo *adj* eccessivo, esagerato; ~**o** *m* eccesso, esagerazione *f*
excipiente *m* eccipiente
excit|able *adj* eccitabile; ~**ación** *f* eccitazione; ~**adora** *f elec* eccitatrice; ~**ante** *adj/m* eccitante; ~**ar** *vt* eccitare; accalorare
exclam|ación *f* esclamazione; ~**ar** *vt* esclamare; ~**ativo** *adj* esclamativo
excluir <*14 excluyo; excluyó*> *vt* escludere; scartare
exclus|ión *f* esclusione; ~**iva** *f com* esclusiva; ~**ive** *adv* escluso *adj*; ~**ivismo** *m* esclusivismo; ~**ivista** *adj/s* esclusivista; ~**ivo** *adj* esclusivo; unico; ~**o** *adj* escluso, eccettuato
exco|gitar *vt* escogitare; ~**mulgar** <*excomulgué*> *vt* scomunicare; ~**munión** *f* scomunica; ~**riación** *f* escoriazione; ~**riar** *vt* escoriare; spellare, scorticare
excre|cencia, ~scencia *f* escrescenza, carnosità; ~**mento** *m* escremento, sterco; ~**torio** *adj* escretorio, escretivo
exculp|ación *f* discolpa; ~**ar** *vt* scolpare
excursi|ón *f* gita; *meteo* escursione; ~**onismo** *m* escursionismo; ~**onista** *m/f* escursionista
excusa *f* scusa; pretesto *m*; *ius* discarico *m*, eccezione; *pedir* ~*s* chiedere scusa; ~**ble** *adj* scusabile; ~**do 1.** *adj* 1. scusato; 2. inutile, superfluo; *es* ~ *decir que* è su-

perfluo dire che; **2.** *m am/Esp-ant*~ ritirata *f*; ~**r 1.** *vt* 1. scusare, scolpare, perdonare; 2. evitare; esentare; **2.** ~*se* scusarsi, chiedere scusa *vi*

execr|able *adj* esecrabile; ~**ación** *f* esecrazione; imprecazione; ~**ar** *vt* esecrare, maledire, detestare

exégesis, exegesis *f* esegesi

exen|ción *f* esenzione, dispensa; ~**tar** *vt* esentare, dispensare; ~**to** *adj* esente, libero; *arch* isolato; ~ *del servicio militar* militesente

exequátur *m lat/ius* exequatur

exequias *fpl lit* esequie

exfol|iación *f med* esfoliazione; *min* sfaldatura; ~**iar** *vt* esfoliare; sfaldare

exhal|ación *f* 1. esalazione; 2. *fig* fulmine *m*; ~**ar** *vt/vi* esalare; emanare

exhau|stivo *adj* esauriente, esaustivo; ~**sto** *adj* esausto, esaurito

exhibi|ción *f* esibizione; presentazione; esposizione, mostra; ~**cionismo** *m* esibizionismo; ~**cionista** *m/f* esibizionista; ~**r** *vt* esibire; mostrare; *ius* presentare

exhort|ación *f* esortazione; ammonimento *m*, avvertimento *m*; ~**ar** *vt* esortare; ammonire; ~**atorio** *adj* esortatorio; ~**o** *m ius* rogatoria *f*

exhum|ación *f* esumazione; ~**ar** *vt* esumare

exigen|cia *f* esigenza, pretesa; ~**te** *adj* esigente, pretenzioso

exigi|ble *adj* esigibile; ~**dero** *adj* esigibile; ~**r** <*exijo*> *vt* esigere; richiedere, pretendere

exigüidad *f* esiguità, tenuità, piccolezza

exiguo *adj* esiguo, piccolo, tenue

exil|ado *adj/s* esiliato; ~**io** *m* esilio

exim|ente *adj/f* esimente; ~**io** *adj* esimio, eccellente; ~**ir** *vt* esimere, esentare, dispensare; assolvere, liberare

existencia 1. *f* esistenza, vita; 2. *fpl com* merci non vendute, esistenze in magazzino; ~**l** *adj* esistenziale; ~**lismo** *m fil* esistenzialismo; ~**lista** *adj/s* esistenzialista

existente *adj* esistente, vivo

existir *vi* esistere

exitazo *m* successone

éxito *m* 1. successo, trionfo; 2. esito, risultato

ex libris *adv lat* ex libris

ex novo *adv* ex novo, daccapo

éxodo *m* esodo, emigrazione *f*

exog|amia *f* esogamia; ~**ámico** *adj* esogamico

exoner|ación *f* esonerazione, esonero *m*; esenzione; rimozione; ~**ar** *vt* esonerare (*de* da) esentare, dispensare (*de* da); licenziare (*de* da)

exorbit|ancia *f* esorbitanza, eccesso *m*; ~**ante** *adj* esorbitante, eccessivo, esagerato

exorc|ismo *m* esorcismo, scongiuro; ~**ista** *m/f* esorcista; ~**izar** <*exorcicé*> *vt* esorcizzare

exordio *m* esordio, inizio

exornar *vt* adornare, esornare

exósmosis, exosmosis *f fis* esosmosi

exótico *adj* esotico

exotismo *m* esotismo

expandir *vt* espandere; estendere, diffondere

expans|ibilidad *f fis* espansibilità; ~**ión** *f* espansione; ricreazione; ~**ionarse** sfogarsi, confidarsi; ~**ionismo** *m* espansionismo; ~**ionista** *adj/s* espansionista; ~**ivo** *adj* espansivo; espansivo, affettuoso, comunicativo

expatr|iación *f* espatrio *m*, emigrazione; ~**iarse** espatriare *vi*, emigrare *vi*

expect|ación *f* aspettazione, attesa; ~**ante** *adj* aspettante; ~**ativa** *f* aspettativa; *estar a la* ~ essere/stare in aspettativa

expector|ación *f* espettorazione; ~**ante** *adj/m* espettorante; ~**ar** *vi* espettorare

expedic|ión *f* spedizione; ~**ionario** *adj/s* spedizionario; ~**ionero** *m com* spedizioniere

expedido|r, -ra *m/f* speditore, -trice

expedient|ar *vt* istruire un processo/un'-inchiesta *vi*; ~**e** *m* espediente, pretesto; *ius* processo, inchiesta *f*; pratica *f*; ~ *académico* certificato voti; libretto universitario

expedi|r <2 V. *pedir*> *vt* spedire, inviare; dare corso *vi*, sbrigare; ~ *un certificado* rilasciare un certificato; ~**tivo** *adj* speditivo, sbrigativo; ~**to** *adj* spedito, svelto

expeler *vt* espellere

expend|edor, -ra *m/f* spenditore, -trice, venditore, -trice; ~ *de moneda falsa* spacciatore, -trice di moneta falsa; ~**eduría** *f* spaccio *m*, vendita al minuto; ~**er** *vt* vendere; spacciare

expensas 1. *fpl* spese; **2.** *(prep) a* ~ a spese, alle spalle di

experiencia *f* esperienza; esperimento *m*; ~ *piloto* esperienza pilota

experiment|ación *f* esperimento *m*, sperimentazione; ~**ado** *adj* sperimentato, esperto; ~**al** *adj* sperimentale; ~**alismo** *m* sperimentalismo; ~**ar** *vt* sperimentare, provare; soffrire, subire; notare, presentare

experto 1. *adj* esperto, pratico, destro, abile; **2.** *m* perito

expi|ación *f* espiazione; penitenza; ~**ar** <2 *expío*> *vt* espiare; ~**atorio** *adj* espiatorio

expir|ación *f* spirare *m*; ~**ar** *vi* spirare, morire; scadere; ~ *el término* spirare, scadere il termine

explan|ación *f* spianamento *m*; chiarimento *m*; ~**ada** *f* spiazzo *m*, spianata; ~**ar** *vt* spianare; spiegare

explayar 1. *vt* allargare, estendere; **2.** ~*se* estendersi; sfogarsi, confidarsi

expletivo *adj* espletivo, pleonastico

explic|able *adj* spiegabile; ~**ación** *f* spiegazione; soluzione; ~**ar** <*expliqué*> *vt* spiegare; giustificare; comunicare; insegnare; ~**ativo** *adj* esplicativo

explícito *adj* esplicito, chiaro

explor|ación *f* esplorazione; ricognizione; ~**ador, -ra** *m/f* esploratore, -trice; boy-scout *ingl/inv*; ~**ar** *vt* esplorare; riconoscere; ~**atorio** *adj* esploratorio

explos|ión *f* esplosione, scoppio *m*; ~ *de*

júbilo esplosione di gioia; *hacer* ~ esplodere; ~**ionar** *vi* esplodere; ~**ivo** *adj/m* esplosivo
explot|able *adj* sfruttabile, utilizzabile; ~**ación** *f* sfruttamento *m*; impianto industriale; ~ *didáctica de un texto* sfruttamento didattico di un testo/testuale; ~**ador, -ra** *m/f* sfruttatore, -trice; ~**ar 1.** *vt* sfruttare; approfittare di; *agr* coltivare; *tec* esercire; **2.** *vi* esplodere
expol|iación *f* espogliazione, spoliazione; ~**iar** *vt* spogliare; ~**ición** *f lit* ripetizione; ~**io** 1. *m* espogliazione *f*; 2. *mpl hist* spoglie *fpl*
expon|encial *adj mat* esponenziale; ~**ente** *adj/m mat* esponente; ~**er** <*32* V. *poner*> *vt* esporre; manifestare; interpretare; mettere in pericolo
export|able *adj* esportabile; ~**ación** *f* esportazione; ~**ador, -ra** *m/f* esportatore, -trice; ~**ar** *vt* esportare
expos|ición *f* esposizione, mostra; relazione, esposizione; orientazione; *foto* esposizione; ~**ímetro** *m* esposimetro; ~**itivo** *adj* espositivo
expósito *adj/s* trovatello
expositor *adj/s* espositore
exprés *adj/m* espresso (*café*)
expres|ado *adj* suddetto; ~**ar** *vt* esprimere, manifestare
expres|ión *f* espressione; manifestazione; *reducir a la mínima* ~ ridurre al minimo; ~**ionismo** *m* espressionismo; ~**ionista** *adj/s* espressionista; ~**ivo** *adj* espressivo
expreso 1. *adj* espresso; chiaro, evidente; **2.** *m tras* direttissimo; corriere straordinario
exprim|idor *m*, ~**dora** *f* spremitoio *m*; ~**ir** *vt* spremere; strizzare
ex profeso *adv lat* ex professo, a bella posta
exprop|iación *f* espropriazione; ~**iar** *vt* espropriare
expuesto *adj* esposto
expugnar *vt* espugnare
expuls|ado *adj* espulso; ~**ar** *vt* espellere; ~**ión** *f* espulsione
expurg|ación *f* espurgazione, spurgo *m*; ~**ar** <*expurgué*> *vt* espurgare, purgare
exquisit|ez *f* squisitezza; ~**o** *adj* squisito
extasiarse estasiarsi, andare in estasi
éxtasis *f* estasi, rapimento *m*; ecstasy (*droga*)
extático *adj* estatico, in estasi; profondo
extemporáneo *adj* inopportuno, intempestivo
extender <*6* V. *tender*> **1.** *vt* estendere; spargere; stendere, distendere; **2.** ~*se* propagarsi, diffondersi; scrivere *vt*, stilare *vt*; dilungarsi
extens|ible *adj* estensibile; ~**ión** *f* estensione, ampiezza, durata; ~**ivo** *adj* estensivo; ~**o** *adj* estenso, ampio; ~**or** *adj/m* estensore
extenua|ción *f* estenuazione; *lit* attenuazione; ~**nte** *adj* estenuante; ~**r** <*4 extenúo*> *vt* estenuare, esaurire, indebolire; ~**tivo** *adj* estenuante
exterior 1. *adj/m* esteriore, esterno; estero; *Ministerio de Asuntos* *~*es* Ministero degli Affari Esteri; *comercio* ~ commercio estero; *(cine) rodar en* ~*es* girare in esterni; *salir para el* ~ partire per l'estero; **2.** *m* aspetto; ~**idad** *f* esteriorità; ~**izar** <*exterioricé*> *vt* esteriorizzare, manifestare
extermin|ar *vt* sterminare, distruggere, annichilare; devastare; ~**io** *m* sterminio, distruzione *f*; devastazione *f*
externo 1. *adj* esterno; **2.** *m* alunno esterno
extin|ción *f* estinzione; ~**guir** <*extingo*> *vt* estinguere; spegnere; *a* ~ ad esaurimento; ~**to** *adj* estinto, spento; *am* morto, defunto; ~**tor** *m* estintore
extirp|able *adj* estirpabile; ~**ación** *f* estirpazione; ~**ar** *vt* estirpare, sradicare
extors|ión *f* estorsione; ~**ionar** *vt* estorcere, carpire; ~**ionista** *m/f* tangentista, tangentiere *m*
extra 1. *adj* straordinario, supplementare; *horas* ~*s* ore straordinarie; **2.** *m* straordinario, paga straordinaria *f*; extra; *cine* comparsa *f*; *tip* supplemento; *tip* numero speciale
extracción *f* estrazione
extra|comunitario *adj/s* extracomunitario; ~**conyugal** *adj* extraconiugale
extract|a *f ius* estratto *m*; ~**ar** *vt* riassumere, compendiare; ~**o** *m* estratto, riassunto; sommario; *(com)* ~ *de cuentas* estratto conto; ~**or** *m* estrattore; aspiratore
extrad|ición *f* estradizione; ~**itar** *vt* estradare
extradós *m arch/aer* estradosso
extraer <*39* V. *traer*> *vt* estrarre; cavar fuori; strappare; riassumere
extrajudicial *adj* extragiudiziale; **extralegal** *adj* extralegale
extralimitarse eccedere *vi*, abusare *vi*
extramuros *adv* fuori delle mura, in periferia
extranjer|ía *f* condizione di straniero; *ley de* ~ legge sull'immigrazione; ~**ismo** *m* forestierismo; *ling* barbarismo; esterofilia *f*; ~**o 1.** *adj/s* straniero; **2.** *adj* estero; **3.** *m* estero; *ir al* ~ andare all'estero
extranjis: de ~ *adv/fam* di nascosto
extrañ|amiento *m* straniamento; ~**ar** *vt* 1. bandire, esiliare; 2. estraniare; 3. parere strano; stupire; sentire la mancanza (di) *vi*, aver nostalgia (di) *vi*; ~**eza** *f* stranezza, stupore *m*; allontanamento *m*; ~**o, -a 1.** *adj* strano, -a, stravagante; *es* ~ *que* è strano che; *cuerpo* ~ corpo estraneo; **2.** *m/f* estraneo, -a, forestiero, -a
extraoficial *adj* ufficioso
extraordinario *adj* straordinario
extraparlamentario *adj* extraparlamentare
extraplano *adj* ultrapiatto, extrapiatto
extrapolación *f* extrapolazione
extrarradio *m* dintorni *mpl*
extrasensorial *adj* extrasensoriale
extraterr|estre *adj/s* extraterrestre; ~**itorial** *adj* extraterritoriale; ~**itorialidad** *f ius* extraterritorialità

extratextual *adj* extratestuale; **~idad** *f* extratestualità
extrauterino *adj med* extrauterino
extravag|ancia *f* stravaganza; **~ante** *adj* stravagante, strambo, bizzarro
extravasarse *med* stravasarsi
extraver|sión *f* estroversione; **~tido** *adj* estroverso
extraviar *<2 extravío>* **1.** *vt* 1. smarrire; 2. fuorviare; **2.** *~se* traviarsi; smarrirsi
extravío *m* smarrimento; disguido; traviamento
extrem|ado *adj* grandissimo, eccessivo, enorme
Extremadura *f geogr* Estremadura
extremar 1. *vt* spingere agli estremi, estremizzare; *~ las precauciones* prendere le dovute precauzioni; **2.** *~se* sforzarsi
extremaunción *f* estrema unzione, olio santo *m*
extrem|idad 1. *f* estremità; 2. *fpl med* estremità, arti *mpl*; **~ismo** *m pol* estremismo; **~ista** *adj/s pol* estremista; **~o 1.** *adj* estremo; ultimo; forte, intenso; **2.** *m* estremità *f*; *de un ~ a otro* da un estremo all'altro; *en último ~* in ultima istanza; *(fútbol) el ~ derecho/izquierdo* l'ala destra/sinistra; **~oso** *adj* eccessivo, esagerato; espansivo
extrínseco *adj* estrinseco
extrusión *f tec* estrusione
exuber|ancia *f* esuberanza; **~ante** esuberante
exud|ación *f* essudazione; **~ar** *vi* trasudare
exult|ación *f* esultazione, esultanza; **~ante** *adj* esultante; **~ar** *vi* esultare
ex voto *m* ex voto
eyacul|ación *f* eiaculazione; **~ar** *vi* eiaculare; **~atorio** *adj* eiaculatorio
eyección *f* eiezione
eye liner *m/ingl* eye liner *inv*
eyect|ivo *adj ling* eiettivo; **~or** *m tec* eiettore

F

fa *m mus* fa; *ni fu ni* ~ (non mi fa) né caldo, né freddo
fabada *f* ="minestra di fagioli"
fábrica *f* fabbrica; materiale murario *m*; *eccl* fabbriceria; *precio de* ~ prezzo di fabbrica
fabric|ación *f* fabbricazione; ~**ante** *m/f* fabbricante; produttore, -trice; ~**ar** <*fabriqué*> *vt* fabbricare; costruire, edificare; *fig* fabbricare, ordire, macchinare
fabril *adj* fabbrile; industriale
fábula *f* favola, fiaba; *lit* favola, intreccio *m*; mito *m*; *ser la* ~ *del pueblo* essere la favola del paese
fabul|ar *vt* tramare; ~**ista** *m/f* favolista; ~**oso** *adj* favoloso; incredibile
faca *f* roncola, roncolo *m*
facci|ón <*pl facciones*> 1. *f* fazione, partito *m*; 2. *fpl* fattezze; ~**oso** *adj* fazioso; insorto, sovversivo
faceta *f* faccetta; *tec* sfaccettatura; *fig* aspetto *m*
facha 1. *f* aspetto *m*, sembiante *m*; spauracchio *m*; sgorbio *m*; *ponerse en* ~ disporsi a un'azione; 2. *m/f pol/desp* fascista
fachada *f* facciata; apparenza; frontespizio *m*
fachend|a 1. *f* vanità; 2. *m/f* vanitoso, -a; ~**oso** *adj* presuntuoso, vanitoso
fachoso *adj* goffo, ridicolo
facial *adj* facciale
fácil *adj* facile; probabile; docile, maneggevole; *una mujer* ~ una donna leggera
facili|dad *f* facilità; facilitazione, agevolazione; *(com) dar ~es* dare agevolazioni/comodità di pagamento; ~**tación** *f* facilitazione; ~**tar** *vt* facilitare; dare, fornire, procurare; *adm* snellire
facilón *adj/m* facilone
facineroso *adj* facinoroso
facistol *m eccl* leggio del coro
facsímil(e) *m* 1. facsimile; 2. fax, telefax
factible *adj* fattibile, possibile
fáctico *adj* fattuale, effettivo; *poderes ~s* poteri reali
factor *m cient* fattore; fattore, agente; magazziniere (*ferrocarriles*); ~**ía** *f* fabbrica; azienda; ~**ial** *adj/mat* fattoriale
factótum *m* factotum
factual *adj* fattuale
factura *f com* fattura; esecuzione; ~**ción** *f* fatturazione; *econ* fatturato *m*; ~**r** *vt* fatturare; *aer* fare il check-in (*bagaje*); spedire
faculta|d *f* facoltà, attitudine, diritto *m*; *med* forza; **~ de Filosofía y Letras, de Derecho, de Económicas* Facoltà di Lettere e Filosofia, di Legge, di Economia e Commercio; ~**r** *vt* dare facoltà *vi*, autorizzare; ~**tivo 1.** *adj* facoltativo, opzionale; libero; **2.** *m* medico
facund|ia *f* facondia, eloquenza; ~**o** *adj* facondo, eloquente
fading *m ingl elec* fading
fado *m* ="canzone popolare portoghese" *f*
faen|a *f* lavoro *m*, fatica, faticata, lavoraccio *m*; *taur* ="opera del torero"; *las ~s de la casa* le faccende domestiche; *mala* ~ brutto tiro; *metido en* ~ impegnato in un lavoro; ~**ar 1.** *vt* macellare e preparare la carne *vi*; **2.** *vi* lavorare; pescare
fagocito *m cient* fagocito
fagot 1. *m mus* fagotto (*instrumento*); 2. *m/f* fagottista (*persona*)
faisán *m zool* fagiano
faj|a *f* 1. fascia, striscia; zona; 2. ventriera, panciera (*ropa*); 3. *mec* nastro *m*, banda; ~**ar 1.** *vt* 1. fasciare; 2. assalire; bastonare; **2.** ~*se* 1. azzuffarsi; 2. impegnarsi; ~**ín** *m* banda *f*; ~**ina** *f agr* covone *m*, fascina; *mil* ordine di corvé *m*; ~**o** *m* fascio; pacchetto; ~ *de billetes* pacchetto di banconote
falacia *f* fallacia, inganno *m*
falang|e *f* 1. *med* falange; 2. *(pol)* *~ Falange; ~**ista** *m/f pol* falangista
falaz *adj* fallace; falso, finto
fald|a *f* 1. gonna; sottana; 2. falda; ~ *pantalón* gonna pantalone; *asunto de ~s* affare/faccenda di donne; *cosido a las ~s de su madre* attaccato alle falde di sua madre; *tener en la* ~ tenere in grembo; ~**ero** *adj* attaccato alle gonne; *perrito* ~ cagnolino da compagnia; ~**ón** *m* lembo, falda *f* (*chaqueta, camisa*); *arch* spiovente, falda
faldriquera *f* tasca, borsa da cintola
fali|bilidad *f* fallibilità; ~**ble** *adj* fallibile
fálico *adj* fallico
falla *f* 1. *cient* falla; fenditura, breccia; 2. *am* fallo *m*, *tec* panna; 3. cuffia; 4. *pop* ="monumento di legno e cartapesta" *m* (V. **Fallas**)
fallar 1. *vt* errare, sbagliare; assegnare un premio *vi*; **2.** *vi ius* decidere, dare la sentenza; fallire, venir meno
Fallas *fpl* ="a Valenza (Spagna), monumenti grotteschi di legno e cartapesta esposti al pubblico per le strade, durante vari giorni e che si bruciano, a mezzanotte, il 19 marzo, giorno di San Giuseppe"; ="i giorni festivi della settimana di San Giuseppe" *mpl*
fall|eba *f* spagnoletta; ~**ecer** <*13a fallezco*> *vi* morire; ~**ecimiento** *m* morte *f*, decesso; ~**ero** *adj/s* contradaiolo delle *Fallas* di Valenza
fall|ido *adj* mancato, frustrato; *com* inesigibile; ~**o** 1. *m* fallo; errore, sbaglio; ~ *cardíaco* attacco cardiaco; 2. *ius* sentenza *f*, verdetto, giudicato; *echar el* ~ dare il verdetto, sentenziare; 3. mancanza di un seme *f* (*naipes*)
falo *m* fallo; ~**cracia** *f* fallocrazia, maschilismo *m*
falócrata *m* fallocrate, maschilista
falocrático *adj* fallocratico
fals|ario *adj/s* falsario; ~**ear 1.** *vt* falsare; falsificare, adulterare; *arch* deviare; *mus* stonare; **2.** *vi* indebolirsi; ~**edad** *f* falsità, ipocrisia; ~**ete** *m mus* falsetto
fals|ía *f* falsità, slealtà, doppiezza; ~**ificación** *f* falsificazione; ~**ificador** *adj/s* falsificatore; ~**ificar** <*falsifiqué*> *vt* falsificare; ~**illa** *f* falsariga
falso *adj* falso, finto; fasullo; debole; ~ *techo* controsoffitto; *jurar en* ~ giurare il falso; *edificar en* ~ edificare senza base; ~ *testimonio* testimone falso; testimonianza falsa

falta 1. *f* mancanza, assenza; ~ *de medios, de educación* mancanza di mezzi, di educazione; ~ *de confianza* mancanza di fiducia; ~ *de pruebas* insufficienza di prove; *echar en* ~ sentire la mancanza; *hacer* ~ *alg/algo* sentire la mancanza di q/qc; sentire il bisogno di q/qc; *poner* ~ *a alg* mettergli/le assente; *sacar* ~*s* trovare difetti; *me hace* ~ *mucha ayuda* mi occorre molto aiuto; ho bisogno di molto aiuto; *aquí hace* ~ *un poco de orden* qui ci vuole un po' d'ordine; *a las diez* ~*s te borran* dopo dieci assenze ti eliminano; *a* ~ *de pan, buenas son tortas* in mancanza di cavalli, gli asini trottano; *todo hace* ~ tutto serve; 2. fallo *m*, errore *m*; *sin* ~ sicuro, senza fallo; *caer en* ~ cadere in fallo; *una* ~ *de ortografía* un errore di ortografia
faltar *vi* 1. mancare; venir meno a; ~ *a la palabra, al respeto* mancare di parola, di rispetto; ~ *a clase* essere assente in classe/a lezione; ~ *poco* ... mancare poco; *falta por saber, ver* manca sapere, vedere; *¡No faltaría más!* Non ci mancherebbe altro!; *Por si faltaba algo* ... come se fosse poco...; 2. fallire
falto *adj* privo, mancante, manchevole (*de* di)
faltón *adj* irrispettoso
faltriquera *f* V. **faldriquera**; *teatro* palchetto di proscenio *m*
fam|a *f* fama, reputazione; *de* ~ famoso; *es* ~ è fama, si dice; ~**élico** *adj* famelico
familia *f* famiglia; parentela; stirpe, discendenza; *cabeza de* ~ capofamiglia; *de buena* ~ di famiglia benestante; ~**r** *adj/s* familiare, famigliare; *ant* famiglio; ~**ridad** *f* familiarità, dimestichezza, confidenza; ~**rizar** <*familiaricé*> *vt* familiarizzare, abituare; ~*se con alg* familiarizzarsi/prendere familiarità con q
famoso 1. *adj* famoso, celebre, illustre, rinomato; **2.** *m/f* personaggio popolare *m*
fámulo, -a *m/f* servo, -a, domestico, -a, famiglio *m*
fan *m ingl* fan *inv*; ~**al** *m* fanale, faro; campana di vetro *f*
fanático *adj* fanatico; entusiasta
fanati|smo *m* fanatismo; ~**zar** <*fanaticé*> *vt* fanatizzare
fandango *m* fandango (*baile*); *fig* chiasso, casino
fané *pop/adj* antiquato
fane|ca *f zool* merluzzetto *m*; ~**ga** *f agr* ="are 64,596 *fpl*; litri 55,5" *mpl*
fanfarr|ia *f mus* fanfara; ~**ón** *adj/s* fanfarone, spaccone, smargiasso; ~**onada,** ~**onería** *f* fanfaronata, sparata; ~**onear** *vi* vantarsi, presumere (*de* di)
fang|al, ~**ar** *m* fangaia *f*; ~**o** *m* fango, limo, melma *f*; ~**oso** *adj* fangoso, melmoso
fantas|ear *vi* fantasticare; sognare; vantarsi; ~**ía** *f* fantasia; invenzione, finzione; *mus* fantasia; *traje, collar de* ~ abito,–collana fantasia; ~**ioso** *adj* capriccioso, presuntuoso
fantasm|a *m* fantasma, spettro; chimera *f*; *fig* tipo da spiaggia, fanfarone, presuntuoso; ~**ada** *f* fanfaronata; ~**agoría** *f* fantasmagoria; ~**agórico** *adj* fantasmagorico; ~**al** *adj* fantasmatico; ~**ático** *adj psic* fantasmatico; ~**ón** *adj/s* tipo da spiaggia; presuntuoso
fantástico *adj* fantastico; irreale, chimerico
fantoche *m* pupazzo, fantoccio; pagliaccio
faquir *m* fachiro
fara|d *m fis* farad *inv*; ~**lá** *m* volante, falpalà
farándula *f* farandola (*baile*); *teatro* arte dei comici; *fig* frottola
farandulero *adj/s* imbroglione; commediante
faraón *m* faraone; ~**ico** *adj* faraonico
fard|a *f* V. **fardo**; caletta; ~**ada** *f* spacconata; ~**ar** *vi* sfoggiare un vestito; vantarsi, darsi delle arie; ~**el** *m* fardello, bisaccia *f*; fagotto; *fig* straccione; ~**o** *m* balla *f*, collo; *fig* ciccione; *fig* stupido; ~**ón** *adj/s* ben vestito, vistoso; presuntuoso, pieno di arie
fárfara *f bot* farfaro *m*; panno dell'uovo *m*; *en* ~ in erba
farfulla 1. *f* balbuzie; 2. *m* balbuziente; ~**damente** *adv* in fretta e furia, disordinatamente; ~**r** *vt* 1. balbettare; mormorare; 2. raffazzonare
farináceo *adj* farinaceo
faring|e *f med* faringe; ~**itis** *f med* faringite
fariña *f am* farina di tapioca
faris|aico *adj* farisaico, ipocrita; ~**eo** *m* fariseo; ipocrita; *fig* allampanato
farmac|éutico, -éutica 1. *m/f* farmacista; **2.** *adj* farmaceutico, -a; ~**ia** *f* farmacia
fármaco *m* farmaco, medicina *f*
farmacología *f* farmacologia
faro *m mar* faro; *tras* fanale, faro; ~ *antideslumbrante, de niebla, de retroceso, deslumbrante* faro anabbagliante, fendinebbia, di retromarcia, abbagliante
farol *m* 1. lampione, lanterna *f*, fanale; 2. *taur* gioco di cappa; 3. *fig* balla *f*; bluff (*naipes*); *marcarse un* ~ bluffare; raccontare balle; *¡Adelante con los* ~*es!* Coraggio!, Avanti!; ~**a** *f* lampione *m*; ~**ear** *vi* pavoneggiarsi, vantarsi (*de* di); bluffare; ~**ero 1.** *m* lampionaio; **2.** *adj/s fig* spaccone, borioso; *fig* bluffatore; ~**illo** *m* lampioncino; *bot* campanula *f*; ~ *rojo* fanalino di coda
farra *f* 1. *zool* coregono *m*, lavarello *m*; 2. baldoria; *estar de* ~ essere di festa
fárrago *m* farragine *f*
farra|goso *adj* farraginoso; ~**guista** *adj/s* confusionario
farrear *vi am* far baldoria
farrista *adj am* buontempone
farro *m bot* farro; *bot* orzo pulito mezzo macinato
farsa *f teatro/fig* farsa; ~**nte** *m/f teatro/fig* commediante
fas: por ~ **o por nefas** *adv* giustificatamente o no; a torto o a ragione
fascículo *m* fascicolo; opuscolo
fascin|ación *f* fascino *m*; malia; ~**ante** *adj* affascinante; ~**ar** *vt* affascinare, incantare; sedurre
fascis|mo *m* fascismo; ~**ta** *adj/s* fascista
fase *f* fase

fastid|iado *adj* rovinato; *estar ~* star male; **~iar 1.** *vt* infastidire, molestare, annoiare; danneggiare; **2.** *~se* infastidirsi; guastarsi; sopportare *vt*; *¡para que te fastidies!* friggiti!, arrangiati!; **~io** *m* fastidio, noia *f*, grana *f*; **~ioso** *adj* fastidioso, molesto, noioso
fasto 1. *m* 1. fasto, pompa *f*, lusso; 2. *mpl* fasti, effemeridi *fpl*; **2.** *adj* fasto, propizio
fastuoso *adj* fastoso, pomposo, sontuoso
fatal 1. *adj* fatale; inevitabile; funesto; mortale; pessimo; **2.** *adv/fam* malissimo; *pasarlo ~* star male; non divertirsi affatto; **~idad** *f* fatalità; sfortuna; **~ismo** *m* fatalismo; **~ista** *adj* fatalista
fático *adj ling* fatico
fatídico *adj* fatidico
fatig|a *f* fatica, sforzo *m*; stanchezza; *tec* fatica; *med* asma; travaglio *m*; **~ante** *adj* affaticante; **~ar** *<fatigué>* *vt* affaticare, stancare; travagliare; **~oso** *adj* faticoso, pesante, grave
fatuidad *f* fatuità
fatuo *adj* fatuo, frivolo, sciocco; presuntuoso
fau|ces *fpl* fauci; **~na** *f* fauna; **~no** *m mit* fauno; *am* animale; **~sto 1.** *adj* fausto, favorevole, propizio; **2.** *m* fasto, lusso; **~tor, -ra** *m/f* fautore, -trice
favor *m* favore, aiuto; protezione *f*, privilegio; *a, en ~* a, in favore di; *a ~* con il favore; *por ~* per piacere/per favore; *tener a alg en su ~* godere del favore di q; **~able** *adj* favorevole, propizio; **~ecedor** *adj* favorevole; *desp* favoreggiatore; **~ecer** *<13a favorezco>* *vt* favoreggiare, proteggere; favorire, aiutare, facilitare; **~ecido** *adj* favorito; *(foto) salir poco, muy ~* venire male, bene; **~itismo** *m* favoritismo, nepotismo; **~ita** *f* favorita; **~ito** *adj/s* preferito, favorito, prediletto
fax *m ingl* fax *inv*
faz *f* faccia; viso *m*; diritto *m*; *barrer de la ~ de la tierra* far sparire dalla faccia della terra
fe *f eccl/ius* fede; credenza; fiducia; *ius* certificato *m*; *(ius) dar ~* far fede, attestare; *~ de vida* certificato di esistenza in vita; *~ de erratas* errata-corrige; *de buena, mala ~* in buona fede, in malafede; *a ~ mía* in fede mia; *hacer profesión de ~* fare atto di fede
fealdad *f* bruttezza
febr|ero *m* febbraio; **~ífugo** febbrifugo; **~il** *adj* febbrile, febbricitante
fecal *adj* fecale
fech|a *f* data; momento *m*, ora; *a estas ~s* in questo momento; finora; *a (tantos) días ~* a (tanti) giorni dalla data; *~ tope* data limite; *hasta la ~* finora; **~ador** *m* datario; **~ar** *vt* datare, mettere la data; **~oría** *f* malefatta; danno *m*, disastro *m*
fécula *f* fecola, amido *m*
fecund|ación *f* fecondazione; **~ar** *vt* fecondare, infertilire, fertilizzare; **~idad** *f* fecondità, fertilità; **~izar** *<fecundicé>* *vt agr* fertilizzare; **~o** *adj* fecondo, fertile

fedayn *m* fedain, fed(d)ayn
feder|ación *f* federazione; **~al** *adj* federale; federativo; **~alismo** *m* federalismo; **~alista 1.** *adj/s* federalista; **2.** *adj* federalistico; **~ar** *vt* federare; **~ativo** *adj* federativo
fehaciente *adj/ius* fededegno; esauriente
felación *f* fellatio
feld|espato *m min* feldspato; **~mariscal** *m* feldmaresciallo
felicidad *<pl felicidades>* 1. *f* felicità *inv*, contentezza, allegria; 2. *fpl/excl* auguri! *mpl*
felicit|ación *f* congratulazione, rallegramento *m*; **~ar 1.** *vt* congratularsi (con q di), rallegrarsi (di), fare gli auguri (a q) *vi*; **2.** *~se* congratularsi, rallegrarsi, fare gli auguri *vi*
feligr|és, -esa *m/f* parrocchiano, -a; **~esía** *f* parrocchia
felino *adj/m zool* felino
feliz *adj* felice, beato; fortunato, opportuno
felonía *f* fellonía, tradimento *m*
felp|a *f* felpa; *fig* bastonata; **~ear** *vt am* bastonare; **~udo 1.** *adj* felpato; **2.** *m* zerbino; *vulg/fig* passera *f*, fica *f*
femen|il *adj* femminile; **~ino** *adj/m* femminile; **~tido** *adj* falso, sleale; spergiuro
femin|idad, femeinidad *f* femminilità; **~ismo** *m* femminismo; **~ista** *adj/s* femminista
femoral *adj/med* femorale
fémur *m med* femore
fenec|er *<13a fenezco>* **1.** *vt* finire, terminare; **2.** *lit vi* spirare; **~imiento** *m* fine *f*, termine; morte *f*
fenicio *adj/s* fenicio, della Fenicia
fenil|amina *f chim* fenilammina; **~o** *m chim* fenile
fénix *m mit/bot* fenice *f*
fenol *m chim* fenolo
fenomenal 1. *adj* fenomenale, stupendo, eccezionale; **2.** *adv* benissimo; *¡~!* Benissimo!, Fantastico!
fenómeno 1. *m* fenomeno; mostro; **2.** *adj* stupendo, eccezionale; **3.** *adv* molto; *pasarlo ~* divertirsi molto
fenotipo *m biol* fenotipo
feo 1. *adj* brutto; **2.** *m* sgarbo; *fig* brutta cera *f*; *una ~a costumbre* un brutto vizio; *dejar ~* far fare brutta figura; *hacer un ~ a alg* offendere q; **~te** *adj* bruttone
fera|cidad *f* feracità; **~z** *adj* ferace, fertile
féretro *m* feretro
feria *f com* fiera; luna park *m*; *~ de muestras* fiera campionaria; **~do** *adj* festivo; **~l 1.** *adj* di fiera; **2.** *m* fiera *f*; area della fiera *f*; **~nte** *adj/s* fierista, mercante di fiera; **~r** *vt* comprare
ferino *adj* ferino; *tos ~a* tosse canina
ferment|ación *f* fermentazione; **~ar 1.** *vi tec/fig* fermentare; **2.** *vt* fermentare, far fermentare; **~o** *m* fermento; *fig* agitazione *f*
fero|cidad *f* ferocia, ferocità; **~z** *adj* feroce, fiero, crudele, spietato
fero|do *m tec* ferodo; **~mona** *f cient* feromone *m*

férreo *adj* ferreo; duro, saldo, rigido
ferreter|ía *f* ferramenta *inv*; negozio di ferramenta e affini *m*; **~o** *m* negoziante di ferramenta
férrico *adj/chim* ferrico
ferrobús *m am* elettromotrice *f*
ferrocarril *m* ferrovia *f*, strada ferrata *f*; *~es de vía estrecha/ancha* ferrovie a scartamento ridotto/aumentato; *los ~s* le ferrovie; **~ero** *adj/am* ferroviario
ferroviario 1. *adj* ferroviario; **2.** *m* ferroviere
ferruginoso *adj* ferruginoso
ferry boat *m ingl* ferry-boat *inv*; traghetto
fértil *adj* fertile, produttivo; fecondo
fertili|dad *f* fertilità, feracità; **~zante** *adj/m* fertilizzante; **~zar** <*fertilicé*> *vt* fertilizzare, concimare
férula *f* ferula; *bot* ferola; *estar bajo la ~ de alg* essere soggetto a q
ferv|iente *adj* fervente; **~or** *m* fervore, ardore, zelo; **~orín** *m eccl* fervorino; **~oroso** *adj* fervoroso
festej|ar *vt* festeggiare, celebrare; corteggiare; **~o** *m* festeggiamento; festa popolare *f*
festín *m* festino; banchetto
festiv|al *m* festival; **~idad** *f* festività, festa; **~o** *adj* festivo, festoso; allegro
festón *m* ghirlanda *f*; festone
festonear *vt* festonare; *arch* dentellare
fetal *adj/med* fetale
fetén 1. *adj/inv/pop* stupendo, eccezionale; autentico, vero; **2.** *adv/pop* molto bene
fetich|e *m* feticcio; **~ismo** *m* feticismo; **~ista** *adj/s* feticista
fetidez *f* fetore *m*, puzza
fétido *adj* fetido
feto *m* feto
feud|al *adj* feudale; **~alismo** *m* feudalesimo; **~atario** *adj/s* feudatario; vassallo; **~o** *m* feudo; tributo feudale
fez *m* fez, berretto marocchino
fia|bilidad *f* affidabilità; **~ble** *adj* affidabile, degno di fiducia
fiaca *f Arg* fiacca
fiado *adj* fidato, fido; *comprar, vender ~* comprare, vendere a credito; *al ~* a credito; **~r, -ra** 1. *m/f com* garante; *salir ~* farsi garante; 2. *m* fermaglio; chiavistello; congegno di sicurezza
fiambre *m* salumi *mpl*; *fig* notizia vecchia *f*; *pop* cadavere; **~ra** *f* portavivande *m*; **~ría** *f Arg* salumeria
fianza *f com* garanzia, caparra; *ius* cauzione; *bajo ~* su cauzione
fiar <*2 fío*> **1.** *vt* garantire; vendere a credito; confidare, affidare; **2** *~se* fidarsi (*de* di), aver fiducia (*de* in) *vi*; *no ~se ni de su sombra* non fidarsi nemmeno di sua madre
fiasco *m* fiasco
fibr|a *f* fibra; *~ de vidrio* fibra di vetro; *tejido de ~* tessuto sintetico; **~ilación** *f med* fibrillazione; **~oma** *m med* fibroma; **~oso** *adj* fibroso
fíbula *f art* fibula, fibbia
ficc|ión *f* finzione; invenzione; *ciencia-~* fantascienza; *literatura de ~* letteratura di finzione; **~ional** *adj* finzionale, fizionale; **~ionalidad** *f* finzionalità, fizionalità
ficha *f* gettone *m* (*teléfono*); fiche *fr/inv* (*juego*); pedina (*juego*); scheda (*técnica*); cartellino *m* (*trabajo*); tessera
ficha|do *adj* schedato; *~ como comunista, fascista, terrorista* schedato come comunista, fascista, terrorista; *tener ~ a alg* avercela con q; **~je** *m sport* ingaggio; schedatura *f*; **~r 1.** schedare; timbrare il cartellino (*trabajo*); *sport* ingaggiare, comprare; collocare una tessera (*dominó*); **2.** *vi sport* essere ingaggiato
fichero *m* schedario, casellario
ficticio *adj* fittizio, finto, simulato
fide|digno *adj* fededegno, autorevole; **~icomiso** *m ius* fedecommesso; **~lidad** *f* fedeltà
fideo 1. *m fig* spaghetto, persona magrissima; 2. *mpl* spaghettini rotti
fiduciario *adj/s ius/com* fiduciario
fiebre *f med/fig* febbre; *~ del heno* febbre da fieno
fiel <*pl fieles*> **1.** *adj* fedele; leale; **2.** *mpl eccl* fedeli; **~ato** *m* dazio comunale; **~tro** *m* feltro
fier|a *f* fiera, belva; *hecho una ~* furioso; *ser una ~ para el trabajo* essere un animale per il lavoro; **~eza** *f* fierezza; crudeltà; **~o** *adj* fiero, feroce; terribile, tremendo; bruttissimo; *hacer ~s* fare bravate; *no es el león tan ~ como lo pintan* non è così esagerato come dicono
fierro *m am* ferro; *~ de marcar* ferro da marcatura
fiesta *f* festa; celebrazione; divertimento *m*, allegria; scherzo *m*; *~ movible/móvil, fija* festa mobile, fissa; *~s de guardar* feste di precetto; *el perro le hace ~s* il cane gli/le fa le feste; *tengamos la ~ en paz* lasciamo le cose in pace; *aguar la ~* guastare la festa; *estar de ~* essere allegri; *guardar las ~s* santificare le feste; *no estar para ~s* non aver voglia di scherzare
fifiriche 1. *adj/am* rachitico; **2.** *m* damerino *am*
figón *m* bettola *f*, taverna *f*
figoner|o, -a *m/f* taverniere, -a
figura *f* figura; forma; illustrazione; immagine; **~ción** *f* figurazione, immaginazione; **~do** *adj* figurato; **~nte, -nta** *m/f teatro* comparsa *f*; **~r 1.** *vt/vi* figurare; fingere; **2.** *~se* figurarsi; *¡figúrese Ud.!* Si figuri!; *¡Figúrate!* Figurati!; **~tivo** *adj* figurativo
figur|illa *f* figurina; persona minuta; **~ín** *m* figurino; damerino; **~ón** *m desp* pallone gonfiato, uomo borioso; *comedia de ~* commedia barocca spagnola con il *gracioso*
fija *f* bandella; *esa es la ~* questa è la buona; **~ción** *f* fissazione; *chim* fissaggio *m*; *sport* aggancio/attacco *m* (*esquí*); **~do 1.** *adj* fissato; **2.** *m foto* fissaggio; **~dor 1.** *m pitt/foto* fissatore; lacca *f* (*pelo*); **2.** *adj* fissatore
fijar 1. *vt* fissare; attaccare, appiccicare; conficcare; stabilire; prestare attenzione *vi*; *~ la mirada* fissare lo sguardo; *~ la residencia* stabilire la residenza; *~ una cita* fissare

un appuntamento; ~ *carteles* affiggere manifesti; **2.** ~*se* badare *vi* (*en* a), riflettere *vi* (*en* su); ~*se en alg* fissare q, fissare gli occhi su q; *¡Fíjate bien!* Presta attenzione!, Sta' attento!

fijeza *f* fissità; sicurezza; fermezza

fijo *adj* fisso, fissato, stabile, fermo; *de* ~ sicuramente; *precio, sueldo* ~ prezzo, stipendio fisso

fila *f* fila; *mil* linea, fila; *fig* antipatia; *en* ~ in fila; *en* ~ *india* in fila indiana; *en primera* ~ in prima fila; *cerrar (las)* ~*s* serrare le file; *formar* ~ allinearsi; *¡Rompan* ~*s!* Rompete le righe!

filamento *m* filamento; ~**so** *adj* filamentoso

filantr|opía *f* filantropia; ~**ópico** *adj* filantropico

filántropo *m* filantropo

filar *vt mar* filare; *gergo* guardare; ~**ia** *f zool* filaria; ~**monía** *f* passione per la musica; ~**mónico** *adj* filarmonico

filateli|a *f* filatelia, filatelica; ~**sta** *adj* filatelico

filete *m tec* filetto; fettina di carne *f*; ~**ado** *m tec* filettatura *f*; ~**ar** *vt* filettare

filfa *f fam* frottola, bugia

fili|ación *f* filiazione; *mil* matricola; provenienza; ~**al** *adj/f* filiale

fili|bustero *m* filibustiere; ribelle; ~**forme** *adj* filiforme; ~**grana** *f* filigrana; *papel de* ~ carta filigranata; ~**péndula** *f bot* filipendula, spirea

filípica *f* filippica

Filipin|as *fpl* Le Filippine; *~**o** *adj/s* filippino

filisteo *adj/s hist/fig* filisteo; *fig* uomo corpulento

film|(e) *m* film *inv*; ~**ación** *f* ripresa cinematografica o televisiva; ~**ar** *vt* filmare

fílmico *adj* filmico

film|ina *f* filmina; ~**ografía** *f* filmografia; ~**ología** *f* filmologia; ~**oteca** *f* cineteca, filmoteca *raro*

filo *m* filo, taglio del coltello; ~ *del viento* filo del vento; *al* ~ *de la media noche* a mezzanotte in punto; *arma de dos* ~*s* arma a doppio taglio; *darse un* ~ *a la lengua* mormorare su q

filo|americano *adj/s* filoamericano; ~**cladio** *m bot* cladofillo, fillocladio; ~**comunista** *adj/s* filocomunista; ~**génesis** *f* filogenesi

filol|ogía *f* filologia; ~ *románica* filologia romanza; ~**ógico** *adj* filologico

filólog|o, -a *m/f* filologo, -a

filomanía *f bot* fillomania

filón *m* filone; affare importante

filosof|al *adj* filosofale; ~**ar** *vi* filosofare; *desp* filosofeggiare; ~**ía** *f* filosofia; stoicismo *m*; *tomarse las cosas con* ~ prendersi le cose/la vita con filosofia

filósofo 1. *m* filosofo; **2.** *adj* filosofico

filotaxis *f* fillotassi

filoxera *f* fillossera

filtr|ación *f* filtrazione; ~**ar 1.** *vt/vi* filtrare; **2.** ~*se* filtrarsi; sparire *vi*, sfumare *vi*; ~**o** *m* filtro

fimosis *f med* fimosi

fin *m* fine *f*, termine; fine, scopo, meta *f*; *a* ~ *de* allo scopo di, al fine di; *a* ~ *de cuentas* bene o male; *a* ~ *de que* affinché, perché; *a* ~ *de mes* a fine mese; *al* ~ *te veo* alla fine, finalmente ti vedo; *al* ~ *y al cabo* in fin dei conti/alla fin fine; *en* ~ infine, insomma; *por* ~ finalmente; *sin* ~ infinito; *el* ~ *de semana* il/la fine settimana; *el* ~ *del mundo* la fine del mondo; *el* ~ *justifica los medios* il fine giustifica i mezzi; ~ *lucrativo* scopo di lucro *dar* ~ mettere fine, finire

finado *m* morto, defunto

final *adj* **1.** finale; **2.** *m* 1. finale; *el* ~ *de un drama* il finale di un dramma; 2. *f ling/sport* finale; *ganar la* ~ vincere la finale; ~**idad** *f* finalità; ~**ista** *m/f* finalista; ~**izar** <*finalicé*> *vt/vi* finire, terminare; finalizzare *vt*, portare a termine *vt*; ~**mente** *adv* alla fine, infine

financi|ación *f*, ~**amiento** *m* finanziamento *m*; ~**ar** *vt* finanziare, sovvenzionare; ~**ero, -a 1.** *adj* finanziario, -a; **2.** *m/f* finanziere, -ra

finanzas *fpl* finanze

finca *f* 1. edificio *m*, palazzo *m*, casa; 2. fondo *m*, podere *m*, fattoria, masseria; ~ *rústica, urbana* fondo rustico, urbano

finés *adj/s* finnico; finlandese

fineza *f* finezza, delicatezza; gentilezza, cortesia

fingi|do *adj* finto, falso; ~**miento** *m* finzione *f*, fingimento; ~**r** <*finjo*> **1.** *vi* fingere, simulare; **2.** ~*se* fingersi

fini|quitado *adj* quietanzato; ~**quito** *m* quietanza *f*; *ius* scarico; ~**to** *adj* finito

finland|és *adj/s* finlandese; *~**ia** *f* Finlandia

fino *adj* fino, sottile; fine, delicato, squisito; fine, gentile, cortese; astuto, sagace; ~**lis** *adj/s inv* snob *ingl*, schizzinoso, sofisticato

finta *f* finta

finura *f tec* finezza; *fig* squisitezza, delicatezza; finezza, gentilezza, cortesia

fiordo *m geogr* fiordo

firma *f* firma; *com* ditta, azienda; *de* ~ firmato; ~ *por poder, procuración* firma per delega, procura; *llevar, tener la* ~ *de alg* avere la firma per q; ~**mento** *m* firmamento; ~**nte** *m/f* firmante; firmatario; *el/la abajo* ~ il/la sottoscritto, -a; ~**r 1.** *vt* firmare; ~ *en blanco* firmare in bianco; **2.** ~*se* firmare *vi*

firme 1. *adj* fermo, forte, sicuro; *com* fermo, sostenuto; costante; *de* ~ duramente; *(com) en* ~ inderogabilmente; *estar en lo* ~ avere ragione; *(mil) ¡*~*s!* Attenti!; **2.** *m* terreno; asfalto; ~**za** *f* fermezza, stabilità; fermezza, risolutezza

fiscal 1. *adj* fiscale; duro, rigoroso; **2.** *m ius/ant* avvocato, procuratore fiscale, pubblico ministero; ~ *de tasas* intendente di finanza; ~**ía** *f* procura; ~**ización** *f* fiscalismo *m*; ~**izar** <*fiscalicé*> *vt ius* fiscalizzare; *fig* fiscaleggiare *vi*

fisco *m* fisco, erario pubblico; *engañar al* ~ evadere il fisco

fisg|a *f* 1. *mar* fiocina; 2. burla; ~**ar** <*fisgué*> *vt* **1.** curiosare; **2.** beffare; *mar* fioci-

nare; ~**ón** *adj/s* curiosone; beffeggiatore; ~**onear** *vt* curiosare; ~**oneo** *m* curiosaggine *f*, il curiosare
fisible *adj/fis* fissibile
físi|ca *f* fisica; ~**co 1.** *adj* fisico; **2.** *m* 1. fisico; 2. fisico, aspetto, costituzione *f*
fisi|ología *f* fisiologia; ~**ológico** *adj* fisiologico; ~**ólogo** *m* fisiologo; ~**ón** *f fis* fissione
fisonom|ía *f* fisionomia; ~**ista** *adj* fisionomista
fístula *f med* fistola; *mus* fistola, siringa
fisura *f med* fistola; fissura (*hueso*); *(med)* ~*s anales* fistole anali; *min* spaccatura, fenditura
fitó|fago *adj* fitofago; ~**grafo** *adj* fitografo
fito|hormona *f* fitormone *m*; ~**lacáceo** *adj* fitolaccaceo; ~**logía** *f* fitologia; ~**patología** *f* fitopatologia; ~**patólogo** *adj/s* fitopatologo
flabelo *m* flabello
flaccidez *f* flaccidezza
fláccido *adj* flaccido, floscio
flac|o 1. *adj* magro; floscio; debole; ~ *de memoria* debole di memoria; *a perro ~ todos son pulgas* a muro basso ognuno ci si appoggia/chi nasce afflitto muore sconsolato; *vacas ~s* vacche magre, carestia; **2.** *m* punto debole; ~**ucho** *adj* deboluccio
flagel|ación *f* flagellazione; ~**ante** *adj/s* flagellante; disciplinato; ~**ar** *vt* flagellare, sferzare, fustigare; ~**o** *m cient/fig* flagello; calamità *f*, rovina *f*
flagrante *adj* flagrante; *en ~* in flagrante, sul fatto
flam|ante *adj* fiammante; lucente; ~**eante** *adj* fiammeggiante; ~**ear 1.** *vi/vt* fiammeggiare; **2.** *vi* sventolare, ondeggiare
flamenco 1. *adj/s* fiammingo, delle Fiandre; **2.** *adj* 1. zingaresco; 2. *fig* provocante; robusto e roseo; *am* magro; **3.** *m* 1. *zool* fiammingo, fenicottero; 2. *m mus* flamenco
flámula *f mar* fiamma; *bot* fiammola
flan *m* budino; crème caramel *f*; *estar como un ~* essere molto agitato
flanco *m* fianco
Flandes *m geogr* Le Fiandre *fpl*
flanera *f* stampo per budini *m*
flanquear *vt* fiancheggiare; affiancare
flaque|ar *vi* infiacchirsi, indebolirsi, venir meno; cedere; ~**za** *f* debolezza; magrezza; *fig* fragilità; ="terzo debole della spada" *m* (*esgrima*)
flash *m ingl* flash *inv* (*foto, diario, droga*); ~**back** *m ingl* flask-back *inv*
flat|o *m* flato; *am* malumore; ~**ulencia** *f* flatulenza; ~**ulento** *adj* flatulento
flaut|a *f mus* flauto *m*; flautista *m/f* (*músico*); *sonó la ~ por casualidad* indovinò per puro caso; *~ travesera, dulce* flauto traverso, dolce; ~**illo** *m mus* flautino; piffero; ~**ín** *m mus* flautino, ottavino; ~**ista** *m/f* flautista
flebitis *f med* flebite
flech|a *f* freccia; dardo *m*, saetta; strale *m*; *auto/ant* freccia, indicatore di direzione *m*; ~**ar 1.** *vt* frecciare; ferire con una frecciata; innamorare; **2.** *vi* scoccare la freccia; ~**azo** *m fig* colpo di fulmine; frecciata *f*
flech|ero *m* arciere; fabbricante di frecce; ~**illa** *f Arg/bot* erba da foraggio
flec|o 1. *m* frangia *f*; orlo sfrangiato; (*pelo*) frangetta *f*; 2. *mpl fig* code *fpl* (*negociación*); ~**tor** *adj/ mat/ling* flesso; *momento ~* momento flettore/flettante
fleje *m* molla *f*; nastro di ferro
flem|a *f med/fig* flemma; ~**ático** *adj* flemmatico; ~**ón** *m med* flemmone
flequillo *m* frangetta *f*
flet|ador *m* noleggiatore; ~**amento** *m* nolo, noleggio; ~**án** *f* ippoglosso, halibut; ~**ante** *m* noleggiante; ~**ar** *vt mar/am* noleggiare; *fig* mollare; ~**e** *m mar/am* nolo, noleggio
flexi|bilidad *f* flessibilità; adattabilità; *~ de plantilla* flessibilità degli organici; ~**bilizar** <*flexibilicé*> *vt* rendere flessibile; ~**ble** *adj* flessibile; adattabile; ~**ón** *f sport/ling* flessione; piegamento *m*; ~**onar** *vt tec* flettere, piegare
flexo *m* lampada da tavolo a snodo *f*; ~**r** *adj* flessore, flessivo; *músculo ~* muscolo flessore
flip|ado *adj/pop* 1. sorpreso, 2. assorto; drogato, flippato; ~**e** *m* trip (*droga*)
flirt *m ingl* flirt *inv*; ~**ear** *vi* flirtare, amoreggiare; ~**eo** *m* amorazzo, flirt *ingl/inv*
floje|ar *vi* indebolire, diminuire, diventare/essere debole; ~**dad, -ra** *f* fiacca, fiacchezza, debolezza; pigrizia, svogliatezza; *tec* allentamento *m*
flojo *adj* floscio, molle; debole; fiacco; svogliato, negligente; mediocre, scadente; *(vulg) me la trae ~a* me ne sbatto, me ne frego
flor *f bot/fig* fiore *m*; complimento *m*, galanteria; perfezione; verginità; *~ de azahar* fior d'arancio; *la ~ de la canela/la ~ y nata* il fior fiore; *~ de la edad, de la juventud* fiore degli anni, della gioventù; *a ~ de agua o de tierra* a fior d'acqua, di terra; *a ~ de piel* a fior di pelle; *almendro en ~* mandorlo in fiore; *~ de estufa* fiore di serra; *dar en la ~* prendere la mania, il vizio; *decir, echar ~s* dire complimenti
flora *f* flora; ~**ción** *f* fioritura; ~**l** *adj* florale; floreale; *juegos ~es* giochi florali; *estilo ~* stile floreale
florear *vi* infiorare; *mus* arpeggiare sulla chitarra; far vibrare la spada (*esgrima*)
flore|cer <*13a florezco*> *vi* fiorire, germogliare; prosperare; esistere; ~**ciente** *adj* fiorente; prospero, florido; ~**cilla** *f* fiorellino *m*; ~**cimiento** *m* fioritura *f*; ~**o** *m fig* fioritura *f*; complimento; *mus* arpeggio sulla chitarra; ="passo di danza spagnola"; ~**ro** *m* vaso da fiori, portafiori; *(iron) estar de ~* servire da ornamento
florescencia *f* efflorescenza; fioritura
floresta *f* foresta, selva; *fig* collezione
floret|e *m* fioretto; ~**ear** *vt* fiorettare; ~**ista** *m/f* fiorettista
flori|cultor *adj/s* fioricultore; ~**cultura** *f* fioricultura
flori|do *adj* fiorito; adorno; scelto; ~**legio** *m* florilegio

florín *m econ* fiorino
floripondio *m desp* fronzolo
flori|sta *m/f* fioraio, -a, fiorista; **~stería** *f* negozio di fiori *m*; **~tura** *f fig* fioritura
flot|a *f* flotta; *~ pesquera* flotta peschereccia; **~able** *adj* galleggiabile; *río ~* fiume flottabile; **~ación** *f* galleggiamento *m*; *com* fluttuazione, ondeggiamento *m*; *cient* flottazione; **~ador 1.** *m* salvavita; **2.** *adj/m* galleggiante; **~ante** *adj* galleggiante; *com* fluttuante; **~ar** *vi* galleggiare; *fig* ondeggiare
flot|e *m* galleggiamento; *a ~* a galla; (*a. fig*) *salir a ~* risalire a galla; **~illa** *f* flottiglia
fluct|uación *f* fluttuazione; **~uante** *adj* fluttuante, oscillante; instabile, irresoluto; **~uar** *vi* fluttuare, oscillare; vacillare
flui|dez *f* fluidità, scorrevolezza; fluidezza; **~do 1.** *adj* fluido, scorrevole; **2.** *m fis* fluido; **~r** < *14 fluyo; fluyó*> *vi* fluire, scorrere
flujo *m cient/fig* flusso; getto, afflusso
flúor *m* fluoro
fluor|escencia *f* fluorescenza; **~escente** *adj* fluorescente; **~hídrico** *adj* fluoridrico; **~ita** *f min* fluorite; **~uro** *m chim* fluoruro
fluvial *adj* fluviale
flux *m* 1. napoletana *f* (*naipes*); combinazione dello stesso seme *f* (*naipes*); 2. *am* (vestito) completo; **~ión** *f cient* flussione
fobia *f psic* fobia
foca *f zool* foca; *fig* vacca
focal *adj/cient* focale
foco *m cient/fig* foco; *elec* spot *ingl/inv*, faretto; *med/fig* focolaio; *am* lampadina *f*; focolare, centro
fofo *adj* molle, spugnoso
fog|ata *f* fiammata, falò *m*; **~ón** *m* focolare; cucina *f*; *~ de la caldera* focolare della caldaia; **~onazo** *m* fiammata *f*; **~onero** *m* fochista
fogos|idad *f* focosità, impeto *m*; **~o** *adj* focoso, ardente, impetuoso
fogue|ar *vt* pulire a fuoco un'arma; *fig* indurire; **~o** *m fig* indurimento; pulizia a fuoco di un'arma *f*; *de ~* a salva
foie-gras *m/fr gastr* paté *inv*
foja *f zool* folaga; *ius* foglio *m*
folclor(e) V. **folklore**
folía 1. *f* follia; 2. *fpl mus* follie
foli|ación *f bot* fogliazione; *tip* foliazione; **~ar 1.** *vi bot* fogliare; **2.** *vt* numerare i fogli; **~o** *m* foglio; *in ~* in folio
folkl|ore *m* folclore; **~órico** *adj* folclorico; *cantante ~* cantante di canzoni tradizionali; **~orista** *m/f* folclorista
foll|aje *m* fogliame, frascame; ornamento di fronde; *fig* fogliame, fiorettatura *f*; **~ar 1.** *vi/vt vulg* chiavare; **2.** *~se vulg* tirarsi un peto
follet|ín *m* appendice di giornale *f*; romanzo d'appendice; **~inesco** *adj/desp* rocambolesco; **~inista** *m/f* appendicista; **~o** *m* opuscolo, dépliant; volantino
follón 1. *m pop* 1. casino, casotto, putiferio; *se armó un ~* successe un putiferio/casino; 2. razzo luminoso; **2.** *adj/arc* vigliacco, furfante
follonero *adj/s pop* casinista, casinaro

foment|ar *vt* 1. fomentare, istigare, stimolare; *adm* patrocinare; 2. covare (*gallina*); scaldare; **~o** *m* fomento, stimolo; *adm* patrocinio; *med* fomento
fonación *f* fonazione
fonda *f* locanda, pensione
fonde|adero *m mar* ormeggio; **~ar 1.** *vt/vi mar* ormeggiare; **2.** *vt tec/fig* scandagliare; **3.** *~se am* arricchirsi; **~ro, -ra** *m/f am/desp* oste, -essa
fondillos *mpl* fondelli (*pantalones*)
fondista *m/f* 1. *sport* fondista; 2. oste, -essa
fondo *m* 1. fondo; 2. profondità *f*; *a ~* a fondo; *caja de doble ~* cassa a doppio fondo; *carrera, esquí de ~* gara, sci di fondo; *de ~* di fondo; *en el ~* in fondo, in fondo; *en el ~ de la sala* in fondo alla sala; *dar ~* dare fondo/gettare l'ancora; *echar a ~* mandare a picco; *una casa de poca fachada y mucho ~* una casa con poca facciata e molta profondità/molto profonda; *(adm) ~ perdido, de reptiles* fondo perduto, nero; *~ de amortización, de inversión* fondo di ammortamento, d'investimento; *escaso/mal de ~s* male a denaro; ***~** *Monetario Internacional* Fondo Monetario Internazionale; *~s públicos* fondi pubblici; *bajos ~s* bassifondi; *(mar) los ~s de un barco* la carena di una nave; 3. *am* sottoveste *f*; *medio ~* sottogonna
fondón *adj/pop* culone, naticuto
fonem|a *m ling* fonema; **~ática** *f ling* fonematica
fonétic|a *f ling* fonetica; **~o** *adj* fonetico
foniatría *f* foniatria
fónico *adj* fonico
fonó|grafo *m* fonografo, grammofono; **~logo** *m* fonologo
fono|logía *f ling* fonologia; **~lógico** *adj* fonologico
fontana *f lit* fontana; **~r** *m* fonte *f*, sorgente *f*
fontane|la *f med* fontanella; **~ría** 1. *f* mestiere dell'idraulico o fontaniere *m*; 2. impianto idraulico *m*; **~ro** *m* idraulico
footing *m ingl sport* footing
fora|jido *adj/s* bandito; **~l** *adj* relativo a los *fueros*
foráneo *adj* foraneo
forastero *adj/s* forestiero; estraneo
forceje|ar *vi* dibattersi, lottare; **~o** *m* sforzo; lotta *f*
fórceps *m med* forcipe
forense *adj/s* forense; *médico ~* medico forense
forestal *adj* forestale
forfait *m* forfait *fr/inv*; *sport* skipass *inv* giornaliero
forja *f* fucina; ferriera; fucinatura (*arte*); **~do 1.** *metal* fucinato; foggiato, modellato; **2.** *m arch* ossatura *f* (di un tramezzo); **~dor** *adj/s* fabbro; costruttore, autore; **~r** *vt metal/fig* fucinare, forgiare; foggiare, modellare; fabbricare, creare; *fig* inventare
forma 1. *f* forma, figura; *dar ~* dar forma; *estar en ~* essere in forma; *de cualquier ~ /de todas ~s* in tutte le forme/in ogni modo; *de ~ que* in modo che; *en debida ~*

in debita forma; *no hay ~ de* non c'è verso di; 2. *tec* forma, stampo *m*; *tip* formato *m*; 3. *fpl* forme, apparenze; *cubrir/guardar las ~s* mantenere le apparenze
formación *f* formazione; *Instituto de ~ profesional* Istituto professionale; *(diplomatura) de la Escuela Universitaria de *~ del Profesorado* Diploma Universitario di Magistero; *~ del personal* addestramento/istruzione del personale
formal *adj* formale; serio, onesto; *una persona ~* una persona seria; *una declaración ~* una dichiarazione formale/esplicita; ~**idad** *f* formalità, serietà; *ius* formalità, modalità; ~**ismo** *m* formalismo; ~**ista** **1.** *adj/s* formalista; **2.** *adj* formalistico; ~**izar** *<formalicé>* **1.** *vt ius/fil* formalizzare; **2.** *~se* diventare formale *vi*; offendersi, scandalizzarsi
formar **1.** *vt* formare; *mil* formare, allineare; **2.** *vi* figurare, far parte; **3.** *~se* formarsi; prodursi, svilupparsi
format|ear *vt infor* formattare; ~**o** *m* formattazione *f*; ~**ivo** *adj* formativo; ~**o** *m* formato
formidable *adj* formidabile, straordinario
formol *m chim* formolo, formalina *f*
formón *m* scalpello da legno
fórmula *f* formula; *sport* formula; *carrera de ~ 1* corsa di formula 1
formular *vt* 1. formulare; 2. formulare, esprimere, manifestare; 3. fare ricette; ~**io** *adj/m* formulario; ricettario
formulismo *m* formalismo
fornicar *<forniqué>* *vi* fornicare
fornido *adj* membruto, robusto
foro *m hist* foro, piazza *f*; *ius* foro; *adm* canone; *teatro* fondo; *telón de ~* fondale
forr|ado *adj* foderato; ricoperto; *~ de dinero* ricco sfondato; ~**aje** *m* foraggio; *fig* farragine *f*; ~**ajear** *vt/vi* pascolare; ~**ajero** *adj* foraggero; ~**ar** **1.** *vt* foderare; ricoprire; **2.** *~se fam* arricchirsi, far soldi *vi*; ~**o** *m* fodera *f*; copertina *f* (di libro); *mar* fasciame; *am/euf* guanto, preservativo; *ni por el ~* neanche per idea; *(vulg) pasarse algo por el ~* pulirsi il sedere con qc
forta|chón *adj* robusto, membruto; ~**lecer** *< 13a fortalezco>* *vt* fortificare, rafforzare; ~**lecimiento** *m* invigorimento, rafforzamento; ~**leza** *f* fortezza, vigore *m*, forza; *mil* fortezza, forte *m*
fortific|ación *f* fortificazione; ~**ar** *<fortifiqué>* *vt* fortificare
fortí|n *m mil* fortino; ~**simo** *adj* fortissimo
fortuito *adj* fortuito, casuale
fortuna *f* fortuna; *de ~* di fortuna; *por ~* per fortuna; 1. *(mar) correr ~* subire la tempesta; 2. *probar ~* tentare fortuna
forúnculo *m med* foruncolo
forz|ado *adj* forzato, sforzato, costretto; *alegría ~a* allegria forzata; *trabajos ~s* lavori forzati; ~**ar** *<fuerzo; forcé>* *vt* forzare; sforzare; violentare; costringere; *~ la cerradura* forzare la serratura; *~ a una persona* violentare una persona; *~ la voz* sforzare la voce; ~**osa** *f* mossa obbligata (*dama*); ~**oso** *adj* forzoso; inevitabile; *(com) de curso ~* a corso forzoso; *traslado ~* trasferimento forzato; ~**udo** *adj* forzuto, forte
fosa *f* fossa, fosso *m*; *~ común, séptica* fossa comune, settica; *~s nasales* fosse nasali
fosf|atado *adj* fosfatico; *abono ~* concime fosfatico; ~**atina** *f estar hecho ~* essere a pezzi; ~**ato** *m chim* fosfato; ~**orescencia** *f* fosfoscerenza; ~**orescente** *adj* fosforescente; ~**órico** *adj chim* fosforico; *ácido ~* acido fosforico
fósforo *m min* fosforo; cerino, fiammifero
fósil **1.** *adj* fossile; **2.** *m* fossile; *fig* antiquato
fosilizarse *<fosilicé>* fossilizzarsi
foso *m* fosso, fossato; *teatro/mec* fossa *f*
foto *f* fotografia, foto *inv*; ~**calco** *m* fotocalcografia *f*; ~**célula** *f* fotocellula; ~**composición** *f* fotocomposizione; ~**copia** *f* fotocopia; ~**copiadora** *f* fotocopiatrice; ~**copiar** *vt* fotocopiare; ~**eléctrico** *adj* fotoelettrico; ~**fobia** *f* fotofobia; ~**génico** *adj* fotogenico; ~**grabado** *m* fotoincisione *f*; ~**grafía** *f* fotografia; *~ de contraluz, en color* fotografia a controluce, a colori; ~**grafiar** *<2 fotografío>* *vt* fotografare; ~**gráfico** *adj* fotografico
fotógraf|o, -a *m/f* fotografo, -a
fotograma *m* fotogramma
fotomatón *m* cabina per foto automatica *f*; foto automatica *f*
fotómetro *m* fotometro
fotorobot *f* identikit *m*
foto|sensible *adj* fotosensibile; ~**sfera** *f astr* fotosfera; ~**síntesis** *f bot* fotosintesi
frac *m* frac *inv*
fracas|ado *adj/s* fallito, frustrato; rovinato; ~**ar** *vi* fallire, andare a male, frustrarsi; ~**o** *m* fiasco, insuccesso, fallimento; *la fiesta fue un ~* la festa fu un fiasco; *~ amoroso* delusione amorosa; *~ escolar* abbandono scolastico
fracci|ón *f mat* frazione; parte; ~**onamiento** *m* frazionamento; ~**onar** *vt* frazionare; ~**onario** *adj* frazionario
fractura *f* frattura; ~**r** *vt* fratturare
fraga *f* 1. sterpaio *m*; 2. *bot* lampone *m*; ~**ncia** *f* fragranza, profumo *m*; ~**nte** 1. *adj* fragrante, odoroso; 2. flagrante; *en ~* in flagrante; ~**ta** *f mar* fregata
frágil *adj* fragile; debole
fragilidad *f* fragilità; debolezza
fragment|ación *f* frammentazione; ~**ar** *vt* frammentare, spezzettare, dividere; ~**ario** *adj* frammentario; ~**o** *m* frammento; *lit/art/ling* brano
frago|r *m* fragore, strepito; ~**roso** *adj* fragoroso, strepitoso; ~**sidad** *f* asprezza di terreno; ~**so** *adj* aspro, scabroso
fragua *f* fucina; ~**dor** *adj/s fig* orditore; ~**r** **1.** *vt tec/fig* fucinare; *fig* ordire, macchinare; **2.** *vi* far presa
frail|e *m* frate, monaco; *tip/bot* frate; ~**uno** *adj/desp* fratesco
frambues|a *f bot* lampone *m* (*fruto*); ~**o** *m* lampone (*planta*)
francachela *f* festino *m*
francés **1.** *adj/s* francese; *irse a la ~ a* andarsene all'inglese; **2.** *m vulg* pompino, bocchino

franchute *adj/s desp* francioso *ant/iron*
Francia *f geogr* Francia
franc|io *m chim* francio; **~o 1.** *adj* franco, sincero, leale; chiaro; libero; *~ fábrica* franco di dazio; *puerto ~* porto franco; **2.** *m* franco (*pueblo y moneda*)
franciscano *adj/m* francescano
francó|filo *adj/s* francofilo; **~fobo** *adj/s* francofobo; **~fono** *adj/s* francofono
Franconia *f* Franconia; ***~no** *adj/s* francone
francotirador *m* franco tiratore
franela *f* flanella
franja *f* fascia, gallone *m*
franque|ar 1. *vt* aprire il passo, sgombrare; attraversare, passare; liberare, esimere; affrancare (*correo*); *~ el río* attraversare il fiume; **2.** *~se* confidarsi; **~o** *m* affrancatura *f* (*correo*); affrancamento; *ius* affrancazione *f*; **~za** *f* franchezza, sincerità, lealtà; liberalità
franquicia *f* franchigia
franquis|mo *m pol* franchismo; **~ta** *adj/s* franchista
frasco *m* ampolla *f*, boccetta *f*, flacone, bottiglia *f*; *~ de perfume* boccetta di profumo
frase *f ling/mus* frase, locuzione; *~ hecha* frase fatta; **~ar** *vi* fraseggiare; **~ología** *f* fraseologia
fratern|al *adj* fraterno, fraternale; **~idad** *f* fraternità; **~izar** *<fraternicé>* *vi* fraternizzare
fratricid|a *adj/s* fratricida; **~io** *m* fratricidio
fraud|e *m* frode *f*, truffa *f*, inganno *m*; **~ulencia** *f* fraudolenza; **~ulento** *adj* fraudolento, doloso
fray *m* fra; *~ Luis* fra Luigi
frazada *f am* coltre, coperta di lana
frecuen|cia *f* frequenza; *(elec) corriente de alta, baja ~* corrente ad alta, bassa frequenza; *~ modulada* modulazione di frequenza; **~tación** *f* frequentazione; **~tador** *adj* frequentatore; **~tar** *vt* frequentare; **~te** *adj* frequente
freg|adero *m* lavandino, acquaio; **~ado** *m* 1. fregata *f*; 2. *fam* imbroglio; *meterse en un ~* mettersi in un pasticcio/imbroglio; **~ador** *m* V. *fregadero*; strofinaccio; **~ar** *<5a friego; fregué>* *vt* fregare, lavare; strofinare; rigovernare (*la casa*); *am* seccare, molestare; **~ona** *f* 1. sguattera (*persona*); 2. spazzolone per lavare il pavimento *m*, mocio *m*
frei|dora *f* friggitrice; **~duría** *f* friggitoria; **~r** *<34 frío; frito/freído>* *vt* friggere; *fig* ammazzare; *mandar a ~ espárragos, monos, chongos* mandare a farsi friggere; *al ~ será el reír* vedremo come va a finire
fréjol *m bot* fagiolo
fren|ado *m tec* frenatura *f*, *mec* frenaggio; **~ar** *vt tec/fig* frenare; **~azo** *m* frenata *f*
fren|esí *m* frenesia *f*, delirio; **~ético** *adj* frenetico
frenillo *m* 1. *med* frenulo; 2. museruola *f*; 3. *am* spago della cometa; *(fig) no tener ~* avere lo scilinguagnolo sciolto
freno *m tec/fig* freno; *~ antibloqueo* freno antibloccaggio; *morder (tascar) el ~* mordere il freno
frente 1. *f med* 1. fronte; *arrugar la ~* corrugare la fronte; *(fig) con la ~ alta* a fronte alta; *(fig) llevarlo escrito en la ~* portarlo scritto in fronte; 2. *fig* viso *m*, sembiante *m*; *geol/min* fronte; 3. *m arch* facciata *f*; *tip/fig* frontespizio; *mil/meteo* fronte; *(fig) ~ único* fronte comune; *estar al ~ de* essere a capo di, dirigere; *hacer ~* far fronte; *ir al ~* andare al fronte; **2.** *(adv) de ~* di fronte, dirimpetto; *~ a ~* a fronte a fronte; *poner ~ a ~* mettere a fronte; **3.** *(prep) en ~ de/ ~ a* di fronte a, dirimpetto a
fresa *f bot* fragola; *tec/med* fresa; *tec* fresatrice; **~do** *m tec* fresatura *f*; **~dor** *m* fresatore; **~dora** *f tec* fresatrice; **~l** *m bot* fragoleto; **~r** *vt tec* fresare
fresc|a *f* fresco *m*, frescura; *(fig) soltar cuatro ~s a alg* dirne quattro a q; **~achón** *adj/s ~ achón adj*; sano, fresco; **~ales** *m/f* faccia tosta *f*
fresco 1. *adj/s* fresco; sfacciato; (*persona*); **2.** *m* fresco, frescura *f*; *(pitt) pintura al ~* affresco; *quedar/estar al ~* restare, stare al fresco; *(fig) estar ~* star fresco; *quedarse tan ~* restare impassibile; **~r** *m* frescura *f*; *pitt* colorito
frescura *f* 1. freschezza; 2. *fig* disinvoltura; sfacciataggine; 3. *fig* impertinenza; *fig* negligenza; *fig* serenità; *la ~ de sus carnes* la freschezza delle sue carni; *expresarse con ~* esprimersi con disinvoltura o con sfacciataggine; *contestar una ~* rispondere a una impertinenza; *cosa hecha con ~* cosa fatta con negligenza
fresn|eda *f bot* frassineto *m*; **~o** *m bot* frassino
fresón *m bot* fragolone
fresquer|a *f* moscaiola; **~o, -a** *m/f* pescivendolo, -a
freza *f* fregola dei pesci; **~r** *<frecé>* *vi* andare in fregola (*peces*); mangiare la foglia (*gusanos de seda*)
fria|bilidad *f* friabilità; **~ble** *adj* friabile
frialdad *f* freddezza; *fig* indifferenza, autocontrollo *m*
frica|sé *m* fricassea *f*; **~tivo** *adj/ling* fricativo
fricci|ón *f* frizione; *mec* attrito *m*, frizione; **~onar** *vt* frizionare, sfregare
friega *f* massaggio *m*, frizione; *fam* busse *fpl*; *am* seccatura; **~platos** *m/f/inv* lavapiatti, sguattero, -a *m/f*
frigidez *f* frigidità, frigidezza
frígido *adj* frigido, freddo
frigorífico 1. *adj* frigorifico; **2.** *m* frigorifero, frigo; camera fredda *f*
fríjol, frijol *m bot* fagiolo
frío *adj/m* freddo; *en ~* a freddo; *un jarro de agua ~a* una doccia (d'acqua) fredda; *coger ~* prendere un colpo di freddo; *dejar ~* lasciare indifferente; *no dar ni calor ni ~* non fare né caldo, né freddo; *quedarse ~* restare indifferente *fig*; gelarsi
friole|nto *adj am* freddoloso; **~ra** *f* bagattella; *iron* bellezza; *cuesta la ~ de* costa la bellezza di; **~ro** *adj* freddoloso
frisar 1. *vi* rasentare *vt*, toccare *vt*; *~ en*

los 50 años toccare i 50 anni; andare d'accordo; **2.** *vt* frisare; *tec* accotonare; *mar* calafatare
Frisia *f geogr* Frisia
fris|o *m arch* fregio; **~ón** *adj/s* frisone
frit|ada *f gastr* frittura; **~ado** *m met/chim* sinterizzazione *f*; cottura *f* (*cerámica*); **~anga** *f desp* frittura grassa; **~ar** *vt am* friggere; **~o 1.** *adj* fritto; *estar ~* essere bell'e fritto; *tener ~ a alg* sfinire q, portare al colmo dell'esasperazione q; **2.** *m* frittura *f*; **~ura** *f* frittura, fritto *m*
Friul *m geogr* Friuli; ***~ano** *adj/s* friulano
frivolidad *f* frivolezza, vacuità
frívolo *adj* frivolo, leggero, superficiale; futile (*cosa*)
frond|a 1. *f* fronda, frasca; foglia di felce; 2. *fpl* frondosità *f*; **~osidad** *f* frondosità; **~oso** *adj* frondoso
frontal 1. *adj/m* frontale; **2.** *m arch* trave orizzontale *f*; *arch* paliotto dell'altare
fronte|ra *f* frontiera; **~rizo** *adj* di frontiera, confinante, limitrofo; **~ro** *adj* di fronte, dirimpetto
frontis *m/inv arch* facciata *f*, frontespizio; **~picio** *m* frontespizio
frontón *m sport* sferisterio e parte per il *juego de la pelota*; *arch* frontone
frot|ación *f*, **~amiento** *m* sfregamento *m*, strofinamento *m*; *mec* fregata *f*; **~ar 1.** *vt* sfregare, strofinare; *tec* fare attrito; **2.** *~se las manos* strofinarsi le mani; *(vulg) ~sela* farsi una sega; **~is** *m med* striscio
fruct|ífero *adj* fruttifero, *fig* fruttuoso; **~ificar** <*fructifiqué*> *vi* fruttificare; **~osa** *f* fruttosio *m*; **~uoso** *adj* fruttuoso
frufrú *m* fru fru, fruscio; *el ~ de la seda* il fru fru/fruscio della seta
frugal *adj* frugale; **~idad** *f* frugalità
frui|ción *f* fruizione, godimento *m*; **~r** <*14 fruyo; fruyó*> *vi* fruire, godere
frument|ario *adj* frumentario; **~icio** *adj* frumentaceo
frunc|e *m* piega *f*, drappeggio; **~imiento** *m* raggrinzamento; cipiglio (*cara*); **~ir** <*frunzo*> **1.** *vt* raggrinzare, increspare; drappeggiare (*vestido*); corrugare, aggrottare (*cara, ceño*); **2.** *~se* simulare verecondia *vi*
fruslería *f* inezia, bazzecola, bagattella
frustr|ación *f psic* frustrazione; **~ar 1.** *vt* frustrare, deludere; mandare all'aria; **2.** *~se* andare all'aria/a picco *vi*
frut|a *f* frutta (*colectivo*); frutto *m*; *~ del tiempo* frutta di stagione; *~ seca, confitada, escarchada...* frutta secca, sciroppata, candita...; *~ prohibida* frutto proibito; **~al 1.** *adj* fruttifero; **2.** *m* albero fruttifero, da frutta; **~ería** *f* negozio di frutta *m*; **~ero, -a 1.** *adj* da frutta; **2.** *m/f* 1. fruttivendolo, -a (*persona*); 2. *m* fruttiera *f*; **~icultor** *m* frutticultore; **~icultura** *f* frutticoltura; **~illa** *f am* fragola; **~o** *m bot/fig* frutto; *~s secos* frutta secca; *sacar ~* trarre frutto
¡fu! 1. *excl* puah!; **2.** *m* sbuffo del gatto; *hacer ~* scappare; *ni ~ ni fa* né caldo, né freddo; comme si comme ça
fucsi|a *f bot* fucsia; **~na** *f chim* fucsina
fuego *m* fuoco; incendio; *fig* ardore; *fig* bruciore; *mil* fuoco; *¡~!* Fuoco!; *a ~ lento* a fuoco lento/dolce; *~ fatuo* fuoco fatuo; *(pop/med) ~ de San Antón* fuoco di Sant'Antonio; *(meteo) ~ de Santelmo* fuoco di S. Elmo; *~s artificiales* fuochi artificiali; *arma de ~* arma da fuoco; *atizar el ~* soffiare sul fuoco; *echar ~ por los ojos* avere il fuoco negli occhi; *(fig) jugar con ~* scherzare col fuoco; *prender ~ a algo* dar fuoco a qc; *romper el ~* aprire il fuoco
fueguino *adj/s* fuegino, della Terra del Fuoco
fuel-oil *m chim* nafta *f*
fuelle *m* mantice, soffietto; grinza *f* (*vestido*); *fig* soffione
fuente *f* 1. *lit/mar/fig* fonte; sorgente; *arch* fontana; *~ bautismal* fonte battesimale; 2. piatto da portata *m*
fuer: a ~ de *adv* in qualità di, a titolo di
fuera 1. *adv* fuori; **2.** *prep* fuori di; fuori da; oltre a/che; eccetto, tranne; *(excl) ¡~!* Via!; *¡~ de aquí!* fuori da qui!; *(sport) ~ de banda* fallo laterale; *(cine) ~ de campo* fuoricampo; *~ de combate* fuori combattimento; *~ de juego* fuorigioco; *~ de la maleta* fuori dalla valigia; *~ de serie* fuoriserie; *~ de texto* fuori testo; *~ de tiempo, de uso, lugar* fuori tempo, uso, luogo; *por ~* da fuori; *estar ~ de sí* essere fuori di sé
fueraborda *m mar* fuoribordo
fuero 1. *m ius* giurisdizione *f* (*lugar*); *ius* corpo di leggi, statuto; *el ~ interno* la coscienza; 2. *fig/mpl* superbia *f*, arroganza *f*
fuerte 1. *adj* forte; resistente; robusto; tremendo, pazzesco; *econ* forte, pesante; **2.** *m* forte; **3.** *adv* forte
fuerza *f cient/fig/mil* forza, vigore *m*, energia; potere *m*, potenza; virtù, potenza; autorità; *~ pública* forza pubblica; **~s Armadas* Forze Armate; *a ~ de* a forza di; *a la ~* per forza; *por la ~* con la forza; *la ~ de la costumbre* la forza dell'abitudine; *a ~ de insistir* a forza d'insistere; *cobrar ~s* riprendere le forze; *hacer ~ a alg* far forza a q; *sacar ~s de flaqueza* fare di necessità virtù
fuete *m am* frusta *f*
fuga *f* fuga; *poner en ~* porre, mettere in fuga; **~cidad** *f* fugacità; **~rse** <*fugué*> fuggire *vi*, scappare *vi*, evadere *vi* (*de* da); **~z** *adj* fugace, effimero
fugitivo 1. *adj/s* fuggitivo; **2.** *adj* fugace
fulan|a *f* prostituta, puttana, battona; **~o, -a** *m/f* Tizio, -a, tale; *~o, Mengano y Zutano* Tizio, Caio e Sempronio
fulcro *m tec* fulcro
fulero 1. *adj fam* grossolano; **2.** *m* pasticcione; *reg* V. **fullero**
fulg|ente *adj* fulgente, splendente; **~or** *m* fulgore, splendore
fulgu|rante *adj* sfolgorante; **~rar** *vi lit* folgorare, risplendere, brillare; **~rita** *f min* folgorite; **~roso** *adj* fulgido, brillante
fuliginoso *adj* fuligginoso
fuller|ía *f* arte di barare; imbroglio *m*; **~o** *adj/s* imbroglione; baro (*juego*)
fulmin|ante *adj/m* fulminante; **~ar** *vt* fulminare; **~ato** *m chim* fulminato
fum|ada *f* fumata; *(eccl/fig) ~ blanca* fumata bianca; **~adero** *m* stanza *f*/reparto

fumatori; ~**ador** *adj/s* fumatore; ~**ar 1.** *vt/vi* fumare; **2.** ~*se* fumarsi; *fig/pop* sciupare *vt*, sprecare *vt*; ~**arada** *f* 1. fumata; 2. carica di pipa; ~**aria** *f bot* fumaria; ~**arola** *f geol* solfatara

fumig|ación *f* fumigazione; ~**ar** <*fumigué*> *vt* suffumicare; ~**atorio** *adj* fumigante, fumigatorio

fumista *m/f* fumista

fumívoro *adj* fumivoro

funámbul|o, -a *m/f* funambolo, -a

funci|ón *f* funzione; cerimonia; *teatro* spettacolo *m*, rappresentazione; *en ~ones* in funzione; ~**onal** *adj* funzionale; ~**onalismo** *m* funzionalismo; ~**onamiento** *m* funzionamento; ~**onar** *vi* funzionare; ~**onario** *adj/s* funzionario; dipendente statale di ruolo; ~ *de carrera, interino* funzionario di ruolo, non di ruolo

funda *f* fodera (*butaca, paraguas...*); federa (*almohadón*); fodero *m* (*arma*); capsula (*dientes*); *pop/euf* guanto *m*, preservativo *m/est*; ~**ción** *f* fondazione; ~**do** *adj* fondato, con base; ~**dor** *adj* fondatore

fundament|al *adj* fondamentale; ~**alismo** *m* fondamentalismo; ~ *islámico* integralismo islamico; ~**ar** *vt* fondamentare, gettare le fondamenta; *fig* basare; ~**o** *m* fondamento, base *f*; *sin* ~ privo di fondamento

fundar *vt* fondare; edificare; basare

fundente *adj* fondente

fundi|ble *adj* fondibile; ~**ción** *f* fusione; fonderia (*lugar*); *tip* assortimento di un tipo *m*; ~**do** *m cine* dissolvenza *f*; ~**dor** *m* fonditore; ~**r** *vt tec/fig* fondere

fundo *m ius* fondo rustico

fúnebre *adj* funebre

funera|l 1. *adj* funerario, funebre; **2.** *m* funerale; ~**la: a la** ~ *adv/adj mil* armi in posizione di lutto; *ojo a la* ~ occhio pesto; ~**ria** *f* pompe funebri *fpl*; ~**rio** *adj* funerario

funesto *adj* funesto; triste, disgraziato

fungible *adj* fungibile

funicular *adj/m* funicolare *f*; ~ *de neumáticos* rotovia

furcia *f* battona, prostituta

furg|ón *m* furgone; bagagliaio; carrozza postale *f*; ~**oneta** *f* furgoncino *m*

furi|a *f* furia; *estar hecho una* ~ essere molto furioso; ~**bundo** *adj* furibondo, furioso; ~**oso** *adj* furioso; enorme; *loco* ~ pazzo furioso

furor *m* furore; *hacer* ~ far furore, furoreggiare

furri|el, ~**er** *m mil* furiere

furtivo *adj/s* furtivo

furúnculo *m med* foruncolo

fusa *f mus* biscroma

fuselaje *m aer* fusoliera *f*

fusi|ble 1. *adj/tec* fusibile; **2.** *m elec* fusibile; ~**forme** *adj* fusiforme

fusil *m* fucile; ~ *de repetición, de aire comprimido,* fucile a ripetizione, ad aria compressa; ~**amiento** *m* fucilazione *f*; ~**ar** *vt* fucilare; *fig/lit* saccheggiare; *fig* ammazzare; ~**ero 1.** *m* fuciliere; **2.** *adj* di fucile

fusión *f* fusione; ~ *fría, nuclear* fusione fredda, nucleare

fusionar 1. *vt* unire; **2.** ~*se econ* fondersi

fust|a *f* frusta; *mar/ant* fusta; *bot* ramoscello *m*; ~**e** *m bot/arch/fig* fusto; *bot* tronco; *fig* valore, entità *f*; *hombre de* ~ uomo di carattere, di polso; *el* ~ *de un discurso* il nerbo/l'ossatura di un discorso; ~**igar** <*fustigué*> *vt* fustigare, frustare; *fig* censurare

fútbol *m* calcio

futbol|ín *m* calcio-balilla, flipper *ingl/inv/ant*; ~**ista** *m/f* calciatore, -trice

futesa *f* fesseria, sciocchezza

fútil *adj* futile

futilidad *f* futilità

futura *f ius* diritto di successione *m*; fidanzata

futuris|mo *m art* futurismo; ~**ta** *adj/s* futurista

futuro *adj/m* futuro; ~**logía** *f* futurologia

futurólog|o, -a *m/f* futurologo, -a

G

gabacho *adj/s fam* nativo di alcuni paesi dei Pirenei; *desp* francioso *ant/iron*
gabán *m* gabbano, pastrano
gabardina 1. *f* impermeabile *m*; 2. gabardine *fr* (*tejido*)
gabarr|a *f mar* gabarra, chiatta; **~o** *m zool* 1. formella *f* (*enfermedad*); 2. *zool* calabrone; 3. difetto nel tessuto; 4. *geol* nodulo
gabela *f* gabella, tributo *m*, imposta
gabinete *m* 1. laboratorio, gabinetto, sala *f*; 2. *pol* ministero, gabinetto; *ant* gabinetto, salottino
gacela *f zool* gazzella
gacet|a *f tip/fig* gazzetta; **~ero, -ra** *m/f* giornalaio, -a (*venta*); giornalista; **~illa** *f* cronaca di giornale; *tip/fig* gazzettino *m*
gachapazo *m* colpo, bella caduta *f*
gach|as *fpl gastr* =pappetta di farina, acqua, latte e miele *f*; *fam* poltiglia *f*; **~asmigas** *fpl* ="pappetta di farina o briciole di pane fritto"
gach|í *f pop* ragazza; **~o** *adj* piegato, abbassato, inclinato, basso; *con la cabeza ~a* con la testa china; *andar a ~s* andare gattoni; **~ó** *m pop* tipo, uomo; **~upín, -ina** *m/f Mex fam/desp* spagnolo, -a
gaditano *adj/s* gaditano, di Cadice
gaf|a 1. *f* uncino *m*; grappa; *mar* gaffa; 2. *fpl* occhiali *mpl*; *~s de sol* occhiali da sole; **~ado** *adj* scalognato, sfortunato; **~ar** *vt fam* portare iella *vi*; arroncigliare; aggiustare con grappe; **~e** *adj/s* iettatore; *ser ~* essere iettatore, portare iella; **~o** *adj* rattrappito; lebbroso; **~otas** *m Esp/fam* occhialuto
gag *m* gag *ingl/inv*
gait|a *f (mus) ~ gallega* cornamusa; *mus* zampogna; *(fig) estirar la ~* allungare il collo; *(fig) ¡Qué ~!* Che noia!, Che scocciatura!; *(fig) ser una ~* essere un cataplasma; *templar ~s* ammansare; **~ero 1.** *m mus* zampognaro; **2.** *adj* chiassoso, allegro, buffo; sgargiante (*color*)
gajes *mpl* **1.** stipendio *m*, paga *f*; **2.** *iron* noie *fpl*, problemi, guai; *~ del oficio* inconvenienti/guai del mestiere
gajo *m* spicchio (*naranja, mandarina*); racimolo, ciocchetta *f* (*uva, cerezas*...); ramo (*árbol*...)
gala *f* ornamento *m*; gala; *fig* bellezza, lustro *m*; *de ~* di gala; *hacer ~ de* far gala di; *tener a ~* gloriarsi, vantarsi (*de* di); *(bot) ~ de Francia* balsamina
galactita *f min* galattite
galáctico *adj* galattico
galaico *adj/s* galaico, galiziano, gallego
galán *m teatro* amoroso, innamorato; latin lover *ingl/inv*
galan|o *adj* bello, leggiadro, garbato, elegante; **~te** *adj* galante, gentile; **~tear** *vt* corteggiare, far la corte *vi*; *fig* adulare; **~teo** *m* corteggiamento; *fig* adulazione *f*; **~tería** *f* galanteria; eleganza, finezza; **~ura** *f* eleganza, leggiadria, garbo *m*, grazia
galápago *m zool* testuggine *f*, tartaruga marina *f*; *am* sella *f*
galard|ón *m* premio, ricompensa *f*, guiderdone; **~onar** *vt* premiare, ricompensare
galaxia *f* galassia; *guerra de las ~s* guerre stellari
galbana *f* pigrizia, fiacca
gale|na *f min* galena; **~no 1.** *m* medico; **2.** *adj/mar* soave; **~ón** *m mar* galeone
galer|a *f* 1. *mar* galea, galera; 2. galera (*cárcel, castigo*); 3. *tip* vantaggio *m*; 4. *zool* canocchia; **~ada** *f tip* bozza, composizione di un vantaggio; *echar una ~* tirare una bozza; **~ía** 1. *f arch* tunnel *m ingl/inv*; *art/mil/arch* galleria; *arch* balconata; *teatro* galleria, loggione *m*; *mar* balcone di poppa *m*; 2. *fpl* ="grandi magazzini" *mpl*
galerna *f* ="vento di nord-ovest del Cantabrico" *m*
Gales *m geogr* Galles
galg|a *f zool* ="formica gialla velocissima"; *med* rogna; *tec* freno del carro *m*; **~o** *m zool* levriere, veltro; *¡échale un ~!* acchiappalo, se puoi!
Galia *f geogr* Gallia
gálibo *m* sagoma di carico *f* (*ferrocarriles*)
Galicia *f geogr* Galizia
gali|cismo *m* gallicismo, francesismo; **~matías** *fpl* guazzabuglio di parole o di idee *m*; *fam/fig* casino *m*
galladura *f* gallatura
gallard|ear *vi* braveggiare, *lit* bravare; **~ete** *m* gagliardetto; **~ía** *f* gagliardia, valore *m*, prodezza; **~o** *adj* gagliardo, prode, ardito, forte
galle|ar 1. *vi fig* fare il galletto, alzare la cresta; *metal* fare bolle; **2.** *vt zool* coprire; **~go** *adj/s* gallego, galiziano; galaico; *Arg/fam* spagnolo; **~ra** *f am* circo per la lotta dei galli *m*; **~ta** *f* galletta, biscotto *m*; *fig* schiaffo *m*; **~tazo** *m fam* schiaffone; *(fam) dar el ~* andare a sbattere (contro)
galli|na 1. *f* gallina; *~ ciega* gatta/mosca cieca; *carne de ~* pelle d'oca; *como ~ en corral ajeno* come un pesce fuor d'acqua; *~ de Guinea* faraona; *~ de los huevos de oro* gallina dalle uova d'oro; *(desp/vulg) más puta que las ~s* bagascia, puttanaccia; 2. *m fig* coniglio, fifone; **~náceo** *adj/s* gallinaceo; **~naza** *f* pollina; **~nazo** *m zool* ="avvoltoio americano" (*cathartes aura*); **~nero 1.** *m* pollaio; *teatro* piccionaia *f*, loggione; **2.** *adj* di galline; **~neta** *f zool* folaga; *zool* beccaccia; *am zool* faraona; **~pavo** *m zool* tacchino, gallinaccio; *fig* stecca *f*; **~to** *m zool/fig* galletto
gallo *m* 1. *zool/fig* gallo (*ave*); *~ silvestre* gallo cedrone; *(fig) patas de ~* zampe di gallina; *en menos que canta un ~* in meno di un amen; *alzar, bajar el ~* alzare, abbassare la cresta; *...otro ~ cantara (a alg)* sarebbe (stato) ben diverso (per q); 2. *fam* uomo maturo; *am* uomo forte e coraggioso; 3. *mus* stecca *f*; *soltar un ~* prendere una stecca; 4. *fig* sputo
gallón *m* girello, lacerto (*carne*)
galo *adj* gallo, delle Gallie; **~cha** *f* zoccolo *m*
galón *m* gallone

galop|ante *adj* galoppante; ~**ar** *vi* galoppare; ~**e** *m* galoppo; *a/al* ~ al galoppo; ~**ín** *m* monello; birbone
galpón *m Am Mer* capannone, baraccone
galvaniz|ación *f* galvanizzazione; ~**ar** <*galvanicé*> *vt* galvanizzare
galvanoplastia *f* galvanoplastica
gama *f zool* daina; *mus* gamma; ~**do** *adj* gammato
gamb|a *f zool* gamberetto *m*
gambe|rrada *f* bricconaggine, mascalzonata; ~**rrismo** *m* teppismo; ~**rro** *adj/s* teppista, teddy boy; *iron/fam* briccone, mascalzone; ~**ta** *f* scambietto *m* (*danza*); *am* sgambetto *m*; *sport* finta
gambito *m* gambetto (*ajedrez*)
gambusino *m* pesciolino
gameto *m biol* gamete
gamín *m Col* monello
gamma *adj/f* gamma; ~**globulina** *f biol* gammaglobulina
gamo *m zool* daino; ~**nal** *m* prato di asfodeli; *am/pol* cacicco, signorotto; ~**pétalo** *adj* gamopetalo
gamuza *f zool* camoscio *m*; pelle scamosciata; panno scamosciato *m*
gana *f* voglia; *de buena* ~ volentieri, di buona voglia; *de mala* ~ di mala voglia, malvolentieri; *estudiar de buena* ~ studiare con/di buona lena; *(no) me da la* ~ *de* (non) ne ho voglia; (non) voglio; *llover con* ~ piovere ben bene; 2. *fpl* voglia *f*; ~*s locas* voglia pazza; *morirse de* ~*s* morire dalla voglia; *tener* ~*s a alg* sentire antipatia per q; *venir en* ~*s* venir voglia
ganad|ería *f* allevamento del bestiame *m*; bestiame *m* (*animales*); ~**ero 1.** *adj* del bestiame; **2.** *m* allevatore; ~**o** *m* bestiame; ~ *vacuno, lanar o ovejuno, de cerda, caballar* bestiame bovino o vaccino, ovino, porcino o suino, equino; ~ *mayor, menor* buoi, cavalli..., pecore, capre...; ~**or** *adj/s* vincitore
gananci|a *f* guadagno *m*; *com* beneficio, utile, profitto; *no le arriendo la* ~ non l'invidio; ~**al** *adj* lucrativo; *(ius) bienes* ~*es* beni comuni o comunione di beni; ~**oso** *adj* lucroso, lucrativo; *salir* ~ concludere un affare con beneficio
ganar *vt* guadagnare (*sueldo, dinero*); vincere (*premio, batalla*...); ottenere, conquistare; superare; ~ *terreno* avanzare, guadagnare terreno; migliorare; *salir ganando en algo* trarre beneficio da qc
ganch|illo *m* 1. uncinetto (*aguja*); 2. lavoro fatto all'uncinetto; ~**o** *m* gancio, uncino; *fig* mezzano; uppercut (*boxeo*); *echar el* ~ *a alg* acchiapparlo, attirarlo; *tener* ~ essere attraente, affascinante
gandío *adj/am* ghiottone (*gula*)
gandul *adj* fannullone, pigro, poltrone, scansafatiche; ~**a** *f* sedia a sdraio; ~**ear** *vi* oziare, vagabondare; ~**ería** *f* vagabondaggine, poltronaggine, fannullaggine
gandumbas *adj/s/inv* fannullone
ganga *f* bazza, occasione, buon affare *m*; *min* ganga; *zool* pterocle *m*
ganglio *m med* ganglio
gangoso 1. *adj* nasale; **2.** *adj/s* sdolcinato
gangren|a *f med* gangrena, cancrena; *fig* cancro *m*; ~**arse** *med* incancrenire *vi*; ~**oso** *adj* gangrenoso, cancrenoso
gán(g)ster *m ingl* gangster *inv*
gangsterismo *m* gangsterismo
gangue|ar *vi* parlare col naso; ~**o** *m* gorgia *f*, il parlare in gola
ganoso *adj* voglioso
gans|ada *f* stupidaggine, sciocchezza; ~**o** *m zool/fig* oca *f*; *hablar por boca de* ~ ripetere a pappagallo; *hacer el* ~ fare lo stupido
ganzúa *f* grimaldello *m*; *fig* ladro esperto; *fig* ="persona abile nel cavare segreti altrui" *f*
gañ|án *m* garzone agricolo; uomo rude; ~**ido** *m* guaito (*perros*); ~**ir** <*gañó*> *vi* guaire; gracidare (*pájaros*); ~**ote** *m* gorgozzole
gap *m ingl* gap *inv*
garabat|ear *vt/vi* scarabocchiare; ~**eo** *m* scarabocchiatura *f*; ~**o** 1. *m* scarabocchio, sgorbio; 2. *mpl* gesticolazione *f*
garaj|e *m* garage *fr/inv*; autorimessa *f*, officina di riparazione *f*; ~**ista** *m/f* garagista
garant|e *adj/s* garante; ~**ía** *f* garanzia; *ius* pegno *m*; ~*s constitucionales* garanzie costituzionali; *ofrecer* ~*s* dare/prestare garanzia, garantire; ~**izar** <*garanticé*> *vt* garantire
garañón *m zool* stallone
garapiñ|a *f* granita, sorbetto *m*; *am* bibita di ananasso; ~**ar** *vt* far granire un liquido; candire (*con azúcar*); *almendras* ~*s* mandorle (abbrustolite) candite; ~**era** *f* sorbettiera
garbanzo *m bot* cece; *el* ~ *negro de la familia* la pecora nera della famiglia; *ganarse los* ~*s* guadagnarsi il pane
garbeo *m* giro, passeggiata *f*; *darse un* ~ farsi un giretto/una passeggiata
garbill|ar *vt agr* vagliare il grano; *min* passare al crivello; ~**o** *m* vaglio, crivello
garbo *m* garbo, grazia *f*; ~**so** *adj* garbato; generoso
gard|enia *f bot* gardenia, cardenia; ~**uña** *f zool* faina; *fig* ladra
garete: irse al ~ andare alla deriva; andare all'aria
garfio *m* uncino, gancio
gargaj|ear *vi* sputacchiare; ~**o** *m* sputacchio, sputo
garganta *f med/geogr/fig* gola; collo *m*; collo del piede *m*; *dolor de* ~ mal di gola; *tener (hacerse) un nudo en la* ~ avere un nodo alla gola; *tener (a alg) atravesado en la* ~ sentire antipatia (per q)
gárg|ara *f* gargarismo *m*; *hacer* ~*s* fare gargarismi; *mandar a hacer* ~*s* mandare a farsi benedire, a farsi friggere
gargarismo *m* gargarismo
gárgola *f* cannella di fontana; gronda del tetto; *bot* capsula di lino
garguero *m* gorgozzule, strozza *f*
garit|a *f* garitta, guardiola; cabina; ~**o** *m* bisca *f*, guadagno della bisca; *gergo* baretto
garl|ito *m* nassa *f* (*pesca*); trappola *f*; *fig* trabocchetto; *caer en el* ~ cadere nella

trappola; *coger en el ~* cogliere in flagrante; far cadere nella trappola; **~opa** *f tec* piallone *m*
garnacha *f* 1. *bot* vernaccia (*uva, vino*); 2. toga
garra *f* artiglio *m*; *fig* mano; zampa (*pieles*); *~s de astrakan* zampe di astrakan; *caer en las ~s de alg* cadere tra le unghie/nelle grinfie di q; *echar la ~ a algo* mettere le unghie addosso a qc; *tener ~* avere grinta
garraf|a *f* damigiana; *tec* tanica; **~al** *adj* madornale; *bot* duracino; **~ón** *m* damigiana grande *f*; *tec* tanica *f*
garrapat|a *f zool* zecca; **~ear** *vi/vt* scarabocchiare; **~o** *m* scarabocchio
garrido *adj* bello, ben piantato, elegante
garrocha *f* asta (munita di arpione); *taur* picca; *sport* asta
garrot|azo *m* bastonata *f*; **~e** *m* randello, mazza *f*; *ius/ant* garrotta; *med* torsione di una legatura; *~ vil* garrotta; *dar ~* garrottare; **~illo** *m med* difterite *f*; **~ín** *m* ="danza popolare della fine del XIX° secolo" *f*
garru|cha *f* carrucola; **~lería** *f* garrulità, cicaleccio *m*
gárrulo *adj/s zool* garrulo; *fig* pacchiano
garúa *f am* pioviggine, pioggerella
garz|a *f zool* garza, airone *m*; **~o 1.** *adj* glauco, verde-azzurro; **2.** *m bot* agarico; **~ón** *m zool Ven/Cuba* airone; *ant* garzone, giovane; *Chile* cameriere
gas *m* gas *inv*; *~ de alumbrado, butano, de escape* gas illuminante, butano, di scappamento; *~ hilarante, lacrimógeno, natural* gas esilarante, lacrimogeno, naturale...; *agua con ~, sin ~* acqua gassata, naturale; *a todo ~* a tutta birra/a tutto gas; *~es intestinales* flatulenze
gasa *f* garza
gas|ear *vt* uccidere col gas; **~eiforme** *adj* gasiforme; **~eosa** *f* gassosa, gazzosa; **~eoso** *adj* gassoso, gazoso; **~ificación** *f* gas(s)ificazione; **~ista** *m* ga(s)sista; **~oducto** *m* gasdotto; **~ógeno** *m* gas(s)ogeno; **~oil, ~óleo** *m* gasolio, nafta *f*; **~olina** *f* benzina; *~ sin plomo* benzina verde/senza piombo; **~olinera** *f* stazione di servizio; *mar* lancia a motore (a benzina); **~ómetro** *m* gassometro, gazometro
gast|ado *adj* speso (*dinero*); consumato, sciupato, logoro, consunto; invecchiato (*persona*); *fig* bruciato (*política*...); **~ador 1.** *adj/s* sciupone, spendaccione; **2.** *m mil* soldato zappatore; **~ar** *vt* spendere (*dinero*...); sciupare, sprecare (*tiempo, juventud*...); consumare, logorare (*traje*...); usare, adoperare (*gafas, sombrero*...); *~ bromas* fare scherzi; *(fig) ~las* giocare, comportarsi; **~o** 1. *m* spesa *f*; dispendio; consumo; *hacer el ~* fare le spese; 2. *mpl* spese *fpl*; **~oso** *adj/s* spendaccione
gasterópodos *adj/mpl zool* gasteropodi
gástrico *adj* gastrico
gastritis *f/inv med* gastrite *f*
gastr|onomía *f* gastronomia; **~onómico** *adj* gastronomico; **~ónomo, -a** *m/f* gastronomo, -a

gata *f zool* gatta; *a ~s* carponi, gattoni
gate|ado *adj* gatteggiante (*ojos*); venato, striato; **~ar 1.** *vi* 1. andare gattoni; 2. arrampicarsi; **2.** *vt fam* rubacchiare; **~ra** 1. *f* gattaiola; *am* erbivendola; *mar* cubia, occhio di catena *m*; 2. *m fam* birbante
gatill|azo *m* colpo del cane (*arma*); *dar ~* uscir male; *fig* fare catenaccio (*sexo*); **~o** *m* grilletto (*arma*); tenaglie da dentista *fpl*; *tec* grappa *f*
gato *m zool* gatto; *mec* cric *ingl/inv*, martinetto; *mil* gatto; *tec* morsa *f*; *fam* madrileno; *fig* borsaiolo; *fig* furbacchione; *Arg* ="danza con canto" *f*; *~ de algalia* zibetto; *~ de Angora, montés, siamés* gatto d'Angora, selvatico/montese, siamese; *~ viejo* gattone; *cuatro ~s* quattro gatti; *dar ~ por liebre* spacciare lucciole per lanterne; *~ escaldado del agua fría huye* gatto scottato dall'acqua calda ha paura di quella fredda; *haber ~ encerrado* gatta ci cova; *lavarse a lo ~* lavarsi come il gatto; *llevar(se) el ~ al agua* attaccare il campanello al collo del gatto; *buscarle tres pies al ~* cercare il pelo nell'uovo; *tener siete vidas como los ~s* avere sette spiriti come i gatti; *de noche todos los ~s son pardos* al buio tutti i gatti son bigi; *~ de nueve colas* gatto a nove code
gatu|no *adj* gattesco; **~ña** *f bot* bonaga, ononide
gaucho *adj/m* gaucho; *Arg/fig* astuto; *Arg/fig* rozzo
gaveta *f* cassetto scorrevole di scrivania *m*; *mar* gavetta, gavettino *m*
gavia *f* gabbia per matti; *mar* gabbia (*vela*); *mar* coffa
gavi|lán *m zool/fig* sparviero, -e; *fig* astore; **~lla** *f agr* fascina, covone *m*; *fig/am* banda di delinquenti; **~lladora** *f tec/agr* mietilegatrice; **~ota** *f zool* gabbiano *m*
gay *adj/m ingl* gay *inv*; **~o** *adj/lit* gaio
gazap|era *f* tana di conigli; *fig* covo di delinquenti *m*; **~o** *m* coniglietto; *fig* volpone; *fig* frottola *f*, balla *f*; *fig* sbaglio
gazmoñ|ería *f* bigotteria; **~o** *adj* bigotto
gaznate *m* gola *f*, strozza *f*; *gastr* cannoncino fritto
gazpacho *m (gastr) ~ andaluz* ="zuppa fredda di verdure passate"; *~ manchego* ="specie di pizza cotta al forno, spezzettata e cucinata in brodo di cacciagione"
gazuza *f fam* fame; *am* baccano *m*
geiser *m* geyser *inv*
gel *m* gel; *~ de baño* schiuma da bagno, bagnoschiuma; **~atina** *f* gelatina; **~atinoso** *adj* gelatinoso
gema *f min/bot/zool* gemma; **~ción** *f* gemmazione
gemelo 1. *adj/s* gemello; **2.** *mpl* 1. binocolo *m*; 2. gemelli (*camisa*)
gemi|do *m* gemito, lamento; **~nación** *f* geminazione
Géminis *m astr* Gemelli *mpl*
gemir *<12 gimo; gimió>* *vi* gemere, lamentarsi; guaire (*animal*); cigolare (*objetos*)
gen *m biol* gene; **~ciana** *f bot* genziana

gendarme *m* gendarme; ~**ría** *f* gendarmería

geneal|ogía *f* genealogia; ~**ógico** *adj* genealogico

gener|ación *f* generazione; ~**ador** *adj/s* generatore

general 1. *adj* generale; comune, usuale; *de modo ~* in generale; *por lo/en ~* generalmente, in genere; **2.** *m mil/eccl* generale; *~ de brigada, de división, en jefe* generale di brigata, di divisione, di corpo d'armata; ~**a** *f* generala, generalessa; moglie del generale; *tocar ~* suonare l'adunata; ~**ato** *m* generalato

generali|dad *f* generalità; *pol* parlamento *m* (*Cataluña, Valencia*); ~**tat** *f* governo regionale *m* (*Cataluña, Valencia*); ~**zación** *f* generalizzazione; ~**zar** <*generalicé*> *vt* generalizzare

generar *vt* generare, produrre, far sorgere

generat|ivo *adj* generativo; ~**riz** *adj/f mat* generatrice

genérico *adj* generico

género *m* genere, qualità *f*, specie *f*; *lit/mus/ling/com* genere; *com* articolo; tessuto; *(pitt) de ~* di costumi; *(teatro) ~ chico* opere brevi e leggere; *ser del ~ bobo/tonto* essere una sciocchezza

generos|idad *f* generosità; magnanimità; prodezza; ~**o** *adj* generoso; magnanimo, nobile; prode; abbondante

genésico *adj* genetico

génesis 1. *f* genesi; 2. *m* genesi (*libro*)

genétic|a *f* genetica; ~**o** *adj* genetico

genetista *m/f* genetista

genial *adj* geniale; forte, bello; ~**idad** *f* genialità; stravaganza

genio *m* 1. *art/mit* genio; talento; 2. carattere, temperamento; *estar de mal ~* essere di cattivo umore; *tener mal ~* avere un cattivo carattere, caratteraccio; *~ pronto/vivo* temperamento irascibile; *corto de ~* corto di mente

genit|al <*pl genitales*> **1.** *adj* genitale; **2.** *mpl med* genitali; ~**ivo** *adj/m* genitivo

geno|cidio *m* genocidio; ~**ma** *m biol* genoma; ~**tipo** *m biol* genotipo

Génova *geogr* Genova

genovés *adj/s* genovese; *ant* banchiere

gente 1. *f* gente; stirpe, popolo *m*; *mil* soldati *mpl*; famiglia; 2. *fpl* genti; *eccl* Gentili; *~ de bien, de cuidado, de escaleras abajo, de medio pelo, de paz* gente onesta/per bene, pericolosa, di servizio, dappoco, pacifica; *~ bien/guapa* jet-set; *ande yo caliente y ríase la ~* parli pure la gente; *ser (mucha) ~* essere importante; *ser buena ~* essere delle brave persone; ~**cilla** *f* gentuccia, genterella

gentil 1. *m* gentile, pagano; **2.** *adj* gentile, leggiadro, cortese; *~ hombre* gentiluomo; *(iron) ¡~ disparate!* Bella cosa!, Bello sproposito!; ~**eza** *f* gentilezza, garbo *m*, grazia, leggiadria; ~**hombre** *m* gentiluomo; ~**icio** *adj/m* gentilizio

gentío *m* folla *f*, moltitudine *f*, ressa *f*, calca *f*

gentuza *f* gentaglia

genu|flexión *f* genuflessione; ~**ino** *adj* genuino, puro, autentico

geod|a *f geol* geode *m*; ~**esia** *f* geodesia; ~**ésico** *adj* geodetico

geogr|afía *f* geografia; ~**áfico** *adj* geografico

geógraf|o, -a *m/f* geografo, -a

geolog|ía *f* geologia

geólog|o, -a *m/f* geologo, -a

geom|etría *f* geometria; ~**étrico** *adj* geometrico

Georgia *f geogr* Georgia; *~**no** *adj/s* georgiano

geórgico *adj* georgico; *(lit) las *~ as* le Georgiche

geranio *m bot* geranio

geren|cia *f* gestione, gerenza; ~**te** *m/f* direttore, -trice, gerente, gestore, -trice; prorettore vicario (*universidad*)

geri|atra *adj/s* geriatra; ~**atría** *f* geriatria; ~**átrico** *adj* geriatrico

gerifalte *m zool* girifalco; *mil* falconetto; *fig* pesce grosso; *vivir como un ~* vivere come un pascià

germ|anía *f* **1.** *hist* corporazione (delle arti) (*Valencia, s. XVI*); **2.** *ant* gergo della malavita *m*; ~**ánico** *adj* germanico, germano; *fig* tedesco; ~**anismo** *m* germanismo, germanesimo; ~**anística** *f* germanistica; ~**anio** *m chim* germanio; ~**ano** *adj/s* germano, germanico, tedesco; ~**anófilo** *adj/s* germanofilo; ~**anófobo** *adj/s* germanofobo

germ|en *m* germe, embrione; *fig* origine *f*; ~**icida** *adj/m* germicida

germin|ación *f bot* germinazione, germogliamento *m*; ~**al** *adj/m* germinale; ~**ar** *vi* germinare, germogliare; ~**ativo** *adj* germinativo

geront|ología *f* gerontologia; ~**ólogo, -a** *m/f* gerontologo, -a

gerund|ense *adj/s* (persona) di Gerona; ~**io** *m ling* gerundio

gesta *f* gesta *inv*; *cantar de ~* chanson de geste *fr*/canzone di gesta *raro*; ~**ción** *f* gestazione; *en ~* in gestazione; ~**r** *vi* essere in gestazione; ~**torio** *adj* gestatorio

gesticul|ación *f* gesticolazione; ~**ar** *vi* gesticolare

gestión *f* gestione; *hacer ~es* fare pratiche

gestionar *vt adm* fare pratiche; *ius* seguire delle cause

gesto *m* gesto; smorfia *f*; *torcer el ~* fare una smorfia; ~**r** *adj/s* amministratore; gerente, gestore, direttore; ~**ría** *f* agenzia per pratiche amministrative

gestual *adj* gestuale

gib|a *f* gobba; *med* gibbo *m*; *fig* fastidio *m*, noia; ~**elino** *adj/s* ghibellino; ~**oso** *adj* gobbo, gibboso

Gibraltar *f geogr* Gibilterra

gigant|e 1. *adj/s* gigante; **2.** *m* colosso; *~ con los pies de barro* colosso dai piedi d'argilla; ~**esco** *adj* gigantesco; ~**ismo** *m med* gigantismo; ~**ón** <*pl gigantones*> **1.** *adj/s* gigantone; **2.** *mpl teatro* pupazzi giganti da mascherate

gil *m am/pop* necio, tonto

gili, ~**pollas** *m/f vulg* coglione, -a, testa di

cavolo *f pop*; cretino, -a, *est* balordo, -a *est*; **~pollez** *f vulg* coglioneria, cazzata, castronaggine *est*, balordaggine *est*, imbecillità *est*, stupidità *est*
gimn|asia *f* ginnastica; **~asio** *m sport* palestra *f*; *stud/ant* ginnasio; **~asta** *m/f* ginnasta; **~ástico** *adj* ginnastico
gimote|ar *vi* piagnucolare, frignare; **~o** *m* piagnucolio, frignio
gin *m* gin *ingl/inv*
Ginebra *geogr* Ginevra
ginebr|a *f* gin *m/inv* (*licor*); **~ino** *adj/s* ginevrino
ginec|eo *m* gineceo; **~ología** *f med* ginecologia; **~ólogo, -a** *m/f* ginecologo, -a
gingivitis *f/inv med* gengivite *f*
gira *f teatro* tournée; giro *m*; *estar de ~* essere in tournée; **~dor** *adj/s com* traente
giralda *f* banderuola, girotta; *~ de Sevilla* ="campanile della cattedrale di Siviglia" *m*
girándula *f* girandola
girar 1. *vi* girare; **2.** *vt (com) ~ una letra* spiccare, emettere una tratta
girasol *m bot* girasole; *fig* adulatore
giratorio *adj* girevole; giratorio; *puerta ~a* porta girevole; *sentido ~* senso giratorio
giro *m* giro; *com* tratta *f*, effetto; vaglia *inv*; *ling* giro; *fig* indirizzo; *~ bancario* effetto bancario; *~ a la vista* tratta a vista; *~ negociable* effetto negoziabile; *~ postal, telegráfico* vaglia postale, telegrafico; *~ de negocios* giro di affari
girola *f arch* navata dell'abside
giroscopio *m* giroscopio
gitan|ada *f* 1. azione da zingari; 2. moina; **~ería** *f* 1. lusinga, adulazione; 2. frotta di zingari; **~esco** *adj* zingaresco; **~ismo** *m* modi *mpl*, vita zingaresca *f* e parola *f* di origine zingara; **~o** *adj/s* gitano, zingaro spagnolo; *fig* adulatore, seduttore
glaci|ación *f* glaciazione; **~al** *adj* glaciale; gelido; **~ar** *m* ghiacciaio; **~ario** *adj* glaciale
gladiador *m* gladiatore
gladiolo, -gladíolo *m bot* gladiolo
glande *m med* glande
glándula *f* ghiandola; *~ endocrina, exocrina, sebácea* ghiandola endocrina, esocrina, sebacea
glandul|ar *adj* ghiandolare; **~oso** *adj* glanduloso
glasé *adj/m* glacé
glásnost, glasnost *f pol* glasnost
glauco *adj* glauco, verdemare; **~ma** *m med* glaucoma
gleba *f hist* gleba; *agr* zolla
glic|érido *m* gliceride; **~erina** *f* glicerina
glícido *m* glucide
glic|ina *f bot* glicine *m*; *chim* glicina, glicocolla; **~ógeno** *m* glicogeno; **~ol** *m chim* glicol, glicole
global *adj* globale, complessivo, totale; **~izar** <*globalicé*> *vt* considerare globalmente
globo *m* globo, sfera *f*, palla *f*, palloncino; fumetto (*tebeo*); *~ del ojo* globo oculare; *~ piloto, sonda* pallone pilota, sonda; *en ~* in globo, in massa
globul|ar *adj* globulare; **~ina** *f* globulina
glóbulo *m* globulo

glori|a 1. *f* gloria, onore *m*, fama; *fig* piacere *m*; *estar en la ~* gongolare di gioia; *saberle a ~ algo* andar matto per qc; *que en ~ esté* Che Dio l'abbia in gloria; *sin pena ni ~* senza infamia e senza lode, imbecillità mediocremente; 2. *m eccl* Gloria; **~arse** <*2 glorío*> gloriarsi, vantarsi (de di); **~eta** *f* 1. piazza con giardinetto; 2. piazzola di un giardino; 3. gloriette *fr/inv*
glorific|ación *f* glorificazione; **~ador** *adj* glorificatore; **~ar** <*glorifiqué*> *vt* glorificare, esaltare
glorioso *adj* glorioso, illustre; beato
glos|a *f* glossa, chiosa, postilla; *mus* variazione; **~ador** *adj/s* chiosatore, glossatore; **~ar** *vt* chiosare, glossare, annotare; **~ario** *m* glossario; **~ema** *m* glossema; **~emática** *f* glossematica; **~itis** *f med* glossite
glosopeda *f med* afta epizootica
glot|is *f/inv med* glottide *f*; **~ología** *f ling/raro* glottologia, linguistica
glot|ón *adj* ghiottone, goloso; **~onería** *f* ghiottoneria, golosità
gluc|emia *f med* glicemia; **~ina** *f chim* glucina; **~inio** *m min* glucinio; **~osa** *f* glucosio *m*
glut|amato *m chim* glutammato; **~amina** *f* glutammina; **~eína** *f* glutenina; **~en** *m* glutine
glúteo *m* gluteo
glutinoso *adj* glutinoso
gneis *m min* gneis
gnomo *m* gnomo; **~n** *m* gnomone
gnos|eología *f* gnoseologia; **~ticismo** *m* gnosticismo; **~is** *f* gnosi
goal *m ingl sport* goal *inv*, rete *f*
gobelino *m* gobelin *fr*
gobern|ación *f* governo *m*; *(hist) ministerio de la ~* ministero degli interni; **~ador, -ra** *m/f* governatore, -trice; *~ civil* prefetto; **~alle** *m mar* timone, governo; **~ar** <*5a gobierno*> *vt* governare, reggere; dirigere, condurre; *fig* dominare
gobierno *m* governo; mantenimento, amministrazione *f*; *mar* timone; *~ autonómico* governo regionale autonomo; *~ civil* prefettura; *~ militar* comando militare; *~ a la sombra* governo ombra; *Presidente del *~* Capo del Governo; Presidente del Consiglio/Primo Ministro; *para ~ de alg* per (tua, sua...) norma; *(fam) mirar contra el ~* essere guercio/guardare di sbieco; *servir de ~* servire di norma
goce *m* piacere, godimento, diletto; *ius* usufrutto, godimento
goch|o, -a *m/f fam* maiale, -a
godo 1. *adj* gotico; **2.** *m* goto; *am/desp* spagnolo; *desp* spagnolo continentale (*Canarias*)
gol *m sport* gol, rete *f*; **~a** *f* 1. *med/mil* gola; 2. gorgiera (*cuello*); 3. *arch* modanatura a S; **~eada** *f sport* goleada; **~eador** *m* goleador *inv*, cannoniere; **~ear** *vi* segnare goal
goleta *f mar* goletta
golf *m ingl/sport* golf; **~a** *f* sgualdrina; **~ería** *f* monelleria, ragazzata; *desp* bricconata, birbonata; **~illo, -a** *m/f* monello, -a; **~ista** *m/f* giocatore, -trice di golf; **~o 1.** *m*

geogr golfo; **2.** *adj/s* briccone, mascalzone, birbante
gollería *f* ghiottoneria, golosità; *fig* delicatezza
gollete *m* gola *f*, strozza *f*; *estar hasta el ~* averne fin sopra gli occhi
golondrin|a *f zool* rondine (*pájaro-pez*); *una ~ no hace verano* una rondine non fa primavera; **~o** *m med/fam* foruncolo nell'ascella; *zool* rondinella *f*
golos|ina *f* golosità; cibo ghiotto/appetitoso *m*; caramella; **~o** *adj* goloso, ghiotto
golpazo *m* gran colpo, picchiata *f*
golpe *m* colpo, percossa *f*, botta *f*; *pol* golpe (*am, España*), colpo; *agr* buca *f*; *~ bajo* colpo basso; *~ de ariete* colpo d'ariete; *~ de pecho* mea culpa; *~ de efecto* gioco/scena d'effetto; *~ de Estado* colpo di Stato; *~ de gracia* colpo di grazia; *~ de fortuna* colpo di fortuna; *~ de vista, de mano, de tos...* colpo di vista, di mano, di tosse; *de ~ (y porrazo)* di colpo, tutto d'un colpo; *acusar el ~ alg* essere un colpo per qc; *dar el ~* fare colpo; *no dar ~* fare il fannullone, battere la fiacca; essere un fannullone
golpe|ar *vt* colpire, battere, picchiare; **~o** *m*, **~adura** *f* battitura *f*; **~teo** *m* picchio
golpista *m/f* golpista
gom|a *f* 1. gomma; *~ arábiga, de borrar, elástica, laca* gomma arabica, gomma (per cancellare), elastica/caucciù, lacca; *~ de mascar* gomma americana; *~ espuma* gommapiuma; 2. elastico *m*; *sujeto con una ~* stretto con un elastico; 3. *euf* guanto *m*, preservativo *m/est*; **~inola** *f* giuggiola (*caramelo*); **~osis** *f bot* gommosi; **~oso 1.** *adj* gommoso; **2.** *adj/m fig* damerino
gón|ada *f med* gonade; **~dola** *f* gondola
gondolero *m* gondoliere
gonfal|ón *m* gonfalone; **~onero** *m* gonfaloniere
gong *m* gong *inv*
goniómetro *m* goniometro
gono|coco *m med* gonococco; **~rrea** *f med* gonorrea, blenorragia
gordinflón *adj/s* ciccione
gordo 1. *adj* grasso; grosso; spesso; *hilo ~* filo grosso, spesso; *pez ~* pezzo grosso; *armarse la ~a* succedere un putiferio; *hacer la vista ~a* far finta di non vedere/chiudere un occhio; *ocurrir algo ~* succedere qualcosa di grosso; *tocar el ~ a alg* vincere un terno al lotto *(a.fig)*/il primo premio della lotteria; **2.** *m* primo premio della lotteria; *am* grasso (della carne)
gordolobo *m bot* verbasco, tassobarbasso
gordura *f* grassezza, corpulenza; grasso *m*
gorgojo *m zool* gorgoglione; *fig* pulce *f*
gorgo|ritear *vi* gorgheggiare; **~rito** *m* gorgheggio; **~tear** *vi* gorgogliare; **~teo** *m* gorgogliamento
gorguera *f* gorgiera
gorigori *m iron* canto lugubre, nenia funebre *f*
gorila *m zool* gorilla *inv*; *fig* guardia del corpo *f*, buttafuori *inv*
gorj|a *f* gorgia, gola; *estar de ~* essere allegro; **~ear 1.** *vi* gorgheggiare; **2. ~se** balbettare *vi*; **~eo** *m* gorgheggio; balbettio (*niño*)
gorra 1. *f* berretto *m*; cuffia (*niño*); 2. *m fig* scroccone; *de ~* gratis
gorr|inería *f* porcheria; **~ino** *adj/m zool/fig* maiale, porco
gorrión *m* passero, passerotto
gorro *m* berretto; *poner el ~ a alg* mettere in ridicolo q
gorr|ón 1. *adj/s* scroccone; uomo vizioso; **2.** *mec* perno; **~ona** *f* prostituta; **~onear** *vi* scroccare *vt*; **~onería** *f* scroccheria; tirchieria
gota 1. *f* goccia, stilla; *~ a ~* a goccia a goccia; *ni ~* niente, neanche una goccia; *(meteo) ~ fría* ="massa d'aria isolata prodotta dalla corrente a getto"; *la ~ de agua que colma la medida/el vaso* la goccia che fa traboccare il vaso; *parecerse como dos ~s de agua* somigliarsi come due gocce d'acqua; *sudar la ~ gorda* sudare sette camicie; 2. *med* gotta; 3. *m (med) ~ a ~* fleboclisi *f*, flebo *f*; 4. *fpl* goccio *m* (*licor,leche*); *cuatro ~s* quattro gocce
gote|ar *vi* gocciolare, stillare; dare o ricevere a poco a poco; **~o** *m* gocciolio; **~ra** 1. *f* gocciolatura; macchia d'umidità, perdita d'acqua; fessura; *arch* gocciolatoio *m*, grondaia; 2. *fpl fig* acciacchi *mpl*; *am* dintorni *mpl*; **~ro** *m med* fleboclisi *f*; *am* contagocce *inv*; **~rón** *m* gocciolone; *arch* goccia *f*; *arch* grondaia *f*
gótico *adj/s* gotico; *~ flámigero, florido* gotico fiammeggiante, fiorito
gotoso *adj med* gottoso
goza|da *f* piacere *m*, goduta; **~r** <*gocé*> **1.** *vi/vt* godere; **2. ~se** compiacersi, godere *vi*
gozne *m* ganghero, cerniera *f*
gozo 1. *m* piacere, godimento, gioia *f*, allegria *f*; 2. *mpl eccl* laudi alla Vergine *fpl*; **~so** *adj* gioioso, allegro, contento
grab|ación *f* registrazione; **~ado** *m* incisione *f*, intaglio; *~ al agua fuerte* incisione all'acqua forte; *~ en cobre, en madera* intaglio su rame, su legno; **~ador, -ra** 1. *m/f* incisore, -a, intagliatore, -trice; 2. *f am* registratore a nastro *m*; **~ar** *vt mus/cine* registrare; incidere; intagliare; *fig* imprimere, stampare
gracejo *m* arguzia *f*, grazia *f*, vivacità *f*
gracia 1. *f* grazia; gentilezza; bontà, favore *m*; *ius* grazia; *en ~ de Dios* in grazia di Dio; *en ~ a* grazie a; *¡Qué ~!* Che bello!, Che simpatico!; *caer en ~* essere nelle grazie; *¡Vaya ~!* Bella cosa!; *dar en la ~ de algo* prendere la mania di qc; *hacer ~* piacere, essere simpatico; far ridere; *hacer otra ~ de las suyas* farne un'altra delle sue/farne un'altra delle belle; *hacer ~ de* fare il favore/la grazia di; *reírle la(s) ~(s) a alg* esaltare, elogiare; *tener ~* essere spiritoso/divertente, far ridere; *¡~s!* Grazie!; *~s a* grazie a; *¡y ~s!* e devi dire pure grazie...; *dar las ~s* ringraziare; 2. *fpl mit* Grazie
grácil *adj* gracile, debole, delicato
gracilidad *f* gracilità, delicatezza

gracios|idad *f* grazia, bellezza; **~o** *adj* grazioso, piacevole, bello; gratuito; *teatro* comico, buffone; *estaría ~* sarebbe bello; *lo ~ es que* il bello è che; *¡Qué ~!* Che bello!; *iron* Che spiritoso!
grada 1. *f* gradino *m*; *eccl* grata; *agr* erpice *m*; 2. *fpl* gradinata *f*
grada|ción *f* gradazione; **~r** *vt agr* erpicare
graderí|a *f* gradinata; **~o** *m* gradinata *f* (*estadio, plaza de toros*)
grado *m* 1. grado; 2. piacere; *en ~ sumo* in sommo grado; *en tal ~* tanto che; *por ~s* a grado a grado; *de (buen) ~* volentieri; *de mal ~* malvolentieri
gradua|ble *adj* graduabile; **~ción** *f* gradazione (*alcohol*); *mil/mat* graduazione; **~do 1.** *adj* graduato; **2.** *adj/s* laureato o diplomato universitario; *~ escolar* licenza media; **~dor** *m* goniometro; **~l** *adj* graduale; **~r** *<2 gradúo>* **1.** *vt* graduare; classificare; *mil* promuovere; **2.** *~se* laurearsi o diplomarsi all'Università
graf|ema *m* grafema; **~fiti** *mpl* graffiti; **~ía** *f* grafia
gráfi|ca *f* grafica (*dibujo*); grafico *m*; **~co** *adj/m* grafico
graf|ila *f*, **gráfilo** *m* granitura *f*; **~ito** *m min* grafite *f*; **~ología** *f* grafologia; **~ólogo, -a** *m/f* grafologo, -a
gragea *f med* pillola
grajo *m zool/fig* cornacchia *f*
grama *f bot* gramigna
gram|ática *f* grammatica; *~ parda* furberia; **~atical** *adj* grammaticale; **~aticalización** *f* grammaticalizzazione; **~ático** *adj/s* grammatico
gram|ínea *f bot* graminacea; **~o** *m* grammo; **~ófono** *m* grammofono; **~ola** *f* antico grammofono *m*
gran *adj* gran, grand', grande; *~ libro, cosa, señor* gran libro, cosa, signore; *~ hombre* grand'uomo; *~ acción* grande azione, grand'azione; *(foto) ~ angular* grandangolare; *~ español* grande spagnolo
grana *f bot* granitura; *zool* grana, cocciniglia; grana (*color*)
grana|da *f mil* granata; *bot* melagrana, granata; **~* Granata; **~dero** *m* granatiere
grana|dino 1. *adj/s* granatino, di Granata; **2.** *m* ="canto andaluso"; **~do 1.** *adj* granito, maturo; **2.** *m bot* melograno, granato; *(fig) lo más ~* il fior fiore; **~r** *vi bot* granire; **~te** *m* granata *f*, granato; **~zón** *f* granitura
Gran Bretaña *f geogr* Gran Bretagna; *(desp/euf) hijo de la ~* figlio di mignotta
grande 1. *adj* grande, gran, grand'; *a lo ~* in grande; *estar ~ (algo)* essere grande (qc); *venir ~ (algo) a alg* essere (qc) troppo per q; **2.** *m* grande, nobile; **~ de España* Grande di Spagna; **~za** *f* grandezza, nobiltà
grandiloc|uencia *f* magniloquenza, grandiloquenza; **~uente** *adj* grandiloquente, magniloquente, grandiloquo
grandios|idad *f* grandiosità; **~o** *adj* grandioso
grandull|ón, -ona *m/f fam* grandiglione, -a
grane|ar *vt agr* seminare a spaglio; **~l: a ~** *adv* a mucchi; *vender a ~* vendere ad occhio; vendere merce sciolta; **~ro** *m* granaio
granítico *adj* granitico
granito *m* 1. *geol* granito; 2. granello
graniz|ada *f meteo* grandinata; *am* granita; **~ado** *m* granita *f*; **~ar** *vi/imp* grandinare; **~o** *m meteo/fig* grandine *f*; *med* nubecola dell'occhio *f*
granj|a *f* 1. fattoria, podere *m*, masseria; 2. allevamento avicolo o avicunicolo *m*; **~earse** acquistarsi, cattivarsi; **~ero, -ra** *m/f* imprenditore, -trice agricolo, -a; massaio, -a
grano *m* 1. grano, granello (*arena*); 2. chicco (*café, arroz, trigo...*); 3. acino (*uva*); 4. *med* brufolo, bollicina *f*, foruncolo, pustoletta *f*; 5. grana *f* (*superficie*); *(bot) ~s del Paraíso* semi di amomo; *vayamos al ~* veniamo/andiamo al fatto, al sodo, al nocciolo, al fondo della questione; *aportar un ~ de arena* cooperare, recare un contributo; *no ser (algo) ~ de anís* non essere (qc) cosa dappoco
granuj|a *m/f* birbante, mascalzone, -a, lazzarone, -a; **~ada** *f* canagliata; **~iento** *adj* granuloso; **~illa** *m/f* birbantello, -a, birba
granul|ación *f* granulazione; **~ado 1.** *adj* granulato; **2.** *m med* preparato/medicina *f* in granuli; **~ar 1.** *adj* granulare; **2.** *vt* granulare
gránulo *m cient* granulo
granzas *fpl agr* mondiglie; scorie
grao *m reg* porto
grapa *f* grappa, graffa; **~dora** *f* cucitrice, graffatrice; **~r** *vt* cucire, graffare
Grapo *m pol* ="gruppo (rivoluzionario armato) di resistenza antifascista 1° ottobre"
gras|a 1. *f* grasso *m*; *fig* unto *m*; 2. *fpl metal* scorie; **~iento** *adj* unto, untuoso; *fig* sudicio; **~o 1.** *adj* grasso, adiposo; **2.** *m* grassezza *f*; **~oso** *adj* untuoso
gratific|ación *f* gratificazione, gratifica; *com* buonuscita; **~ante** *adj* gratificante; **~ar** *<gratifiqué>* *vt* gratificare; far piacere *vi*
gratinar *vt* gratinare
gratis *adv* gratis, gratuitamente
gratitud *f* gratitudine, riconoscenza
grato *adj* grato, gradito, gradevole, piacevole; *persona non ~a* persona non grata; *(am) estar ~* essere grato; *me es ~ comunicarle* è per me un piacere comunicarle
gratui|dad *f* gratuità; **~to** *adj* gratuito
grava *f* ghiaia; **~men** *m ius* gravame; **~r** *vt ius/fig* gravare; pesare
grav|e 1. *adj* grave; importante, difficile (*asunto*); serio; *ling* piana (*palabra*); *ling* grave (*acento*); basso (*sonido*); *estar ~* essere grave; **2.** *m fis* grave; **~edad** *f* gravità; serietà, importanza; **~idez** *f* gravidanza
grávido *adj* gravido
grav|illa *f* ghiaia; **~itación** *f* gravitazione;

~**itar** *vi* gravitare, pesare; ~**oso** *adj* gravoso, oneroso
grazn|ar *vi* gracchiare, gracidare; ~**ido** *m* gracchiata *f*, gracchiamento, gracchio (*pájaro*); gracchio; gracidio (*ranas*)
Grec|ia *f geogr* Grecia; *~**o** V. **griego**
gred|a *f* creta, argilla; ~**oso** *adj* argilloso, cretoso
greg|ario *adj/m sport/fig* gregario; ~**arismo** *m* gregarismo
gregoriano *adj* gregoriano
greguería 1. *f* chiasso *m*, baccano *m*, cagnara; 2 *fpl lit* ="brevi composizioni letterarie di Ramón Gómez de la Serna"
gregüescos *mpl* ="calzoni molto larghi (S.XVI-XVII)"
grelos *mpl bot* foglie tenere di rapa *fpl* (*Galicia, León*)
gremi|al *adj* corporativo; ~**alismo** *m* corporativismo; ~**o** *m* corporazione *f*; corpo; *Arg* sindacato
greña *f* chioma scarmigliata; zazzera; *andar a la* ~ prendersi per i capelli
gres *m* gres *inv*
gresca *f* alterco *m*, rissa; cagnara
grey *m lit* gregge *est/lit*
Grial *m* Graal
griego *adj/s* greco; *(fig) hablar* ~ parlare arabo
grieta *f arch* crepa, fenditura, fessura; *med* ragade; ~**rse** screpolarsi, fendersi
grif|a *f* marijuana, erba; ~**ería** *f* 1. rubinetteria; 2. negozio *m* o fabbrica di rubinetteria; ~**o** *m* rubinetto; *mit* grifone
grill *m* grill *inv*; ~**arse** *bot* tallire *vi*; ~**ete** *m* ceppo(*presos*); ~**o** 1. *m zool* grillo; *bot* tallo; ~ *cebollero/real* grillotalpa; *tener la cabeza como una olla de* ~*s* avere la testa che scoppia; 2. *mpl* ceppi (*presos*)
grima *f* irritazione, fastidio *m*; *dar* ~ irritare, dar fastidio
grímpola *f mar* gagliardetto *m*
gringo *adj/s desp/am* straniero; *am* Yankee
grip|a *f am* V. **gripe**; ~**al** *adj* influenzale; ~**e** *f med* influenza
gris 1. *adj* grigio; **2.** *m* 1. vento gelido; freddo intenso; 2. *zool* scoiattolo siberiano; 3. *ant* poliziotto; ~**áceo** *adj* grigiastro; ~**ón** *adj/s* grigione; ~**ú** *m* grisù *inv*
grit|ar 1. *vi* gridare, strillare, urlare; sbraitare, schiamazzare; **2.** *vt* fischiare, disapprovare; gridare; ~**ería** *f*, ~**erío** *m* vocio *m*, schiamazzo *m*; gazzarra *f*, cagnara *f*; ~**o** *m* grido, urlo, strillo; *a* ~ *pelado/a* ~*s* a squarciagola/a più non posso; *estar en un* ~ gridare di dolore; *poner el* ~ *en el cielo* fare uno scandalo; ~**ón** *adj/s* gridone, urlone, strillone
gros|ella *f bot* ribes *m/inv*; ~**ellero** *m* ribes *inv* (*pianta*)
gros|ería *f* villania, scortesia, volgarità; ~**ero** *adj/s* villano, grossolano, scortese
gros|or *m* spessore, grossezza *f*; ~**ura** 1. *f* grassezza, grasso *m*; 2. *fpl* frattaglie
grotesco *adj* grottesco; ridicolo, stravagante
grúa *f* gru *inv*, carro attrezzi *m*
gruesa *f* grossa (*medida*)
grueso 1. *adj* grosso, spesso; grande, corpulento, voluminoso; ottuso (*inteligencia*); *en* ~ all'ingrosso; **2.** *m* spessore, grossezza *f*; *mil* grosso, parte principale *f*
grulla *f zool* gru *inv*
grumete *m mar* mozzo
grumo *m* grumo, coagulo (*harina, sangre*...); mucchio; *bot* germoglio; ~**so** *adj* grumoso
gruñ|ido *m* grugnito (*cerdo*); ringhio (*perro*); *fig* brontolio; ~**ir** *vi* grugnire; ringhiare; *fig* brontolare; ~**ón** *adj/s* brontolone
grup|a *f* groppa, anca; *volver* ~*s* tornare indietro; ~**era** *f* groppiera; ~**eto** *m mus* gruppetto; ~**o** *m* gruppo; ~**úsculo** *m* gruppuscolo
gruta *f* grotta, caverna, spelonca, antro *m*
guache *m pitt* guazzo; *am* villano, zoticone
guadaña *f* falce fienaia; ~**dora** *f* falciatrice
guagua 1. *f Ant/Canarias tras* pullman *m*, corriera; 2. *m/f Chile* bebé
guaj|a *m* birbante, lazzarone; ~**e** *adj/s* tonto; ~**iro, -a** *m/f* contadino, -a bianco, -a cubano, -a; ~**olote** *m Mex* tacchino; *fig* sciocco
guald|a *f bot* reseda, reseda dei tintori; ~**o** *adj* giallo
gualdrapa *f* gualdrappa
guan|aco *m zool* guanaco; *fig* scemo; ~**o** *m* guano
guant|ada *f*, ~**azo** *m* schiaffo *m*
guante *m* guanto; *arrojar el* ~ gettare il guanto; *echarle el* ~ *a alg* acchiappare, ghermire q; *poner a alg más suave que un* ~ ammansare, calmare q; *recoger el* ~ raccogliere il guanto; ~**ra** *f auto* cassetto del cruscotto *m*; guantaia (*mujer*); ~**ría** *f* guanteria
guap|etón *adj* bellimbusto, bullo; ~**etona** *adj* donna avvenente, bona *pop*; ~**eza** *f* risolutezza, coraggio *m*; spavalderia; ~**o** 1. *adj* bello; *am* coraggioso; galante; 2. *desp* guappo, bravaccio
guaraches *mpl Mex* sandali rozzi
guarda 1. *m* guardia *f*, custode, guardiano; ~ *forestal* guardia forestale; ~ *jurado* guardia giurata/vigilante giurato; 2. *f* vigilanza, custodia, tutela; *tip* guardia; *el ángel de la* ~ l'angelo custode; 3. *mpl* congegni della serratura
guarda|barrera *m/f* guardabarriere *inv*; ~**barros** *m/inv* parafango *m*; ~**bosque** *m/f* guardaboschi *inv*; ~**brisa** *m* parabrezza *inv*; ~**coches** *m/f/inv* posteggatore, -trice *m/f*; ~**costas** *m/f/inv* guardiacoste; ~**espaldas** *m/f/inv* guardia del corpo *f*; ~**frenos** *m/f/inv* guardafreni; ~**gujas** *m/f/inv tras* guardascambi; ~**mano** *m* guardia *f* (*arma*); ~**meta** *m/f sport* portiere *m*; ~**muebles** *m/inv* magazzino/deposito per mobili *m*; ~**polvo** *m* camice, spolverino
guardar 1. *vt* conservare, custodire; vigilare, sorvegliare; osservare, adempiere; proteggere, riparare; tenere, serbare; ~ *cama* stare a letto; ~ *las distancias* man-

tenere le distanze; ~ *silencio* stare in silenzio/tacere; ~ *del frío* proteggere dal freddo; *el mar guarda tesoros* il mare serba tesori; **2.** ~*se de hacer algo* guardarsi dal fare qc; ~*sela a alg* giurarla a q
guardarrop|a *m* guardaroba; *teatro* guardarobiere; ~**ía** *f* guardaroba *m*
guardavía *m* cantoniere, guardavia *inv*
guardería *f* asilo infantile *m*, asilo nido *m*
guardi|a 1. *f* guardia, sorveglianza, custodia, difesa; *estar en* ~ essere in guardia; *estar de* ~ essere di turno/avere il turno di guardia; 2. *m* guardia *f* (*persona*); *mil* picchetto di guardia; ~ *civil* guardia civile, ="carabiniere spagnolo" (*España*); ~**án** *m* guardiano, custode
guardilla *f* soffitta, mansarda, abbaino *m*
guarecer <*13a guarezco*> **1.** *vt* proteggere, mettere al sicuro; **2.** ~*se* ripararsi, rifugiarsi
guari|cha *f am* donnicciola; ~**da** *f zool/fig* tana, covo *m*; rifugio *m*; ~**smo** *m* cifra *f*, numero
guarnec|er <*13a guarnezco*> **1.** *vt* guarnire; adornare; fornire, provvedere, dotare; **2.** *vi mil* essere di guarnigione; ~**ido** *adj* guarnito
guarnic|ión *f gastr* contorno *m*; guarnizione, ornamento *m*; *mil* guarnigione; castone *m* (*piedras*); ~**ionería** *f* selleria; ~**ionero** *m* sellaio
guarr|ada *f* porcheria; indecenza; *fig* canagliata, brutto tiro *m*; ~**o** *adj/s zool/fig* maiale, porco; ~**ería** *f* indecenza, porcheria
guas|a *f* ironia, burla; *fam* balordaggine; *estar de* ~ aver voglia di scherzare; *déjate de* ~ smettila di scherzare; ~**earse** prendere in giro *vt*, burlarsi (*de* di); ~**ón** *adj/s* burlone
guat|a *f* ovatta, bambagia; ~**eado** *adj* trapunto
Guate|mala *m geogr* Guatemala; *salir de* ~ *y entrar en Guatepeor* cadere dalla padella nella brace; *~**malteco** *adj/s* guatemalteco
guateque *m* festa da ballo *f*, cocktail (-party) *ingl/inv*
guay *infan* **1.** *adj* bello, forte; **2.** *adv* benissimo, Ok
guaya|ba *f bot/am* guaiava; *fig* frottola; ~**bera** *f Cuba* giacchino *m* o camiciola *f* di tela; ~**bo** *m bot/am* guaiavo (*árbol*); *Col/fam* malessere (dopo la sbornia) *fig*; ~**co** *m bot/am* guaiaco; ~**col** *m chim* guaiacolo
guberna|mental, ~**tivo** *adj* governativo
gubia *f* sgorbia
guedeja *f* chioma; ciuffo *m*; criniera (*león*)
guepardo *m zool* ghepardo
güero *adj Mex* biondo
guerra *f* guerra; ~ *atómica, bacteriológica, civil, fría, relámpago, de las galaxias...* guerra atomica, batteriologica, civile, fredda, lampo, stellari...; ~ *de precios* guerra tariffaria; ~ *sin cuartel* guerra a morte; *dar* ~ dare del filo da torcere, dar fastidio; far arrabbiare
guerre|ar *vi* guerreggiare; ~**ra** *f* casacca, giubba; ~**ro** *adj/s* guerriero
guerrill|a *f* guerriglia; ~**ero, -a** *m/f* guerrigliero, -a
gueto *m* ghetto
guía 1. *m* guida *f*, cicerone (*museos, turismo...*); 2. *f* guida, norma, direzione; guida, manuale *m*; ~ *telefónica* elenco telefonico; ~ *de ferrocarriles* orario ferroviario; *agr* guida per l'innesto; *mec* guida; *ius/com* lasciapassare doganale *m*, lettera di vettura; 3. *fpl* redini
guiar <*2 guío*> **1.** *vt* guidare, condurre, dirigere; **2.** ~*se* orientarsi, regolarsi
guij|a *f* ciottolo *m*, sasso *m*; *bot* cicerchia; ~**arro** *m* ciottolo, sasso; ~**arroso** *adj* sassoso, ghiaioso; ~**o** *m* ghiaia *f*
guillotina *f* ghigliottina (*pena*); macchina tagliacarte; *de* ~ a ghigliottina; ~**r** *vt* ghigliottinare
guind|a *f bot* amarena; *mar* altezza massima dell'alberatura; ~**ar** *vt* issare, tirar su; *mar* ghindare; *pop* impiccare; ~**illa** 1. *f* peperoncino piccante *m*; 2. *m fig/desp* guardia *f*; ~**o** *m bot* amareno (*planta*); ~**ola** *f mar* ponte volante *m*
Guinea *f geogr* Guinea
guinea *f* ghinea (*moneda*)
guinj|a *f*, **guínjol** *m bot* giuggiola *f*; ~**o,** ~**olero** *m bot* giuggiolo (*árbol*)
guiña|da *f* ammicco *m*; *mar* straorzata; ~**po** *m* cencio, straccio; *dejar (a alg) hecho un* ~*/poner (a alg) como un* ~ ridurre (q) uno straccio/un cencio
guiñar: ~ **el ojo a alg** strizzare l'occhio a q, ammiccare a q*vi*, fare l'occhiolino a q*vi*
guiñar *vi mar* straorzare
guiño *m* cenno con l'occhio, ammicco; ~**l** *m* teatro dei burattini
guión *m cine* copione; *ling* trattino; schema (*discurso...*); *eccl* stendardo
guionista *m/f cine* sceneggiatore, -trice, scenarista
guipar *vt pop* scorgere *est*, accorgersi di *est*; capire *est*
guiri *m/f gergo/desp* straniero; ~**gay** *m gergo*; garbuglio
guirlache *m* croccante
guirnalda *f* ghirlanda
guis|a *f* guisa, modo *m*, maniera; *a* ~ *de* a guisa di; *de tal* ~ in/di guisa; ~**ado 1.** *m* stufato, fricassea *f*; **2.** *adj* cucinato; *estar (alg) mal* ~ essere (q) di malumore; ~**ante** *m bot* pisello; ~**ar** *vt* cucinare, preparare il mangiare; ~**o** *m* piatto, intingolo
güisquería *f* 1. bar specializzato in whisky *m*; 2. bar equivoco *m*
guita *f* spago *m/est*; *fam/gergo* quattrini *mpl/fam*
guitarr|a *f mus* chitarra; ~**ero, -a** *m/f* fabbricante e venditore, -trice di chitarre; ~**ista** *m/f mus* chitarrista
gula *f* gola, golosità
gurú *m* guru
gusan|illo *m* vermicello, bacherozzolo; *matar el* ~ prendere il cicchetto mattutino; ~**o** *m zool/fig* verme; baco, bruco; *Cuba/desp* verme (*anticastrista*); ~ *de luz* lucciola; ~ *de seda* baco da seta; *el* ~*/gusanillo de la conciencia* il tarlo del rimorso
gusarapo *m* vermiciattolo; animaluccio

gustación *f* degustazione
gustar 1. *vi* piacere; ~ *de* piacere; *para lo que guste usted mandar* a sua completa disposizione, ai suoi ordini; **2.** *vt* gustare, assaporare; assaggiare; *¿usted gusta?* Vuole assaggiare?
gust|azo *m* piacere immenso; *darse el ~* togliersi il gusto, il capriccio; ~**illo** *m* retrogusto; bocca buona *f*
gusto *m* gusto; gusto, sapore; piacere, diletto; *tanto/mucho ~* molto piacere; *al ~* di gusto; *de buen, mal ~* di buon, cattivo gusto; *sobre ~s no hay nada escrito* de gustibus non est disputandum, sui gusti non si discute, è questione di gusti; *estar a ~* stare a (suo) agio/bene/con piacere; *con mucho ~* con molto piacere; *dar ~ a alg* far piacere a q/compiacere q; *darse el ~* togliersi il gusto; *despacharse a su ~* sfogarsi a volontà; *tomar (el) ~ a algo* prendere gusto a qc; ~**so** *adj* gustoso, saporito
guta|gamba *f* gommagutta; ~**percha** *f* guttaperca
gutural *adj/f* gutturale; ~**ización** *f ling* gutturalizzazione

H

¡ha! *excl* ha!, ah!;
haba *f bot* fava; *fig* gonfiore *m*; ="sorpresa del dolce tipico della Befana"; *son ~s contadas* è chiaro lampante; *en todas partes cuecen ~s* tutto il mondo è paese
Habana: La ~ *geogr* L'Avana
haban|era *f* habanera (*danza, y canción*); **~ero** *adj/s* avanese; **~o** *m* sigaro cubano, avana
haber <*he; hube; haya*> **1.** avere (*auxiliar*); *yo he sido buena* sono stata buona; *yo he estudiado mucho* ho studiato molto; **2.** *imper* esserci; *hay una chica extranjera* c'è una ragazza straniera; *hay libros interesantes* ci sono libri interessanti; *hubo una desgracia* ci fu una disgrazia; *había poca gana de trabajar* c'era poca voglia di lavorare; *algo habrá* qualcosa ci sarà; *habrá premios* ci saranno premi; ~ *que* bisognare, essere necessario; ~ *de* dovere; *como hay pocos* come pochi; *es de lo que no hay* è dei (delle) peggiori; *no ~ (algo/ alg) como* non esserci (qc/q) come; *no hay por donde cogerlo* non si sa da dove cominciare; **3.** *vt/ant* avere; *(ant) cinco años ha* cinque anni or sono; **4.** *m* 1. avere; *tener en su ~* avere in suo potere; 2. *mpl* ricchezze *fpl*, beni, patrimonio *m*
habichuela *f bot* fagiolo *m*
hábil *adj* abile; atto, idoneo; *día ~* giorno feriale, lavorativo
habilid|ad *f* abilità, capacità; idoneità, attitudine; **~oso** *adj* ingegnoso
habilit|ación *f* abilitazione; **~ado, -a 1.** *adj* abilitato, -a; autorizzato, -a; **2.** *m/f* concessionario, -a; **~ar** *vt ius/com* abilitare, conferire una procura *vi*; rendere adatto
habit|abilidad *f* abitabilità; *certificado de ~* autorizzazione di abitabilità; **~able** *adj* abitabile; **~ación** *f* stanza, camera; abitazione; ~ *individual, doble* camera singola, doppia; *un piso de 3 ~ones* un appartamento di 3 stanze; **~áculo** *m* abitacolo; **~ante** *m/f* abitante; **~ar** *vt/vi* abitare
hábitat *m* habitat *inv*
hábito *m* 1.abitudine *f*; 2. *eccl* abito; *colgar los ~s* abbandonare/lasciare l'abito; *tomar el ~* prendere/vestire l'abito; *el ~ no hace el monje* l'abito non fa il monaco
habit|uación *f med* assuefazione; **~ual** *adj* abituale, solito; **~uar** <*4 habitúo*> *vt* abituare, *med* assuefare, avvezzare
habla *f* parlata, linguaggio *m*, lingua; *ling* parole *fr*; *perder el ~* perdere la favella; *estar/ponerse al ~* mettersi in contatto; *al ~* pronto (*teléfono*); in ascolto; *país de ~ española* paese di lingua spagnola
habl|ada *f Arg/Mex* pettegolezzo *m*; **~ado** *adj* parlato; *bien, mal ~* corretto di linguaggio, sboccato; **~ador** *adj* chiacchierone; *desp* pettegolo; **~aduría** *f* pettegolezzo *m*, chiacchiera; **~ante** *adj/s* parlante
hablar *vi/vt* parlare; chiacchierare *vi*, conversare *vi*; *dar que ~* far parlare di; *echar a ~* cominciare a parlare; ~ *bien, mal, claro* parlare bene, male, chiaro; ~ *consigo mismo* parlare da solo, tra sé (e sé); ~ *en cristiano* parlare in modo comprensibile; *ni ~* neanche a parlarne; *quien mucho habla mucho yerra* chi molto parla, spesso falla
hablilla *f* pettegolezzo *m*, chiacchiera
haced|ero *adj* fattibile; **~or** *adj* facitore; *el sumo *~* il sommo Fattore
hacend|ado *adj/s* possidente, proprietario; *Arg* latifondista; allevatore di bestiame; **~ero 1.** *adj* laborioso; **2.** *m am* proprietario; **~oso** *adj* laborioso, attivo, massaio
hacer <*hago; haré; hice-hizo; hecho*> **1.** *vt* fare; eseguire; produrre; costruire; contenere; compiere (*tiempo*); *a medio ~* non finito, incompleto; *te hacía en Barcelona* ti credevo a Barcellona; ~ *por/para* cercare di; *hace poco* poco fa; *hace un mes que no le veo* è da un mese che non lo vedo; *¡Qué le vamos a ~!* Che possiamo fare/ farci?; *dar que ~* dar da fare; ~ *una buena* farla bella; ~ *una de las suyas* farne delle belle; ~ *como que* far finta di; ~ *y deshacer* fare e disfare; ~ *de árbitro* fare l'arbitro; ~ *de malo* fare la parte del cattivo; ~ *el amor* fare l'amore; ~ *la cama a alg* fare le scarpe a q; ~ *el caldo gordo a alg* leccare q; ~ *la vida imposible a alg* martirizzare q; ~ *lo que debe* fare il proprio dovere; ~ *presente* ricordare; *~la* farla; **2.** *~se* diventare *vi*, divenire *vi*; risultare *vi*; *~se médico* diventare medico; farsi, rendersi; *~se el gracioso, el interesante, el sueco* fare lo spiritoso, l'interessante, l'indiano; *~se a* abituarsi a; *~se a la mar* imbarcarsi; *~se allá, atrás* farsi più in là, indietro; *~se con algo* riuscire ad ottenere q; *~se con alg* conquistare q; riuscire a trovare q; *~se de nuevas* far finta di non sapere; *~se encima* farsela addosso; *~se pis* farsi la pipì (addosso); *~se ilusiones* illudersi; *~se un lío* confondersi
hach|a *f tec* ascia, scure; torcia, fiaccola; ~ *de guerra* ascia di guerra; *ser un ~* essere un asso; **~azo** *m* colpo d'ascia, asciata *f*; *econ* stangata *f*
hach|e *f* acca; *llámale ~* chiamalo come vuoi; **~emita** *adj/s* hascemita; **~ero** *m* 1. candelabro; 2. boscaiolo (*persona*); **~ís** *m* hashish, erba *f*; **~ón** *m* cero
hacia *prep* verso
hacienda *f* podere *m*; *com/ius* finanza; fortuna; *Arg* bestiame *m*; *Ministerio de *~* Ministero delle Finanze; *Delegación de *~* Intendenza di Finanza; ~ *pública* finanza pubblica
hacina *f* catasta; **~miento** *m* ammucchiamento, ammassamento; **~r** *vt* ammucchiare; accatastare
had|a *f* fata; **~o** *m* fato, destino
hagiogr|afía *f* agiografia; **~áfico** *adj* agiografico
haiga *m desp/iron* macchina di lusso *f*
Hait|í *geogr* Haiti; ***~iano** *adj/s* haitiano
¡hala! *excl* dai!, orsù; (*ánimo*), via (*molestia*); *¡~, ~!* avanti!, dai, dai!
halag|ar <*halagué*> *vt* lusingare; adulare, accarezzare; **~o** *m* lusinga *f*, adulazione *f*, carezza *f*; **~üeño** *adj* lusinghiero; attraente, seducente

halar *vt mar* alare, tirare l'alzaia; *am* tirare
halcón *m zool* falco, falcone, falchetto
hald|a *f* falda; ~**ada** *f* grembialata
¡hale! V. **¡hala!**
hálito *m* alito, fiato, respiro; soffio
halitosis *f* alitosi
hall *m ingl* vestibolo, hall *f/inv*
hall|ar 1. *vt* trovare, incontrare, rinvenire, scoprire; osservare; **2.** *~se* stare *vi*; trovarsi; ~**azgo** *m* scoperta *f*, invenzione *f*; ritrovamento
halo *m* alone; *fig* aureola *f*
haló|fita *f bot* alofita; ~**geno** *adj/m* alogeno
halterofilia *f sport* sollevamento pesi *m*
hamaca *f* amaca; sedia a sdraio
hambr|e *f* fame, *(med)* ~ *canina* fame canina; fame da lupi; *más listo que el* ~ un furbo di tre cotte; *(a. fig) muerto de* ~ morto di fame; *matar de* ~ ammazzare di fame; *pasar* ~ soffrire la fame; *tener un* ~ *que no ve* avere una fame da morire; ~**iento** *adj* affamato; *fig* bramoso; ~**una** *f am/fam* fame
hambur|gués *adj/s* amburghese; ~**guesa** *f gastr* svizzera, hamburger *m*; ~**guesería** *f* paninoteca, burghy *m ingl/inv*
hamp|a *f* malavita; ~**esco** *adj* di malavita, canagliesco; ~**ón** *adj/s* malvivente, furfante
handicap *m ingl/sport* handicap *inv*, ostacolo
hangar *m* hangar *ingl/inv*, aviorimessa *f*
harag|án *adj/s* scansafatiche *inv*, fannullone; ~**anear** *vi* oziare; ~**anería** *f* poltroneria, pigrizia
harap|iento *adj* straccione, lacero, cencioso; ~**o** *m* cencio, straccio, brandello
haraquiri *m* harakiri
haras *m Arg* rimonta dei cavalli *f*
harén, harem *m* harem *inv*
harin|a *f* farina; polvere; *estar metido en* ~ essere già impegnato in qc; *hacerse* ~ ridursi in poltiglia, spappolarsi; *ser* ~ *de otro costal* essere un altro paio di maniche; ~**ero** *adj* da farina; ~**oso** *adj* farinoso
harnero *m* setaccio, crivello
hart|ar 1. *vt* saziare; *fig* annoiare, stancare; **2.** *~se* saziarsi; *fig* stufarsi; ~**azgo** *m* sazietà *f*; scorpacciata *f*; *darse un* ~ farsi una scorpacciata, una grande mangiata; ~**o 1.** *adj* sazio, satollo; stufo, stanco; *estar* ~ *de algo* essere stufo di qc; **2.** *adv* abbastanza; fin troppo; ~**ura** *f* sazietà; abbondanza
hasta 1. *prep* fino (a), sino (a); ~ *las cinco* fino/sino alle cinque; ~ *luego* arrivederci; a più tardi; ~ *mañana* a domani; **2.** *adv* perfino, persino; ~ *te quiere* persino/perfino ti ama; **3.** *conj* finché, fino a che
hastiar <*2 hastío*> *vt* tediare, annoiare, infastidire
hastío *m* tedio, noia *f*, fastidio
hat|ajo *m* branco; *fig* mucchio; ~**illo** *m* fardello; ~**o** *m* fagotto, fardello; corredo; gregge (*animales*); *un* ~ *de mentiras* un mucchio di bugie; *un* ~ *de sinvergüenzas* un branco di gentaglia; *andar con el* ~ *a cuestas* portarsi la casa addosso come le chiocciole; *liar el* ~ fare fagotto; *menear el* ~ *a alg* dare una bastonata a q
hay V. **haber**; c'è, ci sono
hay|a *f bot* faggio *m*; ~**al,** ~**edo** *m bot* faggeto; ~**uco** *m* faggina *f*, faggiola *f*
haz <*pl haces*> 1. *m* fascio; *mil* drappello; 2. *f lit* viso *m*, volto *m*; superficie; 3. *mpl hist* fasci littori
hazaña *f* prodezza, gesta, impresa eroica
hazmerreír *m* zimbello
he *adv* ecco; *heme aquí* eccomi qui; *hele aquí (lit)* eccolo qui *est*
heavy 1. *adj* heavy; **2.** *m* metallaro
hebdomadario *m* ebdomadario, settimanale
hebilla *f* fibbia
hebra *f* fibra; filo *m*; *bot* pistillo *m*; *pegar la* ~ attaccare bottone; *perder la* ~ perdere il filo del discorso
hebr|aico *adj* ebraico, israelita, giudeo; ~**aísmo** *m* ebraismo; ~**aísta** *m/f* ebraista; ~**eo 1.** *adj/s* ebreo, israelita, giudeo; **2.** *m* lingua ebraica *f*, ebraico; *desp* usuraio
hebroso *adj* fibroso
hecatombe *f* ecatombe; carneficina
hechi|cería *f* fattucchieria, stregoneria; ~**cero, -a 1.** *adj* attraente, affascinante, ammaliatore, -trice, maliardo, -a; **2.** *m/f* fattucchiere, -a, stregone, -a, mago, -a; ~**zar** <*hechicé*> *vt* (*a. fig*) stregare, ammaliare; *fig* affascinare, sedurre; ~**zo 1.** *m* 1. incantesimo, malia *f*, sortilegio, stregoneria *f*; 2. filtro magico, fattura *f*; *fig* fascino; **2.** *adj* posticcio, finto
hecho 1. *m* fatto, azione *f*, atto; ~ *de armas* fatto d'arme; *el* ~ *es que* il fatto sta/il fatto è che; **2.** *adj* fatto, maturo; *bien, mal hecho* ben, mal fatto; *está* ~ *un demonio, un león* è diventato/sembra un demonio, un leone; *estar* ~ *a todo* adattarsi a tutto; *hombre* ~ uomo fatto; *ropa* ~*a* roba confezionata; *a lo* ~ *pecho* il fatto è fatto; *¡Bien* ~*!* Ben fatto!; *de* ~ difatti, infatti; *¡eso está* ~*!* è cosa fatta!; *ya está* ~ è fatta!
hechura *f* fattura, lavorazione; confezione; forma, opera
hect|área *f* ettaro *m*; ~**ogramo** *m* ettogrammo; ~**olitro** *m* ettolitro
hed|er <*6 hiedo*> *vi* puzzare; stancare, seccare; ~**iondo** *adj* puzzolente, fetido, fetente; *fig* noioso, seccante; ripugnante, schifoso
hedon|ismo *m* edonismo; ~**ista** *m/f* edonista
hedor *m* fetore, puzza *f*
hegem|onía *f* egemonia; ~**ónico** *adj* egemonico
hégira, héjira *f* egira
hela|da *f meteo* gelata; ~**dera** 1. *f Arg* ghiacciaia; 2. gelatiera (*helados*); ~**dería** *f* gelateria; ~**dero, -a** 1. *m/f* gelataio, -a; 2. *m am* frigorifero, frigo; ~**dizo** *adj* facile a gelarsi; ~**do 1.** *m* gelato; ~ *de corte* gelato a pezzi; **2.** *adj* gelato, ghiacciato, gelido; *fig* attonito, gelato; *dejar* ~ lasciare di stucco; ~**dora** *f* gelatiera; ~**r** <*5a hielo*> *vt* gelare, ghiacciare; congelare
helecho *m bot* felce *f*
helénico *adj/s* ellenico, greco

helenio *m bot* elenio
helen|ismo *m* ellenismo; ~**ista** *m/f* ellenista, grecista; ~**ístico** *adj* ellenistico; ~**izante** *adj* ellenizzante; ~**izar** <*helenicé*> *vt* ellenizzare; ~**o** *adj/s* elleno
hélice *f mar/aer* elica, elice
helicoid|al *adj* elicoidale; ~**e 1.** *adj/bot* elicoide; **2.** *m/mat* elicoide
helicón *m mus* elicone
Helicón *m mit/geogr* Elicona *f*
helicóptero *m aer* elicottero
helio|grabado *m* eliografia *f*, elioincisione *f*; ~**scopio** *m* elioscopio
helióstato *m* eliostato
helio|terapia *f* elioterapia; ~**tropina** *f chim* eliotropina; ~**tropo** *m bot* eliotropio
helipuerto *m aer* eliporto, eliscalo
hemat|íes *mpl med* emazie *fpl*; ~**oma** *m med* ematoma; ~**uria** *f med* ematuria
hembr|a *f zool/fig* femmina; donna; ~**illa** *f tec* femminella
hemeroteca *f* emeroteca
hemi|ciclo *m* emiciclo; ~**plejía, -plejia** *f* emiplegia; ~**pléjico** *adj/s* emiplegico; ~**sférico** *adj* emisferico; ~**sferio** *m* emisfero
hemo|diálisis *f med* emodialisi; ~**filia** *f med* emofilia; ~**fílico** *adj/s* emofiliaco; ~**globina** *f biol* emoglobina; ~**rragia** *f med* emorragia; ~ *cerebral* emorragia cerebrale; ~**rroide** *f med* emorroide; ~**stático** *adj* emostatico
henal *m* fienile
henchir <*12 hincho; hinchó*> *vi* riempire; gonfiare
hend|er <*6 hiendo*> *vt* fendere, spaccare; attraversare, aprirsi passo; ~**idura** *f* fenditura, apertura, spaccatura, fessura
henequén *m* agave tessile
heno *m* fieno
hepátic|a *f bot* epatica; ~**o** *adj* epatico
hepatitis *f/inv med* epatite *f*
hepta|edro *m* eptaedro, ettaedro; ~**gonal** *adj* ettagonale; ~**sílabo** *adj/m* eptasillabo, settenario; ~**teuco** *m* eptateuco
heráldica *f* araldica
heraldo *m* araldo
herb|aje 1. *m* foraggio; 2. *mpl* erbaggi; ~**ario** *adj/m* erbario; ~**icida** *m chim* erbicida; ~**ívoro** *adj/s* erbivoro; ~**olario, -a** 1. *m/f* erborista; (*persona*); 2. *m* erbario; erboristeria *f* (*tienda*); ~**oristería** *f* erboristeria; ~**oso** *adj* erboso
hercúleo *adj* erculeo
hered|ad *f* azienda agricola, podere *m*; ~**ado** *adj/s* possidente, ricco; ~**ar** *vt* ereditare; ~**ero** *adj/s* erede; ~**itario** *adj* ereditario
herej|e *m/f* eretico, -a; ~**ía** *f eccl/fig* eresia
herencia *f* eredità; *adir la* ~ adire un'eredità; *repudiar la* ~ rifiutare un'eredità
herético *adj* eretico
heri|da *f* ferita; *fig* offesa, oltraggio *m*; *respirar por la* ~ essere risentito; *tocar (a alg) en la* ~ mettere il dito nella piaga; ~**r** <*10 hiero; hirió; hiriendo*> *vt* ferire; colpire, offendere (*la vista*); *mus* suonare; ~ *de muerte* ferire a morte
hermafrodita *adj/s* ermafrodito
herman|amiento *m* gemellaggio (*ciudades*); ~**ar** *vt* gemellare (*ciudades*); accordare, unire; ~**astro, -a** *m/f* fratellastro *m*, sorellastra *f*; ~**dad** *f* fratellanza, fraternità; associazione, corpo *m*, *hist* arte; *eccl* congregazione, confraternita; ~**o, -a** *m/f* fratello *m*, sorella *f*; *eccl* fratello *m*, suora *f*; ~ *de leche* fratello, sorella di latte; ~*o, -a político, -a* cognato, -a
hermenéutica *f* ermeneutica
hermético *adj* ermetico; *fig* chiuso, impenetrabile
hermetismo *m* ermetismo; *fig* oscurità *f*
hermos|ear *vt* abbellire; ~**o** *adj* bello; leggiadro, avvenente; ~**ura** *f* bellezza; avvenenza, grazia
hernia *f med* ernia; ~**do** *adj* erniato; ~**rse** venire un'ernia *vi*
héroe *m* eroe; protagonista
hero|ico *adj* eroico; ~**ína** *f* 1. eroina; protagonista; 2. eroina (*droga*); ~**inómano** *adj/s* eroinomane; ~**ísmo** *m* eroismo, valore, prodezza *f*
herpe|s *m med* herpes; ~**tismo** *m med* erpetismo
herra|dor *m* maniscalco; ~**dura** *f* ferro di cavallo *m*; *arco de* ~ arco moresco/a ferro di cavallo; *(fam) mostrar las* ~*s* darsela a gambe; tirare calci; ~**je** *m* guarnizioni di ferro *fpl*; ferramenti *mpl*; ~**mienta** *f* ferri del mestiere *mpl*, utensili *mpl*; ~**r** <*5a hierro*> *vt* ferrare
herre|ra *f zool* mormora; ~**ría** *f* 1 fucina del fabbro; 2. mestiere del fabbro *m*; ~**ro** *m* fabbro ferraio; ~**te** *m* ferretto; punta metallica (delle stringhe) *f*
Herri Batasuna (HB) *m pol* ="partito nazionalista basco"
herrumbre *f* ruggine; sapore ferruginoso *m*
herv|idero *m* gorgoglio; *fig* brulichio, il pullulare; ~**ido 1.** *m* verdura lessa *f*; **2.** *adj* bollito, lesso; ~**idor** *m* bollitore; ~**ir** <*10 hiervo; hirvió*> **1.** *vt* far bollire, bollire; **2.** *vi* bollire; *fig* fervere, ardere; abbondare; ~ *la sangre* fremere; *romper (brotar) a* ~ cominciare a bollire; ~**or** *m* bollore; *fig* ardore, fervore, focosità *f*; *dar un* ~ bollire brevemente
hesperidio *m bot* esperidio
hetero|cigoto *adj* eterozigote; ~**doxia** *f* eterodossia; ~**doxo** *adj* eterodosso; ~**geneidad** *f* eterogeneità; ~**géneo** *adj* eterogeneo; ~**nimia** *f* eteronimia; ~**plastia** *f med* eteroplastica; ~**sexual** *adj/s* eterosessuale; ~**taxia** *f biol* eterotassia; ~**trófico** *adj biol* eterotrofico
hexa|cordo, ~cordio *m mus* esacordo; ~**edro** *m mat* esaedro; ~**gonal** *adj* esagonale
hez <*pl heces*> 1. *f* feccia, posatura; 2. *fpl* feci, escrementi *mpl*
hiato *m ling* iato
hibern|ación *f cient* ibernazione; ~**ar** *vi* ibernare
hibiscus *m/inv bot* ibisco *m*
hibridación *f bot* ibridazione
híbrido *adj* ibrido, spurio

hidal|go 1. *m* hidalgo, idalgo, cavaliere, nobiluomo, gentiluomo; **2.** *adj* nobile; **~guía** *f* nobiltà; magnanimità, generosità
hidra *f* idra
hidrat|ación *f* idratazione; **~ar** *vt* idratare; **~o** *adj/m chim* idrato
hidráulic|a *f* idraulica; **~o** *adj* idraulico
hidro|avión *m* idrovolante; **~biología** *f* idrobiologia; **~carburo** *m chim* idrocarburo; **~cefalia** *f med* idrocefalia
hidrófilo *adj* idrofilo
hidrofobia *f* idrofobia
hidró|fobo *adj* idrofobo; **~geno** *m* idrogeno; **~lisis** *f chim* idrolisi
hidro|masaje *m* idromassaggio; **~pesía** *f med* idropisia; **~quinona** *f chim* idrochinone *m*; **~sfera** *f* idrosfera; **~stática** *f* idrostatica; **~terapia** *f* idroterapia
hidróxido *m* idrossido
hiedra *f bot* edera
hiel *f* fiele *m*, bile; *fig* amarezza, dispiacere *m*; *echar (sudar) la ~* sudar sangue; *no tener ~* non avere fiele
hielo *m* ghiaccio; gelo; *fig* freddezza *f*; *romper el ~* rompere il ghiaccio
hiena *f* iena
hierático *adj* ieratico; solenne, grave
hierba 1. *f bot* erba; *mala ~* malerba; *en ~* in erba; *mala ~ nunca muere* crescere come la malerba; 2. *fpl* filtro *m*; anni *mpl*; **~jo** *m* erbaccia *f*; **~buena** *f bot/gastr* menta
hierro 1. *m chim/fig* ferro; marca a fuoco *f*; spada *f* (*arma*); *~ colado/fundido* ferro fuso, ghisa; *~ dulce, forjado,...* ferro dolce, battuto,...; *machacar en ~ frío* sforzarsi invano; *quien a ~ mata, a ~ muere* chi di spada ferisce, di spada perisce; *(fig) quitar ~* non dare importanza; 2. *mpl* ferri
higa *f* ="gesto infantile fatto con il pugno come amuleto" *m*; ="gesto volgare fatto con il pollice tra l'indice e il medio" *m*; *no importarle (a alg algo) una ~* non importare (a q qc) un fico secco
hígado *m med/gastr* fegato; *echar los ~s* sudar sangue; *tener ~* aver fegato
higi|ene *f* igiene; **~énico** *adj* igienico; **~enista** *m/f* igienista; **~enizar** <*higienicé*> *vt* rendere igienico; risanare un luogo
higo *m bot* fico; *~ chumbo* fico d'India; *me importa un ~/no se me da un ~* non me ne importa un fico (secco); *hecho un ~* malridotto, malconcio
higro|scópico *adj* igroscopico; **~scopio** *m* igroscopio
higuera *f* fico *m* (*árbol*); *estar en la ~* vivere nelle nuvole
hij|astro, -a *m/f* figliastro, -a; **~o, -a** *m/f* figlio, -a; figliolo, -a; *~a política* nuora; *~o político* genero; *(vulg) hijo, -a de perra/de puta* figlio, -a di un cane/di puttana; **~o del Hombre* Figlio dell'Uomo; *~o de vecino* qualsiasi persona; *~o, -a de papá* figlio, -a di papà; *~o, -a de su madre/de su padre* figlio, -a di sua madre/di suo padre; *¡Cuidado ~o, -a!* Attenzione figlio mio/figlia mia!; **~oputa** *m vulg* figlio di puttana; **~uela** *f* derivazione; ramificazione; *ius* porzione ereditaria; **~uelo** *m bot* rampollo

hila 1. *f* fila; *irse a la ~* mettersi in fila; 2. *fpl* filaccia *f*; **~cha** *f* filaccia
hilad|a *f* fila, linea; **~o** *adj/m* filato; **~ora** *f* filatrice
hiland|ería *f* filanda; **~ero, -a** *m/f* filandiere *m*, filandaia *f*
hilar *vt* filare; *fig* ragionare; *~ delgado/fino* essere meticoloso
hilaridad *f* ilarità
hilatura *f* filatura
hilaza *f* filaccia; *descubrir la ~* mostrare la corda
hilera *f* fila, linea
hilo *m* filo; *~ bramante/de empalomar* spago; *~ musical* filodiffusione; *al ~ de la medianoche* a mezzanotte in punto; *estar pendiente de un ~* essere attaccato a un filo; *perder el ~* perdere il filo del discorso; *un ~ de voz* un filo di voce
hilv|án *m* imbastitura *f*; filo per imbastire; **~anar** *vt* imbastire; *fig* abbozzare
himen *m med* imene; **~eo** *m lit* matrimonio *est*, imeneo; **~óptero** *adj/m zool* imenottero
himno *m* inno
hinca|pié *m* appoggio sul piede; *hacer ~ en algo* insistere su qc, mettere in risalto qc; **~r** <*hinqué*> **1.** *vt* conficcare, ficcare; *~ el diente* addentare; 2. *~se* ficcarsi, conficcarsi; *~se de rodillas* inginocchiarsi
hincha 1. *m/f sport* tifoso, -a; fan, appassionato, -a; 2. *f* antipatia, odio *m*; **~da** *f am* fan *mpl*; **~do** *adj* gonfio, ampolloso (*lit*); presuntuoso, borioso; **~huevos** *m Arg/vulg* rompiscatole, rompipalle, rompitasche; **~r 1.** *vt* gonfiare; *fig* esagerare; **2.** *~se* gonfiarsi, tumefarsi; insuperbire *vi*; **~zón** *f med* gonfiore *m*; *tec* rigonfiamento *m*; *fig* gonfiezza; vanità, boria
hind|ú *adj/s* indiano (*India*); indù (*religión*); **~uismo** *m* induismo
hinojo *m* 1. *bot* finocchio; 2. *lit/ant* ginocchio; *postrarse de ~s* inginocchiarsi
hipar *vi* avere il singhiozzo; singhiozzare
hipér|baton *m ling* iperbato; **~bola** *f mat* iperbole; **~bole** *f ling* iperbole
hiper|glucemia *f* iperglicemia; **~mercado** *m* ipermercato; **~metropía** *f med* ipermetropia; **~sensible** *adj* ipersensibile; **~tensión** *f med* ipertensione; **~tenso** *adj* iperteso; **~trofia** *f* ipertrofia; **~trofiarse** ipertrofizzarsi
hípic|a *f* ippica, equitazione; **~o** *adj* ippico
hipido *m* singhiozzo; singulto
hipismo *m sport* ippica *f*
hipn|osis *f med* ipnosi; **~ótico** *adj* ipnotico; **~otismo** *m* ipnotismo; **~otización** *f* ipnotizzazione; **~otizador, -a** *m/f* ipnotizzatore, -trice; **~otizar** <*hipnoticé*> *vt* ipnotizzare
hipo *m med* singhiozzo; *(fig) algo que quita el hipo* una cosa da far spavento; *tener ~ con alg* sentire antipatia per q; *quitar el ~* spaventare; stupire
hipo|calórico *adj* ipocalorico; **~campo** *m* ippocampo; **~condría** *f* ipocondria; **~condríaco, ~condriaco** *adj/s* ipocondriaco; **~cóndrico** *adj* ipocondrico; **~crático** *adj* ippocratico; **~cresía** *f* ipocrisia

hipócrita *adj/s* ipocrita
hipodérmico *adj* ipodermico
hipó|dromo *m* ippodromo; ~**fisis** *f med* ipofisi
hipo|geo *m* ipogeo; ~**glucemia** *f* ipoglicemia; ~**grifo** *m* ippogrifo; ~**pótamo** *m zool* ippopotamo
hipotec|a *f* ipoteca; ~**ar** <*hipotequé*> *vt* ipotecare; ~**ario** *adj* ipotecario
hipotens|ión *f* ipotensione; ~**o** *adj* ipoteso
hipotenusa *f mat* ipotenusa
hipótesis *f/inv* ipotesi
hipotético *adj* ipotetico
hippy, hippie *adj/s ingl* hippie *inv*, hippy *inv*
hiriente *adj* pungente; offensivo
hirsuto *adj* irsuto
hirviente *adj* bollente
hisopo *m bot* issopo
hisp|alense *adj/s* ispalense, sivigliano; ~**ánico** *adj* ispanico, spagnolo; ~**anidad** *f* ispanità; ~**anismo** *m* ispanismo; ~**anista** *m/f* ispanista; ~**ano 1.** *adj/s* ispano, spagnolo; **2.** *adj* ispanico
Hispanoam|érica *f* America Latina; *~**ericano** *adj/s* latino-americano; ispano-americano
híspido *adj* ispido, irsuto
hist|eria *f* isteria, isterismo *m*; ~**érico** *adj* isterico; ~**erismo** *m* isterismo; ~**ología** *f med* istologia
historia *f* storia; favola; frottola; ~ *medieval, moderna, sagrada,...* storia medioevale, moderna, sacra,...; *la ~ de siempre* la solita storia; *dejarse de ~s* smetterla con queste storie; *haber pasado (algo) a la ~* essere (una cosa) già morta e seppellita; *pasar a la ~* passare alla storia
histori|ador, -ra *m/f* storico, -a, storiografo, -a; ~**al** *m* storia *f*; curriculum; resoconto; ~ *médico* cartella clinica; ~**ar** <*2 historío, historio*> *vt* istoriare, adornare; narrare la storia
histórico *adj* storico; reale
histori|eta *f* racconto a fumetti *m*; storiella; ~**ógrafo, -a** *m/f* storiografo, -a, storico, -a
histrión *m lit* istrione; buffone
hitita *adj/s* ittita
hito 1. *m* pietra miliare *f*; cippo, pilastro; *dar en el ~* cogliere nel segno; *ser un ~ en la historia de la canción* essere la pietra miliare della canzone; **2.** *adj* contiguo, attiguo; *a/de ~* fissamente
hobby *m ingl* hobby *inv*, passatempo
hocico *m zool/fig* muso; ceffo, grugno; *caer (darse) de ~s* cadere bocconi; sbattere col muso a terra; *meter el ~* ficcare il naso; *torcer el ~* torcere il muso
hockey *m sport/ingl* hockey; ~ *sobre hielo, hierba, patines/ruedas* hockey su ghiaccio, su prato, su pista/a rotelle
hogaño *adv/lit* quest'anno, attualmente
hogar *m fig* focolare, camino; *fig* casa *f*, focolare; *fig* famiglia *f*; ~**eño** *adj* amante della casa e della famiglia
hogaza *f* focaccia; pane a forma di focaccia *m*, tipo pan toscano *m*
hoguera *f* falò *m/inv*, fiammata; rogo *m*; *morir en la ~* morire sul rogo
hoja *f bot* foglia; petalo *m* (*flor*); foglio *m* (*papel*); lamina (*metal*); sfoglia (*pasta*); lama (*cuchillo*); imposta, anta (*puerta, ventana...*); ~ *de afeitar* lametta da barba; *(am) ~ de vida* curriculum vitae; ~ *volante, de servicios* foglio volante, di servizio; *no hay vuelta de ~* non c'è dubbio alcuno; *pasar la ~ de un libro* sfogliare il libro/girare il foglio del libro; *volver la ~* girare pagina
hojalat|a *f* latta stagnata; ~**ería** *f* lattoneria; ~**ero** *m* lattoniere, stagnino
hojaldre *m* pasta sfoglia *f*; sfogliata *f*
hojarasca *f bot* fogliame caduto *m*; *fig* ciarpame *m*, ciarpume *m*
hojear *vt* sfogliare (*libro...*)
hojuela *f bot* fogliuzza; *gastr* crespella; *miel sobre ~s* meglio ancora; *metal* squametta
¡hola! *excl* ciao!, salve! (*saludo*); oh, perbacco!
Holand|a *geogr* Olanda; *tela de ~* fiandra; *~**és** *adj/s* olandese
holandilla *f* tela da fodere
holding *m ingl com* finanziaria *f*, holding *inv*
holga|do *adj* ampio, largo, comodo; *vida ~a* vita agiata; *estar ~ de tiempo* avanzare tempo; ~**nza** *f* ozio *m*, riposo *m*; ~**r** <*8a huelgo; holgué*> *vi* oziare, riposare; essere superfluo, essere inutile; *huelga decir que* è superfluo dire che; ~**zán** *adj/s* poltrone, pigro, fannullone; ~**zanear** *vi* oziare; ~**zanería** *f* poltroneria, pigrizia
holgorio *m* baldoria *f*
holgura *f* 1. ampiezza, larghezza; 2. comodità, agiatezza; 3. vuoto fra oggetti *m*
holl|ar <*8a huello*> *vt* calcare; pestare, pigiare; *fig* schiacciare; ~**ejo** *m* buccia *f*; ~**ín** *m* fuliggine *f*
holo|causto *m* olocausto; ~**grafía** *f fis* olografia; ~**grama** *m fis* ologramma
hombre *m* uomo; *fam* marito; *buen, pobre ~* brav'uomo, pover'uomo; ~ *de bien* uomo per bene; ~ *hecho y derecho/todo un ~* un uomo vero e proprio; ~ *de negocios* uomo d'affari; *¡Anda, ~!* Ma fammi il favore!, ma va'!; *¡~!* oh!; *¡~, si quieres...!* Insomma, se vuoi...!; *¡~ al agua!* Uomo a/in mare!; *¡Pero, ~!* Ma, insomma!; ~ *prevenido vale por dos* uomo avvisato mezzo salvato; *ser ~ al agua* perdersi
hombre|-anuncio *m* uomo sandwich; ~**-rana** *m* uomo rana; ~**ar** *vi* darsi arie da uomo; *Mex* comportarsi da uomo; competere; ~**ra** *f* spallina
hombría *f* valore *m*, coraggio *m*; ~ *de bien* onestà
hombro *m med/tip* spalla *f*; *a ~s* sulle/a spalle; (*colgado*) *al ~* (appeso) alla spalla; *cargado de ~s* con le spalle curve; *arrimar el ~* lavorare/aiutare alacremente; *encogerse de ~s* alzare le spalle/stringersi nelle spalle; *mirar por encima del ~* guardare dall'alto in basso; *sacar a ~s* portare sulle spalle
hombruno *adj* virile, mascolino
homenaje *m* omaggio; onore; *en ~ a* in

omaggio a, in onore di; alla memoria di; **~ado** *adj/s* festeggiato, onorato; **~ar** *vt* onorare, festeggiare, rendere omaggio (a) *vi*
homeópata *m/f* omeopata
homeop|atía *f* omeopatia; **~ático** *adj* omeopatico
homi|cida *adj/s* omicida; **~cidio** *m* omicidio; **~lía** *f* omelia
homínido *m* ominide
homocigoto *adj* omozigote
homogenei|dad *f* omogeneità; **~zación** *f* omogeneizzazione; **~zar** <*homogeneicé*> *vt* omogeneizzare
homogéneo *adj* omogeneo
homolog|ación *f* omologazione; *ius* inserimento in organico *m*; **~ar** <*homologué*> *vt* omologare
homólogo *adj* omologo
homónimo *adj* omonimo
homóptero *adj* omottero
homosexual *adj/s* omosessuale; **~idad** *f* omosessualità
hond|a *f* fionda; **~ear** *vi mar* scandagliare, sondare; **~ero** *m mil* fromboliere
hond|o 1. *adj/m* fondo; **2.** *adj* profondo; *fig* recondito; **~onada** *f* avvallamento *m*; **~ura** *f* profondità; *meterse en ~s* approfondire
Hondur|as *m geogr* Honduras; ***~eño** *adj/s* onduregno
honest|idad *f* pudore *m*, verecondia; onestà; **~o** *adj* onesto, probo, retto; casto, puro; decoroso, conveniente
hongo 1. *m bot/med* fungo; *más solo que un ~* solo come un cane; 2. bombetta *f* (*sombrero*)
honor *m* onore; *en ~ a la verdad* ad onor del vero, a dire il vero; *hacer ~ a* fare onore a; *hacer los ~s* fare gli onori; *matrícula de ~* trenta cum laude, trenta e lode; **~abilidad** *f* onorevolezza, onorabilità; **~able** *adj/s* (*sólo a los Presidentes de Comunidades Autónomas*) onorevole ; **~ario** *adj/s* onorario; **~ífico** *adj* onorifico
honr|a *f* onore *m*; riputazione, fama, onestà; *~s fúnebres* onori funebri, esequie; *¡a mucha ~!* sentirsi onorato/orgoglioso di q/qc; *tener a mucha ~* sentirsi onorato; **~adez** *f* onestà, rettitudine, probità; **~ado** *adj* onesto, retto, probo; **~ar 1.** *vt* onorare, glorificare, riverire; **2.** *~se* compiacersi, reputarsi onorato; **~illa** *f* amor proprio *m*; puntiglio *m*; *la negra ~* il falso amor proprio; **~oso** *adj* onorevole, dignitoso
hop|a *f ant* tunica talare; *ant* saio dei giustiziati *m*; **~o** *m* coda (lanosa) *f* (*zorro, oveja*)
hora *f* ora; tempo *m*, momento *m*; *~s punta/(am) ~ pico* ore di punta; *a ~ avanzada* tardi; *a última ~* alla fine; *(iron) ¡A buena(s) ~(s)* Alla buon'ora!; *a altas ~s de la noche* a notte avanzata/a tarda notte; *a estas ~s* a quest'ora; *a todas ~s* sempre; *de ~ en ~* di ora in ora; *por ~s* ad ore; *las ~s muertas* molto tempo, tempo perso; *¿Qué ~ es?* Che ora è/Che ore sono?; *a 50 kms por ~* a 50 km all'ora; *dar las ~s* suonare, battere le ore; *dar, pedir ~* fissare un appuntamento; *hacer ~s extras* fare gli straordinari; *tener ~* avere appuntamento; *no ver la ~ de* non veder l'ora di
hora|ciano *adj* oraziano; **~dar** *vt* forare, perforare; **~rio** *adj/m* orario; *(stud) ~ de visita* orario di ricevimento
horca *f* forca; *agr* bidente *m*, tridente *m*; *pasar por las ~s caudinas* passare per le forche caudine; **~dura** *f bot* forcella
horcajadas: a *~ adv* a cavalcioni, a cavallo
horchat|a *f* orzata di dolcichini; **~ería** *f* ="bar dove si servono orzate e bibite varie" *m*; **~ero, -a** *m/f* venditore, -trice e fabbricante di rinfreschi
horda *f* orda
horizont|al *adj* orizzontale; **~e** *m* orizzonte; *(fig) de ~ estrecho/limitado* di orizzonte limitato
horma *f* forma; stampo *m*; pianta (*zapato*); *has encontrado la ~ de tu zapato* hai trovato chi fa per te
hormig|a *f zool* formica; **~ón** *m* calcestruzzo, beton; *~ armado* cemento/calcestruzzo armato; **~onado** *m* betonaggio; **~onera** *f tec* autobetoniera
hormig|uear *vi* formicolare; *fig* brulicare; **~ueo** *m* formicolio; brulichio; **~uero 1.** *m zool/fig* formicaio; **2.** *adj* delle formiche; *oso ~* formichiere; **~uillo** *m* solletico; catena *f* (*de obreros*); *zool* formella *f*
hormona *f* ormone *m*; **~l** *adj* ormonale
horn|acina *f* nicchia; **~ada** *f* infornata, fornata; **~ear** *vt* cuocere al forno; **~ero, -a** *m/f* fornaio, -a, panettiere, -a; **~illo** *m* fornello; *~ de gas, de carbon, eléctrico,...* fornello a gas, a carbone, elettrico,...; **~o** *m* forno; fornace *f*; *alto ~* alto forno, fonderia; *~ crematorio* forno crematorio; *~ autolimpiante* forno autopulente; *no estar el ~ para bollos* non essere il momento buono
horóscopo *m* oroscopo
horqueta *f agr* forcella; *Arg* ansa di fiume
horquilla *f* forcina (*pelo*); *tec* forcella; *agr* forchino *m*
horrendo *adj* orrendo, orrido, orribile; brutto da morire
hórreo *m* granaio (rialzato)
horri|ble *adj* orribile, orrendo, orrido; **~pilante** *adj* orripilante, raccapricciante
horror 1. *m* 1. orrore, raccapriccio, terrore, panico; *es un ~* ...è tremendo...; *dar ~* spaventare, dar panico; *¡Qué ~!* Che spavento!; 2. *mpl fig* brutte cose o parole *fpl*; enormità *f*; **2.** *adv* moltissimo, un sacco; **~izar** <*horroricé*> **1.** *vt* spaventare, dar panico *vi*; **2.** *~se* inorridire *vi*, spaventarsi, sentir panico *vi*; **~oso** *adj* orribile, orrendo
hortaliza *f* ortaggio *m*, verdura
hortelan|o, -a 1. *m/f* ortolano, -a; *el perro del ~ (ni come, ni deja comer)* il cane dell'ortolano (non mangia, né lascia mangiare); 2. *m zool* ortolano
hortens|e *adj* ortense, orticolo; **~ia** *f bot* ortensia
hortera 1. *adj/desp* dozzinale, volgare,

pacchiano; **2.** *f* 1. ciotola di legno; 2. *m* burino; *ant* commesso
hortícola *adj* orticolo
horticult|or *m* orticultore; **~ura** *f* orticoltura
hosco *adj* fosco, scuro; *fig* accigliato
hosped|aje *m* alloggio; prezzo dell'albergo; **~ar 1.** *vt* ospitare, dare ospitalità *vi*; albergare, alloggiare; **2.** *~se* ospitarsi, alloggiare *vi*; **~ería** *f* albergo *m*; locanda, pensione; foresteria (*universitaria*); **~ero, -a** *m/f* affittacamere
hospici|ano *adj/s* trovatello; **~o** *m* ospizio; asilo, ricovero (*ancianos*)
hospital *m* ospedale; **~ario** *adj* ospitale; *orden ~* ordine ospedaliero; **~idad** *f* ospitalità, accoglienza; permanenza in ospedale
hospitaliz|ación *f* ricovero in ospedale *m*; **~ar** <*hospitalicé*> *vt med* ricoverare in ospedale
host|al *m* locanda *f*, pensione *f*; **~elero, -a** *m/f* locandiere, -a, padrone, -a della pensione; **~ería** *f* locanda; *ant* osteria
hostia *f eccl* ostia; *gastr* pan di ostia *m*; *fig/vulg* schiaffo *m*, colpo *m*; *excl/vulg ¡~!* Cazzo!; *vulg ¡Es la ~!* E' il colmo! *est*; *mala ~* cattivo umore; *tener mala ~* essere uno, -a stronzo, -a
hosti|gar <*hostigué*> *vt* fustigare, sferzare; molestare, perseguitare; **~l** *adj* ostile; **~lidad** *f* ostilità; **~lizar** <*hostilicé*> *vt* osteggiare, combattere
hotel *m* albergo, hotel; **~ero, -a 1.** *m/f* albergatore, -trice; **2.** *adj* alberghiero; **~ito** *m* alberghetto
hotentote *adj/s* ottentotto
hovercraft *m ingl* hovercraft *inv*
hoy *adv* oggi; *~ en día* oggigiorno; *~ por ~* per il momento/per adesso; *por ~* per oggi; *de ~ en adelante* da oggi in avanti; *de ~ a mañana* da un momento all'altro; **~a** *f* fosso *m*, buca; fossa, sepoltura; *(agr) plantar a ~* piantare a buca
hoy|ada *f* bassura; **~o** *m* fosso, buca *f*, fossa *f*; sepoltura *f*; *el muerto al ~ y el vivo al bollo* chi muore giace e chi vive si dà pace; **~uelo** *m* fossetta *f*
hoz *f* falce; *geogr* gola
hozar <*hocé*> *vt/vi* grufolare
hucha *f* salvadanaio *m*
hueco 1. *adj* vuoto; *fig* vuoto, vano; soffice (*lana*...); **2.** *m* buco, cavità *f*; intervallo (*tiempo*); *~ de la escalera* la tromba delle scale; *hacer ~* fare spazio; *llenar un ~* colmare un vuoto
huecograbado *m* calcografia *f*
huel|ga *f* sciopero *m*; *~ general, de hambre,...* sciopero generale, della fame,...; *~ de brazos caídos* ="incrociare le braccia"; *~ de celo, intermitente* sciopero bianco, a singhiozzo; *declararse en ~* mettersi in sciopero; *ir a la ~* fare sciopero; **~guista** *m/f* scioperante
huella *f* orma, traccia; impronta; piano dello scalino *m*; *~s digitales o dactilares* impronte digitali; *perder las ~s* perdere le tracce; *seguir las ~s* seguire la traccia
huérfano 1. *adj/s* orfano; **2.** *adj/fig* privo di protezione
huero *adj* vuoto, vano
huert|a *f* orto *m*; *la ~ valenciana, de Murcia...* zona ortofrutticola valenzana, di Murcia...molto fertile; **~ano, -a** *m/f* ="abitante di una zona ortofrutticola"; **~ero, -a** *m/f am* ortolano, -a; **~o** *m* orto; frutteto; *(fig) llevar al ~ (a alg)* sedurre (q)
huesa *f* fossa, sepultura
hueso *m med* osso (*pl: i, -a fpl*); *bot* nocciolo, osso; *fig/stud* professore rigido; *el perro comió los ~s del pollo* il cane mangiò gli ossi del pollo; *calado hasta los ~s* bagnato fradicio; *la sin ~* la lingua; *estar en los ~s* essere pelle ed ossa; *molerle los ~s a alg* rompere le ossa a q; *tener los ~s molidos* avere le ossa rotte; **~so** *adj* osseo
huésped *m* **1.** ospite; **2.** albergatore; padrone di casa; *casa de ~es* pensione; *no contar con la ~a* fare i conti senza l'oste
hueste 1. *f ant/lit* esercito *m*; *lit* truppa; 2. *fpl fig* seguaci
huesudo *adj* ossuto
huev|a *f* massa di uova (*peces*); **~as** *fpl* uova (*peces*); **~era** *f* portauova *m/inv*; **~ero, -era** *m/f* venditore, -trice di uova; **~o** *m* uovo; *vulg/pop* coglione; *una docena de ~s* una dozzina di uova; *~ batido, duro, al plato, revuelto* uovo sbattuto, sodo, al tegame, strapazzato; *~ pasado por agua* uovo à la coque; *~s fritos* uova fritte; *el ~ de Colón* l'uovo di Colombo; *(vulg) costar un ~* costare un occhio/l'osso del collo; *(vulg) estar hasta los ~s* averne le palle piene; *ir pisando ~s* camminare sulle uova; *(vulg) tocarle los ~s a alg* rompere i coglioni a q; **~ón** *adj/vulg am/fig* coglione (*persona*)
hugonote *adj/s* ugonotto
huid|a *f* fuga; **~izo** *adj* fuggevole, fugace
huir <*14 huyo; huyó*> *vi* fuggire, scappare; *vt* fuggire, evitare
hule *m* tela cerata *f*; *Mex/bot* caucciù
hull|a *f* carbon fossile *m*; *~ blanca* carbone bianco; **~ero** *adj* carbonifero
human|arse *eccl* farsi uomo; **~idad** <*pl humanidades*> 1. *f* umanità, genere umano *m*, natura umana; fragilità, sensibilità; 2. *fpl* scienze umanistiche; **~ismo** *m lit* umanesimo; **~ista** *m/f* umanista; letterato, -a; **~itario** *adj* umano, umanitario; **~ización** *f* umanizzazione; **~izar** <*humanicé*> **1.** *vt* umanizzare, rendere umano; **2.** *~se* umanizzarsi, ingentilirsi; **~o 1.** *adj* umano; compassionevole; **2.** *m* umano, essere umano
humar|ada, ~eda *f* fumata
hume|ar *vi* fumeggiare; fumare; **~ctación** *f* umettazione; **~ctar** *vt* umettare, inumidire; **~dad** *f* umidità; **~dal** *m* terreno paludoso; **~decer** <*13a humedezco*> *vt* inumidire
húmedo *adj* umido
humeral *m/adj eccl/med* omerale
húmero *m med* omero
humidificador *m* umidificatore
humild|ad *f* umiltà; modestia; soggezione; **~e** *adj* umile; modesto; rispettoso
humill|ación *f* umiliazione; **~adero** *m*

="altarino all'ingresso di un paese"; ~**ante** *adj* umiliante; deprimente; ~**ar** *vt* umiliare; chinare, abbassare
humita *f am* ="pasta di mais fresco"
humo 1. *m* fumo; vapore, esalazione *f*; *(fig) convertir(se) en ~* mandare, convertirsi in fumo; *echar ~* essere furioso; 2. *mpl/fig* boria *f*, fumo *m*; *bajar los ~s a alg* umiliare q; *tener muchos ~s* darsi molte arie
humor *m med* umore, linfa *f*; umore, comicità *f*; *buen, mal ~* buon umore, malumore; *~ negro* umore tetro; *sentido del ~* senso dell'umorismo; ~**ada** *f* battuta, facezia, uscita; ~**ado** *adj* disposto; *bien, mal ~* di buon umore, di malumore; ~**ismo** *m* umorismo, comicità *f*; ~**ista** *adj/s* umorista; ~**ístico** *adj* umoristico
humoso *adj* fumoso
humus *m agr* humus, umo
hund|ido *adj* affondato; *fig* rovinato; depresso, giù di morale; ~**imiento** *m* affondamento; sprofondamento; crollo; *~ de tierra* sprofondamento del terreno; ~**ir 1.** *vt* affondare (*barco*); immergere; **2.** *~se* affondare *vi*; *fig* crollare *vi*, sprofondare *vi*
húngaro *adj/s* ungherese; *hist* ungaro
Hungría *f geogr* Ungheria
huracán *m* uragano, ciclone
huraño *adj* scontroso, selvaggio, orso
hurg|ar *<hurgué>* *vt* frugare; smuovere, rimuovere; ~**onear** *vt* rimestare, rovistare
hurí *f* uri
hurón *m zool* furetto; *fig* orso
¡hurra! *excl* urrà!
hurtadillas: a *~ adv* di nascosto, alla chetichella
hurtar 1. *vt* rubare; **2.** *vi* nascondere; **3.** *~se* nascondersi, occultarsi
hurto *m* furto, latrocinio, appropriazione *f*; plagio
húsar *m mil* ussaro
husillo *m tec* perno della morsa; canale di scolo
husm|ear *vt* fiutare, annusare; curiosare; ~**eo** *m* annuso, fiuto
huso *m* fuso
¡huy! *excl* hui!

I

Iberia *f geogr* Iberia
ibérico *adj* iberico
ibero 1. *adj* iberico; **2.** *mpl* iberi
Iberoam|érica *f geogr* America Latina; ***~ericano** *adj/s* ibero-americano, latino-americano
ibicenco *adj/s* (persona) di Ibiza
ibis *m zool* ibis *inv*
iceberg *m* iceberg *inv*
icónico *adj* iconico
icono *m* icona *f*; **~clasta 1.** *adj* iconoclastico; **2.** *m/f* iconoclasta
ictericia *f med* itterizia
ictiol|ogía *f* ittiologia; **~ógico** *adj* ittiologico
ida *f* andata; *billete de ~ y vuelta* biglietto di andata e ritorno; *sport* girone d'andata; *fig* impulso *m*, impeto *m*; *sport* attacco *m*
idea *f* idea; opinione; intenzione; *~ fija* idea fissa; *~ ligera, remota* idea vaga, imprecisa; *ni la más remota ~* non avere la più pallida idea; *mala ~* cattiva intenzione; *formarse (hacerse) una ~* farsi un'idea; *hacerse a la ~* abituarsi; *llevar ~* avere l'intenzione
ideal *adj/m* ideale; **~ismo** *m* idealismo; **~ista** *adj/s* idealista; **~izar** <*idealicé*> *vt* idealizzare, sublimare
idear *vt* ideare, concepire; inventare
ídem *pr* idem
idéntico *adj* identico; uguale
identi|dad *f* identità; *carné de ~* carta d'identità; **~ficación** *f* identificazione; **~ficar** <*identifiqué*> **1.** *vt* identificare; **2.** *~se* identificarsi; coincidere *vi*
ideo|grama *m* ideogramma; **~logía** *f* ideologia; **~lógico** *adj* ideologico
ideólog|o, -a *m/f* ideologo, -a
idilio *m* idillio
idiom|a *m* idioma, lingua *f*; linguaggio; **~ático** *adj* idiomatico
idiosincr|asia *f* idiosincrasia; **~ásico** *adj* idiosincrasico
idiot|a *adj/s* idiota, imbecille, stupido; **~ez** *f* idiozia, imbecillità; **~ismo** *m ling* idiotismo; **~izar** <*idioticé*> *vt* rimbecillire
ido *adj* andato; *fig* sbronzo; fatto (*droga*); *fam* fuori di sé
idólatra *adj/s* idolatra; fanatico
idolatr|ar *vt* idolatrare; adorare; **~ía** *f* idolatria; adorazione
ídolo *m* idolo
idoneidad *f* idoneità; attitudine, capacità; *pruebas de ~* esami di idoneità
idóneo *adj* idoneo (*para* per); abile, atto (*para* a)
iglesi|a *f* chiesa; *~ parroquial* parrocchia; **~ero** *adj am/desp* bigotto
iglú *m* iglù, igloo, iglò *inv*
igna|ro *adj* ignaro; **~via** *f* ignavia
ígneo *adj* igneo
ignición *f* ignizione, combustione
ignífugo *adj* ignifugo
ignomini|a *f* ignominia, infamia; **~oso** *adj* ignominioso
ignor|ancia *f* ignoranza; inconsapevolezza; *~ crasa, supina* ignoranza crassa, supina; **~ante 1.** *adj/s* ignorante; **2.** *adj* ignaro, inconsapevole; **~ar** *vt* ignorare
ignoto *adj lit* ignoto, sconosciuto
igual <*pl iguales*> **1.** *adj* uguale, eguale; costante; pari; **2.** *adv* forse; *al ~ que* alla pari di, come; *es ~* è uguale, fa lo stesso; *por ~* in modo uguale; *si, ~ que ...* se, allo stesso modo che...; *sin ~* senza pari; *dar ~* fare lo stesso; **3.** *m/f* pari; *de ~ a ~* da pari a pari, alla pari; **4.** *mpl Esp* lotteria a favore dei ciechi *f*; **~a** *f* patto *m*, convegno *m*; *tec* livella; **~ación** *f* uguagliamento *m*; *tec/com* pareggiamento *m*, patto *m*, conguaglio *m*; **~ar** *vt* uguagliare, *tec* pareggiare; equiparare; livellare, spianare (*superficie*); **~dad** *f* uguaglianza, parità; *~ de oportunidades, derechos...* parità di opportunità, dei diritti; **~itario** *adj* ugualitario, *fig* paritario; **~mente** *adv* ugualmente; inoltre; *gracias, ~* grazie altrettanto
iguana *f zool* iguana
ija|da *f zool* fianco *m*; *med* dolore al fianco *m*; **~r** *m med/zool* fianco
ila|ción *f fil* illazione; **~tivo** *adj* illativo
ileg|al *adj* illegale; **~alidad** *f* illegalità
ilegible *adj* illeggibile
ileg|itimidad *f* illegittimità; **~itimar** *vt* rendere/dichiarare illegittimo; **~ítimo** *adj* illegittimo
íleo *m med* ileo; **~n** *m med* ileo
ileso *adj* illeso; indenne
iletrado *adj/s* illetterato
ilí|aco *adj med* iliaco; ***~ada** *f lit* Iliade; **~cito** *adj* illecito
ili|citud *f* illiceità; **~mitado** *adj* illimitato, infinito
ilocu|ción *f ling* illocuzione; **~tivo** *adj* illocutivo; **~torio** *adj* illocutorio
ilógico *adj* illogico
ilumin|ación *f* illuminazione; **~ado** *adj/s* illuminato; **~ar** *vt* illuminare; rischiarare
ilus|ión *f* illusione; errore *m*, inganno *m*; *hacer ~* essere come un sogno, far piacere; *hacerse ~s* farsi illusioni; **~ionar 1.** *vt* illudere; **2.** *~se* illudersi, farsi illusioni; **~ionista** *m/f* illusionista; **~o** *adj* illuso; **~orio** *adj* illusorio, fallace
ilustr|ación *f* 1. ***~** *fil/lit* Illuminismo; 2. illustrazione (*dibujo, figura*); 3. cultura; **~ado** 1. *adj* colto, istruito; 2. *fil/lit* illuminista; 3. illustrato; **~ar** *vt* 1. illustrare, ornare; 2. istruire; *eccl* illuminare; **~e** *adj* illustre, insigne, celebre
Ilustrísimo *adj* Illustrissimo; Chiarissimo; Egregio; *Ilmo. Sr....* Egregio Signor(e)...; Chiar.mo Signor(e) (*catedrático*); Ill.mo Signor(e) (*profesor, abogado, doctor...*)
imag|en *f* immagine, figura, effigie, simbolo *m*; *ling* metafora; *~ borrosa, doble, virtual* immagine sfocata, sdoppiata, virtuale; *~ pública* immagine pubblica; *a ~ y semejanza* a immagine e somiglianza; *congelado de ~* fermoimmagine; *ser la viva ~ de* essere l'immagine vivente di; *quedarse para vestir ~es* restare nubile/zitella; **~inable** *adj* immaginabile; **~inación** *f* immaginazione, invenzione, fantasia; **~inar 1.** *vt* immaginare; inventare; supporre; *ni ~lo*

neanche per immaginazione/sogno; **2.** ~*se* figurarsi, immaginarsi; ~**inaria** 1. *m mil* sentinella notturna *f*; **2.** *f mil* guardia di riserva; ~**inario** *adj/s* immaginario, fantastico, illusorio; *mat* immaginario; ~**inativa** *f* immaginativa, inventiva; ~**inativo** *adj* immaginativo

imán *m* calamita *f*, magnete; *fig* attrattiva *f*; *eccl* imano

iman(t)|ación *f* calamitazione, *fis* magnetizzazione; ~**ar** *vt* calamitare, magnetizzare

imbécil *adj/s* imbecille, idiota, stupido

imb|ecilidad *f* imbecillità; ~**erbe** *adj* imberbe; ~**orrable** *adj* incancellabile

imbuir < *14 imbuyo; imbuyó*> **1.** *vt/vi* infondere, imbevere *vi*; **2.** ~*se* imbeversi

imit|able *adj* imitabile; ~**ación** *f* imitazione; copia, plagio *m*; ~**ar** *vt* imitare; copiare, plagiare

impacien|cia *f* impazienza; ~**tar 1.** *vt* far perdere la pazienza *vi*, impazientire; **2.** ~*se* impazientirsi; ~**te** *adj/s* impaziente

impact|ar *vt* colpire, impressionare, causare impatto *vi*; ~**o** *m* impatto, urto, colpo; ~ *ambiental* impatto ambientale

impagable *adj* impagabile

impar *adj* dispari *inv*, impari *inv*; ~**able** *adj* inarrestabile; *sport* imparabile; ~**cial** *adj* imparziale; equanime, neutrale; ~**cialidad** *f* imparzialità, equanimità

impartir *vt* impartire

impas|ibilidad *f* impassibilità; ~**ible** *adj* impassibile, insensibile

impasse *m fr* impasse

impavidez *f* intrepidezza

impávido *adj/s* impavido, intrepido

impec|abilidad *f* impeccabilità; ~**able** *adj* impeccabile; incensurabile

imped|ido *adj/s* invalido, paralitico; ~**imenta** *f mil* impedimenti *mpl*, salmerie *fpl*; ~**imento** *m* impedimento, ostacolo; *(ius)* ~ *dirimente, impediente* impedimento dirimente, impediente; ~**ir** < *12* V. *pedir*> *vt* impedire, ostacolare

impel|ente *adj* impellente, imperioso; ~**er** *vt* spingere, incitare

impenetr|abilidad *f* impenetrabilità; ~**able** *adj* impenetrabile; incomprensibile

impenitente *adj* impenitente; incorreggibile, incallito

impens|able *adj* impensabile; ~**ado** *adj* impensato, inatteso

imper|ar *vi* imperare, dominare; ~**ativo** *adj/m ling/fil* imperativo

imperceptible *adj* impercettibile

imperdible 1. *adj* imperdibile; **2.** *m* spillo di sicurezza

imperdonable *adj* imperdonabile

imperecedero *adj* imperituro, immortale

imperfec|ción *f* imperfezione, difetto *m*; ~**to 1.** *adj/m ling* imperfetto; **2.** *adj* incompiuto

imperial *adj/f* imperiale *m*; ~**ismo** *m* imperialismo; ~**ista** *adj/s* imperialista

impericia *f* inesperienza

imperio *adj/m* impero; ~**so** *adj* imperioso; impellente

impermeab|ilidad *f* impermeabilità; ~**ilización** *f* impermeabilizzazione; ~**ilizar** <*impermeabilicé*> *vt* impermeabilizzare, rendere impermeabile; ~**le** *adj/m* impermeabile

impermuta|bilidad *f* impermutabilità; ~**ble** *adj* impermutabile

impersonal *adj* impersonale

impertérrito *adj* imperterrito, impassibile

impertin|encia *f* impertinenza; sfacciataggine, insolenza; ~**ente 1.** *adj* impertinente; sfacciato, insolente; **2.** *mpl* occhialini da signora

imperturba|bilidad *f* imperturbabilità, impassibilità; ~**ble** *adj* imperturbabile, impassibile

impétigo *f med* impetigine

impetrar *vt* impetrare

ímpetu *m* impeto, slancio

impetuos|idad *f* impetuosità; ~**o** *adj* impetuoso, focoso

impiedad *f* empietà; crudeltà

impío *adj* empio; crudele

implacable *adj* implacabile, inesorabile

implant|ación *f* instaurazione; *cient* implantazione; *biol* impianto *m*; ~**ar** *vt* instaurare, stabilire; *cient* realizzare un impianto *vi*; ~**e** *m med* impianto, inserimento; ~ *de un marcapasos* impianto di un pacemaker

implement|ación *f infor* implementazione; ~**ar** *vt* implementare; ~**o** *m ling* complemento oggetto, implemento

implic|ación *f* implicazione; ~**ar** <*impliqué; implique*> *vt* implicare; coinvolgere; *esto no implica...* ciò non osta

implícito *adj* implicito

implorar *vt* implorare, supplicare

implos|ión *f cient* implosione; ~**ivo, -a** *adj/f ling* implosivo, -a

impoluto *adj* immacolato, puro

imponderable *adj/m* imponderabile

impon|ente *adj* imponente, grandioso; *chica/o* ~ ragazza/o fantastica/o; ~**er** < *32* V. *poner*> **1.** *vt* imporre; *(com)* ~ *un giro* fare, mandare un vaglia postale; *com* depositare; **2.** *vi* infondere rispetto o paura; **3.** ~*se* 1. imporsi; farsi rispettare; 2. informarsi, istruirsi

impopular *adj* impopolare

import|ación *f* importazione; ~**ador** *adj/s* importatore; ~**ancia** *f* importanza; *dar* ~ dare importanza; *darse* ~ darsi importanza; *de* ~ importante; ~**ante** *adj* importante; considerevole; influente; *lo importante es que* l'importante è che; ~**ar 1.** *vi* importare; *com* ammontare; *lo que importa es que* ciò che importa è che; *me importa un bledo* non me ne importa un cavolo; **2.** *vt com* importare

importe *m* importo, totale, somma *f*

importun|ar *vt* importunare, disturbare, seccare; ~**idad** *f* importunità; ~**o** *adj* inopportuno; importuno, seccante, noioso

impos|ibilidad *f* impossibilità; ~**ibilitar** *vt* impossibilitare, rendere impossibile; ~**ible 1.** *adj/m* impossibile; *hacer lo* ~ fare l'impossibile; *parece* ~ sembra impossibile; **2.** *adj* insopportabile; *estar, ponerse* ~ essere insopportabile; *hacer la vida* ~ *alg* rendere la vita difficile a q

imposi|ción *f* imposizione, comando *m*,

ius ingiunzione; *com* imposizione, tassazione; *com* versamento *m*; *eccl* imposizione; ~**tivo** *adj* impositivo
impost|or *adj/s* impostore; ~**ura** *f* impostura, menzogna, frode
impot|encia *f* impotenza, incapacità; ~ *sexual* impotenza sessuale; ~**ente** *adj/s* impotente (*sexo*), incapace
impractic|abilidad *f* impraticabilità; ~**able** *adj* impraticabile
imprec|ación *f* imprecazione, maledizione; ~**ar** <*imprequé*> *vi* imprecare
impreci|sión *f* imprecisione; ~**so** *adj* impreciso
impregn|ación *f* impregnazione; ~**ado** *adj* impregnato, inzuppato; ~**ar** *vt* impregnare, inzuppare, imbevere
imprenta *f* stampa; tipografia (*lugar*); *dar a la* ~ dare alla stampa; *libertad de* ~ libertà di stampa; *prueba de* ~ bozza
imprescindible *adj* imprescindibile
imprescriptible *adj* imprescrittibile
impresentable *adj* impresentabile
impresi|ón *f* impressione; impronta, segno *m*; *tip* impressione, stampa; *buena, mala* ~ buona, cattiva impressione; *cambiar* ~*es* scambiare impressioni/opinioni; *causar la* ~ *de* dare l'impressione di; ~**onable** *adj* impressionabile, sensibile; ~**onante** *adj* impressionante; ~**onar 1.** *vt* impressionare; **2.** *vi* far impressione; ~**onismo** *m* impressionismo; ~**onista** *adj/s* impressionista
impreso *m* modulo; stampato; *rellenar un* ~ compilare un modulo; ~**r** *m* impressore, stampatore, tipografo; ~**ra** *f* stampante (*ordenador*); stampatrice (*imprenta*); ~ *de chorro, láser, margarita, matricial* stampante a getto, laser, a margherita, ad aghi
imprevis|ible *adj* imprevedibile; ~**ión** *f* imprevisione; ~**or** *adj/s* imprevidente; ~**to** *adj/m* imprevisto; ~*s* spese impreviste
imprim|ación *f pitt* imprimitura; ~**ar** *vt pitt* mesticare, dare la mano di fondo *vi*; ~**átur** *m* imprimatur *inv*; ~**ir** *vt tip/fig* imprimere, *tip* stampare
improbable *adj* improbabile
ímprobo *adj* improbo; malvagio, disonesto; eccessivo
improced|encia *f ius* infondatezza; ~**ente** *adj ius* infondato; inadeguato
improductivo *adj* improduttivo, sterile, infruttifero
impronta *f* impronta
impronunciable *adj* impronunziabile
improperio 1. *m* improperio, vituperio; 2. *mpl eccl* improperi
impropi|edad *f* improprietà; ~**o** *adj* improprio; inadatto, non appropriato
improrrogable *adj* improrogabile
improvis|ación *f* improvvisazione; ~**ador, -ra** *m/f* improvvisatore, -trice; ~**ar** *vt* improvvisare; ~**o** *adj* imprevisto; *de, al* ~ all'improvviso, improvvisamente
imprud|encia *f* imprudenza, sconsideratezza; scortesia; ~ *temeraria* imprudenza temeraria; ~**ente** *adj* imprudente, incauto; scortese
impúber *adj/s* impubere
impudici|a, ~**cia** *f* impudicizia
impúdico *adj* impudico, immorale
impuesto 1. *m* imposta *f*, tassa *f*; ~ *de circulación* bollo auto; ~ *de lujo* tassa/imposta di lusso; ~ *sobre la renta* imposta di ricchezza mobile; ~ *sobre el valor añadido* imposta sul valore aggiunto; ~ *sobre los beneficios de las sociedades* imposta sugli utili delle società; ~ *sobre el patrimonio* imposta patrimoniale; ~ *sobre el rendimiento de capital* imposta sul reddito del capitale; ~*s municipales* tasse comunali; *recaudador de* ~*s* esattore erariale; **2.** *adj* imposto
impugn|able *adj* impugnabile; ~**ación** *f* impugnazione; ~**ar** *vt* impugnare
impuls|ar *vt tec* impulsare; spingere, dare un impulso *vi*; ~**ión** *f tec/fig* impulsione; ~**ivo** *adj* impulsivo, focoso; ~**o** *m* impulso, spinta *f*; *tomar* ~ prendere slancio; ~**or** *adj/s elec* impulsatore; *tec* avviatore; *fig/tec* propulsore
impun|e *adj* impune, impunito; ~**idad** *f* impunità
impur|eza *f* impurità, impurezza; ~**o** *adj* impuro; contaminato
imput|abilidad *f* imputabilità; ~**able** *adj* imputabile; ~**ación** *f* imputazione; ~**ar** *vt* imputare, attribuire, addebitare; *ius* imputare, ascrivere
inabordable *adj* inabbordabile, inaccessibile
inacab|able *adj* interminabile; ~**ado** *adj* incompiuto
inaccesi|bilidad *f* inaccessibilità; ~**ble** *adj* inaccessibile
inacción *f* inazione, inerzia
inaceptable *adj* inaccettabile
inactiv|idad *f* inattività, inoperosità, inerzia; ~**o** *adj* inattivo, inerte, pigro
inadapt|abilidad *f* inadattabilità; *psic* disadattamento *m*; ~**able** *adj* inadattabile; ~**ado** *adj* inadatto, inadeguato; *psic* disadattato
inadecuado *adj* inadatto, inadeguato
inadmisible *adj* inammissibile
inadvert|encia *f* inavvertenza, sbadataggine, distrazione; ~**ido** *adj* inavvertito; distratto; *pasar* ~ passare inavvertito; *estar, pillar* ~ essere, prendere distratto, cogliere di sorpresa
inagotable *adj* inesauribile, instancabile
inaguantable *adj* insopportabile, insoffribile
inalámbrico *adj elec* senza filo
inalcanzable *adj* irraggiungibile
inalienable *adj* inalienabile
inalterable *adj* inalterabile
inamovi|ble *adj* inamovibile; ~**lidad** *f ius* inamovibilità
inanición *f med* inanizione
inanimado *adj* inanimato
inánime *f* esanime
inapelable *adj ius* inappellabile
inapet|encia *adj* inappetenza; ~**ente** *adj* inappetente
inaplazable *adj* improrogabile, indifferibile
inapreciable *adj* inapprezzabile
inaprensible *adj* inafferrabile
inarrugable *adj* ingualcibile

inasequible *adj* inaccessibile, irraggiungibile; ~ *al desaliento* che non si scoraggia facilmente

inastillable *adj* che non si scheggia; *vidrio* ~ vetro di sicurezza

inatacable *adj* inattaccabile; *chim* incorrodibile

inaudi|ble *adj* inaudibile; ~**to** *adj* inaudito, incredibile

inaugur|ación *f* inaugurazione; ~**al** *adj* inaugurale; ~**ar** *vt* inaugurare

inca *m* inca; ~**ico** *adj* incaico, degli Incas

incalculable *adj* incalcolabile

incalificable *adj* inqualificabile

incandesc|encia *f* incandescenza; ~**ente** *adj* incandescente

incansable *adj* instancabile

incapa|cidad *f* incapacità, inabilità; *ius/med* incapacità; ~**citación** *f ius* inabilitazione; ~**citado** *adj/s* inabile, incapace; handicappato; *estar* ~ *para* non essere in grado di; ~**citar** *vt* inabilitare; ~**z** *adj* incapace, inetto; *ius* incapace

incaut|ación *f* sequestro *m*, incameramento *m*; ~**arse (de)** confiscare *vt*, incamerare *vt*

incauto *adj* incauto, imprudente

incendi|ar *vt* incendiare, bruciare; ~**ario** *adj/s* incendiario; ~**o** *m* incendio; *fig* passione ardente *f*

incens|ar *vt eccl/fig* incensare; ~**ario** *m* incensiere, turibolo

incensurable *adj* incensurabile, ineccepibile

incentiv|ación *f* incentivazione; ~**ar** *vt* incentivare; ~**o** *m* incentivo, stimolo

incertidumbre *f* incertezza

incesante *adj* incessante

incest|o *m* incesto; ~**uoso** *adj* incestuoso

incid|encia *f mat/fig* incidenza; ~**ental** *adj ling/ius/fig* incidentale; ~**ente** *adj/m* incidente; ~**ir 1.** *vt cient* incidere; **2.** *vi* incidere; ~ *en una falta* cadere in fallo

incienso *m eccl/fig* incenso

incierto *adj* incerto, dubbioso; falso; impreciso, vago

inciner|ación *f* incinerazione; ~**ador** *m* inceneritore; ~**adora** *f* inceneritore *m*; ~**ar** *vt chim* incinerare; cremare (*cadáver*)

incipiente *adj* incipiente

incis|ión *f* incisione, taglio *m*; ~**ivo 1.** *adj* incisivo; **2.** *m* incisivo (*diente*); ~**o** *adj/m* inciso

incit|ación *f* incitamento *m*, stimolo *m*; ~**ador** *adj* incitatore; ~**ar** *vt* incitare, invitare, stimolare, spronare

incivil *adj/s* incivile, barbaro; screanzato, incivile; ~**idad** *f* inciviltà; ~**izado** *adj* incivile

inclasificable *adj* inclassificabile

inclemencia *f* inclemenza, rigore *m*

inclin|ación *f cient/fig* inclinazione; propensione; ~**ar 1.** *vt* inclinare; chinare, piegare; *fig* persuadere; **2.** ~*se* propendere *vi*, essere incline *vi* (*hacia* per)

ínclito *adj* inclito, illustre, glorioso

incluir < *14 incluyo; incluyó*> *vt* includere, *adm* accludere

inclus|a *f* asilo *m*, brefotrofio *m*; ~**ero, -a** *m/f* trovatello, -a; ~**ión** *f* inclusione; *ius* inserimento *m*; ~**ive** *adv* compreso, incluso; ~**o 1.** *adj* incluso, accluso; **2.** *adv* persino, perfino

inco|ar *vt ius* incoare, incominciare; ~**ativo** *adj ling* incoativo

incógnit|a *f* incognita; ~**o** *adj/m* incognito; *de* ~ in incognito

incoher|encia *f* incoerenza; ~**ente** *adj* incoerente, incongruente

incoloro *adj* incolore, incoloro

incólume *adj* incolume

incombustible *adj* incombustibile

incomible *adj* immangiabile

incomod|ar 1. *vt* incomodare, disturbare, importunare; **2.** ~*se* incomodarsi; inquietarsi; ~**idad** *f* incomodità, disagio *m*; molestia; acciacco *m* (*salud*)

incómodo *adj* incomodo, scomodo, disagevole; molesto, fastidioso; *sentirse/estar* ~ sentirsi/essere a disagio

incomparable *adj* incomparabile, impareggiabile

incomparecencia *f ius* mancata comparizione

incompati|bilidad *f* incompatibilità; ~**ble** *adj* incompatibile

incompet|encia *f* incompetenza; ~**ente** *adj/s* incompetente

incompleto *adj* incompleto, incompiuto

incompren|dido *adj* incompreso; ~**sible** *adj* incomprensibile; ~**sión** *f* incomprensione

incompresibilidad *f fis* incompressibilità

incomprobable *adj* incomprovabile

incomunic|abilidad *f* incomunicabilità; ~**ación** *f* isolamento *m*; *ius* segregazione; ~**ado** *adj* isolato; *ius* segregato; ~**ar** <*incomuniqué*> *vt* isolare; segregare

inconcebible *adj* inconcepibile

inconciliable *adj* inconciliabile

inconcluso *adj* incompiuto

incondicional *adj* incondizionato, assoluto; *rendición* ~ resa incondizionata/a discrezione

inconexo *adj* sconnesso, incoerente

inconfesable *adj* inconfessabile

inconformismo *m* non conformismo

inconfundible *adj* inconfondibile

incongruencia *f* incongruenza, incoerenza

incongruente *adj* incongruente, incoerente

inconmensurable *adj* incommensurabile

inconmovible *adj* inalterabile, impassibile

inconmutable *adj* incommutabile; immutabile

inconscien|cia *f* incoscienza; ~**te 1.** *adj* incosciente, inconscio; **2.** *m psic* inconscio; *psic* subconscio

inconsecuen|cia *f* inconseguenza; incoerenza; ~**te** *adj* inconseguente, incoerente

inconsisten|cia *f* inconsistenza; ~**te** *adj* inconsistente

inconsolable *adj* inconsolabile

inconst|ancia *f* inconstanza, volubilità; ~**ante** *adj/s* inconstante, volubile

inconstitucional *adj* incostituzionale

inconsútil *adj eccl* inconsutile

incontable *adj* innumerevole

incontaminado *adj* incontaminato, puro
incontenible *adj* incontenibile, irrefrenabile
incontinencia *f* incontinenza
incontrastable *adj* incontrastabile; *ius* inoppugnabile
incontrolable *adj* incontrollabile
incontrovertible *adj* incontrovertibile
inconvencible *adj* inconvincibile
inconveni|encia *f* inconvenienza, sconvenienza; ~**ente 1.** *adj/m* inconveniente; **2.** *adj* sconveniente
incordi|ar *vt* molestare, infastidire; ~**o** *m* molestia *f*, seccatura *f*
incorpor|ación *f* incorporazione, annessione; *ius* assunzione; ~**ar 1.** *vt* incorporare, aggiungere, unire; *mil* incorporare; **2.** ~*se* sedersi, alzarsi (*cama*); entrare *vi* (*a* in), integrarsi (*a* in); ~**eidad** *f* incorporeità
incorr|ección *f* incorrezione, errore *m*; scorrettezza, incorrettezza; ~**ecto** *adj* incorretto, scorretto; ~**egible** *adj* incorreggibile
incorrupt|ible *adj* incorruttibile; integro; ~**o** *adj* incorrotto
incred|ibilidad *f* incredibilità; ~**ulidad** *f* incredulità, miscredenza
incrédulo *adj* incredulo, miscredente
increíble *adj* incredibile
increment|ar *vt* incrementare, aumentare; sviluppare; ~**o** *m* incremento, aumento; *ling* incremento
increpar *vt* rimproverare, riprendere, sgridare
incrimin|ación *f* incriminazione, imputazione; ~**ar** *vt* incriminare
incruento *adj* incruento
incrust|ación *f* incrostazione; ~**ar** *vt* incrostare; *fig* ficcare
incub|ación *f* incubazione; ~**adora** *f* incubatrice; ~**ar** *vt* incubare; *zool* covare
incuestionable *adj* indiscutibile
inculcar <*inculqué*> *vt* inculcare
inculp|ación *f* accusa, incolpamento *m*; ~**ado** *adj/s* accusato, incolpato; ~**ar** *vt* incolpare, accusare
incult|o *adj* incolto; ignorante; *estilo* ~ stile trascurato; ~**ura** *f* incultura; ignoranza
incumb|encia *f* incombenza; competenza; *no es de mi* ~ non è di mia competenza; ~**ir** *vi* spettare, incombere, competere
incumpl|imiento *m* inadempimento, inadempienza *f*, mancata esecuzione *f*; ~**ir** *vt* non compiere
incunable *m tip* incunabolo
incurable *adj* incurabile
incuria *f* incuria, negligenza
incurrir *vi* incorrere
incursión *f mil* incursione, scorreria; ~ *aérea* raid
indag|ación *f* investigazione, indagine; ~**ador** *adj/s* indagatore; ~**ar** <*indagué*> *vt* indagare, investigare
indebido *adj* indebito, illecito
indec|encia *f* indecenza; ~**ente** *adj* indecente, indecoroso
indec|ible *adj* indicibile; ~**isión** *f* indecisione; ~**iso** *adj* indeciso, titubante; incerto
indecoroso *adj* indecoroso, indecente
indefectible *adj* indefettibile
indefens|ión *f* mancanza di difesa; ~**o** *adj* indifeso
indefin|ible *adj* indefinibile; ~**ido 1.** *adj/m* indefinito; *pretérito* ~ passato remoto; *adjetivo, pronombre* ~ aggettivo, pronome indefinito; **2.** *adj* illimitato
indeformable *adj* indeformabile
indehiscente *adj bot* indeiscente
indeleble *adj* indelebile
indemn|e *adj* indenne, illeso, incolume; ~**idad** *f ius* indennità; ~**ización** *f* indennizzo *m*, risarcimento *m*; ~**izar** <*indemnicé*> *vt* indennizzare, risarcire
independ|encia *f* indipendenza; ~**iente** *adj* indipendente; ~**izado** *adj* indipendente, emancipato; ~**izarse** <*independicé*> rendersi indipendente, emanciparsi
indes|cifrable *adj* indecifrabile; ~**criptible** *adj* indescrivibile; ~**eable** *adj/s* indesiderabile; ~**mallable** *adj* indemagliabile; ~**tructible** *adj* indistruttibile
indetermin|able *adj* indeterminabile; ~**ación** *f* indeterminatezza, irresolutezza; ~**ado** *adj* indeterminato; *ling* indeterminativo (*artículo*)
indexación *f com* indicizzazione
India *f geogr* India; *~**da** *f* moltitudine di indiani; *~**nismo** *m* indianismo; *~**no** *adj/s* indiano; *fig* arricchito in America
indic|ación *f* indicazione; ~**ado** *adj* indicato, appropriato; *ser el más* ~ *para* essere la persona più indicata per; ~**ador** *adj/s* indicatore; ~**ar** <*indiqué*> *vt* indicare; dire, suggerire; manifestare; ~**ativo** *adj/m* indicativo
índice *m* indice; *com* tasso, indice
indicio *m* indizio, traccia *f*, sintomo
índico *adj geogr* indico
indifer|encia *f* indifferenza; ~**ente** *adj* indifferente; freddo, apatico
indígena *adj/s* indigeno
indigen|cia *f* indigenza; ~**te** *adj/s* indigente
indigest|arse fare un'indigestione *vi*; *fig* diventare antipatico *vi*; ~**ión** *f med/fig* indigestione; ~**o** *adj* indigesto; *fig* molesto, pesante; *fig* disordinato
indign|ación *f* indignazione; ~**ante** *adj* indignante; ~**ar 1.** *vt* indignare; **2.** ~*se* indignarsi, sdegnarsi; ~**idad** *f* indegnità; ~**o** *adj* indegno; spregevole, iniquo
índigo *m* indaco
indio 1. *adj/s* indiano (*americano*), indio; *en fila* ~*a* in fila indiana; *hacer el* ~ fare lo scemo; **2.** *m chim* indio
indirect|a *f* allusione, insinuazione; *coger una* ~ capire l'antifona; *soltar una* ~ fare un'allusione; ~**o** *adj* indiretto
indisciplina *f* indisciplina
indiscre|ción *f* indiscrezione, indelicatezza; ~**to** *adj* indiscreto, indelicato
indiscutible *adj* indiscutibile
indisoluble *adj* indissolubile
indispensable *adj* indispensabile, assolutamente necessario
indispo|ner <*32* V. *poner*> **1.** *vt* indisporre, irritare; **2.** ~*se* sentirsi indispo-

sto/male; irritarsi; ~**sición** *f* indisposizione
indispuesto *adj* indisposto
indistinto *adj* indistinto
individu|al *adj* individuale; singolo, unipersonale; singolare, personale; *habitación ~* camera singola; ~**alidad** *f* individualità; ~**alismo** *m* individualismo; ~**alista** *adj/s* individualista; ~**alización** *f* individualizzazione; ~**alizar** *<individualicé>* *vt* individualizzare; ~**ar** *vt* individuare; ~**o** *m* individuo; membro; tipo; *(desp) ¡menudo ~!* Bel tipo! *iron*
indivis|ibilidad *f* indivisibilità; ~**ible** *adj* indivisibile; ~**o** *adj* indiviso
indización *f* indicizzazione
indochino *adj/s* indocinese
indocilidad *f* indocilità
indocumentado 1. *adj* privo di documenti; **2.** *m/f* ignorante, un/una dappoco
indoeuropeo *adj/s* indoeuropeo
índole *f* indole, natura, carattere *m*; indole, tendenza
indol|encia *f* indolenza; ~**ente** *adj/s* indolente
indoloro *adj* indolore, indoloro
indomable *adj* indomabile
indómito *adj* indomito, fiero
Indonesi|a *f* Indonesia; *~**o** *adj/s* indonesiano
Indostán *m* Indostan; *~**ico** *adj/s* indostano
indu|cción *f fil/fis* induzione; *ius* istigazione; ~**cido** *adj/m* indotto; ~**cir** *<20 induzco; induje>* *vt fil/ius* indurre, istigare; *fis* indurre; ~**ctivo** *adj* induttivo; ~**ctor, -a 1.** *adj* induttore, -trice; **2.** *m* 1. *fis/ling* induttore; 2. *m/f* istigatore, -trice
indudable *adj* indubbio, indubitabile
indulg|encia *f* indulgenza, clemenza; *~ plenaria* indulgenza plenaria; ~**ente** *adj* indulgente, clemente, benevolo
indult|ar *vt* concedere l'indulto *vi*, condonare; ~**o** *m* indulto, condono
indumentaria *f* vestiti *mpl*, abbigliamento *m*
industria *f* 1. industria; *~ bélica, pesada ...* industria bellica, pesante...; 2. industria, abilità, destrezza; ~**l** *adj/s* industriale; ~**lismo** *m* industrialismo; ~**lización** *f* industrializzazione; ~**lizar** *<industrialicé>* *vt* industrializzare
industrioso *adj* industrioso, ingegnoso, laborioso
inédito *adj/m* inedito
INEF (Instituto Nacional de Educación Física) *m* ISEF (Istituto Superiore di Educazione Fisica)
inefable *adj* ineffabile
inefic|acia *f* inefficacia; ~**az** *adj* inefficace; ~**iencia** *f* inefficienza; ~**iente** *adj* inefficiente
ineludible *adj* ineluttabile, inevitabile; *lit* inelusibile
inenarrable *adj* inenarrabile, indescrivibile
inept|itud *f* inettitudine; ~**o** *adj/s* inetto, incapace
inequívoco *adj* inequivocabile, indubbio
iner|cia *f* inerzia; ~**me** *adj* inerme; ~**te** *adj* inerte; inoperoso, ozioso
inescrutable *adj* inscrutabile
inesperado *adj* inatteso, inaspettato, insperato
inesta|bilidad *f* instabilità; ~**ble** *adj* instabile; *meteo* variabile
inestimable *adj* inestimabile
inevitable *adj* inevitabile
inex|actitud *f* inesattezza; ~**acto** *adj* inesatto
inexcusable *adj* inescusabile
inexist|encia *f* inesistenza; ~**ente** *adj* inesistente
inexorable *adj* inesorabile, spietato
inexper|iencia *f* inesperienza; ~**to** *adj/s* inesperto
inexplicable *adj* inesplicabile, inspiegabile
inexplorado *adj* inesplorato
inexpresivo *adj* inespressivo
inexpugnable *adj* inespugnabile
inextricable *adj* inestricabile
infali|bilidad *f* infallibilità; ~**ble** *adj* infallibile
infam|ación *f* diffamazione; ~**ante** *adj* infamante; ~**ar** *vt* infamare, diffamare; ~**atorio** *adj* infamatorio; ~**e** *adj/s* infame, ignobile; ~**ia** *f* infamia, ignominia; infamità
infan|cia *f* infanzia; ~**ta** *f hist* infanta; infante; ~**te** *adj/m hist* infante; *mil* fante; ~**tería** *mil* fanteria; ~**ticida** *adj/s* infanticida; ~**ticidio** *m* infanticidio; ~**til** *adj* infantile, puerile; ~**tilismo** *m med* infantilismo
infarto *m med* infarto; *~ cardíaco, del miocardio* infarto cardiaco, del miocardio
infatigable *adj* infaticabile, instancabile
infatuado *adj* infatuato
infausto *adj* infausto, funesto, nefasto
infecci|ón *f* infezione; ~**oso** *adj* infettivo
infect|ado *adj* infetto, contagiato; ~**ar** *vt* infettare, contaminare
infeliz *adj/s* infelice, disgraziato, sventurato; *desp* disgraziato
inferencia *f fil* inferenza
inferior *adj/s* inferiore; ~**idad** *f* inferiorità
inferir *<10 infiero; infirió>* *vt* inferire; dedurre
infernal *adj* infernale, demoniaco; *fig* orribile, infernale
infestar *vt* infettare, contaminare, *fig* infestare, danneggiare
inficionar *vt* infettare, contaminare, contagiare; *fig* corrompere
infidelidad *f* infedeltà; infedeli *mpl/raro*
infiel *adj/s* infedele, sleale; *fig* inesatto
infiern|illo *m* fornello ad alcol; ~**o** *m eccl/fig* inferno; *mandar al ~* mandare all'inferno; *¡Vete al ~!* Vattene all'inferno!
infijo *m ling* infisso
infiltr|ación *f* infiltrazione; ~**ado** *adj/s* infiltrato; ~**ar 1.** *vt* infondere; *pol* infiltrare; **2.** *~se* penetrare *vi*, infiltrarsi
ínfimo *adj* infimo
infini|dad *f* infinità; ~**tesimal** *adj* infinitesimale; ~**tivo** *adj/m ling* infinito; ~**to 1.** *adj/m* infinito; **2.** *adj* illimitato; ~**tud** *f* infinità
infla|ción *f com* inflazione; gonfiamento *m*; *fig* esagerazione; ~**cionario** *adj* inflazionistico; ~**cionismo** *m* inflazionismo; ~**cionista** *adj/s* inflazionista, inflazionistico
inflado *m auto* gonfiamento
inflam|able *adj* infiammabile; ~**ación** *f*

med infiammazione; *fig* accensione; **~ar** **1.** *vt* infiammare, *fig* accendere; **2.** *~se* infiammarsi, ardere *vi*; **~atorio** *adj med* infiammatorio, flogistico

inflar 1. *vt* gonfiare; *fig* esagerare; **2.** *~se* gonfiarsi; *fig* insuperbire *vi*, gonfiarsi

inflexi|bilidad *f* inflessibilità; **~ble** *adj* inflessibile, rigido; severo; **~ón** *f fis/ling* inflessione; *ling* cadenza; flessione

infligir <*inflijo*> *vt* infliggere

influ|encia *f* influenza, incidenza; autorità; **~ir** <*14 influyo; influyó*> *vi* influire, incidere (*sobre/en* in); *fig* influenzare *vt*, influire (*sobre/en* su) *vi*; **~jo** *m* influsso, influenza *f*; **~yente** *adj* influente; autorevole

inform|ación *f* informazione, notizia, ragguaglio *m*; *cient* informazione; *~ meteorológica* previsioni del tempo, bollettino meteorologico; **~ador** *adj/s* informatore; giornalista; **~al 1.** *adj/s* informale; **2.** *adj* non serio, che manca alla parola; **~alidad** *f* mancanza di serietà, mancanza di formalità; **~ar 1.** *vt* informare; **2.** *vi fil* dare forma sostanziale; *ius* fare, pronunciare arringhe; **~ática** *f* informatica; **~ativo 1.** *adj* informativo; **2.** *m* notiziario, *(TV)* telegiornale, *(radio)* giornale radio; **~atización** *f* informatizzazione; **~atizar** <*informaticé*> *vt* informatizzare; **~e 1.** *m* informazione *f*, relazione *f*, rapporto; *ius* arringa *f*; **2.** *adj* informe, amorfo

infortun|ado *adj* sfortunato, disgraziato, sventurato; **~io** *m* infortunio, disgrazia *f*, sciagura *f*

infrac|ción *f med/ius* infrazione; **~tor** *adj/s ius* trasgressore

infraestructura *f* infrastruttura

in fraganti *adv* in flagrante

infranqueable *adj* insuperabile

infrarrojo *adj/m fis* infrarosso

infrascrito *adj* infrascritto, sottoscritto

infrasonido *m fis* infrasuono

infrautilización *f* bassa utilizzazione

infravalor|ación *f* sottovalutazione; **~ar** *vt* sottovalutare

infrecuente *adj* infrequente

infringir <*infrinjo*> *vt* infrangere, violare, trasgredire

infructuos|idad *f* infruttuosità; **~o** *adj* infruttuoso, sterile

ínfula 1. *f* infula; 2. *fpl* arie, boria *f*, presunzione *f*; *darse ~s* darsi arie

infumable *adj* infumabile

infund|ado *adj* infondato; **~io** *m* frottola *f*, balla *f*, panzana *f*; **~ir** *vt* infondere, comunicare

infus|ión *f* infusione; infuso *m*; *~ de manzanilla* infuso/infusione di camomilla; **~o** *adj* infuso; *(iron) ciencia ~a* scienza infusa

ingeni|ar 1. *vt* inventare; **2.** *~se* ingegnarsi, industriarsi, arrangiarsi; *~selas* cavarsela; **~ería** *f* ingegneria; *~ genética* ingegneria genetica; **~iero, -a** *m/f* ingegnere; *~ agrónomo* ="Dottore in Agraria"; *~ de caminos, canales y puertos* ingegnere civile (ponti e strade); *~ de montes, de sonido, químico, militar...* ingegnere forestale, del suono, chimico, militare...

ingenio 1. *m* ingegno; persona d'ingegno *f*; 2. intelligenza *f*, talento, genio; *aguzar el ~* aguzzare l'ingegno; 3. *tec* congegno, apparecchio, strumento; 4. *am* zuccherificio; **~so** *adj* ingegnoso; abile; geniale

ingente *adj* ingente, rilevante

ingenu|idad *f* ingenuità, semplicità, candore *m*; **~o** *adj* ingenuo, semplice, candido

inger|encia *f* ingerenza; **~ir** < *10 ingiero; ingirió*> **1.** *vt* ingerire, inghiottire; **2.** *~se* intromettersi, immischiarsi, ingerirsi

ingestión *f* ingestione

Inglaterra *f geogr* Inghilterra

ingle *f* inguine *m*

inglés *adj/s* inglese; *fig* creditore

ingobern|abilidad *f* ingovernabilità; **~able** *adj* ingovernabile

ingra|titud *f* ingratitudine; **~to** *adj* ingrato

ingravidez *f* leggerezza; *astr/fig* imponderabilità

ingrediente *m* ingrediente

ingres|ar 1. *vi* entrare; ricoverarsi (*hospital*); **2.** *vt com* versare, depositare; **~o** 1. *m* ingresso, entrata *f*; *com* versamento; *stud* ammissione *f*; 2. *mpl* entrate *fpl*

inguinal *adj* inguinale

ingurgitar *vt med* ingurgitare, inghiottire

inhábil *adj/s* incapace, inabile; non lavorativo (*día*)

inhabi|lidad *f* inabilità; incapacità; **~litación** *f* inabilitazione; **~litar** *vt* inabilitare; disabilitare

inhabit|able *adj* inabitabile; **~ado** *adj* disabitato, spopolato, *lit* inabitato

inhal|ación *f* inalazione; **~ador** *m* inalatore; **~ar** *vt* inalare, aspirare

inher|encia *f* inerenza; **~ente** *adj* inerente

inhib|ición *f* inibizione, divieto *m*; **~idor** *adj/s* inibitore; **~ir 1.** *vt ius* inibire, impedire, proibire; **2.** *~se* astenersi (*de* da); **~itorio** *adj ius* inibitorio

inhóspito *adj* inospitale, inospite

inhum|ación *f* inumazione, seppellimento *m*; **~ano** *adj* inumano, crudele, spietato; **~ar** *vt* inumare, seppellire

inici|ación *f* iniziazione; **~ador** *adj* iniziatore; **~al** *adj* iniziale; **~alización** *f infor* formattazione, inizializzazione; **~alizar** <*inicialicé*> *vt infor* formattare, inizializzare; **~ar** *vt* iniziare, cominciare; istruire; **~ativa** *f* iniziativa; **~o** *m* inizio, principio

inicuo *adj* iniquo, ingiusto, malvagio

inigualable *adj* incomparabile, impareggiabile

inimaginable *adj* inimmaginabile

inimitable *adj* inimitabile

ininteligible *adj* inintelligibile

ininterrumpido *adj* ininterrotto, continuo

iniquidad *f* iniquità, malvagità

injerencia *f* ingerenza, intromissione

injert|ar *vt agr* innestare; **~o** *m agr/med* innesto, *med* trapianto; *~ por aproximación, inglés, por escudete* innesto per approccio/per approssimazione, a spacco, a gemma/a occhio

injuri|a *f* ingiuria, insulto *m*, oltraggio *m*;

~**ar** *vt* ingiuriare, insultare, oltraggiare; danneggiare; ~**oso** *adj* ingiurioso, oltraggioso
injust|icia *f* ingiustizia; ~**ificable** *adj* ingiustificabile; ~**ificado** *adj* ingiustificato; ~**o** *adj* ingiusto
inmaculado 1. *adj* immacolato, puro, illibato; **2.** *(eccl)* *~*a Concepción* *f* Immacolata Concezione
inmadur|ez *f* immaturità; ~**o** *adj* immaturo
inmanente *adj fil* immanente
inmaterial *adj* immateriale
inmedia|ciones *fpl* dintorni *mpl*; ~**tez** *f* immediatezza; ~**to** *adj* immediato; *de ~* subito
inmejorable *adj* eccellente, ottimo, impareggiabile
inmemo|rial, ~**rable** *adj* immemorabile
inmens|idad *f* immensità; ~**o** *adj* immenso, illimitato, enorme
inmensurable *adj* immensurabile, smisurato
inmerecido *adj* immeritato, ingiusto
inmers|ión *f* immersione; ~**o** *adj* immerso
inmigr|ación *f* immigrazione; ~**ante** *adj/s* immigrante; ~**ar** *vi* immigrare
inmin|encia *f* imminenza, prossimità; ~**ente** *adj* imminente
inmiscuirse <*def 14 inmiscuyo*> immischiarsi
inmobiliario *adj* immobiliare
inmol|ación *f* immolazione; ~**ar** *vt lit* immolare, sacrificare
inmoral *adj* immorale; ~**idad** *f* immoralità
inmortal *adj* immortale; ~**idad** *f* immortalità; ~**izar** <*inmortalicé*> *vt* immortalare, perpetuare
inmóvil *adj* immobile
inmovil|idad *f* immobilità; ~**ismo** *m* immobilismo; ~**ista** *adj/s* immobilista; ~**ización** *f* immobilizzazione; ~**izar** <*inmovilicé*> *vt med/com* immobilizzare
inmueble *adj/m* immobile; *bienes ~s* beni immobili
inmund|icia *f* immondizia, spazzatura, sudiciume *m*; *fig* immondezza; ~**o** *adj* immondo, schifoso
inmun|e *adj* immune; esente; ~**idad** *f med/ius* immunità; ~**izar** <*inmunicé*> *vt* immunizzare
inmuno|deficiencia *f* immunodeficienza; ~**depresor** *adj/s* immunodepressore; ~**logía** *f* immunologia; ~**lógico** *adj* immunologico
inmut|abilidad *f* immutabilità; ~**able** *adj* immutabile, inalterabile; ~**arse** impressionarsi, alterarsi
innat|o *adj* innato; ~**ural** *adj* innaturale
innecesario *adj* non necessario
innegable *adj* innegabile
innoble *adj* ignobile, vile; plebeo
in(n)ocu|idad *f* innocuità; ~**o** *adj* innocuo, inoffensivo
innov|ación *f* innovazione, innovamento *m*, novità; ~**ador** *adj/s* innovatore; ~**ar** *vt* innovare
innumerable *adj* innumerevole, *lit* innumerabile
inobedi|encia *f* disobbedienza; ~**ente** *adj* disobbediente
inocen|cia *f* innocenza, candore *m*, semplicità; incolpevolezza; ~**tada** *f fam* ingenuità; *fam* ="scherzo che si fa il 28 dicembre come il pesce d'aprile italiano" *m*; ~**te** *adj/s* innocente, ingenuo; sempliciotto; incolpevole; vittima di uno scherzo/*inocentada*; ~**tón** *adj/s* scemone, ingenuo
inocul|ación *f* inoculazione; ~**ar** *vt med* inoculare; contagiare
inocuo V. **innocuo**
inodoro 1. *adj* inodoro; **2.** *m* water (close)
inofensivo *adj* inoffensivo, innocuo
inolvidable *adj* indimenticabile
inoperante *adj* inoperante
inopia *f* inopia
inopinable *adj* inopinabile, imprevedibile
inoportun|idad *f* inopportunità; ~**o** *adj* inopportuno, intempestivo, sconveniente
inorgánico *adj* inorganico
inoxidable *adj* inossidabile
input *m ingl/econ/infor* input *inv*
inquebrantable *adj* infrangibile; *fig* incrollabile
inquiet|ador *adj* inquietante; ~**ante** *adj* inquietante; ~**ar** *vt* inquietare, preoccupare; ~**o** *adj* inquieto, agitato; irrequieto; ~**ud** *f* inquietudine, agitazione, ansia
inquilin|o, -a *m/f* inquilino, -a
inquina *f* avversione, odio *m*; *tenerle ~ a alg* sentir antipatia verso q; ~**r** *vt* macchiare
inquirir <*7b inquiero*> *vt* inquisire, indagare, investigare
inquis|ición *f hist* *~ Inquisizione; indagine, ricerca; ~**idor** *adj/m* inquisitore, investigatore; ~**itivo** *adj* inquisitivo; ~**itorial** *adj* inquisitorio; ~**itorio** *adj* inquisitorio, inquirente
inri *m fig* colmo; *para más ~* per giunta, per colmo di sventura; *poner el ~* svergognare
insaci|abilidad *f* insaziabilità; ~**able** *adj* insaziabile
insaliv|ación *f* insalivazione; ~**ar** *vt* insalivare
insalubr|e *adj* insalubre, malsano; ~**idad** *f* insalubrità
insalvable *adj* insalvabile
insan|able *adj* insanabile, incurabile; ~**ia** *f* insania, demenza; ~**o** *adj* insano, demente
insatis|facción *f* insoddisfazione; ~**fecho** *adj* insoddisfatto
insatur|able *adj* insaturabile; ~**ado** *adj chim* insaturo
inscri|bir <*inscrito*> *vt* iscrivere, registrare; ~**pción** *f* iscrizione; ~**to** *adj/s* iscritto
insect|icida *adj/m* insetticida; ~**ívoro** *adj* insettivoro; ~**o** *m* insetto
insegur|idad *f* insicurezza; ~**o** *adj* insicuro
insemin|ación *f med* inseminazione; *~ artificial* inseminazione articiale; ~**ar** *vt med* inseminare
insensat|ez *f* insensatezza, stoltezza; ~**o** *adj* insensato, stolto
insensi|bilidad *f* insensibilità; ~**ble** *adj* insensibile; impercettibile
inseparable *adj* inseparabile, indivisibile

insepulto *adj* insepolto
inser|ción *f* inserzione; *tip* inserzione, annuncio *m*; ~**tar** *vt* inserire
inservible *adj* inservibile
insidia *f* insidia, agguato *m*
insign|e *adj* insigne, celebre, illustre; ~**ia** *f* insegna, stemma *m*, stendardo *m*; distintivo *m*
insignific|ancia *f* piccolezza, banalità; ~**ante** *adj* insignificante; futile
insinu|ación *f ius/ling/fig* insinuazione; ~**ante** *adj* insinuante; ~**ar 1.** *vt* insinuare; **2.** ~*se* insinuarsi; cattivarsi
insipidez *f* insipidità, insipidezza
insípido *adj* insipido; *fig* insipido, insulso
insist|encia *f* insistenza, persistenza; ~**ente** *adj* insistente, persistente; ostinato; ~**ir** *vi* insistere (*en* in/a); persistere (*en* in), ostinarsi (*en* a)
insobornable *adj* incorruttibile
insoci|abilidad *f* insociabilità, insocievolezza; ~**able** *adj* insociabile, insocievole
insolación *f* insolazione
insolen|cia *f* insolenza, arroganza, sfacciataggine; ~**tarse** insolentirsi; ~**te** *adj/s* insolente, arrogante
insolidar|idad *f* mancanza di solidarietà; ~**io** *adj/s* non solidale
insólito *adj* insolito, inconsueto, inusitato
insol|uble *adj chim* insolubile; insolvibile; ~**uto** *adj* insoluto
insolv|encia *f* insolvenza; ~**ente** *adj/s* insolvente
insomn|e *adj* insonne; ~**io** *m* insonnia *f*
insondable *adj* insondabile, inesplorabile, impenetrabile
insonor|ización *f* insonorizzazione; ~**izar** <*insonoricé*> *vt* insonorizzare; ~**o** *adj* non sonoro, insonoro
insoportable *adj* insopportabile, insoffribile
insospechado *adj* insospettabile
insostenible *adj* insostenibile
inspec|ción *f* ispezione; ~**cionar** *vt* ispezionare; ~**tor** *adj/s* ispettore
inspir|ación *f* ispirazione, estro *m*; *med* inspirazione; ~**ar 1.** *vt* ispirare, suscitare, suggerire; **2.** *vi med* inspirare, aspirare; **3.** ~*se* ispirarsi (*en* a)
instal|ación *f* impianto *m*, installazione; insediamento *m*; ~ *eléctrica* impianto elettrico; ~**ador** *adj/s* installatore; ~**ar 1.** *vt* installare; insediare; intronizzare (*rey, papa*); **2.** ~*se* stabilirsi
instancia *f ius/fil* istanza; *stud/adm* domanda; *en última* ~ come ultimo rimedio
instantáne|a *f foto* istantanea; ~**o** *adj* istantaneo; improvviso
instante *m* 1. istante, attimo, momento; *al* ~ all'istante, immediatamente; *a cada* ~ ogni momento; *en este mismo* ~ in questo stesso momento; *en un* ~ in un attimo; *por* ~*s* da un momento all'altro; 2. *ius* instante, richiedente
instar 1. *vt* insistere *vi*, instare *vi*; **2.** *vi* urgere
instaur|ación *f* instaurazione; ~**ar** *vt* instaurare; restaurare
instig|ación *f ius/fig* istigazione; incitamento *m*; ~**ador** *adj/s* istigatore; ~**ar** <*instigué*> *vt* istigare, stimolare, incitare
instil|ación *f med* instillazione; ~**ar** *vt* instillare; *fig* insinuare, infondere
instint|ivo *adj* istintivo; ~**o** *m* istinto; impulso
instituc|ión *f* istituzione, fondazione; *ius/pol* istituzione; costituzione; ~**ional** *adj* istituzionale; ~**ionalización** *f* istituzionalizzazione; ~**ionalizar** <*institucionalicé*>
instituir <*14 instituyo; instituyó*> *vt* istituire, fondare; *ius* istituire, costituire
instituto *m* istituto; corporazione *f*; *stud* liceo; ~ *de enseñanza media/de bachillerato* liceo classico e scientifico; ~ *de belleza* istituto di bellezza
institutriz *f* istitutrice
instru|cción *f* istruzione; cultura; *ius* istruzione; ~**ctivo** *adj* istruttivo; ~**ctor** *adj/s* istruttore; ~**ido** *adj* istruito, colto, dotto; ~**ir** <*14 instruyo; instruyó*> *vt ius/stud* istruire; insegnare, informare
instrument|ación *f mus/tec* strumentazione; ~**al 1.** *adj* strumentale; **2.** *m* strumentario; *mus* strumenti *mpl*; ~**alización** *f* strumentalizzazione; ~**ar** *vt mus* strumentare; ~**ista** *adj/s mus* strumentista; ~**o** *m mus/tec/fig* strumento; *fig* mezzo; ~ *de viento, de arco, de percusión, de cuerda* strumento a fiato, ad arco, a percussione, a corda
insubordin|ación *f* insubordinazione; ~**ado** *adj/s* insubordinato, indisciplinato; ~**arse** ribellarsi, ammutinarsi
insubstancial *adj* non sostanziale
insufici|encia *f* insufficienza; scarsità; ~**ente** *adj* insufficiente; scarso
insufrible *adj* insoffribile, insopportabile
insular *adj* insulare
insulina *f med* insulina
insuls|ez *f* insulsità, insulsaggine; ~**o** *adj* insulso, sciocco
insult|ante *adj* insultante, oltraggioso; ~**ar** *vt* insultare, oltraggiare; ~**o** *m* insulto, ingiuria *f*, oltraggio
insumergible *adj* insommergibile
insumis|ión *f* renitenza alla leva (militare e civile); ~**o** *adj/s* renitente alla leva (militare e civile)
insuperable *adj* insuperabile, insormontabile
insurgente *adj/s* insorto, ribelle
insurrec|ción *f* insurrezione, rivolta, ribellione; ~**cionarse** insorgere *vi*, ribellarsi, ammutinarsi; ~**to** *adj/s* insorto, ribelle, rivoluzionario
insustituible *adj* insostituibile
intachable *adj* incensurabile, impeccabile, ineccepibile
intacto *adj* intatto; puro, integro; irresoluto
intangible *adj* intangibile
integérrimo *adj* integerrimo
integr|ación *f* integrazione; ~**al** *adj/f* integrale *adj/m*; ~**ar** *vt* integrare; reintegrare; ~**idad** *f* integrità; ~**ismo** *m* integralismo, fondamentalismo; ~ *islámico* integralismo islamico; ~**ista** *adj/s* integralista, fondamentalista

íntegro *adj* integro, completo; *fig* integro, onesto
intelect|o *m* intelletto, mente *f*, intelligenza *f*; ~**ual** *adj/s* intellettuale; ~**ualidad** *f* intellettualità; ~**ualismo** *m fil* intellettualismo
intelig|encia *f* intelligenza, intelletto *m*, ingegno *m*; abilità, capacità; intesa, corrispondenza; comprensione; ~**ente** *adj* intelligente; sveglio; abile; ~**ible** *adj* intelligibile
intemperancia *f* intemperanza
intempe|rie *f* intemperie *fpl*; *a la* ~ alle intemperie; ~**rismo** *m geol* degradazione meteorica *f*; ~**stivo** *adj* intempestivo, inopportuno
intenci|ón *f* intenzione; proposito *m*, disegno *m*; *buena, mala* ~ buona, cattiva intenzione; *(fam) segunda* ~ doppiezza, falsità; ~**onado** *adj* intenzionato; *bien, mal* ~ bene, male intenzionato; ~**onal** *adj* intenzionale, premeditato
intend|encia *f mil* intendenza; ~**ente** *m* intendente; *Arg/Chile* sindaco
intens|idad *f* intensità; forza; ~**ificación** *f* intensificazione; ~**ificar** <*intensifiqué*> *vt* intensificare; ~**ivo** *adj* intensivo; *(agr) cultivo* ~ coltura intensiva; *(med) cuidados* ~*s* terapia intensiva; ~**o** *adj* intenso, forte, vivo
intent|ar *vt* tentare, cercare, procurare; *lo intento* cerco di farlo; ~**o** *m* tentativo; intenzione *f*, proposito; *de* ~ apposta; ~**ona** *f* tentativo fallito *m*
inter|acción *f cient* interazione; ~**activo** *adj* interattivo; ~**cadencia** *f* irregolarità; *med* aritmia; ~**calar 1.** *adj* intercalare; **2.** *vt* intercalare
inter|cambiable *adj* interscambiabile *com*; sostituibile, scambiabile; ~**cambio** *m* scambio; interscambio *com*
interceder *vi* intercedere (*por* per), intervenire (*po* in favore di)
inter|ceptación *f* intercettazione; ~**ceptar** *vt* intercettare
inter|cesión *f* intercessione; ~**cesor** *adj/s* intercessore
intercity *adj/m tras/ingl* intercity *inv*
inter|comunicación *f* intercomunicazione; ~**comunicador** *m* intercomunicante (*teléfono*)
interconfesional *adj* interconfessionale
intercontinental *adj* intercontinentale
interdependencia *f* interdipendenza
interdicción *f* interdizione
interdisciplinar(io) *adj* interdisciplinare
interdicto *adj/m ius* interdetto
inter|és <*pl intereses*> *m* 1. interesse, profitto, beneficio; ~ *compuesto, legal* interesse composto, legale; *tipo de* ~ tasso di interesse; ~*es nacionales* interessi nazionali; ~*es creados* interessi reciproci; *devengar* ~*es* fruttare, produrre; 2. interesse, inclinazione *f*; *sentir* ~ mostrare interesse; ~**esado** *adj/s* interessato; ~**esante** *adj* interessante; attraente; ~**esar 1.** *vt* interessare; **2.** *vi* concernere *vt*, riguardare *vt*; importare, interessare; **3.** ~*se* occuparsi, prendersi cura (*por* di)
interf|ace, ~az *m infor* interfaccia *m/f*
interfecto *adj/s ius* interessato, implicato
inter|ferencia *f fis/ling* interferenza; ~**ferir** <*10 interfiero, interfirió*> *vi* interferire
inter|ferón *m chim* interferone; ~**foliar 1.** *adj bot* interfogliaceo; **2.** *vt* interfogliare
interfono *m* interfono; citofono (*puerta*)
ínterin 1. *m* intervallo; *ius* interinato; **2.** *adv en el* ~ frattanto, nel frattempo, intanto
inter|inidad *f* interinato *m*; ~**ino 1.** *adj* interino, interinale, provvisorio; *profesor* ~ professore incaricato (fuori ruolo); **2.** *m* incaricato
interior <*pl interiores*> **1.** *adj/m* interiore (*vida*); interno; *comercio* ~ commercio interno; *Ministerio del* *~ Ministero degli Interni; *deuda* ~ debito interno; *energía, región* ~ energia, regione interna; *el* ~ *de una región* l'interno/il retroterra di una regione; *(fútbol) el* ~ *derecho/izquierdo* la mezz'ala destra/sinistra; **2.** *mpl gastr* interiora *fpl*; *(cine) en* ~*es* in interni
inter|ioridades *fpl* intimità, cose private; *meterse en* ~ mettersi nelle cose intime; ~**iorismo** *m* architettura d'interni *f*
interjección *f* interiezione, esclamazione
inter|lineal *adj* interlineare; ~**linear** *vt* interlineare
inter|locutor, -ra *m/f* interlocutore, -trice; ~**locutorio** *adj/m ius* interlocutorio; ~**ludio** *m mus* interludio; ~**lunio** *m astr* interlunio
intermedi|ario *adj/s* intermediario; ~**o 1.** *m teatro* intermezzo; intervallo, spazio; **2.** *adj* intermedio
interminable *adj* interminabile
intermiten|cia *f* intermittenza; ~**te 1.** *adj* intermittente; **2.** *m auto* freccia *f*, indicatore di direzione
internacional *adj/f pol* internazionale; ~**ismo** *m* internazionalismo
intern|ado *m* convittori *mpl* (*alumnos*); convitto (*lugar*); ~**ar 1.** *vt* internare; ricoverare (*hospital*); **2.** ~*se* internarsi; addentrarsi, penetrare *vi*; ~**ista** *adj/s med* internista; ~**o** *adj/s* interno
interpel|ación *f pol* interpellanza; ~**ante** *adj/s* interpellante; ~**ar** *vt* interpellare, rivolgere un'interpellanza *vi*
interplanetario *adj* interplanetario
interpol|ación *f lit/ius* interpolazione; ~**ar** *vt* interpolare, inserire, intercalare
interpo|ner <*32* V. *poner*> *vt* interporre, frapporre, intromettere; ~**sición** *f* interposizione
interpret|ación *f* interpretazione; ~**ar** *vt* interpretare; ~**ariado** *m* interpretariato
intérprete *m/f* interprete
interregno *m pol* interregno
interrog|ación *f* interrogazione, domanda; *ling* punto interrogativo *m*; ~**ante 1.** *m* incognita *f*; **2.** *adj* interrogante; *ling* interrogativo; ~**ar** <*interrogué*> *vt* interrogare; domandare *vi*; ~**ativo** *adj* interrogativo; ~**atorio** *m* interrogatorio
interru|mpir *vt* interrompere; ~**pción** *f* interruzione; ~**ptor** *m elec* interruttore
intersec|ar <*intersequé*> *vt mat* intersecare; ~**ción** *f* intersezione
intersticio *m* interstizio
intertextual *adj* intertestuale; ~**idad** *f* intertestualità

interurbano *adj* interurbano
intervalo *m* intervallo
intervenc|ión *f* intervento *m*; **~ionismo** *m pol* interventismo; *com* intervenzionismo
interven|ir <*41* V. *venir*> **1.** *vi* intervenire; ~ *en algo* intervenire in qc; interporsi, intromettersi; succedere, capitare, accadere; **2.** *vt med* operare; *ius* controllare; *com* pagare; **~tor, -ra** *m/f* curatore, -trice; *pol* scrutatore, -trice
interviú *f* intervista
intervocálico *adj* intervocalico
intestado *adj/s ius* intestato
intestin|al *adj* intestinale; **~o 1.** *adj med* intestino; *lucha ~a* guerra intestina; **2.** *m med* intestino; ~ *delgado, ciego, grueso* intestino tenue, cieco, crasso
intim|ación *f* intimazione; **~ar** *vt* intimare; **~atorio** *adj* intimatore; **~idación** *f* intimidazione; **~idad** *f* intimità, confidenza, familiarità; **~idar** *vt* intimorire, intimidire, minacciare; **~ista** *adj/s* intimista
íntimo *adj* intimo
intitular *vt* intitolare
intocable *adj/s* intoccabile
intoler|able *adj* intollerabile, insopportabile; **~ancia** *f* intolleranza; **~ante** *adj/s* intollerante, intransigente
intoxic|ación *f* intossicazione; **~ar** <*intoxiqué*> *vt* intossicare; avvelenare
intradós *m arch* intradosso
intranquil|idad *f* inquietudine; **~o** *adj* inquieto, preoccupato, turbato
intra(n)scendente *adj* intrascendentale
intra(n)sferible *adj* non trasferibile
intransig|encia *f* intransigenza; **~ente** *adj* intransigente, intollerante
intransitable *adj* intransitabile
intransitivo *adj ling* intransitivo
intratable *adj tec/fig* intrattabile; brusco
intravenoso *adj* endovenoso, intravenoso
intrepidez *f* intrepidezza
intrépido *adj* intrepido, audace, coraggioso
intriga *f* intrigo *m*, imbroglio *m*, groviglio *m*; *lit/cine* trama, intreccio *m*; **~nte** *adj/s* intrigante; **~r** <*intrigué*> **1.** *vi* intrigare, raggirare; **2.** *vt* incuriosire, intrigare
intrincado *adj* intricato
intríngulis *m* mistero, ragione occulta *f*
intrínseco *adj* intrinseco; intimo
introduc|ción *f* introduzione; *lit* esordio *m*, *mus* preludio *m*; **~ir** <*20 introduzco; introduje*> **1.** *vt* introdurre; diffondere; **2.** *~se* introdursi; **~tor, -ra** *m/f* introduttore, -trice
introito *m* introito
intromisión *f* intromissione, ingerenza
introspección *f* introspezione
introver|sión *f* introversione, introspezione; **~so** *adj* introverso, introspettivo; **~tido** *adj/s* introverso
intrus|ión *f* intrusione; **~o** *adj/s* intruso
intu|ición *f fil/eccl* intuizione; intuito *m*, percezione; **~ir** <*14 intuyo*> *vt* intuire; **~itivo** *adj* intuitivo
intumescencia *f* intumescenza, tumefazione
inund|ación *f* inondazione, alluvione *m*, allagamento *m*; **~ar** *vt* inondare, allagare; invadere
inusitado *adj* inusitato, insolito
inútil *adj/s* inutile; *ser un* ~ essere un buono a nulla
inutili|dad *f* inutilità; **~zable** *adj* inutilizzabile, inservibile; **~zar** <*inutilicé*> *vt* inutilizzare, rendere inservibile, mettere fuori uso
invadir *vt* invadere, occupare
invalid|ar *vt* invalidare, annullare; **~ez** *f* invalidità
inválido *adj/s* invalido; nullo
invari|able *adj* invariabile; **~ante** *adj mat/ius* invariante
invas|ión *f* invasione, irruzione; **~or** *adj/s* invasore
invectiva *f* invettiva, diatriba, filippica
invenc|ible *adj* invincibile; insuperabile; **~ión** *f ling/eccl/fig* invenzione
invendible *adj* invendibile
invent|ar *vt* inventare; creare, immaginare; **~ariar** *vt* inventariare, fare l'inventario *vi*; **~ario** *m* inventario; **~iva** *f* inventiva; **~o** *m* invenzione *f*; **~or** *adj/s* inventore
inverecundia *f* inverecondia
invern|ada *f* invernata, inverno *m*; **~adero** *m agr* serra *f*; *efecto* ~ effetto serra; **~al** *adj* invernale; **~ar** *vi* svernare
inverosímil *adj* inverosimile
invers|ión *f com* investimento *m*; inversione, capovolgimento *m*; **~ionista** *adj/s* investitore; **~o** *adj* inverso, contrario; *a la ~a* all'inversa; *traducción ~a* traduzione inversa; **~or 1.** *m tec* invertitore; **2.** *adj/s com* investitore
invertebrado *adj/m* invertebrato
invert|ido 1. *adj* rovesciato, capovolto; *ling/chim* invertito; *com* investito; **2.** *m fig* invertito, omosessuale; **~ir** <*10 invierto; invirtió*> *vt* capovolgere, rovesciare; investire (*dinero*)
investidura *f* investitura
investig|ación *f* ricerca, indagine, investigazione; ~ *científica* ricerca scientifica; **~ador, -ra** *m/f* ricercatore, -trice *cient*; investigatore, -trice; ~ *privado* investigatore privato; **~ar** <*investigué*> *vt* investigare, indagare; *cient* fare una ricerca
investir <*12* V. *vestir*> *vt* investire
inveterado *adj* inveterato, incallito, radicato
invi|abilidad *f* impossibilità, impraticabilità; **~able** *adj* impossibile, impraticabile
invicto *adj* invitto, invincibile
invidente *m/f* cieco, -a, non vedente
invierno *m* inverno
inviol|abilidad *f* inviolabilità; **~able** *adj* inviolabile; sacro
invisi|bilidad *f* invisibilità; **~ble** *adj* invisibile; impercettibile
invit|ación *f* 1. invito *m*; 2. biglietto d'invito *m*; **~ado** *adj/s* invitato; **~ar** *vt* invitare; ~ *al sueño* conciliare il sonno
invoc|ación *f* invocazione; preghiera; **~ar** <*invoqué*> *vt* invocare
invol|ución *f* involuzione; **~ucionista** *adj* involutivo; **~ucrar** *vt* coinvolgere; mischiare, confondere; **~untario** *adj* involontario, casuale; **~utivo** *adj* involutivo

invulner|abilidad *f* invulnerabilità; **~able** *adj* invulnerabile

inyec|ción *f med* iniezione, puntura; *mec* iniezione; *poner una ~* fare una puntura/un'iniezione; **~table 1.** *adj* iniettabile; **2.** *m* fiala iniettabile *f*; **~tar** *vt* iniettare; **~tor** *m* iniettore

ión *m cient* ione

ion|ización *f cient* ionizzazione; **~izador** *m* ionizzatore; **~izar** <*ionicé*> *vt cient* ionizzare; **~osfera** *f* ionosfera

iotacismo *m ling* iotacismo

ipecacuana *f bot* ipecacuana

iperita *f chim* iprite

ir <*28 voy; fui; vaya; yendo*> **1.** *vi* andare; *~ comprendiendo, comiendo, ...* cominciare a capire, a mangiare,...; *~ con cuidado* fare attenzione; *iba a salir* stavo per uscire; *el camino que va a Barcelona* la strada che porta a Barcellona; *no te va hacer estas tonterías* non ti si addicono queste sciocchezze; *~ y venir* andare e venire/andirivieni; *¡Voy!* Vengo!; *ahora voy* adesso vengo; *a eso voy* voglio parlare proprio di questo; *a mí ni me va ni me viene* non me ne importa niente; *¡Allá va!* Ma va là!; *(fam) apaga y vámonos!* buonanotte sonatori!; *¿Cómo te va?/¿Cómo va eso?* Come va (la vita)?; *¡Dónde va a parar!* Non c'è paragone!; *¡qué le vamos a hacer!* Che possiamo fare/farci?; *~ de mal en peor* andare di male in peggio; *~ de caza, de paseo* andare a caccia, a passeggio; *~ de viaje* fare un viaggio; *~ por agua, por vino, por fresas* andare per acqua, per vino, per fragole; *~ en serio/de veras* fare sul serio; *~ a lo suyo* pensare solo a se stesso; *(vulg) ~ de culo* avere un casino da fare; *no vaya a ser que...* non succeda che; *¡Qué va!* Macché!; *¡¿Quién va?!* Chi va là!; *¡Vaya!* Accidenti!; *¡Vaya pregunta!* Che (razza di) domanda!; *¡Vaya tío/a!* Caspita, che uomo/donna!; *desp* che razza d'uomo/di donna!; *Y vas che chutas* e puoi dire anche grazie; **2.** *~se* andarsene; *~se abajo* crollare; *~se de la boca/de la lengua* farsi scappare qc di bocca, parlare, dire un segreto; *~se de la cabeza* perdere la testa; *~se por los cerros de Úbeda* menare il can per l'aia; saltare di palo in frasca; *~se defendiendo* cavarsela, arrangiarsi; *~se al cuerno* andarsene al diavolo; *~se de juerga* andarsene a far baldoria/a divertirsi; *~se el santo al cielo* perdere il filo del discorso; *vete a saber* chissà

ira *f* ira, collera, furia, rabbia; **~cundia** *f* iracondia; **~cundo** *adj* iracondo

Irak *m geogr* Iraq

Irán *m geogr* Iran, Persia *f*

iraní *adj/s* iraniano

iraquí *adj/s* iracheno

irascible *adj* irascibile, collerico

irid|io *m chim* iridio; **~iscente** *adj* iridescente; **~ología** *f* iridologia

iris *m med* iride *f*; *arco ~* arcobaleno; **~ación** *f tec* iridazione; iridescenza; **~ado** *adj* iridato

Irland|a *f geogr* Irlanda; ***~és** *adj/s* irlandese; *café ~* caffè irlandese

ironía *f* ironia

irónico *adj* ironico, sarcastico

irracional *adj fil/mat* irrazionale; illogico; **~idad** *f* irrazionalità

irradi|ación *f* irradiazione; **~ar** *vt* irradiare

irrazonable *adj* irragionevole

irreal *adj* irreale; immaginario; **~idad** *f* irrealtà; **~ismo** *m art* irrealismo; **~izable** *adj* irrealizzabile

irrebatible *adj* irrefutabile

irreconciliable *adj* irreconciliabile

irrecuperable *adj* irrecuperabile

irrecusable *adj* irrecusabile

irredentismo *m* irredentismo

irreduc|ible, ~tible *adj* irriducibile

irreflex|ión *f* irriflessione, leggerezza; **~ivo** *adj* irriflessivo, sbadato, sventato

irrefrenable *adj* irrefrenabile

irrefutable *adj* irrefutabile

irregular *adj* irregolare; anomalo; illegale; **~idad** *f* irregolarità

irrelevante *adj* irrilevante

irreligioso *adj* irreligioso, ateo

irrem|ediable *adj* irrimediabile; **~isible** *adj* irremissibile, imperdonabile

irrenunciable *adj* irrinunciabile

irreparable *adj* irreparabile, irrimediabile

irrepr|ensible, ~ochable *adj* irreprensibile, incensurabile

irrescindible *adj* inscindibile

irresistible *adj* irresistibile

irresolu|ble *adj* insolubile; **~ción** *f* irresolutezza; **~to** *adj* irresoluto, indeciso

irrespetuoso *adj* irrispettoso

irrespirable *adj* irrespirabile

irresponsable *adj/s* irresponsabile

irreveren|cia *f* irriverenza, insolenza; **~te** *adj* irriverente, insolente

irreversible *adj* irreversibile

irrevocable *adj* irrevocabile

irrig|ación *f med/agr* irrigazione; **~ador** *m med/agr* irrigatore; **~ar** <*irrigué*> *vt med/agr* irrigare

irris|ible *adj* risibile; **~ión** *f* irrisione, scherno *m*; **~orio** *adj* irrisorio, ridicolo

irrit|abilidad *f* irritabilità; **~able** *adj* irritabile; *ius* invalidabile; **~ación** *f* irritazione; *ius* invalidazione; **~ante** *adj* irritante; *ius* invalidante; **~ar 1.** *vt* irritare; *ius* invalidare; **2.** *~se* irritarsi, arrabbiarsi

irrompible *adj* infrangibile

irru|mpir *vt* irrompere; **~pción** *f* irruzione, invasione

Isidro *m* Isidoro; *fig/reg* * *~* contadinotto

isla *f geogr* isola; isolato *m*

islam *m* islam

islámico *adj* islamico

islamismo *m* islamismo, maomettismo

island|és *adj/s* islandese; ***~ia** *f geogr* Islanda

isleño *adj/s* isolano; insulare

islote *m* isolotto

iso|bárico *adj* isobarico; **~morfismo** *m* isomorfismo; **~morfo** *adj* isomorfo

isótera *f meteo* isotera

isotopía *f* isotopia

isót|opo *adj* isotopo; **~ropo** *adj* isotropo

isquemia *f med* ischemia

Israel *m geogr* Israele; ***~í 1.** *adj/s* israe-

liano (*geogr*); **2.** *adj* israelitico; ~**ita 1.** *adj/s* israelita, ebreo (*geogr/eccl*); **2.** *adj* israelitico
istmo *m* istmo
Italia *f geogr* Italia
italian|ini *mpl iron* italiani; ~**ismo** *m* italianismo; ~**izante** *adj* italianizzante; ~**o** *adj/s* italiano
itálico *adj* italico
iterativo *adj* iterativo
itinerario *adj/m* itinerario
izar *<icé> vt mar* issare
izquierd|a *f* sinistra (*mano, política*); *a la* ~ a sinistra; ~**azo** *m* colpo mancino, sinistro; ~**ista** *adj/s pol* (persona) di sinistra; ~**o** *adj* sinistro; mancino; *fig* sinistro, torto, bieco

J

jaba|lí *m zool* cinghiale; ~**lina** *f sport/caza* giavellotto *m*; *zool* cinghiale femmina *m*; ~**rdillo** *m zool/fig* sciame; ~**to 1.** *m* cinghialino da latte; **2** *adj/s fam* audace, coraggioso
jabón *m* sapone; ~ *de barba* sapone da barba; ~ *de tocador* saponetta; *dar ~ a alg* lisciare, dare del sapone a q; *dar un ~* dare una lavata di capo; *pompa de ~* bolla di sapone
jabon|ada *f* saponata; *am/fig* lavata di capo; ~**ado 1.** *adj* insaponato; **2.** *m* insaponatura *f*; ~**adura** *f* insaponatura; ~**ar** *vt* insaponare; *fig* rimproverare; ~**era** *f* saponiera, portasapone *m*; *bot* saponaria; ~**ería** *f* saponeria; ~**ero 1.** *m* saponiere; **2.** *adj taur* di toro bianco sporco
jaca *f* ="cavallo di piccola statura" *m*
jacal *m Mex* capanna *f*
jacarandá *f bot* jacaranda
jacinto *m bot/min* giacinto
jacobino *adj/s* giacobino
jacta|ncia *f* iattanza, spavalderia, arroganza; ~**ncioso** *adj* spavaldo, borioso; ~**rse** vantarsi, presumere *vi* (*de* di)
jacquard *adj/m* jacquard *fr*
jaculatoria *f eccl* giaculatoria
jacuzzi *m* jacuzzi *f*, vasca da bagno con idromassaggio *f*
jade *m min* giada *f*; ~**ante** *adj* ansante, ansimante; ~**ar** *vi* ansare, ansimare; ~**o** *m* ansia *f*, affanno
jaez *m* finimento, bardatura *f* (*caballos*); *fig* qualità *f*
jaguar *m zool* giaguaro
jala *f am* sbornia; ~**do** *adj* ubriaco; ~**r 1.** *vt am* tirare; *fam* pappare, mangiare; **2.** ~*se am* ubriacarsi
jale|a *f* gelatina di frutta; ~ *real* pappa reale; ~**ar** *vt* animare, incitare; ~**o** *m fam* chiasso, cagnara *f*, baldoria *f*; caciara *f*; imbroglio, pasticcio; disordine; *mus* jaleo; incitamento; *armar ~* far chiasso/cagnara; *estar de ~* fare baldoria; *meterse en ~s* cacciarsi nei pasticci
jalón *m agr* biffa *f*; *fig* momento importante; *am* scippo; *Mex* sorso di liquore
jalonar *vt* marcare con biffe; *fig* marcare
Jamaica *f geogr* Giamaica; *~**no** *adj/s* giamaicano
jamar *vt fam* mangiare
jamás *adv* mai, mai più, *lit/iron* giammai; *nunca ~* mai più; *~ te lo diré* non te lo dirò mai; *~ le he visto* non l'ho mai visto; *(pop) en ~ de los jamases* mai; *para siempre ~* mai più
jamba *f arch* stipite *m*; ~**je** *m arch* stipiti e architravi *mpl*
jamelgo *m zool* ronzino
jamón *m* prosciutto; ~ *serrano* prosciutto crudo; ~ *de york* prosciutto cotto; *Esp ~ de Jabugo* ="prosciutto crudo di massima qualità"; *(pop/iron) ¡Sí...un ~ (con chorreras)!* Sì...un cavolo!
jamona *f pop* donna formosa
Jap|ón *m geogr* Giappone; *~**onés** *adj/s* giapponese
jaque *m* scacco; ~ *mate* scacco matto; *dar ~* dare scacco; *tener en ~* tenere in scacco; ~**ca** *f* emicrania; *(a. fig) dar ~* far venire mal di testa; *fig* annoiare
jara *f bot* cisto *m*; dardo *m* (*arma*)
jarabe *m* sciroppo; *(fig) ~ de pico* paroline; *(fig) ~ de palo* rinfrescata
jaran|a *f* chiasso *m*, cagnara; baldoria; *ir de ~* andare a divertirsi; ~**ear** *vi* far chiasso, divertirsi; ~**ero** *adj/s* chiassone
jarcia *f mar* sartie *fpl*
jard|ín *m* giardino; ~ *botánico* giardino botanico; ~ *de infancia* giardino d'infanzia, asilo; ~**inera** *f* giardiniera, cassetta da fiori; ~**inería** *f* giardineria, giardinaggio *m*; ~**inero, -ra** 1. *m/f* giardiniere, -a; 2. *f ant/tras* giardiniera
jarr|a *f* brocca, caraffa; *en ~s* con le mani sulle anche; ~**o** *m* brocca *f*; boccale; *llover a ~s* piovere a catinelle; *un ~ de agua fría* una doccia fredda; ~**ón** *m* vaso da fiori, portafiori *inv*
jaspe *m* diaspro, marmo venato; ~**ar** *vt* venare, screziare
jato *m zool* vitellino
jauja *f fig* paese della cuccagna *m*
jaula *f tec/med/fig* gabbia
jauría *f* muta di cani
Java *geogr* Giava
jayán *adj/m* gigante
jazmín *m bot* gelsomino
jef|a *f* direttrice; ~**tura** *f* ufficio *m*, direzione; ~ *de policía* questura, commissariato di polizia; ~**e** *m* capo, direttore, superiore; ~ *de estación* capostazione; *~ *del Estado* Capo dello Stato; *(stud) ~ de estudios* ="Vicepreside" (di liceo); ~ *de familia* capofamiglia; ~ *del Gobierno* Primo ministro; ~ *de negociado* capoufficio, amministratore; ~ *de sección* caporeparto; ~ *de ventas* capoufficio vendite, direttore delle vendite
jeme *m* palmo, spanna *f*
jemer *adj/s* khmer, cambogiano
jengibre *m bot* zenzero
jeque *m* sceicco
jerar|ca *m* gerarca; ~**quía** *f* gerarchia, grado *m*
jerárquico *adj* gerarchico
jerez *m* sherry *ingl/inv*
jerg|a *f* 1. *ling* gergo *m*; 2. tela di sacco; ~**ón** *m* saccone, pagliericcio
jerife *m* sceriffo
jerigonza *f* gergo *m*
jering|a *f med* siringa; *med* catetere *m*; ~**ar** *vt fig/vulg* seccare, scocciare; *med* siringare; ~**uilla** *f* siringa (*med, droga*); ~ *desechable* siringa monouso
jeroglífico *adj/m* geroglifico; rebus *inv*
jersey *m* maglione, pullover *ingl/inv*, maglioncino; ~ *de cuello alto, de cuello redondo* golfino dolcevita, girocollo
Jesucristo *m* Gesù Cristo
jesu|ita *adj/m* gesuita; ~**ítico** *adj* gesuitico
Jesús 1. *m* Gesù; **2.** *excl ¡~ !* Salute! (*estornudo*)
jet set *f ingl* jet-set *m*, jet-society *inv*

jeta 1. *f* muso *m*, grugno *m*; **2.** *adj/s fig* faccia tosta/di bronzo; *¡qué ~!* che faccia tosta!; *poner ~* fare il muso
jibia *f zool* seppia
jícara *f* chicchera, tazzina; *am* cestino *m*
jifer|ía *f* mestiere di macellaio *m*; **~o 1.** *m* 1. coltello da macellaio; 2. macellaio (*persona*); **2.** *adj* da macello; *fig* sporco, sudicio
jilguero *m zool* cardellino
jimagua *adj Cuba/Mex* gemello
jinet|a *f zool* genetta; *montar a la ~* montare con le staffe corte; **~ada** *f* fanfaronata; **~e** *m* cavaliere; cavallerizzo
jipijapa *m* panama (*sombrero*)
jipío *m mus* ="particolare effetto di voce dei canti popolari andalusi"
jira *f* 1. striscia di stoffa; 2. gita
jirafa *f zool/tec* giraffa
jirón *m* brandello; pezzetto; gagliardetto (*bandera*); *Perú* strada (urbana) *f*; *hecho ~ones* tutto strappato
jitomate *m Mex* pomodoro
¡jo! *excl/euf* Caspita!, Cavolo!
Job *m* Giobbe; *la paciencia de ~* la pazienza di Giobbe
jockey *m ingl* fantino, jockey *inv*
jocos|idad *f* giocosità; **~o** *adj* giocoso, allegro; scherzoso, burlesco
jocund|idad *f* giocondità, allegria; **~o** *adj* giocondo, allegro
jod|a *f vulg/am* noia, guaio *m*; *Arg/vulg* festa chiassosa *est*; **~er** *vt/vi pop/vulg* chiavare, fottere, scopare (*sexual*); *fig* sfottere, rompere le palle; *stud* fregare; *¡No jodas!* Non sfottere!; *¡Qué se joda!* Che vada a farsi fottere!; *esto me jode* questo mi secca/rompe le palle; *¡~!* Cazzo!; **~ido** *adj/vulg/pop* fottuto *pop*, maledetto *est*, disgraziato *est*; *estar ~* essere fottuto; **~ienda** *f pop/vulg* fregatura
jofaina *f* catinella, bacinella
jolgorio *m* baldoria *f*, festa *f*
¡jolín!, ¡jolines! *excl/euf* cavolo!, caspita!
jomeinista *adj/s* khomeinista
jondo: cante *~adj And* canto flamenco
jónico *adj arch* ionico
Jordan|ia *f geogr* Giordania; ***~o** *adj/s* giordano
jorna|da *f* giornata; *teatro ant* atto *m*; *~ intensiva* orario continuato; *~ laboral* orario di lavoro; *~ de lunes a viernes* settimana corta; **~l** *m* giornata *f*, salario; *agr* giornata *f*; **~lero, -a** *m/f* bracciante, giornaliero, -a
joroba *f* gobba; *fig* seccatura; *¡~!* Caspita!, Cavolo!; **~do** *adj/s* gobbo, gibboso; *fig* fottuto; **~r 1.** *vt pop* seccare, scocciare, rompere le palle; **2.** *~se pop* infastidirsi; *vulg* fottersi
jorongo *m Mex* poncho; trapunta *f*
jota *f* iota *f/m* (*letra*); *mus/Esp* jota; *no saber ni ~* non sapere un'acca/un iota
joto *m Mex* effeminato; *Col* fardello
joven 1. *adj/s* giovane; **2.** *m* 1. giovanotto; 2. *f* ragazza
jovial *adj* gioviale, piacevole, lieto; **~idad** *f* giovialità
joy|a 1. *f* gioia, gioiello *m*; 2. *fpl* corredo da sposa *m*; **~el** *m* gioiello; **~ería** *f* gioielleria; **~ero, -ra 1.** *m/f* gioielliere, -a, orefice; **2.** *m* portagioielli *inv*
Juan *m* Giovanni; *~ Lanas* grullo, babbeo; *~ Palomo* Il podestà di Sinigaglia; *Don ~* Don Giovanni
juanero *m gergo* ="ladro di cassette delle elemosine"
juanete *m med* nocchio dell'alluce, *fam* cipolla *f*; *mar* velaccio
jubil|ación *f* pensione di anzianità; **~ar 1.** *vt adm* 1. mettere in pensione; 2. giubilare; **2.** *vi lit* giubilare, esultare; **3.** *~se* andare in pensione *vi*
jubileo *m* giubileo
júbilo *m* giubilo, gioia *f*, allegrezza *f*
jubón *m* corpetto, farsetto
jud|aico *adj* giudaico; **~aísmo** *m* giudaismo
Judas *m hist/fig* Giuda; *fig* traditore
judería *f* ghetto *m*
judía *f bot* fagiolo *m*; *~s verdes* fagiolini
judiada *f* carognata
judic|atura *f* magistratura; **~ial** *adj* giudiziale, giudiziario
judío 1. *adj/s* ebreo, giudeo, israelita; *fig/desp* usuraio; **2.** *m bot* fagiolone
judión *m bot* fagiolone
judo *m sport* judo; **~ka** *m/f sport* judoka, judoista
juego *m* 1. gioco; *~ de azar* gioco d'azzardo; sollazzo, trastullo; *~ de niños* gioco da ragazzi; *~ de palabras* gioco di parole; *(mar) ~ de velas* gioco di vele; *~s olímpicos malabares, de luces, de agua* giochi olimpici, di equilibrio/di prestigio, di luci, d'acqua; *fuera de ~* fuori gioco; *entrar en ~* entrare in/nel gioco; *hacer ~* intonarsi; *hacerle el ~ a alg* fare il gioco di q; *poner en ~* mettere in gioco; *tener ~* aver gioco; 2. servizio, coordinato; *~ de café* servizio da caffè; *~ de cama* completo di lenzuola; *~ de maquillaje* completo di trucco, beauty-case; 3. articolazione *f*
juer|ga *f* baldoria, divertimento *m*, casino *m*; *irse de ~* andare a divertirsi, andare a far casino/baldoria/bisboccia; *correrse una ~* darsi ai bagordi; **~guista,** *am* **~guero** *adj/s* buontempone, festaiolo; casinista
jueves *m/inv* giovedì; *no es cosa/nada del otro ~* non è nulla di speciale
juez *m/f* giudice; *(sport) ~ de línea* guardalinee; *(mil) ~ de campo* giudice di campo; *~ de instrucción, municipal/de paz* giudice istruttore, conciliatore; *~ de primera instancia* pretore
juga|da *f* giocata; *fig* tiro *m*; *una mala ~* un brutto tiro; **~dor, -ra** *m/f* giocatore, -trice; **~r** *<8b juego; jugué>* **1.** *vi* giocare; divertirsi, trastullarsi; funzionare; *~ al ajedrez, al fútbol* giocare agli scacchi, al calcio; *~ un papel* rappresentare un ruolo/una parte; *~ sucio, con las cartas boca arriba* giocare sporco, a carte scoperte; **2.** *~se* giocarsi, rischiare *vi*; *¿Qué te juegas?* Che scommetti?; **~rreta** *f* brutto tiro *m*, carognata
juglar 1. *m* giullare; **2.** *adj* giullaresco, burlesco, buffonesco; **~esco** *adj* giullaresco
jugo *m* sugo, succo; *fig* frutto; *~ gástrico* succo gastrico; *sacar el ~ a* trarre benefi-

cio/profitto a; ~**so** *adj* succoso, sugoso; sostanzioso; *pitt* morbido
juguet|e *m* giocattolo, balocco; *fig* zimbello; *ser ~ de las olas* essere in balia delle onde; *ser ~ de las pasiones* essere preda delle passioni; *un coche de ~* una macchinina; ~**ear** *vi* giocherellare; ~**ería** *f* negozio di giocattoli *m*; ~**ón** *adj* giocherellone
juicio *m* 1. *ius* giudizio, processo; *~ final* giudizio finale; *poner en tela de ~* mettere in dubbio; 2. giudizio, opinione *f*, parere; *a mi ~* a mio parere; 3. senno; *estar en su sano ~* avere il cervello a posto; *de poco ~* di poco senno; *perder el ~* perdere il giudizio/il senno; ~**so** *adj* giudizioso, assennato
julepe *m* giulebbe, sciroppo; *fig* castigo; *am* paura *f*, spavento; ="gioco di carte"
juli|ano *adj* giuliano; *sopa ~a* julienne *fr*; ~**o** *m* luglio; *fis* joule *fr*
jumbo *m tras* jumbo *ingl/inv*
jumento *m* giumento, asino
jumera *f fam* sbornia
junc|al **1.** *m* giuncheto; **2.** *adj* brioso, leggiadro; ~**o** *m bot/mar* giunco; *bot* vimine
jungla *f* giungla
junio *m* giugno
junta *f* giunta, assemblea, consiglio *m*, comitato *m*, commissione; *tec* giunto *m*, connessione; **~ de Facultad* Consiglio di Facoltà; **~ de Gobierno* Riunione del Senato Accademico; *~ militar, administrativa* giunta militare, regionale; *~ directiva* comitato direttivo; **~ de Castilla-León, de Andalucía...* Governo Regionale della Castiglia-León, dell'Andalusia...; ~**mente** *adv* insieme; allo stesso tempo; ~**r** **1.** *vt* unire, congiungere; riunire, mettere insieme; socchiudere (*ventana, puerta*); **2.** *~se* riunirsi; *Dios los cría y ellos se juntan* Dio li fa e poi li appaia
junto **1.** *adj* unito, congiunto; vicino; **2.** *adv* vicino; allo stesso tempo; *en ~* in tutto; **3.** *(prep) ~ a* vicino a; ~**s** *adj* insieme *adv*, vicino; *vivir ~s* abitare insieme; abitare vicino
juntura *f* giuntura, commessura
Júpiter *m mit/astr* Giove
jura *f* giuramento *m*; *~ de la bandera* giuramento di fedeltà alla bandiera; ~**do** **1.** *m* giuria *f*; **2.** *adj ius* giurato; *traductor ~* traduttore giurato; ~**mentar** *vt* far giurare; ~**mento** *m* giuramento; *prestar ~* prestare giuramento; *bajo ~* sotto giuramento; ~**r** **1.** *vt* giurare; *~ la bandera* giurare fedeltà alla bandiera; *jurársela a alg* giurare vendetta (a q); **2.** *vi* bestemmiare; *~ en falso* giurare il falso
jurásico *adj/m geol* giurassico
jurel *m zool* sugarello
jurídico *adj* giuridico
juris|consulto *m/f* giureconsulto *m*, giurista; ~**dicción** *f* giurisdizione; ~**prudencia** *f* giurisprudenza; ~**ta** *m/f* giurista
justa *f* giostra; *lit* certame *m*, gara; ~**mente** *adv* esattamente; giustamente
justici|a *f* giustizia; equità, imparzialità; *hacer ~* fare giustizia; *tomarse la ~ por su mano* far giustizia da sé; ~**alismo** *m pol* giustizialismo; ~**iero** *adj/s* giustiziere
justific|ación *f* giustificazione; ~**ante** **1.** *m* documento/ricevuta giustificativo, -a; **2.** *adj* giustificante, giustificativo; ~**ar** *<justifiqué> vt ius/tip* giustificare, legittimare; ~**ativo** *adj* giustificativo
justillo *m* busto, corsetto
justo **1.** *adj* giusto, equo; giusto, pio, santo, onesto; esatto; **2.** *adv* esattamente, giusto; parcamente; *¡~!* esatto!; *lo ~* il necessario; *vivir con lo ~* vivere parcamente
juven|il *adj* giovanile; ~**tud** *f* gioventù
juzga|do *m* tribunale; pretura *f* (*tribunal de primera instancia*); ~**r** *<juzgué>* **1.** *vt* giudicare; sentenziare; **2.** *vi* credere, opinare

K

kamikaze *m* kamikaze
kantiano *adj fil* kantiano
karate *m sport* karatè; ~**ca** *m/f* karateka *inv*
kart *m ingl* go-kart *inv*; ~**ing** *m ingl* karting *inv*
kermes *m* chermes; ~**se, kermés** *f* kermesse *fr/inv*
kerosén *m* cherosene
keynesiano *adj econ* keynesiano
kilo(gramo) *m* chilo(grammo), Kg.; *fig* 1 milione di pesete; ~**ciclo** *m* chilociclo; ~**métrico** *adj* chilometrico
kilómetro *m* chilometro, Km.
kilovatio *m* chilowatt, Kw *inv*
kimono *m* chimono
kinésica *f psic* cinesica
kinesiología *f med* c(h)inesiologia
kiosko *m* edicola *f*, chiosco
kiwi *m bot/zool* kiwi *inv*
kleenex *m/inv* fazzolettino di carta
koiné *f* koinè *inv*
koljos *m* kolchoz *inv*, colcos *inv*
krausismo *m fil* krausismo
Kremlin: El ~ *m* Il Cremlino
kurdo *adj/s* curdo
Kurdistán: El ~ *m* Il Kurdistan

L

la *f* **1.** *ar* la, l'; ~ *casa* la casa; ~ *naranja* l'arancia; **2.** *pr* la; *la encontré* la trovai; **3.** *m mus* la
laberinto *m med/hist/fig* labirinto; *fig* groviglio, imbroglio, intreccio
labia *f* loquela; *tener mucha* ~ avere facilità di parola; ~**l** *adj/f ling* labiale
lábil *adj* labile
labilidad *f* labilità
labio *m med/fig* labbro (*pl: i, -a fpl*); *los ~s humanos* le labbra; *los ~ de una herida* i labbri di una ferita; ~**dental** *adj/f ling* labiodentale; ~**velar** *adj/f ling* labiovelare
labor *f* lavoro *m*; *agr* aratura; ricamo *m*, cucito *m*...; *(adm) sus ~es* casalinga; ~**able** *adj* lavorabile; *día* ~ giorno feriale/di lavoro; ~**al** *adj* lavorativo; *accidente* ~ infortunio sul lavoro; *conflictividad* ~ conflittualità del lavoro; ~**alista** *adj* del lavoro; *abogado* ~ avvocato specialista in diritto del lavoro; ~**ante 1.** *adj/s* lavorante; **2.** *m pol* cospiratore; ~**ar** *vi* lavorare, collaborare; *pol* complottare; ~**atorio** *m* laboratorio; ~ *de idiomas* laboratorio linguistico
labor|eo *m agr* aratura *f*; *min* sfruttamento; ~**ero** *m am* caposquadra di una miniera; ~**iosidad** *f* laboriosità, attività; ~**ioso** *adj* laborioso; ~**ismo** *m pol* laburismo; ~**ista** *adj/s pol* laburista
labra *f* lavorazione (di pietre, legname, ecc.); ~**do** *m* lavorazione *f*; *agr* campo arato; *agr* aratura *f*; ~**dor** *adj/s* contadino, agricoltore; *Mex* spaccalegna
labradorita *f min* labradorite
labra|ntío *adj* seminativo; ~**nza** *f* coltivazione, coltura, lavoro agricolo *m*; ~**r 1.** *vt* coltivare *agr*; lavorare, elaborare; *fig* edificare, costruire; **2.** *~se ~ un buen porvenir* prepararsi per un buon futuro
labrieg|o, -a *m/f* contadino, -a
laca *f* lacca; lacca, fissatore *m* (*pelo*); ~ *para uñas* smalto
lacay|a *f Bol* capanna scoperta; ~**o** *m fig* lacchè *inv*
lace|ada *f Arg* presa al laccio; ~**rar** *vt* lacerare, ferire, distruggere; ~**ro** *m* accalappiacani; cacciatore col laccio
lacha *f Chile/Perú* amante; *fam* vergogna; *poca* ~ sfacciataggine
lachear *vt Chile* corteggiare
lacio *adj* liscio (*pelo*); appassito, molle, debole
lacónico *adj* laconico, conciso
lacr|a *f* stigmate, stigma *m*; *fig* vizio *m*; ~**ar** *vt* sigillare (*sobre*); danneggiare; ~**e** *m* ceralacca *f*
lacrim|al 1. *adj* lacrimale; **2.** *m* condotto lacrimale; ~**ógeno** *adj* lacrimogeno; ~**oso** *adj* lacrimoso (*ojos*); lacrimevole, lacrimoso
lact|ancia *f* allattamento *m*; ~**ante** *adj/s* lattante; ~**ar** *vt* allattare
lácteo *adj* latteo; *vía ~a* via lattea
lacticin|io *m* latticinio; ~**oso** *adj* lattiginoso
láctico *adj chim* lattico
lactosa *f chim* lattosio *m*
lacustre *adj* lacustre
lade|ar 1. *vt* inclinare, piegare; **2.** *vi* deviare, propendere; ~**ra** *f* falda, pendio *m*, versante *m*
ladilla *f zool* piattola
ladino 1. *adj* astuto, sagace; **2.** *m ling* ladino; *Am Cent* ispanoparlante; *am* meticcio
lado *m* lato; parte *f*; fianco; *de* ~ di lato, di fianco; *al otro ~ de* dall'altra parte di; *a ambos ~s* da ambedue i lati; *al ~ de* accanto a; *a/por todos ~s* dappertutto; *por otro* ~ d'altra parte; *de ~ a ~* da un lato all'altro; *del ~ de* dal lato di; *cada uno por su* ~ ognuno per conto suo; *dar, dejar de* ~ allontanare, abbandonare; *echarse a un* ~scostarsi un po'
ladr|ador *adj* abbaiatore; *(fig) perro ~ poco mordedor* can che abbaia non morde; ~**ar** *vi* abbaiare; ~**ido** *m* abbaio
ladrill|ado *adj/m* ammattonato; ~**ero, -ra** *m/f* mattonaio, -a; ~**o** *m tec/fig* mattone; mattonella *f*; ~ *hueco* mattone forato
ladrón 1. *adj fig* ladro; **2.** *m* ladro; *la ocasión hace al* ~ l'occasione fa l'uomo ladro; *elec* doppia spina *f*
ladronada *f* ladreria, ladroneria
lagar *m* tina *f*, tino
lagart|a *f fig* volpona, prostituta; ~**era 1.** *adj* caccia lucertole; **2.** *f* tana di lucertole; ~**erano** *adj/s* di Lagartera (Toledo); *bordado* ~ ricamo a tombolo; ~**ija** *f zool* lucertola; ~**o** *m zool* lucertola *f*, lucertolone; *Am Cent/zool* caimano; ~**ona** *f fig* volpona, prostituta
lago *m* lago
lágrima *f* lacrima; *bot* lagrimo *m*; *fig* goccia, lacrima; *(iron) ~s de cocodrilo* lacrime di coccodrillo; *llorar a ~ viva/deshacerse en ~s* piangere a dirotto/sciogliersi in lacrime; *llorar ~s de sangre* piangere lacrime amare/di sangue; *saltarse las ~s* avere le lacrime agli occhi
lagrim|ear *vi* lacrimare; piangere; ~**illa** *f* lacrimetta; *Chile* mosto *m*; ~**ones** *mpl* lacrimoni; ~**oso** *adj* lacrimoso; lacrimevole
laguna *f* lacuna, vuoto *m*; *geogr* laguna
laic|al *adj* laicale; ~**ismo** *m* laicismo; ~**ización** *f* laicizzazione; ~**o** *adj/s* laico
laísmo *m Esp* ="uso, al dativo, del pronome *la* invece di *le*"
laja *f* lastra di pietra; *mar* bassofondo pietroso *m*; *Col* funicella di agave
lama 1. *f* limo *m*; 2. *m eccl* lama
lambada *f* lambada (*baile*)
lambare|ar *vi Cuba* gironzolare; ~**ro** *adj/s Cuba* girondolone
lambe|platos *m/inv am* parassita; ~**r** V. **lamer;** ~**ón** *m Col/pop* lecchino *est*
lameculos *m/f/inv vulg* leccaculo; lecchino, -a *est*
lament|able *adj* lamentevole, deplorevole; ~**ación** *f eccl* lamento *m*; lamentazione; ~**ar 1.** *vt* lamentare, deplorare; **2.** *~se* lamentarsi, rammaricarsi; ~**o** *m* lamento, rammarico
lamer *vt* leccare; *lit/fig* lambire; *(pop) ~ el culo a alg* leccare il culo a q

lámina *f* lamina, foglio *m*, sfoglia, piastra sottile; *tip* stampa, incisione
lamina|do 1. *adj* laminato; **2.** *m* 1. laminato; 2. laminatura *f*, laminazione *f* (*trabajo*); **~dora** *f* laminatoio *m*; **~r 1.** *adj* lamellare, lamellato; **2.** *vt* laminare
lampa *f Am Mer* zappa
lámpara *f* lampada; lampadario *m* (*de techo*); lume *m*; *fig* frittella, macchia d'unto; *~ de gas, de cuarzo, de mineros* lampada a gas, a quarzo, da miniera/di sicurezza; *~ de aceite* lume a olio; *~ de mesa, de pie* lampada da tavolo, a stelo; *(fig) camisa llena de ~s* vestido pieno di frittelle
lampar|ero *m ant* lampionaio; venditore di lampadari; **~illa** *f* lumino *m*; *bot* pioppo tremulo *m*; **~ita (de noche)** *f* abat-jour *m fr/inv*
lámparo *adj Col* in bolletta, senza un soldo
lamparón *m fig* macchia d'unto *f*, frittella *f*
lampazo *m bot* lappa *f*, bardana *f*; *mar* redazza *f*, radazza *f*
lampiño *adj* imberbe; *bot* senza peli, liscio
lampist|a *m* fabbricante di lampadari; *ant* lampista, lampionaio; **~ería** *f* negozio di lampade *m*; *ant* lampisteria
lamprea *f zool* lampreda
lana 1. *f* lana; *~ de vidrio* lana di vetro; *ir por ~ y salir trasquilado* fare come i pifferi di montagna/andar per lana e tornarsene tosi; *Mex* quattrini *mpl*; 2. *m am* zoticone
lance *m* 1. giocata *f*; 2. caso, successo; 3. retata di pesce *f*; 4. lancio; *de ~* d'occasione; *~ de fortuna* colpo di fortuna; *~ de honor* sfida; *tener pocos ~s* essere facile; **~ro** *m* 1. *mil* lanciere; mandriano, torero; 2. *mpl* lancieri (*baile*); **~ta** 1. *f med* lancetta; 2. *fpl taur* corna
lancha *f mar* lancia, scialuppa; lastra di pietra; *~ de motor* lancia a motore; *Ecu* brina
laner|ía *f* laneria; **~o** *m* laniere
langost|a *f zool* aragosta (*crustáceo*); locusta, cavalletta (*insecto*); *fig* rovina; **~ino** *m* gambero, scampo
languide|cer <*13a languidezco*> *vi* languire; **~z** *f* languidezza, fiacca
lánguido *adj* languido, debole, fiacco
lanifi|cación *f*, **~cio** *m* lanificio *m*; lavorazione della lana *f*
lanoso *adj* lanoso
lanudo *adj* lanuto; *Ven* rozzo
lanza *f* lancia (*arma*); timone di vettura *m*; *una buena ~* una buona lancia; *correr ~s* correre giostre, giostrare; *con la ~ en ristre* con la lancia in resta; *romper ~s/una ~ por alg* spezzare una lancia per q
lanza|cohetes *m* lanciarazzi *inv*; **~da** *f* lanciata; **~dera** *f* spola; *~ espacial* navetta spaziale, space shuttle; **~dor, -ra** *m/f* lanciatore, -trice; **~granadas** *m* lanciagranate *inv*; **~llamas** *m* lanciafiamme *inv*; **~miento** *m* lancio; *ius* sfratto; **~minas** *m* lanciamine *inv*; **~misiles** *m* lanciamissili *inv*; **~r** <*lancé*> **1.** *vt* lanciare, slanciare, gettare, scagliare; *ius* sfrattare; **2.** *~se* gettarsi, scagliarsi, buttarsi; **~torpedos** *m* lanciasiluri *inv*, lanciatorpedini *inv*
lapa *f zool* patella; *bot* lappa, lappola; *fig* persona appiccicosa; *pegado como una ~* attaccato come un'ostrica allo scoglio
laparoscopia *f* laparoscopia
lapicer|a *f/am*, **~o** *m* 1. portapenne *m/inv*, portamatite *m/inv*; 2. *m* matita *f*
lápida *f* lapide
lapida|ción *f* lapidazione; **~r** *vt* lapidare
lapislázuli *m min* lapislazzuli *inv*
lápiz *m* matita *f*, lapis *inv*
lapón *adj/s* lappone
Laponia *f geogr* Lapponia
laps|o *m* lasso (di tempo); lapsus; **~us** *m* lapsus; *~ linguae* lapsus linguae
lares *mpl mit* lari
larga 1. *adj* lunga; *a la ~* alla fine, a poco a poco; *dar ~s* tirarla in lungo, prenderla per le lunghe; **2.** *auto fpl* abbaglianti *mpl*
largar <*largué*> **1.** *vt* liberare; *mar* sciogliere, spiegare; allentare (*cable*); mollare, appioppare (*bofetón, tiro...*); **2.** *vi pop* parlare; **3.** *~se* squagliarsela, andarsene; *mar* salpare *vi*
largo 1. *adj* lungo; *fig* alto; *fig* generoso; *fam* furbo; *a lo ~* per il lungo; di lungo; *¡~!* largo!; *a lo ~ de la orilla* lungo la riva; *de ~* da tempo; *~ y tendido* profusamente; *para ~* per molto tempo; *pasar de ~* passare alla larga; *vestir de ~* vestire di lungo; **2.** *m* lunghezza *f*
largometraje *m cine* lungometraggio
largue|ro *m* staggio, stanga *f*; *sport* traversa *f*; **~za** *f* generosità, larghezza
larguirucho *adj* spilungone, allampanato
largura *f* lunghezza
laringe *f med* laringe
laríngeo *adj* laringeo
laring|itis *f* laringite; **~ólogo** *adj/s* laringologo, laringoiatra
larva *f zool* larva, bruco *m*; **~do** *adj* larvato
las 1. *ar/fpl* le; **2.** *pr* le
lasaña *f gastr* lasagna; *~ al horno* lasagne al forno
lasca *f* scheggia di pietra
lasciv|ia *f* lascivia; **~o** *adj* lascivo; allegro
láser *adj/m ingl* laser *inv*
lasitud *f* fiacchezza, stanchezza, debolezza
lástima *f* compassione, pietà; pena, peccato *m*; *¡qué ~!* che peccato!; *dar ~* fare pena; *tener ~* avere compassione; *¡~ que...!* Peccato che...!
lastim|ar 1. *vt* ferire, far male; *fig* oltraggiare; **2.** *~se* farsi male; **~ero** *adj* commovente; oltraggioso; **~oso** *adj* pietoso
lastr|ar *vt* lastrare; *mar* zavorrare; **~e** *m mar* zavorra *f*; *fig* giudizio; *en ~* senza carico
lata *f* latta, scatoletta; lattina; *fig* seccatura, noia; *¡Qué ~!* Che noia!, Che pizza!; *dar la ~* seccare, scocciare; *es una ~* è una pizza, una scocciatura
laten|cia *f psic* latenza; **~te** *adj* latente, occulto
lateral *adj* laterale
látex *m* lattice

latido *m* battito, palpito, pulsazione *f*
latifund|io *m* latifondo; ~**ista** *m/f* latifondista
latigazo *m* frustata *f*, sferzata *f*, staffilata *f*; *fig* sferzata *f*, fulmine a ciel sereno
látigo *m* frusta *f*, sferza *f*, staffile; frustino; ="tipo di giostra"
latiguillo *m* frustino; *fig* insolenza *f*, sferzata *f*
latín *m* latino; citazione latina *f*; ~ *vulgar, macarrónico* latino volgare, maccheronico; *saber* ~ saperla lunga
latin|ajo *m desp* detto latino; ~**idad** *f* latinità; ~**ismo** *m* latinismo; ~**ista** *m/f* latinista; ~**o** *adj/s* latino
Latino|américa *f geogr* America latina; *~**americano** *adj/s* latinoamericano, ispanoamericano
latir *vi* battere (il cuore), palpitare
latitud *f geogr* latitudine; estensione; ~**inal** *adj* latitudinale; ~**inario** *adj eccl* latitudinario
lato *adj* lato, ampio, esteso; *en sentido* ~ in senso lato
latón *m* ottone
latonado 1. *adj* ottonato; **2.** *m* ottonatura *f*
latoso *adj* pesante, noioso
latrocinio *m* ladrocinio
Latvija *f geogr* Lettonia
laucha *f Chile/Arg* topolino *m*
laúd *m mus* liuto; *mar* leuto
laud|able *adj* lodevole; ~**ar** *vt ius* emettere il lodo arbitrale *vi*; ~**atoria** *f* panegirico *m*; ~**o** *m ius* lodo arbitrale
laure|ado *adj* laureato (*poesía*); ~**ar** *vt* coronare di lauro; ~**l** *m bot* alloro; *fig* gloria *f*; *dormirse sobre/en los ~es* dormire sugli allori
Lausana *geogr* Losanna
lava *f* lava; ~**ble** *adj* lavabile; ~**bo** *m* lavabo; ~**coches** *m/f inv* lavamacchine; ~**da** *f* lavata; ~**dero** *m* lavandino; lavatoio
lavad|o *m* lavaggio; lavata *f*; ~ *de estómago* lavanda gastrica; ~ *de cerebro* lavaggio del cervello; ~ *de dinero* riciclaggio del denaro sporco; ~**or** *adj/m* lavatore; *Arg/Par* bacinella *f*; *Guat* lavabo; ~**ora** *f* lavatrice (*máquina*); ~**ura** *f* lavatura
lava|frutas *m/inv* lavafrutta; ~**gallos** *m Col/Ven* acquavite scadente *f*; ~**manos** *m* lavamani *inv*
lavand|a *f bot* lavanda, spigo *m*; ~**era** *f* lavandaia; ~**ería** *f* lavanderia
lavaplatos *m/f* lavapiatti *inv*, sguattero, -a (*persona*); lavastoviglie *f/inv* (*máquina*)
lavar 1. *vt* lavare; *fig* lavare, purificare; ~ *en seco* lavare a secco; **2.** *(fig) ~se las manos* lavarsene le mani
lavarropas *f am* lavatrice
lavat|iva *f* clistere *m*; *pop/fig* lavativo *m*; ~**orio** *m* lavacro; *eccl/med* lavanda dei piedi *f*
lavavajillas *m/inv* lavastoviglie *f*, lavapiatti *f*
lax|ante *adj/m* lassativo; ~**ar** *vt* rilassare, allentare; ~**ativo** *adj* lassativo; ~**o** *adj* lasso, allentato; rilassato
laya *f* qualità, specie; *agr* vanga, badile *m*
lazada *f* nodo a cappio *m*; laccio *m*
lazareto *m* lazzaretto, lebbrosario
lazarillo *m* ragazzo-guida di un cieco; *perro* ~ cane guida
lazo 1. *m* laccio; cappio, nodo scorsoio; cordone; fiocco (*pelo-vestido*); ~ *de amor* laccio d'amore; *caer en el* ~ cadere in trappola; *tender el* ~ tendere i lacci; 2. *mpl fig* vincoli, legami; intreccio (*danza*) *m*
le *pr* gli (*m dativo*), le (*f dativo*); lo (*m acusativo*); ~ *dijo, dio* gli/le disse, dette; ~ *saludé, seguí* lo salutai, seguii; *síguele* seguilo
leal *adj* leale, sincero, fedele; ~**tad** *f* lealtà, sincerità, fedeltà
leandra *f pop* peseta
leasing *m econ/ingl* leasing
lebeche *m meteo* libeccio
lebrel *m zool* levriere
lección *f* lezione; rimprovero *m*, punizione; *(fig) dar una ~ a alg* dare una lezione a q; *dar ~es de baile, italiano* fare lezione di ballo, d'italiano (*activo*); prendere lezione di ballo, d'italiano (*pasivo*)
lecha *f* latte di pesce *m*; ~**da** *f arch* malta; latte di calce *m*, gesso *m*; ~**l 1.** *adj* lattone, lattonzolo, da latte; *bot* laticifero; **2.** *m zool* lattone; *bot* latice; ~**r** *vt am* mungere
leche *f* latte *m*; *vulg* sperma *m*; *fig* colpo *m*, pugno *m*; *fig* cattiveria; *de* ~ da latte; ~ *uperizada, condensada, desnatada, semidesnatada* latte a lunga conservazione, condensato, scremato/magro, parzialmente scremato; ~ *en polvo* latte in polvere; *(bot) ~ de gallina* latte di gallina; ~ *limpiadora* latte detergente; ~ *virginal* latte verginale; *dientes de* ~ denti di latte; *hermano de* ~ fratello di latte; *(pop) ¡~s!* Cazzo!; *(fig) mala* ~ malumore; caratteraccio; *a toda* ~ a tutta birra; *¡es la ~!* E' il colmo!; *ni ~s* né niente, né nessuno; *(vulg) estar de mala* ~ avere il quarto a rovescio; *(vulg) tener mala* ~ avere un caratteraccio/essere acido; *tener la ~ en los labios* avere il latte alla bocca
leche|cillas *fpl* animelle di agnello e vitello; ~**ra 1.** *f* lattiera (*recipiente*); lattivendola; **2.** *adj* da latte; *industria* ~ industria casearia; ~**ría** *f* latteria; ~**ro 1.** *adj* da latte; **2.** *m* lattivendolo
lecho *m* letto; *geogr* letto, alveo; *geol* letto, strato; *am* accelerato, treno locale
lechón *m zool* porcellino, maialino; *fig* maiale
lecho|sa *f bot/Ant/Ven* papaia; ~**oso** *adj* lattiginoso
lechudo *adj am* fortunato
lechu|ga *f bot* lattuga; *ser más fresco que una* ~ essere sfacciato/avere la faccia di bronzo; *fresco como una* ~ fresco e fiorente; ~**guino** *m* damerino; *bot* lattughetta *f*
lechuza *f zool* barbagianni *m*; *fig* gufo *m*; *gergo/fig* gazza ladra, ladro notturno *m*; *fig Mex* prostituta
leco *m Ven* grido di chiamata
lector *adj/s* lettore; ~**ado** *m* lettorato (*Universidad*)

lectura *f* lettura; lezione; *sala de* ~ sala di lettura; *dar* ~ dare lettura
leer <*21 leyó*> *vt* leggere; *(fig)* ~ *la cartilla* fare la predica; ~ *el pensamiento* leggere nel pensiero
lega|ción *f* legazione; ~**do** *m* legato; ~**jo** *m* incarto, fascicolo
legal *adj* legale; *fig* degno di fiducia, leale; ~**idad** *f* legalità; ~**ización** *f* legalizzazione, autenticazione, vidimazione; ~**izar** <*legalicé*> *vt* legalizzare, autenticare, vidimare
légamo *m* fango vischioso
legamoso *adj* fangoso
legañ|a *f* cispa; ~**oso** *adj* cisposo
legar <*legué*> *vt ius* legare
legatar|io, -a *m/f ius* legatario, -a
legendario *adj* leggendario
legible *adj* leggibile
legi|ón *f mil/fig* legione; ~**onario** *m mil* legionario
legisl|ación *f* legislazione; ~**ador** *adj/s* legislatore; ~**ar** *vi* legiferare, emanare leggi; ~**ativo** *adj* legislativo; ~**atura** *f* legislatura
legítima *f ius* legittima
legitim|ación *f* legittimazione; ~**ar** *vt* legittimare; ~**ario** *adj ius* legittimario; ~**idad** *f* legittimità; ~**ista** *adj/s pol* legittimista
legítimo *adj* legittimo; genuino, autentico
lego 1. *adj* laico, secolare; profano; ~ *en medicina* profano in medicina; **2.** *m eccl* frate laico
legón *m* zappa *f*
legua *f* lega; *a la* ~ da lontano
leguleyo *m/desp* leguleio, azzeccagarbugli
legum|bres *fpl* legumi *mpl*; ~**inosa** *adj/f* leguminosa
leíd|a *f* lettura; ~**o** *adj* dotto, istruito; letto
lejan|ía *f* lontananza; ~**o** *adj* lontano, remoto, distante (*de* da)
lejía *f* candeggina, varec(c)hina
lejos 1. *adv* lontano; lungi *lit*; ~ *de* lontano da; lungi da; *a lo* ~ in lontananza; *de* ~ da lontano; **2** *m pitt* sfondo; *fig* somiglianza *f*
lelo *adj* scemo, sciocco, fatuo
lema *m fil/mat/ling* lemma; motto, massima *f*
lemosín, -a 1. *adj/m* limosino (*lengua*); **2.** *m/f* limosino, -a, di Limoges, del Limousin
lencería *f* biancheria da donna o per la casa; negozio di biancheria *m*
le(he)ndakari *m* ="presidente del governo autonomo basco"
lengua *f med/ling/fig* lingua; idioma *m*, favella; ~ *afilada, de víbora* lingua tagliente, velenosa; ~ *de trapo/estropajosa* lingua blesa; ~ *madre* madrelingua; *media* ~ balbuziente; ~ *muerta, viva* lingua morta, viva; ~ *meta* lingua d'arrivo; *largo/ligero de* ~ linguacciuto; *malas* ~*s* cattive lingue; *irsele la* ~ */irse de la* ~ farsi scappare qc di bocca; *no tener pelos en la* ~ non avere peli sulla lingua; *tirarle a alg de la* ~ strappare un segreto di bocca a q; provocare q; *trabársele la* ~ balbettare
lenguado *m zool* sogliola *f*
lenguaje *m* linguaggio; stile
lengüeta *f* linguetta (*mus, zapato, fig*); *med* epiglottide
lengüetazo *m* leccata *f*
lenidad *f* mitezza, clemenza
lenitivo *adj* lenitivo, calmante
lenocinio *m* lenocinio
lente 1. *f* lente; 2. *fpl* occhiali *mpl*; ~*s de contacto* lenti a contatto; ~ *de aproximación* lente d'ingrandimento
lentej|a *f bot* lenticchia; ~**uela** *f* paillette *fr/inv*, lustrino *m*
lentilla *f* lente a contatto; ~*s blandas, duras, semiduras* lenti a contatto morbide, rigide, semirigide
lentitud *f* lentezza
lento *adj* lento, tardo
leña *f* legna; *fig* bastonata; *dar* ~ dare una bastonata; *(fig) echar* ~ *al fuego* aggiungere legna al fuoco; *hacer* ~ far legna; ~**dor**, ~**tero** *m* boscaiolo, taglialegna *inv*, spaccalegna *inv*; ~**zo** *m* bastonata *f*
¡leñe! *excl/pop* Accidenti!, Maledizione!
leñera *f* legnaia
leño *m bot/fig* legno; *dormir como un* ~ dormire come un sasso; ~**so** *adj* legnoso
Leo *m astr* leone
león *m zool/astr/fig* leone; ~ *americano* puma
leon|a *f zool* leonessa; ~**ado** *adj* lionato; ~**era** *f* covo *m* o gabbia *f* di leoni; *fig* bordello *m*; *fig* bisca; *esta habitación está hecha una* ~ questa stanza è un bordello/un casino
leonés *adj/s* leonese, di León
leopardo *m zool* leopardo
leotardos *mpl* calzamaglia *f*
Lepe *geogr/hist* Lepe; *saber más que* ~ *(Lepijo y su hijo)* saperne più del diavolo
lepi|dóptero *adj/m* lepidottero; ~**sma** *m zool* lepisma *f*
lepr|a *f med* lebbra; ~**osería** *f* lebbrosario *m*; ~**oso** *adj* lebbroso
lerdo *adj* lento, tardo; pigro
les *pr* loro; ~ *dije que* dissi loro che; *dales* da' loro
lesbian|a *adj/f* lesbica; ~**ismo** *m* lesbismo
lesi|ón *f med/ius* lesione; danno *m*, pregiudizio *m*; ~**onar** *vt med/jus* ledere; lesionare, (danneggiare)
leso *adj* leso; *am* scemo; *crimen de* ~*a majestad* delitto di lesa maestà
letal *adj* letale, mortale, mortifero
letanía *f* litania; *fig* filastrocca
letárgico *adj* letargico
letargo *m med/fig* letargo; sopore, sonnolenza *f*
letón *adj/s geogr* lettone
Letonia *f geogr* Lettonia
letra *f* 1. lettera; scrittura, grafia; parola (*canción*); ~ *cursiva, negrita* carattere corsivo, neretto/grassetto; *a la* ~*/al pie de la* ~ alla lettera; *buena/mala* ~ bella/brutta calligrafia; *doctor en* ~*s* dottore in Lettere; *(art) las* ~*s* le lettere, la letteratura; 2. *com* cambiale, tratta, effetto *m*; ~ *de cambio* cambiale; ~ *a pagar, a vista, al cobro* cambiale da pagare, a vista, all'incasso; ~ *endosable* effetto girabile; ~ *en blanco* cambiale in

bianco; ~ *de resaca* tratta di rivalsa; *avalar una* ~ avallare una cambiale
letrad|o, -a 1. *adj* istruito, -a, dotto, -a; **2.** *m/f* avvocato, -tessa
letrero *m* scritta *f*; cartello, insegna di negozio *f*
letrina *f* latrina
letrista *m/f* paroliere, -a
leuc|emia *f med* leucemia; **~ocito** *m cient* leucocita/o
leva *f mil* leva; partenza di nave; *árbol de ~s* albero a camme/di distribuzione
levadizo *adj* levatoio
levadura *f* lievito *m*
levant|amiento *m* innalzamento; sollevazione *f*, sedizione *f*, ammutinamento; *ius* revoca *f*, sospensione *f*; **~ar 1.** *vt* alzare, innalzare, sollevare, elevare; levare; edificare, costruire; *ius* revocare; irritare, provocare; ~ *acta* redigere il verbale; ~ *las cartas* alzare le carte; ~ *la sesión* chiudersi la seduta; **2.** *~se* alzarsi
levant|e *m* levante, oriente, est; *estar de ~* essere in partenza; **~ino** *adj* levantino, del Levante
levantisco *adj* turbolento, ribelle
levar 1. *vt (mar)* ~ *anclas* levare l'ancora; **2.** *(mar) ~se* salpare *vi*
leve *adj* lieve, leggero, tenue
levita 1. *f* levita (*traje*); 2. *m* levita (*persona*); **~ción** *f* levitazione; **~r** *vi* levitare
lex|ema *m ling* lessema; **~icalización** *f ling* lessicalizzazione; **~icalizar** <*lexicalicé*> *vt* lessicalizzare
léxico 1. *m* lessico; **2.** *adj* lessicale
lexico|grafía *f* lessicografia **~gráfico** *adj* lessicografico
lexicógraf|o, -a *m/f* lessicografo, -a
lexicologí|a *f* lessicologia
lexicólog|o, -a *m/f* lessicologo, -a
ley *f* legge; norma, regola; ~ *del embudo* legge arbitraria; ~ *del talión* legge del taglione; *con todas las de la ~* in perfetta regola; *oro de ~* oro puro; *hecha la ~, hecha la trampa* fatta la legge, trovato l'inganno; *decreto ~* decreto legge; *proyecto de ~* disegno di legge; *todos somos iguales ante la ~* la legge è uguale per tutti
leyenda *f* leggenda, scritta; leggenda, tradizione; mito *m*; vita di santi
lezna *f* lesina
liado *adj* avvolto, arrotolato; *fig* occupato; *(fig) estar ~ con alg* stare insieme con q
liana *f bot* liana
liar <*2 lío*> **1.** *vt* legare, avvolgere, arrotolare; *fig* coinvolgere, ingannare; **2.** *~se* 1. confondersi; 2. accoppiarsi (*con alg*); ~ *a palos* prendersi a bastonate
libación *f* libagione
libanés *adj/s geogr* libanese
Líbano *m geogr* Libano
libar *vt* libare
libelo *m* libello
libélula *f zool* libellula
liber|ación *f* liberazione; **~ador** V. **libertador**; **~al** *adj/s* liberale; generoso; **~alidad** *f* liberalità, generosità; **~alismo** *m pol* liberalismo; **~alización** *f* liberalizzazione; **~alizar** <*liberalicé*> *vt* liberalizzare; **~ar** *vt* liberare
Liberia *f geogr* Liberia; ***~no** *adj/s* liberiano
líbero *adj/m sport* libero
libert|ad *f* libertà; disinvoltura; confidenza; ~ *bajo fianza* libertà su cauzione; ~ *de prensa, provisional, de acción,...* libertà di stampa, provvisoria, d'azione,...; *con toda ~* in completa/in piena libertà; *tomarse la ~ de* permettersi di; *tomarse demasiadas ~es* prendersi troppa confidenza; **~ador** *adj/s* liberatore; **~ar** *vt* liberare; **~ario** *adj* libertario; **~inaje** *m* libertinaggio; **~ino** *adj/s* libertino; **~o, -a** *m/f* liberto, -a
libidinoso *adj* libidinoso, lascivo
Libi|a *f geogr* Libia; ***~o** *adj/s* libico
libra *f econ* libbra; ~ *esterlina* lira sterlina; *~ *astr* Bilancia
libraco *m* libraccio
libra|do *m com* trattario; **~dor, -ra** *m/f com* traente; **~nza** *f* tratta, cambiale, effetto *m*; **~r 1.** *vt com* emettere, spiccare; **2.** *vi* riposare; **3.** *~se* liberarsi, salvarsi (*de di*)
libre *adj* libero; franco; esente; indipendente; *estudiar por ~* studiare da privatista; ~ *del servicio militar* militassolto; *ser muy ~ de* essere padrone di
librea *f* livrea
libre|cambio *m* libero scambio; **~pensador, -ra** *m/f* libero pensatore, -trice
libre|ría *f* libreria (*mueble y tienda*); ~ *de ocasión* libreria antiquaria; **~ro, -ra** *m/f* libraio, -a; ~ *de viejo* libraio, -a di libri usati; **~sco** *adj* libresco; **~ta** *f com* libretto *m*; taccuino *m*, quadernetto *m*; *(Arg) ~ militar* libretto *m*; tessera militare; **~tista** *m/f* librettista; **~to** *m* libretto d' opera
librillo *m* 1. libruccio, libretto; 2. pacchetto di carta da sigarette, ecc.; *cada maestrillo tiene su ~* ="ognuno ha le proprie regole"
libro *m* libro; ~ *de cuentas, de texto* libro contabile, di testo; ~ *auxiliar, borrador, de vencimientos* libro ausiliario, brogliazzo, scadenziario; *hablar como un ~ abierto* parlare come un libro stampato; *llevar los ~s* tenere i libri
licencia *f* licenza, permesso *m*; libertà, abuso *m*; *mil* licenza; ~ *absoluta* congedo; ~ *de armas, de pesca...* licenza di porto d'armi, di pesca...; *am/auto* patente (di guida); **~do** *adj/s* laureato; *mil* congedato; **~r 1.** *vt* concedere una licenza; *mil* congedare; *stud* laureare; **2.** *~se* laurearsi; **~tura** *f* laurea
licencioso *adj* licenzioso, dissoluto, libertino
liceo *m am* liceo; *Mex* scuola elementare *f*; circolo letterario; *el *~ de Barcelona* il teatro lirico di Barcellona
licit|ación *f ius* licitazione; asta, appalto *m*; **~ador, ~ora, ~ante** *m/f* offerente in una licitazione; **~ar** *vt* licitare, partecipare a un'asta *vi*
lícito *adj* lecito, permesso
licor *m* liquore; **~era** *f* servizio da liquori *m*; *am* fabbrica di liquori; **~oso** *adj* liquoroso

licua|ción *f* liquefazione, *metal* liquazione; ~**do** *adj* liquefatto; ~**dora** *f* spremifrutta *m/inv*; ~**r** <*licúo*> *vt* liquefare; *metal* fondere
licuefacción *f* liquefazione
lid *f lit* pugna, lotta; litigio *m*, alterco *m*, contesa; *en buena* ~ in modo leale
líder *m* leader *ingl/inv*
lider|ar *vt* essere a capo di *vi*, capeggiare; ~**ato**, ~**azgo** *m* primato, leader-ship *ingl/inv*, comando, egemonia *f*
lidia *f* combattimento *m*, pugna; *taur* corrida; *toro de* ~ toro da corrida/da combattimento; ~**dor, -ora** *m/f* torero, -a; ~**r 1.** *vi* combattere, lottare; disputare; **2.** *vt taur* combattere con un toro *vi*
liebre *f zool/sport* lepre; *(fig) coger una* ~ scivolare per terra; *(fig) comer* ~ essere pauroso; *(fig) levantar la* ~ mettere sul chi va là
liendre *f* lendine *m/f*
lienzo *m* (*a. pitt)* tela *f*; *arch* parete *f*, facciata *f*
liga *f* 1. *pol/chim* lega, alleanza; 2. giarrettiera (*medias*); 3. *sport* campionato di calcio *m*; *(sport)* ~ *de 1ª división* campionato di serie A; *título de* ~ scudetto; *(sport) ganar la* ~ vincere lo scudetto
liga|dura *f med* legamento *m*; *mus* legatura; ~**mento** *m med* legamento; legatura *f*; ~**r** <*ligué*> **1.** *vt* legare, annodare, allacciare; unire, vincolare; *metal* alligare; **2.** *vi* avere un flirt, conquistare *vt*; ~ *con alg* conquistare q, avere un flirt con q; ~**zón** *f* connessione, *ling* unione, vincolo *m*
liger|eza *f* leggerezza; agilità, sveltezza, rapidità; ~**o** *adj* leggero, lieve; agile, svelto, rapido; ~ *de cascos* testa sventata; ~ *de ropa* con poca roba addosso; *a la* ~*a* alla leggera
light *adj* leggero; *cigarrillos* ~*s* sigarette senza nicotina; soft (*pornografía*)
lignito *m* lignite *f*
ligón *adj/m* conquistatore (amoroso)
ligue *m* flirt, conquista *f*
liguero *m* reggicalze
ligulato *adj bot* ligulato, a barbula
ligur, ~**rino** *adj/m* ligure; ***~ria** *f geogr* Liguria
lija *f* carta vetrata/smerigliata; *zool* gattuccio *m*; ~**dora** *f tec* levigatrice; ~**r** *vt* levigare con carta vetrata
lijoso *adj Cuba* vanitoso
lila 1. *adj* lilla; **2.** *m* 1. lilla; (*color*); 2. *f bot* lilla *m/inv*, lillà *m/inv*
liliputiense *adj/s* lillipuziano
lima *f tec/fig* lima; *bot* limetta; ~ *de las uñas* limetta; *comer como una* ~ mangiare molto; ~**dura** *f* limatura; ~**r** *vt tec* limare; *fig* smussare, limare
limbo *m* limbo; *bot* lembo; corona graduata del rapportatore *f*; *estar en el* ~ essere fra le nuvole
limeño *adj/s* limegno, di Lima
limero *m bot* albero della limetta
limit|ación *f mar* limitazione; limite *m*; ~**ado** *adj* ristretto, scarso; circoscritto; *(com) sociedad* ~*a* società a responsabilità limitata; ~**ar** *vt* limitare, delimitare
límite *m* limite, confine; fine *f*, termine
limítrofe *adj* limitrofo, confinante
limón *m bot* limone
limon|ada *f* limonata; *no ser ni chicha ni limoná/*~ non essere né carne né pesce; ~**ero** *m bot* limone (*árbol*)
limosna *f* elemosina
limpia *f* pulizia; ~**barros** *m/inv* nettapiedi, puliscipiedi; ~**botas** *m/inv* lustrascarpe; ~**botellas** *m/inv* spazzolino da bottiglie *m*; ~**cristales** *m/inv* lavavetri; ~**da** *f* pulizia superficiale; ~**dientes** *m/inv* stuzzicadenti; ~**dor** *adj/s* pulitore; ~**dora** *f* donna della pulizia (*edificios públicos*); ~**dura** 1. *f* pulitura; 2. *fpl* immondizia *f*; ~**mente** *adv* pulitamente; onestamente; ~**metales** *m* brillantante per metalli, lucidametalli *inv*; ~**parabrisas** *m* tergicristallo; ~**piés** *m Mex* nettapiedi; ~**pipas** *m* scovolino; ~**r** *vt* pulire, nettare, detergere; *fig* purificare; *fig* rubare, ripulire, spennare; *agr* sbroccare; ~**uñas** *m* spazzolino per le unghie
límpido *adj* limpido, terso, puro
limpieza *f* pulizia; *fig* purezza; *fig* onestà, sincerità
limpio *adj* pulito, netto; chiaro; *fig* puro, mondo; esente; *en* ~ netto; *poner en* ~ passare in bella copia; *quedarse* ~ restare al verde; *sacar en* ~ dedurre
limusina *f* limousine *fr/inv*
linaj|e *m* lignaggio, stirpe *f*, famiglia *f*; ~**udo** *adj* nobile, di alto lignaggio
linar *m* lineto
linaza *f* semi di lino *mpl*
lince *m zool* lince *f*; *fig* volpone, volpe *f*; *(a. fig) ojos de* ~ occhi di lince
linch|amiento *m* linciaggio; ~**ar** *vt* linciare
lind|ar *vi* confinare; ~**e** *m/f* confine *m*, limite tra poteri *m*; ~**ero 1.** *adj* confinante, limitrofo; **2.** *mpl* confini, limiti
lind|eza 1. *f* bellezza; 2. *fpl fig* insulto *m*; *soltar cuatro* ~*s* dirne quattro; ~**o** *adj* bello, grazioso, leggiadro; *de lo* ~ molto; *(fig)* ~ *don Diego* damerino
línea *f* linea; riga; lineamento *m* (*cara*); *en* ~ *recta* in linea retta; *en primera* ~ in prima linea; *en toda la* ~ su tutta la linea; *entre* ~*s* tra le righe; *(sport) juez de* ~ guardalinee; *guardar la* ~ conservare/mantenere la linea
linea|l *adj* lineare; ~**m(i)ento** *m* lineamento; ~**r** *adj bot* lineare
linf|a *f* linfa; ~**ático** *adj* linfatico; ~**ocito** *m biol* linfocita; ~**oma** *m* linfoma
lingote *m* lingotto, barra *f*
lingual *adj* linguale
lingüista *m/f* linguista, glottologo, -a
lingüístic|a *f* linguistica, glottologia; ~**o** *adj* linguistico, glottologico
linier *m* guardalinee *inv*
linimento *m* linimento
lino *m* lino
linóleo *m* linoleo, linoleum
linotipia *f* linotipia; linotype *inv* (*máquina*)
linotipista *m/f* linotipista
linterna *f* lanterna; fanale *m*; ~ *mágica, sorda, de bolsillo,* ... lanterna magica, sorda, tascabile,...
lío *m* fagotto, fardello; *fig* pasticcio, imbroglio, garbuglio; *fig* flirt *ingl/inv*, storia *f*; *me-*

ter(se) en un ~ mettere, (-rsi) nei pasticci; *hacerse un* ~ confondersi; *¡Menudo* ~*!* Bel pasticcio!; ~ *de faldas* storia di donne
liofiliz|ación *f* liofilizzazione; ~**ar** <*liofilicé*> *vt* liofilizzare
lioso *adj* imbroglione (*persona*); complicato
lipa *f Ven* pancia
lípido *m* lipide
lipo|soluble *adj* liposolubile; ~**succión** *f* liposuzione; ~**timia** *f* lipotimia
liquen *m bot* lichene
liquid|ación *f* liquidazione; svendita; ~ *de fin de temporada* svendita di fine stagione; ~**ar** *vt com/fig* liquidare; fondere; ~**ez** *f com* liquidità
líquido *adj/m com/ling/fig/fis* liquido; *sueldo* ~ stipendio netto
lira *f* lira; *mus/lit* lira, *mus* cetra
líric|a *f* lirica; ~**o** *adj* lirico
lirio *m bot* lirio, giglio bianco
lirismo *m* lirismo
lirón *m zool/fig* ghiro; *bot* alisma; *dormir como un* ~ dormire come un ghiro
lirondo: mondo y ~ *adj* puro e semplice
lis *f bot* iris; *flor de* ~ fiordaliso
lisa *f zool* muggine *m*, cefalo *m*
Lisbo|a *geogr* Lisbona; *~**eta** *adj/s* lisbonese
lisi|ado *adj/s* storpiato, invalido; ~**ar** *vt* storpiare, lesionare
liso *adj* liscio; levigato; semplice, facile; ~ *y llano/llanamente* chiaro e tondo
lisonj|a *f* lusinga, adulazione; ~**ear** *vt* lusingare, adulare; dilettare; ~**ero** *adj* lusinghiero; gradevole
lista *f* lista, striscia; *com* lista, elenco *m*, distinta; ~ *negra* lista nera; *a* ~*s* a strisce; ~ *de correos* fermo posta; ~ *de embalaje* distinta del contenuto dei colli; ~ *electoral* lista elettorale; ~ *de platos* lista delle vivande, menù; ~ *de precios* listino prezzi; ~ *de espera* lista d'attesa; ~ *de bodas* lista di nozze; *pasar* ~ fare l'appello
list|ado 1. *adj* listato; **2.** *m* lista *f*; ~**el** *m arch* listello; ~**eza** *f* sveltezza, astuzia, furberia; ~**ín** *m* listino; ~ *de teléfonos* elenco telefonico
listo *adj* 1. (*ser*) sveglio, furbo, astuto; rapido, svelto; *pasarse de* ~ fare il furbo; *ser más* ~ *que el hambre* essere un furbo di tre cotte, saperne più del diavolo; *¡estás* ~*!* sei proprio ben acconciato; 2. (*estar*) pronto, preparato; *la mesa está* ~*a* la tavola è pronta
listón *m sport* asticella *f*; travicello; *poner el* ~ *muy alto* aspirare a molto
lisura *f* 1. morbidezza; 2. sincerità; *am* sfacciataggine
litera *f* 1 letto a castello *m*; 2. *tras* cuccetta; 3. portantina
litera|l *adj* letterale; ~**rio** *adj* letterario; ~**to** *adj/s* letterato; ~**tura** *f* letteratura; *hacer* ~ fare della letteratura
litig|ante *adj/s* litigante; ~**ar** <*litigué*> *vi* litigare, far lite; ~**io** *m* litigio, alterco; ~**ioso** *adj* litigioso; controverso
litogénesis *f* litogenesi
litograf|ía *f* litografia; ~**iar** <*2 litografío*> *vt* litografare
litógraf|o, -a *m/f* litografo, -a
litoral 1. *adj* litorale; **2.** *m* litorale, zona costiera *f*
litosfera *f* litosfera
litro *m* litro; ~**na** *f gergo (juvenil)* bottiglia da litro di birra
Lituan|ia *f geogr* Lituania; *~**o** *adj/s* lituano
liturgia *f* liturgia
litúrgico *adj* liturgico
livian|dad *f* leggerezza, superficialità; ~**o** *adj* leggero, superficiale; lascivo
lividez *f* lividezza
lívido *adj* livido
living *m* living *ingl/inv*, soggiorno
liza *f* lizza; *entrar en* ~ entrare, scendere in lizza
llaga *f med/fig* piaga; ferita; dolore *m*; *poner el dedo en la* ~ mettere il dito sulla piaga; ~**r** <*llagué*> *vt* piagare
llalla *f Chile* piccola ferita
llama *f* 1. fiamma; *fig* fiamma, ardore *m*; 2. *zool* lama *m/inv*; 3. lama (*terreno*)
llama|da *f* chiamata; richiamo *m*; ~ *de cobro revertido* telefonata a carico del destinatario; ~ *interurbana* (chiamata) interurbana; ~ *internacional* chiamata internazionale; ~**do 1.** *m* richiamo, appello; *am* chiamata *f*; **2.** *adj* chiamato; *así* ~ cosiddetto; ~**dor** *m* battente; campanello; ~**miento** *m* chiamata *f*, richiamo, appello
llamar 1. *vt* chiamare; richiamare; attrarre; ~ *la atención* richiamare/attrarre l'attenzione; ~ *a filas* chiamare sotto le armi; ~ *a gritos/a voces* chiamare a squarciagola; *llámale hache* chiamalo come vuoi; ~ *al orden* richiamare all'ordine; **2.** *vi* bussare, suonare; ~ *a la puerta* bussare, suonare; **3.** ~*se* chiamarsi; ~*se andana* fare l'indiano; ~*se a engaño* lamentarsi
llamarada *f* fiammata; *fig* rossore *m*
llamativo *adj* vistoso, chiassoso, sgargiante
llamear *vi/vt* fiammeggiare
llamero *m Perú* pastore di lama
llanero *m Col/Ven* cowboy *ingl/inv*; pianigiano
llaneza *f* semplicità, franchezza, familiarità
llano 1. *adj/m* piano; **2.** *adj* semplice, modesto; sincero; *palabra* ~*a* parola piana; *a la pata (la)* ~*a* alla buona; *de* ~ chiaramente; **3.** *m geogr* piano, pianura *f*
llanta *f auto* cerchio *m*; *am/auto* ruota, pneumatico *m*; ~ *de aleación* cerchio in lega; *bot* cavolo verza *m*
llantén *m bot* piantaggine *f*, lanciola *f*
llanto *m* pianto; *anegarse en* ~ sciogliersi in pianto
llanura *f* pianura, piano *m*
llapango *adj* scalzo
llar <*pl llares*> 1. *m* focolare; 2. *fpl* catene del focolare
llav|e *f tec/mus/fig* chiave; ~ *falsa, inglesa, maestra* chiave falsa, inglese, comunella/passe-partout; ~ *de paso* chiavetta (del gas, dell'acqua); *bajo* ~ sotto chiave; *bajo siete* ~*s* a sette chiavi; *echar la* ~ chiudere a chiave; *torcer la* ~ girare la

chiave; ~**ero** *m* portachiavi *inv*; custode delle chiavi; ~**ín** *m* chiavetta *f*
lleg|ada *f* arrivo *m*; ~**ar** <*llegué*> **1.** *vi* arrivare, giungere; raggiungere *vt*; essere sufficiente; ~ *al alma* toccare il cuore; ~ *a un acuerdo* giungere a un accordo; ~ *a fin de mes* arrivare alla fine del mese; ~ *a oídos* giungere all'orecchio; ~ *a las manos* venire alle mani; ~ *a puerto* giungere in porto; ~ *a saber* venire a sapere; ~ *a ser* diventare, divenire; ~ *a ver, hacer...* riuscire a vedere, a fare...; ~ *a viejo* raggiungere la vecchiaia; *estar al* ~ stare per arrivare; *¡Hasta ahí podíamos* ~*!* Non ci mancherebbe altro!; **2.** ~*se* avvicinarsi, passare *(a* da)*vi*
llen|ar *vt* riempire, colmare; coprire; soddisfare, convincere; ~**azo** *m teatro/cine* pienone; ~**o 1.** *adj* pieno; colmo, zeppo, carico; sazio (*comida*); *a manos* ~*s* a piene mani; *de* ~ in pieno; **2.** *m* piena *f*, pienone
llevadero *adj* sopportabile
llevar 1. *vt* portare; portar via; recare; sopportare; condurre, guidare; avere; *com* tenere; *mat* riportare; ~ *adelante* portare avanti; ~ *a cabo* portare a compimento/a termine; ~ *por delante* guadagnare; ~ *el agua a su molino* portare l'acqua al proprio mulino; ~ *la delantera* avere vantaggio; ~ *la contraria* contraddire, dire il contrario; ~ *la corriente* dare ragione; ~ *la lección bien sabida* andare ben preparato; ~ *las de perder* avere da perdere; ~ *a mal algo* portare male qc; ~ *a la práctica* mettere in pratica; ~ *de la mano* portare per mano; *una cosa lleva consigo a otra* una cosa porta/tira l'altra; *llevo muchos años en Valencia* sono da molti anni a Valenza; *me lleva la cabeza* gli arrivo alle spalle; *me lleva dos años* ha due anni più di me; *no las lleva todas consigo* non ne è molto sicuro; *dejarse* ~ *por alg* farsi trascinare da q; **2.** ~*se* portarsi; portarsi via; essere di moda *vi*; ~*se bien, mal con alg* andare d'accordo, non andare d'accordo con q; ~*se por delante* investire; trascinare; ~*se una desilusión* avere una delusione; ~*se el premio* vincere il premio
llor|ar *vi/vt* piangere; *fig* stillare, gocciolare; ~ *a lágrima viva/a moco tendido* piangere a calde lacrime; ~**era** *f* piagnucolio *m*, piagnisteo *m*; ~**iquear** *vi* piagnucolare; ~**iqueo** *m* piagnucolio; ~**o** *m* pianto; ~**ón** *adj/s* piagnucolone, frignone; *sauce* ~ salice piangente; ~**ona** *f* prefica; ~**oso** *adj* lacrimoso
llov|edera *f Arg/Col* pioggia continuata; ~**edizo** *adj* gocciolante; ~**er** <*9a llueve*> *vi/imp meteo* piovere; *vi fig* piovere; ~ *a cántaros* piovere a catinelle; ~ *sobre mojado* piovere sul bagnato; *como quien oye* ~ come parlare al muro; ~**izna** *f* pioggerellina; ~**iznar** *vi/imp* pioviccicare
llueca *f* chioccia; *echar* ~*s* mettere le uova a una gallina
lluvi|a *f* pioggia; ~ *ácida* pioggia acida; ~**ar** *vi Perú* piovere; ~**oso** *adj* piovoso
lo 1. *ar* lo; il; **2.** *pr* lo; ciò che; quello che, la cosa che; *a* ~ *que* quando; ~ *gracioso es que...* il bello è che; *se cree guapa pero no* ~ *es* crede d'essere bella ma non lo è; *no sabes* ~ *mucho que* ~ *siento* non sai quanto mi dispiace; ~ *más importante es la justicia* la cosa più importante è la giustizia; *¡Hacerme esto con* ~ *que yo le quiero!* Farmi questo, dopo che gli voglio tanto bene!
loa *f lit* lode, elogio *m*; *teatro/ant* prologo laudativo *m*; ~**ble** *adj* lodevole; ~**r** *vt lit* lodare, elogiare
lob *m* pallonetto (*tennis*)
lob|a *f zool* lupa; ~**ato**, ~**ezno** *m zool* lupacchiotto
lobby *m ingl* lobby *f*
lobito *m zool/am* nutria *f*, castorino
lobo *m zool* lupo; *bot/med* lobo (*oreja*); *fig* sbornia *f*; *(fig)* ~ *de mar* lupo di mare; *meterse en la boca del* ~ mettersi/cascare in bocca al lupo; *desollar el* ~ smaltire la sbornia; *ver las orejas al* ~ spaventarsi, rendersi conto del pericolo
lóbrego *adj* oscuro, tenebroso; triste
lóbulo *m* lobulo, lobo
loc|ación *f ius* locazione, affitto *m*; ~**ador, -ora** *m/f ius* locatore, -trice; ~**al** *adj/m* locale; ~**alidad** *f* località, luogo *m*; *teatro* posto *m*, biglietto *m*; ~**alización** *f* localizzazione; ~**alizar** <*localicé*> *vt* localizzare; determinare, individuare; isolare; trovare; ~**atario, -a** *m/f ius* locatario, -a
locatis *m/f/inv fam* pazzo, -a *m/f*, matto, -a *m/f*
loción *f* lozione; ~ *capilar* lozione per capelli; ~ *para después de afeitar* lozione dopobarba
lock-out *m/inv* serrata *f*
loco 1. *adj/s* pazzo, matto, folle; ~ *de atar* pazzo/matto da legare; *a lo* ~*/a* ~*as* pazzamente, come un pazzo; *a tontas y a* ~*as* facendo lo scemo; *(Arg) estar con la* ~*a* stare con la luna; *estar* ~ *como una cabra* essere pazzo da legare; *hacerse el* ~ fare l'indiano; *volver* ~ far diventar pazzo/matto; *volverse* ~ diventare pazzo/matto; andare matto (per); **2.** *adj* pazzesco, straordinario
loco|moción *f* locomozione; ~**motora** *f* locomotrice, locomotiva; ~**móvil**, ~**movible** *adj/f* locomobile
locro *m Am Mer* ="stufato di carne e verdura"
locua|cidad *f* loquacità; ~**z** *adj* loquace; ciarliero
locución *f ling* locuzione; frase
locuelo *adj/s* pazzerello, pazzerellone
locura *f* pazzia, follia; *gustar con* ~ piacere da pazzi/da morire
locut|or, -ra *m/f ling* locutore, -trice; *radio/TV* presentatore, -trice; ~**orio** *m* parlatorio; cabina telefonica *f*; *radio/Tv* studio
lod|azal *m* fangaia *f*; ~**o** *m* fango, melma *f*, limo; ~**oso** *adj* fangoso, melmoso
logar|ítmico *adj* logaritmico; ~**itmo** *m mat* logaritmo
logia *f* loggia; ~ *masónica* loggia massonica
lógic|a *f* logica; *en buena* ~ per logica; ~**o** *adj* logico
logístic|a *f* logistica; ~**o** *adj* logistico

logo|peda *m/f* logopedista; **~pedia** *f* logopedia
logotipo *m* logotipo, logo *inv*
logr|ar *vt* riuscire a ottenere; ottenere, conseguire; *ha logrado ganar* è riuscito a vincere; **~o** *m* conseguimento, raggiungimento, ottenimento; vittoria *f*, trionfo
loma *f* collina
lombriz *f* lombrico *m*; verme *m*; *~ de tierra* lombrico
lomo *m fig* dorso; lombo; schiena *f*; *agr* porca *f*; *~ de cerdo* lombo di maiale; *a ~(s)* a cavallo
lona *f* olona
loncha *f* fetta; lastra di pietra
lonchería *f Col* snack-bar *m ingl/inv*
londinense *adj/s* londinese
Londres *geogr* Londra
longanimidad *f* longanimità, indulgenza
longaniza *f* salsiccia; *hay más días que ~s* ="c'è tempo d'avanzo"
longev|idad *f* longevità; **~o** *adj* longevo
longitud *f* lunghezza; *geogr* longitudine; **~inal** *adj* longitudinale
lonja *f* 1. *arch* loggia; 2. fetta (*carne, jamón...*);
lontananza *f pitt* sfondo *m*; *en ~* in lontananza, da lontano
loor *m ant/lit* lode *f*
lord *m* lord *ingl/inv*
Loren|a *f geogr* Lorena; ***~és** *adj/s* lorenese
loro *m zool/fig* pappagallo; *fig* racchia *f* (*mujer*); *bot* lauroceraso; *Chile* spia *f*; *Chile* pappagallo (*enfermos*); *gergo* autoradio *f*; *(pop) estar al ~* essere sempre al corrente
los 1. *ar* i, gli; *~ árboles, estudiantes* gli alberi, gli studenti; *~ libros* i libri; **2.** *pr* li
los|a *f* lastra di pietra; pietra sepolcrale; *fig* mattone *m*; **~eta** *f* piastrella, mattonella
lote *m* lotto (*terreno*); *com* lotto, partita di merci *f*; *(vulg) pegarse/darse el ~* pomiciare, praticare il petting; **~ar** *vt* lottizzare, dividere in lotti
loter|ía *f* lotteria; gioco del lotto *m*; *caerle la ~* toccargli il lotto, vincere la lotteria; *~ primitiva* ="lotto"; **~o, -a** *m/f* rivenditore, -trice di biglietti della lotteria, lottista
lotizar *am* V. **lotear**
loto 1. *m bot* loto; 2. *f* gioco del lotto *m*
loza *f* maiolica, ceramica, porcellana; stoviglieria
lozan|ía *f* freschezza, gagliardia, esuberanza; **~o** *adj* fresco, gagliardo, esuberante
lubina *f zool* branzino *m*, spigola
lúbrico *adj* lubrico, scurrile
lubri(fi)c|ación *f* lubrificazione; **~ante** *adj/m* lubrificante; **~ar** *<lubri(fi)qué>* *vt* lubrificare
lucero 1. *m* stella *f*, astro brillante; *~ del alba* pianeta Venere; *fig* splendore; *zool* macchia bianca sulla fronte *f*; 2. *mpl fig* occhi
lucha *f* lotta, battaglia, combattimento *m*; conflitto *m*; *~ libre, grecorromana* lotta libera, grecoromana; *~ por la existencia* lotta per l'esistenza; **~dor** *adj/s* lottatore; **~r** *vi* lottare, combattere; disputare
luchón *m Mex* bellimbusto
lucidez *f* lucidità, lucidezza
lúcido *adj* lucido, lucente, brillante; *med* lucido
lucido *adj* splendido, brillante, ben riuscito; *quedar ~* fare bella figura; *quedarse ~* fare brutta figura
luciente *adj* lucente, brillante
luciérnaga *f zool* lucciola
Lucifer *m* Lucifero
lucimiento *m* splendore, pregio; bella figura *f*
lucio *m zool* luccio
lución *m zool* orfettino
lucir <*13b luzco*> **1.** *vi* brillare, splendere; rendere; **2.** *vt* far mostra di *vi*, vantarsi di; *arch* imbiancare; **3.** *~se* vantarsi; esibirsi; farsi onore, uscirne con gloria *vi*, fare bella figura *vi*, *iron* fare brutta figura *vi*
lucr|arse lucrare *vt*, guadagnare *vt*; **~ativo** *adj* lucrativo; **~o** *m* lucro, guadagno
luctuoso *adj* luttuoso
lucubr|ación *f* elucubrazione; **~ar** *vt* elucubrare
lúdico *adj* ludico
luego 1. *adv* dopo, poi; subito; **2.** *conj* quindi; *desde ~* senz'altro; *hasta ~* arrivederci; *~ que cenaron* dopo aver cenato
lugar *m* luogo, posto; *~ común* luogo comune; *en ~ de* al posto di, al luogo di, invece di; *en primer ~* per prima cosa; in primo luogo; *en último ~* per ultimo; *dar ~ a* essere motivo di; *dejar en buen/mal ~* parlare bene/male di; *estar en su ~* essere al posto suo; *estar muy en su ~ algo* essere molto opportuno qc; *estar fuera de ~* essere fuori luogo; *hacer(se) ~* far (farsi) luogo; *no dejar ~ a duda* non dare adito a dubbi, lasciare ben chiaro; *(ius) no haber ~* non esserci motivo; non essere necessario; *poner las cosas en su ~* mettere le cose in chiaro; *quedar en buen/mal ~* fare bella/brutta figura; *el saber no ocupa ~* impara l'arte e mettila da parte; *tener ~* aver luogo
lugareño *adj/s* paesano
lugarteniente *m* luogotenente
lúgubre *adj* lugubre, tetro, fosco
Luis *m* Luigi; ***~** luigi (*moneda*); **~a** *f* Luigia, Luisa; *(bot)* ***~** erba luisa
lujo *m* lusso, pompa *f*, sfarzo; abbondanza *f*; *de ~* di lusso; *impuesto de ~* imposta di lusso; **~so** *adj* lussuoso, sfarzoso, suntuoso
lujuri|a *f* lussuria; *bot* lussureggiamento *m*; **~ante** *adj* lussureggiante; **~oso** *adj* lussurioso
lulipa *f Perú* sottana
lumb|ago *m med* lombaggine *f*; **~ar** *adj* lombare
lumbre *f* fuoco *m*; fiamma; luce; splendore *m*; *a la ~* al fuoco; *al amor de la ~* al calore del fuoco; accanto al fuoco; *a ~ de pajas* di poca durata; **~ra** *f fig* cima, eminenza; lucernario *m*; *mar* occhio di bue *m*
lumen *m fis* lumen
lumin|aria 1. *f* luminaria, illuminazione; *eccl* lampada del S. Sacramento; 2. *fpl* occhi *mpl*; **~iscencia** *f* luminescenza; fosforescenza; **~oso** *adj* luminoso, splendente; **~otecnia** *f* illuminotecnica

lumpen *m* sottoproletariato
lun|a *f* 1. *astr/fig* luna; 2. specchio *m* (*armario*); vetrina; *auto* lunotto *m*; ~ *creciente, menguante, llena, nueva* luna crescente, calante, piena, nuova; ~ *de miel* luna di miele; *estar en la* ~ vivere nelle nuvole/avere la testa fra le nuvole; *ladrar a la* ~ abbaiare alla luna; *pedir la* ~ chiedere la luna; *quedarse a la* ~ *de Valencia* restar male/deluso; vivere nel mondo della luna; ~**ar** **1.** *adj* lunare; **2.** *m* neo; pois *fr/inv*; *tela a* ~*es* stoffa a pois; ~**ático** *adj/s* lunatico; ~**ecilla** *f* mezzaluna
lunes *m* lunedì *inv*; *am hacer* ~ scioperare
luneta *f* lunetta; *auto* lunotto *m*
lunfa *f Arg* malvivente *m*, ladro *m*; ~**rdo** *m Arg* gergo della malavita; linguaggio popolare
lupa *f* lente d'ingrandimento
lupanar *m* bordello
lúpulo *m bot* luppolo
Lusitan|ia *f geogr* Lusitania, Portogallo *m*; *~**o** *adj/s* lusitano
lustr|abotas *inv*, ~**ador** *m am* lustrascarpe *inv*; ~**ar** *vt* lustrare, lucidare, brunire; ~**e** *m* lustro, brillo; *fig* decoro, lustro; ~**o** *m* lustro, quinquennio; ~**oso** *adj* lucido, brillante
luteran|ismo *m* luteranismo; ~**o** *adj/s* luterano
luto *m* lutto; *medio* ~ mezzo lutto; ~ *riguroso* lutto stretto; *estar de* ~ essere di lutto; *vestir de* ~ vestire a lutto
lux|ación *f med* lussazione; ~**ar** *vt* produrre una lussazione
luz <*luces*> *f elec/fig* luce; lampada; *arch* finestra, luce; *a la* ~ *de* visto, secondo, in vista di; *a media* ~ in penombra; *a todas* ~*es* chiaramente, senza dubbio; *entre dos* ~*es* al tramonto; ~ *de carretera* fari abbaglianti; ~ *corta* fari anabbaglianti; ~ *de cruce, de parada, de posición* luci d'incrocio, d'arresto, di posizione; ~ *solar, intermitente* luce solare, intermittente; *de pocas* ~*es* di poco giudizio/senno; *arrojar* ~ *sobre* gettare su, far luce su; *dar a* ~ dare alla luce; *dar* ~ *verde* dare via libera; *pasar con la* ~ *roja* passare col semaforo rosso; *sacar a luz* mettere fuori; *tip* dare alla luce; *ver la* ~ venire alla luce; vedere la luce
Luzbel *m* Lucibello, Lucifero
Lyón *geogr* Lione

M

macabro *adj* macabro
macaco *m zool/fig* macaco
macan|a *f am* mazza, clava; zappa; *Arg* frottola, balla; ~**udo** *adj Arg* stupendo, straordinario; difficile
macarra *m pop* pappone, magnaccia, macrò
macarr|ón *m*, ~**ones** 1. *mpl* maccherone, -i, pasta grossa *f*; 2. *m tec* tubo di protezione; ~**ónico** *adj* maccheronico
macear 1. *vt* martellare; **2.** *vi fig* martellare, insistere
Macedonia *f* Macedonia
macedoni|a *f gastr* macedonia; ~**o** *adj/s* macedone
macer|ación *f* macerazione; ~**ar** *vt* macerare
macet|a *f* 1. vaso da fiori *m*; 2. *tec* mazzetta; ~**ero** *m* portavasi *inv*
machac|a 1. *m/f fig* seccatore, -trice; 2. *f* pestello *m*; ~**adera** *f* pestello *m*; ~**ante** *m mil* attendente; ~**ar** <*machaqué*> *vt* pestare, ammaccare, schiacciare, frantumare; *fig* pestare; *stud* sgobbare, darci dentro; ~**ón** *adj/s* seccatore, scocciante; *stud* sgobbone; ~**onería** *f* insistenza
machada *f* braveria
machamartillo: a ~ *adv* in modo saldo, fortemente; in modo sbrigativo
machaqueo *m* pestatura *f*
machete *m* falcione; *mil* baionetta *f*
machis|mo *m* maschilismo, maschismo; ~**ta** *adj/m* maschilista, sessista
macho 1. *adj/m tec/biol/fig* maschio; **2.** *adj* forte, robusto; *(fam/iron) es muy* ~ è un bel maschione; ~ *cabrío* capro; *apearse del* ~ riconoscere i propri errori
machón *m arch* pilastro, pilone
machote 1. *adj/iron* maschione; **2.** *m* 1. maglio; 2. *f desp* maschiaccia
macilento *adj* macilento
macizo 1. *adj* massiccio; solido, compatto; **2.** *m geogr* massiccio; aiuola *f* (*jardín*)
macro|biótica *f* macrobiotica; ~**cosmo(s)** *m* macrocosmo; ~**scópico** *adj* macroscopico
mácula *f* macula, macchia
macuto *m* zaino; *am* bisaccia da mendico *f*
madeja *f* matassa; *enredar la* ~ complicare le cose/arruffare la matassa; *(fam)* ~ *sin cuenda* matassa senza bandolo
mader|a *f* 1. legno *m*, legname *m*; *tener* ~ *de* avere un'inclinazione a/per, avere la stoffa di; *tener* ~ essere capace; *(fig) tocar* ~ toccare ferro; ~**able** *adj* da costruzione; ~**aje** *m* legname da lavoro; ~**ería** *f* magazzino di legname *m*; ~**ero** *adj* del legname; ~**o** *m* 1. tronco, trave *f*; *fig* babbeo; 2. *gergo* poliziotto
madra|stra *f* matrigna; ~**za** *f* mamma troppo buona
madre 1. *adj/f* madre; **2.** *f* mamma; *fig* origine, culla; matrice; ~ *de alquiler* utero in affitto; ~ *de leche* balia; ~ *política* suocera; ~ *soltera* ragazza madre; *lengua* ~ madrelingua; *(vulg) la* ~ *que te parió* vaffanculo!; *aquí está la* ~ *del cordero* questa è la vera causa/questo è il nocciolo della questione; *(chim) agua* ~ acqua madre; *hijo de su* ~ figlio di puttana, *iron* di buona madre; *(pop) (estar) de puta* ~ (essere) stupendo; *salirse de* ~ straripare; *fig* uscire dai gangheri; *ser ciento y la* ~ esserci/essere un sacco di gente
madreñas *fpl* galosce, zoccoli di legno *mpl* (*Galicia*)
madreperla *f* madreperla
madreselva *f bot* madreselva, caprifoglio *m*
Madrid *geogr* Madrid
madrigal *m lit* madrigale
madriguera *f* tana, covo *m*, covile *m*
madrileño *adj/s* madrileno, di Madrid
madrina *f* madrina
madroño *m bot* corbezzolo (*árbol*); corbezzola *f* (*fruto*)
madrug|ada *f* alba; *de* ~ di buon mattino; all'alba; ~**ador** *adj/s* mattiniero; ~**ar** <*madrugué*> *vi* alzarsi di buon mattino, alzarsi presto; *fig* guadagnar tempo; *al que madruga Dios le ayuda* le ore del mattino hanno l'ora in bocca; *no por mucho* ~ *amanece más temprano* dai tempo al tempo; ~**ón** *m* levata molto mattiniera *f*
madur|ación *f* maturazione; ~**ar** *vi/vt* maturare; ~**ez** *f* maturità; ~**o** *adj* maturo; *edad* ~*a* età matura
maestr|a 1. *adj/f* maestra; **2.** *f* insegnante; *llave* ~ comunella; ~**e** *m* maestro (*orden*); *(ant)* ~ *de campo* maestro di campo; ~**ía** *f* maestria, abilità, perizia; ~**illo** *m desp* maestrino, maestrucolo; *cada* ~ *tiene su librillo* ognuno ha i propri trucchi, ognuno ha le proprie regole; ~**o 1.** *m* maestro; *mus* maestro; ~ *de escuela* maestro elementare; ~ *de obras* capomastro, capocantiere; **2.** *adj* abile, destro, maestro
mafi|a *f* mafia; ~**oso** *adj* mafioso
Magdalena *f* Maddalena (*nombre*); *llorar como una* ~ piangere sconsolatamente; *no estar la* ~ *para tafetanes* essere di cattivo umore
magdalena *gastr* maddalena
magia *f* magia; *fig* incanto *m*
magiar *adj/s* magiaro
mágico *adj* magico
magín *m* intelligenza *f*, immaginazione *f*
magisterio *m stud/chim/fig* magistero; *(ant) escuela de* ~ istituto magistrale
magistr|ado *m* magistrato; ~**al 1.** *adj* magistrale; **2.** *m metal* fondente; *med* farmaco magistrale; ~**atura** *f* magistratura; ~ *del trabajo* tribunale del lavoro, collegio dei probiviri
magn|animidad *f* magnanimità, generosità; ~**ánimo** *adj* magnanimo, generoso; ~**ate** *m* magnate
magn|esia *f* magnesia; ~**esio** *m chim* magnesio
magn|ético *adj* magnetico; ~**etismo** *m* magnetismo; ~**etita** *f* magnetite; ~**etizar** <*magneticé*> *vt fis/fig* magnetizzare; ~**eto** *f mec* magnete *m*

magnet|ofón, ~**ófono** *m* registratore, magnetofono; ~**ofónico** *adj* magnetofonico
magnetón *m fis* magnetone
magnificencia *f* magnificenza; grandiosità, splendore *m*
magnífico *adj* magnifico, splendido, meraviglioso, stupendo; grandioso, pomposo; glorioso; *~ *Rector de la Universidad* Magnifico Rettore dell'Università; *me parece* ~ mi sembra stupendo/un'ottima idea
magnitud *f* grandezza; eccellenza, importanza
magno *adj* grande, magno
magnolia *f bot* magnolia
mago *adj/s* mago, stregone; *Los Reyes *~s* I Re Magi; *~s del color* maghi del colore
magre|ar 1. *vt* palpare; **2.** *~se vulg* pomiciare *vi*; ~**o** *m* pomiciata *f*, petting *ingl*
magro 1. *m* magro di maiale; **2.** *adj* magro, asciutto
maguey *m bot am* agave messicana o tessile *f*
magull|adura *f* ammaccatura; ~**ar** *vt* ammaccare, schiacciare
maharajá *m* maharajah *inv*
Mahom|a *m* Maometto; *~**etano** *adj/s* maomettano; *~**etismo** *m* maomettismo
mahón *m* tela di Mahón *f*
mahonesa *f gastr* maionese
maicena *f* maizena
maillot *m* body *ingl/inv*; *sport* maglia *f*
maitines *mpl eccl* mattutino *m*
maître *m fr* maître *inv*
maíz *m bot* mais, granoturco
maizal *m* campo di mais
maja *f* elegantona del popolino (*majas de Goya*); miss *ingl/inv*; ~**da** *f* stalla, ovile *m*; *Arg* gregge *m*; ~**dería** *f* stupidaggine, imbecillità; ~**dero** *adj/s* stupido, scemo; seccatore; ~**reta** *adj/s* rimbecillito, pazzo
majest|ad *f* maestà; *delito de lesa* ~ delitto di lesa maestà; ~**uoso** *adj* maestoso, grandioso
majeza *f* spavalderia; eleganza volgare
majo *adj/s* bello, leggiadro, grazioso *fam*; guappo, elegantone del popolino; *es un tío muy* ~ è una persona stupenda
majuelo *m bot* spino bianco; vigna *f*, magliolo di vite
mal 1. *m* male; ~ *de ojo* malocchio; ~ *de muchos consuelo de tontos* mal comune, mezzo gaudio; *del* ~ *el menos* il minore dei mali; *el* ~ *está en que* il male/guaio è che; *no hay* ~ *que por bien no venga* non tutto il male vien per nuocere; **2.** *adj* cattivo, brutto; male; ~ *tiempo, día, negocio* brutto tempo, brutta giornata, cattivo affare; ~ *genio* caratteraccio; ~ *humor, gusto, olor* cattivo umore, gusto, odore...; **3.** *adv* male; ~ *que bien* bene o male; *¡Menos ~!* Meno male!; *de* ~ *en peor* di male in peggio; *andar* ~ *de dinero* stare male a soldi; *echar a* ~ disprezzare; mandare a male, sciupare; **4.** *(conj)* ~ *que* sebbene
malabaris|mo *m fig* equilibrio, prestigio (*juegos*); ~**ta** *m/f* equilibrista
malagueñ|a *f mus/Esp* malagueña; ~**o** *adj/s* (persona) di Malaga
maland|anza *f* sfortuna, disdetta, scalogna; ~**rín** *adj/s* malandrino
malapata *m/f* imbranato, -a
malaquita *f min* malachite
malaria *f* malaria
Malasia *f geogr* Malesia
malasombra *m/f* scocciatore, -trice
malayo *adj/s* malese
malbaratar *vt* svendere; sprecare, sciupare, dissipare
malcarado *adj* di brutto aspetto, bieco, torvo
malcasado *adj/s* mal maritato
malcomido *adj* mal nutrito
malcria|do *adj* maleducato, screanzato; ~**r** *vt* allevare male, viziare
maldad *f* malvagità, cattiveria
maldecir <*24* V. *decir*> *vt/vi* maledire
maldiciente *adj/s* maldicente, malalingua
maldición *f* maledizione
maldit|a *f fig* lingua; ~**o 1.** *adj/s* maledetto; dannato; *no tengo ~as las ganas de ir allí* non ho assolutamente voglia di andare lì; *¡~a sea!* Maledizione!; ~ *la gracia que me hace...* maledizione, che piacere mi fa...; **2.** *m* diavolo
male|able *adj* malleabile; arrendevole; ~**ante** *adj/s* malvivente, delinquente, vagabondo; ~**ar** *vt* corrompere, pervertire
malecón *m* argine; molo, diga *f*
maledicencia *f* maldicenza
maleducado *adj/s* maleducato
maleficio *m* malefizio, stregoneria *f*
maléfico 1. *adj* malefico; **2.** fattucchiere
malentendido *m* malinteso, equivoco
maléolo *m* malleolo
malestar *m* malessere, indisposizione *f*
malet|a 1. *f* valigia; *hacer la* ~ fare le valigie, partire; 2. *m fig* inetto; ~**ero** *m auto* bagagliaio; portabagagli *inv*, facchino (*persona*); ~**illa** *m taur* ="giovane che aspira a essere torero"; ~**ín** *m* valigetta *f*; ~ *de ejecutivo* diplomatica; ~ *de belleza* beauty-case
malevolencia *f* malevolenza, malanimo *m*
malévolo *adj* malevolo, cattivo
maleza *f* erbacce *fpl*; pruneto *m*, roveto *m*
malformación *f* malformazione
malgache *adj/s* malgascio
malgastar *vt* sprecare, sciupare, dissipare
malhablado *adj* sboccato
malhadado *adj* sfortunato, scalognato
malhecho *adj* malfatto; ~**r** *adj/s* malfattore, furfante
malherir <*10* V. *herir*> *vt* ferire gravemente
malhumorado *adj* di cattivo umore, disgustato
malici|a 1. *f* malizia, malignità; 2. *fpl* sospetto *m*; ~**ar**, ~**arse** *vt* sospettare; ~**oso** *adj/s* malizioso, maligno, astuto
malign|idad *f* malignità, cattiveria; ~**o** *adj* maligno; pernicioso
malintencionado *adj* malintenzionato
malla *f* maglia; tessuto a maglia *m*; rete
mallo *m tec/sport* maglio

Mallor|ca *geogr* Maiorca; ***~quín** *adj/s* maiorchino
malo 1. *adj* cattivo; brutto; *a ~as* con le cattive; *~a suerte* sfortuna; *~as artes* procedure disoneste; *~os tratos* maltrattamenti, sevizie; *a una ~a* nel peggiore dei casi; *de ~ a calidad* scadente; *estoy de ~as* mi va male, sono scalognato; *estar ~/a* stare male; *lo ~ es que* il brutto/il guaio è che; *más vale ~ conocido que bueno por conocer* chi lascia la via vecchia per la nuova sa quel che lascia e non quel che trova; *nada ~* niente di male; niente di cattivo; *por las ~as* con le cattive; *una tela ~a de planchar* una stoffa difficile da stirare; *pasar la ~a* attraversare un cattivo periodo; **2.** *excl* male; *¡~!* Male!
malogr|ado *adj* morto anzi tempo; **~ar 1.** *vt* sciupare, perdere, lasciar sfuggire; **2.** *~se* frustarsi; sciuparsi, rovinarsi
maloliente *adj* puzzolente, fetido
malpar|ado *adj* malconcio, in cattivo stato; screditato; **~ar** *vt* maltrattare, storpiare
malpensado *adj/s* malpensante
malquerencia *f* malevolenza, animosità
malquisto *adj* malvisto
malsano *adj* malsano; malaticcio
malsonante *adj* malsonante
malt|a *f* malto *m*; **~és** *adj/s* maltese; **~osa** *f* maltosio *m*
maltraer *<39 V. traer>* *vt* maltrattare; *Arg* insultare, rimproverare
maltrat|ar *vt* maltrattare, strapazzare; **~o** *m* maltrattamento
maltrecho *adj* malconcio; maltrattato
maltusian|ismo *m* malt(h)usianismo; **~o** *adj* maltusiano
malva *f bot* malva; *~ loca* malvone; *estar criando ~s* essere morto; *ser una ~* essere una malva; **~do** *adj/s* cattivo, malvagio; **~sía** *f* malvasia
malvender *vt* vendere a basso prezzo, svendere
malvers|ación *f* malversazione; **~ador** *adj/s* malversatore; **~ar** *vt* malversare
malvivir *vi* vivere male, tirare avanti
mamá *f* mamma; madre
mama *f med* mammella; **~da** *f* poppata; *am* buona occasione; *vulg* pompino *m*; **~dera** *f am* biberon *m/inv*; **~íta** *f* mammina; **~r 1.** *vt* poppare; succhiare; *fam* mangiare; *fig* imparare sin dall'infanzia; *dar de ~* dare il latte; *~la* farsi ingannare; **2.** *~se pop/fig* fregarsi; ubriacarsi; ingannare q; *~se a alg* fregare q; **~rio** *adj* mammario
mamarrach|ada *f* ridicolaggine; sgorbio *m*; **~ista** *m/f* pagliaccio, -a; **~o** *m* 1. sgorbio; 2. pagliaccio (*persona*)
mambo *m* mambo
mameluco 1. *adj/s* mammalucco, mamelucco *fam*; **2.** *m am/fig* mammalucco, baccalà
mamífero *adj/m* mammifero
mamografía *f med* mammografia
mamón 1. *adj/s* poppante, lattante; *fig* poppone; **2.** *m vulg* stronzo, figlio di puttana
mamona *f Col* vitello *m*; *Arg/Par/Ur bot* papaia
mamotreto *m* scartafaccio; *fig* mattone
mampar|a *f* paravento *m*, separé *m*; tramezzo *m*; **~o** *m mar* paratia *f*
mampostería *f* muratura
mamut *m* mammut *inv*
maná *m* manna *f*
manada *f* gregge *m* (*ovejas, cabras*); branco *m*; mandria *f* (*bueyes, caballos*); *a ~s* a frotte
manager *m ingl* manager *inv*
manantial *m* sorgente *f*, fonte *f*; *agua de ~* acqua sorgiva
manar *vi* zampillare, scaturire, sgorgare (*sangre*); nascere, emanare
manazas 1. *fpl* manacce; 2. *m/f* imbranato, -a
mancar *vt* storpiare
mancarrón *m am* ronzino
manceb|a *f* concubina; **~ía** *f* bordello *m*, casino *m*; **~o** *m* giovanotto, scapolo; garzone di bottega
mancera *f agr* stegola, stiva dell'aratro
mancha *f* macchia; chiazza; *fig* macchia, taccia; *pitt* macchia
Mancha *f geogr/Esp* 1. Mancia; 2. *Canal de la ~* Canale della Manica
manch|ado *m pitt* chiazzatura *f*; **~ar** *vt* macchiare, sporcare, imbrattare; *fig* tacciare, infamare; *pitt* macchiare
manchego 1. *adj/s* mancego, della Mancia; **2.** *m* formaggio mancego
manchón *m* macchione
mancilla *f fig* taccia, macchia; **~r** *vt fig* macchiare, contaminare
manco *adj* storpio, monco; incompleto; *(iron) no ser ~* essere destro, lesto, imbroglione
mancomún: de ~ *adv* di comune accordo
mancomun|ar *vt* associare, accomunare; **~idad** *f* unione; *ius* associazione, lega
mancornas *fpl am* gemelli (da polso) *mpl*
manda *f ius* lascito *m*; **~dero** *m* messaggero, messo; **~do 1.** *adj/s* comandato; **2.** *m* commissione *f*, mandato; **~más** *m iron* capoccione; **~miento** *m eccl* comandamento; comando, ordine; *ius* mandato, decreto; *~ judicial* mandato giudiziale; **~nga** *f* flemma, indolenza; **~nte** *adj/s ius* mandante; comandante; **~r 1.** *vt* comandare, ordinare; mandare, spedire; incaricare; **2.** *vi* governare, dirigere; *ius* fare un lascito; *como Dios manda* come Dio comanda; *¡Mande!* Comandi!
mandarín *m* mandarino; *stud* barone
mandarina *f bot* mandarino *m*
mandat|ario, -a *m/f ius* mandatario, -a, procuratore, -trice; **~o** *m* mandato, ordine; *ius* mandato; *eccl* lavanda *f*
mandíbula *f* mandibola, mascella; *tec* ganascia; *reír a ~ batiente* ridere a crepapelle
mandil *m* grembiule
mandinga 1. *m* negro; diavolo; incantamento; **2.** *am adj/m fig* birichino
mandioca *f bot* manioca; *gastr/bot* tapioca
mando *m* comando; *estar al ~ de* essere agli ordini di; *tener el ~ de* avere al proprio

comando; ~ *a distancia/automático* telecomando; ~*s intermedios* quadri intermedi
mandoble *m mil* spadone
mandolina *f mus* mandola; *mus* mandolino *m*
mandón *adj/s* prepotente, autoritario
mandril *m zool* mandrillo; *tec* mandrino
manduca *f fam* mangiare *m*, pasto *m*, pappa; ~**r** <*manduqué*> *vt fam* mangiare; ~**toria** *f fam* cibo *m*, pasto *m*
mandurria V. **bandurria**
manecilla *f* lancetta dell'orologio; *tec* freccia; *mec* manetta; *tip* manina
manej|abilidad *f auto* manovrabilità; *tec/fig* maneggevolezza; *fig* docilità; ~**able** *adj* maneggevole; *auto* manovrabile; *fig* docile; ~**ador** *m Mex* conduttore, autista; ~**ar** *vt* 1. maneggiare; governare, dirigere; amministrare; 2. *am* guidare (la macchina); ~**o** 1. *m* maneggio; *am* guida *f*; *adm* direzione *f*, governo; 2. *mpl fig* maneggi, intrighi
manera *f* maniera, modo *m*; *a ~ de* a modo di; *a la ~ de* alla maniera di; *de cualquier ~* in qualsiasi modo; *de esa ~* in questo modo; *de ~ que* in modo che; *de ninguna ~* in nessun modo; *de tal ~ que* in modo tale che; *en gran ~* in alto grado, molto; *de la misma ~* allo stesso modo; *¡Vaya una ~ de!* Che maniera/modo di!; *acabar de mala ~* finire male; *no haber ~* non esserci modo; *hacer de ~ que* fare in modo da; *hacer algo a su ~* fare qualcosa a modo suo
manga *f* 1. manica; *de ~ ancha* di manica larga; ~ *raglán* manica raglan, chimono; *corte de ~s* ="gesto volgare con cui si manda al diavolo"; *en ~s de camisa* in maniche di camicia; *hacer ~s y capirotes* fare le cose alla ventura; *ir algo ~ por hombro* essere qc sottosopra; 2. *meteo* tromba d'acqua; filtro di tela *m*; 3. *mar* larghezza della nave; 4. *am* banda, manata; 5. *sport* manche; rete de pesca conica
mangan|eso *m min* manganese; ~**te** *m/f* vagabondo, -a
mangar <*mangué*> *vt (pop)* rubare, fregare
mangl|ar *m* mangrovia *f*, piantagione di mangles; ~**e** *m bot/am* mangle
mango *m* manico; *bot* mango
mangone|ar *vt fam* manovrare, maneggiare; ~**o** *m* maneggio, manovra *f*
mangosta *f zool* mangosta
mangote *m* salvammanica *f*
manguera *f* manica, tubo d'irrigazione *m*; *Arg* recinto per bestiame *m*
manguito *m* 1. *tec* manicotto; 2. soprammanica *f*; 3. manicotto di pelliccia
maní *m am/bot* arachide *f*, nocciolina americana *f*
manía *f* mania; ~ *persecutoria* mania di persecuzione; *tenerle ~ a alg* sentire antipatia/avversione verso q
maniatar *vt* ammanettare
mani|aco, maníaco *adj/s med* maniaco; ~**ático** *adj/s* maniaco; ~**comio** *m* manicomio
manicura *f* manicure *fr*
manido *adj fig* passato, superato, vecchio
manieris|mo *m art* manierismo; ~**ta** *adj/s art* manierista
manifest|ación *f* manifestazione; dimostrazione; ~ *de protesta* manifestazione di protesta; ~**ante** *adj/s* manifestante; ~**ar** <*5a manifiesto*> **1.** *vt* manifestare, esprimere, dichiarare; **2.** ~*se* manifestarsi, rivelarsi; fare una manifestazione *vi*
manifiesto 1. *m* manifesto; **2.** *adj* chiaro, palese, manifesto; *poner de ~* mettere in chiaro, rivelare, render noto
manilla *f* 1. *mil* manetta; 2. *tec* maniglia; ~**r** *m* manubrio
maniobra *f mar/mil/fig* manovra; ~**r** *vt/vi* manovrare
maniota *f* pastoia (*animales*)
manipul|ación *f* manipolazione; *fig* manovra, maneggio *m*; ~**ador** *adj/s* manipolatore; ~**ar** *vt* manipolare; *fig* manovrare
manique|ísmo *m* manicheismo; ~**o** *adj/s* manicheo
maniquí 1. *m* manichino; *fig* fantoccio; 2. *f* indossatrice
manirroto *adj/s* (persona) dalle mani bucate
manita *f* manina; (*pop*) *hacer ~s* pomiciare; *ser un ~s* avere le mani d'oro
manito *m chim* mannite *f*; *Mex pop* compagno, fratello
manivela *f* manovella
manjar *m* cibo, vivanda *f*, piatto
mano *f* mano; *zool* zampa; *fig* mano; pestello *m* (*mortero*); ~ *a* ~ a faccia a faccia; ~ *blanda, dura* mano fiacca, ferma; ~*s blancas* mani femminili; ~ *de obra* manodopera; ~ *larga* mano lunga; ~ *de pintura* mano di vernice; ~ *de santo* mano benedetta; ~ *sobre* ~ con le mani in mano; *¡~s arriba!* Mani in alto!; ~*s de mantequilla* mani di burro/di pasta frolla; *a* ~ a mano; *a ~ armada* a mano armata; *a ~ derecha* a destra; *a ~s de* nelle mani di; *a ~ llenas* a piene mani; *bajo* ~ di nascosto, sotto mano; *con las ~s en la masa* con le mani nel sacco; *con las ~s vacías* a mani vuote; *con una ~ detrás y otra delante* senza nulla; *de segunda* ~ di seconda mano; *en buenas ~s* in buone mani; *entre ~s* per/fra le mani; *por su propia* ~ per conto suo; *cogidos de la* ~ presi per/dalla mano; *daría una ~ por* darei l'anima al diavolo per; *apretar, besar, pedir la* ~ stringere, baciare, chiedere la mano; *cargar la* ~ esagerare, caricare la mano; *darse la* ~ darsi la mano; *echar ~ de* dar di mano a; *echar una* ~ dare una mano; *echar ~ de algo* usare qc; *lavarse las ~s* lavarsi le mani; *poner la ~ encima* mettere le mani addosso; *venir a las ~s* venire alle mani; *vivir de/por sus ~s* mantenersi da solo
manojo *m* manipolo, mazzo
manoletina *f* ballerina, cenerentola (*zapatos*)
manómetro *m* manometro
mano|pla *f* manopola; ~**sear** *vt* palpare, palpeggiare, brancicare; *fig* manipolare; ~**seo** *m* palpeggiamento; ~**tazo** *m* schiaffo, scappellotto; ~**tear** *vi* gesticolare con le mani; *am* sottrarre, rubare

mansalva: a ~ *adv* a mansalva, a man salva

mansedumbre *f* mansuetudine, mitezza

mansión *f arch* magione, casa; *hacer* ~ permanere

manso 1. *adj* mansueto, mite; **2.** *m taur* "bue che guida la mandria"

mant|a 1. *f* coperta, coltre; *zool* manta; ~ *de viaje* plaid; *a* ~ in abbondanza; *regar a* ~ irrigare per scorrimento; *tirar de la* ~ scoprire le tombe; 2. *m fig* scansafatiche; ~**ear** *vt* sballottare su una coperta

mantec|a *f* strutto *m*; *Arg/Ur/Par chim* burro *m*; ~ *de vaca* burro; *(med)* ~ *de cacao* burro cacao; ~**ado** *m gastr* pasticcino mantecato; mantecato (*helado*); ~**oso** *adj* burroso; cremoso

mantel *m* tovaglia *f*; ~**ería** *f* servizio di biancheria da tavola *m*

manteleta *f ant* mantellina

manten|er <V. *tener*> **1.** *vt* mantenere; conservare; sostenere; **2.** ~*se* mantenersi; ~**ida, -o** *f/m* mantenuta, -o; ~**imiento** 1. *m* mantenimento; *tec* manutenzione *f*; *servicio de* ~ servizio di manutenzione; 2. *mpl mil* viveri

manteo *m* sballottamento su una coperta; *eccl* mantello

mantequera *f* portaburro *m*; *tec* zangola

mantequilla *f* burro *m*

mantill|a *f* mantiglia; *de* ~*s* in fasce; *estar en* ~*s* essere in fasce; ~**o** *m agr* humus *inv*

manto *m* manto; mantello

mantón *m* scialle; ~ *de Manila* scialle cinese frangiato

manual *adj/s* manuale; ~ *de instrucciones* libretto d' istruzioni

manubrio *m* manovella *f*; *Chile/auto* volante

manuela *f ant* calesse *m*

manufactur|a *f* manifattura; fabbrica; ~**ado** *adj* manufatto; ~**ar** *vt* fabbricare, elaborare; ~**ero 1.** *adj* manifatturiero; **2.** *m* fabbricante

manuscrito *adj/m* manoscritto

manutención *f* manutenzione, mantenimento *m*

manyar *vt Arg* 1. mangiare; 2. guardare; 3. indovinare

manzan|a *f* 1. *bot* mela; ~ *de la discordia* pomo della discordia; *sano como una* ~ sano come un pesce; ~ *reineta* mela renetta; 2. isolato *m*; ~**ar** *m* meleto; ~**illa 1.** *f* 1. camomilla (*planta-infusión*); 2. ="specie di oliva verde piccola"; **2.** *adj/m* manzanilla (*vino*); ~**illo** *m bot* tipo di olivo; *bot/Ant* ippomane; *fig/pol* politico senza scrupoli; ~**o** *m bot* melo

maña 1. *f* abilità, destrezza; astuzia, sagacia; *darse* ~ industriarsi, ingegnarsi; *más vale* ~ *que fuerza* a goccia a goccia si scava la pietra; 2. *fpl* capricci *mpl*

mañana 1. *f* 1. mattina, mattino *m*; *de* ~ di buon mattino/di buon'ora; *por la* ~ al mattino/alla mattina; *de la noche a la* ~ dall'oggi al domani; ~ *por la* ~ domani mattina; 2. *m* domani, futuro; **2.** *adv* domani; *hasta* ~ a domani; ~ *será otro día* domani si penserà/vedrà; *pasado* ~ dopodomani

mañanero *adj* mattiniero

mañ|o, -a *m/f* aragonese; *am* fratello *m*, -sorella *f*

mañoso *adj* abile, destro

maoís|mo *m* maoismo; ~**ta** *adj/s* maoista

maorí *adj/s* maorì

mapa *m geogr/fig* mappa *f*; carta geografica *f*; *borrar del* ~ far fuori; *no estar en el* ~ essere completamente sconosciuto; *(fig) llevarse la* ~ riportare la palma; ~**mundi** *m geogr/fig* mappamondo

maqueta *f* modello in scala *m*; modellino *m*; *tip* maquette *fr inv*

maquiavelismo *m* machiavellismo

maquill|ador, -a *m/f* estetista; truccatore, -trice; ~**aje** *m* trucco; fondo tinta (*crema*); *tec* maquillage *fr*; ~**ar** *vt* truccare

máquina *f tec/fig* macchina; ~ *de coser, de escribir,...* macchina da cucire, da scrivere,...; ~ *tragaperras* macchina mangiasoldi, slot-machine; ~ *de vapor* macchina a vapore; *a* ~ a macchina; *a toda* ~ a tutto gas; ~**-herramienta** *f* macchina utensile

maquina|ción *f* macchinazione, trama; ~**dor** *adj* macchinatore; ~**l** *adj* macchinale; ~**r** *vt* macchinare, ordire, tramare; ~**ria** *f mec* macchinario *m*; *adm* macchina, apparato *m*

maquinilla *f* rasoio *m*; ~ *de afeitar* rasoio; ~ *eléctrica* rasoio elettrico

maquinis|mo *m* macchinismo; ~**ta** *m/f* macchinista

maquis 1. *m/f* partigiano, -a; 2. *m* maquis *fr inv*

mar 1. *m/f* mare *m*; *alta* ~ alto mare; *(a. fig)* ~ *de fondo* mare di fondo; ~ *adentro* largo; *el* ~ *Cantábrico, Adriático* il mare Cantabrico, Adriatico; *hacerse a la* ~ salpare; 2. *f fig* mare *m*, sacco *m*; *la* ~ *de* un sacco di; *llover a* ~*es* piovere a dirotto

marabunta *f fig* caos *m*, distruzione; *am* ="invasione di formiche carnivore"

maraca *f mus* maraca; *Chile* prostituta

maraña *f fig* ginepraio *m*; intrico *m*, imbroglio *m*; *bot* foglia secca

marasmo *m med/fig* marasma *f*; caos

marat|ón *m sport* maratona *f*; ~**oniano** *adj fig* da maratona

maravill|a *f* meraviglia, sorpresa; portento *m*; *bot* erba meraviglia; *a las mil* ~*s* a meraviglia; *contar* ~*s de alg* dire meraviglie di q; *hacer* ~*s* operare portenti; ~**ar** *vt* meravigliare, stupire; ~**oso** *adj* meraviglioso, stupendo

marca *f* marca, marchio *m*; *ling* marca; marcatura; marchio *m* (*utensilio*); *sport* record *m*; *sport* segnavia *m* (*senderismo*); ~ *de fábrica* marchio di fabbrica; *de* ~ di marca; ~ *registrada* marchio brevettato; *(fig) de* ~ *mayor* straordinario; ~**pasos** *m/inv med* pace-maker *ingl*, segnapassi *inv/raro*; ~**do 1.** *adj/fig* spiccato, notevole; *ling* marcato; **2.** *m* messa in piega *f* (*pelo*); ~**dor** *m sport* tabellone elettronico; marcatore

marcar <*marqué*> *vt* marcare, contrassegnare, segnare, indicare; bollare; marchiare; *sport/fig* marcare, segnare; ~ *un gol* segnare un gol; ~ *un número (telefó-*

nico) comporre/fare un numero; ~ *el paso* segnare il passo; ~ *el pelo* fare la messa in piega; *el reloj marca las cinco* l'orologio segna le cinque
marcha *f* 1. marcia; andatura; velocità; *a ~s forzadas* a marcia forzata; *a toda ~* in fretta; 2. *mus/auto* marcia; *dar ~ atrás* fare marcia indietro; *poner en ~* mettere in marcia; *puesta en ~* messa in marcia; 3. *fig* andamento *m*; *coger la ~* prendere l'abitudine; *le va la ~* ci sta; *sobre la ~* cammin facendo; *tener ~* essere un allegrone (con voglia di divertirsi), essere pieno di vita; *fig* marcia indietro, coitus interruptus *m*
marchamo *m* bollo, piombino doganale
marchante *m/f* mercante d'arte
marchar 1. *vi* marciare, camminare; marciare, funzionare; preparare in fretta; *ir marchando* andar tirando; ~ *bien o mal* marciare, andare bene o male; **2.** *~se* partire (*para/a* per/*de* da) *vi*; andarsene (a)
marchit|ar 1. *vt bot/fig* appassire; avvizzire, sciupare; **2.** *~se* appassire *vi*, avvizzire *vi*; **~o** *adj* appassito; avvizzito, sciupato
marchoso *adj/s pop* allegrone, pieno di vita
marcial *adj* marziale
marciano *adj/s* marziano
marco *m tec/art/lit* cornice *f*; *acuerdo ~* accordo quadro, convenzione; marco (*moneda*)
mare|a *f geogr/fig* marea, flusso *m*; ~ *alta, baja* alta, bassa marea; **~ar 1.** *vt a. fig* far girare la testa *vi*; **2.** *~se* soffrire di vertigini *vi*, avere le vertigini *vi*; soffrire il mal di mare *vi*; **~jada** *f* mareggiata; **~jadilla** *f mar* maretta; *fig* un po' di mare mosso *m*; **~mágnum** *m* mare magnum; **~moto** *m* maremoto; **~o** *m* vertigine *f*; mal di mare
marfil *m* avorio; **~eño** *adj* eburneo
marga *f min* marna
margarina *f* margarina
margarita *f bot/tec* margherita; *fig* perla; *deshojar la ~* sfogliare la margherita; *echar ~s a los puercos* dare le perle ai porci
margen <*pl* márgenes> 1. *m* margine; *com* beneficio *m*; *fig* occasione *f*; *al ~* al margine/ai margini; 2. *f/m* riva; *andarse por las ~es* divagare; *mantenerse al ~* starne fuori
margin|ación *f* emarginazione; **~ado** *adj/s* emarginato; **~al** *adj* marginale; **~ar** *vt* emarginare (*personas*); *adm* marginare; postillare
María *f* Maria; *baño de ~* bagnomaria; *(stud) ser una ~* essere una materia secondaria; *galletas ~s* gallette
mariano *adj* mariano
marica 1. *m* finocchio, frocio, culattone *vulg*; 2. *f zool* gazza
Maricastaña: (en) los tiempos de ~ (al)/il tempo che Berta filava
maric|ón *m* finocchio, frocio; culattone *vulg*; *¡~!* Cornuto!/Stronzo!; **~onada** *f vulg* puttanata, stronzata; **~oneo** *m pop* omosessualità *f*; ambiente omosessuale; **~onera** *f* borsello *m*, borsetto *m*
marid|aje *m* matrimonio; *fig* contubernio; **~o** *m* marito, consorte
mariguana, marihuana *f* marijuana
marimacho *m* donna virile *f*, virago *f*; lesbica *f*
marimba *f mus* marimba
marimorena *f* pandemonio *m*; *armar la ~* scatenare un pandemonio
marin|a *f* marina; ~ *mercante, de guerra* marina mercantile, militare; **~ar** *vt gastr* marinare; **~e** *m ingl* marine *inv*; **~era** *f* blusa o giacca alla marinaia; *(fig) tela ~* materia delicata; *a la ~* alla marinara; **~ería** *f* marineria; **~ero 1.** *m* marinaio; **2.** *adj* marino, marinaro; **~ismo** *m lit* marinismo; **~o 1.** *adj* marino; **2.** *m* marinaio
marioneta *f* marionetta, burattino
maripos|a *f zool* farfalla; lumino *m*; *fig* finocchio *m*; **~ear** *vi* sfarfallare, svolazzare; fare la ronda a q; **~ón** *m fig* moscone; *fig* finocchione
mariquita 1. *f zool* maggiolino *m*, coccinella; *zool* pappagallino *m*; 2. *m euf/fig* finocchio, omosessuale
marisabidilla *f* saputella
mariscal *m ant* maresciallo; generale
marisco *m* frutto di mare
marisma *f* maremma
marisquería *f* negozio di frutti di mare *m*
marital *adj* maritale
marítimo *adj* marittimo
maritornes *f* servaccia
marjal *m geogr* pantano, palude *f*
marketing *m ingl* marketing
marmit|a *f* marmitta; **~ón** *m* sguattero
mármol *m* marmo
marm|olería *f* officina e negozio *m* del marmista; marmi di un edificio *mpl*; **~olista** *adj/s* marmista; **~óreo** *adj* marmoreo
marmota *f zool/fig* marmotta
maroma *f* gomena, corda, canapo *m*; *am* funambulismo *m*
marqu|és *m* marchese; **~esa** *f* marchesa; **~esina** *f* pensilina
marquetería *f* intarsio *m*; ebanisteria
marrajo 1. *adj* scaltro, insidioso; **2.** *m* ossirino, (tipo di) pescecane; *toro ~* toro pericoloso
marran|a *f zool* scrofa; *fig* maiala; **~ada, -ería** *f* porcheria; **~o** *m zool/fig* porco, maiale
marras: de ~ *adv/arc* di tempo fa, di prima; *adv/desp* quello solito
marrón 1. *adj* marrone; **2.** *m* marrone; *Ven* caffé macchiato; *gergo* colpa *f*; *marron glacé* marron glacé; *(gergo) comerse un ~* assumere la colpa, confessarsi colpevole
marroqu|í *adj/s* marocchino; **~inería** *f* pelletteria
Marruecos *m geogr* Marocco
marruller|ía *f* storia, bugia, frottola, imbroglio *m*; **~o** *adj/s* imbroglione
Marsell|a *geogr* Marsiglia; ***~és** *adj/s* marsigliese
marsopa *f zool* marsovino *m*, focena, porco marino *m*
mart|a *f zool* martora; ~ *cebellina* zibellino; ***~e** *m astr/mit* Marte
martes *minv* martedì; *en ~, ni te cases ni*

te embarques né di venere, né di marte, ci si sposa oppur si parte
martill|ado *m* martellatura *f*; **~ar** *vt* martellare; *fig* tormentare; **~eo** *m* martellamento; martellio; **~ero** *m Chile/Arg* venditore all'asta pubblica; **~o** *m* martello; *~ neumático* martello pneumatico; *a macha ~* con fermezza
martín pescador *m zool* martin pescatore
martinete *m tec* maglio, martelletto; *zool* nitticora *f*; pennacchio di nitticora; *mus* ="canto gitano andaluso senza accompagnamento di chitarra"
martingala *f* martingala (*caballos*); *fig* trucco *m*
mártir *m/f* martire
martiri|o *m* martirio, tormento; **~zar** <*martiricé*> *vt* martirizzare, tormentare
marxis|mo *m* marxismo; **~ta** *adj/s* marxista
marzo *m* marzo
mas 1. *conj/lit* ma, però; **2.** *m agr* masseria *f*, casa colonica *f* (*Cataluña*); *mar* mas
más *adv/m* più; *a lo ~* al massimo, tutt'al più; *a ~ (de)* per di più, inoltre; oltre a; *aún ~* ancora (di) più; *es un amigo y nada ~* è un amico e niente più; *no quiero nada ~* non voglio nient'altro/più niente; *~ bien* piuttosto; *de lo ~* molto; *de ~* in/di più; *el que ~ y el que menos* chi più, chi meno; *es ~ /~ aún* ancora di più; *estar de ~* essere superfluo/in più; *~ y ~* ogni volta di più, sempre di più; *ni ~ ni menos* né più né meno; *por ~ que* per quanto, sebbene, quantunque; *~ allá de* oltre, al di là di; *no ~ que* non più di; *tanto ~ cuanto que* tanto più perché; *poco ~ o menos* più o meno; poco più, poco meno; *mucho ~* molto di più; *a ~ no poder* a più non posso; *lo ~ posible* il più possibile; *lo ~ pronto posible* il più presto possibile; *(am) no ~* soltanto; *(am) siéntese no ~* prego, si accomodi
masa *f tec/fig* massa; pasta (*harina*...); *~ de hojaldre, quebrada* pasta sfoglia, frolla; *~ salarial* monte dei salari; *en ~* in massa; *~ coral* massa corale; *de buena ~* di buona pasta
masacr|ar *vt* massacrare; **~e** *f* massacro *m*
masaj|e *m* massaggio; *dar un ~ a alg* fare un massaggio a q; **~ear** *vt* massaggiare; **~ista** *m/f* massaggiatore, -trice; *euf* prostituto, -a
mascar <*masqué*> *vt* masticare; *fig* masticare, borbottare
máscara *f* maschera; *~ antigás* maschera antigas; *arrancar/quitar la ~* smascherare
mascar|ada *f* mascherata; **~illa** *f* maschera (*belleza*); mascherina; **~ón** *m* mascherone
mascota *f* mascotte *fr inv*
masculin|idad *f* mascolinità; **~o 1.** *adj/m cient/ling* maschile; **2.** *adj* mascolino (*mujer*)
mascullar *vt* borbottare, biascicare
máser *m fis* maser *inv*
masific|ación *f* massificazione; **~ar** <*masifiqué*> *vt* massificare
masilla *f* stucco *m*, mastice *m*
masita *f Arg/Ur* pasta dolce; *mil* plus *m*
masivo *adj* massivo
masoca *m/f pop* masochista
masón *m* massone, frammassone
masonería *f* massoneria
masónico *adj* massonico
masoquis|mo *m* masochismo; **~ta 1.** *m/f* masochista; **2.** *adj* masochistico
masoterapia *f* massoterapia
mass media *mpl* mass media *ingl*
mastectomía *f med* mastectomia
mastelero *m mar* albero minore
mastic|ación *f* masticazione; **~ar** <*mastiqué*> *vt* masticare; *fig* ruminare; *~ a dos carrillos* mangiare a quattro palmenti
máster *m ingl* master *inv*
mástil *m mar* albero; palo; *mus* manico; *zool* calamo
mastín *adj/m* mastino
mastitis *f/inv* mastite
mastodonte *m* mastodonte
mastoplastia *f* mastoplastica
mastuerzo *m bot* crescione, agretto; *bot* nasturzio; *fig* balordo
mata *f bot* cespuglio *m*; *bot* cesto *m* (*lechuga*...), macchia, campo *m* (*árboles*); chioma (*pelo*); *se escondió entre las ~s* si nascose tra i cespugli; *a salto de ~* in fretta e furia, alla giornata (*vivir*)
matacandelas *m* spegnitoio
matachín *m* macellaio; *fig* attaccabrighe *inv*; *ant* mattaccino
matad|ero *m* mattatoio, macello; *llevar al ~* condurre al macello; **~or** *m taur/Esp* matador, espada; **~ura** *f* guidalesco *m*; *dar en la ~* toccare nel guidalesco
matamoros *m/inv* spaccone *m*
matamoscas *m/inv* pigliamosche
matanza *f* uccisione; strage, sterminio *m*, carneficina; mattanza (*animales*)
matar 1. *vt* uccidere, ammazzare; accoppare; rovinare; *fig* attenuare; *fig* limare, smussare; *que me maten si...* che mi venga un colpo se...; *estar a ~ con alg* essere come cane e gatto; *~las callando* farne di nascosto; *~ el tiempo* ammazzare il tempo; *~ el hambre* ingannare la fame; *llevarse a ~* essere come cane e gatto; **2.** *~se* ammazzarsi
matarife *m* macellaio
matarratas *m* topicida; *fig* acquavite di pessima qualità *f*
matasanos *m* medicastro
matasellos *m* timbro postale
mate 1. *m Am. Mer.* mate (*árbol-infusión*); ="recipiente in cui si beve"; *am/fam* testa *f*; **2.** *sport* schiacciata *f* (*baloncesto*); **3.** *adj* opaco, velato, smorzato; *dar ~* dare scacco matto
matemátic|as *fpl* matematica *f*; **~o** *adj/s* matematico
materia *f cient/fig* materia; *~ prima* materia prima; *en ~ de* in materia di; *~s plásticas* materie plastiche; *entrar en ~* venire al sodo, andare al nocciolo; **~l 1.** *adj/m* materiale; **2.** *adj* grossolano, volgare; *~ de construcción, bélico,...* materiale da costruzione, bellico,...; **~lismo** *m* materialismo; **~lista** *adj/s* materialista; **~lización** *f*

materializzazione; **~lizar** <*materialicé*> *vt* materializzare

matern|al *adj* materno; **~idad** *f* maternità; **~izado** *adj* maternizzato; **~o** *adj* materno

matero *adj/s* amante del mate

matin|al *adj* mattutino; **~ée** *m cine/teatro* mattinata *f*

matiz *m* sfumatura *f*, intonazione *f*, tono; **~ación** *f pitt/fig* sfumatura; **~ar** <*maticé*> *vt (a. fig)* sfumare, graduare; conferire un tono

matojo *m* cespuglio; ciuffo d'erba

matón *m* smargiasso, spaccone, gradasso; *~ de feria* gradasso da strapazzo

matorral *m* fratta *f*; *bot* cespuglio

matraca 1. *f mus* raganella, crepitacolo *m*, battola; 2. *m/f* scocciante, barboso, -a; *dar la ~* rompere le scatole

matraz *m* matraccio

matri|arcado *m* matriarcato; **~cida** *m/f* matricida; **~cidio** *m* matricidio

matrícula *f* matricola; registro d'iscrizione *m*; *auto* targa; *(stud) ~ de honor* 10 e lode; 30 cum laude/e lode (*universidad*)

matricula|ción *f auto* immatricolazione; **~r 1.** *vt* immatricolare, iscrivere, registrare; **2.** *~se* iscriversi

matrimoni|al *adj* matrimoniale; **~alista** *adj/s* matrimonialista; **~o** *m* matrimonio, nozze *fpl*, sposalizio; coppia (di sposati) *f*; *~ civil, eclesiástico/religioso* matrimonio civile, religioso; *un ~ muy feliz* una coppia molto felice

matritense *adj/s lit* madrileno, di Madrid

matriz 1. *f med* matrice, utero *m*; **2.** *adj/f tec/mat/fig* matrice

matrona *f ant/fig* matrona; levatrice

Matusalén *m* Matusalemme

matute *m* contrabbando; *de ~* di contrabbando; clandestinamente

matutino *adj* mattutino

maull|ar <*maúllo*> *vi* miagolare; **~ido** *m* miagolio

mausoleo *m* mausoleo

maxilar *adj/m* mascellare

máxima *f* massima, regola, norma; *ling* massima, sentenza, detto *m*

maximalis|mo *m* massimalismo; **~ta** *adj/s* massimalista

máxime *adv* soprattutto

máximo *adj/m* massimo; *fig* non plus ultra; *como ~* al massimo

máximum *m* massimo

maya *adj/s hist* Maya; **~l** *m* stanga del mulino *f*; **~r** *vi* miagolare

mayestático *adj* maiestatico

mayo *m* maggio; *~ francés* il sessantotto

mayólica *f* maiolica

mayonesa *f* maionese

mayor 1. *adj* maggiore, più grande; *(com) al por ~* all'ingrosso; *~ de edad* maggiorenne; **2.** *m* 1. *mil* maggiore; 2. *res* antenati; grandi, adulti; *cuando hablan los ~es* ...quando parlano i grandi

mayor|al *m agr* caposquadra, capopastore; **~azgo** *m ius* maggiorasco, maggiorascato; **~domo** *m* maggiordomo; **~ía** *f* maggioranza; *~ de edad* maggiore età; *~ de votos* maggioranza di voti; *elegir por ~* eleggere a maggioranza; **~ista** *m/f com* grossista, venditore, -trice all'ingrosso; tour operator *ingl/inv* (*turismo*); **~itario** *adj* maggioritario; **~mente** *adv* specialmente, soprattutto

mayúscul|a *f* maiuscola; **~o** *adj* maiuscolo; *fig* madornale; *fig sorpresa ~ a* grande/viva sorpresa

maza *f* mazza, clava; *fig* pittima; **~da** *f* mazzata

mazamorra *f am* specie di polenta

mazapán *m* marzapane

mazazo *m* mazzata *f*

mazmorra *f* prigione sotterranea; *fig* cella, bugigattolo *m*

mazo *m* maglio; pestello; *fig* pittima *f*; mazzo (*naipes, plumas*)

mazorca *f bot* pannocchia

mazurca *f mus* mazurca

me *pr* me, mi; *~ llamó* mi chiamò; *~ dijo* mi disse; *~ los regaló* me li regalò

mead|a *f vulg* orinata, pisciata; *(fam/pop) echar una ~* fare una pisciata; fare pipì; **~ero** *m fam* orinatoio; **~os** *mpl fam* pisciate *fpl*

meandro *m* meandro, ansa *f*

mear 1. *vi fam/pop* orinare, pisciare; fare pipì; **2.** *~se (fam/pop)* pisciarsi/orinarsi addosso; *~se de risa (pop)* pisciarsi addosso dalle risate

Meca: La ~ *f* La Mecca; *de la Ceca a la ~* di qua e di là

¡mecachis! *excl* Accidenti!, Maledizione!, Mannaggia!

mecánic|a *f* meccanica; meccanismo *m*; **~o 1.** *adj/m* meccanico; **2.** *adj fig* automatico

mecani|smo *m fil* meccanicismo; **~ización** *f* meccanizzazione; **~izar** <*mecanicé*> *vt tec* meccanizzare

mecano *m* meccano

mecanograf|ía *f adm* dattilografia; *tec* meccanografia; **~iar** *vt* dattilografare, scrivere a macchina

mecanógraf|o, -a *m/f* dattilografo, -a

mecate *m Mex* corda *f*, spago

mecedora *f* sedia a dondolo

mecena|s *m/f/inv* mecenate *m/f*; **~zgo** *m* mecenatismo

mecer <*mezo*> *vt* 1. dondolare, cullare (*niño*); 2. mescolare, rimestare

mech|a *f mil* miccia; lucignolo *m*, stoppino *m*; *gastr* lardello *m*; ricciolo *m*, ciocca (*pelo*); mèche *fr inv*; *hacerse las ~s* farsi le mèche; *a toda ~* a tutto gas/a tutta birra; *aguantar ~* sopportare; **~ar** *vt gastr* lardellare; **~era** *f* ladruncola; **~ero** *m* accenditoio; *~ de gas* accendigas; luminello; accendino; **~ón** *m* ciuffo, ciocca *f* (*pelo*); mazzetto

medall|a *f* medaglia; medaglione *m*; **~ón** *m* medaglione

media *f* calza lunga; *am* calzino *m*; *mat* media; *hacer punto de ~* lavorare a maglia; *empezar a la ~ en punto* incominciare alla mezza in punto/esattamente dopo mezz'ora

media|ción *f* mediazione; intervento *m*;

~**do** *adj* a metà; *a ~s de agosto* verso la metà di agosto; ~**dor** *adj/s* mediatore; intermediario
median|amente *adv* mezzanamente; ~**ero 1.** *adj* mediano; *pared ~a* parete divisoria, tramezzo; **2.** *m* proprietario di casa contigua/con muro comune; ~**ía** *f* mediocrità; ~**o** *adj* medio, mediano, mezzano; *fig* mediocre, passabile
medianoche *f* mezzanotte; ore centrali della notte *fpl*; *gastr* ="specie di rustico di carne" *m*
mediante *prep* mediante, per mezzo di
mediar *vi* 1. intercedere, intervenire, mediare; 2. trascorrere (*tiempo*)
mediático *adj* dei mass media, massmediologico
mediatinta *f* mezzatinta
mediatiz|ación *f* sottomissione; ~**ar** <*mediaticé*> *vt* influire, assoggettare, sottomettere
mediato *adj* mediato
medic|ación *f*, ~**amento** *m* medicina *f*, medicamento *m*, farmaco *m*; ~**ar** <*mediqué*> *vt* medicare; ~**astro** *m desp* medicastro
medicina *f* medicina; ~**l** *adj* medicinale
medición *f* misura, misurazione
médico, -a 1. *m/f* dottore, -essa, medico *m*; *~ de cabecera* medico di famiglia/della mutua/curante; *~ forense, municipal* medico legale, condotto; **2.** *adj* medico
medid|a *f* misura; *fig* precauzione, misura; *traje hecho a la ~* vestito fatto su misura; *a la ~* a misura di; *a ~ que* man mano che; *en cierta ~* in un certo senso; *colmar la ~* colmare la misura/superare i limiti; *tomar las ~s* prendere le misure; ~**or 1.** *adj* misuratore; **2.** *m* misurino; *am* contatore
mediero *m agr* mezzadro
mediev|al *adj* medioevale, medievale; ~**o** *m* medioevo
medio 1. *adj* medio; mezzo; *~ kilo* mezzo chilo; *clase ~* classe media; *a ~a tarde* nel/al pomeriggio; *a ~ asar, vestir,...* mezzo arrostito, vestito,...; *a ~as* a metà; *de ~ a ~* del tutto; *en ~ de* in mezzo a; *en ~ de todo* dopo tutto; *por ~ de* per mezzo di; *Oriente* *~ Medio Oriente; *ir a ~as* dividere a parti uguali; *ponerse por (en) ~* mettersi in mezzo; *quitar de en ~* togliere di mezzo; **2.** *m* mezzo; ambiente; *~o ambiente* mezzo ambientale, ambiente naturale; *(sport) ~ centro* mediano; *los ~s de comunicación, de transporte, de vida* i mezzi di comunicazione, di trasporto, di vita; *por todos los ~os* con tutti i mezzi
mediocampista *adj/s sport* centrocampista
mediocr|e *adj* mediocre; ~**idad** *f* mediocrità
mediodía *m* mezzogiorno, mezzodì; ore centrali del giorno *fpl*; sud; *hacer ~* fermarsi a mangiare durante il viaggio
mediofondista *m/f* mezzofondista
medir <*12 mido; midió*> *vt* misurare; *~ las palabras* misurare le parole
medit|abundo *adj* meditabondo; ~**ación** *f* meditazione; ~**ar** *vi* meditare; ~**ativo** *adj* meditativo
mediterráneo 1. *adj* mediterraneo; *el mar* * ~ il (mare) Mediterraneo; **2.** *m* Mediterraneo
médium *m/f* medium (*espiritismo*)
medrar *vi* crescere, svilupparsi; progredire, migliorare
medroso *adj* pauroso, pusillanime
médula, medula *f* midollo *m*; *~ espinal* midollo spinale; *ser italiano/español hasta la ~* essere italiano/spagnolo fino alla midollo/alle midolla
medular *adj* midollare
medusa *f zool/mit* medusa
mega|bit *m infor/ingl* megabit *inv*; ~**byte** *m infor/ingl* megabyte *inv*
megáfono *m* megafono
megalito *m* megalite, megalito
megal|omanía *f* megalomania; ~**ómano** *adj/s* megalomane
megat|erio *m zool* megaterio; ~**ón** *m fis* megaton *inv*
meigo, -a *m/f* stregone *m*, strega *f* (*Galicia*)
mejicano *adj/s* messicano
Méjico *m geogr* Messico
mejilla *f* guancia, gota
mejillón *m zool* cozza *f*, muscolo, mitilo
mejor 1. *adj* migliore, più buono; *lo ~* la cosa migliore, il meglio; *el ~* il migliore; *a lo ~* forse, chissà; *lo ~ posible* il meglio possibile, il meglio che si può; *pasar a ~ vida* passare a miglior vita; **2.** *adv* meglio; *~ así* meglio così; *¡~!* Meglio (così)!; *~ que ~* molto meglio; ~**a** *f* miglioramento *m*; *com* miglioria; *ius* lascito oltre la legittima *m*; ~**able** *adj* migliorabile; ~**amiento** *m* miglioramento; ~**ana** *f bot* maggiorana; ~**ar 1.** *vt* migliorare; aumentare il prezzo; *ius* lasciare più della legittima; **2.** *vi* migliorare (*salud, tiempo*), ristabilirsi (*salud*); ~**ía** *f* miglioramento *m*, miglioria; superiorità
mejunje *m* intruglio; pasticcio
melanc|olía *f* malinconia, tristezza; ~**ólico** *adj* malinconico, triste, mesto
melan|esio, ~ésico *adj/s* melanesio, della Melanesia
melanina *f* melanina
melar *adj* mellifero
melaza *f* melassa
melé *f sport* melina; mischia (*rugby*)
melen|a *f* chioma, capelli *mpl*; criniera (*león*); ~**udo** *adj* capellone
melifluo *adj* mellifluo, melato
melindr|e *m gastr* frittella di miele *f*; *gastr* marzapane giulebbato; *fig* smanceria *f*, affettazione *f*, moina *f*, svenevolezza *f*; ~**oso** *adj* affettato, svenevole, sdolcinato; cerimonioso; schizzinoso
melinita *f* melinite
melisa *f bot* melissa, melifillo *m*
mella *f* tacca, intaccatura; *(fig) hacer ~* fare breccia; ~**do** *adj* intaccato; sdentato; ~**r** *vt* intaccare; slabbrare; *fig* screditare, macchiare
mellizo *adj/s* gemello
melocot|ón *m bot* pesca *f*; ~**onero** *m bot* pesco
melodía *f* melodia

melódico *adj* melodico
melodioso *adj* melodioso
melodram|a *m* melodramma; ~**ático** *adj* melodrammatico
melomanía *f* melomania
melómano *adj/s* melomane
melón *m bot* melone, mellone, popone; *fig* citrullo; ~ *de agua* cocomero, anguria; ~ *cantalupo* melone cantalupo
melonar *m* melonaio, poponaia *f*
melope|a, ~**ya** *f* melopea; *fig* sbornia
melos|idad *f* mellifluità; dolcezza, soavità; ~**o** *adj* mellifluo; dolce, soave
membrana *f* membrana
membrete *m* bollo, intestazione di carta da lettere o buste *f*
membrillo *m bot* cotogno (*árbol*); cotogna *f*, mela cotogna *f*; *dulce de* ~ cotognata
membrudo *adj* membruto, vigoroso, robusto
mem|ez *f* stupidaggine, insulsaggine; ~**o** *adj* sciocco, stupido, sempliciotto
memor|able *adj* memorabile; ~**ándum** *m* memorandum *inv*; ~**ia** 1. *f* memoria; ricordo *m*; relazione; *de* ~ a memoria; *de feliz, ingrata* ~ di gloriosa, infausta memoria; ~ *de licenciatura* tesina di laurea; *hacer* ~ *de* rievocare; *refrescar la* ~ *de alg* cercare di far ricordare; *traer a la* ~ richiamare alla memoria; *tener buena/mala* ~ avere buona/cattiva memoria; 2. *fpl* memorie, autobiografia *f*; ~**ial** *m* memoriale; ~**ión** *m* memoriona *f*; ~**ismo** *m* lo studiare a pappagallo/a memoria; ~**ización** *f* memorizzazione; ~**izar** *vt/vi* memorizzare
ménage à trois *m fr/inv* ménage à trois, triangolo
menaje *m* corredo di una casa, utensili domestici *mpl*
menci|ón *f* menzione, ricordo *m*; ~ *honorífica* menzione onorifica; *hacer* ~ far menzione, far cenno; ~**onar** *vt* citare, nominare, menzionare
menda *pr pop* io stesso; uno qualunque; ~**z** *adj* mendace, falso
mendi|cante *adj/s* mendicante; ~**cidad** *f* mendicità; ~**gar** <*mendigué*> *vi/vt* mendicare, chiedere l'elemosina *vi*; ~**go,** ~**ga** *m/f* mendico, -a
mendrugo *m* tozzo di pane, pezzo di pane; boccone; *fig* zuccone
mene|ar 1. *vt* dimenare, rimestare, agitare; smuovere; dirigere; ~ *la cabeza* muovere la testa; ~ *la cola* dimenare la coda; *mejor no menearlo, peor es meneallo* è meglio tacere; **2.** ~*se* sbrigarsi, spicciarsi; muoversi; agitarsi, dimenarsi; *de no te menees/de los-las de no te menees* molto grande, di quelli/e che non ti puoi neanche immaginare; *(vulg)* ~*sela* farsi una sega; ~**o** *m* scossa *f*, colpo; *fig* sacco di botte; agitazione *f*, dimenamento
menester 1. *m* bisogno; necessario; faccenda *f*, affare; *es* ~ è necessario, c'è bisogno di/che, occorre; *todo es* ~ tutto è necessario; 2. *mpl* bisogni corporali; attrezzi/ferri del mestiere; ~**oso** *adj/s* bisognoso, povero
menestra *f gastr* "stufato di verdure" *m*
mengan|o, -a *m/f* un/una tale; *fulano,* ~ *y zutano* Tizio, Caio e Sempronio
mengua *f* diminuzione, menomazione, calo *m*; scapito *m*, detrimento *m*; discredito *m*, disonore *m*; *en* ~ *de* a detrimento di, a scapito di; ~**do 1.** *m* calo (*punto*); **2.** *adj/s* disgraziato; ~**nte 1.** *adj* calante; **2.** *f* calo dei fiumi *m*; bassa marea e tempo della stessa; ~**r** <*mengüé*> *vt/vi* calare, diminuire
menhir *m* menhir *inv*
menina *f* damigella di compagnia
mening|e *f med* meninge; ~**itis** *f med* meningite
menisco *m med/fis* menisco
menopausia *f med* menopausa
menor *adj/s* minore, più piccolo; ~ *de edad* minorenne; *(eccl) órdenes* ~*es* ordini minori; *(com) al por* ~ al dettaglio, al minuto
Menor|ca *geogr* Minorca; *~**quín** *adj/s* (persona) di Minorca
menos 1. *adv/conj* meno; *al (a lo)* ~ almeno; *a* ~ *que* a meno che; *de, en* ~ di meno; *por lo* ~ per lo meno/perlomeno; *Luis es* ~ *inteligente que José* Luigi è meno intelligente di Giuseppe; *hace* ~ *calor en junio que en agosto* fa meno caldo a giugno che ad agosto; *aún* ~ tanto/molto/ancora meno; *lo de* ~ *es* il meno è, la cosa meno importante è; *nada* ~ niente di meno; *ni mucho* ~ niente affatto, per niente; *no es para* ~ non è da meno; *todo* ~ *eso* tutto, tranne/eccetto questo; *echar de* ~ *a alg* sentire la mancanza di q; *ir a* ~ andar giù, peggiorare; *ser* ~ *que* essere da meno di; **2.** *m* meno
menoscab|ar *vt* diminuire; deteriorare; svalutare; ~**o** *m* diminuzione *f*; danno, pregiudizio, perdita *f*
menospreci|ar *vt* sprezzare, disprezzare, disdegnare; ~**o** *m* disprezzo, disdegno
mensaje *m* messaggio; ambasciata *f*; ~*adio* radiomessaggio; ~**ría** *f* messaggeria; ~**ro** *adj/m* messaggero, portatore, messo, fattorino; *paloma* ~*a* colombo viaggiatore
menstruación *f* mestruazione; *tener la* ~ avere le mestruazioni
mensual *adj* mensile; **idad** *f* mensilità
mensurable *adj* misurabile
menta *f bot* menta
mental *adj* mentale; ~**lidad** *f* mentalità; ~**ización** *f* abitudine mentale; ~**izarse** <*mentalicé*> abituarsi all'idea, prepararsi mentalmente
mentar <*5a miento*> *vt* menzionare, nominare; *no hay que* ~ *la soga en casa del ahorcado* non bisogna parlar di corda in casa dell'impiccato; ~ *la madre a alg* toccare la madre di q (*insulto*)
mente *f* mente; senno *m*; *irse de la* ~ uscire, passare di mente; ~**cato** *adj/s* mentecatto, imbecille
menti|dero *m* luogo di riunione per chiacchierare; ~**r** <*10 miento; mintió*> *vi* mentire; ingannare *vt*; ~**ra** *f* bugia, menzogna; frottola, balla; bugia (*uñas*); *parece* ~ sembra impossibile, non par vero; *de* ~ per

scherzo/non sul serio; *coger en* ~ cogliere in fallo; ~**rijillas: de** ~ *adv* per scherzo, per burla; falso *adj*, finto *adj*; ~**roso** *adj/s* bugiardo, menzognero
mentís *m* smentita *f*; *dar un* ~ dare una smentita
mentón *m* mento
mentor *m* consigliere
menú *m* menu *fr/inv*, menù, carta *f*
menud|ear 1. *vt* particolareggiare, dettagliare; **2.** *vi* essere frequente, ripetersi; ~**encia** 1. *f* minuzia, piccolezza, bagattella; 2. *fpl* frattaglie; ~**eo** *m* frequenza *f*; *am* commercio al dettaglio; *vender al* ~ vendere al minuto; ~**illos** *mpl* rigaglie *fpl* (*pollo, gallina...*)
menudo *adj* piccolo, minuto; insignificante; spicciolo (*dinero*); *a* ~ spesso, sovente; *por la* ~*a* al minuto; *¡~ es él!* E' terribile quello!; *¡~a la han hecho!* L'han fatta grossa!; *¡~os padres tienes!* Hai dei genitori tremendi (o bravissimi)!
meñique *m* mignolo
meollo *m fig* sostanza *f*; *fig* nocciolo; midollo
meón *adj/s pop* piscione
mequetrefe *m/f* faccendone, -a; intrigante
merca|chifle *m desp* commerciante *est*, negoziante *est*; ~**dear** *vi* commerciare; ~**deo** *m* studio di mercato; ~**der** *m lit* mercante; ~**dería** *f am* merce; ~**dito** *m Arg* macelleria *f*; ~**do** *m* mercato; **~ Común* Mercato Comune; ~ *de acciones* mercato azionario; *estudio de* ~ ricerca di mercato; ~ *laboral* mercato del lavoro; *introducir en el* ~ immettere nel mercato
mercan|cía *f* merce; ~**cías** *m* treno merci; ~**te 1.** *adj* mercantile; **2.** *m/f* 1. mercante, -essa; 2. *m* nave mercantile; ~**til** *adj* mercantile; ~**tilismo** *m* mercantilismo
merced *f* mercede; mercé, grazie; *a* ~ *de* alla mercé di; *a* ~ *de las olas* in balia del vento; ~ *a* grazie a
mercenario *adj/m mil* mercenario
mercería *f* merceria
mercromina *f* mercurocromo *m*
mercurio *m* mercurio
merdoso *adj* merdoso, sozzo
merec|edor *adj* meritevole, degno; *hacerse* ~ *de* rendersi meritevole di; ~**er** <*13a merezco*> **1.** *vt* meritare; **2.** *vi* valere; *no merece la pena* non vale la pena; ~ *de la patria* rendersi benemerito della patria; ~**ido** *m* castigo meritato; *llevarse su* ~ avere il fatto suo; ~**imiento** *m* merito
merend|ar <*5a meriendo*> **1.** *vi* fare merenda, merendare; **2.** *vt* 1. mangiare a merenda; 2. spiare; **3.** ~*se fam* papparsi; mangiarsi; ottenere *vt*; ~**ero** *m* ="chiosco all'aria aperta per bere o mangiare qualcosa"; ~**ola, -ona** *f* merendona
merengue *m gastr* meringa *f*; *fig* persona sdolcinata *f*; *mus/Dom* merengue
meretriz *f* meretrice
meridiana *f* dormosa, chaise longue *fr/inv* (*mueble*); siesta
meridiano 1. *m* meridiano; **2.** *adj* meridiano, chiaro
meridional *adj/s* meridionale
merienda *f* merenda; picnic *m*; ~ *campestre* picnic sull'erba; *ir de* ~ andare (in campagna) a fare un picnic; ~ *de negros* confusione/disordine
mérito *m* merito; valore, qualità *f*; *adm* titolo, merito; *hacer* ~*s* farsi merito; *concurso de* ~*s* concorso per titoli; *de* ~ di merito
meritori|o, -a 1. *adj* meritorio, -a; **2.** *m/f* volontario, -a
merlón *m arch* merlone
merluz|a *f zool* nasello *m*, merluzzo *m*; *fig* sbornia; ~**o** *m fig* baccalà *inv*
merma *f* diminuzione, riduzione, calo *m*; ~**r** *vt* diminuire, ridurre, consumare
mermelada *f* marmellata
mero 1. *m zool* cernia *f* (*pez*); **2.** *adj* mero, puro, semplice, schietto
merode|ador *adj/s* vagabondo, chi gironzola; ~**ar** *vi* gironzolare, vagare
mes *m* mese; *med/fig* mestruazioni *fpl*; *fig* mensilità; *estar con el* ~ essere indisposta
mesa *f* tavolo *m*, tavola; *geogr* tavolato *m*, altipiano *m*; ~ *de billar* tavolo da biliardo; ~ *de despacho* scrivania; ~ *de negociaciones* tavola dei negoziati; ~ *redonda* tavola rotonda; *a* ~ *puesta* sulle spalle di qc, ben servito; *de* ~ da tavola; *levantarse de la* ~ alzarsi da tavola; *poner, quitar la* ~ apparecchiare, sparecchiare la tavola; *sentarse a la* ~ sedersi a tavola; *sentar a alg a su* ~ mettere a tavola qc
mesana *f mar* mezzana
mescolanza *f fam* miscuglio *m*
meser|o, -a *m/f Col/Mex* cameriere, -a
meseta *f geogr* altopiano *m*, altipiano *m*, tavolato *m*; pianerottolo *m*
mesi|ta, ~lla *f* tavolino *m*; ~*ta de noche* comodino; ~*ta de ruedas* tavolino a rotelle
meso|carpio *m bot* mesocarpo; ~**cracia** *f* governo della borghesia *m*; ~**dermo** *m cient* mesoderma
mesón *m* osteria *f*, locanda *f*; *fis* mesone
mesoner|o, -a *m/f Esp* oste, -essa, locandiere, -a; *Ven* cameriere, -a
mesozoico *adj/geol* mesozoico
mester *m lit* ~ *de clerecía* ="lirica dotta delle origini" *f*; ~ *de juglaría* ="poesia giullaresca delle origini" *f*
mestiz|aje *m* meticciamento; ~**o** *adj/s* meticcio
mesura *f* misura; serietà, gravità; ~**do** *adj* misurato, prudente, ponderato; ~**rse** moderarsi
meta *f* 1. meta; *sport* traguardo *m*, striscione d'arrivo *m*; *sport* porta; 2. *m sport* portiere (*jugador*)
meta|bolismo *m* metabolismo; ~**dona** *f chim* metadone *m*; ~**física** *f* metafisica; ~**fonía** *f ling* metafonia
metáfora *f ling* metafora
metal <*pl metales*> 1. *m* metallo; ~ *noble, precioso* metallo nobile, prezioso; ~ *blanco* alpacca; *ciencia de los* ~*es* metallografia; *trabajador del* ~ metalmeccanico; 2. *mpl mus* ottoni
metalenguaje *m* metalinguaggio

metálico 1. *adj* metallico; **2.** *m* monete *fpl*; soldi *pl*; *en ~* in contanti
metal|izado *adj* metallizzato; **~oide** *m* metalloide
metal|urgia *f* metallurgia; **~úrgico** *adj/s* metallurgico
metamorfosis *f/inv* metamorfosi
metano *m* metano; **~l** *m* metanolo
metaplasmo *m ling* metaplasmo
metástasis *f/inv ling/med* metastasi
metedura *f* messa; *~ de pata* gaffe *fr*; *TV/radio* papera
meteo|rismo *m* meteorismo; **~rito** *m* meteorite *m/f*; **~ro** *m* meteora *f*; **~rología** *f* meteorologia; **~rológico** *adj* meteorologico; **~rólogo, -a** *m/f* meteorologo, -a; **~sat** meteosat
metepatas *m/f* gaffeur *m*, inopportuno, -a
meter 1. *vt* mettere, porre; collocare, dare; stringere (*tela*); ingannare; *a todo ~* a più non posso; *~ de contrabando* introdurre di contrabbando; *~ miedo* far paura; *~ mano a algo* cominciare qc; *~ mano a alg* allungare le mani su q;*~ la pata* prendere un granchio/fare una gaffe; *metido en sí mismo* rinchiuso in se stesso; **2.** *~se* mettersi, ficcarsi; intromettersi; farsi; *~se fraile* farsi frate; *~se uno donde no le llaman* ficcarsi nei fatti altrui; *~se con alg* litigare con q; *~se en todo* essere un ficcanaso; *~se por medio* mettersi in mezzo; *(vulg) ¡métetelo donde te quepa!* mettitelo in quel posto!
meticulos|idad *f* meticolosità; **~o** *adj* meticoloso, scrupoloso
metódico *adj* metodico
método *m* metodo; regola *f*; *~ de solfeo, de italiano,...* metodo di solfeggio, di italiano,...
metodología *f* metodologia, metodica
metomentodo *m/f* ficcanaso
metonimia *f* metonimia
metraje *m cine* metraggio
metrall|a *f* mitraglia; **~eta** *f* fucile mitragliatore *m*, pistola mitragliatrice, mitra *m/inv*
métric|a *f* metrica; **~o** *adj* metrico
metro *m* 1. metro; 2. *tras* metropolitana *f*, metrò *fr/inv*; *ir en ~* andare in metropolitana
metrónomo *m mus* metronomo
metrópoli *f* metropoli *inv*
metropolitan|o, -a 1. *adj* metropolitano, -a; **2.** *m* metropolita
mexicano *adj/s* messicano
México *m geogr* Messico
mezcal *m* 1. *bot* mescal; 2. *Mex* acquavite di mescal *f*; **~ina** *f chim* mescalina
mezcla *f* miscela, miscuglio *m*; *fig* accozzaglia; *mus* mixage *m/inv*, *TV* missaggio *m*; *arch* malta, calcina; *~ explosiva, frigorífica* miscela esplosiva, frigorifera; **~do** *m* miscelazione *f*, **~dor** *m tec* mescolatore, miscelatore; **~r 1.** *vt* mischiare, mescolare; **2.** *~se* immischiarsi
mezcolanza *f* mescolanza, miscuglio *m*
mezquin|dad *f* meschinità, grettezza, povertà; **~o** *adj* meschino, gretto, povero
mezquita *f* moschea
mi 1. *adj* mio, mia; **2.** *mus* mi
mí *pr* me; *a ~ me dijo* mi disse/disse a me; *¡a ~ qué!* chi se ne frega
miaja *f* briciola, mica *lit*
mialgia *f* mialgia
miasma *m* miasma
miau *m onom* miao, gnao (*gatos*)
mica *f* 1. *min* mica; 2. *Col/fam* vaso da notte *m*
micción *f* minzione
michelín *m pop* cuscinetto di grasso
michirones *mpl* ="fave secche cotte con salsa piccante" *fpl* (*Murcia*)
mich|o, -a *m/f* micio, -a
mico *m zool/fig* micco; *fig* moccioso (*niños*); *dar/hacer ~* fare un bidone; *quedarse hecho un ~* restare svergognato
micología *f* micologia
micólogo, -a *m/f* micologo, -a
micra *f fis* micron *m/inv*, micromillimetro *m*
micro|bio *m* microbo, microbio; **~biología** *f* microbiologia; **~bús** *m* minibus *inv*, pulmino; **~cirugía** *f med* microchirurgia; **~clima** *m* microclima; **~coco** *m biol* micrococco; **~cosmo(s)** *m* microcosmo; **~estructura** *f* microstruttura; **~faradio** *m fis* microfarad *inv*; **~ficha** *f* microscheda, microfiche *fr/inv*; **~film** *m ingl* microfilm *inv*; **~filmar** *vt* microfilmare
micró|fono *m* microfono; *~ inalámbrico* microfono senza fili; **~metro** *m* micrometro
micro|onda *f* microonda; *horno (de) ~s* forno a microonde; **~ordenador** *m* minicalcolatore, minicomputer; **~procesador** *m* microprocessore; **~scópico** *adj* microscopico; **~scopio** *m* microscopio; **~surco** *m* microsolco
miedica *m/f* fifone, -a
miedo *m* paura *f*, timore, panico; *~ cerval* paura da morire; *(fig) de ~* da far paura; stupendo, incredibile; *(vulg) cagarse/mearse de ~* pisciarsi addosso dalla paura, avere la cacarella; *dar ~* far paura; *meter el ~ en el cuerpo* fare/mettereuna tremenda paura; *tener ~ a/de* aver paura di; **~so** *adj* pauroso
miel *f* miele *m*; *~ virgen* miele vergine; *~ sobre hojuelas* meglio ancora; *luna de ~* luna di miele; *dejar con la ~ en los labios* lasciare a bocca asciutta; *no se hizo la ~ para la boca del asno* l'orzo non è fatto per gli asini
mielga *f bot* erba medica; *agr* rastrello *m*
mielitis *f/inv med* mielite
miembro *m med/fig* membro (-i *mpl*; -a *fpl*); *med* arto; *los ~s del cuerpo humano* le membra del corpo umano; *los ~s del tribunal* i membri della commissione
mientes *fpl* mente *f*, *caer en/venir a las ~* venire in mente; *parar ~/poner ~* fare mente locale; *traer a las ~* far venire in mente; *ni por ~* neanche per idea
mientras *adv/conj* mentre; nel frattempo, frattanto; *~ más* quanto più; *~ que* invece (*adversativa*); *~ tanto/y ~* frattanto, nel frattempo; *~ viva* finché vivrò
miércoles *m* mercoledì; *~ de ceniza* mercoledì delle Ceneri; *(euf/excl) ¡~!* cavolo!

mierd|a 1. *f vulg* merda; sterco *m* (*animales*); *fig* sudiciume *m*; *fig* porcheria; *¡~!* cazzo!, merda!; *¡A la ~!* Al diavolo!; *estar hecho una ~* essere a pezzi/uno straccio; *(vulg) !Vete a la ~!* Vaffanculo!, Va' a cacare; *(fam) irse a la ~* andare in vacca; 2. *m fig/vulg* stronzo; **~ica** *adj/s* fifone, cagasotto *vulg/inv*
mies *f agr* messe
miga 1. *f* mollica; briciola; *fig* sostanza; 2. *fpl gastr* ="pane sbriciolato fritto" *m*; *hacer buenas/malas ~s con alg* (non) andare d'accordo con q; *hacer ~s a alg* ridurre in pezzi/male q, distruggere q; *hacerse ~s algo* ridursi in pezzi qc, frantumarsi qc; *hecho ~s* malridotto, malconcio
migaja 1. *f* briciola; 2. *fpl fig* residui *mpl*, avanzi *mpl*
migración *f* migrazione
migraña *f* emicrania
migratorio *adj* migratorio
mijo *m bot* miglio
mil <*miles*> **1.** *adj* mille; mila *fpl*; *~ pesetas* mille pesete; *dos, tres mil* duemila, tremila; **2.** *mpl* migliaia *fpl*
milagr|ero 1. *adj* miracoloso; **2.** *m* miracolaio; **~o** *m* miracolo; portento; *de ~* per miracolo; *fig/eccl hacer ~s* fare miracoli; **~oso** *adj* miracoloso; portentoso
Milán *geogr* Milano
milanés *adj/s* milanese
milano *m zool* nibbio; *zool* astore
mildíu, mildéu *m agr* peronospora *f*
milen|ario *m adj/m* millenario; **~io** *m* millennio
milenrama *f bot* achillea, millefoglie *m/inv*, millefoglio *m*
milésimo *adj/s* millesimo
mili *f* naia, servizio militare *m*; **~ar** *adj* miliare
mili|cia *f* milizia; *~s universitarias* ="servizio militare speciale per studenti" *m*; **~ciano** *adj/m hist* miliziano, soldato repubblicano
mili|gramo *m* milligrammo; **~litro** *m* millilitro; **~metrado** *adj* millimetrato
milímetro *m* millimetro
milit|ancia *f* militanza; **~ante** *adj/s* militante; **~ar 1.** *adj/s* militare; **2.** *vi* militare; **~arada** *f* colpo di stato militare *m*; **~arista 1.** *adj/s* militarista; **2.** *adj* militaristico
mill|a *f* miglio *m*; *dos ~s marinas* due miglia marine; **~ar** *m* migliaio; *a ~es* a migliaia; **~o** *m bot* miglio; **~ón** *m* milione; **~onario** *adj/s* milionario; **~onésimo** *adj/s* milionesimo
milonga *f am/mus* milonga
mimar *vt* viziare, coccolare
mimbre *m bot* vimine, vinco; *muebles de ~* mobili di vimini; **~ra** *f* giuncheto *m*, vincaia, vincheto *m*
mimeografiar *vt* ciclostilare
mimesis *f* mimesi
mimético *adj* mimetico
mimetismo *m* mimetismo
mímic|a *f* mimica; **~o** *adj* mimico
mimo *m teatro* mimo; *fig* moina *f*, coccola *f*; *hacer ~s a alg* coccolare q; **~sa** *f bot* mimosa; **~so** *adj* affettuoso; pieno di moine, viziato
mina *f mil* mina; miniera; mina (*moneda*); *(fig) una ~ de información* una miniera di notizie; *~ submarina* mina subacquea; **~dor** *adj/s* minatore; **~r** *vt* minare; *fig* minare, scavare, distruggere
minarete *m arch* minareto
miner|al *adj/m* minerale; **~alización** *f* mineralizzazione; **~alogía** *f* mineralogia; **~ía** *f* arte mineraria; sfruttamento minerario *m*; **~o 1.** *adj* minerario; **2.** *m* minatore
mini *f* mini *inv*, minigonna; *auto* mini (*Austin*)
miniatur|a *f* miniatura; **~ista** *m/f* miniaturista
minibar *m* minibar *inv*
minicines *mpl* cinema multisale *m/inv*
minicomputadora *f* minicomputer *m ingl/inv*, minielaboratore *m*
minifalda *f* minigonna
minifundio *m* minifondo, podere
minigolf *m* minigolf *inv*
mínima *f meteo* minima
minimizar <*minimicé*> *vt* minimizzare
mínim|o 1. *m* minimo; **2.** *adj* minimo, piccolissimo, il più piccolo; *ni en lo más ~* niente affatto; **~um** *m* minimum, minimo
minio *m* minio
minister|ial *adj* ministeriale; **~io** *m pol/eccl* ministero; **~ de Asuntos Exteriores* Ministero degli Affari Esteri; **~ Fiscal/Público* Pubblico Ministero; **~ de Educación y Ciencia* Min. della Pubblica Istruzione; **~ del Interior* Min. degli Interni; **~ de Hacienda* Min. delle Finanze; **~ de Agricultura* Min. dell'Agricoltura e delle Foreste; **~ de Justicia* Min. di Grazia e Giustizia; **~ de Obras Públicas* Min. dei Lavori Pubblici; **~ del Trabajo y Seguridad Social* Min. del Lavoro e della Previdenza Sociale; **~ de Defensa* Min. della Difesa
ministr|o, -a *m/f* ministro, -a; *Primer *~* Presidente del Consiglio, Primo ministro; *~ plenipotenciario* ministro plenipotenziario; *~ sin cartera* ministro senza portafoglio
minivestido *m* miniabito
minor|ación *f* minorazione, diminuzione; **~ía** *f* minoranza; *~ de edad* età da minorenne, minorità; **~ista** *m/f com* dettagliante; **~ita** *m eccl* minorita; **~itario** *adj* minoritario
minuci|a *f* minuzia, inezia; **~osidad** *f* minuziosità; **~oso** *adj* minuzioso, meticoloso
minué *m mus* minuetto
minúscul|a *f* minuscola; **~o** *adj/m* minuscolo
minus|valía, ~validez *f* handicap *m ingl/inv*, menomazione, invalidità; **~válido** *adj/s* disabile, handicappato, minorato
minuta *f com* nota; bozza; *~ de compra* nota d'acquisto; *~ de contrato* bozza di contratto
minutero *m* lancetta dei minuti *f*, minutiera *f*
minuto *adj/m* minuto
mío *m*, **mía** *f*, **míos** *mpl*, **mías** *fpl adj/pr* mio, mia, miei, mie
mioceno 1. *adj* miocenico; **2.** *m* miocene
miop|e *adj/s* miope; **~ía** *f med* miopia

mira *f* mira; *fig* mira, scopo *m*; ~ *telescópica* mira telescopica; *a la* ~ in attesa di; *con la* ~ *puesta en* la mira diretta su; *con* ~*s a* con la meta di; *poner la* ~ *en* porre la mira su

mirad|a *f* sguardo *m*, occhiata; *echar una* ~ dare uno sguardo; *lanzar una* ~ lanciare un'occhiata; ~**ero** *m* punto d'attrazione; belvedere; ~**o** *adj* cauto, prudente; *mal, bien* ~ malvisto, benvisto; ~**or** *m* belvedere; balcone chiuso

miramiento *m* riguardo, rispetto; il guardare

mirar ~ ¡Mira con lo que/Mira que! *vt* **1.** guardare, osservare; badare *vi*, guardare, fare attenzione *vi*; *¡Mira!* Guarda!; *¡Mira con/Mira que!* Guarda un po'!; *¡Mira quién habla!* Senti chi parla!; *mira a ver si* guarda un po' se; ~ *por* curare; *no* ~ *a la cara* non guardare in faccia; *de mírame y no me toques* fatto di vetro; *la ventana mira a la calle* la finestra dà/guarda sulla strada; *haz el bien sin mirar a quien* fa il bene e scordati, fa il male e pensaci; **2.** *vi* mirare, tendere; ~ *por* preoccuparsi di; **3.** ~*se* guardarsi

miríada *f* miriade

mirilla *f* spioncino *m*, spia della porta

miriñaque *m* guardinfante

mirlo *m zool* merlo; *(fig)* ~ *blanco* mosca bianca

mirón *m* guardone, voyeur *fr/inv*; curioso

mirra *f* mirra

mirto *m bot* mirto, mortella *f*

misa *f* messa; *(mil)* ~ *de campaña* messa al campo; ~ *del Gallo* Messa di Natale, di mezzanotte; ~ *de difuntos* messa da requiem; *ir a* ~ andare a messa

misacantano *m eccl* sacerdote novello

misal *m* messale

misantropía *f* misantropia

misántropo *adj/s* misantropo

misceláne|a *f* miscellanea; ~**o** *adj* miscellaneo

miser|able 1. *adj* misero, infimo; **2.** *adj/s* miserabile, meschino, disgraziato; ~**ia** *f* miseria, povertà; miseria, meschinità

misericordi|a *f* misericordia, compassione; ~**oso** *adj* misericordioso

mísero *adj* misero

misil *m* missile

misi|ón *f* missione; ~**onero** *adj/s* missionario

misiva *f* missiva

mismo *adj/pr* stesso, medesimo; *yo* ~ io stesso; proprio io; *es lo* ~ fa lo stesso; *lo* ~ lo stesso; la stessa cosa; *lo* ~ *que* come; *o lo que es lo* ~ cioè; *por mí* ~ da me stesso; *voy ahora* ~ vado subito; vengo subito; *ha llegado ahora* ~ è arrivato proprio ora/adesso

misoginia *f psic* misoginia

misógino *adj/s* misogino

miss *f ingl* miss *inv*

mistela *f* ="tipo di vino conciato" *m*, ="tipo di vino da dessert" *m*

míster *m ingl* mister *inv*

misterio *m eccl/teatro/fig* mistero; ~**so** *adj* misterioso, arcano

místic|a *f* mistica; ~**o** *adj* mistico

mistific|ación *f* mistificazione, falsificazione; ~**ar** <*mistifiqué*> *vt* mistificare, falsificare

mistral *m meteo* maestrale

mitad *f* metà; mezzo *m*; *(fam) cara* ~ cara metà; *dividir por la* ~ dividere per il mezzo, a metà; *en* ~ *de* a metà di; in mezzo a; *en* ~ *del arroyo* in mezzo alla strada; *por la* ~*/por* ~*es* a metà

mítico *adj* mitico

mitific|ación *f* mitizzazione; ~**ar** <*mitifiqué*> *vt* mitizzare

mitig|ación *f* mitigazione; ~**ar** <*mitigué*> *vt* mitigare, attenuare, lenire

mitin, mitín *m pol* comizio

mito *m* mito; ~**logía** *f* mitologia; ~**lógico** *adj* mitologico

mitómano *adj/s* mitomane

mitón *m* mezzo guanto

mitra *f* mitra; ~**l** *adj* mitrale

miura *m taur* ="toro dell'allevamento Miura"; *fig* persona pericolosa *f*; *fig* persona tozza

mixt|o 1. *adj* misto; **2.** *m pop* fiammifero; ~**ura** *f* mistura; miscela

mízcalo *m bot* agarico delizioso

mnemotécnica *f* mnemotecnica

mobiliario 1. *m* mobilia *f*; **2.** *adj* mobiliare, mobile

mocador *m* (*Valencia*) fazzoletto da naso

mocasín *m* mocassino

moce|dad 1. *f* giovinezza; 2. *fpl* gesta giovanili; ~**tón, -ona** *m/f* ragazzone, -a

mochales *adj/inv fam* pazzo, matto; *estar* ~ essere matto

mochila *f* zaino *m*

mocho 1. *adj* mozzo, tronco; **2.** *m* calcio di fucile; *Esp* mocio (*para el suelo*)

mochuelo *m zool* civetta *f*, *fig* incarico sgradito, briga *f*; *cargar con el* ~ prendersi una bella briga; *cada* ~ *a su olivo* ognuno al posto suo

moción *f pol* mozione; proposta; ~ *de censura/de confianza* mozione di sfiducia/di fiducia; *presentar una* ~ presentare una mozione

moco *m* candela *f*, moccio; moccolo (*vela*); *med* muco; *(zool)* ~ *de pavo* caruncola del tacchino; *(fig) no es* ~ *de pavo* non è una cosa da nulla; *llorar a* ~ *tendido* piangere a dirotto; *sonarse los* ~*s* soffiarsi il naso, togliersi le candele; ~**so** *adj/s* moccioso; *es un* ~ è un moccioso; *(pop) estar* ~ avere le candele al naso; essere raffreddato

moda *f* moda; *ser, estar de* ~ essere di moda; *a la* ~ alla moda

modal *adj* modale; ~**es** *mpl* modi, maniere *fpl*; *buenos* ~*es* buone maniere, galateo; ~**idad** *f* modalità; *sport* specialità

modell|ado *m art* modellato; ~**ar** *vt* modellare; foggiare

modélico *adj* modello

modell|ismo *m* modellismo; ~**ista** *m/f* modellista; ~**o** 1. *m* modello; 2. *m/f* indossatore, -trice; *pitt* modello

módem, modem *m infor* modem *inv*

moder|ación *f* moderazione; ~**ado** *adj* moderato; ~**ador** *adj/s* moderatore; ~**ar** *vt* moderare, regolare, attenuare

modern|idad *f* modernità; ~**ismo** *m art* modernismo; *art* liberty; ~**ista** *adj* modernista; liberty; ~**ización** *f* modernizzazione; ~**izar** *<modernicé>* *vt* modernizzare; ~**o** *adj/s* moderno

modest|ia *f* modestia, umiltà; pudore *m*; ~ *aparte* modestia a parte; ~**o** *adj* modesto, umile; pudico

módico *adj* modico, moderato

modific|ación *f* modificazione; ~**ar** *<modifiqué>* *vt* modificare

modismo *m ling* modo di dire, locuzione *f*

modist|a *f* sarta; ~**illa** *f* sartina; ~**o** *m* sarto da donna

modo *m* modo, maniera *f*; *ling/mus* modo; ~ *de ser* carattere; *a mi* ~ *de ver* secondo me; *a* ~ *de* a modo di; *de cualquier, ningún* ~ in ogni, nessun modo; *de tal* ~ *que* in modo tale che; *en cierto* ~ in un certo senso; *sobre* ~ oltremodo, enormemente

modorra *f* sonnolenza, sopore *m*; letargo *m*

modoso *adj* gentile, garbato

modul|ación *f* modulazione; ~**ar 1.** *vt* modulare; **2.** *adj* modulare

módulo *m* modulo

mofa *f* burla, beffa, canzonatura; ~**dor** *adj/s* burlone, beffatore; ~**rse** burlarsi, prendere in giro *vt*, canzonare *vt*

mofeta *f zool* moffetta

moflet|e *m* gota paffuta *f*; ~**udo** *adj* paffuto

mogol *adj/s* mongolo; *Gran* *~ Gran Mogol

mogollón *m* scrocco; *gergo* sacco, mucchio; *de* ~ a/di scrocco

mohín *m* smorfia *f*, gesto; ~**a** *f* broncio *m*; ~**o** *adj* mogio, triste, avvilito

moho *m* muffa *f*; ruggine *f*, verderame (*metales*); *(fig) criar* ~ far fare la muffa; *gusto a* ~ sapore, odore di muffa; ~**so** *adj* ammuffito

mojad|a *f* bagnata, inzuppata; ~**o** *adj* bagnato, inzuppato; *ling* molle; *(fig) papel* ~ carta straccia; ~**or** *m* spugnetta *f*; ~**ura** *f* bagnata, inzuppata

mojama *f gastr* tonno secco *m*

mojar 1. *vt* bagnare, inzuppare, inumidire, ammollare; inzuppare (*pan, galletas...*); *fig* festeggiare; *fam/fig* pugnalare; **2.** *(pop)* ~*se* compromettersi

mojarra *f* 1. *zool* sarago comune *m*; 2. *Am Mer* coltello largo e corto *m*

mojasellos *m/inv* spugnetta *f*

moje *m* salsa *f*, sugo, intingolo

moji|cón *m* biscotto da inzuppare; *fam* cazzotto in faccia; ~**ganga** *f* ="festa carnevalesca"; *teatro* farsa

mojigat|ería *f* bigotteria, bacchettoneria; ~**o** *adj/s* bigotto, baciapile; ipocrita

mojo *m* ="salsa piccante delle Canarie" *f*

mojón *m* cippo, pietra di confine *f*, paracarro

molar 1. *adj/m* molare; **2.** *vi gergo* fare colpo, piacere

molde *m* stampo, forma *f*; *fig* modello; *tip* forma *f*; *letra de* ~ lettera di stampa; *este traje te está de* ~ questo vestito ti va a pennello; *de* ~ perfetto; opportuno; *romper* ~*s* rinnovare i vecchi schemi; ~**ado** *m* modellatura *f*; messa in piega *f* (*pelo*); ~**ador** *adj* modellante; ~**ar** *vt tec/fig* modellare, formare, foggiare; ~**o** *m tec* stampaggio

moldura *f arch* modanatura; stampaggio *m*

mole *f* mole; *Mex* ="intingolo a base di peperone e aglio" *m*

molécula *f cient* molecola

molecular *adj* molecolare

moled|or 1. *adj/m* macinatore; **2.** *adj fig* pesante; ~**ura** *f* macinatura; *fig* stanchezza

moler *<9a muelo>* *vt* macinare; *fig* stancare, ammazzare; *estar molido* essere stanco morto; ~ *a palos* dare una bella bastonata

molest|ar 1. *vt* disturbare, molestare, infastidire; **2.** ~*se* disturbarsi; irritarsi; ~**ia** *f* disturbo *m*, molestia, fastidio *m*; *med* disturbo *m*; ~**o** *adj* molesto, fastidioso (*ser*); infastidito, seccato (*estar*)

molibdeno *m chim* molibdeno

molicie *f/inv* mollezza *f*

mólidos *mpl zool* mullidi

molien|da *f* macinatura; *fig* stanchezza; ~**te:** ~ **y corriente** *adj* piano e liscio

molimiento *m* stanchezza *f*

molin|ero, -ra *m/f* mugnaio, -a; ~**ete** *m* mulinello; ~**illo** *m* macinino; ~**o** *m* mulino; ~ *de viento* mulino a vento; *llevar el agua a su* ~ tirare l'acqua al proprio mulino

molla *f* polpa; ciccia; mollica (*pan*); ~**r** *adj* tenero, molle; *fig* lucroso; *fig* semplice

molle|ja *f* ventriglio *m*, *pop* stomaco *m*; ~**ra** *f* cocuzzolo *m*; *fig* intelligenza, comprendonio *m*; *cerrado/duro de* ~ duro di comprendonio; ottuso; *secarse la* ~ diventare scemo; ~**te** *m gastr* panino soffice; ciccia *f*, gota paffuta *f*

molón *adj/fam* chic, elegante; fantastico

molusco *m zool* mollusco

momentáneo *adj* momentaneo

momento *m fis/mus* momento; momento, istante, attimo (*tiempo*); *buen, mal* ~buon, cattivo momento; *al* ~ subito; *de/por el* ~ per il momento; *de un* ~ *a otro* da un momento all'altro; *en el* ~ *menos pensado* quando meno te l'aspetti; *en un* ~ in un attimo; *por* ~*s* rapidamente, da un momento all'altro

momería *f* buffoneria

momi|a *f* mummia; ~**ficar** *<momifiqué>* *vt* mummificare; ~**o 1.** *adj* stecchito, magro; **2.** *m* soprappiù

momo *m* gesto buffonesco

mona 1. *f* 1. *zool* scimmia; *aunque la* ~ *se vista de seda,* ~ *se queda* l'abito non fa il monaco; *hecho una* ~ svergognato; 2. *fig* sbornia; *coger una* ~ prendere una sbornia; *dormir la* ~ smaltire la sbornia; 3. *gastr* ciambella pasquale; 4. asino *m* (*naipes*); **2.** *adj* carina, bella; *¡Qué* ~*!* Che bella/carina!, Come è bella/carina!

monaca|l *adj* monacale, monastico; ~**to** *m* monacato

monada 1. *f* bellezza, cosa stupenda; 2. ragazzata; 3. sciocchezza; 4. gesto da scimmia *m*; *es una* ~ è un amore

monaguillo *m eccl* chierichetto

monar|ca *m* monarca, sovrano; ~**quía** *f* monarchia
monárquico *adj/s* monarchico
monasterio *m* monastero
monástico *adj* monastico
monda *f agr* monda, mondatura; buccia; *(fam) ser la ~* essere incredibile, straordinario; ~**dientes** *m/inv* stuzzicadenti; ~**dura** 1. *f* monda, mondatura; 2. *fpl* buccia *f*; ~**r 1.** *vt* mondare, pelare (*fruta, verdura*); dragare (*ríos...*); *fig* ripulire; rapare, pelare (*pelo*); **2.** *~se de risa* crepare dalle risate
mondo *adj* mondo, pulito; spoglio; *(fig) ~ y lirondo* puro e semplice; ~**ngo** *m* trippa *f*
moned|a *f* moneta; *~ corriente, de curso legal, fuera de circulación* moneta corrente, di corso legale, fuori corso; *casa de la ~* zecca; *~ de vellón* ="moneta d'argento e rame o solo rame"; *acuñar/batir ~* battere moneta; *pagar con la misma ~* pagare con la sua stessa moneta; ~**ero** *m* 1. portamonete *inv*; 2. monetiere, coniatore di monete; falsario/falsificatore di monete (*persona*)
monegasco *adj/s* monegasco
monema *m ling* monema
monería *f* V. **monada**
monetario 1. *adj* monetario; *Fondo *~ Internacional* Fondo Monetario Internazionale; **2.** *m* medagliere; monetiere (*mueble*)
mong|ol *adj/s* mongolo, della Mongolia; ~**ólico** *adj* mongolico; ~**olismo** *m* mongolismo; ~**oloide** *adj* mongoloide
moniato *m bot* V. **boniato**
monición *m* ammonizione
monigote *m* pupazzo, fantoccio; scarabocchio (*dibujo*); *am* seminarista
monises *mpl fam* quattrini
monitor, -a 1. *m/f* istruttore, trice; 2. *m tec* monitor *ingl/inv*, schermo; ~**io** *adj/m* monitorio
monj|a *f* monaca, suora; ~**e** *m* monaco, frate; *el hábito no hace al ~* l'abito non fa il monaco; ~**il** *adj* monacale, monastico
mono 1. *m* 1. *zool* scimmia *f*; *(fig) ser el último ~* essere l'ultima ruota del carro; *~ sabio* scimmia ammaestrata; *taur* aiutante del *picador*; 2. tuta *f* (*traje*); 3. sindrome di astinenza *f* (*droga*); **2.** *adj* bello, carino, grazioso; *Col* biondo; *Ven* affettato
mono|bloque *m* monoblocco; ~**carril** *m tras* monorotaia *f*; ~**color** *adj (a. pol)* monocolore
monóculo 1. *adj* monocolo; **2.** *m* caramella *f*, monocolo
mono|cultivo *m* monocoltura *f*; ~**gamia** *f* monogamia
monógamo *adj/s* monogamo
mono|grafía *f* monografia; ~**gráfico** *adj* monografico; ~**grama** *m* monogramma; ~**lingüe** *adj* monolingue; ~**lito** *m* monolito
monólogo *m* monologo
mono|maníaco *adj/psic* monomaniaco; ~**motor** *adj/m* monomotore; ~**patín** *m* monopattino, skateboard *ingl/inv*; ~**plano** *m* monoplano; ~**plaza** *adj* monoposto; ~**polio** *m* monopolio; ~**polización** *f* monopolizzazione; ~**polizar** <*monopolicé*> *vt* monopolizzare; ~**rraíl** *m* ferrovia a monorotaia *f*; ~**sílabo** *adj/m* monosillabo; ~**teísmo** *m* monoteismo; ~**tipo 1.** *adj* monotipo; **2.** *m* monotipo, monotype *f*; ~**tonía** *f* monotonia
monótono *adj* monotono
monovalente *adj chim* monovalente
monóxido *m chim* monossido
monseñor *m eccl* monsignore (*Italia, Francia*)
monserga 1. *f fam* predica; 2. *fpl* storie
monstruo *m mit/fig* mostro; portento; ~**sidad** *f* mostruosità; ~**so** *adj mit/fig* mostruoso
monta *f zool* monta; montatura; *de poca ~* di poco valore
montacargas *m/inv* montacarichi
montador *adj/s* montatore
montaje *m* montaggio; *teatro* messa in scena *f*; *fig* farsa *f*
montante *m* ammontare, importo
montañ|a *f* montagna, monte *m*; *~ rusa* montagne russe, otto volante; ~**ero** *adj/s* alpinista; ~**és** *adj/s* montanaro, montagnolo, montanino; ~**ismo** *m* alpinismo; ~**oso** *adj* montagnoso, montuoso
montaplatos *m/inv* montavivande
montar 1. *vt tec* montare; *agr* montare, coprire; *(mil) ~ la guardia* fare la guardia; *~ un negocio* impiantare un'attività; *(fig) ~ un show/un número* fare una scenata/tante storie; **2.** *vi* montare, cavalcare (*caballo*); importare, valere; *com* ammontare (*a*); *~ en cólera* montare in collera
montaraz *adj* selvaggio, silvestre, selvatico
monte *m* monte, montagna *f*; bosco, selva *f*; *~ de piedad* monte di pietà o dei pegni; *~ de Venus* monte di Venere; *batir el ~* andare a caccia; *creer que todo el ~ es orégano* far d'ogni erba un fascio
montepío *m* monte pio o dei pegni
monter|a *f* berretto da torero *m*; ~**ía** *f* caccia grossa; arte della caccia; ~**o** *m* battitore, cacciatore (*caza*)
montés *adj* selvatico
Montescos *m* Montecchi; *Capuletos y ~s* Montecchi e Capuleti
montículo *m* monticello
montilla *m* vino di Montilla
monto *m* importo, ammontare
montón <*pl montones*> *m* mucchio, sacco, monte; *a ~es* a bizzeffe; *del ~* di/da dozzina, da poco
montuoso *adj* montuoso
montura *f* montatura (*gafas*); cavalcatura; finimenti *mpl*, sella (*animal*)
monument|al *adj* monumentale; ~**o** *m* monumento; *eccl* sepolcro
monzón *m meteo* monsone
moña *f taur* fiocco *m* (*cintas*)
moño *m* chignon *fr/inv* (*pelo*); ciuffo; *agarrarse del ~* prendersi per i capelli; *(fam) estar hasta el ~* averne fin sopra i capelli; *ponerse ~s* darsi delle arie
moque|ar *vi* moccicare; ~**ro** *m pop* moccichino
moqueta *f* moquette *fr/inv*

moquillo *m zool* cimurro (*perro*); pepita *f* (*gallina*)
mora *f ius/bot* mora
morad|a *f* dimora, casa; soggiorno *m*, permanenza; *allanamiento de ~* violazione di domicilio; *(euf) última ~* ultima dimora; **~o** *adj/m* viola, violaceo; *pasarlas ~s* passarne di tutti di colori; *poner un ojo ~* dare un cazzotto in un occhio; **~or, -ra** *m/f* abitante, residente; **~ura** *f* livido *m*
moral 1. *f* 1. morale *m/f*; *la ~ del pueblo es alta* il morale del popolo è alto; *faltar a la ~* mancare alla morale; *tener la ~ por los suelos* essere giù di morale; 2. *m bot* moro, gelso; **2.** *adj* morale, etico; **~eja** *f* morale della favola; **~idad** *f* moralità; **~ista** *adj/s* moralista; **~izador** *adj* moralizzatore; **~izar** <*moralicé*> **1.** *vt* moralizzare; **2.** *vi* moraleggiare
morapio *m* vino rosso
morar *vi* abitare, risiedere, dimorare
moratori|a *f ius* moratoria; **~o** *adj/ius* moratorio
morbidez *f* morbidezza, soavità
mórbido *adj* morbido, soave, soffice, molle
morbo *m med/fig* morbo; *dar ~* eccitare, attrarre; **~sidad** *f* morbosità; **~so** *adj* morboso
morcilla *f gastr/Esp* sanguinaccio *m* (*salchicha*); *fig* salame *m*; *teatro* aggiunta; *Cuba* bugia; *(vulg/fam) dar ~ a alg* mandare q a farsi friggere
mord|acidad *f* mordacità; **~az** *adj* mordace
mordaza *f* bavaglio *m*; *tec* morsa; morso *m* (*caballo*)
mord|edura *f* morso *m*, morsicatura; **~er** <*9a muerdo*> *vt* mordere, morsicare, addentare; *fig/tec* far presa, mordere; *está que muerde* sta scoppiando dalla rabbia; *~ el anzuelo* cadere in trappola; *~se las manos, los labios,...* mordersi le mani, le labbra,...; **~ida** *f Mex* bustarella, tangente; **~ido** *m foto* morsura *f*; **~iente** *m tec* mordente; **~iscar, ~isquear** *vt* mordicchiare, morsicchiare; **~isco** *m* morso; boccone
morena *f zool* murena; *geol* morena
moreno *adj* bruno, moro, scuro; *estar ~* essere abbronzato
morer|a *f bot* gelso bianco *m*; **~ía** *f* borgo dei mori *m*
moretón *m* livido
morfema *m ling* morfema
morfin|a *f* morfina; **~ómano** *adj/s* morfinomane
morfo|génesis *f biol* morfogenesi; **~logía** *f* morfologia; **~lógico** *adj* morfologico; **~sintáctico** *adj* morfosintattico; **~sintaxis** *f* morfosintassi
morga *f* morchia
morganático *adj* morganatico
moribundo *adj/s* moribondo, morente
morigerado *adj* morigerato
morir(se) <*29 muero; murió; muerto*> **1.** *vi* morire, decedere, perire; spegnersi; *fig* terminare, sparire; *~rse de hambre* morire di fame; *~rse por algo* morire dalla voglia di qc; *!Muérete!* Crepa!; **2.** *vt ~ a tiros* sparare a
morisc|o, -a 1. *adj* moresco, -a; **2.** *m/f* moro, -a
morisma *f* insieme di mori *m*
mormón *adj/s* mormone
moro *adj/s* moro; arabo; musulmano; *no hay ~s en la costa* via libera
morocho *adj Arg* robusto, sano; *am* bruno; *Ven* gemello
morondo *adj* pelato
moros|idad *f* morosità; **~o** *adj/s* moroso
morrada *f* cozzata; schiaffo o cazzotto in faccia *m*
morral *m* sacco; bisaccia *f*; carniere
morralla *f* minutaglia (*peces*); *desp* marmaglia (*personas*)
morre|arse sbaciucchiarsi; **~o** *m* sbaciucchiamenti *mpl*
morrillo *m zool* coppa *f*; *zool* collottola grassa *f*
morriña *f* tristezza, malinconia; nostalgia
morrión *m mil/ant* morione
morro *m zool* muso; *fig/pop* facciatosta *f*, faccia di bronzo *f*; estremità rotonda *f*; culmine; *beber a ~s* bere a collo; *estar de ~s* avere il muso; *tener ~* avere la faccia di bronzo
morrocotudo *adj* grande, straordinario, importante
morsa *f zool* tricheco *m*
mortadela *f* mortadella
mortaja *f* lenzuolo mortuorio *m*; *tec* incastro *m*
morta|l 1. *m* mortale; **2.** *adj (a. fig)* micidiale, mortale; **~lidad, ~ndad** *f* mortalità
mortecino *adj* fievole, debole; *hacer la ~a* fare il morto
montero *m mil/gastr* mortaio; *arch* malta *f*
mortífero *adj* mortifero
mortific|ación *f* mortificazione; umiliazione; **~ante** *adj* mortificante, umiliante; **~ar** <*mortifiqué*> *vt* mortificare; martirizzare; umiliare
mortuorio 1. *adj* mortuario; **2.** *m* mortorio
morueco *m* montone, ariete
moruno *adj* moresco; moro
mosaico *adj/m* mosaico
mosca *f zool/fig* mosca; mosca (*barba*); *fam* denaro *m*; *con la ~ en la/detrás de la oreja* con la pulce nell'orecchio; *(fig) ~ en leche* mosca nel latte; *(fig) ~ muerta* gatta morta, santarellina; *aflojar la ~* mollare i quattrini; *cazar ~s* perdere tempo; *estar ~* sospettare; *papar ~s* incantarsi; *(no) oírse el vuelo de una ~* non sentire volare una mosca; *picarle (a alg) la ~* far saltare la mosca al naso (a q); *por si las ~s* non si sa mai/casomai; *¿Qué mosca te ha picado?* Che ti prende?, Che ti è successo?, Perché sei arrabbiato/incavolato *pop*?, Ti è morto il gatto?
moscada *adj* moscata (*nuez*)
moscar|dón *m zool/fig* moscone; *zool* calabrone; **~eta** *f zool* pigliamosche *m/inv*
moscatel *adj/m* moscatello
moscón *m* V. **moscardón**; *bot* acero
moscovita *adj/s* moscovita
Moscú *geogr* Mosca
mosque|ado *adj* moschinato; *fig* arrab-

biato; ~**ar 1.** *vt* far saltare la mosca al naso; **2.** ~*se* saltare la mosca al naso (a q) *vi*, arrabbiarsi; ~**o** *m* arrabbiatura *f*

mosquet|ero *m* moschettiere; ~**ón** *m mil* moschetto, carabina *f*; *mil* moschettone

mosquit|a *f zool* moscerino *m*; ~ *muerta* gatta morta, santarellina; ~**era** *f*, ~**ero** *m* zanzariera *f*; ~**o** *m zool* zanzara *f*

mostacer|a *f*, ~**o** *m* mostardiera *f*

mostacho *m* mustacchio

mostacilla *f* migliarini *mpl*

mostaza *f* senape; mostarda

mosto *m* mosto

mostr|ador *m* banco (di vendita); ~**ar** <*8a muestro*> *vt* mostrare; dimostrare

mostrenco *adj* senza padrone; vagabondo; *fig* tozzo, tombolotto

mota *f* puntino *m*, granello *m*; nodino *m*; zacchera; pois *m fr/inv* (*tela*); *geogr* rialzo *m*, rialto *m*

mote *m* soprannome, nomignolo; motto, lemma, detto

mote|ado *adj* macchiettato, a puntini; ~**ar** *vt* macchiettare; ~**jar** *vt* tacciare, accusare

motel *m* motel *inv*

motín *m* rivolta *f*, ammutinamento, insurrezione *f*

motiv|ación *f* motivazione; ~**ar** *vt* motivare; cagionare, causare; ~**o 1.** *m* 1. motivo, causa *f*, ragione *f*; *art* motivo, tema; *con ~ de* in occasione di; 2. *mpl Chile* storie *fpl*, smorfie *fpl*; **2.** *adj* motorio; *de ~ propio* motuproprio

moto 1. *f* moto *inv*, motocicletta; **2.** *adj Am Cent* orfano

moto|bomba *f* motopompa; ~**cicleta** *f* motocicletta; ~**ciclismo** *m* motociclismo; ~**ciclista** *m/f* motociclista; ~**ciclo** *m* motociclo; ~**cross** *m* motocross; ~**nave** *f* motonave, motorboat *m ingl/inv*; ~**sierra** *f* motosega

motor 1. *m* motore; *cine* ciak, motore; ~ *de dos tiempos, de explosión, Diesel, de inyección* motore a due tempi, a scoppio, Diesel, a iniezione; **2.** *adj* motore; ~**a** *f mar* barca a motore, motobarca; ~**ismo** *m* motorismo; ~**ista** *m/f* motorista; ~**ización** *f* motorizzazione; ~**izar** <*motoricé*> *vt* motorizzare

motriz *f* motrice

mov|edizo *adj geol* mobile; instabile, volubile; ~**er** <*9a muevo*> *vt* muovere; spostare; causare, muovere; ~ *a lástima* muovere a compassione; ~ *cielo y tierra* impegnarsi a fondo; *no ~ un dedo* non muovere un dito; ~**ible** *adj* movibile; *fiestas ~s* feste mobili; ~**ida** *f* 1. vita notturna; 2. manovra; *fig* confusione

móvil 1. *adj* mobile; **2.** *m* movente, causa *f*

movili|dad *f* mobilità; ~**zación** *f mil/fig* mobilitazione; ~**zar** <*movilicé*> *vt mil/fig* mobilitare

movimiento *m pol/com/art* movimento; *ling/med/fis* moto; *fig* impulso, moto; ~ *rotatorio, acelerado, continuo* moto rotatorio, accelerato, perpetuo

moviola *f tec* moviola

moza *f* 1. ragazza; nubile; 2. domestica; *buena ~* bella ragazza; ~**lbete** *m* ragazzino; *iron* giovincello

mozárabe 1. *adj* mozarabico; **2.** *m* mozarabo

mozo *m* 1. ragazzo, giovane; scapolo, celibe; *buen ~* bel ragazzo; ~ *de establo* mozzo di stalla; ~ *de cordel* facchino; ~ *de escuadra* poliziotto catalano; ~ *de estación* facchino; *tec/mar* mozzo; 2. *Chile* garzone, fattorino; servitore

mucam|a *f Arg/Ur* domestica, donna di servizio; ~**o** *m Arg/Ur* domestico, cameriere

muceta *f* mozzetta

muchach|a *f* ragazza, domestica; ~**ada**, ~**ería** *f* ragazzata; frotta di ragazzi; ~**o** *m* ragazzo; garzone

muchedumbre *f* folla, moltitudine

mucho 1. *adj/pr* molto, tanto; **2.** *adv* molto, assai, tanto; *como ~* al massimo; ~ *es que* è già molto che; *muy ~* moltissimo; *ni ~ menos* neanche per sogno; *por ~ que* per quanto; *tener en ~* stimare molto

mucílago *f* mucillaggine

mucilaginoso *adj* mucillagginoso

mucos|a *f* mucosa; ~**idad** *f* mucosità; ~**o** *adj* mucoso

muda *f zool* muta, muda; biancheria pulita; roba di ricambio, muta; *poner una ~ en la maleta* mettere la biancheria di ricambio in valigia; ~**ble** *adj* mutevole, volubile; ~**nza** *f* trasloco *m*; cambio *m*, mutamento *m*; *estar de ~* fare trasloco; ~**r 1.** *vt* mutare, cambiare; **2.** ~*se* traslocare *vi*, trasferirsi, cambiar di casa *vi*

mudéjar *adj/s* ="moro sotto il dominio cristiano spagnolo"; *arch* ="arte di ispirazione islamica sviluppatasi nella Spagna cristiana dall'XI al XVI secolo" *f*

mudo *adj/s* muto

muebl|aje *m* mobilia *f*; ~**e** *adj/m* mobile; ~ *bar* mobile bar

mueca *f* smorfia, ghigno *m*

muecín *m* muezzin *inv*

muela *f* 1. molare *m* (*diente*); dente *m*; ~ *del juicio* dente del giudizio; *dolor de ~s* mal di denti 2. *tec* mola; 3. *bot* cicerchia

muell|aje *m mar* diritto di molo o banchina; ~**e 1.** *m* 1. *mar* molo, banchina *f*; scalo ferroviario; 2. *tec* molla *f*; *colchón de ~s* materasso a molle; **2.** *adj* molle, soffice, morbido; *vida ~* vita molle

muérdago *m bot* vischio

muermo *m zool* morva *f*; *gergo ¡qué ~!* Che palle!; Che palloso! (*persona*)

muerte *f* morte; decesso *m*, trapasso *m*; *fig* fine, morte, rovina; morto *m*; *a ~* a morte; *dar ~* uccidere; *de mala ~* da niente; *(pop) de ~* da morire

muerto 1. *adj/s* morto, defunto, estinto; **2.** *adj* deceduto; ucciso; *a ~* a morto; ~ *de hambre, de frío* morto di fame, di freddo; *medio ~* mezzo morto; *cargar con el ~* avere la colpa di qc; *callarse como un ~* rimanere muto come un pesce; *echarle el ~ a alg* fare a scaricabarili; *hacer el ~* fare il morto; *el ~ al hoyo y el vivo al bollo* chi muore giace, chi vive si dà pace; *le han ~*

l'hanno ucciso; *no encontrar ni ~ ni vivo* non trovare anima viva
muesca *f* incavo *m*, incastro *m*, scannellatura; taglio *m*
muestr|a *f com* campione *m*; modello *m*; segno *m*; dimostrazione; ~ *sin valor* campione senza valore; *Feria de *~s* Fiera Campionaria; ~**ario** *m com* campionario; ~**eo** *m* campionamento; campione
mugi|do *m* muggito, mugghio; ~**r** <*mujo*> *vi* muggire, mugghiare
mugr|e *f* loia, untume *m*, unto *m*; ~**iento** *adj* sudicio, untuoso
mugrón *m agr* tralcio propagginato
mujer *f* 1 donna; 2. moglie, consorte; 3. donna di servizio; ~ *de su casa* buona massaia; ~ *liberada* donna emancipata; ~ *de mala vida* donna di malaffare, prostituta; *tomar* ~ prender moglie; ~**iego** *adj/m* donnaiolo; ~**il** *adj* femminile, donnesco; ~**ona** *f* donnone *m*; donnona; ~**zuela** *f/euf/desp* sgualdrinella, donnicciola
mújol *m zool* cefalo, muggine
mula *f* 1. *zool* mula; *mozo de ~as* mulattiere; *más terco que una ~* caparbio/ostinato come un mulo; 2. *agr ~ mecánica* mulo meccanico
muladar *m* letamaio; mondezzaio
mular *adj* del mulo
mulato *adj/s* mulatto
muler|a *f Col/reg* poncho *m*; ~**o** *m* mozzo di stalla
mulet|a *f* stampella, gruccia; *taur* muleta; ~**illa** *f fig* intercalare *m*, ritornello *m*
mulli|do 1. *adj* morbido, soffice, molle; **2.** *m* imbottitura *f*; ~**r** *vt* rendere soffice, ammorbidire; *agr* sarchiare, lavorare la terra
mulo *m zool* mulo
multa *f* multa; ~**r** *vt* multare
multi|cine(s) *m(pl)* cinema multisale *m*; ~**color** *adj* multicolore; ~**copista** *f tec* ciclostile *m*; ~**dimensional** *adj* pluridimensionale; ~**direccional** *adj* pluridirezionale; ~**forme** *adj* multiforme; ~**lateral** *adj* multilaterale; ~**media** *adj* multimediale; ~**millonario** *adj/s* plurimilionario; ~**nacional** *adj/f* multinazionale
múltiple *adj* multiplo, molteplice
multipli|cación *f* moltiplicazione; ~**cador** *adj/m* moltiplicatore; ~**car** <*multipliqué*> *vt* moltiplicare; ~**cidad** *f* molteplicità
múltiplo *adj/m* multiplo
multisecular *adj* multisecolare
multitud *f* moltitudine, folla
multiuso *adj* multiuso
mundan|al *adj* mondano; ~**o** *adj* mondano
mundi|al *adj* mondiale; ~**llo** *m* mondo, circolo
mundo *m geogr/fig* mondo; *todo el ~* tutti/tutte le persone; *(fig) medio ~* molta gente; *de ~* di mondo; *por nada del ~* per niente al mondo; *ha visto mucho ~* è una persona molto esperta; *desde que el ~ es ~* da che mondo è mondo; *este ~ es un pañuelo* il mondo è piccolo; *¡~ cruel!* mondo cane!; *hundirse el ~* crollare il mondo; *mandar al otro ~* mandare all'altro mondo; *tener ~* essere di mondo; *venir al ~* venire al mondo
mundo|logía *f* arte di vivere, esperienza; ~**visión** *f* mondovisione
munici|ón *f* munizione; ~**onar** *vt* munire, provvedere, rifornire
municip|al 1. *adj* municipale, comunale; **2.** *m* vigile urbano; ~**alidad** *f* municipalità, municipio *m*; ~**io** *m* municipio, comune
munificencia *f* munificenza, liberalità
muñec|a *f* bambola; manichino *m*; *med* polso *m*; ~**o** *m* pupazzo; marionetta *f*; *iron* damerino
muñeira *f* ="ballo regionale della Galizia" *m*
muñón *m* moncherino; *tec* codolo
mural *adj/m* murale; ~**ista** *m/f* muralista
muralla *f arch* muraglia, mura *fpl*
murar *vt* murare
murciélago *m zool* pipistrello
murena *f zool* murena
murga *f* banda o fanfara popolare; *dar la ~* rompere l'anima
murmu|llo *m* mormorio, sussurro; bisbiglio; ~**ración** *f* mormorazione; ~**rador** *adj/s* mormoratore, maldicente; ~**rar** *vi* mormorare, sussurrare; bisbigliare; borbottare, brontolare; criticare, sparlare
muro *m* muro, parete *f*
murria *f* malinconia, tristezza; malumore *m*
mus *m* ="tipo di gioco di carte"
musa *f mit/bot* musa; *soplar (a alg) la ~* essere visitato dalla musa
musaraña *f zool* musaragno *m*; *pensar en las ~s* pensare alle vacche
muscula|r *adj* muscolare; ~**tura** *f* muscolatura
músculo *m* muscolo
musculoso *adj* muscoloso
muselina *f* mussolina
museo *m* museo
muserola *f* museruola
musgo *m bot* musco; ~**so** *adj* muscoso
música *f mus/fig* musica; ~ *celestial, ligera* musica celestiale, leggera; *dar ~ a un sordo* parlare al vento; *echar con la ~ a otra parte* mandare a spasso; *irse con la ~ a otra parte* andarsene a passeggio
musical 1. *adj* musicale; **2.** *m* musical *inv/ingl*, rivista musicale *f*
music-hall *m ingl* music-hall *inv*
músico *m* musicista
musicólog|o, ~a *m/f* musicologo, -a
musitar *vi* borbottare
muslo *m* coscia *f*
mustio *adj* appassito, vizzo; *fig* triste, malinconico, mogio
musulmán *adj/s* musulmano, maomettano, islamico
muta|bilidad *f* mutabilità, mutevolezza, volubilità; ~**ble** *adj* mutevole, mutabile, variabile; ~**ción** *f cient/mus* mutazione; mutamento *m*; *teatro* cambio di scena *m*
mutágene *adj biol* mutageno
mutante *adj/s biol* mutante
mutil|ación *f* mutilazione; ~**ado** *adj/s* mutilato; ~**ar** *vt* mutilare; mozzare, amputare
mutis *m teatro* uscita dalla scena *f*; *hacer ~* fare scena muta; ~**mo** *m* mutismo

mutualidad *f* mutualità, mutua; **~o** *adj* mutuo, reciproco
muy *adv* molto, assai, tanto; *~ bien, bueno, alto, tarde...* molto bene, buono, alto, tardi
myocastor *m* nutria *f*, castorino

N

nab|a *f*, **nabicol** *m* rapa *f*; ~**o** *m bot* ravizzone, navone, napo (*Brassica napus oleifera*); ~ *gallego* rapa; *euf/pop* uccello, pisello (*sexo*)
nácar *m* madreperla *f*
nacarado *adj* madreperlaceo, madreperlato
nacer <*13a nazco*> *vi* nascere; *astr* sorgere, spuntare; *bot* spuntare, germogliare
naci|do *adj/s* nato; *bien* ~ nato bene; *mal* ~ maledetto; *recién* ~ bambino appena nato; ~**ente 1.** *adj* nascente; nuovo, recente; **2.** *m Arg/Par* nascita di un fiume *f*; ~**miento** *m* 1. nascita *f*; fonte *f*, origine *f*; *de* ~ di/dalla nascita; ~ *de un río* nascita di un fiume; 2. *eccl* presepio
nación *f* nazione; nazionalità
nacional 1. *adj* nazionale; **2.** *m* guardia nazionale *f*; connazionale; ~**idad** *f* nazionalità, cittadinanza; ~**ismo** *m* nazionalismo; ~**ista** *adj/s* nazionalista; ~**ización** *f* nazionalizzazione; ~**izar** <*nacionalicé*> *vt* nazionalizzare; ~**socialismo** *m pol* nazionalsocialismo; ~**socialista 1.** *adj/s* nazionalsocialista; **2.** *adj* nazionalsocialistico
nada 1. *f* nulla *m*; **2.** *pr/adv* nulla, niente; *antes de* ~ prima di tutto; *casi* ~ pochissimo; *como si* ~ come se niente fosse; *una cosa de* ~ una cosa da nulla; *estar en* ~ mancare poco; arrivare subito; *!~ de excusas!* niente scuse!; *¡~ de eso!* un bel nulla!; *tener* ~ *más que* avere nient'altro che; ~ *más y* ~ *menos* nientedimeno; *no ser* ~ non essere grave; ~ *más llegar* appena arrivato; *más que* ~ più che altro; *!de ~!* prego, di nulla!; *por* ~ *del mundo* per niente al mondo; *!pues ~!* Va bene!, Come vuoi!
nada|dor, -dora *m/f* nuotatore, -trice; ~**r** *vi* nuotare; ~ *en la abundancia* nuotare nell'oro
nadería *f* nonnulla *m*
nadie *pr/inv* nessuno; *(fig/fam) un don* ~ una schiappa/una sbercia
nado: **a** ~ *adv* a nuoto
nafta *f* nafta; *Arg/Ur* benzina; ~**lina** *f* naftalina
naif *adj* naïf
nailon *m* nailon, nylon
naipe *m* carta da gioco *f*
nalga *f* natica
nan|a *f* nanna, ninna nanna; *fam* bambina; *am* balia; *hacer* ~ fare la nanna; ~**o** *m fam* bambino
napa *f* nappa
napalm *m* napalm
Nápoles *geogr* Napoli
napolitano *adj/s* napoletano
naranj|a *f* arancia; *(fam) mi media* ~ la mia metà; *¡~s de la China!* nemmeno per sogno!; ~**ada** *f* aranciata; ~**ado** *adj* arancione; ~**al** *m bot* aranceto; ~**ero 1.** *m* commerciante di arance; **2.** *adj* di arance; ~**o** *m bot* arancio (*árbol*)
narcis|ismo *m* narcisismo; ~**o** *m mit/bot* narciso
narco *m/f* narcotrafficante; ~**sis** *f* narcosi
narcótico *adj/m* narcotico
narco|tizar <*narcoticé*> *vt* narcotizzare; ~**traficante** *m/f* narcotrafficante, trafficante di stupefacenti; ~**tráfico** *m* traffico di droga/di stupefacenti
nardo *m bot* tuberosa *f*; *bot* nardo
narigudo *adj/s* nasone, nasuto
nariz <*pl narices*> *f* 1. naso *m*; 2. narice; ~ *aguileña, respingona, chata* naso aquilino, all'insù, schiacciato; *me da en la* ~ mi sa che; *con un palmo de* ~*s* con tanto di naso; *en mis propias* ~*es* proprio sul muso; *hasta las* ~*es* fin sopra i capelli; *¡(Qué)* ~*es!* (Che) diamine!; *¡por* ~*es!* Per forza!; *tiene* ~*s la cosa*
è il colmo questo; *dar(se) de* ~*es* (andare a) sbattere; *hinchar las* ~*es* (far) incavolare; *meter las* ~*es* ficcare il naso; *no ver más allá de sus* ~*es* non vedere più in là del proprio naso; *refregar (algo a alg) por las* ~*es* sbattere (qc), in faccia a (q); *romper las* ~*es* rompere il muso; *tener a alg montado en las* ~*es* avere q sullo stomaco
narizotas *m/f/inv* nasone, -a
narr|ación *f* narrazione, racconto *m*; ~**ador** *m lit* narratore; ~**ar** *vt* narrare, raccontare; ~**atario** *m lit* narratario; ~**ativa** *f* narrativa; ~**ativo** *adj* narrativo
nasa *f* nassa; ~**l** *adj* nasale
nata *f* panna; *fig* crema, il fior fiore *m*; ~ *batida/montada* panna montata
natación *f* nuoto *m*
natal *adj* nativo, natale, natio; ~**icio** *adj/m* natalizio; ~**idad** *f* natalità; *tasa de* ~ tasso di natalità
natatorio *adj* natatorio
natillas *fpl gastr* crema d'uovo *f*
Natividad *f* Natale *m*; *~ natività
nativo *adj* nativo, natio
nato *adj* nato
natural 1. *adj* naturale; innato; nativo; *es* ~ è naturale; *al* ~ al naturale; **2.** *m* temperamento, carattere; *pitt* vero; *copiar del* ~ copiare dal vero/al naturale; ~**eza** *f* natura; ~**idad** *f* naturalezza, semplicità; naturalità, origine; ~**ismo** *m* naturalismo; ~**ista** *adj/s* naturalista; ~**ización** *f* naturalizzazione; ~**izar** <*naturalicé*> *vt* naturalizzare
naturis|mo *m* naturismo; ~**ta** *adj/s* naturista
naturópata *m/f* medico naturista
naufrag|ar <*naufragué*> *vt mar/fig* naufragare; ~**io** *m* naufragio
náufrago *adj/s* naufrago
náusea *f* nausea; *fig* ribrezzo *m*, schifo *m*
nauseabundo *adj* nauseabondo
náutic|a *f* nautica; ~**o** *adj* nautico
navaj|a *f* 1. coltello a serramanico *m*; ~ *de afeitar* rasoio; ~ *de muelles* coltello a scrocco; 2. *zool* cannello *m*, cannolicchio *m*; ~**azo** *m* coltellata *f*; rasoiata *f*; ~**ero** *m* rapinatore (armato di coltello)
naval *adj* navale
nave *f* 1. *tras* nave; ~ *espacial* astronave, navicella spaziale; *(fig) quemar las* ~*s* bruciarsi i vascelli alle spalle; 2. *arch* nave; capannone; ~ *industrial* capannone industriale

naveg|abilidad *f* navigabilità; ~**able** *adj* navigabile; ~**ación** *f* navigazione; ~ *aérea* aeronautica; ~ *espacial, submarina, fluvial, de altura* navigazione spaziale, sottomarina, fluviale, d'altomare; ~**ante** *adj/s* navigante; ~**ar** <*navegué*> *vi* navigare
Navid|ad <*pl navidades*> 1. *f* Natale *m*; 2. *fpl* feste natalizie; *¡Feliz ~!* Buon Natale!; *~**eño** *adj* di Natale
naviero 1. *adj* di navigazione; **2.** *m* armatore
navío *m* nave *f*, naviglio, bastimento; *capitán de ~* capitano di vascello
nazareno *m* nazzareno; *desp* truffatore; *fig* povero cristo
nazi *adj/s* nazista
nazismo *m* nazismo
neblin|a *f* nebbia leggera; nebbiosità; ~**oso** *adj* nebbioso
nebulizador *m med* aerosol
nebulos|a *f astr/fig* nebulosa; ~**idad** *f* nebulosità; ~**o** *adj meteo/fig* nebuloso, nebbioso; tetro
necedad *f* stupidità, sciocchezza
neces|ario *adj* necessario, indispensabile; ~**er** *m* nécessaire *fr/inv*; ~**idad** *f* necessità, bisogno *m*; fabbisogno *m*; *~es corporales* necessità corporali; *hacer de ~ virtud* fare di necessità virtù; ~**itado** *adj/s* bisognoso, povero; *estar ~ de* aver bisogno di *vi*; ~**itar** *vt* aver bisogno di *vi*, abbisognare di *vi/raro*, *lit* necessitare; *se necesita chófer* cercasi autista
necio *adj/s* stupido, sciocco, idiota
necrol|ogía *f* necrologia, necrologio *m*; ~**ógico** *adj* necrologico
necrópolis *f/inv* necropoli
necrosis *f* necrosi
necrótico *adj* necrotico
néctar *m* nettare
nectarin|a *f* nettarina, pesca nettarina; ~**o** *adj* nettareo
neerlandés *adj/s* neerlandese, olandese
nefando *adj* nefando
nefasto *adj* nefasto, funesto
nefr|ítico *adj* nefritico; ~**itis** *f/inv med* nefrite; ~**ología** *f* nefrologia
nega|ción *f* negazione; rifiuto *m*; ~**do** *adj/s* negato, inetto; ~**r** <*5a niego; negué*> **1.** *vt* negare; denegare, rifiutare; **2.** *~se a* rifiutarsi (*a*); ~**tiva** *f* negativa, rifiuto *m*; ~**tivo** *adj/m* negativo
neglig|encia *f* negligenza, trascuratezza, noncuranza; ~**ente** *adj* negligente, trascurato, noncurante
negoci|able *adj* negoziabile; *giro ~* effetto negoziabile; ~**ación** <*pl* negociaciones> *f* 1. negoziazione, trattativa; 2. negoziato *m*; *~ bursátil* negoziazione di borsa; *~ bilateral* negoziato bilaterale; *reanudar/romper las ~es* riprendere/rompere i negoziati; ~**ado** *m* negoziato; ufficio; ~**ador** *adj/s* negoziatore; contrattatore; ~**ante** *adj/s* negoziante; ~**ar 1.** *vi pol/com* negoziare; commerciare; *~ al por mayor* commerciare all'ingrosso; **2.** *vt pol* negoziare
negocio *m com* affare, negozio, operazione *f*; *(iron) bonito/buen ~* bell'affare; buon affare; *volumen de ~s* giro di affari; *~ sucio* affare sporco; *~s de bolsa* operazioni di borsa; *hombre, viaje de ~s* uomo, viaggio d'affari; *hacer ~s* fare affari
negra *f mus* semiminima; *fig* scalogna; *llevar la ~* portare la scalogna addosso
negre|ar *vi* nereggiare; ~**ro** *adj/s* negriero
negrita *f tip* neretto *m*, grassetto *m*
negro 1. *adj/m* nero; **2.** *adj* fosco, scuro, cupo; *mercado ~* mercato nero; *lista ~a* lista nera; *trabajo ~* lavoro nero; *estar ~* essere arrabbiato/nero; *ponerse ~ algo* mettersi male qc; *verse ~ para algo* vedersela brutta; trovarsi in difficoltà; **3.** *m* negro (*raza*); *Esp/fam* nero *neol* (*inmigrante*)
negru|ra *f* nerezza; ~**zco** *adj* nericcio, nerognolo, nerastro
nemotécnica *f* mnemotecnica
nen|a *f fam* bambina; ~**e** *m fam* bambino
nenúfar *m bot* nenufaro, ninfea gialla *f*
neocelandés *adj/s* neozelandese
neoclásico *adj* neoclassico
neófit|o, -a *m/f* neofito, -a
neolatino *adj/ling* neolatino
neolítico *adj/m geogr* neolitico
neologismo *m* neologismo
neonato *adj/s* neonato
neón *m* neon; *lámpara de ~* lampada fluorescente/a fluorescenza, lampada al neon
neoyorquino *adj/s* newyorchese, di New York
neozoico *adj geol* neozoico
Nepal *m* Nepal; *~**és** *adj/s* nepalese
nepotis|mo *m* nepotismo; ~**ta** *adj/s* nepotista
Neptuno *m mit* Nettuno
nervadura *f arch/bot* nervatura
nervio *m med/bot* nervo; *fig* nerbo, vigore; *tip* nervatura *f*; *~ ciático* nervo sciatico; *alterar/atacar/crispar los ~s, poner los ~s de punta* dare ai/sui nervi, far venire i nervi, urtare i nervi; ~**sismo** *m* nervosismo; ~**so** *adj med/fig* nervoso
nervudo *adj* nerboruto
neto *adj* netto, puro, genuino; *precio, sueldo ~* prezzo, stipendio netto
neumático *adj/m* pneumatico
neumonía *f med* pneumonia, polmonite
neur|a 1. *f* nevrastenia, mania, paranoia; **2.** *adj* nevrastenico; ~**algia** *f* nevralgia; ~**álgico** *adj* nevralgico; ~**astenia** *f* nevrastenia; ~**asténico** *adj/s* nevrastenico
neur|ocirujano *adj/s* neurochirurgo; ~**oléptico** *adj/m med* neurolettico; ~**ólogo** *adj/m* neurologo; ~**ona** *f* neurone *m*; ~**osis** *f/inv med* nevrosi; ~**ótico** *adj* nevrotico; ~**opsiquiatría** *f* neuropsichiatria; ~**ovegetativo** *adj* neurovegetativo
neutral *adj* neutrale; ~**idad** *f* neutralità; ~**ismo** *m* neutralismo; ~**ización** *f* neutralizzazione; ~**izar** <*neutralicé*> *vt* neutralizzare; annullare
neutro 1. *adj/m* neutro; **2.** neutrale
neutrón *m fis* neutrone
neva|da *f* nevicata; ~**r** <*5a nieva*> *vi/imp* nevicare; ~**zo** *m* forte nevicata *f*
neve|ra *f* frigorifero *m*; ghiacciaia *ant*; ~**ría** *f Mex* gelateria
neviscar *vi/imp* nevischiare, cadere nevischio

nexo *m* nesso, unione *f*, legame, connessione *f*
ni *conj* né; neanche, nemmeno, neppure; *¡~ que fuese...!* Neanche fosse...!; *~ él lo sabe* non lo sa nemmeno lui; *~ ha venido, ~ ha llamado* né è venuto, né ha chiamato; *¡~ eso!* Neanche questo!; *¡~ hablar!* neanche a parlarne!
Nicara|gua *m geogr* Nicaragua; ***~güense** *adj/s* nicaraguese, nicaraguense
nicho *m* nicchia *f*; loculo (*cementerio*)
nicotina *f* nicotina
nid|ada *f* nidiata, covata; **~al** *m* nido; **~o** *m zool/fig* nido; tana *f*, covo; *fig* fonte *f*, origine *f*; *parece que se ha caído de un nido* sembra nato ieri; **~ificar** <*nidifiqué*> *vi* nidificare
niebla *f meteo/fig* nebbia
niet|o, -a *m/f* nipote
nieve *f* neve; *gergo* cocaina; *Mex* gelato *m*; *(gastr) a punto de ~* a neve
nigrom|ancia *f* negromanzia; **~ante** *m/f* negromante
nihil|ismo *m* nichilismo; **~ista** *adj/s* nichilista
nilón *m* nailon, nylon
nimbo *m* aureola *f*, nimbo; *meteo* nembo
nimiedad *f* 1. inezia, sciocchezza; 2. meticolosità
nimio *adj* insignificante, sciocco; meticoloso, scrupoloso
ninf|a *f* ninfa; *fig* bella ragazza/donna; **~omanía** *f* ninfomania; **~ómana** *f* ninfomane
ning|ún, ~uno, ~una 1. *adj* nessun, nessuno, nessuna; *~gún libro* nessun libro; *~guna culpa* nessuna colpa; *no tengo ninguna(s) gana(s) de ir con él* non ho nessuna voglia di andare con lui; *de ~guna manera* in nessun modo; **2.** *pr* nessuno, nessuna; *~guno de los que te gustan* nessuno di quelli che ti piacciono
niñ|a *f* bambina; ragazza; pupilla (*ojos*); *~ del ojo* pupilla; *querer (a alg) como a las ~s de sus ojos* volere un bene dell'anima (a q); *am* signora/signorina; **~ada** *f* bambinata, ragazzata; **~ato** *adj/s* moccioso; **~era** *f* balia, bambinaia; **~ería** *f* bambinata; bazzecola; **~ez** *f* infanzia, fanciullezza; **~o** *m* bambino; ragazzo; *am* signorino; *~ de pecho* lattante * *~ Jesús* Gesù Bambino; *~ bonito* figlio/cocco di papà; *~ probeta* bambino di provetta; *de ~* da bambino; *¡No seas ~!* Non fare il bambino!; *¡~!* Ehi, tu!
nipón *adj/s* nipponico, giapponese
níquel *m* nichelio, nichel
niquel|ado 1. *adj* nichelato; **2.** *m* nichelatura *f*; **~ar** *vt* nichelare
niqui *m* maglietta *f*, polo
nirvana *m* nirvana
níscalo *m bot* agarico delizioso
níspero *m bot* 1. nespolo (*árbol*); 2. *bot* nespola *f* (*fruto*); *~ del Japón* nespolo del Giappone
nitidez *f* nitidezza, chiarezza
nítido *adj* nitido, chiaro, terso
nitrato *m chim* nitrato
nítrico *adj* nitrico
nitro *m min* nitro
nitrógeno *m* nitrogeno, azoto
nitro|glicerina *f* nitroglicerina; **~so** *adj* nitroso
nivel *m* livello; *ling/fig* livello; *tec* livella *f* (*de agua, de burbuja...*); *al mismo ~* allo stesso livello; *a ~ de ministros* tra i ministri; *~ de vida* livello/tenore di vita; *(ling) ~ umbral* livello soglia; *paso a ~* passaggio a livello; **~ación** *f* livellazione, livellamento *m*; **~ador** *adj* livellatore; **~adora** *f tec* livellatrice; **~ar** *vt* livellare; uguagliare
no *adv* 1. no; 2. non; *he dicho que ~* ho detto di no; *~ he dicho nada* non ho detto niente; *es mejor que ~* è meglio di no; *¡A qué ~!* Scommetti che non è così?; Scommetti che non può?; Scommetti che non ...?; *~ así/así ~* non così; *~ bien* non appena; *¡~ que ~!...(y que ~!)* No, no e poi no!; *O, si ~* O, se no; *¡Que ~!* Ma no!; *¡Cómo ~!* Perché no!, Come no!; *~ ya* non solo; *que ~ que* piuttosto che; *(am) entre ~ más* entri pure; *(am) ahí ~ más* soltanto lì; *(am) así ~ más* solo così; *(am) digo ~más* dico per dire; *(am) deje ~ más* lasci pure
nobiliario *adj* nobiliare
noble 1. *adj/s* nobile; *gas, metal ~* gas, metallo nobile; **2.** *adj/fig* generoso; **~za** *f* nobiltà; *fig* generosità, nobiltà
noche *f* notte; sera; *fig* oscurità, notte; *¡Buenas ~s!* Buona notte!; Buona sera!; *las dos de la ~* le due di notte; *de la ~ a la mañana* dalla sera alla mattina; *de ~* di notte; di sera; *de ~ todos los gatos son pardos* di notte tutti i gatti son bigi; *¡hasta la ~!* A stasera!; *~ de gala* serata di gala; *~ toledana/blanca* notte in bianco; *traje de ~* abito da sera; *ayer ~* ieri notte; ieri sera; *muy de ~/muy entrada la ~* a notte fonda o inoltrata, nel cuore della notte; *por la ~* di notte, la notte; *hacer ~ en algún lugar* pernottare in qualche posto; *hacerse de ~* farsi notte; *pasar la ~ en claro* passare la notte in bianco
noche|buena *f* notte di Natale, notte santa; **~cita** *f am* tramonto *m*; *¡Vaya ~!* Che notte!; **~vieja** *f* notte di San Silvestro o dell'ultimo dell'anno; veglione di Capodanno *m* (*fiesta*)
noción *f* nozione, conoscenza
nociv|idad *f* nocività; **~o** *adj* nocivo, dannoso, pernicioso
noctámbulo *adj/s* nottambulo
nocturno *adj/m* notturno
nodo *m cient* nodo; *cine/hist* notiziario/documentario cinematografico spagnolo
nodriza *f* balia, nutrice; *auto* alimentatore *m*; *buque, avión ~* nave, aereo cisterna
nódulo *m* nodulo, nodosità *f*
nogal *m*, **noguera** *f* noce *m* (*árbol*)
nómada *adj/s* nomade
nomadismo *m* nomadismo
nombr|adía *f* rinomanza, fama; **~ado** *adj* suddetto; famoso; **~amiento** *m* nomina *f*; **~ar** *vt* nominare
nombre *m* nome; titolo; *~ común, abstracto...* nome comune, astratto...; *~ de pila* nome di battesimo; *~ de guerra* nome di battaglia; *a/en ~ de* a nome di; *¡En el ~*

de Dios! In nome di Dio!; *en ~ de la ley* in nome della legge; *que no tiene ~* senza nome; *por mal ~* soprannominato; *dar el ~ de alg* fare il nome di q
nomencl|ador, **~átor** *m* nomenclatore; **~atura** *f* nomenclatura
nomeolvides *f bot* nontiscordardimé *m*, miosotide
nómina *f* lista, elenco *m*; *adm* organico *m*; *adm* foglio paga *m*, busta paga; *~ de sueldos* foglio paga; *estar en ~* essere in organico
nomina|l *adj* nominale; **~tivo 1.** *adj/m* nominativo; **2.** *adm* nome
non 1. *adj* dispari; *de ~* senza coppia; **2.** *mpl* no; *decir ~es* dire di no
nona *f* ora nona; **~da** *f* nonnulla *m*; **~genario** *adj/s* nonagenario
nonato *adj* non nato; inesistente
nonio *m fis* nonio
nono *adj* nono
nopal *m bot* fico d'India
noquear *vt sport* mettere Knock out, mettere K.O., mettere fuori combattimento
nor(d)este *m* nordest
nórdico *adj/s* nordico
noria *f* 1. noria, bindolo *m*; 2. ruota panoramica (*atracciones*)
norma *f* norma, regola; *tec* squadra; **~l** *adj* normale, regolare; *Escuela ~* Scuola normale
normal|idad *f* normalità; **~ista** *adj/s stud* normalista; **~ización** *f* normalizzazione, regolarizzazione; **~izar** <*normalicé*> *vt* normalizzare, regolarizzare
Normand|ía *f* Normandia; ***~o** *adj/s* normanno
normativo *adj* normativo
noroeste *m* nordovest; maestrale (*viento*)
norte *adj/m geogr* nord, settentrione; *fig* guida *f*, norma *f*; *al ~ de* al nord di; *perder el ~* perdere la bussola
Norte|américa *f geogr* America del Nord; ***~americano** *adj/s* nordamericano; statunitense
norteño *adj/s* (persona) del nord
Norueg|a *f geogr* Norvegia; ***~o** *adj/s* norvegese
nos *pr* ci; *ant* noi; *ant* io; *~ miró, ~ dijo* ci guardò, ci disse; *~ lo dijo* ce lo disse; **~otros, -as** *pr* noi; noialtri, -e *enf*; *entre ~* fra di noi; *por ~ mismos* per noi stessi
nost|algia *f* nostalgia; **~álgico** *adj* nostalgico
nostramo *m mar* nostromo
nota *f* nota, annotazione, appunto *m*, postilla; *stud* voto *m*; *mus* nota; *com* nota, distinta, listino *m*; *(fig) dar la ~* farsi notare; *(stud) ir para ~* volere un voto eccellente/un 30 (e lode); *tomar ~* prendere nota; *~ de compras, de pedidos* nota d'acquisto, di commissioni
nota|bilidad *f* notabilità; **~ble 1.** *adj/m* notabile; **2.** *adj* notevole, considerevole; *stud* distinto; **~ción** *f ling/mus/mat* notazione; **~r** *vt* notare, prendere nota (*di*) *vi*; notare, osservare; *~ frío* sentir freddo; *no se nota nada* non si vede nulla
notar|ía *f* notariato *m*; ufficio notarile *m*; **~ial** *adj* notarile; **~io** *m* notaio
notici|a *f* notizia; *estar atrasado de ~s* essere indietro (di ultime notizie); *~ bomba* scoop *inv/ingl*; **~ar** *vt* dare notizie, comunicare; **~ario** *m* notiziario; *~ hablado* giornale radio; **~ero** *m* giornale; **~ón** *m* gran notizia *f*
notific|ación *f ius* notificazione; **~ar** <*notifiqué*> *vt* notificare
notori|edad *f* notorietà, fama, celebrità; **~o** *adj* notorio, noto, pubblico, manifesto
novación *f ius* novazione
novat|ada *f stud/mil* ="scherzo fatto alle matricole" *m*; **~o** *adj/s* principiante, novellino; *stud* matricola *f*
novecient|os, -as *adj/m card* novecento
noved|ad *f* novità *inv*; **~oso** *adj* nuovo, originale
novel *adj* novello, principiante; **~a** *f (a..fig)* romanzo *m*; *~ corta* novella, racconto; *~ negra, rosa* romanzo giallo, rosa; **~ar** *vi* novellare, raccontare novelle; **~esco** *adj* romanzesco; avventuroso; **~ista** *m/f* romanziere, -a; novelliere, -a (*novela corta*); **~ón** *m* romanzone, romanzo d'appendice
noven|a *f eccl* novena; **~ario** *adj/s* novendiale; **~o** *adj* nono; **~ta** *adj/m* novanta; *ord* novantesimo
novia *f* 1. sposa (*casada*); 2. fidanzata; **~zgo** *m* fidanzamento
novici|ado *m eccl/fig* noviziato; **~o** *adj/s* novizio
noviembre *m* novembre
novill|ada *f taur* corrida di torelli; mandria di torelli; **~ero** *m taur* torero di *novilladas*; **~o** 1. *m zool* vitello; *taur/zool* torello; *fig* cornuto; 2. *mpl am* corrida di torelli *f*; *hacer ~s* marinare la scuola, bigiare
novilunio *m* novilunio, luna nuova *f*
novio *m* 1. sposo (*casado*); 2. fidanzato; *quedarse compuesta y sin ~* restare col danno e con le beffe; *(Esp) los ~s de la muerte i* legionari
novísimo *adj/s* nuovissimo, novissimo
nubarrón *m* nuvolone
nube *f* nuvola, *geogr/med* nube; *~ de verano* tormenta estiva; *como caído de las ~s* come piovuto dalle nuvole; *andar por las ~s* salire alle stelle (i prezzi); *estar, vivir en las ~s* vivere nelle nuvole, avere la testa nelle nuvole; *estar en una ~* essere in estasi; *levantar, subir hasta las ~s* elevare al settimo cielo, esaltare
Nubi|a *f* Nubia; ***~ense** *adj/s* nubiano
núbil *adj/f* nubile
nubl|ado 1. *adj* nuvoloso, annuvolato; **2.** *m* nuvolaglia *f*, nuvolo; *levantarse, pasar el ~* tornare il sereno; **~arse** rannuvolarsi, annuvolarsi; offuscarsi
nubos|idad *f meteo* nuvolosità; **~o** *adj* nuvoloso
nuca *f* nuca
nuclear *adj* nucleare; **~izar** <*nuclearicé*> *vt* nuclearizzare
nucléico *adj* nucleico
núcleo *m* nucleo
nudillo *m* nocca *f* (*dedos*); *tec* tassello
nudis|mo *m* nudismo; **~ta** *m/f* nudista
nudo *m* nodo; *fig* vincolo, legame; *lit* in-

treccio; *med* nodosità *f*; ~ *gordiano, corredizo* nodo gordiano, scorsoio; *hacerse, atravesarse un ~ en la garganta* venire un nodo alla gola
nudoso *adj* nodoso
nuera *f* nuora
nuestr|o *m*, **-a** *f*, **-os** *mpl*, **-as** *fpl adj/pr* nostro, -a, -i, -e; *hacer una de las ~as* combinarne una delle nostre; *lo ~ es* ciò che va bene per noi è; ciò che è nostro è; il nostro è
nueva *f* nuova, notizia; ~**mente** *adv* di nuovo, nuovamente
Nueva York *geogr* New York
nueve *adj/m card* nove; *ord* nono
nuevo *adj* nuovo; *año ~, vida ~a/año ~, borrón y cuenta ~a* anno nuovo, vita nuova; *~a ola* nouvelle vague, new wave, ultima moda; *¿Qué hay de ~?* C'è qualcosa di nuovo?, Che c'è di nuovo?
nuez *f bot* noce (*fruto*); ~ *(de Adán)* il pomo d'Adamo; ~ *moscada* noce moscata; *(fam) apretar la ~ a alg* strangolare q
nul|idad *f* nullità; ~**o** *adj ius* nullo; inetto, nullo
numer|able *adj* numerabile; ~**ación** *f* numerazione; ~**ador** *adj/m* numeratore; ~**adora** *f tip* numeratrice; ~**al** *adj/m* numerale; ~**ar** *vt* numerare; ~**ario** 1. *adj econ* numerario; **2.** *adj/s adm* impiegato o professore di ruolo; **3.** *m* denaro contante
numérico *m* numerico
número *m* numero; ~ *primo, quebrado* numero primo, frazionario/fratto; ~ *uno* numero uno; *sin ~* senza numero; *barajar ~s* fare, congetturare calcoli; *montar un ~* fare una scenata
numeroso *adj* numeroso
numismátic|a *f* numismatica; ~**o** *adj* numismatico
nunca *adj* mai; ~ *jamás* giammai, mai più; *no lo haré ~* non lo farò mai; ~ *se lo diré* non glielo dirò mai; *más vale tarde que ~* meglio tardi che mai
nuncio *m* nunzio; annunzio, segno
nupci|al *adj* nuziale; ~**as** *fpl lit* nozze; *casarse en segundas ~s* sposare/sposarsi per la seconda volta
nutria *f zool* lontra
nutri|cio *adj* nutritivo; ~**ción** *f* nutrizione, alimentazione; ~**r** *vt* nutrire, alimentare; ~**tivo** *adj* nutritivo
nylon *m* nylon, nailon

Ñ

ñame *m bot* igname
ñandú *m zool* nandù, struzzo americano
ñaño *m am* fratello
ñapa *f* piccolo omaggio *m*, regalino *m*
ñaque *m* ciarpame
ñato *adj* schiacciato
ñiquiñaque *m* cosa o persona spregevole *f*
ñoñ|**ería** *f* sciocchezza, stupidaggine; ~**o** *adj* stupido, sciocco
ñora *f bot* ="varietà di peperone secco"
ñu *m zool* gnu

O

o *conj* o, ovvero, oppure; ~ *sea* ossia
oasis *m geogr/fig* oasi *f*
obcec|ación *f* offuscamento *m*, accecamento *m*, cecità; ~**ado** *adj fig* offuscato, cieco; ~**arse** <*obcequé*> offuscarsi
obed|ecer <*13a obedezco*> *vt* ubbidire, obbedire; ~**iencia** *f*, ~**ecimiento** *m* ubbidienza *f*, obbedienza *f*; ~**iencial** *adj* relativo all'ubbidienza; ~**iente** *adj* ubbidiente, obbediente
obelisco *m* obelisco
obertura *f mus* ouverture *fr/inv*
obes|idad *f* obesità, pinguedine; ~**o** *adj* obeso, pingue
óbice *m* ostacolo, impedimento; *no ser* ~ *para* non ostare a, non essere d'ostacolo a
obisp|ado *m* vescovato, vescovado (*sede*); episcopato; ~**o** *m* vescovo; ~ *auxiliar, in partibus* vescovo ausiliare, in partibus
óbito *m lit* decesso, obito, trapasso
obje|ción *f* obiezione, contestazione; ~ *de conciencia* obiezione di coscienza; ~**tar** *vt* obiettare; ~**tividad** *f* obiettività, oggettività; ~**tivo 1.** *adj* obiettivo, oggettivo; **2.** *m foto* obiettivo; *(TV)* ~ *indiscreto* specchio segreto
objeto *m* oggetto; argomento, tema; scopo; *al/con* ~ *de* allo scopo di; *sin* ~ senza causa; *mujer, hombre* ~ donna, uomo oggetto; *ser* ~ *de* essere oggetto di; *tener como* ~ avere come scopo
objetor *m* obiettore; ~ *de conciencia* obiettore di coscienza
obl|ación *f eccl* oblazione; ~**ato** *adj/s eccl* oblato; ~**ea** *f* ostia
oblicuidad *f* obliquità
oblicuo *adj* obliquo
oblig|ación *f* obbligo *m*; *econ/ius* obbligazione; ~**acionista** *m/f com* obbligazionista; ~**ado** *adj/m mus/sport/ius* obbligato; *estar* ~ sentirsi obbligato; ~**ar** <*obligué*> **1.** *vt* obbligare, costringere; **2.** ~*se* compromettersi; ~**atorio,** ~**tivo** *adj* obbligatorio
obliteración *f med* obliterazione
oblongo *adj* oblungo
obnubilación *f med* obnubilamento *m*
oboe *m mus* oboe
óbolo *m* obolo
obra *f* opera; lavoro *m*; *arch* cantiere *m*; *eccl* Opus Dei *m*; ~ *de caridad, de misericordia* opera di carità, di misericordia; ~ *dramática, literaria, de teatro* opera drammatica, letteraria, teatrale; ~ *de arte* opera d'arte; ~ *de referencia* opera di consultazione; *(mar)* ~ *muerta, viva* opera morta, viva; ~ *maestra* capolavoro; ~*s pías* opere pie; ~*s de acabado* lavori di rifinitura; ~*s públicas* lavori pubblici; *de* ~ di fatto; *en* ~*s* lavori in corso; *por* ~ *de* per opera di; *a pie de* ~ a piè d'opera; *mano de* ~ manodopera; *¡manos a la* ~*!* mettiamoci all'opera!; *edificio en* ~*s* edificio in restauro o in costruzione; *estamos de* ~*s* stiamo facendo lavori di riparazione
obrador *m* operatore (*persona*); opificio
obrar 1. *vt* fare, operare; *la fe obra milagros* la fede fa/opera miracoli; **2.** *vi* agire, fare effetto; esistere, essere; *ya ha obrado la medicina* la medicina ha già fatto effetto; *la carta obra en mis manos* la lettera è nelle mie mani
obrep|ción *f ius* obrezione, orrezione; ~**ticio** *adj/ius* obrettizio, orrettizio
obrer|ismo *m pol* operaismo; ~**ista** *adj/s* operaista; ~**o** *adj/s* operaio; ~ *cualificado* operaio specializzato, qualificato; *Comisiones* *~*as* (Sindacato) Commissioni Operaie
obscen|idad *f* oscenità; ~**o** *adj* osceno, impudico
obscuro V. **oscuro**
obsequiar *vt* ossequiare
obsequio *m* omaggio, regalo, dono; deferenza *f*, ossequio; ~**sidad** *f* ossequiosità, deferenza; ~**so** *adj* ossequioso, rispettoso, deferente
observ|ación *f* osservazione; obiezione; ~**ador** *adj/s* osservatore; rispettoso; ~**ancia** *f* osservanza; ~**ante** *adj/s eccl* osservante; ~**ar** *vt* osservare, notare; ~**atorio** *m* osservatorio; ~ *astronómico* osservatorio astronomico
obses|ión *f psic/fig* ossessione; idea fissa, mania; ~**ionar** *vt* ossessionare, assillare, perseguitare; ~**ivo** *adj* ossessivo; ~**o** *adj/s* ossesso, spiritato
obsoleto *adj* obsoleto
obst|aculizar <*obstaculicé*> *vt* ostacolare; ~**áculo** *m* ostacolo, impedimento, intoppo
obstante: no ~ *conj* nonostante tutto, tuttavia, ciononostante
obstar *vi* ostare, impedire
obstetricia *f* ostetricia
obstin|ación *f* ostinazione, caparbietà; ~**ado** *adj* ostinato, caparbio, pervicace; ~**arse** ostinarsi, impuntarsi; ~ *en hacer algo* ostinarsi a fare qc
obstrucci|ón *f mil/med* ostruzione; ~**onismo** *m sport/pol/mil* ostruzionismo
obstruir <*14 obstruyo, obstruyó*> *vt* ostruire, occludere
obten|ción *f* ottenimento *m*, conseguimento *m*; ~**er** <V. *tener*> *vt* ottenere, conseguire, raggiungere
obtur|ación *f tec/med* otturazione; ~**ador** *m tec/foto* otturatore; ~**ar** *vt* otturare, ostruire; *tec* otturare
obtuso *adj mat/fig* ottuso
obús *m mil* obice
obvencional <*pl obvencionales*> **1.** *adj* relativo agli incerti; **2.** *mpl* incerti
obvi|ar <*obvio/obvío*> *vt* ovviare, evitare; ~**o** *adj* ovvio, evidente
oca *f zool* oca; gioco dell'oca *m*
ocarina *f mus* ocarina
ocasión *f* occasione, opportunità; motivo *m*; *buena* ~ occasione buona, momento buono; buona occasione, buon affare; *a la* ~ *la pintan calva* bisogna cogliere l'occasione, la fortuna passa una volta sola; *con* ~ *de* in occasione di; *de* ~ d'occasione; *la* ~ *hace al ladrón* l'occasione fa l'uomo la-

dro; *en ~nes* a volte; *en la primera ~* alla prima occasione; *aprovechar la ~* approfittare dell'occasione; *asir/coger la ~ por los pelos* cogliere l'occasione al volo; *dar ~* dare occasione, motivo; *dejar escapar la ~* farsi/lasciarsi sfuggire l'occasione
ocasion|al *adj* occasionale, casuale, accidentale; **~ar** *vt* causare, cagionare, produrre, provocare
ocaso *m meteo/fig* tramonto; *fig* decadenza *f*, caduta *f*
occident|al *adj/s* occidentale; **~e** *m* occidente; ovest, ponente
occip|ital *adj* occipitale; **~ucio** *m* occipite, nuca *f*
occiso *adj/s ius* ucciso
Occitan|ia *f* Occitania; ***~o 1.** *adj* occitanico; **2.** *m* occitano (*lengua*)
OCDE *f* OCSE
oceánico *adj* oceanico
océano *m* oceano
ocelote *m zool* ocelot, ozelot
och|enta *adj/m card* ottanta; *ord* ottantesimo; **~o** *adj/m* otto; **~ocientos, -as** *adj/m* ottocento *inv*
ocio *m* ozio; riposo; **~sidad** *f* oziosità; **~so 1.** *adj/s* ozioso; **2.** *adj* inutile, triviale
ocluir *<14 ocluyo; ocluyó> vt med* occludere
oclus|ión *f med* occlusione, ostruzione; **~iva** *f ling* occlusiva; **~ivo** *adj* occlusivo
ocre *m* ocra *f*
octaedro *m* ottaedro
octagonal *adj* ottagonale
octágono *m* ottagono
octan|aje *m chim* numero di ottani; **~o** *m chim* ottano; *índice de ~s* numero di ottani
octava *f mus/rel/lit* ottava
octavilla *f pol/com* manifestino *m*, volantino *m*
octavo *adj/m* ottavo; *(sport) ~s de final* ottavi di finale
octo|genario *adj/s* ottuagenario, ottantenne; **~gonal** *adj* ottagonale
octó|gono *m* ottagono; **~podo** *adj/m* ottopodo
octubre *m* ottobre
ocul|ar 1. *adj* oculare; **2.** *m* oculare; **~ista** *adj/s* oculista
ocult|ación *f astr* occultazione; occultamento *m*; **~ar** *vt* occultare, nascondere, celare; **~ismo** *m* occultismo; **~o** *adj* occulto, nascosto
ocup|ación *f mil/ius/fig* occupazione; lavoro *m*, impiego *m*; **~acional** *adj* occupazionale; **~ante** *adj/s* occupante; **~ar 1.** *vt* occupare; impiegare, dare occupazione; **2.** *~se* occuparsi (*de* di); lavorare *vi*
ocurr|encia *f* 1. caso *m*; 2. arguzia, battuta; 3. idea; *una feliz ~* una brillante idea; *una ~ disparatada* un'idea stramba; *¡Qué ~!* Che idea!; **~ente** *adj* opportuno; grazioso; **~ido** *adj/m* accaduto; **~ir** *vi* succedere, accadere, avvenire; venire in mente; *ocurre que* succede/accade/avviene che; *se me ocurrió escribirle* mi venne in mente di scrivergli/le
oda *f lit* ode; **~lisca** *f* odalisca
odiar *vt* odiare, detestare
odio *m* odio, avversione *f*, ripugnanza *f*; **~sidad** *f* odiosità; **~so** *adj* odioso, detestabile
odisea *f* odissea
odont|ología *f* odontologia, odontoiatria; **~ológico** *adj* odontologico; **~ólogo** *adj/s* odontologo, odontoiatra
odor|ífero *adj* odorifero, fragrante; **~izante** *adj* odorizzante
odre *m* otre
oeste *m* ovest; occidente; west; *al ~* a ovest; *el lejano ~* il lontano west
ofender 1. *vt* offendere; ingiuriare, oltraggiare; **2.** *~se* offendersi
ofens|a *f* offesa, ingiuria, oltraggio *m*; **~iva** *f* offensiva; *lanzar a/pasar a/tomar la ~* sferrare l'offensiva; **~ivo** *adj* offensivo, oltraggioso, ingiurioso; **~or** *adj/s* offensore
oferente *m/f* offerente
ofert|a *f* offerta; dono *m*, regalo *m*; *demanda y ~* domanda e offerta; *exceso de ~* eccesso di offerta; *estar de ~* essere in offerta; **~ar** *vt* offrire; **~orio** *m eccl* offertorio
off *adj/adv* off, spento; *estar en ~* essere in off/fuori campo
offset *m* offset
oficial 1. *adj* ufficiale; **2.** *m mil/ius* ufficiale; operaio; impiegato; *~ de albañil* muratore; *~ de aduana* ufficiale/impiegato di dogana; **~a** *f* operaia; **~idad** *f* ufficialità; **~ista** *m/f Arg/pol* ufficialista; **~izar** *<oficialicé> vt* ufficializzare
oficiar *vt* ufficiare, celebrare, officiare; fare da; comunicare
oficin|a *f* ufficio *m*, studio *m*; laboratorio *m*; *~ de objetos perdidos* ufficio oggetti smarriti; *~ de información* ufficio informazioni; **~al** *adj* officinale; **~esco** *adj/desp* burocratico, da ufficio; **~ista** *m/f* impiegato, -a
oficio *m* 1. mestiere, professione *f*, *escuela de artes y ~s* scuola d'arti e mestieri; impiego, incarico; 2. scritto ufficiale, lettera di ufficio *f*; *de ~* d'ufficio; *sin ~ ni beneficio* senza arte, né parte; 3. *eccl* ufficio; *Santo * ~* Inquisizione; 4. *mpl* funzioni *fpl*; *buenos ~s* buoni uffici
oficios|idad *f* ufficiosità, officiosità; **~o** *adj* ufficioso, officioso; sollecito, compiacente
ofidio *adj/m zool* ofidio
ofita *f min* ofite
ofimática *f* automatizzazione dell'ufficio, office automation *ingl*
ofrec|er *<13a ofrezco>* **1** *vt* offrire; dare, porgere; presentare; **2.** *~se* offrirsi; saltare in mente *vi*; desiderare *vt*; *¿Qué se le ofrece?* Che desidera?; *se me ofrece que* mi salta in mente che; **~imiento** *m* offerta *f*, dono; proposta *f*
ofrenda *f eccl* offerta, presente *m*; **~r** *vt eccl* offrire
oftalm|ología *f* oftalmologia; **~ólogo, -a** *m/f* oftalmologo, -a
ofusc|ación *f* offuscamento *m*; **~amiento** *m* offuscamento; *foto* velatura *f*; **~ar** *<ofusqué> vt* offuscare, oscurare; abbagliare; *fig* offuscare, turbare

ogro *m mit/fig* orco; *fig* mostro
¡oh! *excl* oh!
ohmi|o *m fis* ohm; ~**ómetro** *m* ohmmetro, ohmetro
oí|ble *adj* udibile; ~**da** *f* udita; *de ~s* per sentito dire
oído *m* udito (*sentido*); orecchio (*órgano*); *al ~* all'orecchio; *buen ~* buon orecchio; *de ~* a orecchio; *duro de ~* duro d'orecchio/di udito; *aguzar/alargar, aplicar el ~* aprire bene le orecchie; *cerrar los ~s* turarsi gli orecchi/le orecchie; *dar ~s* dare ascolto; *entrarle por un ~ y salirle por el otro* entrare da un orecchio e uscire dall'altro; *hacer ~s de mercader* fare orecchie da mercante; *hacer ~s sordos* fare il sordo; *llegar a ~s de* giungere all' orecchio di
oír <*30 oigo, oyes; oyó*> *vt* udire, sentire; ascoltare; *como oyes* proprio così; *como quien oye llover* senza far caso; *¡Oye!, ¡Oiga!* Senti!, Senta!; Pronto (*teléfono*); *he oído decir que* ho sentito dire che
ojal *m* occhiello, asola *f*
¡ojalá! *excl* Magari!, Voglia Iddio!; *am/conj* sebbene
ojea|da *f* occhiata, sguardo *m*; *echar una ~* dare uno sguardo; ~**dor** *m* battitore (*caza*); ~**r** *vt* dare uno sguardo *vi*; guardare; fare la battuta *vi* (*caza*)
ojeo *m* battuta di caccia *f*
ojer|as *fpl* occhiaie; ~**iza** *f* antipatia, rancore *m*; ~**oso** *adj* con occhiaie
ojete *m* occhiello; *fam/fig* buco del sedere
ojiva *f arch/mil* ogiva; ~**l** *adj* ogivale
ojo *m* 1. *med/fig* occhio; vista *f*; 2. cruna *f* (*aguja*); 3. toppa (della serratura) *f*; *fig* buco; *fig* attenzione *f*; *tip* occhio; *¡(Mucho)~!* Attenzione!; *~ clínico* occhio clinico; *~ avizor* all'erta; *~ a la funerala* occhio pesto; *~ de perdiz* occhio di pernice (*tela*); *(bot/arch) ~ de buey* occhio di bue; *~ de gato* occhio di gatto; *(fam) ~ de pollo, de gallo* occhio di pernice (*pie*); *el ~ del amo engorda el caballo* l'occhio del padrone ingrassa il cavallo; *a ~ (de buen cubero)* a occhio (e croce); *~s de besugo, de carnero* occhi di pesce; *a ~s cerrados* a occhi chiusi; *los ~s clavados* con gli occhi fissi; *¡dichosos los ~s (que te ven)!* benedetto sia il signore!; *con los ~s abiertos* a occhi aperti; *hasta los ~s* fino ai capelli; *los ~s en blanco* con gli occhi stralunati; *los ~s fuera de las órbitas* gli occhi fuori dalle orbite; *~s saltones* occhi sporgenti; *~s que no ven, corazón que no siente* lontano dagli occhi, lontano dal cuore; *abrir los ~s* aprire gli occhi; *alzar, bajar los ~s* alzare, abbassare gli occhi; *bailarle los ~s* avere gli occhi che brillano; *cerrar el ~* chiudere un occhio; *cerrar los ~s* chiudere un po' gli occhi, riposare; *clavar los ~s en* piantare gli occhi addosso a; *comer con los ~s* mangiare con gli occhi; *costar un ~ de la cara* costare un occhio della testa; *echar, poner el ~ en* mettere gli occhi addosso a; *en un abrir y cerrar de ~s* in un batter d'occhio; *estar/andar con cien ~s* stare molto attenti; *hablar con los ~s* parlare con gli occhi; *írsele los ~s por/tras algo* perdere il lume degli occhi per qc; *meter una cosa por los ~s* mettere qc davanti agli occhi (*para que guste*); *mirar con buenos/malos ~s* vedere di buon/mal occhio; *ofender los ~s* offendere la vista; *no pegar ~* non chiuder occhio; *sacarse los ~s* cavarsi gli occhi; *saltar a los ~s* saltare agli occhi; *ser el ~ derecho* essere l'occhio destro; *ser todo ~s* essere tutt'occhi; *tener entre ~s* avere sullo stomaco; *torcer los ~s* guardare storto
ola *f* onda; *fig* ondata; *romperse las ~s* infrangersi le onde
¡olé! *excl* bravo!, bene!
oleada *f* ondata; *agr* buona raccolta di olio
oleaginoso *adj* oleoso
oleaje *m* mareggiata *f*, mareggio, ondeggiamento
olei|co *adj chim* oleico; ~**cultor** *m* oleicoltore, olivicoltore; ~**cultura** *f* olivicoltura
oleína *f chim* oleina
óleo *m eccl* olio santo, crisma; estrema unzione *f*; *(pitt) al ~* ad olio
oleoducto *m* oleodotto
oleografía *f* oleografia
oleoso *adj* oleoso
oler <*9b huelo*> *vt/vi* odorare; annusare *vt*, fiutare *vt*; *~ (mal)* puzzare; *(fig) ~ mal* essere sospettoso; *(fig) ~ algo a* sapere qc di; *(a. fig) ~ que apesta* puzzare, appestare; *~ bien* essere profumato, avere un buon odore
olfat|ear *vt* fiutare; *fig* annusare, indagare; *fig* sospettare; ~**ivo** *adj* olfattivo; ~**o** *m* olfatto, odorato; *fig* fiuto
oliente *adj* odorante; *mal ~* puzzolente
olig|arca *m* oligarca; ~**arquía** *f* oligarchia; ~**árquico** *adj* oligarchico
oligoceno *m geol* oligocene
oligo|elemento *m cient* oligoelemento; ~**frénico** *adj/s* oligofrenico; ~**polio** *m econ* oligopolio
olimp|iada, ~íada *f* olimpiade
olímpico *adj* olimpico; *fig* altero, sdegnoso
Olimpo *m* Olimpo
olis|car, ~quear *vt* annusare, fiutare
oliv|a *f bot/arch* oliva; *fig/ant* pace; ~**ar** *m bot* oliveto; ~**o** *m bot* olivo; *(taur) tomar el ~* ripararsi dietro la barriera
olla *f* pentola; pignatta; *(gastr) ~ podrida* ="minestrone di carne e legumi", olla podrida *Esp*; *~ exprés* pentola a pressione; *(fig) ~ de grillos* casino; *~ de fuego* pentola di fuoco
olmo *m bot* olmo; *pedir peras al ~* voler cavar il sangue da una rapa
ológrafo *adj ius* olografo
olor *m* odore; effluvio; *fig* sentore, indizio; *buen ~* profumo, buon odore; *mal ~* puzza, cattivo odore; *morir en ~ de santidad* morire in odore di santità
oloroso *adj* odoroso, fragrante
olvid|adizo *adj* smemorato; ~**ar 1.** *vt* dimenticare, scordare; obliare *lit*; **2.** *~se* dimenticarsi (*de* di); ~**o** *m* dimenticanza *f*, oblio *lit*; distrazione *f*; *echar en el ~* dimenticare; *sepultar en el ~* seppellire nell'oblio
ombligo *m* ombelico; *fig* centro; *(bot) ~*

de Venus ombelico di Venere; *encogérsele, arrugársele el ~ (a alg)* spaventarsi (q)
omega *f* omega *f/m*
ominoso *adj* ignominioso, infame
omi|sión *f* omissione; negligenza; *salvo error u ~* salvo errori ed omissioni; salvo errore od omissione; **~tir** *vt* omettere, trascurare
ómnibus *m elec* sbarra collettrice *f*; *tras* treno locale, omnibus *inv*; *Ur* autobus
omni|potencia *f* onnipotenza; **~potente** *adj* onnipotente; **~presente** *adj* onnipresente; **~sapiente, ~sciente** *adj* onnisciente
omnívoro *adj/s* onnivoro
omóplato, omoplato *m med* scapola *f*, omoplata *f*
onanismo *m* onanismo
once 1. *adj card* undici; *ord* undicesimo; **2.** *m sport* squadra di calcio *f*
ONCE *f* associazione nazionale spagnola dei ciechi
once|avo, ~no *adj/s* undecimo, undicesimo
oncología *f* oncologia
ond|a *f fis/fig* onda; *~ de choque* onda d'urto; *estar en la ~* essere alla moda; **~ear** *vi* ondeggiare
ondul|ación *f* ondulazione; **~ado 1.** *adj* ondulato; **2.** *m* onda *f*; **~ar** *vt* ondulare; **~atorio** *adj* ondulatorio
oneroso *adj* oneroso, gravoso; *contrato ~* contratto oneroso
ónice, ónix *m min* onice
onírico *adj* onirico
onomástic|a *f* onomastica; **~o** *adj/m* onomastico
onomato|peya *f* onomatope(i)a; **~péyico** *adj* onomatopeico
onto|logía *f fil* ontologia; **~lógico** *adj* ontologico
O.N.U. *f* O.N.U.
onza *f* oncia; porzione di una tavoletta di cioccolata; *zool* lonza; *am zool* giaguaro *m*
opa 1. *adj/s am* sciocco; **2.** *f econ* opa
opac|idad *f* opacità; **~o** *adj* opaco; fosco, triste
opalescencia *f* opalescenza
opalin|a *f* opalina; **~o** *adj* opalino
ópalo *m min* opale; *~ noble* opale nobile
opci|ón *f ius/fig* opzione; scelta; **~onal** *adj* opzionale, facoltativo
OPEP *f* OPEC
ópera *f teatro/mus* opera
operable *adj* fattibile; *med* operabile
operación *<pl operaciones>* *f* operazione; *~ de cesárea* taglio cesareo; *~ a la baja, al alza, al contado, en firme* operazione al ribasso, al rialzo, in contanti, a termine fermo; *~es bursátiles, de cambio* operazioni di borsa, di cambio; *~es militares, matemáticas...* operazioni militari, matematiche...; *mesa de ~es* letto operatorio
operador *adj/s cine/tec/mat/fig* operatore
operar *vt med/fig* operare
operari|o, -a *m/f* operaio, -a
operativ|idad *f* operatività; **~o 1.** *adj* operativo; **2.** *m am/mil* azione *f*, operazione *f*
operatorio *adj* operatorio
opereta *f mus* operetta
operístico *adj* operistico
opiáceo *adj/s* oppiaceo
opin|able *adj* opinabile, discutibile; **~ar** *vi* opinare, pensare; discutere; **~ión** *f* opinione, parere *m*, giudizio *m*; *en mi ~* a mio parere; *en ~ de* secondo l'opinione di; *tener buena, mala ~ de* avere una buona, cattiva opinione di
opio *m* oppio
opíparo *adj* splendido, lauto
opon|ente *adj/s* opponente; **~er** *<32 V. poner>* **1.** *vt* opporre; **2.** *~se* opporsi (*a* a), contrastare *vi* (*a* con)
oporto *m* vino di Oporto
oportun|idad *<pl oportunidades>* *f* 1. opportunità, convenienza, occasione; 2. *fpl* saldi *mpl* (*venta*); **~ismo** *m* opportunismo; **~ista** *adj/s* opportunista; **~o** *adj* opportuno, conveniente
oposi|ción *f* opposizione; antagonismo *m*, contesa; *adm* concorso (statale) *m*; *pol/astr* opposizione; *~ a cátedra* concorso a cattedra; *sacar/ganar una ~* vincere un concorso; **~tar** *vi adm* concorrere; **~tor** *adj/s adm* concorrente; oppositore
opres|ión *f med* oppressione; giogo *m*; **~ivo** *adj* oppressivo; **~or 1.** *adj* oppressore, opprimente; **2.** *m* tiranno, oppressore
oprimir *vt* opprimere; schiacciare
oprobio *m* obbrobrio, infamia *f*, ignominia *f*; **~so** *adj* obbrobrioso, vergognoso, infame
opta|r *vi* optare (*por* per), scegliere *vt*; **~tivo** *adj ling* ottativo; *stud* facoltativo, opzionale
óptic|a *f* ottica; **~o** *adj/m* ottico
optim|ar, ~izar *vt* ottimizzare; **~ismo** *m* ottimismo; **~ista** *adj/s* ottimista
óptimo *adj/lit* ottimo *est*
opuesto *adj* opposto, contrario
opul|encia *f* opulenza, ricchezza; **~ento** *adj* opulento, ricco
opúsculo *m* opuscolo, fascicolo, dépliant *fr/inv*
oquedad *f* vuoto *m*, cavità; *fig* inconsistenza
ora *adv/lit* ora (*correlativo*)
oración *f ling* orazione, proposizione; *eccl* orazione, preghiera
oráculo *m* oracolo
orad|or, -ora *m/f* oratore, -trice; conferenziere, -a; parlatore, -trice
oral *adj* orale; verbale
orangután *m zool* orangutan *inv*, orangutano
orar *vi lit* pregare, orare
orate *m/f* demente
oratori|a *f* oratoria, eloquenza; **~o** *adj/m eccl/mus* oratorio
orbe *m* orbe, circolo; mondo
órbita *f cient/fig* orbita; *fig* ambito *m*, sfera
orbital *adj* orbitale
orca *f*, **orco** *m zool* orca *f*
órdago: de ~ *adv* magnifico, eccellente, coi fiocchi
orden *<pl órdenes>* 1. *m* ordine; *cient/arch* ordine; *de ~ de* per ordine di; *~ pú-*

blico ordine pubblico; *el ~ del día* l'ordine del giorno; *el ~ sacerdotal* l'ordine sacerdotale; *en ~ (a)* in ordine (a); *por ~ alfabético* per ordine alfabetico; *llamar al ~* richiamare all'ordine; *poner en ~* mettere in ordine; 2. *f* ordine *m*; *estar a la ~ del día* essere usuale, essere all' ordine del giorno; *estar a las ~es de alg* essere agli ordini di q; *una ~ religiosa, militar* un ordine religioso, militare; *~ de arresto* mandato di cattura; *¡A la ~!* Agli ordini!; Signorsì! (*contestación*); *(com) a la ~* all'ordine; *(com) una ~ de entrega, de pago* un ordine di consegna, di pagamento

orden|ación *f eccl/com* ordinazione; ordine *m*; *~ de pagos* ufficio di contabilità; **~ada** *f mat* ordinata; **~ador** *adj/m* ordinatore; *tec* computer *ingl/inv*; *~ personal* personal computer; **~amiento** *m* ordinamento; *ius* statuto, legge *f*; **~ando** *m eccl* ordinando; **~anza** 1. *m* usciere, *mil* attendente; 2. *f ius/mil* ordinanza; **~ar** *vt* ordinare, mettere in ordine; comandare, ordinare; *eccl* ordinare

ordeñ|adora *f tec* mungitrice; **~ar** *vt* mungere; **~o** *m* mungitura *f*

ordin|al *adj* ordinale; **~ariez** *f* volgarità; **~ario** *adj* ordinario; volgare, ordinario, grossolano; *de ~* di solito; *juez ~* giudice ordinario; *vía ~a* via ordinaria

orear 1. *vt* arieggiare, ventilare; **2.** *~se* ventilarsi; uscire a prendere aria *vi*

orégano *m bot* origano; *no todo el monte es ~* non sono tutte rose e fiori

oreja *f med/fig* orecchio *m*; *con las ~s gachas* a capo chino; *aguzar las ~s* aprire bene gli orecchi/le orecchie; *apearse por las ~s* agire male; *calentarle (a alg) las ~s* fare una lavata di testa a q, tirare gli orecchi a q; *descubrir la ~* scoprire il lato debole; *mojarle la ~ a alg* vincere q; soffiare negli orecchi a q; *poner (a alg) las ~s coloradas* far diventare rosso q; *ver las ~s al lobo* correre un brutto rischio

orejón *m gastr* pesca secca *f*

orejudo *adj* orecchiuto

orfan|ato *m* orfanotrofio; **~dad** *f* orfanezza; abbandono *m*

orfebre *m* orefice, gioielliere; **~ría** *f* oreficeria

orfeón *m* coro, società corale *f*

orfeonista *m/f* corista

organdí *m* organza *f*, organdi

orgánico *adj* organico

organigrama *m* organigramma

organill|ero, -a *m/f* suonatore, -trice di organetto; **~o** *m* organetto

organismo *m* organismo; *adm* organismo, ente

organista *m/f* organista

organiz|ación *f* organizzazione; **~ador** *adj/s* organizzatore; **~ar** <*organicé*> *vt* organizzare, disporre, preparare

órgano *m cient/mus/tec/fig* organo

orgasmo *m* orgasmo

orgía *f* orgia

orgullo *m* orgoglio; superbia *f*, alterigia *f*, arroganza *f*; **~so** *adj* orgoglioso; superbo, altero, arrogante

orient|able *adj* orientabile; **~ación** *f* orientamento *m*; *sentido de ~* senso di orientamento; *curso de ~ universitaria* corso di orientamento universitario; **~al** *adj/s* orientale; **~ar 1.** *vt* orientare; **2.** *(fig) ~se* indirizzarsi, orientarsi; **~e** *m* oriente, est, levante; *Medio, Extremo, Cercano ~* Medio, Estremo, Vicino Oriente; *Gran * ~* Grande Oriente

orificio *m* orifizio, apertura *f*, foro

origen <*pl orígenes*> *m* origine *f*; fonte *f*, genesi *f*; nascita *f*, cuna *f*, provenienza *f*; *dar ~* dare origine; *defecto, denominación de ~* difetto, denominazione d'origine; *de ~* di origine, originario

origin|al *adj/m* originale; **~alidad** *f* originalità; **~ar 1.** *vt* originare, causare, generare; **2.** *~se* derivare *vi*, nascere *vi*; **~ario** *adj* originario; oriundo

orilla *f geogr* riva, sponda; orlo *m*, bordo *m*, margine *m*; *a la ~ de* in riva a, sulla riva di; *a ~ de* vicino a; **~r** *vt* orlare (*tela*); aggiustare (*asuntos*); *fig* schivare

orín <*pl orines*> 1. *m* ruggine *f*; 2. *mpl* orina *f*

orina *f* orina; **~l** *m* vaso da notte, orinale; **~r** *vi* orinare

oriundo *adj* oriundo, originario

orla *f* festone *m*, gallone *m*; cornice *f*; *stud* ="quadro con le fotografie dei compagni di corso e professori fatto a fine laurea/diploma *m* (universitario)"; **~r** *vt* orlare; *tec* filettare, listare; incorniciare

ornament|ación *f* ornamentazione; **~al** *adj* ornamentale; **~ar** *vt* ornare, adornare, addobbare; **~o** 1. *m* ornamento, adorno, addobbo; *arch* fregio; 2. *mpl eccl* paramenti

ornar *vt* ornare, adornare, abbellire

ornato *m* ornato, fregio

ornit|ología *f* ornitologia; **~ólogo, -a** *m/f* ornitologo, -a

oro 1. *m* oro; *~ de ley, de 18 quilates* oro fino, a 18 carati; *como los chorros del ~* brillante, lucente; *como ~ en paño* come fosse oro; *no es ~ todo lo que reluce* non è tutt'oro ciò che luce; *corazón de ~* cuore d'oro; *hacerse de ~* diventare ricchissimo; *prometer el ~ y el moro* promettere tutto l'oro del mondo, promettere mari e monti; 2. *mpl* denari (*naipes*)

orog|enia *f geol* orogenesi; **~énico** *adj* orogenico

orogr|afía *f* orografia; **~áfico** *adj* orografico

orondo *adj* panciuto; *fig* soddisfatto, appagato; *fig* tranquillo

oropel *m* orpello; *fig* fronzolo

oropéndola *f zool* oriolo *m*, rigogolo *m*

orquesta *f* orchestra; **~ción** *f* orchestrazione; **~l** *adj* orchestrale; **~r** *vt* orchestrare

orquídea *f bot* orchidea

orquitis *f med* orchite

ortiga *f bot* ortica

orto|doncia *f med* ortodontia, ortodonzia; **~doxia** *f* ortodossia; **~doxo** *adj/s* ortodosso; **~epía** *f ling* ortoepia; **~fonía** *f* ortofonia; **~gonal** *adj* ortogonale; **~grafía** *f* ortografia; **~gráfico** *adj* ortografico; **~pedia**

f med ortopedia; ~**pédico** *adj* ortopedico; ~**pedista** *m/f* ortopedico *m*
ortópteros *mpl zool* ortotteri
oruga *f bot* ruca, ruchetta; *zool* bruco *m*, larva, baco *m*
orujo *m* acquavite *f* (*uva*); sansa *f* (*aceituna*)
orza *f* orcio *m*, orciolo *m*; *mar* orza; *(mar) a* ~ all'orza; ~**r** <*orcé*> *vi mar* orzare, andare contro vento
orzuelo *m med* orzaiolo
os *pr* vi; ~ *dije* vi dissi; *os llamé* vi chiamai; ~ *lo diré* ve lo dirò; *idos* andatevene; *amaos* amatevi
osa *f astr* orsa; *Esp ¡anda la ~!* Caspita, Capperi!
osad|ía *f* audacia, ardimento *m*, valore *m*; ~**o** *adj/s* audace, coraggioso, ardito, intrepido; insolente, sfacciato
osamenta *f* ossame *m*, scheletro *m*
osar, osario *m* ossario
óscar *m cine* oscar *inv*
oscil|ación *f* oscillazione; ~**ar** *vi* oscillare; *fig* vacillare, dubitare, esitare; ~**atorio** *adj* oscillatorio
ósculo *m lit* osculo
oscurantis|mo *m* oscurantismo; ~**ta** *m/f* oscurantista
oscurec|er <*13a oscurezco*> **1.** *vi/imp* annottare; diventare buio; **2.** *vt* oscurare; *fig* offuscare; ~**imiento** *m* oscuramento; *fig* offuscamento
oscuridad *f* oscurità, buio *m*; tenebre *fpl*
oscuro 1. *adj/m* oscuro, buio, scuro; **2.** *adj* cupo, fosco; *a ~as* all'oscuro
óseo *adj* osseo
osm|iato *m chim* osmiato; ~**io** *m chim* osmio; ~**osis, ósmosis** *f fis* osmosi
oso *m zool* orso; ~ *hormiguero* formichiere; ~ *polar, pardo* orso polare, bruno; *hacer el* ~ fare il pagliaccio; corteggiare
¡oste! *excl* via!, fuori!
ostens|ivo *adj* ostensivo; ~**orio** *m eccl* ostensorio
ostent|ación *f* mostra, pompa, ostentazione, vanto *m*; *hacer ~ de algo* fare pompa/ostentazione di qc; ~**ar** *vt* mostrare, ostentare, far pompa di *vi*; ~**oso** *adj* ostentato, pomposo, sfarzoso
osteo|logía *f med* osteologia; ~**mielitis** *f med* osteomielite; ~**porosis** *f med* osteoporosi
ostión *Mex*, **ostrón** *m* (grossa) ostrica *f*
ostra *f zool* ostrica; *aburrirse como una* ~ annoiarsi a morte; *(excl) ¡~(s)!* Caspita!, Cavolo!
ostracismo *m* ostracismo
ostricultura *f* ostricoltura
O.T.A.N. *f* NATO
otario *adj Arg* sciocco, stupido
otear *vt* esplorare, scrutare, osservare dall'alto
otero *m* monticello, collina isolata *f*
otitis *f med* otite
otólogo, a *m/f* otoiatra *inv*
otoman|a *f* ottomana, divano alla turca *m*; ~**o** *adj/s* ottomano
otoñ|al *adj* autunnale; *fig* maturo; ~**o** *m meteo/fig* autunno; ~ *caliente* autunno caldo
otorg|amiento *m* permesso, concessione *f*; rilascio; *ius* scrittura *f*, atto notariale; ~**ante** *adj/s* mandante; ~**ar** <*otorgué*> *vt* autorizzare, concedere, conferire; rilasciare; *ius* stipulare
otorrinolaringólogo -a *m/f* otorinolaringoiatra
otro *adj/pr* altro; ~*a vez, cosa* un'altra volta, un'altra cosa; *que lo haga* ~ che lo faccia un altro; *el* ~ l'altro; *la ~a* l'altra; *el ~ día* l'altro giorno; *hasta ~ día* arrivederci; *no era ~ que* non era altri che; *¡Esa es ~a!* Questo, per giunta!; *¡~/a que tal!* Chi ci mancava!; *los unos a los ~os* l'un l'altro; *por ~a parte* d'altra parte; *ser ~/a* essere un altro/un'altra; *~a vez será* sarà per un'altra volta; *¡~!* Bis!
otro|ra *adv* in altro tempo; ~**sí** *adv ius* altresì
ovaci|ón *f* ovazione, acclamazione; ~**onar** *vt* applaudire
oval, ovalado *adj* ovale
óvalo *m* ovale
ovárico *adj med* dell'ovaia; *bot* dell'ovario
ovario *m med* ovaia *f*; *bot* ovario; *(vulg) estar hasta los ~s* avere le palle piene
ovej|a *f zool* pecora; ~ *descarriada, negra* pecorella smarrita, nera; *cada ~ con su pareja* tratta con i pari tuoi; ~**uno** *adj* ovino
ovillo *m* gomitolo; *hacerse un* ~ raggomitolarsi, rannicchiarsi; *fig* impappinarsi, confondersi
ovino *adj/m* ovino
ovíparo *adj* oviparo
ovni *m* ufo
ovulación *f* ovulazione
óvulo *m* ovulo
oxalato *m chim* ossalato
¡oxte!: sin decir ~ ni moxte *excl* senza dire né ai né bai
oxid|able *adj* ossidabile; ~**ación** *f* ossidazione; ~**ar 1.** *vt* ossidare; arrugginire; **2.** *~se* arrugginirsi
óxido *m* ossido
oxigen|ación *f* ossigenazione; ~**ar 1.** *vt* ossigenare; **2.** *(fam) ~se* respirare aria fresca
oxígeno *m* ossigeno
oxítono *adj ling* ossitono, acuto
oyente *adj/s* uditore; *alumno ~* privatista, alunno uditore
ozon|izar <*ozonicé*> *vt* ozonizzare; ~**o** *m chim* ozono; *agujero de ~* buco dell'ozono; *capa de ~* fascia d'ozono; ~**oterapia** *f* ozonoterapia

P

pa *prep/pop* per; *de pe a* ~ dalla A alla Zeta

pabellón *m med/mil* padiglione; tenda da campo *f*; baldacchino (*cama*); *mus* campana *f*, padiglione; *mar* bandiera *f*; *(fig) dejar el ~ muy alto* portare alta la bandiera

pabilo, pábilo *m* lucignolo, stoppino, miccia *f*

pábulo *m* cibo, pasto, pascolo; *fig* alimento; *dar ~ a* fomentare

paca *f* balla, collo *m*; *zool* paca *m*

pacato *adj* calmo, mite

pace|dero *adj* pascolativo; ~**r** <*13a pazco*> *vt/vi zool* pascolare; *fig/zool* pascere

pach|á *m* pascià; ~**arán** *m* liquore di prugnola; ~**orra** *f* fiacca, flemma; ~**ucho** *adj* passato, troppo maturo, molle (*fruta, flores*); poco bene, indisposto (*salud*); giù di morale (*personas*)

paci|encia *f* pazienza; *~ inagotable* pazienza infinita; *abusar de la ~ de alg* abusare della pazienza di q; *agotar/acabar/hacer perder la ~ a alg* far perdere/far scappare la pazienza a q; *armarse/cargarse de ~* fornirsi/munirsi di pazienza; *¡~!* ¡Pazienza!

paciente *adj/s* paziente

pacific|ación *f* pacificazione; ~**ador** *adj/s* pacificatore, conciliatore; ~**ar** <*pacifiqué*> *vt* pacificare, riconciliare; calmare

pacífico *adj* pacifico; quieto, tranquillo, calmo

pacifis|mo *m* pacifismo; ~**ta** *adj/s* pacifista

pacotill|a *f* paccottiglia; *de ~* da strapazzo; *hacer su ~* farsi il gruzzolo; ~**ero** *m* chincagliere; *am* venditore ambulante

pact|ar *vt/vi* pattuire *vt*, patteggiare, negoziare *vt*; ~**o** *m* patto, accordo, convenzione *f**; *~ Atlántico, de Varsovia* Patto Atlantico, di Varsavia; *(ius) ~ de retro* patto di riscatto; *hacer un ~* fare un patto

padec|er <*13a padezco*> **1.** *vi* soffrire, *lit* patire; *~ del corazón* soffrire di cuore; **2.** *vt fig* sopportare; ~**imiento** *m* sofferenza *f*, patimento, dolore

padrastro *m* patrigno; (*uña*) pipita *f*

padrazo *m* padre molto affettuoso

padre *m* padre; *~ adoptivo, espiritual,...* padre adottivo, spirituale,...; *~ de familia* capo famiglia; **~ nuestro, Eterno* Padrenostro, Padre Eterno; *Santo *~* Santo Padre; *cada uno de su ~ y de su madre* uno differente dall'altro; *de ~ y muy señor mío* tremendo, incredibile; *no casarse (alg) ni con su ~* non far patti con nessuno, non far caso a nessuno, essere inflessibile con tutti; *sin ~ ni madre, ni perro que le ladre* orfano e solo; *tener el ~ alcalde* avere protettori

padrin|azgo *m* comparatico; protezione *f*; ~**o** 1. *m* padrino; 2. *mpl* padrino e madrina; *fig* protettori

padrón *m adm* censo; *fig* modello; *arch* colonna *f*; *am/zool* stallone; *~ de ignominia* vergogna

paella *f Esp/gastr* paella, ="riso tipico valenzano a base di verdure e carne <pollo, coniglio>, o di frutti di mare, o mista"; padella (*recipiente*)

paga *f* stipendio *m*, paga, salario *m*; *fig* ricompensa, paga; *~ extra* 13ª, 14ª mensilità; ~**dero** *adj* pagabile; *~ en efectivo, por adelantado* pagabile in contanti, anticipatamente; ~**do** *adj* appagato, soddisfatto; *muy ~ de sí mismo* presuntuoso, arrogante; ~**dor, -ra** *m/f* pagatore, -trice; ~**duría** *f* pagatoria

pagan|ismo *m* paganesimo; ~**o** *adj/s* 1. pagano, infedele; 2. *fam* pagatore

pagar <*pagué*> **1.** *vt* pagare; *a ~* da pagare; *~la(s)* pagarla/le; *~ el pato, los platos rotos* pagare la pena; **2.** *~se* appagarsi, sentirsi pago; ~**é** *m* pagherò *inv*, titolo di credito

página *f* pagina; *~s amarillas* pagine gialle

pagin|ación *f* impaginazione; ~**ar** *vt* numerare le pagine

pago *m* 1. *com* pagamento; *fig* ricompensa *f*, premio; *suspensión de ~s* sospensione dei pagamenti; *en ~ de* in ricompensa di; *~ en efectivo, adelantado, a plazos* pagamento in contanti, anticipato, a rate; 2. villaggio; terra *f*

pagoda *f* pagoda

pagro *m zool* pagro

paguro *m zool* paguro

paila *f* bacino di metallo *m*

paipay *m* flabello

pairo *m mar* panna *f*; *al ~* in panne

país *m* paese; *vivir sobre el ~* vivere a sbafo; **~es Bajos* Paesi Bassi

paisaj|e *m* paesaggio; ~**ista** *adj* paesista

paisan|o, -a 1. *adj/s* paesano, -a; *ir de ~* andare in borghese; **2.** *m/f* compaesano, -a

paja *f bot* paglia; pagliuzza; *fig* scarto *m*, roba scarta; *am* rubinetto *m*; *no dormirse en las ~s* non dormire sugli allori; *(vulg) hacerse una ~* farsi una sega; *por un quítame allá esas ~s* per una cosa da nulla; *ver la ~ en el ojo ajeno y no ver la viga en el propio* guardare la pagliuzza nell'occhio altrui e non vedere la trave nel proprio; *buscar la ~ en el oído* cercare brighe

pajar *m* pagliaio; fienile; *buscar una aguja en un ~* cercare un ago in un pagliaio

pájara *f* uccello *m*; cometa (*juego*); *fig* volpona, furbacchiona; *sport* svenimento *m*

pajar|era *f* uccelliera; ~**ería** *f* negozio di uccelli *m*; ~**ero, -ra 1.** *m/f* uccellatore, -trice; **2.** *adj* chiassoso, -a (*traje, color*); burlone, -a (*persona*); ~**illa** *f bot* aquilegia; *alegrársele (a alg) las ~s* brillare gli occhi a q; ~**ita** *f* 1. papillon *m*; 2. figurina di carta

pájaro *m* uccello; *fig* persona astuta *f*; *(desp) ~ de cuenta* imbroglione; *(fig) ~ gordo* pesce grosso; *~ de mal agüero* uccello del malaugurio; *~ polilla/Martín pescador* uccello di S. Maria/Martin pescatore; *~ mosca* uccello mosca; *~ loco* passero solitario; *más vale ~ en mano que ciento volando* meglio un uovo oggi che una gallina domani; *matar dos ~s de un tiro* prendere due piccioni con una fava; *te-*

ner la cabeza a ~s/llena de ~s avere grilli per la testa
pajarraco *m* uccellaccio; *fig* furbacchione, volpone
paje *m* paggio; ~**l** *m zool* pagello
pajero *m Esp/pop* segaiolo
pajiller|a, -o *f/m desp* = "chi (si) fa delle seghe" (*sexo*); segaiolo *m*
pajita *f* cannuccia
pajizo *adj* di paglia; paglierino (*color*)
pajolero *adj/s* scocciatore, noioso; *adj/fam* maledetto
Pakist|án *m geogr* Pakistan; ***~aní** *adj/s* pachistano
pala *f* pala; *agr* vanga, badile *m*; *fig* abilità, destrezza; *~ mecánica* escavatore *m*
palabra *f* parola; *~ de honor* parola d'onore; *~ de Dios, divina* parola di Dio; *~ fea, malsonante* parolaccia; *~ de matrimonio* promessa di matrimonio; *¡Santa ~!* Parole Sante!; *la última ~* l'ultima parola; *~s mayores* parole serie/gravi; *a medias ~s* tra i denti; *de ~* a voce; a parole; di parola (*persona*); *de pocas ~s* di poche parole; *en una ~* in/con una parola; *en pocas ~s* in poche parole; *a buen entendedor, con pocas ~s basta* a buon intenditor poche parole; *juego de ~s* gioco di parole; *¡~s!* Parole, parole!; *¡Ni ~!* Non una parola, mi raccomando!; *~ por ~* parola per parola; *sobre la ~* sulla parola; *(Arg) ~s cruzadas* parole incrociate; *agarrar/coger la ~* prendere la parola; *dar ~* dare la parola; *dejar con la ~ en la boca* piantare in asso; *dirigir la ~* rivolgere la parola; *faltar a la ~* mancare alla parola; *faltar/no tener ~s* non avere parole; *gastar ~s* sprecare parole; *medir las ~s* misurare le parole; *no entender ~* non capire neanche una parola; *pedir la ~* chiedere la parola; *quitar la ~ de la boca* togliere la parola di bocca
palabre|ja *f* paroletta; ~**ría** *f* ciarle *fpl*, parole prive di senso *fpl*; ~**ro** *adj/s* ciarlone
palabrota *f* parolaccia
palac|ete *m* palazzetto; ~**iego** *adj/s* cortigiano; ~**io** *m* palazzo; *~ real, de Justicia...* palazzo reale, di Giustizia...
palad|a *f* palata; ~**ar** *m* palato; *fig* sapore, gusto; ~**ear** *vt* assaporare, gustare
paladín *m* paladino
paladino *adj* chiaro, palese
paladio *m chim* palladio
palafito *m* palafitta *f*
palafr|én *m* palafreno; ~**enero** *m* palafreniere
palanca *f mec* leva; *fig* influenza
palangan|a *f* catinella, bacinella; ~**ero** *m* portacatinella, portacatino
palangre *m mar* palangaro, palamito
palanqueta *f* levetta, sbarra
palanquín *m* palanchino
palat|al *adj ling* palatale; ~**ino** *adj med/hist* palatino
palco *m* palco; *~ escénico* palcoscenico
palenque *m* steccato; recinto; *am* rifugio di schiavi fuggitivi

paleo|grafía *f* paleografia; ~**lítico** *adj* paleolitico; ~**zoico** *adj geol* paleozoico
pale|rmitano *adj/s* palermitano; ***~rmo** *geogr* Palermo
palestra *f* palestra; *salir a la ~* venire alla ribalta
paleta *f* paletta; *pitt* tavolozza; *tec* pala; ~**da** *f* palettata
paletilla *f med* scapola; *zool* spalla
paleto 1. *m fig* contadinotto, cafone, buzzurro; **2.** *adj zool* dalle corna aperte
paliar <*palío*> *vt* palliare, mascherare; attenuare, mitigare
paliativo *adj/m* palliativo
palid|ecer <*13a palidezco*> *vi* impallidire; ~**ez** *f* pallore *m*, pallidezza
pálido *adj* pallido; smorto, scolorito
palill|ero *m* portastuzzicadenti *inv*, portastecchini *inv*; ~**o** *m* stuzzicadenti *inv*, stecchino (*dientes*); *mus* bacchetta *f*; *fig* spaghetto (*persona*); *fig* chiacchiera *f*; *tocar todos los ~s* provare tutti i mezzi
palinodia *f* palinodia
palio *m* pallio; *eccl* baldacchino; *recibir bajo ~* accogliere solennemente
palique *m* chiacchierata *f*; *estar de ~* chiacchierare
palisandro *m bot* palissandro
paliza *f* bastonata; *fig* batosta; *pegar una ~* dare una bastonata; *(fig) dar la ~* rompere (le scatole); mollare un discorso lungo e scocciante; *ser un ~s* essere pesante/palloso; ~**da** *f* palizzata, steccato *m*
palma 1. *f bot/fig/med* palma; *llevarse/ganar la ~* conseguire la palma; *conocer a alg como la ~ de su mano* conoscere q come se stesso; *llevar en ~s* portare in palma di mano; 2. *fpl* mani; *batir ~s* battere le mani; ~**da** *f* manata; applauso *m*; battuta di mani; *dar ~s en la espalda* dare manate sulla spalla; *darse una ~ en la frente* battersi la fronte; ~**dita** *f* colpetto *m*; ~**r 1.** *m bot* palmeto; **2.** *~la vi (gergo)* crepare; ~**rio** *adj* palmare, palese; ~**toria** *f* palmatoria, bugia
palme|ado *adj* palmato; ~**ar** *vt* dare un colpo di mano sulla spalla
palmera *f bot* palma (da datteri)
palmeta *f* bacchetta; ~**zo** *m* bacchettata *f*
palmípedo *adj/s* palmipede
palmito *m bot* palmito *Esp*; bel visino, bel corpo *(mujer)*
palmo *m* palmo; spanna *f*; *con un ~ de lengua fuera* con un palmo di lingua fuori; *conocer ~ a ~* conoscere a palmo a palmo; *con un ~ de narices* con un palmo di naso
palmote|ar *vi* battere le mani; ~**o** *m* battimano
palo *m* palo, bastone; legno; *mar* albero, palo; *sport* palo (*puerta*); *sport* bastone, mazza *f*; seme (*naipes*); *fig* colpo; *fig* fregatura *f*; *a ~ seco* a vele ammainate *mar*, nudo e spoglio, senza complimenti; *andar a ~s* stare sempre a litigare; *cada ~ aguante su vela* ad ognuno la sua croce; *dar ~s de ciego* dare botte da orbi; *de tal*

~ *tal astilla* tale padre, tale figlio; *moler a ~s* uccidere a bastonate
paloma *f zool* colombo, -a *m/f*, piccione *m*; ~ *mensajera* colombo viaggiatore; ~ *de la paz* colomba della pace; ~**r** 1. *m zool* colombaia *f*, piccionaia *f*; 2. filo ritorto
palometa *f zool* leccia stella
palomino *m zool* piccioncino; *pop* = "macchia di escremento sulla roba" *f*
palomita *f(pl)* pop-corn *m*
palomo *m zool* colombo
palosanto *m* legno santo
palot|ada *f no dar* ~ non combinare nulla; non azzeccarne una; ~**e** *m* asta *f* (*grafía*); bacchetta *f*
palp|able *adj* palpabile; chiaro, evidente; ~**ar** *vt* palpare, palpeggiare; *fig* notare, sentire
palpit|ación *f* palpito *m*, *med/fig* palpitazione; ~**ante** *adj* palpitante; ~**ar** *vi* palpitare, pulsare
palta *f Am Mer* avocado *m*
palúdico *adj* palustre; paludoso; *fiebre ~a* febbre palustre
paludismo *m* paludismo, malaria *f*
palurdo 1. *adj* rozzo, campagnolo, agreste; **2.** *adj/s* contadinotto
palustre *adj* palustre
pamela *f* pamela
pamema *f* moina; bagattella
pampa *f* pampa
pámpano *m* pampino; tralcio
pampero 1. *adj/s Arg* (persona) della pampa; **2.** *m Arg* vento freddo della pampa
pamplin|a *f fig* bazzecola, sciocchezza; ~**ero,** ~**oso** *adj* sciocco; stucchevole
pan *m* pane; ~ *ácimo/ázimo, candeal, integral, moreno* pane azzimo, buffetto, integrale, nero; ~ *de cera, de jabón, de mantequilla* pane di cera, di sapone, di burro; ~ *de molde* pane carré/in cassetta; ~ *quemado* specie di brioche grande come un pandoro (*Valencia*); ~ *rallado* pan grattato; *a ~ y agua* a pane e acqua; *(fig) ~ sin sal* persona insipida; *con su ~ se lo coma* fatti suoi; *dame ~ y llámame tonto* = "per il momento molla e poi dimmi quello che vuoi"; *es ~ comido* è cosa fatta; *el ~ nuestro de cada día* il nostro pane quotidiano; *por un pedazo de ~* per un tozzo di pane; *más bueno que el ~* buono come il pane; *ganarse el ~* guadagnarsi il pane; *(fig) hacer un ~ como unas hostias* fare una frittata; *llamar al ~, ~, y al vino, vino* dire pane al pane e vino al vino
pana *f* velluto (a coste) *m*
panacea *f* panacea
panaché *m gastr* verdura mista *f*
panad|ería *f* panificio *m*, forno *m*; ~**ero, -a** *m/f* panettiere, -a, fornaio, -a; ~**izo** *m* patereccio
panal *m* favo
Panamá *m geogr* Panama
panameño *adj/s* panamense
panamerican|ismo *m* panamericanismo; ~**o** *adj* panamericano
pancarta *f* striscione *m*; cartello *m*
panceta *f gastr* pancetta
pancho *adj* tranquillo, soddisfatto; *quedarse tan ~* restare ben tranquillo
páncreas *m/inv med* pancreas
panda *m zool* panda *inv*
pander|eta *f mus* tamburello *m*; *la España de ~* la Spagna pseudofolclorica; ~**o** *m* tamburello; *fam* sedere; *fig* sciocco
pandilla *f* combriccola, banda; comitiva
pando *adj* lento; *am* piano
Pandora *f mit* Pandora; *la caja de ~* il vaso di Pandora
panecillo *m* panino, pagnottella *f*
panegl|írico 1. *adj* elogiativo; **2.** *m* panegirico; ~**irista** *m/f* panegirista
panel *m* pannello, riquadro; *tec* pannello, quadro
paner|a *f* cestino per il pane *m*; madia; ~**o** *m* cestone per il pane
pánfilo *adj* sciocco, sempliciotto; lento, tardo
panflet|ista *m/f* panflettista; ~**o** *m* pamphlet *ingl/inv*, libello
paniaguado *m* 1. favorito; 2. *ant* servitore
pánico 1. *m* panico, paura *f*, terrore; **2.** *adj* panico
panific|able *adj* panificabile; ~**ación** *f* panificazione; ~**adora** *f* panificio *m* (*fábrica*); ~**ar** <*panifiqué*> *vt* panificare
pano|cha, ~**ja** *f bot* pannocchia; *am/fig* passera, fica
pano|cho 1. *m* dialetto murciano; **2.** *adj* della campagna murciana; ~**li** *adj/s* sciocco, ingenuo
panoplia *f* panoplia
panor|ama *m* panorama, vista; *el ~ de la situación política internacional* il panorama della situazione politica internazionale; ~**ámica** *f* panoramica; ~**ámico** *adj* panoramico
pantaleta *f am* pantaloncino corto *m*
pantalla *f cine/fig* schermo *m*; paralume *m* (*lámpara*); parafuoco *m*; *(fam) pequeña, gran ~* piccolo, grande schermo; ~ *extraplana* schermo ultrapiatto
pantalón *m* pantalone; ~ *bombacho* pantaloni alla zuava; ~ *vaquero, de pana* blue-jeans, di velluto (a coste); *(fig) llevar los ~es* portare i pantaloni
pantalonera *f* pantalonaia
pantan|al *m* terreno pantanoso; ~**o** *m tec* chiusa *f*, pantano, palude *f*, stagno; ~**oso** *adj* pantanoso
panteís|mo *m* panteismo; ~**ta** *m/f* panteista
panteón *m* monumento funebre, sepolcro di famiglia; *hist* pantheon, panteon *inv*
pantera *f zool* pantera
pantógrafo *m* pantografo
pantomim|a *f teatro/fig* pantomima; ~**o** *m* pantomimo
pantorrill|a *f* polpaccio *m*; ~**udo** *adj* polpacciuto
pantufla *f* pantofola
panty *m ingl* collant *fr/inv*
panz|a *f* pancia, ventre *m*; *(stud) ~ de burra o de oveja* pergamena di laurea; ~**ada** *f* panciata (*golpe*); scorpacciata; *darse una ~* farsi una scorpacciata; ~**udo** *adj* panciuto

pañ|al *m* pannolino; *fig* origine *f*; *(fig) en ~es* in fasce; *de ~es* lattante, in fasce; **~ero** *m* pannaiolo
paño 1. *m* panno; drappo; tessuto, stoffa *f*; *tec* appannatura *f*; 2. *mpl* panni, vesti *fpl*; *~ de cocina* strofinaccio; *(fig) ~ de lágrimas* consolazione (*persona*); *~ de la Verónica* panno della Veronica; *~s calientes* palliativi; *(teatro) al ~* dietro le quinte; *conocer el ~* essere al corrente dell'affare; *en ~s menores* in biancheria, mezzo nudo; *ser del mismo ~* essere della stessa stoffa
pañol *m mar* pagliolo
pañuelo *m* fazzoletto; *~ de bolsillo* fazzoletto da naso; *~ para la cabeza* foulard; *~ de papel* fazzolettino di carta; *el mundo es un ~* quant'è piccolo il mondo!
papa 1. *m eccl* papa, pontefice; *ser más papista que el ~* essere più realista del re; 2. *f fam* pappa; *no entender ni ~* non capirci nulla; 3. *fpl gastr* patatine fritte confezionate; *am/Canarias* patata *f*
papá 1. *m* papà *inv*, babbo; **~ Noel* Babbo Natale; 2. *mpl* genitori
papa|da, ~dilla *f* pappagorgia, doppio mento *m*; **~do** *m* papato
papa|gayo *m zool/fig* pappagallo; *como un ~* come un pappagallo; **~higo** *m zool* beccafico; *mar* pappafico; **~l** *adj* papale; **~lina** *f* papalina; **~moscas** *m/inv zool* pigliamosche; **~natas** *m/inv* sempliciotto *m*, idiota *m*; **~natería** *f*, **~natismo** *m* balordaggine *f*, idiozia *f*; **~nicolau** *m med* pap-test *inv/ingl*; **~r** *vt fam* pappare; *!Pápate esa!* To', prenditi questa!; **~rrucha** *f* fandonia, ciancia
papay|a *f bot* papaia (*fruto*); *vulg Cuba* passera *f*, fica; **~o** *m bot* papaia *f* (*árbol*)
papel *m* carta *f*; documento; *teatro/fig* ruolo, parte *f*; *~ carbón/de calcar* carta carbone; *~ de cartas* carta da lettere; *~ cebolla* carta filigranata o da lettere finissima; carta velina; *~ de embalar* carta da imballaggio; *~ sellado* carta da bollo; *~ moneda* moneta cartacea, carta moneta; *~ de estraza, de lija, de fumar, higiénico, reciclado* carta straccia, vetrata, da sigarette, igienica, riciclata; *(fig) ~mojado* carta straccia; *~ de plata/aluminio* stagnola, carta stagnola; *blanco como el ~* bianco come il muro; *hacer buen, mal ~* fare bella, brutta figura; *hacer el ~ (de)* fare la parte (di); *invertirse los ~es* scambiare i ruoli; *(fam) salir en los ~es* uscire sui giornali
papel|eo *m* insieme di documenti; procedure burocratiche *fpl*; **~era** *f* cestino delle carte *m*; **~ería** *f* cartoleria; **~ero** *m* cartolaio; **~eta** *f* ricevuta, cedola, biglietto *m*; *pol* scheda; *(stud) ~ de examen* statino; *~ de empeños* ricevuta del Monte di pietà; *¡Vaya ~!* Bell'incarico!; **~ina** *f* dose, bustina (*droga*)
papelón *m fig* figuraccia *f*; *teatro* una parte importante *f*
papelorio *m* farraggine di carte *f*
papera(s) *f(pl) med* orecchioni *mpl*, parotite *f*
papila *f* papilla; **~r** *adj* papillare
papilla *f* pappetta, pappina; *hacer ~ a alg* lasciare tutto pesto q; *hecho ~* tutto pesto, a pezzi
papiloma *m med* papilloma
papiro *m* papiro
papista *adj/s* papista; *ser más ~ que el ~* essere più realista del re
papo *m pop* pappagorgia *f*; *med* gozzo; *zool* ingluvie *f*
papúa *adj/s* papua, della Papuasia
paquebot(e) *m mar* traghetto, battello
paquete *m* pacchetto; pacco, collo; *pol/econ* pacchetto; mazzo (*flores*); *fig* elegantone; *~ postal* pacco, pacchetto postale; *caerle un ~ a alg* ricevere una ramanzina/lavata di capo a q; *meter/echar a alg un ~* fare una lavata di capo a q; *ir de ~* andare dietro in moto; **~ría** *f* merceria
paquidermo *m* paquiderma
paquistaní *adj/s* pachistano, del Pakistan
par <*pl pares*> **1.** *adj* pari; *a la ~/a ~ de* alla pari; allo stesso tempo; *a la ~ que* al pari di, come; *de ~ en ~* spalancato; *sin ~* senza pari, incomparabile; **2.** *m* 1. paio (*~a fpl*); coppia *f*; *fis* coppia; *a ~es* di due in due, a coppie; 2. *mpl* pari; *jugar/echar a ~es y nones* giocare a pari e dispari
para *prep* per; *~ con* verso; *~ que* affinché; *que ~ qué* che non ti dico
parabién *m* congratulazione *f*, rallegramento, complimento; *dar el ~* fare i complimenti/le congratulazioni
parábola *f* parabola
parabólico *adj* parabolico
parabrisas *m* parabrezza *inv*
para|ca *m/f gergo* parà *inv*; **~caídas** *m* paracadute *inv*; **~caidismo** *m* paracadutismo; **~caidista** *m/f* paracadutista
parachoques *m* paraurti *inv*
para|da *f* fermata; fermata, arresto *m*; *mus* pausa; posta (*para caballos*); *mil* parata; parata (*esgrima*); *~ discrecional, de taxis* fermata facoltativa, di taxi; **~dero** *m* recapito; *fig* fine *f*; *salir con ~ desconocido* partire per un destino ignoto
para|digma *m* paradigma; **~digmático** *adj* paradigmatico
paradisíaco *adj* paradisiaco
parado 1. *m* disoccupato; **2.** *adj* fermo; timido, bloccato; *mal ~* mal ridotto; *bien ~* uscito bene, beneficiato, favorito
para|doja *f* paradosso *m*, assurdo *m*; **~dójico** *adj* paradossale
parador *m* locanda *f*; rifugio alpino; *~ de turismo* albergo statale
para|fernales *adj ius* parafernali; **~fernalia** *f fig/iron* paramenti *mpl*
parafina *f* paraffina
parafrasear *vt* parafrasare
pará|frasis *f* parafrasi; **~grafo** *m* V. **párrafo**
paraguas *m* ombrello
Paraguay *m* Paraguay
paraguayo *adj/s* paraguaiano
paragüero *m* portaombrelli *inv* (*mueble*); ombrellaio (*persona*)
paraíso *m* paradiso; cielo; *teatro* piccionaia *f*; *~ fiscal* paradiso fiscale
paraje *m* paraggio, luogo
paralaje *f astr* parallasse

parale|la *f mat/sport* parallela; ~**lepípedo** *m* parallelepipedo; ~**lismo** *m* parallelismo; ~**lo** *adj/m* parallelo; ~**logramo** *m* parallelogrammo
parálisis *f/inv* paralisi
paralítico *adj/s* paralitico
paraliz|ación *f* arresto *m*, blocco *m*, *fig* paralisi; ~**ar** <*paralicé*> *vt* paralizzare; bloccare, arrestare
paramento *m* paramento
paramera *f* regione desertica
páramo *m* 1. luogo desertico; 2. *am* pioggerellina *f*
parang|ón *m* paragone; ~**onar** *vt* paragonare, comparare, confrontare
paraninfo *m stud* aula magna *f*; *hist* paraninfo
paranoi|a *f med* paranoia; ~**co** *adj/s* paranoico
paranormal *adj* paranormale
parapente *m sport* parapendio
parapet|arse proteggersi, difendersi; ~**o** *m* parapetto, balaustra *f*; *mar/mil* parapetto
parapl|ejia, ~**ejía** *f med* paraplegia; ~**éjico** *adj/s* paraplegico
parar 1. *vt* fermare; parare; **2.** *vi* fermarsi; finire, terminare; smettere; *ir/venir a* ~ andare a finire; *¡Dónde va a ~!* Non c'è paragone!; *no* ~ non star fermo; *no* ~ *hasta* non smetterla fino a; ~ *de* smettere di; ~ *en* trasformarsi in; ~ *mal* finire male; *sin* ~ continuamente, senza posa; **3.** ~*se am* alzarsi; ~*se en menudencias* badare a piccolezze
pararrayos *m/inv* parafulmine *m*
parasitismo *m cient/fig* parassitismo
parásito *adj/s cient/fig* parassita
parasitología *f* parassitologia
parasol *m* ombrellino
paratifoidea *f med* paratifo *m*
parca *f mit/lit* parca
parcel|a *f* lotto *m*, *agr* parcella; ~**ación** *f* lottizzazione, *agr* parcellazione; ~**ar** *vt* lottizzare, *agr* parcellare; ~**ario** *adj* particellare
parch|e *m med* cerotto, impiastro; toppa *f*, *fig* rattoppo; *pegar un* ~ truffare; *salir de* ~ useire a prendere soldi;~**ear** *vt* rattoppare; ~**eo** *m* rattoppo; *fig* provvedimento tampone, ripiego
parchís *m* = "non ti arrabbiare" (*juego de mesa*)
parcial *adj* parziale; ~**idad** *f* parzialità
parco *adj* parco, moderato, sobrio
pardal *m zool/reg* passero (*pájaro*); *fig* volpone
¡pardiez! *excl/ant* perbacco!
pard|illo *adj/s* campagnolo; ~**o** *adj* bruno, oscuro, bigio; *oso* ~ orso bruno; *de noche todos los gatos son* ~*s* di notte tutti i gatti son bigi; ~**usco,** ~**uzco** *adj* grigio, grigiastro, bruno
pare|ado *adj* appaiato, accoppiato; *versos* ~*s* versi a rime baciate; ~**ar** *vt* appaiare, accoppiare; *taur* mettere le *banderillas* al toro
parec|er <*13a parezco*> **1.** *m* parere, avviso, opinione *f*, giudizio; *a mi* ~ a mio avviso; **2.** *vi* 1. sembrare, parere; 2. apparire, comparire; *al* ~*/a lo que parece* a quanto pare; *aunque no lo parezca* sebbene non sembri; *me parece muy bien* mi sembra/pare molto bene; *parece mentira* sembra incredibile; *no* ~ *ni muerto ni vivo* non apparire né morto, né vivo; *por el bien* ~ per ciò che dirà la gente; *según parece* a quanto pare; **3.** ~*se* assomigliarsi; ~**ido 1.** *m* somiglianza *f*; **2.** *adj* simile, somigliante; *ser bien, mal* ~ avere un bell'aspetto, un brutto aspetto
pared *f* parete, muro *m*; ~ *maestra, medianera* muro maestro, comune/divisorio; *las* ~*es oyen* i muri hanno orecchi; *de cara a la* ~ in faccia al muro; *entre cuatro* ~*es* tra quattro pareti; *entre la espada y la* ~ tra l'incudine e il martello, tra l'uscio e il muro; *agarrarse a/subirse por las* ~*es* essere furioso/arrabbiatissimo; *darse con la cabeza contra la* ~ sbattere la testa contro il muro; *vivir* ~ *por medio* abitare in case contigue, essere a parete con q
paredaño *adj* contiguo
paredón *m* muraglia *f*; *llevar al* ~ fucilare
parej|a *f* coppia; coppia di sposi; compagno, -a, partner *m/f ingl/inv*; pariglia di cavalli; *en* ~*s* a coppie; *(fig) correr* ~*s* essere simili; arrivare insieme; *hacer buena* ~ formare una bella coppia; ~**o** *adj* uguale, pari
paremí|a *f* paremia; ~**ología** *f* paremiologia
parentela *f* parentela, parentado *m*
parentesco *m* parentado, parentela *f*; *fig* affinità *f*
paréntesis *m/inv* parentesi *f/inv*; *entre* ~ tra parentesi; ~ *cuadrado* parentesi quadra
pareo *m* pareo (*prenda*); accoppiamento
paria *m/f* paria *m*
parida *f* 1. puerpera; 2. *pop* fesseria, cazzata *vulg*; *soltar una* ~ dire una fesseria/cazzata
paridad *f* parità
parient|a *f fam* moglie; ~**e** *m/f* parente
parietal *adj/m* parietale
parihuela *f med* lettiga; portantina
paripé: hacer el ~ *fam* darsi arie; fare mosse
parir *vi/vt* partorire, *med/fig* dare alla luce; *zool* figliare
París *geogr* Parigi; ~ *bien vale una misa* Parigi val ben una messa
parisi|ense, ~**no** *adj/s* parigino
parisílabo *adj* parisillabo
paritario *adj* paritario, *com/pol* paritetico
parlament|ar *vi* parlamentare; ~**ario 1.** *adj/s* parlamentare; ~**arismo** *m* parlamentarismo; ~**o** *m* parlamento; *teatro* discorso, *ant* parlamento
parlan|chín *adj/s* chiacchierone, loquace; ~**te 1.** *adj* parlante; **2.** *m am* altoparlante
parlar *vi* ciarlare, chiacchierare
parlote|ar *vi* parlottare, cicalare; ~**o** *m* parlottio, cicaleccio
parmesano 1. *adj/s* parmigiano, di Parma; **2.** *m* parmigiano (*queso*)
parné *m gergo* quattrini *mpl*
parnaso *m mit/lit* parnaso

paro *m* disoccupazione *f*; interruzione *f*, *med/tec* arresto; ~ *forzoso, voluntario, estacional, tecnológico* disoccupazione forzosa, volontaria, stagionale, tecnologica; *(persona) con susidio de* ~ cassaintegrato
parodia *f* parodia; ~**r** *vt* parodiare
paronomasia *f* paronomasia
parox|ismo *m cient/fig* parossismo; esacerbazione *f*; ~**ítono** *adj ling* parossitono, piano
parpade|ante *adj auto* lampeggiante; ~**ar** *vi* battere le palpebre; *auto* lampeggiare; ~**o** *m* battito delle palpebre; *auto* lampeggio; *TV* sfarfallamento
párpado *m* palpebra *f*
parque *m* parco; ~ *de atracciones* luna park; ~ *infantil* box; ~ *acuático* parco acquatico; ~ *móvil, nacional* parco mobile, nazionale
parque|adero *m am* parcheggio; ~**ar** *vt/vi am* parcheggiare
parquedad *f* parsimonia, moderazione
parqué, parquet *m fr* parquet *inv*
parquímetro *m* parchimetro
parra *f bot* vite, pergola di vite; *subirse a la* ~ montare in collera; prendersi delle libertà con q
parrafada *f* discorso lungo *m*; *echar una* ~ fare una bella chiacchierata
párrafo *m* paragrafo
parral *m* pergolato di viti
parranda *f* gazzarra, festa; *irse de* ~ andare a divertirsi
parricid|a *m/f* parricida; ~**io** *m* parricidio
parrilla *f* griglia, graticola; grill *m*; *a la* ~ alla griglia; *auto* portabagagli *m/inv* (*superior*); ~**da** *f* grigliata
párroco *m* parroco
parroquia *f eccl/fig* parrocchia, chiesa parrocchiale; ~**l** *adj* parrocchiale; ~**no, -a** *m/f eccl* parrocchiano, -a; cliente abituale
parsimoni|a *f* parsimonia; ~**oso** *adj* parsimonioso; calmo
parte 1. *f* parte; *(pop)* ~*s pudendas* parti vergognose; *a* ~*s iguales* a parti uguali; *de tres años a esta* ~ da tre anni in qua; *de mi* ~ da parte mia; *de* ~ *a* ~ da un lato all'altro; *de* ~ *de* da parte di; *¿de qué* ~ *es usted?* di dove/di che parte è Lei?; *el que* ~ *y reparte, se lleva la mejor* ~ beati gli ultimi se i primi sono onesti; *en* ~ in parte; *en todas* ~*s* dappertutto; *en todas* ~*s cuecen habas* tutto il mondo è paese; *formar* ~ *de* far/essere parte di; *hacer las* ~*s* fare le parti; *llevarse la mejor, peor* ~ avere la meglio, la peggio; *no ir a ninguna* ~ non portare a nulla; ~ *contratante, integrante* parte contrattante, integrante; *por mi* ~ da parte mia; *por una* ~ da una parte; *por* ~*s* parte per parte; *¡Vayamos por* ~*s!* Andiamo pian pianino!; 2. *m* bollettino, comunicato; *dar* ~ comunicare
partera *f* levatrice, ostetrica
parterre *m* parterre *fr/inv*
parti|ble *adj* divisibile; ~**ción** *f* divisione, *ius* partizione
particip|ación *f* partecipazione, intervento *m*; annunzio *m*, partecipazione; *econ* partecipazione; parte (*juego*); ~ *en los beneficios* partecipazione agli utili; ~**ante** *adj/s* partecipante; ~**ar 1.** *vi* partecipare; ~ *en un negocio* partecipare a un affare; **2.** *vt* comunicare, notificare
partícipe *adj* partecipe
participio *m ling* participio
partícula *f ling/fís/ius* particella; *eccl/fig* particola
particular 1. *adj* particolare; speciale; *nada de* ~ niente di speciale; *en* ~ in particolare; privato; *clases* ~*es* lezioni private; **2.** *m* particolare; privato (*persona*); ~**idad** *f* particolarità, singolarità; ~**ismo** *m* particolarismo; ~**izar** <*particularicé*> **1.** *vt* particolareggiare, dettagliare, specificare; **2.** ~*se* distinguersi
partida *f* 1. partenza; *punto de* ~ punto di partenza; 2. certificato *m*, atto *m*; ~ *de nacimiento, de defunción* atto/certificato di nascita, di morte; 3. *com* partita; 4. banda; *una mala* ~ un brutto tiro; ~ *de campo* scampagnata
partid|ario *adj/s* parteggiante, difensore, fautore; ~**ista** *m/f* partigiano, -a; ~**o** *m pol* partito; *sport* partita *f*; partito, parte *f*; profitto; condizione *f*, patto; *cabeza de* ~ capoluogo; *darse a* ~ cedere; *sacar* ~ trarre profitto; *ser un buen* ~ essere un buon partito; *tomar* ~ prendere un partito; ~**or 1.** *m mat* divisore; **2.** *adj/s* partitore
partir 1. *vi* partire; *a* ~ *de hoy* da oggi in poi; **2.** *vt* dividere; rompere, spezzare, spaccare; ~ *por la mitad* dividere a metà
partisan|o, -a *m/f* partigiano, -a
partitivo *adj/m* partitivo
partitura *f mus* partitura
parto *m med/hist/fig* parto; ~ *sin dolor, prematuro, provocado* parto indolore, prematuro, indotto
parturienta *adj/f* partoriente
parva *f agr* messe stesa sull'aia; *fig* sacco *m*
parv|edad *f* piccolezza; ~**o** *adj* piccolo; ~**ulario** *m* asilo, scuola materna *f*, giardino d'infanzia
párvulo *adj/s* bambino
pasa *f bot* uva passa; *estar como una* ~ essere magro come uno stecco
pasable *adj* passabile
pasacalle *m mus* passacaglia *f*
pasad|a *f* passata; *mala* ~ brutto tiro/scherzo; *de* ~ di passata; *¡Qué* ~*a!* 1. Che fregatura!; 2. Che bellezza!; ~**era** *f*, ~**ero** *m* passatoio *m*; ~**izo** *m* passaggio; ~**o 1.** *adj/m* passato; **2.** *adj* scorso; *el año* ~ l'anno scorso/passato; *lo* ~, ~ ciò che è stato, è stato; ~**or** *m* chiavistello (*puerta*); colatoio; filtro (*cocina*); bottone da polsini; anello da cravatta
pasaje *m* 1. passaggio; 2. biglietto di nave o aereo; 3. viaggiatori *mpl* (*barco-avión*); ~**ro** *adj/s* passeggero; *¡*~*os al tren!* Signori in carrozza!
pasaman|ería *f* passamaneria; ~**ero** *m* chi fa o vende passamanerie; ~**o** *m* passamano
pasante *m ius* praticante; *ant* aiutante; assistente
pasamontañas *m/inv* passamontagna

pasapalos *m/inv Ven* aperitivo
pasaporte *m* passaporto; ~ *oficial, diplomático* passaporto ufficiale, diplomatico; *extender un* ~ rilasciare un passaporto
pasapurés *m/inv* passaverdura, passatutto
pasar 1. *vt* passare; attraversare; superare; *auto* sorpassare; *med* attaccare, contagiare; *com* portare; *(fig) dejar* ~ lasciar passare; *hacer* ~ far entrare; ~ *por la cabeza* passare per la testa, per la mente; ~ *frío, hambre* soffrire il freddo, la fame; *~lo bomba/pipa* divertirsi, spassarsela; ~ *un examen* superare un esame; *~lo bien, en grande* spassarsela; ~ *a limpio* scrivere in bella copia; ~ *un pedido* passare un'ordinazione; ~ *al debe* portare al passivo; ~ *el rato* passare il tempo; **2.** *vi* succedere, accadere; passare; *fig* passar sopra, chiudere un occhio; soffrire; *como si no hubiese pasado nada* come se niente fosse; lasciar stare; ~ *a ser* diventare; *(pop)* ~ *de alg* non badare/non far caso a q; ~ *de moda* passare di moda; ~ *por tu casa* passerò da casa tua/da te; *poder* ~ *sin algo* poter stare senza qc; *¡pase!* passi!, s'accomodi!; *lo que pasa es que* ciò che succede è che; *¿Qué pasa?* Che succede?; *no pasa nada* non succede nulla; ~ *adelante* andare avanti; *vamos pasando* tiriamo avanti; *esto pasa de castaño oscuro* si sta esagerando; ~ *de largo* passare al largo; **3.** *~se* esagerare *vi*; passare *vi*; finire *vi*; dimenticare *vt*; andare a male *vi* (*fruta*...); *~se de bueno* esagerare in bontà, essere troppo buono; *~se de listo* fare troppo il furbo; *~se de la raya, de rosca* esagerare; *~se de cocción* essere stracotto; *~sela* fargliela
pasarela *f* passerella
pasatiempo *m* passatempo, divertimento
Pascu|a *f* Pasqua; ~ *de resurrección, florida* Pasqua; *las ~s* le feste di Natale; *dar las ~s* fare gli auguri di Natale; *estar como unas *s* essere contento come una pasqua; *hacer la * a alg* fargliela a q; *...y santas * s* buona notte, addio; **~al 1.** *adj* pasquale; **2.** *m* *~ Pasquale; ***~illa** *f* ="1ª domenica dopo Pasqua"
pase *m* lasciapassare *mil*; *(fig) tener* ~ poter passare; passi (*provisional*); tesserino; finta *f* (*esgrima*); *sport* diagonale *m* (*fútbol*); cruce *m* (*tennis*); *cine* proiezione *f*; *taur* scarto del torero; *am* patente (di guida) *f*; **~ante** *adj/s* passante; ~ *en corte* fannullone; **~ar, (~arse)** *vi* passeggiare; **~íllo** *m taur* entrata nell'arena dei toreri *f*; **~o** *m* passeggiata *f*; viale, corso; *dar un* ~ fare una passeggiata; *(hist) dar el* ~ assassinare (un prigioniero politico); *ir de* ~ andare a passeggio/spasso; *mandar a* ~ mandare a spasso; mandare al diavolo
pasillo *m* corridoio
pasi|ón *f* passione; *tener* ~ *por* essere appassionato di; **~onal** *adj* passionale, appassionato; *crimen* ~ delitto passionale; **~onaria** *f bot* passiflora; *(hist) la *~* Dolores Ibarruri
pasiv|idad *f* passività; **~o** *adj/m* passivo; *haberes ~s* pensione; *clases ~as* pensionati
pasm|ado *adj* stupito, stupefatto, intontito; gelato; **~ar 1.** *vt* gelare; *fig* stupefare, stupire, intontire; **2.** *~se* raffreddarsi; restare stupefatto *vi*; *pitt* appannarsi i colori; **~arote** *m* rimbambito; **~o** *m* spasmo; raffreddore; *fig* stupore, sbalordimento; **~oso** *adj* sorprendente
paso 1. *m* 1. passo; 2. passaggio; 3. *geogr* stretto, passo; 4. *lit* passo, brano; 5. trascorso (*tiempo*); 6. scatto (*teléfono*); 7. *mus* passo, passaggio; 8. *eccl* quadro, statua *f*; 9. *teatro* scena *f*; ~ *elevado* passerella, cavalcavia; ~ *atrás* passo indietro; *a buen ~/~ ligero* con passo spedito, veloce; ~ *corto, lento* passo corto, lento; ~ *de cebra* strisce pedonali; ~ *difícil* momento difficile; ~ *doble* paso doble; *(stud)* ~ *del ecuador* ="festa studentesca dopo il biennio"; *(mil)* ~ *de la oca* passo dell'oca; ~ *a nivel* passaggio a livello; ~ *para peatones* passaggio pedonale; *a cada* ~ a ogni passo; *a cuatro ~s* a due passi; *a ese* ~ di questo passo; *a ~s agigantados* a passi da gigante; *al* ~ *que* al tempo che; *de* ~ di passata; *¡Un* ~ *al frente!* Un passo avanti!; *abrirse* ~ farsi strada; *acelerar el* ~ allungare il passo; *ceder el* ~ cedere il passo; dare la precedenza; *cerrar el* ~ tagliare il passo, la strada; *dar los primeros ~s* fare i primi passi; *dar un* ~ *en falso* fare un passo falso; *estar de* ~ essere di passaggio; *llevar el* ~ tenere il passo; *marcar el* ~ segnare il passo; *no dar un* ~ *(sin)* non fare un passo (senza); *salir al* ~ andare incontro; *salir del* ~ uscire in salvo, mettersi al sicuro; *seguir los ~s a/de alg* seguire i passi di q; **2.** *adj* appassito, secco, passo
pasodoble *m mus* paso doble *Esp*
pasot|a *m/f* qualunquista, freak *ingl/inv*, fricchettone, -a; **~ismo** *m* qualunquismo; menefreghismo
pasquín *m* pasquinata *f*
pasta 1. *f* pasta; *pitt* impasto *m*; *fam* grana, quattrini *mpl*; *tec* pasta; *tip* rilegatura; *~s de té* pasticcini da tè; *(fig) buena* ~ buona pasta; ~ *de hojaldre* pasta sfoglia; ~ *quebrada* pasta frolla; ~ *de pitisú* pasta da bignè; *estar sin* ~ essere al verde; *tener mucha* ~ essere molto ricco; 2. *fpl* pasta alimentare *f*
pastar 1. *vi* pascolare; **2.** *vt* condurre al pascolo
pastel *m* 1. pasta *f* (*individuales*); torta *f*; rustico (*salado*); 2. matita a colori *f*; *pitt* pastello; 3. *fig* pasticcio; *descubrir el* ~ scoprire gli altarini/le tombe; *pintura al* ~ pittura a tempera; **~ería** *f* pasticceria; **~ero, -ra** *m/f* pasticciere, -ra; **~illo** *m* pasticcino
pastelista *m/f pitt* pastellista
paste(u)riz|ación *f* pastorizzazione, sterilizzazione; **~ar** <*paste(u)ricé*> *vt* pastorizzare, sterilizzare
pastilla *f* 1. *med/tec* pastiglia; pasticca, caramella; 2. tavoletta (*chocolate*); ~ *de jabón* pezzo di sapone; saponetta (*para la cara*); *a toda* ~ a tutta birra

pastizal *m* terreno da pascolo
pasto *m* pasto, cibo, alimento; *zool* pascolo; *fig* pasto, preda *f*; *a todo* ~ a tutto pasto/spiano; *ser* ~ *de las llamas* essere preda delle fiamme; ~ *espiritual* cibo spirituale
pastón *m fam* mucchio di soldi
pasto|r, -ra *m/f* pastore, -ra; *eccl* pastore *m*; ~**ral** *adj/f* pastorale; ~**rear** *vt* pascolare; ~**rela** *f lit* pastorella; ~**reo** *m* pastorizia *f*; ~**ril** *adj lit* pastorale
pastoso *adj* pastoso
pata *f zool* zampa; *fig* gamba; *fig* piede *m*; *buena* ~ buona sorte; *mala* ~ scalogna; poca grazia; ~ *de gallo* pied-de-poule (*ropa*); ~*s de gallo* zampe di galline (*ojos*); ~ *de palo* gamba di legno; *a cuatro* ~*s* a quattro gambe, carponi; *a la* ~ *coja* a piè zoppo; *a la* ~ *la llana* alla carlona, alla buona; *(fig) con las* ~*s de atrás* con i piedi; ~*s arriba* all'aria; *(fig) estirar la* ~ tirare le cuoia; *(fig) meter la* ~ prendere un granchio, fare una gaffe; *poner de* ~*s/patitas en la calle* cacciar via; *tener mala* ~ essere scarognato
patada *f* calcio *m*, pedata; *a* ~*s* a calci; a mucchi; *dar cien* ~*s* dar molto fastidio; *dar cien* ~*s a alg* essere cento volte meglio di q; *dar* ~*s* fare molti passi; *echar a* ~*s* mandar via a calci
patal|ear *vi* pestare i piedi; scalpitare; ~**eo** *m* il battere i piedi; scalpitio; *derecho al* ~ diritto a sfogarsi/a protestare; ~**eta** *f* attacco di nervi *m*; arrabbiatura
patán *m desp* contadino, villano, uomo zotico
patat|a *f bot* patata; *(a.fig)* ~ *caliente* patata bollente; ~*as fritas, hervidas* patate fritte, lesse; ~**ar** *m* campo di patate; ~**ero** *m* patataio
patatín: que si ~ **que si patatán** che se questo, che se quest'altro
patatús *m* svenimento, attacco di nervi; *le dió un* ~ gli venne un colpo
paté *m gastr* paté *nv*
patear 1. *vt* calpestare; *fig* maltrattare, pestare; **2.** *vi* battere i piedi; camminare molto
patena *f eccl* patena; *limpio como una* ~ trasparente come uno specchio
patent|ar *vt* brevettare; ~**e 1.** *f* patente; licenza d'esercizio; brevetto *m*; *(fig)* ~ *de corso mar* patente di corsa; carta bianca; **2.** *adj* patente, chiaro, manifesto; ~**izar** <*patenticé*> *vt* rendere patente
pátera *f* patera
patera *f mar* piatta
patern|al *adj* paterno; ~**alismo** *m* paternalismo; ~**idad** *f* paternità; ~**o** *adj* paterno
paternóster *m* paternostro
patético *adj* patetico
patibulario *adj* patibolare
patíbulo *m* patibolo
paticojo *adj* zoppo
patidifuso *adj* stupefatto, immobile, secco
patill|a 1. *f* stanghetta (*gafas*); sicurezza (*arma*); *Col bot* anguria; 2. *fpl* basette; ~**udo** *adj* da/con folte basette
patín *m* pattino; *mar* moscone
pátina *f* patina
patin|ador *adj/s* pattinatore; ~**aje** *m* pattinaggio; ~ *sobre hielo, sobre ruedas* pattinaggio su ghiaccio, a rotelle; ~**ar** *vi sport/auto/fig* pattinare, *auto* slittare; ~**azo** *m* slittata *f*, scivolone; *(fig) dar/pegar un* ~ prendere un granchio; ~**ete** *m* monopattino
patio *m* cortile; *teatro* platea *f*
pati|ta *f* zampetta, *fam* manina; *poner de* ~*s en la calle* cacciar via; ~**tieso** *adj* immobile, rigido, paralizzato; ~**tuerto** *adj* con le gambe storte; ~**zambo** *adj* dalle gambe a X
pato *m zool* anatra *f*, anitra *f*; *fig* oca *f*; *PR* finocchio, invertito; *(fig)* ~ *soso* oca; * *Donald* Paperino; *pagar el* ~ pagare la pena, pagarla
patochada *f* sproposito *m*
patógeno *adj* patogeno
patojo *adj* che cammina come un'oca
patol|ogía *f* patologia; ~**ógico** *adj* patologico
patoso *adj* imbranato, lento, noioso
patraña *f* frottola, balla, panzana
patria *f* patria; luogo d'origine *m*; ~ *chica* il paese nativo
patriarca *m* patriarca; ~**l** *adj* patriarcale
patricio *adj/s* patrizio, nobile
patrimoni|al *adj* patrimoniale; ~**o** *m* patrimonio, capitale; ~ *público, artístico,...* patrimonio pubblico, artistico,...
patrio *adj* patrio; ~**ta** *m/f* patriota; ~**tería** *f desp* sciovinismo *m*; campanilismo *m*; ~**tero** *adj/s* patriottardo
patriótico *adj* patriottico
patriotismo *m* patriottismo
patrística *f* patristica
patrocin|ador *adj/s* patrocinatore; *sport/art* sponsor *ingl/inv*; ~**ar** *vt* patrocinare, proteggere; *sport/art* sponsorizzare; ~**io** *m* patrocinio, protezione *f*, *sport/art* sponsorizzazione *f*
patrón *m* 1. padrone; *eccl* patrono; *mar* padrone; 2. modello, stampo; *com* parametro; ~ *oro* base aurea, tallone aureo, gold standard
patron|a *f* padrona; *eccl* patrona; ~**al 1.** *adj* padronale; **2.** *f* federazione dei datori di lavoro; *gran* ~ confindustria; ~**ato** *m* patronato; ~**ímico** *adj/m* patronimico; ~**o, -a** *m/f* datore, -trice di lavoro; *eccl* patrono, -a
patrull|a *f* pattuglia; ~**ar** *vi* fare la ronda; ~**ero** *m mar* nave-pattuglia *f*, pattugliatore
paulatino *adj* lento, graduale
paup|erismo *m* pauperismo; ~**érrimo** *adj* pauperrimo, poverissimo
pausa *f* pausa, intervallo *m*; calma; *hacer una* ~ fare una pausa; ~**do** *adj* calmo
pauta *f* 1. guida, modello *m*, norma; 2. riga; ~**r** *vt* rigare la carta; guidare
pava *f zool* tacchina; *fig* oca; *pelar la* ~ parlarsi d'amore
pav|és *m* pavese; ~**esa** *f* favilla; *estar hecho una* ~ essere ridotto pelle e ossa; ~**ía** *f bot* pesca duracina
Pavía *geogr* Pavia
paviment|ación *f* pavimentazione; ~**ar** *vt*

pavimentare; ~**o** *m* pavimento; manto stradale
pavipollo *m* pulcino di tacchino
pavitonto *adj/s* oca *f*, stupido
pavo *m zool* tacchino; ~ *real* pavone; *edad del* ~ adolescenza; *(fam) comer* ~ fare da tappezzeria; *subírsele a alg el* ~ diventare (q) rosso come un peperone
pavón *m zool* pavone
pavon|**ar** *vt* verniciare con antiossido il ferro; ~**earse** pavoneggiarsi; ~**eo** *m* il pavoneggiarsi
pavor *m* paura *f*, terrore; ~**oso** *adj* pauroso, spaventoso
pay|**asada** *f* pagliacciata; ~**aso** *m* pagliaccio, buffone
pay|**és, -esa** *m/f* contadino, -a catalano, -a o baleare; ~**o 1.** *adj/s* non gitano; **2.** *m* contadinotto
paz *f* pace; quiete, calma, tranquillità; *a la* ~ *de Dios* in pace; *dar* ~ *a algo* lasciare in pace qc; *dejar en* ~ lasciare in pace; *descanse en* ~ riposi in pace; *estar/quedar en* ~ essere pari; *hacer las* ~*ces* fare la pace; *ir en* ~ andare in pace; *poner* ~ mettere pace; *yacer en* ~ giacere in pace
pazguato *adj/s* sempliciotto
pazo *m* palazzo/villa signorile di campagna (*Galicia*)
pea|**je** *m* pedaggio; *de* ~ a pagamento; ~**na** *f* piedistallo *m*; ~**tón** *m* pedone; ~**tonal** *adj* pedonale; ~**tonalizar** *vt* pedonalizzare
peca *f* neo *m*; lentiggine
peca|**do** *m* peccato; *fig* errore; *fig* demonio; ~ *mortal, venial, original* peccato mortale, veniale, originale; *(iron)* ...*de mis* ~*s* benedetto; ~**dor** *adj/s* peccatore; *¡~ de mí!* povero me!; ~**minoso** *adj* peccaminoso; ~**r** <*pequé*> *vi* peccare; sbagliare, errare
pecera *f* vaschetta per i pesci
pecher|**a** *f* petto di camicia *m*, sparato *m*; *iron* petto di donna *m*; ~**o 1.** *adj/s hist* plebeo; **2.** *m* bavaglino, bavaiolo (*niños*)
pecho *m* petto, seno; mammella *f*; *fig* valore; *a lo hecho,* ~ il fatto è fatto; *a* ~ *descubierto* allo scoperto; a viso scoperto; *niño de* ~ lattante; *abrir su* ~ aprire l'animo; *dar el* ~ allattare (*niño*); *sacar el* ~ mettere fuori il petto; *tomar a* ~ prendere a cuore
pechug|**a** *f* petto di pollo/tacchino... *m*; *fam* petto di donna *m*; ~**ona** *f fam* tettona
pecina *f* melma
pecio *m* relitto di naufragio
peciolo, pecíolo *m bot* picciolo
pécora *f* animale ovino *m*; *mala* ~ persona maligna; prostituta
pecoso *adj* lentigginoso
pectina *f chim* pectina, pettina
pectoral *adj/m* pettorale
pecuario *adj* del bestiame; *industria agro-*~*a* industria agricolo-pastorizia
pecul|**ado** *m ius* peculato; ~**iar** *adj* peculiare, speciale; ~**iaridad** *f* peculiarità; ~**io** *m ius/iron* peculio
pecunia *f* pecunia; ~**rio** *adj* pecuniario
pedag|**ogía** *f* pedagogia; ~**ógico** *adj* pedagogico; ~**ogo, -a** *m/f* pedagogo, -a
pedal *m* pedale; ~ *del embrague, del acelerador, del freno* pedale della frizione, dell'acceleratore, del freno; ~**ear** *vi* pedalare; ~**eo** *m* pedalata *f*
pedáneo *adj* della frazione
pedanía *f* frazione
pedante *adj/s* pedante, pignolo; ~**ría** *f* pedanteria, pignoleria; ~**sco** *adj* pedantesco
pedazo *m* pezzo; ~ *de alcornoque* pezzo d'asino/d'imbecille; ~ *de mi alma* tesoro mio; ~ *de carne (con ojos)* pezzo di legno; ~ *de pan* pezzo/tozzo di pane; *a* ~*s* a pezzi; *muerto por los* ~*s de alg* cotto e stracotto per q; *caerse a* ~*s* cadere a pezzi; *hacer* ~*s* fare a pezzi; *saltar en* ~*s* saltare a pezzi; *(fig) ser un* ~ *de pan* essere buono come il pane
pederast|**a** *m* pederasta; ~**ia** *f* pederastia
pedernal *m* pietra focaia *f*; *fig* pietra
pedestal *m* piedistallo
pedestr|**e** *adj* pedestre; ~**ismo** *m sport* podismo
pediatr|**a** *m/f* pediatra; ~**ía** *f* pediatria
pedicur|**a** *f* pedicure *fr*; ~**o, -a,** *am* ~**ista** *m/f* pedicure *fr*, callista (*persona*)
pedid|**a** *f* richiesta di mano; *pulsera de* ~ bracciale di fidanzamento; ~**o** *m* richiesta *f*; *com* ordine, ordinazione *f*
pedigrí *m* pedigree *ingl*
pedigüeño *adj/s* scroccone; seccatore
pediluvio *m* pediluvio
pedir <*12 pido; pidió*> *vt* 1. chiedere; 2. mendicare; 3. richiedere; 4. chiedere la mano a *vi*, chiedere in moglie; ~ *la mano* chiedere la mano; ~ *perdón* chiedere perdono, scusa; ~ *a Dios* pregare Iddio; ~ *peras al olmo* voler cavar sangue da una rapa; ~ *prestado* chiedere a prestito; *a* ~ *de boca* a volontà
pedo *m* sco(r)reggia *f*, peto; *soltar un* ~ tirarsi una scoreggia; *fam* sbronza *f*; *(bot)* ~ *de lobo* vescia
pedofilia *f* pedofilia
pedófilo *m* pedofilo
pedorr|**a** *f* forte scoreggia; ~**eta** *f* pernacchia
pedr|**ada** *f* sassata, pietrata; *venir como* ~ *en ojo de boticario* cadere come il cacio sui maccheroni; ~**ea** *f* 1. sassaiola; 2. premi minori della lotteria *mpl*; ~**egal** *m* ghiareto; ~**egoso** *adj* sassoso, ghiaioso; ~**era** *f* pietraia, cava; ~**ería** *f* pietre preziose *fpl*; ~**isco** *m meteo* grandine grossa *f*, sassaiola *f*; ~**usco** *m* pietra greggia *f*, sasso
pedúnculo *m bot* peduncolo
pega *f fig* problema *m*; *fig* domanda capziosa; incollatura; *de* ~ falso; *poner* ~*s* creare problemi; ~**dizo 1.** *adj mus* orecchiabile; **2.** *adj/s* scroccone; ~**do** *m med* cerotto, cataplasma; ~**joso** *adj* appiccicoso, appiccicaticcio; contagioso; *persona* ~*a* pittima, persona appiccicosa; ~**mento** *m* colla *f*; ~**miento** *m* incollatura *f*; ~**moide** *m chim* pegamoide *m/f*; ~**pega** *f am* colla
pegar <*pegué*> *vt* 1. appiccicare, incollare, attaccare, unire; 2. *med* contagiare; 3. bastonare, battere; *no* ~ *ojo* non chiu-

der occhio; ~ *un botón* attaccare un bottone; ~ *la mesa a la pared* avvicinare il tavolo alla parete; *(fig)* ~ *fuerte* essere di moda; *(a. fig)* ~ *un palo* dare una stangata; *la corbata no le pega al traje* la cravatta non intona col vestito; ~ *fuego* dar fuoco; ~ *un bofetón, una patada* dare uno schiaffo, un calcio; *el sol pega por la mañana* il sole picchia al mattino; ~ *un tiro* sparare un colpo; ~ *voces* gridare; ~ *un alto* spiccare un salto; ~ *un susto* far spaventare; *dale que te pego* dai e dai; *no ~ ni con cola* non andare affatto bene; *~la/sela a alg* fargliela; *~sele algo* attaccarsi qc a q

pegatina *f* figurina adesiva, autoadesivo *m*

pego *m* truffa al gioco attaccando due carte *f*; *dar el* ~ barare (*juego*); ingannare

pegote *m* impiastro; toppa *f* (*tela*); *fig* rammendo, appiccicatura *f*; ~**ar 1.** *vt* impiastricciare; **2.** *vi* scroccare

pein|ada *f* pettinata; *darse una* ~ darsi una pettinata; ~**ado 1.** *m* pettinatura *f*, acconciatura *f*; *fig* retata *f*; **2.** *adj* pettinato; *fig* ripulito, ricercato; ~**ador 1.** *adj/s* pettinatore; **2.** *m* accappatoio (*prenda*); ~**adura** *f* pettinatura; ~**ar** *vt* pettinare; *fig* setacciare; ~ *canas* essere vecchio; ~**e** *m* pettine; ~ *ralo* pettine rado; *(fig) ser un buen* ~ essere un volpone; *ya apareció el* ~ ecco il colpevole; *(pop) ¡te vas a enterar de lo que vale un ~!* ="Adesso vedrai, povero, -a te!"; ~**eta,** ~**a** *f* pettinino da testa *m*

pejiguer|a *f* guaio *m*, impiccio *m*; ~**o** *adj/s* meticoloso, pedante

Pekín V. **Pequín**

pela *f pop* peseta; pelatura

peladilla *f* confetto *m*; *fig* sassolino *m*

pelad|o 1. *adj* pelato; spiumato, spennato; nudo, spoglio, brullo; *número* ~ numero tondo; *dejar* ~ lasciare senza un soldo; **2.** *m* poveraccio; *am* pelatura *f*; *am* bambino; ~**ura** 1. *f* pelatura, sbucciatura, sgusciatura; 2. *fpl* mondatura *f*, scarto *m*

pelagatos *m/inv desp* povero diavolo, *fig* pelapolli

pelagra *f* pellagra

pelaje *m* pelo, pelame; *fig* categoria *f*

pelambr|e *m* pelame; chioma folta *f*; insieme di peli; ~**era** *f* 1. chioma folta; 2. calvizie

pelandusca *f* donna leggera, sgualdrina

pelapatatas *m* pelapatate *inv*

pelar *vt* 1. pelare, radere, tosare; spennare, spiumare; 2. pelare, sbucciare (*fruta*); *fig* spogliare, pelare; *duro de* ~ osso duro; *hace un frío que pela* fa un freddo cane/boia, fa un freddo che pela; 3. *~se (pop) que se las pelan* fortemente; rapidamente; *~sela vulg* farsi una sega

peldaño *m* scalino, gradino

pelea *f* lotta; rissa, baruffa, zuffa; ~ *de gallos* lotta di galli; ~**r 1.** *vi* lottare, combattere; litigare; affannarsi; **2.** *~se* azzuffarsi, lottare *vi*, baruffare *vi*

pelechar *vi* mettere pelo o piuma; ricuperarsi

pelele *m* 1. fantoccio; 2. pigiamino a tuta per bimbi

peleón *adj/s* attaccabrighe; *vino* ~ vino ordinario

peleter|ía *f* pellicceria; ~**o, -a** *m/f* pellicciaio, -a

peli *f fam* film *m/inv*

peliagudo *adj fig* ingarbugliato, difficile

pelícano 1. *m zool* pellicano; 2. *mpl bot* aquilegia *f*

película *f* film *m*; pellicola; ~ *de dibujos animados* film di cartoni animati; ~ *de miedo/de terror* film di terrore; ~ *del oeste/de indios y vaqueros, policíaca* western, giallo; ~ *S, X* film porno; ~ *nominada para el óscar* film candidato all'oscar; *es de* ~ è meraviglioso/fantastico; *hacer una* ~ fare un film; ~ *negativa* pellicola negativa

pelicul|ón *m* bel film, gran film; ~**ero** *adj/s* appassionato di cinema

peligr|ar *vi* pericolare, correre pericolo; ~**o** *m* pericolo; rischio; *en* ~ *de muerte* in pericolo di morte; *fuera de* ~ fuori pericolo; ~**oso** *adj* pericoloso; rischioso

pelillo *m* peletto; *fig* puntiglio; *echar ~s a la mar* far la pace; *no parar en ~s* non badare a piccolezze; *no tener ~s en la lengua* non aver peli sulla lingua

pelirr|ojo *adj/s* (persona) dai capelli rossi, pel di carota; ~**ubio** *adj* (persona) dai capelli biondi

pella *f mil* palla; massa

pellej|a *f zool* pelle; *fig* prostituta; *salvar la* ~ salvare la pelle; ~**ería** *f* conceria; ~**ero** *m* pellicciaio; ~**o** *m* . pelle *f*; 2. otre; *fig* prostituta *f*; *perder, dejarse el* ~ perdere, rimetterci la pelle; *estar en el* ~ *de otro* essere nei panni/nella pelle di un altro; *no caber en el* ~ non stare più nella pelle; *jugarse el* ~ rischiarci la pelle; *(fig) quitar el* ~ levar la pelle

pelliza *f* giaccone foderato di pelliccia *m*

pellizc|ar <*pellizqué*> *vt* pizzicare; *gastr* spizzicare, piluccare; ~**o** *m* pizzicotto; pizzico, presa *f* (*cantidad*); *los ~s molestan* i pizzicotti danno fastidio; ~ *de monja* pizzico

pelma(zo) *adj/s fam* pesante, scocciante, palloso, pizza *f*

pelo *m* capello (*cabeza*); capelli *mpl* (*cabeza*); pelo; pelame; *med* ragade *f*; *tener el* ~ *rubio, moreno,...* avere i capelli biondi, bruni,...; *a contra~* a contropelo; *al* ~ ad hoc; *con ~s y señales* per filo e per segno; *de medio* ~ mediocre; *mata de* ~ chioma; *ni un* ~ *de aire* neanche un filo d'aria; ~ *a* ~ pari a pari; *por un* ~ per un pelo; *tomadura de* ~ presa in giro; *no tiene un* ~ *de tonto* non è affatto scemo; *(fig) traído por los ~s* ="applicato a casaccio"; *se te va a caer el* ~ ti verrà un accidenti; *se le cae el* ~ gli cadono i capelli; *buscar el* ~ *al huevo* cercare il pelo nell'uovo; *(fig) cortar un* ~ *en el aire* essere molto furbo; *dar para el* ~ dargliele, finire male; *erizar los ~s* drizzare i capelli; *estar en un ~/faltar un* ~ mancarci poco; *estar hasta los ~s* averne fin sopra i capelli; *montar a* ~ cavalcare a pelo; *poner los ~s de punta* far drizzare i capelli; *relucirle el* ~ essere ben pasciuto; *ser de* ~ *en pecho* essere audace; *soltarse el* ~ darsi alla bella

vita; *(dejarse) tomar el* ~ (farsi) prendere in giro; *no tener ~s en la lengua* non aver peli sulla lingua; *tener ~s en el corazón* avere il pelo al cuore/sullo stomaco; *tirar del* ~ *a alg* prendere per i capelli q
pelón *adj/s* spelato, pelato, spelacchiato; *fig* poveraccio
pelo|na *f* calvizie; *(fam) la* ~ la morte; **~so** *adj* peloso
pelota 1. *f* palla; pallone *m*; pelota, palla basca; *fig* mucchio di debiti *m*; *vulg/euf* palla; *(vulg) en ~s* nudo *est*; *(vulg) por ~s* per forza; *devolver la* ~ rispondere per le rime; *(vulg) estar hasta las ~s* averne le palle piene; *pasarse la* ~ fare a scaricabarile; *(vulg) tener ~s* avere palle; *(vulg) tocar las ~s* rompere le palle; 2. *m fig* lecchino; **~ri** *m* pelotaro; **~zo** *m* colpo di palla, pallata *f*
pelote|o *m* palleggio; *fig* adulazione *f*; **~ra** *f* discussione, alterco *m*, disputa; rissa; **~ro** *m* pallonaio; *sport am* calciatore; giocatore di baseball; *escarabajo* ~ scarabeo sacro o stercorario
pelotill|a *f* pallina; *fig* leccatura; *hacer la* ~ fare il leccapiedi; *hacer ~s* togliersi le caccole dal naso; **~ero** *adj/s* lecchino, leccapiedi, leccaculo *vulg*
pelotón *m* 1. *mil/sport* plotone; 2. pallone
peluca *f* parrucca
peluche *m* pupazzo di peluche; peluche *f/fr* (*tela*)
pelucón *m* parruccone
peludo 1. *adj* peloso, velloso; **2.** *m* zerbino
peluquer|ía *f* negozio di parrucchiere, -a *m*; *voy a la* ~ vado dal parrucchiere, -a; **~o, -a** *m/f* parrucchiere, -a; barbiere *m*
peluquín *m* parrucchino
pelusa *f* lanugine, peluria; laniccio *m*; *fig* gelosia
pelvis *f* pelvi
pena *f* pena; compassione; dolore *m*, fatica, stento *m*; *(ius)* ~ *accesoria, capital,...* pena accessoria, capitale,...; ~ *de cadena perpetua* ergastolo; *a duras ~s* a stento, a mala pena; *bajo* ~ *de* sotto pena di; *¡Qué ~!* Che peccato!; *(am) me da mucha pena* mi dispiace molto; *sin* ~ *ni gloria* senza lode e senza infamia, né bene, né male; *ahogar las ~s* dimenticare le pene; *dar* ~ far pena; *estar en* ~ essere in pena; *merecer la* ~ valere la pena; *pasar las ~s del purgatorio* soffrire le pene del purgatorio
penacho *m* pennacchio; *fig* orgoglio
penad|o, -a *m/f* carcerato, -a, recluso, -a
penal 1. *adj* penale; **2.** *m* penitenziario, carcere; **~idad** *f* 1. sofferenza, pena; 2. *ius* punibilità; penalità, ammenda; **~ista** *adj/s* penalista; **~izar** <*penalicé*> *vt* penalizzare; **~ty** *m sport/ingl* penalty *inv*; calcio di rigore (*fútbol*); *casarse de* ~ sposarsi incinta
penar 1. *vi* soffrire, patire; ~ *por algo* diventar pazzo per qc; **2.** *vt ius* condannare
penc|a *f bot* costola; staffile *m*; **~o** *m zool* ronzino; *fig* scansafatiche *inv*
pendejo *adj am/fam* stupido
pendenci|a *f* lite, questione, alterco *m*; **~ero** *adj/s* attaccabrighe, provocatore
pender *vi* pendere; *ius* essere pendente
pendiente 1. *adj* pendente; **2.** *m* 1. orecchino; ciondolo; 2. *f* pendenza; *geogr* pendio *m*, china
pendón *m* stendardo, insegna *f*, bandiera *f*; *fig/desp* donna leggera *f*, sgualdrina *f*
pendonear *vi* bighellonare
péndulo 1. *m* pendolo; **2.** *adj* pendulo
pene *m* pene
penene *m* professore precario/fuori ruolo
penetr|abilidad *f* penetrabilità; **~able** *adj* penetrabile; **~ación** *f* penetrazione; *fig* perspicacia; **~ador** *adj* acuto, perspicace; **~ante** *adj* penetrante; **~ar** *vt* penetrare *vi/vt*, attraversare
penicilina *f* penicillina
península *f* penisola
peninsular *adj* peninsulare
penique *m* penny *ingl/inv*
peniten|cia *f* penitenza; *hacer* ~ fare penitenza; **~cial** *adj* penitenziale; **~ciaría** *f* penitenziario *m*, carcere *m*; *eccl* penitenzieria; **~ciario 1.** *adj* penitenziario; **2.** *m eccl* penitenziere; **~te** *adj/s* penitente
penoso *adj* penoso
pens|ado *adj* pensato; *persona mal ~a* malpensante; *bien* ~ pensandoci bene; *el día menos* ~ quando meno te l'aspetti; **~ador, -ra** *m/f* pensatore, -trice; **~amiento** *m* pensiero; mente *f*; *bot* pensée *f*, viola del pensiero *f*; *acudir al* ~ venire in mente; *tener* ~ *de* avere intenzione di; *tener en el* ~ avere in mente
pensar <*5a pienso*> *vt/vi* pensare (*en* a); immaginare, credere; *sin* ~ senza pensarci; *cuando menos se piensa* quando meno uno se l'aspetta; *dar en* ~ cominciare a pensare; *dar que* ~ preoccupare; *ni ~lo* neanche per sogno; *pensándolo bien* pensandoci bene; ~ *entre sí* pensare fra sé; *~árselo (mucho)* pensarci (molto); *piensa mal y acertarás* fidarsi è bene, non fidarsi è meglio; *ser algo para ~árselo* essere una cosa da pensarci su
pensativo *adj* pensieroso, cogitabondo, meditabondo
pensil *adj* pensile
pensión *f* pensione (*bur, hotel*); *stud* borsa di studio; ~ *completa* pensione completa; *media* ~ mezza pensione; ~ *asistencial, de invalidez, de jubilación, de viudedad* pensione sociale, d'invalidità, d'anzianità, di vedovanza; ~ *alimenticia* assegno di mantenimento, alimenti
pension|ado 1. *adj/s* pensionato; **2.** *m stud* convitto; **~ar** *vt* concedere una pensione *vi*; **~ista** *m/f* pensionato, -a
pent|ágono *m* pentagono; **~agrama** *m mus* pentagramma; **~ámero** *adj/m bot/chim* pentamero
Pentecostés *m* Pentecoste *f*
penúltimo *adj/s* penultimo
penumbra *f* penombra
penuria *f* penuria, scarsità
peñ|a *f geol* roccia, macigno *m*; circolo *m*, gruppo *m*, associazione; **~ascal** *m* luogo roccioso; **~asco** *m* masso, macigno; **~ón** *m* 1. macigno, rupe *f*; 2. *el *~ de Gibraltar* ="la rocca di Gibilterra"

peón *m* peón; manovale, *agr* bracciante; pedina *f* (*dama, ajedrez*); trottola *f* (*juego*); ~ *caminero* cantoniere

peon|ada *f* giornata di manovale; ~**aje** *m* manovalanza *f*

peonía *f bot* peonia

peonza *f* trottola

peor 1. *adj* peggiore; *llevarse la ~ parte* avere la peggio; **2.** *adv* peggio; *ir de mal en ~* andare di male in peggio; ~ *que* ~ peggio che mai/che andar di notte; *tanto* ~ tanto peggio

Pepa *f* Peppa; *(iron) ¡Viva la ~!* Evviva la vita!

pepa *f Col* nocciolo *m* (*fruta*); *med/fam* pillola, compressa

Pepe *m* Beppe, Peppino

pepin|ar *m agr* campo di cetrioli; ~**illo** *m* cetriolino; ~**o** *m bot* cetriolo; *no importarle un* ~ non importargli/le un cavolo

pepit|a *f agr* seme *m*; pepita (*oro*); *zool* pipita; ~**o** *m* ="panino imbottito di carne"; ~**oria** *f gastr* fricassea; *gallina en* ~ fricassea di gallina

pepona *f iron* bambolona

peque *m/f fam* bimbo, -a, bambino, -a; ~**ñez** *f* piccolezza; *fig* grettezza; ~**ño** *adj/s* piccolo, piccino; *fig* meschino; *en* ~ in piccolo

Pequín *geogr* Pechino

pequinés *adj/s* pechinese; *perro* ~ cane pechinese

pera *f bot* pera; pizzo *m* (*barba*); *elec* lampadina; *med* pompetta; *es la* ~ è il colmo; *ponerle a alg las ~s a cuarto* fare i conti con q; *no partir ~s con alg* far lite con q; *pedir ~s al olmo* voler cavar sangue da una rapa; ~**l** *m bot* pero

peralt|ar *vt* rialzare la curva; ~**e** *m arch* prolungamento dell'arco; *tras* dislivello in curva

perborato *m chim* perborato

per cápita *adv* pro capite

perca *f zool* perca; ~**l** *m* percalle; *(fig) conocer el* ~ essere al corrente dell'affare

percance *m* contrattempo, incidente

percatarse rendersi conto (*de* di), osservare *vt*

percebe *m zool* lepade *f*; *fig* scemo

percep|ción *f* percezione; ~**tible** *adj* percettibile, percepibile; ~**tivo** *adj* percettivo; ~**tor** *adj/s* percettore

perch|a *f* attaccapanni *m* (*de pared, de pie*); gruccia (*triángulo*); *tener buena* ~ avere una bella figura; ~**ero** *m* attaccapanni; ~**erón** *m* cavallo normanno

percibir *vt* percepire; *com* riscuotere, percepire

percu|sión *f* percussione; *(mus/mil) de* ~ a percussione; ~**sor,** ~**tor 1.** *m tec* percussore; **2.** *adj/s* percotitore; ~**tir** *vt* percuotere, colpire

perd|edor *adj/s* perdente; ~**er** <*6 pierdo*> **1.** *vt/vi* perdere; *echar a* ~ sciupare, guastare; *no tener nada que* ~ non avere nulla da perdere; **2.** ~*se* perdersi, smarrirsi; *no se perderà* se la caverà; ~**ición** *f* perdizione, rovina

pérdida *f* perdita; *~s cuantiosas, de beneficios, de explotación* perdite ingenti, di guadagno, di esercizio; *ganancias y ~s* profitti e perdite; *arrojar una* ~ presentare una perdita; *no tener ~ (algo)* essere facile da trovare (qc)

perdi|do 1. *adj* perduto, perso; *sentirse* ~ sentirsi perduto; *a fondo* ~ a fondo perduto; *tiempo* ~ tempo perso; **2.** *m/f* uomo perduto *m*, donna perduta *f*

perdi|gón *m* pallino da caccia, migliarino; *zool* perniciotto; ~**gonada** *f* impallinata; ~**guero** *adj* da caccia; *perro* ~ bracco

perdiz *f zool* pernice

perdón *m* perdono; *con* ~ con permesso; *¡~!* Scusi!; Pardon! *fr*; *pedir ~ a alg* chiedere perdono a q; chiedere scusa a q, scusarsi con q; *no tener* ~ non ammettere scuse, essere imperdonabile

perdon|able *adj* perdonabile; ~**ar** *vt* perdonare; *¡Perdone Ud!* Scusi!; *perdone la molestia* mi scusi per il disturbo; ~**avidas** *m/inv* ammazzasette, spaccone

perdulario *adj/s* vizioso

perdur|able *adj* perdurevole, perenne, perpetuo; ~**ar** *vi* perdurare

perec|edero *adj* caduco, perituro; deperibile (*alimento*); ~**er** <*13a perezco*> *vi* perire, morire

peregrin|ación *f* peregrinazione; *eccl* pellegrinaggio *m*; ~**aje** *m* pellegrinaggio; ~**ar** *vi* peregrinare; ~**o, -a 1.** *m/f* pellegrino, -a; **2.** *adj* peregrino, raro; errante

perejil *m bot* prezzemolo; *estar en todas partes como el* ~ essere come il prezzemolo; ~**a** *f* ="gioco di carte" *m*

perendengue *m* fronzolo

perengano *m* un tale, un tizio

perenn|e *adj* perenne; ~**idad** *f* perennità

perentor|iedad *f* perentorietà; ~**io** *adj* perentorio

perestroika *f pol* perestroica

perez|a *f* pigrizia, accidia, fiacca; *sacudir la* ~ muoversi; *me da ~ hacer...* non aver voglia di fare...; ~**oso 1.** *adj* pigro, indolente, poltrone, svogliato; **2.** *m zool* bradipo

perfecci|ón *f* perfezione; *a la* ~ a perfezione, in modo perfetto; ~**onamiento** *m* perfezionamento; ~**onar** *vt* perfezionare; ~**onismo** *m* perfezionismo

¡perfectamente! benissimo!, d'accordo!

perfect|ibilidad *f* perfettibilità; ~**ible** *adj* perfettibile; ~**ivo** *adj ling* perfettivo; ~**o** *adj* perfetto; *(ling) pretérito* ~ passato remoto; *futuro* ~ futuro anteriore

perfidia *f* perfidia, malvagità

pérfido *adj* perfido, malvagio

perfil *m pitt/tec/fig* profilo; contorno; *de* ~ di profilo; *de medio* ~ di scorcio; *(tec) ~ laminado* profilato; *~ de investigación* specialità di ricerca; ~**ado** *adj* profilato; affilato; *nariz ~a* naso affilato; ~**ador** *m* matita (per gli occhi) *f*; ~**adura** *f* profilatura, filettatura; profilo *m*; ~**ar 1.** *vt pitt/tec/fig* profilare; rifinire; **2.** ~*se* profilarsi

perfor|ación *f tec/med* perforazione; perforamento *m*; ~**ador** *adj/m* perforatore; ~**adora** *f* perforatrice; ~**ar** *vt* perforare, forare

performance *f ingl* performance

perfum|ar 1. *vt* profumare; **2.** *vi* odorare, profumare; ~**e** *m* profumo, fragranza *f*, (buon) odore; ~**ería** *f* profumeria
pergamino *m* pergamena *f*, cartapecora *f*
pergeñar *vt fam* tracciare, sbozzare
pérgola *f* pergola
peri|antio *m bot* perianzio; ~**cardio** *m med* pericardio; ~**carpio** *m bot* pericarpo
pericia *f* perizia, destrezza, abilità; ~**l** *adj* peritale, *raro* periziale
periclitar *vi* pericolare
perico *m zool* pappagallo; *fig* orinale; *fig* ventaglio grande; *~ *el de los palotes* un tizio qualsiasi; *~ *entre ellas* galletto (in mezzo alle galline)
perif|eria *f* periferia; ~**érico** *adj* periferico
perifollo 1. *m bot* cerfoglio; 2. *fig mpl* fronzoli
perífrasis *f/inv* perifrasi, circonlocuzione
peri|frástico *adj* perifrastico; ~**geo** *m astr* perigeo; ~**helio** *m astr* perielio
perill|a *f* pizzo *m*, barbetta; *de ~s* a proposito, a pennello; ~**án, -ana** *m/f* furbacchione, -a, lazzarone, -a
perímetro *m* perimetro
perinatal *adj med* perinatale
perineo *m med* perineo
perinola *f* trottola
periodicidad *f* periodicità
periódico 1. *adj* periodico; **2.** *m* giornale, quotidiano
period|ismo *m* giornalismo; ~**ista** *m/f* giornalista; ~**ístico** *adj* giornalistico
período *m* periodo; *med* mestruazioni *fpl*
peripatético *adj/s* peripatetico
peripecia *f* peripezia
periplo *m* periplo
peripuesto *adj* agghindato
periquete *m* attimo, istante; *en un ~* in un batter d'occhi
periquito *m zool* pappagallino
periscopio *m* periscopio
perista *m/f gergo* ricettatore, -trice
peristáltico *adj* peristaltico
perístole *f med* peristalsi
peristilo *m arch* peristilio
perit|aje *m stud* titolo di perito; ufficio di perito; perizia *f*; ~**ar** *vt* periziare; ~**o** *adj/m* perito; *~ mercantil* ragioniere; *~ industrial* perito industriale
periton|eo *m med* peritoneo; ~**itis** *f med* peritonite
perjudic|ar <*perjudiqué*> *vt* danneggiare, nuocere; ~**ial** *adj* dannoso, nocivo
perjuicio *m* danno, pregiudizio; *sin ~ de que* ciò non toglie che; *en ~ de* in danno di; *daños y ~s* danni e pregiudizi
perjur|ar *vi* spergiurare, giurare il falso; ~**io** *m* spergiuro; ~**o, -a** *m/f* spergiuro, -a
perl|a *f* perla; *de ~s* a proposito; *~ cultivada* perla coltivata; ~**ífero** *adj* perlifero
perlocución *f ling* perlocuzione
perman|ecer < *13a permanezco*> *vi* rimanere, restare; permanere, durare; ~**encia** *f* permanenza; ~**ente** *adj/f* permanente
perme|abilidad *f* permeabilità; ~**able** *adj* permeabile
permis|ible *adj* tollerabile, permissibile; ~**ión** *f* permesso *m*; licenza; ~**ionario** *adj/s* permissionario; ~**ividad** *f* permissività; permissivismo *m*; ~**ivo** *adj* permissivo; ~**o** *m* permesso, autorizzazione *f*; congedo, licenza *f*; *~ de conducir* patente; *~ de circulación* libretto di circolazione; *~ de importación* permesso d'importazione; *estar de ~* essere in congedo
permitir 1. *vt* permettere, concedere, autorizzare; **2.** *~se* permettersi, prendersi la libertà
permuta *f com* permuta, baratto *m*; ~**ble** *adj* permutabile; ~**ción** *f* permuta, scambio *m*; ~**r** *vt* permutare, scambiare, barattare
pern|ada *f* gambata; *(hist) derecho de ~* diritto alla prima notte; ~**era** *f* gamba dei pantaloni
pernicioso *adj* pernicioso, nocivo
pernil *m* coscia di maiale *f*; prosciutto
perno *m* perno, bullone; cardine
pernoctar *vi* pernottare
pero 1. *conj* ma, però; *¡~ que muy guapa!* bella, ma molto bella!; **2.** *m* ma, se; *fig* difetto; *no tener ~s* non avere difetti
perogrullada *f* scemenza, stupidaggine
perol *m* pentola *f*; *fig* testa *f*
peroné *m med* perone, fibula *f*
peror|ación *f* perorazione; ~**ar** *vi/vt* perorare; ~**ata** *f* predica
perpend|icular *adj* perpendicolare; ~**ículo** *m* perpendicolo; *mat* perpendicolare *f*
perpetr|ación *f* perpetrazione; ~**ar** *vt ius* perpetrare
perpetua|ción *f* perpetuazione; ~**r** *vt* perpetuare
perpetuidad *f* perpetuità; *a ~* in perpetuo
perpetuo *adj* perpetuo; perenne
perplej|idad *f* perplessità, titubanza, incertezza; ~**o** *adj* perplesso, esitante, titubante
perra 1. *f* 1. *zool* cagna; *fig* stizza; 2. *fpl* soldi *mpl*; *~a chica* cinque centesimi; *~ grande* dieci centesimi; *estar sin una ~a* essere senza un centesimo; *(iron) ¡Para tí la ~ gorda!* Va bene, hai ragione tu!; *hijo de ~* figlio d'un cane; *~ vida* vita da cani; **2.** *adj* brutta, cattiva; ~**da** *f fig* brutto tiro *m*; muta di cani
perrer|a *f* canile *m*; ~**ía** *f fig* canagliata; canea
perrito *m* cagnolino; *~ caliente* panino imbottito di salsiccia, hot-dog
perro *m* cane; *~ de caza, faldero, policía, guardián, pastor, de presa* cane da caccia, da compagnia, poliziotto, da guardia, da gregge, da presa; *vida de ~s* vita da cani; *atar los ~s con longanizas* legare le viti con le salsicce, essere il paese della Cuccagna; *a otro ~ con ese hueso* vai a raccontarla altrove; *a ~ flaco todo son pulgas* il cane morde lo straccione/a muro basso tutti ci si appoggia; *como el ~ y el gato* come cani e gatti; *de ~s* da cani; *como el ~ del hortelano* come il cane dell'ortolano; *morir como un ~* morire solo come un cane; *muerto el ~, se acabó la rabia* tolta la causa, cessa l'effetto; *~ mordedor, poco ladrador* can che abbaia non morde
perruno *adj* canino; cagnesco

persa *adj/s* persiano

perse|cución *f psic/pol* persecuzione; inseguimento *m*; ~**guidor** *adj/s* persecutore; inseguitore; ~**guir** < *12* V. *seguir*> *vt* inseguire; *fig* perseguire

persever|ancia *f* perseveranza, pertinacia, tenacia; ~**ante** *adj* perseverante, pertinace, tenace; ~**ar** *vi* perseverare, insistere

Persia *f geogr* Persia

persiana *f* persiana, gelosia

pérsico *adj* persico

persignarse farsi il segno della croce

persist|encia *f* persistenza, perseveranza; ~**ente** *adj* persistente; ~**ir** *vi* persistere, perseverare, insistere

persona *f* persona; *en* ~ in/di persona; *de ~ a ~* a tu per tu; ~ *jurídica, física* persona giuridica, fisica; ~**je** *m* personaggio; ~**l 1.** *adj* personale, individuale; **2.** *m* personale, impiegati *mpl*; ~ *eventual* personale avventizio; ~ *de plantilla* organico; *iron* gente *f*; ~**lidad** *f* personalità; *culto a la* ~ culto della personalità; ~**lismo** *m* personalismo; ~**lización** *f* personalizzazione; ~**lizar** <*personalicé*> *vt* scendere a livelli personali; *ling/fig* personificare; personalizzare

personarse *adm* presentarsi, andare di persona *vi*

personific|ación *f* personificazione; ~**ar** <*personifiqué*> *vt* personificare, rappresentare

perspectiva *f tec/fig* prospettiva

perspic|acia *f* perspicacia, sagacia; ~**az** *adj* perspicace, sagace

persua|dir *vt* persuadere, convincere; ~**sible** *adj* persuadibile; ~**sión** *f* persuasione, convincimento *m*; ~**sivo** *adj* persuasivo, convincente; ~**sor** *adj* persuasore

perten|ecer < *13a pertenezco*> *vi* 1. appartenere; 2. spettare, concernere, toccare; ~**eciente** *adj* appartenente; ~**encia** *f* 1. appartenenza; 2. proprietà, possesso *m*; accessorio *m*

pértiga *f* pertica, stanga; *salto con* ~ salto con l'asta

pertin|acia *f* pertinacia; persistenza; *la ~ de la fiebre* la persistenza della febbre; ~**az** *adj* pertinace; persistente

pertin|encia *f* opportunità; *ling* pertinenza; ~**ente** *adj* opportuno; pertinente, concernente; *ling* pertinente; ~**entemente** *adv* opportunamente

pertrech|ar *vt* fornire, munire; preparare; ~**os** *mpl* attrezzi, strumenti da lavoro; *mil* munizioni *fpl*

perturb|ación *f cient/fig* perturbazione; ~**ado** *adj/s* squilibrato; ~**ador** *adj* perturbatore; ~**ar** *vt* perturbare, alterare

Perú *m geogr* Perù; *valer un* ~ valere un Perù

peruano *adj/s* peruviano

perusino *adj/s* perugino, di Perugia

perver|sidad *f* perversità, malvagità; ~**sión** *f* perversione; ~**so** *adj/s* perverso, malvagio; ~**timiento** *m* pervertimento, depravazione *f*; ~**tir** < *10 pervierto; pervirtió*> *vt* pervertire, depravare, corrompere

pesa *f* peso *m*; ~**cartas** *m* pesalettere *inv*

pesad|ez *f* pesantezza; *fig* noia; ~**illa** *f* incubo *m*; ~**o** *adj* pesante; tardo, lento; noioso; *broma ~a* scherzo di cattivo gusto/da prete; battuta pesante; *(sport) peso* ~ peso massimo; *ser un* ~ essere scocciante; ~**umbre** *f* tristezza; pesantezza

pesaje *m sport* pesa *f*, pesatura *f*

pésame *m* condoglianza *f*; *dar el* ~ fare le condoglianze

pesar 1. *m* dolore, tristezza *f*; **2.** *vt/vi* pesare; *fig* ponderare; dispiacere *vi*, rattristare *vi*; *mal que me (te...) pese* nonostante (che) mi dispiaccia, mio malgrado; **3.** *conj/prep a ~ suyo, tuyo* suo, tuo malgrado; *a ~ de todo* malgrado tutto; *a ~ (de que)* nonostante, malgrado; *pese a* nonostante, malgrado; *pese a quien pese* a tutti i costi; ~**oso** *adj* preoccupato; triste, afflitto; pentito

pesca *f* pesca; ~ *de altura, submarina,...* pesca d'alto mare, subacquea,...; ~**dería** *f* pescheria, negozio di pescivendolo *m*; *voy a la* ~ vado dal pescivendolo; ~**dero, -ra** *m/f* pescivendolo, -a; ~**dilla** *f zool* naselletto *m*, merluzzino *m*; ~**do** *m gastr* pesce; ~ *congelado* pesce surgelato; ~ *azul, blanco* pesce azzurro, bianco; *ni carne ni* ~ né carne, né pesce; ~**dor, -ra** *m/f* pescatore, -trice; ~**nte** *m tras* cassetta *f*; *tec* gru *f/inv*; ~**ar** <*pesqué*> *vt* pescare; *fig* pescare, accalappiare

pescozón *m* scapaccione, scappellotto

pescuezo *m* collo; *retorcer el* ~ tirare il collo (*zool*); strozzare (*pop*)

pesebre *m* mangiatoia *f*; *eccl/lit* presepio

peset|a *f* peseta; *(pop) cambiar la* ~ vomitare; ~**ero** *adj/s* interessato, tirchio

pesimis|mo *m* pessimismo; ~**ta** *adj/s* pessimista

pésimo *adj* pessimo

peso *m* peso; peso (*moneda*); ~ *atómico, específico, bruto, neto,...* peso atomico, specifico, lordo, netto,...; *a* ~ a peso; *a ~ de oro* a peso d'oro; *de* ~ di peso; *en* ~ di peso; *(sport)* ~ *pesado* peso massimo; *caerse por su propio* ~ essere evidente

pespunt|(e)ar *vt* fare l'impuntura; ~**e** *m* impuntura *f*

pesquer|a *f* luogo pescoso *m*; ~**ía** *f* pesca; pescheria (*lugar*); ~**o** *adj/m* peschereccio; *industria ~a* industria della pesca

pesquis *m fam* perspicacia *f*, cervello; ~**a** *f* indagine, ricerca

pestañ|a *f* ciglio *m* (*ojo*); *las ~s* le ciglia; lembo *m*; ~**ear** *vi* battere le ciglia; *no/sin* ~ non/senza batter ciglio; ~**eo** *m* il battere delle ciglia

peste *f med/fig* peste; ~ *bubónica* peste bubbonica; *echar ~s de alg* dire peste e corna di q

pesticida *adj/m* pesticida

pestífero *adj* pestifero

pestil|encia *f* pestilenza, peste; ~**ente** *adj* pestilente

pestillo *m* chiavistello, paletto

pestorejo *m* collottola *f*

petaca *f* astuccio per tabacco o sigarette *m*; *(mil) hacer la* ~ fare il sacco

pétalo *m bot* petalo
petard|ear *vt mil* attaccare petardi *vi*; sparare petardi *vi*; *fig* truffare; ~**ero** *m mil* artificiere; ~**ista** *m/f fam* truffatore, -trice; artificiere *m*; ~**o** *m* petardo, castagnola *f*; *fam* piccola truffa *f*
petate *m* sacco a pelo e fagotto personale (*militares, presos*); *am* stuoia di palma *f*; *fig* uomo dappoco; *liar el* ~ far fagotto
petenera *f mus* ="aria popolare andalusa"; *salirse por* ~*s* fare o dire qc a sproposito
peti|ción *f* richiesta, istanza, domanda; *ius/fil* petizione; *a* ~ *de* a richiesta di; ~**cionario** *adj/s* richiedente
petimetr|e, -a *m/f* figurino *m*; presuntuoso, -a
petirrojo *m zool* pettirosso
petitorio 1. *adj ius* petitorio; **2.** *m* richiesta insistente *f*; *mesa* ~*a* punto di colletta
peto *m* pettorina *f*; *mil* petto
petrar|quesco *adj* petrarchesco; ~**quismo** *m* petrarchismo; ~**quista** *adj/s* petrarchista
petrel *m zool* procellaria *f*, uccello delle tempeste
pétreo *adj* pietroso, sassoso
petrific|ación *f* pietrificazione; ~**ar** <*petrifiqué*> *vt* pietrificare
petrodólar *m* petrodollaro
petrografía *f* petrografia
petróleo *m* petrolio
petro|lero 1. *adj* petroliero; **2.** *m* petroliere; *mar* petroliera *f*; ~**lífero** *adj* petrolifero; ~**(l)químico** *adj* petrolchimico
petroso *adj* pietroso, sassoso
petul|ancia *f* petulanza, indiscrezione; ~**ante** *adj/s* petulante, noioso
petunia *f bot* petunia
peucédano *m bot* peucedano
peúco *m* babbuccia *f*
peyorativo *adj* peggiorativo
pez <*pl* peces< 1. *m zool* pesce; *(fig)* ~ *gordo* pesce grosso; ~ *sierra* pesce sega; *estar* ~ *en algo* non saper nulla di qc; *estar como* ~ *en el agua* sentirsi a proprio agio; *(fam) picar el* ~ cadere nella rete; 2. *f* pece
pezón *m med* capezzolo; *bot* picciolo
pezuña *f zool* piede *m*, zampa con unghie
piadoso *adj* pietoso, compassionevole, misericordioso; pio, devoto
piafar *vi* scalpitare
Piamont|e *m geogr* Piemonte; *~**és** *adj/s* piemontese
pian|ista *m/f* pianista; ~**o** *m* pianoforte, piano; ~ *de cola* pianoforte a coda; ~**ola** *f* pianola
piar <*2 pío*> *vi* pigolare, pipiare
piara *f* branco di porci *m*
PIB *m econ* PIL
pibe *m*, **piba** *f Arg* ragazzino, -a
pica *f* picca (*mil/naipes/taur*); *(fig/fam) poner una* ~ *en Flandes* ="vincere un terno al lotto"
picacho *m* picco di montagna
picad|a *f* beccata; puntura; *am* sentiero *m*; ~**ero** *m* maneggio; *fig* garçonnière *f fr/inv*; ~**illo** *m* tritato; *hacer* ~ *a alg* fare a pezzi q; ~**o 1.** *m aer* picchiata *f*; *mus* staccato; *cine* inquadratura dall'alto *f*; *tip* punzonatura *f*; **2.** *adj gastr* tritato; *fig* offeso; traforato; *med* butterato; *caer en* ~ scendere in picchiata; *fig* cadere di colpo; ~**or** *m taur* picador; tagliere (*de cocina*); ~**ora** *f* tritatutto *m/inv* (*cocina*), trituratore *m*; ~**ura** *f* puntura (*insecto*); tabacco trinciato *m*; buchetto *m*; ~ *de viruela* butteratura
picaflor *m zool* colibrì, uccello mosca; *am* don Giovanni
picajoso *adj/s* permaloso
picante *adj/m gastr/fig* piccante
picapedrero *m* tagliapietre
picapica 1. *m* prodotto irritante; 2. *f am* erba irritante
picapleitos *m/f* azzeccagarbugli *m*, leguleio *m*
picaporte *m* chiavistello; battaglio (*puerta*); ~ *de resbalón* serratura a scatto
picar 1. *vt* pungere (*insectos, taur...*); beccare (*pájaro*); *gastr* tritare; triturare, sminuzzare; spizzicare (*comida*); *tec* punzonare, traforare, punteggiare; picchiettare (*pared*); *fig* provocare, irritare; **2.** *vi med* prudere; abboccare (*pez*); *fig* cadere nel tranello, cascare; bruciare, pizzicare (*sol, garganta, picante...*); *aer* scendere in picchiata; *mus* granire; ~ *alto* aspirare a molto, puntare in alto; ~ *en* toccare i limiti di; ~ *de* vantarsi di; **3.** *(fig)* ~*se* offendersi; guastarsi (*vino*); bucarsi (*diente, droga*); tarlarsi (*tela*); *el que se pica ajos come* chi ha la coda di paglia, se la bruci
picar|día 1. *f* astuzia, scaltrezza, malizia; monelleria, birichinata (*niño*); canagliata; *fam* baby-doll *m* (*pijama*) *sin* ~ senza malizia; 2. *fpl* insulti *mpl*; ; ~**esca** *f* mondo picaresco *m*; *lit* letterartura picaresca; ~**esco** *adj* picaresco
pícaro 1. *adj* picaro, birbone, furfante; furbo, astuto, scaltro; *fig* maledetto; **2.** *m* monello, birichino (*niño*); picaro, birbone, furfante
picatoste *m* fetta di pane fritto o tostato *f*
picaz|a *f zool* gazza; ~**ón** *f* prurito *m*; dolore *m*, disgusto *m*
picha *f vulg* cazzo *m*
pichel *m* boccale con coperchio
pichi *m* scamiciato; *Arg/Ur/infan hacer* ~ far pipì
pichincha *f am* buon affare *m*, occasione
pich|ón *m zool/fig* piccione; ~**ona** *f fam* colombella
Picio: más feo que ~ più brutto del diavolo
pico *m zool* becco; *fig* bocca *f*, beccuccio (*recipiente*); *geogr* picco; punta *f*, angolo; *gergo* buco (*droga*); *Chile/pop* cazzo; *a* ~ a picco; ~ *de oro* boccadoro; *(am) hora* ~ ora di punta; *jersey de* ~ maglioncino con lo scollo a V; *andar de* ~*s pardos* andare a divertirsi; *callar el* ~ star zitto; *costar cien pesetas y* ~ costare cento pesete e rotti; *darse el* ~ *con alg* baciucchiarsi con q; *hincar el* ~ morire; *llegar a las dos y* ~ arrivare alle due passate; *salir por un* ~ costare un occhio
picor *m* bruciore; prurito

picota *f* gogna, berlina; *bot* graffione *m*; *poner en la ~ (alg)* mettere alla/in berlina (q); ~**da** *f*, ~**zo** *m* beccata *f*; puntura *f* (*insecto*)

picote|ar 1. *vt/vi zool* beccare; mangiucchiare; **2.** ~*se* bisticciare *vi*; ~**o** *m zool* il beccarsi; il mangiucchiare

picotero *adj/s* chiacchierone

pictórico *adj* pittorico

picudo *adj* a becco, appuntito

pie *m* piede; *fig* piede, base *f*; *(tip) ~ de imprenta* nota tipografica a piè di pagina; *~ plano* piede piatto; *a ~* a piedi; *(tip) al ~ de la página* in calce; *al ~ de la letra* alla lettera; *con buen, mal ~* bene, male; *hecho con los ~s* fatto con i piedi; *con los ~s delante* morto; *con ~s de plomo* con i piedi di piombo; *de ~* in piedi; *de a ~* a piedi; *de ~s a cabeza* dalla testa ai piedi; *en ~* in piedi; *en ~ de guerra* sul piede di guerra; *atar de ~s y manos a alg* legare le mani e i piedi a q; *besar los ~s* baciare le mani; *buscarle tres ~s al gato* cercare il pelo nell'uovo; *(fig) caer de ~* cadere in piedi; *dar ~* dar motivo; *estar con un ~ en el aire* trovarsi in una situazione instabile; *estar al ~ del cañon* essere preparato a far qc; *faltarle a alg los ~s* mancare la terra sotto i piedi a q; *hacer ~* toccare fondo; *nacer de ~* nascere con la cuffia; *no dar ~ con bola* non azzeccarne una; *no tenerse de ~* non reggersi in piedi; *no tener ~s ni cabeza (algo)* non avere né capo, né coda (qc); *parar los ~s a alg* far prendere uno spavento a q; *saltar/caer a ~ juntillas* saltare a piedi pari; *(fig) saber de qué ~ cojea* sapere da che parte zoppica; *salir por ~s* andarsene a gambe levate

piedad *f* pietà, compassione, misericordia

piedra *f* pietra, sasso *m*; *med* calcolo *m*; *fam* grandine; *~ de afilar* cote; *~ filosofal* pietra filosofale; *~ de escándalo* pietra dello scandalo; *~ pómez* pietra pomice; *ablandar las ~s* far piangere le pietre; *dejar a alg de ~* far rimanere q di stucco; *menos da una ~* meglio questo che niente; *no dejar ~ sobre ~* non lasciar pietra su pietra; *quedarse de ~* restare di sasso; *tirar la ~ y esconder la mano* gettare il sasso e nascondere la mano

piel 1. *f* pelle; cute (*persona*); pelliccia (*con pelo*); pelle, cuoio *m* (*sin pelo*); *bot* buccia, pelle; *~ vuelta* pelle scamosciata; *abrigo de ~es* pelliccia; *dejarse la ~* rimetterci/lasciarci la pelle; 2. *~ roja* pellerossa (*indio*)

piélago *m* pelago

pienso *m* mangime; biada *f* (*equinos*); *ni por ~* neanche per sogno

pierna *f* gamba; *zool* coscia; *a ~ suelta* dormire saporitamente; *con las ~s cruzadas* con le gambe accavallate/a cavalcioni; *con el rabo entre las ~s* con la coda tra le gambe; *estirar las ~s* sgranchire le gambe

pieza *f* pezzo *m*; vano *m* (*casa*); preda (*caza, pesca*); pezza (*tela*); *ius* incarto *m*; *arald* pezza; *quedarse de una ~* restare di stucco; *~ única* pezzo unico; *~ de recambio* pezzo di ricambio; *(iron) ¡linda ~!* bel tipo!; *ser de una ~* essere tutto d'un pezzo

pífano *m mus* piffero

pifia *f* stecca, steccaccia (*billar*); *fig* granchio *m*; *am* burla, beffa; ~**r** *vi* fare una stecca

pigment|ación *f* pigmentazione; ~**o** *m* pigmento

pigmeo *adj/s* pigmeo

pignor|ación *f ius* pignoramento *m*; ~**ar** *vt ius* pignorare

pija *f vulg* cazzo *m*; ~**da** *f vulg* cazzata

pijama *m/(am f)* pigiama *m*

pijo 1. *m vulg* cazzo; **2.** *adj/s fig* paninaro, figlio di papà; ~**ta** *f zool* nasello *m*, merluzzo *m*; ~**tería**, *fam* ~**tada** *f vulg* cazzata; ~**tero** *adj/s desp* scocciatore, maledetto; *am* meschino

pila *f* 1. *eccl/elec* pila; lavandino *m*, acquaio *m* (*de la cocina*); vasca (*fuente*); *nombre de ~* nome di battesimo; 2. pila, mucchio *m*

pilar 1. *m arch/fig* pilastro; *arch* colonna *f*; cippo; **2.** *vt agr* pilare; ~**ete** *m* pilone

pilastra *f* colonna

Pilatos *m* (Ponzio) Pilato

pilchas *fpl Am Mer* panni *mpl*, stracci (*ropa*) *mpl*

píldora *f med/fig* pillola; *~ anticonceptiva* pillola anticoncenzionale; *dorar la ~* indorare la pillola; *tragarse la ~* inghiottire la pillola; bersela

pileta *f eccl* acquasantiera; *Arg/Par/Ur* piscina

pilila *f infan/fam* pisello *m* (*sexo*)

pill|ada *f* bricconata, malefatta; ~**aje** *m* furto; *mil* saccheggio; ~**ar** *vt* 1. rubare, fregare *pop*; 2. pigliare, acchiappare, beccare, prendere; 3 cogliere, sorprendere; *me pilla muy lejos* è lontano per me; ~**astre** *m fam* V. **pillo**; ~**ería** *f* gentaglia (*personas*); furfanteria; ~**ete** *m*, ~**ín** *m*, ~**ina** *f fam* monello, -a, bricconcello, -a; ~**o** *adj/s* furbacchione; furfante, briccone; ~**uelo** *adj/s* monello

pilón *m tec/arch* pilone; conca *f*, vaschetta *f*

pilongo *adj* magro, asciutto; *castañas ~as* castagne secche

píloro *m med* piloro

piloso *adj* peloso, villoso

pilot|aje *m* pilotaggio; contratto di pilotaggio; ~**ar** *vt* pilotare; ~**e** *m agr* piolo, palo; ~**o 1.** *adj/s* pilota (*persona*); **2.** *m auto* fanalino; *elec* spia *f*; fiammella-spia del gas *f*; *granja, piso, ~* fattoria, appartamento modello; *instalación ~* impianto pilota; *instituto ~* istituto sperimentale; *~ de pruebas* pilota collaudatore

piltrafa 1. *f pop* pelletica; *am* un buon affare *m*; *estar hecho una ~* essere mal conciato; 2. *fpl fig* scarti *mpl*

piment|ero *m bot* albero del pepe; pepaiola *f*; ~**ón** *m* paprica dolce *f*; *~ picante* paprica, pimento

pimient|a *f* pepe *m*; ~**o** *m* peperone; *~ morrón* ="varietà di peperone corto e carnoso"; *me importa un ~* non me ne importa un ficosecco; *no valer un ~* non valere un ficosecco

pimpante *adj* pimpante
pimpollo *m bot* pino novello; alberello; *bot* tallo, rampollo; *bot/fig* bocciuolo di rosa; *(fig)* ~ *de oro* tesoro di bimbo
pinabete *m* abete
pinacoteca *f* pinacoteca
pináculo *m* pinnacolo, guglia *f*
pina|r, ~tar *m* pineto, pineta *f*
pinaza *f mar* pinaccia
pincarrasc|a *f*, **~o** *m* pino di Aleppo *m*
pincel *m* pennello; *fig* pittore; *fig* pittura *f*; *fig* stile di pittura; *hecho un* ~ vestito a pennello; **~ada** *f* pennellata; *dar la última* ~ dare gli ultimi tocchi; **~ar** *vt* dipingere, fare il ritratto (di)
pinch|ar *vt* pungere; *med* fare l'iniezione *vi*; *auto* bucare *vi*, forare *vi*; *fig* spronare, stimolare; *fig* punzecchiare; ~ *el teléfono* intercettare una comunicazione telefonica; *~se* bucarsi (*droga*); *ni pincha ni corta* è l'ultima ruota del carro; **~azo** *m* puntura *f*, trafittura *f*; *auto* foratura *f*, bucatura *f*; intercettazione telefonica *f*; *fig* punzecchiatura *f*
pinche *m* sguattero
pinch|ito *m gastr* spiedino; *gastr* stuzzichino; **~o** *m* spina *f*, aculeo, pungiglione; *mil/gastr* spiedo
pindon|ga *f* bighellona; **~guear** *vi* bighellonare
ping-pong *m ingl* ping-pong
ping|ajo, ~o *m* brandello, straccio; **~ar** <*pingüé*> *vi* pendere; gocciolare (*líquido*); saltellare
pingüe *adj* pingue, grasso; *fig* fertile
pingüino *m zool* pinguino
pinguosidad *f* pinguedine
pinitos *mpl* primi passi (*niño, fig*)
pino *m bot* pino; ~ *piñonero* pino da pinoli; *hacer el* ~ fare la verticale; *vivir en el quinto* ~ abitare in capo al mondo; **~cha** *f* foglie di pino *fpl*
pinrel *m gergo* piede (*persona*)
pinta 1. *f fam* aspetto *m*; pinta (*medida*); *a ~s* a macchie; 2. *m desp* tipo; *ser un* ~ essere un brutto tipo
pintada *f* 1. *zool* faraona; 2. scritta
pintado *adj* colorato, macchiettato; dipinto; *ni* ~ neanche fatto apposta/a pennello; *el más* ~ il più esperto; *estar, venir* ~ essere perfetto/opportuno
pinta|labios *m/inv* rossetto; **~monas** *m/inv desp* imbianchino *m*
pintar *vt/vi* dipingere; colorare, pitturare; scrivere; *no ~ nada* non contare nulla; *~rse los labios* mettersi il rossetto; *~arse solo para algo* essere speciale per qc
pintarraj|(e)ar *vt* imbrattare; **~o** *m* scarabocchio, sgorbio
pintiparado *adj* opportuno, a proposito
pinto 1. *adj* brillo; macchiettato, chiazzato; 2. *estar entre *~ y Valdemoro* essere indeciso; essere mezzo brillo
pintor, -a *m/f* pittore, -trice; ~ *de brocha gorda* imbianchino; **~esco** *adj* pittoresco
pintura *f* pittura; dipinto *m*; *tec* vernice; ~ *al fresco, al óleo, al pastel, al temple, de aguazo* affresco/pittura a fresco, pittura ad olio, pastello/pittura a pastello, pittura a tempera, pittura a guazzo; *ni en* ~ neanche dipinto; ~ *metalizada* vernice metallizzata
pinturero *adj* vanitoso
pinza 1. *f* molletta (*ropa*); 2. *fpl tec/zool* pinze, pinzette; pince *fr/inv* (*traje*); *coger con ~s* prendere coi guanti gialli
pinzón *m zool* fringuello
piña *f bot* ananas(so) *m*; *bot/fig* pigna (*pino*)
piñata *f* pignatta
piñón *m* pinolo; *tec* pignone; *estar (dos personas) a partir un* ~ essere molto intime; andare molto d'accordo
pío 1. *adj* pio, devoto; pietoso; *zool* macchiettato; **2.** *m zool* pio pio; *no decir ni* ~ non dire neanche una sillaba
piogenia *f med* piemia
piógeno *adj med* piogeno
pioj|ería *f* miseria, pidocchieria; **~illo** *m zool* pidocchio pollino; **~o** *m zool* pidocchio; ~ *resucitado* pidocchio rifatto; **~oso 1.** *adj zool/fig* pidocchioso; **2.** *m fam* briccone, monello
piol|a *f*, **~ín** *m am* spago *m*, cordoncino *m*
pioner|o, -a *m/f* pioniere, -a
piorrea *f med* piorrea
pip|a *f* pipa (*fumar*); *bot* seme *m*; botte; *~s* semi di girasole; *(fam) pasarlo* ~ divertirsi molto; ~ *de la paz* calumet; **~ar** *vi* pipare; **~eta** *f* pipetta
pipi V. **pipiolo**
pipí *m* pipì *f/inv*; *infan* pisello (*sexo*); *hacer* ~ fare la pipì
pipiol|o, -a *m/f pop* principiante; moccioso, -a
pipirigallo *m bot* erba medica *f*
pipirijaina *f* compagnia comica ambulante
pipudo *adj/fam* eccellente
pique *m mar* picco; picca *f*, puntiglio; *am* sentiero; *a* ~ a picco; *andar/irse a* ~ andare a picco; *estar de* ~ essere arrabbiato
piqué *m* picchè, piqué *fr*
pique|ra *f* spina (*barril*); **~ta** *f* piccone *m*; **~te** *m* (*mil-huelga*) picchetto
pira *f* 1. pira, rogo *m*; 2. fuga; *ir de* ~ andare a divertirsi; *stud* marinare la scuola
pirado *adj* mezzo pazzo
pira|gua *f mar* piroga, canoa; **~güero** *m* guidatore di canoa; **~güismo** *m sport* canoismo; **~güista** *m/f* canoista
piral *m zool* piralide *f*
piramidal *adj* piramidale
pirámide *f* piramide
piraña *f zool* piragna *m*, piranha *m*
pirarse *pop* squagliarsela
pirat|a *adj/m* pirata; **~ear** *vt* pirateggiare; **~ería** *f* pirateria
pirenaico *adj* pirenaico
pirético *adj* piretico
piretrina *f chim* piretrina
Pirine|os, ~o *m(pl) geogr* Pirenei
piridina *f chim* piridina
piripi *adj* bevuto, mezzo brillo
pirita *f min* pirite
piro *m gergo* scippo; *darse el* ~ squagliarsela
pirómano *adj/s* piromane
pirop|ear *vt* fare il galante, fare dei complimenti; **~o** *m* complimento, galanteria *f*; *min* piropo

piro|tecnia *f* pirotecnica; ~**técnico** *adj/s* pirotecnico

pirrarse *fam* andar pazzo *vi* (*por* per)

pírrico *adj* pirrico

pirueta *f* piroetta, capriola

pirulí *m* lecca lecca

pis *m* pipì *f/inv*

pisad|a *f* orma (*pie*); pigiata, pigiatura; ~**o** *m agr* ammostatura *f*, ammostamento, pigiatura *f*

pisapapeles *m/inv* fermacarte

pisar *vt* pigiare, pestare, schiacciare, calpestare; *fig* rubare; *Am Cent pop* chiavare; ~ *las tablas* calcare le scene; *(fig) no dejarse* ~ non lasciarsi schiacciare; *no* ~ *un sitio* non andare mai in un posto; ~ *el césped* calpestare le aiuole; ~ *la uva* pigiare l'uva

pisaverde *m desp* damerino

pisci|cultor *m* piscicoltore; ~**cultura** *f* piscicoltura; ~**factoría** *f* industria di piscicoltura

piscina *f* piscina

Piscis *m astr* Pesci *mpl*

piscolabis *m/inv* spuntino *m*

piso *m* 1. piano; ~ *bajo* pianterreno; *primer, segundo* ~ primo, secondo piano; 2. casa *f*, appartamento; *buscar* ~ cercar casa; 3. pavimento, suolo; selciato (*calle*); 4. suola *f* (*zapatos*)

pisot|ear *vt* calpestare, pestare; *fig* maltrattare, umiliare; ~**ón** *m* pestata *f*

pispar *vt am* spiare; *pop* fregare

pista *f tec/fig* pista; ~ *de baile, de patinaje, de esquí* pista da ballo, di pattinaggio, di sci; ~ *de aterrizaje, de despegue* pista di volo; *en* ~ *cubierta* indoor, al coperto; *seguir la* ~ *a alg* seguire le piste di q

pistacho *m* pistacchio

pistilo *m bot* pistillo

pisto *m gastr* ="peperonata con aggiunta di zucchini e melanzane" *f*; *darse* ~ darsi delle arie

pistol|a *f* pistola, rivoltella; ~ *de pintar* pistola a spruzzo; ~ *de señales* pistola da segnalazione; ~ *ametralladora, de cinto* pistola mitragliatrice, da cintura; ~**era** *f* fondina; ~**ero** *m* pistolero; killer; ~**etazo** *m* pistolettata *f*

pistón *m tec* pistone, stantuffo; *mus* pistone

pistonudo *adj pop* magnifico

pita *f bot* agave; pallina di vetro (*niños*); *(zool)* ~ ~ pio pio

pitada *f* fischio *m*; fischiata *f*; *(sport)* ~ *final* fischio finale

pitagórico *adj* pitagorico, di Pitagora

pitanza *f* ="razione di cibo per i poveri"; cibo quotidiano *m*

pitar *vi/vt* fischiare; *salir pitando* uscire in fretta e furia

pitido *m* fischio; *zool* pigolio

pitill|era *f* portasigarette *m/inv*; ~**o** *m* sigaretta *f*; *Col/Ven* cannuccia *f*

pitiriasis *f med* psoriasi

pito *m* fischietto; *euf* pene, uccello; *am* pipa *f*; *no me importa un* ~ non me ne importa un ficosecco; *no valer un* ~ non valere un cavolo; *por/entre* ~*s o por flautas* per una cosa o per un'altra; *tomar (a uno) por el* ~ *del sereno* prendere (q) per fesso

pitón 1. *m* corno (che spunta); beccuccio (*botijos*...); 2. *f zool* pitone *m*

pitonisa *f* pitonessa

pitorr|earse burlarsi; ~**eo** *m* burla *f*, presa in giro *f*; ~**o** *m* becco (*botijos*...)

pitufo *m* puffo

pituita *f* pituita; ~**rio** *adj* pituitario

pituso *adj* piccoletto

pivot *m fr/sport* pivot *inv*; ~**e** *m* perno, cavicchio

píxide *f eccl* pisside

piyama *m/f am* pigiama *m*

pizarr|a *f min* lavagna, ardesia; *stud* lavagna; ~**al** *m* cava di ardesia *f*; ~**ero** *m* operaio o venditore di lavagne; ~**ón** *m stud* lavagna grande *f*; ~**oso** *adj* lavagnoso

pizca *f* briciola; pizzico *m*; *ni (una)* ~ neanche una briciola/un pizzico; ~**r** <*pizqué*> *vt* pizzicare

pizpireta *adj* vispa, arzilla

pizzería *f* pizzeria

placa *f* piastra, placca; *foto* lastra; *auto* targa; *hist* stemma *m*; *(tras)* ~ *giratoria* piattaforma girevole; ~**do** *m tec* placcatura *f*; ~**je** *m sport* placcaggio; ~**r** <*plaqué*> *vt tec* placcare

placebo *m med* placebo

pláceme *m* congratulazione *f*; *dar el* ~ fare le congratulazioni

placenta *f cient* placenta

plac|entero *adj* piacevole, gradevole; ~**er** <*13a plazco*> **1.** *vi* piacere; **2.** *m* piacere, gioia *f*; divertimento, passatempo; volontà *f*; *cient* banco di sabbia; giacimento; *a* ~ a piacere/a volontà

plácet *m ius* placet

placi|ble *adj* gradevole; ~**dez** *f* placidità, placidezza

plácido *adj* placido, tranquillo, calmo

plafón *m* plafonnier *fr/inv*, plafoniera *f*

plaga *f med/fig* piaga; *fig* calamità, disastro *m*; *geogr* plaga; ~**l** *adj mus* plagale; ~**ar** <*plagué*> *vt* infestare; *med/ant* piagare

plagi|ar *vt* plagiare; ~**ario** *adj/s* plagiario; *Am Cent/Méx* rapitore; ~**o** *m* plagio

plaguicida *adj/m* pesticida

plan *m fig* piano, intenzione *f*, progetto; *tec/cient* piano; *fig* flirt *ingl/inv*; ~ *de estudios, economico, de urbanización,...* piano di studi, economico, regolatore,...; *a todo* ~ con tutti i lussi; *en* ~ *de* disposto a

plana *f* pagina, facciata; *geogr* pianura, piano *m*; *mil/fig* stato maggiore *m*; *tip* pagina di composizione; *en primera* ~ in prima pagina; *(tip/fig) cerrar la* ~ chiudere la pagina

plancha *f* 1. *tec* piastra, lamina, lastra; 2. ferro da stiro *m* (*ropa*); roba stirata; *fig* gaffe; *sport* morto *m* (*natación*); *sport* asse *m*; *gastr* griglia; ~ *de vapor* ferro da stiro a vapore; *carne a la* ~ carne ai ferri; *tirarse una* ~ prendere un granchio; ~**do** *m* stiratura *f* (*ropa*); roba stirata *f*; *dejar* ~ *a alg* allibire q; ~**dora** *f* stiratrice; ~**r** *vt* stirare; ~**zo** *m fig* cantonata *f*

plancheta *f* tavoletta

planchista *m* carrozziere

plancton *m biol* plancton
plane|ador *m aer* aliante; ~**ar 1.** *vt* progettare, fare programmi/piani *vi*; ideare; **2.** *vi aer* planare; ~**o** *m aer* planata *f*
planeta *m astr/f eccl* pianeta; ~**rio** *adj/m* planetario
planicie *f* pianura
planific|ación *f* pianificazione; ~**ar** <*planifiqué*> *vt* pianificare
planimetría *f* planimetria
planisferio *m* planisfero
planning *m ingl* planning
plano 1. *adj* piano; piatto; *de* ~ chiaro e tondo, chiaramente; *zapato* ~ scarpa bassa; **2.** *m* piano; *(cine) primer* ~, ~ *medio*, ~ *americano* primo piano, piano medio, piano americano; ~ *de la ciudad* piantina della città
planta *f bot/med/arch* pianta; *tec* impianto *m*, installazione industriale; ~ *de interior, de exterior* pianta da casa, da giardino; *de buena* ~ bien piantato; *de (nueva)* ~ di (sana) pianta; ~ *baja* locale a pian terreno; pianterreno; ~ *siderúrgica* acciaieria; ~**ción** *f* piantagione; ~**dor 1.** *adj/s* piantatore; **2.** *m tec* cavicchio
plantar 1. *vt tec/fig* piantare; *fig* appioppare; fondare, impiantare (*un establecimiento*); ~ *cara* affrontare q; *dejar plantado* piantare in asso; **2.** ~*se* piantarsi, collocarsi; ~*se en Alicante en dos horas* arrivare a Alicante in due ore
plantario *m bot* vivaio
plante *m* protesta *f*, complotto
plante|amiento, *am* ~**o** *m* impostazione *f*; ~**ar** *vt* impostare (*una cuestión*); proporre
plantel *m* vivaio
plantilla *f* soletta (*zapatos*); ~ *ortopédica* plantare; modello *m*; *adm* organico *m*; *de* ~ di ruolo
plantío *m* seminato
plantón *m bot/mil* piantone; *dar un* ~ fare un bidone, piantare in asso; *(fig/mil) estar de* ~ stare di piantone
plañi|dera *f* prefica; ~**dero** *adj* piagnucoloso, piagnone; ~**r** <*plañó*> *vi* gemere, piangere
plaquetas *fpl med* piastrine
plasma *m biol* plasma; ~**r** *vt* plasmare; *(fig)* ~*se* tradursi
plast|a 1. *f tec* pasta, *tec/fig* impiastro *m*; 2. *m fig* pizza *f*; ~**e** *m* stucco
plástica *f* plastica
plasticidad *f* plasticità
plástico 1. *m* plastica *f*; **2.** *adj* plastico
plastific|ación, ~**ado** *f/m* plastificazione *f*; ~**ar** <*plastifiqué*> *vt* plastificare
plastilina *f* plastilina
plata *f* argento *m*; *fig* moneta d'argento; *am* soldi *mpl*, denaro *m*; ~ *de ley* argento 800; *hablar en* ~ parlar chiaro
plataforma *f* piattaforma; ~ *continental, giratoria, reinvidicativa,...* piattaforma continentale, girevole, rivendicativa,...
plátano *m* 1.banana *f* (*fruto*), banano (*árbol*); 2. *bot* platano
plate|a *f* platea; ~**ado 1.** *m* argentatura *f*; **2.** *adj* argentato, argenteo; ~**ar** *vt* argentare, inargentare; ~**resco** *adj art* plateresco; ~**ría** *f* argenteria; ~**ro** 1. *m* argentiere, orefice; 2. portapiatti *inv*
plática *f* conversazione, chiacchiera; predica
platicar <*platiqué*> *vi* chiacchierare, conversare
platillo 1. *m* piattino; piattello; *aer* disco; 2. *mpl mus* piatti; ~ *volante* disco volante
platin|a *f chim* platino *m*; *mec* piastra; *tip* platina; tavolino *m* (*microscopio*); ~**ado 1.** *adj* platinato; **2.** *m* platinatura *f*; ~**o** *adj/m* platino
plato *m* piatto; ~ *sopero, llano, de postre* piatto fondo, piatto piano, piattino da frutta o dolce; *comer en un mismo* ~ mangiare insieme; *hacer el* ~ fare il piatto; *parece que no ha roto nunca un* ~ sembra un angioletto; *pagar los* ~*s rotos* pagare la pena
plató *m cine* set *ingl/inv*
Platón *m* Platone; *~**ico** *adj* platonico
plaus|ible *adj* plausibile; ammissibile; ~**o** *m* plauso
playa *f* spiaggia; *ir a la* ~ andare al mare; andare in spiaggia; *Arg/Ur* spiazzo *m*
play-back *m ingl* playback
playboy *m ingl* playboy *inv*
player|a *f* 1. *mus* ="aria popolare andalusa"; 2. *fpl* sandali da spiaggia *mpl*; ~**o** *adj* da spiaggia
plaza *f* piazza; *adm* posto *m*; ~ *de toros* arena; ~ *de abastos* mercato all'ingrosso; *abrir* ~ fare piazza; ~ *comercial* piazza commerciale; *sacar a la* ~ mettere in piazza; *(adm) sacar a concurso una* ~ bandire un concorso per una vacanza
plazo *m com* rata *f*; scadenza *f*, termine; periodo; *vender a* ~*s* vendere a rate; *a corto, largo* ~ a breve, lungo termine; ~ *de suspensión, de validez* periodo di sospensione, di validità; *dentro del menor* ~ *posible* al più presto (possibile)
plaz|oleta, ~**uela** *f* piazzola, largo *m*
pleamar *f mar* alta marea
plebe *f* plebe; ~**yo** *adj/s* plebeo
plebiscito *m* plebiscito
plectro *m mus/fig* plettro
pleg|able *adj* pieghevole, flessibile; ~**adera** *f* piegacarte *m/inv*; ~**ado** *m* piegatura *f*; ~**ador** *adj/s* piegatore; ~**adura** *f* piegatura; ~**amiento** *m geogr* piega *f*, piegamento; ~**ar** <*5a pliego; plegué*> *vt* piegare; ~**aria** *f* preghiera, supplica
pleit|eante *adj/s* litigante; ~**ear** *vi ius* litigare
pleitesía *f* omaggio *m*; *rendir* ~ *a alg* ossequiare q
pleit|ista *adj/s* attaccabrighe *inv*; ~**o** *m ius* lite *f*, querela *f*, processo; litigio; *dar el* ~ *por concluso* chiudere un processo; *ganar/perder el* ~ vincere/perdere la causa/lite; *poner* ~ fare causa
plenario *adj* plenario
pleni|lunio *m astr* plenilunio; ~**potencia** *f* pieni poteri *mpl*; ~**potenciario** *adj/s* plenipotenziario; ~**tud** *f* pienezza, plenitudine
pleno 1. *adj* pieno, completo; *en* ~ in pieno; **2.** *m adm* plenum *inv*; *sport* schedina *f* (vincente del totocalcio)

pleon|asmo *m ling* pleonasmo; **~ástico** *adj* pleonastico
pletina *f elec* piattina, piastrina; *magnetofón de doble ~* registratore a doppia cassetta
plétora *f med/fig* pletora
pletórico *adj* pletorico
pleur|a *f med* pleura; **~esía, ~itis** *f med* pleurite
plexiglás *m* plexiglas
pliego *m* plico; *tip* foglio; *tip* quartino; *~ de condiciones* capitolato d'appalto; *(ant) ~s de cordel* fascicoli legati con spago (*literatura popular*)
pliegue *m* piega *f*; grinza *f*, ruga *f*
plioceno 1. *adj* pliocenico; **2.** *m* pliocene
plis|ado *adj* plissé *fr*, plissettato; **~ar** *vt* plissettare
plom|ada *f tec* piombino *m*; *mar* scandaglio *m*; **~ar** *vt tip* impiombare; **~ería** *f am* negozio *m*/officina dell'idraulico; **~ero** *m am* idraulico; operaio del piombo; **~izo** *adj (a. fig)* plumbeo; **~o** *m chim/fig* piombo; *a ~* a piombo; *andar con pies de ~* procedere coi piedi di piombo; *caer a ~* cadere di piombo
pluma *f zool* piuma; penna (*zool, escribir, fig*); *~ estilográfica* penna stilografica; *peso ~* peso piuma; *hacer a pelo y a ~* servir da bosco e da riviera; *ser la ~ de alg* essere il ghostwriter di q; *tener ~s* essere effeminato; **~da** *f* tratto di penna *m*; piume *fpl*; **~je** *m* piumaggio, piume *fpl*; **~zo** *m* tratto di penna; *de un ~* in un batter d'occhio
plúmbeo *adj* plumbeo
plum|ero *m* pennacchio, piumino (*polvo*); piumaggio; *se le ve el ~* mostra la corda; **~ífero** *m* piumino; **~illa** *f* pennino *m*; *bot* piumetta; **~ón** *m* piumino, piumone; **~oso** *adj* piumoso
plural *adj/m* plurale; **~idad** *f* pluralità, molteplicità; **~ismo** *m* pluralismo; **~ista 1.** *adj* pluralistico; **2.** *m/f* pluralista; **~izar** <*pluralicé*> *vt ling* pluralizzare
pluri|celular *adj biol* pluricellulare; **~dimensional** *adj* pluridimensionale; **~empleado** *adj/s* doppiolavorista; **~empleo** *m* doppio lavoro
plus *m* indennità *f*; gratificazione *f*; *~ salarial* indennità salariale
pluscuamperfecto *adj/m ling* trapassato
plusmar|ca *f sport* record *m*, primato *m*; **~quista** *m/f* primatista
plusvalía *f* plusvalore *m*, plusvalenza
plutocracia *f* plutocrazia
pluton|io *m chim* plutonio; **~ismo** *m geol* plutonismo
pluvi|al *adj* pluviale, piovano; **~ómetro** *m* pluviometro; **~osidad** *f* piovosità
pobl|acho *m* paesaccio; **~ación** *f* 1. popolazione, gli abitanti *mpl*; 2. il popolare *m* (*acción*); 3. paese *m*, città; **~ado** *m* paese, villaggio; **~ador, -ora** *m/f* colonizzatore, -trice; **~ano** *adj/s am* contadino; **~ar** <*8a pueblo*> **1.** *vt* popolare; colonizzare; **2.** *~se* popolarsi, riempirsi, addensarsi
pobre 1. *m/f* povero, -a; mendico, -a; **2.** *adj* povero, scarso; modesto; *un ~ diablo* un povero diavolo; *¡~ de mí, de ti,...!* Povero me, te,...!; **~tón** *adj/s* poveraccio; **~za** *f* povertà; penuria, strettezza; miseria; scarsezza, scarsità; *(fig) ~ de espíritu* povertà di spirito
pocha *f* fagiolo bianco (primaticcio) *m*
pocho *adj* scolorito; maluccio, giù di morale (*salud*); vecchio, marcio (*fruta*)
pocilga *f a. fig* porcile *m*
pocillo *m* chicchera *f*
pócima *f* decotto *m*
poción *f* pozione
poco 1. *m/pr/adj* poco; **2.** *adv* poco, po'; *espera un ~* aspetta un po'; *un ~ de pan* un po' di pane; *es ~ cortés* è poco gentile; *a ~ de* poco dopo; *a ~ que* per poco che; *como hay ~s* come ce ne sono pochi; *dentro de ~* fra poco; *~ antes, ~ después* poco prima, poco dopo; *~ a ~* a poco a poco; *por ~* per poco; *~ más o menos* circa; *tener en ~* avere in poca stima
poda *f agr* potatura; **~dera** *f agr* potatoio *m*
podagra *f med* podagra
podar *vt agr* potare
podenco *adj/m* segugio
poder <*31 puedo; pude*> **1.** *vt* potere; vincere; esasperare; *a más no ~* a più non posso; *de ~ +inf* se può, se è possibile; *no ~ con* non farcela con; *no ~ más* non farcela più; *no ~ (por) menos* non poter far a meno di; *¡Puede (ser)!* È possibile!; *¿Se puede?* Permesso?; **2.** *m* potere, capacità *f*, autorità *f*; possesso; *ius* potere; *ius* procura *f*; *~ absoluto, legislativo, judicial, adquisitivo...* potere assoluto, legislativo, giudiziale/giudiziario, d'acquisto...; *por ~* per procura; *bajo el ~ de alg* sotto il potere di q; *en ~ de* in potere di, nelle mani di
poder|dante *m/f ius* mandante; **~habiente** *m/f ius* mandatario, -a, procuratario, -a
poder|ío *m* potere, forza *f*; **~oso** *adj/s* potente; grande
podio *m* podio
podó|logo *adj/s* podologo; **~metro** *m* podometro
podr|edumbre *f* putridume *m*, putredine; **~ido** *adj* putrido, marcio (*fruta*), putrefatto; *fig* corrotto; *olla ~a* V. **olla**; *~ de dinero* pieno zeppo di soldi; **~ir** V. **pudrir**
poe|ma *m* poema; *¡es un ~!* è (tutto) un poema!; **~sía** *f* poesia; **~ta** *m* poeta; **~tastro** *m* poetastro
poétic|a *f* poetica; **~o** *adj* poetico
poeti|sa *f* poetessa; **~zar** <*poeticé*> **1.** *vi* poetare; **2.** *vt fig* poetizzare
pogromo *m* pogrom *inv*
pola|co *adj/s* polacco; **~ina** *f* polacchino *m*
polar *adj* polare; **~idad** *f* polarità; **~ización** *f* polarizzazione; **~izar** <*polaricé*> *vt cient/fig* polarizzare
polca *f* polca
pólder *m geogr* polder *inv*
polea *f* puleggia, carrucola; *mar* bozzello *m*
polémic|a *f* polemica; **~o** *adj* polemico
polem|ista *adj/s* polemista; **~izar** <*polemicé*> *vi* polemizzare
polen *m bot* polline

poleo *m bot* puleggio; *fam* infusione di menta *f*
poli 1. *f pop* polizia; 2. *m pop* poliziotto
poliamida *f* poliammide
poliandria *f bot/fig* poliandria
polichinela *m teatro* pulcinella
poli|cía 1. *f* polizia (*cuerpo*), pubblica sicurezza; ~ *militar, de tráfico, secreta,* ... polizia militare, stradale, segreta,...; 2. *m* poliziotto, -a *m/f*, agente di polizia *m/f*; 3. urbanità *raro*; pulizia; **~cial**, **~cíaco** *adj* della polizia; *desp* poliziesco; *cine/lit/tele ~cíaco* giallo
poli|clínica *f* policlinica; **~cromía** *f* policromia;**~deportivo** *m* centro polisportivo; **~édrico** *adj* poliedrico; **~edro** *m* poliedro; **~éster** *adj/m* poliestere; **~etileno** *m* polietilene; **~facético** *adj* poliedrico, versatile; **~fagia** *f med* polifagia; **~fásico** *adj elec* polifase; **~fonía** *f* polifonia; **~fónica** *f* orchestra polifonica; **~fónico** *adj* polifonico; **~gamia** *f* poligamia
polí|gamo *adj/s* poligamo; **~glota**, **~o** *adj/s* poliglotta; **~gono** *m* poligono; ~ *industrial* zona industriale; **~grafo** *m* poligrafo
polilla *f zool* tarma (*ropa*); tarlo *m* (*madera*); tignola (*cereales, ropa*)
polimerización *f chim* polimerizzazione
polí|mero *adj/m* polimero; **~metro** *adj/m* polimetro
poli|morfismo *m cient* polimorfismo; **~morfo** *adj* polimorfo
Polinesia *f geogr* Polinesia
polinesio *adj/s* polinesiano
polinización *f bot* fecondazione con polline
polinomio *m* polinomio
poliomielitis *f med* poliomielite
pólipo *m zool/med* polipo
poli|semia *f ling* polisemia; **~sémico** *adj* polisemico; **~sépalo** *adj bot* polisepalo; **~sílabo** *adj/m* polisillabo; **~síndeton** *m ling* polisindeto; ***~tburó** *m pol* Presidium; **~técnico** *adj/f* politecnico
politeís|mo *m* politeismo; **~ta** **1.** *adj/s* politeista; **2.** *adj* politeistico
polít|ica *f* politica; ~ *exterior, interior* politica estera, interna; **~ico** **1.** *adj* politico; *madre ~a* suocera; *padre* ~ suocero; *hermano* ~ cognato; *hermana ~a* cognata; **2.** *m* politico
polit|iquear *vi* far politica da caffè; *am* far politica da intrallazzo; **~izar** <*politicé*> *vt* politicizzare
polit|ología *f* politologia; **~ólogo, -a** *m/f* politologo, -a
poliuretano *m chim* poliuretano
poliuria *f med* poliuria
polival|encia *f* polivalenza; **~ente** *adj* polivalente
póliza *f* polizza (*seguros*); marca da bollo
poliz|ón *m* vagabondo; passeggero clandestino; **~onte** *m desp* poliziotto, sbirro, piedipiatti
polla *f* 1. *zool/fig* pollastra; ~ *de agua*; gallinella d'acqua (*gallinula chloropus*); re delle quaglie *m* (*rey de codornices*); 2. *am* scommessa; *am* primo premio (della lotteria) *m*; 3. *vulg* cazzo *m*; **~da** *f* covata; **~stre** *m zool/fig* pollastro
poll|era *f zool* pollaio *m*; girello per bimbi *m*; sottana (*ropa*); **~ería** *f* polleria; **~ero, -a** *m/f* pollaiolo, -a; **~ino** *m zool/fig* asinello, somaro; **~o** *m zool* pollo; *fig* galletto; *vulg* sputo; **~uelo** *m* pulcino
polo *m* polo (*sport, cient, ropa*); *gastr* ghiacciolo
polonesa *f mus* polonese, polonaise
Polonia *f geogr* Polonia
polonio *m chim* polonio
poltr|ón *adj/s* poltrone, scansafatiche *inv*; **~ona** *f* poltrona; **~onería** *f* poltroneria
poluc|ión *f biol* inquinamento *m*; *biol/med* polluzione; **~ionar** *vt* inquinare
polv|areda *f* polverio *m*, polverone *m*; **~era** *f* portacipria *m/inv*
polvo *m* polvere *f*; *med* polverina *f*; *fig* presa *f*; cipria *f* (*cara*); *vulg* chiavata *f*; *(vulg) echar un* ~ chiavare; *estar (alg) hecho* ~ essere distrutto/disfatto; *hacer ~ algo, a alg* ridurre in polvere qc, q; *morder el* ~ mordere la polvere; *sacudir el ~ (a alg)* scuotere la polvere di dosso (a q)
pólvora *f* polvere da sparo, polvere pirica; fuochi di artificio *mpl*; *gastar la ~ en salvas* sciupare energie inutilmente
polvor|ear *vt* spolverizzare; **~iento** *adj* polveroso; **~ín** *m* polveriera *f*; **~ón** *m gastr* ="pasticcino molto friabile"; **~oso** *adj* polveroso; *poner pies en ~a* scappare
pomada *f* pomata
pomar *m agr* frutteto, pomaio; **~ada** *f agr* meleto *m*
pomelo *m bot* pompelmo
pomo *m tec/bot* pomo
pompa *f* pompa, fasto *m*; *mar* pompa; ~ *de jabón* bolla di sapone; *~s fúnebres* pompe funebri
pompis *m fam* sedere
pompón *m* pompon *fr/inv*
pomposo *adj* pomposo; fastoso, sfarzoso
pómulo *m* zigomo
ponche *m* punch *ingl/inv*, ponce
poncho *m* poncho *inv/Esp*, poncio *inv*
ponder|able *adj* ponderabile; **~ación** *f* ponderazione, ponderatezza; **~ar** *vt* ponderare, soppesare; *mat* ponderare; **~ativo** *adj* ponderatore
pone|dero **1.** *m* covo di galline; **2.** *adj* che si può mettere; che mette; **~dor** *adj* che mette; *gallina ~a* gallina feconda
ponen|cia *f cient* relazione; carica di relatore; **~te** *adj/s* relatore
poner <*32 pongo; pondré; puse; puesto*> **1.** *vt* mettere, porre; ~ *la mesa* preparare la tavola; ~ *en claro* mettere in chiaro; ~ *mal/bien* mettere male/bene; ~ *por escrito* mettere per iscritto; *pongamos que...* poniamo il caso che; ~ *mala, buena cara* fare cattivo, buon viso; ~ *negro, nervioso* far venire il nervoso; *pongo mil pesetas a que no viene* scommetto mille pesete che non viene; ~ *la radio* accendere la radio; ~ *un negocio* aprire un negozio; ~ *un telegrama* mandare un telegramma; ~ *la Traviata, un film...* fare la Traviata, un film...; ~ *a cero* azzerare; ~ *en marcha* mettere in

moto, in marcia; *¿Qué pone este papel?* Che dice questo foglio?; ~ *miedo* far paura; *póngame con ...(teléfono)* mi passi...; ~ *a parir a alg* parlare molto male di q; ~ *de alcalde* mettere come sindaco; *~le de nombre José* mettergli il nome di Giuseppe; **2.** *~se colorado* arrossire; *~se de largo* vestirsi di lungo (per entrare in società); *~se al día* mettersi al corrente, aggiornarsi; *~se de barro* riempirsi/macchiarsi di fango; *~se enfermo* ammalarsi; *no tengo qué ~me* non ho niente da mettermi; *dile que se ponga (al teléfono)* passamelo/la

poni *m zool* pony *inv*

poniente *m* ponente, occidente, ovest; vento di ponente

pont|ificado *m eccl* pontificato; ~**ifical** *adj/m* pontificale; ~**ificar** *<pontifiqué> vi* pontificare; ~**ífice** *m* pontefice; ~**ificio** *adj* pontificio

pont|ón *m mar* pontone; ponte; ~**onero** *m* pontoniere

ponzoñ|a *f* veleno *m*, tossico *m*; ~**oso** *adj* velenoso, tossico

pool *m ingl econ/biol* pool *inv*

pop *adj/ingl* pop; ~**-art** *m ingl* pop-art

popa *f mar* poppa; *viento en ~* vento in poppa

pope *m eccl* pope *inv*

pope|lín *m*, ~**lina** *f* popelin *m/fr*, popeline *f/fr*

popó *f am/infan* popò

popochín *m am* sedere

popul|achería *f desp* popolaneria; ~**achero** *adj* popolano, popolaresco; ~**acho** *m* popolaccio, plebe *f*; ~**ar** *adj* popolare; ~**aridad** *f* popolarità, notorietà; ~**arizar** *<popularicé> vt* popolarizzare, rendere popolare, divulgare; ~**ismo** *m* populismo; ~**ista** *adj/s* populista; ~**oso** *adj* popoloso, popolato

popurrí *m* pot-pourri *fr/inv*

poquedad *f* pochezza

póquer *m* poker

poquito *adj/m* pochino; ~ *a poco/a ~s* a poco a poco; *un ~ más* ancora un po'/un pochino

por *prep* per; da; verso; di; *¿*~ qué?* Perché?; *dime ~ qué no escribes* dimmi perché non scrivi; *deseado ~ todos* desiderato da tutti; *lo hago ~ ti* lo faccio per te; *estoy ~ marcharme sin esperarle* quasi quasi me ne vado senza aspettarlo; *lo merece ~ tonto* se lo merita perché è stupido; ~ *mucho que trabaje* anche se lavora molto; ~ *si (las moscas)* nel caso che; *eso está ~ ver* questo è ancora da vedere; *dos ~ dos son cuatro* due per due fa quattro; *de ~ sí* da sé; ~ *la noche/el día* di notte/di giorno; *brindar ~* brindare per; *dar la vida ~ la patria* dare la vita per la patria; *hablar ~ hablar* parlare per parlare/a vanvera/perché si ha la lingua; *hablar ~ teléfono, ~ radio, ~ señas* parlare per telefono, per radio, a gesti; *ir ~ mar, ~ avión* andare per via mare, in aereo; *(Esp) ir ~ agua* andare per acqua; *pasar ~ Madrid* passare per/da Madrid; *pasar ~ tu casa* passare da casa tua; *sentir amor ~ los hijos* sentire amore verso i figli; *tener ~ santo* considerare santo

porcelana *f* porcellana

porcen|taje *m* percentuale *f*; ~**tual** *adj* percentuale

porche *m* portico; tettoia *f*

porcino *adj* porcino, suino

porción *f* porzione, parte

pordiose|ar *vi* mendicare; ~**ro** *adj/s* mendico, accattone

porf|ía *f* ostinazione, caparbietà; *a ~* a gara; ~**iado** *adj* ostinato, caparbio; ~**iar** *vi* ostinarsi, incaparbirsi; impegnarsi per riuscire

pórfido *m min* porfido

pormenor *m* particolare, dettaglio; ~**izar** *<pormenoricé> vt* riferire minuziosamente, dettagliare

porno 1. *adj fam* pornografico; **2.** *m* pornografia *f*; ~ *duro* hard-core; ~ *blando* soft-core; ~**grafía** *f* pornografia; ~**gráfico** *adj* pornografico, osceno

poro *m* poro; *Arg* zucchetta per il *mate f*; ~**sidad** *f* porosità; ~**so** *adj* poroso

poroto *m Arg/Chile* fagiolo

porqu|e *conj* perché; ~**é: el** ~ *m* il perché

porquer|ía *f* porcheria; ~**iza** *f* porcile *m*, stabbiolo *m*; ~**izo** *adj/s* porcaro, porcaio

porra *f* manganello *m* (*policía*), bastone *m*; *tec* mazza *f*; *gergo* faccia tosta; *¡~s!* Accidenti!; *mandar a la ~* mandare a farsi friggere; *¡Vete a la ~!* Va' a farti friggere!; ~**da** *f* sacco *m*; bastonata; ~**zo** *m* bastonata *f*, mazzata *f*; *de golpe y ~azo* improvvisamente; *darse un ~azo* darsi un colpo; avere un incidente

porrero *adj/s gergo* spinellatore

porreta *f* foglia verde (di porro, aglio,...); *en ~* nudo

porrillo: a ~ *adv* a bizzeffe

porro *m* spinello, canna *f* (*droga*)

porrón *m* = "tipo di caraffa con becco"

porrudo *adj* a mazza

porta *f mar* portello *m*

porta|aviones *m/inv mar* portaerei *f*; ~**bandera** *f* bandoliera per bandiere; ~**bebés** *m/inv* culla portatile *f*, porte-enfant *inv*; ~**cartas** *m/inv* cartella *f*, portafogli; ~**comidas** *adj/m/inv* portavivande, portapranzi; ~**contenedores** *adj/m/inv* portacontainers, portacontenitori *adj/f*; ~**cubiertos** *adj/m/inv* portaposate; ~**da** *f arch* facciata; *tip* copertina; *tip* frontespizio *m*; ~**dor** *adj/s banc/cient* portatore; latore (*carta*); ~**equipajes** *adj/m/inv* portabagagli; ~**estandarte** *m* portabandiera *inv*; ~**folios** *m/inv* borsa portadocumenti ; ~**helicópteros** *adj/m/inv* portaelicotteri *adj/f*

portal *m* portone; portale (*iglesia, palacios*); portico

portalámparas *m/inv* portalampada

portalón *m* portone; *mar* barcarizzo

porta|macetas *m/inv* portavasi; ~**minas** *m/inv* portamina; ~**objetos** *m/inv* portaoggetti; ~**plumas** *m/inv* portapenne

portar 1. *vt* portare (*caza*); **2.** *~se bien/mal* comportarsi bene/male

portarretrato(s) *m* portaritratti *inv*

portátil *adj* portatile

porta|vaso(s) *m* portabicchieri *inv*; ~**viones** V. **portaaviones**; ~**voz** *m/f* portavoce; *mil* portavoce *m*
portazo *m* sbattuta di porta *f*
porte *m* 1. *com* porto; 2. *com* trasporto; 3. capacità *f*; 4. aspetto, presenza *f*; ~*s debidos, pagados* porto assegnato, affrancato/franco di porto; ~**ador** *adj/s* facchino; *com* vettore; ~**ar 1.** *vt* trasportare; **2.** *vi* sbattere le porte o le finestre
portento *m* portento; ~**so** *adj* portentoso, prodigioso
porteño *adj/s Arg* di Buenos Aires; *Chile* di Valparaíso
porter|ía *f* portineria; *sport* porta; ~**o, -a** *m/f* portinaio, -a; portiere, -a; *sport* portiere, -a; ~ *automático* citofono
portezuela *f* porticina; *tras* sportello *m*
porticado *adj* porticato
pórtico *m* portico
portill|a *f mar* oblò *m*, occhio *m*; ~**o** *m* passaggio; passo (*montaña*); porticciola *f*; postierla *f* (*castillos*); sportello; *fig* spiraglio
portón *m* portone
portorriqueño *adj/s* portoricano, di Portorico
portuario 1. *adj/s* portuale; **2.** *m* portuario
Portu|gal *m geogr* Portogallo; *~**gués** *adj/s* portoghese
porvenir *m* avvenire, futuro
pos: en ~ de *prep* dietro
posada *f* locanda; alloggio *m*
posader|as *fpl* natiche; ~**o, -a** 1. *m/f* locandiere, -a; 2. *m* sgabello di sparto
posar 1. *vt* posare; **2.** *vi art* posare; **3.** ~*se* posarsi (*líquido, pájaros, mariposas*); depositarsi (*polvos*); *aer* atterrare *vi*
posdata *f* poscritto *m*
pose *f* posa
pose|edor, -a *adj/m/f* possessore *m*, posseditrice *f*; ~**er** <*poseyó*> *vt* possedere, avere in possesso; ~**ído** *adj/s* posseduto; ~**sión** *f ius* possesso *m*; dominio *m*; proprietà; *estar en ~* essere in possesso; *tomar ~ de* prendere possesso di; *las ~es de alg* le proprietà di q; ~**sionarse** impossessarsi, appropriarsi; ~**sivo** *adj ling/fig* possessivo; ~**so** *adj/s* ossesso, indemoniato; ~**sor** *adj/m/f* possessore *m*, posseditrice *f*
posguerra *f* dopoguerra *m*
posi|bilidad *f* possibilità; ~**bilismo** *m pol* possibilismo; opportunismo; ~**bilitar** *vt* facilitare, rendere possibile; ~**ble** *adj* possibile; *hacer (todo) lo ~* fare (tutto) il possibile; *hacer ~* rendere possibile; *¡No es ~!* Non è possibile!; *¿será ~?* E' possibile?; *ser una persona de ~s* avere una posizione agiata
posición *f* posizione; ubicazione; *mat* supposizione; *buena ~* buona posizione; *en ~* in posizione; *tomar ~* prendere posizione
positiv|ismo *m* positivismo; ~**ista** *adj* positivista; ~**o** *adj* positivo, certo; affermativo; realista, positivo; *cient* positivo; *foto* positivo
positr|ón *m fis* positrone; ~**onio** *m fis* positronio
poso *m* sedimento, posatura *f*
posología *f med* posologia
posponer <*32* V. *poner*> *vt* posporre, differire, rinviare, rimandare
posta 1. *f zool* posta; *correr la ~* andare in gran carriera; **2.** *(adv) a ~* apposta
postal 1. *adj* postale; **2.** *f* cartolina postale
poste *m elec* palo; paracarro, cippo; *oler el ~* aver sentore di
póster *m ingl* poster *inv*
postergar <*postergué*> *vt* postergare, trascurare; *am* rinviare
posteri|dad *f* posterità; ~**or** *adj* posteriore; ~**oridad** *f* posteriorità
postgrado *m* corso universitario postlaurea
postigo *m* sportello; battente (*puerta, ventana*); postierla *f*
postilla *f med* pustola
postín *m* lusso; *darse ~* darsi delle arie; *de ~* di lusso
postizo 1. *adj* posticcio; *dentadura ~a* dentiera; **2.** *m* 1. toupet *fr/inv* (*pelo*); 2. *fpl* nacchere
postliminio *m ius* postliminio
postmeridiano *adj* pomeridiano
postmodern|idad *f* postmodernismo *m*; ~**o** *adj* postmoderno
postor *m* offerente
postr|ación *f* prostrazione, abbattimento *m*; ~**ar 1.** *vt* prostrare; **2.** ~*se* prostrarsi, inginocchiarsi
postre 1. *m gastr* frutta *f*, dolce; dessert *fr/inv*; *a los ~s* all'ora del dessert; **2.** *(adv) a la ~* alla fin fine; *para ~* per colmo, per giunta
postrer, ~o *adj* ultimo
postrimerías *fpl* ultimo periodo *m*; *eccl* novissimi *mpl*
postul|ado *m* postulato; ~**ante** *adj/s* postulante; ~**ar** *vt fil/eccl* postulare; chiedere
póstumo *adj* postumo
postura *f* atteggiamento *m*; posizione; *med* postura; *com* offerta
pot|abilidad *f* potabilità; ~**abilización** *f* potabilizzazione; ~**abilizar** <*potabilicé*> *vt* potabilizzare; ~**able** *adj* potabile; *fig* accettabile
potaje *m* ="tipo di minestrone"; *~ de garbanzos y espinacas* minestra di ceci e spinaci; minestra di legumi secchi
potas|a *f chim* potassa; ~**io** *m chim* potassio
pote *m* vaso di creta; *gastr* brodo con verdure; *darse ~* darsi delle arie, vantarsi
potencia *f cient/fig/fil/pol* potenza; forza, energia; autorità; *elevar a ~* elevare a potenza; *en ~* in potenza; ~**l 1.** *adj* potenziale; **2.** *m fis/pol* potenziale; *ling* condizionale; ~**lidad** *f* potenzialità
poten|tado *m* potentato; potente, pezzo grosso (*persona*); ~**te** *adj/s* potente, poderoso; ~**za** *f arald* palo potenziato *m*
potest|ad *f* potestà, dominio *m*, potere *m*; *patria ~* patria potestà; ~**ativo** *adj* potestativo, facoltativo
potingue *m iron* intruglio/miscuglio farmaceutico
potito *m* omogeneizzato

Potosí *m geogr* Potosì; *valer un* ~ valere un Perù
potr|a *f zool* puledra; *fam* ernia; *(vulg)* *¡Qué ~!* Che culo!; ~**ada** *f* branco di puledri *m*; ~**anca** *f* puledra; ~**illo** *m* puledrino; ~**o** *m zool* puledro; cavalletto da tortura
poyo *m* sedile, banco di pietra
poza *f* pozza, pazzanghera; ~**l** *m* secchio
pozo *m* pozzo; buca *f*; *mar/fig* pozzo; ~ *artesiano* pozzo artesiano; ~ *negro* pozzo nero
pozole *m am* ="bibita a base di mais" *f*; *Mex* ="brodo con carne, mais e peperoncino"
práctica *f* pratica; *ius/stud* pratica; *ius* prassi, procedura; *adm* tirocinio *m* (*trabajo*); *en la* ~ in pratica; *llevar a la ~/poner en* ~ mettere in pratica
practic|able *adj* praticabile; ~**ante 1.** *adj* praticante; **2.** *m/f med* infermiere, -a; ~**ar** <*practiqué*> **1.** *vt* praticare, esercitare; fare; **2.** *vi* fare pratica
práctico 1. *adj* pratico; esperto, abile; comodo, pratico; **2.** *m mar* pilota
prad|era *f* prateria; ~**o** *m agr* prato, pascolo; prato, parco
pragm|ática *f fil* pragmatica; *ius* prammatica; ~**ático** *adj/s ius* prammatico, *fil* pragmatico; ~**atismo** *m* pragmatismo; ~**atista** *adj/s* pragmatista
praliné *m fr* pralina *f*
prat|ense *adj* pratense; ~**icultura** *f* praticoltura
praxis *f* prassi
preámbulo *m* preambolo, preliminare; *sin ~s* senza preamboli
preb|enda *f* prebenda; ~**endado** *m* prebendato; ~**oste** *m* preposto, prevosto
precario *adj/s* precario, instabile
precaución *f* precauzione, cautela
precav|er 1. *vt* prevenire, premunire; cautelare; **2.** *~se* premunirsi; ~**ido** *adj* cauto, prudente
preced|encia *f* precedenza, priorità; *tener la* ~ avere la precedenza; ~**ente 1.** *adj* anteriore, precedente; **2.** *m* precedente; *sentar ~s* creare un precedente; *servir de* ~ essere di esempio; ~**er** *vt* precedere
precept|ista 1. *adj/s* precettista; **2.** *adj* precettistico; ~**iva** *f* precettistica; ~**ivo** *adj* precettivo; ~**o** *m* precetto; ~**or, -ra** *m/f* precettore *m*, istitutore, -trice; ~**uar** *vt* disporre, stabilire, dettare precetti
preces *fpl* preci, suppliche, istanze
preci|ado *adj* prezioso, stimato; ~**arse** vantarsi (*de* di)
precint|adora *f tec* sigillatrice; ~**ar** *vt* sigillare; ~**o** *m* legatura *f*, fasciatura *f*, piombatura *f*
precio *m* prezzo; ~ *de coste, de venta, a convenir...* prezzo-costo, di vendita, da pattuire; ~ *neto* prezzo netto; *a buen* ~ a poco prezzo; *al* ~ *de* a costo di; *a cualquier* ~ a qualsiasi costo/a tutti i costi; *poner* ~ *a la cabeza de alg* mettere una taglia su q; *no tener* ~ non avere prezzo
precios|idad *f* preziosità, rarità; meraviglia, bellissimo *adj*; ~**ismo** *m* preziosismo; ~**ista** *adj/s* preziosista; ~**o** *adj* prezioso; caro; *fam* bellissimo
precipicio *m* precipizio, burrone; *fig* baratro, precipizio
precipit|ación *f meteo/fig* precipitazione; *fig* fretta; ~**ado** *adj/m chim/mus* precipitato; ~**ar 1.** *vt/vi* precipitare; **2.** *vi fig* piombare in miseria; **3.** *~se* precipitarsi, gettarsi a capo fitto
precis|amente *adv* precisamente; necessariamente; ~**ar 1.** *vt* 1. aver bisogno (*di*) *vi*, occorrere *vi*; 2. precisare; **2.** *~se* essere necessario, occorrere *vi*; ~**ión** *f* 1. precisione, esattezza; *de* ~ di precisione; 2. necessità, bisogno *m*; ~**o** *adj* 1. preciso, esatto; 2. necessario, indispensabile
preclaro *adj lit* preclaro, illustre
precocidad *f* precocità
precocinado *adj/m* precotto
precognición *f* precognizione
precolombino *adj* precolombiano
preconceb|ido *adj* preconcetto; ~**ir** <*12 preconcibo*> *vt* avere idee preconcette *vi*
preconiz|ación *f lit* preconizzazione; ~**ar** <*preconicé*> *vt* preconizzare
precoz *adj* precoce; *agr* primaticcio, precoce
precursor *adj/s* precursore
predador *adj/s* predatore
predec|esor *adj/s* predecessore, antenato; ~**ir** <*24* V. *decir*> *vt* predire
predestin|ación *f* predestinazione; ~**ar** *vt* predestinare
predetermin|ación *f* predeterminazione; ~**ar** *vt* predeterminare
prédica *f eccl/fig* predica
predic|ación *f* predicazione; ~**ado** *m* predicato; ~ *nominal, verbal* predicato nominale, verbale; ~**ador, -ra** *m/f* predicatore, -trice; ~**amento** *m* predicamento; ~**ar** <*prediqué*> *vt eccl/fig* predicare; ~ *en el desierto* predicare al deserto; ~**ativo** *adj* predicativo
predicción *f* predizione, pronostico *m*
predilec|ción *f* predilezione, preferenza; ~**to** *adj* prediletto, favorito
predio *m* predio
predisponer <*32* V. *poner*> *vt* predisporre, preparare
predisposición *f* predisposizione
predispuesto *adj* predisposto, propenso
predomin|ación *f* predominio *m*, preponderanza; ~**ancia** *f* predominio *m*, prevalenza; ~**ante** *adj* predominante; ~**ar** *vi/vt* predominare, prevalere *vi*; ~**io** *m* predominio
predorsal *adj/f* predorsale
preemin|encia *f* preminenza, superiorità; ~**ente** *adj* preminente
preescolar 1. *adj* prescolare, prescolastico; **2.** *m* scuola materna *f*, asilo
preexist|encia *f* preesistenza; ~**ente** *adj* preesistente; ~**ir** *vi* preesistere
prefabric|ado *adj* prefabbricato; ~**ar** <*prefabriqué*> *vt* prefabbricare
prefacio *m* prefazione *f*
prefect|o *m* prefetto; ~**ura** *f* prefettura
prefer|encia *f* preferenza; *(auto)* ~ *de paso* precedenza; ~**ente** *adj* preferen-

ziale; ~**ible** *adj* preferibile; ~**ir** < *10 prefiero; prefirió*> *vt* preferire

prefij|ar *vt* fissare, prestabilire; ~**o** *adj/m ling* prefisso; ~ *telefónico* prefisso telefonico

preg|ón *m* bando, editto; ~**onar** *vt* bandire; *fig* annunziare, pubblicare, elogiare; ~ *algo por los cuatro vientos* dire/gridare qc ai quattro venti; ~**onero** *m* banditore

pregunt|a 1. *f* domanda; interrogazione; ~ *capciosa* domanda capziosa; *(fig) estar a la cuarta* ~ essere a corto di quattrini; 2. *fpl* interrogatorio *m*; ~*s al Gobierno* interrogazione al Governo; ~**ar** *vt* domandare; interrogare; ~**ón** *adj/s* ficcanaso, curioso

prehelénico *adj* preellenico

prehist|oria *f* preistoria; ~**órico** *adj* preistorico

preinstalación *f* preinstallazione, preimpianto *m*

prejudicial *f ius* pregiudiziale

prejuicio *m* pregiudizio

prejuzgar <*prejuzgué*> *vt* pregiudicare

prelac|ía *f eccl* prelatura; ~**ión** *f ius* prelazione; priorità; *am/auto* precedenza

prelado *m* prelato

prelatura *f eccl* prelatura

prelavado *m* prelavaggio

preliminar *adj/m* preliminare

preludi|ar *vi mus* preludiare; preludere; ~**o** *m mus/fig* preludio; proemio

prematrimonial *adj* prematrimoniale

prematuro *adj* prematuro

premedit|ación *f* premeditazione; ~**ado** *adj* premeditato, preintenzionale *ius*; ~**ar** *vt ius/fig* premeditare; tramare

premi|ar *vt* premiare; ricompensare; ~**o** *m* premio; ricompensa *f*; ~**osidad** *f* molestia; ~**oso** *adj* impacciato, pesante

premisa *f* premessa

premolar *adj/m* premolare

premoni|ción *f* premonizione; ~**torio** *adj* premonitorio

premunir *vt am* premunire

premura *f* premura, fretta, urgenza

prenda *f* 1. pegno *m*, garanzia; *en* ~ in pegno; *en* ~ *de* come segno di; *juego de* ~*s* gioco di pegni; 2. capo *m*, indumento *m* (*vestuario*...); *no dolerle* ~*s a alg* 1. fare i propri doveri, avere il senso del dovere; 2. fare ogni sforzo/metterci tutto per ottenere qc; *no soltar* ~ non lasciarsi sfuggire una parola di bocca; ~*s íntimas* indumenti intimi; 3. *ius* guarentigia; *fig* dote, pregio *m*; *am* gioiello *m*

prendar 1. *vt* attrarre, affascinare; **2.** ~*se* innamorarsi, invaghirsi (*de* di)

prended|ero *m* fermaglio, spilla *f*; nastro; ~**or** *m* fermaglio

prender 1. *vt* afferrare, acchiappare; accendere (*fuego*); agganciare (*pelo*...); attaccarsi, diffondersi; **2.** *vi bot* attecchire; accendersi (*leña*); ~**ía** *f* rigatteria; *Col* Monte di pietà *m*; ~**o, -a** *m/f* rigattiere, -a

prendimiento *m* cattura *f*

prensa *f* 1. *tip* stampa; ~ *diaria* stampa quotidiana; ~ *sensacionalista/amarilla* stampa scandalistica; ~ *del corazón* stampa rosa; *en* ~ in corso di stampa; *nota de* ~ piedino; *agente de* ~ press-agent; *rueda de* ~ conferenza stampa; *(fig) tener buena/mala* ~ avere buona/cattiva stampa; *dar a la* ~ dare alle stampe; *meter en* ~ andare in stampa; 2. *tec* pressa (*máquina*); *tec* morsa

prensado *m tec* pressatura *f*; *tec* cilindratura *f* (*tejidos*)

prensa-filtro *f tec* filtropressa

prensar *vt* pressare

preñ|ado *adj* saturo, impregnato, gravido; *pop* ~*a* incinta (*mujer*); ~**ar** *vt pop* mettere incinta; ~**ez** *f* gravidanza; *fig* oscurità

preocup|ación *f* preoccupazione; ~**ar 1.** *vt* preoccupare; **2.** ~*se* preoccuparsi; occuparsi

prepar|ación *f* preparazione; *med* preparato *m*; ~**ado 1.** *adj* preparato, apparecchiato, disposto; **2.** *m* preparato, prodotto; ~**ar** *vt* preparare; ~**ativo** *m* preparativo; ~**atorio** *adj* preparatorio; *stud* propedeutico

preponder|ancia *f* preponderanza, predominio *m*; ~**ante** *adj* preponderante, prevalente; ~**ar** *vi* preponderare, prevalere

preposición *f ling* preposizione

prepot|encia *f* prepotenza; ~**ente** *adj* prepotente

prepucio *m med* prepuzio

prerrogativa *f* prerogativa, privilegio *m*

prerrom|anticismo *m* preromanticismo; ~**ántico** *adj* preromantico

presa *f* presa; *tec* diga (*río*); presa, pizzico *m* (*sal*...); *mil* preda, bottino *m*; *zool* zanna; preda (*caza*); *de* ~ da presa; *hacer* ~ far presa

presagi|ar *vt* presagire, predire; ~**o** *m* presagio

presbicia *f med* presbiopia, presbitismo *m*

présbit|e, ~**a** *adj* presbite

presbiteri|anismo *m eccl* presbiterianesimo; ~**ano** *adj/s* presbiteriano; ~**o** *m* presbiterio

presbítero *m* sacerdote, prete

prescindir *vi* prescindere (*de* da)

prescri|bir 1. *vt* prescrivere, ordinare; **2.** *vi ius* cadere in prescrizione, prescriversi; ~**pción** *f* prescrizione, ordine *m*; *ius* prescrizione; ~**ptible** *adj* prescrittibile; ~**to,** ~**pto** *adj* prescritto

presea *f lit* gioiello *m*; *ant* mobile *m*

presencia *f* presenza; ~ *de ánimo* presenza di spirito; *buena* ~ bella presenza; *en* ~ *de* in presenza di; ~**l** *adj* presenziale; ~**r** *vt/vi* presenziare, essere presente (a) *vi*, assistere (a) *vi*

present|able *adj* presentabile; ~**ación** *f* presentazione; esibizione; ~**ador** *adj/s* presentatore; ~**ar 1.** *vt* presentare; esibire; **2.** ~*se* presentarsi

presente 1. *adj* presente; attuale; **2.** *m* dono, regalo, presente

presenti|miento *m* presentimento; ~**r** < *10* V. *sentir*> *vt* presentire

preserv|ación *f* preservazione; ~**ar** *vt* preservare; ~**ativo** *adj/m* preservativo

presidencia *f* presidenza; ~**l** *adj* presidenziale; ~**lismo** *m pol* presidenzialismo

president|a *f* presidentessa; ~**e** *adj/m*

presidente; *~ *del Gobierno* Presidente del Consiglio/Primo Ministro
presidiari|o, -a *m/f* ergastolano, -a
presidio *m mil* presidio, guarnigione *f*; carcere; *echar a ~* mandare in carcere
presidir *vt* presiedere (a)*vt/vi*
presilla *f* alamaro *m*
presión *f* pressione; *olla a ~* pentola a pressione; *a ~* a pressione
presionar *vt* fare pressione (su) *vi*; premere (*botón*)
preso *adj/s* carcerato, detenuto
prest|ación *f* prestazione; *~ personal* prestazione d'opera; *~ social sustitutoria* servizio sociale; **~ado** *adj* prestato; *pedir ~* chiedere in prestito; *vivir de ~* vivere di prestiti; **~amista** *m/f* usuraio, -a (*dinero*); prestatore, -trice
préstamo *m com/ling* prestito; *~ a plazo fijo, a la vista* prestito a scadenza fissa, a vista; *~ hipotecario* mutuo; *~ garantizado, pignoraticio* prestito garantito, pignoratizio; *conceder un ~* concedere/accordare un prestito
presta|ncia *f* prestanza; **~r 1.** *vt* prestare; offrire, dare; *~ auxilio* dare/prestare aiuto; *~ atención* prestare/fare attenzione; *~ oídos* prestare orecchio; *~ sobre valores* prestare su titoli; **2.** *~se* prestarsi; **~tario** *adj/s* mutuatario
presteza *f* prestezza, prontezza
prestidigitador, -a *m/f* prestigiatore, -trice; giocoliere, -a
prestigi|ar *vt* dare prestigio *vi*; **~o** *m* prestigio; **~oso** *adj* prestigioso
presto 1. *adj* pronto, rapido, sollecito; **2.** *mus* presto
presum|ible *adj* presumibile; **~ido** *adj/s* presuntuoso; **~ir 1.** *vi* presumere, vantarsi (*de* di); **2.** *vt* supporre, figurarsi
presun|ción *f* presunzione; vanagloria; **~to** *adj* presunto, supposto; **~tuoso** *adj* pretenzioso, presuntuoso
presupo|ner <*32* V. *poner*> *vt* presupporre; **~sición** *f* presupposizione
presupuest|ar *vt* preventivare; **~ario** *adj* budgetario, di bilancio; **~o** *m com* budget *ingl/inv*, preventivo, bilancio preventivo; *fil* presupposto; *~ corriente* entrate e uscite correnti; *~s generales del Estado* (Legge) Finanziaria
presura *f* angoscia, ansia; fretta
presuriz|ación *f* pressurizzazione; **~ar** <*presuricé*> *vt* pressurizzare
presuroso *adj* frettoloso; svelto
preten|cioso *adj* pretenzioso; **~der** *vt* pretendere; aspirare a *vi*, chiedere, richiedere; cercare di *vi*; chiedere la mano *vi* (*de una mujer*); **~diente** *adj/s pol* pretendente; aspirante; corteggiatore; **~sión** *f* pretesa, pretensione, esigenza; *fig* pretesa, presunzione; *tener muchas/pocas ~ones* avere molte/poche pretensioni/pretese; *tener la ~ de* avere la pretesa di
preterición *f ling/fil* preterizione
pretérito 1. *adj* preterito, passato; **2.** *m* preterito; *~ anterior* trapassato remoto~ *imperfecto* imperfetto; *~ indefinido* passato remoto; *~ perfecto* passato prossimo; *~ pluscuamperfecto* trapassato prossimo
pretext|ar *vt* pretestare; **~o** *m* pretesto, scusa *f*, appiglio; *con el ~ de* col pretesto di, con la scusa di
pretil *m* parapetto
pretina *f* cinturino *m*; cintura; *meter a alg en ~* assoggettare/dominare q
pretor *m hist* pretore; **~iano** *adj/m* pretoriano
prevalecer <*13a prevalezco*> *vi* prevalere, predominare; crescere
prevalerse prevalersi, approfittare (di) *vi*
prevaric|ación *f*, **~ado** *m* prevaricazione *f*; **~ador** *adj/s* prevaricatore; **~ar** <*prevariqué*> *vi* prevaricare, trasgredire
preven|ción *f* prevenzione; *med* profilassi; *mil* corpo di guardia *m*; *de ~* di riserva; **~ido** *adj* preparato, pronto, predisposto; previdente, cauto, prudente; prevenuto; *persona ~a* persona previdente; *hombre ~ vale por dos* uomo avvisato mezzo salvato; **~ir** <*41* V. *venir*> **1.** *vt* prevenire; prevedere; avvertire; provvedere (*víveres*); **2.** *~se* prepararsi, premunirsi; anticiparsi
preventivo *adj* preventivo
prever <*42* V. *ver*> *vt* prevedere, intuire, presagire
previo *adj* previo; *~ pago* previo pagamento
previs|ible *adj* prevedibile; **~ión** *f* previsione; *~ del tiempo* previsione meteorologica; **~or** *adj/s* previdente
prez *f/m lit* pregio *m*, onore *m*
prieto *adj* stretto, duro, compatto; scuro
prima *f* 1. premio *m*; gratifica; *~ de seguro* premio di assicurazione; 2. cugina (*parentesco*); *ser algo ~ hermana de otra* essere qc molto simile all'altra; 3. *hist* prima
prima|cía *f* primazia; primato *m*; **~da** *f fam* minchioneria; *fam* beffa; **~do 1.** *m eccl* primate; **2.** *adj* primaziale
primar *vi* primeggiare, predominare; **~io** *adj* primario; *enseñanza ~a* scuola primaria
primavera 1. *f meteo/fig* primavera; *bot* primavera, primula; **2.** *adj/s* ingenuo, sciocco; **~l** *adj* primaverile
primer *adj* primo; **~a** *f* prima; *a las ~s (de cambio)* alla prima; *de ~* di prim'ordine; *de buenas a ~s* improvvisamente, così di colpo; **~iza** *f* primipara; **~izo** *adj/s* principiante, novizio; **~o 1.** *adj/m* primo; *capítulo ~* capitolo primo; *a ~s de mes* ai primi del mese; *lo ~ es lo ~* ciò che è necessario è necessario; *de ~* al principio; **2.** *adv* prima, piuttosto
primi|cia *f* primizia; **~tivo** *adj/s* primitivo
primo 1. *m* cugino (*parentesco*); *~ hermano* cugino carnale; babbeo, stupido; *hacer el ~* fare la parte dello scemo; **2.** *adj* primo; *número ~* numero primo
primo|génito *adj/s* primogenito; **~genitura** *f* primogenitura
primor *m* bellezza *f*, meraviglia *f*; maestria *f*, accuratezza *f*; *...que es un ~* ...che è una meraviglia

primordial *adj* primordiale; indispensabile, necessario
primoroso *adj* abile, accurato; bello, delicato
princelps *adj* principe; *edición ~* edizione principe; **~sa** *f* principessa
princip|ado *m* principato; *(Esp) El *~* La Catalogna; **~al 1.** *adj* principale; *(ant) piso ~* primo piano; **2.** *m* superiore
príncipe *adj/m* principe; *~ azul, heredero...* principe azzurro, ereditario; *portarse como un ~* comportarsi da principe
principi|ante *adj/s* principiante; **~ar** *vt/vi* principiare, iniziare
principio *m* principio, inizio; origine *f*; *cient/fil* principio; *a ~s de* al principio di; *al ~* al principio; *de ~s* di principi; *desde el ~ hasta el fin* dal principio alla fine; *en ~* in principio; *sin ~s* senza principi; *dar ~* dare principio
pring|ado *m gergo* complice in un delitto, delinquente; **~ar 1.** *vt* ungere, macchiare d'unto; *fig* mettere in un pasticcio; *(fam) ~la* rovinare tutto, mandare all'aria tutto; **2.** *~se (fig)* compromettersi, cacciarsi in un pasticcio, mettersi nei guai; approfittare (di) *vi*; *am* piovigginare *vi*; **~ón** *adj/s fig* maiale, sporcaccione; **~oso** *adj* appiccicoso, untuoso
pringue *m/f* grasso *m*, unto *m*
prior, -a *m/f eccl* priore, -a, padre/madre superiore; **~ato** *m* priorato; **~idad** *f* priorità, precedenza; *auto* precedenza; **~itario** *adj* prioritario
prisa *f* fretta, rapidità, premura; urgenza; *a/de ~* in fretta; *de ~ y corriendo* in fretta e furia; *correr ~* essere urgente; *dar/meter ~ a alg* dire a q che si sbrighi; *darse ~* sbrigarsi, fare in fretta; darsi fretta; *tener ~* aver fretta
prisi|ón 1. *f* prigione, carcere *m*; *~ preventiva* carcere preventivo; *reducir a ~* incarcerare; 2. *fpl fig* legami *mpl*; **~onero, -a** *m/f* prigioniero, -a
prism|a *m* prisma; **~ático 1.** *adj* prismatico; **2.** *mpl (gemelos) ~s* binocolo *m*; *anteojos (~s)* cannocchiale *m*
prístino *adj* pristino, primitivo
priv|ación *f* privazione; *pasar ~ones* vivere in ristrettezze; **~ado** *adj/m* privato; **~anza** *f* favore *m*, grazia; **~ar 1.** *vt* privare, togliere; proibire; **2.** *vi* piacere; **3.** *~se* privarsi; svenire *vi*; **~ativo** *adj* privativo; **~atización** *f* privatizzazione; **~atizar** <*privaticé*> *vt* privatizzare
privilegi|ado *adj/s* privilegiato; **~ar** *vt* privilegiare, favorire; **~o** *m* privilegio; diritto; dote *f*, dono naturale; *~ de invención* brevetto d'invenzione; *~ fiscal* agevolazione fiscale
pro *m/f* pro *m*; *el ~ y el contra* il pro e il contro; *en ~ de* a favore di; *persona de ~* persona utile; **~a** *f mar* prora, prua
prob|abilidad *f* probabilità; **~abilismo** *m fil* probabilismo; **~able** *adj* probabile
prob|ado *adj/m* provato, sperimentato; *fig* provato; **~ador** *m* camerino di prova; **~ar 1.** *vt* provare; assaggiare (*comida*); *no ~ bocado* non prendere niente; **2.** *vi* provare (a), cercare (di); andare (bene/male); **~atoria** *f* tempo probatorio *m*; **~atorio** *adj ius* probatorio
probeta *f* provetta
probidad *f* probità
problem|a *m mat/fig* problema; *fig* questione *f*; *plantear un ~* impostare un problema; *resolver un ~* risolvere un problema; **~ática** *f* problematica; **~ático** *adj* problematico
probo *adj* probo, retto
prob|óscide *f zool* proboscide; **~oscidios** *mpl* proboscidati
proc|acidad *f* procacità; **~az** *adj* procace, sfrontato, sfacciato
proced|encia *f* procedenza, provenienza, origine; *ius* opportunità; **~ente** *adj* procedente, proveniente; *ius* opportuno; **~er 1.** *vi* procedere, provenire, derivare (*de* di); procedere, andare avanti; procedere, comportarsi; *ius* procedere; *no procede* non è opportuno; **2.** *m* il procedere, procedimento; **~imiento** *m* procedimento, svolgimento, corso; metodo; *ius* procedura *f*, procedimento, processo
prócer 1. *adj* eminente, elevato; **2.** *m* magnate, nobile
proces|ado 1. *adj/s* processato, imputato, reo; **2.** *m foto* sviluppo; *infor* word processing; **~ador** *m* processore; *~ de textos* word processor, programma di trattamento testi; **~al** *adj* processuale; **~amiento** *m ius/tec* processo; *ius* condanna *f*; **~ar** *vt* processare, sottoporre a processo; *infor* elaborare
proces|ión *f eccl/fig* processione; *~ cívica* corteo; *la ~ va por dentro* ha una spina nel cuore; *no se puede repicar y estar en la ~* non si può voler cantare e portar la croce; **~ionaria** *f zool* processionaria
proceso *m ius* processo, causa *f*; *med* processo, evoluzione *f*; *tec* processo; trascorso (*tiempo*); *~ de fabricación* processo di fabbricazione; *Centro de ~ de Datos* Centro Elaborazione Dati; *vestir un ~* istruire un processo
procl|ama *m* proclama, editto, bando; **~amación** *f* proclamazione; **~amar** *vt* proclamare
procl|isis *f ling* proclisi; **~ítico** *adj* proclitico
proclive *adj* proclive, propenso
procre|ación *f* procreazione; **~ar** *vt* procreare, generare
procur|a, ~ación *f ius* procura, mandato *m*; **~ador** *m ius* procuratore; *(hist) ~ en Cortes* deputato alle *Cortes*; **~aduría** *f* procura (*cargo y despacho*); **~ar** *vt* procurare, tentare di *vi*; procurare, procacciare; **~atario** *adj/s* procuratore, rappresentante procuratorio
prodig|alidad *f* prodigalità, liberalità; **~ar** <*prodigué*> *vt* prodigare
prodigio *m* prodigio, portento; **~so** *adj* prodigioso, portentoso
pródigo *adj/s* prodigo; dissipatore, scialacquatore; *hijo ~* figliuol prodigo
produc|ción *f* produzione; *~ en serie, en pequeña escala* produzione in serie, su

piccola scala; ~**ir** <*20 produzco; produje*> *vt* produrre, dare; *econ* produrre, rendere; creare; causare; *ius* presentare; ~**tividad** *f* produttività; ~**tivo** *adj* produttivo; ~**to** *adj/m* prodotto; ~ *acabado* prodotto finito; *econ* provento, entrata *f*; ~ *nacional* prodotto/reddito nazionale; ~**tor** *adj/s* produttore

proe|mio *m* proemio, prefazione *f*; ~**za** *f* prodezza

profan|ación *f* profanazione, violazione; ~**ar** *vt* profanare, violare; ~**o** *adj/s* profano

profe|cía *f* profezia, predizione; ~**rir** <*10 profiero; profirió*> *vt* proferire, pronunziare

profes|ar 1. *vt* professare, dimostrare, esercitare; **2.** *vi eccl* pronunziare i voti; ~**ión** *f* professione; ~**ional 1.** *adj* professionale; **2.** *m/f* professionista; ~**ionalidad** *f* professionalità; ~**ionalismo** *m* professionismo; ~**o** *adj/s eccl* professo

profesor, -a *m/f* professore, -oressa; insegnante; ~**ado** *m adm* corpo insegnanti; professorato (*cargo*)

profeta *m* profeta

profético *adj* profetico

profet|isa *f* profetessa; ~**izar** <*profeticé*> *vt* profetizzare, predire, vaticinare

profil|áctico *adj/m* profilattico; ~**axis** *f med* profilassi

prófugo *adj/s* profugo

profund|idad *f* profondità; ~**izar** <*profundicé*> *vt fig* approfondire; scavare; ~**o** *adj* profondo; *lo* ~ la profondità

profus|ión *f* profusione, copia, abbondanza; ~**o** *adj* profuso

progeni|e *f* progenie *inv*, prole, stirpe; ~**tor, -ra** <*pl progenitores*> 1. *m/f* progenitore, -trice; 2. *mpl* genitori; antenati

prognatismo *m* prognatismo

program|a *m* programma; ~**ación** *f* programmazione; *cine* programma *m*; ~ *de televisión* palinsesto; ~**ador 1.** *adj/s* programmatore; **2.** *m tec* programmatore; ~**ar** *vt* programmare; ~**ático** *adj* programmatico

progre 1. *adj fam* progressista, di sinistra, aperto; **2.** *m/f* persona progressista/di sinistra *f*; ~**sar** *vi* progredire, migliorare, avanzare; ~**sión** *f mat* progressione; ~**sismo** *m pol* progressismo; ~**sista** *adj/s pol* progressista; ~**sivo** *adj* progressivo; ~**so** *m* progresso

prohib|ición *f* proibizione, divieto *m*; ~**icionismo** *m* proibizionismo; ~**ir** <*prohíbo*> *vt* proibire, vietare, impedire; ~**itivo** *adj* proibitivo

prójim|a *f fam* donnicciola; *vulg* moglie; ~**o** *m* prossimo

prole *f* prole

prole|gómenos *mpl* prolegomeni; ~**psis** *f* prolessi

proletari|ado *m* proletariato; ~**o** *adj/m* proletario

prolifer|ación *f* proliferazione; ~**ar** *vi* proliferare

prolífico *adj* prolifico

prolij|idad *f* prolissità; ~**o** *adj* prolisso

prologar <*prologué*> *vt* scrivere il prologo

prólogo *m* prologo

prolong|ación *f* prolungamento *m*, allungamento *m*; *mus* prolungazione; ~**ador 1.** *adj/s* prolungatore; **2.** *m tec* prolunga *f*; ~**ado** *adj* allungato, prolungato; oblungo; ~**ar** <*prolongué*> **1.** *vt* prolungare, allungare; **2.** ~*se* dilungarsi

promedi|ar *vt* fare la media *vi*; ~**o** *m* media *f*, termine medio

promesa *f* promessa; *eccl* voto *m*

promet|edor *adj* promettente; ~**er 1.** *vt* promettere; **2.** ~*se* promettersi in matrimonio, fidanzarsi; ~**ida** *f* fidanzata; ~**ido** *m* 1. fidanzato; 2. promessa *f*

promin|encia *f* prominenza, sporgenza, elevazione; ~**ente** *adj* prominente, sporgente; *fig* illustre

promis|cuidad *f* promiscuità; mescolanza; ~**cuo** *adj* promiscuo

promisión *f* promessa; *tierra de* ~ terra promessa

promo|ción *f econ/sport/stud/adm* promozione; *com* promotion; miglioramento *m*; *compañero de mi* ~ compagno di studi/di corso; ~**cionar** *vt* promuovere, incrementare; incentivare, promozionare; sponsorizzare

promontorio *m* promontorio

promo|tor, ~**vedor** *adj/s* promotore; ~ *de la fe* promotore della fede; ~**ver** <*9a V. mover*> *vt* promuovere, favorire; promuovere, elevare di grado

promulg|ación *f* promulgazione; ~**ar** <*promulgué*> *vt* promulgare; diffondere, divulgare

pron|ombre *m ling* pronome; ~**ominal** *adj* pronominale

pron|osticar <*pronostiqué*> *vt* pronosticare, predire; ~**óstico** *m* pronostico, predizione *f*; *med* prognosi *f*; ~ *reservado* prognosi riservata

prontitud *f* prontezza, rapidità, prestezza

pronto 1. *adj* rapido, lesto, veloce; pronto, preparato; *la comida está* ~*a* il pranzo è pronto; *estar* ~ *para salir* essere pronto a uscire; **2.** *m* scatto, impulso; *fam* attacco; **3.** *adv* presto, subito; *al* ~ a prima vista; *de* ~ all'improvviso; *más* ~, *más tarde* prima o poi; *por de (por lo)* ~ per ora; *tan* ~ *como* appena

prontuario *m* prontuario; ~ *de tarifas* tariffario

pronunci|ación *f* pronuncia, pronunzia; ~**ado** *adj* marcato; ~**amiento** *m* pronunciamento; *ius* pubblicazione di sentenza *f*; *de previo y especial* ~ sentenza interlocutoria; ~**ar 1.** *vt* pronunciare, pronunziare; *ius* emettere; **2.** ~*se* dichiararsi, pronunziarsi

propag|ación *f* propagazione; diffusione; ~**ador** *adj/s* propagatore; ~**anda** *f pol* propaganda; *com* pubblicità, réclame *fr/inv*; ~**andista** *adj/s* propagandista; ~**andístico** *adj* propagandistico; ~**ar** <*propagué*> *vt* propagare; diffondere

propalar *vt* propalare, divulgare

propano *m chim* propano

proparoxítono *adj ling* proparossitono

propasar 1. *vt* oltrepassare; **2.** ~*se* passare i limiti *vi*; mancare di rispetto (verso q) *vi*

propedéutic|a *f* propedeutica; **~o** *adj* propedeutico

propender *vi* propendere, tendere, inclinarsi

propens|ión *f* propensione, inclinazione, simpatia; **~o** *adj* propenso, incline

propici|ación *f* propiziazione; **~ar** *vt* propiziare, cattivare; **~o** *adj* propizio, favorevole, fausto

propie|dad *f* proprietà; ~ *horizontal* condominio; ~ *intelectual* proprietà intellettuale/diritti d'autore; ~ *pública* proprietà pubblica; *(ius) nuda* ~ proprietà senza usufrutto; *vestir con* ~ vestire con proprietà; **~tario, -a** *m/f* proprietario, -a; titolare (*empleo*)

propina *f* mancia; *de* ~ di giunta; *dar (la)* ~ dare la mancia; **~r** *vt* amministrare; *(iron)* ~ *una paliza* dare una bastonata

propio *adj* proprio; stesso; caratteristico; adatto; naturale; *me lo ha dicho el* ~ *ministro* me l'ha detto proprio il ministro, me l'ha detto il ministro stesso; *el calor es* ~ *del verano* il calore è caratteristico dell'estate; *ese traje no es* ~ *para el trabajo* questo vestito non è adatto per il lavoro; *está muy* ~ *en la fotografía* sta al naturale nella fotografia; *de* ~ apposta

proponer <*32* V. *poner*> **1.** *vt* proporre; **2.** *(fig)* *~se* aspirare *vi*; *fig* decidere di *vi*, avere l' intenzione di

proporci|ón *f* proporzione; *en* ~ in proporzione; **~onado** *adj* proporzionato; *bien/mal* ~ ben/mal proporzionato; **~onal** *adj* proporzionale; **~onar** *vt* proporzionare, adeguare; dare, fornire, somministrare

proposición *f ling* proposizione; *mat* teorema *m*, proposizione; proposizione, proposta

propósito *m* proposito, intenzione *f*; scopo, fine; *a* ~ adatto; apposta; *a* ~ *de* a proposito di; *¡A ~!* A proposito!; *de* ~ apposta, di proposito; *fuera de* ~ fuori di proposito, inopportuno

propuesta *f* proposta, proposizione

propugnar *vt* propugnare, sostenere, difendere

propuls|ar *vt* propulsare, spingere; **~ión** *f* propulsione; *fig* spinta, propulsione; ~ *a chorro, a reacción* propulsione a getto, a razzo; **~or** *adj/s* propulsore

prorrat|a *f* parte proporzionale; *a* ~ a parti proporzionali; **~ear** *vt* dividere in parti proporzionali; **~eo** *m* divisione in parti proporzionali *f*

prórroga *f* proroga, dilazione; *sport* tempi supplementari *mpl*

prorrog|able *adj* prorogabile; **~ar** <*prorrogué*> *vt* prorogare, rinviare, dilazionare

prorrumpir *vi* prorompere, scoppiare; ~ *en llantos* scoppiare a piangere

prosa *f* prosa; **~ico** *adj* prosaico

prosapia *f* prosapia, lignaggio *m*

proscenio *m teatro* proscenio

proscri|bir *vt* proscrivere, esiliare, bandire; **~pción** *f* proscrizione, bando *m*; **~(p)to** *adj/s* proscritto

prose|cución *f* prosecuzione, continuazione, proseguimento *m*; **~guir** < *12* V. *seguir*> *vt* proseguire, continuare

proselitis|mo *m* proselitismo; **~ta** *adj/s* proselitista

prosélit|o, -a *m/a* proselito, -a, seguace

prosodia *f ling* prosodia

prosódico *adj* prosodico

prosopopeya *f ling/fig* prosopopea

prosp|ección *f* prospezione; **~ecto** *m* prospetto *(a. med)*, programma

prosper|ar *vi* prosperare; prosperare, migliorare; **~idad** *f* prosperità, benessere *m*; augurio *m*

próspero *adj* prospero, fiorente, favorevole

próstata *f med* prostata

prostatitis *f med* prostatite

prostern|ación *f* prosternazione; **~arse** inchinarsi, prosternarsi

prostíbulo *m* bordello, casa di prostituzione *f*

prostit|ución *f* prostituzione; **~uir** *vt* prostituire; **~uta** *f* prostituta

protagon|ismo *m* protagonismo; **~ista** *m/f* protagonista; **~izar** <*protagonicé*> *vt* interpretare, recitare; essere il protagonista

prótasis *f ling* protasi

protecci|ón *f* protezione; difesa, aiuto *m*; ~ *de menores* protezione dell'infanzia abbandonata; ~ *civil* protezione civile; **~onismo** *m econ* protezionismo; **~onista** *adj/s* protezionista

protector *adj/s* protettore; **~ado** *m* protettorato

proteg|er <*protejo*> *vt* proteggere, difendere, aiutare (*de, contra* da contro); favorire, fomentare; **~ido** *adj/s* protetto, favorito

proteico *adj* proteico

proteína *f* proteina

prótesis *f* protesi *inv*

protésico 1. *adj* protesico; **2.** *m/f* odontotecnico

protest|a *f* protesta; **~ación** *f* protestazione, protesta; **~ante** *adj/s* protestante; **~antismo** *m eccl* protestantesimo; **~ar** *vi* protestare, reclamare; *com* protestare; dichiarare; **~o** *m com* protesto (di una cambiale)

proto|colario *adj* protocollare; **~colo** *m* protocollo

protón *m fis* protone; **~ico** *adj ling* protonico

proto|plasma *m* protoplasma; **~tipo** *m* prototipo, modello; **~zoo** *m* protozoo

protráctil *adj* protrattile

protuber|ancia *f* protuberanza; **~ante** *adj* protuberante, sporgente

provecho *m* profitto, vantaggio, beneficio; progresso; *¡buen ~!* Buon appetito!; *de* ~ utile; *en* ~ *de* in beneficio di; *en* ~ *propio* a vantaggio proprio; *sacar* ~ trarre profitto; **~so** *adj* utile, proficuo, vantaggioso

prove|edor *m* fornitore; **~eduría** *f* magazzino *m*; provveditorato *m*; **~er** *vt* provvedere *vi*; fornire, rifornire, procurare

provenir <*41* V. *venir*> *vi* provenire, procedere

Provenza *f geogr* Provenza; ***~l** *adj/m* provenzale
proverbi|al *adj* proverbiale; **~o** *m* proverbio, adagio, detto
provid|encia *f* provvidenza; *ius* provvedimento *m*; **~encial** *adj* provvidenziale; **~encialismo** *m* provvidenzialismo; **~enciar** *vt* provvedere (a) *vi*; **~ente** *adj* provvidente
próvido *adj* provvido
provincia *f* provincia; **~l** *adj/m* provinciale; **~lismo** *m* provincialismo; **~nismo** *m* provincialismo; **~no** *adj/s* provinciale (*a. desp*)
provis|ión *f* provvisione, provvista, vettovaglia; *ius* ordinanza; provvedimento *m*; **~ional, ~orio** *adj* provvisorio; **~to** *adj* provvisto
provoc|ación *f* provocazione; **~ador** *adj/s* provocatore; **~ar** <*provoqué*> *vt* provocare, istigare, incitare; promuovere, facilitare, invitare *vi*; **~ativo** *adj* provocativo
proxémica *f* prossemica
proxenet|a *m/f* prosseneta; **~ismo** *m* prossenetismo
proximidad *f* prossimità, vicinanza
próximo *adj* prossimo, vicino; prossimo (*tiempo*)
proyec|ción *f* proiezione; *mat* previsione; **~tar** *vt cient/cine* proiettare; ideare, progettare; **~til** *m* proiettile; **~tista** *m/s* progettista; **~to 1.** *m* progetto, piano, disegno; *~ de ley* proposta di legge; **2.** *adj* proiettato; **~tor** *m* proiettore
pruden|cia *f* prudenza, saggezza, senno *m*; **~cial** *adj* prudenziale; **~te** *adj* prudente, cauto; moderato
prueba *f* prova; *tip* bozza; *cine* provino *m*; *a ~* in prova; *a ~ de bombas* a prova di bomba; *en ~ de* come prova di; *~ de imprenta* bozza; *~ de alcoholemia* controllo di alcolemia; *poner a ~* mettere alla prova; *(ius) recibir a ~* ammettere le prove
prurito *m med/fig* prurito
Prusia *f geogr* Prussia; ***~no** *adj/s* prussiano
pseudo... pseudo...
psico|análisis *m/f* psicoanalisi *f*, psicanalisi *f*; **~analista** *adj/s* psicoanalista; **~analizar** <*psicoanalicé*> *vt* psicoanalizzare; **~délico** *adj* psichedelico; **~física** *f* psicofisica; **~logía** *f* psicologia; **~lógico** *adj* psicologico
psicólog|o, -a *m/f* psicologo, -a
psico|motor *adj* psicomotorio; **~motricidad** *f* psicomotricità
psicópata *m/f* psicopatico, -a
psico|sis *f* psicosi *inv*; **~terapia** *f* psicoterapia
psique, psiquis *f* 1. psiche; 2. *mit* *~ Psiche
psiquiatr|a *m/f* psichiatra; **~ía** *f* psichiatria
psiquiátrico 1. *adj* psichiatrico; **2.** *m* ospedale psichiatrico
psíquico *adj* psichico
psoriaris *f* psoriasi
pterodáctilo *m* pterodattilo
Ptolomeo *m* Tolomeo
púa *f* punta, spina, aculeo *m*; dente di pettine *m*; *mus* plettro *m*; *alambre de ~s* filo spinato; *(fam) ser una buena ~* essere un volpone; *saber cuántas ~s tiene un peine* saperla lunga
pub *m ingl* pub *inv*, bar *inv*
pub|ertad *f* pubertà; **~is** *m/inv med* pube *m*
public|ación *f* pubblicazione; **~ar** <*publiqué*> *vt* pubblicare; **~idad** *f* pubblicità, réclame *fr/inv*; *~ engañosa* pubblicità ingannevole; *dar ~ a algo* fare pubblicità a qc; **~ista** *m/f* pubblicista; **~itario** *adj/m* pubblicitario
público 1. *adj* pubblico, notorio, manifesto; *la opinión ~a* l'opinione pubblica; *salud ~a* salute pubblica; **2.** *m* pubblico; *en ~* in pubblico
pucher|azo *m pol* broglio elettorale; **~o** *m* pentola *f*; *gastr* ="brodo spagnolo" (V. *cocido*); *fig/fam* il mangiare; *hacer ~s* accennare a piangere; *(fam) ~ de enfermo* zuppa spirituale
pucho *m am* cicca *f*, mozzicone; *no valer un ~* non valere una cicca; *sobre el ~* subito; *a ~s* a spizzico
puchuela *f Ecu* bazzecola
pudding *m ingl* budino
pudel|ación *f metal* puddellaggio *m*, puddellazione; **~ar** *vt metal* puddellare
pudendo *adj* pudendo, indecente
pudi|bundez *f* pudicizia, pudore affettato *m*; **~bundo** *adj* pudibondo; **~cia** *f* pudore *m*
púdico *adj* pudico, casto
pudiente *adj/s* potente, ricco, agiato
pudin *m* budino
pudor *m* pudore; **~oso** *adj* pudibondo, pudico
pudri|ción *f* putrefazione; **~dero** *m* mondezzaio; camera mortuaria *f* (del cimitero, di unacattedrale); **~miento** *m* putrefazione *f*; **~r** <*podrido*> *vt* imputridire, marcire, corrompere; *¡que te pudras!* Crepa!
puebl|erino, -a *m/f* (*a. desp*) contadinotto, -a; **~o** *m* 1. paese (*lugar*); 2. popolo (*gente*); *gente del ~* popolino; *~ de mala muerte* paesaccio
puente *m* ponte; *fig* collegamento; *~ colgante, levadizo, giratorio, aéreo,...*ponte pensile/sospeso, levatoio, girevole, aereo,...; *cabeza de ~* testa di ponte; *(fig) hacer ~* fare il ponte; *tender un ~* gettare un ponte
puerco *adj/m zool/fig* porco, maiale; *~ montés/salvaje* cinghiale/porco selvatico
puercoespín *m* porcospino
pueri|cultor, -ra *m/f* puericultore, -ra; **~cultura** *f* puericultura; **~l** *adj* puerile, infantile; **~lidad** *f* puerilità, ingenuità; sciocchezza
puérpera *f* puerpera
puerper|al *adj* puerperale; **~io** *m* puerperio
puerro *m bot* porro
puerta *f* porta; uscio *m*; *~ trasera, de servicio* porta di servizio; *~ corrediza* porta scorrevole; *(fig) a las ~s* alle porte; *(ius) a ~ cerrada* a porte chiuse; *en ~s* alle porte, sul punto di; *(fig) abrir la ~ a algo* aprire le

porte a qc; *(fig) cerrarse (alg) las ~s* chiudersi (q) da solo le porte; *coger la ~* prendere la porta; *dar con la ~ en las narices a alg* sbattere/chiudere la porta in faccia a q; *(fig) echar las ~s abajo* sfondare la porta; *enseñar la ~ a alg* indicare la porta a q; *ir de ~ en ~* andare di porta in porta; *llamar a la ~ de alg* battere alla porta di q; *poner a alg en la ~* mettere q alla porta

puerto *m mar/fig* porto; passo, varco, gola *f*; *~ franco* porto franco; *~ de escala, de matrícula* porto di scalo, d'immatricolazione; *(fig) llegar a ~* giungere in porto; *(fig) naufragar en el ~* fare naufragio in porto; *tomar ~* approdare

Puerto Rico *m geogr* Portorico

puertorriqueño *adj/s* portoricano

pues *conj/adv* giacché, poiché; dunque, quindi; ebbene, allora, bene; e così; *sufre la pena, ~ cometiste la culpa* sopporta il castigo giacché commettesti la colpa; *¡~ se salió con la suya!* Dunque, ha ottenuto ciò che voleva!; *¿No quieres oír mis consejos? ~ llorarás algún día* Non vuoi ascoltare i miei consigli? Ebbene/allora un giorno piangerai!; *~ bien* allora bene; *¿~ cómo?* Come mai?; *~ sí* ebbene sì; *~, como iba diciendo* e così, come stavo dicendo

puesta *f* posta (*juego*); *zool* covata; *la ~ del sol* il tramonto; *~ en escena* messa in scena; *~ en marcha* messa in moto, in marcia; *~ de largo* entrata in società

puesto 1. *m* posto; luogo; *~ de mando, de control, de honor,...* posto di comando, di controllo, d'onore,...; *un ~ de verduras* un banco di verdura (*mercado*); *estar en su ~* stare al proprio posto; **2.** *adj* posto; aggiustato; *lo ~* ciò che si indossa; **3.** *(conj) ~ que* posto che, giacché, poiché

puf 1. *m* pouf *fr/inv*, puf *inv*; **2.** *excl ¡~!* puf!

púgil *m* pugile

pugil|ato *m* pugilato, boxe *f*; **~ismo** *m* pugilato; **~ista** *m* pugile

pugna *f* pugna, lotta; *estar en ~* essere in pugna/in opposizione; **~r** *vi* lottare, combattere, pugnare; *~ por* sforzarsi, dibattersi

puja *f* 1. spinta, sforzo *m*; 2. *com* offerta (*subasta, contrata*); *sacar de la ~ a alg* superare q; **~nte** *adj* possente, esuberante, rigoglioso, vigoroso, robusto; **~nza** *f* forza, potenza, vigore *m*, possanza *lit/ant*; **~r 1.** *vt* spingere, sforzare; offrire, aumentare il prezzo *vi*; **2.** *vi* sforzarsi

pulcr|itud *f* bellezza; cura, diligenza, correttezza, eleganza; **~o** *adj* pulcro *lit*, bello, pulito

pulga *f zool* pulce; trottolina; *~ de agua* pulce d'acqua; *buscarle las ~s a alg* cercare le pulci a q; *poner/echar a alg la ~ detrás de la oreja* mettere una pulce nell'orecchio di q; *estar de malas ~s* essere di cattivo umore; *sacudirse las ~s* togliersi d'addosso le responsabilità; *tener malas ~s* avere un cattivo carattere; essere permaloso; *tener ~s* avere il diavolo addosso

pulgada *f* pollice *m*

pulgar *adj/m* pollice; alluce (*pie*); *por sus ~es* con le proprie mani; **~cito** *m lit* pollicino

pulgón *m zool* gorgoglione, pidocchio delle piante, afide

puli|do 1. *adj* bello, grazioso; **2.** *m* lucidatura *f*, pulimentazione *f*; **~dor, -ra** *m/f* lucidatore, -trice; **~mentar** *vt* pulimentare, levigare; brunire; **~mento** *m* pulimento, levigatura *f*; **~r** *vt tec* lucidare, levigare, pulimentare; rifinire, perfezionare; *fig* dirozzare, educare

pulla *f* parolaccia, insulto *m*; battuta mordace

pullés *adj/s* pugliese, della Puglia

pulm|ón *m med* polmone; **~onar** *adj* polmonare; **~onía** *f med* polmonite

pulpa *f* polpa; *~ dentaria* polpa dentaria

púlpito *m* pulpito

pulpo *m zool* polpo, polipo; **~so** *adj* polposo, polputo

pulque *m am* liquore di agave

puls|ación *f* pulsazione, battito *m*; **~ador 1.** *adj/m* pulsante; **2.** *m elec* bottone; **~ar 1.** *vt mus* pulsare; *fig* saggiare, scandagliare, sondare; **2.** *vi* palpitare, battere; **~átil** *adj* pulsatile

pulsera *f* braccialetto *m*; *med* benda da polso

pulsión *f psic* pulsione

pulso *m* polso, pulsazione *f*; *fig* prudenza *f*, cautela *f*; *pol* braccio di ferro; *a ~* a forza di mano; con molti sforzi; *de ~* di polso; *echar un ~* fare a braccio di ferro; *levantar a ~* alzare di peso; *tomar el ~* tastare il polso

pulular *vi* pullulare, abbondare

pulver|ización *f* polverizzazione; **~izador** *m tec* polverizzatore; spruzzatore, vaporizzatore, inalatore; **~izar** <*pulvericé*> *vt tec* polverizzare; spruzzare, nebulizzare; **~ulento** *adj* polverulento

puma *m zool* puma

puna *f geogr* altipiano andino *m*; mal di montagna *m*

punción *f med* puntura, incisione

pundonor *m* punto d'onore, amor proprio

puni|ble *adj* punibile; **~ción** *f* punizione, castigo *m*; **~tivo** *adj* punitivo

punta *f* punta; estremità, capo *m*; punta, pizzico *m*; punta (*caza*); *perro de ~* cane da punta; *a ~ de pistola* a forza di pistola; *(pop) a ~ pala* in gran quantità, a mucchi; *de ~* di punta; arrabbiato; *de ~ en blanco* di tutto punto; *de ~ a ~* da una punta all'altra; *(tec) ~ seca* punta secca; *tecnología de ~* tecnologia d'avanguardia; *velocidad ~* velocità massima; *acabar en ~* finire male; *estar hasta la ~ de los pelos* averne fin sopra i capelli; *horas ~* ore di punta; *sacar ~ a algo* trarne profitto; *tener algo en la ~ de la lengua* avere qc sulla punta della lingua

puntada *f* punto di cucito *m*; *dar unas ~s* mettere quattro punti

puntal *m arch* puntello; *fig* sostegno, appoggio; *am* spuntino; *mar* puntale

puntapié *m* calcio, pedata *f*

punte|ado *adj* punteggiato; *mus* pizzicato; **~ar** *vt* punteggiare; *mus* pizzicare; *mar* orzare; **~o** *m mus* il pizzicato

punter|a *f* punta delle calze; rammendo (delle punte delle calze) *m*; mascherina (*zapato*); **~ía** *f* mira, punteria; *tener buena ~* avere buona mira; **~o** *m* bacchetta *f*; lancetta dell'orologio *f*; *tec* punzone, scalpello
puntiagudo *adj* appuntito, aguzzo, acuminato
puntill|a *f* merletto *m*, pizzo *m*, trina; pugnale *m*; *dar la ~* dare il colpo di grazia; *de ~s* in punta di piedi; **~ismo** *m art* puntillismo; **~o** *m* puntiglio, picca *f*; *mus* punto; **~oso** *adj* puntiglioso
punto *m* punto; maglia *f*; *~ de apoyo* punto d'appoggio; *~ culminante, crítico, débil* punto culminante, crítico, debole; *~ de cruz, de ojal, de cadeneta* punto a croce, occhiello, a catenella; *~ muerto, nero* punto morto, nero; *~ de referencia, de vista* punto di riferimento, di vista; *~ de congelación, de ebullición, de fusión* punto di gelo, di ebollizione, di fusione; *~ de interrogación, de exclamación* punto interrogativo, esclamativo; *~ y seguido* Punto. Di seguito; *~ y aparte* punto e a capo; *~ y coma* punto e virgola; *~ por ~* punto per punto; *~s suspensivos* punti sospensivi/di sospensione; *a ~* preparato; *a ~ de* sul punto di; *de todo ~* assolutamente; *dos ~s* due punti; *(auto) en ~ muerto* a folle; *en ~* in punto; *hasta cierto ~* fino a un certo punto; *¡~ en boca!* Acqua in bocca!; *arco de medio ~* arco a tutto sesto; *géneros de ~* articoli a maglia; *dar en el ~* indovinare; *estar en su ~* essere al dente; nella giusta cottura; *hacer ~* lavorare a maglia; *ir por ~s* andare con ordine; *llegar a ~* arrivare nel momento giusto; *poner los ~s sobre las íes* mettere i puntini sulle i
puntua|ble *adj* valevole; **~ción** *f ling* punteggiatura, interpunzione; punteggio *m*
puntual *adj* puntuale; **~idad** *f* puntualità; **~ización** *f* puntualizzazione; **~izar** <*puntualicé*> *vt* puntualizzare, specificare
puntuar *vt* fare il punteggio (di)*vi*
puntura 1. *f* puntura; 2. *fpl tip* punte
punz|ada *f* fitta, trafitta, puntura; **~ante** *adj* acuto, pungente; **~ar** <*puncé*> *vt* ferire di punta, pungere; **~ón** *m* punzone, punteruolo; **~onar** *vt tec* punzonare
puñ|ada *f* pugno *m*, cazzotto *m*; **~ado** *m* pugno, manata *f*; *a ~s* a bizzeffe
puñal *m* pugnale, stiletto; **~ada** *f* pugnalata; *~ trapera* pugnalata a tradimento; *coser a ~s* uccidere a pugnalate
puñet|a *f fig* fastidio *m*; *vulg* sega; *ant* polso di manica *m* (*toga*); *(pop) hacer la ~a alg* sfottere q; *mandar a hacer ~s* mandare a farsi friggere; *¡~(s)!* Cavolo!; *¡qué (amigo), ni qué ~!* Che amico d'Egitto!, Che cavolo di (amico)!; **~azo** *m* cazzotto, pugno; **~ería** *f pop* sfottimento *m*; cattiveria *est*; **~ero** *adj* maledetto, cattivo; *no hacer ni ~ caso* non dar retta, fregarsene
puño *m* pugno; polsino (*camisas*...); manico, impugnatura *f*; *fig* forza *f*, valore; *fig* pugno, manata *f*; *a ~ cerrado* a pugni; *una verdad como un ~* una verità grande come un pugno; *de su ~ y letra* di proprio pugno, di propria mano; *comerse los ~s* mangiarsi le mani; *meter/tener en un ~ a alg* tenere q in pugno
pupa *f* pustola; *infan* bua, male *m*; *zool* pupa; *hacer ~* fare la bua, fare male
pupil|a *f* pupilla; **~aje** *m* condizione di pupillo *f*; minorità *f*; **~ar** *adj med/ius* pupillare; **~o** *m* pupillo; protetto
pupitre *m* banco di scuola; scrittoio
puramente *adv* semplicemente; *ius* incondizionatamente
purasangre *m* purosangue
puré *m* purè, passato; *estar hecho ~* essere distrutto
pureza *f* purezza; integrità, castità
purg|a *f* purga, purgante *m*; *pol* purga; *la ~ de Benito*... il balsamo della Maddalena; **~ación** *f* purgazione; *med* scolo *m*, blenorragia; **~ante** *adj/m* purgante; **~ar** <*purgué*> *vt med/fig* purgare; purificare; *fig* espiare; **~ativo** *adj* purgativo; **~atorio** *adj/m* purgatorio; *las penas del* *~ le pene del Purgatorio
puridad *f* purità, purezza; *en ~* chiaro e tondo
purific|ación *f* purificazione; **~ador 1.** *adj* purificatore; **2.** *m eccl* purificatoio; *tec* depuratore; **~ar** <*purifiqué*> *vt* purificare; *ius* liberare
Purísima *f eccl* Purissima Immacolata Concezione
puris|mo *m* purismo; **~ta** *adj/s* purista
puritan|ismo *m* puritanesimo, puritanismo; **~o** *adj/s* puritano
puro 1. *adj* puro; corretto, limpido; casto; *fig* semplice, solo; *de ~ gusto* solo per capriccio; **2.** *m* sigaro; *fig* pasticcio, imbroglio; *a ~* a forza di; *(pop) meter un ~* fare una lavata di testa
púrpura *f* porpora
purpur|ado *adj* porporato, cardinale; **~ina** *f* porporina; **~ino, purpúreo** *adj* porporino, purpureo
purrela *f* vino scadente *m*
purul|encia *f med* purulenza; **~ento** *adj* purulento
pus *m med* pus
pusil|ánime *adj/s* pusillanime, vigliacco, vile; **~animidad** *f* pusillanimità, vigliaccheria, viltà
pústula *f med* pustola
pustuloso *adj* pustoloso
puta *f* puttana, mignotta; *(vulg) hijo de ~* figlio di puttana/mignotta; **~da** *f vulg* carognata *pop*, brutto tiro *m/est*; **~ñero** *adj/m* puttaniere
putativo *adj* putativo
pute|ar 1. *vi* andare con puttane; **2.** *vt pop* parlare male (di) *vi*, fare male (a) *vi*, danneggiare; *am* insultare; **~río** *m* casino; **~ro** *adj/m* puttaniere
puticlub *m vulg/iron* locale equivoco
puto 1. *adj/vulg* misero, maledetto; scemo; *estar de ~a madre* stare benissimo; *me quedé en la ~a calle* restai per la (maledetta) strada; *no tener ni ~a idea* non avere neanche la minima idea; *pasar-*

las ~*as* passarla molto male; **2.** *m* sodomita; prostituto
putre|facción *f* putrefazione; ~**facto** *adj* putrefatto, corrotto; ~**scente** *adj* putrescente

pútrido *adj* putrido, corrotto, guasto
puya *f* punta di ferro, pungolo *m*; *fig* frecciata mordace; ~**zo** *m* colpo di pungolo
puzolana *f* pozzolana
puzzle *m* puzzle *inv/ingl*

Q

quantum *m fis* quanto

quark *m fis* quark

quasar *m astr* quasar

que 1. *pr* che; il quale; cui; chi; quanto; colui che, colei che; *el ~, la ~* chi; *lo ~* il che; *el ~ más, el ~ menos* chi più, chi meno; *lo ~ me gusta* ciò/quello che mi piace; *el día ~ llegaste* il giorno in cui arrivasti; *el escritor al ~ me refiero* lo scrittore a cui mi riferisco; *el tema del ~ hablo* il tema di cui parlo; *la razón por la ~...* la ragione per cui...; **2.** *conj* che; *quiero ~ vengas* voglio che (tu) venga; *a menos ~* a meno che; *Pedro es mejor ~ tú* Pietro è migliore di te; *es mejor reír ~ llorar* è meglio ridere che piangere; *~ venga pronto* che venga presto; *corre ~ vuela* corre che sembra che voli; *decir ~ sí/no* dire di sì/no; *por guapo ~ sea* per quanto sia bello, per bello che sia

qué *m/pr* che; come; quanto; perché; *no hay de ~* non c'è di che; *¿~ buscas?* che (cosa) cerchi?; *¡~ mal lo hiciste!* Come l'hai fatto male!; *¿~ tal estás?* Come stai?; *¿~, no tengo razón?* Perché, non ho ragione?; *¡~ de libros!* Quanti libri!; *¿para ~?* perché?, a quale scopo?; *¿Y ~?* E con ciò/questo?

quebrada *f* gola, passo *m*; *am* ruscello *m*

quebradero: ~ de cabeza *m* rompicapo, fastidio

quebrad|izo *adj* fragile; **~o 1.** *adj* frastagliato, irregolare (*terreno*); frollo (*pasta*); *com* fallito; *lit* tronco; **2.** *m mat* frazione *f*; **~ura** *f* rottura, frattura; spaccatura

quebraja *f* crepa, fessura

quebrantahuesos *m/inv zool* avvoltoio degli agnelli *m*, gipeto *m*; *fig* rompiscatole *inv*

quebrant|amiento *m* rottura *f*, frattura *f*; *ius* infrazione *f*, violazione *f*; **~ar** *vt* spezzare, rompere, spaccare; *ius* violare, trasgredire, infrangere; *ius* annullare; forzare (*prisión*); **~o** *m* rottura *f*; *fig* abbattimento, debilità *f*; rovina *f*, perdita *f*; strazio, tormento

quebrar *<5a quiebro>* **1.** *vt* rompere, spezzare, spaccare; interrompere; **2.** *vi* rompere le relazioni; *com* fallire; **3.** *~se* prodursi un'ernia

quech|ua *adj/s* quechua; **~uismo** *m* voce della lingua *quechua f*

queda *f* coprifuoco *m*; *toque de ~* segnale di coprifuoco

quedar 1. *vi* restare, rimanere; restare d'accordo, convenire; andar bene; fissare un appuntamento; *¿en qué quedamos?* come restiamo?; (Che) cosa decidiamo?; *~ mal/bien* fare brutta/bella figura; *~ mal con alg* restare male con q; *no ~ a deber* non dovere nulla; *no ~ otro remedio* non restare altro da fare; *(fig) ~ limpio* restare in bolletta/pulito; **2.** *~se a oscuras* restare al buio; *(pop) ~se con alg* prenderlo in giro; *~se frío* rimanere allibito; *~se tieso* restare gelato; *~se con la boca abierta* restare a bocca aperta; *~se en blanco* rimanere in bianco; *me quedo con estos zapatos* prendo queste scarpe

quedo 1. *adv* sottovoce; adagio; **2.** *adj/raro* quieto, tranquillo, calmo

quehaceres *mpl* faccende *fpl*, occupazioni *fpl*, lavori; *~ domésticos* faccende domestiche

quej|a *f* lamento *m*, lagnanza; *tener ~ de alg* lagnarsi di q; *ius* querela; **~arse** lamentarsi, lagnarsi (*de* di); *ius* querelare *vt*; **~ica, ~icoso 1.** *adj/s* piagnone, piagnucolone; **2.** *m/f* lagna *f*; **~ido** *m* gemito, lamento, lagno; **~igal** *m bot* querceto; *bot* rovereto; **~igo** *m bot* quercia *f*; *bot* rovere; **~oso** *adj* scontento; **~umbroso** *adj* piagnucoloso

quema *f* incendio *m*; bruciamento *m*; rogo *m*; *huir de la ~* sfuggire il pericolo; **~do** *m* 1. bruciaticcio; *gergo* negro; *oler a ~* sapere di bruciaticcio; 2. bruciatura *f*; **~dura** *f* scottatura, bruciatura; **~r 1.** *vt* bruciare, ardere; **2.** *vi* scottare; *fig* distruggere *vt*; **3.** *~se* bruciare *vi*, ardere *vi*; scottarsi, bruciarsi; *¡Qué te quemas!* Fuoco!

quemarropa: a ~ *adv* a bruciapelo

quemazón *f* bruciatura; arsura, calura; bruciore *m*; *min* metallo affiorato *m*; *am* svendita

quepis *m* chepì, cheppì

querella *f ius* querela; questione; **~rse** *ius* querelare *vt*, sporgere/proporre querela *vi*

querencia *f* affetto *m*, inclinazione; nido *m*, tana

querer *<33 quiero; quise; querré>* **1.** *vt* 1. volere, desiderare; 2. voler bene (*a*) *vi*, amare; *como quiera que* comunque sia; *cuando quiera que (venga)* in qualunque momento (venga); *do/donde quiera que va* dovunque vada; *¡por lo que más quiera!* per l'amor di Dio!; *¿Qué más quieres?* Che vuoi di più?; *¡Qué quieres que le haga!* Che vuoi che faccia!; *~ es poder* volere è potere; *queriendo* apposta; *quien quiera que sea* chiunque sia; *quiera que sí, quieras que no* vuoi o non vuoi, volente o nolente; *sin ~* senza volere; *te quiero mucho* ti voglio molto bene, ti amo; **2.** *m* amore, affetto

querid|a, -o *f/m* amante

queroseno *m chim* cherosene

querubín *m* cherubino

ques|era *f* formaggiera; portaformaggi *m/inv*; caciaia (*lugar*); **~ería** *f* negozio del formaggiaio *m*; caseificio *m*; **~o** *m* formaggio, cacio; *fig* piede; *~ rallado* formaggio grattugiato; *dársela a alg con ~* darla a bere a q, ingannare q, farla a q

quevedos *mpl ant* occhiali a lente rotonda

¡quia! *excl* bah!

quicio *m* cerniera *f* (*puerta, ventana*); *(fig) fuera de ~* fuori senno; squilibrato; *(fig) sacar de ~* fare uscire dai gangheri

quid *m* nocciolo, essenza *f*

quiebr|a *f com* fallimento *m*; rottura, fenditura, spaccatura; pericolo *m*, incerto *m*; **~o** *m* scarto; *mus* mordente

quien *<pl quienes>* *pr* chi *inv*; che *inv*, quale, cui *inv*; *vi a tu hermano, ~ me dijo*

ho visto tuo fratello che mi ha detto; ...*tu hermano, a ~ no había visto*...tuo fratello che non avevo visto...; *la chica de ~ te hablé* la ragazza di cui ti ho parlato; *como ~* come chi; *~ más, ~ menos* chi più, chi meno; *las personas a ~es has saludado* le persone che hai salutato; *~es quieran salir* chi vuole uscire...; *~es vivimos* noi che viviamo; chi vive
quién <*pl quiénes*> *pr* chi *inv*; *¿~ha venido?* Chi è venuto?; *¿Quiénes son aquellos hombres?* Chi sono quegli uomini?; *no sé ~ es* non so chi è/sia
quienquiera *pr* chiunque, chicchessia
quiet|o *adj* quieto, tranquillo, calmo, pacifico; *estate ~* sta' fermo; *~***ud** *f* quiete, tranquillità, calma; immobilità
quijada *f zool* mascella; *tec* ganascia
quijotada *f* chisciottata
Quijot|e *m* Chisciotte; ***~esco** *adj* chisciottesco; ***~ismo** *m* chisciottismo
quilate *m* carato
quilificación *f med* chilificazione, chilosi
quilla *f mar* chiglia
quil|o *m med* chilo; chilo, chilogrammo; *sudar el ~* sudare sette camicie; *~***ogramo** *m* chilogrammo; *~***ométrico** *adj* chilometrico; *~***ómetro** *m* chilometro; *~***ovatio** *m* chilowatt *inv*
quim|era *f* chimera; idea; *~***érico** *adj* chimerico, illusorio
químic|a *f* chimica; *~***o** *adj/s* chimico
quimioter|apia *f* chemioterapia; *~***ápico** *adj* chemioterapico
quimo *m med* chimo
quimono *m* chimono
quina *f med* china; cinquina; *tragar ~* inghiottire amaro
quinario *adj/m* quinario
quincall|a, *~***ería** *f* chincaglieria, chincaglie *fpl*; *~***ero** *m* chincagliere
quince *adj/m* quindici; *ord* quindicesimo; *~***na** *f* quindicina; *mus* quintadecima; *~***nal** *adj* quindicinale
quincuag|enario *adj/s* quinquagenario; cinquantenne; *~***ésimo** *adj* quinquagesimo
quindenio *m* quindicennio
quiniel|a *f* schedina del totocalcio; totocalcio *m*; *~***ista** *m/f* giocatore, -trice di totocalcio
quinientos *adj/m* cinquecento
quinina *f* chinina, chinino *m*
quinqué *m* lume a petrolio
quinquen|al *adj* quinquennale; *~***io** *m* quinquennio
quinqui *m* delinquente
quinta *f* villa di campagna; *mil* sorteggio *m*, leva; *mus/teatro* quinta; *entrar en ~s* fare il servizio militare; *ser de la misma ~* essere della stessa età
quinta|columnista *m/f* affiliato, -a alla quinta colonna; *~***esencia** *f* quintessenza
quintal *m* quintale
quintero *m* colono, mezzadro
quinteto *m mus/fig* quintetto
quintill|a *f lit* strofa di cinque versi; *~***izos** *adj* gemelli di parto quintuplice
quinto 1. *adj/m* quinto; **2.** *m mil* recluta *f*; *am/mus* ="piccola chitarra"
quintuplicar *vt* quintuplicare
quíntuplo *adj/m* quintuplo
quios|co *m* chiosco, edicola *f*; *~***quero, -a** *m/f* giornalaio, -a
quirófano *m* sala operatoria *f*
quirom|ancia *f* chiromanzia; *~***ántico, -a** *m/f* chiromante
quirópteros *mpl zool* chirotteri
quirúrgico *adj* chirurgico
quisque: cada ~ ciascuno; **todo ~** chiunque
quisquilla *f* quisquilia, minuzia; *zool* gamberetto *m*
quisquilloso *adj* permaloso; meticoloso
quiste *m med* cisti *f*
quístico *adj* cistico
quita|esmalte(s) *m* acetone; *~***manchas** *m* smacchiatore; *~***nieves** *m* spartineve, spazzaneve; *~***pón** *m* pennacchio; *de ~* da levare e mettere
quitar 1. *vt* togliere, levare, cavare; rubare; impedire, escludere, togliere; derogare (*ley*); *no quita lo cortés a lo valiente* una cosa non toglie/non esclude l'altra; *de quita y pon* da levare e mettere; *¡Quita (de ahí)!* Togliti da qui!; *quitando* salvo; *~ de delante* togliere di mezzo; *~ el polvo* spolverare; *no ~ ojo* non perdere di vista; **2.** *~se* togliersi; *se me quitó un peso de encima* togliersi un peso d'addosso
quitasol *m* parasole, ombrellino
quite *m* liberazione *f*; parata *f* (*esgrima*); *taur* scarto, mossa *f*; *estar al ~* stare all'erta
quiteño *adj/s* (persona) di Quito
quizá(s) *adv* forse, chissà; *~ llueva* forse piove, pioverà
quórum *m* quorum

R

raba *f* esca di uova di merluzzo
rabadán *m* capo di pastori
rabadilla *f med* coccige *m*
rabani|llo, ~to *m bot* ravanello
rábano *m bot* ravanello; *no importar un ~* non importare un fico secco; *popb ¡Un ~!* Un cavolo!
rabi|a *f med* rabbia, idrofobia; rabbia, ira, collera; *dar ~* far arrabbiare; *tener ~ a alg* odiare q; **~ar** *vi* ardere di voglia; morire di dolore; adirarsi, arrabbiarsi; *a ~* da morire; *hacer ~* fare arrabbiare; *para que rabies* per farti crepare; **~eta** *f* capriccio *m*, dispetto *m*, broncio *m*
rabillo *m* codino; *bot* picciolo (*hojas*), peduncolo (*flores*); *mirar con el ~ del ojo* guardare con la coda dell'occhio
rabino *m* rabbino
rabioso *adj* rabbioso, idrofobo; rabbioso, collerico, violento
rabisalsera *adj* (donna) disinvolta, spiritosa
rabo *m* 1. *med/fig* coda *f*; *ir con el ~ entre piernas* andarsene con la coda tra le gambe; 2. *bot* picciolo, peduncolo; 3. *vulg* cazzo, uccello *euf*, pisello *euf*
rabón *adj* scodato; *hacer ~ona* marinare la scuola
rácano *adj/s fam* tirchio, avaro; scansafatiche
rach|a *f meteo/fig* raffica; *buena ~* colpo di fortuna; *mala ~* brutto periodo; **~eado** *adj* a raffiche
racial *adj* razziale
racimo *m* grappolo, raspo (*uva*); racimolo (*ciruelas, guindas*...)
raciocin|ar *vi* raziocinare; **~io** *m* raziocinio; ragionamento
ración *f* razione, porzione
racional *adj/m* razionale; **~idad** *f* razionalità; **~ismo** *m fil* razionalismo; **~ista** *adj* razionalista; **~ización** *f* razionalizzazione; **~izar** <*racionalicé*> *vt* razionalizzare
raciona|miento *m* razionamento; **~r** *vt* razionare
racis|mo *m* razzismo; **~ta** *adj/s* razzista
racor, rácor *m tec* accordo, giunto
rad *m fis* rad *inv*; **~a** *f* rada
radar, rádar *m* radar *inv*; **~arista** *m/f* radarista
radia|ción *f* radiazione; **~ctividad** *f* radioattività; **~ctivo** *adj* radioattivo; **~do** *adj* radiato; **~dor** *m tec/elec* radiatore; termosifone (*calefacción de gas y gasóleo*); **~l** *adj* radiale; **~nte** *adj* radiante; *fig* raggiante, splendente; **~r 1.** *vi/vt cient* irradiare, radiare; **2.** *vt radio* radiotrasmettere; *am* radiare, cancellare
radicación *f* radicamento *m*, *bot* radicazione
radical *adj/m* radicale; **~ismo** *m pol* radicalismo; **~ización** *f* radicalizzazione; **~izar** <*radicalicé*> *vt* radicalizzare
radicando *m mat* radicando
radicar <*radiqué*> *vi bot* radicare, attecchire; essere domiciliato; radicare, trovarsi
radio 1. *f med/elec/chim* radio; 2. *m mat/fig* raggio; *~ de acción* raggio d'azione
radio|aficionado, -a *m/f* radioamatore, -trice; **~astronomía** *f* radioastronomia; **~casete** *m* radioregistratore; **~despertador** *m* radiosveglia *f*; **~diagnóstico** *m* diagnosi radiologica *f*; **~difusión** *f* radiodiffusione; **~difusor** *adj* radiodiffusore; **~emisora** *f* stazione radioemittente; **~escucha** *m/f* radioascoltatore, -trice; **~fónico** *adj* radiofonico; **~goniometría** *f* radiogoniometria; **~grafía** *f* radiografia; **~grafiar** <*2 radiografío*> *vt* radiografare; **~grama** *m* radiogramma; **~logía** *f* radiologia
radió|logo, -a *m/f* radiologo, -a; **~metro** *m* radiometro
radio|rreceptor *m* radioricevitore; **~scopia** *f* radioscopia; **~so** *adj* radioso; **~telefonía** *f* radiotelefonia; **~teléfono** *m* radiotelefono; **~telegrafista** *m/f* radiotelegrafista; **~televisión** *f* radiotelevisione; **~televisivo** *adj* radiotelevisivo; **~terapia** *f* radioterapia; **~transmisor** *m* radiotrasmittente; **~yente** *m/f* radioutente, radioascoltatore, -trice
radón *m chim* radon
rae|dera *f tec* rasiera; raschietto *m*; **~r** <*19 raigo*> *vt* radere; raschiare
ráfaga *f* raffica, folata; *mil* raffica
rafia *f* raffia
raglán *adj* raglan
ragú, ragout *m* stufato di carne
raid *m* raid *inv*, incursione *f*
raído *adj* logoro, frusto
raigambre *f bot/fig* radici *fpl*
rail, raíl *m* rotaia *f*
raíz <*pl raíces*> *f* radice; *~ cuadrada, cúbica* radice quadrata, cubica; *a ~ de* a partire da; *de ~* radicalmente; *arrancar de ~* strappare dalla radice; *echar ~s* mettere radici
raja *f* fessura, fenditura; fetta (*fruta, queso*); *ant* panno *m*; *sacar ~* trarre profitto
rajá *m* ragià*inv*
raja|do *adj/s* fifone, vigliacco; **~dura** *f* crepa, scheggiatura, fessura; **~r 1.** *vt* spaccare, fendere; *gergo* ferire con arma bianca; **2.** *~se* fare marcia indietro *vi*; squagliarsela
rajatabla: a ~ *adv* rigorosamente
ralea *f* specie, razza; *gente de baja ~* gente di basso rango; predilezione (*caza*)
ralent|í *m* rallentatore; *al ~* al rallentatore; **~izar** <*ralenticé*> *vt* rallentare
raleza *f* radezza
rall|ador *m* grattugia *f*; **~adura** *f* cosa grattuggiata, grattatura; **~ar** *vt* grattuggiare
rally(e) *m ingl* rally *inv*
ralo *adj* rado; tenue
rama *f* ramo *m*; ramoscello *m*, fronda; *stud* branca, indirizzo *m*, specialità; *tras* diramazione, ramo *m*; *fig* diramazione; *com* ramo *m*; *tip* telaio *m*; *andarse/irse por las ~s* divagare; *en ~* in greggio, al naturale
ramadán *m* ramadan
rama|je *m* frascame, fronde *fpl*, frasche *fpl*; *(agr) de ~* per talea; **~l** *m* ramo, dira-

mazione *f*, derivazione *f*; rampa *f* (*escalera*); *zool* corda di cavezza *f*; **~lazo** *m fig* attacco; *fig* ramo; colpo di fune; *~ de locura* momento/attacco di pazzia
rambla *f* alveo di acqua piovana *m*; corso *m*, viale *m*
ramera *f* prostituta
ramific|ación *f* ramificazione, diramazione; **~arse** <*ramifiqué*> *vt* ramificarsi, biforcarsi; diffondersi
ramillete *m* mazzolino; *fig* insieme, complesso
ramo *m* ramo; mazzo di fiori; attacco, principio; *adm* settore, branca *f*, ramo; *Domingo de * ~s* Domenica delle Palme
rampa *f med* crampo *m*; rampa; *~ de lanzamiento* rampa di lancio; **~nte** *adj/m arch/fig* rampante
rampl|ón *adj* grossolano, rozzo; **~onería** *f* grossolanità, rozzezza
rana *f zool* rana; ="gioco infantile" *m*; *hombre ~* uomo rana, sommozzatore; *~ saltona/saltarina* rana saltatrice; *salir ~* defraudare; **~cuajo** *m* girino
ranch|era *f mus am* ="canzone tipica popolare"; **~ería** *f* insieme di capanne *m*; accampamento *m*; *am* insieme di *rancho m*; **~ero** *m* padrone di un *rancho*; **~o** *m am* rancho; *gastr* rancio; crocchio/gruppo di persone; *hacer/formar ~ aparte* far compagnia a parte
ranci|edad *f* rancidità; **~o 1.** *adj* rancido (*grasas*); vecchio (*vino*); antico; **2.** *m* lardo rancido, grasso
rango *m* classe *f*; *am* pompa *f*; *am* alta società *f*
ranking *m* ranking, classifica *f*, categoria *f*
ranúnculo *m bot* ranuncolo
ranura *f* scanalatura
rapacidad *f* rapacità
rapa|polvo *m* sgridata *f*, ramanzina *f*, rimprovero; **~r** *vt* radere (*barba*); rapare (*pelo*); *fam* rubare
rapaz <*rapaces*> **1.** *adj* rapace, avido; **2.** *m* 1. ragazzo; monello; 2. *fpl zool* rapaci; **~a** *f* ragazza
rape *m zool* pesce rospo; rapata *f*; *al ~* a zero (*pelo*)
rapé *m* tabacco da fiuto, rapè *fr*
rápel, rappel *m* discesa a corda *f* (*alpinismo*)
rapidez *f* rapidità, celerità
rápido 1. *adj* rapido, veloce, celere; **2.** *m* rapida *f* (*río*); *tras* direttissimo
rapiña *f* rapina; *ave de ~* uccello da preda, rapace
raposa *f* volpe; *fig* volpone, -a *m/f*
raps|odia *f mus* rapsodia; **~oda** *m* rapsodo
rapt|ar *vt* rapire; **~o** *m* ratto; *fig* impulso, impeto; *med* raptus *inv*; **~or, -ra** *m/f* rapitore, -trice
raqueta *f sport* racchetta; rastrello *m*
raquídeo *adj med* rachideo
raquis *m bot/med* rachide *f*
raquítico *adj* rachitico
raquitismo *m* rachitismo
rare|facción *f* rarefazione; **~za** *f* rarezza, singolarità; stravaganza, capriccio *m*
raro *adj* raro, singolare; raro, strano, strambo; *hombre, carácter ~* uomo, carattere strambo/speciale
ras *m* livello, piano; *a (al) ~ del suelo* a raso/raso terra; *~ con ~* allo stesso livello; **~ante 1.** *adj* radente; *vuelo ~* volo radente; **2.** *f* piano d'inclinazione *m*; *(auto) cambio de ~* dosso; **~ar** *vt* 1. rasare, livellare; 2. *fig* sfiorare, rasentare, passare rasente
rasc|acielos *m* grattacielo; **~ador** *m tec* raschiatoio; raschietto; **~adura** *f* raschiatura; **~ar** <*rasqué*> **1.** *vt* grattare (*piel*); raschiare, strofinare; graffiare; *tener (alg) qué ~* avere grattacapi; **2.** *~se* grattarsi; *~ el bolsillo* spendere i propri soldi
rasero *m* rasiera *f*; *medir con el mismo ~* fare d'ogni erba un fascio; *(pol doble) ~* politica del doppio binario
rasg|ado *adj* lacerato, strappato; largo; *ojos ~s* occhi a mandorla; **~ar** <*rasgué*> *vt* strappare, lacerare; *mus* arpeggiare *vi*; **~o** 1. *m* tratto (di penna), linea *f*, caratteristica *f*; gesto; 2. *mpl* lineamenti (*rostro*); *a grandes ~s* a grandi tratti/linee; **~ón** *m* strappo
rasguear *vt mus* arpeggiare *vi*
rasguñ|ar *vt* graffiare; *pitt* abbozzare; **~o** *m* graffio, graffiatura *f*; *pitt* schizzo
raso 1. *m* raso; **2.** *adj* raso, appianato; *soldado ~* soldato semplice; *al ~* all'aperto; *tabla ~a* tabula rasa; *campo ~* campagna rasa
raspa *f* spina, lisca (*pez*); *bot* torsolo *m* (*panocha*); *bot* arista; *bot* raspo *m* (*uva*); *fig* selvaggio, -a *m/f* (*persona*); **~do** *m med* raschiamento; raschiatura *f*; **~dor** *m* grattino; *tec* raspa *f*; **~dura** *f* raschiatura; **~r 1.** *vt* raspare; raschiare, graffiare; rasentare, sfiorare; *fig* raspare, rubare; **2.** *vi* raspare; raschiare, graffiare; *Ven* partire in fretta
rastra *f tec* rastrello *m*; *mar* rampino *m*, rastrello *m*; traino *m*; *agr* resta, treccia (*ajos...*); *fig* conseguenze *fpl*; *a ~s* a strasciconi; contro voglia
rastre|ador 1. *adj* segugio, che segue le tracce; **2.** *m* segugio; **~ar** *vt* seguire le tracce, ricercare, indagare; rastrellare; **~o** *m* 1. *tec* rastrellamento, screening; 2. strascinio; **~ro** *adj* strisciante; *fig* meschino, spregevole
rastrill|ar *vt* rastrellare; **~o** *m* rastrello
rastro *m* 1. traccia *f*, orma *f*, segno; 2. mercato di compravendita; *ni ~* neanche l'ombra
rastroj|era *f* campo di stoppie *m*; **~o** *m* stoppia *f*; *(agr) quemar los ~s* ardere le stoppie; *sacar a alg de los ~s* togliere q dalla strada
rasurar *vt* radere la barba
rat|a 1. *f zool* topo *m*; *~ de alcantarilla* ratto delle chiaviche; 2. *m fig* borsaiolo; **~ería** *f* furterello *m*; **~ero** *m* borsaiolo; **~icida** *adj/m* topicida
ratific|ación *f* ratificazione, *ius* ratifica; **~ar** <*ratifiqué*> *vt* ratificare, convalidare
rating *m ingl* audience *f*
rato *m* momento; *ius* rato; *a ~s perdidos* nei ritagli di tempo, a tempo perso; *a ~s,*

de ~ en ~ di tanto in tanto; *a cada ~* ogni momento; *al cabo de un ~* poco dopo; *dar mal ~* far passare un brutto momento; *hace un ~* poco fa; *hay para ~* ce n'è per un pezzo; *hasta otro ~* a presto; *largo ~* lungo tempo; *pasar el ~* ammazzare il tempo; *pasar mal ~* passare un brutto momento; *gustar un ~ largo* piacere molto
ratón *m* topolino, topo, sorcio; *infor* mouse *ingl/inv*; *(fig) ~ de biblioteca* topo di biblioteca
raton|era *f* 1. trappola per topi; 2. topaia; *caer en la ~* cadere in trappola; **~ero, ~il** *adj* topesco
raud|al *m geogr/fig* torrente, fiumana *f*; *a ~es* in abbondanza; **~o** *adj* rapido, impetuoso
raviol|es, ~is *mpl* ravioli
raya 1. *f* riga, linea; *ling* lineetta; limite *m*, confine *m*; riga, scriminatura (*pelo*); *a/de ~s* a righe; *pasarse de la ~* oltrepassare i limiti; *tener a ~ a alg* tenere a distanza q; *tres en ~* ="tipo di gioco da tavola"; 2. *zool* razza; **~do 1.** *adj* rigato; pazzo; *(gergo) estar ~* essere/diventare pazzo; **2.** *m* rigatura *f*; **~no** *adj* limitrofo, confinante; **~r 1.** *vt* 1. rigare; 2. sottolineare; **2.** *vi* confinare; *~ en* sfiorare, toccare; **3.** *~se (gergo)* diventare pazzo
rayo *m* raggio; *meteo/fig* fulmine; *caer como un ~* cadere come un fulmine; *echar ~s* essere furioso, fulminare con lo sguardo; *¡Mal ~ te parta!* Che ti venga un accidenti!; *~ incidente, reflejo, refracto...* raggio d'incidenza, di riflessione, di rifrazione...
rayón *m* rayon
rayuela *f infan* campana
raza *f* razza; schiatta; *mat* ragione, proporzione, rapporto *m*; *de ~* di razza
razón <*pl razones*> *f* ragione; *~ aritmética, geométrica* ragione d'una progressione aritmetica, geometrica; *a ~ de* a ragione di; *¡Con ~!* A ragione!; *puesto en ~* giustificato; *asistirle a alg la ~/tener ~* avere ragione; *cargarse de ~* essere convinto; *dar ~ de* dare informazioni su; *dar la ~ a alg* dare ragione a q; *entrar en ~* diventar ragionevole, convincersi; *hacer perder la ~* fare perdere l'uso della ragione; *tener ~* aver ragione; *no tener ~* aver torto; *no atender a ~es* non far caso, non ascoltare ragione
razon|able *adj* ragionevole, giusto; discreto; **~ado** *adj* giustificato, fondato; **~amiento** *m* ragionamento; **~ar 1.** *vi* ragionare; **2.** *vt* giustificare
re *m mus* re; **~abrir** *vt* riaprire
reacci|ón *f cient/pol/fig* reazione; *de ~* a reazione; *~ en cadena* reazione a catena; **~onar** *vi* reagire; **~onario** *adj/s* reazionario; retrogrado
reacio *adj* restio, contrario
reactiv|ación *f* ripresa; **~ar** *vt* riattivare, rimettere in funzione; **~o** *adj/m* reattivo, reagente
reactor *m cient/ aer* reattore
readmitir *vt* riassumere
reafirm|ante 1. *adj* riaffermante; **2.** *adj/m* rassodante (*crema*); **~ar** *vt* 1. riaffermare; 2. rassodare (*cuerpo*)
reagrup|ación *f* raggruppamento *m*; *~ familiar* rincontro/ritrovamento famigliare; **~ar** *vt* raggruppare
reajust|ar *vt econ* riallineare; riassettare; *pol* rimpastare; **~e** *m econ* riallineamento (*monetario*); riassetto (*salarios*); rimpasto (*ministerial*)
real 1. *adj* 1. reale, vero; *hecho ~* un fatto reale/vero; 2. reale, regale, regio; *un palacio ~* palazzo reale; *un decreto ~* un decreto reale/regio; splendido, magnifico; *dar la ~ gana* averne voglia; **2.** *m* reale (*moneda*); *mil* accampamento, tende *fpl*; *(a)sentar sus ~es* collocare le tende; *fig* sistemarsi; *no valer un ~* non valere neanche un centesimo
realce *m* rilievo; *pitt* risalto; splendore, lustro; *bordado de ~* ricamo in rilievo
realeza *f* regalità; *fig* reali *mpl*
reali|dad *f* realtà; *en ~* in realtà; **~smo** *m* realismo; **~sta** *adj/s* realista; **~zable** *adj* realizzabile, effettuabile; **~zación** *f* esecuzione; realizzazione; **~zador** *adj/s* realizzatore; *cine* regista; **~zar** *vt* <*realicé*> realizzare; fare, *com* realizzare, effettuare
realquilar *vt* riaffittare, subaffittare
realzar <*realcé*> *vt* mettere in risalto/in evidenza; *pitt* dar luce
reanim|ación *f med* rianimazione; **~ar** *vt* rianimare
reanud|ación *f* ripresa; **~ar** *vt* riallacciare, riprendere, riannodare
reap|arición *f* riapparizione; **~arecer** <*13a reaparezco*> *vi* riapparire, ricomparire
reapertura *f* riapertura
rearm|ar *vt* riarmare; **~e** *m* riarmo
reasegur|ar *vt* riassicurare; **~o** *m* riassicurazione *f*
reasumir *vt* riassumere, assumere di nuovo
reata *f* fila di equini
reavivar *vt* ravvivare
rebaba *f* sbavatura
rebaja 1. *f* ribasso *m*, sconto *m*; 2. *fpl* saldi *mpl*, liquidazione *f*; **~r 1.** *vt com/arch* ribassare; *pitt* attenuare; *fig* abbassare di categoria; *fig* umiliare; **2.** *(fig) ~se* ribassarsi
rebalsar 1. *vt* formare una gora *vi*; **2.** *vi* traboccare, straripare
reban|ada *f* fetta; **~ar** *vt* affettare
rebañ|ar *vt* fare la scarpetta *vi* (*plato*); **~o** *m* gregge
rebasar *vt* sorpassare, oltrepassare, superare
rebat|ible *adj* confutabile; **~ir** *vt* ribattere, controbattere, confutare; **~o** *m* segnale d'allarme; *tocar a ~* suonare a martello
rebeca *f* golfino aperto *m*, giacca di maglia
rebeco *m zool* camoscio
rebel|arse ribellarsi; **~de 1.** *m* ribelle; **2.** *adj ius* contumace; ribelle, indocile, di-

sobbediente; ~**día** *f* ribellione; disobbedienza; *ius* contumacia; ~**ión** *f* ribellione, rivolta
reblandec|er <*13a reblandezco*> *vt* rammollire, intenerire; ~**imiento** *m* rammollimento
rebobin|ado *m* riavvolgimento; ~**ar** *vt* riavvolgere, ravvolgere
reborde *m* bordo, orlo
rebosar *vi* traboccare, straripare; *(fig)* ~ *de salud* scoppiare di salute
rebot|ado *adj/m fig* ribelle a un antico ideale; ="chi ha spogliato l'abito monacale o un'attività professionale"; ~**ar 1.** *vi* rimbalzare; **2.** *vt* ribadire; *fam* far uscire dai gangheri; ~**e** *m* rimbalzo; ribadimento; *de* ~ di rimbalzo, di riflesso
reboz|ar <*rebocé*> *vt gastr* impanare (*huevo y pan*); *gastr* infarinare (*harina*); imbacuccare; coprire il volto; ~**o** *m* simulazione *f*; rimboccatura *f* (*sábanas*); ="modo di portare la mantellina che copre il volto"; *de* ~ di nascosto; *sin* ~*s* chiaramente
rebrot|ar *vi* rigermogliare, riprodursi; ~**e** *m bot* germoglio; *fig* riproduzione *f*
rebullir <*rebulló*> **1.** *vt am* rimuovere; **2.** ~*se* agitarsi
rebusca *f agr/fig* spigolatura; ~**do** *adj* ricercato; ~**r** <*rebusqué*> *vt agr* spigolare; ricercare
rebuzn|ar *vi zool* ragliare; ~**o** *m* raglio
recabar *vt* ottenere; *am* richiedere
recad|ero *m* messo, messaggero; ~**o** *m* incarico; messaggio, avviso; *am* il necessario, oggetti *mpl*
reca|er <*19* V. *caer*> *vi* ricadere, cadere di nuovo; ricadere, toccare; ~**ída** *f* ricaduta
recalar 1. *vt* impregnare; **2.** *vi mar* avvistare terra; *mar* arrivare il vento o il mare alla nave
recalcar <*recalqué*> *vt* ricalcare
recalcitrante *adj* ricalcitrante, ostinato
recalent|amiento *m tec* surriscaldamento; riscaldamento; ~**ar** *vt* riscaldare; *tec* surriscaldare
recam|ado *m* ricamo in rilievo; ~**ar** *vt* ricamare in rilievo
recámara *f* retrocamera, retrostanza; *mil* culatta; *fig* riserva; *Méx* camera da letto
recambi|ar *vt com* ricambiare; ~**o** *m com* ricambio (*pieza de*); *com* rivalsa *f*
recapacitar *vi* riflettere, meditare
recapitul|ación *f* ricapitolazione; ~**ar** *vt* ricapitolare
recarg|able *adj* ricaricabile; ~**ado** *adj* sovraccarico; ~**ar** <*recargué*> *vt* sovraccaricare; ricaricare; *com* gravare; ~**o** *m* aumento; *com* addizionale *f*; *ius* aggravio
recat|ado *adj* modesto, pudico, onesto; cauto, circospetto; ~**ar 1.** *vt* nascondere, occultare; **2.** ~*se* agire con prudenza *vi*; occultarsi; *sin* ~*se* apertamente; ~**o** *m* modestia *f*, riserbatezza *f*, onestà *f*; riserbo
recauchut|ado *m auto* riparazione di un copertone *f*; ~**ar** *vt auto* riparare un copertone (con caucciù)
recaud|ación *f* 1. riscossione, esazione; 2. esattoria; *la* ~ *del mes* la somma riscossa del mese; ~**ador** *adj/s* esattore, ricevitore; ~ *de impuestos* esattore erariale; ~**ar** *vt* riscuotere, percepire; ~**o** *m* riscossione *f*; precauzione *f*, cautela *f*; *ius* cauzione *f*, garanzia *f*; *poner a buen* ~ mettere al sicuro
recel|ar 1. *vt* temere; **2.** *vi* diffidare, sospettare *vt/vi* (*de* di); ~**o** *m* sospetto, diffidenza *f*, timore; ~**oso** *adj* diffidente, sospettoso
recensión *f* recensione
recental *adj/m* lattante
recep|ción *f* ricevimento *m*; reception *ingl/inv* (*hotel*); accettazione (*hospital*); *lit/cient* ricezione; *ius* escussione; *tec* ricezione; *dar una* ~ offrire un ricevimento; *preguntar en* ~ *(hotel)* chiedere al receptionist; ~**cionista** *m/f* receptionist *inv/ingl*; ~**táculo** *m* ricettacolo; ~**tivo** *adj* ricettivo; ~**tor 1.** *adj/s* ricevitore, ricevente; *ling* ricevente; *aparato* ~ apparecchio ricevente; **2.** *m tec* recettore
reces|ión *f* recessione; ~**ivo** *adj* recessivo; ~**o** *m* ritiro, separazione *f*; *fig* recesso; *am* vacanza *f*; *astr* regressione *f*
receta *f med/gastr* ricetta; ~**r** *vt* prescrivere, ricettare; ~**rio** *m* ricettario
rechaz|ar <*rechacé*> *vt* rifiutare, respingere; ~**o** *m* rifiuto, *med* rigetto
rechifla *f* fischio *m*
rechin|amiento *m* cigolio, stridio; ~**ar** *vi* stridere, cigolare; *fig* digrignare
rechistar *vi* aprire bocca
rechoncho *adj* tozzo, tomboletto
rechupete: de ~ *adv/fam* da leccarsi i baffi, squisito
recib|idor *m* entrata *f*, ingresso; ~**imiento** *m* ricevimento, accoglienza *f*; ~**ir 1.** *vt* ricevere; ricevere, accogliere; *taur* aspettare (il torero) il toro; **2.** ~*se am/stud* laurearsi; ~**o** *m* ricevuta *f*, bolletta *f* (*un pago*); ricevimento; *al* ~ *de la presente* ricevuta la presente lettera; *acusar* ~ accusare ricevuta; *ser/no ser de* ~ *algo* essere/non essere accettabile qc
recicl|aje *m tec* riciclaggio; *fig* aggiornamento; ~**ar** *vt* riciclare; *fig* aggiornare
recidiva *f* recidiva
reciedumbre *f* robustezza, vigore *m*
recién 1. *adv* recentemente; ~ *llegado* appena arrivato; ~ *casados* novelli sposi; ~*nacido* neonato; 2. *adv/am* recentemente, poco tempo fa, da poco
reciente *adj* recente, fresco; nuovo
recinto *m* recinto; ~ *de la feria* area della fiera
recio *adj* robusto, forte; grosso; duro, ruvido; *en lo más* ~ *de* nel cuore di, nel centro di
recipiente *m* recipiente
reciprocidad *f* reciprocità
recíproco *adj* reciproco
recit|ación *f* recitazione; ~**ado** *m mus* recitativo; ~**al** *m* recital *inv/ingl*; ~**ar** *vt* recitare, dire a memoria; ~**ativo** *adj* recitativo
reclam|ación *f* reclamo *m*, protesta; ~**ar**

1. *vi* reclamare, protestare; **2.** *vt* esigere, pretendere; *ius* avocare; *mar* issare; ~**o** *m* richiamo (*pájaros, fig*), invito; *tip* chiamata *f*; *ius* petizione *f*; *am* reclamo *m*, protesta *f*; *acudir al* ~ andare dove l'interesse chiama

reclin|ar *vt* reclinare, inclinare, chinare, piegare; ~**atorio** *m* inginocchiatoio

reclu|ir <*14 recluyo; recluyó*> *vt* rinchiudere; ~**sión** *f* reclusione; carcere *m*, prigione; ~**so** *adj/s* recluso, prigioniero

recluta 1. *f mil* reclutamento *m*, leva; 2. *m mil* recluta *f*; ~**miento** *m* reclutamento, leva *f*, arruolamento; *caja de* ~ lista di leva; ~**r** *vt mil* reclutare, arruolare; ingaggiare, assumere (*trabajador*)

recobrar 1. *vt* riacquistare, ricuperare (*fuerzas*), riprendere (*sentido*); **2.** ~*se* riprendersi; ricuperarsi; rifarsi

recocer <*9a* V. *cocer*> *vt* stracuocere; *metal* ricuocere

recochineo *m* burla *f*, presa in giro *f*

recodo *m* svolta *f*, gomito

recoge|dor 1. *adj* raccoglitore; **2.** ~ *de basura* paletta dell'immondizia *f*; ~**migas** *m* raccoglibriciole *inv*; ~**pelotas** *m/inv* raccattapalle

recoger <V. *coger*> **1.** *vt* raccogliere; prendere; *agr* raccogliere; riunire; ravvolgere (*cable*); conservare; togliere; **2.** ~*se* ritirarsi, tornare a casa *vi*

recogi|da *f* raccolta; ritirata; ~ *de basura* raccolta delle immondizie; ~**do** *adj* raccolto; ritirato; corto, piccolo; ~**miento** *m* raccoglimento

recolec|ción *f agr* raccolta; *eccl* raccoglimento *m*; ~**tar** *vt agr* raccogliere

recoleto *adj* raccolto; solitario

recomend|able *adj* raccomandabile; ~**ación** *f* raccomandazione; *tener* ~*es* avere delle raccomandazioni; ~**ado** *adj/s* raccomandato; *Col* raccomandato (*correo*); ~**ar** <*5a recomiendo*> **1.** *vt* raccomandare; incaricare; **2.** ~*se fig* mangiarsi, rodersi il fegato

recompensa *f* ricompensa, compenso *m*; ~**r** *vt* ricompensare, remunerare

recomponer <*32* V. *poner*> *vt* ricomporre; aggiustare

reconcentr|ado *adj* assorto; ~**ar 1.** *vt* riconcentrare; **2.** ~*se* astrarsi, riconcentrarsi

reconcili|ación *f* riconciliazione; ~**ar 1.** *vt* riconciliare, rappacificare; ricondurre alla fede; **2.** ~*se* riconciliarsi

recóndito *adj* recondito

reconcomerse mangiarsi il fegato

reconfortar *vt* riconfortare

reconoc|er <*13a reconozco*> *vt* riconoscere; riconoscere, ammettere (*los errores*); *med* visitare; esaminare, esplorare; *pol* riconoscere; ~**ible** *adj* riconoscibile; ~**ido** *adj* riconoscente, grato; ~**imiento** *m* riconoscimento; *med* esame medico, visita *f*; *ius* ricognizione *f*; *lit* agnizione *f*; riconoscenza *f*, gratitudine *f*; *mil* ricognizione *f*

reconquista *f* riconquista; ~**r** *vt* riconquistare

reconsiderar *vt* riconsiderare, riesaminare

reconstit|ución *f* ricostituzione; ~**uir** <*14* V. *constituir*> *vt* ricostituire; ~**uyente** *adj/m* ricostituente

reconstr|ucción *f* ricostruzione; ~**uir** <*14* V. *construir*> *vt* ricostruire

reconven|ción *f ius* riconvenzione; rimprovero *m*, reprensione; ~**ir** *vt ius* riconvenire; rimproverare

reconver|sión *f* riconversione; ~**tir** <*10* V. *convertir*> *vt* riconvertire

recopil|ación *f* riepilogo *m*, compendio *m*; collezione (*leyes*); *mus* compilation *ingl/inv*; ~**ar** *vt* riepilogare, riassumere; collezionare

récord *m* record *inv/ingl* , primato

record|ación *f* ricordo *m*, ricordanza; ~**ar** <*8a recuerdo*> *vt/vi* ricordare, rammentare; *si mal no recuerdo* se ben ricordo; ~**atorio** *m* avviso, avvertenza *f*, promemoria

recorr|er *vt* percorrere; attraversare; ripassare; *tip* trasportare linee di composizione; ~**ido** *m* percorso, tragitto; viaggio; ripassata *f*

recort|able *m* figurina ritagliabile *f*; ~**ar 1.** *vt* ritagliare; *pitt* delineare; **2.** ~*se* stagliarsi, risaltare *vi*; ~**e** *m* ritaglio (*diario*); *fig* riduzione *f*, ritaglio; stagliatura *f*; *taur* scarto

recostar <*8a recuesto*> **1.** *vt* appoggiare, reclinare; coricare; **2.** ~*se am* buttarsi sul letto, coricarsi

recoveco *m* giravolta *f*, sinuosità *f*; angolo, nascondiglio; *sin* ~*s* senza tanti giri

recre|ación *f* ricreazione, svago *m*; ~**ar 1.** *vt* ricreare, divertire, distrarre; **2.** ~*se* ricrearsi, distrarsi, divertirsi; ~**ativo** *adj* ameno, divertente; ricreativo; ~**o** *m* passatempo, ricreazione *f*; *stud* ricreazione *f*, intervallo

recría *f* (ri)allevamento *m*

recriar <*2 recrío*> *vt* (ri)allevare

recrimin|ación *f* recriminazione; ~**ar** *vt* recriminare; ~**atorio** *adj* recriminatorio

recrudec|er <*13a recrudezco*> *vt/vi* rincrudire, inasprire; ~**imiento** *m* rincrudimento, inasprimento

recta *f mat* retta

rectangular *adj* rettangolare

rectángulo *adj/m* rettangolo

rectific|ación *f* rettifica; *chim* rettificazione; ~**ador** *adj/m chim* rettificatore; ~**adora** *f tec* rettificatrice; ~**ar** <*rectifiqué*> *vt* rettificare; emendare, correggere

rectilíneo *adj* rettilineo

rectitud *f fig* rettitudine, onestà; dirittura

recto 1. *adj* diritto, retto; *todo* ~ sempre diritto/dritto; **2.** *m* 1. diritto, retto; 2. *med* retto

rector 1. *adj/s* rettore; *Magnífico* *~ Magnifico Rettore; **2.** *m eccl* parroco; ~**ado** *m* rettorato; ~**al** *adj* del rettore

rectoscopia *f* rettoscopia

recua *f* branco di animali da soma *m*; *fig* fila

recuadro *m* riquadro; *tip* riquadrato (*diario*)

recubr|imiento *m* rivestimento; ~**ir** *vt* rivestire, ricoprire

recuelo *m* ricolatura *f*; ranno (*colada*)

recuento *m* conto di verifica, riscontro; ~ *de votos* scrutinio di voti

recuerdo *m* ricordo; *fig* souvenir *fr/inv*, presente; ~*s a Juan* (tanti) saluti a Giovanni; *dosis de* ~ dose di richiamo

recul|ada *f* rinculata; rinculo *m* (*arma*); ~**ar** *vi* rinculare, retrocedere

recuper|ación *f* ricupero *m*; *econ* ripresa; *med* guarigione; ~**ar 1.** *vt* ricuperare; **2.** ~*se* ricuperarsi; *med* guarire *vi*

recurr|ente *adj/s* ricorrente; ~**ir 1.** *vi* ricorrere; *no tener a quien* ~ non sapere a che santo votarsi; **2.** *vt ius* ricorrere *vi*; ~ *una sentencia* ricorrere contro una sentenza

recurso 1. *m ius* ricorso; *adm* istanza *f*, reclamo; mezzo; ~ *de alzada, contencioso administrativo, de apelación, de casación, de revisión* ricorso gerarchico, amministrativo, in appello, in cassazione, di revisione; *último* ~ ultima istanza; 2. *mpl econ* risorse *fpl*, beni; ~*s del Estado* risorse/beni dello Stato; *hombre de* ~*s* uomo di risorse, uomo ingegnoso; uomo ricco; *sin* ~*s* senza mezzi

recus|ación *f ius* ricusazione; ricusa; ~**ar** *vt/vi ius* ricusare; rifiutare

red *f* rete; ~ *de carreteras, ferroviaria, telefónica* rete stradale, ferroviaria, telefonica; *(mar)* ~ *barredera* rete a strascico; *(a. fig) caer en la* ~ cadere nella rete; *tender la* ~ tendere la rete

redac|ción *f* redazione (*periódico*); composizione, tema *m*; ~**tar** *vt* scrivere, comporre, redigere; ~**tor** *adj/s* redattore (*periódico*); scrittore; ~ *jefe* caporedattore

redada *f* retata

redaño 1. *m med* omento; 2. *mpl fig* fegato *m*, coraggio *m*; *tener* ~*s* aver coraggio

redecilla *f* reticella; *zool* retino *m*

rededor *m* dintorno; *en* ~ intorno

reden|ción *f eccl/fig* redenzione; ~**tor** *m eccl* redentore; *meterse a* ~ mettersi in mezzo

redescont|able *adj com* riscontabile; ~**ar** <*8a* V. *contar*> *vt com* riscontare

redescuento *m com* risconto

redhib|ición *f* redibizione; ~**ir** *vt ius* promuovere azione redibitoria *vi*; ~**itorio** *adj* redibitorio

redicho *adj* affettato nel parlare

¡rediez! *excl/euf* perbacco! perdinci!

redil *m* addiaccio

redim|ibilidad *f* redimibilità; ~**ible** *adj* redimibile; ~**ir** *vt* redimere, riscattare, estinguere, cancellare; ~ *una hipoteca* cancellare un'ipoteca

redistribuir <*14* V. *distribuir*> *vt* ridistribuire

rédito *m* reddito

redobl|ante *m mus* cassa rullante *f*; ~**ar 1.** *vt* raddoppiare; ripiegare; **2.** *vi mus* rullare; ~**e** *m* raddoppiamento; *mus* rullio

redoma *f* matraccio *m*; ~**do** *adj* matricolato

redond|a *f* regione; *mus* semibreve; *a la* ~ all'intorno; ~**ear** *vt* arrotondare; ~**el** *m* cerchio, circolo; *taur* arena *f*; ~**eo** *m* arrotondamento; ~**ez** *f* rotondità; ~**illa** *f lit* ="quartina di ottonari rimati *abba*"

redondo 1. *adj* rotondo, tondo, circolare; *fig* perfetto; *número* ~ numero tondo; *en* ~ all'intorno; assolutamente; *tip* in (carattere) tondo; *caerse* ~ cadere completamente; **2.** *m gastr* girello, lacerto

reduc|ción *f* riduzione, diminuzione; ~ *del dividendo* riduzione del dividendo; ~ *eidética* riduzione eidetica; ~**ible** *adj* riducibile; ~**ido** *adj* ridotto, limitato; ~**ir** <*20 reduje*> **1.** *vt* ridurre, diminuire, ribassare, limitare; *pol* sottomettere; *cient/fig* ridurre; **2.** ~*se* ridursi; adattarsi; ~**to** *m mil* ridotta *f*, ridotto; ~**tor 1.** *adj* riducente, riduttore; **2.** *m tec* riduttore; *(chim)* ~ agente riducente

redund|ancia *f* ridondanza; ~**ar** *vi* ridondare; ~ *en daño de alg* ridondare a danno di q

reduplic|ación *f* raddoppiamento *m*; *ling* ripetizione; ~**ar** <*redupliqué*> *vt* raddoppiare; reiterare

reedición *f* riedizione

reedific|ación *f* riedificazione, ricostruzione; ~**ar** <*riedifiqué*> *vt* riedificare, ricostruire

reeditar *vt* ripubblicare

reeduc|ación *f* rieducazione; ~**ar** *vt* <*reeduqué*> rieducare

reelabor|ación *f* rielaborazione; ~**ar** *vt* rielaborare

reele|cción *f* rielezione; ~**gible** *adj* rieleggibile; ~**gir** <*12* V. *elegir*> *vt* rieleggere

reembarque *m mar* reimbarco

reembols|ar *vt* rimborsare; ~**o** *m* rimborso; *contra* ~ contrassegno

reemplaz|ar <*reemplacé*> *vt* sostituire, rimpiazzare; ~**o** *m* sostituzione *f*; *mil* leva *f*

reencarn|ación *f* reincarnazione; ~**ar** *vt* reincarnare

reencontrar *vt* rincontrare

reencuentro *m* rincontro

reenganch|ar 1. *vt* riagganciare; **2.** ~*se mil* fare la rafferma *vi*; riprendere a drogarsi *vi*; ~**e** *m* riaggancio; *mil* rafferma *f*

reestreno *m* seconda visione *f*

reestructur|ación *f* ristrutturazione; ~**ar** *vt* ristrutturare, riorganizzare

reexped|ición *f* rispedizione; ~**ir** <*12* V. *pedir*> *vt* rispedire

reexport|ación *f* riesportazione; ~**ar** *vt* riesportare

refacción *f* refezione, spuntino *m*; *arch* restauro *m*

refajo *m* sottana *f*, gonna *f*

refectorio *m* refettorio

referencia 1. *f* riferimento *m*; *ling* referenza; *con* ~ *a* in riferimento a, per quanto riguarda; 2. *fpl* referenze, informazioni; ~**l** *adj ling* referenziale

referéndum *m* referendum *inv*

referente 1. *adj/m ling* referente; **2.** *adj* riferente, relativo

referir <*10 refiero, refirió*> **1.** *vt* riferire, narrare, raccontare; **2.** ~*se* riferirsi, alludere *vi*

refilón: de ~ *adv* di sbieco; *fig* di striscio

refin|ación *f tec* raffinazione; ~**ado** *adj/s* raffinato; ~**amiento** *m* raffinatezza *f*, squi-

sitezza *f*; *tec/fig* raffinamento; ~**anciación** *f* rifinanziamento *m*; ~**ar** *vt tec/fig* raffinare; ~**ería** *f* raffineria
reflect|ante *adj* riflettente; ~**ar** *vi* riflettere; ~**or 1.** *m* riflettore; **2.** *adj* riflettente
reflej|ar *vt cient/fig* riflettere; ~**o** *adj/m* riflesso
reflex|ión *f* riflessione; ~**ionar** *vi* riflettere, meditare; ~**ivo** *adj* riflessivo
reflore|cer <*13a reflorezco*> *vi* rifiorire; ~**cimiento** *m* rifioritura *f*, rifiorimento; ~**scente** *adj* rifiorente
reflot|amiento *m econ* risanamento; ~**ar** *vt mar* ricuperare, rimettere a galla
reflu|ir <*14* V. *fluir*> *vi* rifluire; ~**jo** *m* riflusso
refocilar 1. *vt* rifocillare; **2.** *(fig)* ~*se* trastullarsi
reforest|ación *f* riforestazione, rimboschimento *m*; ~**ar** *vt* rimboschire
reform|a *f* riforma; *arch* restauro *m*; ~**ador** *adj/s* riformatore; ~**ar 1.** *vt* riformare; migliorare, correggere; **2.** ~*se* correggersi; ~**atorio** *m* riformatorio, casa di correzione *f*; ~**ismo** *m* riformismo; ~**ista** *adj/s* riformista
reforzar <*8a refuerzo; reforcé*> *vt* rinforzare, rafforzare
refrac|ción *f cient* rifrazione; ~**tabilidad** *f* refrattarietà; ~**tar** *vt* rifrangere; ~**tario** *adj* refrattario; *fig* ribelle; ~**tor** *adj/m* rifrattore
refrán *m* proverbio
refranero *m* raccolta di proverbi *f*
refreg|ar <*5a refriego; refregué*> *vt* strofinare; *fam/fig* sbattere in faccia; ~**ón** *m* strofinata *f*
refren|amiento *m* frenata *f*, raffrenamento; ~**ar** *vt* frenare, contenere
refrend|ar *vt* controfirmare (*ley*); legalizzare, vidimare; ~**ario** *m* controfirmatario; ~**o** *m* controfirma *f*, visto, legalizzazione *f*
refresc|ante *adj* rinfrescante, refrigerante; ~**ar** <*refresqué*> *vt/vi* rinfrescare; ~**o** *m* bibita *f*, rinfresco
refriega *f* rissa, baruffa, zuffa
refriger|ación *m* refrigerazione; ~**ador** *adj/m* refrigeratore; ~**ante** *adj/m* refrigerante; ~**ar** *vt tec* refrigerare; rinfrescare; ~**io** *m* refrigerio, ristoro
refringencia *f fis* rifrangenza
refrito *m fig* rifrittume, scopiazzatura *f*, lavoro non originale
refuerzo *m* rinforzo
refugi|ado *adj/s* rifugiato; ~**arse** rifugiarsi; ~**o** *m* rifugio; *mil* baracchino, rifugio
refulg|encia *f* splendore *m*, fulgore *m*; ~**ente** *adj* splendente, rifulgente; ~**ir** *vi* rifulgere, splendere, brillare
refund|ición *f metal/fig* rifusione; rifacimento *m*; ~**ir** *vt* rifondere; *(am) se me refundió mi monedero* ho perso il portafoglio
refunfuñ|ar *vi* brontolare, borbottare; ~**o** *m* brontolio; ~**ón** *adj/s* brontolone
refut|ación *f* confutazione; ~**ar** *vt* confutare, impugnare, ribattere
regad|era *f* innaffiatoio *m*; *am* doccia; *(fam) estar como una* ~ essere mezzo pazzo; ~**dío 1.** *adj* irrigabile, irriguo; **2.** *m* terreno irrigabile; ~**dor** *m agr* irrigatore
regal|ado *adj* piacevole, comodo, agiato; ~**ar** *vt* regalare, donare; ossequiare, offrire; ~**ía** *f* regalia
regaliz *m* liquirizia *f*
regalo *m* regalo, dono; lusso
regañ|adientes: a ~ *adv* a malincuore, di malavoglia; ~**ar 1.** *vi* ringhiare; **2.** *vt* rimproverare, sgridare; ~**ina** *f* predica, sgridata; ~**o** *m* gesto di sdegno; rimprovero, sgridata *f*; ~**ón** *adj* brontolone, borbottone
regar <*5a riego; regué*> *vt agr* irrigare; innaffiare (*flores*); *fig* spargere
regat|a *f mar* regata; solco d'irrigazione *m*; ~**e** *m* scarto; *fig* scappatoia *f*; *sport* dribbling; ~**ear** 1. *vi/vt com* tirare sul prezzo *vi*; *vi mar* regatare; 2. *vt* risparmiare; *sport* scartare, dribblare; ~**eo** *m* discussione *f*/tira e molla *m* sul prezzo
regazo *m* grembo
regen|cia *f* reggenza; ~**eración** *f* rigenerazione; ~**erar** *vt* rigenerare, rinnovare; ~**ta** *f* moglie del reggente; ~**tar** *vt pol* reggere; dirigere; occupare (*cargo*); ~**te** *adj/s* reggente
regicida *adj/s* regicida
regidor *adj/s* reggitore; reggente; *adm* consigliere
régimen *m pol* regime; *med/gastr* dieta *f*; *ponerse a* ~ mettersi a dieta
regimiento *m* reggimento
regio *adj* regio
región *f* regione
regional *adj* regionale; ~**ismo** *m* regionalismo; ~**ista** *adj/s* regionalista
regir <*12 rijo; rigió*> **1.** *vt* reggere, dirigere, comandare; funzionare; *ling/mar* reggere; **2.** *vi* essere vigente; **3.** ~*se* reggersi
registr|ado *adj* registrato; depositato; *marca* ~*a* marchio depositato; ~**ador** *adj/m* registratore; *caja* ~*a* registratore di cassa; ~**ar** *vt* registrare; perquisire, esaminare; *mus* registrare; ~**o** *m* registro; ricerca *f*, perquisizione *f*; *mus/ling* registro; *mar* stazza *f*; ~ *civil, de la propiedad, de patentes y marcas...* registro dello stato civile, del catasto, dei brevetti...
regl|a *f* regola, norma; *tec* riga; *mat* regola; *med* mestruazioni *fpl*; *en* ~ in regola; ~ *de tres* regola del tre; *por* ~ *general* in genere, di regola; *tener la* ~ avere le mestruazioni; ~**aje** *m tec* regolazione *f*
reglament|ación *f* regolamentazione, regolamento *m*; ~**ar** *vt* regolamentare, ordinare; ~**ario** *adj* regolamentare; ~**o** *m adm* regolamento, ordinamento
reglar *adj/vt* regolare
regleta *f tip* interlinea
regocij|ar 1. *vt* rallegrare, allietare; **2.** ~*se* gioire *vi*, rallegrarsi; ~**o** *m* gioia *f*, allegria *f*, gaudio
regode|arse compiacersi, godersela, godere *vi*, ~**o** *m* compiacimento, godimento; *fam* divertimento
regoldar <*8a regüeldo*> *vi vulg* ruttare
regordete *adj* grassoccio, rotondetto
regres|ar *vi* ritornare, tornare; *psic* regredire; ~**ión** *f* regressione, regresso *m*; ~**ivo** *adj* regressivo, decrescente; ~**o** *m* ritorno

regüeldo *m vulg* rutto; *fig/bot* getto

reguer|a *f* canale d'irrigazione *m*; **~o** *m* rigagnolo; *fig* riga *f*, striscia *f*; V. **reguera**

regul|able *adj* regolabile; **~ación** *f* regolazione; *~ de empleo* riduzione del personale; **~ador** *adj/m* regolatore; **~ar 1.** *vt* regolare; **2.** *adj* regolare, normale; discreto, mediocre; **~aridad** *f* regolarità; **~arización** *f* regolarizzazione; **~arizar** <*regularicé*> *vt* regolarizzare, regolare, normalizzare; **~armente** *adv* regolarmente; mediocremente, discretamente

regurgit|ación *f* rigurgito *m*; **~ar** *vi* rigurgitare; traboccare

regusto *m* retrogusto, sapore

rehabilit|ación *f med* riabilitazione, ricupero *m*, rieducazione; *arch* ricupero *m*, restauro *m*; **~ar** *vt* riabilitare; ristrutturare

rehacer <*26* V. *hacer*> **1.** *vt* rifare; **2.** *~se* rifarsi, ristabilirsi, rimettersi

rehén *m* ostaggio; garanzia *f*

rehogar <*rehogué*> *vt gastr* soffriggere; stufare

rehuir <*14* V. *huir*> **1.** *vt* sfuggire, evitare, schivare; **2.** *vi* sfuggire

rehusar <*rehúso*> *vt* rifiutare, negare

reimplant|ación *f* reinnesto *m*; **~ar** *vt* reinnestare

reimpresión *f* ristampa

reimprimir *vt* ristampare

reina *f* regina; *fam* tesoro *m*, gioia; **~do** *m* regno (*tiempo*); *fig* dominio; **~nte** *adj* regnante; **~r** *vi* regnare; *fig* dominare, prevalere

reincid|encia *f ius* recidiva; recidività; **~ente** *adj/s* recidivo; **~ir** *vi* recidivare, essere recidivo

reincorpor|ación *f* rincorporamento *m*; **~ar** *vt* rincorporare

reineta *f bot* renetta

reino *m* regno

reinserción *f* reinserimento *m*

reintegr|ación *f* reintegrazione; **~ar 1.** *vt* reintegrare; restituire; **2.** *~se* reintegrarsi; **~o** *m* rimborso (*lotería*); prelievo (*banco*); reintegrazione *f*

reinver|sión *f econ* reinvestimento *m*, reimpiego *m*; **~tir** <*10* V. *invertir*> *vt* reinvestire

reír <*34 río; rió*> **1.** *vi/vt* ridere; *echarse a ~* mettersi a ridere; *hacer ~* far ridere; **2.** *vt* lodare, festeggiare; **3.** *~se* ridere *vi*; burlarsi, prendere in giro *vt*

reiter|ación *f* reiterazione, ripetizione; **~ar** *vt* reiterare; **~ativo** *adj* ripetitivo

reivindic|ación *f* rivendicazione; **~ar** <*reivindiqué*> *vt* rivendicare; **~atorio** *adj* rivendicativo

rej|a *f* grata, inferriata; cancellata; *agr* vomero *m*; *meter entre ~s* mettere in galera; **~illa** *f* rete; tela metallica; *eccl* grata; *tec* reticolo *m*, reticolato *m*; *agr* graticcio *m*; mirino *m* (*puerta*); *sillas de ~* sedie viennesi

rejón *m taur* picca *f*; giavellotto; tipo di pugnale

rejone|ador *m taur* torero a cavallo; **~ar** *vi taur* toreare a cavallo

rejuvenec|er <*13a rejuvenezco*> *vi/vt* ringiovanire; **~imiento** *m* ringiovanimento; svecchiamento, ammodernamento

relaci|ón *f* 1. rapporto *m*; 2. rapporto *m*, relazione; *ius/mat* relazione; *con ~ a* in rapporto a, in relazione a; *~ precio-beneficio* rapporto prezzo-utile; *~ones ítalo-españolas* relazioni italo-spagnole; *~ones públicas* public relations, relazioni pubbliche; *escribir, hacer una ~* scrivere, fare una relazione; *estar en buenas ~ones con alg* essere in buone relazioni con q; *estar en ~ones con (alg)* essere in relazione (con q); *tener ~ones amorosas (con alg)* essere fidanzato (con q); stare con q; **~onado** *adj* che ha relazioni (*persona*); *~ con* attinente a, spettante, relativo a; **~onar 1.** *vt* 1. mettere in relazione; 2. fare la lista; **2.** *~se* avere rapporti *vi*, stabilire contatti

relaj|ación *f*, **~amiento** *m* rilassamento *m* (*físico*), rilassatezza *f* (*moral*); *tec* allentamento *m*; **~ante** *adj/m* rilassante, rilassatore; **~ar 1.** *vt* rilassare; allentare; *ius* assolvere, liberare; **2.** *~se* rilassarsi; *fig* infiacchire; **~o** *m* rilassatezza *f*, rilassamento, degradazione *f*; *am* beffa *f*, scherno

relam|erse leccarsi i baffi; *fig* rileccarsi, ritoccarsi; *fig* presumere *vi*; **~ido** *adj* affettato, rileccato

relámpago *m meteo* lampo; *fig* baleno, lampo; *fig* lampo di genio; *guerra ~* guerra lampo

relampague|ar *vi* lampeggiare; *fig* scintillare; **~o** *m* lampeggiamento; scintillio

relanz|amiento *m* rilancio; **~ar** <*relancé*> *vt* rilanciare

relat|ar *vt* riferire, narrare; **~ividad** *f* relatività; **~ivismo** *m* relativismo; **~ivizar** <*relativicé*> *vt* relativizzare; **~ivo** *adj* relativo; attinente, relativo; certo; *de ~a importancia* di una certa importanza; *pronombre ~* pronome relativo; *en lo ~ a* per quanto concerne, in relazione a; **~o** *m* narrazione *f*, racconto, storia *f*; **~or** *adj/s* relatore

relax *m* relax *ingl*

relé, relais *m fr elec* relè, relais

releer <*21* V. *leer*> *vt* rileggere

relegar <*relegué*> *vt* relegare, confinare, *fig* mettere in disparte

relente *m meteo* guazza *f*; *fig/fam* indolenza *f*

relev|ación *f* rilevamento *m*; *ius* esenzione; **~ador** *m elec* relè; **~ancia** *f* rilevanza, importanza; **~ante** *adj* rilevante, importante, considerevole; **~ar** *vt* rilevare; osservare, notare; *pitt/fig* risaltare; *ius* esimere, assolvere; *sport* sostituire; **~o** *m mil* cambio della guardia/di turno; *mil* sentinella *f*; *sport* staffettista *m/f*; *sport carrera de ~s* staffetta

relicario *m* reliquiario

relicto *adj ius* dimesso, lasciato; *cient* relitto

relieve *m* rilievo, risalto; *alto, bajo, medio ~* alto, basso, mezzo rilievo; *poner de ~* mettere in rilievo/in evidenza

religi|ón *f* religione; fede; *entrar en ~* prendere l'abito; **~osamente** *adv/fig* scrupolosamente; religiosamente; **~osidad** *f* religiosità; *fig* scrupolo *m*, zelo *m*; **~oso** *adj/s* religioso

relinch|ar *vi* nitrire; **~o** *m* nitrito

reliquia *f* reliquia

rellano *m* pianerottolo (*escalera*); ripiano

rellen|ar *vt* riempire; *adm* compilare; **~o** *adj/m* ripieno; *estar de ~* stare da riempitivo

reloj *m* orologio; *~ de bolsillo, de pulsera* orologio da tasca, da polso; *~ de control, digital, de precisión* orologio da controllo, digitale, da precisione; *~ de agua, de arena* orologio ad acqua, a sabbia; *~ de sol* orologio solare; *~ de cuco/cucú* orologio a cucù; *~ despertador* orologio a sveglia, sveglia; **~ería** *f* orologeria; **~era** *f* portaorologio *m/inv*; **~ero, -a** *m/f* orologiaio, -a

reluc|iente *adj* rilucente, splendente, brillante; **~ir** <*13b* V. *lucir*> *vi* rilucere, brillare, splendere, risplendere; *sacar a ~* mettere fuori, tirare in ballo

reluctancia *f fis/fig* riluttanza

relumbr|ar *vi* risplendere, brillare; **~ón** *m* bagliore, lampo; *fig* orpello

remach|ar *vt tec/fig* ribattere; confermare; **~e** *m* ribaditura *f*; ribattino (*clavo*); *sport* ribattuta *f*

remallar *vt* rimagliare

remanente 1. *adj* rimanente; **2.** *m* rimanente, rimanenza *f*

remangar <*remangué*> *vt* rimboccare

remans|arse ristagnare *vi*; **~o** *m geogr/fig* ristagno; *fig* flemma *f*

remar *vi* remare, vogare; *fig* affannarsi

remarcar <*remarqué*> *vt* rimarcare

remat|ado *adj* irrimediabile; *loco ~* pazzo da legare; **~ador** *m sport* sparatore; venditore delle aste; **~ante** *m* compratore delle aste; **~ar** *vt/vi* terminare, finire; dare il colpo di grazia *vi*; *sport* sparare in porta/a rete *vi*; assicurare il punto *vi* (*cosido*); vendere all'asta *vt*; *com* svendere *vt*; **~e** *m* fine *f*, colpo di grazia; *arch* coronamento, sommità *f*; prezzo finale dell'asta; *com* svendita *f*; *sport* tiro finale, colpo conclusivo; *sport* ribattuta *f*; *dar ~ (a algo)* terminare (qc); *loco de ~* pazzo da legare; *para ~* per di più, come colmo; *por ~* come finale

re(e)mbols|ar *vt* rimborsare; **~o** *m* rimborso; *contra ~* contrassegno

remedar *vt* contraffare; imitare, scimmiottare

remedi|ar *vt* rimediare, porre rimedio *vi*; provvedere *vi*; *no/sin poder ~* non/senza poter far a meno di; **~o** *m* rimedio; *~ casero/heroico...* rimedio casalingo, eroico...; *no hay ~* non c'è rimedio; *si no queda más ~* se non resta altro da fare; *¡Qué ~ me queda!* Non mi resta altro da fare!; *no haber más ~ que* non esserci altro da fare che; *ser el ~ peor que la enfermedad* essere peggio il rimedio del male; *no tener ~* essere irrimediabile (*enfermedad*); *no tener ~ (alg)* essere incorreggibile (q)

remedo *m* contraffazione *f*, imitazione *f*

remem|branza *f lit* rimembranza; **~orar** *vt* rimembrare *lit*

remend|ar <*5a remiendo*> *vt* rammendare; **~ón** *adj/s* rammendatore; *zapatero ~* ciabattino

remer|a 1. *adj/f zool* remigante (*pluma*); **2.** *f Arg* canottiera; **~o, -a** *m/f* rematore, -trice

remesa *f com* rimessa

remeter *vt tec* rimettere

remezón *m am* scossa di terremoto *f*

remiendo *m* rammendo, rattoppo; *tip* lavoro corto

remilg|ado *adj* affettato, smorfioso, schizzinoso; **~o** *m* moina *f*, smanceria *f*, leziosaggine *f*; **~oso** *adj am* smorfioso

reminiscencia *f* reminiscenza

remis|ible *adj* remissibile; **~ión** *f* remissione (*deuda, culpas...*); **~o** *adj* debole, fiacco

remit|e *m* dati del mittente *mpl*; **~ente 1.** *adj/s* mittente; **2.** *adj med* remittente; **~ir 1.** *vt* spedire, inviare, mandare; rimandare; **2.** *vi* rimettere; **3.** *~se* attenersi, rimettersi

remo *m mar* remo; *(fig) a ~ y vela* a remo e vela

remoción *f* rimozione

remodelación *f pol* rimpasto *m*; cambio *m*, riforma, ristrutturazione

remoj|ar *vt* mettere in molle/a bagno; inzuppare; *fig* bagnare; **~o** *m* molle, bagno; *a/en ~* in molle/a bagno; **~ón** *m* tuffo nell'acqua

remolacha *f bot* barbabietola; *~ azucarera, forrajera* barbabietola da zucchero, da foraggio

remolc|ador *m* rimorchiatore; **~ar** <*remolqué*> *vt* rimorchiare

remolino *m* mulinello, vortice; remolino (*pelo*); *fig* subbuglio, tumulto

remolón 1. *adj/s* pigro, fannullone; **2.** *m zool* zanna del cinghiale *f*

remolonear *vi* fare il bighellone/il fannullone

remolque *m* rimorchio; *llevar a ~* prendere a rimorchio; *fig* trascinare

remont|a *f mil* scuderia; **~ada** *f sport* rimonta; **~ar 1.** *vt mil* rimontare; *mar* rimontare, risalire; **2.** *(fig) ~se* risalire *vi*; innalzarsi; **~e** *m* risalita; *~s (mecánicos)* impianti sciistici

rémora *f zool* remora; *fig* remora, freno *m*

remord|er <*9a remuerdo*> *vt* rimordere; **~imiento** *m* rimorso

remoto *adj* remoto, lontano; *fig* improbabile

remover <*9a* V. *mover*> *vt* rimuovere, spostare; *psic* rimuovere

remozar <*remocé*> *vt* ringiovanire; rinnovare, rammodernare

re(e)mplaz|ar <*re(e)mplacé*> *vt* sostituire, rimpiazzare; **~o** *m* sostituzione *f*, rimpiazzo

remuner|ación *f* rimunerazione, ricompensa; *teatro* cachet *m*; **~ador** *adj* rimuneratore; **~ar** *vt* rimunerare, ricompensare; **~atorio** *adj* rimunerativo, rimuneratorio

renac|entista *adj* rinascimentale; **~er** <*13a* V. *nacer*> *vi* rinascere; **~imiento** *m art* *~ Rinascimento; rinascita *f*

renacuajo *m zool* girino

renal *adj* renale

Renan|ia *f geogr* Renania; ***~o** *adj/s* renano
rencill|a *f* litigio *m*, bisticcio *m*; **~oso** *adj* litigioso, attaccabrighe
rencor *m* rancore, astio; *guardar ~ (a alg)* serbare rancore (verso q); **~oso** *adj* che serba rancore, astioso
rend|ición *f mil/fig* resa, capitolazione; *com* resa; **~ido** *adj* stracco, stanco (*estar*); umile, devoto
rendija *f* fessura, crepa
rendi|miento *m* rendimento; *tipo de ~* tasso di rendimento; **~r** *<12 rindo; rindió>* **1.** *vt* fare arrendere, far prigioniero (*personas*); fare arrendere; *fig* stancare, spossare; ringraziare; *mil* rendere, salutare; **2.** *vi econ/fig* rendere; *mar* terminare; **3.** *~se* arrendersi, sottomettersi
reneg|ado 1. *adj/s* rinnegato; *fam* disgraziato; **2.** *m* terziglio (*juego*); **~ar** *<5a V. negar>* **1.** *vt* rinnegare; **2.** *vi* rinnegare *vt*; *fam* brontolare; **~ón** *adj/s* brontolone
renegrido *adj* annerito
RENFE *f* FF. SS. *fpl*, Ferrovie dello Stato (spagnole) *fpl*
renglón *m* riga *f*, linea *f*; *am/com* articolo; *a ~ seguido* immediatamente; *leer entre ~ones* capire tra le righe
renio *m chim* renio
reno *m zool* renna *f*
renombr|ado *adj* rinomato, famoso, celebre; **~e** *m* fama *f*, celebrità *f*; cognome; soprannome
renov|ación *f* rinnovamento *m*, rinnovazione; **~ador** *adj/s* rinnovatore; *~ de aire* aspiratore; **~ar** *<8a renuevo>* *vt* rinnovare, riformare; riannodare, riallacciare; cambiare; ripetere
renque|ar *vi* zoppicare; **~ra** *f am* zoppicatura
rent|a *f* 1. rendita; *~ económica, vitalicia* rendita economica, vitalizia; *la ~ de la casa* affitto di casa; 2. reddito *m*; *~ nacional, nominal, pública* reddito nazionale, nominale, pubblico...; *~ per cápita* reddito pro capite; *declaración de la ~* dichiarazione dei redditi; *impuesto sobre la ~* imposta sul reddito; *vivir de ~* vivere di rendita; **~abilidad** *f* redditività, rendimento *m*; **~able** *adj* redditizio; **~ar** *vt/vi* rendere; *Méx* affittare *vt*; noleggiare *vt*; **~ista** *m/f com* rentier *fr/inv*, benestante
renuevo *m bot* getto, germoglio, pollone; rinnovazione *f*
renuncia *f* rinunzia, rinuncia; dimissione; **~r 1.** *vt* rinunciare *vi*, rinunziare; **2.** *vi adm* dimettersi; **~tario** *adj/s* rinunziatario
reñi|dero *m* campo di lotta (*gallos*...); **~do** *adj* inimicato; accanito, disputato; *estar ~ (con alg)*, aver bisticciato/litigato (con q)/essere inimicato (con q); *competición ~a* gara disputata; *lucha ~a* lotta accanita; **~dor** *adj/s* attaccabrighe *inv*; **~r** *<12 riño; riñó>* **1.** *vi* litigare, bisticciare; lottare, combattere; **2.** *vt* rimproverare
reo 1. *adj/s ius* reo; *~ convicto/confeso* reo convinto/confesso; **2.** *m zool* trota salmonata *f*
reoca: ésta/esto es la *~ pop* questo è il colmo
reojo: de *~ adv* di sbieco
reorganiz|ación *f* riorganizzazione; **~ar** *<reorganicé>* *vt* riorganizzare
reóstato *m fis* reostato
repan|chigarse, ~tigarse sdraiarsi, coricarsi
repanocha: **es la** *~ pop* è il colmo
repar|able *adj* riparabile; **~ación** *f* riparazione; **~ador** *adj/s* riparatore; **~ar 1.** *vt* aggiustare, *fig* riparare; **2.** *vi* badare; notare *vt*; *no ~ en gastos*...non badare a spese...; **~o** *m arch* restauro; osservazione *f*, avvertenza *f*, critica *f*; inconveniente, difficoltà *f*; parata *f* (*esgrima*); *poner ~s (a algo)* trovare inconvenienti/difficoltà (in qc), non essere d'accordo (con qc), porre obiezioni; *no tener ~ en decir algo* non avere paura di dire qc
repart|ición *f* ripartizione, distribuzione; **~idor** *adj/s* distributore; **~imiento** *m* ripartizione *f*; *adm* contribuzione *f*; **~ir** *vt* ripartire, distribuire; *teatro* assegnare; *~ justicia* amministrare giustizia
reparto *m* reparto, distribuzione *f*; *cine* cast d'attori *inv*; *~ a domicilio* consegna a domicilio
repas|ar 1. *vt* ripassare, rivedere, ritoccare; *min* amalgamare; **2.** *vi* ripassare; **~ada** *f fam* ripassata; **~o** *m* ripasso; *fam* ripassata *f*
repatr|iación *f* rimpatrio *m*; **~iar** *vt* rimpatriare
repecho *m* erta *f*, salita *f*, pendio
repel|ar *vt* pelare completamente; ritagliare; strappare i capelli; **~ente 1.** *adj/m* repellente; **2.** *adj/fig* antipatico, insopportabile; **~er 1.** *vt* repellere, respingere; **2.** *vi* repellere, disgustare; **~o** *m* contrappelo; *fig* repulsione *f*; **~ón** *m* strappo ai capelli; *fig* pizzico, pezzettino; fuga del cavallo *f*; *a ~ones* a tratti, a poco a poco; *de ~* in fretta; *más viejo que ~* più vecchio di Matusalemme; **~ús, ~uzno** *m* brivido, senso, schifo; *dar ~* far schifo, far venire i brividi
repent|e *m* scatto; *de ~* all'improvviso, di colpo, di repente *lit*; **~ino** *adj* repentino, improvviso, subitaneo; **~ización** *f mus* sonata a prima vista
reperc|usión *f* ripercussione; **~utir 1.** *vi* ripercuotersi (*en/sobre* su); **2.** *vt* ripercuotere, rimandare, riflettere; *med* repellere
repertorio *m* repertorio
repesca *f stud* esame di riparazione *m*, seconda opportunità; *sport* ripescaggio *m*, repêchage *m fr/inv*; **~r** *<repesqué>* *vt* ripescare
repet|ición *f* ripetizione; *TV* replay *m*; *ius* ripetizione; *de ~* a ripetizione; **~idor** *adj/s* ripetitore; *stud* ripetente; **~ir** *<12 repito; repitió>* **1.** *vt* ripetere; *ius* ripetere; **2.** *vi* venir su (*ajo*...)
repicar *<repiqué>* **1.** *vt* triturare; **2.** *vi* suonare a festa, rintoccare
repintar *vt* ridipingere; *tip* macchiare i fogli
repipi *m/f* paninaro, -a, figlio, -a di papà
repique *m* rintocco, scampanio (*campanas*); ripicco, dispetto, ripicca *f*; **~te, ~teo** *m* scampanio rapido; *mar* bordata breve *f*;

~**tear** *vt* rintoccare rapidamente *vi*; rullare *vi* (*tambores*)
repisa *f arch* mensola, ripiano *m*
replana *f Perú* gergo della malavita *m*
replant|ar *vt* ripiantare; ~**ear** *vt arch* ritracciare un piano; *fig* impostare di nuovo, meditare (*su*)
replay *m ingl* replay
replegar <*5a repliego; replegué*> **1.** *vt* ripiegare; **2.** ~*se* ritirarsi
repleto *adj* pieno zeppo, ripieno; ~ *de gente* affollato
réplica *f* replica, ripetizione, copia; *ius* replica; *teatro* battuta (*diálogo*)
replic|ar <*repliqué*> **1.** *vi* replicare, rispondere; **2.** ripetere; *ius* impugnare; ~**ón** *adj/s fam* rispondone
repliegue *m* ripiegatura *f*; *mil* ritirata *f*, ripiegamento
repobl|ación *f* ripopolamento *m*; *agr* rimboschimento *m*, riforestazione; ~**ar** *vt* ripopolare; *agr* rimboschire
repollo *m bot* cavolo cappuccio; cuore (*lechuga*...)
reponer <*32* V. *poner*> **1.** *vt* riporre, rimettere, ricollocare; restituire; *teatro* rimettere in scena; *ius* retrocedere; **2.** ~*se* rimettersi in salute; rifarsi; calmarsi
report|aje *m* reportage *fr/inv*, cronaca *f*, servizio giornalistico; ~**ar** **1.** *vt* portare, dare; *am* informare; **2.** ~*se* moderarsi, reprimersi; ~**e** *m tip* riporto; *am* relazione *f*; ~**ear** *vt am* fare un reportage *vi*
repórter *m/f* reporter *inv/ingl* , cronista
reporte|ril *adj* da reportage, cronistico; ~**ro, -ra** *m/f* reporter *ingl/inv*, cronista
reposacabezas *m/inv* poggiatesta
reposa|do *adj* tranquillo, calmo, flemmatico; ~**r** *vi*, ~**rse** riposare *vi*; depositarsi (*líquidos*); ~ *la comida* fare il chilo; ~**dera** *f am* sedia a sdraio
reposición *f* riposizione; *teatro* replica; *(ius) recurso de* ~ ricorso di riforma
reposo *m* riposo, quiete *f*
repostar *vi* fare benzina
reposter|ía *f gastr* pasticceria; ~**o, -a** 1. *m/f* pasticciere, -a; 2. *m hist* siniscalco
reprender *vt* rimproverare, ammonire, riprendere
reprens|ible *adj* riprensibile, censurabile, riprovevole; ~**ión** *f* riprensione, censura
represa *f* diga; *mil* ricupero *m*; ~**lia** *f* rappresaglia; *econ* ritorsione; ~**liar** *vt* compiere una rappresaglia contro; ~**r** *vt* 1. stagnare (l'acqua); 2. *fig* reprimere
repres|entable *adj* rappresentabile; ~**entación** *f com* rappresentanza; *teatro* rappresentazione; ~**entante** *adj/s* rappresentante; ~**entar** *vt* rappresentare; ~**entativo** *adj* rappresentativo
repres|ión *f* repressione; ~**ivo** *adj* repressivo; ~**or** *adj/s* repressore
reprim|enda *f* sgridata, *lit* reprimenda; ~**ido** *adj/s* represso; ~**ir** *vt* reprimere, trattenere
reprise *m fr/auto* ripresa *f*
reprob|able *adj* riprovevole, censurabile; ~**ación** *f* disapprovazione, biasimo *m*; ~**ar** <*8a* V. *probar*> *vt* disapprovare, biasimare
réprobo *adj/s* reprobo
reprocesado *m chim* reprocessing *ingl/inv*
reproch|able *adj* biasimevole, censurabile; ~**ar** *vt* rimproverare; ~**e** *m* rimprovero
reproduc|ción *f* riproduzione; ~**ible** *adj* riproducibile; ~**ir** <*20* V. *producir*> *vt* riprodurre; ~**tor** **1.** *adj/s* riproduttore; **2.** *m tec* lettore
reprografía *f* riprografia
rept|ación *f* reptazione; ~**ante** *adj* reptante; ~**ar** *vi zool/fig* strisciare; ~**il** *m zool* rettile
república *f* repubblica; ~ *bananera* repubblica delle banane
republican|ismo *m* repubblicanesimo; ~**o** *adj/s* repubblicano
repudi|ar *vt* ripudiare (*mujer*), respingere; ~**o** *m* ripudio; rifiuto
repuesto **1.** *adj* rimesso, riposto; **2.** *m auto* ricambio; scorta *f*
repugn|ancia *f* ripugnanza, avversione, repulsione; ~**ante** *adj* ripugnante, nauseante; ~**ar** **1.** *vi* ripugnare, nauseare, causare avversione; **2.** *vt* non tollerare, non sopportare
repuj|ado *m tec* sbalzo; ~**ar** *vt tec* sbalzare, modellare a sbalzo
repuls|a *f* rifiuto *m*, *lit* ripulsa; ~**ar** *vt* respingere, rigettare; ~**ión** *f* ripulsione, ripugnanza; *fis* repulsione; ~**ivo** *adj* ripulsivo, ripugnante
reput|ación *f* reputazione, fama; ~**ado** *adj* famoso, noto; ~**ar** *vt* reputare, stimare, considerare, ritenere
requebrar <*5a* V. *quebrar*> *vt fig* corteggiare (*mujer*); *fig* lusingare
requem|ado *adj* bruciacchiato, annerito; ~**ar** **1.** *vt* bruciacchiare; bruciare, ardere (*paladar*); **2.** ~*se* corrucciarsi, tormentarsi
requer|imiento *m ius* intimazione *f*, citazione *f*, diffida *f*; richiesta *f*; ~**ir** <*12 requiero; requirió*> *vt ius* citare, esigere, intimare, diffidare; aver bisogno di *vi*, necessitare; desiderare, richiedere; esaminare
requesón *m* ricotta *f*
requeté *m hist* (soldato) carlista
requetebién *adv/fam* molto bene
requiebro *m* complimento amoroso; galanteria *f*
réquiem *m mus* requiem; messa di requiem *f*
requi|lorio *m desp* requisito; ~**rente** *adj/s ius* requirente
requis|a *f* requisizione; perquisizione, ispezione; ~**ar** *vt* requisire; ~**ición** *f* requisizione; ~**ito** *m ius* requisito; ~**itoria** *f* requisitoria
res *f* capo di bestiame *m*
resabi|arse prendere una brutta abitudine/un vizio *vi*; disgustarsi; ~**o** *m* brutta abitudine *f*, vizio; retrogusto cattivo; residuo
resaca *f com* rivalsa; *mar* risacca; *pol* riflusso *m*; *fig* malessere (dopo la sbornia) *m*; *tener la* ~ soffrire gli effetti della sbornia; *combatir la* ~ smaltire la sbornia
resal|ado *adj fam/fig* spiritoso, arguto; ~**ir** <*38* V. *salir*> *vi arch* risaltare; ~**tar** *vi*

risaltare, spiccare, emergere; *hacer* ~ mettere in risalto; ~**te,** ~**to** *m* risalto
resarc|imiento *m* risarcimento, indennizzo; ~**ir** <*resarzo*> **1.** *vt* risarcire, indennizzare; **2.** ~*se* risarcirsi (*de* di)
resbal|adero 1. *adj* sdrucciolevole, sdrucciotoso, scivoloso; **2.** *m* luogo sdrucciolevole; ~**adizo** *adj* sdrucciolevole, scivoloso; ~**amiento** *m* sdrucciolamento; ~**ar** *vi* scivolare, sdrucciolare, *auto* pattinare; *fig* fare uno scivolone; ~**ón** *m* scivolone; *tec* paletto/chiavistello scorrevole; ~**oso** *adj/pop* V. **resbaladizo**
rescat|ar *vt ius* riscattare, cancellare, estinguere; *fig* redimere; ~**e** *m* riscatto
resci|ndir *vt* rescindere, annullare; ~**sión** *f ius* rescissione, annullamento *m*; ~**sorio** *adj ius* rescissorio
rescoldo *m* cinigia *f*, brace coperta dalla cenere *f*; *(fig) avivar el* ~ soffiare sulle braci
resec|ación *f* disseccazione; *med* dissecazione; ~**ar** <*resequé*> *vt* disseccare; *med* dissecare; ~**o** *adj* risecco, risecchito, inaridito; *fig* asciutto
resent|ido *adj* risentito (*estar*); astioso (*ser*); ~**imiento** *m* risentimento; ~**irse** <*10* V. *sentir*> risentirsi di; risentirsi di, sdegnarsi di
reseña *f* rassegna; recensione (*de un libro*); ~**r** *vt* fare una rassegna *vi*; recensire (*libro*)
reserv|a *f* 1. riserva; 2. prenotazione (*localidades*); 3. riservatezza, riserbo *m*, cautela; *mil/sport/com/ius* riserva; ~ *de indios, natural, marina,...* riserva indiana, naturale, marina,...; *vino de* ~ vino di riserva; *sin* ~*s* senza riserve; ~ *mental* riserva mentale; ~**ado 1.** *adj* riservato, confidenziale; riservato, riserbato, discreto (*persona*); **2.** *m* séparé *fr/inv*; ~**ar 1.** *vt* riservare; prenotare (*localidades*); tenere in serbo; riservare, occultare; **2.** ~*se* riservarsi; ~**ativo** *adj* di riserva; ~**ista** *m/f mil/sport* riservista; ~**ón** *adj fam* guardingo
resfri|ado 1. *m* raffreddore; *pescar/coger un* ~ prendere un raffreddore; *cocer el* ~ curarsi del raffreddore; **2.** *adj* raffreddato (*estar*); ~**arse** raffreddarsi, prendere il raffreddore *vi*
resguard|ar 1. *vt* riparare, proteggere; **2.** ~*se* riguardarsi, proteggersi; ~**o** *m* riparo; *com* scontrino, ricevuta *f*
resid|encia *f* residenza, domicilio *m*; ~ *de estudiantes* Casa dello studente; ~ *universitaria* foresteria (universitaria); ~ *de la 3ª edad* pensionato per anziani; *2ª* ~ seconda casa; ~**encial 1.** *adj* residenziale; *barrio* ~ quartiere residenziale; **2.** *m* residence (house); ~**ente** *adj/s* residente; ~**ir** *vi* risiedere, abitare; stare, trovarsi
residu|al *adj* residuale, residuo; ~**o** *m* residuo, rifiuto, scoria *f*; ~*s nucleares* scorie nucleari
resign|ación *f* rassegnazione; *Am Centr* dimissione; ~**ar 1.** *vt* rassegnare; **2.** ~*se* rassegnarsi, sottomettersi
resin|a *f* resina; ~**oso** *adj* resinoso, resinaceo
resist|encia *f* resistenza; *elec* resistenza; ~**ente** *adj* resistente; ~**ir 1.** *vi* resistere; **2.** *vt* sopportare, resistere *vi*; **3.** ~*se* opporsi; rifiutarsi, negarsi
resma *f* risma
resobado *adj* risaputo
resollar <*8a resuello*> *vi* ansare, ansimare; *escuchó hasta el final sin* ~ ascoltò fino alla fine senza fiatare
resol|ución *f* risoluzione, decisione, determinazione; *mat/ius/mus* risoluzione; *con* ~ con risolutezza; *en* ~ insomma, in conclusione; ~**utivo,** ~**utorio** *adj* risolutivo; ~**uto** *adj* risoluto, deciso
resolver <*43 resuelvo; resuelto*> **1.** *vt* risolvere (*problema*); decidere; *cient/mus* risolvere; **2.** ~*se* risolversi; *fig* ridursi, andare a finire *vi*
reson|ador 1. *adj* risonante; **2.** *m tec* risonatore; ~**ancia** *f* risonanza; *fig* risonanza, eco *m/f*; ~ *magnética* risonanza magnetica (nucleare); ~**ante** *adj* risonante; ~**ar** <*8a resueno*> *vi* risonare, risuonare
resopl|ar *vi* sbuffare; ~**ido,** ~**o** *m* sbuffo
resorción *f med* riassorbimento *m*
resorte *m tec* molla *f*; *fig* mezzo; *tocar todos los* ~*s* fare di tutto
respald|ar 1. *vt* 1. proteggere, difendere; appoggiare; 2. annotare a tergo uno scritto; *te respaldamos en todo lo que hagas* ti appoggiamo in tutto ciò che farai; **2.** ~*se* appoggiarsi con la schiena; ~**o** *m* 1. schienale; *fig* appoggio morale; 2. tergo di uno scritto
respect|ar *vi imp/raro* riguardare, spettare; *por lo respecta a* riguardo/rispetto a; ~**ivo** *adj* rispettivo, corrispondente; ~**o** *m* relazione *f*; *al* ~, *con* ~ *a*, ~ *a/de* rispetto/riguardo a
respet|abilidad *f* rispettabilità; ~**able** *adj* rispettabile; *iron* spettabile; ~**ar** *vt* rispettare; ~**o** *m* rispetto; rispetto, stima *f*; *iron* rispetto, paura *f*; riguardo; *de* ~ di riguardo; *(fam) campar por sus* ~*s* fare tutto di testa propria; *faltar al* ~ *a* mancare di rispetto a; *presentar los* ~*s (a alg)* presentare i propri rispetti; ~**uoso** *adj* rispettoso, ossequioso; rispettabile
respigar <*respigué*> *vt agr* spigolare
resping|ado *adj* all'insù; ~**ar** <*respingué*> *vi fam* tirare (*manga, falda*); *fam* impuntarsi; ~**o** *m* impuntatura *f*; sobbalzo (*dar*); *am* grinza *f*; ~**ón** *adj* all'insù, arricciato
respir|able *adj* respirabile; ~**ación** *f* respirazione; ~**adero** *m* spiraglio; *arch* feritoia *f*; *tec* sfiato; ~**ador** *adj/m med* respiratore; ~**ar 1.** *vi med/fig* respirare; fiatare; **2.** *vt* spirare, emanare; ~**atorio** *adj* respiratorio; ~**o** *m med/fig* respiro; *com* proroga *f*
respland|ecer <*13a resplandezco*> *vi* risplendere, brillare; ~**eciente** *adj* risplendente, brillante; ~**or** *m* splendore, bagliore
respond|er 1. *vt* rispondere *vt/vi*; **2.** *vi* corrispondere; rispondere, rendere; *ius* rispondere, essere responsabile (*de* di); ~ *al nombre de* chiamarsi; ~**ón** *adj/s* linguacciuto, impertinente
respons|abilidad *f* responsabilità; ~ *limitada, ilimitada* responsabilità limitata, illimi-

tata; ~**abilizar** <*responsabilicé*> **1.** *vt* responsabilizzare, rendere responsabile; **2.** ~*se* rendersi responsabile (*de* di); ~**able** *adj* responsabile

responso *m lit* responso

respuesta *f* risposta; *en* ~ in risposta

resque|bradura, ~**brajadura** *f,* ~**brajo** *m* crepa *f,* screpolatura *f;* ~**brajar** *vt* screpolare, sgretolare

resquem|ar *vt gastr/fig* bruciare, pizzicare; bruciacchiare; ~**or** *m* bruciore, pizzicore; *fig* cruccio, preoccupazione *f*

resquicio *m* fessura *f; fig* occasione *f*

resta *f mat* sottrazione; *fig* resto *m*

restablec|er < *13a restablezco*> *vt* ristabilire, rimettere; ~**imiento** *m* ristabilimento; *mec* ripristino

restallar *vi/vt* schioccare

restante *adj/m* restante, rimanente; *lo* ~ il resto

restañar *vt/vi* ristagnare; *fig* cicatrizzare

restar 1. *vt mat* sottrarre; togliere, levare; sminuire (*méritos*); *sport* respingere, rimbalzare; **2.** *vi* restare, rimanere

restaur|ación *f pol* restaurazione; *arch* restauro *m;* ~**ador, -ra** *m/f* restauratore, -trice; ~**ante** *m* ristorante; *coche* ~ vettura ristorante; ~**ar** *vt* restaurare, riparare; *fig* restaurare, rimettere, ristabilire

restit|ución *f* restituzione; ~**uir** < *14 restituyo; restituyó*> *vt* restituire, rendere, ridare

resto *m* resto; *com* resto, residuo; posta *f* (*posta*); ~*s mortales* resti mortali; ~ *abierto* posta illimitata; *echar el* ~ giocarsi tutto (*juego*); fare tutto il possibile

restr|egar <*5a restriego*> *vt* strofinare; ~**egón** *m* strofinata *f*

restr|icción *f* restrizione; ~**ictivo** *adj* restrittivo; ~**ingir** <*restrinjo*> **1.** *vt* restringere, limitare, ridurre; **2.** ~*se* restringersi

resucitar *vt/vi* risuscitare

resuello *m* soffio, affanno; *meter el* ~ *en el cuerpo (a alg)* mettere la paura addosso (a q)

resuelto *adj* risoluto, deciso

resulta 1. *f* risultato *m,* risultanza; *de* ~*s de* in/per conseguenza di; 2. *fpl* conseguenze; *adm* vacanza *f;* ~**do** *m* risultato; ~**nte 1.** *adj/m* risultante; **2.** *f cient/fig* risultante; ~**r** *vi* 1. risultare, derivare; 2. riuscire; 3. divenire, diventare; 4. venirsi a sapere; 5. essere; 6. convenire; 7. costare; 8. uscire; *el viaje resultó estupendo* il viaggio riuscì stupendamente; *la casa ha resultado pequeña* la casa è diventata piccola; *ahora resulta que el culpable soy yo* ora si viene a sapere che il colpevole sono io; *resultó ser un tío de mi mujer* era uno zio di mia moglie; *el negocio ha resultado un bluff* l'affare è stato/si è rivelato un bluff; *no resulta comer a la carta* non conviene mangiare alla carta; *resultan a 12 pesetas* costano 12 pesete; *me resultan 7 pesetas menos que a ti* mi escono 7 pesete meno che a te

resultón *adj fam* attraente, che fa effetto

resum|en *m* riassunto, riepilogo, compendio; *en* ~ in breve, ricapitolando; ~**ir** *vt* riassumere, fare il riassunto di *vi,* ricapitolare

resurg|imiento *m* risorgimento; ~**ir** <*resurjo*> *vi* risorgere; risuscitare

resurrección *f eccl* risurrezione; *fig* risorgimento *m; Pascua de * Pasqua*

retablo *m art* retablo *Esp,* ancona *f; (fig)* ~ *de dolores* Madonna Addolorata o dei sette dolori

retaco *m iron* tappo (*persona*)

retador *adj/s* sfidatore, sfidante

retaguardia *f* retroguardia; *mil* retrovia; *a* ~ alla retroguardia

retahíla *f* filza, fila

retal *m* scampolo

retam|a *f,* ~**o** *m bot* ginestra *f; (fig) mascar* ~*a* masticare veleno

retar *vt* sfidare; *fam* rimproverare; *Chile* insultare

retard|ado *adj* ritardato; *de acción* ~*a* ad azione ritardata; ~**ar** *vt* ritardare, rimandare; ~**o** *m mus* ritardo

retazo *m* pezzo, frammento; scampolo (*tela*)

retejar *vt* racconciare il tetto *vi*

retén *m mil* picchetto (*personas*); *mil* posto di guardia; riserva *f; Col/Ven* posto di controllo stradale

reten|ción *f med/ius* ritenzione; ritenuta (*sueldo*); *auto* ingorgo *m,* rallentamento *m,* coda di veicoli *f; (sport)* ~ *del balón* melina; ~**er** <V. *tener*> *vt* ritenere, trattenere; ritenere, ricordare (*memoria*); detenere, arrestare (*ladrón*); ~**tiva** *f* ritentiva; ~**tividad** *f psic* ritentività; ~**tivo** *adj* ritentivo

retic|encia *f* reticenza; ~**ente** *adj* reticente

rético *adj/s* retico

retícula *f* reticolo *m*

reticul|ación *f foto* reticolatura; ~**ar** *adj* reticolare

retículo *m* reticolo, reticolato; *zool/foto* reticolo

retina *f med* retina

retintín *m* tintinno; *fam* aria *f,* melodia *f; fam* ironia *f*

retir|ada *f mil* ritirata; *(mil/fig) cortar la* ~ bloccare la ritirata; ~**ado** *adj* ritirato, fuori mano, appartato (*lugar*); isolato, appartato (*vivir*); pensionato; ~**ar 1.** *vt* ritirare; spostare, allontanare; togliere; *adm* mandare in pensione; **2.** ~*se* ritirarsi; andarsene; *adm* andare in pensione; ~**o** *m* ritiro; pensione *f* (*sueldo*)

reto *m* sfida *f;* sgridata *f; Chile* insulto; *echar* ~*s* minacciare

retobado *adj am* insolente, ribelle; testardo

retocar <*retoqué*> *vt* ritoccare

retoñ|ar *vi bot* rigermogliare; ~**o** *m* germoglio, rampollo; *fam* rampollo

retoque *m* ritocco; *med* pulsazione accelerata *f*

retorc|er <*9a retuerzo*> **1.** *vt* torcere, storcere; strizzare (*ropa*); **2.** ~*se* storcersi; ~**imiento** *m* ritorcimento; *tec* torsione *f*

retóric|a *f* retorica; *desp* retorica, gonfiezza; ~**o** *adj* retorico

retorn|able *adj* a rendere; *no* ~ a perdere;

~**ar 1.** *vi* ritornare, tornare indietro; **2.** *vt* restituire, rendere; respingere; ~**o** *m* ritorno
retorrománico *m* retoromanzo, ladino
retorsión *f* ritorcimento *m*; *ius* ritorsione
retorta *f chim* storta
retortero *m* giro; *andar al ~* essere sempre in giro; *llevar/traer al ~ (a alg)* non lasciare respirare (q)
retortijón <*pl retortijones*> *m* attorcigliamento; *~(ones) de tripas* intestino attorcigliato
retoz|ar <*retocé*> *vi* giocherellare, trastullarsi; *fig* ribollire; ~**o** *m* il ruzzare, chiasso; ~**ón** *adj* zuzzurellone, vispo
retracción *f* ritrazione, restringimento *m*
retract|ación *f* ritrattazione; ~**ar 1.** *vt* ritrattare, rimangiare; **2.** *~se ius* recedere *vi*; ritrattarsi, tirarsi indietro
retráctil *adj* retrattile
retracto *m ius* retratto
retraer <*39* V. *traer*> **1.** *vt* ritrarre, tirare indietro; *ius* esercitare il diritto di retratto; **2.** *~se* ritrarsi; retrocedere *vi*
retraído *adj* chiuso, selvatico, ritirato
retraimiento *m* ritiratezza *f*, isolamento; riservatezza *f*, selvatichezza *f*
retransmi|sión *f radio/TV* trasmissione; ~**tir** *vt radio/TV* trasmettere
retras|ado 1. *adj* ritardato, indietro; *el reloj va ~* l'orologio va indietro; **2.** *adj/s* minorato; ~**ar 1.** *vt* ritardare, rimandare; **2.** *vi* andare/essere indietro; **3.** *~se* andare/essere indietro *vi* (*reloj*); restare indietro *vi* (*en algo*); ~**o** *m* ritardo; *llegar con ~* arrivare in ritardo
retrat|ar *vt* ritrattare, fare il ritratto (di) *vi*; essere il ritratto (di) *vi*, rassomigliare (a) *vi*; ~**ista** *m/f* ritrattista; ~**o** *m* ritratto; *~ de cuerpo entero, de medio cuerpo, de tamaño natural* ritratto a figura intera, a mezzo busto, al naturale; *~ robot* identikit
retrechero *adj desp* scaltro; seduttore
retret|a *f mil* ritirata; *am* concerto di banda militare all'aperto *m*; *am* filza; ~**e** *m* gabinetto, cesso
retrib|ución *f* retribuzione, remunerazione, compenso *m*; ~**uir** <*14 retribuyo; retribuyó*> *vt am* retribuire, rimunerare, ricompensare; *am* contraccambiare
retro|acción *f* regressione; ~**actividad** *f* retroattività; ~**activo** *adj* retroattivo; ~**ceder** *vi* retrocedere, indietreggiare, tornare indietro; ~**ceso** *m* retrocessione *f*, regresso; *cient* regressione *f*; *ius* regresso; *tecla de ~* tasto del ritorno
retrogradación *f astr* retrogradazione
retrógrado *adj/s* retrogrado
retronar <*8a* V. *contar*> *vi* rintronare
retro|propulsión *f* propulsione a getto, a razzo; ~**proyector** *m* lavagna luminosa *f*; ~**spectiva** *f* retrospettiva; ~**spectivo** *adj* retrospettivo; ~**traer** <*39* V. *traer*> *vt* retrodatare; riportare indietro; ~**venta** *f com* retrovendita; ~**visor** *adj/m* retrovisore
retrucar <*retruqué*> *vi* rimbalzare; *am* ribattere
retruécano *m ling* allitterazione *f*
retruque 1. *m* rimbalzo; **2.** *(adv) de ~* di rimbalzo
retumb|ante *adj* rimbombante, fastoso, pomposo; ~**ar** *vi* rimbombare
reum|a, reúma *m med* reuma; ~**ático** *adj* reumatico; ~**atismo** *m* reumatismo; ~**atoide** *adj* reumatoide; ~**atología** *f* reumatologia; ~**atólogo** *adj/s* reumatologo
reunific|ación *f* riunificazione; ~**ar** <*reunifiqué*> *vt* riunificare
reuni|ón *f* riunione; assemblea; *~ plenaria* assemblea plenaria; ~**r** <*reúno*> *vt* riunire; congiungere, unire, adunare
reválida *f* convalidazione; *(ant) ~ de bachillerato* esame di maturità
revalid|ación *f* convalidazione, ratifica; ~**ar** *vt* convalidare, ratificare
revaloriz|ación *f* rivalutazione, rivalorizzazione; ~**ar** <*revaloricé*> *vt* rivalutare, rivalorizzare
revalu|ación *f* rivalutazione; ~**ar** *vt* rivalutare
revanch|a *f* rivincita, rivalsa; ~**ismo** *m* revanscismo
revel|ación *f* rivelazione; ~**ado 1.** *adj* rivelato; **2.** *m foto* sviluppo; ~**ador** *adj/s* rivelatore; *foto* rivelatore; ~**ar** *vt eccl* rivelare; rivelare, scoprire, svelare; *foto* sviluppare
revend|edor, a *m/f* rivenditore, trice; ~**er** *vt* rivendere
reveni|do 1. *adj* rinvenuto; *gastr* vecchio; **2.** *m metal* rinvenimento; ~**rse** <*41* V. *venir*> consumarsi; guastarsi (*comida*); trasudare *vi* (*pared*)
revent|a *f* bagarino *m*; rivendita; ~**ado** *adj* sfinito, stanco morto; ~**ar** <*5a reviento*> **1.** *vi* scoppiare, esplodere, saltare in aria; *fig* scoppiare, non poterne più (*persona, animal*); dar fastidio, seccare; *fig* scoppiare (*risa, ganas...*); crepare, morire; **2.** *vt fig* mandare all'aria, rovinare; *teatro* fischiare; **3.** *~se* scoppiare *vi*; crepare *vi*; ammazzarsi; ~**ón** *m* scoppio, esplosione *f*; *fig* colpo; *fig* sforzo
reverber|ación *f* riverbero *m*; *metal* calcinazione; ~**ar** *vi* riverberare, riflettersi; ~**o** *m* riverbero, riflesso; *horno de ~* forno a riverbero; *am* fornello a spirito
reverdecer <*13a reverdezco*> *vi/vt* rinverdire
reverencia *f* riverenza, rispetto *m*; riverenza, inchino *m*; *Vuestra ~* Vostra Riverenza; ~**l** *adj* reverenziale; ~**r** *vt* riverire
reveren|dísimo *adj eccl* reverendissimo; ~**do** *adj/m eccl* reverendo; ~**te** *adj* riverente, ossequioso
revers|ible *adj* reversibile; *abrigo ~* cappotto double-face; ~**ión** *f cient* reversione; ritorno *m*; ~**o 1.** *adj/m* rovescio; *el ~ de la medalla* il rovescio della medaglia; **2.** *m/f Col* marcia indietro *f*
revertir <*6 revierto; revirtió*> *vi* tornare allo stato primitivo
revés *m* rovescio, retro, dietro; *fig/sport* rovescio; manrovescio, schiaffo; disgrazia *f*; *al/del ~* al rovescio; *al ~ de* al contrario di
revest|imiento *m* rivestimento; ~**ir** <*12* V. *vestir*> **1.** *vt* rivestire, ricoprire; **2.** *~se* coprirsi; *fig* armarsi (*paciencia*); investirsi (*poder*); *eccl* vestire i paramenti *vi*

revis|able *adj* rivedibile; ~**ación** *f Arg* V. **revisión**; ~**ar** *vt* rivedere, ripassare; ~**ión** *f* revisione; ~ *médica* controllo medico, check-up; ~**ionismo** *m pol* revisionismo; ~**or, -ra** *m/f tip* revisore *m*; *tras* controllore *m*; ispettore, -trice
revist|a *f teatro/mil/tip* rivista; ispezione, controllo *m*; *pasar* ~ passare in rivista; ~*s del corazón* stampa rosa; ~**ar** *vt mil* passare in rivista; ~**ero, -ra** 1. *m/f tip* cronista; 2. *m* portariviste (*mueble*)
revitalizar <*revitalicé*> *vt* rivitalizzare
reviv|al *m* revival *ingl/inv*; ~**ificación** *f* rivivificazione; ~**ir** *vi* rivivere, *fig* rinascere, riapparire; ~**iscencia** *f cient* reviviscenza
revoc|abilidad *f* revocabilità; ~**able** *adj* revocabile; ~**ación** *f* revocazione, revoca; ~**ar** <*revoqué*> *vt ius* revocare, derogare; dissipare; intonacare (*paredes*); ~**atorio, -a 1.** *adj* revocatorio, -a; **2.** *f am* revoca; ~**o, revoque** *m* intonacatura *f*
revolc|ar <*8a revuelco; revolqué*> **1.** *vt* abbattere, rovesciare, rivoltare; **2.** ~*se* rivoltarsi, rivoltolarsi; ~**ón** *m* rivoltolone
revolote|ar *vi* svolazzare, volare intorno, librarsi; ~**o** *m* svolazzio
revolt|illo, ~**ijo** *m* miscuglio, guazzabuglio, garbuglio, confusione *f*; *gastr* misto; ~**oso** *adj/s pol/fig* rivoltoso, ribelle; *fig* turbolento, indocile
revoluc|ión *f pol/astr* rivoluzione; sommossa, ribellione; ~**ionar** *vt* sovvertire, rivoluzionare, mettere in rivoluzione; ~**ionario** *adj/s* rivoluzionario; ribelle
revólver *m* rivoltella *f*, revolver *inv*
revolver <*43* V. *volver*> **1.** *vt* mettere sottosopra, rimuovere (*papeles, asunto*); *fig* sconvolgere (*ánimo*); avvolgere; *gastr/fig* rimescolare; ~ *el estómago* dar nausea; ~ *la sangre far* bollire il sangue; **2.** ~*se* rivoltarsi (*contra alg*); girarsi, muoversi; agitarsi (*líquido, tiempo*)
revuel|co *m* sobbalzo, rivoltolone; ~**o** *m fig* subbuglio, scompiglio, trambusto; svolazzo, svolazzio; volo di ritorno; *de* ~ rapidamente, in un volo; *causar* ~ fare scandalo; ~**ta** *f pol* sommossa, rivolta; rissa; svolta (*espacio*); mutamento *m* (*estado, opinión*); ~**to** *adj* sconvolto, agitato; disordinato; *desp* mischiato; *huevos* ~*s* uova strapazzate
revulsivo *adj/m* revulsivo
rey *m* re *inv*, monarca; re *inv* (*juegos*); *fam* tesoro, cocco; *los* *~*es Magos* i Re Magi; *día de* *~*es* il giorno della Befana; *vivir a cuerpo de* ~ vivere/stare come un re; *a* ~ *muerto,* ~ *puesto* morto un papa se ne fa un altro; *ni quito ni pongo* ~ non dico né ai né bai
reyerta *f* lite, rissa, alterco *m*
reyezuelo *m* reuccio; *zool* regolo
rezador, ~**a** 1. *m/f* devoto, bigotto; 2. *f am* pregante
rezag|ado *adj* arretrato; ~**ar** <*rezagué*> **1.** *vt* lasciare indietro; rimandare; **2.** ~*se* restare indietro, attardarsi; ~**o** *m* ritardo
rezar <*recé*> **1.** *vi* pregare; **2.** *vt* recitare (*el rosario*); annunciare; *fig* riferirsi; ~ *misa* dire la messa
rezo *m* preghiera *f*, orazione *f*
rezong|ar <*rezongué*> **1.** *vi* brontolare, borbottare; **2.** *vt am* sgridare; ~**ón** *adj/s* brontolone
rezumar 1. *vi* trasudare; **2.** ~*se fig* trapelare *vi*, trasudare *vi*
R(h)in *m geogr* Reno
ría *f* ria
riachuelo *m* ruscello, fiumiciattolo
riada *f* alluvione *m*, inondazione, allagamento *m*
ribald|ería *f* ribalderia; ~**o** *adj/s* ribaldo, furfante
ribazo *m* ripa *f*
ribeiro *m* ="vino galiziano"
riber|a *f* riva, sponda; lido *m*, costa; ~**eño** *adj* rivierasco, costiero
ribete 1. *m* cordoncino, galloncino, orlo; *fig* adorno, abbellimento; 2. *mpl fig* traccia *f*, spunto *m*; ~**ar** *vt* filettare, ornare con filetti
ribonucleico *adj* ribonucleico
ricach|o, ~**ón** *adj/s* riccone, ricco sfondato
ricamente *adv* riccamente; piacevolmente, stupendamente
ricino *m bot* ricino
rico 1. *adj/s* ricco; *(desp) nuevo* ~ arricchito **2.** *adj* suntuoso, sfarzoso, magnifico; abbondante; bello, grazioso (*persona*); *gastr* buono, saporito, gustoso, squisito
rictus *m/inv med* rictus
ricura *f* bellezza; bontà
ridi *adj/s gergo* ridicolo; ~**culez** *f* ridicolezza, ridicolaggine; ~**culizar** <*ridiculicé*> *vt* ridicolizzare, mettere in ridicolo
ridículo *adj/m* ridicolo; *en* ~ in ridicolo; *hacer el* ~ fare il ridicolo; *poner/quedar en* ~ porre/restare in ridicolo
riego *m agr* irrigazione *f*; innaffiamento; ~ *por aspersión, por goteo* irrigazione a pioggia, a goccia; ~ *sanguíneo* circolazione sanguigna
riel *m* guida *f*, riloga *f* (*cortinas*); *tras* rotaia *f*
rienda *f* redine, briglia; *fig* redine; *a* ~ *suelta* a briglia sciolta; *(fig) aflojar las* ~*s* allentare le redini; *(fig) dar* ~ *suelta* lasciar libero; *empuñar las* ~*s* prendere le redini; *llevar/tener las* ~*s* avere le redini in mano; *tirar de la* ~ tirare la briglia
riesgo *m* rischio, pericolo; *econ* rischio; *a* ~ *de* a rischio di; *de/a* ~ a rischio; *correr el* ~ correre il rischio; ~**so** *adj am* arrischiato, pericoloso
rifa *f* riffa (*juego*); ~**r 1.** *vt* sorteggiare, fare la riffa *vi*; **2.** ~*se* contendersi
rifirrafe *m* zuffa *f*
rifle *m* fucile, carabina ad anima rigata *f*
rigidez *f cient/fig* rigidità, rigidezza
rígido *adj* rigido, teso; *fig* inflessibile, severo; irrigidito (*frío*)
rigor *m* rigore, severità *f*; *cient* rigore; *de* ~ di rigore; *en* ~ per la verità, a rigor di termini; *ser de* ~ essere d'obbligo
riguros|idad *f* rigorosità; ~**o** *adj* rigoroso; severo, austero; meticoloso; *meteo* rigido; *por* ~ *turno* per ordine rigoroso
rija *f med* fistola; rissa

rijo *m* fregola *f*; **~so** *adj* lussurioso
rima *f* rima; *~s alternas, pareadas, cruzadas* rime alternate, baciate, incatenate; *octava ~* ottava; **~dor** *adj/s* rimatore; **~r** *vi/vt* rimare
rimbomb|ancia *f* rimbombo *m*; **~ante** *adj* rimbombante, *fig* vistoso
rímel, rimmel *m* rimmel *inv*, mascara *f*
rinc|ón *m* angolo, canto; *fig* angoletto, nascondiglio; ripostiglio (*lugar*); pezzetto, porzione *f* (*de tierra*); **~onada** *f* cantonata; **~onera** *f* cantoniera (*mueble*); *arch* angolo *m*
ring *m sport* ring *inv/ingl*
ringlera *f* fila
ringorrango *m* ghirigoro; *fig* fronzolo
rinitis *f med* rinite
rinoceronte *m zool* rinoceronte
rinoplastia *f med* rinoplastica
riña *f* lite, zuffa, rissa
riñón *m med* rene; *gastr* rognone; *costar un ~* costare un occhio della testa; *quebrantarse/romperse los ~ones* spezzarsi le reni; *tener ~ones* aver fegato
riñonada *f gastr* rognonata
río *m* fiume; *fig* fiume, abbondanza *f*
riojano *adj/s* della Rioja
rioplatense *adj/s* della riviera della Plata o di Río della Plata
ripio *m* residuo, avanzo; *fig/lit* riempitivo, pleonasmo; *no perder ~* non perdere una sillaba
riqueza *f* ricchezza; bellezza, ricchezza, lusso *m*; *econ* ricchezza
risa *f* riso *m* (*fpl* risa); cosa comica o ridicola; *es una ~* è da ridere; *~ falsa, de conejo* riso sforzato; *~ sardónica* riso sardonico; *dar ~* far ridere; *caerse / desconyuntarse / desternillarse / troncharse de ~* crepare / sganasciarsi / scoppiare / sbellicarsi dalle risa; *estar muerto/mondarse de ~* morire dalle risate; *tomar a ~* prendere in scherzo
risco *m* roccia *f*, rupe *f*; **~so** *adj* roccioso, dirupato
risible *adj* risibile, ridicolo
risotada *f* forte risata
ristr|a *f* resta (*ajos*); fila; **~e** **1.** *m* resta *f*; **2.** *(adv) en ~* in resta
risueño *adj* allegro, ridente; promettente
rítmico *adj* ritmico
ritmo *m* ritmo
rito *m* rito
ritual *adj/m* rituale; *de ~* di rito; **~ista** **1.** *m/f* ritualista; **2.** *adj* ritualistico
rival *adj/s* rivale, avversario; **~idad** *f* rivalità, antagonismo *m*; **~izar** <*rivalicé*> *vi* rivaleggiare, gareggiare, competere
rizado **1.** *adj* arricciato; **2.** *m* arricciatura *f*; **~r** *m* arricciacapelli; ferro per arricciare
rizar <*ricé*> *vt* arricciare; *~ el rizo* esagerare, complicare le cose *(fig)*; fare il giro della morte *(aer)*
rizo *m* riccio, ricciolo (*pelo*); spugna *f* (*tela*); *aer* gran volta *f*
rizoma *m bot* rizoma
rizoso *adj* ondulato (*pelo*)
RNE *f* Radio Nazionale Spagnola
róbalo *m zool* branzino, spigola *f*
robar *vt* rubare; derubare, rapinare, svaligiare; pescare (*naipes*)
robellón *m bot* agarico delizioso
roble *m bot* rovere, quercia comune *f*; *fig* quercia *f*; **~dal** *m* rovereto, querceto
roblón *m* chiodo ribattino
robo *m* furto, rapina *f* (*acción*); refurtiva *f*; pesca *f* (*naipes*); *~ a mano armada* rapina a mano armata
robot *m* robot *inv*
robótic|a *f* robotica; **~o** *adj* robotico
robotizar <*roboticé*> *vt* robotizzare
robust|ecer <*13a robustezco*> *vt* irrobustire; **~ez** *f* robustezza, forza, resistenza; **~o** *adj* robusto, forte, resistente
roca *f* roccia, rocca, rupe; macigno *m*, masso *m*; *fig* macigno *m*; *~ eruptiva/ígnea, sedimentaria* roccia eruttiva, sedimentaria
rocambolesco *adj* rocambolesco
rocanrol *m* rock and roll; **~ero** *adj/s mus* rocchettaro
roce *m* attrito, sfregamento, strofinio; *fig* relazione *f*, pratica *f*
rocia|da *f* spruzzatura; *meteo* rugiada; *fig* scarica (*balas*); **~dor** *m* spruzzatore; **~r** <*2 rocío*> **1.** *vt* spruzzare, schizzare; **2.** *vi* cadere la rugiada; piovigginare
rocín *m* ronzino
rocinante *m* ronzinante
rocío *m meteo* rugiada *f*; *meteo* pioggerella *f*; spruzzo
rocker *m/f* rocker *ingl/inv*; **~o** *adj/s* rocchettaro
rococó *adj/m art* rococò
rocoso *adj* roccioso
rodaballo *m zool* rombo maggiore
rodad|a *f* solco della ruota *m*; **~o** **1.** *adj* rotolato; *fig* arrotondato; *canto ~* ciottolo; *venir (algo) ~* venire (qc) a pennello; **2.** *m am* veicolo a ruote
rodaja *f gastr* fetta; *tec* rotella
rodaje *m auto/fig* rodaggio; *cine* ripresa *f*; insieme di ruote
rodal *m agr* campicello; macchia *f*
rodamiento *m tec* cuscinetto; *~ de bolas* cuscinetto a sfere
rodante *adj* rotante; rotolante
rodapié *m* zoccolo (*paredes*); riparo
rodar <*8a ruedo*> *vi* rotare, girare; rotolare (*una piedra*); *cine* girare; *tec* rodare; *echarlo todo a ~* mandare tutto all'aria; *ir rodando* andare gironzolando
rode|ar **1.** *vt* circondare, attorniare, circuire; **2.** *vi* girare intorno, fare un giro; girare (*la cabeza*); **3.** *~se* circondarsi; **~o** *m* 1. rodeo; 2. *fig* pretesto; 3. *ling* circonlocuzione *f*; *andar con ~s/dar ~s* menar il can per l'aia; *sin ~s* direttamente, senza tergiversare; **~ra** *f* solco di ruota *m*; **~te** *m* cercine
rodill|a *f* ginocchio *m* (*fpl* ginocchia; ginocchi *mpl*); *de ~s* in ginocchio; *doblar la ~/hincarse de ~s* inginocchiarsi, mettersi in ginocchio; **~era** *f* ginocchiera; **~o** *m* rullo; *gastr* matterello
rododendro *m bot* rododendro
rodríguez *m pop* ="marito solo in città e con la moglie in vacanze"; *estar de ~* es-

sere temporalmente libero, restare solo in città

roe | dor *adj/m* roditore; ~**dura** *f* rodimento *m*; rosicchiamento *m*; ~**r** <*35 roo; royó*> *vt* rodere (*ratón*); rosicchiare; *fig* rodere, consumare

roga | r <*rogué*> *vt/vi* pregare, supplicare, implorare; *hacerse de* ~ farsi pregare; *le ruego que me escuche* la prego di ascoltarmi; ~**tiva** 1. *f* supplica; 2. *fpl eccl* rogazioni; ~**torio** *adj ius* rogatorio; supplichevole

roj | al *adj* rossastro; ~**ez** *f* rossezza; ~**izo** *adj* rossiccio; ~**o** *adj* rosso; *al ~ vivo* incandescente; eccitato; *ponerse* ~ diventar rosso

roll | azo *m pop* rottura di scatole *f*; ~**ero** *adj/s* pesante, noioso, palloso; pallista; ~**izo** *adj* grassoccio; rotondo; ~**ista** *adj/s* scocciante, palloso, pesante; ~**o** *m* rotolo (*papel, tela...*); *foto* rullino; rullo; ciambella *f* (*pan*); *gergo* il mondo della droga e del qualunquismo; *fig* tipo di vita; *pop* menata *f*, tiritera *f*, discorso lungo e noioso; *fig* ciccia *f* (*gordura*); *(fig) es un* ~ è una scocciatura/pizza; *¡Qué ~!* Che barba!; *largar el* ~ fare un discorso lungo e noioso

romana *f* stadera

roman | ce 1. *adj ling* romanzo; **2.** *m* 1. *lit* romanza *f*; *ling* spagnolo antico; *fig* storia amorosa *f*, relazione sentimentale *f*; *hablar en* ~ parlar chiaro; 2. *mpl* chiacchiere *fpl*, storie *fpl*; ~**cero** 1. *m lit* collezione di romanze *f*; 2. *m/f fig* raccontafavole *inv*; ~**che** *adj/m* romancio

Romania *f ling* Romania

románico 1. *adj/m art* romanico; **2.** *adj ling* romanzo; *lenguas ~s* lingue romanze

roman | ista *adj/s* romanista; ~**ística** *f* romanistica; ~**ización** *f* romanizzazione; ~**izar** <*romanicé*> *vt* romanizzare; ~**o** *adj/s* romano

romanticismo *m art/lit* romanticismo

romántico *adj/s* romantico

romanza *f mus* romanza

rombo *m mat/zool* rombo; ~**edro** *m* romboedro; ~**idal** *adj* romboidale

romer | al *m bot* campo di rosmarino; ~**ía** *f* pellegrinaggio *m*; ~**o** *m* 1. *bot* rosmarino; 2. pellegrino

romo *adj* smussato; *fig* ottuso

rompe | cabezas *m/inv* puzzle *ingl*; *fig* rompicapo; ~**dero** *adj* fragile; ~**dura** *f* rottura; ~**hielos** *m/inv mar* rompighiaccio; ~**huelgas** *m/inv* crumiro *m*; ~**olas** *m/inv mar* frangiflutti, frangionde

romper 1. *vt* rompere; stracciare, lacerare; infrangere; interrompere (*amistad*); *de rompe y rasga* risoluto; *el que rompe, paga* chi rompe paga, e i cocci sono suoi; *(mil) ¡rompan filas!* rompete le righe!; **2.** *vi* scoppiare; uscire; *bot* sbocciare, aprirsi; ~ *con (alg)* romperla con (q); ~ *a llorar* scoppiare a piangere; **3.** ~*se* rompersi

rompi | ente *m* frangente; ~**miento** *m* rompimento; rottura *f*; *teatro* fondale con aperture

ron *m* rum *inv*

roncar <*ronqué*> *vi* russare; bramire (*el ciervo*)

roncha *f* vescica (*piel*); livido *m*; fetta (*embutido*); *(fig) levantar ~s* produrre bruciori

ronco *adj* rauco, roco

ronda *f* ronda; *mus* serenata; mano (*naipes*); circonvallazione; *camino de* ~ cammino di ronda; *hacer la ~ a una mujer* fare la ronda a una donna; ~**dor** *adj/s* corteggiatore; ~**lla** *f mus* 1. ="complesso musicale che fa le serenate" *m*; 2. fandonia, fola; ~**r** *vi* fare la ronda, andare in ronda; andare in giro

rondín *m Chile* vigile

rondó *m mus* rondò, rondeau *fr*

rondón: de ~ *adv* di soppiatto, improvvisamente

ronqu | era *f* raucedine, laringite; ~**ido** *m* ron-ron (*roncar y gato*); il russare; *¡Qué ~s!* Che modo di russare!

ronrone | ar *vi* fare le fusa (*gato*); ~**o** *m* ron-ron

ronzal *m* cavezza *f*

ronzar <*roncé*> *vi* scricchiolare (*masticando*)

roñ | a *f med* rogna, scabbia; *fig* rogna; *fig* sporcizia, sudiciume *m*; *fig* tirchieria; ~**ería** *f* taccagneria, tirchieria; ~**ica** *m/f* taccagno, -a; ~**osería** *f* taccagneria, tirchieria; ~**oso** *adj* rognoso; *fig* misero, meschino; *fig* tirchio; ossidato

ropa *f* roba; biancheria; tessuto *m*, tela; ~ *blanca* biancheria della casa; ~ *de cama* biancheria da letto; ~ *hecha* roba confezionata; ~ *interior* biancheria intima; ~ *de mesa* biancheria da tavola; ~ *sucia* biancheria sporca; ~ *de color* roba colorata; *a quema* ~ a bruciapelo; *(fig) hay ~ tendida* silenzio, arriva gente; *guardar la* ~ agire con cautela; *tentarse la* ~ pensarci su; *la ~ sucia se lava en casa* i panni sporchi si lavano in famiglia; ~**je** *m* vestiario

ropero *m* guardaroba, armadio; associazione di carità *f*

roque 1. *adj/fam* addormentato; 2. *m* torre degli scacchi *f*; 3. *~ Rocco; *la casa de tócame *~* un casino; ~**dal** *m* luogo roccioso; ~**ño** *adj* roccioso; ~**ro** *adj/s* rocchettaro; ~**te** *m eccl* rocchetto

rorro *m fam* lattante

ros *m* cheppì, kepì spagnolo

ros | a 1. *f* rosa; ~ *de té* rosa tea; ~ *de los vientos* rosa dei venti; *fresco como una* ~ fresco come una rosa; *no hay ~s sin espinas* non c'è rosa senza spine; **2.** *adj/inv* rosa *inv*; ~**áceas** *fpl* rosacee; ~**áceo** *adj* rosaceo; ~**ado 1.** *adj* roseo; **2.** *adj/m* rosé *inv*, rosato (*vino*); ~**al** *m* rosaio; ~**aleda** *f* roseto *m*

rosario 1. *m eccl/fig* rosario; *acabar como el ~ de la aurora* andare a finire male; 2. *f/m* Rosario *m*; Rosaria *f*

rosbif *m* rosbif *ingl*

rosc | a *f* ciambella; *tec* filettatura, filetto *m* (della vite); *hacer la ~ (a alg)* corteggiar (q), fare il filo (a q); *hacer la ~ (del galgo)* buttarsi a dormire in un luogo qualsiasi; *hacerse* ~ arrotolarsi; *(pop) no comerse una* ~ non avere neanche un flirt; a vuoto; *(fig) pasarse de* ~ esagerare; ~**ado 1.** *adj* filet-

tato; **2.** *m tec* filettatura *f*; **~ar** <*rosqué*> *vt* filettare; **~o, ~ón** *m* ciambella *f*; *(stud/fam) ~o* zero; *~ón de Reyes* ="ciambella speciale per il giorno della Befana"
roset|a 1. *f* rosetta; 2. *fpl* pop-corn *mpl*; **~ón** *m arch* rosone
rosicler *m* color porpora; *min* pirargirite *f*
rosquill|a *f* ciambella; *gastr* tarallo *m*; *zool* bruco *m*; **~eta** *f gastr* grissino *m*
rostr|ado *adj* rostrato; **~o** *m lit* viso, volto; *mar* rostro; *a ~ firme* a fronte alta; *dar en ~ (a alg con algo)* rinfacciare (qc a q)
Rota *f ius* Rota
rotac|ión *f* rotazione; **~ismo** *m ling* rotacismo
rotat|iva *f tec* rotativa; **~ivo 1.** *adj* rotativo; **2.** *m* rotocalco; **~orio** *adj* rotatorio; *bomba ~a* pompa rotativa
roto 1. *adj* rotto; vizioso; **2.** *m* strappo; *nunca falta un ~ para un descosido* Dio li fa e poi li accoppia; *servir igual para un ~ que para un descosido* essere tuttofare; *desp/Chile* cafone; *desp/Arg/Perú* cileno
rotonda *f* rotonda
roto|r *m tec* rotore; **~so** *adj/am* cencioso
rótula *f med* rotula, rotella
rotul|ación *f com* etichettatura; intitolazione; **~ador** *m* pennarello (*escribir*); **~adora** *f tec* etichettatrice; **~ar** *vt com* etichettare; intitolare; **~ista** *m/f* chi fa le intestazioni, targhe, insegne
rótulo *m com* etichetta *f*; cartello, insegna *f* (*tienda*); titolo, intestazione *f* (*papel*)
rotund|amente *adv* decisamente, categoricamente, assolutamente; **~idad** *f* rotondità; rotondezza (*persona*); **~o** *adj* pieno, sonoro, categorico; *ling* rotondo; *un ~ no* un bel no
rotura *f* rottura
rotura|ción *f agr* dissodamento *m*; **~r** *vt agr* dissodare
rou|lotte *f fr* roulotte *inv*; **~nd** *m sport/fig ingl* round *inv*
roya *f agr* ruggine
roza *f agr* sarchiatura; terreno sarchiato *m*; **~dora** *f agr* sarchiatrice; **~dura** *f* raschio *m*; **~miento** *m* sfregamento; *fig* screzio, dissenso
rozar <*rocé*> **1.** *vt agr* sarchiare; raschiare; **2.** *vi* sfiorare; **3.** *~se* raschiarsi, graffiarsi; frequentarsi (*personas*)
rozn|ar 1. *vi* ragliare; **2.** *vt* rosicchiare; **~ido** *m* raglio; scricchiolio
RTVE *f* Radio Televisione Spagnola
rubéola *f med* rosolia, rubeola
rubí *m* rubino
rubi|a *f bot* robbia; *fam/auto* giardiniera; *pop* peseta dorata; **~cundo** *adj* rubicondo; **~dio** *m chim* rubidio; **~o** *adj* biondo
rublo *m* rublo
rubor *m* rossore; *fig* imbarazzo, vergogna *f*; **~izarse** <*ruboricé*> arrossire *vi*; vergognarsi
rúbrica *f* parafa (*firma*), svolazzo *m*; *ser de ~* essere di rubrica
rubricar <*rubriqué*> *vt* firmare, parafare (*firma*); rubricare
rucio 1. *adj* grigio; brizzolato (*persona*); **2.** *m zool* asino
ruda *f bot* ruta; *ser más conocido que la ~* essere conosciuto più della bettonica
rudeza *f* rudezza
rudiment|al, ~ario *adj* rudimentale, elementare; *cient* rudimentale; **~o** *m* rudimento
rudo *adj* rude, grossolano; duro; grezzo (*objeto*)
rueca *f* rocca
rueda *f* ruota; cerchio *m* (*personas*); fetta (*comida*); *~ dentada* ruota dentata; *~ de la fortuna, de molino* ruota della fortuna, del mulino; *~ de prensa* conferenza stampa; *~ de intervenciones* ordine di interventi; *comulgar (alg) con ~s de molino* berle grosse (q); *hacer la ~* fare la ruota; *ir sobre ~s* andare a gonfie vele
ruedo *m taur* arena *f*; giro; stuoia *f* (*alfombra*)
ruego *m* richiesta *f*, preghiera *f*; *(bur) ~s y preguntas* varie ed eventuali
rufi|án *m* ruffiano, mezzano (*prostitución*); mariolo; **~anería** *f*, **~anismo** *m* ruffianeria *f*, ruffianesimo *m*
rugby *m sport/ingl* rugby
rugi|do *m* ruggito; **~r** <*rujo*> *vi zool/fig* ruggire; bramire
rugos|idad *f* rugosità, grinzosità; **~o** *adj* rugoso, grinzoso
ruibarbo *m* rabarbaro
ruido *m* rumore; chiasso, fracasso; *~ de fondo* rumore ambientale/di fondo; *hacer/meter ~ (algo)* destare rumore (qc); *lejos del mundanal ~* lontano dal mondo; *mucho ~ y pocas nueces/ser más el ~ que las nueces* essere più fumo che arrosto, molto fumo e niente arrosto; **~so** *adj* rumoroso, chiassoso; clamoroso
ruin *adj* cattivo, vile, spregevole, meschino; *en nombrando al ~ de Roma, asoma* parlando del bue, spuntan le corna; **~a** 1. *f* rovina, distruzione; *fig* decadenza, rovina (*imperio*); *fig* disgrazia, sciagura; 2. *fpl* rovine, ruderi *mpl*; **~dad** *f* viltà, meschinità, bassezza; **~oso** *adj* rovinoso; disastroso
ruiseñor *m zool* usignolo
rulet|a *f* roulette *fr*; **~ero** *m am/And* padrone di una roulette
rulo *m tec* rullo; bigodino (*pelo*)
Ruman|ía *f geogr* Romania; ***~o** *adj/s* romeno
rumba *f* rumba
rumbe|ador *m Arg* guida *f*; **~ar** *vi Arg* orientarsi; andare verso un posto; *Ant/Col* andare a divertirsi
rumbo *m geogr* rombo; rotta *f*; cammino, direzione *f*; fasto, sfoggio (*fiesta*); *~ a* verso, in direzione di; *(mar) abatir el ~* deviare sottovento; *corregir el ~* correggere la rotta; *hacer ~ a* fare rotta su
rumboso *adj* fastoso, pomposo; generoso
rumia *f* ruminazione; **~nte** *adj/s* ruminante; **~r** *vi zool/fig* ruminare; *fig* rimuginare

rumor *m* mormorio (*mar, río*); brusio, fruscio (*viento*); vocio (*personas*); *fig* rumore, diceria *f*; ~**earse** *imp* dirsi, correre la voce *vi*, mormorare *vi/vt*; ~**eo** *m* mormorio (*gente*); ~**oso** *adj* rumoroso
runa *f ling* runa
rúnico *adj ling* runico
runrún *m fam* mormorio (*gente*); brusio
rupestre *adj* rupestre
rupia *f* rupia (*med/moneda*)
rupicapra *f zool* camoscio *m*
rupt|or *m elec* ruttore; ~**ura** *f* rottura; *med* rottura, frattura
rural *adj* rurale; *fig* rustico, campagnolo
Rus|ia *f geogr* Russia; ***~o** *adj/s* russo; *ensaladilla ~a* insalata russa; *montaña ~a* montagne russe
rusticidad *f* rusticità; *fig* rustichezza, rozzezza
rústico 1. *adj* rustico; *fig* rozzo, selvatico; *a la/en ~a* alla rustica; **2.** *f tip* brossura
rut|a *f* rotta, direzione, itinerario *m*, percorso *m*; *fig* strada; ~**áceas** *fpl bot* rutacee; ~**enio** *m chim* rutenio
rutilante *adj* rutilante, splendente
rutin|a *f* routine *fr*, tran tran *m*; ~**ario** *adj* routinario, abitudinario; ~**ero** *adj/s* routiniero

S

sábado *m* sabato; ~ *Santo/de Gloria* Sabato Santo; *hacer* ~ fare le pulizie
sábalo *m zool* alosa *f*, cheppia *f*
sábana 1. *f* lenzuolo *m*; *la* ~ *santa* la S. Sindone; 2. *fpl* lenzuola; lenzuoli *mpl*; *cambiar las* ~*s* cambiare le lenzuola; *pegársele las* ~*s (a alg)* alzarsi più tardi del solito
sabana *f geogr* savana; *estar (alg) en la* ~ stare (q) bene a danari
sabandija *f* animaletto schifoso *m*; *desp* verme *m* (*persona*)
sabandilla *f* tovaglia d'altare
sabañón *m* gelone; *comer como un* ~ mangiare come un maiale
sabático *adj* sabbatico
sabedor *adj/s* conoscitore (*de* di), consapevole (*de* di)
sabelotodo *m/f* saputello, -a, saccente
saber <*37 sé; supe; sepa*> **1.** *vi* sapere; *no sabe a nada (algo)* non sa di niente (qc); **2.** *vt* sapere, conoscere; *a* ~*/cualquiera sabe* chissà; *al menos, que yo sepa* almeno, per quanto ne sappia; *es a* ~ cioè; *¡(De) Haberlo sabido!* (A) saperlo; (A) averlo saputo!, Se l'avessi saputo!; *¡Vete a saber!* vattelappesca!; *un no sé cuántos* un non so chi; *un no sé qué* un non so che; *no sé qué te diga* non saprei che dirti; *¡Qué sé yo!/¡Yo qué sé!* Che ne so!; *no* ~ *de la misa la mitad/no* ~ *(alg) lo que se pesca* non essere (q) al corrente (di qc); ~ *mal (algo a alg)* dispiacere (qc a q); *sabérselas todas* saperla lunga/tutta; ~ *más que Lepe* saperne più del diavolo; **3.** *m* sapere
sabid|illo *adj/s* saputello, saccente; cacasenno *reg/inv*; ~**o** *adj* noto, risaputo; *iron* sapiente; ~**uría** *f* sapienza; saggezza; sapere (popolare) *m*
sabiendas: a ~ *adv* a bella posta, con piena cognizione, deliberatamente
sabihondo *adj/s* saccente
sabio *adj/s* savio, sapiente, erudito, dotto; saggio; *los siete* ~*s de Grecia* i sette savi di Grecia; ~ *consejo* saggio consiglio
sabl|azo *m* sciabolata *f*; *fig* scrocco, salasso; *dar* ~*s (a alg)* scroccare (q), subire una salasso (*pasivo*); ~**e** *m* sciabola *f*; ~**ista** *adj/s* scroccone
sabor *m* sapore; *(fig) dejar (algo) mal* ~ *de boca (a alg)* lasciare (qc) la bocca amara (a q); ~**ear** *vt* assaporare, gustare
sabot|aje *m* sabotaggio; ~**eador** *adj/s* sabotatore; ~**ear** *vt* sabotare
Saboya *f geogr* Savoia
sabros|o *adj* saporito, gustoso; *fig* simpatico; *Col/Ven* stupendo; ~**ón** *adj/s am/fam* simpaticone
sabueso *m zool* segugio, bracco; segugio, detective, investigatore
saca *f com* prelievo *m*, levata
saca|corchos *m/inv* cavatappi; ~**cubos** *m/inv auto* estrattore per mozzi; ~**muelas** *m/inv* cavadenti; *hablar más que un* ~ essere un ciarlatano; ~**perras** *adj* mangiasoldi; ~**puntas** *m/inv* temperamatite
sacar <*saqué*> *vt* cavare, estrarre, togliere; metter fuori, tirar fuori; liberare (*apuros*); *sport* lanciare; ~ *adelante* mandare avanti; ~ *brillo* lucidare; ~ *conclusiones* trarre conclusioni; ~ *dinero* prelevare soldi; *fig* scroccare; ~ *fotografías* fare delle fotografie; ~ *la costura* allargare; ~ *la cuenta, una copia* fare il conto, una copia; ~ *las entradas* comprare i biglietti; ~ *motes (a alg)* dare soprannome (a q); ~ *partido de* trarre profitto da; ~ *una moda* lanciare una moda; ~ *una muela* estrarre un dente; ~ *un premio* vincere un premio; ~ *ventaja* trarre vantaggio; ~ *a bailar* invitare a ballare; ~ *a flote* rimettere a galla; ~ *a relucir (algo)* tirar fuori (qc); ~ *de paseo* portare a passeggio; ~ *de sí (a alg)* far uscire (q) dai gangheri; ~ *en limpio/en claro* mettere in chiaro, chiarire; ~ *en el periódico* mettere sul giornale; *le sacan lo que quieren* ottengono da lui/lei ciò che vogliono; *¿Qué sacas de ello?* Che ci guadagni?
sacar|ina *f* saccarina; ~**osa** *f* saccarosio *m*
sacerdo|cio *m* sacerdozio; ~**tal** *adj* sacerdotale; ~**te** *m* sacerdote, prete; ~**tisa** *f* sacerdotessa
saciar *vt* saziare; *fig* saziare, soddisfare, appagare
saciedad *f* sazietà; *hasta la* ~ fino alla sazietà
saco *m* sacco; *am* giacca *f*; *vulg/euf* sedere, culo; *mil* saccheggio; ~ *de dormir* sacco a pelo; ~ *de viaje* sacca da viaggio; *(fig)* ~ *sin fondo* pozzo senza fondo; *entrar/meter a* ~ saccheggiare; *(vulg) irse a tomar por* ~ andare a fare in culo; *no echar en* ~ *roto* tener a mente
sacralizar <*sacralicé*> *vt* sacralizzare
sacrament|al *adj* sacramentale; ~**ar** *vt* sacramentare, amministrare i sacramenti; ~**o** *m* sacramento; Ostia consacrata *f*; *Santísimo* * ~ Eucarestia, Santissimo Sacramento; *recibir los* ~*s* ricevere i sacramenti
sacrifi|car <*sacrifiqué*> *vt* sacrificare; macellare (*zool*); ~**cio** *m* sacrificio
sacrilegio *m* sacrilegio
sacrílego *adj/s* sacrilego
sacrist|án *m* sagrestano; ~**ía** *f* sacrestia
sacro 1. *adj* sacro; 2. *med (hueso)* ~ (osso) sacro; ~**santo** *adj* sacrosanto
sacudi|da *f* scossa, scrollata, sbattitura; ~ *eléctrica* scossa elettrica; ~**do** *adj* scosso, sbattuto; ~**dor** *m tec* vibratore a scosse; ~**dura** *f*, ~**miento** *m* scotimento *m*, scrollatura *f*; ~**r 1.** *vt* sbattere, scuotere, scrollare, agitare (*líquido*); battere, picchiare (*paliza*); ~ *el pellejo (a alg)* dare una bastonata (a q), picchiare (q); **2.** ~*se* scuotersi di dosso, scacciare *vt*, liberarsi da
sádico *adj/s* sadico
sadismo *m* sadismo
sadomasoquis|mo *m* sadomasochismo; ~**ta** *adj/s* sadomasochista
saet|a *f lit* saetta, freccia, strale *m*; lancetta (*reloj*); *eccl* ="strofa cantata nelle processioni"; *echar* ~*s* fare lampi e fulmini; *no salió esa* ~ *de esa aljaba* non è farina del

suo sacco; ~**ada** *f*, ~**azo** *m* tiro di saetta *m*; ~**ar**, ~**ear** *vt* saettare
safari *m* safari
sáfico *adj* saffico
saga *f lit* saga; strega, incantatrice; ~**cidad** *f* sagacità, sagacia; ~**z** *adj* sagace, accorto, avveduto
sagitaria *f bot* sagittaria
sagitario *m astr* sagittario
ságoma *f arch* sagoma, modano *m*
sagra|do 1. *adj* sacro; **2.** *m* sagrato; *acogerse a* ~ rifugiarsi in luogo sacro; ~**rio** *m eccl* sacrario
sagú *m bot* sagù
sahar|aui *adj/s* sahariano, del ex-Sahara spagnolo; ~**iana** *f* sahariana (*chaqueta*); ~**iano** *adj/s* sahariano, del Sahara
sahum|ar *vt* suffumicare, profumare; ~**erio** *m* suffumigio
sainet|e *m teatro* farsa *f*; *gastr* bocconcino prelibato; grazia *f*; ~**ero**, ~**ista** *m* autore di farse; ~**esco** *adj* farsesco
sajar *vt med* scarificare
sajón *adj/m* sassone
Sajonia *f geogr* Sassonia
sake, saki *m* sakè
sal *f* sale *m*; *fig* arguzia, prontezza, spirito *m*; ~*es de baño* sali da bagno; ~ *común, marina...* sale comune/da cucina, marino...; *estas cosas son la* ~ *de la vida* queste cose sono il bello della vita
sala *f* sala; salone *m*, salotto *m*; *med* reparto *m*; *ius* sala; ~ *de espera, de visita, de lectura, de máquinas* sala d'aspetto, da ricevimento, di lettura, macchine; ~ *de cine* sala di proiezione; ~ *de fiestas* night club; sala da ballo
salad|ar *m* terreno salso; ~**ero** *m* salatoio; ~**o 1.** *adj* salato; *fig* spiritoso, arguto, pepato; *am* disgraziato; *am/fig* salato, caro (*precio*); **2.** *m* salatura *f*; ~**ura** *f* salatura
salamandra *f zool* salamandra; ~ *acuática* salamandra acquaiola
salamanquesa *f zool* stellione *m*
salar *vt* salare
salarial *adj* salariale; *igualdad* ~ parità di retribuzione
salario *m* salario, stipendio, paga *f*; ~ *básico* paga base; ~ *mínimo* stipendio minimo; ~ *en especie* pagamento in natura
salaz|ón *f* salatura; *am* sfortuna; ~**ones** *fpl* carni e pesci salati *mpl*; salumi *mpl*
salchich|a *f* salsiccia; ~ *de Frankfurt* würstel; ~**ería** *f* salumeria; ~**ero, -ra** *m/f* salumiere, -a; ~**ón** *m* salame, salsicciotto
sald|ar *vt com* saldare; ~**o** *m com* saldo; ~ *acreedor, deudor* saldo creditore, debitore
saledizo 1. *adj* sporgente; **2.** *m arch* sporgenza *f*
salero *m* saliera *f*; *fig* grazia *f*, spirito, arguzia *f*; *tener mucho* ~ essere spiritoso; essere simpatico; ~**so** *adj* spiritoso, arguto, faceto
salesiano *adj/s* salesiano
salicaria *f bot* salicaria
salic|ilato *m chim* salicilato; ~**ílico** *adj* salicilico; ~**ina** *f chim* salicina
salida *f* 1. uscita; 2. partenza (*tren*...); 3. smercio *m*; 4. scappatoia, via d'uscita; *com* uscita; ~ *de teatro* cappa da sera; ~ *de trabajo* sbocco professionale; ~ *de tono* uscita stonata; *línea de* ~ linea di partenza; *no haber* ~ non esserci soluzione/via d'uscita; *tener buena* ~ vendersi bene; *tener unas* ~*s* avere delle uscite/arguzie; *tener* ~ *a* dare su
salido *adj* sporgente; *fig* eccitato; *estar* ~ essere in calore
saliente 1. *adj* sporgente; **2.** *m* oriente
salificar <*salifiqué*> *vt chim* salificare
salin|a *f* salina; ~**idad** *f* salinità; ~**o** *adj* salino
salir 1. *vi* 1. uscire; 2. partire; 3. spuntare (*una planta, el sol*...); 4. sboccare, dare su; 5. riuscire, aver buon/cattivo esito; tornare; venire; 6. prendere; ~ *a la calle* uscire per strada; ~ *a la plaza* sboccare nella/dare sulla piazza; ~ *a mil pesetas* venire/costare mille pesete; ~ *a alg* prendere da q/assomigliarsi a q; *(fig)* ~ *adelante* andare avanti; ~ *con alg* uscire con q; ~ *de la duda* uscir di dubbio; *(fig) salir disparado* partire in quarta, uscire a gran velocità; ~ *en los periódicos* uscire sui giornali; ~ *bien (algo)* venir/riuscire bene (qc); ~ *caro (algo)* costar caro (qc); ~ *con vida* scamparla (bella); *(com)* ~ *fiador* rendersi garante; ~ *las cuentas* tornare i conti; ~ *para Italia* partire per l'Italia; ~ *el tiro por la culata* fare come i pifferi di montagna (che andarono per sonare e furono sonati); ~ *pitando* andarsene a gambe levate; ~ *a relucir* venir fuori; ~ *de Guatemala y meterse en Guatepeor* andare di male in peggio/cadere dalla padella nella brace; *(fam) a lo que salga* come Dio vorrà; *ir por lana y* ~ *trasquilado* andare per lana e tornarsene tosi; **2.** ~*se* uscirsene; ~*se con la suya* spuntarla, averla vinta; ~*se la leche* uscir fuori il latte; ~*se por la tangente* partire per la tangente
salita *f* saletta; ~ *de estar* soggiorno
salitr|e *m* salnitro; ~**oso** *adj* salnitroso
saliva *f* saliva; *gastar* ~ sprecar fiato; *tragar* ~ inghiottire amaro; ~**ción** *f* salivazione; ~**jo**, ~**zo** *m* sputo; ~**l** *adj* salivare
salmantino *adj/s* (persona) di Salamanca
salm|ista *m* salmista; ~**o** *m* salmo; ~**odia** *f eccl* salmodia; ~**odiar** *vi* salmodiare
salm|ón *m zool* salmone; ~**onado** *adj* salmonato
salmonela *f cient* salmonella
salmonete *m zool* triglia *f*
salmorejo *m gastr* ="salsa a base di olio, aceto, sale e pepe" *f*; ="purè di *gazpacho* andaluso"
salmuera *f* salamoia
salobre *adj* salmastro
salomónico *adj* salomonico
salón *m* salone, sala *f*; ~ *de baile* salone/sala da ballo; ~ *del automóvil* salone dell'automobile; *(stud)* ~ *de actos* aula magna; *adm* sala di rappresentanza; ~ *de sesiones* sala delle riunioni; ~ *de té* sala da tè; ~ *de belleza* istituto di bellezza; ~ *literario* salotto letterario
salpicadero *m auto* cruscotto
salpic|adura *f* schizzo *m*; ~**ar** <*salpi-*

qué> *vt* schizzare (*grasa, barro*...); inzaccherare, macchiare (*barro*); spruzzare (*agua*); *fig* cospargere, disseminare; ~**ón** *m* spruzzo; *gastr* insalata *f* (*carne, pescado*...); *Ecu* succo di frutta; *Col* macedonia di frutta *f*
salpimentar <*5a salpimiento*> *vt* condire con pepe e sale; *fig* rallegrare
salsa *f gastr/mus* salsa; *pop* spirito *m*; *estar en su propia* ~ essere come un pesce nell'acqua, stare/sentirsi a suo agio
salsament|aría *f Col* salumeria; ~**era** *f* salsiera
salta|banco(s) *m/inv* saltimbanco; ~**dor** *adj/s* saltatore; ~**montes** *m zool* cavalletta *f*
saltar 1. *vt/vi* saltare; *fig* risaltare *vi*, notarsi; ~ *a la vista* dare nell'occhio; **2.** ~*se la tapa de los sesos* farsi saltar le cervella
saltarín *adj/s* irrequieto, saltamartino; ballerino
salte|ador, -ra *m/f* brigante, -tessa, assalitore, -trice; ~**ar** *vt* assalire, assaltare; derubare, portar via; *gastr* rosolare
salterio *m mus/eccl* salterio
saltimbanqui *m* saltimbanco
salto *m* salto; *geogr* precipizio; ~ *atrás* salto indietro; ~ *con pértiga, de altura, de longitud* salto con l'asta, in alto, in lungo; ~ *de agua* salto d'acqua, cascata; ~ *de cama* vestaglia; ~ *de campana* capriola; ~ *de mata* scappatoia; ~ *del trampolín* tuffo dal trampolino; *triple* ~ salto triplo; *(fig) a* ~ *de mata* irregolarmente; *a* ~*s* a salti; *en/de un* ~ in un salto; *dar* ~*s de alegría* fare salti dalla gioia
saltón *adj* sporgente; *ojos* ~*ones* occhi in fuori/sporgenti
salubr|e *adj* salubre; ~**idad** *f* salubrità, sanità
salud 1. *f* salute; *¡~!* Cin, cin!/Alla salute!; *beber a la* ~ *de alg* bere/brindare alla salute di q; *curarse en* ~ agire con previdente cura; *gastar* ~ esser pieno di salute; *vender* ~ avere salute da vendere; 2. *fpl Col* saluti *mpl*; ~**able** *adj* salutare, sano; ~**ar** *vt* salutare; proclamare (*rey*); *atentamente le saluda* Le invio distinti saluti; ~**o** *m* saluto
salva *f mil* salva; saluto *m*, benvenuto *m*; ~ *de aplausos* salva di applausi; *hacer la* ~ assaggiare; ~**ción** *f* salvezza; *eccl* salvazione; ~**do** *m* crusca *f*; ~**dor** *adj/s* salvatore
Salvador: **El** ~ *m geogr* La Repubblica del Salvador *f*
salvadoreño *adj/s* salvadoregno
salvaguard(i)a *f* salvaguardia
salvaj|ada *f* atto selvaggio *m*; ~**e 1.** *adj* selvaggio; selvatico (*hombre, animal*); selvatico, silvestre (planta); **2.** *m/f* selvaggio, -a; ~**ina** *f* selvaggina; ~**ismo** *m* inciviltà *f*
salvamanteles *m/inv* sottobicchiere *m*, sottocoppa *f* (*vaso*); sottobottiglia (*botella*); centrino *m*, tondino *m* (*genérico*)
salvamento *m* salvamento
salvapuntas *m/inv* salvapunte
salvar *vt* 1. salvare; 2. superare (*obstáculo*); passare, attraversare (*montes, umbral*); percorrere (*distancia*); *¡sálvese quien pueda!* Si salvi chi può!
salvavidas 1. *adj inv* salvagente; *chaleco* ~ giubbotto salvagente; **2.** *m/inv* bagnino *m* (*persona*)
salve 1. *f eccl* salveregina; **2.** *excl* salve; ~**dad** *f* premessa, condizione, riserva
salvia *f bot* salvia
salvo 1. *adj* salvo; *a/en* ~ in salvo; *poner (a alg/algo) a* ~ *de* mettere (q/qc) a salvo da; **2.** *prep* salvo, eccetto, tranne, fuorché; ~ *él, ella* salvo lui, lei
salvoconducto *m* salvacondotto
samba *f mus* samba
sambenito *m* marchio; *colgar el* ~ *a alg de* appiccicare a q la fama di
samo|var *m* samovar; ~**yedo** *adj/s* samoiedo
San V. **Santo**
san|able *adj* sanabile; ~**ar** *vt/vi* sanare, *med* guarire; ~**atorio** *m* ospedale, clinica *f*
sanci|ón *f ius/fig* sanzione; approvazione; ~**onador** *adj/s* sanzionatore; ~**onar** *vt ius/fig* sanzionare, sancire
sandalia *f* sandalo *m*
sándalo *m bot* sandalo
sandez *f* stupidità, balordaggine, sciocchezza
sandía *f bot* anguria, cocomero *m*
sandinista *adj/s* sandinista
sandio *adj/s* sciocco, stupido
sandun|ga *f* grazia, garbo *m*; ~**guero** *adj/s* spiritoso, simpatico
sandwich *m ingl* toast *inv*, tramezzino
sanea|do *adj* risanato, libero; ~**miento** *m com* risanamento; bonifica *f*; ~**r** *vt com* risanare; bonificare
sanfermines *mpl* ="feste popolari di Pamplona (7 luglio)" *fpl*
sangr|ado *m tip* rientranza *f*; ~**ar 1.** *vt med* salassare; **2**. *vi* spillare (*líquidos*); *med* sanguinare; *tip* fare la rientranza
sangre *f* sangue *m*; ~ *fría* sangue freddo; *a* ~ *fría/caliente* a sangue freddo/caldo; *a* ~ *y fuego* all'ultimo sangue; *pura* ~ puro sangue; *(a. fig) chupar la* ~ *(a alg)* succhiare il sangue (a q); *hacer mala* ~ fare sangue cattivo; *no llegar la* ~ *al río* non essere il finimondo; *sudar* ~ sudare sangue; *tener la* ~ *de horchata* non aver sangue nelle vene; *tener mala* ~ avere una cattiveria
sangría *f med/fig* salasso *m*; *tip* capoverso *m*, rientranza *f*; *Esp* sangria (*bebida*); *geogr* incile *m*; *metal* getto di metallo fuso *m*
sangriento *adj* sanguinoso (*lucha*); insanguinato (*sucio de sangre*); crudele
sanguijuela *f zool/fig* sanguisuga, mignatta
sanguinari|a *f bot* sanguinaria; ~**o** *adj/s* sanguinario, crudele
sanguíneo *adj* sanguigno, sanguineo
sanguino *adj* sanguigno; *naranja* ~*a* sanguinella; ~**lento** *adj* sanguinolento
sani|dad *f* sanità, salute; *bur* sanità; ~**tario 1.** *adj/m* sanitario; **2.** *m* 1. *Col* gabinetto; 2. *mpl* impianti sanitari

sano *adj med/fig* sano; ~ *y salvo* sano e salvo; *cortar por lo* ~ tagliare la testa al toro; *estar en su* ~ *juicio* essere sano di mente, avere la testa a posto; ~**te** *adj* sano e robusto
sánscrito *adj/s* sanscrito
sanseacabó *fam/excl* e basta!
santabárbara *f mar/fig* santabarbara
santanderino *adj/s* (persona) di Santander
santiaguista *adj/s* membro dell' Ordine di Santiago
santiamén: en un ~ *adv* in un batter d'occhio
santidad *f* santità; *Su* *~ Sua Santità
santific|ación *f* santificazione; ~**ar** <*santifiqué*> *vt* santificare
santiguar <*santigüé; santigüe*> **1.** *vt* fare il segno della croce *vi*; **2.** ~*se* farsi il segno della croce, segnarsi
santísimo *adj/m* santissimo
santo *adj/s* santo, san, sant'; ~ *Tomás, Domingo* , San Tommaso, San Domenico, *Antonio, Esteban, Juan,* Sant'Antonio, Santo Stefano, San Giovanni; ~*a Ana, Elena, Rosa, María* Sant'Anna, Sant'Elena, Santa Rosa, Santa Maria; *un* ~ *hombre* un sant'uomo; *Todos los* ~*s* Ognissanti; *el día de tu* ~ il giorno del tuo onomastico; *te esperé todo el* ~ *día* ti aspettai tutto il santo giorno; *(mil)* ~ *y seña* parola d'ordine; *(fam/iron)* ~ *de pajares* angelo con le corna; ~ *y bueno* benedetto sia il Signore!; *¿a qué* ~*?/¿a santo de qué?* Per quale motivo?/Perché caspita/Perché mai?; *con mil* ~*s!* Santo Cielo!, Dio Santo!, Per l'amor di Dio!; *desnudar a un* ~ *para vestir a otro* scoprire un altare per ricoprirne un altro; *írsele (a alg) el* ~ *al cielo* perdere (q) il filo del discorso; *llegar y besar el* ~ arrivare e, subito fatto!; *no ser (alg)* ~ *de devoción (de otro)* non averci il santo (con q), essere antipatico (a q); *quedarse para vestir* ~*s* rimanere zitella; *tener (alg) el* ~ *de cara/de espaldas* (non) avere (q) qualche santo dalla propria
santón *m* santone
santoral *m eccl* santorale; calendario dei santi
santu|ario *m eccl/fig* santuario; ~**rrón** *adj/s* bigotto, baciapile
saña *f* odio *m*, rabbia, furore *m*
sapien|cia V. **sabiduría**; ~**te** V. **sabio**
sapo *m zool* rospo; *am/fig* spia *f*, delatore; *echar* ~*s y culebras* dire parolacce, bestemmiare; ~ *marino* pesce rospo
saponaria *f bot* saponaria
saponific|ación *f* saponificazione; ~**ar** <*saponifiqué*> *vt* saponificare
saponita *f min* saponite
saque *m sport* battuta *f*, tiro; servizio (*tennis*); ~ *de esquina* corner, calcio d'angolo; ~ *libre* tiro libero; ~ *de banda* rimessa laterale; *tener buen* ~ essere una buona forchetta; ~**ador** *adj/s* saccheggiatore; ~**ar** *vt* saccheggiare, mettere a sacco; *sport* servire; ~**o** *m* saccheggio
sarampión *m med* morbillo
sarao *m* = "festa da ballo" *f*
sarasa *m desp* finocchio
sarc|asmo *m* sarcasmo; ~**ástico** *adj* sarcastico; ~**ófago** *m* sarcofago; ~**oma** *m med* sarcoma; ~**omatoso** *adj* sarcomatoso
sardana *f mus/Cataluña* sardana
sardin|a *f zool* sardina, sarda, sardella; *arrimar el ascua a su* ~ tirare l'acqua al proprio mulino; *como* ~*s en banasta (en cuba)* come sardine in scatola; *entierro de la* ~ = "festa di carnevale del mercoledì delle Ceneri" (*Murcia*); ~**eta** *f pop* scudisciata con le dita; *mil* gallone da sottufficiale *m*
sardo *adj/s* sardo
sardónico *adj* sardonico
sarga *f* sargia; *bot* vinco *m*
sargent|o, -a *m/f mil/fig* sergente; ~**ona** *f desp* sergente *m*
sargo *m zool* sargo, sarago
sarmiento *m* sarmento
sarn|a *f med* rogna, scabbia; ~ *con gusto no pica* chi si contenta gode; *más viejo que la* ~ più vecchio di Matusalemme; ~**oso** *adj/s* rognoso
sarpullido *m* eritema, eruzione cutanea *f*
sarrac|eno *adj/s* saraceno; ~**ina** *f fig* strage, macello *m*, disastro *m*
sarro *m* tartaro (dientes); patina *f* (*lengua*); sedimento; *agr* ruggine *f*
sart|a *f* sfilza, sequela (*desdichas*); filo *m* (*corales*); fila (*gente*); *una* ~ *de mentiras* un sacco di bugie; ~**én** *f/am a.m* padella *f*; *fruta de* ~ dolcetti fritti; *saltar de la* ~ *y dar en las brasas* cadere dalla padella nella brace; *tener la* ~ *por el mango* avere il coltello dalla parte del manico
sasánida *adj/s hist* sas(s)anide
sastr|a *f teatro* sarta; ~**e** *m* sarto; ~ *de señora* sarto da signora; *el* ~ *(del) Campillo, que cosía de balde y ponía el hilo* gratis et amore Dei; *(med) muslo del* ~ muscolo sartorio; ~**ería** *f* sartoria
Satán, Satanás *m* Satana, Satanasso *pop* ; *darse (alg) a* ~ darsi (q) a Satana
satánico *adj* satanico, diabolico
satélite *m/adj cient/tec/fig* satellite; ~ *de comunicaciones* satellite attivo
satén *m* satin *fr*
satin|ado *adj* satinato; ~**ar** *vt* satinare
sátira *f* satira
satírico *adj* satirico
satiri|ón *m bot* satirione; ~**smo** *m med* satiriasi *f*; ~**zar** <*satiricé*> *vt* satireggiare
sátiro *m mit/fig* satiro
satis|facción *f* soddisfazione; *a (mi)* ~ a piacere; *dar/tomar* ~ *de una ofensa* dare/prendere/ricevere soddisfazione di un'offesa; ~**facer** <*26 V. hacer*> *vt* soddisfare; ~**factorio** *adj* soddisfacente, esauriente; ~**fecho** *adj* soddisfatto, pago, contento
sátrapa *m* satrapo; *fig* volpone
satur|ación *f chim/com* saturazione; ~**ado** *adj chim/fig* saturo; ~ **ar** *vt* saturare
saturn|al *adj/fpl* saturnale *adj/mpl*; ~**ismo** *m med* saturnismo
Saturno *m astr/mit* Saturno
sauce *m bot* salice; ~ *llorón* salice piangente
saúco *m bot* sambuco

sauna *f/am a.m* sauna *f*
saurio *adj/m* saurio
savia *f bot* linfa
saxífraga *f bot* sassifraga
sax|o, ~ofón, ~ófono 1. *m mus* sax, sassofono, saxofono; 2. *m/f* sassofonista, sax (*persona*)
saya *f* sottoveste
sayagués *adj/s* (persona) di Sayago; *fig* contadino, rustico
sayal *m* panno di lana
sayo *m* saio, tunica *f*; *(fig) cortar (a alg) un ~* tagliare i panni addosso (a q); *decir para su ~* dire fra sé; *hacer de su capa un ~* fare la propria volontà
sayón *m hist* boia *inv*
sazón *f* maturità; *agr* terreno maturo *m*; *fig* tempo *m*; *a la ~* a quel tempo; *en ~* in/a tempo; *fuera de ~* fuori tempo
sazon|ado *adj gastr* condito; *fig* espressivo; **~ar** *vt gastr* condire; maturare
scay, skay *m* vinilpelle, skay
scooter *m ingl* scooter *inv*, motorino
se *pr* si; *~ vive bien* si vive bene; *~ eligen caballos* si scelgono cavalli; *~ lo/la/los/las dió* glielo/gliela/glieli/gliele dette; *~ lo/la/los/las comió* se lo/se la/se li/ se le mangiò (*reflexivo*); *~ fué* se ne andò
seb|áceo *adj* sebaceo; **~o** *m* sevo, sego; sebo (*piel*); *fig* grasso; **~orrea** *f* seborrea; **~oso** *adj* segoso, untuoso
seca *f mar* secca; *agr* siccità
seca|dero 1. *m* essiccatoio; **2.** *adj* da essiccare; **~do** *m* asciugatura *f*; **~dor** *m* asciugacapelli, föhn *inv*, fon *inv* (*pelo*); essiccatoio; **~dora** *f tec* asciugatrice; **~no** *m* terreno asciutto; *cultivo de ~* coltura seccagna
secante 1. *f* 1. *mat* secante; 2. *m sport* marcatore; **2.** *adj* seccante, asciugante; *papel ~* cartasuga; *(pitt) aceite ~* olio essiccativo
secar *<sequé>* **1.** *vt* asciugare, seccare; disseccare (fruta); **2.** *~se* inaridirsi, seccarsi; dimagrirsi (*animal*)
sección *f cient/tec/fig* sezione; reparto *m*; *mil* sezione, plotone *m*; *~ de caballeros* reparto abbigliamento maschile
seccionar *vt cient/elec* sezionare; dividere, frazionare
seces|ión *f* secessione; **~ionista** *adj/s* secessionista
seco *adj* secco, asciutto, arido; magro; brusco; *golpe ~* colpo secco; *higos ~s* fichi secchi; *tono ~* tono secco/brusco; *vino ~* vino secco; *a ~as* solo, soltanto; *en ~* di colpo; *dejar ~ (a alg)* fare secco (q); *estar ~ (alg)* esser molto magro, secco come un chiodo
secre|ción *f* secrezione; **~tar** *vt biol* secernere
secret|aria *f* segretaria; **~aría** *f* segreteria; **~ariado** *m* segretariato; **~ario** *m* segretario; **~ de Estado* Segretario di Stato
secret|er *m* secrétaire *fr/inv*; **~o 1.** *adj* segreto; riservato; *en ~* in segreto; **2.** *m* segreto; *~ de confesión, profesional* segreto confessionale, professionale; *(iron) ~ a voces* segreto di Pulcinella; *guardar un ~* mantenere un segreto
secretor, ~io *adj* secretore
sect|a *f* setta; **~ario** *adj/s* settario; **~arismo** *m* settarismo; **~or** *m* settore; *~ privado, público* settore privato, pubblico; **~orial** *adj* settoriale; **~orización** *f* divisione in settori
secuaz *adj/s* seguace
secuela *f* sequela; *med* residuo di malattia *m*, conseguenza
secuencia *f cient/art* sequenza; **~l** *adj* sequenziale
secuestr|ador *adj/s* sequestratore; *aer* dirottatore; **~ar** *vt* sequestrare; *aer* dirottare; **~o** *m* sequestro; *aer* dirottamento
secular *adj* secolare (*árbol, bienes, clero, brazo,...*); **~ización** *f* secolarizzazione; **~izar** *<secularicé>* *vt* secolarizzare
secundar *vt* secondare, assecondare, favorire; **~io** *adj* secondario; *escuela de enseñanza ~a* scuola secondaria superiore
secundinas *fpl med* placenta *f*
sed *f* sete; *~ de gloria, de dinero,...* sete di gloria, di denaro,...; *apagar la ~* appagare la sete
seda *f* seta; *~ artificial* seta artificiale, rayon; *gusano de ~* baco da seta; *papel de ~* carta velina; *ir como una ~* andare liscio (come l'olio)
sedación *f* azione sedativa
sedal *m mar* setale, bava *f*
seda|nte 1. *adj* sedante, calmante, sedativo; **2.** *m* sedativo; **~r** *vt* sedare, calmare; **~tivo** *adj* sedativo, calmante
sede *f* sede; *~ apostólica, vacante...* sede apostolica, vacante...; *Santa *~* Santa Sede
sedentario *adj/s* sedentario
seder|ía *f* seteria; **~o 1.** *adj* serico; *industria ~a* industria serica; **2.** *m* setaiolo
sedic|ión *f* sedizione, insurrezione, rivolta; **~ioso** *adj* sedizioso, ribelle
sediento *adj* assetato; *agr* assetato, arido; *fig* bramoso
sediment|ación *f* sedimentazione; **~ar** *vt* sedimentare *vi*, depositarsi; **~ario** *adj* sedimentario; **~o** *m* sedimento, deposito
sedoso *adj* setoso
seduc|ción *f* seduzione; **~ir** *<20 seduzco; seduje>* *vt* sedurre; attrarre, affascinare, allettare; **~tor 1.** *adj/s* seduttore; **2.** *adj* seducente
sefard|í, ~ita *adj/s* sefardita
seg|able, ~adero *adj* segabile; **~ador** *m* mietitore; falciatore; **~adora** *f agr* mietitrice (*tec-mujer*); *~-atadora* mietilega, mietilegatrice; *~-trilladora* mietitrebbia, mietitrebbiatrice; **~ar** *<5a siego; segué>* *vt agr* mietere (*cereales*), falciare (*yerba*); *fig* falciare, infrangere, tagliare
seglar 1. *adj* secolare; **2.** *m* laico
segment|ación *f* segmentazione; **~ar** *vt* segmentare; **~o** *m* segmento
segreg|ación *f* segregamento *m*, segregazione; *~ racial* segregazione razziale; **~acionismo** *m* segregazionismo; **~ar** *<segregué>* *vt* segregare
segui|da *f* ritmo *m*; *de ~* di seguito; *en ~* subito; **~dilla** *f lit/mus Esp* seghidiglia, se-

guidiglia; ~**do** *adj* continuo, ininterrotto; *dos días ~s* due giorni di seguito; *punto (y) ~* punto e a continuazione; *todo ~* tutto di seguito; *acto ~* subito; ~**dor** *adj/s* inseguitore; seguace; ~**miento** *m* inseguimento; *adm* follow -up; *hacer el ~ de algo* seguire il corso di qc
seguir *<12 sigo; siguió>* **1.** *vt/vi* continuare, seguitare, proseguire; seguire, andar dietro *vi*; inseguire *vt* (*un ladrón*); *fig* seguire; *el que la sigue la mata* chi la dura, la vince; *sigue llorando* continua a piangere; *~ en sus trece* persistere nel proprio impegno, insistere; *sigue enfermo* continua ad essere ammalato, è ancora ammalato; *(mar/fig) ~ la corriente* seguire la corrente; *~ de cerca* seguire da vicino; **2.** *vi* seguire, derivare, accadere, avvenire; **3.** *~se* succedersi, susseguirsi; derivare *vi*
según 1. *prep* secondo, a norma di; in base a, in dipendenza da; **2.** *adv* secondo (come), come; dipende; **3.** *conj* secondo; *¿Vienes o no? ¡~!* Vieni o no? Secondo!; *~ mi parecer* a mio parere/avviso, secondo me; *~ parece* a quanto pare; *~ la ley* a termine di legge; *~ pedido* a/su richiesta; *~ contrato* in base al contratto; *nos comíamos las patatas ~ las iban sacando de la sartén* ci mangiavamo le patate a mano a mano che le toglievano dalla padella; *está ~ lo dejaste* si trova/sta così come lo lasciasti; *~ que se/ ~ y cómo* a seconda delle circostanze
segund|a *f auto* seconda; sottinteso *m*, seconda intenzione; *hablar con ~s* parlare con/per sottintesi; ~**ero** *m* lancetta dei secondi *f*; ~**o 1.** *adj* secondo; *primo ~* cugino di secondo grado; *secretario ~* sottosecretario; *teniente ~* sottotenente; *tío ~* prozio; *~a enseñanza* insegnamento secondario; **2.** *m* secondo
segundogénito *adj/s* secondogenito
segur *f lit* scure, ascia; *agr* falce; *hist* fascio *m*
segur|amente *adv* forse, probabilmente; sicuramente; *¿Vendrás mañana? ~* Verrai domani? Probabilmente sì; ~**idad** *f* sicurezza, certezza; *agente de ~* agente di pubblica sicurezza; *válvula de ~* valvola di sicurezza; **~ social* Previdenza sociale; *Dirección General de *~* Pubblica Sicurezza; ~**o 1.** *adj* sicuro, certo; sicuro, solido; **2.** *m adm* assicurazione *f*; sicura *f*, chiusura di sicurezza *f*; *compañía de ~s* compagnia di assicurazioni; *~ obligatorio, a todo riesgo* assicurazione obbligatoria, contro tutti i rischi; *a buen ~* sicuramente, certamente; *en ~* al sicuro; *sobre ~* sul sicuro; *tener (algo) por ~* dare per certo (qc)
seis 1. *adj/s* sei; **2.** *adj/ord* sesto; ~**cientos** *adj/m* seicento *inv*
seisillo *m mus* sestina *f*
seísmo *m* sismo, sisma
selec|ción *f* selezione; *sport* (squadra) nazionale; ~**cionador** *adj/s sport* selezionatore; ~**cionadora** *tec* selezionatrice; ~**cionar** *vt* selezionare, scegliere
select|ividad *f* selettività; *exámenes/pruebas de ~* esami di ammissione all'Università; ~**ivo 1.** *adj* selettivo; 2. *stud* corso preparatorio; ~**o** *adj* scelto; *lo más ~* il fior fiore; ~**or** *m elec* selettore
seleni|o *m chim* selenio; ~**ta** 1. *f min* selenite; 2. *m/f* selenita (*persona*); ~**toso** *adj chim* selenioso
selfservice *m ingl* self-service *inv*, tavola calda *f*
sell|ado 1. *adj* bollato; **2.** *m* bollatura *f*; affrancatura *f*; ~**adura** *f* bollatura; sigillatura; ~**ar** *vt* bollare (*papeles y fig*); sigillare, chiudere con sigillo; *~ los labios* chiudere la bocca
sello 1. *m* francobollo (*correo*); timbro, bollo; (*despacho*); *ius* sigillo; 2. *med* cachet; 3. anello con iniziali; 4. *fig* impronta *f*
seltz *m* seltz, selz
selv|a *f geogr/fig* selva; *~ virgen* foresta vergine; ~**ático** *adj/s* selvatico, silvestre; ~**atiquez** *f* selvatichezza; ~**oso** *adj* selvoso
sema *m ling* sema
semáforo *m* semaforo
semana *f* settimana; *fig* paga settimanale, settimana; *~ inglesa* settimana corta; *~ santa* settimana santa; *entre ~* in giorni di lavoro; ~**l** *adj* settimanale; ~**rio** *adj/m* settimanale
semántic|a *f ling* semantica; ~**o** *adj* semantico
semantizar *<semanticé>* *vt* semantizzare
semasiol|ogía *f* semasiologia; ~**ógico** *adj* semasiologico
sembl|ante *m* aspetto, apparenza *f*, *lit* sembiante; viso, volto (*humano*); *mudar de ~* cambiare colore/espressione; ~**anza** *f* ritratto *m*, biografia
sembr|ado *adj/m agr* seminato; ~**ador** *adj/s* seminatore; ~**adora,** ~**adera** *f tec* seminatrice; ~**adura** *f* semina, seminagione; ~**ar** *<5a siembro>* *vt agr/fig* seminare
semej|ante 1. *adj* somigliante, rassomigliante; tale, simile; *mat* simile; *no es lícito valerse de ~s medios* non vale servirsi di tali/simili mezzi; *no he visto a ~ hombre* non ho visto quel tale; **2.** *m* somiglianza *f*; prossimo; *ama a tus ~s* ama il tuo prossimo; ~**anza** *f* somiglianza, rassomiglianza; *ling* similitudine; ~**ar** *vi* somigliare *vt/vi*, assomigliare *vt/vi*, essere simile
semen *m* seme; ~**tal 1.** *m zool* riproduttore, stallone, animale da monta; **2.** *adj* seminale; ~**tera** *f agr* semina, seminagione; seminato *m* (*terreno, tiempo*); *fig* semenzaio *m*
semestr|al *adj* semestrale; ~**e** *m* semestre
semi|acabado *adj/m* semilavorato; ~**cadencia** *f mus* semicadenza; ~**circular** *adj* semicircolare; ~**círculo** *m* semicerchio, semicircolo; ~**conductor** *adj/m* semiconduttore; ~**consonante** *adj/f* semiconsonante; ~**corchea** *f mus* semicroma; ~**difunto** *adj* mezzo morto, semivivo; ~**dor-**

mido *adj* semiaddormentato; ~**elaborado** *adj/m* semilavorato; ~**final** *adj/f sport* semifinale; ~**finalista** *m/f* semifinalista; ~**frío** *adj/m* semifreddo; ~**fusa** *f mus* semibiscroma

semill|a *f bot/fig* seme *m*; ~**ero** *m* vivaio, semenzaio; *fig* semenzaio

seminal *adj* seminale

semin|ario *m eccl/stud* seminario; ~**arista** *m eccl* seminarista; ~**ternado** *m* semiconvitto

semiología *f* semiologia

semió|logo-a *m/f* semiologo, -a; ~**tica** *f* semiotica

semiremolque *m* semirimorchio

semirrecta *f* semiretta

semita *adj/s* semita

semítico *adj* semitico

semitista *m/f* semitista

semivocal *adj/f* semivocale

sémola *f* semola, semolino *m*

semoviente 1. *adj* semovente; **2.** *m ius* animale

sempiterno *adj* sempiterno, eterno, perpetuo

sen *m bot* sena *f*

senado *m* senato

senador, -a *m/f* senatore, -trice

senatorial *adj* senatoriale

sencill|ez *f* semplicità; ingenuità; ~**o 1.** *adj* semplice, facile; ingenuo, sempliciotto; **2.** *m* ingenuo, sempliciotto; *mus* 45 giri *inv*, single *ingl/inv*

send|a *f* sentiero *m*; ~**erismo** *m sport* trekking, escursionismo; ~**ero** *m* sentiero, viottolo; ~**os, -as** *adj/pl lit* uno per ciascuno; *con ~os regalos* con un regalo per ciascuno

senectud *f* senilità, vecchiaia

Senegal *m geogr* Senegal; ***~és** *adj/s* senegalese

senequis|mo *m fil* senechismo; ~**ta** *adj/s* senechista

senescal *m* siniscalco

senescencia *f* senescenza

senil *adj* senile; ~**idad** *f* senilità

senior *adj* senior *inv*

seno *m* seno, petto; *fig* grembo, seno; *mat* seno; *geogr* seno, insenatura *f*; cavità *f*, seno

sensa|ción *f* sensazione, impressione; ~**cional** *adj* sensazionale, impressionante; ~**cionalismo** *m* sensazionalismo; ~**cionalista** *adj* sensazionalistico; ~**tez** *f* sensatezza, buonsenso *m*

sensato *adj* sensato, giudizioso, assennato

sensi|bilidad *f* sensibilità; ~**bilizar** *<sensibilicé>* *vt* sensibilizzare, rendere sensibile; ~**ble** *adj* sensibile; ~**blería** *f* sentimentalismo *m*; ~**blero** *adj* sentimentalista

sensitiv|a *f bot* sensitiva; ~**o** *adj* sensitivo, sensibile

sensor *m tec* sensore; ~**ial** *adj* sensoriale; ~**io** *adj* sensorio

sensual *adj* sensuale; ~**idad** *f* sensualità; ~**ismo** *m fil* sensualismo

sent|ada *f* seduta; *pol* sit-in *m ingl/inv*; *de una ~* in una tirata; ~**ado** *adj* tranquillo, sensato, serio; *cient* sessile; *dar por ~ (algo)* essere (qc) fuori discussione/dare per scontato (qc); ~**ar** *<5a siento>* **1.** *vt* mettere a sedere (persona); fissare, assestare; stabilire (*normas*); *~ la cabeza/los cascos* mettere la testa a posto; *~ un precedente* creare un precedente; **2.** *vi* giovare, far bene/male (*comida, ducha...*), stare bene/male (*traje...*); *~ mal un consejo* dispiacere/non gradire un consiglio; *~ (algo) como a un santo Cristo un par de pistolas* non andare affatto (qc a q); **3.** *~se* sedersi; *fig* depositarsi; *~se en el suelo, a la mesa, en la silla* sedersi per terra, a tavola, sulla sedia; *siéntese* si accomodi

senten|cia *f ling* sentenza, detto *m*, massima; *ius* sentenza; *~ firme/definitiva* sentenza passata in giudicato; *concluso/visto para ~* sentenza passata in giudicato; *pronunciar/dictar ~* deliberare una sentenza; ~**ciar** *vt ius* condannare, *fig* sentenziare; ~**cioso** *adj* sentenzioso

sentido 1. *m med/fig* senso; senso, significato (*palabra*); senso, direzione *f* (*lugar*); *buen ~/~ común* buon senso; *~ figurado* senso figurato; *~ del humor* senso dell'umorismo; *de doble ~* a doppio senso; *en buen ~* nel buon senso; *aguzar el ~* aguzzare le orecchie/l'ingegno; *perder el ~* perdere i sensi; *no tener ~* non aver senso/essere senza senso; *tener un sexto ~* avere un sesto senso; **2.** *adj* sentito, sincero; suscettibile, permaloso (*persona*)

sentimental *adj/s* sentimentale; ~**ismo** *m* sentimentalismo

sentimiento *m* sentimento; dolore, dispiacere, rammarico; senso; *buenos ~s* buoni sentimenti; *~ de rabia* senso di rabbia; *acompañar (a alg) en el ~* fare le condoglianze (a q), partecipare al dolore (di q)

sentina *f mar/fig* sentina

sentir *<10 siento; sintió>* **1.** *vt* sentire, udire (*ruidos*); dispiacersi, soffrire *vi*, addolorarsi; presentire; *en mi ~* a mio parere; *~ frío, calor* sentir freddo, caldo; *siento decirte que...* mi dispiace dirti che...; *¡Lo siento!* Scusa!; Scusi!; *ojos que no ven, corazón que no siente* lontan dagli occhi, lontan dal cuore; *sin ~* senza accorgersene; *~ gana (de algo)* aver voglia (di qc); **2.** *vi* sentire; **3.** *~se* sentirsi; sentire un dolore, avere male (a); incrinarsi (un vaso); *~se agobiado* sentirsi affaticato/spossato; *~se molesto* sentirsi a disagio

seña 1. *f* segno *m*, gesto *m*, cenno *m*; *por las ~s* dai dettagli; *por más ~s* per di più; *hablar por ~s* parlare a/per gesti; *hacer ~s* fare cenno; 2. *fpl* indirizzo *m*; dati *mpl*; *dar las ~s* dare l'indirizzo (*domicilio*)

señal *f* segnale *m*; *med* sintomo *m*; segno *m*; indizio *m*; *~ de comunicando* segnale di occupato; *~ de llamada* (segnale di) chiamata; *~ de tráfico* segnale stradale; *~ de la cruz* segno della croce; *en ~ de (algo)* in/come segno di (qc); *con pelos y ~es* per filo e per segno; *mala ~* brutto segno; *dar ~es de cansancio* dar segni di stanchezza; *no dar ~es de vida* non dar segni di vita

señal|ado *adj* segnalato, illustre, grande;

~**amiento** *m* segnalazione *f*; *ius* data di un giudizio *f*; ~**ar 1.** *vt* segnalare, indicare; segnare, marcare (*animal, naipes*); additare (*una persona*); fissare (*fecha, precio*); ~ *con el dedo* far segno con il dito, indicare con il dito; **2.** ~*se* segnalarsi, distinguersi; ~**ización** *f tec* segnalazione, segnaletica (*tráfico*); ~**izar** <*señalicé*> *vt* segnalare
seño *f infan* (signora) maestra
señor *m* 1. signore, signor; *fig* grande, grosso, bello; padrone; *el* ~ *está llamando* il signore sta chiamando; *el* ~ *Juan, Pérez, doctor*... il signor Giovanni, Pérez, dottore...; *a lo* ~ da signore; *sí* ~ sissignore, *mil* signorsì; *no* ~ nossignore, *mil* signornò; *de padre y muy* ~ *mío* madornale; *muy* ~ *mío* egregio signore; 2. *eccl* *~ Signore; *pues, señor*... Santo Cielo/Benedetto Iddio...; ~**a** *f* signora; padrona; moglie; ~ *de compañía* dama di compagnia; *(eccl) nuestra* *~ nostra Signora, la Madonna; *¡~as y señores!* Signore e Signori!; *distinguida* ~ gentile signora; ~**ear** *vt* signoreggiare *vt/vi*, dominare; ~**ía** *f* signoria; *Su* *~ Sua Signoria; ~**ial** *adj* signorile (*aspecto*); gentilizio; ~**ío** *m* signoria *f*, feudo; signorilità *f* (*porte*); signori *mpl*; ~**ita** *f* signorina; padroncina; ~**itingo** *adj/desp* signorinello; ~**ito** *m* signorino, padroncino; ~**ón, -ona** *m/f* signorone, -a, gran signore, -a
señuelo *m zool* uccello da richiamo; richiamo; *fig* lusinga *f*
seo *f Arag/Cataluña* cattedrale
sépalo *m bot* sepalo
separ|able *adj* separabile; staccabile; ~**ación** *f* separazione; distacco *m*; *(ius)* ~ *de bienes, por mutuo acuerdo,*... separazione dei beni, consensuale,...; ~**ado** *adj/s* separato; *por* ~ a parte; ~**ar 1.** *vt* separare, dividere, staccare, allontanare; destituire (*de un trabajo*); **2.** ~*se* separarsi; staccarsi; ~**ata** *f tip* estratto *m*; ~**atismo** *m* separatismo; ~**atista** *adj/s* separatista
sepelio *m lit* funerale, sepoltura *f*
sepia *f zool* seppia; nero di seppia *m*
septen|ario *adj/m* settenario; ~**io** *m* settennio; ~**trión** *m* settentrione, nord; *astr* orsa maggiore *f*; ~**trional** *adj* settentrionale
septicemia *f med* setticemia
séptico *adj* settico
se(p)tiembre *m* settembre
séptim|a *f mus* settima; ~**o** *adj/s* settimo
septuag|enario *adj/s* settuagenario, settantenne; ~**ésimo** *adj/m* settuagesimo, settantesimo
sepul|cral *adj* sepolcrale; ~**cro** *m* sepolcro, tomba *f*; *(fig) ser (alg) un* ~ essere (q) una tomba; ~**tar** *vt* seppellire, sotterrare; ~**tura** *f* sepoltura, tomba, fossa; *dar* ~ dare sepoltura; *estar (alg) cavando su propia* ~ scavarsi (q) la fossa con le proprie mani; ~**turero** *m* becchino
sequedad *f* secchezza; magrezza (*persona*); *fig* asprezza
sequía *f* siccità
séquito *m* seguito, corteo
ser 1. *m* essere; esistenza *f*; essenza *f*; ~ *humano* essere umano; *dar el* ~ dar la vita; *el* *~ *Supremo* l'Essere Supremo; **2.** <*soy, eres*...; *fui; sea; siendo; sido*> *vi* essere; esistere; stare, trovarsi; *a no* ~ *que* sempre che non; *a poder* ~ se è possibile; *así sea* così sia; *aunque sea/aunque nada más sea/aunque solo sea* almeno; *¿Cómo es eso?* Come mai?; *como sea* in qualsiasi modo; *con* ~ *su madre*... sebbene sia sua madre...; *cualquiera que sea* qualunque sia; *de no* ~ *por* se non fosse per; *érase que se era* c'era una volta; *es más* anzi; *¡Eso es!* Esatto!; *llegar a* ~ diventare/divenire; *lo que sea* una cosa qualsiasi; *más eres tú* tu più di me; *no sea que* che non succeda che; *no* ~ *quién para (algo)* non essere nessuno per (qc); *o somos o no somos* siamo o non siamo?; *no* ~ *para tanto* non essere da tanto; *puede* ~ *que* può darsi che; *que sea lo que quiera* sarà quel che sarà; *sea quien sea* chiunque sia; ~ *(alg) de lo que no hay* essere (q) incredibile, essere unico al mondo; ~ *muy suyo* essere molto orgoglioso; ~ *todo uno* essere un'unica cosa; *todo puede* ~ tutto è possibile; ~ *amado, odiado (por)* essere amato, odiato (da)
sera *f* sporta
seráfico *adj* serafico
serafín *m* serafino
serb|a *f bot* sorba, sorbola; ~**al** *m* sorbo
Serb|ia *f geogr* Serbia; *~**io** *adj/s* serbo; *~**ocroata** *adj/s* serbocroato
seren|ar 1. *vt* rasserenare, calmare; **2.** ~*se* meteo schiarirsi; calmarsi; ~**ata** *f mus/fig* serenata; ~**idad** *f* serenità, calma; ~**o 1.** *adj* sereno, calmo; meteo chiaro, sereno; *al* ~ a ciel sereno/all'aperto; **2.** *m ant* guardia notturna *f*
seri|ación *f econ* seriazione; ~**ado** *adj* in serie; ~**al 1.** *m TV* serial *inv/ingl*; TV romanzo a puntate; **2.** *adj* seriale
seri(ci)cultura *f* sericultura
serie *f* serie *inv*; filza, successione; *TV* serial *m/inv*; *fabricar en* ~ fabbricare in serie; *fuera de* ~ fuori serie
seriedad *f* serietà
serio *adj* serio; serio, grave; *en* ~ sul serio; *la cosa va en* ~ la cosa va avanti sul serio; la cosa è così sul serio
serm|ón *m* predica *f*, sermone; *echar un* ~ fare la predica; ~**onear** *vi/vt* fare la predica *vi*, rimproverare *vt*; ~**oneo** *m* lavata di capo, predica *f*
serón *m* corba *f*
seropositivo *adj/s* sieropositivo
seros|idad *f* sierosità; ~**o** *adj* sieroso
serp|ear *vi* serpeggiare; ~**entaria** *f bot* serpentaria; ~**entear** *vi* serpeggiare; ~**enteo** *m* serpeggiamento; ~**entín** *m* serpentina *f*; *mil* acciarino; *min* serpentino; ~**entina** *f* stella filante; *min* serpentina; ~**entino** *adj* serpentino; *lengua* ~*a* lingua viperina
serpiente *f zool/fig* serpente *m*; ~ *de cascabel* serpente a sonagli
serpigo *m med* serpigine *f*
serr|allo *m* serraglio, harem; ~**anía** *f* zona montuosa; ~**ana** *f lit* villanella; ~**ano 1.** *adj/s* montanaro, montagnolo; **2.** *adj bot*

montano; **3.** *m zool* sciarrano comune; ~**ar** <*5a sierro*> *vt* segare; ~**ín** *m* segatura *f*; ~**ucho** *m tec* seghetto, saracco
serventesio *m lit* sirventese, serventese
servi|ble *adj* servibile; ~**cial** *adj* servizievole; *Bol* domestico
servicio 1. *m* servizio; *eccl* culto; *sport* servizio; ~ *militar, civil (sustitutorio)* servizio militare, civile (sostitutivo); *antigüedad de* ~ anzianità di servizio; ~ *de mesa* servizio da tavola; ~ *de urgencias* pronto soccorso; *fuera de* ~ fuori servizio; *estar de* ~ essere di servizio; *estar al* ~ *de* essere al servizio di; *hacer un flaco* ~ *(a alg)* rendere un magro servigio (a q); 2. *mpl* toilette *f*
servid|or, -ra *m/f* domestico, -a, cameriere, -a; cavalier servente *m*, corteggiatore *m*; *mil* servente *m*; *!~/~ora!* lo; *stud* presente; *adm/ant* devotissimo, -a, fedele; ~**umbre** *f* servitù
servil *adj* servile; vile; ~ **ismo** *m* servilismo, servilità *f*
servillet|a *f* tovagliolo *m*; ~**ero** *m* portatovagliolo
servio V. **serbio**
servir <*12 sirvo; sirvió*> **1.** *vt/vi* servire; *no* ~ *de nada* non servire a nulla; ~ *de* servire da; *para* ~*le a Usted* Sissignore, -a/a sua disposizione; **2.** ~*se* usare *vt*; servirsi; *sírvase cerrar la puerta* per piacere chiuda la porta
servo|dirección *f auto* servosterzo; ~**freno** *m auto* servofreno; ~**mecanismo** *m tec* servomeccanismo; ~**motor** *m tec* servomotore
sésamo *m bot* sesamo; *¡Ábrete ~!* Apriti sesamo!
sesear *vi* ="pronunciare *s* al posto di *z*" (*am, And*)
sesent|a **1.** *adj/m* sessanta; **2.** *adj/ord* sessantesimo; ~**ón** *adj/s* sessantenne
seseo *m* ="pronuncia di *s* per *z*" *f*
sesera *f fam* cranio *m*; *fam* intelligenza
sesg|adura *f* sbiecata; ~**ar** <*sesgué*> *vt* tagliare di sbieco; ~**o** *adj* sbieco, obliquo, storto; torvo (*semblante*); *(adv) al* ~ di sbieco
sesión *f* seduta, riunione; *pitt* seduta; *cine* spettacolo *m*; *abrir, levantar la* ~ aprire, chiudere/levare la seduta
sesionar *vi am* celebrare una seduta
seso 1. *m med/gastr/fig* cervello; *perder el* ~ perdere la testa; *tener mucho, poco* ~ avere molto, poco cervello; *tener sorbido el* ~ *por alg* aver perso la testa per q; 2. *mpl/gastr* cervella *fpl*; *fig* cervelli; *calentarse/devanarse los* ~*s* lambiccarsi, stillarsi il cervello
sestear *vi* fare la siesta/un pisolino
sestercio *m* sesterzio
sesudo *adj* assennato, giudizioso; dotto
set *m ingl/cine/sport* set *inv*
seta *f bot* fungo *m*; setola
setecient|os, -as *adj/s* settecento
setent|a **1.** *adj/m card* settanta; **2.** *adj/ord* settantesimo; ~**ón** *adj/s* settantenne
setiembre *m* settembre
seto *m* siepe *f* (*plantas*); steccato
seudónimo *adj/m* pseudonimo
sever|idad *f* severità, rigidezza, austerità; ~**o** *adj* severo, rigoroso, rigido, austero
Sevilla *f geogr* Siviglia; *quien fue a* ~ *perdió su silla* chi tardi arriva, male alloggia; *~**nas** *fpl mus* ="danza e arie di Siviglia"; *~**no** *adj/s* sivigliano
sexagenario *adj/s* sessagenario
sex-appeal *m ingl* sex appeal
sexapiloso *adj am* sexi *ingl/inv*
sexenio *m* sessennio
sex|ismo *m* sessismo; ~**ista** *adj/s* sessista; ~**o** *m* sesso; ~ *débil/bello* ~ sesso debole/gentil sesso; ~**ología** *f* sessuologia; ~**ólogo** *adj/s* sessuologo; ~**-shop** *m ingl* sex-shop *inv*, porno-shop *inv*
sex|tante *m* sestante; ~**teto** *m mus* sestetto; ~**tina** *f lit* sestina; ~**to** *adj/m mat/mus* sesto
sexual *adj* sessuale; ~**idad** *f* sessualità
sexy *adj/ingl* sexy
sha *m* scià *inv*
shériff *m ingl* sceriffo
shií, chiita *m/f* sciita
shock *m med* shock *inv*
shorts *mpl ingl* shorts
show *m ingl* show *inv*; *montar un* ~ fare una scenata; ~**girl** *f ingl* showgirl *inv*; ~**man** *m ingl* showman *inv*
si 1. *conj* se; ~ *lo sabe, nos lo dirá* se lo sa, ce lo dirà; ~ *lo sabes habla,* ~ *no cállate* se lo sai parla, se no taci; **2.** *m mus* si
sí 1. *adv/m* sì; *¡A que ~!* Quanto ci scommetti?; *dar el* ~ dire di sì; *¡~ que tiene gracia la cosa!* Questa sì che è bella!; *(fam) una chica guapa porque* ~ una ragazza bella sul serio; perché voglio/perché è così; **2.** *pr* sé; *de* ~ di suo; *de por* ~ da sé, da solo; *entre* ~ fra sé; *fuera de* ~ fuori di sé; ~ *mismo* se stesso; *piensa en* ~ pensa a sé
siamés *adj/s* siamese
sibarita *m/f* sibarita
Siberia *f geogr* Siberia; *~**no** *adj/s* siberiano
sibil|ante *adj ling* sibilante; ~**ino** *adj* sibillino
sic *adv* sic; ~**ario** *m* sicario
Sicilia *f geogr* Sicilia; *~**no** *adj/s* siciliano
sico|análisis *m* psicanalisi *f*, psicoanalisi *f*; ~**analista** *adj/s* psicanalista; ~**délico** *adj* psichedelico; ~**logía** *f* psicologia; ~**lógico** *adj* psicologico
sicólogo *adj/s* psicologo
sicomoro, sicómoro *m bot* sicomoro
sico|patía *f* psicopatia; ~**sis** *f* psicosi; ~**terapia** *f* psicoterapia
sida, SIDA *m med* AIDS
side|car *m* motocarrozzetta *f*, sidecar *inv/ingl*; ~**ral** *adj* siderale, sidereo; ~**rurgia** *f* siderurgia; ~**rúrgico** *adj* siderurgico
sidoso *adj/s pop/desp* malato di Aids
sidra *f* sidro *m*
sie|ga *f* mietitura; messi segate *fpl*; ~**mbra** *f* semina, seminagione
siempre *adv* sempre; ~ *que* sempre che, purché; *para* ~ per sempre; *desde* ~ da sempre
siempreviva *f bot* semprevivo *m*
sien *f* tempia

Sien|a *f geogr* Siena; ***~és** *adj/s* senese
sierpe *f zool/fig* serpe, serpente *m*, biscia
sierra *f geogr Esp/Am Mer* sierra; montagna; *tec* sega; *~ de carpintero* sega da carpentiere/da falegname; *~ de arco* sega ad arco; *~ eléctrica, circular* sega elettrica, circolare; *pez ~* pesce sega
sierv|o, -a *m/f* servo, -a; schiavo, -a
siesta *f* siesta, pisolino *m*; *dormir la ~* fare la siesta, fare un pisolino; *~ del carnero* ="pisolino prima di pranzo"
siete 1. *adj/m card* sette; *ord* settimo; *~ y medio* a sette e mezzo (*juego*); **2.** *m fig* strappo; *am* sedere; **~mesino** *adj/s* settimino; *fig* moccioso
sífil|is *f med* sifilide, lue, mal francese *m/lit*
sifilítico *adj/s* sifilitico
sifón *m* sifone, seltz
sifosis *f med* gibbosità
sigilo *m* segreto, cautela *f*; sigillo; *~ sacramental* sigillo sacramentale; **~so** *adj* segreto, cauto, prudente
sigl|a *f* sigla; **~o** *m* secolo; *un ~ ha/hace un ~ que no te veo* è da un secolo che non ti vedo; *el ~ de las luces* il secolo dei lumi; *por los ~s de los ~s* per tutti i secoli dei secoli, eternamente
sigma *f* sigma *m/f*
sign|ar 1. *vt* segnare; firmare; **2.** *~se* farsi il segno della croce; **~atario** *adj/s* firmatario; **~atura** *f tip/eccl* segnatura; collocazione (*biblioteca*)
signific|ación *f* significato *m*, senso *m*; idea; importanza; **~ado** *m* significato, senso; **~ante** *adj/m ling* significante; **~ar 1.** *vt* significare, voler dire; **2.** *vi* avere valore, significare; **~ativo** *adj* significativo; rappresentativo
signo *m* segno
siguiente *adj/s* seguente; posteriore; *al día ~* il giorno dopo
sílaba *f* sillaba
silab|ación *f ling* sillabazione; **~ario** *m* sillabario, abbecedario; **~(e)ar** *vi* sillabare
silb|a *f* fischiata; **~ar** *vi* fischiare; **~ato** *m* fischietto; **~ido** *m* fischio; **~o** *m* fischio, sibilo (*viento...*)
silenci|ador *m* (*auto, arma*) silenziatore; **~ar** *vt* far tacere, ridurre al silenzio; **~o** *m* silenzio; *¡~!* Silenzio!; *en ~* in silenzio; *~ administrativo* silenzio amministrativo; *guardar ~* stare in silenzio, tacere; *reducir al ~* ridurre al silenzio; **~oso** *adj* silenzioso; silenzioso, taciturno (*persona*)
sílex *m* selce, silice *f*
sílfide *f* silfide
sílice *f* silice
silic|io *m* silicio; **~ona** *f chim* silicone *m*; **~osis** *f med* silicosi
sill|a *f* sedia, seggiola; *~ eléctrica* sedia elettrica; *~ gestatoria* sedia gestatoria; *~ de mano* portantina; *~ de montar* sella; *~ de niños* passeggino; *~ de rejilla* sedia viennese; *~ de tijera* sedia pieghevole; *(fig) pegársele (a alg) la ~* appiccicarsi (q) alla sedia; **~ar** *m arch* pietra squadrata *f*; **~ería** *f* selleria; insieme di sedie *m*; *eccl* sedili del coro *mpl*; *arch* muratura di pietra squadrata; **~ero** *m* seggiolaio; **~ín** *m* sella *f* (*bicicleta, tractor*); **~ón** *m* poltrona *f*
silo *m agr/mil* silo
silo|gismo *m* sillogismo; **~gístico** *adj* sillogistico
silueta *f* silhouette *fr/inv*, siluetta; sagoma
silvestre *adj* silvestre, agreste, selvatico; di bosco (*frutos*)
silvicultura *f* selvicoltura
sima *f* precipizio *m*, burrone *m*; *arch* sima
simb|iosis *f* simbiosi; **~ólico** *adj* simbolico; **~olismo** *m* simbolismo; **~olizar** <*simbolicé*> *vt* simboleggiare, simbolizzare
símbolo *m* simbolo
simetría *f* simmetria
simétrico *adj* simmetrico
simiente *f* seme *m*, semente
simiesco *adj* scimmiesco
símil 1. *m* similitudine *f*, comparazione *f*; **2.** *adj* simile
simil|ar *adj* simile, similare; **~itud** *f* somiglianza; **~or** *m* similoro
simi|o, -a *m/f* scimmia *f*
simon|ía *f* simonia; **~íaco, ~iaco** *adj* simoniaco
simp|atía *f* simpatia; **~ático 1.** *adj* simpatico; **2.** *m med* simpatico; **~aticón** *adj/s* simpaticone; **~atizante** *adj/s* simpatizzante; **~atizar** <*simpaticé*> *vi* simpatizzare
simpl|e 1. *adj (a. fig)* semplice; **2.** *m med* semplice; **~eza** *f* semplicità, ingenuità, dabbenaggine; **~icidad** *f* semplicità, candore *m*; **~ificar** <*semplifiqué*> *vt* semplificare; **~ismo** *m* semplicismo; **~ón** *adj/s* semplicione
simposio *m* simposio, convegno
simul|ación *f* simulazione; **~acro** *m* simulacro; **~ador** *m* simulatore; *(aer) ~ de vuelo* simulatore di volo; **~ar** *vt* simulare, fingere; **~tanear** *vt* ="fare più di una cosa allo stesso tempo"; **~taneidad** *f* simultaneità; **~táneo** *adj* simultaneo
simún *m geogr* simun *inv*
sin 1. *prep* senza; *nos quedamos ~ luz* restammo senza luce; *~ tí, él,...* senza di te, di lui,...; *se fue ~ más* se ne andò all'improvviso/senza dir nulla; **2.** *(conj) ~ que* senza che
sinagoga *f* sinagoga
sinalefa *f ling* sinalefe
sincer|arse essere sincero (con) *vi*, giustificarsi (con); **~idad** *f* sincerità; **~o** *adj* sincero, leale, schietto
síncopa *f ling/mus* sincope
sincopado *adj mus* sincopato
síncope *m ling/med* sincope *f*
sincr|ético *adj* sincretico; **~etismo** *m* sincretismo
sincr|onía *f* sincronia; **~ónico** *adj* sincronico; **~onismo** *m* sincronia *f*, sincronismo; **~onización** *f* sincronizzazione; **~onizador** *adj/m tec* sincronizzatore; **~onizar** <*sincronicé*> *vt* sincronizzare
sindic|al *adj* sindacale; **~alismo** *m* sindacalismo; **~alista** *m/f* sindacalista; **~arse** iscriversi a un sindacato; **~ato** *m*

sindacato; ~ *amarillo* sindacato giallo/di comodo
síndico *m* sindaco; *ius* curatore
sine|cura *f eccl* sinecura; **~drio** *m hist* sinedrio; **~rgia** *f* sinergia, sinergismo *m*
sinéresis *f* sineresi
sinfín *m* infinità *f*
sinf|onía *f mus* sinfonia; **~ónica** *f* orchestra sinfonica; **~ónico** *adj* sinfonico
singl|adura *f mar* navigazione giornaliera; **~ar** *vi mar* far rotta, navigare
singular 1. *adj* singolare, unico, particolare; singolare, strano, bizzarro; **2.** *m ling* singolare; **~idad** *f* singolarità; **~izar** <*singularicé*> **1.** *vt* distinguere; *ling* ridurre al singolare; **2.** *~se* distinguersi
sinhueso *f fam* lingua
siniestr|ado *adj/s* sinistrato; **~o** *adj/m* sinistro
sinnúmero *m* infinità *f*
sino 1. *m* destino, fato, fatalità *f*; **2.** *conj* ma; se non, tranne, fuorché; *no te pido ~ que me oigas* non ti chiedo altro che mi ascolti, ti chiedo solo che mi ascolti; *nadie ~ él puede hacerlo* nessuno tranne lui può farlo; ~ *que* solo che; *no te pido sino que me oigas* non ti chiedo altro che mi ascolti/di ascoltarmi, ti chiedo solo che mi ascolti/di ascoltarmi
sínodo *m* sinodo
sinonimia *f* sinonimia
sinónimo *adj/m* sinonimo
sinopsis *f* sinossi
sinóptico *adj* sinottico
sinov|ial *adj med* sinoviale; **~itis** *f med* sinovite
sinrazón *f* torto *m*
sinsabor *m* dispiacere, disgusto; insipidità *f* (*sabor*)
sint|áctico *adj* sintattico; **~agma** *m ling* sintagma; **~agmático** *adj* sintagmatico; **~axis** *f* sintassi; **~erizar** *vt metal* sinterizzare
síntesis *f* sintesi
sintético *adj* sintetico
sinteti|smo *m* sintetismo; **~zador** *adj/m mus* sintetizzatore; **~zar** <*sinteticé*> *vt* sintetizzare
sintoísmo *m eccl* scintoismo, shintoismo
síntoma *m* sintomo
sintom|ático *adj* sintomatico; **~atología** *f* sintomatologia
sinton|ía *f fis/fig* sintonia; *TV* sigla; **~ización** *f* sintonizzazione; **~izador** *adj/m tec* sintonizzatore; **~izar** <*sintonicé*> *vt fis/fig* sintonizzare; *sintoniza Radio Valencia* sintonizza Radio Valenza
sinuos|idad *f* sinuosità, tortuosità; **~o** *adj* sinuoso, tortuoso
sinus|itis *f med* sinusite; **~oide** *f mat* sinusoide
sinver|güencería *f* sfacciataggine; **~güenza, ~gonzón** *adj/s* sfacciato, faccia tosta *f*, svergognato
sionis|mo *m* sionismo; **~ta** *m/f* sionista
siquiatr|a *adj/s* psichiatra; **~ía** *f* psichiatria
síquico *adj* psichico
siquiera (*ant siquier*) **1.** *conj* anche se; o; *hazme este favor, ~ sea el último* fammi questo favore anche se è l'ultimo; *~ venga,. ~ no venga* venga o non venga; **2.** *adv* almeno, per lo meno; neppure, nemmeno; *dame algo ~* dammi almeno qualcosa; *no tengo una peseta ~* non ho nemmeno una peseta
siren|a *f mit/tec* sirena; **~ios** *mpl zool* sirenidi, sireni
sirga *f mar* rimorchio *m*, cavo *m*; *a la ~* a rimorchio
Siri|a *f geogr* Siria; ***~aco** *adj/s* siriaco
sirimiri *m* pioggerella *f*
sirio *adj/s* siriano
sirla *f* scippo (con coltello) *m*
siroco *m geogr* scirocco
sirope *m* sciroppo
sirvient|a *f* domestica, cameriera; **~e** *m* domestico, cameriere
sisa *f fig* cresta; giromanica *m*
sisar *vt* fare la cresta (sulla spesa) *vi*; ritagliare il giromanica *vi*
sisear *vi* fischiare
sísmico *adj* sismico
sism|ógrafo *m tec* sismografo; **~ología** *f* sismologia
sistem|a *m* sistema; **~ático** *adj* sistematico; **~atización** *f* sistematizzazione; **~atizar** <*sistematicé*> *vt* sistematizzare
sistémico *adj* sistemico
sístole *f ling/cient* sistole
sitiar vt assediare
sitio *m* luogo, posto; *mil* assedio; *ant* posto di villeggiatura; *Cuba* podere; *(fam) dejar (a alg) en el ~* lasciar morto (q) sul posto; *estado de ~* stato di assedio, legge marziale; *hacer ~* far posto; *ir de un ~ a otro* andare da un posto all'altro; *poner (a alg) en su ~* mettere (q) a posto; *quedarse en el ~* morire sul colpo
sito *adj/adm* sito, situato
situa|ción *f* situazione, posizione, stato *m*; *com* situazione; *~ económica* posizione economica; *~ anímica* stato d'animo; **~do** *adj* situato, collocato; *bien ~* ben collocato; **~r** <*4 sitúo*> **1.** *vt* situare, collocare, porre; *com* versare; **2.** *~se* sistemarsi, collocarsi bene
skay *m* skay
sketch *m ingl* sketch *inv*
slálom *m* slalom
slang *m* slang
slip *m* slip *ingl/inv* (*hombres*)
smash *m sport* smash, schiacciata *f*
smog *m* smog *ingl*
smoking *m* smoking *ingl/inv*
snack-bar *m* snack-bar *ingl/inv*
so 1. *prep/lit* sotto; ~ *pena de* a/sotto pena di; **2.** *(adj/desp/excl) ¡~ bruto!* pezzo d'animale!
soba *f* manipolazione; *fig* bastonata; *darse una ~* farsi una sfacchinata
soba|co *m* ascella *f*; **~do 1.** *adj* molto usato (*frase, vestido*); soffice; *Col* difficile; **2.** *m gastr* ="dolce soffice a base di molto olio o burro"; **~quera** *f* sottoascella; **~quina** *f* sudore delle ascelle *m*; **~r** *vt* impastare (*masa*); palpare, toccare; *fig* dare una bastonata, picchiare; *fig* seccare, in-

fastidire; *am fig* adulare
soberan|ía *f pol* sovranità; dominio *m*, supremazia; **~o 1.** *adj/s* sovrano; **2.** *adj* superiore
soberbi|a *f* superbia; **~o** *adj* superbo
sobón *adj/s* appiccicoso, pomicione; *fig* scansafatiche *inv*
soborn|ar *vt* subornare, corrompere; **~o** *m* subornazione *f*; regalo, bustarella *f*; *pol* tangente *f*
sobra 1. *f* eccesso *m*, avanzo *m*; *tengo motivos de ~ para...* ho motivi più che sufficienti per; *estar de ~* essere di troppo; 2. *fpl* avanzi *mpl*, resti *mpl*; **~do** *adj* sufficiente, abbondante; *está ~ de amistades* gli avanzano amicizie; *parece que no anda muy ~* sembra che non abbia troppi mezzi; **~nte** *adj* superfluo, di troppo; *lo ~* il di più; **~r** *vi* avanzare, essere superfluo
sobrasada *f* ="salume tipico (Mallorca)" *m*
sobre 1. *prep* su, sopra; circa, verso; oltre (a); *el libro está ~ la mesa* il libro è sul tavolo; *vendré ~ las once* verrò verso le undici, alle undici circa; *vino ~ nosotros una lluvia de piedras* cadde su/sopra di noi una pioggia di pietre; *~ todo* soprattutto; *~ las preocupaciones que yo tenía...* oltre alle preoccupazioni che avevo; *hablar ~ la poesía* parlare sulla/della poesia; **2.** *m* busta da lettere *f*
sobre|abundancia *f* sovrabbondanza; **~alimentación** *f* superalimentazione; *tec* sovralimentazione; **~carga** *f* sovraccarico *m*, sopraccarico *m*; **~cargar** *<sobrecargué>* *vt* sovraccaricare, sopraccaricare; **~cargo** *m mar* incaricato del carico merci; **~cogedor** *adj* spaventoso; **~coger** *<V. coger>* *vt* spaventare, intimorire; **~cubierta** *f* sopraccoperta
sobre|dosis *f* overdose *inv*; **~excitación** *f* sovreccitazione; **~fusión** *f fis* sovraffusione; **~hilar** *vt* sopraffilare; **~humano** *adj* sovrumano; **~llevar** *vt* sopportare; **~manera** *adv* oltremodo; **~mesa** *f* ="tempo di riunione del dopopranzo" *m*; *de ~* da tavola; *estar de ~* chiacchierare dopo pranzo; **~modo** *adv* oltremodo
sobre|natural *adj* soprannaturale; **~nombre** *m* soprannome; **~ntender** *<6 V. entender>* *vt* sottintendere; **~parto** *m* puerperio; **~pasar** *vt* oltrepassare, sorpassare; **~pelliz** *f eccl* cotta; **~poner** *<32 V. poner>* **1.** *vt* sovrapporre; **2.** *~se* contenersi, dominarsi, reagire vi; **~precio** *m* soprapprezzo, sovrapprezzo; **~producción** *f* sovrapproduzione; **~puesto** *adj* sovrapposto; **~pujanza** *f* vigore *m*; **~pujar** *vt* superare, sorpassare
sobrero 1. *adj* superfluo; **2.** *adj/m (taur) toro ~* toro di riserva
sobre|saliente 1. *adj* eminente, eccellente, superiore; **2.** *m stud* ottimo, eccellente, voto massimo; **~salir** *<38 V. salir>* *vi* emergere, distinguersi; **~saltar 1.** *vt* spaventare; **2.** *vi* risaltare; **~salto** *m* sobbalzo, spavento; **~seer** *vt ius* soprassedere; **~seimiento** *m ius* sospensione *f*; *ius* rinvio (*provisional*); **~stadía** *f com* controstallia; **~stante** *adj* soprastante; **~sueldo** *m* soprappaga *f*, benefici accessori *mpl*
sobre|tasa *f* soprattassa; **~todo** *m* soprabito; **~valoración** *f* sopravvalutazione; **~valorar** *vt* sopravvalutare; **~venida** *f* venuta improvvisa; **~venir** *<41 V. venir>* *vi* sopravvenire, succedere, avvenire; **~vivir** *vi* sopravvivere; **~volar** *vt aer* sorvolare, trasvolare
sobriedad *f* sobrietà, moderazione
sobrin|a *f* nipote; **~o** *m* nipote
sobrio *adj* sobrio, parco
socaire *m mar* banda di sottovento *f*; *al ~* al riparo di; *(fig) estar al ~* fare il poltrone
socarr|arse bruciacchiarsi; **~ón** *adj/s* furbacchione, volpone; **~onería** *f* astuzia, furberia, scaltrezza
socav|ar *vt* scavare; *fig* buttar giù; **~ón** *m* scavo, galleria *f*; fosso
soci|abilidad *f* sociabilità, socievolezza; **~able** *adj* socievole, sociabile
social *adj* sociale; **~democracia** *f* socialdemocrazia; **~ismo** *m* socialismo; **~ista** *adj/s* socialista; **~ización** *f* socializzazione; **~izar** *<socialicé>* *vt* socializzare
sociedad *f* società; *~ del bienestar* società del benessere; *~ inmobiliaria, mercantil, en comandita, de responsabilidad limitada...* società immobiliare, commerciale, in accomandita, a responsabilità limitata...; *alta ~* alta società
soci|o, -a *m/f* socio, -a; *fig* compagno-a
socio|económico *adj* socioeconomico; **~lingüística** *f* sociolinguistica; **~logía** *f* sociologia; **~lógico** *adj* sociologico
sociólogo *adj/s* sociologo
socorr|er *vt* soccorrere, aiutare; **~ismo** *m* pronto soccorso; **~ista** *m/f* soccorritore, -trice; volontario, -a della Croce Rossa; **~o** *m* soccorso, aiuto, *lit* ausilio; *mil* soccorso; *¡~!* Aiuto!
socrático *adj* socratico, di Socrate
sod|a *f* soda; acqua di Seltz; **~io** *m chim* sodio
sodom|ía *f* sodomia; **~ita** *m* sodomita; **~ización** *f* sodomizzazione; **~izar** *<sodomicé>* *vt* sodomizzare
soez *adj* grossolano, villano
sofá *m* sofà *inv*; **~-cama** *m* divano letto
sofis|ma *m* sofisma; **~ta** *adj/s* sofista
sofistic|ación *f* sofisticazione; **~ado** *adj* sofisticato; **~ar** *<sofistiqué>* *vt/vi* sofisticare
sofoc|ación *f* soffocamento *m*, soffocazione; **~ante** *adj* soffocante; **~ar** *<sofoqué>* *vt* soffocare; **~o** *m* soffocamento; *fig* sgomento, dispiacere; *med* caldana *f*, calore; **~ón** *m fig* colpo
sofr|eír *<34 V. reír>* *vt gastr* soffriggere; **~ito** *adj/m* soffritto
soga *f* corda, fune; *con la ~ al cuello* con la corda al collo; *hablar de la ~ en casa del ahorcado* parlare di corda in casa dell'impiccato
soja *f bot* soia
sojuzgar *<sojuzgué>* *vt* soggiogare, sottomettere
sol 1. *m geogr* sole; *este niño es un ~* questo bambino è bello come il sole/è un tesoro; *~ de las Indias* girasole; *~ de medianoche* sole di mezzanotte; *~ naciente,*

poniente sole levante, calante; *de ~ a ~* dall'alba al tramonto; *la puesta del ~* il tramonto; *reloj de ~* orologio a sole; *(sport/taur) zona/área de ~* zona al sole; *al caer el ~* al tramonto; *(fig) arrimarse al ~ que más calienta* ="stare sempre al lato del potere"; *no dejar (a alg) ni a ~ ni a sombra* stare sempre alle costole (di q); *tomar el ~* prendere il sole; 2. sol (*moneda*); 3. *mus* sol; 4. *m chim* sol

solamente *adv* solamente, soltanto, solo

solan|a *f* solatio *m*; terrazzo a solatio *m*, solarium *m*; **~ina** *f chim* solanina; **~o** *m* vento di levante; *bot* erba mora *f*

solapa *f* risvolto *m*; **~do** *adj* mascherato, coperto, nascosto; **~r** *vt* 1. coprire, nascondere, mascherare; 2. mettere i risvolti a un vestito

solar 1. *adj* solare; **2.** *m* terreno (*edificable*); suolo (nativo); casato, lignaggio; **3.** <*9a suelo*> *vt* pavimentare; risuolare (*zapatos*); **~iego** *adj* antico, nobile

solári|um *m* solarium; **~zar** <*solaricé*> *vt tec* solarizzare

solaz *m* sollazzo, divertimento, svago, spasso; **~ar** <*solacé*> *vt* sollazzare, divertire, trastullare

solda|da *f mil* soldo *m*, paga; **~desca** *f* soldatesca; **~desco** *adj* soldatesco; **~do** *m mil/fig* soldato; *mujer ~* soldatessa; *~ raso* soldato semplice

solda|dor *adj/s* saldatore; **~dora** *f tec* saldatrice; **~dura** *f tec/fig* saldatura; *~ autógena* saldatura autogena; **~r** *vt tec* saldare, unire; *fig* aggiustare

sole|ado *adj* soleggiato; **~ar** *vt* soleggiare; **~cismo** *m ling* solecismo; **~dad** *f* solitudine; luogo isolato *m*

solemn|e *adj* solenne; **~idad** *f* solennità; **~izar** <*solemnicé*> *vt* solennizzare, celebrare con solennità

soler <*9a suelo*> *vi* solere, essere solito, avere l'abitudine di

solera *f tec* trave (*madera*); *tec* base di pilastro; suolo del forno *m*; *(fig) de ~* antico, nobile; *vino de ~* vino vecchio

soletilla *f gastr* ="specie di savoiardo" *m*

solf|a *f mus/fig* solfa; *poner (algo) en ~* mettere in ridicolo; **~atara** *f geol* solfatara; **~ear** *vt/vi mus* solfeggiare; *fig* dare una bastonata *vi*; **~eo** *m mus* solfeggio

solicit|ación *f* richiesta, *adm* sollecito *m*; *fis* sollecitazione; **~ante** *adj/s* richiedente; **~ar** *vt* richiedere, chiedere; chiedere la mano (a) *vi*; *fis* sollecitare; sollecitare, chiamare con insistenza

solícito *adj* sollecito, premuroso

solicitud *f adm* domanda, istanza, richiesta, sollecito *m*; sollecitudine, premura; *presentar una ~* fare/inoltrare una domanda, presentare una istanza

solidar|idad *f* solidarietà; **~io** *adj* solidale; **~izarse** <*solidaricé*> solidarizzare *vi*

Solidarnosc *m pol* Solidarnosc, sindacato polaco

solideo *m eccl* zucchetto

solidez *f* solidità; *mat* volume *m*

solidific|ación *f* solidificazione; **~ar** <*solidifiqué*> *vt* solidificare

sólido 1. *adj* solido, resistente; **2.** *m mat* solido

soliloquio *m* soliloquio, monologo

solimán *m pop* sublimato corrosivo

solio *m* soglio, trono

solista *m/f mus* solista

solit|aria *f zool* tenia, verme solitario *m*; **~ario 1.** *adj* solitario, deserto (*lugar*); solitario (*persona*); **2.** *m* solitario (*naipes, diamante*); *zool* Bernardo l'eremita, paguro; **~o** *adj* solo soletto

sólito *adj lit* solito *est*, consueto *est*, abituale *est*

soliviant|ado *adj* agitato, ribelle; **~ar** *vt* sollevare, ribellare, agitare

sollo *m zool* storione

solloz|ar <*sollocé*> *vi* singhiozzare, piangere; **~o** *m* singhiozzo

solo 1. *adj* solo, unico; *uno ~* un caffé espresso; *~ que* solo che, ma, però; *a ~as* da soli; *de ~ a ~* a tu per tu; *por sí ~* da solo; *aunque ~ sea* anche se è solo; *con ~ que* solamente con; **2.** *m mus* solo; solitario (*naipes*)

sólo, solo *adv* solo, soltanto, solamente; *tan ~* solamente

solomillo *m* filetto

solstici|al *adj* solstiziale; **~o** *m astr* solstizio

soltar <*8a suelto*> **1.** *vt* slegare, sciogliere (*nudos*); liberare (*preso*); lasciar andare, mollare, allentare (*cuerda*); *~ un bofetón* mollare una sberla; *~ un estornudo, un exabrupto* fece uno starnuto/rutto, gli/le scappò uno starnuto/un rutto; *~ una maldición* lanciò una maledizione; *~ la pasta* mollare i quattrini; *vulg ~ un pedo* fare/tirarsi una scoreggia; *~ el rollo* fare un discorso lungo e noioso; *~ sandeces* dire sciocchezze; *~ un taco* dire una parolaccia; **2.** *~se* svegliarsi, acquistare disinvoltura *vi* (*persona*); slegarsi; cominciare (a) *vi*; *~se los puntos de una media* smagliarsi la calza; *~se los puntos* scappare i punti; *~se el vientre* avere la diarrea/sciolta

solter|ía *f* celibato *m*; **~a** *adj/f* nubile; *desp* zitella; **~o** *adj/m* celibe, scapolo; **~ón** *adj/m* scapolone; **~ona** *adj/m* zitellona

soltura *f* scioglimento *m*; *fig* scioltezza (*movimientos-palabra*); *Col* diarrea

solu|bilidad *f* solubilità; **~ble** *adj* solubile; **~ción** *f cient/fig* soluzione; *teatro* scioglimento *m*; *no hay otra ~* non c'è altra soluzione; *~ de continuidad* soluzione di continuità; *~ de un problema, de una incógnita* (ri)soluzione di un problema, di un'equazione a un'incognita; **~cionar** *vt* risolvere

solven|cia *f com* solvibilità, solvenza; **~tar** *vt com* liquidare, pagare; risolvere; **~te** *adj* solvente, solvibile; *cliente ~* cliente solvibile

soma|nta *f fam* bastonata; **~tén** *m ant* milizia della Catalogna *f*; allarme; *a ~* a stormo

somático *adj* somatico

sombra *f* ombra; oscurità, tenebre *fpl* (*noche*); *fig* galera, prigione; *~s chinescas* ombre cinesi; *~ de ojos* ombretto; *a la ~* all'ombra; *(fig)* in gattabuia/prigione; *a la ~*

de sotto l'ombra di; *sin ~ de duda* senz'ombra di dubbio; *dar/hacer ~*fare ombra; *hacer ~ (a alg)* fare ombra (a q); *no fiarse ni de su ~* non fidarsi neanche di sua madre; *(fig/pop) tener mala ~* essere un disgraziato; *tener buena ~* essere grazioso; *tener miedo de su ~* aver paura della propria ombra

sombre|ado *m pitt* ombreggiatura *f*, sfumatura *f*; **~ar** *vt pitt* ombreggiare, sfumare; fare ombra *vi*

sombrer|era *f* cappelliera (*caja*); cappellaia (*persona*); **~ría** *f* cappelleria; **~ero** *m* cappellaio; **~o** *m* cappello; *~ canotier* paglietta; *~ chambergo, de copa/chistera* cappello alla moschettiera, a cilindro; *~ hongo* bombetta; *~ de tres picos* tricorno; *(fig) quitarse el ~* cavarsi il cappello/fare tanto di cappello

sombrilla *f* ombrellone *m* (*playa*); ombrellino *m* (*mujer*)

sombrío *adj* ombroso; oscuro, fosco (*cielo*); cupo (*voz*); tetro, malinconico (*cara*)

somero *adj* sommario, superficiale

somet|er *vt* sottomettere, sottoporre; **~imiento** *m* sottomissione *f*

somier *m* sommier *fr/inv*, rete *f* (*cama*)

somnambulismo V. **sonambulismo**

somn|ífero *m* sonnifero; **~olencia** *f* sonnolenza, torpore *m*; **~oliento** *adj* sonnolento

son *m* suono; *pop* rumore; *¿A ~ de qué?* Per quale motivo?/E perché?; *sin ton ni ~* senza senso; *en ~ de* con l'intenzione di; *bailar (alg) al ~ que le tocan* come mi suoni, commare ti ballo

sona|do *adj* famoso, rinomato; *sport* suonato; *hacer una que sea ~a* farne una grossa; **~ja** 1. *f* sonaglio *m*; 2. *fpl mus* tamburello senza membrana *m*; **~jero** *m* sonaglino

sonambulismo *m* sonnambulismo

sonámbulo *adj/s* sonnambulo

sona|r *<8a sueno>* **1.** *vi* suonare, sonare; udirsi; *(fig) ~ a* sembrare, aver l'aspetto di; *¡así como suena!* Sì, proprio così!; *no me suena este nombre* non ricordo questo nome; *tu última hora ha sonado* la tua ultima ora è scoccata; **2.** *~se* soffiarsi il naso; **~ta** *f mus* sonata; **~tina** *f mus* sonatina

sond|a *f cient* sonda; *mar* scandaglio *m*; *globo ~* pallone sonda; **~(e)ar** *vt cient/fig* sondare; *mar* scandagliare; **~eo** *m tec/fig* sondaggio; *~ de opinión* sondaggio di opinioni; **~ista** *adj/s* sondatore

soneto *m* sonetto

sonido *m tec/ling/fig* suono; *fig* rumore; *barrera del ~* muro del suono; *ingeniero de ~* ingegnere del suono

sonor|idad *f* sonorità; **~ización** *f* sonorizzazione; **~izar** *<sonoricé> vt cine/ling* sonorizzare; **~o** *adj* sonoro; *banda ~a* colonna/banda sonora

sonr|eír *<34 V. reír> vi* sorridere; **~isa** *f* sorriso *m*; *~ amarga, triste* sorriso amaro, mesto; *(iron) con la mejor de sus ~s* con un sorriso meraviglioso

sonro|jar 1. *vt* far arrossire; **2.** *~se* arrossire *vi*; **~jo** *m* rossore, vergogna *f*; cosa da far vergognare *f*; **~sado** *adj* roseo

sonsacar *<sonsaqué> vt* cavare, togliere

sonsonete *m* musichetta *f*

soñ|ador *adj/s* sognatore, *iron* illuso; **~ar** *<8a sueño> vt/vi* sognare; *ni ~lo* neanche per sogno; *~ despierto* sognare ad occhi aperti; *~ con alg/con algo* sognare q/qc; **~arrera** *f fam* sonno forte *m*; **~oliento** *adj* sonnolento

sopa 1. *f gastr* zuppa; *gastr* minestra in brodo; *gastr* pezzo di pane inzuppato *m*; *~ de pescado, de verduras* zuppa di pesce, di verdura; *~ de fideos* pastina in brodo; *~ boba* minestra di un istituto di beneficenza/di un convento; *hecho una ~* tutto inzuppato; *hasta en la ~* dappertutto come il prezzemolo; *comer la ~ boba* mangiare alle spalle di q; **2.** *m fig* pappa *f*; *ser un ~s* essere una pappa molle

sopapo *m* schiaffo

sope|ra *f* zuppiera; **~ro** *adj* fondo; *plato ~* piatto fondo; **~sar** *vt* soppesare; **~tón** *m* crostino; *fig* schiaffone; *de ~* all'improvviso, d'improvviso, di punto in bianco

sopl|ador 1. *adj/s tec* soffiatore; **2.** *m* soffietto; *Ecu/Guat teatro* suggeritore; **~adura** *f* soffiatura; **~amocos** *m/inv fam* schiaffone *m*; **~ar 1.** *vi* soffiare; **2.** *vt tec* soffiare; *fig* rubare, soffiare; *fig* soffiare, fare una soffiata *vi*, fare la spia *vi*; **3.** *~se* papparsi, tracannare; **~ete** *m tec* soffietto; **~o** *m* soffio; *en un ~* in un soffio/in un lampo; *~ en el corazón* soffio al cuore; *ir con el ~* andare con pettegolezzi; **~ón, ~ona** *m/f* spia *f*

sopo|ncio *m fam* colpo; **~r** *m* sopore, sonnolenza *f*; **~rífero** *adj* soporifero

soport|able *adj* sopportabile, tollerabile; **~al** 1. *m* atrio; 2. *mpl* portici, porticato *m*; **~ar** *vt* sopportare, tollerare (*pena*); sostenere; **~e** *m tec* supporto; sostegno, appoggio; sussidio

soprano 1. *m mus* voce di soprano *f*; 2. *f* soprano *f/m* (*cantante*)

sor *f eccl* suora; **~ Teresa* suor Teresa

sorb|er *vt* sorbire, assorbire, succhiare; *fig* assorbire, bere; **~ete** *m gastr* sorbetto; *quedarse como un ~* ghiacciarsi; **~etón** *m* gran sorso; **~o** *m* sorso; *a ~s* a piccoli/grandi sorsi; a sorso a sorso

sordera *f* sordità, sordaggine

sórdido *adj* sordido

sord|ina *f mus* sordina; *con ~* in/alla sordina; **~o** *adj/s* sordo; *ruido ~* rumore sordo; *a la ~a, a lo ~, a ~as* in sordina, alla chetichella; *hacerse el ~* fare il sordo; *no hay peor ~ que el que no quiere oír* non c'è peggior sordo di chi non vuol sentire; **~omudez** *f* sordomutismo *m*; **~omudo** *adj/s* sordomuto

sorgo *m bot* sorgo, saggina *f*

sorna *f* beffa, canzonatura; flemma, lentezza; *hablar con ~* parlare con tono canzonatorio

soroch|arse *Am Mer* soffrire il mal di montagna *vi*; **~e** *m Am Mer* mal di montagna

sorpre|ndente *adj* sorprendente; ~**nder** *vt* sorprendere, stupire, meravigliare; sorprendere, cogliere all'improvviso; *nos sorprendió fumando* ci ha sorpresi a fumare; ~**sa** *f* sorpresa, stupore *m*, meraviglia; *de/por* ~ di sorpresa; *dar una* ~ fare una sorpresa; ~**sivo** *adj am* sorprendente
sorte|ar *vt* sorteggiare; *fig* schivare (*golpe*); ~**o** *m* sorteggio
sorti|ja *f* anello *m*; ricciolo *m* (*pelo*); gioco dell'anello *m*; ~**legio** *m* sortilegio, maleficio
sosa *f chim* soda; ~ *cáustica* soda caustica
soseg|ado *adj* tranquillo, calmo; ~**ar** <*5a sosiego; sosegué*> *vt* calmare, rasserenare; riposarsi, star fermo *vi*
soser|as *adj/s/inv* insipido; ~**ía** *f* insulsaggine, balordaggine; scipitezza
sosia *m/f* sosia
sosiego *m* calma *f*, serenità *f*, tranquillità *f*
soslay|ar *vt* mettere di sbieco; *fig* schivare; ~**o** *adj* obliquo, inclinato; *(adv) al/de* ~ di sbieco; *fig/adv* di striscio
soso *adj gastr/fig* insipido
sospech|a *f* sospetto *m*; ~**ar 1.** *vt* sospettare, dubitare; **2.** *vi* sospettare, dubitare (*de* di); ~**oso 1.** *adj/s* sospettoso; **2.** *adj* sospetto; *lugar* ~ luogo sospetto; *persona, conducta* ~*a* persona, condotta sospetta
sostén *m* sostegno, appoggio, base *f*; reggiseno, reggipetto (*ropa de mujer*)
sosten|er <*V. tener*> *vt* sostenere, reggere (*un peso, fig*); sostenere, difendere (*opinión*); mantenere (*conversación*); ~**ido 1.** *adj* sostenuto; **2.** *m mus* diesis; *doble* ~ doppio diesis; ~**imiento** *m* sostenimento, sostegno; *fig* sostento
sota *f* fante *m* (*naipes*); sfacciata (*mujer*); prostituta; ~**barba** *f* barba alla Cavour; *fig* doppio mento *m*; ~**na** *f eccl* sottana, veste talare
sótano *m* scantinato, cantina *f*
sotavento *m mar* sottovento
sote|chado *m* tettoia *f*; ~**rrar** <*5a sotierro*> *vt* sotterrare, seppellire
soto *m* boschetto (*río*); boscaglia *f* (*monte*); ~**bosque** *m* sottobosco
soufflé *adj/m* soufflé *fr/inv*
soviet *m/inv* soviet
soviético *adj/s* sovietico
soya *f am/bot* soia
speaker *m ingl/raro* speaker *inv*
sport *m ingl* sport *inv*; *ropa de* ~ abbigliamento sportivo; *ir de* ~ vestire sportivo
spot *m TV/ingl* spot *inv*
spray *m ingl* spray *inv*
sprint *m ingl* sprint *inv*
spútnik *m ruso* sputnik *inv*
squash *m sport/ingl* squash
staff *m ingl* staff *inv*
stagflación *f econ* stagflazione
stand *m ingl* stand *inv*; ~**ard** *adj/m ingl* standard *inv*; ~**ing** *m ingl* standing *inv*, categoria *f*; *de alto* ~ di lusso
starter *m auto/ingl* starter *inv*
status *m* status *inv*
stick *m ingl* stick *inv*
stock *m ingl/com* stock *inv*
stop *m ingl* stop *inv*; ~**per** *m sport/ingl* stopper *inv*
strip-tease, striptis *m* spogliarello, strip-tease *inv*
su *adj* suo *m*, sua *f*
Suab|ia *f geogr* Svevia; *~**o** *adj/s* svevo
suav|e *adj* soave, dolce; soffice, morbido (*tela*); ~**idad** *f* soavità; ~**izante** *adj/m* ammorbidente; ~**izar** <*suavicé*> *vt* soavizzare, rendere soave; ammorbidire (*tela*)
subaliment|ación *f* sottoalimentazione; ~**ado** *adj* sottoalimentato
subalterno *adj/s* subalterno
subarr|endar <*5a V. arrendar*> *vt* subaffittare, sublocare; ~**endatario, -a** *m/f* subaffittuario, -a, sublocatario, -a; ~**iendo** *m* subaffitto, sublocazione *f*
subasta *f* **1.** asta, incanto *m*; *ius* subasta; **2.** appalto *m*; *a* ~ all'asta; *sacar a pública* ~ dare in appalto; ~**dor** *m* **1.** appaltante; **2.** venditore all'asta; ~**r** *vt* vendere all'asta, subastare
subcampeón *adj/s* secondo classificato, vicecampione
subclase *f biol* sottoclasse
subcomisión *f* sottocommissione
subconscien|cia *f* subconscio *m*; ~**te** *adj/m* subconscio, subcosciente
subcu|ltura *f* sottocultura, subcultura; ~**táneo** *adj* sottocutaneo
subdelegar <*subdelegué*> *vt* subdelegare
subdesarroll|ado *adj* sottosviluppato; ~**o** *m* sottosviluppo
subdirector, -a *m/f* vicedirettore, -trice
súbdito *adj/s* suddito
subdivi|dir *vt* suddividere; ~**sión** *f* suddivisione
subempleo *m* sottoccupazione *f*
suberificación *f bot* suberificazione
subespecie *f* sottospecie *inv*
subestim|ación *f com/fig* sottovalutazione; ~**ar** *vt com/fig* sottovalutare
subgénero *m* sottogenere
subid|a *f* ascesa, rialzo *m*, aumento *m* (*precios*); salita, erta, pendio *m*; ~ *de tono* alzata di tono, tono più alto; ~**o** *adj* acceso, forte (*color*); caro (*precio*)
subinquilin|o, -a *m/f* subinquilino, -a
subinspector, -a *m/f* viceispettore, -trice
subir 1. *vi* salire; aumentare, salire; ammontare (*cuenta*); crescere (*río*); **2.** *vt* salire (*escaleras*); alzare (*cabeza*); **3.** ~*se* salire *vi*; ~*se a la cabeza* dare alla testa (*vino-gloria*)
súbito 1. *adj* improvviso, repentino, subitaneo; **2.** *m* scatto; **3.** *adv* improvvisamente; *de* ~ all'improvviso
subjef|e, -a *m/f* vicecapo
subjetiv|idad *f* soggettività; ~**ismo** *m fil* soggettivismo; ~**o** *adj* soggettivo
subjuntivo *m ling* congiuntivo
sublev|ación *f*, ~**amiento** *m* rivolta *f*, ribellione *f*, sommossa *f*; ~**ar 1.** *vt* sollevare, far insorgere; *fig* irritare, far agitare; **2.** ~*se* ribellarsi, insorgere vi
sublim|ación *f chim/psic/fig* sublimazione; ~**ado** *adj/m chim* sublimato; ~**ar** *vt*

chim/psic/fig sublimare; **~e** *adj* sublime, eccelso, divino; **~idad** *f* sublimità; **~inal** *adj psic* subliminale
sublingual *adj med* sottolinguale
submarin|ismo *m* sport subacqueo; **~ista** *adj/s* sommozzatore, subacqueo; **~o** *adj/m mar* sottomarino
submúltiplo *adj/m mat* sottomultiplo
subnormal 1. *adj* subnormale; **2.** *m/f* handicappato, -a, minorato, -a
suboficial *adj/s* sottufficiale
subordin|ación *f* subordinazione; **~ado** *adj/s* subordinato; **~ar** *vt* subordinare
subproducto *m* sottoprodotto
subray|ado 1. *adj* sottolineato; **2.** sottolineatura *f*; **~ar** *vt tip/fig* sottolineare; *fig* mettere in risalto
subreino *m cient* sottoregno
subrep|ción *f ius* surrezione; **~ticio** *adj ius* surrettizio
subrogar <*subrogué*> *vt ius* surrogare
subsanar *vt* riparare, rimediare a *vi*, risolvere
subscri|bir 1. *vt* sottoscrivere; **2.** *~se* abbonarsi *(revista)*; **~pción** *f* sottoscrizione; **~ptor, -a** *m/f* abbonato, -a; *adm* firmatario, -a, sottoscrivente
subsecret|aría *f* sottosegretariato m; **~ario, -a** *m/f* sottosegretario, -a
subsi|diario *adj* sussidiario, ausiliario; **~dio** *m* sussidio; *~ de paro* sussidio di disoccupazione; **~guiente** *adj* susseguente
subsist|encia 1. *f* sussistenza; 2. *fpl mil* vettovaglie, viveri *mpl*; **~ente** *adj* sussistente; **~ir** *vi* sussistere, esistere; essere in vigore (*ley*)
substancia *f* sostanza; *en ~* in sostanza; **~l** *adj* sostanziale
substancioso *adj* sostanzioso
substantiv|ar *vt ling* sostantivare; **~o** *adj/m ling* sostantivo
substit|ución *f* sostituzione; *~ fideicomisaria* sostituzione fedecommissaria; **~uir** <*14 substituyo; substituyó*> *vt* sostituire, supplire; **~utivo** *adj* sostitutivo
substr|acción *f* sottrazione; **~aendo** *m mat* sottraendo; **~aer** <*39 V. traer*> **1.** *vt mat* sottrarre; rubare; **2.** *~se* sottrarsi; **~ato** *m* substrato, sostrato; *ling* sostrato
subsuelo *m* sottosuolo
subte *m Arg/Ur* metro
subteniente *m/f* sottotenente
subterfugio *m* sotterfugio
subterráneo *adj/m* sotteraneo; *Arg/Ur* metro
subtitulado *adj* sottotitolato
subtítulo *m tip/cine* sottotitolo
suburb|ano *adj* suburbano, extraurbano; **~ial** *adj* suburbano; **~io** *m* suburbio
subvalorar *vt* sottovalorare
subvenc|ión *f* sovvenzione; **~ionar** *vt* sovvenzionare
subvenir <*V. venir*> *vi* sovvenire, venire in soccorso (di)
subversi|ón *f* sovversione; **~vo** *adj/s* sovversivo
subyac|ente *adj* soggiacente; **~er** <*44 V. yacer*> *vi* soggiacere
subyug|ación *f* soggiogamento *m*, sottomissione; **~ar** <*subyugué*> *vt* soggiogare, assoggettare, dominare
succi|ón *f* succhiamento *m*, suzione *cient*; **~onar** *vt* succhiare
suce|dáneo *adj/m* succedaneo, surrogato; **~der** *vi/imp* succedere, accadere, avvenire; succedere, seguire; **~dido** *adj* successo, accaduto; *lo ~* l'avvenuto, l'accaduto; **~sión** *f* successione; **~sivo** *adj* successivo; *en lo ~* d'ora in poi, in seguito; **~so** 1. *m* avvenimento, fatto, evento; 2. incidente; *página de ~s* pagina di cronaca nera; **~sor** *adj/s* successore; erede; **~sorio** *adj ius* successorio
suciedad *f* sporcizia, sudiciume *m*
sucinto *adj* succinto, breve, conciso
sucio *adj* sporco, sudicio, lurido, sozzo; facilmente macchiabile; sporco, volgare, osceno (*palabra, acción*); malfatto (*dibujo*); *consciencia, lengua,... ~a* coscienza, lingua,... sporca; *juego ~* gioco sporco; *en ~* in brutta copia
suculento *adj* succulento, gustoso
sucumbir *vi* soccombere, cedere, arrendersi; morire, perire, *lit* soccombere
sucursal *adj/f com* filiale *f*, succursale
sud|aca *m/f desp/Esp* sudamericano, -a; **~adera** *f* parte superiore/giacca della tuta sportiva; **~africano** *adj/s* sudafricano
Sud|américa *m* America del Sud, America Meridionale; ***~americano** *adj/s* sudamericano
sudanés *adj/s* sudanese
sudar 1. *vi/vt* sudare; *hacer ~* far sudare; *~ la gota gorda, sangre* sudare sette camicie, sangue; 2. trasudare (*plantas*); **~io** *m* sudario
sudeste *m* sudest; scirocco (*viento*)
sudoeste *m* sudovest; libeccio (*viento*)
sudor *m* sudore; *bot* trasudazione *f*; **~iento, ~oso** *adj* sudato, sudaticcio; **~íparo** *adj* sudoriparo
Sue|cia *f* Svezia; ***~co** *adj/s* svedese; *hacerse el ~* fare l'indiano/lo gnorri
suegr|a *f* suocera; *lo que ve la ~* dove vede la suocera; **~o** *m* suocero
suela *f* suola; *arch* zoccolo *m*; *medias ~s* mezze suole; *pícaro de siete ~s* furfante di sette cotte; *no llegar a la ~ del zapato (de alg)* non esser degno di lustrare le scarpe (a q)
sueldo *m* stipendio; *~ anual* stipendio annuo; *~ base* salario base; *~ neto* stipendio netto; *a ~* con stipendio fisso
suelo *m* suolo, terra *f*, terreno; suolo, pavimento; *~ natal* suolo natio; *arrastrar por los ~s* buttare a terra; *(fig) besar el ~* cadere bocconi; *caerse al ~* cadere per/a terra; *echarse al ~* buttarsi a terra; *estar por los ~s (algo)* costare pochissimo (qc); essere giù di corda (*persona*); *mirar al ~* tenere lo sguardo/guardare a terra
suelta *f* pastoia; *dar ~* dar libertà; dar corso, dar sfogo
suelto 1. *adj* sciolto, libero; disinvolto (*persona*); slegato (*nudo*); scompagnato, spaiato (*medias, zapatos*); sfuso; sciolto, ampio, non attillato (*vestido*); soffice (*lana*); *bombones ~s* cioccolatini sfusi; *lengua ~a*

lingua sciolta; (*dinero)* ~ soldi spiccioli; ~ *de vientre* con un po' di diarrea; **2.** *m tip* trafiletto

sueño 1. *m* sogno (*soñar*); 2. sonno (*dormir*); ~ *dorado* sogno d'oro; ~ *pesado* sonno pesante; *ni por/en* ~ neanche per sogno; *caerse de* ~ cadere/cascare dal sonno; *coger* ~ prender sonno; *descabezar/echarse un* ~ schiacciare un pisolino; *perder el* ~ perdere il sonno; *quitar el* ~ togliere il sonno

suero *m* siero (*med, leche*)

suerte *f* sorte, fortuna, ventura; destino *m*, caso *m*; stato *m*, condizione; sorta, genere *m*; *taur* fase; *buena* ~ buona fortuna/sorte; *mala* ~ sfortuna; *¡Buena ~!* Buona fortuna!; *stud ¡~!* In bocca al lupo!; *de ~ que* in modo che; *por* ~ per fortuna; *¿Qué ~ de...?* Che sorta di...?; *caerle en* ~ toccare (per sorteggio); *(fig) caerle la* ~ toccare una fortuna insperata; *pop* vincere un terno al lotto, vincere la schedina del totocalcio, ecc; *dar* ~ portar fortuna; *echar a* ~ tirare a sorte; *probar* ~ giocare alla lotteria

suertudo *adj* fortunato

suéter *m golf inv* maglia *f*, pullover *inv*

Suevia, suevo V. **Suabia**

suficien|cia *f* sufficienza, capacità; *aire de* ~ aria di sufficienza; **~te 1.** *adj* sufficiente; idoneo, capace; **2.** *adv* abbastanza

sufijo *m ling* suffisso

sufra|gar <*sufragué*> *vt* suffragare; pagare (*gastos*); **~gio** *m* suffragio; ~ *restringido, universal* suffragio limitato, universale; **~gista** *m/f* suffragista

sufri|do *adj* paziente, tollerante; non facilmente macchiabile (*color*); **~dor** *adj/s* sofferente; **~miento** *m* sofferenza *f*, pena *f*, dolore; pazienza *f*, rassegnazione *f* (*pasivamente*); **~r 1.** *vi* soffrire, patire; ~ *de corazón* soffrire di cuore; **2.** *vt* subire (*una injusticia, un accidente*); soffrire, sopportare; soffrire, patire (*penas*); *hacer* ~ far soffrire; *no poder ~ (algo, a alg)* non poter soffrire/sopportare (qc, q)

suge|rencia *f* suggerimento *m*; **~rir** < *10 sugiero; sugirió*> *vt* suggerire; ispirare

sugest|ión *f psic* suggestione; **~ionable** *adj* suggestionabile; **~ionar** *vt* suggestionare; **~ivo** *adj* suggestivo, affascinante; *ius* suggestivo

suicid|a *adj/s* suicida; **~arse** suicidarsi, uccidersi; **~io** *m* suicidio

suite *f fr* suite *inv* (*mus, hotel*)

Suiz|a *f geogr* Svizzera; ***~o 1.** *adj/s* svizzero; **2.** *m gastr* brioche *f*

suje|ción *f fig* soggezione; stretta, blocco *m*; *tec* fissaggio *m*; *ling* prolessi; **~tador** *m* reggiseno, reggipetto; **~tapapeles** *m/inv* fermacarte; **~tar 1.** *vt* trattenere, tener fermo, immobilizzare; stringere, legare; mantenere; *fig* dominare, assoggettare; *tec* fissare; **2.** *~se* accettare *vt*, sottomettersi; **~to 1.** *adj* soggetto, sottomesso; fisso, legato, stretto; **2.** *m ling/fil* soggetto; *desp* tipo, individuo, soggetto

sulfamida *f chim* sulfamidico *m*

sulfat|ador, -ra 1. *adj* solforatore, -trice; **2.** *m/f tec* solforatrice *f*; **~ar** *vt agr* polverizzare con solfato; *agr* solforare (*azufre*); **~ato** *m chim* solfato

sulfurar 1. *vt tec* solforare; *fig* irritare, far adirare; **2.** *~se* irritarsi, adirarsi

sulfú|reo *adj* sulfureo; **~rico** *adj* solforico

sulfuroso *adj chim* solforoso

sult|án *m* sultano; **~anía** *f*, **~anato** *m* sultanato *m*

sum|a *f* somma, quantità; *mat* somma, addizione; *en* ~ insomma; ~ *y sigue* somma e a capo; **~ando** *m mat* addendo; **~ar** *vt* sommare, fare l'addizione (di) *vi*; **~ario 1.** *adj* sommario, breve; *ius* sommario; **2.** *m* sommario, compendio; *ius* istruttoria *f*; **~arísimo** *adj ius* direttissimo, per direttissima

sumer|gible *adj/m mar* sommergibile; **~gido** *adj* sommerso; *economía ~a* economia sommersa; **~gir** <*sumerjo*> **1.** *vt* sommergere, immergere; *fig* sprofondare, immergere; **2.** *~se fig* concentrarsi, immergersi; **~sión** *f* sommersione, immersione

sumid|ad *f* cima, sommità; **~ero** *m* fogna *f*

suministr|ador *adj/s* somministratore; *com* fornitore; **~ar** *vt com* fornire; somministrare; **~o** *m com* fornitura *f*; somministrazione *f*; erogazione *f* (*agua, elec*)

sumir 1. *vt* immergere, affondare; *fig* sprofondare; **2** *~se fig* sprofondarsi

sumis|ión *f* sottomissione, dipendenza; sommissione; **~o** *adj* sottomesso, umile, sommesso

súmmum *m* colmo dei colmi

sumo *adj* sommo, supremo; sommo, enorme; *el *~ Pontífice* il Sommo Pontefice; *con ~ cuidado* con la massima cura; *a lo* ~ al massimo, tutt'al più; *en ~ grado* in sommo grado, al massimo; **~scapo** *m arch* sommoscapo

suntuario *adj* suntuario; *impuestos ~s* imposte di lusso

suntuos|idad *f* suntuosità, lusso *m*; **~o** *adj* suntuoso, lussuoso

supedit|ación *f* sottomissione, subordinazione; condizionamento *m*; **~ar** *vt* sottomettere, subordinare; condizionare

súper 1. *adj* stupendo, magnifico, forte, da sballo; **2.** *m* 1. supermercato; 2. *f* benzina super

superable *adj* superabile; *adm* sormontabile

superabundan|cia *f* sovrabbondanza, superabbondanza; **~te** *adj* sovrabbondante

superación *f* superazione

superar 1. *vt* superare; **2.** *~se* fare il massimo *vi*

superávit *m com* eccedenza *f*, saldo attivo

superbeneficio *m com* sovrapprofitto, soprapprofitto

supercapitalizar *vt* sopravvalutare il capitale

superchería *f* soverchieria, soperchieria

superclase *m/f* fuoriclasse

superconduc|ción *f fis* superconduzione; ~**tividad** *f fis* superconduttività
superdotado *adj/s* superdotato
superestrato *m ling* superstrato
superestructura *f* sovrastruttura
superfamilia *f cient* superfamiglia
superficial *adj* superficiale; ~**idad** *f* superficialità
superficie *f* superficie; *fig* faccia
superfino *adj* sopraffino
superfl|uidad *f fis* superfluidità; ~**uo** *adj* superfluo
superhombre *m* superuomo
superior *adj* superiore; ~**a** *f eccl* superiora; ~**idad** *f* superiorità; superiori *mpl*
superlativo *adj/m* superlativo
supermercado *m* supermercato
supernumerario *adj/adm* soprannumerario, avventizio
superpoblación *f* sovrappopolazione
superponer <*32 V. poner*> *vt* sovrapporre
superpotencia *f* superpotenza
superproducción *f* superproduzione
supersónico *adj* supersonico
superstic|ión *f* superstizione; ~**oso** *adj* superstizioso
supervalorar *vt* sopravvalutare
supervisión *f* supervisione
superviv|encia *f* sopravvivenza; ~**iente, -a** *adj/s* superstite
superyó *m psic* super-io
supino *adj* supino; *ignorancia ~a* ignoranza supina
suplant|ación *f* soppiantamento *m*; ~**ar** *vt* soppiantare
suplement|ario *adj* supplementare; ~**o** *m* supplemento; supplemento, inserto (*diario*)
suplen|cia *f* supplenza; ~**te** *adj/s* supplente
supletorio 1. *adj* suppletorio; *cama ~a* letto aggiunto; **2.** *m* apparecchio telefonico addizionale, telefono aggiuntivo
súplica *f* supplica; *adm* istanza; *a ~s de* su istanza di
suplic|ación *f* supplica; *ius* ricorso in appello *m*; ~**ante** *adj/s* supplicante; ~**ar** <*supliqué*> *vt* supplicare, pregare, implorare; *ius* ricorrere in appello; ~**atoria**, ~**orio** *f/m ius* istanza *f*
suplicio *m* supplizio
suplir *vt* supplire *vi*, sostituire
supo|ner <*32 V. poner*> **1.** *vt* supporre, immaginare, figurarsi; comportare (*gastos*); **2.** *vi* contare, importare (*algo, alg*); *es un ~* è una semplice supposizione; *que es de ~* che si può immaginare; *es de ~ que* mi figuro che, immagino che; ~**sición** *f* supposizione; ~**sitorio** *m med* supposta *f*
suprarrenal *adj med* surrenale
supre|macía *f* supremazia; ~**mo 1.** *adj* supremo, altissimo; supremo, estremo; **2.** *m ius* corte di cassazione *f*; ~**sión** *f* soppressione; ~**sor** *m tec* soppressore
suprimir *vt* sopprimere, eliminare, abolire; omettere
supuesto 1. *adj* presunto, pseudo; *¡por ~!* naturalmente!, certamente!; *por ~ que* certo che; *~ que* posto che; *dar por ~ (algo)* ritenere per certo (qc), partire dalla base che...; **2.** *m* supposto, presupposto, premessa *f*
supur|ación *f* suppurazione; ~**ar** *vi* suppurare
sur *m* sud
suramericano *adj/s* sudamericano
surc|ar <*surqué*> *vt agr* solcare, arare; *fig* solcare, fendere; ~**o** *m agr/fig* solco; *echarse al ~* piantare in asso il lavoro
sureño *adj* (persona) del sud
surf *m* surf *ingl*; ~**ing** *m* surfing *ingl*
surgir <*surjo*> *vi* sorgere, scaturire (*fuente, fig*); emergere, alzarsi
surménage *m fr* surmenage *inv*
surreal|ismo *m* surrealismo; ~**ista** *adj/s* surrealista
surti|do 1. *m* assortimento; **2.** *adj* provvisto, fornito; ~**dor 1.** *adj/s com* fornitore; **2.** *m auto* distributore di benzina; zampillo; ~**r 1.** *vt* fornire, rifornire; fare, ottenere (*efecto*); **2.** *~se* rifornirsi
surto *adj mar* ancorato, ormeggiato
sus *adj/pl* suoi *mpl*, sue *fpl* (*de él, de ella*); loro (*de ellos, de ellas*)
suscepti|bilidad *f* suscettibilità; ~**ble** *adj* suscettibile; permaloso, suscettibile (*persona*)
suscitar *vt* suscitare, destare, provocare
suscri|bir, ~**pción**, ~**ptor** V. **subs...**
susodicho *adj* suddetto, sopraddetto
suspen|der 1. *vt* sospendere, interrompere; appendere; *stud* bocciare; **2.** *~se* interrompersi; ~**se** *m* suspense *f/fr/ingl/inv*; ~**sión** *f tec/econ* sospensione; ~**sivo** *adj* sospensivo; *(ling) puntos ~s* punti sospensivi; ~**so 1.** *adj* sospeso; sorpreso, stupito (*expresión*); *stud* bocciato; **2.** *m* insufficienza *f*, bocciatura *f*; *sacar ~* essere bocciato; *no tiene ningún ~* non ha nessuna insufficienza, non è mai stato bocciato; *en ~* in sospeso; ~**sorio** *adj/m med/sport* sospensorio
suspi|cacia *f* diffidenza, sospettosità; *(ius) legítima ~* legittima suspicione; ~**caz** *adj* diffidente, sospettoso
suspir|ar *vi* sospirare, *fig* bramare *vt*; ~**o** *m* sospiro
sustan|cia, ~**cial**, ~**ciar**, ~**cioso**, ~**tivar**, ~**tivo** V. **subs...**
sustent|ación *f* sostentamento *m*; sostenimento *m*, sostegno *m*; ~**ar** *vt* sostentare, mantenere (*alimento*); sostenere; ~**o** *m* sostentamento (*alimento*); sostegno
sustitu|ción, ~**ir**, ~**tivo** V. **subs...**
sustituto *adj/s* sostituto; supplente (*profesor*)
susto *m* spavento, paura *f*; *caerse (alg) del ~* morire di/dallo spavento; *dar un ~* spaventare, far paura; *dar un ~ al miedo* essere brutto da far paura/spavento; *pasar un ~* provar un grande spavento
sustra|cción, ~**endo**, ~**er**, ~**erse**, ~**to** V. **subs...**
susurr|ar 1. *vi/vt* sussurrare; *iron* bisbigliare, mormorare; **2.** *~se* mormorarsi; ~**o** *m* sussurro (*vento, voz*), mormorio (*aguas*)
sutil *adj* sottile; acuto, perspicace (*per-*

sona); *fig* sottile, acuto, fine; ~**eza** *f* sottigliezza; *fig* acume *m*, acutezza, finezza; ~**izar** <*sutilicé*> **1.** *vt* assottigliare; **2.** *vi* sottilizzare

sutura *f cient* sutura; giuntura; ~**r** *vt* suturare

suy|o *m*, **-a** *f*, **-os** *mpl*, **-as** *fpl pr* suo, sua, suoi, sue; *lo ~o* il suo; *los ~os* i suoi (*parientes*); *de ~o* di suo; *hacer una de las ~as* farne una delle sue; *ir (alg) a lo ~o* pensare (q) solo ai propri affari; *salirse (alg) con la ~a* spuntarla (q); *ser (alg) muy ~o* essere (q) molto orgoglioso

svástica, swástica *f* svastica

swing *m ingl sport/mus* swing

T

taba *f* astragalo *m* (*med/juego*)
tabac|al *m* piantagione di tabacco *f*; **~alera** *f* manifattura dei tabacchi; **~alero, -a 1.** *m/f* tabaccaio, -a, tabacchino, -a; **2.** *adj* di tabacco; **~o** *m* tabacco; *fam* sigarette *fpl*; *~ de pipa, rubio, negro* tabacco da pipa, biondo, scuro; *me he quedado sin ~* sono rimasto senza sigarette/non ho più sigarette
tabalear 1. *vi* tamburellare; **2.** *vt* dondolare
tábano *m zool* tafano
tabaquer|a *f* tabacchiera; **~o, -a** *m/f* tabaccaio, -a
tabaquismo *m med* tabacosi *f*; tabagismo
tabardo *m* tabarro
tabarra *f pop* seccatura, noia; *dar la ~* dar noia, seccare
taberna *f* taverna, osteria
tabernáculo *m* tabernacolo
tabern|ario *adj/desp* da bettola; **~ero, -era** *m/f* oste, -essa; taverniere, -a
tabicar <*tabiqué*> *vt arch* murare
tabique *m arch* tramezzo, muro; setto (*nasal*)
tabla *f* asse *m*, tavola; *com* tavola, tabella; piega (*falda*); lastra, tavola (*mármol*); indice *m*; tavola (*chocolate*); *geogr* tavola; *pitt/teatro* tavola; *~ de cortar* tagliere; *~ de multiplicar* tavola pitagorica; *~ de lavar, de planchar* asse da lavare, da stiro; *~ redonda* tavola rotonda; *~ de salvación* tavola della salvezza; *~ de surf* tavola a vela, wind-surf; *las ~s de la ley* le tavole della legge; *a raja ~* alla perfezione; a tutti i costi; *por ~* di rimbalzo; *por ~s* per un pelo; *hacer ~ rasa* fare tabula rasa; *hacer/quedar ~s* fare patta, pareggiare; *pisar las ~s* calcare le scene; *salvarse/escaparse en una ~* scamparla bella; *tener ~s* avere scena
tablado *m* palco, tavolato
tablazón *m* tavolame; *mar* coperta *f*
tablero *m* asse, tavola *f*; tabellone, bacheca *f* (*anuncios, com*); scacchiera *f* (*dama-ajedrez*)
tableta *f med* pastiglia; tavoletta (*madera, chocolate...*)
tablete|ar *vi* sbattere, battere; *mil* tambureggiare; **~o** *m* battito; *mil* tambureggiamento
tablilla *f* tavoletta
tabloide *m am/tip* tabloid *ingl/inv*
tablón *m* tavolone; tabellone, albo, bacheca *f* (*anuncios*); *fam* sbornia *f*; *am* tavoliere
tabú *m* tabú *inv*
tabuco *m fam* buco
tabul|ador *m tec* tabulatore; **~adora** *f infor* tabulatrice; **~ar** *adj/vt* tabulare
taburete *m* sgabello, banchetto
tac *m onom* tac *inv*; *m/f med* TAC
tacañ|ería *f* tirchieria, avarizia, spilorceria; **~o** *adj/s* tirchio, spilorcio, avaro
tacatá *m* girello
tacha *f* macchia, taccia, colpa; *tec* chiodo grosso a borchia *m*; *sin ~* senza macchia; **~dura** *f* cancellatura; **~r** *vt* 1. tacciare, accusare, incolpare; 2. cancellare (*algo*)
tachón *m* cancellatura *f*, scarabocchio, frego
tachonado *adj* cosparso, tempestato (*de* di)
tachuela *f tec* chiodo a borchia *m*
tácito *adj* tacito
taciturn|idad *f* taciturnità; **~o** *adj* taciturno, silenzioso
taco *m tec* tassello; *ling* parolaccia *f*, bestemmia *f* (*soltar*); dado (*jamón*); stecca *f* (*billar*); *mil* tacco; blocchetto (*papel*); *sport* tacchetto (*zapatos*); *(sport) ~ de salida* blocco di partenza; *Arg* tacco (*zapato*); *fig* pasticcio, casotto (*armar*); ="specie di cerbottana" *f*
tacómetro *m* contagiri *inv*
tacón *m* tacco (*zapato, tip*)
tacon|azo *m* colpo di tacco; **~ear** *vi* tacchettare; **~eo** *m* tacchettio (*ruido*); il tacchettare
tactación *f med* tasto *m*, il tastare *m*
táctic|a *f* tattica; **~o** *adj/m* tattico
tacto *m* tatto (*sentido, fig*); *med* tasto; *(mil) ~ de codos* allineamento serrato
tafetán *m* taffettà
tafilete *m* marocchino; **~ar** *vt* fare lavori di marocchino *vi*
tahon|a *f* **1.** forno *m*, panetteria; **2.** mulino a trazione animale *m*; **~ero, -a** *m/f* fornaio, -a; mugnaio, -a
tahúr 1. *adj/s* giocatore; **2.** *m* baro
taifa *f* fazione; *fig* combriccola
taiga *f geogr* taiga
taimado *adj* astuto, scaltro, furbo
taita *m am* papà, babbo
taja *f* telaio da basto *m*
tajad|a *f* fetta; *sacar ~* ottenere la sua parte; trarne profitto; **~o** *adj* a strapiombo
tajante *adj/fig* brusco (*persona*); chiaro (*tono*); *un no ~* un no chiaro e tondo
tajar *vt raro* tagliare
tajo *m* taglio; *geogr* strapiombo, burrone; fendente (*esgrima*); punto d'arrivo del lavoro (*trabajadores*); tagliere (*carne*), ceppo; *estar en el ~* stare al lavoro
tal 1. *adj* tale, simile; tanto; **2.** *pr* un tale, un certo; qualcuno; tale cosa; **3.** *adv* tanto; in modo tale; *~ vez* forse; **4.** *conj con ~ de/que* purché, a condizione che; *~ el hijo cual el padre* tale il padre, tale il figlio; *que si ~ que si cual* che se questo, che se quest'altro; *¿Qué ~?* Come va?; *~ como* così/tale come; *~ cual* lo stesso, come sempre; *un/una ~* un/una tale; *un ~ Cárdenas* un certo Cárdenas; *fulano de ~* il tal dei tali; *no hay ~* non è così, non c'è tale cosa; *ser ~ para cual* esser fatti l'uno per l'altro
tala *f agr* potatura, diboscamento *m*; lippa (*juego*)
taladr|ado *m tec* trapanatura *f*; *infor* perforazione *f*; **~adora** *f* perforatrice, trapano *m*; **~ar** *vt* traforare, perforare, trapanare; *fig* trapassare, perforare; **~o** *m* trapano
tálamo *lit m* talamo; *cient* talamo
talanquera *f* steccato *m*, parapetto *m*; *fig* riparo *m*, luogo sicuro *m*

talante *m* aspetto, sembiante; modo di fare; *de buen* ~ con piacere, (ben) volentieri; *de mal* ~ malvolentieri
talar 1. *adj/m eccl/mit* talare; **2.** *vt* radere al suolo (*ciudades*); tagliare (*árboles*)
talas|emia *f med* talassemia; ~**oterapia** *f* talassoterapia
talco *m* talco; *polvos de* ~ borotalco
taleg|a *f*, ~**o** 1. *m* sacco *m*, sacca *f*; *fig* tombolotto *m* (*persona*); 2. *m gergo* galera *f*, gattabuia *f*; *tener* ~*o* avere quattrini da parte
taleguilla *f taur* calzoni *mpl*
talento *m* ingegno, intelligenza *f*; ~**so** *adj* ingegnoso, geniale
Tales *m fil* Talete
talgo *m tras* (tipo di) rapido (spagnolo)
talio *m chim* tallio
talión *m* taglione
talismán *m* talismano, amuleto
talla *f* 1. taglia, misura; 2. *art* intaglio *m*; 3. *tec* taglia; 4. *am* frottola, bugia; *(fig) no dar la* ~ non essere all'altezza (di qc); *poner* ~ *(a alg)* mettere una taglia (su q); ~**do 1.** *adj* formato, fatto; **2.** *m* intaglio; ~**dor** *adj/s* incisore, intagliatore
tallar *vt art* intagliare, scolpire; tagliare, sfaccettare (*piedras preciosas*); misurare la statura (*de alg*); tenere il banco (*juego*)
tallarines *mpl gastr* tagliatelle *fpl*
talle *m* vita *f*, cintura *f* (*cuerpo, traje*); ="misura di un vestito dal collo alla vita" *f*; figura *f*, aspetto
taller *m mec* officina *f*; *art* studio; laboratorio; *stud* scuola *f*, seminario
tallista *adj/s* intagliatore, scultore
tallo *m bot* fusto, gambo, stelo; *bot* tallo; *gastr* pezzo di frutta candita; *Col* cavolo
talludo *adj bot* tallito; *fig* cresciuto, maturo
talón *m med* tallone, calcagno; *com* assegno (*cheque*); *com* talloncino, tagliando, cedola *f*; *tec/mar* tallone; ~ *de Aquiles* tallone di Achille; *apretar/levantar los* ~*es* battere le calcagna; *pisarle (a alg) los* ~*es* stare alle calcagna (di q)
talonario *m com* bollettario; libretto degli assegni (*banco*)
tamaño 1. *m* grandezza *f*, dimensione *f*, formato; **2.** *adj* così grande/piccolo
tamar|indo *m bot* tamarindo; ~**isco** *m bot* tamarisco, tamerice *f*
tambal|earse barcollare *vi*, traballare *vi*; vacillare *vi*; ~**eo** *m* barcollamento; vacillazione *f*
también *conj/adv* anche, pure; ~ *yo* anch'io; *a mí* ~ anche a me
tambo *m am* osteria *f*; *Arg* latteria *f*; *Arg* vaccheria *f*
tambor *m mus/arch/tec/mar* tamburo; fustino (*detergente*); telaio (*bordar*); cestello (*lavadora*); *a* ~ *batiente* a tamburo battente; ~**il** *m mus* tamburetto; ~**ilear** *vi* tamburellare
Támesis *m geogr* Tamigi
tamiz *m* setaccio; *pasar (algo) por el* ~ passare (qc) al setaccio; ~**ación** *f* stacciatura; ~**ar** <*tamicé*> *vt* setacciare, *tec* stacciare; *fig* setacciare
tampoco *adv/conj* nemmeno, neanche, neppure
tampón *m* tampone, cuscinetto; *med* tampax, assorbente interno
tan *adv* tanto, così; ~ *bonito, alto, pronto*... tanto/così bello, alto, presto...; *¡Qué cosa* ~ *graciosa!* Che bella cosa!; *de* ~ *amable que*... è così gentile che...; ~ ... *como* così ... come, tanto ... come; ~ *alto como tú* così/tanto alto come/quanto te; ~ *pronto como* non appena; ~ *siquiera* soltanto, appena
tanatorio *m* camera ardente *f*, camera mortuaria *f*
tanda *f* turno *m*; lavoro *m*; partita (*juego*); strato *m*; scarica, porzione (*azotes*); *am teatro* parte
tándem *m tras/fig* tandem *inv*
tanga *m* tanga
tang|encia *f* tangenza; ~**ente** *adj/f mat* tangente; *salir por la* ~ partire per la tangente; ~**ible** *adj* tangibile, palpabile
tango *m mus* tango
tanino *m chim* tannino
tano *adj Arg/fam* napoletano; italiano
tanque *m tras* autocisterna *f*; *mar* nave cisterna *f*; serbatoio (*líquidos*); *mil* carro armato, tank *ingl/inv*; ~**ar** *vt/vi am* fare benzina *vi*; ~**ta** *f mil* autoblindo *m*
tante|ador *m* segnapunti *inv*; ~**ar** *vt* sondare, esaminare, esplorare; segnare i punti (*juego*); calcolare a occhio e croce; ~**o** *m* prova *f*, esame, esplorazione *f*; *com* prelazione *f*; punteggio (*juego*); calcolo approssimato
tanto 1. *adj/pr/adv* tanto; *las* ~*as* le ore tarde; *a* ~*s de mayo* ai tanti di maggio; *mil y* ~*s* mille e rotti; ~ *como* tanto quanto, così come; *entre* ~*/en* ~ *que* frattanto, mentre; *otro* ~ altrettanto; *ni* ~ *ni tan calvo* né molto, né troppo poco; *no hay para* ~ non bisogna esagerare; *no llega a* ~ non ci arriva; ~ *más/menos* tanto più/meno; *por* ~ pertanto, quindi; *¡y* ~*!* Sicuro!; *estar al* ~ *de* essere al corrente di; *volver a las* ~*as* fare le ore piccole; **2.** *m* tanto; punto (*juego*); *(fam) apuntarse un* ~ avere già un punto
tañ|er <*taño; tañó; tañendo*> **1.** *vt mus* suonare; **2.** *vi* tamburellare (con le dita); ~**ido** *m* suono
taoís|mo *m* taoismo; ~**ta 1.** *m/f* taoista; **2.** *adj* taoistico
tapa *f* coperchio *m*; soprattacco *m* (*zapatos*); *tip* copertina; cateratta (*presa*); soccoscio *m* (*carne*); *gastr* piattino *m*, porzione (*de comida*); *gastr* stuzzichino *m*; copririsvolto *m* (*traje*); *am* tappo *m*; *ir de* ~*s* ="andare da un bar all'altro a prendere qualcosa per stuzzicare l'appetito"; ="andare al bar a prendere qualche stuzzichino"; *levantar/saltar (a alg) la* ~ *de los sesos* far saltare le cervella/sparare alla testa; *meter en* ~*s* rilegare
tapa|gujeros *m/inv tec/fig* tappabuchi; ~**boca** *m* manata sulla bocca *f*, *fam* sciarpa; ~**cubos** *m auto* coprimozzo
tapad|a *f* donna velata; ~**era** *f* coperchio *m*; *fig* copertura; ~**o 1** *adj* coperto, velato;

2. *m am* mantello (da donna); *am* tesoro occulto
tapar *vt* coprire, ricoprire; occultare; chiudere, turare; coprire, imbacuccare; ~ *la boca (a alg)* chiudere la bocca (a q)
tápara *f bot* cappero *m*
taparrabo *m fam* copripudende *inv*, perizoma
tapete *m* centrino; tappetino; tappeto verde (*juego*); *estar sobre el* ~ essere in fase di discussione; *poner (algo) sobre el* ~ mettere (qc) sul tappeto
tapia *f tec* muro *m*; muro di cinta *m*; *más sordo que una* ~ sordo come una campana; ~**l** *m tec* stampo per muri; muro; ~**r** *vt tec* murare; cingere di muro
tapicer|ía *f* tappezzeria; ~**o, -a** *m/f* tappezziere, -a
tapioca *f gastr* tapioca
tapir *m zool* tapiro
tapiz *m* arazzo; ~**ar** <*tapicé*> *vt tec* tappezzare; addobbare, parare
tapón *m* tappo, turacciolo; *med* tampone; *tec/fig* tappo; imbottigliamento, ingorgo (*tráfico*)
tapon|adora *f tec* tappatrice; ~**ar** *vt* tappare, turare; *med* tamponare; ~**azo** *m* colpo di tappo
tapuj|arse coprirsi il viso con il mantello; ~**o** *m* lembo del mantello o scialle; *fig* mascheramento, reticenza *f*; *fig* imbroglio
taquera *f* stecchiera
taqui|cardia *f med* tachicardia; ~**grafía** *f* stenografia; ~**gráfico** *adj* stenografico
taquígraf|o, -a *m/f* stenografo, -a
taquill|a *f* biglietteria; *teatro* botteghino *m*; casellario *m* (*mueble*); armadietto personale *m*; sportello d'ufficio *m*; ~**ero, -a 1.** *m/f* bigliettaio, -a; **2.** *adj* di successo, di cassetta
taquimeca *m/f fam* stenodattilo, -a; ~**nógrafo, -a** *m/f* stenodattilografo, -a
taquímetro *m tec* tachimetro
tara *f com/med* tara
taracea *f* intarsio *m*
tarado *adj com/med* tarato
tarambana(s) *adj/s/inv fam* testa vuota *f*, caposcarico *m*, pazzerellone *adj/s*
tarantela *f mus* tarantella
tarántula *f zool* tarantola
tarar *vt com* tarare
tarar|á, ~í *m onom* tarà, taratà; *estar ~í* essere brillo; ~**ear** *vt* canterellare, canticchiare; ~**eo** *m* canterellio
tarasca *f fig* megera, mostro *m*; ~**da** *f* morso *m*; *fig* frecciata
tardanza *f* ritardo *m*, il tardare *m*
tardar *vi* tardare, ritardare; ~ *en llegar* tardare ad arrivare; ~ *una hora para llegar* impiegare/metterci un'ora ad arrivare; *a más* ~ al più tardi
tarde 1. *f* pomeriggio *m* (*primeras horas de la tarde*); sera; *buenas ~s* buon giorno (*primeras horas de la tarde*); buona sera; *por la* ~ al pomeriggio; *de ~ en ~* ogni tanto, raramente; **2.** *adv* tardi; *más ~ o más temprano* prima o dopo; *más vale ~ que nunca* meglio tardi che mai
tardío 1. *adj* tardivo; *bot* serotino, tardivo; **2.** *m* piantagione di frutto tardivo *f*
tardo *adj* tardo, lento, flemmatico; *fig* tardo, ottuso
tardón *adj/s* tardone
tarea *f* lavoro *m*; *stud* compito *m*
tarifa *f* tariffa; ~**r** *vt* tariffare
tarima *f* predella (*de la mesa*); pedana
tarjeta *f* cartellino *m*; tessera (*de identidad, perforada*); scheda magnetica; *(sport)* ~ *amarilla* cartellino giallo; ~ *de crédito* carta di credito; ~ *de visita* biglietto da visita *m*; ~ *de boda* invito; ~ *postal* cartolina illustrata
tarot *m* tarocco (*juego*)
tarquín *m* limo, melma *f*
tarraconense *adj/s* tarragonese, di Tarragona
tarro *m* barattolo, vasetto; *am fam* cilindro (*sombrero*); *am* lattina *f*; *cabeza de* ~ testa di rapa
tarso *m med* tarso
tarta *f gastr* torta
tartaj|a, ~oso V. **tartamudo**
tartaleta *f* tortino *m*
tartamud|ear *vi* balbettare, tartagliare; ~**eo** *m* balbettio; ~**ez** *f* balbuzie; ~**o** *adj/s* balbuziente
tartana *f tras* barroccio *m*; *mar* tartana
tartárico *adj chim* tartarico
tártaro *adj/m cient/geogr/mit* tartaro
tartera *f* tortiera
tarugo *m tec* cavicchio; pezzo irregolare; tozzo di pane; *fig* tanghero
tarumba: volverle ~ (a alg) far diventar pazzo (q)
tasa *f* 1. tassa; tassazione (*acción*); 2. tasso *m*; ~ *de crecimiento, de depreciación de expansión* tasso di incremento, di deprezzamento, di sviluppo; ~ *de natalidad* tasso di natalità
tasa|ción *f econ* valutazione, stima; calmieramento *m* (*precio*); ~**dor** *adj/s* tassatore; ~**r** *vt econ* tassare; valutare; calmierare (*precio*)
tasca *f* taverna; bisca (*juego*)
tascar <*tasqué*> *vt* scotolare (*cañamo*); sgranocchiare (*animales*); ~ *el freno* mordere il freno
tata *f fam* bambinaia; *am* papà *m*, babbo *m*
tatara|buelo, -a *m/f* trisavolo, -a; ~**nieto, -a** *m/f* pronipote (di trisavolo)
tate *m gergo* hashisc
tatu|aje *m* tatuaggio; ~**ar** *vt* tatuare
taumaturg|ia *f* taumaturgia; ~**o** *m* taumaturgo
taur|ino *adj* taurino; *~**o** *m astr* Toro; ~**omaquia** *f* tauromachia
taxativo *adj* tassativo
taxi *m* tassì, taxi *fr/inv*
taxidermia *f* tassidermia
taxímetro *m* tassametro
taxista *m/f* tassista
taxo|diáceas *fpl bot* tassodiacee; ~**nomía** *f* tassonomia; ~**nómico** *adj* tassonomico
taza *f* tazza; tazza, vaso del water-closet *m*; vasca (*fuente*); ~ *de café, de té* tazza da caffè, da tè

tazón *m* scodella *f*, tazza da caffelatte *f*
te *pr* ti; ~ *saludo*, ~ *dije* ti saluto, ti dissi; ~ *lo dije* te lo dissi
té *m* tè *inv*; *rosa de* ~ rosa tea; *(fam) dar (a alg) el té* dar fastidio/rompere l'anima (a q); *tomar el* ~ prendere il tè
tea *f* teda; ~*s maritales* tede nuziali; ~**m** *m* team *inv/ingl*, squadra *f*
teatr|al *adj* teatrale; *fig* teatrale, esagerato; ~**alidad** *f* teatralità; ~**o** *m teatro/fig* teatro; *echar, hacer, tener* ~ fare teatro; ~ *ambulante* teatro ambulante/carro di Tespi
tebeo *m* giornalino a fumetti, fumetto
teca *f cient/eccl* teca; tek *m* (*madera*)
tech|ado *m* tetto, tettoia *f*; *bajo* ~ al coperto; ~**ar** *vt* coprire con tetto, fare il tetto; ~**o** *m* tetto; soffitto (*interior*); *fig/econ* tetto, limite massimo; *aer* quota *f* di tangenza; ~**umbre** *f* tetto *m*
tecl|a *f mus/fig* tasto *m*; *dar en la* ~ cogliere nel segno; *tocar muchas* ~*s para* battere a tutte le porte per/fare i passi necessari per; ~**ado** *m tec/mus* tastiera *f*; ~**ear** **1.** *vi* tasteggiare; **2.** *vt fig* tastare il terreno; ~**eo** *m* tasteggio
técnica *f* tecnica
tecnic|idad *f* tecnicità; ~**ismo** *m* tecnicismo
técnico *adj/s* tecnico; ~ *de efectos sonoros* rumorista
tecnicolor *m cine/inv* tec(h)nicolor
tecnificar <*tecnifiqué*> *vt* tecnicizzare, rendere tecnico; *ling* tecnificare
tecnocracia *f* tecnocrazia
tecnócrata *adj/s* tecnocrate
tecnol|ogía *f* tecnologia; ~ *punta/alta* ~ tecnologia di punta/avanzata; ~**ógico** *adj* tecnologico
tectónico *adj geol* tettonico
tedi|ar *vt* tediare, annoiare; ~**o** *m* tedio, noia *f*, uggia *f*; ~**oso** *adj* noioso, uggioso
teflón *m* teflon
tegumento *m* tegumento
teja *f* tegola; ~ *árabe* coppo/tegola curva; ~ *plana* embrice; *a toca* ~ in contanti; *a* ~ *vana* di tegole senza assito; *de* ~*s abajo* nel mondo; *de* ~*s arriba* nel cielo
tejad|illo *m* tettuccio, pensilina *f*; ~**o** *m* tetto; *(fig) tener el* ~ *de vidrio* essere censurabile
tejano *adj/s* texano; *pantalones* ~*s* blue jeans
tejar **1.** *m* fornace da laterizi *f*; **2.** *vt* coprire di tegole
tejed|or **1.** *adj/s* tessitore; *am/fig* intrigante; **2.** *m zool* idrometra *f*; ~**ora** *f tec* tessitrice; ~**uría** *f* tessitura, arte tessile; tessitoria (*taller*)
tejemaneje *m* destrezza *f*, abilità *f*; *fig* sotterfugio, imbroglio
tejer *vt* tessere; intrecciare, intessere; *fig* tessere, ordire, tramare, macchinare; *(fig)* ~ *y destejer* fare e disfare; ~**ía** *f* V. **tejar**; ~**o** *adj/s* fabbricante di tegole
tejido **1.** *adj* tessuto; **2.** *m* tessuto; tessitura *f*; ~ *de punto* tessuto a maglia
tejo *m* piastrella *f*; gioco delle piastrelle; *bot* tasso; *(fam) tirar los* ~ *(a alg)* mostrare interesse (per q) (*más general*); corteggiare
tejón *m zool* tasso
tejuel|a *f* coccio *m*; ~**o** *m* piastrina *f*; *tip* titolo sul dorso; *mec* rallino
tela *f* tessuto *m*, stoffa (*de lino, de punto*...); ~ *de espuma* spugna; tela; membrana, pellicola; *pitt/fig* tela; *fig/fam* quattrini *mpl*, grana, denaro *m*; ~ *de araña* ragnatela; ~ *metálica* rete metallica; *(fam) haber* ~ *que cortar/haber* ~ *para rato* esserci molto da dire; *poner en* ~ *de juicio* mettere in dubbio/in discussione
telar *m* telaio; *teatro* telaio, armatura *f*; ~**aña** *f* ragnatela
tele|cabina *f* funivia; ~**comunicación** *f* telecomunicazione; ~**control** *m* telecontrollo; ~**diario** *m* telegiornale; ~**difusión** *f* telediffusione; ~**dirigido** *adj* telecomandato, teleguidato; ~**fax** *m* telefax; ~**férico** *m tras* teleferica *f*, funivia *f*; ~**film(e)** *m* telefilm *inv*
telefon|azo *m* chiamata telefonica *f*, colpo di telefono; ~**ear** *vi/vt* telefonare *vi*; ~**ema** *m* fonogramma; ~**ía** *f* telefonia
telefónic|a *f* ="Società spagnola per l'esercizio telefonico"; ="centrale dei telefoni pubblici"; ~**o** *adj* telefonico
telefon|illo *m* citofono; ~**ista** *m/f* telefonista
teléfono *m* telefono; *(pol)* ~ *rojo, verde* telefono rosso, verde; ~ *de teclado* telefono a tastiera; ~ *inalámbrico* telefono senza fili; *móvil/celular* telefonino, telefono portatile/cellulare
telefoto *m* telefoto, telefotografia *f*
telegr|afía *f* telegrafia; ~**afiar** <*2 telegrafío*> *vt/vi* telegrafare; ~**áfico** *adj* telegrafico; ~**afista** *m/f* telegrafista
telégrafo *m* telegrafo
telegrama *m* telegramma
teleimpresor *m* telescrivente *f*
telele *m fam* colpo
telemando *m* telecomando
telenovela *f* telenovela (*latinoamericana*); teleromanzo *m*
teleobjetivo *m* teleobiettivo
teleología *f* teleologia
teleósteo *adj/m zool* teleosteo
telep|atía *f* telepatia; ~**ático** *adj* telepatico
telera *f tec* regolatore dell'aratro *m*
telesc|ópico *adj* telescopico; ~**opio** *m* telescopio
telesilla *f* seggiovia
telespectador, -a *m/f* telespettatore, -trice
telesquí *m* ski-lift *inv*, sciovia *f*
teletipo *m* 1. *tec* telescrivente *f*; 2. messaggio telescritto
televidente *m/f* telespettatore, -trice
televis|ar *vt* teletrasmettere, trasmettere per televisione; ~**ión** *f* 1. televisione; 2. televisione, televisore *m*; ~ *de alta definición, en color, por cable* televisione ad alta definizione, a colori, via cavo; ~**ivo** *adj* televisivo; ~**or** *m* televisore; ~**ual** *adj* televisivo
télex *adj/m ingl* telex *inv*
telón *m teatro* sipario, telone; *(hist)* ~ *de acero* cortina di ferro; ~ *de boca* sipario; ~ *de foro* fondale

telonero *m teatro/fig* attore secondario; complesso musicale secondario
telúrico *adj* tellurico
telurio *m chim* tellurio
tem|a 1. *m* tema, argomento, soggetto; *ling/mus* tema; 2. *f* puntiglio *m*, idea fissa; avversione; ~**ario** *m* programma; ~**ática** *f* tematica; ~**ático** *adj* tematico
tembl|ar <*5a tiemblo*> *vi* tremare (*frío, miedo*); tremolare; trepidare; ~**eque** *m* tremolio; ~**ón** *adj* tremulo; ~**or** *m* tremito; tremolio; ~ *de tierra* scossa di terremoto; ~**oroso** *adj* tremante, tremolante
temer 1. *vt* temere; **2.** *vi* aver paura/timore di; ~**ario** *adj* temerario; ~**idad** *f* temerità, temerarietà; ~**oso** *adj* pauroso, timoroso, pusillanime; pauroso
temible *adj* temibile
temor *m* timore, paura *f*; timore; ~ *de Dios* timore di Dio
témpano *m mus/arch* timpano; ~ *de hielo* lastra di ghiaccio; *quedarse como un* ~ restare come un pezzo di ghiaccio
temper|amental *adj* di carattere forte; ~**amento** *m* temperamento, carattere forte; *meteo* temperie *f*; *fig/mus* accordo
temper|ancia *f* temperanza, moderazione; ~**ante** *adj/s* temperante; *am* astemio; ~**ar 1.** *vt* temperare, moderare; temperare, calmare; **2.** *vi am* cambiar aria
temperatura *f* temperatura; *tomar la* ~ misurare la temperatura
tempest|ad *f* tempesta (*mar, fig*); tormenta (*monte*); ~**ividad** *f* tempestività; ~**ivo** *adj* tempestivo, opportuno; ~**uoso** *adj* tempestoso
templ|ado *adj* temperato, moderato; tiepido; temprato (*acero*); *meteo* mite, soave; *fam* valente (*persona*); *fam* intelligente; ~**anza** *f* temperanza, moderatezza; mitezza; *pitt* armonia; ~**ar 1.** *vt* temperare, moderare; mitigare; intiepidire; *tec* temprare; *mus* accordare; *mar* temperare; *pitt* armonizzare i colori; **2.** ~*se Am Mer* innamorarsi; *am* morire *vi*
temple *m* indole *f*, carattere; *tec/fig* tempra *f*; umore (*buen, mal*); *mus* accordo; *pitt* tempera *f*; *pintar al* ~ dipingere a tempera
templete *m* chiosco; altarino
templo *m* tempio, chiesa *f*; *una verdad como un* ~ una verità sacrosanta
temporada *f teatro* stagione; ~ *de conciertos* stagione lirica; periodo *m*; *de* ~ stagionale; ~ *alta, baja* stagione alta, bassa
temporal 1. *m* temporale, tempesta *f*; **2.** *adj* temporaneo, provvisorio, passeggero; temporale (*poder*); *med/ling* temporale; ~**idad** *f* temporalità
témporas *fpl* tempora
temporero *adj/s* bracciante a giornata
temporizador *m tec* timer *ingl/inv*
tempran|ero *adj* mattiniero; ~**o 1.** *adv* presto, di buon'ora (*levantarse*); in anticipo, presto; **2.** *adj* precoce, primaticcio
tenacidad *f fig* tenacia, costanza; *tec* tenacità
tenacillas *fpl* mollette (*azúcar*); pinzette; arricciacapelli *m/inv*
tenaz *adj* tenace, fermo
tenazas *fpl tec* tenaglie; molle, pinze
tenca *f zool* tinca; *Chile* frottola
tendedero *m* stenditoio
tendenci|a *f* tendenza, propensione; ~**al** *adj* tendenziale; ~**oso** *adj* tendenzioso
ténder *m ingl/inv tras* tender
tender <*6 tiendo*> **1.** *vt* stendere (*ropa*), tendere, distendere; **2.** *vi* tendere; **3.** ~*se* sdraiarsi, coricarsi, stendersi
tender|ete *m* bancarella *f*; ~**o, -a** *m/f* negoziante, bottegaio, -a
tendido 1. *m* rete *f*; *taur* gradinata scoperta *f*; il bucato steso; **2.** *(adj) galope* ~ a gran galoppo; *dormir a pierna* ~*a* dormire saporitamente; *llorar a moco* ~ piangere a dirotto
tendinoso *adj med* tendineo, del tendine; *med* tendinoso
tendón *m med* tendine
tenducho *m desp* botteguccia *f*
tenebr|ismo *m pitt* tenebrismo; ~**ista** *adj/s pitt* tenebrista; ~**osidad** *f* tenebrosità; ~**oso** *adj* tenebroso, buio
tened|or *m* forchetta *f*; *restaurante de cuatro* ~*ores* ristorante di lusso; *ius* possessore; ~ *de libros* contabile; ~**uría** *f* contabilità; ~ *de libros* tenuta dei libri
tenencia *f* detenzione, possesso *m*; ~ *ilícita de armas* detenzione illecita di armi, porto abusivo d'armi
tener <*tengo; tuve; tendré*> *vt* avere; avere, possedere; tenere, mantenere; tenere, sostenere; sentire (*cariño*); stimare, considerare, giudicare; ~ *consulta* passare visita; ~ *que* dovere; ~ *mucho/poco que* aver molto/poco da; ~ *a orgullo* sentirsi orgoglioso di; ~ *dicho, preparado*... avere detto, preparato...; ~ *atravesado (a alg)* sentire antipatia (per q); ~ *en el bolsillo (a alg)* dominare/avere conquistato (q); *no* ~*las todas consigo* non essere molto sicuro di qc; *no* ~ *nada que perder* non aver nulla da perdere; *no* ~ *que ver* non aver niente a che vedere, non c'entrare; ~ *a bien* volere; ~ *lo suyo* avere un qualcosa; ~ *presente* avere/tenere a mente; ~*la tomada con alg* avercela con q; *me tiene frito* mi sta ammazzando; *¡Ahí tienes!* Ecco (qui)!; *conque ¿esas tenemos?* Ah, così stanno le cose?; *le rogamos tenga a bien conceder*... la preghiamo di (voler) concedere; *(fam)* ~*los bien puestos* avere carattere/del fegato; **2.** ~*se de pie* reggersi in piedi; ~*se por* considerarsi; ~*se a lo convenido* tenersi ai patti
tenería *f* conceria
tenia *f zool* tenia, verme solitario *m*
teniente *adj/s mil* tenente; ~ *coronel, general* tenente colonnello, generale; ~ *de alcalde* vicesindaco
tenis *m* tennis *ingl*; ~**ta** *m/f* tennista
tenor *m* tenore; *a/al* ~ *de* a tenore di; *mus* tenore; ~**io (don Juan)** *lit/fig* don Giovanni

tensar *vt* tendere, tirare
tensión *f* tensione; *med* pressione (*arterial*); *alta ~* alta tensione; *tener la ~ alta/baja* avere la pressione alta/bassa
tenso *adj (a. fig)* teso, tirato; ~**activo** *adj cient* tensioattivo; ~**r** *adj/m cient* tensore
tentación *f* tentazione; baby-doll *m* (*lencería*)
tentáculo *m* tentacolo
tent|ador *adj/s* tentatore; ~**ar** <*5a tiento*> *vt* 1. tentare; 2. tastare; ~**ativa** *f* tentativo *m*; *~ de homicidio* tentato omicidio
tentemozo *m* puntello
tentempié *m* spuntino, merendina *f*
tenu|e *adj* tenue, leggero, sottile; debole; ~**idad** *f* tenuità
teñid|o *m*, ~**ura** *f* tintura *f*
teñir <*12 tiño; tiñó; tiñendo*> *vt* tingere; *pitt* smorzare una tinta; *~se el pelo* tingersi i capelli
teocr|acia *f* teocrazia; ~**ático** *adj* teocratico
teodolito *m mat* teodolite
teol|ogal *adj* teologale; ~**ogía** *f* teologia; ~**ógico** *adj* teologico
teólog|o, -a *m/f* teologo, -a
teor|ema *m* teorema; ~**ía** *f* teoria
teórico *adj/s* teorico
teorizar <*teoricé*> *vi* teorizzare
teos|ofía *f eccl* teosofia; ~**ófico** *adj* teosofico
tépalo *m bot* tepalo
tequila *f* tequila
terap|euta *m/f* terapeuta; ~**éutica** *f* terapeutica; ~**éutico** *adj/m* terapeutico
terapia *f* terapia
tercer V. **tercero**
tercera *f* mezzana (*mujer*); *mus/auto* terza
tercermund|ismo *m* terzomondismo; ~**ista** *adj* terzomondista
tercero *adj/m* terzo; *eccl* terziario; *(pol) el tercer mundo* il terzo mondo; *a la ~a va la vencida* = "la terza è la volta buona"
tercerol *m mar* terzarolo; ~**a** *f* terzaruolo *m*
terceto *m lit* terzina *f*; *mus* terzetto, trio
terciana *f med* terzana
terciar 1. *vi* intervenire; **2.** *vt* mettere di sbieco o di traverso; **3.** *~se* fare al caso, essere opportuno
terciario *adj/m geol/eccl* terziario
tercio 1. *adj* terzo; **2.** *m* 1. *taur* fase *f*, parte *f*; 2. *mpl hist* = "reggimento di infanteria spagnola (sec. XVI° e XVII°)"; = "reggimento di infanteria della legione" *m*
terciopelo *m* velluto
terco *adj* testardo, caparbio, ostinato
tergivers|ación *f* manipolazione; ~**ar** *vt* manipolare
term|al *adj* termale; ~**as** *fpl* terme
térmico *adj* termico
termin|ación *f* terminazione, fine; *ling* desinenza, terminazione; ~**al 1.** *adj* terminale; **2.** *f* 1. *tras* capolinea *m*; *aer* terminal *m ingl/inv*; 2. *m elec/infor* terminale; ~**ante** *adj* terminante, decisivo, concludente; ~**ar** *vt/vi* terminare, finire; *~ de* smettere/cessare di
terminismo *m fil* terminismo
término *m* 1. termine, fine *f*; *en último ~* come ultimo rimedio; *por ~ medio* in media; *en propios ~s* a rigor di termini; *en el ~ de diez días* nel termine di dieci giorni; 2. *ling* termine, parola *f*; *dar ~ (a algo)* dare termine (a qc); *estar en buenos ~s (con alg)* essere in buoni termini (con q); 3. *geogr* termine, territorio; 4. *com/mat/pitt/ius* termine; *por ~ medio* in media
terminología *f* terminologia
termita *f zool/chim* termite
termo *m* t(h)ermos
termo|dinámico, -a *adj/f* termodinamico, -a; ~**eléctrico** *adj* termoelettrico; ~**génesis** *f* termogenesi
termómetro *m* termometro; *~ de máxima, de mínima* termometro a massima, a minima
termosifón *m* termosifone
termo|stato, termóstato *m* termostato; ~**tecnia** *f* termotecnica; ~**terapia** *f* termoterapia
terna *f* terna; ~**rio 1.** *adj* ternario; **2.** *m eccl* triduo
ternasco *m gastr* abbacchio (*Aragón*); capretto (*Navarra*)
terner|a *f* carne di vitello; *zool* vitella; ~**o** *m zool* vitello
terneza 1. *f* tenerezza; 2. *fpl* lusinghe
ternill|a *f med* cartilagine; ~**oso** *adj* cartilaginoso
terno *m* terno (*números, hojas*); completo a tre pezzi (*traje, joyas*); bestemmia *f*; *soltar ~s* bestemmiare
ternura *f* tenerezza
terquedad *f* caparbietà, ostinazione, cocciutaggine
terracota *f* terracotta
terrado *m* terrazza *f*
terraja *f tec* madrevite
terral *adj/m* vento di terra
terramicina *f med* terramicina
terrapl|én *m* terrapieno; ~**enar** *vt* alzare terrapieni *vi*
terráqueo *adj* terracqueo
terrateniente *m/f* possidente terriero, -a
terraza *f* terrazza, terrazzo *m*; *agr* terrazzo *m*
terremoto *m* terremoto
terrenal *adj* terreno
terreno 1. *adj* terreno; **2.** *m* terreno, campo; *~ abonado* terreno preparato; *(fig) ~ acotado* terreno campo/terreno riservato; *~ de juego* terreno di gioco; *allanar/preparar el ~ (a alg)* preparare il terreno (a q); *ganar ~* acquistare/guadagnare terreno; *(fig) medir el ~* tastare il terreno
térreo *adj* terreo
terrero 1. *adj* terrestre; *fig* umile; **2.** *m* mucchio di terra o scarti
terrestre *adj* terrestre
terrible *adj* terribile
terrícola *adj/s* terricolo
territori|al *adj* territoriale; ~**alidad** *f* territorialità; ~**o** *m* territorio
terrón 1. *m* zolletta *f* (*azúcar*); *agr* zolla *f*; 2. *mpl fig* campi, terre *fpl*
terror *m* terrore, orrore, spavento; ~**ífico**

adj terrificante, spaventoso; ~**ismo** *m* terrorismo; ~**ista** *adj/s* terrorista
terroso *adj* terroso, terrigno
terruño *m* zolla *f*; *fig* terra nativa *f*
ters|o *adj* terso, lucente; *fig* terso, chiaro; ~**ura** *f* tersezza
tertulia *f* riunione; circolo *m*; *Arg/Cuba teatro* poltrona; ~**no** *adj/s* partecipante di una *tertulia*; ~**r** *vi am* conversare
terzuelo *m* terzo
tesar *vt mar* tesare
tesi|na *f stud* tesina; ~**s** *f/inv* tesi; ~ *de doctorado* tesi di laurea; tesi di dottorato (di ricerca)
tesitura *f mus* tessitura; *fig* disposizione, umore *m*
tesón *m* costanza *f*, pertinacia *f*, impegno
tesor|ería *f* tesoreria; ~**ero, -a** *m/f* tesoriere, -a; ~**o** *m* tesoro; *econ/fig* tesoro; *bono del* ~ buono del Tesoro
test *m* test *inv*
testa *f raro* testa; *fig* senno *m*
testador, -a *m/f ius* testatore, -trice, testante
testaferro *m* prestanome
testament|ario, -a 1. *adj* testamentario; **2.** *m/f* esecutore, -trice, testamentario, -a; ~**o** *m* testamento; *Nuevo, Antiguo* ~ Nuovo, Antico testamento
testar *vi* testare, fare testamento
testar|ada *f* testata; ~**udez** *f* testardaggine, cocciutaggine, caponaggine; ~**udo** *adj/s* testardo, cocciuto
testera *f* testiera
testículo *m* testicolo
testific|ación *f* attestazione, testimonianza; ~**al** *adj* testimoniale; ~**ar** <*testifiqué*> *vt* testificare, attestare, certificare
testigo *m/f* testimone; *sport* testimone; *tec* spia *f*, indicatore; ~ *de cargo, de descargo, presencial* testimone a carico, a discarico, all'atto; ~ *de oídas, de vista/ocular* testimone auricolare, oculare; ~ *de Jehová* testimone di Geova
testimoni|al *adj* testimoniale; ~**ar** *vi* testimoniare, attestare; ~**o** *m* attestato, testimonianza *f*; *falso* ~ testimonianza falsa; ~ *fehaciente* testimonianza attendibile
testuz *f* fronte o nuca di animali
teta *f fam* tetta, mammella, poppa; *de* ~ lattante; *dar la* ~ allattare; *quitar la* ~ svezzare
tétano(s) *m med* tetano
tetera *f* teiera; *am* poppatoio *m*
tetilla *f* mammella (*animales machos, hombres*); tettarella (*biberón*)
tetra|cordio *m mus* tetracordo; ~**edro** *m mat* tetraedro; ~**logía** *f* tetralogia; ~**motor** *m aer* quadrimotore
tétrico *adj* tetro, cupo, fosco
tetuda *adj/f* tettona
teú|rgia *f* teurgia; ~**rgo** *m* teurgo
teutón(ico) *adj/s* teutone, teutonico, tedesco
textil *adj* tessile
texto *m* testo
textual *adj* testuale
textur|a *f tec* tessitura; *fig* testura; textura, texture *f ingl/inv* (*vidrio*); ~**izado** *m tec* testurizzazione *f*; ~**izar** <*texturicé*> *vt tec* testurizzare; texturizzare (*vidrio*)
tez *f* carnagione, pelle, cute
ti *pr* te; *por* ~ *mismo* da te stesso; *a* ~ a te
tía *f* zia; *desp* tizia, tipa; *gergo* compagna; ~ *abuela* prozia; *(fam)* ~ *buena* bona; *(fam) cuéntaselo a tu* ~ vai a raccontarla altrove!; Sì, mio nonno!; *(pop) no hay tu* ~ non c'è niente da fare, non c'è verso
tialina *f med* ptialina
tiara *f eccl* tiara
tibia *f med* tibia, stinco *m*
tibi|eza *f* tiepidezza; ~**o** *adj* tiepido; *fig* fiacco; *poner* ~ *(a alg)* dirgliene di tutti i colori; *ponerse* ~ saziarsi
tiburón *m zool* squalo, pescecane
tic *m* tic *inv*; ~**-tac** *m* tic-tac
ticket *m ingl* ticket *inv*, biglietto, buono, scontrino
tiempo *m* tempo; *¿Qué* ~ *tiene el niño?* Che tempo ha il bambino?; *buen, mal* ~ bel, brutto tempo; ~ *perdido* tempo perso; ~ *de perros* tempo da cani/da lupi; *a su* ~ a tempo debito, a suo tempo; *a* ~ in tempo; *a un* ~ allo stesso tempo; *a* ~ *completo, parcial* a tempo pieno, part time/a mezzo tempo; *al poco* ~ poco dopo; *antes de* ~ (inn)anzi tempo, prima del tempo; *a mal* ~ *buena cara* bisogna far buon viso a cattivo gioco; *al correr del* ~/*con el* ~/*andando el* ~ col tempo, con il passare del tempo; *¡Al* ~*!* Al tempo!; *del* ~ *de Maricastaña* dei tempi che Berta filava; *en* ~ *de los romanos* al tempo dei romani; *en los* ~*s que corren* coi tempi che corrono; *en mis buenos* ~*s* ai miei tempi; *café del* ~ caffè freddo; *fruta del* ~ frutta di stagione; *cargarse el* ~ rovinarsi il tempo; *ganar, malgastar* ~ guadagnar, perder/sprecare tempo; *matar el* ~ ammazzare il tempo; *más vale llegar a* ~ *que rondar un año* chi ha tempo non aspetti tempo
tienda *f* negozio *m*; tenda (da campeggio); *alzar* ~ levare le tende
tienta *f taur* esame *m*, saggio *m*; *med* sonda; *a* ~*s* a tastoni
tiento *m* 1. tatto; *fig* tatto, cautela *f*, polso fermo; 2. bastone da cieco; *fig* botta *f*; *mus* arpeggio; *pitt* bacchetta *f*; 3. assaggio (*comida, bebida*); *a* ~ a tentoni; *ir con* ~ andare con cautela; *tomar el* ~ *(a algo)* esaminare/saggiare (qc)
tierno *adj* tenero, molle (*comida*); tenero, dolce, affettuoso (*persona*); ~*a edad* età tenera, teneri anni
tierra *f* terra; ~ *adentro* entroterra; *(tennis)* ~ *batida* terra battuta; ~ *de batán* terra da follone; ~ *de brezo* terra di bosco; ~ *firme* terraferma; ~ *natal* terra natale; ~ *de pan llevar* terra da semina; *a ras de* ~ raso terra; *besar la* ~ cadere bocconi; *(a. fig) echar* ~ *(a algo)* mettere sotto terra (qc); *echar por* ~ gettare a terra; *faltar la* ~ *debajo de los pies* mancare la terra sotto i piedi; *poner* ~ *por medio* scappare; *sacar (algo) de debajo de* ~ cercare (qc) per terra e per mare; *(aer) tomar* ~ prendere terra, atterrare
tieso *adj* rigido, eretto; impettito (*andar*);

fig borioso; *fig* freddo; *(pop) dejar* ~ *(a alg)* far fuori (qc); *quedarse* ~ rimanere gelato
tiesto *m* coccio; vaso per piante; *mear fuera del* ~ saltare di palo in frasca
tifoideo *adj* tifoide, tifoideo
tifón *m* tifone
tifus *m med* tifo; *teatro* posto gratuito
tigre *m zool* tigre *f*; *am* giaguaro; *Col* caffè macchiato; *oler a* ~ puzzare da matti
tijera(s) *f(pl)* forbice (forbici *fpl*); *fig* forbici *fpl*; *agr* cesoie *fpl*; *de* ~ a libro, pieghevole
tijerada *f* forbiciata
tijereta *f zool* forbicina, forfecchia
tijeret|ada *f*, ~**azo** *m* forbiciata *f*; ~**ear** *vt* sforbiciare
tila *f bot* tiglio *m*; infusione di tiglio
tild|ar *vt* segnare con tilde; *(fig)* ~ *de* tacciare di; ~**e** *f ling* tilde; *fig* taccia
tilín *m* tin tin, tintin; *(fam) hacer* ~ piacere; *tener* ~ avere charme/grazia
tilo *m bot* tiglio
tim|ador, -adora *m/f* truffatore, -trice; ~**ar 1.** *vt* truffare; **2.** *(pop)* ~*se* strizzarsi l'occhiolino
timba *f* bisca (*lugar*); partita di gioco d'azzardo
timbal *m mus* timballo, timpano; ~**ero, -a** *m/f mus* timpanista
timbr|ado *adj* bollato, timbrato; *mus* con un buon timbro; *papel* ~ carta bollata; ~**ar** *vt* bollare, timbrare; ~**e** *m mus* timbro; *elec* campanello; *tip* bollo, timbro; *Mex* francobollo; ~ *móvil* marca da bollo; ~ *en seco* timbro a secco
timidez *f* timidezza
tímido *adj/s* timido, pusillanime
timo *m* truffa *f*; *med* timo; *zool* temolo; *dar un* ~ fare una truffa, ingannare; ~ *de la estampita* ="truffa nello scambio di soldi con pezzi di giornale"
timón *m tec/fig* timone; *am/auto* volante; *coger el* ~ mettersi al timone
timonel *m mar* timoniere
timorato *adj* timorato
tímpano *m mus* timpano, timballo; *med/arch* timpano
tina *f* catino *m*, bacino *m*; *Col/Mex* vasca da bagno; ~**ja** *f* giara, orcio *m*; ~**jero** *m* orciaio, vasaio
tinerfeño *adj/s* (persona) di Tenerife
tinglado *m arch* tettoia *f*; palco; *fig* imbroglio, pasticcio
tinieblas *fpl* tenebre, buio *m*, oscurità *f*
tino *m* 1. destrezza *f*, abilità *f*; senno, giudizio; *a buen* ~ a occhio; *a* ~ a tentoni; *sin* ~ senza misura; *hablar sin* ~ parlare a vanvera; *perder el* ~ perdere il lume della ragione; *sacar de* ~ *(a alg)* far uscire dai gangheri (q); *tener buen* ~ avere buon fiuto; 2. *m* tino (*recipiente*)
tinta *f* tinta, colore *m*; inchiostro *m* (*pluma, calamar*); ~ *china, de imprenta, simpática, comunicativa* inchiostro di china, da stampa, simpatico, copiativo; *media* ~ mezza tinta; *(fig) medias* ~*s* parole vaghe; *de buena* ~ da fonte sicura; *cargar las* ~*s* esagerare, caricare la dose; *sudar* ~ sudare sangue
tinte *m* tintura *f*, tinta *f*; tintoria (*establecimiento*); *fig* tinta *f*; ~**ro** *m* calamaio; *dejarse (algo) en el* ~ lasciare (qc) nella penna
tintín *m* tintin
tintin(e)ar *vi* tintinnare, squillare, scampanellare
tintineo *m* tintinnio
tinto *adj* tinto; rosso (*vino*); nero (*uva*); ~**rera** *f zool* verdesca, verdone *m*, canesca, squalo azzurro *m*; ~**rería** *f* tintoria; ~**rero, -a** *m/f* tintore, -a
tintura *f* tintura; *fig* infarinatura
tiñ|a *f med/fig* tigna; *zool* tignola degli alveari; ~**oso** *adj med* tignoso; *fig* tignoso, tirchio, spilorcio
tío *m* zio; *desp* tizio, tipo, individuo; *gergo* compagno; ~ *abuelo* prozio; ~ *bueno* fusto, figo *vulg*; *es un* ~ *sinvergüenza* è uno svergognato; *(gergo) ¡Oye,* ~*!* Ehi, tu!; *tener un* ~ *en las Indias* avere uno zio in America
tiovivo *m* giostra *f*, carosello da fiera
tiparrac|o, -a, (~**jo, -a)** *m/f pop/desp* brutto tipo/brutta tipa, tipaccio, -a
tipej|o, -a *m/f* tipaccio, -a
tipicidad *f* tipicità
típico *adj* tipico
tipificar <*tipifiqué*> *vt* tipizzare, standardizzare
tipismo *m* tipicità *f*
tiple 1. *m* soprano (*voz*); *am* ="piccola chitarra" *f*; 2. *f* soprano *m/f* (*cantante*)
tipo *m* tipo; fisico; *com/tip* tipo; *com* tasso; *muestra* ~ campione tipo; ~ *de cambio, de descuento, de interés, fijo,* tasso di cambio, di sconto, d'interesse, fisso; ~ *impositivo* aliquota; *jugarse el* ~ giocare sulla/con la pelle; *mantener el* ~ mantenere la debita forma; *ser un gran* ~ essere una gran persona/un bel tipo; *tener buen* ~ avere un bel fisico
tipo|grafía *f* tipografia; ~**gráfico** *adj* tipografico
tipógraf|o, -a *m/f* tipografo, -a
tipol|ogía *f* tipologia; ~**ógico** *adj* tipologico
tiquismiquis 1. *mpl* meticolosità *fpl*; smancerie *fpl*; **2.** *adj/s/inv desp* cavilloso, meticoloso
TIR *m tras* TIR
tira 1. *f* striscia; 2. *fpl* brandelli *mpl*; *fig* grande quantità; *(pop) la* ~ molto; *hacer* ~*s* fare a pezzi; *(am)* ~*s cómicas* fumetto
tira|botas *m* tirastivali *inv*; ~**buzón** *m* buccolotto (*pelo*); cavatappi *inv*; ~**chinas** *m/inv* fionda *f*
tirad|a *f* tiro *m*; tirata (*distancia*); tiratura (*tipografía/com/foto*); *fig* fila, sfilza; *am desp* tirata; ~ *aparte* estratto; ~**ero** *m* luogo d'appostamento
tirado 1. *adj* tirato, teso; a buon mercato; facile; *dejar* ~ *(a alg)* piantare in asso (q); *estar* ~ essere a buon mercato, essere regalato; *stud* essere facile; **2.** *m tip* tiratura *f*; *metal* trafilatura *f*; ~**r, -ra** 1. *m/f* tiratore, -trice (*arma...*); *metal* trafilatore, -trice; ~ *de oro* tiraloro; 2. *m* maniglia *f* (*puerta*); fionda *f* (*juego*); cordone (*timbre*); *tip* impressore
tirafondo *m tec* tirafondo

tiraje *m* tiratura *f*
tiralíneas *m/inv* tiralinee
tiranía *f* tirannide, tirannia
tiránico *adj* tirannico, dispotico
tiran|izar <*tiranicé*> *vt* tiranneggiare; **~o** **1.** *adj/s* tiranno; **2.** *m* despota
tirante **1.** *adj* teso, tirante, tirato; **2.** *m* tirante; bretella *f* (*pantalones*); **~z** *f* tensione; *arch* corda
tirar **1.** *vi* attrarre *vt*; tendere, tirare (*color*); aspirare; tirare (*chimenea, manga, juego*); *no me tira* non mi va/attrae; *vamos tirando* tiriamo avanti; *~ al blanco, al plato* tirare a segno, al piattello; *tira y afloja* tira e molla, tiremmolla; **2.** *vt* sparare, tirare (*cañonazo*); tirare, buttar via, gettare (*papel, colilla*); abbattere, demolire (*casa*); tirare, lanciare, scagliare (*piedras*); *tip* stampare; *a todo ~* al massimo; *~ la toalla* gettare la spugna; **3.** *~se* tirarsi; gettarsi, buttarsi (*al río, suelo...*); *fig* beccarsi; *~se todo el día durmiendo* passare tutto il giorno a dormire; *(vulg) ~se (a una mujer/a un hombre)* farsela/lo, scopare (con una donna o con un uomo); *(fam) ~sela de guapo, -a* presumere di bellezza
tirita *f med (marca)* cerotto adesivo *m*
tirit|ar *vi* tremare di freddo, battere i denti; **~ón** *m* brivido
tiro *m* 1. tiro; *~ al blanco* tiro a segno/al bersaglio; *~ de pichón* tiro al piccione; *a ~ hecho* a colpo sicuro; *ni a ~s* in nessun modo; *no van por ahí los ~s* non è così l'affare; *~ de gracia* colpo di grazia; *errar el ~* sbagliare bersaglio; *estar a ~* essere a tiro; *matar de un ~* uccidere con un colpo; *matar dos pájaros de un ~* prendere due piccioni con una fava; *pegar cuatro ~s (a alg)* sparare addosso (a q); *pegarse un ~* spararsi; *salir (a alg) el ~ por la culata* andar male (qc a q); *sentar como un ~* fare male; stare male; 2. sparo (*arma*); 3. tiraggio (*chimenea*); 4. cavallo (*pantalón*); 5. lunghezza *f* (*tela*); *de ~s largos* di lungo; *fig* in ghingheri; 6. cavalli da tiro*mpl*
tiroid|eo *adj* tiroideo; **~es** **1.** *adj/inv* tiroideo *adj*; **2.** *f med* tiroide
Tirol: el *~ m* il Tirolo; ***~és** *adj/s* tirolese
tirón *m* strappo, strattone; scippo (*robo*); tirata *f* (*orejas*); *de un ~* in una tirata
tirot|ear *vt* sparare addosso *vi*; **~eo** *m* sparatoria *f*
tirria *f* antipatia
tisana *f* tisana
tísico *adj/s* tisico, tubercolotico
tisis *f med* tisi, tubercolosi
tisú *m* broccato
titán *m mit/fig* titano, colosso, gigante; *mec* gru gigantesca *f*
titánico *adj* titanico
titanio **1.** *m chim* titanio; **2.** *adj* titanico
tite|arse *vi am* burlarsi (*de* di); **~o** *m am* beffa *f*, burla *f*
títere *m teatro/fig* burattino, marionetta *f*, fantoccio; *no dejar ~ con cabeza* non lasciar nulla di sano; *echar los ~s a rodar* mandar tutto al diavolo
titilar *vi* titillare; scintillare (*estrellas*)
titiriter|o, -a *m/f* burattinaio, -a, saltimbanco
titub|ear *vi* titubare, esitare, tentennare; **~eo** *m* titubanza *f*, perplessità *f*
titul|ación *f* titolo *m*; **~ado** *adj/s* titolato; *~ superior* laureato; **~ar** **1.** *adj/s* titolare; *profesor ~* professore associato; **2.** *m* titolo (*libro, periódico,...*); **3.** *vt* intitolare; **4.** *vi* ottenere un titolo
título *m* titolo; *com* titolo, azione *f*; *a ~ de* a titolo di; *~ de crédito* titolo di credito; *~ ejecutivo* titolo esecutivo; *~ del Estado* titolo dello Stato
tiza *f* gesso *m*
tizn|a *f* nerofumo *m*, fuliggine; **~adura** *f* macchia di nero (fumo); **~ar** *vt* macchiare di fuliggine, di nero o altro colore; *fig* macchiare; **~e** *m* fuliggine *f*, nero; **~ón** *m* macchia di nero *f*
tizón *m* tizzone; *agr* carbonchio; *(arch) a ~* per traverso
tmesis *f ling* tmesi
toall|a *f* asciugamano *m*; spugna (*tela*); *(fig/sport) tirar la ~* gettare la spugna; **~ero** *m* portasciugamano
toast *m ingl* sandwich *inv*
toba *f min* tufo *m*; *fig* crosta
tobera *f tec* ugello *m*, iniettore *m*
tobill|era *f med* cavigliera; **~o** *m med* caviglia *f*
tobogán *m* scivolo (*juego, tec*); toboga *inv* (*de nieve*)
toca *f* cuffia
toca|discos *m/inv* giradischi; **~do** **1.** *m* pettinatura *f*, acconciatura *f* (*pelo*); cappellino; **2.** *adj* tocco (*fruta, persona*); **~dor** *m* toilette *f fr/inv*; spogliatoio *m* (*lugar*); **~miento** *m* palpamento
tocar <*toqué*> **1.** *vt* toccare; suonare, sonare (*piano, timbre*); *pitt* ritoccare; *a toca teja* in contanti; *estar tocado de* essere affetto da; *~ a muerto* sonare a morto; *~ de cerca* toccare/riguardare intimamente/personalmente; **2.** *vi* toccare, spettare; *~ en suerte* toccare/capitare a sorte; *~le (a alg) bailar con la más fea* toccare il peggio (a q); *en/por lo que toca a* per quel che spetta a
tocata *f mus* toccata
tocay|o, -a *m/f* omonimo, -a
tocho **1.** *adj* rozzo; **2.** *m tec* massello; *pop/fig* macigno, mattone
tocin|ero, -era *m/f* salumiere, -a; **~o** *m* lardo; *~ de cielo* ="dolce di crema d'uovo"; *~ entreverado* pancetta
tocólogo *adj/s* ginecologo
tocón *m bot* ceppo; *Col* scodato; *vulg* tocca tocca (*persona*)
todasana *f bot* ="iperico *m*, cacciadiavoli" *m*
todavía *adv* ancora; nonostante tutto, malgrado ciò (*adversativo*); se almeno (*concesivo*)
todo **1.** *adj/pr/m* tutto; **2.** *adj* ogni; *~ hombre, ~a mujer...* ogni uomo, ogni donna...; *~s los amigos, los años...* tutti gli amici, gli anni...; *~ el mundo* tutta la gente, tutti; *~ lo más* tutt'al più; *~ el que* tutti coloro che; *a ~a costa* a tutti i costi; *a ~ esto* nel frattempo; *ante ~* anzitutto; *así y ~* nono-

stante tutto; *con ~as las de la ley* con tutti i requisiti necessari; *después de ~* dopotutto; *de ~as ~as* con sicurezza; *en ~ y por ~* in tutto e per tutto; *sobre ~* soprattutto; *y ~* perfino; *no tenerlas ~as consigo* non essere del tutto sicuro di
todopoderoso 1. *adj/m* onnipotente; **2.** * *~ m eccl* Onnipotente, Dio
todoterreno *adj/m auto* fuoristrada *inv,* jeep *f ingl/inv*
toga *f* toga; **~do** *adj* togato
Toisón: ~ de oro *m hist* toson d'oro
toldo *m* tenda *f*
toler|able *adj* tollerabile; **~ancia** *f* tolleranza; **~ante** *adj* tollerante; **~ar** *vt* tollerare, sopportare; tollerare, consentire; *no tolera la leche* non sopporta il latte
tolete *m mar* scalmo; *am* randello
tollo *m zool* pescecane; filetto di cervo (*carne*)
tolva *f* tramoggia; **~nera** *f meteo* mulinello di polvere *m*
toma *f* presa; *cine* ripresa, inquadratura; *~ de aguas, de tierra, de corriente* presa d'acqua, di terra, elettrica; *~ de rehenes* presa di ostaggi; *~ de posesión* presa di possesso; *~ de sangre* prelievo di sangue
tomad|o *adj* rauco, velato (*voz*); arrugginito; **~or, -ra** *m/f* ladro, -a, tagliaborse *inv;* *com* beneficiario, -a; *am* ubriacone, -a; **~ura** *f* presa; *~ de pelo* presa in giro
tomar 1. *vt* prendere; *~ café, té...* prendere il/un caffè, tè...; *~ hora* prendere l'appuntamento; *~ el desayuno* fare colazione; *~ en serio* prendere sul serio; *~ la palabra* prendere la parola; *~ el pulso* misurare il polso; *~ puerto* approdare; *~la (con alg/algo)* avercela (con q/qc); *~ a bien* prendere per buono, in senso buono; *~ a mal* prendere in senso cattivo; *~ (a alg) por* prendere (q) per; *~ sobre sí* prender su di sé; *~ una muestra* prelevare un campione; *más vale un toma que dos te daré* meglio un uovo oggi che una gallina domani; *¡Toma!* To'!; Ma guarda (un po')!; *iron* Ben ti sta!; *toma y daca* dare e avere; **2.** *vi am* bere alc(o)ol
tomat|azo *m* pomodorata *f,* colpo di pomodoro; *lo recibieron a ~s* lo ricevettero a pomodori in faccia; **~e** *m* pomodoro; *fig* patata *f* (*calcetín*); *ponerse como un ~* diventar rosso come un pomodoro; *aquí hay mucho ~* qui c'è troppo casino, qui c'è puzza d'imbroglio; **~era** *f bot* pianta del pomodoro; **~ero** *adj* da friggere con pomodoro; *fig* giovane
tomavistas 1. *m* cinepresa *f;* 2. *m/f* cineoperatore (*persona*)
tómbola *f* lotteria (*beneficiencia*)
tomillo *m bot* timo
tomismo *m* tomismo
tomo *m* tomo, volume; *de ~ y lomo* molto grande/di gran valore; **~grafía** *f* tomografia
ton: sin ~ ni son *adv* senza senso, a vanvera
ton|ada *f* canzonetta; *am* accento *m;* **~adilla** *f* canzonetta; **~adillera** *f* canzonettista; **~alidad** *f* tonalità; **~ante** *adj* tonante; **~ario** *m eccl* tonarium
tonel *m* botte *f,* barile; *fig* bombolo
tonel|ada *f* tonnellata; **~aje** *m* tonnellaggio, stazza *f*
tonema *m ling* tonema
tong|a, ~ada *f* strato *m;* **~o** *m* incontro truccato; *ha habido ~* è stato un incontro truccato
tónic|a *f* acqua brillante (*bebida*); tendenza generale, clima *m; mus/ling* tonica; **~o** *adj/m* tonico
tonificar <*tonifiqué*> *vt* tonificare
tono *m* tono; *fig* tono, accento; *mus/pitt* tono; *~ mayor, menor* tono maggiore, minore; *de buen, mal ~* di buon, cattivo gusto; *en ~* con un tono; *fuera de ~* fuori tono; *salida de ~* uscita di tono; *(fig) subido de ~* spinto, osé; *bajar, subir el ~* abbassare, alzare il tono; *cambiar el/de ~* cambiare di tono; *dar el ~* dare il tono; *darse ~* darsi un tono; *estar a ~* essere a tono; *sin venir a ~* senza essere opportuno
tonsura *f* tonsura, chierica; **~ndo** *m eccl* tonsurando; **~r** *vt* tonsurare
tont|ada *f* sciocchezza; **~aina** *m/f fam* sciocco, -a, stupido, -a; **~ear** *vi* fare o dire sciocchezze; *fam* civettare, bamboleggiare (*novios*); **~ería** *f* sciocchezza, stupidità; **~o** *adj/s* sciocco, stupido, tonto, cretino; *~ de remate* stupido cretino; *~ de capirote* allocco; *a ~as y a locas* all'impazzata; *hacer el ~* fare lo scemo; *hacerse el ~* fare lo gnorri/l'indiano; **~illo** *m* crinolina *f,* guardinfante; **~orrón** *adj/s* scemone
topacio *m* topazio
topadora *f am/tec* bulldozer *m inv*
topar 1. *vt* scontrarsi (con); imbattersi (in) *vi,* trovare/incontrare per caso; **2.** *vi* inciampare; *fig* consistere; *por si topa* se per caso va bene
tope *m com* limite; estremità *f,* cima *f,* punta *f; mec* leva d'arresto *f,* dispositivo di sicurezza; respingente (*trenes*); *a/al ~* al massimo; *fecha ~* data limite; *precio ~* prezzo massimo; *(mar) estar hasta los ~s* essere al completo; *fig* averne fin sopra i capelli
topera *f* tana di talpa
topet|ada *f* cozzata; **~azo** *m* urto, cozzo, scontro
tópico 1. *adj* topico; **2.** *m* 1. *med* medicina di uso locale *f;* 2. *ling* luogo comune
topless *m ingl* topless *inv*
topo *m zool* talpa *f; fig* talpa *f,* spia *f*
topogr|afía *f* topografia; **~áfico** *adj* topografico
topógrafo *adj/s* topografo
topol|ogía *f* topologia; **~ógico** *adj* topologico
topon|imia *f* toponimia; **~ímico** *adj* toponimico
topónimo *m* toponimo
toque *m* tocco; *pitt* tocco, pennellata *f;* *~ de atención* chiamata all'ordine; *~ de diana* la sveglia; *~ de queda* segnale di coprifuoco; *~ de oraciones* Angelus; *dar los primeros ~s (a algo)* abbozzare, fare lo schizzo; *dar el último ~* dare l'ultimo ritocco

toquetear *vt mus* toccheggiare; *fig* tastare, palpare, toccare con le mani
toquilla *f* scialletto *m*
torácico *adj* toracico
toracotomía *f med* toracotomia
torada *f* branco di tori *m*
tórax *m/inv* torace
torbellino *m meteo/fig* turbine; mulinello (*agua, polvo*)
torca *f geol* dolina
torcedura *f* torcitura; *med* distorsione, storta *pop*
torcer <*9a tuerzo*> **1.** *vt* torcere, storcere; *fig* deviare; ~ *los ojos* storcere gli occhi; *no dar el brazo a* ~ non arrendersi, non ammettere errori; **2.** *vi* torcere, girare (*camino*); **3.** ~*se* torcersi; guastarsi (*vino-,persona*)
torcid|**a** *f* stoppino *m*; ~**o 1.** *adj* storto; mancino (*intención*); **2.** *m* filo ritorto
tordo 1. *m zool* tordo; *am* stornello; **2.** *adj* leardo (*caballo*)
tore|**ar** *vt/vi taur* toreare; *fig* prendere in giro *vt*; ~**o** *m taur* toreo, tauromachia *f*; *fig* presa in giro *f*; ~**ra** *f* bolero *m* (*chaqueta*); *taur* torera *Esp*; ~**ro 1.** *m taur* torero *Esp*; **2.** *adj* taurino; *saltarse (algo) a la ~a* saltare (qc) con spensieratezza
toril *m* stalla per tori da corrida *f*
torio *m chim* torio
tormenta *f meteo* tempesta, burrasca, temporale *m*; *fig* tempesta; ~ *magnética* tempesta magnetica
tormento *m* tormento, dolore; *fig* tormento, pena *f*; *dar* ~ tormentare; ~**so** *adj* tempestoso, burrascoso
torna *f* ritorno *m*; contraccambio *m*; *volverse las ~s* contraccambiare; capovolgersi; ~**boda** *m* giorno dopo le nozze; ~**dizo** *adj/s* volubile, banderuola *f*; ~**do** *m meteo* tornado
tornar 1. *vt* 1. restituire; 2. trasformare; **2.** *vi* tornare; **3.** ~*se* diventare *vi*, divenire *vi*
tornasol *m bot* girasole; tornasole; ~**ado** *adj* cangiante; ~**ar** *vt* far cangianti *vi*
tornavoz *m* riflettore del suono
torne|**ado** *m tec* tornitura *f*; ~**ar 1.** *vt tec/fig* tornire; **2.** *vi* torneare; ~**o** *m sport* torneo; *hist* torneo, giostra *f*; ~**ra** *f* suora addetta alla ruota; ~**ría** *f* tornitura; negozio del tornitore *m*; ~**ro** *m* tornitore
tornillo *m* vite *f*; ~ *sin fin* vite perpetua/senza fine; *beso de* ~ bacio a pizzicotto; *de* ~ a vite; *apretarle los ~s (a alg)* mettere alle strette q; *dar vueltas al* ~ girare la vite; *faltarle un ~ (a alg)* mancare un venerdì (a q), essere svitato
torniquete *m med* laccio emostatico, tourniquet *fr/inv*; tornello (*puerta*); leva del campanello *f*
torno *m tec* tornio; ruota *f* (*conventos*); ~ *paralelo* tornio parallelo
toro *m zool/arch/astr/fig* toro; *Mex* bisonte; *(fig) coger el ~ por los cuernos* tagliare la testa al toro; *estar hecho un* ~ essere molto forte; *ir a los ~s* andare alla corrida; *(fig) mirar los ~s desde la barrera* osservare da lontano; *soltarle (a alg) el* ~ dire la verità in faccia (a q)
toronja *f bot* pompelmo *m*
torpe *adj* tardo, lento, pesante; maldestro (*habilidad*); ottuso, duro (*inteligencia*); *desp* turpe, ignobile
torped|**ear** *vt* silurare; ~**ero 1.** *adj/m* torpediniere (*persona*); **2.** *m* torpediniera *f*; ~**o** *m mil* torpedine *f*, siluro; ~ *automóvil* siluro; ~ *flotante* mina galleggiante
torpeza *f* scempiaggine, stupidaggine; torpidità, lentezza (*movimientos*)
tórpido *adj med* torpido
torpor *m med* torpore
torrar *vt* tostare; *tec* torrefare
torre *f* torre (*arch, ajedrez*); *(fig) ~ de viento* castelli in aria; ~ *de control, de perforación* torre di controllo, di trivellazione o derrick; ~ *de marfil, de Babel* torre d'avorio, di Babele
torrefac|**ción** *f* torrefazione; ~**to** *adj/m* torrefatto
torren|**cial** *adj* torrenziale; ~**te** *m geogr/fig* torrente; ~**tera** *f* alveo di torrente *m*
torreón *m* torrione
torrero *m* torriere
torreta *f tec/mil* torretta
torrezno *m gastr* cicciolo
tórrido *adj* torrido
torrija *f gastr* ="fetta di pane inzuppata in vino o latte, zucchero e poi fritta con le uova"
torsión *f* torsione
torso *m med/art* torso
torta *f* torta (*de manzanas, de almendras...*); *fig* schiaffo *m*; *a falta de pan buenas son ~s* in mancanza di cavalli gli asini trottano; *ni* ~ niente di niente; *costar la ~ un pan* costare salato (qc); *pegar una* ~ mollare uno schiaffo; *ser (algo) ~s y pan pintado* essere (qc) cosa fatta; ~**da** *f* torta ripiena
tortazo *m* schiaffone; *darse un* ~ andare a sbattere
tortera *f* tortiera, teglia
tortícolis *f med* torcicollo *m*
tortill|**a** *f* frittata; *am* pizza di mais o farina; ~ *española* frittata di patate; ~ *francesa* omelette; *hacer ~ (algo o alg)* farne una schiacciata; *volverse la* ~ capovolgersi la situazione; ~**era** *f* 1. *vulg/fig* lesbica; 2. chi fa e vende frittate
tórtol|**a** *f zool* tortora; ~**o** 1. *m* tortora maschio *f*; 2. *mpl/fig* piccioncini
tortuga *f zool* tartaruga, testuggine
tortuos|**idad** *f* tortuosità; ~**o** *adj* tortuoso, sinuoso
tortura *f* tortura, tormento *m*; ~**dor** *adj/s* tormentatore; ~**r** *vt* torturare, tormentare
torvo *adj* torvo, accigliato, bieco
torzal *m* filo di seta ritorto
tos *f* tosse; ~ *ferina* tosse canina, pertosse
tosco *adj* rozzo, greggio
toser *vi* tossire; *no haber nadie que le tosa* non esserci nessuno che gli sputi in faccia
tosiguera *f pop* tosse forte
tosquedad *f* rozzezza
tost|**ada** *f* fetta di pane tostato; ~**adero** *m* torrefazione *f* (*lugar*); *fig* forno; ~**ador** *m* tostapane; tostino (*café*); ~**adura** *f* tosta-

tura; ~**ar** <*8a tuesto*> *vt* tostare, abbrustolire; ~*se al sol* abbronzarsi; ~**ón** *m fig* pizza *f* (*film, libro*); crostino (*pan*); cece abbrustolito; porchetta arrostita *f*

total 1. *adj* totale, completo; **2.** *m* totale, somma *f*; **3.** *adv* insomma, tutto sommato; ~**idad** *f* totalità; ~**itario** *adj* totalitario, assoluto; ~**itarismo** *m pol* totalitarismo; ~**izador** *m sport* totalizzatore; ~**izar** <*totalicé*> *vt* totalizzare

tótem *m* totem *inv*

toxicidad *f* tossicità

tóxico *adj/m* tossico

toxi|cología *f* tossicologia; ~**comanía** *f* tossicomania; ~**cómano** *adj/s* tossicomane; ~**na** *f* tossina

tozud|ería, ~**ez** *f* testardaggine, ostinazione; ~**o** *adj* testardo, caparbio, cocciuto

traba *f* connessione, legamento *m*; *fig* ostacolo *m*, impedimento *m*; *poner* ~*s* ostacolare; ~**do** *adj ling/gastr* legato; *fig* nerboruto, robusto (*persona*); ~**dura** *f* legatura

trabaj|ado *adj* lavorato; travagliato (*persona*); ~**ador** *adj/s* lavoratore; ~**ar** *vi/vt* lavorare; recitare (*actor*); *gergo* rubare; *trabaja de camarero* fa il cameriere/lavora come cameriere; ~**o** *m* lavoro; *fis* lavoro; ~ *a destajo, por horas, a domicilio, negro,* lavoro a cottimo, a ore, a domicilio, nero; ~ *en equipo* lavoro d'equipe; ~*s forzados* lavori forzati; *accidente de* ~ infortunio/incidente sul lavoro; *costar* ~ costare fatica; ~**oso** *adj* faticoso, difficile, pesante

trabalenguas *m/inv* scioglilingua

trabamiento V. **trabadura**

trabar 1. *vt* unire, congiungere, legare; *gastr* legare; *fig* ostacolare, impedire; *fig* ingaggiare, cominciare (*conversación*); ~ *amistad* fare amicizia; **2.** ~*se* vincolarsi; ~*se la lengua* balbettare, farfugliare

trabazón *f* incastro *m*, unione; *fig* coesione; *gastr* densità

trabilla *f* martingala (*abrigo*); passante *m* (*cinturón*); staffa (*pantalón*)

trabuca *f* razzo a scoppio *m*

trabucaire *m hist* ="fazioso catalano armato di trabocco"; *fig* spaccone

trabucar <*trabuqué*> **1.** *vt* confondere, scompigliare; **2.** ~*se* confondersi

trabuco *m mil* trabocco, trabucco

traca *f* batteria (di petardi)

tracción *f* trazione; ~ *animal, de vapor, eléctrica, diesel* trazione animale, a vapore, elettrica, diesel; *(mec)* ~ *delantera, trasera* trazione anteriore, posteriore

tracoma *m med* tracoma

tractor *m* trattore; ~*-oruga* trattore cingolato; ~**ista** *m/f* trattorista

tradic|ión *f* tradizione; *ius* tradizione; ~**ional** *adj* tradizionale; ~**ionalismo** *m* tradizionalismo; ~**ionalista** *adj/s* tradizionalista; ~**ionista** *adj/s* folclorista

traducción *f* traduzione, versione; ~ *del catalán, del español al italiano* traduzione/versione dal catalano, dallo spagnolo in italiano; ~ *simultánea, consecutiva* traduzione simultanea, consecutiva

traduc|ible *adj* traducibile; ~**ir** <*20 traduzco; traduje*> *vt* tradurre; ~**tor** *adj/s* traduttore; interprete

traer <*39 traigo; traje; trayendo*> **1.** *vt* portare; ~ *una carta, una noticia* portare una lettera, una notizia; causare, recare, apportare; ~ *vicios* recare vizi; ~ *inquieto* tenere inquieto; ~ *mucha hambre* aver molta fame; ~ *a colación, a cuento* tirare in ballo; ~ *(a alg) a mal* ~ far diventar pazzo (q); **2.** ~*se entre manos (algo)* avere fra le mani (qc), combinare (qc); *¿qué se traerá Pepe con tantas visitas?* Che intenzioni avrà Pepe con tante visite; ~*érselas* essere tremendo

tráfago *m* movimento

trafic|ante *adj/s* trafficante; spacciatore (*droga*); ~**ar** <*trafiqué*> *vi* trafficare

tráfico *m* traffico, commercio; *auto* traffico; ~ *pesado, rodado* traffico di trasporto pesante, su gomma; *(pol)* ~ *de influencias* clientelismo, intrallazzo; ~ *de divisas* traffico di valuta

tragacanto *m bot* astragalo adragante

tragad|eras *fpl* strozza *f*; *tiene buenas* ~ è di bocca buona; *fig* che ingoia/inghiotte; ~**ero** *m* smaltitoio; ~**or** V. **tragón**

tragahombres *m/inv* bravaccio

tragaldabas *m/f inv* mangione, -a

tragaleguas *m/f inv* camminatore, -trice

tragaluz *m* abbaino

tragante *m metal* bocca del forno *f*; portello

tragaperras *f/inv* macchina mangiasoldi *f*, slot-machine

tragar <*tragué*> *vt* inghiottire; *enf* ingoiare, ingozzare, trangugiare; *fig* ingoiare, bere; *fig* consumare; *hacer* ~ darla a bere; *no* ~ *(a alg)* non sopportare (q); *se lo ha tragado la tierra* è scomparso; *¡trágame tierra!* che vergogna!

tragasantos *m/f inv* baciapile

tragedia *f* tragedia; *fig* tragedia, disastro *m*, catastrofe

trágico *adj* tragico

tragi|comedia *f* dramma a lieto fine *m*; ~**cómico** *adj* tragicomico

trago *m* sorso, sorsata *f*; *fig* avversità *f*; *am* alco(o)lismo; *med* trago; *a* ~*s* a sorsi, a poco a poco; *echarse un* ~ bere/bersi un sorso/una sorsata; *pasar* ~*s amargos* inghiottire bocconi amari

tragón *m*, **-ona** *f* mangione, -a

traición *f* tradimento *m*; *a* ~ a tradimento; *alta* ~ alto tradimento

traicion|ar *vt* tradire; ~**ero** *adj* traditore

traíd|a *f* portata; ~**o** *adj* logoro; ~ *y llevado* consunto

traidor *adj/s* traditore

trailer *m tras/ingl* trailer *inv*; *cine* prossimamente

traílla *f* guinzaglio *m* (*perros*); *agr* erpice *m*

trainer *m sport/raro* trainer *ingl/inv*, allenatore; ~**a** *f* barca da pesca alla traina

Trajano *adj/m* Traiano

traje *m* vestito, abito; ~ *de caballero, de señora, de noche* abito da uomo, da donna, da sera; ~ *de luces* vestito del torero; ~ *sastre* tailleur; *cortar* ~*s (a alg)* tagliare i panni addosso (a q); ~**ado** *adj* vestito (*mal/bien*); ~ **ar** *vt* provvedere di vestiti q

trajín *m* movimento, affaccendamento, tramenio, viavai; ~ *diario* affaccendamento/tramenio quotidiano; *entre las dos se traen unos ~ines* fra tutt'e due nascondono qc, fra tutt'e due ne stanno combinando delle loro

trajin|ante 1. *m* carrettiere; 2. *m/f fig* arruffone, -a; ~**ar 1.** *vt* trasportare; **2.** *vi* affaccendarsi

tralla *f* mozzone della frusta *m*; ~**zo** *m* frustata *f*; *sport* sparata *f*

trama *f* trama (*tela, fig*); *lit* trama, intreccio *m*; ~**r** *vt tec/fig* tramare, ordire

tramit|ación *f adm/ius* procedura; *adm* trafila; ~**ar** *vt* dar corso (a una pratica/istanza) *vi*, inoltrare, sbrigare (una pratica, una istanza)

trámite *m adm* formalità *f*, pratica *f*; tramite; *los ~s para la expedición del pasaporte* la pratica/le formalità per il rilascio del passaporto

tramo *m* tratto, pezzo; rampa *f* (*escalera*); *lit* brano

tramontana *f* tramontana; *fig* vanità; *perder (alg) la* ~ perdere la tramontana

tramontar *vi* tramontare

tramoy|a *f teatro* macchineria o macchina teatrale; trappola, tranello *m*; *fig* macchinazione; ~**ista** *adj/s teatro* macchinista; *fig* imbroglione

trampa *f* trappola (*animales*); botola (*suelo, techo*); ribalta (*banco*); *fig* trappola, tranello *m*; *(elec)* ~ *de iones* trappola ionica; *caer en la* ~ cadere in trappola; *hacer* ~ fare imbrogli; *llevarse la* ~ andare all'aria

trampantojo *m fam* inganno, illusione *f*

trampear 1. *vi* tirare avanti; trascinare la vita; **2.** *vt* imbrogliare

trampilla *f* botola (*suelo*); ribalta (*banco*); sportello *m* (*carbonera*)

trampista *adj/s* imbroglione

trampolín *m sport/fig* trampolino

tramposo *adj/s* imbroglione

tranca *f* barra, sbarra, spranga; *am/fam* sbornia; *a ~s y barrancas* a stento; ~**da** *f* passo lungo *m*, salto *m*; ~**r** <*tranqué*> *vt* sprangare; ~**zo** *m* stangata *f*; *fam* influenza *f*

trance *m* momento critico, frangente, passo; trance *f* (*medium, eccl*); *el último* ~ il passo estremo; *a todo* ~ a tutti i costi; *en ~ de muerte* in punto di morte

tranco *m* salto, passo lungo

tranquil|idad *f* tranquillità; ~**izador** *adj* tranquillizzante; ~**izante** *adj/m* tranquillizzante; ~**izar** <*tranquilicé*> *vt* tranquillizzare, calmare; ~**o** *adj* tranquillo, calmo, quieto, sereno

tranquilla *f tec* paletto *m*, chiavistello *m*; voce falsa

trans|acción *f* transazione, operazione; *ius* transazione, accordo *m*; *infor* transazione; ~ *a plazo* transazione a termine; ~ *bancaria, bursátil* operazione bancaria, di borsa; ~ *en divisas, en efectivo* transazione in divise, in contanti; ~**accional** *adj* transazionale; ~**alpino** *adj/s* transalpino; ~**aminasa** *f* transaminasi; ~**atlántico** *adj/m mar* transatlantico

trans|bordador 1. *m mar* traghetto, ferry-boat *ingl/inv*; ~ *espacial* navetta spaziale, space-shuttle *ingl/inv*; **2.** *adj* trasbordatore; ~**bordar** *vt* traghettare, trasbordare; ~**bordo** *m* trasbordo

trans|codificación *f infor* transcodifica, transcodificazione; ~**cribir** <*25 escrito*> *vt* trascrivere, copiare; ~**cripción** *f* trascrizione; ~**currir** *vi* trascorrere, passare; ~**curso** *m* passo, trascorso, spazio

trans|eúnte *adj/s* passante; ~**exual** *adj/s* transessuale

trans|ferencia *f com* trasferimento *m*, bonifico *m*, versamento *m*; *ius* passaggio *m*; *tec* trasferimento *m*, passaggio *m*; *med/tec* transfert *m ingl/inv*; ~**ferencial** *adj* di transfert; ~**ferible** *adj* trasferibile; ~**ferir** <*10 transfiero; transfirió*> *vt* trasferire

trans|figuración *f* trasfigurazione, mutamento *m*; *eccl* trasfigurazione; ~**figurarse** trasfigurarsi; ~**formación** *f* trasformazione

trans|formador *adj/m elec* trasformatore; ~**formar** *vt* trasformare, cambiare, mutare; ~**formismo** *m pol/teatro* trasformismo; ~**formista** *adj/s pol/teatro* trasformista

tránsfuga, tránsfugo *m/f* transfuga

transfusión *f med* trasfusione

trans|gredir <V. *abolir*> *vt/def* trasgredire; ~**gresión** *f* trasgressione; ~**gresor** *adj/s* trasgressore

trans|ición *f* transizione; ~**ido** *adj* afflitto, affranto

trans|igencia *f* indulgenza, tolleranza; ~**igente** *adj* indulgente, tollerante; ~**igir** <*transijo*> *vi* transigere, cedere, venire a patti

trans|istor *m* transistor *ingl/inv*; ~**itable** *adj* transitabile; ~**itar** *vi* transitare, passare, circolare; ~**itivo** *adj* transitivo

tránsito *m* transito, passaggio; *com/ius* transito; *de* ~ di transito/di passaggio; in transito; ~ *rodado* traffico automobilistico

transitorio *adj* transitorio, passeggero

trans|literación *f* traslitterazione; ~**lúcido** *adj* traslucido

trans|mediterráneo *adj* transmediterraneo; ~**migración** *f* trasmigrazione; ~**migrar** *vi* trasmigrare

trans|misible *adj* trasmissibile; ~**misión** *f mec/radio/cient/ius* trasmissione; ~ *de propriedad* trasmissione di proprietà; ~**misor 1.** *adj/s elec* trasmettitore; **2.** *adj/m ius* trasmittente; ~**misora** *f radio* trasmittente; ~**mitir** *vt radio/ius* trasmettere

trans|mutable *adj* trasmutabile; ~**mutación** *f cient/lit* trasmutazione; ~**mutar** *vt* trasmutare, trasformare

transoceánico *adj* transoceanico

trans|parencia *f* trasparenza; lucido *m* (*retroproyector*); diapositiva; ~**parentarse** trasparire *vi*; ~**parente** *adj/m* trasparente

trans|piración *f* traspirazione; ~**pirar** *vi* traspirare; ~**poner** <*32* V. *poner*> **1.** *vt* 1.

trasporre; 2. oltrepassare, sorpassare (*el umbral*); **2.** ~*se* tramontare *vi* (*sol*); assopirsi (*persona*)
trans|portador 1. *adj/m* trasportatore; **2.** *m mat* rapportatore; ~**portar 1.** *vt* trasportare; **2.** ~*se* cadere in estasi *vi*; ~**porte** *m* trasporto; *buque de* ~ nave da trasporto; ~ *de mercancías* trasporto di merci; ~*s públicos* trasporti pubblici; ~**portista** *adj/s* trasportatore; ~**posición** *f* trasposizione; *med* inversione
transubstanciación *f* transustanziazione
trans|vase *m tec/fig* travaso; ~**versal** *adj* trasversale, traversale; ~**verso** *adj* traverso
tranv|ía *m* tram, tranvai; ~**iario 1.** *adj* tranviario; **2.** *m* tranviere
trapace|ar *vi* ingannare, truffare; ~**ro** *adj/s* imbroglione
trapajoso *adj/s* cencioso
trapec|io *m* trapezio; ~**ista** *m/f* trapezista
trapense *adj/s eccl* trappista
traper|ía *f* rigatteria; mucchio di cenci *m*; *(ant) calle de la* ~ strada di negozi di tessuti; ~**o 1.** *m* straccivendolo, rigattiere; **2.** *adj* pezzente, straccioso
trapezoid|al *adj* trapezoidale; ~**e** *m* trapezoide
trapich|ear *vi* trafficare, armeggiare; *pol* intrallazzare; ~**eo** *m* armeggio, traffico; *pol* intrallazzo, manovra *f*
trapío *m* gagliardia *f*, forza *f*
trapisonda *f* gazzarra, subbuglio *m* (*armar*); imbroglio *m*, raggiro *m*
trapo *m* straccio, cencio; *taur* drappo rosso; ~ *de limpieza* straccio per pulire; *a todo* ~ a gonfie vele; *todo su caudal lo gasta en* ~*s* spende tutto il suo capitale in roba/stracci; *estar/quedar como un* ~ sentirsi uno straccio; *(fig) poner (a alg) como un* ~ ridurre (q) uno straccio; *(fig) ser un* ~ *sucio* essere un misero straccio
tráquea *f med* trachea
traque|al *adj* tracheale; ~**otomía** *f med* tracheotomia
traquete|ar 1. *vt* sbattere, agitare; 2. *vi* scoppiettare; far rumore; ~**o** *m* sballottamento (*tren*); scoppiettio, crepitio
tras *prep* dietro; dopo; oltre; ~ *la lluvia viene el sol* dopo la pioggia esce il sole; ~ *la puerta* dietro la porta; ~ *mío*, ~ *de mi* dietro di me; ~ *de venir tarde, regaña* oltre a venir tardi, rimprovera
trascend|encia *f* trascendenza; rilevanza, importanza; ~**ental** *adj* trascendentale; ~**er** <*6 trasciendo*> *vi/vt* trascendere, superare, eccedere; trapelare *vi*; diffondersi (*olor*)
trascoro *m eccl* retrocoro
trasdós *m arch* estradosso
trasegar <*5a trasiego; trasegué*> **1.** *vi* smuoversi; **2.** *vt* travasare (*vino*)
traser|o, -ra 1. *adj* posteriore, di dietro; **2.** *m* 1. sedere (*persona*); 2. *f* parte posteriore
trasfondo *m* sfondo, background *ingl/inv*
trasgo *m* folletto
trashum|ancia *f* transumanza; ~**ante** *adj/s* transumante; ~**ar** *vi* transumare
trasiego *m* movimento, agitazione *f*; travaso (*vino*)
traslación *f ling/ius/eccl/cient* traslazione; *lit* traslato *m*, metafora; trasferimento *m*
traslad|ar 1. *vt* trasferire, trasportare; spostare, rimandare (*fecha*); **2.** ~*se* trasferirsi; traslocare *vi* (*casa*); ~**o** *m* trasferimento (*de ciudad*); trasloco (*de casa*); trascrizione *f* (*escrito*)
traslucirse <*13b* V. *lucir*> tralucere *vi*
trasluz *m* controluce *f*, controlume; *mirar al* ~ guardare controluce
trasmano: a ~ *adv* fuori mano; remoto
trasnoch|ado *adj* trasognato, stordito (*persona*); stantio (*noticia*); ~**ador** *adj/s* nottambulo; ~**ar 1.** *vi* coricarsi tardi; fare le ore piccole; **2.** *vt* dormirci su *vi*; ~**e** *m* veglia *f*
trasojado *adj* macilento, con occhiaie
traspapelar *vt* smarrire, perdere
traspas|ar *vt com* cedere; trapassare, trafiggere; varcare (*umbral*); attraversare (*río*); oltrepassare (*límites*); ~**o** *m com* cessione *f*, trasferimento, voltura *f*; *(fig)* trapasso
traspié *m* scivolone; inciampo; *fig* errore; *(fig) dar (alg)* ~*s* fare (q) una gaffe
trasplant|ar *vt bot/med/fig* trapiantare; ~**e** *m med* trapianto
traspunt|e *m teatro* buttafuori *inv*; ~**ín** *m* strapuntino (*asiento*)
trasquil|a *f* tosatura; ~**ador, -ora** *m/f* tosatore, -trice; ~**ar** *vt* tosare; *iron* tosare, rapare; ~**ón** *m* forbiciata *f*; *fig* forbiciata *f*, salasso; *a* ~*ones* a forbiciate, a tagli irregolari
trast|ada *f* monelleria (*niños*); brutto tiro *m*; ~**azo** *m* colpo
traste *m mus* tasto (*de cuerda*); *am* ciarpa *f*; *sin* ~*s* senz'ordine; *dar al* ~ *con algo* mandare all'aria qc; *irse al* ~ andare all'aria; ~**ar 1.** *vt mus* mettere i tasti *vi*; *mus* tasteggiare (*cuerda*); **2.** *vi* rimuovere/spostare i mobili; *fig* maneggiare la lingua; *taur* maneggiare il toro; ~**o** *m Col* trasloco; ~**ro** *adj/s* sgabuzzino *m*, ripostiglio *m*; ~**ría** *f* ciarpame *m*; V. **trastada**
trastienda *f* retrobottega *m*; *fig* astuzia; *tener mucha* ~ essere molto furbo
trasto 1. *m* mobile (*casa*); arnese, attrezzo; *teatro* quinta *f*, telaio; *desp* persona inutile *f*; *desp* ciarpa *f*, cianfrusaglia *f*; 2. *mpl* armi *fpl* (*espada, daga*); *tirarse los* ~*s a la cabeza* tirarsi i piatti sulla testa
trastocar <*8a trastueco; trastoqué; trastueque*> *vt* sconvolgere, turbare, perturbare
trastorn|ar 1. *vt* scompigliare, scombussolare, frastornare; *fig* far diventar pazzo; **2.** ~*se* diventar pazzo *vi*; alterarsi; ~**o** *m* disturbo, frastorno; *fig* turbamento
trastrocar <*8a trastrueco; trastroqué; trastueque*> *vt* mutare, cambiare
trastrabillar *vi* inciampare, urtare; balbettare; vacillare
trasud|ación *f* trasudazione; ~**ar** *vi* trasudare
trasunto *m* copia *f*, ritratto
trata *f* tratta; ~ *de blancas, de negros* tratta delle bianche, dei negri

tratable *adj* trattabile; *fig* affabile
tratad|ista *m/f* trattatista; **~o** *m cient/pol* trattato; ~ *de no agresión* patto di non aggressione; ~ *de paz* trattato di pace
tratamiento *m cient/fig* trattamento; *infor* trattamento (automatico delle informazioni), (word) processing *ingl/inv*
tratante *m/f* commerciante; mercante
tratar 1. *vt tec/com/fig* trattare; **2.** *vi* cercare, tentare (*de* di); dare; trattare (*de* di); ~ *de usted, de tú* dare del lei, del tu; ~ *de* cercare/tentare di; ~ *de loco (a alg)* trattare (q) da/come pazzo; **3.** *~se* trattarsi; *se trata a cuerpo de rey* si tratta da re; *se trata de un viaje largo* si tratta di un viaggio lungo
tratativas *fpl Arg* trattative
trato *m* 1. trattamento, tratto; 2. accordo, patto; ~ *hecho* accordo concluso, affare fatto; *cerrar el* ~ concludere l'affare; *hacer un* ~ fare un patto; *romper el* ~ rompere i rapporti; 3. rapporto, relazione *f*; *recibir buen* ~ avere/ricevere un buon trattamento
trauma *m* trauma
traum|ático *adj* traumatico; **~atismo** *m* traumatismo; **~atólogo, -a** *m/f* traumatologo, -a
trave|lín, ~lling *m cine* carrellata *f*
través *m* inclinazione *f*; *a* ~ *de* attraverso; *a/de* ~ per/di traverso; *ir a campo* ~ andare attraverso i campi; *mirar de* ~ guardare di sbieco/di traverso
traves|año *m* traversa *f*; piuolo (*escalera*); **~ero** *adj* trasversale; *flauta ~a* flauto traverso; **~ía** *f* traversa (*calle*); traversata (*del Atlántico, del Sahara...*)
travest|í, ~i *m teatro* travesti; travestito; **~ido** *m* travestito
travesura *f* monelleria, birichinata
travies|a *f* traversina (*vías del tren*); **~o** *adj* irrequieto, discolo (*niño*); traverso; *niño* ~ monello, birichino; *de* ~ di traverso
trayecto *m* tragitto, percorso; **~ria** *f cient* traiettoria, parabola; *fig* linea, norma di comportamento, condotta; ~ *profesional* curricolo professionale
traz|a *f* tracciato *m*; *arch* pianta; *fig* mezzo *m*, idea; *fig* apparenza, aspetto *m*; *por las ~s* dall'aspetto; *tener/llevar ~s de* avere l'aria di; *tener buena* ~ *para* essere portato per; **~ado 1.** *adj/m* tracciato; **2.** *adj* formato (*bien, mal*); **~ar** <*tracé*> *vt* tracciare; *fig* tracciare, abbozzare; **~o** *m* tratto; tratto, lineamento (*persona*); *pitt* drappeggio
trébedes *mpl* treppiede *m*
trébol *m bot* trifoglio; ~ *de cuatro hojas* quadrifoglio
trece *adj/m card* tredici; *ord* tredicesimo; *León XIII* Leone tredicesimo; *estar/mantenerse/seguir en sus* ~ impuntarsi, insistere
trecho *m* tratto (*tiempo, lugar*); *a ~s* a tratti; *de* ~ *en/a* ~ di tanto in tanto, ogni tanto; *del dicho al hecho hay mucho* ~ tra il dire e il fare c'è di mezzo il mare
trefil|ar *vt* trafilare; **~ería** *f tec* trafileria
tregua *f* tregua; *no dar* ~ non dar tregua; *sin* ~ senza tregua
treint|a *adj/m card* trenta; *ord* trentesimo; **~ena** *f* trentina
trekking *m ingl* trekking
tremebundo *adj* tremendo, spaventoso, tremebondo *lit*
tremend|ismo *m* tremendismo; **~ista** *adj/s* tremendista; **~o** *adj* tremendo, terribile, spaventoso; *fam* tremendo, incredibile, straordinario; *tomar/echar por la ~a* prendere le cose con le cattive, prendersela troppo
trementina *f* trementina
tremielga *f zool* torpedine
tremol|ar 1. *vi* ondeggiare; **2.** *vt* agitare; **~ina** *f fig* baccano *m*, chiasso *m*; *meteo* turbine *m*; *armar la* ~ far chiasso
trém|olo *adj mus* tremulo, tremolante; **~ulo** *adj* tremulo
tren *m tras* treno; *tec* treno, equipaggio; *aer* carrello; *fig* treno, tenore; ~ *de vida* tenore/treno di vita; ~ *de aterrizaje* carrello di atterraggio; ~ *correo* (treno) postale; ~ *directo* accelerato; ~ *de cercanías* treno locale; ~ *expreso* direttissimo; ~ *rapido* espresso; ~ *de alta velocidad* treno ad alta velocità; ~ *de laminación* treno di laminazione; ~ *de mercancías, de viajeros* treno merci, treno viaggiatori; *a todo* ~ con tutti i lussi; *choque de ~es* scontro ferroviario; *(pop) estar como un* ~ */para parar un* ~ essere bona (*mujer*), essere un fusto/un figo (*hombre*); *(fig) llegar en el* ~ *de las doce* arrivare col treno accelerato/con l'ultimo treno; *(fig) perder el último* ~ perdere l'ultimo treno
trenca *f* giaccone con cappuccio *m*, eschimo *m*
trencilla 1. *f* passamano *m*, galloncino *m*; 2. *m sport/desp* arbitro
trenza *f* treccia; **~do** *m* treccia *f*, intreccio; scambietto (*danza*); scalpitio (*caballos*); **~r** <*trencé*> **1.** *vt* intrecciare; *vi* fare scambietti (*danza*); **2.** *vi* scalpitare (*caballos*); **3.** *~se am* accalorarsi
trepa 1. *f* arrampicata; *tec* foratura; 2. *m desp* arrampicatore sociale, rampante
trepado *m tec* foratura *f*; **~r 1.** *adj/s* arrampicatore, rocciatore, scalatore; *bot/zool* rampicante; **2.** *m tec* rampone (*alpinismo*)
trepanar *vt med* trapanare
trépano *m med* trapano
trepar 1. *vi* arrampicarsi; **2.** *vt* forare; *sport/fig* scalare; arrampicarsi
trepid|ación *f* trepidazione, tremore *m*; **~ar** *vi* trepidare, tremare
tres *adj/m card* tre; *ord* terzo; *como* ~ *y dos son cinco* come due e due quattro; *de* ~ *al cuarto* da quattro soldi; *cada dos por* ~ spesso; *ni a la de* ~ neanche per sogno; *¡a las* ~*!* E tre!; ~ *cuartos* trequarti; **~cientos** *adj/m card* trecento
tresillo *m* salotto (*muebles*); terziglio, calabresella *f* (*naipes*); *mus* terzina *f*
treta *f* stratagemma *m*; finta (*esgrima*)
tríada *f* triade
trial *m ingl/sport* trial *inv*
triangular *adj/vt* triangolare
triángulo 1. *m mat/mus/fig* triangolo; **2.**

adj triangolare; ~ *isósceles, equilátero, rectángulo, escaleno* triangolo isoscele, equilatero, rettangolo, scaleno
triásico *adj geol* triasico
triar <*2 trío*> *vt* scegliere
tribal *adj* tribale
triboelectricidad *f* triboelettricità
tribología *f tec* tribologia
tribu *f* tribù *inv*; ~*s urbanas* bande cittadine, tribù urbane
tribulación *f* tribolazione, patimento *m*, tormento *m*
tribuna *f arch/sport* tribuna
tribunal *m* tribunale; corte *f*; commissione *f*; *~ *de menores, militar, de lo civil, de lo criminal* Tribunale per i minorenni, militare, civile, penale; *~ *Constitucional, Supremo, de Apelación, de cuentas* Corte Costituzionale, Suprema/di Cassazione, d'Appello, dei conti; ~ *de oposiciones* commissione di concorso/giudicatrice; ~ *de honor* giurì d'onore; *~ *de las aguas* Tribunale delle acque (*Valencia*)
tribuno *m hist* tribuno
tribut|ación *f* imposizione fiscale, tassazione; ~**ar** *vt* tributare; ~**ario, -a 1.** *adj* tributario, -a; **2.** *m/f* contribuente; ~**o** *m* tributo, imposta *f*; *fig* tributo, omaggio
tríceps *adj/m* tricipite
triciclo *m* triciclo
tricípite *adj* tricipite
tricloruro *m chim* tricloruro
tricornio 1. *m* tricorno; **2.** *adj* tricorne
tricot|ar *vi* lavorare a maglia/ai ferri; ~**osa** *f tec* telaio per lana *m*
tridente|e *adj/m* tridente; ~**ino** *adj hist* tridentino; trentino, di Trento
tridimensional *adj* tridimensionale
triduo *m eccl* triduo
trien|al *adj* triennale; ~**io** *m* triennio
trifásico *adj elec* trifase
trifulca *f fig* contesa, rissa; *armar una* ~ provocare un pandemonio
trifurcarse triforcarsi
trig|al *m agr* campo di frumento; ~**o** *m bot* grano, frumento; *no ser* ~ *limpio* non essere uno stinco di santo
trigono|metría *f* trigonometria; ~**métrico** *adj* trigonometrico
trigueño *adj* castano chiaro
triguero 1. *adj* frumentario; *espárrago* ~ asparago selvatico; **2.** *m* crivello, vaglio
trilero *m* giocatore di bussolotti
triles *mpl* gioco dei bussolotti *m*
trilingüe *adj* trilingue
trilla *f agr* trebbia, trebbiatura; ~**do** *adj* frequentato, battuto (*camino*); noto, trito (*cuestión*); ~**dor** *adj/s* trebbiatore; ~**dora** *f tec* trebbiatrice; ~**dura** *f* trebbiatura; ~**r** *vt agr* trebbiare; frequentare, battere
trillizo *adj* trigemino
trillo *m agr* trebbia *f*; *am* sentiero
trillón *m mat* trilione; mille miliardi (*Italia, Francia, USA*); un miliardo di miliardi (*Alemania, Inglaterra, España*)
trilobulado *adj* trilobato
trilogía *f* trilogia
trimarán *m mar* trimarano
trime|nsual *adj* trimensile; ~**stral** *adj* trimestrale; ~**stre 1.** *m* trimestre; **2.** *adj* trimestrale
trimotor *adj/m* trimotore
trinar *vi mus* trillare; gorgheggiare; *fam* impazientirsi; *está que trina* sta per scoppiare
trinca *f* terna; *mar* trinca; ~**r** <*trinqué*> *vt mar* trincare; trincare (*vino*...); *gergo* arrestare; *gergo* rubare
trinch|a *f* cinturino *m* (*hebilla*); ~**ante** *adj/m* trinciante; ~**ar** *vt* trinciare (*pollo, fig*); ~**era** *f mil* trincea; impermeabile *m*; ~**ero** *m* credenza *f*; tagliere
trineo *m* slitta *f*
trini|dad *f eccl/fig* trinità; ~**tario** *adj/m* trinitario
trino 1. *m mus* trillo; trino, gorgheggio (*ruiseñor*); **2.** *adj* trino; ~**mio** *m* trinomio
trinquete *m mar* trinchetto; *sport* sferisterio coperto; *tec* arresto
trío *m mus* trio, terzetto
trip *m* trip *inv* (*droga*)
tripa 1. *f gastr* trippa; pancia, trippa, ventre *m*; 2. *fpl fig* interiora, parte interna *f*; *echar* ~ mettere su pancia/trippa; *echar las* ~*s* vomitare l'anima; *gruñir las* ~*s* brontolare gli intestini; *(vulg) hacer una* ~ *a una mujer* mettere incinta; *hacer de* ~*s corazón* fare di necessità virtù, far buon viso a cattivo gioco; *revolver (a alg) las* ~*s (algo)* fare schifo, dar nausea; *¿Qué* ~ *se le habrá roto?* Che diavolo vorrà?, Gli/Le sarà morto il gatto?
tripartito *adj* tripartito
tripl|e 1. *adj* triplice; **2.** *adj/m* triplo; ~**icado** *adj* triplicato; ~**icar** <*tripliqué*> *vt* triplicare
triplo *adj/m* triplo
trípode *m* tripode
tripón *adj* trippone, pancione
tríptico *m* trittico
triptongo *m* trittongo
tripud|iar *vi* tripudiare; ~**o** *adj* trippone, pancione
tripul|ación *f aer/mar* equipaggio *m*; ~**ante** *m/f mar* membro di equipaggio *m*; ~**ar** *vt mar/aer* 1. equipaggiare; 2. guidare una nave o un aereo
triqui|na *f zool* trichina; ~**nosis** *f med* trichinosi; ~**ñuela** *f* sotterfugio *m*; ~**traque** *m* trictrac; *a cada* ~ ogni momento
tris *m* tric; *en un* ~ in pericolo imminente; *estar en un* ~ *de* stare sul punto di, essere lì, lì per; ~ *tras* tran tran
trisca *f* scricchiolio *m*; *fig* gazzarra; ~**dor 1.** *adj* chiassone; **2.** *m tec* licciaiola *f*; ~**r** <*trisqué*> **1.** *vi* scricchiolare (*pies*); saltellare; **2.** *vt tec* allicciare; scompigliare, arruffare
trisílabo *adj* trisillabo
trist|e *adj* triste; mesto, malinconico; *estar* ~ essere triste; *ser* ~ essere malinconico; misero; *queda un* ~ *cigarrillo* resta una misera sigaretta; *estas flores están* ~*s* questi fiori sono appassiti/vizzi; ~**eza** *f* tristezza, malinconia, infelicità; ~**ón** *adj* malinconico
trit|io *m chim* tritio; ~**ón** *mit/zool* tritone
tritur|adora *f tec* trituratore *m*; tritatutto

m/inv (*cocina*); ~**ar** *vt* tritare, triturare; *fig* pestare

triunf|ador *adj/s* trionfatore; ~**al** *adj* trionfale; ~**alismo** *m* trionfalismo; ~**alista** *adj/s* trionfalista; ~**ante** *adj* trionfante; ~**ar** *vi* trionfare, vincere; ~**o** *m* trionfo, vittoria *f*; trionfo (*teatro, naipes*); *fig* successo; *llevar en* ~ portare in trionfo

triunvir|ato *m* triunvirato; ~**o** *m* triunviro

trivalente *adj* trivalente

trivial *adj* triviale, scurrile, volgare; ~**idad** *f* trivialità, volgarità

triza *f* briciola; *hacer ~s* fare a pezzi, distruggere

trocánter *m med* trocantere

trocar <*8a trueco; troqué; trueque*> *vt* scambiare, permutare; *fig* confondere, scambiare

trocear *vt* fare a pezzi, spezzettare

trocha *f* sentiero *m*, viottolo *m*; *am* scartamento *m*

trochemoche: a ~/a troche y moche *adv* alla carlona, alla buona

trocito *m* pezzetto, pezzettino

trofeo *m* trofeo

troglodita *adj/s* troglodita; *zool* scricciolo, troglodita

troica *f* troica

troj(e) *m* granaio; deposito di olive

trola *f* bugia, frottola

trole *m* trolley *ingl/inv*; ~**bús** *m* filobus *inv*, trolleybus *ingl/inv*

trolero *adj/s* bugiardo, ballista

tromb|a *f meteo* tromba marina; ~ *de aire* tromba terrestre; ~**ón** *m mus* trombone; ~ *de pistones, de varas* trombone a pistoni, a tiro

trombosis *f med* trombosi

trompa 1. *f mus* tromba; *zool* tromba, proboscide; trottola (*juguete*); *fam* sbornia; *fis* tromba; ~ *de Eustaquio* tromba d'Eustachio; ~ *de Falopio* tuba, tromba uterina; ~ *gallega/de París* scacciapensieri; *estar* ~ essere sbronzo; 2. *m* trombettista; tromba *f* (*persona*)

trompa|da *f* colpo *m*, pugno *m*; scontro *m* (*de personas*); ~**zo** *m* colpo; urto (*contra algo/alg*)

trompet|a 1. *f mus* tromba, trombetta; *mus/mil* cornetta; 2. *m* tromba *f*, suonatore di tromba; ~ *de amor* girasole; *mil* trombettiere (*persona*); ~**azo** *m* strombettata *f*; ~**illa** *f* corno *m*; *(mosquito) de* ~ (zanzara) a fischietto; ~**ista** *m/f* trombettista

trompic|ar <*trompiqué*> **1.** *vi* inciampare, inciampicare, incespicare; **2.** *vt* far inciampare; *fig* fare lo sgambetto *vi*; ~**ón** *m* inciampone; *a ~ones* a colpi, a urtoni

trompo *m* trottola *f*; *fig* pigrone; *ponerse como un* ~ diventare come una botte

trompón: de ~ *adv* disordinatamente

trona *f* seggiolone *m* (*niños*)

tron|ada *f* fragore di tuoni *m*, *reg* tronata; ~**ado** *adj* sciupato; *fig* suonato; ~**ar** <*truena*> *vi/imp meteo* tonare; *fig* tonare, rimbombare

troncal *adj stud* fondamentale (*materia*); di tronco; ~**idad** *f stud* insieme di materie fondamentali *m*

tronch|a *f am* fetta; ~**ar 1.** *vt* troncare, mozzare, tagliare; *fig* troncare; **2.** *~se* disfarsi, rompersi di stanchezza; ~ *de risa* sbellicarsi dalle risate, crepare dal ridere; ~**o 1.** *m bot* torsolo, torso; *pop* inutile; **2.** *adj Arg* tronco

tronco *m* tronco; *estar/dormir como un* ~ dormire como un ghiro/sasso

tronera *f* feritoia

tronido *m* scoppio/rombo del tuono

trono *m* trono

tropa *f mil* truppa, schiera, milizia; *fig* truppa, folla, frotta

tropel *m* frotta *f*; *en* ~ in frotta; ~**ía** *f* violenza, vessazione

tropez|ar <*tropecé*> *vi* inciampare, inciampicare, incespicare; intoppare, fermarsi (*en un obstáculo*); incontrarsi, trovarsi (*con alg*); ~**ón** *m* inciampicone; *gastr* dado/cubetto di carne o prosciutto

tropical *adj* tropicale

trópico *m/adj geogr* tropico

tropiezo *m* inciampo, intoppo, difficoltà *f*, ostacolo; *fig* errore, sbaglio; alterco (*con alg*)

tropilla *f am* mandria, branco *m*

tropismo *m cient* tropismo

tropo *m lit/mus/eccl* tropo; ~**pausa** *f geogr* tropopausa; ~**sfera** *f geogr* troposfera

troquel *m* conio, punzone; ~**ar** *vt* coniare, fustellare, stampare

trota|calles *m/f inv* girellone, -a, sfaccendato, -a; ~**conventos** *f inv* mezzana; ~**mundos** *m inv* giramondo

trotar *vi* trottare; *fig* trottare, andare in fretta

trote *m* trotto; *fig* sfacchinata *f*, *fig* pasticcio; ~ *cochinero* trotto serrato; *al* ~ al trotto; *hacer entrar/meter (a alg) en ~s* mettere in riga (q); *no estar (alg) para esos/estos ~s* aver passato ormai l'età di giocare, non essere più un bambino/un giovincello

trotón *adj* trottatore

trotskis|mo *m pol* trotzkismo; ~**ta** *m/f* trotzkista

trov|ador *adj/m* trovatore; ~**adoresco** *adj* trovadorico; ~**ero** *m* troviero

trozo *m* pezzo, porzione *f*, parte *f*; tozzo, pezzo (*pan*); *lit* brano; pezzo (*ópera*); tratto, pezzo (*carretera*); *a ~s* a pezzi

truc|aje *m tec* trucco; ~**ar** <*truqué*> *vt* truccare

truch|a *f zool* trota; ~ *asalmonada* trota salmonata; *no se cogen/pescan ~s a bragas enjutas* non c'è rosa senza spine; ~**ero** *adj* ricco in trote (*río*)

truchim|án, ~ana *m/f* volpone, -a

truco *m* trucco; *coger el* ~ scoprire il trucco; *como si dijera* ~ come parlare al muro

trucul|encia *f* truculenza, crudeltà, atrocità; ~**ento** *adj* truculento, atroce, crudele

trueno *m meteo* tuono; fragore, strepito; ~ *gordo* scoppio finale

trueque *m* baratto, cambio, permuta *f*

trufa *f bot/gastr* tartufo *m*; *fig* frottola; ~**r** *vt* tartufare

truhán *adj/s* 1. truffatore, furfante; 2. buffone, burlone
trujal *m tec* torchio (*uva, aceituna*)
trunc|ado *adj* troncato, tronco; *cono* ~ cono tronco; ~**amiento** *m* troncamento; ~**ar** <*trunqué*> *vt* troncare, tagliare
trust(e) *m econ/ingl* trust *ingl/inv*, monopolio
tú *pr* 1. tu; 2. te; *como* ~ come te; *entre* ~ *y yo* fra te e me; *tratar de* ~ *(a alg)* dare del tu (a q); *a* ~ *por* ~ a tu per tu; *más eres* ~ tu più di me
tu *adj* tuo, tua; ~ *padre, madre, cuñado*...tuo padre, tua madre, tuo cognato; ~ *hermanito*, ~ *papá*... il tuo fratellino, il tuo babbo...; ~ *libro, revista* il tuo libro, la tua rivista
tuareg *adj/s* tuareg *inv*
tubérculo *m med/bot* tubercolo
tuberculos|is *f med* tubercolosi, tisi; ~**o** *adj/s* tubercoloso, tubercolotico, tisico
tubería *f* tubatura, tubazione
tuberosa *f bot* tuberosa
tubo *m* tubo, condotto; ~ *de ensayos* provetta, tubo di saggio; ~ *de descarga, de escape, fluorescente, lanzatorpedos, respiratorio, digestivo*... tubo di scarico, di scappamento, fluorescente, lanciasiluri, respiratorio, digerente...
tubular *adj* tubolare
tuco 1. *m zool* lucciola *f* (*Arg*); specie di gufo (*Perú*); *gastr Arg/Ur* ="salsa di pomodoro per pasta"; **2.** *adj/am* monco
tuer|ca *f tec* bullone *m*, dado *m*; ~**to** *adj/s* guercio
tueste *m* tostatura *f*
tuétano *m* midollo; *hasta los* ~*s* fino alle midolla
tufo *m* puzza *f*, puzzo, tanfo; *fig/fam* puzza *f*; *min* tufo
tugurio *m* tugurio; capanna da pastori *f*
tul *m* tulle; ~**e** *m bot Am Cent/Méx* sala *f*, giunco
tulip|a *f* paralume/globo di vetro *m*; ~**án** *m bot* tulipano
tull|ido *adj/s* paralitico; ~**irse** restare paralitico *vi*
tumb|a *f* tomba; ~**ar 1.** *vt* far cadere, rovesciare, abbattere; *stud* bocciare; **2.** *vi* cadere; **3.** ~*se* coricarsi, sdraiarsi, buttarsi a dormire; ~**o** *m* scossa *f*, capitombolo; *dar* ~*s* sbattere da una parte e dall'altra; ~**ón** *adj/s* poltrone; ~**ona** *f* sedia a sdraio
tumefac|ción *f med* tumefazione; ~**to** *adj* tumefatto
tumor *m med* tumore
túmulo *m* tumulo
tumult|o *m* tumulto, subbuglio; ~**uoso,** ~**uario** *adj* tumultuoso, tumultuario
tun|a *f stud/Esp* estudiantina; studentessa dell'*Estudiantina*; *fig* vita scioperata; *bot* fico d'India *m*; ~**ante** *adj/s* scioperato, vagabondo; ~**ar** *vi* oziare, vagabondare
tunda *f fig* bastonata; cimatura; *(fig) dar una* ~ dare una bastonata
tundi|dor *adj/s* cimatore; ~**dora** *f tec* cimatrice; ~**r** *vt tec* cimare; *fig* dare una bastonata *vi*
tundra *f geogr* tundra
tunecino *adj/s* tunisino
túnel *m* galleria *f*, tunnel *ingl/inv*; *(sport) hacer el* ~ fare il tunnel
Túnez *geogr* Tunisi (*ciudad*); Tunisia *f* (*país*)
tungsteno *m metal* tungsteno
túnica *f* tunica; tonaca (*frailes*)
tuno *m* studente dell'*estudiantina*; *fig* birbante
tuntún: al ~ *adv* alla cieca
tupé *m* toupet *fr/inv*; *fig* toupet, sfrontatezza *f*
tupi|do *adj* fitto, spesso; *fig* ottuso; ~**r 1.** *vt* infittire, spessire; **2.** *(fig)* ~*se* saziarsi
turba *f* turba, moltitudine; *min* torba
turba|ción *f* turbamento *m*, agitazione *f*; ~**dor** *adj/s* turbatore
turbal *m* torbiera *f*
turbamulta *f* turba, moltitudine, folla
turbante *m* turbante
turbar *vt* turbare, scombussolare, sconvolgere
turbera *f* torbiera
turbina *f mec* turbina
turbi|o *adj* fosco, oscuro, confuso; *fig* turbolento; ~**ón** *m meteo/fig* acquazzone, rovescio
turbo *adj/m* turbo; ~**alternador** *m* turboalternatore; ~**compresor** *m* turbocompressore; ~**propulsor** *m* turbopropulsore; *aer* turboelica *f*
turbulen|cia *f* turbolenza, irrequietezza; ~**to** *adj cient/fig* turbolento; irrequieto, indocile (*persona*)
turc|a *f fam* sbornia; ~**o** *adj/s* turco; *cabeza de* ~ testa di turco; ~**omano** *adj/s* turcomanno
turgen|cia *f* turgidità, turgidezza; *med/bot* turgescenza, turgore *m*; ~**te** *adj* turgido, turgescente
turíbulo *m* turibolo, incensiere
turis|mo *m* turismo; *auto* berlina *f*, automobile *f*; ~**ta** *m/f* turista
turístico *adj* turistico
turma *f bot* tartufo *m*; *am* patata; *zool/gastr* testicoli *mpl*
túrmix *m* frullatore elettrico
turn|ar *vi*, ~**arse** alternarsi; ~**o** *m* turno; *a* ~ a turno; *de* ~ di turno; ~ *de día, de noche* turno di giorno, di notte
turón *m zool* puzzola *f*
turquesa *adj/f min* turchese *m*; *tec* stampo a tenaglia *m*
turquí *adj* turchino
Turquía *f geogr* Turchia
turquino *adj* turchino
turr|ón *m* torrone, mandorlato; ~**onero, -ra** *m/f* fabbricante di torrone
turulato *adj* intontito, stordito, stupefatto
tururú *adj pop* pazzo, matto
tus *adj* tuoi *mpl*, tue *fpl*
tute *m* ="tipo di gioco di carte"; *fig* bastonata *f*; *(fig) darse un* ~ ammazzarsi di lavoro
tutear *vt* dare del tu *vi*
tutela *f ius* tutela; ~**r** *adj/vt* tutelare
tuteo *m* il darsi del tu
tutiplén: a ~ *adv* abbondantemente
tutor, -a 1. *m/f ius* tutore, -trice; *stud* tu-

tor *inv*; 2. *m agr* tutore; *~ía f ius* tutela; *stud* tutorato *m*
tutú *m* tutù (*traje*)
tuya *f bot* tuia
tuya *f*, **tuyo** *m*, **tuyas** *fpl*, **tuyos** *mpl pr/ adj* tua, tuo, tue, tuoi; *ahora es la ~a* adesso è la tua occasione; *de las ~as* delle tue; *los ~os* i tuoi; *lo ~o* il tuo
TVE *f* Televisione statale spagnola
twist *m ingl* twist

U

u *f* u (*vocal*); *conj* o (*delante de* ***o*** *y* ***ho***); *siete ~ ocho* sette o otto; *mujer ~ hombre* donna o uomo
ubérrimo *adj* uberrimo, molto ubertoso
ubic|ación *f* ubicazione, situazione; ~**ar** <*ubiqué*> **1.** *vt* ubicare, situare, collocare; **2.** *vi* trovarsi; **3.** *~se am* orientarsi
ubic|uidad *f* ubiquità; ~**uo** *adj* onnipresente
ubre *f* mammella, poppa
Ucrani|a *f geogr* Ucraina; ***~ano, ~o** *adj/s* ucraino
ufan|arse gloriarsi, vantarsi (*de* di); ~**ía** *f* boria, vanità, presunzione, arroganza; ~**o** *adj* vanitoso, borioso, presuntuoso, arrogante; *fig* soddisfatto; *bot* rigoglioso
ufología *f* ufologia
ugetista *m/f* membro della UGT (sindacato socialista spagnolo: *Unión general de trabajadores*)
UHF *f* UHF
ujier *m adm* usciere, ufficiale giudiziario
úlcera *f* ulcera
ulceroso *adj* ulceroso
ulterior *adj* ulteriore
ultim|ación *f* completamento *m*, ultimazione; ~**ar** *vt* ultimare, finire, completare; *Mex* uccidere; ~**átum** *m* ultimatum *inv*
último *adj/s* ultimo; *a la ~a* all'ultima moda; *a lo ~* all'ultimo; *estar en las ~as* essere agli ultimi; *por ~* per ultimo, infine; *ser (algo) lo ~* essere (qc) il massimo/il colmo
ultra *adj/s* ultrà *inv*
ultra|barato *adj* supereconomico, bassissimo di prezzo; ~**derecha** *f* estrema destra; ~**ísmo** *m art* ultraismo; ~**izquierda** *f* estrema sinistra
ultra|jador *adj* oltraggiatore; ~**jante** *adj* oltraggioso, ingiurioso, offensivo; ~**jar** *vt* oltraggiare, ingiuriare, insultare, offendere; ~**je** *m* oltraggio, insulto, ingiuria *f*
ultraligero *adj/m* ultraleggero
ultra|mar *m* oltremare; ~**marino** *adj* oltremarino; ~**marinos** *m* negozio di commestibili; *ant* drogheria *f*
ultra|moderno *adj* ultramoderno; ~**mundano** *adj* oltremondano, ultramundano
ultranza: a ~ *adv* ad oltranza
ultra|rrojo *adj/m* infrarosso, ultrarosso; ~**sonido** *m* ultrasuono; ~**tumba** *f* oltretomba *m*; *de ~* d'oltretomba; ~**violeta** *adj* ultravioletto
ulul|ar *vi* ululare; ~**ato** *m* ululato
umbela *f bot* ombrella
umbilical *adj* ombelicale
umbral *m* soglia *f*, uscio; *cient/com* soglia *f*, limite; *fig* soglia *f*, inizio; *en los ~es de la vejez* alla soglia della vecchiaia
Umbría *geogr* Umbria
umbr|ía *f* zona/parte ombrosa; ~**ío** *adj* ombroso, ombreggiato; ~**oso** *adj* ombroso
un *m*, **una** *f ar* un *m*, uno *m*, una *f*, un' *f*; **unos** *mpl*, **unas** *fpl*; *un árbol* un albero; *un estudiante* uno studente; *un libro* un libro; *una naranja* un'arancia; *un alma* un'anima; *una estudiante* una studentessa; *~os libros* dei libri; *~os estudiantes* degli studenti; *~as chicas/estudiantes* delle ragazze/studentesse
unánime *adj* unanime
unanimidad *f* unanimità; *por ~* all'unanimità
unci|ón *f eccl* unzione; *fig* devozione; *extrema ~* estrema unzione; ~**r** <*unzo*> *vt* aggiogare
undécimo *adj* undicesimo, undecimo
UNED *f* Università a distanza
ungir <*unjo*> *vt* ungere
ungüento *m* unguento
ungulado *adj/m zool* ungulato
uni|cameral *adj* unicamerale; ~**celular** *adj* unicellulare
unicidad *f* unicità
único *adj* unico; *fig* unico, singolare
uni|color *adj* monocolore, unicolore, monocromo; ~**cornio** *adj/m* unicorno
unidad *f* unità; *tec* unità, gruppo *m*; *med* unità, reparto *m*; *~ de cuidados intensivos* unità di terapia intensiva; *~ monetaria* unità monetaria
uni|dimensional *adj* unidimensionale; ~**direccional** *adj* unidirezionale
uni|familiar *adj* unifamiliare; ~**ficación** *f* unificazione; ~**ficar** <*unifiqué*> *vt* unificare
uni|formar *vt* uniformare, rendere uniforme; vestire di uniforme; ~**forme 1.** *adj* uniforme; **2.** *m* divisa *f*, uniforme *f*; ~**formidad** *f* uniformità
uni|génito *adj* unigenito; ~**lateral** *adj* unilaterale
unión *f* unione, raggruppamento *m*; *tec* unione, collegamento *m*; *~ aduanera, monetaria* unione doganale, monetaria
unionismo *m pol/econ* unionismo
unipersonal *adj* unipersonale; *ling* impersonale
unir 1. *vt* unire, congiungere; unire, sposare; **2.** *~se* unirsi, allearsi
unisex(o) *adj* unisex
unisexual *adj* unisessuale
unísono *adj/m* unisono; *al ~* all'unisono
unitar|io *adj* unitario; ~**ismo** *m* unitarismo
univalvo *adj biol* univalve
univers|al *adj* universale; ~**alidad** *f* universalità; ~**idad** *f* università; ~**itario** *adj/m* universitario; ~**o** *m* universo, mondo
unívoco *adj* univoco
uno *m*, **una** *f* **1.** *adj* uno, unico; **2.** *pr* uno, una; *mpl/fpl* alcuni, -e, certi, -e; *a cada ~* a ognuno/ciascuno; *cada ~ a lo suyo* ognuno pensi ai fatti propri; *de ~ en ~* ad uno ad uno; *lo ~ por lo otro* una cosa per l'altra; *más de ~* molti; *~a de dos* una delle due; *~ más* uno dei tanti; *~a y no más* la prima e ultima volta; *~a que otra vez* a volte; *~ tras otro* uno dietro l'altro; *(ir/marchar) a ~a* andare tutti insieme; **3.** *m* uno, unità *f*
unt|ar *vt* ungere; *(fig) ~ la mano* ungere le ruote; ~**o** *m* unto, grasso; *(fig) ~ de Méjico* bustarella; ~**uosidad** *f* untuosità; ~**uoso** *adj* untuoso, oleoso; ~**ura** *f* spalmatura, untatura
uña *f* unghia (*personas, animales, herra-*

mienta); zoccolo *m* (*cuadrúpedes*); forbice (*escorpión*); *(bot) ~ de caballo* unghia cavallina; *(gastr) ~ de vaca* zampa di bue; *(fig) comerse las ~s* mangiarsi le mani; *dejarse las ~s (en algo)* lasciar la pelle in (qc); *enseñar (alg) las ~s* metter fuori le unghie; *estar de ~s* essere come cane e gatto; *ser carne y ~* essere carne e unghia; *(fig) tener las ~s afiladas/largas* avere le unghie lunghe; *tener (a alg) entre las ~s* tenere tra/sotto le unghie (q)
uñada *f* unghiata
uñe|ro *m med* giradito, patereccio; unghia incarnata *f*
uñetazo *m* unghiata *f*
¡upa! *excl* op là!; *a ~* in braccio
uperización *f* uperizzazione
uranio *adj/m* uranio
urban|idad *f* urbanità, cortesia; galateo *m*; **~ismo** *m arch* urbanistica *f*; *ling* urbanesimo; **~ista 1.** *adj/s* urbanista; **2.** *adj* urbanistico; **~ización** *f pol* urbanizzazione; complesso residenziale *m*; **~izar** <*urbanicé*> *vt* urbanizzare; **~o 1.** *adj* urbano; **2.** *m* vigile urbano
urbe *f* urbe
urdi|dera *f tec* orditoio *m*; **~dor 1.** *adj/s* orditore; **2.** *m tec* orditoio; **~mbre** *f* ordito *m*; *fig* macchinazione, trama, ordito *m*; **~r** *vt tec* ordire; *fig* tramare, ordire
ure|a *f chim* urea; **~mia** *f med* uremia; **~tano** *m chim* uretano
uréter *m med* uretere
uretra *f med* uretra; **~l** *adj* uretrale
urgen|cia 1. *f* urgenza; *de ~* d'urgenza; 2. ***~s** *fpl* Pronto soccorso *m*; **~te** *adj* urgente; *carta ~* (lettera) espresso
urgir <*urjo*> *vi* urgere
úrico *adj* urico
urinario 1. *adj* urinario; **2.** *m* orinatoio
urna *f* urna
uro *m zool* uro; **~gallo** *m zool* urogallo, gallo cedrone
urología *f med* urologia
urólog|o, -a *m/f* urologo, -a
urraca *f zool/fig* gazza; *hablar más que una ~* essere un ciarlone, -a
urticaria *f* orticaria
Uruguay *m geogr* Uruguay; ***~o** *adj/s* uruguaiano
usa|do *adj* usato; **~nza** *f* usanza, uso *m*, consuetudine; *a ~* all'usanza; **~r 1.** *vt* usare, adoperare; **2.** *vi* usare, solere, esser solito, aver l'abitudine di; usare, usufruire
uso *m* uso; uso, abitudine *f*, costume; *~ de razón* uso della ragione; *al ~* alla moda; *en ~* in uso; *fuera de ~* fuori uso; *de ~ exterior* per uso esterno; *de un solo ~* a perdere, usa e getta; *estar en buen ~* essere in buono stato; *hacer ~ de la palabra* far uso della parola
usted *pr m/f* lei; *ant* ella *f*; **~es** *fpl/mpl* loro; voi; *am* voi
usual *adj* usuale
usuario 1. *adj/s ius* usuario; **2.** *m/f* utente (*TV, teléfono, etc.*)
usucap|ión *f ius* usucapione; **~ir** *vt/def ius* usucapire
usufruct|uar *vt/vi* usufruire *vi*, fruire *vi*; **~o** *m ius* usufrutto; **~uario** *adj/s* usufruttuario
usur|a *f* usura; *pagar con ~* pagare a usura; **~ario** *adj* usurario; **~ero, -a** *m/f* usuraio, -a, strozzino, -a *pop*
usurp|ación *f* usurpazione; **~ador, -ra** *m/f* usurpatore, -trice; **~ar** *vt* usurpare
utensilio *m* utensile, attrezzo, arnese (da cucina, da tavola...)
uterino *adj* uterino
útero *m med* utero
útil 1. *adj* utile; **2.** *m* utensile, attrezzo, arnese; *los ~es del oficio* gli attrezzi/i ferri del mestiere
utilidad *f* utilità; utile *m*, profitto *m*; *~ de capital* utile di capitale; *(infor) ~es* utilities *ingl*
utilitar|io 1. *adj/s* utilitario; sfruttatore; **2.** *m* utilitaria *f* (*coche*); **~ismo** *m* utilitarismo; **~ista** *adj/s* utilitarista
utiliz|able *adj* utilizzabile; **~ación** *f* utilizzazione, utilizzo *m*; **~ar** <*utilicé*> *vt* utilizzare, usare
utillaje *m tec* attrezzatura *f*, attrezzi *mpl*
utopía *f* utopia
utópico *adj* utopico
utopista *adj/s* utopista
uva *f* uva; *de ~s a peras* ogni morte di papa; *estar hecho una ~* essere ubriaco; *(vulg) estar de mala ~* essere di cattivo umore; *(vulg) tener mala ~* avere un pessimo carattere; avere cattive intenzioni
UVI *f* Unità di terapia intensiva
úvula *f med* ugola
uvular *adj* uvulare
uxoricid|a *adj/s* uxoricida; **~io** *m* uxoricidio
¡uy! *excl* Uh!; Uhi! (*dolor*), Hui! (*dolor*)

V

vaca *f* mucca, vacca; *tiempos de ~s gordas, flacas* tempo di vacche grasse, magre

vacación *f* vacanza; *estar de ~ones* essere in vacanza

vacada *f* mandria di bovini

vaca|nte 1. *adj* vacante, libero, disoccupato; **2.** *f adm* vacanza, posto vacante *m*; **~r** <*vaqué*> *vi* 1. essere vacante; essere privo, mancare; 2. *raro* attendere, dedicarsi; *~ al estudio* attendere allo studio

vacia|dero *m* condotto, smaltitoio; **~do** *m arch/metal* getto; scavo; **~dor** *m tec* gettatore (*persona*); sassola *f*; **~r 1.** <*vacío/vacio*> *vt* vuotare, svuotare; *tec* gettare; affilare (*navaja*); **2.** *vi* sfociare

vaciedad *f* vacuità; sciocchezza (*decir*)

vacil|ación *f* vacillazione, titubanza, perplessità; **~ante** *adj* vacillante, oscillante; vacillante, titubante, perplesso; **~ar 1.** *vt tec* vacillare, oscillare; *fig/vulg* sfottere; **2.** *vi fig* esitare, titubare, vacillare (*en hacer algo* nel fare qc); **~ón** *m* burlone

vacío 1. *m* vuoto; *caer en el ~* cadere nel vuoto; *hacer el ~ (a alg)* fare il vuoto intorno a; **2.** *adj* vuoto; *fig* vuoto, vacuo; *de ~* vuoto/senza carico; a mani vuote; *en ~* nel vuoto; *(tec) al ~* sotto vuoto; *con las manos ~as* a mani vuote

vacun|a *f med* vaccino *m*; **~ación** *f med* vaccinazione; **~ar** *vt* vaccinare; **~o** *adj* bovino, vaccino

vacuo *adj* vacuo, vuoto

vade *m* cartella *f*; **~ar** *vt* guadare; *fig* superare

vademécum *m* vademecum, prontuario

vado *m* guado; *fig* rimedio; *~ permanente* passo carrabile

vagabund|ear *vi* vagabondare; **~eo** *m* vagabondaggio; **~o** *adj/s* vagabondo

vagancia *f* pigrizia; vagabondaggine, scioperatezza

vagar <*vagué*> **1.** *vi* vagare, andare a zonzo; vagabondare, oziare; **2.** *m* tempo libero

vagido *m* vagito

vagin|a *f* vagina; **~al** *adj* vaginale; **~ismo** *m med* vaginismo

vago 1. *adj* vago, incerto; **2.** *adj/s* 1. fannullone, pigro, scansafatiche, sfaticato; 2. *adj/m med* vago; *pitt* vago

vagón *m tras* vagone, carrozza *f*, vettura *f*; carro; *~ cisterna* carro botte; *~ de cola* vettura di coda; *~ frigorífico* carro frigorifero; *~ de mercancías* vagone merci

vagoneta *f* carrello *m*, vagoncino *m*

vaguada *f geogr* linea di fondovalle

vague|ar *vi* vagabondeggiare, oziare, bighellonare; **~dad** *f* vaghezza, indeterminatezza, imprecisione

vahído *m* capogiro, svenimento

vaho *m* vapore, esalazione *f*, emanazione *f*, effluvio

vaina *f bot* baccello *m*; guaina, fodero *m* (*espada...*); *fig/desp* tipo *m*; *am/fam* contrarietà

vainica *f* sfilato a giorno *m* (*bordado*); *am/bot* fagiolino *m*

vainilla *f* vainiglia, vaniglia

vaivén *m* viavai, andirivieni; oscillazione *f*

vajilla *f* vasellame *m*, stoviglie *fpl*

vale 1. *m com* buono, nota *f*, biglietto omaggio; **2.** *(excl)* ¡~! d'accordo!; **~dero** *adj* valido; **~dor** *adj/s* garante

valencia *f cient* valenza

Valencia *geogr* Valenza; ***~ncianismo** *m* valenzanismo; ***~nciano** *adj/s* valenzano

valent|ía *f* valentia, valore *m*, bravura; *pisar de ~* essere arrogante; **~ón** *adj* bravo, bravaccio, spaccone, gradasso; **~onada** *f* spacconata, gradassata

valer <*40 valgo; valdré*> **1.** *vi* valere, contare; valere, essere valido (*ley...*); costare (*precio*); servire; equivalere, valere; *una nota blanca vale dos negras* una nota bianca equivale a due nere; *esta persona vale mucho* questa persona vale molto; *¿Cuánto vale este libro?* Quanto costa questo libro?; *más vale que* è meglio che; *agradecer en lo que vale (algo)* ringraziare molto di/per; *hacer ~ (algo)* far valere (qc); *no ~ nada* non valer nulla; *~ la pena* valere la pena; *más vale tarde que nunca* meglio tardi che mai; *más vale un toma que un dos te daré* meglio un uovo oggi che una gallina domani; **2.** *vt* valere, procurare (*un disgusto...*); proteggere, aiutare; *¡válgame Dios!* Santo Cielo!; Che Dio m'aiuti!; **3.** *~se* servirsi, avvalersi (*de* di); *~se por sí mismo* bastare a se stesso; **4.** *m* valore, potere

valeriana *f bot* valeriana

valeroso *adj* valoroso, prode; valente, efficace

valía *f* valore *m*, pregio *m*, merito *m*; *(com) plus ~* plusvalenza

valid|ez *f* validità; **~o** *m* favorito

válido *adj* valido, valevole

valiente *adj* valoroso, ardito (*soldado*); valente, eccellente; *iron* fanfarone; forte, vigoroso (*puñetazo*); *(iron) ¡~ amigo tienes!* Che bell'amico che hai!

valija *f* valigia; *~ postal, diplomática* valigia postale, diplomatica

valimiento *m* influenza *f*, favore

valioso *adj* prezioso, costoso; *fig* importante, forte

vall|a 1. *f* steccato *m*, recinto *m*, palizzata, staccionata; 2. cartellone pubblicitario stradale *m*; *sport/fig* ostacolo *m*; *carrera de ~s* corsa a ostacoli; *(fig) romper/saltar la(s) ~(s)* saltare un ostacolo; **~ado** *m mil* vallo, recinto; **~ar** *vt* cingere di steccato

valle *m geogr/fig* valle *f*, vallata *f*

vallisoletano *adj/s* (persona) di Valladolid

vallista *m/f sport* ostacolista

valón *adj/s* vallone

valor *m* valore, prezzo; valore, coraggio; *econ/fig* valore; *econ* valuta *f*; *econ* titolo; *~ añadido/(am) agregado* valore aggiunto; *~ del día* valore corrente; *~ nominal, total* valore nominale, totale; *~ de uso* valuta d'uso; *~ al portador* titolo al portatore; *~es cotizados en bolsa* titoli quotati in borsa; *armarse de ~* diventare coraggioso; *tener*

el ~ avere il coraggio; ~**ación** *f* valutazione; ~**ar** *vt* valutare, stimare; ~**ización** *f* valorizzazione; ~**izar** <*valoricé*> *vt* valorizzare
vals *m* valzer *inv*
valua|ción *f* valutazione; ~**r** <*valúo*> *vt* valutare, stimare
valva *f zool/bot* valva
válvula *f cient/tec/fig* valvola; ~ *de seguridad* valvola di sicurezza; ~ *electrónica* valvola elettronica; ~ *mitral, tricúspide* valvola mitrale, tricuspide; ~ *de descarga* valvola di scarico
vampir|esa *f iron* vamp; ~**o** *m zool/fig* vampiro
vanagloria *f* vanagloria, vanità; ~**rse** vantarsi, vanagloriarsi (*de* di)
vand|álico *adj* vandalico, selvaggio; ~**alismo** *m* vandalismo
vándalo *m* vandalo
vanguard|ia *f mil/art* avanguardia; *a la* ~ all'avanguardia; *de* ~ d'avanguardia; ~**ismo** *m* avanguardismo; ~**ista** *adj/s* avanguardista
vanid|ad *f* vanità, fatuità; ~**oso** *adj* vanitoso
vano 1. *adj* vano, futile, caduco; *en* ~ invano; **2.** *m arch* vano
vapor *m* vapore; *mar* vapore, piroscafo; ~ *de agua* vapor acqueo; *baño de* ~ bagno a vapore; *buque/máquina de* ~ nave/macchina a vapore; *cocer al* ~ cucinare al vapore
vaporeta *f* vaporella (*aparato de limpieza*)
vaporiz|ación *f* vaporizzazione; ~**ador** *m* vaporizzatore, evaporatore; vaporizzatore, polverizzatore; ~**ar** <*vaporicé*> **1.** *vt* vaporizzare, far evaporare; polverizzare, nebulizzare; **2.** ~*se* evaporare *vi*
vaporoso *adj* vaporoso
vapule|ar *vt* battere, percuotere, sbattere; ~**o** *m* bastonata *f*
vaque|ría *f* vaccheria; ~**riza** *f* stalla, bovile *m*; ~**ro** *m* vaccaio, bovaro; *am* cowboy *ingl/inv*; *(pantalón)* ~ blue jeans *m(pl)*; *película de* ~*s* (film) western; ~**ta** *f* vacchetta (*piel*)
vara *f* verga, bacchetta; bastone *m* (*de alcalde*); barra; *bot* gambo *m*; *taur* stoccata; braccio *m* (*medida* = *0.8359 m*); *de* ~*s* da tiro; *doblar la* ~ *de la justicia* inclinarsi a favore di q; *tener* ~ *alta* aver potere
varad|a *f mar* incaglio *m*; *Col auto* panne *f/fr*; ~**ero** *m mar* scalo di carenaggio, squero
varal *m* palo; *agr* staggio
varar 1. *vi mar* incagliare, arenarsi; **2.** *vt mar* tirare in secco; **3.** *(fig)* ~*se* incagliarsi; *Col auto* essere in panne, avere la macchina in panne
vare|ar 1. *vt agr* bacchiare; sbattere; *taur* piccare; **2.** ~*se* dimagrire *vi*; ~**o** *m agr* bacchiatura *f*
varia|bilidad *f* variabilità; ~**ble 1.** *adj* variabile, mutevole, incostante; **2.** *adj/f cient/com* variabile; ~**ción** *f* variazione, cambiamento *m*; *cient/mus* variazione; ~**do** *adj* variato, vario; ~**dor** *m tec* variatore; ~**nte** *adj/f* variante; ~**r** <*2 varío*> *vt/vi* variare, cambiare; variare, diversificare
varic|e, **várice** *f med* varice; ~**ela** *f med* varicella; ~**oso** *adj med* varicoso
variedad 1. *f* varietà; 2. *fpl teatro* spettacolo di varietà *m*, rivista *f*
varilla *f* bacchetta; stecca (*abanico, paraguas*); stanghetta (*gafas*); ~ *mágica* bacchetta magica; ~**je** *m* l'insieme di stecche; *mec* tiranteria *f*
vario *adj* vario, diverso
varón *m* uomo; maschio; *tener un hijo* ~ avere un figlio maschio; *santo* ~ sant'uomo
varonil *adj* virile
Varsovia *geogr* Varsavia
vasall|aje *m* vassallaggio; ~**o** *m* vassallo
vasar *m* scansia da cucina *f*
vasco *adj/s* basco (*español y francés*)
Vascongadas *fpl geogr* ="Province autonome basche/Paesi baschi *mpl*"
vascuence *adj/m* basco
vascular *adj cient* vascolare
vasectomía *f med* vasectomia
vaselina *f* vaselina; *sport* pallonetto *m*
vasija *f* vaso *m*
vaso *m* bicchiere (*vino, agua...*); vaso; *cient* vaso; ~*s comunicantes* vasi comunicanti; *(eccl)* ~ *de elección* vaso d'elezione; *ahogarse en un* ~ *de agua* affogare in un bicchier d'acqua
vaso|constrictor *adj* vasocostrittore; ~**dilatador** *adj* vasodilatatore
vástago *m bot* rampollo, pollone; *fig* rampollo; *mec* gambo, stelo, biella *f*
vasto *adj* vasto, ampio, spazioso
vate *m lit* vate
vaticano *adj/m* vaticano
Vaticano: el ~ el Vaticano
vaticin|ador *adj/s* vaticinatore, indovino; ~**ar** *vt* vaticinare, predire, pronosticare; ~**io** *m* vaticinio, profezia *f*, divinazione *f*
vatio *m elec* watt *ingl/inv*
vaya 1. *f* baia, burla; *dar* ~ dar la baia; **2.** *excl* ¡~! caspita, accidenti; *¡~ con el niño!* Accidenti/caspita col bambino!; *¡~ un regalo!* Che razza/caspita di regalo!, *iron* Bel regalo!; *¡~ calor!* Accidenti/caspita che caldo!; *Pablo ha aprobado - ¡~!* Paolo è stato promosso - Caspita!
vecin|al *adj* vicinale; ~**dad** *f* vicinanza, adiacenza, prossimità; i vicini (di casa) *mpl* (*personas*); dintorni *mpl*, vicinanze *fpl* (*lugar*); *carta de* ~ documento di residenza; ~**dario** *m* vicinato; ~**o 1.** *adj/s* vicino; **2.** *adj/fig* vicino, prossimo
vector *adj/m* vettore
veda *f* proibizione, divieto *m*; periodo di divieto di caccia o pesca *m*; *levantar la* ~ togliere il divieto temporale di caccia o pesca; apertura di caccia; ~**do** *m* riserva *f* (di caccia o pesca); ~**r** *vt* proibire, vietare
vedija *f* batuffolo *m*
vega *f geogr* campagna (irrigata da un fiume)
veget|ación *f agr/med* vegetazione; ~**al** *adj/m* vegetale; ~**ar** *vi bot/fig* vegetare; ~**arianismo** *m* vegetarianismo; ~**ariano** *adj/s* vegetariano; ~**ativo** *adj* vegetativo
vegetomineral *adj* vegetominerale

veguero *m* 1. sigaro (di una sola foglia arrotolata); 2. contadino
vehem|encia *f* veemenza, impetuosità; **~ente** *adj* veemente, impetuoso
vehículo *m* veicolo
veinte *adj/m card* venti; *ord* ventesimo; **~na** *f* ventina
veja|ción *f*, **~men** *m* vessazione *f*; **~r** *vt* vessare, angariare, tiraneggiare
veje|storio *m desp* vecchio decrepito; **~te** *m* vecchietto; *teatro* vecchio ridicolo; **~z** *f* vecchiaia (*edad*); vecchiume *m*; *a la ~, viruelas* alla vecchiaia dà/danno/do... i numeri
vejiga *f* vescica (urinaria/biliare/natatoria/...); bolla, bollicina (*piel*)
vela *f* 1. veglia; *pasar la noche en ~* passare la notte in bianco; 2. *mar* vela; *a toda ~* a gonfie vele; *barco de ~* barca a vela; *alzar ~s* sciogliere le vele; *amainar las ~s* ammainare le vele; 3. candela (*de cera, de niño*); *a dos ~s* senza quattrini; *no dar (a alg) ~ en este entierro* non permettere (a q) di intervenire in qc; *quedarse a dos ~s* restare al verde; non capire nulla; 4. *taur* corno *m*
vela|da *f* serata; riunione notturna; **~dor** *m* bugia *f* (*vela*); tavolino rotondo a un piede; *am* comodino; **~men** *m mar* velame; **~r 1.** *adj/f ling* velare; **2.** *vi* vegliare; *eccl* fare la veglia; *mil* fare la guardia di notte; **3.** *vt fig* vegliare, curare; *pitt/foto* velare; velare, coprire, offuscare; **~torio** *m* veglia funebre *f*
vele|idad *f* velleità; **~idoso** *adj* incostante, mutevole
vele|ro *m mar* veliero; **~ta** *f* banderuola, ventarola; *fig* banderuola
vello *m* peluria *f*; *~ pubiano* peli del pube
vellocino *m* vello; *(mit) el ~ de oro* il vello d'oro
vellón *m* vello di pecora; *(ant) real de ~* ="moneta di rame"
vell|osidad *f* villosità; **~oso, ~udo** *adj* peloso, villoso
velo *m* velo; tulle (*tela*); *fig* scusa *f*, pretesto; *~ del paladar* velo del palato, velo palatino; *correr/echar un (tupido) ~ (sobre algo)* stendere un velo pietoso (su qc); *tomar el ~* prendere il velo
veloc|idad *f* velocità, rapidità, celerità; *carrera de ~* gara di velocità; *tren de alta ~* treno ad alta velocità; *(tras) en gran/pequeña ~* a gran/piccola velocità; **~ímetro** *m* tachimetro; **~ista** *m/f sport* velocista
velódromo *m* velodromo
velomotor *m* ciclomotore
veloz *adj* veloce, rapido, celere
vena *f med/fig* vena; *min* vena, filone *m*; venatura, vena (*madera, mármol*); *darle (a alg) la ~* saltare (a q) il ticchio; *estar en ~* essere in vena
venablo *m* dardo
venada *f* attacco di pazzia *m*
venado *m zool* cervo
venal *adj* venale; *med* venoso; **~idad** *f* venalità
venatorio *adj* venatorio
venced|ero *adj* scadente; **~or** *adj/s* vincitore
vencejo *m bot* vinco, vimine, vermena *f*; *zool* rondone
vencer <*venzo*> **1.** *vi* vincere; *com* scadere; **2.** *vt* vincere; *fig* vincere, superare; *fig* dominare, soggiogare, piegare; **3.** *~se* vincersi, dominarsi
venci|ble *adj* vincibile; **~da** *adj* vinta; *a la tercera va la ~* ="la terza è la volta buona"; *ir de ~ (alg/algo)* darla per vinta; **~do** *adj* vinto; *darse por ~* darsi per vinto; **~miento** *m com* scadenza *f*; sconfitta *f*
venda *f* benda, fascia; *llevar/poner una ~ en los ojos* avere la benda agli occhi; *caerse la ~ de los ojos* cadere la benda dagli occhi; **~je** *m* bendaggio, fasciatura *f*; **~r** *vt* bendare, fasciare
vendaval *m* uragano
vende|dor *adj/s* venditore; **~r** *vt* vendere; *fig* vendere, tradire
vendí *m com* fissato-bollato, certificato di vendita
vendi|ble *adj* vendibile; **~do** *adj com/fig* venduto
vendimia *m* vendemmia; **~dor, -ra** *m/f* vendemmiatore, -trice; **~r** *vt/vi* vendemmiare
Venecia *geogr* Venezia; ***~no** *adj/s* veneziano
veneno *m* veleno; **~so** *adj* velenoso
vener|able *adj* venerabile; **~ación** *f* venerazione; **~ar** *vt* venerare, render culto *vi*
venéreo *adj* venereo
venezolano *adj/s* venezuelano
Venezuelas *m* Venezuela
veng|ador *adj/s* vendicatore; **~anza** *f* vendetta; **~ar** <*vengué*> *vt* vendicare; **~ativo** *adj* vendicativo
venia *f* venia; *con la ~ de* con il permesso di; **~l** *adj* veniale
venid|a *f* venuta; *fig* scatto *m*; **~ero 1.** *adj* venturo; **2.** *mpl* posteri, successori
venir <*41 vengo; vine; vendré; viniendo*> **1.** *vi* venire; *~ como anillo al dedo* venire a pennello; *~ a la cabeza* venir in mente; *~ a cuenta* venire a proposito; *~ a llenar un vacío* riempire un vuoto; *~ a menos* decadere; *~ ancho/grande (algo)* essere troppo grande/superiore (qc); *~ a parar* arrivare/giungere; andare a finire; *~ a tener la misma edad que yo* avere la stessa età mia; *~ bien, mejor, mal* venir bene, meglio, male; *~ de primera* venire a pennello/essere stupendo; *~ en conocimiento* venire a conoscenza; *(adm) ~ en decretar* decidere di decretare; *~ en deseo* venir voglia; *~ rodado (algo)* succedere senza volere (qc); *~ sobre* cadere; *sin ~ a nada* senza ragione; *en lo por ~* nel futuro; *el año que viene* l'anno prossimo/che viene; *¿A qué viene...?* Perché...?; *¡Venga!* Dai!; *venga lo que viniere* succeda quel che succeda; **2.** *~se a buenas* prenderla con le buone; *~se con* venir fuori con; *~se encima* cadere addosso; giungere, arrivare
venoso *adj med* venoso; venato
venta *f* 1. vendita; *a la ~* in vendita; *~ a domicilio* vendita porta a porta; *~ por co-*

rreo vendita per corrispondenza; ~ *sobre muestra* vendita su campione; 2. locanda
ventaj|a *f* vantaggio *m*, superiorità; vantaggio *m*, profitto *m*, utile *m*; *sport* vantaggio *m*; *sacar* ~ trarre vantaggio; ~**ero**, ~**ista** *adj/s desp* traffichino; ~**oso** *adj* vantaggioso
ventan|a *f* finestra; ~ *de guillotina, giratoria, de fuelle*... finestra alla ghigliottina, a bilico verticale, a bilico orizzontale...; ~*s de la nariz* narici; *(fig) salir (alg) por la* ~ uscire dalla porta; essere scacciato; *tirar la casa por la* ~ buttare il danaro dalla finestra; ~**al** *m* finestrone; ~**illa** *f* sportello *m* (*banco, correo*...); *auto* finestrino *m*; ~**illo** *m* finestrino
ventar <*5a vienta*> *vi/imp* tirare vento
ventarrón *m* ventaccio
vente|ar 1. *vt* fiutare (*caza*); ventilare; **2.** *vi imp* tirare vento; ~**ro, -ra** *m/f* oste, -ostessa
ventil|ación *f* ventilazione; *(med)* ~ *asistida* ventilazione assistita; ~**ador** *m tec* ventilatore; ~**ar** *vt* ventilare, arieggiare; *fig* ventilare
ventis|ca *f*, ~**co** *m meteo* sinibbio *m*, tormenta *f*; ~**quero** *m meteo* sinibbio; ghiacciaio
vento *m am/gergo* denaro; ~**lera** *f* folata, refolo *m*; *darle (a alg) la* ~ saltare (a q) il ticchio
ventos|a *f med/zool/tec* ventosa; sfiatatoio *m* (*aire*); ~**ear** *vi* scoreggiare; ~**idad** *f med* ventosità; ~**o** *adj* ventoso
ventrículo *m med* ventricolo
ventrílocuo *adj/s* ventriloquo
ventriloquia *f* ventriloquio *m*
ventur|a *f* ventura, fortuna; *a la* ~ alla ventura; *por* ~ per caso; ~**oso** *adj* venturoso, beato, fortunato
Venus *f mit/astr* Venere
venust|ez, ~**idad** *f* venustà
ver <*42 veo; vi, viste-vio; viendo; visto*> **1.** *vt* vedere; vedere, visitare; *ius* discutere; *(fam) a* ~ vediamo (un po'); *¡A* ~*!* per forza!; *¡a* ~ *si no llegan a tiempo!* Speriamo che arrivino in tempo!; *de buen* ~ di bell'aspetto; *está visto que* si vede che; *hay que* ~ bisogna vedere; *¡habráse visto!* è mai possibile?; *lo nunca visto* qualcosa d'incredibile; *no haberlas visto (alg) tan gordas* non averle viste (q) mai così grosse; *no veas*... non ti dico...; *si te vi, no me acuerdo*... chi s'è visto, s'è visto; *te veo venir* ti conosco/ti leggo dentro; *vamos a* ~ vediamo un po'; *dejarse ~/darse a* ~ farsi vedere; *echar de* ~ accorgersi; *estar por* ~ *(algo)* essere da vedere (qc); *ir a* ~ *(a alg)* andare a visitare (q); *no poder* ~ *(a alg)* non sopportare (q); *no* ~ *de sueño, hambre*... non vederci dal sonno, dalla fame...; ~ *de +inf* cercare di +inf; ~*las venir* immaginarsi/capire qc; ~*lo negro* non vederci chiaro; **2.** *vérselas con alg* fare i conti con q; ~*se y desearse/*~*se negro para* sudare per; *ya se ve* si vede bene; **3.** *m* parere, giudizio; aspetto; *a mi* ~ a mio modo di vedere
vera *f* orlo *m*, margine *m*; *a la* ~ *del río* sulla riva del/lungo il fiume; accanto, al fianco; alle costole (di q)
veracidad *f* veracità
veran|eante *m/f* villeggiante; ~**ear** *vi* villeggiare, andare in villeggiatura; ~**eo** *m* villeggiatura *f*; ~**iego** *adj* estivo; *ir* ~ portare/indossare vestiti estivi; ~**illo** *m* estate di San Martino *f*; ~**o** *m* estate *f*
veras: de ~ *adv* davvero, sul serio
veraz *adj* verace, sincero
verbal *adj ling* verbale; verbale, orale; ~**ismo** *m* verbalismo; ~**ización** *f* verbalizzazione
verben|a *f* festa popolare, sagra; *bot* verbena; ~**ero** *adj/s* festaiolo
verbo *m eccl/ling* verbo; ~**rrea**, ~**sidad** *f* verbosità, loquacità; ~**so** *adj* verboso
verdad *f* verità; *la pura* ~ la pura (e santa) verità; *una* ~ *como un puño/*~*es como puños* una sacrosanta verità, verità che salta(no) agli occhi; *a decir* ~ a dire il vero; *bien es* ~ *que* è ben vero che; *de* ~ davvero; *es* ~ *que* è vero che; *la* ~ *es que* in/per la verità è che; *no es* ~ non è vero; *¿*~*?* Vero?; *¿*~ *tú...?* Tu, è vero...?; *decirle cuatro* ~*es a alg* dirgliene quattro a q; *faltar a la* ~ mancare alla verità
verdadero *adj* vero, reale
verde 1. *adj* verde (*color*); verde, acerbo (*fruta*); verde, giovane (*edad*); spinto, piccante (*chiste*); *viejo* ~ vecchio sporcaccione; *darse un* ~ farsi un'abbuffata; *están* ~*s* è cosa dura; *poner* ~ *(a alg)* fare una lavata di testa (a q); parlar male di q; **2.** *m* verde (*color*); *gergo* verdone (*billete*)
verdear *vi* verdeggiare; tendere al color verde
verder|ol, ~**ón** *m zool* verdone
verdín *m bot* muffa (verde) *f*; *chim* verderame
verdo|r *m bot* verde, verdezza *f*; *fig* giovinezza *f*, verde; ~**so** *adj* verdognolo
verdugo *m* boia *inv*; *fig* aguzzino
verdu|lería *f* negozio di ortaggi e frutta *m*; ~**lero, -a** 1. *m/f* erbivendolo, -a, fruttivendolo, -a; 2. *f fig/desp* pescivendola; ~**ra** *f gastr/bot* verdura
verdusco *adj* verdigno, verdognolo
verecundo *adj* verecondo, pudico
vereda *f* sentiero *m*, viottolo *m*; *Am Mer* marciapiede *m*; *entrar en* ~ rigar dritto
veredicto *m ius* verdetto; *fig* giudizio
verga *f mar* antenna, pennone *m*; *vulg* verga *m*, pene *m*; ~**jo** *m* nervo di bue
vergel *m* verziere *lit*, giardino
vergonz|ante *adj* vergognoso; ~**oso** *adj* vergognoso
vergüenza 1. *f* vergogna; dignità, decoro *m*; *dar* ~ avere vergogna; *es una* ~ è una vergogna; *hombre de* ~ uomo dignitoso; *sin* ~ spudorato, svergognato; *perder la* ~ diventare spudorato; *sacar a la* ~ svergognare; 2. *fpl fig* vergogne
vergueta *f* verghetta
vericueto *m* luogo impervio
veridic|ción *f* veridizione; ~**torio** *adj* veridittorio
verídico *adj* veridico
verific|ación *f* verificazione, verifica; ~**ador** *adj/s* verificatore; ~**ar** <*verifiqué*> **1.** *vt*

verificare, provare, confermare; **2.** ~*se* accadere *vi*, avverarsi

verismo *m art* verismo

verja *f* inferriata; cancello *m* (*puerta*)

verm|e *m med* verme; ~**icida** *adj/m med* vermifugo; ~**iculita** *f min* vermiculite; ~**ú,** ~**ut** *m* vermut, vermouth *fr/inv*

vernáculo *adj* vernacolo

vernal *adj* primaverile

vernier *m/fr tec/cient* verniero

verónica *f bot/eccl/taur* veronica

vero|símil *adj* verosimile; ~**similitud** *f* verosimiglianza

verra|co 1. *m zool* verro; *Cuba zool* porco selvatico; *Col zool* montone; *Col/fig* cannone; **2.** *adj Col/pop/fig* maiale, sporcaccione; ~**quear** *vi zool* grugnire; *fig* strillare

verrug|a *f med/bot* verruca, porro *m*; ~**oso** *adj* verrucoso

versado *adj* versato, competente, esperto

versal *adj/f tip* maiuscolo *adj/m*; ~**itas** *fpl tip* maiuscoletto *m*

versar 1. *vi* girare intorno, vertere; **2.** ~*se* istruirsi, impratichirsi

versátil *adj* versatile, girevole; *fig* versatile

versatilidad *f* versatilità

versículo *m* versetto, *eccl* versicolo

versific|ación *f* versificazione; ~**ar** <*versifiqué*> **1.** *vt* versificare; **2.** *vi* verseggiare

versión *f* versione; *cine/mus* versione, remake *m ingl/inv*; *med* inversione

verso *m lit* verso; verso, retro, rovescio (*folio*)

vértebra *f* vertebra

vertebra|do *adj/m* vertebrato; ~**l** *adj* vertebrale

verted|era *f agr* versoio *m*, orecchio dell'aratro *m*; ~**ero** *m* mondezzaio; *tec* discarica *f*; ~**or** *m* canale di scolo, fogna *f*; *mar* sassola *f*

verter <*vierto*> **1.** *vt* versare; *ling* tradurre; **2.** *vi* sfociare

vertical 1. *adj* verticale; **2.** *f* 1. verticale; 2. *m astr* circolo verticale

vértice *m* vertice; cocuzzolo (*cabeza*)

vertiente *f geogr/fig* versante *m*

vertiginoso *adj* vertiginoso

vértigo *m med* vertigine *f*, capogiro; *fig* vertigine *f*; *de* ~ da far venire le vertigini

vesícula *f med* vescicola; ~ *biliar* cistifellea

vesicular *adj* vescicolare

vespertino *adj* vespertino, pomeridiano

vespino *m* vespino

vestal 1. *f* vestale; **2.** *adj* di Vesta

vestíbulo *m* vestibolo, atrio, entrata *f*; *med* vestibolo

vestid|o *m* vestito, abito; ~ *camisero* chemisier; ~**ura** 1. *f* vestitura, vestito *m*, abito *m*; 2. *fpl/eccl* paramenti *mpl*; *rasgarse (alg) las* ~*s* mettersi le mani nei capelli

vestigio *m* vestigio, traccia *f*

vestimenta *f* vestito *m*, abito *m*, vestimento *m lit*

vestir <*12 visto; vistió; vistiendo*> **1.** *vt fig* rivestire, coprire; *de (mucho)* ~ da festa; **2.** *m* vestire

vestuario *m* vestiario, abbigliamento, i vestiti *mpl*; camerino, spogliatoio, vestiario (*lugar*)

Vesubio *m geogr* Vesuvio

vet|a *f* vena, venatura; *min* filone *m*; ~**ar** *vt ius* porre il veto *vi*; ~**ear** *vt* venare

veteran|ía *f* anzianità; l'essere veterano *m*; ~**o** *adj/s mil* veterano; *fig* veterano, sperimentato, provetto

veterinari|a *f* veterinaria; ~**o** *adj/m* veterinario

veto *m ius* veto; proibizione *f*, divieto; *poner el* ~ *(a algo/alg)* porre il proprio veto (a qc/q)

vetusto *adj* vetusto, vecchio, antico

vez <*pl veces*> 1. *f* volta; turno *m*, volta (*cola*); *a la* ~ insieme, allo stesso tempo, in una volta; *a su* ~ a sua volta; *a* ~*es* a volte; *alguna que otra* ~ qualche volta, ogni tanto; *alguna* ~*/algunas* ~*es* qualche volta; *cada* ~ ogni volta; sempre più; *de una* ~ d'un colpo, in una volta; definitivamente; *de una* ~ *para siempre* una volta per tutte; *de* ~ *en cuando* ogni tanto, di tanto in tanto; *en* ~ *de* invece di; *las más de las* ~*es* il più delle volte; *otra* ~ un'altra volta; *tal* ~ forse, può darsi; *una* ~ *que* quando; *una* ~ *más* una volta ancora; *una y mil* ~*es* mille volte; *acaba de una* ~ finiscila una buona volta; *tomar la* ~ prendere il turno; 2. *fpl* veci; *hacer la* ~*es de padre* fare le veci di padre

vía *f* via, strada; via (*terrestre, aérea, férrea*...); binario *m* (*tren*); corsia (*autopista*); *cient/fig* via; *ius* procedimento *m*; *(lit) cuaderna* ~ ="quartina di alessandrini monorimi"; *gran* ~ corso; ~ *láctea* via lattea; ~ *muerta* binario morto; ~ *normal, ancha, estrecha* scartamento normale, largo, ridotto; ~ *ejecutiva* procedimento esecutivo; *en* ~*s de* in via di; *por* ~ *de* per via di; *Valencia-Lisboa,* ~ *Madrid* Valenza-Lisbona, via Madrid; *un* ~ *crucis* una via crucis

via|bilidad *f cient* vitalità; possibilità (*negocio*); ~**ble** *adj cient* vitale; possibile (*negocio*); transitabile (*carretera*); ~**ducto** *m* viadotto

viaj|ante *m com* commesso viaggiatore; ~**ar** *vi tras/fig* viaggiare; ~**e** *m tras/fig* viaggio; ~ *de ida y vuelta* viaggio di andata e ritorno; ~ *de negocios* viaggio d'affari; *¡Buen* ~*!* Buon viaggio!; *manta de* ~ plaid; *estar de* ~ essere in viaggio; ~**ero, -a** *m/f* viaggiatore, -trice

vial *adj* stradale

vianda *f* vivanda, cibo *m*; *Cuba/PR* frutta *f* e tuberi *mpl* cotti

viandante *m/f* viandante, passante; vagabondo, -a

viario *adj* stradale

viático *m hist/eccl* viatico

víbora *f zool/fig* vipera

vibr|ación *f* vibrazione; ~**ador** *m* **1.** *tec/med* vibratore; **2.** *adj* vibratorio; ~**ante** *adj/f ling* vibrante; ~**ar 1.** *vi* vibrare, tremare; **2.** *vt* vibrare; ~**atorio** *adj* vibratorio

vibrión *m biol* vibrione

vicar|ía *f* vicaria, vicariato *m*; *pasar por la* ~ sposarsi; ~**ial** *adj* vicariale; ~**iato** *m* vicariato; ~**io** *adj/m* vicario

vice|almirante *m* viceammiraglio; ~**canciller** *m* vicecancelliere; ~**cónsul** *m* viceconsole; ~**director, -ra** *m/f* vicedirettore, -trice; ~**presidencia** *f* vicepresidenza; ~**presidente, -a** *m/f* vicepresidente, -essa; ~**rrector, -ora** *m/f* prorettore, -trice; ~**rrectorado** *m/Esp* prorettorato; ~**secretario, -a** *m/f* vicesegretario, -a
viceversa *adv* viceversa
viciar *vt* viziare
vicio *m* vizio; *de* ~ per vizio; ~**so** *adj* vizioso; viziato (*niño*)
vicisitud *f* vicissitudine, caso *m*; ~**inario** *adj* alterno
víctima *f* vittima
victimar *vt am* sacrificare, uccidere; ~**io** **1.** *adj* assassino; **2.** *m hist* vittimario
victor|ia *f* vittoria, trionfo *m*; *tras* victoria; *bot* victoria regia; ~ *pírrica* vittoria di Pirro; *cantar* ~ cantare vittoria; ~**ioso** *adj* vittorioso, trionfante
vicuña *f zool* vigogna; vigogna (*tela*)
vid *f bot* vite
vida *f* vita; ~ *airada, arrastrada* vita disordinata, travagliata; ~ *perra/de perros* vita da cani; ~ *de canónigo* vita da prete; *buena/gran* ~ bella vita; *mala* ~ brutta vita; *con la* ~ *pendiente de un hilo* con la vita attaccata a un filo; *con* ~ in vita; ... *de mi vida* ...tesoro mio, anima mia, vita mia; *de por* ~ a vita; *de toda la* ~ da sempre; *de* ~ *alegre* di vita; *la* ~ *y milagros de alg* la vita e miracoli di q; *nunca en la* ~ non...mai in vita mia; *¿Qué es de tu* ~*?* Che fai di bello?; *amargar la* ~ *(a alg)* render la vita difficile (a q); *amargarse la* ~ tormentarsi, torturarsi; *buscarse la* ~ guadagnarsi la vita; *cortar la* ~ segare la vita; *hacer la* ~ *imposible (a alg)* rendere la vita difficile (a q); *meterse en* ~*s ajenas* mettersi nei fatti altrui; *pasar a mejor* ~ passare a miglior vita; *pasarse la* ~ passare la vita; *salir con* ~ scamparla bella; *tener siete* ~*s como los gatos* avere sette spiriti come i gatti; *vender cara su* ~ *(a alg)* vender cara la pelle (a q)
vidente *adj/s* veggente, indovino
vídeo, *am* **video** *m* video, videoregistrazione *f*; videoregistratore (*aparato*); *cinta de* ~ videocassetta *f*
video|cassette *m* videocassetta *f*; ~**disco** *m* videodisco; ~**grabadora** *f* videoregistratore *m*; ~**juego** *m* videogioco, videogame *ingl/inv*; ~**portero** *m* videocitofono
vidorr|a *f* bella vita; ~**ia** *f am* vitaccia
vidriar <*1 vidrio/2. vidrío*> **1.** *vt tec* invetriare; **2.** ~*se* diventare vitreo *vi*
vidrier|a *f* vetrata, invetriata; *am* vetrina (*comercio*); ~**ía** *f* vetreria; ~**o** *m* vetraio
vidrio *m* vetro; ~ *bufado, esmerilado* vetro soffiato, smerigliato; *pagar (alg) los* ~*s rotos* pagare le conseguenze; ~**so** *adj* vetroso, vitreo; *fig* delicato
vieira *f zool* capasanta (<*pl* capesante>)
viejo *adj/s* vecchio, anziano; antico, vecchio (*historias*); ~ *verde* vecchio sporcaccione; *perro* ~ vecchia volpe
Vien|a *geogr* Vienna; ***~és** *adj/s* viennese
viento *m meteo/fig* vento; odore, fiuto (*caza*); ~ *de proa* vento di prora; ~ *en popa* vento in poppa; ~*s alisios* (venti) alisei; *corren malos* ~*s* spira cattivo vento; *contra* ~ *y marea* contro tutto, ad ogni costo; *instrumentos de* ~ strumenti a fiato; *lleno de* ~ gonfio/pieno di vento; *quien siembra* ~*s recoge tempestades* chi semina vento raccoglie tempesta; *irse con* ~ *fresco* andarsene a passeggio; *publicar a los cuatro* ~*s* gridare ai quattro venti
vientre *m med* ventre, pancia *f*, addome; ventre, grembo materno (*mujer*); *fig/fis* ventre; *hacer de* ~ andare di corpo; *sacar el* ~ *de mal año* mangiare meglio del solito
viernes *m/inv* venerdì; ~ *santo* venerdì santo; *comer de* ~ mangiare di magro, fare vigilia
viga *f* trave
vigen|cia *f* vigenza, vigore *m*; ~**te** *adj* vigente
vigía 1. *f mil* vedetta (*torre*); *mar* scoglio emergente *m*; 2. *m* vedetta *f*, sentinella *f*
vigil|ancia *f* vigilanza, controllo *m*; ~**ante** **1.** *adj/s* vigilante, vigile, sorvegliante; *mar* bagnino; **2.** *m/f stud* vigilatore, -trice; ~**ar** *vt* vigilare, sorvegliare; ~**ia** *f* veglia (*sueño*); vigilia; *guardar* ~*/comer de* ~ fare vigilia
vigor *m* vigore, forza *f*, energia *f*; *ius* vigore; *entrar/estar en* ~ andare, entrare/essere in vigore; *poner en* ~ mettere in vigore; ~**izar** <*vigoricé*> *vt* invigorire, irrobustire; ~**oso** *adj* vigoroso, energico, gagliardo
vigueta *f arch* travicello *m*
vihuela *f mus* ="chitarra antica spagnola", viola d'amore
vikingo *adj/s* vichingo
vil *adj* vile, basso, umile; vigliacco; ~**eza** *f* viltà; vigliaccheria; ~**ipendiar** *vt* vilipendere; ~**ipendio** *m* vilipendio
villa *f* villa, villino *m*; comune *m*; *la* ~ *de Madrid* la città di Madrid
villan|cico *m mus* villanella *f*, pastorella natalizia *f*; ~**ía** *f* villania, insolenza, ingiuria (*decir*); rusticità; ~**o** *adj/s* villano, contadino, campagnolo; *fig* villano, rozzo, zotico, grossolano, maleducato
villorrio *m desp* casale, paesucolo
vilo: en ~ *adv* in bilico, sospeso; *fig* nell'incertezza
vinagre *m* aceto; *poner cara de* ~ fare la faccia brusca; ~**ra** **1.** *f bot* acetosa; bottiglia dell'aceto; *am* bruciore di stomaco *m*; 2. *fpl* oliera *f*; ~**ro** *m* acetificatore; ~**ta** *f* ="salsa a base d'aceto"
vina|jera(s) *f(pl) eccl* ampolline *fpl*; ~**tería** *f* commercio di vini *m*; ~**tero, -a** *m/f* vinaio, -a; ~**zo** *m* vinone
vinca(pervinca) *f bot* vinca, pervinca
vincha *f Am Mer* fascia per la fronte (*gaucho y mujeres*)
vincul|ación *f* vincolo *m*; ~**ar** **1.** *vt ius* vincolare; vincolare, legare, unire; **2.** *adj* vincolare

vínculo *m* vincolo
vindic|ación *f ius* rivendicazione; vendetta; **~ar** <*vindiqué*> *vt ius* rivendicare; vendicare; **~ativo** *adj* rivendicativo (*discurso*); vendicativo; **~atorio** *adj* rivendicativo
vindicta *f* vendetta; *~ pública* pubblica vendetta
vínico *adj* vinico
vinícola *adj* vinicolo
vini|cultor *m* enologo; **~cultura** *f* enologia; **~ficación** *f* vinificazione; **~llo** *m* vinello
vinilo *m chim* vinile
vino *m* vino; *~ blanco, rosado, tinto* vino bianco, rosé, rosso; *~ abocado, aguado, adulterado, de agujas* vino abboccato, annacquato, adulterato, frizzante; *~ de quina, espumoso, de mesa, de postre* vino chinato, gassato, da tavola, da dessert; *~ de solera, moscatel, pardillo, peleón, seco* vino vecchio, moscato, corrente, ordinario, secco; *al pan, pan, y al ~, ~* pane al pane e vino al vino; *dormir el ~* smaltire il vino; *tener buen /mal ~* avere il vino allegro/triste
vinoso *adj* vinoso
viñ|a *f* vigna, vigneto *m*; *la ~ del Señor* la vigna del Signore; **~ador** *m* vignaiolo; **~edo** *m* vigneto, vigna *f*
viñeta *f tip* vignetta
viol|a 1. *f mus* viola (*instrumento*); *bot* violetta, viola mammola; 2. *m* viola *f* (*músico*); **~áceas** *fpl bot* violacee; **~áceo** *adj* violaceo; **~ado** *adj/m* viola, violetto
viol|ación *f ius* violazione; violenza (*sexual, psic*); **~ador** *adj/s ius* violatore; violentatore (*sexual, psic*); **~ar** *vt* 1. *ius* violare; 2. violentare (*sexual, psic*)
violen|cia *f* violenza; *hacer ~ a/sobre alg* violentare q, fare violenza a q; **~tar** *vt* violentare, forzare; *fig* infastidire; **~to** *adj* violento, iracondo, impulsivo; imbarazzante (*algo*); imbarazzato (*persona*); *sentirse/estar ~* essere imbarazzato, non stare a proprio agio
violet|a 1. *f bot* violetta, viola mammola; 2. *m* viola; *erudito a la ~* erudito all'acqua di rose; **~era** *f* fioraia ambulante
violín *m mus* violino (*instrumento, músico*); *primer ~* primo violino
violinista *m/f* violinista
violón *m mus* contrabbasso, *ant* violone; *tocar el ~* parlare a sproposito
violon|celista, ~chelista *m/f* violoncellista; **~celo, ~chelo** *m mus* violoncello
viperino *adj* viperino; *lengua ~* lingua viperina
vira|da *f tec/fig* virata; *auto* sterzata; **~je** *m tec/foto/fig* viraggio; **~r 1.** *vt/vi tec/foto/fig* virare; **2.** *vi auto* sterzare
virgen 1. *adj* vergine, puro, intatto, immacolato; *tierra, aceite, cera... ~* terra, olio, cera... vergine; **2.** *f* vergine; *la *~* la Vergine, la Madonna; *¡* ~ Santísima!/¡Santísima *~!* Madonna Santa!/Santa Madonna!; *ser un viva la ~* vivere da spensierato, essere poco serio
virgin|al *adj* verginale; **~idad** *f* verginità, purezza, candore *m*
Virgo *f astr* Vergine
virgo *m* verginità *f*, imene
virguería *f pop* cosa bella, bellezza
vírgula *f* lineetta; *med* virgola
virgulilla *f* lineetta
vírico *adj* virale
viril 1. *adj* virile; **2.** *m* campana di vetro *f*; **~idad** *f* virilità
viro|la *f tec* ghiera, anello *m*; **~sis** *f/inv med* virosi; **~te** *m* dardo; **~tillo** *m arch* monaco, tirante a tubo
virre|ina *f* viceregina; **~inato** *m* vicereame; **~y** *m* viceré *inv*
virt|ual *adj* virtuale, potenziale; **~ud** *f* virtù *inv*; qualità *inv*, proprietà *inv*, valore *m*; *en ~ de* in esercizio di, in virtù di; **~uoso** *adj/s* virtuoso
viruela *f med* vaiolo *m*
viru|lencia *f* virulenza; **~lento** *adj* virulento; **~s** *m cient* virus
viruta *f* truciolo *m*
vis *f* forza; *~ cómica* vis comica; **~-à-vis** *m fr* vis-à-vis *inv*
visa *f am/adm* visto *m*; **~do** *m Esp/adm* visto; **~je** *m* boccaccia *f*, smorfia *f*; **~r** *vt* mettere il visto *vi*, vidimare, vistare
víscera 1. *f med* viscere *m* (-i *mpl*); 2. *fpl fig* viscere
visceral *adj* viscerale
visco *m bot* vischio; **~sa** *f* viscosa; **~sidad** *f* viscosità, vischiosità; **~so** *adj* viscoso, viscido, *fig* appiccicoso
visera *f* visiera; paraocchi *mpl* (*caballos*)
visi|bilidad *f* visibilità; **~ble** *adj* visibile; evidente, patente
visi|godo *adj/s* visigoto; **~gótico** *adj* visigotico
visillo *m* tendina *f*
visión *f* visione, vista; visione, sogno *m*; *desp* mostro *m*; *quedarse como quien ve ~ones* restare attonito
vision|ado *m tele/tec* visione *f*; **~ar** *vt* visionare; **~ario** *adj/s* visionario
visita *f* visita; *~ de cumplido* visita di dovere; *(stud) horario de ~* orario di ricevimento; *tarjeta de ~* biglietto da visita; *devolver/pagar la ~* restituire la visita; *pasar (la) ~* visitare; *de ~ oficial* in visita ufficiale
visita|ción *f eccl* visitazione; **~dor, -ra** *m/f* visitatore, -trice; *ius* ispettore, -trice; *~ médico* informatore medico scientifico; **~nte** *m/f* visitatore, -trice; **~r** *vt* visitare, fare visita; *ius* ispezionare
visiteo *m desp* scambio frequente di visite
vislumbr|ar *vt* scorgere, discernere, intravvedere; *fig* sospettare, capire; **~e** *m* barlume, parvenza *f*, segno
viso *m* riflesso; *fig* apparenza *f*, sottana (colorata) *f* (*tela*); *de ~* di classe; *hacer ~s* essere cangianti; *tener ~s de* avere l'aspetto di
visón *m* visone (*zool, piel*)
visor *m foto/tec* visore; **~io** *adj* visivo
víspera 1. *f* vigilia (*de una fiesta*); *fig* prossimità; 2. *fpl eccl/hist* vespri *mpl*; *en ~s de* alla vigilia di
vista 1. *f med/com/fig* vista; occhio *m*; sguardo *m*; vista, panorama *m*; aspetto *m*;

ius dibattimento *m*; cartolina illustrata *f*; ~ *de águila* occhio d'aquila; ~ *cansada* vista stanca; ~ *de lince* occhio di lince; ~ *oral* dibattimento; *a la* ~ a prima vista; in vista (*estar*); *fig* in vista; *com* a vista; *a la* ~ *de* in vista di, in attesa di; *a la* ~ *de todo el mundo* davanti a tutti; *a* ~ *de pájaro* a volo d'uccello; *con* ~*s a* con il proposito di; *hasta la* ~ arrivederci; *alzar/bajar la* ~ alzare/abbassare gli occhi/lo sguardo; *apartar la* ~ allontanare lo sguardo; *clavar la* ~ fissare gli occhi/lo sguardo; *comerse (algo-a alg) con la* ~ mangiarsi (qc, q) con gli occhi; *conocer de* ~ conoscere di vista; *echar una* ~ dare uno sguardo; *empañarse la* ~ appannarsi la vista; *hacer la* ~ *gorda* far finta di non vedere, chiudere un occhio; *no perder de* ~ non perdere di vista; *saltar a la* ~ *(algo)* saltare agli occhi (q), essere evidente; *ser corto de* ~ avere la vista corta; *tener (algo) a la* ~ tenere (qc) presente; *tener* ~*s a* dare su; *torcer la* ~ storcere lo sguardo; *volver la* ~ *atrás* guardare indietro; 2. *m* ~ *de aduanas* doganiere

vistazo *m* sguardo, occhiata *f*; *echar un* ~ dare uno sguardo

visto *adj/m* visto; ~ *bueno* visto, benestare; nullaosta *mil*; *bien/mal* ~ ben/mal visto; *está* ~ *que* è chiaro che; *nunca* ~ mai visto; ~ *que* visto che; *por lo* ~ a quanto pare; *ha sido* ~ *y no* ~ è successo in un batter d'occhio; ~**sidad** *f* vistosità; ~**so** *adj* vistoso, appariscente, chiassoso

visual 1. *adj/f* visuale (*ángulo, línea*); **2.** *adj* visivo (*campo, poesía, medios*); ~**ización** *f* visualizzazione; ~**izar** <*visualicé*> *vt* visualizzare

vital *adj* vitale; ~**icia** *f* vitalizio *m*; ~**icio** *adj* vitalizio; *renta* ~*a* rendita vitalizia; *senador* ~ senatore a vita; ~**idad** *f* vitalità

vitam|ina *f* vitamina; ~**inado** *adj* vitaminizzato; ~**inar** *vt* vitaminizzare; ~**ínico** *adj* vitaminico

vitando *adj* vitando

vitela *f* vitello *m* (*cuero*)

vitícola *adj* viticolo

viticult|or *m* viticultore, viticoltore; ~**ura** *f* viticoltura, viticultura

vitíligo *f med* vitiligine

vitola *f* marca (*cigarros, fig*); *tec* calibratoio *m*

vítor *m* applauso; *¡~!* evviva!

vitorear *vt* applaudire, acclamare

vítreo *adj* vitreo

vitrific|ación *f* vetrificazione; ~**ar** <*vitrifiqué*> *vt* vetrificare; lucidare a piombo (*suelo*)

vitrin|a *f* credenza a vetri; vetrina; ~**ista** *m/f* vetrinista

vitriolo *m chim* vetriolo

vitrocerámica *f* vetroceramica

vituallas *fpl* vettovaglie, viveri *mpl*

vituper|able *adj* vituperabile, *lit* vituperevole; ~**ar** *vt* vituperare, ingiuriare; ~**io** *m* vituperio, ingiuria *f*

viud|a 1. *adj/f* vedova; **2.** *f bot* vedovella; ~**edad** *f* vedovanza; *pensión de* ~ vedovile/pensione di vedovanza; ~**ez** *f* vedovanza (*estado*); ~**o** *adj/m* vedovo

vivac|e *m mus/it* vivace; ~**idad** *f* vivacità, brio *m*

vivales *m/f desp* menefreghista, strafottente; vitaiolo, viveur *fr/inv*

vivaque, vivac *m mil* bivacco; ~**ar** *vi mil* bivaccare

vivar *m* conigliera *f*; vivaio (*peces*)

vivaracho *adj* allegro, vivace, vivo

vivaz *adj* vivace, vitale; *bot* vivace, perenne

vivencia *f ius* vivenza; *psic* vissuto *m*, esperienza di vita; ~**l** *adj* relativo al vissuto

víveres *mpl* viveri, vettovaglie *fpl*

viver|ista *m/f* vivaista; ~**o** *m zool/bot/fig* vivaio

viveza *f* vivacità, vitalità (*niño*); vivacità (*colores*); impeto *m* (*sentimientos*); vita, vivacità (*mirada*)

vívido *adj lit* vivido

vividor *adj/s* viveur *fr/inv*

vivien|da *f* casa, alloggio *m*; ~**te** *adj/s* vivente

vivific|ación *f* vivificazione; ~**ador,** ~**ante** *adj* vivificatore, vivificante; ~**ar** <*vivifiqué*> *vt* vivificare, ravvivare, animare

vivíparo *adj/s* viviparo

vivir 1. *m* vivere, vita *f*; **2.** *vi/vt* vivere; *fig* vivere *vi*, durare *vi*; *de mal* ~ della malavita; *¡Quién vive!* Chi va là?; *¡Viva!/¡Vivan!* Viva!, Evviva!; *¡Vive Dios!* Vivaddio!; *un viva la Virgen* un menefreghista/uno strafottente; ~ *en grande* vivere da gran signore; ~ *para ver* vedere per credere; *no dejar* ~ *(a alg)* non lasciar vivere (q)

vivisección *f* vivisezione

vivo *adj/s* vivo; *a lo* ~ in modo molto reale, con molto realismo; *al* ~ al vivo; *dar en lo* ~ toccare sul vivo, pungere nel vivo; *en* ~ dal vivo; *en carne* ~*a* in carne viva; *ni* ~ *ni muerto* né vivo, né morto; *vivito y coleando* vivo e vegeto

vizcaíno *adj/s* biscaglino

Vizcaya *f geogr* Biscaglia

vizconde *m* visconte; ~**sa** *f* viscontessa

voca|blo *m* vocabolo; ~**bulario** *m* vocabolario, dizionario; lessico

vocación *f* vocazione; *fig* vocazione, inclinazione

vocal 1. *f* 1. *ling/mus* vocale; 2. *m* membro (*consejo, tribunal*); **2.** *adj* vocale

vocálico *adj* vocalico

vocalis|mo *m* vocalismo; ~**ta** *m/f mus* vocalist *ingl/inv*

vocaliz|ación *f ling/mus* vocalizzazione, vocalizzo *m*; ~**ar** <*vocalicé*> *vi mus/ling* vocalizzare

vocativo *m* vocativo

voce|ador *adj/s* vociatore, strillone; ~**ar 1.** *vi* vociare, strillare, gridare; **2.** *vt* bandire, divulgare, far palese; ~**río** *m* gridio, schiamazzo; ~**ro** *m am* portavoce

vociferar *vi/vt* vociferare

vocingler|ía *f* gridio *m*, schiamazzo *m*; ~**o** *adj/s* strillone, chiassone; chiaccherino (*pájaros*)

vodevil *m teatro* vaudeville *fr*

vodka, vodca *m* vodka *f*

volad|izo 1. *adj/arch* sporgente; **2.** *m arch* sporgenza *f*; ~**o** *adj tip* esponente;

(fam) estar ~ stare sulle spine; essere sballato, star volando (*droga*); ~**or 1.** *adj/s* volatore; **2.** *m zool* pesce volante; ~**ora** *f am* barca a motore, motoscafo *m*; ~**ura** *f* volata; esplosione, scoppio *m* (*mina, puente*)
volandas: en ~ *adv* al volo, volando; *llevar en* ~ portare in alto
volander|a *f tec* boccola; volanda (*molino*); ~**o** *adj* sospeso in aria; *fig* passeggero; *mar* volandiero
volante 1. *adj/m auto* volante; *platillo* ~ disco volante, ufo; **2.** *m mec/sport* volante, volano; volant (*tela*); foglio, certificato
volapié *m taur* volapiè
volar <*8a vuelo*> **1.** *vi* volare; *echarse a* ~ incominciare a volare; *¡Volando!* A spasso!; **2.** *vt* far saltare; *tip* elevare una lettera a esponente
volatería *f* caccia coi falchi
volátil *adj/m zool/chim/fig* volatile
volatilizar <*volatilicé*> *vt/vi cient/fig* volatizzare, evaporare
volcán *m geogr/fig* vulcano; *estar sobre un* ~ star seduti su un vulcano; ~**ico** *adj* vulcanico; *fig* vulcanico, ardente, focoso
volcar <*8a vuelco; volqué*> **1.** *vt/vi* rovesciare *vt*, ribaltare; **2.** *(fig)* ~*se* dedicarsi anima e corpo a, farsi in quattro per
volea *f* pallonetto *m*; ~**r 1.** *vt* colpire a volo; **2.** *vi agr* seminare a spaglio
voleibol *m sport* pallavolo *f*; ~**ista** *m/f* pallavolista
voleo *m* colpo dato al volo; (*agr*) *a* ~ a spaglio; *fig* a caso; *de (un)* ~ d'un colpo
voli|ción *f fil* volizione; ~**tivo** *adj fil* volitivo
volquete *m tras* autocarro a cassone ribaltabile; carrello ribaltabile
voltaísmo *m* voltaismo
voltaje *m* voltaggio
volte|ador *adj/s* volteggiatore; ~**ar 1.** *vt* voltare, girare; rovesciare, capovolgere; suonare le campane *vi*; **2.** *vi* fare salti mortali, volteggiare; *am/auto* svoltare, girare; ~**o** *m* volteggio; ~**reta** *f* capriola
voltímetro *m elec* voltimetro
voltio *m elec* volt *inv* , volta *f/raro*
volu|bilidad *f* volubilità; ~**ble** *adj* volubile; girevole
volum|en *m* volume; ~ *de negocios* giro di affari; ~**inoso** *adj* voluminoso
volunt|ad *f* volontà *inv*; *fig* intenzione, voglia; *fig* elemosina; *a* ~ a volontà; *buena* ~ buona volontà; *¿Qué le debo? La* ~ Quanto costa? Quanto vuole lei; ~**ariado** *m* volontariato; ~**ariedad** *f* volontarietà; ~**ario** *adj/s* volontario; ~**arioso** *adj* 1. volenteroso; 2. caparbio; ~**arismo** *m* volontarismo
voluptuos|idad *f* voluttuosità; ~**o** *adj* voluttuoso
voluta *f arch* voluta
volver <*43 vuelvo; vuelto*> **1.** *vi* tornare, ritornare; girare; ~ *atrás* tornare indietro; ~ *a casa* tornare/ritornare a casa; ~ *a la derecha/a la izquierda* girare a destra/a sinistra; ~ *en sí* tornare in sé; ~ *de vacío* tornare a vuoto; ~ *a estudiar, a caminar...* studiare, camminare ... di nuovo; ~ *a hacer* rifare; **2.** *vt* 1. girare, volgere, voltare; 2. far diventare; convincere; ~ *la cabeza* girare la testa; ~ *los ojos* volgere gli occhi; ~ *las hojas de un libro* girare/passare i fogli di un libro; ~ *un vestido* rivoltare; ~ *loco (a alg)* far diventar pazzo (q); **3.** ~*se* diventare *vi*, divenire *vi*; *no tener a dónde volverse* non saper dove andare; ~*se la tortilla* cambiare la situazione; ~*se atrás* far marcia indietro; ~*se contra (alg, algo)* mettersi contro (q, qc); ~*se (alg) por donde ha venido* tornare (q) da dove è venuto; ~*se todo (algo)* diventar tutto (qc)
vóm|er *m med* vomere; ~**ica** *f med* vomica
vomit|ar *vi/vt* vomitare, rigettare; *fig* vomitare; ~**era** *f fam* vomiti *mpl*; ~**ivo** *adj/m* vomitivo
vómito *m* vomito
vomitorio *adj/m* vomitivo
voracidad *f* voracità
vorágine *f geogr/fig* vortice *m*
voraz *adj* vorace; vorace, ingordo (*persona*)
vórtice *m* vortice, mulinello
vos *pr* 1. *ant* voi; 2. *Arg* tu; ~**ear** *vi* dare del voi; ~**eo** *m* trattamento di voi; ~**otros, -otras** *pr* voi *inv*
vot|ación *f* votazione; *poner a* ~ sottoporre a votazione; ~**ante** *adj/s* votante; ~**ar** *vi/vt* votare; *eccl* fare un voto *vi*; bestemmiare, imprecare; *¡voto a Dios!* giuraddio!; *¡~ a bríos!, ¡~ a tal!* Giurabbacco!, Giuraddinci!
votivo *adj* votivo
voto *m* voto; *eccl* voto, promessa *f*; ~ *consultivo, de calidad, de castidad, decisivo, de confianza, de pobreza, particular* voto consultivo, di preferenza, di castità, determinante, di fiducia, di povertà, personale; *hacer ~s por* fare voto di/che; *pronunciar los ~s* pronunciare i voti; *tener* ~ avere il diritto di voto
voz *f* voce; *ling* voce, parola; *fig* voce, rumore *m*; ~ *aguda, argentina, empañada/opaca, ronca/tomada* voce acuta, argentina, smorzata, roca; ~ *de mando* voce di comando/imperiosa; ~ *y voto* diritto di parola e di voto; *a media* ~ a mezza voce; *de viva* ~ a viva voce; *en* ~ *alta/baja* a alta/bassa voce; *aclarar la voz* schiarire la voce; *ahuecar la* ~ fare la voce cupa; *anudársele (a alg) la* ~ venire il nodo alla gola (a q); *cambiar de* ~ mutar voce; *circular/correr la* ~ circolare la voce; *dar una* ~ *(a alg)* dare una voce (a q)/chiamare (q); *dar ~ces al viento* gridare al vento; *llevar la* ~ *cantante* portar la voce *mus*; avere voce in capitolo *(fig)*; *temblar la* ~ tremare la voce
vozarrón *m* vocione, voce potente *f*
vud|ú *m* vudù; ~**uismo** *m* vuduismo
vuecencia *f ant* Vostra Eccellenza
vuelco *m* ribaltamento, rovesciamento; *fig* balzo, sobbalzo, salto; *dar un* ~ *el corazón a alg* dare un salto al cuore a q
vuelo *m* volo; ampiezza *f*, campana *f* (*falda*); *arch* sporgenza *f*; ~ *chárter* volo charter; ~ *planeado* volo planato; ~ *rasante* volo radente; ~ *a vela* volo a vela; *de*

altos ~s di grande importanza; *alzar el ~* alzarsi in volo, *fig* prendere il volo; *cazar al ~* prendere/acchiappare al volo; *fig* cogliere al volo; *cortar los ~s (a alg)* tarpare le ali (a q); *(fig) dar ~s (a alg)* dar volo (a q); *no oírse el ~ de una mosca* non sentire volare neanche una mosca

vuelta *f* giro *m*; resto *m* (*dinero*); giro *m*, svolta, curva (*camino*); rovescio *m* (*tela, hoja*); risvolto *m* (*chaqueta*); giro di maglia *m* (*punto*); *mus* ritornello *m*; *~ atrás* marcia indietro; *~ de campana* salto mortale *sport*; giro della morte; *~ al ruedo* giro d'onore (alla piazza); *¡~!* Di nuovo!, Dagli!; *~ del derecho/del revés* maglia al diritto/al rovescio (*punto*); *a la ~* al ritorno; *a la ~ de tres meses* fra tre mesi; dopo tre mesi; *a la ~ de la esquina* dietro l'angolo; *a ~ de* a forza di; *a ~ de correo* a stretto giro di posta; *de ~* di ritorno; *de ida y ~* di andata e ritorno; *hasta la ~* arrivederci; *¡media ~!* Dietro front!; *¡Media ~ a la derecha!* Girare a destra!; *(pol) segunda ~* ballottaggio; *no hay que darle más ~s* non bisogna preoccuparsi; *el coche dio una ~ de campana* la macchina è ribaltata/ribaltò; *andar a ~s* girare e rigirare; *buscarle las ~s (a alg)* attendere (q) al varco; *cogerle las ~s (a alg)* capire (q); *dar cien ~s (a alg/algo)* essere molto superiore (a q/qc); *dar demasiadas ~s (a algo)/a la cabeza* preoccuparsi troppo (di qc); *dar ~s la cabeza* girare la testa; *dar la ~ al mundo* fare il giro del mondo; *dar la ~* girare; dare il resto; *dar ~s* cambiare (*vida*); gironzolare, passeggiare; *dar ~s a la manivela* girare la manovella; *dar media ~* girarsi indietro; *dar una ~* fare un giro; *estar de ~* essere di ritorno; *estar de ~ (de algo)* essere al corrente/esperto di (qc); *poner de ~ y media (a alg)* 1. fare una lavata di testa (a q); 2. sparlare di q; *(iron) tener ~* Pietro torna indietro!; *no tener (algo) ~ de hoja* non esserci niente da dire o da fare

vuelto *m am* resto

vuestr|o *m*, **-a** *f*, **-os** *mpl*, **-as** *fpl adj/pr* vostr/o, -a, -i, -e

vulcan|ismo *m geol* vulcanismo; **~izar** <*vulcanicé*> *vt* vulcanizzare

vulgar 1. *adj* volgare; **2.** *adj/m ling* volgare; **~idad** *f* volgarità; **~ismo** *m* volgarismo; **~izador** *adj/s* volgarizzatore; **~izar** <*vulgaricé*> *vt* volgarizzare; **~mente** *adv* volgarmente, comunemente

vulgo *m* volgo, popolo

vulner|abilidad *f* vulnerabilità; **~able** *adj* vulnerabile; **~ar** *vt* vulnerare, offendere, ledere; **~ario** *adj med* vulnerario

vulva *f med* vulva

W

wagneriano *adj* wagneriano
walkie-talkie *m/inv ingl* walkie-talkie
walkman *m ingl* walkman *inv*
watt *m elect* watt *inv*
wáter(-closet) *m ingl* water (closet) *inv*
waterpol|ista *m/f* pallanuotista, waterpolista; ~**o** *m sport* pallanuoto, waterpolo
wéber *m fis* weber *inv*
week-end *m ingl* week-end *inv*
western *m ingl* western *inv*
whisky *m ingl* whisky *inv*
wind surfing, windsurf *m/inv ingl/sport* windsurf
windsurfista *m/f* surfista
wolframio, wólfram *m* wolframio
word *m ingl/infor* word *inv*

X

X *f* x; ics (*letra*); *los rayos X* i raggi X
xen|ofobia *f* xenofobia; **~ófobo** *adj/s* xenofobo
xenón *m chim* xeno
xerocopia *f* xerocopia
xerófilo *adj* xerofilo
xeroftal|mía, ~mia *f med* xeroftalmia
xerografía *f* xerografia
xifoide *adj/f med* xifoide; **~o** *adj med* xifoideo
xilófago *adj/m* xilofago
xilófono, xilofón *m mus* xilofono
xilografía *f* xilografia
xilógrafo *m* xilografo

Y

y *f* **1.** y, ipsilon (*letra*); **2.** *conj* e
ya *adv* già; ora, ormai; ~ *hemos hablado de esto* ne abbiamo già parlato; *es aún muy popular, pero ~ no le conoce nadie* è ancora abbastanza famoso, ma non lo conosce più nessuno; ~ *no vendrà* ormai non viene più; *hoy ~ no ceno* oggi non ceno più; ~ *nos veremos* ci vedremo dopo; *es preciso tomar ~ una resolución* è ormai ora di prendere una decisione; ~ *voy,* ~ *va* vengo, viene subito; ~...~ ben... ben; ora...ora; ~ *entiendo* adesso capisco; ~ *se ve* si vede bene; ~ *lo creo* ci credo bene; *¡ya!* Già!; ~ *que* giacché; ~ *está* è pronto
yacaré *m zool/am* caimano
yac|iente *adj* giacente; ~**er** *<44 yazco/ yago> vi* giacere; *aquí yace* qui giace
yaci|ja *f* giaciglio *m*; ~**miento** *m* giacimento
yacuzi *m* vasca con idromassaggio *f*
yak, yac *m zool* yak *inv*
yambo *m ling* giambo
yanqui *adj/s* yankee *ingl/inv*
yantar 1. *m ant* cibo, pasto; *hist* tributo rurale; **2.** *vt ant* mangiare
yapa *f am* omaggio *m*, regalino *m*
yarda *f* yard *ingl/inv*
yatagán *m* yatagan *f/inv*
yate *m mar* yacht *ingl/inv*, panfilo
yay|a *f*, **-o** *m reg/fam* nonnina *f*, nonna *f*, nonno *m*, nonnino *m*
yedra *f bot* edera
yegua *f zool* cavalla; *am* mozzicone *m*; ~**da** *f* branco di cavalli *m*
yeísmo *m* ="pronuncia caratteristica di *y'* per *ll*"
yelmo *m hist* elmo
yema *f bot* gemma, bottone *m*, occhio *m*; tuorlo *m* (*huevo*); polpastrello *m* (*dedo*); mezzo *m*, centro *m* (*vino...*)
yen *m* yen *inv*
yerba *f bot* erba; marihuana (*droga*); ~ *mate* foglie di mate, té del Paraguay; ~**l** *m am* piantagione di mate *f*
yermo 1. *adj* spopolato, deserto, *lit* ermo; incolto; **2.** *m* deserto
yerno *m* genero
yerro *m* errore, sbaglio, colpa *f*
yerto *adj* rigido, duro
yesal *m* gessaia *f*, cava di gesso *f*
yesca *f* esca (*fuego, fig*)
yes|ería *f* fabbrica di gesso; ~**ero 1.** *m* gessaio; **2.** *adj* del gesso; ~**o** *m* gesso
yeti *m zool* yeti
yiu, yitsu *m sport* jujitsu
yo *pr* io
yod|ado *adj* iodato; ~**o** *m chim* iodio; ~**oformo** *m chim* iodoformio; ~**uro** *m chim* ioduro
yoga *m* yoga
yogui *m* yoghin *inv*, yogin *inv*
yogur *m* yogurt; ~**tera** *f* yogurtiera
yola *f mar* iole; ***~nda** *f* Iolanda
yonqui *m/f* drogato, -a, eroinomane
yóquey, yoqui *m gergo* jockey *ingl/inv*
yoyo *m* yo-yo *inv*
yuca *f bot* yucca; ~**teco** *adj/s* del Yucatan
yudo *m sport* judo; ~**ka** *m/f* judoka *inv*, judoista
yug|ada *f agr* iugero *m*; ~**o** *m agr/fig* giogo
Yugoslav|ia *f geogr* Jugoslavia; ***~o** *adj/s* jugoslavo, iugoslavo
yugular *adj/f med* iugulare, giugulare
yunque *m med* incudine *f*, *tec* tasso *f*, incudine *f*
yunta *f* pariglia di buoi
yupi, yuppie *m/f* yuppie *inv*
yute *m* iuta *f*, juta *f*
yuxta|poner *<32 V. poner> vt* giustapporre; ~**posición** *f* giustapposizione
yuy|o *m am* erbaccia *f*; *am* spezia *f*; ~**uba** *f bot* giuggiola

Z

zacate *m Am Cent/Mex* foraggio
zaf|ado *adj/s* sfacciato, svergognato; **~ar 1.** *vt mar* sbrogliare, liberare; **2.** *~se* liberarsi (*de* di); squagliarsela; *tec* sfuggire *vi*
zafarrancho *m mar* segnale (*de limpieza, de combate*); rissa *f*; *fig* disastro
zafio *adj/s* rozzo, grossolano
zafiro *m* zaffiro
zafra *f* cilindro per l'olio *m*; raccolta (*caña de azúcar*)
zaga *f* parte posteriore; *sport* difesa; *a la ~* in coda; *no ir en ~* non restar indietro/in scia
zagal *m* ragazzotto, ragazzone; **~a** *f* ragazzotta
zaguán *m* vestibolo, atrio
zaguero *m sport* terzino (*fútbol*); lanciatore di fondo (*juego de pelota*)
zaherir <*10* V. *herir*> *vt* ferire, offendere, vilipendere
zahorí *m* indovino; rabdomante
zahurda *f* porcile *m*; *fig* tugurio *m*
zalamer|ía *f* adulazione, smanceria, moina; **~o** *adj* svenevole, sdolcinato, pieno di moine
zalea *f* tosone *m*, vello di pecora *m*; **~r** *vt* scuotere, sballottare
zamarra *f* zimarra
zambo 1. *adj* con le gambe storte o a X; **2.** *m* zambo
zambomba *f mus* ="specie di piccolo tamburo suonato a frizione" *m*; **~zo** *m* colpo, esplosione *f*
zambra *f fig* gazzarra; festa moresca
zambull|ida *f* tuffo *m*, tuffata; **~ir 1.** *vt* tuffare, immergere; **2.** *~se* tuffarsi
zamp|a *f arch* palo *m*; **~ar 1.** *vt* ficcare, cacciare; mollare (*bofetón*); **2.** *~se pop* ingozzare *vt*, ingollare *vt*, divorare *vt*
zampeado *m arch* palafitta *f*
zampón *adj/s* ghiottone, mangione
zampoña *f mus* zampogna; *fig* sciocchezza
zampuzar <*zampucé*> *vt fam* ficcare, cacciare
zanahoria *f bot* carota
zanca *f fig* zampa lunga; zampa (*ave*); **~da** *f* passo lungo *m*; **~dilla** *f* sgambetto *m*; *pol* mossa politica sleale; *echar/poner la ~* fare lo sgambetto; **~jo** *m* tallone; *no llegarle (a alg) a los ~s* non essere degno di lustrare le scarpe (a q); **~rrón** *m* osso lungo scarnato; *fig* allampanato
zanco *m* trampolo
zancud|as *fpl zool* trampolieri *mpl*; **~o 1.** *adj* di/dalle gambe lunghe; **2.** *m zool/am* (specie di) zanzara *f*
zanganear *vi* oziare, bighellonare, vagabondare
zángano *m zool* fuco, pecchione; *fig* parassita, scroccone
zangolote|ar, ~arse *vi* dimenarsi, agitarsi, muoversi; **~o** *m* dimenio, dondolio
zanguango *adj/s* pigro, indolente; fannullone
zanj|a *f* fossa, fosso *m*; *agr* solco *m*; **~ar** *vt* scavare; *fig* risolvere; **~ón** *m* fosso grande; *am* burrone
zanquear *vi fig* sgambettare, trottare; torcere le gambe
zanquilargo *adj/iron* gambuto
zapa *f mil* zappa; *zool* zigrino *m*; *trabajo de ~* lavoro di zappa; **~dor** *m mil* zappatore
zapallo *m am/bot* zucca *f*; *fig* fortuna *f*
zapapico *m* zappone
zapar *vt* zappare
zapata *f mec* ceppo *m*, ganascia (*freno*); **~zo** *m* colpo di scarpa, scarpata *f*; *mar* sbatacchiamento; *tratar a ~s* trattare a calci nel sedere
zapate|ado *m Esp* zapateado; **~ar 1.** *vt* dare una scarpata *vi*; *fig* pestare; **2.** *vi* battere i piedi; ballare il zapateado; scalpitare (*caballo*); *mar* sbattere le vele; **~ría** *f* calzoleria; calzaturificio *m* (*fábrica*); **~ro 1.** *m* calzolaio; *~ de viejo/remendón* ciabattino; *~ a tus zapatos* ="ognuno al proprio mestiere"; **2.** *adj* indurito; **~ta** *f* saltello di gioia *m*
zapatill|a *f* pantofola (*casa*); scarpetta; *sport* scarpa da ginnastica; **~ero** *m* pantofolaio
zapato *m* scarpa *f*, calzatura *f*; *saber (alg) dónde le aprieta el ~* ognuno sa il fatto suo
¡zape! *excl* via!, fuori! (*gatos*)
zapear *vt* scacciare
zapping *m TV* zapping *inv*
zar *m* zar *inv*
zarabanda *f mus* sarabanda; *fig* gazzarra, sarabanda
zaragat|a *f* chiasso *m*, tumulto *m*; **~ero** *adj/s* attaccabrighe
Zaragoza *geogr* Saragozza
zaragüelles *mpl* calzoni lunghi di contadino (*Valencia, Murcia*)
zarand|a *f tec* crivello *m*; **~ajas** *fpl* bagattelle, inezie; **~ar** *vt tec* passare; *fig* setacciare, scegliere; **~ear** *vt* scuotere, sbattere
zarc|illo *m bot* viticcio, cirro; orecchino; **~o** *adj* celeste
zari|na *f* zarina; **~smo** *m pol* zarismo
zarpa *f zool* artiglio *m*, grinfia; *mar* il salpare; *(fig) echar la ~* gettare/buttare le grinfie; **~da** *f* unghiata, graffiata; **~r** *vi mar* salpare; **~zo** *m* colpo d'artiglio, unghiata *f*, graffiata *f*
zarrapastroso *adj/s* sciatto, straccione, pezzente
zarza *f bot* rovo *m*, pruno *m*; **~l** *m bot* roveto, pruneto; **~mora** *f bot* mora di rovo; **~parrilla** *f bot* salsapariglia; bibita di more; **~rrosa** *f bot* rosa canina
zarzo *m* graticcio
zarzuel|a *f mus/teatro* operetta spagnola; **~ista** *m/f* autore, -trice di *zarzuelas*
¡zas! *excl* zaff!
zascandil *m* ficcanaso; **~ear** *vi* ficcare il naso, intromettersi
zigzag *m* zigzag; **~ueo** *m* zigzag
zipizape *m* tafferuglio, baruffa *f*
zircón, zirconio *m chim/geol* zirconio
zócalo *m arch* zoccolo; piedistallo

zoco *m arch* zoccolo; mercato, piazza *f*
zodíaco, zodiaco *m astr* zodiaco
zombi(e) *m* zombie *inv*; *(fam) estar* ~ sembrare uno zombie
zona *f* zona; area; *med* herpes zoster *m*; ~ *azul, verde* zona blu, verde; ~ *desatomizada, desmilitarizada* zona denuclearizzata, smilitarizzata; ~ *de ensanche* zona di estensione; ~ *de influencia* zona di influenza; ~ *de libre cambio* zona di libero scambio; ~ *prohibida* transito vietato; sosta vietata
zoncería *f am* sciocchezza, stupidaggine
zonzo *adj am* sciocco, stupido, scemo
zoo *m* zoo, giardino zoologico
zoó|fito *adj/m cient* zoofito; ~**latra** *adj/s* zoolatra
zoo|logía *f* zoologia; ~**lógico** *adj* zoologico
zoólog|o, -a *m/f* zoologo, -a
zoom *m foto* zoom *inv*
zoo|nosis *f* zoonosi; ~**plancton** *m biol* zooplancton; ~**spora** *f bot* zoospora; ~**tecnia** *f* zootecnia; *agr* zootecnica; ~**toxina** *f zool* zootossina
zopenco *adj/s* stupido, imbecille, baggiano
zoquete 1. *adj/m fig* allocco, testa di legno *f*; **2.** *m* pezzo di legno; tozzo di pane
zorcico *m mus* ="canzone a ballo basca" *f*
zorita V. **zurita**
zorra *f zool* volpe (femmina); *fig/euf* puttana (*mujer*); *fig* volpone *m* (*persona*); *fig* sbornia; *dormir la* ~ smaltire la sbornia; *pillar una* ~ prendere la sbornia; *(vulg) no tener ni* ~ *(idea)* non avere la minima idea
zorre|ría *f* astuzia, scaltrezza, ipocrisia; ~**ro** *adj* astuto, scaltro
zorro *m zool* volpe *f*; *fig* volpone; ~ *azul* volpe argentata; *hecho un* ~ morto di sonno; stanco morto; *hecho unos* ~*s* stanco morto
zorzal *m zool* tordo sassello; tordela *f*; *Bol/Chile* sciocco; ~ *de mar* merlo d'alga
zote *adj* ignorante, zuccone
zozobra *f mar/fig* agitazione; *fig* angoscia; ~**r 1.** *vi mar* pericolare, naufragare; **2.** *vt* agitare
zuavo *m* zuavo
zueco *m* zoccolo (*zapato*)
zulaque *m* bitume
zulú *m* zulù *inv*
zumaya *f zool* allocco *m*
zumb|a *f* burla, baia; sonaglio *m*; *am* bastonata; ~**ado** *adj* mezzo suonato; ~**ar 1.** *vi* ronzare; toccare (*edad*); ~ *los oídos* fischiare gli orecchi; *ir zumbando* andare in fretta e furia; **2.** *vt fam* dare, mollare (*paliza*); **3.** ~*se* burlarsi; ~**ido** *m* ronzio; ~**ón** *adj* ronzatore; *fig* burlone
zumo *m* succo, sugo (*fruta*); spremuta *f* (*cítricos*)
zurci|do *m* rammendo; ~**dora** *f* rammendatrice; ~**dura** *f* rammendo *m*; ~**r** <*zurzo*> *vt* rammendare; *fig* tessere, ordire; *¡Que te zurzan!* Va' a farti friggere!; Arrangiati!
zurd|azo *m am* sinistro; ~**o** *adj/s* mancino; *a* ~*as* al rovescio; *no ser* ~ non essere scemo
zurita *f zool* tortora
zurra *f fig* bastonata; conciatura, concia (*pieles*); ="bibita a base di vino, zucchero e limone"; ~**dor** *m tec* conciatore; ~**r 1.** *vt tec* conciare; *fig* dare una bastonata *vi*; **2.** ~*se* cacarsi addosso
zurria|ga *f*, ~**go** *m* frusta *f*; ~**gazo** *m* frustata *f*, sferzata *f*
zurrir *vi* ronfare
zurrón *m* bisaccia *f*
zurullo *m* rocchio; *vulg* stronzo
zutano *m* Sempronio; *fulano, mengano y* ~ Tizio, Caio e Sempronio

SIGLE SPAGNOLE-SIGLAS ESPAÑOLAS

A. 1. *Año.* Anno (*a*); 2. *Aprobado.* Promosso/Sufficiente
AA. 1. *Aerolíneas Argentinas.* Linee aeree argentine; 2. *Alcohólicos Anónimos* –
AA.EE. *Asuntos Exteriores (Ministerio de).* Affari Esteri (Ministero degli). (*Aff.Est.*)
AA.RR. *Altezas Reales* – –
AA.VV. *Autores Varios* Autori Vari (*AA.VV.*)
Abg. *Abogado.* Avvocato (*Avv.*)
a. C. *Antes de Cristo. Años de Cristo.* avanti Cristo (*a.C.*)
a/c. *A cuenta.* in anticipo
ACNUR. *Alto Comisionado de las Naciones Unidas para los Refugiados* (=Organizzazione Internazionale per i Rifugiati=*I.R.O.*)
ACPV. *Acció Cultural del País Valenciá.* (=Azione Culturale del Paese Valenzano=Associazione Culturale nazionalista di sinistra)
a.d.C. *Antes de Cristo.* avanti Cristo (*a.C.*)
ADENA *Asociación para la Defensa de la Naturaleza* (=Associazione Difesa della Natura)
AEB *Asociación Española de la Banca* (=Associazione Bancaria Spagnola)
AELC. *Asociación Europea de Libre comercio.* Associazione Europea di Libero Scambio (*E.F.T.A.*)
AEN(OR) *Asociación Española de Normalización y Certificación* (=Associazione Spagnola di Normalizzazione (di misure, strumenti, e sim.)
AEPE. *Asociación Europea de Profesores de Español* –
a/f. *A favor.* a favore
af(f)mo., af(f)ma. *Afectísimo, afectísima.* (=Affezionatamente)
Agrón. *Agrónomo.* –
AI. *Amnistía Internacional.* Amnesty International
AIE. *Agencia Internacional de la Energía.* Agenzia Internazionale per l'Energia (*A.I.E.*)
AIP. *Acuerdo intereuropeo de Pagos.* Unione Europea dei Pagamenti. (*U.E.P.*)
ALADI. *Asociación Latinoamericana de Integración.* –
ALALC. *Asociación Latinoamericana de Libre Comercio.* Associazione Latinoamericana di Libero Scambio. (*A.L.A.L.C., L.A.F.T.A.*)
AME. *Acuerdo Monetario Europeo.* Accordo Monetario Europeo. (*A.M.E.*)
APA. *Asociación de Padres de Alumnos.* (=Associazione Genitori=*A.Ge.*).
Apdo. *Apartado (de Correos).* Casella Postale. (*C.P.*)
Art., Arto. *Artículo* – (*Art.*)
AT. 1. *Antiguo Testamento.* Antico Testamento. (*A.T.*); 2. *Alta Tensión.* Alta Tensione. (*A.T.*)
ATS. *Ayudante Técnico Sanitario.* (=Assistente Tecnico Sanitario)
atto., atta. *Atento, atenta (le saluda).* (=Distinti saluti)
a/v. *A vista.* a vista
Avda. *Avenida.* Corso
AVE. *Alta Velocidad Española* (=*TGV* spagnolo)
Ayte. *Ayudante.* Assistente
Ayto. *Ayuntamiento.* Comune, Municipio
BAC. 1. *Biblioteca de Autores Catalanes* –; 2. *Biblioteca de Autores Cristianos* –
BAE. *Biblioteca de Autores Españoles* –
Barna. *Barcelona* –
BBAA. *Buenos Aires* –
BBV *Banco Bilbao Vizcaya* –
BCH. *Banco Central Hispano* –
BCN. *Barcelona* –
BEE. *Banco Exterior de España* –
BEI. *Banco Europeo de Inversiones (UE).* Banca Europea per gli Investimenti. (*B.E.I.*)
BEX. *Banco Exterior de España* –
BID. *Banco Interamericano de Desarrollo.* Banca Interamericana per lo sviluppo. (*B.I.D.*)
BIP. *Banco Internacional de Pagos.* Banca dei Regolamenti Internazionali. (*BRI.*)
BIRD. *Banco Internacional de Reconstrucción y Desarrollo* Banca Internazionale per la Ricostruzione e lo Sviluppo. (*B.I.R.D.*)
BN. *Biblioteca Nacional* –
BOE. *Boletín Oficial del Estado* (=Gazzetta Ufficiale=*GU*)
BUE. *Buenos Aires* –
BUP. *Bachillerato Unificado Polivalente.* (=Liceo Unificato Polivalente)
BV. *Banco de Valencia* –
C. 1. *Calle.* Via; 2. *Cuenta* Conto
c. *Circa* –
c/ *Calle.* Via
CAICYT. *Comisión Asesora de Investi-*

gación Científica y Técnica. (=Commissione di Controllo delle Ricerche)

CAMPSA. *Compañía Arrendataria del Monopolio de Petróleos, sociedad anónima.* (=Agenzia Generale Petroli, società anonima)

CAP. *Certificado de Aptitud Pedagógica.* (=Abilitazione all'insegnamento)

Cap.º. *Capítulo.* Capitolo. (*Cap.*)

Card. *Cardenal.* Cardinale. (*Card.*)

c/c. *Cuenta corriente.* Conto corrente. (*c/c*)

CCI. *Cámara Internacional de Comercio* Camera di Commercio Internazionale. (*I.C.C.*)

CCOO. *Comisiones Obreras.* Commissioni Operaie (=Sindacato di sinistra corrispondente alla *C.G.I.L.*)

CD. 1.*Club Deportivo.* Club Sportivo; 2.*Cuerpo Diplomático.* Corpo Diplomatico. (*C.D.*); 3.*Compact Disc.* Compact Disc.(*CD*)

CDS. *Centro Democrático y Social.* (=partito di centro)

CE. *Comunidad Europea* –

CECA. *Confederación Española de Cajas de Ahorros* (=Associazione fra le Casse di Risparmio spagnole=*A.C.R.I.*).

CEDA. *Confederación Española de Derechas Autónomas* – (=coalizione politica di destra, 1933-1936)

CEI. *Comunidad de Estados Independientes.* Comunità di Stati Indipendenti. (*C.S.I.*)

CEOE. *Confederación Española de Organizaciones Empresariales.* (=Confederazione Generale dell'Industria Spagnola)

CEPAL. *Comisión Económica para América Latina.* (=Comitato Economico per l'America Latina)

CEPALC. *Comisión Económica para América Latina y el Caribe.* (=Comitato Economico per l'America Latina e i Caribi)

CEPSA. *Compañía Española de Petróleos, sociedad anónima* (=Agenzia Spagnola Petroli, società anonima)

CEPYME. *Confederación Española de la Pequeña y Mediana Empresa.* (=Confederazione Spagnola della Piccola e Media Industria)

CESID. *Centro Superior de Información de la Defensa* (=Comitato Esecutivo per i Servizi di Informazione e di Sicurezza=*SISMI*)

CEU. *Centro de Estudios Universitarios.* Centro Studi Universitari (=Università Cattolica)

Cf. *Confer (compárese).* Confronta. (*cfr.*)

CFI. *Corporación Financiera Internacional.* Società Finanziaria Internazionale. (*I.F.C.*)

Cfr. *Confer (compárese).* Confronta. (*cfr.*)

Cg. *Centígramo.* Centigrammo. (*cg*)

CGF. *Coordinadora de Grupos Feministas.* (=Coordinatrice Gruppi Femministi).

CJPJ. *Consejo General del Poder Judicial.* Consiglio Superiore della Magistratura.

CGT. *Confederación General del Trabajo.* Confederazione Generale del Lavoro (Sindacato anarchico)

Cia. *Compañía.* Compagnia. (*C.ia*)

CiU. *Convergencia i Unió.* Convergenza e Unione (partito centrista e nazionalista catalano)

cl. *Centilitro.* Centilitro. (*cl*)

cm. *Centímetro.* Centimetro. (*cm*)

cnt. *Confederación Nacional del Trabajo.* Confederazione Nazionale del Lavoro. (sindacato anarchico)

Cód. 1. *Códice;* 2. *Código.* Codice. (*cod.*)

COE. *Comité Olímpico Español.* Comitato Olimpico Nazionale

COI. *Comité Olímpico Internacional.* Comitato Olimpico Internazionale

COU. *Curso de Orientación Universitaria.* Corso di Orientamento Universitario

cp. *Código Postal.* Codice di Avviamento Postale. (*C.A.P.*)

Cro. *Caballero.* Cavaliere. (*Cav.*)

CSCE. *Conferencia de Seguridad y Cooperación Europeas.* Conferenza per la Sicurezza e Cooperazone Europea

CSIC. *Consejo Superior de Investigaciones Científicas.* Consiglio Nazionale delle Ricerche (=*C.N.R.*)

CSIF. *Confederación de Sindicatos Independientes de Funcionarios.* Confederazione Sindacati Autonomi Funzionari. (Sindacato di destra)

CSN. *Consejo de Seguridad Nuclear (España)* Comitato Nazionale per l'Energia Nucleare (=*CNEN*)

CSP. *Cuerpo Superior de Policía.* Corpo Superiore di Polizia

Cta. *Cuenta.* Conto. (*c.*)

cte. *corriente.* corrente

CTNE. *Compañía Telefónica Nacional de España* Società Tele-

fonica Nazionale (=*SIP*)
Ctra. *Carretera*. Strada.
CV. 1. *Caballo de Vapor*. Cavallo vapore. (*C.V.*); 2. *Comunidad Valenciana*. Valenza (Regione)
D. *Don*. Signor. (*Sig.*)
Da. *Doña*. Signora. (*Sig.ra*)
dal. *Decalitro*. Decalitro. (*dal*)
dam. *Decámetro*. Decametro. (*dam*)
dB. *Decibelio*. decibel. (*db*)
dcha. *derecha*. destra
d. d. C. *después de Cristo*. dopo Cristo. (*d.C.*)
Ddo. *Duplicado*. Duplicato
DEP. *Descanse en Paz*. Riposi in pace.(*R.I.P.*)
Dept., Depto. *Departamento*. Dipartimento
DF. *Distrito Federal*. Distretto Federale
D.f., D/f. *Días. fecha, Día Fecha*. Giorni data
Dg. *Decagramo*. Decagrammo. (*dag*)
dg. *Decígramo*. Decigrammo. (*dg*)
DIU. *Dispositivo Intrauterino*. Dispositivo Intrauterino. (*IUD. Iud*)
Dl. *Decalitro*. Decalitro. (*dal*)
dl. *Decilitro*. Decilitro. (*dl*)
Dm. *Decámetro*. Decametro. (*dam*)
dm. *Decígramo. Decímetro*. Decigrammo (*dg*). Decimetro. (*dm*)
Dn. *Don*. Signor (Sig.)
DNA. *Ácido desoxírribonucleico*. Acido deossiribonucleico. (*A.D.N.*)
DNI. *Documento Nacional de Identidad*. Carta di Identità.
D.P. *Distrito Postal*. Codice di Avviamento Postale (*C.A.P.*)
dpto. *Departamento*. Dipartimento
Dr. *Doctor*. Dottor. (*Dott.*)
Dra. *Doctora*. Dottoressa. (*Dott.ssa*)
DRAE. *Diccionario de la Real Academia Española* –
E. *Este*. Est. (*E.*)
ECG. *Electrocardiograma*. Elettrocardiogramma. (*ECG*)
ECU. *Unidad de cambio Europeo*. Unità Monetaria Europea. (*ECU*)
EE. *Euskadiko Ezquerra*. – (partito nazionalista basco di sinistra)
EEG. *Electroencefalograma*. Elettroencefalogramma. (*EEG*)
EE.UU. *Estados Unidos (de Norteamérica)*. Stati Uniti (di America). (*U.S.A.*)
EGB. *Educación General Básica*. (=Scuola Elementare e Scuola Media Inferiore)
EMT. *Empresa Municipal de Transportes*. Ente Municipale dei Trasporti Pubblici
ENDESA. *Empresa Nacional de Electricidad Sociedad Anónima* Ente Nazionale per l'Energia Elettrica. (=*E.N.E.L.*)
ENSIDESA. *Empresa Nacional Siderúrgica Sociedad Anónima* Società Finanziaria Siderurgica. (=*F.I.N.S.I.D.E.R.*)
EPD., e.p.d. *En paz descanse*. Riposi in pace. (*R.I.P.*)
ERC. *Esquerra Republicana de Catalunya*. Sinistra Repubblicana della Catalogna
ETA. *Euzkadi ta Azkatasuna*. – (Organizzazione clandestina radicale nazionalista basca)
Etc. *Etcétera*. Eccetera. (*ecc.*)
ETS. *Escuela Técnica Superior*. Scuola Tecnica Superiore. (=Facoltà di Ingegneria e di Architettura)
E.U. *Escuela Universitaria*. Scuola Universitaria
EUTI. *Escola Universitaria de Traductors i Intèrprets* – (=Facoltà per Traduttori e Interpreti)
Exca. *Excelencia*. Eccellenza. (*Ecc.*)
Excma. *Excelentísima*. Illustrissima. (*Ill.ma*)
Excmo. Sr. *Excelentísimo Señor* Illustrissimo Signore. (*Ill.mo Sig.*)
FAI. *Federación Anarquista Ibérica* –
FAO. *Organización de las Naciones Unidas para la Agricultura y la Alimentación*. Organizzazione per l'Alimentazione e l'Agricoltura. (*F.A.O.*)
FAR. *Fuerza de acción rápida (España)* – (=Gruppo militare di intervento speciale)
Fasc. *Fascículo*. Fascicolo. (*fasc.*)
FC. 1 *Ferrocarril*. Ferrovia; 2.*Fútbol Club*. Club di Calcio
FEOGA. *Fondo Europeo de Orientación y Garantía Agrícola*. Fondo Europeo di Orientamento e Garanzia Agricola. (*F.E.O.G.A.*)
FET. *Falange Española Tradicionalista*. Falange Tradizionalista Spagnola
FFAA. *Fuerzas Armadas*. Forze Armate. (*FF.AA.*)
FFCC. *Ferrocarriles*. Ferrovie dello stato. (*FF.SS.*)
FIFA. *Federación Internacional Fútbol Asociación*. Federazione Internazionale del calcio
FM. *Modulación de Frecuencia*.

Modulazione di frequenza (*F.M.*)

FMI. *Fondo Monetario Internacional.* Fondo Monetario Internazionale. (*F.M.I., I.M.F.*)

FN. *Fuerza Nueva.* Forza Nuova. (Partito di estrema destra)

f.o.b. *Precio franco a bordo.* Franco Bordo. (*F.O.B.*)

FORPPA. *Fondo de Ordenación y Regulación de Producciones y Precios Agrarios (España).* Fondo di Regolamento per la Produzione e Prezzi Agrari (Spagna)

FP. *Formación Profesional.* Formazione Professionale

FRAP. *Frente Revolucionario Antifascista y Patriótico.* – (=Gruppo politico radicale di estrema sinistra)

GAL. *Grupos antiterroristas de liberación.* – (=Gruppo paramilitare contro l'ETA)

GAR. *Grupos antiterroristas rurales* (Gruppo antiterrorista della «Guardia Civil»)

GATT. *Acuerdo general sobre aranceles aduaneros y comercio.* Accordo Generale sulle Tariffe e sul Commercio. (*G.A.T.T.*)

GC. 1.*Gran Canaria* –; 2. *Guardia Civil.* Guardia Civile (=Carabinieri spagnoli)

GEO. *Grupos Especiales Operativos.* Gruppo di intervento speciale. (della polizia)

GMT. *Hora aparente de Greenwich.* Tempo Medio di Greenwich. (*G.M.T., T.M.G.*)

G.p. *Giro postal.* Vaglia Postale. (*P.O.*)

gr. *gramo.* grammo (*g*)

GRAPO. *Grupos de Resistencia Antifascista Primero de Octubre.* – (Gruppo politico radicale di estrema sinistra)

Gv. *Gran velocidad.* Gran Velocità. (*G.V.*)

Ha. *Hectárea.* Ettaro. (*ha*)

HB. *Herri Batasuna.* – (Partito radicale nazionalista basco)

Hg. *Hectogramo.* Ettogrammo. (*hg*)

HI-FI. *Alta fidelidad.* Alta Fedeltà. (*HI.-FI.*)

Hl. *Hectolitro.* Ettolitro. (*hl*)

Hnos. *Hermanos.* Fratelli. (*F.lli*)

IAE. *Impuesto de Actividades Económicas.* (=Imposta sul Reddito delle Persone Giuridiche=*IRPEG*)

IBI. *Impuesto sobre Bienes Inmuebles (España)* (=Imposta Comunale sugli Immobili)

ICEX. *Instituto Español de Comercio Exterior* (=Istituto Spagnolo per il Commercio Estero. =*ICE*)

ICI. *Instituto de Cooperación Iberoamericana.* Istituto per la Cooperazione Iberoamericana

IÇONA. *Instituto para la Conservación de la Naturaleza.* (=Istituto per la Difesa della Natura)

IEE. *Instituto Español de Emigración.* Istituto Spagnolo per gli Emigrati

IEP. *Impuesto Extraordinario sobre el Patrimonio (España)* (=Imposta complementare sul Patrimonio)

IFP. *Escuela de Formación Profesional.* Istituto Professionale. (*IP*)

Ilmo., -a. *Ilustrísimo, –a.* Illustrissimo, –a (*Ill.mo, a*); Egregio, –a (*Egr*)

INB. *Instituto Nacional de Bachillerato* (=*Liceo*)

INDO. *Instituto Nacional de Denominación de Origen (España)* (=Istituto Nazionale per la Diffusione della Codifica dei Prodotti)

INE. *Instituto nacional de Estadística.* Istituto Nazionale di Statistica (=*ISTAT*)

INEF. *Instituto Nacional de Educación Física (España)* (=Istituto Superiore di Educazione Fisica=*I.S.E.F.*)

INEM. *Instituto Nacional de Empleo.*(=Istituto Nazionale per la formazione professionale dei Lavoratori=*ISFOL*)

INI. *Instituto Nacional de Industria.* Istituto Nazionale per l'Industria

INLE. *Instituto Nacional del libro Español.* Istituto Nazionale del Libro Spagnolo

INSALUD *Instituto Nacional de la Salud.* (=Istituto Nazionale per l'Assicurazione contro le malattie=*I.N.A.M.*)

INSERSO. *Instituto Nacional de Servicios Sociales (España).* (=Istituto di Previdenza e Assistenza.=*I.P.A.*)

INSS. *Instituto Nacional de la Seguridad Social (España).* Istituto Nazionale Previdenza Sociale.(=*I.N.P.S.*)

IPC. *Índice de precios al consumo.* Carovita

IRPF. *Impuesto sobre el Rendimiento del Trabajo Personal.* (=Imposta sul Reddito delle Persone Fisiche=*IRPEF*)

ISBN. *Número internacional oficial del libro.* Codifica standard internazionale per libri. (=*ISBN*)

ITV. *Inspección Técnica de Vehículos.* Ispezione Tecnica Veicoli

IU. *Izquierda Unida.* Sinistra Unita. (Insieme di partiti di base comunista)

IVA. *Impuesto sobre el Valor Añadido.* Imposta sul valore aggiunto.(*I.V.A.*)

izq.º. izq.ª *izquierdo, –a.* sinistro, –a

JOC. *Juventud Obrera Católica.* Gioventù Operaia Cristiana. (*J.O.C.*)

JONS. *Juntas de Ofensiva Nacional Sindicalista.* – (=Partito fascista)

JUJEM. *Junta de Jefes de Estado Mayor.* (=Consiglio dei Capi di.Stato Maggiore)

KAS *Koordinadora Abertzale Sozialista* (=Associazione coordinatrice del baschismo militante, vincolato all'ETA)

Kg. *Kilogramo.* Chilogrammo. (*kg*)

Km. *Kilómetro.* Chilometro. (*km*)

Kw. *Kilovatio.* Chilowatt, Kilowatt. (*kW*)

Kw/h., Kwh. *Kilovatio-hora.* Kilowattora. (*kWh*)

l. *Litro.* Litro. (*l*)

Lic., Licdo, –a. *Licenciado, –a.* Laureato, –a

LOAPA. *Ley Orgánica de Armonización del Proceso Autonómico.* (=Legge Costituzionale sull'Autonomia)

LODE. *Ley orgánica del derecho a la educación.* (=Legge costituzionale sull'Istruzione)

LOGSE. *Ley de ordenación general del sistema educativo.* (=Legge ordinaria sul sistema scolastico)

LRU. *Ley de Reforma Universitaria.* (=Legge sulla Riforma Universitaria)

Ltda. *Limitada.* Limitata. (*Ltd.*)

m² *Metro cuadrado.* Metro quadrato. (*m²*)

m³ *Metro cúbico.* Metro cubico. (*m³*)

Mª. *María.* –

Magn. *Magnífico.* Magnifico. (*Magn.*)

MC. *Mercado Común.* –

MCCA. *Mercado Común Centroamericano* –

MEC. *Ministerio de Educación y Ciencia.* Ministero della Pubblica Istruzione

mg. *Miligramo.* Milligrammo. (*mg*)

MIR. *Médico Interno Residente* – (=Medico non di ruolo in pratica)

ml. *Mililitro.* Millilitro. (*ml*)

mm. *Milímetro.* Millimetro. (*mm*)

MOP. *Ministerio de Obras Públicas.* Ministero dei Lavori Pubblici

MOPU. *Ministerio de Obras Públicas y Urbanismo.* Ministero dei Lavori Pubblici e dell'Urbanistica

MUFACE. *Mutualidad de Funcionarios de la Administración Civil del Estado.* (=Ente Nazionale di Previdenza e Assistenza Sociale per i dipendenti statali=*E.N.P.A.S.*)

N. *Norte.* Nord, (*N*)

n.º. *Número* –

n/. *Nuestro* –

NATO. *Organización del tratado del Atlántico Norte.* Organizzazione del Trattato Nord Atlantico. (*N.A.T.O.*)

NB. *Nota Bene.* –

NIF. *Número de Identificación Fiscal.* Numero di Codice Fiscale

NRP. *Número de Registro Personal.* (=Numero personale come Funzionario)

NT. *Nota del Traductor* –

núm. *Número* –

O. *Oeste.* Ovest

o/. *Orden.* Ordine

OACI. *Organización de la Aviación Civil Internacional.* Organizzazione dell'Aviazione Civile. (*O.A.C.I.*)

OCDE. *Organización para la Cooperación y el Desarrollo Económico.* (Organizzazione per la Cooperazione e lo Sviluppo Economico. (*O.C.S.E.*)

OEA. *Organización de Estados Americanos.* Organizzazione degli Stati Americani. (*O.S.A.*)

OIEA. *Organismo Internacional de Energía Atómica.* Agenzia Internazionale per l'Energia Atomica. (*I.A.E.A., A.I.E.A.*)

OIT. *Organización Internacional del Trabajo.* Organizzazione Internazionale del Lavoro. (*O.I.L., I.L.O.*)

OLP. *Organización para la Liberación de Palestina.* Organizzazione per la Liberazione della Palestina. (*O.L.P.*)

O.M. *Orden Ministerial.* Decreto Ministeriale. (*D.M.*)

OMS. *Organización Mundial de la Salud.* Organizzazione Mondiale della Sanità. (*O.M.S.*)

ONCE. *Organización Nacional de Ciegos.* Organizzazione Nazionale Ciechi.

ONU. *Organización de las Naciones Unidas.* Organizzazione delle Nazioni Unite. (*O.N.U.*)

OP. *Obras Públicas.* Lavori Pubblici. (*L.P.*)

Op. cit. *Opus citata.* Opera citata. (*op. cit.*)

OPA. *Oferta Pública de Adquisición.* Offerta Pubblica d'Acquisto. (*O.P.A.*)

OPEP. *Organización de Países Exportadores de Petróleo.* Organizzazione dei Paesi Esportatori di Petrolio. (*O.P.E.C.*)

OTAN. *Organización del Tratado del Atlántico Norte.* Organizzazione del Trattato Nord Atlantico. (*N.A.T.O.*)

OTI. *Organización de las Televisiones Iberoamericanas.*

OUA. *Organización para la Unidad Africana.* Organizzazione dell'Unità Africana. (*O.U.A.*)

OVNI., ovni. *Objeto Volador No Identificado.* Oggetti volanti non identificati. (*U.F.O, O.V.N.I.*)

P. *Padre* –

p.a. 1. *Por autorización.* Per autorizzazione; 2. *Por ausencia.* In assenza

PA. *Partido Andalucista* –

Pág. *Página.* Pagina. (*p.*)

PAR *Partido aragonés regionalista* –

P.D. *Posdata.* Postscriptum. (*P.S.*)

PCE. *Partido Comunista de España* –

PCE (m-l), PCE (ML). *Partido Comunista de España, Marxista-Leninista* –

p.e., P.ej. *Por ejemplo.* Per esempio. (*p.es.*)

PED. *Proceso Electrónico de Datos.* Elaborazione Elettronica dei Dati. (*E.D.P., E.E.D.*)

PEN. *Plan energético Nacional.* Piano Energetico Nazionale. (*P.E.N.*)

PIB. *Producto Interior Bruto.* Prodotto Interno Lordo. (*P.I.L.*)

PMM. *Parque Móvil de Ministerios Civiles.* Parco Mobile Ministeriale

PNB. *Producto Nacional Bruto.* Prodotto Nazionale Lordo. (*P.N.L.*)

PNN. *Profesor No Numerario.* Professore non di ruolo

PNV. *Partido Nacionalista Vasco* – (=Partito nazionalista di centrodestra)

p%. *por ciento.* per cento. (*p. %*)

p.o. *por orden.* per ordine (*p.o.*)

p.p. *por poder.* per procura. (*p.p.*)

PP. *Partido Popular* – (=Partito di centrodestra)

Prof. *Profesor.* Professore. (*Prof.*)

Profa. *Profesora.* Professoressa. (*Prof.ssa*)

PS. *Post Scriptum.* Postscriptum. (*P.S.*)

PSAN. *Partit Socialista d'Alliberament Nacional* – (Partito nazionalista radicale di sinistra)

PSOE. *Partido Socialista Obrero Español.* Partito Socialista Spagnolo

PSP. *Partido Socialista Popular.*- (Attualmente corrente di sinistra del PSOE)

PSS. *Prestación Social Sustitutoria.* Servizio civile. (*S.C.*)

PSUC. *Partit Socialista Unificat de Catalunya* – (Partito comunista catalano)

Pta. *Peseta* –

Ptas., Pts. *Pesetas.* – Pesete

PTE. *Partido del Trabajo de España* – (Partito di estrema sinistra)

PVP. *Precio de venta al Público.* Prezzo di vendita al Pubblico

PYME. *Pequeña y Mediana Empresa.* Piccola e Media Industria

Pza. *Plaza.* Piazza. (*P.za*)

Q. *Quintal métrico* – (*q*)

q.e.p.d. *Que en paz descanse.* Riposi in pace. (*R.I.P.*)

RA. *República Argentina.* –

RAE. *Real Academia Española.* –

RD. *República Dominicana.* –

RDA. *República Democrática Alemana.* – (*R.D.T.*)

RENFE. *Red Nacional de Ferrocarriles.* Ferrovie dello Stato spagnole. (=*FF.SS.*)

RFA. *República Federal Alemana* – (*R.F.T.*)

Rh. *Factor Rhesus* –

RIP. *Requiescat in Pace* – (*R.I.P.*)

RM. 1. *Registro Mercantil* –; 2. *Reverenda Madre*–

RNE. *Radio Nacional de España* –

RO. *Real Orden.* Regio Decreto. (*R.D.*)

r.p.m. *Revoluciones por minuto.* Giri per minuto. (*g.p.m.*)

RTVE. *Radiotelevisión Española* –

Rvdo. *Reverendo* – (*Rev.*)

S. *Sur.* Sud. (*S.*)

s.a. *Sin año.* Senza Anno. (*s.a.*)

SAL. *Sociedad Anónima Limitada (España).* – (Il 50% del capitale è dei lavoratori).

SAR. *Su Alteza Real.* Sua Altezza Reale. (*S.A.R.*).

SEAT. *Sociedad Española de Automóviles de Turismo* – (=*FIAT*)

SELA. *Sistema Económico Latinoamericano.* Sistema Economico Latino Americano. (*SELA*)

S. en C. *Sociedad en Comandita.* Società in Accomandita. (*S.acc.*)

S.E.u O. *Salvo error u omisión.* Salvo errori e omissioni. (S.E.eO.)

s.f. 1.*Según factura.* Come da

fattura; 2. *Sin fecha.* Senza data. (*s.d.*); 3 *Su favor.* A suo favore

s/f. *Su favor.* A suo favore

SGAE. *Sociedad General de Autores de España.* Società Spagnola Editori ed Autori. (=*S.I.A.E.*)

SIDA. *Síndrome de inmunodeficiencia adquirida.* Sindrome da ImmunoDeficienza Acquisita. (*A.I.D.S.*)

SIM. *1) Servicio de Información Militar (de los nacionales en la Guerra Civil Española).* Servizio d' informazione Militare. (dei Nazionali nella Guerra Civile Spagnola) *2) Servicio de Investigación Militar (de los republicanos en la Guerra Civil Española).* Servizio d'informazione Militare (dei Repubblicani nella Guerra Civile Spagnola)

s.l.n.a. *Sin lugar ni año.* senza luogo, né data. (=*s.l.n.d.*)

S.M. *Su Majestad.* Sua Maestà. (*S.M.*)

SME. *Sistema Monetario Europeo* – (*S.M.E.*)

SMI. *Salario Mínimo Interprofesional.* Salario base

s.n., s/n. *Sin número* – (*s.n.*)

SP. *Servicio Público* –

Sr. *Señor.* Signore. (*Sig.*)

Sra., Sras. *Señora, Señoras.* Signora, Signore. (*Sig.ra, Sig.re*)

Sres, Srs. *Señores* Signori. (*Sig.ri*)

Srta. *Señorita.* Signorina. (*Sig.na*)

SS. 1. *Seguridad Social.* Previdenza sociale; 2. *Su Señoría.* Vostra Signoria. (V.S.)

ss. 1. *Siglos.* Secoli; *Siguientes.* Seguenti. (*ss*)

S.S. *Su Santidad.* Sua Santità

SSª. *Su Señoría.* Vostra Signoria. (*V.S.*)

Sta., Sto. *Santa, Santo* –

STE. *Sindicato de Trabajadores de la Enseñanza.* Sindacato Docenti. (sindacato nazionalista)

t. *Tomo* – (*t*)

TAC. *Tomografía Axial Computerizada.* Tomografia Assiale Computerizzata. (*TAC*)

TAE. 1. *Tasa anual equivalente.* Tasso annuale equivalente; 2. *Técnico en Administración de Empresas* –

TALGO. *Tren Articulado Ligero Goicoechea Oriol* – (Rapido speciale spagnolo)

TAV. *Tren de Alta Velocidad.* Treno a gran velocità. (*TGV*)

tb. *También.* Anche

TC. *Tribunal de Cuentas.* Corte dei Conti. (*CC*)

tel. *Teléfono* – (*tel.*)

TER, ter. *Tren Español Rápido.* – (Rapido speciale spagnolo)

TIR. *Transporte Internacional por carretera.* Trasporti Internazionali su Strada. (*T.I.R.*)

TLC. *Tratado de Libre Comercio de América del Norte* Accordo di Libero Scambio con l'America del Nord

Ton. *Tonelada.* Tonnellata. (*t*)

TRB. *Tonelada de Registro Bruto.* Tonnellata Portata Lorda. (*T.P.L.*)

TSJ. *Tribunal Superior de Justicia.* Corte di Cassazione. (*C.C.*)

TV. *Televisión* –

TVE. *Televisión Española* –

U. *Usted.* Lei

UAB. *Universidad Autónoma de Barcelona* –

UCD. *Unión de Centro Democrático.*- (partito democristiano)

UCI. *Unidad de Cuidados Intensivos.* Unità di Terapia Intensiva

Ud., Uds. *Usted., Ustedes.* Lei. Loro

UEFA. *Unión europea de fútbol asociación.* Unione Europea delle Federazioni di Calcio. (*U.E.F.A.*)

UEO. *Unión de la Europa Occidental* – (*U.E.O.*)

UEP. *Unión Europea de Pagos.* Unione Europea dei Pagamenti. (*U.E.P.*)

UGT. *Unión General de Trabajadores.* Unione Generale dei Lavoratori. (Sindacato socialista)

UIT. *Unión Internacional de Telecomunicaciones.* Unione Internazionale per le Telecomunicazioni. (*U.I.T.*)

UNED. *Universidad Nacional de Educación a Distancia.* (=Università Statale senza frequenza)

UNESCO. *Organización de las Naciones Unidas para la educación, la ciencia y la cultura.* Organizzazione delle Nazioni Unite per l'Educazione, la Scienza, la Cultura. (*U.N.E.S.C.O.*)

UNICEF *Fondo Internacional de las Naciones Unidas para ayuda a la infancia.* Fondo Internazionale di Emergenza per l'Infanzia delle Nazioni Unite. (*U.N.I.C.E.F.*)

URSS. *Unión de Repúblicas Socialistas Soviéticas.* Unione delle Repubbliche Socialiste Sovietiche. (*U.R.S.S.*)

u.s. *Ut supra* – come sopra (c.s.)

USO. *Unión Sindical Obrera.* Unione Sindacale Operaia. (Sindacato di centrosinistra)

Uds. *Ustedes*. Loro
UVI. *Unidad de Vigilancia Intensiva*. Unità di terapia intensiva
V.E. *Vuestra Excelencia*. – (*VE*)
VB. *Visto Bueno*. Visto
Vd. *Usted*. Lei.
Vda. *Viuda*. Vedova. (*ved.*)
Vds. *Ustedes*. Loro.
v.o. *Versión original*. –
Vº Bº. *Visto Bueno*. Visto
Vol. *Volumen*. Volume. (*vol.*)
VPO. *Vivienda de Protección Oficial*. Casa dalla superficie controllata e con agevolazioni di pagamento da parte dello Stato
v.s. *Versión con subtítulos*. Film con sottotitoli
VS. *Vuestra Santidad*. *Vuestra Señoría*. Vostra Santità. Vostra Signoria. (*V.S.*)

euroitaliano

euroitaliano es el nuevo método de italiano para hispanohablantes. **euroitaliano** ha sido elaborado teniendo en cuenta los últimos avances en psicología del aprendizaje de lenguas extranjeras. Se considera al alumno como una persona autónoma a quien se le orienta en su proceso de aprendizaje individual. Por esta razón, en el *Libro de curso* y, sobre todo, en el *Manual de aprendizaje*, el alumno va a encontrar una amplia variedad en técnicas de estudio que le ayudarán en el aprendizaje

Niveles del curso: 1A, 1B, 2 y 3

Materiales del curso

Libro del curso
Manual de profesores
Vocabulario
Libro de ejercicios
Manual de aprendizaje
Material auditivo

J. GRACILIANO GONZÁLEZ
JULIA MORENO DE VEGA
RENZA PORCIANI

LOS VERBOS ITALIANOS

Gramática y conjugación de los verbos regulares e irregulares italianos

Constituye la mejor guía de consulta para solucionar cualquier duda que se pueda tener sobre la forma, el uso o la acentuación de cualquier verbo italiano. Y se expone con claridad y precisión todo lo que el estudiante de la lengua italiana debe conocer sobre el verbo italiano.
Contiene más de 100 esquemas de verbos conjugados que representan todos los posibles modelos de verbos italianos y ofrece una lista de 3000 verbos de uso corriente con la correspondiente traducción en español y con una indicación numérica que envía al esquema relativo al modelo de conjugación.

272 págs. 12,2 × 19,8 cm
ISBN: 84-254-2040-7